A
ENGLISH SANSKRIT DICTIONARY

(NEW COMPOSED, ENLARGED AND IMPROVED EDITION)

MONIER WILLIAMS

PARIMAL PUBLICATIONS
DELHI

Published by
PARIMAL PUBLICATIONS
Office : 27/28, Shakti Nagar, Delhi-110007 (India)
Retail Outlet : 22/3, Shakti Nagar, Delhi-110007
Ph. : +91-11-23845456, 47015168
e-mail : order@parimalpublication.com
url : http://www.parimalpublication.com

© **PARIMAL PUBLICATIONS**
All Rights Reserved

First Edition : Year 2018

ISBN : 978-81-7110-622-6 (Set)
978-81-7110-623-3 (Vol. 1)

Price : ₹ 1295.00 (Set of 2 Vols.)

Printed at
Balaji Imaging Systems
Rajasthani Udyog Nagar,
Delhi 110052

PREFACE

Roger Ascham, in bearing testimony to the classical proficiency of his illustrious pupils, Edward and Elizabeth, said of them, that they not only understood, but composed in Latin, skilfully and with ease. Such an assertion, made three centuries since by the great preceptor of the age, leads to the inference, that, even in that early period, the value of composition as a criterion of scholarship was duly appreciated. It would be needless to quote the more express statements of scholars and linguists of modern times, in proof of the estimation in which this accomplishment is now held as a test of sound proficiency. It is sufficient to know, that in these days of intellectual progress and competition, no classical examination is considered effectual in which a prominent place is not assigned to composition. Indeed, an increasingly high standard of excellence in this branch of education is now demanded by all collegiate tribunals.

In unison with these opinions, the framers of the Statutes of the East-India College have provided, that no student shall be pronounced qualified for Indian service until he can make an intelligible translation from an English passage into the Oriental languages in which he has been instructed. And if this requirement has been wisely made, as a test of scholarship in the spoken dialects, much more has it so been made in regard to Sanskrit, the classical language of India, which bears a far closer relation to those dialects than Greek and Latin bear to the living languages of Europe. If at our Universities and Colleges, where are educated many who are destined to fill the highest offices in our home government, the composition of Latin prose is demanded of all candidates for degrees, with much more reason may Sanskrit composition be made an essential at this Institution, where are trained the whole body of civilians to whom the government of our Indian Empire is to be intrusted.

Nevertheless, it must be admitted that a student can hardly be expected to practice composition and translation in a difficult language, if the usual aids are not placed at his disposal. That such aids have not hitherto been made available in Sanskrit has been owing to the great difficulty of compiling a good English and Sanskrit Dictionary. Reverse Dictionaries are sufficiently within the reach of the student of Greek and Latin. In truth, the time that has been spend in investigating these languages, during many centuries, by a succession of learned men, each improving upon the results of his predecessor's labours, has led to the production of such a variety of dictionaries, phrase-books and vocabularies, that the work of Greek and Latin lexicography, in the present day, has become a mere process of sifting and digesting the mass of existing materials. yet, even in these languages, so great has been the difficulty of compiling a good Reverse Dictionary, that, after numerous incomplete attempts, it has only been within recent years that any really valuable English-Greek or English-Latin Dictionary has been published.

With reference to some of the spoken languages of the East, much has been done to facilitate translation and composition. In Hindustānī, it will scarcely be necessary to allude to the labours of that eminent scholar, Dr. Gilchrist, and in more recent times to the works of Mr. Shakespear and Dr. Duncan Forbes. In Bengālī, great assistance is afforded to the student by the copious English-Bengālī Dictionary of Rāma Comul Sen : in Marāthī, still greater, by the admirable English and Marāthī Dictionary of Major Candy : in Telugu, by that of Mr. Morris : in Carnātaea, or Canarese, by that of Mr. Reeve. In Persian and Arabic, the dictionary of Professor Johnson, now passing through the press, will offer to the student a complete Persian, Arabic and English Lexicon; but, although Reversed Dictionaries of English and Persian are procurable, a good lexicon in this form remains yet to be compiled. The English and Persian Dictionaries, or rather Vocabularies, of Meninski and Wilkins, are proofs of how little assistance is rendered to the student, in translating European ideas and phrases, by a mere supplementary vocabulary which is a reversed counterpart of the preceding lexicon. In most of the other spoken dialects of India such vocabularies exist, and are, without doubt, useful aids in the absence of more complete works. But in Sanskrit, nothing of this description, deserving of notice, has hitherto been effected. The Sanskrit and English Dictionary of Professor H. H. Wilson is, indeed, to well known as one of the best lexicons in any language to require comment in this place; and if the labours of that eminent Orientalist had been directed to the composition of an English and Sanskrit Dictionary, the student would long since have enjoyed the advantage of an aid to composition, far more effective than that which the present work can supply.

Such as it is, however, this Volume appears before the public as the result of the first attempt that has yet been made to meet a want, which the experience of every day renders increasingly felt. For it is not too much to allege, that the great development of the study of Sanskrit, during late years, has caused the absence of a Reverse Dictionary to be recognised as a want by many very different and very important members of the community, both at home and abroad; by students and civilians, by scholars and philologists, by chaplains and missionaries; by all those zealous men who have devoted themselves to the social, religious, and intellectual improvement of the natives of our Indian Empire.

With missionaries, and other philanthropists and scholars, whose aim has been to communicate scriptural and scientific truth to the learned natives, through the medium of their classical language, and to the uneducated, through their vernacular tongues, the absence of an aid to composition has doubtless enhanced the difficulties by which their labours have been retarded. It will be sufficient to mention the well-known names of Dr. Carey and Dr. Yates, whose translations of parts of the Bible are valued by all promoters of the cause of Christianity in the East; of Dr. Mill, formerly Principal of Bishop's College at Calcutta, whose history of Christ in Sanskrit dialogue is still more acceptable to the natives of India, from its adaptation to their own system of teaching; of Mr. John Muir, whose zeal for the welfare of the Hindūs has been displayed by carrying out and improving the system of Dr. Mill, in numerous excellent tracts; and lastly, of Dr. James Ballantyne, the energetic Principal of the College at Benares, whose Sanskrit lectures on the elements of general knowledge, and other scholarlike writings, prove him to be eminently fitted for the post to which he has been appointed.

The labours of these, and many other able and devoted men, are based upon the theory, that if the natives of India are to be effectively imbued with the principles of truth, whether religious or scientific, it must be through the medium of the only language through which they will be disposed to accept such information. Proficiency in English may be deemed indispensable to the liberal education of a native, but the attempt to make English the sole vehicle of instilling sound ideas respecting religion and philosophy, is not likely to be successful. The learned natives will be averse to receive any new truths which are not imparted by means of the language which they are accustomed to regard as the channel of all truth; and the more uneducated classes are found to be incapable of comprehending new ideas, excepting through their vernacular tongues. And since it is found that no vernacular tongue is adequate to express the ideas of religion and science, without borrowing its terms from the Sanskrit, the utility of an English and Sanskrit, Dictionary will be recognised by all who have to compose in these dialects, whether in Hindī, Bengālī, Uriya, Telugu, Canarese, Tamil, Malayālam, or Marāthī.

Among philological scholars, whether in Europe or the East, the need of a complete compendium of synonymous words and vocables in a language which is the key to the solution of every problem in comparative philology, is too obvious to require demonstration.

With respect to the civil servants of India, there can be no doubt that the want of a Reverse Sanskrit Dictionary has contributed to render unpopular the study of a language which must force itself, however distastefully, on their observation, by the influence which it exercises on the spoken dialects of India—an influence far greater than that of Latin on English, Italian, or French. But it is by the candidates for the civil service who are educated at the East-India College that this want has been chiefly acknowledged. Here it has seriously affected the popularity of a study which, above all others, ought to be cultivated, if on no other grounds, at least on the score of its adapting itself, more than any other, to the condition of students, who, being ignorant of their precise destination in India, and undergoing that course of general training which is best suited to fit them for the special requirements of particular localities.

Such is the want, then, which the Compiler of this dictionary has attempted to supply. But not even his firm persuasion of its magnitude could have emboldened him to address himself to a task of so much difficulty, had he not been liberally encouraged by the Honourable Directors of the East-India Company, whom he has the honour to serve. The public does not require to be informed, that it is the desire of those generous Rulers to win the attachment of their Indian subjects, by furthering every undertaking which aims at improving the knowledge of their language and literature. A long enumeration might be made of dictionaries, vocabularies and important publications, which have issued, and are now issuing, from the press, under the patronage of the Honourable Court. The present is but one out of numerous instances in which the authors of long and laborious works have had to record their gratitude for the countenance thus wisely extended.

It will not be necessary for the Compiler to dwell on the many difficulties he has had to encounter in pursuing his solitary labours, unassisted by the native Pandits and transcribers, who lighten the toil of the lexicographer in India. Those who understand what it is to be a pioneer in any work of lexicography, to be, as it were, the first to break and clear the ground over an untrodden field of inquiry, will doubtless, in their candour, appreciate at its full value the labour he has undergone in carrying this Volume to its completion. They will also be prepared to expect inequality in the execution, especially of the earlier pages, and many defects and inconsistencies throughout the whole body of the dictionary, agreeably to the inevitable law of expansion and improvement to which such a work must be subject in its progress through the press. No apology need, therefore, be made for these imperfections. But a brief account of the method in which, during nearly eight years, the Compiler has prosecuted his labours would seem to be expected of him, and is, in fact, rendered necessary by the entire novelty of his work.

He commenced by transcribing carefully, and then arranging in alphabetical order, all the English words, with their Sanskrit synonyms, contained in the Kośa of Amara Siṁha, edited by the late Mr. Colebrooke. His next step was, to have copied, on nearly two thousand pages of large folio paper, with suitable intervals, all the English words in Riddle's English-Latin Dictionary, known to be very useful in Latin composition. Having thus prepared a kind of thesaurus, or repository for the collection of words and phrases, he proceeded to insert therein, in their proper places, all the words of the Amara Kosha, above referred to, as well as all those contained in the Hitopadeśa, the Selections from the Mahābhārata, edited by Professor Johnson, the Meghadūta, the Anthology of Professor Lassen. and all the roots, with some of the examples, comprised in that most learned and admirable compilation, the Radices Linguae Sanskritae of Professor Westergaard.

A sound and solid foundation of useful household words being thus laid, the Compiler commenced reversing the second edition of Professor Wilson's Sanskrit and English Dictionary, incorporating in his thesaurus all the new words as they occurred, and omitting only those which represented ideas or things having no approximate equivalent in English. This was a process of much time and labour, requiring a very attentive perusal of the dictionary, accompanied by much transcribing, collating, arranging, and inserting of words and phrases. It might be hastily inferred, that having accomplished thus much, considerable advance had been made towards the completion of the work; and if the object of the Compiler had been to compose a good vocabulary, reversing the senses of the words in the Sanskrit and English Dictionary, and nothing more, such would have been the case. But a complete dictionary, which was intended to offer an effectual help to the student in practising translation, was not merely to be compiled by collecting words and reversing meanings. It was to be continuously composed with a thoughtful consideration of the best Sanskrit equivalents for modern expressions and idioms, and a careful disposition, under each English word, of its several equivalents, in their proper order, and in their proper connection with its several shades of meaning. In fact, the real business of writing the Dictionary had now to be commenced. Having procured the latest edition of Webster's English Dictionary, in which are contained all the words of Tod's edition of Dr. Johnson, with many modern additions, as well as all the participles and adverbs, the Author proceeded to translate it systematically into Sanskrit, either gathering his materials from his own collection of classical words, or assisting his memory by suggestions from the Bengālī Lexicon of Rām Comul Sen, and omitting only those expressions which seemed or obsolescent, or of which no classical equivalent could be found or suggested.

Having thus progressed as far as the letter C, and the exigency of the case seeming to require the speedy appearance of the work, even at the risk of incompleteness, the printing of it was commenced, the Compiler feeling confident that, by great diligence, he might keep in advance of the press. It was not till some progress had been made that the inexpediency of this step was manifested by various omissions, which, though overlooked in the manuscript, became gradually apparent in the printed pages of the work. As soon as this discovery was made, one of the courses remained to be pursued, either to cancel the earlier pages of the work, or to supply their deficiencies by an Appendix. The latter of these courses was adopted, and the process of printing was first suspended, and then retarded, until, by a more extensive course of reading and research, the stock of classical materials was enlarged. To effect this, the Compiler undertook a second and more minute perusal of Professor Wilson's Sanskrit and English Dictionary, and noted numerous words and terms which had before escaped his observation. He also reversed the Sanskrit part of the excellent English and Marāthī Dictionary of Captain Molesworth, collecting from this source many valuable words, and much useful information. He then read through the Code of Manu, and Commentary of Kullūka Bhaṭṭa, with the view of obtaining therefrom a store of choice phrases and idioms. And lastly, he studied attentively, with the same object the plays of Kālidāsa, and parts of the Raghuvansa, Rāmāyaṇa, Mahābhārata, and Bhaṭṭi Kāvya. He moreover extracted some good words from the Glossarium Sanskritum of Professor Bopp, and made extracts also from some modern Sanskrit writings and translations of the Scriptures. Without detracting from the acknowledged merit of these translations, he believes that little value is to be accorded to suggestions adopted from a source which is not classical.

But he avails himself of this opportunity of gratefully acknowledging his obligation to his friend and colleague, Professor Johnson, for furnishing him with a list of words, collected by him in the course of his reading, chiefly from the following standard classical works:—The Text of Manu, with the Commentary of Kullūka; the two law-treatises of Jīmūtavāhana, called Dāyabhāga and Mitākṣarā; the Vikramorvaśī, Śakuntalā, Mṛcchakati, Mālatīmādhava, Mudrārākṣasa, Ratnāvalī, Uttararāmacarita and the Rājataraṅgiṇī, published by Capt. Troyer.

Having enriched his store of materials with words and phrases from these approved sources, the composition and printing of his Dictionary was gradually advanced to the end of the letter H. At this point a copy of Major Candy's English and Marāthī Dictionary came first to hand. Had an impression of this work been received earlier, it would have saved the Compiler the time and labour consumed by him in reversing Captain Moleswoch's Marāthī and English Dictionary, a task which he had not completed, until three hundred pages of his own work had been printed off, and excluded from any improvement derivable from this source.

It is, however, right to acknowledge, that the Dictionary of Major Candy, although it often furnished little more than a repetition of what the Compiler had himself collected, either from the Sanskrit or Marāthī Lexicons, provided him with numerous additional words, and much useful information, upon Hindū mythology and science, the value of which cannot be too highly estimated. Indeed, it would be difficult to make mention of Major Candy's work excepting in the highest terms of praise. By these aids, and with the addition of some happy renderings of scientific terms from Dr. Ballantyne's Lectures, and of some classical words from the Appendix to the late Dr. Yates'; abridgment of Professor Wilson's Sanskrit Dictionary, the remainder of the present work, from the letter I to the end, was composed and printed in a comparatively short period.

The foregoing statement is the best apology for any want of uniformity discoverable in the plan of this Volume. A general uniformity, sufficient, it is hoped, for all the purposes of reference, has been sustained throughout. But perfect unity is hard to be maintained, at least in the first edition of a laborious work, compiled by gradual accretion from an increasing store of materials, and liable in its growth to occasional improvement and expansion.

If consistency has been sacrificed, it has only been in cases where improvements were admissible without endangering facility of reference, which should be the paramount consideration. For the convenience, therefore, of all consulters of the Dictionary, the use of too many symbols or abbreviations has been avoided. Whenever a substantive or adjective is followed by the parts of speech in connexion with it, or a verb by its participles and participial adjectives, and whenever, under each of these heads, separate gradations of meaning occur, the student will find the different meanings exhibited at full under the first word, and repeated at full under the others, the same relative order being generally preserved. For example, let him turn to the words Nobility, Noble, Nobly. Under the substantive Nobility, the first meaning given is, 'antiquity of family;' the second, 'greatness of mind;' the third, 'distinction;' the fourth, 'magnificence.' Under the adjective, instead of referring back to the substantive by symbols as in some other dictionaries, the meanings have been repeated thus : 'of ancient family,' 'great in mind,' 'distinguished,' 'magnificent;' and similarly under the adverb, thus : 'with nobleness of birth,' 'with greatness of mind,' etc. The better to effect this clear exhibition of successive meanings, close printing has been employed, and no needless blanks admitted; so that the spaces occupied by the words Nobility, Noble, and Noble is not so large, in comparison to the number of equivalents given, as the spaces occupied by the same words in the Marāthī Dictionary. If the order of the meanings has not always been preserved, it is because the object has been, under each word, to dispose the gradations of senses according to what appeared to be the ratio of their commonness.

On the order hand, many meanings which appeared unusual or obsolete have been omitted; and under some words references have been made to preceding or succeeding parts of the Dictionary; but in all such cases a few of the commonest equivalents are generally given, of which the student can avail himsel if indisposed to follow out the reference. Thus, under the word Vigilant, two meanings are given, viz., 'wakeful,' and 'wary.' In connexion with the first of these, a few of the commonest

Sanskrit words are specified, but for a fuller enumeration the student must consult the world Wakeful itself. So also in connexion with the sense 'wary;' after mentioning the most useful equivalents, the student is referred back to the word Circumspect, for a more complete list. And in cases where no direct reference is made, as under the substantive, Vigilance, the student will infer that the word 'wakefulness,' in brackets, is intended not only to exhibit the variation of meaning, but also to direct his attention to the quarter of the Dictionary where additional synonyms may be found.

If objection be raised to the multiplication of Sanskrit equivalents under each English word, and the several meanings of which it is susceptible, the Compiler may state, in explanation, that in striving to render his work as complete as possible, he has been forced at the risk of surplusage, into a copious enumeration of words and significant terms. Whenever it has been possible to give a complete list of synonymous Sanskrit words, it has been done. At the same time, the attempt has been made to dispose the words in the order of their usefulness. Indeed, for the simple purposes of prose composition or translation it will be advisable that the student should choose the Sanskrit word standing first in the list, or at least should make his selection from the first few equivalents enumerated; excepting in the case of such comprehensive terms as Sun, Moon, Earth, Fire, Water etc., where the number of Sanskrit words is so great that the selection may be fairly made from the first few lines. The remaining equivalents given under such examples would, in any other language, be regarded as epithets rather than words, and would probably be restricted to poetical composition. And in fact, as regards their adaptation to plain Sanskrit prose, it will be better for the student so to treat them.

It should be observed, notwithstanding, that no distinction is rightly to be made, in an English and Sanskrit Dictionary, between strictly prose and strictly poetical terms. Sanskrit is peculiarly the language of poetry, Nearly the whole of its immense and wonderful literature is poetical; and the little prose that exists makes free use of poetical expressions. In fact, the commonest names for some of the most ordinary objects are proofs that a rich poetical vein runs throughout the language. Thus, one of the common words for 'earth' is, 'repository of wealth,' वसुधा; for the sea, 'receptacle of water,' जलनिधिः; for a cloud, 'water-giver,' जलदः, or 'water-holder,' जलधरः; for fire, 'purifier,' पावक: for the moon, 'lord of the night,' निशापतिः; for the sun, 'generator,' सविता; for a good man, 'mine of merit,' गुणाकरः, or 'ocean of merit,' गुणसागरः. And if the remaining equivalents under each of these heads were examined many of them would be found to possess a still more poetical character. In proof of which the reader is referred to the words Sun, Moon, Cloud, as they stand in the pages of the Dictionary.

Again, the English verb 'to kill,' may be rendered in Sanskrit either by the use of the simple root हन्, or by बधं कृ, 'to make killing' or by प्राणहत्यां कृ, 'to make destruction of life,' or by पञ्चत्वं गम्, in the causal form, 'to cause to go the state of the five elements,' or by लोकान्तरं गम्, 'to cause to go to the other world.' All these expressions are legitimate, whatever be the form of composition; but the student, in writing prose, will do well to adopt those which come first in order.

Under the head of natural objects, and the terms of religion, literature, mythology, science, and social life, the copious enumeration of equivalent words and significant phrases will be valued, not only by the student of Sanskrit and its various cognate languages, but also by many of those learned and zealous men who are seeking to promote a sympathy between Hindūs and Europeans, by diffusing amongst the latter a correct knowledge of Oriental customs, habits of thought, religious tenets, and ceremonial observances. It has been the desire of the Compiler to make this Volume not only a thesaurus of synonyms and phrases, but a repository of much useful information in connexion with such subjects. In illustration of this, the reader may turn to the words Water, Fire, Hand, Lotus, Viṣṇu, Śiva, Indra, Veda, Scripture, Rite, Sacrament, Manes, School, Marriage, Measure, Planet, etc.

The significant expressions collected under such words will, it is hoped, facilitate inquiry into the manners and customs of the Hindūs, their mythological fictions, and the state of their scientific knowledge. Naturalists, also, may be expected to appreciate a collection of terms, the analysis of which must throw light on some particulars connected with botany and zoology. A comparison of the number of Sanskrit equivalents brought together under some of these heads might, at least, be a guide to the comparative value or utility of certain animals, plants, and minerals. In illustration, the reader may compare the words Elephant, Horse, Cow, Wolf, Frog, Camel, Lotus, Sandal, Mango, Musk, Myrobalan, Pyrites, Coal, Copper, Lead, Iron, Vitriol, etc.

It is not unlikely, however, that under some heads an exception may be taken to the number of Sanskrit equivalents enumerated : as, for example, under the various scarcely-distinguishable shades of meaning belonging to numerous common nouns, adjectives, and verbs : or again, under the head of many English words of which no precise Sanskrit representative could be offered. In the first of these cases the impossibility of observing the proper medium, at least in the first edition of a work like the present, has led the Compiler to prefer erring on the side of excess rather than on that of deficiency. In the other case, where the great disparity between Hindū and Eruopean habits of thought and condition prevented the exhibition of any classical equivalent, the Compiler has been forced, almost against his will, into occasional redundancy, by the pliancy and malleability, so to speak, of the Sanskrit, and its amazing power of expressing exotic ideas by the employment of an infinite variety of compound words. As examples, the reader may take Cannon, Canon, Cameraobscura, Ceruneate, Episcopacy, *To* Farm, Layment, Lay, *To* Lease Navy, Parliament, Penitentiary, Phrenology Rubric, Sail, Sabbatarian, Steam-engine, Steam-boat etc.

In rendering such words, respect has been paid to the learned Hindūs in their study of English. The comprehension of European ideas by the educated natives is an necessary to reciprocal sympathy as the comprehension of Hindū ideas by ourselves.

In the rendering of the verbs some difficulty has been experienced. It is usual in an English Dictionary to prefix to the verb the infinitive sign 'to'. Consistently with this, in Greek and Latin, and some other Reversed Dictionaries, the infinitive of the equivalent verb is generally exhibited. But in Sanskrit the infinitive is a form of the verb very limited in its application, resembling, in some respects, the Latin supines in *um* and *u*. It has therefore been thought more proper to exhibit the root in the first place, specifying the infinitive, with the third person singular of the present tense, between brackets. The student will thus bear in mind, that the root is not to be regarded as representing the infinitive, or indeed any part of the verb, excepting the general idea expressed by it.

Another source of difficulty was, the limitation in regard to the number of roots properly available in Sanskrit for the formation of legitimate verbs, supported by classical authority. It is well known that in this language there are about 1900 roots, or elementary sounds, which are generally monosyllabic. These are imaginary sources of both nouns and verbs, and are the representatives of the simple ideas contained in them. Thus the root गम् represents the idea of 'going;' अद्, of 'eating;' युज्, of 'joining;' कृ, of 'making.' As a matter of convenience, grammarians have connected these roots more directly with verbs than nouns; and their theory is, that every root may serve as the basis on which to construct five distinct forms of verbs: First, a Primitive verb; second, a Casual; third, a Passive; fourth, a Desiderative; and fifth, a Frequentative. So, also from every noun certain verbs, called Nominals, may theoretically be derived, and, not unfrequently, are so derived. It might reasonably be imagined that, amongst a collection of 1900 roots, each capable of fivefold multiplication, besides innumerable nominals, there would be little difficulty in finding equivalents for any form of English verb that might present itself. But it will be found, on examination, that nearly two-thirds of these 1900 roots do not occurs in this Dictionary in any form, excepting in that of the nouns to which they give origin. It will be observed, too, that of these, certain particular roots, such as कृ, भू, दा, गम्, इ, या, ज्ञा, स्था, वृत्, अस्, नी, ह, युज्, वृ, recur perpetually, and, by the aid of prepositions and other affixes, are applied to the expression of the most varied and opposite ideas.

In explanation, the Compiler thinks it proper to state, that he has been careful to follow only classical usage in the admission of verbs into his Dictionary; and that no verb has been so admitted unless a good example of its use could be adduced, either from the pages of Westergard or other authentic sources. Rather than violate this rule, he has constantly been obliged to employ a noun with the auxiliaries कृ, गम्, etc., or a participle with the auxiliaries भू and अस्, in place of a direct verb.

In every case it is allowable thus to employ the auxiliaries, in the absence of legitimate verbs; and even should such verbs be available, the student may, if he please, still take the noun, participle, or adjective, and combine them with the auxiliaries, in place of using the more direct form. Thus, under the verb 'to resent,' he may either directly employ the roots कुप्, क्रुध्, रुष्, in the conjugations specified, or he may combine the equivalents given under the substantive with the auxiliaries, thus मन्युं कृ, क्रोधं कृ, कोपं कृ, रोषं गम्; or under the adjective, thus, समन्युः –न्युः –न्युं भू, जातमन्युः –न्युः –न्युं भू or अस्. Again, under the verb 'to perish,' he may either directly make use of the roots, मृ or नश् in the passive form, or he may substitute नाशं गम्, नष्टः –ष्टा –ष्टं भू, etc.

In the specification of roots, the third person singular of the present tense has been chosen for exhibition in brackets in conjunction with the infinitive, as being the best guide to the conjugational form of the verb; whilst the infinitive furnishes a mark for the formation of some of the most useful non-conjugational forms. At the same time the conjugation or class of the verb is indicated by a figure; and if the verb is to be conjugated in the causal, passive, desiderative, or frequentative form, or as a nominal, it is so specified. But as the causal form is identical with that of the tenth conjugation, it has sometimes been more convenient to designate casual verbs as belonging to that conjugation.

When a root is compounded with prepositions, these are not repeated in the bracket, that the student may more readily percieve the simple form of the root, but a small hyphen is used, to show that the preposition cannot be dispensed with in conjugating the verb.

If a root occur more than once under the same verb, it has not been thought necessary to repeat the present tense and infinitive in connexion with it. Indeed, under some verbs towards the end of the Dictionary these forms are omitted altogether, as having been frequently notified under the synonymous expressions, to which a reference is indicated. Thus, under the verb 'To Part,' v.a., the student must refer to the synonymous terms, Disunite, Divide, Separate, for any particulars relating to these grammatical forms.

In regard to participles, this Dictionary will be found so copious that here also an exception may perhaps be taken to the number of equivalents enumerated. The explanation is to be sought in the genius of the Sanskrit language, which abounds in participles to an extent wholly unparalleled in any other language, living or dead. These participles are often idiomatically susbtituted for the tenses of the verb itself. They are constantly employed in place of the past and future tenses, especially of passive verbs; so that an example of a passive tense is of rare occurrence, excepting in the form of the third person singular or plural of the present and imperative.

If, therefore, the student desire to write idiomatic Sanskrit, he must make free use of the participles in this Dictionary, especially of the passive past participle. This latter is the most useful derivative in the language, and should be abundantly employed in translation and composition. It corresponds with the Latin participle in *tus*, and like it, often supplies the place of the past tense. Thus, in translating the phrase, 'he reproved his own son,' the student might employ the simple root, thus, स स्वपुत्रम् अनिन्दत्, or he might idiomatically use the passive participle, thus, तेन स्वपुत्रो निन्दितः, the agent being placed in the instrumental case, and the participle agreeing with the object.

With respect to the rendering of nouns in this dictionary, it will be proper to state, that the system of Amara Sinha has ben followed, in exhibiting substantives and adjectives in their nominative case rather than in their crude state. Whenever the crude form differs from the nominative more than in rejecting the final visarga or anuswāra, it has been indicated by giving the final of the crude in brackets. Thus, under the word Fire, अग्निः being the nominative case, the final of the crude is ascertained by rejecting the visarga, thus अग्निः being the nominative case, the final of the crude is ascertained by rejecting the visarga, thus अग्नि. Similarly अनलः becomes अनल in the crude form; तेजः becomes तेजस्; कृष्णवर्त्मा becomes कृष्णवर्त्मन्; हुतभुक् becomes हुतभुज्; तनूनपात् becomes तनूनपाद्; आश्रयध्वंसी becomes आश्रयध्वंसिन्; दमुनाः becomes दमुनस्; जुहुवान् becomes जुहुवत्; अर्चिमान् becomes अर्चिष्मत्.

It is necessary to be thus particular in exhibiting the crude form as distinct from the nominative case, both as a guide to the declension of the noun, which must always depend on the final of the crude, and because the crude state is that which is employed in the formation of compound words. In all such words, with but few exceptions, the last number of the compound alone admits of declension, and the preceding word or words require to be placed in the crude form, this form admitting of a plural as well as singular acceptation. For an explanation of compound words the Student must of course consult this grammar; but it will not be out of place to remark here, that in a language, which, like Sanskrit, abounds in compounds more than any other language in the world, it will not be possible for him to compose idiomatically until he has made himself conversant with the principles of their formation.

Under adjectives the nominative case in three genders has generally been given, and the final of the crude state exhibited when necessary, as in substantives. The genders are not specified, as the student will himself take for granted that साधुः -धुः -ध्वी -धु, meaning 'good,' stands for the nominative case of the adjective in its three genders; साधुः being the nominative of the masculine form, साधुः being also the nominative of the feminine form, साध्वी of a second feminine form, and साधु of the neuter form; the crude state being साधु. Similarly भद्रः -द्रा -द्रं, stands for भद्रः the nominative of the masculine, भद्रा of the feminine, भद्रं of the neuter, the crude being भद्र; सारवान् -वती -वत् (त्) for सारवान् the nominative of the masculine, सारवती of the feminine, and सारवत् of the neuter, the last standing also for the crude form. Again, सुकृती -तिनी -ति (न्) is for सुकृती the nominative of the masculine, सुकृतिनी of the feminine, सुकृति of the neuter, the crude form being सुकृतिन्.

When, however, under one head a variety of similar adjectives are enumerated, it has not been deemed necessary in all cases to give the nominative case in more than the masculine form; but the addition of the sign, etc. indicates that the student must himself supply the other forms thus : दृष्टः etc., stands for दृष्टः -ष्टा -ष्टं. Similarly, धनवान् etc., for धनवान् -वती -वत् (त्), धनी etc., for धनी -निनी -नि (न्), and महात्मा etc., for महात्मा -त्मा -त्म (न्).

In the case of compound adjectives formed from neuter substantives, whose crude form ends in उस् or इस्, such as उत्पलचक्षुस्, 'lotus-eyed;' दीर्घायुस्, 'long-lived;' निराशिस्, 'unblessed;' शुचिरोचिस्: 'clear-shining;' the nominative case in the three genders has been exhibited thus, उत्पलचक्षूः -क्षूः -क्षुः, (स्), दीर्घायूः -यूः -युः (स्), निराशीः -शीः -शिः (स्), शुचिरोचीः etc.

In some cases, however, as in the case of दीर्घायुस्, where a masculine noun आयुः exists as well as a neuter आयुस्, the nominative case of the compound adjective is susceptible of two forms, दीर्घायूः and

दीर्घायु: Some notice of this point seems to be required, as it appears to have been overlooked, if not erroneously explained, by the generality of European scholars. That the Complier's view is correct, may be shown by a reference to Professor Wilson's Dictionary, under the words सजुस् or सजुष्, आशिस्, उत्पलक्षुस्, शुचिरोचिस्; by referring also to the declension of सजुष्, and आशिस्, in Professor Wilson's Grammar, p. 68; and by the analogy of compound adjectives, like महामना: -ना: -न:, 'high-minded,' derived from a neuter substantive ending in अस.

The exhibition, in all cases, of the nominative case of nouns, whether substantive or adjective, has prevented the necessity of specifying the gender of substantives ending in अ:, like देव:, 'a god,' which are invariably masculine; or of substantives ending in अ, like दानं, 'a gift,' which are invariably neuter; or of those ending in आ and ई, like माला, 'a garland,' and देवी, 'a goddess,' which are always feminine. The gender of all such substantives will be taken for granted. The student might also have been left to infer for himself the gender of substantives ending in ति: in the nominative, like मति:, 'the mind,' which are feminine, and of substantives ending in धि:, derived from the root धा, like सन्धि:, 'peace,' which are masculine. But since, in these latter instances, some slight occasional variation might occur, it has been thought desirable to notify the gender of substantives in these cases, as well as in every other where any doubt could possibly arise.

The Compiler has now only the grateful duty to discharge of expressing his further obligation to Professor Johnson, for his invaluable assistance in correcting the greater number of the proof-sheets of this work. Nor does he think it just to conclude without some tribute of acknowledgment to the Printer, Mr. Watts, for the accuracy and clearness with which the typography has been executed.

EAST-INDIA COLLEGE, HAILEYBURY,
November 5th, 1851

CONTRACTIONS

s.	for substantive.	*par.*	parasmaipada.
a.	adjective.	*ātm.*	ātmanepada.
pron.	pronoun.	*m.*	masculine gender.
adv.	adverb.	*f.*	feminine.
prep.	preposition.	*n.*	neuter.
pron.	pronoun.	*sing.*	singular number.
v.a.	verb active.	*du.*	dual.
v.n.	vern neuter.	*pl.*	plural.
p.p.	passive participle.	*indec.*	For indeclinable.
part.	participle.	*in comp.*	in composition.
c.	conjugation or class.	*nom. c.*	nominative case.
caus.	causal form.	*acc. c.*	accusative case.
pass.	passive form.	*inst.*	instrumental case.
des.	desiderative form.	*instrum.*	instrumental case.
freq.	frequentative form.	*dat. c.*	dative case.
nom.	for nominal verb.	*abl. c.*	ablative case.
impers.	impersonal.	*gen. c.*	genitive case.
irreg.	irregular.	*loc. c.*	locative case.
def.	definite.	*conj.*	conjunction.
pres.	present.	*interj.*	interjection.
pret.	preterite.	*exclam.*	exclamation.
pron.	pronoun.		

VOL. 1
(A-N)

ENGLISH AND SANSKRIT DICTIONARY

A

A. **As an indefinite article before nouns singular, for the most part not expressed in Sanskrit; as, 'a lion,'** सिंहः; **(One)** एकः -का -कं.—**(Some, a certain)** कश्चित्; **as, 'a certain man,'** कश्चित् पुरुषः—**(Each, every) expressed by** प्रति **or** अनु, **before the acc. neut.; as, 'a day,' 'each day,'** प्रतिदिनं **or** अनुदिनं. **When 'a' comes before a participle, after a verb or motion, it is expressed by the dat. c.; as, 'he went a hunting,'** मृगयायै गतः; **or by** अर्थं **preceded by the crude form of a noun; as,** मृगयार्थं गतः; **or by the infinitive; as,** मृगयां कर्त्तुं गतः.

Baft, ***adv.*** **(Towards the stern of the ship)** नावः पश्चिमभागं प्रति.

To **abandon,** ***v.a.*** त्यज् (**c.1.** त्यजति, त्यक्तुं), परित्यज्, सन्त्यज्; हा (**c.3.** जहाति, हातुं), अपहा, विहा, प्रहा, अपाहा; उत्सृज् (**c.6.** -सृजति, -स्रष्टुं), अतिसृज्, व्यपसृज्; उज्झ् (**c.6.** उज्झति, उज्झितुं), प्रोज्झ्.

Abandoned, ***p.p.*** त्यक्तः -क्ता -क्तं, परित्यक्तः -क्ता -क्तं, उत्यक्तः -क्ता -क्तं, हीनः -ना -नं, उत्सृष्टः-ष्टा-ष्टं, प्रोज्झितः-ता-तं, समुज्झितः -ता-तं, रहितः -ता-तं विरहितः -ता-तं विसर्ज्जितः -ता-तं, विनाकृतः -ता-तं.—**(Reprobate)** पापात्मा -त्मा-त्म (न्), पापमतिः -तिः-ति.

Abandonment, ***s.*** त्यागः, परित्यागः, उत्त्यागः, विरहः, प्रोज्झनं.—**(Of worldly connexions)** सन्न्यासः.

To abase ***v.a.*** स्वस्थानाद् अपकृष् (**c.1.** -कर्षति, **c.6.** -कृषति, -क्रष्टुं), स्वस्थानाद् भ्रंश् **in caus.** (भ्रंशयति, भ्रंशयितुं) **or** निपत् **in caus.** (-पातयति, -पातयितुं).

Abased, ***p. p.*** भग्नदर्पः-र्पा -र्पं, अपकृष्टः - ष्टा -ष्टं, पराभूतः -ता -तं, अभिभूतः -ता -तं.

Abasement, ***s.*** **(The act of bringing low)** अपकर्षः, -र्षणं, अभिभवः.—**(A low state),** अपकृष्टता, -त्वं, अपकीर्त्तिः ***f.***

To abash, ***v. a.*** लज् **in caus.** (लाजयति, लाजयितुं), ह्री **in caus.** (ह्रेपयति, ह्रेपयितुं), त्रप् **in caus.** (त्रपयति, त्रपयितुं).

Abashed, ***p. p.*** लज्जितः -ता -तं, त्रपितः -ता -तं, व्रीडितः -ता -तं, ह्रीपरिगतः -ता -तं.

To abate, ***v. a.*** **(To diminish)** ह्रस् **in caus.** (ह्रासयति, ह्रासयितुं), कन् **(nom.** कनयति, कनयितुं), लघ् **(nom.** लघयति, लघयितुं), शम् **in caus.** (शमयति, शमयितुं)—**(To let down the price in selling)** मूल्यं न्यूनीकृ.—**(To depress)** अवसद् **in caus.** (-सादयति, -यितुं).

To **abate,** ***v. n.*** **(To grow less)** क्षि **in pass.** (क्षीयते), ह्रस् (**c. 1.** ह्रसति, ह्रसितुं).—**(To subside)** शम् (**c.4.** शाम्यति, शमितुं), उपशम्, प्रशम्.

Abated, ***p. p.*** **(Subsided)** उपशान्तः -न्ता -तं, प्रशान्तः -न्ता -तं.

Abbess, ***s.*** विहारस्य **or** मठस्य **or** आश्रमस्य प्रधाना स्त्री.

Abbey, ***s.*** विहारः, धर्म्मचारिणां मठः.

Abbot, ***s.*** विहारस्य प्रधानपुरुषः, मठाध्यक्षः, गुरुः.

To abbreviate, ***v. a.*** **(To shorten by contraction)** संहृ (**c. 1.** -हरति, -हर्त्तुं), सङ्क्षिप् (**c.6.** -क्षिपति, -क्षेप्तुं), ह्रस् **in caus.** (ह्रासयति, ह्रासयितुं).

Abbreviature, ***s.*** सङ्क्षेपः, -पणं, समसनं, सङ्ग्रहः.

To abdicate, ***v.a.*** **(To resign an office)** राज्यं **or** अधिकारं **or** पदं त्यज् (**c.1.** त्यजति, त्यक्तुं).

Abdication, ***s.*** राज्यत्यागः, अधिकारत्यागः, पदत्यागः.

Abdomen, ***s.*** वस्तिः ***m.***, उदरं, कुक्षिः ***m.***

Abdominal, ***a.*** वास्तेयः -यी -यं, उदरकः -का -कं, कौक्षः -क्षी - क्षं.

Aberration, ***s.*** विभ्रमः, भ्रान्तिः, भ्रंशः, च्युतिः ***f.***, पथभृष्टता, उन्मार्गगमनं.

To abet, ***v.a.*** **(To encourage)** प्रोत्सह् **in caus.** (-साहयति, -साहयितुं), प्रवृत् **in caus.** (-वर्त्तयति, -वर्त्तयितुं).—**(To help)** उपकृ (**c.8.**—करोति, -कर्त्तुं), उपचर् (**c.1.** -चरति, -चरितुं), उपकारं **or** साहाय्यं कृ.

Abettor, ***s.*** प्रोत्साहकः, प्रवर्त्तकः, उपकारकः.

Abeyance, ***s.*** अपेक्षा, विलम्बः.

To **abhor,** ***v. a.*** गर्ह (**c. 1.** गर्हते, गर्हितुं), बाध् **in des.** (बीभत्सते, बीभत्सितुं), घृणां कृ, द्विष् (**c.2.** द्वेष्टि, द्वेष्टुं), प्रद्विष्.

Abhorrence, ***s.*** बीभत्सः, -त्सं, गर्हणं, घृणा, अरुचिः ***f.***

Abhorrent, ***a.*** **(Struck with abhorrence)** वीभत्सान्वितः -ता -तं— **(Inconsistent with)** विरुद्धः -द्धा -द्धं, अयोग्यः -ग्या -ग्यं, असङ्गतः -ता -तं, असंस्थितः -ता -तं, विपरीतः -ता -तं.

To abide, ***v. n.*** **(To dwell)** वस् (**c.1.** वसति, वस्तुं).—**(To remain)** स्था (**c.1.** तिष्ठति -ते, स्थातुं), वृत् (**c.1.** वर्त्तते, वर्त्तितुं).

To **abide,** ***v. a.*** **(To wait for, expect)** प्रतीक्ष् (**c.1.** -ईक्षत्, -ईक्षितुं). उद्दृश् (**c.1.** -पश्यति, -द्रष्टुं), प्रतिपाल् (**c.10.** -पालयति, -पालयितुं).—**(To bear, support)** सह् (**c.1.** सहते, सोढुं), क्षम् (**c. 1.** क्षमते, क्षन्तुं), तिज् **in des.** (तितिक्षते,

तितिक्षितुं). —To abide by one's promise) प्रतिज्ञातं पाल्.

Abiding, ***a.*** स्थायी -यिनी -यि (न्), वर्त्री -र्त्रिनी -र्त्रि (न्), वृत्तिमान् -मती -मत् (त्).

Ability, ***s.*** शक्तिः ***f.*** शक्तता, बलं, सामर्थ्यं. **—(Skill)** कुशलता, प्रवीणता. **'To the utmost of one's ability,'** यथाशक्ति ***ind.,*** यावच्छक्यं, सर्व्वयत्नैः, यथासामर्थ्यं.

Abject, ***a.*** कृपणः-णा-णं, अधमः-मा -मं, अपकृष्टः -ष्टा -ष्टं, निकृष्टः-ष्टा-ष्टं, नीचः-चा-चं, अवगर्हितः-ता-तं. **—(Without hope)** निराशः -शा -शं.

Abjectly, ***adv.*** कृपणं, कार्पण्येन, निकृष्टं, नीचतया, अधमप्रकारेण.

Abjectness or Abjection, ***s.*** कार्पण्यं, अधमत्वं, अपकृष्टता, निकृष्टता.

Abjuration, ***s.*** **(Renouncing with oath)** शपथेन त्यागः.

To **abjure,** ***v. a.*** **(To renounce with oath)** शपथेन त्यज् **(c. 1** त्यजति, त्यक्तुं). **—(To renounce)** प्रत्याख्या **(c.2. -**ख्याति -ख्यातुं), परित्यज्.

Ablative Case, अपादानं, पञ्चमी विभक्ति.

Able, ***a.*** **(Of power sufficient)** समर्थः -र्था -र्थं, क्षमः -मा -मं, शक्तः -क्ता -क्तं. **(Powerful)** प्रबलः -ला -लं, बलवान् -वती -वत् (त्), शक्तिमान् -मती -मत् (त्)

To be **able,** ***v. n.*** शक् **(c. 5.** शक्नोति, **c. 4.** शक्यति -ते, शक्तुं), क्षम् **(c.1.** क्षमते, क्षन्तुं), उत्सह् **(c.1. -**सहते -सोढुं) **with inf.;** प्रभू **(c. 1.** -भवति -भवितुं) **with dat.; as, 'they are able to destroy the world,'** प्रभवन्ति क्षयाय जगतः.

Able-bodied, ***a.*** प्रबलशरीरः रा-रं, प्रबलकायः-या-यं. दृढाङ्गः -ङ्गा -ङ्गं

Ablution, ***s.*** स्नानं, मज्जनं, धावनं.

Abnegation, ***s.*** निह्नवः, अपह्नवः, प्रत्याख्यानं.

Abode, ***s.*** **(Place of residence)** गृहं, वेश्म ***n.*** (न्), आयतनं, निवासः, निलयः, -यनं, आलयः—**(Continuance in a place)** वसतिः, अवस्थानं,

To **abolish,** ***v. a.*** **(To annul)** लोपं कृ, निरर्थकं -कां -कं कृ. **—(To destroy)** नश् **in caus.** (नाशयति, नाशयितुं), विनश्; सद् **in caus.** (सादयति, सादयितुं), उत्सद्, प्रोत्सद्; उद्धृ **(c.1.** -हरति -हर्त्तुं), उच्छिद् **(c.7.** -छिनत्ति, -छेत्तुं).

Abolished, ***p. p.*** लुप्तः -प्ता -प्तं.

Abolition ***s.*** **(Act of annulling)** लोपः. **—(Destruction)** विनाशः. उद्धरणं, उच्छेदः.

Abominable, ***a.*** गर्हणीयः -या -यं, द्वेष्यः -ष्या -ष्यं, घृणार्हः -र्हा -र्हं.

Abominably, ***adv.*** गर्ह्यप्रकारेण, गर्हितं.

To **abominate,** ***v. a.*** गर्ह् **(c. 1.** गर्हते, गर्हितुं), वाध् **in des.** (बीभत्सते, बीभत्सितुं).

Abominated, ***p. p.*** गर्हितः -ता -तं.

Abomination, ***s.*** **(Detestation)** बीभत्सः, गर्हा, गर्हणं. **—(An abominated thing, the object of detestation)** गर्हितं, अशुद्धद्रव्यं.

Abortion, ***s.*** गर्भस्रावः अकालप्रसवः.

Abortive, ***a.*** **(Producing abortion)** गर्भस्रावी -विनि -वि (न्). **—(Brought forth prematurely)** गर्भसृस्तः -स्ता -स्तं, अपूर्णकालः -ला -लं. **—(That does not succeed)** निष्फलः-ला -लं, मोघः -घा -घं, व्यर्थः -र्था -र्थं.

To abound, ***v.n.*** **(Followed by with or in)** सङ्कृ **in pass.** (-कीर्य्यते) **with inst. c.;** पृ **in pass.** (पूर्य्यते), आपृ **with inst. c. —(To be in great plenty)** बहुलीभू **(c. 1. -**भवति, -भवितुं).

Abounding in, आढ्यः -ढ्या -ढ्यं, सङ्कीर्णः -र्णा -र्णं, चितः -ता -तं, निचयी -यिनी -यि (न्), संवलितः -ता -तं.

About, ***prep*** **(Encircling)** परि **prefixed. —(Near to, in time)** प्रति. **—(In number)** देशीय **affixed; as, 'about twelve years old,'** द्वादशवर्षदेशीयः; न्यूनाधिकं. **—(Concerning, relating to)** प्रति, प्रतीक्ष्य, उद्दिश्य. **—(On account of)** हेतोः, हेतौ, अर्थं, अर्थे, कृते, निमित्ते, कारणात्, **with the crude form, or sometimes the gen c. of the preceding noun. —(Engaged in any thing)** व्यापृतः, निष्ठितः, निरतः, **with loc. c. —(Close to one's person)** पार्श्वतस् ***ind.,*** निकटे, समीपं.

About, ***adv.*** **(Circularly)** परितस् ***ind.,*** अभितस् ***ind.*** **—(Nearly)** प्रायशस् **or** प्रायस् ***ind.*** **—(Here and there)** इतस्ततस् ***ind.,*** सर्व्वतस् **ind. —(To be about to do any thing) expressed by** उद्यतः **'prepared,' with the infin.; as, 'about to kill,'** हन्तुम् उद्यतः; **or by the act. part. of the second fut.; as,** गमिष्यन्, **'about to go,'** एधिष्यमाणः, **'about to increase'; or, by the desid. adj.; as,** जिगमिषुः, **'about to go,'** मुमूर्षुः **'about to die.'**

Above, ***prep.*** **or** ***adv.*** **(Higher in place)** अधि **or** अभि **prefixed;** उपरि, उपरिष्टात्, ऊर्द्ध्वं. **—(More in quantity)** अधिकं, उत्तरं. **—(Higher in rank)** उत्तरः -रा -रं, विशिष्टः -ष्टा -ष्टं, श्रेष्ठः -ष्ठा -ष्ठं. **—(Superior to, beyond)** अति; **as, 'above man's power,'** अतिमानुषं. **—(Above all, especially)** विपेशतस् ***ind.*** प्राधान्यतस् ***ind.***

To be **above,** ***v. n.*** **(To excel)** अभिभू **(c.1. -**भवति -भवितुं), प्रभू, अतिभू; विशिष् **in pass** (-शिष्यते). **—(To be higher)** ऊर्द्ध्वं स्था **(c.1.** तिष्ठति, स्थातुं).

Above-ground, ***a.*** **(Not in the grave, still existing)** वर्त्तमानः -ना -नं, जीवन् -वन्ती -वत् (त्).

Above-mentioned, ***a.*** पूर्व्वोक्तः-क्ता-क्तं, पूर्व्वोदितः -ता -तं, प्रागुक्तः -क्ता -क्तं.

Abreast, ***adv.*** पार्श्वापार्श्वि.

To **abridge,** ***v. a.*** संहृ **(c.1.** -हरति -ते -हर्त्तुं) उपसंहृ; सङ्क्षिप् **(c.6.** -क्षिपति -क्षेप्तुं). **—(To shorten)** ह्रस् **in caus.** (ह्रासयति, ह्रासयितुं). **—(To deprive of, cut off)** उच्छिद **(c.7.** -छिनत्ति -छेत्रुं), वियुज् **in caus.** (-योजयति -योजयितुं).

Abridgment, ***s.*** प्रत्याहारः, सङ्क्षेपः, -पणं, समसनं, सङ्ग्रहः, समाहारः, समाहृतिः ***f.***

Abroad, ***adv.*** **(In another country)** विदेशे **loc. c. —(At large, unconfined)** निर्विघ्नं. **—(Out of the house)** वहिस्. **—(In all directions)** सर्व्वत्र, इतस्ततस् ***ind.*** **—(Sojourn abroad in a foreign country)** प्रवसनं. **—(A sojourner abroad)** प्रवासी (न्), प्रोषितः.

To abrogate, ***v. a.*** लोपं कृ.

Abrogated, ***p. p.*** लुप्तः -प्ता -प्तं.

Abrogation, ***s.*** लोपः, लोपकरणं.

Abrupt, ***a.*** **(Broken, craggy)** भग्नः -ग्ना -ग्नं, भिन्नः -न्ना -न्नं, रुक्षः -क्षा -क्षं. **—(Sudden)** आकस्मिकः -की -कं. **—(Unconnected)** असम्बन्धः -न्धा -न्धं.

Abruptly, ***adv.*** **(Hastily)** सहसा, अकस्मात्, झटिति.

Abscess, ***s.*** विद्रधिः ***m.,*** पूयसम्पूर्णः स्फोटः.

To **ascond,** ***v. n.*** **(To hide one's self)** आत्मानं गुह् **(c. 1.** गूहति -ते, गोढुं), निगुह्; गुप्तः -प्ता -प्तं **or** प्रच्छन्नः -न्ना -न्नं भू. **—(To disappear)** अन्तर्धा **in pass.** (-धीयते). **—(To escape privately)** पलाय् **(c.1.** पलायते -यितुं), निष्पत् **(c.1** -पतति -पतितुं), व्यपसृप् **(c. 1.** -सर्पति -सर्पितुं).

Absence, ***s.*** अभावः, परोक्षं, अनुपस्थितिः ***f.,*** अनुपस्थानं, अविषयः, असन्निधिः ***m.*** **—(Absence from)** विरहः, वियोगः. **—(Of mind)** अमनोयोगः, अन्यमानसत्वं, समाधिः ***m.*** **—(In one's absence)** परोक्षे.

Absent, ***a*** **(Not present)** अवर्त्तमानः -ना -नं, अविद्यमानः -ना -नं, परोक्षः -क्षा -क्षं, स्थानान्तरङ्गतः -ता -तं, अनुपस्थितः -ता -तं, अनुपस्थायी -यिनी -यि (न्), असमक्षः, -क्षा -क्षं, अप्रत्यक्षः -क्षा -क्षं. **—(Abroad)** प्रोषितः -ता -तं. **—(Absorbed in meditation)** समाहितः -ता -तं. **—(Thinking of something else)** अन्यमानसः -सी -सं **or** -मनाः -नाः -नः (स्), शून्यहृदयः -या -यं.

To be **absent,** ***v n.*** अन्यत्र, **or** स्थानान्तरे, **or** असाक्षात्, वृत् **(c. 1.** वर्त्तते, वर्त्तितु) **or** अस् **(c.2.** अस्ति).

Absentee, ***s.*** प्रोषितः, प्रवासी ***m.*** (न्), अदेशस्थः.

Absolute, ***a.*** **(Complete)** सम्पूर्णः -र्णा -र्णं, समाप्तः -प्ता -प्तं, समग्रः -ग्रा -ग्रं, पर्य्याप्तः -प्ता -प्तं. **—(Not relative, simple)** मात्रकः -का-कं, केवलः -ला -लं. **—(Sovereign, paramount)** परमः -मा -मं, उत्तमः -मा -मं. **—(An absolute king)** अधिराजः, सम्राट् (ज्).

Absolutely, ***adv.*** **(Entirely)** सर्व्वशस्, केवलं.

Absolution, ***s.*** पापमोचनं, पापक्षमा, निष्कृतिः ***f.*** क्षमा, मुक्तिः ***f.***

To **absolve,** ***v. a.*** **(To acquit of a crime)** पापात् मुच् **(c. 6** मुञ्चति -ते, मोक्तुं), विमुच्, **or in caus.** (मोचयति -यितुं), पापं क्षम् **(c. 1.** क्षमते, क्षन्तुं), अपराधं क्षम्; **'he is absolved from crime,'** दुष्कृतात् पूयते.

Absolved, ***p. p.*** पापमुक्तः -क्ता -क्तं.

To **absorb,** ***v.a.*** निपा **(c.1.** -पिवति, -पातुं), उत्था; शुष् **in caus.** (शोषयति -यितुं), उच्छुष्, उपशुष्; ग्रस् **(c.1.** ग्रसते, ग्रसितुं), उपग्रस्.

Absorbed, ***p. p.*** **(Absorbed in any occupation)** निरतः -ता -तं, निविष्टः -ष्टा -ष्टं, परायणः -णा -णं, आसक्तः -क्ता -क्तं. **—(In meditation)** समाहितः -ता -तं, एकाग्रः -ग्रा -ग्रं; **(Drunk in)** निपीतः -ता -तं, ग्रस्तः -स्ता -स्तं.

Absorption, निपानं, शोषणं, ग्रसनं.

To **abstain,** ***v. n.*** निवृत् **(c. 1.** -वर्त्तते -वर्त्तितुं) **with abl.; as, 'he abstains from eating flesh,'** निवर्त्तते मांसभक्षणात्; वृज् **in caus.** (वर्जयति -यितुं), परिवृज्, विवृज् **with acc.**

Abstemious, ***a.*** अल्पाहारी -रिणी -रि (न्), अभोजी -जिनी -जि (न्), मिताशनः -ना -नं, मितभुक् ***m. f. n.*** (ज्), परिमिताहारः-रा -रं, नियताहारः -रा -रं यताहारः -रा -रं, लघ्वाशी-शिनी -शि (न्), लघ्वाहारः -रा -रं.

Abstemiousness, ***s.*** आहारपरित्यागः, अल्पाहारित्वं.

Abstinence, ***s.*** **(Abstaining from food)** उपवासः, अभोजनं. **—(Restraint of the passions)** जितेन्द्रियत्वं, संयमनं, संयामः. **—(Forbearance from any thing)** निवृत्तिः ***f.,*** क्षान्तिः, ***f.***

Abstinent, ***a.*** **(Temperate)** जितेन्द्रियः -या -यं, निवृत्तरागः -गा -गं, संयमी -मिनी -मि (न्), संयतात्मा -त्मा -त्म (न्). **—(Fasting)** उपवासी -सिनी -सि (न्).

To **abstract,** ***v. a.*** अपहृ **(c.1.** -हरति -ते -हर्त्तुं), व्यपहृ; अपकृष् **(c. 1.** -कर्षति, **c.6.** -कृषति -क्रष्टुं), अपाकृष्, अवकृष्, व्यपकृष्; आदा **(c.3.** -दत्ते -दातुं), उपादा, अन्यादा. **—(To reduce to an epitome)** सङ्क्षिप् **(c.6.** -क्षिपति -क्षेप्तुं), संहृ.

Abstract, ***a.*** विभित्रः -न्ना -त्रं, वियुक्तः -क्ता -क्तं, विविक्तः

-क्ता -क्तं, पृथक्कृतः -ता -तं, केवलः -ला -लं—**(From material objects)** विषयविविक्तः -क्ता -क्तं, विषयापकृष्टः -ष्टा -ष्टं —**(Metaphysical)** सान्वीक्षिकः -की -कं. —**(Abstracted in mind)** समाहितः -ता -तं, अनन्यमनाः -नाः -नः (स्).

Abstract, *s.* (An epitome) सङ्ग्रहः, प्रत्याहारः, सङ्क्षेपः, सारः, वस्तु ***n.*** वस्तुमात्रं.—**(An abstract noun)** भाववाचकः.

Abstractedly, Abstractly, *adv.* विविक्तं, विविक्तप्रकारेण. —**(Simply)** केवलं, मात्रं.

Abstraction, *s.* (Taking away) प्रत्याहारः, उपादानं. —**(Separation)** विवेकः, विभेदः, पार्थक्यं, पृथक्करणं. —**(From material objects)** विषयविविक्तत्वं.—**(Of the mind)** समाधिः ***m.,*** एकाग्रता.

Abstruse, *a.* (Hidden) गूढः -ढा -ढं, गुप्तः -प्ता -प्तं, प्रच्छन्नः -न्ना -न्नं.—**(Remote from apprehension, obscure)** निगूढः-ढा -ढं, निगूढार्थः -र्था -र्थं, दुर्ज्ञेयः -या -यं, बोधागम्यः -म्या, -म्यं, कठिनः -ना -नं.

Absurd, *a.* अनर्थकः -का -कं, न्यायविरुद्धः -द्धा -द्धं, विचारविरुद्धः -द्धा -द्धं, अन्यायी -यिनी -यि (न्).

Absurdity, *s.* (That which is absurd) मृषार्थकं, अनर्थकं, शशविषाणं, शशशृङ्गं, गगनकुसुमं, गगनपुष्पं.

Absurdness, *s.* आनर्थक्यं, अन्यायत्वं, अयाथार्थ्यं.

Absurdly, *adv.* अन्यायतस् ***ind.*** आनर्थक्येन, अविचारेण.

Abundance, *s.* बाहुल्यं, बहुत्वं, प्रचुरत्वं.

Abundant, *a.* बहुः -हुः **or** -ह्वी -हु, बहुलः -ला -लं, प्रचुरः -रा -रं, भूरिः -रिः -रि, विपुलः -ला -लं, समधिकः -का -कं.

Abundantly, *adv.* बहुशस् ***ind.,*** भूरिशस् ***ind.,*** भूयस् ***ind.,*** अनेकशस् ***ind.***

***To* abuse, v. a. (Make ill use of)** वृथा **or** मृषा **or** अन्यायतः प्रयुज् **(c.7.** -युंक्ते -योक्तुं**), or in caus** (-योजयति -यितुं), कदर्थीकृ, व्यर्थीकृ, वृथाकृ.—**(Revile)** कुत्स् **(c.10.** कुत्सयति -यितुं), अभिकुत्स्, आक्षिप् **(c. 6.** -क्षिपति -क्षेप्तुं), परिक्षिप्, आक्रुश् **(c. 1.** क्रोशति -क्रोष्टुं), समाक्रुश्, तिरस्कृ **(c.8.** -करोति, -कुरुते -कर्त्तुं), अपवद् **(c. 1.**-वदते -वदितुं), अवगुर् **(c.6.** गुरते, -गुरितुं), **with dat. or loc.;** शप् **(c.1.** शपति, **c.4.** शप्यति शप्तुं), अभिशप्, परिशप्; आक्षर्, **in caus.** (-क्षारयति-यितुं), मुखरीकृ, अतिब्रू **(c.2.** -ब्रवीति -वक्तुं) —**(To abuse in return)** प्रत्याक्रुश्.

Abuse, *s.* पारुष्यं, अभिवादः, तिरस्कारः, परिभाषणं, आक्रोशः, विक्रोशनं, अपक्रोशः, निन्दा, मौखर्य्यं, उपालम्भः, जुगुप्सा, -प्सनं, वाक्पारुष्यं, वाग्दोषः, खलोक्तिः ***f.*** निर्भर्त्सनं, दुरालापः, दुर्व्वचः ***n.*** (स्), परुषवचनं, परूषोक्तिः ***f.,*** **(Ill use)** कुप्रयोगः, कुव्यवहारः, दुर्व्यवहारः, कदर्थीकरणं.

Abused, *p. p.* (Badly employed) कु प्रयुक्तः -क्ता -क्तं. —**(Reviled)** आक्षिप्तः -प्ता -प्तं, आक्रुष्टः -ष्टा -ष्टं.

Abusive, *a.* निन्दकः -का -कं, परूषः -षा -षं, मुखरः -रा -रं, आक्रोशकः -की -कं, दुर्व्वादः -दा -दं, कुत्सावादी -दिनी -दि (न्), वाग्दुष्टः -ष्टा -ष्टं.

Abyss, *s.* अगाधदरी ***f.*** अगाधरन्ध्रं, अतलस्पर्शखातं, गम्भीररन्ध्रं, नरकः.

Academy, *s.* पाठशाला, विद्यालयः, विद्याभ्यासस्थानं.

***To* accede, *v. n.* (To be added to)** मिल् **(c.1.** मिलति, मेलितुं), समि **(c.2.** -एति -एतुं), सङ्गम् **(c.1.** -गच्छति, -गन्तुं). —**(To assent)** अनुज्ञा **(c.9.** -ज्ञानाति -नीते -ज्ञातुं), अनुमन् **(c. 4.** -मन्यते -मन्तुं), सम्मतिं कृ.

To accelerate, *v.a.* त्वर् **in caus.** (त्वरयति -यितुं), सन्त्वर, प्रवृत् **in caus.** (-वर्त्तयति -यितुं).

Accent, *s.* (The sound of a syllable) स्वरः.—**(The manner of speaking)** उच्चारणं.—**(The mark of a syallable)** उच्चारणचिह्नं, स्वरचिह्नं.—**(Acute accent)** उदात्तः.

***To* accent, *v. a.* (The pronounce with a proper accent)** सूत्रानुसारतः **or** सूत्रानुरूपम् उच्चर् **in caus.** (-चारयति -यितुं) **or** स्वरोच्चारणं कृ.

Accented, *p. p.* स्वरितः -ता -तं, उदात्तः -त्ता -त्तं.

To accentuate, *v. a.* स्वरस्य उपरि उच्चारणचिह्नं दा **(c. 3.** ददाति, दातुं).

To* accept, *v.a. ग्रह् **(c.9.** गृह्णाति, गृह्णीते, ग्रहीतुं), प्रतिग्रह् सङ्ग्रह, उपसङ्ग्रह्; आदा **(c. 3.**-ददाति -दत्ते, -दातुं), प्रतीष् **(c.6.** -इच्छति -एष्टुं), स्वीकृ **(c.8.** -करोति -कर्त्तुं).

Acceptable, *a.* गृह्यः -ह्या -ह्यं, ग्रहणीयः -या -यं, आदेयः -या -यं, उपादेयः -या -यं, समादेयः -या -यं, —**(Agreeable)** रमणीयः -या -यं, मनोरमः -मा -मं, प्रियः -या -यं.

Acceptableness, *s.* ग्राह्यत्वं, रमणीयत्वं, प्रियता.

Acceptance, *s.* प्रतिग्रहः, परिग्रहः, आदानं, स्वीकरणं. —**(Acceptance of money)** धनादानं.

Acceptation, *s.* (Meaning) अर्थः, अभिप्रायः, आशयः

Accepted, *p. p.* गृहीतः -ता -तं, आदत्तः -त्ता -त्तं.

Access, *s.* (The way by which any thing may be approached) आगमः, अभिगमः उपगमः.—**(Increase, addition)** वृद्धिः ***f.,*** उपचयः.

Accessary *or* -ory, *a.* (Co-operator) सहकारी -रिणी -रि (न्).— **(To a crime)** पापसहायः.

Accessible, *a.* अभिगम्यः -म्या -म्यं, गम्यः -म्या, -म्यं, सुगमः -मा -मं, -लभ्यः -भ्या -भ्यं, सुलभः -भा -भं, सुखोपसर्प्यः -र्प्या -र्प्यं.

Accession, *s.* **(Increase by something added)** आगमः, वृद्धिः *f.,* उपचयः—**(Accession of wealth)** धनागमः.—**(The act of joining one's self to)** उपगमः अभिगमनं, मिलनं, उपस्थितिः *f.(Accession to a throne)* राज्यप्राप्तिः *f.*

Accessory, *a.* **(Additional)** अधिकः -का -कं.—**(Associated with)** सहितः -ता -तं, **or** सम्मिलितः -ता -तं, **or** संयुक्तः -क्ता -क्तं.

Accidence, *s.* **(Rudiments of grammar)** व्याकरणारम्भः, व्याकरणस्य आदिप्रकरणग्रन्थः.

Accident, *s.* **(A casualty, chance)** सङ्गतिः *f.,* दैवयोगः, दैवगतिः *f.,* दैवात् **or** अकस्मात् सङ्गतं, दैवघटनं **or** -ना, अतिवर्त्तनं, अभ्युदयः—**(Unfortunate accident)** आपद *f.,* विपद *f.*—**(A non-essential quality)** अप्रकृतिः *f.,* असहजो गुणः.—**(By accident)** अकस्मात्, दैवात्, दैवेन, दैवगत्या.

Accidental, *a.* **(Casual)** दैवायत्तः -त्ता -त्तं आपतिकः -की -कं, साङ्गतिकः -की -कं, आकस्मिकः -की -कं.—**(Non essential)** अप्रकृतः -ता -तं, असमवायी -यिनी -यि (न्).

Accidentally, *adv.* दैवात्, अकस्मात्, सङ्गत्या, दैवयोगेन.

Acclamation or Acclaim, *s.* प्रणादः, धन्यवादः, जयशब्दः, प्रशंसाशब्दः, सम्मतिप्रणादः, सांराविणं.

Acclivity, *s.* उत्सङ्गः, स्थानं क्रमश उद्गम्यं.

To accomodate, *v.a.* **(To adapt, adjust)** युज् **in caus.** (योजयति -यितुं), सन्धा **(c.3.** -दधाति- धातुं), समाधा.—**(To settle a difference)** सन्धा, समाप् **in caus.** (-आपयति -यितुं).—**(To supply with conveniences)** सोपकारद्रव्याणि उपकृप् **(c.10.** -कल्पयति -यितुं), युज् **in caus.** समायुज्.

Accommodation, *s.* **(Supplying of conveniences)** सोपकारद्रव्योपकल्पनं.—**(Convenience)** उपकरणं.—**(Mutual accommodation)** प्रत्युपकारः.—**(Adaptation)** संयोजनं, सन्धानं.

Accompanied, *p.p.* सहितः -ता -तं, संवृतः -ता -तं, सहायवान् -वती -वत्, परिवारितः -ता -तं, समेतः -ता -तं. **As applied to two persons** द्वितीय **or** सहाय **may be used; as, 'Nakula accompanied by Sahadeva,'** नकुलः सहदेवद्वितीयः; **'accompanied by Umā,'** उमासहायः, **Sometimes** स **is prefixed with the sense; as, 'accompanied by his ministers,'** ससचिवः.

***To* accompany,** *v. a.* **(As a companion)** अनुया **(c.2.** -याति -यातुं), समनुया, अन्वि **(c.2.** -एति -एतुं), परिवृ **in caus.** (-वारयति -यितुं), सहायीभू.—**(To join with)** युज् **(c.7.** युनक्ति, योक्तुं, **c.10.** योजयति -यितुं), संयुज्.

Accomplice, *s.* **(In crime)** पापसहायः, पापसम्मितः, कुसहायः.—**(Coadjutor)** सहकारी *m.* (न्).—**(Adherent)** अनुषङ्गी *m.* (न्).

***To* accomplish,** *v. a.* सिध् **or** साध् **in caus.** (साधयति -यितुं) संसाध्; समाप् **in caus.** (-आपयति -यितुं), सम्पद् **in caus.** (-पादयति -यितुं), समाचर् **(c.1.** -चरति -चरितुं), निर्वृत् **in caus.** (-वर्त्तयति -यितुं), समास्था **(c.1.** तिष्ठति -ते -स्थातुं), अनुष्ठा, आस्था, कृ **(c.8.** करोति, कर्त्तुं) सङ्कृ.

Accomplishable, साध्यः -ध्या -ध्यं, साधनीयः -या -यं, सम्पादनीयः -या -यं.

Accomplished, सिद्धः -द्धा -द्धं, निर्वृत्तः -त्ता -त्तं, निष्पन्नः -न्ना -न्नं, सम्पन्नः -न्ना -न्नं, कृतार्थीभूतः -ता -तं.—**(Clever)** गुणवान्-वती-वत् (त्), गुणी -णिनी -नि (न्), निपुणः -णा -णं.

Accomplishment, *s.* सिद्धिः *f.,* समाप्तिः *f.,* निष्पत्तिः *f.,* आसा साधनं, निर्व्वाहः, राद्धिः *f.,* निर्वृत्तिः *f.*—**(Of one's object)** कृतकृत्यता, कृतार्थता, स्वार्थसिद्धिः *f.*—**(The condition of an accomplished man)** गुणिता, सम्पूर्णभावः, निपुणता.—**(Embellishment)** परिष्कार.

***To* accord,** *v. n.* **(To agree, suit)** युज् **in pass** (युज्यते), अनुरूपः -पा -पं, **or** सदृशः -शा -शं, **or** तुल्यः -ल्या -ल्यं अस्.—**(To be of the same option)** एकचित्तीभू, सम्मतः -ता -तं भू.

Accord, *s.* **(Concurrence)** सम्मतिः *f.,* ऐकमत्यं, एकचित्रता, समता, समवाक्यं, स्वीकरणं.—**(In music)** एकतालः—**(Of one's own accord)** स्वयं, कामतस् *ind.,* कामहैतुकः -की -कं.—**(With one accord)** एकचित्तीभूय.

Accordance, *s.* **(Conformity)** अनुसारः, अनुरूपता, सादृश्यं.

According, *prep.* **(According to)** यथा, अनुरूपं, अनुसारतस् *ind.* अनुरूपेण, अनुसारेण, अनु **prefixed; 'according to seniority,'** अनुज्येष्ठं; **'according to one's desire,'** यथेष्टं, यथाभिमतं; **'according to one's power,'** यथाशक्ति *ind.*

Accordingly, *adv.* तथैव, तदनुसारतस् *ind.,* तदनुरूपेण.

***To* accost.** *v.a.* अभिभाष् **(c.1.** -भाषते -भाषितुं), आभाष्, समाभाष्, अभिधा **(c.3.** -दधाति -धातुं), आमन्त्र् **(c. 10.** -मन्त्रयति-ते-यितुं), समामन्त्र्.

Accosted, *p. p.* अभिहितः -ता -तं, अभिभाषितः -ता -तं.

Account, *s.* **(A computation)** गणितं, विगणनं, गणना -नं, सङ्ख्यानं, लेखा.—**(Value, estimation)** मूल्यं, अर्थः, सम्मानं.—**(Great value)** बहुमतिः—**(Narrative, explanation)** कथा, कथनं, उपाख्यानं, यथातथं, यथास्थितं; **'on this account,'** अतस् *ind.,* अनेन हेतुना, इति हेतोः; **'on what account?'** केन हेतुना **or** केन कार्य्येण; **'on account of,'** हेतोः, हेतौ, अर्थं **or** अर्थे, कृते, निमित्ते, कारणात् **with the crude form; or expressed by simply putting the noun in the abl.**

c.; as, 'on account of anger,' कोपात्; **or by the indec. part. of** उद्दिश्; **as, 'on which account,'** यदुद्दिश्य.

***To* account, *v.a.* (To esteem)** मन् **(c. 4.** मन्यते, मन्तुं, **or caus.** मानयति -यितुं), मम्मन् **in caus.;** ज्ञा **(c. 9.** जानाति, जानीते, ज्ञातुं).—**(To reckon, compute)** गण् **(c. 10.** गणयति-यितुं), विगण्, सङ्ख्या **(c. 2.** -ख्याति -ख्यातुं). —**(To give an account or relation)** कथ् **(c. 10.** कथयति -यितुं), आख्या, निविद् **in caus.** (-वेदयति -यितुं).

Accountable, *a.* परानुयोगाधीनः -ना -नं, अनुसन्धेयः -या -यं, अनुसन्धानायत्तः -त्ता -त्तं, आह्वानाधीनः -ना -नं, यो निक्षेपं **or** न्यासं प्रतिपादयितुम् अर्हति.

Accountant, *s.* गणकः, लेखकः, लिपिकारः, मसिपण्यः.

Account-book, *s.* गणनापुस्तकं.

To* accoutre, *v. a. नह् **(c. 4.** -नह्यति -ते -नद्धुं), सन्नह्, पिनह्, सज्जीकृ **(c. 8.** -करोति -कर्त्तुं).

Accountred, सन्नद्धः द्धा-द्धं, पिनद्धः -द्धा -द्धं, सज्जः -ज्जा -ज्जं, सज्जितः -ता -तं.

Accountrement, *s.* सन्नाहः, सज्जा, परिधानं, अलङ्कारः.

***To* accrue, *v. n.* (To be added)** प्रतिवृत् **(c. 1.** -वर्त्तते -वर्त्तितुं), मिल् **(c. 1.** मिलति, मेलितुं), प्राप् **in pass** (-आप्यते). —**(To arise as profit)** उत्पद् **(c. 4.** -पद्यते -पत्तुं,), जन् **(c. 4.** जायते, जनितुं), सञ्जन्.

To* Accumulate, *v. a. चि **(c. 5.** चिनोति, चेतुं), सञ्चि, समाचि, प्राचि, राशीकृ, एकत्र कृ.

To* Accumulate, *v. n. उपचि **in pass.** (-चीयते), वृध् **(c. 1.** वर्धते, वर्धितुं), राशीभू.

Accumulated, *p. p.* उपचितः -ता -तं, सञ्चितः -ता -तं, समाचितः -ता -तं, राशीकृतः -ता -तं, वर्द्धितः -ता -तं.

Accumulation, *s.* सञ्चयः, समुदायः, सम्पत्तिः ***f.*** सङ्घातः, सन्नयः, ओघः, राशीकरणं.

Accuracy, *s.* याथार्थ्यं, तथ्यं याथातथ्यं, सम्यकत्वं, शुद्धत्वं, सत्यता. —**(Nicety)** सूक्ष्मत्वं.

Accurate, *a.* यथार्थः -र्था -र्थं, सत्यः -त्या -त्यं, तथ्यः -थ्या -थ्यं, ऋतः -ता -तं, समञ्जसः -मा -मं, यथार्थिकः -की -कं.

Accurately, *adv.* यथार्थं, सम्यक्, ऋतुं, सत्यं, अञ्जसा, सूक्ष्मत्वेन.

Accursed, *p. p.* अभिशप्तः -प्ता -प्तं, शापग्रस्तः -स्ता -स्तं, आक्रुष्टः -ष्टा -ष्टं, आक्रोशनीयः -या -यं, अवगर्हितः -ता -तं.

Accusation, *s.* अभियोगः, दोषकल्पनं, अपवादः.—**(False)** अभिशंसनं, अभिशापः.

Accusative. *a.* (Case) कर्म्म ***n.*** (न्), द्वितीया विभक्ति.

To* accuse, *v.a. अभियुज् **(c. 7.** -युनक्ति -योक्तुं), अभियोगं कृत, अधिक्षिप् **(c. 6.** -क्षिपति -क्षेप्तुं), अपवद् **(c. 1.** -वदति -वदितुं), दोषकल्पनं कृ, परिशप् **(c. 1.** -शपति -शप्तुं), अभिशप्.—**(To be accused),** अभियुज् **in pass.** (-युज्यते).

Accused, अभियुक्तः -क्ता -क्तं, अभिशप्तः -प्ता -प्तं, अभिशस्तः -स्ता -स्तं.

Accuser, *s.* अभियोगी ***m.*** (न्), अभियोक्ता ***m.*** (क्तृ) अपवादकः, परिवादकः.

To accustom, *v. a.* अभ्यस् **(c. 4.** -अस्यति -असितुं), अभ्यासं **or** व्यवहारं कृ, शिक्ष् **in caus.** (शिक्षयति -यितुं).—**(To be accustomed)** अभ्यस्तः -स्ता -स्तं भू.

Accustomary, *a.* आचारिकः -की -कं, आचरितः -ता -तं, व्यावहारिकः -की -कं, व्यवहारानुरूपः -पा -पं, स्वाभाविकः -की -कं.

Accustomed, *p. p.* अभ्यस्तः -स्ता -स्तं, शिक्षितः -ता -तं.

Ace, *s.* (On cards or dice) मुद्राविशेषः.—**(Within an ace, all but)** प्रायस्, यत्किञ्चिन् न्यूनं, ईषदूनं.—**'All but dead,'** मृतकल्पः.

Acerbity, *s.* कटुता, अम्लता, शुक्तता—**(Sharpness of temper)** स्वभावकटुता, अरुन्तुदत्वं.

Ache, *s.* वेदनं-ना, पीडा, व्यथा.—**(Headache)** शिरोवेदना. —**(Toothache)** दन्तवेदना.

To* ache, *v. n. पीड् **in pass.** (पीड्यते), व्यथ् **(c. 1.** व्यथते, व्यथितुं).

To achieve, *v. a.* (To perform, finish) समाप् **in caus.** (-आपयति -यितुं), सम्पद् **in caus.** (-पादयति -यितुं), सिध् **in caus.** (साधयति -यितुं.) —**(To obtain)** प्राप् **(c. 5.** -आप्नोति -आप्तुं), समाप्, सम्प्राप्.

Achievement, *s.* (A noble exploit) प्रशंसनीयकर्म्म ***n.*** (न्), चेष्टितं, चरित्रं.—**(In heraldry)** पदचिह्नं.

Acid, *a.* अम्लः -म्ला -म्लं, शुक्तः -क्ता -क्तं, शौक्तः -क्ती -क्तं शौक्तिकः -की -कं.

Acid, *s.* अम्लः, शुक्तं.

Acidity, *s.* अम्लता -त्वं, अम्लभावः, शुक्तता.—**(Of stomach)** अम्लपित्तः.

To acidulate, *v. a.* अम्लीकृ; अम्लय् **(nom.** अम्लयति -यितुं).

Acidulated, *p. p.* अम्लाक्तः -क्ता -क्तं, अम्लीकृतः -ता -तं.

To* acknowledge, *v. a. अभिज्ञा **(c. 1.** -जानाति -नीते -ज्ञातुं), प्रत्यभिज्ञा, समभिज्ञा, प्रतिज्ञा; स्वीकृ, अङ्गीकृ, अनुभाष् **(c. 1.** -भाषते -भाषितुं).

Acknowledgment, *s.* स्वीकारः, अङ्गीकारः, प्रत्यभिज्ञानं.—**(Of a fault)** स्वपापस्वीकारः.

Acorn, ***s.*** प्रसिद्धवृक्षस्य फलं.

To **acquaint,** ***v. a.*** ज्ञा **in caus.** (ज्ञापयति -यितुं), विज्ञा; बुध् **in caus.** (बोधयति-यितुं), प्रबुध्, प्रतिबुध्, अवबुध्, निविद् **in caus.** (-वेदयति -यितुं).

Acquaintance, ***s.*** परिचयः—**(Knowledge)** ज्ञानं, परिज्ञानं.—**(An acquaintance, friend)** मित्रं संसर्गी ***m.*** (न्), विभावः.—**(Familiarity)** संसर्गः, संस्तवः.

Acquainted, परिचितः-ता-तं, संस्तुतः-ता-तं.—**(Known)** ज्ञातः -ता-तं.

To **acquiesce,** ***v. n.*** तुष् **(c.4.** तुष्यति तोष्टुं), सन्तुष् **with inst. or loc.**—**(In an opinion)** सम्मतिं कृ.—**(To assent)** अनुमन् **(c.4.** -मन्यते -मन्तुं), अनुज्ञा **(c.9.** -जानाति -ज्ञातुं).

Acquiescence, ***s.*** तुष्टिः ***f.,*** परितोषः, सन्तोषः, सम्मतिः ***f.,*** अनुमतिः ***f.,*** शान्तिः ***f.***—**(Submission)** क्षान्तिः ***f.***

Acquirable, ***a.*** प्राप्यः -प्या -प्यं, लभ्यः -भ्या -भ्यं.

To acquire, ***v. a.*** अर्ज् **(c.1.** अर्जति अर्जितुं), उपार्ज्, लभ् **(c.1.** लभते लब्धुं), उपलभ्, प्राप् **(c.5.** -आप्नोति -आप्तुं), अवाप्; प्रतिपद् **(c.4.** -पद्यते -पत्तुं), अश् **(c.5.** अश्नुते, अशितुं), उपाश् समश्; आविश् **(c.6.** -विशति -वेष्टुं), समाविश्.

Acquired, ***p. p.*** प्राप्तः -प्ता -प्तं, लब्धः -ब्धा -ब्धं, आपन्नः -न्ना -न्नं, अर्ज्जितः -ता -तं, उपार्ज्जितः -ता -तं.

Acquisition or acquirement, ***s.*** लाभः, लब्धिः ***f.,*** अर्ज्जनं, प्राप्तिः ***f.,*** अवाप्तिः ***f.,*** सम्प्राप्तिः ***f.,*** प्रतिपत्तिः ***f.,*** ग्रहणं.—**(The thing gained)** आगमः—**(Acquirement of knowledge)** विद्याप्राप्तिः ***f.,*** विद्यार्ज्जनं, विद्यागमः—**(Acquisition of property)** धनार्ज्जनं.—**(Various acquirement)** विप्रतिपत्तिः ***f.***

To **acquit,** ***v. a.*** पापात् मुच् **(c.6.** मुञ्चति, मोक्तुं) विमुच्, **or in caus.** (मोचयति -यितुं), शुध **in caus.** (शोधयति -यितुं), निस्तृ **in caus.** (-तारयित -यितुं).

Acquittal, ***s.*** शुद्धिः ***f.,*** शोधनं, मुक्तिः ***f.,*** मोक्षः.

Acquittance, ***s.*** निस्तारः, आनृण्यं, निष्कृतिः ***f.***

Acquitted, ***p. p.*** शुद्धः -द्धा -द्धं, मुक्तः -क्ता -क्तं.

Acrid, Acrimonious, ***a.*** कटुः -टुः **or** -ट्वी -टु, उग्रः -ग्रा -ग्रं, अरुन्तुदः -दा -दं, प्रखरः -रा -रं.

Acrimony, ***s.*** कटुता, उग्रत्वं, प्राखर्य्यं—**(of temper)** स्वभावकटुता.

Across, ***adv.*** **(To the other side)** पारं, तीरान्तरं; **as, 'across the sea,** समुद्रपारं.—**(Transversely)** व्यत्यतं.—**(With hands across)** व्यत्यस्तपाणिना.

Acrostic, ***s.*** श्लोकविशेषः.

To **act** ***v. n.*** चेष्ट् **(c.1.** चेष्टते, चेष्टितुं), विचेष्ट्, सञ्चेष्ट्, कृ **(c. 8.** करोति, कुरुते, कर्त्तुं), विधा **(c. 3.** -दधाति, -धातुं).—**(To conduct one's self)** व्यवहृ **(c. 1** -हरति -ते -हर्त्तुं), आचर् **(c. 1.** -चरति -चरितुं)—**(As a stage-player)** नट् **(c. 1.** नटिति, नटितुं).

To act, *v. a.* **(To feign by action)** नट् **(c. 10.** नाटयति -यितुं); **as, 'Acting the sentiment of love,'** शृङ्गारभावं नाटयन्ती; रूप् **(c. 10.** रूपयति -यितुं), अभिनयं कृ. **The sense of acting a part may be expressed by nominal verbs; as, 'he acts the king,'** राजायते.—**(To assume disguise)** छद्मवेशं कृ.

Act, ***s.*** **(A deed)** कर्म्म ***n.*** (न), कार्य्यं, चेष्टितं, क्रिया, कृतं, कृत्यं, विचेष्टितं.—**(Of a play)** अङ्कः, अङ्कं.—**(A decree)** व्यवस्था.

Action, ***s.*** कर्म्म ***n.*** (न्), क्रिया, कृत्या, चेष्टा, विचेष्टितं, प्रवृत्तिः ***f.,*** विधानं.—**(Agency, operation)** कारणं.—**(The action of the wind)** वाताहतिः ***f.***—**(Gesticulation)** इङ्गितं, अङ्गहारः, अङ्गविक्षेपः—**(An action in law)** अभियोगः, अर्थः—**(Fight, battle)** युद्धं, सङ्ग्रामः, समरः, संयुगः.

Actionable, ***a.*** **(In law)** अभियोज्यः-ज्या -ज्यं, व्यवहार्य्यः -र्य्या -र्य्यं, व्यवहर्त्तव्यः, -व्या -व्यं,

Active, ***a.*** **(Engaged in action)** उद्योगी -गिनी -गि (न्), प्रयत्नवान् -वती -वत् (त्). उद्युक्तः -क्ता -क्तं, कर्म्मोद्युक्तः -क्ता -क्तं, अनलसः -सा -सं, सयत्नः -त्ना -त्नं, व्यवसायी -यिनी -यि (न्), कर्म्मी -र्म्मिणी -र्म्मि (न्), सोत्साहः -हा -हं, सोद्योगः -गा -गं, कर्म्मनिष्ठः -ष्ठा -ष्ठं.—**(Nimble)** तीक्ष्णकर्म्मा -र्म्मा -र्म्म (न्), आशुकारी -रिणी -रि (न्), लघु -घुः -घु, त्वरितः -ता -तं. सत्वरः -रा -रं, अतन्द्रः -न्द्रा -न्द्रं.—**(Having motion)** गत्वरः -रा -रं.—**(Active voice)** परस्मैपदं, कर्तृवाच्यः—**(A verb in the active voice)** कर्त्तरि वाच्यं, सकर्म्मकक्रिया—**(Fond of manly exercise)** व्यायामशीलः -ला -ल, व्यायामी

Activity, ***s.*** कर्म्मोद्योगः सयत्नता, व्यवसायः, प्रवृत्तिः ***f.,*** प्रवर्त्तनं.—**(Manly exercise)** व्यायामः.—**(Active life)** प्रवृत्तिः ***f.***—**(With activity)** प्रयत्नतम् ***ind.***

Actor, ***s.*** **(Stage-player)** नटः, नर्त्तकः, कुशीलवः, चारणः, रङ्गजीवकः, रङ्गाजीवः, अभिनेता ***m.*** (तृ), शैलाली ***m.*** (न्), कृशाश्वी ***m.*** (न्).—**(He that acts or does)** कारी ***m.*** (न्), कारकः, कारः.

Actress, ***s.*** नर्त्तकी, नटी, चारणदाराः ***pl.***

Actual, ***a.*** **(True, real)** तथ्यः -थ्या -थ्यं, वास्तवः -वी -वं, वास्तविकः -की -कं, सत्यः -त्या -त्यं, विद्यमानः -ना -नं.

Actually, ***adv.*** वस्तुतस् ***ind.,*** अर्थतस् ***ind.,*** कार्य्यतस् ***ind.,*** कार्य्यवत्.

Actuary, ***s.*** लेखकः, व्यवस्थारचक्रः.

Acumen, ***s.*** **(Quickness of intellect)** बुद्धिसूक्ष्मता, मतिप्रकर्षः, विदग्धता, कुशाग्रीयमतित्वं.

Acuminated, तीक्ष्णाग्रः -ग्रा -ग्रं, अंशुमान् -मती -मत् (त्).

Acute, ***a.*** **(In intellect)** सूक्ष्मबुद्धिः -द्धिः -द्धि, विदग्धः -ग्धा -ग्धं, कुशाग्रीयमतिः -तिः -ति.—**(Not blunt)** तीक्ष्णः -क्ष्णा -क्ष्णं, तीव्रः -व्रा: -व्रं—**(Actue pain)** तीव्रवेदना.

Acutely, ***adv.*** तीव्रं, तीक्ष्णं, सूक्ष्मतया.

Acuteness, ***s.*** **(Of intellect)** बुद्धिसूक्ष्मता, विदग्धता, वैदग्ध्यं.—**(Sharpness)** तैक्ष्ण्यं, तेजः ***n.*** (स्), तीव्रता.

Adage, ***s.*** सूत्रं, वचनं, प्राचीनपुरुषवचनं.

Adagio, ***adv.*** शनैः शनैः, मन्दं मन्दं.

Adagio, ***s.*** स्वरमान्द्यं.

Adamant, ***s.*** वज्रः **or** -ज्रं, अभेद्यप्रस्तरः.—**(Diamond)** हीरकः, हीरं, अविकं, वरारकं.

Adamantine, ***a.*** वज्रमयः -यी -यं, वज्रः -ज्रा -ज्रं.

To **adapt,** ***v. a.*** युज् **in caus.** (योजयति -यितुं), सन्धा **(c. 3.** -धत्ते -धातुं).—**To be adapted)** युज् **in pass.** (युज्यते).

Adaptable, ***a.*** योग्यः -ग्या -ग्यं, योक्तव्यः -व्या -व्यं, संयोजनीयः -या -यं.

Adapted, ***p. p.*** युक्तः -क्ता -क्तं, योग्यः -ग्या -ग्यं, उपयुक्तः -क्ता -क्तं, पर्य्याप्तः -प्ता -प्तं, सम्भाव्यः -व्या -व्यं.

To Add, ***v. a.*** **(One thing to another)** अन्यद् अन्येन संयुज् **(c. 10.** -योजयति -यितुं) **or** समायुज्; धा **(c. 3** दधाति धातुं), समाक्षिप् **(c. 6.** -क्षिपति -क्षेप्तुं), उपर्य्युपरि धा, समाचि **(c. 5.** -चिनोति -चेतुं).—**To add together, cast up)** परिसङ्ख्या **(c. 2.** -ख्याति -ख्यातुं), परिगण् **(c. 10.** -गणयति -यितुं).

Adder, ***s.*** सर्पविशेषः.

To **addict,** ***v.a.*** **(One's self to any thing)** आसञ्ज **in pass.** (-सज्यते **or** -सज्जते -संक्तुं) **with loc.;** भज् **(c. 1.** भजति -ते, भक्तुं), आसेव् (c **1.** -सेवते, -सेवितुं), निविश् **in caus.** (-वेशयति -यितुं), निरतः -ता -तं **or** आसक्तः -क्ता -क्तं भू.

Addicted, ***p. p.*** सक्तः -क्ता -क्तं, आसक्तः -क्ता -क्तं, प्रसक्तः -क्ता -क्तं, निविष्टः -ष्टा, ष्टं, प्रजुष्टः -ष्टा -ष्टं, प्रवणः -णा -णं.

Addiction सक्तिः ***f.,*** आसक्तिः ***f.,*** रक्तिः ***f.,*** उपसेवनं, निवेशः.

Addition, ***s.*** संयोजनं, समायोगः, समाक्षेपः.—**(The state of being additional)** आधिक्यं.—**(In arithmetic)** सङ्कलितं, परिसंख्या, परिगणनं.—**(The thing added)** अनुबन्धः.

Additional, ***a.*** अधिकः -का -कं, अधिकतरः -रा -रं.

Addle, ***a.*** असम्पूर्णः -र्णा -र्णं, नष्टः -ष्टा -ष्टं, दुष्टः -ष्टा -ष्टं.

To **address,** ***v.a.*** **(By words)** आमन्त्र् **(c. 10** -मन्त्रयते -यितुं), समामन्त्र्, अभिभाष् **(c. 1.** -भाषते -भाषितुं), आभाष्, समाभाष्, प्रतिभाष्, अभिवद् **(c. 1.** -वदति -ते -वदितुं, **c. 10.** -वादयति -ते -यितुं), अभिवच् **(c. 2.** -वक्ति -वक्तुं), आलप् **(c. 1.** -लपति -लपितुं), निगद् **(c.1.** -गदति -गदितुं).—**By name)** सम्बोधनं कृ, नाम ग्रह् **(c. 9.** गृह्णाति, ग्रहीतुं).—**(To address a letter, etc., to any one)** पत्रसंज्ञां कृ.

Address, ***s.*** सम्बोधनं, अभिवादः, वाक्यं, वचनं, वाक्यारम्भः.—**(By name)** नामग्रहः.—**(Courtship)** भावकरणं.—**(Dexterity)** नैपुण्यं चतुरता.—**(Direction of a letter)** पत्रसंज्ञा, पत्रादेशः.

Addressed, ***p. p.*** सम्बोधिताः -ता -तं, अभिहितः -ता -तं, सम्भाषितः -ता -तं

To **adduce,** उपन्यस् **(c. 4** -अस्यति -असितुं), उपनी **(c. 1.** -नयति -नेतुं) आनी, साक्षात् कृ.

Adduced, ***p. p.*** उपन्यस्तः -स्ता -स्तं, उपनीतः -ता -तं, आनीतः -ता -तं.

Adept, ***s.*** अभिज्ञः, पटुः, निपुणः, प्रवीणः.

Adequacy, ***s.*** सामर्थ्यं, पर्याप्तिः ***f.,*** क्षमता, योग्यत्वं.

Adequate, ***a.*** पर्यातः -प्ता -प्तं, क्षमः -मा -मं, समर्थः -र्था -र्थं, प्रतिबलः -ला -लं, तुल्यः -ल्या -ल्यं, समानः -ना -नं, योग्यः -ग्या -ग्यं.

To **adhere,** ***v. n.*** संज् **in pass.** (सज्यते **or** सज्जते) अनुसंज्, आसंज्, प्रसंज्, संसंज् **with loc.;** संलग्नः -ग्ना -ग्नं, **or** अनुलग्नः -ग्ना -ग्नं, **or** संयुक्तः -क्ता -क्तं, **or** अवलम्बी -म्बिनी -म्बि, **or** दृढावलम्बी -म्बिनी -म्बि अस्; अनुबन्ध् **(c. 9.** -बध्नाति -बन्द्धुं) **in pass.** (-बध्यते), ली **(c. 4.** लीयते लेतुं), धृ **in caus.** (धारयति -यितुं)-**'He adheres to his promise,'** प्रतिज्ञातं पालयति.

Adherence, ***s.*** आस ङ्गः, अनुषङ्गः, आसक्तिः ***f.,*** प्रसक्तिः ***f.,*** निषेवनं.—**(To a pursuit)** परायणः, त्वरायणं.

Adherent, ***s.*** अनुषङ्गी ***m.*** (न्), अनुगतः, अनुगामी ***m.*** (न्), सहायः, सहचरः.—**(Follower of the same party)** एकपक्षः, पक्षकः सपक्षः, पार्श्विकः.

Adhesion, ***s.*** अनुलग्नता, संलग्नत्वं, संसक्तिः ***f.***

Adhesive, ***a.*** अनुलग्नशीलः -ला -लं, संलग्नशीलः -ला -लं, अनुषङ्गिकः -की -कं.

Adieu, ***s.*** आमन्त्रणं, आप्रच्छनं, प्रस्थानकाले आमन्त्रणं.—**(To bid adieu)** आप्रच्छ् **(c. 6** -पृच्छते -प्रष्टुं), आमन्त्र् **(c. 10.** -मन्त्रयते -यितुं) अनुमन्त्र्.

Adjacent, ***a.*** समीपः -पा -पं, आसन्नः -न्ना -न्नं, निकटः -टा -टं, सबद्धः -द्धा -द्धं, सन्निकृष्टः -ष्टा -ष्टं, संसक्तः -क्ता -क्तं, पार्श्वस्थः -स्था -स्थं.

Adjective, ***s.*** गुणवाचकः, शब्दविशेषणं.

To adjoin, *v. a.* आयुज् **(c. 7.** -युनक्ति -योक्तुं, **c. 10.** -योजयति -यितुं) समायुज् संयुज्.

To* adjoin, *v. n. समीपः -पा -पं स्था **(c. 1.** तिष्ठति स्थातुं), निकटे स्था, समीपवर्त्ती -र्त्तिनी -र्त्ति अस्.

Adjoining. ***See*** **Adjacent.**

To* adjourn, *v. a. निरूपितकालपर्य्यन्तं कार्य्यं त्यज् **(c. 1.** त्यजति त्यक्तुं).

Adjournment, *s.* निरूपितकालपर्य्यन्तं कार्य्यत्यागः.

Adipous, *a.* मेदस्वी -स्विनी -स्वि (म्), वसायुक्तः -क्ता -क्तं.

***To* adjudge, *v. a.* (To cause one of the parties to give up the thing controverted)** दा **in caus.** (दापयति -यितुं). **—(To decree judicially)** तीर् **(c. 10.** तीरयति -यितुं), निर्णीतं -तां -तं कृ, निष्पन्नं -न्ना -न्नं कृ, विचारं कृ, पार् **(c. 10.** पारयति -यितुं).

Adjudged, *p. p.* दापितः -तां -तं, तीरितः -ता -तं, विचारितः -ता -तं.

Adjudication, *s.* दापनं, तीरणं, विचारणं.

Adjunct, *a.* संयुक्तः -क्ता -क्तं, सहितः -ता -तं, सम्मिलितः -ता -तं.

Adjunct, *s.* (An indicatory affix to verbs) अनुबन्धः,

Adjunction, (The act of adjoining) संयोजनं, सम्मिलनं.

Adjuration, *s.* (The act of proffering an oath) शापनं. **—(The form of oath proffered)** शपथव्यवस्था.

***To* adjure, *v. a.* (To put upon oath)** शप् **in caus.** (शापयति -यितुं). **—(To charge earnestly)** शपथेन समादिश् **(c. 6.** -दिशति -देष्टुं).

To* adjust, *v. a. समाधा **(c. 3.** -दधाति -धातुं), सन्धा, संविधा; आयुज् **(c. 7.** -युनक्ति -योक्तुं **or in caus.** -योजयति -यितुं), समायुज्; प्रतिसाध् **in caus.** (-साधयति -यितुं) तुल्यं -ल्यां -ल्यं कृ.

Adjusted, *p. p.* समाहितः -ता -तं, विहितः -ता -तं, आयोजितः -ता -तं.

Adjustment, ***s.*** समाधानं, सन्धानं, विधानं, समायोगः.

Adjutant, *s.* (A helper) सहायः, उपकारकः, सहकारी ***m.*** (न्), साहाय्यकारी ***m.*** (न्). **—(In the army)** सैन्यपदविशेषः.

Admensuration, *s.* परिमाणं, मापनं, परिमाणविद्या.

***To* administer, *v. a.* (Give, afford, supply)** दा **(c. 3.** ददाति दातुं), उपपद् **in caus.** (-पादयति -यितुं), प्रयुज् **in caus.** (-योजयति -यितुं). **—(To conduct)** निर्वह् **in caus.** (-वाहयति -यितुं), निर्वृत् **in caus.** (-वर्त्तयति -यितुं), प्रवृत्; आवस् **(c. 1.** -वसति -वस्तुं). **—(Justice, punishment, etc.)** प्रणी **(c. 1.** -नयति, -नेतुं), सम्प्रणी; प्रवृत् **in caus.** (-वर्त्तयति -यितुं).

Administered, *p. p.* (As justice) प्रवर्त्तितः -ता -तं, प्रणीतः -ता -तं.

Administration, *s.* (The act of administering an office) प्रणयनं, कर्म्मनिर्वाहः, राज्यपुरा. **—(Those to whom the care of public affairs is committed)** सचिवाः ***pl.;*** **'ministers of action,'** कर्म्मसचिवाः ***pl.;*** **'ministers of counsel,'** धीसचिवाः ***pl.*** **—(The ministerial office)** साचिव्यं, मन्त्रित्वं. **—(Act of administering medicine, etc.)** भेषजप्रयोगः.

Administrator, *s.* (One entrusted with the care of the effects of a deceased man) मृतद्रव्यनिरूपणाधिकृतः, प्रेतजनद्रव्यरक्षकः**—(One that conducts any thing)** प्रणेता ***m.,*** (तृ), सम्प्रणेता ***m.*** (तृ), प्रवर्त्तयिता ***m.*** (तृ), प्रवर्त्तकः.

Admirable, *a.* श्लाघ्यः -घ्या -घ्यं, प्रशंसनीयः -या -यं, अद्भुतः -ता -तं, अनुपमः -मा -मं, सुन्दरः -रा -री -रं.

Admirably, *adv.* श्लाघ्यप्रकारेण, प्रशंसनीयप्रकारेण, अद्भुतं.

Admiral, *s.* जलयोधाधिपतिः, वृहन्नौसमूहाधिपतिः, जलयोधाध्यक्षः.

Admiralship, *s.* वृहन्नौसमूहाधिपत्यं, जलयोधाधिपतित्वं.

Admiralty, *s.* (The officers appointed to administer naval affairs) सामुद्रकार्य्याधिकृतः सचिवसमाजः जलयुद्धव्यवस्थानिरूपणे नियुक्तः समाजः.

Admiration, ***s.*** प्रशंसा, श्लाघा. **—(Wonder)** विस्मयः, आश्चर्य्यं, चमत्कारः.

To* admire, *v. n. प्रशंस् **(c. 1.** -शंसति -शंसितुं), श्लाघ् **(c. 1.** श्लाघते श्लाघितुं). **—(To regard with wonder)** विस्मयेन दृश् **(c. 1.** पश्यति द्रष्टुं) **or** अपेक्ष् **(c.1.** -ईक्षते -ईक्षितुं). **—(To regard with love)** स्नेहेन **or** अनुरागेण अवेक्ष्.

Admirer, *s.* (The person who admires) विस्मयी ***m.*** (न्), श्लाघकः, प्रशंसकः.**(A lover)** कामी ***m.*** (न्), अनुरागवान् ***m.*** (त्), प्रणयी, ***m.*** (न्), स्नेही ***m.*** (न्).

Admissible, *a.* ग्राह्यः -ह्या -ह्यं, आदेयः -या -यं, उपादेयः -या -यं, प्रगृह्यः -ह्या -ह्यं, स्वीकरणीयः -या -यं.

Admission, *s.* (The act of admitting) प्रवेशनं. **—(Admittance, entry)** प्रवेशः. **—(Allowing an argument)** वाक्यग्रहणं, स्वीकार, अनुज्ञा, अङ्गीकरणं.

To admit, *v. a.* प्रविश् **in caus.** (-वेशयति -यितुं), निविश्, आविश्. **—(Allow, approve of)** ग्रह् **(c. 9.** गृह्णाति-ह्णीते ग्रहीतुं), अनुग्रह, स्वीकारं कृ, अङ्गीकृ.

Admittance, *s.* (Entry) प्रवेशः. **—(Allowance)** वाक्यस्वीकारः, ग्रहणं,

Admitted, *p. p.* प्रवेशिताः -ता -तं, निवेशितः -ता -तं.

To admix, *v. a.* मिश्र् (**c. 10.** मिश्रयति -यितुं), विमिश्र्, सम्मिश्रं -श्रां -श्रं कृ, मिश्रणं कृ, संयोगं कृ.

Admixed, *p. p.* मिश्रितः -ता -तं, सम्मिश्रितः -ता -तं.

Admixtion, *s.* मिश्रणं, सम्पर्कः, साङ्कर्य्यं.

To* admonish, *v. a. प्रदिश् **in caus.** (-देशयति -णितुं), उपदिश् (**c. 6.** -दिशति -देष्टुं), प्रत्यादिश्, प्रबुध् **or** सम्बुध् **in caus.** (-बोधयति -यितुं), समाविद् **in caus.** (-वेदयति यितुं), शिक्ष् **in caus.** (शिक्षयति -यितुं), विज्ञा **in caus.** (-ज्ञापयति -यितुं), मन्त्र् (**c. 10.** मन्त्रयति -यितुं), निद्रश् **in caus.** (-दर्शयति -यितुं), अनुयोगं कृ.

Admonished, *p. p.* प्रत्यादिष्टः -ष्टा -ष्टं, उपदिष्टः -ष्टा -ष्टं, बोधितः -ता -तं,

Admonisher, *s.* उपदेशकः, प्रत्यादेशकः, प्रबोधकः, अनुयोगकारी ***m.*** (न्), अनुयोजकः, शिक्षादाता ***m.*** (न्), शिक्षकः.

Admonition, *s.* उपदेशः, प्रत्यादेशः, मन्त्रणं, प्रबोधनं, प्रबोधः, शिक्षा, अनुयोगः

Admonitory, *a.* उपदेशः -का -कं, शिक्षकः -का -कं, बोधकरः -री -रं, अनुज्ञापकः -का -कं.

Ado, *s.* (Trouble) दुःखं, कष्टं, श्रमः.—**(Bustle, tumult)** तुमुलं, कलहः, कोलाहलः.

Adolescence or Adolescency, *s.* यौवनं, कौमारं, यौवनावस्था.

***To* adopt, *v. a.* (As a child)** कृत्रिमपुत्रं कृ, पोष्यपुत्रं कृ.—**(To assume)** ग्रह् (**c. 9.** गृह्णाति -ह्णीते, ग्रहीतुं), आत्मसात्कृ.

Adopted, *p. p.* गृहीतः -ता -तं, आत्मसात्कृतः -ता -तं, **'an adopted son,'** पोष्यपुत्रः, कृत्रिमपुत्रः, दत्तकपुत्रः, दत्तिमपुत्रः-**(Not natural)** कृत्रिमः -मा -मं, कृतकः -का -कं.

Adopter, *s.* (Of a child) कृत्रिमपुत्रकारी, पोष्यपुत्रकारी (न्).

Adoption, *s.* (Of a child) कृत्रिमपुत्रकरणं, पोष्यपुत्रकरणं.—**(Assumption)** ग्रहणं, आत्मसात्करणं.

Adorable, *a.* पूज्यः-ज्या-ज्यं, अर्च्चनीयाः-या-यं, भगवान -वती -वत् (त्).

Adoration, *s.* पूजा, अर्च्चा, अभ्यर्चनं, भजनं, नमस्कारः, नमस्या.

To* adore, *v. a. नमस्य् (**nom.** नमस्यति -स्यितुं), पूज् (**c. 10.** पूजयति -यितुं), अर्च् (**c. 1.** अर्चति, अर्चितुं), अभ्यर्च्, समर्च्, नमस्कृ (**c. 8.** -करोति -कुरुते -कर्त्तुं), सभाज् (**c. 10.** सभाजयति -यितुं), वरिवय् (**nom.** वरिवस्यति -स्यितुं).

Adored, *p. p.* पूजितः -ता -तं, नमस्कृतः -ता -तं, अर्चितः -ता -तं.

Adorer, *s.* पूजकः, अर्च्चकः, भक्तः, नमस्कर्त्ता ***m.*** (र्तृ).

To* adorn, *v. a. भूष् (**c. 1.** भूषति, भूषितुं, **c. 10.** भूषयति -यितुं), विभूष्, अलङ्कृ (**c. 8.** -करोति -कुरुते -कर्त्तुं), परिष्कृ, समलङ्कृ; शुभ् **in caus.** (शोभयति -यितुं), उपशुभ्; मण्ड् (**c. 10.** मण्डयति -यितुं).

Adorned, *p. p.* अलङ्कृतः -ता -तं, भूषितः -ता -तं, उपशोभितः -ता -तं, मण्डितः -ता -तं.

Adorning, *s.* अलङ्कारः, अलङ्क्रिया, भूषणं.

Adrift, *adv.* इतस्ततः प्लवमानः -ना -नं.

Adroit, *a.* निपुणः -णा -णं, दक्षः -क्षा -क्षं, चतुरः -रा -रं, लघुः -घुः -घु.

Adroitly, *adv.* सदाक्ष्यं, चतुरं, नैपुण्येन.

Adroitness, *s.* नैपुण्यं, दाक्ष्यं, चातुर्य्यं, लाघवं.

Adry, *a.* शुष्कः -ष्का -ष्कं, तृषितः -ता -तं, तृषार्त्तः -र्त्ता -र्त्तं.

Adulation, *s.* अतिप्रशंसा, मिथ्याप्रशंसा, चाटुकारः, चाटूक्तिः ***f.*** श्लाघा अनुनयः, स्तुतिः ***f.***

Adulatory, *s.* अतिप्रशंसकः -का -कं, अतिप्रशंसायुक्तः -क्ता, क्तं, श्लाघान्वितः -ता -तं, अनुनयी -यिनी -यि (न्).

Adult, *s.* प्रौढः -ढा -ढं, प्रवृद्धः -द्धा -द्धं, उद्गतः -ता -तं, मानुष्यप्राप्तः -प्ता -प्तं, दूहितः -ता -तं.

To* adulterate, *v. a. दुष् **in caus.** (दूषयति -यितुं), मिश्र् (**c. 10.** मिश्रयति -यितुं), अशुद्धीकृ, अपवित्रीकृ.

Adulterate or adulterated, *p. p.* दूषितः -ता -तं, अशुद्धीकृतः -ता -तं, मिश्रः -श्रा -श्रं, संसृष्टरूपः -पी -पं.

Adulteration, *s.* दूषणं, अशुद्धीकरणं, मिश्रणं.

Adulterer, *s.* पारदारिकः, परदारगामी ***m.*** (न्), व्यभिचारी ***m.*** (न्), पारजायिकः.

Adulteress, *s.* बन्धकी ***f.***, व्यभिचारिणी, अभिसारिका ***f.***

Adulterine, *s.* जारजः.

Adulterous, *s.* व्यभिचारी -रिणी -रि (न्).—**(Corrupt)** दुष्टः -ष्टा -ष्टं, अशुद्धः -द्धा -द्धं.

Adultery, *s.* पारदार्य्यं, परदारगमनं, परकलत्राभिगमनं, भार्य्यातिक्रमः, व्यभिचारः—**(To commit adultery)** व्युच्चर् (**c. 1.** -चरति -चरितुं), परस्त्रिया सह रम् (**c. 1.** रमते रन्तुं).

To* adumbrate, *v. a. पाण्डुलेख्यं कृ, पाण्डुलिपिं कृ, प्रतिछायां कृ, चित्रारम्भं कृ.

Adumbration, *s.* प्रतिछाया, प्रतिबिम्बं.—**(The act of adumbrating)** प्रतिछायाकरणं, पाण्डुलेख्यकरणं.—**(Sketch)** पाण्डुलेख्यं पाण्डुलिपिः ***f.***, चित्रारम्भः.

Aduncity, *s.* वक्रता, जैह्मं, विजिह्मता, अनृजुता.

To* advance, *v. n. प्रया (**c. 2.** -याति -यातुं), प्रगम् (**c. 1.** -गच्छति -गन्तुं), प्रस्था (**c. 1.** -तिष्ठति -ते -स्थातुं), चल् (**c. 1.** चलति चलितुं), प्रचल्, प्रसृ (**c. 1.** -सरति -सर्त्तुं), प्रसृप् (**c. 1.** -सर्पति -सर्प्तुं **or** -सर्पितुं), क्रम् (**c. 1.** क्रमते, क्रमितुं).—**(To improve)** वृध् (**c. 1.** वर्धते वर्धितुं).

To* advance, *v. a. आनी (**c. 1.** -नयति -नेतुं), प्रणी, अग्रे नी, पुरस्कृ; **'to advance an army,'** बलं पुरस्कर्त्तुं.—**(To aggrandize)** वृध् **in caus.** (वर्धयति -यितुं).—**(To accelerate)** त्वर् **in caus.** (त्वरयति-यितुं).—**(To pay beforehand)** प्राग् विहितकालात् मूल्यं दा.

Advance, *s.* प्रगमनं, प्रयाणं, अग्रगमनं, अग्रसरणं.—**(Improvement)** आगमः, वर्द्धनं, क्रमशो वृद्धिः ***f.,*** उत्तरोत्तरवर्द्धनं.

Advanced, *p. p.* (Brought forward) आनीतः -ता -तं, वर्धितः -ता -तं. —**(In knowledge)** कृतागमः -मा -मं.—**(In life)** गतायूः -यूः -युः (स् **or** य्), प्रवयाः -याः -यः (स्).

Advancement, *s.* प्रागमनं.—**(Promotion)** वर्द्धनं, समुन्नतिः ***f.,*** उन्नतिः ***f.,*** उच्चपदप्राप्तिः ***f.***—**(In knowledge)** विद्यागमः.

Advantage, s. (Gain, profit) फलं, लाभः, अर्थः.—**(Superiority over)** प्राधान्यं, आधिक्यं.—**(Opportunity)** अवसरः, अवकाशः; **'for one's own advantage,'** आत्मविवृद्धये **dat.c.; 'dressed to advantage,'** सुवेशी -शिनी -शि (न्).

To* advantage *v. a. उपकृ (**c. 8.** -करोति -कर्त्तुं), उपचर् (**c. 1.** -चरति -चरितुं), उपग्रह् (**c. 9.** -गृह्णाति -ग्रहीतुं), फलं **or** लाभं दा (**c. 3.** ददाति दातुं).

Advantageous, *a.* फली -लिनी -लि (न्), फलदाः -दा -दं, सफलः -ला -लं, अर्थशीलः -ला -लं, अर्थयुक्तः -क्ता -क्तं, अर्थकरः -रा **or** -री -रं, लभनीयः -या -यं.

Advantageously, *adv.* (Profitably) लाभेन, सफलं, सलाभं, सार्थं.—**(Conveniently)** सावकाशं.

Advantageousness, *s.* सफलत्वं लभ्यता, फलित्वं.

Advent, *s.* आगमनं.—**(Of Christ)** खृष्टागमनं.

Adventitious, *a.* आगन्तुकः -का **or** -की -कं, आहार्य्यः -र्य्या -र्य्यं; **'adventitious beauty,'** आहार्य्यशोभा.

Adventure, *s.* चरित्रं, वृत्तान्तः, चेष्टितं, चरितं, घटनं, दैवघटनं.

***To* adventure, *v. n.* (To try the chance)** सन्दिग्धकर्म्म दैवायत्तं **or** दैवाधीनं कृ.—**(To attempt with daring)** साहसेन व्यवसो (**c. 4.** -स्यति -सातुं).

Adventurer, *s.* सन्दिग्धकर्म्मरतः, सन्दिग्धकार्य्यप्रवृत्तः, कठिनकर्म्मव्यवसायी ***m.*** (न्).

Adventurous, *a.* (Inclined to adventure) साहसिकः -की -कं, निर्भयः -या -यं, प्रगल्भः -ल्भा -ल्भं.—**(Dangerous)** भययुक्तः -क्ता -क्तं, भयावहः -हा -हं, सन्दिग्धः -ग्धा -ग्धं, अदृष्टः -ष्टा -ष्टं.

Adventurously, *adv.* साहसेन, धृष्टं, प्रगल्भं, निर्भयं.

Adverb, *s.* क्रियाविशेषणं, अव्ययशब्दः.

Adverbial, *a.* क्रियाविशेषकः -का -कं, अव्ययः -या -यं, क्रियाविशेषणसम्बन्धी -न्धिनी -न्धि (न्).

Adverbially, *adv.* क्रियाविशेषणवत्, अव्ययभावे.

Adversary, *s.* वैरी ***m.*** (न्), शत्रुः ***m.,*** अरिः ***m.,*** विपक्षः, सपात्नः.

Adverse, *a.* प्रतिकूलः -ला -लं, विरुद्धः -द्धा -द्धं, वैरी -रिणी -रि (न्). प्रतिघः -घा -घं, प्रतिघाती -तिनी -ति (न्), विपक्षः, -क्षा -क्षं.

Adversity, *s.* विपत् ***f.*** (-द्), आपत् ***f.*** (-द्), विपत्तिः ***f.,*** विपत्कालः अपचयः.

***To* advert, *v. n.* (To attend to, regard)** मनः समाधा (**c. 3.** -धत्ते -धातुं), मनो युज् (**c. 7.** युनक्ति योक्तुं. **c. 10.** योजयति -यितुं), आलक्ष् (**c. 10.** -लक्षयति -यितुं), समीक्ष् (**c. 1.** -ईक्षते -ईक्षितुं), अवेक्ष्; अनुदृश् (**c. 1.** -पश्यति -द्रष्टुं), अवधानं **or** मनोयागं कृ.

Advertence, *s.* अवधानं, मनोयोगः, अवेक्षा.

***To* advertise, *v. a.* (To inform)** ज्ञा **in caus.** (ज्ञापयति -यितुं), विज्ञा; निविद् **in caus.** (-वेदयति -यितुं), समाविद्; बुध् **in caus.** (बोधयति -यितुं); सूच् (**c. 10.** सूचयति -यितुं).—**(Give notice, publish)** प्रकाश् **in caus.** (-काशयति -यितुं), विकाश्; विघुष् **in caus.** (-घोषयति -यितुं); संवादपत्रेण प्रकाश्.

Advertisement, *s.* (Instruction) सूचनं, बोधनं, प्रबोधनं, उपदेशः.—**(Intelligence)** संवादः, समाचारः—**(By public paper)** संवादपत्रं.

Advertiser, *s.* (He that gives intelligence) संवादकः, ज्ञापकः, प्रकाशकः.—**(The paper in which advertisements are published)** समाचारपत्रं.

Advice, *s.* उपदेशः **or** -शनं, मन्त्रं, आदेशः, मन्त्रणं -णा, आमर्शः, प्रत्यवमर्शः, बोधनं.—**(Intelligence)** संवादः, समाचारः.

Advice-boat, *s.* संवादवाहिनी नौः **or** नौका.

Advisable, *a,* (Prudent) उचितः -ता -तं., योग्यः -ग्या -ग्यं, युक्तः -क्ता -क्तं.—**(Open to advice)** उपदेष्टव्यः -व्या -व्यं, उपदेशग्राही -हिणी -हि (न्).

***To* advise, *v. a.* (To give counsel)** उपदिश् (**c. 6.** -दिशति -देष्टुं), शिक्ष् **in caus.** (शिक्षयति -यितुं), अनुशास् (**c. 2.** -शास्ति -शासितुं).—**To inform)** ज्ञा **in caus.** (ज्ञापयति -यितुं), निविद् **in caus.** (-वेदयति -यितुं), बुध् **in caus.** (बोधयति -यितुं).

***To* advise, *v. n.* (To consult)** मन्त्र् (**c. 10.** मन्त्रयते -यितुं).—**(To deliberate)** विचर् **in caus.** (-चारयति -यितुं).

Advised, उपदिष्टः -ष्टा -ष्टं.—**(Informed)** ज्ञापितः -ता -तं, निवेदितः -ता -तं.

Advisedly, ***adv.*** **(Prudently)** मन्त्रतस् ***ind.,*** अवधानतस् ***ind.,*** अवधानपुरःसरं, सावधानं.—**(Purposely)** ज्ञानतस् ***ind.,*** अभिप्रायेण.

Adviser, ***s.*** उपदेशकः, उपदेष्टा ***m.*** (ष्टृ), उपदेशी ***m.*** (न्), आदेशी ***m.*** (न्) मन्त्री ***m.*** (-न्).—**(Counsellor)** अमात्यः, सचिवः, मन्ता ***m.*** (न्तृ).

Advocate, ***s.*** **(A pleader in law)** उत्तरवादी ***m.*** (न्), परार्थं प्रतिवादी ***m.*** (न्), प्रतिनिधिः ***m.***—**(Any defender)** प्रतिपालकः, रक्षकः आश्रयः.

To **advocate,** ***v. a.*** परार्थं वद् (**c. 1.** वदति वदितुं); प्रतिनिधिः अस्; रक्ष् (**c. 1.** रक्षति रक्षितुं), परिरक्ष्, अभिरक्ष्; प्रतिपाल् (**c. 10.** -पालयति -यितुं).

Advowee, ***s.*** **(He that has the right of advowson)** धर्म्माध्यापने योऽन्यं नियोक्तुम् अर्हति.

Advowson, ***s.*** **(A right to present to a benefice)** धर्म्माध्यापने नियोजनाधिकारः.

Adze, ***s.*** तक्षुणी, कुठारिका, वामिः ***m.*** -सी ***f.***

Aerial, ***a.*** **(Belonging to the air)** आकाशीयः -या -यं, वायवः -वी -वं, वैहायसः -सी -सं.—**(Produced in the air)** आकाशजः जा -जं, वायुजः जा -जं.—**(Inhabiting the air)** वायुगः -गा -गं, आकाशस्थः -स्था -स्थं, खेचरः -रा -रं, नभःस्थः -स्था -स्थं.—**(Lofty)** उच्चः -च्चा -च्चं.

Aerie, ***s.*** **(A hawk's nest)** श्येननीडः, शकुनिनीडः.

Aerology, ***s.*** आकाशविद्या, वायुविद्या.

Aeronaut, ***s.*** आकाशगामी ***m.*** (न्), आकाशचरः.

Æther, ***s.*** आकाशः, वायुः ***m.,*** नभः ***n.*** (स्), विहायः ***n.*** (स्).

Afar, ***adv.*** **(At a great distance)** दूरं, दूरे, अतिदूरं, दूरतस् ***ind.***—**(To a great distance)** दूरपर्य्यन्तं.—**(From afar)** दूरतस्, दूरात्.—**(Afar off)** दूरस्थः -स्था -स्थं.

Affability, ***a.*** मृदुशीलत्वं, सुशीलत्वं, अभिगम्यता, चाटूक्तिः ***f.,*** कोमलत्वं, मृदुता.

Affable, ***a.*** मृदुशीलः -ला -लं, कोमलस्वभावः -वा -वं, सुशीलः -ला -लं, अभिगम्यः -म्या -म्यं, मृदुः -द्वी -दु, चाटुवादी -दिनी -दि (न्), प्रियवादी -दिनी -दि (न्).

Affably, ***adv.*** मृदु, मृदुवचनेन, चाटूक्त्या, मृदुतया, मृदुजनवत्.

Affair, ***s.*** कार्य्यं, कर्म्म ***n.*** (न्), व्यापारः, विषयः, अर्थः.

To **affect,** ***v. a.*** **(Aim at)** सेव् (**c. 1.** सेवते सेवितुं), उपसेव् निषेव्; समाचर् (**c. 1.** -चरति -चरितुं); भज् (**c. 1.** भजते, भक्तुं).—**(Operate upon)** विकृ (**c. 8.** -करोति -कर्त्तुं); उपहन् (**c. 2.** भजते, भक्तुं).—**(Operate upon)** विकृ (**c. 8.** -करोति -कर्त्तुं); उपहन् (**c. 2.** -हन्ति -हन्तुं). चल् **in caus.** (चालयति -यितुं).—**(To move with grief, etc.)** शोकोपहतं -तां -तं कृ; **'to affect with joy,'** हर्षाकुलं -लां -लं कृ.—**(To pretend)** छद्म **or** छलं कृ; मिथ्या वद्; **'to affect to befriend a person,'** मिथ्योपचारं कृ.—**(To think one's self)** मन् (**c. 10.** मानयते); **'one who affects learning,'** पण्डितम्मन्यः.

Affectation, ***s.*** अहङ्कारः, वैलक्ष्यं, मानित्वं; महापण्डितो ऽहम् इति अतिसुन्दरी अहम् इति बुद्धिर् व्यवहारो वा; **'affection of learning,'** पण्डितम्मन्यत्वं.—**(A branch of feminine action)** अवहित्थं, -त्था, विलासः, हावः.—**(False pretence)** उपधा, छलं, छद्म ***n.*** (न्)

Affected, ***part. a.*** **(Pretended)** कृत्रिमः -मा -मं; मिथ्या **prefixed, as,** मिथ्योपचारः, **'affected kindness.'**—**(Full of affectation)** सवैलक्ष्यः -क्ष्या -क्ष्यं, अहङ्कारी -रिणी -रि (न्), मानी -निनी -नि (न्), विलासवान् -वती -वत्.—**(Affected by, disturbed by)** उपहतः -ता -तं, आकुलः -ला -लं, ग्रस्तः -स्ता -स्तं, रञ्जितः -ता -तं.

Affectedly, ***adv.*** वैलक्ष्येण, साहङ्कारं, अहङ्कारेण.

Affecting, ***a.*** हृदयङ्गमः -मा -मं, मर्म्मभेदी -दिनी -दि (न्).

Affection, ***s.*** स्नेहः ***m.,*** प्रियता ***f.,*** अनुरक्तिः ***f.,*** अनुरागः, प्रणयः, प्रेमा ***m.*** **or** -म ***n.*** (-मन्), हार्द्दं, प्रश्रयः.—**(Passion of any kind)** रागः, भावः, रसः.—**(Of the mind)** मनसो भावः.—**(Of the body)** शरीरस्य भावः.—**(Parental)** वात्सल्यं; **'I have great affection for him'** तेन सह मम महान् स्नेहः **or** तस्मिन् अनुरागवान् अस्मि.

Affectionate, ***a.*** स्नेही -हिनी -हि (न्), स्निग्धः -ग्धा -ग्धं, स्नेहशीलः -ला -लं, सुहृत्तमः -मा -मं, अनुरागी -गिणी -गि (न्), प्रीतिमान् -मती -मत् (त्), वत्सलः -ला -लं, हितः -ता -तं, प्रणयी -यिणी -यि (न्), सप्रणयः -या -यं, जातहार्द्दः -र्द्दा -र्द्दं.

Affectionately, ***adv.*** स्नेहेन, प्रीत्या, प्रीतिपूर्व्वं, स्नेहपुरःसरं, सानुरागं.

Affiance, ***s.*** **(A marriage-contract)** वाग्दानं, विवाहसम्बन्धः.—**(Trust, confidence)** विश्वासः, प्रत्ययः, श्रद्धा, आस्था.

To affiance, ***v.a.*** **(To betroth)** वाग्दानं कृ, विवाहनियमं कृ.—**(To confide)** विश्वस् (**c. 2.**-श्वसिति -श्वसितुं).

Affianced, ***p. p.*** वाग्दत्तः -त्ता -त्तं.

Affidavit, ***s.*** शपथपत्रं.—**(To make affidavit)** तथेति **or** नेति शपथेन ब्रू (**c. 2.** ब्रवीति वक्तुं), शपथं शप् (**c. 1.** शपति शप्तुं).

Affiliation, ***s.*** सम्बन्धः, सम्पर्कः, योगः, ज्ञातित्वं, बन्धुता.

To affirm, ***v. n.*** **(Opposed to deny)** तथेति ब्रू (**c. 2.** ब्रवीति, ब्रूते वक्तुं).—**(Maintain, declare positively)** दाढर्येन वद्

Affirmation 13 **After**

(c. 1. वदति वदितुं)**.—(Ratify)** स्थिरीकृ, दृढीकृ, निश्चितं-तां-तं कृ, संस्तम्भ् **(c. 5.** -स्तभ्नोति, **c. 9.** -स्तभ्नाति -स्तम्भितुं), प्रमाणीकृ.

Affirmation, ***s.*** **(Declaring positively)** दृढोक्तिः ***f.,*** वचनं, दृढवचनं.**—(Argumentative statement)** पक्षः**—(Confirmation)** प्रमाणीकरणं, निश्चयः, दृढीकरणं, स्थिरीकरणं.**—(False)** विप्रलापः.

Affirmative, ***a.*** **(That which affirms)** वादी-दिनी-दि (न्), निश्चायकः-का-कं.**—(Favourable to the argument)** पक्षानुकूलः-ला-लं.

To **affix,** ***v. a.*** अनुबन्ध् **(c. 9.** -बध्नाति -बन्द्धुं), निबन्ध्, सम्बन्ध्; संयुज् **(c. 7.** -युनक्ति, **c.10.** -योजयति -यितुं), आयुज्, उपयुज्.

Affix, ***s.*** **(Grammatical)** अनुबन्धः प्रयोगः, आप्नोक्तिः ***f.***

To **afflict,** ***v. a.*** क्लिश् **(c. 9.** क्लिश्नाति क्लेशितुं **or** क्लेष्टुं), पीड् **(c. 10.** पीडयति -यितुं), अभिपीड्, उपपीड्, परिपीड्; व्यथ् **in caus.** (व्यथयति -यितुं), आयस् **in caus.** (-यासयति -यितुं)**.—(To be afflicted with disease)** रोगेण पीड् **in pass.** (पीड्यते) **or** बाध् **in pass.**

Afflicted, ***p. p.*** व्यसनार्त्तः -र्त्ती -र्त्तं, दुर्गतः -ता -तं, आपद्ग्रस्तः -स्ता -स्तं, आपन्नः -न्ना -न्नं.**—(Afflicted with)** पीडितः -ता -तं, आतुरः -रा -रं, आर्त्तः **in composition; 'afflicted with disease,'** रोगपीडितः -ता -तं.

Affliction, ***s.*** क्लेशः, शोकः, दुःखं, कष्टं, व्यथा, पीडा, विडम्बना.

Afflictive, ***a.*** क्लेशकः -का -कं, क्लेशी-शिनी -शि (न्), दुःखकरः -री -रं, व्यथाकरः -री -रं.

Affluence or -ency, ***s.*** धनबाहुल्यं, धनसम्पत्तिः, धनित्वं, समृद्धिः ***f.,*** समृद्धता.**—(The act of flowing to any one place)** एकस्थानं प्रति प्रवाहः.

Affluent, ***a.*** महाधनः -ना -नं, बहुधनः -ना -नं, धनी -निनी -नि (न्), धनवान् -वती -वत् (त्), समृद्धः -द्धा -द्धं, वसुमान् -मती -मत् (त्), धनाढ्यः -ढ्या -ढ्यं.**—(Flowing to any one place)** एकस्थानं प्रति प्रवाहकः -का -कं.

Afflux or Affluxion, ***s.*** एकस्थानं प्रति स्रोतसां प्रवाहः.

To **afford** ***v. a.*** **(Give)** दा **(c. 3.** ददाति, **c. 1.** यच्छति दातुं), प्रादा, अभिदा, प्रदा; उपपद् **in caus.** (-पादयति -यितुं). **—(To be able to bear expenses)** व्ययं कर्त्तुं समर्थः -र्था -र्थं सम् **or** शक् **(c. 8.** शक्नोति शक्तुं), **or** व्ययाय उपक्लृप् **(c. 1.** -कल्पते -कल्पितुं **or** -कल्प्तुं).

To **affranchise,** ***v. a.*** मुच् **(c. 10** मोचयति -यितुं, **c. 6.** मुञ्चति मोक्तुं), विमुच्; मोक्ष् **(c. 10.** मोक्षयति -यितुं), विमुक्ष्.

Affray, ***s.*** सङ्ग्रामः, समरः, संयुगः, युद्धं, कलहः, डिम्बः, डमरः, डामरः.

To **affright,** ***v. a.*** त्रस् **in caus.** (त्रासयति -यितुं), वित्रस्; भी **in caus.** (भाययति **or** भीषयति -ते - यितुं), उद्विज् **in caus.** (-वेजयति -यितुं).

Affright, ***s.*** त्रासः, सन्त्रासः, साध्वसं, भयं.

Affrightedly, ***adv.*** सत्रासं, सभयं, सन्त्रासेन.

Affront, ***s.*** अपमानं, विप्रियं, क्षेपः, अवज्ञानं, धर्षणं, तिरस्कारः,

To **affront,** ***v. a.*** **(Offer open insult)** साक्षात्, **or** सम्मुखं, **or** प्रतिमुखं, **or** मुखामुखि, **or** प्रत्यक्षं अवमन् **(c. 4.** -मन्यते -मन्तुं), अवज्ञा **(c. 9.** -जानाति -ज्ञातुं), तिरस्कृ **(c. 8.** -करोति -कर्त्तुं), आक्षर् **in caus.** (-क्षारयति -यितुं), अधिक्षिप् **(c. 6.** -क्षिपति -क्षेप्तुं), अवक्षिप्, परिक्षिप्.

Affronted, ***p. p.*** अपमानितः -ता -तं, अवज्ञातः -ता -तं, तिरस्कृतः -ता -तं, अधिक्षिप्तः -प्तां -प्तं.

Affronter, ***s.*** साक्षात् **or** प्रतिमुखम् अपमानकः, अवज्ञानकर्त्ता ***m.*** (र्त्तृ).

Affrontive, ***a.*** अपमानकः -का -कं, अपमानोपेतः -ता -तं, अवज्ञानयुक्तः -क्ता -क्तं.

Affusion, ***s.*** आसेकः, आसेचनं, अभिषेकः.

To **affy,** ***v. a.*** **(Betroth)** वाग्दानं कृ, प्रतिज्ञापत्रेण विवाहसम्बन्धं कृ, नियमपत्रेण विवाहप्रतिज्ञां कृ.

Afloat, ***adv.*** **(Floating)** प्लवमानः -ना -नं, प्लवः -वा -वं.

Afoot, ***adv.*** **(On foot)** पादेन, पदेन.**—(Going on foot)** पादगः -गा -गं**—(In action, or use)** प्रचलः -ला -लं, प्रचलितः -ता -तं, प्रचरितः -ता -तं.**—(Set on foot)** आरब्धः -ब्धा -ब्धं, उद्यतः -ता -तं.

Afore, ***prep.*** **(In front)** प्रतिमुखं, अभिमुखं, सम्मुखं, अग्रे, पुरस्, पुरतस्, साक्षात्.**—(In former time)** पूर्व्वकाले, गतकाले, पूर्व्वं, पूर्व्वसमये, पुरा.

Aforesaid, ***p. p.*** पूर्व्वोक्तः -क्तां -क्तं, पूर्व्वोदितः -ता -तं, प्रागुक्तः -क्ता -क्तं.

Aforetime, ***adv.*** पूर्व्वकाले, गतकाले, पुरा, पूर्व्वं.

Afraid, ***a.*** भीतः -ता -तं, भयान्वितः -ता -तं, शङ्कान्वितः -ता -तं; **'to be afraid of,'** भी **(c. 3.** बिभेति भेतुं), **with abl. or gen.; as, 'he is afraid of the dog,'** कुक्कुरात् **or** कुक्कुरस्य बिभेति. **So also** त्रस् **(c. 4.** त्रस्यति त्रसितुं), उद्विज् **(c. 6.** -विजते -विजितुं).

Afresh, ***adv.*** पुनर्, पुनरपि, नूतनं, अभिनवं, प्रतिनवं.

Aft, ***s.*** **(The part of a ship towards the stern)** नावः पश्चिमभागः.

Aft, ***adv.*** **(Towards the stern of a ship)** नावः पश्चिमभागं प्रति, नाव, पश्चाद्भागं प्रति.

After, ***prep.*** अनु **or** पश्चात् **prefixed; as, 'to go after,'** अनुगन्तुं;

'to run after,' पश्चाद् धावितुं. –(Of time) पश्चात्, परं, अनन्तरं, ऊर्द्धं, अर्वाक् with abl. –(According to) अनु, अनुरूपं, अनुसारतम्, अनुरूपेण, अनुसारेण; 'after that,' तदनन्तरे, or तदनन्तरं, or तस्मात् परं, or अत ऊर्द्धं; 'after one another,' अनुपूर्व्वशस्; 'a century after,' वर्षशते गते; 'after eating,' भोजनानन्तरं or भोजनात् परं; 'after the rising of the sun,' सूर्य्योदयाद् ऊर्द्धं; 'after a few days,' दिनेषु गच्छत्सु. Sometimes 'after' is expressed by the indec. part.; as, 'after ascending the tree the nests were destroyed,' वृक्षम् आरुह्य नीडा भग्नाः, or even by पूर्व्वकं; as, 'after laying down a stake,' पणस्थापनपूर्व्वकं; or by repeating the word in such phrases as, 'he waters tree after tree,' वृक्षं वृक्षं सिञ्चति.

After, *adv.* (In after time) परं, परकाले, आगामिकाले, उत्तरकाले, –(Following after another) पश्चात्. –(Subsequently) परस्तात्, उत्तरत्र, उत्तरतस् *ind.*

After-ages, *s.* उत्तरकालः, परकालः, आगामिकालः, भाविकालः. –(Descendants) पुत्रपौत्राः *m. pl.*

After all, अन्ततस् *ind.*, अन्ते, परं, शेषे, अवशेषे.

After-birth, *s.* गर्भपरिस्रवः.

After-comer, *s.* उत्तरागामी *m.* (न्), परम् उपतिष्ठति यः, उत्तरकाले जीवति यः.

After-crop, *s.* शस्यस्य द्वितीयसङ्ग्रहः or द्वितीयोत्पत्तिः *f.*, फलस्य द्वितीयसङ्ग्रहः.

After-dinner, *s.* भोजनानन्तरं, भोजनात् परं, भोजनोत्तरं.

After-endeavour, *s.* उत्तरोद्योगः, द्वितीययत्नः.

After-game, *s.* उत्तरोपायनः

After-grass or After-math, *s.* द्वितीयतृणं, द्वितीयतृणोत्पत्तिः *f.*

After-inquiry, *s.* उत्तरानुसन्धानं, उत्तरजिज्ञासा.

After-life, *s.* जीवनावशेषः.

Afternoon, *s.* अपराह्णः, पराह्णं, वैकालः, विकालः–(Relating to the afternoon) आपराह्णिकः –की –कं, वैकालिकः –की –कं.

After-pains, *s.* अनुतापः, उत्तरव्यथा. –(At childbirth) प्रसवानन्तरं वेदना.

After-state, *s.* परावस्था, उत्तरावस्था, भाव्यवस्था.

After-taste, *s.* उत्तरस्वादः, अनुस्वादः.

After-thought, *s.* अनुबोधः, उत्तरचिन्ता, कार्य्यानन्तरं विचारणं.

After-times, *s.* उत्तरकालः, परकालः, आगामिकालः– (Descendants) पुत्रपौत्राः *m. pl.*

Afterwards, *s.* पश्चात् *ind.*, तत्पश्चात्, तदनन्तरं, अनन्तरं, ततः परं, परं *ind.*, अपरं, परस्तात्, उत्तरतस्, ततस्.

Again, *adv.* पुनर्, पुनरपि, भूयस् *ind.* –(Moreover) अन्यच्च, किञ्च, इतरम् *indec.* –(On the other hand) अन्यपक्षे, पुनर्. –(Repeatedly) मुहुस्, पुनःपुनर्, असकृत्, भूयो भूयस्, वारंवारं. –(Further, in argument) अङ्ग. –(As much again) द्विगुणः –णा –णं. –(Back again, as *re* in English or Latin) प्रति. –(In return for) प्रति.

Against, *prep.* प्रति, अभि. –(Opposed to) विरुद्धः –द्धा –द्धं, प्रतिकूलः –ला –लं, विपक्षः –क्षा –क्षं. –(Over against) अभिमुखं, प्रतिमुखं, सम्मुखं; 'against the wind,' प्रतिवातं, वाताभिमुखं; 'against the stream,' प्रतिस्रोतस् *ind.* 'Against' may be expressed by अर्थे or अर्थं, in such phrases as 'one should store up money against misfortune,' आपदर्थे धनं रक्षेत्.

Agape, *adv.* जृम्भमाणः –णा –णं, विस्मयोत्फुल्लनयनः –ना –नं, फुल्ललोचनः –ना –नं.

Agaric, *s.* वृक्षरुहः छत्राकविशेषः, तरुरोही, औषधीयछत्राकविशेषः.

Agastya, *s.* (A celebrated Saint, son of Mitra and Varuṇa, and regent of the star Canopus) अगस्त्यः, मैत्रावारुणिः.

Agate, *s.* रत्नविशेषः, नानावर्णः प्रस्तरविशेषः, नानाछायान्वितः प्रस्तरविशेषः.

Age, *s.* (Period) युगं, कालः, समयः. –(Life) आयुः *n.* (स्), जीवितकालः वयः *n.* (स्). –(Age of the world) कल्पः. –(Old age) वृद्धत्वं, वार्द्धकं, वृद्धभावः; 'a youth who has come of age,' व्यवहारप्राप्तः, व्यवहारज्ञः; 'a son twenty years of age,' विंशतिवर्षीयः पुत्रः; 'of the same age,' समानवयस्कः –स्का –स्कं.

Aged, *a.* वृद्धः –द्धा –द्धं, जीर्णः –र्णा –र्णं, प्राचीनः –ना –नं, वयोगतः –ता –तं, आयुषः –षी –षं.

Agency, *s.* (State of an agent) कर्तृत्वं, कर्तृकत्वं. –(Operation) कारणत्वं, हेतुता, कारणं; 'human agency,' पौरुषेयत्वं. –(Office of a deputy) नियोगिपदं, नियोगित्वं.

Agent, *s.* (Doer) कर्त्ता *m.* (र्तृ), कर्तृकः, कारः, कारकः, करः in comp. –(A deputy) नियोगी *m.*(न्), प्रतिपुरुषः, कार्य्याधीशः, प्रतिनिधिः *m.* –(That which has the power of operating) हेतुकः, हेतुः *m.*, कारणं, साधनं.

***To* agglomerate,** *v. a.* सञ्चि (c. 5. –चिनोति –चेतुं), समाचि, उपचि; समाक्षिप् (c. 6. –क्षिपति –क्षेप्तुं); राशीकृ; पुञ्जं कृ, एकत्र कृ.

Agglomerated, *p. p.* सञ्चितः –ता –तं, उपचितः –ता –तं, राशीकृतः –ता –तं.

***To* agglutinate,** *v. n.* संश्लिष् in caus. (–श्लेषयति –यितुं), संयुज् (c. 7. –युनक्ति –योक्तुं, c. 10. –योजयति –यितुं), संहन् (c. 2. –हन्ति –हन्तुं), संलग्नं –ग्नां –ग्नं कृ.

To **aggrandise, *v. a.*** वृध् **in caus.** (वर्धयति -यितुं), संवृध्, एध् **in caus.** (एधयति -यितुं), आप्यै **(caus.** -प्याययति -यितुं), स्फाय् **in caus.** स्फावयति -यितुं), प्रचुरीकृ, स्फीतीकृ, तन् **(c. 8.** तनोति तनितुं).

Aggrandisement, *s.* वृद्धि: ***f.,*** वर्द्धनं, विवृद्धि: ***f.,*** उन्नति: ***f.,*** समुन्नति: ***f.,*** उपचय:, स्फाति: ***f.,*** अभ्युदय:; **'for one's own aggrandisement,'** आत्मविवृद्धये ***dat. c.*** **or** आत्मोदयाय ***dat. c.***

To **aggravate, *v. a.* (To increase)** वृध् **in caus.** (वर्धयति -यितुं), अधिकं -कां -कं कृ, अतिरिक्तं -क्तां -क्तं कृ, गरय् **(nom.** गरयति)**.—(To irritate, provoke)** प्रकुप् **in caus.** (-कोपयति -यितुं), प्रपीड् **(c. 10.** -पीडयति -यितुं).

Aggravated, *p. p.* (Increased) वर्धित: -ता -तं.**—(Provoked)** प्रकोपित: -ता -तं.

Aggravation, *s.* (Act of irritating) प्रकोपणं, पीडनं, पीडाकरणं, **(Act of increasing)** संवर्द्धनं, वर्द्धनं, उद्दीपनं. **—(Aggravating circumstance)** अनुपशय:, आधिक्यं.

Aggregate, *s.* समूह:, सञ्चय:, सन्निपात:, समवाय:, सङ्ग्रह:, राशि: ***m.,*** पुञ्ज:.

To **aggregate, *v. a.*** समाक्षिप् **(c. 6** -क्षिपति -क्षेप्तुं), सञ्चि **(c. 5.** -चिनोति -चेतुं), समाचि, उपचि; समूहं कृ, राशीकृ, एकत्र कृ.

Aggregated, *p. p.* सञ्चित: -ता -तं, उपचित: -ता -तं, राशीकृत: -तां -तं, समवायी -यिनी -यि (न).

Aggregation, *s.* (The act of aggregating) समाहार: -हरणं, राशीकरणं, सञ्चयनं, सङ्ग्रहणं.**—(A sum, collection)** समूह:, सन्निपात:, सङ्ग्रह:.

To **aggress, *v. a.*** आक्रम् **(c. 1.** -क्रामति **c. 4.** -क्राम्यति -क्रमितुं), अतिक्रम्; लङ्घ् **(c. 10.** लङ्घयति -यितुं).**—(To be the first to injure)** हिंसारम्भं **or** लङ्घनारम्भं कृ.

Aggression, *s.* आक्रम: -मणं, अतिक्रम:, लङ्घनं.**—(The first act of injury)** हिंसारम्भ:, अपकारारम्भ:, प्रथमापकार:, आक्रमारम्भ:.

Aggressor, *s.* आक्रामक:, अतिक्रामक:, द्रोही ***m.*** (न्), प्रथमापकारकर:, प्रथमां हिंसां करोति य:.

Aggrievance, *s.* (Wrong endured) हिंसा, अपकार:, द्रोह:, क्लेश:, दु:खं, व्यथा.

To **aggrieve, *v. a.*** दु:ख् **(c. 10.** दु:खयति -यितुं), शुच् **in caus.** (शोचयति -यितुं), क्लिश् **(c. 9.** क्लिश्नाति क्लेष्टुं), व्यथ् **in caus.** (व्यथयति -यितुं), अर्द् **in caus.** (अर्दयति -यितुं), समर्द्, हिंस् **(c. 1.** हिंसति, **c. 7.** हिनस्ति, हिंसितुं).

Aghast, *a. a.* विस्मयाकुल: -ला -लं, भयव्याकुल: -ला -लं, भयमोहित: -ता -तं, साध्वसोपहत: -ता -तं.

Agile, *a.* लघु: -घु: -घु, त्वरित: -ता -तं, चञ्चल: -ला -लं, द्रुतस्वभाव: -वा -वं लघुशरीर: -रा -रं.

Agility, *s.* लघुता, द्रुतत्वं, चञ्चलत्वं, लघुशरीरता.

Agillochum, *s.* (Aloe-wood) अगुरु: ***m.,*** रु ***n.,*** अगुरुकाष्ठं.

Agistment, *s.* निरूपितमूल्येन सर्व्वसामान्यक्षेत्रे पश्वादिप्रतिपालनं. **—(Embankment)** सेतु: ***m.***

Agitable, *a.* क्षोभणीय: -या -यं, मन्थनीय: -या -यं, चालनीय: -या -यं,

To **agitate, *v. a.*** क्षुभ् **in caus.** (क्षोभयति -यितुं), विक्षुभ्; धू **(c. 5.** धूनोति, **c. 9.** धुनाति धवितुं **or** धोतुं), आधू; मन्थ् **(c. 1.** मन्थति, **c. 9.** मथ्नाति मन्थितुं), प्रमन्थ्; ह्वल् **in caus.** (ह्वलयति **or** ह्वालयति -यितुं); गाह् **(c. 1.** गाहते गाहितुं **or** गाढुं); लुड् **(c. 1.** लोडति लोडितुं **or caus.** लोडयति), आलुड्, समालुड्, परिलुड्, विलुड्, संलुड्**—(To be agitated)** क्षुभ् **(c. 4.** क्षुभ्यति क्षोभितुं); विह्वल **(c. 1.** -ह्वलति -ह्वलितुं).

Agitated, *p. p.* क्षुब्ध: -ब्धां -ब्धं, धृत: -ता -तं, आकुलित: -ता -तं, प्रमथित: -ता -तं, उद्भ्रान्त: -न्ता -न्तं, सम्भ्रान्ता: -न्ता, -तं, विह्वल: -ला -लं, विदुर: -रा -रं, लुलित: -ता -तं, कातर: -रा -रं, पारिप्लव: -वा -वं, विक्लव: -वा -वं.

Agitation, *s.* क्षोभ:, मन्थनं, उन्मन्थनं, आलोडनं, विधुवनं, दवथु:. **—(Of mind, etc.)** व्याकुलत्वं, उत्कम्प:**—(Discussion)** वादानुवाद:, विचारणं.

Agitator, *s.* (He who agitates) क्षोभक:, उन्मन्थक:, मथनकारी ***m.*** (न्)**.—Manager of affairs)** कार्य्याधीश: कार्य्याधिष्ठाता ***m.*** (तृ), नायक:,

Agnail, *s.* नखरोग:, चिप्यं, नखम्यच:.

Agnate, *a.* (Allied to) सम्बन्धी -न्धिनी -न्धि (न्), सम्पर्कीय: -या -यं.

Agnation, *s.* (Relationship) ज्ञातित्वं, बन्धुत्वं, सम्बन्ध:, सम्पर्क:

Ago, agone, *adv.* पुरा, पूर्व्वं, पूर्व्वकाले, गतकाले:, पुरस्तात्.

Agog, *adv.* कुतूहली -लिनी -लि (न्), कौतुकाकुल: -ला -लं, अन्यथावृत्ति: -त्ति: -त्ति.

Agoing, *part.* चल: -ला -लं, प्रचल: -ला -लं, प्रचलित: -ता -त, प्रचरित: -ता -तं.

To **agonise, *v. n.*** व्यथ् **(c. 1.** व्यथते व्यथितुं), परितप् **in pass.** (-तप्यते), सन्तम्

Agony, *s.* तीव्रवेदना, अतिव्यथा, व्यथा, अन्तस्ताप:, विबाधा, दु:खदु:खं, यन्त्रं.

Agrarians, *a.* क्षेत्रविषयक: -का -कं, क्षेत्रिक: -की -कं, भूमिविषयक: -का -क.

To **agree, *v. n.* (Be in concord)** सम्मन् **(c. 4.** -मन्यते -मन्तुं), सम्मत: -ता -तं भू.**—(Assent to)** स्वीकृ, अङ्गीकृ, अनुमन्

Agreeable 16 Air

(c. 4. -मन्यते -मन्तुं), अभिमन्; अनुज्ञा (c. 9. -जानाति -ज्ञातुं), अनुवद् (c. 1. -वदति -वदितुं), ग्रह् (c. 9. गृह्णाति ग्रहीतुं), उपगम् (c. 1. -गच्छति, गन्तुं).—**(Settle by stipulation)** सन्धा (c. 3. -धत्ते -धातुं), संविदा निष्पत्रं -त्रां -त्रं कृ.—**(Be of the same mind)** एकचित्तीभू, एकमतः -ता -तं भू. —**(Be consistent or suitable)** युज् in pass. (युज्यते).

To* agree, *v. a. सन्धा (c. 3. -दधाति -धत्ते -धातुं), सम्मतं -ता -तं or संविदितं -ता -तं कृ.

Agreeable, *a.* (Pleasant) रम्यः -म्या -म्यं, काम्यः -म्या -म्यं, सुभगः -गा -गं, अभिमतः -ता -तं, मनोज्ञः -ज्ञा -ज्ञं, सन्तोषकः -का -कं, तुष्टिकरः -री -रं.—**(Suitable, comformable)** अनुरूपः -पा -पं. उपयुक्तः -क्ता -क्तं, योग्यः -ग्या -ग्यं, सदृशः -शी -शं, तुल्यः -ल्या -ल्ये.—**(To be agreeable, please)** रुच् (c. 1. रोचते, रोचितुं)

Agreeableness, *s.* (Consistency with) योग्यता, उपयुक्तता, अनुरूपता, सादृश्यं.—**(The quality of pleasing)** रम्यत्वं, काम्यत्वं, अभिमतता.—**(Resemblance)** तुल्यता, सदृशता.

Agreeably, *adv.* सुखं, अभिमतं, सुभगं, यथाभिमतं, यथासुखं—**(According to)** अनुरूपं अनुसारतस् ***ind.***, योगतस ***ind.***—**(Agreeably to one's nature)** सत्त्वानुरूपं.

Agreed, *p. p.* संविदितः -ता -तं, सम्मतः -ता -तं, उपगतः -ता -तं, अभ्युपेतः -ता -तं, अभ्युपगतः -ता -तं, स्वीकृतः -ता -तं, अनुज्ञातः -ता -तं, **'he has agreed to a separation'** भेदम् उपगतः.

Agreement, *s.* (Compact) संविद् ***f.***, प्रतिज्ञानं, नियमः, संस्कारः, अङ्गीकारः, उपगमः, समयः, अभ्युपगमः, सङ्केतः, संवादः, व्यवस्था.—**(Making an agreement)** समयकारः.—**(Breaking an agreement)** समयभेदः.—**(Concord)** सम्मतिः ***f.***, एकचित्रता, अनुवादः, ऐक्यं.—**(Resemblance)** सदृशता, अनुरूपता, सादृश्यं, तुल्यत्वं.

Agriculture, *s.* कृषिः ***f.***, कर्षणं, हलभृतिः ***f.***, वैश्यक्रिया, वैश्यवृत्तिः ***f.*** **(The science)** कृषिविद्या.

Agriculturist, *s.* कर्षकः, क्षेत्राजीवः, कृषकः, क्षेत्रिकः, क्षेत्री ***m.*** (न्), कृषिविद्याज्ञः—**(A man of the third class)** वैश्यः, विट् (श्).

Aground, *adv.* उत्तीरस् ***ind.***, तटस्थः -स्था -स्थं, सैकतस्थः -स्था -स्थं, पुलिनस्थः -स्था -स्थं.

Ague, *s.* कम्पज्वरः.—**(A tertian ague)** तृतीयकः, तृतीयकज्वरः. —**(A quartan)** चातुर्यकः.

Ague-fit, *s.* कम्पज्वराक्रमः.

Aguish, *a.* कम्पज्वरशीलः-ला -लं, कम्पज्वरस्वभावः -वा -वं.

An, *interj.* आ, आस्, हन्त, हा, अहो, अहह.

Ahead, *adv.* अग्रे, अग्रतस् ***ind.***, पुरस् ***ind.***, पुरतस् ***ind.***—**(Head-long)** अधोमुखं.

Ajar, *adv.* अर्द्धविवृतः -ता -तं, अर्द्धाद्घट्टितः -ता -तं,

Aid, *s.* साहाय्यं, उपकारः, उपकृतं, साहित्यं, शरणं, उपग्रहः.—**(An assistant)** सहायः, उपकारकः, उत्तरसाधकः.

To* aid, *v. a. उपकृ (c. 8. -करोति -कर्त्तुं), उपचर् (c. 1. -चरति -चरितुं), उपग्रह (c. 9. -गृह्णाति -ग्रहीतं), साहाय्यं कृ, अभिरक्ष् (c. 1. -रक्षति -रक्षितुं).

Aided, *p. p.* उपकृतः -ता -तं, कृतोपकारः -रा -रं.

Aide-de-camp, *s.* परिधिस्थः, सेनापतिसहायः सेनापत्याज्ञावहः.

Aider, *s.* सहायः, साहाय्यकर्त्ता ***m.*** (र्त्तृ), उपकारकः

Aidless, *a.* साहाय्यरहितः -ता -तं, उपकारहीनः -ना -नं, असहायः -या -यं.

***To* ail, *v. a.* (To give pain)** पीड् (c. 10. पीडयति -यितुं). —**(To be ailing)** ईषद्रोगेण or क्षुद्ररोगेण, पीड् in pass. (पीड्यते).

Ail or ailment, *s.* ईषद्रोगः, ईपदुद्व्याधिः ***m.***, क्षुद्ररोगः, क्षुद्रव्याधिः ***m.***

Ailing, *a.* रोगी-गिणी-गि (न्), क्षुद्ररोगपीडितः -ता -तं, व्याधितः -ता -तं.

***To* aim, *v. a.* and *n.* (As at a mark)** अभिसन्धा (c. 3. -दधाति -धातुं), उद्दिश् (c. 6. -दिशति -देष्टुं) **with acc.; as, 'aiming at him,'** तमुद्दिश्य; लक्षीकृ.—**(Endeavour after)** आप् **in des.** (ईप्सति ईप्सितुं), अभ्याप्; सेव् (c. 1. सेवते सेवितुं), उपसेव् निषेव्; समाचर् (c. 1. -चरति -चरितुं); काङ्क्ष (c. 1. काङ्क्षति काङ्क्षितुं), आकाङ्क्ष, अनुकाङ्क्ष्.—**(To direct the weapon)** अभिसन्धा लक्ष्यं प्रति अस्त्रं क्षिप् (c. 6. क्षिपति, क्षेप्तुं).

Aim, *s.* (The point to which a missive weapon is thrown) लक्षं, लक्ष्यं, वाणलक्ष्यं, शरव्यं.—**(The direction of the weapon)** सन्धानं.—**(A purpose, design)** अभिप्रायः, चिकीर्षितं, आशयः, काङ्क्षा, वाञ्छा—**(Conjecture)** अनुमानं.

Aimless, *a.* असन्धानः -ना -नं, सन्धानरहितः -ता -तं, अलक्ष्यः -क्ष्या -क्ष्यं.

Air. *s.* आकाशः, वायुः ***m,*** नभः ***n.*** (स्), विहायः ***n.*** (स्), समीरणः, समिरः.—**(Air in motion)** वायुः, वातः, समीरणः. —**(In music)** तालः, मूर्च्छना, निशारुकं.—**(Appearance)** रूपं, आकारः, आकृतिः ***f.***—**(Gesture, mien)** गतिः ***f.***, वदनं, रीतिः ***f.***—**(Manner)** विधिः ***m.***, प्रकारः रूपं.—**(Scent, vapour)** वासः, वाष्पः, गन्धः; **'aloft in air,** विहायसा ***ind.;*** **'to build castles in the air,'** गगनकुसुमानि कृ.

***To* air, *v. a.* (To expose to the air)** वायुव्याप्यं -प्यां -प्यं कृ.

—**(To dry)** शुष् **in caus.** (शेषयति -यितुं), शुष्कीकृ, निर्जलं -लां -लं कृ.

Air-balloon, ***s.*** आकाशयानं, व्योमयानं, आकाशवर्त्मना गमनार्थं विमानं.

Air-bladder, ***s.*** **(Any cuticle filled with air)** वायुकोषः, अनिलपूरिता नाडिः

Air-born, ***a.*** वायुजः -जा -जं, आकाशजः -जा -जं.

Air-gun, ***s.*** शरादिप्रासनार्थं वायुपूरितं यन्त्रं.

Air-hole, ***s.*** वातायनं, गवाक्षः, जालं, वायुच्छिद्रं, वायुपथः

Airing, ***s.*** वायुसेवनं, विहारः, वायुहेतोः परिक्रमः

Air-pump, ***s.*** वायुप्रक्षेपको नालः.

Air-shaft, ***s.*** आकरे वायुगमनार्थं पथः **or** छिद्रं.

Airy, ***a.*** **(Composed of air)** वायुमयः -यी -यं, आकाशीयः -या -यं, वैहायसः -सी -सं.—**(Open to the air)** वायुव्याप्यः -प्या -प्यं.—**(Wanting reality, vain, empty)** शून्यः -न्या -यं, लघुः -घुः -घ्वी -घु, अवास्तवः -वी -वं, असारः -रा -रं, चञ्चलः -ला -लं, वायुसमः -मा -मं.

Aisle, ***s.*** **(A path in a church)** पूजाशालाभ्यन्तरे पथः.

Akin, ***a.*** **(Allied by blood, used of persons)** स्वगोत्रजः -जा -जं, स्वजातीयः -या -यं.—**(Used of things)** सम्बन्धी -न्धिनी -न्धि (न्), सम्पर्कीयः -या -यं.

Alabaster, ***s.*** श्वेतप्रस्तरविशेषः.

Alack, ***interj.*** **(Alas!)** कष्टं, आस्, हा, हन्त, अहह, हाहा, हाहो.

Alacrity, ***s.*** लाघवं, चञ्चलत्वं, सोद्यमत्वं, शीघ्रत्वं, अविलम्बत्वं, क्षिप्रता.

Alamode, ***adv.*** व्यवहारानुरूपं, रीत्यनुसारेण.

Alarm, ***s.*** ***(Fright)*** त्रासः, भयं, साध्वसं, शङ्का, भयप्रस्तावः.—**(A cry by which soldiers are summoned to arms)** सान्नहनिकं, युद्धाय योधाह्वयनं.—**(Alarm-cry in general)** भयध्वनिः ***m.***

To **alarm,** ***v. a.*** भी **in caus.** (भाययति -यितुं **or** भीषयति -ते), चत् **in caus.** (त्रासयति -यितुं), वित्रस्, सन्त्रस् **in caus.**

Alarmed, ***p. p.*** भीतः -ता -तं, भयार्त्रः -र्त्ता -र्त्तं, चकितः -ता -तं, शङ्कितः -ता -तं, भीषितः -ता -तं.

Alarm-bell, ***s.*** भयसूचका घण्टा, शत्रोर् आगमनसमये वाद्यते या घण्टा.

Alarming, ***a.*** भयङ्करः -रा -रं, भयानकः -का -कं, त्रासजनकः -का -कं, भयदः -दा -दं.

Alarmist, ***s.*** भयोत्पादकः, भयकारकः.

Alarm-post, ***s.*** भयसमये सैन्यसमागमार्थं निरूपितस्थानं.

Alarum, ***s.*** सान्नहनिकं, भयध्वनिः ***m.,*** निरूपितस्वये निद्रालसं प्रबोधयति या घटी.

Alas, ***interj.*** कष्टं, आ, आस्, हा, हन्त, अहह, अहोवत्.

Alb, ***s.*** **(A white garment worn by priests)** धर्म्माध्यापकैर् भृतः श्वेतवस्त्रविशेषः.

Albatross, समुद्रीयपक्षिविशेषः, दक्षिणसमुद्रसेवी पक्षी.

Albeit, ***adv.*** तथापि, यद्यपि.

Albion, ***s.*** श्वेतद्वीपः.

Abugineous, ***a.*** अण्डशुक्लांशोपमः -मा -मं.

Albugo, ***s.*** शुक्लं, चक्षूरोगः, शुक्लमण्डलरोगः.

Album, ***s.*** विशिष्टश्लोकरक्षार्थं पुस्तकं.

Alchymical, ***a.*** रसायनविद्याविषयकः -का -कं, रसायनजः -जा -जं.

Alchymist, ***s.*** रसज्ञः, रसायनविद्याज्ञः, रससिद्धः.

Alchymy, ***s.*** रसाायनविद्या, रसायनं, रससिद्धिः ***f.***

Alcohol, ***s.*** मद्यसारः—**(Impalpable powder)** सूक्ष्मभस्म ***n.*** (न्).

Alcove, ***s.*** कुञ्जः, कुञ्जकुटीरः, पर्णशाला, पल्लवशाला, निभृतस्थानं.

Alder, ***s.*** वृक्षविशेषः.

Alderman, ***s.*** पुराध्यक्षः, नगरस्य प्रधानपुरुषः, मान्यपदस्थः, पौरजनः, वृद्धः, वृद्धजनः, गुरुजनः.

Aldermanly, ***adv.*** वृद्धजनवत् ***ind.,*** गुरुजनवत् ***ind.*** गुरुजनप्रकारेण.

Ale, ***s.*** यवसुरं, यवनिर्म्मितो मद्यविशेषः.

Ale-house, ***s.*** यवसुरालयः, यवसुरस्थानं.

Ale-house-keeper, ***s.*** यवसुरविक्रयी ***m.*** (न्), शौण्डिकः.

Alembic, ***s.*** वकः, वकयन्त्रं, काचवकयन्त्रं, मुषा, द्रवद्रव्यसारनिर्हारार्थं मुषा.

Alert, ***a.*** त्वरितः -ता -तं, क्षिप्रः -प्रा -प्रं, उद्यमी -मिनी -मि (न्), उद्योगी -गिनी -गि (न्), स्ववहितः -ता -तं, अतन्द्रः -द्रा -द्रं.

Alertness, ***s.*** क्षिप्रता, अतन्द्रता, सत्वरता, सोद्योगत्वं.

Algebra, ***s.*** वीजगणितं, गणनाविद्या.

Algebraical, ***a.*** वीजगणितविषयकः -का -कं, गणनाविद्यासम्बन्धी -न्धिनी -न्धि (न्).

Algid, ***a.*** शीतः -ता -तं, शीतलः ला -लं, शिशिरः -रा -रं, हिमवान् -वती -वत् (त्).

Alien, ***s.*** **(A foreigner)** विदेशी ***m.*** (न्), विदेशीयः, भिन्नजातीयः.

Alien, ***a.*** अन्यदेशीयः -या -यं, विदेशीयः -या -यं, पारक्यः -क्या -क्यं.—**(Estranged from)** विरक्तः -क्ता -क्तं.—**(Adverse to)** विरुद्धः -द्धा -द्धं, विपरीतः -ता -तं, भिन्नः -न्ना -न्नं.

Alienable, ***a.*** विछेदनीय: -या -यं, विभेद्य: -द्या -द्यं. —**(Alienable property)** पराधीनं कर्त्तुं शक्यते यद् द्रव्यं.

To **alienate,** ***v. a.*** **(To withdraw the affections)** विरञ्ज् **in caus.** (-रञ्जयति -यितुं).—**(To transfer property)** द्रव्याधिकारित्वं पराधीनं **or** परवशं कृ, **or** परस्वत्वे प्रतिपद् **in caus.** (-पादयति -यितुं).

Alienate, ***a.*** विभिन्न: -न्ना -न्नं, विरक्त: -क्ता -क्तं, विछिन्न: -न्ना -न्नं, पराधीन: -ना -नं.

Alienated, ***p. p.*** विरक्त: -क्ता -क्तं. ***See*** **Alienate.**

Alienations, ***s.*** **(Coldness of affection)** विराग:, विरक्ति: ***f.,*** वैरक्त्यं.—**(Transferring of property)** स्वस्वत्वत्यागानन्तरं परस्वत्वापादनं.

To **alight,** ***v.n.*** अवतृ (**c. 1.** -तरति -तरितुं -तरीतुं), उपविश् (**c. 6.** -विशति -वेष्टुं), निपत् (**c. 1.** -पतति -पतितुं).

Alighted, ***p. p.*** अवतीर्ण: -र्णा -र्णं, उपविष्ट: -ष्टा -ष्टं, निपतित: -ता -तं.

Alike, ***a.*** सदृश: -शी -शं, तुल्य: -ल्या, -ल्यं, समान: -ना -नं, एकप्रकार: -रा -रं, तुल्यरूप: -पी -पं, तुल्याकृति: -ति: ति.

Aliment, ***s.*** आहार:, भोजनं, भक्ष्यं, भोज्यं, अन्नं, खाद्यं, पौष्टिकं.

Alimental or alimentary, ***a.*** पौष्टिक: -की -कं, पोषक: -का -कं, पुष्टिद: -दा -दं, प्रतिपालक: -का -कं, भरणशील: -ला -लं.

Alimentariness, ***s.*** पोषकत्वं, प्रतिपालकत्वं, भरिमा ***m.*** (न्), भरणशीलता.

Alimentation, ***s.*** पोषणं, भरणं, प्रतिपालनं, पुष्टि: ***f.***

Alimony, ***s.*** स्त्रीपुरुषविभेदसमये यो धनस्य न्यायांशो भार्य्यायै दीयते.

Alive, ***a.*** जीवन् -वन्ती -वत् (त्), वर्त्तमान: -ना -नं, सजीव: -वा -वं, सचेतन: -ना -नं, आयुष्मान् -ष्मती -ष्मत् (त्). —**(Cheerful, sprightly)** त्वरित: -ता -तं, अतन्द्र:, -न्द्रा -न्द्रं, चञ्चल: -ला -लं.

Alkali, ***s.*** सर्ज्जिका, सर्ज्जि: ***f.,*** क्षार:, सर्ज्जिकाक्षार:, यवक्षार:, गोगवाही ***m.*** (न्).

Alkaline, ***a.*** क्षारस्वभाव: -वा -वं, क्षारविशिष्ट: -ष्टा -ष्टं, सर्ज्जियुक्त: -क्ता -क्तं

All, ***a.*** सर्व्व: -र्व्वा -र्व्वं, विश्व: -श्वा -श्वं, कृत्स्न: -त्स्ना -त्स्नं, निखिल: -ला -लं. अखिल: -ला -लं, समस्त: -स्ता स्तं, सकल: -ला -लं.

All, ***s.*** **(The whole)** सर्व्वं, कात्स्नं, कार्त्स्न्यं, साकल्यं; **'In all, altogether,'** सर्व्वशम्, साकल्येन, कृत्स्नशम्; **'not at all,'** न कथञ्चन, न मनाक्; **'at all times,'** सर्व्वदा; **'all but,'** प्रायस् ***ind.,*** प्रायशस्, ईषदून्: -ना -नं; **'all of a sudden,'** अकस्मात्; **'all I can,'** यथाशक्ति ***ind.,*** यथाबलं, यथासामर्थ्यं; **'all around,'** सर्व्वतस्, समन्ततस्, परितस्, चतुर्दिक्षु; **'by all means'** सर्व्वथा; **'all hail,'** नमस् ***ind***

All-atoning, ***a.*** सर्व्वपापनाशक: -का -कं, सर्व्वपापशोधक: -का -कं.

All-bearing, ***a.*** सर्व्वसह: -हा -हं.—**(Omniparous)** सर्व्वप्रसवी -विनी -वि (न्).

All-conquering, ***a.*** सर्व्वजयी -यिनी -यि (न्), सर्व्वदमन: -ना -नं सर्व्वन्दम: -मा -मं.

All-glorious, ***a.*** सर्व्वतेजोमय: -यी -यं, सर्व्वप्रतापवान् -वती -वत् (त्).

All-knowing, ***a.*** सर्व्वज्ञ: -ज्ञा -ज्ञं, सर्व्ववेदी -दिनी -दि (न्).

All-loving, ***a.*** सर्व्वप्रिय: -या -यं, सर्व्वहितैषी -षिणी -षि (न्).

All-maturing, ***a.*** सर्व्वपाचक: -का -कं, सर्व्वपाचनशील: -ला -लं.

All-penetrating, ***a.*** सर्व्वभेदक: -का -कं, सर्व्वप्रवेशक: -का -कं.

All-pervading, सर्व्वगत: -ता -तं, सर्व्वव्यापी -पिनी -पि (न्), सर्व्वत्रग: गा -गं.

All-seeing, ***a.*** सर्व्वदर्शी -र्शिनी -र्शि (न्), सर्व्वद्रष्टा -ष्ट्री -ष्टृ (ष्टृ).

All-sufficiency, ***n.*** सर्व्वशक्तिता, सर्व्वसामर्थ्यं.

All-sufficient, ***a.*** सर्व्वसमर्थ: -र्था -र्थं, सर्व्वशक्तिमान् -मती -मत् (त्).

All-wise,, ***a.*** सर्व्वज्ञ: -ज्ञा -ज्ञं, सर्व्वविद् ***m. f. n.,*** सर्व्ववेदी -दिनी -दि (न्) सर्व्वज्ञानमय: -यी -यं.

To **allay,** ***v. a.*** **(To mitigate)** शम् ***in caus.*** (शमयति -यितुं), प्रशम् उपशम्) शान्त्व् **or** सान्त्व् (**c. 10** शान्त्वयति -यितुं) अभिशान्त्व् परिशान्त्व्; तुष् **in caus.** (तोषयति -यितुं).—**(To mix one metal with another)** धातुं धातुना मिश्र् (**c. 10** मिश्रयति -यितुं); सुवर्णं रूप्यं वा कुप्येन मिश्र्.

Allay or allayment, ***s.*** **(Mitigation)** शान्ति: ***f.,*** प्रशमनं, प्रशान्ति: ***f.,*** सान्त्वनं; **'allayment of fear,'** भयोपशम:; **'allayment of hunger,'** क्षुत्प्रतीकार:.—**(Mixture of base metal)** कुप्यसम्पर्क:.

Allayed, ***p. p.*** प्रशान्त: -न्ता -न्तं, उपशान्त: -न्ता -तं, प्रशमित: -ता -तं.

Allayer, ***s.*** शमक:, शान्तिकर:, शान्तिकर्त्ता ***m.*** (र्तृ), शान्तिद:.

Allegation, ***s.*** **(Affirmation)** वचनं, अभियोग:, वाक्यं, अभिधानं—**(False allegation)** मिथ्याभिशंसनं.—**(Excuse, plea)** छद्म ***n.*** (न्), उपदेश:, व्यपदेश:.

To **allege,** ***v. a.*** **(To affirm, declare)** वद् (**c. 1.** वदति,

वदितुं), तथेति ब्रू (c. 2. ब्रवीति ब्रूते वक्तुं).–(To plead as an excuse) छद्म कृ, व्यपदिश् (c. 6. -दिशति -देष्टुं), मिथ्या वद्.

Allegeable, *a.* वचनीयः -या -यं, वदनीयः -या -यं, कथनीयः -या -यं,

Allegiance, *s.* भक्तिः *f.* अनुरागः, वशीभूतत्वं, अधीनत्वं.

Allegiant, *a.* भक्तिमान् -मती -मत् (त्), अनुरागी -गिणी -गि (न्).

Allegorical, *a.* रूपकमयः -यी -यं, दृष्टान्तरूपः -पी -पं, लाक्षणिकः -की -कं.

Allegorically, *adv.* दृष्टान्ततस् *ind.,* लाक्षणिकप्रकारेण, रूपकक्रमेण.

To **allegorise,** *v. a.* दृष्टान्तीकृ , दृष्टान्तय् (*nom.* दृष्टान्तयति -यितुं) लाक्षणिकप्रकारेण वद् (c. 1. वदति, वदितुं).

Alliegory, *s.* रूपकं, दृष्टान्तः, उदाहरणं, लाक्षणिकवाक्यं, युक्तिः *f.*

Allegro, *adv.* त्वरितं, क्षिप्रं, शीघ्रं.

To **alleviate,** *v. a.* शम् in caus. (शमयति -यितुं), प्रशम्, उपशम्; शान्त्व् or सान्त्व् (c. 10. सानवयति -यितुं), अभिशान्त्व्, उपसान्त्व्, परिशान्त्व्; लघ् (*nom.* लघयति -यितुं), उद्धृ (c. 1. -हरति -ते -हर्त्तुं), लघूकृ.

Alleviated, *p. p.* प्रशमितः -ता -तं, प्रशान्तः -न्ता -न्त, उपशान्तः -न्ता -न्तं, लघूकृतः -ता -तं,

Alleviation, *s.* शान्तिः *f.* प्रशमनं, प्रशान्तिः, उपशमः, लघूकरणं, लाघवं,

Alleviative, *a.* (Giving alleviation) शान्तिदः -दा -दं, शान्तिकरः -रा -रं, शमकः -का -कं.

Alley, *s.* (A narrow passage) सङ्कटपथः, सम्बाधपथः, सङ्कुचितवीथिः *f.*–(A walk in a garden) उद्यानपथः.

Alliance, *s.* (League) सन्धिः *m.,* साहित्य, संयोगः, साह्यं, सहायता, ऐक्यं.–(Relation by marriage, &c). सम्बन्धः, ज्ञातिसम्पर्कः; **'offensive and defensive alliance,'** परस्परोपकारः.

Allied, *p. p.* सन्धितः -ता -तं, सहितः -ता -तं, सम्बद्धः -द्धा -द्धं, संयुक्तः -क्ता -क्तं.

To **alligate,** *v. a.* सम्बन्ध् (c. 9. -बध्नाति -बन्द्धुं or caus. -बन्धयति -यितुं), अनुबन्ध्, आबन्ध्.

Alligation, *s.* (Tying together) सन्धानं, सम्बन्धनं, संयोजनं. –(Rule in arithmetic) सम्मिश्रद्रव्याणां मूल्यं निरूपयति यो गणनाविधिः, अर्धसंख्यापनं.

Alligator *s.* नक्रः, ग्राहः, कुम्भीरः.

Alliteration, *s.* अनुप्रासः.

Allodial, *a.* अनधीनः -ना -नं, अनायत्तः -त्ता -त्तं, स्वाधीनः -ना -नं.

To **alloo,** *v. a.* (Set on by crying alloo) हे है इत्यादिशब्दैः कुक्कुरान् प्रचुद् (caus. -चोदयति -यितुं).

To **allot,** *v. a.* (Distribute by lot) विभज् (c. 1. -भजति -ते -भक्तुं), प्रविभज्; व्यंस् (c. 10 -अंसयति -यितुं), अंश् (c. 10. अंशयति -यितुं), विन्यस् (c. 4. -अस्यति -असितुं), व्यस्; क्लृप् (c. 10. कल्पयति -यितुं), परिक्लृप्.–(To grant) प्रदा (c. 8. -ददाति -दातुं).

Allotment, *s.* (Distributing by lot) विभागः, अंशनं, विभागकल्पना.–(The portion granted) अंशः, भागः, विभागः.

To **allow,** *v. a.* अनुज्ञा (c. 9. -जानाति -ज्ञातुं), अभ्यनुज्ञा; अनुमन् (c. 4. -मन्यते -मन्तुं), सह् (c. 1. सहते सोढुं), विषह्, अनुमुद् (c. 1. -मोदते -मोदितुं).–(To admit an argument) ग्रह् (c. 9 गृह्णाति ग्रहीतुं).–(To allow wages) वर्त्तनं दा or अनुदा (c. 3. -ददाति -दातुं). (To abate) उद्धारं कृ, न्यूनीकृ.

Allowable, *a.* धर्म्यः -र्म्या -र्म्यं, अनुज्ञेयः -या -यं, अनुज्ञातव्यः -व्या -व्यं, स्वीकरणीयः -या -यं, अनुज्ञायोग्यः -ग्या -ग्यं, दातव्यः -व्या -व्यं.–(Admissible) ग्राह्यः -ह्या -ह्यं, गृह्यः -ह्या -ह्यं, प्रगृह्यः -ह्या -ह्यं.

Allowance, *s.* अनुज्ञा, अनुमतिः *f.*–(Stipulated pay) वर्त्तनं, वेतनं, निरूपितमूल्यं, परिमितमूल्यं.–(Abatement) उद्धारः, न्यूनीकरणं.

Allowed, *p. p.* अनुज्ञातः -ता -तं, अभ्यनुज्ञातः -ता -तं, अनुमतः -ता -तं.

Alloy, *s.* अपद्रव्यं, कुप्यं, कूटस्वर्णं, अल्पमूल्यको धातुः, दूषणं, दोषः, मलं.–(Abatement, impairment) न्यूनता, क्षयः, विघ्नः.

Alloyed, *p. p.* दूषितः -ता -तं, दुष्टः -ष्टा -ष्टं.

To **allude,** *v. n.* (Hint at) उद्दिश् (c. 6 -दिशति -देष्टुं), समुद्दिश्, सूच् (c. 10 सूचयति -यितुं), इङ्गं or इङ्गितं or सङ्केतं कृ, स्मृ in caus. (स्मारयति -यितुं), प्रबुध् in caus. (-बोधयति -यितुं).

Alluded, *p. p.* उद्दिष्टः -ष्टा -ष्टं, सूचितः -ता -तं, स्मृतः -ता -तं.

To **allure,** *v. a.* आकृष् (c. 1. -कर्षति or c. 6. -कृषति -क्रष्टुं), समाकृष्; प्रलुभ् in caus. (-लोभयति -यितुं).

Allured, *p. p.* आकृष्टः -ष्टा -ष्टं or आकर्षितः -ता -तं, प्रलोभितः -ता -तं.

Allurement, *s.* प्रलोभनं, आकर्षणं, विलोभनं, वञ्चनं, भोगः.

Alluring, *a.* आकर्षकः -का -कं, आकर्षी -र्षिणी -र्षि (न्), प्रलोभकः -का -कं, वञ्चकः -का -कं.

Alluringly, *adv.* प्रलोभनपूर्व्वकं, प्रलोभनेन आकर्षकप्रकारेण.

Allusion, *s.* (Hint) इङ्गं, इङ्गितं, सङ्केतः, आकारः.–(Allusion to) उद्देशः, सूचनं.–(In allusion to) उद्दिश्य, समुद्दिश्य

Allusive, ***a.*** उद्देशक: -का -कं, सूचक: -का -कं.

Alluvion, ***s.*** पुलिनं, नदीरयेण **or** जलप्रवाहेण समानीता मृत्तिका.

Alluvious, ***a.*** नदीरयेण समानीत: -ता -तं, पुलिनमय: -यी -यं.

Ally, ***s.*** सहाय:, सहकारी ***m.*** (न्), मित्रं, सुहृद् ***m.,*** परस्परोपकारी ***m.*** (न्), सम्बन्धी ***m.*** (न्).

To **ally,** ***v. a.*** सन्धा **(c. 3.** -दधाति -धत्ते -धातुं), सम्बन्ध् **(caus.** -बन्धयति -यितुं), संयुज् **(c. 10.** -योजयति -यितुं), संश्लिष् **in caus.** (-श्लेषयति -यितुं).

Almanac, ***s.*** पञ्जिका पञ्जि: ***f.***

Almanac-Maker, ***s.*** पञ्जीकर:, पञ्जिकारचक:.

Almightiness, ***s.*** सर्व्वशक्तिमत्त्वं, सर्व्वसामर्थ्यं.

Almighty, ***a.*** सर्व्वशक्तिमान् -मती -मत् (त्). सर्व्वसमर्थ: -र्था -र्थं, सर्व्वशक् ***m. f. n.,*** अमितौजा: -जा: -ज: (स्).

Almond, ***s.*** पारसीकजनैर् वादामित्य् अभिधीयते यत् फलं.

Almoner, ***s.*** दानधर्म्मे नियुक्त:, भिक्षावितरणे अधिकृत:, दरिद्रेषु यद् धनं दातव्यं तद्वितरणे अधिकृत:.

Almonry, ***s.*** दानधर्म्मे नियुक्तस्य गृहं, भिक्षावितरणशाला.

Almost, ***adv.*** प्रायस्, प्रायशस्, भूयिष्ठं, ईषदून: -ना -नं, कल्प: **affixed.—(Somewhat less)** ईषदूनं, यत् किञ्चिन न्यूनं; **'almost four,'** उपचतुरा: ***m. pl.;*** **'almost every person,'** प्राय: सर्व्वजन:; **'almost dead'** मुमूर्षु: **or** मृतप्राय: **or** मृतकल्प:; **'almost finished,'** समाप्तभूयिष्ठ:; **'seven days being almost ended,'** सप्तसु दिनेषु समाप्तकल्पेषु.

Alms, ***s.*** भैक्षं, भैक्ष्यं, भिक्षा, भिक्षान्नं, दानं; **'to beg alms,'** भिक्ष् **(c. 1.** भिक्षते भिक्षितुं), भैक्ष्यं चर् **(c. 1.** चरति, चरितुं), भिक्षाटनं कृ.

Alms-box, ***s.*** भिक्षापात्रं, दानाधार:.

Alms-giving, ***s.*** दानधर्म्म:, दानकार्य्यं, भिक्षादानं, दरिद्रपोषणं.

Alms-house, ***s.*** दरिद्रपोषणशाला, भिक्षावितरणशाला.

Alms-man, ***s.*** भिक्षाचर:, भिक्षुक:, भिक्षाशी ***m.*** (न्), भिक्षोपजीवी ***m.*** (न्).

Aloe, ***s.*** **(The plant)** कुमारी, सहा, स्थूलदला.**—(A precious wood)** अगुरु:, अगुरुकाष्ठं.

Aloft, ***adv.*** ऊर्द्ध्वं, उपरि, उपरिष्टात्, उच्चं.**—(In-air)** विहायसा.

Alone, ***a.*** एकान्त: -न्ता -न्तं, एक: -का -कं, एकाकी -किनी -कि (न्), निभृत: -ता -तं, केवल: -ला -लं, केवली -लिनी -लि (न्), अद्वितीय: -या -यं.**—(Only)** केवलं, मात्रं.

Along, ***prep.*** **(At length, all along the side of)** अनु **prefixed to the acc. c. neuter; as, 'along the Ganges,'** अनुगङ्गं; **'along the bank,'** अनुकच्छं.**—(Forward)** अग्रे, पुरस् ***ind.,*** पुरस्तात्.**— (Along with)** सह, सार्द्धं, सहित: -ता -तं.**—(All along, from first to last)** प्रथमावधे: प्रभृति शेषपर्य्यन्तं, सर्व्वत्र.**—(Along-side)** पार्श्वतस् ***ind.***

Aloof, ***adv.*** दूरे, कियद्दूरे, ईषद्दूरे, अन्तरे, निभृतं, पृथक्.**—(Standing aloof)** दूरस्थ.

Aloud, ***adv.*** प्रकाशं, उच्चैस् ***ind.,*** उच्चकैस्, प्रोच्चैस्, उच्चै:स्वरेण, महानादेन, उच्चैस्तमाम् ***ind.,*** मुक्तकण्ठं.

Alphabet, ***s.*** वर्णमाला, वर्णक्रम:, अक्षरविन्यास:, वर्णसङ्घाट:.

Alphabetical, ***a.*** वर्णक्रमानुसारी-रिणी-रि (न्), वर्णमालाश्रेण्यनुरूप: -पा -पं.

Alphabetically, ***adv.*** वर्णक्रमानुसारतस् ***ind.*** वर्णमालाश्रेण्यनुरूपं.

Already, ***adv.*** **(Some time ago)** तत्पूर्व्वं, पूर्व्वं, पुरा, पूर्व्वकाले, प्राग् वर्त्तमानकालात्.**—(At the present time)** तत्क्षणे, सम्प्रति, तत्काले.

Also, ***adv.*** च, चैव, अपिच, एवं, अपरञ्च, पुनरपि, पुनश्च.**—(In like manner)** तद्वत् ***ind.,*** तद्विधे, तत्प्रकारे.

Altar, ***s.*** चैत्यं, आयतनं, वेदि: ***m.*** **or** दी ***f.,*** चयनं, यज्ञवेदि:, स्थण्डिलं.

To **alter,** ***v. a.*** अन्यथा कृ, अन्यरूपं -पां -पं कृ, अन्यप्रकारं -रां -रं कृ, विपर्यस् **(c. 4.** -अस्यति -असितुं), परिवृत् **in caus.** (-वर्त्तयति -यितुं).**—(To alter for the worse)** विकृ **(c. 8.** -कुरुते -कर्त्तुं), विरूप् **(c. 10.** -रूपयति -यितुं).

To **alter,** ***v. n.*** अन्यथा **or** अन्यरूप: -पा -पं **or** अन्यप्रकार: -रा -रं भू.**—(For the worse)** वि **(c. 8.** -कुरुते).**—(To alter in mind and feelings)** विमनीभू.

Alterable, ***a.*** विकार्य्य: -र्य्या -र्य्यं, अन्यथा करणीय: -या -यं, विकारशील: -ला -लं, परीवर्त्तनीय: -या -यं, परिणामयोग्य: -ग्या -ग्यं.

Alterage, ***s.*** **(The fostering of a child)** बालकपोषणं, पुत्रप्रतिपालनं.

Alteration, ***s.*** विकार: विक्रिया, विकृति ***f.,*** परिणाम:, परीवर्त्तनं, अन्यथाभाव:, वैकृत्यं.

Alterative, ***a.*** विकारी-रिणी-रि (न), परिवर्त्तक: -का -कं, परिणामकर: -रा -रं.

To **altercate,** ***v. n.*** विवद् **(c. 1.** -वदते -वदितुं), व्यवक्रुश् **(c. 1.** क्रोशति -क्रोष्टुं).

Altercation, ***s.*** विप्रलाप:, व्यवक्रोशनं, व्यावभाषी ***f.,*** वादानुवाद:, विवाद:, उत्तराप्रत्युत्तरं, वाक्यविरोध:, वाग्युद्धं, वाक्यं.

Altered, ***p. p.*** विकृत: -ता -तं, वैकृत: -ता -तं, अन्यरूप: -पा -पं, अन्यथा कृत: -ता -तं, कृतविक्रिय: -या -यं.**—(In mind)** विमनीकृत: -ता -तं.

Alternate, Alternately, ***adv.*** विपर्य्ययेण, वारं, वारं, अन्योन्यं,

परम्परतस्, परम्पराम्, परिवृत्य; **'alternate sleeping and waking,'** पर्य्यायशयनं.

To* alternate, *v. a. परिवृत् **in caus.** (-वर्त्तयति -यितुं), विहृ (**c. 1.** -हरति -हर्त्तुं).

To* alternate, *v. n. परिवृत् (**c. 1.** -वर्त्तते -वर्त्तितुं).

Alternation, *s.* विपर्य्ययः, पर्यायायः, परिवर्त्तनं, परिवृत्तिः ***f.*** **—(Alternation of employment or duty)** कर्म्मविपर्य्ययः.

Alternative, विकल्पः, अनुकल्पः, पाक्षिकः, पक्षः, वाग्यः**—(In grammar)** विभाषा ***f.***

Although, *conj.* यद्यपि. **'Although' is sometimes expressed by the potential mood of the verb;. as, 'although it be not,'** न भवेत्.**—(Notwithstanding)** तथापि, किन्तु.

Altiloquence, *s.* गर्व्वितवाक्यं, साटोपोक्तिः ***f.***

Altisonant, *a.* उच्चैः स्वरकारी-रिणी-रि (न्), महास्वनः -ना -नं.

Altivolant, *a.* उच्चैर् उड्डीयमानः -ना -नं, उच्चैर् उड्डीनः -ना -नं.

Altitude, *s.* उच्चत्वं, उच्छ्रितिः ***f.,*** उच्छायः, उत्तुङ्गता, उत्सेधः. **—(Superiority)** प्रधानत्वं.

Altogether, *adv.* सर्वथा, सर्व्वतस् ***ind.,*** सम्यक्. अशेषतस् ***ind.,*** अशेषेण, कृत्स्नशम् ***ind.,*** अखिलेन, साकल्येन, कार्त्स्न्येन. **—(Conjunctly)** समं, एकचित्रीभूय ***ind.,*** सहितः -ता -तं, संहतः -ता -तं.

Alum, *s.* स्फटी, लवणविशेषः.

Aluminous, *a.* स्फटीमयः -यी -यं, स्फटीसम्बन्धी -न्धिनी -न्धि (न्).

Always, *adv.* सर्व्वदा, सदा, सततम्, नित्यदा, अनिशं, अनवरतं, निरन्तरं, सर्व्वक्षणे.

Amain, *adv.* (Violently) प्रसभं, प्रसह्य, बलात्, बलवत् ***ind.*** **—(With impetuosity)** सवेगं, वेगतस् ***ind.,*** जवेन.

Amalgam, *s.* कांस्यं.

To* amalgamate, *v. n. पारेण धातून् मिश्र् (**c. 10** मिश्रयति -यितुं). **—(To unite together)** संयुज् (**c. 10.** -याजयति -यितुं), संश्लिष् **in caus.** (-श्लेषयति -यितुं), संहन् (**c. 2.** -हन्ति -हन्तुं), एकीकृ.

Amalgamation, *s.* (Of metals) धातुमिश्रणं, योगः.**—(Junction)** संश्लेषः, संयोजनं.

Amanuensis, *s.* लेखकः, लिपिकारः, यद् अन्येन कथितं तल्लेखकः.

Amaranth, *s.* अम्लानः, अम्लानपुष्पं.

Amarantine, *a.* अम्लानी -निनी -नि (न्), अम्लानवान् -वती -वत् (त्), अम्लानपुष्पयुक्तः -क्ता -क्तं.

Amaritude, *s.* तिक्तता, -त्वं, कटुता.

To* Amass, *v. a. सञ्चि (**c. 5.** -चिनोति -चेतुं), उपचि, सम्भृ (**c. 1.** -भरति -ते -भर्त्तुं), समाक्षिप् (**c. 6.** -क्षिपति -क्षेप्तुं), एकत्र कृ, राशीकृ.

Amassed, *p. p.* सञ्चितः -ता -तं, उपचितः -ता -तं, सम्भृतः -ता -तं, राशीकृतः -ता -तं.

Amassment, *s.* सञ्चयः, पुञ्जः, समुच्चयः, संहतिः ***f.*** ओघः, समुदायः, राशीकरणं.

Amateur, *s.* काञ्चिद् विद्यां स्वेच्छातः **or** आत्मविनोदार्थं सेवते यः**—(In music)** गन्धर्व्वविद्याप्रियः, गन्धर्व्वविद्याकामः.

Amatory, *a.* कामी -मिनी -मि (न्), स्नेही -हिनी -हि (न्), प्रीतिमान् -मती -मत् (त्), अनुरागी -गिणी -गि (न्), प्रेमशीलः -ला -लं, शृङ्गारी -रिणी -रि (न्), रसिकः -का -कं.

To* amaze, *v. a. विस्मि **in caus.** (-स्माययति, -ते -यितुं), आकुलीकृ. व्याकुलीकृ, विस्मयाकुलं -लां -लं **or** साश्चर्य्यं -र्य्यां -र्य्यं **or** व्यस्तं -स्तां -स्तं कृ.

Amaze, *s.* विस्मयः, आश्चर्य्यः, चमत्कारः.**—(Confusion)** आकुलत्वं, व्याकुलता.

Amazed, *p. p.* विस्मितः -ता -तं, चमत्कृतः -ता -तं, मोहितः -ता -तं, व्याकुलितः -ता -तं, आकुलीकृतः -ता -तं, व्याकुलमनाः -नाः -नः (स्).

Amazedly, *adv.* सविस्मयं, साश्चर्य्यं, विस्मयेन, चमत्कारेण.

Amazement, *s.* विस्मयः, आश्चर्य्यत्वं, अद्भुतं, व्याकुलता, कातरता.

Amazing, *part. a.* (Astonishing) विस्मयकारी -रिणी -रि (न्), विचित्रः -त्रा -त्रं, अद्भुतः -ता -तं, चमत्कारी -रिणी -रि (न्).**—(Excessive)** अतिरिक्तः -क्ता -क्तं; **'amazing power,'** अतिशक्तिः ***f.***

Amazingly, *adv.* अद्भुतं, विचित्रं, विचित्रप्रकारेण. **—(Excessively)** निर्भरं, अतीव, अतिरिक्तं, अतिशयं; **'amazingly covetous,'** अतिलुब्धः.

Amazon, *s.* स्वस्तनच्छेदनपूर्व्वकं रणे विक्रमं दर्शयित्वा या स्त्रीजातिः प्राक्कालीनपुस्तकेषु प्रशस्यते.

Ambages, *s.* वक्रोक्तिः ***f.,*** वक्रभणितं.

Ambassador, *s.* दूतः, सन्देशहरः, राजदूतः, राजचारः, सत्ती ***m.*** (न्).

Ambassage, *s.* दूत्यं, दौत्यं, दूतप्रेरणं.

Amber, *s.* तृणमणिः ***m.,*** तृणग्राही ***m.,*** (न्), शूकापुट्टः.

Amber, *a.* तृणमणिमयः -यी -यं, शूकापुट्टरूपः -पी -पं.

Ambergris, *s.* औषधविशेषः.

Amber-tree, *s.* सुगन्धिवृक्षविशेषः.

Ambidexter or ambidentrous, *a.* (Having equally the

use of both hands) सव्यसाची -चिनी -चि (न्), उभयहस्तकुशलः -ला -लं.—(Equally ready to act on both sides) द्विपक्षपाती *m.* (न्).

Ambient, *a.* वेष्टकः -का -कं, परिवेष्टकः -का -कं, व्यापकः -का -कं.

Ambiguity, ambiguousness, *s.* द्व्यर्थः, सन्दिग्धार्थः, सन्देहार्थः, अस्पष्टार्थः, अस्पष्टता, वक्रोक्तिः *f.* वक्रता.

Ambiguous, *a.* द्व्यर्थः -र्था -र्थं, सन्दिग्धार्थः -र्था -र्थं, अस्पष्टार्थाः -र्था -र्थं, अस्पष्टः ष्टा -ष्टं, अव्यक्तः -क्ता -क्तं, वक्रः -क्रा -क्रं.

Ambiguously, *adv.* द्व्यर्थतस् *ind.*, अस्पष्टं, अव्यक्तं, वक्रोक्त्या, सन्दिग्धप्रकारेण.

Ambit, *s.* मण्डलं, वेष्टनं, चक्रवालं.

Ambition, *s.* कीर्त्तिस्पृहा, अभिरुचिः *f.*, ऐश्वर्य्याकाङ्क्षा, उत्कृष्टपदवाञ्छा, राज्यलोभः.

Ambitious, *s.* कीर्त्तिप्रेप्सुः -प्सुः -प्सु, यशस्कामः -मा -मं, यशस्काम्यन् -म्यती -म्यत् (त्), आजिगीषुः -षुः -षु, उत्कृष्टपदप्रेप्सुः -प्सुः -प्सु, अभिरुचिमान् -मती -मत् (त्), ऐश्वर्य्यप्रेप्सुः -प्सुः -प्सु, अभिप्रेतः -ता -तं.

Ambitiously, *adv.* कीर्त्तिस्पृहातस् *ind.*, ऐश्वर्य्याकाङ्क्षया, उत्कृष्टपदवाञ्छया, अभिरुच्या.

To **amble,** *v. n.* सुन्दरगत्या चल् (c. 1. चलति चलितुं), सुन्दरप्रकारेण प्लु (c. 1. प्लवते प्लोतुं) or धोर् (c. 1. धोरति धोरितुं).

Amble, *s.* अश्वस्य गतिविशेषः, प्लुतः, धोरितं, सुन्दरगतिः *f.*

Ambler, *s.* धोरितशीलः, सुन्दरगतियायी *m.* (न्).

Ambrosia, *s.* अमृतं, त्रिदशाहारः, पीयूषः, देवान्नं, परमान्नं.

To **ambulate,** *v. a.* विचर् (c. 1. -चरति -चरितुं). क्रम् in freq. (चंक्रम्यते), परिक्रम् (c. 4. -क्राम्यति क्रमितुं), इतस्ततश् चर्.

Ambulation, *s.* परिक्रमः, इतस्ततो भ्रमणं.

Ambuscade, ambush *s.* (A place where persons lie in wait) पराक्रमणार्थे निभृतस्थानं.—(The liers in wait) सैन्यं निभृते स्थापितं.

To **ameliorate,** *v. a.* भद्रतरं -रां -रं, or श्रेयांसं -यसीं -यं: or अर्हत्तरं -रां -रं, or साधीयांसं -यसीं -यः कृ.

Amelioration, *s.* श्रेयस्त्वं, भद्रतरता, श्रेष्ठता, श्रेष्ठ्यं. वृद्धिः *f.*

Amen, *adv.* तथास्तु, एवमस्तु.

Amenable, *a.* अभियोक्तुराह्वानाधीनः -ना -नं, परानुयोगाधीनः -ना -नं, अनुसन्धेयः -या -यं.

To **amend,** *v. a.* (The correct) शुध् in Caus. (शोधयति -यितुं), परिशुध्, विशुध्, संशुध्; समाधा (c. 3. -दधाति -धत्ते -धातुं). —(To amend one's life, leave wickedness) पापात् निवृत् (c. 1. -वर्त्तते -वर्त्तितुं), पापं त्यक्त्वा धर्म्मम् आचर् (c. 1. -चरति -चरितुं), or साधून् आचारान् आस्था (c. 1. -तिष्ठति -स्थातुं), विप्रतीसारं कृ.

To **amend,** *v. n.* (As the life or manners) शुध् (c. 4. शुध्यति शोद्धुं), विशुध्, संशुध्, समाधा in pass. (-धीयते), भद्रतरः -रा -रं भू, साधुः -धुः or -ध्वी -धु भू.—(As a disease) शम् (c. 4. शाम्यति शमितुं) उपशम्.

Amended, *p. p.* शोधितः -ता -तं, संशुद्धः -द्धा -द्धं.—(Ceased from evil) निवृत्तपापः -पा -पं.

Amendment, *s.* शोधनं, संशुद्धिः *f.*, प्रतिसमाधानं, समाधानं, विप्रतीसारः, श्रेयत्वं, श्रेष्ठता, श्रैष्ठ्यं.—(Of life) आचारशोधनं, दोषशोधनं—(Of a disease) उपशमः, स्वास्थ्यं.

Amends, *s.* निस्तारः, निष्कृतिः f., पारितोषिकं, शोधनं, संशुद्धिः *f.*

Amenity, *s.* रम्यता, प्रियता, अभिरामत्वं, सुनन्दता.

To **amerce,** *v. a.* दण्ड् (c. 10. दण्डयति -यितुं) with two accusatives.

Amerced, *p. p.* दण्डितः -ता -तं, साधितः -ता -तं.

Ambercement, *s.* दण्डः, धनदण्डः.—(Loss) हानिः *f.*, क्षयः, अपचयः.

Amethyst, *s.* मणिविशेषः, नीलवर्णः प्रस्तरप्रभेदः, मतीप्मणिः.

Amiable, *a.* सुशीलः -ला -लं, सुप्रियः -या -यं, सुशीलवान् -वती -वत् (त्), प्रीतिमान् -मती -मत् (त्), प्रियदर्शनः -ना -नं, स्नेहार्हः -र्हा -र्हं, प्रियङ्करः, -रा -रं.—(Pleasant) रमणीयः -या -यं.

Amiableness, *s.* सुशीलत्वं, सद्भावः, प्रियता, प्रियम्भविष्णुता, प्रियम्भावुकता.

Ambiably, *adv.* सुशीलजनवत्, सुप्रियं, प्रीतिपूर्व्वकं, प्रीत्या.

Amicableness, *a.* मैत्रः -त्री -त्रं, हितः -ता -तं, साखेयः -या -यं, स्नेहशीलः -ला -लं.

Amicable, *a.* मित्रत्वं, साख्यं, सौहार्दं, सहायता, अनुकूलता.

Amid, Amidst, *prep.* मध्ये, अन्तरण, अन्तरे, अन्तरा, अभ्यन्तरे.

Amiss, *adj.* दोषी -षिणी -षि (न्), अपराधी -धिनी धि (न्), अनुचितः -ता -तं, अयुक्तः -क्ता -क्तं. *adv.* दुष्टु, दोषेण, अपराधतम्, अनुचितं, अयुक्तं.

Amity, *s.* मैत्र्यं, साख्यं, बन्धुता, ऐक्यं.—(Between nations) सन्धिः *m.*

Ammoniac, *s.* (Gum ammoniac) निर्यासप्रकारः.—(Sal ammoniac) लवणप्रकारः.

Ammunition, *s.* युद्धोपकरणं, युद्धसज्जा.

Amnesty, *s.* राजक्षमा, दोषक्षमा, दोषविस्मरणव्यवस्था.

Among, amongst, ***prep.*** मध्ये, अभ्यन्तरे, अन्तरे, अन्तरेण, अन्तरा, अन्तर्,

Amorous, *a.* कामी -मिनी -मि (न्), प्रकामः -मा -मं, कामुकः -का -कं, मन्मथी -थिनी -थि (न्), शृङ्गारी -रिणी -रि (न्), रसिकः -का -कं, प्रेमशीलः -ला -लं, कामाक्रान्तः -न्ता -तं.

Amorously, *adv.* कामेन, कामतम् ***ind.,*** रसिकभावेन, प्रीतिपूर्व्वकं.

To* amount, *v. n. उपचि **in pass.** (-चीयते), सञ्चि, समुदि **in pass.** (-ईयते), सङ्ख्या **in pass.** (-ख्यायते); **'amounting to,'** संख्यकः -का -कं.

Amount, *s.* परिमाणं सङ्ख्या, समुदायः, उपचायः, सारः, अर्थः; **'money to the amount of a lac,'** लक्षसंख्यानि धनानि. **—(Value, price)** मूल्यं.

Amphibious, *a.* भूजलचरः -रा -रं, स्थलजलचरः -रा -रं, जलवायुगः -गा -गं, द्विधागतिः -तिः -ति, स्थलेशयः.

Amphitheatre, *s.* अर्द्धचन्द्रकारो रङ्गः, अर्द्धमण्डलाकारो रङ्गः, रङ्गभूमिः ***f.,*** रङ्गाङ्गणं.

Ample, *a.* विशालः -ला -लं, विपुलः -ला -लं, विस्तृतः -ता -तं, वृहन् -हती -हत् (त्), प्रचुरः -रा -रं, बहुलः -ला -लं, यथेष्टः -ष्टा -ष्टं.

Ampleness, *s.* विशालता, विपुलता, विस्तीर्णता, वृहत्त्वं, प्राचुर्य्यं.

Amplification, *s.* विस्तारत्वं, विस्तरः, वृद्धिः ***f.,*** वर्द्धनं. **—(In rhetoric)** अत्युक्तिः ***f.***

To* amplify, amplificate, *v. a. वृध् **in caus.** (वर्धयति -यितुं), संवृध्; विस्तृ **(c. 5.** -स्तृणोति, **c. 9.** -स्तृणाति -स्तरितुं, -स्तरीतुं, **caus.** -स्तारयति), आप्यै **in caus.** (-प्याययति -यितुं), समाप्यै; तन् **(c. 8.** तनोति तनितुं).

Amplitude, *s.* (Extent) विस्तीर्णता, विस्तारः, विपुलता. **—(Greatness)** वृहत्त्वं, महत्त्वं, महिमा ***m.*** (न्). **—(Capacity)** आधारशक्तिः, सामर्थ्यं. **—(Abundance)** प्रचुरत्वं, सम्पूर्णत्वं, बहुत्वं.

Amply, *adv.* विस्तरेण, विस्तरशस् ***ind.,*** विपुलं, यथेष्टं.

To* amputate, *v. a. अङ्गं छिद् **(c. 7.** छिनत्ति छेत्तुं), लू **(c. 9.** लुनाति -नीते लवितुं), निकृत् **(c. 6.** -कृन्तति -कर्तितुं), अङ्गच्छेदनं कृ.

Amputated, *p. p.* छिन्नः -न्ना -न्नं, लूनः -ना -नं, कृत्तः -त्ता -त्तं.

Amputation, *s.* छेदः, अङ्गच्छेदनं, कर्त्तनं, अङ्गकर्त्तनं.

Amulet, *s.* कवचः, रक्षा, रोगनिवारणार्थं किञ्चिद् द्रव्यं **or** औषधं.

To* amuse, *v. a. नन्द् **in caus.** (नन्दयति -यितुं). अभिनन्द्, प्रतिनन्द्; रम् **in caus.** (रमयति -यितुं), विनुद् **in caus.** (नोदयति -यितुं). **—(To amuse one's self)** विलम् **(c. 1.** -लसति -लसितुं).

Amused, *p. p.* विनोदितः -ता -तं, अभिनन्दितः -ता -तं.

Amusement, *s.* विनोदः, परिहासः, क्रीडा, केलिः ***f.,*** खेला, विलासः, आह्लादः, नर्म्म ***n.*** (न्), कौतुकं, कुतूहलं.

Amuser, *s.* विनोदयिता ***m.*** (तृ), नन्दकः.

An, *See.* A.

Anabaptism, *s.* पुनर्जलसंस्कारः, पुनर्मज्जनं.

Anabaptist, *s.* पुनर्जलसंस्कारमतावलम्बी, पुनर्जलसस्कारमतं धारयन्.

Anachronism, *s.* कालगणनाभ्रमः.

Anagram, *s.* नामाक्षरपरिवर्त्तनात् सार्थक्यरचनं यथा देवराजः, वेद जारः.

Analogical or analogous, सम्बन्धी -न्धिनी -न्धि (न्), सम्बन्धकः -का -कं, सदृशः -शी -शं, उपमः -मा -मं, अनुरूपः -पा -पं, समानः ना -नं, अनुगुणः -णा -णं, तुल्यः -ल्या -ल्यं, सम्पर्की -र्किणी -र्कि (न्), आनुषङ्गिकः -की -कं, तुल्यरूपः -पा -पी -पं.

Analogically, *adv.* सादृश्येन, औपम्येन, सामान्यतम् ***ind.,*** सादृश्यतम् ***ind.***

Analogy, *s.* सम्बन्धः, सादृश्यं, औपम्यं, सम्पर्कः, सामान्यं, समानभावः, उपमितिः.

Analysis, *s.* उपोद्घातः, पृथक्करणं, विछेदः, व्यवच्छेदः, परिछेदः, विभेदः, विभागः, विवेचनं, विवेकः, द्रावणं, व्याकारः. **—(The essence of any thing)** सारः, वस्तु ***n.***

To* analyze, *v. a. उपोद्घातं कृ, किञ्चित् समस्तद्रव्यं पृथक्कृ, **or** खण्डशस् कृ, **or** भागशस् कृ, विविक्तं, -क्तां -क्तं **or** विभिन्नं -न्नां -न्नं कृ, व्याकृ, विभज् **(c. 1.** -भजति -ते -भक्तुं), विछिद् **(c. 7.** -छिनत्ति -छेत्तुं), द्रु **in caus.** (द्रावयति -यितुं), द्रवीकृ.

Anarchical, *a.* अराजकः -का -कं, अनीश्वरः -रा -रं, अशिष्टः -ष्टा -ष्टं, राजनीतिरहितः -ता -तं, अशासितः -ता -तं, अस्थिरः -रा -रं, अव्यवस्थितः -ता -तं.

Anarchy, *s.* अराज्यं, अशासनं, प्रभुत्वराहित्यं, शासनहीनत्वं, अनधीनता, अनीश्वरता.

Anathema, *s.* शापः, अभिशापः, परिशापः, आक्रोशनं, अवक्रोशः.

To* anathematize, *v. a. शप् **(c. 1.** शपति, **c. 4.** शप्यति, शप्तुं), अभिशप्; आक्रुश् **(c. 1.** -क्रोशति -क्रोष्टुं).

Anatomical, *a.* व्यवछेदविद्यासम्बन्धकः -का -कं, व्यवछेदविद्यानुरूपः -पा -पं.

Anatomically, *adv.* व्यवछेदविद्यानुरूपं, विशसनविद्याक्रमेण, व्यवछेदविद्यवित्.

To* anatomise, *v. a. शरीरं व्यवछिद् **(c. 7.** -छिनत्ति -छेत्तुं), विछिद्, सञ्छिद्; विशस् **(c. 1.** -शसति -शसितुं), खण्डशस्

कृ, पृथक्कृ.—(To lay open distinctly) विवृ (c. 5. -वृणोति, -वरितुं or -वरीतुं), अपवृ; प्रकटीकृ, व्याख्या (c. 2. -ख्याति -ख्यातुं).

Anatomised, *p. p.* व्यवछिन्न: -न्ना -न्नं, विशसित: -ता -तं, पृथक्कृत: -ता -तं.

Anatomist, *s.* व्यवछेदविद्याज्ञ:, व्यवछेदक:, विशसिता *m.* (तृ).

Anatomy, *s.* शरीरव्यवछेदविद्या, विशसनविद्या, विशसनं. **—(Division of anything)** विछेद:, विभेद:, पृथक्करणं.

Ancestor, *s.* पूर्व्वपुरुष:.**—(Ancestors)** पूर्व्वजा: *m. pl.,* पितर: *m. pl.,* पितृलोक:.

Ancestral, *a.* पित्र्य: -त्र्या -त्र्यं, पितृक: -का -कं, कौलिक: -की -कं, पैत्र: -त्री -त्रं, पैत्रिक: -की -कं.

Ancestry, *s.* पितर: *m. pl.,* पूर्व्वजा: *m. pl.,* पितृसामान्यं, पितृश्रेणी *f.,* पितृपितामहादि *n.* **—(Birth, the honour of descent)** वंश:, अन्वय:, कुलमर्य्यादा.

Anchor, *s.* नौबन्धनकील:, लोहमययन्त्रं येन नौका वध्यते **or** स्थिरीक्रियते.**—(A post for mooring vessels)** कूपक:.

***To* anchor,** *v. a.* लौहयन्त्रेण नावं वन्ध् (c. 9 बध्नाति वन्द्धुं) **or** स्थिरीकृ.

Anchorage, *s.* स्थानं नौबन्धनयोग्यं.**—(The duty paid for anchoring)** नौकाबन्धनानन्तरं यत् शुल्कं नौकारूढैर् दीयते.

Anchorite, *s.* वनवासी *m.* (न्), यती *m.* (न्), यति: *m.,* तपस्वी *m.* (न्), सन्यासी *m.* (न्), वनी *m.* (न्). **—(Brahman of the 3d order)** वानप्रस्थ:, गृहस्थाश्रमत्यागी *m.* (न्).

Anchovy, *s.* क्षुद्रमत्स्यविशेष:.

Ancient, *a.* पुराण: -णा **or** -णी -णं, पुरातन: -नी -नं, प्राक्कालीन: -ना -नं, पौराण: -णी -णं, प्राक्तन: -नी -नं, वृद्ध: -द्धा -द्धं, प्राचीन: -नी -नं, पूर्व्वकालीन: -नी -नं, चिरन्तन: -नी -नं.

Ancient, *s.* वृद्ध:, प्राचीनपुरुष:, पूर्व्वकालीनलोक:.**—(The flag of a ship)** नावो ध्वज: **or** पताका.**—(Flag-bearer)** पताकी *m.* (न्).

Anciently, *adv.* पूर्व्वकाले, गतकाले, पुरा, पूर्व्वं.

Ancientness, *s.* प्राचीनता, पुरातनत्वं, प्राक्कालीनता, वृद्धत्वं.

Ancients, *s.* पूर्व्वजा: *m. pl.,* प्राचीनपुरुषा: *m. pl.,* पूर्व्वकालीनमनुष्या: *m. pl.*

And, *conj.* च **placed after the word which it connects with another. In many cases 'and' may be omitted in Sanskrit, and the connection expressed by the use of the indeclinable participle; as, 'the beasts assembled *and* informed the lion,'** पशुभिर्मिलित्वा सिंहो विज्ञप्त:.**—(Moreover)** अपिच, किञ्च, अपरं, अन्यच्च. **—(And then)** अथ.

Andante, *s.* घनं, तत्त्वं, विलम्बितं, स्पष्टं.

Andiron, *s.* लोहनिर्म्मित: शूलाधार:.

Androgynal or androgynous, *a.* द्विलिङ्गविशिष्ट: -ष्टा -ष्टं.

Anecdote, *s.* उपकथा, उपाख्यानं.

Anent, *prep.* **(Concerning)** प्रति, उद्दिश्य *ind.,* प्रतीक्ष्य *ind.,* विषयक: -का -कं.

Aneurism, *s.* नाडिस्फाति: *f.,* नाडीनां रक्तप्रवाहकारणम् अतिशयस्फाति:.

Anew, *adv.* **(Over again)** पुनर्, पुन:पुनर्, पुनरपि.**—(Newly)** नूतनं, प्रतिनवं.

Angel, *s.* ईश्वरदूत:, देवदूत:, ईश्वरप्रेष्य:, स्वर्गी *m.* (न्), परमेश्वरप्रेरित:, स्वर्गीयदूत:, स्वर्गदूत:, दिव्यदूत:.

Angelical, Angelic, *a.* ईश्वरदूतोपम: -मा -मं, दिव्य: -व्या -व्यं, देवरूपी -पिणी -पि (न्), स्वर्गीय: -या -यं.

Angelically, *adv.* ईश्वरदूतवत्, स्वर्गीयजनवत्, दिव्यप्रकारेण.

Anger, *s.* क्रोध:, कोप:, अमर्ष:, रोष:, चेतोविकार:; **'my anger is appeased,'** मम क्रोध: शाम्यति; **'through anger,'** कोपात्. **--(Smart of a sore)** व्रणवेदना.

***To* anger,** *v. a.* कुप् **in caus.** (कोपयति -यितुं), प्रकुप्, सङ्कुप्; क्रुध् **in caus.** (क्रोधयति -यितुं).

Angle, *s.* अस्र: कोण:, द्विभुज:.**—(Apparatus to take fish)** मत्स्यवेधनोपकरणं.

To angle, *v. a.* वडिशेन मत्स्यान् जलाद् उद्धृ (c. 1. -हरति -ते -हर्त्तुं), वडिश (nom. वडिशयति), मत्स्यवेधनेन मीनान् व्यथ् (c. 4. विध्यति व्यद्धुं) **or** ग्रह (c. 9. गृह्णाति ग्रहीतुं).

Angle-rod or angling-rod, *s.* मत्स्यग्रहणार्थं दण्डं.

Angler, *s.* मत्स्यवेधक:, मत्स्यबन्धी *m.* (न्), यो वडिशेन मत्स्यान् गृह्णाति.

Angling, *s.* वडिशेन मत्स्यवेधनं, मत्स्यबन्धनं.

Angling-Line, *s.* मत्स्यग्रहणार्थं सूत्रं **or** रज्जु: *m.*

Angrily, *adv.* सकोपं, सरोषं, सामर्षं, कोपेन, क्रोधात्.

Angry, *a.* क्रुद्ध: -द्धा -द्धं, क्रोधी -धिनी -धि (न्), कोपी -पिनी -पि (न्), जातामर्ष: -र्षा -र्षं, रुष्ट: -ष्टा -ष्टं, क्रोधाक्रान्त: -न्ता -तं, सामर्ष: -र्षा -र्षं, कृतकोप: -पा -पं, कृतक्रुध:, -धा -धं, आगतमन्यु: -न्यु: -न्यु, सरोष: -षा -षं, रोषण: -णा -णं, सकोप: -पा -पं, समन्यु: -न्यु: -न्यु. **—(To be angry)** क्रुध् (c. 4. क्रुध्यति क्रोद्धुं), अनुक्रुध्, समभिक्रुध्, संक्रुध्, अभिसंक्रुध्; रूप् (c. 4. रुप्यति रोपितुं), कुप् (c. 4. कुप्यति कोपितुं), प्रकुप्, सङ्कुप् **with dative;** अमूय् (असूयति -ते, असूयितुं) **with acc.**

Anguish, *s.* परिताप:, वेदना, तीव्रवेदना, क्लेश:, पीडा, दु:खं,

आधि: *m.*, मनस्ताप:, परिवेदनं, विवाधा, कृच्छ्रं, कष्टं, तोद:.

Angular or Angulous, *a.* सास: -सा -सं, कोणविशिष्ट: -ष्टा -ष्टं, अस्रवान् -वती -वत् (त्), असोपेत: -ता -तं.

Anhelation, *s.* उच्छ्वसनं, नि:श्वसनं.—**(Palpitation)** हृदयकम्पनं.

Animadversion, *s.* (Reproof) अनुयोग:, निन्दा, उपालम्भ:, घृणा.—**(Infliction of punishment)** दण्डयोग:.—**(Observation)** चर्चा, निरीक्षणं, अन्वेषणं.

***To* animadvert, *v. n.* (To pass censure on)** प्रतिनिन्द् **(c.1.** -निन्दति -निन्दितुं), उपालभ् **(c. 1.** -लभते -लब्धुं).—**(To punish)** दण्डं प्रणी **(c. 1.** -नयति -नेतुं), दण्ड् **(c. 10.** दण्डयति -यितुं). —**(To make observation)** निरीक्ष् **(c. 1.** -ईक्षते -ईक्षितुं), चर्चां कृ.

Animadverted, *p. p.* प्रतिनिन्दित: -ता -तं.—**(Punished)** दण्डित: -ता -तं.

Animadverter, *s.* प्रतिनिन्दक:, दण्डप्रणेता ***m.*** (तृ), अनुयोगी ***m.*** (न्).

Animal, *s.* जन्तु: ***m.***, प्राणी ***m.*** (न्), चेतन:, जीवी ***m.*** (न्), जन्तु: ***m.***, जन्मी ***m.*** (न्), शरीरी ***m.***, (न्).—**(Beast)** पशु: ***m.*** तिर्य्यङ् ***m.*** (-ञ्च्).

Animal, *a.* जीवी-विनी-वि (न्), प्राणी-णिनी-णि (न्), चेतन: -ना -नं. चेतनावान् -वती -वत् (त्).—**(Animal food)** मांसाहार:.

Animalcule, *s.* क्षुद्रजीवी ***m.*** (न्), क्षुद्रजन्तु: ***m.***

To* animate, *v. a. जीव् **in caus.** (जीवयति -यितुं), प्राण् **in caus.** (-आनयति -यितुं), आश्वस् **in caus.** (-श्वासयति -यितुं), समाश्वस्, विश्वस्, परिविश्वस् **in caus.;** उत्था **in caus.** (उत्थापयति -यितुं), उद्युज् **in caus.** (-योजयति -यितुं), प्रोत्सह् **in caus.** (-साहयति -यितुं), उत्तिज् **(c. 10.** -तेजयति -यितुं).

Animate, animated, *part. a.* (Inspirited) आश्वासित: -ता -तं, उद्युक्त: -क्ता -क्तं, उत्तेजित: -ता -तं. —**(Living)** चेतन: -ना -नं., प्राणी -णिनि -णि (न्).—**(Vivacious)** प्रफुल्लवदन: -ना -नं, हृष्टहृदय: -या -यं, रसिक: -का -कं, सारवान् -वती -वत् (त्).

Animation, *s.* (The act of enlivening) आश्वासनं, उत्तेजनं.—**(The state of being enlivened, vivacity)** प्रफुल्लता, हृष्टता.

Animator, *s.* आश्वासक:, जीवद:, प्राणद:, प्रोत्साहक:.

Animosity, *s.* वैरं, द्वेष:, विरोध:, मात्सर्य्यं.

Anise, *s.* छत्रा, सालेय:, शीतशिव:, मधुरिका, मिशी, मिश्रेया.

Anker, *s.* रसानां परिमाणविशेष:.

Ankle, *s.* गुल्फ: -ल्फं, घुटिका **or** घटिका, घुटि: ***f.***, चरणग्रन्थि: ***f.***

Ankled, *a.* गुल्फयुक्त: -क्ता -क्तं. गुल्फसम्बन्धी -न्धिनी -न्धि (न्).

Anklet, *s.* नूपुर:, पादाङ्गदं, मञ्जीरं, पादकटक:.

Annalist, *s.* क्रमानुसारेण चरित्ररचक:, चरित्रलेखक:, पुरावृत्तरचक:, आख्यानरचक:, वृत्तान्तलेखक:, आख्यानसङ्ग्राहक:.

To* annalize, *v. a. चरित्राणि **or** पुरावृत्तकथा रच् **(c. 10.** रचयति -यितुं).

Annals, *s.* क्रमानुसारेण सङ्गृहीत इतिहास:, पुरावृत्तं, पुरावृत्तकथा, चरित्राख्यानं, वृत्तान्तविवरणं.

Annates, *s.* प्रथमफलं, नवशस्यं.—**(Sacrifice of first-fruits)** अग्रायणं.

To* anneal, *v. n. रङ्गस्थिरीकरणनिमित्ते काचं तप् **(c. 1.** तपति तप्तुं **or caus.** तापयति -यितुं).

Annealing, *s.* यत् काचस्य तपनं रङ्गस्थिरीकरणाय क्रियते.

To* annex, *v. a. अनुबन्ध् **(c. 9.** -बध्नाति -बन्द्धुं), आबन्ध्; संयुज् **in caus.** (-योजयति -यितुं), उपाधा **(c. 3.** -दधाति -धत्ते -धातुं), आधा; उपस्था **in caus.** (-स्थापयति -यितुं).

Annexed, *p. p.* संयोजित:-ता -तं, उपाहित: -ता -तं, अनुबद्ध: -द्धा -द्धं.

Annexation, *s.* अनुबन्धनं, उपस्थापनं, संयोग:, संयोजनं, उपधानं.

Annexment, *s.* (The act of annexing). ***See the last.*** —**(The thing annexed)** अनुबन्ध:, उपाहितं, संयुक्तभाग:.

To* annihilate, *v. a. नश् **in caus.** (नाशयति -यितुं), विनश्; प्रली **in caus.** (-लापयति **or** -लापयति, -यितुं), उद्धृ **(c. 1.** -हरति -ते -हर्त्तुं), उच्छिद् **(c. 7.** -छिनत्ति -छेत्तुं), लोपं कृ.

Annihilated, *p. p.* उच्छिन्न: -न्ना -न्नं, विनाशित: -ता -तं.

Annihilation, *s.* नाश:, क्षय:, प्रलय:, विनाश:, अभाव:, समुच्छेद:, लोप:, निर्भाव:, प्रलीनता.

Anniversary, *s.* दिवस: केनापि सविशेषेण कारणेन वत्सरे वत्सरे प्रसिद्ध:, प्रतिवार्षिक उत्सव: वत्सरे सेवितो महोत्सव:.

Anniversary, *a.* सांवत्सरिक: -की -कं, सांवत्सर: -री -रं, प्रतिवार्षिक: -का -कं.

To* annotate, *v. n. टीकां **or** भाष्यं लिख् **(c. 6.** लिखति लेखितुं) **or** रच् **(c. 10.** रचयति -यितुं).

Annotation, *s.* टीका, भाष्यं, टिप्पनी ***f.***

Annotator, *s.* टीकालेखक:, भाष्यकर:, भाष्यकृत्.

To* announce, *v. a. आख्या **(c. 2.** -ख्याति -ते -ख्यातुं), समाख्या; ख्या **in caus.** (ख्यापयति -यितुं), आख्या **in caus.** विघुष् **(c. 1.** -घोषति -घोषितं **or c. 10.** घोषयति), विद् **in caus.** (वेदयति -यितुं), निविद्, आविद्, समाविद्, विनिविद्, सन्निविद्; विज्ञा **in caus.** (-ज्ञापयति -यितुं).

Announced, ***p. p.*** प्रकाशितः -ता -तं, निवेदितः -ता -तं, आवेदितः -ता -तं, अवघुष्टः -ष्टा -ष्टं., आख्यातः -ता -तं, परिकीर्त्तितः -ता -तं.

Announcement, ***s.*** ख्यापनं, विज्ञापनं, विज्ञप्तिः ***f.,*** निवेदनं, विघोषणं,**—(News)** सन्देशः, समाचारः, संवादः.

Announcer, ***s.*** आख्यायकः, विज्ञापकः, विघोषकः, सन्देशहरः.

To annoy, ***v. a.*** पीड् **(c. 10.** पीडयति -यितुं), अभिपीड्, उपपीड्, प्रपीड्, प्रतिपीड्, सम्पीड्; तप् **in caus.** (तापयति -यितुं), सन्तप्, परितप्; क्लिश् **(c. 9** क्लिश्नाति क्लेष्टुं), अर्द् **in caus** (अर्दयति -यितुं), समर्द्, बाध् **(c. 1.** बाधते, बाधितुं).

Annoyance, ***s.*** व्यथा, क्लेशः, विडम्बना, दुःखं, पीडा, बाधा. **—(The act of annoying)** पीडनं.**—(A source of annoyance)** कण्टकः, -कं.

Annoyed, ***p. p.*** क्लिष्टः -ष्टा -ष्टं, परिक्लिष्टः -ष्टा -ष्टं, सव्यथः -था -थं, व्यथितः -ता -तं.

Annoyer, ***s.*** क्लेशकः, दुःखकरः, व्यथाकरः.

Annoying, ***a.*** क्लेशी -शिनी -शि (न्), क्लेशकः -का -कं, दुःखकरः -री -रं.

Annual, ***a.*** वार्षिकः -की -कं, आब्दिकः -की -कं, सांवत्सरः -री -रं, वर्षैकः -का -कं, समीनः -ना -नं.**—(Lasting only for a year)** एकवर्षजीवी -विनी -वि (न्); **'an annual plant,'** ओषधिः ***f.***

Annually, ***adv.*** प्रतिवर्षं, प्रतिवत्सरं, वत्सरे वत्सरे, वत्सरक्रमेण.

Annuity, ***s.*** वार्षिकं **or** सांवत्सरिकं वेतनं **or** वर्त्त यत निरूपितमूल्यं वत्सरे वत्सरे कस्मैचिद् दीयते.

To **annul,** ***v. a.*** लोपं कृ, निरर्थकं -कां -कं कृ, विनश् **in caus.** (-नाश्व्यति -यितुं).

Annular, ***a.*** मण्डलाकारः -रा -रं, वलयाकारः -रा -रं, वलयाकृतिः -तिः -ति, अङ्गुरीयाकारः -रा -रं.

Annulet, ***s.*** क्षुद्रवलयः, क्षुद्राङ्गुरीयः, -यं.

Annulment, ***s.*** लोपः नाशः, विनाशः.

To **annumerate,** ***v. a.*** संख्यां संख्यया संयुज् **(c. 7.** -युनक्ति -युंक्ते -योक्तुं).

Annumeration, ***s.*** संख्या संख्यया संयोजनं.

Annunciation, प्रत्यादेशः, घोषणं, -णा, ख्यापनं, विज्ञापनं.

Anodyne, ***a.*** शूलघ्नः -घ्नी -घ्नं, वेदनाशान्तिकः -की -कं, पीडाशमकः -का -कं.

Anodyne, ***s.*** शूलघ्नं, वेदनाशान्तिकं.

To **anoint,** ***v. a.*** लिप् **(c. 6.** लिम्पति -ते लेप्तुं), अनुलिप्, आलिप्, समालिप्, उपलिप्, विलिप्; अञ्ज् **(c. 7.** अनक्ति, अंक्तुं) **or caus.** (अञ्जयति -यितुं), समालम् **(c. 1.** -लभते -लब्धुं).**—(To consecrate by unction)** अभिषिच् **(c. 6.** -सिञ्चति -सेक्तुं).

Anointed, ***p. p.*** लिप्तः -प्ताः -प्तं, अभिषिक्तः -क्ता -क्तं, दिग्धः, -ग्धा -ग्धं, अनुलिप्तः -प्ता -प्तं, अभ्यक्तः -क्ता -क्तं, कृताभिषेकः -का -कं.

Anointer, ***s.*** अभिषेचकः, लेपकः, अञ्जनकर्त्ता ***m.*** (र्त्तृ).

Anointing, ***s.*** अभिषेकः, -चनं, विलेपनं, समालम्भः, अभ्यञ्जनं, अञ्जनं.

Anomalous, ***a.*** विधिविरुद्धः -द्धा -द्धं, विधिहीनः -ना -नं, विधिघ्नः -घ्नी -घ्नं, नियमविरुद्धः -द्धा -द्धं, अविधिः -धिः -धि.

Anomalously, ***adv.*** अविधानतस् ***ind.,*** अविधिवत् ***ind.,*** अनियमतस् ***ind.***

Anomaly, ***s.*** अविधिः ***m.,*** अविधानं, विधिविरुद्धता, अनियमः.

Anon, ***adv.*** **(Quickly, soon)** शीघ्रं, सपदि, झटिति.**—(Now and then)** कदापि, कदाचित्.

Anonymous, ***a.*** अनामकः -का -कं, नामहीनः -ना -नं, सञ्ज्ञारहितः -ता -तं.

Anonymously, ***adv.*** नामव्यतिरेकेण, संज्ञाव्यतिरेकेण, संज्ञां विना.

Another, ***a.*** अन्यः -न्या -न्यत्, इतरः -रा -रं, परः -रा -रं, अपरः -रा -रं, परकीयः -या -यं, अन्यदीपः -या -यं. **Another is often expressed by** अन्तर **in composition; as, 'another place,'** स्थानान्तरं; **'along with another king,'** राजान्तरेण सह. **'In another place,'** अन्यत्र; **'in another manner,'** अन्यथा; **'at another time,'** अन्यदा; **'one after another,'** अनुपूर्व्वशस् ***ind.,*** वेकं एकैकशस्; **'a defect in another,'** परछिद्रं; **another's wife,'** परदारः; **'another man's goods,'** परद्रव्यं, परस्वं; **'another's right,'** परस्वत्वं; **another day,'** अन्यस्मिन् दिवसे, अन्येद्युः (स्).

To **answer,** ***v. n.*** **(To speak in reply)** प्रतिवच् **(c. 2.** -वक्ति -वक्तुं), प्रतिभाष् **(c. 1.** -भाषते -भाषितुं), प्रतिवद् **(c.1.** -वदति -ते -वदितुं), प्रतिब्रू **(c. 2.** -ब्रवीति -वक्तुं), व्याह **(c. 1.** -हरति -ते -हर्त्तुं), प्रतिभण् **(c. 1.** -भणति -भणितुं), प्रतिजल्प् **(c. 1.** -जल्पति -जल्पितुं).**—(To correspond, to suit)** युज् **in pass.** (युज्यते), अनुरूपः -पा -पं **or** तुल्यरूपः -पा -पं. **or** सदृशः -शी -शं अस्;**—(To succeed)** सम्पद् **(c. 4.** -पद्यते, -पत्तुं), संसिध् **(c. 4.** -सिध्यति -सेद्धुं). **—(To be accountable for)** प्रतिभूः **or** प्रतिनिधिः अस्, लग्नकं दा **(c. 3.** ददाति दातुं).

Answer, ***s.*** प्रतिवचनं, प्रतिवाक्यं, प्रतिवाक् ***f.*** (च्), उत्तरं, प्रत्युत्तरं, प्रत्युक्तिः ***f.,*** प्रतिवाणिः ***f.*****—(Refutation of a charge)** वाक्यखण्डनं, वाक्याघातः.

Answerable, ***a.*** प्रतिवाक्यः -क्या -क्यं.**—(Responsible)** परानुयोगाधीनः -ना -नं, पराह्वानाधीनः -ना -नं, अभियोक्तव्यः

-व्या -व्यं, येन प्रत्युत्तरं दातव्यं सः, यो लग्नकं दातुम् अर्हति. —**(Corresponding to)** योग्यः -ग्या -ग्यं, अनुरूपः -पा -पं, अनुसारी -रिणी -रि (न्).

Answered, *p. p.* प्रत्युक्तः -क्ता -क्तं, प्रतिभाषितः -ता -तं, प्रतिभणितः -ता -तं.

Ant, *s.* पिपीलिका, पुत्तिका.

Ant-bear, *s.* पिपीलिकाखादको जन्तुविशेषः.

Ant-hill, *s.* वल्मीकः, -कं, कृमिशैलः, कूलकः, भूश्रवाः ***m.*** (म्), वम्नीकूटं, वामलूरः, स्यमीकः, मृत्तिकाकूटं.

Antagonist, *s.* विरोधी ***m.*** (न्), विपक्षः, वैरी ***m.*** (न्), शत्रुः ***m.,*** अभियोक्ता ***m.*** (क्तृ), पर्य्यवस्थाता ***m.*** (तृ), प्रतिबन्धकः.

Antagonistic, *a.* विरोधी-धिनी -धि (न्), विपक्षः -क्षा -क्षं, विपरीतः -ता -तं.

Antalgic, *a.* वेदनाशमकः -का -कं, शूलघ्नः -घ्नी -घ्नं, शोकापनुदः -दा -दं.

Antarctic, *adj.* दक्षिणकेन्द्रीयः -या -यं.—**(The south pole)** दक्षिणकेन्द्रं, कुमेरुः ***m.***

Antecedent, *a.* पूर्व्वगतः -ता -तं, अग्रमतः -ता -तं, अग्रगामी -मिनी -मि (न्).

Antecedently, *adv.* पूर्व्वं, अग्रे, पूर्व्वतस्, अग्रतस्.

Antediluvian, *a.* प्राग् भूतसम्प्लवाद् विद्यमानः -ना -नं, प्राग् जलाप्लावताद वर्त्तमानः -ना -न.

Antelope, *s.* मृगः, हरिणः, ऐणेयः कुरङ्गः -ङ्गकः -ङ्गमः.

Antemeridian, *a.* पूर्व्वाह्नेतनः -नी -नं.

Antemundane, *a.* प्राग् जगत्सृष्टेर् वर्त्तमानः -ना -न.

Antepast, *s.* पूर्व्वभुक्तिः ***f.,*** पूर्व्वभोजनं, पूर्व्वज्ञानं, अग्रग्रहणं.

Antepenultimate, *s.* उपधायाः पूर्व्वं विद्यते यद् अक्षरं, पूर्व्वापान्तः.

Anterior, *a.* प्राक्तनः -नी -नं. पूर्व्वः -र्व्वा -र्व्वं, अग्रः -ग्रा -ग्रं.

Anthem, *s.* ईश्वरस्तवात्मकं गीतं, ईश्वरस्तुतिरूपकं गानं.

Anthony's fire, *s.* उदर्दः रोगविशेषः.

Anthropophagi, *s.* नृजग्धाः ***m. pl.,*** आममांसाशिनः ***m. pl.,*** क्रव्याशिनः ***m. pl.,*** अश्रपाः ***m. pl.,*** राक्षसाः ***m. pl.***

Antibilious, *a.* पित्रघ्नः -घ्नी -घ्नं.

Antic, *a.* (Buffoon-like) भण्डोपमः -मा -मं.—**(Odd, unnatural)** अपरूपः -पा -पं, विरूपः -पा -पं, असङ्गतः -ता -तं, अयोग्यः -ग्या -ग्यं.

Antic, *s.* (A buffoon) भण्डः, भाण्डकरः—**(An odd gesture)** असङ्गतप्रकारेण हस्तादिविक्षेपः, विरूपो अङ्गविक्षेपः.

Anti-chamber, *s.* उपशाला.

***To* Anticipate, *v. a.* (Before the time)** पूर्व्वतस् ग्रह् **(c. 9.** गृह्णाति ग्रहीतुं), प्रवेक्ष् **(c. 1.**-ईक्षते -ईक्षितुं).—**To foretaste)** पूर्व्वस्वादनं कृ, अग्रतस् अनुभू **(c. 1.** -भवति -भवितुं), पूर्व्वं ज्ञा **(c. 9.** जानाति ज्ञातुं) **or** भुज् **(c. 7.** भुनक्ति, भुंक्ते, भोक्तुं), उद्दृश **(c. 1.** उत्पश्यति उद्दृष्टुं), प्रदृश्.

Anticipated, *p. p.* पूर्व्वभुक्तः -क्ता -क्तं, पूर्व्वतस् अनुभूतः -ता -तं, प्रदृष्टः -ष्टा -ष्टं, प्रवेक्षितः -ता -तं, सन्दृष्टः -ष्टा -ष्टं, चित्रकलितः -ता -तं, पुरस्कृतः -ता -तं.

Anticipation, *s.* पूर्व्वभुक्तिः ***f.,*** पूर्व्वभोजनं, पूर्व्वज्ञानं, प्रवेक्षणं.

Antidotal, *a.* विषनाशी -शिनी -शि (न्), विषघाती -तिनी -ति (न्), विषघ्नः -घ्नी -घ्नं, गरघ्नः -घ्नी -घ्नं.

Antidote, *s.* विषनाशनं, प्रतिविषं.—**(Dealer in)** विषवैद्यः, जाङ्गुलिकः.

Antifebrile, *a.* ज्वरघ्नः -घ्नी -घ्नं, ज्वरनाशकः -का -कं, ज्वरान्तकः -का -कं.

Antimony, *s.* स्रोतोञ्जनं, सौवीरं, कापोताञ्जनं, यामुनं.—**(Made of antimony)** सोतोञ्जनमयः -यी -यं.

Antipathy, *s.* सहजो विरोधः, द्वन्द्वभावः, विरक्तिः ***f.,*** वैरिता, शत्रुता, विमतिः ***f.,*** अनिच्छा.

Antiphlegmatic, *a.* कफनाशनः -नी -नं, कफघ्नः -घ्नी -घ्नं, श्लेष्मघ्नः -घ्नी -घ्नं.

Antiphony, *s.* प्रतिगानं, परस्परगीतिः ***f.,*** प्रतिध्वनिः ***f.***

Antipodes, *s.* भूमण्डलस्य विपरीतभागे वर्त्तिनः; अन्यतरस्मिन् भूगोलभागे वर्त्तिनः परस्पराम् अभिमुखपादतला जनाः.

Antiquarian, *a.* प्राक्कालीनः -ना -नं, पूर्व्वकालीनः -ना -नं,, प्राक्तनः -नी -नं.

Antiquary, antiquarian, *s.* प्राक्कालीनविषयेषु पण्डितः पुरातनद्रव्यानुसन्धायी ***m.*** (न्).

Antique, *a.* (Ancient) पुराणः -णा **or** -णी -णं, पुरातनः -नी -नं. प्राक्तनः -नी -नं, पूर्व्वकालीनः -नी -नं, चिरन्तनः -नी -नं.—**(Old-fashioned)** अप्रचलः -ला -लं, अपरूपः -पा -पं.

Antique, *s.* प्राचीनद्रव्यं, प्राक्कालीनविषयः.

Antiquity, *s.* (Old-times) प्राक्काल, पूर्व्वकालं, गतकालं.—**(The ancients)** प्राचीनपुरुषाः ***m. pl.*** —**(Ancientness)** पुरातनत्वं, प्राचीनत्वं.

Antiseptic, *a.* पूतिघ्नः -घ्नी -घ्नं, पूतिनिवारकः -का -कं, पूतिनाशकः -का -कं.

Antistes, *s.* प्रधानपुरोहितः, धर्म्माध्यक्षः.

Antithesis, *s.* अर्थान्तरन्यासः, अर्थवैपरीत्यं, विकल्पः, प्रतिपक्षता, विरोधः.

Antitype, *s.* प्रतिमूर्त्त्या प्रदर्शिता मूर्त्तिः *f.*, मूलमूर्त्तिः ***f.,*** वस्तु ***n.,*** आदर्शः.

Antler, *s.* मृगशृङ्गं, मृगशृङ्गशाखा, मृगविषाणं.

Antlered, *a.* शृङ्गी -ङ्गिनी -ङ्गि (न्), विषाणी -णिनी -णि (न्).

Anus, गुदं, पायुः ***m.,*** मैत्रः, अपानं.

Anvil, *s.* सूर्मी ***f.,*** शूर्म्मिः ***m.,*** स्थूणा, लोहप्रतिमा.

Anxiety, *s.* चिन्ता, चित्तोद्वेगः, औत्सुक्यं, मनोदुःखं, मनस्तापः, चित्रवेदना, आधिः ***m.,*** व्यग्रता, उद्वेगः -जनं, उत्तापः, चिन्ताभारः, मानसी व्यथा.

Anxious, *a.* (Solicitous) उद्विग्नः -ग्ना -ग्नं, उद्विग्नमनाः -नाः -नः (स्), चिन्तापरः -रा -रं, व्यग्रः -ग्रा -ग्रं, उत्तप्तः -प्ता -प्तं, उत्सुकः -का -कं, विधुरः -रा -रं, समन्युः -न्युः -न्यु. **—(Eagerly endeavouring)** सयत्नः -त्ना -त्नं. **—(Desirous of)** ईप्सुः -प्सुः -प्सु, इच्छुः -च्छुः -च्छुः; **'anxious to see,'** दर्शनेप्सुः; **'anxious to do,'** कर्त्तुकामः -मा -मं. **—(To be anxious)** उत्सुकाय् **(nom.** उत्सुकायते).

Anxiously, *adv.* औत्सुक्येन, उद्वेगेन, मनोदुःखेन, चिन्तया, सोद्वेगं, सयत्नं.

Any, *a.* कश्चित् ***m.,*** काचित् ***f.*** किञ्चित् ***n.,*** कोऽपि ***m.,*** कापि ***f.*** किमपि ***n.,*** कश्चन ***m.*** काचन ***f.*** किञ्चन ***n.;* 'any thing,'** किञ्चित्, किमपि; **'any where,'** क्वचित्, क्वापि, कुत्रचित्, कुत्रापि; **'any longer,'** पुनर्; **'any how,'** कथञ्चन, कथञ्चित्, यथातथा; **'at any time,'** कदाचित्; कर्हिचित्; **'any further,'** दूरतरं; **'any one soever,'** यः कश्चित्.

Aorta, *s.* हृत्पिण्डवामकोपनिर्गता रक्तप्रवाहका वृहन्नाडी.

Apace, *adv.* सत्वरं, शीघ्रं, क्षिप्रं, सहसा, द्रुतं, सवेगं.

Apart, *adv.* Often expressed by the prep. वि; पृथक्, विरलं, प्रविरलं, प्रगतः -ता -तं, उज्जृम्भः -म्भा -म्भं; **'having the knees apart,'** प्रगतजानुः -नुः -नु. **—(Privately)** एकान्ते, एकान्ततस् ***ind.,*** निभृतं, रहसि, विविक्तं, विजने. **—(At a distance)** दूरे, कियद्दूरे. **—(Aside, to one's self)** स्वगतं, विजने, जनान्तिकं.

Apartment, *s.* शाला, कोष्ठः, आवासः, आगारं, गृहं. **—(The inner apartments)** अन्तःपुरं, अन्तर्गृहं.

Apathetic, *a.* वीतरागः -गा -गं, निःसङ्गः -ङ्गा -ङ्गं, निःस्पृहः -हा -हं, निरीहः -हा -हं, निरपेक्षः -क्षा -क्षं.

Apathy, *s.* विरागः, वैराग्यं, निरीहता, जाड्यं, मान्द्यं.

Ape, *s.* वानरः, अपुच्छः कपिः ***m.,*** प्लवङ्गः **—(Imitator)** अनुकारी ***m.*** (न्).

To* ape, *v. a. वानरवत् **or** कपिवत् अनुकृ **(c. 8.** -करोति -कर्त्तुं).

Apepsy, *s.* अजीर्णं, आप्तयावित्वं, तीक्ष्णाग्निः ***m.***

Apperient, *a.* रेचकः -की -कं. **—(An aperient medicine)** रेचकः.

Aperture, *s.* छिद्रं, रन्ध्रं, द्वारं, पथः. **—(Act of opening)** व्यादानं.

Apetalous, *a.* दलहीनः -ना -नं. पुष्पपत्ररहितः -ता -तं, निष्पत्रः -त्रा -त्रं.

Apex, *s.* शिखा, शिखरं, अग्रं, चूडा, शिरः ***n.*** (स्).

Aphorism, *s.* सूत्रं, वचनं, तत्त्वं, उपदेशवाक्यं, आदेशः.

Aphrodisiac, *a.* (Exciting passion) वाजीकरः -रा -रं, कामाग्निदीपनः -ना -नं.

Apiary, *s.* करण्डः, छत्रकः, मधुमक्षिकारक्षणस्थानं, मधुकरस्थानं.

Apiece, *adv.* प्रत्येकं, एकैकशस् ***ind.,*** एकशम् ***ind.*** एकतस् ***ind.,*** एकैकं, पृथक् पृथक्, विभागसम् ***ind.***

Apish, *a.* कापेयः -यी -यं, कपिस्वभावः -वा -वं, वानरोपमः -मा -मं. **—(Imitative)** अनुकारशीलः -ला -लं.

Apishness, *s.* कापेयं, वानरता, अनुकारशीलता.

Apitpat, *adv.* पटपटा ***ind.***

Apocalypst, *s.* प्रकाशितं भविष्यद्वाक्यं, प्रकाशनं, विवृतिः ***f.,*** स्पष्टीकरणं.

Apocrypha, *s.* धर्म्मग्रन्थानां मध्ये गणितः सन्दिग्धप्रमाणो ग्रन्थः.

Apocryphal, *a.* (Of uncertain authority) सन्दिग्धप्रमाणः : -णा -णं, असिद्धप्रमाणः -णा -णं.

Apologetic, apologetical, *a.* व्यपदेशकः -का -कं., पक्षपाती -तिनी ति (न्), प्रतिवादकः -का -कं, छाद्मिकः -की -कं.

Apologist, *s.* (For another) पक्षपातकर्त्ता ***m.*** (र्तृ), पररक्षार्थं वादी ***m.*** (न्), प्रतिवादी ***m.*** (न्), उत्तरवादी ***m.*** **—(For one's self)** व्यपदेष्टा ***m.*** (-ष्टृ), छद्मकारी, स्वदोषस्वीकारी ***m.*** (न्), प्रत्यवस्कन्दकारी ***m.*** (न्).

Apologise, *v. n.* (To state some plea) व्यपदिश् **(c. 6.** -दिशति -देष्टुं), छद्म **or** व्यपदेशं **or** प्रत्यवस्कन्दं कृ. **—(To acknowledge one's fault)** स्वदोषस्य स्वीकारं कृ. **—(To apologise for another)** पक्षपातं कृ, पररक्षार्थं प्रतिवद् **(c. 1.** -वदति -वदितुं).

Apologue, *s.* उपकथा, हितोपदेशकं उपाख्यानं, नीतिवाक्यं.

Apology, *s.* व्यपदेशः, अपदेशः, उपदेशः, प्रतिवादः, उत्तरं, छद्म ***n.*** (न्), प्रत्यवस्कन्दः, स्वदोषस्वीकारः, छद्मप्रकरणं. **—(For another)** पक्षपातः, पररक्षार्थं प्रतिवादः.

Apophlegmatic, *a.* कफनाशनः -नी -नं, कफघ्नः -घ्नी -घ्नं, श्लेष्मघ्नः -घ्नी -घ्नं.

Apophthegm, *s.* सूत्रं, नीतिवाक्यं, वचनं, आदेशः.

Apopletical, apoplectic, *a.* (Relating to apoplexy) अङ्गविकृतिविषयः -या -यं. **—(Inclined to apoplexy)** अङ्गविकृतिशीलः-ला -लं.

Apoplexy, *s.* अङ्गविकृतिः ***f.***

Apostacy, *s.* स्वधर्म्मत्यागः, स्वधर्म्मच्युतिः ***f.,*** अवहारः, स्वधर्म्मभ्रंशः, भ्रष्टत्वं, स्वजातीयधर्म्मत्यागानन्तरं परधर्म्माश्रयः.

Apostate, *s.* स्वधर्म्मत्यागी ***m.*** (न्), स्वजातीयव्यवहारभ्रष्टः, आत्मधर्म्मच्युतः, अन्यशाखः, स्वजातीयधर्म्मं त्यक्त्वा

परधर्म्माश्रितः.

To **apostatize, *v. n.*** स्वधर्म्मात् **or** स्वजातीयव्यवहाराद्, भ्रंश् **(c. 4.** भ्रश्यति, **c. 1.** भ्रंशते भ्रंशितुं) **or** च्यु **(c. 1.** च्यवते च्योतुं), विच्यु; स्वजातीयधर्म्मं त्यक्त्वा परधर्म्मं आश्रि **(c. 1.** -श्रयति -श्रयितुं).

Aposteme, aposthume, *s.* श्वयथुः विद्रधिः ***m.***, शोफः, स्फोटः, पूयसम्पूर्णः स्फोटः.

Apostle, *s.* ईश्वरप्रेरितः, ईश्वरदूतः, ईश्वराज्ञावहः, प्रेरितः.

Apostleship, *s.* ईश्वरप्रेरितत्वं, ईश्वरदौत्यं, प्रेरित्वं.

Apostolical, Apostolic, *a.* (Enjoined by an apostle) ईश्वरप्रेरितेनादिष्टः -ष्टा -ष्टं.—**(Relating to the Apostles)** ईश्वरप्रेरितसम्बन्धी -न्धिनी -न्धि (न्).

Apostrophe, *s.* सम्बोधनं, वाक्यालङ्कारविशेषः.

To **apostrophise, *v. a.*** सम्बोधनं कृ, सम्बोधनेन सामन्त्र् **(c. 10.** -मन्त्रयते -यितुं).

Apostume, *s.* पूयसम्पूर्णः स्फोटः, विद्रधिः ***m.***

Apothecary, *s.* विक्रयार्थं औषधपेश्वरः, भेषजविक्रेता ***m.*** (तृ), औषधविक्रेता ***m.*** (तृ), अगदङ्कारः.

Apothegm, *s.* See Apophthegm.

Apotheosis, *s.* देवत्वं, ब्रह्मत्वं, ब्रह्मनिर्व्वाणं, देवगणितत्वं.

To **appal, *v. a.*** भी **in caus.** (भाययति **or** भीययति -यितुं), त्रस् **in caus.** (त्रासयति -यितुं), वित्रस्, सन्त्रस्; उद्विज् **in caus.** (-वेजयति -यितुं), व्याकुलीकृ.

Appalled, *p. p.* भयविप्लुतः -ता -तं, भयसंहृष्टरोमा -मा -म (न्), शङ्कितः -ता -तं, सन्त्रस्तः -स्ता -स्तं, व्याकुलीकृतः -ता -तं.

Apparatus, *s.* उपकरणं, सज्जा, यन्त्रं, सामग्र्यं, सामग्री ***f.***, —**(Military apparatus)** शस्त्रोपकरणं.

Apparel, *s.* वेशः, वस्त्रं, परिधानं, परिच्छदः, असरं, आभरणं, संव्यानं

To **apparel, *v. a.*** वस्त्र **(nom.** वस्त्रयति -यितुं), आच्छद् **(c. 10.** -छादयति -यितुं); वेष्ट् **(c. 1.** वेष्टते, वेष्टितुं), वस् **in caus.** (वासयति -यितुं), प्रवस्; प्रवृ **(c. 5.** -वृणोति, -वरितुं **or** -वरितुं), सव्ये **(c. 1.** -व्ययति -व्यातुं).—**(To apparel one's self)** वस् **(c. 2.** वस्ते, वसितुं).

Apparelled, *p. p.* आच्छादितः -ता -तं, प्रच्छादितः -ता -तं, परिच्छन्नः -न्ना -न्नं, वस्त्रवेष्टितः -ता -तं, संवीतः -ता -तं.

Apparent, *a.* व्यक्तः -क्ता -क्तं, अभिव्यक्तः -क्ता -क्तं, प्रत्यक्तः -क्ता -क्तं, स्पष्टः -ष्टा -ष्टं, स्फुटः -टा -टं, प्रेक्षणीयः -या -यं, प्रेक्ष्यः -क्ष्या -क्ष्यं, प्रत्यक्षः -क्षा -क्षं.—**(Not real)** अवास्तवः -वी -व; **apparent praise,' *i.e.* 'not real,'** व्याजस्तुतिः ***f.***, मिथ्याप्रशंसा; **'heir-apparent,'** युवराजः, —**(To make apparent)** प्रादुष्कृ, आविष्कृ, प्रत्यक्षीकृ, स्पष्टीकृ, प्रकटीकृ.

Apparently, *adv.* प्रादुस् ***ind.***, साक्षात् ***ind.***, आविस्, प्रत्यक्षतस्, स्पष्टं.

Apparition, *s.* (Appearance, form) आभासः, आभा, छाया, आकारः, आकृतिः ***f.***, रूपं.—**(Spectre, walking spirit)** रात्रिञ्चरः, प्रेतनरः, प्रेतः, वेतालः.

Apparitor, *s.* यष्टिधरः, प्रेष्यजनः, राजदूतः.

Appeachment, *s.* अभियोगः, अपवादः.

To **appeal, *v. n.*** परावर्त्तं प्रार्थ् **(c. 10.** -अर्थयते -यितुं); यत् कार्य्यं अवरप्राड्विवाकेन तीरितं **or** निर्णीतं तस्यापि पुनर्विचारम् उत्तमप्राड्विवाकसकाशात् प्रार्थ्.—**(To call another as witness)** साक्षिणं कृ, आह्वे **(c. 1.** -ह्वयति -ते -ह्वातुं).

Appeal, *s.* परावर्त्त्यव्यवहारः, पुनराह्वानं, पुनर्विचारप्रार्थना, उत्तमप्राड्विवाकसाक्षाद् आह्वानं.—**(The calling upon any one as witness or judge)** आह्वानं.

To **appear, *v. n.* (To become visible)** दृश् **in pass.** (दृश्यते), अभिदृश्, प्रतिदृश्; प्रभू **(c. 1.** -भवति -भवितुं), सम्भू, प्रकाश् **(c. 1.** -काशते -काशितुं), सम्प्रकाश्, सङ्काश्, उदि **(c. 1.** उदयति -यितुं), अभ्युदि, उच्चर् **(c. 1.** -चरति -चरितुं). —**(Show one's self)** आत्मानं दृश् **in caus.** (दर्शयति -यितुं), दर्शनं दा.—**(To seem)** प्रतिभा **(c. 2.** -भाति -भातुं), सम्प्रभा, निर्भा, आभा; लक्ष् **in pass.** (लक्ष्यते).—**(To be evident)** प्रकाश्, प्रादुर्भू **(c. 1.** -भवति -भवितुं), आविर्भू; प्रादुरस् **(c. 2.** -अस्ति); **'you appear dismayed,'** विस्मित इव प्रतिभासि.

Appearance, *s.* (Coming into sight) दर्शनं, सन्दर्शनं.—**(Entry into a place or company)** उपस्थितिः ***f.***, प्रवेशनं—**(The thing seen)** रूपं, आकृतिः ***f.***, मूर्त्तिः ***f.***, आकारः. —**(Semblance, not reality)** छाया, आभासः, आभा, अवस्तुता.—**(Presence, mien)** रूपं, अवस्था, भावः, आकारः. —**(Probability)** अनुमेयत्वं, अनुभवनीयत्वं.

To **appease, *v. a.*** शम् **in caus.** (शमयति -यितुं), उपशम्, प्रशम्; सान्त्व् **or** शान्त्व् **(c. 10.** सान्त्वयति -यितुं), अभिशान्त्व्, परिशान्त्व्, उपसान्त्व्; तुष् **in caus.** (तोषयति -यितुं), परितुष्, सन्तुष्; प्रसद् **in caus.** (-सादयति -यितुं), अभिप्रसद्, सम्प्रसद्; सुस्थिरं -रां -रं कृ; परिमृश् **(c. 6.** -मृशति -मर्ष्टुं), परामृश्, अनुनी **(c. 1.** -नयति -ते -नेतुं).—**(To be appeased)** शम् **(c. 4.** शाम्यति, शमितुं), उपशम्; प्रसद् **(c. 1.**-सीदति -सत्तुं).

Appeased, *p. p.* शान्तः -न्ता -न्तं, शमितः -न्ता -न्तं, प्रशान्तः -न्ता -न्तं, आराधितः -ता -तं, अनुनीतः -ता -तं, प्रसन्नः -न्ना -न्नं, प्रसादितः -न्ता -न्तं.

Appeasing, *s.* शान्तिः ***f.***, उपशान्तिः ***f.***, प्रशान्तिः ***f.***, आराधनं,

प्रसादनं.

Appellant, *s.* उत्तमप्राड्विवाकसकाशात् परावर्त्तप्रार्थकः, परावर्त्तप्रार्थयिता ***m.*** (तृ), पुनराह्वानकर्त्ता ***m.*** (र्त्तृ), आह्वानकर्त्ता ***m.*** (र्त्तृ), आवेदकः.

Appellate, *s.* पुनराहूतः, उत्तमप्राड्विवाकसाक्षाद् आहूतः, प्रत्यर्थी ***m.*** (न्).

Appellation, *s.* नामधेय, नाम ***n.*** (न्), आख्या, संज्ञा, अभिधानं, अभिधा, अभिख्या, आह्वा.

Appellative, *a.* अभिधायिकः -का -कं, अभिधानीयकः -का -कं—**(Common)** सामान्यः -या -यं, साधारणः -णा -णं.

Appellee, *s.* आहूतः, अभियुक्तः, प्रत्यर्थी ***m.*** (न्).

To* append, *v. a. अनुबन्ध् **(c. 9.** -बध्नाति -बन्द्धुं **or caus.** -बन्धयति -यितुं), आबन्ध्; उपाधा **(c. 3.** -दधाति -धत्ते -धातुं), आधा; अवलम्ब् **in caus.** (-लम्बयति -यितुं).

Appendage, *s.* अनुबन्धः, सम्बन्धः, उपाहितं, शेषांशः, उपाहितभागः.

Appendant, *adj.* अनुबन्धी -न्धिनी -न्धि (न्), सम्बन्धी -न्धिनी -न्धि (न्). अवलम्बी -म्बिनी -म्बि (न्).

Appendix, *s.* परिशिष्टं, उपग्रन्थः, शेषग्रन्थः.

***To* appertain, *v. n.* (To belong to one's self)** आत्मसात् **or** आत्माधीनः -ना -नं, **or** स्वाधीनः -ना -नं, **or** स्वकीयः -या -यं अस्.— **(To belong, in general)** सम्बन्ध् **in pass.** (-बध्यते). **The sense of 'appertaining' may often be expressed by the root** अस् **or** विद् **with the gen. case : as, 'money appertains to me,'** मम धनं विद्यते.

Appertaining, *p.* सम्बन्धी -न्धिनी -न्धि (न्), अनुबन्धी -न्धिनी -न्धि (न्).

Appertenance, *s.* अनुबन्धः, सम्बन्धः, उपकरणं, सामग्री.

Appetency, *s.* कामः लोभः, अभिलाषः, वाञ्छा, इच्छा.

Appetite, *s.* (Desire) कामः, लोभः, रागः, रुचिः ***f.,*** अभिरुचिभिः ***f.,*** अतिवाञ्छा, अतिशयलोभः, अभिलाषः, इच्छा.—**(Hunger)** बुभुक्षा, क्षुधा, आहारादिवाञ्छा, भक्तच्छन्दं.—**(The digestive faculty causing appetite)** अग्निः ***m.,*** वह्निः ***m.,*** अग्निवृद्धिः ***f.,*** —**(One who has no appetite for food)** अग्निरहितः.

Appetitive, *a.* कामुकः -का -कं, अभिलाषुकः -का -कं, इच्छुकः -की -कं.

To applaud, *v. a.* प्रशंस् **(c. 1.** -शंसति -शंसितुं), अभिप्रशंस्; प्रतिनन्द् **(c. 1.** -नन्दति -नन्दितुं), प्रणादेन प्रशंस्, प्रशंसां कृ, श्लाघां कृ.—**(By clapping the hands)** करतालेन प्रशंस्.

Applauder, *s.* प्रशंसकः, स्तावकः, श्लाघाकर्त्ता ***m.,*** (र्त्तृ).

Applause, *s.* (Loudly expressed) प्रणादः, जयशब्दः, धन्यवादः, प्रशंसाशब्दः, सांराविणं, भुजनिःस्वनः, शब्दोऽनुरागजः—**(Priase)** श्लाघा, प्रशंसा, स्तुतिः *f.*

Applausive, *a.* प्रशंसकः -का -कं, स्तुतिमयः -यी -यं, श्लाघान्वितः -ता -तं.

Apple, *s.* (A kind of fruit) फलप्रभेदः.—**(Pupil of the eye)** नयनतारा, कनीनिका, चक्षुर्गोलकः.

Appliance, *s.* (The means applied) उपायः, अभ्युपायः, उपकरणं, सामग्री.—**(The act of applying)** योगः, अर्पणं.

Applicability, *s.* योग्यता, प्रयोज्यत्वं, सामञ्जस्यं, साङ्गत्यं.

Applicable, *a.* योग्यः -ग्या -ग्यं, प्रयोक्तव्यः -व्या -व्यं, प्रयोज्यः -ज्या -ज्यं, उपयोग्यः -ग्या -ग्यं, व्यवहरणीयः -या -यं, अर्पणीयः -या -यं, अर्प्यः -र्प्या -र्प्यं, संयोजनीयः -या -यं, व्यापी -पिनी -पि (न्) समञ्जसः -सा -सं.

Application, *s.* (Of one thing to another) योगः, अर्पणं, न्यसनं.—**(Attention to)** आसक्तिः ***f.,*** अनुष्ठानं, योगः, प्रवेशः, व्यसनं.—**(Use)** उपयोगः, प्रयोगः, प्रयोजनं.—**(Application of mind, study)** मनःप्रवेशः, अभिनिवेशः, प्रवेशः, अभ्यसनं, अभ्यासः, विद्याभ्यासः, अध्यवसायः, अभियुक्तता, मनोयोगः—**(Petition)** यान्ना, प्रार्थना, निवेदनपत्रं.

Applied, *p. p.* प्रयुक्तः -क्ता -क्तं, अर्पितः -ता -तं, न्यस्तः -स्ता -स्तं, निहितः -ता -तं, निवेशितः -ता -तं.

Applier, *s.* उपेता ***m.*** (तृ), प्रयोजकः.

***To* apply, *v. a.* (One thing on another)** संयुज् **(c. 10.** -योजयति -यितुं), न्यस् **(c. 4.** -अस्यति, -असितुं), विन्यस्; ऋ **in caus.** (अर्पयति -यितुं), सङ्गम् **in caus.** (-गमयति -यितुं), प्रविश् **in caus.** (-वेशयतिं -यितुं), निविश्, संलग्नीकृ.—**(To make use of)** प्रयुज् **(c. 7.** -युनक्ति -युङ्क्ते -योक्तुं), उपयुज्.—**(To attend to)** आस्था **(c. 1.** तिष्ठति -ते -स्थातुं), समास्था, अनुष्ठा.—**(To have recourse to solcit)** प्रयाच् **(c. 1.** -याचति -याचितुं), अभियाच्, आश्रि **(c. 1.** -श्रयति -ते -श्रयितुं), प्रार्थ् **(c. 10** -अर्थयति -ते -यितुं).—**(To make effor study)** अभ्यस् **(c. 4.** -अस्यति -असितुं), यत् **(c. 1.** यतते, यतितं,) प्रयत्.—

***To* apply, *v. n.* (Suit, fit)** युज् **in pass.** (युज्यते), संयुज उपपद **(c. 4.** -पद्यते -पत्तुं), सङ्गतः -ता -तं भू.—**(Have recourse as a petitioner)** कार्य्यसिद्धिनिमित्ते अन्यम् आश्रि **(c. 1.** -श्रयति -ते -श्रयितुं), अर्थ् **(c. 10** अर्थयते -यितुं), प्रार्थ्.

To* appoint, *v. a. निधा **(c. 3.** -दधाति -धातुं), स्था **in caus.** (स्थापयति -यितुं), अवस्था, प्रस्था; युज् **(c. 10.** योजयति -यितुं).—**To appoint over any office)** अधिकृ **(c. 8.** -करोति -कुरुते -कर्त्तुं), प्रकृ; नियुज् **(c. 10.** -योजयति -यितुं, **c. 7.** -युनक्ति -योक्तुं), **with acc. of the pers. and loc. of the thing;** अभिषिच् **(c. 6.** -सिञ्चति -सेक्तुं), **with two acc. or with acc. and loc.;** समादिश् **(c. 6.**

Appointed 31 **Apprized**

-दिशति -देष्टुं), व्यादिश्.—**(To make an appointment)** समयं कृ, समयाकृ.

Appointed, ***p. p.*** स्थापित: -ता -तं, प्रस्थापित: -ता -तं, नियोजित: -ता -तं, नियत: -ता -तं, विहित: -ता -तं, नियुक्त: -क्ता -क्तं, व्यवस्थित: -ता -तं.—**(To any office)** अधिकृत: -ता -तं, व्यापृत: -ता -तं. वावृत्त: -त्ता -त्तं.—**(An appointed duty)** नियोग:.—**(An appointed time)** कालावधि: ***m.***—**(Agreed upon)** कृतसङ्केत: -ता -तं,—**(As to time)** कृतकाल: -ला -लं, कृतावधि: -धि: -धि.

Appointment, ***s.*** नियोग:, -जनं, नियुक्ति: ***f.,*** प्रस्थापनं, निरूपणं, कल्पनं.—**(Engagement)** समय:, प्रज्ञप्ति: ***f.,***—**(Breaking an appointment)** समयभेद:, समयव्यभिचार:.—**(Stipulation)** समय:, नियम:, सङ्केत:—**(Order)** आज्ञा.—**(Decree)** नियम:, विधि: ***m.***—**(Office)** अधिकार:, पदं.—**(Equipment, furniture)** सज्जा, उपकरणं, सामग्री.—**(Allowance)** वर्त्तनं, निरूपितमूल्यं.—**(Assignation)** अभिसार:.

To **apportion,** ***v. n.*** विभज् **(c. 1.** -भजति -ते -भक्तुं), प्रविभज्, संविभज्; अंश् **(c. 10** अंशयति -यितुं), व्यंश्; विन्यस् **(c. 4.** -अस्यति -असितुं), परिक्लृप् **(c. 10.** कल्पयति -यितुं), विधा **(c. 3.** -दधाति -धातुं).

Apportionment, ***s.*** विभाग:, संविभाग:, अंशनं, परिकल्पनं, विन्यास:.

Apposite, ***a.*** योग्य: -ग्या -ग्यं, युक्त: -क्ता -क्तं, उपयुक्त: -क्ता -क्तं, सङ्गत: -ता -तं, हृदयङ्गम: -'मा -मं, यथार्थ: -र्था -र्थं, यथार्ह: -र्हा -र्हं.

Appositely, ***adv.*** स्थाने, यथार्हतस् ***ind.,*** यथार्थं, सङ्गतप्रकारेण.

To **appraise,** ***v. a.*** **(Set a price on)** अर्थं संख्या **in caus.** (-ख्यापयति -यितुं), मूल्यं निरूप् **(c. 10.** -रूपयति -यितुं) **or** व्यवसो, **(c. 4.** -स्यति -सातुं), मूल्यनिर्णयं कृ, मूल्यं निश्चितं कृ.

Appraiser, ***s.*** अर्थसंख्यापक:, मूल्यनिरूपक:, मूल्यविज्ञापक:.

Appraising, ***s.*** अर्थसंख्यापनं, मूल्यनिरूपणं, मूल्यविज्ञापनं.

To **appreciate,** ***v. a.*** मूल्यं **or** गुणागुणं **or** भद्राभद्रतां **or** सारासारं विज्ञा **(c. 9.** -जानाति -नीते -ज्ञातुं), **or** निरूप **(c. 10.** -रूपयति -यितुं), **or** निश्चितं कृ **or** विविच् **(c. 7.** -विनक्ति -वेक्तुं); **'one who knows how to appreciate,'** गुणज्ञ:, गुणागुणज्ञ:, गुणग्राही ***m.*** (न्), मर्मज्ञ:.

Appreciation, ***s.*** मूल्यविज्ञानं, गुणागुणज्ञानं, भद्राभद्रनिरूपणं, दोषादोषबोध:, विज्ञानं.

To **apprehend,** ***v. a.*** **(Lay hold on)** ग्रह् **(c. 9.** गृह्णाति -ह्णीते ग्रहीतुं), परिग्रह्, सङ्ग्रह्; परामृश् **(c. 6.** -मृशति -मर्ष्टुं), धृ **(c. 1.** धरनि धर्त्तुं).— **(Seize in order for trial)** आसिध् **(c. 1.** -सेधति -सेद्धुं); ग्रह्, धृ, आक्रम् **(c. 1.** -क्रामति -क्रमति, -क्रमितुं).—**(By the mind)** उपलभ् **(c. 1.** -लभते -लब्धुं), ऊह **(c. 1.** ऊहते ऊहितुं); अनुया **(c. 2.** -माति -मातुं), अवगम् **(c. 1.** -गच्छति -गन्तुं), अवबुध् **(c. 4.** -बुध्यते -बोद्धुं).—**(To fear)** शङ्क् **(c. 1.** शङ्कते शङ्कितुं) आशङ्क्; भी **(c. 3.** बिभेति भेतुं).

Apprehended, ***p. p.*** **(Understood)** उपलब्ध: -ब्धा -ब्धं, अवगत: -ता -तं.—**(Arrested)** आसिद्ध: -द्धा -द्धं.

Apprehensible, ग्राह्य: -ह्या -ह्यं, धीगम्य: -म्या -म्यं, उपलभ्य: भ्या -भ्यं.

Apprehension, ***s.*** **(Fear)** भयं, शङ्का, आशङ्का, सन्देह:.—**(Opinion)** मति: ***f.,*** बुद्धि: ***f.,*** बोध:—**(Seizure)** ग्रहणं, आक्रमणं, धरणं.—**(Arrest)** आसेध:.—**(Conception)** उपलब्धि: ***f.,*** मेधा, अनुभव:, अनुमानं, अवगम:, अनुबोध:, उपलम्भ:.

Apprehensive, ***a.*** शङ्कित: -ता -तं, शङ्की -ङ्किनी -ङ्कि (न्), शङ्कान्वित: -ता -तं, कृतभय: -या -यं.

Apprentice, ***s.*** शिल्पविद्याशिष्य:, शिष्य:, निरूपितकालपर्य्यन्तं शिल्पविद्याशिक्षार्थे नियमपत्रेण स्थापित: **or** धृत: सेवक:.

To **apprentice,** ***v. a.*** आविहितकालात् शिल्पविद्याशिक्षार्थे नियमपत्रेण शिष्यं **or** सेवकं स्था **in caus.** (स्थापयति -यितुं).

Apprenticeship, ***s.*** शिल्पविद्याशिक्षावधि: *m.*, शिल्पशिक्षासमय:, सेवाकाल:, दास्यकाल:.

To **apprize,** ***v. a.*** ज्ञा **in caus.** (ज्ञापयति -यितुं), विज्ञा; विद् **in caus.** (वेदयति -यितुं), निविद्, समाविद्; बुध् **in caus.** (बोधयति -यितुं), सूच् **(c. 10.** सूचयति -यितुं).

Apprized, ***p. p.*** विज्ञापित: -ता -तं, अनुज्ञापित: -ता -तं, विज्ञप्त: -प्ता -प्तं, सन्दिष्ट: -ष्टा -ष्टं, प्रत्यादिष्ट: -ष्टा -ष्टं, बोधित: -ता -तं.

To **approach,** ***v. n.*** **(Draw near to** अधिगम् **(c. 1.** -गच्छति -गन्तुं), आगम्, अभिगम्, अभ्यागम, उपागम्, उपगम्, समुपगम्; या **(c. 2.** याति यातुं), अभिया, आया, उपाया, प्रत्याया, समाया, उपया, समुपया; उपस्था **(c. 1.** तिष्ठति -ते -स्थातुं), ऋ **(c. 1.** ऋच्छति अर्त्तुं), अभ्यृ; अभिवृत् **(c. 1.** -वर्त्तते -वर्त्तितुं), उपावृत्, प्रतिवृत्, उपवृत्; समभ्यागा **used only in the 3d pret; as, 'he approached,'** समभ्यागात्. ए, ***i.e.*** इ **with** आ **(c. 2.** ऐति, ऐतुं), अभ्ये, उपे, अभी (अभ्येति); उपसृप् **(c. 1.** -सर्पति -सर्प्तुं), समुपसृप्; आक्रम् **(c. 1.** -क्रामति -क्रमितुं), उपक्रम्; आव्रज् **(c. 1.** -व्रजति -व्रजितुं), प्रतिव्रज्, अभिपद् **(c. 4.** -पद्यते, पत्तुं), समापद्, समुपपद्, प्रतिपद्; अंह् **(c. 1.** अंहते अंहितुं).

To **approach,** ***v. a.*** उपस्था **in caus.** (-स्थापयति -यितुं), समीपं स्था **in caus.;** समीपं धा **(c. 3.** -दधाति -धत्ते -धातुं),

निकटे धा; सङ्गम् **in caus.** (-गमयति यितुं).

Approach, ***s.*** आगमः, अभिगमनं, आगमनं, उपगमः, उपस्थितिः ***f.,*** उपसन्नता.

Approachable, ***a.*** आगम्यः -म्या -म्यं, उपगम्यः -म्या -म्यं, उपसार्य्यः -र्य्या -र्य्यं.

Approached, ***p. p.*** अभिगतः -ता -तं, उपगतः -ता -तं, उपस्थितः -ता -तं, अभ्यासगतः -ता -तं, प्रत्युपस्थितः -ता -तं.

Approaching, ***a.*** **(Near at hand)** उपस्थितः -ता -तं, समुपस्थितः -ता -तं, आसन्नः -न्ना -न्नं.

Approbation, ***s.*** सम्मतिः ***f.*** **or** -तं, अनुमतिः ***f.*** **or** -तं, प्रशंसा, प्रसादः, मनःसन्तोषः, ग्रहणं.

To **appropriate,** ***v. a.*** **(To consign to some particular use)** प्रयुज् **(c. 7** -युनक्ति -युंक्ते -योक्तुं, **caus.** -योजयति -यितुं), उपयुज्, विनियुज्.—**(To claim to one's self by an exclusive right)** स्वीकृ, स्वीयमिति **or** ममेति वद् **(c. 1.** वदति वदितुं), स्वकीयं -या -यं **or** आत्मीयं -यां -यं **or** स्वाधीनं -नां -नं **or** आत्माधीनं -नां -नं **or** आत्मसात् कृ, स्वस्वत्वं बुध् **in caus.** बोधयति -यितुं), **or** सा **in caus.** (ज्ञापयति -यितुं).

Appropriate, ***a.*** **(Suited to the occasion)** प्रस्तावसदृशः -शी -शं.—**(Belonging peculiarly)** आत्मनीनः -ना -नं, स्वकीयः -या -यं, सम्बन्धी -न्धिनी -न्धि (न), सम्बन्धकः -का -कं, विशेषकः -का -कं. जनीनः -ना -नं.—**(Suitable)** युक्तः -क्ता -क्तं, योग्यः -ग्या -ग्यं, सङ्गतः -ता तं, उपयोगी -गिनी -गि (न).

Appropriated, ***p. p.*** **(Made one's own)** आत्मात्कृतः -ता नं.

Appropriately, ***adv.*** युक्तं, यथायोग्यं, यथोचितं, यथातथा, स्थाने.

Appropriateness, ***s.*** **(Fitness of application)** युक्तता, योग्यत्वं, औचित्यं, उपयुक्तता, सामञ्जस्यं, सङ्गतता.

Appropriation, ***s.*** **(The application of something to a particular purpose)** उपयोगः, प्रयोगः, विनियोगः.—**(Claiming any thing as peculiar)** आत्मग्रहणं, स्वत्वबोधनं, आत्मसात्करणं.

Approval, ***s.*** अनुमतिः ***f.,*** सम्मतिः ***f.,*** अनुमतं, सम्मतं, प्रशंसा.

To **approve,** ***v. a.*** अनुमन् **(c. 4.** -मन्यते -मन्तुं), सम्मन्; प्रशंस् **(c. 1.** -शंसति -शंसितुं), रुच् **in caus.** (रोचयति -यितुं), अनुरुच्; **'that is approved by me,'** तन् मया प्रशस्यते **or** तन् मह्यं रोचते. प्रतिनन्द् **(c. 1.** -नन्दति -नन्दितुं), अनुरुध् **(c. 4.** -रुध्यते, -रोद्धुं).—**(To prove, show)** प्रमाणीकृ, प्रमाण् **(nom.** प्रमाणयति -यितुं), विभू **in caus.** (-भावयति -यितुं).

Approved, ***p. p.*** सम्मतः -ता -तं, अभिमतः -ता -तं, मतः -ता -तं, यथाभिमतः -ता -तं, प्रशस्तः -स्ता -स्तं, शिष्टः -ष्टा. ष्टं.—**(Tried)** परीक्षितः -ता -तं. —**(Of tried proabity)** उपधाशुचिः -चिः -चि.

To **approximate,** ***v. n.*** उपस्था **(c. 1.** -तिष्ठति -ते -स्थातुं), समीपं **or** निकटं वृत् **(c. 1.** वर्त्तते वर्त्तितुं), **or** स्था, उपागम् **(c. 1.** -गच्छति -गन्तुं), उपगम्, समुपगम्, अभिगम्.—**(To be like)** तुल्यः -ल्या -ल्यं **or** सदृशः -शी -शं अस्.

To **approximate,** ***v. a.*** नेद् **(nom.** नेदयति -यितुं), उपस्था **in caus.** (-स्थापयति -यितुं), समीपं स्था **in caus.** उपनी **(c. 1.** -नयति -नेतुं), सङ्गम् **in caus.** (-गमयति -यितुं).

Approximate, ***a.*** समीपः -पा -पं, आसन्नः -न्ना -न्नं. सन्निकृष्टः -ष्टा -ष्टं, उपस्थायी -यिनी -यि (न्).

Approximated, ***p. p.*** उपस्थापितः -ता -तं, उपनीतः -ता -तं, उपनतः -ता -तं, उपसन्नः -न्ना -न्नं, कृतसन्निधानः -ना -नं.

Approximation, ***s.*** **(Approach)** उपगमः, समुपगमः, समीपगमनं, संहतता -त्वं, उपस्थितिः ***f.,*** उपस्थानं, समुपस्था.—**(Nearness)** नैकट्यं, सामीप्यं, सान्निध्यं, सन्निधानं.

Appulse, ***s.*** आघातः, आघातनं, प्रतिहननं, प्रतिघातः.

Appurtenance, ***s. See*** **Appertenance.**

Apricot, ***s.*** फलविशेषः.

April, ***s.*** चैत्रः, चैत्रिकः, मधुः, वैशाखः, माधवः, राधः.

Apron, ***s.*** मलनिवारणार्थं स्त्रीभिर् भृतम् आच्छादनं.

Apropros, ***adv.*** स्थाने, यथायोग्यं, यथावसरं, यथावकाशं.

Apsis, ***s.*** **(In astronomy)** मन्दोच्छः.

Apt, ***a.*** **(Fit)** उपयुक्तः -क्ता -क्तं, योग्यः -ग्या -ग्यं, युक्तः -क्ता -क्तं, आप्तः प्ता -प्तं.—**(Having a tendency to) expressed by** शीलः **in composition; as, 'disposed to piety,'** धर्म्मशीलः -ला -लं, **or by the affix** आलु; **as, 'apt to sleep,'** शयालुः -लुः -लु, **or by the desiderative adjective; as, 'apt to do,'** चिकीर्षुः -र्षुः -र्षु; **'apt to fall,'** पिपतिषुः -षुः -षु.—**(Skillful)** कुशलः -ला -लं, दक्षः -क्षा -क्षं, पटुः -टुः -ट्वी -टु, अभिज्ञः -ज्ञा -ज्ञं. —**(Ready, quick)** त्वरितं -ता -तं, उद्युक्तः -क्ता -क्तं.

Aptitude, ***s.*** **(Fitness)** योग्यता, पात्रता **or** -त्वं, उपयोगिता, आप्तिः ***f.***—**(Tendency)** शीलत्वं, -ता, अभिप्रायः, आशयः. —**(Disposition)** शीलः, स्वभावः, भावः, रीतिः ***f.***

Aptly, ***adv.*** यथायोग्यं, योगतस् ***ind.,*** स्थाने.—**(Skilfully)** दाक्ष्येण, चातुर्य्येण, सपाटवं.

Aptness, ***s.*** **(Fitness)** योग्यता.—**(Skill)** कुशलता, पाटवं, विदग्धता, चातुर्य्यं.—**(Ability)** शक्तिः ***f.,*** सामर्थ्यं.

Aquatic, ***a.*** **(Inhabiting the water)** जलेचरः -रा -रं, जलजः -जा -जं, वारिजः -जा -जं, वारिचरः -रा -रं, अम्बुचरः -रना -रं, अम्बुजः -जा -जं. आम्भसिकः -की -कं, जलोद्भवः -वा -वं, जलभूः -भूः -भु.—**(Growing in the water)**

अम्भोरुहः, जलरुहः.—(Watery) औदकः-की -कं, आप्यः -प्या -प्यं; 'an aquatic animal,' जलजन्तुः *m.*

Aqueduct, *s.* जलमार्गः, जलपथः, जलनिर्गमः, जलप्रणाली.

Aqueous, *a.* अम्मयः -यी -यं, सजलः -ला -लं, जलसः -सा -सं, अनूपः -पा -पं.

Aqueousness, *s.* सजलता, औदकत्वं, अनूपता.

Aquiline, *a.* **(Resembling an eagle)** उत्क्रोशरूपः -पा -पं, गृध्राकारः -रा -रं.—**(Hooked)** वक्रः -क्रा -क्रं, कुञ्चितः -ता -तं, वृजिनः -ना -नं. **'having an aquiline nose,'** प्रलम्बघोणः.

Arabia, *s.* यवनः, यवनदेशः.

Arabian, *a.* यवनसम्बन्धी -न्धिनी -न्धि (न्), यवनदेशीयः -या -यं; **'an Arbian,'** यवनदेशजः.

Arable, *a.* कृषियोग्यः -ग्या -ग्यं, कर्षणीयः -या -यं, फलकृष्टः -ष्टा -ष्टं.

Aration, *s.* कृषिः *f.*, कार्षिः *f.*, कर्षणं, हलहतिः *f.*

Arbiter, *s.* प्रमाणपुरुषः, मध्यस्थः, निर्णेता *m.* (तृ), विचारकर्त्ता *m.* (र्त्तृ).

Arbitrable, *a.* निर्णेयः -या -यं, विचारणीयः -या -यं.

Arbitrarily, *adv.* स्वेच्छया, स्वेच्छातस् *ind.*, स्वकामतस् *ind.*

Arbitrary, *a.* **(Following the will)** कामकारी -रिणी -रि (न्), यथाकामी -मिनी -मि (न्), स्वतन्त्रः, -न्त्रा -न्त्रं. स्वच्छन्दः -न्दानन्दं, स्वाधीनः -ना -नं, अनायत्तः -त्ता -त्तं. —**(Capricious)** चपलः -लां -लं.—**(Tyrannical)** क्रूरचरितः -ता -तं.—**(Depending on no rule)** अविहितः -ता -तं.

***To* arbitrate,** *v. n., v. a.* विचर् **in caus.** (-चारयति -यितुं), निर्णी **(c. 1.** -नयति -ते -नेतुं), निश्चि **(c. 5.** -चिनोति -चेतुं), तीर् **(c. 10.** तीरयति -यितुं), निश्चयं, **or** विचारं **or** निर्णयं **or** परिच्छेदं कृ.

Arbitrated, *p. p.* निर्णीतः -ता -तं, तीरितः -ता -तं, निश्चितः -ता -तं, कृतनिश्चयः -या -यं.

Arbitration, *s.* **(Determination)** निर्णयः, विचारः, -रणं, निश्चयः, परिच्छेदः—**(Mediation)** माध्यस्थ्यं.

Arbitrator, *s.* प्रमाणपुरुषः, स्थेयः, मध्यस्थः, निर्णेता *m.* (तृ), निश्चायकः, विचारकः.

Arborous, *a.* वार्क्षः -र्क्षी -र्क्षं, वार्क्ष्यः -र्क्ष्यी -र्क्ष्यं, वृक्षसम्बन्धी -न्धिनी -न्धि (न्).

Arbour, *s.* लतागृहं, कुञ्जः, निकुञ्जः, पर्णशाला, मण्डपः -पं, कुटुङ्गकः, छत्वरः.

Arc, *s.* **(Segment of a circle)** खण्डमण्डलं, वृत्तखण्डं, गोलखण्डं.—**(Arched gateway)** तोरणः.

Arcade, *s.* **(Garden-walk)** वृक्षैर् आच्छादित उद्यानपथः.—**(A street arched over)** इष्टकानिर्म्मिततोरणाकारपटला वीथिः, **or** धनुराकारेण पटलेन आवृता वीथिः.

Arch, *s.* **(Part of a circle)** खण्डमण्डलं, वृत्रखण्डं, गोलखण्डं. —**(Arched gateway)** तोरणं: -णं.—**(The arched roof of a house)** खोडकशीर्षं.—**(Vault of heaven)** खगोलः, नभोमण्डलं.

Arch, *a.* **(Sly, waggish)** क्रीडाशीलः -ला -लं, रसिकः -का -कं, लोलापाङ्गः -ङ्गा -ङ्गं, विदग्धः -ग्धा -ग्धं.—**(Chief)** प्रधानः -ना -नं, मुख्यः -ख्या -ख्यं, उत्तमः -मा -मं, श्रेष्ठः -ष्ठा -ष्ठं.

***To* arch,** *v. a.* **(To make in the form of an arch)** मण्डलीकृ, गोलीकृ तोरणरूपेण निर्मा **(c. 2.** -माति, **c. 4.** -मायते -मातुं) **or** कृ **in caus.** (कारयति -यितुं), तोरणकारपटलेन आच्छद् **(c. 10.** -छादयति -यितुं).—**(To build an arch)** तोरणं निर्माण.

Archangel, *s.* 'ईश्वरदूतानां मध्ये मुख्यदूतः **or** प्रधानदूतः, ईश्वरदूताधिष्ठाता *m.* (तृ).

Archbishop, *s.* धर्म्माध्यक्षाणां मध्ये प्रधानो **or** मुख्यो धर्म्माध्यक्षः.

Archdeacon, *s.* **(The bishop's vicegerent)** धर्म्माध्यक्षसहायः, धर्म्माध्यक्षोपकारकः.

Archaeology or archaeology, *s.* प्राक्कालीनव्यवहारविषयं वाक्यं, पुरातनशास्त्रं.

Arched, *p. p.* मण्डलीकृतः -ता -तं, गोलीकृतः -ता -तं, तोरणाकारः -रा -रं, कुञ्चितः -ता -तं.

Archer, *s.* धनुर्धरः धन्वी *m.* (न्), धन्वा *m.* (न्), धनुष्मान् *m.* (-त्), धानुष्कः, धनुर्धारी *m.* (न्); इष्वासः, इषुधरः, काण्डीरः, निषङ्गी *m.* अस्त्री *m.*

Archery, *s.* धनुर्विद्या, शराभ्यासः, उपासनं, शराघातः, वाणमोक्षणं. —**(Skilled in)** कृतहस्तः, सुप्रयोगविशिखः, कृतपुङ्खः.

Archetype, *s.* मूलं, मूलमूर्त्तिः *f.* आदर्शः, सूक्ष्मशरीरं.

Architect, *s.* स्थपतिः *m.*, गृहादिनिर्म्माणविद्याज्ञः, गृहनिर्म्माणाध्यक्षः, निर्म्माता *m.* (तृ).

Architectural, *a.* निर्म्माणविद्यासम्बन्धी -न्धिनी -न्धि (न्).

Architecture, *s.* निर्म्माणविद्या, निर्म्माणशिल्पं, गृहादिनिर्म्माणशिल्पं.

Architrave, *s.* गृहस्य यो भागः स्तम्भाये अवलम्बते **or** निवेश्यते.

Archives, *s.* प्राक्कालीनग्रन्थरक्षागारं.—**(Ancient records)** इतिहासः, पुरावृत्तं.

Archness, *s.* विदग्धता, वैदग्ध्यं, रसित्वं.

Archwise, *adv.* तोरणरूपेण, अर्द्धमण्डलाकारेण, तोरणवत्; धनुराकारेण.

Arctic, *a.* उत्तरः -रा -रं, उदीचीनः -ना -नं, उत्तरकेन्द्रीयः -या -यं, चित्रशिखण्डचधःस्थितो भूगोलभागः.

Ardency, ***s.*** उत्ताप्तः, उत्साहः, उग्रता, व्यग्रता, कौतूहलं, उत्सुकता.

Ardent, ***a.*** **(Hot)** उत्तमः -प्ता -प्तं, प्रचण्डः -ण्डा -ण्डं. —**(Eager)** कुतूहली -लिनी -लि (न्), उत्सुकः -का -कं, अतीच्छः -च्छा -च्छं, व्यग्रः -ग्रा -ग्रं. उत्साही -हिनी -हि (न्).—**(Affectionate)** अनुरागी -गिणी -गि (न्).

Ardently, ***adv.*** उत्तापेन, कौतूहलेन, औत्सुक्येन, सानुरागं.

Ardour, ***s.*** उत्तापः, आसक्तिः ***f.,*** उग्रता, व्यग्रता, कौतूहलं, औत्सुक्यं, उत्साहः.—**(Of affection)** अनुरागः.

Arduous, ***a.*** **(Lofty)** उच्चः -च्चा -च्चं, प्रांशुः -शुः -शु, आरोहणदुर्गम्यः -म्या -म्यं,—**(Difficult)** दुष्करः -रा -रं, सुदुष्करः -रा -रं, अतिदुष्करः -रा -रं, कठिनः -ना -नं, दुर्गम्यः म्या -म्यं, दुःसाध्यः -ध्यां -ध्यं, दुश्चरः -रा -रं.

Arduousness, ***s.*** उच्चता, उत्तुङ्गता.—**(Difficulty)** कठिनता, काठिन्यं.

Area, ***s.*** अङ्गणं, प्राङ्गणं, अभ्यन्तरस्थानं.

Arena, ***s.*** रङ्गः, रङ्गभूमिः ***f.,*** मल्लभूः, अक्षवादः.

Argent, ***a.*** रूप्यः -प्या -प्यं, रौप्यः -प्यी -प्यं, राजतः -ती -तं.

Argillous, ***a.*** मृण्मयः -यी -यं, मार्त्तिकः -की -कं चिक्कणमृत्तिकामयः -यी -यं.

To **argue,** ***v. n.*** **(To reason)** विचर् **in caus.** (-चारयति -यितुं), तर्क् (**c. 10.** तर्कयति -यितुं), वितर्क्, विवेचनं कृं.—**(To dispute)** विवद् (**c. 1.** -वदते -वदितुं), वादानुवादं **or** उत्तरप्रत्युत्तरं कृ.

To **argue,** ***v. a.*** **(To prove by argument)** प्रमाण्, (**nom.** प्रमाण्यति -यितुं), प्रमाणीकृ, प्रमाणेन **or** तर्केण **or** विचारेण सिद्धीकृ; सूच् (**c. 10** सूचयति -यितुं).—**(To charge with, as a crime)** दोषारोपं कृ, अपवद् (**c. 1.** -वदति -वदितुं), अधिक्षिप् (**c. 6.** -क्षिपति -क्षेप्तुं).

Arguer, ***s.*** तर्की ***m.*** (न्), विवादी ***m.*** (न्), विचारकः, प्रतिवादी ***m.*** (न्), न्यायी ***m.*** (न्).

Argument, ***s.*** **(A reason stated)** पक्षः, प्रमाणं, हेतुः ***m.,*** कारणं, वितर्कः, न्यायः, **'a false argument,'** पक्षाभासः; **'a different side of the argument,'** पक्षान्तरं. —**(Controversy)** वादानुवादः, वादयुद्धं, वाक्कलहं, विचारः, वितर्कः, विवादः, वितण्डा.—**(The subject of any work)** विषयः.—**(Tale of contents)** अनुक्रमणिका, निर्घण्टः.

Argumentation, ***s.*** वितर्कणं, विचारणं, न्यायः.

Argumentative, ***a.*** **(Consisting of argument)** तार्किकः -की -कं, वितर्की -र्किणी -र्कि (न्), विवादी -दिनी -दि (न्). न्यायी -यिनी -यि (न्), विचारी -रिणी -रि (न्). —**(Disposed to controversy)** विवादशीलः -ला -लं, विवादार्थी -र्थिनी -र्थि (न्), विवादप्रियः -या -यं.

Argumentatively, ***adv.*** सवितर्कं, वादानुवादपूर्व्वकं, वितर्कपूर्व्वकं, न्यायवत्.

Arid, ***a.*** शुष्कः -ष्का -ष्कं, शोषितः -ता -तं, परिशुष्कः -ष्का -ष्कं; **'arid soil,'** मरुः ***m.,*** मरुस्थली, धन्वा ***m.*** (न्).

Aridity, ***s.*** शुष्कता. -त्वं, शोषः, शोषणं, परिशोषः

Aright, ***adv.*** युक्तं, ऋतं, यथातथं, यथोचितं, यथायोग्यं, सम्यक्, यथार्हं.

To **arise,** ***v. n.*** **(To stand up)** उत्था **for** उत्स्था (**c. 1.** -तिष्ठति -ते -थातुं).—**(To have origin)** उत्पद् (**c. 4.** -पद्यते -पत्तुं), समुत्पद्; उच्चर् (**c. 1.** -चरति -चरितुं), उदि (**c. 1.** -अपति -एतुं), अभ्युदि, समुदि; प्रभू (**c. 1.** -भवति -भवितुं), सम्भू, आविर्भू, प्रादुर्भू; प्रवृत् (**c. 1.** -वर्त्तते -वर्त्तितुं), प्रसृ (**c. 1.** -सरति -सर्त्तुं), उद्भा (**c. 2.** -भाति -भातुं), निर्भा; आत्मानं दृश् **in caus.** (दर्शयति -यितुं), जन् (**c. 4.** जायते, जनितुं), अभिजन्, उपजन्, सञ्जन्.—**(From death)** प्रतिसञ्जन्, समुत्था.

Arisen, ***p. p.*** उत्थितः -ता तं, सञ्जातः -ता तं, जातः -ता -तं, जनितः -ता तं, उत्पन्नः न्ना -न्नं, समुत्पन्नः -न्ना -न्नं, विनिःसृतः -ता तं, जन्यः -न्या -न्यं.

Aristocracy, ***s.*** **(A form of government)** कुलीनजनाधिष्ठितं राज्यं, कुलीनवर्गप्रमुखं राज्यं, कुलीनवर्गप्रभुत्वं.—**(The persons of whom it is composed)** कुलीनजनाः, कुलीनवर्गः.

Aristocratical, ***a.*** कुलीनः -ना -नं, कुलीनकः -का -कं., कौलेयः -यी -यं, कुलीनवर्गयोग्यः -ग्या -ग्यं, उत्कृष्टः -ष्टा -ष्टं.

Aristocratically, ***adv.*** कुलीनजनवत्, राजन्यवत्, कुलीनकप्रकारेण.

Arithmetic, ***s.*** गणनाविद्या, गणितं, पाटीगणितं, अङ्कविद्या, परिपाटिः ***f.*** -टी परिकर्म्म ***n.*** (न्); **'the eight rules of arithmetic,'** परिकर्म्माष्टक.

Arithmetical, ***a.*** गणनाविद्यानुरूपः -पा -पं, अङ्कविद्यानुसारी -रिणी -रि (न्).

Arithmeticians, ***s.*** गणनाविद्याज्ञः, गणनाशास्त्रपण्डितः, अङ्कविद्याज्ञः, गणकः.

Ark, ***s.*** **(A vessel, ship)** नौः, नौका, पोतः, तरणी, वृहन्नौका. —**(A chest)** आधारः, कोषः, पेटिका पेटः-टा-टी.

Arm, ***s.*** **(Of the body)** बाहुः ***m. f.,*** भुजः **or** -जा ***f.,*** दोषा ***f.,*** दोः ***m.*** (-स्), प्रवेष्टः—**(Of a tree)** शाखा, उपशाखा.—**(Of the sea)** समुद्रवङ्क.—**(Of a river)** वक्रं, वङ्कः, नदीवङ्कः, नदीवक्रं, पुटभेदः.—**(Power, might)** बलं, शक्तिः ***f.; 'a dominion acquired by one's own arm,'*** स्वभुजोपार्ज्जितं राज्यं.—**(The upper arm)** प्रगण्डः.

To **arm,** ***v. a.*** सन्नह् **(c. 4.** –नह्यति –नद्धुं), सज्जीकृ, अस्त्रैः **or** शस्त्रैः सज्जीकृ, **or** युज् **in caus.** (योजयति –यितुं), **or** समायुज्;–**(To arm one's self, put on one's arms)** नह् **(c. 4.** नह्यते नद्धुं), सन्नह्.–**(To put on armour)** वर्म्म् **(nom.** वर्म्मयति –यितुं **or** संवर्म्मयति).

Armada, ***s.*** वृहन्नौकासमूहः, समुद्रयुद्धाय सज्जीकृतो वृहन्नौकासमूहः.

Armadillo, ***s.*** घुणः, कवचाकारचर्म्मधारी विलवासी क्षुद्रजन्तुः.

Armament, ***s.*** सैनिकः, युद्धाय सज्जीकृतं बलं, योद्धृसज्जनं.

Armed, ***p. p.*** सज्जः –ज्जा –ज्जं, वर्मितः –ता –तं, सन्नद्धः –द्धा –द्धं अभिसन्नद्धः –द्धा –द्धं, सायुधः –धा –धं, कृतास्त्रः –स्त्रा –स्त्रं, शस्त्री –स्त्रिणी –स्त्रि (न्).– **(Having a weapon in the hand)** शस्त्रपाणिः –णिः –णि.

Arm-hole, ***s.*** कक्षः, बाहुमूलं, भुजकोटरः, कक्षस्थानं, दोर्मूलं.

Armistice, ***s.*** किञ्चित्कालपर्य्यन्तं युद्धनिवर्त्तनं, सन्धिः ***m.,*** क्षमा.

Armless, ***a.*** **(Without an arm)** अभुजः –जा –जं.–**(Without weapons)** अस्त्रहीनः –ना –नं, अशस्त्रः –स्त्रा –स्त्रं.

Armlet, ***s.*** **(Bracelet)** वलयः **or** यं, केयूरं, अङ्गदं.–**(A little arm)** क्षुद्रबाहुः ***m.,*** उपशाखा.

Armorial, ***a.*** कावचिकः –की –कं, आयुधिकः –का –कं, आयुधीयः –या –यं.–**(Belonging to the escutcheon of a family)** कुलचिह्नसम्बन्धी –न्धिनी –न्धि (न्).

Armory, ***s.*** आयुधागार, शस्त्रागारं, अस्त्रागारः.–**(A collection of arms)** शस्त्रसंहतिः ***f.,*** शस्त्रसमूहं.

Armour, ***s.*** वर्म्म ***n.*** (न्), लौहवर्म्म ***n.*** (न्), तनुत्रं, तनुत्राणं, कवचः **or** –चं, वारवाणः, कञ्चुकः, त्वक्त्रं, दंशनं, सन्नाहः, देहावरणं, युद्धास्त्रं, तनुवारं, सज्जा.–**(Chain-armour)** जालिका, जालप्राया; **'arrayed in armour,'** वर्म्मितः –ता –तं, कवची –चिनी –चि (न्).

Armour-bearer, ***s.*** सान्नहनिकः, वर्म्मवाहकः.

Armourer, ***s.*** अस्त्रकारकः, शस्त्रकारः, शस्त्रमार्जः, अस्त्रनिर्म्माणशिल्पज्ञः, सज्जाकर्त्ता ***m.*** (र्त्तृ), असिधावकः.

Arm-pit, ***s.*** कक्षः, बाहुमूलं, भुजकोटरः, दोर्मूलं.

Arm, ***s.*** अस्त्रं, शस्त्रं, आयुधः, युद्धास्त्रं, शस्त्रास्त्रं.–**(War in general)** विग्रहः, समरः, रणः, युद्धं, सङ्ग्रामः.–**(State of hostility)** युद्धावस्था, रणसमयः; **'dexterity in arms,'** अस्त्रलाघवं; **'the taking up of arms,'** अस्त्रग्रहणं, युद्धे प्रवृत्तिः, अस्त्रधारणं; **'passage of arms,'** अस्त्रशिक्षा, शस्त्राभ्यासः; **'a brother in arms,'** सहयुध्वा ***m.*** (न्). –**(The ensigns armorial of a family)** कुलीनपदसूचकचिह्नं, कुलचिह्नं.

Army, ***s.*** सेना ***f.,*** सैन्यं, बलं, वाहिनी, चमूः ***f.,*** दण्डः **or** –ण्डं, अनीकं, चक्रं, ध्वजिनी, व्यूहः, योधसमूहः, पृतना, वरूथिनी. –**(A complete army)** अक्षौहिणी, चतुरङ्गः.–**(In motion)** प्रचक्रं.

Aroma, ***s.*** गन्धः, वासः, आमोदः, धूपः, परिमलः.

Aromatic, ***a.*** सुगन्धीयः –या –यं, गन्धी –न्धिनी –न्धि (न्), तिक्तः –क्ता –क्तं, सुरभितः –ता –तं, सुवासितः –ता –तं, धूपितः –ता तं.

Aromatics, ***s.*** उपस्कराः ***m. pl.,*** सुगन्धिद्रव्याणि ***n. pl.,*** सुगन्धानि ***n. pl.***

To **aromatise,** ***v. a.*** वास् **(c. 10.** वासयति –यितुं), धूप् **(c. 1.** धूपायति, धूपितुं).

Around, ***adv.*** **(Circularly)** परितम्, अभितस्.–**(On every side)** समन्ततस्, सर्व्वतस्, विश्वतस्, समन्तात्.

Around, ***prep.*** परि, अभि.

To **arouse,** ***v. a.*** **(To excite)** उत्सह् **in caus.** (–साहयति –यितुं), प्रोत्सह्, उत्था **for** उत्स्था **in caus.** (उत्थापयति –यितुं), उद्बुध् **in caus.** (–बोधयति –यितुं), प्रबुध्.–**(To wake from sleep)** जागृ **in caus.** (जागरयति –यितुं), प्रबुध् **in caus.,** निद्रां भञ्ज् **(c. 7.** भनक्ति भंक्तुं).

Aroused, ***p. p.*** प्रोत्साहितः –ता –तं–**(Awaked)** प्रबोधितः –ता –तं, प्रबुद्धः –द्धा –द्धं, निद्राभङ्गः –ङ्गा –ङ्गं.

To **arraign,** ***v. a.*** **(To set in order)** विरच् **(c. 10.** –रचयति –यितुं), स्वस्थाने स्था **in caus.** (स्थापयति –यितुं).–**(To accuse)** अभियोगं कृ, आह्वे **(c. 1.** –ह्वयति –ह्वातुं), अपवद् **(c. 1.** –वदति –वदितुं), अभिशप् **(c. 1.** –शपति –शप्तुं).

Arraigned, ***p. p.*** अभियुक्तः –क्ता –क्तं, आहूतः –ता –तं, अभिशप्तः –प्ता –प्तं.

Arraignment, ***s.*** अभियोगः, आह्वानं, अपवादः.

To **arrange,** ***v. a.*** रच् **(c. 10.** रचयति –यितुं), विरच्; विधा **(c. 3.** –दधाति –धातुं), संविधा; क्रमेण **or** यथाक्रमं स्था **in caus.** (स्थापयति –यितुं), ग्रन्थ् **(c. 1.** ग्रन्थति, **c. 9.** ग्रथ्नाति, ग्रन्थितुं).

Arranged, ***p. p.*** विरचितः –ता –तं, ग्रथितः –ता –तं, विन्यस्तः –स्ता –स्तं, विहितः –ता –तं, प्रतिविहितः –ता –तं, परिमितः –ता –तं, व्यूढः –ढा –ढं; **'well-arranged,'** सुघटितः –ता –तं.

Arrangement, ***s.*** विन्यासः, पर्य्यासः, प्रतिविधानं, व्यूहनं, व्यूढिः ***f.,*** रचना, विरचनं, ग्रन्थनं, –ना, व्यवस्थापनं, अनुसन्धानं, क्रमेण स्थापनं, परिपाटिः ***f.*** –**(The state of being in order)** क्रमः.

Arranger, ***s.*** विरचकः, उपायज्ञः, उपेता ***m.*** (तृ), व्यासः.

Arrant, ***a.*** **(Bad in a high degree)** अतिदुष्टः –ष्टा –ष्टं. अतिनिकृष्टः –ष्टा –ष्टं, अतिकुत्सितः –ता –तं. –**(Excessive)** अत्यन्तः –न्ता –तं.

Arras, ***s.*** नानावर्णानि चित्रितवस्त्राणि.

Array, ***s.*** **(Of battle)** व्यूहः, **or** –हनं, व्यूढिः ***f.,*** बलविन्यासः; **'to draw up in the battle array,'** व्यूह **(c. 1.** –ऊहते

Arrear 36 Article

-ऊहितुं).—(**Order**) क्रमः, श्रेणी, पङ्क्तिः *f.*, रचना.—(**Dress**) आभरणं, भूषणं, परिच्छदः.

To* array, *v. a. (**To put in order**) क्रमेण or व्यूहेन रच् (**c. 10.** रचयति -यितुं), विरच् or स्था in caus. (स्थापयति -यितुं), or व्यवस्था; or विधा (**c. 3.** -दधाति -धातुं), or सज्जीकृ.—(**To dress**) वस्त्रम् आछद् (**c. 10** -छादयति -यितुं), संव्ये (**c. 1.** -व्ययति -व्यातुं), भूष् (**c. 10.** भूषयति -यितुं); अलङ्कृ, परिष्कृ.

Arrear, *s.* ऋणशेषं, ऋणशेषांशः, ऋणस्य अशोधितो भागः, ऋणस्य शोधनीयो भागः.

Arrest, *s.* आसेधः, धरणं, ग्रहणं, निरोधः, बन्धनं.—(**Stop**) निवारणं.

To* arrest, *v. a. (**As a bailiff**) आसिध् (**c. 1.** -सेधति -सेद्धुं), निरुध् (**c. 7.** -रुणद्धि -रोद्धुं), ऋणहेतोः or दोषहेतोः राजलेखेन or राजाज्ञया बन्ध् (**c. 9** बध्नाति -बन्द्धुं), or ग्रह् (**c. 9** गृह्णाति, ग्रहीतुं) or धृ (**c. 1.** धरति, धर्त्तुं).— (**Stop, bring to a stand**) स्तम्भ् in caus. (स्तम्भयति -यितुं), विष्टम्भ् (**c. 5.** -स्तभ्नोति, **c. 9.** -स्तभ्नाति -स्तम्भितुं), निवृ in caus. (-वारयति -यितुं).

Arrested, *p. p.* आसिद्धः -द्धा -द्धं, धृतः -ता -तं, बद्धः -द्धा -द्धं, निरुद्धः -द्धा -द्धं

Arrival, *s.* आगमनं, अभिगमनं, उपस्थितिः *f.*, उपयातं, आयः.

To arrive, *v. n.* आगम् (**c. 1.** -गच्छति -गन्तुं), अभिगम्, उपगम्; उपस्था (**c. 1.** -तिष्ठति -स्थातुं), प्राप् (**c. 5.** -आप्नोति -आप्तुं), सम्प्राप्, अवाप्, अनुसम्प्राप्, उपसम्प्राप्, आया (**c. 2.** -याति -यातुं), अभिया, उपाया, समाया.

Arrived, *p. p.* आगतः -ता -तं, समायातः -ता -तं, उपस्थितः -ता -तं, प्राप्तः -प्ता -प्तं.

Arrogance, *s.* गर्वः, धर्षः, दर्पः, मानः, अभिमानः, मदः, अवलेपः. अहङ्कारः, प्रागल्भ्यं, प्रगल्भता, आटोपः, चित्रसमुन्नतिः, औद्धत्यं, प्रतिभानं,

Arrogantly, *adv.* सगर्व्वं, सदर्पं, साटोपं, गर्व्वेण, धर्मेण, प्रगल्भं.

Arrogant, *a.* प्रगल्भः -ल्भा -ल्भं, गर्व्वी -र्व्विणी -र्व्वि (न्), अतिगर्व्वितः -ता -तं, सगर्व्वः -र्व्वा -र्व्वं, मानी - निनी -नि (न्), मदोद्धतः -ता -तं, अहङ्कारी -रिणी -रि (न्), आत्मश्लाघी -घिनी -घि (न्), प्रधर्षितः -ता -तं, अवलिप्तः -प्ता -प्तं, उद्धतः-ता -तं, प्रतिभामुखः खी -खं.—(**To be arrogant**) प्रगल्भ् (**c. 1.** -गल्भते -गल्भितं), दृप् (**c. 4.** दृप्यति, दर्प्तुं द्रप्तुं).

To* arrogate, *v. a. (**To claim proudly**) गर्व्वपूर्व्वकं or सगर्व्वं or अनर्हतस् or अधर्म्मतस् or मिथ्या ग्रह् (**c. 9.** गृह्णाति ग्रहीतुं), अभिग्रह्, परिग्रह्; or लभ् (**c. 1.** लभते लब्धुं), or आदा (**c. 3.** -ददाति -दातुं), or अभ्यनुज्ञा (**c. 9.** -जानाति -ज्ञातुं), or आत्मीयं -यां -यं कृ or स्वीकृ; मृधा or मिथ्या ग्रह्; उपधां कृ ध्वजीकृ.

Arrogation, *s.* सगर्व्वग्रहणं, अनर्हग्रहणं, अभिग्रहणं, अन्याय्यग्रहणं, मिथ्याग्रहणं, ध्वजीकरणं, उपधा.

Arrow, *s.* शरः वाणः, इषुः ***m.***, शायकः, काण्ड, शल्य, विपाठः, विशिखः, पृषत्कः, पत्री ***m.*** (न्), भल्लः, नाराचः, प्रक्ष्वेडनः, अजिह्मगः, खगः, आशुगः, मार्गणः, कलम्बः, रोपः; **'arrow-head,'** वाणाग्र **'arrow-shaft,'** शरकाण्डं; **'a shower of arrows,'** शराक्षेपःशरवर्षं.

Arrowy, *a.* (**Consisting of arrows**) वाणी-णिनी-णि (न्), वाणवान् -वती -वत् (त्).—(**Arrow-shaped**) वाणकारः -रा -रं.

Arsenal, *s.* आयुधागारं, आयुधगृहं, शस्त्रागारं, अस्त्रागारं, युद्धभाण्डागारं.—(**A collection of arms**) शस्त्रसंहतिः, शस्त्रसमूहं.

Arsenic, *s.* मनःशिला, शिला, मनोगुप्ता, नागजिह्विका, नैपाली, कुनटी.

Arson, *s.* आगारदाहः, गृहदाहापराधः.

Art, *s.* शिल्पं, शिल्पविद्या, कला, व्यवसायः, कर्म्म ***n.*** (न्).—(**Invention**) कल्पनं, -ना.—(**Science**) विद्या.—(**Skill**) निपुणता, पाण्डित्यं, दक्षता, युक्तिः ***f.***, शिक्षाशक्तिः ***f.***—(**Cunning**) विदग्धता, वैदग्ध्यं, माया.

Artery, *s.* नाडी, नाडिः ***f.***, कण्डरा, माली, नालिः ***f.***, सिरा, रक्तवाही ***m.*** (न्).

Arterial, *a.* नाडीसम्बन्धी -न्धिनी -न्धि (न्), रक्तवाही -हिनी -हि (न्).

Artful, *a.* (**Performed with art**) शिल्पेन or पाण्डित्येन कृतः -ता -तं.—(**Skilful**) शिक्षितः -ता -तं, निपुणः -णा -णं, पटुः -टुः -ट्वी -टु.—(**Cunning**) उपायज्ञः -ज्ञा -ज्ञं, विदग्धः -ग्धा -ग्धं, छलान्वितः -ता -तं, मायी -यिनी -यि (न्).

Artfully, *adv.* पाण्डित्येन, नैपुण्येन, सपाटवं, वैदग्ध्येन, छलेन.

Artfulness, *s.* (**Skill**) पाण्डित्यं, निपुणता, चातुर्य्यं, दक्षता, पटुता. —(**Cunning**) विदग्धता, वैदग्ध्यं, शठता.

Arthritic, *a.* (**Gouty**) वातकी-किनी -कि (न्).—(**Relating to the joints**) ग्रन्थिलः -ला -लं.

Artichoke, *s.* शाकविशेषः.

Article, *s.* (**Part of speech**) वाक्यार्थनिर्णायकोऽव्ययशब्दः.—(**A particular part of any complex thing**) अंशः, भागः, पदं, विषयः.—(**Thing**) द्रव्यं, वस्तु ***n.***, विषयः. —(**Apparatus**) सामग्री ***f.***—(**Terms, stipulation**) नियमपत्रं, समयः; **'articles of peace,'** सन्धिसमयः.—(**A point of time**) क्षणः, समयः, वेला.

To* article, *v. n. समयं कृ, नियमपत्रेण स्थिरीकृ, सङ्घट्ट (**c. 1.** -घट्टते -घट्टितुं).

Articular, ***a.*** ग्रन्थिलः -ला -लं, ग्रन्थिसम्बन्धकः -का -कं.

Articulate, ***a.*** **(Distinct)** व्यक्तः -क्ता -क्तं, स्पष्टः -ष्टा -ष्टं.

To **articulate,** ***v. a.*** **(To utter words distinctly)** स्पष्टं **or** व्यक्तं उच्चर् **in caus.** (-चारयति -यितुं), **or** उदीर् (**c. 10.** -ईरयति -यितुं, **c. 1.** -ईरति -ईरितुं), **or** उदाहृ (**c. 1.** -हरति -हर्त्तुं).—**(To joint)** ग्रन्थ् (**c. 1.** ग्रन्थति, **c. 9.** ग्रथ्नाति ग्रन्थितुं).

Articulated, ***p. p.*** **(Uttered)** उच्चारितः -ता -तं.—**(Jointed)** ग्रन्थितः -ता -तं, सन्धितः -ता -तं.

Articulation, ***s.*** **(Of words)** उच्चारणं, उदाहरणं.—**(The juncture of bones)** ग्रन्थिः ***m.***, अस्थिसन्धिस्थानं, सन्धिः ***m.***

Artifice, ***s.*** **(Stratagem, contrivance)** उपायः, छद्म ***n.*** (न्), छलं, व्यपदेशः, कपटः -टं, कौशलं.

Artificer, ***s.*** **(An artist)** शिल्पकारः, शिल्पी ***m.*** (न्), कर्म्मकारः, कर्म्मारः, कारुः ***m.***—**(Maker)** कर्त्ता ***m.*** (र्तृ), निर्म्माता ***m.*** (तृ).—**(Contriver)** उपेता ***m.*** (तृ), उपायज्ञः.

Artificial, ***a.*** शिल्पिकः -की -कं, कृत्रिमः -मा -मं, कृतकः -का -कं, काल्पनिकः -की -कं, प्रतियत्नपूर्व्वः -र्व्वा -र्व्वं.—**(Made by art)** कल्पितः -ता -तं, शिल्पनिर्म्मितः -ता -तं; **'an artificial lake,'** क्रीडासरः ***n.*** (स्).

Artificially, ***adv.*** शिल्पेन, कृत्रिमप्रकारेण, शिल्पिकप्रकारेण.

Artillery, ***s.*** अग्न्यस्त्रं, युद्धास्त्रं, आग्नेयानि अस्त्राणि ***n. pl.***

Artisan, ***s.*** शिल्पी ***m.*** (न्), शिल्पकारः, कर्म्मकारः, कारुकः.

Artist, ***s.*** शिल्पी ***m.*** (न्).—**(A skilful man)** पण्डितः, निपुणः, पटुः.—**(Painter)** चित्रकरः.

Artless, ***a.*** **(Without fraud)** अमायः -या -यं, अमायिकः -की -कं, कपटहीनः -ना -नं, दक्षिणः -णा -णं, सरलः -ला -लं, शुद्धमतिः -तिः ति, छलरहितः, -ता -तं, निर्व्याजः -जा -जं.—**(Void of art)** अपटुः -टुः -टु, अदक्षः -क्षा -क्षं, अनभिज्ञः -ज्ञा -ज्ञं.

Artlessly, ***adv.*** छलव्यतिरेकेण, मायां विना, कपटव्यतिरेकेण, अमायया, दाक्षिण्येन.

Artlessness, ***s.*** अमाया, सरलता, दाक्षिण्यं.

Arundineous, ***a.*** वेत्रकः -की -कं, वेत्रकीयः -या -यं, नडकीयः -या -यं, वेतस्वान् -स्वती -स्वत् (त्), वेत्रवान् -वती -वत् (त्).

As ***conj.*** **(In the same manner with something else)** यथा.—**(Like)** इव; वत् **affixed; 'to act as a fool,'** मूर्खवत् कृ.—**(In the manner that)** यथा, यद्वत्, यत्प्रकारेण, रूपेण; **'they did as he commanded,'** तस्य यथानिदेशं चक्रुः—**(According as)** अनुरूपेण, अनुसारेण.—**(So as)** यथा तथा.—**(While, at the same time)** यावत्, यत्समये, यत्काले.—**(Because that)** यतस्.—**(As many, as, as much as)** यावान् -वती -वत् (त्), यावत्संख्यकः -का -कं **or** यत्संख्यकः. यति ***ind.***—**(As long as, as far as)** यावत्, आ **prefixed with the abl. c.; as, 'as far as the ocean,'** आसमुद्रात्; **'as long as the vow lasted,'** आसमापनाद् व्रतस्य.—**Sometimes** पर्य्यन्तं **or** अन्त **are affixed with the sense, 'as far as;' as, 'the land as far as the ocean,'** सागरपर्य्यन्तं पृथिवी, **or** सागरान्ता पृथिवी.—**(As soon as)** यदा; मात्रात् **affixed; 'as soon as he had spoken,'** कथनमात्रात्.—**(As well as)** यथा.—**(As yet)** अद्य यावत्, अद्यपर्य्यन्तं, अद्यापि, एतत् कालं यावत्.—**(As how)** यथा.—**(Equally with)** तुल्यरूपेण, समं.—**(As if, as though)** इव, प्रायस्.—**(As to, with reference to)** प्रति, प्रतीक्ष्य, उद्दिश्य.—**(As high as)** दघ्नं, मात्रं; **as, 'water as high as the knees,'** जानुदघ्नं जलं.

To **ascend,** ***v. n.*** **(Rise up)** उदि (**c. 1.** -अयति -एतुं), अभ्युदि, समुदि, आक्रम् (**c. 1.** -क्रमते -क्रमितुं), ऊर्द्ध्वं गम् (**c. 1.** गच्छति, गन्तुं), उपरि गम्, उच्चैर् व्रज् (**c. 1.** व्रजति, व्रजितुं).

To **ascend,** ***v. a.*** **(Mount upon)** आरुह् (**c. 1.** -रोहति -रोढुं), अधिरुह्, अभिरुह्, अध्यारुह्, उपरुह्, प्रारुह्, समारुह्; अधिक्रम् (**c. 1.** -क्रामति, **c. 4.** क्राम्यति -क्रमितुं).

Ascendable, ***a.*** आरोहणीयः -या -यं, अधिरोहणीयः -या -यं, आक्रमणीयः -या -यं.

Ascendant, ***a.*** **(Rising upwards)** ऊर्द्ध्वगः -गा -गं, अधिरोही -हिणी -हि (न्).—**(Superior)** उत्तमः -मा -मं, प्रबलः -ला -लं, प्रधानः -ना -नं, प्रभविष्णुः, -ष्णुः -ष्णु.

Ascendant, ***s.*** **(Height, Elevation)** ऊर्द्ध्वत्वं, उच्चता, उच्छ्रायः, उत्तुङ्गता—**(Superiority, influence)** प्रधानता, प्रभुत्वं.—**(In astronomy)** लग्नं, नाक्षत्रिकी.

Ascendancy, ***s.*** **(Influence, power)** प्राधान्यं, प्रभुत्वं, प्राबल्यं, प्राभवं, प्रभूतता, गौरवं.

Ascended, ***p. p.*** आरूढः -ढा -ढं, अधिरूढः -ढा -ढं, ऊर्द्ध्वगतः -ता -तं, उपरिगतः -ता -तं.

Ascension, ***s.*** आरोहणं, ऊर्द्ध्वगतिः ***f.***, ऊर्द्ध्वगमनं.—**(To heaven)** स्वर्गारोहणं.

Ascension-day, ***s.*** ख्रीष्टस्य स्वर्गारोहणदिवसः.

Ascent, ***s.*** आरोहणं, ऊर्द्ध्वगतिः ***f.***, उद्गमः, समुद्गमः, समुत्क्रमः, उदयः, समुदयः, उत्पातः, उद्वर्त्तनं, समुत्थानं.—**(The way by which one rises)** आरोहणपथः, सोपानं, अधिरोहणी; **'difficult of ascent,'** दुरारोहः -हा -हं.

To **ascertain,** ***v. a.*** **(Find out)** ज्ञा (**c. 9.** जानाति -नीते, ज्ञातुं), विज्ञा; ज्ञा **in desid.** (जिज्ञासते -सितुं), निरूप् (**c. 10.**

-रूपयति -यितुं), विद् (c. 2. वेत्ति, वेदितुं). —(Determine) निश्चि (c. 5. -चिनोति -चेतुं), निर्णी (c. 1. -णयति -ते -णेतुं), व्यवसो (c. 4. -स्यति -सातुं), स्थिरी **'that is ascertained.'** निर्णीयते तत्.

Ascertainable, *a.* निरूपणीयः -या -यं, निर्धारणीयः -या -यं, निर्णेयः -या -यं.

Ascertained, *p. p.* निरूपितः -ता -तं, निश्चितः -ता -तं, निर्णीतः -ता -तं, निर्धारितः -ता -तं.

Ascertainment, *s.* निश्चयः, निर्णयः, अवगमः, निर्धारणं.

Ascetic, *s.* वानप्रस्थः, तपस्वी ***m.*** (न्), योगी ***m.*** (न्), तापसः, यतिः ***m.*** (यती) ***m.*** (न्), वैरङ्गिकः, मुनिः सन्यासी ***m.*** पारिकाङ्क्षी ***m.***

Asceticism, *s.* वैराग्यं, सन्न्यासः.

Ascititious, *a.* अप्रकृतः -ता -तं, असमवायी -यिनी -यि (न्), आरोपितः -ता -तं.

Asclepias, *s.* (Moon-plant) सोमः. —**(A drinker of its juice)** सोमपः, सोमपाः ***m.***

Ascribable, *a.* आरोपणीयः -या -यं, अभिसम्बन्धनीयः -या -यं, दातव्यः -व्या -व्यं.

***To* ascribe, (an action, cause, quality, etc., to anybody)** कर्म्म कारणं गुणं वा इत्यादि कस्मिंश्चित् **or** कस्मैचिद् आरुह् **in caus.** (-रोपयति -यितुं), **or** अध्यारुह्, **or** अभिसम्बन्ध् (**c. 9.** -बध्नाति -बन्द्धुं), **or** सम्बन्ध्, **or** दा (**c. 3.** ददाति -दातुं). —**(To ascribe a fault)** दोषारोपणं, **or** दोषप्रसङ्गं, **or** दोषकल्पनं कृ.

Ascription, *s.* आरोपः -पणं, अध्यारोपः, अभिसम्बन्धनं, सम्बन्धनं, प्रसङ्गः.

Ash, *s.* वन्यपादपविशेषः.

Ashamed, *a.* ह्रीणः -णा -णं, ह्रीतः -ता -तं, लज्जितः -ता -तं, व्रीडितः -ता -तं, लज्जमानः -ना -नं, लज्जावान् -वती वत् (त्), त्रपितः -ता -तं, त्रपमाणः -णा -णं, त्रपान्वितः -ता -तं—**(To be ashamed)** लज्ज् (**c. 6.** लज्जते, लज्जितुं), विलज्ज् संलज्ज्; व्रीड् (**c. 4.** वीड्यति, व्रीडितुं); त्रप् (**c. 1.** त्रपते, त्रपितुं), अपत्रप्, व्यपत्रप्; ह्री (**c. 3.** जिह्रेति, ह्रेतुं), **with abl. or gen. of the thing of which one is ashamed. To be ashamed of any thing, may be expressed by** किञ्चिद् लज्जास्पदं ज्ञा. —**(To make ashamed)** ह्री **in caus.** ह्रेपयति -यितुं).

Ash-coloured, *a.* भस्मवर्णः -र्णा -र्णं, पांशुवर्णः -र्णा -र्ण°, पाण्डुः -ण्डुः ण्डु.

Ashen, *a.* पूर्व्वोक्तपादपनिर्म्मितः -ता -तं. **or** -मयः -मयी -मयं.

Ashes, *s.* भस्म ***n.*** (न्), भसितं, भूतिः ***f.,*** पांशुः ***m.,*** अर्व्वटं; **'to reduce to ashes,'** भस्मसात् कृ; **'reducing to ashes,'** भस्मीकरणं; **'reduced to ashes,'** भस्मात्कृतः -ता -तं, भस्मीभूतः -ता -तं.

Ash-wednesday, *s.* चत्वारिंशछिनपर्य्यन्तं महोपवासस्य प्रथमदिवसः.

Ashore, *adv.* उत्तीरम् ***ind.,*** तीरे, तटे, वेलायां, तटस्थः -स्था -स्थं.

Ashy, *a.* भास्मनः -नी -नं, पांशुवर्णः -र्णा -र्ण°. —**(Turned into ashes)** भस्मीकृतः -ता -तं, भस्मलिप्तः -प्ता -प्तं.

Aside, *adv.* (On one side) एकपार्श्वे. —**(To another side)** अन्यपार्श्वे. —**(By the side)** पार्श्वतस् ***ind.*** —**(In private, in concealment)** निभृते, एकान्ते. —**(In stage language)** स्वगतं, आत्मगतं, अपवार्य्य, विजने, जनान्तिकं.

Asinine, *a.* गर्द्दभीयः -या -यं, खरसम्बन्धकः -का -कं.

***To* ask, *v. a.* (To beg, request)** याच् (**c. 1.** याचति -ते, याचितुं), अभियाच्, प्रयाच्, सम्प्रयाच्, संयाच्, अर्थ् (**c. 10.** अर्थयते -यितुं), अभ्यर्थ्, प्रार्थ्, सम्प्रार्थ्; भिक्ष् (**c. 1.** भिक्षते, भिक्षितुं). —**(To ask a question, inquire)** प्रच्छ् (**c. 6.** पृच्छति प्रष्टुं), अनुप्रच्छ्, समनुप्रच्छ्, परिप्रच्छ्; ज्ञा **in des.** (जिज्ञासते, जिज्ञासितुं), अनुयुज् (**c. 7.** -युनक्ति -युंक्ते -योक्तुं).

Asked, *p. p.* अर्थितः -ता -तं, प्रार्थितः -ता -तं, अभ्यर्थितः -ता -तं, याचितः -ता -तं, प्रयाचितः -ता -तं. —**(Questioned)** पृष्टः ष्टा -ष्टं, अनुयुक्तः -क्ता -क्तं.

Askance, askaunce, askaunte, *adv.* साचि ***ind.,*** तिरस् ***ind.,*** तिर्य्यक् ***ind.,*** तिरश्चीनः -ना -नं. —**(Looking askance)** साचिविलोकी -किनी -कि (न्), लोलापाङ्गः -ङ्गा -ङ्गं, अपाङ्गदर्शी -र्शिनी -र्शि (न्).

Asker, *s.* (Petitioner) प्रार्थकः, याचकः, अर्थी ***m.*** (न्). —**(Inquirer)** प्रष्टा ***m.*** (ष्टृ).

Askew, *adv.* तिरस्, साचि, तिर्य्यक्, तिरश्चीनः -ना -नं, साचीकृतः -ता -तं.

Asking, *s.* याच्ञा, याचना, अर्थना, प्रार्थनं -ना, अभ्यर्थना, अभिशस्तिः ***f.*** —**(Questioning)** प्रच्छना, जिज्ञासा.

Aslant, *adv.* आवर्ज्य *ind.*, तिर्य्यक् ***ind.,*** वक्रं, जिह्मं, अनृजु, कुटिलं.

Asleep, *a.* सुप्तः -प्ता -प्तं, निद्राणः -णा -णं, शयितः -ता -तं, प्रसुप्तः -प्ता -प्तं, निद्रितः -ता -तं. शयानः -ना -नं, निद्रालसः -सा -सं. —**(Fast asleep)** सुषुप्तः -प्ता -प्तं. —**(To fall asleep)** स्वप् (**c. 2.** स्वपिति, स्वपितुं), प्रस्वप्.

Aslope, *adv.* (Declivous) प्रवणः -णा -णं. —**(With declivity)** प्रवणं, प्रवणप्रकारेण.

Aśoka, *s.* (Flower) अशोकः, वञ्जुलः.

Asp, Aspic *s.* अतिविषालुः क्षुद्रसर्पप्रभेदः.

Asparagus, *s.* शतमूली, एकमूला, बहुसुता, अभीरुः ***f.*** शतावरी,

अहेरुः.

Aspect, *s.* **(Appearance, look)** रूपं, आकारः, आकृतिः ***f.,*** आभा, मूर्त्तिः ***f.*** **—(Countenance)** वदनं. **—(State)** अवस्था, दशा. **—(Act of beholding)** आलोकनं, दर्शनं. निरीक्षणं. **—(Relation)** सम्पर्कः, सम्बन्धः**—(Situation)** अवस्थानं. **—(Disposition of a planet)** दशा.

Aspen, *s.* स्फुरितपत्रशीलो वृक्षविशेषः.

Aspen, *a.* **(Like the aspen-tree)** पूर्व्वोक्तवृक्षोपमः -मा -मं. **—(Made of the aspen)** पूर्व्वोक्तवृक्षनिर्म्मितः -ता -तं.

Asperity, *s.* **(Unevenness of surface)** रुक्षता, असमानत्वं, वैषम्यं. **(Of temper)** कर्कशत्वं, अरुन्तुदत्वं, स्वभावकटुता. **—(Sharpness)** तैक्ष्ण्यं, तीव्रता.

To **asperse,** *v. a.* **(To sprinkle)** सिच् **(c. 6.** सिञ्चति -ते, सेक्तुं), निषिच्, संसिच्, उक्ष् **(c. 1.** उक्षति, उक्षितुं), अभ्युक्ष्, प्रोक्ष्, समुक्ष्. **—(To calumniate)** अवक्षिप् **(c. 6** -क्षिपति -क्षेप्तुं), अधिक्षिप्; कलङ्क **(nom.** कलङ्कयति -यितुं), कलङ्कं कृ, परिवद् **(c. 1.** -वदति -वदितुं), अपवद्; अभिशप् **(c. 1.** -शपति -ते -शप्तुं).

Aspersed, *p. p.* **(Sprinkled)** सिक्तः -क्ता -क्तं, प्रोक्षितः -ता -तं. **—(Calumniated)** अवक्षिप्तः -प्ता -प्तं; कलङ्कितः -ता -तं.

Asperser, *s.* कलङ्ककरः, परिवादकः, अपवादकः, अवक्षेपकः.

Aspersion, *s.* **(Sprinkling)** सेकः, सेचनं, निषेकः, प्रोक्षणं, श्चयोतः, प्राघारः. **—(Calumny)** अपवादः, कलङ्कः, अवक्षेपः, क्षेपः, गुणनिन्दा.

Aspirant, *s.* अर्थी ***m.*** (न्), प्रार्थयिता ***m.*** (तृ), आकाङ्क्षी ***m.*** (न्), कुतूहली ***m.*** (न्), अभिलाषुकः.

Aspirant, *s.* महाप्राणः, महाप्राणसूचकं चिह्नं. **—(The soft aspirate)** अभिनिष्ठानं. अल्पप्राणः.

To **aspirate,** *v. n.* महाप्राणेन उच्चर् **in caus.** (-चारयति -यितुं).

Aspirated, *p. p.* महाप्राणेन उच्चारितः -ता -तं.

Aspiration, *s.* **(An ardent wish)** आकाङ्क्षा, लालसा, महाकाङ्क्षा कौतूहलं, स्पृहा, अभिरुचिः ***f.,*** अभिलाषः**—(Pronunciation with a full breath)** महाप्राणेन उच्चारणं, महाप्राणः.

To **aspire to or After,** *v. n.* अभिरुच् **in caus.** (-रोचयति -यितुं), अभिलष् **(c. 1.** -लषति -लषितुं), अभिकाङ्क्ष् **(c. 1.** -काङ्क्षति -काङ्क्षितुं), आकाङ्क्ष्; अभ्याप् **in des.** (-ईप्सति -ईप्सितुं), स्पृह् **(c. 10** स्पृहयति -यितुं), उपजीव् **(c. 1.** -जीवति -जीवितुं).

Ass, *s.* गर्द्दभः ***m.*** -भी ***f.,*** खरः रासभः ***m.*** -भी ***f.,*** चक्रीवान् ***m.*** (त्), बालेयः. **—(A stupid fellow)** मन्दबुद्धिः, दुर्मतिः. **—(Skin of an ass)** गर्द्दभाजिनं.

Assa-foetida, *s.* सहस्रवेधि ***n.*** (न्), रामठं, जतुकं, वाह्लीकं, हिङ्गुः ***m.***

To **assail,** *v. a.* आक्रम् **(c. 1.** -क्रामति, **c. 4.** -क्राम्यति -क्रमितुं), अभियुज् **(c. 7.** -युनक्ति -युंक्ते -योक्तुं), आसद् **(c. 10.** -सादयति -यितुं), समासद्, अभिद्रु **(c. 1.** -द्रवति -द्रोतुं), आविश् **(c. 6.** -विशति -वेष्टुं), अभिधाव् **(c. 1.** -धावति -ते -धावितुं), प्रतियुध् **(c. 4.** -युध्यते -योद्धुं), अभिशस् **(c. 1.** -शसति -शसितुं). **—(To storm)** आस्कन्द् **(c. 1.** -स्कन्दति -स्कन्तुं), अवस्कन्द्.

Assailable, आक्रमणीयः -या -यं, अभियोज्यः -ज्या -ज्यं, आसादनीयः -या -यं.

Assailant, *s.* आक्रमिता ***m.,*** (तृ), आक्रामकः, आघातकः, अभियोक्ता ***m.*** (क्तृ), अभिघाती ***m.*** (न्).

Assailed, *p.* आक्रान्तः -न्ता -तं, अभियुक्तः -क्ता -क्तं. उपद्रुतः -ता -तं.

Assassin, *s.* घातकः, हन्ता ***m*** (न्तृ), नृघातकः, बधकः, बधोद्यतः.

To **assassinate,** *v. a.* निभृतं **or** छलेन **or** गोपनेन हन् **(c. 2.** हन्ति हन्तुं), **or in caus.** (घातयति -यितुं), **or** मृ **in caus.** (मारयति -यितुं).

Assassination, *s.* छलेन **or** गोपनेन हननं, नृहत्या, घातनं, प्राणान्तिकं, वधः, मारणं.

Assassinator, *s.* निभृतं **or** छलेन हन्ति यो घातकः.

Assault, *s.* अभियोगः, आक्रमणं, अवगोरणं, अभ्याघातः, आघातः, उपघातः. **—(Storm)** अवस्कन्दः -न्दनं. **—(Violence)** प्रसभं, साहसं, प्रमाथः, बलात्कारः.

To **assault,** *v. a.* आक्रम् **(c. 1.** -क्रामति, **c. 4.** -क्राम्यति -क्रमितुं), आसद् **(c. 10** -सादयति -यितुं), समासद्; अभिद्रु **(c. 1.** -द्रवति -द्रोतुं), समाद्रु, उपद्रु, समुपद्रु, अवगुर् **(c. 6.** -गुरते **or** -ति, -गुरितुं), अभिधाव् **(c. 1.** -धावति -ते -धावितुं). **—(To storm)** आस्कन्द् **(c. 1.** -स्कन्दति -स्कन्तुं), अवस्कन्द्, लङ्घ् **(c. 10.** लङ्घयति -यितुं).

Assaulted, *p. p.* अभियुक्तः -क्ता -क्तं, आक्रान्तः -ता -तं. **—(By storm)** अवस्कन्दितः -ता -तं.

Assay, *s.* परीक्षा, प्रमाणीकरणं, उपधा. **—(Touchstone)** निकषः. **—(Of coin)** नाणकपरीक्षा. **—(First attempt)** आरम्भः, प्रवृत्तिः ***f.***

To **assay,** *v. a.* परीक्ष् **(c. 1.** -ईक्षते -ईक्षितुं), ज्ञा **in des.** (जिज्ञासते जिज्ञासितुं). **—(Endeavour)** यत् **(c. 1.** यतते, यतितुं), व्यवसो **(c. 4.** -स्यति -सातुं), चेष्ट् **(c. 1.** चेष्टते, चेष्टितुं).

Assayer, *s.* **(An officer of the mint)** नाणकपरीक्षी ***m.*** (न्), धातुवादी ***m.*** (न्), धातुपरीक्षकः, परीक्षकः.

Assemblage, *s.* समूहः, सङ्घातः, समाहारः, समुच्चयः, समवायः, वृन्दं, चयः, सञ्चयः, समुदयः, गणः, ओघः, संहतिः ***f.,*** संहारः,

सन्निपातः, सङ्घः, ऊहिणी, साहित्यं, ग्रामः **in composition; 'an assemblage of people,'** पुरुषसमवायः, जनसमागमः, जननिवहः; **'of princes,'** राजकं; **'the assemblage of the organs,'** इन्द्रियग्रामः.

To* assemble, *v. n. सङ्गम् (**c. 1.** -गच्छति -गन्तुं), समागम्; समे (**root** इ **with** सम् **and** आ, **c. 2.** समैति समैतुं), समभ्ये; एकत्र मिल् (**c. 6.** मिलति -ते, मेलितुं), समावृत् (**c. 1.** -वर्त्तते -वर्त्तितुं), सन्निपत् (**c. 1.** -पतति -पतितुं), समूहीभू.

To* assemble, *v. a. सङ्गम् **in caus.** (-गमयति -यितुं), समाहृ (**c. 1.** -हरति -ते -हर्त्तुं), उपसंहृ; सन्निपत् **in caus.** (-पातयति -यितुं), एकत्र कृ, समूहीकृ.

Assembled, *p. p.* मिलितः -ता -तं, समेतः -ता -तं, समागतः -ता -तं, समुपागतः -ता -तं,संहतः -ता -तं,समूढः -ढा -ढं, समवेतः -ता -तं.

Assembling, *s.* मिलनं, सङ्गमः, समागमः, समागतिः ***f.***

Assembly, *s.* सभा, सदः ***n.*** (स्), समज्या, समाजः, परिषद् ***f.***, समागमः, संसद् ***f.***, गोष्ठी ***f.***, समूहः, मेलकः, मेलः, सन्निवेशः; **'an assembly of lords or nobles,'** शिष्टसभा.—**(A collection)** समाहारः, समुच्चयः, सन्निपातः, समुदयः, समवायः, संहारः, समूहः.—**(A party)** पंक्तिः ***f.***

Assembly-room, *s.* समागमस्थानं, सभाशाला, इन्द्रकं.

Assent, *s.* सम्मतिः ***f.***, अनुमतिः ***f.***, सम्मतं, अनुज्ञा, प्रतिग्रहः, परिग्रहः, स्वीकारः, अङ्गीकारः, प्रतिश्रवः, समनुज्ञानं, अनुवादः.

To* assent, *v. n. अनुज्ञा (**c. 9.** -जानाति -ज्ञातुं), अनुमन् (**c. 4.** -मन्यति -ते -मन्तुं), सम्मन्, प्रतिग्रह् (**c. 9.** -गृह्णाति -गृह्णीते -ग्रहीतुं), स्वीकृ, अङ्गीकृ, उरीकृ, सम्प्रतीष् (**c. 6.** -इच्छति -एष्टुं).

Assentation, *s.* स्वीकरणं, चाटुकारः, अनुरोधः, अनुवृत्तिः ***f.***

Assented, *p. p.* अनुमतः -ता -तं, सम्मतः -ता -तं, अनुज्ञातः -ता -तं, प्रतिश्रुतः -ता -तं, समनुज्ञातः -ता -तं.

Assenter, *s.* अनुमन्ता ***m.*** (न्तृ), अनुवादकः, अनुज्ञाता ***m.*** (तृ), स्वीकर्ता ***m.*** (र्त्तृ).

***To* assert, *v. a.* (To maintain)** दार्ढ्येन वद् (**c. 1.** वदति, वदितुं).—**(To affirm)** वद्, तथेति ब्रू (**c. 2.** ब्रवीति, ब्रूते, वक्तुं)—**(To claim)** ममेति वद्, स्वीकृ, स्वस्वत्वं ज्ञा **in caus.** (ज्ञापयति -यितुं).

Assertion, *s.* (The act of asserting) वचनं, उक्तिः ***f.***—**(The position advanced)** वचनं, वाक्यं, उक्तवाक्यं.—**(The first part of an argument)** प्रतिज्ञा, पूर्व्वपक्षः पक्षः.

To* asses, *v. a. राजस्वं **or** करं **or** शुल्कं दा **in caus.** (दापयति -यितुं), **or** ग्रह (**c. 9.** गृह्णाति, ग्रहीतुं), **or** अवहृ **in caus.** (-हारयति -यितुं), **or** स्था **in caus.** (स्थापयति -यितुं), **or** निरूप् (**c. 10.** -रूपयति -यितुं).

Assessment, *s.* करग्रहणं, शुल्कग्रहणं, राजस्वग्रहणं.—**(The sum levied)** करः शुल्कः, शुल्कं, राजस्वं.

Assessor, *s.* (One who sits by) सभ्यः, सभासद् ***m.***, उपासिता ***m.*** (तृ), उपासीनः.—**(Tax-gatherer)** करग्रहः, शुल्कग्राही ***m.***, (न्), राजस्वनिरूपकः.

Assets, *s.* मृतजनस्य ऋणशोधनार्थं अवशिष्टधनं.—**(Goods)** अर्थः, विभवः, सम्पत्तिः ***f.***

To* assever, asseverate, *v. a. स्थैर्य्येण, **or** दार्ढ्येन, **or** शपथेन, **or** शपथपूर्व्वकं वद् (**c. 1.** वदति, वदितुं), **or** ब्रू (**c. 2.** ब्रवीति, ब्रूते वक्तुं).

Asseveration, *s.* शपथपूर्व्वकं वचनं, स्थिरवचनं, दृढवचनं.

Assiduity, *s.* उद्योगः, उद्यमः, अभ्यसनं, व्यवसायः, प्रसक्तिः ***f.***, मनोयोगः, चेष्टा, यत्नः, मनोनिवेशः, प्रवेशः, परायणः, प्रयासः.

Assiduous, *a.* उद्योगी -गिनी -गि (न्), सोद्योगः -गा -गं, व्यवसायी -यिनी -यि (न्), परायणः -णा -णं, प्रयत्नवान् -वती -वत् (त्), प्रसक्तः -क्ता -क्तं, प्रसितः -ता -तं.

Assiduously, *adv.* प्रयत्नतस्, यत्नतस्, व्यवसायेन, उद्योगेन, अविरतं, प्रसक्तं.

Assignable, *a.* प्रकल्पनीयः -या -यं, निर्देष्टव्यः -व्या -व्यं, आरोपणीयः -या -यं.

***To* assign, *v. a.* (Mark out)** निरूप् (**c. 10.** -रूपयति -यितुं), विधा (**c. 3.** -दधाति -धातुं), निर्णी (**c. 1.** -नयति -नेतुं), प्रक्लृप् (**c. 10.** -कल्पयति -यितुं), निर्दिश् (**c. 6.** -दिशति -देष्टुं), समादिश्.—**(Appoint)** नियुज् (**c. 7.** -युनक्ति -युंक्ते -योक्तुं), स्था **in caus.** (स्थापयति -यितुं), व्यवस्था.—**(Make over property)** द्रव्यं **or** धनं समृ **in caus.** (-अर्पयति -यितुं), **or** दा **in caus.** (दापयति -यितुं); निबन्धं कृ.—**(Attribute)** आरुह् **in caus.** (-रोपयति -यितुं).—**(He assigns a reason)** स हेतुम् आह.

Assignation, *s.* (An appointment to meet another) अभिसारः, सङ्केतः, प्रज्ञप्तिः ***f.***, समागमनियमः.—**(Going to an assignation)** अभिसारी -रिणी -रि (न्).—**(Place of assignation)** सङ्केतस्थानं.—**(A making over property to another)** द्रव्यसमर्पणं, धनसमर्पणं, निबन्धदानं.

Assigned, *p. p.* निर्दिष्टः -ष्टा -ष्टं, आदिष्टः -ष्टा, ष्टं, नियमितः -ता -तं, नियोजितः -ता -तं, समर्पितः -ता -तं, दापितः -ता -तं, व्यवस्थापितः -ता -तं, प्रकल्पितः -ता -तं, आरोपितः -ता -तं.

Assignee, *s.* नियोगी ***m.*** (न्), कार्य्येषु नियुक्तः, प्रतिनिधिः, प्रतिपुरुषः.

Assignment, *s.* (Of goods) निबन्धनं, समर्पणं.—**(Appointment)** नियोजनं.

***To* assimilate, *v. a.* (To bring to a likeness)** समी , तुल्यीकृ.

—**(To perform the act of converting food to nourishment)** जीर्णिपूर्व्वकं समीकृ, परिणामं कृ.

Assimilation, *s.* (The act of) समीकरणं, तुल्यीकरणं.—**(The state of)** समता, समानता, तुल्यता, साम्यं.—**(Of food)** परिणामः, परिणतत्वं, विपाकः, परिपक्वता.—**(Of fractions)** भागजातिः ***f.***

To* assimulate, *v. a. छल् **(nom.** छलयति -यितुं), छद्म **or** कपटं कृ.

Assimulation, *s.* छलनं, कपटः -टं, छद्म ***n.*** (न्).

To* assit, *v. a. उपकृ **(c. 8.** -करोति -कर्त्तुं), उपचर् **(c. 1.** -चरति -चरितुं), उपग्रह् **(c. 9.** -गृह्णाति -ग्रहीतुं), अभिरक्ष् **(c. 1.** -रक्षति -रक्षितुं), उपकारं कृ, साहाय्यं कृ, पक्षपातं कृ.

Assistance, *s.* उपकारः, उपकारिता, उप कृतं, साहाय्यं, साहित्यं, उपग्रहः, अनुग्रहः, पक्षपातः.

Assistant, *s.* उपकारी ***m.*** (न्), उपकारकः, साहाय्यकर्त्ता ***m.*** (र्तृ), सहायः, उत्तरसाधकः.

Assisted, *p. p.* उपकृतः -ता -तं, कृतोपकारः -रा -रं, उपचरितः -ता -तं.

Assize, *s.* (A court of justice) दोषादोषविचारसभा, दण्डयोगसभा, दण्डप्रणयनसभा.—**(Market rate, measure)** आपणिकः, अर्धबलाबलं, परिमाणं, मानं.

***To* assize, *v. a.* (To fix the rate of any thing)** अर्घं संख्या **in caus.** (-ख्यापयति -यितुं), अर्धबलाबलं **or** द्रव्यादिमूल्यं **or** परिमाणं निरूप् **(c. 10.** -रूपयति -यितुं), **or** स्था **in caus.** (स्थापयति -यितुं).

Assizer, *s.* अर्धसंख्यापकः, मूल्यनिरूपकः, विक्रेयद्रव्यादिपरिमाणनिरूपकः.

Associate, *s.* (A partner, confederate) सहायः, सङ्गी ***m.*** (न्), अनुषङ्गी ***m.*** (न्), उत्सङ्गी ***m.*** (न्), सहकारी ***m.*** (न्), सजूः ***m.*** (-जुस्), सहवासी ***m.*** (न्).—**(A companion, equal)** वयस्यः.

To* associate, *v. a. संयुज् **(c. 7.** -युनक्ति -योक्तुं, **c. 10.** -योजयति -यितुं), सङ्गम् **in caus.** (-गमयति -यितुं), सम्बन्ध् **in caus.** (-बन्धयति -यितुं), संश्लिष् **in caus.** (-श्लेषयति -यितुं).

To* associate with, *v. n. संवस् **(c. 1.** -वसति -वस्तुं), सह वस्; सहितः -ता -तं भू, मिल् **(c. 6** मिलति -ते, मेलितुं), सम्मिल्; सह गम् **(c. 1.** गच्छति, गन्तुं), सहवासं कृ.—**(Not to be associated with)** अपाङ्क्तेयः -या -यं.

Associated, *p. p.* संयुक्तः -क्ता -क्तं, संश्लिष्टः -ष्टा -ष्टं, संहतः -ता -तं. सहगतः -ता -तं, सङ्घातवान् -वती -वत् (त्), उत्सङ्गितः -ता -तं.

Association, *s.* संयोगः, साहित्यं, साहाय्यं, साह्यं, सङ्गमः, सङ्गतिः ***f.,*** संसर्गः, सहायता **or** -त्वं, साहचर्य्यं, समागमः, सङ्घातः, आसङ्गः, सङ्ग, संश्लेषः.—**(Evil association)** असत्संसर्गः—**(Set, club)** पङ्क्तिः ***f.,***—**(Partnership)** समांशिता.

To* assort, *v. a. यथाक्रमं **or** क्रमेण स्था **in caus.** (स्थापयति -यितुं), विधा **(c. 3.** -दधाति -धातुं), संविधा; रच् **(c. 10** रचयति -यितुं), विरच्; ग्रन्थ् **(c. 1.** ग्रन्थति, **c. 9.** ग्रथ्नाति, ग्रन्थितुं), पृथक् पृथक् स्था **in caus. or** कृ.

Assorted, *p. p.* विरचितः -ता -तं, व्यूढः -ढा -ढं, विन्यस्तः -स्ता -स्तं.

Assortment, *s.* विरचनं, पृथक्करणं, विन्यासः, प्रतिविधानं, ग्रन्थनं -ना, व्यूहनं, व्यूढिः ***f.,*** परिपाटिः ***f.***—**(A mass of thing assorted)** सञ्चयः, सङ्घातः, वृन्दं, ओघः.

To* assuage, *v. a. शम् **in caus.** (शमयति -यितुं), उपशम्, प्रशम्; सान्त्व् **or** शान्त्व **(c. 10.** सान्त्वयति -यितुं), अभिशान्त्व्, परिशान्त्व्) तुष् **in caus.** (तोषयति -षितुं), परितुष्.

To* assuage, *v. n. शम् **(c. 4.** शाम्यति, शमितुं), उपशम्, प्रशम्; तुष् **(c. 4.** तुष्यति, तोष्टुं).

Assuaged, *p. p.* शान्तः -न्ता -न्तं, प्रशमितः -ता -तं. प्रशान्तः -न्ता -न्तं.

Assuagement, *s.* प्रशमनं, शान्तिः ***f.,*** उपशान्तिः ***f.,*** सान्त्वनं.

Assuasive, *a.* शान्तिकः -की -कं, शमकः -का -कं, शान्तिदः -दा -दं.

***To* assume, *v. a.* (To take)** ग्रह् **(c. 9.** गृह्णाति, ग्रहीतुं), परिग्रह् प्रतिग्रह्; लभ् **(c. 1.** लभते, लब्धुं).—**(To arrogate)** अधर्म्मतस् **or** मिथ्या ग्रह् **or** आत्मसात्कृ, परधर्म्म ग्रह्; **'he assumes the king,'** राजायते.—**(To suppose something granted)** अप्रमाणीकृत्य **or** अप्रमाणतस् **or** निष्प्रमाणेन वद् **(c. 1.** वदति, वदितुं), अनुमतं -ता -तं. ज्ञा **(c. 9.** जानाति, ज्ञातुं).

Assumed, *p. p.* गृहीतः -ता -तं. आदत्तः -त्रा -त्रं.—**(Not natural)** कृतकः -का -कं.

Assumption, *s.* (The act of taking) ग्रहणं, आदानं, प्रतिग्रहः, परिग्रहः, आत्मसात्करणं) **'false assumption,'** मिथ्याग्रहणं.—**(The supposition of anything granted)** निष्प्रमाणेन **or** अप्रमाणतस् ग्रहणं, प्रमाणव्यतिरेकेण कस्यचिन् मतस्य धारणं; **'on the assumption,** न्यायात्.—**(The thing supposed)** प्रतिज्ञा, प्रमेयं, उपन्यासः.—**(Of a disguise)** वेशधारणं, विडम्बनं.

Assurance, *s.* (Certain expectation) विश्वासः, प्रत्ययः, प्रत्याशा, निश्चयः, दृढः प्रत्ययः.—**(Want of modesty)** धाष्टर्यं, प्रगल्भता, साहसं, निर्लज्जता.—**(Reason for confidence)** विश्वासकारणं, प्रत्ययहेतुः—**(Insurance, assurance of**

safety) योगक्षेमः, अभयवाक् *f.* (च्), अहार्य्यत्वं.

To **assure,** ***v. a.*** स्थिराकृ, दृढीकृ, संस्तम्भ् **(c. 5.** -स्तभ्नोति, **c. 9.** -स्तभ्नाति, -स्तम्भितुं, **or caus.** -स्तम्भयति -यितुं), विश्वासं दा, प्रमाणं दा, असन्दिग्धं -ग्धां -ग्धं कृ सुनिश्चितं -तां -तं कृ.—**(To affirm)** दार्ढ्येन वद् **(c. 1.** वदति).

Assured, ***p. p.*** **(Certain)** स्थिरः -रा -रं, दृढः -ढा -ढं, सुनिश्चितः -त -तं, असन्दिग्धः -ग्धा -ग्धं, असंशयः -या -यं.

Assuredly, ***adv.*** निश्चितं, सुनिश्चितं, असंशयं, निःसन्देहेन, नूनं, एवं, खलु, किल, सुतरां.

Asterisk, ***s.*** नक्षत्राकारश्, चिह्नविशेषः.

Asterism, ***s.*** नक्षत्रं, ऋक्षः, तारा, तारकः, ज्योतिषी, दाक्षायिणी.

Astern, ***adv.*** नावः पश्चद्भागं **or** पश्चिमभागं प्रति.

Asthma, ***s.*** दुःश्वासः, दुःश्वसनं, श्वासरोगः.

Asthmatical, Asthimatic, ***a.*** दुःश्वासशीलः-ला-लं, श्वासरोगपीडितः -ता -तं.

To **astonish,** ***v. a.*** विस्मि **in caus.** (-स्माययति -ते -यितुं), व्याकुलीकृ, आकुलीकृ, चमत्कारं **or** विस्मयं जन् **in caus.** (जनयति -यितुं), चमत्कृ.

Astonished, ***p. p.*** विस्मितः -ता -तं, विस्मयान्वितः -ता -तं, विस्मयाकुलः -ला -लं, चमत्कृतः -ता -तं, विलक्षः क्षा -क्षं.—**(To be astonished)** विस्मि **(c. 1.** -स्मयते -स्मेतुं), आश्चर्य्यं ज्ञा **(c. 9.** जानाति, ज्ञातुं) **or** मन् **(c. 4.** मन्यते, मन्तुं).

Astonishing, ***a.*** आश्चर्य्यः -र्य्या -र्य्यं, अद्भुतः -ता -तं, विचित्रः -त्रा -त्रं.

Astonishment, ***s.*** विस्मयः, आश्चर्य्यत्वं, चमत्कारः, व्याकुलता. —**(With astonishment)** साश्चर्य्यं, सविस्मयं.—**(Matter of astonishment)** विस्मयहेतुः ***m.,*** विस्मयकारणं, अद्भुतं.

To **astound,** ***v. a.*** मुह् **in caus.** (मोहयति -यितुं), व्यामुह्, व्याकुलीकृ, विस्मयाकुलं -लां -लं, कृ.

Astounded, ***p. p.*** विस्मयाकुलः -ला -लं, मोहितः -ता -तं, आकुलीकृतः -ता -तं.

Astral, ***a.*** आर्क्षः -र्क्षी -र्क्षं, तारकी -किनी -कि (न्), तारकितः -ता -तं.

Astray, ***adv.*** उत्पथं, पथभृष्टः -ष्टा -ष्टं, विमार्गगामी -मिनी -मि (न्), विपथगामी -मिनी -मि (न्), भ्रान्तः -न्ता -तं. —**(To lead astray)** उत्पथं नी **(c. 1.** नयति, नेतुं).

Astride, ***adv.*** **(To stand with the legs apart)** पादौ पृथक् कृत्वा **or** प्रगतजङ्घ -ङ्घा -ङ्घं स्था **(c. 1.** तिष्ठति, स्थातुं).

To **astringe,** ***v. a.*** सङ्कुच् **(c. 1.** -कोचति, **c. 6.** -कुचति -कोचितुं); कषाय् **(nom.** कषायति -यितुं).

Astringency, ***s.*** सङ्कोचनं, कषायः -यं, तुवरः -रं.

Astringent, ***a.*** कषायः -या -यं, सङ्कोचनशीलः -ला -लं, रुक्षः -क्षा -क्षं., तुवरः -रा -रं, ग्राही -हिणी -हि (न्), विरूक्षणः -णी -णं.

Astrologer, ***s.*** गणकः, ज्यौतिषिकः, दैवज्ञः, मौहूर्त्रः, मौहूर्त्तिकः, दैवलेखकः, कार्त्तान्तिकः ज्योतिःशास्त्रानुरूपं भाविविषयकथकः **or** भाविकथकः **or** भाविव्यक्तीकर्त्ता ***m.*** (र्तृ), सांवत्सरः, ज्ञानी ***m.*** (न्).

Astrological, ***a.*** ज्योतिषः -षी -षं, ज्योतिर्विद्याविषयः -या -यं, नाक्षत्रः -त्री -त्रं.

Astrologically, ***adv.*** ज्योतिर्विद्यानुसारात्, ज्योतिःशास्त्रानुरूपं, ज्योतिःशास्त्रवत्.

Astrology, ***s.*** नक्षत्रविद्या, ज्योतिषं, दैवप्रश्नः, देवप्रश्नं, ज्योतिःशास्त्रमूला भाविव्यक्तीकरणविद्या; ज्योतिःशास्त्रज्ञानात् **or** -ज्ञानेन भाविकथनविद्या.

Astronomer, ***s.*** ज्योतिःशास्त्रज्ञः, ज्योतिर्विद्, ज्योतिषः, ज्यौतिषिकः, राशिग्रहनक्षत्रादिगतिज्ञः, ग्रहनक्षत्रादिविद्याज्ञः.

Astronomical, ***a.*** ज्योतिषः -षी -षं, ज्योतिःशास्त्रविषयः -या -यं, नाक्षत्रिकः -की -कं.

Astronomically, ***adv.*** ज्योतिःशास्त्रानुसारात्, ज्योतिःशास्त्रानुरूपं, ज्योतिःशास्त्रवत्.

Astronomy, ***s.*** ज्योतिःशास्त्रं, ज्योतिर्विद्या, राशिग्रहनक्षत्रादिविद्या, ज्योतिषं, खगोलविद्या.

Astute, ***a.*** विदग्ध -ग्धा -ग्धं, सव्याजः -जा -जं, चतुरः -रा -रं.

Asunder, ***adv.*** विरलं, पृथक्, प्रगतः -ता -तं, विगतः -ता -तं. —**'Asunder' may often be expressed by the prep.** वि; **as, 'cut asunder,'** विच्छिन्नः.

Aświns, (Nāsatya and Dasra, the twin sons of the Sun by the constellation Aświnī, physicians of heaven), अश्विनौ ***du.,*** स्ववैंद्यौ ***du.,*** नासत्यौ ***du.,*** दस्रौ ***du.,*** अश्विनीसुतौ ***du.,*** आश्विनेयौ ***du.***

Asyle, Asylum, ***s.*** आश्रयः, आशयः, श्रयणं, संश्रयः, गतिः ***f.,*** प्रतिश्रयः, विषयः.—**(To seek asylum with)** आश्रि **(c. 1.** -श्रयति -ते -श्रयितुं), उपाश्रि, समुपाश्रि, संश्रि.

At, ***prep.*** **expressed by** आ **or** अभि **prefixed to roots, as, 'to arrive at,'** आगम्, अभिगम्.—**Before names of towns, expressed by the loc. c.; as, 'at Ayodhyā,'** अयोध्यायां. **At home,'** स्वगृहे, स्वस्थाने; **'at night,'** रात्रौ; **'at evening,'** सासन्ध्यं; **'at this time,'** तत्काले, तत्क्षणे; **'at the moment,'** सपदि; **'at present,'** वर्त्तमाने काले, अधुना, सम्प्रति; **'at first,'** प्रथमतस्, पूर्व्वं; **'at last,'** अनन्तरं, शेषे; **'at least,'** तावत्; **'at all,'** कथञ्चन, मनाक्; **'at the sight,'** आदर्शनात्; **'at ease,'** यथामुखं, मुखेन; **'at large,'** निर्विघ्नं; **'at the price,'** मूल्येन; **'at once,'** युगपत्, एकदा, एककाले.

—'At,' may often be expressed by the indec. part., as, 'at the sight of that,' तद् दृष्ट्वा; or by the loc. c., as, 'at their arrival,' तेषु आगतेषु; or by the abl. c., as. 'at his bidding,' तस्य निदेशात्; or by the instr. c., as, 'at the king's command,' राजाज्ञया.

At-hand, *adv.* उपस्थितः -ता -तं, आसन्नः -न्ना -न्नं; 'to be at hand,' उपस्था (c. 1. -तिष्ठति -ते -स्थातुं), प्रत्युपस्था.

Atheism, *s.* नास्तिकता, नास्तिक्यं, देवनिन्दा, परलोकाभावबुद्धिः.

Atheist, *s.* नास्तिकः, देवनिन्दकः, अनीश्वरवादी *m.* (न्), नास्तिकमते स्थितः.

Atheistical, *a.* (Given to atheism) नास्तिकवृत्तिः -त्तिः, -त्ति, देवनिन्दकः -का -कं.

Athirst, *a.* तृषार्त्तः -र्त्ता -र्त्तं, तृषितः -ता -तं, पिपासुः -सु -सु.

Athlete, *s.* मल्लयोद्धा *m.* (द्धृ), मल्लः, झल्लः.

Athletic, *a.* (Belonging to wrestling) मल्लयुद्धसम्बन्धकः -का -कं.—(Strong) बाहुवीरः -रा -रं, मल्लः -ल्ला -ल्लं, व्यायामी -मिनी -मि (न्), व्यायामशीलः -ला -लं, व्यूढोरस्कः -स्का -स्कं, पृथुशरीरः -रा -रं, बलवान् -वती -वत् (त्).—(Athletic exercise) व्यायामः.

Athwart, *prep.* कोणकोणि, विपरीतं, विलोमं, व्यत्यस्तं, प्रतिकूलं; 'athwart the way,' प्रतिमार्गं; 'athwart the stream,' प्रतिस्रोतस्; 'arthwart the river,' नदीपारं, नदीतीरान्तरं.

Atlantic, *a.* महासमुद्राणां मध्ये य एट्लण्टिकिति अभिधीयते महासमुद्रः.

Atlas, *s.* भूगोलस्य यत् किञ्चिद् देशसमुद्रनगरादि विद्यते तदाकारनामादिमुद्रितः पत्रसमूहः.

Atmosphere, *s.* आकाशः, नभः *n.* (स्), गगणं, अभ्रं, अन्तरीक्षं, वायुवर्त्म *n.*, (न्), विहायसः -सं, मण्डलं, शून्यं, शून्यत्वं, आष्ट्रं.

Atmospherical, *a.* आकाशीयः -या -यं, आन्तरीक्षः -क्षी -क्षं, वायवः -वी -वं, वैहायसः -सी -सं, विहायसीयः -या -यं.

Atom, *s.* परमाणुः *m.*, अणुः *m.*, कणः, लवः, लेशः, कणिका, सूक्ष्मः.

Atomical, *a.* (Consisting of atoms) आणकः -की -कं, अणकः -का -कं, परमाणुमयः -यी -यं.—(Minute) सूक्ष्मः -क्ष्मा -क्ष्मं.—(Relating to atoms) अणुविषयः -या -यं, परमाणुसम्बन्धकः -का -कं.

At-once, एकदा, युगपत्, एकपदे, एककाले.

***To* atone,** *v. a.* (To expiate, answer for) प्रायश्चित्तं कृ, तिष्कृतिं कृ, प्रायश्चित्तेन पापं परिशुध् in caus. (-शोधयति -यितुं), or पापात् मुच् (c. 6 मुञ्चति मोक्तुं); पापक्षमां सिध् in caus. (साधयति -यितुं).—(To reconcile) सन्धा (c. 3. -दध्यति -धातुं), अनुनी (c. 1. -नयति -नेतुं), प्रशम् in caus. (-शमयति -यितुं).

***To* atone,** *v. n.* (To agree) सम्मन् (c. 4. -मन्यते, मन्तुं).—(To stand as an equivalent) प्रायश्चित्तः or प्रतिनिधिः or प्रतिभूः भू.

Atonement, *s.* प्रायश्चित्तं, निष्कृतिः *f.*, पापक्षमासाधनं, पापनाशः, अग्निष्टुत् *f.*—(One who atones) प्रायश्चित्तकारी *m.* (न्), निष्कृतिकर्त्ता *m.* (र्तृ), पापक्षमासाधकः.

Atonic, *a.* अग्निनाशकः -का -कं, अतेजस्वी -स्विनी -स्वि (न्).

Atrabilarious, *a.* कालपित्तसम्पूर्णः -र्णा -र्णं, दुर्मनाः -नाः -नः (स्).

Atramentous, *a.* मसिवर्णः -र्णा -र्णं, कृष्णवर्णः -र्णा -र्णं.

Atrocious, *a.* अतिपापी -पिनी -पि (न्), अतिदोषी -षिणी -षि (न्), अतिपातकी -किनी -कि (न्), अतिपापिष्ठः -ष्ठा -ष्ठं, अत्यन्तदुराचारः -रा -रं, दुर्वृत्तः -त्ता -त्तं, दारुणः -णा -णं.

Atrocity, atrociousness *s.* अतिपातकं, अतिपापं, अतिदोषः, अतिदुष्टता.

Atrophy, *s.* क्षयः, क्षयरोगः, शरीरशोषणं, अग्न्यभावः, अजीर्णता.

***To* attach,** *v. a.* (To fix to one's interests, win over) सञ्ज् in caus. (भञ्जयति -यितुं), अनुरञ्ज् in caus. (-रञ्जयति -यितुं).—(To connect) सम्बन्ध् (c. 9. -बध्नाति -बन्द्धुं).—(To seize) आसेधं कृ; धृ (c. 1. धरति, धर्त्तुं), आक्रम् (c. 1. -क्रामति -क्रमितुं).—(To attribute) आरुह् in caus. (-रोपयति -यितुं).—(To be attached) आसञ्ज् in pass. (-सज्यते), अनुरञ्ज् in pass. (-रज्यते).—(To be connected) सम्बन्ध् in pass (-बध्यते).

Attached, *p. p.* अनुरक्तः -क्ता -क्तं, आसक्तः -क्ता -क्तं, संसंक्तः -क्ता -क्तं, प्रसक्तः -क्ता -क्तं, लग्नः -ग्ना -ग्नं, लगितः -ता -तं, भक्तः -क्ता -क्तं, भक्तिमान् -मती -मत् (त्), अविरक्तः -क्ता -क्तं, संहितः -ता -तं, अनुरागवान् -वती -वत (त्), सानुरागः -गा -गं.

Attachment, *s.* आसक्तिः *f.*, प्रसक्तिः *f.*, अनुरागः, अनुरक्तिः *f.*, रक्तिः *f.*, सङ्गः, आसङ्गः, प्रसङ्गः, भक्तिः *f.*, चित्रासङ्गः, सम्प्रीतिः *f.*, परायणः, तुरायणः.

***To* attack,** *v. a.* आक्रम् (c. 1. -क्रामति, c. 4. -क्राम्यति -क्रमितुं), उपक्रम्, उपाक्रम्, अभिक्रम्; आसद् (c. 10. -सादयति -यितुं), आस्कन्द् (c. 1. -स्कन्दति -स्कन्तुं); आयुध् (c. 4. -युध्यते -योद्धुं), प्रतियुध्, युध् in caus. (योधयति -यितुं), अभिद्रु (c. 1. -द्रवति -द्रोतुं), उपद्रु, समाद्रु, अभिधाव् (c. 1. -धावति -ते -धावितुं), अभिप्रया (c. 2. -याति -यातुं).

Attack, *s.* अभियोगः, अभिग्रहः, अभिक्रमः, आक्रमः, अवस्कन्दः,

Attacked 44 Attentively

अभिमर्द:.

Attacked, ***p. p.*** अभियुक्त: -क्ता -क्तं, आक्रान्त: -ता -न्तं, आसादित: -ता -तं.

To **attain,** ***v. a.*** प्राप् (**c. 5.** -आप्नोति -आप्तुं), सम्प्राप्; लभ् (**c. 1.** लभते, लब्धुं), गम् (**c. 1.** गच्छति, गन्तुं), **with acc.** अधिगम्; या (**c. 2.** याति, यातुं), आया; इ (**c. 2.** एति, एतुं), अभी (अभ्येति); ऋ (**c. 1.** ऋच्छति, अर्तुं), अश् (**c. 5.** अश्नुते, अशितुं), उपाश्, समश्; स्पृश् (**c. 6.** स्पृशति, स्प्रष्टुं), आविश् (**c. 6.** -विशति -वेष्टुं).

Attainable, ***a.*** प्राप्य: -प्या -प्यं, प्रापणीय: -या -यं, गम्य: -म्या: -म्यं, लभ्य: -भ्या -भ्यं, समासाद्य: -द्या -द्यं, सुलभ: -भा -भं, साध्य: -ध्या -ध्यं.

Attainder, ***s.*** **(The conviction of a crime)** आधर्षणं.—**(Taint, sully of character)** कलङ्क, अपयश: ***n.*** (स्), अपकीर्ति: ***f.***

Attained, ***p. p.*** प्राप्त: -प्ता -प्तं, लब्ध: -ब्धा-ब्धं, अधिगत: -ता -तं,

Attainment, ***s.*** लाभ:, लब्धि: ***f.,*** प्राप्ति: ***f.,*** अवाप्ति: ***f.,*** उत्पत्ति: ***f.,*** अर्ज्जनं, उपार्ज्जनं; **'attainment of knowledge,'** विद्यागम:.

To **attaint,** ***v. a.*** **(To corrupt, disgrace)** दुष् **in caus.** (दुषयति -यितुं), कलङ्क (**nom.** कलङ्कयति -यितुं), कलङ्कं कृ.—**(To convict)** आधृष् (**c. 10.** -धर्षयति -यितुं), आधषर्णं कृ.

Attainted, ***p. p.*** **(Convicted)** आधर्षित: -ता -तं.—**(Corrupted)** दूषित: -ता -तं.

To **attemper,** ***v. a.*** **(To mingle in just proportions)** यथांशतस् मिश्र् (**c. 10.** मिश्रयति -यितुं) **or** संयुज् **in caus.** (-योजयति -यितुं); द्रवीकृ.—**(To soften, mollify)** शम् **in caus.** (शमयति -यितुं), म्रद (**nom.** म्रदयति -यितुं), स्निग्धीकृ.—**(To regulate)** नियम् (**c. 1.** -यच्छति -यन्तुं).

To **attempt,** ***v. a.*** **(To try)** यत् (**c. 1.** यतते, यतितुं), उपक्रम् (**c. 1.** -क्रमते -क्रमितुं), आरभ् (**c. 1.** -रभते -रब्धुं), समारभ्; उद्यम् (**c. 1.** -यच्छति -यन्तुं), प्रवृत् (**c. 1.** -वर्त्तते, -वर्त्तितुं), घट् (**c. 1.** घटते, घटितुं), व्यवसो (**c. 4.** -स्यति -सातुं), चेष्ट् (**c. 1.** चेष्टते, चेष्टितुं), उद्योगं कृ.—**(To attack)** आक्रम् (**c. 1.** -क्रामति, **c. 4.** -क्राम्यति, -क्रमितुं).

Attempt, ***s.*** समुद्यम:, उद्यम:, आरम्भ:, उपक्रम:, उद्योग:, प्रवृत्ति: ***f.,*** चेष्टा, ग्रह:, साधनं, व्यापार:.—**(Attack)** आक्रम:.

Attempted, ***p. p.*** आरब्ध: -ब्धा -ब्धं, अध्यवसायित: -ता -तं, समुद्यत: -ता -तं.

Attempter, ***s.*** आरम्भक:, प्रवर्त्तक:, उपक्रमिता ***m.*** (तृ), आक्रामक:.

To **attend,** ***v. a.*** **(To listen to)** श्रु (**c. 5.** शृणोति, श्रोतुं), आश्रु, उपश्रु; आकर्ण् (**c. 10.** -कर्णयति -यितुं).—**(To fix the attention upon)** अवधा (**c. 3.** -धत्ते -धातुं), प्रणिधा, समाधा; मने युज् (**c. 7.** युनक्ति, योक्तुं), सेव् (**c. 1.** सेवते, सेवितुं).—**(To wait upon)** श्रु **in desid.** (शुश्रूषते, शुश्रूषितुं), आश्रु, प्रतिश्रु; सेव्, उपसेव्; उपस्था (**c. 1.** -तिष्ठति -ते -स्थातुं), पर्युपस्था उपचर् (**c. 1.** -चरति -चरितुं), परिचर्, उपाचर्; परिविश् (**c. 6.** -विशति -वेष्टुं), उपास् (**c. 2.** -आस्ते -आसितुं).—**(To accompany)** अनुया (**c. 2.** -याति -यातुं), परिवृ **in caus.** (-वारयति -यितुं).—**(To stay for)** प्रतीक्ष् (**c. 1.** -ईक्षते -ईक्षितुं).

To **attend,** ***v. n.*** **(To be attentive)** अवधा **in pass.** (-धीयते); **'let attention be paid,'** अवधीयतां.—**(To dealay)** विलम्ब् (**c. 1.** -लम्बते -लम्बितुं).

Attendance, ***s.*** शुश्रूषा, परिचर्य्या, उपासनं, उपाचार:, सेवा, उपसेवा, अनुगमनं.

Attendant, ***a.*** सहगामी -मिनी -मि (न्), सहचारी -रिणी -रि (न्).

Attendant, ***s.*** सेवक:, परिचर:, सह्चारी ***m.,*** (न्), अनुयायी ***m.*** (न्), अनुसारी ***m.*** (न्), अनुचर:, पारिषद:, परिधिस्थ:.—**(Train of attendants)** परिवार:, परिवर्ह:.—**(Of Śiva)** प्रमथ:.

Attended, ***p. p.*** **(Accompanied)** सहित: -ता -तं, समेत: -ता -तं, परिवारित: -ता -तं, परिवृत: -ता -तं, वृत: -ता -तं, समन्वित: -ता -तं.—**(Attended to)** अनुष्ठित: -ता -तं. **When only two persons are referred to,** द्वितीय **or** सहाय **may be used; as, 'attended by Indrasena,'** इन्द्रसेनद्वितीय: -या -यं **or** इन्द्रसेनसहाय: -या -यं; **'attended by servants,'** सप्रेष्य -ष्या -ष्यं.

Attent, ***a.*** निविष्ट: -ष्टा -ष्टं, अवहित: -ता -तं, आहित: -ता -तं.

Attention, ***s.*** अवधानं, अवधानता, अवेक्षा, अन्ववेक्षा, अपेक्षा, अभिनिवेश:, मनोनिवेश:, मनोनिधानं, मन:प्रवेश:, निविष्टचित्रता, मनोयोग:, आसक्ति: ***f.,*** अनुराग:, अप्रमाद:.—**(To a pursuit)** परायण:, अनुष्ठानं, सेवनं, उपसेवा.—**(To discourse)** कथानुराग:.—**(To one object)** एकाग्रता.

Attentive, ***a.*** सावधान: -ना -नं, अवहित: -ता -तं, दत्तावधान: -ना -नं, कृतावधान: -ना -नं, अभिनिविष्ट: -ष्टा -ष्टं, आसक्त: -क्ता -क्तं, आसक्तचित्त: -त्ता -त्तं, आश्रव: -वा -वं, समाहित: -ता -तं, प्रमादरहित: -ता -तं, यत्नवान् -वती -वत् (त्), प्रसित: -ता -तं, अप्रमत्त: -त्ता -त्तं.—**(Closely attentive)** अनन्यमना: -ना: -न: (स्), एकाग्र: -ग्रा -ग्रं, अनन्यवृत्ति: त्ति: -त्ति, एकतान: -ना -नं, एकायन: -ना -नं.

Attentively, ***adv.*** सावधानं, अवधानात्, अवहितं, मन:प्रवेशेन, प्रमादव्यतिरेकेण.

To **attenuate,** ***v. a.*** क्रश् (**nom.** क्रशयति -यितुं), तनूकृ, क्षि **in caus.** (क्षिपयति -यितुं), श्लक्ष्ण (**nom.** श्लक्ष्णयति -यितुं),

सूक्ष्मीकृ.

Attenuated, *p. p.* कृशः -शा -शं, प्रकृशितः -ता -तं, परिकृशः -शा -शं, तनुः -नुः -न्वी -नु, क्षीणः -णा -णं, शीर्णः र्णा -र्णां, क्षामः -मा -मं.—**(In body)** कृशाङ्गः -ङ्गी -ङ्गं, शुष्काङ्गः -ङ्गी -ङ्गं.

Attenuation, *s.* कार्श्यं, क्षामता, शीर्णता.—**(Of body)** कृशाङ्गत्वं, शरीरशोषणं.

***To* attest, *v. a.* (To ear witness of)** साक्ष्यं **or** साक्षिता दा **(c. 3.** ददाति, दातुं), साक्ष्येण **or** साक्षिणा **or** प्रत्यक्षदर्शनेन प्रमाणं दा, **or** प्रमाणीकृ, **or** दिश् **(c. 6.** दिशति देष्टुं).—**(To call to witness)** आह्वे **(c. 1.** -ह्वयति -ते -ह्वातुं), साक्षिणं कृ.

Attest, attestation, *s.* साक्ष्यं, साक्षिता, प्रमाणं, दृढोक्तिः, प्रत्यक्षप्रमाणं

Attic, *s.* (Upper room) अट्टः, क्षौमः, शिरोगृहं.

***To* attire, *v. a.* (To attire one's self)** वस् **(c. 2.** वस्ते, वसितु).—**(To clothe)** वेष्ट् **(c. 1.** वेष्टते, वेष्टितुं), वस्त्र **(nom.** वस्त्रयति -यितुं), आच्छद् **(c. 10.** -छादयति, -यितुं), संव्ये **(c. 1.** -व्ययति -व्यातुं).—**(To adorn)** परिष्कृ **(c. 8.** -करोति -कर्त्तुं), अलङ् , संस्कृ; भूष् **(c. 10.** भूषयति -यितुं).

Attire, *s.* वस्त्रं, वेशः, परिधानं, परिच्छदः, आभरणं, भूषणं, अम्बरं, संख्यानं, अलङ्कारः, परिष्कारः.

Attired, *p. p.* आच्छादितः -ता -तं, प्रच्छादितः -ता -तं, परिच्छन्नः -न्ना -न्नं, संवीतः -ता -तं, प्रावृतः -ता -तं, अलङ्कृतः -ता -तं, परिष्कृतः -ता -तं.

Attitude, *s.* स्थानं, भावः, अवस्था, स्थितिः ***f.,*** आकारः, रूपं, वृत्तिः ***f.,*** भूमिः ***f.***

Attorney, *s.* परकार्य्यसाधकः, परकार्य्यसम्पादकः, प्रतिपुरुषः, प्रतिहस्तः.

To* attract, *v. a. आकृष **(c. 1.** -कर्षति, **c. 6.** -कृषति -क्रष्टुं), समाकृष्, प्रतिकृष्, समुपकृष; अभिप्रणी **(c. 1.** -णयति -णेतुं).—**(To beguile)** मुह् **in caus.** (मोहयति -यितुं), विमुह्, सम्मुह्; प्रलुभ् **in caus.** (-लोभयति -यितुं), विलुभ्.

Attracted, *p. p.* आकृष्टः -ष्टा -ष्टं, आकर्षितः -ता -तं, प्रलोभितः -ता -तं, विलोभितः -ता -तं, मोहितः -ता -तं.

Attraction, *s.* आकर्षः -र्षणं, आकृष्टिः *f.* सन्निकर्षणं.—**(Allurement)** प्रलोभनं, विलोभः, विलोभनं; **'desire to blend,'** यियविषा.

Attractive, *a.* आकर्षकः -की -कं, कर्षकः -का -कं, मनोहरः -रा -रं, आकर्षणशीलः -ला -लं, चित्रापहारी -रिणी -रि (न्).—**(Beguiling)** मोही -हिनी -हि (न्), प्रलोभकः -का -कं.—**(Winning friends)** मित्रयुः -युः -यु.

Attributable, *a.* आरोपणीयः -या -यं, अध्यारोपणीयः -या -यं, अभिसम्बन्धीयः -या -यं.

***To* attribute, *v. a.* (As an action, quality, etc., to any one)** कर्म्म गुणं वा इत्यादि कस्मिंश्चित् **or** कस्मैचिद् आरुह् **in caus.** (-रोपयति -यितुं), अध्यारुह् **or** अभिसम्बन्ध् **(c. 9.** -बध्नाति -बद्धुं) **or** सम्बन्ध्, **or** दा **(c. 3.** ददाति, दातुं).—**(To attribute a fault)** दोषारोपणं **or** दोषकल्पनं **or** दोषप्रसङ्गं कृ.

Attribute, *s.* गुणः, विशेषः, विशेषणं, संज्ञाविषयः.

Attributive, *a.* वाच्यः -च्या -च्यं, विशेषकः -का -कं, विशेषणः -णा -णं.

Attrition, *s.* (The act of wearing things by rubbing one against another) घर्षणं, सम्मर्द्दः-र्द्दनं, पेषणं, क्षयः, क्षीणत्वं.—**(Grief for sin)** भयमूलः पश्चात्तापः, अनुतापः, सन्तापः.

***To* attune, *v. a.* (To make any thing musical)** सुस्वरं -रा -रां कृ, तालोपेतं -ता -तं कृ.—**(To tune one thing to another)** गीतवादित्रादि तुल्यस्वरं कृ, गीतवादित्रादीनाम् एकतालं कृ, तौर्य्यत्रिकं कृ, नानाध्वनीनां तूर्य्यादीनाम् ऐक्यं कृ.

Auburn, *a.* श्यावः -वा -वं, कपिशः -शा -शं, पाण्डुवर्णः -र्णा -र्णं,

Auction, *s.* वर्द्धमानमूल्येन नानाद्रव्यविक्रयः, घोषणपूर्व्वकं नानाद्रव्यविक्रयः.—**(Auction-room)** द्रव्यविक्रयगृहं.

Auctioneer, *s.* विक्रेता ***m.*** (तृ), विक्रयिकः, विक्रयी ***m.*** (न्), यो घोषणपूर्व्वकं विक्रेयाणि द्रव्याणि विक्रीणाति.

Adacious, *a.* प्रगल्भः -ल्भा -ल्भं, गल्भः -ल्भा -ल्भं, धृष्टः -ष्टा -ष्टं, साहसिकः -की -कं, निर्लज्जः -ज्जा -ज्जं, प्रतिभानवान् -वती -वत् (त्), निर्भयः -या -यं; **'to be audacious,'** धृष् **(c. 5.** धृष्णोति, धर्षितुं).

Audaciously, *adv.* प्रगल्भं, साहसेन, निर्भयं, धाष्ट्र्येन, लज्जां विना.

Audaciousness, audacity, *s.* प्रगल्भता, धाष्ट्र्य ँ, धृष्टता, साहसं, निर्लज्जत्वं, प्रतिभानं.

Audible, *a.* आव्यः -व्या -व्यं, श्रोतव्यः -व्या -व्यं, कर्णगोचरः -रा -रं, कर्णश्रवः -वा -वं, आवणार्हः -र्हा -र्हं, श्रवणयोग्यः -ग्या -ग्यं, श्रोत्रग्राह्यः -ह्या -ह्यं.

Audibly, *adv.* श्राव्यप्रकारेण, कर्णगोचरं.

Audience, *s.* (The act of hearing) श्रवणं, आकर्णनं, निशमनं.—**(Liberty of speaking to or seeing a superior)** राजदर्शनं, दर्शनं; **'he is come begging an audience,'** दर्शनार्थम् आगतोऽस्ति.—**(An auditory, hearers)** श्रोतारः ***m. pl.,*** (तृ), सभा, सभासदः ***m. pl.,*** सदः ***n.*** (स्), परिषद् ***f.,*** प्रेक्षकाः ***m. pl.***—**(Audience-chamber)** दर्शनशाला, दर्शनगृहं.

Audit, *s.* गणितशोधनं, गणितशुद्धीकरणं, गुणनी, विगणनं, अनुसन्धानं, अनुयोगः, परीक्षणं.

To **audit,** ***v. a.*** गणितानि शुध् **in caus.** (शोधयति -यितुं), **or** शुद्धीकृ **or** अनुसन्धा **(c. 3.** -दधाति -धत्ते -धातुं), **or** अनुयुज् **(c. 7.** -युनक्ति -योक्तुं) **or** परीक्ष् **(c. 1.** -ईक्षते -ईक्षितुं); गुणनीं कृ, विगणनं कृ.

Audited, ***p. p.*** शुद्धी कृतः -ता -तं, शोधितः -ता -तं, विगणितः -ता -तं.

Auditor, ***s.*** श्रोता ***m.*** (तृ).—**(One employed to take an account)** गणितशोधकः, अनुसन्धायी ***m.*** (न्), गुणकः.

Auditory, ***s.*** **(A collection of hearers)** श्रोतारः ***m. pl.,*** सभासदः ***m. pl.,*** सभा, सदः ***n.*** (स्), परिषद् ***f.,***—**(A lecture room)** पाठशाला, श्रवणशाला.

Auger, ***s.*** आस्फोटनी, वेधनिका, आविधः.

Aught, ***s.*** किञ्चित्, किमपि, किञ्चन.

To **augment,** ***v. a.*** वृध् **in caus.** (वर्धयति -यितुं), संवृध्, परिवृध्; एध् **in caus.** (एधयति यितुं), समेध्; प्रचुरीकृ; आप्यै **in caus.** (-प्याययति -यितुं), समाप्यै.

To **Augment,** ***v. n.*** वृध् **(c. 1.** वर्धते, वर्धितुं), अभिवृध्, प्रवृध्, विवृध्; ऋध् **(c. 5.** ऋध्नोति, **c. 4** ऋध्यति, अर्धितुं), समृध्; उपचि **in pass.** (-चीयते), प्यै **(c. 1.** प्यायते, प्यातुं), वृंह् **in caus.** (वृंहयति -यितुं), उपवृंह्, समुपवृंह्.

Augment, ***s.*** वृद्धिः ***f.***—**(In grammar)** आप्तोक्तिः ***f.***

Augmentation, ***s.*** **(The act)** वर्द्धनं.—**(The state)** वृद्धिः ***f.,*** विवृद्धिः ***f.,*** ऋद्धि ***f.,*** उपचयः, उन्नतिः ***f.,*** समुन्नतिः ***f.***

Augmented, ***p. p.*** संवर्द्धितः -ता -तं, वृद्धः -द्धा -द्ध, प्रवृद्धः -द्धा -द्धं, उपचितः -ता -तं, प्रचुरीकृतः -ता -तं, समेधितः -ता -तं.

Augur, ***s.*** शकुनपरीक्षकः, अजन्यज्ञः, पूर्व्वचिह्ननिरीक्षकः, पूर्व्वलक्षणज्ञः, पक्षिगतिहस्तरेखादिलक्षणात् शुभाशुभदर्शकः, भूकम्पाद्युत्पातपक्षिगतिचक्षुःस्पन्दादिनिमित्तफलकथकः.

To **augur,** ***v. n.*** भूकम्पाद्युत्पातपक्षिगतिचक्षुःस्पन्दादिनिमित्त-फलकथनेन शुभाशुभं **or** मङ्गलामङ्गलं **or** अद्यश्वीनं प्रदृश् **in caus.** (-दर्शयति -यितुं); शत्रु नाति **or** पूर्व्वलिङ्गानि परीक्ष् **(c. 1.** -ईक्षते -ईक्षितुं).—**(To conjecture)** अनुमा **(c. 2.** -माति -मातुं), शङ्क् **(c. 1.** शङ्कते, शङ्कितुं).

Augured, ***p. p.*** **(Foreshewn)** प्रदर्शितः -ता -तं.—**(Inferred)** अनुमितः -ता -तं.

Augury, ***s.*** **(The act of prognosticating)** पक्षिगतिहस्त-रेखाचक्षुःस्पन्दादिलक्षणात् शुभाशुभदर्शनं **or** भविष्यदनुमानं, शकुनपरीक्षणं, पूर्व्वलक्षणज्ञानं.—**(An omen)** शकुनं, अजन्यं, पूर्व्वचिह्नं, पूर्व्वलक्षणं.

August, ***a.*** ऐश्वरः -री -रं, ऐशिकः -की -कं, प्रतापवान् -वती -वत् (त). महामहिमा -मा -म (न्), अत्युत्कृष्टः -ष्टा -ष्टं, अतिमहान् -हती -हत् (त्), राजयोग्यः -ग्या -ग्यं.

August, ***s.*** श्रावणः, नभाः ***m.*** (स्), भाद्रः, नभस्यः, प्रोष्ठपदः.

Augustness, ***s.*** महाप्रतापः, अतिमहत्त्वं, अत्युत्कृष्टता, प्रतापः.

Aunt, ***s.*** **(By the mother's side)** मातुली, -ला, -लानी.—**(Father's sister)** पितृस्वसा ***f.*** (सृ).

Auricle, ***s.*** **(The external ear)** कर्णशष्कुली ***f.,*** कर्णवहिर्भागः.—**(Of the heart)** हृद्रक्तधृत् कर्णाकारः कोषः.

Auricular, ***a.*** **(Relating to the ear)** कार्णः-र्णी -र्णं, कार्णिकः -की -कं. श्रावणः -णी -णं, श्रौतः -ती -तं.—**(Told in the ear, secret)** उपकर्णं **or** कर्णे जपितः -ता -तं. **or** जप्यः -प्या -प्यं, सुगुप्तः -प्ता -प्तं. **(Within the sense of hearing)** कर्णगोचरः -रा -रं.

Aurora, ***s.*** **(The dawn)** अरुणः, दिवसमुखं, अहर्मुखं, उषः, पूर्व्वसन्ध्या.

Auspice, ***s.*** **(An omen drawn from birds)** शकुनं, निमित्तं, पक्षिगतिप्रयुक्तं पूर्व्वलक्षणं, पूर्व्वचिह्नं.—**(Favour, protection)** आश्रयः, अनुग्रहः.

Auspicious, ***a.*** शुभः -भा -भं, कल्याणः -णी -णं, शङ्करः -री -रं, शिवङ्करः -रा -रं, भद्रः -द्रा -द्रं, मङ्गल्यः -ल्या -ल्यं, माङ्गलिकः -की -कं, शर्म्मवान् -वती -वत् (त्), शुभङ्करः -रा -रं, क्षेमकरः, -रा -रं, तिष्यः -ष्या -ष्यं.—**(Prosperous)** सौभाग्यवान् -वती -वत् (त्), श्रीयुक्तः -क्ता -क्तं, क्षेमवान् -वती -वत् (त्).—**(Favourable)** प्रसन्नः -न्ना -न्नं, अनुग्राही -हिणी -हि (न्); **'an auspicious moment,'** शुभलग्नः, लग्नवेला.

Auspiciously, ***adv.*** दिष्ट्या, शुभलग्ने, शुभक्षणे, सौभाग्येन, कौशल्येन, क्षेमेण.

Auspiciousness, ***s.*** कल्याणं, मङ्गलं, माङ्गल्यं, कौशल्यं, क्षेमः.

Austere, ***a.*** निष्ठुरः -रा -रं, कर्कशः -शा -शं, कठिनः -ना -नं, उग्रः -ग्रा -ग्रं, कटुमतिः -तिः -ति, कठोरः -रा -रं, निर्दयः -या -यं.—**(In taste)** शुक्तः -क्ता -क्तं.

Austerely, ***adv.*** निष्ठुरं, काठिन्येन, कठोरं, नैष्ठुर्य्येण, उग्रं.

Austereness, Austerity, ***s.*** **(Severity)** कार्कश्यं, काठिन्यं, कठिनता, उग्रता, निष्ठुरता, नैष्ठुर्य्यं, कठोरता,, कटुता.—**(Penance)** तपः ***n.*** (स्), कृच्छ्रं; **'patient of austerities,'** तपःक्लेशसहः; **'to practice austerities,'** तप् **in pass.** (तप्यते), सन्तप्; तपस्य् **(nom.** तपस्यति).

Austral, ***a.*** **(Southern)** दक्षिणः -णा -णं, अपाचीनः -ना -नं.

Authentical, authentic, ***a.*** सिद्धप्रमाणः -णा -णं, अखण्डप्रमाणः -णा -णं, प्रामाणिकः -की -कं, प्रमाणयुक्तः -क्ता -क्तं, आप्तः -प्ता -प्तं.—**(Real, genuine)** वास्तवः -वी -वं, वास्तविकः की -कं, निर्व्यलीकः, -का -कं, निर्व्याजः -जा -जं, अकृत्रिमः -मा -मं, अकल्पितः -ता -तं, मूलिकः -की -कं, सारः -रा -रं, तथ्यः -थ्या, -थ्यं, सत्यः -त्या -त्यं.

Authentically, ***adv.*** प्रमाणतस् ***ind.,*** प्रमाणानुरूपेण, वस्तुतस्, तत्त्वतस्, निर्व्यलीकं, सारतस्.

To **authenticate,** ***v. a.*** प्रमाणीकृ, प्रमाण **(nom.** प्रमाणयति -यितुं), सत्याकृ.

Authenticity, ***s.*** प्रामाण्यं, प्रमाणत्वं, वास्तवता, निर्व्यलीकता, अकृत्रिमता, मौलता, सारता, सत्यता.

Author, ***s.*** **(The first beginner of any thing)** प्रयोजकः, प्रवर्त्तकः, आरम्भकः आदिकर्त्ता ***m.*** (र्त्तृ).—**(The effector)** साधकः, उत्पादकः, सम्पादकः, जनकः, कर्त्ता ***m.*** (र्त्तृ), कारकः, निर्व्वाहकः.—**(A writer)** निबन्धा ***m.*** (न्धृ), ग्रन्थकारः, ग्रन्थकर्त्ता ***m.*** (र्त्तृ), रचकः.

To **authorise,** ***v. a.*** **(To establish by authority)** प्रमाणीकृ, प्रमाणेन सिद्धीकृ **or** स्थिरीकृ **or** संस्था **in caus.** (-स्थापयति -यितुं), सप्रमाणं -णां -णं कृ, प्रमाणवन्तं -वर्ती -वत् कृ. —**(To give authority to any one)** नियुज् **(c. 7.** -युनक्ति -युंक्ते -योक्तुं, **c. 10.** -योजयति -यितुं), अधिकारित्वं दा **(c. 3.** ददाति, दातुं).—**(To permit)** अनुज्ञा **(c. 9.** -जानाति -नीते -ज्ञातुं), अनुमन् **(c. 4.** -मन्यते -मन्तुं).

Authorised, ***p. p.*** प्रमाणीकृतः -ता -तं, सप्रमाणः -णा -णं, नियुक्तः -क्ता -क्तं, अधिकृतः -ता -तं, नियोगी -गिनी -गि (न्), विधीयमानः -ना -नं.—**(Permitted)** अनुज्ञातः -ता -तं, अनुमतः -ता -तं.

Authoritative, ***a.*** प्रामाणिकः -की -कं, प्रमाणधारी -रिणी -रि (न्), वैधिकः -की -कं, आचारिकः -की -कं, शासनानुरूपः -पा -पं.

Authoritatively, ***adv.*** प्रमाणतस् ***ind.,*** प्रमाणानुसारेण, विधिवत्, आचारानुरूपं, शासनात्.

Authority, ***s.*** **(Weight of testimony credit)** प्रमाणं, प्रामाण्यं. —**(Power, influence, control)** शक्तिः ***f.,*** प्रभावः, वशं. —**(Dominion)** ऐश्वर्य्यं, राज्यं, प्रभुत्वं.—**(Weight)** गुरुत्वं, गौरवं.—**(Credibility)** श्रद्धेयता.—**(Legal power, title)** अधिकारित्वं, अधिकारः, आधिपत्यं, नियोगः, कर्त्तृत्वं, प्रभुत्वं. —**(A received text)** आप्तवचनं, निदर्शनं.—**(Testimony)** साक्ष्यं.—**(A person invested with legal powers)** अधिकारी ***m.*** (न्), नियोगी ***m.*** (न्), प्रभुः ***m.***—**(An authority, a guide)** निर्देष्टा ***m.*** (ष्टृ); **'of little authority,'** अल्पप्रमाणः -णा -णं, अल्पप्रभावः -वा -वं; **'by his authority,'** तस्य आज्ञया.

Authorship, ***s.*** निबन्धृत्वं, ग्रन्थकर्त्तृत्वं, कर्त्तृत्वं.

Auto-biography, ***s.*** आत्मवृत्तान्तरचनं, आत्मचरित्ररचनं.

Autocrasy, ***s.*** साम्राज्यं, आधिराज्यं, राजाधिराज्यं, स्वाधिपत्यं, स्वाधीनता.

Autocrat, ***a.*** सम्राट् ***m.*** (ज्), अधिराजः, राजाधिराजः.

Autocratical, ***a.*** साम्राज्ययोग्यः -ग्या -ग्यं, स्वाधीनः -ना -नं.

Autograph, ***s.*** स्वहस्तलिखितं, स्वहस्ताक्षरं, स्वहस्तलेखः, स्वहस्तलिपिः ***f.***

Automaton, ***s.*** स्वयं चलति यद् यन्त्रं, स्वयञ्जङ्गमा मूर्त्तिः.

Autumn, ***s.*** शरद ***f.,*** शरदा, शरत्कालं, श्रावणावधिः ***m.,*** वर्षावसानः.

Autumnal, ***a.*** शरत्कालीनः -ना -नं, शारदीयः -या -यं, शारदः -दी -दं, शारदी -दिनी -दि (न्).—**(Produced in autumn)** शरदिजः -जा -जं. शरदुद्भवः -वा -वं.

Auxiliary, ***s.*** सहायः, सहकारी ***m.*** (न्), उपकारकः, उपकारी ***m.*** (न्), उत्तरसाधकः.

Auxiliary, ***a.*** उपकारकः -का -कं **or** -री -रिणी -रि (न्), सहकारी -रिणी -रि (न्), उत्तरसाधक -का -कं. —**(Auxiliary verb)** गौणक्रिया.

To **avail,** ***v. a.*** **(To assirt)** उपकृ **(c. 8.** -करोति -कर्त्तुं), हितं कृ, साहाय्यं कृ, अनुग्रह् **(c. 9.** -गृह्णाति -ग्रहीतुं).—**(To avail one's self of)** प्रयुज् **(c. 7.** -युनक्ति -युंक्ते -योक्तुं), उपयुज्.

To **avail,** ***v. n.*** **(To be of use)** सोपकारः -रा -रं **or** सफलः -ला -लं भू **or** अस्, हिताय **or** फलाय **or** लाभाय भू.

Avail, ***s.*** **(Use)** प्रयोजनं, उपयोगः.—**(Profit)** फलं, हितं, लाभः, साफल्यं, अर्थः.—**(Aid)** उपकारः.

Available, ***a.*** **(To be used)** प्रयोज्यः -ज्या -ज्यं, उपयोजनीयः -या -यं, प्रयोगी -गिनी -गि (न्).—**(Profitable)** सफलः -ला -लं, अर्थकरः -री -रं.

Avant-guard, ***s.*** सेनामुखं, ध्वजिनीमुखं, रणमूर्द्धा ***m.*** (न्), नासीरं, अग्रव्यूहः, प्रथमपङ्क्तिः ***f.***

Avarice, ***s.*** लोभः, अतिकाङ्क्षा, लालसा, जिघृक्षा.—**(Desire of wealth)** अर्थकामः, वित्तेहा, धनतृष्णा, धनलोभः.

Avaricious, ***a.*** लोभी -भिनी -भि (न्), लुब्धः -ब्धा -ब्धं, लोभवान् -वती -वत् (त्), कृपणः -णा -णं, अर्थपरः -रा -रं, अर्थलुब्धः -ब्धा -ब्धं, धनलुब्धः -ब्धा -ब्धं, धनार्थी -र्थिनी -र्थि (न्), लिप्सुः -प्सुः -प्सु, मितम्यचः -चा -चं.

Avariciousness, ***s.*** कृपणत्वं, कार्पण्यं, लुब्धता, धनलुब्धता, अतिलोभः.

Avariciously, ***adv.*** लोभेन, लोभात्, सलोभं, कार्पण्येन, कृपणं, अतिकाङ्क्षया.

Avaunt, ***interj.*** अपैहि, अपसर, दूरम् अपसर.

To **avenge,** ***v. a.*** प्रतिकृ **(c. 8.** -करोति -कुरुते -कर्त्तुं), परिष्कृ, प्रतिहिंस् **(c. 1.** -हिंसति, **c. 7.** हिनस्ति -हिंसितुं), प्रतीकारं **or** प्रतिहिंसा कृ.—**(To punish)** दण्ड **(c. 10** दण्डयति -यितुं). —**(To wipe out a grudge)** वैरं शुध् **in caus.** (शोधयति -यितुं).

Avenged, ***p. p.*** प्रतिकृतः -ता -तं, प्रतिहिंसितः -ता -तं, प्रतिहतः

-ता -तं, निर्यातितः -ता -तं.—**(Wiped out as a grudge)** शोधितः -ता -तं.—**(Punished)** दण्डितः -ता -तं.

Avengement, *s.* प्रतीकारः, प्रतिक्रिया, प्रतिहिंसा, निर्यातनं, वैरशुद्धिः ***f.***

Avenger, *s.* प्रतिहिंसकः, प्रतिहन्ता ***m.*** (न्तृ), प्रतीकारकर्त्ता ***m.*** (र्त्तृ) वैरशोधकः.

Avenue, *s.* (An approach) पथः, आगमः, द्वारं.—**(An alley of trees)** तरुपंक्तिः ***f.***, मार्गे उभयतो रोपिता वृक्षश्रेणी.

To aver, *v. a.* शपथेन **or** दिव्येन **or** दाढर्य्येन वद् **(c. 1.** वदति, वदितुं).

Average, *s.* (Mean proportion) मध्यस्थता, मध्यत्वं, मध्यं, मध्यमावस्था, समं.

Averment, *s.* दृढवाक्यं, दृढवचनं, दृढोक्तिः ***f.***, स्थिरवचनं.

Averse, *s.* विरक्तः -क्ता -क्तं, प्रतिकूलः -ला -लं, विपरीतः -ता -तं, विमतः -ता -तं, विमनीभूतः -ता -तं, द्वेषी -षिणी -षि (न्), वैरी -रिणी -रि (न्). —**(To be averse)** विरञ्ज् **in pass.** (-रज्यते), अपावृत् **(c. 1.** -वर्त्तते, -वर्त्तितुं), प्रतीप **(nom.** प्रतीपायते).—**(Averting the face)** पराङ्मुखः -खी -खं, विमुखः -खी -खं.

Aversely, *adv.* निष्कामं, प्रतिकूलं, विपरीतं, विरक्तं, विरक्तया.

Averseness, aversion, *s.* वैरक्त्यं विरक्तिः ***f.***, निग्रहः, प्रतिकूलता, विमतिः ***f.***, पराङ्मुखता, वैमुख्यं, वैपरीत्यं, अप्रियता, अप्रीतिः ***f.***, द्वेष्यता: **'aversion to business.'** कार्य्यप्रद्वेषः.

To* avert, *v. a. अपवृत् **in caus.** (-वर्त्तयति -यितुं), व्यावृत्, निवृत्, विनिवृत्, निवृ **in caus.** (-वारयति -यितुं), प्रतिवृ, अपानुद् **(c. 6.** -नुदति -नोत्तुं), व्यपानुद्, विमुखीकृ.

Averted, *p. p.* (Having the face averted) पराङ्मुखः -खी -खं, विमुखः -खी -खं, विमुखीकृतः -ता -तं, विमुखी -खिनी -खि (न्), पराचीनः -ना -नं.—**(Kept off)** निवारितः -ता -तं, व्यावृत्तः -त्ता -त्तं.

Aviary, *s.* विटङ्कः, पञ्जरं, पिञ्जरं, वीतंसः, कपोतपालिका, पक्षिशाला, कुलायिका.

Avidity, *s.* अतिक्षुधा, गृध्रता, गर्द्धः, अतिस्पृहा, कौतूहलं, लालसा, अतिलोभः.

Avocation, *s.* (Calling aside, withdrawing) अपकर्षणं, आकर्षः, अपहरणं.—**(Business that calls aside)** कार्य्यं, कर्म्म ***n.*** (न्), विकर्म्म ***n.*** (न्), व्यापारः, व्यवसायः.

To* avoid, *v. a. वृज् **in caus.** (वर्जयति -यितुं), परिवृज्, विवृज्; परिहृ **(c. 1.** -हरति -ते -हर्त्तुं); प्रोज्झ् **(c. 6.** -उज्झति -उज्झितुं); हा **(c. 3.** जहाति, हातुं), त्यज् **(c. 1.** त्यजति, त्यक्तुं).

Avoidable, *a.* (To be avoided) परिहरणीयः -या -यं, परिहर्त्तव्यः -व्या -व्यं, परित्याज्यः -ज्या -ज्यं, हेयः -या -यं, हातव्यः -व्या -व्यं, त्याज्यः -ज्या -ज्यं.

Avoidance, *s.* त्यागः परित्यागः, परिहारः, परिहरणं, प्रतिहरणं, वर्जनं, प्रोज्झनं.

Avoided, *p. p.* परिहृतः -ता -तं, त्यक्तः -क्ता -क्तं, परित्यक्तः -क्ता -क्तं, विवर्जितः -ता -तं, प्रोज्झितः -ता -तं.

***To* avouch, *v. a.* (To affirm)** दाढर्य्येन **or** स्थैर्य्येण **or** शपथेन वद् **(c. 1.** वदति, वदितुं).—**(To vindicate, assert any thing in favour of another)** परार्थं प्रतिवद्.

***To* avow, *v. a.* (To confess)** स्वी, अङ्गीकृ, ऊरीकृ, अनुभाष् **(c. 1.** -भाषते -भाषितुं).—**(To declare openly)** प्रकाशं **or** व्यक्तं वद् **(c. 1.** वदति, वदितुं).

Avowed, *p. p.* स्वीकृतः -ता -तं, अङ्गीकृतः -ता -तं, व्यक्तोदितः -ता -तं.

Avowedly, *adv.* प्रकाशं, व्यक्तं, प्रकटं, अगूढं.

To* await, *v. a. अपेक्ष् **(c. 1.** -ईक्षते -ईक्षितुं), उदीक्ष्, प्रतीक्ष्; प्रतिपाल् **(c. 10.** -पालयति -यितुं), उद्दृश् **(c. 1.** -पश्यति -द्रष्टुं), अपेक्षां कृ.

To* awake, awaken, *v. a. जागृ **in caus.** (जागरयति -यितुं), बुध् **in caus.** (बोधयति -यितुं), प्रबुध्, प्रतिबुध्, विबुध्; निद्रां भञ्ज् **(c. 7.** भनक्ति भंक्तुं), निद्राभङ्गं कृ.—**(To incite)** उत्था **in caus.** (-थापयति -यितुं), उत्सह् **in caus.** (-साहयति -यितुं), प्रोत्सह्; उत्तिज् **(c. 10.** -तेजयति -यितुं).

To* awake, *v. n. जागृ **(c. 2.** जागर्त्ति, जागरितुं), प्रजागृ; बुध् **(c. 4.** बुध्यते, बोद्धुं), अनुबुध्, प्रबुध्, प्रतिबुध्, विबुध्, प्रतिसम्बुध्.

Awake, *a.* जागरः -रा -रं, प्रबुद्धः -द्धा -द्धं, प्रतिबुद्धः -द्धा -द्धं, विप्रबुद्धः -द्धा -द्धं, प्रजागरः -रा -रं, उन्निद्रः -द्रा -द्रं; **'that which keeps one awake at night,'** रात्रिजागरदः.

Awakened, *p. p.* जागरितः -ता -तं, प्रबोधितः -ता -तं, निद्राभङ्गः -ङ्गा -ङ्गं.

Awakening, *s.* प्रबोधनं, प्रबोधः, निद्राभञ्जनं.

To* award, *v. a. दा **in caus.** (दापयति -यितुं), तीर् **(c. 10.** तीरयति -यितुं).

Award, *s.* (Judgment, sentence) विचारः, निर्णयः, निष्पत्तिः ***f.***, तीरणं, समाधानं, दण्डः, आज्ञा.

Awarded, *p. p.* दापितः- -ता -तं, तीरितः -ता -तं,

Awarder, *s.* विचारकः, निर्णेता ***m.*** (तृ), दापकः.

Aware, *a.* (Excited to consciousness) विज्ञापितः -ता -तं, बोधितः -ता -तं.—**(Knowing)** वेदी-दिनी-दि (न्), ज्ञः -ज्ञा -ज्ञं **in comp.**—**(Vigilant, attentive)** सावधानः -ना -नं, जागरः -रा -रं, -री -रिणी -रि (न्); **'he is aware,'** वेत्ति, जानाति.

Away, *a.* and *adv.*, expressed by the preposition अप.—**(Absent)** परोक्षः -क्षा -क्षं, स्थानान्तरङ्गतः -ता -तं,

अनुपस्थितः -ता -तं, अविद्यमानः -ना -नं.—**(Far away)** दूरस्थः -स्था -स्थं, दूरस्थायी -यिनी -यि (न्).—**(Come along)** यातु.—**(Begone!)** अपैहि, अपसर, हूम्; **'away with this fear,'** अलम् अनया शङ्कया.

Awe, ***s.*** आदरः, सम्भ्रमः, विस्मयः, त्रासः, आतङ्कः, आदरप्रयुक्तं भयं.—**(To stand in awe of)** भी **(c. 3.** बिभेति, भेतुं), त्रस् **(c. 4.** त्रस्यति, त्रसितुं) **with abl.,** आदृ **(c. 6.** -द्रियते) **with acc.**

To **awe,** ***v. a.*** **(To strike terror into)** भी **in caus.** (भाययति **or** भीषयति -यितुं), त्रस् **in caus.** (त्रासयति -यितुं), व्याकुलीकृ, आकुलीकृ, सम्भ्रमेण उपहन् **(c. 2.** -हन्ति -हन्तुं).

Awe-struck, ***a.*** सम्भ्रान्तः -न्ता -तं, विस्मयाकुलः -ला -लं, भयविप्लुतः -ता -तं.

Awful, ***a.*** घोरः -रा -रं, दारुणः -णा -णं, भैरवः -वा -वं, भीषणः -णा -णं, भयङ्करः -रा -रं, भयानकः -का -कं.—**(Worshipful)** आदरणीयः -या -यं, आदृत्यः -त्या -त्यं, पूज्यः -ज्या -ज्यं.

Awfully, ***adv.*** दारुणं, घोरं, यथासम्भ्रम उत्पद्यते तथा.

Awfulness, ***s.*** घोरता, दारुणता, भीषणं, भैरवं, भीष्मं.

Awhile, ***adv.*** कियत्कालं, किञ्चित्कालं, अल्पकालं, इयत्कालं, मुहूर्त्तं, क्षणं, यत्किञ्चित्समयं.

Awkward, ***a.*** **(Clumsy, unskilful)** अदक्षः -क्षा -क्षं, अनाप्तः -प्ता -प्तं, अपटुः -टुः -टु, अक्षिप्तः -प्रा -प्रं, अविज्ञः -ज्ञा -ज्ञं, अकृती -तिनी -ति (न्).—**(Inelegant)** विरूपः -पी -पं, स्थूलः -ला -लं.

Awkwardly, ***adv.*** अपटु, अदक्षं, अक्षिप्रं, अनाप्तं.

Awkwardness, ***s.*** **(Unskilfulness)** अपाटवं, अपटुता, अदक्षत्वं, अक्षिप्रत्वं.—**(Inelegance)** स्थूलता, वैरूप्यं.

Awl, ***s.*** आरा, चर्म्मप्रभेदिका, आविधः, वेधनिका.

Awn, ***s.*** **(A beard of corn)** शूकः -कं, शस्यशूकं, किंशारुः ***m.***

Awning, ***s.*** वितानं, वितानकं, आच्छादनं, उल्लोचः.

Awry, ***adv.*** तिरस्, साचि, तिर्य्यक्, कुटिलं, जिह्मं, अनृजु.—**(Perversely)** विपरीतं, प्रतिकूलं, विलोमं.

Axe, ***s.*** टङ्कः, कुठारः, परशुः ***m.,*** परश्वधः, छिदिः ***f.,*** वृक्षभिद् ***f.,*** वृक्षभेदी ***m.*** (न्), स्वधितिः ***m.***

Axiom, ***s.*** तत्त्वं, सूत्रं, सिद्धान्तः, आदेशः, वचनं.

Axiomatic, ***a.*** सौत्रः -त्री -त्रं, सिद्धान्ती -न्तिनी -न्ति (न्).

Axis, ***s.*** अक्षः, ध्रुवः मेरुः ***m.***

Axle, axle-tree, ***s.*** अक्षाग्रं, अक्षदन्तः.

Ay, ***adv.*** तथेति, एवं, हूम्, आम्.

Aye, ***adv.*** सर्व्वदा, सदा, नित्यं, नित्यदा, शाश्वतं, अजस्रं, शाश्वतीः समाः.

Azure, ***a.*** नीलः -ला -लं, नीलवर्णः, -र्णा -र्णं, आकाशवर्णः -र्णा -र्णं.

B

To **baa,** ***v. n.*** उ **(c. 1.** अवते, ओतुं), मेषवत् **or** उरभ्रवत् शब्दं कृ.

To **babble,** ***v. n.*** **(To prattle like a child)** बालवत् जल्प् **(c. 1.** जल्पति, जल्पितुं).—**(To talk idly)** जल्प्.—**(To tell secrets)** रहस्यं प्रकाश् **in caus.** (-काशयति -यितुं) **or** विख्या, **in caus.** (-ख्यापयति -यितुं), रहस्यभेदं कृ.

Babble or babbling, ***s.*** जल्पः, जल्पनं, वावदूकता, बालवचनं, आख्यायिका.

Babbler, ***s.*** वाचालः, जल्पकः, उपजल्पी ***m.*** (न्), वाचाटः, जल्पाकः, वावदूकः.

Babe, baby ***s.*** बालः -ला, बालकः, शिशुः ***m.,*** शावकः.—**(At the breast)** स्तनन्धयः, स्तनपाः ***m.*** (पा), क्षीरपः.

Babel, ***s.*** **(Confusion)** सङ्करः, साङ्कर्य्यं, तुमुलं, कोलाहलः, कालकीलः.

Baboon, ***s.*** वानरः, कपिः, मर्कटः, प्लवङ्गः, प्लवगः, शाखामृगः, बलीमुखः.

Babyhood, ***s.*** बाल्यं, बालकत्वं, बालभावः, शैशवं.

Babyish, ***a.*** बालकीयः -या -यं, बालिशः -शा -शं, बालेयः -यी -यं.

Bacchanalian, ***s.*** पानरतः, पानप्रसक्तः, मद्यपीतः, मद्यप्रियः, सम्पीतिरतः.

Bachelor, ***s.*** **(A man unmarried)** अविवाहितः, अकृतदारः, अकृतदारसङ्ग्रहः, अकृतविवाहः.—**(One who takes his first degree)** विद्यालये पूर्व्वपदप्राप्तः.

Back, ***s.*** पृष्ठं, विग्रहावरं; **'to turn the back, avert the face,'** पराङ्मुखः -खी -खं **or** पराचीनः -ना -नं. भू; **'to turn back, away from,'** अपवृत् **(c. 1.** -वर्त्तते -वर्त्तितुं), विनिवृत्, अपावृत्, निवृत्; **'turned back,'** विपरिवर्त्तितः -ता -तं; **'at one's back, behind the back,'** पृष्ठतस्; **'behind one's back, in one's absence,'** परोक्षे.—**(The hinder part)** पृष्ठदेशः, पश्चाद्देशः, पश्चाद्भागः, पृष्ठं, नितम्बः; **'the back of the hand,'** करपृष्ठं.

Back, ***adv.*** **(To the place whence one came) commonly expressed by** प्रति **prefixed; as, 'to go back,'** प्रतिगम्; **'come back,'** प्रत्यावृत्तः -त्ता -त्तं, पुनरागतः -ता -तं.; **'brought back,'** प्रत्यानीतः -ता -तं.—**(Backward from the present station) expressed by** परा, प्रति, **or** पश्चात् **prefixed; as, 'to beat back,'** पराहन्, प्रत्याहन्.—**(Again) expressed by** पुनर्, प्रति, **or** अनु **prefixed; as, 'to give**

back,' प्रतिदा.—(Kept back) निगृहीत: -ता -तं, निवारित: -ता -तं; 'in the back-ground,' दूरस्थ: -स्था -स्थं, निभृते.

To back, *v. a.* (To mount a horse) आरुह् (c. 1. -रोहति -रोढुं), अधिरुह्, समारुह्.—(To support, justify) रक्ष् (c. 1. रक्षति, रक्षितुं), अभिरक्ष्, संरक्ष्; पक्षपातं कृ, उपकृ, अनुग्रह् (c. 9. -गृह्णाति -ग्रहीतुं).—(To impel backwards) पराणुद् (c. 6. -णुदति -णोत्तुं), विपरीतं प्रणुद्.

To back, *v. n.* (To go backwards) अपक्रम् (c. 1. -क्रामति, c. 4. -क्राम्यति, -क्रमितुं), व्यपक्रम्, परावृत् (c. 1. -वर्त्तते -वर्त्तितुं).

To backbite, *v. a.* पृष्ठमांसं खाद् (c. 1. खादति, खादितुं).—(To slander) परिवद् (c. 1. -वदति -ते -वदितुं), अपवद्.

Backbiter, *s.* पृष्ठमांसाद:, परोक्षे अपवादक:, परिवादक:, पिशुन:.

Backbiting, *s.* परिवाद:, अपवाद:, पिशुनवाक्यं.

Backbone, *s.* कशेरुका, पृष्ठवंश:, पृष्ठास्थि *n.*, रीढक:.

Backdoor, *s.* पक्षद्वारं, अन्तर्द्वारं, उपद्वारं, प्रच्छन्नं, पक्षक:, खडक्किका.

Backgammon, *s.* चर्म्मपट्टिकाक्रीडा.—(Backgammon-board) चर्म्मपट्टिका, अष्टापदं, बध्न:.

Backroom, *s.* अन्तर्गृहं, अन्त:शाला, उपरोधकं, उपशाला.

Backside, *s.* (The hinder part of any thing) पृष्ठदेश:, पश्चाद्देश:, पश्चाद्भाग: अधोदेश:.—(The hinder part of any animal) नितम्ब:, पृष्टं.

To backslide, *v. n.* स्वधर्म्मात् परिभ्रंश् (c. 4. -भ्रश्यति -भ्रंशितुं) or च्यु (c. 1. च्यवते, च्योतुं), स्वधर्म्मं त्यज् (c. 1. त्यजति, त्यक्तुं).

Backslider, *s.* धर्म्मच्युत:, धर्म्मभ्रष्ट:, स्वधर्म्मत्यागी *m.* (न्), उन्मार्गगामी *m.* (न्), अन्यशाखक:.

Backstairs, *s.* उपसोपानं, अन्त:सोपानं, पक्षसोपानं, प्रच्छन्नसोपानं.

Backward or Backwards, *adv.* Expressed by परा or प्रति prefixed; पश्चात्, प्रतीपं, विपरीतं, अवकटं; 'to walk backwards and forwards,' गतागतानि or प्रतिगतागतं or गमनागमने or यातायातं कृ.

Backward, *a.* (Unwilling) प्रतीप: -पा -पं, अनिच्छ: -च्छा -च्छं, असम्मत: -ता -तं, अनिच्छक: -का -कं.—(Sluggish) मन्द: -न्दा -न्दं, अलस: -सा -सं, विलम्बी -म्बिनी -म्बि (न्).—(Dull of apprehension) मन्दमति: -ति: -ति.—(Late, after its time) अतीतकाल: -ला -लं, अतिक्रान्तकाल: -ला -लं, दीर्घकालीन: -ना -नं, दीर्घपक्व: -क्वा: -क्वं, दीर्घपक्वशील: -ला -लं.

Backwarness, *s.* (Unwillingness) अनिच्छा, अस्वीकार:, असम्मति: *f.*—(Sluggishness) आलस्यं, मान्द्यं, विलम्बत्वं.—(Dulness) मन्दमतिता.—(Lateness) दीर्घकालीनता, अतीतकालत्वं, दीर्घता, दीर्घपक्वता.

Bacon, *s.* वल्लूरं, शूकरस्य शुष्कमांसं

Bad, *a.* (Vicious, corrupt) पाप: -पा -पं, दुष्ट: -ष्टा -ष्टं, अधम: -मा -मं, नीच: -चा -चं, खल: -ला -लं, कुत्सित: -ता -तं, कदर्य्य: -र्य्या -र्य्यं.—(Not good) अभद्र-द्रा -द्रं, असाधु: -धु: -धु, अधार्म्मिक: -की -कं, असार: -रा -रं, असन् -सती -सत् (त्).—(Worthless) निर्गुण: -णा -णं.—(Hurtful, unwholesome) हिंस्र: -स्रा -स्रं, अहित: -ता -तं, अपथ्य: -थ्या -थ्यं, रुजाकर: -रा -रं.—(Sick) रोगी -गिणि -गि (न्), व्याधित: -ता -तं.—(Stick of) आतुर: -रा -रं, आर्त्त: -र्त्ता -र्त्तं in comp.—(Unfortunate) विपन्न: -न्ना -न्नं, दुर्गत: -ता -तं. 'Bad,' as a general word, is often expressed by दुर्, कु, कत्, or sometimes by वि or अप prefixed; as, 'a bad road,' दुरध्व:, कुपथं, कदध्वा *m.* (न्), विमार्ग:; 'a bad man,' दुर्ज्जन:, दुराचार:; 'bad weather,' दुर्द्दिनं; 'bad food,' कदन्नं; 'bad thing,' अपद्रव्यं; 'bad conduct,' दुर्णय:, कुकर्म्म *n.* (न्), अपकर्म्म *n.* (न्); 'bad policy,' अनीति: *f.*

Badge, *s.* चिह्नं, लिङ्गं, व्यञ्जनं, लक्षणं.—(Badge or rank) पदचिह्नं, पदसूचकं चिह्नं.

Badger, *s.* गर्त्तवासी जन्तुविशेष:.

Badinage, *s.* लघुवाक्यं, लघूक्ति: *f.*, हास्यवाक्यं, नर्म्म *n.* (न्), टट्टरी.

Badly, *adv.* दुष्टु, दुष्टं, अभद्रं. Often expressed by दुर्, कु, अप prefixed; as, 'badly managed,' दुर्णीत: -ता -तं. 'badly shaped,' कुरूप: -पी -पं; 'badly-behaved,' दु:शील:, कुशील:; 'badly done,' -ता -तं., अपकृत: -ता -तं.

Badness, *s.* दुष्टता, दौष्ठवं, निर्गुणत्वं, नीचता, अभद्रता, कदर्य्यत्वं.—(Of character) दुरात्मता, दुराचारत्वं.

To baffle, *v. a.* (To make ineffectual) मोघी कृ, निष्फल् (nom. निष्फलयति -यितुं), खण्ड् (c. 10. खण्डयति -यितुं), व्यर्थीकृ, प्रतिहन् (c. 2. -हन्ति -हन्तुं), मुधा कृ, वृथा कृ.—(To defeat) पराभू (c. 1. -भवति -भवितुं), पराजि (c. 1. -जयति -ते -जेतुं).

Baffled, *p. p.* प्रतिहत: -ता -तं, मोघाश: -शा -शं, मनोहत: -ता -तं, प्रतिश्रद्ध: -द्धा -द्धं, भग्नोद्यम: -मा -मं, खण्डित: -ता -तं, खण्डिताशंस: -सा -सं, पराजित: -ता -तं.

Bag, *s.* शाणपुट: -टं, स्यूत:, स्योत:, कोष:, आधार:.

To bag, *v. a.* (To put into a bag) शाणपुटे or स्यूते or कोषे निधा (c. 3. -दधाति -धातुं) or निविश् in caus. (-वेशयति -यितुं). —(To make tumid) श्वि in caus. (श्वाययति

-यितुं).

To **bag,** *v. n.* **(To swell out like a bag)** स्यूतवत् लम्ब् **(c. 1.** लम्बते, लम्बितुं), प्रलम्ब्, **or** पृ **in pass.** (पूर्य्यते) **or** श्वि **(c. 1.** श्वयति, श्वयितुं).

Bagatelle, *s.* स्वल्पविषयः, अल्पमूल्यद्रव्यं, क्षुद्रद्रव्यं, क्षुद्रविषयः.

Baggage, *s.* **(The furniture of an army)** सामग्री -ग्र्यं, भारः, उपकरणं, परिच्छदः—**(A worthless woman)** पुंश्चली *f.*, वेश्या, बन्धकी.

Bagnio, *s.* **(A house for bathing)** स्नानागारं, गात्रमार्ज्जनशाला. —**(A brothel)** वेश्यालयः.

Bail, *s.* **(Security for one's appearance)** दर्शनप्रतिभूः *m.*, दर्शनप्रातिभाव्यं, प्रतिनिधिः *m.*, प्रतिभूः *m.*, प्रातिभाव्यं, पारिभाव्यं, लग्नकः, न्यासः, अन्वाधिः *m.*, बन्धकः, तृणमत्कुणः. — **(The person who gives the security)** प्रतिनिधिः *m.*, प्रतिभूः *m.*, लग्नकदायी *m.*, (न्).

To **bail.** *v. a.* **(To give bail for another)** प्रतिनिधिः **or** प्रतिभूः भू, लग्नकं दा **(c. 3.** ददाति, दातुं).

Bailable, *a.* यो लग्नकं दत्त्वा मोक्तुं शक्यते **or** शक्यः.

Bailiff, *s.* **(An officer who arrests)** आसेद्धा *m.*, (द्धृ), आसेधकर्त्ता *m.*, (र्त्तृ), ग्राहकः, यष्टिधरः, दण्डनायकः.—**(A steward)** कार्य्याधीशः.

Bailment, *s.* आक्षेपः.

Bairn, *s.* बालः, बालकः, शिशुः *m.*

To **bait,** *v. a.* **(To put meat on a hook to tempt animals)** मत्स्यादिग्रहणार्थं वडिशे आमिषादि निधा **(c. 3.** -दधाति -धातुं), **or** निविश् **in caus.** (-वेशयति -यितुं).—**(To give food to horses on the road)** मध्ययाने यवादिना वाहनानि भुज् **in caus.** (भोजयति -यितुं), यानश्रान्तानि वाहनानि विश्रम् **in caus.** (-श्रामयति -यितुं).—**(To incite dogs to attack a bull)** वृषभम् आक्रमितुं कुक्कुरान् प्रचुद् **in caus.** (-चोदयति -यितुं).

To **bait,** *v. n.* **(To stop on the road for refreshment)** मध्ययाने भोजनार्थं विश्रम् **(c. 4.** -श्राम्यति -श्रमितुं).

Bait, *s.* मत्स्यग्रहणार्थं यद् आमिषं वडिशे निवेश्यते. —**(Temptation)** प्रलोभनं.

Baize, *s.* शाणं, कम्बलः, ऊर्णामयो वस्त्रविशेषः.

To **bake,** *v. a.* आपाके **or** कन्दौ **or** चुल्लौ पच् **(c. 1.** पचति, पक्तुं) **or** तप् **(c. 1.** तपति, तप्तुं, **c. 10** तापयति -यितुं) **or** भ्रज्ज् **(c. 6.** भृज्जति, भ्रष्टुं), कान्दवीकृ.

To **bake,** *v. n.* **(To be heated)** तप् **in pass.** (तप्यते), पच् **in pass.** (पच्यते).

Baked, *p. p.* कान्दवः -वा -वं, उख्यः -ख्या -ख्यं, कन्दुपक्वः -क्वा -क्वं.

Bakehouse, *s.* आपाकः, कन्दुः *m. f.*, पूपागारं, पूपशाला.

Bake-meats, *s.* कान्दवं, कान्दवान्नं, उख्यं, पक्वान्नं, आपूपिकं, शाष्कुलिकं.

Baker, *s.* आपूपिकः, कान्दविकः, मोदककृत्, भक्ष्यकारः.

Baking, *s.* कन्दुपचनं, चुल्लिपचनं, पचनं, तपनं, तापनं.

Balance, *s.* **(Scales)** तुला, मापनः, मापनदण्डं, तौलं, तौलदण्डं. —**(The act of comparing two things in the mind)** विवेचनं, विकल्पनं, विगणनं, उपमानं.—**(That which is wanting to make two parts of an account even)** अवशेषः, शेषं, शेषभागः, अधिकांशः, न्यूनांशः.—**(Equipoise)** तुल्यता, भारतुल्यता.

To **balance,** *v. a.* **(To weigh in a balance)** तुल् **(nom.** तुलयति -यितुं), तूल् **(c. 10** तूलयति).—**(In the mind)** विक्लृप् **in caus.** (-कल्पयति -यितुं), विगण् **(c. 10.** -गणयति -यितुं).—**(To equipose)** समीकृ, तुल्यभारं -रां -रं कृ.—**(To equipoise)** समीकृ, तुल्यभारं -रां -रं कृ. —**(To regulate an account)** शुध् **in caus.** (शोधयति -यितुं), समीकृ, अपनयनं कृ, विगणनं कृ.

To **balance,** *v. n.* **(To hesitate, fluctuate)** दोल **(nom.** दोलायते यितुं), विक्लृप् **(c. 1.** -कल्पते -कल्पितुं).—**(To be equipollent)** समीभू, तुल्यीभू.

Balanced, *p. p.* तुलितः -ता -तं, समीकृतः -ता -तं, तुल्यभारः -रा -रं.—**(As an account)** शोधितः -ता -तं, अपनीतः -ता -तं, विगणितः -ता -तं.

Balarāma, *s.* **(A celebrated demigod, half-brother to Kṛṣṇa, and the third of the Rāmas; and considered to be the eighth avatāra of Viṣṇu)** बलरामः, बलदेवः, रामः.—**As elder brother of Kṛṣṇa)** अच्युताग्रजः.—**(As armed with a plough-share)** हलायुधः, हलभृत् *m.*, हली *m.* (न्), सीरपाणिः, सङ्कर्षणः.—**(As carrying a pestle-like club)** मुसली *m.* (न्).—**(As having the palm for a banner)** तालध्वजः, तालाङ्कः—**(As diverting the stream of the Yamunā)** कालिन्दीभेदनः.—**(As dressed in blue)** नीलाम्बरः.—**(As husband of Revatī)** रेवतीरमणः.—**(As guardian of Kāma** कामपालः.

Balcony, *s.* वरण्डः, इन्द्रकोषः, प्रग्रीवः -वं, -निष्काशः, वितर्द्धिः *f.* **or** -र्द्धी.

Bald, *a.* **(Without hair)** मुण्डः -ण्डा -ण्डं, मुण्डितः -ता -तं, अकेशः -शा -शं, विकेशः -शी -शं, केशहीनः -ना -नं. —**(Without natural covering)** अनावृतः -ता -तं, विवृतः -ता -तं, नग्नः -ग्ना -ग्नं.—**(Unadorned, inelegant)** असंस्कृतः -ता -तं, अपरिष्कृतः -ता -तं, असभ्यः -भ्या -भ्यं.—**(As style)** अलङ्कारहीनः -ना -नं, अव्यञ्जनः -ना -नं.

Balderdash, ***s.*** **(Any thing jumbled togther)** प्रकीर्णकं. –**(Non-sense)** अनर्थवाक्यं, आलस्यवचनं, वृथाकथा.

Baldness, ***s.*** मौण्ड्यं, मुण्डता, अकेशत्वं. –**(Inelegance)** असभ्यता.

Bald-Pated, ***a.*** मुण्डितशिराः -राः -रः (स्), मुण्डमस्तकः -का -कं. नग्नमस्तकः -का -कं.

Baldrick, ***s.*** **(A girdle)** मेखला, काञ्ची. –**(The zodiac)** राशिचक्रं, राशिमण्डलं, लग्नमण्डलं, ज्योतिश्चक्रं.

Bale, ***s.*** भाण्डकं, भाण्डं, द्रव्यकूर्च्चं, पोटलिका, द्रव्यपोट्टली, भारः.

To **bale,** ***v. a.*** **(To make up into a bale)** भाण्डं, कृ, द्रव्याणि कूर्च्चीकृ. **(To bale out water)** अभ्रिणा **or** द्रोण्या जलम् उत्क्षिप् **(c. 6.** -क्षिपयति -क्षेप्तुं) **or** उत्तुल् **(c. 10.** -तोलयति -यितुं).

Baleful, ***a.*** **(Full of misery)** क्लेशी -शिनी -शि (न्), दुःखी -खिनी -खि (न्), सशोकः -का -कं, शोकान्वितः -ता -तं. –**(Destructive)** नाशी -शिनी -शि (न्), आत्ययिकः -की -कं, प्राणहरः -रा -रं, क्लेशकः -की -कं, हिंस्रः -स्रा -स्रं.

Balefully, ***adv.*** सशोकं, सक्लेशं, दुःखेन, यथा हिंसा जायते तथा.

Baling-vessel, ***s.*** सेकपात्रं, सेचनं, सेक्तुं, अभ्रि ***n.,*** अभ्रिः ***f.,*** अम्बुसेचनी, द्रोणिः ***f.,*** -णी, अवगादः, काष्ठकुद्दालः, काष्ठाम्बुवाहिनी ***f.***

Balk, ***s.*** **(A ridge of land left unploughed)** सेतुः ***m.***

To **balk** ***v. a.*** **(To frustrate, disappoint)** खण्ड् **(c. 10.** खण्डयति -यितुं), प्रतिहन् **(c. 2.** -हन्ति -हन्तुं), वृथा कृ, मुधा कृ, भग्नाशं -शा -शं कृ, मोघाशं -शां -शं कृ, व्यर्थीकृ, मोघीकृ, वच्च् **in caus.** (वञ्चयति -यितुं).

Balked, ***p. p.*** प्रतिहतः -ता -तं, भग्नोद्यमः -मा -मं, खण्डितः -ता -तं, वञ्चितः -ता -तं, परिवञ्चितः -ता -तं, विप्रलब्धः -ब्धा -ब्धं.

Balkh, ***s.*** **(The countr** [illegible] वाह्लीकः.

Ball, ***s.*** **(Any thing round)** गोलः -लं, मण्डलं, परिमण्डलं, गोलकः, वर्त्तुलः, निघः, पिण्डः. –**(The ball of the earth)** भूगोलः, भूमण्डलं. –**(For playing)** कन्दुकः, गुडः, गेण्डुः ***m.,*** गेण्डुकः, गिरिः ***m.*** –**(A dancing party)** सहनर्त्तनं, नृत्यक्रीडा. –**(A ball of thread)** सूत्रकोषः. –**(Ball of the eye)** अक्षिगोलः. –**(Ball-room)** नृत्यस्थानं, रङ्गशाला, वासकर्णी ***f.***

To **ball,** ***v. a.*** **(To make into a ball)** वर्त्तुलीकृ, गोलीकृ.

Ballad, ***s.*** **(A slong)** गीतं, गानं, गीतिः ***f.,*** सङ्गीतं.

Ballad-singer, ***s.*** गायकः, गाथाकारः, गाथकः, गाता ***m.*** (तृ).

Ballast, ***s.*** नाव अधोभागे स्थापितो भारः, पोतस्थिरीकरणाय तदधोभागे यत् प्रस्तरबालुकादि द्रव्यं निवेश्यते, स्थैर्य्यद्रव्यं.

To ballast, ***v. a.*** नौकायाः स्थिरीकरणाय तदधोभागे भारं स्था **in caus.** (स्थापयति -यितुं), स्थिरीकृ.

Balloon, ***s.*** आकाशयानं, व्योमयानं, आकाशवर्त्मना गमनार्थं विमानं.

Ballot, ***s.*** **(A ball or ticked used in voting)** गुटिका, गुलिका, काकिनी ***f.,*** कपर्द्दकः, स्वीकृतास्वीकृतचिह्नं. –**(The act of voting by ballot)** गुटिकां निभृतं पातयित्वा स्वीकृतास्वीकृतज्ञापनं **or** मतामतसूचनं.

To **ballot,** ***v. n.*** स्वीकृतस्वीकृतज्ञापनाय गुटिकां निभृतं यत् **in caus.** (पातयति -यितुं).

Balm, ***s.*** **(The juice of a shrub)** गुग्गुलुः ***m.*** –**(That which alleviates)** प्रशमनं, शान्तिः ***f.,*** उपशान्तिः ***f.,*** वेदनाशान्तिः ***f.***

Balmy, ***a.*** **(Having the qualities of balm)** पूर्व्वोक्तवृक्षरसोपेतः -ता -तं. –**(Soothing)** उपशमकः -का -कं, उपशायी -यिनी -यि (न्). –**(Fragrant)** सौगन्धिकः -की -कं, सुरभिः -भिः -भि.

Balsam ***s.*** **(Ointment, unguent)** विलेपः, विलेपनं, उपदेहः, अभ्यञ्जनं.

Balsamic, ***a.*** **(Unctuous)** स्निग्धः -ग्धा -ग्धं, मेदुरः -रा -रं, प्रमेदितः -ता -तं, चिक्कणः -णा -णं, स्नेही -हिनी -हि (न्), मृदुः -द्वी -दु.

Balustrade, ***s.*** पङ्क्तिक्रमेण रचितः क्षुद्रस्तम्भसमूहः, क्षुद्रस्तम्भश्रेणी.

Bamboo, ***s.*** वेणुः, वंशः, वेतसः, त्वक्सारः, शतपर्व्वा ***m.*** (न्), मस्करः, तृणध्वजः, यवफलः, तेजनः, कर्म्मारः. –**(When rattling)** कीचकः.

To **bamboozle,** ***v. a.*** **(To cheat)** वञ्च् **in caus.** (वञ्चयते -यितुं), परिवञ्च्, प्रलभ् **(c. 1.** -लभते -लब्धुं), विप्रलभ्, छल् **(c. 10.** छलयति -यितुं).

Bamboozled, ***p. p.*** वञ्चितः -ता -तं, प्रलब्धः -ब्धा -ब्धं, विप्रलब्धः -ब्धा -ब्धं.

Bamboozler, ***s.*** वञ्चकः, छली ***m.*** (न्), धूर्त्तः, कूटकः, कितवः, प्रतारकः.

Ban, ***s.*** **(Public notice of any thing)** घोषणं-णा, घोषणापत्रं, उत्कीर्त्तनं, समाचारः. –**(A curse)** शापः, अभिशापः, आक्रोशः; **'under a ban,'** शापग्रस्तः -स्ता -स्तं. –**(Interdiction)** निषेधः, प्रतिषेधः, वारणं, विरोधः.

To **ban,** ***v. a.*** **(To curse)** शप् **(c. 1.** शपति -ते **c. 4.** शप्यति, शप्तं), अभिशप्, परिशप्.

Banana, ***s.*** कदली, तृणसारा, गुच्छफला, वारणुवुषा, रम्भा, मोचा, काष्ठीला.

Band, ***s.*** **(That which binds)** बन्धनं **or** -नी **or** -नः. –**(Bond)** पाशः, शृङ्खलं. –**(Union of connection)** सम्बन्धः, संयोगः. –**(A company of persons)** पङ्क्तिः ***f.,*** समूहः, श्रेणी,

Bandage 53 Baptistery

समागमः.—**(Of musical instruments)** वाद्यभाण्डं, वादित्रगणः, तूर्य्यौघः.—**(A company of soldiers)** गुल्मः, सैनिकः.

To* band, *v. a. संयुज् **(c. 10.** -योजयति -यितुं), एकत्र कृ.

To* band, *v. n. एकत्र मिल् **(c. 6** -मिलति, मेलितुं), सम्मिल्.

Bandage, *s.* पट्टः, बन्धनं, पट्टकः, आवेष्टनं, कवलिका. —**(Securing with bandages in surgery)** अनुवेल्लितं.

Bandbox, *s.* यत् किञ्चिल्लघुवस्त्रं स्त्रीलोकेन भूतं तदाधानयोग्यः सम्पुटकः **or** आधारः.

Bandit, *s.* परिपन्थी ***m.*** (न्), दस्युः, प्रसह्यचौरः, चौरः, विप्लवकारी ***m.,*** (न्). सारणिकघ्नः.

***To* bandy, *v. a.* (To toss to and fro)** इतस्ततः **or** इतश्चेतः क्षिप् **(c. 6.** क्षिपति, क्षेप्तुं).—**(To give and take reciprocally)** निमे **(c. 1.** -मयते, -मातुं), विनिमे, परिवृत् **in caus.** (-वर्त्तयति -यितुं).

Bandy-legged, *a.* प्रज्ञुः -ज्ञुः -ज्ञु, प्रगतजानुः -नुः, -नु, विरलजानुः -नुः -नु.

Bane, *s.* (Poison) विषं, गरः -रं, हलाहलः.—**(Ruin)** नाशः, विनाशः, अत्ययः, दूषणं.—**(Causing ruin)** दूषकः.

Baneful, *a.* (Poisonous) विषधरः -रा -रं, गरली -लिनी -लि (न्). विषान्वितः -ता -तं, विषतुल्यः -ल्या -ल्यं. —**(Destructive)** नाशी-शिनी -शि (न्). विनाशकः -का -कं, आत्ययिकः -की -कं, दूषकः -का -कं. हिंस्रः -स्रा -स्रं.

Banefulness, *s.* विषालुता, नाशित्वं, हिंस्रता, सगरता.

To bang, *v. a.* (To beat, thump) तद् **(c. 10.** ताडयति -यितुं), प्रहृ **(c. 1.** -हरति -हर्त्तुं), तुद् **(c. 6.** तुदति -तोत्तुं), आतुद्.

Bang, *s.* आघातः, अभिघातः, प्रहारः, मुष्टिपातः, कराघातः.

***To* banish, *v. a.* (To another country)** विवस् **in caus.** (-वासयति -यितुं), निर्वस्, प्रवस्, विप्रवस्, प्रव्रज् **in caus.** (-व्राजयति -यितुं). देशान्तरीकृ.—**(To drive away)** निराकृ **(c. 8.** -करोति -कर्त्तुं), वहिष्कृ **or** वहिः कृ, निःसृ, **in caus.** (-सारयति -यितुं), उत्सृ; अपानुद् **(c. 6.** -नुदति -नोत्तुं), निरस् **(c. 4.** -अस्यति -असितुं).

Banished, *p. p.* प्रवासितः -ता -तं, विवासितः -ता -तं, निःसारितः -ता -तं, वहि ष्कृतः -ता -तं, निरस्तः -स्ता -स्तं, निराकृतः -ता -तं, निःकासितः -ता -तं, अवकृष्टः -ष्टा -ष्टं.

Banishment, *s.* (The act) प्रवासनं, विवासनं, निर्वासनं, प्रव्राजनं, निःसारणं, निरसनं, अपनोदनं, निराकरणं.—**(The state)** प्रवासः, विवासः.

Banister, *s.* सोपाने उभयतः स्थापिता क्षुद्रस्तम्भपङ्क्तिः.

Bank, *s.* (Of a river) तीरं, तट-टः, कूलं, प्रतीरं, कच्छः, रोधः ***n.*** (स्); **'the opposite bank,'** पारं, तीरान्तरं; **'the near bank,'** अवारं.—**(Any heap)** चयः, कूलं, पिण्डनः, वप्रः; **'sand-bank,** सैकतं.—**(A place where money is laid up)** धनागारं, मुद्रागारं, निक्षिप्तधनागारं, टङ्कागारं.

***To* bank, *v. a.* (To inclose with a bank)** कूलेन **or** वप्रेण परिवेष्ट् **(c. 1.** -वेष्टते -वेष्टितुं).—**(To lay up money in a bank)** धनागारे धनं निक्षिप् **(c. 6.** -क्षिपति -क्षेप्तुं) **or** न्यस् **(c. 4.** -अस्यति -असितुं), कुसीदिकं निकटे धनं स्था **in caus.** (स्थापयति -यितुं).

Bank-bill, bank-note, *s.* आनृण्यप्रतिज्ञापत्रं **or** ऋणशोधनप्रतिज्ञापत्रं यद्दर्शनाद् मुद्रागारे निक्षिप्तधनं प्रतिदीयते, निक्षिप्तधनविनिमयेन यत् प्रतिज्ञापत्रं प्रचलीक्रियते.

Banker, *s.* (Keeper of a bank) धनागारपतिः ***m.,*** मुद्रागारपतिः. —**(Trader in money)** कुसीदिकः, कलोपजीवी ***m.*** (न्).

Bankrupt, *s.* परिक्षीणः, ऋणशोधनाय अक्षम ऋणी (न्) **or** अधमर्णः **or** ऋणवान् (त्), असमर्थर्णशोधनः, अशक्तानृण्यः, गतविभवः, सर्व्वस्वच्युतः, निर्धनः, हतसम्पदः.

Bankruptcy, *s.* परिक्षीणता, ऋणशोधनाशक्तिः ***f.,*** ऋणमोक्षासामर्थ्यं, निर्धनता.

Banner, *s.* पताका, ध्वजः **or** -जं, केतनं, वैजयन्ती ***f.,*** ध्वजपटः.

Banns, *s.* (Of marriage) विवाहघोषणा, विवाहघोषणापत्रं.

Banquet, *s.* उत्सवः, सम्भोजनं, स्वाद्वन्नभोजनं.

To banquest *v. a.* स्वाद्वन्नैः **or** मिष्टान्नैः **or** भोजनविशेषैः **or** सविशेषान्नैः भुज् **in caus.** (भोजयति -यितुं) **or** सन्तुप् **in caus.** (-तोषयति -यितुं) **or** संवृध् **in caus.** (-वर्द्धयति -यितुं) **or** तृप् **in caus.** (तर्पयति -यितुं).

To* banquet, *v. n. उत्सवं कृ, विशिष्टान्नं **or** स्वाद्वन्नं **or** भोजनविशेषान् **or** सविशेषान्नं भुज् **(c. 7.** भुंक्ते, भोक्तुं), विशिष्टरूपेण आहारं कृ, आत्मम्भरिः -रि -रि अस्.

Banqueter, *s.* उत्सवकर्त्ता ***m.*** (र्त्तृ), विशिष्टान्नभोक्ता ***m.*** (क्तृ) स्वाद्वन्नसन्तोषितः, स्वाद्वन्नभक्षकः.

Banqueting, *s.* उत्सवकरणं, विशिष्टान्नभोजनं, स्वाद्वन्नखादनं.

To* banter, *v. a. अवहस् **(c. 1.** -हसति -हसितुं), अपहस्, विहस् **with acc.;** अवक्षिप् **(c. 6** -क्षिपति -क्षेप्तुं), भर्त्स् **(c. 10.** भर्त्सयते -ति -यितुं), निन्द् **(c. 1.** निन्दति, निन्दितुं).

Banterer, *s.* अवक्षेपकः, क्षेपकः, निन्दकः, परिहासवेदी ***m.*** (न्).

Bantling, *s.* बालः, -ला, बालकः, शिशुः ***m.***

Banyan-tree, *s.* वटः, न्यग्रोधः, पर्कटी.

Baptism, *s.* मज्जनं, जलसंस्कारः, अवगाहनं.

Baptismal, *a.* मज्जनसम्बन्धी -न्धिनी -न्धि (न्), जलसंस्कारविषयः -या -यं.

Baptist, *s.* मज्जयिता ***m.*** (तृ), अवगाहकः, जलसंस्कारकर्त्ता ***m.*** (र्त्तृ).

Baptistery, *s.* मज्जनस्थानं, अवगाहनस्थानं, जलसंस्कारकरण-स्थानं.

To **baptize,** ***v. a.*** मज्ज् **in caus.** (मज्जयति -यितुं), निमज्ज्, अवगाह् **in caus.** (-गाहयति -यितुं), जलसंस्कारं कृ.

Bar, ***s.*** **(Of a door)** अर्गलं.—**(Of a cage)** शलाका.—**(Any obstacle)** विघ्नः, अवरोधः-धकं, व्याघातः, प्रतिष्टम्भः, बाधकः, प्रतिबन्धः, प्रत्यूहः.—**(A sand-bank)** सैकतं.—**(The place where criminals are tried)** धर्म्मसभा, विचारस्थानं.—**(A solid mass of metal)** लोहपिण्डः -ण्डं, कुशी.—**(In music)** तालनियामका रेखा.—**(In a tavern)** शुण्डापाने मद्यक्रेतृविक्रेत्रोरभ्यन्तरे स्थापितम् अवरोधकं तत्र च तन्मध्ये विगणनं क्रियते.

To **bar,** ***v. a.*** **(To fasten with a bar)** अर्गलेन बन्ध् **(c. 9.** बध्नाति, बद्धुं).—**(To hinder)** वृ **in caus.** (वारयति -यितुं), निवृ, प्रतिवृ; प्रतिरूध् **(c. 7.** -रुणद्धि-रोद्धुं), निरुध्, विरुद्ध् प्रतिबन्ध्.—**(To shut out from)** निराकृ, निरस् **(c. 4.** -अस्यति -असितुं).—**(To exclude)** वहिष्कृ, निराकृ.—**(To prohibit)** प्रतिषिध् **(c. 1.** -सेधति -सेद्धुं), निषिध्; अन्तःख्या **(c. 2.** -ख्याति -ख्यातुं).

Barb, ***s.*** **(A species of horse brought from Barbary)** विदेशजातीयः सुतनुकायविशिष्टस् तुरगप्रभेदः.—**(A crooked point)** फलं, कर्णः शूलाग्रं, शरफलं.—**(Armour for horses)** प्रखरः, प्रक्षरः, अश्वतनुत्रं, अश्वसज्जा.

Barbacan, ***s.*** प्राकारीयनगरोपान्ते निर्म्मितं दुर्गं.

Barbarian, ***s.*** म्लेच्छः, म्लेच्छजातिः ***m.,*** शवरः, किरातः, क्षुधुनः, पुलिन्दः.—**(An uncivilized man)** असभ्यलोकः, पुरुषपशुः.—**(A foreigner)** विदेशी ***m.*** (न्).—**(A cruel tyrant)** निर्दयः.—**(The country of barbarians)** प्रत्यन्तः.

Barbarian, barbaric, ***a.*** **(Belonging to barbarians)** म्लेच्छी -च्छिनी -च्छि (न्). विदेशी -शिनी -शि (न्), वैदेशिकः -की -कं.—**(Uncivilized)** असभ्यः -भ्या -भ्यं, असंस्कृतः -ता -तं, अशिष्टः -ष्टा -ष्टं.

Barbarism, ***s.*** **(In gramnmar)** म्लेच्छितं.—**(Savageness of manners)** क्रूरता, क्रूराचारता, म्लेच्छत्वं, पशुता, दुराचारत्वं.

Barbarity, ***s.*** **(Cruelty)** निष्ठुरता, निर्दयत्वं, क्रूरता.—**(Of manners)** असभ्यता, क्रूराचारता.

Barbarous, ***a.*** **(Foreign)** म्लेच्छीयः -या -यं, वैदेशिकः -की -कं.—**(Savage in manners)** क्रूराचारः -रा -रं, कुशीलः -ला -लं, दुराचारः -रा -रं, अशिष्टः -ष्टा -ष्टं, शौवापदः -दी -दं,—**(Cruel)** निष्ठुरः -रा -रं, निर्द्दयः -या -यं, क्रूरः -रा -रं.

Barbarously, ***adv.*** म्लेच्छवत्, असभ्यलोकवत्, पशुवत्, श्वापदवत्.—**(Cruelly)** निर्द्दयं, निष्ठुरं, अतिक्रूरतया.

Barbed, ***a.*** कर्णी-र्णिनी-र्णि (न्), फलयुक्तः -क्ता -क्तं, लौहाग्रयुक्तः -क्ता -क्तं.—**(Mailed)** वर्मितः -ता -तं, कवची -चिनी -चि (न्), परिदंशितः -ता -तं.

Barbel, ***s.*** नादेयमत्स्यविशेषः.

Barber ***s.*** नापितः, क्षुरी ***m.*** (न्), मुण्डी ***m.*** (न्), क्षौरिकः, अन्तावसायी ***m.*** (न्), दिवाकीर्त्तिः ***m.;*** **'a barber's business,'** नापित्यं.

Barbes, ***s. pl.*** **(A disease of horse)** अश्वीयरोगविशेषः.

Bard, ***s.*** मागधः, वन्दी ***m.*** (न्), मधुकः.—**(Poet)** कविः ***m.,*** काव्यशास्त्रज्ञः.

Bardick, ***s.*** मागधसम्बन्धी -न्धिनी -न्धि (न्), काव्यशास्त्रसम्बन्धीयः -या -यं.

Bare, ***a.*** **(Naked)** नग्नः -ग्ना -ग्नं.—**(Without ornament)** अभूषितः -ता -तं, अनलङ्कृतः -ता -तं, असंस्कृतः -ता -तं.—**(Unclothed)** विवस्त्रः -स्त्रा -स्त्रं.—**(Uncovered)** अनावृतः -ता -तं, विवृतः -ता -तं, अपवृतः -ता -तं.—**(Mere)** केवलः -ला -लं, मात्रकः -का -कं, मात्रं.—**(Threadbare, worn)** जीर्णः -र्णा -र्णं; **'the bare ground,'** केवला भूमिः, पृथिवीतलं, भूतलं.

To **bare,** ***v. a.*** **(To strip, uncover)** नग्नीकृ; व्यक्तीकृ उच्छद् **(c. 10.** -छादयति -यितुं), विवृ **(c. 5.** -वृणोति -वरितुं-वरीतुं).

Bared, ***p. p.*** नग्नीकृतः -ता -तं, व्यक्तीकृतः -ता -तं, विवृतः -ता -तं.

Barefaced, ***a.*** **(Shameless)** निर्लज्जः -ज्जा -ज्जं, लज्जाहीनः -ना -नं, धृष्टः -ष्टा -ष्टं.

Barefacedness, ***s.*** निर्लज्जत्वं, धृष्टता, धार्ष्ट्यं, प्रगल्भता, प्रागल्भ्यं, वैयात्यं.

Barefoot, ***a.*** नग्नपादः -दा -दं, शून्यपादः -दा -दं, पादुकाहीनः -ना -नं.

Bareheaded, ***a.*** नग्नशिराः -राः -रः (स्), शून्यमस्तकः -का -कं, अनावृतशिराः -रा -रः (स्).

Barely, ***adv.*** **(Merely)** मात्रं, केवलं.—**(Hardly)** कष्टं, कष्टेन, कृच्छ्रेण.—**(Nakedly)**—(नग्नं, शून्यं, आच्छादनव्यतिरेकेण.—**(Without ornament)** अलङ्कार- व्यतिरेकेण, भूषणं विना.

Bareness, ***s.*** **(Nakedness)** नग्नत्वं, शून्यता, रिक्तता.—**(Leanness, poverty)** क्षीणता, दरिद्रता, दैन्यं.

Bargain, ***s.*** **(A contract, agreement)** समयः, नियमः, संविद् ***f.,*** उपगमः, अभ्युपगमः, संश्रवः, आश्रवः, समाधिः ***m.,*** उद्देशः.—**(Contract concerning the price of a thing sold)** पणः, विपणः, क्रयनियमः, क्रयविक्रयनियमः, क्रयपत्रं.

To **bargain,** ***v. n.*** पण् **(c. 1.** पणते, पणितुं **or** पणायति -यितुं), पणं कृ, सङ्घट्ट् **(c. 1.** -घट्टते -घट्टितुं), समयाकृ, नियमीकृ, क्रयविक्रयनियमं कृ.

Bargained, ***p. p.*** पणितः -ता -तं, पणायितः -ता -तं, सङ्घट्टितः -ता -तं.

Barge, ***s.*** तरालुः ***m.,*** तरान्धुः ***m.,*** वहित्रं.—**(Pleasure-boat)** केलिनौका.

Bargeman, ***s.*** नाविकः, पोतवाहः, पूर्व्वोक्तनौकाकर्णधारः, तरिकः.

Bark, ***s.*** वल्कलः -लं, वल्कं, त्वक् ***f.*** (च्), त्वचं, छल्ली ***f.,*** शल्कं, शल्कलं; **'bark of a tree,'** तरुत्वक् ***f.*** (च्).—**(Made of bark)** त्वङ्मयः -यी -यं, तरुत्वङ्निर्म्मितः -ता -तं, वाल्कलः -ली -लं,—**(Garment of)** वल्कलः.—**(A small ship)** पोतः, क्षुद्रनौका.

To **bark,** ***v. a.*** **(To strip trees of their back)** त्वच् **(nom.** त्वचयति -यितुं), वल्क् **(nom.** वल्कयति -यितुं), त्वक्ष् **(c. 1.** त्वक्षति, त्वक्षितुं), वल्कम् उत्कृष् **(c. 1.** -कर्षति -क्रष्टुं) **or** निष्कृष्.—**(To enclose, as bark)** वल्कलवत् परिवेष्ट् **(c. 1.** -वेष्टते -वेष्टितुं).

To **bark,** ***v. n.*** भष् **(c. 1.** भषति, भषितुं), बुक्क् **(c. 1.** बुक्कति, बुक्कितुं, **c. 10.** बुक्कयति -यितुं), रै **(c. 1.** रायति, रातुं). —**(To revile)** आक्रुश् **(c. 1.** -क्रोशति -क्रोष्टुं), मुखरीकृ.

Barker, ***s.*** भषकः.—**(Reviler)** आक्रोशकः.

Barking, ***s.*** **(Of dogs)** भषणं, बुक्कनं, रायणं, रुतं.

Barky, ***a.*** वाल्कः -ल्की -ल्कं, वाल्कलः -ली -लं, त्वङ्मयः -यी -यं.

Barleria, ***s.*** **(A flower)** वाणा, आर्त्तगलः, कुरवकः, सहचरी, क्षुरः.

Barley, ***s.*** यवः, यवकः, तीक्ष्णशूकः, प्रवेटः, शितशूकः; **'unripe barley,'** तोक्मः, यावकः, कुल्माषं; **'barley-meal,'** यवक्षोदः; **'barley-water,'** उदमन्थः; **'made of barley,'** यवमयः -यी -यं, **'sown with barley,'** यव्य -व्या -व्यं.

Barley-broth, ***s.*** यवसुरं, यवनिर्म्मितं पानीयं, यवरसः.

Barley-corn, ***s.*** यवः, तिर्य्यग्यवोदरं.

Barley-mow, ***s.*** लूनयवसङ्ग्रहणस्थानं, यवे लूने सति तत्सञ्चयनस्थानं.

Barley-sugar, ***s.*** यवरसक्वथित इक्षुसारः, माक्षिकशर्करा, शुक्लोपला.

Barm, ***s.*** सुरामण्डः, मद्यमण्डः, कारोत्तरः, कारोत्तमः, अभिषवः.

Barn, ***s.*** कुशूलः, शस्यभाण्डं, भाण्डागारः, धान्यागारः, धान्यकोष्ठकं, धान्यसङ्ग्रहस्थानं.

Barnacle, ***s.*** **(A kind of shell-fish)** नौकाकाष्ठजः शम्बूकविशेषः.—**(An instrument to hold a horse by the nose)** पाशविशेषो येन तुरङ्गो मुखदेशे ध्रियमाणोऽश्वचिकित्सकेन चिकित्सितुं शक्यते.—**(A kind of bird)** हंसजातीयः पक्षिप्रभेदः.

Barometer, ***s.*** आकाशतोलनयन्त्रं, आकाशपरिमाणार्थं पारदपूरिता काचनाली.

Baron, ***s.*** क्रमागतानां कुलीनपदानां मध्ये पदप्रभेदः, अधिपतिः ***m.,*** स्वामी ***m.*** (न्).—**(Baron of beef)** गोपृष्ठं, उभयपार्श्वीयपञ्जरयुक्तं गोमांसं.

Baroness, ***s.*** वक्ष्यमाणकुलीनपदस्थितस्य पुरुषस्य पत्नी **or** भार्य्या.

Baronet, ***s.*** क्रमागतानां कुलीनपदानां मध्ये अवरपदं यस्य सः.

Baronial, ***a.*** पूर्व्वोक्तकुलीनपदसम्बन्धी -न्धिनी -न्धि (न्).

Barony, ***s.*** पूर्व्वोक्तकुलीनपदसम्बन्धीयम् आधिपत्यं **or** स्वाम्यं.

Barrack, ***s.*** सैन्यागारं, सैन्यालयः, अयुद्धसमये सैन्यनिवासस्थानं, सैन्यावासः.

To **barrack,** ***v. a.*** सैन्यान् सैन्यागारे पृथक् पृथक् स्था **in caus.** (स्थापयति -यितुं), **or** वस् **in caus.** (वासयति -यितुं).

Barred, ***p. p.*** विरुद्धः -द्धा -द्धं, प्रतिबद्धः द्धा -द्धं, निषिद्धः -द्धा -द्धं, बाधितः -ता -तं.

Barrel, ***s.*** **(A small cask)** दीर्घगोलाकारं काष्ठनिर्म्मितं पात्रं **or** भाण्डं.—**(A cylinder, as of a gun)** नाडिः -डी ***f.,*** नाली **or** -ला.

To **barrel,** ***v. a.*** **(To put in a barrel)** पूर्व्वोक्तपात्रे निविश् **in caus.** (-वेशयति -यितुं).

Barren, ***a.*** **(Not prolific)** बन्ध्यः -न्ध्या -न्ध्यं, असुती -तिनी -ति (न्), अप्रसवी -विनी -वि (न्), प्रजारहितः -ता -तं. **—Unfruitful)** निष्फलः -ला -लं., अफलः -ला -लं, अवकेशी -शिनी -शि (न्), शुष्कः -ष्का -ष्कं, —**(Useless)** व्यर्थः -र्था -र्थं, अनर्थकः -का -कं, मोघः -घा -घं.—**(Empty)** शून्यः -न्या -न्यं, रिक्तः -क्ता -क्तं; **'a barren woman'** बन्ध्या, अप्रसूता; **' barren soil,'** मरुस्थलं **or** 'ली.

Barrenness, ***s.*** बन्ध्यता, निष्फलता, वैयर्थ्यं, शुष्कता, शून्यता. —**(In a female)** बन्ध्यात्वं.

Barricade or barricado, ***s.*** प्राचीरं, प्राकारः, वप्रः -प्रं, अवरोधकं, पथावरोधः.

To **barricade or barricado,** ***v. a.*** **and** ***n.*** रुध् **(c. 7.** रुणद्धि, रोद्धुं), प्रतिरुध्, संरुध्; प्रतिबन्ध् **(c. 9.** -बध्नाति -बद्धुं); प्राचीरेण पथम् अवरुध्.

Barrier, ***s.*** **(A barricade)** प्राकारः, प्राचीरं, परिकूटं, वप्रः.—**(An obstacle)** विघ्नः, प्रतिष्टम्भः, अवरोधकं, प्रतिरोधः, प्रतिबन्धः, सम्बाधनं. प्रत्यूहः.—**(A boundary)** सीमा, पर्य्यन्तं, परिसीमा.

Barrister, ***s.*** उत्तरवादी ***m.*** (न्), परार्थं वादी ***m.*** (न्), प्रतिवादी ***m.*** (न्), परार्थे वादानुवादकर्त्ता ***m.*** (र्त्तृ), मन्त्री ***m.*** (न्), मन्त्रकृत्, व्यवस्थानिरूपकः, व्यवहारपण्डितः, स्मृतिशास्त्रज्ञः, धीसचिवः.

Barrow, ***s.*** **(A kind of vehicle)** हस्तप्रचालितं वाहनं **or** यानं. —**(A hog)** शूकरः.—**(A mound)** मृत्तिकाराशिः ***f.,*** उन्नतभूभागः.

To* barter, *v. n. **(To trade)** भाण्डविनिमयेन वाणिज्यं कृ.

To* barter, *v. a. **(To exchange one article for another)** निमे **(c. 1.** -मयते -मातुं), विमे, विनिमे, भाण्डविनिमयं कृ, परिवृत् **in caus.** (-वर्त्तयति -यितुं), भाण्डात् प्रति भाण्डं दा **(c. 3.** ददाति, दातुं); **'capable of being bartered,'** परिवर्त्तनीयः -या -यं.

Barter, *s.* भाण्डविनिमयः, निमेयः, नैमेयः, विमयः, विनिमयः, वैमेयः, प्रतिदानं, परिदानं, परिवृत्तिः ***f.,*** परीवर्त्तः, परिवर्त्तः, निमया, व्यतिहारः; **'any thing obtained by barter,'** आपमित्यकं.—**(Rule of barter in arithmetic)** भाण्डप्रतिभाण्डकः.

Barton, *s.* **(A poultry-yard)** ग्रामकुक्कुटादिरक्षणार्थं वृतिः.

Basalt, *s.* लोहसदृश अतिदृढः कृष्णवर्णः प्रस्तरविशेषः.

Basaltic, पूर्व्वोक्तप्रस्तरसम्बन्धी -न्धिनी -न्धि (न्).

Base, *a.* **(Mean, vile)** नीचः -चा -चं, अधमः -मा -मं, निकृष्टः -ष्टा -ष्टं, अपकृष्टाः -ष्टा -ष्टं, खलः -ला -लं, अनार्य्यः -र्य्या -र्य्यं, निर्गुणः -णा -णं, दुष्टः -ष्टा -ष्टं, तुच्छः -च्छा -च्छं, जघन्यः -न्या -न्यं, कदर्य्यः -र्य्या -र्य्यं, हीनः -ना -नं, कुत्सितः -ता -तं; **'a base man,'** कापुरुषः.—**(Of mean parentage)** अकुलः -ला -लं, अकुलीनः -ना -नं. —**(Of mean spirit)** कृपणः -णा -णं, दुष्टभावः -वा -वं; **'base metal,'** कुप्यं.

Base or bass, *a.* **(As sound)** गम्भीरः -रा -रं, धीरः -रा -रं. —**(A base sound)** मन्द्रः.

Base, *s.* **(The bottom of any thing)** अधोभागः, मूलं, तलं, उपष्टम्भः, उपान्तं.—**(In geometry)** मूर्द्धा ***m.*** (न्) भूमिः ***f.***—**(Base of a pillar)** उपष्टम्भः, स्तम्भस्य अधोभागः. —**(Base of a tree)** तरुतलं.—**(Foundation of a house)** भित्तिमूलं, पोटः.

Base-born, *a.* विहीनयोनिः -निः -नि, विजातः -ता -तं, कलुषयोनिजः -जा -जं, हीनजातिः -तिः -ति.—**(Bastard)** जारजः, कुण्डः.

Base-minded, *a.* दुष्टमतिः -तिः -ति, दुष्टचेताः -ताः -तः (स्).

Based, *p. p.* **(Founded)** मूलः -ला -लं **in comp.; 'based on knowledge,'** ज्ञानमूलः -ला -लं.

Baseless, *a.* निर्म्मूलः -ला -लं, अमूलः -ला -लं.

Basely, *adv.* अपकृष्टं, निकृष्टं, नीचतया, सदैन्यं, दुष्टजनवत्, अधमप्रकारेण, कार्पण्येन.

Basement, *s.* **(Foundation of a house)** गृहस्य भित्तिमूलं, वास्तु ***n.,*** पोटः.

Baseness, *s.* **(Meanness)** नीचता, दुष्टता, निकृष्टता, दैन्यं, कदर्य्यत्वं, अनार्य्यता, खलता.—**(Of birth)** हीनजातिता, वैजात्यं. —**(Of Sound)** गाम्भीर्य्यं.—**(Of metal)** मलं, कुप्यत्वं.

Bashaw, *s.* तर्कीयदेशे ख्यातिविशेषः, सेनानीः ***m.,*** सेनापतिः ***m.,*** अधिपतिः ***m.***

Bashful, *a.* ह्रीमान् -मती -मत् (त्), लज्जावान् -वती -वत् (त्), अपत्रपिष्णुः -ष्णुः -ष्णु, त्रपितः -ता -तं, त्रपायुक्तः -क्ता -क्तं, जीडितः -ता -तं, शालीनः -ना -नं.—**(Timorous)** भीरुः -रुः -रु.

Bashfully, *adv.* लज्जया, सत्रपं, सव्रीडनं.—**(Timorously)** सचकितं, सभयं.

Bashfulness, *s.* ह्रीः ***f.,*** लज्जा, त्रपः-पा, अपत्रया, व्रीडा, व्रीडनं, शालीनत्वं, मन्दाक्षं.—**(Timidity)** भीरुता.

Basil, *s.* **(A plant)** तुलसी, मरुवकः, समीरणः, प्रस्थपुष्पः, फणिज्झकः, पर्णासः, जम्भीरः, कठिञ्जरः, कुठेरकः, अर्ज्जकः.

Basilica, *s.* **(The middle vein of the arm)** बाहुमध्यस्था वृहन्नाडिः ***f.***

Basilick, *s.* वृहत्पूजाशाला.

Basilisk, *s.* **(A kind of serpent)** चूडायुक्तः सर्पभेदः

Basin, *s.* तडागः, जलाशयः, जलाधारः, खातं. **See Bason.**

Basis, *s.* **(Foundation of any thing)** मूलं, अधोभागः. उपष्टम्भः, तलं.—**(Basis of a pillar)** स्तम्भस्य अधोभागः. —**(The ground-work of any thing)** मूलं, वस्तु ***n.,*** योनिः ***m.;*** **'prosperity has virtue for its basis,'** धर्म्ममूला सम्पत्तिः; **'the basis or material of cloth,'** वस्त्रयोनिः,

To* bask, *v. n. सूर्य्यातपं **or** सूर्य्यतेजः सेव् **(c. 1.** सेवते, सेवितुं), प्रतिसूर्य्यं शी **(c. 2.** शेते, शयितुं) **or** संविश् **(c. 6.** -विशति -वेष्टुं).

Basket, *s.* पिटकः, पेढकः, पेढा, डलकं, उल्लकः, करण्डः, मञ्जूषा, कण्डोलः; **'basket-maker,'** वैणवः, वैदलकारः; **'basket-work,'** वैदलं.

Bason or basin, *s.* **(Reservoir)** तडागः, जलाशयः, वेशन्तः, पल्वलः -लं, अल्पसरः ***n.*** (स्), खातं, क्रीडासरः ***n.*** (स्). —**(Round the foot of a tree)** आलवालं, आवालं, आवापः. —**(Vessel to hold water)** द्रोणी, पात्रं, भाण्डं, जलाधारः, आवापः.—**(Vessel to hold water)** द्रोणी, पात्रं, भाण्डं, जलाधारः, काष्ठाम्बुवाहिनी.—**(Harbour)** खातं, पोतबन्धनस्थानं.—**(Scale of a balance)** तुलाघटः.

Bass, *a.* **(In music.) See Base.**

Bass, *s.* **(Mat)** कटः, तृणपूली, तलाची, पादपाशी.

Basso-relievo or Bass-relief, *s.* प्रतिछाया, प्रतिच्छन्दः, उच्चैःप्रकारेण तक्षिता चित्रलेखा.

Bassoon, *s.* शुषिरविशेषः, शुषिरवाद्यप्रभेदः.

Bastard, *s.* जारजः, असतीसुतः, कुण्डः -ण्डी ***m.*** (न्), उपस्त्रीजातः, दासीपुत्रः, कौलटेरः, कौलटेयः, बन्धुलः, बान्धकिनेयः.—**(Born after the death of a husband)** गोलकः.

Bastard, ***a.*** **(Illegitimate)** विजनितः -ता -तं, विजातः -ता -तं.—**(Spurious)** कृत्रिमः -मा -मं, कल्पितः -ता -तं.

Bastardy, ***s.*** जारजातता, जारजत्वं, कुण्डावस्था, उपस्त्रीजातदशा.

To **baste,** ***v. a.*** **(To beat with a stick)** लगुडेन **or** गदया तड् **(c. 10.** ताडयति -यितुं), **or** प्रहृ **(c. 1.** -हरति -हर्त्तुं), **or** अभिहन् **(c. 2.** -हन्ति -हन्तुं), **or** तुद् **(c. 6.** तुदति, तोत्तुं).—**(To sprinkle meat that is roasting)** पच्यमानं **or** शूलाकृतं मांसं घृतेन सिच् **(c. 6.** सिञ्चति, सेक्तुं).—**(To sew)** सीव् **(c. 4.** सीव्यति, सेवितुं).

Bastile, ***s.*** प्राकारयुक्तं कारागारं, दुर्गं, दुर्गपरिगतं परिखाप्राचीरादि.

Bastinade or bastinado, ***s.*** लगुडेन ताडनं, दण्डाघातः, गदाप्रहारः.

Basting, ***s.*** दण्डाघातनं, लगुडपातनं, गदाप्रहरणं, अभिघातः, ताडनं.

Bastion, ***s.*** वप्रः, -प्रं, दुर्गवहिःपार्श्वे राशीकृता मृत्तिका **or** उपचितो वप्रः.

Bat, ***s.*** जतुका, जतूका, अजिनपत्रा, चर्म्मचटका, चर्म्मचटी, भङ्गारी.—**(A club)** गुलिकाक्रीडायां गुलिकाप्रणोदार्थं यष्टिः ***m.*** **or** गदा **or** लगुडः.

Bat-fowler, ***s.*** रात्रिकाले जतुकादिव्याधः **or** पक्षिग्राहकः.

Bat-fowling, ***s.*** प्रदोषकाले **or** रात्रिसमये पक्षिग्रहणं.

Batch, ***s.*** **(A number of things)** गणः, सङ्घः, सङ्घातः.—**(A single baking)** आपूपिकं, पैष्टिकं, शाष्कुलिकं, यत्पिष्टकपूपादि एककाले पच्यते.

Batchelor, ***s.*** अविवाहितः, अकृतदारः, अकृतविवाहः.

To **bate,** ***v. a.*** न्यूनीकृ, अल्पीकृ, ह्रस् **in caus.** (ह्रासयति -यितुं), कन् **(nom.** कनयति -यितुं), लघ् **(nom.** लघयति -यितुं), शम् **in caus.** (शमयति -यितुं), उद्धारं कृ.

To **bate,** ***v. n.*** क्षि **in pass.** (क्षीयते), न्यूनीभू, अल्पीभू, ह्रस् **(c. 1.** ह्रसति, ह्रसितुं), शम् **(c. 4.** शाम्यति, शमितुं).

Bateful, ***a.*** कलहकारी -रिणी -रि (न्), विवादशीलः -ला -लं.

Batement, ***s.*** न्यूनीकरणं, अल्पीकरणं, न्यूनता, उद्धारः, उद्धरणं.

Bath, ***s.*** स्नानकुण्डं, स्नानागारं, स्नानशाला, अवगाहः, अवगाहनस्थानं.

To **bathe,** ***v. a.*** स्ना **in caus.** (स्नापयति -यितुं), धाव् **(c. 1.** धावति, धावितुं **or caus.** धावयति -यितुं), प्रधाव् **in caus.** क्षल् **(c. 10.** क्षालयति -यितुं), प्रक्षल्, निमज्ज् **in caus.** (-मज्जयति -यितुं), आप्लु **in caus.** (-प्लावयति -यितुं).

To **bathe,** ***v. n.*** स्ना **(c. 2.** स्नाति, स्नातुं), निमज्ज् **(c. 6.** -मज्जति -मज्जितुं), अवगाह **(c. 1.** -गाहते -गाहितुं -गाढुं), आप्लु **(c. 1.** -प्लवते -प्लोतुं), अभिषेकं कृ.—**(With one's clothes on)** सचेलः स्ना.

Bathed, ***p. p.*** स्नातः -ता -तं, कृतस्नानः -ना -नं, अवगाहितः -ता -तं, अवगाढः -ढा -ढं, आप्लुतः -ता -तं, निमग्नः -ग्ना -ग्नं, धौतः -ता -तं, जलशुचिः -चिः -चि.

Bather, ***s.*** स्नायी ***m.*** (न्), कृतस्नानः, स्नाता ***m.*** (तृ), आप्लवकः, निमज्जनकृत्.

Bathing, ***s.*** **(Act of)** स्नानं, मज्जनं, निमज्जनं, आप्लवः, आप्लावः, अवगाहनं, अभिषेकः.—**(Religious bathing)** सवनं, अभिषवः, सूत्या.—**(Relating to bathing)** स्नानीयः -या -यं.—**(Bathing-gown)** स्नानवस्त्रं.

Bathos, ***s.*** वाक्यालङ्कारविशेषः, गम्भीरता, गाम्भीर्य्यं, नीचता.

Bating, ***prep.*** वर्ज्जयित्वा, वर्ज्जं, ऋते, अपास्य, व्यतिरिक्तं, व्यतिरेकेण.

Batlet, ***s.*** वस्त्रधावने रजकैः प्रयुक्तश् चतुष्कोणः काष्ठमुद्गरः.

Batton, ***s.*** दण्डः, गदा, लगुडः, यष्टिः ***m.,*** वेत्रं.

Battalion, ***s.*** वाहिनी, सैन्यदलं, गुल्मः, व्यूहः, सेनामुखं.

Battel, ***s.*** यः कश्चिद् व्ययो राजविद्यालये अन्तेवासिना क्रियते तद्गणनापत्रं.

To **batten,** ***v. a.*** **(To make fat)** प्यै **in caus.** (प्याययति -यितुं), स्फाय् **in caus.** (स्फावयति -यितुं), संवृध् **in caus.** (-वर्धयति -यितुं), तृप् **in caus.** (तर्पयति -यितुं), पीनं -नां -नं कृ.—**(To fertilize)** सफल **(nom.** सफलयति -यितुं).

To **batten,** ***v. n.*** **(To grow fat)** प्यै **(c. 1.** प्यायते, प्यातुं), स्फाय् **(c. 1.** स्फायते, स्फायितुं), संवृध् **(c. 1.** -वर्धते -वर्धितुं), आत्मम्भरिः -रिः -रि **or** उदरम्भरिः -रिः -रि अस्.

To **batter,** ***v. a.*** **(To shatter)** मृद् **(c. 9.** मृद्नाति, मर्द्दितुं) अवमृद्, प्रमृद्; चूर्ण **(c. 10.** चूर्णयति -यितुं), प्रचूर्ण्, मथ् **(c. 9.** मथ्नाति, मन्थितुं **or** मथितुं), विमथ्, पिष् **(c. 7.** पिनष्टि, पेष्टुं), निष्पिष्, प्रतिपिष्; चूर्णीकृ, भञ्ज् **(c. 7.** भनक्ति, भंक्तुं), प्रभञ्ज्; तड् **(c. 10** ताडयति -यितुं), तुद् **(c. 6.** तुदति, तोत्तुं).

Battered, ***p. p.*** मृदितः -ता -तं, मर्द्दितः -ता -तं, विमथितः -ता -तं, चूर्णितः -ता -तं, भग्नः -ग्नाः -ग्नं, ताडितः -ता -तं, निष्पिष्टः, -ष्टा -ष्टं.

Battering-ram, ***s.*** दुर्गभित्तिमर्द्दने **or** नगरप्राचीरभञ्जने पूर्व्वकालीनयोधैः प्रयुक्तो मेषमस्तकाकाराग्रो वृहद्दण्डः.

Battery, ***s.*** **(The act of battering)** मर्द्दनं, पेषणं, भञ्जनं, आघातनं.—**(In law)** दण्डपारुष्यं.—**(A line of cannon)** युद्धयन्त्रश्रेणी.

Battle, ***s.*** युद्धं, रणः, रणं, सङ्ग्रामः, समरः -रं, विग्रहः, संयुगः, आहवः, आयोधनं, प्रयुद्धं, प्रधनं, संख्यं, सङ्गरः, कलहः, प्रघातः, प्राघातः, समाघातः, मृधं, सम्परायः -यकं, साम्परायिकं, युत् ***f.*** (ध्), कलिः ***m.,*** सम्प्रहारः, प्रविदारणं, समुदायः, समित् ***f.,*** समितिः, समीकं, जन्यं, संयत् ***f.,*** संस्फोटः, अभिसम्पातः,

अभ्यामर्द्दः, अभ्यागमः, आजिः *f.*—(Close fight) नियुद्धं, बाहुयुद्धं.—(Mingled fight) तुमुलं, रणसङ्कुलं.—(Battle-cry) सिंहनादः, क्ष्वेडितं; 'field of battle,' रणभूमिः *f.*

To **battle,** *v. n.* युध् (c. 4. युध्यते, योद्धुं), कलह (nom. कलहायते); 'to desire battle,' युध् in des. (युयुत्सते) रणकाम्य् (nom. रणकाम्यति).

Battle-array, *s.* सैन्यव्यूहः, सैन्यविन्यासः, बलविन्यासः, व्यूढिः *f.*, योद्धृश्रेणी.

Battle-axe, *s.* परश्वधः, परशुः *m.*—(Armed with) पारश्वधिकः.

Battledoor, *s.* गुलिकाक्रीडायां दण्डो यद्द्वारा गुलिका प्रणुद्यते or आहन्यते, कन्दुकप्रहरणार्थं यष्टिः.

Battle-field, *s.* रणभूमिः *f.*, आयोधनं, रणः, रणाङ्गणं, रणाजिरं, मल्लभूः *f.*, मल्लभूमिः *f.*, रङ्गः, रङ्गभूमिः *f.*

Battlement, *s.* भित्तिः *f.*, छिद्रयुक्तः प्राकारः, वाणादिप्रक्षेपार्थं प्राकारच्छिद्रं.

Battologist, *s.* येन निरर्थका पुनरुक्तिः क्रियते सः, निरर्थकवक्ता *m.* (क्तृ).

Battology, *s.* निरर्थका पुनरुक्तिः or मुहुर्भाषा, निरर्थकवाक्यं.

Bavin, *s.* इन्धनयोग्यं शुष्ककाष्ठखण्डं, शुष्ककाष्ठं.

Bawble, *s.* अल्पमूल्यकम् आभरणं or अङ्कणं, अल्पार्घं क्रीडाद्रव्यं, कङ्कणं, किङ्किणी, कदर्थद्रव्यं.

Bawd, *s.* कुट्टनी, कुट्टिनी दूती, चुन्दी, शम्भली, घटदासी, वेश्याचार्य्यः *m.*

Bawdily, *adv.* अशुद्ध लम्पटवत्, वैयात्येन, गर्हितं, गर्ह्यप्रकारेण.

Bawdiness, *s.* अवाच्यता, गर्ह्यता, अनक्षरं, वैयात्यं, लम्पटता.

Bawdry, *s.* कुट्टनीकर्म्म *n.* (न्), वेश्याकर्म्म *n.* (न्), दूतीकार्य्यं.

Bawdy, *a.* अवाच्यः -च्या -च्यं, अवक्तव्यः -व्या -व्यं, अकथ्यः -थ्या -थ्यं, गर्हितः -ता -तं, गर्ह्यः -र्ह्या -र्ह्यं, नीचः -चा -चं, अधमः -मा -मं, अशुद्धः -द्धा -द्धं, अविनीतः -ता -तं.

Bawdy-house, *s.* वेश्याजनसमाश्रयः, वेश्यागृहं, वेश्याश्रयः, गणिकागृहं, वेशः.

To **bawl,** *v. n.* उत्क्रुश् (c. 1. -क्रोशति -क्रोष्टुं), प्रक्रुश्, विक्रुश्, नट् (c. 1. नदति, नदितुं), प्रणद्, विनद्; उद्घुष (c. 10. -घोषयति -यितुं), चित्कारं कृ; चीत् शब्दं कृ रस् (c. 1. रसति, रसितुं).

Bawler, *s.* उत्क्रोष्टा *m.* (-ष्टृ), विक्रोष्टा *m.* (-ष्टृ), घोषकः, उद्घोषकः.

Bawling, *s.* विक्रोशनं, उत्क्रोशनं, घोषणं, चित्कारशब्दः, रासः.

Bay, *s.* **(An opening of the sea into the land)** अखातं, खातं, पुटभेदः, समुद्रवङ्कः वङ्कः, वक्रं.—(An honorary garland) श्यामवृक्षनिर्म्मिता मानसूचका माला.—(An opening in a wall) गृहाक्षः; 'to stand at bay,' शत्रुं प्रति or शत्रुप्रतिमुखं or अभिमुखं or मुखामुखि स्था (c. 1. तिष्ठति, स्थातुं).

Bay, *a.* (Colour) पिङ्गलः -ला -लं, पिङ्गः -ङ्गा -ङ्गं.—(A bay horse) उकनाहः, कियाहः.

To **bay,** *v. n.* रै (c. 1. रायति, रातुं), भष् (c. 1. भषति, भषितुं).

Bay-salt, *s.* समुद्रलवणं, सिन्धुलवणं, सामुद्रं, सैन्धवं, वसिरं, अक्षीवं.

Bay-tree, *s.* श्यामवृक्षो यस्य पत्राणि मानसूचकहाररचने प्रयुज्यन्ते.

Bay-window, *s.* पुटाकारो गवाक्षः, भित्तिवहिर्लम्बो गृहाक्षः, पुटरूपवातायनं.

Bayonet, *s.* या लोहगुलिकाप्रक्षेपणे अधुनातनयोद्धृभिः प्रयुज्यते नाडिस् तदग्रे बद्धा कृपाणी or छुरिका.

Bazar, *s.* पण्यवीथी, पण्यशाला, आपणः, हट्टः, क्रयारोहः.

Bdellium, *s.* गुग्गुलुः *m.*, कुम्भं, उलूखलकं, सर्व्वसहः, कौशिकः, पुरः, कक्कोलः, कोलकं, कोशफलं.

To **be,** *v. n.* (To be in some state) अस् (c. 2. अस्ति) आस् (c. 2. आस्ते).—(To enter into some state) भू (c. 1. भवति, भवितुं).—(To exist) अस्, वृत् (c. 1. वर्त्तते, वर्त्तितुं), विद् in pass. (विद्यते), जन् in pass. (जायते).—(To be in or at) वृत्, स्था (c. 1. तिष्ठति, स्थातुं); 'be it so,' एवम् अस्तु. **The verb 'to be' is often expressed by the use of the passive form of the Sanskrit verb, and is not unfrequently omitted altogether.**

Beach, *s.* समुद्रतीरं, समुद्रकूलं, समुद्रतटं, वेला.

Beached, *a.* समुद्रतीरस्थः -स्था -स्थं, उत्तरङ्गः -ङ्गा -ङ्गं.

Beachy, *a.* तीरविशिष्टः -ष्टा -ष्टं, तटयुक्तः -क्ता -क्तं, कूलमयः -यी -यं.

Beacon, *s.* आकाशदीपः, उन्नतभूभागे स्थापित शत्रोर् आगमनसमये जाज्वल्यमाना महोल्का, समुद्रगामिनां पथदर्शनार्थम् उच्चीकृतं चिह्नं.

Bead, *s.* (Little globular body) गुलिका, गुटिका, गुली, वर्त्तुलः.—(A string of beads) माला, हारः.—(A rosary of beads) जपमाला.

Beadle, *s.* गर्व्वाटः, यष्टिधरः, राजदूतः, दण्डधरः, दण्डी *m.* (न्), दण्डहस्तः

Beadroll, *s.* ये लोका जपे कथयितव्यास् तत्परिसंख्या.

Beadsman, *s.* परार्थं or अन्यनिमित्ते जपकरणे नियुक्तो जनः.

Beagle, *s.* शशाखेटकः कुक्कुरप्रभेदः, शशाखेटे शिक्षितो मृगव्यश्वा *m.* (न्).

Beak, *s.* (Of a bird) चञ्चुः *f.*, चञ्चूः *f.*, त्रोटी -टिः *f.*, मुखः, तुण्डिः *m.*, तुण्डः.—(Of a ship) पित्तलमयं चञ्चुरूपेण तक्षितं नौकाग्रं.

Beaked, *a.* चञ्चुमान्-मती -मत् (त्), चञ्चुरूपः -पी -पं,

चक्षुविशिष्टः -ष्टा -ष्टं.

Beam, *s.* (Piece of timber) स्थूणा, दीर्घकाष्ठं, काष्ठं, वृहत्काष्ठं, नासा, यष्टिः ***m.*** **—(Main support of a house)** वेश्मस्थूणा. **—(Ray of light)** रश्मिः ***m.,*** मरीचिः ***m. f.,*** किरणः, अंशुः ***m.*** **—(Part of a balance)** तुलाधारः, तुलादण्डं. **—(Pole of a carriage)** धूः ***f.*** (धुर्), कूवरः. **—(Part of a weaver's loom)** वायदण्डः, वापदण्डः.

***To* beam, *v. n.* (To emit rays or light)** स्फुर् **(c. 6.** स्फुरति, स्फुरितुं), अंशु **(nom.** अंशूयति -यितुं), किरण **(nom.** किरणायते -यितुं), दीप् **(c. 4.** दीप्यते, दीपितुं), वर्च्चम् **(nom.** वर्च्चायते -यितुं).

Beamless, *a.* रश्मिहीनः -ना -नं, निस्तेजाः -जा -जः (स्), निष्प्रभः -भा -भं.

Beamy, *a.* (Radiant) अंशुमान् -मती -मत् (त्), अंशुलः -ला -लं, किरणमयः -यी -यं, मरीचिमाली -लिनी -लि (न्), प्रभावान् -वती -वत् (त्), देदीप्यमानः -ना -नं.

Bean, *s.* शिम्बिकः, शिम्बाः मुद्गः, माषः.

Bear, *s.* ऋक्षः, भल्लकः, भल्लुकः, भल्लः, भाल्लुकः, अच्छः, अच्छभल्लः. **—(The Great Bear, constellation)** चित्रशिखण्डिनः ***m. pl.***

***To* bear, *v. a.* (Carry)** वह् **(c. 1.** वहति -ते, वोढुं), सह् **(c. 1.** सहते, सोढुं); **'he bore his mother on his back,'** मातरं पृष्ठेन अवहत्; **'he is borne on a horse,'** अश्वेन उह्यते **or** अश्वेन सञ्चरति. **—(Support)** भृ **(c. 1.** भरति -ते, **c. 3.** बिभर्त्ति, भर्त्तु), घृ **(c. 1.** धरति -ते, धर्त्तुं **or in caus.** धारयति -यितुं), आलम्ब्स् **(c. 1.** -लम्बते -लम्बितुं). **—Suffer, endure)** सह्, विषह्, क्षम् **(c. 1.** क्षमते, क्षन्तुं), सङ्क्षम्; तिज् **in des.** (तितिक्षते -क्षितुं), मृष् **(c. 4.** मृष्यति -ते, मर्षितु, **c. 10.** मर्षयति -यितुं); **'that is not to be borne,'** न सह्यं तत्. **—(Permit)** अनुज्ञा **(c. 9.** -जानाति -ज्ञातुं). **—(Admit)** ग्रह् **(c. 9.** गृह्णाति, ग्रहीतुं). **—(Produce)** उत्पद् **in caus.** (-पादयति -यितुं), जन् **in caus.** (जनयति -यितुं). **—(Bring forth)** सु **(c. 1.** सवति, **c. 2.** सौति, सोतुं), प्रसु; प्रजन् **(c. 4.** -जायते -जनितुं) **or** जन् **in caus. —(Bear in mind)** अनुस्मृ **(c. 1.** -स्मरति -स्मर्त्तुं), अनुचिन्त् **(c. 10.** -चिन्तयति -यितुं). **—(Bear witness)** साक्ष्यं दा **(c. 3.** ददाति, दातुं). **—(Keep afloat)** प्लु **in caus.** (प्लावयति -यितुं). **—(Bear fruit)** फल् (फलति, फलितुं). **—(Possess)** भृ, धा, धृ **in caus. —(Bear up)** उद्वह्. **—(Bear away)** अपवह्. **—(Bear down)** निपत् **in caus.** (-पातयति -यितुं). **—(Be capable of)** उत्सह् **with inf. —(Bear on, incite)** प्रोत्सह् **in caus.** (-साहयति -यितुं). **—(Bear the blame)** दोषं स्वीकृ; **'I will bear the blame,'** दोषो मयि वर्त्तिष्यते. **—(Bear one's self, behave)** वृत् **(c. 1.** वर्त्तते वर्त्तितुं), काञ्चिद् वृत्तिम् अनुष्ठा **(c. 1.** -तिष्ठति -स्थातुं). **—(Bear malice)** द्रुह् **(c. 4.** द्रुह्यति, द्रोहितुं). **When this verb occurs in phrases such as, 'to bear company,' 'to hear aid,' 'to bear resemblance, *see* 'to accompany,' '*to* Aid,' '*to* resemble.'**

***To* bear, *v. n.* (To be patient)** सह् **(c. 1.** सहते, सोढुं), सोढ् **(nom.** सोढयते -यितुं). **—(To wait paitently)** विलम्ब् **(c. 1.** -लम्बते -लम्बितुं). **—(To be fruitful)** फल् **(c. 1.** फलति, फलितुं), फलं दा **(c. 5.** ददाति, दातुं), सफलः -ला -लं भू. **—(To be situated towards)** प्रतिष्ठा **(c. 1.** -तिष्ठति, -स्थातुं), दिश्यः -श्या -श्यं अस्; **as, 'bearing towards the east,'** पूर्व्वदिश्यः. **—(To bear up)** मनःस्थैर्य्यं कृ.

Beard, *s.* श्मश्रु ***n.,*** मासूरी, मुखजं रोम ***n.*** (न्), मुखरोम ***n.*** **—(Of corn)** शस्यशूकं, शूकं, किंशारुः ***m.*** **—(Barb of an arrow)** फलं, कर्णः.

***To* beard, *v. a.* (To take by the beard)** अवज्ञानात् परश्मश्रु सङ्ग्रह् **(c. 9.** -गृह्णाति -ग्रहीतुं). **—(To insult to the face)** मुखरीकृ, प्रतिमुखं **or** प्रत्यक्षे अवज्ञा **(c. 9.** -जानाति -ज्ञातुं), अवक्षिप् **(c. 6** -क्षिपति, -क्षेप्तुं).

Bearded, *a.* (Having a beard) सश्मश्रुः -श्रुः -श्रु, श्मश्रुमान् -मती -मत् (त्), श्मश्रुलः -ला -लं. **—(As corn)** शूकवान् -वती -वत् (त्); **'beareded corn,'** शूकधान्यं. **—(As an arrow)** कर्णी -र्णिनी -र्णि (न्). **—(A bearded dart)** प्रासः, कुन्तः. **—(Insulted)** अवज्ञातः -ता -तं.

Beardless, *a.* श्मश्रुहीनः -ना -नं. **—(A stripling)** अप्राप्तव्यवहारः, वटुः, माणवकः.

Bearer, *s.* वाहकः, वाही ***m.*** (न्). **—(Of burdens)** भारवाहः -हनः, भारहारः, धुरन्धरः; **'one who carries out the dead,'** प्रेतनिर्हारकः; **'letter-bearer,'** पत्रवाहः; **'bearer of news,'** सन्देशहरः.

Bearing, *s.* (The relative situation of a place) दिश्यं, दिक् ***f.*** (श्), अवस्थानं, अवस्थितिः ***f.,*** स्थानं. **—(Behaviour)** वृत्तिः ***f.,*** दर्शनं, रीतिः ***f.,*** गतिः ***f.,*** भावः, वर्त्तनं.

Bearish, *a.* ऋक्षशीलः -ला -लं. भल्लकस्वभावः -वा -वं, अशिष्टः -ष्टा -ष्टं.

Beast, *s.* पशुः ***m.,*** जन्तः ***m.,*** तिर्य्यङ् (ञ्च्). **—(Four-footed beast)** चतुष्पात् ***m.f.n.*** (द्). **—(Beast of prey)** श्वापदः. **—(Of burden)** धुरीणः, धुरीयः, धुर्य्यः, भारवाहनः. **—(Applied to a man)** पुरुषपशुः ***m.,*** दुराचारः.

Beastliness, *s.* पशुता -त्वं, पाशवं, पशुशीलता, अमनुष्यता.

Beastly, *a.* पाशवः -वी -वं, पशुशीलः -ला -लं, पशुव्यवहारः -रा -रं, अमानुषः -षी -षं.

Beastly, ***adv.*** पशुवत्, पशुव्यवहारानुसारेण, मानुषाचारविरुद्धं.

Beat, ***s.*** आघातः, घातः, प्रहारः, पातः.—**(Of the pulse or heart)** स्पन्दनं, स्फुरणं, विष्पन्दः; **'at the beat of the drum,'** आहतेषु पटहेषु.

To **beat,** ***v. a.*** तड् (c. 10 ताडयति -यितुं), वितड्; हन् (c. 2. हन्ति, हन्तुं), निहन्, अभिहन्; प्रह (c. 1. -हरति -ते -हर्तुं), तुद् (c. 6. तुदति, तोत्तुं), आतुद्, वितुद्.—**(With a stick)** वेत्राघातं कृ.—**(To conquer, excel)** पराजि (c. 1. -जयति -ते -जेतुं). विजि; अभिभू (c. 1. -भवति -भवितुं), सती (c. 2. अत्येति, अत्येतुं).—**(To mix by beating)** आलुड् (c. 2. -लोडति -लोडितुं), मन्थ् (c. 1. मथति, मथितुं). —**(To bruise)** चूर्ण् (c. 10. चूर्णयति -यितुं), मृद् (c. 9. मृद्नाति, मर्द्दितुं).—**(To beat down)** निपत् **in caus.** (-पातयति -यितुं).—**(To beat off, beat back)** प्रतिहन् (c. 2. -हन्ति -हन्तुं). —**(To beat) down the price)** मूल्यं न्यूनीकृ **or** ह्रस् **in caus.** (ह्रासयति -यितुं).—**(To flap the wings)** पक्षास्फालं कृ, पक्षौ चल् **in caus.** (चालयति -यितुं). —**(To rouse game by striking the bushes)** मृगयासमये यथा मृगाः स्वस्थानानि त्यजन्ति तथा कोलाहलेन गुल्मादिताडनं कृ, मृगान्वेषणे यथा मृगो निजाश्रयात् पलायते तथा गुल्मादीन् तुड्.

To **beat,** ***v. n.*** **(To palpitate)** स्पन्द् (c. 1. स्पन्दते, स्पन्दितुं), परिस्पन्द्; कम्प् (c. 1. कम्पते, कम्पितुं), स्फुर् (c. 6. स्फुरति, स्फुरितुं).

Beaten, ***part. a.*** आहतः -ता -तं, ताडितः -ता -तं. —**(Conquered)** पराजितः -ता -तः **'beaten by the waves.'** उत्तरङ्गः -ङ्गा -ङ्गं.—**(One that deserves to be beaten)** कश्यः -श्या -श्यं, कशार्हः -र्हा -र्हं.

Beater, ***s.*** ताडयिता ***m.*** (तृ), ताडकः, घाती ***m.*** (न्).—**(A gold-beater)** मुद्गरादिना यः सुवर्णम् अतिशयेन सूक्ष्मीकरोति स्वर्णकारविशेषः; स्वर्णपत्रकृत्.—**(An instrument for comminuting)** मुद्गरः.

Beatific or beatifical, ***a.*** अपवर्गदः -दा -दं, परमसुखावहः -हा -हं, परमानन्दकरः -री -रं.

Beatification, ***s.*** अमुकसाधुजनः स्वर्गं **or** अपवर्गं **or** सिद्धिं प्राप्तवान् इति घोषणापत्रेण महाधर्म्माध्यक्षसकाशाद् विज्ञापनं, स्वर्गीयलोकमध्ये आरोपणं.

Beatified, ***p. p.*** गृहीतापवर्गः -र्गा -र्गं, स्वर्गप्राप्तः -प्ता -प्तं, स्वर्गारोपितः -ता -तं.

To **beatify,** ***v. a.*** **(To make happy)** सुख् (c. 10. सुखयति -यितुं), परममुखं **or** परमानन्दं दा (c. 3. ददाति -दातुं). —**(To proclaim publicly that a person is received into heaven)** अमुकसाधुजनः स्वर्गं **or** सिद्धिं प्राप्तवान् इति महाधर्म्माध्यक्षाज्ञया घोषणापत्रं प्रचर् **in caus.** (-चारयति -यितुं), स्वर्गीयलोकमध्ये आरुह् **in caus.** (-रोपयति -यितुं).

Beating, ***s.*** ताडनं, आघातः, घातः, दण्डः.—**(With a stick)** वेत्राघातः.—**(Throbbing)** स्पन्दनं, स्फुरणं.

Beatitude, ***s.*** मुक्तिः ***f.,*** मोक्षः, निर्वाणं, सिद्धिः ***f.,*** अपवर्गः, स्वर्गप्राप्तिः ***f.,*** परमागतिः ***f.,*** श्रेयः ***n.*** (स्) **or** निःश्रेयः, अमृतता, कैवल्यं.—**(Felicity)** परमसुखं, परमानन्दः, श्रेयत्वं, सुखं.—**(Desirous of)** मुमुक्षुः.

Beau, ***s.*** सुवेशी ***m.*** (न्), सुवेशः, सुवस्त्रपरिच्छन्नः, दर्शनीयमानी ***m.*** (न्).

Beau-monde, ***s.*** नृत्यगीतस्वाद्वन्नभोजनमद्यपानसुवस्त्रपरिधानादिभोगतत्परो लोकः, भोगासक्तो लोकः.

Beauteous or beautiful, ***a.*** चारुः -र्व्वी- रु, सुन्दरः -रा -री -रं, रुचिरः -रा -रं, सुदृश्यः -श्या -श्यं, शोभनः -ना -नं, कान्तः न्ता- न्तं-, वामः -मा -मं, रूपवान् -वती -वत् (त्), रूपी -पिणी -पि (न्), सुरूपः -पी -पं, मनोरमः -मा -मं, मनोज्ञः -ज्ञा -ज्ञं, लावण्यवान् -वती -वत् (त्), साधुः -धुः -ध्वी -धु, सौम्यः -म्या -म्यं, श्रीयुक्तः -क्ता -क्तं, सुमुखः -खी -खं, अभिरामः -मा -मं, सुषमः -मा -मं, पेशलः -ला -लं, रुच्यः -च्या -च्यं, मञ्जुः -ञ्जुः -ञ्जु, मञ्जुलः -ला -लं, वृन्दारः -रा -रं. **Often expressed by** सु; **as, 'a beautiful day,'** सुदिनं. **'A beautiful woman,'** रूपवती, प्रमदा; **'to be beautiful,'** शुभ् (c. 1. शोभते, शोभितुं).

Beauteously or beautifully, ***adv.*** साधु, सुन्दरं, रुचिरं, सुष्ठु, सुन्दरप्रकारेण, सु **prefixed; as, 'beautifully dressed,'** सुवेशी -शिनी -शि (न्).

Beauteousness, ***s.*** कान्तता, अभिरामता, वामता, रूपवत्त्वं, रमणीयता, मुग्धता.

Beautified, ***p. p.*** शोभितः -ता -तं, उपशोभितः -ता -तं, कृतशोभः -भा -भं.

Beautifier, ***s.*** शोभकृत्, शोभकः, शोभयिता ***m.*** (तृ), भूषणः.

To **beautify,** ***v. a.*** शुभ् **in caus.** (शोभयति -यितुं), उपशुभ्, अलङ्कृ', परिष्कृ, भूष् (c. 10. भूषयति -यितुं), विभूष्.

Beauty, ***s.*** सौन्दर्य्यं, चारुता, शोभा, कान्तिः ***f.,*** रूपं, लावण्यं, रूपलावण्यं, श्रीः, आभा, अभिख्या, द्युतिः ***f.,*** छविः ***f.,*** मञ्जिमा ***m.*** (न्), सुषमा.

Beauty-spot, ***s.*** तिलकः -कं, सौन्दर्य्यवर्द्धकं चिह्नं, कान्तिदायकम् अङ्कं.

Beaver, ***s.*** **(An animal)** स्थलजलचरजन्तुप्रभेदो यल्लोमनिर्म्मितं शिरस्कम् अधुनातनजनैर् भ्रियते.—**(A hat)** पूर्व्वोक्तजन्तुलोमनिर्म्मितं शिरस्कं **or** शिरस्त्राणं.—**(Part of a helmet)** शिरस्त्राणस्य यो भागश् चिवुकदेशं **or** मुखस्य अधोभागं प्रच्छादयति.

Becafico, ***s.*** अञ्जीरद्राक्षादिखादको विदेशीयपक्षिभेद:, अञ्जीरप्रतुद:.

To **becalm,** ***v. a.*** **(To still the elements)** निर्व्वातं -तां -तं कृ, वायुं निवृत् **in caus.** (-वर्त्तयति -यितुं), निस्तरङ्गं -ङ्गां -ङ्गं कृ.—**(To quiet)** शम् **in caus.** (शमयति -यितुं), उपशम्, प्रशम्.

Becalmed, ***p. p.*** निर्व्वात: -ता -तं, निर्वेग: -गा -गं, निस्तरङ्ग: -ङ्गा -ङ्गं.

Became, the preterite of 'become;' which *see*. Sometimes expressed by जात: -ता -तं.

Because, ***conj,*** यतस्, यत्, येन, यस्मात्, इति हेतो:, यतोहतो:, हि. **'Because' may be often expressed by the abl. or inst. c. of the abstract noun; as, 'because it had no deepness of earth,'** मृदल्पत्वात्; **'because he was a just man,'** सज्जनत्वात्; **'because he was a friend,'** मित्रतया. **It may even be expressed by** इति; **thus, 'I am come, because a servant ought to be present at the fitting occasion,'** अनुजीविना प्राप्तकाले सान्निध्यं कर्त्तव्यम् इति आगतोऽस्मि.

Because of, ***prep.*** **(By reason of)** हेतो:, हेतौ, कारणात्.—**(For the sake of)** अर्थं, अर्थे, कृते, निमित्ते **affixed to a crude noun; 'because of that,'** अनेन हेतुना, इति हेतो:; **'Because of' is often expressed by the abl. c. of the noun; as, 'because of their unbelief,'** तेषाम् अविश्वासात्.

Beck, ***s.*** सङ्केत:, इङ्गित:.—**(With the hand)** करसङ्केत:.

To **beckon,** ***v. n.*** शिरसा **or** हस्तेन सङ्केतं **or** इङ्गितं दा **(c. 3.** ददाति, दातुं), **or** कृ.—**(To summon with a sign)** इङ्गितेन समाह्वे **(c. 1.** -ह्वयति -ह्वातुं).

To **become,** ***v. n.*** भू **(c. 1.** भवति, भवितुं), सम्भू; सम्पद् **(c. 4.** -पद्यते -पत्तुं), प्रतिपद्, वृत् **(c. 1.** वर्त्तते, वर्त्तितुं), संवृत्, जन् **(c. 4.** जायते), सञ्जन्. **The pass. part. of** जन् (जात) **is often used in the sense 'became.'** आहृ **in caus.** (-हारयति -यितुं) **with acc.**

To **become,** ***v. a.*** **(Suit)** युज् **in pass.** (युज्यते), उपपद् **(c. 4.** -पद्यते -पत्तुं) **with loc.**

Becoming, ***a.*** युक्त: -क्ता -क्तं, योग्य: -ग्या -ग्यं, यथायोग्यं, -ग्या -ग्यं, उचित: -ता -तं, यथोचित: -ता -तं, समुचित: -ता -तं, समञ्जस: -सा -सं.

Becomingly, ***adv.*** यथायोग्यं, यथोचितं, युक्तं, यथार्हं, यथातथं, यथायथं, योगतस्.

Becomingness, ***s.*** युक्तता, औचित्यं, योग्यता, उपयुक्तत्वं, सामञ्जस्यं, उपपत्ति: ***f.,*** याथातथ्यं.

Bed, ***s.*** शय्या, शयनं, पर्य्यङ्क:, तल्प:, खट्वा, संस्तर:, पल्यङ्क:, स्तरिमा ***m.*** (न्), शयनीयं, मञ्च:, मञ्चक:, प्रस्तर:, आस्तरणं.—**(To go to bed)** शी **(c. 2.** शेते, शयितुं); **'gone to bed,'** शय्यागत:, खट्वारूढ: -ढा -ढं.—**(To make a bed)** शय्या प्रस्तुतीकृ **or** उपस्तृ **(c. 5.** -स्तृणोतिं -स्तुरितुं -स्तरीतुं), आस्तृ.—**(To lie down in bed)** शय्याम् अधिशी.—**(Channel of a river)** गर्भ:, नदीमध्यं, नदीवहनपथ:, नदीरयपथ:.—**(Garden-bed)** स्थलं, उद्याने पुष्पोत्पत्तियोग्य ईषदुन्नतो भूभाग:.—**(Marraige)** विवाह:.—**(A layer)** फलक:.

To **bed,** ***v. a.*** **(To place in a bed)** खट्वाम् आरुह् **in caus.** (-रोपयति -यितुं).—**(To cohabit with)** उपगम् **(c. 1.** -गच्छति -गन्तुं).

To **bedabble or Bedash,** ***v. a.*** सिच् **(c. 6.** सिञ्चति, सेक्तुं), अवसिच्, संसचि्, अवकॄ **(c. 6.** -किरति -करितुं -करीतुं), प्रोक्ष् **(c. 1.** -उक्षति -उक्षितुं).

To **bedaggle or Bedash,** ***v. a.*** कर्द्दमेन **or** पङ्केन **or** मलेन लिप् **(c. 6.** लिम्पति, लेप्तुं) **or** दुष् **in caus.** (दूषयति -यितुं), मलिन **(nom.** मलिनयति -यितुं).

To **bedaub,** ***v. v.*** लिप् **(c. 6.** लिम्पति, लेप्तुं), आलिप्, उपलिप्, अञ्ज् **(c. 7.** अनक्ति , अङ्क्तुं) **or in caus.** (अञ्जयति -यितुं).

To **bedazzle,** ***v. a.*** अतिशयतेजसा दृष्टिम् उपहन् **(c. 2.** -हन्ति -हन्तुं).

Bedchamber, ***s.*** शयनागार:, शयनगृहं, स्वप्ननिकेतनं, निद्राशाला, विश्रामशाला, वासगृहं, वासागारं.

Bedclothes, ***s. pl.*** शय्यास्तरणं, शय्यावरणं, खट्वासम्बन्धि वस्त्रादिद्रव्यं, उत्तरप्रच्छद:, मन्दुरा.

Bedding, ***s.*** शय्या, शय्योपकरणं, आस्तरणं, वोरपट्टी, खट्वासामग्री.

To **bedeck,** ***v. a.*** भूष् **(c. 10.** भूषयति -यितुं), विभूष्, मण्ड् **(c. 10** मण्डयति -यितुं), अलङ् , परिष्कृ, शुभ् **in caus.** (शोभयति -यितुं).

Bedecked, ***p. p.*** भूषित: -ता -तं, अलङ्कृत: -ता -तं, मण्डित: -ता -तं.

To **bedew,** ***v. a.*** शिशिरेण **or** नीहारेण क्लिद् **in caus.** (क्लेदयति -यितुं) **or** अवसिच् **(c. 6.** -सिञ्चति -सेक्तुं) **or** प्रोक्ष् **(c. 1.** -उक्षति -उक्षितुं) **or** आर्द्रीकृ.

Bedewed, ***p. p.*** क्लिन्न: -न्ना -न्नं, आर्द्र: द्रा -द्रं, प्रोक्षित: -ता -तं, तिमित: -ता -तं.

Bedfellow, ***s.*** सहशायी ***m.*** -यिनी ***f.*** (न्), एकखट्वाशायी ***m.*** -यिनी ***f.*** (न्).

Bed-hangings, ***s.*** मशहरी, चतुष्की, शय्यातिरस्करिणी.

To **bedim,** ***v. a.*** तिमिर् **(nom.** तिमिरयति -यितुं), तिमिरीकृ, मलिनीकृ.

To **bedizen,** ***v. a.*** भूष् **(c. 10** भूषयति -यितुं), विभूष्, परिभूष्, अलङ्कृ परिष्कृ.

Bedizened, ***p. p.*** भूषित: -ता -तं, अलङ्कृत -ता -तं, शोभित: -ता -तं.

Bedlam, ***s.*** उन्मत्तानाम् आरोग्यशाला, वातुलागारं, वातुललोकालयः.

Bedlam, ***a.*** उन्मत्तः -त्ता -त्तं, उन्मादः -दा -दं, वातुलः -ला लं.

Bedlamite, ***s.*** उन्मत्तः, उन्मादी ***m.*** (न्), वातुलः, मत्तः.

Bed-maker, ***s.*** राजविद्यालये या स्त्री **or** यो जनोऽन्तेवासिनां शय्यास्तरणं करोति; शयनकल्पिका, शय्यां कल्पयति या परिचारिका.

Bedpost, ***s.*** खट्वास्तम्भः, खट्वादण्डः, शयनस्थूणा.

Bedrid or bedridden, ***a.*** शयनाद् उत्थातुम् अक्षमः; अतिजीर्णः -र्णा -र्णं, अतिवृद्धः -द्धा -द्धं.

Bedroom, ***s.*** शयनगृहं, स्वप्ननिकेतनं, शयनागारः, निद्राशाला, विश्रामशाला.

Bedside, ***s.*** शय्यापार्श्वः, खट्वापार्श्वः, शयनोपान्तं, खट्वासमीपं.

Bedstead, ***s.*** पर्य्यङ्कः, खट्वा, मञ्चः, मञ्चकः, पल्यङ्कः, तल्पः.

Bedtime, ***s.*** शयनकालः, स्वप्नकालः, निद्राकालः, शय्यागमनसमयः, विश्रामकालः.

Bee, ***s.*** मधुकरः -कारी ***m.*** (न्), अलिः ***m.,*** मधुकृत् ***m.,*** मधुपायी ***m.*** (न्), मधुपः, मधुमक्षिका, मधुलिट् ***m.,*** (ह्), भृङ्गः, पुष्पन्धयः, पुष्पलिट् ***m.,*** (ह्), षट्पदः, द्विरेफः, भ्रमरः, मधुव्रतः, सरघा.

Beech, ***s.*** भूर्ज्जजातीयो वन्यवृक्षप्रभेदः.

Beechen, ***a.*** पूर्व्वोक्तवृक्षकाष्ठमयः -यी -यं.

Bee-eater, ***s.*** मधुमक्षिकाखादकः पक्षिप्रभेदः.

Beef, ***s.*** गोमांसं; **'roast beef,'** शूलिकगोमांसं; **'boiled beef,'** श्रृतगोमांसं.

Beef-eater, ***s.*** राजपरिचरः-परिचारकः, राजोपासकः.

Bee-garden, ***s.*** मधुमक्षिकापालनस्थानं, मधुकरपालनोद्यानं.

Bee-hive, ***s.*** मधुकोषः, करण्डः, छत्रकः, मधुमक्षिकाधारः.

Bee-master, ***s.*** मधुमक्षिकापालकः, मधुकररक्षकः.

Beeswax, ***s.*** मधूच्छिष्टं, मधुजं, शिक्थं, सिक्थकं.

Beer, ***s.*** यवमुरं, यवमद्यं, यवरसः, यवनिर्म्मितं पानीयं.

Beer-house, ***s.*** यवसुरविक्रयस्थानं, यवसुरगृहं, आपानं, पानगोष्ठिका.

Beet, ***s.*** **(A plant)** पालङ्गः, पालङ्गशाकः.

Beetle, ***s.*** भ्रमरभेदः, भृङ्गप्रभेदः, परोष्णी, पिङ्गकपिशा.—**(A mallet)** मुद्गरः

To **beetle,** ***v. n.*** वहिर् लम्ब **(c. 1.** लम्बते, लम्बितुं**)**, प्रलम्ब्.

Beetle-browed, ***a.*** ललाटाभोगविशिष्टः -ष्टा -ष्टं, प्रलम्बललाटः -टा -टं.

Beeves, ***s.*** **(Oxen)** गावः ***m. pl.,*** गोकुलं.

To **befall,** ***v. n.*** घट् **(c. 1.** घटते, घटितुं**)**, निपत् **(c. 1.** -पतति -पतितुं**)**, उपस्था **(c. 1.** -तिष्ठति -स्थातुं**)**, सम्पद् **(c. 4.** -पद्यते -पत्तुं**)**, उपपद्, सम्भू **(c. 1.** -भवति -भवितुं**)**.

Befallen, ***p. p.*** आपतितः -ता -तं, उपस्थितः -ता -तं, समुपस्थितः -ता -तं, समापन्नः -न्नां -न्नं, उपपन्नः -न्ना -न्नं, घटितः -ता -तं, वृत्तः -त्ता -त्तं.

To **befit,** ***v. a.*** युज् **in pass.** (युज्यते), उपपद् **(c. 4.** -पद्यते -पत्तुं**) with loc.**

Befitting, ***a.*** योग्यः -ग्या -ग्यं, यथायोग्यः -ग्या -ग्यं, यथोचितः -ता -तं.

To **befool,** ***v. a.*** मुह् **in caus.** (-मोहयति -यितुं), व्यामुह्, विप्रमुह्, भ्रम् **in caus.** (भ्रमयति -यितुं), वञ्च् **in caus.** (वञ्चयति -ते -यितुं).

Before, ***prep.*** **and** ***adv.*** प्र, अभि **prefixed.—(In the front of, not behind)** अये, अग्रतस्, पुरस्, पुरतस्, पुरस्तात्, अभितस्, प्रतिमुखं. अभिमुखं; **'going before,'** पुरोगः -गा -गं, अग्रेसरः -रा -रं; **'before the fire,'** अध्यग्नि.—**(In the presence of)** साक्षात्, प्रत्यक्षे, अग्रे, समक्षं, प्रतिमुखं; **'he took them before the king,'** तान् राजसमीपम् आनीतवान्.—**(In the sight of, before the face)** समक्षं, प्रत्यक्षं, प्रत्यक्षतम्, साक्षात्, सम्मुखं; **'before many persons,'** बहुजनसमक्षं.—**(Earlier in time, sooner than)** प्राक्, पूर्व्वं **with the abl. c.;** अग्रे; **'before offering the cakes,'** पिण्डदानात् पूर्व्वं; **'before the appointed time,'** निरूपितसमयात् पूर्व्वं, **or** प्राग् विहितकालात्; **'he knows your necessities before you ask,'** यत् तव प्रयोजनं तद् याच्ञात: पूर्व्वं जानाति; **'before dinner,'** भोजनात् पूर्व्वं; **'before the event,'** प्राग् घटनात्; **'before me,'** मदग्रे.—**(In time past)** पुरा, पूर्व्वं, पूर्व्वकाले.—**(As yet, hitherto)** अद्य यावत्, अद्य यावत्, अद्यपर्य्यन्तं, एतत् कालं यावत्, अद्यापि.—**(Already)** तत्पूर्व्वं, प्राग् वर्त्तमानकालात्; **'before mentioned,'** पूर्व्वोक्त -क्ता -क्तं, प्रागुक्तः -क्ता -क्तं, पूर्व्वचोदितः -ता -तं; **'the day before yesterday,'** अपरेद्युस्; **'before and after,'** पूर्व्वोत्तरं.

Before-hand, ***adv.*** पूर्व्वं, अग्रे, पूर्व्वं, अग्रतस्, पूर्व्वतस्; **'determining beforehand,'** अग्रनिरूपणं; **'to taste beforehand,'** पूर्व्वस्वादनं कृ.

Before-time, ***adv.*** पुरा, पूर्व्वं, पूर्व्वकाले, गतकाले.

To **befoul,** ***v. a.*** मलिन **(nom.** मलिनयति -यितुं**)**, दुष् **in caus.** (दूषयति -यितुं), कलुष **(nom.** कलुषयति -यितुं**)**, आविल **(Nom.** आविलयति -यितुं**)**, समलं, -लां -लं कृ.

To **befriend,** ***v. a.*** मित्र **(nom.** मित्रीयते -यितुं**)**, उपकृ **(c. 8.** -करोति -कुरुते -कर्त्तुं**)**, अनुग्रह् **(c. 9.** -गृह्णाति -ग्रहीतुं**)**, साहाय्यं कृ.

Befriended, ***p. p.*** कृतोपकारः -रा -रं, उपकृतः -ता -तं, अनुगृहीतः -ता -तं.

To* beg, *v. a. **(To ask)** अर्थ् **(c. 10.** अर्थयते -यितुं), अभ्यर्थ्, प्रार्थ्, सम्प्रार्थ्, याच् **(c. 1.** याचति -ते, याचितुं), अभियाच्, प्रयाच्, सम्प्रयाच्, संयाच्.—**(To ask alms)** भिक्ष् **(c. 1.** भिक्षते, भिक्षितुं).—**(To beg as a favour)** वृ **(c. 9.** वृणीते, वरितुं, वरीतुं) **or in caus.** (वारयति -यितुं) **with 2 acc.,** प्रसद् **in caus.** (-सादयते -यितुं).—**(To beg for pardon)** क्षम् **in caus.** (क्षमयति -यितुं) **with acc. of the pers.**

To* beg, *v. n. भिक्ष् **(c. 1.** भिक्षते, भिक्षितुं), भैक्ष्यं चर् **(c. 1.** चरति, चरितुं), भिक्षाटनं कृ.

***To* beget *v. a.*,** जन् **in caus.** (जनयति -यितुं), विजन्, सञ्जन्, प्रसु **(c. 2.** -सूते, **c. 4.** -सूयते -सोतुं).—**(To produce, cause)** उत्पद् **in caus.** (-पादयति -यितुं).—**(To create)** सृज् **(c. 6.** सृजति, स्रष्टुं).

Begetter, *s.* जनकः, जननः, जनयिता ***m.*** (तृ), जनिता ***m.*** (तृ), जन्मदः, सुती ***m.*** (न्), उत्पादकः.

Beggar, *s.* (One who lives on alms) भिक्षुः ***m.*,** भिक्षुकः -की ***f.*,** भिक्षोपजीवी ***m.*,** (न्), भिक्षाचरः, दरिद्रः.—**(A petitioner)** प्रार्थकः, अर्थी ***m.*,** (न्) -र्थिनी ***f.*,** प्रार्थयिता ***m.*,** (तृ), याचकः, याचनकः, मार्गणः -णकः, वनीयकः.—**(In ragged garments)** कर्पटी ***m.*** (न्).

To* beggar, *v. a. दरिद्रीकृ, सर्व्वस्वं हृ **(c. 1.** हरति, हर्त्तुं), धनाद् भ्रंश् **in caus.** (भ्रंशयति -यितुं).

Beggared, *a.* दरिद्रितः -ता -तं, धनच्युतः -ता -तं, हृतसर्व्वस्वः -स्वा -स्वं, परिक्षीणः -णा -णं, गतवित्तः -त्ता -त्तं, नष्टार्थः -र्था -र्थं, गतविभवः -वा -वं. गतलक्ष्मीकः -का -कं, गतश्रीकः -का -कं; **'he is beggared.** श्रमणायते.

Beggarly, *a.* (Indigent) दरिद्रः -द्रा -द्रं. निर्धनः -ना -नं, दुर्गतः -ता -तं, कृपणः -णा -णं, दीनः -ना -नं.—**(Mean)** तुच्छः -च्छा -च्छं, नीचः -चा चं, अपकृष्टः -ष्टा -ष्टं.

Beggarly, *adv.* कृपणं, कार्पण्येन, दीनं, नीचप्रकारेण.

Beggary, *s.* (Indigence) दरिद्रता, दारिद्रं -द्र्यं, निर्धनता, परिक्षीणता, कार्पण्यं, अर्थिता, दीनता.

Begged, *p. p.* प्रार्थितः -ता -तं याचितः -ता -तं भिक्षितः -ता -तं.

Begging, (Act of) *s.* भिक्षा, भिक्षाटनं, भैक्षचर्य्या, अर्थना, अभ्यर्थना, याचना, याच्ञा, प्रार्थनं -ना, अहना, अभिशस्तिः ***f.***

To* begin, *v. a.* and *n. आरभ् **(c. 1.** -रभते -रब्धुं), अभ्यारभ्, प्रारभ्, समारभ्, प्रक्रम् **(c. 1.** -क्रमते -क्रमितुं), उपक्रम्, समुपक्रम्, प्रवृत् **(c. 1.** -वर्त्तते -वर्त्तितुं); प्रकृ, सम्प्रकृ; प्रस्तु **(c. 2.** -स्तौति -स्तोतुं); **'he began to cut,'** छेत्तुं प्रवृत्तः.

Beginner, *s.* (One who begins) आरब्धा ***m.*** (ब्धृ), आरम्भकः, उपक्रन्ता ***m.*** (न्तृ), उपक्रमिता ***m.*** (तृ), उपक्रमकारी ***m.*** (न्).—**(A novice)** नवछात्रः, नूतनशिष्यः, प्राथमकल्पिकः.

Beginning, *s.* आरम्भः, प्रारम्भः, समारम्भः, प्रारब्धिः ***f.*,** आदिः ***m.*** उपक्रमः, प्रक्रमः, उद्घातः, उपोद्घातः, अभ्यादानं.—**(Origin, source)** मूलं, योनिः ***m. f.*,** उद्नवः, प्रभवः, गर्भः, जन्म ***n.*** (न्).—**(Rudiments)** आरम्भः.—**(Elementary property)** कारणगुणः; **'without beginning,'** अनाद्यः -द्या -द्यं; **'from beginning to end,'** आद्यन्तं, आप्रथमात् शेषं यावत्; **'beginning middle, and end,'** आदिमध्यावसानं; **'beginning with,'** आदि, आद्य **affixed.**

To* begird, *v. a. परिवेष्ट् **(c. 1.** -वेष्टते -वेष्टितुं), अवरुध् **(c. 7.** -रुणद्धि -रोद्धुं).

Begirt, *p. p.* परिवेष्टितः -ता -तं, परिगतः -ता -तं, वलयितः -ता -तं. आवृतः -ता -तं; **'begirt with the sea,'** समुद्रमेखलः -ला -लं.

Begone, *interj.* अपैहि, अपसर, दूरम् अपसर.

Begotten, *p. p.* जनितः -ता -तं, उत्पादितः -ता -तं, प्रसूतः -ता -तं.

To* begrease, *v. a. वसया **or** स्नेहेन **or** तैलेन **or** घृतेन लिप् **(c. 6.** लिम्पति -लेप्तुं), स्निग्धीकृ.

To* begrime, *v. a. मलेन दुष् **in caus.** (दूषयति -यितुं), मलिन **(nom.** मलिनयति -यितुं), कलुष **(nom.** कलुषयति -यितुं), कलङ्क **(nom.** कलङ्कयति -यितुं).

Begrimed, *p. p.* मलदूषितः -ता -तं, कलुषितः -ता -तं, कलङ्कितः -ता -तं.

To* berrudge, *v. a. स्पृह् **(c. 10.** स्पृहयति -यितुं), असूय **(nom.** असूयति -यितुं).

To* beguile, *v. a. मुह् **in caus.** (मोहयति -यितुं), विप्रमुह्, व्यामुह्, वञ्च् **in caus.** (वञ्चयते -यितुं), परिवञ्च्, प्रवञ्च्, भ्रम् **in caus.** (भ्रमयति -यितुं), प्रलभ् **(c. 1.** -लभते -लब्धुं), विप्रलभ्, आकृष् **(c. 1.** -कर्षति -क्रष्टुं -कर्षितुं).—**(To beguile the time)** विनुद् **in caus.** (-नोद -यति -यितुं).

Beguiled, *p. p.* मोहितः -ता -तं, विमोहितः -ता -तं, वञ्चितः -ता -तं, विप्रलब्धः -ब्धा -ब्धं, विमूढः -ढा -ढं, प्रपञ्चितः -ता -तं, प्रलोभितः -ता -तं, विलोभितः -ता -तं, प्रतारितः -ता -तं.

Begun, *p. p.* आरब्धः -ब्धा -ब्धं, प्रारब्धः -ब्धां -ब्धं, उपक्रान्तः -ता -तं.

Behalf, *s.* (In behalf of) अर्थं, अर्थे, हेतौ, कारणात्, निमित्ते, कृते, **generally affixed to the crude of a noun; 'on my behalf,'** मत्कृते **or** मदर्थे; **'on behalf of (his) son,'** पुत्रहेतोः, —**(Favour)** अनुग्रहः, प्रसादः.

To* behave, *v. n. चर् **(c. 1.** चरति, चरितुं), आचर्, समाचर्, वृत् **(c. 1.** वर्त्तते, वर्त्तितुं); **sometimes** वृत्तिं **is added; as, 'in**

whatever way you behave towards them,' यां वृत्तिं तेषु वर्त्तसे. वृत्तिम् अनुष्ठा (c. 1. -तिष्ठति -स्थातुं), व्यवहृ (c. 1. -हरति -हर्त्तुं).—**Well-behaved)** सदाचारयुक्त -क्ता -क्तं, सदाचारवान् -वती -वत् (त्).

Behaviour, ***s.*** वृत्तिः ***f.,*** वृत्तं, आचारः, रीतिः ***f.,*** व्यवहारः, चरित्रं, चरितं, आचरणं, गतिः ***f.,*** चेष्टितं, स्थितिः ***f.,***

To **behead,** ***v. a.*** शिरः **or** मस्तकं छिद् **(c. 7.** छिनत्ति, छेत्तुं), विमस्तक **(nom.** विमस्तकयति -यितुं).

Beheaded, ***p. p.*** विमस्तकितः -ता -तं, छिन्नमस्तः -स्ता -स्तं, -स्तकः -का -कं,

Beheading (act of), ***s.*** शीर्षच्छेदः.—**(Worthy of)** शीर्षच्छेद्यः -द्या -द्यं.

Beheld, ***p. p.*** आलोकितः -ता -तं, दृष्टः -ष्टा -ष्टं, आलोचितः -ता -तं, ईक्षितः -ता -तं, ईक्ष्यमाणः -णा -णं.

Behest, ***s.*** आज्ञा, आदेशः, निर्देश, निदेशः, शासनं, वशं.

Behind, ***prep.*** **or** ***adv.*** पश्चात्, अनु **prefixed.—(Behind the back, at the back of)** पृष्ठतस्; **'following behind,'** अनुगामी -मिनी -मि (न्).—**(Below, inferior)** अधस्तात्, अधरस्तात्.—**(Posterior)** अवरतस्, अवस्नात्.—**(At a distance)** दूरतस्, दूरे.—**(The hinder part)** पृष्ठदेशः, पश्चाद्देशः, पृष्ठं, नितम्बः.

Behindhand, ***adv.*** अतीतकालः -ला -लं, विलम्बी -म्बिनी -म्बि (न्), दीर्घकालीनः -ना -नं.—**(Surpassed by another)** अतिक्रान्तः -न्ता -न्तं.

To **behold,** ***v. a.*** दृश् **(c. 1.** पश्यति, द्रष्टुं), अभिदृश्, विदृश्, सन्दृश्; ईक्ष् **(c. 1.** ईक्षते, ईक्षितुं), समीक्ष्, वीक्ष्, अभिवीक्ष्, प्रेक्ष्, अभिप्रेक्ष्, सम्प्रेक्ष्, उदीक्ष्, अवेक्ष्, अन्वीक्ष्, अवलोक् **(c. 10** -लोकयति -यितुं, **c. 1.** -लोकते -लोकितुं), आलोक्, समालोक्, विलोक्, लक्ष् **(c. 10.** लक्षयति -ते -यितुं), आलक्ष्, समालक्ष्, उपलक्ष्, संलक्ष्; आलोच् **(c. 10.** -लोचयति -यितुं).

Behold, ***interj.*** पश्य, प्रेक्षस्व.

To be **beholden,** ***v. n.*** कृतोपकारस्मरणेन पराधीनः -ना -नं **or** परायत्तः -त्ता -त्तं भू, प्राप्तोपकारहेतोर् बद्धः -द्धा -द्धं **or** निबद्धः -द्धा -द्धं भू **or** अस्, कृतोपकारं ज्ञा **(c. 9.** जानाति, ज्ञातुं), प्रत्युपकारः करणीय इति ज्ञा, आप्राप्तोपकारमोक्षात् परवशं ज्ञा.

Beholder, ***s.*** प्रेक्षकः, द्रष्टा ***m.*** (ष्टृ), प्रेक्षमाणः, दर्शी ***m.*** (न्), पश्यन् ***m.*** (त्).

Behoof, ***s.*** अर्थः, फलं, लाभः, वृद्धिः ***f.,*** विवृद्धिः ***f.,*** फलोदयः.

Behoveful, ***a.*** यथोचितः -ता -तं, योग्यः -ग्या -ग्यं, अर्थकरः -री -रं.

It **behoves,** ***v. imp.*** **Expressed by the future passive participle; as 'it behoves you to marry the damsel,'** त्वया कन्या वोढव्या; **or by the potential mood, as,** त्वं कन्यां वहेः; **or by the use of the verb** अर्ह् **(c. 1.** अर्हति), **as** त्वं कन्यां वोढुम् अर्हसि; **'to act as it behoves one,'** यथोचितं कृ.

Being, ***s.*** **(A being)** भूतं, सत्त्वं.—**(A sentient being)** प्राणी ***m.,*** (न्), प्राणभृत् ***m. f. n.,*** शरीरी ***m.,*** (न्), देही ***m.,*** (न्), जन्तुः ***m.,*** जन्युः ***m.,*** चेतनः, जन्मी ***m.,*** (न्). —**(Existence)** प्राणधारणं, असुधारणं, निश्वसनप्रश्वसनं, सम्भवः, अस्ति ***ind.,*** वृत्तिः ***f.,*** सत्त्वं.—**(Particular state)** भावः, अवस्था, दशा, वृत्तिः ***f.***—**(Supreme Being)** परमेश्वरः. —**(Pres. part.)** सन् सती सत् (त्) वर्त्तमानः -ना -नं.

Being That, ***conj.*** **(Since)** यतस्, यस्मात्, येन, इति हेतोः, यतोहेतोः. **'Being', is often expressed by the loc. c. of** सत्, **as, 'the man being gone,'** पुरुषे गते सति; **'it being so,'** एवं सति, तथात्वे एवम्भूत्वा. **'Being' may also be expressed by the abl. c of the abstract noun in such phrases as 'he being a good man,'** सज्जनत्वात्.

Beitso, एवमस्तु, तथास्तु, भवतु, अस्त्वेवं.

To **belabour,** ***v. a.*** तद् **(c. 10.** ताडयति -यितुं), हन् **(c. 2.** हन्ति, हन्तुं), अभिहन् अभ्याहन्, समाहन्; प्रहृ **(c. 1.** -हरति -हर्त्तुं)—**(With a stick)** वेत्राघातं कृ.

To belay, ***v. a.*** **(Block up)** प्रतिरुध् **(c. 7.** -रुणद्धि -रोद्धुं), उपरुध्.

To **belch,** ***v. a.*** उद्वम् **(c. 1.** -वमति -वमितुं), उद्गॄ **(c. 6.** -गिरति -गरितुं -गरीतुं).

Belch, belching ***s.*** उद्वमः, उद्वमनं, उद्गारः, उद्गिरणं.

Beldam, ***s.*** वृद्धा स्त्री, जरिणी, जरापरिणता स्त्री, कुट्टिनी, कुरूपी.

To **beleaguer,** ***v. a.*** **(To besiege)** रुध् **(c. 7.** रुणद्धि रोद्धुं), अवरुध्. उपरुध्; परिवेष्ट् **(c. 1.** -वेष्टते -वेष्टितुं).

Beleaguered, ***p. p.*** परिवेष्टितः -ता -तं, उपरुद्धः -द्धा -द्धं, बाधितः -ता -तं.

Belfounder, ***s.*** घण्टाकारी ***m.*** (न्), घण्टानिर्म्माणकर्त्ता ***m.*** (र्त्तृ), कांस्यकारः.

Belfry, ***s.*** घण्टाताडनयोग्यं प्रासादशृङ्गं, घण्टास्थानं, घण्टाशाला.

To belief, ***v. a.*** **(To counterfeit, imitate)** छल् **(c. 10.** छलयति -यितुं), छद्म **or** छद्मवेशं कृ, अनुकृ **(c. 8.** -करोति -कर्त्तुं). —**(To charge any one with falsehood, to argue)** अनृतं **or** असत्यं **or** मिथ्यावादं कस्मैचिद् आरुह् **in caus.** (-रोपयति -यितुं), पिशुन **(nom.** पिशुनयति -यितुं).—**(To calumniate)** परिवद् **(c. 1.** -वदति -वदितुं), अपवद्, कलङ्कं कृ, मिथ्याभियोगं कृ.

Belief, ***s.*** **(Credence)** प्रत्ययः, विश्वासः, विश्रम्भः, प्रमाणं. —**(Religious belief)** श्रद्धं -द्धा, भक्तिः ***f.,*** विश्वासः.

—**(Opinion)** मतिः *f.,* वुद्धिः *f.,* बोधः—**(The thing believed in, tenet)** मतं; **'my belief is,'** मन्ये.

Believable, *a.* विश्वास्यः -स्या -स्यं, श्रद्धेयः -या -यं, विश्वासयोग्यः -ग्या -ग्यं.

***To* believe,** *v. a.* **(To give credit to)** प्रती **(c. 2.** प्रत्येति, प्रत्येतुं), प्रत्ययीकृ.—**(To have religious belief in)** विश्वस् **(c. 2.** -श्वसिति -श्वसितुं) **with loc. c.**

***To* believe,** *v. n.* **(To exercise religious faith)** श्रद्धा **(c. 3.** -दधाति -धातुं), विश्वासं कृ, प्रत्ययं कृ.—**(To believe in, hold as an object of faith)** विश्वस् **(c. 2.** -श्वसिति -श्वसितुं) **with loc. c.**—**(To think)** मन् **(c. 4.** मन्यते, मन्तुं).

Believed, *p. p.* विश्वसितः -ता -तं, विश्वस्तः स्ता -स्तं, प्रतीतः -ता -तं.

Believer, *s.* श्रद्धान्वितः, आस्तिकः, प्रत्ययी *m.* (न्), विश्वासी *m.* (न्).

Believing, *a.* श्रद्धानः -ना -नं, श्रद्धालुः -लुः -लु, श्राद्धः -द्धा -द्धं, श्रद्धावान् -वती -वत् (त्), जातविश्वासः -सा -सं, विश्वासी -सिनी -सि (न्), प्रत्ययी -यिनी -यि (न्).

Belike, *adv.* अपिनाम, किंस्वित्, किल, स्यात्.

Bell, *s.* घण्टा, घण्टिका, घनं.—**(Tinkling ornaments)** किङ्किणी; **'to ring a bell,'** घण्टां हन् **(c. 2.,** हन्ति, हन्तुं) **or** तद् **(c. 10.** ताडयति -यितुं) **or** वद् **in caus.** (वादयति -यितुं); **'bell-shaped,'** घण्टाकारः -रा -रं.

Bell-clapper, *s.* घण्टावादकः, घण्टाकोणः, घण्टाभ्यन्तरे लम्बमान् इतस्ततो दोलायमानस् तद्वादनयोग्यो लवङ्गाकारः कोणः, घण्टाभ्यन्तरे लग्नः स्थूलशिरस्को मुसलाकार आयसकीलो येन इतस्ततो लोलमाना घण्टा वाद्यते.

Belle, *s.* सुन्दरी *f.,* सुरूपी *f.,* रूपवती *f.,* सुवेशिनी *f.,* प्रमदा.

Belles-letters, *s.* अलङ्कारविद्या, रसविद्या, रसिका विद्या, वाङ्मयं.

Belligerent, *a.* युध्यमानः -ना -नं, रणशीलः -ला -लं, युयुत्सुः -त्सुः -त्सु.

Bellipotent, *a.* रणवीरः -रा -रं, विक्रमी -मिणी -मि (न्), महावीर्य्यः -र्य्या -र्य्यं.

Bell-metal, *s.* कांस्यं, घण्टाशब्दं, घोषः, ताम्रार्द्धं, घोरपुष्पः, पीतलोहं,

***To* bellow,** *v. n.* गर्ज् **(c. 1.** गर्जति, गर्जितुं), नर्द् **(c. 1.** नर्दति, नर्दितुं), विनर्द्, रस् **(c. 1.** रसति, रसितुं), रु **(c. 2.** रौति, रवितुं), विरु, संरु; रट् **(c. 1.** रटति, रटितुं), गज् **(c. 1.** गजति, गजितुं), हम्भ **(nom.** हम्भायते -यितुं).

Bellowed, *p. p.* गर्ज्जितः -ता -तं, नर्दितः -ता -तं, प्रणर्दितः -ता -तं.

Bellowing, *s.* गर्ज्जनं, नादः, रुतं, नर्दनं, नर्दितं.

Bellows, *s.* भस्त्रा, भस्त्रका, चर्म्मप्रसेवकः -विका, व्यजनं, दृतिः *f.*

Bell-ringer, *s.* घण्टाताडः -ढकः, घण्टावादकः, घण्टावादयिता *m.* (तृ).

Belluine, *a.* पाशवः -वी -वं, पशुशीलः -ला -लं, अमानुषः -षी -षं.

Belly, *s.* उदरं, जठरं -रा, कुक्षिः *m.,* पिचिण्डः, पिचण्डः, तुन्दं, तुन्दि *n.*

***To* belly or belly-out,** *v. n.* **(To swell out, bulge out)** उदरवत् **or** उदररूपेण लम्ब् **(c. 1.** लम्बते, लम्बितुं) **or** पॄ **in pass.** (पूर्य्यते).

Belly-ache, *s.* उदरवेदना, उदरामयः.

Belly-band, *s.* उदरत्राणं, उदरदाम *n.* (न्), अवसक्तिका.

Belly-bound, *a.* आनद्धः -द्धा -द्धं, निबद्धः -द्धा -द्धं, बद्धोदरः -रा -रं.

Belly-full, *s.* उदरपूरणं, पिचिण्डपूरणं, जठरपूरणं.

Belly-god, *s.* उदरम्भरिः *m.,* कुक्षिम्भरिः *m.,* औदरिकः, उदरकामुकः, आत्मम्भरिः *m.*

Belly-worms, *s. pl.* उदरावेष्टः, मीवा, कृमिः *m.,* क्रिमिः *m.*

Belman, *s.* घोषकः, घण्टाधरः, घण्टाताडनपूर्व्वकं घोषणाकर्त्ता *m.,* वैबोधिकः.

To* belong,** *v. n.* **(To be one's own property)** आत्मीयः -या -यं. **or** स्वकीयः -या -यं **or** स्वाधीनः -ना -नं अस्. **But the sense of 'belonging' is more usually expressed by the use of the roots** अस् **or** भू **or** विद् **with the gen. c.; as, 'money belong to me,'** मम धनं विद्यते **or** अस्ति. —**(To have relation to)** सम्बन्ध् **in pass.** (-बध्यते). —**(To be fit, or becoming)** युज् **in pass.** (युज्यते); **'this belongs to me,'** ***i.e. **'this is my business,'** मम अयं व्यापारः.

Belonging, *part.* सम्बन्धी -धिनी -न्धि (न्), सम्बन्धकः -का -कं.

Beloved, *a.* प्रियः -या -यं, सुप्रियः -या -यं, दयितः -ता -तं, इष्टः -ष्टा -ष्टं, अभीष्टः -ष्टा -ष्टं, इष्टतमः -मा -मं, प्रेष्ठः -ष्ठा -ष्ठं, प्रीतः -ता -तं, हृद्यः -द्या -द्यं, वल्लभः -भा -भं, अभीप्सितः -ता -तं.—**(Dear as one's life)** असुसमः -मा -मं, प्राणैर् गरीयान् -यसी -यः (स्).

Below, ***prep.*** **(Under in place)** अधम्, अधस्तात्, तले, नीचे, अधोऽधस्; **'below the bed.** खट्वातले **or** खट्वाऽधः. —**(Inferior, beneath)** अवरः -रा -रं, अधःस्थः -स्था -स्थं, अवरतस्, अवरस्तात्, अधरेण, अधरात्, अधरतस्, अधरस्तात्. —**(Unworthy of)** अयोग्यः -ग्या -ग्यं, अनर्हः -र्हा -र्हं. —**(Subject to)** अधीनः -ना -नं.—**(Less than)** ऊनः -ना

Below 66 Benficiary

–नं; **'below two years of age,'** ऊनद्विवार्षिकः **or** अप्राप्तद्वितीयवर्षः.

Below, *adv.* अधस्, नीचे, नीचकैस्, अधःस्थाने, अधोभागे, अधःस्थः–स्था –स्थं.–**(On earth, as opposed to heaven)** इहलोके इह.–**(In hell)** अधोलोके, अधोभुवने.

Belrope, *s.* घण्टारज्जुः ***m.,*** घण्टासूत्रं; अधुनातनगृहेषु घण्टावादने प्रयुक्तं सूत्रं.

Belt, *s.* मेखला, काञ्ची, कटिसूत्रं, शृङ्खलं –ला, रसना.

To* belt, *v. a. मेखलारूपेण परिवेष्ट् **(c. 1.** –वेष्टते –वेष्टितुं).

Belwether, *s.* यो मेषश् चरन् चरन् कण्ठलग्नां घण्टां वादयति एवम्प्रकारेण च मेषयूथम् एकत्र करोति सः; मेषयूथाग्रगः, मेषयूथपः.

To* bemangle, *v. a. व्रश्च् **(c. 6.** वृश्चति, व्रश्चितुं, व्रष्टुं), प्रव्रश्च्, खण्डशः कृ, खण्डं खण्डं कृ, शकलीकृ, व्यवछिद् **(c. 7.** –छिनत्ति –छेत्तुं).

To* bemire, *v. a. मलिन **(nom.** मलिनयति –यितुं), कलुष **(nom.** कलुषयति –यितुं), पङ्केन **or** मलेन दुप् **in caus.** (दृपयति –यितुं).

Bemired, *p. p.* मलदूषितः –ता –तं, मलपङ्की –ङ्किनी –ङ्कि (न्).

To* bemoan, *v. a. विलप् **(c. 1.** –लपति –लपितुं), अनुशुच् **(c. 1.** –शोचति –शोचितुं), परिदेव् **(c. 1.** –देवते –देवितुं), लप् **in freq.** (लालप्यते).

Bemoaning, *s.* विलपनं, विलापः, परिदेवनं, क्रन्दितं, अनुशोचनं, रोदनं.

Bench, *s.* दीर्घासनं, दीर्घपीठं, आसनं, फलकः –कं; **'carpenter's bench,'** उद्घनः–**(Seat of justice)** धर्म्मासनं, विचारासनं.

Bencher, *s.* विचारकर्त्तृणां संसर्गे ज्येष्ठः **or** उत्तमपदप्राप्तः, सभ्यः, सभासद् ***m.***–**(Judge)** प्राड्विवाकः.

***To* bend, *v. a.* (To bow, inflect)** नम् **in caus.** (नामयति –यितुं), अवनम्, आनम्; नसीकृ.–**(To make crooked)** वक्रीकृ, जिह्म **(nom.** जिह्मयति –यितुं), अञ्च् **(c. 1.** अञ्चति, अञ्चितुं).–**(To direct towards)** आवृज् **in caus.** (–वर्जयति –यितुं).–**(To bend a bow)** धनुर् विस्फुर् **in caus.** (–स्फारयति –यितुं) **or** आयम् **(c. 1.** –यच्छति –यन्तुं). –**(To bend the brow)** भूभङ्गं कृ.–**(To bend the mind)** मनः प्रविश् **in caus.** (–वेशयति –यितुं).–**(To subdue)** वशीकृ.

***To* bend, *v. n.* (To be incurvated)** नम् **(c. 1.** नमति, नन्तुं), अवनम्, आनम्; नम्रीभू, वक्रीभू.–**(To be bent or resolved on)** कृतनिश्चयः –या –यं **or** दृढनिश्चयः –या –यं. **or** सुनिश्चितः –ता –तं अस्.–**(To be submissive)** आनतः –ता –तं **or** वश्यः –श्या –श्यं भू.

Bend, *s.* (Incurvation) नतिः ***f.,*** वक्रता, जिह्मता, वक्रिमा ***m.*** (न्), कुञ्चनं, अवकुञ्चनं, भङ्गी.–**(Bend of a river)** वक्रं, वङ्कः, पुटभेदः, भङ्गुरः.

Beneath, *prep.* (Lower in place) अधस्, अधस्तात्, तले, नीचे, अधोऽधस्, अधरस्तात्, अधरतस्, अधरात्; **'beneath the tree,'** वृक्षतले **or** वृक्षस्याधस्तात्; **'the water beneath the earth,'** धरण्या अधःस्थं तोयं.–**(Inferior)** अवरः –रा –रं, अवरतस्, अवरस्तात्.–**(Unbeseeming)** अयोग्यः –ग्या –ग्यं, अनर्हः –ही –र्हं.

Beneath, *adv.* अधस्, नीचे, अधःस्थाने, नीचस्थाने, अधःस्थः –स्था –स्थं; **'the earth beneath,'** नीचस्था पृथिवी.

Benediction, *s.* आशीः ***f.*** (स्), आशीर्वचनं, आशीर्वादः, स्वस्ति ***ind.*** धन्यवादः.–**(Praise)** स्तवः, स्तुतिः ***f.,***–**(The advantage conferred)** मङ्गलं, धन्यत्वं, वरः.

Benedictory, *a.* सौवस्तिकः –की –कं, स्वस्तिमान् –मती –मत् (त्), माङ्गलिकः –की –कं.

Benefaction, *s.* उपकारः, उपकृतं, उपकारकत्वं, हितं, प्रसादः.

Benefactor, *s.* हितकरः, उपकर्त्ता ***m.*** (र्त्तृ), उपकारकः, उपकारी ***m.*** (न्), उपकारकरः, कृतोपकारः, प्रियकृत्, प्रियकारः, परवाञ्छापूरकः.

Benefactress, *s.* हितकरी, उपकारिणी, उपकर्त्री, प्रियकारी.

Benefice, *s.* धर्म्माध्यापकवृत्तिः ***f.,*** धर्म्मशिक्षकवृत्तिः ***f.,*** धर्म्माध्यापकप्रतिपत्ति ***f.,***

Beneficence, *s.* परोपकारकत्वं, परोपकारः, उपकारशीलता, दानशीलता, दया, कृपा, स्थूललक्ष्यत्वं, त्यागशीलता, त्यागिता.

Beneficient, *a.* परोपकारकः –का –कं, परोपकारी –रिणी –रि (न्), उपकारशीलः –ला –लं, उपकारपरः –रा –रं, हितकरः –री –रं, दानशीलः –ला –लं, त्यागशीलः –ला –लं, स्थूललक्ष्यः –क्ष्या –क्ष्यं, प्रियकारः –री –रं, प्रियङ्करः –री –रं, दयाकरः –रा –रं.

Beneficently, *adv.* हितकरवत्, प्रियकरवत्, वदान्यवत्, स्थूललक्ष्यतया, दयापूर्व्वं.

Beneficial, *a.* हितः –ता –तं, फलवान् –वती –वत् (त्), सफलः –ला –लं, सोपकारः –रा –रं, हितवान् –वती –वत् (त्) अर्थकरः –री –रं, उपकारकः –का –कं, उपकारी –रिणी –रि (न्), लाभवान् –वती –वत् (त्), लाभजनकः –का –कं, अर्थजनकः –का –कं, –**(Medicinally wholesome)** पथ्यः –थ्या –थ्यं, औषधीयः –या –यं.

Beneficially, *adv.* सोपकारं, सफलं, सलाभं, सार्थं, फलाय, लाभाय.

Benficiary, *a.* पराधीनः –ना –नं, पराश्रितः –ता तं, परतन्त्रः –न्त्रा –न्त्रं, –**(One who holds a benefice)** धर्म्माध्यापनवृत्तिभागी ***m.*** (न्).

Benefit, ***s.*** **(Favour conferred)** हितं, उपकारः, उपकृतं, उपकारकत्वं -ता, अनुग्रहः, प्रसादः, मङ्गलं.—**(Advantage, profit)** फलं, लाभः, अर्थः; **'for the public benefit,'** प्रजार्थं.

To **benefit,** ***v. a.*** उपकृ **(c. 8.** -करोति -कुरुते -कर्त्तुं) **with loc. or acc. c.,** हितं कृ, अनुग्रह् **(c. 9.** -गृह्णाति -ग्रहीतुं), उपचर् **(c. 1.** -चरति -चरितुं), फलं **or** लाभं दा **(c. 3.** ददाति, दातुं).

To **benefit,** ***v. n.*** उपकारं **or** फलं **or** लाभं **or** हितं प्राप् **(c. 5.** -आप्नोति -आप्तुं).

Benefitted, ***p. p.*** उपकृतः -ता -तं, कृतोपकारः -रा -रं, कृतलाभः -भा -भं.

Benevolence, ***s.*** परिहतेच्छा, हितेच्छा, प्रेम ***n.*** (न्), दयालुत्वं, परोपकारशीलता, हितकाम्या, सौजन्यं, परावाञ्छापूरणं, दया, कृपा.

Benevolent, ***a.*** हितकामः -मा -मं, परहितैषी -षिणी -षि (न्), परोपकारशीलः -ला -लं, हितप्रेप्सुः -प्सुः -प्सु, प्रियैषी -षिणी -षि (न्), परहितः -ता -तं, उपकारपरः -रा -रं, दयालुः -लुः -लु, सुशीलः -ला -लं, सुहृदयः -या -यं.

Benevolently, ***adv.*** सुशीलवत्, प्रेम्ना, प्रियं, दयापूर्व्वं, सद्भावात्, कृपया.

Bengal, ***s.*** **(The country)** बङ्गः.—**(Belonging to it)** बाङ्गः -ङ्गी -ङ्गं.

To **benight,** ***v. a.*** तिमिर **(nom.** तिमिरयति -यितुं), तमसा प्रच्छद् **in caus.** (-छादयति -यितुं).

Benighted, ***p. p.*** निशाक्रान्तः -न्ता -न्तं, रात्रिग्रस्तः -स्ता -स्तं, तमोवृतः -ता -तं, तमोवृतः -ता -तं, सन्तमसः -सा -सं, तमसाच्छन्नः -न्ना -न्नं.

Benign, benignant, ***a.*** प्रियः -या -यं, हितः -ता -तं, प्रीतः -ता -तं, दयाशीलः -ला -लं, दयालुः -लुः -लु, सुशीलः -ला -लं, कृपालुः -लुः -लु. मृदुः -द्वी -दु, प्रेमपरः -रा -रं.

Benignity, ***s.*** प्रियता, प्रेम ***n.*** (न्), प्रीतिः ***f.,*** स्नेहः, दया, कृपा, कृपालुत्वं, मृदुता, मार्द्दवं, दयालुत्वं, अनुग्रहः.—**(Wholesomeness)** पथ्यता.

Benignly, adv. प्रियं, प्रीत्या, दयापूर्व्वं, कृपया, सद्भावात्, प्रसादात्.

Benison, ***s.*** आशीः ***f.*** (स्), आशीर्वचनं, स्वस्ति ***ind.,*** धन्यवादः.

Benjamin, ***s.*** कालानुसार्य्यं, शैलनिर्य्यासः, शिलारसः, शिलाजं, वस्तान्त्री.

Bent, ***s.*** **(Curvature)** नतिः ***f.,*** वक्रता, नम्रत्वं, जिह्मता, वक्रिमा ***m.*** (न्), कुञ्चनं.—**(Declivity)** प्रवणः, पातुकः.—**(Inclination)** शीलः, भावः, स्वभावः, प्रकृतिः ***f.,*** वाञ्छा, इच्छा —**(Determination)** निश्चयः.—**(Purpose)** चिकीर्षितं, अभिप्रायः.—**(Application of mind)** मनःप्रवेशः.—**(A kind of grass)** दुर्व्वा, शकुलाक्षकः.

Bent, ***p. p.*** नतः -ता -तं, नामितः -ता -तं, प्रणतः -ता -तं, नम्रः -म्रा -म्रं, परिणतः -ता -तं,भुग्नः -ग्ना -ग्नं, अवभुग्नः -ग्ना -ग्नं, विभुग्नः -ग्ना -ग्नं, रुग्नः -ग्ना -ग्नं, वक्रिमः -मा -मं, प्रवणः -णा -णं, प्रह्वः -ह्वा -ह्वं, कुञ्चितः -ता -तं, आकुञ्चितः -ता -तं, अवाग्रः -ग्रा -ग्रं.

To **benumb,** ***v. a.*** जडीकृ, मुह् **in caus.** (मोहयति -यितुं), स्तम्भ् **(c. 5.** स्तभ्नोति, **c. 9.** स्तभ्नाति, स्तम्भितुं).

Benumbed, ***p. p.*** शीताकुलः -ला -लं, जडीकृतः -ता -तं, जडीभूतः -ता -तं, स्तम्भितः -ता -तं, सुप्तत्वक् ***m. f. n.*** (च्).

Benzoi ***s.*** कालानुसार्य्यं, अश्मपुष्पं, शीतशिवं, वृद्धं, शैलं, वस्तान्त्री, शिलाजं, शिलाभवं, शैलनिर्य्यासः.

To **bepaint,** ***v. a.*** चित्र् **(c. 10.** चित्रयति -यितुं), रञ्ज् **in caus.** (रञ्जयति -यितुं).

To **bepiss,** ***v. a.*** अवमूत्र् **(c. 10.** -मूत्रयति -यितुं).

To **bequeath,** ***v. a.*** प्राग् मरणात् **or** मरणात् पूर्व्वं **or** आसन्ने मरणकाले नियमपत्रेण स्वरिक्थं दायादादिभ्यः प्रदा **(c. 1.** -यच्छति -दातुं) **or** प्रतिपद् **in caus.** (-पादयति -यितुं) **or** समृ **in caus.** (-अर्पयति -यितुं).

Bequeathed, ***p. p.*** रिक्थहारिने प्रदत्तः -त्ता -त्तं **or** प्रत्तः -त्ता -त्तं **or** प्रतिपादितः -ता -तं.

Bequest, ***s.*** मुमूर्षुदानं, उत्तरदानं, आसन्ने मरणकाले दायादादिभ्यो रिक्थप्रदानं.

To **bereave,** ***v. a.*** वियुज् **in caus.** (-योजयति -यितुं), विप्रयुज् **with abl. or inst. c.,** अपहृ **(c. 1.** -हरति -हर्त्तुं), अपनी **(c. 1.** -नयति -नेतुं). भ्रंश् **in caus.** (भ्रंशयति -यितुं). —**(To be bereaved)** हा **in pass.** (हीयते), परिहा **in pass. with inst. c.,** भ्रंश् **(c. 4.** भ्रश्यति, भ्रंशितुं) **with abl. c.,** वियुज् **in pass.** (-युज्यते).

Bereaved or bereft, ***a.*** हीनः -ना -नं, रहितः -ता -तं, वर्ज्जितः -ता -तं, हृतः -ता -तं, अपहृतः -ता -तं, परित्यक्तः -क्ता -क्तं, वियुक्तः -क्ता -क्तं; **'bereft of money,'** धनहीनः -ना -नं; **'bereft of one' all,'** हृतसर्व्वस्वः; **'bereft of life,'** हतजीवितः -ता -तं, **Often expressed by** गत **in the first member of a compound; as, 'bereft of feeling,'** गतचेतनः -ना -नं.

Bereavement, ***s.*** हानिः ***f.,*** वियोगः, विप्रयोगः, अपहारः, अपचयः.

Bergamot, ***s.*** फलभेदः, सुगन्धविशिष्टो निर्य्यासविशेषः.

To **berhyme,** ***v. a.*** उपगीतं -तां -तं कृ, कवि **(nom.** कव्यति).

Berry, ***s.*** वीजपूर्णं गुटिकाकारं क्षुद्रफलं, गुटिका, गुली.

Beryl, ***s.*** गोमेदः, गोमेदकः -कं.

To* bescatter, *v. a. अवकॄ **(c. 6.** -किरति -करितुं, करीतुं), पर्य्यवकॄ.

To* beseech, *v. a. प्रार्थ् **(c. 10.** -अर्थयते -यितुं), अभ्यर्थ्, सम्प्रार्थ्; विनयेन प्रार्थ्, विनी **(c. 1.** -नयति -नेतुं), याच् **(c. 1.** याचति -ते, याचितुं), अभियाच्. प्रयाच्, सम्प्रयाच्; प्रसद् **in caus.** (-सादयते -यितुं).

Beseeched, *p. p.* विनयेन प्रार्थितः -ता -तं, अभ्यर्थितः -ता -तं, याचितः -ता -तं.

Beseecher, *s.* प्रार्थकः, प्रार्थयिता ***m.*** (तृ), अर्थी ***m.*** (न्), याचकः.

To* beseem, *v. a. युज् **in pass.** (युज्यते), उपपद् **(c. 4.** -पद्यते, पत्तुं) **with loc. c.**

Beseemly, *a.* युक्तः -क्ता -क्तं, योग्यः -ग्या -ग्यं, यथोचितः -ता -तं.

***To* beset, *v. a.* (To besiege)** रुध् **(c. 7.** रुणद्धि, रोद्धुं), उपरुध्, आक्रम् **(c. 1.** -क्रामति -क्रमितुं).**—(To surround)** परिवेष्ट् **(c. 1.** -वेष्टते -वेष्टितुं), उपवेष्ट्, संवेष्ट्; परिष्ठा **(c. 1.** -तिष्ठति -ते -स्थातुं), पर्य्युपस्था.**—(To embarrass)** आकुलीकृ, बाध् **(c. 1.** बाधते, बाधितुं), परिक्लिश् **(c. 9.** -क्लिश्नाति -क्लेष्टुं).

Beset, *p. p.* रुद्धः -द्धा -द्धं, उपरुद्धः, -द्धा -द्धं, वेष्टितः -ता -तं, परिवेष्टितः -ता -तं, आक्रान्तः -न्ता -तं, परिगतः -ता -तं, अभिपरिप्लुतः -ता -तं, वाधितः -ता -तं, परीतः -ता -तं, अभिपरीतः -ता -तं.

To* beshrew, *v. a. दुर्भाग्यं **or** अमङ्गलं प्रार्थ् **(c. 10.** -अर्थयते -यितुं), धिक्कृ.

Beside or besides, *prep.* (At the side of) पार्श्वे, पार्श्वतस्, निकटे, समीपे, सन्निधाने, अभितस्; **'beside the river,'** नदीतीरे, नदीसमीपे,**—(Over and above)** अधिकं, व्यतिरिक्तं, अन्तरेण, मुक्त्वा.**—(Except)** ऋते **with abl. or acc.,** विना **with inst. or acc.—(Beside one's self)** हतज्ञानः -ना -नं, उपहतबुद्धिः -द्धिः -द्धि, उन्मत्तः -त्ता -त्तं.

Beside or besides, *adv.* अपरञ्च, अपरं, अन्यच्च, अपिच, किञ्च, अधिकन्तु, अधिकं; **'are there any here besides?'** किम् अत्र अपरे सन्ति.

To* besiege, *v. a. रुध् **(c. 7** रुणद्धि, रोद्धुं), अवरुध्, उपरुध्, परिवेष्ट् **(c. 1.** -वेष्टते -वेष्टितुं), आक्रम् **(c. 1.** -क्रामति -क्रमितुं), बाध् **(c. 1.** बाधते, बाधितुं).

Besieged *part. a.* रुद्धः -द्धा -द्धं, परिवेष्टितः -ता -तं, बाधितः -ता -तं.

Besieger, *s.* अवरोधकः रोधी ***m.*** (न्), अवरोधी ***m.*** (न्), वेष्टकः, बाधकः.

To* beslave, *v. a. वशीकृ, दासीकृ, करदीकृ, दम् **in caus.** (दमयति -यितुं)

To* besmear, *v. a. लिप् **(c. 6** लिम्पति -ते -लेप्तुं), आलिप् समालिप्, उपलिप्, अञ्ज् **(c. 7.** अनक्ति, अंक्तुं), **or caus.** (अञ्जयति -यितुं), दिहं **(c. 2.** देग्धि, देग्धुं), प्रदिह्.

Besmeared, *p. p.* लिप्तः -प्ता -प्तं, विलिप्तः -प्ता -प्तं, उपलिप्टः -प्ता -प्त, अभ्यक्तः -क्ता -क्तं, दिग्धः -ग्धा -ग्धं; **'besmeared with blood,'** रक्ताक्तः -क्ता -क्तं, शोणिताक्तः -क्ता -क्तं, शोणितोक्षितः -ता -तं.

Besom, *s.* मार्जनी, सम्मार्जनी, शोधनी, विमार्गः, ऊहनी, समूहनी.

To* besort, *v. a. युज् **in pass.** (युज्यते), उपपद् **(c. 4.** -पद्यते -पत्तुं).

To* besort, *v. a. मुह् **in caus.** (मोहयति, -यितुं), जडीकृ, मूढीकृ.

Besotted, *p. p.* मूढचेताः -ता -तः (स्), मूढबुद्धिः -द्धिः -द्धि, मूढात्मा -त्मा -त्म (न्), प्रमूढसंज्ञः -ज्ञा -ज्ञं, मोहितः -ता -तं, जडीकृतः -ता -तं.

Besottedness, *s.* मोहः, सम्मोहः, मूढता, जडता, जडिमा ***m.*** (न्).

To* bespangle, *v. a. नक्षत्राकारैर् भूपणैर् अनुव्यध् **(c. 4.** -विध्यति -व्यद्धुं) **or** शुभ् **in caus.** (शोभयति -यितुं), उपशुभ्.

To* bespatter, *v. a. पङ्केन **or** मलेन सिच् **(c. 6** सिञ्चति -ते, सेक्तुं), अवसिच्, **or** अवकृ **(c. 6.** -किरति -करितु -करीतुं), अभ्यवकृ **or** उक्ष् **(c. 1.** उक्षति उक्षितुं), प्रोक्ष्; मलिन **(nom.** मलिनयति -यितुं), कलुष **(nom.** कलुषयति -यितुं), कलङ्क **(nom.** कलङ्कयति -यितुं).

Bespattered, *p. p.* मलदूषितः -ता -तं, कलङ्कितः -ता -तं, कलुषितः -ता -तं.

***To* bespeak, *v. a.* (To order beforehand)** प्रख्या **(c. 2.** -ख्याति -ख्यातुं), पूर्व्वादिशं कृ; अग्रनिवेदनं कृ; मम पूर्व्वभुक्तिः स्यादिति वद् **(c. 1.** वदति, वदितुं).**—(To betoken, indicate)** सूच् **(c. 10.** सूचयति -यितुं), प्रदिश् **(c. 6.** -दिशति -देष्टुं).**—(To forebode)** अग्रनिरूपणं कृ, प्रदृश् **in caus.** (-दर्शयति -यितुं).

To* bespeckle, *v. a. चित्र् **(c. 10.** चित्रयति -यितुं), शवलीकृ, कर्व्वुरीकृ.

To* bespit, *v. a. निष्ठीव् **(c. 1.** -ष्ठीवति -ष्ठेवितुं), अवनिष्ठीव्.

Bespoken, *p. p.* प्रख्यातः -ता -तं, पूर्व्वादिष्टः -ष्टा -ष्टं, अग्रनिवेदितः -ता -तं.**—(Any commodity bespoken)** प्रख्यातभाण्डं.

Bespread, *p. p.* आस्तीर्ण -र्णा -र्णं, आवृतः -ता -तं, परिच्छन्नः -न्ना -न्नं.

To* besprinkle, *v. a. सिच् **(c. 6.** सिञ्चति -ते, सेक्तुं), अवसिच् निषिच्, संसिच्, अवकृ **(c. 6** -किरति -करितुं -करीतुं),

अभ्यवकृ, पर्यवकृ, समवकृ, उक्ष (**c. 1.** उक्षति, उक्षितुं), अभ्युक्ष्, प्रोक्ष; क्लिद् **in caus.** (क्लेदयति -यितुं).

Besprinkled, *p. p.* सिक्तः -क्ता -क्तं, उक्षितः -ता -तं, प्रोक्षितः -ता -तं.

Best (superl. of good), *a.* सर्व्वोत्तमः -मा -मं, उत्तमः, -मा -मं, अनुत्तमः -मा -मं, सत्तमः -मा -मं, श्रेष्ठः -ष्ठा -ष्ठं, सर्व्वश्रेष्ठः -ष्ठा -ष्ठं, परमः -मा -मं, परः -रा -रं, भद्रतमः -मा -मं, अर्हत्तमः -मा -मं, प्रवरः -रा -रं, प्रशस्तः -स्ता -स्तं, अग्रिमः -मा -मं, परार्द्धः -र्द्धा -र्द्धं; **'which is the best of these?'** एतेषां को भद्रतमः; **'best beloved,'** इष्टतमः -मा -मं. **Any thing the best of its kind may sometimes be expressed by** रत्नं.

Best (superl. of well), *adv.* उत्तमं, श्रेष्ठं, सत्तमं, श्रेष्ठतस्.

Bestained, *p. p.* कलङ्कितः -ता -तं, दूषितः -ता -तं, परिमलितः -ता -तं.

***To* bestead, *v. a.* (To profit)** फलाय **or** लाभाय भू **or** अस्.

Bestial, *a.* पाशवः -वी -वं, पशुशीलः -ला -लं, पशुव्यवहारः -रा -रं, पशुसदृशः -शी -शं, अमानुषः -षी -षं, क्रूराचारः -रा -रं.

Bestiality, *s.* पशुता -त्वं, पशुशीलता, अमनुष्यता, क्रूराचारत्वं, पशुगमनं.

To bestialize, *v. a.* पशूकृ, पशुसदृशं -शीं -शं कृ.

Bestially, *adv.* पशुवत्, पशुरूपेण, पशुव्यवहारानुसारात्, मानुषाचारविरुद्धं.

To* bestir one's Self, *v. r. चेष्ट् (**c. 1.** चेष्टते, चेष्टितुं), विचेष्ट्, आत्मानं चेष्ट् **in caus.** (चेष्टयति -यितुं), यत् (**c. 1.** यतते, यतितुं), प्रयत्, घट् (**c. 1.** घटते, घटितुं), व्यवसो (**c. 4.** -स्यति -सातुं), उद्यमं **or** उत्साहं कृ.

***To* bestow, *v. a.* (To give)** दा (**c. 3.** ददाति, **c. 1.** यच्छति, दातुं), प्रदा, अभिदा, अनुदा, वितृ (**c. 1.** -तरति -तरितुं -तरीतुं), प्रतिपद् **in caus.** (-पादयति -यितुं), उपपद्; निक्षिप् (**c. 6.** -क्षिपति -क्षेप्तुं); उपाकृ.—**(To apply, lay out)** प्रयुज् (**c. 7.** -युनक्ति -युंक्ते योक्तुं), उपयुज्; निधा (**c. 3.** -दधाति -धातुं).—**(To give in marriage)** कन्यां प्रदा

***To* bestow one's self, *v. r.* (Attend to)** सेव् (**c. 1.** सेवते, सेवितुं). उपसेव्; आस्था (**c. 1.** -तिष्ठति -स्थातुं), मनो निविश् **in caus.** (-वेशयति -यितुं).

Bestowed, *p. p.* दत्तः -त्ता -त्तं, प्रदत्तः -त्ता -त्तं. प्रत्तः -त्ता -त्तं, निहितः -ता -तं, विश्राणितः -ता -तं, प्रतिपादितः -ता -तं, निक्षिप्तः -प्ता -प्तं, वितीर्णः -र्णा -र्णं.

Bestower, *s.* दाता ***m.*** (तृ), प्रदाता ***m.*** (तृ), प्रदः **or** दः **in comp.**

Bestraught, *p. p.* चिन्ताकुलः -ला -लं, व्यग्रः -ग्रा -ग्रं, उपहतबुद्धिः -द्धिः -द्धि.

To* bestrew, *v. a. आस्तृ (**c. 5.** -स्तृणोति -स्तरितुं -स्तरीतुं).

***To* bestride, *v. a.* (A horse)** पादौ **or** जङ्घे पृथक्कृत्वा अश्वम् आरुह (**c. 1.** -रोहति -रोढुं), अधिरुह्, अध्यारुह्; अधिक्रम् (**c. 1.** -क्रामति -क्रमितुं); **'bestriding a horse,'** अश्वारूढः.

To* bestud, *v. a. गण्डादिभूषणैर् अनुव्यध् (**c. 4.** -विध्यति -व्यद्धुं) **or** खच् (**c. 10** खचयति -यितुं).

Bestudded *p. p.* अनुविद्धः -द्धा -द्धं, खचितः -ता -तं, प्रत्युप्तः -प्ता -प्तं.

Bet, *s.* (Wager) पणः, प्रतिज्ञा, आक्षिकपणः.

To* bet, *v. n. पण् (**c. 1.** पणते, पणितुं,), विपण; दिव् (**c. 4.** दी[illegible]ति, देवितुं).

To* betake one's self, *v. n. आश्रि (**c. 1.** -श्रयति -ते -श्रयितुं), अभिश्रि, उपाश्रि, संश्रि, समुपाश्रि.

Betel, *s.* (Nut) ताम्बूलं, पूगं, उद्वेगं, पूगफलं.—**(The plant)** ताम्बूली, ताम्बूलवल्ली, नागवल्ली.—**(A seller of it)** ताम्बूलिकः.—**(Relating to it)** ताम्बूली -लिनी -लि (न्). —**(Betel box)** पूगपात्रं, ताम्बूलपेटिका.—**(Betel-bearer)** ताम्बूलवाहकः, ताम्बूलदः, वाग्गुलिः. ***m.***

To* bethink one's self, *r. r. अनुचिन्त् (**c. 10.** -चिन्तयति -यितुं), सञ्चिन्त्, अनुध्यै (**c. 1.** -ध्यायति -ध्यातुं), विमृश् (**c. 6.** -मृशति -मर्ष्टुं -म्रष्टुं), अनुबुध (**c. 4.** -बुध्यते -बोद्धुं), अनुस्मृ (**c. 1.** -स्मरति -स्मर्त्तुं).

To* bethump, *v. a. तद् (**c. 10.** ताडयति -यितुं), प्रहृ (**c. 1.** -हरात -हर्त्तुं).

To* betide, *v. n. सम्भू (**c. 1.** -भवति -भवितुं), उपस्था (**c. 1.** -तिष्ठति -स्थातुं). निपत् (**c. 1.** -पतति -पतितुं), सम्पद् (**c. 4.** -पद्यते -पत्तुं), घट् (**c. 1.** घटते, घटितुं); **'may good betide you,'** भद्रं ते भूयात्; **'woe betide you,'** अवग्राहस्ते **or** अजीवनिस्ते **or** अकरणिस्ते भूयात्.

Betimes, *adv.* प्रभाते, सकालं, प्रातर्, व्युष्टं, प्रत्यूषे, समया, समये, उपयुक्तसमये, वेलायां.

To* betoken, *v. a. सूच् (**c. 10.** सूचयति -यितुं), प्रदिश् (**c. 6.** -दिशति -देष्टुं), सन्दिश्; अभिदृश् **in caus.** (-दर्शयति -यितुं).—**(To foreshew)** प्रदृश् **in caus.; 'betokening,'** सूचकः -का -कं, वाचकः -का -कं.

To* betoss, *v. a. क्षुभ् **in caus.** (क्षोभयति -यितुं), क्षिप् (**c. 6.** क्षिपति, क्षेप्तुं).

To* betray, *v. a. परहस्तेषु **or** शत्रुकरेषु **or** शत्रुपाणिषु **or** अन्येषां करेषु समृ **in caus.** (-अर्पयति -यितुं), परादा (**c. 3.** -ददाति -दातुं), प्रदा, वञ्च् (**c. 10.** वञ्चयते -यितुं), विश्वासघातं **or** विश्वासभङ्गं कृ, खण्ड् (**c. 10.** खण्डयति -यितुं), शत्रोरायत्तं -त्ता -त्तं कृ.—**(To shew, discover)** सूच् (**c. 10.** सूचयति -यितुं); दृश् **in caus.** (दर्शयति -यितुं), पिशुन (**nom.** पिशुनयति -यितुं), व्यक्तीकृ, प्रकटीकृ.—**(To betray secrets)** गोप्यानि प्रकाश् **in caus.** (-काशयति -यितुं), मन्त्रभेदं कृ.

Betrayed, ***p. p.*** शत्रुहस्तार्पितः -ता -तं, वञ्चितः -ता -तं, परादत्तः -त्ता -त्तं.

Betrayer, ***s.*** परहस्तार्पकः, वञ्चकः, विश्वासघातकः, प्रदाता ***m.*** (तृ).

To **betrim,** ***v. a.*** भूष् **(c. 10.** भूषयति -षितुं), अलङ्कृ, परिष्कृ.

To **betroth,** ***v. a.*** वाग्दानं कृ, नियमपत्रेण विवाहप्रतिज्ञां कृ, प्रतिज्ञापत्रेण विवाहसम्बन्धं कृ.

Betrothed, ***p. p.*** वाग्दत्तः -त्ता -त्तं, प्रदत्तः -त्ता -त्तं, प्रत्त -त्ता -त्तं, प्रतिज्ञाविवाहितः -ता -तं.—**(Woman)** वाग्दत्ता, प्रत्ता.

Betrothment, ***s.*** वाग्दानं, कन्याप्रदानं.

To **betrust,** ***v. a.*** परिदा **(c. 3.** -ददाति, -दातुं), नियुज् **in caus.** (-योजयति -यितुं), समृ **in caus.** (-अर्पयति -यितुं).

Better, (compar. of good), ***a.*** भद्रतरः -रा -रं, श्रेयान् -यसी -यः (स्), श्रेष्ठः -ष्ठा -ष्ठं, गरीयान् -यसी -यः (स्), प्रशस्तः -स्ता -स्तं, अर्हत्तरः -रा -रं, साधीयान् -यसी -यः (स्), ज्यायान् -यसी -यः (स्).

Better (compar. of well), ***adv.*** वरं, प्रशस्तं, श्रेयस्, भद्रतरं, भद्रतरप्रकारेण, श्रेष्ठं.—**(More)** अधिकं, अधिकतरं, अतिरिक्तं.—**(The better, the superiority)** श्रेष्ठता, श्रेयस्त्वं, प्रधानता, प्रमुखत्वं.—**(To get the better)** अभिभू, अतिरिच् **in pass.** (-रिच्यते).

To **better,** ***v. a.*** भद्रतरं -रां -रं कृ, श्रेयांसं -यसीं -यः कृ.—**(To advance)** वृध् **in caus.** (वर्धयति -यितुं), संवृध्, परिवृध्, एध् **in caus.** (एधयति -यितुं), समेध्.—**(To surpass)** अतिरिच् **in pass.** (-रिच्यते), अभिभू.

Betters, ***s. pl.*** **(Superiors)** श्रेष्ठाः ***m. pl.,*** प्रधानपुरुषाः ***m. pl.,*** उत्तमपुरुषाः ***m. pl.***

Betting, ***s.*** पणनं, पणकरणं, पणार्पणं, आक्षिकपणकरणं, प्रतिज्ञानं.

Bettor, ***s.*** पणकर्त्ता ***m.*** (र्त्तृ), पणकः, पणार्पकः.

Betty, ***s.*** द्वारकपाटादिभङ्गे सन्धिचौरैः प्रयुक्तं लोहयन्त्रं.

Between or betwixt, ***prep.*** मध्ये, अभ्यन्तरे, अन्तरेण, अन्तरे, अन्तर्, अन्तरा, मध्यतस्, मध्यस्थाने; **'the mediator between God and man,'** ईश्वरस्य माणुषाणाञ्च मध्ये मध्यस्थः. **Between is sometimes expressed by the gen. or inst. c.; as, 'there is a great different between a master and a servant,'** सेव्यसेवकयोर् महदन्तरं; **'great is the difference between you and the ocean,'** त्वया समुद्रेण च महदन्तरं; **'I will put enmity between you and the woman,'** त्वया नार्य्या च वैरितां जनिष्यामि; **'I am in a strait betwixt two,'** उभाभ्यां सङ्कुचितोऽस्मि; **'they parted the paternal inheritance between them.'** दायं पित्र्यं परस्परं व्यभजन्.

Bever, ***s.*** माध्यन्दिनभोजनानन्तरं प्राग्रात्रिभोजनात् तत्कालान्तरे लघ्वाहारः **or** अर्द्धाशनं.

Beverage, ***s.*** पानीयं, पेयं, पानं, पयः ***n.*** (स्).—**(Of the gods)** अमृतं.

Bevy, ***s.*** गणः, सङ्घः, समवायः, यूथं, कुलं; **'a bevy of young lasses,'** तरुणीगणः.

To **bewail,** ***v. a.*** **and** ***n.*** विलप् **(c. 1.** -लपति -लपितुं), शुच् **(c. 1.** शोचति, शोचितुं), अनुशुच्, परिदेव् **(c. 1.** -देवति -ते -देवितुं); **'to grieve exceedingly,'** शुच् **in freq.** (शोशुच्यते), परिशुच् **in freq.,** लप् **in freq.** (लालप्यते).

Bewailable, ***a.*** शोच्यः -च्या -च्यं, शोचनीयः -या -यं, विलपनीयः -या -यं.

Bewailing, ***s.*** विलपनं, विलापः, परिदेवनं, अनुशोचनं, क्रन्दनं.

To **beware,** ***v. n.*** अवधा **(c. 3.** -धत्ते -धातुं), सावधानः -ना -नं भू, अवधानं कृ.—**(Abstain from avoid)** परिहृ **(c. 1.** -हरति -हर्त्तुं), वृज् **in caus.** (वर्जयति -यितुं), विवृज्, परिवृज्; **'beware of men,'** मानुषेभ्योऽवधत्त; **'beware of too great avarice,'** अतिलोभात् सावधानो भव; **'beware lest any one deceive you,'** सावधाना भवत कोऽपि युष्मान् न भ्रमयेत्.

To **beweep,** ***v. a.*** रुद् **(c. 2.** रोदिति, रोदितुं), अनुशुच् **(c. 1.** -शोचति, -शोचितुं).

To **bewet,** ***v. a.*** क्लिद् **in caus.** (क्लेदयति -यितुं), सिच् **(c. 6.** सिञ्चति, सेक्तुं),

To **bewilder,** ***v. a.*** मुह् **in caus.** (मोहयति -यितुं), व्यामुह्, परिमुह्, विप्रमुह्; आकुलीकृ, व्याकुलीकृ, विभ्रम् **in caus.** (-भ्रमयति -यितुं), सम्भ्रम्.

Bewildered, ***p. p.*** आकुलः -ला -लं, व्याकुलः -ला -लं, आकुलितः -ता -तं. आकुलीकृतः -ता -तं, सम्भ्रान्तः -न्ता -तं, कातरः -रा -रं, व्यग्रः -ग्रा -ग्रं. मोहितः -ता -तं, मुग्धः -ग्धा -ग्धं, विमूढः -ढा -ढं, विमुग्धः -ग्धा -ग्धं, व्यस्तः -स्ता -स्तं, परिविह्वलः -ला -लं.

Bewilderment, ***s.*** व्याकुलता, आकुलत्वं, व्यग्रता, वैक्लव्यं, सम्भ्रमः, कातरता.

To **bewitch,** ***v. a.*** मन्त्रद्वारा वशीकृ **or** मुह् **in caus.** (मोहयति -यितुं), मोहं कृ, अभिमन्त्र् **(c. 10.** -मन्त्रयते -यितुं).—**(To captivate)** मनो हृ **(c. 1.** हरति, हर्त्तुं).

Bewitched, ***p. p.*** मोहितः -ता -तं, वशीकृतः -ता -तं, अभिमन्त्रितः -ता -तं.

Bewitcher, ***s.*** मोहकः, मोहनः, मायी ***m.*** (न्), वशीकर्त्ता ***m.*** (र्त्तृ), मायाकृत्.

Bewitchment, ***s.*** वशीक्रिया, वशिः ***m.,*** वशिता, वशीकरणं, मोहनं, परिमोहनं, विमोहनं, सम्मोहः, मोहः, माया, कार्म्मणत्वं.

Bewitching, ***a.*** मोही -हिनी -हि (न्), मोहनः -नी -नं, मनोहारी -रिणी -रि (न्), मनोहरः -रा -रं, प्रलोभकः -का -कं,

आकर्षिकः -की -कं, मायी -यिनी -यि (न्).

Bewitchingly, ***adv.*** यथा मनो ह्रियते **or** वशीक्रियते तथा, मनोहरप्रकारेण, यथा मोहो जायते तथा, मायया, प्रलोभनाय.

***To* bewary, *v. a.* (To betray)** पारादा **(c. 3.** -ददाति -दातुं), प्रदा; शत्रुहस्तेषु समु **in caus.** --अर्पयति -यितुं).—**(To indicate)** सूच् **(c. 10.** (सूचयति -यितुं), पिशुन **(nom.** पिशुनयति -यितुं).

Beyond, *prep.* and *adv.* अति **prefixed.—(On the farther side)** पारं, पारे; **'beyond the sea,'** समुद्रपारं; **'from beyond,'** पारात्; **'to go beyond,'** अतिक्रम् **(c. 1.** -क्रामति -क्रमितुं), अतिचर् **(c. 1.** -चरति -चरितुं).—**(In front)** अग्रे.—**(Superior to)** अतिरेकी -किणी -कि (न्), विशिष्टः -ष्टा -ष्टं.—**(More than)** अधिकं, **or expressed by** अति **prefixed; as, 'beyond mortal strength,'** अतिमानुषः -षा -षं; **'beyond's one's power,'** अतिशक्ति; **'beyond measure,'** अतिशयं, अतीव; **'passed beyond the range of sight,'** चक्षुर्विषयम् अतिक्रान्तः.—**(At a distance)** दूरे.

Bezel or bezil, *s.* रत्नाधारयोग्योऽङ्गुरीयकभागः, अङ्गुरीयकस्य यत्स्थाने मणिः खच्यते **or** प्रणिधीयते तत्.

Bhavānī, *s.* (The wife of the god Śiva, and the goddess of destruction; called Bhavānī in her amiable form) भवानी, उमा, महादेवी, देवी.—**(The pure one)** गौरी.—**(As terrible in form and irascible in temper)** दुर्गा, काली, चण्डी, चण्डिका.—**(As daughter of Himālaya, the sovereign of the snowy mountains)** पार्व्वती, हैमवती.—**(As wife of Śiva)** शिवा, ईश्वरी, रुद्राणी, सर्व्वाणी, मृडानी.—**(The all-auspicious)** सर्व्वमङ्गला.—**(The mother)** अम्बिका.—**(As the performer of austerities)** कात्यायनी, अपर्णा.

Biangulated, *a.* द्विकोणः -णा -णं, द्व्यस्रकः -का -कं, कोणद्वयविशिष्टः -ष्टा -ष्टं.

Bias, *s.* (Inclination) भावः, शीलः, शीलत्वं, वाञ्छा, स्वभावः, इच्छा, अभिलाषः, सङ्कल्पः, छन्दं, चिकीर्षा, स्पृहा, अभिप्रायः.—**(Inclination to go on one side)** पार्श्वे गमनेच्छा.—**(Partiality)** वक्षपातः, पक्षपातिता, साचीकृतं.—**(That which biasses, or induces to act)** प्रवर्त्तः -र्त्तकः, प्रणोदः, प्रोत्साहः -हकः, प्रयोजकः.

To* bias, *v. a. प्रवृत् **in caus.** (-वर्त्तयति -यितुं), आवृज् **in caus.** (-वर्जयति -यितुं); साचीकृ; प्रणुद् **(c. 6.** -णुदति -णोत्तुं), आकृष् **(c. 1.** -कर्षति -क्रष्टुं), चेष्ट् **in caus.** (चेष्टयति -यितुं), प्रोत्सह् **in caus.** (-साहयति -यितुं). आकृ **in caus.** (-कारयति -यितुं), पक्षपातीकृ.

Biassed, *p. p.* प्रवर्त्तितः -ता -तं, प्रोत्साहितः -ता -तं, प्रणोदितः -ता -तं, साचीकृतः -ता -तं, आकृष्टः -ष्टा -ष्टं.—**(In favour of a side)** पक्षोद्ग्राही ***m.*** (न्).

Bib, *s.* बालकस्य वक्षस्स्थलछादनयोग्यं क्षौमीनिर्म्मितं उत्तरीयवस्त्रं.

Bibber, *s.* सुरापी ***m.*** (न्), सुरापः, मद्यपायी ***m.*** (न्), पानपरः, मद्यपाः ***m.***

Bible, *s.* धर्म्मपुस्तकं, ईश्वरवाक्यप्रकाशको ग्रन्थः.

Biblical, *a.* धर्म्मपुस्तकविषयः -या -यं, धर्म्मपुस्तकसम्बन्धकः -का -कं.

Bibliography, *s.* ग्रन्थविद्या, ग्रन्थविद्यानुसेवनं.

Bibliomania, *s.* प्राचीनपुस्तकप्रापणे व्यग्रता, दुर्लभग्रन्थान्वेषणे व्यग्रता.

Bibliotheke, *s.* पाठार्थं सुरक्षितो ग्रन्थसमूहः, विद्यानुसेवनार्थं ग्रन्थकुटी.

Bibulous, *a.* जलशोषकः -का -कं, जलनिपानशीलः -ला -लं.

Bicapsular, *a.* वीजकोशो द्वैधीकृतो यस्य, द्विधाभूतवीजकोशः -शा -शं.

Bicipital, *a.* द्विमूर्द्धं -र्द्धा -र्द्धं द्विशीर्षकः -का -कं, द्विशिराः -राः -रः (स्).

***To* bicker, *v. n.* (To skirmish)** डिम्बाहवं कृ; कलह **(nom.** कलहायते -यितुं), कलहं कृ.—**(To wrangle)** विवद् **(c. 1.** -वदते -वदितुं), वाग्युद्धं कृ.—**(To quiver)** स्फुर् **(c. 6.** स्फुरति, स्फुरितं)

Bickering, *s.* कलहः, विप्रलापः, विवादः, द्वन्द्वं, वाग्युद्धं.—**(Petty warfare)** डिम्बः, डिम्बाहवः.

Bickern, *s.* सूच्याकाराग्रयुक्तः शूर्म्मिभागः, कर्म्मकारसेवितं लोहयन्त्रं.

Bicorne, *a.* द्विशृङ्गः -ङ्गा -ङ्गं, शृङ्गद्वयविशिष्टः -ष्टा -ष्टं.

***To* bid, *v. a.* (To invite)** निमन्त्र् **(c. 10.** -मन्त्रयति -ते -यितुं), आह्वे **(c. 1.** -ह्वयति -ह्वातुं).—**(To command)** आज्ञा **in caus.** (-ज्ञापयति -यितुं), प्रेर् **(c. 10.** प्रेरयति -यितुं), आदिश् **(c. 6.** -दिशति -देष्टुं), समादिश्.—**(To offer a price)** अमुकमूल्यं दित्सामीति **or** दातुमिच्छामीति वद् **(c. 1.** वदति, वदितुं) **or** ख्या **in caus.** (ख्यापयति -यितुं) **or** घुष् **(c. 10.** घोषयति - यितुं) **or** अभिधा **(c. 3.** -दधाति -धातुं).—**(To bid welcome)** स्वागतमिति वद्.—**(To bid adieu)** आमन्त्र् **(c. 10.** -मन्त्रयते -यितुं), अनुमन्त्र्; आप्रच्छ् **(c. 6.** -पृच्छते -प्रष्टुं).—**(To bid defiance)** आह्वे, समाह्वे.

Bidden, *p. p.* (Commanded) आज्ञातः -ता -तं, प्रेरितः -ता -तं, चोदितः -ता -तं, देशितः -ता -तं, आदिष्टः -ष्टा -ष्टं.—**(Invited)** निमन्त्रितः -ता -तं, केतितः -ता -तं, आहूतः -ता -तं.

Bidder, *s.* क्रेता ***m.*** (तृ), क्रायकः, मूल्यदित्सुः ***m.,*** प्रकाशक्रयसमये अमुकमूल्यं दित्सामीति **or** दास्यामीति ख्यापयति यो जनः.

Bidding, ***s.*** **(Command)** आज्ञा, प्रेरणं, आदेशः, निर्देशः, शासनं. —**(Offer of a price)** मूल्यदित्साख्यापनं, अमुकमूल्यं दित्सामीति ख्यापनं, मूल्यदित्सा.

To **bide,** ***v. a.*** **and** ***n.*** **(To remain)** स्था **(c. 1.** तिष्ठति -ते, स्थातुं), वृत् **(c. 1.** वर्त्तते, वर्त्तितुं), वस् **(c. 1.** वसति, वस्तुं). —**(To expect)** प्रतीक्ष् **(c. 1.** -ईक्षते, ईक्षितुं), उद्दृश् **(c. 1.** -पश्यति -द्रष्टुं).—**(To endure)** सह् **(c. 1.** सहते, सोढुं), मृष् **(c. 4.** मृष्यति, मर्षितुं).

Bidental, ***a.*** द्विदन्, -दती -दत् (त्), द्विदन्तः -न्ती -न्तं, द्विरदः -दा -दं.

Biennial, ***a.*** द्वैवर्षिकः -की -कं, द्विवर्षः -र्षी -र्षं, द्विवर्षीणः -णा -णं, द्विवर्षमात्रस्थायी -यिनी -यि (न्), वत्सरद्वयमात्रजीवी ***m.*** (न्).

Bier, ***s.*** शिविका, शववाहनं, शवयानं, कटः, खट्टिः ***m.*** खाटः, वारुउः, प्रेतवाहनसाधनं खट्वादि.

Biesting, ***s.*** पेयूषः -षं, पीयूषः -षं, प्रसवानन्तरं प्रथमगोदुग्धं.

Bifid, bifidated ***a.*** द्विखण्डीकृतः -ता -तं, द्वैधीकृतः -ता -तं.

Bifold, ***a.*** द्विगुणः -णा -णं, द्वैधः -धी -धं, द्विःप्रकारः -रा -रं.

Biformed, ***a.*** द्विरूपः -पा -पी -पं, द्विमूर्त्तिमान् -मती -मत् (त्).

Bifurcated, ***s.*** द्व्यग्रः ग्रा -ग्रं, अग्रद्वयविशिष्टः -ष्टा -ष्टं.

Big, ***a.*** स्थूलः -ला -लं, वृहन् -हती -हत् (त्), विपुलः -ला -लं.—**(Bigbodied)** वृहत्कायः -या -यं, महाकायः -या -यं, महाङ्गः -ङ्गी -ङ्गं.—**(A pregnant woman)** गर्भिणी, गर्भवती.—***(Bombastic)*** गर्व्वितः -ता -तं.—**(Teeming with)** सङ्कुलः -ला -लं, सङ्कीर्णः -र्णा -र्णं, आकीर्णः -र्णा -र्णं, पूर्णः -र्णा -र्णं.—**(As big as)** परिमाण **or** परिमित, **or** मात्र **affixed; as, 'as big as an egg,'** अण्डपरिमाणः -णा -णं; **'as big as a grain of mustard,'** सर्षपपरिमितः -ता -तं; **'as big as a man,'** पुरुषमात्रः -त्रा -त्रं.

Bigamist, द्विभार्य्यः, द्विपत्नीस्वामी ***m.*** (न्), एककाले विवाहद्वयकर्त्ता ***m.*** (र्त्तृ).

Bigamy, ***s.*** एककाले द्विविवाहकरणं, द्विपत्नीधारित्वं.

Big-bellied, ***a.*** पृथूदरः -रा -रं, स्थूलोदरः -रा -रं, लम्बोदरः -रा -रं, वृहत्कुक्षिः -क्षिः -क्षि, पिचण्डिलः -ला -लं, वृद्धनाभिः -भिः -भि, तुन्दवान् -वती -वत् (त्).

Big-boned, ***a.*** वृहदस्थिमान् -मती -मत् (त्), वृहदङ्गः -ङ्गी -ङ्गं.

Biggin, ***s.*** बालकयोग्यं शिरोवेष्टनं, बालशिरस्कं.—**(A pot)** पात्रं आधारः.

Bigness, ***s.*** स्थूलता, स्थौल्यं, वृहत्त्वं, विपुलता.—**(Size, comparative bulk)** परिमाणं; **'of the bigness of an egg,'** अण्डपरिमाणः -णा -णं.

Bignonia, ***s.*** पाटलिः ***m. f.*** -ला, अमोघा, काचस्थाली, फलेरुहा, कुवेराक्षी.

Bigot, ***s.*** स्वमतधारणे व्यग्रः, विचारणां विना **or** अविचार्य्य पक्षपाती ***m.*** (न्), निर्बन्धशीलः, व्यग्रचित्तः.

Bigoted, ***a.*** अविचार्य्य स्वमते स्थितः -ता -तं, स्वमतधारणे व्यग्रः -ग्रा -ग्रं, स्वमतेनिष्ठितः -ता -तं, साचीकृतः -ता -तं, स्वमतरक्षी -क्षिणी -क्षि (न्).

Bigotry, ***s.*** विचारणं विना स्वमते व्यवस्थितिः ***f.*** **or** अभिनिवेशः **or** अतिनिर्बन्धः, साचीकृतं.

Big-swoln, ***a.*** अतिस्फीतः -ता -तं, उच्छूनः -ना -नं, प्रवृद्धः -द्धा -द्धं.

Big-uddered, ***a.*** पीनोघ्नी ***f.,*** पीवरस्तनी ***f.,*** पीनस्तनधारिणी ***f.***

Bilbo, ***s.*** कृपाणः, खड्गः, निस्त्रिंशः, असिः ***m.***

Bile, ***s.*** पित्तं, मायुः ***m.*** भ्राजकं, पलाग्निः ***m.***

Bile, ***s.*** **(A boil)** स्फोटः, स्फोटकः, विस्फोटः.

To **bilge,** ***v. n.*** **(To spring a leak)** नौकातले **or** नौकापार्श्वे दारुस्फोटनप्रयुक्तं जलं गृहीत्वा मज्ज् **(c. 6** मज्जति, मज्जितुं).

Biliary, ***a.*** पैत्तः -त्ती -त्तं, पित्तसम्बन्धी -न्धिनी -न्धि (न्).

Bilinguous, ***a.*** द्विजिह्वः -ह्वा -ह्वं, द्विभाषावादी -दिनी -दि (न्).

Bilious, ***a.*** पित्तलः -ला -लं, पैत्तः -त्ती -त्तं, पैत्तिकः -की -कं.

To **bilk,** ***v. a.*** वञ्च् **in caus.** (वञ्चयति -ते -यितुं), परिवञ्च्, प्रलभ् **(c. 1.** -लभते, -लब्धुं), विप्रलभ्.

Bill, ***s.*** **(Beak of a bird)** चञ्चुः ***f.,*** तुण्डः, तुण्डिः ***m.,*** मुखः. —**(A kind of hatchet)** दात्रं, स्तम्बघ्नः.—**(An act of parliament)** व्यवस्था.—**(A written paper of any kind)** पत्रं, लेखः -खा, लेख्यं.—**(An account of money)** विक्रयपत्रं.—**(An advertisement)** घोषणापत्रं.—**(In law)** भाषापादं, पूर्व्वपक्षपादः, अभियोगपत्रं.

To **bill,** ***v. n.*** **(To kiss, embrace)** चुम्ब् **(c. 1.** चुम्बति, चुम्बितुं), निंस् **(c. 2.** निंस्ते, निंसितुं), आलिङ्ग् **(c. 1.** -लिङ्गति -लिङ्गितुं), परिणिंसां, कृ.

Billet, ***s.*** **(A note)** पत्रं, लेखः, लेख्यं.—**(A ticket)** निदर्शनपत्रं, चिह्नं.—**(A log of wood)** काष्ठखण्डं, काष्ठं.

To **billet,** ***v. a.*** निदर्शनपत्रेण सैन्यानाम् आवासस्थानं प्रक्लृप् **(c. 10.** -कल्पयति -यितुं); सैन्यान् वस् **in caus.** (वासयति -यितुं).

Billiards, ***s. pl.*** इदानीन्तनजनैः सेविता गुलिकाक्रीडा.

Billion, ***s.*** खर्व्वः.—**(A million millions)** नियुतनियुतानि, शङ्कुः.

Billow, ***s.*** ऊर्म्मिः ***m. f.,*** महोर्म्मिः ***m. f.,*** भङ्गः, तरङ्गः, उल्लोलः, पयोराशिः ***f.,*** वारिराशिः ***f.,*** कल्लोल, अर्गलः.

To **billow,** ***v. n.*** तरङ्ग **(nom.** तरङ्गायते), तरङ्गरूपेण प्रलुट् **(c. 1.** -लाठति -लोठितुं), महावेलया प्रवृध् **(c. 1.** -वर्धते -वर्धितुं).

Billow-beaten, ***a.*** तरङ्गोद्भ्रान्तः -ताः -न्तं, तरङ्गक्षिप्तः -प्ता -प्तं, उत्तरङ्गः -ङ्गा -ङ्गं.

Billowy, ***a.*** उर्म्मिमान् -मती -मत्, (द्), तरङ्गितः -ता -तं, महावेलः -ला -लं, महातरङ्गः -ङ्गा -ङ्गं, प्रलोठितः -ता -तं.

Bill-sticker, ***s.*** घोषणापत्राणि राजमार्गादिषु जनसङ्कीर्णस्थानेषु स्थापयति यः.

Bin, ***s.*** धान्यकोष्ठकं, कुशूलः, पिटः.

Binary, ***a.*** द्वैधः -धीः -धं, द्विगुणः -णा -णं.

To* bind,** ***v. a. **(To tie)** बन्ध् **(c. 9.** बध्नाति, बन्द्धुं), निबन्ध्, योक्त्र **(nom.** योक्त्रयति -यितुं), यन्त्र् **(c. 10.** यन्त्रयति -यितुं), संयम् **(c. 1.** -यच्छति -यन्तुं).—**(To fasten to anything, fasten on)** आबन्ध्, अनुबन्ध्, आकच् **(c. 1.** -कचते -कचितुं), पिनद्धं -द्धा -द्धं कृ.—**(To tie together** सम्बन्ध्, संश्लिष् **in caus.** (-श्लेषयति -यितुं), ग्रन्थ् **(c. 9.** ग्रथ्नाति, ग्रथितुं **or caus.** ग्रन्थयति -यितुं), संहृ **(c. 1.** -हरति -हर्त्तुं).—**(To unite)** संयुज् **(c. 7.** -युनक्ति -युंक्ते -योक्तुं **or caus.** -योजयति -यितुं).—**(To connect closely)** सम्बन्ध्, संश्लिष् **in caus.; 'my life is bound up in his,'** मम प्राणा अस्य प्राणैर् बद्धाः सन्ति.—**(To constrain, compel)** धृ **(c. 1.** धरति, धर्त्तुं).—**(To bind one's self by a promise)** प्रतिज्ञा **(c. 9.** -जानीते -ज्ञातुं), सम्प्रतिज्ञा; **'to bind one's self over to appear,'** दर्शनप्रातिभाव्यं दा.—**(To be bound, obliged) expressed by the fut. pass. part.; as, 'he is bound to marry the damsel,'** तेन कन्या वोढव्या, **or by the root** अर्ह्, **as,** कन्यां वोढुम् अर्हति.—**(To bind books)** ग्रन्थपत्राणि चर्म्मादिना छादयित्वा सम्बन्ध्.—**(To make costive)** आनद्धं -द्धां -द्धं कृ, निषद्धं -द्धा -द्धं कृ.—**(To secure with bandages)** अनुवेल्लितं कृ, क्षतानि बन्ध्.

Binder, ***s.*** ग्रन्थपत्राणि चर्म्मादिना सम्बन्धा ***m.*** (न्धृ).

Binding, ***s.*** **(A bandage)** बन्धनं, दाम ***n.*** (न्), उद्दानं, पट्टः.—**(Of a book)** ग्रन्थपत्राच्छादनं.

Bindweed, ***s.*** क्षीरविदारी, महाश्वेता, विदारी, इक्षुगन्धा, ऋक्षगन्धिका, क्रोष्ट्री, श्यामा.

Binocular, ***a.*** द्विनयनः -नीः -नं, द्विनेत्रः -त्रा -त्रं, चक्षुर्द्वयविशिष्टः -ष्टा -ष्टं.

Binocular, ***a.*** **(In algebra)** द्विपदः -दा -दं.

Biographer, ***s.*** शिष्टसमाचाररचकः, शिष्टजनचरित्ररचकः, मृतजनचरित्रनिबन्धा ***m.*** (न्धृ).

Biographical, ***a.*** शिष्टसमाचारसम्बन्धकः -का -कं, शिष्टजनचरित्रविषयः -या -यं.

Biography, ***s.*** **(The act of writing it)** शिष्टजनचरित्ररचना, शिष्टसमाचाररचना.—**(The book)** शिष्टजनचरित्रग्रन्थः, शिष्टसमाचारः.

Bipartite, ***a.*** द्वैधः -धी -धं, द्वैधीकृतः -ता -तं.

Bipartition, ***s.*** द्वैधीकरणं, द्विधाकरणं, द्वैधीभावः.

Biped, ***a.*** द्विपादः -दा -दं, द्विपदः -दा -दं, द्विपाद् -पती -पत्.

Bipedal, ***a.*** द्विपादपरिमाणः -णा -णं, द्विपादवान् -वती -वत् (त्).

Bipennated, ***a.*** द्विपक्षः -क्षा -क्षं, पक्षद्वयविशिष्टः -ष्टा -ष्टं.

Birch or birch-tree, ***s.*** भूर्ज्जः, भूर्ज्जपत्रः, कवचपत्रं, चर्म्मी ***m.*** (न्), मृदुच्छदः, मृदुत्वचः, विश्वा, शृङ्गी, महौषधं, अरुणा, प्रतिविषा.

Birchen, ***a.*** भूर्ज्जमयः -यी -यं, भूर्ज्जनिर्म्मितः -ता -तं.

Bird, ***s.*** पक्षी ***m.*** (न्), पक्षिणी ***f.***, खगः, विहगः, विहङ्गः -ङ्गमः पतगः, पत्री ***m.*** (न्), पतत्री ***m.*** (न्), विहायाः ***m.*** (स्), गरुत्मान् ***m.*** (त्), नीडजः, नीडोद्भवः, द्विजः, अण्डजः, नगौकाः ***m.*** (स्), पक्षवाहनः, शकुनिः ***m.*** -नः, विकिरः, विष्किरः, वाजी ***m.*** (न्), पतन् ***m.*** (त्), शकुन्तः, नभसङ्गमः, पत्ररथः, विः ***m.*** वी, पित्सन् ***m.*** (त्).

To* bird,** ***v. n. **(To catch birds)** पक्षिणो ग्रह् **(c. 9.** गृह्णाति, ग्रहीतुं) **or** धृ **(c. 1.** धरति, धर्त्तुं), **or** बन्ध् **(c. 9.** बध्नाति, बन्धुं), शकुन **(nom.** शकुनयति -यितुं).

Birdcage, ***s.*** पञ्जरं, पिञ्जरं, वीतंसः, कुलायिका, पक्षिशाला, शालारं.

Birdcall, ***s.*** पक्षिप्रलोभनार्थं शाकुनिकैर् वादितं पक्षिरावानुकारिणी वंशी.

Bird-catcher, ***s.*** शाकुनिकः, व्याधः, जालिकः, जीवान्तकः, वागुरिकः.

Bird-fancier, ***s.*** पक्षिपोषकः, पक्षिपालकः, पक्षिप्रियः.

Birding, ***s.*** **(Catching birds)** पक्षिग्रहणं, पक्षिबन्धनं, श्यैनम्पाता.

Birdlike, ***a.*** पक्षिसन्निभः -भा -भं, पक्षिसदृशः -शी -शं, पक्षिनिभः -भा -भं.

Birdlime, ***s.*** अतिश्यानम् उदपेषं येन लिप्तासुं तरुशाखासु पक्षिणे बध्यन्ते.

Bird's-eye-view, ***s.*** यादृशं ड्डीयमानेन पक्षिणा क्रियते तादृशं दर्शनं, उच्चैःस्थानाद् अवलोकनं.

Bird's-nest, ***s.*** नीडः -डं, कुलायः, पक्षिशाला.

Birth, ***s.*** जन्म ***n.*** (न्), जातिः ***f.***, जनिः ***f.***, जननं, जनिमा ***m.*** (न्), उत्पत्तिः ***f.***, उद्भवः, सम्भवः, भवः, जनुः ***n.*** (स्).—**(The act of bringing forth)** प्रसवनं, प्रसवः, उत्पादनं, प्रसूतिः ***f.***—**(Extraction, lineage)** वंशः, कुलं, अन्वयः, जातिः ***f.***—**(Rise, origin)** योनिः ***m. f.***, मूलं, उद्भवः,—**(Rank, high birth)** कुलीनता, कौलीनं; **'of good birth,'** कुलीनः -ना -नं, कुलकः -का -कं, कौलेयः -यी -यं, सुजन्मा -न्मा -न्म (न्), महाकुलप्रसूतः -ता -तं, महाकुलः -ला -लं; **'pride of birth,'** कुलाभिमानं; **'blind**

from birth,' जन्मान्धः -धा -धं, जात्यन्धः -धा -धं.—(To give birth to) सु (c. 1. सवति, c. 2. सौति, सोतुं), प्रसु, जन् in caus. (जनयति -यितुं), सञ्जन्.

Birthday, *s.* जन्मदिनोत्सवः, जन्मदिवसः, जन्मतिथिः *m.,* जन्मदिनं.

Birthplace, *s.* जन्मभूमिः *f.,* जन्मस्थानं, जन्मदेशः.

Birthright, *s.* ज्येष्ठत्वं, ज्यैष्ठ्यं, ज्येष्ठाधिकारः, ज्येष्ठभागः, पैतृकं.

Biscuit, *s.* पिष्टकः पूपः, अपूपः, सुकान्दवो गोधूमादिचूर्णमयः पिष्टकः.

To **bisect,** *v. a.* द्वैधीकृ, द्विभागीकृ, द्विखण्डीकृ, द्विधा कृ or छिद् (c. 7. छिनत्ति, छेत्तुं) or कृत् (c. 6. कृन्तति, कर्त्तितुं).

Bisected, *p. p.* द्वैधीकृतः -ता -तं, द्विखण्डीकृतः -ता -तं, द्विधा छिन्नः -न्ना -न्नं.

Bisection, *s.* द्विधाकरणं, द्वैधीकरणं.

Bishop, *s.* धर्म्माधिपतिः *m.,* धर्म्माध्यक्षः.

Bishop, *s.* **(A beverage)** मद्यनागरङ्गरसादिनिर्म्मितं पानीयं.

Bishopric, *s.* धर्म्माधिपतिपदं, धर्म्माध्यक्षाधिकारः.

Bismuth, *s.* अतिदृढः शुक्लवर्णो विदेशीयधातुप्रभेदः.

Bison, *s.* अरण्यवृषभप्रभेदः.

Bissextile, *s.* चतुर्थः संवत्सरो यस्मिन् अधिदिवसो निवेश्यते.

Bit, *s.* **(Part of a bridle)** खलीनः, कविका -कं, वल्गा, मुखयन्त्रणं, लङ्गनी.—**(A piece)** खण्डं, भागः, भित्रं, भिन्नं, भित्तिः *f.,;* **'in bits,'** खण्डशस्, भागशस्, खण्डं खण्डं.—**(A mouthful, morsel)** पिण्डः -ण्डं, ग्रासः; **'a tit bit,'** स्वाद्वन्नं, भोजनविशेषः; **'not a bit,'** न मनागपि, न किञ्चिदपि, न सूक्ष्ममपि; **'a bit bigger,'** किञ्चित्स्थूलतरं.

To **bit,** *v. a.* खलीन (nom. खलीनयति -यितुं), अश्वमुखं खलीनेन यन्त्र् (c. 10. यन्त्रयति -यितुं).

Bitch, *s.* शुनी, कुक्कुरी, सरमा, कुलाक्षुता.—**(A name of reproach)** बन्धकी.

To **bite,** *v. a.* दंश् (c. 1. दशति, दंष्टुं), विदंश्; **'to bite the lips,'** दशनच्छदं or दन्तान् सन्दंश्.—**(To gnaw)** चर्व् (c. 1. चर्वति, चर्वितुं); **'to bite the nails,'** नखान् खाद् (c. 1. खादति, खादितुं).—**(To pain by cold)** शीतार्त्तं -र्त्तां -र्त्तं कृ.—**(To rail at)** अवक्षिप् (c. 6. -क्षिपति -क्षेप्तुं).—**(To vex)** पीड् (c. 10. पीडयति -यितुं.)—**(To defraud)** वञ्च (c. 10. वञ्चयति -ते -यितुं).

Bite, *s.* दंशः, दंशनं, दन्ताघातः; **'the mark of the teeth,'** दशनाङ्कः.

Biter, *s.* दंशकः, खादिता *m.* (तृ), दंष्टा *m.* (ष्टृ), वञ्चकः.

Biting, *a.* दंशकः -का -कं, दंशेरः -रा -रं, पीडाकरः -रा -रं.

Bitten, *p. p.* दष्टः -ष्टा -ष्टं, सन्दष्टः -ष्टा -ष्टं, दंशितः -ता -तं.

Bitter, *a.* तिक्तः -क्ता -क्तं, तिक्तस्वादः -दा -दं, तिक्तरसः -सा -सं.—**(Pungent)** कटुः -टुः -ट्वी -टु, तीक्ष्णः -क्ष्णा -क्ष्णं, तिग्मः -ग्मा -ग्मं.—**(Grievous)** उग्रः -ग्रा -ग्रं, आत्ययिकः -की -कं.—**(Cruel, severe)** कठोरः -रा -रं, निष्ठुरः -रा -रं, पीडाकरः -रा -रं.—**(Malicious)** मत्सरः -रा -रं, पिशुनः -ना -नं.

Bittergourd, *s.* इन्द्रवारुणिका, अरुणा.

Bitterly, *adv.* उग्रं, निष्ठुरं, उग्रतया; **'one who grieves bitterly,'** उग्रशोकः -का -कं.

Bittern, *s.* क्रौञ्चजातीयः पक्षिभेदः, क्रौञ्चः क्रुङः, कलिकः.

Bitterness, *s.* तिक्तः तिक्तत्वं, तिक्तरसः.—**(Pungency)** कटुता, तिग्मता, तीक्ष्णता.—**(Malice)** असूया, मात्सर्य्यं.—**(Severity)** उग्रत्वं, -ता, निष्ठुरता, कठोरता.—**(Sorrow)** शोकः, उग्रशोकः, दुःखं.

Bitumen, *s.* शिलाजतु *n.,* अश्मजतुकं, शिलादद्रुः *m.,* गिरिपुष्पकं, शैलं, शैलनिर्य्यासः.

Bituminous, *a.* शिलाजतुमयः -यी -यं, शिलाजतुगुणविशिष्टः -ष्टा -ष्टं.

Bivalve, *a.* द्विकपाटः -टा -टं, द्विकोषः -षा -षं.—**(Bivalve shell)** कम्बुः *m.,* शम्बुः *m.,* शम्बुकः -का, जलशुक्तिः *f.,* पङ्कमण्डुकः.

Bivouac, *s.* **(A guard at night)** वीरासनं.

To **blab,** *v. n.* **and** *a.* रहस्यं प्रकाश् in caus. (-काशयति -यितुं), रहस्यभेदं कृ.

Blab, blabber, *s.* रहस्यभेदकः, रहस्यप्रकाशकः, वाचालः, वावदूकः जल्पकः.

Blabber-lipped, *a.* स्थूलोष्ठः -ष्ठा -ष्ठं, लम्बौष्ठः -ष्ठा -ष्ठं.

Black, *a.* कृष्णः -ष्णा -ष्णं, श्यामः -मा -मं, -मलः -ला -लं, कालः -ला -लं, कालकः -का -कं, कार्ष्णः -र्ष्णी -र्ष्णं, असितः -ता -तं, नीलः -ला -लं, मेचकः -का -कं, ध्यामः -मा -मं.—**(Dark)** तमस्वी -स्विनी -स्वि (न्), तिमिरः -रा -रं, अन्धकारयुक्तः -क्ता -क्तं, निष्प्रभः -भा -भं.—**(Horrible)** घोरः -रा -रं, दारुणः -णा -णं.—**(Cloudy of countenance)** म्लानवदनः -ना -नं.—**(Black with crime)** कृष्णकर्म्मा -र्म्मा -र्म्म (न्).—**(White and black)** सितासितः -ता -तं.

Black, *s.* **(The colour)** कृष्णः, कृष्णवर्णं.—**(A blackamoor)** कृष्णदेहः, श्यामाङ्गः; **'black clothes,'** नीलवस्त्रं, नीलाम्बरं; **'clothed in black,'** नीलवस्त्रः -स्त्रा -स्त्रं, नीलाम्बरः -रा -रं, श्यामवस्त्रः -स्त्रा -स्त्रं.—**(Lamp-black)** दीपकिट्टं, कज्ज्वलं.

To **black,** ***v. a.*** कृष्ण (**nom.** कृष्णायते -यितुं), कृष्णीकृ.

Blackamoor, ***s.*** श्यामाङ्गः, श्यामदेहः, कृष्णदेहः, कृष्णाङ्गः.

Blackberry, ***s.*** कृष्णवर्णं कण्टकगुल्मफलं, शृगालकण्टकफलं.

Blackbeetle, ***s.*** भ्रमरः, भृङ्गः, अलिः ***m.***

Blackbird, ***s.*** कृष्णवर्णो मधुररावविशिष्टः पक्षिप्रभेदः.

To **blacken,** ***v. a.*** कृष्णीकृ, कृष्ण (**nom.** कृष्णायते -यितुं), श्याम (**nom.** श्यामयति -यितुं), श्यामीकृ.—**(To darken)** तिमिर (**nom.** तिमिरयति -यितुं).

To **blacken,** ***v. n.*** श्याम (**nom.** श्यामायते), नील (**nom.** नीलायते).

Blackened, ***p. p.*** कृष्णीकृतः -ता -तं, श्यामितः -ता -तं, कृष्णीभूतः -ता -तं, तमोवृतः -ता -तं, तमोभूतः -ता -तं, सन्तमसः -सा -सं.

Blackeyed, ***a.*** असितनयनः -नी -नं, कृष्णनयनः -नी -नं, नीलाक्षः -क्षी -क्षं.

Blackguard, ***s.*** अधमाचारः, दुर्वृत्तः, दुराचारः, कृष्णकर्म्मा ***m.*** (न्), दुष्टः.

Blacking, ***s.*** पादुकाञ्जनं, मसिः ***f.***, -सी, काली.

Blackish, ***a.*** ईषात्कृष्णः -ष्णा -ष्णं, ईषाकालः -ला -लं, आकालः -ला -लं.

Blacklead, ***s.*** सीसकप्रभेदो येन तूलिकायां निवेशितेन कृष्णरेखा क्रियते.

Blackly, ***adv.*** कृष्णवर्णेन, कृष्णं, दारुणं, अतिदुष्टतया.

Black-Mouthed, ***a.*** दुर्मुखः, -खी -खं, मुखरः -रा -रं, वाग्दुष्टः -ष्टा -ष्टं.

Blackness, ***s.*** कृष्णता -त्वं, कृष्णिमा ***m.*** (न्), कालिमा ***m.*** (न्), श्यामत्वं, नीलिमा ***m.*** (न्).—**(Darkness)** तमः ***n.*** (स्), तमिस्रं, तिमिरं, अन्धकारः—**(Horribleness)** घोरता, दारुणता.—**(Attrocity)** अतिदुष्टता.

Blackpudding, ***s.*** अधुनातनजनखादितम्, असृग्धान्यादिपूरितं शूकरपुरीतत्.

Blacksmith, ***s.*** लोहकारः, ध्माकारः, कर्म्मकारः, अयस्कारः, कर्म्मारः, व्योकारः.

Bladder, ***s.*** वस्तिः ***m. f.*** मूत्राशयः, तिलकं, क्लोम ***n.*** (न्), क्लोमं.

Blade, ***s.*** **(The sharp part of a weapon)** फलं, पत्रं, फलकः -कं, धारा, परञ्जः, पुष्करं; **'the blade of a sword,'** असिपत्रं. —**(Spire of grass)** काण्डं, दलः -लं, अङ्कुरः, तृणदलं, तृणकाण्डं, किसलः, कुशः,—**(Of the shoulder)** अंशः, स्कन्धास्थि ***n.***, भुजशिरः ***n.*** (स्).

Bladed, ***a.*** काण्डवान् -वती -वत् (त्). मञ्जरितः -ता -तं, दलवान् -वती -वत् (त्).

Blain, ***s.*** विस्फोटः, स्फोटः, स्फोटकः, व्रणं, वटी, वरटी.

Blamable, ***a.*** निन्दनीयः -या -यं, निन्द्यः -न्द्या -न्द्यं, निन्दार्हः -र्हा -र्हं, दोषी -षिणी -षि (न्), अपराधी -धिनी -धि (न्), अपराद्धः -द्धा -द्धं, सापराधः -धा -धं, गर्हितः -ता -तं, दूष्यः व्या -व्यं, गर्ह्यः -र्ह्या -र्ह्यं, वाच्यः -च्या -च्यं.

Blamableness, ***s.*** निन्द्यता, निन्दार्हत्वं, अपराधिता, -त्वं, दोषित्वं.

Blamably, ***adv.*** सापराधं, अपराधेन, निन्द्यप्रकारेण, यथा दोषो जायते तथा.

To **blame,** ***v. a.*** **(To lay the blame)** दोषम् आरुह् **in caus.** (-रोपयति -यितुं), दोषीकृ.—**(To censure)** निन्द् (**c. 1.** निन्दति, निन्दितुं), प्रणिन्द्, प्रतिनिन्द्, विनिन्द्; तिरस्कृ; कुत्स् (**c. 10** कुत्सयति -ते -यितुं), गुप् **in des.** (जुगुप्सते -प्सितुं), उपालभ् (**c. 1.** -लभते -लब्धुं), गर्ह् (**c. 1.** गर्हते, गर्हितुं, **c. 10.** गर्हयते -यितुं), विगर्ह्, परिगर्ह्; **'he casts the blame on him,'** तस्मिन् दोषं क्षिपति.

Blame, ***s.*** **(Censure)** निन्दा, परीवादः, अपवादः, आक्षेपः, घृणा, तिरस्कारः, गर्हा, परिभाषणं, जुगुप्सा, कलङ्कः, कुत्सा, निर्वादः, अवर्णः, उपालम्भः, उपक्रोशः.—**(Fault)** दोषः, अपराधः, वचनीयता, वाच्यता, —**(Imputation of a fault)** दोषारोपः; **'I am not to blame,'** नाहम् अपराद्धः **or** सापराधः, **or** निन्दार्हः.

Blamed, ***p. p.*** निन्दितः -ता -तं, जुगुप्सितः -ता -तं, गर्हितः -ता -तं, तिरस्कृतः -ता -तं, धिक्कृतः -ता -तं, उपालब्धः -ब्धा -ब्धं, अवरीणः -णा -णं.

Blameless, ***a.*** निर्दोषः -षा -षं, निरपराधः -धा -धं, अनिन्द्यः -न्द्या -न्द्यं, अनिन्दितः -ता -तं, अनेनाः -ना -नः (स्), अविगर्हितः -ता -तं, अनघः -घा -घं.

Blamelessly ***adv.*** अपराधं विना, दोषव्यतिरेकेण, निरपराधं, अनघं, अनिन्द्यप्रकारेण.

Blamelessness, ***s.*** अनिन्द्यता, निर्दोषता, निरपराधता, शुद्धत्वं.

Blamer, ***s.*** निन्दकः, दोषारोपकः, परिवादकः, निन्दाकर्त्ता ***m.*** (र्त्तृ), कलङ्ककरः.

Blameworthy, ***a.*** निन्दार्हः -र्हा -र्हं, निन्दनीयः -या -यं.

To **blanch,** ***v. a.*** **(To whiten)** शुक्लीकृ, धवलीकृ.—**(To peel such things as have husks)** निस्तुष (**nom.**-तुष्यति -यितुं), तुषीकृ, त्वच् (**nom.** त्वचयति -यितुं), त्वचं निष्कृष् (**c. 1.** -कर्षति -क्रष्टुं), त्वक्परिपुटनं कृ.

Bland, ***a.*** मृदुः -द्वी -दु, स्निग्धः -ग्धा -ग्धं, मसृणः -णा -णं, मेदुरः -रा -रं, चिक्कणः -णा -णं, कोमलः -ला -लं, सोमालः -ला -लं.—**(In speech)** प्रियम्वदः -दा -दं.

Blandation, ***s.*** चाटूक्तिः ***f.***, चाटुकारः, कोमलत्वं.

To **blandish,** ***v. a.*** **(To caress, flatter)** शान्त्व् **or** धान्त्व् (**c.**

10. सान्त्वयति -यितुं), अभिशान्त्व्, परिशान्त्व्, प्रियं वद् (c. 1. वदति, वदितुं)

Blandishment, *s.* (Gosture of love) ललितं, हावः, विलासः, विभ्रमः—**(Soft words)** प्रियवाक्यं, चाटूक्तिः ***f.,*** चाटुः ***m.***

Blank, *a.* (Empty, not written upon) शून्यः -न्याः न्यं, रिक्तः -क्ता -क्तं, लेखाशून्यः -या -यं, अलिखितः -ता -तं. —**(White)** शुक्लः -क्ला -क्लं.—**(Pale, depressed)** पाण्डुः -ण्डुः -ण्डु, विवर्णवदनः -ना -नं, म्लानवदनः -ना -नं. विषणः -णा -णं.—**(Confused)** विस्मितः -ता -तं, विलक्षः -क्षा -क्षं, आकुलः -ला -लं.—**(Without rhyme)** अनुप्रासहीनः -ना -नं, अमित्राक्षरः -रा -रं, यमकहीनः -ना -नं, छन्दोरहितः -ता -तं.

Blank, *s.* (A void space) शून्यं, रिक्तं, शून्यत्वं -ता, रिक्तता, शून्यस्थानं,—**(A paper without writing)** लेखाशून्यं पत्रं,—**(In a lottery)** माङ्गल्यपरहिता **or** लाभरहिता गुटिका, दौर्भाग्यं.

To* blank, *v. a. शून्यीकृ, म्लानीकृ, आकुलीकृ, विस्मयाकुलं -लां -लं कृ.

Blanket, *s.* कम्बलः, रल्लकः, ऊर्णायुः ***m.,*** सहस्त्ररोम ***n.*** (न्), मेषकम्बलः, साशूकः, कुतपः.—**(Covered with a blanket)** काम्बलः -ली -लं, कमलाच्छादितः -ता -तं.

To* blanket, *v. a. कम्बलेन आच्छद् **(c. 10.** -छादयति -यितुं).

To* blaspheme, *v. a. परमेश्वरं निन्द् **(c. 1.** निन्दति, निन्दितुं) **or** अवमन् **(c. 4.** -मन्यते -मन्तुं) **or** अभिशप् **(c. 1.** -शपति -शप्तुं) **or** आक्रुश् **(c. 1.** -क्रोशति -क्रोष्टुं), ईश्वरनिन्दां कृ, पाषण्डीयकथां कथ् **(c. 10.** कथयति -यितुं).

Blasphemer, *s.* ईश्वरनिन्दकः, ईश्वराभिशापकः, ईश्वरावमानकृत्, पाषण्डः, गर्ह्यवादी ***m.*** (न्).

Blasphemous, *a.* ईश्वरनिन्दकः -का -कं, ईश्वरावमानकरः -री -रं, पाषण्डीयः -या -यं.

Blasphemously, *adv.* ईश्वरनिन्दापूर्व्वकं, ईश्वरनिन्दाक्रमेण, पाषण्डवत्.

Blasphemy, *s.* ईश्वरनिन्दा, ईश्वरावमानं, ईश्वराभिशापः, देवनिन्दा, पाषण्डता.

Blast, *s.* (A gust of wind) वातः, वायुवेगः, वायुगुल्मः, वातरूपः, निर्घातः, प्रभञ्जनः, व्योममुद्गरः.—**(Puff)** श्वासः.—**(Of a horn)** शङ्खध्मानं.—**(Blight)** विनाशः, व्याघातः, क्षयः.

***To* blast, *v. a.* (To ruin, destroy)** विनश् **in caus.** (-नाशयति यितुं), क्षि **in caus.** (क्षययति -यितुं), विहन् **(c. 2.** -हन्ति -हन्तुं).—**(To make to wither)** मृ **in caus.** (मारयति -यितुं), म्लानीकृ, विशृ **in caus.** (-शारयति -यितुं).

Blasted, *p. p.* विनाशितः -ता -तं, मारितः -ता -तं, परिम्लानः -ना -नं, विशीर्णः -र्णा -र्णं.—**(By lightning)** विद्युद्धतः -ता -तं.

Blaster, *s.* विनाशकः, मारकः, नाशयिता ***m.*** (तृ), विघाती ***m.*** (न्), विशारणकृत्.

Blaze, *s.* ज्वालः -ला, ज्वलः, ज्वलका, ज्वालाग्निः ***m.*** उल्का; **'a blaze of light,'** रश्मिजालं, अंशुजालं.—**(Publication)** प्रकाशनं, प्रकटीकरणं, प्रचारणं.

To* blaze, *v. n. ज्वल् **(c. 1.** ज्वलति, ज्वलितुं), प्रज्वल्, सम्प्रज्वल्, **or in freq.** (जाज्वल्यते), दीप् **(c. 4.** दीप्यते, दीपितुं), आदीप्, प्रदीप् **or in freq.** (देदीप्यते).

To* blaze abroad, *v. a. प्रकाश् **in caus.** (-काशयति -यितुं), विकाश्, प्रचर् **in caus.** (-चारयति -यितुं), विघुष् **(c. 10.** -घोषयति -यितुं), विख्या **in caus.** (-ख्यापयति -यितुं), प्रकटीकृ.

Blazing, *a.* ज्वाली -लिनी -लि (न्), ज्वालः -ली -लं, ज्वलन् -लन्ती -लत् (त्), उज्ज्वलः -ला -लं, जाज्वल्यमानः -ना -नं, ज्वलितः -ता -तं, प्रज्वलितः -ता -तं, उच्छिखः -खा -खं, प्रदीप्तः -प्ता -प्तं.

***To* blazon, *v. a.* (To draw coats of arms)** कुलीनपदचिह्नानि लिख् **(c. 6** लिखति, लेखितुं).—**(To explain coats of arms)** चित्रगतानि कुलीनपदचिह्नानि व्याख्या **(c. 2.** -ख्याति -ख्यातुं).—**(To deck)** भूष् **(c. 10.** भूषयति -यितुं), परिभूष्, परिष्कृ.—**(To celebrate)** प्रख्या, विख्या.—**(To display, publish)** प्रकाश् **in caus.** (-काशयति -यितुं), प्रचर् **in caus.** (-चारयति -यितुं).

To bleach, *v. a.* धाव् **(c. 1.** धावति, धावितुं, **c. 10.** धावयति -यितुं), वस्त्राणि वायुव्याप्यानि कृत्वा शुक्लीकृ **or** धवलीकृ **or** निर्णिज् **(c. 3.** -नेनेक्ति -नेक्तुं).

To* bleach, *v. n. वायुव्यापकत्वाद् धवलीभू **or** शुक्लीभू.

Bleached, *p. p.* धौतः -ता -तं, धवलितः -ता -तं, शुक्लीकृतः -ता -तं, धवलीकृतः -ता -तं, धवलीभूतः -ता -तं, वीतरागः -गा -गं; **'bleached silk,'** धौतकौशेयं, पत्रोर्णं; **'a pair of bleached clothes,'** उद्गमनीयं.

Bleacher, *s.* धावकः, वस्त्रधावकः, वस्त्रनिर्णेजकः.

Bleak, *a.* (Cold) शीतलः -ला -लं, शिशिरः -रा -रं, हिमः -मा -मं, हैमन्तः -न्ती -न्तं, -न्तिकः -की -कं, हिमशीतलः -ला -लं.—**(Exposed to the weather)** अभावकाशिकः -की -कं, शीतावकाशिकः -की -कं.—**(Cheerless)** निरानन्दः -न्दा -दं.

Bleakness, *s.* शीतता, शीतलता, शैत्यं, हिमता, शीतावकाशिकत्वं.

To* blear, *v. a. चुल्लीकृ, तिमिर **(nom.** तिमिरयति -यितुं).

Blearedness, *s.* (Having blear eyes) चुल्लत्वं, पिल्लत्वं, क्लिन्नाक्षता.

Blear-eyed, ***a.*** क्लिन्नाक्षः -क्षा -क्षं, चुल्लः -ल्ली -ल्लं, चिल्लः -ल्ला -ल्लं, पिल्लः -ल्ली -ल्लं.

To* bleat, *v. n. उ (**c. 1.** अवते, सोतुं), मेषरुतं कृ, अविवत् शब्दं कृ.

Bleating, ***s.*** मेषरुतं, मेषरावः, मेषशब्दः, उरभनादः.

To* bleed, *v. n. रक्तं **or** शोणितं सु (**c. 1.** सवति, सोतुं), प्रसु **or** मुच् (**c. 6.** मुञ्चति, मोक्तुं), प्रमुच्; **'the wound bleeds,'** क्षतं शोणितं स्रवति.

To* bleed, *v. a. रक्तं **or** शोणितं सु **in caus.** (सावयति -यितुं) **or** मुच् **in caus.** (मोचयति -यितुं) **or** मोक्ष् (**c. 10** मोक्षयति -यितुं) **or** अवसिच् (**c. 6.** -सिञ्चति -सेक्तुं)

Bleeder, ***s.*** रक्तस्रावकः, असृक्श्रावी ***m.*** (न्), रक्तमोचकः, सिराव्यधनकृत्, रक्तावसेचकः.

Bleeding, ***s.*** **(Venesection)** रक्तश्रावः, असृक्श्रावः, रक्तमोक्षणं, असृग्विमोक्षणं, सिरामोक्षः, सिराव्यधः, रक्तावसेचनं.

To* blemish, *v. a. मलिन (**nom.** मलिनयति -यितुं), कलङ्क (**nom.** कलङ्कयति -यितुं), दुष् **in caus.** (दूषयति -यितुं), अपयशः कृ, सदोषः -षां -षं कृ.

Blemish, ***s.*** दोषः, कलङ्कः, छिद्रं, कलुषं, अघं, आगः ***n.*** (स्). **—(Loss of reputation)** अपयशः ***n.*** (स्), अख्यातिः ***f.,*** अकीर्त्तिः ***f.,*** अपकीर्त्तिः ***f.,*** वाच्यता. **—(Without blemish)** अनघः -घा -घं, निश्छिद्रः -द्रा -द्रं.

Blemished, ***p. p.*** कलङ्कितः -ता -तं. दूषितः -ता -तं, दोषवान् -वती -वत् (त्), सदोषः -षा -षं. कलुषितः -ता -तं.

To* blench, *v. n. सहसा सङ्कोचं कृ, मील् (**c. 1.** मीलति, मीलितुं), निमील्.

To* blend, *v. a. मिश्र् (**c. 10.** मिश्रयति -यितुं), सम्मिश्र्, मिश्रीकृ, सम्पृच् (**c. 7.** -पृणक्ति -पर्चितुं) संयुज् (**c. 7.** -युनक्तिः -योक्तुं), संश्लिष् **in caus.** -श्लेषयति -यितुं), एकीकृ, एकत्र कृ, व्यतिकरं कृ. **—(To be mingled)** सङ्कृ **in pass.** (-कीर्य्यते), मिल् (**c. 6.** मिलति, मेलितुं), सम्मिल्.

Blended, ***p. p.*** मिश्रितः -ता -तं, मिश्रीकृतः -ता -तं, सम्मिश्रः -श्रा -श्रं, व्यामिश्रः -श्रा -श्रं, सम्पृक्तः -क्ता -क्तं, आश्लिष्टः -ष्टा -ष्टं, सङ्कीर्णः -र्णा -र्णं, मिलितः -ता -तं, एकीकृतः -ता -तं, करम्बितः -ता -तं, संसृष्टः -ष्टा -ष्टं, सन्निपतितः -ता -तं, संवलितः -ता -तं.

To* bliss, *v. a. **(To pronounce a blessing)** आशिषं दा (**c. 3.** ददाति, दातुं), **or** वद् (**c. 1.** वदति, वदितुं), **or** गद् (**c. 1.** गदति, गदितुं), **or** आशंस् (**c. 1.** -शंसते -शंसितुं), धन्यवादं कृ, कुशलं वद्. **—(To make happy)** सुख् (**c. 10.** सुखयति -यितुं), सुखिनं -खिनीं -खि कृ, धन्यं -न्यां -न्यं कृ, मङ्गलं -लां -लं कृ, कुशलं -लां -लं कृ. **—(To glorify, give thanks)** कञ्चिद् धन्यं, वद्, कस्यचिद् गुणान् वद् **or** कृत् (**c. 10.** कीर्त्तयति -यितुं), स्तु (**c. 2.** स्तौति स्तोतुं); **'God bless you!'** स्वस्ति, मङ्गलं भूयात्, शुभं भूयात्.

Blessed, ***a.*** धन्यः -न्या -यं, मङ्गलः -ला -लं, प्राप्तमङ्गलः -ला -लं, कृतमङ्गलः -ला -लं, कल्याणः -णी -णं, क्षेमवान् -वती -वत् (त्). परमसुखभागी -गिनी -गि (न्), -खिनी -खि (न्). **—(In the joys of heaven)** प्राप्तस्वर्गः -र्गा -र्गं, सिद्धः -द्धा -द्धं.

Blessedness, ***s.*** धनत्वं, माङ्गल्यं, कौशल्यं, कल्याणं, परमसुखं, परमानन्दः, सद्गतिः ***f.*** **—(In heaven)** सिद्धिः ***f.,*** स्वर्गगतिः ***f.,*** परमपदं, परम्पदं, परमागतिः ***f.,*** अपवर्गः.

Blesser, ***s.*** आशीर्वादी ***m.*** (न्), आशंसिता ***m.*** (तृ), धन्यवादकृत् ***m.,*** कुशलवादी ***m.*** (न्).

Blessing, ***s.*** **(Benediction)** आशीः ***f.*** (स्), आशीर्वादः, धन्यवादः, आशीर्वचनं, कुशलवादः, कुशलं. **—(A benefit received)** वरः, हितं, कुशलं, उपकृतं, धन्यत्वं; **'wishing blessing,'** आशंसुः -सुः -सु.

Blight, ***s.*** नाशः, क्षयः, विनाशः, व्याघातः, आघातः, दूषणं, कलङ्कः, विषं.

To* blight, *v. a. दुष् **in caus.** (दूषयति -यितुं), नश् **in caus.** (नाशयति -यितुं), विनश्, क्षि **in caus.** (क्षययति -यितुं) मृ **in caus.** (मारयति -यितुं), म्लानीकृ, विशीर्णं -र्णां -र्णं कृ, विफलीकृ.

Blighted, ***p. p.*** दूषितः -ता -तं, विनाशितः -ता -तं, मारितः -ता -तं.

Blind, ***a.*** अन्धः -न्धा -न्धं, अन्धकः -का -कं, अचक्षूः -क्षू -क्षुः (स्), विचक्षूः -क्षूः -क्षुः (स्), गताक्षः -क्षा -क्षं, अनक्षः -क्षा -क्षं, नेत्रेन्द्रियविकलः -ला -लं, अदृक् ***m.*** (श्). **—(Blind from birth)** जात्यन्धः -न्धा न्धं, जन्मान्धः -न्धा न्धं. **—(Blind of one eye)** काणः -णा -णं. **—(Hard to find, private)** अदृश्यः, -श्या -श्यं, निभृतः -ता -तं; **'a blind well,'** अन्धकूपः. **—(Dark)** तमस्वी -स्विनी -स्वि (न्). **—(Ignorant)** हतज्ञानः -ना -नं, अज्ञः -ज्ञा -ज्ञं, दुर्बुद्धिः -द्धिः -द्धि.

To* blind, *v. a. अन्धीकृ, तिमिरीकृ, तिमिर (**nom.** तिमिरयति -यितुं).

Blind, ***s.*** **(Screen to hinder the sight)** तिरस्करिणी, व्यवधा, -धानं. **—(Something to mislead)** छद्म ***n.*** (न्), कपटः, कपटवेशः, छद्मवेशः.

Blinded, ***p. p.*** अन्धीकृतः -ता -तं, अन्धीभूतः -ता -तं, तमोवृतः -ता -तं **—(By sin)** पापतिमिरः -रा -रं.

To* blindfold, *v. a. वस्त्रेण नयने **or** दृशौ बन्ध् (**c. 9.** बध्नाति, बन्द्धुं), **or** अवरुध् (**c. 7.** -रुणद्धि -रोद्धुं), **or** विरुध्, **or** आवृ (**c. 5.** -वृणोति -वरितुं -वरीतुं), वस्त्रेण नयने आछद्

Blindfold 78 Blood

(c. 10. -छादयति -यितुं)।

Blindfold, ***a.*** वस्त्रावरुद्धनयनः -नी -नं, अवरुद्धदृष्टिः -ष्टिः -ष्टि, बद्धनेत्रः -त्री -त्रं.

Blindly, ***adv.*** अन्धवत्, अनालोचितं, अविचार्य्य, असमीक्ष्य, अविचिन्त्य, सहसा.

Blind-man's-buff, ***s.*** बालानाम् क्रीडाविशेषो यस्मिन् एकतमो वस्त्रावरुद्धनयनः **or** अवरुद्धदृष्टिर् इतरान् इतस्ततः पलायमानान् जिघृक्षयाऽनुधावति.

Blindness, ***s.*** अन्धता -त्वं, तिमिरं.—**(Ignorance)** अज्ञानं, आवरणं, दुर्बुद्धित्वं, मोहः.

To **blink,** ***v. n.*** मील् **(c. 1.** मीलति, मीलितुं), निमील् **or in caus.** (निमीलयति -यितुं), निमिष् **(c. 6.** -मिषति - मेषितुं).

Blink, ***s.*** निमेषः, निमिषः, मीलितं, दृष्टिनिपातः, अर्द्धवीक्षणं.

Blinking, ***s.*** मीलनं, निमीलनं, निमेषः ***part.*** निमीलन् -लन्ती -लत् (त्).

Bliss, ***s.*** परमसुखं, परमाह्लादः, परमानन्दः, प्रहर्षः, सुखं, शर्म्म ***n.*** (न्), प्रह्लादः, अत्यन्तसुखं, धन्यता, कल्याणं.—**(Celestial life)** अपवर्गः, मोक्षः, सिद्धिः ***f.,*** मुक्तिः ***f.,*** स्वर्गगतिः ***f.,*** परमपदं, परम्पदं.

Blissful, ***a.*** परमसुखमयः -यी -यं, आनन्दमयः -यी -यं, परमाह्लादवान् -वती वत् (त्), सुखी -खिनी -खि (न्), धन्यः -न्या -यं, सानन्दः -न्दा -न्दं, प्रमोदी -दिनी -दि (न्).

Blissfully, ***adv.*** परमसुखेन, परमाह्लादेन, परमानन्दपूर्व्वकं, सानन्दं.

Blissless, ***a.*** सुखहीनः -ना -नं, आह्लादरहितः -ता -तं, निरानन्दः -न्दा -न्दं.

Blister, ***s.*** त्वक्स्फोटः, स्फोटः, स्फोटकः, विस्फोटः, शोफः, व्रणं.—**(On the foot)** पादस्फोटः, स्फुटिः ***f.,*** विपादिका.—**(A blistering plaster)** त्वक्स्फोटोत्पादकः उपनाहः.

To **blister,** ***v. a.*** त्वक्स्फोटम् उत्पद् **in caus.** (-पादयति -यितुं).

To **blister,** ***v. n.*** व्रणरूपेण श्वि **(c. 1.** श्वयति, श्वयितुं), **or** स्फुट् **(c. 1.** स्फोटते, स्फोटितुं).

Blistered, ***p. p.*** व्रणी -णिनी -णि (न्), शूनः -ना -नं, स्फातः -ता -तं.

Blithe, blithesome, ***a.*** हृष्टः -ष्टा -ष्टं., हृष्टमानसः -सी -सं, प्रहृष्टः -ष्टा -ष्टं. प्रफुल्लः -ल्ला -ल्लं, आनन्दी -न्दिनी -न्दि (न्), आह्लादी -दिनी -दि (न्), प्रमोदी -दिनी -दि (न्), पुलकितः -ता -तं, उल्लासितः -ता -तं, मुदान्वितः -ता -तं, प्रसन्नवदनः -नी -नं.

Blithely, ***adv.*** सहर्षं, हृष्टमनसा, प्रहृष्टं, प्रहर्षेण, प्रह्लादेन, सानन्दं.

Blitheness, blithesomeness, ***s.*** प्रहर्षः, हर्षः, प्रहृष्टता, प्रफुल्लता, आह्लादः, आनन्दः.

To **bloat,** ***v. a.*** मांसाद्याहारेण सन्तोष्य संशूनीकृ **or** पीनीकृ **or** स्थूलीकृ, स्फाय् **in caus.** (स्फावयति -यितुं), श्वि **in caus.** (श्वाययति -यितुं), आप्यै **in caus.** (-प्याययति -यितुं).

To **bloat,** ***v. n.*** मांसाद्युपभोगेन संशूनीभू **or** पीनीभू **or** स्थूलीभू, स्फाय् **(c. 1.** स्फायते, स्फायितुं), श्वि **(c. 1.** श्वयति, श्वयितुं), संश्वि, आप्यै **(c. 1.** (-प्यायते -प्यातुं).

Bloated, ***p. p.*** शूनः -ना -नं, मांसोपभोगसंशूनः -ना -नं, प्रोच्छूनः -ना -नं, पीनः -ना -नं, स्फीतः -ता -तं, स्फातः -ता -तं, प्रवृद्धः -द्धा -द्धं, स्थूलीभूतः -ता -तं.

Bloatedness, ***s.*** शूनता, स्थूलता, स्फातिः ***f.,*** स्फीतिः ***f.,*** पीनता.

Blobber-lipped, ***a.*** स्थूलोष्ठः -ष्ठा -ष्ठं, लम्बौष्ठः -ष्ठा -ष्ठं.

Block, ***s.*** **(Of wood)** स्थूलकाष्ठं, काष्ठं, काष्ठखण्डं.—**(Any mass)** पिण्डः -ण्डं.—**(A massy body)** स्थूलद्रव्यं, भारः, स्थूणा.—**(Of stone)** शिला.—**(Obstruction** अवरोधः -धकं, विरोधः, प्रतिष्टम्भः, विष्टम्भः, प्रत्यूहः, विघ्नः.—**(A washerman's block)** फलकः.

To **block up,** ***v. a.*** प्रतिरुध् **(c. 7.** -रुणद्धि -रोद्धुं), उपरुध्, निरुध्, संरुध्, स्तम्भ् **(c. 9.** स्तभ्नाति, स्तम्भितुं **or caus.** स्तम्भमति -यितुं), अपिधा **(c. 3.** -दधाति -धातुं), पिधा, बाध् **(c. 1.** बाधते, बाधितुं), आवृ **(c. 5.** -वृणोति -वरितुं -वरीतुं), प्रतिबन्ध् **(c. 9.** -बध्नाति -बन्द्धुं).

Blockade, ***s.*** अवरोधः, रोधः, रोधनं, वेष्टनं, परिवेष्टनं, चिरारोधः.

To **blockade,** ***v. a.*** रुध् **(c. 7.** रुणद्धि, रोद्धुं), उपरुध्, संरुध्, निरुध्, प्रतिरुध्, विरुध्; परिवेष्ट् **(c. 1.** -वेष्टते -वेष्टितुं), बाध् **(c. 1.** बाधते, बाधितुं).

Blockaded, ***p. p.*** रुद्धः -द्धा -द्धं, परिवेष्टितः -ता -तं, बाधितः -ता -तं.

Blocked Up, ***p. p.*** प्रतिरुद्धः -द्धा -द्धं, रुद्धः -द्धा -द्धं, प्रतिष्टब्धाः -ब्धा -ब्धं, स्तब्धः -ब्धा -ब्धं, सम्बाधः -धा -धं, वारितः -ता -तं, विघ्नितः -ता -तं.

Blockhead, ***s.*** स्थूलबुद्धिः ***m.,*** स्थूलधीः ***m.,*** मन्दबुद्धिः ***m.,*** मूर्खः, मूढः, दुर्बुद्धिः ***m.,*** बर्व्वरः.

Blood, ***s.*** असृक् ***n.*** (ज्), लोहितं, रक्तं, रुधिरं, शोणितं, क्षतजं, अस्रं; **'to lose blood,** रक्तं मुच् **(c. 6.** मुञ्चति, मोक्तुं); **'to flow with blood,'** रक्तं सु **(c. 1.** स्रवति, सोतुं).—**(Kindred, lineage)** कुलं, वंशः, सन्तानः, गोत्रं, गोष्ठी; **'of whole blood,'** सोदरः, सहोदरः, सोदर्य्यः, समानोदर्य्यः, सगर्भः, सनाभिः ***m.,*** एकशरीरः; **'of half blood,'** भिन्नोदरः.—**(Murder)** बधः, नृहत्या, घातनं, मारणं.

To **blood,** ***v. a.*** **(To stain with blood)** असृजा **or** शोणितेन लिप् **(c. 6.** लिम्पति, लेप्तुं), अनुलिप् **or** अञ्ज् **(c. 7.** अनक्ति, अंक्तुं) **or** मलिन **(nom.** मलिनयति -यितुं).—**(To let blood)** रक्तं **or** शोणितं सु **in caus.** (स्रावयति -यितुं) **or** मुच् **in**

caus. (मोचयति -यितुं).

Blood-bespotted, ***a.*** रक्तमलिनः -ना -नं, शोणितोक्षितः -ता -तं.

Blood-drinking, ***a.*** रक्तपः -पा -पं, रक्तपायी -यिनी -यि (न्) **or** रुधिरपायी, शोणितपः -पा -पं, असृक्पः -क्पा.

Bloodhound, ***s.*** अतिक्रूरो मृगव्यकुक्कुरभेदः स च घ्राणबलेन मृगस्थानं नयति.

Bloodily, ***adv.*** जिघांसया, क्रूरं, निष्ठुरं, नैष्ठुर्य्येण, निर्दयं.

Bloodiness, ***s.*** रक्तपर्शता.—**(Disposition to kill)** जिघांसा.

Bloodless, ***a.*** नीरक्तः -क्ता -क्तं, रक्तहीनः -ना -नं, निःशोणितः -ता -तं.

Bloodletter, ***s.*** रक्तस्रावकः, असृक्श्रावी ***m.*** (न्), रक्तमोचकः, सिरावेधकः.

Bloodshed, ***s.*** रक्तपातः, असृक्पातः, बधः, नृहत्या, रिपुहत्या.

Bloodshedder, ***s.*** रक्तपातकः, जिघांसुः ***m.***, घातकः, हन्ता ***m.*** (न्तृ) **or** निहन्ता, बधोद्यतः.

Bloodshot, ***a.*** रक्तपूर्णः -र्णा -र्णं, शोणिताप्लुतः -ता -तं. —**(Redness of the vessels of the eye)** रक्ताभिष्यन्दः; **'having bloddshot eyes,'** रक्तेक्षणः -णा -णं.

Blood-stained, ***a.*** असृग्लिप्तः -प्ता -प्तं, शोणिताक्तः -क्ता -क्तं, रक्ताक्तः -क्ता -क्तं, शोणितोक्षितः -ता -तं, रक्तमलिनः -ना -नं.

Bloodsucker, ***s.*** शोणितपः, रक्तपायी ***m.*** (न्) **or** रुधिरपायी, असृक्पः.—**(A leech)** जलौका, रक्तपा ***f.***, जलौकाः ***m.*** (स्).

Bloodthirsty, ***a.*** रक्तपिपासुः -सुः -सु, शोणितप्रियः -या -यं, जिघांसुः -सुः -सु, क्रूरः -रा -रं, बधोद्यतः -ता -तं.

Bloodvessel, ***s.*** असृग्वहा ***f.***, नाडिः ***f.***, रक्तप्रवाहकनाडिः ***f.***, शिरा, रक्तवाही ***m.*** (न्).

Bloody, ***a.*** रक्तमयः -यी -यं, शोणितमयः -यी -यं, रक्ताक्तः -क्ता -क्तं.—**(Murderous)** मारात्मकः -का -कं, क्रूरः -रा -रं.

Bloody-flux, ***s.*** रक्तातिसारः, रक्तपित्तः, अधोसपित्तं, सारणः, प्रवाहिका.

Bloody-minded, ***a.*** मारात्मकः -का -कं, जिघांसुः -सुः -सु, क्रूरचेताः -ता -तः (स्).

Bloody-red, ***a.*** रक्तवर्णः -र्णा -र्णं, लोहितवर्णः -र्णा -र्णं.

Bloom, ***s.*** **(A blossom)** पुष्पं, कुसुमं, पल्लवः, मुकुलः -लं. —**(Fresh-colour)** नववर्णः.—**(In a state of bloom)** अदृष्टपरिणामः.—**(Bloom of youth)** नवयौवनं, अक्षतयौवनं; **'in the bloom of youth,'** प्रौढयौवनः -ना -नं.

To **bloom,** ***v. n.*** फुल्ल् **(c.1.** फुल्लति, फुल्लितुं), पुष्प् **(c.4.** पुष्प्यति, पुष्पितुं), कुसुम **(nom.** कुसमुयति -यितुं), विकस् **(c.1.** -कसति -कसितुं)—**To flourish** ऋध् **(c. 5.** ऋध्नोति, अर्धितुं), समृध्, एध् **(c. 1.** एधते, एधितुं), वृध् **(c. 1.** वर्धते, वर्धितुं).

Blooming, ***a.*** फुल्लवान् -वती -वत् (त्), प्रफुल्लः -ल्ला -तलं, विकसन् -सन्ती -सत् (त्), स्फुटन् -टन्ती -टत् (त्), विकासी -सिनी -सि (न्).—**(Flourishing)** वर्द्धमानः -ना -तं, समृद्धः -द्धा -द्धं, उदयी -यिनी -यि (न्).

Blossom, ***s.*** पुष्पं, कुसुमं, पल्लवः, मुकुलः -लं, क्षारकः, प्रसवः.

To **blossom,** ***v. n.*** फुल्ल् **(c. 1.** फुल्लति, फुल्लितुं), कुसुम **(nom.** कुसुमयति -यितुं), स्फुट् **(c. 6.** स्फुटति, स्फुटितुं, **c. 1.** स्फोटते, स्फोटितुं), पुष्प् **(c. 4.** पुष्प्यति, पुष्पितुं), विकस् **(c. 1.** -कसति -कसितुं).

Blossoming, ***a.*** फुल्लवान् -वती -वत् (त्), पुष्पितः -ता -तं, पुष्पवान् -वती -वत् (त्), कुसुमितः -ता -तं, कुसुमवान् -वती -वत् (त्), स्फुटितपुष्पः -ष्पा -ष्पं.

To **blot,** ***v. a.*** मलिन **(nom.** मलिनयति -यितुं), मलिनीकृ, लिप् **(c. 6.** लिम्पति, लेप्तुं), दुष् **in caus.** (दूषयति -यितुं), कलङ्क **(nom.** कलङ्कयति -यितुं), कृष्णीकृ.—**(To make indistinct)** अस्पष्टीकृ.

To **blot out,** ***v. a.*** **(To efface, destroy)** विनश् **in caus.** (-नाशयति यितुं), उच्छिद् **(c. 7.** -छिनत्ति -छेत्तुं), उद्धृ **(c. 1.** -हरति -हर्त्तुं), विलुप् **in caus.** (-लोपयति -यितुं). —**(To erase)** व्यामृष् **(c. 1.** -मर्षति -मर्षितुं), लोपं कृ.

Blot, ***s.*** **(Erasure)** लोपः, व्यामर्षः.—**(Spot, stain)** कलङ्कः, अपकलङ्कः, कलुषं, मलं, दोषः.—**(Disgrace)** अपकर्त्तिः ***f.***

Blotch, ***s.*** किलासं, सिध्म ***n.*** (न्), स्फोटः, विस्फोटः, व्रणं, कच्छपिका.

To **blotch,** ***v. a.*** किलासीकृ, मलिन **(nom.** मलिनयति -यितुं).

Blotchy, ***a.*** किलासी -सिनी -सि (न्), सिध्मलः -ला -लं, सिध्मवान् -वती -वत् (त्).

Blotted, ***p. p.*** मलिनितः -ता -तं, दूषितः -ता -तं, कलङ्कितः -ता -तं.

Blotting-paper, ***s.*** मसीशोषकः, मसीशोषणयोग्यं पत्रं.

Blow, ***s.*** **(A stroke)** प्रहारः, आघातः, अभिघातः, घातः, पातः, पातनं, दण्डः, हतिः ***f.***, आहतिः***f.*** —**(A blow with the fist)** मुष्टिपातः; **'a blow which reduces to powder,'** निष्पेषः. —**(Blooming of flowers)** फुल्लिः ***f.***, फुल्लतिः ***f.***, स्फुटनं. विकाशः.—**(The act of a fly which infects meat by depositing eggs)** मक्षकया अण्डप्रसवेन खाद्यमांसदूषणं.

To **blow,** ***v. n.*** **(As the wind)** वा **(c. 2.** वाति, वातुं), प्रवा. —**(To breathe)** श्वस् **(c. 2.** श्वसिति, श्वसितुं), उच्छ्वस्, श्वासप्रश्वासं कृ.—**(To pant)** कृच्छ्रेण श्वस्, विनिश्वस्, दुःश्वासं कृ, यष्टिप्राणः -णा -णं भू.— **(As a flower)** फुल्ल् **(c. 1.**

फुल्लति, फुल्लितुं), स्फुट् (**c. 6.** स्फुटति, स्फुटितुं), पुष्प् (**c. 4.** पुष्प्यति, पुष्पितुं).

To **blow,** ***v. a.*** ध्मा (**c. 1.** धमति, ध्मातुं), समाध्मा, प्रध्मा, उपध्मा; **'he blew his horn,'** शङ्खं दध्मौ; **'fire blown by the wind,'** वायुना ध्यायमानोऽग्निः.—**(To blow away)** अपध्मा, विध्मा.—**(To blow out)** निर्वा **in caus.** (-वापयति यितुं).—**(To blow upon)** वीज् (**c. 10.** वीजयति -यितुं), अनुवीज्, उद्वीज्, उपवीज्; **'blown upon by sacred breezes,'** पुण्यैर्वायुभिर् अनुवीजितः.—**(To puff upon, to cool)** फुत् कृ, फूत्कारं कृ.—**(To blow the nose)** नासिकं ध्मा.—**(One who blows his nose)** नासिकन्धमः.

Blowing, ***part.*** **(As a flower)** स्फुटन् -टन्ती -टत् (त्), विकाशी -शिनी -शि (न्), फुल्लवान् -वती -वत् (त्).—**(The act)** फुल्लिः ***f.,*** स्फुटनं, प्रस्फोटनं, विकाशः.

Blown, ***p. p.*** **(As a flower)** फुल्लः -ल्ला -ल्लं, उत्फुल्लः -ल्ला -ल्लं, प्रफुल्लः -ल्ला -ल्लं, स्फुटः -टा -टं, व्याकोशः -शा -शं, विकसितः -ता -तं, विकचः -चा -चं, प्रस्फुटः -टा -टं.—**(Inflated)** आध्मातः -ता -तं.

Blow-pipe, ***s.*** नाडिः ***f.***—**(One who uses it)** नाडिन्धमः.

Blowzy, ***a.*** आतपदग्धवदनः -नी -नं, सूर्य्यतेजसा विकृतवर्णः -र्णा -र्णं.

Blubber, ***s.*** तिमिमेदः ***n.*** (स्), तिमिवसा, तिमितैलं, वृहन्मीनमेदः ***n.*** (स्).

To **blubber,** ***v. n.*** यथा गण्डौ श्वयतस् तथा रुद् (**c. 2.** रोदिति, रोदितुं), अतिशयक्रन्दनाद् उच्छूनमुखो भू.

Bludgeon, ***s.*** लगुडः, परिघः, परिघातनं, गदा.—**(Armed with)** लगुडहस्तः.

Blue, ***s.*** **(The colour)** नीलः, नीलवर्णः.

Blue, ***a.*** नीलः -ला -लं, नीलवर्णः -र्णा -र्णं, श्यामः -मा -मं.

To **blue,** ***v. a.*** नीलीकृ.—**(To become blue)** नील **(nom.** नीलायते).

Bluebottle, ***s.*** नीलशरीरः स्थूलमक्षिकाप्रभेदः, वर्व्वणा.

Blue-eyed, ***a.*** नीलनयनः -नी -नं, नीलाक्षः -क्षी -क्षं.

Blueness, ***s.*** नैल्यं, नीलता -त्वं, श्यामता.

Bluff, ***a.*** **(Big)** स्थूलः -ला -लं.—**(Harsh)** रुक्षः -क्षा -क्षं., परुषः -षा -षं, उग्रः -ग्रा -ग्रं, कर्कशः -शा -शं.—**(Not pointed)** घनाग्रः -ग्रा -ग्रं.—**(Exposed to wind)** वातावकाशिकः -की -कं.

Bluffness, ***s.*** रुक्षता, कार्कश्यं, परुषत्वं, घनत्वं.

Bluish, ***a.*** आनीलः -ला -लं, ईषन्नीलः -ला -लं, ईषत्श्यामः -मा -मं

To **blunder,** ***v. n.*** प्रमद् (**c. 4.** -माद्यति -मदितुं), स्खल् (**c. 1.** स्खलति, स्खलितुं), भ्रम् (**c. 1.** भ्रमति, **c. 4.** भ्राम्यति, भ्रमितुं), अनवधानं कृ.

Blunder, ***s.*** प्रमादः, स्खलितं, स्खलनं, दोषः, भ्रमः कर्म्मदोषः, अनवधानं, अशुद्धं.

Blunderbuss, ***s.*** अनेकशो लोहगुलिकाप्रक्षेपणी विशालमुखविशिष्टा नाडिः ***f.***

Blunderer, ***s.*** प्रमादी ***m.*** (न्), प्रमादकर्त्ता ***m.*** (र्त्तृ), दोषकर्त्ता ***m.*** (र्त्तृ), स्खलनशीलः.

Blundering, ***a.*** प्रमादी -दिनी -दि (न्), प्रमत्तः -त्ता -त्तं, स्खलन्मतिः -तिः -ति, अनवधानः -ना -नं, दोषी -षिणी -षि (न्).

Blunderingly, ***adv.*** प्रमादेन, प्रमाद्यतस्, स्खलनपूर्व्वं, अनवधानेन, अवधानं विना.

Blunt, ***a.*** **(Not sharp)** अतीक्ष्णः -क्ष्णा -क्ष्णं, अतीव्रः -व्रा -व्रं, अप्रखरः -रा -रं, धाराहीनः -ना -नं.—**(Thick, obtuse)** धनः -ना -नं, स्थूलः -ला -लं,—**(Dull of understanding)** मन्दमतिः -ति -ति, अविदग्धः -ग्धा -ग्धं.—**(Rough)** रुक्षः -क्षा -क्षं, परुषः -षा -षं, कर्कशः -शा -शं, अमसृणः -णा -णं.

To **blunt,** ***v. a.*** घनीकृ, धाराम् अतीक्ष्णां, कृ, विरुग्नधारं -रां -रं कृ, रुग्नीकृ, विरुग्नीकृ, स्थूलीकृ.—**(To lessen)** अल्पीकृ, न्यूनीकृ, शम् **in caus.** (शमयति -यितुं), ह्रस् **in caus.** (ह्रासयति -यितुं); **'one who blunts desire,'** कामावसायिता ***m.*** (तृ).

Blunted, ***p. p.*** घनीकृतः -ता -तं, विरुग्नधारः -रा -रं, विरुग्नः -ग्ना -ग्नं.

Bluntly, ***adv.*** पारुष्येण, कार्कश्येन, कर्कशवाक्येन, परुषोक्त्या, सपारुष्यं.

Bluntness, ***s.*** अतीक्ष्णता, धाराहीनता, घनत्वं, रुक्षता, स्थूलता.—**(Of intellect)** मन्दमतिता, अविदग्धता, बुद्धिमान्द्यं.—**(Of manner)** पारुष्यं, रुक्षता, कर्कशत्वं, कार्कश्यं.

Blur, ***s.*** कलङ्कः, दोषः, कलुषं, मलं.

To **blur,** ***v. a.*** मलिन **(nom.** मलिनयति -यितुं), कलङ्क **(nom.** कलङ्कयति -यितुं), लिप् (**c. 6.** लिम्पयति, लेप्तुं), दुष् **in caus.** (दूषयति -यितुं), कलुष **(nom.** कलुषयति -यितुं).

Blurred, ***p. p.*** मलिनितः -ता -तं, परिमलितः -ता -तं, कलुषितः -ता -तं.

To **blurt,** ***v. a.*** असमीक्ष्य **or** अविमृश्य **or** अविचार्य्य **or** प्रमादेन वद् (**c. 1.** वदति, वदितुं), जल्प् (**c. 1.** जल्पति, जल्पितुं).

To **blush,** ***v. n.*** लज्ज् (**c. 6.** लज्जते, लज्जितुं), विलज्ज्, संलज्ज्, व्रीड् (**c. 4.** व्रीड्यति, व्रीडितुं), त्रप् (**c. 1.** त्रपते, त्रपितुं), ह्री (**c. 3.** जिह्रेति, ह्रेतुं); **'to blush at any thing,'** ह्री **with**

abl. or gen. c.—**(To become red)** अरुणीभू, ईषदरुणीभू, लोहित (**nom.** लोहितायते)·—**(In the face)** लोहिताननः -नी -नं, भू.

To* blush, *v. a. **(To make red)** अरुणीकृ, अरुण (**nom.** अरुणयति -यितुं)·

Blush, *s.* कपोलरागः·—**(Colour in the face resulting from shame)** लज्जाप्रयुक्तं, वदनरक्तवं, व्रीडाजनितो मुखारुणिमा ***m.*** (न्)·—**(Bashfulness)** लज्जा, ह्री: ***f.,*** व्रीडा, त्रपा; **'full of blushes,'** ह्रीपरिगतः -ता -तं·—**(To put to the blush)** ह्री **in caus.** (ह्रेपयति -यितुं); **'put to the blush,'** ह्रेपितः -ता -तं·—**(At the first blush or aspect)** प्रथमदर्शने, आदावेव.

To* bluster, *v. n. **(To roar)** गर्ज् (**c. 1.** गर्जति, गर्जितुं)·—**(To be tumultuous)** तुमुलं कृ, मुखरीभू, शब्द (**nom.** शब्दायते)· —**(To brag)** विकत्थ् (**c. 1.** -कत्थते -कत्थितुं)·—**(To be violent)** भृश् (**nom.** भृशायते)·—**(To bully)** तर्ज् (**c. 1.** तर्जति, तर्जितुं), मुखरीकृ, भर्त्स् (**c. 10.** भर्त्सयते -यितुं)·

Blusterer, *s.* शूरम्मन्यः, भर्त्सनकारः, कलहकारः, दाम्भिकः, विकत्थी ***m.*** (न्)·

Blustering, *s.* गर्ज्जनं, गर्ज्जितं, तुमुलं, कोलाहलः, भर्त्सनं, विकत्थनं.

Blusterous, *a.* गर्जनकारी -रिणी -रि (न्), महास्वनः -ना -नं, मुखरः -रा -रं.

Boa-constrictor, *s.* **(A snake)** अजगरः, वाहसः, शयुः ***m.,*** वाड्रः·

Boar, *s.* वराहः, शूकरः, दंष्ट्री ***m.*** (न्), स्थूलनासः, पृथुस्कन्धः, कोलः, किरः, दृढलोमा ***m.*** (न्), वक्रदंष्ट्र; **'wild boar,'** वनशूकरः·

Board, *s.* **(A plank)** फलकः -कं, दीर्घकाष्ठं·—**(A table)** भोजनाधारः, फलकः, भोजनासनं, मञ्चः—**(Food)** भोजनं, आहारः, भृतिः ***f.,*** अन्नजलं· **'board and clothing,'** ग्रासाच्छादनं; **'board and lodging,'** ग्रासावासौ ***du.***—**(A council)** सभा; **'the members of it,'** सभासदः ***m. pl.***—**(The deck of a ship)** नौकापृष्ठं, पोतपृष्ठं, नौकातलं, नौकाफलकं, पोतास्तरणं; **'on board,'** नौकारूढः -ढा -ढं· —**(A board for playing drafts, etc.)** अष्टापदं, शारिफलं, नयपीठी.

To* board, *v. a. **(To enter a ship by force)** नावं बलात् **or** बलेन **or** प्रसह्य आरुह् (**c. 1.** -रोहति -रोढुं) **or** अधिक्रम् (**c. 1.** -क्रामति -क्रमितुं) **or** आक्रम् **or** अवप्लु (**c. 1.** -प्लवते -प्लोतुं)·—**(To lay with boards)** फलक (**nom.** फलकयति -यितुं), फलकैः **or** दीर्घकाष्ठैः **or** काष्ठफलकेन आस्तृ (**c. 9.** -स्तृणाति -स्तरितुं -स्तरीतुं)·—**(To diet another at a settled rate)** निरूपितमूल्येन स्वगृहे अन्तेवासिनं भुज् **in caus.** (भोजयति -यितुं) **or** भृ (**c. 3.** बिभर्त्ति, भर्त्तुं)·

To* board, *v. n. **(To diet with another at a settled rate)** निरूपितवेतनं दत्त्वा **or** निरूपितमूल्येन परगृहे भोजनशयनादि कृ **or** अन्तेवासी भू.

Boarder, *s.* **(One who diets with another)** निरूपितमूल्येन परगृहे भोजनशयनादिकर्त्ता ***m.*** (र्त्तृ), सहभोजी ***m.*** (न्), सहभोक्ता ***m.*** (क्तृ), पांक्त्यः·—**(A pupil at a boarding-school)** अन्तेवासी ***m.*** (न्)·

Boarding-school, *s.* यस्मिन् विद्यालये अन्तेवासिनः शिक्षकगृहे भोजनशयनादि कुर्व्वन्ति सः·

Board-wages, *s.* भोजनक्रयणार्थं वेतनं, अन्नक्रयणार्थं वर्त्तनं, भोजनात् प्रति वेतनं.

Boarish, *a.* वाराहः -ही -हं, सौकरः -री -रं, असभ्यः -भ्या -भ्यं.

To* boast, *v. n. आत्मानं श्लाघ् (**c. 1.** श्लाघते, श्लाघितुं), कत्थ् (**c. 1.** कत्थते, कत्थितुं), विकल्प् **with inst. of the thing of which boast is made,** दम्भं कृ, परिकृत् (**c. 10.** -कीर्त्तयति -यितुं), दृप् (**c. 4.** दृप्यति, द्रप्तुं), गर्व्व् (**c. 1.** गर्व्वति, गर्व्वितुं)·

Boast, boasting, *s.* आत्मश्लाघा, विकत्था, विकत्थनं, परिकीर्त्तनं, अहङ्कारोक्तिः ***f.,*** शूरमानं, दम्भः, दर्पकरणं, दर्पः, गर्व्वः, अभिमानं, आहोपुरूषिका, अहमहमिका.

Boasted, *p. p.* श्लाघितः -ता -तं, परिकीर्त्तितः -ता -तं.

Boaster, *s.* आत्मश्लाघी ***m.*** (न्), विकत्थी ***m.*** (न्), -त्थिनी ***f.,*** -त्थनः, उपजल्पी ***m.*** (न्), दम्भी ***m.*** (न्), शूरम्मन्यः, शूरमानी ***m.*** (न्)·

Boastful, *a.* दाम्भिकः -की -कं, दम्भी -म्भिनी -म्भि (न्), गर्व्वितः -ता -तं, गर्व्वपूर्णः -र्णा -र्णं, विकत्थनः -ना -नं, अवलिप्तः -प्ता -प्तं, वाचालः -ला -लं.

Boastfully, *adv.* गर्व्वेण, दम्भेन, सदर्पं, सगर्व्वं, सदम्भं, विकत्थनपूर्व्वं.

Boastless, *a.* दम्भहीनः -ना -नं, अगर्व्वः -र्व्वा -र्व्वं, अभिमानरहितः -ता -तं.

Boat, *s.* नौः ***f.,*** नौका, पोतः, तरी, तरणी, तरण्डः, उडुपः·

Boastful, *s.* नौकापूरणं, पोतपूरणं.

Boatload, *s.* नौकाभारः, पोतभारः·

Boatman, *s.* नाविकः, पोतवाहः, निर्यामः, नौकारूढः, औडुपिकः·

Boatswain, *s.* मुख्यनाविकः, प्रधाननाविकः, नाविकः, कर्णधारः, निर्यामाधिष्ठाता ***m.*** (तृ)·

To* bob, *v. a. **(To crop)** ह्रस् **in caus.** (ह्रासयति -यितुं)· —**(To beat)** तड् **in caus.** (ताडयति -यितुं)·

To bob, *v. n.* (To play backwards and forwards) इतस्ततो लुठ् (c. 6. लुठति, लुठितुं) or स्फुर् (c. 6. स्फुरित, स्फुरितुं) or प्रेङ्ख् (c. 1. प्रेङ्खति, प्रेङ्खितुं), दोल (nom. दोलायते -यितुं), चञ्च् (c. 1. चञ्चति, चञ्चितुं), चञ्चल (nom. चञ्चलायते).

Bob, *s.* (Ear-ring) कुण्डलं, कर्णिका.—(A blow) प्रहार:, आघात:.

Bobbin, *s.* कपालनालिका, सूत्रगण्डिका, तन्तुकील:.

Bobtail, *s.* छिन्नबालधारी *m.* (न्), ह्स्वपुच्छी *m.* (न्), कर्त्तितलाङ्गूली *m.* (न्).

Bobtailed, *s.* छिन्नबाल: -ला -लं, ह्स्वपुच्छ: -च्छा -च्छं, ह्सितलाङ्गूल: -ला -लं.

Bobwig, *s.* शिरोरुहहीनैर् भृतं परकीयक्लृप्तकेशनिर्म्मितं शिरस्त्रं.

To **bode,** *v. a.* शुभाशुभं or मङ्गलामङ्गलं प्रदृश् in caus. (-दर्शयति -यितुं), इष्टानिष्टम् आविद् in caus. (-वेदयति -यितुं) or सूच् (c. 10. सूचयति -यितुं), पूर्व्वलिङ्गं or पूर्व्वचिह्नं or पूर्व्वलक्षणं दा (c. 3. ददाति, दातुं), निपातं or विनिपातं शंस् (c. 1. शंसति, शंसितुं).

Bodement, *s.* पूर्व्वलक्षणं, पूर्व्वचिह्नं, पूर्व्वलिङ्गं, चिह्नं, शुभाशुभलक्षणं, शुभाशुभचिह्नं, शकुनं, उत्पात:, अजन्यं, निमित्तं, उपसर्ग:, उपलिङ्ग:, भाविसूचकं चिह्नं.

Bodice, *s.* चोल: -ली, अङ्गिका, चेलिका, कञ्चुलिका, कूर्पासक: -कं.

Bodied, *a.* शरीरी -रिणी -रि (न्), देही -हिनी -हि (न्), अङ्गी -ङ्गिनी -ङ्गि (न्).

Bodiless, *a.* अशरीर: -रा -रं or -री -रिणी -रि (न्), अनङ्ग: -ङ्गा -ङ्गं, अङ्गहीन: -ना -नं., निराकार: -रा -रं, अमूर्त्त, -र्त्ता -र्त्तं, व्यङ्ग -ङ्गी -ङ्गं.

Bodily, *a.* शारीरिक: -की -कं, दैहिक: -की -कं, शरीरज: -जा -जं, कायिक: -की -कं, अङ्गक: -का -की -कं, आङ्ग: -ङ्गी -ङ्गं.—(Bodily hardship) कायक्लेश: देहक्लेश:, कृच्छ्रं.

Bodily, *adv.* शरीरतस्, सदेहं, सशरीरं, सकायं, साङ्गं.—(In a mass) साकल्येन.—(United with the body) शरीरसंयुक्त: -क्ता -क्तं, शरीरसम्पृक्त: -क्ता -क्तं.

Bodkin, *s.* सूचिविशेष:, सूचि: -ची, सूचिनी.—(A dagger) लुरिका, शङ्कु: *m.*—(Instrument for piercing) आविध:, वेधनिका.—(For the hair) केशरचनायोग्य:, कीलविशेष:.

Body, *s.* (As opposed to the immaterial substance of an animal) शरीरं, देह: काय:, गात्रं, मूर्त्ति: *f.*, अङ्गं, वपु: *n.* (स्), कलेवरं, वर्ष्म *n.* (न्), विग्रह:, संहननं, तनु: *f.* -नू: *f.*, करणं; **'a dead body,'** मृतशरीरं, शव:, कुणप:; **'a little body,'** शरीरकं.—(Substance) मूर्त्ति: *f.*, **'the body of cloth,'** वस्त्रयोनि: *m.*—(A person) पुरुष:, जन:, मनुष्य:, लोक:.—(A collective mass) समूह:, समवाय:, सङ्घात:, समुदाय:, मण्डलं, सङ्घ:, वृन्दं, निवह:, ओघ:; **'a body of men,'** जनसमूह:; **'a body of water,'** पयोराशि: *m.*, वारिराशि: *m.*; **'in a body,'** सङ्घशस्, सङ्गम्य, समूह्य.—(A society of men) संसर्ग:; समागम:, पङ्क्ति: *f.*—(A corporate body) श्रेणी.—(A collegiate or religious body) आश्रम:.—(Strength) बलं.—(The main part) प्रधानभाग:; **'body of a tree,'** प्रकाण्ड:, स्कन्ध:; **'the body or interior of a building,'** प्रासादाभ्यन्तरं, अन्तर्गृहं, अन्तर्भवनं भवनोदरं, भवनगर्भ:.—(A body of troops) गुल्म:, सैन्यदलं, सैनिक:; **'a body of reserve,'** प्रतिग्रह:; **'body to body,'** अङ्गाङ्गि.

Body-clothes, *s.* (Of horse) आस्तर:, पर्य्ययणं, अश्वानां गात्रवस्त्रं.

To **body-forth,** *v. a.* रूप् (c. 10. रूपयति -यितुं), निर्मा (c. 2. -माति -मातुं).

Body-guard, *s.* परिचर:, परिधिस्थ:, अनुचर:, परिवार:.

Bog, *s.* अनूप:, अनूपभू: *f.*, कच्छ:, कच्छभू: *f.*, पङ्क:, कर्द्दम:, पङ्ककर्व्वट:.

Bog-trotter, *s.* अनूपवासी *m.* (न्) कच्छभूमिवासी *m.* (न्), कच्छदेशस्थायी *m.* (न्).

To **boggle,** *v. n.* (To hesitate) शङ्क् (c. 1. शङ्कते, शङ्कितुं), विशङ्क्, अभिशङ्क्, आशङ्क्, सन्दिह् (c. 2. -देग्धि -देग्धुं), दोल (nom. दोलायते -यितुं), आन्दोल, विलम्ब् (c. 1. -लम्बते -लम्बितुं), विक्लृप् (c. 1. -कल्पते -कल्पितुं).

Boggler, *s.* सन्दिग्धमति:, शङ्कितमति:, संशयिता *m.* (तृ), संशयालु:, शङ्काशील:.

Boggy, *a.* अनूप: -पा -पं, आनूप: -पी -पं, पङ्किल: -ला -लं, कार्द्दम: -मी -मं, कच्छ: -च्छा -च्छं.

To **boil,** *v. n.* (To be effervscent) फेन् (nom. फेनायते -यितुं), फुत् कृ.—(To boil over) उत्सेचनं कृ.—(To be cooked by boiling) क्वथ् in pass. (क्वथ्यते), श्रा in pass. (श्रायते), पच् in pass. (पच्यते).—(To be hot) तप् in pass. (तप्यते).

To **boil,** *v. a.* क्वथ् (c. 1. क्वथति, क्वथितुं), स्थाल्यां पच्, श्रा (c. 2. श्राति, श्रातुं or caus. श्रपयति -यितुं), तप् in caus. (तापयति -यितुं).

Boil, *s.* व्रणं -ण:, तनुव्रण:, विस्फोट:, स्फोट:, स्फोटक:, पिटक: -का, नालीव्रण:, गण्ड:, पोटिक:; **'blind boil,'** अन्धालजी.

Boiled, *p. p.* क्वथित: -ता -तं, श्राण: -णा -णं, शृत: -ता -तं, श्रपित: -ता -तं.—(In a caldron) पैठर: -री -रं, स्थालीपक्व: -क्वा -क्वं, उख्य: -ख्या -ख्यं; **'boiled rice,'** भक्तं.

Boiler, *s.* स्थाली, ऋजीषं, पिष्टपचनं, पिठर: -रं, उखा, कन्दु:

Boisterous 83 Bone

m. f.

Boisterous, *a.* (Stormy) वातवान् -वती -वत् (त्), वातलः -ला -लं, गर्जनकारी -रिणी -रि (न्); **'a boisterous wind,'** प्रचण्डपवनः.—**(Violent)** प्रचण्डः -ण्डा -ण्डं, उच्चण्डः -ण्डा -ण्डं, रोषणः -णा -णं, साहसिकः -की -कं. —**(Turbulent)** कलहकारी -रिणी -रि (न्. —**(Noisy)** शब्दकारी -रिणी -रि (न्) **or** तुमुलकारी.—**(Laughing violently)** अट्टहासी -सिनी -सि (न्).

Biosterously, *adv.* प्रचण्डं, प्रचण्डतया, महारोषेण, महाशब्देन, कोलाहलेन.

Boisterousness, *s.* वातलत्वं, प्रचण्डता, साहसित्वं, सरोषता.

Bold, *a.* (Brave) शूरः -रा -रं, प्रवीरः -रा -रं, निर्भयः -या -यं, निर्विशङ्कः -ङ्का -ङ्कं.—**(Daring, audacious)** साहसी -सिनी -सि (न्), प्रगल्भः -ल्भा -ल्भं, प्रतिभान्वितः -ता -तं.—**(impudent)** निर्लज्जः -ज्जा -ज्जं, धृष्टः ष्टा -ष्टं, अनिभृतः -ता -तं, प्रतिभानवान् -वती -वत् (त्); **'to be bold,'** धृष् **(c. 5.** धृष्णोति, धर्षितुं).

To* bolden, *v. a. निर्भयं -यां -यं कृ, अभयं दा **(c. 3.** ददाति, दातुं).

Bold-faced, *a.* प्रतिभामुखः -खी -खं, निर्लज्जमुखः -खी -खं, निर्लज्जः -ज्जा -ज्जं.

Boldly, *adv.* शूरवत्, साहसेन, प्रागल्भ्येन, निर्भयः, भयं विना; **'to speak boldly,'** जल्प् **(c. 1.** जल्पति, जल्पितुं).

Boldness, *s.* (Courage) शौर्य्यं, शूरता, वीरता, निर्भयत्वं, अक्षोभः. —**(Daringness)** प्रागल्भ्यं, प्रगल्भता, साहसं, प्रतिभानं. —**(Impudence)** निर्लज्जत्वं, धाष्टर्य्यं, धृष्टता.

Bole, *s.* (Trunk of a tree) स्कन्धः, प्रकाण्डः, स्थाणुः ***m.***

Boll, *s.* नाडिः -डी ***f.,*** नाली, काण्डः -ण्डं.

To* boll, *v. n. अतसीवत् स्फुट् **(c. 6.** स्फुटति, स्फुटितुं) **or** विकस् **(c. 1.** -कसति -कसितुं), **or** शस्ययुक्तः -क्ता -क्तं भू.

Bolster, *s.* उपधानं, उपधानीयं, उच्छीर्षक, उपवर्हः, गभोलिकः. —**(Bandage)** पट्टः बन्धनं.—**(A prop, support)** उपस्तम्भः, उपघ्नः, आलम्बः.

***To* bolster Up, *v. a.* (To support)** संस्तम्भ् **(c. 5.** स्तभ्नोति, **c. 9.** स्तभ्नाति, स्तम्भितुं **or caus.** स्तम्भयति -यितुं), उपस्तम्भ्, विष्टम्भ्; धृ **(c. 1.** धरति, धर्त्तुं **or caus.** धारयति -यितुं), आलम्ब् **(c. 1.** -लम्बते -लम्बिदुं), समवलम्ब्.

Bolt, *s.* (Of a door) अर्गलं, तालकं, कीलः, तालयन्त्रं, द्वारयन्त्रं, अपलं.—**(A dar)** सृगः, शूलः -लं, शल्यं, शङ्कुः ***m.*** प्रासः, शरः.—**(Thunder-bolt)** वज्रं, कुलिशं, अशनिः ***m. f.***

***To* bolt, *v. a.* (To shut with a bolt)** अर्गलेन **or** तालकेन द्वारं पिधा **(c. 3.** -दधाति -धातुं) **or** बन्ध् **(c. 9.** बध्नाति, बन्द्धुं). —**(To sift)** चालनेन पू **(c. 9.** पुनाति, पवितुं) **or** शुध् **in caus.** (शोधयति -यितुं), तितउना चल् **in caus.** (चालयति -यितुं).—**(To blurt out)** अविचार्य्य वद् **(c. 1.** वदति, वदितुं), जल्प् **(c. 1.** जल्पति, जल्पितुं).

To* bolt out, *v. n. अकस्मात् **or** झटिति निर्गम् **(c. 1.** -गच्छति -गन्तुं) **or** निःसृ **(c. 1.** -सरति -सर्त्तुं), निष्पत् **(c. 1.** -पतति -पतितुं), विनिष्पत्, अभिनिष्पत्.

Bolted, *p. p.* अर्गलेन बद्धः -द्धा -द्धं, कीलितः -ता -तं.

Bolter, *s.* (A sieve) चालनं -नी, तितउः ***m.*** -तउ ***n.***

Bolthead, *s.* वकः, वकयन्त्रं, काचवकयन्त्रं.

Bolting-house, *s.* शस्यचालनस्थानं, शस्यपवनस्थानं.

Boltsprit or bowsprit, *s.* नौकाग्रभागे स्थापितो महाकूपकावलम्बिताधराग्रो वहिर्प्रणतः क्षुद्रकूपकः, पोताग्रवहिःप्रलम्बो गुणवृक्षकः.

Bolus, *s.* गुली, गुटिका, रोगिभिर् निगरणीय औषधीयगोलः.

Bomb, *s.* पुरमर्द्दने प्रयुक्तोऽग्न्यस्त्रविशेषः स च अन्तर्ज्वलनबलेन वज्रनिष्पेषतुल्यशब्देन विदीर्णो भूत्वा सहस्रखण्डशः पतति.

To* bomb or bombard, *v. a. पूर्व्वोक्तेन अग्न्यस्त्रेण पुरं मृद् **(c. 9.** मृद्नाति, मर्द्दितुं) **or** प्रमृद् **or** विमृद् **or** अवमृद्.

Bombardier, *s.* पूर्व्वोक्तेन अग्न्यस्त्रेण पुरमर्द्दनं **or** नगरविमर्द्दी ***m.***

Bombardment, *s.* पूर्व्वोक्तेन अग्न्यस्त्रेण पुरमर्द्दनं **or** नगरविमर्द्दनं.

Bombasin, *s.* दुकूलं, बन्धुमरणसमये शोकसूचकः सूक्ष्मकौशाम्बरविशेषः.

Bombast, *s.* गर्व्वितवाक्यं, दर्पवाक्यं, असारवाक्यं, फल्गुवाक्यं, अतिशयोक्तिः ***f.***

Bombastical, *a.* अतिगर्व्वितः -ता -तं, दर्पध्मातः -ता -तं, निरर्थकः -का -कं, फल्गुः -ल्गुः -ल्गु, असारः -रा -रं.

Bombyx, *s.* तन्तुकीटः, कोषकारः, कोशकारकः.

Bona fide, *a.* अर्थतस्, तत्त्वतस्, वस्तुतस्, निर्व्याजं, निर्व्यलीकं.

Bond, *s.* बन्धनं, बन्धः, पाशः, आबन्धः.—**(A written contract)** प्रतिज्ञापत्रकं, पत्रं, लेख्यप्रसङ्गः, लेख्यं, करणं, काचनकी ***m.*** (न्).—**(Union, tie)** सन्धिः ***m.,*** श्लेषः, संहतिः ***f.,*** संसक्तिः ***f.,***—**(Connection)** संयोगः, सम्बन्धः.—**(Captivity)** बन्धनं. —**(That which binds, obligation)** नियमः, अवश्यकता.

Bondage, *s.* वन्दित्वं, दासत्वं, बन्धनं, प्रतिबन्धनं, परप्रेष्यत्वं.

Bondsmaid, *s.* दासी, दासिका, चेटी, किङ्करी.

Bondsman, *s.* दासः, क्रीतदासः, किङ्करः, चेटः.

Bone, *s.* अस्थि ***n.*** अस्थिकं, कुल्यं, हड्डं, कीकसं; **'backbone,'** पृष्ठास्थि ***n.***

To* bone, *v. a. निरस्थीकृ, अस्थीनि निष्कृष् **(c. 1.** -कर्षति -क्रष्टुं).

Bone-ache, ***s.*** अस्थिवेदना, अस्थिव्यथा.

Boned, ***a.*** **(Bony)** अस्थिमान् -मती -मत् (त्).—**(Having the bones extracted)** निरस्थिः -स्थिः स्थिः.

Boneless, ***a.*** अनस्थिः -स्थिः -स्थि, अस्थिहीनः -ना -नं, अस्थिरहितः -ता -तं.

To **boneset,** ***v. n.*** त्रुटितास्थि **or** भिन्नास्थि स्वस्थं **or** सुस्थं कृ **or** स्वस्थाने पुनः संस्था **in caus.** (-स्थापयति -यितुं) **or** पुनः सन्धा **(c. 3.** -दधाति -धातुं), करपादादित्रोटनं **or** अस्थिभङ्गं समाधा **or** कित् **in des.** (चिकित्सति -त्सितुं).

Bonestter, ***s.*** त्रुटितास्थि स्वस्थं करोति यो वैद्यः, त्रुटितास्थिसमाधाता ***m.*** (तृ), भग्नास्थिचिकित्सकः

Bonfire, ***s.*** उत्सवकाले **or** उद्धर्षसमये समिद्धो हर्षसूचनार्थं महाज्वालोऽग्निः, जयोग्निः ***m.***

Bon-mot, ***s.*** रसवद्वाक्यं, परिहासवाक्यं, नर्म्म ***n.*** (न्), श्लेषवाक्यं, द्व्यर्थवाक्यं, टट्टरी.

Bonnet, ***s.*** स्त्रीलोकभृतं शिरस्कं **or** शिरस्त्रं **or** शिरोवेष्टनं **or** मस्तकाभरणं.

Bonnilass, ***s.*** सुन्दरी, रूपवती, प्रमदा, सुमुखी, मुग्धा, सुरूपी.

Bonnily, ***adv.*** हृष्टवत्, हृष्टपुष्टवत्, सुष्ठु, सुन्दरं, रमणीयप्रकारेण, साधु.

Bonny, ***a.*** **(Pretty)** सुन्दरः -री -रं, रूपवान् -वती -वत् (त्), सुरूपः -पी -पं, सुदृश्यः -श्या -श्यं, चारुः -र्व्वी -रु.—**(Cheerful)** हृष्टः -ष्टा -ष्टं, हृष्टहृदयः -या -यं.—**(Plump)** हृष्टपुष्टः -ष्टा -ष्टं, सुललितः -ता -तं.

Bony, ***a.*** **(Having bones)** अस्थिमान् -मती -मत् (त्).—**(Strong)** दृढाङ्गः -ङ्गी -ङ्गं.—**(Made of bone)** अस्थिमयः -यी -यं.—**(Full of bones)** अस्थिपूर्णः -र्णा -र्णं.

Booby, ***s.*** मन्दबुद्धिः ***m.,*** दुर्मतिः ***m.,*** दुर्बुद्धिः ***m.,*** मूढः, मूर्खः, स्थूलधीः ***m.***—**(A kind of bird)** वकः.

Book, ***s.*** पुस्तकं -की, ग्रन्थः, पत्रं, पत्रिका, पुस्तं -स्ती; **'a book of science,'** शास्त्रं. **This last may be used in connexion with some other word to limit its application; as, 'a book on law,'** धर्म्मशास्त्रं; **'a poetical book,'** काव्यशास्त्रं.—**(A manuscript, written book)** लेख्यं, लिखितं.

To **book,** ***v. a.*** ग्रन्थे **or** पुस्तके **or** लेख्ये समारुह् **in caus.** (-रोपयति -यितुं) **or** अभिलिख् **(c. 6.** -लिखति -लेखितुं); **'booked, committed to writting,'** लेख्यारूढः -ढा -ढं.

Bookbinder, ***s.*** चर्म्मादिना ग्रन्थपत्रसम्बन्धा ***m.*** (न्धृ), ग्रन्थाच्छादनकृत्.

Bookcase, ***s.*** ग्रन्थकुटी, ग्रन्थकोष्ठः, ग्रन्थभाण्डं, ग्रन्थाधारः.

Bookish, ***a.*** ग्रन्थी-न्थिनी-न्थि (न्), पुस्तकी-किनी-कि (न्), शास्त्रज्ञः -ज्ञा -ज्ञं.

Bookkeeper, ***s.*** गणनाध्यक्षः, ग्रन्थसमारोपणकृत्, गणितलेखकः.

Bookmate, ***s.*** सहाध्यायी ***m.*** (न्).

Bookseller, ***s.*** ग्रन्थविक्रेता ***m.*** (तृ), ग्रन्थविक्रयी ***m.*** (न्), पुस्तकविक्रेता ***m.*** (तृ).

Bookworm, ***s.*** ग्रन्थखादकः कीटः.—**(Too closely given to books)** ग्रन्थी ***m.*** (न्), ग्रन्थासक्तः, ग्रन्थपरः, शास्त्रगण्डः, ग्रन्थचुम्बकः.

Boom, ***s.*** **(A long pole)** वातवसनप्रसारणार्थं दीर्घयष्टिः **or** दण्डः.—**(A bar of wood laid across a harbour)** पारक्यनौकाप्रवेशनिवारणार्थं पोतबन्धनखाते स्थापितम् अवरोधकं.

To **boom,** ***v. n.*** ऊर्म्मिवत् प्रलुट् **(c. 1.** लोठति -लोठितुं) **or** उच्छल् **(c. 1.** -छलते -छलितुं) **or** पातोत्पातं कृ.

Boon, ***s.*** वरः, प्रसादः, दानं, प्रदानं, वरदानं, उपकृतं, हितं, अनुग्रहः; **'granting boons,'** वरदः -दा -दं.

Boon, ***a.*** **(Gay)** हृष्टः -ष्टा -ष्टं, हृष्टहृदयः -या -यं, हासी -सिनी -सि (न्),—**(Boon-companion)** सहपायी ***m.*** (न्).

Boor, ***s.*** ग्रामी ***m.*** (न्), ग्राम्यजनः, ग्रामवासी ***m.*** (न्), ग्रामिकः, क्षेत्रिकः, वृषलः.

Boorish, ***a.*** ग्राम्यः -म्या -म्यं, ग्रामीयः -या -यं, ग्रामिकः -की -कं, क्षेत्रिकः -की -कं., असभ्यः -भ्या -भ्यं, अशिष्टः -ष्टा -ष्टं, प्राकृतः -ता -तं, असङ्गतः -ता -तं.

Boorishly, ***adv.*** ग्राम्यजनवत्, वृषलवत्, असभ्यजनवत्, असभ्यं, अशिष्टं, असङ्गतप्रकारेण.

Boorishness, ***s.*** ग्राम्यत्वं -ता, असभ्यता, अशिष्टता, असङ्गतिः ***f.,*** वृषलत्वं.

Boot, ***s.*** पादुका ***f.,*** पादूः ***f.,*** उपानत् ***f.,*** (ह्), पन्नद्धा ***f.,*** पन्नद्धी, अनुपदीना, जङ्घात्राणं, पादत्रं, पादरक्षणं, पादरथः.—**(Profit)** फलं, लाभः, अर्थः.

To **boot,** ***v. a.*** **(To profit)** फलाय **or** लाभाय भू, फलं **or** लाभं दा **(c. 3.** ददाति, दातुं), उपकृ **(c. 8.** -करोति -कर्त्तुं).

To **boot,** ***v. n.*** **(To put on boots)** पादुके अधिरुह् **(c. 1.** -रोहति -रोढुं) **or** आरुह् **or** परिधा **(c. 3.** -दधाति -धत्ते -धातुं).

Boot-tree, ***s.*** पादुकानां चर्म्मशिथिलीकरणयोग्यं जङ्घाकृति काष्ठयन्त्रं.

Booted, ***a.*** सपादुकः -का -कं, उपानहूद् बूढपादः -दा -दं, पादुकारूढः -ढा -ढं.

Booth, ***s.*** मण्डपः -पं, पटमण्डपः, दूष्पं, औपकार्य्या.

Bootless, ***s.*** निरर्थकः -का -कं, अनर्थकः -का -कं, व्यर्थः -र्था -र्थं, निष्फलः -ला -लं, विफलः -ला -लं, निष्प्रयोजनः -ना -नं, अनामिषः -षा -षं.

Bootmaker, ***s.*** पादुकाकारः, पादुकाकृत्, पन्नद्धाकृत्, पन्नद्धाकारः, पादूकृत् ***m.***

Booty, ***s.*** लोप्त्रं, लोत्र or -तं, लुप्तं.—**(In cattle)** गोग्रहः.

Bopeep, ***s.*** पितृपुत्रकयोः क्रीडाविशेषो यत्र पिता बालविनोदार्थं सन्त्रस्त इव स्वमुखगोपनं कृत्वा पश्चात् सन्त्रासनार्थम् अकस्माद् बालकमुखनिरीक्षणं करोति.

Borachio, ***s.*** सुराभाजनं, मद्यभाजनं, कुतूः ***f.***—**(Drunkard)** पानरतः.

Borable, ***s.*** वेध्यः -ध्या -ध्यं, व्यध्यः -ध्या -ध्यं, छिद्रणीयः -या -यं.

Borage, ***s.*** खिलरुह ओषधिप्रभेदः.

Borax, ***s.*** रमशोधनः, लोहद्रावी ***m.*** (न्) लोहश्लेषणः, विडं, धातुमारिणी.

Bordel, ***s.*** वेश्याजनसमाश्रयः, वेश्यागृहं, गणिकागृहं, वेश्याश्रयः.

Border, ***s.*** **(Of a river etc.)** तीरं, कूलं, तटं, कच्छः, कच्छान्तः—**(Edge of any thing)** प्रान्तः, अन्तः -न्तं, उपान्तं, समन्तः, पर्य्यन्तं, सीमा, उत्सङ्गः, धारः.—**(Frontier)** समन्तः, सामन्तं, पर्य्यन्तं, सीमा; **'dwelling on the border'** सामन्तवासी -सिनी -सि (न्), पर्य्यन्तस्थः -स्था -स्थं; **'the border of a wood,'** वनान्तं; **'of a city,'** नगरोपान्तं; **'along the border,'** प्रान्ततस्.—**(Of a garment)** अञ्चलः, वस्त्राञ्चलं.—**(A garden-bed)** स्थलं.

To **border,** ***v. a.*** **(To surround with a border)** प्रान्त (nom. प्रान्तयति -यितुं), समन्त (nom. समन्तयति -यितुं), पर्य्यन्तं कृ.

To **border upon,** ***v. n.*** प्रान्ततस् or पर्य्यन्ते or निकटे or समीपं स्था (c. 1. तिष्ठति, स्थातुं) or वृत् (c. 1. वर्त्तते, वर्त्तितुं) or वस् (c. 1. वसति, वस्तुं), स्पृश् (c. 6. स्पृशति, स्प्रष्टुं).—**(To approach nearly to, resemble)** कल्पः -ल्पा -ल्पं अस् in comp., सदृशः -शी -शं अस्.

Bordered, ***p. p.*** प्रान्तितः -ता -तं, समर्य्यादः -दा -दं, वलयितः -ता तं.

Borderer, ***s.*** सामन्तवासी ***m.*** (न्), सीमावासी ***m.*** (न्), निकटवर्त्ती ***m.*** (न्), समीपवासी ***m.*** (न्), प्रतिवासी -सिनी -सि (न्).

Bordering, ***a.*** प्रत्यन्तः -न्ता -तं, सामन्तः -न्ता -तं, पर्य्यन्तस्थः -स्था -स्थं.

Bore, ***s.*** **(Hole made by boring)** छिद्रं, रन्ध्रं.—**(The instrument of boring)** वेधनी, वेधनिका.—**(Diameter of a hole)** सुषिरं, शुषिरं, छिद्रं, व्यासं, छिद्रव्यासं.—**(A swelling tide)** वानं.

To **bore,** ***v. a.*** व्यध् (c. 4. विध्यति, व्यद्धुं), छिद्र् (c. 10. छिद्रयति -यितुं), शुषिरीकृ.

Boreal, ***a.*** उत्तरः -रा -रं, उदङ्-दीची-दक् (च्), उदीचीनः -ना -नं.

Boreas, ***s.*** उत्तरवायुः ***m.,*** उदीचीनवातः.

Bored, ***p. p.*** **(Pierced)** विद्धः -द्धा -द्धं, छिद्रितः -ता -तं, शुषिरः -रा -रं; **'having the ears bored,'** छिद्रकर्णः -र्णा -र्णं.

Borer, ***s.*** वेधकः, छिद्रकर्त्ता.—**(An instrument)** वेधनी, वेधनिका.

To be **born,** ***v. pass.*** जन् (c. 4. जायते, जनितुं), अभिजन्, सञ्जन्, उत्पद् (c. 4. -पद्यते -पत्तुं), प्रसु in pass. (-सूयते), सम्भू (c. 1. -भवति -भवितुं).

Born, ***p. p.*** जातः -ता -तं, जनितः -ता -तं, उपजातः -ता -तं, उत्पन्नः -न्ना -न्नं, उत्पादितः -ता -तं, सम्भूतः -ता -तं, प्रसूतः -ता -तं, प्रभवः -वा -वं, कृतजन्मा -न्मा -न्म (न्), उत्पतितः -ता -तं; **'born blind,'** जात्यन्धः; **'a born slave.'** गर्भदासः.

Borne, ***p. p.*** सोढः -ढा -ढं, ऊढः -ढा -ढं, क्षान्तः -न्ता -न्तं; **'easty to be borne,'** सुसहः -हा -हं, सुवहः -हा -हं; **'grass borne along by the wind,'** वात्याप्रेरिततृणं; **'it is borne on the shoulder,'** स्कन्धेन समुह्यते.

Borough, ***s.*** नगरं -री, पुरं -री, प्रजाप्रतिनिधिसभायां सामाजिकजनप्रेरणाधिकारयुक्ता नगरी.

To **borrow,** ***v. a.*** ऋणं ग्रह् (c. 9. गृह्णाति, ग्रहीतुं), ऋणं प्रार्थ् (c. 10 -अर्थयते -ति -यितुं), याच् (c. 1. याचति, याचितुं), ऋणं परियाच् निरूपितकालपर्य्यन्तं परद्रव्यप्रयोगं प्रार्थ्.

Borrow, ***s.*** **(The thing borrowed)** याचितकं, प्रतिदेयं.

Borrower, ***s.*** ऋणग्राही ***m.*** (न्), ऋणग्रहः, ऋणप्रार्थकः, ऋणप्रार्थयिता ***m.*** (तृ), याचकः, ऋणयाचकः.

Borrowing, ***s.*** ऋणग्रहः -हणं, ऋणयाचना, याचना, ऋणप्रार्थनं.

Bosky, ***a.*** तरुगुल्मावृतः -ता -तं, वार्क्षः -र्क्षी -र्क्षं.

Bosom, ***s.*** उरः ***n.*** (स्), क्रोडं -डा, अङ्कः, वत्सं, वक्षः ***n.*** (स्), वक्षस्स्थलं, भुजान्तरं.—**(Female breast)** स्तनः, स्तनौ ***m. du.,*** कुचः, कुचतटं, वक्षोरुहः, वक्षोजं, उरसिजः, उरसिरुहः, स्तनकुट्मलं.—**(The heart)** हृदयं, अन्तःकरणं, चित्रं, मनः ***n.*** (स्), मर्म्म ***n.*** (न्).—**(A secret receptacle)** गर्भः.

Boss, ***s.*** गण्डः, उच्चैःप्रकारेण खचित अलङ्कारः, पिण्डः.

Bossed or bossy, ***a.*** गण्डस्वचितः -ता -तं, गण्डानुविद्धः -द्धा -द्धं.

Botanic, botanical, ***a.*** उद्भिद्विद्याविषयः -या -यं, वृक्षादिविद्यासम्बन्धकः. -का -कं.

Botanist, ***s.*** उद्भिद्विद्याज्ञः, वृक्षादिविद्यातत्त्वज्ञः, वृक्षादिशास्त्रपण्डितः.

Botany, ***s.*** उद्भिद्विद्या, ओषधिविद्या, वृक्षलतातृणादिविद्या, वृक्षायुर्वेदः.

Botch, ***s.*** दद्रुः ***m.,*** पाम ***n.*** -मा ***f.*** (न्), व्रणः, सिध्मं, कच्छूः ***f.,***

त्वक्पुष्पं.—**(Flaw)** दोषः, छिद्रं.—**(A patch)** कन्था, कर्पटः.

***To* botch, *v. a.* (To patch old clothes)** जीर्णवस्त्राणि **or** चीरवस्त्राणि सिव् **(c. 4.** सीव्यति, सेवितुं), **or** सूच्या सन्धा **(c. 3.** -धत्ते -धातुं).—**(To mark with stains)** मलिन **(nom.** मलिनयति -यितुं).—**(To spoil)** दुष् **in caus.** (दूषयति -यितुं).

Botcher, *s.* जीर्णवस्त्रसूचिकः, चीरवस्त्रभेदकः, कर्पटवस्त्रभेदी ***m.*** (न्).

Botchy, *a.* पामनः -ना -नं, दद्रुणः -णा -णं, कच्छुरः -रा -रं, सिध्मलः -ला -लं. व्रणमयः -यी -यं, मली -लिनी -लि (न्), सदोषः -षा -षं.

Both, *a.* उभौ ***m. du.,*** उभयः -या -यं, द्वयं; **'on both sides,'** उभयतस्, उभयत्र; **'in both ways,'** उभयथा; **'for both objects,'** उभयार्थं; **'both hands,'** हस्तद्वयं.

Both, *conj.* (And) च -च.—**(As well as)** तथा. **'Both' may be expressed by the use of the indeclinable participle; as 'he both labours and suffers reproach,'** परिश्रम्य निन्दां भुंक्ते.

To* bother, *v. a. क्लिश् **(c. 9.** क्लिश्नाति, क्लेष्टुं), पीड् **(c. 10.** पीडयति -यितुं), अभिपीड्, प्रपीड्, बाध् **(c. 1.** बाधते, बाधितुं), व्यथ् **(c. 10.** व्यथयति -यितुं).

Bothered, *p. p.* क्लेशितः -ता -तं, पीडितः -ता -तं, व्यथितः -ता -तं.

Bottle, *s.* काचकूपी, कूपी, कुतूः ***f.,*** काचपात्रं, काचभाजनं, सुराभाजनं, मद्यभाजनं, पुटग्रीवः.

To* bottle, *v. a. काचकूप्यां **or** कुत्वां निविश् **in caus.** (-वेशयति -यितुं).—**(To bottle wine, etc.)** कूपीं **or** कुतूं मद्येन पृ **in caus.** (पूरयति -यितुं).

Bottled, *a.* (Big-bellied) लम्बोदरः -रा -रं.—**(As wine)** कूपीनिवेशितः -ता -तं.

Bottlescrew, *s.* कुतूमध्ये **or** काचकूपीमध्ये यत छिद्रप्रतिबन्धकं तरुत्वङ्निर्म्मितं द्रव्यं विद्यते तदाकर्पणयोग्यं परिवर्त्तकयन्त्रं **or** कुटिलयन्त्रं.

Bottom, *s.* (The lowest part of any thing) अधोभागः, तलं. अधःस्थानं, अधोवशः; **'the bottom of a tree,'** वृक्षतलं. —**(Low ground)** दरीभूः ***f.,*** दरी, निम्नभूमिः ***f.,*** प्रान्तरं, उपत्यका, शैलोपशल्पं.—**(Dregs)** मलं, खलः, किट्टं, शेषं, अवशेषं.—**(Foundation)** मूलं.

***To* bottom , *v. n.* (To rest upon)** अवलम्ब् **(c. 1.** -लम्बते -लसितुं). समालम्ब. **Sometimes expressed by** मूल **in comp.; as, 'all actions are bottomed upon money,'** धनमूलाः क्रियाः सर्व्वाः.

Bottomless, *a.* अतलस्पर्शः -र्शा -र्शं, तलहीनः -ना -नं, अगाधः -धा -धं.

Bougie, *s.* (Wax taper) सिक्थकमयो दीपः, वर्त्ती.

Bough, *s.* शाखा, विटपः, तरुविटपः लता.

Bought, *p. p.* क्रीतः -ता -तं, क्रयक्रीतः -ता -तं.

***To* bounce, *v. n.* (To make a sudden noise)** स्वन् **(c. 1.** स्वनति, स्वनितुं), ध्वन **(c. 1.** ध्वनति, ध्वनितुं), क्वण् **(c. 1.** क्वणति, क्वणितुं).—**(To spring against with great force)** प्रस्कन्द् **(c. 1.** -स्कन्दति -स्कन्तुं), प्रपत् **(c. 1.** -पतति, -पतितुं), अभिप्लु **(c. 1.** -प्लवते, प्लोतुं).—**(To spring, leap)** प्लु, उत्प्लु.—**(To boast, bully)** विकत्थ् **(c. 1.** -कत्थते -कल्पितुं), तर्ज् **(c. 1.** तर्जति, तर्जितुं).

Bounce, *s.* (A sudden noise) ध्वनिः ***m.*** क्वणः, क्वणितं.—**(A sudden blow)** एकपाताभिघातः, अकस्मादाघातः.—**(A boast, threat)** विकत्थनं -त्था, भर्त्सनं.

Bouncer, *s.* (A boaster, bully) विकत्थी ***m.*** (न्), शूरम्मन्यः, भर्त्सनकारः, दाम्भिकः.

Bound, *s.* (A limit) अन्तः -न्तं, समन्तः, पर्य्यन्तं, प्रान्तः, सीमा, परिसीमा, अवधिः ***m.,*** मर्य्यादा; **'without bounds,'** अनन्तः -न्ता -न्तं, अत्यन्तः -न्ता -न्तं.—**(A leap)** प्लवः, प्लवनं, प्लुतं.—**(Rebound)** प्रतिघातः, प्रतिहतिः ***f.,*** उत्प्लवः, उत्पतनं.

***To* bound, *v. a.* (To limit)** प्रान्त **(nom.** प्रान्तयति -यितुं), समन्त, समर्य्यादं -दां -दं कृ, पर्य्यन्तं कृ.—**(To restrain)** नियम् **(c. 1.** -यच्छति -यन्तुं), निग्रह् **(c. 9.** -गृह्णाति -ग्रहीतुं).

To* bound, *v. n. प्लु **(c. 1.** प्लवते, प्लोतुं), वल्ग् **(c. 1.** वल्गति, वल्गितुं), आवल्ग्.—**(To rebound)** उत्प्लु, उत्पत् **(c. 1.** -पतति -पतितुं).

Bound, *p. p.* बद्धः -द्धा -द्धं, निबद्धः -द्धा -द्धं, निबन्धितः -ता -तं, सन्धितः -ता -तं, सन्धानितः -ता -तं, सन्दितः -ता -तं, मूतः -ता -तं, मूर्णः -र्णा -र्णं, उद्दितः -ता -तं, सितः -ता -तं.—**(In, leather)** चर्म्मावनद्धः -द्धा -द्धं, चर्म्माच्छादितः -ता -तं; **'dignity is bound up with (dependent on) riches,'** गौरवं धननिबन्धितं **or** धनप्रतिष्ठितं **or** धनसम्बद्धं.

Bound for, *part. a.* जिगमिषुः -षुः -षु, प्रस्थितः -ता -तं, प्रयातः -ता -तं, प्रयास्यन् -स्यन्ती -स्यत् (त्).

Boundary, *s.* सीमा ***f.*** -मा ***m.*** (न्) **or** परिसीमा, पर्य्यन्तं, अन्तः -न्तं, समन्तः, प्रान्तः, वलयः, अवधिः ***m.,*** मर्य्यादा, परिसरः, उपकण्ठं—**(On the boundary)** पर्य्यन्तस्थः -स्था -स्थं; **'boundary tree,'** सीमावृक्षः; **'boundary mark,'** सीमालिङ्गं, सीमाचिह्नं, स्थलसीमा ***m.*** (न्).

Bounded, *p. p.* प्रान्तितः -ता -तं, समर्य्यादाः -दा -दं, वलयितः -ता -तं.

Bounden, *a.* बद्धः -द्धा -द्धं, निषद्धः -द्धा -द्धं; **'a bounden duty,'** अवश्यकता, कर्त्तव्यता, नियमः.

Bounding-stone, *s.* बालानां क्रीडाप्रस्तरः.

Boundless, *a.* अनन्तः -न्ता -न्तं, अमितः -ता -तं, अपरिमितः -ता -तं, अप्रमेयः -या -यं, अमेयः -या -यं, अत्यन्तः -न्ता -न्तं; **'of boundless glory,'** अमिततेजाः -जाः -जः (स्).

Boundlessness, *s.* अनन्तता, आनन्त्यं, अत्यन्तता, अप्रमेयता, अमेत्यत्वं.

Bounteous, bountiful, *a.* दानशीलः -ला -लं, वदान्यः -न्या -न्यं, बहुप्रदः -दा -दं, अतिदाता -त्री -तृ (तृ), त्यागशीलः -ला -लं, दायकः -का -कं, स्थूललक्ष्यः -क्ष्या -क्ष्यं, उदारः -रा -रं, दयालुः -लुः -लु, मुक्तहस्तः -स्ता -स्तं, अकृपणः -णा -णं.

Bounteously, bountifully, *adv.* वदान्यवत्, वदान्यतया, उदारवत्, स्थूललक्ष्यतया, अतिदानेन, अतित्यागेन, दयापूर्व्वकं, अकार्पण्येन.

Bounteousness, bountifulness *s.* दानशीलत्वं, स्थूललक्ष्यत्वं, अतिदानं, त्यागशीलता, त्यागिता, अतिसर्ज्जनं, वदान्यता, मुक्तहस्त्वं, अकार्पण्यं, दयालुत्वं.

Bounty, *s.* (Favour) अनुग्रहः, दया, कृपा, प्रसादः. **—(Generosity)** वदान्यता, त्यागशीलता, दयालुत्वं. **—(Gift)** दानं, प्रदानं, स्वेच्छया दानं; **'king's bounty,'** राजवर्त्तनं.

Bouquet, *s.* कुसुमस्तवकः, स्तवकः, पुष्पगुच्छः, गुञ्चः, समाली, गुलुञ्छः.

To* bourgeon, *v. n. स्फुट् (c. 6. स्फुटति, स्फुटितुं), अङ्कुरः (nom. अङ्कुरयति -यितुं).

Bourn, *s.* अन्तः -न्तं, पर्य्यन्तं, समन्तः, अवधिः ***m.***, मर्य्यादा, सीमा.

To* bouse, *v. n. अतिशयेन सुरापानं or मद्यपानं कृ.

Bousy, *a.* मद्यपीतः -ता -तं, पानप्रसक्तः -क्ता -क्तं, क्षीवः -वा -वं.

Bout, *s.* (A turn) वारः, वासरः; **'at one bout,'** एकवारे. **—(A drinking bout)** सम्पीतिः ***f.***

Bow, *s.* (Salutation) नमस् ***ind.***, प्रणामः, प्रणतिः ***f.***, नमस्कारः. **—(A rainbow)** इन्द्रायुधं, शक्रधनुः ***n.*** (स्), इन्द्रचापः. **—(A knot)** ग्रन्थिः ***m.***, पाशः. **—(Of a ship)** पोताग्रं, नौकाग्रं, नावोऽग्रभागः, मङ्गः.

Bow, *s.* (A weapon) धनुः ***m.***, -नुः ***n.*** (स्), -नु ***n.***, धन्वा ***m.***, -न्व ***n.*** (न्), चापः, शरासनं, कार्मुकं, इष्वासः, कोदण्डः or -ण्डं, शरावापः; **'middle of the bow,'** लस्तकः, धनुर्मध्यं. **—(For playing stringed instruments)** कोणः, शारिका, परिवादः. **—(Bow of Arjuna)** गाण्डीवः. **—(Of Karṇa)** कालपृष्ठं. **—(Of Śiva)** पिनाकः, अजगवं.

***To* bow, *v. a.* (To bend)** नम् **in caus.** (नामयति or नमयति -यितुं) or नुम् (c. 1. नमति, नन्तुं), प्रणम्, अभिनम्, विनम्, अवनम्, आनम्; कुञ्च् (c. 1. कुञ्चति, कुञ्चितुं), नसीकृ, प्रह्वीकृ, भुग्नीकृं. **—(To bow the head)** शिरसा प्रणम्.

To* bow, *v. n. नम् (c. 1. नमति, नन्तुं), प्रणम्, अभिनम्, विनम्, नम्रीभू; **'bowing the body,'** प्रणम्य कायं; **'bowing the head,'** प्रणम्य शिरसा, प्रह्वीभू. **—(To submit, yield)** क्षम् (c. 1. क्षमते, क्षमितुं, क्षन्तुं), अभ्युपे (-उपैति -उपैतुं).

Bow-bent, *a.* धनुराकृतिः -तिः -ति, कुटिलः -ला -लं, वक्रः -क्रा -क्रं.

Bowed, *p. p.* नतः -ता -तं, नामितः -ता -तं, आनतः -ता -तं, अवनतः -ता -तं, परिणतः -ता -तं, प्रणतः -ता -तं, अवनतः -ता -तं, नम्रः -म्रा -म्र, नम्रमूर्त्तिः -र्त्तिः -र्त्ति, प्रह्वः -ह्वा -ह्वं, प्रह्वीकृतः -ता -तं.

Bowels, *s.* अन्त्रं ***n. sing.***, अन्त्राणि ***n. pl.***, नाड्यः ***f. pl.***, कोष्ठः ***m. sing.*** **—(Compassion)** कृपा, दया. **—(The inner part)** अभ्यन्तरं, गर्भः, विलं, विवरं.

Bower, *s.* कुञ्जः, निकुञ्जः, मञ्जरीकुञ्जः, लतानिर्म्मितं मन्दिरं, कुञ्जकुटीरः, मण्डपः, झाटः, वल्लुरं, कुटङ्गकः. **—(Cottage)** कुटीरः. पर्णशाला. **—(Anchor)** नौकाया अग्रभागे स्थापितोऽङ्कुशाकारो लोहबन्धः.

To* bower, *v. a. परिवेष्ट् (c. 1. -वेष्टते -वेष्टितुं), परिच्छद् (c. 10. -छादयति -यितुं).

Bowery, *a.* कुञ्जवान् -वती -वत् (त्), लतावृतः -ता -तं, लतापरिच्छन्नः -न्ना -न्नं.

Bowl, *s.* (A vessel for liquids) पात्रं, भाजनं, कंसः -सं, शरावः, पुटकः. **—(A ball)** गुलिका. **—(The bowl, poison)** विषं.

To* bowl, *v. a. गुलिकान् आवृत् **in caus.** (-वर्त्तयति -यितुं). **—(To play at bowls)** गुलिकाभिः क्रीड् (c. 1. क्रीडति, क्रीडितुं).

Bowler, *s.* गुलिकावर्त्तनकृत्, गुलिकावर्त्तकः, गुलिकाक्रीडाकृत्.

Bow-legged, *a.* प्रज्ञुः -ज्ञुः -ज्ञु, प्रगतजानुः -नुः -नु, विरलजानुः -नुः -नु

Bowling-green, *a.* गुलिकाक्रीडायोग्यं समस्थलं or समस्थलीकृतो भूभागः.

Bowman, *s.* धन्वी ***m.*** (न) धनुष्मान् ***m.*** (त्), धानुष्कः, धनुर्धारी ***m.***, (न्), धनुर्धरः धनुर्भृत् ***m.***, इष्वासः इषुधरः, काण्डीरः, काण्डवान् ***m.***, (त्), निषङ्गी ***m.***, (न्) अस्त्री ***m.***, (न्), शार्ङ्गी ***m.***, (न्).

Bowshot, *s.* वाणगोचरं, शरगोचरं, धनुःक्षेपणं, शरैकक्षेपः.

Bowsprit, *s.* पोताग्रवहिःप्रलम्बो गुणवृक्षकः. *See* **Boltsprit.**

Bowstring, *s.* ज्या, गुणः, धनुर्गुणः, मौर्व्वी, भारवं, शिञ्जिनी, तावरं, पतञ्चिका.

Bow-window, *s.* धनुराकृति वातायनं, धनुराकारो गवाक्षः, प्रग्रीवः.

Bowyer, *s.* धनुर्धरः, धनुर्भृत् *m.,* धन्वी *m.,* (न्), धनुष्मान् *m.,* (त्).

Box, *s.* **(A kind of tree)** अतिदृढो वृक्षप्रभेदः.—**(A case to hold any thing)** भाण्डं, सम्पुटः, सम्पुटकः मुद्राधारः, आधारः, पात्रं, भाजनं, समुद्रः, पेटिका, वासनं.—**(For spectators)** प्रेक्षागारं.—**(A blow)** मुष्ट्याघातः, मुष्टिप्रहारः, मुष्टिपातः, पाणिघातः, कराघातः, कीला, आघातः, प्रहारः, बाहुप्रहरणं.

To **box,** *v. n.* **(To fight with the fist)** मल्लयुद्धं कृ, मुष्ट्या युध् (**c. 4.** युध्यते, योद्धुं), मुष्टीमुष्टि **or** बाहूबाहवि युध्.

To **box,** *v. a.* **(To strike with the fist)** मुष्ट्या अभिहन् (**c. 2.** -हन्ति -हन्तुं), निहन्, **or** तड् (**c. 10.** ताडयति -यितुं) **or** प्रहृ (**c. 1.** -हरति -हर्त्तुं).—**(To enclose in a box)** सम्पुटके **or** भाण्डे निविश् **in caus.** (-वेशयति -यितुं) **or** निधा (**c. 3.** -दधाति -धातुं).

Boxen, *a.* पूर्व्वोक्तवृक्षकाष्ठनिर्म्मितः -ता -तं.

Boxer, *s.* मल्लयोधः, झल्लः, मल्लः, पाणिघातः, बाहुप्रहरणं, बाहुयोधी *m.* (न्), रङ्गावतारी *m.* (न्).

Boxing, *s.* मौष्टा, मल्लयुद्धं, मुष्टिपातः, पाणिघातः, बाहुयुद्धं, बाहुप्रहरणं.—**(Boxing-match)** मल्लयात्रा.

Boy, *s.* कुमारः -रकः, बालः, बालकः, पुत्रः, पुत्रकः, अप्राप्तव्यवहारः.—**(A word of contempt for a young man)** माणवः, माणवकः; **'multitude of boys,'** माणव्यं.

Boyhood, *s.* बालकत्वं, बाल्यं, शैशवं, शिशुत्वं, कौमारं, कैशोरं, माणव्यं.

Boyish, *a.* बालिशः -शा -शं, बालेयः -या -यं, बालकीयः -या -यं, बालकशीलः -ला -लं, कौमारः -री -रं, शिशुयोग्यः -ग्या -ग्यं, माणवीणाः -णा -णं.

Boyishly, *adv.* बालरूपेण, बालकवत्, शिशुवत्, कुमारवत्, बालिशप्रकारेण.

Boyishness, *s.* बालिश्यं, बालेयत्वं, बालकत्वं, कुमारशीलत्वं, शिशुशीलता.

Brabble, *s.* कलहः, व्यवक्रोशनं, विवादः, वाग्युद्धं, विप्रलापः, द्वन्द्वं.

To **brabble,** *v. n.* कलह (**nom.** कलहायते -यितुं), व्यवक्रुश् (**c. 1.** -क्रोशति -क्रोष्टुं).

To **brace,** *v. a.* बन्ध् (**c. 9.** बध्नाति, बन्द्धुं), योक्त्र (**nom.** योक्त्रयति -यितुं).—**(To strain up, tighten)** सन्निबन्ध्, संस्तम्भ् (**c. 9.** -स्तभ्नाति -स्तम्भितुं), द्रढ् (**nom.** द्रढयति -यितुं).

Brace, *s.* **(A pair)** युगं, युग्मं, युगलं, द्वयं, यमलं, यामलं.—**(Bandage)** बन्धनं, बन्धः.—**(Strap)** चर्म्मबन्धः -न्धनं.—**(Of a coach)** रथालम्बि चर्म्मबन्धादि.—**(Of a ship)** नौकासम्बन्धी रज्जुविशेषः.

Bracelet, *s.* वलयः -यं, कङ्कणं, करभूषणं, अङ्गदं, हस्तसूत्रं, वालकः, कम्बुः *m.,* आवापकः, पारिहार्य्यः, कटकः.

Brachial, *a.* बाहुसम्बन्धी -न्धिनी -न्धि (न्).

Brachygraphy, *s.* सङ्क्षिप्तलिखनविद्या, सङ्क्षिप्ताक्षरलिखनं, सङ्केतलेखनविद्या.

Bracket, *s.* नागदन्तः -न्तकः, नागः, हस्तिदन्तः, गजदन्तः, सालेयः.

Brackish, *a.* क्षाररसयुक्तः -क्ता -क्तं, ईषल्लवणः -णा -णं, क्षारसंसृष्टः -ष्टा -ष्टं.

Brackishness, *s.* क्षारः, क्षारत्वं, क्षाररसः.

Brad, *s.* लोहमयः कीलविशेषः, क्षुद्रशङ्कुः *m.*

To **brag,** *v. n.* कत्थ् (**c. 1.** कत्थते, कत्थितुं), विकत्थ्, श्लाघ् (**c. 1.** श्लाघते, श्लाघितुं), **with inst. of the thing,** आत्मानं श्लाघ्.

Brag, *s.* अहङ्कारोक्तिः *f.,* विकत्था -त्थनं, दम्भः, आहोपुरुषिका अहमहमिका, आत्मश्लाघा, गर्व्वितवाक्यं, शूरमानं, परिकीर्त्तनं.

Braggart, braggadocio, bragger, *s.* शूरम्मन्यः, शूरमानी *m.* (न्), पिण्डीशूरः, उपजल्पी *m.* (न्), विकत्थी *m.* (न्), अवलिप्तः, अहङ्कारी *m.* (न्), अहङ्कारपूर्णः, आत्मश्लाधी *m.* (न्).

Braggingly, *adv.* अहङ्कारेण, साहङ्कारं, विकत्थया, आत्मश्लाघापूर्व्वं, दम्भात्.

Brahmā, *s.* **(The first deity of the Hindu triad, the Creator of the world, Providence)** ब्रह्मा *m.* (न्), वेधाः *m.* (न्), वेधाः *m.* (स्), विधिः *m.,* विरिञ्चिः *m.,* द्रुहिणः.—**(As creator of the world)** स्रष्टा *m.* (ष्टृ). विश्वसृक्-ट् (ज्).—**(Born in the lotus which sprung from the navel of Viṣṇu)** नाभिजः, नाभिभूः *m.* अब्जजः अब्जयोनिः, पद्मगर्भः, पद्मभूः *m.,* पद्मासनः, कमलासनः.—**(The self-existent)** स्वयम्भूः *m.,* आत्मभूः *m.*—**(Born from the golden egg)** हिरण्यगर्भः.—**(As elder of the deities)** सुरज्येष्ठः.—**(The four-faced one)** चतुर्म्मुखः, चतुराननः.—**(The great father and lord of all)** पितामहः, प्रजापतिः *m.,* लोकेशः—**(Supporter of all)** धाता *m.* (तृ), विधाता *m.* (तृ).—**(Exalted in heaven)** परमेष्ठः -ष्ठी *m.* (न्).

Brahmin or brāhman, *s.* ब्राह्मणः, विप्रः, बाडवः.—**(As the first-born among mortals)** अग्रजन्मा *m.* (न्).—**(As receiving second birth at his investiture with the sacred thread)** द्विजः, द्विजातिः *m.,* द्विजन्मा *m.* (न्).—**(As learned in the Vedas)** श्रोत्रियः—**(As a deity upon earth)** भूदेवः, भूमिदेवः.—**(As born from the mouth of Brahmā)** मुखजः.—**(A Brahmin by birth but not by duties)** ब्राह्मणब्रुवः—**(The wife of a Brahmin)** ब्राह्मणी.—**(The condition of a Brahmin)** ब्राह्मण्यं, ब्राह्मणता.

Brahminical, ***a.*** ब्राह्मः -ह्मी -ह्मं, ब्राह्मणजातीयः -या -यं; **'the brahminical caste,'** ब्राह्मणजातिः ***f.***

Brahmincide, ***s.*** ब्रह्महत्या, ब्राह्मणवधः.—**(One who kills a Brahmin)** ब्रह्महा ***m.*** (न्).

To **braid,** ***v. a.*** वेणीकृ, वेणिरूपेण केशान् रच् **(c. 10.** रचयति -यितुं) **or** ग्रन्थ् **(c. 9.** ग्रथ्नाति, **c. 1.** ग्रन्थति, ग्रन्थितुं) **or** केशसंस्कारं कृ.—**(Weave, interweave)** वे **(c. 1.** वयति, वातुं), ग्रन्थ्, उत्खच् **(c. 10.** -खचयति -यितुं).

Braid, ***s.*** **(Of hair)** वेणिः -णी ***f.***, प्रवेणिः, कवरः -री, धम्मिल्लः, केशवेशः, केशगर्भः.—**(A knot)** ग्रन्थिः ***m.***, बन्धः.

Braided, ***p. p.*** वेणीभूतः -ता -तं, ग्रथितः -ता -तं, कवरः -री -रं.

Brain, ***s.*** मस्तिष्कं **or** -स्कः, गोर्दं, मस्तकस्नेहः.—**(Intellect)** बुद्धिः ***f.***, मतिः ***f.***, धीः ***f.***

To **brain,** ***v. a.*** मस्तकं निष्पिष्य मस्तिष्कं वहिःकृत्य हन् **(c. 2.** हन्ति, हन्तुं).

Brainish, ***a.*** मदोन्मत्तः -त्ता -त्तं, मदोत्तप्तः -प्ता -प्तं, उत्तप्तः -प्ता -प्तं.

Brainless, ***a.*** मस्तिष्कहीनः -ना -नं, निर्बुद्धिः -द्धिः -द्धि, दुर्मतिः -तिः -ति.

Brainpan, ***s.*** कपालः -लं, मस्तकः -कं, कर्प्परः, शिरोस्थि ***n.***, मुण्डः, करोटः, शीर्षकं.

Brainsick, ***a.*** मूढबुद्धिः -द्धि -द्धि, विभ्रान्तशीलः -ला -लं, चञ्चलमतिः -तिः -ति.

Brainsickness, ***s.*** मूढता, चञ्चलत्वं, चपलत्वं, प्रामाद्यं, प्रमादित्वं.

Brake, ***s.*** **(A thicket of brambles)** कण्टकगहनं, गुल्मगहनं, झटिः -टं.—**(A snaffle)** खलीनः -नं, मुखयन्त्रणं.—**(That which moves a military engine)** युद्धयन्त्रवाहनं, युद्धयन्त्रचालनसाधनं.

Bramble, ***s.*** कण्टकगुल्मः, कण्टकस्तम्बः, शृगालकोलिः ***m.***, शृगालकण्टकः, गोक्षुरः.

Brambly, ***a.*** शृगालकण्टकावृतः -ता -तं, कण्टकी -किनी -कि (न्).

Bramin, ***s. See*** **Brahmin.**

Bran, ***s.*** तुषः -षा, धान्यकल्कं, धान्यत्वक् ***f.*** (च्), बुस.

Branch, ***s.*** शाखा, लता, विटपः, तरुविटपः, तरुभुजः, काण्डः, विस्तारः; **'a large branch,'** स्कन्धशाखा, शाला.—**(Of a river)** कुसरित् ***f.***, उपनदी, उपसरित्, अल्पनदी, नदीवङ्कः, वङ्क्षुः ***f.***, प्रणालः -ली.—**(A section subdivision)** शाखा, अङ्गः, सर्गः, परिछेदः, विछेदः, अङ्गस्कन्धः; **a branch of the Vedas,** वेदाङ्गः.—**(Offspring)** कुलसन्ततिः ***f.***, कुलसन्तानः, अपत्यं, प्रवरं.

To **branch,** ***v. n.*** शाखा **(nom.** शाखायते), लता **(nom.** लतायते), शाखारूपेण विस्तृ **in pass.** (-स्तीर्य्यते) **or** भिन्नीभू **or** विभिद् **in pass.** (-भिद्यते) **or** विछिद् **in pass.** (-छिद्यते).—**(To speak diffusely)** विस्तरशस् **or** सुविस्तरं वद् **(c. 1.** वदति, वदितुं).

To **branch,** ***v. a.*** शाखावत् पृथक्कृ **or** विभिद् **(c. 7.** -भिनत्ति -भेत्तुं).

Branchless, ***a.*** शाखाहीनः -ना -नं, विटपरहितः -ता -तं, अभिन्नः -न्ना -न्नं.

Branchy, ***a.*** शाखी -खिनी -खि (न्), शाख्यः -ख्या -ख्यं, विस्तीर्णशाख. -खा -खं, काण्डीरः -रा -रं, विस्तीर्णः -र्णा -र्णं, विस्तारयुक्तः -क्ता -क्तं, विभिन्नः -न्ना -न्नं.

Brand, ***s.*** **(A burning stick)** उल्का, दग्धकाष्ठं, तप्तकाष्ठं.—**(A mark of infamy)** अपकीर्त्तिचिह्नं, अभिशस्ताङ्कः, अङ्कः, अङ्कनं.

To **brand,** ***v. a.*** अपमानचिह्ने अङ्क् **(c. 10.** अङ्कयति -यितुं), तप्तलोहेन चिह्न **(c. 10.** चिह्नयति -यितुं), अभिशस्ताङ्कं कृ.

Branded, ***p. p.*** अपमानचिह्नाङ्कितः -ता -तं, अभिशस्ताङ्कचिह्नितः -ता -तं, कृताङ्कः -ङ्का -ङ्कं; **'branded with infamy,'** दुर्नामग्रस्तः -स्ता -स्तं.

To **brandish,** ***v. a.*** भ्रम् **in caus.** (भ्रमयति **or** भ्रामयति -यितुं); **'they brandished their pikes,'** शूलानि भ्रमयाञ्चक्रु; विधू **(c. 5.** -धूनोति -धवितुं), उच्छल् **in caus.** (-छालयति -यितुं), व्याव्यध् **(c. 4.** -विध्यति -व्यद्धुं).

Brandished, ***p. p.*** उद्भ्रान्तः -न्ता -न्तं, अवधूतः -ता -तं, उच्छालितः -ता -तं.

Brandling, ***s.*** कृमिप्रभेदः स च मत्यस्यप्रलोभार्थं कदाचित् वडिशे निवेश्यते.

Brandy, ***s.*** मद्यशुण्डा, मद्यासवं, सुरा, आसवं, शीधुः ***m.***, वारुणी.

Brangle, ***s.*** **(Squabble),** व्यावक्रोशी, व्यवक्रोशनं, उच्चैर्भाषणं, कलहः, विप्रलापः.

Branny, ***a.*** तुषाकृतिः -तिः -ति, तुषमयः -यी -यं, धान्यत्वङ्मयः -यी -यं.

Brasier or brazier, ***s.*** **(Worker in brass)** ताम्रकारः, कांस्यकारः, कामन्धमी ***m.*** (न्).—**(A pan to hold coals)** अङ्गारशकटी, अङ्गारपात्रं.

Brasiery, ***s.*** कुप्पशाला, सन्धानी.

Brass, ***s.*** रीतिः ***f.***, रैत्यं, आरः, ताम्रं, कांस्यं-स्यकं पित्तलं, पीतलोहं, पीतलं -लकं, आरकूटः-टं.—**(Impudence)** निर्लज्जता, धाष्ट्र्यं, प्रगल्भता.

Brassy, ***a.*** रैत्यं -त्यी -त्यं, कांस्यमयः -यी -यं, पित्तलगुणविशिष्टः -ष्टा -ष्टं.

Brat, *s.* शिशुः *m.,* बालकः बालः, पुत्रकः, शावकः.

Bravado, *s.* विकत्था, अहङ्कारवाक्यं, आत्मश्लाघा, आहोपुरुषिका, अहमहमिकाय; **ave,** *a.* शूरः -रा -रं, वीरः -रा -रं, प्रवीरः -रा -रं, पराक्रान्तः -न्ता -न्तं, विक्रान्तः -न्ता -न्तं, निर्भयः -या -यं, धृष्टः -ष्टा, -ष्टं, साहसिकः -की -कं, उद्धतः -ता -तं, —**(Excellent)** साधुः -धुः -धु, उत्तमः -मा -मं, प्रशस्तः -स्ता -स्तं. —**(Noble)** उदारः -रा -रं.

Brave, *s.* **(A bully)** शूरम्मन्यः, दम्भी *m.* (न्). —**(Defiance)** समाह्वानं, क्रन्दनं, आस्पर्द्धा.

To **brave,** *v. a.* **(To menace)** भर्त्स् **(c. 10.** भर्त्सयते -यितुं), अभिभर्त्स्, अवभर्त्स, परिभर्त्स्, तर्ज् **(c. 1.** तर्जति, तर्जितुं). —**(To challenge)** आह्वे **(c. 1.** -ह्वयते -ह्वातुं), समाह्वे, क्रन्दनं कृ, स्पर्ध् **(c. 1.** स्पर्धते, स्पर्धितुं).

To **brave,** *v. n.* **(To carry a boasting appearance)** दाम्भिकवद् वृत् **(c. 1.** वर्त्तते, वर्त्तितुं) **or** चर् **(c. 1.** चरति, चरितुं), धृष् **(c. 5.** धृष्णोति, धर्षितुं), दृप् **(c. 4.** दृप्यति, द्रप्तुं).

Braved, *p. p.* **(Challenged)** आहूतः -ता -तं, समाहूतः -ता -तं.

Bravely, *adv.* **(In a brave manner)** सवीर्य्यं, शूरवत्, वीरवत्, अभीतवत्, सपराक्रमं, शौर्य्येण, निर्भयं, प्रसभं. —**(Excellently)** साधु, प्रशस्तं, सु **prefixed.**

Bravery, *s.* शूरता, शौर्य्यं, वीरता, वीर्य्यं, पराक्रमः, विक्रमः कार्पण्यराहित्यं; **'to show bravery in battle',** पराक्रम् **(c. 1.** -क्रमति -क्रमितु), विक्रम्. —**(Bravado, boast)** विकत्था, आस्पर्द्धा. —**(Magnificence)** प्रतापः, तेजः *n.* (स्).

Bravingly, *adv.* दाम्भिकवत्, सदम्भं, आह्वानपूर्व्वकं, समाह्वानक्रमेण.

Bravo, *interj.* साधु. —**(A murderer)** घातकः, दस्युः *m.,* आततायी *m.* (न्).

To **brawl,** *v. n.* व्यवक्रुश् **(c. 1.** -क्रोशति -क्रोष्टुं), कलह **(nom.** कलहायते -यितुं), वैर **(nom.** वैरायते -यितुं), विवद् **(c.; 1.** -वदति -वदितुं), विप्रलप् **(c. 1.** -लपति -लपितुं).

Brawl, *s.* कलहः, व्यवक्रोशः, व्यावक्रोशी, आक्रोशः, उच्चैर्भाषणं, उच्चैर्घुष्टं, व्यावभाषी, विवादः, वाग्युद्धं, विप्रलापः, द्वन्द्वं, संरावः.

Brawler, *s.* कलहकारः -री *m.* (न्), कलहप्रियः, विरोधी *m.* (न्), कलिप्रियः, युयुत्सुः *m.*

Brawn, *s.* **(The flesh of a boar)** शूकरमांसं. —**(The musculous part of the body)** स्नायुः *f.,* स्नसा. —**(The arm)** बाहुः *m.* —**(A boar)** शूकरः, वराहः.

Brawniness, *s.* मांसलत्वं, दृढाङ्गता, शरीरदृढता, द्रढिमा *m.* (न्).

Brawny, *a.* मांसलः -ला -लं, स्नायुमान् -मती -मत् (त्), दृढाङ्गः -ङ्गी -ङ्गं.

To **bray,** *v. a.* **(To pound)** चूर्ण् **(c. 10.** चूर्णयति -यितुं), प्रचूर्ण्, विचूर्ण्, पिष् **(c. 7.** पिनष्टि, पेष्टुं), निष्पिष्, विनिष्पिष्, उत्पिष्.

To **bray,** *v. n.* **(Like an ass)** गर्द्दभवद् रु **(c. 2.** रौति, रवितुं) **or** चित्कारं कृ **or** नद् **(c. 1.** नदति, नदितुं).

Bray, *s.* खरनादः, गर्द्दभनादः, गर्द्दभरावः, चित्कारः, खरशब्दः, नादः.

Brayer, *s.* **(One that brays like an ass)** खरनादी *m.* (न्), नादी *m.* (न्), चित्कारकृत्. —**(One that pounds)** चूर्णकः, निष्पेष्टा *m.* (ष्टृ), पेश्वरः.

To **brazen,** *v. n.* धृष् **(c. 5.** धृष्णोति, धर्षितुं), अभिभर्त्स् **(c. 10.** -भर्त्सयते -यितुं).

Brazen, *a.* रैत्यः -त्यी -त्यं, पित्तलमयः -यी -यं, ताम्रिकः -की -कं. —**((Impudent)** निर्लज्जः -ज्जा -ज्जं, धृष्टः -ष्टा -ष्टं.

Brazen-faced, *s.* निर्लज्जमुखः -खी -खं, लज्जाहीनः -ना -नं, स्वल्पव्रीडः -डा -डं.

Brazenness, *s.* रैत्यत्वं. —**(Impudence)** निर्लज्जता, धृष्टता, प्रगल्भता.

Brazier, *s.* ताम्रकारः, कांस्यकारः. ***See* Brasier.**

Breach, *s.* भङ्गः, भेदः, छेदः, खण्डं, रन्ध्रं, छिद्रं. —**(The act of breaking)** भञ्जनं, भेदनं, खण्डनं. —**(A gap in a wall)** सन्धिः *m.,* गृहरन्ध्रं, खानिकं, सुरुङ्गा, कुड्मच्छेदः. —**(Violation)** अतिक्रमः, लङ्घनं, उल्लङ्घनं. —**(Violation of a law)** व्यवस्थातिक्रमः, व्यवस्थालङ्घनं. —**(Breach of promise)** प्रतिज्ञाभङ्गः. —**(Breach of confidence)** विश्वासभङ्गः. —**(Separation of friendship)** सुहृद्भेदः, विरोधः, विच्छेदः.

Bread, *s.* अपूपः, पूपः, पिष्टकः, कान्दवं, अभ्युषः. —**(Food in general)** अन्नं, आहारः, भोजनं.

Bread-corn, *s.* गोधूमः, सुमनाः *m.* (स्), सुमनः, शस्यं, धान्यं, आपुप्पं

Bread-fruit, *s.* पनसः, पनसनालिका, कण्टकिफलः, कण्टकफलः.

Breadth, *s.* पृथुता, पार्थवं, प्रथिमा *m.* (न्), विशालता, विपुलता, विस्तारः, विस्तीर्णता, परिसरः, प्रस्थः, विततिः *f.,* आयामः, आयतनं, पाटः.

To **break,** *v. a.* **(Burst or part asunder by force)** भञ्ज् **(c. 7.** भनक्ति, भंक्तुं), निभञ्ज्, विनिर्भञ्ज्, प्रभञ्ज्; भिद् **(c. 7.** भिनत्ति, भेत्तुं), खण्ड् **(c. 10.** खण्डयति -यितुं), परिखण्ड्, विद् **in caus.** (-दारयति यितुं), स्फुट् **(c. 10.** स्फोटयति -यितुं), रुज **(c. 6.** रुजति, रोक्तुं), अवरुज्, आरुज्, समारुज्; क्षुद् **(c. 7.** क्षुणत्ति, क्षोत्तुं), प्रक्षुद्; शकलीकृ, दल् **in caus.** (दालयति -यितुं), विदल्. —**(Penetrate, break through)**

व्यध् (c. 4. विध्यति, व्यद्धुं), निर्भिद्, छिद्र (c. 10. छिद्रयति -यितुं). —(Crush) मृद् (c. 9. मृद्नाति, मर्द्दितुं), पिष् (c. 7. पिनष्टि, पेष्टुं). —(Break or sink the spirit) मनो खण्ड् or हन् (c. 2. हन्ति, हन्तुं) or प्रतिहन्, भग्नाशं -शां -शं कृ, आशाविभिन्नं -न्नां -न्नं, कृ, खण्डिताशंसं -सां -सं कृ. —(Tame) दम् in caus. (दमयति -यितुं or c. 4. दाम्यति, दमितुं), प्रदम्; विनी (c. 1. -नयति -नेतुं). —(Make bankrupt) परिक्षीणं -णां -णं कृ, निर्धनीकृ. — (Overcome) पराजि (c. 1. -जयति -ते -जेतुं). —(Break down, destroy) अवभञ्ज्, प्रभञ्ज्, विनश् in caus. (नाशयति -यितुं), उच्छिद् (c. 7. -छिनत्ति -छेत्तुं). —(Violate a promise) संविदं व्यतिक्रम् (c. 1. -क्रामति -क्रमितुं), विसंवद् (c. 1. -वदति -वेदितुं), विसंविद् (c. 2. -वेत्ति -वेदितुं). —(Infringe a law) व्यवस्थाम् अतिक्रम् or व्यतिक्रम् or लङ्घ् (c. 1. लङ्घते, लङ्घितुं, c. 10. लङ्घयति -यितुं), उल्लङ्घ्, विलङ्घ्, or अनिचर् (c. 1. -चरति -चरितुं) or लुप् in caus. (लोपयति -यितुं). —(Break a vow) व्रतं लुप् in caus. —(Interrupt) लुप्, विलुप्, विप्रलुप् in caus., उच्छिद्, विच्छिद्, प्रतिहन्, अन्तरि (c. 2. -एति -एतुं). —(Break intelligence) प्रथमसंवादं कृ, प्रथमाख्यानं कृ. —(Break the heart) दलहृदयं -यां -यं, कृ, भग्नान्तःकरणं -णां -णं कृ. —(Break into a house) सन्धिं कृ, कुड्मं छिद्. —(Break a bone) अस्थि भञ्ज् or भिद्. —(Make to cease) निवृत् in caus. (-वर्त्तयति -यितुं). —(Separate) वियुज् (c. 7. -युनक्ति) -युंक्ते -योक्तुं). —(Break off, relinquish) त्यज् (c. 1. त्यजति, त्यक्तुं). —(Reform a bad habit) दोषखण्डनं कृ. —(Dissolve friendship) सौहृद्यं भिद्. —(Break one's sleep) निद्रां भञ्ज्, निद्राभङ्गं कृ. —(Break one's fast) पारणं कृ, प्रातभीजनं कृ, उपवासानन्तरं प्रथमाहारं कृ. —(Break wind) पर्द् (c. 1. पर्दते, पर्दितुं), गुदरवं कृ.

To **break,** ***v. n.*** **(Part in two)** भञ्ज् **in pass.** (भज्यते), भिद् **in pass.** (भिद्यते), विभिद्, विच्छिद् **in pass.** (-छिद्यते), त्रुट् (c. 4. त्रुट्यति, त्रुटितुं), विदॄ **in pass.** (-दीर्य्यते), स्फुट् (c. 6. स्फुटति, स्फुटितुं), शकलीभू. —(Dawn) प्रभा (c. 2. -भाति -भातुं), उष् (c. 1. ओषति, ओषितुं or उच्छति, उच्छितुं), व्युष्, समुष्. —(Open as a sore) पूय् (c. 1. पूयते, पूयितुं), पूयनं कृ, पक्वः -क्वा -क्वं भू. —(Become bankrupt) परिक्षीणः -णा-णं, भू. —(Decline, decay) जॄ (c. 4. जीर्य्यति, जरितुं, जरीतुं), क्षि in pass. (क्षीयते), म्लै (c. 1. म्लायति, म्लातुं), ध्वंस् (c. 1. ध्वंसते, ध्वंसितुं), सद् (c. 1. सीदति, सत्तुं), विनश् (c. 4. -नश्यति -नशितुं -नंष्टुं), विशॄ in pass. (-शीर्य्यते). —(Part friendship) विरञ्ज् in pass. (-रज्यते). —(Break in, force one's way in) बलात् or प्रसह्य प्रविश् (c. 6. -विशति -वेष्टुं), आपत् (c. 1. -पतति -पतितुं), अभिपत्, अवलुप् (c. 6. -लुम्पति -लोप्तुं). —(Break forth) प्रपत् (c. 1. -पतति -पतितुं), निष्पत्. —(Break loose) प्रमुच् in pass (-मुच्यते), विप्रमुच्. —(Break off, desist suddenly) अकस्माद् विरम् (c. 1. -रमति -रन्तुं) or निवृत् (c. 1. -वर्त्तते -वर्त्तितुं). —(Break out, arise suddenly) अकस्माद् उत्पद् (c. 4. -पद्यते -पत्तुं) or जन् (c. 4. जायते, जनितुं) or दृश् in pass. (दृश्यते) or प्रभू. —(Break up) विगम् (c. 1. -गच्छति -गन्तुं), निवृत्. —(Break forth, as fire) प्रज्वल् (c. 1. -ज्वलति -ते -ज्वलितुं). —(Break, as waves) भङ्गरूपेण प्रलुट् (c. 1. -लोठति -लोठितुं).

Break, ***s.*** **(Interruption)** विछेदः, छेदः, अन्तरायः. —(Cessation) विरामः, विरतिः *f.*, निर्वृतिः *f.*, निवृतिः *f.*, उपशमः, क्षयः. —(Opening of the day) अरुणोदयः, प्रभातं, उदयः, दिवसमुखं, उषः; **'at break of day,'** प्रभाते, प्रातःकाले **'breaking a blood-vessel,'** उरोक्षतं.

Breaker, ***s.*** **(One who breaks)** भंक्ता ***m.*** (क्तृ), भञ्जकः, भङ्गकरः, भेदकः, भेदी ***m.*** (न्), विदारकः. —(Destroyer) नाशकः. —(A wave breaking over a sandbank) सैकतसूचका भङ्गः, भङ्गिः, *f.*, -ङ्गी, तरलायितः, लहरिः *f.*, वल्लोलः, तरङ्गः.

Breakfast, ***s.*** प्रातभोजनं, प्रातराशः, कल्पवर्त्तः, कल्पजग्धिः *f.*, प्रथमाहारः.

To **breakfast,** ***v. n.*** प्रातर्भोजनं, प्रातराशः, कल्पवर्त्तः, कल्पजग्धिः *f.*, प्रथमाहारः.

To **breakfast,** ***v. n.*** प्रातभोजनं **or** प्रातराशं कृ, प्रथमाहारं कृ.

Breakfasted, ***p. p.*** प्रातराशितः -ता -तं.

Breaking, ***s.*** भङ्गः, भञ्जनं, भेदः, भेदनं, खण्डनं, शकलीकरणं, विदारणं. —(Breaking down) प्रभङ्गः. —(Breaking a vow) व्रतलोपनं.

Bream, ***s.*** पृथुशरीरो मत्स्यभेदः.

Breast, ***s.*** वक्षः ***n.*** (स्), उरः ***n.*** (स्), वक्षस्स्थलं **or** वक्षःस्थलं, क्रोडं -डा, अङ्कः, वत्सं, भुजान्तरं, हृदयस्थानं. —(Female breast) स्तनः, स्तनौ ***m. du.***, स्तनकुट्मलं, कुचः, कुचतटं, वक्षोरुहः, वक्षोजं, उरसिजः, उरोजः. —(Heart) हृदयं, अन्तःकरणं, मनः ***n.*** (स्), चित्रं, मर्म्म ***n.*** (न्).

Breast-bone, ***s.*** वक्षोस्थि ***n.*** उरोस्थि ***n.***

Breast-high, ***a.*** वक्षोदघ्नः -घ्ना -घ्नं, वक्षोदेशपर्य्यन्तं -न्ता -तं.

Breast-plate, ***s.*** कवचं, उरस्त्राणं, वक्षस्त्राणं, उरश्छदः, आयसी *f.*, नागोदरं, वाणवारः.

Breastwork, ***s.*** वक्षोदेशपर्य्यन्तं दुर्गप्राचीरं, वक्षःसमानः प्राकारः.

Breath, ***s.*** प्राणः, श्वासः, श्वसितं, असुः ***m.*** —(Inspiration and

Breathing 92 Breviate

expiration श्वासप्रश्वासं, श्वासनिःश्वासं.—(Pause, respite) उच्छ्वासः, विरामः, उपशमः.—(Out of breath) उच्छ्वसन् -सन्ती -सती -सत् (त्), उच्छ्वसितः -ता -तं, यष्टिप्राणः -णा -णं.—(Holding one's breath) श्वासप्रश्वासधारणं. —(Breeze, moving air) खश्वासः, मृदुवातः, मन्दानिलः, अनिलः, समीरणः.

To **breathe,** *v. n.* श्वस् (c. 2. श्वसिति, श्वसितुं), आश्वस्, उच्छ्वस्, प्राण् (c. 2. प्राणिति, प्राणितुं).—(To inspire and expire) श्वासप्रश्वासं कृ, श्वासनिःश्वासं कृ.—(To live) जीव् (c. 1. जीवति, जीवितुं).—(To take breath, recover breath) प्रत्याश्वस्.

To **breathe,** *v. a.* (To inspire) श्वस् (c. 2. श्वसिति, श्वसितुं). —(To breathe forth, expire) निःश्वस्, प्रश्वस्.—(To exhale) प्रवा (c. 2. -वाति -वातुं).

Breathing, *s.* श्वासः, श्वासप्रश्वासं, प्राणः, श्वसितं.—(Ardent wish) आकाङ्क्षा, स्पृहा, लालसा. *Part.* प्राणन् -णन्ती -णत् (त्), श्वसन् -सी -सन्ती -सत् (त्), असुमान् -मती -मत् (त्), प्राणभृत् *m. f. n.*—(Breathing through the nose) नासिकन्धमः.—(Accent) प्राणसूचकं चिह्नं; 'the hard breathing,' महाप्राणः; 'the soft breathing,' अभिनिष्ठानं.

Breathing-hole, *s.* वातायनं, वायुच्छिद्रं, वायुपथः, गवाक्षः, जालं.

Breathing-time, *s.* उच्छ्वासः, विश्रामः, विरामः, उपशमः, निर्वृतिः *f.*

Breathless, *a.* (Without breath, lifeless) प्राणहीनः -ना -नं, अप्राणः -णा -णं, व्यसुः -सुः -सु, निरुच्छ्वासः -सा -सं, विचेतनः -ना -नं.—(Painting for breath) उच्छ्वसन् -सती -सत् (न्), उच्छ्वसितः -ता -तं, नष्टश्वासः -सा -सं, यष्टिप्राणः -णा -णं.—(Dead) मृतः -ता -तं.—(Half dead) मृतकल्पः -ल्पा -ल्पं.

Bred, *p. p.* (Born) जातः -ता -तं, उत्पन्नः -न्ना -न्नं. —(Produced) जनितः -ता -तं, उत्पादितः -ता -तं. —(Reared, educated) पुष्टः -ष्टा -ष्टं, शिक्षितः -ता -तं, गृहीतविद्यः -द्या -द्यं, विनीतः -ता -तं; 'well-bred,' सुविनीतः -ता -तं; 'ill-bred,' अनीतः -ता -तं, अविनीतः -ता -तं, अविनयः -या -यं, दुराचारः -रा -रं, दुःशीलः -ला -लं.

Breech, *s.* (The back part of any thing) पश्चाद्भागः, पश्चिमो भागः, पश्चाद्देशः, अधोदेशः.—(Of an animal) नितम्बः. स्फिचौ *f. du.*, कटिदेशः, कटीरकं, कटिप्रोथः.—(Of a cannon) यस्माद् अन्तरग्निबलेन लोहगोलो निःसार्य्यते तस्य युद्धयन्त्रस्य पश्चाद्भागः.

Breeches, *s.* कञ्चुकः, पुम्भिर् भृतं कटिवस्त्रं, पुरुषस्य कटिवस्त्रं, कटिजङ्घादिपरिधानं, कटीपटः, शाटकः.

To **breed,** *v. a.* (To procreate, give birth to) सु (c. 1. सवति, c. 2. सौति, सोतुं), प्रसु, प्रजन् (c. 4. -जायते -जनितुं) or जन् in caus. (जनयति -यितुं), सञ्जन्; वृध् in caus. (वर्धयति -यितुं).—(To be pregnant) गर्भवति or गर्भिणी or सञ्जातगर्भा भू.—(To cause, produce) जन् in caus. उत्पद् in caus. (-पादयति -यितुं).—(To rear) पुष् (c. 9 पुष्णाति, c. 1. पोषति or in caus. (पोषयति -यितुं), पाल् (c. 10. पालयति -यितुं), प्रतिपाल्.—(To educate) शिक्ष् (*i.e.* des. of शक्) in caus. (शिक्षयति -यितुं), विनी (c. 1. -नयति -नेतुं).—(To contrive, plot) घट् (c. 1. घटते, घटितुं).

To **breed,** *v. n.* (To have birth) जन् (c. 4. जायते), उपजन्, अभिजन्; उत्पद् (c. 4. -पद्यते).—(To increase) वृध् (c. 1. वर्धते, वर्धितुं), पुष् (c. 4. पुष्यति, पोष्टुं).

Breed, *s.* (Race, family) वंशः, कुलं, जातिः *f.*, सन्तानः, सन्ततिः *f.*, अन्वयः—(Offspring) अपत्यं, प्रजा; 'a horse of a good breed,' आजानेयः, भूमिपक्षः, भूमिरक्षकः.—(Number of animals born at once) शावकगणः, यः शावकगण एककाले डिम्बाद् उत्पद्यते or प्रसूयते.

Breedbate, *s.* कलहकारः, विवादार्थी *m.* (न्), कलिप्रियः, कलहप्रियः.

Breeder, *s.* (A producer) जनकः, प्रजनिष्णुः, उत्पादकः, सुती *m.* (न्).—(A prolific female) सुतिनी, अबन्ध्या, प्रसवित्री, प्रजायिनी, जननी.—(A rearer) पोषकः, पोष्टा *m.* (ष्टृ), पोषयिता *m.* (तृ), विनेता *m.* (तृ).

Breeding, *s.* (Rearing) पोषः -षणं, पालनं.—(Education) शिक्षा, विनयः.—(Good manners) विनयः, सभ्यता, सुशीलता; 'a man of breeding,' सुविनीतः.

Breese, *s.* दंशः, दंशकः, वनमक्षिका, गोमक्षिका.

Breeze, *s.* मृदुवातः, मन्दानिलः, अनिलः, मारुतः, मरुत् *m.*, वायुः *m.*, सुवायुः *m.*, चारवायुः *m.*, पवनः, खश्वासः, समीरणः, समीरः, मन्दसमीरणः; 'soft breezes,' सुखस्पर्शाः *m. pl.*

Breezy, *a.* (Windy) वातलः -ला -लं, वातवान् -वती -वत् (त्), वायवः -वी -वं.—(Fanned by the breezes) वायुभिः or मन्दानिलैर् अनुवीजितः -ता -तं or उपवीजितः or उद्वीज्यमानः -ना -नं.

Brethren, *s.* (Plur. of brother) भ्रातरः *m. pl.*, समानोदर्य्याः. —(Of the same race) बान्धवाः *m. pl.*, सजातयः *m. pl.*, समानजातयः.—(Associates) संसर्गिणः *m. pl.*, सङ्गिनः *m. pl.*,—(Spiritual brethren) एकगुरवः *m. pl.*, सतीर्थ्याः *m. pl.*

Brevet, *s.* अधिकवर्त्तनं विना श्रेष्ठपदमात्रप्रतिपत्तिः *f.*, अधिकवेतनव्यतिरेकेण ज्येष्ठख्यातिमात्रप्राप्तिः *f.*, पदमात्रवृद्धिः *f.*

Breviary, *s.* (A compendium) सङ्ग्रहः, संहिता.—(Of prayers) प्रार्थनासङ्ग्रहः, प्रार्थनासंहिता.

Breviate, *s.* सङ्ग्रहः, संहिता, संहारः, प्रत्याहारः.

Brevity, ***s.*** सङ्क्षेपः -पणं, सङ्क्षिप्तिः ***f.,*** सङ्क्षिप्तत्वं, समस्तत्वं, उपसङ्क्षेपः, सङ्ग्रहः -हणं, सनसनं, समासः, परिमितता, संहारः, समाहारः, अल्पत्वं.

To **brew,** ***v. a.*** **(To make beer)** यवसुरं पच् **(c. 1.** पचति, पक्तुं) **or** क्वथ् **(c. 1.** क्वथति, क्वथितुं), एवजमद्यं कृ.—**(To mingle)** मिश्र् **(c. 10.** मिश्रयति -यितुं).—**(To contrive)** घट् **(c. 1.** घटते, घटितुं), प्रचिन्त् **(c. 10.** -चिन्तयति -यितुं), परिचिन्त्.

Brewage, ***s.*** नानासम्मिश्रद्रव्यनिर्म्मितं पानीयं, निष्क्वाथः, सन्निपातः प्रकीर्णकं.

Brewer, ***s.*** यवसुरक्वथिता ***m.*** (तृ), यवसुरपाचकः.

Brewery or brewhouse, ***s.*** यवसुरपचनस्थानं, यवसुरक्वथनस्थानं.

Brewing, ***s.*** यवसुरपचनं, यत्किञ्चिद् यवसुरम् एककाले पच्यते.

Brewis, ***s.*** यूषक्वथितः, पिष्टकः **or** अपूपः.

Bribe, ***s.*** उत्कोचः -चा -चकः, उपप्रदानं, उपायनं, अभ्युपायनं, कोशलिकं, पारितोषिकं; **'the receiver of a bribe,'** उत्कोचकः, उत्कोचदाता ***m.*** (तृ), उत्कोचग्राहकः.

To **bribe,** ***v. a.*** उत्कोचं दा **(c. 3.** ददाति, दातुं) **or** उपप्रदा, अन्याय्यकर्म्मसम्पादनार्थम् उपायनं दा.

Briber, ***s.*** उत्कोचदाता ***m.*** (तृ), उत्कोचदायी ***m.*** (न्), उपप्रदाता ***m.*** (तृ),

Bribery, ***s.*** उत्कोचस्य दानादानापराधः.—**(Giving bribes)** उत्कोचदानं, उत्कोचचर्य्या.—**(Receiving bribes)** उत्कोचग्रह् -हणं.

Brick, ***s.*** इष्टका, इष्टिका, सुधा; **'burnt brick,'** पक्वेष्टका, झामकं; **' brick-house,'** इष्टकागृहं, सुधाभवनं; **'brick-built,'** इष्टकानिर्म्मितः -ता -तं; **'a pile of bricks,'** इष्टकाराशिः ***f.***

To **brick,** ***v. a.*** इष्टकान्यासं कृ, इष्टकान्यासं कृत्वा निर्म्मा **(c. 2.** -माति -मातुं).

Brick-bat, ***s.*** इष्टकाशकलं, इष्टकाखण्डं, भिन्नेष्टका, भग्नेष्टकाशकलं.

Brick-dust, ***s.*** इष्टकाचूर्णं, इष्टकाक्षोदः, इष्टकाक्षोदितं.

Brick-kiln, ***s.*** पाकपुटी, आपाकः, इष्टकापचनस्थानं, पवनं.

Bricklayer, ***s.*** लेपकः, लेपी ***m.*** (न्), लेप्यकृत् ***m.,*** प्रलेपकः, सुधाजीवी ***m.*** (न्), अट्टालिकाकारः, पलगण्डः.

Brickmaker, ***s.*** इष्टकाकारी ***m.*** (न्), इष्टकाकृत्, इष्टकाकारः, सुधाकृत्.

Brickwork, ***s.*** इष्टकान्यासः, सुधान्यासः, इष्टकानिर्म्माणं, इष्टकानिर्म्मितं यत्किञ्चिद् भवनादि.

Bridal, ***s.*** विवाहोत्सवः, विवाहपर्व्व ***n.*** (न्), विवाहः, विवाहकर्म्म ***n.*** (न्) **or** उद्वाहकर्म्म.

Bridal, ***a.*** वैवाहिकः -की -कं, उद्वाहिकः -का -कं, विवाहयोग्यः -ग्या -ग्यं, पाणिग्रहणिकः -की -कं; **'bridal clothes,'** आनन्दपटं.

Bride, ***s.*** नवोढा, नवभार्य्या, नववधूः ***f.,*** नवपत्नी, ऊढा, नवकारिका, नववरिका, पाणिगृहीता, सुवासिनी; **'one who chooses her own husband,'** स्वयंवरा.

Bride-bed, ***s.*** विवाहशय्या, नवोढाशयनं, आनन्दशय्या, ऊढावोढ्रोर् नवशयनं.

Bride-cake, ***s.*** विवाहोत्सवकाले गृहाभ्यागतैः खादनीयः पिष्टकः **or** अपूपः, आनन्दपिष्टकः.

Bridegroom, ***s.*** वरः, वोढा ***m.*** (-ढृ), परिणेता ***m.*** (तृ), पाणिग्राहः, विवाहोद्यतः.

Bridemaid, ***s.*** **(Attendant on the bride)** जन्या.

Brideman, ***s.*** **(Attendant on the bridegroom)** जन्यः.

Bridewell, ***s.*** निग्रहगृहं, निग्रहागारं, दण्डप्रणयनगृहं, कारागारं, कारावेश्म ***n.*** (न्).

Bridge, ***s.*** सेतुः ***m.,*** पिण्डलः, पिण्डिलः, धरणः, संवरः, सम्बरः.—**(Footbridge)** सङ्क्रमः.—**A bridge of boats)** नौसेतुः ***m.***—**(Of the nose)** नासावंशः.—**(Of a musical instrument)** तन्त्रालम्बः, तन्त्रधारणार्थं काष्ठखण्डं.

To **bridge,** ***v. a.*** **(Connect by a bridge)** सेतुना बन्ध् **(c. 9.** बध्नाति, बन्द्धुं).

Bridle, ***s.*** वागा, रश्मिः ***m.,*** वल्गा, दन्तालिका.—**(Restraint)** संयमः, यमः, यन्त्रणं, निग्रहः.

To **bridle,** ***v. a.*** रश्मिभिर् यम् **(c.1.** यच्छति, यन्तुं).—**(To restrain)** यम्, नियम्, संयम्, निग्रह् **(c. 9.** -गृह्णाति -ग्रहीतुं), वशीकृ.

Bridlehand, ***s.*** अश्वारूढस्य यो हस्तो वागां सङ्गृह्णाति **or** धरति.

Brief, ***a.*** **(Concise)** सङ्क्षिप्तः -प्ता -प्तं, साङ्क्षेपिकः -की -कं, सामासिकः -की -कं, परिमितः -ता -तं, सङ्गृहीतः -ता -तं.—**(Not long, as time, etc.)** अचिरः -रा -रं, अल्पः -ल्पा -ल्पं, अल्पकालः -ला -लं.—**(Contracted)** सङ्कुचितः -ता -तं, संहतः -ता -तं, ह्रस्वः -स्वा -स्वं; **'in a brief space of time,'** अचिरेण, अचिरात्, न चिरेण; **'for a brief space,'** अल्पमात्रं.

Brief, ***s.*** **(Writing of any kind)** पत्रं.—**(An epitome)** सङ्ग्रहः, सङ्क्षेपः, संहारः.—**(A writ)** आज्ञापत्रं.—**(A writing explaining the case)** निवेदनपत्रं, अर्थतत्त्वज्ञापकं पत्रं.

Briefly, ***adv.*** **(Consiely)** सङ्क्षेपेण, सङ्क्षेपात्, सङ्क्षेपतस्, समासतस्, अविस्तरशस्, न विस्तरेण, परिमितप्रकारेण.—**(Quickly)** अचिरेण, क्षिप्तं, आशु, अविलम्बितं.

Briefness, ***s.*** सङ्क्षिप्तिः ***f.,*** सङ्क्षिप्तत्वं, सङ्क्षेपः, उपसङ्क्षेपः,

समस्तत्वं, समासः, समसनं, संहारः, परिमितता, अल्पत्वं -ता. —(Of life) आयुरल्पत्वं.

Brier or brais, *s.* गोक्षुरः, कण्टकगुल्मः, शृगालकण्टकः, शृगालकोलिः *m.*

Briery, *a.* कण्टकी -किनी -कि (न्), कण्टकितः -ता -तं, शृगालकण्टकावृतः -ता -तं.

Brig, *s.* कूपकद्वयविशिष्टः सामुद्रपोतप्रभेदः.

Brigade, *s.* व्यूहः, चमूः *f.*, गुल्मः, वाहिनी, सैन्यदलं, सेनामुखं.

To **brigade** *v. a.* वाहिनीं व्यूह् (c. 1. -ऊहते -ऊहितुं), व्यूहीकृ.

Brigadier, *s.* वाहिनीपतिः *m.*, गुल्माधिपतिः *m.*, चमूपतिः *m.*, व्यूहाध्यक्षः, सैन्यव्यूहपतिः *m.*

Brigand, *s.* दस्युः *m.*, प्रसह्यचौरः, अपहारकः, साहसिकः, चौरः, लोप्त्रजीवी *m.* (न्).

Brigantine, *s.* सामुद्रदस्युभिः प्रयुक्तो लघुनौकाविशेषः.

Bright, *a.* दीप्तिमान् -मती -मत् (त्), दीप्रः -प्रा -प्रं, द्युतिमान् -मती -मत् (त्), प्रभावान् -वती -वत् (त्), सुप्रभः -भा -भं, वर्च्चस्वी -स्विनी -स्वि (न्), द्योती -तिनी -ति (न्), द्योतनः -ना -नं, शोभी -भिनी -भि (न्), शोभनः -ना -नं, रुचिरः -रा -रं, तेजोमयः -यी -यं, तैजसः -सी -सं, उज्ज्वलः -ला -लं, प्रतिभानवान् -वती -वत् (त्); **'having bright eyes,'** दीप्ताक्षः -क्षी -क्षं, दीप्तलोचनः -ना -नं. —**(Clear)** विशदः -दा -दं, विमलः -ला -लं, निर्म्मलः -ला -लं, स्वच्छः -च्छा -च्छं, शुचिः -चिः -चि. —**(Illustrious)** कीर्त्तिमान् -मती -मत् (त्), विश्रुतः -ता -तं, महायशाः -शाः -शः (स्). —**(Acute)** सूक्ष्मबुद्धिः -द्धिः -द्धि, निपुणमतिः -तिः -ति.

To **brighten,** *v. a.* **(To make to shine, etc.)** द्युत् **in caus.** (द्योतयति -यितुं), भास् **in caus.** (भासयति -यितुं), प्रभास्, उद्भास्, भ्राज् **in caus.** (भ्राजयति -यितुं), विराज् **in caus.** (-राजयति -यितुं), प्रकाश् **in caus.** (-काशयति -यितुं), विमल **(nom.** विमलयति -यितुं).

To **brighten,** *v. n.* **(To become bright)** दीप्रीभू, विमलीभू. —**(To be bright)** शुभ् **(c. 1.** शोभते, शोभितुं), रुच् **(c. 1.** रोचते, रोचितुं), द्युत्, **(c. 1.** द्योतते, द्योतितुं), भ्राज् **(c. 1.** भ्राजते, भ्राजितुं); भास् **(c. 1.** भासते, भासितुं), राज् **(c. 1.** राजति -ते, राजितुं), विराज्, काश् **(c. 1.** काशते, काशितुं), चकास् **(c. 2.** चकास्ति, चकासितुं), शुचि **(nom.** शुचीयते -यितुं). —**(To become bright as the sky)** गततोयदः -दा -दं भू.

Brightly, *adv.* तेजसा, दीप्त्या, द्युत्या, कान्त्या, दीप्तप्रकारेण, विमलं.

Brightness, *s.* द्युतिः *f.*, द्युतिमत्त्वं, दीप्तिः *f.*, दीप्तिमत्त्वं, दीप्तता, ज्योतिः *n.* (स्), रुचिः *f.*, प्रभा, उज्ज्वलता, छविः *f.*, कान्तिः *f.*, तेजः *n.* (स्) शोभा. —**(Acuteness)** बुद्धिसूक्ष्मत्वं, नैपुण्यं, मतिप्रकर्षः. —**(Beauty)** सौन्दर्य्यं.

Brilliancy, *s.* दीप्तिः *f.*, प्रभा, कान्तिमत्त्वं, द्युतिः *f.*, छविः *f.*, तेजः *n.* (स्), भ्राजिष्णुता.

Brilliant, *s.* अतिदीप्तिमान् बहुकणविशिष्टो वज्रभेदः, भिन्नच्छायो हीरविशेषः.

Brilliant, *a.* प्रभावान् -वती -वत् (त्), दीप्तिमान् -मती -मत् (त्), देदीप्यमानः -ना -नं, दीप्तः -प्ता प्तं, कान्तिमान् -मती -मत् (त्), रोचिष्णुः -ष्णुः -ष्णु, तेजस्वी -स्विनी -स्वि (न्), तेजोमयः -यी -यं, द्योतमानः -ना -नं, प्रकाशमानः -ना -नं, उज्ज्वलः -ला -लं.

Brilliantly, *adv.* प्रभया, अतिकान्त्या, छव्या, तेजसा, दीप्तिपूर्व्वं.

Brim, *s.* **(Edge of any thing)** धारः -रा, प्रान्तः, अन्तः -न्तं, उपान्तं, पर्य्यन्तं, उत्सङ्गः. —**(Edge of a vessel)** कर्णः, धारः, मुखं. —**(Margin of a river)** तीरं, तटः, तटं, कच्छः. —**(Border of a cloth, etc.)** अञ्चलः; **'up to the brim,'** आकर्णं, धारपर्य्यन्तं, आमुखात्.

To **brim,** *v. a.* आकर्णं पात्रं पॄ **in caus.** (पूरयति -यितुं), पात्रप्लावं कृ.

Brimful, *a.* आकर्णं **or** धारपर्य्यन्तं पूर्णः -र्णा -र्णं, एकान्तपूर्णः -र्णा -र्णं.

Brimmer, *s.* आकर्णं **or** धारपर्य्यन्तं **or** मुखपर्य्यन्तं पूरितं पात्रं, अतिपूर्णं भाजनं.

Brimstone, *s.* गन्धकः, गन्धाश्मा *m.* (न्), गन्धमोदनं, क्रूरगन्धः, शुल्वारिः *m.*

Brimstony, *a.* गन्धकमयः -यी -यं, गन्धकपूर्णः -र्णा -र्णं, गन्धकविशिष्टः -ष्टा -ष्टं.

Brinded or brindled, *a.* शवलः -ला -लं, चित्राङ्गः -ङ्गी -ङ्गं, चित्रः -त्रा -त्रं, चित्रितः -ता -तं, नानावर्णः -र्णा -र्णं, रेखाङ्कितः -ता -तं.

Brindle, *s.* शवलत्वं, शवलभावः, चित्राङ्गत्वं, चित्रता.

Brine, *s.* लवणोदं, लवणजलं. —**(The briny deep)** लवणाम्बुराशिः. —**(Tears)** वाष्पः, अश्रु *n.*, नयनसलिलं.

Brine-pit, *s.* लवणजलपूर्णं खातं **or** कुण्डं, लवणोदकूपः.

To **bring,** *v. a.* **(Fetch from another place)** आनी **(c. 1.** -नयति -ते -नेतुं), उपानी, आहृ **(c. 1.** -हरति -हर्त्तुं). —**(Carry to a place)** नी, आवह् **(c. 1.** -वहति -वोढुं), उपवह्, संवह्. —**(Cause to come)** आगम् **in caus.** (-गमयति -यितुं), प्राप् **in caus.** (-आपयति -यितुं), उपपद् **in caus.** (-पादयति -यितुं). —**(Reduce to a particular state)** गम् **in caus.** कृ; **'brought to misery,'** कृच्छ्रगतः -ता -तं; **'brought low,'** अल्पीकृतः -ता -तं, अस्तङ्गमितः -ता -तं. —**(Induce)** अनुनी, उपागम् **in caus.,** प्रोत्सह् **in caus.** (-साहयति -यितुं), आकृष् **(c. 1.** -कर्षति -क्रष्टुं). —**(Bring about)** घट् **(c. 1.** घटते, घटितुं), सिध् **in caus.**

(साधयति -यितुं), संसिध्, सम्पद् **in caus.** (-पादयति- -यितुं), उपपद्.—**(Bring back)** प्रत्यानी, प्रतिपद् **in caus.,** प्रत्यृ **in caus.** (-अर्पयति -यितुं).—**(Bring down, humble)** अपकृष्, अभिभू **(c. 1.** -भवति -भवितुं); **'having his pride brought down,'** आत्तगर्व्वः, भग्नदर्पः.—**(Bring forth, give birth to)** सु **(c. 1.** सवति, **c. 2.** सौति, सोतुं), प्रसु; प्रजन् **(c. 4.** -जायते, -जनितुं), जन् **in caus.** (जनयति -यितुं), उत्पद् **in caus.; 'act of bringing forth,'** प्रसवः. —**(Bring forward)** प्रणी, अभिप्रणी, आनी, उपनी, अग्रे नी, पुरस्कृ, प्रगम् **in caus.,** सम्प्रस्था **in caus.** (-स्थापयति -यितुं), प्रसृ **in caus.** (-सारयति -यितुं); **'brought forward as an example,'** उपन्यस्तः -स्ता -स्तं.—**(Bring in)** प्रविश् **in caus.** (-वेशयति -यितुं), निविश्, उपन्यस् **(c. 4.** -अस्यति, असितुं);—**(Bring on)** आवह्, उत्पद् **in caus.** (-पादयति -यितुं); **'that would bring on death,'** तन्मृत्युम् आवहेत्; **'brining happiness,'** सुखावहः -हा -हं. —**(Bring out)** प्रकाश् **in caus.** (काशयति -यितुं), प्रचर् **in caus.** (-चारयति -यितुं), प्रकटीकृ, दृश् **in caus.** (दर्शयति -यितुं).—**(Bring together)** समानी, एकत्र नी **or** कृ, सम्भृ **(c. 1.** -भरति -भर्त्तुं).—**(Bring under)** अपकृप्, अभिभू, दम् **in caus.** (दमयति -यितुं), वशीकृ.—**(Bring up)** विनी, पुष् **in caus.** (पोषयति -यितुं), वृध् **in caus.** (वर्धयति -यितुं).—**(Bring to an end)** निर्वह् **in caus.** (-वाहयति -यितुं), निर्वृत् **in caus.** (-वर्त्तयति -यितुं), समाप् **in caus.** (-आपयति -यितुं), सिध् **in caus.**—**(Bring to light)** प्रकाश् **in caus.** स्पष्टीकृ.—**(Bring to pass).** ***See*** **Bring about.**—**(Bring word)** निविद् **in caus.** (-वेदयति -यितुं), वार्त्ताम् **or** संवादम् आख्या **(c. 2.** -ख्याति -ख्यातुं), संवद् **in caus.** (-वादयति -यितुं).—**(Bring an action against)** अभियुज् **(c. 7.** -युनक्ति -योक्तुं), विवादास्मदीकृ.

Bringer, ***s.*** आनेता ***m.*** (तृ), उपानेता ***m.*** (तृ), आवहः **in comp.**

Brinish or briny, ***a.*** लवणः -णा -णं, लावणः -णी -णं, क्षाररसः -सा -सं.

Brinishness, ***s.*** लावण्यं, लावणत्वं, क्षारता, क्षाररसः.

Brink, ***s.*** **(Of a river)** तीरं, कूलं, तटं, कच्छः.—**(Of any thing)** प्रान्तः, अन्तः -न्तं, उपान्तं, पर्य्यन्तं, धारः -रा.—**(Of a precipice)** उत्सङ्गः, शैलकटकः.

Brisk, ***a.*** लघुः -घुः -घु, त्वरितः -ता -तं, अविलम्बः -म्बा -म्बं, क्षिप्रः -प्रा -प्रं, अतन्द्रः -न्द्रा -छं, प्रफुल्लः -ल्ला -ल्लं. —**(Powerful, spirituous)** प्रबलः -ला -लं, तीव्रः -व्रा -व्रं, तैजसः -सी -सं, सारवान् -वती -वत् (त्), सौरिकः -की -कं; **'a brisk shower,'** धारासम्पातः.

Brisket, ***s.*** पशोर् वक्षः ***n.*** (स्), **or** उरः ***n.*** (स्), **or** वक्षस्स्थलं.

Briskly, ***adv.*** त्वरितं, क्षिप्रं, सत्वरं, प्रयत्नस्, सारतस्, अविलम्बितं, अतन्द्रितं, बलवत्.

Briskness, ***s.*** लाघवं, क्षिप्रत्वं, शीघ्रता, अविलम्बता.—**(Vigour)** तेजः ***n.*** (स्), सारता, सत्त्वं, तीव्रता.

Bristle, ***s.*** शूकः -कं, दृढलोक ***n.*** (न्), स्तब्धरोम ***n.*** (न्), रोम ***n.*** (न्), सूचिः ***f.***—**(Of a hog)** शूकरलोम ***n.*** (न्).

To bristle , ***v. n.*** शूकवत् **or** शूकरलोमवद् हृष् **(c. 4.** हृष्यति, हर्षितुं) **or** पुलकितः -ता -तं **or** उन्नतः -ता -तं **or** उद्गतः -ता -तं, भू **or** स्तब्धीभू; शूक **(nom.** शूकायते), पुलक **(nom.** पुलकायते); **'the hairs of his skin bristled up,'** तस्य रोमाण्य् अहृषन्.

Bristling, ***part.*** हृषितः -ता -तं, हृष्टः -ष्टा -ष्टं, पुलकितः -ता -तं, पुलकी -किनी -कि (न्), दन्तुरः -रा -रं; **'bristling hairs,'** हृषितानि रोमाणि.

Bristly, ***a.*** शूकी -किनी -कि (न्), शूकवान् -वती -वत् (त्), सूचीरोमा -मा -म (न्), दृढलोमा -मा -म (न्), स्तब्धरोमा -मा -म (न्).

Britain, ***s.*** **(The white island)** श्वेतद्वीपः.

Bristish, ***a.*** पूर्व्वोक्तदेशसम्बन्धी -न्धिनी -न्धि (न्).

Brittle, ***a.*** भङ्गुरः -रा -रं, भिदुरः -रा -रं, भिदेलिमः -मा -मं, सुखभेद्यः -द्या -द्यं, भेद्यः -द्या -द्यं, खण्डनीयः -या -यं, सुभङ्गः -ङ्गा -ङ्गं, कोमलः -ला -लं.

Brittleness, ***s.*** भङ्गुरता -त्वं, सुभङ्गता, भिदुरत्वं, खण्डनीयता, भेद्यता, कोमलता.

Brize, ***s.*** दंशः, दंशकः, वनमक्षिका, गोमक्षिका.

Broach, ***s.*** **(A spit)** शूलः, शलाका, शल्यं, शङ्कुः ***m.***—**(An ornament).** ***See*** **Brooch.**

To **broach,** ***v. a.*** **(To spit)** शूल् **(c. 1.** शूलति, शूलितुं), शूलाकृ. —**(To tap a vessel)** मद्यादिश्रावणार्थं सुराभाजने छिद्रं कृ, मद्यादिमोचनार्थं भाण्डं छिद्र **(c. 10.** छिद्रयति -यितुं).—**(To open)** विवृ **(c. 5.** -वृणोति -वरितुं -वरीतुं), अपावृ, उद्घट् **(c. 10.** -घाटयति -यितुं).—**(To give out, utter)** उच्चर् **in caus.** (-चारयति -यितुं), प्रचर्, प्रकाश् **in caus.** (-काशयति -यितुं), निविद् **in caus.** (-वेदयति -यितुं), प्रचलीकृ.

Broad, ***a.*** **(Wide, large)** पृथुः -थुः -थु, विशालः -ला -लं, विपुलः -ला -लं, प्रस्थः -स्था -स्थं.—**(Spacious, expanded)** विस्तीर्णः -र्णा -र्णं, विततः -ता -तं.—**(Coarse)** असभ्यः -भ्या -भ्यं, अपरिष्कृतः -ता -तं, अशुद्धः -द्धा -द्धं.—**(Indelicate)** अवाच्यः -च्या -च्यं, गर्हितः -ता -तं; **'to make broad,'** प्रथ् **(nom.** प्रथयति -यितुं); **'broad-waisted,'** पृथुमध्यः -ध्या -ध्यं.

Broad-awake, ***a.*** प्रजागरः -रा -रं, प्रबुद्धः -द्धा -द्धं, उन्निद्रः -द्रा -द्रं.

Broad-breasted, ***a.*** व्यूढोरस्कः -स्का -स्कं, उरस्वान् -स्वती

–स्वत् (त्), उरसिलः –ला –लं.

Broad-brimmed, ***a.*** पृथुधारः–रा –रं, विशालाञ्चलः –ला –लं, विपुलधारः –रा –रं.

Broad-cloth, ***s.*** अधुनातनजनैर् भृतं मेषलोमनिर्म्मितं सूक्ष्मवस्त्रं.

To* broaden,** ***v. n. प्रथ् **(c. 1.** प्रथते, प्रथितुं), विप्रथ्, विस्तृ **in pass.** (–स्तीर्य्यते).

Broadness, ***s.*** पृथुता, पार्थवं, प्रथिमा ***m.*** (न्), विशालता, विस्तारः, विस्तीर्णता, विपुलता, प्रस्थता, परिसरः, पाटः.–**(Coarseness)** असभ्यता, अशुद्धता, अवाच्यत्वं, गर्ह्यता.

Broad-shouldered, ***a.*** पृथुस्कन्धः –धा –न्धं, अंसलः –ला –लं, पृथुवाहुः –हुः –हु.

Broadside, ***s.*** नौपार्श्वः –र्श्वं, नौकापार्श्वः, पोतपार्श्वः.–**(Volley of shot)** सामुद्रयुद्धसमये ये लोहगोलका एककाले नौकापार्श्वात् प्रक्षिप्यन्ते.

Broadsword, ***s.*** पृथुपत्रः खड्गविशेषः, पृथुफलकविशिष्टः कृपाणः.

Brocade, ***s.*** सुवर्णरुप्यतन्तुस्यूतं दुकूलं, कार्म्मिकवस्त्रं, नानावर्णकौशाम्बरं.

Brocaded, ***a.*** चित्रदुकूलाम्बरः –रा –रं, नानावर्णदुकूलालङ्कृतः –ता –तं.

Brocage, brokage, or brokerage, ***s.*** **(The profit gotten by promoting bargains)** शुल्कः –ल्कं, पारितोषिकं, क्रेतृविक्रेत्रोर्मध्ये पणसम्पादकेन गृहीतं शुल्कं **or** मूल्यं, परकार्य्यनिर्व्वाहणात् प्रति निरूपितप्रतिफलं, पणप्रयोजकपारितोषिकं.–**(The trade of dealing in old things)** जीर्णद्रव्याणां क्रयविक्रयः.–**(The transaction of business for other men)** परस्य कृते पणाया **or** पणसम्पादनं, परकार्य्यनिर्व्वाहः.

Brocoli, ***s.*** शाकप्रभेदः, हरितकभेदः, शिग्रुः ***m.,*** पोतकी.

Brocket, ***s.*** द्विवर्षीणम् ताम्रतनुविशिष्टो हरिणप्रभेदः.

Brogue, ***s.*** भ्रष्टभाषा, प्राकृतभाषा, अपशब्दः, अशुद्धोच्चारणं, असभ्यव्याहरणं, म्लेच्छभाषा.–**(A kind of shoe)** चर्म्मपादुकाविशेषः.

To* broider,** ***v. a. सूच्या पुष्पाद्यलङ्कारान् सिव् **(c. 4.** सीव्यति, सेवितुं) **or** निषिव्, **or** चित्र् **(c. 10.** चित्रयति –यितुं) **or** लिख् **(c. 6.** लिखति, लेखितुं).

Broidery, ***s.*** सूचिकर्म्म ***n.*** (न्), सूचिता, सूच्या पुष्पाद्यलङ्कारसीवनं.

Broil, ***s.*** **(A quarrel)** कलहः, द्वन्द्वं, विरोधः, व्यवक्रोशनं, कलिः ***m.,*** तुमुलं; **'to raise broils,'** कलह **(nom.** कलहायते).

To* broil,** ***v. a. भज्ज् **(c. 6.** भृज्जति, भ्रष्टुं), भृज् **(c. 1.** भर्जते, भर्जितुं), ऋञ्ज **(c. 1.** ऋञ्जते, ऋञ्जितुं).

To* broil,** ***v. n. **(To be hot)** तप् **in pass.** (तप्यते), पच् **in pass.** (पच्यते).

Broiled, ***p. p.*** भर्जितः –ता –तं, भृष्टः –ष्टा –ष्टं, तप्तः –प्ता –प्तं.

To* broke,** ***v. n. पणं **or** परकार्य्याणि सम्पद् **in caus.** (–पादयति –यितुं) **or** सिध् **in caus.** (साधयति –यितुं); परार्थं पण् **(c. 1.** पणते, पणितुं **or** पणयति –यितुं).

Broken, ***p. p.*** भग्नः –ग्ना –ग्नं, भिन्नः –न्ना –न्नं, खण्डितः –ता –तं, रुग्नः –ग्ना –ग्नं, विदीर्णः –र्णा – र्णं, शकलीकृतः –ता –तं, विघट्टितः –ता –तं, त्रुटितः –ता –तं,–**(Trained)** विनीतः –ता –तं, दमितः –ता –तं.

Broken-hearted, ***a.*** भग्नहृदयः –या –यं, दलद्धृदयः –या –यं, विदीर्णहृदयः –या –यं, भग्नान्तःकरणः –णा –णं, शोकाकुलः –ला –लं, भग्नाशः –शा –शं.

Broken-kneed, ***a.*** भग्नजानुः –नुः –नु, भिन्नजानुः –नुः –नु.

Broken-winded, ***a.*** नष्टश्वासः –सा –सं, नष्टप्राणः –णा –णं, यष्टिप्राणः –णा –णं.

Broker, ***s.*** निरूपितशुल्केन **or** निरूपितपारितोषिकेण परार्थे क्रेता विक्रेता वा **or** परार्थे व्यवसायी ***m.*** (न्) **or** क्रयविक्रयप्रयोजकः **or** परकार्य्यनिर्व्वाहकः **or** परकार्य्यसम्पादकः, घटकः.–**(A dealer in old things)** जीर्णद्रव्यक्रयविक्रयिकः, जीर्णपरिच्छदक्रयविक्रयी ***m.*** (न्).

Brokerage, ***s. See*** **Brocage.**

Bronchial, ***a.*** कण्ठ्यः –ण्ठ्या –ण्ठ्यं, कण्ठसम्बन्धीयः –या –यं, ग्रैवेयः –यी –यं.

Bronze, ***s.*** कांस्यं, पित्तलं, ताम्रं, रीतिः ***f.,*** रेत्यं, आरः.

To* bronze,** ***v. a. पित्तलीकृ. ताम्रसात्कृ, पित्तलरूपेण कठिनीकृ.

Bronzed, ***p. p.*** ताम्रसात्कृतः –ता –तं, रैत्यः –त्यी –त्यं, कांस्यतुल्यः –ल्या –ल्यं.

Brooch, ***s.*** **(A kind of ornament)** वस्त्राञ्चलसङ्ग्रहणयोग्यो वक्षस्स्थले भृतः सुवर्णकीलः, उरसि कीलितः सूक्ष्मसुवर्णशङ्कुयुक्तालङ्कारो यद्द्वारेण वस्त्राञ्चलद्वयं संलग्नीकृतं, उरोमणिः, वक्षोभूषणं.

To* brood,** ***v. n. **(To sit on eggs)** कुलायनिलायं **or** नीडनिलायं कृ, कुलायं निली **(c. 4.** –लीयते –लेतुं), अण्डप्रसवानन्तरम् आपक्षिशावकोत्पत्तेर् नीडं निली; अण्डानाम् उपरि उपविश् **(c. 6.** –विशति –वेष्टुं).

To* brood-over,** ***v. a. चिन्ताकुलीभू, चिन्ताव्यग्रः –ग्रा –ग्रं भू, अवसन्नेन मनसा चिन्त् **(c. 10.** चिन्तयति –यितुं), यथा महद्दुखं जायते तथा सुचिरं चिन्त्.

Brood, ***s.*** **(A hatch)** शावकगणः, यः शावकगण एककाले डिम्बाद्

उत्पद्यते.—(Offspring) प्रजा, अपत्यं, सन्तानः.

Brooding, *s.* **(The act of sitting on eggs)** कुलायनिलायः.

Broody, *a.* कुलायनिलायी -यिनी -यि (न्).

Brook, *s.* अल्पनदी, अल्पसरित् *f.,* कुसरित् *f.,* क्षुद्रसरित् *f.,* अल्पस्रोतः *n.* (स्).

To **brook,** *v. a.* **and** *v. n.* सह् (c. 1. सहते, सोढुं), विषह्, क्षम् (c. 1. क्षमते, क्षन्तुं), सङ्क्षम्; तिज् in des. (तितिक्षते -क्षितुं), मृष् (c. 4. मृष्यति -ते, मर्षितुं), c. 10. मर्षयति -यितुं).

Brooklime, *s.* नदीकूलप्रियः or कच्छरुहो नीलपुष्पविशिष्ट ओषधिभेदः.

Broom, *s.* **(For cleaning)** मार्जनी, सम्मार्जनी, शोधनी *f.,* विमार्गः, ऊहनी, समूहनी.—**(A shrub)** झुण्टप्रभेदस् तस्य च क्षुद्रविटपा मार्जनीनिर्म्माणे कदापि प्रयुज्यन्ते.

Broomstaff, *s.* मार्जनीदण्डः, शोधनीदण्डः, विमार्गयष्टिः *m.*

Broth, *s.* जूषं, यूषं, सूपः, निष्क्वाथः.

Brothel, *s.* वेश्याजनसमाश्रयः, गणिकागृहं, वेश्याश्रयः, वेश्यागृहं, वेश्यालयः, वेश्यावेश्म *n.* (न्), केलिगृहं.

Brother, *s.* भ्राता *m.* (तृ).—**(Of whole blood)** सोदरः, सहोदरः, सोदर्य्यः, समानोदर्य्यः, सगर्भः, सगर्भ्यः, सनाभिः *m.,* स्वयोनिः *m.,* सहजः.—**(Of half blood)** भिन्नोदरः.—**(Half-brother, step-mother's son)** वैमात्रेयः, विमातृजः.—**(Brother in law, husband's brother)** देवा *m.* (वृ), देवरः.—**(Wife's brother)** श्यालः.—**(Brother's wife)** भ्रातृजाया, प्रजावती.—**(Brother and sister)** भ्रातृभगिन्यौ *m. du.* भ्रातरौ *m. du.*—**(Any one closely united)** बन्धुः *m.,* बान्धवः, सजातिः *m.,* समानगोत्रः, सहायः, सहकारी *m.* (न्), संसर्गी *m.* (न्).; **'a brother in arms,'** सहयुध्वा *m.* (न्).

Brotherhood, *s.* भ्रातृत्वं, सौभ्रात्रं.—**(Association)** संसर्गित्वं, समांशिता, सहकारिता, साहचर्य्यं, साहित्यं, बन्धुता, संसर्गः.

Brotherless, *a.* अभ्रातृकः -का -कं, भ्रातृहीनः -ना -नं.

Brotherly, *a.* भ्रातृकः -का -कं, भ्रात्रीयः -या -यं, भ्रातृसन्निभः -भा -भं.

Brotherly, *adv.* भ्रातृवत्, सोदरवत्, भ्रातृरूपेण, भ्रातृकप्रकारेण.

Brought, *p. p.* नीतः -ता -तं, आनीतः -ता -तं, जातः -ता -तं, आहृतः -ता -तं.—**(Brought forth)** प्रसूतः -ता -तं, जातः -ता -तं, उत्पादितः -ता -तं, उत्पन्नः -न्ना -न्नं.—**(Brought up)** गृहीतविद्यः -द्या -द्यं, लब्धविद्यः -द्या -द्यं, विनीतः -ता -तं, वर्धितः -ता -तं.

Brow, *s.* **(The forehead)** ललाटं, मूर्द्धा *m.* (न्), गोधिः *m.*—**(The countenance)** वदनं, मुखं, आननं.—**(The arch of hair over the eye)** भ्रूः *f.,* भ्रूलता.—**(The edge of any high place)** शैलकटकः, गिरिमूर्द्धा *m.* (न्), उत्सङ्गः, नितम्बः, गिरिपृष्ठं.

To **browbeat,** *v. a.* भ्रूभङ्गेन or सभ्रूभङ्गं or सभ्रुकुटीमुखं or कटाक्षेण or सदर्पं निरीक्ष् (c. 1. -ईक्षते -ईक्षितुं); **'brow-beaten,'** कटाक्षितः -ता -तं.

Browbound, *a.* किरीटी -टिनी -टि (न्), किरीटधारी -रिणी -रि (न्).

Brown, *a.* श्यावः -वा -वं, कपिशः -शा -शं. कपिलः -ला -लं, पिङ्गलः -ला -लं, पिशङ्गः -ङ्गा -ङ्गं, ताम्रः -म्री -म्रं, ताम्रवर्णः -र्णा -र्णं.—**(Browned, made brown)** कपिशितः -ता -तं.

Browish, *a.* ईषत्कपिशः -शा -शं, ईषत्पिङ्गलः -ला -लं, आताम्रः -म्री -म्रं.

Brownness, *s.* कपिशः, कपिशवर्णः, पिङ्गलता, श्यावः, ताम्रवर्णः.

Brownstudy, *s.* समाधानं, अन्तर्ध्यानं, अन्यमनस्कत्वं, चिन्ताव्यग्रभावः, चिन्ताकुलता.

Browse, *s.* विसलः -लं, किसलयं, नवपल्लवं, पल्लवं, गवादनं, छागादनं, छागादिभक्षणीयं नवशाखागुल्मादि.

To **browse,** *v. n.* छागादिवत् किसलशाखादि भक्ष् (c. 1. भक्षति, भक्षितुं) or खाद् (c. 1. खादति, खादितुं), चर् (c. 1. चरति, चरितुं).

Browsick, *a.* विषणवदनः -नी -नं, अधोमुखः -खी -खं, नतमूर्द्धा -र्द्धा -र्द्ध (न्).

Browsing, *s.* नवकिसलयं, नवपल्लवं, तवतृणं, यवसः, शाड्वलं, पत्रयौवनं, मृगभोजनीयं नवाङ्कुरलतादि.

Bruise, *s.* क्षतं, परिक्षतं, अष्ठीला, प्रहारक्षतं, प्रहारार्त्तिः *f.;* प्रहारः, आघातः.

To **bruise,** *v. a.* **(Hurt by a blow)** प्रहारेण हिंस् (c. 7. हिनस्ति, हिंसितुं) or क्षतं कृ, or क्षण् (c. 8. क्षणोति, क्षणितुं), अष्ठीलां, कृ.—**(Reduce to powder, crush)** चूर्ण् (c. 10. चूर्णयति -यितुं), मृद् (c. 9. मृद्नाति, मर्द्दितुं), अवमृद्, विमृद्, चूर्णीकृ.

Bruised, *p. p.* प्रहारार्त्तः -र्त्ता -र्त्तं, क्षतः -ता -तं, परिक्षतः -ता -तं, विक्षतः -ता -तं, चूर्णितः -ता -तं, चूर्णीकृतः -ता -तं, मर्द्दितः -ता -तं.

Bruiser, *s.* **(Boxer)** झल्लः, मल्लयोधः, पाणिघातः, बाहुप्रहरणः, बाहुयोधी *m.* (न्).

Bruit, *s.* **(Noise)** शब्दः, ध्वनिः *m.*—**(Rumour)** प्रवादः, जनप्रवादः, समाचारः, संवादः, किंवदन्ती, वार्त्ता.

To **bruit,** *v. a.* घुष् in caus. (घोषयति -यितुं), आघुष्, विघुष्, ख्या in caus. (ख्यापयति -यितुं), आख्या, प्रकाश् in caus. (-काशयति -यितुं).

Brumal, *a.* हैमन्तः -न्ती -न्तं, -मन्तिकः -की -कं, शीतकालीनः -ना -नं.

Brunette, *s.* श्यामा, श्यामला, श्यावाङ्गी, ताम्रमुखी, कपिशमुखी.

Brunt, ***s.*** **(Attack)** आक्रमः अभिक्रमः, प्रथमाक्रमः, सङ्घट्टः, अभिमर्द्दः, बलात्कारः.—**(Blow)** आघातः, प्रहारः, समाघातः.

Brush, ***s.*** आघर्षणी, निर्घर्षणकः, मार्जनी, शूकरलोममयी मार्जनी, शोधनी, विमार्गः, कूर्च्चः कूर्च्चकं.—**(Painter's brush)** ईषिका, तूलिका, वर्त्तिका, लेख्यचूर्णिका.—**(Tail of a fox)** लोमशाबालः.—**(A rude encounter)** सङ्घट्टः, समाघातः, बलात्कारः.

To **brush,** ***v. a.*** **(To rub or clean with a brush)** मृज् **(c. 2.** मार्ष्टि, मार्ष्टुं, **c. 1.** मार्जति, मार्जितुं), अपमृज्, प्रमृज्, परिमृज्, अवमृज्, सम्मृज्, आघृष् **(c. 1.** -घर्षति -घर्षितुं), आघर्षणीद्वारेण शुध् **in caus.** (शोधयति -यितुं), प्रक्षल् **(c. 10.** -क्षालयति -यितुं).—**(To strike lightly)** घृष्, लघु **or** लाघवेन तड् **(c. 10.** ताडयति -यितुं).

To **brush,** ***v. n.*** **(To brush by, pass hastily by)** लघुगत्या अतिक्रम्य परवस्त्रं घृष् **(c. 1.** -घर्षति -घर्षितुं).—**(To brush off, hasten off)** अपधाव् **(c. 1.** -धावति -धावितुं).—**(To skim lightly, glide)** विसृप् **(c. 1.** सर्पति -सर्प्तुं -सप्तुं).

Brushed, ***p. p.*** आघर्षितः -ता -तं, मार्ज्जितः -ता -तं, आघट्टितः -ता -तं.

Brusher, ***s.*** मार्ज्जनकृत्, आघर्षणकृत्, प्रक्षालकः, मार्जनीद्वारा शोधनकृत्.

Brush-maker, ***s.*** मार्जनीकारः, आघर्षणीकारः.

Brushwood, ***s.*** जङ्गलः, गुल्मः, झाटः -टं, झुण्टः, प्रस्तारः, इन्धनं.

Brushy, ***a.*** लोमशः -शा -शं, दृढलोमा -मा -म (न्), स्तब्धरोमा -मा -म (न्).

Brutal, ***a.*** **(Like a brute)** शौवापदः -दी -दं, पशुशीलः -ला -लं, पशुव्यवहारः -रा -रं, पशुसदृशः -शी -शं, अमानुषः -षी -षं.—**(Cruel)** निर्दयः -या -यं, क्रूरः -रा -रं, क्रूराचारः -रा -रं, निष्ठुरः -रा -रं.

Brutality, ***s.*** पशुत्वं -ता, तिर्य्यक्त्वं, पशुशीलता, अमनुष्यता, क्रूराचारता.

To **brutalize,** ***v. a.*** पशूकृ, पशुशीलं, -लां -लं, कृ, शौवापदीकृ.

Brutally, ***adv.*** पशुवत्, पशुरूपेण, पशुव्यवहारानुसारेण, अतिक्रौर्य्येण, निर्दयं.

Brute, ***s.*** पशुः ***m.,*** जन्तुः ***m.,*** तिर्य्यङ् (ञ्च्), प्राणी ***m.,*** (न्).—**(A savage)** पुरुषपशुः ***m.,*** दुराचारः, दुर्वृत्तः, क्रूराचारः, असभ्यजनः.

Brute, ***a.*** **(Irrational)** अज्ञानी -निनी -नि (न्), अप्राज्ञः -ज्ञा -ज्ञं.—**(Savage)** क्रूरकर्म्मशाली -लिनी -लि (न्), असभ्यः -भ्या -भ्यं.—**(Senseless)** विचेतनः -ना -नं, विमूढात्मा -त्मा -त्म (न्).—**(Bestial)** शौवापदः -दी -दं, पाशवः -वी -वं.

Brutish, ***a.*** पशुसदृशः -शी -शं, जडः -डा -डं, मूढः -ढा -ढं. ***See*** **Brutal.**

Brutishly, ***adv.*** पशुवत्, जडवत्, मूढवत्. ***See*** **Brutally.**

Brutishness, ***s.*** पशुत्वं, जडता, मूढता, क्रौर्य्यं, दुराचारता, नैष्ठुर्य्यं.

Bryony, ***s.*** तुण्डिकेरी, रक्तफला, विम्बिका, पीलुपर्णी.

Bubble, ***s.*** बुद्बुदः, जलबुद्बुदः, डिम्बिका, स्फारः, गण्डः, फेनाग्रं.—**(Any thing unreal, a trifle)** अवस्तु ***n.,*** असारवस्तु ***n.,*** स्वल्पविषयः.—**(A cheat)** वञ्चकः, कपटी ***m.*** (न्).

To **bubble,** ***v. n.*** बुद्बुद **(nom.** बुद्बुदायते -यितुं), फेन **(nom.** फेनायते -यितुं), उत्सेचनं कृ.

To **bubble,** ***v. a.*** **(To cheat)** वञ्च् **in caus.** (वञ्चयते -यितुं), प्रलभ् **(c. 1.** -लभते -लब्धुं), विप्रलभ्, छल् **(c. 10.** छलयति -यितुं).

Bubby, ***s.*** स्तनः, स्तनकुट्मलं, कुचः, वक्षोजं, उरसिजः.

Bubo, ***s.*** वृघ्नः, उपदंशः, स्फोटः, विस्फोटः.

Buccanier or buccaneer, ***s.*** आमेरिकादेशीयः समुद्रयायी दस्युविशेषः.

Buck, ***s.*** **(Male of the deer)** पुम्मृगः; **'male of the rabbit,'** पुंशशकः; **'male of the goat,'** पुंश्छागः.—**(Liquor in which clothes are washed)** वस्त्रधावनार्थं जलं.—**(Clothes washed in that liquor)** पूर्व्वोक्तजलधावितं वस्त्रं.—**(A fop)** दर्शनीयमानी ***m.*** (न्), सुवेशी **m.** (न्), रूपगर्व्वितः.

To **buck,** ***v. a.*** **(To wash clothes)** वस्त्राणि धाव् **(c. 1.** धावति, धावितुं) **or** प्रक्षल् **(c. 10.** -क्षालयति -यितुं).

Buck-basket, ***s.*** तरिः ***f.,*** पेटः, पेटकः, पेडा, पिटकः.

Bucket, ***s.*** सेक्तुं, पात्रं, द्रोणी, सेकपात्रं, सेचनं -नी.—**(Bucket of a well)** नीलोत्तोलनपात्रं, उद्घाटनं, घटीयन्त्रं.

Buckle, ***s.*** द्रव्यद्वयसंलग्नीकरणार्थं कीलयुक्तं धातुमयचक्रं, वस्त्राञ्चलपादुकाबन्धनादिसङ्ग्रहणार्थं मध्यस्थकीलविशिष्टः कुडुपविशेषः, उपानद्बन्धनकुडुपः, कुडुपः, निदर्शनमुद्रा.—**(A curl, crisp)** अलकः, कर्कराल:.

To **buckle,** ***v. a.*** पूर्व्वोक्तकुडुपद्वारेण बन्ध् **(c. 9.** बध्नाति, बन्द्धुं) **or** संलग्नीकृ.

To **buckle To,** ***v. n.*** **(To a business)** आस्था **(c. 1.** -तिष्ठति -स्थातुं), अनुष्ठा; सेव् **(c. 1.** सेवते, सेवितुं), परायणः -णा -णं **or** आसक्तः -क्ता -क्तं भू.—**(To engage in close fight)** नियुद्धं कृ, बाहुयुद्धं कृ.

Buckler, ***s.*** चर्म्म ***n.*** (न्), फलकः -कं.—**(Armed with)** फलकपाणिः, फलकी ***m.*** (न्).

Buckram, ***s.*** दृढवस्त्रविशेषः, स्तब्धक्षौमपटविशेषः, स्तब्धीकृतवस्त्रं, स्थूलपट्टं, स्थूलशाटिः ***m.,*** पटी.—**(Stiff, formal)** कठिनः -ना -नं, दृढः -ढा -ढं.

Buckskin, ***a.*** मृगाजिनमयः -यी -यं, मृगचर्म्मनिर्म्मितः -ता -तं.

Buckthorn, ***s.*** रेचकफलदायी वृक्षप्रभेदः.

Buckwheat, *s.* शस्यक्षेत्ररुह ओषधिप्रभेदः.

Bucolics, *s. pl.* गोमेषादिविषयं गीतं, पशुपालनादिविषयकं काव्यं.

Bud, *s.* मुकुलः -लं, कुट्मलः -लं, कुड्मलः, जालकं, क्षारकः, कलिका, प्ररोहः, अङ्कुरः, पल्लवः -वं, कोषः, कोरकः -कं, मुकुलोद्गमः.

To **bud,** *v. n.* स्फुट् (c. 6. स्फुटति, स्फुटितुं), फुल्ल् (c. 1. फुल्लति, फुल्लितुं), विकस् (c. 1. -कसति -कसितुं), अङ्कुर (nom. अङ्कुरयति -यितुं).

Budded, *p. p.* स्फुटितः -ता -तं, विकसितः -ता -तं, व्याकोशः -शा -शं, कुड्मलितः -ता -तं, अङ्कुरितः -ता -तं, प्रस्फुटः -टा -टं, फुल्लवान् -वती -वत् (त्).

Budding, *a.* उद्भिज्जः -ज्जा -ज्जं, प्ररोही -हिणी -हि (न्), फुल्लवान् -वती -वत् (त्).

Buddha, *s.* **(The name applied to the ninth incarnation of Viṣṇu, and to the founder of the Buddhist religion)** बुद्धः, शाक्यमुनिः *m.*, शाक्यसिंहः, गौतमः, मुनिः *m.*, मुनीन्द्रः, शास्ता *m.*, (स्तृ), श्रीघनः, सर्व्वार्थसिद्धः, शौद्धोदनिः *m.*, अर्कबन्धुः *m.*, मायादेवीसुतः.

To **budge,** *v. n.* चल् (c. 1. चलति, चलितुं), प्रचल्; अपसृ (c. 1. -सरति -सर्त्तुं).

Budget, *s.* **(Bag)** शाणपुटः, पुटः, कोषः, दृतिः *f.*, आधारः, स्यूतः—**(Stock, store)** कोषः, सामान्यं सङ्ग्रहः, सञ्चयः. —**(The statement made by the chancellor of the exchequer)** कोशाधीशेन प्रजाप्रतिनिधिसभायाम् आगामिसंवत्सरं प्रत्य् आयव्ययोर् ज्ञापनपत्रं.

Buff, *s.* **(Leather made of the skin of the buffalo)** महिषचर्म्म *n.* (न्), महिषाजिनं.—**(A light yellow colour)** ईषत्पीतः, पाण्डुवर्णः,

Buffalo, *s.* महिषः-षी *f.*, कासरः, गवलः, लुलापः, वाहद्विषन् *m.* (त्), सैरिभः.

Buffet, *s.* **(A blow)** मुष्ट्याघातः, मुष्टिघातः, कराघातः, पाणिघातः, बाहुप्रहरणं, चपेटाघातः, चपेटिका.—**(A cupboard)** कुशूलः, कोष्ठः.

To **buffet,** *v. a.* मुष्टिना or पाणिना or चपेटेन हन् (c. 2. हन्ति, हन्तुं) or प्रहृ (c. 1. -हरति -हर्त्तुं) or तड् (c. 10. ताडयति -यितुं).

Buffeter, *s.* प्रहर्त्ता *m.* (र्त्तृ), पाणिघातः, बाहुप्रहरणः, कराघातकृत्.

Buffoon, *s.* भण्डः, वैहासिकः, विदूषकः, परिहासवेदी *m.* (न्), नर्म्मसचिवः.

Buffoonery, *s.* भाण्डं, वैहासिककर्म्म *n.* (न्), विहासः, हास्यं, परिहासः, नर्म्म *n.* (न्).

Bug, *s.* माकुणः, उत्कुणः, उद्‌कुणः, ओकणः, उद्दंशः, किटिभः, तल्पकीटः.

Bugbear, *s.* भयानकं or सन्त्रासजनकं यत्किञ्चित्, भयहेतुः *n.*, त्रासदायी -यिनी -यि (न्), त्रासकरः -री -रं.

Buggy, *a.* **(Full of bugs)** मत्कुणपूर्णः -र्णा -र्णं, समत्कुणः -णा -णं.

Bugle, *s.* शङ्खः -ङ्खं, मृगव्यशङ्खः व्याधवादितं शृङ्गं or विषाणं.

Bugloss, *s.* खिलरुह ओषधिप्रभेदः, गोजिह्वा.

To **build,** *v. a.* निर्म्मा (c. 2. -माति -मातुं or in caus. -मापयति -यितुं or c. 4. -मीयते), निचि (c. 5. -चिनोति -चेतुं), कृ in caus. (कारयति -यितुं); **'to build castles in the air,'** गगणकुसुमानि कृ.

To **build upon,** *v. a.* **(To reply upon)** अवलम्ब् (c. 1. -लम्बते -लम्बितुं), समालम्ब्, संश्रि (c. 1. -श्रयति -ते -श्रयितुं), समाश्रि, उपाश्रि.

Builder, *s.* निर्म्माता *m.* (तृ), निर्म्माणकर्त्ता *m.* (र्त्तृ), कारकः, निचेता *m.* (तृ), विधायकः.—**(Of houses)** स्थपतिः *m.* गृहकारकः, गृहकारी *m.* (न्).

Building, *s.* **(The act of building)** निर्म्माणं, निर्म्मापणं, निचयनं, गृहकरणं.—**(The fabric built)** प्रासादः, गृहं, भवनं, हर्म्यं.

Built, *p. p.* निर्म्मितः -ता -तं, कारितः -ता -तं, निचितः -ता -तं.

Bulb, *s.* कन्दः -न्दं, गोलमूलं, स्थूलकन्दः, वृहत्कन्दः.

Bulbous, *a.* कन्दी -न्दिनी -न्दि (न्), गोलमूलविशिष्टः -ष्टा -ष्टं, कन्दाकृतिः -तिः -ति.

To **bulge,** *v. n.* **(To founder)** दारुस्फोटनात् पोतपार्श्वे जलं गृहीत्वा मज्ज् (c. 6. मज्जति, मज्जितुं).—**(To bag down, jut out)** पुटरूपेण लम्ब् (c. 1. लम्बते लम्बितुं), वहिर्लम्ब्.

Bulk, *s.* **(Bigness)** स्थूलता, स्थौल्यं, वृहत्त्वं, परिमाणं, स्थूलकारता. —**(The greatest part of a thing)** प्रधानभागः, अधिकभागः, बहुतरभागः.—**(Part of a building jutting out)** वहिर्लम्बो हर्म्यभागः.

Bulkhead, *s.* नौकाभ्यन्तरे पार्श्वापार्श्वि स्थापिता काष्ठमयी भित्तिः.

Bulkiness, *s.* स्थूलता, वृहत्त्वं, स्थूलकायता. *See* **Bulk.**

Bulky, *a.* स्थूलः -ला -लं, वृहन् -हती -हत् (त्), महाकायः -या -यं, महाङ्गः -ङ्गी -ङ्गं, स्थूलकायः -यी -यं, वृहदङ्गः -ङ्गी -ङ्गं, स्थूलाकारः -रा -रं.

Bull, *s.* वृषभः, वृषः, पुङ्गवः, ऋषभः, गौः *m.* (गो), बलीवर्द्दः, उक्षा *m.* (न्), सौरभेयः, गोनाथः, ककुद्मान् (त्), अनड्वान् *m.* (-डुह्), भद्रः; **'a cow which is fit for the bull,'** काल्या, उपसर्य्या; **'one which has gone to the bull,'** वृषभेण आक्रान्ता, सन्धिनी; **'one which is bulling,'** सन्धिनी, वृषस्यन्ती.—**(A letter published by the pope)** महाधर्म्माध्यक्षेण प्रकाशितम् आज्ञापत्रं.—**(A blunder)** स्खलितं, प्रमादः, वाग्दोषः.

Bullace, *s.* अम्लरसविशिष्टः फलप्रभेदः.

Bull-baiting, ***s.*** कुक्कुरवृषभयोर् युद्धं यत्र मनुष्याः क्रीडार्थं वृषभम् आक्रमितुं कुक्कुरान् प्रचोदयन्ति.

Bull-dog, ***s.*** वृषभाक्रमणाय शिक्षितोऽतिशयक्रूरस्वभावो वृहन्मुखः कुक्कुरभेदः

Bullet, ***s.*** अधुनातनयोद्धृभिः सेविता सीसकगुलिका याऽन्तरग्निबलेन नाडिछिद्राद् अतिदूरे निःसार्य्यते, दूरवेधिनी गुलिका, सीसकगुलिका.

Bulletin, ***s.*** राजाज्ञया प्रचारितं समाचारपत्रं, राजकीयचिकित्सकैः प्रकाशितं रोगार्त्तमहीपतेः शरीरस्थितिज्ञापनपत्रं.

Bull-finch, ***s.*** वागनुकरणशीलः क्षुद्रपक्षिभेदः.

Bull-head, ***s.*** स्थूलबुद्धिः ***m.,*** स्थूलधीः ***m.,*** दुर्बुद्धिः ***m.,*** मूढः, मूर्खः, जडः.

Bullion, ***s.*** हिरण्यं, रूप्यं, अमुद्रितं सुवर्णं रूप्यं वा, कोशः.

Bullition, ***s.*** **(The act or state of boiling)** क्वथनं, क्वाथः, उत्सेचनं.

Bullock, ***s.*** जातोक्षः, वृषभः, वृषः, पुङ्गवः, अभिनववयस्को वृषभः.

Bull's eye, ***s.*** **(A kind of window)** गवाक्षः.

Bully, ***s.*** **(A blustering coward)** शूरम्मन्यः, दम्भी ***m.*** (न्), दाम्भिकः, कुम्भः, विटः, पिण्डीशूरः, भर्त्सनकारी ***m.*** (न्), तर्जनकृत्, कलहकारः.

To **bully,** ***v. a.*** भर्त्स् (**c. 10.** भर्त्सयति -ते -यितुं), तर्ज् (**c. 1.** तर्जति, तर्जितुं), तिरस्कृ, मुखरीकृ.

Bulrush, ***s.*** पर्व्वहीनो, दूर्व्वाप्रभेदः, नलः, शरः.

Bulwark, ***s.*** वप्रः, प्राकारः, प्राचीरं, दुर्गं, परिकूटं.—**(Shelter, protection)** आश्रयः, संश्रयः, शरणं, आलम्ब, उपस्तम्भः.

Bum, ***s.*** नितम्बः स्फिचौ ***f. du.,*** कटिप्रोथः.

Bumbailife, ***s.*** ग्राहकः, आसेद्धा ***m.*** (द्धृ), आसेधकर्त्ता ***m.*** (र्त्तृ), राजपुरुषः.

Bumbard, ***s.*** **See Bomb, bombard.**

Bumble-Bee, ***s.*** ध्वनमोदी ***m.*** (न्).

Bump, ***s.*** **(A swelling)** स्फोटः, विस्फोटः, श्वयथुः ***m.,*** शोफः, शोथः, गण्डः, गण्डका, आभोगः.

To **bump,** ***v. a.*** **(To strike)** तड् (**c. 10.** ताडयति -यितुं), तुद् (**c. 6.** तुदति, तोत्तुं), हन् (**c. 2.** हन्ति, हन्तुं), प्रहृ (**c. 1.** -हरति -हर्त्तुं).

To **bump,** ***v. n.*** **(To swell)** श्वि (**c. 1.** श्वयति, श्वयितुं).—**(To make a noise)** आस्फोटनं कृ.

Bumper, ***s.*** आकर्णं **or** धारपर्य्यन्तं पूरितं पात्रं, अतिपूर्णं भाजनं.

Bumpkin, ***s.*** ग्राम्यजनः, ग्रामिकः, ग्रामेवासी ***m.*** (न्), वृषलः, जानपदः, प्राकृतजनः.

Bunch, ***s.*** **(A hard lump)** पिण्डः -ण्डं, गण्डः, गण्डका.—**(A cluster)** गुच्छः, गुच्छकः, स्तवकः; **'a bunch of grapes,'** द्राक्षास्तवकः.—**(A number of things tied together)** कूर्च्चः, पोट्टली.—**(A knot, a tuft)** ग्रन्थिः ***m.,*** चूडा, शेखरः.

To **bunch out,** ***v. n.*** पिण्डीभू, पिण्डाकारः -रा -रं अस्, प्रलस् (**c. 1.** -लम्बते -लम्बितुं).

Bunchy, ***a.*** पिण्डाकारः -रा -रं, स्तवकमयः -यी -यं, गुच्छाकारः -रा -रं.

Bundle, ***s.*** कूर्च्चः, कूर्च्चं, भारः, कृतकूर्च्चः, गुच्छः, गुच्छकः, पोटलिका, पौट्टली, वीटिका; **'a bundle of goods,'** भाण्डकं; **'bundle off,'** दूरम् अपसरः, अपैहि.

To **bundle up,** ***v. a.*** कूर्च्चं कृ, कूर्च्चीकृ, गुच्छीकृ, पोटलिका कृ.

Bundled up, ***p. p.*** कृतकूर्च्चकः -का -कं, कृतपोटलिकः -का -कं, कृतगुच्छः -च्छा -च्छं.

Bung, ***s.*** पात्रमध्ये छिद्रप्रतिबन्धकं तरुत्वद्निर्म्मितं द्रव्यं, यवसुरभाजने छिद्रावरोधनार्थं काष्ठखण्डं, भाण्डछिद्रस्तम्भनकाष्ठं, पात्रछिद्रपिधानं.

To **bung,** ***v. n.*** छिद्रं **or** रन्ध्रं **or** धारां पिधा (**c. 3.** -दधाति -धातुं) **or** प्रतिबन्ध् (**c. 9.** -बध्नाति -बन्द्धुं) **or** निरुध् (**c. 7.** -रुणद्धि -रोद्धुं) **or** स्तम्भ् **in caus.** (स्तम्भयति -यितुं).

Bung-hole, ***s.*** पात्रछिद्रं, पात्ररन्ध्रं, पात्रधारा, भाण्डशुषिरं, यवसुरभाजनछिद्रं.

To **bungle,** ***v. n.*** प्रमाद्यतस् **or** अदक्षप्रकारेण **or** अनाप्तं किञ्चित् कार्य्यं निर्व्वह् **in caus.** (-वाहयति -यितुं), प्रमद् (**c. 4.** -माद्यति -मदितुं), स्खल् (**c. 1.** स्खलति, स्खलितुं), भ्रम् (**c. 4.** भ्राम्यति, भ्रमितुं), दोषं कृ.

Bungle, ***s.*** प्रमादः, दोषः, भ्रमः, दुर्णयः, छिद्रं, स्खलनं, स्खलितं.

Bungled, ***p. p.*** दुर्णीतः -ता -तं, दुर्घटितः -ता -तं.

Bungler, ***s.*** अकृती ***m.*** (न्), अनाप्तः, अनिपुणः, अदक्षः, अपटुः ***m.*** प्रमादी ***m.*** (न्), स्खलन्मतिः ***m.***

Bunglingly, ***adv.*** प्रमाद्यतस्, प्रमादेन, अनाप्तं, अदक्षतया, सदोषं, स्खलनेन.

Bunn, ***s.*** मिष्टापूपः, पिष्टकः, पिण्डः, गोधूमचूर्णमिष्टान्नादिनिर्म्मितः पिष्टकः.

Bunt, ***s.*** पुटः, पुटकं, क्रमशो विस्तीर्य्यमाणं रन्ध्रं, क्रमशो विवारः.

Bunter, ***s.*** कुत्सितकर्म्मजीविनी, वृषली, बन्धकी, दुष्टा.

Bunting, ***s.*** पताकानिर्म्माणयोग्यो **or** ध्वजवसनकरणयोग्यो विरलपटविशेषः, ध्वजपटः, केतुवसनः.

Buoy, ***s.*** समुद्रगाणां पथदर्शनार्थं **or** प्रच्छन्नसैकतशिलादिभयस्थान-सूचनार्थं जलोपरि प्लवमानं काष्ठखण्डं.—**(For mooring vessels)** कूपकः.

To **buoy up,** ***v. a.*** **(To keep afloat)** उन्मज्ज् **in caus.** (-मज्जयति -यितुं), प्लु **in caus.** (प्लावयति -यितुं), उत्पत् **in caus.** (-पातयति -यितुं).—**(To bear up, support)** धृ

in caus. (धारयति -यितुं), सन्धृ, अभिधृ, स्तम्भ् in caus. (स्तम्भयति -यितुं), उत्तम्भ्, संस्तम्भ्, आलस् (c. 1. -लम्बते -लम्बितुं).

Buoyancy, *s.* प्लवनशीलता, उत्पतिष्णुता, लघुता, लाघवं, लघिमा *m.* (न्).

Buoyant, *a.* प्लवनशीलः -ला -लं, तरणशीलः -ला -लं, लघु, -घुः, -घु, उत्पतिष्णुः -ष्णुः -ष्णु.

Bur, *s.* अङ्कुशाकारलोमविशिष्टो वस्त्रानुबन्धनशीलो वक्ष्यमाणक्षुद्रगुल्मसम्बन्धी दलपिण्डः.

Burden, *s.* भारः, धुरा, धूः (धुर्) *f.*—**(Something grievous)** पीडाकरः -रा -रं; **'burden-bearing,'** भारवाहनः -ना -नं, धुरन्धरः -रा -रं, भारसहः -हा -हं, धुर्व्वहः -हा -हं, भारहरः -रा -रं.—**(Best of burden)** भारवाहनः, धुरीणः, धुरीयः धुर्य्यः, धौरेयः -यी -यं.—**(Of a song)** ध्रुवका, कथितपदं, आवर्त्तनीयश्लोकः, परिवर्त्तकश्लोकः.

***To* burden,** *v. a.* भारं न्यस् (c. 4. -अस्यति -असितुं) with loc. c. or दा (c. 3. ददाति, दातुं); **'to lay a burden on the shoulder,'** भारं स्कन्धे न्यस् or निविश् in caus. (-वेशयति -यितुं) or समृ in caus. (-अर्पयति -यितुं).

Burdened, *p. p.* भारवान् -वती -वत् (त्), भारी -रिणी -रि (न्), धुरीणः -णा -णं, भाराक्रान्तः -न्ता -न्तं, भारग्रस्तः -स्ता -स्तं, भारयुक्तः -क्ता -क्तं.

Burdensome, *a.* **(Troublesome to be borne)** दुर्भरः -रा -रं, दुःसहः -हा -हं, दुर्व्वहः -हा -हं, दुरुद्वहः -हा -हं. —**(Grievous, oppressive)** पीडाकरः -रा -रं, कष्टकरः -रा -रं, दुःखी -खिनी -खि (न्).

Burdock, *s.* पूर्व्वोक्तदलपिण्डविशिष्टः क्षुद्रगुल्मप्रभेदः.

Bureau, *s.* **(A chest, receptacle)** आगारं, आधारः, निधानं, गोपनस्थानं. भाण्डागारं.—**(An office for writing, etc.)** लेख्यस्थानं, ग्रन्थकुटी.

Burg or burgh, *s.* महासभायां प्रतिनिधिप्रेरणाधिकारयुक्ता नगरी, कर्व्वटः -टं, नगरं -री, पुरं -री.

Burgess, *s.* **(A citizen)** पौरजनः, नगरजनः, पौरः, नगरस्थः. —**(A representative of a city)** नगरप्रतिनिधिः *m.*, नगरप्रतिभूः *m.*, नगरजनप्रतिनिधिः *m.*, प्रजाप्रतिनिधिः *m.*

Burgher, *s.* नगरजनाधिकारभोगी *m.* (न्) प्रधाननगरजनः, मुख्यपौरजनः, नगरसभासद् *m.*

Burghership, *s.* नगरजनाधिकारः, नगरजनपदं, नगरसभासदधिकारः.

Burglar, *s.* भित्तिचौरः, कुड्यच्छेदी *m.* (न्), कपाटघ्नः, गृहभङ्गकृत्, गृहरन्ध्रकृत्, सन्धिचौरः, कारुचौरः, वन्दिचौरः, वन्दीकारः, वन्दिग्राहः, खानिलः, कुजम्भलः, सुरुङ्गाहिः *m.* सुरुङ्गाकृत्.

Burglary, *s.* गृहभङ्गः, गृहभङ्गापराधः, कुडाच्छेदः, भित्तिचौर्य्यं.

Burgomaster, *s.* नगराधिष्ठाता *m.* (तृ), नगराध्यक्षः, पुराध्यक्षः, प्रधाननगरजनः, मुख्यपौरजनः, नगरव्यवहारेषु नियुक्तः नगराधिपतिः, पुराधिकारी *m.* (न्).

Burial, *s.* भूमिखननं, निखननं, भूमौ निखननं, श्मशाने स्थापनं, श्मशानयापनं, भूमिसर्पणं, प्रेतनिर्हारः.—**(Funeral rites)** प्रेतकर्म्म *n.* (न्), प्रेतकार्य्यं, मृतकसत्कर्म्म *n.* (न्), सत्क्रिया.

Burial-ground, *s.* श्मशानं, प्रेतवनं, पितृवनं, प्रेतगृहं, मृतशरीरस्थानं.

Buried, *p. p.* निखातः -ता -तं, भूमिनिखातः -ता -तं, श्मशानशायी -यिनी -यि (न्), श्मशानस्थापितः -ता -तं, श्मशानसमर्प्पितः -ता -तं.

Burier, *s.* प्रेतनिर्हारकः, प्रेतहारः, मृतपाः *m.*, शववाहकः.

Burine, *s.* तक्षणयन्त्रं, तक्षणी, तङ्कः, व्रश्चनः, शैलभित्तिः *f.*

***To* burl,** *v. a.* लोहसन्दंशद्वारा or तुरीद्वारा निष्प्रवाणपटं श्लक्ष्णीकृ.

Burlesque, *a.* परिहासकरः -रा -रं, हास्यः -स्या -स्यं, हास्यजनकः -का -कं, प्रहासी -सिनी -सि (न्), अवहास्यः -स्या -सं, हासोत्पादकः -का -कं, नर्म्मदः -दा -दं.

Burlesque, *s.* भाण्डं, परिहासः, परीहासः, प्रहासः, प्रहसितं, उपहासः, अपहासः, नर्म्म *n.* (न्), टट्टरी, परिहासवाक्यं, उत्प्रासनं.

***To* burlesque,** *v. a.* अपहस् (c. 1. -हसति -हसितुं), अवहस्, प्रहस्, उपहस्, उपहासास्पदं कृ.

Burliness, *s.* स्थूलता, स्थौल्यं, वृहत्त्वं, स्थूलशरीरता, वृहदङ्गत्वं,

Burly, *a.* स्थूलः -ला -लं, स्थूलशरीरः -रा -रं, वृहत्कायः -यी -यं, महाङ्गः -ङ्गी -ङ्गं, वृहदङ्गः -ङ्गी -ङ्गं.

Burn, *s.* अग्निकृतं क्षतं, अग्निक्षतं, सन्तापः, संज्वरः, दाहः, अग्निदाहः.

***To* burn,** *v. a.* दह् (c. 1. दहति, दग्धुं), अनुदह्, आदह्, निदह्, निर्दह्, परिदह्, प्रदह्, सम्प्रदह्; तप् (c. 1. तपति, तप्तुं) or in caus. (तापयति -यितुं), सन्तप् in caus., उष् (c. 1. ओषति, ओषितुं), दीप् in caus. (दीपयति -यितु), आदीप्, उद्दीप्, उपदीप्, प्रदीप्, सन्दीप्; सन्धुक्ष् in caus. (-धुक्षयति -यितुं); ज्वल् in caus. (ज्वालयति -यितुं), प्रज्वल्, प्लुष् (c. 1. प्लोषति, प्लोषितुं).

***To* burn,** *v. n.* दह् (c. 4. दह्यति, दग्धुं or in pass. दह्यते), सम्परिदह्, दीप् (c. 4. दीप्यते, दीपितुं), आदीप्, प्रदीप्, सम्प्रदीप्, विदीप्, सन्दीप्, तप् in pass. (तप्यते or c. 1. तपति, तप्तुं), प्रतप्, ज्वल् (c. 1. ज्वलति, ज्वलितुं), प्रज्वल्, सन्धुक्ष् (c. 1. -धुक्षते -धुक्षितुं); **'to be inflamed with passion, etc.,'** दह् in pass. (दह्यते); **'with anger,** कोपदीप्तः -प्ता -प्तं भू; **'to burn after,'** उत्कण्ठ् (c. 1. -कण्ठते -कण्ठितुं), अभिकाङ्क्ष् (c.1. -काङ्क्षति -काङ्क्षितुं)

Burnable, ***a.*** दहनीयः -या -यं, दाह्यः -ह्या -ह्यं, दग्धव्यः -व्या -व्यं, ज्वलनीयः -या -यं, दीपनीयः -या -यं, तपनीयः -या -यं.

Burner, ***s.*** दाहकः दग्धा ***m.*** (ग्धृ), दाहनकृत्, अग्निदः, तापकः, दीपकः.

Burnet, ***s.*** अनूपक्षेत्ररुहः क्षुद्रगुल्मप्रभेदः.

Burning, ***s.*** दाहः, दाहनं, ज्वलनं, दीपनं, तापः, प्लोषः, ओषः.

Burning, ***a.*** दाहकः -का -कं, तापकः -का -कं, दीपनः -ना -नं, नैदाघः -घी -घं, ज्वाली -लिनी -लि (न्). **—(That is on fire)** दह्यमानः -ना -नं, दह्यन् -ह्यन्ती -ह्यत् (त्), ज्वलन् -लन्ती -लत् (त्), दाहवान् -वती -वत् (त्). **—(Vehement)** तैजसः -सी -सं, चण्डः -ण्डा -ण्डं.

Burning-glass, ***s.*** सूर्य्यतेजः संवर्द्धनार्थं तदंशुसङ्ग्रहणयोग्यं काचपत्रं, दीप्तोपलः, अर्काश्मा ***m.*** (न्).

To **burnish,** ***v. a.*** तिज् **in caus.** (तेजयति -यितुं), निष्टप् **in caus.** (निष्टापयति -यितुं), कान्तिं दा **(c. 3.** ददाति, दातुं), परिष्कृ, निशो **(c. 4.** -श्यति -शातुं).

Burnished, ***part.*** तेजितः -ता -तं, तैजसः -सी -सं, सुनिष्टप्तः -प्ता -प्तं, निर्धौतः -ता -तं, प्रमृष्टः -ष्टा -ष्टं, निशातः -ता -तं, निशितः -ता -तं, परिष्कृतः -ता -तं.

Burnisher, ***s.*** तेजकः, धावकः, मार्ज्जनकृत्, कान्तिदायकः;

Burnishing, ***s.*** तेजनं, मार्ज्जनं, परिष्कारः, धावनं.

Burnt, ***a.*** **and** ***part*** दग्धः -ग्धा -ग्धं, अग्निदग्धः -ग्धा -ग्धं, प्लुष्टः -ष्टा -ष्टं, विप्लुष्टः -ष्टा -ष्टं, प्लुष्टः -ष्टा -ष्टं, ज्वलितः -ता -तं, तप्तः प्ता -प्तं, सन्तप्तः -प्ता -प्तं, उषितः -ता -तं; **'burnt up'** उत्तप्तः -प्ता -प्तं; **'burnt as a sacrifice,'** वषट्कृतः -ता -तं; **'burnt brick,'** पक्वेष्टका.

Burnt-offering, ***s.*** होमः, वषट्कारः, वैतानिकं, वैतानं.

Burr, ***s.*** **(Lobe of the ear)** कर्णलतिका, पालिका, कर्णपालिका.

Burrow, ***s.*** **(Hole)** गर्त्तः, विवरं, विलं, खातं, श्वभ्रं.

To **burrow,** ***v. n.*** गर्त्तं **or** विवरं कृ, गर्त्ते वस् **(c. 1.** वसति, वस्तुं).

Burrowing, ***a.*** विलवासी -सिनी -सि (न्), गर्त्तवासी -सिनी -सि (न्).

Bursar, ***s.*** विद्यालये धनाधिकारी ***m.*** (न्), धनाध्यक्षः, कोषाध्यक्षः.

Bursarship, ***s.*** अर्थाधिकारः, धनाधिकारः, धनाध्यक्षाधिकारः, कोषाध्यक्षपदं.

Bursary, ***s.*** विद्यालये धनगृहं, धनागारः, कोषः, धनकोष्ठकं.

Burse, ***s.*** बणिक्समागमचत्वरं, श्रेष्ठिचत्त्वरं, पणायाशाला, निगमस्थानं.

To **burst,** ***v. a.*** भिद् **(c. 7.** भिनत्ति, भेत्तुं **or caus.** भेदयति -यितुं), विभिद्, निर्भिद्, भञ्ज् **(c. 7.** भनक्ति, भंक्तुं), प्रभञ्ज्, विभञ्ज्, खण्ड् **(c. 10.** खण्डयति -यितुं), स्फुट् **(c. 10.** स्फोटयति -यितुं), दॄ **in caus.** (दारयति -यितुं), विदॄ, अवदॄ, शकलीकृ, खण्डशः कृ, विदल् **in caus.** (-दलयति -यितुं), लुप् **(c. 6.** लुम्पति, लोप्तुं), अवलुप्.

To **burst,** ***v. n.*** भिद् **in pass.** (भिद्यते), विभिद्, निर्भिद्; भञ्ज् **in pass.** (भज्यते), प्रभञ्ज्, विभञ्ज्, स्फुट् **(c. 6.** स्फुटति, स्फुटितुं, **c. 1.** स्फोटते, स्फोटितुं), विदॄ **in pass.** (-दीर्य्यते), अवदॄ, विदल् **(c. 1.** -दलति -दलितुं), विशॄ **in pass.** (-शीर्य्यते), परिशॄ. **—(To burst in pieces)** शकलीभू, खण्डशो भिद् **in pass. or** भञ्ज् **in pass. —(To burst forth, break out)** प्रपत् **(c. 1.** -पतति -पतितुं). **—(As seeds)** प्रोद्भिद्.

Burst, ***s.*** **(Sudden rending)** स्फोटनं, स्फुटनं, अकस्माद् भञ्जनं, भङ्गः, विभङ्गः, भेदनं, भेदः. **—(Of laughter)** प्रहसनं, प्रहसितं, अतिहसित, अट्टहासः. **—(Of light)** ज्वाला.

Burst, ***p. p.*** स्फुटः -टा -टं, स्फुटितः -ता -तं, विदीर्णः -र्णा -र्णं, विभग्नः -ग्ना -ग्नं, विघटितः -ता -तं, विदलितः -ता -तं, भिन्नः -न्ना -न्नं, विभिन्नः -न्ना -न्नं. **—(Diseased with hernia)** अन्त्रवृद्धिपीडितः -ता -तं.

Burthen, ***s.*** भारः, धुरा. ***See*** **Burden.**

To **bury,** ***v. a.*** श्मशाने **or** भूमौ स्था **in caus.** (स्थापयति -यितुं) **or** निधा **(c. 3.** -दधाति -धातुं) **or** निखन् **(c. 1.** -खनति -खनितुं **or** -खातुं), निर्हृ **(c. 1.** -हरति -ते -हर्त्तुं).

Burying, ***s.*** भूमिखननं, निखननं, श्मशाने स्थापनं, भूमिसमर्प्पणं, प्रेतनिर्हारः.

Burying-ground, ***s.*** श्मशानं, प्रेतवनं, प्रेतगृहं, पितृवनं, मृतशरीरस्थानं.

Bush, ***s.*** गुल्मः, क्षुपः, स्तम्बः, छुपः, झुण्टः, झटिः ***m.*** **—(A bough of a tree fixed at the door of a tavern)** अत्र सुरादि विक्रीयते इति घोषणार्थं द्वारोपरि स्थापिता तरुशाखा; सुराध्वजः. **—(Tail of a fox)** लोमशापुच्छं.

Bushel, ***s.*** **(A measure)** द्रोणः -णं, आढकः.

Bushy, ***a.*** **(Full of bushes)** गुल्मी -ल्मिनी -ल्मि (न्), तरुगुल्मावृतः -ता -तं. **—(Thick)** घनः -ना -नं, निविडः -डा -डं, अविरलः -ला -लं. **—(Formed like a bush)** गुल्माकारः -रा -रं.

Busiless, ***s.*** कार्य्यरहितः -ता -तं, शून्यः -या -यं, निष्कर्म्मा -र्म्मा -र्म्म (न्).

Busily, ***adv.*** अनलसं, अतन्द्रितं, मनःप्रवेशेन, अभिनिवेशेन, औत्सुक्येन. **—(Inquistively)** चर्च्चया.

Business, ***s.*** **(Affair)** कर्म्म ***n.*** (न्), कार्य्यं, अर्थः. **—(Employment)** व्यापारः, व्यवसायः, व्यवहारः, कार्य्योद्योगः, नियोगः, प्रवृत्तिः ***f.,*** प्रवर्त्तनं, चरितं, सम्बन्धः.

—(Something to be done) कृत्यं, कर्त्तव्यं, कार्य्यं. —(Object) विषयः, अर्थः, प्रयोजनं.—(A point, case) अर्थः, पदं.—(Means of livelihood, profession) वृत्तिः *f.*, वर्त्तनं, जीविका, आजीवनार्थं.—(Point, matter of discussion) स्थलं; 'a man of business, one who knows the proper ways of acting,' क्रियाविधिज्ञः, कार्य्ये कुशलः, दृष्टकर्म्मा *m.* (न्); 'what business have I with that? कोऽर्थो मे तेन.

Busk, *s.* चेलिकास्तब्धीकरणे स्त्रीजनैः प्रयुक्तः शृङ्गलोहादिनिर्म्मितः फलकविशेषः.

Buskin, *s.* (A half-boot) अर्द्धजङ्घापरिमाणः पादुकाविशेषः, पन्नद्धा, अनुपदीना, उपानत् *f.* (ह्).—(A high-heeled shoe worn by ancient actors) उच्चपार्ष्णियुक्तो गौरवसूचकः पूर्व्वकालीननटैर् भृतः पादुकाविशेषः.

Buskined, *p. p.* पूर्व्वोक्तपादुकारूढः -ढा -ढं, सपादुकः -का -कं.

Buss, *s.* चुम्बनं, परिणिंसा, निमित्तकं.

To **buss,** *v. a.* चुम्ब् (c. 1. चुम्बति, चुम्बितुं), निंस् (c. 2. निंस्ते, निंसितुं),

Bust, *s.* मस्तकाग्रात्प्रभृति वक्षस्स्थलपर्य्यन्तम् अर्द्धशरीरप्रतिमा, ऊर्द्ध्वकायप्रतिमा.

Bustard, *s.* आरण्यपक्षिप्रभेदः.

To **bustle,** *v. n.* चेष्ट् (c. 1. चेष्टते, चेष्टितुं), आत्मानं चेष्ट् in caus. (चेष्टयति -यितुं), व्यवसो (c. 4. -स्यति -सातुं), कार्य्यव्यग्रत्वाद् इतस्ततो धाव् (c. 1. धावति, धावितुं).

Bustle, *s.* (Hurry, confusion) सम्भ्रमः, वैक्लव्यं, विप्लवः, त्वरा, व्यग्रता, आकुलत्वं, व्यस्तता.—(Tumult) तुमुलं, कोलाहलः.

Bustler, *s.* व्यवसायी *m.* (न्), चेष्टाशीलः, सचेष्टः, तीक्ष्णकर्म्मा *m.* (न्).

Busy, *a.* व्यापारी -रिणी -रि (न्), व्यापृतः -ता -तं, व्यवसायी -यिनी -यि (न्), कर्म्मी -र्म्मिणी -र्म्मि (न्), कर्म्मोद्युक्तः -क्ता -क्तं, कार्य्योद्युक्तः -क्ता -क्तं, कार्य्यनिविष्टः -ष्टा -ष्टं, कर्म्मिष्ठः -ष्ठा -ष्ठं, कार्य्यी -र्य्यिणी -र्य्यि (न्), कार्य्यवान् -वती -वत् (त्), सचेष्टः -ष्टा -ष्टं, प्रयत्नवान् -वती -वत् (त्), सोत्साहः -हा -हं, सोद्योगः -गा -गं, प्रवृत्तः -त्ता -त्तं, अतन्द्रितः -ता -तं, अनलसः -सा -सं, कार्य्यनिमग्नः -ग्ना -ग्नं.—(Meddling) परकार्य्यचर्च्चाशीलः -ला -लं.

To **busy,** *v. a.* (To employ) व्यापृ in caus. (व्यापारयति -यितुं), कार्य्ये नियुज् in caus. (-योजयति -यितुं, c. 7. -युनक्ति -योक्तुं) or अधिकृ.

Busybody, *s.* परकार्य्यचर्च्चकः, पराधिकारचर्च्चकः, छिद्रान्वेषी *m.* (न्).

But, *conj.* (As an adversative) किन्तु, तु, परन्तु, पुनर्, अथवा. —(Except) ऋते with abl., विना with acc. or inst., अन्यः with abl.; as, 'any one but the father,' पितुर् अन्यः.—(But for, without) व्यतिरेकेण, अन्तरेण, विना; as, 'but for sin every thing flourishes,' पापं विना सर्व्वं फलति.—(But yet, howbeit) तथापि.—(Only) केवलं, मात्रं,—(All but) अल्पोनः -ना -नं, ईषदूनः -ना -नं; 'next but one,' एकान्तरः -रा -रं.—(If it were not, unless) यदि न.—(Moreover) किञ्च, अपरञ्च, अधिकन्तु.—(On the other hand) पुनर्.—(Otherwise than) अन्यथा with abl. 'But' may often be omitted in Sanskrit, or expressed by another form of sentence; as, 'he will not gain his end but by doing that,' तद् अकृत्वा प्राप्तार्थो न भविष्यति; 'I do not doubt but I am to blame,' सापराधो ऽस्मि इति न संशयः; 'but a short time since,' न चिरात्; 'there is none but fears him,' सर्व्वे तस्माद् विभ्यति; 'she does nothing but grieve, सा निरन्तरं शोचति; 'who but a child weeps,' को रोदित्य् अबालिशः.

Butcher, *s.* (Seller of meat) मांसविक्रयी *m.* (न्), मांसिकः, शौनिकः, सौनिकः, शूनावान् *m.* (त्), सूनी *m.* (न्), पशुमारणपूर्व्वकं मांसविक्रयजीवी *m.* (न्), प्राणिहिंसापरः. —(Butcher's meat) सौनं, घातस्थानभवं मांसं.

To **butcher,** *v. a.* हन् (c. 2. हन्ति, हन्तुं), निहन्, or in caus. (घातयति -यितुं), मृ in caus. (मारयति -यितुं), वध् (defective, usually found in the 3d pret. अबधीत् and fut. बधिप्यति -ते), विशस् (c. 1. -शसति -शसितुं), निसूद् in caus. (-सूदयति -यितुं), अभिसूद्, विनिसूद्.

Butchery, *s.* बधः, हननं, निहननं, घातनं, निषूदनं, विशसनं.—(The place where animals are killed) शूना, सूना, वधस्थानं, वधस्थली, वध्यभूमिः *f.*, घातस्थानं, पशुमारणस्थानं.

Butea, *s.* (A plant) किंशुकः, पलाशः, वातपोथः, पर्णः.

But-end, *s.* घनाग्रं, स्थूलाग्रं, अतीक्ष्णाग्रं.—(Hilt) त्सरुः *m.*

Butler, *s.* पानपात्रवाहकः, मद्यरक्षकः, मद्यागाराधिकृतः.

Butment, *s.* उभयतस् तोरणमूलोत्तम्भकः, सेतुहर्म्यादिभागः.

Butt, *s.* (For shooting at) लक्षं, लक्ष्यं, शरव्यं, वेध्यं, प्रतिकायः, दृष्टिगुणः.—(Aim, end) अभिप्रायः, आशयः, उद्देशः, चिकीर्षितं.—(Object of jest) उपहासस्थानं, परिहासास्पदं, हास्यभूमिः *f.*—(A cask) पात्रं, भण्डं, सुराभाजनं.

To **butt,** *v. n.* (To strike with the head like horned animals) शृङ्गिणवत् or मेषादिवत् शिरसा आहन् (c. 2. -हन्ति -हन्तुं).

Butter, *s.* नवनीतं, क्षीरसारः, दधिजं, दधिसारः, किलाटः -टं, मन्थजं, नवोद्धृतं.—(Clarifiied butter or ghee) घृतं, हविः *n.* (स्), सर्पिः *n.* (स्), पुरोडाशः, आज्यं.—(Of

Butter-bump 104 Buzzard

yesterday's milk) हैयङ्गवीनं.

To* butter, *v. a. नवनीतेन लिप् **(c. 6.** लिम्पति, लेप्तुं) **or** अञ्ज् **(c. 7.** अनक्ति, अंक्तुं).

Butter-bump, *s.* क्रौञ्चजातीयः, पक्षिभेदः, क्रौञ्चः, वकप्रभेदः.

Butter-cup, butter-flower, *s.* पीतपुष्पप्रभेदः स च वसन्तसमये यवसमध्ये प्ररोहति.

Buttered, *p. p.* नवनीताक्तः -क्ता -क्तं, घृताक्तः -क्ता -क्तं, घृताभ्यक्तः -क्ता -क्तं.

Butterfly, *s.* चित्रपतङ्गः, चित्राङ्गः पतङ्गभेदः, आपन्नपक्षः कीटभेदः, कीटोद्भवश् चित्रपतङ्गः, सपक्षः कीटः.

Butteris, *s.* (An instrument for pairing the hoof of a horse) अश्वखुरतक्षणयोग्या कर्त्तरिका, तुरगशफकर्त्तनार्थं यन्त्रविशेषः.

Butter-knife, *s.* कुन्तलिका, घृतकुन्तलिका, नवनीतकर्त्तरिका.

Butter-man, *s.* नवनीतविक्रयी ***m.*** (न्), नवनीतविक्रयजीवी ***m.*** (न्), घृतविक्रेता ***m.*** (तृ).

Butter-milk, *s.* दण्डाहतं, तक्रं, प्रमथितं, अरिष्टं, कालशेयं, गोरसः, कटुरं.

Butter-Print, *s.* नवनीताङ्कनयोग्या काष्ठमयी मुद्रा.

Butter-teeth, *s.* मुखाग्रभागे वृहद्दन्तद्वयं, सम्मुखस्थौ छेदकदन्तौ.

Buttery, *a.* नवनीतगुणविशिष्टः -ष्टा -ष्टं, घृतमयः -यी -यं.

Buttery, *s.* (The room where provisions are laid up) खाद्यद्रव्यागारं, विद्यालये पूपनवनीतयवसुरादिकोष्ठकं, कुशूलः, अन्नकोष्ठकं.

Buttock, *s.* स्फिचौ ***f. du.*** (स्फिच्), नितम्बः, कटिप्रोथः.

Button, *s.* (Catch by which clothes are fastened) गण्डः, पुंसो वस्त्राञ्चलद्वयसङ्ग्रहणार्थं गुलिका.—**(Bud)** मुकुलं, कुट्मलं, पल्लवः.

***To* button, *v. a.* (To dress)** संव्ये **(c. 1.** -व्ययति -व्यातुं), वेष्ट् **(c. 1.** वेष्टते, वेष्टितुं).—**(To fasten with buttons)** पूर्व्वोक्तगण्डेन सङ्ग्रह् **(c. 9.** -गृह्णाति -ग्रहीतुं) **or** संलग्नीकृ **or** बन्ध् **(c. 9.** बध्नाति, बन्द्धुं).

***To* button, *v. n.* (To bud)** गण्डाकारमुकुलवत् स्फुट् **(c. 6.** स्फुटति, स्फुटितुं).

Button-hole, *s.* गण्डाधारः, गण्डछिद्रं, गुलिकाग्रहणयोग्यं छिद्रं, शिक्यं.

Button-maker, *s.* गण्डकृत्, गण्डकारी ***m.*** (न्), गुलिकाकारः.

Buttress, *s.* वप्रः, भवनस्य वहिरालम्बः, भित्त्युत्तम्भनार्थं वप्रः **or** प्राकारः.—**(Prop, support)** उपस्तम्भः, आलम्बः, उपघ्नः, आश्रयः, आधारः.

***To* buttress, *v. a.* (To prop)** पूर्व्वोक्तवप्रेण उत्तम्भ् **(c. 9.** उत्तभ्नाति, उत्तम्भितुं).

Buxom, *a.* (Gay, lively) हृष्टः -ष्टा -ष्टं, प्रहसितवदनः -ना -नं, प्रहासी -सिनी -सि (न्), प्रफुल्लवदनः -ना -नं, आनन्दी -न्दिनी -न्दि (न्), सरसः -सा -सं.—**(Wanton)** ललितः -ता -तं, विलासी -सिनी -सि (न्).

Buxomly, *adv.* सानन्दं, सहर्षं, सललितं, सविलासं, सरसं.

Buxomness, *s.* (Wantonness) लालित्यं, सविलासता, सरम्रता, लीला.

To* buy, *v. a. क्री **(c. 9.** क्रीणाति -णीते, -क्रेतुं), उपक्री, सङ्क्री, मूल्यं दत्त्वा लभ् **(c. 1.** लभते, लब्धुं) **or** प्राप् **(c. 5.** -आप्नोति, -आप्तुं).

Buyer, *s.* क्रेता ***m.*** (तृ), क्रयी ***m.*** (न्), क्रायकः, क्रयिकः.—**(Buyer and seller)** क्रयीविक्रयी ***m.*** (न्).

Buying, *s.* क्रयः.—**(Buying and selling)** क्रयविक्रयः.

To* buzz, *v. n. रु **(c. 2.** रौति, रवितुं), गुञ्ज् **(c. 1.** गुञ्जति, गुञ्जितुं), रण् **(c. 1.** रणति, रणितुं), रणरणं कृ.

Buzz, buzzing, *s.* गुञ्जनं, गुञ्जितं, कलः कलकलः, मर्म्मरः, रणत्कारः, कलरवः, कलस्वरं; ***part.*** गुञ्जन् -ञ्जन्ती -ञ्जत् (त्), रणन् -णन्ती -णत् (त्).

Buzzard, *s.* अपकृष्टजातिः श्येनभेदः, श्येनकः.—**(A blockhead)** स्थूलधीः ***m.***, मन्दमतिः ***m.***, मूर्खः.

By, *prep.* (By the side of) expressed by उप **prefixed; as, 'he sits by me,'** माम् उपास्ते; **'a tank by a well,'** उपकूपजलाशयः.—**(Beside, denoting passage) expressed by** अति **prefixed; as, 'he passes by me,'** माम् अत्येति.—**(Denoting the agent, instrument, cause, means or manner) expressed by the instr. case; as, 'by him,' 'by that,' 'on that account,' 'by that means,' 'in that manner,' may all be expressed by** तेन. **In modern Sanskrit the instrument and agent are often expressed by** द्वारा **or** द्वारेण **and** कर्त्तृक; **as, 'to hit with a stick,'** काष्ठद्वारा **or** काष्ठद्वारेण तड्; **'sacrifices by sages,'** ऋषिकर्त्तृकयज्ञाः. **'By,' in some of these senses, may often be expressed by the indec. part.; 'a man may be happy by doing penance,'** तपस् तप्त्वा सुखी भवेत्.—**(According to)** अनुरूपं, अनुसारेण; **'by rule,'** विधिवत्, विधितस्, यथाविधि.—**(As soon as, not later than)** मध्ये; **as, 'by next year,'** आगामिवत्सरमध्ये.—**(The quantity at one time) expressed by the affix** शस्; **as, 'by thousands,'** सहस्रशस्; **'by twos and threes,'** द्विशस् त्रिशस्; **'by companies,'** पंक्तिभिः.—**(Successive action) expressed by** प्रति **or** अनु, **or by repeating the word; as, 'man by man,'** प्रतिपुरुषं; **'day by day,'** प्रतिदिवसं **or** अनुदिवसं **or** दिवसे दिवसे.—**(By himself, alone)** एकान्ततस्, निभृतं, रहसि, रहीभूतः -ता -तं.—**(In swearing**

or adjuring) expressed by the instr. c.; as, 'swear not at all, neither by heaven, nor by earth,' कमपि शपथं माऽकार्ष्ट स्वर्गेण न पृथिव्या न; **'by name,'** नाम्ना, नामतस्, नामधेयतस्; **'by force,'** बलात्, बलात्कारेण, प्रसह्य; **'by chance,'** दैवात्; **'by day,'** दिवा.

By, ***adv.*** **(Near)** निकटे, समीपे, अन्तिके, अभितस्, आरात्.—**(By the side)** पार्श्वतस्, पार्श्वे.—**(Passing by) expressed by the prep.** अति; **as, 'he passes by,'** अतिक्रामति.—**(In presence)** सन्निधाने, साक्षात्, अग्रे, समक्षं, सम्मुखे.

By, ***s.*** **(Something not the direct object of regard) expressed, when in composition, by** उप; **as, 'a duty by the by,'** ***i.e.*** **'a secondary duty,'** उपधर्म्मः.

By and by, ***adv.*** अनन्तरं, क्षणान्तरे, न चिरेण, सचिरेण, अचिरात्.

By the by, or by the way, ***adv.*** **(Exclusively of the subject in hand)** प्रस्तुतम्, अन्तरेण, प्रस्तुतविषयव्यतिरेकेण.—**(Besides, moreover)** किञ्च, अपरञ्च, अन्यच्च.—**(In reference to that)** तदुद्दिश्य.

By-degrees, ***adv.*** क्रमशस्, क्रमे, क्रमे, पदे पदे, प्रतिपदं

By-concernment, ***s.*** उपविषयः, अप्रधानकार्य्यं.

By-end, ***s.*** स्वहितं, स्वार्थः, आत्मविवृद्धिः ***f.,*** आत्मोदयः.

By-gone, ***a.*** अतिक्रान्तः -न्ता -न्तं, अतीतः -ता -तं, गतः -ता -तं, पुरातीतः -ता -तं.

By-lane, by-street, by-road, ***s.*** उपमार्गः, उपपथः, उपरथ्या, उपप्रतोली, गूढमार्गः.

By-law, ***s.*** उपधर्म्मः, उपव्यवस्था, उपविधिः ***m.,*** अनुव्यवस्था.

By-name, ***s.*** उपाधिः ***m.,*** उपनाम ***n.*** (न्).

By-path, ***s.*** उपमार्गः, उपपथः, उत्पथः, गूढपथः.

By-room, ***s.*** उपरोधकं, उपशाला, उपकोष्ठः, अन्तर्गृहं, कक्षान्तरं.

Bystander, ***s.*** पार्श्वस्थः, समीपस्थः, निकटस्थः, तत्रस्थः, समीपवर्त्ती ***m.*** (न्), उपस्थायी ***m.*** (न्).—**(At a sacrifice)** सदस्यः, विधिदर्शी ***m.*** (न्).

By-west, ***a.*** **(Westward, to the west of)** पश्चिमदिश्यः -श्या -श्यं.

By-word, ***s.*** उपकथा, उपवाक्यं.—**(Subject of scorn)** तिरस्कारविषयः, उपकथनविषयः, अपवादविषयः, उपहासस्थानं. उपहासास्पदं, अवहासभूमिः ***f.***

C

Cabal, ***s.*** **(An union of a few persons in some secret design)** गोपनीयकार्य्यसाधनार्थं कतिपयजनसंसर्गः **or** पंक्तिः ***f.***—**(Intrigue)** कुमन्त्रणा, कुविचारणा, कुपरामर्शः, कुयुक्तिः ***f.,*** कुसंसर्गः.

To **cabal,** ***v. n.*** गोपनीयकर्म्मसम्पादनार्थं सुनिभृतं सम्मिल् **(c. 6.** -मिलती -मेलितुं) **or** सह गम् **(c. 1.** गच्छति, गन्तुं) **or** संयुज् **in pass.** (-युज्यते) **or** सङ्घट्ट् **(c. 1.** -घट्टते -घट्टितुं) **or** संसर्गं कृ.

Cabala, ***s.*** **(A secret science)** निगूढविद्या, निगूढशास्त्रं, गूढशास्त्रं, गुह्यविद्या, परमगहनविद्या.

Cabalist, s. (One skilled in occult sciences) निगूढविद्याज्ञः, निगूढशास्त्रज्ञः.

Cabalistical, ***a.*** **(Having an occult meaning)** निगूढार्थः -र्था- र्थं, अतिगुप्तार्थः -र्था- र्थं, परमगहनः -ना -नं, गूढः -ढा -ढं, गुक्तः -ह्या -ह्यं, रहस्यः -स्या -स्यं.

Cabalistically, ***adv.*** अतिगुप्तं, निगूढं, सरहस्यं, परमगहनप्रकारेण.

Caballer, ***s.*** कुमन्त्रणकृत्, कुमन्त्री ***m.*** (न्), भेत्ता ***m.*** (तृ), भेदकरः, राजद्रोही ***m.*** (न्).

Cabbage, ***s.*** **(A pot-herb)** शाकप्रभेदः, शाकं, हरितकं, शूरणं, शिग्रुः ***m.***—**(Any thing stolen)** मूषितं, मुष्टं, अपहारः, लोष्टं, होढं.

To **cabbage,** ***v. n.*** **(To steal in cutting clothes)** सूचिकवत् पटखण्डम् अवछिद्य चुर् **(c. 10.** चोरयति -यितु) **or** मुष् **(c. 9.** मुष्णाति, मोषितुं).

Cabbage-tree, ***s.*** **(A species of palm)** तालजातीयो वृक्षप्रभेदः, उच्चतरुः ***m.***

Cabin, ***s.*** **(A small room)** कुटिः ***f.,*** कुटी, कोष्ठः, शालिका, शाला, स्थलं.—**(A chamber in a ship)** नौकाभ्यन्तरे कुटिः **or** कोष्टः **or** कक्षः **or** वेश्म ***n.*** (न्).—**(A cottage)** कुटीरः, वेश्म ***n.*** (न्), कुट्टिमः, पर्णशालाः.—**(A tent)** पटकुटिः ***f.,*** पटवेश्म ***n.*** (न्), मण्डपः.

To **cabin,** ***v. n.*** **(To live in a cabin)** कुटीरे वस् **(c. 1.** वसति, वस्तुं).

Cabin-boy, ***s.*** नौकारूढानां परिचारकः **or** सेवकः **or** प्रेप्यः.

Cabinet, ***s.*** **(Private room)** कक्षः, उपरोधकं, कक्षान्तरं, अन्तःशाला.—**(Private council of the state)** प्रधानमन्त्रिणां गूढसभा, धीसचिवानां सभा, शिष्टसभा, गूढमन्त्रणं, गूढभाषितं; **'a cabinet-minister,'** मुख्यमन्त्री ***m.*** (न्), प्रधानमन्त्री ***m.*** गूढमन्त्री ***m.***—**(A place in which rare things are kept)** विशिष्टाधारः, दुर्लभद्रव्याधारः, रत्नकोष्ठः, रत्नाधारः, रत्नपात्रं, रत्नभाण्डं.—**(A kind of box)** समुद्गः, समुद्गकः, सम्पुटः.

Cabinet-maker, ***s.*** रत्नाधारकृत्, रत्नभाण्डकृत्, समुद्गकारः, सम्पुटकृत्.

Cable, ***s.*** नौरज्जुः ***m.,*** नौबन्धनरज्जुः ***m.,*** शाणरज्जुः, नौबन्धनार्थं स्थूलरज्जुः **or** महारज्जुः, नौकाया महागुणः **or** वृहद्गुणः.

Cabled, ***a.*** रज्जुना **or** गुणेन बद्धः -द्धा -द्धं, रज्जुबद्धः -द्धा -द्धं.

Cabriolet, ***s.*** चक्रद्वययुक्तः सपिधानो रथविशेषः, कर्णीरथः, हयनं.

Cachetical, ***a.*** दोषत्रयपीडितः -ता -तं, दुष्टशरीरः -रा -रं, अस्वस्थः -स्था -स्थं.

Cachexy, ***s.*** शरीरदोषः, रक्तदूषणं, दोषत्रयं, शरीरस्य अस्वास्थ्यं.

Cachinnation, ***s.*** अट्टहासः, आच्छुरितं, अवच्छुरितं, प्रहासः, प्रहसनं.

Cackle or cakcling, ***s.*** कूजनं, हंसनादः, हंसरुतं, कुक्कुटीशब्दः. **—(Making a cackle)** हंसनादी -दिनी -दि (न्). **—(Idle talk)** जल्पनं, आलस्यवचनं, वृथाकथा, असम्बद्धं.

To **cackle,** ***v. n.*** कूज् **(c. 1.** कूजति, कूजितुं), हंसनादं कृ, हंसवत् **or** कुक्कुटीवत् शब्दं कृ.

Cackler, ***s.*** हंसरूपेण नादी ***m.*** (न्), कूजकः, कूजनकृत्. **—(A tell-tale)** जल्पकः, वाचालः, रहस्यभेदकः.

Cacochymy, ***s.*** शरीरविकारः, रक्तविकारः, शरीरदोषः, दोषत्रयं.

Cacodoemon, ***s.*** अपदेवता, पिशाचः, वेताल, भूतः, दैत्यः.

Cacophony, ***s.*** विस्वरपदं, अपरवः, अवक्वणः, कष्टपद, कटुश्रुतिः ***f.***

Cadaverous, ***a.*** मृतशरीरोपमः -मा -मं, शवसवर्णः -र्णा -र्णं.

Cade, ***s.*** **(A barrel)** दीर्घगोलाकारः, काष्ठमयो भाण्डविशेष.

Cade, ***a.*** कोमलः -ला -लं, सुकुमारः -री -रं, गृह्यकः -का -कं.

To **cade,** ***v. a.*** कोमलतया **or** कोमलप्रकारेण पुष् **(c. 9.** पुष्णाति, **c.1** पोषति, पोषितुं) **or** संवृध् **in caus.** (-वर्धयति -यितुं).

Cadence, ***s.*** **(Fall, state of sinking)** पातः, पतनं, अवपातः च्युतिः ***f.*** **—(Modulation of the voice, tone)** स्वरः, कलः, स्वनः, निःस्वनः, निह्रादः, विरावः, क्वणः, विरिब्धः, छन्दः ***n.*** (स्).

Cadent, ***a.*** **(Falling down)** पातुकः -का -कं, पतयालुः -लुः -लु.

Cadet, ***s.*** अनुजः, अवरजः, जघन्यजः, कनिष्ठः. **—(A young volunteer)** युद्धकर्म्मशिक्षार्थं वेतनं विना क्षत्रियधर्म्मम् आचरति यो कुलीनयुवा.

Cadger, ***s.*** विपणी ***m.*** (न्), प्रापणिकः, आपणिकः, अण्डनवनीतादिविक्रयिकः.

Cadi, ***s.*** तर्कीयदेशे प्राड्विवाकः, धर्म्माध्यक्षः, दण्डनायकः, न्यायाधिपतिः

Caducity, ***s.*** पातुकता, पतयालुत्वं, पतनशीलता, सद्यःपातित्वं, अस्थिरतां.

Caesura, ***s.*** विच्छित्तिः ***f.,*** विच्छेदः, अवच्छेदः, विरामः.

Cag, ***s.*** **(A barrel)** दीर्घगोलाकृतिः, काष्ठनिर्म्मितः पात्रविशेषः.

Cage, ***s.*** पञ्जरं, पिञ्जरं, वीतंसः, कुलायिका, पक्षिशाला, शालारः. **—(A prison)** कारा, कारागारं, कारावेश्म ***n.*** (न्), बन्धनगृहं.

To **cage,** ***v. a.*** पञ्जरे **or** कारागारे निरुध् **(c. 7.** -रुणद्धि -रोद्धुं) **or** अवरुध् **or** बन्ध् **(c. 9.** बध्नाति, बन्द्धुं).

To **cajole ,** ***v. a.*** **(To flatter, wheedle)** शान्त्व् **or** सान्त्व् **(c. 10.** शान्त्वयति, सान्त्वयति -यितुं), लल् **in caus.** (लालयति -यितुं). **—(With intent to overreach)** वच् **in caus.** (वञ्चयते -यितुं), परिवच्च्, प्रलभ् **(c. 1.** -लभते -लब्धुं), विप्रलभ्, छल् **(c. 10.** छलयति -यितुं).

Cajoled, ***p. p.*** लालितः -ता -तं; मधुरैर्वचोभिः संलापितः -ता -तं, वञ्चितः -ता -तं, विप्रलब्धः -ब्धा -ब्धं, प्रतारितः -ता -तं.

Cajoler, ***s.*** **(Coaxer)** लालनकृत् ***m.,*** चाटुकारः. **—(Deceiver)** वञ्चकः, प्रतारकः, कूटकः, कूटकारः, कपटिकः.

Cajolery, ***s.*** **(Coaxing)** लालनं, चाटूक्तिः ***f.*** **—(Overreaching)** छलं, वचनं, प्रतारणं, कूटता, कपटः, व्याजः.

Caitiff, ***s.*** दुर्वृत्तः, दुरात्मा ***m.*** (न्), नराधमः, खलः, धूर्त्तः, शठः.

Caitiff, ***a.*** दुर्वृत्तः -त्ता -त्तं, खलः -ला -लं, शठः -ठा -ठं, अधमः -मा -मं.

Cairn, ***s.*** प्रस्तरचितिः ***f.,*** पाषाणचितिः ***f.,*** शिलाराशिः ***m.,*** पाषाणोत्करः.

Cake, ***s.*** पूपः, अपूपः, पिष्टकः, पोलिकाः, करम्भः. **—(A mass of any thing)** पिण्डः.

To **cake,** ***v. n.*** पिण्डीभू, पिण्ड **(nom.** पिण्डायते), पिष्टकरूपेण घनीभू.

Caked, ***p. p.*** पिण्डितः -ता -तं, पिण्डीभूतः -ता -तं, घनीकृतः -ता -तं.

Calabash, ***s.*** वृहदलाबूप्रभेदः, अलाबूः ***f.,*** विम्बिका.

Calamanco, ***s.*** ऊर्णानिर्म्मितः, पटविशेषः, ऊर्णामयवस्त्रं.

Calamine, ***s.*** शिलाजतुस्वभावो भूमिविशेषो यत्संसर्गेण ताम्रं पित्तलः सम्पद्यते.

Calamitous, ***a.*** व्यसनी -निनी -नि (न्), आत्ययिकः -की -कं, विपन्नः -न्ना -न्नं, विपद्युक्तः -क्ता -क्तं, आपद्ग्रस्तः -स्ता -स्तं, दुर्गतः -ता -तं, विधुरः -रा -रं, दैवोपहतः -ता -तं, उपाकृतः -ता -तं, दुःखी -खिनी -खि (न्), क्लेशी -शिनी -शि (न्), औत्पातिकः -की -कं, शोकपूर्णः -र्णा -र्णं, व्यथाकरः -रा -रं.

Calamity, ***s.*** विपद् ***f.,*** आपद् ***f.,*** विपत्तिः ***f.,*** व्यसनं, व्यापद् ***f.,*** विप्लवः, उपप्लवः, दुर्घटना, दौर्गत्यं, दुर्दैवं, दौर्भाग्यं, दुःखं, क्लेशः. **—(From heaven)** विनिपातः, उत्पातः, विनिहतः.

Calamus, ***s.*** सुगन्धिवेतसप्रभेदः वेत्रः, वेणुः ***m.,*** वंशः, नडः, नलः.

Calash, ***s.*** **(A pleasure-carriage)** क्रीडारथः, पुष्परथः, केलिरथः.

Calcareous, ***a.*** शर्करिकः -का -कं, शार्करीयः -यी -यं, शर्करावान् -वती -वत् (त्).

Calceated, ***p. p.*** सपादुकः -का -कं, पादुकारूढाः -ढा -ढं, उपानद्युक्तः -क्ता -क्तं.

Calcedony, ***s.*** **(A kind of opal)** शिवधातुः ***m.,*** गोमेदसन्निभः.

To **calcinate or calcine,** ***v. a.*** भस्मीकृ, आतञ्चनं कृ, प्रतीवापं कृ.

Calcination, ***s.*** भस्मीकरणं, आतञ्चनं, प्रतीवापः. — **(Apparatus for)** पातालः.

Calcined, ***p. p.*** भस्मीकृतः -ता -तं, भस्मीभूतः -ता -तं.

Calculable, ***a.*** गणनीयः -या -यं, विगण्यः -ण्या -ण्यं, संख्येयः -या -यं.

To **calculate,** ***v. n.*** गण् **(c. 10.** गणयति -यितुं), विगण्, प्रगण्, संख्या **(c. 2.** -ख्याति -ते -ख्यातुं), परिसंख्या, सम्परिख्या, कल् **(c. 10.** कलयति -यितुं), सङ्कल्.

Calculated, ***p. p.*** गणितः -ता -तं, विगणितः -ता -तं, परिगणितः -ता -तं, राशिगतः -ता -तं, चित्रकलितः -ता -तं. — **(Adapted, suited)** युक्तः -क्ता -क्तं, उपयुक्तः -क्ता -क्तं, योग्यः -ग्या -ग्यं, उचितः -ता -तं, पर्य्याप्तः -प्ता -प्तं.

Calculation, ***s.*** **(The act)** गणनं ***n.*** -ना, विगणनं, सङ्ख्यानं, परिसङ्ख्यानं, गुणनं. — **(The result)** गणितं.

Calculator, ***s.*** गणकः, विगणकः, गणनकृत्, गुणकः, गुणकारः, सङ्ख्याकृत्.

Calculous, ***a.*** शार्करः -री -रं, आश्मिकः -की -कं, अश्मरः -रा - रं, आश्मनः -नी -नं, अश्मयः -यी -यं, शिलामयः -यी -यं.

Calculus, ***s.*** **(Stone in the bladder)** अश्मरी, अश्मीरः, शर्करा, मूत्रकृच्छ्रं.

Caldron, ***s.*** पिठरः, उखा, स्थाली, उदस्थाली, पिष्टपचनं, कन्दुः ***m.,*** कटाहः.

Caleche, ***s.*** क्रीडारथः, पुष्परथः, केलिरथः.

Calefaction, ***s.*** तपनं, तापनं, प्रतापनं, दाहनं, सिद्धकरणं.

Calefactory, ***a.*** तापकः -का -कं, तापनः -नी -नं, तापकरः -री -रं.

To **calefy,** ***v. n.*** **(To be heated)** तप् **(c. 1.** तपति, तप्तुं), प्रतप्.

Calendar, ***s.*** **(Almanack)** पञ्जिः ***f.,*** पञ्जी, पञ्जिका, तिथितत्त्वपत्रं.

Calender, ***s.*** **(A hot-press)** वस्त्रस्निग्धीकरणार्थं **or** पटश्लक्ष्णीकरणार्थं **or** वस्त्रमार्जनार्थं चक्रयन्त्रं.

To **calender,** ***v. a.*** **(To dress cloth)** पूर्व्वोक्तयन्त्रेण वस्त्रं **or** पटं स्निग्धीकृ **or** श्लक्ष्णीकृ **or** मृज् **(c. 2.** मार्ष्टि, मार्ष्टुं), प्रमृज्.

Calends, ***s.*** मासस्य प्रथमदिनं, शुक्लपक्षस्य प्रथमदिवसः, अक्षुणदिनं, प्रतिपद् ***f.,*** पक्षतिः ***f.***

Calenture, ***s.*** समुद्रयायिनां व्याधिप्रभेदस् तद्रोगग्रस्तः पोतवाहः शस्यक्षेत्रम् इति बुद्ध्या समुद्रमध्ये आत्मानं प्रक्षिपति.

Calf, ***s.*** गोवात्सः, वत्सः, वष्कयः, शकृत्करिः ***m.*** -री ***f.,*** दोषकः. — **(Newborn)** तर्णः, तर्णकः. — **(A herd of calves)** वात्सकं. — **(The thick part of the leg)** जङ्घायाः स्थूलभागः **or** मांसलभागः, जङ्घापिण्डः, जङ्घामध्यं, मांसपिण्डाङ्गं. — **(A dolt)** स्थूलबुद्धिः, जडः.

Calibre, ***s.*** **(Bore of a gun, &c).** छिद्रं, यन्त्रछिद्रं, सुषिरं, शुषिरं, व्यासं, छिद्रव्यासं, विस्तारः, छिद्रविस्तृतिः ***f.,*** — **(Size, measure)** परिमाणं, मात्रा. — **(Sort, kind)** प्रकारः.

Calice, ***s.*** कंसः, पात्रं, भाजनं, पुटकं.

Calico, ***s.*** कार्पासं, नानावर्णमूर्त्तिमुद्रितः कार्पासपटः, चित्रितकार्पासं.

Calid, ***a.*** उष्णः -ष्णा -ष्णं, तप्तः -प्ता -प्तं, नैदाघः -घी -घं.

Calidity, ***s.*** तापः, उष्णता, धर्म्मः, निदाघः, अशिशिरता.

Caligation, ***s.*** अन्धकारः, तिमिरं, तमः ***n.*** (स्), तमिस्रं, मेघतिमिरं.

Caliginous, ***a.*** तमस्वी -स्विनी -स्वि (न्), अन्धकारयुक्तः -क्ता -क्तं, तमोवृतः -ता -तं.

Caligraphy, ***s.*** चारुलेखनं, शुभलेखनं, सुलेखनं, चारुलेखनशिल्पं.

Calix, ***s.*** पुष्पगर्भः, पुष्पकोषः, पुष्पाधारः, कुसुमपुटी, उपदलं, पुष्पसम्बन्धी दलमयो वहिःकोषः **or** पुटः, पुष्पधारको दलपुटः.

To **calk,** ***v. a.*** नौकातले दारुस्फोटनप्रयुक्तानि छिद्राणि शणसूत्रादिना निरुध् **(c. 7.** -रुणद्धि -रोद्धुं) **or** पिधा **(c. 3.** -दधाति -धातुं).

Calker, ***s.*** नौकातले शणसूत्रादिना छिद्रावरोधी ***m.*** (न्) **or** छिद्रप्रतिबन्धकः.

Call, ***s.*** **(Summon)** आह्वानं, आहूतिः ***f.,*** आह्वयः, आकरणं. — **(Invitation)** निमन्त्रणं. — **(Address by name)** सम्बोधनं, नामग्रहः. — **(Impulse)** वेगः. — **(Divine vocation)** प्रत्यादेशः, आकाशवाणी, ईश्वराह्वानं. — **(Requisition, obligation)** प्रयोजनं, अवश्यकता. — **(Claim, demand)** अभियोगः. — **(Authority)** अधिकारः. — **(A visit)** अभिगमः, अभ्यागमः, समायः. — **(Challenge)** आहूतिः ***f.*** — **(A calling over the names of the members of parliament)** महासभायां प्रत्यक्षाप्रत्यक्षनिर्णयनार्थम् एकैकशः प्रतिनिधिनामव्याहरणं.

To **call,** ***v. a.*** **(Name, denominate)** अभिधा **(c. 3.** -दधाति, -धातुं), आख्या **(c. 2.** -ख्याति -ख्यातुं), प्रचक्ष् **(c. 2.** -चष्टे), कृत् **(c. 10.** कीर्त्तयति -यितुं), प्रकृत्, नाम कृ; **'they called his name Rama,'** तस्य नाम राम इति चक्रुः; **'to call upon by name,'** सम्बोधनं कृ; **'to be called,'** अभिधा **in pass.** (-धीयते), ख्या **in pass.** (ख्यायते). — **(Summon)** आह्वे **(c.1.** -ह्वयति -ह्वातुं). — **(Invite)** निमन्त्र्

(c. 10. -मन्त्रयति -यितुं), आमन्त्र्—(Convoke) समाह्वे, आह्वे, सङ्घट्ट् (c. 10. -घट्टयति -यितुं).—(Appeal to, invoke) ह्वे, आह्वे, उपह्वे.—(Call forth, put in action, excite) प्रोत्सह् in caus. (-साहयति -यितुं), उद्युज् in caus. (-योजयति -यितुं), चेष्ट् in caus. (चेष्टयति -यितुं). —(Call back, revoke) निवृत् in caus. (-वर्त्तयति -यितुं), खण्ड् (c. 10. खण्डयति -यितुं), प्रत्यादिश् (c. 6. -दिशति -देष्टुं).—(Call for require) अर्ह् (c. 1. अर्हति, अर्हितुं), प्रार्थ् (c. 10. -अर्थयते -यितुं), याच् (c. 1. याचति, याचितुं); **'this matter calls for deliberation,'** अत्र विचारेण प्रयोजनं. —(Call in, as coin) मुद्राप्रचलनं निवृत्, मुद्राप्राचर्य्यं निवृ in caus. (वाचयति -यितुं).—(Call over names) प्रत्यक्षाप्रत्यक्षनिश्चयनार्थं नामानि एकैकश उदाह (c. 1. -हरति -हर्त्तुं) or परिसंख्या or वच् in caus. (वाचयति -यितुं). —(Call out, exclaim) उत्क्रुश् (c. 1. -क्रोशति -क्रोष्टुं), प्रक्रुश्, विक्रुश्, उच्चैःस्वरे घुष् (c. 10. घोषयति -यितुं), उद्घुष्, चित्कारं कृ, चीत्कृ.—(Call out, challenge) आह्वे, उपाह्वे.—(Call to witness) साक्षिणं कृ or आह्वे.—(Call to mind) स्मृ (c. 1. स्मारति, स्मर्त्तुं).—(Call to account) अनुयुज् (c. 7. -युंक्ते -योक्तुं), अभियुज्, अनुसन्धा (c. 3. -दधाति -धातुं), निबद्धं -द्धां -द्धं कृ.—(Call up, from sleep) जागृ in caus. (जागरयति -यितुं), प्रबुध् in caus. (-बोधयति -यितुं).—(Address) आमन्त्र्, आलप् (c. 1. -लपति -लपितुं); **'by name,'** नाम ग्रह् (c. 9. गृह्णाति, ग्रहीतुं). —(Call upon, implore) प्रार्थ् (c. 10. -अर्थयते -यितुं). विनयेन प्रार्थ्.—(To visit) अभिगम् (c. 1. -गच्छति -गन्तुं), अभ्यागम्, अभिसृ in caus. (-सारयति -यितुं).

Called, ***p. p.*** **(Named)** प्रोक्तः -क्ता -क्तं, अभिहितः -ता -तं, उदाहृतः -ता -तं, परिकीर्त्तितः -ता -तं, स्मृतः -ता -तं, शब्दितः -ता -तं, संज्ञितः -ता -तं. **The following are used in composition only :** नामा -मा -म, अभिधानः -ना -नं, आख्यः -ख्या -ख्यं, आह्वः -ह्वा -ह्वं, आह्वयः -या -यं, नामधेयः -या -यं; **thus, 'a lake called blue-lotus,'** नीलोत्पलनाम or नीलोत्पलाभिधानं सरः.—**(Summoned, invited)** आहूतः -ता -तं. निमन्त्रितः -ता -तं.

Calling, ***s.*** **(Inviting)** आह्वानं, हूतिः ***f.,*** हवः, निमन्त्रणं. —**(Addressing by name)** सम्बोधनं, नामग्रहः.—**(Giving name)** नामकरणं.—**(Profession, employment)** वृत्तिः ***f.,*** जीविका, उपजीविका, व्यापारः, व्यवसायः.—**(Divine vocation)** प्रत्यादेशः, आकाशवाणी.

Callosity, ***s.*** **(Induration of the skin)** कदरः, किणः, त्वक्काठिन्यं, त्वग्घनता, त्वग्दृढता, तनुकूपघनता.

Callous, ***a.*** कठिनः -ना -नं, दृढः -ढा -ढं, घनः -ना -नं, घनीकृतः -ता -तं.—**(Hard-hearted)** कठिनहृदयः -या -यं. —**(Insensible, unfeeling)** विचेतनः -ना -नं, कर्कशः -शा -शं, निर्दयः -या -यं, कृपाहीनः -ना -नं.—**(Shameless)** निर्लज्जः -ज्जा -ज्जं.

Callously, ***adv.*** काठिन्येन, सकार्कश्यं, दार्ढ्येन, निर्दयं, लज्जां विना.

Callousness, ***s.*** **(Hardness)** कठिनता, काठिन्यं, कार्कश्यं, दृढता, दार्ढ्यं, द्रढिमा ***m.*** (न्).—**(Insensibility, want of feeling)** अचैतन्यं, हृदयकाठिन्यं, निर्दयता, निर्लज्जता.

Callow, ***a.*** पक्षहीनः -ना -नं, अजातपक्षः -क्षा -क्षं, अजातपर्णः -र्णा -र्णं, अनुत्वपन्नपक्षः -क्षा -क्षं, गरुद्रहितः -ता -तं, नग्नदेहः -हा -हं, अकृतडीनः -ना -नं.

Calm, ***s.*** **(Freedom from wind and waves)** निर्वातः, वायुनिवृत्तिः ***f.,*** निर्वेगता, निस्तरङ्गता.—**(Quiet, repose)** शान्तिः ***f.,*** शमः, अशान्तिः ***f.,*** विश्रामः, विश्रान्तिः ***f.,*** प्रसन्नता, प्रसादः.

Calm, ***a.*** **(Free from wind and waves)** निर्वातः -ता -तं, गतानिलः -ला -लं, निवृत्तवायुः -युः -यु, निर्वेगः -गा -गं, निस्तरङ्गः -ङ्गा -ङ्गं.—**(Quiet, composed in mind)** शान्तः -ता -न्तं, प्रशान्तः -न्ता -न्तं, विश्रान्तः -न्ता -न्तं, प्रसन्नः -न्ना -न्नं, अव्याकुलः -ला -लं, निराकुलः -ला -लं, समाहितः -ता -तं, प्रशान्तात्मा -त्मा -त्म (न्), स्थिरमतिः -तिः -ति, शान्तचेताः -ताः -तः (स्), अन्तर्वेगहीनः -ना -नं, असम्भ्रमः -मा -मं, अनुग्रः -ग्रा -ग्रं.—**(In countenance)** प्रसन्नमुखी -खिनी -खि (न्).

To **calm,** ***v. a.*** शम् **in caus.** (शमयति -यितुं), प्रशम्, उपशम्, तुष् **in caus.** (तोषयति -यितुं), परितुष्, प्रसद् **in caus.** (-सादयति -यितुं), अभिप्रसद्, शान्त्व् **or** सान्त्व् **(c. 10.** सान्त्वयति -यितुं), अभिशान्त्व्, परिशान्त्व्; **'to be calm,'** शम् **(c. 4.** शाम्यति, शमितुं), प्रसद् **(c. 1. 6.** -सीदति -सत्तुं), सम्प्रसद्; **'the sea became calm,'** प्रससाद सागरः; **'my mind is calm,'** अन्तरात्मा प्रसीदति.

Calamed, ***p. p.*** शमितः -ता -तं, प्रशमितः -ता -तं, प्रसादितः -ता -तं.

Calmer, ***s.*** शमकः, शान्तिकर्त्ता ***m.*** (र्त्तृ), शान्तिकरः, शान्तिदः, तुष्टिकरः.

Galmly, ***adv.*** शान्त्या, शान्तं, मनःप्रसादेन, असम्भ्रमं, प्रशान्तचेतसा.

Calmness, ***s.*** शान्तता, प्रशान्तता, शान्तिः ***f.,*** विश्रान्तता, प्रसादः, निराकुलता, अव्याकुलता, स्थिरता, असम्भ्रमः.—**(Of the sea)** निर्वातत्वं,

Calomel, ***s.*** षट्कृत्वः शोधितः **or** ऊद्धर्वपातितः पारदः स च चिकित्सकैर् नानाव्याधिप्रतिकाराय रोगार्त्तेषु प्रयुज्यते.

Calorific, ***a.*** तापकरः -री -रं, तापजनकः -का -कं, निदाघकरः -री -रं.

Calotte, *s.* धर्म्माचार्य्यैर् भृतं शरावाकृति मस्तकाभरणं **or** शिरोवेष्टनं.

Caltrop, *s.* विग्रहसमये शत्रोर् अश्वखुरवेधनार्थं रणभूमौ न्यस्तं शूलत्रययुक्तं लोहयन्त्रं.—**(The plant)** गोक्षुरः -रकः, गोखुरः -रकः.

To **calve,** *v. n.* वत्सं **or** तर्णं सु **(c. 2.** सूते, **c. 4.** सूयते, सोतुं) **or** प्रसु **or** जन् **in caus.** (जनयति -यितुं) **or** प्रजन् **(c. 4.** -जायते -जनितुं); **'a cow that calves often,'** बहुसूतिः *f.,* चिरसूता, वष्कयणी; **'cows calves every year,'** प्रतिवर्षं प्रसूयन्ते गावः; **'a cow that has lately calved,'** नवसूतिका; **'calving of a cow,'** गोप्रसवः.

To **calumniate,** *v. a.* परिवद् **(c. 1.** -वदति -वदितुं), अपवद्, निन्द् **(c. 1.** निन्दति, निन्दितुं), मिथ्या अभियुज् **(c. 7.** -युनक्ति -युंक्ते -योक्तुं), अभिशप् **(c. 1.** -शपति -शप्तुं), अभिशंस् **(c. 1.** -शंसति -शंसितुं), अवक्षिप् **(c. 6.** -क्षिपति -क्षेप्तुं), आक्षर् **in caus.** (-क्षारयति -यितुं), कलङ्क **(nom.** कलङ्कयति -यितुं), परगुणान् अपवद.

Calcumniated, *s.* अभिशस्तः -स्ता -स्तं, मिथ्याभिशस्तः -स्ता -स्तं, मिथ्याभियुक्तः -क्ता -क्तं, आक्षारितः -ता -तं, क्षारितः -ता -तं, कलङ्कितः -ता -तं.

Calumniator, *s.* परिवादी *m.* (न्), -दकः, पिशुनः, अभिशस्तकः, अभिशापकः, मिथ्याभियोगी *m.* (न्), अभ्यसूयकः, निन्दकः, गुणघाती *m.* (न्), गुणापवादकः, कलङ्ककरः, कुवादः.

Calumnious, *a.* पिशुनः -ना -नं, असूकः -का -कं, अभ्यसूयकः -का -कं, वाग्दुष्टः -ष्टा -ष्टं, कलङ्ककरः -री -रं, कलङ्कमयः -यी -यं, कलङ्की -ङ्किनी -ङ्कि (न्).

Calumniously, *adv.* परिवादेन, सापवादं, गुणापवादेन, असूयया, सकलङ्कं, पैशुन्येन, पिशुनवचनेन, निन्दापूर्व्वकं, सासूयं.

Calumny, *s.* परिवादः, अपवादः, असूया *f.* -यनं, असूयुः *m.,* अभ्यसूया, पिशुनवचनं, पिशुनवाक्यं, पैशुन्यं, अभिशंसनं, मिथ्याभिशंसनं, अभिशपनं, अभिशापः, आक्षारः -रणं, कलङ्कः, गुणापवादः, वारदोषः, मिथ्याभियोगः, निन्दा, परदोषवादः, अलीकप्रवादः.

Calx, *s.* चूर्णं, भस्म *n.* (न्).—**(Of-brass)** रीतिपुष्पै, रीतिका, पुष्पकेतु *n.,* पौष्पकं, कुसुमाञ्जनं.

Calycle, *s.* क्षुद्रमुकुलं, क्षुद्रकुट्मलं, नवजालकं.

Cāmadeva, *s. See* **Kāmadeva.**

Cambist, *s.* हुण्डिकापत्रक्रयविक्रयजीवी *m.* (न्).

Cambric, *s.* अंशुकं, दुकूलं, कुलीनस्त्रीलोकेन भृतः सूक्ष्मक्षौमपटविशेषः.

Cambel, *s.* उष्ट्रः, क्रमेलः, क्रमेलकः, महाङ्गः, भयः, वणिग्वहः, शरभः, द्विककुद् *m.,* दीर्घग्रीवः; **'a young camel,'** करभः; **'a flock of camels,'** औष्ट्रकं.

Cameleon, *s.* सरटः, सरटुः *m.,* प्रतिसूर्य्यः, कृकलासः, कृकवाकुः *m.*

Camelopard, *s.* तरक्षुरूपेण चित्रित उष्ट्रजातीयो दीर्घग्रीवो जन्तुप्रभेदः.

Camelot, *s.* **(A stuff made of camel's hair, etc.)** उष्ट्रलोमादिनिर्म्मितं वस्त्रं.

Cameo, *s.* तक्षितुं शक्यो द्विवर्णप्रस्तरविशेषः, तक्षणीयत्वक्षमः कम्बुविशेषः.

Camera-obscura, *s.* सान्धकारकुटीपटलनिवेशितश् चाक्षुषयन्त्रविशेषो यद्द्वारेण अन्तरस्थश्वेतफलके प्रतिविम्बिता वहिःस्था विषया दृश्या भवन्ति.

Camerated, *a.* **(Arched)** तोरणाकारपटलयुक्तः -क्ता -क्तं, तोरणीकृतः -ता -तं.

Camisado, *s.* सौप्तिकं, सौप्तिकवधः, नैशाक्रमः, नैशाभिक्रमः, रात्रियुद्धं, रात्रौ **or** अन्धकारे अभियोगः **or** अवस्कन्दः.

Camoys or camous, *a.* **(Flat, said of the nose)** चिपिटः -टा -टं, चिकिनः -ना -नं, अवभ्रटः -टा -टं.

Camp, *s.* वाहिनीनिवेशः, निवेशः, शिविरं, कटकः, मन्दिरं, स्कन्धावारः, बलस्थितिः *f.,* पटकः; **'camp-follower,'** सेनाचरः.

To **camp,** *v. n.* **(To pitch a camp, to lodge in a camp)** निविश् **(c. 6.** -विशते -वेष्टुं), सैन्यं निविश् **in caus.** (-वेशयति -यितुं), शिविरे वस् **(c. 1.** वसति, वस्तुं).

Campaign, *s.* **(A level open tract of ground)** समभूमिः *f.,* समस्थलं, तरुगुल्समरहितः समो भूभागः, निर्वनभूमिः.—**(The time for which any army keeps the field)** अभिषेणनकालः, युद्धकालः, रणक्षेत्रे वर्त्तनकालः, वत्सरमध्ये यत्कालपर्य्यन्तं सैन्या रणक्षेत्रे युयुत्सवो विचरन्ति.

Campaniform, *a.* **(As a flower)** घण्टाकारः -रा -रं, घण्टाकृतिः -तिः -ति.

Campestral, *a.* क्षेत्रिकः -की -कं, कैदारः -री -रं, जाङ्गलः -ली -लं.

Camphor or camphire, *s.* कर्पूरः -रं, चन्द्र, सोमः, सोमसंज्ञं, सिताभ्रः, ताराभ्रः सुधांशुः *m.* घनसारः, हिमबालुका.

Camphorated, *a.* कर्पूरसंसृष्टः -ष्टा -ष्टं, कर्पूरीयः -या -यं.

Can, *s.* कंसः, कांस्यः, त्रापुषकुम्भः, लौहकुण्डः, धातुमयपात्रं, भाजनं.

To **can,** *v. n.* **(To be able)** शक् **(c. 5.** शक्नोति, **c. 4.** शक्यति, शक्तुं), समर्थः -र्था -र्थं अस्, क्षम् **(c. 1.** क्षमते, क्षन्तुं), प्रभू **(c. 1.** -भवति -भवितुं),

Canaille, *s.* अन्त्याः *m. pl.,* अन्त्यजातीयः *m. pl.,* अन्त्यजाः *m. pl.,* प्राकृतमनुष्याः *m. pl.,* अधमजातीयाः *m. pl.,* खलाः

Canal 110 Canister

m. pl., हीनवर्णा: *m. pl.*, पृथग्जना: *m. pl.*, इतरजना: *m. pl.*

Canal, *s.* कुल्या, उपकुल्या, खातं, प्रणाल: -ली, खल्ल:, जलनिर्गम:, सारणि: *f.*, कृत्रिमा सरित्.

Canary-bird, *s.* उत्तालरुतिविशिष्ट: पीतवर्णी विजातीय: क्षुद्रपक्षी:.

To **cancel,** *v. a.* **(To annual, obliterate)** लुप् **(c. 6.** लुम्पति, लोप्तुं), लोपं कृ, उच्छिद् **(c. 7.** -छिनत्ति: -छेत्तु), अपमृज् **(c. 2.** मार्ष्टि -मार्ष्टुं), निर्मृज्, व्यामृज्, परिमृज्, उद्धृ **(c. 1.** -हरति -हर्त्तुं).**—(To mark a writing with cross lines)** लिखिततलोपसूचनार्थं व्यत्यस्तरेखाद्वयेन पत्रं चिह्नं **(c. 10.** चिह्नयति -यितुं).

Cancellated, *p. p.* व्यत्यस्तरेखाचिह्नित: -ता -तं.

Cancelled, *p. p.* लुप्त: -प्ता -प्तं, उच्छिन्न -न्ना -न्नं, व्यामृष्ट: -ष्टा -ष्टं.

Cancer, *s.* **(A sore)** विद्रधि: *m.*, व्रण:, गलितक्षतं, नालीव्रण:, तनुव्रण:, उपदंश:, विस्फोट:, नाडी.**—(The sign of the summer solstice)** कर्कट:, कर्क:, कर्कटराशि: *m.*; **'stars in cancer,'** पुष्प:, सिध्य:, तिष्य:.**—(A carb-fish)** कुलीर:, कर्कट:.

To **cancerate,** *v. n.* **(To become a cancer)** व्रणीभू, विद्रधीभू, व्रण **(nom.** व्रणायते).

Cancerous, *a.* विद्रधिगुणविशिष्ट: -ष्टा -ष्टं, विद्रधीय: -या -यं.

Cancrine, *a.* कर्कटीय: -या -यं, कुलीरसम्बन्धी -न्धिनी (न्)

Candent, *a.* प्रचण्ड: -ण्डा -ण्डं, अत्युष्ण: -ष्णा -ष्णं, अत्यन्ततप्त: -प्ता -प्तं.

Candid, *a.* **(Fair, upright)** सरल: -ला -लं, दक्षिण: -णा -णं, उदार: -रा -रं, अवक्र: -क्रा -क्रं, अजिह्म: -ह्मा -ह्मं, शुद्धमति: -ति: -ति, ऋजु: -जु: -जु, अगूढभाव: -वा -वं, विमलात्म: -त्मा -त्म (न्), निर्व्यलीक: -का -कं. -का -कं.**—(Pure)** शुचि: -चि -चि, विमल: -ला -लं, निर्म्मल: -ला -लं.**—(White)** शुक्ल: -क्ला -क्लं.

Candidate, *s.* अर्थी *m.* (न्), प्रार्थक:, याचक:, प्रत्याशी *m.* (न्), पदान्वेषी *m.* (न्), अभियोक्ता *m.* (क्तृ).

Candidly, *adv.* सरलं, दाक्षिण्येन, अजिह्मं, धर्म्मतस्, अमायया, निर्व्यलीकं, निर्व्याजं, कपटं विना, मायाव्यतिरेकेण.

Candidness, *s.* सरलता, सारल्यं, दाक्षिण्यं, शुचिता, ऋजुता, आर्जवं, अजिह्मता, निर्व्यलीकता, अमाया.

Candied, *a.* घनीभूत: -ता -तं.**—(Sugar)** खण्डमोदक:, माक्षिकशर्करा, उपला, दृढगात्रिका.

To **candify,** *v. a.* शुक्लीकृ, धवलीकृ, धवल **(nom.** धवलयति -यितुं).

Candle, *s.* दीप: -पक:, दीपिका, प्रदीप:, वर्त्ती, वर्त्ति: *f.*, दशाकर्ष:, शिखी *m.* (न्), कज्ज्वलध्वज:.

Candleholder, *s.* दीपधारी *m.* (न्), दीपवाह:, प्रदीपभृत्, दीपहस्त:.

Candlelight, *s.* दीपद्युति: *f.*, प्रदीपद्युति:, दीपप्रभा, वर्त्तिदीप्ति: *f.*

Candlemas, *s.* मरियम्नामिकाया: कन्याया: शुचित्वम् उद्दिश्य महोत्सवो यस्य सेवनकाले भूरिप्रदीपा: समिद्धा भवन्ति.

Candlestick, *s.* दीपाधार:, दीपपादप:, प्रदीपपादप:, दीपवृक्ष:, वर्त्याधार:, शिखातरु: *m.*, शिखावृक्ष:, कौमुदीवृक्ष:, कज्ज्वलरोचक:.

Candlestuff, *s.* दीपिकानिर्म्माणार्थं तैलवसादि द्रव्यं, वसा, तैलं, स्नेह:.

Candour, *s.* सरलता, दाक्षिण्यं, शुचिता, अमाया, ऋजुता, सत्यता, सत्यवादित्वं, विमलात्मता, मनोनिर्म्मलत्वं, निर्व्यलीकता, औदार्य्यं, सुशीलता.

To **candy,** *v. a.* **(To form into congelations)** खण्डीकृ, खण्डमोदाकारं -रां -रं **or** उपलाकारं कृ, घनीकृ **or** सान्द्रीकृ **or** संहतीकृ, श्यै **in caus.** (श्यापयति -यितुं).

To **candy,** *v. n.* **(To grow congealed)** खण्डीभू, खण्डमोदकवद् घनीभू **or** सान्द्रीभू, उपलाकार: -रा -रं भू, श्यै **(c. 1.** श्यायते, श्यातुं).

Candy, *s.* **(Sugar)** खण्डमोदक:, खण्ड:, उपला, शुक्लोपला, माक्षिकशर्करा, शर्करा, दृढगात्रिका.

Cane, *s.* वेतस:, वेणु: *m.*, वेत्र:, वेत्रं, वंश:, कीचक:, वानीर:; **'made of cane,'** वैणव: -वी -वं, वैत्रक: -की -कं, वैदल: -ली -लं; **'a worker in cane,'** वेणुच्छेदनजीवी *m.* (न्), वैदलकार:; **'a blow with a cane,'** वेत्राघात:, वेत्रेण आघात:.**—(A stick)** यष्टि: *m. f.*, दण्ड:; **'a cane stick,'** वैणवी यष्टि:.**—(Sugar-cane)** इक्षु: *m.*, इक्षुयष्टि: *m.*, इक्षुदण्ड:.**—(Cane-chair)** वेत्रासनं.

To **cane,** *v. a.* **(To beat with a cane)** दण्डेन **or** वेत्रेण **or** यष्टिना हन् **(c. 2.** हन्ति, हन्तुं) **or** तड् **(c. 1.** ताडयति -यितुं), वेत्राघातं कृ.

Canicular, *a.* **(Belonging to the dog-star)** कुक्कुराख्यनक्षत्रसम्बन्धी -न्धिनी -न्धि (न्).

Canine, *a.* कुक्कुरसम्बन्धक: -का -कं, कुक्कुरीय: -या -यं, शौव: -वी -वं.

Canister, *s.* **(A basket)** ढल्लक:, करण्ड:.**—(A tin-box)** त्रापुपपात्रं.

Canker, ***s.*** **(A corroding sore)** गलितक्षतं, विद्रधिः ***m.,*** नानीव्रणः.—**(A worm that destroys fruits)** फलनाशकः. कीटः.—**(Any thing that corrupts or corrodes)** कलङ्कः, विषं, दूषकः, गरः.—**(Corrosion, consuming)** दूषणं, विलयः, विलयनं, क्षयः, नाशः, विनाशः.—**(Virulence)** विषालुता, सगरता.

To **canker,** ***v. a.*** **(To corrupt, corrode)** दुष् **in caus.** (दूषयति -यितुं), कलङ्क **(nom.** कलङ्कयति -यितुं), विली **in caus.** (-लापयति -यितुं), विनश् **in caus.** (-नाशयति -यितुं), क्षि **in caus.** (क्षयति -यितुं), मृ **in caus.** (मारयति -यितुं).

To **canker,** ***v. n.*** **(To grow corrupt)** दुष् **(c. 4.** दुष्यति, दोष्टुं), प्रदुष्, विली **(c.4.** -लीयते -लेतुं), विषसम्पर्कात् **or** विषसंसर्गात् क्षी **in pass.** (क्षीयते), गल् **(c. 1.** गलति, गलितुं), विगल्.

Canker-bit, ***a.*** विषाक्तदन्तेन दष्टः -ष्टा -ष्टं **or** दंशितः -ता -तं.

Cankered, ***p. p.*** कलङ्कितः -ता -तं, दूषितः -ता -तं, विषाक्तः -क्ता, क्तं, गरली -लिनी -लि (न्).—**(In disposition)** प्रतीपः -पा -पं, दुःशीलः -ला -लं, विषहृदयः -या -यं.

Cannabine, ***a.*** शाणः -णी -णं, भाङ्गीनः -ना -नं, शणसूत्रमयः -यी -यं.

Cannibal, ***s.*** पुरुषादः, नृजग्धः, नरभुक् ***m.*** (ज्), मनुष्यभोजी ***m.*** (न्), अश्रपः, पिशिताशः, क्रव्याशी ***m.*** (न्), आममांसाशी ***m.*** (न्), राक्षसः.

Cannibalism, ***s.*** नृजग्धत्वं, क्रव्याशिता, मनुष्यभोजित्वं.

Cannon, ***s.*** अन्तरग्निबलेन लोहगुलिकाप्रक्षेपणं युद्धयन्त्रं, वृहद्गोलप्रक्षेपार्थं सुषिरयन्त्रं, गोलासनं, गुलिप्रक्षेपणी वृहल्लोहनाडिः ***f.***

To **cannonade,** ***v. a.*** पूर्व्वोक्तेन यन्त्रेण मृद् **(c. 9.** मृद्नाति, मर्द्दितुं) **or** प्रमृद्.

Cannon-ball, ***s.*** रणगुलिः ***f.,*** रणगोलः, गुलिः ***f.*** -ली, अयोगुडः, पूर्व्वोक्तवृहन्नाडेः प्रक्षेपणीयो लोहगोलकः, दूरवेधिनी गुलिका, आग्नेयास्त्रं.

Cannoneer, ***s.*** पूर्व्वोक्तयन्त्रेण मर्द्दी ***m.*** (न्) **or** विमर्द्दी, रणगुलिप्रक्षेपकः, रणगोलासः, आग्नेयास्त्रप्रक्षेपकः.

Canoe, ***s.*** वृक्षस्य खातस्कन्धनिर्म्मिता क्षुद्रनौका, लघुनौका.

Canon, ***s.*** **(A rule, a law)** विधिः ***m.,*** नियमः, सूत्रं, व्यवस्था, शास्त्रं, रीतिः ***f.***—**(Ecclesiastical law)** पौरोहितधर्म्मशास्त्रं, धर्म्माध्यक्षसमाजेन व्यवस्थापिता धर्म्मसंहिता, पौरोहित्यसम्बन्धि स्मृतिशास्त्रं, याजकीयधर्म्मशास्त्रं.—**(The received books of Holy Scripture)** धर्म्ममूलं, धर्म्मपुस्तकसंहिता, धर्म्मनिदर्शनं.—**(A dignitary of a Cathedral)** महापूजाशालासम्बन्धीयमठे गुरुः **or** सभासद्, महाभजनप्रासादे प्रधानपुरोहितः, महापूजाशालायां मुख्यधर्म्माध्यापकः.

Canoness, ***s.*** पूर्व्वोक्तपुरोहितव्यवहारानुसारिणी स्त्री **or** नारी.

Canonical, ***a.*** वैधिकः -की -कं, नैयमिकः -की -कं, शास्त्रीयः -या -यं, धर्म्मशास्त्रीयः -या -यं, रीत्यनुसारी -रिणी -रि (न्), व्यावहारिकः -की -कं, पौरोहितधर्म्मानुरूपः -पा -पं.

Canonically, ***adv.*** विधिवत्, शास्त्रवत्, विधितस्, शास्त्रतस्, विधिपूर्व्वकं, रीतिपूर्व्वकं, नियमपूर्व्वकं, यथाविधि, यथाशास्त्रं, पौरोहितधर्म्मानुसारेण, याजकीयस्मृतिशास्त्रक्रमेण.

Canonicals, ***s.*** **pl.** धर्म्माध्यापकलाक्षणिकं वस्त्रादि, पुरोहितवेशः, याजकवेशः.

Cannonist, ***s.*** पौराहितधर्म्मशास्त्रज्ञः, पुरोहितव्यवहारपण्डितः, याजकीयधर्म्मशास्त्रज्ञः.

Canonization, ***s.*** सिद्धानाम् मध्ये आरोपणं, अमुकसाधुजनः सिद्धिं प्राप्तवान् इति घोषणापत्रेण विज्ञापनं.

To **canonize,** ***v. a.*** सिद्धलोकमध्ये आरुह् **in caus.** (-रोपयति -यितुं), अमुकसाधुजनः सिद्धानां मध्ये विगणनीय इति घोषणापत्रेण विज्ञा **in caus.** (-ज्ञापयति -यितुं).

Canonized, ***p. p.*** सिद्धलोकारोपितः -ता -तं, सिद्धानां मध्ये संख्यातः -ता -तं.

Canonry or canonship, ***s.*** पूर्व्वोक्तपुरोहितसम्बन्धि पदं **or** वर्त्तनं.

Canopied, ***p. p.*** मितानीकृतः -ता -तं, वितानाच्छादितः -ता -तं.

Canopy, ***s.*** वितानं -नकं, चन्द्रातपः, उल्लोचः, आच्छादनं, पिधानं, व्यवधा.

To **canopy,** ***v. a.*** वितानीकृ, चन्द्रातपने आच्छद् **(c. 10.** -छादयति -यितुं).

Canorous, ***a.*** सुस्वरः -रा -रं, सुचारुस्वनः -ना -नं, स्वरयुक्तः -क्ता -क्तं.

Cant, ***s.*** **(A technical form of speaking)** परिभाषा, लाक्षणिकवाक्यं, कल्पितवाक्यं, कल्पितसंज्ञा, रचितवाक्यं.—**(A corrupt dialect)** भ्रष्टभाषा, अपभाषा, कुभाषा, अपशब्दः.—**(A whining pretension to godness)** अन्तर्दुष्टस्य धर्म्मध्वजीकरणार्थं मद्वाक्यमात्रं, साधुवाङ्मात्रं, दम्भोक्तिः ***f.,*** दाम्भिकवचनं, धर्म्मापदेशकवाक्यं, निःसत्यवाक्यं, वैलक्ष्यवचनं, वाक्छलं, छाद्मिकवचनं.

To **cant,** ***v. n.*** **(To talk in technical language)** परिभाष् **(c. 1.** -भाषते -भाषितुं), लाक्षणिकवाक्यं **or** रचितवाक्यं वद् **(c. 1.** वदति, वदितुं).—**(To speak hypocritically)** धर्म्मध्वजीकरणार्थं **or** धर्म्मापदेशमात्रात् सज्जन इव वद्, दम्भार्थं स्वव्यवहारविरुद्धं सद्वाक्यमात्रं वद्.

Cantation, ***s.*** **(The act of singing)** गानं, गीतिः ***f.,*** गीतं, गानकरणं.

Canteen, *s.* सैन्यानां प्रस्थानकाले मद्यशुण्डादिधारणयोग्यं त्रापुषभाण्डं.

Canter, *s.* **(Pace of a horse)** अर्द्धपुलायितं, अर्द्धवल्गितं, विक्रान्तिः *f.* **–(A canting hypocrite)** दम्भार्थं वादी *m.* (न्), वाङ्मात्रेण धार्म्मिकः. दाम्भिकः, छद्मतापसः, धर्म्मध्वजी *m.* (न्), आर्य्यलिङ्गी *m.* (न्), साधुम्मन्यः.

To **canter,** *v. n.* अर्द्धपुलायितेन or अर्द्धवल्गितेन चल् (c. 1. चलति, चलितुं).

Cantharides, *s. pl.* त्वक्स्फोटोत्पादका विदेशीयमक्षिका- प्रभेदाः.

Canthus, *s.* **(Corner of the eye)** अपाङ्गं –ङ्गकं, नयनोपान्तः, नेत्रपर्य्यन्तः.

Canticle, *s.* उपगीतं, उपगानं, ईषद्गीतं काव्यबन्धः. **–(Book of the Bible)** सुलेमान्नाम्ना राज्ञा रचितं धम्मग्रन्थानां मध्ये गणितं गीतं.

Cantle or cantlet, *s.* **(A piece)** खण्डं, भिन्नं, भागः, विभागः, शकलं.

Canto, *s.* अध्यायः, सर्गः, पर्व्व *n.* (न्), परिछेदः, विछेदः, स्कन्धः, खण्डः –ण्डं, उच्छ्वासः, काण्डः, परिवर्त्तः.

Canton, *s.* मण्डलं, उपमण्डलं, चक्रं, भूप्रदेशः, भूमिभागः, भूभागः, देशः.

To **canton,** *v. n.* **(To divide into parts)** खण्डशस् or भागशस् or खण्डं खण्डं विभज् (c. 1. –भजति –भक्तुं) or परिक्लृप् (c. 10. –कल्पयति –यितुं) or व्यंश् (c. 10. –अंशयति –यितुं). **–(To canton a town for soldiers)** नगरे स्वं स्वम् आवामं सैन्यानां क्लृप् (c. 10. कल्पयति –यितुं).

Cantonment, *s.* सैन्यावासः, नगरे पृथक् पृथक् परिकल्पितं सैन्यनिवासस्थानं **–(Camp)** कटकः, शिविरं.

Canvass, *s.* **(A coarse cloth)** शाणं, शणवस्त्रं, पटः, पटी, स्थूलपट्टं, स्थूलशाटिः *m.* **–(Sails of a ship)** वातवसनं. **–(Solicitation upon an election)** अमुकपदप्रेप्सया परसम्मतप्रार्थनं.

To **canvass**, *v. a.* **(To sift, examine)** परीक्ष् (c. 1. –ईक्षते –ईक्षितुं), निरूप् (c. 10. –रूपयति –यितुं), अनुसन्धा (c. 3. –दधाति –धातुं). **–(To debate)** विचर् in caus. (–चारयति –यितुं), तर्क् (c. 10. तर्कयति –यितुं), वितर्क्.

To **canvass**, *v. n.* **(To solicit votes)** अमुकपदप्रेप्सया परेषां सम्मतं or आश्रयं or आग्रहं or अनुपालनं or संवर्द्धनं प्रार्थ् (c. 10. –अर्थयते –यितुं).

Canvasser, *s.* प्रार्थकः, अर्थी *m.* (न्), अमुकपदप्रेप्सुः *m.*, पराश्रयप्रार्थकः.

Cany, *a.* वेतस्वान् –स्वती –स्वत् (त्), वैत्रकः –की –कं, वैदलः –ली –लं, वैणवः –वी –वं.

Canzonet, *s.* **(A little song)** उपगीतं, उपगानं, गीतकः, ईषद्गीतं.

Cap, *s.* शिरोवेष्टः –ष्टनं, शिरस्कं, शिरस्त्रं, शिरस्त्राणं, शिरोवस्त्रं. मस्तकाभरणं.

To **cap,** *v. n.* **(To take off the cap in salutation)** मस्तकम् उच्छाद्य or शिरस्कम् उद्गम्य अभिवद् (c. 10. –वादयति –ते –यितुं); अभिवादनार्थं शिरस्त्रम् अवतृ in caus. (–तारयति –यितुं), or अवमुच् (c. 6. –मुञ्चति –मोक्तुं).

To **cap,** *v. a.* **(To cover)** पिधा (c. 3. –दधाति –धातुं), सपिधानं –ना –नं कृ: **'to cap verses,'** प्रतिमालां कृ.

Capability, *s.* शक्यत्वं, शक्तिः *f.*, शक्तता, सामर्थ्यं, समर्थता, क्षमता, उपयोगिता, योग्यता, युक्तिः *f.*, पात्रता, सामञ्जस्यं; **'of acting,'** क्रियाशक्तिः *f.*

Capable, *a.* **(Having powers equal to any thing)** क्षमः –मा –मं, समर्थः –र्था –र्थं, शक्तः –क्ता –क्तं, योग्यः –ग्या –ग्यं, उचितः –ता –तं; **'capable of building a house,'** गृहकरणे शक्तः; **'capable of a journey,'** अध्वनि क्षमः; **'capable of toils,'** क्लेशानाम् उचितः; **'capable of being done,'** शक्यः –क्या –क्यं; **'to be capable of,'** शक् (c. 5. शक्नोति or pass. शक्यते), क्षम् (c. 1. क्षमते), उत्सह् (c. 1. –सहते) **with inf.;** क्लृप् (c. 1. कल्पते), उपक्लृप्; **'I am not capable of leaving thee,'** त्वाम् उत्स्रष्टुं नोत्सहे; **'he is rendered capable of immortality,'** अमृतत्वाय कल्पते. **–(Qualified, competent)** उपयुक्तः –क्ता –क्तं. पात्रिकः –का –कं. **–(A competent person)** पात्रं, सत्पात्रं. **–(One endowed with good qualities, intelligent)** गुणवान् –वती –वत् (त्), बुद्धिमान् –मती –मत् (त्), कृती –तिनी –ति (न्). **–(Capable of holding)** धारणक्षमः –मा –मं, आदानयोग्यः –ग्या –ग्यं.

Capacious, *a.* विशालः –ला –लं, विस्तीर्णः –र्णा –र्णं, विस्तृतः –ता –तं, पृथुः –थुः –थु, विवृतः –ता –तं, विपुलः –ला –लं, उरुः –रुः –रु, प्रसृतः –ता –तं, प्रस्थः –स्था –स्थं.

Capaciousness, *s.* विशालता, विस्तीर्णता, पृथुता, परिसरः, ऊरुम्बं.

To **capacitate,** *v. a.* क्षमीकृ, उपयुक्तं –क्तां –क्तं कृ, उपयोगित्वं दा (c. 3. ददाति, दातुं).

Capacity, *s.* **(Size)** परिमाणं. **–(Power of holding)** धारणशक्तिः *f.*, कोष्ठः. **–(Room)** प्रसरः, विस्तृतिः *f.*, विस्तारः. **–(Power of the mind)** धीशक्तिः *f.*, बुद्धिपात्रता. **–(Power ability, fitness)** शक्तिः *f.*, सामर्थ्यं, बलं, योग्यता, उपयुक्तता, उपयोगित्वं, पात्रता; **'according to one's capacity,'** यथाशक्ति, यथासामर्थ्यं, यथाबलं; **'beyond one's capacity,'** अतिशक्तिः. **–(State, profession)** भावः, दशा, अवस्था, वृत्तिः *f.*

Cap-á-peé or aap-á-pié, अङ्गप्रत्यङ्गं, मस्तकात्प्रभृति पादपर्य्यन्तं, सर्व्वाङ्गं. **–(Completely armed)** संवर्म्मितः –ता –तं.

Caparison, *s.* **(Of a horse or elephant)** आस्तरः –रणं,

परिष्टोमः, वर्णः, जयनं, सज्जा, अश्वसज्जा, अश्वपरिधानं, प्रखरः.

To* caparison, *v. a. परिष्टोमं **or** आस्तरं परिधा **(c. 3.** –दधाति –धातुं), सज्जीकृ.

Caparisoned, *p. p.* परिष्टोमभूषितः –ता –तं, सज्जितः –ता –तं, जयनयुक् ***m.f.n.*** (ज्).

Capcase, *s.* लघुवस्त्राधारः, भाण्डं, समुद्गः –द्गकः, सम्पुटः.

Cape, *s.* (Promontory) अन्तरीपः –पं, नासारूपेण समुद्रमध्ये प्रलम्बो भूमिभागः, समुद्रमध्ये उदग्रा गिरिनासिका, स्थलाभोगः. **—(Neck-piece of a cloak)** ग्रीवाप्रच्छदः, स्कन्धप्रच्छदः, स्कन्धप्रावरणं, उत्तरप्रच्छदः. **—(A small cloak)** अरत्निपर्य्यन्तं लम्बमानः, क्षुद्रप्रावारः.

Caper, *s.* (A jump) प्लुतं, प्लवः, झम्पः, वल्गितं, उत्फालः, लङ्घनं, नर्त्तनं, **—(A kind of pickle)** सन्धितविशेषः.

To caper, *v. n.* प्लु **(c. 1.** प्लवते, प्लोतुं), नृत् **(c. 4.** नृत्यति, नर्त्तितुं), वल्ग् **(c. 1.** वल्गति, वल्गितुं), उत्पत् **(c. 1.** –पतति –पतितुं).

Capillament, *s.* केशरः, केसरः, पक्ष्म ***n.*** (न्), किञ्जलः, किञ्जल्कः.

Capillary, *a.* (Resembling hair) केशोपमः –मा, –मं, केशिकः –की –कं, केशरी –रिणी –रि (न्). **—(Minute)** सूक्ष्मः –क्ष्मा –क्ष्मं, कणीकः –का –कं.

Capillary, *s.* सूक्ष्मतृणकारदलविशिष्ट ओषधिभेदः. **—(Vein)** सूक्ष्मनाडिः ***f.***

Capital, *a.* (Relating to the head) मस्तकसम्बन्धी –न्धिनी –न्धि (न्). **—(Chief, principal)** परमः –मा –मं, मुख्यः –ख्या –ख्यं, उत्तमः –मा –मं. अग्र्यः –ग्र्या –ग्र्यं, विशिष्टः –ष्टा –ष्टं, येष्ठः –ष्ठा –ष्ठं, प्रधानः **in comp. —(Criminal in the highest degree, worthy of death)** महापातकी –किनी –कि (न्), वधार्हः –र्हा –र्हं, वधदण्ड्यः –ण्ड्या –ण्ड्यं; **'a capital crime,'** महापातकं, महापापं. **—(A capital city)** पुरोत्तमः, ***see*** **the next. —(Capital punishment)** बधदण्डं, उत्तमसाहसं, प्राणहननं, प्राणदण्डः. **—(Capital stock)** मूलद्रव्यं.

Capital, *s.* (In money, etc.) मूलं, मूलधनं, मूलद्रव्यं, नीवी –विः ***f.,*** परिपणं. **—(A capital city)** राजधानं –नी, स्कन्धावारः, कर्व्वटः –टं, खर्व्वटः –टं. **—(A large letter)** वृहदक्षरं, महाक्षरं. **—(Top of a pillar)** स्तम्भशीर्षं, स्तम्भाग्रं, स्तम्भशृङ्गं.

Capitalist, *s.* कोटीश्वरः, मूलधनाढ्यः, धनाढ्यः, धनवान ***m.*** (त्), कोषवान् ***m.*** (त्), सधनः, वित्तवान् ***m.*** (त्).

Capitally, *adv.* उत्तमसाहसेन, प्राणदण्डेन, परमं, उत्तमप्रकारेण.

Capitation, *s.* मस्तकसंख्या, शरीरगणना, व्यक्तितः, परिसंख्या, प्रत्येकं **or** एकशस् **or** एकतस् **or** एकैकशस् **or** पृथक् पृथक् संख्यानं **or** परिगणना.

Capitol, *s.* रोमनगरे पूजितस्य युपितराख्यस्य आदिदेवस्य प्रासादः.

Capitular, *s.* (The statutes of the chapter of a cathedral) महाभजनप्रासादे सर्व्वसभासद्भिर् विहिता व्यवस्थासंहिता. **—(A member of the chapter)** महाभजनप्रासादे सभासद् ***m.,*** महापूजाशालासम्बन्धीयमठे सभासद्.

Capitular, *a.* पूर्व्वोक्तमठव्यवस्थासम्बन्धी –न्धिनी –न्धि (न्).

***To* capitulate, *v. n.* (To surrender on certain stipulations)** समयं **or** नियमं कृत्वा शत्रुवशे **or** शत्रुस्वत्वे **or** शत्रोरधिकारे परादा **(c. 3.** –ददाति –दातुं) **or** प्रदा, **or** सम्प्रदा **or** समृ **in caus.** (–अर्पयति –यितुं) **or** शत्रोरधीनं –ना –नं भू **or** शत्रोर् वशीभू. **—(To draw up any thing in heads)** मार्गेषु निबन्ध् **(c. 9.** –बध्नाति –बन्द्धुं) **or** रच् **(c. 10** रचयति –यितुं), सम्प्रवच् **(c. 2.** –वक्ति –वक्तुं). समासतस् **or** सङ्क्षेपतस् लिख् **(c. 6.** लिखति, लेखितुं).

Captitulation, *s.* (Surrendering on certain stipulations) नियमपूर्व्वकं परादानं **or** सम्प्रदानं **or** प्रदानं **or** समर्पणं. **—(Reduction to heads)** मार्गेषु निबन्धनं **or** रचना, समासतो लिखनं.

Capitulator, *s.* नियमपूर्व्वकं परादाता ***m.*** (तृ) **or** सम्पदाता ***m.*** (तृ), समयकर्त्ता ***m.*** (र्त्तृ).

Cap-maker, *s.* शिरस्त्रकारी ***m.*** (न्), शिरोवेष्टनकृत्, मस्तकाभरणविक्रेता ***m.*** (तृ).

Capon, *s.* छिन्नवृषणः कुक्कुटः, वृषणहीणः कृकवाकुः ***m.***

Capot, *s.* पिकेटाख्यायां क्रीडायां सर्व्वद्यूतपत्राणां निर्जयः **or** स्वीकरणं.

To* capot, *v. a. पूर्व्वोक्तक्रीडायां सर्व्वद्यूतपत्राणि निर्जि **(c. 1.** –जयति –जेतुं) **or** स्वीकृ.

Capouch, *s.* (A monk's hood) सन्न्यासिभिर् भृतं शिरः पिधानं.

Carprice, *s.* मनोलौल्यं, लौल्यं, चापलं, निर्बन्धः, अखट्टिः ***m.,*** असङ्ग्रहः, खाटिः ***f.***

Capricious, *a.* चपलः –ला –लं, चञ्चलः –ला –लं, लोलः –ला –लं, अस्थिरः –रा –रं, मङ्कमुकः –कमा –कं, चञ्चलहृदयः –या –यं, लोलचेताः –ता –तः (स्), चलचित्रः –त्ता –त्तं, चपलात्मकः –का –कं, प्रकृतितरलः –ला –लं, नैकभावाश्रयः –या –यं, असदाग्रः –ग्रा –ग्रं.

Capriciously, *adv.* मनोलौल्येन, चापल्येन, चाञ्चल्येन, लोलचेतसा.

Capriciousness, *s.* चापल्यं, चपलता, चाञ्चल्यं, चञ्चलता, अस्थिरता, चलता, हृदयचाञ्चल्यं, चलचित्तता, चित्तरलता.

Capricorn, *s.* (Sign of the zodiac) मकरराशिः ***m.,*** मकरः.

Capriole, *s.* अश्वप्लुतं, तुरङ्गवगितं, अश्वस्य गतिविशेषः.

Capstan, *s.* गुरुभाराकर्षणार्थं यष्टिभिः सञ्चारितं चक्रयन्त्रं.

Capsular, capsulary, ***a.*** वीजकोशाकार: -रा -रं, पुटाकार: -रा -रं.

Capsulated, ***a.*** कोशस्थ: -स्था -स्थं, कोशपरिगत: -ता -तं.

Capsule, ***s.*** वीजकोश:, वीजगुप्ति: ***f.,*** कोष:, पुट:, सिम्बा.

Captain, ***s.*** **(In the army)** सैन्याधिपति: ***m.,*** सैन्याध्यक्ष:, व्यूहपति: ***m.,*** गुल्मपति:, योधमुख्य:, दण्डनायक:, सेनानी: ***m.*** —**(Of a ship)** नौकाधिपति: ***m.,*** नौकाधिष्ठाता ***m.*** (तृ), पोताध्यक्ष:, नौपति:.—**(Any chief)** मुखर:, नायक:, नेता ***m.*** (तृ), पुरोग: -गम:, अग्रग:.

Captainship, ***s.*** सैन्याधिपतिपदं, नौकाध्यक्षाधिकार:, नेतृत्वं, मुखरत्वं.

Captation, ***s.*** **(Courting favour)** लोकरञ्जनं, लोकानुरञ्जनं लोकसेवनं, लोकप्रशंसासेवनं, जनप्रसादलिप्सा.

Caption, ***s.*** **(Seizure of person)** आसेध:.—**(Overreaching)** प्रलम्भ:, प्रतारणं, छलं.

Captious, ***a.*** **(Censorious)** छिद्रोन्वेषी -षिणी -षि (न्), छिद्रानुसारी -रिणी -रि (न्), घृणी -णिनी -णि (न्), दोषग्राही -हिणी -हि (न्), विवादशील: -ला -लं, उद्ग्राहशील: -ला -लं.—**(Fallacious, insidious)** मोही -हिनी -हि (न्), भ्रान्तिकर: -री -रं.

Captiously, ***adv.*** विवादार्थं, विवादमात्रवाञ्छया, छिद्रान्वेषिवत्, उद्ग्राहशीलत्वात्, घृणया.

Captiousness, ***s.*** छिद्रान्वेषिता, विवादशीलता, घृणा, दोषग्राहित्वं, उद्ग्राहशीलता.

To **captivate,** ***v. a.*** **(To bring into bondage)** वशीकृ, वन्दीकृ दासीकृ, करदीकृ, दम् **in caus.** (दमयति -यितुं).—**(To charm)** वशीकृ चित्रं **or** मनो हृ **(c. 1.** हरति, हर्त्तुं) **or** अपहृ, हृदयं ग्रह् **(c. 9.** गृह्णाति ग्रहीतुं), मुह् **in caus.** (मोहयति -यितुं).

Captivated, ***p. p.*** वशीकृत: -ता -तं, वशीभूत: -ता -तं, वशतापन्न: -न्ना -न्नं.

Captivating, ***a.*** मनोहर: -रा -रं, चित्रहारी -रिणी -रि (न्), चित्तापहारी -रिणी -रि (न्), हृदयग्राही -हिणी -हि (न्), मोहन: -ना -नी -नं, मोही -हिनी -हि (न्).

Captivation, ***s.*** वशीकरणं, ग्रहणं, वन्धनं, दासीकरणं, वन्दीकरणं.

Captive, ***a.*** वन्दीकृत: -ता -तं, दासीभूत: -ता -तं, शत्रुधृत: -ता -तं, शत्रुवश: -शा -शं, शत्रुग्रस्त: -स्ता -स्तं, कारास्थित: -ता -तं, कारागुप्त: -प्ता -प्तं, ग्रहण: -णा -णं.

Captive, ***s.*** वन्दि: ***f.,*** वन्दी, शत्रुधृत:, कारास्थ:, कारागुप्त:, ग्रहण:, उपग्रह:, प्रग्रह:, करद:, कवरकी; **'taken alive,'** जीवग्राह:.—**(Slave)** दास:; **'to take captive,'** वन्दीकृ, दासीकृ.—**(One charmed by beauty, etc.)** वशीभूत:, मोहित:.

Captivity, ***s.*** वन्धनं, वन्दिभाव:, कारागोपनं, वशित्वं, वश्यता, शत्रुवशिता.—**(Servitude)** दासत्वं, दास्यं, दासभाव:.

Captor, ***s.*** वन्दीकर्त्ता ***m.*** (र्त्तृ), ग्राहक:, जेता ***m.*** (तृ), लोप्तकृत्.

Capture, ***s.*** **(The act of taking)** ग्रहणं; **'capture of a fort,'** दुर्गलङ्घनं, दुर्गभङ्ग:.—**(The prize taken)** लोप्त्रं, लोत्रं; **'capture of cattle,'** गोग्रह:.

To **capture,** ***v. a.*** ग्रह् **(c. 9.** गृह्णाति, ग्रहीतुं), वन्दीकृ, दासीकृ, करदीकृ; **'to capture a fort,'** दुर्गं भञ्ज् **(c. 7.** भनक्ति, भंक्तुं) **or** लङ्घ् **(c. 10** लङ्घयति -यितुं).

Capuchin, ***s.*** रोमीयमतस्थ: सन्न्यासिविशेष:.

Caput mortuum, ***s.*** मलं, खलं, किट्टं, कल्कं, विनीय:, शेषं.

Car, ***s.*** रथ:, चक्रयानं, गन्त्री, गन्त्रीरथ:, शकट:; **'of the gods,'** विमानं -नं; **'war-car,'** स्यन्दन:, शताङ्ग; **'pleasure-car,'** क्रीड पुष्परथ; **'a covered car,'** कर्णीरथ:, हयनं, प्रवहणं; **'multitude of cars,'** रथ्या, रथकट्या; **'a car-maker,'** रथकार:.

Carabine or carbine, ***s.*** **(A short gun used by the light horse)** सङ्ग्रामसमये अश्वारूढैर्भृता सीसकगोलकप्रक्षेपणी बाहुपरिमाणा लोहनाडि:.

Carabineer, ***s.*** पूर्व्वोक्तशस्त्रधारी हयारूढ:, पूर्व्वोक्तशस्त्रभृत्.

Carack, ***s.*** **(A large ship of burthen)** भारवाहिनी वृहन्नौका.

Caracole, ***s.*** तिर्य्यक्प्लुतं, तिर्य्यग्वल्गितं, वक्रगति: ***f.,*** कुटिलगति:, अर्द्धचन्द्राकारा तुरङ्गगति:.

To **caracole,** ***v. a.*** तिर्य्यक् प्लु **(c. 1.** प्लवते, प्लोतुं) **or** वल्ग् **(c. 1.** वल्गति, वल्गितुं), अश्ववद् वक्रगत्या **or** अर्द्धचन्द्राकारगत्या चल् **(c. 1.** चलति, चलितुं).

Carat, caract, ***s.*** **(A weight of four grains)** रक्तिकाद्वयसम उन्मानविशेष:.—**(Manner of expressing the fineness of gold)** स्वर्णकारभाषायां सुवर्णनिर्म्मल्यवाचिक: शब्द:.

Caravan, ***s.*** सार्थ:, पथिकसन्तति: ***f.,*** यात्रा, यात्रिकसङ्घ:, सार्थवाहसमूह:, समध्वगनिवह:.

Caravansarv, ***s.*** पथिकाश्रय:, पथिकावासस्थानं, सार्थवाहानाम् उत्तरणस्थानं, उपकारी.

Caraway or carway, ***s.*** अजमोदा, क्षुद्रवीजप्रभेद: स च पिष्टकापूपादिना कदापि संसृज्यते.

Carbonado, ***s.*** भर्ज्जनार्थं छिन्नमांसं **or** व्यवच्छिन्नमांसं, भर्ज्जनयोग्यं विनिकृत्तमांसं.

To **carbonado,** ***v. a.*** भर्ज्जनार्थं मांसं व्यवछिद् **(c. 7.** -छिनत्ति -छेत्तुं) **or** विनिकृत **(c. 6.** -कृन्तति -कर्त्तितुं) **or** विशस् **(c. 1.** -शसति -शसितुं).

Carbuncle, ***s.*** **(Swelling)** व्रण: -णं, विस्फोट:, स्फोट:, गण्ड:.—**(Jewel)** पद्मराग:, सर्पमणि:.

Carbuncled, *a*. (Having swellings) व्रणी -णिनी -णि (न्). —**(Set with the jewel)** पद्मरागमयः -यी -यं, सर्पमणिकरम्बितः -ता -तं.

Carcanet, *s*. (A chain or necklace of jewels) रत्नावलिः ***f.***, मणिमाला, मुक्तावली.

Carcass, *s*. (A dead body) शवः -वं, मृतशरीरं, मृताङ्गं, मृतकं, कुणपः -पं. —**(The remains, ruins)** शेषभागः, जीर्णभागः.

Carcelage, *s*. (Prison fees) काराध्यक्षशुल्कं, कारारक्षकेण गृहीतं शुल्कं.

Carceral, *a*. कारासम्बन्धी -न्धिनी -न्धि (न्), बन्धनालयसम्बन्धकः -का -कं.

Card, *s*. (A painted paper used in games of chance) क्रीडापत्रं. द्यूतपत्रं, चित्रितद्यूतपत्रं. —**(The paper on which the points of the compass are marked under the needle)** दिग्विदिगङ्कितं पत्रं. —**(The instrument for combing wool, flax, etc.)** ऊर्णाशणादिमार्जनार्थं लोहदन्तयुक्तं यन्त्रं, ऊर्णामार्जनी, ऊर्णानिर्घर्षणयन्त्रं.

***To* card, *v*. *a*. (To comb wool)** पूर्व्वोक्तयन्त्रेण ऊर्णां सम्मृज् **(c. 2.** -मार्ष्टि -मार्ष्टुं) **or** निर्घृष् **(c. 1.** -घर्षति -घर्षितुं).

Cardamom, *s*. (Large) एला, एलीका, पृथ्वीका, चन्द्रवाला, निष्कुटिः ***f.***, बहुला. —**(Small)** तुत्था, त्रिपुटा, त्रुटिः ***f.***, कोरङ्गी, कुञ्चिका.

Carder, *s*. (One that cards wool) ऊर्णामार्जकः, ऊर्णानिर्घर्षणकः. —**(One that plays much at cards)** द्यूतपत्रक्रीडासक्तः.

Cardiacal, cardiac, *a*. तेजस्करः -री -रं, दीपनः -ना -नं, अग्निदः -दा -दं.

Cardinal, *a*. (Chief) परमः -मा -मं, मुख्यः ख्या -ख्यं, उत्तमः -मा -मं, श्रेष्ठः -ष्ठा -ष्ठं, विशिष्टः -ष्टा -ष्टं, अग्र्यः -ग्र्या -ग्र्यं, प्रधानः **in comp.**

Cardinal, *s*. रोमनगरे महाधर्म्माध्यक्षसमाजे सभासद्, रोमीयमतधारिणां मध्ये धर्म्माधिपतिः ***m.***

Cardinalate or cardinalship, *s*. पूर्व्वोक्तधर्म्माधिपतेः पदं **or** अधिकारः.

Cardinal-point, *s*. उत्तरदिक्, पूर्व्वदिक्, पश्चिमदिक्, दक्षिणदिक् ***f.*** (श्).

Cardmatch, *s*. (Game at cards) द्यूतपत्रक्रीडा, चित्रितपत्रद्यूतं.

Care, *s*. (Anxiety) चिन्ता, चित्तोद्वेगः, चित्तवेदना, मनोदुःखं, मनस्तापः, आधिः ***m.***, चर्च्चा, औत्सुक्यं, उद्वेगः -जनं, चिन्ताभारः, मानसी व्यथा; **'cares of this world,'** सांसारिकी चिन्ता. —**(Diligence, pains)** प्रयत्नः, यत्नः, व्यवसायः, आस्थाः **'with care,'** प्रयत्नतस्. —**(Regard, attention)** अवेक्षा, अपेक्षा, मनःप्रवेशः, मनोयोगः. —**(Caution, heed)** अवधानं, अप्रमादः; **'to take care,'** अवधा **(c. 3.** -धत्ते -धातुं), सावधानः -ना -नं भू. —**(Heed, in order to protection)** गुप्तिः ***f.***, रक्षणं, रक्षा, पालनं; **'to take care of, protect,'** रक्ष् **(c. 1.** रक्षति, रक्षितुं), पाल् **(c. 10.** पालयति -यितुं), गुप् **(c. 1.** गोपायति, गोप्तुं). —**(The object of care)** रक्षणीयः -या -यं, अपेक्षाभूमिः ***f.*** —**(Care and management)** योगक्षेमः.

***To* care, *v*. *n*. (To care for, concern one's self about)** अपेक्ष् **(c. 1.** -ईक्षते -ईक्षितुं), अवेक्ष्, चिन्त् **(c. 10.** चिन्तयति -यितुं), अनुचिन्त्, सेव् **(c. 1.** सेवते, सेवितुं), भज् **(c. 1.** भजति -ते, भक्तुं), मनो धा **(c. 3.** दधाति, धातुं) **with loc.**

Care-crazed, *a*. चिन्ताव्याकुलः -ला -लं, चिन्ताकुलः -ला -लं, चिन्ताव्यग्रः -ग्रा -ग्रं.

To careen, *v*. *a*. (To calk) दारुजीर्णत्वाद् दारुस्फोटनाद् वा नौकां पार्श्वे पर्य्यस्य छिद्राणि पिधा **(c. 3.** -दधाति, -धातुं).

Career, *s*. (A race-ground) धावनस्थानं, चर्य्यास्थानं. —**(A race)** चर्य्या, मार्गः, पणलाभार्थं धावनं. —**(Course of action, etc.)** गतिः ***f.***, मार्गः, क्रियाप्रसङ्गः, प्रसरः, पर्य्यायः, क्रमः, रीतिः ***f.***, गगनं, चलनं; **'in full career, at full speed,'** परमवेगेन, सरभसं, सर्व्ववेगेन.

***To* career, *v*. *n*.** परमवेगेन धाव् **(c. 1.** धावति -वितुं), त्वर् **(c. 1.** त्वरते -रितुं).

Careful, *a*. (Heedful, attentive) सावधानः -ना -नं, अवहितः -ता -तं, कृतावधानः -ना -नं, अप्रमत्तः -त्ता -त्तं, अप्रमादी -दिनी -दि (न्), सयत्नः -त्ना -त्नं, यत्नवान् -वती -वत् (त्), प्रयत्नवात् -वती -वत्. —**(Anxious, full of care)** चिन्तावान् -वती -वत् (त्), सचिन्तः -ता -तं, उत्सुकः -का -कं, व्यग्रः -ग्रा -ग्रं.

Carefully, *adv*. सावधानं, सयत्नं, प्रयत्नतस्, यत्नस्, प्रयत्नेन, प्रयत्नात्, यत्नात्, प्रमादं विना, अप्रमत्तं, प्रमादव्यतिरेकेण.

Carefulness, *s*. अवधानता, सावधानता, सयत्नता, अप्रमादः, अप्रमादित्वं.

Careless, *a*. अप्रत्तः -त्ता -त्तं, प्रमादी -दिनी -दि (न्), प्रमादवान् -वती -वत् (त्), अनवहितः -ता -तं, अनवधानः -ना -नं, निरपेक्षः -क्षा -क्षं, असावधानः -ना -नं, असमीक्ष्यकारी -रिणी -रि (न्). —**(To be careless of)** प्रमद **(c. 4.** -माद्यति -मदितुं) **with abl.; 'he is careless of his own interest,'** स्वहितात् प्रमाद्यति.

Carelessly, *adv*. प्रमादेन, प्रमाद्यतस्, सप्रमादं, निरपेक्षं, अनपेक्षया, अवधानं विना, अनवधानेन. —**(Implying absence of restraint)** निर्यन्त्रणं.

Carelessness, *s*. अनवधानं -नता, असावधानता, प्रमाद्यं, प्रमादः, अनपेक्षा.

To* caress, *v. a. आलि ङ्ग् **(c. 1.** -लिङ्गति -लिङ्गितुं), समालिङ्ग् भज् **(c. 1.** भजते, भक्तुं), स्वञ्ज् **(c. 1.** स्वजते, स्वंक्तुं), परिष्वञ्ज्; क्रोडीकृ; परिमृश **(c. 6.** -मृशति -मर्ष्टुं), परिरभ् **(c. 1.** -रभते -रब्धुं), प्रेम कृ.

Caress, *s.* आलिङ्गितं -ङ्गनं, परिष्वङ्गः, ललितं, क्रोडीकृतिः ***f.,*** अङ्कपाली, अङ्कपालिः ***m.,*** परिरम्भः.

Caressed, *p. p.* आलिङ्गितः -ता -तं, क्रोडीकृतः -ता -तं, परिमृष्टः -ष्टा -ष्टं, परिरब्धः -ब्धा -ब्धं, परिष्वक्तः -क्ता -क्तं, उपगूढः -ढा -ढं.

Caret, *s.* इह किञ्चिद् अधिकं विस्मृतं वा निवेशयितव्यम् इति सूचनार्थं हंसपादाकृति चिह्नं.

Cargo, *s.* नौकाभारः, पोतभारः, पौतिकं, पोतस्थद्रव्यं, पोतस्थं भाण्डं.

Caricature, *s.* विकृताकारत्वाद् हास्यजनकं प्रतिमानं **or** उपमानं, हास्यप्रतिमानं, हास्योपमानं, हास्यचित्रं, विकृतचित्रं, हास्यप्रकारेण **or** अतिशयेन चित्रितम् आलेख्यं.

To* caricature, *v. a. आकारं **or** मूर्त्तिं विकृत्य **or** साचीकृत्य हास्यप्रकारेण चित्र् **(c. 10.** चित्रयति -यितुं), **or** आलिख् **(c. 6.** -लिखति -लेखितुं), हास्यप्रतिमानं कृ, मूर्त्तिविकारपूर्व्वकं प्रतिमूर्त्तिं चित्रे लिखित्वा हास्यभूमिं कृ.

Caricatured, *p. p.* हास्यप्रकारेण चित्रलिखितः -ता -तं, अङ्गविकारपूर्व्वकम् आलिखितः -ता -तं.

Caricaturist, *s.* हास्यप्रकारेण उपमाता ***m.*** (तृ), हास्यप्रतिमानकृत्, हास्यचित्रकर्त्ता ***m.*** (र्त्तृ), विकृतप्रतिमानकृत्, यो मूर्त्तिम् चित्रे विकृत्य प्रतिमूर्त्तिं हास्यास्पदं करोति.

Caries or cariosity, *s.* अस्थिगलितत्वं, अस्थिपूयनं, अस्थिव्यसनं, अस्थिपाकः, अस्थिक्षयः, अस्थिशोषः.—**(Of the teeth)** दन्तव्यसनं.

Carious, *a.* गलितः -ता -तं, पूयपूर्णः -र्णा -र्णं, क्षीणः -णा -णं, पूतिगन्धः -न्धा -न्धं.

***To* cark, *v. n.* (To be anxious)** चिन्ताव्याकुलः -ला -लं **or** चिन्ताव्यग्रः -ग्रा -ग्रं अस्, उत्सुक **(nom.** उत्सुकायते).

Carle, *s.* दुर्वृत्तः, दुराचारः, अधमाचारः, कुशीलः, असभ्यः, निकृष्टः.

Carman, *s.* रथिकः, रथी ***m.*** (न्), रथवाहकः, चातुरिकः, सारथिः ***m.***

Carmelite, *s.* (Belonging to the order of Carmelites) रोमीयमतधारी सन्न्यासिविशेषः.

Carminative, *a.* वातघ्नः -घ्ना -घ्नं, वायुघ्नः -घ्ना -घ्नं, वायुनाशी -शिनी -शि (न्), रोचकः -का -कं, रुचकः -का -कं, अग्निदः -दा -दं, स्वेदजनकः -का -कं

Carmine, *s.* जतुसवर्णो रक्तरङ्गः, सिन्दूरोपमः **or** ओड्रपुष्पसवर्णो रङ्गः, जतुजरङ्गः, रक्तरेणुः ***m.***

Carnage, *s.* संहारः, विशसनं, बधः, हत्या, घातनं, निहननं, निषूदनं.

Carnal, *a.* (Fleshly, bodily) शारीरिकः -की -कं, शरीरजः -जा -जं, दैहिकः -की -कं, कायिकः -की -कं, वायुषिकः -की -कं.—**(Wordly)** सांसारिकः -की -कं. लौकिकः -की -कं, ऐहिकः -की -कं, ऐहलौकिकः -की -कं.—**(Sensual)** विषयी -यिणी -यि (न्), विषयासक्तः -क्ता -क्तं, विषयसङ्गी -ङ्गिनी -ङ्गि (न्), विषयानुरागी -गिणी -गि (न्), विषयोपसेवी -विनी -वि (न्), कामासक्तः -क्ता -क्तं, भागासक्तः -क्ता -क्तं, कामुकः -का -कं; **'carnal desire,'** कामः; **'carnal connexion,'** अङ्गसङ्गः, सङ्ग्रहणं.

Carnality, *s.* विषयासक्तिः ***f.,*** विषयोपसेवा, विषयकामः, कामासक्तिः, विषयसङ्गः शारीरिकविषयेष अनुरागः, सङ्गः, कामिता.

Carnally, *adv.* शारीरिकरीतिक्रमेण, सांसारिकरीत्यनुसारात्, विषयसङ्गात्, कामुकवत्; **'to know carnally,'** भज् **(c. 1.** भजते, भक्तुं).

Carnation, *s.* (Flesh colour) मांसवर्णः.—**(The flower)** मांसवर्णविशिष्टः पुष्पप्रभेदः.

Carnelian or cornelian, *s.* मांसवर्णः प्रस्तरविशेषः.

Carneous, *a.* मांसलः -ला -लं, मांसशीलः -ला -लं, मांसगुणविशिष्टः -ष्टा -ष्टं.

To* carnify, *v. n.* and *a. मांसीभू, मांससाद्भू, मांससात्कृ.

Carnival, *s.* (The feast held before Lent) वसन्तसमये प्राङ्महोपवासाद् रोमीयमतधारिभिः सेवितो महोत्सवः, दोलोत्सवः, होलाका.

Carnivorous, *a.* क्रव्यादः -दा -दं, क्रव्यभुक् ***m. f. n.*** (ज्), क्रव्यभोजनः -ना -नं, मांसाशी -शिनी -शि (न्), मांसभक्षः -क्षा -क्षं, आमिषाशी -शिनी -शि (न्) **or** पिशिताशी, आममांसभक्षी -क्षिणी -क्षि (न्).

Carnosity, *s.* अर्ब्बुदः, गण्डः, मेदोग्रन्थिः ***m.,*** अर्शः ***n.*** (स्), दुष्टमांसं. मांसवृद्धिः ***f.***

Carob-bean, *s.* सिम्बाप्रभेदः, सिम्बिका, शिम्बा.

Caroche, *s.* क्रीडारथः, पुष्परथः, रथः, प्रवहणं, चातुरं

Carol, *s.* (A song of joy) हर्षगीतं, हर्षगानं, आनन्दगीतं, जयगीतं. जयशब्दः, आह्लादसूचकं गीतं.—**(A song of devotion)** स्तवगीतं, भक्तिगीतं, गीतं, स्तुतिः ***f.,*** स्तोत्रं, गाथा, खेलिः ***f.,*** सङ्गीतं.

To* carol, *v. n. गै **(c. 1.** गायति, गातुं), सुम्न **(nom.** सुम्नायते); **'to celebrate in song, etc.'** उपगै, स्तु **(c. 2.** स्तौति, स्तोतुं), उपवीण **(nom.** उपवीणयति -यितुं).

Carotid, *s.* (Two arteries) हृत्पिण्डाद् रक्तवाहकं वृहन्नाडिद्वयं, कण्डराद्वयं.

***To* carouse, *v. n.* (To drink largely)** अतिशयेन पा **(c. 1.**

पिवति, पातुं) or सम्पा, अतिशयसम्पीत्या क्षीवः -वा -वं भू, उत्सवं कृ.

Carouse or carousal, ***s.*** सम्पीतिः ***f.,*** अतिपानं, अतिशयसम्पीतिः ***f.,*** उत्सवः.

Carouser, ***s.*** पानप्रसक्तः, पानरतः, सम्पीतिरतः, मद्यपीतः, अतिपायी ***m.*** (न्).

Carp, ***s.*** **(A fish)** शफरी, सफरी, प्रोष्ठी, प्रोष्ठः, रोहितः.

To **carp, at,** ***v. n.*** निन्द् (c. 1. निन्दति -न्दितुं), प्रतिनिन्द्, गर्ह् (c. 1. गर्हते, गर्हितुं, c. 10. गर्हयति -ते -यितुं), अधिक्षिप् (c. 6. -क्षिपति -क्षेप्तुं), अवक्षिप्, दोषीकृ, दोषं or छिद्रम् अन्विष् (c. 6. -इच्छति -एषितुं), असूय (nom. असूयति -यितुं).

Carpenter, ***s.*** तक्षकः, तक्षा ***m.*** (न्), सूत्रधारः, त्वष्टा ***m.*** (ष्टृ), काष्ठतक्षकः. काष्ठतट् (क्ष्), तष्टा ***m.*** (ष्टृ), स्थपतिः ***m.,*** वर्द्धकिः ***m.,*** वर्द्धकिः ***m.,*** रथकारः; **'carpenter's bench.'** उद्घनः.

Carpentry, ***s.*** त्वष्टिः ***f.,*** तक्षणं, काष्ठतक्षणं, सूत्रधारकर्म्म ***n.*** (न्;), तक्षकक्रिया.

Carper, ***s.*** दोषग्राही ***m.*** (न्), दोषकथकः, छिद्रान्वेषी ***m.*** (न्), दोषैकदृक् ***m.*** (श्), घृणी ***m.*** (न्), पापदर्शी ***m.*** (न्), गुणघाती ***m.*** (न्), निन्दकः विवादशीलः, विवादप्रियः.

Carpet, ***s.*** आस्तरणं, पादपाशी, कुथः, कुथा, चित्रितवस्त्रं, पुष्पालङ्कृतवस्त्रं. आसनवस्त्रं; **'a carpet of grass,'** दर्भास्तरणं; **'brought on the carpet,'** प्रस्तुतः -ता -तं, उपन्यस्तः -स्ता -स्तं, प्रतिज्ञातः -ता -तं.

To **carpet,** ***v. a.*** चित्रितवस्त्रादिना आस्तृ or आस्तृ (c. 5. -स्तृणोति, c. 9. -स्तृणाति -स्तरितुं -स्तरीतुं).

Carping, ***a.*** दोषग्राही -हिणी -हि (न्), घृणी -णिनी -णि (न्), निन्दकः -का -कं.

Carping, ***s.*** **(Civil)** निन्दा, गर्हा -र्हणं, घृणा, अपवादः, दोषकल्पनं, दोषप्रसङ्गः, दोषीकरणं, छिद्रान्वेषः, असूया, जुगुप्सा, ऋतीया, आक्षेपः, उद्ग्राहः.

Carpingly, ***adv.*** निन्दया, घृणया, असूयया, विवादशीलत्वात्, जुगुप्सया, सापवादं.

Carriage, ***s.*** वाहनं, यानं, रथः, गन्त्री, चातुरं, वाहः, प्रवहणं, चङ्कुरः; **'travelling-carriage,'** अध्वरथः, पुष्परथः; **'bullock-carriage,'** वृषभयानं; **'one who has a carriage,'** रथी ***m.*** (न्), रथिकः; **'riding in a carriage,'** रथारूढः -ढा -ढं; **'alighting from a carriage,'** रथावरोही-हिणी-हि (न्); **'carriage-road,'** रथ्या; **'carriage-horse,'** रथ्यः, प्रवहणवाजी ***m.*** (न्); **'bottom of a carriage,'** अनुकर्षः.—**(Framework of a gun)** युद्धयन्त्रवाहनं.—**(Behaviour)** गतिः ***f.,*** चरितं, आचारः, चलनं, व्यवहारः.—**(Management)** नयः, प्रणयनं.

Carried, ***p. p.*** ऊढः -ढा -ढं, भृतः -ता -तं, धृतः -ता -तं, आहृतः -ता -तं, सञ्चारितः -ता -तं; **'grass carried along by the wind,'** वातप्रेरितं तृणं;

Carrier, ***s.*** वाहकः, वाही ***m.*** (न्).—**(One who lives by carrying goods)** भाण्डवाहनजीवी ***m.*** (न्).—**(Carrier of news)** सन्देशहरः.—**(Pigeon)** पत्रवाहकः, कपोतः.

Carrion, ***s.*** पूतिमांसं, मृतं, मृतकं, अखाद्यमांसं, अखाद्यं, अमेध्यकुणपः.

Carrot, ***s.*** गर्जरं, पीतकन्दं, शिखामूलं, स्वादुमूलं, पिण्डमूलं.

Carrotiness, ***s.*** रक्तत्वं, पिङ्गलत्वं.—**(Of hair)** केशरक्तत्वं, केशपिङ्गलता.

Carroty, ***a.*** रक्तः -क्ता -क्तं, पिङ्गलः -ला -लं, गर्णरवर्णः -र्णा -र्णं.—**(Carroty haired)** पिङ्गलकेशी -शिनी -शि (न्) or रक्तकेशी, यूथिकाकेशः -शी -शं.

To **carry,** ***v. a.*** **(Convey, transport)** वह् (c. 1. वहति -ते, वोढुं), अवाह्, उपवह्, संवह्, आनी (c. 1. -नयति -नेतुं), तृ **in caus.** (तारयति -यितुं), गर्भ **in caus.** (गमयति -यितुं); **'he is carried on horse-back,'** अश्वेन उह्यते or अश्वेन सञ्चरति.—**(bear as a burden)** वह्, प्रवह्, उद्वह्; भृ (c. 3. बिभर्त्ति, भर्त्तुं), हृ (c. 1. हरति, हर्त्तुं); **'he carried his son on his back,'** पुत्रम् अवहत् पृष्ठेन.—**(Gain, carry a cause)** साध् **in caus.** (साधयति -यितुं); **'to carry a fortress,'** दुर्गं लङ्घ् (c. 10. लङ्घयति -यितुं) or भञ्ज् (c. 7. भनक्ति, भंक्तुं); **'to carry one's point,'** अभिप्रेतसिद्धिं कृ, प्रतिज्ञापूरणं कृ.—**(Carry about)** परिवह्, पर्यानी. —**(Carry away)** अपवह्, अपनी (c. 1. -नयति -नेतुं), व्यपनी, अपोह् (c. 1. -ऊहते -ऊहितुं), व्योह्; **'to carry away with one,'** समुपादा (c. 3. -ददाति -दातुं).—**(Carry back)** प्रत्यानी, प्रतिनी.—**(Carry forth)** निर्ह्.—**(Carry off)** अपवह्, अपनी, हृ, अपहृ, अपकृ (c. 8. -करोति -कुरुते -कर्त्तुं), कल् (c. 10. कालयति -यितुं).—**(Carry on)** कृ, प्रणी, सम्प्रणी, विधा (c. 3. -दधाति -धातुं).—**(To carry on war)** विग्रह् (c. 9. -गृह्णाति -ग्रहीतुं), सङ्ग्रामं कृ, युद्धं कृ.—**(Carry out, effect)** निर्वह् **in caus.** (-वाहयति -यितुं), सम्पद् **in caus.** (-पादयति -यितुं), निष्पद्. —**(Carry letters)** पत्राणि वह् or हृ.—**(Carry arms)** शस्त्राणि ग्रह् (c. 9. गृह्णाति, ग्रहीतुं), भृ or धृ, सैनिकवृत्तिम् आस्था (c. 1. -तिष्ठति -स्थातुं).

To **carry one's Self,** ***v. n.*** **(Behave)** चर् (c. 1. चरति, चरितुं), आचर्, वृत् (c. 1. वर्त्तते, वर्त्तितुं), व्यवहृ (c. 1. -हरति, -हर्त्तुं).

Cart, ***s.*** शकटः, गन्त्री, गन्त्रीरथः, चक्रयानं, वाहनं, अनः ***n.*** (स्), चातुरं.

To **cart**, *v. a.* **(To carry in a cart)** शकटेन वह् **(c. 1.** वहति, वोढुं**)**.—**(To place in a cart)** शकटे आरुह् **in caus.** (-रोपयति -यितुं) **or** निविश् **in caus.** (-वेशयति -यितुं).

Carte-blanche, *s.* अलिखितपत्रं, लिखनशून्यं पत्रं.—**(Permission to act as one pleases)** स्वेच्छातः **or** स्वेच्छया कर्त्तुम् अनुमतिः **or** अनुज्ञा.

Cared, *a.* शकटारूढः -ढा -ढं, शकटारोपितः -ता -तं, शकटनिवेशितः -ता -तं.

Cartel, *s.* **(A paper containing a challenge)** द्वन्द्वयुद्धार्थं **or** नियुद्धार्थम् आह्वानपत्रं.—**(Compact for exchange of prisoners)** सङ्ग्रामसमये परस्परं वन्दीकृतानां योधानां परिवर्त्तनार्थं नियमपत्रं.

Carter, *s.* शाकटिकः, शकटवाहकः, गन्त्रीवाहकः, चातुरिकः.

Cart-horse, *s.* शाकटः, शकटवाजी *m.* (न्), शकटवाहनः, धुर्य्यः, धुरीणः.

Carthusian, *s.* रोमीयमतधारी संन्यासिविशेषः.

Carticeya, *See* **Kartikeya.**

Cartilage, *s.* तरुणास्थि *n.*, सन्धिवन्धनं, उपास्थि *n.*, कोमलास्थि *n.*

Cartilaginous, *a.* तरुणास्थिमयः -यी -यं, तरुणास्थिविशिष्टः -ष्टा -ष्टं.

Cart-load, *s.* शाकटं, शाकटीनः, शाकटो भारः, आचितः -तं, शलाटः.

Cartoon, *s.* पटे लिखितम् चित्रारम्भः, कार्पासगतश् चित्रारम्भः, चित्रितपटं.

Cartoush, *s.* **(A box for charges)** वक्ष्यमाणचूर्णकोषधारणयोग्यः सम्पुटकः.—**(A case filled with balls fired from a mortar)** अनेकगुलिकागर्भो युद्धयन्त्रात् प्रक्षेपणीयः काष्ठादिमयः सम्पुटः.

Cartridge, *s.* आग्नेयचूर्णकोषः, चूर्णगुलिकाकोशः; यौ चूर्णगोलकौ एकवारे युद्धनाडौ निवेशयितव्यौ तयोः पूर्णम् आवेष्टनं.

Cart-rut, *s.* शकटचक्रचिह्नं, चक्राङ्कं, चक्रचिह्नं, चक्रपदवी, चक्रपद्धतिः *f.*

Cartulary, *s.* आगमपत्रं, पांशुपत्रं, पट्टोलिका, पञ्जिका.

Cart-way, *s.* रथ्या, रथमार्गः, शकटमार्गः, शकटपथः, गन्त्रीमार्गः.

Cart-wright, *s.* रथकारः, शकटकारः, गन्त्रीकारकः, चक्रकारः.

To **carye,** *v. a.* **(To cut)** कृत् **(c. 6.** कृन्तति, कर्त्तितुं**)**, विकृत्, छिद् **(c. 7.** छिनत्ति छेत्तुं**)**.—**(To cut meat)** भोजनकाले परपरिवेषणार्थं खाद्यमांसादि निकृत् **or** व्यवछिद्, मांसादि परिविष् **or** परिविश् **in caus.** (-वेषयति -यितुं).—**(To engrave)** तक्ष् **(c. 1.** तक्षति, **c. 5.** तक्ष्णोति, तक्षितुं**)**, त्वक्ष् **(c. 1.** त्वक्षयति, त्वक्षितुं**)**, रेखादिना अलङ्कृ **or** मुद्गीकृ, मुद्र **(nom.** मुद्रयति -यितुं**)**.—**(To apportion)** क्लृप् **(c. 10** कल्पयति -यितुं**)**, परिक्लृप्, विभज् **(c. 1.** -भजति -भक्तुं**)**.

Carved, *p. p.* निकृत्तः -त्ता -त्तं, व्यवछिन्नः -न्ना -न्नं, तष्टः -ष्टा -ष्टं, परिकल्पितः -ता -तं.

Carver, *s.* **(A sculptor)** तक्षकः, तष्टा *m.* (ष्टृ), त्वष्टा *m.* (ष्टृ), मुद्राकरः.—**(One who cuts meat at a table)** भोजनकाले परपरिवेषणार्थं खाद्यमांसव्यवच्छेदकः, परिवेषकः, परिवेशकः.—**(One that apportions)** परिकल्पकः, विभागकल्पयिता *m.* (तृ).

Carving, *s.* **(Sculpture, engraving)** तक्षणं, तक्षणकर्म्म *n.* (न्).—**(Cutting up meat)** खाद्यमांसादिव्यवच्छेदः.—**(Distributing)** परिकल्पनं, विभागकल्पना.—**(Carved wood, etc.)** तष्टकाष्ठं, नानारेखाद्यलङ्कृतं काष्ठादि.

Caruncle, *s.* **(A fleshy protuberance)** आधमासः, मांसपिण्डः, गण्डः, त्वक्पुष्पं, मांसवृद्धिः *f.*

Cascade, *s.* निर्झरः -री, झरः, वारिप्रवाहः, प्रपातः, सरः -री, प्रश्रवणं, झा.

Case, *s.* **(A covering, sheath)** आच्छादनं, कोशः, कोषः, पुटः, पटलं, आवेष्टन, आवरणं, पिधानं, व्यवधानं, तिरोधानं.—**(A box)** भाण्डं, आधारः, सम्पुटः, समुद्गः, पिधानं; **'a case for books,'** ग्रन्थभाण्ड, ग्रन्थाधारः; **'a case for razors,'** क्षुरभाण्डः.—**(State of the case, matter)** अर्थः, वृत्तान्तः, विषयः.—**(Point, question)** स्थलं, पदं, अधिकरणं.—**(A position advanced)** पक्षः, प्रतिज्ञा.—**(Condition)** अवस्था, दशा, भावः, स्थितिः *f.*, वृत्तिः *f.*—**(State of the body)** शरीरस्थितिः *f.*—**(Contingence, occurrence)** सङ्गतिः *f.*, सङ्गतं वृत्तं.—**(Inflection of nouns)** विभक्ति *f.*, व्यक्तिः *f.*; **'the ture state of the case,'** अर्थतत्त्वं; **'case in point,'** दृष्टान्तः; **'in both cases,'** उभयथा, पक्षद्वये; **'in certain cases.'** क्वचित्; **'this being the case,'** एवं सति, तथा सति; **'in case, if it should happen,'** यदि, चेत्, यदि सम्भवेत्, एवं सति; **'upon the supposition,'** पक्षे.

To **case,** *v. a.* **(To put in a case)** भाण्डे **or** आधारे निविश् **in caus.** (-वेशयति -यितुं).—**(To cover)** पिधा **(c. 3.** -दधाति -धातुं**)**, आच्छद् **(c. 10.** -छादयति -यितुं**)**.

To **careharden,** *v. a.* वाह्यतस् **or** वहिर्भागे दृढीकृ **or** कठिनीकृ.

Casemate, *s.* वप्रस्य पार्श्वभागाभ्यन्तरे तोरणाकारा प्रस्तरनिर्म्मिता गुप्तिः.

Casement, *s.* जालं-लिका, गवाक्षः, वातायनं, गवाक्षजालं, आकाशजननी *m.* (न्).

Caseworm, *s.* कोषकारः, कोशकारः -रकः, कोशस्थः.

Cash, *s.* टङ्कः, टङ्कक:, मुद्रा, नाणकं, धनं.

Cash-Keeper or cashier, ***s.*** टङ्करक्षकः, टङ्काधीशः, टङ्काधिकृतः.

To* cashier, *v. a. पदात् **or** अधिकाराद् भ्रंश् **in caus.** (भ्रंशयति -यितुं), प्रभ्रंश्, **or** निपत् **in caus.** (-पातयति -यितुं) **or** अवरुह् **in caus.** (-रोपयति -यितुं) **or** अपसृ **in caus.** (-सारयति -यितुं) **or** विसृज् **in caus.** (-सर्जयति -यितुं), **or** च्यु **in caus.** (-च्यावयति -यितुं).

Cashiered, *p. p.* च्युताधिकारः -रा -रं, भ्रष्टाधिकारः -रा -रं, पदात्भ्रंशितः -ता -तं, अधिकारात्प्रभ्रंशितः -ता -तं **or** निराकृत -ता -तं, **or** अवरोपितः -ता -तं, अवसृष्टः -ष्टा -ष्टं.

Casing, *s.* छादनं, आच्छादनं, पटलं, पुटः, कोषः, कोशः, आवेष्टनं.

Cask, *s.* भाण्डं, भाजनं, दीर्घगोलाकृति काष्ठमयभाण्डं.

Casket, *s.* सम्पुटः -टकः, समुद्रः, स्थलिका, पेटिका, पेटकः, करण्डः; **'of jewels,'** रत्नभाण्डं.

Casque, *s.* शिरस्त्राणं, शिरस्त्रं, शिरस्कं, शीर्षरक्षं. शीर्षण्यं.

***To* cassate, *v. a.* (Invalidate)** खण्ड् **(c. 10.** खण्डयति -यितुं), मोघीकृ, अधरीकृ.

Cassia, *s.* (A plant) प्रपुन्नाडः, एडगजः, दद्रुघ्नः, चक्रमर्द्दकः, शिम्बः.—**(Woody cassia)** त्वक्पत्रं, उत्कटं, भृङ्गं.—**(Bark)** गन्धवल्कलं, गुडत्वक्, सुरसं.

Cassiowary, *s.* वृहत्कायः प्रतुदभेदः, अतिमहान् पक्षिप्रभेदः.

Cassock, *s.* (Part of a priest's dress) अधुनातनपुरोहितैर् भृतं परिधानं **or** अन्तरीयं **or** उपसंव्यानं.

***To* cast, *v. a.* (Throw)** क्षिप् **(c. 6.** क्षिपति, क्षेप्तुं), प्रक्षिप्, अस् **(c. 4.** अस्यति, असितुं), प्रास्, मुच् **(c. 6.** मुञ्चति, मोक्तुं), प्रमुच्, सृज् **(c. 6.** सृजति, स्रष्टुं), ईर् **(c. 10.** ईरयति -यितुं), उदीर्, पत् **in caus.** (पातयति -यितुं); **'to cast one's self at another's feet,'** परस्य पादयोः पत् **(c. 1.** पतति, पतितुं); **'into prison,'** कारायां प्रविश् **in caus.** (-वेशयति -यितुं) **or** बन्ध् **(c. 9.** बध्नाति, बन्द्धुं).—**(Compute)** विगण् **(c. 10.** -गणयति -यितुं), संख्या **(c. 2.** -ख्याति -ख्यातुं), कल् **(c. 10.** कलयति -यितुं).—**(Cast in a law-suit)** साध् **in caus.** (साधयति -यितुं), दा **in caus.** (दापयति -यितुं).—**(Condemn)** दोषीकृ, दोषिणं -र्णी -षि कृ.—**(Found as metals)** लोहादि द्रावयित्वा **or** विलाप्य सन्धा **(c. 3.** -दधाति -धातुं).—**(Consider, weigh)** विचिन्त् **(c. 10.** -चिन्तयति -चितुं), विचर् **in caus.** (-चारयति -यितुं), विगण्.—**(Shed, moult)** निर्मुच् **(c. 6.** -मुञ्चति -मोक्तुं), पत् **in caus.** (-पातयति -यितुं).—**(Cast away)** अपास्, व्युदस्, प्रास्, प्रक्षिप्, अपव्यध् **(c. 4.** -विध्यति -ते -व्यद्धुं), परित्यज् **(c. 1.** -त्यजति -त्यक्तुं).—**(Cast down)** यत् **in caus.** निपत्, विनिपत्, अधःपत्, अवक्षिप्, पर्य्यस्, अधःक्षिप्, निक्षिप्.—**(Cast forth, emit)** उदीर्, मुच्, प्रमुच्, निरस्, उत्सृज्, उद्गॄ **(c. 6.** -गिरति -गरितुं -गरीतुं), उद्वम् **(c. 1.** -वमति -वमितुं).—**(Cast off)** अवमुच्, अपाम्, प्रतिक्षिप्, विक्षिप्, पराकृ **(c. 8.** -करोति -कर्त्तुं), अपाहा **(c. 3.** -जहाति -हातुं), निर्णुद् **(c. 6.** -णुदति -णोत्तुं).—**(Cast out, expel)** निरस्, वहिःक्षिप्, वहिर्निक्षिप्, वर्हिष्कृ, निरक्कृ, निर्या **in caus.** (-यापयति -यितुं), निःसृ **in caus.** (-समयति -यितुं), भ्रंश् **in caus.** (भ्रंशयति -यितुं) अपानुद्, निष्कस् **in caus.** (-कासयति -यितुं).—**(Cast the eye, glance)** दृष्टिं यत् **in caus.** ईषद्दर्शनं. कृ.—**(Cast lots)** गुटिकां पत् **in caus.**

Cast, *p. p.* क्षिप्तः -प्ता -प्तं, अस्तः -स्ता -स्तं, प्रास्तः -स्ता -स्तं, ईरितः -ता -तं, पातितः -ता -तं, नुन्नः न्ना -न्नं, नुत्तः -त्ता -त्तं.—**(Cast off)** अपास्तः -स्ता -स्तं, समाक्षिप्तः -प्ता -प्तं.—**(Cast in a law-suit)** साधितः -ता -तं, दापितः -ता -तं.

Cast, *s.* (A throw) क्षेपः, क्षेपणं, असनं, पातनं; **'cast of a stick,'** यष्टिपातः.—**(Oblique direction of the eye)** दृष्टितिर्य्यक्त्वं, दृष्टिविक्षेपः; **'having a cast in the eye,'** तिर्य्यग्दृष्टिः ***m.,*** दूरेरितेक्षणः, केकराक्षः.—**(Mould)** संस्कारः, संयानः, रूपं, आकारः, संस्थानं, मूर्त्तिः ***f.***

Castanets, *s.* करर्द्धिः ***m.,*** एकताली, एकवर्णी, करताली.

Castaway, *s.* त्याज्यः, अग्राह्यः, अग्रहणीयः, उत्त्यक्तः, महापातकी ***m.*** (न्), अपांक्तेयः.

Castle, *s.* वर्णः, वर्गः, कुलं, जातिः ***f.;*** **'of low caste,'** विवर्णः, नीचः, प्राकृतः, हीनजातिः ***m. f.,*** निकृष्टजातिः ***m. f.;*** **'of good caste,'** सुवर्णः, वर्णश्रेष्ठः, उत्कृष्टजातिः; **'of mixed caste,'** सङ्कीर्णः; **'loss of caste,'** जातिभ्रंशः.—**(Outcaste)** जातिहीनः -ना -नं, वर्णहीनः, अपसदः, चाण्डालः.

Castellan, *s.* दुर्गाधिपतिः ***m.*** दुर्गाधिकारी ***m.*** (न्), दुर्गाध्यक्षः, कोटिपालः.

Castellated, *s.* (Formed like a castle) दुर्गाकारः -रा -रं, कुटाकृतिः -ति -तं.

Caster, *s.* (A thrower) क्षेपकः, क्षेप्ता ***m.*** (प्तृ), असिता ***m.*** (तृ), प्रासकः.—**(A calculator)** गणकः, गणयिता ***m.*** (तृ).

To* castigate, *v. a. दण्ड् **(c. 10.** दण्डयति -यितुं), तड् **(c. 10.** ताडयति -यितुं), शास् **(c. 2.** शास्ति, शासितुं **or caus.** शासयति -यितुं), अनुशास्.

Castigation, *s.* दण्डः, साहसं, शिष्टिः ***f.,*** अनुशासनं, ताडः, ताडनं, निग्रहः.

Castigatory, *a.* दाण्डः -ण्डी -ण्डं, साहसिकः -की -कं, प्रायश्चित्तिकः -की -कं.

Casting-house, *s.* सन्धानी, लोहादिद्रावणस्थानं, धातुविलयनशाला. कुप्यशाला.

Casting-Nest, *s.* क्षेपणिः ***f.*** -णी, हस्तेन प्रक्षेपणीयं सद्यश्चोत्तोलनीयं लघुजालं.

Castle, ***s.*** दुर्गं, कुटः, कूटः, कोटः, कोटिः ***f.*** —**(Castle in the air)** गगनकुसुमं, अनर्थकवासना, अनर्थकभावना, मनोरथसृष्टिः ***f.***

Castling, ***s.*** गर्भपतितः, गर्भच्युतः, गर्भभ्रष्टः.

Castor, ***s.*** **(A beaver)** जलजन्तुविशेषः, जलमार्जारविशेषः.—**(A hat)** पूर्व्वोक्तजलजन्तुलोमनिर्म्मितम् अधुनातनपुम्भिर् भृतं शिरस्कं, शिरस्त्रं.

Castor-oil, ***s.*** एरण्डतैलं, एरण्डरसः, रुवुतैलं, अमण्डतैलं.

Castermetation, ***s.*** शिविरनिवेशनविद्या, कटकनिवेशनं, कटकसमावासः, रचना.

To **castrate,** ***v. a.*** वृषणौ उत्कृत् **(c. 6.** –कृन्तति –कर्त्तितुं) **or** छिद्र् **(c. 7.** छिनत्ति, छेत्तुं), वृषणद्वयं उत्पट् **in caus.** (–पाटयति –यितुं).

Castrated, ***p. p.*** छिन्नवृषणः –णा –णं, छिन्नमुष्कः –ष्का –ष्कं, मुष्कशून्यः –न्या –यं.

Castration, ***s.*** वृषणछेदः, वृषणोत्कर्त्तनं, मुष्कछेदनं, वृषणोत्पाटनं.

Castrel, ***s.*** श्येनः, कपोतारिः ***m.,*** श्येनजातीयः पक्षिभेदः.

Castrensian, ***a.*** शिविरसम्बन्धी –न्धिनी –न्धि (न्), सैनिकः –की –कं.

Casual, ***a.*** आगन्तुकः –का –कं, आकस्मिकः –की –कं, आपतिकः –की –कं, दैवायत्तः –त्ता –त्तं, दैविकः –की –कं, अकाण्डः –ण्डा –ण्डं, अदृष्टः –ष्टा –ष्टं. अचिन्तितः –ता –तं. अतर्कितः –ता –तं, नैमित्तिकः –की –कं.

Casually, ***adv.*** अकस्मात्, दैवात्, आगन्तुकप्रकारेण, अचिन्तितं, अतर्कितं.

Casualness, ***s.*** आकस्मिकत्वं, आगन्तुकत्वं, दैवायत्तता, दैवाधीनता.

Casualty, ***s.*** सङ्गतिः –तं, अकस्मात्सङ्गतं, दैवगतिः ***f.,*** दैवयोगः, दैवघटनं, आगन्तुः ***m.,*** अतिवर्त्तनं.—**(Unseen danger)** अदृष्टं.

Casuist, ***s.*** धर्म्माधर्म्मविचारकः, धर्म्माधर्म्मविषये विवादी ***m.*** (न्) **or** वादानुवादविद्वान्ः, धर्म्माधर्म्मोपदेशकः, कार्य्या–कार्य्यनिर्णयविदग्धः.

Casuistical, ***a.*** धर्म्माधर्म्मविचारणविषयः –या –यं, धर्म्माधर्म्मोपदेशसम्बन्धी –न्धिनी –न्धि (न्).

Casuistry, ***s.*** धर्म्माधर्म्मविचारणविद्या, धर्म्माधर्म्मविषये वादानुवादविद्या, कार्य्याकार्य्यनिर्णयः, धर्म्माधर्म्मोपदेशः, इदं कर्त्तव्यं इदम् अकर्त्तव्यं इति विवेचनविद्या.

Cat, ***s.*** मार्जारः, विडालः, ओतुः ***m.,*** कुन्दमः, मूषकारातिः ***m.,*** आखुभुक् ***m.*** (ज्), वृषदंशकः, पयस्यः, व्याघ्रास्यः, दीप्ताक्षः.

Cat-o'-nine-tails, ***s.*** नवबलिसङ्गयुक्ता कशा, नवरज्जुयुक्ता ताडनी, नवप्रतिष्कशयुक्ता चर्म्मयष्टिः.

Catachresis, ***s.*** कुव्यञ्जकविशेषः यथा कर्णाभ्यां पीयते सुरूपी शब्दं इति.

Cataclysm, ***s.*** भूतसम्प्लवः, आप्लावः, जलाप्लापवनं, पृथिवीप्लावः.

Catacombs, ***s.*** भूमौ खाताः शवगोपनयोग्या गूढमार्गाः, अन्तभौमश्मशानं.

Catalectick, ***a.*** न्यूनैकाक्षरः –रा –रं, छन्दोविशेषः.

Catalepsis, ***s.*** ग्रहामयः, अपस्मारः, भ्रामरं, भूतविक्रिया, अङ्गविकृतिः ***f.***

Catalogue, ***s.*** परिसंख्या, अनुक्रमणिका, परिगणना, एकैकशः, परिसंख्या, सङ्ग्रहः, सूचिः ***f.,*** **'of names,'** नामावलिः ***f.***

Catamenia, ***s.*** ऋतुः ***m.,*** आर्त्तवं, रजः ***n.*** (स्), पुष्पं, योनिरञ्जनं

Cataphract, ***s.*** संवर्म्मितः **or** सर्व्वसन्नाहयुक्तः अश्वारूढः सैनिकः.

Cataplasm, ***s.*** उत्कारिका, लेपः, प्रलेपः, उपनाहः.

Catapult, ***s.*** पूर्व्वकालीनयोद्धृभिः प्रस्तरप्रक्षेपणे प्रयुक्तो युद्धयन्त्रविशेषः.

Cataract, ***s.*** निर्झरः –री, झरः, वारिप्रवाहः, प्रपातः, सरः –री, प्रश्रवणं, उच्चदेशात् तोयपतनं.—**(Disease of the eye)** मन्थः, लिङ्गनाशः, शुक्रः, नेत्रपटलं.

Catarrh, ***s.*** पीनसः, प्रतिश्यायः, काशः –सः, श्लेष्मा ***m.*** (न्), कफः.—**(Having one)** पीनसी ***m.*** (न्), काशी ***m.*** (न्).

Catarrhal, ***a.*** पीनसी –सिनी –सि (न्), काशी –शिनी –शि (न्), कफी –फिनी –फि (न्), श्लेष्मलः –ला –लं, पीनससम्बन्धी –न्धिनी –न्धि (न्).

Catastrophe, ***s.*** **(Of a drama)** निष्ठा, निर्व्वहणं. —**(Conclusion)** परिणामः, निर्व्वाहः, निर्वृत्तिः ***f.***—**(Event)** सङ्गतिः ***f.***—**(Misfortune)** आपद् ***f.,*** विपद् ***f.,*** दुर्गतिः ***f.***

Cat-call, ***s.*** रङ्गे प्रेक्षकाणाम् अप्रसादवाचको विस्वरवाद्यविशेषः.

To **catch,** ***v. a.*** ग्रह् **(c. 9.** गृह्णाति, ग्रहीतुं), धृ **(c. 1.** धरति, धर्त्तुं), लभ् **(c. 1.** लभते, लब्धुं), प्राप् **(c. 5.** –आप्नोति –आप्तुं).—**(Lay holdwith the hand)** सङ्ग्रह्, परिग्रह्, परामृश् **(c. 6.** –मृशति –म्रष्टुं), अवलम्ब् **(c. 1.** –लम्बते –लम्बितुं).—**(Receive suddenly)** अकस्मात् ग्रह् **or** लभ् **or** प्राप्; **'to catch cold,'** पीनसग्रस्तः –स्ता –स्तं भू, पीनसोपहतः. –ता –तं भू; **'to catch a distemper,'** सम्पर्कात् **or** संसर्गाद् रोगग्रस्तः –स्ता –स्तं भू; **'to catch fire,'** अकस्माद् दह् **in pass.** (दह्यते) **or** दीप् **(c. 4.** दीप्यते, दीपितुं), लब्धदाहः –हा –हं, भू, अग्निदीप्तः –प्ता –प्तं, भू, अग्निं ग्रह्. —**(Ensnare, entrap)** ग्रह्, धृ, बन्ध् **(c. 9.** बध्नाति, बन्द्धुं), प्रलुभ् **in caus.** (लोभयति –यितुं), वञ्च् **in caus.** (वञ्चयते –यितुं); **'to catch fish,'** मत्स्यान् धर्त्तुं **or** ग्रहीतुं.—**(Come upon unexpectedly)** अकस्माद् आसद् **(c. 10.** –सादयति –यितुं) **or** समासद् **or** प्राप्; **'caught out in a fault,'** दृष्टदोषः –षा –षं, **'I caught him in the act of stealing,'** चोरयन्तमेव तम् आसादयं **or** उपातिष्ठं.—**(Allure)** प्रलुभ् **in**

Catch 121 Cattle

caus. आकृष् (c. 1. -कर्षति -क्रष्टुं).—(Catch up, snatch, seize) हृ (c. 1. हरति, हर्त्तुं), अपहृ, हृत्वा अपनी.—(To spread as contagion) सञ्चर् (c. 1. -चरति -चरितुं).

Catch, *s.* (Seizure) ग्रहणं, ग्रहः, सङ्ग्रहणं, सङ्ग्राहः, धरणं, हरणं.—(Any thing that catches) ग्राहकः -कं, ग्रहः, धरः; 'a latch,' तालकं; 'a clasp,' कुडुपः.—(Prize, advantage) लाभः, प्राप्तिः *f.*, लोप्तृं, फलं.—(A song sung in succession) पर्य्यायगीतं, परस्परगीतं, परिवर्त्तकगीतं.

Catcher, *s.* ग्राहकः, वागुरिकः, जालिकः, लुब्धकः.—(That in which fish, etc., are caught, a snare for animals) मत्स्यधाने, मृगबन्धिनी, वागुरा, जालं.

Catching, *a.* (Contagious) सञ्चारकः -का -कं, सञ्चारी -रिणी -रि (न्), सम्पर्कीयः -या -यं, त्वाचः -ची -चं.

Catchpole, *s.* आसेद्धा *m.* (द्धृ), आसेधकर्त्ता *m.* (र्त्तृ), ग्राहकः यष्टिधरः.

Catchword, *s.* मुद्राकरभाषायां परपत्रगः शब्दः.

Catechetical, *a.* प्राश्नोत्तरिकः -की -कं, प्रश्नोत्तरमयः -यी -यं, प्रश्नोत्तरविशिष्टः -ष्टा -ष्टं, सप्रश्नोत्तरः -रा -रं.

Catechetically, *adv.* प्रश्नोत्तरक्रमेण, सप्रश्नोत्तरं, प्रश्नोत्तरद्वारेण.

To **catechise,** *v. a.* प्रश्नोत्तरद्वारेण or प्रश्नोत्तरक्रमेण उपदिश् (c. 6. -दिशति -देष्टुं) or शिक्ष् in caus. (शिक्षयति -यितुं) or अधी in caus. (अध्यापयति -यितुं).—(To interrogate) प्रच्छ् (c. 6. पृच्छति, प्रष्टुं), वरीक्ष् (c. 1. -ईक्षते -ईक्षितुं).

Catechising, *s.* प्रश्नोत्तरद्वारेण शिक्षा or उपदेशः or अध्यापनं, परीक्षा.

Catechism, *s.* (Form of question and answer) प्रश्नोत्तरं, कथोपकथनं, उत्तरप्रत्युत्तरं, प्रश्नोत्तरविधिः *m.*, प्रश्नोत्तरीतिः *f.*, समप्रश्नोत्तरः पाठः.

Catechist or catechiser, *s.* प्रश्नोत्तररीतिः *f.*, सप्रश्नोत्तरः पाठकः.

Catechumen, *s.* नवछात्रः, नवशिष्यः, नवाधीयानः, प्राथमकल्पिकः.

Categorical, *a.* एकार्थः -र्था -र्थं, व्यक्तः -क्ता -क्तं, सुव्यक्तः -क्ता -क्तं, अवक्रः -क्रा -क्रं, स्पष्टः -ष्टा -ष्टं, स्पष्टार्थः -र्था -र्थं, वाचकः -का -कं, नियतः -ता -तं, पर्य्याप्तः प्ता -प्तं, अव्यञ्जनः -ना -नं.

Categorically, *adv.* एकार्थं, सुव्यक्तं, स्पष्टं, स्पष्टार्थं, अवक्रं, वाचकतया.

Category, *s.* पदार्थः, समानाधिकरणं, समानपदं, समानवर्गः, पदं.—(Of individual application) अव्याप्यवृत्तिः *f.*

Catenarian, *a.* शृङ्खलाकारः -रा -रं, शृङ्खलसम्बन्धी -न्धिनी -न्धि (न्).

Catenation, *s.* शृङ्खलता, शृङ्खलत्वं, पर्य्यायः, सम्बन्धः.

To **cater,** *v. a.* भोजनादि परिक्लृप् (c. 10. -कल्पयति -यितुं) or उपक्लृप् or सम्भृ (c. 1. -भरति, c. 3. -बिभर्त्ति -भर्त्तुं) or युज् in caus. (योजयति -यितुं).

Caterer, *s.* भोजनाधिकारी *m.* (न्), भोजनाधिकृतः, भोजनाधिष्ठाता *m.* (तृ), अन्नादिपरिकल्पकः.

Caterpillar, *s.* वृश्चिकः, शूककीटः, कोशवासी *m.* (न्), कोषकारी *m.* (न्).

To **caterwaul,** *v. n.* मत्तविडालवद् रु (c. 2. रौति, रवितुं), मेनादं कृ.

Caterwauling, *s.* मत्तविडालरुतं, मत्तमार्ज्जारचित्कारः, कर्कशरावः, मेनादः.

Cates, *s. pl.* स्वाद्वन्नं, विशिष्टान्नं, भोजनविशेषाः *m. pl.*, मिष्टान्नं.

Cat-gut, *s.* विडालादिपुरीतन्निर्म्मिता तन्त्रीः, जन्तुनाडिमयं सूत्रं, तन्तुः *m.*

Cathartic, *s.* रेचकः, रेचनं, विरेकः, विरेचनं, उदरशोधनं.

Cathartical, *a.* रेचकः -की -कं, विरेचकः -की -कं, अधोभागहरः -रा -रं, अतिसारी -रिणी -रि (न्), शोधकः -का -कं.

Cathedral, *s.* महापूजाशाला, महाभजनभवनं, महामण्डपः, महामन्दिरं, महाधर्म्माध्यक्षाधिष्ठिता पूजाशाला.

Cathedral, *a.* महाधर्म्माध्यक्षमठसम्बन्धी -न्धिनी -न्धि (न्), महापूजाशालासम्बन्धीयः -या -यं.

Catheter, *s.* मूत्रकृच्छ्रपीडितानां मेहमोचनार्थं मूत्रमार्गनिवेशयितव्या वक्रनाडिः.

Catholic, *a.* सामान्यः -या -यं, सर्व्वसामान्यः -न्या -न्यं, साधारणः -णा -णं, सर्व्वसाधारणः -णा -णं, सार्व्वः -र्व्वी -र्व्वं, सार्व्वत्रिकः -की -कं, सर्व्वीयः -या -यं, सार्व्वलौकिकः -की -कं, सार्व्वजनिकः -की -कं, सर्व्वजनीनः -ना -नं.

Catholic, *s.* सर्व्वसाधारणमतस्थः, सर्व्वसामान्यमतधारी *m.* (न्).—(Roman Catholic) रोमीयमतधारी *m.* (न्).

Catholicism, *s.* साधारण्यं, सामान्यं, सर्व्वसाधारण्यं, सर्व्वसामान्यं.

Catholicon, *s.* सर्व्वसाधारणभेषजं, सर्व्वसम्मतभेषजं.

Catkins, *s.* तरुशाखातो लम्बमाना विडालपुच्छाकारा हरितपुष्पश्रेणी.

Catling, *s.* अस्त्रचिकित्सकैर् अङ्गछेदने प्रयुक्तः कर्त्तरिकाविशेषः.

Catoptrical, *a.* वक्ष्यमाणचाक्षुषविद्याङ्गसम्बन्धी -न्धिनी -न्धि (न्).

Catoptrics, *s.* चाक्षुमविद्यायाः प्रतिविम्बविषयकम् अङ्गं.

Cattle, *s.* गावः *m. pl.*, गोधनं, गोकुलं; 'cattle for draught,' धुरीणः, धुर्य्यः; 'fit for any draught,' सर्व्वधुरीणः, सर्व्वधुरावहः; 'rich in cattle,' गोमात् -मती -मत् (त्), गोमी -मिनी -मि (न्); 'capture of cattle,' गोग्रहः; 'cattle-kepper,' गोपालः, पशुपालः; 'the keeping of cattle,'

पाशुपाल्यं.

Cavalcade, ***s.*** आश्विकयात्रा, सादिनां **or** अश्वारोहिणां यात्रा **or** श्रेणी.

Cavalier, ***s.*** सादी ***m.*** (न्), अश्ववार:, आश्विक:, अश्वारूढ:, अश्वारोही ***m.*** (न्), अश्ववह:, हयारूढ:, तुरगी ***m.*** (न्), तुरङ्गी ***m.*** (न्).

Cavaliery, ***adv.*** **(Disdainfully)** सावमानं, अवमानेन, सदर्पं, सगर्व्वं, सावलेपं, सावहेलं.—**(To treat cavalierly)** अवमन् (**c. 4.** -मन्यते -मन्तुं), अवज्ञा (**c. 9.** -जानाति -ज्ञातुं), कदर्थीकृ, लघूकृ.

Cavalry, ***s.*** आश्वं, आश्विकं, अश्वीयं, अश्वा: ***m. pl.,*** अश्वारोहा: ***m. pl.,*** अश्वारोहं सेनाङ्गं, अश्वारूढा: ***m. pl.,*** अश्वारोहिण: ***m. pl.,*** हयारूढा: ***m. pl.,*** अश्ववहा: ***m. pl.,*** सादिन: ***m. pl.,*** तुरङ्गिण: ***m. pl.,*** तुरङ्गयायिन: ***m. pl.***

To **cavate,** ***v. a.*** **(To hollow)** खन् (**c. 1.** खनति, खनितुं, खातु), शुषिरीकृ.

Cavation, ***s.*** गृहतले खातं, गृहस्याधस्तात् खाता गुप्ति:.

Caudated, ***a.*** पुच्छी -च्छिनी -च्छि (न्), लाङ्गूली-लिनी -लि (न्).

Caudle, ***s.*** प्रसूताभिर् आहार्य्यं मद्यादिसम्मिश्रितं पानीयं.

Cave or cavern, ***s.*** विलं, विवरं, कन्दर: -रा, गर्त्त:, गह्वरं -री, रन्ध्रं, गुहा, गुहागृहं, निर्द्दरि: ***m.,*** दरी ***f.,*** शैलरन्ध्रं.—**(Excavation)** खातं, देवस्वातं, देवखातविलं.

Caveat, ***s.*** सावधानो भव इति विज्ञापनं, निषेध:, निषेधपत्रं.

Caverned, ***a.*** **(Full of caverns)** गह्वरी -रिणी -रि (न्).—**(Excavated)** खात: -ता -तं.—**(Inhabiting caverns)** गह्वरीवासी -सिनी -सि (न्) **or** -भाक् (ज्), विलवासी -सिनी -सि (न्).

Cavesson, ***s.*** अश्वदमने प्रयुक्तं नासायन्त्रणं.

Caught, ***p. p.*** गृहीत: -ता -तं, धृत: -ता -तं, प्राप्त: -प्ता -प्तं, लब्ध: -ब्धा -ब्धं, बद्ध: -द्धा -द्धं; **'caught in a net,'** जालबद्ध: -द्धा -द्धं;) **'caught hold of,'** सङ्गृहीत: -ता -तं, अवलम्बित: -ता -तं; **'caught out in a crime,'** दृष्टदोष: -षा -षं; **'caught by a glance,'** कटाक्षमुष्ट: -ष्टा -ष्टं.

Caviar, ***s.*** लवणादिसन्धितं वृहन्मत्स्याण्डं, लवणाक्तं मीनाण्डं.

To **cavil,** ***v. a.*** मिथ्या विवद् (**c. 1.** -वदते -वदितुं) **or** निन्द् (**c. 1.** निन्दति -न्दितुं), वाक्यं खण्ड् (**c. 10.** खण्डयति -यितुं), दोषं **or** छिद्रम् अन्विष् (**c. 6.** -इच्छति -एषितुं) **or** ग्रह् (**c. 9.** गृह्णाति, ग्रहीतुं), विप्रलप् (**c. 1.** -लपति -लपितुं), दोषीकृ.

Cavil, ***s.*** मिथ्याविवाद:, विवाद:, उद्ग्राह:, मिथ्योद्ग्राह:, दोषग्राह:, दोषकल्पनं, दोषप्रसङ्ग:, छिद्रान्वेष:, मिथ्यापत्ति: ***f.,*** मिथ्यावितर्क:, विप्रलाप:, वाक्यखण्डनं, वाक्यविरोध:, अपवाद:, वाग्युद्धं, वितण्डा, विप्रतिपत्ति: ***f.***

Caviller, ***s.*** विवादशील:, उद्ग्राहशील:, मिथ्याविवादी ***m.*** (न्), उद्ग्राहमल्ल:.

Cavilling, ***a.*** दोषग्राही -हिणी -हि (न्), विवादी -दिनी -दि (न्), छिद्रान्वेषी -षिणी -षि (न्), छिद्रानुसारी -रिणी -रि (न्), घृणी -णिनी -णि (न्), निन्दक: -का -कं, अपवादक: -का -कं, विसंवादी -दिनी -दि (न्).

Cavillingly, ***adv.*** मिथ्याविवादपूर्व्वकं, विवादशीलत्वात्, छिद्रान्वेषिवत्.

Cavity, ***s.*** गर्त्त:, छिद्रं, विवरं, खातं, विलं, रन्ध्रं, कोष्ठ:, कुहर:, अवट:, अवटि: ***m.***

Caul, ***s.*** **(Covering for the head)** शिरोवेष्टनं.—**(Integument of the bowels)** अन्त्रावेष्टनं, पुरीतदावेष्टनं.—**(Membrane encompassing the head of a new-born child)** सद्यो योनिजातस्य बालकस्य मस्तकावेष्टक: कोशविशेष:, गर्भवेष्टनं, गर्भाशय:.

Cauliferous, ***a.*** प्रकाण्डविशिष्ट: -ष्टा -ष्टं, काण्डवान् -वती -वत् (त्), मञ्जरित: -ता -तं.

Cauliflower, ***s.*** शाकप्रभेद:, हरितक:, शिग्रु: ***m.***

Causable, ***a.*** उत्पादनीय: -या -यं, उत्पादयितुं शक्य: -क्या -क्यं.

Causal, ***a.*** कारणिक: -की -कं, हेतुक: -का -कं, हैतुक: -की -कं.—**(Causal verb)** प्रेरणं.

Causality or causation, ***s.*** कारणत्वं -ता, हेतुता -त्वं, निमित्तत्वं, प्रयोजककर्त्तृत्वं.

Causative, ***a.*** उत्पादक: -का -कं, जनिक: -का -कं, जनयिता -त्री -तृ (तु).

Cause, ***s.*** **(That which effects, motive, reason)** कारणं, हेतु: ***m.,*** निमित्तं -त्तकं, निदानं, प्रयोजनं, निबन्धनं, करणं, उपाधि: ***m.***—**(Origin)** प्रभव:, उद्भव:, सम्भव: योनि: ***f.,*** वीजं, वैजिकं, मूलं; **'without cause,'** अकस्मात्; **'for this cause,'** अनेन हेतुना, तदर्थं, तस्य हेतो:; **'primary cause,'** आद्यवीजं, आदिकारणं; **'a good cause,'** सन्निमित्तं; **'cause and effect,** कार्य्यकारणं.—**(The person who effects)** उत्पादक:, कारक:, कर्त्ता ***m.*** (र्त्तृ), प्रयोजक:, प्रवर्त्तक:.—**(Subject of litigation)** अर्थ:; **'one who has lost his cause,'** साधित:.—**(Occasion)** प्रयोजनं, कारणं, स्थानं, अवसर:.—**(Side, party)** पक्ष:; **'one's own cause,'** आत्मपक्ष:.

To **cause,** ***v. a.*** जन् **in caus.** (जनयति -यितुं), उत्पद् **in caus.** (-पादयति -यितुं), कृ (**c. 8.** करोति, कर्त्तुं), साध् **in caus.** (साधयति -यितुं), निमित्त **(nom.** निमित्तायते). **Sometimes** भू **is used with the dat. c.; as, 'that will cause my destruction,'** तन्मम विनाशाय भविष्यति: **or even the**

dative alone may be used; as, तन्मम विनाशाय. Sometimes a phrase like the following may be found; 'I was not the cause of this deed,' इदं कर्म्म न मत्स्वामिकं or मत्कर्त्तृकं.

Caused, ***p. p.*** कारितः -ता -तं, कृतः -ता -तं, जनितः -ता -तं, उत्पादितः -ता -तं, कारणभूतः -ता -तं, उद्भवः -वा -वं or प्रभवः -वा -वं **in comp.; as, 'caused by the wind,'** अनिलोद्भवः -वा -वं.

Causeless, ***a.*** निष्कारणः -णा -णं, निर्निमित्तः -त्ता -त्तं, अनिमित्तः -त्ता -त्तं, निष्प्रयोजनः -ना -नं, अहेतुकः -का -कं, अनिदानः -ना -नं, हेतुशून्यः -न्या -न्यं; **'causeless state,'** विलक्षणं.

Causelessly, ***adv.*** निष्प्रयोजनं, अकारणं, अकारणात्, निष्कारणं, अनिमित्ततस्, निर्णिमित्तं, असति प्रयोजने, हेतुना विना, हेतुं विना.

Causer, ***s.*** कारकः, कर्त्ता ***m.*** (र्त्तृ), करः, कारः, उत्पादकः, जनकः, जनयिता ***m.*** (तृ), प्रयोजकः, प्रवर्त्तकः.

Causeway, ***s.*** सेतुः ***m.,*** सेतुबन्धः, पाली, पिण्डलः, पिण्डिलः, धरणः, संवरं.

Caustic, ***a.*** **(Burning, corrosive)** दाहकः -का -कं, अरुन्तुदः -दा -दं, अरुष्करः -रा -रं, क्षयकरः -री -रं, तिग्मः -ग्मा -ग्मं.—**(Bitting, satirical)** अरुन्तुदः -दा -दं, दंशेरः -रा -रं, मर्म्मभेदी -दिनी -दि (न्), मर्म्मस्पृक् ***m. f. n.*** (श्).

Causticity, ***s.*** अरुन्तुदत्वं -ता, अरुष्करत्वं -तां.

Cautelous, ***a.*** **(Cunning, willy)** विदग्धः -ग्धा -ग्धं, विचक्षणः -णा -णं.

Cauterization, ***s.*** दाहः, दाहनं, उपयन्त्रेण or तप्तलोहेन or तिग्मौषधप्रयोगेण मांसदाहनं, क्षारकर्म्म ***n.*** (न्), कृष्णकर्म्म, क्षारार्पणं.

To **cauterize,** ***v. a.*** दह् **in caus.** (दाहयति -यितुं), तप्तलोहेन **or** उपयन्त्रेण **or** तिग्मौषधप्रयोगेण मांसं दह्, क्षारम् ऋ **in caus.** (अर्पयति -यितुं).

Cautery, ***s.*** **(Actual)** दाहः, उपयन्त्रं, तप्तलोहेन मांसदाहः, क्षारः. —**(Potential)** दाहः, औषधीयारुन्तुदद्रव्यप्रयोगेण मांसदाहः.

Caution, ***s.*** **(Prudent care)** अवधानं -नता, सावधानता, समीक्षा -क्षणं, प्रसमीक्षा, अवेक्षा, अन्ववेक्षा, अपेक्षा, अप्रमादः, चिन्ता, कार्य्यचिन्ता, विवेचनं, चेतना, आशङ्का, आशङ्काशीलता. —**(Warning)** प्रत्यादेशः, अवधेहि **or** सावधानो भव इति विज्ञापनं, सन्देशः.—**(Security)** प्रातिभाव्यं, पारिभाव्यं, बन्धकः, आधिः ***m.***

To **caution against,** ***v. a.*** प्रत्यादिश् **(c. 6.** -दिशति -देष्टुं), सन्दिश्; अवधेहि **or** अवधत्स्व **or** सावधानो भव इति विज्ञा **in caus.** (-ज्ञापयति -यितुं); **'he cautioned his sons against evil company,'** असत्संसर्गात् सावधाना भवत **or** अवधत्त इति पुत्रान् प्रत्यादिशत्.

Cautionary, ***a.*** **(Containing a security)** सबन्धकः -का -कं, सपारिभाव्यः -व्या -व्यं.—**(Containing a warning)** प्रत्यादेशकः -का -कं.

Cautioned, ***p. p.*** प्रत्यादिष्टः -ष्टा -ष्टं, सन्दिष्टः -ष्टा -ष्टं.

Cautious, ***a.*** सावधानः -ना -नं, कृतावधानः -ना -नं, अवहितः -ता -तं. स्ववहितः -ता -तं, अप्रमत्तः -त्ता -त्तं, अप्रमादी, दिनी -दि (न्), समीक्ष्यकारी -रिणी -रि (न्), विमृश्यकारी -रिणी -रि (न्), आशङ्काशीलः -ला -लं, कार्य्यचिन्तकः -का -कं, बुधः -धा -धं.

Cautiously, ***adv.*** सावधानं, अवधानेन, अवहितं, अप्रमादेन, अवेक्षया, साशङ्कं.

Cautiousness, ***s.*** अवधानता, सावधानता, अप्रमत्तता, अप्रमादित्वं.

To **caw,** ***v. n.*** काकवद् रु **(c. 2.** रौति, रवितुं), कै **(c. 1.** कायति, कातुं), द्राक्ष् **(c. 1.** द्राक्षति, द्राक्षितुं), ध्मांक्ष् **(c. 1.** ध्मांक्षति -क्षितुं).

Cayenne, ***s.*** मरीचगुणोपेतः सुतिग्मो रक्तवर्ण उपस्करविशेषः.

To cease, ***v. n.*** **(To be at an end)** विरम् **(c. 1.** -रमति -रन्तुं), उपरम्, निवृत् **(c. 1.** -वर्त्तते -वर्त्तितुं), निर्वृत्, विनिवृत्, शम् **(c. 4.** शाम्यति, शमितुं), अपया **(c. 2.** -याति -यातुं), विगम् **(c. 1.** -गच्छति -गन्तुं), विच्छिद् **in pass.** (-छिद्यते), विश्रम् **(c. 4.** -श्राम्यति -श्रमितुं).—**(To desist from)** विरम् **or** निवृत् **with abl. c.; 'be ceases from wickedness,'** पापाद् विरमति.

To **cease ,** ***v. a.*** **(To put a stop to)** निवृत् **in caus.** (-वर्त्तयति -यितुं), निर्वृत्, विरम् **in caus.** (-रमयति -यितुं), उपरम्, शम् **in caus.** (शमयति -यितुं).

Ceased, ***p. p.*** पिरतः -ता -तं, उपरतः -ता -तं, अवरतः -ता -तं, व्युपरतः -ता -तं, निवृत्तः त्ता -त्तं, प्रशान्तः -न्ता -न्तं, शान्तः -न्ता -न्तं, विगतः -ता -तं, विश्रान्तः -न्ता -न्तं, विच्छिन्नः -न्ना -न्नं, निरस्तः -स्ता -स्तं; **'one whose fever has ceased,'** विगतज्वरः **or** गतज्वरः **or** वीतज्वरः **or** शान्तज्वरः; **'one who has ceased from desire after worldly objects,'** उपरतविषयाभिलाषः -षा -षं.

Ceaseless, ***a.*** अविरतः -ता -तं, अनवरतः -ता -तं, निरन्तरः -रा -रं, अनिवृत्तः -त्ता -त्तं, अविश्रान्तः -न्ता -तं, नित्यः त्या -त्यं.

Ceaselessly, ***adv.*** अविरतं, अनवरतं, निरन्तरं, नित्यं.

Ceasing, ***s.*** विरतिः ***f.,*** निवृत्तिः ***f.,*** अवरतिः ***f.,*** उपरामः -रमः-रतिः ***f.,*** आरतिः ***f.***

Cecity, ***s.*** अन्धता -त्वं, तिमिरं, अदृष्टिः ***f.,*** दृष्टिहीनता.

Cecutiensy, ***s.*** दृष्टिवैकल्यं, नेत्रेन्द्रियवैकल्यं, नाकुलान्ध्यं, कुदृष्टिः ***f.***

Cedar, *s.* देवदारुः *m.* -रु *n.*, आरः *n.* (स्), आरस्तरुः *m.*

To **cede,** *v. a.* **(To give up)** उत्सृज् (c. 6. -सृजति -स्रष्टुं), विसृज्, वितृ (c. 1. -तरति -तरितुं -तरीतुं), त्यज् (c. 1. त्यजति, त्यक्तुं), परित्यज्, अनुदा (c. 3. -ददाति -दातुं), अनुज्ञा (c. 9. -जानाति, -ज्ञातुं), प्रोत्सृ in caus. (-सारयति -यितुं).—**(To go over)** अभ्युपे (c. 2. अभ्युपैति, अभ्युपैतुं), वशीभू.

Ceded, *p. p.* उत्सृष्टः -ष्टा -ष्टं, विसर्ज्जितः -ता -तं, प्रोत्सारितः -ता -तं, वितीर्णः -र्णा -र्णं, त्यक्तः -क्ता -क्तं.

Cedrine or cedarn, *a.* देवदारुमयः -यी -यं, देवदारुसम्बन्धीयः -या -यं.

To **ceil,** *v. a.* अन्तःपटलेन छद् (c. 10. छादयति -यितुं), आच्छद्.

Ceiling, *s.* अन्तःपटलः, अन्तश्छादं -दनं, अन्तराच्छादनं, पटलः चालः.

Celandine, *s.* अरुष्करनिर्य्यासविशिष्टः पीतपुष्प ओषधिभेदः बहुदुग्धिका.

Celature, *s.* तक्षणं, तक्षणकर्म्म *n.* (न्), नानारेखादिना अलङ्करणविद्या.

To **celebrate,** *v. a.* प्रशंस् (c. 1. -शंसति -शंसितुं), स्तु (c. 2. स्तौति, स्तोतुं), विख्या (c. 2 -ख्याति -ख्यातुं), कृत् (c. 10. कीर्त्तयति -यितुं), श्लाघ् (c. 1 श्लाघते, श्लाघितुं), वन्द् (c. 1. वन्दते -न्दितुं), पूज् (c. 10. पूजयति -यितुं), आश्रु in caus. (-श्रावयति -यितुं), प्रथ् in caus. (प्रथयति -यितुं), प्रकाश् in caus. (-काशयति -यितुं), अनुवर्ण् (c. 10. -वर्णयति -यितुं).—**(To perform solemnly)** सेव् (c. 1 सेवते, सेवितुं), विधिवत् कृ, यथाविध अनुष्ठा (c. 1. -तिष्ठति -ष्ठातुं) or सम्पतु in caus. (-पादयति -यितुं) or निर्व्वह् in caus. (-वाहयति -यितुं) or पाल् (c. 10. पालयति -यितुं) or आचर् (c. 1. -चरति -चरितुं) or नु (c. 10. पारयति -यितुं).—**(To celebrate on the lyre)** उपवीण (nom. -वीणयति -यितुं).

Celebrated, *a.* विश्रुतः -ता -तं, ख्यातः -ता -तं, विख्यातः -ता -तं, प्रथितः -ता -तं, प्रसिद्धः -द्धा -द्धं, कीर्त्तिमान् -मती -मत् (त्), कीर्त्तितः -ता -तं, स्तुत्यः -त्या -त्यं, अनुवर्णितः -ता -तं, लब्धशब्दः -ब्दा -ब्दं, यशस्वी -स्विनी -स्वि (न्), यशस्वान् -स्वती -स्वत् (त्), प्रतीतः -ता -तं, विज्ञातः -ता -तं, वित्तः -त्ता -त्तं.—**(In song)** उपगीतः -ता -तं, उपगीयमानः -ना -नं; **'to be celebrated,'** प्रशंस् **in pass.** (-शस्यते), विश्रु **in pass.** (-श्रूयते), प्रथ् (c. 1. प्रथते, प्रथितुं); **'by mention,'** अतिपठ् **in pass.** (पठ्यते), परिपठ्.—**(As a festival)** अभ्युदितः -ता -तं.

Celebration, *s.* **(Solemn performance)** सेवनं, निषेवनं, विधिवत् पालनं or अनुष्ठानं or आचरणं, अभ्युदयः.—**(Praise)** स्तुतिः *f.*, स्तवः, वर्णना, प्रशंसा, पूजा, कीर्त्तनं, उत्कीर्त्तनं, श्लाघा.

Celebrity, *s.* **(Fame)** कीर्त्तिः *f.*, यशः *n.* (स्), ख्यातिः *f.*, सुख्याति *f.*, विश्रुतिः *f.*, प्रसिद्धिः *f.*, प्रकीर्त्तिः *f.*, विख्यातिः *f.*, प्रविख्यातिः *f.*, प्रतिख्यातिः *f.*, प्रतिपत्तिः *f.*, विश्रावः, प्रथा, सम्प्रथा, प्रथितिः *f.*, प्रतिष्ठा; **'conferring celebrity,'** यशस्करः -री -रं, कीर्त्तिकरः -री -रं.

Celebrity, *s.* शीघ्रता, वेगः, जवः, त्वरा, रभसः, तूर्णिः *m.*, आशुगमनं.

Celery, *s.* अजमोदाजातीयः शाकप्रभेदः.

Celestial, *a.* **(Relating to heaven, or the sky, divine)** स्वर्गीयः -या -यं, दिव्यः -व्या -व्यं, दिविजः -जा -जं, दिविष्ठः -ष्ठा -ष्ठं, दैवः -वी -वं, देवकीयः -या -यं, देवार्हः -र्हा -र्हं, सौरः -री -रं, आन्तरीक्षः -क्षी -क्षं, वैहायसः -सी -सं, विहायसीयः -या -यं, नभःस्थः -स्था -स्थं; **'clothed in celestial raiment,'** दिव्यवस्त्रः -स्त्रा -स्त्रं; **'celestial nymph.** स्वर्वेश्या.—**(Excellent)** परमः -मा -मं, उत्तमः -मा -मं.

Celibacy or celibate, *s.* अविवाहः, अनुद्वाहः, अपरिणयनं, अपाणिः ग्रहणं, अविवाहावस्था, अकृतविवाहत्वं; **'living in celibacy,** अविवाहितः.

Cell, *s.* **(A small cavity)** विलं, छिद्रं, रन्ध्रं, कूपः, कुहरं.—**(A small apartment)** कुटी, कक्षः.—**(In a prison)** कारागारे कुटी **or** कक्षः **or** उपरोधकं, अवरोधनशालिका, गुप्तिः *f.*—**(A cottage)** कुटीरः.—**(The habitation of a religious person)** मठः, आश्रमः.

Cellar, *s.* गुप्तिः *f.*, भूतिकीलः, अवटः -टिः *m.*, गृहतले **or** गृहस्याथस्ताद् भूमौ खातो मद्यादिकोष्ठः.

Cellarist, *s.* धर्म्मचारिणां मठे मद्यादिरक्षकः **or** भोजनाधिकारी *m.* (न्).

Cellular, *a.* सूक्ष्मकूपविशिष्टः -ष्टा -ष्टं, सूक्ष्मरन्ध्रपूर्णः -र्णा -र्णं, मधुकोषाकारः -रा -रं.

Celsitude, *s.* उच्चता, ऊर्द्ध्वत्वं, उच्छ्रयः, उत्सेधः, समुन्नतिः *f.*, उत्कर्षः.

Cement, *s.* **(The matter with which two bodies are made to cohere, as mortar)** सुधा, लेपः, विलेपः, संलग्नीकरणार्थम् अतिश्यानद्रव्यं.—**(Bond of union)** बन्धनं, सम्बन्धः, आबन्धः, सन्धिः *m.*

To cement, *v. a.* संलग्नीकृ, संयुज् (c. 7. -युनक्ति -योक्तुं, c. 10. -योजयति -यितुं), संश्लिष् **in caus.** (-श्लेषयति -यितुं), (सम्बन्ध् (c. 9. -बध्नाति -बन्द्धुं), सन्धा (c. 3. -दधाति -धातुं).

Cementation, *s.* संलग्नीकरणं, संयोजनं, संयोगः, सन्धानं, संश्लेषः.

Cemented, ***p. p.*** संलग्नीकृतः -ता -तं, संयुक्तः -क्ता -क्तं, संश्लिष्टः -ष्टा -ष्टं. सम्बद्धः -द्धा -द्धं, सन्धितः -ता -तं.

Cemetery, ***s.*** श्मशानं, प्रेतवनं, पितृवनं, पितृकाननं, पितृवसतिः ***f.,*** शवसानं, शतानकं, रुद्राक्रीडः.

Cenatory, ***s.*** रात्रिभोजनसम्बन्धी -न्धिनी -न्धि (न्), नक्तभोजनावजयकः -का -कं.

Cenotaph, ***s.*** शून्यचैत्यं, चैत्यं, चित्यं, स्थानान्तरं निखातं, मृतजनमुद्दिश्य स्मरणचैत्यं.

Cense, ***s.*** करः, राजकरं, राजस्वं, शुल्क.—**(Rank)** पदं.

Censer, ***s.*** धूपाधारः, धूपपात्रं.—**(Fire pan)** अङ्गारधानिका.

Censor, ***s.*** नीतिशास्ता ***m.*** (स्तृ), धर्म्माध्यक्षः, धर्म्माधिकारी ***m.*** (न्), व्यवहारद्रष्टा ***m.*** (ष्टृ), आचारोपद्रष्टा ***m.*** (ष्टृ), कण्टकोद्धर्त्ता ***m.*** (र्त्तृ), दण्डप्रणेता ***m.*** (तृ), दोषनिग्रहीता ***m.*** (तृ), पापनिग्रहकृत्.

Censorian, ***a.*** नीतिशिष्टिसम्बन्धी -न्धिनी -न्धि (न्) **or** आचारदर्शनसम्बन्धी.

Censorious, ***a.*** निन्दकः -का -कं, घृणी -णिनी -णि (न्), दोषग्राही -हिणी -हि (न्), गुणघाती -तिनी -ति (न्), अपवादकः -का -कं, -दी -दिनी -दि (न्), सापवादः -दा -दं, कुवादः -दा -दं, कुवदः -दा -दं, पापदर्शी -र्शिनी -र्शि (न्), निन्दाशीलः -ला -लं, छिद्रान्वेषी -षिणी -षि (न्), छिद्रानुसारी -रिणी -रि (न्), कुत्सावादी -दिनी -दि (न्) **or** अगुणवादी, कुचरः -रा -रं, दोषैकदृक् ***m. f. n.,*** पुरोभागी -गिनी -गि (न्).

Censoriously, ***adv.*** घृणया, सापवादं, निन्दापूर्व्वकं, जुगुप्सया, अपवादशीलत्वात्, छिद्रान्वेषिवत्.

Censoriousness, ***s.*** निन्दकता, अपवादशीलत्वं, छिद्रान्वेषः, परदोषकीर्त्तनं.

Censorship, ***s.*** नीतिशास्तृपदं, आचारद्रष्टृपदं, धर्म्माधिकारः, -करणं.

Censurable, ***a.*** निन्द्यः -न्द्या -न्द्यं, निन्दनीयः -या -यं, निन्दार्हः -र्हा -र्हं, वचनीयः -या -यं, वाच्यः -च्या -च्यं, गर्ह्यः -र्ह्या -र्ह्यं, गर्हणीयः -या -यं, विगर्ह्यः -र्ह्या -र्ह्यं, दोषी -षिणी -षि (न्), अपराधी -धिनी -धि (न्).

Censurableness, ***s.*** निन्द्यता, वाच्यता, वचनीयता, सापराधता.

Censure, ***s.*** निन्दा, अपवादः, परीवादः, जुगुप्सा -प्सनं, उपक्रोशः, परिभाषणं, तिरस्कारः, घृणा, उपालम्भः, आक्षेपः, गर्हा, गर्हणं, कुत्सा, निर्वादः, अवर्णः, अर्त्तनं, ऋतीया.

To **censure,** ***v. a.*** निन्द् **(c. 1.** निन्दति, निन्दितुं), प्रणिन्द्, प्रतिनिन्द्, विनिन्द्; प्रत्यादिश् **(c. 6.** -दिशति -देष्टुं), परिवद् **(c. 1.** -वदति -वदितुं), अपवद्, गर्ह् **(c. 1.** गर्हते, गर्हितुं, **c. 10.** गर्हयति -ते -यितुं), विगर्ह्, परिगर्ह्; तिरस्कृ; कुत्स् **(c. 10.** कुत्सयति -यितुं), अभिकुत्स्, गुप् **in des.** (जुगुप्सते -प्सितुं), असूय **(nom.** असूयति -यितुं), उपालभ् **(c. 1.** -लभते -लब्धुं), दोषीकृ, धिक्कृ.

Censured, ***p. p.*** निन्दितः -ता -तं, जुगुप्सितः -ता -तं, तिरस्कृतः -ता -तं, विगर्हितः -ता -तं, निभर्त्सितः -ता -तं, धिक्कृतः -ता -तं, अवरीणः -णा -णं, उपालब्धः -ब्धा -ब्धं.

Censurer, ***s.*** निन्दकः, अपवादकः, अपवादी ***m.*** (न्), परिवादी ***m.*** (न्), निन्दाकृत्.

Cent, ***s.*** शतं; **'five per cent.,'** शते विंशभागः, पञ्चकं शतं, पञ्चोत्तरं; **'two per cent.,'** द्विकं शतं.

Centaur, ***s.*** जन्तुविशेषो यस्य पूर्व्वभागः पुरुषाकारः पश्चिमभागश्च अश्वाकृतिः, पूर्व्वकालीनकविभिः कल्पितो नरोर्द्धकायो वाज्यधःकायो: जन्तुविशेषः, अर्द्धेन अश्वोऽर्द्धेन पुरुषो जन्तुः, राक्षसः, दैत्यः.

Centaury, ***s.*** तिक्तस्वाद ओड्रपुष्पसवर्ण ओषधिप्रभेदः.

Centenarian, ***s.*** **(One a hundred years of age)** शतायूः ***m.*** (स्), शतवर्षः.

Centenary, ***a.*** शतकः -का -कं, शतिकः -की -कं, शत्यः -त्या -त्यं.

Centenary, ***s.*** शतकः, शतं; **'a centenary of years,'** वर्षशतं, अब्दशतं, शतवर्षं.

Centennial, ***a.*** शतवर्षः -र्षा -र्षं, शताब्दः -ब्दा -ब्दं, शतवत्सरः -रा -रं.

Centesimal, ***a.*** शतनमः -मी -मं.—**(Hundredth part)** शतभागमध्ये एकभागः.

Centifolious, ***a.*** शतपत्रः -त्री -त्रं, शतपर्णः -र्णी -र्णं, शतच्छदः -दा -दं.

Centipede, ***s.*** शतपदी ***f.,*** शतपाद ***f.,*** शतपादिका, पृथिका, वृश्चिकः, कर्णजलौका -काः (स्).

Cento, ***s.*** **(A poem formed by scraps)** प्रकीर्णकाव्यं, खण्डकाव्यं, नानाग्रन्थसङ्गृहीतं काव्यं.—**(A collection of a hundred stanzas)** शतकः.

Central or centrical, ***a.*** मध्यः -ध्या -ध्यं, मध्यमः -मा -मं, मध्यमीयः -या -यं, मध्यस्थः -स्था -स्थं, मध्यस्थायी -यिनी -यि (न्), गर्भस्थः -स्था -स्थं, मध्यवर्त्ती -र्त्तिनी -र्त्ति (न्).

Centrality, ***s.*** मध्यत्वं, मध्यस्थता -त्वं, मध्यमत्वं.

Centre, ***s.*** **(The middle, interior)** मध्यं, मध्यः, मध्यस्थानं, मध्यस्थलं, गर्भः, उदरं, अभ्यन्तरं, हृदयं; **'in the centre,'** मध्ये, अभ्यन्तरे.—**(Of a circle)** केन्द्रं, चतुष्टयं.

To **centre,** ***v. n.*** **(To rest on)** अवलम्ब् **(c. 1.** -लम्बते -लम्बितुं), समालम्ब्, संश्रि **(c. 1.** -श्रयति -श्रयितुं).—**(To meet**

together in one point) मध्यस्थानं or एकस्थानं प्रति समि (c. 2. समेति, समेतुं), एकत्र समागम् (c. 1. -गच्छति -गन्तुं) or सम्मिल् (c. 6. -मिलति -मेलितुं).

Centrically, ***adv.*** मध्यतस्, मध्यं प्रति, मध्ये, मध्यस्थाने, मध्यमुद्दिश्य.

Centrifugal, ***a.*** केन्द्रापजिगमिषुः -षुः -षु, मध्यापजिगमिषुः -षुः -षु.

Centripetal, ***a.*** केन्द्रजिगमिषुः --षुः -षु, केन्द्राभिपिपतिषुः -षुः -षु, मध्यं प्रति पतयालुः -लुः -लु or पातुकः -का -कं.

Centuple, ***s.*** शतगुणः -णा -णं, शतधा ***ind.***

To **centuplicate,** ***v. a.*** शतगुणं -णां -णं कृ, शतगुणीकृ, शतधा कृ.

To **centuriate,** ***v. a.*** शतभागः कृ, शतखण्डशः कृ, शतधा कृ, शतखण्डीकृ.

Centurion, ***s.*** शतसेनापतिः ***m.***, शतयोधमुख्यः, शतसैन्याधिपतिः ***m.***

Century, ***s.*** **(Space of a hundred years)** वर्षशतं, शतवर्षं, वत्सरशतं, अब्दशतं.—**(A hundred)** शतं, शतकः.

Cephalalgy, ***s.*** शिरोवेदना, शीर्षवेदना, शिरःपीडा, शिरार्त्तिः ***f.***, शिरोरोगः.

Cephalic, ***a.*** मस्तकपथ्यः -थ्या -थ्यं, मस्तिष्करोगघ्नः -घ्नी -घ्नं.

Cerastes, ***s.*** शृङ्गविशिष्टः सर्पप्रभेदः, विषाणी व्यालः, शृङ्गी.

Cerate, ***s.*** सिक्थादिनिर्म्मितः or सिक्थतैलादिमयः क्षतशमक उपनाहः.

Cerated, ***a.*** सिक्थाक्तः -क्ता -क्तं, सिक्थमयः -यी -यं, सिक्थानुलिप्तः -प्ता -प्तं.

To **cere,** ***v. a.*** सिक्थेन लिप् (c. 6. लिम्पति, लेप्तुं) or अञ्ज् (c. 7. अनक्ति, अंक्तुं).

Cerebral, ***a.*** मस्तिष्कसम्बन्धकः -का -कं; **'a cerebral letter,'** मूर्द्धन्यं.

Cerebrum, ***s.*** मस्तिष्कं, मस्तिस्कः, गोर्दं, मस्तकस्नेहः.

Cerecloth or cerement, ***s.*** सिक्थाक्तं वस्त्रं, शववस्त्रं.

Ceremonial, ***s.*** व्यवहारः, आचारः, रीतिः ***f.***, विधिः ***m.***, विधानं, नियमः, कृत्यं, नित्यकृत्यं, आह्निकाचारः, संस्कारः, क्रियाविधिः ***m.***, शास्त्रविधानं.—**(Sacrificial)** यज्ञकर्म्म ***n.*** (न्), विधियज्ञः, इष्टिः ***f.***

Ceremonial, ***a.*** वैधिकः -की -कं, वैधः -धी -धं, नैयमिकः -की -कं, आचारिकः -की -कं, व्यावहारिकः -की -कं, ऐष्टिकः -की -कं, पौर्त्तिकः -की -कं.

Ceremonious, ***a.*** अतिशयेन आदरकृत्, अतिशयेन आदृतः -ता -तं or सभ्याचारसेवी -विनी -वि (न्), अतिसभ्यः -भ्या -भ्यं or अत्यञ्जलिकृत्, एकान्तसभ्यः -भ्या -भ्यं, सभ्यम्मन्यः -न्या -न्यं, एकान्तप्रश्रितः -ता -तं, एकान्तप्रणयी -यिनी -यि (न्), अतिसमादरकृत्, अत्यादृतः -ता -तं, अतिसभाजनकत्, अत्यानन्दनकृत्, अत्यनुनयी -यिनी -यि (न्).

Ceremonousness, ***s.*** **(The use of too much ceremony)** अत्यादरः, अतिशयेन शिष्टाचारानुष्ठानं, or सभ्याचारसेवनं, अतिसौजन्यं, अतिप्रश्रयः, अत्यनुनयः, अतिसभाजनं, अतिसमादरः, अत्यानन्दनं.

Ceremoniously, ***adv.*** एकान्तादरपूर्व्वं, अतिसमादरेण, अतिप्रश्रयेण, सातिशयसभाजनं.

Ceremony, ***s.*** **(Rite)** विधिः ***m.***, नियमः, संस्कारः, विधानं, कृत्यं, नित्यकृत्यं, कर्म्म ***n.*** (न्), नित्यकर्म्म ***n.*** (न्), क्रिया, आह्निकाचारः, दीक्षा; **'engaged in ceremonies,'** दीक्षितः; **'occasional ceremony,'** नैमित्तिक कर्म्म ***n.*** (न्); **'marriage ceremony,'** विवाहविधिः ***m.***—**(Form of civility)** शिष्टाचारविधिः ***m.***, सभ्याचारविधिः ***m.*** सौजन्यरीतिः ***f.***

Certain, ***a.*** **(Sure)** ध्रुवः -वा -वं, अवश्यकः -का -कं, सुनिश्चितः -ता -तं.—**(Not admitting doubt)** असन्दिग्धः -ग्धा -ग्धं, असंशयः -या -यं; निःसन्दिग्धः -ग्धा -ग्धं, निःसन्देहः -हा -हं, निःसंशयः -या -यं; **'it is certain,'** अत्र न संशयः.—**(Settled, determined, resolve)** निश्चितः -ता न्तं, कृतनिश्चयः -या -यं, निष्पन्नः -न्ना -न्नं, नियतः -ता -न्तं; **'as to time,'** कृतकालः -ला -लं.—**(Regular)** नित्यः -त्या -त्यं.—**(Infallible)** अमोघः -घा -घं.—**(Particular)** सविशेषः -षा -षं.—**(Some)** कश्चित् काचित् किञ्चित्, कोऽपि कापि किमपि, कश्चन काचन किञ्चन; **'some few,'** कतिचित् ***ind.***, कतिपयः -या -यं, कियान् -यती -यत् (त्); **'a certain person,'** कश्चित्; **'a certain lion,'** कश्चित् सिंहः, **or in more modern Sanskrit** एकः सिंहः; **'certain people,'** कतिपयलोकाः; **'certain teachers,'** कियन्तोऽध्यापकाः; **'on a certain time,'** एकदा, कदाचित्, विशेषकाले.

Certainly, ***adv.*** अवश्यं, निश्चितं, सुनिश्चितं, असंशयं, ध्रुवं, नूनं, खलु, किल, नाम, तत्त्वतस्, संशयं विना, अत्र न संशयः, कः सन्देहः, कोऽत्र सन्देहः.

Certainness, or certainty, or certitude, ***s.*** निश्चयः, निर्णयः, नैश्चित्यं, अवश्यकता, दृढप्रमाणं, ध्रुवत्वं, असन्दिग्धता; **'certainties,'** ध्रुवाणि.

Certificate, ***s.*** प्रमाणपत्रं, अभिज्ञानपत्रं, निर्णयपत्रं, निश्चयपत्रं, सत्यापनपत्रं, निदर्शनपत्रं, आगमपत्रं, निर्णेता ***m.*** (तृ).

To **certify,** ***v. a.*** **(To inform)** ज्ञा **in caus.** (ज्ञापयति -यितुं), विज्ञा.—**(To bear testimony, give proof)** प्रमाणीकृ,

सप्रमाणं -णां -णं कृ, दृढीकृ, स्थिरीकृ, सत्याकृ, प्रमाणपत्रेण or अभिज्ञानपत्रेण निर्णयं कृ.

Cervical, ***a.*** ग्रैवः -वी -वं, ग्रैवेयः -यी -यं, कण्ठ्यः -ण्ठ्या -ण्ठ्यं.

Cerulean, ***a.*** नीलः -ला -लं, नीलवर्णः -र्णा -र्णं, आकाशवर्णः -र्णा -र्णं.

Cerumen, ***s.*** **(Ear-wax)** कर्णमलः -लं, तोक्मं, कर्णगूथः, कर्णविट् (ष्)

Ceruse, ***s.*** **(White lead)** श्वेतरञ्जनं, शुक्लवर्णः सीसकविशेषः.

Cesarian, ***a.*** **(Operation)** गर्भाच्छेदनं, भ्रूणोत्कर्त्तनं.

Cess, ***s.*** **(A sum levied)** करः, शुल्कः -ल्कं, राजस्वं.—**(The act of assessing)** करग्रहणं, शुल्कग्रहणं.

To **cess,** ***v. a.*** **(To assess)** करं **or** शुल्कं **or** राजस्वं ग्रह् **(c. 9.** गृह्णाति, ग्रहीतुं) **or** दा **in caus.** (दापयति -यितुं).

Cessation, ***s.*** विरतिः ***f.,*** विरामः, अवरतिः ***f.,*** उपरतिः ***f.,*** निवृत्तिः ***f.,*** विनिवृत्तिः ***f.,*** निर्वृतिः ***f.,*** निवर्त्तनं, निर्वर्त्तनं, विच्छेदः, उपशमः, अपशमः क्षयः; **'cessation of arms,'** अवहारः. —**(Without cessation)** अविरतं. अनवरतं, निरन्तरं; **'cessation of affection,'** स्नेहच्छेदः.

Cessavit, ***s.*** अमुकजनो वर्षद्वयप्रभृति अद्य यावत् करं न दत्तवान् इति ज्ञापनार्थं लेख्यं.

Cessible, ***a.*** त्याज्यः -ज्या -ज्यं, प्रदेयः -या -यं, विसर्ज्जनीयः -या -यं.

Cession, ***s.*** त्यागः, परित्यागः, प्रदानं, वितरणं, विसर्ज्जनं, समर्पणं.

Cessment, ***s.*** करग्रहणं, शुल्कग्रहणं, राजस्वग्रहणं, करदापनं.

Cessor, ***s.*** नियतधर्म्मनिरपेक्षत्वात् **or** करदानमन्दादरत्वात् पूर्वोक्तलेख्यद्वारेण अभियोक्तव्यः.

Cestus, ***s.*** रतिमेखला, रतिरसना, रतिकलापः.

Cetaceous, ***a.*** तिमिजातीयः -या -यं, मीनरजातीयः -या -यं.

Ceylon, ***s.*** **(The island)** सिंहलद्वीपः, सिंहलं, लङ्का.

Chad, ***s.*** पाठीनः, मद्गुरः, शृङ्गी ***f.***

To **chafe,** ***v. a.*** **(To rub, make hot by rubbing)** घृष् **(c. 1.** घर्षति, घर्षितुं), आघृष्, निर्घृष्, संवाहं कृ, घर्षणेन तप् **in caus.** (तापयति -यितुं).—**(To irritate)** तप् **in caus.,** परितप्, बाध् **(c. 1.** बाधते, बाधितुं).—**(To make angry)** कुप् **in caus.** (कोपयति -यितुं), प्रकुप्, रूप् **in caus.** (रोषयति -यितुं).

To **chape,** ***v. n.*** तप् **in pass.** (तप्यते), परितप्, सन्तप्, दुर्मनम् **(nom.** दुर्मनायते), क्लिश् **(c. 4.** क्लिश्यते, क्लेशितुं), कुप् **(c. 4.** कुप्यति -ते, कोपितुं), प्रकुप्, रुष् **(c. 4.** रुष्यति, रोषितुं), क्रुध् **(c. 4.** क्रुध्यति, क्रोद्धुं), मन्तु **(nom.** मन्तूयति); **'chafing,'** आतप्यमानः -ना -नं.

Chafe, ***s.*** प्रकोपः, उत्तापः, परितापः, मनस्तापः, क्लेशः, रोषः, मन्युः ***m.,*** अमर्षः,

Chafer, ***s.*** पिङ्गशरीरो ध्वनमोदी भ्रमरप्रभेदः.

Chaff, ***s.*** बुसं, बुषं, तुषः -षा, तुच्छं, तुच्छधान्यकं, धान्यकल्कं, कडङ्गरः, निष्पावः.—**(Freed from the chaff)** निस्तुषः -षा -षं.

To **chaffer,** ***v. a.*** पण् **(c. 1.** पणते, पणितुं **or** पणायति -यितुं), पणं कृ, पणीकृ, विपणीकृ, कुत्सितप्रकारेण पणायां कृ **or** क्रयविक्रयं कृ.

Chaffern, ***s.*** उदस्थाली, स्थाली, पिठरः, उखा.

Chaffinch, ***s.*** बुसप्रियः क्षुद्रपक्षिप्रभेदः.

Chaffless, ***a.*** निस्तुषः -षा -षं, बुसहीनः -ना -नं, तुषरहितः -ता -तं.

Chaffy, ***a.*** तुषमयः -यी -यं, तुषोपमः -मा -मं, लघुः -घुः -घु.

Chafing-dish, ***s.*** अङ्गारधानिका, अङ्गारशकटी ***f.,*** अङ्गारिः ***f.*** -रिणी, कटाहः.

Chagrin, ***s.*** क्लेशः, मन्युः ***m.,*** शोकः, विडम्बना, व्यथा, असन्तोषः.

To **chagrin,** ***v. a.*** दुःख् **(c. 10.** दुःखयति -यितुं), क्लिश् **(c. 9.** क्लिश्नाति, क्लेशितुं), व्यथ् **in caus.** (व्यथयति -यितुं), तप् **in caus.** (तापयति -यितुं), सन्तप्, परितप्, शुच् **in caus.** (शोचयति -यितुं).

Chagrined, ***p. p.*** आगतमन्युः -न्युः -यु, सव्यथः -था -थं, दुःखितः -ता -तं, उद्विग्नः -ग्ना -ग्नं.

Chain, ***s.*** शृङ्खलः -ला -लं, रासः.—**(Fetter)** लोहबन्धनं, लौहबन्धं, निगडः -डं, बन्धनं, पाशः; **'a gold chain,'** कनकसूत्रं.—**(A series)** श्रेणी, पर्य्यायः, पंक्तिः ***f.,*** अनुक्रमः, माला; **'a chain of causes,'** कारणमाला.

To **chain,** ***v. a.*** शृङ्खलया **or** निगडेन बन्ध् **(c. 9.** बध्नाति, बन्द्धुं), शृङ्खल **(nom.** शृङ्खलयति -यितुं), निगड **(nom.** निगडयति -यितुं).

Chained, ***p. p.*** शृङ्खलितः -ता -तं, निगडितः -ता -तं, शृङ्खलाबद्धः -द्धा -द्धं.

Chain-pump, ***s.*** शृङ्खलासञ्चारितं जलोत्तोरलनयन्त्रं **or** घटीयन्त्रं.

Chain-shot, ***s.*** शृङ्खलाबद्धं युद्धयन्त्रात् प्रक्षेपणीयं लोहगोलद्वयं.

Chain-work, ***s.*** शृङ्खलकर्म्म ***n.*** (न्), शृङ्खलारूपेण निर्म्मितं यत् किञ्चिद् विरलकर्म्म.

Chair, ***s.*** पीठं, आसनं, विष्टरः, विस्तरः, संवेशः.—**(Wheel-chair)** पर्पं.

Chairman, ***s.*** सभापतिः ***m.,*** सभाधिकृतः, गोष्ठीपतिः, श्रेष्ठी ***m.*** (न्), प्रामाणिकः.—**(One whose profession it is to carry a chair)** प्रवहणिकः.

Chaise, ***s.*** यानविशेषः, रथः, क्रीडारथः, पुष्परथः, वाहनं.

Chalcography, ***s.*** ताम्रफले **or** पित्तलफलके लिखनविद्या.

Chaldron, ***s.*** पिठरः, उखा, स्थाली, उदस्थाली, पिष्टपचन.

Chalice, ***s.*** कंसः, पात्रं, भाजनं, शरावः, यज्ञपात्रं, यज्ञभाजनं.

Chalk, ***s.*** कठिनी, खटिनी, कठिका, खटिका, खडिका, चूर्णः-र्णं, श्वेतधातुः ***m.,*** शुक्लधातुः, वर्णलेखा, पाण्डुमृत् ***f.,*** शिलाधातुः, सितोपलः, पाकशुक्ला, धवलमृत्तिका.—**(Red chalk)** गैरेयं, अर्थ्यं, गिरिजं, अश्मजं, शिलाजतु ***n.***

To **chalk,** ***v. a.*** **(To mark with chalk)** कठिन्या चिह्न **(c. 10.** चिह्नयति -यितुं) **or** लिख् **(c. 6.** लिखति, लेखितुं).

Chalk-Cutter, ***s.*** कठिनीखनकः, कठिनीखनिता ***m.,*** (तृ), शुक्लधातुखनकः.

Chalky, ***a.*** कठिनीमयः -यी -यं, श्वेतधातुपूर्णः -र्णा -र्णं, कठिनीसंसृष्टः -ष्टा -ष्टं.

To **challenge,** ***v. a.*** आह्वे **(c. 1.** -ह्वयति -ते -ह्वातुं), उपाह्वे, समाह्वे, द्वन्द्वयुद्धार्थं **or** नियुद्धार्थम् आह्वे; स्पर्ध् **(c. 1.** स्पर्धते, स्पर्धितुं), आक्रन्द् **(c. 1.** -क्रन्दति -क्रन्दितुं), प्रत्यर्थ् **(c. 10.** -अर्थयति -यितुं).—**(To accuse)** अभियुज् **(c. 7.** -युनक्ति -योक्तुं).—**(To claim as one's own due)** आत्मसात्कृ, स्वीकृ मन देयं **or** मह्यं दातव्यमिति ज्ञापयित्वा ग्रह् **(c. 9.** गृह्णाति, ग्रहीतुं), **or in des.** (जिघृक्षति -क्षितुं).

Challenge, ***s.*** आह्वानं, समाह्वयः -ह्वानं, योधसंरावः, क्रन्दितं, अभिग्रहः.—**(A writing containing a challenge)** युद्धाह्वानपत्रं, द्वन्द्वयुद्धार्थम् आह्वानपत्रं.

Challenged, ***p. p.*** आहूतः -ता -तं, समाहूतः -ता -तं, कृताह्वानः -ना -नं.

Challenger, ***s.*** आह्वानकर्त्ता ***m.*** (र्त्तृ), समाह्वानकृत्, समाह्वाता ***m.*** (तृ), अभियोक्ता ***m.*** (क्तृ).

Challenging, ***s.*** **(Act of)** आह्वानं, हूतिः ***f.,*** हवः, क्रन्दनं, स्पर्द्धा.

Chalybeate, ***a.*** अयःसंसृष्टः -ष्टा -ष्टं, लोहव्याप्तः -प्ता -प्तं, लोहगुणविशिष्टः -ष्टा -ष्टं, लोहघटितः -ता -तं; **'a chalybeate pill,'** अयोगुडः.

Chamade, ***s.*** युद्धे पराजयसूचकं **or** सम्प्रदानसूचकं पटहताडनं.

Chamber, ***s.*** कोष्ठः, प्रकोष्ठः, शाला, शालिका, आगारः -रं, गृहं, स्थलं, आवासः, वासभवनं, कक्षः, कुटी, कुटिः ***f.;*** **'bed-chamber,'** शयनागारः, स्वप्ननिकेतनं, शयनशाला, शय्यावेश्म ***n.*** (न्); **'an inner chamber,'** उपरोधकं, कक्षान्तरं; **'an upper chamber,'** उपरिस्थः प्रकोष्ठः; चन्द्रशालिका, शिरोगृहं.—**(A cavity)** कोष्ठः, गर्त्तः, विलं, कुहरं.

To chamber, ***v. n.*** लम्पटवत् स्त्रियो गम् **(c. 1.** गच्छति, गन्तुं) **or** अभिगम्, लम्पटाचारः -रा -रं अस्.

Chambering, ***s.*** स्त्रीगमनं, नार्य्यभिगमनं, स्त्रीसेवा, नारीप्रसङ्गः, लम्पटता.

Chamberlain, ***s.*** शयनाधिकृतः, अन्तःपुरवर्त्ती ***m.*** (न्), अन्तर्वंशिकः, कञ्चुकी ***m.*** (न्), स्थापत्यः, वस्त्रगृहाधीशः, द्वाःस्थितदर्शकः, बन्धुलः.

Chambermaid, ***s.*** शयनशालायां शय्यादिपरिकल्पिका परिचारिका **or** दासी.

Chameleon, ***s.*** सरटः, सरटुः, प्रतिसूर्य्यः, कुलाहकः. ***See*** **Cameleon.**

To **chamfer,** ***v. a.*** स्तम्भस्य परितः सीताकारा रेखा लिख् **(c. 6.** लिखति, लेखितुं).

Chamfer or chamfret, ***s.*** स्तम्भस्य परितो लिखिता सीताकारा रेखाः, स्तम्भरेखा, स्तम्भसीता.

Chamois, ***s.*** वातप्रमीयः, वनछागजातीयो गिरिप्रियो महावेगो जन्तुभेदः.

Chamomile, ***s.*** अतितिक्तरसविशिष्टः सुगन्ध ओषधिभेदः.

To **champ,** ***v. a.*** चर्व् **(c. 1.** चर्वति, चर्वितुं), दंश् **(c. 1.** दशति, दंष्टुं), परिदंश्, दन्तघर्षं कृ; **'to champ the bit,'** खलीनं परिदंश्.

Champaign, ***s.*** समभूमिः ***f.,*** समभूभागः, समस्थलं -ली, समप्रदेशः, निर्व्वनभूमिः ***f.***

Champaka, ***s.*** **(A plant)** चम्पकः, चाम्पेयः, हेमपुष्पकः, स्थिरगन्धः, स्थिरपुष्पः.—**(Its flower)** गन्धफली.

Champignon, ***s.*** छत्राप्रभेदः, छत्राकं, उच्छिलीन्ध्रं, शिलीन्ध्रं.

Champion, ***s.*** **(A warrior)** भटः, सुभटः, वीरः, प्रवीरः, योद्धा ***m.*** (द्धृ), प्रयुयुत्सुः ***m.,*** विक्रान्तः, गण्डीरः, नासीरः.—**(A defender)** रक्षकः, रक्षिता ***m.*** (तृ), परिरक्षी ***m.*** (न्).

Chance, ***s.*** दैवं, दैवयोगः, दैवगतिः ***f.,*** घटना, दैवघटना, सङ्गतिः ***f.,*** अकस्मात्सङ्गतं, आगन्तुः ***m.,*** अतिवर्त्तनं.—**(Unfortunate chance)** विपद्, आपद्; **'a game of chance,'** अक्षादिक्रीडा, द्यूतं; **'trusting too much to chance,'** दैवपरः, दैवायत्तः, दैवचिन्तकः; **'by chance,'** अकस्मात्, दैवात्, दैववशात्, घटनया, अनपेक्षं, प्रमादेन.—**(State of doubt)** संशयः; **'committed to chance,'** संशयस्थः -स्था -स्थं

To **chance,** ***v. n.*** अकस्मात् सम्भू **(c. 1.** -भवति -भवितुं) **or** सम्पद् **(c. 4.** -पद्यते -पत्तुं) **or** समापद् **or** उपस्था **(c. 1.** -तिष्ठतिं -स्थातुं) **or** समुपस्था, **or** आपत् **(c. 1.** -पतति -पतितुं).

Chancel, ***s.*** पूजाशालायाः पूर्व्वदिशयो महापवित्वाद् व्यवधानेन अवरुद्धो भागः, मन्दिरस्य प्राचीनभागः.

Chancellor, ***s.*** महाप्राड्विवाकः, प्रधानधर्म्माध्यक्षः, महाविचारकः, महाशासनकर्त्ता ***m.*** (र्त्तृ).—**(Chancellor of the Exchequer)** कोशाधीशः.—**(Of the University)** राजविद्यालयाधिपतिः ***m.***

Chancellorship, *s.* महाप्राड्विवाकत्वं, प्रधानधर्म्माध्यक्षस्य पटं or अधिकारः.

Chance-medley, *s.* डिम्बाहवे अनिच्छातो नृहत्या or मनुष्यमारणं.

Chancer, *s.* विद्रधिः *m.,* उपदंशः, गलितक्षतं. *See* **Cancer.**

Chancery, *s.* दण्डनैष्ठुर्य्यशमका महाविचारणसभा, महाविचारस्थानं. धर्म्मोग्रतानियामकः सभाविशेषः.

Chāṇḍāla, *s.* **(An outcaste or man of a degraded tribe)** चाण्डालः, चण्डालः, मातङ्गः, निषादः, दिवाकीर्त्तिः, श्वपचः, जनङ्गमः, अन्तेवासी, पुक्कसः, प्लवः.

Chandelier, *s.* दीपवृक्षः, दीपपादपः, शिखातरुः, शिखावृक्षः, दीपाधारः.

Chandler, *s.* **(A huckster)** वार्त्तावहः, वैवधिकः, विवधिकः; **'a corn-chandler,'** धान्यमायः.—**(One who makes or sells candles)** दीपिकाकृत्, दीपविक्रेतो *m.* (तृ).

To **change,** *v. a.* विकृ (c. 8. -करोति -कर्त्तुं), अन्यरूपं -पीं -पं कृ, भिन्नरूपं -पीं -पं कृ, विपर्यस् (c. 4. -अस्यति, असितुं),—**(To barter)** निमे (c. 1. -मयते -मातुं), विमे, विनिमे, परिवृत् **in caus.** (-वर्त्तयति -यितुं); **'he changes beans for seasamum-seed,'** तिलेभ्यः प्रति माषान् ददाति. —**(To change the mind)** अन्यमानसीभू, विपरीतं विज्ञा (c. 9. -जानाति -ज्ञातुं).—**(To change a note)** हुण्डिकापत्रं सुवर्णरूप्यादिभिः परिवृत्.—**(To change gold for coin of less value)** सुवर्णरूप्यादिकं कुप्यनाण कपणकपर्दादिभिः परिवृत्.—**(To change one's clothes)** वासांसि अवताय्यं or विहाय or अवमुच्य अपराणि परिधा (c. 3. -दधाति -धातुं).

To **change,** *v. n.* विकृ (c. 8. -कुरुते), विकृतीभू, अन्यथा भू, अन्यरूपः -पी -पं भू, भिन्नरूपः -पी -पं भू, विकृताकारः -रा -रं भू; **'the mouse was changed into a cat,'** मूषिको विडालः कृतः—**(To change in mind)** विमनीभू.—**(To change one's evil course)** पापाद् विनिवृत् (c. 1. -वर्त्तते -वर्त्तितुं) or निवृत्.

Change, *s.* विकारः, विकृतिः *f.,* विक्रिया, वैकृत्यं, परिणामः, विपरिणामः, विपर्य्ययः, परिवर्त्तः, अन्यथाभावः. —**(Vicissitude)** आवृत्तिः *f.,* परिवृत्तिः *f.;* **'of the seasons,'** ऋतुपर्य्यायः.—**(Variety)** वैचित्र्यं, विभेदः.—**(Reformation)** निवर्त्तनं.—**(Small money)** अल्पसारं धनं यथा कुप्यनाणकपणकपर्दकादि, अल्पार्थमुद्रा, क्षुद्रमुद्रा.—**(Place where merchants meet)** बणिक्समागमचत्वरं, श्रेष्ठिचत्वरं. —**(Of the moon)** अमावसी, प्रतिपत् चन्द्रपरिवर्त्तः, पर्व्वसन्धिः *m.;* **'of mind,'** बुद्धिभेदः.

Changeable, *a.* **(Possible to be changed)** विकार्य्यः -र्य्या -र्य्यं.—**(Fickle)** अस्थायी -यिनी -यि (न्), अस्थिरः -रा -रं, अधीरः -रा -रं, चलः -ला -लं, चलचित्रः -त्ता -त्तं, चपलः -ला -लं, सङ्कसुकः -का -कं, नैकभावाश्रयः -या -यं, प्रकृतितरलः -ला -लं, अन्यमनाः -ना -नः (स्), अन्यमानसः -सी -सं.—**(Inconstant)** अनित्यः -त्या -त्यं.

Changeableness, *s.* अस्थिरता, अस्थैर्य्यं, चलचित्रता, चञ्चलत्वं, चापल्यं.

Changed, *p. p.* विकारितः -ता -तं, विकृतः -ता -तं, वैकृतः -ता -तं, कृतविक्रियः -या -यं, अन्यरूपः -पी -पं, परिणतरूपः -पी -पं, विपर्यस्तः -स्ता -स्तं, विकृताकारः -रा -रं.—**(In feelings)** विमनीकृतः -ता -तं, विमनीभूतः -ता -तं.

Changeling, *s.* कुलीनपुत्रेण परिवर्त्तितो धात्रीपुत्रः; वेतालेन सुरूपबालकम् अपहृत्य तस्य स्थाने उपसर्ज्जितः कुरूपबालक इति केचन् मुताले; उपसर्ज्जितपुत्रः, उपकल्पितपुत्रः, कृत्रिमपुत्रः, पुत्रप्रतिनिधिः *m.*

Changer, *s.* हुण्डिकापत्रसुवर्णरुप्यादिपरिवर्त्तकः.

Channel, *s.* **(A strait)** सङ्कटं.—**(The bed of a river)** नदीभाण्डं. नदीपात्रं, गर्भः, नदीगर्भः.—**(A long excavation, a canal)** कुल्या, उपकुल्या, खातं, नालः, प्रणालः.—**(A narrow passage)** सङ्कीर्णपथः.—**(Furrow of a pillar)** स्तम्भरेखा, स्तम्भसीता.—**(A stream)** स्रोतः *n.* (स्).

To **channel,** *v. a.* खन् (c. 1. खनति, खनितुं, खातुं), उत्खन्, कुल्याः कृ, सीताः कृ.

To **chant,** *v. n.* गै (c. 1. गायति, गातुं), प्रगै, उद्गै, सुम्न (nom. सुम्नायते), पठ् (c. 1. पठति, पठितुं).

Chant, *s.* गीतं, गेयं, गानं, गाथा, खेलिः *f.,* स्तोत्रं.

Chanted, *p. p.* गीतः -ता -तं, परिगीतः -ता -तं, पठितः -ता -तं.

Chanter, *s.* उद्गाता *m.* (तृ), गायकः, गेष्णुः, गाथिकः, सुम्नयुः *m.*

Chanticleer, *s.* उषाकलः, कुक्कुटः, कृकवाकुः, यामघोषः.

Chaos, *s.* महाभूतादिसाङ्कर्य्यं, प्राग्जगत्सृष्टेर् जलादिभूतानाम् अस्तव्यस्तता, एकार्णवः.—**(Confusion)** सङ्करः, साङ्कर्य्यं, संक्षोभः, व्यस्तता, अव्यक्तता.

Chaotic, *a.* सङ्करीकृतः -ता -तं, अस्तव्यस्तः -स्ता -स्तं, अधरोत्तरः -रा -रं, सङ्कीर्णः -र्णा -र्णं, सङ्कुलः -ला -लं, एकार्णवीभूतः -ता -तं, अव्यक्तः -क्ता -क्तं, अलक्षणः -णा -णं.

To **chap**, *v. n.* **(To break into gapings from the effect of cold)** शीतोपहतत्वात् त्रुट् (c. 4. त्रुट्यति, त्रुटितुं) or विदल् (c. 1. -दलति -दलितुं) or विभिद् **in pass.** (-भिद्यते) or विदॄ **in pass.** (-दीर्य्यते) or छिद् **in pass.** (छिद्यते) or स्फुट् (c. 6. स्फुटति, स्फुटितुं;

Chap, *s.* **(Cleft, chink)** त्रुटितं, त्रुटिः *f.* —टी, छिद्रं, गर्त्तः, भित्तिः *f.;* **'in the feet,'** पाददारी, अलसः.—**(A person, a fellow,**

contemptuously) माणवः -वकः, मनुष्यकः, नागरः.

Chape, *s.* (The catch of any thing by which it is held) बन्धनी, बन्धनकीलकः, सङ्ग्रहणार्थं दन्तकः, ग्रहणी, रक्षणी, आलानं.

Chapel, *s.* (Shrine) देवागारः, देवतागारः, देवायतनं, देवालयं. **—(A small place of worship subject to a church)** महामन्दिराधीना क्षुद्रपूजाशाला, अप्रधानमन्दिरं. **—(Of ease)** दूरस्थैः सेवितं क्षुद्रभजनभवनं.

Chapelry, *s.* क्षुद्रमन्दिराधिकारः, पूर्व्वोक्तपूजाशालाधीनो भूमिभागः.

Chaperon, *s.* नृत्यगीतादिसमाजे अनूढाम् तरुणीम् उपास्ते या मध्यमवयस्का भाविनी **or** कुलीना स्त्री.

To* chaperon, *v. a. नृत्यगीतादिसमाजे अनूढां तरुणीं युवतिगणं वा उपास् **(c. 2.** -आस्ते -आसितुं) **or** उपस्था **(c. 1.** -तिष्ठति -स्थातुं), **or** उपचर् **(c. 1.** -चरति -चरितुं).

Chapfallen, *a.* म्लानवदनः -नी -नं, मलिनमुखः -खी -खं, हताशः -शा -शं.

Chapiter, *s.* स्तम्भशीर्षं, स्तम्भमस्तकः, स्तम्भशृङ्गं, ऊर्द्ध्वस्तम्भः, स्तम्भस्य ऊर्द्ध्वभागः.

Chaplain, *s.* पुरोहितः, कुलाचार्य्यः, ऋत्विक ***m.*** (ज्), कुलगुरुः ***m.,*** कुलविप्रः.

Chaplainship, *s.* पौरोहित्यं, पुरोहितपदं, कुलाचार्य्यपदं, आर्त्त्विज्यं.

Chaplet, *s.* माला, माल्यं, स्रक् ***f.*** (ज्), दाम ***n.*** (न्), कुसुमावतंसकं, निर्य्यूहः, आपीडः, पीडा; **'chaplet-maker,'** मालाकारः, मालिकः; **'chaplets worn in different positions,'** गर्भकः, प्रभष्टकं, ललामकं, प्रालम्बं, वैकक्षकं, आपीडः, शेखरः.

Chapman, *s.* आपणिकः, विपणी ***m.*** (न्), क्रयिकः, विक्रयिकः.

Chapped, *p. p.* त्रुटितः -ता -तं, त्रुटितवान् -वती -वत् (त्), विदलितः -ता -तं, विभिन्नः -न्ना -न्नं, विदीर्णः -र्णा -र्णं, छिन्नः -न्ना -न्नं.

Chaps, *s. pl.* (The mouth of a beast of prey) आस्यं, मुखं, वदनं. हनुः ***m.*** **—(Entrance of a channel)** सङ्कटमुखं, सङ्कटप्रवेशः.

Chapter, *s.* (Division) अध्यायः, अध्ययः, सर्गः, पर्व्व ***n.*** (न्), परिच्छेदः, विच्छेदः, काण्डः -ण्डं, खण्डः -ण्डं, स्कन्धः, उच्छ्वासः, आश्वासः, प्रकरणं, लम्बकः. **—(An assembly of canons)** महामन्दिरे प्रधानपुरोहितानां सभा.

***To* char, *v. a.* (To burn wood to a cinder)** अङ्गारसात्कृ, अङ्गारीकृ, अङ्गार **(nom.** अङ्गारयति -यितुं); ईषद्दह् **(c. 1.** -दहति -दग्धुं).

***To* char, *v. n.* (To work at other's houses by the day)** गृहसम्मार्जने उदकवाहने इत्यादिकुत्सितकर्म्मणि एकदिनमात्रं यावद् व्यापृता भू **or** नियुज् **in pass.** (-युज्यते).

Char-woman, *s.* गृहसम्मार्जने उदकवाहने इत्यादिकुत्सितकर्म्मणि एकदिनमात्रं नियुक्ता **or** व्यापृता चेटी, प्रत्यहं भृतिं गृह्णाति या कर्म्मकारी, दिनिकाचेटी. दिनिकाप्रेष्या, प्रेष्या, सैरिन्ध्री.

Character, *s.* (Disposition) शीलः -लं, शीलत्वं, -ता, स्वभावः, वृत्तिः ***f.,*** स्वरूपं, स्वाभिप्रायः, चारित्रं. **—(Property, peculiarity)** भावः, गुणः, विशेषः. **—(Natural character)** स्वभावः, निसर्गः, प्रकृतिः ***f.*** **—(Mark)** लक्षणं, चिह्नं, अभिज्ञानं. **—(Letter)** अक्षरं, वर्णः -र्णं. **—(Handwriting)** स्वहस्ताक्षरं. **—(Personage in a drama)** भूमिका **—(Reputation, honour)** मर्य्यादा, कीर्त्तिः ***f.,*** यशः ***n.*** (स्). **—(Dignity)** गौरवं.

Characteristic, *a.* लाक्षणिकः -की -कं, लाक्षण्यः -ण्या -ण्यं, विशेषकः -का -कं, विशेषणः -णा -णं, स्वाभाविकः -की -कं, गुणवाचकः -का -कं.

Characteristic, *s.* लक्षणं, विशेषलक्षणं, संलक्षणं, लिङ्गं, चिह्नं, विशेषः -षणं, अभिज्ञानं, संज्ञा, गुणः, उपाधिः ***m.,*** स्वधर्म्मः, स्वभावः; **'generic property,'** समानाधिकरण; **'specific property,'** जातित्वं.

Characteristically, *adv.* विशेषतस्, सविशेषं, लक्षणतस्.

To* characterize, *v. a. लक्ष् **(c. 10.** लक्षयति -यितुं), संलक्ष्, उपलक्ष्; विशिष् **in caus.** (-शेषयति -यितुं), चिह्न **(c. 10.** चिह्नयति -यितुं). **—(To give an account of the personal qualities)** गुणदोषान् व्याख्या **(c. 2.** -ख्याति -ख्यातुं).

Characterized, *p. p.* विशिष्टः -ष्टा -ष्टं, विशेषितः -ता -तं, सविशेषः -षा -षं, षणः -णा -णं, लक्षितः -ता -तं, संलक्षितः -ता -तं, उपलक्षितः -ता -तं, कृतलक्षणः -णा -णं, लिङ्गी -ङ्गिनी -ङ्गि (न्).

Charade, *s.* सर्व्वतोभद्रः, वर्द्धमानः, प्रवह्लिका, पद्यविरचिता प्रश्नदूती यथा किंस्विच्छीघ्रतरं वायोः किंस्विद्बहुतरं तृणात् मनः शीघ्रतरं वाताच्चिन्ता बहुतरा तृणादिति.

Charcoal, *s.* अङ्गारः -रं, निधायकः, दग्धकाष्ठं, दग्धेध्मं.

***To* charge, *v. a.* (Accuse)** अभियुज् **(c. 7.** -युनक्ति -योक्तुं), अभिशप् **(c. 1.** -शपति -शप्तुं), अभिशंस् **(c. 1.** -शंसति -शंसितुं), अधिक्षिप् **(c. 6.** -क्षिपति -क्षेप्तुं). **—(Impute a crime to any one)** दोषं कस्मिंश्चिद् आरूह **in caus.** (-रोषयति -यितुं). **—(Enjoin, exhort)** आदिश् **(c. 6.** -दिशति -देष्टुं), समादिश्, प्रत्यादिश्, निर्दिश्, उपदिश्; आज्ञा **in caus.** -ज्ञापयति -यितुं). **—(Intrust)** निक्षिप्, न्यस् **(c. 4.** -अस्यति -असितुं), समृ **in caus.** (-अर्पयति -यितुं). **—(Impose as a task)** नियुज् **(c. 7.** -युनक्ति -युंक्ते -योक्तुं, **c. 10.** -योजयति -यितुं). **—(Attack)** अभिद्रु **(c. 1.** -द्रवति -द्रोतुं); आस्कन्द **(c. 1.** -स्कन्दति -स्कन्तुं), आक्रम् **(c. 1.** -क्रामति -क्रमितुं), अभिधाव् **(c. 1.** -धावति -ते -धावितुं).

Charge 131 Charm

—(Burden, load) भारं न्यस्, or निविश् in caus. (-वेशयति -यितुं) or आरुह् in caus. (-रोपयति -यितुं), पृ (c. 10. पूरयति -यितुं) with inst. c.—(Ask. a price) मूल्यं प्रार्थ् (c. 10. -अर्थयते -ति -यितुं).

Charge, *s.* (Care, custody) गुप्तिः *f.*, रक्षा, रक्षणं; 'to take charge of, रक्ष् (c. 1. रक्षति, रक्षितुं), अधिष्ठा (c. 1. -तिष्ठति -ष्ठातुं).—(Trust) निक्षेपः, उपनिक्षेपः, न्यासः, उपन्यासः, उपनिधिः *m.;* 'to give in charge,' निक्षिप् (c. 6. -क्षिपति -क्षेप्तुं), न्यस् (c. 4. -अस्यति -असितं). नियुज् (c. 7. -युनक्ति -युंक्ते -योक्तुं).—(Commission, office, task, duty) नियोगः, अधिकारः, भारः, व्रतं, धर्म्मः.—(Mandate, command) आदेशः, आज्ञा, शासनं.—(Exhortation) प्रत्यादेशः, उपदेशः.—(Accusation) अभियोगः, अभिशापः, अभिशंसनं, अपवादः.—(Imputation) दोषारोपः, दोषकल्पनं; 'to lay a crime to any one's charge,' दोषं कस्मिंश्चिद् आरुह् in caus. (-रोषयति -यितुं).—(Onset, attack) संशरणं, आस्कन्दः, अभ्यवस्कन्दः, उपणतः, अभिक्रमः, आक्रमः; 'charge sounded by musical instruments,' आडम्बरः.—(Burden) भारः, धरा.—(Charge of a gun) यच्चूर्णगुलिकादिकम् एकवारे युद्धनाडौ निवेशयितव्यं.—(Expense) व्ययः.—(Price) मूल्यं, अर्थः.

Chargeable, *a.* (Liable to be accused) अभियोक्तव्यः -व्या -व्यं, अभियोज्यः -जया -ज्यं.—(Imputable) आरोपणीयः -या -यं.—(Causing expense) व्ययकारी -रिणी -रि (न्).

Charged, *p. p.* (Loaded) धुर्व्वहः -हा -हं, धुरीणः -णा -णं, धुरीयः -या -यं, भारवान् -वती -वत् (त्), भाराक्रान्तः -न्ता -न्तं, अभिपूर्णः -र्णा -र्णं, गर्भः -र्भा -र्भं in comp.; as, 'a cloud charged with water,' अम्भोगर्भो जलदः.—(Accused) अभियुक्तः -क्ता -क्तं, अभिशस्तः -स्ता -स्तं.—(Injoined) सनादिष्टः -ष्टा -ष्टं, प्रत्यादिष्टः -ष्टा -ष्टं.—(Made to pay) दापितः -ता -तं.—(Imputed) आरोपितः -ता -तं.

Charger, *s.* (Large dish) वृहत्पात्रं, पात्रं, भाजनं.—(War-horse) बारकीरः, बोधहरः, युद्धाश्वः, युद्धवाजी *m.* (न्).

Charily, *adv.* परिमितप्रकारेण, मितप्रकारेण, परिमितं, अमुक्तहस्तेन, अल्पशस्.

Chariot, *s.* रथः, चक्रयानं, गन्त्री, गन्त्रीरथः; 'of war,' स्पन्दनः, शताङ्गः; 'of the gods,' विमानः-नं; 'covered chariot,' कर्णीरथः, हयनं; 'pleasure-chariot,' क्रीडारथः; 'chariot-race,' रथचर्य्या; 'chariot-horse,' रथ्यः; 'warrior mounted on a chariot,' स्यन्दनारोहः, रथारूढः, रथी *m.* (न्).

Charioteer, *s.* सूतः, यन्ता *m.* (न्तृ), नियन्ता (न्तृ), अधिरथः, रथवाहकः, सादिः *m.* सारथिः *m.* चातुरिकः, प्राजिता *m.* (तृ), क्षत्ता *m.* (त्तृ), सव्येष्ठा *m.* (ष्ठृ), दक्षिणस्थः, प्रचेता *m.* (तृ).

Charitable, *a.* (Kind in giving alms and assisting the poor) कृपणवत्सलः -ला -लं, दरिद्रवत्सलः -ला -लं, दीनवत्सलः -ला -लं, करुणात्मकः -का -कं, दानशीलः -ला -लं, दरिद्रोपकारी -रिणी -रि (न्) or परोपकारी, अन्नदाता -त्री -तृ (तृ) or भिक्षादाता, दयालुः -लुः -लु, दरिद्रपोष्टा -ष्ट्री -ष्टृ (ष्टृ), दरिद्रपालकः -का -कं, सर्व्वभूतानुकम्पकः -का -कं, धर्म्मात्मा -त्मा -त्म (न्).—(Kind in judging of others) परदोषसहनः -ना -नं, अनसूयकः -का -कं, अमत्सरः -रा -रं.

Charitably, *adv.* दरिद्रोपकारशीलत्वात्, दयया, सदयं, दयालुवत्, दीनवत्सलवत्, दरिद्रपोष्टृवत्, सानुकम्पं.—(Without malignity) अनसूयया, अमत्सरं, परदोषसहनवत्.

Charity, *s.* (Kindness to the poor, liberality) दरिद्रोपकारः, दरिद्रपालनं, दरिद्रपोषणं, दया, कारुण्यं, दयालुत्वं, दानशीलता, कृपा, सुकरं, पूर्त्तं.—(Almsgiving) भिक्षादानं, दानं, दानधर्म्मः.—(Alms) भिक्षा, भैक्षं, भिक्षान्नं, पुण्यं, पुण्यकं; 'for charity,' पुण्यार्थे.—(Christian charity, love) प्रेम *n.* (न्), सर्व्वभूतानुकम्पः, सर्व्वप्राणिनः प्रति प्रेम.

Charlatan, *s.* मिथ्याचिकित्सकः, दुश्चिकित्सकः, छद्मवैद्यः, आयुर्वेदानभिज्ञः.—(Deceiver) छली *m.* (न्) माथी *m.* (न्), कपटी *m.* (न्).

Charlatanical, *a.* आयुर्वेदविरुद्धः -द्धा -द्धं, मिथ्याचिकित्सासम्बन्धीयः -या -यं, कापटिकः -की -कं, छाद्मिकः -की -कं, दाम्भिकः -की -कं.

Charlatanry, *s.* मिथ्याचिकित्सा, दुश्चिकित्सा, आयुर्वेदानभिज्ञता, छलं, कपटः -टं, छद्म *n.* (न्), दम्भः, प्रतारणं, वचनं, वाक्छलं.

Charles's wain, *s.* सप्तर्षयः *m. pl.*, चित्रशिखण्डिनः *m. pl.*, शकटाकृति नक्षत्रं.

Charlock, *s.* शस्यक्षेत्रप्ररोही पीतपुष्पविशिष्ट ओषधिभेदः.

Charm, *s.* (Words having mystic power) मन्त्रः, अभिचारमन्त्रः.—(Charm, amulet) कवचः -चं, संवदनं -ना, गारुडः; 'subduing by charms, etc.' वशक्रिया, अभिचारः, संवदनं -ना; 'under the influence of a charm,' अनुमन्त्रितः -ता -तं, अभिमन्त्रितः -ता -तं.—(Something of power to charm or allure) प्रलोभनं, विलोभनं.—(Beauty) मुग्धता, शोभा, कान्तिः *f.*, श्रीः, सौन्दर्य्यं.

To **charm,** *v. a.* (To enchant) मन्त्रद्वारेण वशीकृ or मुह् in caus. (मोहयति -यितुं), अभिमन्त्र् (C. 10. -मन्त्रयते -यितुं), अनुमन्त्र्, अभिचर् (c. 10. -चारयति -यितुं).—(To rejoice the mind) मनो हृ (c. 1. हरति, हर्त्तुं) or रम् in caus. (रमयति -यितुं), हृष् in caus. (हर्षयति -यितुं).—(To allure) प्रलुभ् in caus. (-लोभयति -यितुं).

Charmed, ***p. p.*** **(With joy)** हृतमानसः -सी -सं, हृष्टमानसः -सी -सं, प्रह्लादितः -ता -तं. उल्लासितः -ता -तं.—**(By incantations, etc.)** अभिमन्त्रितः -ता -तं. उल्लासितः -ता -तं.—**(By incantations, etc.)** अभिमन्त्रितः -ता -तं, अनुमन्त्रितः -ता -तं. अभिचारितः -ता -तं, वशः -शा -शं, वशीभूतः -ता -तं. वशीकृतः -ता -तं, वशतापन्न -न्ना -न्नं, मोहितः -ता -तं, आकृष्टः -ष्टा -ष्टं.

Charmer, ***s.*** **(A dealer in charms)** गारुडिकः, जाङ्गुलिकः. —**(An enchanter)** अभिचारी ***m.*** (न्). —रिणी ***f.,*** मायी ***m.*** (न्), -यिनी ***f.,*** मायाकारः, मोही ***m.*** (न्), -हिनी ***f.***—**(Word of endearment applied to a woman)** प्रिया, वत्सा, मुग्धा.

Charming, ***a.*** मनोहरः -रा -रं, मनोरमः -मा -मं, रम्यः -म्या -म्यं, रमणीयः -या -यं, कमनीयः -या -यं, सुभगः -गा -गं, कान्तः -न्ता -न्तं, मोदकः -का -कं, हर्षकरः -री -रं, विचित्रः -त्रा -त्रं, सश्रीकः -का -कं, आकर्षकः -का -कं, आकृष्टवान् -वती -वत् (त्), असेचनकः -का -कं; **'a charming woman,'** मुग्धा, प्रमदा.

Charmingly, ***adv.*** मनोरमं, रमणीयप्रकारेण, रम्यं, रमणीयतया, विचित्रं, सुभगं, यथा मनो ह्रियते तथा, मनोहरप्रकारेण.

Charmingness, ***s.*** रम्यत्वं, रमणीयता, कमनीयता, मनोहरत्वं, सश्रीकता.

Charnel-house, ***s.*** शवास्थिस्थानं, अस्थिसञ्चयस्थानं, श्मशानं, शवास्थिगृहं.

Charred, ***p. p.*** अङ्गारितः -ता -तं, अङ्गारसात्कृतः -ता -तं, अर्द्धदग्धः -ग्धा -ग्धं.

Chart, ***s.*** वेलालेख्यं, वेलापटः, समुद्रयायिनां पथदर्शनार्थं नदीसमुद्रवेलासैकतादिभिर् अङ्कितं पत्रं, समुद्रद्वीपादीनाम् आलेख्यं, नौकारूढानां पथदर्शकं पत्रं.

Charter, ***s.*** शासनं, शासनपत्रं, राजाज्ञापत्रं, प्रामणिकपत्रं, धर्म्मकीलः, पट्टः.—**(Privilege)** अधिकारः.

Chartered, ***p. p.*** राजादिसकाशात् शासनपत्रेण अधिकारयुक्त -क्ता -क्तं.

Chary, ***a.*** परिमितः -ता -तं, मितः -ता -तं, अमुक्तहस्तः -स्ता -स्तं, सावधानः -ना -नं, अवहितः -ता -तं, विचक्षणः -णा -णं.

To **chase,** ***v. a.*** **(To hunt)** मृग् **(c. 10.** मृगयते -यितुं), मृगयां कृ, आखिट् **(c. 1.** खेटति -खेटितुं), परिकल् **(c. 10.** -कालयति -यितुं).—**(To pursue)** अनुधाव् **(c. 1.** -धावति -धावितुं), पश्चाद्धाव्, अभिधाव्, अनुसृ **(c. 1.** -सरति -सर्त्तुं), अन्विष् **(c. 4.** -इष्यति -एषितुं), अनुष्ठा **(c. 1.** -तिष्ठति, ष्ठातुं), अनुवृत् **(c. 1.** -वर्त्तते -वर्त्तितुं), पश्चाद्वृत्.—**(To drive away)** निरस् **(c. 4.** -अस्यति -असितुं), अपास्; निराकृ; अपानुद् **(c. 6.** -नुदति -नोत्तुं), द्रु **in caus.** (द्रावयति -यितुं).—**(To chase gold and silver vessels)** राजतानि भाण्डानि रेखादिना अलङ्कृ **or** उपस्कृ.

Chase, ***s.*** **(Hunting)** मृगव्यं, मृगया ***f.,*** खेटः -टं, आखेटः, आक्षोदनं, पापर्द्धिः ***f.,*** आच्छोदनं, पराधिः ***f.,*** **'he went to the chase,'** मृगयायै गतः **or** मृगयां कर्त्तुं गतः.—**(The game hunted)** जाङ्गलं.—**(Pursuit, running after)** अनुधावनं, अभिधावनं, पश्चाद्धावनं, अनुसरणं, अन्वेषणं, मृगणं.—**(Open ground fit for hunting)** मृगव्ययोग्यो निर्व्वनभूमिभागः. जाङ्गलभूमिः.

Chased, ***p. p.*** अनुधावितः -ता -तं, मृगितः -ता -तं, द्रावितः -ता -तं.

Chaser, ***s.*** मृगयुः ***m.,*** आखेटकः, अनुधावकः, अनुसारी ***m.*** (न्), द्रावकः, पश्चाद्धावकः.

Chasm, ***s.*** छिद्रं, अवटः -टिः ***m.,*** विवरं, विलं, रन्ध्रं, दरी, गर्त्तः, कुहरं, शुषिरं, रोकं, विरोकं, विद्रं, टङ्कः, भङ्गः, भर्करा, रोपं, रुहकं.

Chaste, ***a.*** अलम्पटाः -टा -टं, यतमैथुनः -ना -नं, सद्वृत्तः -त्ता -त्तं, अकामः -मा -मं, अपांशुलः -ला -लं, यतेन्द्रियः -या -यं, जितेन्द्रियः -या -यं, निष्कामः -मा -मं, ऊर्द्ध्वरिता: -ता -तं (स्), अव्यसनी -निनी -नि (न्), धर्म्मचारी -रिणी -रि (न्), संयतोपस्थः -स्था -स्थं, अव्यभिचारी -रिणी -रि (न्); **'a chaste wife,'** पतिव्रता, साध्वी, सती ***f.,*** अव्यभिचारिणी, कुलवधूः, **'most chaste,'** महासती; **'a chaste woman,'** कुलस्त्री, कुलपालिका.—**(Pure, correct, as language, etc.)** शुद्धः -द्धा -द्धं, विशुद्धः -द्धा -द्धं, शुचिः -चिः -चि, निर्म्मलः -ला -लं.

Chastely, ***adv.*** निष्कामं, उपस्थनिग्रहेण, इन्द्रियसंयमेन, शुद्धं, शुचि.

To **chasten or chastise,** ***v. a.*** शास् **(c. 2.** शास्ति, शासितुं), अनुशास्, दण्ड् **(c. 10.** दण्डयति -यितु), वियत् **(c. 10.** -यातयित -यितुं), दण्डं प्रणी **(c. 1.** -णयति -णेतुं).

Chastised, ***p. p.*** शिष्टः -ष्टा -ष्टं, शासितः -ता -तं, दण्डितः -ता -तं, ताडितः -ता -तं, दुःखितः -ता -तं.

Chastisement, ***s.*** शिष्टिः ***f.,*** शास्तिः ***f.,*** दण्डः, साहसं, अनुशासनं, निग्रहः.—**(Of a pupil)** शिष्यशिष्टिः ***f.***

Chastiser, ***s.*** शासिता ***m.*** (तृ), शास्ता ***m.*** (स्तृ), दण्डप्रणेता ***m.*** (तृ), साहसकृत्.

Chastity, ***s.*** उपस्थनिग्रहः, उपस्थसंयमः, इन्द्रियनिग्रहः, जितेन्द्रियत्वं. यतेन्द्रियत्वं, निष्कामता, ब्रह्मचर्य्यं.—**(In a woman)** सतीत्वं, साध्वीत्वं, पातिव्रत्यं, कुलवधूत्वं; **'a sage of perfect chastity,'** ऊर्द्धमन्थी ***m.*** (न्).

To* chat, *v. n. संलप् (**c. 1.** -लपति -लपितुं), कथोपकथनं कृ, वृथाकथां कृ, आलस्यवचनं कृ, सम्भाष् (**c. 1.** -भाषते -भाषितुं).

Chat, *s.* कथोपकथनं, संलापः, वृथाकथा, अनर्थककथा, सम्भाषः, सङ्कथा. कथायोगः, सम्प्रवदनं, आलस्यवचनं.

Chatellany, *s.* दुर्गाधिकाराधीनं भूमिमण्डलं, दुर्गाधीनो भूमिप्रदेशः.

Chattels, *s. pl.* अस्थावरधनं, द्रव्यं, विभवः, सामग्री -ग्र्यं.

***To* chatter, *v. n.* (To talk idly)** जल्प् (**c. 1.** जल्पति, जल्पितुं), प्रलप् (**c. 1.** -लपति -लपितुं, **c. 10.** -लापयति -यितुं), विलप्, कथोपकथनं कृ, वृथाकथां कृ.—**(To make a noise as a jay, etc.)** किकि **or** चटचट **or** चित् शब्दं कृ, चटचट **(nom.** चटचटायते), कै **c. 1.** (कायति, कातुं), कूज् (**c. 1.** कूजति, कूजितुं).—**(To make a noise by colliding the teeth)** कटकट **(nom.** कटकटापयति -यितुं), दन्तैर् दन्तान् निष्पिष् (**c. 7.** -पिनष्टि -पेष्टुं).

Chatter or chattering, *s.* (Idle prate) वृथाकथा, प्रलापः, विप्रलापः, विलपनः, जल्पनं, प्रजल्पः, वाक्चापल्यं, अतिकथा, इतिकथा, निरर्थककथा, कलना.—**(Noise of a jay, etc.)** चटपट ***ind.,*** रुक् ***f.*** (च्), किकि शब्दः, चित् शब्दः.

Chatterer, *s.* जल्पकः, जल्पाकः, उपजल्पी ***m.*** (न्), वाचालः, गायनः, वावदूकः.

Chatty, *a.* संलापी -पिनी -पि (न्) **or** प्रलापी, कथोपकथनकृत् ***m.f.n.***

Chaunt, *s. See* Chant.

To* chaw, *v. a. अर्व (**c. 1.** चर्वति, चर्वितुं, **c. 10.** अर्पयति -यितुं).

Chawdron, *s.* अन्त्रं, पुरीतत् ***m. n.,*** नाडिः ***f.,*** डी, धमनी.

Cheap, *a.* अल्पमूल्यः -ल्या -ल्यं, अल्पार्थाः -र्था -र्थं, सुमूल्यः -ल्या -ल्य, सुलभः -भा -भं, अल्पमूल्येन क्रेयः -या -यं **or** लभ्यः -भ्या -भ्यं, न्यूनः -ना -नं.

***To* cheapen, *v. a.* (To bid for, attempt to purchase)** अमुकमूल्यं दित्सामीति वद् (**c. 1.** वदति -दितुं); न्यूनमूल्यं दा **in des.** (दित्सति -त्सितुं).—**(To lessen value)** मूल्यं न्यूनीकृ **or** अल्पीकृ.

Cheaply, *adv.* अल्पमूल्येन, अल्पार्घ्येण, सुमूल्येन, सुलभं.

Cheapness, *s.* सुमूल्यं, अल्पमूल्यता, अल्पार्घत्वं, मूल्यन्यूनता, सुलभता.

To* cheat, *v. a. वञ्च् **in caus.** (वञ्चयते -ति -यितुं), परिवञ्च्, प्रलभ् (**c. 1.** -लभते -लब्धुं), विप्रलभ्, छल् (**c. 10.** छलयति -यितुं).

Cheat, *s.* (Fraud) छलं, वञ्चनं, कपटः.—**(Cheater)** वञ्चकः, छली ***m.*** (न्), धूर्त्तः, प्रतारकः, कूटकः, कपटिकः, कपटी ***m.*** (न्), कितवः, कूटकारः, दाम्भिकः, कुहकः, उपधिकः.

Cheated, *p. p.* वञ्चितः -ता -तं, परिवञ्चितः -ता -तं, प्रलब्धः -ब्धा -ब्धं, विप्रलब्धः -ब्धा -ब्धं, मुषितः -ता -तं, अतिसंहितः -ता -तं.

Cheating, *s.* वञ्चनं, छलनं, प्रतारणं -णा, कपटः -टं, व्याजः, कैतवं, अतिसन्धिः ***m.,*** अतिसन्धानं, कूटः -टं.

To* check, *v. a. यम् (**c. 1.** यच्छति, यन्तुं), संयम्, नियम्, विनियम्, निग्रह (**c. 7.** -गृह्णाति -ह्णीते -ग्रहीतुं), विनिग्रह्, सन्निग्रह्, वृ **in caus.** (-वार -यति -यितुं), निवृ, निरुध् (**c. 9.** -रुणद्धि -रोद्धुं), अवरुध, सन्निरुध, प्रतिषिध् (**c. 1.** -षेधति -षेद्धुं), विधृ **in caus.** (-पारयति -यितुं), स्तम्भ् **in caus.** (स्तम्भयति -यितुं), विष्टम्भ्.

Check, *s.* संयमः, निग्रहः, निवारः -रणं, -यन्त्रणं, निरोधः, विरोधः, संरोधः, प्रतिषेधः, यन्त्रा -न्त्री -न्तृ (न्तृ).—**(As of the perspiration)** विष्टम्भाः.

Checked, *p. p.* संयमितः -ता -तं, संयतः -ता -तं, नियमितः -ता -तं, रुद्धः -द्धा -द्धं, विरुद्धः -द्धा -द्धं, संरुद्धः -द्धा -द्धं, निवारितः -ता -तं, नियन्त्रितः -ता -तं.

To* checker or chequer, *v. a. अष्टापदप्रकारेण व्यत्यस्तरेखा लिखित्वा चित्रविचित्रीकृ **or** चित्र् (**c. 10.** चित्रयति -यितुं) **or** द्विरङ्गीकृ **or** नानारङ्गीकृ **or** कर्वुरीकृ.

Checkered, *p. p.* चित्रविचित्रः -त्रा -त्रं, अष्टापदप्रकारेण चित्रितः -ता -तं, कर्वुरितः -ता -तं, द्विरङ्गीकृतः -ता -तं, नानावर्णः -र्णा -र्णं.

Checkerwork, *s.* अष्टापदप्रकारेण चित्रविचित्रकर्म्म ***n.*** (न्), चित्रविचित्रकार्य्यं.

Checkmate, *s.* जयकारी शारिपरीणायः, शारिपरीणायो येन परः स्वशारीन् परिणेतुम् अक्षमः सन् पराजितो भवति.

Cheek, *s.* गण्डः -ण्डं, कपोलः कन्दलः, गण्डस्थलः, -ली, गन्त्रः; **'the two cheeks,'** गण्डौ; **'colour in the cheek,'** कपोलरागः.

Cheekbone, *s.* कपोलफलकः, गण्डफलकः -कं.

Cheer, *s.* (Provisions, entertainment) आहारः, भोजनं, भोज्यं, सत्कारः.—**(Heart, courge)** वीर्य्यं, धैर्य्यं, स्थैर्य्यं, स्थिरता, तेजः ***n.*** (स्); **'be of good cheer,'** समाश्वसिहि.—**(Ain of countenance)** वदनं, मुखं, आकारः.—**(Shout of joy)** प्रणादः, जयशब्दः, जयध्वनिः ***m.,*** जयकोलाहलः, धन्यवादः.

***To* cheeer, *v. a.* (Incite)** प्रोत्सह् **in caus.** (-साहयति -यितुं), प्रचुद् (**c. 10.** -चोदयति -यितुं).—**(Golden)** हृष् **in caus.** (हर्षयति -यितुं), परिहृष्, प्रहृष्, ह्लाद् **in caus.** (ह्लादयति -यितुं), आह्लाद्, प्रह्लाद्, नन्द् **in caus.** (नन्दयति -यितुं), उल्लस् **in caus.** (-लासयति -यितुं).—**(Comfort)** आश्वस् **in caus.** (-श्वासयति -यितुं), समाश्वस्, विश्वस्, सान्त्व् (**c. 10.** सान्त्वयति -यितुं).

To* cheer-Up, *v. n. प्रत्याश्वस् **(c. 2.** –श्वसिति –श्वसितुं), आश्वस्, समुत्थ **(c. 1.** –तिष्ठति –पातुं), हृष् **(c. 4.** हृष्यति, हर्षितुं), प्रतिसहृष, आनन्द **(c. 1.** –नन्दति –नन्दितुं), ह्लाद् **(c. 1.** ह्लादते, ह्लादितुं); **'cheer up!'** समाश्वसिहि, साहसं, गुरु, सुस्थिरो भव.

Cheered, *p. p.* प्रहर्षितः –ता –तं, समाश्वासितः –ता –तं, आश्वासितः –ता –तं.

Cheerer, *s.* आश्वासकः, हर्षकरः, आनन्ददः, प्रह्लादकः, प्रहर्षकः.

Cheerful, *a.* आनन्दी –न्दिनी –न्दि (न्), सानन्दः –न्दा –न्दं, हृष्टः –ष्टा –ष्टं, प्रहृष्टः –ष्टा –ष्टं, हर्षयुक्तः –क्ता –क्तं, हृष्टहृदयः –या –यं, हृष्टमानसः –सी –सं, हर्षमाणः –णा –णं, प्रफुल्लः –ल्ला –ल्लं, प्रमनाः –ना –नः (स्), उल्लसः –सा –सं, सितः –ता –तं, उल्लासितः –ता –तं, विकुर्व्वाणः –णा –णं.—**(Having a cheerful countenance)** प्रफुल्लवदनः –ना –नं **or** फुल्लवदनः, सुहसाननः –ना –नं, प्रसन्नवदनः –ना –नं, सदैव प्रहसितवदनः –ना –नं.

Cheerfully, *adv.* सहर्षं, सानन्दं, हृष्टमनसा, हृष्टवत्, प्रसन्नचेतसा.

Cheerfulness, *s.* हर्षः, हृष्टिः ***f.***, आनन्दः, आह्लादः, प्रफुल्लता, चित्तप्रसन्नता, उल्लासः.

Cheerless, *a.* निरानन्दः –न्दा –न्दं, अहर्षः –र्षा –र्षं, हर्षरहितः –ता –तं.

Cheerlessly, *adv.* अहर्षं –र्षितं, निरानन्दं, आनन्दं विना.

Cheese, *s.* किलाटः –टी, दधिजं, मन्थजं, क्षीरविकृतिः ***f.***

Cheesecake, *s.* किलाटपिष्टकः, दधिनवनीतादिमयो मोदकविशेषः.

Cheese-curds, *s.* दधि ***n.*** किलाटः, पयस्यं, क्षीरजं, आमिक्षा.

Cheese-monger, *s.* किलाटविक्रेता ***m.*** (तृ), दधिजविक्रयी ***m.*** (न्), किलाटविक्रयोपजीवी ***m.*** (न्).

Cheese-press, *s.* दधिसम्पीडनयन्त्रं येन किलाटः सम्पद्यते.

Chessy, *adv.* किलाटमयः –यी –यं, किलाटगुणोपेतः –ता –तं.

Chely, *s.* कर्कटनखः, कुलीरादिनखः, कुलीराङ्घ्रिः ***m.***, कर्कटपाणिः ***m.***

Chemise, *s.* स्त्रीलोकभृतम् अन्तरीयं **or** अधोवसनं.

Chemistry, *s.* रसायनं. ***See*** **Chymistry.**

To* cherish, *v. a. पुष् **(c. 1.** पोषति, **c. 9.** पुष्णाति, पोषितुं, **c. 10.** पोषयति –यितुं), परिपुष्, पाल् **(c. 10.** पालयति –यितुं), संवृध् **in caus.** (–वर्धयति –यितुं), भृ **(c. 1.** भरति –ते, भर्तुं), भज् **(c. 1.** भजति –ते, भक्तुं), उपास् **(c. 2.** –आस्ते –आसितुं), दय् **(c. 1.** दयते, दयितुं), लल् **(c. 10.** लालयति –यितुं).

Cherished, *p. p.* पालितः –ता –तं, पोषितः –ता –तं, पुष्टः –ष्टा –ष्टं, संवर्द्धितः –ता –तं, भर्त्रिमः –मा –मं, अभीष्टः –ष्टा –ष्टं, हृद्यः –द्या –द्यं, हृद्यतः –ता –तं, दयितः –ता –तं, हृदिस्पृक् (श्), लालितः –ता –तं.

Cherisher, *s.* पोष्टा ***m.*** (ष्टृ), पोषकः, पालकः, पालयिता ***m.*** (तृ), भर्त्ता ***m.*** (र्त्तृ).

Cherishing, *s.* पोषः –षणं, पालनं, भरणं, भरिमा ***m.*** (न्).

Cherry, *s.* अष्टिगर्भः क्षुद्रफलविशेषः.

Cherry-orchard, *s.* वक्ष्यमाणवृक्षवाटिका **or** –वाटी.

Cherry-tree, *s.* पूर्व्वोक्तफलविशिष्टो वृक्षभेदः.

Chersonese, *s.* द्वीपः, अन्तरीपः –पं.

Cherub, *s.* स्वर्गी ***m.*** (न्), स्वर्गदूतः, स्वर्गीयजनः, दिव्यदूतः, देवदूतः. **Modern scholars coin the word** किरूवः.

Cherubic, *a.* स्वर्गीयः –या –यं, दिव्यः –व्या –व्यं, स्वर्ग्यः –र्ग्या –र्ग्यं.

To* cherup, *v. n. झिल्ल **or** चिल्ल शब्दं कृ. ***See To*** **chirp.**

Chervil, *s.* ओषधिभेदो यस्मिन् एककाण्डाग्राद् अनेकमञ्जरय आतपत्ररूपेण प्ररोहन्ति.

Chess, *s.* चतुरङ्गं; **'moving a piece at chess,'** परीणायः.

Chess-board, *s.* अष्टापदं, शारिफलकं, पञ्चनी, पञ्चमी, पञ्चारी, नयपीठी.

Chessman, *s.* जतुपुत्तकः, सारः, शारः, शारिः ***m.***, सारिः ***m.*** –री ***f.***, सारिका, खेलिनी, खेलनी.

Chest, *s.* (The breast) उरः ***n.*** (स्), वक्षः ***n.*** (स्), भुजान्तरं, क्रोडं –डा; **'broad-chested,'** उरस्वान् –स्वती –स्वत् (त्), उरस्कः –स्का –स्कं, उरमिलः.—**(A box)** भाण्डं, सम्पुटः –टकः, समुद्गः, भाजनं.

Chestnut or chesnut, *s.* श्यावफलविशेषः; **'a chestnut horse,'** शोणः, उकनाहः,

Chevalier, *s.* सादी ***m.*** (न्), अश्वारोही ***m.*** (न्) रथी ***m.*** (न्), महारथः, महावीरः, राजर्षिः ***m.***, मानसूचका ख्यातिः.

Chevaux de frise, *s.* नागदन्तयक्तं प्राचीरं, युद्धसमये पारक्याश्ववेधनार्थं शितशल्ययुक्तम् अवरोधकं.

Cheveril, *s.* (A kid) छागशावकः, अजशावकः.—**(Kid leather)** अजचर्म्म ***n.*** (न्).

To* chew, *v. a. चर्व् **(c. 1.** चर्वति, चर्वितुं, **c. 10.** चर्वयति –यितुं), दन्तैः पिष् **(c. 7.** पिनष्टि, पेष्टुं), विदंश् **(c. 1.** –दशति –दंष्टुं); **'chew the cud,'** रोमन्थ **(nom.** रोमन्थायते**).**

Chewed, *p. p.* चर्वितः –ता –तं, अवलीढः –ढा –ढं, दन्तैः पिष्टः –ष्टा –ष्टं.

Chewing, *s.* चर्वणं, दन्तपेषणं, रोमन्थः.

Chicane, *s.* (Prolonging a judicial contest) विवादिभिर् मिथ्योक्तर द्वारा **or** असमृद्धोद्ग्राहद्वारेण अर्थनिर्णयविलम्बनं, मिथ्याप्रौढिः ***f.***, मिथ्यापत्तिः ***f.***—**(Artifice in general)** छद्म ***n.*** (न्), छलं, व्यपदेशः, अपदेशः, कपटः.

To **chicane,** ***v. n.*** विवादसमये मिथ्योत्तरद्वारा **or** असम्बद्धोद्ग्राहद्वारेण अर्थनिर्णयविलम्बनं कृ.

Chicaner, ***s.*** मिथ्याविवादी ***m.*** (न्), मिथ्यातार्किकः, चार्व्वाकः, मिथ्योत्तरवादी ***m.*** (न्), असम्बद्धोग्राहकृत्, जल्पकः.

Chicanery, ***s.*** मिथ्याविवादः, हेत्वाभासः, पक्षाभासः, मिथ्यावादः, मिथ्यातर्कः, मिथ्याहेतुः, वाक्छलं, मिथ्याप्रौढिः ***f.,*** जल्पः, कपटः.

Chick or chicken, ***s.*** कुक्कुटशावकः, पक्षिशावकः.

Chicken-hearted, ***a.*** भीरुहृदयः -या -यं, हरिणहृदयः -या यं.

Chicken-pox, ***s.*** रक्तवटीविशिष्टो बालानां रोगः.

Chick-peas, ***s.*** चणकः, हरिमन्थः -न्थकः

Chick-weed, ***s.*** पक्षिभुक्तः, क्षुद्रौषधिभेदः.

Chidden, ***p. p.*** निन्दितः -ता -तं, निर्भर्त्सितः -ता -तं, धिक्कृतः -ता -तं.

To **chide,** ***v. a.*** निन्द् (c. 1. निन्दति, निन्दितुं), प्रतिनिन्द्, विनिन्द्, भर्त्स् (c. 10. भर्त्सयते -ति -यितुं), गुप् **in des.** (जुगुप्सते -प्सितुं), गर्ह् (c. 1. गर्हते, गर्हितुं), धिक्कृ, आक्रुश् (c. 1. -क्रोशति -क्रोष्टुं).

To **chide,** ***v. n.*** **(Clamour)** उत्क्रुश् (c. 1. -क्रोशति -क्रोष्टुं). प्रक्रुश्, विक्रुश्.—**(Quarrel)** विवद् (c. 1. -वदते -वदितुं), विप्रवद्, वाक्कलहं कृ.

Chider, ***s.*** निन्दकः, धिक्कर्त्ता ***m.*** (र्त्तृ), परिवादकः, आक्रोशकः.

Chiding, ***s.*** निन्दा, परिभाषणं, परीवादः, जुगुप्सा, उपक्रोशः, तिरस्कारः, उपालम्भः, निर्भर्त्सनं, धिक्कारः, धिक्क्रिया, विप्रलापः, वाग्युद्धं.

Chief, ***a.*** परमः -मा -मं, परः -रा -रं, उत्तमः -मा -मं, मुख्यः -ख्या -ख्यं, प्रमुखः -खा -खं, अग्र्यः -ग्र्या -ग्र्यं, अग्र्यः -ग्र्या -ग्र्यं; प्राग्र्यः -ग्र्या -ग्र्यं, अग्रीयः -या -यं, अग्रियः -या -यं, प्रधानः -ना -नं, शिष्टः -ष्टा -ष्टं, विशिष्टः -ष्टा -ष्टं, उत्कृष्टः -ष्टा -ष्टं, अनुत्तमः -मा -मं, पारमिकः -की -कं, वर्य्यः -र्य्या -र्य्यं, प्रवरः -रा -रं, वरेण्यः -ण्या -ण्यं, पुरोगमः -मा -मं, प्रवर्हः -र्हा -र्हं, परार्द्ध्यः -र्द्ध्या -र्द्ध्यं, अनवरार्द्ध्यः -र्द्ध्या -र्द्ध्यं, वृन्दारकः -का -कं, प्रष्ठः -ष्ठा -ष्ठं, इन्द्रः -न्द्रा -न्द्रं **in comp.,** पुङ्गवः -वा -वं **in comp.,** ऋषभः -भा -भं **in comp.; 'chief minister,'** प्रधानमन्त्री ***m.*** (न्); **'chief priest,'** प्रधानयाजकः; **'chief justice,'** धर्म्माधिकारी ***m.*** (न्), धर्म्माध्यक्षः **'chief seat,'** अग्रासनं; **'chief of sages,'** देवर्षिः ***m.***; **'chief person,'** आदिपुरुषः.

Chief, ***s.*** पतिः ***m.,*** ईश्वरः, ईशः, नायकः, मुखरः, पुरोगः, अग्रगः, अधिपः, अधिपतिः ***m.,*** अधिष्ठाता ***m.*** (तृ), अध्यक्षः, श्रेष्ठी ***m.,*** (न्), शिष्टः, गणपतिः, प्रष्ठः, उद्वहः, शिरोवर्त्ती ***m.*** (न्), वृन्दारकः.—**(Military chief)** सेनापतिः, सेनाग्रगः, सेनानीः ***m.***

Chiefless, ***a.*** अनायकः -का -कं, अनाश्वरः -रा -रं, अराजकः -का -कं.

Chiefly, ***adv.*** प्रधानतस्, प्राधान्यतस्, मुख्यशस्, विशेषतस्, परमं.

Chieftain, ***s.*** **(Leader)** मुखरः, पुरोगः, अग्रगः, नायकः, पतिः ***m.,*** ईश्वरः.—**(Commander)** सेनापतिः, सेनानीः ***m.***—**(Head of a clan)** गणपतिः, सामन्तः.

Chieftainship, ***s.*** मुख्यता, गाणपत्यं, सैनापत्यं, ऐश्वर्य्यं.

Chilblain, ***s.*** पादस्फोटः, पाददारी ***f.,*** शिशिरजातं क्षतं.

Child, ***s.*** बालः -ला, बालकः, शिशुः ***m.,*** वत्सः -त्सा -त्सकः, सुतः, पुत्रः, शावकः, सन्तानः, सन्ततिः ***f.,*** अपत्यं, बालापत्यं, दारकः, तोकः, अर्भः, अर्भकः, माणवकः.—**(The compellation of an old to a young man)** वत्सः.—**(To be with child)** गर्भवति **or** सञ्जातगर्भा भू.

Childbearing, ***s.*** प्रसवः, सवनं, षूः ***f.;*** **'past childbearing,'** विगतार्त्तवा, निष्कला; **'capable of childbearing,'** सरजस्का.

Childbed, ***s.*** प्रसवावस्था, प्रसवकालः, प्रसववेदना, गर्भवेदनावस्था.

Childbirth, ***s.*** प्रसवः, प्रसूतिः ***f.,*** सूतिः ***f.,*** जननं; **'the pains of childbirth,'** प्रसववेदना, गर्भवेदना; **'to suffer the pains of childbirth,'** प्राप्तप्रसववेदना भू.

Childermas-Day, ***s.*** हेरोद्नाम्नो यिहुदीयराज्ञ आज्ञया अपापशिशूनां बधमुद्दिश्य पर्व्व ***n.*** (न्).

Childhood, ***s.*** बाल्यं, शैशवं, शिशुत्वं, बालकत्वं, बालभावः, कौमारं, शैशवकालः, बाल्यकालः, बाल्यावस्था, अपत्यता, अर्भत्वं.

Childish, ***a.*** बालिशः -शा -शं, बालेयः -या -यं, बालकीयः -या -यं, बालयोग्यः -ग्या -ग्यं; **'childish prattle,'** बालवचनं; **'childish understanding,'** बालबुद्धिः.

Childishly, ***adv.*** बालवत्, शिशुवत्, बालकवत्, बालरूपेण.

Childishness, ***s.*** बालिश्यं, बालेयत्वं, बालकीयता, बालरूपत्वं.

Childless, ***a.*** अपुत्रः -त्रा -त्रं -त्रकः -का -कं, निष्पुत्रः -त्रा -त्रं, असुतः -ता -तं, अप्रसुतः -ता -तं, पुत्ररहितः -ता -तं, पुत्रशून्यः -न्या -यं, अनपत्यः -त्या -त्यं, असन्तानः -ना -नं, निःसन्तानः -ना -नं, अप्रजः -जा -जं, निरन्वयः -या -यं, निर्वंशः -शा -शं; **'a childless woman,'** बन्ध्या, अशिश्वी; **'the state of being childless,'** आनपत्यं.

Childlike, ***a.*** बालोपमः -मा -मं, बालसदृशः -शी -शं, बालेयः -या -यं.

Chiliaedron, ***s.*** सहस्रभुजः, सहस्रकोणः, सहस्रास्रं.

Chilifactory, ***a.*** रक्तजनकः -का -कं. *See* **Chylifactory.**

To **chill,** ***v. a.*** शीतीकृ, शीतलीकृ.—**(Check the perspiration)**

स्वेदं विष्टम्भ् in caus. (-स्तम्भयति -यितुं). —(Discourage) निर्विणं -णां -णं कृ, तेजोहीनं -नां -नं कृ.

Chill, ***a.*** शीतलः -ला -लं, शिशिरः -रा -रं, शीतः -ता -तं.

Chill, ***s.*** शीतं, शीतता, हिमं; **'a check to the perspiration,'** स्वेदविष्टम्भः.

Chilled, ***p. p.*** शीतीकृतः -ता -तं, हिमार्त्तः -र्त्ता -र्त्तं, हततापः -पा -पं.

Chilliness, ***s.*** शीतता, शीतलता, शैत्यं, शीतीभावः, शिशिरत्वं.

Chilly, ***a.*** शिशिरः -रा -रं, ईषच्छीतः -ता -तं, आशीतलः -ला -लं.

Chime, ***s.*** नानावादित्राणाम् एकतालः **or** एकतानः **or** तालैक्यं, अनेकवाद्यानाम् तानैक्यं **or** तौर्य्यैक्यं, शब्दैक्यं.—**(Of bells)** अनेकघण्टानां तालैक्यं, ताड्यमानानाम् अनेकघण्टानां सुखशब्दः, घण्टाशिञ्जितं.

To **chime,** ***v. a.*** यथा स्वैरैक्यं **or** तालैक्यं जायते तथा नानावादित्राणि वद् **in caus.** (वादयति -यितुं) **or** तड् **(c. 10.** ताडयति -यितुं); घण्टां तड्.

To **chime,** ***v. n.*** **(To agree)** संवद् **(c. 1.** -वदति -वदितुं), अनुवद्, एकीभू, अनुगुणः -णा -णं भू, अनुरूपः -पा -पं भू.

Chimera, ***s.*** वृथावासना, असम्भवकल्पना, अनर्थकवासना, मिथ्यावासना, दुर्वासना, अनर्थकचिन्ता, अनर्थकभावना, मनोरथसृष्टिः ***f.,*** आभासः, मृषार्थकं, शशविषाणं, कूर्म्मलोमतनुत्राणं.

Chimerical, ***a.*** काल्पनिकः -की -कं, मानसिकः -की -कं, मनोरथसृष्टः -ष्टा -ष्टं, वासनाकल्पितः -ता -तं, अमूलकः -का -कं.

Chimney, ***s.*** धूमरन्ध्रं, धूमपथः, धूमनिर्गमः.—**(Fire-place)** चुल्लिः ***f.,*** -ल्ली जातिः ***f.,*** तेमनी, अग्निकुण्डं.

Chimney-corner, ***s.*** चुल्लिपार्श्वः, चुल्लेरुपान्तं, चुल्लिपार्श्वे आसनं.

Chimney-price, ***s.*** चुल्लिशीर्षं, चुल्लिशिला, चुल्लेरुपरि प्रस्तरः.

Chimmney-sweeper, ***s.*** धूमरन्ध्रसम्मार्ज्जकः, चुल्लि-सम्मार्ज्जकः.

Chin, ***s.*** चिवुकं, चिवुः ***m.,*** हनुः ***m.f.,*** चिविः ***m.,*** पीचं, जम्भ.

Chin-cough, ***s.*** बालानाम् आक्षेपकः कासः, महाकासः.

China, ***s.*** **(Porelain)** कौलालकं, मृन्मयं भाण्डं, मार्त्तिकं भाण्डं. —**(The country)** चीनः; **'China-cloth,'** चीनांशुकं; **'China-rose,** ओड्रपुष्पं, जवा.

Chine, ***s.*** सपृष्ठास्थि पृष्ठमांसं, स्त्रवंशः पृष्ठभागः, पृष्ठं, कशेरुका.

To **chine,** ***v. a.*** पृष्ठास्थिरूपेण छिद् **(c. 7.** छिनत्ति, छेत्तुं), पृष्ठवंशानुलोमं छिद्.

Chink, ***s.*** **(Aperture)** छिद्रं, रन्ध्रं, सन्धिः ***m.*** —**(Sound)** शिञ्जितं, क्वणितं,

To **chink,** ***v. n.*** **(To open in gaps)** स्फुट् **(c. 6.** स्फुटति, स्फुटितुं), विदृ **in pass.** (-दीर्य्यते), फल् **(c. 1.** फलति, फलितुं).—**(To ring as metal)** क्वण् **(c. 1.** क्वणति, क्वणितुं), शिञ्ज् **(c. 2.** शिंक्ते, शिञ्जितुं).

Chinky, ***s.*** छिद्रपूर्णः -र्णा -र्णं, छिद्रितः -ता -तं, बहुरन्ध्रवान् -वती -वत् (त्).

Chintz, ***s.*** चित्रितपटं, चित्रकार्पासं, पटी, पटोलं, चीनांशुकं.

Chip, ***s.*** विदलं, तष्टं, भित्तं, भित्तिः ***f.,*** भिन्नं, खण्डं, शकलं; **'a chip of wood,'** काष्ठखण्डं.

To **chip,** ***v. a.*** तक्ष् **(c. 1.** तक्षति, तक्षितुं), विदलीकृ, खण्डीकृ.

Chip-axe, ***s.*** तक्षणी, छिदिः ***f.,*** तङ्कः, वृक्षभिद्.

Chippings, ***s. pl.*** विदलानि, भिन्नानि, खण्डानि, तष्टानि.

Chiragra, ***s.*** वातरोगविशेषो यत्र करमात्रम् उपहतं, हस्तशोथः.

Chirographer, ***s.*** हस्तलेखकः, लिपिकरः, कायस्थः, अक्षरजीवकः.

Chirography, ***s.*** हस्तलेखनं, लेखनविद्या, लिपिः ***f.,*** लिखनं.

Chiromancer, ***s.*** हस्तरेखालक्षणात् शुभाशुभदर्शकः, हस्तरेखाविद्याज्ञः.

Chiromancy, ***s.*** हस्तरेखालक्षणात् शुभाशुभदर्शनं, हस्तरेखाविद्या, अङ्गविद्या.

To **chirp,** ***v. n.*** पक्षिवत् कूज् **(c. 1.** कूजति, कूजितुं), अनुकूज्, विकूज्, झिल्ल **or** चिल्ल शब्दं कृ, सुरारिं कृ.

Chirping, ***s.*** कूजितं, रावः, सुरारि ***m.,*** वाशितं, रुतं, काकली-लिः

Chirurgeon, ***s.*** कायशल्यादिभिषक् ***m.*** (ज्). ***See*** **Surgeon.**

Chisel, ***s.*** व्रश्चनः, तक्षणी, तङ्कः, वृक्षभेदी ***m.*** (न्), वृक्षादनः, शिलाभेदः, शिलाकुट्टकः, शैलभित्तिः ***f.***

To **chisel,** ***v. a.*** तक्ष् **(c. 1.** तक्षति, तक्षितुं), व्रश्च् **(c. 6.** वृश्चति, व्रश्चितुं).

Chit, ***s.*** **(A child)** बालः -ला, बालकः, शिशुः ***m.,*** शावकः. —**(A freckle)** तिलः -लकः, जटुलः.

Chit-chat, ***s.*** विश्रम्भालापः, विश्रम्भकथितं, वृथाकथा, सङ्कथा, जल्पः.

Chitterlings, ***s. pl.*** पश्वन्त्राणि ***n. pl.,*** पशुनाड्यः ***f. pl.,*** पुरीतत् ***m. n.***

Chitty, ***a.*** बालकीयः -या -यं, बालेयः -यी -यं, बालिशः -शा -शं.

Chivalrous, ***a.*** सुविक्रान्तः -न्ता -तं, महावीर्य्यः -र्य्या -र्य्यं, धामवान् -वती -वत् (त्).

Chivalry, ***s.*** **(Knighthood)** सादिपदं, रथिपदं, रथिपदं, महारथत्वं. —**(Prowess)** सुविक्रमः, सुवीर्य्यं, धाम ***n.*** (न्), पौरुषं, कर्म्मोदारं, रणोत्साहः.

Chives, ***s.*** पुष्पकेशराग्रं, पुष्पपक्ष्माग्राणि ***n. pl.***

Chocolate, ***s.*** आमेरिकादेशीयवृक्षफलं, तत्फलनिर्हृतं पानीयं.

Choice, ***s.*** **(The act)** वरणं, वृतिः ***f.,*** वरः.—**(The power of choice between two things)** विकल्पः -ल्पकः; **'choice of a husband by a bride,'** स्वयंवरः; **'the best of any thing,'** उत्तमभागः, परभागः, उत्तमांशः, रत्नं **in comp.; 'of one's own choice,'** कामतस्, इच्छातस्, यथेप्सितं, यथेष्टं, यथाकामं.

Choice, ***a.*** उत्तमः -मा -मं, सर्व्वोत्तमः -मा -मं, विशिष्टः -ष्टा -ष्टं, शिष्टः -ष्टा -ष्टं, अनुत्तमः -मा -मं, मनोनीतः -ता -तं, विशेषः -षा -षं, सारः -रा -रं, सारवान् -वती -वत् (त्), उत्कृष्टः -ष्टा -ष्टं, अभीष्टं -ष्टा -ष्टं, प्रशस्तः -स्ता -स्तं, भद्रतमः -मा -मं, सर्व्वश्रेष्ठः -ष्ठा -ष्ठं; **'choice food,'** भोजनविशेषः, विशिष्टान्नं.

Choiceless, ***a.*** अविकल्पः -ल्पा -ल्पं, अवैकल्पिकः -की -कं.

Choicely, ***adv.*** विशिष्टप्रकारेण, सविशेषं, उत्तमप्रकारेण, प्रशस्तं.

Choiceness, ***s.*** उत्कृष्टता, प्रकृष्टत्वं, वैशिष्ट्यं, विशिष्टता, श्रेष्ठता, प्राशस्त्यं, औत्कर्ष्यं.

Choir, ***s.*** गायकचक्रं, गाथकचक्रं, गाथकसमूहः, चाक्रिकगणः.—**(Part of a church)** पूजाशालायाः सङ्कीर्त्तनयोग्यं मध्यमस्थलं.

To **choke,** ***v. a.*** **(To suffocate)** कण्ठं सम्पीड् **(c. 10.** -पीडयति -यितुं) **or** ग्रस् **(c. 1.** ग्रसति, ग्रसितुं), गलहस्त **(nom.** गलहस्तयति -यितुं), गलग्रहं कृ, श्वासंवरोधं कृ, श्वासवारणं कृ.—**(To obstruct)** रुध् **(c. 7.** रुणद्धि, रोद्धुं), निरुध्, अवरुध्, संरुध्; प्रतिबन्ध् **(c. 9.** -बध्नाति -बन्द्धुं).

Choked, ***p. p.*** अवरुद्धश्वासः -सा -सं, सत्रकण्ठः -ण्ठा -ण्ठं, निरुद्धः -द्धा -द्धं.

Choker, ***s.*** **(Argument that stops the mouth)** गलहस्तः.

Cholagogues, ***s.*** पित्तद्रावनं, पित्तद्रावकः, पित्तघ्नं, पित्तनाशनं.

Choler, ***s.*** **(Bile)** पित्तं.—**(Rage)** क्रोधः, कोपः, रोषः, अमर्षः.

Cholera, ***s.*** विसूचिका, विषूचिका, महामारी.

Choleric, ***a.*** पित्तवेगी -गिनी -गि (न्), क्रोधी -धिनी -धि (न्), कोपी -पिनी -पि (न्), चण्डः -ण्डा -ण्डं; **'choleric constitution,'** पित्तप्रकृतिः.

Cholic, ***s.*** शूलः -लं, पक्तिशूलं. ***See*** **Colic.**

To **choose,** ***v. a.*** **(Select)** वृ **(c. 5.** वृणोति -णुते, **c. 9.** वृणाति -णीते, **c. 1.**वरति, वरितुं, वरीतुं), आवृ, प्रवृ; **or in caus.** (वरयति -यितुं), अनुरुच् **in caus.** (-रोचयति -यितुं), वावृत् **(c. 4.** वावृत्यते).—**(Take)** ग्रह् **(c. 9.** गृह्णाति, ग्रहीतुं).—**(Appoint)** नियुज् **(c. 10.** -योजयति -यितुं), निरूप् **(c. 10.** -रूपयति -यितुं).

To **choose,** ***v. n.*** **(To be willing)** इष् **(c. 6.** इच्छति, एषितुं), रुच् **(c. 1.** रोचते) **used impersonally.** न प्रत्याख्या **(c. 2.** -ख्याति -ख्यातुं), अभिरुच् **in caus.** (-रोचयते -यितुं).

To **chop,** ***v. a.*** **(To cut into pieces)** खण्डं खण्डं कृ **or** खण्डशः कृ **or** छिद् **(c. 7.** छिनत्ति, छेत्तुं), शकलीकृ, विदलीकृ.

Chop, ***s.*** खण्डं, शकलं, भिन्नं, भित्तिः, विदलं.—**(Of meat)** मांसखण्डं.—**(A mutton chop)** औरभ्रखण्डं.

Chop-house, ***s.*** पक्वमांसविक्रयस्थानं, पाकशाला.

Chopping, ***a.*** हृष्टपुष्टः -ष्टा -ष्टं, मांसलः -ला -लं, स्थूलः -ला -लं.

Chopping-knife, ***s.*** मांसछेदनार्थं छुरिका, मांसखण्डनी छुरिका.

Chops, ***s.*** **(Mouth)** मुखं, आननं, आस्यं.—**(Of a river)** सम्भेदः.

Choral, ***a.*** साङ्गीतिकः -की -कं, गानीयः -या -यं, चाक्रिकः -की -कं.

Chord, ***s.*** **(A string)** गुणः. ***See*** **Cord.—(Of an instrument)** तन्त्री ***f.***—**(Of arc)** द्विज्या, ज्या, ज्यका, जीवा.

Chorded, ***p. p.*** तन्त्री -न्त्रिणी -न्त्रि (न्).

Choriambus, ***s.*** **(In prosody)** विप्रः.

Chorion, ***s.*** गर्भकोशः, गर्भवेष्टनं, गर्भाशयः, गर्भावरणं चर्म्म.

Chorister, ***s.*** प्रधानमन्दिरस्य गायकः **or** गायकः, चाक्रिकः, तालावल्लरः, किन्नरः, किन्नरपुरुषः.

Chorographer, ***s.*** देशविवरणकृत्, देशवर्णनकृत्, देशपर्य्यन्तलेखकः.

Chorus, ***s.*** **(Number of singers)** गायकगणः, गाथकसमूहः.—**(Dramatic)** पार्श्वस्थः, पारिपार्श्विकः.—**(Of a song)** ध्रुवकः, ध्रुवः, अनुपदं.

Chosen, ***p. p.*** मनोनीतः -ता -तं, वृतः -ता -तं, वृत्तः -त्ता -त्तं, वावृत्तः -त्ता -त्तं.

Chough, ***s.*** काकजातीयः, समुद्रवेलासेवी पक्षिभेदः.

To **chouse,** ***v. a.*** वञ्च् **(c. 10.** वञ्चयते -ति -यितुं), प्रलभ् **(c. 1.** -लभते -लब्धुं), छल् **(c. 10.** छलयति -यितुं).

Chouse, ***s.*** **(Trick)** छलं, कूटः -टं, व्याजः.—**(A cheater)** वञ्चकः.

Chowrie, ***s.*** **(Tail used to drive away flies)** चामरं, अवचूलकं, रोमगुच्छः, रोमकेशरं.

Chrism, ***s.*** अभ्यञ्जनं, अञ्जनं, अभिषेकः, -षेचनं.

Christ, ***s.*** **(The anointed)** अभिषिक्तः.—**(The anointed Saviour)** अभिषिक्तत्राता ***m.*** (तृ). **Modern scholars coin the word** ख्रीष्टः.

To **christen,** ***v. a.*** **(To baptize)** जलसंस्कारेण ख्रीष्टीयं -या -यं कृ, जलसंस्कारेण ख्रीष्टीयमतधारिणां **or** ख्रीष्टीयानां मध्ये प्रविश् **in caus.** (-वेशयति -यितुं).—**(To name)** नाम कृ,

नाम दा (**c. 3.** ददाति, दातुं).

Christendom, *s.* ख्रीष्टीयमतधारिणां कृत्स्नसमूहः, ख्रीष्टीयदेशसामग्र्यं, ये केचिद् देशाः ख्रीष्टीयमतं धारयन्ति तत्साकल्यं.

Christening, *s.* जलसंस्कारः, जलसंस्कारेण ख्रीष्टीयानां मध्ये प्रवेशनं.—**(Naming)** नामकरणं.

Christian, *s.* ख्रीष्टीयः, ख्रीष्टीयमतधारी ***m.*** (न्), ख्रीष्टीयमतावलम्बी ***m.*** (न्).

Christian-name, *s.* जलसंस्कारकाले दत्तं नाम ***n.*** (न्), नाम, गुप्तनाम्, राशिनाम.

Christianity, *s.* ख्रीष्टीयमतं, ख्रीष्टीयानां मतं, ख्रीष्टीयधर्म्मः.

Christianly, *adv.* ख्रीष्टीयवत्, ख्रीष्टीयधर्म्मानुसारेण.

Christmas-box, *s.* ख्रीष्टजन्मोत्सवकाले दत्तं **(or** देयं**)** पारितोषिकं.

Christmas-day, *s.* ख्रीष्टजन्मदिवसमुद्दिश्य महोत्सवः, ख्रीष्टजन्मपर्व्व ***n.*** (न्).

Chromatic, *a.* (Relating to colour) वर्णसम्बन्धी-न्धिनी -न्धि (न्), रङ्गी -ङ्गिणी -ङ्गि (न्).—**(In music)** ग्रामीणः -णा -णं, ग्रामिकः -की -कं.

Chronic or chronical, *a.* कालिकः -की -कं, दीर्घकालीनः -ना -नं, अविसर्गी -र्गिणी -र्गि (न्); **'chronical distemper,'** दीर्घरोगः, दीर्घव्याधिः ***m.***

Chronicle, *s.* इतिहासः, पुरावृत्तविवरणं, वृत्तविवरणं **or** -रणपुस्तकं, पुरावृत्ताख्यानं, पुरावृत्तग्रन्थः, समाचारग्रन्थः, शिष्टसमाचारः.

To* chronicle, *v. a. इतिहासपुस्तकेषु समारुह् **in caus.** (-रोपयति -यितुं) **or** अभिलिख् (**c. 6.** -लिखति -लेखितुं), यथाक्रमं वृत्तविवरणं कृ **or** वृत्तानि रच् (**c. 10.** रचयति -यितुं).

Chronicler, *s.* ऐतिहासिकः, इतिहासलेखकः, पुरावृत्तरचकः, वृत्तविवरणकृत्, शिष्टसमाचाररचकः.

Chronogram, *s.* यथा अक्षरविन्यासात् संवच्छाकादिकालो निर्णेतुं शक्यते तथा प्रस्तारादौ लिखितम् अमुकाप्रसिद्धवृत्तविवरणं.

Chronologist, *s.* कालगणकः, कालगणनाविद्याज्ञः, कालज्ञः, यथाकालं **or** कालक्रमेण पुरावृत्तरचकः, वृत्तकालनिरूपकः, गतकालनिर्णेता ***m.*** (तृ).

Chronological, *a.* कालगणनाविषयकः -का -कं, कालिकः -की -कं.

Chronologically, *adv.* यथाकालं, कालक्रमेण, कालक्रमानुसारेण.

Chronology, *s.* कालगणनाविद्या, कालनिरूपणविद्या, कालनिर्णयविद्या, कालक्रमेण पुरावृत्तरचना.

Chronometer, *s.* कालपरिमाणार्थं यन्त्रं, घटी, यामनाली.

Chrysalis, *s.* कोशस्थः, कोशवासी ***m.*** (न्), कोषकारः, डिम्बः, गुटिका.

Chrysolite, *s.* चन्द्रकान्तः, हरिताश्म ***n.*** (न्), पीतमणिः ***m.***

Chub, *s.* स्थूलशिरस्को नादेयमत्स्यभेदः.

Chubbed, *a.* स्थूलशिरस्कः -स्का -स्कं, स्थूलमस्तकः -का -कं.

Chubby-faced, *a.* स्थूलास्यः -स्या -स्यं, स्थूलाननः -नी -नं.

Chuck, *s.* (The cry of a hen) कुक्कुटीरावः, कुक्कुटीनादः.—**(A term of endearment)** प्रिये **voc. c. *f.*,** वत्स **voc. c. *m.*,** वत्से **voc. c. *f.***

***To* chuck, *v. n.* (To call as a hen)** कुक्कुटीवद् रु (**c. 2.** रौति, रवितुं).—**(To give a gentle blow under the chin)** वात्सल्यात् परचिवुकम् ईषत्प्रहारेण उन्नम् **in caus.** (-नमयति -यितुं).

Chuff, *s.* (A loutish clown) ग्राम्यजनः, ग्रामिकः, ग्रामबुद्धिः, स्थूलबुद्धिः, असभ्यः जडः.

Chuffy, *a.* ग्राम्यः -म्या -म्यं, मन्दमतिः -तिः -ति, स्थूलः -ला -लं.

Chum, *s.* वयस्य, सहवासी ***m.*** (न्), सङ्गी ***m.*** (न्), प्रियमित्रं, संसर्गी ***m.*** (न्).

Chump, *s.* स्थूलकाष्ठं, स्थूलदारुः ***m.,*** वृहत्काष्ठखण्डं.

Church, *s.* (Place of worship) मन्दिरं, पूजाशाला, भजनभवनं, भजनगृहं, प्रासादः, मण्डपः.—**(The body of Christians)** ख्रीष्टमतधारिणं कृत्स्नसमूहः, मण्डली -लं, समाजः.

To* church, *v. a. प्रसवसमुत्थितां स्त्रीं परमेश्वरस्य धन्यवादं कृ **in caus.** (कारयति -यितुं).

Churchman, *s.* पुरोहितः, याजकः, धर्म्माध्यापकः.

Churchwarden, *s.* मन्दिररक्षकः, भजनगृहपालकः, पूजाशालाध्यक्षः.

Churchyard, *s.* श्मशानं, प्रेतवनं, पितृवनं, शवनिखननस्थानं; **'churchyard flowers,'** पितृवनसुमनः ***n.*** (स्).

Churl, *s.* (A rustic) ग्राम्यजनः, ग्रामजः, ग्रामी ***m.*** (न्), असभ्यः.—**(A rude man)** कुशीलः, दुःशीलः, वामशीलः.—**(A miser)** कृपणः, कदर्य्यः, मृष्टेरुकः.

Churlish, *a.* दुराचारः -रा -रं, दुष्प्रकृतिः -तिः -ति, अविनयः -या -यं, अशिष्टः -ष्टा -ष्टं, अश्लीलः -ला -लं, क्रूराचारः -रा -रं, खलः -ला -लं, कदर्य्यः -र्य्या -र्य्यं.

Churlishly, *adv.* असभ्यवत्, कदर्य्यवत्, कृपणं, अश्लीलं.

Churlishness, *s.* कुशीलता, अश्लीलता, अशिष्टता, अविनयः, असभ्यता.

Churn, *s.* मन्थनी, मन्थिनी, गर्गरी, मन्थनघटी, जालगणिका.

To* churn, *v. a. मथ् (**c. 1.** मथति, मथितुं) **or** मन्थ् (**c. 1.** मन्थति, **c. 9.** मथ्नाति, मन्थितुं), उन्मन्थ्, निर्मन्थ्, खज् (**c. 1.** खजति, खजितुं), समालुड् (**c. 1.** -लोडति -लोडितुं, **c. 10.** -लोडयति -यितुं).

Churned, *p. p.* मथितः -ता -तं, प्रमथितः -ता -तं, आलोडितः

-ता -तं, दण्डाहतः -ता -तं, व्याघट्टितः -ता -तं, कोथः -था -थं.

Churning, ***s.*** मन्थः, मन्थनं, मथनं, आलोडनं, समालोडा, खजा, कोथः.

Churn-staff, ***s.*** मन्थः मन्था ***m.*** (मथिन्), मन्थदण्डकः, मन्थानः, दधिचारः, वैशाखः, खजकः.

Chyle, ***s.*** अन्नरसः, धातुपः, रसः, भोज्यसम्भवः, अस्रमातृका, अन्नसारः.

Chylifactory, ***a.*** धातुपकारी -रिणी -रि (न्), अन्नरसोत्पादकः -का -कं.

Chylous, ***a.*** अन्नरसमयः -यी -यं, धातुपरूपः -पा -पं.

Chymic or chymical, ***a.*** रसायनविद्यासम्बन्धी -न्धिनी -न्धि (न्), रसायनजः -जा -जं.

Chymically, ***adv.*** रसायनविद्यानुसारात्, रसायनविद्यानुरूपेण.

Chymist, ***s.*** रसायनविद्याज्ञः, रसज्ञः, रसायनः.

Chymistry, ***s.*** रसायनं, रसायनविद्या, रसविद्या, रसज्ञता.

Cibarious, ***a.*** अन्नमयः -यी -यं, भोज्यः -ज्या -ज्यं, आद्यः -द्या -द्यं.

Cicatrice, ***s.*** सिध्म ***n.*** (न्), सिध्मं, शुष्कव्रणः, रूढक्षतचिह्नं, रूढक्षतं.

Cicatrization, ***s.*** व्रणविशोषणं, व्रणशोधनं, रोपणं, व्रणरोपणं, समुत्थानं, प्रतिसारणं, प्रतिसरः.

To **cicatrize,** ***v. a.*** क्षतं रुह् **in caus.** (रोपयति -यितुं) **or** शुष् **in caus.** (शोषयति -यितुं) **or** शुष्कीकृ, प्रतिसृ **in caus.** (सारयति -यितुं).

Cicatrized, ***p. p.*** रूढः -ढा -ढं, रोपितः -ता -तं, शुष्कः -ष्का ष्कं, समुत्थितः -ता -तं, प्रतिमारितः -ता -तं.

To **cicurate,** ***v. a.*** दम् **in caus.** (दमयति -यितुं), वशीकृ, निग्रह् **(c. 9.** -गृह्णाति -ग्रहीतुं).

Cider, ***s.*** अम्लरसः, पानीयविशेषः, अम्लफलनिर्हृतो मद्यविशेषः.

Ciliary, ***a.*** नेत्रच्छदसम्बन्धी -न्धिनी -न्धि (न्), वर्त्मसम्बन्धी **etc.**

Cilicious, ***a.*** लोममयः -यी -यं, लोमशः -शा -शं.

Cimeter, ***s.*** वक्रखड्गः, चन्द्रहासः, मण्डलाग्रः खड्गः, निस्त्रिंशः, कृपणः -णकः, असिरिष्टिः ***m.***

Cincture, ***s.*** मेखला, कटिसूत्रं, रसना, काञ्ची, वस्नं.

Cinder, ***s.*** अग्नेरुच्छिष्टं, तप्ताङ्गारोच्छिष्टं, अङ्गारः -रं, भस्म ***n.*** (न्).

Cineration, ***s.*** भस्मीकरणं, भस्मसात्करणं.

Cineritious, ***a.*** भास्मनः -नी -नं, भस्मरूपः -पा -पं.

Cinnabar, ***s.*** रससिन्धूरं, रसस्थानं, रक्तपारदं.

Cinnamon, ***s.*** दारुगन्धः, तिक्तवल्कलं, सुगन्धत्वक् ***f.*** (च्), गन्धवल्कलं.

Cinnamon-tree, ***s.*** पूर्व्वोक्ततिक्तवल्कलविशिष्टः सिंहलद्वीप- रोही क्षुद्रवृक्षाः.

Cinque, ***s.*** **(A five)** पञ्चकः, पञ्चत्वं.

Cinquefoil, ***s.*** पञ्चपर्णी, पञ्चपत्री, पञ्चदली.

Cinque-spotted, ***a.*** पञ्चचिह्नविशिष्टः -ष्टा -ष्टं, पञ्चतिलवान् -वती -वत् (त्).

Coin, ***s.*** पल्लवं, नवपल्लवं, किसलः -लं, किसलयः -यं.

Cipher, ***s.*** **(An arithmetical character)** अङ्कं, गुणनिका. —**(Character in general)** अक्षरं, वर्णः.—**(Mark standing for nothing)** शून्यं, विन्दुः ***m.***, वटः, हः, ठः, खं.—**(Occult character in writing)** वीजाक्षरं, वीजं.

To **cipher,** ***v. a.*** **(To practise arithmetic)** अङ्कविद्याम् अभ्यस् **(c. 4.** -अस्यति -असितुं) **or** शिक्ष् **(c. 1.** शिक्षते, शिक्षितुं). —**(To write in occult characters)** वीजाक्षरैर अङ्क् **(c. 10.** अङ्कयति -यितुं) **or** लिख् **(c. 6.** लिखति, लेखितुं).

Ciphering, ***s.*** अङ्कनं, गणितं, अङ्कविद्या, गणनविद्या, पाटीगणितं.

Circle, ***s.*** **(A round line)** मण्डलं, परिमण्डलं, चक्रं, चक्रवालं, वृत्रं, गोलः -लं, निघः, चन्द्रकः, वटः, वर्णकः, वलयः -यं. —**(Circuit, circumference)** परिणाहः, परिधिः ***m.***, परिवेष्टनं, वृत्तिः ***f.***, परिवेशः; **'the circle of the earth,'** भूपरिधिः ***m.***, भूमण्डलं.—**(A circle of people, assembly)** मण्डलं, परिषद् ***f.***, पंक्तिः ***f.***—**(Circle on the forehead)** तिलकः -कं, तमालपत्रं, चित्रकं, विशेषकं; **'segment of a circle,'** वृत्तखण्डं, खण्डमण्डलं; **'area of a circle,'** फलं.

To **circle,** ***v. a.*** **(To surround)** परिवेष्ट् **(c. 1.** -वेष्टते, -वेष्टितुं), परिवृ **(c. 5.** वृणोति -वरितुं -वरीतुं), परिष्ठा **(c. 1.** -तिष्ठति, ष्ठातुं), मण्डल **(nom.** मण्डलयति -यितुं).

To **circle,** ***v. n.*** **(To move circularly)** चक्रवत् परिवृत् **(c. 1.** -वर्त्तते -वर्त्तितुं), **or** व्यावृत् **or** परिभ्रम् **(c. 1.** -भ्रमति, **c. 4.** -भ्राम्यति -भ्रमितुं), मण्डल **(nom.** मण्डलायते).

Circled, ***p. p.*** मण्डलितः -ता -तं, परिमण्डलितः -ता -तं, वलयितः -ता -तं.—**(Having the form of a circle)** मण्डली -लिनी -लि (न्), मण्डलाकारः -रा -रं, चक्राकारः -रा -रं.

Circuit, ***s.*** **(Compass, circumference)** मण्डलं, परिमण्डलं, परिधिः ***m.***, परिमाणं, परिणाहः, परीणाहः, परिवेष्टनं.—**(Act of moving round)** परिवर्त्तनं, आवर्त्तः, आवृत्तिः ***f.***, आवर्त्तनं, विवर्त्तः भ्रमणं, परिभ्रमः, घूर्णिः ***f.***—**(Visitation of a judge)** धर्म्माध्यक्षाभ्यगमनं, प्राड्विवाकभ्रमणं.

To **circuit,** ***v. n.*** परिभ्रम् **(c. 4.** -भ्रामयति -भ्रमितुं), परिवृत् **(c. 1.** -वर्त्तते -वर्त्तितुं),

Circuitous, ***a.*** वक्रः -क्रा -क्रं, कुटिलगामी -मिनी -मि (न्),

सुदीर्घः -र्घा -र्घं.

Circular, ***a.*** वर्त्तुलः -ला -लं, मण्डली -लिनी -लि (न्), चाक्रिकः -की -कं, चक्राकारः -रा -रं, चक्राकृतिः -तिः -ति, चक्री -क्रिणी -क्रि (न्), चक्रवान् -वती -वत् (त्), चाक्रेयः -यी -यं, वटी -टिनी -टि (न्), निघः -घा -घं, विष्वक्समः -मा -मं.

Circularity, ***s.*** मण्डलता, परिमण्डलता, वर्त्तुलत्वं, चक्रकारता, गोलकारत्वं.

Circularly, ***adv.*** चक्रवत्, चक्ररूपेण, गोलवत्, मण्डलवत्, मण्डलतस्.

To **circulate,** ***v. n.*** प्रचल् (c. 1. -चलति -चलितुं), प्रचर् (c. 1. -चरति -चरितुं), परिवृत् (c. 1. -वर्त्तते -वर्त्तितुं), सम्परिवृत्, विपरिवृत्, विवृत्.

To **circulate,** ***v. a.*** परिवृत् in caus. (-वर्त्तयति -यितुं), प्रचल् in caus. (-चलयति -यितुं).

Circulated, ***p. p.*** प्रचलितः -ता -तं, परिवर्त्तितः -ता -तं, प्रचारितः -ता -तं, व्यावर्त्तकः -का -कं.

Circulating, ***a.*** प्रचलः -ला -लं, परिवर्त्ती -र्त्तिनी -र्त्ति (न्), व्यावर्त्तकः -का -कं.

Circulation, ***s.*** परिवर्त्तः -र्त्तनं, व्यावर्त्तः, प्रचारः, प्रचलनं, प्रचरः, भ्रमणं, परिभ्रमणं, चलनं, प्राचुर्य्यं.—**(Of the blood)** रक्तचलनं, रक्तवहनं.

Circulatory, ***a.*** वर्त्तुलः -ला -लं, चाक्रिकः -की -कं, मण्डली -लिनी -लि (न्).

Circumambiency, ***s.*** परिवेष्टनं, व्याप्तिः ***f.,*** व्यापनं, व्यापकत्वं, परिगमनं.

Circumambient, ***a.*** परिवेष्टकः -का -कं, व्यापकः -का -कं, परिगतः -ता -तं.

To **circumambulate,** ***v. n.*** परिक्रम् (c. 1. -क्रामति -क्रमितुं), परिभ्रम् (c. 4. -भ्राम्यति -भ्रमितुं).

Circumambulation, ***s.*** परिक्रमः, परिभ्रमणं, परिसर्य्या, परीसारः, पर्य्यटनं, —**(Reverential)** प्रदक्षिणः -णा -णं.

To **circumcise,** ***v. a.*** त्वचं छिद् (c. 7. छिनत्ति, छेत्तुं), लिङ्गाग्रचर्म्म छिद्, परिच्छिद्, परिकृत् (c. 6. -कृन्तति -कर्त्तितुं).—**(A circumcised man)** दुश्चर्म्मा ***m.*** (न्), वण्डः, वण्ठः, दुर्बलः, द्विनग्नकः.

Circumcision, ***s.*** त्वक्छेदनं, लिङ्गाग्रचर्म्मछेदनं, दौश्चर्म्यं, परिकर्त्तनं.

To **circumduct,** ***v. a.*** लुप् (c. 6. लुम्पति, लोप्तुं), व्यर्थीकृ, मोघीकृ, निष्फलीकृ.

Circumduction, ***s.*** लोपः, अनिष्पादनं, मोघीकरणं, व्यर्थीकरणं.

Circumference, ***s.*** परिधिः ***m.,*** मण्डलं, परीणाहः, परिणाहः, परिमाणं, वृत्तिः ***f.,*** चक्रवालं, पालिः ***f.,*** परिवेशः -षः, परिवेष्टनं.—**(Of a wheel)** चक्रपरिधिः ***m.,*** नेमिः ***f.,*** प्रधिः ***m.,*** प्रधिमण्डलं, नीध्रं, नीव्रः.—**(Of the earth)** भूपरिधिः ***m.***

Circumflex, ***s.*** **(Accent)** स्वरितः, तृतीयम् उच्चारणचिह्नं.

Circumfluence, ***s.*** परिस्रवः, परिप्लवः, परिवाहः, परिस्पन्दनं, परिगलनं.

Circumfluent or Circumfluous, ***a.*** परिसुतः -ता -तं, परिसारी -रिणी -रि (न्), परिस्पन्दी -न्दिनी -न्दि (न्), परिस्यन्नः -न्ना -न्नं, परिगलितः -ता -तं.

Circumforaneous, ***a.*** गृहाद्गृहम् अष्टमानः -ना -नं, अटाट्यमानः -ना -नं.

To **circumfuse,** ***v. a.*** परिप्लुतः in caus. (-प्लावयति -यितुं), समाप्लु.

Circumfused, ***p. p.*** परिप्लुतः -ता -तं, समाप्लुतः -ता -तं, परिगलितः -ता -तं, परिगतः -ता -तं, व्याप्तः -प्ता -प्तं, समाक्रान्तः -न्ता -न्तं.

Circumfusile, ***a.*** परिप्लावी -विनी -वि (न्), व्यापकः -का -कं, व्युश्नुवानः -ना -नं.

Circumfusion, ***s.*** परिप्लावः, परिप्लवः, व्याप्तिः ***f.,*** व्यापकत्वं परिगलनं.

To **circumgrate,** ***v. n.*** परिवृत् (c. 1. -वर्त्तते -वर्त्तितुं), व्यावृत्, घूर्ण् (c. 1. घूर्णते, घूर्णितुं), परिघूर्ण्, व्याघूर्ण्.

Circumgyration, ***s.*** चक्रावर्त्तः, आवर्त्तः, परिवर्त्तः, आवृत्तिः ***f.,*** घूर्णिः ***f.***

Circumjacent, ***a.*** पर्य्यन्तस्थः -स्था -स्थं, सामन्तस्थः -स्था -स्थं, उपान्तिकः -की -कं.

Circumition, ***s.*** परिगमः, परिक्रमः, परिसर्य्या, परिभ्रमः.

Circumlocution, ***s.*** वाग्विस्तारः, वाक्यविस्तरः, वक्रोक्तिः ***f.,*** वक्रभणितं, व्याजोक्तिः ***f.,*** अत्युक्तिः अतिशयोक्तिः, बहुवाक्यं, बहूक्तिः वाक्यबाहुल्यं.

Circumlocutory, ***a.*** बहुवाक्यः -क्या -क्यं, विस्तीर्णवाक्यः -क्या -क्यं, वक्रः -क्रा -क्रं.

Circumnavigable, ***a.*** समन्तात् or परितो नावा तार्य्यः -र्य्या -र्य्यं.

To **circumnavigate,** ***v. a.*** समन्तात् नावा तु (c. 1. तरति, तरितुं, तरीतुं) or प्लु (c. 1. प्लवते, प्लोतुं).

Circumnavigation, ***s.*** नौकया समन्तात् तरणं.

Circumrotation, ***s.*** चक्रावर्त्तः, परिवर्त्तः, आवर्त्तः, आवृत्तिः ***f.,*** घूर्णिः ***f.***

Circumrotatory, ***a.*** चक्रवत् परिवर्त्ती -र्त्तिनी -र्त्ति (न्), आवर्त्तमानः -ना -नं, घूर्णयमानः -ना -नं.

To **circumscribe,** ***v. a.*** परिमा (c. 2. -मातिः, c. 3. मिमीते

-मातुं), संहृ (c. 1. -हरति -हर्त्तुं), संयम् (c. 1. -यच्छति -यन्तुं), नियम्, समन्त: (nom. समन्तयति -यितुं).

Circumscribed, *p. p.* परिमित: -ता -तं, संहृत: -ता -तं, संयत: -ता -तं, सम्बाध: -धा -धं, सङ्कुचित: -ता -तं, संवृत: -ता -तं, समर्य्याद: -दा -दं, सावधिक: -की -कं, सुसंस्थित: -ता -तं, सुसङ्गृहीत: -ता -तं.

Circumscription, *s.* परिमाणं, संयमनं, संहरणं, सङ्कोच:, संवार:, संवृति: ***f.***

Circumspect, *a.* अवहित: -ता -तं, स्ववहित: -ता -तं, सावधान: -ना -नं, समीक्ष्यकारी -रिणी -रि (त्) **or** विमृश्यकारी, अप्रमत्त: -त्ता -त्तं, परिणामदर्शी -र्शिनी -र्शि (न्).

Circumspection, *s.* अवधानं -नता, सावधानता, अप्रमाद:, समीक्ष्यकारित्वं.

Circumspectly, *adv.* अवेक्षया, सावधानं, सुसमीक्ष्य, सुविमृश्य.

Circumstance, *s.* (Something adjunct to a fact) सम्बन्ध:, अनुबन्ध:.—**(A thing, fact)** विषय:, वस्तु ***n.***, भूतं, विषयकत्वं.—**(Incident, event)** वृत्तं, वृत्तान्त:, सम्भव:.—**(Condition, state)** अवस्था, दशा, स्थिति: ***f.***, संस्थिति: ***f.***, भाव:, वृत्ति: ***f.***, गति: ***f.***; **'he related all the circumstances as they occurred,'** सकलवृत्तान्तं यथावृत्तं न्यवेदयत्; **'according to circumstances,'** यथासम्भवं, यथास्थितं; **'in good circumstances,'** सुस्थित: -ता -तं, सुस्थ: -स्था -स्थं; **'in bad circumstances,'** दु:स्थ: -स्था -स्थं, दुर्गत: -ता -तं.

Circumstanced, *p. p.* स्थित: -ता -तं, अवस्थित: -ता -तं, स्थ: -स्था -स्थं **in comp.**, भूत: -ता -तं, वर्त्ती -र्त्तिनी -र्त्ति (न्); **'so circumstanced,'** एवम्भूत: -ता -तं, इत्थम्भूत: -ता -तं, एवंविध: -धा -धं, तथाविध -धा -धं.

Circumstant, *a.* समन्तात् स्थायी -यिनी -यि (न्) **or** वर्त्ती -र्त्तिनी -र्त्ति (न्).

Circumstantial, *a.* (In detail) सविस्तर: -रा -रं, विस्तीर्ण: -र्णा -र्णं, सविशेष: -षा -षं, सोपवर्ण: -र्णा -र्णं, सविवरण: -णा -णं.—**(Not essential)** अप्रकृत: -ता -तं.—**(Incidental)** आगन्तुक: -का -कं.

Circumstantially, *adv.* यथावृत्तं, यथास्थितं, सुविस्तरं, विस्तरेण, उपवर्णेन, सुविवरणपूर्व्वकं, निरवशेषतस्.

Circumstantiated, *p. p.* विशेषभाववर्त्ती -र्त्तिनी -र्त्ति (न्). ***See*** **Circumstanced.**

To* circumvallate, *v. a. परिखाप्राचीरादिना परिवेष्ट् (c.1. -वेष्टते -वेष्टितुं), समन्ताद् उपरुध् (c. 7. -रुणद्धि -रोद्धुं).

Circumvallation, *s.* (The act) परिखाप्राचीरादिना नगरपरिवेष्टनं, समन्तादुपरोधनं.—**(The trenches, &c, round a besieged town)** रुद्धनगरपरिगतं परिखाप्राचीरादि.

To* circumvent, *v. a. वञ्च् **in caus.** (वञ्चयते -ति -यितुं), परिवञ्च्, प्रलभ् (c. 1. -लभते -लब्धुं), विप्रलभ्, छल् (c. 10. छलयति -यितुं).

Circumvented, *p. p.* वञ्चित: -ता -तं, परिवञ्चित: -ता -तं, विप्रलब्ध: -ब्धा -ब्धं.

Circumvention, *s.* प्रवञ्चना, वञ्चनं, छलं-लना, अतिसन्धानं, कपट:, कापट्यं स्खलितं, प्रपञ्च:, प्रलम्भ:.

To* circumvest, *v. a. परिव्ये (c. 1. -व्ययति -व्यातुं), परिधा (c. 3. -दधाति -धातुं), परिवेष्ट् (c. 1. -वेष्टते, वेष्टितुं).

Circumvolation, *s.* (Flying round) परिडीनं -नकं.

To* circumvolve, *v. a. परिवृत् **in caus.** (-वर्त्तयति -यितुं), लुट् **in cuas.** (लोठयति -यितुं), संसृ **in caus.** (-सारयति -यितुं).

To* circumvolve, *v. n. चक्रवत् परिवृत् (c. 1. -वर्त्तते -वर्त्तितुं), लुठ् (c. 1. -लोठति -ते -लोठितुं), प्रलुठ्, परिघृर्ण् (c. 6. घूर्णति -ते -र्णितुं).

Circumvolution, *s.* परिवर्त्तनं, परिवृत्ति: ***f.***, आवर्त्तनं, आवृत्ति: ***f.***, विवर्त्त:, व्यावर्त्तनं, प्रलोटनं, घूर्णि: ***f.***; **'of a wheel,'** चक्रावर्त्त:.

Circus or cirque, *s.* दीर्घमण्डलकारो रथचर्य्यादिक्रीडायोग्यो भूमिभाग:, क्रीडारङ्ग:, क्रीडाङ्गनं, केलिरङ्ग:.

Cissus, *s.* (Plant) गोधापदी -दिका -सुवहा.

Cist, *s.* कोश:, पुट:, पटलं, आवेष्टनं.—**(Excavation)** खातं.

Cistern, *s.* उदकाधार:, जलाशय:, जलकुण्डं, कुण्डं, पानीयस्थानं, वरासनं, वारासनं, जलदानगृहं.

Cit, *s.* नागरजन:, नागरक:, पौरजन: पृथग्जन:, अवरवर्ण:.

Citadel, *s.* दुर्गं, कोटि: ***f.***, कलत्रं.—**(Commander of)** कोटिपाल:.

Cital, *s.* (Impeachment, summons) अभियोग:, आह्वानं, अपवाद:.

Citation, *s.* (Summons) आह्वानं, अभियोग:.—**(Quotation)** उद्धार:, अवतरणं, -तारणं; **'of the Vedas,'** श्रुतादानं.—**(Passage quoted)** उपनीतवचनं, उद्धृतवाक्यं, अवतारितवाक्यं.

Citatory, *a.* आह्वायक: -का -कं, अपवादक: -का -कं.

***To* cite, *v. a.* (To summon before a judge)** प्राड्विवाकसाक्षाद् आह्वे (c. 1. -ह्वयति -ह्वातुं), अभियुज् (c. 7. -युनक्ति -योक्तुं).—**(To adduce, quote)** उपनी (c. 1. -नयति -नेतुं), उद्धृ (c. 1. -हरति -हर्त्तुं), अवतृ **in caus.** (-तारयति -यितुं); **'to cite the Vedas,'** श्रुतादानं कृ.

Cited, *p. p.* (Quoted) उपनीत: -ता -तं, उद्धृत: -ता -तं, अवतारित: -ता -तं, उपन्यस्त: -स्ता -स्तं.—**(Before a**

court of justice) निबद्धः -द्धा -द्धं, आहूतः -ता -तं, अभियुक्तः -क्ता -क्तं, व्यवहाराभिशस्तः -स्ता -स्तं.

Citer, *s.* (Impeacher) अभियोगी ***m.*** (न्), अभियोक्ता ***m.*** (क्तृ). —**(Quoter)** उपनेता ***m.*** (तृ).

Cithern, *s.* (A harp) वीणाविशेषः, वल्लकी, विपञ्ची, तन्त्रीः.

Citizen, *s.* पौरः, पौरजनः, नगरजनः, नागरजनः, नगरस्थः, पुरवासी ***m.*** (न्), नगरौकाः ***m.*** (स्), पौरलोकः; **'a fellow-citizen,'** एकपौरः.

Citizenlike, *adv.* नगरजनवत्, पौरवत्, सभ्यरूपेण, आर्य्यवत्.

Citizenship, *s.* नगरजनाधिकारः, पौराधिकारः, पौरत्वं; **'fellow-citizenship,'** पौरसख्यं.

Citrine, *s.* जम्वीरवर्णः -र्णा -र्णं, घनपीतः -ता -तं.

Citron, *s.* (The tree) जम्वीरः, जम्भः -म्भकः म्भलः -म्भरः, अम्लकेशरः, केशराम्लः, फलपूरः -रकः, वीजपूरः, गिलः, दन्तशठः, रुचकः, इच्छकः, वृहच्चित्रः मातुलुङ्गकः, पूर्णवीजः, छोलङ्गः, वीजकः -जपूर्णः.—**(The fruit)** जम्बीरफलं.

City, *s.* पुरं -री, नगरं -री, पूः ***f.*** (पुर्), पत्तनं, पृथुपत्तनं, पट्टन, पट्टं, पुरिः ***f.,*** कर्व्वटं, ढक्कः, पल्ली, पुटभेदनं, स्थानीयं, निगमः; **'city-gate,'** नगरद्वारं, पुरद्वारं; **'city-police,'** नगररक्षिपुरुषः.

City, *a.* पौरः -री -रं, नागरः -री -रं, -रेयकः -की -कं, नगरस्थः -स्था -स्थं.

Civet, civet-cat, *s.* गन्धमार्जारः, गन्धोतुः ***m.,*** खट्टाशः -शी, पूतिशारिजा, कस्तूरीमृगः.

Civic, *a.* पौराचारसम्बन्धी -न्धिनी -न्धि (न्) पौरः -री -रं.

Civil, *a.* (Relating to the usages of citizens) पुरव्यवहारसम्बन्धी -न्धिनी -न्धि (न्), नगराचारसम्बन्धीयः -या -यं, नीतिसम्बन्धीयः -या -यं, पौरः -री -रं; **'civil war, popular disturbance,'** प्रकृतिक्षोभः, विप्लवः. —**(Complaisant, gentle)** अनुग्राही -हिणी -हि (न्), अनुनयी -यिनी -यि (न्), सानुनयः -या -यं, अनुकूलः -ला -लं, अनुरोधी -धिनी -धि (न्), चाटुकारः -रा -रं, सुप्रसादः -दा -दं, दक्षिणाः -णा -णं.—**(Civil in speech)** प्रियंवदः -दा -दं, अभिवादकः -का -कं, वन्दारुः -रुः -रु, शक्नुः -क्नुः -क्नु.—**(Civilized)** सभ्यः -भ्या -भ्यं.

Civilian, *s.* स्मार्त्तः, स्मृतिज्ञः धर्म्मशास्त्रज्ञः, व्यवहारविधिज्ञः, नीतिज्ञः, नयविद्, व्यवस्थाकुशलः, राजकर्म्मव्यवसायी ***m.*** (न्), राजव्यापारी ***m.*** (न्).

Civilisation, *s.* सभ्यता, शिष्टता, शिष्टाचारत्वं, आर्य्यवृत्तभावः, सुशीलत्वं.

Civility, *s.* (Politeness) आनन्दनं, अनुग्रहः, अनुरोधः, अनुनयः, अभिनीतिः ***f.,*** अनुकूलता, अनुवृत्तिः ***f.,*** -वर्त्तनं, सभाजनं, सौजन्यं, प्रश्रयः सभ्यता, सुशीलता, शिष्टता.

To* civilize, *v. a. शिष्टाचारान् **or** आर्य्यव्यहारान् शिक्ष् **in caus.** (शिक्षयति -यितुं) **or** शास् **(c. 2.** शास्ति, शासितुं).

Civilized, *p. p.* शिष्टः -ष्टा -ष्टं, सभ्यः -भ्या -भ्यं, विनीतः -ता -तं, शिष्टाचारसेवी -विनी -वि (न्), अग्राम्यः -म्या -म्यं, आर्य्यवृत्तः -त्ता -त्तं; **'civilized and rude,'** आर्य्या म्लेच्छाश्च.

Civilly, *adv.* (Politely) अनुनयेन, आनन्दनपूर्व्वकं, सानुनयं, सुशीलवत्, सानुरोधं.—**(In a manner relating to civil government)** नीतिविद्यानुसारात्, पौरव्यवहारानुसारेण.

Clack, *s.* (Incessant chattering) जल्पः -ल्पनं, वावदूकता, अतिशयजल्पः वाक्चापल्यं, चटचटशब्दः, झज्झनं.—**(Bell of a mill)** पेषणीघण्टा.

To* clack, *v. n. अतिशयेन जल्प् **(c. 1.** जल्पति -ल्पितुं), पेषणीघण्टारूपेण शब्दं कृ, चटचटशब्दं कृ.

Clad, *a.* आच्छादितः -ता -तं, प्रच्छादितः -ता -तं, वस्त्रवेष्टितः -ता -तं, वस्त्रान्वितः -ता -तं, परिहितः -ता -तं, प्रावृतः -ता -तं, आवृतः -ता -तं, परिच्छन्नः -न्ना -न्नं, पिनद्धः -द्धा -द्धं, संवीतः -ता -तं, अनग्नः -ग्ना -ग्नं, सवासाः -साः सः (स्), सचेलः -ला -लं; **'lightly clad,'** लघुवासाः -साः -सः (स्).

To* claim, *v. a. स्वीकृ, अङ्गीकृ; याच् **(c. 1.** याचति -चितुं), प्रार्थ् **(c. 10.** प्रार्थयति -ते -यितुं), ममेति उक्त्वा ग्रह् **(c. 9.** गृह्णाति, ग्रहीतुं), मह्यं दातव्यमिति ज्ञापयित्वा ग्रह्; अभिमानं कृ; **as, 'to claim money,'** धनाभिमानं कृ; ममेति वद् **(c. 1.** वदति -दितुं), मदीयमिति **or** स्वीयमिति वद्, स्वाधिकारं **or** स्वस्वत्वं ज्ञा **in caus.** (ज्ञापयति -यितुं).—**(To set up a claim)** ध्वजीकृ.—**(To have a claim to)** अर्ह् **(c. 1.** अर्हति -ते -र्हितुं).

Claim, *s.* अधिकारः, अभियोगः, अभिमानं, याच्ञा, अभ्यर्थना, प्रार्थना; **'false claim,'** मिथ्याभियोगः; **'claim laid to learning,'** विद्याभिमानं.

Claimable, *a.* अभियोक्तव्यः -व्या -व्यं, याचनीयः -या -यं, प्रार्थनीयः -या -यं.

Claimant, *s.* अभियोक्ता ***m.*** (क्तृ), अर्थी ***m.*** (न्), अधिकारी ***m.*** (न्), याचिता ***m.*** (तृ), प्रार्थयिता ***m.*** (तृ).

Claimed, *p. p.* अधिकृतः -ता -तं, याचितः -ता -तं, प्रार्थितः -ता -तं, अभियुक्तः -क्ता -क्तं, प्रख्यातः -ता -तं, मार्गितः -ता -तं.

Clair-obscure, *s.* चित्रकर्म्मणि नानाछायाविन्यासविद्या.

***To* clam, *v. a.* (To clog with glutinous matter)** श्यै **in caus.** (श्यापयति -यितुं), श्यानीकृ, सान्द्रीकृ.

To* clamber, *v. a. पाणिपादेन **or** करणचरणाभ्यां दुरारोहस्थानम् सायासेन आरुह् **(c. 1.** -रोहति -रोढुं) **or** अध्यारुह्.

Clambering, *s.* पाणिपादेन विषमस्थानारोहणं, आयासेनारोहणं.

Clamminess, *s.* श्यानता, शीनता, सान्द्रता, घनत्वं, अनुलग्नशीलत्वं.

Clamny, *a.* श्यानः -ना -नं, शीनः -ना -नं, सान्द्रः -न्द्रा -न्द्रं, घनः -ना -नं. अनुलग्नशीलः -ला -लं, संलग्नशीलः -ला -लं, आर्द्रः -र्द्रा -र्द्रं.

Clamour, *s.* घोषणं -णा, उत्क्रोशः, उत्क्रुष्टं, संहूतिः ***f.,*** जनरवः, उच्चैर्घुष्टं, उच्चैःस्वरः, रासः, बहुभिः, कृता संहूतिः, प्रक्ष्वेडनं.

To* clamour, *v. n. उच्चैर् घुष् (**c. 10.** घोषयति -यितुं), उघुष्, उत्क्रुश् (**c. 1.** -क्रोशति -क्रोष्टुं), प्रक्ष्विड् (**c. 1.** -क्ष्वेडति -डितुं).

Clamourous, *a.* घोषकरः -री -रं, घोषणः -णा -णं, उच्चैःस्वरकारी -रिणी -रि (न्), तुमुलकारी **etc.,** मुखरः -रा -रं, महास्वनः -ना -नं, बहुघोषः -घा -घं, अनल्पघोषः -घा -घं, प्रक्ष्वेडितः -ता -तं, प्रक्ष्वेडितवान् -वती -वत् (त्).

Clamp, *s.* (A piece of iron for joining stones) शिलाद्वयसम्बन्धनार्थं कीलः.**—(A quantity of brick)** इष्टकाराशिः ***f.***

To* clamp, *v. a. पाषाणद्वयं **or** काष्ठद्वयं कीलेन सम्बन्ध् (**c. 9.** -बध्नाति -बन्द्धुं).

Clan, *s.* कुलं, वंशः, गोत्रं, सन्तानः, वर्णः, वर्गः, जातिः ***f.,*** कुटुम्बः, पंक्तिः ***f.,*** मण्डलं, सङ्घः, संसर्गः, शाखा.

Clandestine, *a.* निभृतः -ता -तं, गुप्तः -प्ता -प्तं, गूढः -ढा -ढं, रहस्यः -स्या -स्यं, छन्नः -न्ना -न्नं, प्रच्छन्नः -न्ना -न्नं, निह्नुतः -ता -तं, अप्रकाशः -शा -शं, छलेन कृतः -ता -तं; **'a clandestine marriage,'** चौरिकाविवाहः.

Clanestinely, *adv.* निभृतं, रहः (स्), रहसि, रहस्यं, गुप्तं, छलेन, प्रच्छन्नं, निह्नवेन, अप्रकाशं.

Clang or clangour, *s.* घुष्टं, तुमुलं, झज्झा झः.**—(Of arms)** शस्त्रघोषः.

To* clang, *v. n. शिञ्ज् (**c. 2.** शिंक्ते, **c. 1.** शिञ्जते -ञ्जितुं), विशिञ्ज्, क्वण् (**c. 1.** क्वणति -णितुं), ध्वन (**c. 1.** ध्वनति -नितुं), प्रक्ष्वेड् (**c. 1.** -क्ष्वेडति -डितुं), झज्झा (**nom.** झज्झायते).

Clangous, *a.* घोषणः -णा -णं, तुमुलकरः -री -रं, शस्त्रघुष्टकरः -री -रं.

Clank, *s.* शिञ्जितं, क्वणितं, घुष्टं, झज्झनं, झज्झा, प्रक्ष्वेडनं.

***To* clap, *v. a.* (Strike together suddenly)** अकस्मात् संहन् (**c. 2.** -हन्ति -हन्तुं) **or** सङ्घट्ट (**c. 10.** -घट्टयति -यितुं), आस्फल् **in caus.** (-स्फालयति -यितुं).**—(The hands, arms)** तालं कृ, करतालं कृ, आस्फुट् (**c. 10.** -स्फोटयति -यितुं).**—(The wings)** पक्षौ उत्क्षिप् (**c. 6.** -क्षिपति -क्षेप्तुं). **—(To applaud)** करतालेन प्रशंस् (**c. 1.** -शंसति -शंसितुं). **—(To apply suddenly)** अकस्मात् प्रविश् **in caus.** (-वेशयति -यितुं) **or** ऋ **in caus.** (अर्पयति -यितुं) **or** न्यस् (**c. 4.** -अस्यति -असितुं).

Clap, *s.* स्तनितं, आस्फोटनं, ध्वनितं, क्वणितं, सङ्घट्टशब्दः.**—(Of thunder)** मेघनादः, मेघस्तनितं, वज्रनिर्घोषः, वज्रनिष्पेषः स्यूर्ज्जथुः ***m.*—(Of the hand)** तालः.**—(Applause)** करतालेन प्रशंसा, प्रशंसाशब्दः, अनुरागजः शब्दः.

Clapper, *s.* (Of a bell) घण्टालोला, घण्टावादकः, नादनः. **—(Applauder)** करतालेन प्रणादकारी ***m.*** (न्).

Claret, *s.* प्रसन्नमद्यं, प्रसन्नेरा, रक्तवर्णः स्वच्छमद्यविशेषः.

Clarification, *s.* प्रसादनं, विशोधनं, पावनं, पवित्रीकरणं, मलापकर्षणं.

To* clarify, *v. a. शुध् **in caus.** (शोधयति -यितुं), परिशुध्, विशुध्, संशुध्, पू (**c. 9** पुनाति -नीते, यवितुं), परिपू, विपू; पवित्रीकृ, विमल (**nom.** विमलयति -यितुं).

To* clarify, *v. n. प्रसद् (**c. 6.** -सीदति -सत्तुं), पवित्रीभू, विमलीभू.

Clarinet, *s.* वेणुः ***m.,*** वंशः, विवरनालिका, उदात्तस्वरो वेणुभेदः.

Clarion, *s.* शुषिरवाद्यविशेषः, तूर्य्यं, शङ्खः.

Clarity, *s.* प्रसन्नता, स्वच्छता, कान्तिः ***f.,*** द्युतिः ***f.,*** दीप्तिः ***f.***

To* clash, *v. n. सङ्घट्ट् (**c. 1.** -घट्टते -ट्टितुं), परस्परसमाघातं कृ, परस्परसङ्घट्टप्रयुक्तं झज्झाशब्दं कृ **or** झज्झा (**nom.** झज्झायते).**—(To contradict, disagree)** विवद् (**c. 1.** -वदते -दितुं), विप्रवद्, विसंवद्, परस्पराम् विरुध् (**c. 7.** -रुणद्धि -रोद्धुं).

Clash, *s.* समाघातः, सङ्घट्टः -ट्टनं, सङ्घुष्टं, झः, झज्झनं, क्वणितं, वर्व्वरः.**—(Contradiction)** वचनविरोधः, प्रतीपवचनं, विसंवादः.

Clashing, *a.* (Contradictory) परस्परपराहतः -ता -तं, परस्परविरोधी -धिनी -धि (न्), विवदमानः -ना -नं, विरुद्धार्थः -र्था -र्थं.

Clasp, *s.* (Embrace) आलिङ्गनं -ङ्गितं, परिष्वङ्गः, आश्लेषः, संश्लेषः, परिरम्भः, उपगूढं, अङ्कं, अङ्कपाली.**—(Hook, buckle)** कुडुपः.

***To* clasp, *v. a.* (Shut with a clasp)** कुडुपेन बन्ध् (**c. 9.** बध्नाति, बन्द्धुं), **or** पिनह् (**c. 4.** -नह्यति -नद्धुं).**—(Embrace)** आलिङ्ग् (**c. 1.** -लिङ्गति -ङ्गितुं), समालिङ्ग्; आश्लिष् (**c. 4.** -श्लिष्यति -श्लेष्टुं), संश्लिष्, पीड् (**c. 10.** पीडयति -यितुं), स्वञ्ज् (**c. 1.** स्वजते, स्वंक्तुं), परिष्वञ्ज्, सम्परिष्वञ्ज्, उपगुह् (**c. 1.** -गृहति -गूहितुं), परिरभ् (**c. 1.** -रभते -रभुं), क्रोडीकृ.**—(Enclose round)** परिवेष्ट् (**c. 1.** -वेष्टते -ष्टितुं). **—(Clasp the hands)** हस्तौ बन्ध् **or** संहन् (**c. 2.** -हन्ति -हन्तुं), अञ्जलिं बन्ध् **or** संश्लिष्.

Clasped, ***p. p.*** आलिङ्गितः -ता -तं, श्लिष्टः -ष्टा -ष्टं, आश्लिष्टः -ष्टा -ष्टं, संश्लिष्टः -ष्टा -ष्टं, परिरब्धः -ब्धा -ब्धं, परिष्वक्तः -क्ता -क्तं, परिमृष्टः -ष्टा -ष्टं, उपगूढः -ढा -ढं, पीडितः -ता -तं, पिष्टः -ष्टा -ष्टं, क्रोडीकृतः -ता -तं; **'with hands clasped,'** बद्धाञ्जलिः -लिः -लि, कृताञ्जलिः -लिः -लि.—**(Clasped in the arms)** भुजापीडितः -ता -तं.

Clasper, ***s.*** लताभुजः, वृक्षादिपरिवेष्टनशीलः लताविटपः.

Clasp-knife, ***s.*** वारङ्गमध्ये निवेशयितुं शक्या छुरिका.

Class, ***s.*** **(A rank or order of persons)** वर्णः, वर्गः, पदं, आश्रमः, जातिः ***f.***—**(A set of things or beings)** गणः, पंक्तिः ***f.***, श्रेणी, संसर्गः, समूहः, गोत्रं; **'class of verbs,'** गणः.—**(A number of scholars)** सहाध्यायिनां पंक्तिः, छात्रसमूहः; **'The lower classes,'** अवरवर्णाः ***m. pl.***, अन्त्यजातीयाः ***m. pl.***

To **class or classify,** ***v. a.*** वर्णक्रमेण **or** यथावर्गं विरच् **(c. 10.** -रचयति -यितुं), **or** व्यस् **(c. 4.** -अस्यति -असितुं) **or** ग्रन्थ् **(c. 1.** ग्रन्थति, ग्रन्थितुं), गणीकृ, वर्गीकृ.

Classed or classified, ***p. p.*** गणीभूतः -ता -तं, वर्गीभूतः -ता -तं, वर्गीयः -या -यं, ग्रथितः -ता -तं, वर्गक्रमेण विन्यस्तः -स्ता -स्तं **or** व्यूढः -ढा -ढं.

Classical, ***a.*** **(Refined)** संस्कृतः -ता -तं, साधुः -धुः -ध्वी -धुं.—**(Of the first rank)** प्रथमवर्गीयः -या -यं, श्रेष्ठः -ष्ठा -ष्ठं, प्रथमपदस्थः -स्था -स्थं. **(Relating to ancient books)** पूर्व्वकालीनग्रन्थसम्बन्धी -न्धिनी -न्धि (न्).

Classification, ***s.*** गणीकरणं, गणना, वर्गक्रमेण विन्यासः, प्रतिविधानं.

Classifier, ***s.*** गणकारः, व्यासः; **'of words,'** पदसङ्घातः.

classick, ***s.*** ग्रन्थकर्त्तृणां मध्ये श्रेष्ठः, पूर्व्वकालीनग्रन्थकारः.

To **clatter,** ***v. n.*** क्वण् **(c. 1.** क्वणति -णितुं), ध्वन् **(c. 1.** ध्वनति -नितुं), झज्झनं कृ, झज्झा **(nom.** झज्झायते), चटपट **(nom.** चटचटायते).—**(To talk idly)** जल्प् **(c. 1.** जल्पति -ल्पितुं).

Clatter, ***s.*** क्वणितं, स्तनितं, ध्वनितं, तुमुलं, झः, झज्झनं, चटचट ***ind.***

Clavated, ***a.*** ग्रन्थिलः -ला -लं, पिण्डी -ण्डिनी -ण्डि (न्), गण्डवान् -वती -वत् (त्).

Claudication, ***s.*** **(Lameness)** पङ्गुता, खञ्जत्वं, गतिवैकल्यं.

Clavicle, ***s.*** जत्रु ***n.***, ग्रीवास्थि ***n.***, कण्ठास्थि ***n.***

clause, ***s.*** **(Division of a subject)** पदं, स्थानं, मार्गः, अधिकरणं, अङ्गं, शाखा.—**(Sentence)** वाक्यं.—**(Particular stipulation)** नियमपत्राङ्गं, नियमः.

Claustral, ***a.*** मठसम्बन्धी -न्धिनी -न्धि (न्), विहारसम्बन्धी **etc.**

Claw, ***s.*** नखः, नखरः, करजः, कररुहः, पाणिः ***m.***, अर्द्धचन्द्रः, अर्द्धेन्दुः.

To **claw,** ***v. a.*** नखेन दॄ **(c. 10.** दारयति -यितुं) **or** आहन् **(c. 2.** -हन्ति -हन्तुं) **or** लिख् **(c. 6.** लिखति, लेखितुं), नखाघातं कृ.

Clawed, ***a.*** नखी -खिनी -खि (न्), नखवान् -वती -वत् (त्).

Clay, ***s.*** पङ्कः, कर्द्दमः, कर्दः, मृत् ***f.***, (द्), मृत्तिका, जम्बालः, शादः, निषद्वरः, शिलीन्ध्री.

To **clay,** ***v. a.*** पङ्केन लिप् **(c. 6** लिम्पति, लेप्तुं); **'clayed sugar,'** शार्कः -र्ककः, शुक्ला, सिताखण्डः, सिता, श्वेता.

Clayey, clayish ***a.*** पङ्की -ङ्किनी -ङ्कि (न्), पङ्किलः -ला -लं, सजम्बालः -ला -लं, मार्त्तिकः -की -कं, कार्द्दमः -मी -मं, मृन्मयः -यी -यं.

Clean, ***a.*** **(Free from dirt)** विमलः -ला -लं, निर्म्मलः -ला -लं, अमलिनः -ना -नं पवित्रः -त्रा -त्रं, शुद्धः -द्धा -द्धं, शुचिः -चिः -चि, परिष्कृतः -ता -तं, अकल्कः -ल्का -ल्कं, अकल्मषः -षा -षं, वीध्रः -ध्रा -ध्रं; **'having a clean face,'** शुचिमुखः -खी -खं; **'having clean clothes,'** शुद्धवासाः -साः -सः (स्); **'ceremonially clean,'** स्पृश्यः -श्या -श्यं.—**(Guiltless, innocent)** शुचिः -चिः -चि, शुद्धमतिः -तिः -ति, अनघः -घा -घं, विमलात्मा -त्मा -त्म (न्).—**(Neat, smooth)** श्लक्ष्णः -क्ष्णा -क्ष्णं; **'having a clean figure,'** तनुमध्यमः -मा -मं.

Clean, ***adv.*** अशेषतस्, अखिलेन, साकल्येन, सम्यक्, आमूलं.

To **clean,** ***v. a.*** शुध् **in caus.** (शोधयति -यितुं), परिशुध्, पू **(c.9.** पुनाति, पवितुं), पवित्रीकृ, धाव् **(c. 10.** धावयति -यितुं), प्रक्षल् **(c. 10.** -क्षालयति -यितुं), मृज् **(c. 2.** मार्ष्टि, मार्ष्टुं), शुचीकृ, परिष्कृ; **'to clean the teeth,'** दन्तान् धाव् **or** शुध्.

Cleaned, ***p. p.*** शोधितः -ता -तं, पवित्रीकृतः -ता -तं, पूतः -ता -तं, क्षालितः -ता -तं, प्रक्षालितः -ता -तं, विगतकल्मषः -षा -षं.

Cleaning, ***s.*** शोधनं, प्रक्षालनं, मार्जनं, पवः, निष्पावः, पावनं, विशोधित्वं, मार्ष्टिः ***f.***, मृजा, मार्ज्जना ***f.***—**(Cleaning the teeth)** दन्तशुद्धिः ***f.***, दन्तधावनं.

Cleanliness, ***s.*** शुद्धता, शुद्धिः ***f.***, पवित्रत्वं, शुचिता, शौचं, परिष्कृतिः ***f.***, मार्ष्टिः ***f.***; **'neatness,'** विनीतता.

Cleanly, ***a.*** पवित्रशरीरः -रा -रं **or** शुचिशरीरः, शुद्धदेहः -हा -हं, मृष्टकायः -या -यं, निर्म्मलः -ला -लं, विनीतः -ता -तं; **'in dress,'** शुद्धवासाः -साः -सः (स्).

Cleanly, ***adv.*** शुचि, पवित्रं, निर्म्मलं, विनीतं, शुद्धप्रकारेण.

Cleanness, ***s.*** शुचिता, शौचं, निर्म्मलत्वं, वैमल्यं, शुद्धत्वं, शुद्धिः ***f.,*** विशुद्धिः ***f.,*** परिष्कारः, वैशद्यं, अकल्कता. — **(Innocence)** शुद्धिः ***f.***

To **cleanse,** ***v. a.*** शुध् **in caus.** (शोधयति -यितुं), परिशुध्, विशुध्, संशुध्, पू **(c. 9.** पुनाति -नीते, पवितुं), परिपू, विपू, प्रक्षल् **(c. 10.** -क्षालयति -यितुं), धाव् **in caus.** (धावयति -यितुं), प्रधाव्, निर्णिज् **(c. 3.** -नेनेक्ति -नेक्तु), मृज् **(c. 1.** मार्जति, **c. 2.** मार्ष्टि, मार्ष्टुं), सम्मृज्, पवित्रीकृ, शुचीकृ, परिष्कृ. — **(From dust)** नीरजीकृ.

Cleansed, ***p. p.*** पूतः -ता -तं, पवित्रः -त्रा -त्रं, पवित्रितः -ता -तं, शोधितः -ता -तं, मार्ज्जितः -ता -तं, प्रक्षालितः -ता -तं, निर्णिक्तः -क्ता क्तं, मृष्टः -ष्टा -ष्टं, परिष्कृतः -ता -तं, अनवस्करः -रा -रं, धौतः -ता -तं, निर्धौतः -ता -तं, शुचीकृतः -ता -तं, पवित्रीकृतः -ता -तं, निःशोध्यः -ध्या -ध्यं.

Cleanser, ***s.*** प्रक्षालकः, निर्णेजकः, शोधकः, सम्मार्जकः पावकः.

Cleansing, ***s.*** शोधनं, शुद्धिः ***f.,*** पावनं, मार्ष्टिः ***f.,*** मार्जनं, प्रक्षालनं, निर्णेकः, मलापकर्षणं.

Clear, ***a.*** **(Bright, transparent)** प्रसन्नः -न्ना -न्नं, विशदः -दा -दं, विमलः -ला -लं, निर्म्मलः -ला -लं, अमलः -ला -लं, -लिनः -ना -नं, अच्छः -च्छा -च्छं, स्वच्छः -च्छा -च्छं, शुद्धः -द्धा -द्धं **or** विशुद्धः, स्फटिकप्रभः -भा -भं, दीप्रः -प्रा -प्रं. — **(Serene, as the sky)** वितिमिरः -रा -रं, अनभ्रः -भ्रा -भ्रं, निरभ्रः -भ्रा -भ्रं, व्यभ्रः -भ्रा -भ्रं, गततोयदः -दा -दं; **'as the mind,'** प्रसन्नः -न्ना -न्नं. — **(In dubitable)** निःसन्देहः -हा -हं. — **(Evident)** व्यक्तः -क्ता -क्तं **or** प्रव्यक्तः **or** अभिव्यक्तः, स्पष्टः -ष्टा -ष्टं, स्फुटः -टा -टं, प्रत्यक्षः -क्षा -क्षं, सुप्रकाशः -शा -शं. — **(Intelligible, perspicuous)** स्पष्टार्थः-र्था -र्थं, भिन्नार्थः -र्था -र्थं, सुगम्यः म्या -म्यं, सुग्राह्यः -ह्या -ह्यं. — **(A clear understanding)** विशुद्धबुद्धिः, शुद्धधीः. — **(Innocent)** शुद्धः -द्धा -द्धं, शुचिः -चिः -चि, अदृष्टदोषः -षा -षं. — **(Out of debt)** अनृणः -णा -णं. — **(Sounding distinctly)** पटुस्वरः -रा -रं, उच्चैःस्वरः -रा -रं. — **(Open, free from trees, etc.)** तरुगुल्मविविक्तः -क्ता -क्तं, निष्कण्टकः -का -कं, निर्वनः -ना -नं; **'a clear space,'** विविक्तता. — **(Entire, free from deductions)** अवशेषः -षा -षं, निरवशेषः -षा -षं, अभग्नः -ग्ना -ग्नं, निरुद्धारः -रा -रं. — **(Unobstructed)** असम्बाधः -धा -धं, निर्विघ्नः -घ्ना -घ्नं.

To **clear,** ***v. a.*** **(Make bright or clean)** शुध् **in caus.** (शोधयति -यितुं), प्रसद् **in caus.** (-सादयति -यितुं), प्रसन्नीकृ, निर्म्मलीकृ, विमल **(nom.** विमलयति -यितुं), मृज् **(c. 2.** मार्ष्टि, मार्ष्टुं). — **(Explain)** व्याख्या **(c.2.** -ख्याति -ख्यातुं), स्पष्टीकृ, व्यक्तीकृ, प्रत्यक्षीकृ, सम्बुध **in caus.** (-बोधयति -यितुं), परिशुध् **in caus.** — **(Liquidate)** शुध् **in caus.** संशुध्, अपाकृ, विनी **(c. 1.** -नयते -ति -नेतुं). — **(Clear a doubt)** संशयम् अपनी. — **(Free from incumbrances, etc.)** विशुध् **in caus.** मुच् **(c. 6.** मुञ्चति, मोक्तुं), विघ्नान् विनी **or** हृ **(c. 1.** हरति, हर्त्तुं) **or** नश् **in caus.** (नाशयति -यितुं), निर्विघ्नं -घ्नां -घ्नं कृ, निष्कण्टकं -कां -कं कृ. — **(Gain)** निरवशेषं लभ् **(c. 1.** लभते, लब्धुं) **or** प्राप् **(c. 5.** -आप्नोति -आप्तुं). — **(Justify)** परिशुध् **in caus.,** विशुध् **in caus.; 'he clears himself,'** आत्मानं निर्दोषं करोति. — **(clear the throat)** उत्कासनं कृ. — **(Purge)** रिच् **(c. 7.** रिणक्तिः, रेक्तुं), विरिच्.

To **clear,** ***v. n.*** **(Grow bright)** विमलीभू, शुचि **(nom.** शुचीयते); **'as the weather,'** निरभ्रीभू, गततोयदीभू.

Clearance or clearning, ***s.*** शुद्धिः ***f.,*** विशुद्धिः ***f.,*** शोधनं, विशोधित्वं; **'clearance of a debt,'** ऋणशोधनं, ऋणापाकरणं; **'of a grudge,'** वैरशोधनं. — **(Certificate from the custom-house)** शुल्काध्यक्षसकाशात् शोधनपत्रं.

Cleared, ***p. p.*** शोधितः -ता -तं, प्रसादितः -ता -तं, निर्म्मलीकृतः -ता -तं, रेचितः -ता -तं; **'as the weather,'** गततोयदः -दा -दं.

Clearer, ***s.*** शोधकः, प्रसादनः; **'of obstacles,'** विघ्ननाशकः, विघ्नविनायकः.

Clearly, ***adv.*** **(Plainly, evidently)** व्यक्तं, सुव्यक्त, स्पष्टं, प्रत्यक्षतस्, प्रत्यक्षेण, स्फुटं, स्पष्टरूपेण. — **(Intelligibly)** स्पष्टार्थं, भिन्नार्थं. — **(Brightly)** विमलं, प्रसन्नं. विशदं. — **(Candidly)** सरलं, दाक्षिण्येन.

Clearness, ***s.*** **(Brightness, transparency)** प्रसादः, प्रसन्नता, निर्म्माल्यं, निर्म्मलत्वं, वैमल्यं, नैर्मल्यं, शुद्धत्वं, शुद्धिः ***f.,*** स्वच्छता, वैशद्यं, दीप्तिः ***f.,*** प्रभा. — **(Distinctness, plainness)** स्पष्टता, व्यक्तत्वं, प्रत्यक्षत्वं, स्फुटता, भिन्नार्थत्वं.

Clear-Sighted, ***a.*** विवेकदृश्वा -श्वा -श्व (न्), शुद्धदृष्टिः -ष्टिः -ष्टि, शुद्धधीः -धीः -धि, तीक्ष्णदृष्टिः -ष्टिः -ष्टि, दूरदर्शी -र्शिनी -र्शि (न्), मर्म्मज्ञः, -ज्ञा -ज्ञं.

Clear-sightedness, ***s.*** शुद्धदृष्टिः ***f.,*** विवेकदृश्वत्वं, तीक्ष्णदृष्टिः ***f.,*** दूरदृष्टिः.

To **clear-starch,** ***v. a.*** गोधूमसम्भवादिसान्द्रद्रव्यप्रक्षेपेण वस्त्रादि धावयित्वा स्तब्धीकृ **or** दृढीकृ.

Clear-starcher, ***s.*** गोधूमसम्भवादिसान्द्रद्रव्यप्रक्षेपेण वस्त्रधावकः.

Clear-starching, ***s.*** पूर्व्वोक्तसान्द्रद्रव्यप्रक्षेपेण वस्त्रधावनं.

To **cleave,** ***v. n.*** **(To adhere)** सञ्ज् **in pass.** (सज्यते **or** सज्जते), अनुषञ्ज्, आसञ्ज्, संसञ्ज्, अनुबन्ध् **(c. 9.** -बध्नाति -बन्द्धुं), संयुज् **in pass.** (-युज्यते), संलग्नीभू, अनुलग्नीभू. — **(Divide in two parts)** स्फुट् **(c. 1.** स्फोटयति, **c. 6.** स्फुटति -टितुं), दल् **(c. 1.** दलति -लितुं), विदल्; विदृ **in pass.** (-दीर्य्यते),

भिद् in pass. (भिद्यते), फल् (c. 1. फलति -लितुं).

To* cleave, *v. a. **(To divide with violence)** भिद् **(c. 7.** भिनत्ति, भिन्ते, भेत्तुं), विभिद्, निर्भिद्, **or in caus.** (भेदयति -यितुं), पट् **(c. 10.** पाटयति -यितुं), विपट्, दॄ **(c. 9.** दृणाति, दरितुं -रीतुं **or in caus.** दारयति -यितुं), विदॄ, अवदॄ, दल् **in caus.** (दालयति, दलयति -यितुं), विदल्, विदलीकृ.

Cleaver, *s.* (One who cleaves) भेत्ता ***m.*** (तृ), भेदकः, दारकः. **—(A chopping-knife)** मांसच्छेदनार्थं छुरिका, मांसभेदी ***m.*** (न्), मांसभिद् ***f.***, छिदिः ***f.***

Clef, *s.* (In music) गान्धर्व्वविद्यायां वादीसूचनार्थं चिह्नं.

Cleft, *s.* दरी -रा, टङ्कः, सन्धिः ***m.***, भेदः, विदीर्णं.

Cleft or cloven, *a.* भिन्नः -न्ना -न्नं., विभिन्नः -न्ना -न्नं, विदारितः -ता -तं, विदीर्णः -र्णा -र्णं, विदलितः -ता -तं, विदलः -ला -लं, -लीकृतः -ता -तं, दलितः -ता -तं.

Clemency, *s.* कृपा, दया, क्षमा, कारुण्यं, अनुकम्पा, अनुक्रोशः, घृणा, प्रसादः, दयालुता.

Clement, *a.* दयालुः -लुः -लु, कृपालुः -लुः -लु, दयाशीलः -ला -लं, वत्सलः -ल -लं, मृदुः -द्वी -दु, कारुणिकः -की -कं, सानुकम्पः -म्पा -म्पं, करुणार्द्रः -र्द्रा -र्द्रं, हृदयालुः -लुः -लु.

Clench, *See* clinch.

Clergy, *s.* पौराहित्यं, पुरोहितवर्गः, पुरोहितसमूहः, धर्म्माध्यापकानां समवायः.

Clergyman, *s.* पुरोहितः, धर्म्माध्यापकः, धर्म्मोपदेशकः, धर्म्मप्रचारकः, धर्म्मप्रदर्शकः, धर्म्मप्रवक्ता ***m.*** (क्तृ), याजकः.

Clerical, *a.* पौराहितः -ती -तं, याजकीयः -या -यं, धर्म्मोपदेशविषयः -या -यं, पौराहित्यसम्बन्धी -न्धिनी -न्धि (न्).

Clerk, *s.* (Man employed as a writer) कायस्थः, लेखकः, लिपिकरः, मसिपण्यः. **—(Accountant)** गणनाध्यक्षः. **—(Scholar)** विद्वान् ***m.*** (स्), पण्डितः, कृतविद्यः, ज्ञानी ***m.*** (न्). **—(Clergyman)** पुरोहितः, धर्म्माध्यापकः. **—(Assistant of a clergyman)** उपपुरोहितः, पुरोहितसहायः.

Clerkship, *s.* कायस्थता, कायस्थ्यं, कायस्थकर्म्म ***n.*** (न्). **—(Scholarship)** पाण्डित्यं.

Clever, *a.* चतुरः -रा -रं, पटुः -टुः -ट्वी -टु, दक्षः -क्षा -क्षं, अभिज्ञः -ज्ञा -ज्ञं, विचक्षणः -णा -णं, निपुणः -णा -णं, निपुणमतिः -तिः -ति, कुशलः -ला -लं, वैज्ञानिकः -की -कं, सुप्रयोगवान् -वती -वत् (त्), योग्य -ग्या -ग्यं, दक्षः -क्षा -क्षं, विशारदः -दा -दं, पेशलः -ला -लं, विपश्चित् ***m. f. n.***, पण्डितः -ता -तं, कृती -तिनी -ति (न्), विदग्धः -ग्धा -ग्धं, प्रवीणः -णा -णं, कल्याणबुद्धिः -द्धिः -द्धि.

Cleverly, *adv.* चतुरं, चातुर्य्येण, सपाटवं, निपुणं, दाक्ष्येण.

Cleverness, *s.* चातुर्य्यं, चतुरता, नैपुण्यं, कुशलता, कौशल्यं, पटुत्वं, पाटवं, दाक्ष्यं, दाक्षिण्यं, प्रवीणता, प्रावीण्यं, सुप्रयोगता, वैचक्षण्यं, विदग्धता, वैदग्ध्यं, योग्यता, मतिप्रकर्षः, निर्देष्टा ***m.*** (ष्टृ), उद्देशकः.

Clew or clue, *s.* (A ball of thread) सूत्रकोषः -षं. **—(A guide)** सूत्रं, गहनमार्गनिर्गमोपायः, दर्शकः.

To* clew, *v. a. रज्जुद्वारेण नौकावसनम् उन्नम् **(c. 1.** -नमति -नन्तुं, **c. 10.** -नामयति -यितुं), यदनन्तरं वसनसंवरणं कर्त्तुं शक्यते.

To* click, *v. n. टं टं पट् पट् कट् कट् चित् चित् इत्यादिशब्दान् कृ, पटपट **(nom.** पटपटायते).

Client, *s.* (Dependent) आश्रितः, संश्रितः, अधीनः, आयत्तः, उपजीवी ***m.*** (न्), भाक्तिकः, अनुगतः, प्रत्याशी ***m.*** (न्). **—(One who applies to an advocate for counsel)** स्वार्थनिर्व्वाहणहेतोर् व्यवहारसचिवसंश्रितः.

Clientship, *s.* अधीनता, शयत्तत्वं, व्यवहारसचिवसंश्रितस्य दशा.

Cliff, *s.* प्रपातः, दरद् ***f.***, पातुकः, विषकं, अतटः, भृगुः ***m.***, समुद्रवेलायां पातुकभूमिः.

Climacter or climacteric, *s.* शरारावकारपरिणामो विशेषवत्सरपर्य्यायः, शरीरविकारान्तं वर्षचक्रं.

Climate or clime, *s.* (A region) देशः, प्रदेशः, दिक् ***f.*** (श्), राष्ट्रं, आशा. **—(Temperature)** जलवायुः, जलाकाशः, व्योम ***n.*** (न्), आकाशः, वायुगुणः.

Climax, *s.* सारं, क्रमशो वृद्धिः ***f.***, ऊर्द्धवगमनं, उत्तरोत्तरवृद्धिः ***f.***

To* climb, *v. a. आयासेन आरुह् **(c. 1.** -रोहति -रोढुं), अध्यारुह्, अभिरुह्; अधिक्रम् **(c. 1.** -क्रामति -क्रमितुं) **or** अवस्कन्द् **(c. 1.** -स्कन्दति -स्कन्तुं).

To* climb, *v. n. ऊर्द्ध्वं **or** उच्चैः **or** उपरि गम् **(c. 1.** -गच्छति -गन्तुं).

Climber, *s.* आरोही ***m.*** (न्), अधिरोही ***m.*** (न्), आरोढा ***m.*** (ढृ). **—(Plant)** वल्लिः ***f.***

Clime, *s.* (Region) देशः, प्रदेशः. **—(Temperature)** जलवायुः ***m.***, जलाकाशः.

To* clinch or clench, *v. a. **(Grasp)** दृढमुष्टिना सङ्ग्रह् **(c. 9.** -गृह्णाति -ग्रहीतुं) **or** धृ **(c. 1.** धरति, धर्त्तुं), मुष्टिसङ्ग्राहेण पीड् **(c. 10.** पीडयति -यितुं); **'to clinch the fist,'** मुष्टिं बन्ध् **(c. 9.** बध्नाति, बन्द्धुं), मुष्टिबन्धं **or** -सङ्ग्राहं कृ. **—(Confirm)** दृढीकृ, स्थिरीकृ, दृढप्रमाणं दा **(c. 3.** ददाति, दातुं). **—(Fix the point of a nail on the other side)** कीलाग्रं पराग् आवर्ज्य विपरीतभागे निखन् **(c. 1.** -खनति -नितुं).

Clinch, *s.* **(A pun)** द्व्यर्थवाक्यं, श्लेषवाक्यं, श्लेषः.

Clincher, *s.* **(A hold-fast)** बन्धनकीलः, कीलः, बन्धनी -ना.

To **cling,** *v. n.* अवलम्ब् (c. 1. -लम्बते -म्बितं), समालम्ब्, संलग्नीभू, अनुलग्नीभू, अनुबन्ध् (c. 9. -बध्नाति -बन्द्धुं or in pass. -बध्यते), सञ्ज् in pass. (सज्यते or सज्जते), अनुषञ्ज्, आसञ्ज्, प्रसञ्ज्, संसञ्ज्, ली (c. 4. लीयते, लेतुं); **'clinging to the neck,'** कण्ठलग्नः -ग्ना -ग्नं.

Clingy, *a.* अनुलग्नशीलः -ला -लं, संलग्नशीलः -ला -लं, अनुषङ्गिकः -की -कं.

Clinic or clinical, *a.* अचिकित्स्यरोगोपहतत्वात् शयनात् समुत्थातुम् अक्षकः, शय्यागतः; **'clinical lecture,'** दुश्चिकित्स्यव्याधिग्रस्तस्य शयनोपान्ते चिकित्साविद्यार्थिनां रोगोपचारोपदेशः.

To **clink,** *v. n.* शिञ्ज् (c. 2. शिङ्क्ते, c. 1. शिञ्जते -ञ्जितुं), विशिञ्ज्, क्वण् (c.1. क्वणति -णितुं), किङ्किण (nom. किङ्किणायते), विरु (c. 2. -रौति -रवितुं).

Clink, *s.* शिञ्जितं, आशिञ्जितं, क्वणितं, किङ्किणिशब्दः, घर्घरारवः.

Clinquant, *a.* हेमरत्नभूषितः -ता -तं, अलङ्कारिष्णुः -ष्णुः -ष्णु.

To **clip,** *v. a.* **(Embrace, hug)** गाढम् आलिङ्ग् (c. 1. लिङ्गति -ङ्गितुं), बाहुभ्यां परिष्वञ्ज् (c. 1. -ष्वजते -ष्वंक्तुं) or उपगुह् (c. 1. -गूहति -गूहितुं).—**(Shear)** आवप् in caus. (-वापयति -यितुं), परिवप्, मुण्ड् (c. 1. मुण्डति -ण्डितुं).—**(Cut off)** छिद् (c. 7. छिनत्ति, छेत्तुं), लू (c. 9. लुनाति, लवितुं), निकृत् (c. 6. -कृन्तति -कर्त्तितुं).—**(Shorten)** ह्रस् in caus. (ह्रासयति -यितुं), संहृ (c. 1. -हरति -हर्त्तुं).

Clipped, *p. p.* छिन्नः -न्ना -न्नं, लूनः -ना -नं, क्लृप्तः -प्ता -प्तं, तष्टः -ष्टा -ष्टं, परिवापितः -ता -तं, कृतवापः -पा -पं, यमितः -ता -तं.

Clipper, *s.* **(Debaser of coin)** वञ्चकः.—**(Barber)** मुण्डी *m.* (न्).

Clipping, *s.* विदलं, छिन्नं, भिन्नं, लूनं, खण्डं.

Clitoris, *s.* योनिलिङ्गं, भगाङ्कुरः, स्मरच्छत्रं.

Cloak, *s.* प्रावारः -रकः, आवारः, पिधानं, प्रच्छदपटः, नीशारः. *See* **Cloke.**

To **cloak,** *v. a.* प्रावृ (c. 5. -वृणोति -वरितुं -रीतुं), छद् (c. 10. छादयति -यितुं).

Cloak-bag, *s.* प्रावारादिगात्रीयवस्त्रवाहनार्थं कोषः, वस्त्रकोषः.

Clock, *s.* घटी, द्वन्दः, यामघोषा, यामनाली.—**(Of a stocking)** पादाच्छादनपार्श्वयोः सूचिकर्म्म *n.* (न्).

Clockmaker, *s.* घटीकर्त्ता *m.* (र्त्तृ), घटीकारः, द्वन्दकृत्, द्वन्दविक्रेता *m.* (तृ).

Clockmaking, *s.* घटीनिर्म्माणं, द्वन्दकरणं, घटीनिर्म्माणशिल्पं.

Clockwork, *s.* घटीकर्म्म *n.* (न्), घटीक्रिया, स्ववहितकर्म्म, स्वसञ्चारितकर्म्म.

Clod, *s.* **(A lump of earth)** लोष्टं -ष्टः -ष्टुः *m.*, मृल्लोष्टं, लेष्टुः *m.*, क्षितिखण्डः, दलनी, दलिः *m.* -ली; **'clod-crusher,'** लोष्टमर्द्दी *m.* (न्).—**(A lump of any thing)** पिण्डः -ण्डं.

Cloddy, *a.* लोष्टमयः -यी -यं, लोष्टपूर्णः -र्णा -र्णं, मार्त्तिकः -की -कं.

Clodpate, Or clodpoll, or clodhopper, *s.* जडः, स्थूलबुद्धि *m.*, मूढः.

To **clog,** *v. a.* **(To shackle** शृङ्खलया **or** निगडेन बन्ध् **(c. 9.** बध्नाति बन्द्धुं), शृङ्खल (nom. शृङ्खलयति -यितुं), पाश् (nom. पाशयति -यितुं), पाशीकृ, योक्त्र (nom. योक्त्रयति -यितुं).—**(To hinder)** संयम् (c. 1. -यच्छति -यन्तुं), यन्त्र् (c. 10. यन्त्रयति -यितुं), विघ्न (nom. विघ्नयति -यितुं), रुध् (c. 7. रुणद्धि, रोद्धुं), प्रतिरुध्, अवरुध्; प्रतिबन्ध्.

Clog, *s.* **(A shackle)** शृङ्खला, पादपाशी, पाशः, निगडः, बन्धनं, अनुबन्धः.—**(Any hindrance)** विघ्नः, अन्तरायः, व्याघातः, प्रतिबन्धः, विष्टम्भः, बाधा, प्रतिरोधः.—**(A wooden shoe)** काष्ठपादुका, उत्तरपादुका.

Clogged, *p. p.* संयमितचरणः -णा -णं, शृङ्खलितः -ता -तं, सशृङ्खलः -ला -लं, निगडितः -ता -तं, शृङ्खलाबद्धः -द्धा -द्धं, प्रतिरुद्धः -द्धा -द्धं, विघ्नितः -ता -तं.

Cloggy, *a.* प्रतिबन्धकः -का -कं, प्रतिरोधी -धिनी -धि (न्), विघ्नकरः -री -रं.

Cloister, *s.* मठः, विहारः, संन्यासिनां मठः, मुनिस्थानं, मुनिशाला, मौनिगृहं.—**(Piazza)** एकपार्श्वे वायुव्याप्यो विहारयोग्यश् छन्नपथः.

To **cloister,** *v. a.* संन्यासिनां मठे or मुनिशालायां प्रविश् in caus. (-वेशयति -यितुं).

Cloisteral, *a.* मठसम्बन्धी -न्धिनी -न्धि (न्), विविक्तसेवी -विनी -वि (न्).

Cloistered, *a.* मठप्रवेशितः -ता -तं, पूर्व्वोक्तछत्रपथधारी -रिणी -रि (न्).

Cloisterer, *s.* सन्न्यासी *m.* (न्), वानप्रस्थः, मठवासी *m.* (न्), मुनिः *m.* मौनी *m.* (न्).

Cloisteress, *s.* धर्म्मभगिनी, सन्न्यासिनी, धर्म्मचारिणी, मठवासिनी.

Clocke, *s.* प्रावारः, उत्तरीयं, गात्रीयवस्त्रं, आच्छादनवस्त्रं. *See* **Cloak.**

To **close,** *v. a.* **(Shut)** पिधा (c. 3. -दधाति -धातुं), अपिधा, तिरोधा; संह्व (c. 1. -हरति -हर्त्तुं); **they closed the doors,'** द्वाराणि पिदधुः.—**(Shut up)** निरुध् (c. 7. -रुणद्धि -रोद्धुं).—**(Finish)** समाप् in caus. (-आपयति -यितुं), अवसो (c.

4. –स्यति –सातुं), निवृत् in caus. (–वर्त्तयति –यितुं), साध् (c. 10. साधयति –यितुं), निष्पद् in caus. (–पादयति –यितुं), सम्पद्.—(Close in) परिवेष्ट् (c. 1. –वेष्टते –ष्टितुं).—(Close the eyes) मील् (c. 1. मीलति –लितुं), निमील्, or in caus. (मीलयति –यितुं), निमिष् (c. 6. –मिषति –मेषितुं).—(Close the mouth) मुखं पिधा.—(Close the hands) हस्तौ बन्ध् (c. 9. बध्नाति, बन्द्धुं) or संहन् (c. 2. –हन्ति –हन्तुं), हस्तपुटितं कृ.—(Close a book) पुस्तकं बन्ध्.

To close, *v. n.* (Coalesce) मिल् (c. 6. मिलति, मेलितुं), सम्मिल्, संयुज् in pass. (–युज्यते), संश्लिष् in pass. (–श्लिष्यते), सङ्गम् (c. 1. –गच्छति –गन्तुं).—(Close with in fight) बाहूबाहवि or हस्ताहस्ति युध् (c. 4. युध्यते, योद्धुं), बाहुयुद्धे सङ्गम्.—(Close with come to an agreement) सङ्घट्ट् (c. 1. –घट्टते –ट्टितुं), संविदम् उपगम्, संविदा निष्पन्नं कृ, सन्धा (c. 3. –धत्ते –धातुं).—(Come to an end) समाप् in pass. (–आप्यते), निवृत् (c. 1. –वर्त्तते –र्त्तितुं), विरम् (c. 1. –रमते –रन्तुं), निष्पद् in pass. (–पद्यते), विगम् (c. 1. –गच्छति, गन्तुं).

Close, *s.* (Place enclosed) वाटः –टिका, वृतिः *f.*—(Conclusion) अवसानं, अवसायः, सायः, क्षयः, अन्तं, पर्य्यन्तं, शेषः, निर्वृत्तिः *f.*, समाप्तिः *f.*, पर्य्यवसानं, निष्पत्तिः *f.*, अत्ययः, निधनं, सातिः *f.*, विरामः, उपरमः, उपसंहारः; 'close of day,' दिवसात्ययः, दिवावसानं, सन्ध्याकालः, दिनान्तसमयः, सूर्य्यास्तकालः, सायाह्नः.

Close, *a.* (Shut fast) संवृतः –ता –तं, बद्धः –द्धा –द्धं, दृढबद्धः –द्धा –द्धं.—(Confined, contracted) सङ्कटः –टा –टं, सम्बाधः –धा –धं, सङ्कुचितः –ता –तं, अविस्तृतः –ता –तं, श्लिष्टः –ष्टा –ष्टं.—(Firm) गाढः –ढा –ढं, दृढः –ढा –ढं.—(Solid, dense, without interstices) घनः –ना –नं, सान्द्रः –न्द्रा –न्द्रं, अविरलः –ला –लं, निरन्तरः –रा –रं, –रालः –ला –लं, अनन्तरः, –रा –रं, निविडः –डा –डं, दृढसन्धिः –न्धि –न्धिः, निर्विवरः –रा –रं,—(Concise) संक्षिप्तः –प्ता –प्तं, साङ्क्षेपिकः –की –कं.—(Contiguous) समीपः –पा –पं, निकटः –टा –टं, सन्निकृष्टः –ष्टा –ष्टं. आसन्नः –न्ना –न्नं, पार्श्वगतः –ता –तं, पार्श्वस्थः –स्था –स्थं, उपस्थः –स्था –स्थं, उपान्तः –न्ता –न्तं; 'close to the ear,' कर्णान्तिकः –का –कं, उपकर्णं.—(Intimate, on terms of close friendship) दृढसौहृदः –दी –दं, परिचितः –ता –तं.—(Reserved) वाग्यतः –ता –तं.—(Retired) विविक्तः –क्ता –क्तं.—(Attentive) निविष्टः –ष्टा –ष्टं or अभिनिविष्टः आसक्तः –क्ता –क्तं. एकाग्रः –ग्रा –ग्रं.—(Without air) निर्वातः –ता –तं.—(Secret) गुप्तः –प्ता –प्तं.—(Niggardly) स्वल्पव्ययी –यिनी –यि (न्), कृपणः –णा –णं; 'close attendance,' सान्निध्यं; 'close proximity,' अनन्तरं; 'close fight,' नियुद्धं, बाहुयुद्धं, रणसङ्कुलं, तुमुलं; 'close study,' निरन्तराभ्यासः, अभिनिवेशः.

Closed, *p. p.* (Shut) बद्धः –द्धा –द्धं, संवृतः –ता –तं, पिहितः –ता –तं, पिधानवान् –वती –वत् (त्), सपिधानः –ना –नं, मुद्रितः –ता –तं.—(As a bud) मुकुलीकृतः –ता –तं, अविकचः –चा –चं.—(As the eye) निमीलितः –ता –तं; 'with closed eye,' निमीलितनयनः.—(Settled, finished) निष्पन्नः –न्ना –न्नं, समाप्तः –प्ता –प्तं; 'with closed hands,' बद्धाञ्जलिः, संश्लिष्टाभ्यां पाणिभ्यां.

Close-fisted or close-handed, *a.* दृढमुष्टिः –ष्टिः –ष्टि, गाढमुष्टिः –ष्टिः –ष्टि, बद्धमुष्टिः –ष्टिः –ष्टि, अमुक्तहस्तः –स्ता –स्तं.

Closely, *adv.* (Secretly) निभृतं, गुप्तं, सुनिभृतं, सुगुप्तं, रहसि.—(Nearly) निरन्तरं, अनन्तरं, सन्निकृष्टं, उपान्ते.—(Attentively) मनःप्रवेशेन, प्रयत्नात्.—(Firmly) गाढं, दृढं; 'closely attentive,' निविष्टः –ष्टा –ष्टं, आसक्तः –क्ता –क्तं, एकाग्रः –ग्रा –ग्रं, एकायनः –ना –नं, अनन्यवृत्तिः –त्तिः –त्ति, एकतानः –ना –नं.

Closeness, *s.* (Nearness) समीपता, आनन्तर्य्यं, सान्निध्यं, उपस्थानं, नैकट्यं, सन्निकर्षः, अभ्यासत्वं.—(Secrecy) रहः *n.* (स्), गुप्तिः *f.*, सुगुप्तिः *f.*, गुप्तता, गूढत्वं.—(Compactness) घनता, सान्द्रता, नैविड्यं, नैरन्तर्य्यं.—(Parsimony) स्वल्पव्ययः, कार्पण्यं.—(Want of air) निर्वातता.

Close-stool, *s.* शयनोपान्त विण्मूत्राधारः, शयनपार्श्वस्थं मूत्रपुरीषभाजनं.

Closet, *s.* कुटिः, कुटी, आगारं, कोष्ठः, निभृतागारं, गोपनागारं.

To closet, *v. a.* कुट्यां निविश् in caus. (–वेशयति –यितुं) or गुप् (c. 1. गोपायति, गोप्तुं).

Closure, *s.* पिधानं, वेष्टनं, आवेष्टनं, प्रावरणं, प्रावृतिः *f.*

Clot, *s.* गुल्मः, पिण्डः, ण्डं, घनता; 'clot of blood,' रक्तगुल्मः, घनलोहितं; 'of hair,' जटा.

To clot, *v. n.* सान्द्रीभू, घनीभू.—(As hair) जट् (c. 1. जटति –टितुं), श्यै (c. 1. श्यायते, श्यातुं), पिण्डीभू.

Cloth, *s.* पटः, वस्त्रं, वासः, वासः *n.* (स्), वसनं, चेलः –लं, चैलं, अंशुकं, मृगरोमजम् आच्छादनं, प्रोतं; 'fine cloth,' सुचेलकः, अंशुकं; 'coarse cloth,' स्थूलशाटकः, वराशिः *m.*; 'tattered cloth,' कर्पटः.—(Made of cloth) वास्त्रः –स्त्री –स्त्रं, वस्त्रमयः –यी –यं.—(Table-cloth) भोजनाधारपटः, फलकाछादनं.

To clothe, *v. a.* वेष्ट् (c. 1. वेष्टते –ष्टितुं), परिवेष्ट्, प्रवेष्ट्, आच्छद् (c. 10. –छादयति –यितुं), वस् in caus. (वासयति), विवस्, प्रतिवस्, परिधा in caus. (–धापयति –यितुं), प्रवृ (c. 5. –वृणोति –वरितुं –रीतुं), संव्ये (c. 1. –व्ययति –व्यातुं), वस्त्र (nom. वस्त्रयति –यितुं); 'to clothe one's self,' वस्

Clothed 149 Clout

(c. 2. वस्ते वसितुं), प्रवस्, विवस्; परिधा (c. 2. -धत्ते -धातुं); **'in armour,'** वत्रह् (c.4. -नह्यते, -नद्धुं).

Clothed, *p. p.* आच्छादित: -ता -तं, प्रच्छादित: -ता -तं, परिच्छन्न: -न्ना -न्नं, प्रावृत: -ता -तं, संवीत: -ता -तं, परिहित: -ता -तं, वेष्टित: -ता -तं, पिनद्ध: -द्धा -द्धं, आमुक्त: -क्ता -क्तं, प्रतिमुक्त: -क्ता -क्तं, वासी -सिनी -सि (न्), वेशी -शिनी -शि (न्), वस्त्रान्वित: -ता -तं, सवासा: -सा: -स: (स्), सचेल: -ला -लं, अनग्न: -ग्ना -ग्नं.

Clothes, *s. pl.* वस्त्रं वास: *n.* (स्), वेश. वसनं, प्रसाधनं, परिधानं, अम्बरं, संव्यानं, आच्छाद: -दनं, सिचय:; **'a suit of clothes,'** वस्त्रयुग्मं; **'old clothes,'** जीर्णवस्त्रं, चीरं, प्रोथ.; **'relating to clothes,'** वास्त्रिक: -की -कं; **'clothes basket,'** तरि: ***f.***; **'bed-clothes,'** शय्यास्तरणं; **'to put on one's clothes,'** वस्त्राणि आच्छद् (c. 10. -छादयति -यितुं) or प्रवृ (c. 5. -वृणोति -वरितुं -रीतुं) or परिधा (c. 3. -धत्ते -धातुं) or प्रसाध् (c. 10. -साधयति -यितुं) or आमुच् (c. 6. -मुञ्चति -मोक्तुं); **'to take off one's clothes,'** वस्त्राणि अवतॄ in caus. (-तारयति -यितुं) or अवमुच् or उच्छद् or विहा (c. 3. -जहाति -हातुं); **'to change one's clothes,'** अन्यवस्त्रं परिधा, निवस् (c. 2. -वस्ते, वसितुं).

Clothier, *s.* पटकार:, वस्त्रकृत्, पटनिर्म्माणकृत्, पटनिर्म्माणोपजीवी ***m.*** (न्).

Clothing, *s.* परिधानं, प्रवार:, प्रच्छादनं, आच्छादनं, परिच्छद:; **'under-clothing,'** अधोवसनं, अन्तर्वास: *n.* (स्), अन्तरीयं.

Clotpoll, *s.* जड:, मूढ:, स्थूलबुद्धि: *m.*, मूर्ख:, बर्ब्बर:.

Clotted or clotty, *a.* पिण्डीभूत: -ता -तं, पिण्डित: -ता -तं, गुल्मी -ल्मिनी -ल्मि (न्), घनीभूत: -ता -तं, श्यान: -ना -नं; **'blood,'** घनलोहितं, रक्तगुल्म:; **'clotted hair,'** जटि:, जुटकं, जूट:.

Cloud, *s.* अभ्रं, मेघ:, घन:, पर्ज्जन्य:, वलाहक:, जीमूत:, वृष्टिमान् ***m.*** (त्), जलधर:, तोयधर:, पयोधर:, धाराधर:, नीरधर: जलद:, पयोद:, वारिद:, नीरद:, पाथोद:, अर्णोद:, जलवाह:, वारिवाह: -हन:, तोयवाह:, अम्बुवाह:, अम्बुभृत्, शक्रवाहन:, वारितस्कर:, पयोजन्मा ***m.*** (न्), जलमुक् ***m.*** (च्), वारिमुक् ***m.*** (च्) or वार्म्मुक्, पयोमुक् ***m.*** (च्), वारिर:, पर्व्वताशय:, तडित्वान् ***m.*** (त्), स्तनयित्नु: ***m.*** धूमयोनि: ***m.*** व्योमधूम:, नभोधूम:, जलमसि: ***m.*** वारिमसि: ***m.*** नीलाभ:, खचर:, नभश्चर:, गगणध्वज:, नभोदुह:, नभोगज:, देव:, पारण:, वासव:, मुदिर: दर्दुर:, उरणक:, नभ्राट् ***m.*** (ज्); **'a black cloud,'** नीलाभ्र: *m.* असिताभ्रं, कालिका; **'a gathering of clouds,'** घनजालं, जलदसंहति: ***f.***, घनौघ:; **'a succession of clouds,'** मेघमाला, कादम्बिनी; **'a cloud of dust,'** रजोमेघ:, धूलीपटल:.

To* cloud, *v. a. अभ्रं कृ, मेघं कृ, तिमिर (**nom.** तिमिरयति -यितुं), प्रच्छद् (c. 10. -छादयति -यितुं), तिमिरीकृ, मलिनीकृ.

To* cloud, *v. n. मेघावृत:, -ता -तं, भू, मेघाछन्न: -न्ना -न्नं भू, अभ्र (**nom.** अभ्रायते), मेघ (**nom.** मेघायते).

Clouded, *p. p.* मेघछन्न: -न्ना -न्नं, घनोपरुद्ध: -द्धा -द्धं, दुर्द्दिनग्रस्त: -स्ता -स्तं, सन्तमस: -सा -सं, तमोवृत: -ता -तं, मलिन: -ना -नं, मलिनप्रभ: -भा -भं.

Cloud-capt, *a.* अभ्रशेखर: -रा -रं, असिताभ्रशेखर: -रा -रं, अभ्रंलिह: -हा -हं, नभोलिट् (ह्).

Cloudily, *adv.* साभ्रं, समेघं, तिमिरं, सान्धकारं, निगूढार्थं.

Cloudiness, *s.* साभ्रता, मेघाकीर्णता, मेघतिमिरं, जलदसंहति: ***f.***, दुर्द्दिनं.

Cloudless, *a.* अनभ्र: -भ्रा -भ्रं, व्यभ्र: -भ्रा -भ्रं, निरभ्र: -भ्रा -भ्रं, अमेघ: -घा -घं, गततोयद: -दा -दं, वितिमिर: -रा -रं.

Cloudy, *a.* साभ: -भ्रा -भ्रं, अभ्रिय: -या -यं, मेघाकीर्ण: -र्णा -र्णं, नीरदी -दिनी -दि (न्), समेघ: -घा -घं, सघन: -ना -नं, दार्दुर: -री -रं; **'cloudy weather,'** दुर्द्दिनं.—**(Dark, obscure)** तिमिर: -रा -रं, तमस्वी -स्विनी -स्वि (न्), तमोवृत: -ता -तं, तामस: -सी -सं, अन्धकारयुक्त: -क्ता -क्तं.

Clough, *s.* (Cleft of a hill) दरी -रि: ***f.***, दरद्, कन्दर: -री -रं. —**(An allowance of two in every hundred)** शते शते पञ्चाशत्तमभागदानं.

Clove, *s.* (The spice) लवङ्गं, तीक्ष्णपुष्पं, मादनं, देवकुसुमं, दिव्यगन्धं, वा: पुष्पं, श्री:, श्रीसंज्ञं, सुपुष्पं, भृङ्गारं, वश्यं, शृङ्गारं, चन्दकपुष्पं.—**(The clove tree)** लवङ्ग:, तोयधिप्रिय:. —**(Of garlic)** रसुनमूलं.

Cloven, *a.* भिन्न: -न्ना -न्नं, भेदित: -ता -तं, विभिन्न: -न्ना -न्नं, छिन्न: -न्ना -न्नं, दलित: -ता -तं, विदलित: -ता -तं, -लीकृत: -ता -तं, पृथक्कृत: -ता -तं; **'cloven tongued,'** द्विखण्डजिह्व: -ह्वा -ह्वं, द्विजिह्व: -ह्वा -ह्वं.

Cloven-footed or Cloven-hoofed, *a.* द्विशफ: -फा -फं., द्विखण्डशफ: -फा -फं.

Clover, *s.* (Trefoil) त्रिपर्ण: -र्णी -र्णं, त्रिपत्र: -त्रा -त्रं; **'to live in clover,'** महता विलासेन जीव् (c. 1. जीवति -वितुं), महासुखेन जीव्.

Clovered, *a.* त्रिपर्णाचित: -ता -तं, त्रिपत्राकीर्ण: -र्णा -र्णं, सत्रिपत्र: -त्रा -त्रं.

Clout, *s.* (A cloth for any mean use) चीरं, कर्पट:, वस्त्रखण्डं. —**(A patch)** कन्था:—**(An iron plate over an axle-tree)** अक्षाग्रफलकं.

***To* clout, *v. a.* (To patch)** कन्था (**nom.** कन्थायति -यितुं),

जीर्णवस्त्राणि समाधा (c. 3. -दधाति -धत्ते -धातुं) चीरं चीरेण सन्धा.

Clouted, *a.* श्यानः -ना -नं, संश्यानः -ना -नं, घनीभूतः -ता -तं.

Clouterly, *a.* **(Clumsy)** अदक्षः -क्षा -क्षं, अकृती -तिनी -ति (न्).

Clown, *s.* ग्राम्यजनः, ग्रामिकः, ग्रामी *m.* (न्), ग्रामवासः, ग्रामेवासी *m.* (न्), वृषलः, जानपदः, प्राकृतजनः, असभ्यजनः, पृथग्जनः, मूढः.

Clownish, *a.* ग्राम्यः -म्या -म्यं, -मीयः -या -यं -मीणः -णा -णं -मेयः -यी -यं -मिकः -की -कं, असभ्यः -भ्या -भ्यं, अशिष्टः -ष्टा -ष्टं, असङ्गतः -ता -तं, ग्राम्यबुद्धिः -द्धिः -द्धि.

Clownishly, *adv.* ग्राम्यजनवत्, वृषलवत्, ग्रामीयप्रकारेण, असभ्यं.

Clownishness, *s.* ग्राम्यता, ग्रामीयत्वं, असभ्यता, अशिष्टता, ग्राम्यबुद्धित्वं.

To **cloy,** *v. a.* अतिसौहित्यं or अतितृप्तिं जन् in caus. (जनयति -यितुं) or कृ, अतिशयेन or एकान्ततस् or अतिरिक्तं तृप् in caus. (तर्पयति -यितुं), or सन्तुष् in caus. (-तोषयति -यितुं).

Cloyed, *p. p.* अतितृप्तः -प्ता -प्तं, अतिसुहितः -ता -तं, अतिसन्तोषितः -ता -तं.

Club, *s.* यष्टिः *m.*, लगुडः, गदा, परिघः, उद्घातः, तोमरः -रा -रं, घनः, द्रूघणः; **'armed with a club,'** याष्टीकः, लगुडहस्तः, यष्टिग्रहः, यष्टिहेतिकः.—**(An assembly of companions)** पंक्तिः *f.*, गणः, संसर्गः, सहभोजिनां संसर्गः समांशिता; **'club-dinner,'** गणचक्रकं, गणान्नं.—**(Share of a reckoning)** भागः, अंशः, उद्धारः, समांशः.

To **club,** *v. n.* **(Contribute to a common expense)** सर्व्वसाधारणधनव्यये, स्वं स्वम् अंशं दा (c. 3. ददाति दातुं), or किञ्चित् किञ्चिद् दा.

Club-foot, *s.* श्लीपदं, स्थूलचरणं, कुब्जचरणं, गडुपादः, वक्रपादः.

Club-footed, *a.* श्लीपदी-दिनी-दि (न्), वृहत्पादः -दी -दं, स्थूलचरणः -णा -णं.

Clubheaded, *a.* स्थूलशिरस्कः -स्का -सकं, वृहन्मस्तकः -का -कं.

Clubroom, *s.* एकपंक्तिसामान्यशाला, साधारणशाला, इन्द्रकं.

To **cluck,** *v. n.* कुक्कुटीवत् शावकाह्वानार्थकं शब्दं कृ, कट् कट् शब्दं कृ.

Clucking, *s.* शावकाह्वानसमये कुक्कुटीरावः, कट् कट् शब्दः

Clue, *s.* सूत्रकोषं, सूत्रं. *See* **Clew.**

Clump, *s.* **(Of grass)** गुल्मः, स्तम्बः, गुच्छः, गुत्सः, काण्डः, विततिः *f.*, पिण्डं-ण्डं; **'a clump of reeds,'** शरस्तम्बः, वंशविततिः *f.*—**(A shapeless mass of wood)** स्थूलकाष्ठं.

Clumsily, *adv.* अदक्षं, अनाप्तं, अकृतिवत्, दाक्ष्यं विना, अपटु, आदाक्ष्येण.

Clumsiness, *s.* आचतुर्य्यं, आदाक्ष्यं, आनैपुणं, अपाटवं, अकृतित्वं.

Clumsy, *a.* स्थूलः -ला -लं, अदक्षः -क्षा -क्षं, अनिपुणः -णा -णं, अकुशलः -ला -लं, अकृती -तिनी -ति (न्), अनाप्तः -प्ता -प्तं, अविज्ञः -ज्ञा -ज्ञं, अपटुः, टुः -टु.

Cluster, *s.* **(A bunch)** गुल्मः, गुच्छः -च्छकः, स्तवकः, स्तम्बः, सान्द्रं, गुत्सः -त्सकः, गुलच्छः, विततिः *f.*, **'a number of beings,'** सङ्घः, ओघः, समूहः, गणः, सङ्घातः, वृन्दं, निवहः; **'cluster of four houses,'** चतुःशालं, सञ्जवनं; **'of reeds,'** शरस्तम्बः वंशविततिः *f.*; **'of people,'** जनौघं, जनसमूहः; **'of grapes,'** द्राक्षास्तवकः; **'in clusters,'** सङ्घशस्, गुल्मशस्

To **cluster,** *v. a.* गुल्मीकृ, पिण्डीकृ, एकीकृ, सञ्चि (c. 5. -चिनोति -चेतुं).

To **cluster,** *v. n.* गुल्मीभू, पिण्डीभू, एकीभू, वृन्दीभू, स्तवकरूपेण रुह् (c. 1. रोहति, रोढुं).

Clustering, *a.* गुल्मी-ल्मिनी-ल्मि (न्), व्यालीनः -ना -नं, सस्तवकः -का -कं, स्तवकाचितः -ता -तं, प्रस्तीतः -ता -तं, प्रस्तीमः -मा -मं, गुच्छाकारः -रा -रं.

To **clutch,** *v. a.* **(To grasp)** ग्रह् (c. 9. गृह्णाति, ग्रहीतुं), सङ्ग्रह्, धृ (c. 1. धरति धर्त्तुं).—**(To double the hand)** मुष्टिं बन्ध् (c. 9. बध्नाति बन्द्धुं) or सङ्ग्रह्.

Clutch, *s.* सङ्ग्राहः, मुष्टिसङ्ग्राहः, ग्रहणं, मुष्टिबन्धः.—**(Claw, hand)** नखः -खं, पाणिः *m.*, हस्तः; **'to rescue from the clutches of the enemy,'** शत्रुवशात् परित्रातुं.

Clutched, *p. p.* गृहीतः -ता -तं, धृतः -ता -तं, मुष्टिसङ्ग्राहपीडितः -ता -तं.

Clutter, *s.* कोलाहलः, हलहलाशब्दः, तुमुलं, कालकीलः.

To **clutter,** *v. n.* कोलाहलं कृ, हलहलाशब्दं कृ.

Clyster, *s.* वस्तिः *m. f.*, वस्तिकर्म्म *n.* (न्), वस्तिद्वारेण अन्त्रनिवेशितम् औषधीयद्रव्यं.

Clyster-Pipe, *s.* नेत्रं, वस्तिशिरः *n.* (स्), वस्तिनाली.

To **coacervate,** *v. a.* सञ्चि (c. 5. -चिनोति -चेतुं), समाचि, समुपचि, राशीकृ, पिण्डीकृ, एकौघीकृ, पुञ्जीकृ, पूगीकृ.

Coacervated, *p. p.* राशिगतः -ता -तं, एकौघभूतः -ता -तं, पुञ्जितः -ता -तं.

Coacervation, *s.* राशीकरणं, एकौघीकरणं, सञ्चयनं, एकौघभावः.

Coach, *s.* रथः, चातुरं, चक्रयानं, यानं, गन्त्री, गन्त्रीरथः, शकटः, प्रवहणं, वाहनं; **'coach and four,'** चतुरश्वो रथः; **'riding in a coach,'** रथारोही *m.* (न्), रथारूढः, यानारूढः; **'he travels by coach,'** रथेन सञ्चरति.

Coach-box, *s.* रथोपस्थः, सूतासनं, सारथिस्थानं.

Coach-driving, ***s.*** रथसारथ्यं, रथवाहनं.

Coachful, ***s.*** पूर्णरथः, चातुरकं, शाकटं, रथपूरणं.

Coach-horse, ***s.*** रथ्यः प्रवहणवाजी ***m.*** (न्), रथाश्वः.

Coach-house, ***s.*** रथस्थानं, रथशाला, रथागारं, रथाधारः.

Coachmaker, ***s.*** रथकारः, रथकरः, रथनिर्म्माणकृत्, रथविक्रेता ***m.*** (तृ).

Coachman, ***s.*** सूतः, सारथिः ***m.*** यन्ता ***m.*** (न्तृ), नियन्ता ***m.*** (न्तृ), चातुरिकः, वाहकः, रथवाहकः, प्रवहणवाहकः, प्राजकः, प्राजिता ***m.*** (तृ), क्षत्ता ***m.*** (तृ), हयङ्कषः, सादिः ***m.*** दक्षिणस्थः, चाक्रिकः, प्रचेता ***m.*** (तृ).

Coaction, ***s.*** बलात्कारः, बलात्कारप्रयोगः, प्रमाथः, नियमनं, निग्रहः.

Coactive, ***s.*** बलात्कारी -रिणी -रि (न्), बलान्वितः -ता -तं, बली -लिनी -लि (न्), सबलः -ला -लं, प्रमाथी -थिनी -थि (न्), नैयमिकः -की -कं, नियामकः -का -कं, अवश्यकः -का -कं.

Coadjutor, ***s.*** सहकारी ***m.*** (न्), सहकृत्, सहकृत्वा ***m.*** (न्), सहायः, सम्भूयकारी ***m.*** (न्), प्रतियोगी ***m.*** (न्).

Coadjuvancy, ***s.*** सहकारः -रिता, साहाय्यं, सम्प्रतिपत्तिः ***f.,*** प्रतियोगिता.

Coagmentation, ***s.*** राशीकरणं, एकीकरणं, सञ्चयनं, पिण्डीकरणं, सन्निपातः.

Coagulable, ***a.*** श्यानीयः -या -यं, श्येयः -या -यं, घनीकर्त्तुं शक्यः -क्या -क्यं.

To* coagulate,** ***v. a. श्यै **in caus.** (श्यापयति -यितुं), श्यानीकृ, घनीकृ.

To* coagulate,** ***v. n. श्यै (**c. 1.** श्यायते, श्यातुं), घनीभू, श्यानीभू.

Coagulated, ***p. p.*** शीनः -ना -नं, श्यानः -ना -नं आश्यानः -ना -नं, घनीभूतः -ता -तं, संहतः -ता -तं.

Coagulation, ***s.*** शीनता, घनता -त्वं, संहतत्वं, घनीभावः.

Coal, ***s.*** अङ्गारः -रं, आलातं, निधापकः, कृष्णमृत् ***f.***-मृत्तिका, कृष्णभूमिः ***f.;*** **'burning coal,'** तप्ताङ्गारः.

To* coal,** ***v. a. अङ्गार (**nom.** अङ्गारयति -यितुं), अङ्गारीकृ.

Coal-black, ***a.*** अङ्गारसवर्णः -र्णा -र्णं, घनकृष्णः -ष्णाः -ष्णं अत्यन्तकालः -ला -लं.

Coal-hole or coal-house, ***s.*** अङ्गारागारं, अङ्गारगुप्तिः ***f.,*** कृष्णमृत्तिकाधारः.

Coal-man, coal-merchant, ***s.*** अङ्गारविक्रेता ***m.*** (तृ), कृष्णभूमिविक्रयी ***m.*** (न्), अङ्गारविक्रयोपजीवी ***m.*** (न्).

Coal-mine, coal-pit, ***s.*** अङ्गाराकरः, अङ्गारखानिः ***m.,*** अङ्गारोत्पत्तिस्थानं.

To* coalesce,** ***v. n. संयुज् **in pass.** (-युज्यते), सम्मिल् (**c. 6.** -मिलति -मेलितुं), सङ्गम् (**c. 1.** -गच्छति -गन्तुं), संसृज् **in pass.** (-सृज्यते), एकीभू, एकत्र भू **or** गम्, संश्लिष् **in pass.** (-श्लिष्यते), संलग्नीभू.

Coalition, ***s.*** संयोगः, संसृष्टिः ***f.,*** संसर्गः, सङ्गः -ङ्गमः -ङ्गतिः ***f.,*** मेलनं, संश्लेषः, संसक्तिः, अनुषङ्गः, संहतिः ***f.,*** सङ्घातः.

Coaly, ***a.*** अङ्गारमयः -यी -यं, आङ्गारिकः -की -कं, अङ्गारपूर्णः -र्णा -र्णं.

Coaptation, ***s.*** समायोगः, संयोजनं, समाधानं, सन्धानं.

To* coarct,** ***v. a. सङ्कुच् (**c. 1.** -कोचति -कोचितुं), संहृ (**c. 1.** -हरति -हर्त्तुं).

Coarctation, ***s.*** सङ्कोचः -चनं, संवारः, संवृतिः, ह्रासः, सङ्क्षेपः, संयमः.

Coarse, ***a.*** **(Not fine)** घनः -ना -नं, सान्द्रः -न्द्रा -न्द्रं, निविडः -डा -डं, स्थूलः -ला -लं, निरन्तरः -रा -रं, नीरन्ध्रः -न्ध्रा -न्ध्रं.—**(Unpolished)** अपरिष्कृतः -ता -तं, असंस्कृतः -ता -तं, अशिष्टः -ष्टा -ष्टं.—**(Indelicate, indecent)** अवाच्यः -च्या -च्यं, अशुद्धः -द्धा -द्धं.—**(Vulgar)** असभ्यः -भ्या -भ्यं, प्राकृतः -ता -तं, ग्राम्यः -म्या -म्यं, श्लीलः -ला -लं, अश्लीलः -ला -लं.—**(Vile)** नीचः -चा -चं, निकृष्टः -ष्टा -ष्टं, कदर्य्यः -र्य्या -र्य्यं, कुत्सितः -ता -तं; **'coarse cloth,'** स्थूलपट्टं, स्थूलशाटकः, वराशिः ***m.;*** **'coarse-minded,'** प्राकृतचेताः -ता -तः (स्); **'coarse fare,'** मन्दाहारः; **'coarse abuse,'** अश्लीलाक्षेपः; **'coarse language,'** अश्लीलं, रंवलोक्तिः ***f.***

Coarsely, ***adv.*** अशिष्टं, अशुद्धं, निकृष्टं, मन्दं, अश्लीलं, अपरिष्कृतं.

Coarseness, ***s.*** **(Of substance)** घनता, स्थूलता, सान्द्रता, स्थौल्यं, नैविड्यं. नैरन्तर्य्यं.—**(Want of polish, vulgarity)** अपरिष्कारः, अशिष्टता, असभ्यता, अशुद्धिः ***f.,*** नीचता, अश्लीलत्वं.

Coast, ***s.*** **(Sea-coast)** समुद्रतीरं, समुद्रतटं, वेला, वेलामूलं, समुद्रान्तं, अब्धितीरं.—**(Border, limit)** सीमा, समन्तः, सामन्तं.—**(Quarter)** दिक् ***f.,*** (श्), देशः, प्रदेशः; **'the coast is clear,'** गतं भयं, निर्विघ्नः पथः.

To* coast,** ***v. n. उपतीरं **or** उपतटं **or** वेलानिकटे नावं **or** पोतं वह् **in caus.** (वाहयति -यितुं), **or** नौकया वह् **in pass.** (उह्यते).

Coaster, ***s.*** उपतीरं पोतवाहकः, समुद्रवेलावर्त्ती ***m.*** (न्).

Coasting, ***s.*** उपतीरं नौकावाहनं, वेलानिकटे वर्त्तनं.

Coat, ***s.*** **(An upper garment)** प्रावारः, उत्तरीयं, परिधेयं, निचोलः, वरुत्रं; **'a covering,'** पदलं, छादनं, छदनं, आच्छादनं, प्रावरणं, पुटः -टं, आवेष्टनं; **'coat of the eye,'** अक्षिपटलं.—**(Hair of a beast)** रोम ***n.*** (न्), लोम ***n.*** (न्); **'coat of a horse,'** अश्वरोम ***n.*** (न्).—**(Coat of arms)** कुलचिह्नपत्रं.

To* coat, *v. a. छद् **(c. 10.** छादयति -यितुं), वेष्ट् **in caus.** (वेष्टयति -यितुं).—**(Inlay)** अनुव्यध् **(c. 4.** -विध्यति -व्यद्धुं).—**(Coat with paint)** लिप् **(c. 6.** लिम्पति, लेप्तुं).

Coated, *p. p.* छन्नः -न्ना -न्नं, आच्छन्नः -न्ना -न्नं, वेष्टितः -ता -तं, अनुविद्धः -द्धा -द्धं, रुषितः -ता -तं, छुरितः -ता -तं, लिप्तः -प्ता -प्तं.

Coating, *s.* पटलं, पुटः -टी -टं, छादनं.—**(Of paint)** लेपः.

To* coax, *v. n. लल् **(c. 10.** लालयति -यितुं), सान्त्व् **(c. 10.** सान्त्वयति -यितुं), मधुरैर्वाक्यैः **or** चाटूक्त्या सानव् **or** प्रलुभ् **in caus.** (-लोभयति -यितुं).

Coaxed, *p. p.* लालिताः -ता -तं, चाटुकारापन्नः -न्ना -न्नं.

Coaxer, *s.* लाली ***m.*** (न्), चाटुवादी ***m.*** (न्), चाटुकारः, सान्त्ववादः, आश्वासकः.

Coaxing, *s.* लालनं, चाटुः ***m.*** -टु ***n.***, चाटूक्तिः ***f.***, मधुरवचः ***n.*** (स्), मधुरवाक्यं, आश्वासनं; **'repeated coaxing,'** चाटुशतं.

Cob, *s.* (Sea-fowl) समुद्रीयपक्षिभेदः.—**(Entire horse)** वीजाश्वः, सवृषणोऽश्वः.—**(A small compact horse)** दृढदेहः क्षुद्रवाजी ***m.*** (न्).

Cobalt, *s.* (Mineral substances) आवर्त्तः, मधुधातुः ***m.***, मनःशिलाधातुः.

***To* cobble, *v. a.* (To mend shoes)** जीर्णपादुकाः सूच्या समाधा **(c. 3.** -दधाति -धातुं) **or** सन्धा.—**(To make any thing clumsily)** आदाक्ष्येण किञ्चित् कृ **or** निर्म्मा **(c. 2.** -माति -मातुं).

Cobbler, *s.* (A mender of old shoes) जीर्णपादुकासन्धाता ***m.*** (तृ).—**(A clumsy workman)** अदक्षः शिल्पी ***m.*** (न्), अनिपुणः, अनभिज्ञः.

Cobiron, *s.* मांससंस्कारे प्रयुक्तः स्थूलाग्रो लोहशूलः.

Cobishop, *s.* धर्म्माध्यक्षसहायः, धर्म्माधिपतेः सहकारी ***m.*** (न्).

Cobra capello, *s.* (Snake) फणकरः, फणी ***m.*** (न्). फणवान् ***m.*** (त्), नागः.

Cobweb, *s.* ऊर्णनाभजालः, जालः -लं, मर्कटवासः, मर्कटजालः, आशाबन्धः, सन्तानितका, लूतातन्तुवितानं.

Cocciferous, *a.* गुटिकाकारफलविशिष्टः -ष्टा -ष्टं.

Cochineal, *s.* (Insect) लाक्षा, जतु ***n.*** -तुकं, तितिभः, क्रिमिः ***m.***

Cochleary or cochleated, *a.* आवर्त्ती -र्त्तिनी -र्त्ति (न्), परिवर्त्तकः -का -कं.

Cock, *s.* (The male to the hen) कुक्कुटः, चरणायुधः, नखायुधः, स्वर्णचूडः, ताम्रचूडः, ताम्रशिखी ***m.*** (न्), शिखी ***m.*** (न्), शिखण्डी ***m.*** (न्) -ण्डिकः, कृकवाकुः ***m.***, कलविकः कालज्ञः, उषाकलः, निशावेदी ***m.*** (न्), रात्रिवेदी ***m.*** (न्), यामघोषः, रसाखनः, सुपर्णः, पूर्णकः; **'relating to a cock,'** काक्कर्वाकवः -वी -वं; **'cock's comb,'** चूडा, शिखा; **'a cock-sparrow,'** चटकः.—**(Weathercock)** प्रासादशृङ्गाग्रे स्थापितं कुक्कुटाकारं वातस्कन्धलक्षणं, वायुलक्षणं, वायुध्वजः, वायुस्कन्धलक्ष्यं.—**(Spout to let out water at will)** सपिधानं जलनिर्गमरन्ध्रं, प्रणाली, जलनिर्गमः, जलस्रावण्यन्तं.—**(Notch of an arrow)** वाणाग्रभागे अवच्छेदः.—**(Cock of a gun)** आग्नेयनाडिसम्बन्धी सूक्ष्ममुद्गरविशेषो यद्द्वारेण अन्तःस्थचूर्णं संज्वाल्यते.—**(A leader)** मुख्यः मुखरः, पुरोगः.—**(Heap of hay)** शुष्कतृणचितिः ***f.***, तृणोत्करः.—**(Form of a hat)** शिरस्कसंस्कारः, शिरस्त्राकारः; **'cock a hoop,'** जयी ***m.*** (न्), दृप्तः, दर्पध्मातः, गर्व्वोद्धतः; **'cock and a bull story,'** वृथाकथाः शशविषाणधनुर् अस्य इति मृषार्थकम् आख्यानं.

***To* cock, *v. a.* (To set erect)** उन्नम् **in caus.** (-नामयति -नमयति -यितुं), उच्छ्रि **(c. 1.** -श्रयति -यितुं), उत्क्षिप् **(c. 6.** -क्षिपति -क्षेप्तुं), उद्धन् **(c. 2.** -हन्ति -हन्तुं); **'to cock the ears,'** कर्णौ स्तब्धीकृ; **'the tail,'** उत्पुच्छ **(nom.** उत्पुच्छयते -यितुं).—**(To put hay into cocks)** शुष्कतृणम् उत्करीकृ.—**(To cock a gun)** आग्नेयनाडिसम्बन्धिनं पूर्व्वोक्तसूक्ष्ममुद्गरम् उन्नम् **in caus.** (-नमयति -यितुं).

To* cock, *v. n. कुक्कुटवत् खेलगत्या चल् **(c. 1.** चलति -लितुं), दृप् **(c. 4.** दृप्यति).

Cocked, *p. p.* उन्नतः -ता -तं, समुन्नतः -ता -तं, उच्छ्रितः -ता -तं, उत्क्षिप्तः -प्ता -प्तं; **'with tail cocked,'** समुद्धातलाङ्गूलः -ला -लं.

Cockade, *s.* राजव्यापृतस्य सेवकेन शिरस्कोपरि भृता चूडा, कुक्कुटचूडाकारो मस्तकालङ्कारः.

Cockatrice, *s.* अजगर, वाहसः, कुक्कुटाण्डजः सर्पः **or** व्यालः.

Cockboat, *s.* उपनौका, क्षुद्रनौका, क्षुद्रपोतः, उपतरिः ***f.***

Cockchafter, *s.* पिङ्गशरीरो ध्वनमोदी भ्रमरभेदः.

Cockcrowing, *s.* कुक्कुटरवः -वणं, चरणायुधशब्दः.—**(Morning)** प्रभातकालः, प्रातःकालः.

***To* cocker, *v. a.* (To fondle)** कोमलं **or** कोमलप्रकारेण पुष् **(c. 9.** पुष्णाति, **c. 1.** पोषति -षितुं), **or** संवृध् **in caus.** (-वर्धयति -यितुं), अनुरुध् **(c. 4.** -रुध्यते -रोद्धुं), क्रोडीकृ.

Cockerel, *s.* (Young cock) कुक्कुटशावकः, चरणायुधशावकः.

Cockering, *s.* पोषणं, संवर्धनं, अनुरोधः, छन्दोनुवृत्तं, कोमलता.

Cocket, *s.* शौल्किकमुद्रा, शुल्कस्थाने द्रव्यनिक्षेपानन्तरं शौल्किकसकाशात् प्रत्ययपत्रं.

Cockfight, *s.* प्राणिद्यूतं, समाह्वयः, साह्वयः, कौलीनं.

Cockhouse, *s.* अश्वारूढः -ढा -एं, जयी -यिनी -यि (त्), दर्पध्मातः -ता -तं.

Cockle, *s.* (Shell-fish) दुर्नामा ***m.*** -म्नी ***f.*** (न्) दीर्घकोषिका,

सितालिका, शुक्तिः *f.* — **(Weed growing in corn)** कक्षः, शस्यक्षेत्ररुह ओषधिभेदः.

Cockled, *s.* दुर्नामाकारः -रा -रं, शौक्तिकः -की -कं, आवर्त्ती -र्त्तिनी -र्त्ति (न्).

Cockloft, *s.* कूटागारं, क्षौमः -मं, चूला, चन्द्रशालिका, गृहस्य उपरिस्थः प्रकोष्ठः.

Cockmaster, *s.* चरणायुधपालकः, युद्धकुक्कुटपोषकः.

Cockmatch, *s.* कुक्कुटयुद्धं, चरणायुधसमाह्वयः, कौलीनं.

Cockney, *s.* नागरजनः, पुरवासी *m.* (न्), नगरवासी *m.*, प्राकृतजनः, पृथग्जनः.

Cockpit, *s.* **(Area where cooks fight)** कुक्कुटयुद्धभूमिः. — **(In a man of war)** वृहद्युद्धनौकाया अधोभागे कायशल्यादिचिकित्सायोग्या कुटी.

Cockroach, *s.* परोष्णी, खलाधारा, तैलपा *f.* -पायिका, चारिका, पिङ्गकपिशा.

Cock's-comb, *s.* *See* **Coxcomb.**

Cocksure, *a.* सुनिश्चितः -ता -तं, निःसन्देहः -हा -हं, असन्दिग्धः -ग्धा -ग्धं.

Cockswain, *s.* उपनौकाकर्णधारः, क्षुद्रनौकापतिः *m.*

Cocoa-nut, *s.* नारिकेलः, नालिकेरः, नारिकेरः, नाडिकेलः, नारिकेली, पयोधरः, कौशिकफलं, खानोदकः, पुटोरकः, दाक्षिणात्यः. — **(The tree)** तृणद्रुमः, फलकेशरः, दृढफलः, मुण्डफलः, सदाफलः, शिरःफलः, सदापुष्पः, दृढमूलः, सुतुङ्गः, सुभङ्गः, लाङ्गली. — **(The juice)** नारिकेलरसः.

Cocoon, *s.* **(Of the silk worm)** कृमिकोषः, कीटकोषः, गुटिका.

Coction, *s.* निष्क्वाथः, क्वाथः, क्वथनं, पाचनं.

Cod or cod-fish, *s.* स्थूलशिरस्कः समुद्रीयमत्स्यभेदः.

Cod, *s.* **(Seed-vessel, pod)** वीजकोशः, वीजगुप्तिः *f.*, शमी, पुटः.

Codded, *p. p.* कोशस्थः -स्था -स्थं, कोषगुप्तः -प्ता -प्तं.

To **coddle,** *v. a.* **(Parboil)** ईषत्क्वथ् (c. 1. -क्वथति -थितुं), शनैः स्थाल्यां पच् (c.1. पचति, पक्तुं) or तप् in caus. (तापयति -यितुं), कोष्णजलेन कोमलीकृ. — **(Breed up tenderly)** कोमलतया or सौकुमार्य्येण पुष् (c. 1. पोषति -षितुं).

Code, *s.* **(Of laws)** धर्म्मसंहिता, स्मृतिशास्त्रं, धर्म्मशास्त्रं, स्मृतिः *f.*, व्यवहारविधिः *m.*

Codicil, *s.* मुमूर्षुजनपत्रस्य अनुबन्धः or उपलेख्यं or उपाङ्गं or उत्तरखण्डं.

Condling, *s.* भोजनात्पूर्व्वम् ईषत्क्वथनीय आपक्वः, काम्लफलभेदः.

Coefficacy or Coefficiency, *s.* सहकारिणाम् अनेकहेतुकानां प्रभावं, सहकारिता, संयोगिता, सम्प्रयोगिता, सम्प्रतिपत्तिः *f.*, सम्भूतिः *f.*

Coefficient, *s.* **(In arithmetic)** वर्णः, प्रकृतिः *f.*, गुणः.

Coemption, *s.* पूर्व्वक्रयः, प्रख्यातभाण्डक्रयः, अवच्छेदावच्छेदक्रयः, समुदयक्रयः.

Coenobite, *s.* सर्व्वसामान्यो विभवो यस्य सौभ्रात्रमध्याद् एकभ्राता *m.* (तृ).

Coequal, *a.* अन्येन समः -मा -मं or समानः -ना -नं or तुल्यः -ल्या -ल्यं, समानपदस्थः -स्था -स्थं, समानजातीयः -या -यं, समभावः -वी -वं, सहधर्म्मी -र्म्मिणी -र्म्मि (न्), सधर्म्मा -र्म्मा -र्म्म (न्).

Coequality, *s.* अन्येन समता or समानता or तुल्यता, समानावस्था.

To **coerce,** *v. a.* बलात्कारेण यम् (c. 1. यच्छति, यन्तुं), नियम्, संयम्, विनियम्; or निग्रह् (c. 9. -गृह्णाति -ह्णीते -ग्रहीतुं), or शास् (c. 2. शास्ति, शासितुं), अनुशास्; यन्त्र् (c. 10. यन्त्रयति -यितुं), निरुध् (c. 7. -रुणद्धि -रोद्धुं), निषिध् (c. 1. -षेधति -धितुं).

Coerced, *p. p.* बलात्कारेण निगृहीतः -ता -तं, संयतः -ता -तं, निरुद्धः -द्धा -द्धं, संरुद्धः -द्धा -द्धं, यन्त्रितः -ता -तं, प्रत्याहृतः -ता -तं.

Coercible, *a.* निग्रहीतव्यः -व्या -व्यं, नियन्तव्यः -व्या -व्यं, यन्त्रणीयः -या -यं.

Coercion, *s.* संयमः -मनं, नियमनं, निग्रहः -हणं, निगृहीतिः *f.*, यन्त्रणं, प्रत्याहरणं.

Coercive, *a.* बलात्कारी -रिणी -रि (न्), प्रतिरोधी -धिनी -धि (त्), नियामकः -का -कं.

Coessential, *a.* समभावः -वी -वं, सहभावी -विनी -वि (न्).

Coessentiality, *s.* सम्भावः or भावसमानता, सहभावित्वं.

Coetaneous, *a.* समानवयस्कः -स्का -स्कं. *See* **Coveal.**

Coeternal, *a.* अन्येन सह नित्यकालस्थायी -यिनी -यि (न्) or अनन्तकालस्थायी or आद्यन्तहीनः -ना -नं or सनातनः -ना -नं.

Coeternity, *s.* समनित्यता, समानानन्तता, समाननित्यता.

Coeval, *a.* समानवयस्कः -स्का -स्कं, समवयस्कः -स्का -स्कं, समानवयाः -याः -यः (स्) or तुल्यवयाः or सवयाः, समानकालीनः -ना -नं, एककालीनः -ना -नं, समानजन्मा -न्मा -न्म (न्).

Coeval, *s.* वयस्यः, सहभावी *m.* (न्), सवयाः *m.* (स्), तुल्यवयाः.

To **coexirt,** *v. n.* सम्भू (c. 1. -भवति -वितुं), सह or एककाले वृत् (c. 1. वर्त्तते -र्त्तितुं) or स्था (c. 1. तिष्ठति, स्थातुं) or जीव् (c. 1. जीवति -वितुं).

Coexistence, *s.* एककाले वर्त्तनं or जीवनं, सहवर्त्तनं, सहजीवनं.

Coexistent, *a.* सहवर्त्ती -र्त्तिनी -र्त्ति (न्) or एककाले वर्त्ती,

सहजीवी -विनी -वि (न्) or एककाले जीवी, सहजः -जा -जं.

To **co-extend, *v. n.*** अन्येन समं व्याप् (**c. 5.** -आप्नोति -आप्तुं) **or** विस्तॄ **in pass.** (-स्तीर्य्यते).

Co-extension, *s.* समव्याप्तिः ***f.***, अभिव्याप्तिः ***f.***, समविस्तारः, सम्मूर्च्छनं.

Coffee, *s.* यवनदेशीयक्षुद्रफलनिर्हृतः कृष्णवर्णः पानीयविशेषः, यावनपानं.

Coffee-house, *s.* पूर्व्वोक्तपानीयविक्रयस्थानं, यावनपानशाला.

Coffee-Pot, *s.* पूर्व्वोक्तपानीयाधारः, यावनपानभाजनं, यावनपानपात्रं.

Coffer, *v. a.* मुद्राधारः, मुद्राकोषः, धनाधारः, धनभाण्डं, दीनारभाण्डं.

To **coffer, *v. a.*** मुद्राधारे **or** धनभाण्डे निधा (**c. 3.** -दधाति -धातुं).

Coffin, *s.* शवाधारः, मृतशरीराधारः, शवभाजनं.

To **coffin, *v. a.*** शवाधारे **or** शवभाजने निधा (**c. 3.** -दधाति -धातुं) **or** निविश **in caus.** (-वेशयति -यितुं).

To **cog, *v. a.* and *n.* (Flatter, wheedle)** लल् (**c. 10.** लालयति -यितुं), चाटूक्त्या सान्त्व् (**c. 10.** सान्त्वयति -यितुं).—**(Cog a die)** कूटाक्षं **or** दुरक्षं कृ.—**(Fix cogs to a wheel)** चक्रनेमिं सदन्तां कृ.

Cog, *s.* (Tooth of a wheel) चक्रदन्तः, नेमिदन्तकः, प्रधिदन्तः.

Cogency, *s.* बलं, सामर्थ्यं, समर्थता, प्रभावः शक्तिः ***f.***, अवश्यकता.

Cogent, *a.* बली -लिनी -लि (न्), बलवान् -वती -वत् (त्) प्रबलः -ला -लं, शक्तिमान् -मती -मत् (त्), अवश्यकः -का -कं, अवश्यकर्त्तव्यः -व्या -व्यं, निरुत्तरः -रा -रं; **'a cogent reason,'** बलवद्धेतुः ***m.***, विशिष्टहेतुः.

Cogently, *adv.* बलात्, बलेन, बलवत्, अवश्यकं, निरुत्तरं.

Cogger, *s.* लाली ***m.*** (न्), चाटुकारः, सान्त्वनकृत्, सान्त्ववादः.

Cogglestone, *s.* क्षुद्रशर्करा, चूर्णखण्डः, अष्ठीला.

Cogitable, *a.* ध्यानीयः -या -यं, ध्येयः -या -यं, चिन्तनीयः -या -यं.

Cogitate, *v. n.* ध्यै (**c. 1.** ध्यायति, ध्यातुं), अनुध्यै, अभिध्यै, प्रध्यै, सन्ध्यै, चिन्त् (**c. 10.** चिन्तयति -यितुं), विचिन्त्, सञ्चिन्त्, विचर् **in caus.** (-चारयति -यितुं), आलोच् (**c. 10.** -लोचयति -यितुं), भू **in caus.** (भावयति -यितुं), सम्भू, वितर्क् **9c. 10.** -तर्कयति -यितुं), अनुतर्क्, विमृश् (**c. 6.** -मृशति -म्रष्टुं), अनुमृश्, प्रविमृश्.

Cogitated, *p. p.* चिन्तितः, -ता -तं, ध्यातः -ता -तं, आलोचितः -ता -तं.

Cogitation, *s.* चिन्ता, ध्यानं, विचारः -रणं, आलोचनं, चर्चा, भावना, मनःकल्पना, सङ्कल्पः, मनोगतं.

Cogitative, *a.* चिन्तापरः -रा -रं, ध्यानपरः -रा -रं, मानसिकः -की -कं.

Cognate, *a.* सहजः -जा -जं, सम्बन्धी -न्धिनी -न्धि (न्), समानजातीयः -या -यं, सजातिः -तिः -ति, सगोत्रः -त्रा -त्रं.

Cognation, *s.* (Relationship) बन्धुता, बान्धवत्वं, ज्ञातित्वं, ज्ञातिभावः, सजातित्वं, सम्बन्धः, सम्बन्धित्वं, सम्पर्कः, अनुषङ्गः.

Cognition, *s.* ज्ञानं, विज्ञानं, परिज्ञानं, प्रज्ञानं, स्वीकारः.

Cognitive, *a.* ज्ञानी -निनी -नि (न्), ज्ञानवान् -वती -वत् (त्), **or** प्रज्ञावान्,

Cognizable, *a.* ज्ञेयः -या -यं, विज्ञेयः -या -यं, बोध्यः -ध्या -ध्यं, ग्राह्यः -ह्या -ह्यं.—**(By law)** अभियोक्तव्यः -व्या -व्यं, विचार्य्यः -र्य्या -र्य्यं, विचारार्हः -र्हा -र्हं.

Cognizance, *s.* (Judicial notice) विचारः -रणा, अनुसन्धानं, जिज्ञासा, चर्चा, परीक्षा, अनुयोगः, निर्णयः, निरूपणं.—**(Badge)** संज्ञा, लिङ्गं, चिह्नं, लक्षणं, अभिज्ञानं.—**(To take cognizance)** ज्ञा (**c. 9.** जानाति, ज्ञातुं), ज्ञा **in des.** (जिज्ञासते -सितुं), विचर् (**c. 10.** -चारयति -यितुं), अनुसन्धा (**c. 3.** -दधाति -धातुं), अनुयुज् (**c. 7.** -युनक्ति, -योक्तुं), निरूप् (**c. 10.** -रूपयति -यितुं).

Cognominal, *a.* एकनामकः -का -कं, एकसंज्ञकः -का -कं, समसंज्ञावान् -वती -वत् (त्).

Cognomination, *s.* पद्धतिः ***f.*** -ती, उपपदं, उपाधिः ***m.***, कौलिकोपाधिः ***m.***

Cognoscible, *a.* ज्ञातव्यः -व्या -व्यं, ज्ञेयः -या -यं, बोध्यः -ध्या -ध्यं.

To **cohabit, *v. n.* (Dwell with another)** सह वस् (**c.1.** वसति वस्तुं), एकत्र वस्, सङ्गम् (**c. 1.** -गच्छति गन्तुं), संसर्गं कृ—**(As the sexes)** स्त्रीपुरुषवत् सम्भोगं कृ.

Cohabitant, *s.* सहवासी ***m.*** (न्), एकपुरनिवासी ***m.***, एकस्थानवासी ***m.***

Cohabitation, *s.* सहवासः, एकत्र वासः, संसर्गः, सङ्गमः—**(Sexual)** सम्भोगः, स्त्रीपुरुषसङ्गमः, औपस्थ्यं, उपभोगः.—**(Cohabitation with men)** पुंयोगः.—**(With women)** स्त्रीसङ्गः.

Coheir, *s.* समांशी ***m.*** (न्), समांशहारी ***m.*** (न्), अंशहारी ***m.*** अंशभाक् ***m.*** (ज्), अंशी ***m.*** (न्), अंशकः, समाधिकारी ***m.*** (न्), दायादः, ऋक्थभागी ***m.*** (न्), विभागकर्त्ता ***m.*** (र्तृ), वन्रः.

Coheiress, *s.* समांशिनी, समांशहारिणी, समाधिकारिणी.

To **cohere, *v. n.* (Stick together)** संसञ्ज् **in pass.** (-सज्यते **or** -सज्जते), संश्लिष् **in pass.** (-श्लिष्यते), संलग्नीभू **or** संलग्नः -ग्ना -ग्नम् अस्, संयुज् **in pass.** (-युज्यते),

संहन् in pass. (हन्यते).—(Agree, suit) युज् in pass. (युज्यते), सम्बन्ध् in pass. (-बध्यते), योग्यः -ग्या -ग्यम् अस्.

Coherence, ***s.*** संसक्तिः ***f.,*** संश्लेषः, संलग्नत्वं, संहतिः ***f.,*** संयोगः, समासज्जनं, सम्पर्कः.—**(Connexion)** सम्बन्धः, प्रबन्धः, अन्वयः, समन्वयः, अनुषङ्गः, सन्दर्भः.—**(Consistency)** अविरोधः, अनुसारित्वं.

Coherent, ***a.*** संसक्तः -क्ता, -क्तं, संश्लिष्टः -ष्टा -ष्टं, सुश्लिष्टः -ष्टा -ष्टं, संलग्नः -ग्ना -ग्नं, दृढसन्धिः -न्धिः -न्धि, संहतः -ता -तं, सुसंहतः -ता -तं.—**(Consistent adapted)** अविरुद्धः -द्धा -द्धं, उपयुक्तः -क्ता -क्तं, अनुरूपः -पा -पं, अनुसारी -रिणी -रि (न्).—**(Connected)** सम्बद्धः -द्धा -द्धं, अनुसम्बद्धः -द्धा -द्धं, सान्वयः -या -यं, अन्वितः -ता -तं.

Cohesion, ***s.*** संलग्नत्वं, संश्लेषः, संसक्तिः संयोगः, समासज्जनं, सङ्घट्टनं.

Cohesive, ***a.*** संलग्नशीलः -ला -लं, सान्द्रः -न्द्रा -न्द्रं, श्यानः -ना -नं, स्निग्धः -ग्धा -ग्धं.

Cohesivness, ***s.*** संलग्नशीलत्वं, सान्द्रता, श्यानता, स्निग्धता. स्नैग्ध्यं.

To **cohibit,** ***v. a.*** यम् (c. 1. यच्छति, यन्तुं), निग्रह् (c. 9. -गृह्णाति -ग्रहीतुं).

To **cohobate,** ***v. n.*** पुनः सन्धा (c. 3. -दधाति -धातुं), द्विःसन्धानं कृ.

Cohort, ***s.*** सैन्यगुल्मः, सैन्यव्यूहः, सैन्यदलं, पञ्चशतसैन्यदलं, गणः.

Cohortation, ***s.*** सुस्थिरो भवेति समाश्वासनं, प्रचोदनं, प्रोत्साहः.

Colf or coiffure, ***s.*** मस्तकाभरणं, शिरोवेष्टः -ष्टनं, शिरस्त्रं, मुकुटं.

Caifed, ***a.*** मुकुटी -टिनी -टि (न्), मुकुटधारी -रिणी -रि (न्), कृतमस्तकाभरणः -णा -णं.

To **coil,** ***v. a.*** मण्डलीकृ, वर्त्तुलीकृ, मण्डलाकारेण पुटीकृ.

Coil, ***s.*** मण्डलं, मण्डलायितं, वृत्तं, व्यावर्त्तः -र्त्तनं.—**(Tumult)** तुमुलं, वैक्लव्यं, व्यस्तता, व्यग्रत्वं.

Coiled, ***p. p.*** मण्डली -लिनी -लि (न्), मण्डलीकृतः -ता -तं, वर्त्तुलीकृतः. -ता -तं.

Coin, ***s.*** **(Stamped money)** मुद्रा, टङ्कः, टङ्ककः, नाणकं, निष्कः -ष्कं; **'gold coin,'** सुवर्णमुद्रा, सुवर्णः; **'silver coin,'** रूप्यमुद्रा; **'copper coin,'** ताम्रमुद्रा, पणः; **'base coin,'** कूप्यनाणकं.—**(Corner)** कोणः.

To **coin,** ***v. a.*** **(To stamp metals for money)** सुवर्णरूप्यादि मुद्रीकृ or मुद्र (nom. मुद्रयति -यितुं) or मुद्रया अङ्क् (c. 1. अङ्कयति -यितुं) or आहन् (c. 2. -हन्ति -हन्तुं).—**(Forge, invent)** क्लृप् (c. 10 कल्पयति -यितुं), घट् (c. 1. घटते -टितुं), सृज् (c. 6. सृजति, स्रष्टुं).

Coinage, ***s.*** मुद्राङ्कनं.—**(Money coined)** मुद्रा.—**(Invention)** कल्पना, वासना, सृष्टिः.

Coined, ***p. p.*** मुद्राङ्कितः -ता -तं, मुद्रितः -ता -तं, आहतः -ता -तं.—**(Invented)** कल्पितः -ता -तं, काल्पनिकः -की -कं, कृत्रिमः -मा मं, सृष्टः -ष्टा -ष्टं.

To **coincide,** ***v. n.*** **(Agree in opinion)** सम्मन् (c. 4. -मन्यते -मन्तुं), अनुमन्, स्वीकृ, एकचित्रीभू, एकमतीभू, अनुवद् (c. 1. -वदति -दितुं).—**(Fall or meet together)** सम्पत् (c. 1. -पतति -तितुं), सन्निपत्, सङ्गम् (c.1. -गच्छति -गन्तुं).—**(Be consistent, fitting)** युज् in pass. (युज्यते), अनुरूपः -पा -पं or सदृशः -शी -शम् अस्, अनुसृ (c. 1. -सरति -सर्त्तुं), अनुवृत् (c. 1. -वर्त्तते -र्त्तितुं), न विरुध् in pass. (-रुध्यते).

Coincidence, ***s.*** **(Falling or meeting together)** सन्निपातः, सम्पातः, सङ्गमः, सङ्गतिः ***f.,*** समागतिः ***f.***—**(Coincidence of opinion)** ऐकमत्यं, एकचित्तता, सम्मतिः ***f.***—**(Accident)** दैवयोगः, सङ्गतं, घटनं -ना, दैवघटनं; **'by an unlucky coincidence,'** दुर्दैवात्, दैवदुर्घटनात्.

Coincident, ***a.*** सन्निपतितः -ता -तं, सम्पाती -तिनी -ति (न्), सङ्गामी -मिनी -मि (न्).—**(In time)** समानकालीनः -ना -नं.—**(Consistent)** अविरुद्धः -द्धा -द्धं, अनुसारी -रिणी -रि (न्), सदृशः -शी -शं.

Coindication, ***s.*** एककारणमुद्दिश्य लक्षणबाहुल्यं.

Coiner, ***s.*** **(A minter)** मुद्राङ्ककः, टङ्काङ्कयिता ***m.*** (तृ), मुद्राकारः, नाणककृत्, नैष्किकः.—**(Inventor)** कल्पकः, स्रष्टा ***m.*** (ष्टृ), कारकः.

Coistrel, ***s.*** कापुरुषः हतकः, भीरुः ***m.,*** युद्धपराङ्मखः.

Coition, ***s.*** मैथुनं, रतं, सुरतं, अङ्गसङ्गः, औपस्थ्यं, सम्भोगः, संयोजनं, रतिक्रिया, रतिकर्म्म ***n.*** (न्).

Coke, ***s.*** अर्द्धदग्धाङ्गारोच्छिष्टं, तप्तकृष्णामृत्तिकोच्छिष्टं.

Colander, ***s.*** चालनं -नी, सम्मार्ज्जनयन्त्रं, शोधनी, शोधनयन्त्रं.

Colation, ***s.*** **(The act of straining)** शोधनं, सम्मार्ज्जनं, चालनं.

Cold, ***a.*** शीतः -ता -तं, शीतलः -ला -लं, शिशिरः -रा -रं, हिमः -मा -मं, हिमवान् -वती -वत् (त्), अनुष्णः -ष्णा -ष्णं, अतप्तः -प्ता -प्तं; **'suffering from cold,'** शीतार्त्तः -र्त्ता -र्त्तं, हिमार्त्तः -र्त्ता -र्त्तं; **'a cold wind,'** शीतलवातः; **'cold weather,'** शीतकालः -लं.—**(Indifferent, cold in disposition)** विरक्तः -क्ता -क्तं, उदासीनः -ना -नं, जलाशयः -या -यं, निरीहः -हा -हं;—**(Wanting in affection)** निःस्नेहः -हा -हं.—**(Cold-blooded)** रक्तहीनः -ना -नं.

Cold, ***s.*** शीतं, शीतता, शैत्यं, शीतलं -लता, शिशिरः, हिमं; **'cold**

weather,' शीतलकालः -लं, शिशिरकालः -लं; 'cold season,' हिमागमः, शिशिरः, शीतकः.—(Disease caused by cold) पीनसः, प्रतिश्यायः, काशः, कफः, श्लेष्मः *n.* (न्); 'having a cold,' काशी -शिनी -शि (न्), पीनसी -सिनी -सि (न्), कफी -फिनी -फि (न्).

Coldish, *a.* शीतलः -ला -लं, ईषच्छीतः -ता -तं, आशीतः -ता -तं.

Coldly, *adv.* शीतं, शीतलं, शैत्येन, शिशिरं.—(Indifferently) विरक्तं, विरक्त्या, निःस्नेहं, स्नेहं विना, स्नेहव्यतिरेकेण.

Coldness, *s.* शीतता, शैत्यं, शीतं, शीतलता, हिमं, हैमं, शीतीभावः.—(Want of affection) नैःस्नेह्यं, निःस्नेहता.—(Indifference) विरक्तिः *f.*, वैराग्यं, औदास्यं, निरीहता.

Cole or colewort, *s.* शाकः, हरितकं, शूरणं, शिग्रुः *m.*

Colic, *s.* शूलं, वातशूलं, पक्तिशूलं, आमशूलं, जठरव्यथा, जठरज्वाला, उदरवेदना, वातफुल्लान्त्रं.—(Having the colic) शूली -लिनी -लि (न्).

Colic, *a.* उदरवेदनाजनकः -का -कं, जठरव्यथाकरः -रा -रं.

***To* collapse,** *v. n.* **(fall together)** सम्पत् **(c. 1.** -पतति -तितुं), सन्निपत्.—**(Shrink)** सङ्कुच् **in pass.** (-कुच्यते), शॄ **in pass.** (शीर्य्यते), सङ्कोचम् इ **(c. 2.** एति, एतुं), संक्षिप् **in pass.** (-क्षिप्यते), संहृ **in pass.** (-ह्रियते), संहन् **in pass.** (-हन्यते), संश्यानीभू.

Collapsed, *p. p.* सङ्कुचितः -ता -तं, शीर्णः -र्णा -र्णं, संहतः -ता -तं, संहृतः -ता -तं, संक्षिप्तः -प्ता -प्तं, संवृत -ता -तं, संश्यानः -ना -नं, सन्नः -न्ना -न्नं.

Collar, *s.* ग्रैवं -वेयं -वेयकं, गलमेखला, कण्ठभूषा, कण्ठलता, माला, ग्रीवाभरणं, माला.—**(Halter for the neck)** कण्ठपाशकः, कण्ठतलासिका.

***To* collar,** *v. a.* ग्रैवेयकेधृ **(c. 1.** धरति, धर्त्तुं) **or** हस्तं दा **(c. 3.** ददाति, दातुं).

Collar-bone, *s.* जत्रु *n.*, ग्रीवास्थि *n.*, कण्ठास्थि *n.*; **'the collar bones,'** जत्रुणी *n. du.*

Collared, *p. p.*. ग्रैवेयके **or** ग्रीवायां घृतः -ता -तं.

***To* collate,** *v. a.* **(Compare one thing with another)** उपमा **(c. 2.** -माति, **c. 3.** -मिमीते -मातुं), सम्प्रधृ **in caus.** (-धारयति -यितुं), **with 2 acc.;** साधारणीकृ.—**(Collate books)** गुणनीं कृ, शुध् **in caus.** (शोधयति -यितुं).—**(Place in a benefice, confer)** धर्म्माध्यापकाय वृत्तिं प्रतिपद् **in caus.** (-पादयति -यितुं) **or** प्रदा **(c. 3.** -ददाति -दातुं).

Collated, *p. p.* उपमितः -ता -तं, शोधितः -ता -तं, प्रदत्तः -त्ता -त्तं.

Collateral, *a.* **(Parallel, side to side)** पार्श्वापार्श्विभूतः -ता -तं, पार्श्वापार्श्विगतः -ता -तं.—**(Not direct)** प्रासङ्गिकः -की -कं, आनुषङ्गिकः -की -कं, वक्रः -क्रा -क्रं, विलोमः -मा -मं, असरलः -ला -लं.—**(Concurrent)** अनुवादकः -का -कं.—**(Sprung from a common ancestor)** सगोत्रः -त्रा -त्रं, सपिण्डः, समानोदकः.

Collaterally, *adv.* पार्श्वापार्श्वि.—**(Indirectly)** प्रसङ्गक्रमेण, वक्रं, असरलं.

Collation, *s.* **(Comparison of one thing with another)** उपमानं, उपमितिः *f.*—**(Of books)** गुणनी, शोधनं.—**(Act of bestowing)** प्रदानं, प्रतिपादनं.—**(To a benefice)** धर्म्माध्यापकाय वृत्तिप्रतिपादनं. **or** वृत्तिप्रदानं.—**(A cold repast)** पूर्व्वेद्युः सिद्धानां फलादिस्वाद्वन्नानां सम्भारः.

Collator, *s.* **(One that compares books)** गुणनीकर्त्ता *m.* (र्तृ), ग्रन्थशोधनकृत्.—**(One that confers a benefice)** धर्म्माध्यापकवृत्तिप्रदाता *m.* (तृ).

Colleague, *s.* सहकारी *m.* (न्), सम्भूयकारी *m.* (न्), तुल्यवृत्तिः *m.* तुल्यव्यापारी *m.* (न्), एकविषयी *m.* (न्), सहायः, सङ्गी *m.* (न्).

***To* collect,** *v. a.* **(Gather together)** चि **(c. 5.** चिनोति, चेतुं), अवचि, समाचि, आचि, प्रचि, सञ्चि, ममानी **(c. 1.** -नयति -नेतुं), समुपानी, सम्भृ **(c. 1.** -भरति, **c. 3.** -बिभर्त्ति -भर्त्तुं), समादा **(c. 3.** -ददाति -दातुं), समाक्षिप् **(c. 6.** -क्षिपति -क्षेप्तुं), संहन् **(c. 2.** -हन्ति -हन्तुं), समाहृ **(c. 1.** -हरति -हर्त्तुं), उपसंहृ, समूह् **(c. 1.** -ऊहते -हितुं), सङ्ग्रह् **(c. 9.** -गृह्लाति -ग्रहीतुं), एकीकृ, एकत्र कृ.—**(Collect into a heap)** राशीकृ, पिण्ड् **(c. 10.** पिण्डयति -यितुं), पिण्डीकृ, पूगीकृ, एकौघीकृ.—**(Collect themselves, assemble)** समे **(*i.e.* सम् and** आ **with rt.** इ, समैति, समैतुं), सङ्गम् **(c. 1.** -गच्छति -गन्तुं), समागम्, एकत्र मिल् **(c. 6.** मिलति, मेलितुं).—**(Collect taxes)** करान् **or** शुल्कान् ग्रह्.—**(Infer)** अनुमा **(c. 2.** -माति **c. 3.** -मिमीते -मातुं), ऊह्, अवगम् **(c. 1.** -गच्छति -गन्तुं). **(Collect one's self, recover one's self)** मनः **or** चेतः समाधा **(c. 3.** -दधाति -धत्ते -धातुं), संज्ञां लभ् **(c. 1.** लभते, लब्धुं), स्वप्रकृतिम् आपद् **(c. 4.** -पद्यते, -पत्तुं), **or** प्रतिपद्.

Collect, *s.* ख्रीष्टीयानां रविवारादिविशिष्टपर्व्वाण्युद्दिश्य प्रार्थनां, सांक्षेपिकप्रार्थना, ऋक् *f.* (च्).

Collected, *p. p.* सञ्चितः -ता -तं, उपचितः -ता -तं, समुपचितः -ता -तं, समूढः -ढा -ढं, सङ्गूढः -ढा -ढं, सम्भृतः -ता -तं, सम्भूतः -ता -तं, एकीकृतः -ता -तं, एकस्थः -स्था -स्थं, सन्निपतितः -ता -तं, संहतः -ता -तं, समवेतः -ता -तं, सङ्कलितः -ता -तं.—**(Heaped)** राशीभूतः -ता -तं, पूगीकृतः -ता -तं, पुञ्जितः -ता -तं, एकौघभूतः -ता -तं, एकराशिभूतः

Collectible 157 Colon

-ता -तं.—**(In mind)** समाहित: -ता -तं, लब्धचेता: -ता -तं: (स्), लब्धसंज्ञ: -ज्ञा -ज्ञं, निराकुल: -ला -लं, प्रकृतिमापन्न: -न्ना -न्नं, अव्यस्त: -स्ता -स्तं, अव्यग्र: -ग्रा -ग्रं.

Collectible, *a.* चयनीय: -या -यं, चेय: -या -यं, चेतव्य: -व्या -व्यं, सञ्चेय: -या -यं, उपचेय: -या -यं, समूह्य: -ह्या -ह्यं.

Collection, *s.* सञ्चय:, चय: समुच्चय:, निचय:, प्रचय:, समूह:, सङ्ग्रह:-हणं, सन्निपात:, सङ्घात:, सङ्घ:, संहति: ***f.,*** ओघ: समुदाय:, वृन्दं, समवाय:, संहार:, समाहार:, सन्नय:, चाय:, सङ्ग:, ऊहिणी, राशि: ***m. f.,*** पुञ्ज:, पिण्ड:, पूग:, विन्यास:, सङ्कुल:, ग्राम: **in comp.; 'collection of people,'** जनसमूह:, जननिवह:, जनौघं, जनसमागम:; **'of clouds,'** घनचय:, घनौघ:, जलदसंहति: ***f.***—**(Raising money)** एकैकस्मात् किञ्चित्किञ्चिद्धनग्रहणं, धनोत्तोलनं.

Collective, *a.* समवायी -यिनी -यि (न्), सञ्चयी -यिनी -यि (न्), साङ्कुल: -ली -लं, उपचित: -ता -तं, गणीभूत: -ता -तं, सामान्य: -न्या -न्यं, साधारण: -णी -णं.

Collectively, *adv.* (Generally) साधारण्येन, साकल्येन.—**(In a mass)** सङ्घशस्, अपृथक्, समूह्य, ओघशस्.

Collector, *s.* सञ्चेता ***m.*** (तृ), सञ्चयी ***m.*** (न्), सङ्ग्रहीता ***m.*** (तृ), सङ्ग्राहक:.—**(A tax-gatherer)** करग्रह:, शुल्कग्राही ***m.*** (न्).

College, *s.* (For learning) विद्यालय:, विद्यावेश्म ***n.*** (न्), चतुष्पाठी, पाठशाला, छात्रादिनिलय:, अवसथ: -थ्य:.—**(For religion)** मठ:, आश्रम:, विहार:, वीहार:.—**(A community of persons)** श्रेणि: ***m.f.,*** जनसमूह:, पंक्ति: ***f.,*** गण:.

Collegian, *s.* छात्र:, विद्यार्थी ***m.*** (न्), विद्यालयस्थ:, अन्तेवासी ***m.*** (न्).

Collegiate, *a.* विद्यालयसम्बन्धी -न्धिनी -न्धि (न्), आश्रमिक: -की -कं, आश्रमी -मिनी -मि (न्), मठसम्बन्धीय: -या -यं.

Collet, *s.* (Collar) ग्रैवेयकं, ग्रीवाभरणं.—**(Of a ring)** अङ्गुरीयकभागो यत्र मणि: प्रणिधीयते.

To* collide, *v. a. संहन् **(c. 2.** -हन्ति -हन्तुं), समाहन्, सङ्घट्ट् **(c. 10.** -घट्टयति -यितुं), मृद् **(c. 9.** मृद्नाति, मर्द्दितुं), निष्पिष् **(c. 7.** -पिनष्टि -पेष्टुं), घृष् **(c. 1.** घर्षति -र्षितुं).

Collied, *p. p.* अङ्गारमलिनित: -ता -तं, मलीमस: -सा -सं, अङ्गारित: -ता -तं.

Collier, *s.* अङ्गारखनक:, कृष्णभूमिखनक:, अङ्गाराखनिक:, अङ्गारविक्रेता ***m.*** (तृ).

Colliery, *s.* अङ्गारखानि: ***f.,*** अङ्गारोत्पत्तिस्थानं, कृष्णभूमिखननस्थानं.

Colliflower, *s.* शाक:, हरितकं, शूरणं, पोतकी.

Colligation, *s.* सम्बन्धनं, एकत्र बन्धनं, संश्लेषणं, संयोजनं.

Collimation or collineation, *s.* सन्धानं, अभिसन्धानं, लक्षीकरणं.

Colliquable, *a.* द्राव्य: -व्या -व्यं, गलनीय: -या -यं.

To* colliquate, *v. a. विली **in caus.** (-लापयति -लाययति -यितुं), द्रवीकृ.

Colliquation, *s.* विलयनं, गलनं, द्रवीकरणं, विद्रावणं.

Colliquative, *a.* विद्रावक: -का -कं, विलयनकारी -रिणी -रि (न्), गलनकृत्.

Collision, *s.* सङ्घट्ट: -ट्टनं, परस्परसमाघात:, समाघात:, प्रतिघात:, सम्मर्द्द:, घर्षणं, घनाघन:, स्खलनं.

To* collocate, *v. a. स्था **in caus.** (स्थापयति -यितुं), अवस्था, प्रतिष्ठा, धा **(c. 3.** दधाति, धातुं), आधा, न्यस् **(c. 4.** -अस्यति -असितुं), विन्यस्, ऋ **in caus.** (अर्पयति -यितुं), नियुज् **(c. 7.** -युनक्ति -योक्तुं), निविश् **in caus.** (-वेशयति -यितुं).

Collocated, *p. p.* स्थापित: -ता -तं, प्रतिष्ठापित: -ता -तं, आहित: -ता -तं, विनिवेशित: -ता -तं, न्यस्त: -स्ता -स्तं, अर्पित: -ता -तं, रोपित: -ता -तं.

Collocation, *s.* स्थापनं, प्रतिष्ठापनं, न्यसनं, निवेशनं, अर्पणं, प्रयोग:.

Collocution, *s.* सम्भाषणं, आभाषणं, सम्प्रवदनं, कथायोग:, कथाप्रसङ्ग:.

To* collogue, *v. n. लल् **in caus.** (लालयति -यितुं), चाटूक्त्या सान्त्व् **(c. 10.** सान्त्वयति -यितुं).

Collop, *s.* (Of meat) मांसखण्डं, आमिषखण्डं, मांसलव:.

Colloquial, *a.* संलापी -पिनी -पि (न्); **'colloquial style,'** कथोपकथनयोग्यो वाग्व्यापार:.

Colloquy, *s.* सम्भाषा, संलाप:, सङ्कथा, संवाद:, कथोपकथनं.

To* collude, *v. a. पक्षपातं कृ, गणतां कृ, कूटसंविदं कृ, अङ्गाङ्गिभू.

Collusion, *s.* पक्षपात: -तिता, गणता, कूटगणता, अङ्गाङ्गिभाव:, कूटसंविद्, प्रतारणा, कूटता, कापट्यं, शठता.

Collusive, *a.* पक्षपाती -तिनी-ति (न्), पक्षपातघटित: -ता -तं, कौटिक: -की -कं.

Collusively, *adv.* पक्षपातेन, कूटगणतापूर्व्वकं, अङ्गाङ्गि.

Colly, *s.* अङ्गारमलं, अङ्गारकिट्टं, अङ्गारकल्कं.

To* colly, *v. a. अङ्गारेण कृष्णीकृ **or** कृष्ण **(nom.** कृष्णायते) **or** मलीमसीकृ.

Collyrium, *s.* अञ्जनं, रसाञ्जनं, नेत्ररञ्जनं, दार्विका, कज्जलं, कर्परी, खर्परी, तुत्थं, रसगर्भं, तार्क्ष्यशैलं.

Colocynth, *s.* अरुणा, इन्द्रवाणिका, दाला, जलङ्ग:, काकमर्द्द:. पिटङ्गाकी, सुफला, विषघ्नी.

Colon, *s.* (A pointed used to mark a pause) वाक्यपरिमापकं

द्विविन्दुचिह्नं, द्विविन्दुः **m.**—**(The great intenstine** महापुरीतत् **m.,** महदन्त्रं, महानाली.

Colonel, s. व्यूहपतिः **m.,** गुल्मपतिः, सैन्यदलाध्यक्षः:, सैन्याधिपतिः **m.**

Colonelship, s. व्यूहपतित्वं, गुल्मपतिपदं, सैन्यदलाध्यक्षत्वं.

Colonial, a. नवीनवसतिस्थानसम्बन्धी: -न्धिनी -न्धि (न्), प्रादेशिकः -की -कं.

Colonist, s. स्वदेशत्यागानन्तरं देशान्तरवासी **m.** (न्), अधिवासी **m.** (न्). प्रदेशवासी, दूरावासी, प्रदेशस्थः.

Colonization, s. स्वदेशं त्यक्तुकामानां दूरदेशाधिवासनं, देशान्तराधिवासनं, प्रदेशवासनं.

***To* colonize, v. a.** स्वदेशं त्यक्तुकामान् प्रदेशे वस् **in caus.** (वासयति -यितुं) **or** अधिवस्, अध्यास् **in caus.** (-आसयति -यितुं).

Colonized, p. p. अधिवासितः -ता -तं, अध्युषितः -ता -तं. वासितः -ता -तं, अध्यासितः -ता -तं.

Colonnade, s. मण्डलरूपेण विन्यस्ता स्तम्भश्रेणी, स्तम्भपंक्तिपरिवेष्टितश् छत्रपथः, स्तम्भपंक्तिः **f.**

Colony, s. (The country planted) स्वदेशत्यागिभिर् वासितः प्रदेशः, नवीनवसतिस्थानं, प्रदेशः.—**(The people)** प्रदेशवासिनः **m. pl.,** अधिवासिनः **m. pl.,** नवीनवासिनः.

Colophony, s. अरालः, रालः, धूपनः, सर्ज्जरसः, अग्निवल्लभः. ***See* Resin.**

Coloquintida, s. अरुणा, दाला, जलङ्गः, काकमर्द्दकः. ***See* Colocynth.**

Colorate, a. रागी -गिणी -गि (न्), सरागः -गा -गं, रङ्गी -ङ्गिनी -ङ्गि (न्).

Coloration, s. रञ्जनं, वर्णनं.—**(The state)** रागः.

Colorific, a. रङ्गी -ङ्गिनी -ङ्गि (न्), रागदः -दा -दं, वर्णदः -दा -दं.

Colossal or colossean, a. वृहत्कायः -या -यं, वृहच्छरीरः -रा -रं, अतिमानुषाकारः -रा -रं, भीमविग्रहः -हा -हं, दानवाकारः -रा -रं, असम्भवमूर्त्तिः -र्त्तिः -र्त्ति.

Colossus, s. वृहत्प्रतिमा -प्रतिमानं, वृहत्प्रतिच्छन्दकं, वृहत्सूर्म्मी, अतिमानुषपरिमाणा मूर्त्तिः.

Colour, s. (Hue, dye, tint) रागः, रङ्गः, वर्णः; **'of one colour,'** एकवर्णः -र्णा -र्णं; **'of the same colour,'** सवर्णः -र्णा -र्णं, समवर्णः -र्णा -र्णं; **'of various colours,'** नानावर्णः -र्णा -र्णं; **'of lasting colour,'** स्थिररङ्गः -ङ्गा -ङ्गं; **'to change colour,'** विवर्णीभू; **'that has lost its colour,'** वीतरागः -गा -गं.—**(Paint)** रङ्गः, वर्णकः -का, लेपः; **'a picture in colours,'** चित्रलेखा, चित्रलिखितं, चित्रं.—**(Complexion, colour in the cheek)** कपोलरागः; **'of a ruddy colour,'** अरुणवदनः -ना -नं, लोहिताननः -नी -नं; **'without colour,'** विवर्णवदनः -ना -नं.—**(Colours of a regiment)** पताका, ध्वजः, वैजयन्ती.—**(Pretext)** अपदेशः, व्यपदेशः, छद्म **n.** (न्); **'under colour of a vow,'** व्रतव्यपदेशेन.

***To* colour, v. a.** रञ्ज् **in caus.** (रञ्जयति -यितुं), वर्ण् **(c. 10.** वर्णयति -यितुं), चित्र् **(c. 10.** चित्रयति -यितुं), सरागं -गां -गं कृ.—**(Excuse, palliate)** व्यपदिश् **(c. 6.** -दिशति -देष्टुं), अपदिश्, शम् **in caus.** (शमयति -यितुं), छद् **(c. 10.** छादयति -यितुं).—**(Make plausible)** सत्यसङ्काशं -शां -शं कृ, सुदृश्यं -श्यां -श्यं कृ.

***To* colour, v. n. (Take a colour)** रञ्ज् **in pass.** (रज्यते), संरञ्ज्.—**(Blush)** सलज्जत्वाद् रक्तवदनः -नी -नं भू, लज्ज् **(c. 1.** लज्जते -ज्जितुं), व्रीड् **(c. 4.** व्रीडाति, व्रीडितुं).

Colourable, a. सत्यसङ्काशः -शा -शं, सुदृश्यः -श्या -श्यं, सम्भावनीयः -या -यं.

Colourably, adv. सत्यसङ्काशं, सत्यसन्निभं, सत्यसदृशं, सुदृश्यतया.

Coloured, p. p. रञ्जितः -ता -तं, रक्तः, -क्ता -क्तं, रागी -गिणी -गि (न्), सरागः -गा -गं, रागान्वितः -ता -तं, वर्णितः -ता -तं, वर्णगतः -ता -तं; **'many-coloured,'** नानावर्णः -र्णा -र्णं.

Colouring, s. वर्णनं, रञ्जनं, चित्रकरणं.—**(The art of colouring or painting)** चित्रविद्या, चित्रकर्म्म **n.** (न्), आलेख्यकरणं.—**(Rhetorical ornament)** अलङ्कारः, वर्णनं.

Colourist, s. रञ्जकः, रङ्गाजीवः, चित्रकरः, वर्णी **m.** (न्), वर्णचारकः, तौलिकः.

Colourless, a. अवर्णः -र्णा -र्णं, विवर्णः -र्णा -र्णं, वर्णहीनः -ना -नं, नीरक्तः-क्ता -क्तं, वीतरागः -गा -गं, रागहीनः -ना -नं.

Colt, s. किशोरः, अश्वशावः -वकः, बालः, अम्बरीषः, घोटकवत्सः.—**(A young foolish fellow)** किशोरः, चपलः, प्रमादी **m.** (न्).

Coltsfoot, s. कासनाशिनी, कासघ्नी, कासमर्द्दः.

Colt's-tooth, s. किशोरदन्तः, अश्वशावकदन्तः.

Colter, s. लाङ्गलदन्तः, हलदन्तः, फालः, कृन्तत्रं, हलकीलः.

Coltish, a. चपलः -ला -लं, प्रकृतितरलः -ला -लं, चञ्चलः -ला -लं.

Columbary, s. (Dove-cot) कपोतपालिका, कपोतागारं, विटङ्कः.

Columbine, s. (A plant) वनीयौषधिभेदः.—**(Female character in a pantomime)** रङ्गावतारिणी.

Column, s. (A pillar) स्तम्भः, स्थूणा, यूपः -पं, यष्टिः **f.**—**(An**

array to troops in column) भोगव्यूहः, सूचिव्यूहः.—(Half a page) अर्द्धपृष्ठं, अर्द्धपत्रं, अर्द्धफलकः.

Columnar, *a.* स्तम्भाकारः -रा -रं, स्तम्भाकृतिः -तिः -ति.

Coma, *s.* अतिशयनिद्रालक्षितो रोगविशेषः.

Comate, *s.* सहायः, सङ्गी ***m.*** (न्), सहवासी ***m.*** (न्), सहवर्त्ती ***m.*** (न्).

Comatose, *s.* अतिशयनिद्राग्रस्तः -स्ता -स्तं, अतिनिद्रातुरः -रा -रं.

Comb, *s.* कङ्कतः -ती -तं -तिका, केशमार्जकः -र्जनं -र्जनी, प्रसाधनी -नं, मार्जनी, दन्ती ***m.*** (न्).—**(Crest of a cock)** कुक्कुटचूडा, कुक्कुटशिखा.—**(A valley)** दरी, कन्दरी. **(Instrument for carding wool)** ऊर्णामार्जनी.—**(Honey-comb)** मधुकोषः, करण्डः.

To* comb, *v. a. केशान् मृज् **(c. 2.** मार्ष्टि, मार्ष्टुं**) or** सम्मृज् **or** विजटीकृ **or** निर्घृष् **(c. 1.** -घर्षति -र्षितुं), वितूस्त **(nom.** वितूस्तयति -यितुं).

Comb-maker, *s.* केशमार्जनकारः, कङ्कतकृत्, कङ्कतिकाविक्रयी ***m.*** (न्).

To* combat, *v. n. युध् **(c. 4.** युध्यते, योद्धुं), विग्रह् **(c. 9.** -गृह्णाति -ग्रहीतुं), सङ्ग्राम् **(c. 10.** सङ्ग्रामयति -यितुं), सङ्ग्रामं कृ.

***To* combat, *v. a.* (Oppose in fight)** प्रतियुध् **(c. 4.** -युध्यते -योद्धुं **or in caus.** -योधयति -यितुं) **with acc.** प्रतिरुध् **(c. 7.** -रुणद्धि -रोद्धुं), प्रतिकूल **(nom.** प्रतिकूलयति -यितुं).—**(In argument)** विवद् **(c. 1.** -वदते -दितुं) **with instr.; 'to combat one's passions,'** इन्द्रियाणि निग्रह् **(c. 9.** -गृह्णाति -ग्रहीतुं).

Combat, *s.* युद्धं, युत् ***f.*** (ध्), रणः -णं, सङ्ग्रामः, समरः -रं, विग्रहः, कलहः, संयुगः, संख्यं, आहवः, आयोधनं, सङ्गरः, समाघातः, सम्परायः, जन्यं, मृधं, सम्प्रहारः, अभिसम्पातः, अभ्यागमः; **'hand to hand, combat,'** बाहुयुद्धं; **'single combat,'** द्वन्द्वयुद्धं; **'mingled combat,'** तुमुलं, रणसङ्कुलं.

Combatant, *s.* योद्धा ***m.*** (द्धृ), योधः, युध्वा ***m.*** (न्), युयुत्सुः ***m.,*** प्रयुयुत्सुः, युधानः, प्रहर्त्ता ***m.*** (र्त्तृ).—**(Duellist)** द्वन्द्वयुद्धकृत्.—**(Warrior)** वीरः, सुभटः, भटः.

Comber, *s.* ऊर्णामार्जकः, ऊर्णासम्मार्जनकृत्, ऊर्णानिर्घर्षणकः.

Combinable, *a.* सन्धेयः -या -यं, सम्भाव्यः -व्या -व्यं, अविरुद्धः -द्धा -द्धं.

Combination, *s.* योगः, संयोगः, सन्धिः ***m.,*** सन्धानं, संसर्गः; संश्लेषः, श्लेषः, सङ्गः -ङ्गमः, साहित्यं, संहतिः ***f.,*** सङ्घातः, संहतत्वं, सहायता, साहाय्यं, साह्यं, मेलकः, सम्भूतिः ***f.,*** संव्यूहः, समासक्तिः ***f.,*** संसक्तिः ***f.,*** समासज्जनं, प्रसक्तिः.—**(Commixture)** सम्मिश्रणं, प्रक्षेपः; **'combination of letters,'** सन्धिः ***m.***—**(Joint execution of work)** सम्भूयकारित्वं, सम्भूयसमुत्थानं; **'in combination with his brethren,'** भ्रातृसङ्घातवान् ***m.*** (त्).

To* combine, *v. a. संयुज् **(c. 7.** -युनक्ति -योक्तुं **or caus.** -योजयति -यितुं), सन्धा **(c. 3.** -दधाति -धातुं), उपसन्धा, संहन् **(c. 2.** -हन्ति, -हन्तुं), संश्लिष् **in caus.** (-श्लेषयति -यितुं), सङ्गम् **in caus.** (गमयति -यितुं), सम्मिश्र् **(c. 10.** -मिश्रयति -यितुं), संलग्नीकृ, एकीकृ, एकत्र कृ.

To* combine, *v. n. संयुज् **in pass.** (-युज्यते), सन्धा **in pass.** (-धीयते), संश्लिष् **in pass.** (-श्लिष्यते), सम्मिल् **(c. 6.** -मिलति -मेलितुं), संसृज् **in pass** (-सृज्यते), सम्भू **(c. 1.** -भवति, -वितुं), सङ्गम् **(c. 1.** -गच्छति -गन्तुं), संहन् **in pass.** (-हन्यते), संसञ्ज् **in pass.** (-सज्यते **or** -सज्जते), सम्मिश्रीभू, एकीभू, एकत्र मिल्.

Combined, *p. p.* संयुक्तः -क्ता -क्तं, संयोजितः -ता -तं, समायुक्तः -क्ता -क्तं, संश्लिष्टः -ष्टा -ष्टं, संहतः -ता -तं, सङ्घातवान् -वती -वत् (त्), सन्धितः -ता -तं, संहितः -ता -तं, सन्धानितः -ता -तं, संहितः -ता -तं, सहगतः -ता -तं, संसृष्टः -ष्टा -ष्टं, कृतसंसर्गः -र्गा -र्गं, सम्मिश्रः -श्रा -श्रं, मिश्रितः -ता -तं, सम्पृक्तः -क्ता -क्तं, मिलितः -ता -तं, संसक्तः -क्ता -क्तं, समासक्तः -क्ता -क्तं, समस्तः -स्ता -स्तं; **'having combined,'** सम्भूय, मिलित्वा.

Combless, *a.* चूडाहीनः -ना -नं, शिखाहीनः -ना -नं, चूडारहितः -ता -तं.

Combust, *a.* सूर्य्यस्य समीपवर्त्तिनी तारा.

Combustible, *a.* दहनीयः -या -यं, दाह्यः -ह्या -ह्यं, ज्वलनीयः -या -यं, दीपनीयः -या -यं, दीप्यः -प्या -प्यं, ज्वलनशीलः -ला -लं, ज्वलनार्हः -र्हा -र्हं.

Combustible, *s.* (A combustible) अग्निवल्लभः, शीघ्रं ज्वलनीयं किञ्चिद्वस्तु.

Combustibleness, *s.* दहनीयता, दाह्यत्वं, ज्लनशीलत्वं.

Combustion, *s.* (Burning) दाहः -हनं, ज्वलनं, दीपनं, तापः, ओषः, प्लोषः, प्रोषः.—**(Tumult)** तुमुलं, व्यस्तता, विप्लवः, वैक्लव्यं, कोलाहलः, आहवः.

To* come, *v. n. आगम् **(c. 1.** -गच्छति -गन्तुं), अभ्यागम्, उपागम्, समुपागम्, अभिगम्, उपगम्; आया **(c. 2.** -याति -यातुं), समाया, उपाया, अभिया; उपस्था **(c. 1.** -तिष्ठति -स्थातुं), समुपस्था; ए **(*i.e.* आ with rt.** इ, **c. 2.** ऐति, ऐतुं), आव्रज् **(c. 1.** -व्रजति -जितुं), अभिपद् **(c. 4.** -पद्यते -पत्तुं), अभ्यृ **(c. 1.** -ऋच्छति -अर्त्तुं), उपक्रम् **(c. 1.** -क्रामति -क्रमितुं), अभिवृत् **(c. 1.** -वर्त्तते -र्त्तितुं), अभ्यावृत्; **'hence have you come,'** कुतः समागतोऽसि.—**(Come to, arrive at)** प्राप् **(c. 5.** -आप्नोति -आप्तुं).—**(Come and go)** गमनागमनं

कृ, गतागतं कृ, यातायातं कृ.—**(Come about, come to pass)** सम्पद्, संवृत्, सम्भू उपस्था, निपत् (c. **1.** -पतति -तितुं), आपत्.—**(Come after)** पश्चाद् आया, अन्वागम्, अन्वास्था. —**(Come away)** अपगम्, व्यपगम्, अपया, व्यपया. —**(Come again)** पुनर् आगम्, प्रत्यागम्, प्रत्यावृत्.—**(Come behind)** पृष्ठतः **or** पृष्ठेन आगम्.—**(Come between)** अन्तरागम्, अन्तर्वृत्, अन्तःस्था..—**(Come back)** प्रत्यागम्, प्रत्याया.—**(Come down)** अवरुह् (c. **1.** -रोहति -रोढुं), अवतृ (c. **1.** -तरति -रितुं -रीतुं).—**(Come forth, come out)** वहिर् आगम्, निर्गम्, निःसृ (c. **1.** -सरति -सर्त्तुं). ***See To*** **appear.**—**(Come forward)** अग्रतः स्था, सम्प्रस्था; **'in learning,'** विद्यागमं कृ. ***See To*** **Advance.**—**(Come hither)** अत्र आगम्.—**(Come in).** ***See To*** **enter, arrive, comply.**—**(Come into)** प्रविश् (c. **6.** -विशति -वेष्टुं); **'be involved,'** सम्बन्ध् **in pass.** (-बध्यते); **'come into trouble,'** विपद्ग्रस्तः -स्ता -स्तं भू.—**(Come near).** ***See To*** **approach.**—**(Come out).** ***See To*** **appear.**—**(Come to).** ***See To*** **amount, cost; 'that will come to a large sum of money,'** तद् बहुधनव्ययसाध्यं.—**(Come to one's self)** संज्ञा **or** चेतनां लभ् (c. **1.** लभते, लब्धुं) **or** प्राप् (c. **5.** -आप्नोति, आप्तुं), स्वप्रकृतिम् आपद्.—**(Come to an end)** निवृत्, विनिवृत्. ***See To*** **end.**—**(Come to life)** उज्जीव् (c. **1.** -जीवति -वितुं).—**(Come to an agreement)** संविदम् उपगम्.—**(Come short)** न्यूनीभू.—**(Come together)** समागम्, समे.—**(Come upon)** आक्रम्.

To come, ***adv.*** **(The time to come)** भविष्यत्कालः, भविष्यत् ***n.***, आगामिकालः, उत्तरकालः; **'generations to come,'** पुत्रपौत्राः ***m. pl.***

Come, ***interj.*** आगच्छ, एहि, आयाहि, यातु.—**(Be quick)** त्वरतां. —**(Come up said to horses)** वहत वहत.

Come, ***p. p.*** आगतः -ता -तं, आयातः -ता -तं, उपस्थितः -ता -तं.—**(Come to pass)** सम्भूतः -ता -तं, समापन्नः -न्ना -न्नं, जातः -ता -तं, वृत्तः -त्ता -त्तं, संवृत्तः -त्ता -त्तं, उपावृत्तः -त्ता -त्तं.—**(Come back)** प्रत्यागतः -ता -तं.

Comedian, ***s.*** **(A comic actor)** वैहासिकः.—**(Stage-player)** नटः, नाटकः, कुशीलवः, चारणः, रङ्गाजीवः, रङ्गावतारी ***m.*** (न्), अभिनेता ***m.*** (तृ), शैलाली ***m.*** (न्), नर्त्तकः.

Comedy, ***s.*** नाटकः, नाटिका, भाणिका, प्रहसनं, दुर्मल्लिका.

Comeliness, ***s.*** सुदृश्यता, सौन्दर्य्यं, सुन्दरत्वं, लावण्यं, सुरूपता, रूपं.

Comely, ***a.*** सुदृश्यः -श्या -श्यं, सुन्दरः -रा -री -रं, चारुः -र्व्वी -रु, रूपवान् -वती -वत् (त्), सुरूपः -पी -पं, अभिरूपः -पी -पं, सौम्यः -म्यी -म्यं, अभिरामः -मा -मं.

Comer, ***s.*** आगन्ता ***m.*** (न्तृ), आगामी ***m.*** (न्), आयायी ***m.*** (न्); **'a new-comer,'** आगन्तुः ***m.*** न्तुकः, अभ्यागतः, आवेशिकः.

Comet, ***s.*** केतुतारा, धूमकेतुः ***m.*** केतुः ***m.*** अग्न्युत्पातः, शिखावज्ज्योतिः ***n.*** (स्), उत्पातः, उपग्रहः, उल्का.

Cometary, ***a.*** धूमकेतुसम्बन्धी -न्धिनी -न्धि (न्), औत्पातिकः -की -कं.

To **comfit,** ***v. a.*** मोदकं कृ, मिष्टीकृ, मधुशर्करादिना उपस्कृ.

Comfit or Comfitures, ***s. pl.*** मोदकं -कः, मिष्टं, मिष्टान्नं, खण्डमोदकः, मधुमस्तकं, गुडकः, लड्डुकं, उपस्करः.

To **comfort,** ***v. a.*** आश्वस् **in caus.** (-श्वासयति -यितुं), सान्त्व् **or** शान्त्व् (c. **10** सान्त्वयति -यितुं), अभिशान्त्व्, उपसान्त्व्, परिशान्त्व् सन्तुष् **in caus.** (-तोषयति -यितुं), आप्यै **in caus.** (-प्याययति -यितुं).—**(Gladden)** नन्द् **in caus.** (नन्दयति -यितुं), हृष् **in caus.** (हर्षयति -यितुं).

Comfort, ***s.*** **(Ease)** सुखं, सन्तोषः, सुस्थता, सौख्यं, सम्पत्तिः ***f.***—**(Consolation)** आश्वासनं, सान्त्वनं -ना, शान्त्वं, उपशान्तिः ***f.***, सन्तोषणं, शोकापनोदः, विनोदः, प्रबोधः.—**(Of mind)** मनःसन्तोषः.

Comfortable, ***a.*** सुखस्य -यी -यं, सुखदः -दा -दं, स्वस्थः -स्था -स्थं, सुस्थः -स्था -स्थं, सन्तोषकः -का -कं, स्वास्थ्यजनकः -का -कं.—**(Consolatory)** आश्वासकः -सिका -कं, शान्तिदः -दा -दं, क्लेशापहः -हा -हं, शोकापहारकः -का -कं.

Comfortableness, ***s.*** स्वास्थ्यं, सुस्थता, सौख्यं, हृष्टपुष्टता.

Comfortably, ***adv.*** सुखेन, सुखं, यथासुखं, मनःसन्तोषेण, अनायासेन, सानन्दं.

Comforted, ***p. p.*** आश्वासितः -ता -तं, सन्तोषितः -ता -तं, आप्यायितः -ता -तं, सन्तुष्टमनाः -ना -नः (स्), गतोद्वेगः -गा -गं, प्रबोधितः -ता -तं, आनन्दितः -ता -तं.

Comforter, ***s.*** आश्वासकः, सन्तोषदः, सान्त्ववादः, शोकापनुदः, आश्वासशीलः, शोकापहर्त्ता ***m.*** (र्त्तृ), प्रबोधयिता ***m.*** (तृ).

Comfortless, ***a.*** निरानन्दः -न्दा -न्दं, सन्तोषहीनः -ना -नं, अनाश्वासनीयः -या -यं.

Comic or comical, ***a.*** हासकरः -री -रं, हास्यः -स्या -स्यं, उपहास्यः -स्या -स्यं, हास्योत्पादकः -का -कं, कौतुकी -किनी -कि (न्).—**(Odd, uncouth)** अपरुपः -पा -पं, असङ्गतः -ता -तं.-**(Relating to a comedy)** प्रहसननाटकसम्बन्धी -न्धिनी -न्धि (न्).

Comically, ***adv.*** यथा हास उत्पाद्यते तथा, हास्यप्रकारेण, असङ्गतं.

Comicalness, ***s.*** हायस्यत्वं, उपहास्यता, कौतुकं, अपरूपता.

Coming, ***s.*** आगमः -मनं, अभिगमः -मनं, उपगमः, उपस्थितिः ***f.***, उपस्थानं, उपसन्नता; **'coming and going,'** गतागतं,

गमनागमनं; 'coming on of night,' रात्रियोगः.

Coming, *a.* **(Ready)** उद्यतः -ता -तं, सुप्रस्तुतः -ता -तं. —**(Future, to come)** आगामी -मिनी -मि (न्), अनागतः -ता -तं, भावी -विनी -वि (न्), भविष्यत् -ष्यन्ती -ष्यत् (त्), उत्तरकालीनः -ना -नं.

Coming-in, *s.* **(Income)** आयः, आगमः, धनागमः. —**(Submission)** परवशगमनं.

Comity, *s.* अनुनयः, अनुकूलता, प्रश्रयः, अनुरोधः, सौजन्यं.

Comma, *s.* पदविच्छेदचिह्नं, पदावच्छेदचिह्नं, वाक्यविच्छेदचिह्नं.

***To* command,** *v. a.* **(Give orders, enjoin)** आज्ञा **in caus.** (-ज्ञापयति -यितुं), समाज्ञा, आदिश् **(c. 6.** -दिशति -देष्टुं), समादिश्, सन्दिश्, व्यादिश्, प्रतिसन्दिश्, चुद् **(c. 10.** चोदयति -यितुं), अभिचुद्, प्रक्लृप् **(c. 10.** -कल्पयति -यितुं). —**(Govern, hold in subjection)** शास् **(c. 2.** शास्ति, शासितुं), ईश् **(c. 2.** ईष्टे, ईशितुं), वशीकृ, अभिभू, निग्रह् **(c. 9.** -गृह्णाति, -ग्रहीतुं); **'to command one's passions,'** इन्द्रियाणि संयम् **(c. 1.** -यच्छति -यन्तुं). —**(Have authority over any thing)** अधिष्ठा **(c. 1.** -तिष्ठति -ष्ठातुं). —**(Overlook)** अवलोक् **(c. 10.** -लोकयति -यितुं), निरीक्ष् **(c. 1.** -ईक्षते -क्षितुं).

Command, *s.* **(Order)** आज्ञा, आदेशः, आज्ञप्ति, निदेशः, निर्देशः, नियोगः, शासनं, शास्तिः *f.,* शिष्टिः *f.,* चोदनं, वचनं, प्रयुक्तिः *f.,* नियमः, प्रेरणं -णा मतं, अववादः; **'obedient to commands,'** आज्ञाकरः -री -रं; **'word of command,'** निदेशः. —**(Authority, power, right of commanding)** अधिकारः, अधिकारित्वं, प्रभावः, प्रभुत्वं, आधिपत्यं, अध्यक्षता, अधिष्ठातृत्वं. —**(Subjection)** वशं, अधीनता. —**(Command of an army)** सैनापत्यं; **'under one's command,'** वशीकृतः -ता -तं, वशीभूतः -ता -तं, वशङ्गतः -ता -तं, स्वाधीनः -ना -नं; **'to bring any thing under one's command,'** आत्मवशं नेतुं; **'self-command,'** आत्मसंयमः, अन्तर्यमनं. **Particles of command,** परं, परमं.

Commandant, *s.* अधिकारी *m.* (न्), अधिकृतः, अधिष्ठाता *m.* (तृ), अध्यक्षः.

Commanded, *p. p.* आज्ञापितः -ता -तं, आज्ञप्तः -प्ता -प्तं, आज्ञातः -ता -तं, आदिष्टः -ष्टा -ष्टं, समादिष्टः -ष्टा -ष्टं, दत्ताज्ञः -ज्ञा -ज्ञं, चोदितः -ता -तं, प्रचोदितः -ता -तं, प्रेरितः -ता -तं, विहितः -ता -तं.

Commander, *s.* **(One who orders)** आज्ञापकः, आदेशी *m.* (न्), आदेष्टा *m.* (ष्टृ). —**(Chief)** अधिपतिः *m.,* पतिः *m.,* अधिष्ठाता *m.* (तृ), अधिकारी *m.* (न्), अधिकृतः, अध्यक्षः. —**(Of an army)** सेनानीः, सेनापतिः, सेनाग्रगः, सेनाध्यक्षः, योधमुख्यः.

Commandment, *s.* आज्ञा, आदेशः, विधिः *m.,* सूत्रं. —**(Of God)** ईश्वराज्ञा.

Commandress, *s.* अधिकारिणी, अधिष्ठात्री, आधिपत्यकारिणी.

Commaterial, *a.* एकमूर्त्तिः -र्त्तिः -र्त्ति, एकवस्तुः -स्तुः -स्तु, एकभावः -वा -वं.

***To* commemorate,** *v. a.* किञ्चित्स्मरणीयकर्म्माद्दिश्य उत्सवं कृ **or** सेव् **(c. 1.** सेवते -वितुं) **or** आचर् **(c. 1.** -चरति -रितुं) **or** समाचर्, किञ्चित्कर्म्मस्मरणार्थं पर्व्व पाल् **(c. 10.** पालयति -यितुं), **or** विधिवत् कृ. —**(Cause to remember)** स्मृ **In caus.** (स्मारयति -यितुं). —**(Celebrate in words)** अनुवर्ण् **(c. 10.** -वर्णयति -यितुं), संवर्ण्, कृत् **(c. 10.** कीर्त्तयति -यितुं).

Commemorated, *p. p.* स्मारितः -ता -तं, पालितः -ता -तं, अभ्युदितः -ता -तं.

Commemoration, *s.* **(Causing to remember)** स्मरणं. —**(Of a festival)** किञ्चित्स्मरणीयकर्म्मोद्दिश्य उत्सवकरणं, उत्सवपालनं, उत्सवसेवनं, उत्सवाचरणं, अभ्युदयपालनं; **'in commemoration of.'** उद्दिश्य, समुद्दिश्य.

Commemorative, *a.* स्मारणः -णा -णं, स्मरणकृत्, उद्देशकः -का -कं.

***To* commerce,** *v. a.* **and** *n.* आरभ् **(c. 1.** -रभते -रब्धुं), समारभ्, अभ्यारभ् प्रारभ्; प्रक्रम् **(c. 1.** -क्रमते -क्रमितुं), उपक्रम्, समुपक्रम्; प्रवृत् **(c. 1.** -वर्त्तते -र्त्तितुं); प्रस्तु **(c. 2.** -स्तौति -स्तुते -स्तोतुं); प्रकृ, सम्प्रकृ. —**(Set about)** अनुष्ठा **(c. 1.** -तिष्ठति -ष्ठातुं) व्यवसो **(c. 4.** -स्यति -सातुं); **'she commenced weeping,'** रोदितुं प्रवृत्ता.

Commenced, *p. p.* आरब्धः -ब्धा -ब्धं, प्रारब्ध -ब्धा -ब्धं, समारब्धः -ब्धा -ब्धं, प्रक्रान्तः -न्ता -न्तं, उपक्रान्तः -न्ता -न्तं, प्रवृत्तः -त्ता -त्तं, प्रस्तुतः -ता -तं, अनुष्ठितः -ता -तं.

Commencement, *s.* आरम्भः, प्रारम्भः, समारम्भः, प्रारब्धिः *f.,* उपक्रमः, प्रक्रमः, अभ्यादानं, समुद्यमः, आदरः, आमुखं. —**(Prelude)** प्रस्तावना प्रकरणं. —**(Setting about)** अनुष्ठानं; **'from the commencement,'** आदितस्.

Commencer, *s.* प्रक्रन्ता *m.* (न्तृ), उपक्रन्ता *m.* (न्तृ), आरम्भकः, आरब्धा *m.* (ब्धृ).

***To* commend,** *v. a.* प्रशंस् **(c. 1.** -शंसति -सितुं), स्तु **(c. 2.** स्तौति, स्तोतुं), अभिष्टु, संस्तु, श्लाघ् **(c. 1.** श्लाघते -घितुं, **or in caus.** श्लाघयति -यितुं), कृत् **(c. 10.** कीर्त्तयति -यितुं), अनुरागं कृ, रुच् **in caus.** (रोचयति -यितुं), अनुरुच्. —**(Entrust)** समृ **in caus.** (-अर्पयति -यितुं). —**(Set off)** प्रकाश् **in caus.** (-काशयति -यितुं).

Commendable, *a.* प्रशंसनीयः -या -यं, प्रशस्यः -स्या -स्यं,

Commendation 162 Commiserable

श्लाघ्यः -घ्या घ्यं, स्तुत्यः -त्या -त्यं, वन्द्यः -न्द्या -द्यं, ईड्यः -ड्या -ड्यं, विकत्थनीयः -या -यं, कीर्त्तनीयः -या -यं.

Commendably, ***adv.*** प्रशस्तं, प्रशस्यं, प्रशंसनीयप्रकारेण, श्लाघ्यवत्.

Commendation, ***s.*** प्रशंसा -सनं, श्लाघा, गुणश्लाघा, स्तुतिः ***f.,*** गुणस्तुतिः, स्तुतिवादः, ईडा.

Commendatory, ***a.*** प्रशंसाकरः -री -रं, स्तुतिमयः -यी -यं, गुणप्रकाशकः -का -कं.

Commended, ***p. p.*** प्रशंसितः -ता -तं, प्रशस्तः -स्ता -स्तं, श्लाघितः -ता -तं.

Commender, ***s.*** प्रशंसकः, प्रशंसाकृतृ, स्तावकः, स्तोता ***m.*** (तृ).

Commensality, ***s.*** सहभोजित्वं, गणान्नभोजित्वं.

Commensurable or commensurate, ***a.*** **(Reducible to a common measure)** सापवर्त्तः -र्त्ता -र्त्तं.—**(Proportionate)** अनुसारी -रिणी -रि (न्), अनुरूपः -पा -पं, अनुगुणः -णा -णं, सदृशः -शी -शं, समः -मा -मं; **'commensurable with one's strength,'** आत्मशक्तिसमः -मा -मं.

Commensurableness, ***s.*** अनुरूपता, अनुसारित्वं, सादृश्यं, समता.

Commensurably or commensurately, ***adv.*** अनुरूपं -पेण, अनुसारेण -सारतस्.

To **commensurate,** ***v. a.*** **(Reduce to a common measure)** अपवृत् **in caus.** (-वर्त्तयति -यितुं).—**(Make proportionable)** अनुरूपं -पा -पं कृ, अनुगुणं, -णा -णं कृ.

To **comment,** ***v. n.*** **(Expound)** टीकां लिख् **(c. 6.** लिखति, लेखितुं), टीकाद्वारेण व्याख्या **(c. 2.** -ख्याति -ख्यातुं) **or** व्याकृ **or** व्याचक्ष् **(c. 2.** -चष्टे) **or** व्याहृ **(c. 1.** -हरति -हर्त्तुं) **or** प्रकाश् **(c. 10.** -काशयति -यितुं) **or** स्पष्टीकृ.—**(Make remarks)** प्रवद् **(c. 1.** -वदति -दितुं), चर्चां कृ, निरूप् **(c. 10.** -रूपयति -यितुं), अनुयुज् **(c. 7.** -युनक्ति -योक्तुं).

Comment or commentary, ***s.*** **(Exposition, annotation)** टीका, भास्यं, भाष्यं, टिप्पनी, व्याख्या, व्याकरणं, निबन्धः, वार्त्तिकं, सूत्रव्याख्या; **'having a commentary,'** सटीकः -का -कं.—**(Remarks, observations)** प्रवादः, चर्चा, निरूपणं, अनुयोगः.

Commentator or commenter, ***s.*** टीकालेखकः, भाष्यकृत्, भास्यकरः, निबन्धा ***m.*** (-न्धृ), प्रवक्ता ***m.*** (क्तृ), प्रकाशकः, व्याख्याता ***m.*** (तृ), वाचकः, चूर्णिकृत् ***m.***

Commented, ***p. p.*** व्याकृतः -ता -तं, व्याख्यातः -ता -तं, निरूपितः -ता -तं.

Commentitious, ***a.*** कल्पितः -ता -तं, काल्पनिकः -की -कं, कृत्रिमः -मा -मं.

Commerce, ***s.*** **(Traffic)** वाणिज्यं -ज्या, वणिक्पथं, वणिग्भावः, क्रयविक्रयः, सत्यानृतं, निगमः, पणाया, पाणः, महाजनकर्म्म ***n.*** (न्).—**(Intercourse of society)** लोकव्यवहारः, लोकसंसर्गः, लोकयात्रा, गमनागमनं, आनुगत्यं; **'of sexes,'** मिथुनीभावः, स्त्रीपुरुषसङ्गः.

To **commerce,** ***v. n.*** वाणिज्यं कृ, पण् **(c. 1.** पणायति -यितुं), उपक्रीय विक्री **(c. 9.** -क्रीणाति -क्रेतुं).

Commercial, ***a.*** वाणिजः -जी -जं, जिकः -की -कं, वाणिज्यसम्बन्धी -न्धिनी -न्धि (न्), महाजनसम्बन्धी **etc.**

To **commigrate,** ***v. n.*** बहुजनैः सह देशं त्यक्त्वा देशान्तरं गम् **(c. 1.** गच्छति, गन्तुं).

Commigration, ***s.*** बहुजनैर् देशं त्यक्त्वा देशान्तरगमनं, सहोत्क्रमणं.

Commination, ***s.*** **(Curse, threat)** शापः, अभिशापः, अवक्रोशः, भर्त्सनं, तर्जनं.—**(Recital of God's threatenings on stated days)** निरूपितदिवसे परमेश्वरशापख्यापनं.

Comminatory, ***a.*** शापकः -का -कं, आभिशापिकः -की -कं, सशापः -पा -पं, आक्रोशकः -की -कं, सभर्त्सनः -ना -नं, सतर्जनः -ना -नं.

To **commingle,** ***v. a.*** मिश्र् **(c. 10.** मिश्रयति -यितुं), सम्मिश्र्, विमिश्र्, मिश्रीकृ; सम्पृच् **(c. 7.** -पृणक्ति -पर्चितुं), संयुज् **(c. 7.** -युनक्ति -योक्तुं), एकीकृ, एकत्र कृ.

Commingled, ***p. p.*** सम्मिश्रः -श्रा -श्रं -श्रितः -ता -तं, संसृष्टः -ष्टा -ष्टं, कृतसंसर्गः -र्गा -र्गं, सम्पृक्तः -क्ता -क्तं, सन्निपतितः -ता -तं.

Comminuible, ***a.*** चूर्णनीयः -या -यं, मर्द्दनीयः -या -यं, खण्डनीयः -या -यं, चूर्णयितुं शक्यः -क्या -क्यं, छेद्यः -द्या -द्यं, पेषणीयः -या -यं.

To **comminute,** ***v. a.*** चूर्ण् **(c. 10.** चूर्णयति -यितुं), प्रचूर्ण्, विचूर्ण्, चूर्णीकृ, मृद् **(c. 9.** मृद्नाति, मर्द्दितुं), अवमृद्, विमृद्, प्रमृद्, अभिमृद् **or in caus.** (मर्दयति -यितुं), पिष् **(c. 7.** पिनष्टि, पेष्टुं), निष्पिष्, विनिष्पिष्, प्रतिपिष्, उत्पिष्, खण्ड् **(c. 10.** खण्डयति -यितुं), छिद् **(c. 7.** छिनत्ति, छेत्तुं), खण्डशः कृ.

Comminuted, ***p. p.*** चूर्णितः -ता -तं, चूर्णीकृतः -ता -तं, सञ्चूर्णितः -ता -तं, खण्डितः -ता -तं, मर्द्दितः -ता -तं, पिष्टः -ष्टा -ष्टं, निष्पिष्टः -ष्टा -ष्टं.

Comminution, ***s.*** चूर्णनं, सञ्चूर्णनं, चूर्णीकरणं, चूर्णता, पेषणं, मर्द्दनं, खण्डनं.

Commiserable, ***a.*** अनुकम्प्यः -म्प्या -म्प्यं, दयार्हः -र्हा -र्हं, कृपार्हः -र्हा -र्हं.

Commiserated 163 Common

To **commiserate,** ***v. a.*** अनुकम्प् **(c. 1.** -कम्पते -म्पितुं) समनुकम्प्, दय् **(c. 1.** दयते -यितुं) **with gen.,** करुण **(nom.** करुणायते), कृपा **(nom.** कृपायते), अनुकृपा; दयां कृ.

Commiserated, ***p. p.*** अनुकम्पितः -ता -तं, दयितः -ता -तं, कृतानुकम्पः म्पा -म्पं.

Commiseration, ***s.*** कारुण्यं, करुणः -णा, कृपा, दया, अनुकम्पा.

Commiserative, ***a.*** अनुकम्पकः -का -कं, दयाकरः -री -रं, दयालुः -लुः -लु, दयाशीलः -ला -लं, कृपामयः -यी -यं, करुणार्द्रः -र्द्रा -र्द्रं, करुणात्मकः -का -कं.

Commissariat, ***s.*** **(The office)** भोजनाधिकारः -रित्वं.—**(The officers)** भोजनाधिकृताः ***m. pl.***

Commissary, ***s.*** **(A delegate)** नियोगी ***m.*** (न्), नियुक्तः.—**(Of provisions)** भोजनाधिकारी ***m.*** (न्), सैन्यानां भोजनादिपरिकल्पकः.

Commission, ***s.*** **(Employment, charge, appointment)** नियोगः, नियोजनं, नियुक्तिः ***f.,*** अधिकारः, प्रस्थापनं, प्रयोगः.—**(Trust)** निक्षेपः, न्यासः.—**(A warrant, order)** प्रत्ययपत्रं, आज्ञापत्रं, आदेशः, समादेशः, शासनं, शासनपत्रं, सङ्क्रामिताक्षरं.—**(Employment)** व्यापारः.—**(Power of buying or selling for another)** परस्य कृते क्रयशक्तिः **or** विक्रयशक्तिः ***f.***—**(Allowance made to the buyer or seller)** शुल्कः -ल्कं.—**(Act of committing or perpetrating)** करणं, आचरणं, समाचरणं.—**(Number of persons appointed to any office)** कस्मिंश्चित् कार्य्ये नियुक्तो जनसमूहः.—**(Commission in the army)** सेनायाम् अधिकारः **or** पदं.

To **commission,** ***v. a.*** नियुज् **(c. 7.** -युनक्ति- योक्तुं **or caus.** -योजयति -यितुं), विनियुज्, सन्नियुज्; प्रस्था **in caus.** (-स्थापयति -यितुं), समादिश् **(c. 6.** -दिशति -देष्टुं), व्यादिश्, अधिकृ, प्रकृ.

Commissioned, ***p. p.*** नियुक्तः -क्ता -क्तं, नियोजितः -ता -तं, प्रस्थापितः -ता -तं, प्रहितः -ता -तं, अधिकृतः -ता -तं, अधिकारवान् -वती -वत् (त्).

Commissioner, ***s.*** नियोगी ***m.*** (न्), नियुक्तः, अधिकारी ***m.*** (न्), अधिकारवान् ***m.*** (त्), राजकर्म्मनिर्व्वाहणे नियुक्तो जनः.

Commissure, ***s.*** **(Joint)** सन्धिः ***m.,*** सन्धिस्थानं, सेवनं, ग्रन्थिः ***m.***

To **commit,** ***v. a.*** **(Give in trust)** ऋ **in caus.** (अर्पयति -यितुं), समृ, निक्षिप् **(c. 6.** -क्षिपति -क्षेप्तुं), न्यस् **(c. 4.** -अस्यति -असितुं), उपन्यस्, नियुज् **(c. 7.** -युनक्ति -योक्तुं **or caus.** -योजयति -यितुं), प्रतिपद् **in caus.** (-पादयति -यितुं), परिदा **(c. 3.** -ददाति -दातुं), समादिश् **(c. 6.** -दिशति -देष्टुं), प्रतिसन्दिश्, न्यासीकृ.—**(Perpetrate)** कृ, आचर् **(c. 1.** -चरति -रितुं), विधा **(c. 3.** -दधाति -धातुं).—**(Imprison)** कारागारे प्रविश् **in caus.** (-वेशयति -यितुं), आसिध् **(c. 1.** -सेधति -सेद्धुं).—**(Expose to hazard)** संशयस्थं -स्थां -स्थं कृ.—**(Commit to writing)** लेख्ये आरुह् **in caus. (c. 1.** -रोपयति -यितुं).—**(To memory)** अभ्यस् **(c. 4.** -अस्यति -असितुं), कण्ठस्थं -स्थां -स्थं कृ.

Commitment, ***s.*** आसेधः, स्थानासेधः, कारागारप्रवेशनं, कारागृहप्रवेशः, निरोधनं, रोधः, प्रतिबन्धनं.

Committed, ***p. p.*** अर्पितः -ता -तं, समर्पितः -ता -तं, निक्षिप्तः -प्ता -प्तं, न्यस्तः -स्ता -स्तं, न्यासीकृतः -ता -तं, प्रतिपादितः -ता -तं.—**(Perpetrated, done)** कृतः -ता -तं.—**(Imprisoned)** कारागुप्तः -प्ता -प्तं, कारागारप्रवेशितः -ता -तं, आसिद्धः -द्धा -द्धं.—**(Committed to writing)** लेख्यारूढः -ढा -ढं, पत्रे निवेशितः -ता -तं.—**(To memory)** अभ्यस्तः -स्ता -स्तं.

Committee, ***s.*** कस्मिंश्चित् कार्य्ये नियुक्ताः जनाः ***m. pl.,*** कार्य्यसम्पादने नियुक्तो जनसमूहः, कर्म्मसम्पादिका सभा.

Committer, ***s.*** कर्त्ता ***m.*** (र्तृ), कृत् **or** करः **in comp.,** कारः, विधायी ***m.*** (न्).

To **commix,** ***v. a.*** सम्मिश्र् **(c. 10.** -मिश्रयति -यितुं), मिश्रीकृ, सम्मिश्रीकृ, एकीकृ.

Commixture, ***s.*** सम्मिश्रणं, मिश्रणं, सम्पर्कः, सन्निपातः, संयोजनं, संयोगः, संसर्गः, प्रक्षेपः, अनुषङ्गः.

Commode, ***s.*** स्त्रीजनभृतं मस्तकाभरणं **or** मुकुटं **or** उष्णीषं.

Commodious, ***a.*** योग्यः -ग्या -ग्यं, युक्त, -क्ता -क्तं, उपयुक्त, -क्ता -क्तं, उपयोगी -गिनी -गि (न्), उचितः -ता -तं, समुचितः -ता -तं, यथायोग्यः -ग्या -ग्यं, क्षमः -मा -मं, हितः -ता -तं, सोपकारः -रा -रं, उपपन्नः -न्ना -न्नं.

Commodiously, ***adv.*** योग्यं, उपयुक्तं, यथायोग्यं, यथोचितं, युक्तं.

Commodiousness ***s.*** योग्यत्वं, युक्तता, उपयोगिता, उपयोगः, सोपकारत्वं.

Commodity, ***s.*** **(Ware, merchandise)** पण्यमूल्यं.—**(Profit, advantage)** वृद्धिः ***f.,*** विवृद्धिः ***f.,*** अर्थः, लाभः, फलं, फलोदयः, प्राप्तिः ***f.,*** योगक्षेमः.

Commodore, ***s.*** युद्धनौकाधिपतिः, वृहन्नौकासमूहपतिः, जलयोधाध्यक्षः.

Common, ***a.*** **(Belonging to more than one, general)** सामान्यः -न्या -न्यं, साधारणः -णा -णी -णं, सार्व्वः -र्व्वी -र्व्वं, सर्व्वीयः -या -यं, सार्व्वलौकिकः -की -कं, सार्व्वजनिकः -की -कं, सर्व्वजनीयः -या -यं, सर्व्वमयः -यी -यं, समानः -ना -नं, व्यापकः -का -कं, अविविक्तः -क्ता -क्तं.—**(Vulgar)** प्राकृतः -ती -तं, ग्राम्यः -म्या -म्यं, लौकिकः -की -कं, अश्लीलः -ला -लं, वार्षलः, -ली

-लं, अधमः -मा -मं.—(Usual) प्रायिकः -की -कं, लोकसिद्धः -द्धा -द्धं, प्रसिद्धः -द्धा -द्धं, व्यावहारिकः -की -कं, आचारिकः -की -कं.—(Frequent) अभीक्ष्णः -क्ष्णा -क्ष्णं, असकृद्दृष्टपूर्व्वः -र्व्वा -र्व्वं.—(Having no owner) अस्वामिकः -का -कं.—(Having many owners) बहुस्वामिकः -का -कं.—(Easily attainable) अनायासेन लभ्यः -भ्या -भ्यं, सुलभः -भा -भं; **'common to all,'** सर्व्वसामान्यः -न्या -न्यं; **'common to others,'** अन्यसाधारणः -णी -णं; **'this affection is common to both,'** अयं प्रणय उभयोः साधारण; **'common to the lower orders,'** आपामरसाधारणः -णी -णं; **'common to the beasts,'** पश्वादिसाधारणः -णी -णं; **'a common duty,'** साधारणधर्म्मः; **'a common vulgar person,'** पृथग्जनः, प्राकृतजनः, वृषलः; **'the common people,'** प्रजा, अवरवर्णाः *m. pl.*, अन्त्यजातीयाः *m.pl.*; **'common-report,'** जनप्रवादः, जनवार्त्ता; **'common stock,'** गणद्रव्यं; **'common food,'** गणान्नं; **'common woman'**, साधारणस्त्री, सामान्या; **'common road,'** प्रचारः; **'in common,'** साधारण्येन, सामान्येन.

Common, *s.* **(Land)** सर्व्वसामान्यभूमिः *f.*, सर्व्वसाधारणक्षेत्रं.—**(Pasture ground)** प्रचारः, सर्व्वसाधारणप्रचारः.

Common-law, *s.* देशाचारः, देशव्यवहारः, व्यवहारविधिः *m.*, देशाचारात्मिका स्मृतिः *f.*

Commonage, *s.* सर्व्वसामान्यप्रचारे पश्वादिपालनाधिकारः, सर्व्वसाधारणक्षेत्रे पशुचारणाधिकारः,

Commonalty, *s.* प्रजा, लोकः, अवरवर्णाः *m. pl.*, अन्त्यवर्णाः, अन्त्यजातीयाः *m. pl.*

Commoner, *s.* **(One of the common people)** अवरवर्णः -र्णकः, अन्त्यजातीयः, प्राकृतजनः, पृथग्जनः, अकुलीनः.—**(A member of the House of Commons)** प्रजापतिनिधिः *m.*—**(At the University)** राजविद्यालये द्वितीयपदस्थः **or** गणान्नभोजी *m.* (न्).

Commonition, *s.* प्रत्यादेशः, उपदेशः, प्रबोधः -धनं, मन्त्रणं.

Commonly, *adv.* **(Frequently, usually)** बहुशस्, बाहुल्येन, प्रायस्, प्रायशस्, प्रायेण.—**(Jointly, in common)** साधारण्येन, सामान्यतस्.

Commonness, *s.* साधारणत्वं -ता, सामान्यत्वं, -ता, समानता, प्रसिद्धत्वं, बाहुल्यं.

Common-place, *a.* **(Ordinary)** प्राकृतः -ती -तं, प्रसिद्धः -द्धा -द्धं, ग्राम्यः -म्या -म्यं.

Common-place-book, *s.* स्मरणार्थकं पुस्तकं, स्मरणीयवाक्यसङ्ग्रहार्थं पुस्तकं, उद्धृतवाक्यसङ्ग्रहणपुस्तकं.

Commons, *s. pl.* **(The lower orders)** अवरवर्णाः *m. pl.*, अन्त्यवर्णाः.—**(House of Commons)** अवरसभा, प्रजाप्रतिनिधिसभा, महासभा.—**(Food eaten in common)** गणान्नं.

Commonweal or Commonwealth, *s.* प्रजाधिपत्यं, प्रजाप्रभुत्वं, प्रजापालितं राज्यं, राज्यं यत्र प्रजायां न्यस्तो राज्यव्यवहार; **'for the commonweal,'** प्रजार्थं.

Commorancy, *s.* वासः, निवासः, वसतिः *f.*, अवस्थानं, अधिष्ठानं.

Commorant, *a.* वासी-सिनी-सि (न्) **or** निवासी, स्थः स्था स्थं **in comp.**

Commotion, *s.* क्षोभः, व्याक्षोभः, विप्लवः, उपप्लवः, वैक्लव्यं, तुमुलं, आहवः, प्रकोपः, कलहः; **'popular commotion,'** प्रकृतिक्षोभः.

Commotioner, *s.* विप्लवकृत्, विप्लावी *m.* (न्) कलहकारी *m.* (न्).

To **commune,** *v. n.* सम्भाष् (c. 1. -भाषते -षितुं), संवद् (c. 1. -वदति -दितुं), संलप् (c. 1. -लपति -पितुं), कथोपकथनं कृ, मन्त्र् (c. 10. मन्त्रयते -ति -यितुं), सम्मन्त्र्.

Communicable, *a.* प्रतिपादनीयः -या -यं, प्रदेयः -या -यं, संवदनीयः -या -यं.

Communicant, *s.* ख्रीष्टमृत्युस्मरणार्थकस्य भोजनस्य सहभोजी *m.* (न्), ईश्वरवपुषः सहभागी *m.* (न्), प्रभुनिरूपितखाद्यस्य भोक्ता *m.* (क्तृ), महायज्ञकृत्.

To **communicate,** *v. a.* **(Reveal)** प्रकाश् **in caus.** (-काशयति -यितुं), विवृ (c. 5. -वृणोति -वरितुं -रीतुं); **'to communicate one's designs to another,'** अर्थानर्थं परस्य प्रकाशयितुं.—**(Impart intelligence, knowledge)** संवद् (c. 1. -वदति -दितुं), वद्, ब्रू (c. 2. ब्रवीति, वक्तुं), प्रब्रू, अनुब्रू, विज्ञा **in caus.** (-ज्ञापयति -यितुं), निविद् **in caus.** (-वेदयति -यितुं), समाविद्, प्रवच् (c. 2. -वक्ति -वक्तुं), सन्दिश् (c. 6. -दिशति -देष्टुं), ग्रह् **in caus.** (ग्राहयति -यितुं), समाचारं दा.—**(Confer, bestow)** प्रदा (c. 3. -ददाति, c. 1. -यच्छति -दातुं), अभिदा, प्रतिपद् **in caus.** (-पादयति -यितुं), उपपद्.

To **communicate,** *v. n.* **(Partake of the Lord's Supper)** ख्रीष्टमृत्युस्मरणार्थं भोजनं कृ **or** खाद्यं भुज् (c. 7. भुंक्ते, भोक्तुं), ख्रीष्टनिरूपितभोजनं खाद् (c. 1. खादति -दितुं).—**(Have intercourse)** सङ्गम् (c. 1. -गच्छन्ति -गन्तुं), समागम्, संसर्गं कृ.—**(As house)** सञ्जवनरूपेण सामान्यद्वारेण संयुज् **in pass.** (-युज्यते).

Communicated, *p. p.* प्रतिपादितः -ता -तं, प्रदत्तः -त्ता -त्तं, सन्दिष्टः -ष्टा -ष्टं, निवेदितः -ता -तं, प्रकाशितः -ता -तं.—**(As disease)** सञ्चारितः -ता -तं,

Communication, ***s.*** **(Of knowledge, intelligence)** विज्ञापनं, विज्ञप्तिः ***f.,*** निवेदनं, संवदनं, संवादः, वादः, सन्देशवादः. —**(Bestowing)** सम्प्रदानं, प्रदानं. —**(Intercourse)** गमनागमनं, यातायातं, संसर्गः -र्गिता, सङ्गमः, सङ्गः, सङ्गतिः ***f.,*** समागमः. —**(Conversation)** संलापः, आलापः, सम्भाषः, सङ्कथा, सम्प्रवदनं. —**(Common passage)** सामान्यद्वारं, सामान्यपथः. —**(Of disease)** सञ्चारः.

Communicative, ***a.*** सम्प्रदानशीलः -ला -लं, संवदनशीलः -ला -लं, विज्ञापकः -का -कं; **'not communicative,'** वाग्यतः -ता -तं, परिमितकथः -था -थं.

communicativeness, ***s.*** सम्प्रदानशीलता, संवादशीलत्वं, विज्ञापकत्वं.

Communion, ***s.*** **(Intercourse)** सङ्गः, सङ्गमः, सङ्गतिः ***f.,*** संसर्गः, संसर्गिता, साहित्यं. —**(Participation of the Lord's Supper)** ख्रीष्टमृत्युस्मरणार्थकं भोजनं, ख्रीष्टभोजनं, ख्रीष्टनिरूपितभोजनं.

Community, ***s.*** **(Body of the people)** प्रजा, प्रजालोकः. —**(A body of people)** जनसमूहः, जनता, गोष्ठी, श्रेणी. —**(Commonness of possession)** सामान्यं, समानता, साधारण्यं; **'community of goods,'** गणद्रव्यता.

Commutable, ***a.*** परिवर्त्तनीयः -या -यं, प्रतिदेयः -या -यं, विनिमातव्यः -व्या -व्यं; **'not commutable,'** अप्रतिपण्यः -ण्या -ण्यं.

Commutation, ***s.*** **(Change)** विकारः, विक्रिया, परिणामः, विपर्य्ययः; **'of a curse,'** उच्छापः. —**(Exchange)** परिवर्त्तः -र्त्तनं, प्रतिदानं, परिदानं, नियमः, विनिमयः.

To **commute,** ***v. a.*** परिवृत् **in caus.** (-वर्त्तयति -यितुं), निमे **(c. 1.** -मयते -मातुं), विमे, विनिमे; प्रतिनिधिं कृ, विपर्यस् **(c. 4.** -अस्यति -असितुं).

Commuted, ***p. p.*** परिवर्त्तितः -ता -तं, परिदत्तः -त्ता -त्तं, प्रतिदत्तः -त्ता -त्तं.

Compact, ***s.*** नियमः, संविद् ***f.,*** समयः अङ्गीकारः, समाधिः ***m.,*** सङ्घट्टनं, अभ्युपगमः, उपगमः, संश्रवः, प्रतिश्रवः, आश्रवः, प्रतिज्ञानं, आगूः ***f.;*** **'a written compact,'** नियमपत्रं; **'in compact,'** प्रयुक्तः -क्ता -क्तं, संविदितः -ता -तं; **'to make a compact,'** सङ्घट्ट् **(c. 1.** -घट्टते -ट्टितुं), संविदम् उपगम् **(c. 1.** -गच्छति -गन्तुं).

Compact, ***a.*** घनः -ना -नं, दृढः -ढा -ढं, सान्द्रः -न्द्रा -न्द्रं, संहतः -ता -तं, सुसंहतः -ता -तं, दृढसन्धिः -न्धि, -न्धि, अविरलः -ला -लं, अनन्तरः -रा -रं, निरन्तरः -रा -रं, निविडः -डा -डं, व्यूढः -ढा -ढं.

To **compact,** ***v. a.*** संहन् **(c. 2.** -हन्ति -हन्तुं), सन्धा **(c. 3.** -दधाति -धातुं), घनीकृ.

Compacted, ***p. p.*** संहतः -ता -तं, सन्धितः -ता -तं, संश्लिष्टः -ष्टा -ष्टं, सुश्लिष्टः -ष्टा -ष्टं, घनीभूतः -ता -तं, घनीकृतः -ता -तं.

Compactly, ***adv.*** दृढं, निविडं, सुसंहतं, सान्द्रं, प्रगाढं, निरन्तरं.

Compactness, ***s.*** घनत्वं -ता, संहतिः ***f.,*** संहतत्वं, सान्द्रता, सन्धिः ***m.,*** दृढता, ढार्ढ्यं, नैरन्तर्य्यं, नैविड्यं.

Compages, ***s.*** समासः, समाहारः, संहतिः ***f.,*** सङ्घातः, सन्निपातः संयोगः.

Companion, ***s.*** सहायः, सहचरः, सङ्गी ***m.*** (न्), मित्रं, सखा ***m.*** (खि), बन्धुः ***m.*** सजूः ***m.*** (स्), सहवर्त्ती ***m.*** (न्), सहभावी ***m.*** (न्), अनुचरः, अभिसरः, अनुप्लवः, एकीयः; **'of the king,'** नर्म्मसचिवः, महामात्रः, प्रधानं -नः; **'in arms,'** सहयुध्वा ***m.*** (न्); **'at school,'** सहाध्यायी ***m.*** (न्); **'in sorrow and joy,'** समदुःखसुखः; **'at table,'** सहभोजी ***m.*** (न्); **'boon companion,'** सहपायी ***m.*** (न्); नर्म्मसुहृद्; **'a woman's female companion,'** सखी.

Companionable, ***a.*** साङ्गतिकः -की -कं, मैत्रेयः -यी -यं, प्रतिभाववान् -वती -वत् (त्).

Companionably, ***adv.*** सत्सहायवत्, सन्मित्रवत्, साङ्गतिकप्रकारेण.

Companionship, ***s.*** सहायता -त्वं, साहाय्यं, साहित्यं, साह्यं, संसर्गिता, सङ्गः -ङ्गतिः ***f.,*** साहचर्य्यं.

Company, ***s.*** **(Assembly of people, party)** सभा, समाजः, पंक्तिः ***f.,*** परिषद् ***f.,*** रासेरसः; **'inadmissible into company,'** अपांक्तेयः -या -यं; **'politeness to company,'** सभाचातुर्य्यं, सभाजनं. —**(Body of men)** जनसमूहः, गणः. —**(Band of soldiers)** गुल्मः, सैन्यदलं; **'by companies,'** पंक्तिभिः. —**(Fellowship, society)** सहायता, साहचर्य्यं, साहित्यं, संसर्गः, संवासः, समागमः; **'evil company,'** असत्संसर्गः, कुत्संसर्गः, कुसङ्गतिः ***f.*** —**(Company of actors)** पात्रवर्गः. —**(Company of traders, corporate body)** श्रेणी -णिः ***m.f.;*** **'to bear or keep company with,'** सह चर् **(c. 1.** चरति -रितुं), अनुचर्, सह वस् **(c. 1.** वसति, वस्तुं), सह गम् **(c. 1.** गच्छति, गन्तुं).

Comparable, ***a.*** उपमेयः -या -यं, तुलनीयः -या -यं, तुल्यः -ल्या -ल्यं.

Comparative, ***a.*** **(Relative, not absolute)** आनुषङ्गिकः -की -कं, प्रासङ्गिकः -की -कं, उपमानेन निर्णीतः -ता -तं. —**(Having the faculty of comparing)** तोलनः -ना -नं.

Comparatively, ***adv.*** उपमानेन, औपम्येन, सादृश्येन, उपमानपूर्व्वं.

To **compare,** ***v. a.*** उपमा **(c. 2.** -माति, **c. 3.** (-मिमीते -मातुं), तुल् **(c. 10.** तुलयति -यितुं), साधारणीकृ, सम्प्रधृ **in caus.** (-धारयति -यितुं) **with two acc.,** उपदिश् **(c. 6.** -दिशति -देष्टुं). —**(Liken, equal)** समीकृ, तुल्यीकृ, सदृशीकृ, समान

(nom. समानयति -यितुं).

Compared, ***p. p.*** उपमितः -ता -तं, उपमेतः -ता -तं, साधारणीकृतः -ता -तं, तुलितः -ता -तं, उत्प्रेक्षितः -ता -तं, समीकृतः -ता -तं.

Comparison, ***s.*** उपमा, उपमितिः ***f.,*** उपमानं, तोलनं, उत्प्रेक्षा, साधारणं, सादृश्यं, औपम्यं; **'by comparison with one's self,'** आत्मौपम्येन; **'without comparison,'** अतुलनीयः -या -यं, अतुल्यः -ल्या -ल्यं, असाधारणः -णा -णं.—**(Simile)** दृष्टान्तः, उपमा.

Compartment, ***s.*** **(Division)** छेदः, भागः, विभागः, परिच्छेदः, अंशः, खण्डः -ण्डं.—**(Of an edifice)** कक्षः.

Compass, ***s.*** **(Circuit)** परिवेष्टनं, मण्डलं, परिमण्डलं, परिधिः ***m.,*** परिणाहः.—**(Extent, limits)** परिमाणं, पर्य्यन्तं, विस्तारः, सीमा.—**(Range, reach)** विषयः, परिमाणं; **'within compass of the understanding,'** बुद्धिगम्यः -म्या -म्यं; **'of the ear,'** कर्णगोचर, -रा -रं.—**(Due limits, moderation)** परिमितत्वं, अनतिक्रमः, पप्रशक्तिः ***f.***—**(Instrument to find the quarter)** दिङ्निरूपणयन्त्रं, उत्तरदिक्प्रदेशिनी सूचिः, दिङ्निर्णययन्त्रं, दिग्लक्षणं, समुद्रपथलक्षणं.

To **compass,** ***v. a.*** **(Surround)** वेष्ट् (c. 1. वेष्टते -ष्टितुं), परिवेष्ट्, परिवृ (c. 5. -वृणोति -वरितुं -रीतुं), परिष्ठा (c. 1. -तिष्ठति -ष्ठातुं).—**(Go round)** परिगम् (c. 1. -गच्छति, -गन्तुं), परिचर् (c. 1. -चरति -रितुं); **'reverentially,'** प्रदक्षिणीकृ.—**(Attain)** अधिगम् (c. 1. -गच्छति -गन्तुं), गम्, प्रतिपद् (c. 4. -पद्यते, पत्तुं), अभिपद्; आपद्; आसद् **in caus.** (-सादयति -यितुं), लभ् (c. 1. लभते, लब्धुं), साध् **in caus.** (साधयति -यितुं).—**(Contrive)** घट् (c. 1. घटते -टितुं).

Compass or compasses, ***s.*** कर्कटः, कर्काटकः.

Compassion, ***s.*** कारुण्यं, करुणः -णा, दया, कृपा, अनुकम्पा, घृणा, अनुक्रोशः, अनुग्रहः, दयालुता -त्वं, करुणार्द्रता, हन्तोक्तिः ***f.,*** आपन्नरक्षणं.

To **compassionate,** ***v. a.*** अनुकम्प् (c. 1. -कम्पते -म्पितुं), समनुकम्प् **with acc.;** दय् (c. 1. दयते -यितुं) **with gen.;** करुण (nom. करुणायते), कृपा (nom. कृपायते), अनुकृपा, दयां कृ, कृपां करुणां कृ.

Compassionate, ***a.*** दयालुः -लुः -लुः, कृपालुः -लुः -लु, सदयः -या -यं, कारुणिकः -की -कं, सकरुणः -णा -णं, कारुण्यवेदी -दिनी -दि (न्), घृणी -णिनी -णि (न्), करुणामयः -यी -यं, करुणार्द्रः द्रा -द्रं, अनुकम्पी -म्पिनी -म्पि (न्), सानुकम्पः -म्पा -म्पं, सानुक्रोशः -शा -शं, कृपावान् -वती -वत् (त्), कृपामयः -यी -यं, हृदयालुः -लुः -लु, दयायुक्तः -क्ता -क्तं, दयामयः -यी -यं, दयाशीलः -ला -लं, दयाकरः -रा -रं, दयान्वितः -ता -तं, सुरतः -ता -तं, आपन्नरक्षणशीलः -ला -लं, क्षमावान्, -वती -वत् (त्).

Compassionately, ***adv.*** सानुकम्पं, सदयं, सकारुण्यं, कारुण्येन, कृपया.

Compaternity, ***s.*** धर्म्मपितृत्वं, धर्म्मपितुर् अवस्था **or** दशा **or** भावः.

Compatibility, ***s.*** योग्यता, उपयुक्तता, सम्भवः, सम्भाव्यता, अविरोधः, अविरुद्धता, अविगुणता, अनुसारित्वं.

Compatible, ***a.*** अविरुद्धः -द्धा -द्धं, योग्यः -ग्या -ग्यं, सम्भाव्यः -व्या -व्यं, अविगुणः -णा -णं, अनुसारी -रिणी -रि (न्), अनुगुणः -णा -णं, उपयुक्तः -क्ता -क्तं.

Comptatibly, ***adv.*** अविरुद्धं, अविगुणं, उपयुक्तं, अनुसारात् -रेण -रतस्.

Compatriot, ***s.*** स्वदेशजः, स्वदेशीयः, एकदेशीयः, एकदेशवासी ***m.*** (न्), सांस्थानिकः.

Compeer, ***s.*** वयस्यः, तुल्यपदभाक् ***m.*** (ज्), समानपदस्थः, समानवयस्कः, सवयाः ***m.*** (स्), तुल्यवृत्तिः, प्रतियोगी ***m.*** (न्), सङ्गी ***m.*** (न्).

To **compel,** ***v. a.,*** **Expressed by the causal form, usually in conjunction with the adverb** बलात् **or** बलेन; **as, 'the kind should compel him to pay,'** तं राजा बलाद् दापयेत्; **'he compels the Brahmans to perform the sacrifice,'** ब्राह्मणान् यज्ञं कारयति. **The root** अर्ह् **(c. 1.** अर्हति -र्हितुं) **has sometimes the sense of 'being compelled'; as, 'he is compelled to pay,'** दातुम् अर्हति. **In modern Sanskrit such expressions as the following are found; 'They compelled him to bear a burden,'** भारं वोढुं तं बलाद् दध्नुः **(root** धृ); **'Compel the people to come,'** लोकान् आगन्तुं प्रवर्त्तय. ***See*** **Constrain.**

Compellable, ***a.*** **Expressed by the fut. pass. part. of the causal form; as, 'compellable to pay,'** दापनीयः -या -यं, दाप्यः -प्या -प्यं.

Compellation, ***s.*** आभाषणं, आमन्त्रणं, अभिवादः, सम्बोधनं.

Compelled, ***p. p.,*** **Expressed by the pass. part. of the causal form; as 'compelled to pay,'** दापितः -ता -तं. **The adverb** बलात्, **or** बलेन **may be joined with it.**

Compeller, ***s.*** कारयिता ***m.*** (तृ), प्रवर्त्तकः, प्रयोजकः, प्रेरकः.

Compendious, ***a.*** साङ्क्षेपिकः -की -कं, सामासिकः -की -कं, संक्षिप्तः -प्ता -प्तं, समस्तः -स्ता -स्तं, सङ्गृहीतः -ता -तं, परिमितः -ता -तं, अविस्तीर्णः -र्णा -र्णं.

Compendiously, ***adv.*** संक्षेपेण, संक्षेपात्, संक्षेपतस्, समासतस्,

अविस्तरेण. अविस्तरशस्, संक्षिप्तप्रकारेण.

Compendiousness, ***s.*** संक्षिप्तता, संक्षिप्तिः ***f.,*** संक्षेप, उपसंक्षेपः, समस्तत्वं, समासः, संहारः, चुम्बकत्वं.

Compend or compendium, ***s.*** संक्षेपः, सङ्ग्रहः, प्रत्याहारः, संहारः, उपसंहारः, उपसंक्षेपः, संहिता, सारः.

Compensable, ***a.*** परितोषणीयः -या -यं प्रतिफलार्हः -र्हा -र्हं.

To **compensate,** ***v. a.*** परितुष् **in caus.** (-तोषयति -यितुं), पारितोषिकं **or** प्रतिफलं **or** निष्कृतिं दा **(c. 3.** ददाति, दातुं), निष्कृ, अपाकृ, प्रतिकृ, शुध् **in caus.** (शोधयति -यितुं), परिशुध्, निस्तारं कृ.—**(Be equivalent)** तुल्यीभू, तुल्यबलः -ला -लम् अस्.

Compensated, ***p. p.*** प्रतिफलितः -ता -तं, प्रत्युपकृतः -ता -तं, परितोषितः -ता -तं.

Compensation, ***s.*** पारितोषिकं, निष्कृतिः ***f.,*** निस्तारः, प्रतिफलं, प्रत्युपकारः, क्षतिपूरणं. दण्डः.

Compensative, ***a.*** पारितोषिकः -की -कं, प्रत्युपकारी -रिणी -रि (न्), क्षतिपूरकः -की -कं.

Competence or competency, ***s.*** **(Adequacy, sufficiency)** सामर्थ्यं, योग्यत्वं, उपयुक्तत्वं, युक्तता, औचित्यं, सम्भावना, सामयिकसम्भावना, निर्वाहः.—**(Fortune sufficient for subsistence)** वृत्त्युचितं धनं, जीवननिर्वाहसमर्थं धनं.—**(Bare subsistence, food and clothing)** ग्रासाच्छादनं, अशनाच्छादनं **(or** -ने).—**(Enough)** अलं.

Competent, ***a.*** **(Adequate)** शक्तः -क्ता -क्तं, क्षमः -मा -मं, योग्यः -ग्या -ग्यं, उपयुक्तः -क्ता -क्तं, उचितः -ता -तं, समर्थः -र्था -र्थं, पर्य्याप्तः -प्ता -प्तं.—**(Adequate to any work)** कार्य्यक्षमः -मा -मं, कर्म्मक्षमः -मा -मं, अलङ्कर्म्मीणः -णा -णं, कृती -तिनी -ति (न्).—**(Reasonable, moderate)** मितः -ता -तं, परिमितः -ता -तं, समः -मा -मं.

Competently, ***adv.*** पर्य्याप्तं, युक्तं, उपयुक्तं, उचितं, सामर्थ्येन, योगप्रकारेण.—**(Sufficiently)** अलं, यथावत्.—**(Moderately)** परिमितं.

Competible, ***a.*** योग्यः -ग्या -ग्यं, अविद्धः -द्धा -द्धं. ***See*** **Compatible.**

Competition, ***s.*** जिगीषा, विजिगीषा, स्पर्द्धा, प्रतिस्पर्द्धा, आस्पर्द्धा, सङ्घर्षः, अहम्मपूर्व्विका, परस्पराभिभवेच्छा, उपप्लवः, समवायः; **'of buyers'** प्रयामः.

Competitor, ***s.*** जिगीषुः ***m.,*** विजिगीषुः ***m.,*** स्पर्द्धी ***m.,*** (न्), प्रतिस्पर्द्धी ***m.,*** (न्), अभियोक्ता ***m.,*** (क्तृ), अर्थी ***m.,*** (न्), दायादः, प्रतिपक्षः, एकार्थाभिलाषी ***m.,*** (न्), एकचेष्टः, प्रतियोगी ***m.,*** (न्).

Compilation, ***s.*** सङ्ग्रहः -हणं, सङ्क्षेपः, संहारः, समाहारः, समाहृतिः ***f.,*** संहिता, खिलः -लं.

To **compile,** ***v. a.*** समाहृ **(c. 1.** -हरति -हर्त्तुं), संहृ, उद्धृ; सङ्ग्रह् **(c. 9.** -गृह्णाति -ग्रहीतुं), संक्षिप् **(c. 6.** -क्षिपति -क्षेप्तुं).

Compiled, ***p. p.*** समाहृतः -ता -तं, संहृतः -ता -तं, सङ्गृहीतः -ता -तं, संक्षिप्तः -प्ता -प्तं, प्रणीतः -ता -त.

Compiler, ***s.*** व्यासः, समाहर्त्ता ***m.*** (र्त्तृ), उद्धर्त्ता ***m.*** (र्त्तृ), निबन्धा ***m.*** (न्धृ).

Complacence, complacency ***s.*** **(Satisfaction), pleasure)** प्रसन्नता, प्रसादः, तुष्टिः ***f.,*** सन्तोषः, परितोषः, सौमनस्यं, शान्तिः ***f.,*** प्रीतिः ***f.***—**(Civility, complaisance)** अनुग्रहः, अनुकूलता, अनुवृत्तिः ***f.,*** अनुनयः.

Complacent, ***a.*** प्रसन्नः -न्ना -न्नं, सन्तुष्टः -ष्टा -ष्टं, सुशीलः -ला -लं, अनुरोधी -धिनी -धि (न्), अनुनयी -यिनी -यि (न्), सुप्रसादः -दा -दं.

Complacently, ***adv.*** प्रसादेन, प्रसन्नमनसा, सन्तोषेण, तुष्टमनसा.

To **complain,** ***v. n.*** **(Represent sorrowfully)** सशोकं **or** विलापपूर्व्वकं **or** सविलापं स्वार्थं निविद् **in caus.** -वेदयति -यितुं) **or** विज्ञा **in caus.** (-ज्ञापयति -यितुं), क्लेशं **or** दुःखम् आख्या **(c. 2.** -ख्याति -ख्यातुं) **or** कथ् **(c. 10.** कथयति -यितुं).—**(Lament)** विलप् **(c. 1.** -लपति -यितुं), परिदेव् **(c. 1.** -देवते -वितुं), क्रुश् **(c. 1.** क्रोशति, क्रोष्टुं), विक्रुश्, अनुशुच् **(c. 1.** -शोचति -चितुं) रुद् **(c. 2.** रोदिति -दितुं), क्रन्द् **(c. 1.** कुन्दति -न्दितुं).—**(Inform against)** अभियुज् **(c. 7.** -युनक्ति -योक्तुं), पिशुन **(nom.** पिशुनयति -यितुं), परिवद् **(c. 1.** -वदति -दितुं).

Complainant, ***s.*** अभियोक्ता ***m.*** (क्तृ), अभियोगी ***m.*** (न्), विवादार्थी ***m.*** (न्), अर्थी ***m.,*** (न्), पूर्व्वपक्षवादी ***m.,*** (न्) **or** कारणवादी ***or*** क्रियावादी **or** परिवादी, पूर्व्वावेदकः.—**(Informer)** पिशुनः.

Complainer, ***s.*** विलापी ***m.,*** (न्), परिदेवी ***m.,*** (न्), परिदेवकः, विलपनकृत्.

Complaint, ***s.*** **(Sorrowful representation)** विलापेन **or** शोकेन स्वार्थनिवेदनं **or** स्वार्थविज्ञापनं **or** दुःखकथनं, क्लेशख्यापनं.—**(Lamentation)** विलापः, विलपनं, परिदेवनं.—**(In law)** अभियोगः, भाषापादं, पूर्व्वपक्षपादः, विवादः.—**(Informing against)** पैशुन्यं.—**(Disease)** रोगः, व्याधिः ***m.,*** आमयः, आर्त्तिः ***f.,*** पीडा.

Complaisance, ***s.*** अनुकूलता, अनुग्रहः, अनुवर्त्तनं, अनुवृत्तिः ***f.,*** अनुनयः, अनुरोधः-धनं, आनन्दनं, प्रश्रयः, अभिनीतिः ***f.,*** सभाजनं, सुशीलता, दाक्षिण्यं.

Complaisant, ***a.*** अनुकूलः -ला -लं, अनुग्राही -हिणी -हि (न्), अनुनयी -यिनी -यि (न्), अनुरोधी -धिनी -धि (न्),

Complaisantly 168 Complot

सानुनयः -या -यं, चाटुकारः -रा -रं, दक्षिणः -णा -णं, वन्दारुः -रुः रु, सुप्रसादः -दा -दं, प्रियंवदः -दा -दं.

Complaisantly, ***adv.*** अनुकूलं, सानुग्रहं, सानुरोधं, सानुनयं, आनन्दनपुरःसरं.

To **complane,** ***v. a.*** समीकृ, समान **(nom.** समानयति -यितुं), समस्थलीकृ.

Complement, ***s.*** **(Perfection, fulness)** सम्पूर्णता, पूर्त्तिः ***f.*** **—(The full quantity, complete set)** सामग्र्यं, पूरणं, परिपूरकं, परिसंख्यां, साकल्यं, समुदायः.—**(Of an arc)** कोटिः ***f.*** **—(Of a segment)** पीठः.

Complete, ***a.*** **(Perfect, full)** सम्पूर्णः -र्णा -र्णं, पूर्णः -र्णा -र्णं, समाप्तः -प्ता -प्तं, सम्पन्नः -न्ना -न्नं, सिद्धः -द्धा -द्धं, संसिद्धः -द्धा -द्धं, पर्य्याप्तः -प्ता -प्तं, समस्तः -स्ता -स्तं, सकलः -ला -लं, निखिलः -ला -लं, अखिलः -ला -लं, समग्रः -ग्रा -ग्रं, कृत्स्नः -त्स्ना -त्स्नं, राद्धः -द्धा -द्धं, साद्यन्तः -न्ता -तं.—**(Having no deficiencies)** अशेषः -षा -षं, निःशेषः -षा -षं, अविकलः -ला -लं, अन्यूनः -ना -नं.—**(Mature)** पक्वः -क्वाः -क्वं, परिपक्वः -क्वाः -क्वं, परिणतः -ता -तं; **'complete army,'** अक्षौहिणी, चतुरङ्गः.

To **complete,** ***v. a.*** समाप् **in caus.** (-आपयति -यितुं), सम्पृ **in caus.** (-पूरयति -यितुं), समभिपृ, सम्पद् **in caus.** (-पादयति -यितुं), निष्पद्; साध् **in caus.** (साधयति -यितुं), संसाध्, निर्वृत् **in caus.** (-वर्त्तयति -यितुं), निवृत्, संवृत्.

Completed, ***p. p.*** समाप्तः -प्ता -प्तं, सम्पन्नः -न्ना -न्नं, निष्पन्नः -न्ना -न्नं, सम्पूर्णः -र्णा -र्णं, सिद्धः -द्धा -द्धं, साधितः -ता -तं, विपर्य्यस्तः -स्ता -स्तं, समापन्नः -न्ना -न्नं, अवसितः -ता -तं, निर्वृत्तः -त्ता -त्तं.

Completely, ***adv.*** अशेषतस्, अशेषेण, निःशेषेण, पर्य्याप्तं, सम्पूर्णं, साकल्येन, अखिलेन, निखिलेन, कृत्स्नशस्, कार्त्स्न्र्येन, सम्यक्, सर्व्वतस्, आमूलं, निरवशेषं, तत्त्वतस्.

Completeness, ***s.*** सम्पूर्णता, परिपूर्णता, -त्वं, पूर्त्तिः ***f.,*** संसिद्धि ***f.***

Completion, ***s.*** **(The act)** समापनं, साधनं, निष्पादनं, सम्पादनं, निर्वर्त्तनं, निर्व्वहणं, निर्व्वाहः.—**(The state)** सिद्धिः ***f.,*** संसिद्धिः ***f.,*** सम्पूर्णता, परिपूर्णता, समाप्तिः ***f.,*** निष्पत्तिः ***f.,*** निर्वृत्तिः ***f.,*** आभोगः.—**(Maturity)** परिणामः, परिणतिः ***f.,*** परिपाकः.

Completive, ***a.*** पूरकः -का -कं, परिपूरकः -का -कं, समापकः -का -कं.

Complex, ***a.*** सङ्कीर्णः -र्णा -र्णं, प्रकीर्णः -र्णा -र्णं, मिश्रितः -ता -तं, समस्तः -स्ता -स्तं, सामासिकः -की -कं, अनेकार्थः -र्था -र्थं, नानार्थकः -का -कं, बह्वर्थः -र्था -र्थं, नानाप्रकारः -रा -रं, असरलः -ला -लं.

Complexion, ***s.*** **(Colour of the face)** मुखरागः, कपोलरागः, वदनवर्णः; **'having a pale complexion,'** विवर्णवदनः -ना -नं, पाण्डुवर्णः -र्णा -र्णं.—**(Temperament)** भावः, प्रकृतिः ***f.,*** देहस्वभावः, शरीरभावः, शरीरस्थितिः ***f.***

Complexional, ***a.*** प्राकृतः -ती -तं, देहस्वभावसम्बन्धी -न्धिनी -न्धि (न्),

Complexity, ***s.*** सङ्करः, साङ्कर्य्यं, सङ्कीर्णता, समस्तता, मिश्रता, नानार्थकत्वं.

Compliance, ***s.*** अनुकूलता, अनुरोधः -धनं, अनुरोधित्वं, अनुवृत्तिः ***f.,*** अनुवर्त्तनं, अनुग्रहः, परिग्रहः, अनुनयः, स्वीकारः, सम्मतिः ***f.,*** अनुमतिः.

Compliant, ***a.*** अनुरोधी -धिनी -धि (न्), अनुकूलः -ला -लं, अनुग्रही -हिणी -हि (न्), अनुनयी -यिनी -यि (न्), विनयग्राही -हिणी -हि (न्), विनेयः -या -यं, प्रणेयः -या -यं, विधेयः -या -यं, अनुविधायी -यिनी -यि (न्), वचनेस्थितः -ता -तं, नम्रः -म्रा -म्रं, कृतानुकूल्यः -ल्या -ल्यं, आश्रवः -वा -वं.

To **complicate,** ***v. a.*** सङ्करीकृ, मिश्रीकृ, सङ्कीर्णीकृ, सङ्कुलीकृ, अस्तव्यस्तीकृ, परस्परां सम्मिश्र् **(c. 10.** -मिश्रयति -यितुं) **or** सम्बन्ध् **(c. 9.** -बध्नाति, -बन्द्धुं) **or** संयुज् **(c. 7.** -युनक्ति -योक्तुं) **or** समस **(c. 4.** -अस्यति -असितुं).

Complicated, ***p. p.*** सङ्करीकृतः -ता -तं, सान्निपातिकः -की -कं, प्रकीर्णः -र्णा -र्णं, समस्तः -स्ता -स्तं, मिश्रितः -ता -तं, सम्बद्धः -द्धा -द्धं.

Complication, ***s.*** **(The act)** सङ्करीकरणं, सङ्कुलीकरणं, समसनं. **—(The state)** सन्निपातः, प्रकीर्णता, समस्तता, अस्तव्यस्तता.

Complice, ***s.*** पापसहायः, पापसम्मितः, सहकारी ***m.*** (न्), सङ्गी ***m.*** (न्).

Complier, ***s.*** अनुरोधी ***m.*** (न्), अनुग्रही ***m.*** (न्), अनुविधायी ***m.*** (न्), प्रणयी ***m.*** (न्).

Compliment, ***s.*** चाटूक्तिः ***f.,*** चाटुः ***f.,*** -टु ***n.,*** सान्त्वं, सान्त्वोक्तिः ***f.,*** आलोकः, आलोकशब्दः, कोमलवाक् ***f.,*** (च्), मधुरवाक्यं, प्रश्रयवाक्, मनोक्तिः ***f.,*** जसूलः; **'a complimentary present,'** उपायनं.

To **compliment,** ***v. a.*** चाटूक्त्या **or** आलोकेन **or** कोमलवाचा **or** मधुरवाक्यैः सान्त्व् **(c. 10.** सान्त्वयति -यितुं).

Complimental, Complimentary, ***a.*** चाटुकारः -री -रं, सान्त्ववादः -दा -दं, सान्त्वकरः -री -रं, स्तुतिमयः -यी -यं, वन्दारुः -रुः -रु, प्रियवादी -दिनी -दि (न्), औपचारिकः -की -कं.

Complimenter, ***s.*** सान्त्ववादः, चाटुवादी ***m.*** (न्), प्रियवादी, आश्वासनशीलः, आदरकृत्.

Complot, ***s.*** गोपनीयकर्म्मसम्पादनार्थं पापसाहित्यं, कुसाहित्यं, कूटसाहित्यं, कूटसंविद् ***f.,*** कुमन्त्रणा, कुपरामर्शः, कूटसंसर्गः.

To **complot,** ***v. n.*** गोपनीयकर्म्मसम्पादनार्थं कुसाहित्यं कृ, कूटसाहित्यं कृ, कूटसंसर्गं कृ.

Complotter, ***s.*** पापसहितः, कूटसहितः, कूटसम्पादनार्थं अन्यसहितः **or** अन्यसङ्घातवान् ***m.*** (त्) **or** संशप्तकः.

To **comply,** ***v. n.*** **(Yield to, assent to)** अनुमन् **(c. 4.** -मन्यति -ते -मन्तुं), अनुज्ञा **(c. 9** -जानाति -ज्ञातुं), स्वीकृ, स्वीकारं कृ, प्रतिग्रह् **(c. 9.** -गृह्णाति -ग्रहीतुं), प्रतीष् **(c. 6.** -इच्छति -एषितुं), सम्प्रतीष्, अनुरुध् **in pass.** (-रुध्यते), अनुविधा **in pass.** (-धीयते), अनुकूल **(nom.** अनुकूलयति -यितुं). —**(Suit with, accord with)** युज् **in pass.** (युज्यते). —**(Submit to)** उपगम् **(c. 1.** -गच्छति -गन्तुं), अभ्युपे **(c. 2.** अभ्युपैति -पैतुं).

Component, ***a.*** साधकः -का -कं, रचकः -का -कं, विरचकः -का -कं, कल्पकः -का -कं. —**(Component part)** साधनं, अङ्गं, भागः; **'component part of an army,'** सेनाङ्गं.

To **comport,** ***v. n.*** **(Agree, suit)** युज् **in pass.** (युज्यते), उपपद् **in pass.** (-पद्यते); **'comport one's self,'** आचर् **(c. 1.** -चरति -रितुं), वृत् **(c. 1.** वर्त्तते -र्त्तितुं), व्यवहृ **(c. 1.** -हरति -हर्त्तुं).

Comportable, ***a.*** योग्यः -ग्या -ग्यं, उपयुक्तः -क्ता -क्तं, अविरुद्धः -द्धा -द्धं.

Comportment, ***s.*** वृत्तिः ***f.,*** आचारः, व्यवहारः, स्थितिः ***f.,*** रीतिः ***f.,*** गतिः ***f.,*** चरित्रं, चरितं, चेष्टितं.

To **compose,** ***v. a.*** **(Form by joining different things together)** सन्धा **(c. 3.** -दधाति -धातुं), समाधा, संस्था **in caus.** (-स्थापयति -यितुं), क्लृप् **(c. 10.** कल्पयति -यितुं), सङ्क्लृप्, निर्म्मा **(c. 2.** -माति -मातुं), एकत्र कृ, सम्मिश्रीकृ. —**(Arrange, adjust)** रच् **(c. 10.** रचयति -यितुं), विरच्, विधा, संविधा, समाधा, विन्यस् **(c. 4.** -अस्यति -असितुं), ग्रन्थ् **(c. 1.** ग्रन्थति **or** ग्रथति -न्थितुं). —**(Settle a difference)** सन्धा, प्रशम् **in caus.** (-शमयति -यितुं). —**Compose a book)** रच्, विरच् निबन्ध् **(c. 9.** -बध्नाति -बन्धुं), ग्रन्थं कृ, क्लृप्. —**(Compose a book)** रच्, विरच्, निबन्ध् **(c. 9.** -बध्नाति -बन्धुं), ग्रन्थं कृ, क्लृप्. —**(Compile)** सङ्ग्रह् **(c. 9.** -गृह्णाति -ग्रहीतुं), समस् **(c. 4.** -अस्यति -असितुं). —**(Constitute** संस्था, क्लृप्, निर्म्मा. ***See*** **Composed; 'the body is composed of five elements,'** पञ्चभिर् निर्म्मितो देहः; **'whatever wealth composes the treasury,'** यद् धनं कोषभूतं. —**(Calm)** शम् **in caus.** (शमयति -यितुं), प्रशम्, उपशम्; प्रसद् **in caus.** . — (-सादयति -यितुं), अभिप्रसद्, सान्त्व् **(c. 10.** सान्त्वयति -यितुं). —**(Arrange the type** अक्षराणि **or** मुद्रारक्षाणि विन्यस् **or** सन्धा **or** विधा.

Composed, ***p. p.*** **(Calm)** शान्तः -न्ता -न्तं, उपशान्तः -न्ता -तं, प्रशान्तः -न्ता -तं, समाहितः -ता -तं, प्रसन्नः -न्ना -न्नं, अव्याकुलः -ला -लं, स्थिरः -रा -रं, अविक्षिप्तः प्ता -प्तं. —**(In mind)** शान्तचेताः -ता -तः (स्), प्रशान्तात्मा -त्मा -त्म (न्), स्थिरमतिः -तिः -ति, स्थितधीः -धीः -धि, अविक्षिप्तचित्तः -त्ता -त्तं, अन्तर्वेगरहितः -ता -तं, असम्भ्रमः -मा -मं, निरुद्विग्नः -ग्ना -ग्नं. —**(In countenance)** प्रसन्नमुखः -खी -खं. —**(Constituted, consisting of)** आत्मकः -का **or** -त्मिका -कं **in comp.,** रूपः -पा -पं **in comp.; 'an army composed of elephants, horses, and infantry,'** हस्त्यश्वपादातात्मकं बलं; **'composed of two,'** द्व्यात्मकः -का -कं. —**(Made of)** निर्म्मितः -ता -तं, मय. -या -यं **in comp.,** सम्भृतः -ता -तं. —**(Written, arranged, compiled)** रचितः -ता -तं, विरचितः -ता -तं, कल्पितः -ता -तं, बद्धः -द्धा द्धं, निबद्धः -द्धा -द्धं, ग्रथितः -ता -तं, प्रणीतः -ता -तं, सङ्गृहीतः -ता -तं; **'a story composed in verse,'** श्लोकबद्धा कथा. —**(As music)** स्वरबद्धः -द्धा -द्धं.

Composedly, ***adv.*** प्रशान्तं, निरुद्विग्नं, असम्भ्रमं, सम्भ्रमेण विना.

Composedness, ***s.*** शान्तता, शान्तिः ***f.,*** प्रसन्नता, निराकुलता, असम्भ्रमः, अभ्रमः.

Composer, ***s.*** रचकः, विरचकः, ग्रन्थकारः, ग्रन्थकृत्, निबन्धा ***m.*** (-धृ). —**(Of music)** स्वरबन्धा ***m.*** (न्धृ).

Composing, ***a.*** **(Causing sleep)** उपशायी -यिनी -यि (न्), स्वप्नकृत् ***m.f.n.***

Composition, ***s.*** **(Conjunction, combination, union)** सन्धिः ***m.,*** संयोगः, मिश्रणं, सङ्घातः, संश्लेषः, समासज्जनं, संव्यूहः, संस्थापनं. —**(Adjustment)** समाधानं, सन्धानं, निष्पत्तिः ***f.*** —**(Of differences)** सन्धिः ***m.,*** सन्धानकरणं, समासः. —**(Literary composition)** रचना, विरचना, ग्रन्थकरणं. —**(Poetical)** काव्यरचना, कवनं. —**(A poetical composition)** काव्यं, काव्यबन्धः. —**(A wirtten work)** ग्रन्थः.. —**(Compilation)** संहिता, संहारः, समाहारः, सङ्ग्रहः, सन्निपातः. —**(Art of rhetorical composition)** अलङ्कारविद्या. —**(Of words)** सममनं, समासः, सङ्घातः. —**(Agreement, compact)** नियमः, संविद्, समयः.

Compositive, ***a.*** सन्धानकरणः -णी -णं, सामासिकः -की -कं, मिश्रितः -ता -तं.

Compositor, ***s.*** मुद्रायन्त्रालये मुद्राक्षरविन्यासकृत्, यो जनो मुद्रायन्त्रे मुद्राक्षराणि विन्यस्यति.

Compost, ***s.*** **(Manure)** पांशुः ***m.,*** पांसुः सारः, उर्व्वराकरणार्थं गोमयादिसम्मिश्रद्रव्यं.

To **compost,** ***v. a.*** उर्व्वराकरणार्थं पांशुं **or** गोमयादिसम्मिश्रद्रव्यं भूमौ प्रक्षिप् **(c. 6.** -क्षिपति -क्षेप्तुं) **or** धा **(c. 3.** दधाति, धातुं).

Composure, ***s.*** **(Act of composing)** रचना, विरचनं, -ना,

निर्म्माणं.—**(Combination, arrangement)** सन्धिः ***m.,*** संयोगः, मिश्रणं, सङ्घातः, विन्यासः.—**(Of mind)** शान्तिः ***f.,*** शमः, समाधिः ***m.,*** प्रसादः, विश्रामः, अभ्रमः, असम्भ्रमः, निराकुलता, अक्षोभः, स्थिरता, स्थैर्य्यं.—**(Settlement of differences)** सन्धानं, सन्धिः ***m.,*** सन्धानकरणं, समासः.

Compotation, ***s.*** सपीतिः, सम्पीतिः ***f.,*** सहपानं, तुल्यपानं, एकत्र पानं.

Compotator, ***s.*** सहपायी ***m.*** (न्), अन्येन सह पायी ***m.*** (न्).

To **compound,** ***v. a.*** समस् **(c. 4.** -अस्यति -असितुं), मिश्र् **(c. 10.** मिश्रयति -यितुं), सम्मिश्र्, मिश्रीकृ, संश्लिष् **in caus.** (-श्लेषयति -यितुं), संयुज् **(c. 7.** -युनक्ति -योक्तुं), सन्धा **(c. 3.** -दधाति -धातुं), संहन् **(c. 2.** -हन्ति -हन्तुं), संलग्नीकृ, एकीकृ, एकत्र कृ, सङ्करीकृ; **'to compound ingredients.'** प्रक्षेपं कृ; **'medicines,'** संस्कारं कृ, योगं कृ.—**(Settle differences)** सन्धा **(c. 3.** -दधाति -धातुं), समाधा, समासं कृ.

To **compound,** ***v. n.*** **(Settle a debt by agreement to abate something)** समयपूर्व्वकम् ऋणभागम् अपास्य ऋणं शुध् **in caus.** (शोधयति -यितुं), समयपूर्व्वम्, ऋणांशं शोधयित्वा आनृण्यं गम् **(c. 1.** गच्छति, गन्तुं), ऋणांशं वितीर्य्य आनृण्यं दा **(c. 3.** ददाति, दातुं).

Compound, ***s.*** मिश्रणं, समसनं, समासः, सङ्करः.—**(The mass compounded)** मिश्रितद्रव्यसमूहः.—**(A compound substance)** योगः, मिश्रितद्रव्यं; **'a compound word,'** समस्तपदं, समासः; **'separating compound words,'** पदभञ्जनं.

Compound, compounded, ***a.*** समस्तः -स्ता -स्तं, सामासिकः -की -कं, मिश्रितः -ता -तं, मिश्रः -श्रा -श्रं, संयुक्तः -क्ता -क्तं, संसृष्टः -ष्टा -ष्टं, एकत्रीकृतः -ता -तं, सङ्करीकृतः -ता -तं; **'a compound perfume,'** कृत्रिमधूपः.

Compounder, ***s.*** मिश्रणकृत्, सङ्करकृत्, सन्धानकरणः -कर्त्ता ***m.*** (र्त्तृ), समाधाता m. (तृ); **'of medicines,'** योगविद् ***m.***

To **comprehend,** ***v. a.*** **(Understand in the mind)** ग्रह् **(c. 9.** गृह्णाति, ग्रहीतुं), उपलभ् **(c. 1.** -लभते -लब्धुं), अवगम् **(c. 1.** -गच्छति -गन्तुं), अवे (***i.e.*** **root** इ **with** अव, अवैति -तुं), ऊह् **(c. 1.** ऊहते -हितुं), वुध् **(c. 1.** बोधति -धितुं), विद् **(c. 1.** वेत्ति, वेदितुं), अनुभू **(c. 1.** -भवति -भवितुं), भू **in caus.** (भावयति -यितुं).—**(Include)** परिग्रह्, अन्तर्गण् **(c. 10.** -गणयति -यितुं), परिसमाप् **(c. 5.** -आप्नोति -आप्तुं), व्याप्, प्रतिसंहृ **(c. 1.** -हरति -हर्त्तुं). **'Comprehending' is expressed by** आत्मकः -का -कं **or** रूपः -पा -पं **affixed; as. 'comprehending two,'** द्व्यात्मकः -का -कं.

Comprehended, ***p. p.*** **(Understood)** गृहीतः -ता -तं, उपलब्धः -ब्धा -ब्धं, अवगतः -ता -तं.—**(Included)** अन्तर्गतः -ता -तं, परिसमाप्तः -प्ता -प्तं, आन्तर्गणिकः -की -कं, प्रतिसंहृतः -ता -तं, आकलितः -ता -तं, समाविष्टः -ष्टा -ष्टं, गर्भः -र्भा -र्भं **in comp.**

Comprehensible, ***a.*** ग्रहणीयः -या -यं, ग्राह्य -ह्या -ह्यं, उपलभ्यः -भ्या -भ्यं, धीगम्यः -म्या -म्यं, मनोगम्यः -म्या -म्यं, विभाव्यः -व्या -व्यं, भावनीयः -या -यं, बोधनीयः -या -यं, अवधारणीयः -या -यं, व्यापनीयः -या -यं.

Comprehension, ***s.*** **(Understanding)** मेधा, उपलब्धिः ***f.,*** उपलम्भः, भावना, बुद्धिः ***f.,*** मतिः ***f.,*** बोधः, अवधारणं, अनुभवः, विवेचना.—**(Act of comprising)** ग्रहणं, परिग्रहः, परिवेष्टनं.—**(Inclusion)** प्रतिसंहारः, परिसमाप्तिः. ***f.,*** व्याप्तिः ***f.,*** समासक्तिः ***f.,*** समावेशः संवरः.

Comprehensive, ***a.*** **(Comprising much)** बहुग्रहः -हा -हं.—**(Extending far and wide)** व्यापी -पिनी -पि (न्), व्यापकः -का -कं, सुपर्य्याप्तः -प्ता -पतं, सर्व्वमयः -यी -यं, वहुविस्तीर्णः -र्णा -र्णं.—**(Compendious)** साङ्क्षेपिकः -की -कं, सामासिकः -की -कं; **'a comprehensive speech,'** बहुमर्म्मवाक्यं.

Comprehensively, ***adv.*** संक्षेपतस्, संक्षेपात्, समासतस्, कात्स्र्येन, निःशेषं.

Comprehensiveness, ***s.*** **(Conciseness)** संक्षेपः, संक्षिप्तता, सांक्षेपिकत्वं. समस्तता, उपसंहारः.—**(Extensive diffusion)** व्यापकत्वं, बहुविस्तीर्णता, सर्व्वगत्वं.

Compress, ***s.*** घट्टः, पट्टकः, आवेष्टनं, कवलिका, अनुवेल्लितं.

To **compress,** ***v. a.*** सङ्कुच् **(c. 1.** -कोचति -चितुं), संहृ **(c. 1.** -हरति -हर्त्तुं), प्रतिसंहृ, संवृ **(c. 5.** -वृणोति, **c. 1.** -वरति -वरितुं -रीतुं), संहन् **(c. 2.** -हन्ति -हन्तुं), सम्पीड् **(c. 10.** -पीडयति -यितुं).

Compressed, ***p. p.*** संहृतः -ता -तं, प्रतिसंहृतः -ता -तं, संहतः -ता -तं, सङ्कुचितः -ता -तं, आकुञ्चितः -ता -तं, सम्पीडितः -ता -तं, संवृतः -ता -तं, सङ्कलितः -ता -तं, पुटितः -ता -तं.

Compressibility, ***s.*** संहरणीयता, सङ्कोचक्षमत्वं, सम्पीडनीयत्वं, संवरितुं शक्यता.

Compressible, ***a.*** संहरणीयः -या -यं, प्रतिसंहरणीयः -या -यं, सङ्कोचनीयः -या -यं, सम्पीडनीयः -या -यं, संवारणीयः -या -यं, सङ्कोचक्षमः -मा -मं.

Compression, ***s.*** संहतिः ***f.,*** संहारः, प्रतिसंहारः, समाहारः, संवृतिः ***f.,*** संवरः, पीडनं, सम्पीडनं, सङ्कोचः -चनं, आकुञ्चनं, समसनं, ह्रासः—**(Of the lips, etc.)** संवारः.

To **comprise ,** ***v. a.*** परिग्रह् **(c. 9.** -गृह्णाति -ग्रहीतुं), अन्तर्गण् **(c. 10.** -गणयति -यितुं), परिसमाप् **(c. 5.** -आप्नोति -आप्तुं),

प्रतिसंहृ (c. 1. -हरति -हर्त्तुं); **'Karpūradwīpa is comprised in Jambudwīpa,'** कर्पूरद्वीपो जम्बुद्वीपान्तर्गतः. **'Comprising' is expressed by** आत्मकः -का -त्मिका -कं **or** रूपः -पा -पं; **as, 'comprising two,'** द्व्यात्मकः -का -कं.

Comprised, *p. p.* अन्तर्गतः -ता -तं, अन्तर्गणितः -ता -तं, आन्तर्गणिकः -की -कं, प्रतिसंहृतः -ता -तं, आकलितः -ता -तं, समाविष्टः -ष्टा -ष्टं, गर्भः -र्भा -र्भं **in comp.,** गर्भितः -ता -तं.

Comprobation, *s.* प्रमाणं, प्रमाणीकरणं, साक्ष्यं, साक्षिता, सम्मतिः ***f.***

Compromise, *s.* समयं कृत्वा परस्परेण स्वस्वत्वाद् अंशपासनं **or** अंशवितरणं **or** स्वाधिकारात् किञ्चिन्निवर्त्तनं **or** स्वस्वत्वात् किञ्चिन्निवृत्तिः ***f.* or** स्वाभियोगात् किञ्चिदपासनं.—**(A mutual promise to refer a controversy to arbitrement)** प्रमाणपुरुषः पृच्छ्यताम् इति परस्परविवादिनोः समयः.

To* compromise, *v. a. समयं कृत्वा परस्परं स्वाधिकारात् **or** स्वस्वत्वात् किञ्चिन् निवृत् **(c. 1.** -वर्त्तते -र्त्तितुं) **or** किञ्चिद् अपास् **(c. 4.** -अस्यति -असितुं) **or** अंशम् अपास् **or** वितॄ **(c. 1.** -तरति -रितुं -रीतुं).—**(Bring into hazard)** संशयस्थं -स्थां -स्थं कृ, सन्देहस्थं -स्थां -स्थं कृ.

Comprovincial, *s.* एकदेशीयः, एकदेशजः, सदेशः, सदेशीयः, एकप्रदेशस्थः.

To* comptrol, *v. a. अधिष्ठन् **(c. 1.** -तिष्ठति -ष्ठातुं), कार्य्याण्य् अवेक्ष् **(c. 1.** -ईक्षते -क्षितुं).

Comptroller, *s.* अध्यक्षः, उपद्रष्टा ***m.*** (ष्टृ), कार्य्याधीशः, कार्य्यद्रष्टा ***m.*** (ष्टृ), अवेक्षिता ***m.*** (तृ), अधिकारी ***m.*** (न्), कार्य्याधिकृतः, अधिकर्म्मिकः.

Comptrollership, *s.* अध्यक्षता -त्वं, कार्य्येक्षणं, कार्य्यदर्शनं, कार्य्याधीशता.

Compulsion, *s.* बलात्कारः, बलं, साहसं, प्रमाथः, प्रसभं; **'by compulsion,'** बलात्, बलेन बलात्कारेण.

Compulsory, compulsive, *a.* बलात्कारी -रिणी -रि (न्), बलवान् -वती -वत् (त्), वली -लिनी -लि (न्), प्रबलः -ला -लं.—**(Obligatory)** अवश्यकः -का -कं.

Compulsorily, compulsitively, *adv.* बलात्कारेण, बलेन, बलात्, प्रसह्य, प्रसभं.

Compunction, *s.* सन्तापः, अनुतापः, पश्चात्तापः, मनस्तापः, अनुशोकः, अनुशयः.

Compuntious, *a.* अनुतापी -पिनी -पि (न्), अनुशोचकः -का -कं, अनुशयी -यिनी -यि (न्).

Computable, *a.* गणनीयः -या -यं, विगण्यः -ण्या -ण्यं, संख्येयः -या -य.

Computation, *s.* गणनं -ना, विगणनं, सङ्ख्यानं, परिसङ्ख्यानं, गुणनं.—**(The sum computed)** गणितं.

To* compute, *v. a. गण् **(c. 10.** गणयति -यितुं), विगण्, प्रगण्; संख्या **(c. 2.** -ख्याति -ते -तुं), परिसंख्या, सम्परिख्या; कल् **(c. 10.** कलयति -यितुं), सङ्कल्.

Computed, *p. p.* गणितः -ता -तं, परिगणितः, संख्यातः -ता -तं, परिसंख्यातः -ता -तं, गुणितः -ता -तं, कलितः -ता -तं.

Computer, *s.* गणकः, विगणकः, गुणकः, गुणकारः, संख्याता ***m.*** (तृ).

Comrade, *s.* सङ्गी ***m.*** (न्), सहायः, सहचरः, सहवासी ***m.*** (न्), बन्धुः ***m.*** सुहृद् ***m.*** मित्रं, उत्सङ्गी ***m.*** (न्), पक्षकः, भागी ***m.*** (न्).—**(In arms)** सहयुध्वा ***m.*** (न्).

***To* con, *v. n.* (Study)** अभ्यस् **(c. 4.** -अस्यति -असितुं), अधी **(c. 2.** अधीते, अध्येतुं).

To* concatenate, *v. a. शृङ्खलारूपेण अन्यद् अन्येन सन्धा **(c. 3.** -दधाति -धातुं), अविच्छिन्नक्रमेण **or** अविच्छिन्नं **or** निरन्तरम् अन्यद् अन्येन संयुज् **(c. 7.** -युनक्तिः -योक्तुं).

Concatenation, *s.* शृङ्खलता -त्वं, शृङ्खलारूपेण अन्यस्य अन्येन सन्धानं **or** संयोजनं.—**(A series)** श्रेणी, पंक्तिः ***f.,*** माला, प्रबन्धः, प्रसङ्गः; **'a concatenation of causes,'** कारणमाला.

Concave, *a.* उत्तानः -ना -नं, पुटाकारः -रा -रं, गर्भाकारः -रा -रं, उदराकृतिः -ति -ति, अण्डाकारः -रा -रं, कूर्म्मपृष्ठाकारः -रा -रं.

Concavity, *s.* उत्तानता, पुटः, पुटकं, गर्भः, उदरं.

To* conceal, *v. a. गुह् **(c. 1.** गूहति -ते, गूहितु, गोढुं), निगुह्, विनिगुह्; छद् **(c. 10.** छादयति -यितुं), आच्छद्, समाच्छद्, प्रच्छद्, प्रतिच्छद्, सञ्छद्; गुप् **in des.** (जुगुप्सते -प्सितुं), स्थग् **(c. 10.** स्थगयति -यितुं); निह्नु **(c. 2.** -ह्नुते -ह्नोतुं), अन्तर्धा **(c. 1.** -दधाति -धातुं), तिरोधा, उपनिधा, अपिधा, पिधा; अपवृ **in caus.** (-वारयति -यितुं), संवृ; गोपनं कृ; **'to be concealed,'** तिरस्कृ **in pass.** (-क्रियते), रहस् **(nom.** रहायते).

Concealable, *a.* गुह्यः -ह्या -ह्यं, गोप्यः (प्या -प्यं, गोपनीयः -या -यं, प्रच्छादनीयः -या -यं, गोपनार्हः -र्हा -र्हं.

Concealed, *p. p.* गूढः -ढा -ढं, गुप्तः -प्ता -प्तं, सङ्गुप्तः -प्ता -प्तं, छन्नः -न्ना -न्नं, प्रच्छन्नः -न्ना -न्नं, उपच्छन्नः -न्ना -न्नं, छादितः -ता -तं, प्रच्छादितः -ता -तं, स्थगितः -ता -तं, अपवारितः -ता -तं, निवारितः -ता -तं, संवृतः -ता -तं, आवृतः -ता -तं, अन्तर्हितः -ता -तं, तिरोहितः -ता -तं, पिहितः -ता -तं, अन्तरितः -ता -तं, निभृतः -ता -तं, निह्नुतः -ता -तं, तिरस्कृतः -ता -तं, अपह्नुतः -ता -तं.

Concealer, ***s.*** प्रच्छादयिता ***m.*** (तृ), गोपनकृत्, गोप्ता ***m.*** (प्तृ), अपहर्त्ता ***m.*** (र्तृ).

Concealment, ***s.*** गोपनं, सङ्गोपनं, छादनं, प्रच्छादनं, गुप्तिः ***f.,*** अन्तर्धानं, तिरोधानं, अपिधानं, पिधानं, स्थगतं, अपवारणं, अपहर्तृत्वं, अपहारः, निह्नवः, आवरणं; **'in concealment,'** निभृते, रहसि, गोपने, प्रच्छन्नं, गुप्तं.

To **concede,** ***v. a.*** वितॄ **(c. 1.** -तरति -रितुं -रीतुं), त्यज् **(c. 1.** त्यजति, त्यक्तुं), अनुज्ञा **(c. 9.** -जानाति -नीते -ज्ञातुं), अनुमन् **(c. 4.** -मन्यते -मन्तुं), अनुदा **(c. 3.** -ददाति -दातुं), प्रयम् **(c. 1.** -यच्छति -दातुं), अनुग्रह् **(c. 9.** -गृह्णाति -ग्रहीतुं), प्रोत्सृ **in caus.** (-सारयति -यितुं), अनुमुद् **(c. 1.** -मोदते -दितुं), क्षम् **(c. 1.** क्षमते, क्षन्तुं).

Conceded, ***p. p.*** अनुज्ञातः -ता -तं, प्रोत्सारितः -ता -तं, प्रदत्तः -त्ता -त्तं, वितीर्णः -र्णा -र्णं, त्यक्तः -क्ता -क्तं, अङ्गीकृतः -ता -तं.

Conceit, ***s.*** **(Self-conceit)** गर्व्वः, अहङ्कारः, अहम्मतिः ***f.,*** मानः, मानिता, अभिमानः -नता दर्पः, दर्पारम्भः, आटोपः, स्मयः. **—(Conception thought)** मेधा, बोधः, बुद्धिः ***f.,*** चिन्ता, कल्पना, ध्यानं, सङ्कल्पः.**—(Fancy)** कल्पना, मनःकल्पना, भावना, वासना.**—(Opinion)** मतिः ***f.,*** मत, बुद्धिः ***f.;*** **'Idle-conceit,** मृषार्थकं, **'affection of knowledge',** ज्ञानाभिमानं.

To **conceit,** ***v. a.*** **(Fancy, imagine)** मन् **(c. 4.** मन्यते, मन्तुं), चिन्त् **(c. 10.** चिन्तयति -यितुं), बुध् **(c. 1.** बोधति -धितुं), मनसा क्लृप् **(c. 10.** कल्पयति -यितुं), भू **in caus.** (भावयति -यितुं).

Conceited, ***a.*** मानी -निनी -नि (न्), मानवान् -वती -वत् (त्) **or** अभिमानवान्, अहङ्कारी -रिणी -रि (न्), अहंयुः -युः -यु, आत्माभिमानी -निनी -नि (न्), गर्व्वितः -ता -तं, दृप्तः -प्ता -प्तं, उद्धतः -ता -तं, समुन्नद्धः -द्धा -द्धं, जातस्मयः -या -यं, साटोपः -पा -पं, अवलिप्तः -प्ता -प्तं, मत्तः -त्ता -त्तं, भावितः -ता -तं; **'one conceited of his appearance,'** दर्शनीयमानी ***m.*** (न्); **'conceited of her beauty,'** रूपगर्व्विता; **'one conceited of his learning,'** पण्डितम्मन्यः, ज्ञम्मन्यः, असन्नद्धः,

Conceitedly, ***adv.*** साभिमानं, सगर्व्वं, सदर्पं, अहङ्कारेण, साटोपं.

Conceitedness, ***s.*** अहङ्कारित्वं, अहङ्कृतिः ***f.,*** मानिता, अभिमानता, चित्तसमुन्नतिः ***f.***

Conceivable, ***a.*** मनोगम्यः -म्या -म्यं, धीगम्यः -म्या -म्यं, बोधगम्यः -म्या -म्यं, विभाव्यः -व्या -व्यं, भावनीयः -या -यं, विभावनीयः -या -यं, बोध्यः -ध्या -ध्यं, मन्तव्यः -व्या -व्यं.

Conceivableness, ***s.*** मनोगम्यता, धीगम्यत्वं, विभाव्यत्वं, बोध्यता.

To **conceive,** ***v. a.*** **and** ***n.*** **(Imagine, think)** चिन्त् **(c. 10.** चिन्तयति -यितुं), मन् **(c. 4.** मन्यते, मन्तुं), ध्यै **(c. 1.** ध्यायति, ध्यातुं).**—(Comprehend, understand)** उपलभ् **(c. 1.** -लभते -लब्धुं), ग्रह् **(c. 9.** गृह्णाति, ग्रहीतुं), अवगम् **(c. 1.** -गच्छति -गन्तुं), बुध् **(c. 1.** बोधति -धितुं), अवधृ **in caus.** (-धारयति -यितुं), अवबुध् **(c. 4.** -बुध्यते -बोद्धुं), भू **in caus.** (भावयति -यितुं), सम्भू, ऊह् **(c. 1.** ऊहते -हितुं), अवे **(c. 2.** अवैति -तुं).**—(In the womb)** गर्भं लभ् **or** उपलभ् **or** ग्रह् **or** धृ **(c. 1.** धरति, धर्त्तुं).

Conceived, ***p. p.*** **(Imagined, understood)** चिन्तितः -ता -तं, भावितः -ता -तं, विभावितः -ता -तं, मतः -ता -तं, बुद्धः -द्धा -द्धं, उपलब्धः -ब्धा -ब्धं, गृहीतः -ता -तं, अवगतः -ता -तं, हृद्गतः -ता -तं, प्रतिपन्नः -न्ना -न्नं, अनुभूतः -ता -तं.**—(Contained in the womb)** गर्भधारितः -ता -तं, **'a female who has conceived,'** गृहीतगर्भा, धृतगर्भा, पूर्णगर्भा सञ्जातगर्भा, प्ररूढगर्भा, ससत्वा.

To **concentrate,** ***v. a.*** **(Drive towards the centre)** केन्द्र **or** मध्यस्थलं प्रति गम् **in caus.** (गमयति -यितुं).**—(Contract into a narrow compass)** अल्पस्थानं प्रति गम् **in caus. or** समाक्षिम् **(c. 6.** -क्षिपति -क्षेप्तुं), संक्षिप्; संहृ **(c. 1.** हरति -हर्त्तुं).**—(Collect into one spot)** एकत्र समाचि **(c. 5.** -चिनोति -चेतुं) **or** उपचि **or** समुपचि, एकीकृ, राशीकृ. **—(Concentrate one's thoughts)** एकाग्रः -ग्रा -ग्रं **or** एकायनः -ना -नं **or** अनन्यमनाः -नाः -नः भू.

To **concentrate,** ***v. n.*** केन्द्रं **or** मध्यस्थलं प्रति समागम **(c. 1.** -गच्छति -गन्तुं), एकत्र मिल् **(c. 6.** मिलति, मेलितुं) **or** सम्मिल् **'his affections concentrate in her,'** अस्यां बद्धभावोऽस्ति.

Concentrated, ***p. p.*** केन्द्रं **or** मध्यस्थलं प्रति गमितः -त -तं, एकत्र समाक्षिप्तः -प्ता -प्तं **or** समुपचितः -ता -तं, राशिगतः -ता -तं, एकी कृतः -ता -तं.

Concentration, ***s.*** एकत्र समाक्षेपणं, एकीकरणं.**—(Of the thoughts)** एकाग्रता.**—(Essence)** सारः.

Concentric or concentrical, ***a.*** एककेन्द्रः -न्द्रा -न्द्रं समानकेन्द्रः -न्द्रा -द्रं, साधारणकेन्द्रः -न्द्रा -न्द्रं.

Conception, ***s.*** **(Comprehension)** उपलब्धिः ***f.,*** उपलम्भः, मेधा, ग्रहणं. अनुभवः.**—(Imagination)** भावना, कल्पना, मनःकल्पना, वासना,**—(Idea thought)** बुद्धिः ***f.,*** मतिः ***f.,*** चिन्ता, सङ्कल्पः, मनोगतं.**—(Becoming pregnant)** गर्भग्रहणं, गर्भाधानं, गर्भधरणं.

To **concern,** ***v. a.*** **(Belong to)** सम्बन्ध् **in pass.** (-वध्यते). **—(Regard)** प्रतीक्ष् **(c. 1.** -ईक्षते -क्षितुं), अवेक्ष्, उद्दिश् **(c. 6.** -दिशति -देष्टुं), समुद्दिश्.**—(Disturb, trouble)** क्लिश् **(c. 9.** क्लिश्नाति, क्लेष्टुं), तप् **in caus.** (तापयति -यितुं),

बाध् (c. 1. बाधते -धितुं).—(Intermeddle, be busy about other's affairs) परकार्य्येषु व्यापृ in pass. (-प्रियते) or व्यापृतः -ता -तम् अस् or चर्च्चां कृ or चिन्त् (c. 10. चिन्तयति -यितुं) with acc. c.

Concern, concernment, *s.* **(Affair, business)** विषयः, अर्थः, व्यापारः, कार्य्यं, प्रयोजनं, सम्बन्धः.—**(Interest)** अर्थः, स्पृहणीयत्वं, सम्बन्धः, अभिसन्धानं; **'one's own concern,'** स्वार्थः.—**(Importance)** गौरवं, गुरुत्व -ता.—**(Regard for, affection)** अवेक्षा, प्रतीक्षा, अपेक्षा, अनुरागः, प्रणयः, स्नेहः. —**(Thought, attention)** चिन्ता, विचारः, मनोनिवेशः, मनोयोगः.—**(Meddling)** चर्च्चा, व्यापारः.—**(Anxiety)** चित्तोद्वेगः, उद्वेगः, औत्सुक्यं, मनोदुःखं, मनस्तापः.

Concerned, *p. p.* **(Anxious)** उद्विग्नः, -ग्ना -ग्नं, उत्सुकः -का -कं, व्यग्रः -ग्रा -ग्रं.—**(Interested)** सम्बन्धी -न्धिनी -न्धि (न्).

Concerning, *prep.* प्रति, प्रतीक्ष्य, उद्दिश्य, समुद्दिश्य, उद्देशेन, अधि. **'Concerning' may be expressed by the acc. or loc. case. (Relating to)** सम्बन्धी -न्धिनी -न्धि (न्), विषयकः -का -कं.

Concert, *s.* **(Symphony)** सङ्गीतं, एकतालः, एकतानः, एकलयः, तौर्य्यत्रिकं, गान्धर्व्वं; **'concert-room,'** सङ्गीतशाला. —**(Common deliberation on measures)** सम्प्रधारणा, अन्यैः सह कार्य्यचिन्ता or विमर्शः or परामर्शः or सञ्चिन्तनं. —**(Mutual communication)** संवादः, सम्प्रवदनं.—**(Co-operation)** सहकारिता, सम्प्रतिपत्तिः *f.,* प्रतियोगः, अङ्गाङ्गिभावः.—**(Union of purpose)** चित्तैक्यं; **'one who acts in concert,'** सहकारी *m.,* (न्), सम्भूयकारी.

***To* concert,** *v. n.* **and** *a.* **(Communicate mutually)** संवद् (c. 1. -वदति -दितुं), सम्प्रवद्.—**(Deliberate together on measures)** अन्यैः सह कार्य्याणि चिन्त् (c. 10. चिन्तयति -यितुं) **or** प्रचिन्त् **or** सञ्चिन्त्.—**(Co-operate)** सह कृ, सम्भूय कृ.—**(Contrive)** घट् (c. 1. घटते -टितुं).

Concerted, *p. p.* सञ्चिन्तितः -ता -तं, **'well concerted,'** सुघटितः -ता -तं, पक्वः -क्वा -क्वं.

Concession, *s.* प्रदानं, सम्प्रदानं, वितरणं, विसर्ज्जनं, त्यजनं, त्यागः, स्वीकारः, अङ्गीकारः क्षमा.

Concessionary, concessive, *a.* क्षमया प्रदत्तः -त्ता -त्तं, क्षमी -मिणी -मि (न्).

Conch, *s.* **(Shell)** शङ्खः, कम्बुः *m.,* दरं, जलकं, रेवटः.—**(Of Viṣṇu)** दरेन्द्रः.

***To* conciliate,** *v. a.* **(Procure good will)** आराध् **in caus.** (-राधयति -यितुं), अभिराध्, प्रसद् **in caus.** (-सादयति -यितुं), अनुरञ्ज् **in caus.** (-रञ्जयति -यितुं), सान्त्व् (c. 10. सान्त्वयति -यितुं), प्रसाध् **in caus.** (-साधयति -यितुं), लल् **in caus.** (लालयति -यितुं).—**(Reconcile)** सन्धा (c. 3. -दधाति -धातुं), समाधा, अनुनी (c. 1. -नयति -नेतुं).

Conciliated, *p. p.* आराधितः -ता -तं, अनुरञ्जितः -ता -तं, प्रसादितः -ता -तं, लालितः -ता -तं.

Conciliation, *s.* सान्त्वः -न्त्वं, सान्त्वनं, साम *n.* (न्), आराधनं, प्रसादनं, अनुरञ्जनं, सन्धानं, प्रीतिः *f.,* शाम *n.* (न्).

Conciliator, *s.* अनुरञ्जकः, आराधकः, सन्धानकरणः -कर्त्ता *m.* (र्तृ).

Concilliatory, *a.* अनुरञ्जकः -का -कं, आराधकः -का -कं, सान्त्वयन् -यन्ती -यत् (त्), प्रसादयन् -यन्ती -यत् (त्), हृदयग्राही -हिणी -हि (न्), हृदयङ्गमः -मा -मं.

Concinnity, *s.* विनीतत्वं, -ता, विनयः, उपयुक्तता, योग्यः -ग्या -ग्यं.

Concinnous, *a.* विनीतः -ता -तं, उपयुक्तः -क्ता -क्तं, योग्यः -ग्या -ग्यं.

Concise, *a.* सङ्क्षिप्तः -प्ता -प्तं, साङ्क्षेपिकः -की -कं, सामासिकः -की -कं. अविस्तीर्णः -र्णा -र्णं, चुम्बकः -का -कं, संहतः -ता -तं.

Concisely, *adv.* सङ्क्षेपतस्, सङ्क्षेपात्, सङ्क्षेपेण, समासतस्, अविस्तरशस्, अविस्तरेण.

Conciseness, *s.* सङ्क्षिप्ता, सङ्क्षेपः, सामासिकत्वं, समस्तता, संहतिः *f.,* संहारः, उपसंहारः, अविस्तरः, अविस्तीर्णता.

Concision, *s.* कर्त्तनं, उत्कर्त्तनं, छेदनं, उच्छेदः, उच्छित्तिः *f.*

Concitation, *s.* उत्थापनं, उत्तेजनं, समुत्तेजनं, प्रोत्साहनं, उत्तापः.

Conclamation, *s.* संहूतिः *f.,* संरावः, सारांविणं, बहुभिः कृता संहूतिः.

Conclave, *s.* **(Assembly of cardinals)** रोमनगरे धर्म्माधिपतिसभा.—**(Secret assembly)** गूढसभा, गूढसमाजः. —**(Private apartment)** अवरोधनं, कक्षान्तरं, अन्तःशाला.

***To* conclude,** *v. a.* **(End, finish)** समाप् **in caus.** (-आपयति -यितुं), सम्पॄ **in caus.** (-पूरयति -यितुं), साध् **in caus.** (साधयति -यितुं), निवृत् **in caus.** (-वर्त्तयति -यितुं), निर्वृत्, अवसो (c. 4. -स्यति -सातुं), निष्पद् **in caus.** (-पादयति -यितुं).—**(Infer by ratiocination)** अनुमा (c. 2. -माति, c. 3. -मिमीते -मातुं), ऊह् (c. 1. ऊहते -हितुं), तर्क् (c. 10. तर्कयति -यितुं), अवगम् (c. 1. -गच्छति -गन्तुं). —**(Determine, decide)** निश्चि (c. 5. -चिनोति -चेतुं), निर्णी (c. 1. -णयति -णेतुं), व्यवसो, निर्दिश् (c. 6. -दिशति -देष्टुं).

***To* conclude,** *v. n.* **(End)** विरम् (c. 1. -रमते -रन्तुं), उपरम्, निवृत् (c. 1. -वर्त्तते -र्त्तितुं), विगम् (c. 1. -गच्छति -गन्तुं). —**(Determine)** अनुमानं कृ, निश्चयं कृ.

Concluded, *p. p.* **(Completed)** समाप्तः -प्ता -प्तं, समापितः -ता -तं, सम्पूर्णः -र्णा -र्णं, सिद्धः -द्धा -द्धं, साधितः -ता

-तं, निर्वृत्तः -त्ता -त्तं, वृत्तः -त्ता -त्तं, निष्पन्नः -न्ना -न्नं, समापन्नः -न्ना -न्नं.—**(Ended)** अवसितः -ता -तं, अवसन्नः -न्ना -न्नं, पर्य्यवसितः -ता -तं, सितः -ता -तं, सन्नः -न्ना -न्नं, परिणतः -ता -तं, गतः -ता -तं, विपर्य्यस्तः -स्ता -स्तं. —**(Inferred)** अनुमितः -ता -तं, अवगतः -ता -तं. —**(Determined)** निश्चितः -ता -तं, निर्णीतः -ता -तं, निर्दिष्टः -ष्टा -ष्टं.

Conclusion, *s.* (Completion) समाप्तिः ***f.,*** समापनं, सिद्धिः ***f.,*** साधनं, निष्पादनं, निष्पत्तिः ***f.,*** निर्वर्त्तनं, निर्वृत्तिः ***f.***—**(Close, end)** अवसानं, पर्य्यवसानं, अवसायः सातिः ***f.,*** सायः, क्षयः, अन्तः -न्तं, पर्य्यन्तं, शेषः, परिणामः, गतिः ***f.,*** उपसंहारः; **'conclusion of a play or tale,'** निष्ठा, निर्वहणं. —**(Inference)** अनुमानं, अनुमितिः ***f.,*** अनुमा, अनुभवः, ऊहनं, अवगमः.—**(Consequence)** फलं, फलमुत्तरं, उत्तरं, परिणामः, अनुवर्त्तनं.—**(Decision, determination)** निश्चयः, निर्णयः, निश्चितं, निर्णयनं.—**(Demonstrated conclusion)** सिद्धान्तः, राद्धान्तः, कृतान्तः.—**(Last result of argument)** उत्तरपक्षः.

Conclusive, *a.* निश्चायकः -का -कं, निर्णायकः -का -कं, निर्णयनः -ना -नं, प्रामाणिकः -की -कं, निर्देष्टा -ष्ट्री -ष्टृ (ष्टृ). सिद्धान्तकरणः -णा -णं, एकान्तिकः -की -कं.

Conclusively, *adv.* निश्चितं, निर्णीतं, सनिश्चयं, निर्णयेन, सिद्धान्तपूर्व्वकं.

Conclusiveness, *s.* निश्चायकत्वं, निर्णायकत्वं, निर्णेतृत्वं, निर्देष्टृत्वं, प्रामाण्यं.

***To* concoct, *v. a.* (Digest, mature by heat)** जॄ **in caus.** (जरयति -यितुं), पच् **(c. 1.** पचति, पक्तुं), परिपच्, क्वथ् **(c. 1.** क्वथति -थितुं), निष्क्वथ्.—**(Plot)** घट् **(c. 1.** घटते -टितुं), सञ्चिन्त् **(c. 10.** -चिन्तयति -यितुं).

Concocted, *p. p.* क्वथितः -ता -तं, परिपक्वः -क्वा -क्वं, घटितः -ता -तं.

Concoction, *s.* (Digestion) पाकः, पाचनं, परिपाकः पक्तिः ***f.,*** भुक्तस्य अन्नस्य पचनं, जीर्णिः ***f.***—**(A decoction)** निष्क्वाथः, क्वाथः.

Concoctive, *a.* पाचकः -का -कं, पाचनः -ना -नं, पारपाकी -किणी -कि (न्).

Concolour, *a.* सवर्णः -र्णा -र्णं, समवर्णः -र्णा -र्णं, एकवर्णः -र्णा -र्णं.

Concomitance, *s.* सङ्गः, अनुषङ्गः, संयोगः, सहवर्त्तनं, अनुवर्त्तनं, समवायः, अन्वयः, समन्वयः.

Concomitant, *a.* सङ्गी -ङ्गिनी -ङ्गि (न्), अनुषङ्गिकः -का -कं **or** आनुषङ्गिकः -संयुक्तः -क्ता -क्तं, सहवर्त्ती -र्त्तिनी -र्त्ति (न्), समवेतः -ता -तं, समेतः -ता -तं, समवायी -यिनी -यि (न्), सहितः -ता -तं, समितः -ता -तं, अन्वितः -ता -तं, समन्वितः -ता -तं.

Concomitant, *s.* सङ्गी ***m.*** (न्), अनुषङ्गी ***m.*** (न्), सहचारी ***m.*** (न्), सहवर्त्ती ***m.*** (न्), सहभावी ***m.*** (न्).

Concomitantly, *adv.* अन्यैः सह **or** सहितं **or** संयुक्तं **or** समवेतं.

To* concomitate, *v. n. संयुज् **in pass.** (-युज्यते), अन्वि **(c. 2.** -एति -एतुं).

Concord, *s.* (Agreement of opinion, union) सम्मतिः ***f.*** एकचित्तता, चित्तैक्यं, ऐक्यं, एकता, परस्परानुमतिः ***f.,*** संवादः, दाक्षिण्यं, संयोगः, सन्धिः ***m.,*** सङ्गः.—**(Love)** प्रीतिः ***f.,*** प्रणयः.—**(Compact)** समयः, संविद् ***f.,*** नियमः. —**(Grammatical relation)** अनुषञ्जनं, अनुषङ्गः, शब्दानां परस्परसंयोगः, अन्वयः.—**(Harmony)** तालैक्यं, स्वरैक्यं.

Concordance, (Agreement) ऐक्यं, एकता, सादृश्यं, अनुरूपता, आनुगुण्यं.—**(To the Bible)** धर्म्मपुस्तकसूची, धर्म्मपुस्तक-निर्व्वचनं.

Concordant, *a.* अनुरूपः -पा -पं, अनुगुणः -णा -णं, सदृशः -शी -शं.

Concordat, *s.* नियमः, समयः, संविद् ***f.,*** संश्रवः, संवादः, उपगमः.

Concorporal, *a.* एकशरीरः -रा -रं, समशरीरः -रा -रं, एकदेहः -हा -हं.

To* concorporate, *v. a. एकशरीरीकृ, एकौघीकृ, एकत्र कृ, एकीकृ, पिण्डीकृ.

Concourse, *s.* (Of people) जनसमूहः, लोकसङ्घः, बहुजनमेलकः, लोकनिवहः, जनसम्मर्दः, जनौघं, जनसमागमः, जनता.—**(Point of junction)** सन्धिः ***m.,*** सङ्गमः.

Concremation, *s.* (Of a widow with her dead husband) सहमरणं, अनुमरणं.

Concrement, *s.* पिण्डः -ण्डं, घनता, संहतिः ***f.,*** लोष्टः -ष्टं, ओघः, राशिः ***m.f.,*** एकौघः, सान्द्रता, श्यानता.

To* concrete, *v. n. पिण्डीभू, एकौघीभू, राशीभू, घनीभू, लोष्टीभू, संहन् **in pass.** (-हन्यते), श्यै **(c. 1.** श्यायते, श्यातुं).

To* concrete, *v. a. पिण्डीकृ, एकौघीकृ, राशीकृ, घनीकृ, लोष्टीकृ, एकीकृ, सान्द्रीकृ, संहन् **(c. 2.** -हन्ति -हन्तुं), श्यै **in caus.** (श्यापयति -यितुं).

Concrete, *s.* पिण्डः -ण्डं, ओघः, लोष्टः -ष्टं, घनद्रव्यं, श्यानद्रव्यं, घनचयः.

Concrete, *a.* पिण्डीभूतः -ता -तं, एकौघभूतः -ता -तं, राशीभूतः -ता -तं, घनः -ना -नं, शीनः -ना -नं, श्यानः -ना -नं, संहतः -ता -तं, सान्द्रः -न्द्रा -न्द्रं.—**(Not abstract)** समवेतः -ता -तं, अन्वितः -ता -तं, अविविक्तः -क्ता -क्तं, संयुक्तः -क्ता -क्तं.

Concretion, *s.* (The act of concreting) पिण्डीकरणं, एकौघीकरणं, घनीकरणं.—**(Coalition)** संसक्तिः, संहतिः ***f.,***

सङ्घातः—**(Mass formed)** पिण्डः -ण्डं, ओघः, लोष्टः -ष्टं.

Concubinage, ***s.*** उपस्त्रीसेवा, उपस्त्रीगमनं, उपपत्नीसम्भोगः, वेश्यासेवा.

Concubine, ***s.*** उपस्त्री, उपपत्नी, वारस्त्री, भोग्या स्त्री, स्वैरिणी. —**(As nut up in the haram)** अवरुद्धा, अवरोधवधूः.

To **conculcate,** ***v. a.*** पादेन सम्मृद् **(c. 9.** -मृद्नाति -मर्द्दितुं) **or** अवमृद् **or** प्रमृद् **or** प्रमन्थ् **(c. 9.** -मथ्नाति -मन्थितुं).

Concupiscence, ***s.*** कामः, कामिता, कामुकत्वं, कामाग्निः ***m.,*** रतार्थित्वं, अभिलाषः.

Concupiscent, ***a.*** कामी -मिनी -मि (न्), कामुकः -का -कं, रतार्थी -र्थिनी -र्थि (न्), व्यवायी -यिनी -यि (न्), अभिलाषुकः -का -कं, लाषुकः -का -कं, अनुकः -का -कं.

To **concur,** ***v. n.*** **(Meet in one point)** एकत्र सङ्गम् **(c. 1.** -गच्छति -गन्तुं) **or** समागम् **or** मिल् **(c. 6.** मिलति, मेलितुं). —**(Join in one action)** अन्येन सह कृ **or** सम्भूय कृ. —**(Agree, concur with)** सम्मन् **(c. 4.** -मन्यते -मन्तुं), अनुमन्, अनुवद् **(c. 1.** -वदति -दितुं), उपगम् **(c. 1.** -गच्छति -गन्तुं), एकचित्रीभू, स्वीकृ.

Concurred, ***p. p.*** सम्मतः -ता -तं, अनुमतः -ता -तं, सम्प्रतिपन्नः -न्ना -न्नं.

Concurrence, ***s.*** सम्मतिः ***f.,*** सम्मतं, अनुमतिः ***f.,*** अनुवादः -दत्वं, अनुवचनं, सम्प्रतिपत्तिः ***f.,*** समनुज्ञानं, स्वीकारः, परिग्रहः इच्छा. —**(Sameness of opinion)** ऐकमत्यं, मतैक्यं; **'mutual concurrence,'** परस्परानुमतिः ***f.;*** **'without the concurrence,'** अनिच्छया, असम्मत्या, अगोचरेण; **'with his concurrence,'** तस्य सम्मत्या **or** इच्छया **or** इच्छातस्. **'without his concurrence,'** तस्य सम्मतिव्यतिरेकेण.

Concurrent, ***a.*** अनुवादकः -का -कं, अनुवादी -दिनी -दि (न्), आनुमतिकः -की -कं, सम्प्रतिपन्नः -न्ना -न्नं, एकचित्तः -त्ता -त्तं.—**(Acting in conjunction)** सहकारी -रिणी -रि (न्), सम्भूयकारी -रिणी -रि (न्).—**(Concomitant)** अनुषङ्गी -ङ्गिणी -ङ्गि (न्), सङ्गी -ङ्गिनी -ङ्गि (न्).

Concurrently, ***adv.*** सम्मतिपूर्व्वं, अनुमतिपूर्व्वं, सम्मत्या, अनुमत्या, सम्प्रतिपन्नं.

Concussion, ***s.*** संक्षोभः, सङ्घट्टः, क्षोभः, विक्षोभः, विकम्पः, मन्थनं, विधुवनं.

To **condemn,** ***v. a.*** **(Find guilty)** दोषीकृ, दोषिणं -षिर्णीं -षि कृ, सदोषं -षां -षं कृ, अपराधिनं -धिनीं -धि कृ, अपराध **(nom.** अपराधयति -यितुं), अपराधनिश्चयं कृ, अपराधनिर्णयं कृ.—**(Doom to punishment)** दण्ड् **(c. 10.** दण्डयति -यितुं).—**(Condemn to death)** बधदण्डार्हं -र्हां -र्हं ज्ञा **(c. 9.** जानाति, ज्ञातुं), हन्तुम् आदिश् **(c. 6.** -दिशति -देष्टुं), बधदण्डाज्ञां कृ.—**(Censure)** निन्द् **(c. 1.** निन्दति -न्दितुं), प्रणिन्द्, प्रत्यादिश् **(c. 6.** -दिशति -देष्टुं).—**(Codemn to pay)** दा **in caus.** (दापयति -यितुं); **'to be condemned,'** दण्डं प्राप्तुं.

Condemned, ***p. p.*** **(Found guilty)** दोषीकृतः -ता -तं, अपराधितः -ता -तं, निर्णीतापराधाः -धा -धं, निर्णीतदोषः -षा -षं.—**(Doomed to punishment)** दण्डितः -ता -तं, प्राप्तदण्डः -ण्डा -ण्डं, दण्डार्हः -र्हा -र्हं; **'condemned to death,'** बध्यः -ध्या -ध्यं; **'condemned to pay,'** दापितः -ता -त; **'cast in a suit,'** साधितः -ता -तं.

Condemnable, ***a.*** दण्डनीयः -या -यं, दण्ड्याः -ण्ड्या -ण्ड्यां, निन्दनीयः -या -यं, निन्दार्हः -र्हा -र्हं, अपराधी -धिनी -धि (न्), गर्हणीयः -या -यं, दूष्यः -ष्या -ष्यं.

Condemnation, ***s.*** दण्डः, दण्डनं, दण्डकरणं, दण्डयोगः, दण्डाज्ञा, दोषीकरणं, अपराधनिर्णयः, अपराधनिश्चयः.

Condemnatory, ***a.*** दण्डवादी -दिनी -दि (न्), निन्दकः -का -कं, अपवादकः -का -कं.

Condemner, ***s.*** दण्डप्रणेता ***m.*** (तृ), दोषग्राही ***m.*** (न्), अपराधनिर्णेता ***m.*** (तृ), निन्दकः.

Condensable, ***a.*** घनीकरणीयः -या -यं, स्थूलीकर्त्तुं शक्यः -क्या -क्यं.

Condensation, ***s.*** घनीकरणं, स्थूलीकरणं, सान्द्रीकरणं, निविडीकरणं.

To **condense,** ***v. a.*** घनीकृ, स्थूलीकृ, सान्द्रीकृ, निविडं -डां -डं कृ.

To **condense,** ***v. n.*** घनीभू, स्थूलीभू, सान्द्रीभू, पीवरः -रा -रं भू.

Condense, ***a.*** घनः -ना -नं, स्थूलः -ला -लं, सान्द्रः -न्द्रा -द्रं, निविडः -डा -डं, निरन्तरः -रा -रं, दृढसन्धिः -न्धिः -न्धि, नीरन्ध्रः -न्ध्रा -न्ध्रं, अविरलः -ला -लं.

Condensed, ***p. p.*** घनीकृतः -ता -तं, घनीभूतः -ता -तं, स्थूलीभूतः -ता -तं,

Condensity, ***s.*** घनता -त्वं, स्थूलता, सान्द्रता, नैविड्यं, पीवरत्वं.

To **condescend,** ***v. a.*** **(Lay aside dignity, yield, stoop)** गर्व्वं **or** गौरवं **or** दर्पम् अपास् **(c. 4.** -अस्यति -असितुं), मानं **or** अभिमानं यज् **(c. 1.** त्यजति, -त्यक्तुं), **or** उत्सृज्, **(c. 1.** -सृजति -स्रष्टुं), नसीभूः, आनतगर्व्वः -र्व्वा -र्व्वं भू, अस्तगौरवः -वा -वं भू.—**(Submit)** वशीभू.—**(Consent, concur with)** अनुमन् **(c. 4.** -मन्यते -मन्तुं), उपगम् **(c. 1.** -गच्छति -गन्तुं), अनुज्ञा **(c. 9.** -जानाति -ज्ञातुं), अनुवृत् **(c. 1.** -वर्त्तते -र्त्तितुं). **The 2d or 3d pers. pres. of the rt.** अर्ह् **is used in such phrases as, 'condescend to speak to me,'** मां वक्तुम् अर्हसि **or** अर्हति भवान्.

Condescending, ***a.*** अस्तगर्व्वः -र्व्वा -र्व्वं, अस्तदर्पः -र्पा -र्पं, न्यस्तगौरवः -वा -वं, नम्रः -नम्रः -म्रं, आनतः -ता -तं, अनुरोधी -धिनी -धि (न्), वशानुगः -गा -गं, वशवर्त्ती -र्त्तिनी -र्त्ति (न्), अनुविधायी -यिनी -यि (न्).

Condescendingly, ***adv.*** अगर्व्वं, गर्व्वं विना, गौरवं विना, अस्तगर्व्वं, नम्रतया.

Condescension, ***s.*** गर्व्वापासनं, दर्पापासनं, अभिमानोत्सर्जनं, गौरवत्यागः, नम्रता, आनतिः ***f.,*** अनुरोधः, अनुवर्त्तनं.

Condign, ***a.*** यथार्हः -र्हा -र्हं, योग्यः -ग्या -ग्यं, उपयुक्तः -क्ता -क्तं, अनुगुणः -णा -णं समुचितः -ता -तं, **'condign punishment,'** यथायोग्यदण्डः, यथोपयुक्तशिष्टिः ***f.***

Condignly, ***adv.*** यथार्हं -र्हतस्, यथायोग्यं, यथोचितं, अनुगुणं.

Condignness, ***s.*** यथार्हत्वं, योग्यता, उपयुक्तता, याथातथ्यं, उपपत्तिः ***f.***

Condiment, ***s.*** उपस्करः, उपकरणं, व्यञ्जनं वेसवारः, वेशवारः, प्रहितं, नेमनं, निष्ठानं, सन्धितं, अग्निवर्द्धनः, मिष्ठान्नं, मोदकं.

Condisciple, ***s.*** सहाध्यायी ***m.*** (न्), एकगुरुः ***m.*** सतीर्थः, सब्रह्मचारी ***m.*** (न्).

To **condite,** ***v. a.*** उपस्कृ, सन्धा **(c. 3.** -दधाति -धातुं), मिष्टीकृ.

Condite, ***a.*** सन्धितः -ता -तं, मिष्टः -ष्टा -ष्टं, सुस्वादुः -द्वी -दुं.

Condition, ***s.*** **(State)** अवस्था, भावः, दशा, स्थितिः ***f.,*** वृत्तिः ***f.,*** संस्थितिः ***f.,*** दशास्थितिः ***f.,*** गतिः ***f.,*** रूपं; **'natural condition,'** स्वभावः, स्वरूपं; **'calmitous condition,'** विपद्दशा; **'ill condition,'** दुःस्थितिः ***f.;*** **'good condition,'** सुस्थितिः ***f.,*** **'in good condition,** सुस्थितः -ता -तं, **'in bad condition,'** दुःस्थः -स्था -स्थं; **'in such a condition,'** तथाविधः -धा -धं, एवंविधः -धा -धं, एवम्भूतः -ता -तं, इत्थम्भूतः -ता -तं. **Obs. The condition or state of any thing is often expressed by the affixes** त्व **and** ता, **as, 'the condition of a worm,'** कृमित्वं; **'of a Śūdra,'** शूद्रता; **'of a wife,'** पत्नीत्वं. — **(Circumstances)** वृत्तिः ***f.,*** अर्थः, स्थितिः ***f.*** — **(Rank)** पदं, आस्पदं, अधिकारः, वृत्तिः ***f.*** — **(Stipulation)** नियमः, समयः, नियमवाक्यं, प्रतिज्ञा, पणः, उद्देशः. — **(State of body)** शरीर स्थितिः ***f.;*** **'in good condition of body,'** हृष्टपुष्टाङ्गः -ङ्गा -ङ्गं. — **(Temperament)** प्रकृतिः ***f.,*** भावः. — **(Quality)** गुणः. — **(Attribute)** उपाधिः ***m.*** विशेषणं.

To **condition,** ***v. n.*** **(Stipulate)** समयम् उपगम् **(c. 1.** -गच्छति -गन्तुं), नियमं कृ.

Conditional, ***a.*** सामयिकः -की -कं, नैयमिकः -की -कं, सनियमवाक्यः -क्या -क्यं, नियमितः -ता -तं, नियतः -ता -तं, पणनिश्चितः -ता -तं, निबद्धः -द्धा -द्धं. सोपाधिकः -की -कं, सनियमः -मा -मं. — **(In grammar)** संशयवाचकं क्रियापदविशेषणं.

Conditionally, ***adv.*** नियमवाक्यपूर्व्वं, समयतस्, नियमतस्, समयपुरःसरं.

Conditioned, ***p. p.*** **(Circumstanced)** स्थितः -ता -तं, स्थः स्था स्थं **in comp.,** भूतः -ता -तं, वर्त्ती -र्त्तिनी -र्त्ति (न्); **'ill-conditioned,'** दुःस्थः -स्था -स्थं; **'well-conditioned,'** सुस्थितः -ता -तं, सुस्थः -स्था -स्थं.

To **condole,** ***v. n.*** अन्येन सह शुच् **(c. 1.** -शोचति -चितुं) **or** अनुशुच्, परदुःखं दृष्ट्वा **or** ज्ञात्वा विलप् **(c. 1.** -लपति -पितुं) **or** परिदेव् **(c. 1.** -देवने -वितुं) **or** परिखिद् **in pass.** (-खिद्यते) **or** परितप् **in pass.** (-तप्यते), शोकार्त्तं समशोकेन परिशान्त्व् **(c. 10.** -शान्त्वयति -यितुं), परदुःखभागित्वात् शोकम् अपनुद् **(c. 6.** -नुदति -नोत्तुं), अन्येन समं शोकं क कुल्यं कृ, परस्य समदुःख -खा -खम् अस्.

Condollence, ***s.*** अन्येन सह शोचनं **or** अनुशोचनं **or** शोककरणं, परदुःखार्थं विलयनं **or** परिदेवनं, समशोककरणं, कुल्यं, कुल्यकरणं.

Condoler, ***s.*** समदुःख परशोकसंविभागी ***m.*** (न्), परदुःखभागी ***m.*** (न्), समशोककारी ***m.*** (न्).

Condonation, ***s.*** क्षमा, क्षान्तिः ***f.,*** मार्जना, अपराधक्षमा, अपराधमार्जना.

To **conduce,** ***v. n.*** **(Lead to)** नी **(c. 1.** नयति, नेतुं), आनी, गम् **in caus.** (गमयति -यितुं). — **(Bring about)** आवह् **(c. 1.** -वहति -वोढुं). — **(Promote)** प्रवृत् **in caus.** (-वर्त्तयति -यितुं), प्रयुज् **in caus.** (-योजयति -यितुं), सम्पद् **in caus.** (-पादयति -यितुं), सञ्जन् **in caus.** (-जनयति -यितुं).

Conducive, ***a.*** आवहः -हा -हं, प्रवर्त्तकः -का -कं, सम्पादकः -का -कं, प्रतिपादकः -का -कं, प्रयोजकः -का -कं, जनकः -का -कं, उपायिकः -का -कं, **'conducive to wealth,'** अर्थवाहः -हा -हं **or** अर्थोत्पादकः -का -कं; **'to satisfaction,'** तृप्तिजनकः -का -कं; **'to virtue,'** धर्म्मनिबन्धी -न्धिनी -न्धि (न्); **'to longevity,'** आयुष्यः -ष्या -ष्यं; **'to beatitude,'** आपवर्ग्यः -र्ग्या -र्ग्यं.

Conduct, ***s.*** **(Management)** नयः, प्रणयनं, निर्वाहः -हणं, नायः, प्रयोगः; **'conduct of affairs,'** कर्म्मनिर्वाहः, क्रियाविधिः ***m.*** — **(Behaviour)** चरितं, चरित्रं, चारित्र्यं, व्यवहारः, चेष्टितं, आचारः, आचरणं, कर्म्म ***n.*** (न्), क्रिया, वृत्तिः ***f.,*** प्रवृत्तिः ***f.,*** वृत्तं, रीतिः ***f.,*** गतिः ***f.,*** स्थितिः ***f.,*** चर्य्या; **'good conduct,'** सुचरितं, सुकृतं, सुकर्म्म ***n.*** (न्), शीलः -लं; **'bad conduct,'** दुश्चरितं, दुष्कृतं, कुचर्य्या, कुकर्म्म ***n.*** (न्), दुश्चेष्टितं; **'improper course of conduct,'** उन्मार्गः, विमार्गः; **'proper**

course,' सुमार्गः, सन्मार्गः.—(Act of leading) समानयनं.—(Convoy, guard) परिचरः.

To **conduct, *v. a.* (Lead)** नी (c. 1. नयति, नेतुं), आनी, उपानी, समानी, गम् **in caus.** (गमयति -यितुं), प्राप् **in caus.** (-आपयति -यितुं).—**(Manage)** निर्वह् **in caus.** (-वाहयति -यितुं), प्रवृत् **in caus.** (-वर्त्तयति -यितुं), प्रणी, सम्प्रणी, विधा (c. 3. -दधाति -धातुं), घट् (c. 1. घटते -टितुं).—**(Accompany, attend)** अनुया (c. 2. -याति -यातुं), अनुव्रज् (c. 1. -व्रजति -जितुं); परिचर् (c. 1. -चरति -रितुं).—**(Shew the way)** पथं दृश् **in caus.** (दर्शयति -यितुं).—**(Conduct one's self)** व्यवहृ (c. 1. -हरति -हर्त्तुं), चर्, आचर्, समाचर्, वृत् (c. 1. वर्त्तते -र्त्तितुं); **'road conducting to the city,'** नगरगामी मार्गः.

Conducted, *p. p.* (Led) नीतः -ता -तं, आनीतः -ता -तं, समानीतः -ता -तं, उपानीतः -ता -तं, गमितः -ता -तं; **'conducted here,'** सन्निधापितः -ता -तं; **'being conducted,'** नीयमानः -ना -नं.—**(Managed)** निर्वाहितः -ता -तं, प्रणीतः -ता -तं, घटितः -ता -तं, प्रवर्त्तित. -ता -तं, प्रवर्त्तितः -ता -तं; **'well-conducted,'** सुघटितः -ता -तं; **'difficult to be conducted,'** दुर्निर्वाह्यः -ह्या -ह्यं.

Conductor, *s.* (Leader) नायकः, नेता ***m.*** (तृ), वाहकः, पुरोगः, अग्रगः, पथदर्शकः, सञ्चारकः.—**(Manager)** प्रणेता ***m.*** (तृ), सम्प्रणेता, घटकः, निर्वाहकः, प्रवर्त्तकः.

Conductress, *s.* नायिका, नेत्री, सम्प्रणेत्री, निर्वाहिका, अग्रगामिनी

Conduit, *s.* प्रणालः -ली, जलनिर्गमः, कुल्या, खातं, सारणिः ***f.,*** कृत्रिमासरित्.

Cone, *s.* (Pyramidal figure) सूचिः ***f.*** -ची, शिखा.—**(Solid body round at the base and pointed at the top)** अधोभागे मण्डलाकाराऽग्रभागे सूच्याकारी घनः.—**(Fruit)** देवदारुफलं.

To **confabulate, *v. n.*** संलप् (c. 1. -लपति -पितुं), सञ्जल्प् (c. 1. -जल्पति -ल्पितुं), सम्भाष् (c. 1. -भाषते -षितुं), कथोपकथनं कृ, संवद् (c. 1. -वदति -दितुं).

Confabulation, *s.* संलापः, आलापः, कथोपकथनं, सम्भाषा, विश्रम्भकथा, सम्प्रवदनं, वादः, द्वयोः, संवादः.

Confabulatory, *a.* आलापी -पिनी -पि (न्), कथोपकथनयोग्यः -ग्या -ग्यं.

To **confect, *v. a.*** उपस्कृ, सन्धा (c. 3. -दधाति -धातुं), मिष्टीकृ.

Confection, *s.* (A preparation of sugar, etc.) उपस्करः, मोदकः -कं, मिष्टान्नं, मिष्टं, सन्धितं, खण्डमोदकः.—**(A mixture)** सन्निपातः.—**(Electuary)** अवलेहः.

Confectionary, *s.* (Where sweetmeats are sold) मिष्टान्नविक्रयस्थानं, मोदकवीथिः ***f.,*** मोदकशाला.

Confectioner, *s.* मोदककृत्, मिष्टकर्त्ता ***m.*** (र्तृ) मिष्टान्नकृत्, आपूपिकः, खाण्डिकः, खण्डपालः.

Confederacy, *s.* सन्धिः ***m.*** सन्धानं, साहित्यं, सहायता, सङ्घातः, प्रतीहारः, सङ्घट्टनं, संयोगः, साह्यं, ऐक्यं, ऐकमत्यं, एकवाक्यता.

To **confederate, *v. n.*** सन्धा (c. 3. -धत्ते -धातुं), सन्धिं कृ **or** विधा (c. 3. -दधाति -धातुं), संयुज् **in pass.** (-युज्यते), सङ्घट्ट् (c. 1. -घट्टते -ट्टितुं).

To **confederate, *v. a.*** सन्धा (c. 3. -दधाति -धातुं), सन्धिं कृ **in caus.** (कारयति -यितुं)

Confederate, *a.* सन्धितः -ता -तं, कृतसन्धिः -न्धिः -न्धि, कृतसम्बन्धः -न्धा -न्धं, सङ्घातवान् -वती -वत् (त्), सहितः -ता -तं, संयुक्त -क्ता -क्तं.

Confederate, *s.* सहायः, सहकारी ***m.*** (न्), सङ्गी ***m.*** (न्), सम्बन्धी ***m.*** (न्), परस्परोपकारी ***m.*** (न्).

Confederation, *s.* सन्धानं, परस्परोपकारार्थकः सन्धिः, सङ्घातः, सङ्गः.

To **confer, *v. n.* (Hold conversation)** सम्भाष् (c. 1. -भाषते -षितुं), संवद् (c. 1. -वदति -दितुं), संलप् (c. 1. -लपति -पितुं), कथोपकथनं कृ.—**(Deliberate with another)** अन्येन सह मन्त्र् (c. 10. मन्त्रयते -ति -यितुं) **or** सम्मन्त्र् **or** विचर् **in caus.** (-चारयति -यितुं), सञ्चिन्त् (c. 10. -चिन्तयति -यितुं).

To **confer, *v. a.* (Compare)** उपमा (c. 2. -माति **c. 3.** -मिमीते -मातुं), सम्प्रधृ **in caus.** (-धारयति -यितुं).—**(Bestow)** दा (c. 3. ददाति, c. 1. यच्छति, दातुं), प्रदा, वितॄ (c. 1. -तरति -रितुं -रीतुं), प्रतिपद् **in caus.** (-पादयति -यितुं), उपाकृ, उपकृ; **'confer a favour,'** अनुग्रह् (c. 9. -गृह्णाति -ग्रहीतुं), अनुग्रहं कृ, प्रसादं कृ, अभ्युपपत्तिं कृ; **'conferring pleasure,'** सुखदः -दा -दं, सुखावहः -हा -हं; **'conferring bliss,'** अपवर्गदः -दा -दं, आपवर्ग्यः -र्ग्या -र्ग्यं.

Conference, *s.* (Conversation) संलापः, सम्भाषा -षणं, सम्प्रवदनं, सङ्कथा, वादः, द्वयोः संवादः.—**(Deliberation)** मन्त्रणं -णा, सम्मन्त्रणं, सम्प्रधारणा.—**(Comparison)** उपमितिः ***f.,*** उपमानं.

Conferred, *p. p.* दत्तः -त्ता -त्तं, प्रदत्तः -त्ता -त्तं, प्रत्तः -त्ता -त्तं, प्रतिपादितः -ता -तं, वितीर्णः -र्णा -र्णं, विश्राणितः -ता -तं, निहितः -ता -तं.

Conferrer, *s.* दाता ***m.*** (तृ), प्रदाता ***m.*** (तृ), प्रदः **or** दः **in comp.**

To **confess, *v. a.* and *n.* (Own, acknowledge)** स्वीकृ, अङ्गीकृ, उरीकृ, उररीकृ, अनुभाष् (c. 1. -भाषते -षितुं), प्रतिपद् (c. 4. -पद्यते -पत्तुं), सम्प्रतिपद्.—**(Make a public avowal)** ख्या **in caus.** (ख्यापयति -यितुं), विवृ (c. 5.

-वृणोति -वरितुं -रीतुं), प्रकाश् in caus. (-काशयति -यितुं), प्रकाशं or व्यक्तं वद् (c. 1. वदति -दितुं).—(Disclose the state of the conscience to a priest) सर्व्वं मनोगतं गुरोर् कर्णे ख्या in caus. or प्रकाश् in caus. आचार्य्यनिकटे पापविवरणं कृ.—(Hear the confession of a pentient) अनुतापिना कर्णे जपितं पापस्वीकारं श्रु (c. 5. शृणोति श्रोतुं). —(Prove, show) सूच् in caus. (सूचयति -यितुं).

Confessedly, ***adv.*** निर्व्विवादं, असंशयं, सुनिश्चितं, प्रकाशं, व्यक्तं.

Confession, ***s.*** स्वीकारः, अङ्गीकारः, उरीकारः.—**(Of sins)** पापस्वीकारः, स्वपापविवरणं, आत्मापराधस्वीकारः, पापानाम् अङ्गीकारः, काप्यकारः.—**(Avowal, open declaration)** ख्यापनं, प्रकाशनं, प्रतिपत्तिः ***f.***, सम्प्रतिपत्तिः ***f.***—**(To a priest)** आचार्य्यनिकटे मनोगतप्रकाशनं.

Confessional, ***s.*** अपराधस्वीकारश्रोतुर् आसनं, पापविवरणश्रोतुर् आचार्य्यस्य कुटी.

Confessor, ***s.*** **(One who makes confession)** ख्यापकः, काप्यकरः, स्वीकारकृत्, स्वीकर्त्ता ***m.*** (र्तृ), अङ्गीकर्त्ता. —**(One who suffers for his faith)** स्वधर्म्मार्थं दुःखभागी ***m.*** (न्).—**(A priest who hears confession)** पापस्वीकारश्रोता ***m.*** (तृ), कर्णे जपितं परपापविवरणं शृणोति य आचर्य्यः.

Confidant, ***s.*** **(A woman's female friend)** सखी, वयस्या, दूती, दूतिका, आलिः ***f.***,—ली.—**(A man's intimate friend)** सखा ***m.*** (खि), वयस्यः, समदुःखसुखः.

To **confide,** ***v. n.*** विश्वस् (c. 2. -श्वसिति -सितुं), परिविश्वस् **with loc. or gen.;** विश्रम्भ् (c. 1. -श्रम्भते -म्भितुं), प्रती **(rt.** इ **with** प्रति, प्रत्येति, प्रत्येतुं), श्रदधा (c. 3. -दधाति -धातुं), विश्वासं कृ, प्रत्ययं कृ.

To **confide,** ***v. a.*** **(Intrust)** न्यस् (c. 4. -अस्यति -असितुं), न्यासीकृ, निक्षिप् (c. 6. -क्षिपति -क्षेप्तुं), समृ **in caus.** (-अर्पयति -यितुं).

Confided, ***p. p.*** **(Trusted in)** विश्वस्तः -स्ता -स्तं, विश्रब्धः -ब्धा -ब्धं, प्रतीतः -ता -तं, प्रत्ययितः -ता -तं, समाश्वस्तः -स्ता -स्तं, न्यासीकृतः -ता -तं,—**Intrusted)** निक्षिप्तः -प्ता -प्तं, न्यस्तः -स्ता -सतं, न्यासीकृतः -ता -तं.

Confidence, ***s.*** **(Trust, firm belief)** विश्वासः, प्रत्ययः, विश्रम्भः -म्भणं, समाश्वासः, दृढप्रत्ययः, असंशयः, असन्देहः, असन्दिग्धता, श्रद्धं -द्धा, आशाबन्धः; **'breach of confidence,'** विश्वासभङ्गः; **'an object of confidence,'** विश्वासभूमिः ***f.***, विश्वासपात्रं; **'worthy of confidence,'** विश्वास्यः -स्या -स्यं; **'one whose confidence has been gained,'** विश्वासप्रतिपन्नः -न्ना -न्नं; **'to inspire with confidence,'** आश्वस् **in caus.** (-श्वासयति -यितुं) **or** विश्वस्; **'inspired with confidence,'** विश्वासितः -ता -तं. —**(Conviction, certainty)** निश्चयः, दृढज्ञानं, दृढप्रमाणं. —**(Boldness, want of modesty)** प्रगल्भता, प्रतिभा-भानं, अविशङ्का, धाष्टर्य्यं, निर्लज्जता.

Confident, ***a.*** **(Assured beyond doubt, certain)** निश्चितः -ता -तं, कृतनिश्चयः -या -यं, असन्दिग्ध -ग्धा -ग्धं, निःसन्देहः -हा -हं, छिन्नसंशयः -या -यं; **'I am confident of that,'** तन् मया निश्चितं.—**(Trusting)** विश्वासी -सिनी -सि (न्), प्रत्ययी -यिनी -यि (न्), विश्वस्तः -स्ता -स्तं.—**(Bold)** प्रगल्भः -ल्भा -ल्भं, प्रतिभानवान् -वती -वत् (त्) **or** प्रतिभावान्, अशङ्कितः -ता -तं, अविशङ्कितः -ता -तं, निर्विशङ्कः -ङ्का -ङ्कं.

Confidential, ***a.*** विश्वस्तः -स्ता -स्तं, विश्रब्धः -ब्धा -ब्धं, आप्तः -प्ता -प्तं, प्रत्ययितः -ता -तं, प्रात्ययिकः -की -कं; **'confidential conversation,'** विश्रम्भालापः, विश्वासकथाप्रसङ्गः; **'confidential matters,'** विश्वासकार्य्यं.

Confidentially, ***adv.*** विश्वासेन, विश्रम्भात्, विश्वस्तं, विश्रम्भपूर्व्वकं.

Confidently, ***adv.*** सविश्वासं, सप्रत्ययं, निश्शङ्कं, निर्विशङ्कं, असंशयं, निःसन्देहं.

Confiding, ***a.*** विश्वस्तः -स्ता -स्तं, विश्वासी -सिनी -सि (न्), सञ्जातविश्वासः -सा -सं, विश्रब्धः -ब्धा -ब्धं, विश्रम्भप्रवणः -णा -णं, प्रत्ययी -यिनी -यि (न्), जातप्रत्ययः -या -यं, समाश्वस्तः -स्ता -स्तं, श्रद्दधत् -धती -धत् (त्), श्रद्दधानः -ना -नं, अविशङ्कमानः -ना -नं.

Configuration, ***s.*** संस्कारः, आकारः, आकृतिः ***f.***, रूपं, मूर्त्तिः ***f.***, विग्रहः, विधानं, संस्थानं, धरिमा ***m.*** (न्), संयानः.

Confine, ***s.*** **(Border)** सीमा, समन्तः, पर्य्यन्तं, अन्तः -न्तं, प्रान्तः, उपान्तं **'dwelling on the confines,'** सामन्तवासी -सिनी -सि (न्).

To **confine,** ***v. n.*** समन्ते **or** पर्य्यन्ते **or** निकटे स्था **(c.1.** तिष्ठति, स्थातुं), **or** वृत् **(c.1.** वर्त्तते -र्त्तितुं) **or** वस् **(c.1.** वसति, वस्तुं); स्पृश् (c. 6. स्पृशति, स्प्रष्टुं), समन्त **(nom.** समन्तयति -यितुं).

To **confine,** ***v. a.*** **(Circumscribe)** परिमा (c. 2. -माति -मातुं), संहृ (c. 1. -हरति -हर्त्तुं), नियम् (c. 1. -यच्छति -यन्तुं), निबन्ध् (c. 9. -बध्नाति -बन्द्धुं).—**(Imprison)** कारायां **or** कारागारे बन्ध् **or** निरुध् (c. 9. -बध्नाति -बन्द्धुं).—**(Imprison)** कारायां **or** कारागारे बन्ध् **or** निरुध् (c. 7. -रुणद्धि -रोद्धुं) **or** आसिध् (c. 1. -सेधति -सेद्धुं).—**(Restrain)** यम्, संयम्, नियम्, परियम्, विनियम्; निग्रह् (c. 9. -गृह्णाति -ग्रहीतुं); निरुध्, अवरुध्, संहृ, निषिध्; **'to be confined in childbed,'** प्राप्तप्रसवकाला भू.

Confined, ***p. p.*** **(Circumscribed)** मितः -ता -तं, परिमितः -ता -तं, नियतः -ता -तं, निबद्धः -द्धा -द्धं.—**(Contracted** सम्बाधः -धा -धं, संहतः -ता -तं, सङ्कटः -टा -टं, सङ्कुचितः -ता -तं, संवृतः -ता -तं.—**(Imprisoned)** कारागुप्तः -प्ता -पतं, कारायां बद्धः -द्धा -द्धं **or** निरुद्धः -द्धा -द्धं. —**(Bound)** बद्धः -द्धा -द्धं, कीलितः -ता -तं, अमोचितः -ता -तं.—**(Restrained)** यतः -ता -तं, संयमः -ता -तं, निगृहीतः -ता -तं, बाधितः -ता -तं, निरुद्धः -द्धा -द्धं, यन्त्रितः -ता -तं, प्रत्याहतः -ता -तं.—**(Confined in the bowels)** आनद्धः -द्धा -द्धं, बद्धकोष्ठः -ष्ठा -ष्ठं, अवरुद्धमलः -ला -लं.—**(In childbed)** प्राप्तप्रसवकाला.

Confinement, ***s.*** **(Restraint)** रोधः, निरोधः, संरोधः, यमः, संयमः -मनं, निग्रहः, बन्धनं, अमुक्तिः ***f.,*** अमोक्षः—**(Imprisonment, durance)** रोधः, निरोधनं, बन्धनं, प्रतिबन्धनं, स्थानासेधः, सम्प्रतिरोधकः.—**(Of the bowels)** नाहः, आनाहः, निबन्धः, मलावरोधः, मलावष्टम्भः, गुदग्रहः. —**(Childbed)** प्रसवकालः, प्रसवावस्था.

To **confirm,** ***v. a.*** **(Strengthen)** दृढीकृ, स्थिरीकृ, द्रढ **(nom.** द्रढयति -यितुं), सबलं -लां -लं कृ, संस्तम्भ् **(c. 5.** -स्तभ्नोति -स्तम्भितुं **or caus.** -स्तम्भयति -यितुं).—**(Corroborate another's opinion by new evidence)** प्रमाणं **or** दृढप्रमाणं दा **(c. 3.** ददाति, दातुं), सप्रमाणं -णां -णं कृ, प्रमाणीकृ, अनुवद् **(c. 1.** -वदति -दितुं), अनुकरणवाक्यं वद्, परवाक्यं दृढीकृ.—**(Strengthen in resolution)** मनःस्थैर्य्यं कृ, सुस्थिरं -रां -रं कृ, सुस्थ **(nom.** सुस्थयति -यितुं).—**(Ratify, settle)** सत्याकृ, सत्यं कृ, स्थिरीकृ, दृढनिश्चयं दा.—**(Confirm in the Christian faith by imposition of hands)** हस्तार्पणेन खीष्टीयधर्म्मे प्रवृत्तं -त्तां -त्तं कृ.

Confirmable, ***a.*** संस्तम्भनीयः -या -यं, दृढीकरणीयः -या -यं, स्थिरीकरणीयः -या -यं.

Confirmation, ***s.*** दृढीकरणं, स्थिरीकरणं, संस्तम्भः, सत्याकृतिः ***f.,*** प्रमाणीकरणं, दृढप्रमाणदानं, अनुवादः, दृढोक्तिः ***f.***—**(Confirming in the Christian faith by imposition of hands)** हस्तार्पणेन खीष्टीयधर्म्मे प्रवर्त्तनं.

Confirmatory, ***a.*** अनुवादकः -का -कं, प्रमाणीकरणः -णा -णं, संस्तम्भकृत्.

Confirmed, ***p. p.*** दृढीकृतः -ता -तं, स्थिरीकृतः -ता -तं, संस्तब्धः -ब्धा -ब्धं, सत्याकृतः -ता -तं, प्रमाणीकृतः -ता -तं, दृढनिश्चयः -या -यं, दृढः -ढा -ढं.—**(Redicated)** प्ररूढः -ढा -ढं, रूढः -ढा -ढं, संरूढः -ढा -ढं; **'a confirmed fool,'** प्रतिनिविष्टमूर्खः, **'confirmed friendship,'** रूढसौहृदं.

Confirmer, ***s.*** प्रमाणीकर्त्ता ***m.*** (र्त्तृ), दृढीकर्त्ता, स्थिरीकर्त्ता, दृढप्रमाणदाता ***m.*** (तृ), अनुवादी ***m.*** (न्).

To **confiscate,** ***v. a.*** सर्व्वस्वं दण्ड् **(c. 10.** दण्डयति -यितुं) **or** हृ **(c. 1.** हरति, हर्त्तुं) **or** अपहृ **or** छिद् **(c. 7.** छिनत्ति, छेत्तुं) **or** आच्छिद्, सर्व्ववित्तं दण्डयित्वा राजाधीनं कृ.

Confiscated, ***p. p.*** राजहृतः -ता -तं, राजापहृतः -ता -तं.—**(In all one's property)** सर्व्वस्वदण्डः -ण्डा -ण्डं, हृतसर्व्वस्वः -स्वा स्वं, छिन्नवृत्तिः -त्ति -त्ति.

Confiscation, ***s.*** सर्व्वस्वदण्डं, सर्व्वस्वहरणं, सर्व्वहारः, सर्व्वस्वापहारः, वृत्तिछेदः, अर्थदूषणं.

Confit, ***s.*** मोदकः -कं, मिष्टं, मिष्टान्नं, मधुमस्तकं. ***See*** **Comfit.**

Conflagration, ***s.*** **(Burning)** दाहः -हनं, ज्वलनं, ज्वालः, प्लोषः, ओषः, दीपनं.—**(Great fire)** महाग्निः ***m.;*** **'in a forest,'** दवाग्निः, दावानलः.—**(Fire that will consume the world)** प्रलयाग्निः ***m.***

Conflation, ***s.*** एककाले बहूनां शुषिरवाद्यानां ध्यानं.—**(Casting of metals)** सन्धानं.

To **conflict,** ***v. n.*** युध् **(c. 4.** युध्यते, योद्धुं), कलह **(nom.** कलहायते), विग्रह् **(c. 9.** -गृह्णाति -ग्रहीतुं).—**(Clash)** सङ्घट्ट् **(c. 1.** -घट्टते -ट्टितुं), परस्परं विरुध् **(c. 7.** -रुणद्धि -रोद्धुं).

Conflict, ***s.*** युद्धं, सङ्ग्रामः, संयुगः, समरः -रं, रणः -णं, विग्रहः, सङ्गरः, संख्यं, सम्परायः, कलहः, कलिः ***m.,*** समित् ***f.,*** सम्प्रहारः.—**(Clash)** समाघातः, सङ्घट्टः -ट्टनं.

Conflicting, ***a.*** **(Clashing)** परस्परपराहतः -ता -तं, विप्रतिपन्नः -न्ना -न्नं, परस्परविरोधी -धिनी -धि (न्), विरुद्धः -द्धा -द्धं.

Confluence, ***s.*** **(Of two rivers)** सम्भेदः, सङ्गः, सङ्गमः, सम्पातः, वेणिः ***f.,*** निर्व्वाणं.—**(Junction)** संयोगः, समागमः. —**(Concourse of people)** जनसमागमः, जनसमूहः, जनसम्मर्द्दः, लोकसङ्घः.

Confluent, ***a.*** एकस्थानं प्रति प्रवाहकः -का -कं, सम्मेलकः -का -कं.

Conflux, ***s.*** सङ्गमः, समागमः, सम्भेदः, वेणिः ***f.***—**(Crowd)** बहुजनमेलकः.

To **conform,** ***v. a.*** अनुरूपीकृ, सदृशीकृ, अनुरूपं -पां -पं कृ, सदृशं -शीं -शं कृ, तुल्यीकृ, समीकृ, योग्यं -ग्यां -ग्यं कृ, समान **(nom.** समानयति -यितुं).

To **conform,** ***v. n.*** सादृश्यं **or** आनुरूप्यं गम् **(c. 1.** गच्छति, गन्तुं), सदृशः, -शी -शं भू.—**(Comply with)** अनुवृत् **(c. 1.** -वर्त्तते -र्त्तितुं), अनुरुध् **(c. 4.** -रुध्यते -रोद्धुं), अनुविधा **(c. 3.** -दधाति -धातुं), अनुसृ **(c. 1.** -सरति -सर्त्तुं), अनुकृ, अनुमन् **(c. 4.** -मन्यते -मन्तुं), स्वीकृ.—**(Be suitable)** युज् **in pass.** (युज्यते).

Conformable, *a.* अनुरूपः -पा -पं, सदृशः -शी -शं, अनुसारी -रिणी -रि (न्), अनुगुणः -णा -णं, सरूपः -पी -पं, तुल्यरूपः -पा -पी -पं, समानः -ना -नं, तुल्यः -ल्या -ल्यं, समानाकारः -रा -रं, एकाकारः -रा -रं. **—(Compliant)** अनुवर्त्ती -र्त्तिनी -र्त्ति (न्), अनुविधायी -यिनी -यि (न्), अनुकूलः -ला -लं, अनुनयी -यिनी -यि (न्), अनुरोधी -धिनी -धि (न्). **—(To what has been said)** अनुवादकः -का -कं -दी -दिनी -दि (न्). **—(Suitable)** योग्यः -ग्या -ग्यं, युञ्जानः -ना -नं, युक्तः -क्ता -क्तं उपयुक्तः -क्ता -क्तं.

Conformably, *adv.* अनुरूपं, अनुरूपेण, अनुसारतस्, अनुसारेण, अनुसारात्, युक्तं, योगतस्, योग्यं, यथावत्. **Often expressed by** यथा **prefixed; as, 'conformably to rule,'** यथाविधि.

Conformation, *s.* संस्कारः, संयानः, आकारः, आकृतिः ***f.***, संस्थानं, रूपं.

Conformist, *s.* धर्म्मानुसारी ***m.*** (न्), वृत्तानुसारी, व्रत्तानुवर्त्ती ***m.*** (न्), गतानुगतिकः.

Conformity, *s.* अनुरूपं -पता, आनुरूप्यं, सादृश्यं, सदृशता, अनुसारः -रित्वं, समानता, समता, तुल्यत्वं, सरूपता, आनुगुण्यं. **—(Compliance)** अनुवृत्तिः ***f.***, अनुरोधः, अनुकूलता. **—(To what has been said)** अनुवादत्वं. **—(Suitableness)** योग्यता, युक्तता, उपयुक्तत्वं; **'conformity to established practice,'** वृत्तानुसारः, धर्म्मानुसारः.

***To* confound, *v. a.* (Perplex)** मुह् **in caus.** (मोहयति -यितुं), विमुह् व्यामुह, आकुलीकृ, व्याकुलीकृ, व्याकुल **(nom.** व्याकुलयति -यितुं), विस्मि **in caus.** (-स्मायति -यितुं). **—(Agitate, disturb)** क्षुभ् **in caus.** (क्षोभयति -यितुं), विक्षुभ्, संक्षुभ्, विलुप् **(c. 6.** -लुम्पति -लोप्तुं). **—(Mingle, huddle together)** सम्मिश्रीकृ, सङ्करीकृ, सम्मिश्र् **(c. 10.** -मिश्रयति -यितुं), विक्षिप् **(c. 6.** -क्षिपति -क्षेप्तुं), अस्तव्यस्तीकृ, सङ्कुलीकृ, भेदं जन् **in caus.** (जनयति -यितुं). **—(Destroy)** विनश **in caus.** (-नाशयति -यितुं). **—(Confound by argument)** निरुत्तरं -रां -रां कृ; **'to be confounded,'** मुह् **(c. 4.** मुह्यति), विमुह्, सम्मुह्; आकुलीभू, व्याकुलीभू.

Confounded, *a.* (Perplexed) मोहितः -ता -तं, विमोहितः -ता -तं, आकुलितः -ता -तं, व्याकुलितः -ता -तं, आकुलः -ला -लं, व्याकुलः -ला -लं, व्याकुलीकृतः -ता -तं, व्यग्रः -ग्रा -ग्रं, सङ्कीर्णः -र्णा -र्णं, व्यस्तः -स्ता -स्तं, विहस्तः -स्ता -स्तं, सम्भ्रान्तः -न्ता -न्तं, पिञ्जलः -ला -लं, पिञ्जः -ञ्जा -ञ्जं, विक्षिप्तचित्तः -त्ता -त्तं. **—(Agitated)** क्षोभितः -ता -तं, विक्षिप्तः -प्ता -प्तं. **—(Huddled together)** सङ्करीकृतः -ता -तं, सङ्कीर्णः -र्णा -र्णं, सङ्कुलः -ला -लं, अस्तव्यस्तः -स्ता -स्तं. **—(Unfortunate)** दैवोपहतः -ता -तं. **—(Detestable)** गर्ह्यः -र्ह्या -र्ह्यं, कुत्सितः -ता -तं.

Confoundedly, *adv.* अद्भुतं, कुत्सितं, अत्यन्तं, गर्हितं, गर्ह्यप्रकारेण.

Confounder, *s.* मोहकः, विमोहनः, मोहनकृत्, विक्षेपकः, विक्षोभकर्त्ता ***m.*** (र्त्तृ).

Confraternity, *s.* सौभ्रात्रं, भ्रातृत्वं, सन्नयासिनां साहित्यं, सगोत्रं.

***To* confront, *v. a.* (Stand face to face)** अभिमुखे **or** सम्मुखे **or** सम्मुखासम्मुखि **or** प्रत्यक्षतः स्था **(c. 1.** तिष्ठति, स्थातुं) **or** वृत् **(c. 1.** वर्त्तते -र्त्तितुं), सम्मुखीभू, अभिमुखं गम् **(c. 1.** गच्छति, गन्तुं), अभिवृत्. **—(Compare)** उपमा **(c. 2.** -माति -मातुं), सम्प्रधृ **in caus.** (-धारयति -यितुं). **—(Oppose plaintiff and defendant in court)** अर्थिप्रत्यर्थिनौ प्राड्विवाकसाक्षाद् एककाले आनी **(c. 1.** -नयति -नेतुं). **—(Oppose a witness to an accused party)** अभियुक्तजनप्रतिमुखे साक्षिणं स्था **in caus.** (स्थापयति -यितुं).

Confrontation, *s.* (Of witnesses with an accused party) धर्म्मसभायां अभियुक्तजनप्रतिमुखे साक्षिस्थापनं. **—(In battle)** धाटी.

To* confuse, *v. a. विक्षिप् **(c. 6.** -क्षिपति -क्षेप्तुं), संक्षुभ् **in caus.** (क्षोभयति -यितुं), विक्षुभ्, सङ्करीकृ, सङ्कृ **(c. 6.** -किरति -करितुं -रीतुं), सम्मिश्र् **(c. 10.** -मिश्रयति -यितुं), अस्तव्यस्तीकृ; **'to be confused,'** सङ्कृ **in pass.** (-कीर्य्यते). ***See To* confound.**

Confused, *p. p.* (Crowded irregularly, disordered) सङ्कुलः -ला -लं, सङ्कीर्णः -र्णा -र्णं, आकीर्णः -र्णा -र्णं, विक्षिप्तः -प्ता -प्तं, सङ्करीकृतः -ता -तं, अस्तव्यस्तः -स्ता -स्तं. **—(Disturbed in mind)** व्यस्तः -स्ता -स्तं, आकुलः -ला -लं, व्याकुलः -ला -लं, विक्लवः -वा -वं, कातरः -रा -रं, पारिप्लवः -वा -वं, व्यग्रः -ग्रा -ग्रं, सम्भ्रान्तः -न्ता -तं, विस्मयाकुलः -ला -लं, आकुलचित्तः -त्ता -त्तं, पिञ्जः -ञ्जा -ञ्जं, अधीरः -रा -रं, विपन्नः -न्ना -न्नं. ***See* Confounded. —(Without order)** क्रमहीनः -ना -नं. **—(Abashed)** ह्रीपरिगतः -ता -तं. **—(Not clear)** अस्पष्टः -ष्टा -ष्टं.

Confusedly, *adv.* (In a mixed manner) सङ्कुलं, सङ्कीर्णं, साङ्कर्य्येण. **—(Without order)** क्रमं विना, अक्रमेण. **—(Not clearly)** अस्पष्टं. **—(With bewilderment)** ससम्भ्रमं, व्यस्तचेतसा, व्याकुलमनसा.

Confusion, *s.* (The act) सङ्करीकरणं. **—(Irregular mixture)** सङ्करः, साङ्कर्य्यं, सङ्कीर्णत्वं, सङ्क्षोभः, व्यस्तता, व्यतिकरः. **—(Bewilderment)** आकुलत्वं, व्याकुलत्वं, वैक्लव्यं, कातरता, व्यस्तता, व्यग्रता, सम्भ्रमः, विस्मयः. **—(Confusion of an army)** समुत्पिञ्जः, पिञ्जलः. **—(Want of order)** अक्रमः, विसूत्रता, क्रमहीनता. **—(Want of clearness)** अस्पष्टता. **—(Shame)** ह्रीः, लज्जा, व्रीडा. **—(Destruction)**

Confutable 181 Congratulatory

विनाशः; **'Confusion seize thee!'** निग्राहम् ते भूयात्; **'confusion of ideas,'** रोपः, रोपणं.

Confutable, ***a.*** खण्डनीयः -या -यं, प्रत्याख्येयः -या -यं, निराकरणीयः -या -यं.

Confutation, ***s.*** खण्डनं, वाक्यखण्डनं, पक्षाघातः, निराकरणं, प्रत्याख्यानं, निरासः, अधरीकरणं, बाधः, बाधा, उपमर्द्दः, अनिश्चयः.

To **confute,** ***v. a.*** खण्ड् **(c. 10.** खण्डयति -यितुं), निरस् **(c. 4.** -अस्यति -असितुं), परास्; प्रत्याख्या **(c. 2.** -ख्याति -तुं), संसूच् **(c. 10.** -सूचयति -यितुं), अधरीकृ, निराकृ, निरुत्तरीकृ.

Confuted, ***p. p.*** खण्डितः -ता -तं, निरस्तः -स्ता -स्तं, परास्तः -स्ता -स्तं, निराकृतः -ता -तं, अधरीकृतः -ता -तं, प्रत्याख्यातः -ता -तं, बाधितः -ता -तं.

Congé, ***s.*** **(Bow, salutation)** प्रणामः, प्रणतिः ***f.,*** नमस्कारः, अभिवादः -दनं, प्रणिपातः.—**(Leave, farewell)** अनुज्ञा, अनुमतिः ***f.,*** आमन्त्रणं.

To **congeal,** ***v. a.*** घनीकृ, श्यै **in caus.** (श्यापयति -यितुं), शीतीकृ, श्यानीकृ, पिण्डीकृ, संहन् **(c. 2.** -हन्ति -हन्तुं).

To **congeal,** ***v. n.*** घनीभू, संहन् **in pass.** (-हन्यते), श्यै **(c. 1.** श्यायते, श्यातुं), शीतीभू, शीनीभू, पिण्डीभू.

Congealable, ***a.*** श्यानीयः -या -यं, श्येयः -या -यं, घनीकरणीयः -या -यं.

Congealed, ***p. p.*** घनीकृतः -ता -तं, घनीभूतः -ता -तं, शीतः -ता -तं, शीनः -ना -नं, श्यानः -ना -नं, द्रवेतरः -रा -रं.

Congelation, ***s.*** **(The state)** शीतीभावः, शीतता, घनत्वं, -ता, घनीभावः, संहतत्वं -ता, संहतिः ***f.***—**(The act)** घनीकरणं, शीतीकरणं.

Congenial, ***a.*** **(Of the same disposition)** समानशीलः -ला -लं. समानभावः -वा -वं, एकस्वभावः -वा -वं, एकभावः -वा -वं, तुल्यशीलः -ला -लं, स्वाभाविकः -की -कं, सधर्म्मा -र्म्मा -र्म्म (न्).—**(Kindred)** समानजातीयः -या -यं, सजातिः -तिः -ति.—**(Agreeable, suitable)** अनुसारी-रिणी -रि (न्), अनुरूपः -पा -पं, अनुगुणः -णा -णं, प्रियकारः -री -रं.

Congeniality, ***s.*** समानशीलता, तुल्यशीलता, सजातित्वं, एकजातित्वं, सधर्म्मकत्वं, अनुसारित्वं, आनुगुण्यं, आनुरूप्यं.

Congenite, ***a.*** सहजः -जा -जं, सहजातः -ता -तं, समकालजः -जा -जं, एककाले जातः -ता -तं, एककालोत्पन्नः -न्ना -न्नं.

Conger, ***s.*** समुद्रव्यालः, जलव्यालः, समुद्रजः, कुञ्चिकाभेदः **or** अन्धाहिः ***m.***

Congeries, ***s.*** राशिः ***m. f.,*** स्तूपः, पिण्डः, सञ्चयः, ओघः, पुञ्जः, पूगः, स्तोमः.

To **Congest,** ***v. a.*** राशीकृ, पिण्डीकृ, एकौघीकृ, सञ्चि **(c. 5.** -चिनोति -चेतुं), समाचि, समुपचि, एकपूगीकृ, एकपुञ्जीकृ.

Congestible, ***a.*** सञ्चयनीयः -या -यं, एकराशीकरणीयः -या -यं.

Congestion, ***s.*** **(Of blood)** रक्तावरोधः, रक्तावष्टम्भः.

To **conglobate,** ***v. a.*** गोलीकृ, एकमण्डलीकृ, एकपिण्डीकृ, एकौघीकृ, वर्त्तुलीकृ.

Conglobate, ***a.*** एकपिण्डीभूतः -ता -तं, मण्डलीभूतः -ता -तं, एकमण्डलाकारः -रा -रं.

Conglobation, ***s.*** **(The act)** एकमण्डलीकरणं, एकौघीकरणं. —**(A mass)** एकपिण्डः, एकौघः, एकमण्डलं.

To **conglomerate,** ***v. a.*** एकराशीकृ, एकपिण्डीकृ, एकागोलीकृ, एकौघीकृ, एकवृन्दीकृ, सञ्चि **(c. 5.** -चिनोति -चेतुं), समुपचि, समाचि, सम्भृ **(c. 1.** -भरति -भर्त्तुं), समाक्षिप् **(c. 6.** -क्षिपति -क्षेप्तुं), एकत्र कृ, वर्त्तुलीकृ.

Conglomerated, ***p. p.*** एकराशिभूतः -ता -तं, एकौघभूतः -ता -तं, एकपिण्डीभूतः एकत्रीभूतः -ता -तं.

Conglomeration, ***s.*** **(The act)** एकपिण्डीकरणं, एकराशीकरणं, समुपचयनं.—**(A collection, heap)** एकराशिः ***m. f.,*** एकौघः, एकपिण्डः एकवृन्दं.

To **conglutinate,** ***v. a.*** संलग्नीकृ, संश्लिष् **in caus.** (-श्लेषयति -यितुं), सन्धा **(c. 3.** -दधाति -धातुं), संयुज् **(c. 7.** -युनक्ति -योक्तुं).—**(Heal wounds)** संरुह् **in caus.** (-रोपयति -यितुं).

To **concultinate,** ***v. n.*** संसञ्ज् **in pass.** (-सज्यते), संलग्नीभू, संश्लिष् **in pass.** (-श्लिष्यते), सन्धा **in pass.** (-धीयते), संयुज् **in pass.** (-युज्यते).—**(Be healed)** संरुह् **in caus. pass.** (-रोप्यते).

Conglutination, ***s.*** **(Junction)** संसक्तिः ***f.,*** समासक्तिः, संश्लेषः, संयोगः, सन्धिः ***m.***—**(The act)** संलग्नीकरणं.—**(Healing)** रोपणं, संरोपणं.

To **congratulate,** ***v. a.*** मङ्गलवचनं **or** कल्याणवचनं ब्रू **(c. 2.** ब्रवीति, वक्तुं), **or** वद् **(c. 1.** वदति -दितुं), कल्यं वद्, परमङ्गलं ज्ञात्वा तेन सह धन्यवादं कृ, **or** कुशलवादं कृ **or** उत्सवं कृ; मङ्गलं **or** कुशलं भूयाद् इति वद्, आमन्त्र् **(c. 10.** -मन्त्रयति -ते -यितुं).

Congratulation, ***s.*** कल्याणवचनं, कल्यवादः, कल्यं, कल्या, मङ्गलवचनं, कल्याणोक्तिः ***f.,*** माङ्गल्यवाक्यं, कुल्यं, धन्यवादः, कुशलवादः, आमन्त्रणं, आशीः ***f.*** (स्), आशीर्वादः.

Congratulatory, ***a.*** कल्यवादः -दा -दं, मङ्गलवादी -दिनी -दि (न्), कल्योक्तिमयः -यी -यं, मङ्गलसूचकः -का -कं, माङ्गलिकः -की -कं, कल्याणकरः -री -रं, उत्सवकरः -री -रं.

To **congregate, *v. a.*** समाचि (**c. 5.** -चिनोति -चेतुं), समानी (**c. 1.** -नयति -नेतुं), समाहृ (**c. 1.** -हरति -हर्त्तुं), समूह् (**c. 1.** ऊहते -हितुं), सङ्गम् **in caus.** (-गमयति -यितुं), सन्निपत् **in caus.** (-पातयति -यितुं), एकीकृ, एकत्रकृ, राशीकृ, समूहीकृ, यूथशः कृ, एकयूथीकृ.

To **congregate, *v. n.*** समे (सम् **and** आ **with root** इ, समैति -तुं), समभ्ये, सङ्गम् (**c. 1.** -गच्छति -गन्तुं), समागम्; सम्मिल् (**c. 6.** -मिलति -मेलितुं), एकत्र मिल्, एकत्र आगम्, यूथशः सम्मिल्; ससावृत् (**c. 1.** -वर्त्तते -र्त्तितुं), सन्निपत् (**c. 1.** पतति -तितुं).

Congregated, *a.* समेतः -ता -तं, समागतः -ता -तं, मिलितः -ता -तं, समूढः -ढा -ढं, समूहभूतः -ता -तं, एकस्थः -स्था -स्थं, सन्निपतितः -ता -तं.

Congregation, *s.* (Assembly) सभा, परिषद् ***f.,*** समाजः, समज्या, समूहः, समागमः, मेलकः, मेलः -ला, संसद् ***f.,*** मण्डलं, समवायः, निवहः, निकाय. **—(Collection)** सञ्चयः -यनं, समाहारः, सन्निपातः, समुदयः. **—(Assembly met to worship God)** ईश्वरपूजार्थं समागतो जनसमूहः, ईश्वरपूजकानां परिषद्.

Congregational, *a.* सभ्यः -भ्या -भ्यं, सामाजिकः -की -कं, पारिषदः -दी -दं,

Congress, *s.* सभा, संसद् ***f.,*** सदः ***n.*** (स्), समाजः, मेलकः. **—(Shock, collision)** सङ्घट्टः -ट्टनं -ट्टना, समाघातः. **—(Sexual)** स्त्रीपुरुषसङ्गः.

Congressive, *a.* साङ्गतिकः -की -कं, सम्मेलकः -का -कं, सङ्घट्टनशीलः -ला -लं.

Congruence, *s.* आनुरूप्यं, अनुरूपता, सादृश्यं, अनुसारः -रित्वं, आनुगुण्यं, योग्यता, युक्तता, उपयुक्तता, सङ्गतत्वं, साङ्गत्यं.

Congruity, *s.* योग्यता, युक्तता, युक्ति ***f.,*** सामञ्जस्यं, अनुसारिता, याथातथ्यं, औचित्यं, उचितता, उपपत्तिः ***f.,*** सदृशता. ***See* Congruence.**

Congruous, *a.* योग्यः -ग्या -ग्यं, युक्तः -क्ता -क्तं, सङ्गतः -ता -तं, अविरुद्धः -द्धा -द्धं, समञ्जसः -सा -सं, अनुसारी -रिणी -रि (न्), अनुगुणः -णा -णं, सदृशः -शी -शं, सम्भाव्यः -व्या -व्यं.

Congruously, *adv.* योग्यं, युक्तं, अनुसारेण -रात् -रतस्, अनुरूपं -पेण, अविरुद्धं, समञ्जसं, सङ्गतं, सङ्गतप्रकारेण.

Conic, conical, *a.* सूच्याकारः -रा -रं, शिखाकृतिः -तिः -ति, शुण्डाकारः -रा -रं.

Conically, *adv.* सूच्याकारेण, शुण्डाकारेण, सूचिरूपेण.

Conicks, *s.* सूचिच्छेदविषयका रेखागणितविद्यायाः शाखा **or** अङ्गं.

Coniferous, *a.* सूच्याकारफलप्रदः -दा -दं, शिखाकृतिफलवान् -वती -वत् (त्).

Conjecturable, *a.* वितर्क्यः -र्क्या -र्क्यं, अनुमेयः -या -यं, ऊहनीयः -या -यं.

Conjectural, *a.* आनुमानिकः -की -कं, वैतर्किकः, -की -कं, ऊही -हिनी -हि (न्).

Conjecturally, *adv.* अनुमानेन, वितर्केण, सानुमानं, सवितर्कं, अनुमानपूर्व्वं.

To **conjecture, *v. a.*** अनुमा (**c. 2.** -माति, **c. 4.** -मायते, **c. 3.** -मिमीते -मातुं), शङ्क् (**c. 1.** शङ्कते -ङ्कितुं), तर्क् (**c. 10.** तर्कयति -यितुं), वितर्क्, ऊह् (**c. 1.** ऊहते -हितुं), अनुभू (**c. 1.** -भवति -वितुं).

Conjecture, *s.* वितर्कः -र्कणं, अनुमानं, अनुमानोक्तिः ऊहा -हनं, अनुभवः, शङ्का.

Conjectured, *p. p.* अनुमितः -ता -तं, वितर्कितः -ता -तं, शङ्कितः -ता -तं.

Conjecturer, *s.* अनुमाता ***m.*** (तृ), अनुमानकर्त्ता ***m.*** (र्त्तृ), वितर्ककः, वितर्कणकृत्.

To **conjoin, *v. a.*** संयुज् (**c. 7.** -युनक्ति -योक्तुं, **c. 10.** -योजयति -यितुं), समायुज्; सन्धा (**c. 3.** -दधाति -धातुं), संश्लिष् **in caus.** (-श्लेषयति -यितुं).

To **conjoin, *v. a.*** संयुज् **in pass.** (-युज्यते), समायुज्; सन्धा (**c. 3.** -धत्ते -धातुं **or pass.** -धीयते), संश्लिष् **in pass** (श्लिष्यते).

Conjoined, *p. p.* संयुक्तः -क्ता -क्तं, सहितः -ता -तं, सम्बद्धः -द्धा -द्धं, कृतसम्बन्धः -न्धा -न्धं, संहतः -ता -तं, सन्धितः -ता -तं, सङ्घातवान् -वती -वत् (त्).

Conjointly, *adv.* सहितं, सह, सार्द्धं, योगतस्, समं, साकं, अपृथक्.

Conjugal, *a.* वैवाहिकः -की -कं, उद्वाहिकः -का -कं, औद्वाहिकः -की -कं; **'the conjugal state,'** पतित्वं, भर्त्तृत्वं; **'conjugal affection,'** दम्पत्योः **or** भार्य्यापत्योः स्नेहः; **'conjugal fidelity in a woman,'** सतीत्वं, पातिव्रत्यं; **'in a man,'** एकपत्नीसेवा.

Conjugally, *adv.* दम्पतिवत्, यथा भार्य्यापती तथा महास्नेहेन, वैवाहिकप्रकारेण.

To **conjugate, *v. a.* (In grammar)** आख्या (**c. 2.** -ख्याति -ख्यातुं), रूपम् आख्या.

Conjugated, *p. p.* आख्यातः -ता -तं. **—(Joined)** संयुक्तः -क्ता -क्तं.

Conjugation, *s.* (In grammar) रूप, वाच्यता, गणः, रूपकरणं. **—(Union, compilation)** संयोगः, समाहारः.

Cojunct, *a.* संयुक्तः -क्ता -क्तं, समायुक्तः -क्ता -क्तं, संश्लिष्टः -ष्टा -ष्टं, सङ्गतः -ता -तं; **'a conjunct consonant,'** संयोगः.

Conjunction, *s.* (Union) संयोगः, सम्प्रयोगः योगः, सन्धिः ***m.,*** सन्धानं, श्लेषः, संश्लेषः, सङ्गमः, समागमः, सङ्गः, अनुषङ्गः, समासज्जनं, समासक्तिः ***f.,*** सम्पर्कः, संसर्गः, मेलः. **—(In grammar)** णमुच्चयः, समुच्चयबोधकः शब्दः.

—(Planetary) सङ्गमः; 'of sun and moon,' अर्केन्दुसङ्गमः, उपसर्गः; 'day of lunar conjunction,' अमावस्या; 'in conjunction,' सङ्गतः -ता -तं.

Conjunctive, *a.* साङ्गतिकः -की -कं, यौक्तिकः -का -कं, यौगिकः -की -कं, अनुषङ्गी -ङ्गिणी -ङ्गि (न्), आनुषङ्गिकः -की -कं.—**(United)** संयुक्तः -क्ता -क्तं, संश्लिष्टः -ष्टा -ष्टं.

Conjunctly, *adv.* योगतस्, सहितं, सह, सार्द्धं, संयुक्तं.

Conjuncture, *s.* योगः, संयोगः, सन्धिः *m.*—**(Occasion)** समयः, प्रस्तावः, अवकाशः, अवसरः.

Conjuration, *s.* **(Magic)** योगः, सम्प्रयोगः, माया, कुहकः, इन्द्रजालं, कुसृतिः *f.*—**(Incantation, enchantment)** मन्त्रं, अभिचारः, माया—**(Conspiracy)** संशापः, संशपनं, सङ्कल्पः, दुष्टकर्म्मसाधनार्थं बहुज नानां संसर्गः, ऐकमत्यं, एकवाक्यता.—**(Charging earnestly by oath)** शपनपूर्व्वकं, सम्बोधनं, शपथपुरःसरं प्रत्यादेशः, शापनं.

To **conjure,** *v. a.* **(Charge earnestly)** शपनपूर्व्वकं **or** सशपनं समादिश **(c. 6.** -दिशति -देष्टुं) **or** प्रत्यादिश् **or** सम्बुध् **in caus.** (-बोधयति -यितुं), शप् **in caus.** (शापयति -यितुं).

To **conjure,** *v. n.* **(Use enchantment)** मायां कृ, कुहकं कृ, इन्द्रजालं कृ, अभिचर् **(c. 1.** -चरति -रितुं).—**(Conspire)** शपथपुरःसरं अन्यैः सह सहायत्वम् कृ, दुष्टकर्म्मसम्पादनार्थम् अन्यैः सह शप् **(c. 4.** शप्यति, शप्तुं) **or** शपथबद्धः -द्धा -द्धम् अस्.

Conjurer, *s.* मायी *m.* (न्), मायाकारः -कृत्, मायाजीवी *m.* (न्), कुहककारः, कुहकजीवी *m.* (न्), इन्द्रजालिकः, ऐन्द्रजालिकः, योगी *m.* (न्), सम्प्रयोगी *m.* (न्), कौसृतिकः, अभिचारविद्.

Connascence, *s.* सहजत्वं, एककाले जन्म *n.* (न्) **or** उत्पत्तिः *f.*, समकालोत्पत्तिः.

Connate, *a.* सहजः -जा -जं, सहजातः -ता -तं, समकालजः -जा -जं, एककाले जातः -ता -तं, एककालोत्पन्नः -न्ना -न्नं, यमजः -जा -जं.

Connatural, *a.* सहजः -जा -जं, स्वाभाविकः -की -कं, स्वभावजः -जा -जं, अन्तर्जातः -ता -तं, एकभावः -वा -वं, एकस्वभावः -वा -वं.

To **connect,** *v. a.* संयुज् **(c. 7.** -युनक्ति -योक्तुं, **c. 10.** -योजयति -यितुं), सम्बन्ध् **(c. 9.** -बध्नाति -बन्द्धुं), अनुबन्ध्, सन्धा **(c. 3.** -दधाति -धातुं), उपसन्धा, संश्लिष् **in caus.** (-श्लेषयति -यितुं), संलग्नीकृ, योक्त्र **(nom.** योक्त्रयति -यितुं -यितुं), ग्रन्थ् **(c. 9.** ग्रथ्नाति, ग्रन्थितुं), पिनह् **(c. 4.** -नह्यति -नद्धुं), व्यतिषञ्ज् **(c. 1.** -षजति -षक्तुं); **'to be connected,'** सम्बन्ध् **in pass.** (-बध्यते).

Connected, *p. p.* **(Joined, related)** संयुक्तः -क्ता -क्तं, समायुक्तः -क्ता -क्तं, संयुतः -ता -तं, प्रयुक्तः -क्ता -क्तं, यौक्तिकः -की -कं, सम्बद्धः -द्धा -द्धं, सम्बन्धी -न्धिनी -न्धि (न्), कृतसम्बन्धः -न्धा -न्धं, अनुबद्धः -द्धा -द्धं, अनुसम्बद्धः -द्धा -द्धं, प्रतिबद्धः-द्धा -द्धं, अन्वितः -ता -तं, समन्वितः -ता -तं, सान्वयः -या -यं, समितः -ता -तः **'mutually connected,'** व्यतिषक्तः -क्ता -क्तं.—**(Continuous)** अविच्छिन्नः -न्ना -न्नं, अपरिच्छिन्नः -न्ना -न्नं; **'a connected story,'** प्रबन्धः.

Connectedly, *adv.* प्रबन्धेन, अविच्छेदेन, अविच्छिन्नं, योगतस्, सम्बद्धं.

Connexion, *s.* **(Union)** संयोगः, सम्प्रयोगः, योगः, सङ्गः, सङ्गमः, सङ्गतं, समासक्तिः *f.*, प्रसक्तिः *f.*, समासज्जनं, अनुषङ्गः, संसर्गः, सन्धिः *m.*; **mutual connexion,'** व्यतिषङ्गः.—**(Relation)** सम्बन्धः -न्धित्वं, अभिसम्बन्धः, सम्बन्धी *m.* (न्), अन्वयः, समन्वयः, सम्पर्कः, सन्दर्भः.—**(Family connexion)** बान्धवः, बन्धुः *m.* सम्बन्धी *m.* (न्).—**(Connexion of a discourse)** प्रबन्धः; **'to have connexion with,'** सङ्गम् **(c. 1.** -गच्छति -गन्तुं).

Connexive, *a.* यौक्तिकः -की -कं, सम्बन्धकः -की -कं, आनुषङ्गिकः -की -कं.

Connivance, *s.* उपेक्षा, उपेक्षणं, उपह्नः, ज्ञातापह्नवः, निह्नवः, निह्नुतिः *f.*, आकारगुप्तिः *f.*, ज्ञात्वा ज्ञातापह्नवः, दृष्ट्वा दृष्टोपेक्षणं, क्षमा.—**(Winking)** अक्षिनिकोचनं, अक्षिसङ्कोचनं.

To **connive At,** *v. n.* **(Intentionally overlook)** ज्ञानपूर्व्वकम् उपेक्ष् **(c. 1.** -ईक्षते -क्षितुं).—**(Conceal knowledge)** ज्ञात्वा ज्ञातं निह्नु **(c. 2.** -ह्नुते -ह्नोतुं) **or** अपह्नु.—**(Bear with)** क्षम् **(c. 1.** क्षमते, क्षन्तुं).—**(Wink)** अक्षि सङ्कुच् **(c. 1.** -कोचति -चितुं).

Connoisseur, *s.* विज्ञः, अभिः, गुणज्ञः, ज्ञानी *m.* (न्), बोद्धा *m.* (द्धृ), तद्विद् *m.* परीक्षकः.

Connubial, *a.* वैवाहिकः -की -कं, उद्वाहिकः -का -कं, औद्वाहिकः -की -कं.

To **conquer,** *v. a.* जि **(c. 1.** जयति -ते, जेतुं), पराजि, विजि, सञ्जि, अभिभू **(c. 1.** -भवति -वितुं), पराभू, दम् **in caus.** (दमयति -यितुं), वशीकृ, धृष् **in caus.** (धर्षयति -यितुं), प्रधृष्, पर्यामृश् **(c. 6.** -मृशति -स्रष्टुं); **'one who has conquered his passions,'** जितेन्द्रियः.

Conquerable, *a.* जेयः -या -यं, जयनीयः -या -यं, जय्यः -य्या -य्यं, जेतव्यः -व्या -व्यं, दमनीयः -या -यं, अभिभवनीयः -या -यं, पराभवनीयः -या -यं.

Conquered, *p. p.* जितः -ता -तं, पराजितः -ता -तं, विजितः -ता -तं, दान्तः -न्ता -न्तं, दमितः -ता -तं, अभिभूतः -ता -तं, पराभूतः -ता -तं, वशीकृतः -ता -तं.

Conquerer, ***s.*** जेता ***m.*** (तृ), विजेता ***m.*** (तृ), विजयी ***m.*** (न्), जयी ***m.*** परन्तपः.

Conquest, ***s.*** जयः, विजयः, विजयसिद्धिः ***f.,*** अभिभवः, निग्रहः. —**(The act of conquering)** जयनं, विजयनं, वशीकरणं; **'foreign conquests,'** दिग्विजयः.

Consanguineous, ***a.*** एकशरीरः -रा -रं, सहोदरः -रा -रं, समानोदर्य्यः -र्य्या -र्य्यं, सगर्भः -र्भा -र्भं, एकपिण्डः -ण्डा -ण्डं, सपिण्डः -ण्डा -ण्डं, सगोत्रः -त्रा -त्रं, एकवंशजातः -ता -तं, अन्तरङ्गः -ङ्गा -ङ्गं; **'consanguineous descent,'** एकशरीरान्वयः.

Consanguinity, ***s.*** एकशरीरता, एकशरीरान्वयः, एकशरीरावयवत्वं, सपिण्डता, एकपिण्डता, समानोदर्य्यता, सगोत्रता, सगर्भत्वं, सम्बन्धित्वं.

Conscience, ***s.*** अन्तःकरणं, अन्तर्यामी ***m.*** (न्), अभिमन्ता ***m.*** (न्तृ), अन्तःसंज्ञा, मनः ***n.*** (स्), अन्तःशरीरं; **'remorse of conscience,'** मनस्तापः, मनःसन्तापः, पश्चात्तापः. —**(Consciousness)** चेतना, वेदनं, अनुभवः.

Conscientious, ***a.*** शुद्धान्तःकरणः -णा -णं, शुद्धमतिः -तिः -ति, शुद्धात्मा -त्मा -त्म (न्), पुण्यशीलः -ला -लं, पुण्यात्मा -त्मा -त्म (न्), न्यायाचारः -रा -रं, शुचिः -चि -चि, धर्म्मशीलः -ला -लं.

Conscientiously, ***adv.*** शुद्धमत्या, शुद्धमनसा, न्यायेन, पुण्यशीलत्वात्, निर्विशङ्कं.

Conscientiousness, ***s.*** मतिशुद्धत्वं, अन्तःकरणशुद्धिः ***f.,*** पुण्यशीलता, शुचिता.

Conscionable, ***a.*** न्याय्यः -य्या -य्यं, यथान्याय्यः -य्या -य्यं, यथार्थः -र्था -र्थं.

Conscionably, ***adv.*** यथान्याय्यं, यथार्थं, धर्म्मतस्, धर्म्मानुसारात्, यथोचितं.

Conscious, ***a.*** चेतनः -ना -नं, सचेतनः -ना -नं, प्रतिपन्नचेतनः -ना -नं. वेदी -दिनी -दि (न्), ज्ञानी -निनी -नि (न्), अनुभावी -विनी -वि (न्). सतर्कः -र्का -र्कं; **'internally conscious,'** अन्तश्चैतन्यः -या -न्यं.

Consciously, ***adv.*** ज्ञानतस्, ज्ञानात्, ज्ञानपूर्व्वं, बुद्धिपूर्व्वं, मत्या.

Consciousness, ***s.*** चेतना, चैतन्यं, वेदनं, अनुभवः, अन्तःसंज्ञा, बोधः, अन्तर्बोधः, ज्ञानं, चित्ताभोगः, मनस्कारः, अहङ्कारः, चिदात्मकं, प्रमा; **'internal consciousness,'** अन्तश्चैतन्यं; **'consciousness of pleasure,'** सुखानुभवः, सुखवेदनं.

Conscript, ***s.*** नवयोद्धा ***m.*** (द्धृ), नवसैन्यः, सैन्यानां मध्ये अभिलिखितनामा ***m.*** (न्).

Conscription, ***s.*** सैन्यानां मध्ये नामाभिलेखनं **or** नामसमारोपणं.

To **consecrate,** ***v. a.*** संस्कृ, अभिसंस्कृ, प्रतिष्ठा **in caus.** (-ष्ठापयति -यितुं), अभिमन्त्र् **(c. 10.** -मन्त्रयति -ते -यितुं), उपनिमन्त्र्. —**(By sprinkling)** अभिषिच् **(c. 6.** -षिञ्चति -षेक्तुं), प्रोक्ष् **(c. 1.** -उक्षति -क्षितुं). —**(Devote to any use)** विनियुज् **(c. 7.** -युनक्ति -योक्तुं), प्रयुज्; समृ **in caus.** (-अर्पयति -यितुं). —**(Present)** उत्सृज् **(c. 6.** -सृजति -स्रष्टुं), निविद् **in caus.** (-वेदयति -यितुं).

Consecrate or consecrated, ***a.*** संस्कृतः -ता -तं, अभिसंस्कृतः -ता -तं, कृतसंस्कारः -रा -रं, अभिमन्त्रितः -ता -तं, प्रतिष्ठितः -ता -तं, सुप्रतिष्ठितः -ता -तं, प्रोक्षितः -ता -तं, सम्प्रोक्षितः -ता -तं, कृताभिषेकः -का -कं, अभिषिक्त -क्ता -क्तं, प्रणीतः -ता -तं, विनियोजितः -ता -तं, उपक्लृप्तः -प्ता -प्तं, समर्पितः -ता -तं, आहितः -ता -तं.

Consecrater, ***s.*** संस्कर्त्ता ***m.*** (र्त्तृ), प्रतिष्ठापकः, अभिमन्त्रणकृत्, अभिषेचकः, सङ्कल्पकृत्.

Consecration, ***s.*** संस्कारः, प्रतिष्ठा, अभिमन्त्रणं, अभिषेकः-षेचनं, सम्प्रोक्षणं, प्रोक्षणं, उत्सर्गः, सङ्कल्पः; **'of a temple,'** प्रासादप्रतिष्ठा; **'of one's self to God,'** आत्मनिवेदनं; **'of one's person,'** देहविनियोगः.

Consecution, ***s.*** प्रबन्धः, पर्य्यायः, क्रमः, अनुक्रमः, विपर्य्ययः, वीप्सा, सन्ततिः ***f.,*** समन्वयः, परम्परा, श्रेणी, माला.

Consecutive, ***a.*** निरनतरः -रा -रं, अविरतः -ता -तं, अनुपूर्व्वः -र्व्वा -र्व्वं, क्रमकः -का -कं, क्रमागतः -ता -तं, अपरिच्छिन्नः -न्ना -न्नं, सप्रबन्धः -न्धा -न्धं, सन्ततः -ता -तं.

Consecutively, ***adv.*** निरन्तरं, प्रबन्धेन, अनुपूर्व्वशस्, अनुक्रमशस्, क्रमतस्, क्रमानुसारेण, यथाक्रमं, यथापूर्व्वं, अविरतं, अविच्छिन्नं.

Consecutiveness, ***s.*** आनन्तर्य्यं, नैरन्तर्य्यं, आनुपूर्व्यं, अविच्छेदः, अविरामः, अनुयायित्वं, अपरिच्छिन्नता, अविच्छिन्नत्वं, सप्रबन्धत्वं.

Consent, ***s.*** सम्मतिः ***f.,*** सम्मतं, अनुमतिः ***f.,*** -तं, अनुज्ञा, स्वीकारः, अनुकूलता, ग्रहणं, प्रतिग्रहः, अनुग्रहः, परिग्रहः, इच्छा. —**(Unity of opinion)** ऐकमत्यं, ऐक्यं, मतैक्यं, एकचित्रता, अनुवादः; **'mutual consent,'** परस्परानुमतिः ***f.,*** **'with his consent,'** तस्य सम्मत्या; **'without his consent,'** तस्य अनुमतिव्यतिरेकेण; **'with the consent,'** इच्छातस्, इच्छया; **'against consent,'** अनिच्छया; **'a writing testifying consent,'** सम्मतिपत्रं.

To **consent,** ***v. n.*** सम्मन् **(c. 4.** -मन्यति -ते -मन्तुं), अनुमन्; अनुज्ञा **(c. 9.** -जानाति -ज्ञातुं), समनुज्ञा, अभ्यनुज्ञा, स्वीकृ, ग्रह् **(c. 9.** गृह्णाति, ग्रहीतुं), प्रतिग्रह, परिग्रह, अनुग्रह, प्रतीष् **(c. 6.** -इच्छति -एषितुं), सम्प्रतीष्, अनुमुद् **(c. 1.** -मोदते -दितुं), उपगम् **(c. 1.** -गच्छति -गन्तुं), एकचित्रीभू, एकमतीभू.

Consented, ***p. p.*** सम्मतः -ता -तं, अनुमतः -ता -तं, अनुज्ञातः -ता -तं.

Consentaneous, ***a.*** अनुसारी -रिणी -रि (न्), योग्यः -ग्या -ग्यं, युक्त -क्ता -क्तं, अनुरूपः -पा -पं, सदृशः शी -शं, अविरुद्धः -द्धा -द्धं, अनुगुणः -णा -णं.

Consentaneously, ***adv.*** अनुसारतस् -रेण -रात्, अनुरूपं -पेण, योग्यं, अविरुद्धं.

Consentient, ***a.*** एकमतः -ता -तं, सम्मतः -ता -तं, एकचित्तः -त्ता -त्तं, एकवाक्यः -क्या -क्यं.

Consentingly, ***adv.*** सम्मतया, अनुमत्या, सम्मतिपूर्व्वं, कामतस्, बुद्धिपूर्व्वं.

Consequence, ***s.*** प्रयोगः, प्रयुक्तिः ***f.,*** फलं, फलमुत्तरं, उत्तरं, अनुसारः, अनुषङ्गः, परिणामः, शेषः, अन्वयः, समन्वयः, योगः, उदर्कः, व्युष्टिः ***f.,*** -ष्टं, अर्थः, कार्य्यं, उत्पन्नं, उद्भूतं, सिद्धिः ***f.,*** प्रतिफलं, अनुभवः, अनुवृत्तं, अनुवर्त्तनं, प्रयोजनं, निमित्तं, प्रत्ययः; **'necessary consequence.'** कार्य्यवशः; **'in consequence,'** प्रयोगतस्, कार्य्यतस्; **'evil consequences,'** मन्दफलं; **'visible consequence,'** दृष्टार्थः; **'invisible consequence.'** अदृष्टार्थः; **'immediate consequence,'** सान्दृष्टिकं; **'happy consequence,'** शुभफलं.—**(Deduction, inference)** अनुमानं, युक्तिः ***f.,*** ऊहा, अभ्यूहः, अपवाहः.—**(Importance)** गौरवं, गुरुता, प्रभावः; **'of little consequence,'** अल्पप्रभावः; **'consequence or importance of an act,'** कार्य्यगुरुता; **'a matter of some consequence,'** गुरुकार्य्यं.

Consequent, ***a.*** प्रयुक्तः -क्ता -क्तं, प्रयोगी -गिणी -गि (न्), यौक्तिकः -की -कं, अनुषङ्गिकः -की -कं **or** आनुषङ्गिकः, अनुसारी -रिणी -रि (न्), अनुवर्त्ती -र्त्तिनी -र्त्ति (न्), अनुयायी -यिनी -यि (न्), जनितः -ता -तं; **'consequent upon that,'** तत्फलः -ला -लं.

Consequent, ***s.*** प्रयोगः, अनुषङ्गः, अनुवृत्तं, फलं, अन्वयः, परिणामः.

Consequential, ***a.*** **(Full of conceit)** गर्व्वी -र्व्विणी -र्व्वि (न्), साटोपः -पा -पं, मानी -निनी -नि (न्).—**(Following as effect and cause)** प्रयुक्तः -क्ता -क्तं, आनुषङ्गिकः -की -कं.

Consequentially, ***adv.*** प्रयोगतस्, प्रयुक्त.—**(Arrogantly)** साटोपं, सगर्व्वं.

Consequently, ***adv.*** प्रयोगतस्, प्रयुक्तं, कार्य्यतस्, कार्य्यवशात्, अनुसारेण, तदनुसारतस्, इति हेतोः, अतस्, अर्थात्, तदर्थं, तस्य हेतोः, तन्निमित्ते, अवश्यं, इति.

Consequentness, ***s.*** प्रयुक्तां, अनुसारिता, प्रबन्धः, पूर्व्वापरसम्बन्धः.

Conservable, ***a.*** संरक्ष्यः -क्ष्या -क्ष्यं, संरक्षणीयः -या -यं, सन्धारणीयः -या -यं.

Conservation, ***s.*** संरक्षः -क्षणं, रक्षा, रक्षणं, परित्राणं, त्राणं, सन्धारणं, धरणं, गुप्तिः ***f.,*** पालनं, क्षेमः, क्षयनिवारणं.

Conservative, ***a.*** संरक्षकः -का -कं, पालकः -का -कं, सन्धारकः -का -कं.

Conservator, ***s.*** रक्षकः, संरक्षणशीलः, पालकः, परित्राता ***m.*** (तृ), गोप्ता ***m.*** (प्तृ).

Conservatory, ***s.*** रक्षास्थानं, गुप्तिः ***f.,*** धारकः, आधारः.—**(For plants, etc.)** विदेशीयतृणौषधिवृक्षादीनां रक्षणशाला **or** रक्षणगृहं.

To **conserve,** ***v. a.*** **(Preserve)** संरक्ष् **(c. 1.** -रक्षति -क्षितुं), परिरक्ष्; सन्त्रै **(c. 1.** -त्रायते -त्रातुं), सम्पाल् **(c. 10.** -पालयति -यितुं), परिपाल्; गुप् **(c. 1.** गोपायति, गोप्तुं), अभिसङ्गुप्, सन्धृ **in caus.** (-धारयति -यितुं).—**(Preserve or pickle)** सन्धा **(c. 3.** -दधाति -धातुं), उपस्कृ, मिष्टीकृ.

Conserve, ***s.*** मिष्टं, मोदकः -कं, खण्डमोदकः, खण्डः, सन्धितं, सन्धानं, गुडकः.

Consession, ***s.*** सहासनं, उपासनं, अन्येन सह उपवेशः.

Consessor, ***s.*** सभासद्, सहासीनः, उपासीनः, उपासिता ***m.*** (तृ), अन्येन सह आसीनः.

To consider, ***v. a.*** **(Think upon)** चिन्त् **(c. 10.** चिन्तयति -यितुं), विचिन्त्, सञ्चिन्त्, प्रविचिन्त्; बुध् **(c. 1.** बोधति -धितुं, **c. 4.** बुध्यते, बोद्धुं), विमृश् **(c. 6.** -मृशति -मर्ष्टुं), परिमृश्, अनुमृश्; सम्भू **in caus.** (-भावयति -यितुं), ध्यै **(c. 1.** ध्यायति, ध्यातुं), सन्ध्यै, अनुध्यै, अवधृ **in caus.** (-धारयति -यितुं), सम्प्रधृ, उपधृ, समाधा **(c. 3.** -धत्ते -धातुं).—**(Look at attentively)** अवेक्ष् **(c. 10** -ईक्षते -क्षितुं), समीक्ष्; आलोक् **(c. 10** -लोकयति -यितुं), आलोच् **(c. 10** -लोचयति -यितुं), दृश् **(c. 1** पश्यति, द्रष्टुं), सन्दृश्, परिदृश्, आलक्ष् **(c. 10** -लक्षयति -यितुं), उपलक्ष्, अवधा.—**(Examine)** निरूप् **(c. 10.** -रूपयति -यितुं), परीक्ष्, विचर् **in caus.** (-चारयति -यितुं).—**(Weigh)** विगण् **(c. 10.** -तर्कयति -यितुं), विक्लृप् **(c. 10.** -कल्पयति -यितुं), विचर्, वितर्क् **(c. 10.** गणयति -तर्कयति -यितुं).—**(Have regard to)** अपेक्ष्, प्रतीक्ष्, अवेक्ष्, निरीक्ष्, अनुदृश्, उद्दिश् **(c. 6.** -दिशति -देष्टुं).—**(Imagine, think)** मन् **(c. 4.** मन्यते, मन्तुं), तर्क् **(c. 10.** तर्कयति -यितुं).—**(Reverence)** पूज् **(c. 10.** पूजयति -यितुं), अर्च् **(c. 10.** अर्चयति -यितुं), मन् **(c. 10.** मानयति -यितुं).—**(Recompense)** प्रत्युपकृ, सन्तुष् **in caus.** (-तोषयति -यितुं), परितुष्, सम्भू **in caus.**

To **consider,** ***v. n.*** चिन्त् **(c. 10.** चिन्तयति -यितुं), बुध् **(c. 4.** बुध्यते, बोद्धुं), ध्यै **(c. 1.** ध्यायति, ध्यातुं), समीक्षां कृ, विचारं कृ, परामर्शं कृ, विवेचनं कृ.

Considerable, ***a.*** **(Respectable)** प्रतीक्ष्यः -क्ष्या -क्ष्यं, मान्यः -न्या -न्यं, आर्य्यः -र्य्या -र्य्यं, आदरणीयः -या -यं.

Considerableness 186 Consociate

—**(Important)** गुरुः -र्व्वी -रु, बह्वर्थः -र्था -र्थं.—**(Not little)** अनल्पः -ल्पा -ल्पं, बहुः -ह्वी -हु, प्रचुरः -रा रं, महान् -हती -हत् (त्), भूरिः -रिः -रि, महामूल्यः -ल्या -ल्यं, अर्घ्यः -र्घ्या -र्घ्यं.

Considerableness, ***s.*** गौरवं, गुरुता, मान्यता, आर्य्यत्वं, अर्घ्यता, अनल्पत्वं, प्राचुर्य्यं.

Considerably, ***adv.*** अनल्पं, बहु, गुरु, सु **or** अति **prefixed,** भूरि, भृशं, अतिशयं.

Considerate, ***a.*** **(Prudent)** समीक्ष्यकारी -रिणी -रि (न्), विमृश्यकारी -रिणी -रि (न्), कार्य्यचिन्तकः -का -कं, चिन्ताशीलः -ला -लं, परिणामदर्शी -र्शिनी -र्शि (न्), कृतावधानः -ना -नं, मतिवान् -मती -मत् (त्).—**(Regardful)** आदृतः -ता -तं, दत्तादरः -रा -रं, प्रतीतः -ता -तं.

Considerately, ***adv.*** समीक्ष्य, विमृश्य, अवधानतस्, मन्त्रतस्, अवेक्षया, असहसा, अप्रमत्तं, प्रमादं विना.

Considerateness, ***s.*** चिन्ता, कार्य्यचिन्ता, प्रसमीक्षा. चर्च्चा, सुविचारः.

Consideration, ***s.*** **(Reflection, examination)** चिन्ता, सुचिन्ता, सञ्चिन्तनं, विचारः -रणं -रणा, सुविचारः, समीक्षा -क्षणं, प्रसमीक्षा, चर्च्चा, वितर्कः, विवेचनं, विमर्शः, परामर्शः, भावना, सम्प्रधारणा, आध्यानं, सम्प्रधानं प्रणिधानं, विगणनं, परीक्षा, आस्था, संस्था.—**(Regard for)** प्रतीक्षा, अपेक्षा, अवेक्षा, उद्देशः, प्रतीतिः ***f.;*** **'in consideration of,'** अपेक्षया.—**(Motive, reason)** हेतुः ***m.,*** निमित्तं, प्रयोजनं, कारणं, प्रयोगः.—**(Importance)** गौरवं, गुरुता, प्रभावः.—**(Estimation, honour)** मानं, मान्यत्वं, आदरः, पूजा, पूज्यता, सम्भावना.—**(Compensation)** पारितोषिकं, परिवर्त्तः, परीवर्त्तः.

Considered, ***p. p.*** चिन्तितः -ता -तं, सुचिन्तितः -ता -तं, सञ्चिन्तितः -ता -तं, परामृष्टः -ष्टा -ष्टं, समीक्षितः -ता -तं, आलोचितः -ता -तं, निरूपितः -ता -तं, सुनिरूपितः -ता -तं, प्रतीक्षितः -ता -तं, निरीक्षितः -ता -तं, विचारितः -ता -तं, विगणितः -ता -तं, मतः -ता -तं, स्मृतः -ता -तं.

Considerer, ***s.*** चिन्तकः, चिन्तापरः, ध्यानपरः, विचारकः, विवेचकः.

Considering, ***part.*** अपेक्षया, प्रतीक्ष्य, अवेक्ष्य, उद्दिश्य, प्रतीक्षकः -का -कं.

To **consign,** ***v. a.*** **(Intrust)** ऋ **in caus.** (अर्पयति -यितुं), समृ, प्रतिपद् **in caus.** (-पादयति -यितुं), निक्षिप् **(c. 6.** -क्षिपति -क्षेप्तुं), न्यस् **(c. 4.** -अस्यति -असितुं), न्यासीकृ, परिदा **(c. 3.** -ददाति -दातुं), आरुह् **in caus.** (-रोपयति -यितुं), नियुज् **(c. 7.** -युनक्ति -योक्तुं), प्रतिष्ठा **in caus.** (-ष्ठापयति -यितुं), प्रणिधा **(c. 3.** -दधाति -धातुं), विधा.—**(Appropriate)** प्रयुज्, उपयुज्, विनियुज्.

Consignable, ***p. p.*** अर्पणीयः -या -यं, अर्प्यः -र्प्या -र्प्यं, समर्पणीयः -या -यं, प्रतिपादनीयः -या -यं, आरोपणीयः -या -यं.

Consigned, ***p. p.*** अर्पितः -ता -तं, समर्पितः -ता -तं, प्रतिपादितः -ता -तं, निक्षिप्तः -प्ता -पतं, न्यस्तः -स्ता -स्तं, न्यासीकृतः -ता -तं, प्रणिहितः -ता -तं.

Consignment, ***s.*** समर्पणं, अर्पणं, न्यसनं, प्रतिपादनं, आरोपणं, परिदानं, विधायकत्वं.—**(In writing)** समर्पणपत्रं, चालनपत्रं.

To **consist,** ***v. n.*** संस्था **(c. 1.** -तिष्ठति -स्थातुं), परिसंस्था, अवस्था, विष्ठा, सम्भू, वृत् **(c. 1.** वर्त्तते -र्त्तितुं), संवृत्.—**(Be comprised, be composed)** अन्तर्गतः -ता -तं, भू. **(But in this sense** आत्मकः -का -त्मिका -कं **or** रूपः -पा -पं **are used; as, 'the army consists of elephants, horses, and infantry,'** हस्त्यश्वपादात्मकं बलं; **'the country consists of valleys and mountains.'** दरीपर्व्वतरूपो विषयः.

Consistence, ***s.*** अचापल्यं.—**(Thickness)** घनता, सान्द्रता, श्यानता, पीवरत्वं.—**(Firmness)** दृढता, स्थिरता, अचापल्यं.—**(Suitableness)** योग्यता, अविरोधः.

Consistency, ***s.*** **(Stability)** स्थैर्य्यं, धीरत्वं, धृतिः ***f.,*** अचापल्यं, अव्यभिचारः.—**(Congruity)** अनुसारित्वं, अविरोधः, सादृश्यं, आनुरूप्यं.

Consistent, ***a.*** **(Stable)** स्थिरः -रा -रं, धीरः -रा -रं, अचपलः -ला -लं, अव्यभिचारी -रिणी -रि (न्), अविगुणः -णा -णं, अविकलः -ला -लं.—**(Not opposed, not contradictory)** अविरुद्धः -द्धा -द्धं, अविपरीतः -ता -तं, अनुसारी -रिणी -रि (न्), योग्यः -ग्या -ग्यं, सङ्गतः -ता -तं, सदृशः -शी -शं.—**(Solid not fluid)** घनः -ना -नं, दृढः -ढा -ढं, द्रवेतरः -रा -रं.

Consistently, ***adv.*** अविरुद्धं, अविपरीतं, योग्यं, अनुसारतस् -रेण, सङ्गतं.

Consisting Of, ***p.*** **(Expressed by** आत्मकः -का -त्मिका -कं **or** रूपः -पा -पं; **as, 'an army consisting of elephants, horses, chariots, and infantry,'** हस्त्यश्वरथपादात्मकं **or** -रूपं दण्डं; **'consisting of two,'** द्वयात्मकः -का -कं; **'consisting of troubles,'** दुःखरूपः -पा -पं.—**(Make of)** मयः -यी -यं **affixed.**

Consistorial, ***a.*** धर्म्माध्यक्षसभासम्बन्धी -न्धिनी -न्धि (न्), पुरोहितसभासम्बन्धी.

Consistory, ***s.*** धर्म्माध्यक्षसभा, पुरोहितसभा, रोमनगरे महाधर्म्माध्यक्षसमाजः.

Consociate, ***s.*** सङ्गी ***m.*** (न्), अनुषङ्गी ***m.*** (न्), सहायः, सहकारी ***m.*** (न्), सहवासी ***m.*** (न्), बन्धुः ***m.***

Consociated 187 Conspirator

To* consociate, *v. a. संयुज् (c. 7. -युनक्ति -योक्तुं, c. 10. -योजयति -यितुं), संश्लिष् in caus. (-श्लेषयति -यितुं), सम्बन्ध् (c. 9. -बध्नाति -बद्धुं).

To* consociate, *v. n. सङ्गम् (c. 1. -गच्छति -गन्तुं), सह गम्, संवस् (c. 1. -वसति -वस्तुं), सह वस्, मिल् (c. 6 मिलति, मेलितुं), सम्मिल्, संयुज् in pass. (-युज्यते).

Consociated, *p. p.* संयुक्तः -क्ता -क्तं, सहयुक्तः -क्ता -क्तं, समायुक्तः -क्ता -क्तं, संश्लिष्टः -ष्टा -ष्टं, सहितः -ता -तं, सङ्गतवान् -वती -वत् (त्), मिलितः -ता -तं, संमृष्टः ष्टा -ष्टं, कृतसंसर्गः -र्गा -र्गं, सम्पृक्तः -क्ता -क्तं.

Consociation, *s.* साहाय्यं, सहायता, साहचर्य्यं, साहित्यं, संयोगः, सङ्गमः, सङ्गतिः *f.*, संसर्गः, सङ्गः, संश्लेषः, सङ्घातः.

Consolable, *a.* सान्त्वनीयः -या -यं, सन्तोषणीयः -या -यं, सन्तोष्टव्यः -व्या -व्यं, आश्वासनीयः -या -यं, प्रबोधनीयः -या -यं, विनोदनीयः -या -यं.

Consolation, *s.* सान्त्वः -न्त्वं, सान्त्वनं -ना, शान्त्वं, आश्वासनं, समाश्वासनं, उपशान्तिः *f.*, शान्तिः *f.*, सन्तोषणं, शोकापनोदः, शोकापहारः, विनोदः, प्रबोधः.

Consolatory, *a.* सान्त्वदः -दा -दं, सान्त्वनः -ना -नं, शान्तिकः -की -कं, शान्तिदः -दा -दं, शमकः -का -कं, सन्तोषकः -का -कं, आश्वासकः -सिका -कं, शोकापनुदः -दा -दं, क्लेशापहः -हा -हं, शोकापहारकः -का -कं, शोकच्छिद् *m. f. n.*

To* console, *v. a. सान्त्व् or शानव् (c. 10. सान्त्वयति -यितुं), अभिशान्त्व्, परिशान्त्व्, उपसानव्, आश्वस् in caus. (-श्वासयति -यितुं), समाश्वस्, विश्वस्, परिविश्वस्, प्रवुध् in caus. (-बोधयति -यितुं), शम in caus. (शमयति -यितुं), प्रशम्, उपशम्, शोकम् अपनुद् (c. 6. नुदति -नोत्तुं) or विनुद् in caus. (-नोदयति -यितुं) or प्रतिकृ; सुस्थ (nom. सुस्थयति -यितुं), सुस्थिरं -रां -रं कृ.

Console, *s.* (In architecture) नागः, नागदन्तकः, सालारं, निर्य्यूह.

Consoled, *p. p.* आश्वासितः -ता -तं, सन्तोषितः -ता -तं, विनोदितः -ता -तं.

Consoler, *s.* सान्त्ववादः, आश्वासकः, विनोदकर्त्ता *m.* (र्त्तृ), शोकापनुदः.

To* consolidate, *v. a. संस्था in caus. (-स्थापयति -यितुं), प्रतिष्ठा, स्थिरीकृ, सुस्थिरं -रा -रं कृ, संस्तम्भ् (c. 5. -स्तभ्नोति -स्तम्भितुं, c. 10. -स्तम्भयति -यितुं), दृढीकृ, घनीकृ, संहन् (c. 2. -हन्ति -हन्तुं).

To* consolidate, *v. n. संस्था in caus. pass. (-स्थाप्यते), स्थिरीभू, सुस्थिरीभू, दृढीभू, घनीभू, संहन् in pass. (-हन्यते).

Consolidated, *p. p.* संस्थापितः -ता -तं, संस्तम्भितः -ता -तं, संहतः -ता -तं, स्थिरीकृतः -ता -तं, दृढीभूतः -ता -तं, एकत्रीकृतः -ता -तं.

Consolidation, *s.* स्थिरीकरणं, दृढीकरणं, संस्तम्भः, संस्थापनं, घनीकरण, एकीकरणं.

Consonance, *s.* अनुसारः -रिता, आनुरूप्यं, योग्यता, अविरोधः सादृश्यं.

Consonant, *a.* अनुसारी -रिणी -रि (न्), योग्यः -ग्या -ग्यं, उपयुक्तः -क्ता -क्तं, सदृशः -शी -शं, अनुगुणः -णा -णं, अविरुद्धः -द्धा -द्धं, तुल्यः -ल्या -ल्यं.

Consonant, *s.* (Letter) व्यञ्जनं; **'conjunct consonant,'** संयोगः

Consonantly, *adv.* अनुसारतस् -रेण, अनुरूपेण, अविरुद्धं, योग्यं, यथा

Consonous, *a.* एकतालः -ला -लं, स्वरैक्यकारी -रिणी -रि (न्).

Consort, *s.* (Wife) पत्नी, भार्य्या, वधूः.—**(Husband)** पतिः *m.*, भर्त्ता *m.* (र्त्तृ).—**(Royal consort, queen)** राजपत्नी, राजमहिषी.—**(Partner)** सहवासी *m.* -सिनी *f.* (म्), सहवर्त्ती *m.* (न्), सहभावी *m.* (न्), सङ्गी *m.* (न्).

***To* consort, *v. n.* (Keep company with)** सह वस् (c. 1. वसति, वस्तुं), संवस्; सङ्गम् (c. 1. -गच्छति -गन्तुं), सह गम, सह चर् (c. 1. चरति -रितुं).

Consorted, *p. p.* सङ्गतः -ता -तं, सहगतः -ता -तं, सङ्गतवान् -वती -वत् (त्).

Consortion, *s.* साहित्यं, सहायत्वं, साहाय्यं, सङ्गमः, साहचर्य्यं, संसर्गः.

Conspersion, *s.* सम्प्रोक्षणं, प्रोक्षणं, निषेकः, सेकः, सेचनं, प्रक्षेपः.

Conspicuous, *a.* (Obvious to the sight) प्रकाशः -शा -शं, सुप्रकाशः -शा -शं, प्रत्यक्षः -क्षा -क्षं, स्पष्टः -ष्टा -ष्टं, सुस्पष्टः -ष्टा -ष्टं, स्फुटः -टा -टं, व्यक्तः -क्ता -क्तं, प्रव्यक्तः -क्ता -क्तं, प्रकाशमानः -ना -नं, प्रकाशितः -ता -तं, दीप्यमानः -ना -नं, देदीप्यमानः -ना -नं, पुरःस्फुरन् -रन्ती -रत् (त्).—**(Eminent)** प्रमुखः -खा -खं, उत्कृष्टः -ष्टा -ष्टं, प्रकृष्टः -ष्टा -ष्टं, विशिष्टः -ष्टा -ष्टं, सुख्यातः -ता -तं.

Conspiciously, *adv.* प्रत्यक्षतम्, प्रकाशं, स्पष्टं, स्फुटं, व्यक्तं.

Conspiciousness, *s.* प्रकाशता, सुप्रकाशत्वं, प्रत्यक्षत्वं, व्यक्तत्वं, स्फुटता, स्पष्टता, सुस्पष्टत्वं, प्रादुर्भावः.—**(Eminence)** प्रकृष्टत्वं, प्रमुखत्वं, विशिष्टता. विख्याति *f.*

Conspiracy, *s.* दुष्टकर्म्मसम्पादनार्थं बहुजनानां संसर्गः, बहूनां कुसाहित्यं, असत्साहित्यं, कुसंसर्गः, कुसाहाय्यं, कुमन्त्रणा, कपटप्रबन्धः:, कुसङ्कल्पः, पणः, ऐकमत्यं, एकवाक्यता. —**(Conjunction)** संशापः, संशपनं.—**(Against the king)** द्रोहः, राजद्रोहः.

Conspirator, *s.* दुष्टकर्म्मसम्पादनार्थं बहुजनैः सह संसर्गीः, *m.*

(न्) or सङ्गी *m.* (न्) or अनुषङ्गी *m.* (न्). —**(Persons bound together by oath)** संशप्तका: *m. pl.*, दिव्यबद्धा *m. pl.*, शपथबद्धा: *m. pl.* —**(Against life)** प्राणच्छेदकर:. —**(Against the king)** राजद्रोही *m.* (न्). —**(Traitor)** विश्वासघातक:.

To* conspire, *v. n. दुष्टकर्म्मसाधनार्थं संसर्गं कृ or कुसाहित्यं कृ or कुसाहाय्यं कृ or पणं कृ, द्रोहं कृ. —**(Against the life of the king)** राजा हन्तव्य इति परस्परं शपथेन बद्धा भूत्वा समयं कृ. —**(Agree together, lead to one point)** सम्मिल् (**c. 6.** -मिलति -मेलितुं), एकत्र नी (**c. 1.** नयति, नेतुं), समानी, अनुकूल (**nom.** अनुकूलयति -यितुं); **'all things conspire to make him happy,'** तस्य सुखार्थं सर्व्वं सम्मिलति.

Constable, *s.* दण्डपाणि: *m.* दण्डधर:, गर्व्वाट:, दर्व्वट: यष्टिधर:, राजपुरुष:, कोष्ठपाल:, ग्राहक:. —**(Chief constable)** दण्डनायक:.

Constancy, *s.* (Perpetuity) नित्यता -त्वं, अविराम:, नैरन्तर्य्यं, संस्थिति: *f.*, प्रत्यवस्थानं. —**(Firmness)** स्थिरता, स्थैर्य्यं, धीरत्वं, दार्ढ्यं, दृढता, द्रढिमा *m.* (न्), धृति: *f.*, स्थेमा *m.* (न्). —**(Perseverance)** अभिनवेश:, निर्बन्ध:, अतिनिर्बन्ध:, व्यवस्थिति: *f.*, ग्रह:. —**(Faithfulness, lasting affection)** दृढा भक्ति:, दृढं सौहृद्यं, दृढभक्तित्वं, अनुकूलता.

Constant, *a.* (Perpetual) नित्य: -त्या -त्यं, नैत्यिक: -की -कं, अभीक्ष्ण: -क्ष्णा -क्ष्णं, शाश्वत: -ती -तं, अविरत: -ता -तं, निरन्तर: -रा -रं, सनातन: -नी -नं, सर्व्वकालीन: -ना -नं, सार्व्वकालिक: -की -कं, चिरस्थायी -यिनी -यि (न्). —**(Firm, steadfast)** स्थिर: -रा -रं, दृढ: -ढा -ढं, धीर: -रा -रं, व्यवस्थित: -ता -तं, धृतिमान् -मती -मत् (त्), प्रसक्त: -क्ता -क्तं, नियत: -ता -तं. —**(Resolute)** स्थिरमति: -ति: -ति, स्थिरचेता: -ता: -त: (म), स्थितधी -धी: -धि. —**(Constant in friendship)** दृढसौहृद: -दी -दं, दृढभक्ति: -क्ति: -क्ति; **'a constant wife,'** पतिव्रता, स्वीया, दृढाभक्ति: *f.*; **'a constant lover,'** अनुकूल:.

Constantly, *adv.* नित्यं, नित्यशस्, नित्यदा, सततं, अजसं, नियतं, निरन्तरं, अविरतं, अनवरतं, अभीक्ष्णं, सर्व्वकालं, शश्वत्, अनिशं, सन्ततं, प्रतिक्षणं, अनुक्षणं, सना, वारं वारं, अश्रान्तं. —**(With firmness)** स्थिरमत्या, मन:स्थैर्य्येण.

Constellation, *s.* राशि: *m.*, नक्षत्रं, राशिनक्षत्रं, ऋक्षं, ताराराशि: *m.*, तारासमूह:.

Consternation, *s.* विस्मय:, सन्त्रास:, साध्वमं, त्रास:, सम्भ्रम:, आकुलत्वं, व्याकुलता, कातरता, भयं, चमत्कार:, अरिष्ठानकं.

To* constipate, *v. a. अवरुध् (**c. 7.** -रुणद्धि -रोद्धुं), बन्ध् (**c. 9.** -बध्नाति -बन्धुं), निबन्ध्, स्तम्भ्, (**c. 9.** स्तभ्नाति, स्तम्भितुं), विष्टम्भ्, अवष्टम्भ्, नह् (**c. 4.** नह्यति, नद्धुं). —**(Crowd)** सम्बाध् (**c. 1.** -बाधते -धितुं). —**(Condense)** घनीकृ, निविडीकृ.

Constipated, *p. p.* अवरुद्ध: -द्धा -द्धं, निरुद्ध: -द्धा -द्धं, आनद्ध: -द्धा -द्धं, बद्धकोष्ठ: -ष्ठा -ष्ठं, निबद्ध: -द्धा -द्धं, विष्टब्ध: -ब्धा -ब्धं, अवष्टब्ध -ब्धा -ब्धं.

Constipation, *s.* मलावरोध:, मलावष्टम्भ:, विष्टम्भ:, नाह:, आनाह:, विड्ग्रह:, गुदग्रह:, विट्सङ्ग:, निबन्ध:, विबन्ध:, कोष्ठनिबन्ध:, बद्धकोष्ठं, आमवात:, वेगरोध:, वेगविधारणं; **'producing constipation,'** ग्राही -हिणी -हि (न्), विष्टम्भी -म्भिनी -म्भि (न्).

Constituent, *a.* (Component, making) साधक: -का -कं, विधयी -यिनी -यि (न्), कल्पक: -का -कं, संस्थापक: -का -कं, निर्म्मायक: -का -कं, रचक: -का -कं. —**(Essential)** वास्तव: -वी -वं, सारभूत: -ता -तं, स्वाभाविक: -की -कं.

Constituent, *s.* साधनं, वस्तु ***n.***, सार:, भूतं, मूलं, योनि: ***m. f.***; **'a constituent part,'** अङ्गं: **'of an army,'** सेनाङ्ग. —**(He who deputes)** नियोजक:, प्रेरक:.

***To* constitute, *v. a.* (Form, compose)** निर्म्मा (**c. 2.** -माति, **c. 3.** -मिमीते -मातुं), विधा (**c. 3.** -दधाति -धातुं), क्लृप् (**c. 10.** कल्पयति -यितुं), कृ (**c. 8.** कुरुते, कर्त्तुं), रच् (**c. 10.** रचयति -यितुं), साध् **in caus.** (साधयति -यितुं); संस्था **in caus.** (-स्थापयति -यितुं). —**(Establish)** स्था **in caus.** प्रस्था, संस्था, प्रतिष्ठा. —**(Depute)** नियुज् (**c. 7.** -युनक्ति -योक्तुं), प्रतिपद् **in caus.** (-पादयति -यितुं), समादिश् (**c. 6.** -दिशति -देष्टुं); **'whatever wealth constitutes the treasury,'** यद् धनं कोषभूतं.

Constituted, *p. p.* (Composed, consisting of) निर्म्मित: -ता -तं, आत्मक: -का -त्मिका -कं **in comp.**, रूप: -पा -पं **in comp.**, मय: -यी -यं **in comp.**

Constitution, *s.* (State) भाव:, स्वभाव:, अवस्था, दशा, स्थिति: ***f.***, वृत्ति: ***f.***, —**(Form)** रूपं, स्वरूपं. —**(Structure)** निर्म्मिति: ***f.***, निर्म्माणं, संस्थिति:, व्यूहनं, विधानं, रचना, साधनं. —**(Temperament)** प्रकृति: ***f.***, भाव:, स्वभाव:, प्रकृतिस्वभाव:, देहस्वभाव:, शरीरस्थिति: ***f.***, जन्मस्वभाव:, जातिस्वभाव:; **'of a sickly constitution,'** जन्मरोगी -गिणी -गि (न्). —**(Ordinance)** व्यवस्था, विधि: ***m.*** —**(System of government)** राज्यरीति: ***f.***, राज्यस्थिति: ***f.***, राज्यनीति: ***f.***, राज्यविधि: ***m.***, राज्यप्रवृत्ति: ***f.***, देशाचार:. —**(Act of establishing)** नियोजनं, प्रतिष्ठापनं, व्यवस्थापनं.

Constitutional, *a.* (Relating to the constitution of body) प्राकृतिक: -की -कं, स्वाभाविक: -की -कं. —**(To the**

constitution of the state) राज्यव्यवस्थानुसारी -रिणी -रि (न्).—(Radical) मौल: -ली -लं.

To **constrain,** ***v. a.*** **(Compel an unwilling person to do any thing)** बलेन **or** बलात्कारेण **or** यत्नेन अनिच्छन्तं जनं किञ्चित् कृ **in caus.** (कारयति -यितुं) **or** प्रवृत् **in caus.** (-वर्त्तयति -यितुं), **or** नियुज् **in caus.** (-योजयति -यितुं) **with loc. c.,** बलात्कारं कृ, समाकृष् **(c. 1.** कर्षयति -क्रष्टुं). **The causal form of any verb may be used to express 'constrain'; as, 'to constrain to give,'** दा **in caus.** (दापयति -यितुं).—**(Restrain)** अवरुध् **(c. 7.** -रुणद्धि -रोद्धुं).

Constrainable, ***a.*** बलात्काराधीन: -ना -नं, अवरोधनीय: -या -यं **Expressed by the fut. pass. part. of the caus. form.**

Constrained, ***p. p.*** **(Constrained to do)** बलात्कारेण कारित: -ता -तं—**(Constrained to give)** दापित: -ता -तं. —**(Constrained to be silent)** यन्त्रितकथ: -था -थं. **The pass. part. of the caus. form of any verb may be used in the sense.**

Constraint, ***s.*** **(Compulsion)** बलात्कार:, बलं.—**(Necessity)** अवश्यकत्वं -ता.—**(Restraint)** अवरोध:; **'by constraint,'** बलात्, बलात्कारेण, अवश्यकत्वात्, बलापकर्षं.

To **constrict or constringe,** ***v. a.*** सङ्कुच् **(c. 1.** -कोचति -चितुं), आकुञ्च् **(c. 1.** -कुञ्चति -ञ्चितुं), संहृ **(c. 1.** -हरति -हर्त्तुं), संवृ **(c. 1.** -वरति -रितुं -रीतुं), सन्निकृष् **(c. 1.** -कर्षति -क्रष्टुं).

Constriction, ***s.*** सङ्कोच: -चनं, संवार:, संवृति: ***f.,*** आकुञ्चनं.

To **construct,** ***v. a.*** निर्म्मा **(c. 2.** -माति, **c. 3.** -मिमीते, **c. 4.** -मीयते -मातुं **or caus.** -मापयति -यितुं), कृ **(c. 8.** करोति, कर्त्तुं **or caus.** कारयति -यितुं), क्लृप् **(c. 10.** कल्पयति -यितुं), विरच् **(c. 10.** -रचयति -यितुं), सञ्जन् **in caus.** (-जनयति -यितुं), घट् **(c. 1.** घटते -टितुं), विधा **(c. 3.** -दधाति -धातुं), निचि **(c. 5.** -चिनोति -चेतुं).

Constructed, ***p. p.*** निर्म्मित: -ता -तं, कल्पित: -ता -तं, विरचित: -ता -तं, कारित: -ता -तं, घटित: -ता -तं, मय: -यी -यं **in comp.**

Construction, ***s.*** निर्म्माणं, निर्म्मिति: ***f.,*** रचना, विरचना, कल्पनं -ना, विधानं, घटनं, सन्धि: ***m.*** सन्धानं.—**(Of words)** समर्थ: -र्थता, अन्वय:, **(Meaning)** अर्थ:, अभिप्राय:, आशय:, विवक्षा.

To **construe,** ***v. a.*** **(Interpret the meaning)** अर्थं व्याख्या **(c. 2.** -ख्याति -तुं); व्याकृ; व्याहृ **(c. 1.** -हरति -हर्त्तुं); विब्रू **(c. 2.** -ब्रवीति -वक्तुं), परिशुध् **in caus.** (-शोधयति -यितुं), क्षिप्तिं कृ.—**(Range words in order)** शब्दविन्यासं कृ; **'to construe a śloke,** श्लोकलापनं कृ.

Constupration, ***s.*** धर्षणं, दूषणं, साहसं, बलात्कारेणाभिगम:, राक्षसं, कन्याहरणं, स्त्रीहरणं, कन्यादूषणं.

Consubstantial, ***a.*** एकमूर्त्ति: -र्त्ति: -र्त्ति, समभाव: -वा -वं, एकभाव: -वा -वं, एकशरीर: -रा -रं, एकयोनि: -नि: -नि, सजातीय: -या -यं.

Consul, ***s.*** पूर्व्वकाले रोमनगरे प्रजाभिर् नियुक्तो दण्डनायक:.—**(An officer commissioned in foreign parts to superintend the commercial transactions of his own nation)** विदेशे स्वदेशीयवानिज्यव्यापारनिर्वाहणे नियुक्तो जन:.

Consulate, consultship, ***s.*** पूर्वोक्तदण्डनायकस्य पदं **or** अधिकार:.

To **consult,** ***v. a.*** **and** ***n.*** मन्त्र् **(c. 10.** मन्त्रयते -ति -यितुं), सम्मन्त्र्, विचर् **in caus.** (-चारयति -यितुं), सम्भाष् **(c. 1.** -भाषते -षितुं), संवद् **(c. 1.** -वदति -दितुं वत **or c. 10.** -वादयति -यितुं), विमृश् **(c. 6.** -मृशति -मर्ष्टुं), परामृश्, विनिश्चि **(c. 5.** -चिनोति -चेतुं), सञ्चिन्त् **(c. 10** -चिन्तयति -यितुं), एकत्र परामर्शं कृ.—**(Inquire of)** निरूप् **(c. 10** -रूपयति -यितुं).—**(Regard)** अवेक्ष **(c. 1.** -ईक्षते -क्षितुं), प्रतीक्ष्, समीक्ष्; **'to consult with one's self,'** मनसा विचर्.

Consultation, ***s.*** मन्त्र: -न्त्रणं -णा, सम्मन्त्रणं, विचार: -रणं, सम्प्रधारणा, सम्भाषा -षणं, मर्श:, आमर्श:, प्रत्यवमर्श:, विमर्श:, परामर्श:, विवेचनं. संवाद:, सम्प्रवदनं; **'private consultation,'** गूढभाषितं.

To **consume,** ***v. a.*** **(Destroy)** नश् **in caus.** (नाशयति -यितुं), विनश्, सद् **in caus.** (सादयति -यितुं), अवसद्, विध्वंस् **in caus.** (-ध्वंसयति -यितुं); **'by fire,'** दह् **(c. 1.** दहति, दग्धुं), निर्दह्.—**(Spend)** उपयुज् **(c. 7.** -युनक्ति -योक्तुं), व्ययीकृ.—**(Exhaust)** नि:शेषं -षा -षं कृ, निरवशेषीकृ. —**(Waste)** क्षि **(c. 1.** क्षयति **c. 5.** क्षिणोति **or caus.** क्षपयति -यितुं); **'to consume away,'** नश् **(c. 4.** नश्यति, नशितुं), क्षि **in pass.** (क्षायते), सद् **(c. 6.** सीदति, सत्तुं), अवसद्, परिहा **in pass.** (-हीयते).

Consumed, ***p. p.*** नष्ट: -ष्टा -ष्टं, नाशित: -ता -तं, विनाशित: -ता -तं, दग्ध: -ग्धा -ग्धं, प्लुष्ट: -ष्टा -ष्टं, व्ययीभूत: -ता -तं, व्ययित: -ता -तं, क्षीण: -णा -णं, परिक्षीण -णा -णं, क्षयित: -ता -तं, आलीढ: -ढा -ढं.

Consumer, ***s.*** नाशक:, विनाशक:, क्षयकर:, क्षयी ***m.*** (न्), ध्वंसकारी ***m.*** (न्).

To **consummate,** ***v. a.*** समाप् **in caus.** (-आपयति -यितुं), सम्पद् **in caus.** (-पादयति -यितुं), निष्पद्, साध् **in caus.** (साधयति -यितुं), संसाध्, सम्पृ **in caus.** (-पूरयति -यितुं), निर्वृत् **in caus.** (-वर्त्तयति -यितुं).

Consummate, ***a.*** सम्पूर्णः -र्णा -र्णं, परिपूर्णः -र्णा -र्णं, सिद्धः -द्धा -द्धं, सम्पन्नः -न्ना -न्नं, समाप्तः -प्ता -प्तं, उत्कृष्टः -ष्टा -ष्टं, परमः -मा -मं.

Consummation, ***s.*** **(The state)** सिद्धिः ***f.,*** संसिद्धिः ***f.,*** निष्पत्तिः ***f.,*** समाप्तिः ***f.,*** सम्पूर्णता, परिपूर्णता.—**(The act)** समापनं, सम्पादनं, निष्पादनं, साधनं, निर्वर्त्तनं.

Consumption, ***s.*** **(Pulmonary)** क्षयः, शोषः, क्षयरोगः, क्षयथुः ***m.,*** क्षयकासः, जक्ष्मा ***m.*** (क्ष्मन्) यक्ष्मा ***m.*** (न्), कफक्षयः, नृपामयः, शरीरपाकः.—**(Destruction, waste)** क्षयः, परिक्षयः, उपक्षयः, नाशः, विनाशः, व्ययः -यनं, ध्वंसः -सनं, अपचयः.—**(Use)** उपयोगः, उपभोभः.

Consumptive, ***a.*** क्षयी -यिणी -यि (न्), नाशी -शिनी -शि (न्), व्ययी -यिनी -यि (न्).—**(Diseased with consumption)** क्षयरोगी -गिणी -गि (न्), यक्ष्मी -क्ष्मिणी -क्ष्मि (न्).

Contact, ***s.*** स्पर्शः, संस्पर्शः, स्पृष्टिः ***f.,*** सम्पर्कः, पृक्तिः ***f.,*** समासज्जनं, संसर्गः, आसङ्गः, सङ्गः, व्यतिकरः, उपघातः, संयोगः, परिमर्शः, उपयोगः; **'as certainment by contact,'** त्वाचप्रत्यक्षं; **'bodily contact,'** अङ्गाङ्गि.

Contagion, ***s.*** **(Communication of disease)** सञ्चारः, स्पर्शसञ्चारः, संस्रवः, रोगाकर्षणं.—**(Contagious disease)** मारी, मारकः.

Contagious, ***a.*** स्पर्शसञ्चारी -रिणी -रि (न्), सञ्चारकः -का -कं, सञ्चारी -रिणी -रि (न्), सम्पर्कीयः -या -यं, त्वाचः -ची -चं, संस्पर्शजः -जा -जं.

To **contain,** ***v. a.*** **(Hold)** धा (**c. 3.** दधाति, धत्ते, धातुं), आधा; आदा (**c. 3.** -ददाति -दत्ते -दातुं), धृ (**c. 1.** धरति, धर्त्तुं **or caus.,** धारयति -यितुं), भृ (**c. 3.** बिभर्त्ति, भर्त्तुं).—**(Comprise)** परिग्रह् (**c. 9.** -गृह्णाति -ग्रहीतुं).—**(Restrain)** यम् (**c. 1.** यच्छति, यन्तुं), संयम्; निग्रह्; संहृ (**c. 1.** -हरति -हर्त्तुं), प्रतिसंहृ.

Containable, ***a.*** आदेयः -या -यं, धारणीयः -या -यं, परिग्रहणीयः -या -यं.

Contained, ***p. p.*** धृत -ता -तं, धारितः -ता -तं, अन्तर्गतः -ता -तं, अन्तर्गणितः -ता -तं, समाविष्टः ष्टा -ष्टं, परिगृहीतः -ता -तं, आकलितः -ता -तं, गर्भः -र्भा -र्भं **in comp.,** वर्त्ती -र्त्तिनी -र्त्ति (न्); **'contained in the sentence,'** वाक्यस्थः -स्था -स्थं.

Containing, ***p. p.*** **(Holding)** आददानः -ना -नं, दधानः -ना -नं, धारकः -का -कं, गर्भः -र्भा -र्भं **in comp.** आत्मकः -का -कं; **'a box containing powder',** चूर्णगर्भं पात्रं.

To **contaminate,** ***v. a.*** दुष् **in caus.** (दूषयति -यितुं), प्रतिदुष्, लिप् (**c. 6.** लिम्पति, लेप्तुं), अनुलिप्, कलुष (**nom.** कलुषयति -यितुं), मलिन (**nom.** मलिनयति -यितुं), मलिनीकृ, कलङ्क (**nom.** कलङ्कयति -यितुं), दिह् (**c. 2.** देग्धि -ग्धुं), भ्रष्टीकृ; **'to be contaminated,'** दुष् (**c. 4.** दुष्यति).

Contaminated, ***p. p.*** दुष्टः -ष्टा -ष्टं, दूषितः -ता -तं, मलिनितः -ता -तं, कलङ्कितः -ता -तं, लिप्तः -प्ता -प्तं, भ्रष्टः -ष्टा -ष्टं, अपवित्रः -त्रा -त्रं.

Contamination, ***s.*** दूषणं, कलुषं, मालिन्यं, अशौचं, अशौचत्वं, कलङ्कः, मलं.

To **contemn,** ***v. a.*** अवज्ञा (**c. 9.** -जानाति -ज्ञातुं), अवमन् (**c. 4.** -मन्यते -मन्तुं), तृणाय मन्, अवधीर् (**c. 10.** -धीरयति -यितुं), परिभू; गर्ह् (**c. 1.** गर्हते -र्हितुं), निन्द् (**c. 1.** निन्दति -न्दितुं), गुप् **in des.** (जुगुप्सते -प्सितुं), कदर्थ् (**c. 10.** -अर्थयते -यितुं), उपेक्ष् (**c. 1.** -ईक्षते -क्षितुं), कुत्स् (**c. 10.** कुत्सयति -यितुं), लघूकृ. तुच्छीकृ.

Contemned, ***p. p.*** अवमतः -ता -तं, अवमानितः -ता -तं, अवज्ञातः -ता -तं, अवधीरितः -ता -तं, परिभूतः -ता -तं, गर्हितः -ता -तं, निन्दितः -ता -तं, विमानितः -ता -तं, कदर्थितः -ता -तं, अवध्यातः -ता -तं, उपेक्षितः -ता -तं, कुत्सितः -ता -तं.

Contemner, ***s.*** अवमन्ता ***m.*** (न्तृ), अवज्ञानकृत्, निन्दकः, निन्दाकरः, घृणाकरः.

To **contemplate,** ***v. a.*** **(Examine attentively)** निरूप् (**c. 10.** -रूपयति -यितुं), अवेक्ष् (**c. 1.** -ईक्षते -क्षितुं), सम्प्रेक्ष्, अन्ववेक्ष्, समवेक्ष्; सन्दृश् (**c. 1.** -पश्यति -द्रष्टुं), अनुदृश्, परिदृश्; आलोक् (**c. 10.** -लोकयति -यितुं), आलोच् (**c. 10.** -लोकयति -यितुं), निर्वर्ण् (**c. 10.** -वर्णयति -यितुं).

To **contemplate,** ***v. n.*** ध्यै (**c. 1.** ध्यायति, ध्यातुं), अनुध्यै, अभिध्यै, सन्ध्यै, मध्यैः चिन्त् (**c. 10.** चिन्तयति -यितुं), विचिन्त्, सञ्चिन्त्, भू **in caus.** (भावयति -यितुं), सम्भू, मनसा विचर् **in caus.** (-चारयति -यितुं), विमृश् (**c. 6.** -मृशति -म्रष्टुं), समाधा (**c. 3.** -धत्ते -धातुं).

Contemplated, ***p. p.*** ध्यातः -ता -तं, चिन्तितः -ता -तं, भावितः -ता -तं, सम्भावितः -ता -तं, विचारितः -ता -तं, मनोगुप्तः -प्ता -प्तं.

Contemplation, ***s.*** ध्यानं, अभिध्यानं, आध्यानं, अन्तर्ध्यानं, समाधिः ***m.,*** समाधानं, चिन्ता, भावना, सम्भावनं -ना, विचारणा, विमर्शः, ध्यानपरता, ध्याम ***n.*** (न्).

Contemplative, ***a.*** ध्यानपरः -रा -रं, चिन्तापरः -रा -रं, ध्यानशीलः -ला -लं, चिन्ताशीलः -ला -लं, समाधिमान् -मती -मत् (त्), चिन्तावान् -वती -वत् (त्), भावितात्मा -त्मा -त्म (न्), समाधिस्थः -स्था -स्थं, ध्याननिष्ठः -ष्ठा -ष्ठं, सचिन्तः -न्ता -न्तं.

Contemplator, ***s.*** ध्यानकर्त्ता ***m.*** (र्त्तृ), ध्याता ***m.*** (तृ),

समाधिकृत्, चिन्तकः विचारी *m.* (न्).

Contemporary, *a.* समकालीनः -ना -नं, एककालीनः -ना -नं, समानकालीनः -ना -नं, समानकालवर्त्ती -र्त्तिनी -र्त्ति (न्), समकालजः -जा -जं, समानवयस्कः -स्का -स्कं, सवयाः -या -यः (स्); **'a contemporary associate,'** वयस्यः.

Contempt, *s.* अवमानं -नता, अवमतिः *f.*, अवज्ञा -ज्ञानं, परिभवः, परिभूतिः *f.*, परिभावः, गर्हा -र्हणं, अवधीरणं, कुत्सा -त्सनं, उपेक्षा -क्षणं, हेलनं, अवहेला -लं -लनं, घृणा, परीवादः, अपवादः, तिरस्कारः, न्यक्कारः, न्यग्भावनं, निन्दा; **'object of contempt,'** तिरस्कारविषयः, परिभवपदं, परिभवास्पदं.

Contemptible, *a.* अवमान्यः -न्या -यं, अवमाननीयः -या -यं, अवमन्तव्यः -व्या -व्यं, अवज्ञेयः -या -यं, अवज्ञातव्यः -व्या -व्यं, गर्ह्यः -र्ह्या -र्ह्यं, गर्हणीयः, -या -यं, तुच्छः -च्छा -च्छं, कुत्सितः -ता -तं, निन्दार्हः -र्हा -र्हं, दूष्यः -ष्या -ष्यं, गर्हितः -ता -तं, अवगर्हितः -ता -तं, अवद्यः -द्या -द्यं, नीचः -चा -चं, क्षुद्रः -द्रा -द्रं, अपकृष्टः -ष्टा -ष्टं, निकृष्टः -ष्टा -ष्टं.

Contemptibleness, *s.* अवमान्यत्वं, गर्ह्यता, तुच्छत्वं, निन्दार्हत्वं, कौत्सित्यं, नीचत्वं.

Contemptibly, *adv.* कुत्सितं, तुच्छं, अपकृष्टं, नीचतया, अवमान्यप्रकारेण.

Contemptuous, *a.* अवमानी -निनी -नि (न्), अवमन्ता -न्त्री -न्तृ (न्तृ), परिभवी -विणी -वि (न्), परिभावी -विणी -वि (त्), परिभावुकः -की -कं, कुत्सावादी -दिनी -दि (न्), उपेक्षकः -का -कं, घृणी -णिनी -णि (न्).

Contemptuously, *adv.* अवमानेनं, अवज्ञानेन, सावमानं, परिभवेण, अपेक्षया; **'he treats contemptuously,'** अवमन्यते **or** अवजानाति **or** उपेक्षते.

Contemptuousness, *s.* अवमानिता, अवमानशीलता, परिभावुकत्वं.

***To* contend, *v. n.* (Fight)** युध् **(c. 4.** युध्यते, योद्धुं), प्रतियुध्, विग्रह् **(c. 9.** -गृह्णाति -ग्रहीतुं **or in caus.** -ग्राहयति -यितुं), कलह **(nom.** कलहायते), वैर **(nom.** वैरायते).**—(Strive)** यत् **(c. 1.** यतते -तितुं), प्रयतः चेष्टः **(c. 1.** चेष्टते -ष्टितुं), विचेष्ट्, व्यायम् **(c. 1.** -यच्छति -यन्तुं), व्यवसो **(c. 1.** -म्यति -मातुं), घट **(c. 1.** घटते -टितुं).**—(Oppose)** विरुध् **(c. 7.** -रुणद्धि -रोद्धुं), प्रतिरुध्, संरुध्; प्रतिकृ; प्रतीप **(nom.** प्रतीपायते), प्रतिकूल **(nom.** प्रतिकूलयति -यितुं).**—(Vie)** स्पर्ध् **(c. 1.** स्पर्धते -र्धितुं), विस्पर्ध्, सङ्घृष् **(c. 1.** -घर्षति -र्षितुं).**—(In argument)** विवट् **(c. 1.** -वदते -दितुं), वाग्युद्धं कृ, वाक्कलहं कृ.

Contendent, *a.* प्रतियोद्धा -द्धी -द्धृ (द्धृ), विरोधी -धिनी -धि (न्) **or** प्रतिरोधी, विरुद्धः -द्धा -द्धं, विवदमानः -ना -नं, विपक्षः -क्षा -क्षं, प्रतियोगी -गिनी -गि (न्), विपरीतः -ता -तं, प्रतीपः -पा -पं.

Contender, *s.* विपक्षः, प्रतिपक्षः, योद्धा *m.* (द्धृ) **or** प्रतियोद्धा, वैरी *m.* (न्), प्रतिरोद्धा *m.* (द्धृ), विवादी *m.* (न्).

Content, *a.* सन्तुष्टः -ष्टा -ष्टं, तृप्तः -प्ता -प्तं, अलुब्धः -ब्धा -ब्धं, अलिप्सुः -प्सुः -प्सु, तुष्टः -ष्टा -ष्टं, परितुष्टः -ष्टा -ष्टं, परितुष्टात्मा -त्मा -त्म (न्), निःस्पृहः -हा -हं, निस्पृहः -हा -हं, निष्पृहः -हा -हं, अस्पृहः -हा -हं; वितृष्णाः -ष्णा -ष्णं, तृष्णाहीनः -ना -नं, अल्पाकांक्षी -क्षिणी -क्षि (न्) **or** निराकांक्षी, मुखी -खिनी -खि (न्), प्रीतः -ता -तं, हृष्टः -ष्टा -ष्टं, प्रशान्तः -ता -न्तं, शान्तः -न्ता -न्तं, प्रशान्तकामः -मा -मं, सुहितः -ता -तं, चरितार्थः -र्था -र्थं.

Content, *s.* (Contentment) सन्तोषः, तृप्तिः *f.*, तुष्टिः *f.*, तोषः, परितोषः, शान्तिः *f.*, कामप्रशान्तिः *f.*, कामनिवृत्तिः *f.*, चित्तप्रशमः, अलोभः, अलुब्धत्वं, अलिप्सा, अस्पृहा, वितृष्णता, वैतृष्ण्यं, धृतिः *f.*, सौहित्यं; **'to the heart's content,'** यथातृप्तं-तृप्ति; **'fruit to the heart's content,'** प्रकामफलं.**—(Contents, that which fills)** पूरकः -कं, भरकः -कं; **'that which is contained,'** अन्तर्गतं, अन्तर्भूतं, अन्तर्वर्त्ती -र्त्तिनी -र्त्ति (न्); **'the contents of a vessel,'** भाण्डभरकः; **contents of a writing,'** अर्थः; **'contents of a solid in geometry,'** घनफलं.**—(Table of contents)** अनुक्रमणिका, पत्रपञ्जी.

To* content, *v. a. तृप् **in caus.** (तर्पयति -यितुं), सन्तृप्, तुष् **in caus.** (तोषयति -यितुं), सन्तुष्, परितुष्; **'to be content,'** तृप् **(c. 4.** तृप्यति -ते), तुष् **(c. 4.** तुष्यति), सन्तुष्.

Contented, *p. p.* सन्तुष्टः -ष्टा -ष्टं, सन्तोषितः -ता -तं, तृप्तः -प्ता -प्तं, धृतिमान् -मती -मत् (त्), पूर्णाभिलाषः -षा -षं. ***See* Content.**

Contentedly, *adv.* सन्तोषेण, तृप्त्या, तुष्ट्या, सन्तुष्टं, अलुब्धं, लोभं विना.

Contention, *s.* (Strife) कलहः -हं, कलिः *m.*, विग्रहः विरोधः, द्वन्द्वं, युद्धं, विपक्षता, विप्रतिपत्तिः *f.***—(Dispute, debate)** वाक्कलहः -हं, वाग्युद्धं, विवादः, वादानुवादः, वादप्रतिवादः, विप्रलापः, विरोधोक्तिः *f.*, वाक्यविरोधः.**—(Emulation)** स्पर्द्धा, सङ्घर्षः, विजिगीषा.**—(Application of mind)** मनःप्रवेशः, अभ्यासः.

Contentious, *a.* कलहकारी -रिणी -रि (न्), -कारः -री -रं, कलहप्रियः -या -यं, कलिप्रियः -या -यं, विवादी -दिनी -दि (न्), विरोधी -धिनी -धि (न्), विवादार्थी -र्थिनी -र्थि (न्), विवादशीलः -ला -लं, युयुत्सुः -त्सुः -त्सु.

Contentiously, *adv.* कलहकारिवत्, विवादार्थिवत्, विवादपूर्व्वकं, विवादशीलत्वात्.

Contentiousness, *s.* कलहकारित्वं, विवादार्थित्वं, कलहशीलता,

कलहेच्छा, कलहप्रवृत्ति *f.*

Contentless, ***a.*** असन्तुष्टः -ष्टा -ष्टं, अतृप्तः -प्ता -प्तं, तुष्टिहीनः -ना -नं.

Contentment, ***s.*** सन्तोषः, सन्तुष्टिः *f.* तुष्टिः *f.*, तृप्तिः *f.*, तृप्ता, सन्तुष्टता, तोषः, परितोषः, अस्पृहा, अलिप्सा, अलोभः, निराकांक्षा, प्रीतिः *f. See* **Content.**

Conterminous, ***a.*** सीमावासी -सिनी -सि (न्), सीमावर्त्ती -र्त्तिनी -र्त्ति (न) **or** सामन्तवासी **or** समीपवासी **or** निकटवर्त्ती, प्रत्यन्तः -न्ता -न्तं, पर्य्यन्तस्थः -स्था -स्थं.

Conterrnaeous, ***a.*** एकदेशीयः -या -यं, एकदेशजः -जा -ज, सदेशः -शा -शं.

To **contest,** ***v. a.*** **(Contend)** युध् **(c. 4.** युध्यते, योद्धुं), प्रतियुध्, कलह **(nom.** कलहायते).—**(Oppose)** विरुध् **(c. 7.** -रुणद्धि -रोद्धुं), प्रतिरुध्.—**(Dispute, litigate)** विवद् **(c. 1.** -वदते -दितुं), विसंवद्, विवादास्पदीकृ.

Contest, ***s.*** **(Contention)** कलहः -हं, कलिः ***m.,*** युद्धं, विरोधः, विग्रहः.—**(Dispute)** विवादः, विप्रलापः, वाग्युद्धं, वाक्कलहं. —**(Legal contest)** विवादः, व्यवहारः; **'subject of contest,'** विवादास्पदं.

Contestable, ***a.*** विवदनीयः -या -यं, विवादास्पदीकरणीयः -या -यं.

Contested, ***p. p.*** वादग्रस्तः -स्ता -स्तं, विवादास्पदीभूतः -ता -तं, विवादानुगतः -ता -तं.

Context, ***s.*** अन्वयः, प्रबन्धः, वाक्यप्रबन्धः, प्रसङ्गः, वाक्यप्रसङ्गः.

Context, ***a.*** संश्लिष्टः -ष्टा -ष्टं, सन्धितः -ता -तं, दृढसन्धिः -न्धिः -न्धि.

Contexture, ***s.*** समूतिः ***f.,*** बिन्यासः, संस्थितिः ***f.,*** स्थितिः ***f.,*** रीतिः ***f.***

Contiguity, ***s.*** समीपता, अन्तिकं -कता, आसन्नता, सन्निधिः ***m.,*** सान्निध्यं, सन्निधानं, सन्निकर्षः, नैकट्यं, संसर्गः, उपस्थानं, संस्थितिः ***f.,*** आनन्तर्य्यं.

Contiguous, ***a.*** समीपः -पा -पं, आसन्नः -न्ना -न्नं, प्रत्यासन्नः -न्ना -न्नं, निकटः -टा -टं, उपान्तः -न्ता -न्तं, अन्तिकः -का -कं, उपस्थः -स्था -स्थं, उपस्थायी -यिनी -यि (न्), अव्यवधानः -ना -नं, अव्यवहितः -ता -तं, सन्निकृष्टः, -ष्टा -ष्टं, सन्निहितः -ता -तं, अविदूरः -रा -रं, अदूरः -रा -रं, प्रत्यन्तः -न्ता -न्तं, संसक्तः -क्ता -क्तं, अविरलः -ला -लं, व्यतिकरः -रा -रं, अपटान्तरः -रा -रं; **'contiguous ground,'** पर्य्यन्तभूः, परिसरः.

Contiguously, ***adv.*** समीपं, सन्निकृष्टं, निकटे, अविरलं, अन्तिकं, अविदूरं, पार्श्वे.

Continence, ***s.*** **(Self-restraint)** संयमः, आत्मसंयमः, आत्मवशः, दमः, धैर्य्यं.—**(Chastity)** उपस्थनिग्रहः, उपस्थसंयमः, संयतेन्द्रियता, जितेन्द्रियत्वं, इन्द्रियनिग्रहः, यतेन्द्रियत्वं, नियतविषयवृत्तिता, ब्रह्मचर्य्यं, अप्रतिषिद्धेष्वपि विषययेष्वनतिप्रसङ्गः.

Continent ***s.*** महाद्वीपः, द्वीपः, स्थलं -ली, वर्षः, अविच्छिन्नभूमिः ***f.***

Continent, ***a.*** **(Restraining the passions)** संयतः -ता -तं, संयतेन्द्रियः -या -यं, जितेन्द्रियः -या -यं, यतेन्द्रियः -या -यं, धैर्य्यशाली -लिनी -लि (न्).—**(Chaste)** यतमैथुनः -ना -नं, संयतोपस्थः -स्था -स्थं, अलम्पटः -टा -टं, अव्यभिचारी -रिणी -रि (न्), अव्यसनी -निनी -नि (न्), ऊर्द्ध्वरेताः -ता -तः (स्).—**(Moderate)** मितः -ता -तं, परिमितः -ता -तं, अप्रसक्तः -क्ता -क्तं.

Continental, ***a.*** महाद्वीपीयः -या -यं, स्थलीयः -या -यं, वर्षीयः -या -यं.

Contingency, ***s.*** दैवं, दैवयोगः, दैवगतिः ***f.,*** दैवघटना, सङ्गतिः ***f.,*** आगन्तुः ***m.,*** अनिश्चयः, यदृच्छा.

Contingent, ***a.*** आगन्तुकः -का -कं, दैवायत्तः -त्ता -त्तं, दैववशः -शा -शं, आकस्मिकः -की -कं, आपतिकः -की -कं, अनिश्चितः -ता -तं. **'contingent upon,'** आयत्तः -त्ता -त्तं, अधीनः -ना -नं.

Contingent, ***s.*** **(Share to be supplied)** अंशः, भागः, विभागः, उद्धारः.

Contingently, ***adv.*** दैवात्, दैवयोगेन, दैववशात्, अकस्मात्, अनिश्चितं, यदृच्छया.

Continual, ***a.*** **(Without interruption of space)** निरन्तरः -रा -रं.—**(Of time)** नित्यः -त्या -त्यं, नैत्यिकः -की -कं, शाश्वतः -ती -तं, सनातनः -नी -नं, सर्व्वकालीनः -ना -नं, अविरतः -ता -तं, अनवरतः -ता -तं, नियतः -ता -तं, अभीक्ष्णः -क्ष्णा -क्ष्णं, अविसर्गी -र्गिणी -र्गि (न्), अश्रान्तः -न्ता -न्तं, प्रसक्तः -क्ता -क्तं.—**(Lasting)** चिरस्थायी -यिनी -यि (न्), ध्रुवः -वा -वं.

Continually, ***adv.*** नित्यं, नित्यदा, नित्यशस्, सदा, सर्व्वदा, सततं, सन्ततं, अजस्रं, अनिशं, अनवरतं, अविरतं, अनारतं, निरन्तरं, शश्वत्, शाश्वतं, अभीक्ष्णं, अश्रान्तं, अविश्रान्तं, प्रतिक्षणं, अनुक्षणं, सना, नियतं, वारं, वारं, पदे पदे, सर्व्वकालं.

Continuance, ***s.*** **(Duration, lastingness)** स्थायित्वं, चिरस्थायित्वं, स्थिरता, संस्थितिः ***f.,*** ध्रौव्यं, अविश्रान्तिः ***f.,*** नित्यता, अविरामः, अविरतिः ***f.***—**(Abode, continuance in a place)** स्थितिः ***f.,*** अवस्थानं, प्रत्यवस्थानं, वसतिः ***f.***—**(Uninterrupted succession)** प्रबन्धः, प्रसङ्गः, अन्वयः, अविच्छेदः, अविच्छिन्नत्वं, सन्ततिः ***f.***—**(Perseverance)** अभिनिवेशः, व्यवस्थितिः ***f.,*** प्रवृत्तिः ***f.,*** निर्बन्धः.

Continuation, ***s.*** **(The state)** स्थायित्वं, स्थितिः ***f.,*** नित्यता,

अविरतिः *f.* —(The act) प्रवर्त्तनं.—(The remaining part of a thing already begun) उत्तरभागः, उत्तरखण्डः -ण्डं, परिशेषः, परिशिष्टं. परिवृंहणः.—(Series) रेणी, पंक्तिः *f.*, अनुक्रमः, पर्य्यायः.

Continuator, *s.* प्रवर्त्तकः, निर्वाहकः, परिशेषकर्त्ता *m.* (र्त्तृ), सम्पादकः, उत्तरसाधकः.

To **continue,** *v. n.* **(Proceed on in an undertaking)** प्रवृत् **(c. 1.** -वर्त्तते -र्त्तितुं), प्रारब्धं सम्पद् **in caus.** (-पादयति -यितुं).—**(Last)** स्था **(c. 1.** तिष्ठति -ते, स्थातुं), चिरस्थायी -यिनी -यिभू.—**(Persevere)** पर्यवस्था, निर्बन्धं कृ, आस्थां कृ.—**(Remain in the same state) expressed by** आस् **(c. 2.** आस्ते) **with the present or indeclinable party of another verb; as, 'he continues eating the animals.'** पशून् भक्षयन् आस्ते; **'he continues following me,'** मम् पश्चाद् आगच्छन् आस्ते; **'let him continue besieging the foe,'** उपरुध्य अरिम् आसीत.

To **continue,** *v. a.* **(Carry on)** प्रवृत् **in caus.** (-वर्त्तयति -यितुं), निर्वह् **in caus.** (-वाहयति -यितुं), सम्पद् **in caus.** (-पादयति -यितुं).—**(Prolong)** दीर्घीकृ.—**(Extend)** तन् **(c. 8.** तनोति -नितुं), प्रतन्; **'he continued speaking,'** पुनराह.

Continuing, *a.* स्थायी -यिनी -यि (न्) **or** चिरस्थायी **or** दीर्घकालस्थायी, संस्थः -स्था -स्थं, अविसर्गी, -र्गिणी -र्गि (न्).

Continuity, *s.* नैरन्तर्य्यं, आनन्तर्य्यं, प्रबन्धः, सन्ततिः *f.*, अविरामः, अविरतिः *f.*, अविछेदः, अपरिच्छेदः, अविच्छिन्नत्वं, अन्वयः, समन्वयः.

Continuous, *a.* निरन्तरः -रा -रं, अनन्तरः -रा -रं, अविरतः -ता -तं, अनवरतः -ता -तं, सन्ततः -ता -तं, अविच्छिन्नः -न्ना -न्नं, अपरिच्छिन्नः -न्ना -न्नं, अन्वितः -ता -तं; **'a continuous story,'** प्रबन्धः.

Continuously, *adv.* निरन्तरं, अविरतं, अनवरतं, अविच्छिन्नं, प्रबन्धेन.

To **contort,** *v. a.* आकुञ्च् **(c. 1.** -कुञ्चति -ञ्चितुं **or caus.** -कुञ्चयति -यितुं), आकृष् **(c. 1.** -कर्पति -क्रष्टुं), विकृ, विरूपीकृ, वक्रीकृ, साचीकृ, कुटिलीकृ.

Contorted, *p. p.* आकुञ्चितः -ता -तं, आकर्षितः -ता -तं, विरूपीकृतः -ता -तं, विकृताकारः -रा -रं; **'having the features contorted.'** विकृतवदनः -ना -नं.

Contortion, *s.* आकुञ्चनं, विकारः, वक्रता, तिर्य्यक्तं, वैरूप्यं, आवर्त्तः, आकर्षः

Contour, *s.* **(Form)** आकारः, आकृतिः *f.*, संस्कारः, रूपं.—**(Circumference)** परिमाणं, परिधिः *m.*, परीणाहः.—**(Outline)** वस्तुमात्रं, आरम्भः

Contraband, *a.* निषिद्धः -द्धा -द्धं, प्रतिषिद्धः -द्धा -द्धं, व्यासिद्धः -द्धा -द्धं, विप्रतिसिद्धः -द्धा -द्धं, वर्ज्जितः -ता -तं, धर्म्मविरुद्धः -द्धा -द्धं.

Contract, *s.* नियमः, संविद् *f.*, समयः, प्रतिज्ञानं, संस्कारः, पणः, विपणः. उपगमः. अभ्युपगमः, व्यवस्था, अङ्गीकारः, समाधिः *m.*, संश्रवः, आगूः *f.*, उभयसम्मतिः *f.*; **'written contract,'** नियमपत्रं, शासनपत्रं, प्रतिज्ञापत्रकं; **'contract of sale,'** क्रयविक्रयनियमः क्रयपत्रं, क्रयलेख्यं, पणार्पणं, विपणपत्रं; **'breaking a contract,'** व्यवस्थातिक्रमः संविद्व्यतिक्रमः, समयव्यभिचारः; **'marriage contract,'** वाग्निश्चयः विवाहसम्बन्धः, वाग्दानं.

To **contract,** *v. a.* **(Cause to shrink, draw together)** सङ्कुच् **(c. 1.** -कोचति -चितुं), कुञ्च् **(c. 1.** कुञ्चति -ञ्चितुं **or caus** कुञ्चयति -चितुं), आकुञ्च्, संवृ **(c. 1.** -वरति, **c. 5.** -वरति, **c. 5.** -वृणोति -वरितुं -रीतुं), सन्निकृष् **(c. 1.** -कर्षति -क्रष्टुं), आकृष्; संहृ **(c. 1.** -हरति -हर्त्तुं), सम्बाध् **(c. 1.** -बाधते -धितुं), सङ्कटीकृ; **'contracting the eye,'** सङ्कटाक्षः; **contracting the brow,'** संहतभ्रूः.—**(Shorten)** संक्षिप् **(c. 6.** -क्षिपति -क्षेप्तुं), संहृ, ह्रस् **in caus.** (ह्रासयति -यितुं).—**(Make a contract)** नियमं कृ, समयाकृ, पणं कृ, पण् **(c. 1.** पणते -णितुं, पणायति -यितुं), सङ्घट्ट् **(c. 1.** -घट्टते -ट्टितुं), संविदं कृ, संविद् **(c. 2.** -वेत्ति -वेदितुं).—**(Betroth)** वाग्दानं कृ; **'to contract a marriage,'** विवाहं कृ, विवाहसम्बन्धं कृ, दारपरिग्रहं कृ.—**(Contract friendship)** सख्यं बन्ध् **(c. 9.** बध्नाति, बन्धुं) **or** उपगम्, **(c. 1.** -गच्छति -गन्तुं); **'I contracted a friendship with him,'** अहं तस्य मित्रत्वम् उपगतः.—**(Contract a debt)** ऋणं कृ, ऋणग्रस्तः -स्ता -स्तं भू.

To **contract,** *v. n.* **(Shrink up)** सङ्कुच् **in pass.** (-कुच्यते), सङ्कोचं **or** कुञ्चनम् इ **(c. 2.** एति, एतुं) **or** गम् **(c. 1.** गच्छति, गन्तुं), संक्षिप् **in pass.** (-क्षिप्यते), संहृ **in pass.** (-ह्रियते), कुञ्च् **in pass.** (कुच्यते), संहन् **in pass.** (-हन्यते).

Contracted, *p. p.* **(Drawn together)** सङ्कुचितः -ता -तं, कुञ्चितः -ता -तं, आकुञ्चितः -ता -तं, निकुञ्चितः -ता -तं, संवृतः -ता -तं, निरुद्धः -द्धा -द्धं, पुटितः -ता -तं, संहतः -ता -तं, संश्यानः -ना -नं.—**(Abridged)** संहृतः -ता -तं, संक्षिप्तः -प्ता -प्तं, समस्तः -स्ता -स्तं.—**(Narrow)** सम्बाधः -धा -धं, सङ्कटः -टा -टं, निरन्तरालः -ला -लं, निरायतः -ता -तं.—**(Agreed)** संविदितः -ता -तं.

Contractible, *a.* संक्षेपणीयः -या -यं, सङ्कोचनीयः -या -यं, कुञ्चनशीलः -ला -लं.

Contractibility, *s.* संक्षेपणीयत्वं, सङ्कोचनीयत्वं, संहरणीयत्वं, कुञ्चनशीलता.

Contraction, *s.* सङ्कोचः -चनं, आकुञ्चनं, कुञ्चनं, अवकुञ्चनं, समसनं, संक्षेपः -पणं, संवारः, संवृतिः *f.,* ह्रासः, सङ्ग्रहः, निरोधः, न्यूनता; **'contraction of the vulva,'** योनिसंवृतिः *f.;* **'of the urethra,'** मूत्रमार्गनिरोधः; **'contraction of the skin by astringents,'** सन्धानं; **'union of letters,'** सन्धिः *m.;* **'a contracted letter,'** संक्षिप्तवर्णः.

Contractor, *s.* नियमकृत्, समयकर्त्ता *m.* (र्त्तृ), पणकर्त्ता, पणार्पकः.

To **contradict,** *v. a.* विपरीतं वद् (c. 1. वदति -ते -दितुं), विवद्, अपवद्, अपवच् (c. 2. -वक्ति -वक्तुं), प्रत्याख्या (c. 2. -ख्याति -तुं), अधरीकृ.—**(Oppose)** विरुध् (c. 7. -रुणद्धि -रोद्धुं), प्रतिरुध्, प्रतिकूल (nom. -कूलयति -यितुं), प्रतिकृ, प्रतीप (nom. प्रतीपायते); **'to contradict one's self,'** विप्रवद्.

Contradicted, *p. p.* अपवादितः -ता -तं, प्रत्याख्यातः -ता -तं, पराहतः -ता -तं, अधरीकृतः -ता -तं, विरुद्धः -द्धा -द्धं, बाधितः -ता -तं, विप्रतिपन्नः -न्ना -न्नं, विप्रतिकृतः -ता -तं.

Contradicter, *s.* विपरीतवादी *m.* (न्), प्रत्याख्याता *m.* (तृ), अपवादकः, विवादी *m.* (न्), प्रतिवादी.

Contradiction, *s.* **(Verbal opposition)** वचनविरोधः, प्रतीपवचनं, विपरीतवचनं, विरोधोक्तिः *f.,* विपरीतार्थं वचनं, प्रत्याख्यानं, विगीतिः *f.*—**(Disagreement, incongruity)** विसंवादः, असङ्गतिः *f.,* विरुद्धता, असंस्थितिः *f.*—**(Controversial assertion)** वितण्डा, प्रतिवादः, विप्रलापः.—**(Opposition)** विरोधः -धनं, विपरीतता, विप्रतिपत्तिः *f.,* विपक्षता, प्रतिपक्षता, विप्रतिकारः, पर्यवस्थानं, प्रातिकूल्यं, प्रतिकूलता, प्रतिबन्धिः *m.* -न्धकता, बाध.

Contradictorily, *adv.* विरुद्धं, विपरीतं, प्रतीपं, विरोधेन, असङ्गतं.

Contradictory, *a.* विपरीतः -ता -तं, विरुद्धः -द्धा -द्धं, विरुद्धार्थः -र्था -र्थं, प्रतीपः -पा -पं, विपक्षः -क्षा -क्षं, विपरीतार्थः -र्था -र्थं, विभिन्नः -न्ना -न्नं, प्रतिकूलः -ला -लं, विगीतः -ता -तं, प्रतिषेधकः -का -कं, क्लिष्टः -ष्टा -ष्टं, बाधितः -ता -तं.—**(Inconsistent)** परस्परविरोधी -धिनी -धि (न्), परस्परपराहतः -ता -तं, विवदमानः -ना -नं.

Contradistinction, *s.* व्यतिरेकः, प्रतिपक्षता, विपक्षता, विरुद्धता, विपरीतता, वैपरीत्यं, प्रातिकूल्यं, वैलक्षण्यं, विपरीतगुणविशिष्टता.

To **contradistinguish,** *v. a.* विपरीतगुणैः **or** विरुद्धगुणैर् विशिष् (c. 7. -शिनष्टि -शेष्टुं **or caus.** -शेषयति -यितुं).

Contradistinguished, *p. p.* विपरीतगुणविशिष्टः -ष्टा -ष्टं, व्यतिरिक्तः -क्ता -क्तं.

Contraindicated, *p. p.* विलक्षः -क्षा -क्षं, अपथ्यः -थ्या -थ्यं, विहितः -ता -तं.

Contraindication, *s.* अपथ्यलक्षणं, अपथ्यौषधलक्षणं, अपथ्यता.

Contraposition, *s.* सम्मुखे **or** प्रतिमुखे स्थापनं **or** प्रतिष्ठापनं.

Contrariety, *s.* विपर्य्ययः -र्य्यायः पर्य्ययः, विपरीतता, वैपरीत्यं, विपर्य्यासः, वैलक्ष्यं -लक्षण्यं, प्रतिकूलता, प्रातिकूल्यं, विरोधः, प्रतिरोधः, विरुद्धता, प्रतिपक्षता, पर्य्यवस्था, विप्रतिकारः, प्रतिबन्धिता, व्यतिक्रमः, व्यत्ययः, व्यत्यासः, अवकुटारं.

Contrarily, *adv.* विपरीतं, विरुद्धं, प्रातिकूल्येन, विपर्य्ययेण, अभिमुखं.

Contrariwise, *adv.* पुनर्, परन्तु, वरं, विपरीतं, वैपरीत्येन.

Contrary, *a.* प्रतिकूलः -ला -लं, विरोधी -धिनी -धि (न्), विरुद्धः -द्धा -द्धं, विपरीतः -ता -तं, प्रतीपः -पा -पं, विप्रतीपः -पा -पं, प्रातीपिकः -की -कं, विलोमः -मी -मं, प्रतिलोमः -मा -मं, विपर्य्यस्तः -स्ता -स्तं, विपर्य्यासितः -ता -तं, विभिन्नः -न्ना -न्नं, अपसव्यः -व्या -व्यं, प्रसव्यः -व्या -व्यं, विपक्षः -क्षा -क्षं, प्रतिपक्षः -क्षी -क्षं, द्वन्द्वः -द्वा -द्वं, अवकटः -टा -टं, अवकुटारः -रा -रं, अभिमुखः -खा -खं, अभिमुखगतः -ता -तं, प्रतिघः -घा -घं.—**(Hostile)** वैरी -रिणी -रि (न्).—**(Acting contrary)** विपरीतकारी -रिणी -रि (न्); **'a contrary wind,'** सम्मुखागतो वातः. **'Contrary' is sometimes expressed by** इतर; **as, 'the contrary of moveable,'** ***i.e.*** **stationary,'** जङ्गमेतरः -रा -रं.

Contrary, *s.* विपर्य्ययः -र्य्यायः, पर्य्ययः, विपर्य्यासः, व्यत्ययः, विपरीतं, व्यतिक्रमः.—**(Contrary proposition)** प्रतिपक्षः, उत्तरपक्षः; **'to the contrary,'** विपरीताभिप्रायेण; **'on the contrary,'** पुनर्, परन्तु, वरं.

Contrary, contrarily, *adv.* पुनर्, वरं, परन्तु, विपरीततस्, अन्यथा, प्रतिकूलं: **'contrary to that,'** तद्विपरीतं; **'contrary to custom,'** रीतिव्यत्ययेन; **contrary to promise,'** प्रतिज्ञाविरोधेन.

Contrast, *s.* प्रतिपक्षः, प्रतिपक्षता, व्यतिरेकः, विरोधः, विपर्य्ययः, वैपरीत्यं, व्यत्ययः, वैलक्ष्यं, पृथक्त्वं, भिन्नाभिप्रायः, विभिन्नभावः; **'illustration by contrast'** व्यतिरेक्युदाहरणं.

To **contrast,** *v. a.* विपर्यस् (c. 4. -अस्यति -असितुं), परस्परविपर्य्ययेण उपमा (c. 2. -माति -मातुं), परस्परविरुद्धः -द्धा -द्धं, कृ, व्यतिरेकं कृ, विपर्य्ययं कृ, पृथक्तेन अभिधा (c. 3. -दधाति -धातुं), परस्परवैपरीत्यं कृ.

To **contrast,** *v. n.* **(Be in contrast)** विपर्यस् **in pass.** (-अस्यते) विरुध् **in pass.** (-रुध्यते), व्यतिरिच् **in pass.** (-रिच्यते).

Contrasted, *p. p.* विपर्य्यस्तः -स्ता -स्तं, व्यतिरिक्तः -क्ता -क्तं, विरुद्धः -द्धा -द्धं.

Contravallation, *s.* परिखा, परिकूटं, प्रतिकूपः, नगरप्राचीराभिमुखं परिखाप्राचीरादि.

To **contravene,** ***v. a.*** प्रतिरुध् **(c. 7.** -रुणद्धि -रोद्धुं), संरुध्, विरुध्; प्रतिकृ; प्रतिबन्ध् **(c. 9.** -बध्नाति -बन्धुं), प्रतिकूल **(nom.** प्रतिकूलयति -यितुं), विहन् **(c. 2.** -हन्ति -हन्तुं), व्याहन्, निषिध्, **(c. 1.** -षेधति -षेद्धुं), प्रतीप **(nom.** प्रतीपायते), विघ्न **(nom.** विघ्नयति -यितुं).

Contravention, ***s.*** प्रतिरोध:, विरोध:, प्रतिकार:, विप्रतिकार:, प्रतियत्न:, प्रतियोग: निषेध:, व्याघात:, बाध:, प्रतिबन्ध:, प्रतिबन्धकता.

Contrectation, ***s.*** संस्पर्श:, स्पर्श:, परिमर्श:, स्पृष्टि: ***f.,*** सम्पर्क:, परिमार्ग:.

Contributary, ***a.*** एकराज्ञे करद: -दा -दं, एकराजाधीन: -ना -नं.

To **contribute,** ***v. a.*** किञ्चित् किञ्चिद् दा **(c. 3.** ददाति, दातुं) **or** स्था **in caus.** (स्थापयति -यितुं), स्वं स्वम् अंशं **or** भागं **or** उद्धारं दा.—**(Assist, promote)** साहाय्यं कृ, उपकृ, प्रवृध् **in caus.** (-वर्धयति -यितुं), प्रवृत् **in caus.** (-वर्त्तयति -यितुं).

Contribution, ***s.*** **(The act)** अंशदानं, उद्धारदानं, करदानं.—**(The share contributed)** अंश:, भाग:, विभाग:, उद्धार:, दत्तांश:, कर:.

Contributor, ***s.*** अंशदाता ***m.*** (तृ), उद्धारदाता, अंशदायी ***m.*** (न्). —**(Assister, promoter** उपकारी ***m.*** (तृ), उद्धारदाता, अंशदायी ***m.*** (न्).—**(Assister, promoter)** उपकारी ***m.*** (न्), साहाय्यकर्त्ता ***m.*** (र्तृ), प्रवर्धक:, प्रयोजक:, प्रवर्त्तक:, उत्तरसाधक:.

Contributory, ***a.*** साहाय्यकारी -रिणी -रि (न्), सम्पादक: -का -कं.

Contrite, ***a.*** अनुतापी -पिनी -पि (न्), जातानुताप: -पा -पं, कृतपश्चात्ताप: -पा -पं, सञ्जातपश्चात्ताप: -पा -पं, अनुशोचक: -का -कं, अनुशोकसन्तप्त: -प्ता -प्तं, क्षुणमना: -ना: -न: (स्), शोकाग्निसन्तप्त: -प्ता -प्तं.

Contritely, ***adv.*** सानुतापं, सन्तापेन, सखेदं, सन्तापपूर्व्वकं, अनुशोकात्.

Contrition, ***s.*** पश्चात्ताप:, अनुताप:, सन्ताप:, अनुशोक:, अनुशोचनं, अनुशय: खेद:, विसूरितं, काप्यकार:, विप्रतीसार:.

Contrivable, ***a.*** प्रचिन्तनीय: -या -यं, विधेय: -या -यं, कल्पनीय: -या -यं.

Contrivance, ***s.*** **(Act of contriving)** उपायचिन्तनं, घटनं, विधानं, कल्पनं -ना, परिकल्पनं, क्लृप्ति: ***f.,*** मन्त्रणा, युक्तिप्रयुक्ति: ***f.***—**(Scheme, plan)** उपाय:, अपदेश:, व्यपदेश:, साधनं, चेष्टा, व्यवसाय:, विध:, छलं.

To **contrive,** ***v. a.*** प्रचिन्त् **(c. 10.** -चिन्तयति -यितुं), परिचिन्त् **or** उपायं प्रचिन्त् **or** निश्चि **(c. 5.** -चिनोति -चेतुं), घट् **(c. 1.** घटते -टितुं), विधा **(c. 3.** -दधाति -धातुं), अनुसन्धा -क्लृप्, **(c. 10.** कल्पयति -यितुं), परिक्लृप्, मन्त्र् **(c. 10.** मन्त्रयति -यितुं), सम्प्रधृ **in caus.** (-धारयति -यितुं).

To **contrive,** ***v. n.*** उपायं कृ, उपायचिन्तां कृ, चेष्ट् **(c. 1.** चेष्टते -ष्टितुं), व्यवसो **(c. 4.** -स्यति -सातुं).

Contrived, ***p. p.*** प्रचिन्तित: -ता -तं, विहित: -ता -तं, घटित: -ता -तं, कल्पित: -ता -तं, परिकल्पित: -ता -तं, चेष्टित: -ता -तं; **'well contrived,'** सुघटित:; **'badly contrived,'** दुर्णीत: -ता -तं.

Contriver, ***s.*** उपेता ***m.*** (तृ), उपायज्ञ:, उपायचिन्तक:, परिकल्पक:, व्यवसायी ***m.*** (न्).

Control, ***s.*** **(Restraint, check)** संयम:, विनियम:, यम:, निग्रह:, निरोध:, संरोध:, दम:, दमनं, दमथ: -थं, यन्त्रणं, निवार: -रणं.—**(Power, authority)** वशं, प्रभुत्वं, अधिकार:, अधीनता; **'under your control,'** त्वदधीन: -ना -नं; **'mental control,'** अन्तर्यमनं, मनोदण्ड:.—**(Counter-reckoning)** प्रातगणितं, प्रतिगणनां.

To **control,** ***v. a.*** वशीकृ **or** वशे कृ, यम् **(c. 1.** यच्छति, यन्तुं), नियम्, संयम्, सन्नियम्, विनियम्; निग्रह् **(c. 9.** -गृह्णाति -ग्रहीतुं), विनिग्रह्, सन्निग्रह्; संहृ **(c. 1.** -हरति -हर्त्तुं), दम् **in caus.** (दमयति -यितुं), शास् **(c. 2.** शास्ति, शासितुं), निरुध् **(c. 7.** -रुणद्धि -रोद्धुं), अवरुध्, निषिध् **(c. 1.** -षेधति -षेद्धुं), यन्त्र् **(c. 10.** यन्त्रयति -यितुं), नियन्त्र्.—**(By a counter-rekoning)** प्रतिगणनां कृ.

Controllable, ***a.*** संयमनीय: -या -यं, दमनीय: -या -यं, वश्य: -श्या -श्यं, निग्रहणीय: -या -यं, शासनीय: -या -यं, प्रत्याहरणीय: -या -यं.

Controlled, ***p. p.*** यत: -ता -तं, संयत: -ता -तं, संयमित: -ता -तं, नियमित: -ता -तं, विनियत: -ता -तं, वशीकृत: -ता -तं, शासित: -ता -तं, निरुद्ध: -द्धा -द्धं, निगृहीत: -ता -तं, प्रत्याहृत: -ता -तं, अधीन: -ना -नं.

Controller, ***s.*** शास्ता ***m.*** (स्तृ), अनुशासिता ***m.*** (तृ), अध्यक्ष:, अभिरक्षिता ***m.*** (तृ), अधिकारी ***m.*** (न्).

Controllership, ***s.*** अध्यक्षता त्वं, अभिरक्षितृत्वं, अनुशास्तृत्वं.

Controversial, ***a.*** विवादी -दिनी -दि (न्), वादानुवादी -दिनी -दि (न्), वितर्की -र्किणी -र्कि (न्), सांवादिक: -की -कं, विसंवादी -दिनी -दि (न्).

Controversialist, ***s.*** विवादार्थी ***m.*** (न्), विवादी ***m.*** (न्), वादी ***m.*** (न्), तर्की ***m.*** (न्), सांवादिक:.

Controversy, ***s.*** वादानुवाद:, वादप्रतिवाद:, वितण्डा, वादयुद्धं, विवाद:, संवाद:, विसंवाद:, वाद:, वितर्क:, तर्क:, वाक्कलहं, विरोधोक्ति: ***f.,*** शास्त्रार्थकलह:, विपक्षता, विप्रतिपत्ति: ***f.,*** विचार:.

To **controvert,** ***v. a.*** विवद् **(c. 1.** -वदति -ते -दितुं), विसंवद्; विपरीतं वद्; विचार् **in caus.** (-चारयति -यितुं),

Controverted 196 Conversance

विवादास्पदीकृ, प्रत्याख्या (c. 2. -ख्याति -तुं), अधरीकृ, वादानुवादं कृ, वितण्ड् (c. 1. -तण्डते -ण्डितुं).

Controverted, ***p. p.*** वादग्रस्तः -स्ता -स्तं, विवादास्पदीकृतः -ता -तं, विचारितः -ता -तं, प्रत्याख्यातः -ता -तं.

Controvrtible, ***a.*** प्रत्याख्येयः -या -यं, विवदनीयः -या -यं, विचारणीयः -या -यं.

Controvertist, ***s.*** शास्त्रविरोधदर्शी ***m.*** (न्), विवादी ***m.*** (न्), वादप्रतिवादकृत्, नैयायिकः.

Contumacious, ***a.*** विपरीतकारी -रिणी -रि (न्), प्रतीपः -पा -पं, विप्रतीपः -पा -पं, प्रतिकूलः -ला -लं, धृष्टः -ष्टा -ष्टं, दुर्विनीतः -ता -तं, दुःशीलः -ला -लं, विलोमः -मा -मं.

Contumaciously, ***adv.*** प्रतीपं, प्रतिकूलं, सदर्पं, सधर्षं, सधाष्ट्र्यं, धाष्ट्र्येन, दुर्विनीतं.

Contumacy, ***s.*** प्रतीपता, धाष्ट्र्यं, दर्पः, धर्षः, प्रतिकूलता, दुःशीलता, दुर्विनीतता, विपरीतकारिता, व्यलीकता.

Contumelious, ***a.*** परुषः -षा -षं, निष्ठुरः -रा -रं, धर्षकः -का -कं, अवमानी -निनी -नि (न्), निन्दकः -का -कं, घृणाकरः -री -रं.

Contumeliously, ***adv.*** पारुष्येण, सधर्षणं, सपारुष्यं, सनैष्ठुर्य्यं, सनिकारं, सावमानं.

Contumely, ***s.*** पारुष्यं, परुषवचनं, निष्ठुरवचनं, परिभाषणं, परीवादः, अपवादः -धर्षः -र्षणं, अवज्ञा, अवमानं, निष्ठुरता, नैष्ठुर्य्यं, निन्दा, तिरस्कारः, वाच्यता, वचनीयता, धिक्क्रिया, दुर्वाक्यं, जुगुप्सा, घृणा, गर्हा, उपक्रोशः, निकारः, उपालम्भः.

To **contuse,** ***v. a.*** चूर्ण् (c. 10. चूर्णयति -यितुं), चूर्णीकृ, मृद् (c. 9. मृद्नाति, मर्द्दितुं), अवमृद्, विमृद्, क्षुद् (c. 7. क्षुणत्ति, क्षोत्तुं), क्षण् (c. 8. क्षणोति -णितुं), पिष् (c. 7. पिनष्टि, पेष्टुं), निष्पिष्, सम्पिष्, तुद् (c. 6. तुदति, तोत्तुं).

Contused, ***p. p.*** क्षुणाः -णा -णं, क्षतः -ता -तं, चूर्णितः -ता -तं, मर्द्दितः -ता -तं.

Contusion, ***s.*** अष्ठीला, नीलिका, क्षतं, मर्द्दनं, सम्मर्द्दः, निष्पेषः.

Conundrum, ***s.*** प्रवह्रिः ***f.*** -ह्रिका, प्रश्नदूती, प्रहेलिका, श्लेषः, श्लेषोक्तिः ***f.***

Convalesence, ***s.*** समुत्थानं, निरामयं, कल्यत्वं, शमः, उपशमः, रोगोपशमः, स्वास्थ्यं.

Convalescent, ***a.*** समुत्थितः -ता -तं, वीतरोगः -गा -गं, निरामयः -या -यं. नीरुजः -जा -जं, व्याधिरहितः -ता -तं, कल्यः -ल्याः -ल्यं, व्यपगतव्याधिः -धिः -धि, उल्लाघः -घा -घं, प्रोल्लाघितः -ता -तं.

To **convene,** ***v. a.*** आह्वे (c. 1. -ह्वयति -ह्वातुं), समाह्वे, सङ्घट्ट् (c. 10. -घट्टयति -यितुं), आह्वानपूर्व्वकं समानी (c. 1. -नयति -नेतुं), एकत्र कृ.

To **convene,** ***v. n.*** सङ्गम् (c. 1. -गच्छति -गन्तुं), समागम्; समे (rt. इ with सम्, आ c. 2. समैति- तुं); सम्मिल् (c. 6. -मिलति -मेलितुं), एकत्र मिल्.

Convenience, ***s.*** **(Fitness)** युक्तिः ***f.,*** उपयोगः, उपयोगिता, योग्यता, पात्रत्वं -ता, उपपत्तिः ***f.,*** याथातथ्यं. **—(Commodiousness, comfort)** सुस्थता, सुखं, सौख्यं, सोपकारत्वं.**—(Fitness of time)** अवकाशः, अवसरः; **'when it suits your convenience,'** अवकाशं प्राप्य **or** अवसरं प्राप्य **or** यथावकाशं.

Convenient, ***a.*** योग्यः -ग्या -ग्यं, उपयुक्तः -क्ता -क्तं, युक्तः -क्ता -क्तं, उचितः -ता -तं, यथायोग्यः -ग्या -ग्यं, उपपन्नः -न्ना -न्नं, समुचितः -ता -तं, यथोचितः -ता -तं, समञ्जसः -सा -सं, सोपकारः -रा -रं.

Conveniently, ***adv.*** युक्तं, यथायोग्यं, योग्यं, यथोचितं, उपयुक्तं, साम्प्रतं, स्थाने, यथातथा, अनायासेन, यथावसरं, यथावकाशं.

Convent, ***s.*** मठः, अवसथः, आश्रमः, वीहारः, विहारः, धर्म्मशाला, धर्म्मचारिणां मठः.

Conventicle, ***s.*** सभाः, समाजः, मेलकः ईश्वरपूजकानां गूढसभा, व्यवहारविरुद्धः समाजः.

Conventicler, ***s.*** सभासद्, गूढसभासेवी ***m.*** (न्), व्यवहारविरुद्धसमाजसेवी.

Convention, ***s.*** **(Agreement)** समयः, नियमः, संविद् ***f.,*** उपगमः, संवादः, सङ्केतः.**—(Assembly)** सभा, समाजः, संसद् ***f.,*** मेलकः.

Conventional, ***a.*** सामयिकः -की -कं, नैयमिकः -की -कं, नियमितः -ता -तं, सर्व्वसम्मतः -ता -तं, निरूढः -ढा -ढं, रूढः -ढा -ढं.

Conventual, ***a.*** मठसम्बन्धी -न्धिनी -न्धि (न्), आश्रमी -मिणी -मि (न्).

To **converge,** ***v. n.*** नानादिग्देशाद् एकस्थानं प्रति गम् (c. 1. गच्छति, गन्तुं) **or** समागम्; एककेन्द्राभिमुखम् इ (c. 2. एति, एतुं).

Convergence, ***s.*** एकस्थानं प्रति गमनशीलता, एककेन्द्राभिमुखता.

Convergent, ***a.*** एकस्थानं प्रति **or** एककेन्द्रं प्रति गमनशीलः -ला -लं, एककेन्द्राभिमुखः -खा -क्षं, केन्द्राभिपिपतिषुः -षुः -षु.

Conversable, ***a.*** कथोपकथनयोग्यः -ग्या -ग्यं, आलापी -पिनी -पि (न्), आलापकरणपटुः -टुः -टुं.

Conversableness, ***s.*** सभाचातुर्य्यं, आलापकरणे पाटवं.

Conversance or conversancy, ***s.*** पाटवं, परिज्ञानं, परिचयः, नैपुण्यं, व्युत्पत्तिः ***f.,*** चातुर्य्यं कुशलता, पाण्डित्यं, विदग्धता, विज्ञता, अभिज्ञता.

Conversant, *a.* विज्ञः -ज्ञा -ज्ञं, अभिज्ञः -ज्ञा -ज्ञं, निपुणः -णा -णं, शिक्षितः -ता -तं, सम्पन्नः -न्ना -न्नं, विप्रतिपन्नः -न्ना -न्नं, चतुरः -रा -रं, पटुः -टुः -टु, कुशलः -ला -लं, अभिनिविष्टः -ष्टा -ष्टं, विचक्षणः -णा -णं, विशारदः -दा -दं, वेत्ता -त्ती -तृ (तृ), पण्डितः -ता -तं, कृती -तिनी -ति (न्), व्यवहर्त्ता -र्त्री -र्तृ (र्तृ), चक्षुरः -रा -रं, शीलितः -ता -तं, ज्ञः ज्ञा ज्ञं **in comp.; 'well read,'** स्वधीतः -ता -तं; **'conversant with law,'** स्मृतिज्ञः; **'with the Scriptures,'** शास्त्रविद्.

Conversation, *s.* सम्भाषा -षणं, संलापः, आलापः, आभाषणं, सङ्कथा, कथायोगः सम्प्रवदनं, कथोपकथनं, वादः, विश्रम्भकथा, संवादः, कथावार्त्ता, द्वयोः संवादः, आपृच्छा. **—(Criminal).** स्त्रीपुरुषसङ्गः. **—(Behaviour)** वृत्तिः ***f.***, रीतिः ***f.***, आचारः, व्यवहारः, व्यापारः.

Converse, *s.* आलापः, सम्भाषा, संसर्गः, सङ्गमः, सङ्गः, सङ्गतिः ***f.***, सम्पर्कः. **—(The contrary)** विपर्य्ययः.

***To* converse, *v. n.* (Hold conversation)** सम्भाष् **(c. 1.** -भाषते -षितुं), संवद् **(c. 1.** -वदति -ते -दितुं), सम्प्रवद्, संलप् **(c. 1.** -लपति -पितुं), आलप्, संवच् **(c. 2.** -वक्ति -वक्तुं), सञ्जल्प् **(c. 1.** -जल्पति -ल्पितुं). **—(Have intercourse)** संसर्गं कृ, सङ्गम् **(c. 1.** -गच्छति -गन्तुं). **—(As the sexes)** स्त्रीपुरुषवत् सम्भोगं कृ **or** सङ्गम्.

Conversely, *adv.* विपर्य्ययेण, विपर्य्ययतस्, व्यतिक्रमेण, विपरीततस्.

Conversion, *s.* (Change from one state to another) विकारः, विकृतिः ***f.***, विक्रिया, परिवर्त्तः, परिणामः, अन्यथाकरणं, अन्यथाभावः, विपर्य्ययः, भावान्तरप्राप्तिः ***f.* Obs. Change from one substance to another is often expressed by the affix** सात्**; as, 'conversion to water,'** जलसात्करणं; **'to ashes,'** भस्मसात्करणं. **—(Moral change)** निवर्त्तनं, पापनिवर्त्तनं, विप्रतीसारः. **—(To another religion or opinion)** परमतग्रहणं, परधर्म्माश्रयः, धर्म्मपरिवर्त्तः, मतिभेदः, असत्यधर्म्मत्यागात्, सत्यधर्म्मग्रहणं.

Convert, *s.* परधर्म्माश्रितः, परमतग्रहीता ***m.*** (तृ), स्वधर्म्मत्यागी ***m.*** (न्), धर्म्मपरिवर्त्तकः.

***To* convert, *v. a.* (Change)** विग**(c. 1.**), अन्यभावं -वां -वं कृ, भिन्नभावं -वा -वं कृ, भावान्तरीकृ, अन्यथाकृ विकृताकारं -रां -रं कृ, परिवृत् **in caus.** (-वर्त्तयति -यितुं), परावृत्. **Obs. To convert from one substance to another is often expressed by** सात्**; as, 'to convert to ashes,'** भस्मसात् कृ; **'to water,'** जलसात् कृ; **'to one's own substance,'** आत्मसात् कृ. **—(Cause to reform)** पापाद् विरम् **in caus.** (-रमयति -यितुं) **or** निवृत् **in caus.** (-वर्त्तयति -यितुं). **—(Cause to change from one religion or opinion to another)** स्वधर्म्मत्यागानन्तरं परधर्म्मग्रहणे प्रवृत् **in caus.** (-वर्त्तयति -यितुं) **or** परधर्म्मं ग्रह् **in caus.** (ग्राहयति -यितुं). **—(Apply to some use)** प्रयुज् **(c. 7.** -युनक्ति -योक्तुं), उपयुज्, विनियुज्.

***To* convert, *v. n.* (Be converted)** विकृ **(c. 8.** -कुरुते), विकृतीभू, अन्यथाभू, विकृताकारः -रा -रं भू, भावान्तरम् इ **(c. 2.** एति, एतुं) **or** प्राप् **(c. 5.** -आप्नोति -आप्तुं), भावान्तरीभू. **—(From sin)** पापाद् विरम् **(c. 1.** -रमति -रन्तुं) **or** निवृत् **(c. 1.** -वर्त्तते -र्त्तितुं). **—(Change one's religion)** धर्म्मं परिवृत् **in caus.** (-वर्त्तयति -यितुं), स्वधर्म्मं त्यक्त्वा **or** अपास्य परधर्म्मं ग्रह् **(c. 9.** गृह्णाति, ग्रहीतुं) **or** आश्रि **(c. 1.** -श्रयति -यितुं) **—(Change in mind)** अन्यमानसीभू, विमनीभू.

Convertibility, *s.* परिवर्त्तनीयता, विकार्य्यता, परिवर्त्तनक्षमता.

Convertible, *s.* परिवर्त्तनीयः -या -यं, विकार्य्यः -र्य्या -र्य्यं, परिवर्त्तनयोग्यः -ग्या -ग्यं.

Convex, *a.* न्युब्जः -ब्जा -ब्जं, विम्बाकारः -रा -रं, कूर्म्मपृष्ठाकारः -रा -रं, आभोगवान् -वती -वत् (त्), गोलपृष्ठाकृतिः -ति -ति, गण्डाकारः -रा -रं.

Convexity, *s.* न्युब्जत्वं -ता, विम्बाकारता, गण्डाकारभावः, आभोगः.

Convexly, *adv.* कूर्म्मपृष्ठाकारेण, आभोगरूपेण, न्युब्जतस्.

Convexo-concave, *a.* अर्द्धचन्द्राकृतिः -तिः -ति, अर्द्धचन्द्ररूपः -पा -पं.

***To* convey, *v. a.* (Carry)** वह् **(c.1.** वहति -ते, वोढुं), आवह्, उपवह्, संवह्; आनी **(c. 1.** -नयति -नेतुं), तॄ **in caus.** (तारयति -यितुं), गम् **in caus.** (गमयति -यितुं), प्राप् **in caus.** (प्रापयति -यितुं), स्थानान्तरीकृ. **—(Transmit)** सञ्चर् **in caus.** (-चारयति -यितुं), चल् **in caus.** (चालयति -यितुं), अभिवह्. **—(Make over to another)** परस्मै **or** परस्मिन् समृ **in caus** (-अर्पयति -यितुं).

Conveyance, *s.* (Vehicle) वाहनं, यानं, प्रवहणं, वाहः, रथः, चातुरं. **—(Act of making over to another)** परस्मै समर्पणं. **—(Act of conveying)** वाहनं, तारणं, आनयनं, अभिवाह्यं, सञ्चारणं, चालनं **—(Deed of sale or transfer)** क्रयलेख्यं, समर्पणपत्रं.

Conveyancer, *s.* क्षेत्रद्रव्यादीनां दानपत्रलेखकः, स्थावरास्थावराणां समर्पणपत्रलेखकः **or** क्रयपत्रलेखकः.

Conveyed, *p. p.* ऊढः -ढा -ढं, भृतः -ता -तं, सञ्चारितः -ता -तं, चालितः -ता -तं, तारितः -ता -तं; **'being borne along,'** उह्यमानः -ना -नं. नीयमानः -ना -नं.

Conveyer, *s.* वाहकः, वाही ***m.*** (न्), तारकः, तारी ***m.*** (न्), सञ्चारकः.

To **convict, *v. a.*** आधृष् **(c. 10.** -धर्षयति -यितुं, **c. 1.** -धर्षति -र्षितुं), संसूच् **(c. 10.** -सूचयति -यितुं), अपराधनिश्चयं कृ, अपराधनिर्णयं कृ, निर्णीतापराधं -धां -धं कृ, द्रोषप्रमाणं कृ, सदोषं **or** सापराधं **or** अपराधिनं -धिनीं -धि ज्ञा **(c. 9.** जानाति, ज्ञातुं), अभियुक्तजनं निरुत्तरं कृ, असौ सापराध इति निश्चि **(c. 5.** -चिनोति -चेतुं), दृष्टदोषम् आख्या **(c. 2.** -ख्याति -तुं).

Convict or convicted, *p. p.* आधर्षितः -ता -तं, दृष्टदोषः -षा -षं, दृष्टापराधः -धा -धं, निश्चितदोषः -षा -षं, निर्णीतदोषः -षा -षं, उपपादितदोषः -षा -षं; **'of falsehood,'** दृष्टवितथवचनः -ना -नं.

Convict, *s.* आधर्षितः, दृष्टदोषः, दृष्टापराधः, दोषनिश्चयात् प्रवासितः **or** कायक्लेशे बलेन नियोजितः.

Conviction, *s.* (Of crime) आधर्षणं, दोषनिश्चयः, दोषनिर्णयः, अपराधनिर्णयः.—**(Full persuasion)** निश्चयः, निर्णयः, सुनिश्चयः, विश्वासः, प्रत्ययः, ग्रहणं, धारणं, परिज्ञानं.

To **convince, *v. n.* (Make to acknowledge)** स्वीकारं कृ **in caus.** (कारयति -यितुं), उरीकारं **or** अङ्गीकारं कृ **in caus.,** अभिज्ञातुं **or** उरीकर्त्तुम् आनी **(c. 1.** -नयति -नेतुं), **or** अनुनी, निरुत्तरं -रा -रं, कृ, निरुत्तरीकृ, अभिज्ञा **in caus.** (-ज्ञापयति -यितुं), परिज्ञा **in caus.,** ग्रह् **in caus.** (ग्राहयति -यितुं). —**(make to believe, persuade)** प्रत्ययं **or** विश्वासं **or** निश्चयं कृ **in caus. or** जन् **in caus.** (जनयति -यितुं), प्रत्येतुं **or** श्विसितुम् आनी **or** अनुनी.—**(Destroy doubt)** संशयं **or** सन्देहं छिद् **(c. 7.** छिनत्ति, छेत्तुं) **or** खण्ड् **(c. 10.** खण्डयति -यितुं).

Convinced, *p. p.* कृतनिश्चयः -या -यं, कृतनिर्णयः -या -यं, जातनिश्चयः -या -यं, जातविश्वासः -सा -सं, जातप्रत्ययः -या -यं, निरुत्तरीकृतः -ता -तं, छिन्नसंशयः -या -यं.

Convincing, *a.* निश्चायकः -का -कं, निर्णायकः -का -कं, निश्चयजनकः -का -कं, विश्वासकारी -रिणी -रि (न्), परिज्ञानकृत, प्रत्ययजनकः -का -कं.

Convincingly, *adv.* यथा निश्चयो जायते तथा, निःसन्दिग्धं, अत्र न संशय इति प्रकारेण.

Convivial, *a.* औत्सविकः -की -कं, सम्भोजनः -नी -नं, उत्सवसम्बन्धी -न्धिनी -न्धि (न्); **'a convivial party,'** सम्भोजनं, सहभोजनं, सम्प्रीतिः ***f.***

Convocation, *s.* (The act of calling together) समाह्वानं, आह्वानं.—**(Assembly)** सभा, समाजः, सदः ***n.*** (स्). —**(Assembly of the clergy)** पुरोहितसभा, धर्म्माध्यक्षसमाजः.

To **convoke, *v. a.*** समाह्वे **(c. 1.** -ह्वयति -ह्वातुं), आह्वे, सङ्घट्ट **(c. 10.** -घट्टयति -यितुं).

To **convolve, *v. a.*** समावृत् **in caus.** (-वर्त्तयति -यितुं), आवृत्, व्यावृत्; संसृ **in caus.** (-सारयति -यितुं).

To **convolvcus, *s.*** क्षीरविदारी, विदारी, महाश्वेता इक्षुगन्धा, ऋक्षगन्धिका, क्रोष्ट्री, श्यामा, भूमिकुष्माण्डकः.

To **convoy, *v. a.* (Attend by way of defence)** रक्षार्थम् अनुव्रज् **(c. 1.** -व्रजति -जितुं) **or** अनुया **(c. 2.** -याति -यातुं). —**(Guide)** सञ्चर् **in caus.** (-चारयति -यितुं).—**(Convey)** आवह् **(c. 1.** -वाहयति -यितुं).—**(Guard on a journey)** अध्वनि रक्ष् **(c. 1.** रक्षति -क्षितुं).

Convoy, *s.* (Attendance by way of defence) रक्षार्थम् अनुव्रजनं, अनुव्रज्या.—**(Guide)** सञ्चारकः.—**(Guard)** रक्षकः.—**(A ship for convoy)** बाणिज्यपोतरक्षका वृहद्युद्धनौका.

Convoyed, *p. p.* अनुयातः -ता -तं, सञ्चारितः -ता -तं, अध्वनि रक्षितः -ता -तं.

To **convulse, *v. a.* (Agitate greatly)** क्षुभ् **in caus.** (क्षोभयति -यितुं), व्याक्षुभ्, सङ्क्षुभ्, विक्षुभ्; कम्प् **in caus.** (कम्पयति -यितुं), प्रकम्प्.—**(Contract convulsively)** आकृष्, **(c. 1.** -कर्षति, **c. 6.** -कृषति -क्रष्टुं), आक्षिप् **(c. 6.** -क्षिपति -क्षेप्तुं), अपतन् **in caus.** (-तानयति -यितुं); **'to be convulsed,'** क्षुभ् **(c. 4.** क्षुभ्यति, क्षोभितुं), सङ्क्षुभ्, सम्प्रक्षुभ्.

Convulsion, *s.* (Spasm) आक्षेपकः, अपातनकः, अपतन्त्रकः, आकर्षः, ग्रहामय शल,—**(Commotion)** क्षोभः, व्याक्षोभः, कम्पः, कम्पनं, कम्पितं.

Convulsive, *s.* आकर्षकः -का -कं, आक्षेपकः -का -कं, कम्पकः -का -कं, कम्पकरः -रा -रं; **'a convulsive contraction,'** आकर्षः, अपतानकः; **'convulsive utterance,'** गद्गदः, गद्गदवाक् ***f.*** (च्).

Cony, *s.* शशः, शशकः, विलवासी ***m.*** (न्), गर्त्तवासी ***m.*** (न्).

To **coo, *v. n.* (As a bird)** कु **(c. 1.** कवते, **c. 6.** कुवते, **c. 2.** कौति, कवितुं, कोतुं), कूज् **(c. 1.** कूजति -जितुं), अनुकूज्, कुकु शब्द कृ.

Cooing *s.* कूजनं, कूजितं, अनुकूजनं, कुकु शब्दः

Cook, *s.* सूपकारः, पाचकस्त्री ***f.,*** पचकः, पाचकः, पचः, पचेलुकः, सूदः, सूदाध्यक्षः, भक्ष्यकारः, अन्नसंस्कर्त्ता ***m.*** (र्त्तृ), भक्तकारः, औदनिकः, आन्धसिकः

To **cook, *v. a.*** पच् **(c. 1.** पचति -ते, पक्तुं), श्रा **in caus.** (श्रपयति -ते -यितुं), अन्नानि संस्कृ **or** सन्धा **(c. 3.** -दधाति -धातुं) **or** सिद्धीकृ.

Cooked, *p. p.* पक्वः -क्वा -क्वं, श्राणः -णा -णं, शृतः -ता -तं, श्रपितः -ता -तं, सिद्धः -द्धा -द्धं, संस्कृतः -ता -तं, प्रणीतः -ता -तं, उपसम्पन्नः -न्ना -न्नं, राद्धः -द्धा -द्धं.

Cookery, *s.* (Art of) पाकविद्या.—**(Act of cooking)** पचनं, पाकः, पचा, पाचा, पाचिका, पाकनिष्पत्तिः ***f.***

Cook-maid, *s.* पाचकस्त्री, पाचिका, अन्नसंस्कर्त्री, भक्ष्यकारी, सूपकारी.

Cook-room, *s.* पाकशाला, पाकस्थानं, पाकागारं, सूदशाला, महानसः -स.

Cool, *a.* शीतलः -ला -लं, शीतः -ता -तं, शिशिरः -रा -रं, अतप्तः -प्ता -प्तं, अतपः -पा -पं, अधर्म्मः -र्म्मा -र्म्मं, अनुष्णः -ष्णा -ष्णं, शीतलस्पर्शः र्शा -र्शं, जडः -डा -डं. —**(Calm, composed)** असम्भ्रमः -मा -मं, अव्यग्रः -ग्रा -ग्रं, शान्तः -न्ता -न्तं, धीरः -रा -रं.—**(Without passion)** वीतरागः -गा -गं.—**(Cool in affection)** विरक्तः -क्ता -क्तं; **'it grows cool,'** शीतलायते.

Cool, *s.* शीतलं, शीतं, शीतलता, शीतता, शिशिरः, शैत्यं, अनुष्णता, अधर्म्मः

***To* cool,** *v. a.* शीतलीकृ, शीतीकृ, शिशिरीकृ, शीतल **(nom.** शीतलयति -यितुं).—**(Cause an abatement, extinguish)** शम् **in caus.** (शमयति -यितुं), उपशम्, प्रशम्.

***To* cool,** *v. n.* शीतल **(nom.** शीतलायते), शीतलीभू, शिशिरीभू, शीतीभू.—**(Abate, subside)** शम् **(c. 4.** शाम्यति, शमितुं), उपशम्, प्रशम्.

Cooled, *p. p.* शीतीकृतः -ता -तं, शीतलीकृतः -ता -तं हततापः -पा -पं.

Cooler, *s.* शीतलकारकः.—**(For wine, etc.)** मद्यादिशीतलीकरणार्थं मृन्मयभाजनं.

Cooling, *a.* शीतलकारी -रिणी -रि (न्), तापहरः -री -रं, सन्तापहरः -रा -रं, घर्म्मनाशकः -का -कं.—**(Causing abatement)** शमकः -का -कं, शान्तिदः -दा -दं; **'cooling breeze,'** शीतलवातः, स्वेदचूषको वायुः

Coolly, *adv.* शीतलं, शिशिरं, सशैत्यं.—**(Without discomposure)** असम्भ्रमं, सम्भ्रमं विना, अव्यग्रं, शान्तं, प्रशान्तं, असहसा.

Coolness, *s.* शीतलता, शैत्यं, शीतता, शीतीभावः, शिशिरत्वं, अनुष्णता.—**(Of affection)** विरागः, विरक्तिः ***f.***, निःस्नेहता.

Coom, *s.* **(Soot that gathers over an oven's mouth)** कन्दुमुखलग्नम् अङ्गारमलं.—**(Grease which works out of the nave of a wheel)** चक्रानाभिमध्याद् निर्गतः स्नेहः.

Coop, *s.* **(Barrel)** भाण्डं, भाजनं, काष्ठभाण्डं, काष्ठपात्रं.—**(Cage for poultry)** ग्राम्यकुक्कुटादिरक्षणार्थं पिञ्जरं **or** वीतंसः कुक्कुटपालिका.

***To* coop-up,** *v. a.* पिञ्जरे **or** वीतंसे प्रविश् **in caus.** (-वेशयति -यितुं)—**(Confine in a narrow place)** सङ्कटस्थाने निरुध् **(c. 7.** -रुणद्धि -रोद्धुं).

Cooper, *s.* काष्ठभाण्डकृत्, काष्ठभाजनकारः, काष्ठपात्रदोहनादीनां तक्षकः.

Cooperage, *s.* **(Price paid for cooper's work)** काष्ठपात्रादितक्षकस्य मूल्यं **or** भृतिः ***f.***—**(Cooper's work)** काष्ठपात्रादितक्षकस्य कर्म्म ***n.*** (न्) **or** व्यापारः.

***To* co-operate,** *v. n.* अन्येन सह व्यवसो **(c. 4.** -स्यति -सातुं) **or** आचर् **(c. 1.** -चरति -रितुं) **or** चेष्ट् **(c. 1.** चेष्टतः -ष्टितुं) प्रतियोगं कृ, साहाय्यं कृ; सहकारी -रिणी -रि भू.

Co-operation, *s.* सहकारः -रिता, साहाय्यं, सहायता, प्रतियोगः, प्रतियोगिता, सम्प्रतिपत्तिः ***f.***, अङ्गाङ्गिभावः.

Co-operative, *a.* सहकारी -रिणी -रि (न्), सहोद्योगी -गिनी -गि (न्).

Co-operator, *s.* सहकारी ***m.*** (न्), सहकृत्वा ***m.*** (न्), प्रतियोगी ***m.*** (न्), साहाय्यकृत्, सम्भूयकारी ***m.*** (न्).

Coot, *s.* जलचरः, कृष्णवर्णः क्षुद्रपक्षिभेदः.

Coparcenary, *s.* संसृष्टता -त्वं, संसृष्टिता, समांशिता.

Coparcener, *s.* समांशी ***m.*** (न्), समांशहारी ***m.*** (न्), अंशहरः संसृष्टी ***m.*** (न्), संसृष्टः, रिक्थसंविभागी ***m.*** (न्), सहाधिकारी ***m.*** (न्).

Copartner, *s.* समांशी ***m.*** (न्), समांशहारी ***m.*** (न्), अंशी ***m.*** (न्), अंशभागी ***m.*** (न्), अंशहारी ***m.*** (न्), सम्भूयकारी ***m.*** (न्).

Copartnership, *s.* समांशिता, सम्भूयसमुत्थानं, अंशभागिता, अविभक्तत्व.

Cope, *s.* **(Covering for the head)** मस्तकाभरणं, मस्तकाच्छादनं, शिरस्त्राणं, शिरस्त्रं.—**(Sacredotal cloak)** पुरोहितप्रावारः, पुरोहितपरिधेयं.

***To* cope with,** *v. n.* प्रतियुध् **(c. 4.** -युध्यते -योद्धुं), स्पर्ध् **(C. 1.** स्पर्धते -र्धितुं), सङ्घृष् **(c. 1.** -घर्षति -र्षितुं), प्रतिकूल **(nom.** प्रतिकूलयति -यितुं), विरुध् **(c. 7.** -रुणद्धि -रोद्धुं), प्रतियोगं कृ.

Copier or copyist, *s.* लेखकः, लिपिकरः -कारः, प्रतिलिपिकरः. —**(Imitator)** अनुकारी ***m.*** (न्), गतानुगतिकः. —**(Plagiary)** वागपहारकः, शब्दचोरः.

Coping, *s.* प्राकारशृङ्गं, कपिशीर्षं, क्रयशीर्षं, खोडकशीर्षं, सालशृङ्गं.

Copious, *a.* बहुः -हुः -ह्वी -हु, बहुलः -ला -लं, प्रचुरः -रा -रं, भूरिः -रिः -रि, पुष्कलः -ला -लं, सम्पूर्णः -र्णा -र्णं, परिपूर्णः -र्णा -र्णं, अनेकः -का -कं, विपुलः -ला -लं.

Copiously, *adv.* बाहुल्येन बहुशस्, बहु, प्राचुर्य्येण, प्रचुरं, भूरि, भूरिशस्, विस्तारेण, विस्तरशस्, अनेकशस्.

Copiousness, *s.* बाहुल्यं, प्राचुर्य्यं, बहुत्वं, प्रचुरत्वं, प्रपञ्चनं, सम्पूर्णता, पुष्कलत्वं, विपुलता.

Copper, *s.* ताम्रं, ताम्रकं, शुल्बं, द्व्यष्टं, द्विष्टं, नैपालिकं, तपनेष्टं, लोहितायः ***n.*** (स्), उदुम्बरं, ब्रह्मवर्द्धनं, अम्बकं, अरविन्दं, रविलोहं; **copper vessel,'** ताम्रपात्रं, ताम्रकटाहः, ताम्रस्थाली,

ताम्रपिठरः; **'copper coin,'** पणः.

Copper-coloured, *a.* ताम्रवर्णः -र्णा -र्णं, ताम्रमुखः -खी -खं, ताम्रतनुः -नुः -नु.

Copperas, *s.* तुत्थं -त्थकं, मूषातुत्थं, मलीमसः.

Copperplate, *s.* ताम्रफलकं, ताम्रपट्टं, ताम्रपत्रं, पट्टं.

Coppersmith, *s.* ताम्रकारः, ताम्रिकः, ताम्रकुट्टकः -कुटः, शौल्विकः, कांस्यकारः.

Coppery, *a.* ताम्रः -म्री -म्रं, ताम्रिकः -की -क, ताम्रमयः -यी -यं, औदुम्बरः -री -रं, कुङ्कुताम्र -म्रा -म्रं.

Coppice or copse, *s.* गुल्मावृतं स्थानं, इन्धनावृतं स्थानं, जङ्गलः, उपवनं, कृत्रिमवनं.

Copula, *s.* विशेष्यविशेषणसंज्ञा.

To* copulate, *v. a. संयुज् **(c. 7.** -युनक्ति -योक्तुं), सन्धा **(c. 3.** -दधाति -धातुं).

To* copulate, *v. n. स्त्रीपुरुषवत् सङ्गम् **(c. 1.** -गच्छति -गन्तुं), अभिगम्; मैथुनं कृ, सम्भोगं कृ, संसर्गं कृ.

Copulation, *s.* मैथुनं, रतं, सुरतं, रतिकर्म्म ***n.*** (न्), रतिक्रिया, शृङ्गारः, अङ्गसङ्गः, औपस्थ्यं, सम्भोगः, संसर्गः, सम्पर्कः, संयोजनं, व्यवायः, गमनं, अभिगमनं, महासुखं, रहः ***n.*** (स्), उपसृष्टं, अभिमानितं, धर्षितं, कामकेलिः, मोहनं.

Copulative, *a.* संयोगकारी -रिणी -रि (न्) **or** संसर्गकारी; **'copulative conjunction,'** संयोगकारिणी अव्ययसंज्ञा.

Copy, *s.* (Transcript from an original) प्रतिलिपः ***f.***, प्रतिरूपं. **—(An individual book)** एकपुस्तकं, एकग्रन्थः. **—(An original from which any thing is copied)** आदर्शः, मूलं. **—(Autograph)** स्वहस्तलिखितं, हस्ताक्षरं, हस्तलिपिः ***f.***

***To* copy, *v. a.* and *n.* (Transcribe)** उत्तॄ **(c. 1.** -तरति -रितुं -रीतुं), लिपिं दृष्ट्वा प्रतिलिपिं कृ, रूपं दृष्ट्वा प्रतिरूपं कृ, मूलदर्शनाद् लिख् **(c. 6.** लिखति, लेखितुं). **—(Imitate)** अनुकृ, अनुगम् **(c. 1.** -गच्छति -गन्तुं).

Copy-book, *s.* प्रतिलिपिपुस्तकं, प्रतिलिखनपुस्तकं. **—(The writing by looking at which boys learn to write)** आदर्शः, पुस्तकं यस्य पत्रेषु वर्णविन्यासश् चारुरूपेण लिख्यते यद्दर्शनाद् बालका लिखनशिक्षां कुर्व्वन्ति, बालानां लिखनशिक्षार्थम् पुस्तकारोपितानि अक्षराणि वाक्यानि वा.

Copyhold, *s.* (Land etc.) ग्रामेश्वराधीनं क्षेत्रादि.

Copyholder, *s.* आहर्त्ता ***m.*** (र्त्तृ), ग्रामेश्वराधीनक्षेत्रधारी ***m.*** (न्).

Copyright, *s.* स्वकीयमुद्रितग्रन्थे निबन्धुर् अधिकारः, मुद्राङ्कितपुस्तके स्वत्वं.

To* coquet, *v. n. विलस् **(c. 1.** -लसति -सितुं), विलासं कृ, हावं, कृ, लल् **(c. 1.** ललति -लितुं), खेला **(nom.** खेलायति -यितुं), प्रेमललितं कृ.

Coquetry, *s.* विलासः, हावः, ललितं, विभ्रमः, खेला, रसिकता, मोहनेच्छा, लालसा, रमण्यं.

Coquette, *s.* रसिका स्त्री, रसिनी, विलासिनी, विलासवती, दामिनी, मोहनकारिणी, लालिनी, कामिनी, लीलावती.

Coral, *s.* विद्रुमः, प्रबालः -लं, रत्नवृक्षः, मन्दटः, मन्दारः, रक्तकन्दः -न्दलः, हेमकन्दलः, रत्नकन्दलः, रत्नवृक्षः, लतामणिः ***m.***, अङ्गारकमणिः, माहेयः, पारिजातः, पारिभद्रः, क्रिमिशत्रुः ***m.***, भौमरत्नं, भोमीरा, सुपुष्पः, रक्तपुष्पकः.

Coralline, *a.* प्रबालमयः -यी -यं, विद्रुममयः -यी -यं, सप्रबालः -ला -लं.

Coralloid, *a.* प्रबालोपमः -मा -मं, विद्रुमसदृशः -शी -शं.

Cord, *s.* रज्जुः ***m. f.***, पाशः, दाम ***n.*** (न्), दामनी, दामा, गुणः, सूत्रं, शणतन्तुः ***m.***, शणसूत्रं, सन्दानं, रसना, शुल्लं, शुल्वः, योक्त्रं, वटः, वराटः -ढकः, दोरकः; **'Brahminical cord,'** उपवीतं, यज्ञोपवीतं, निवीतं, पञ्चवटः; मौञ्जी. **—(A load of wood measured by a cord)** रज्जुपरिमितः काष्ठभारः, इन्धनराशिः ***m. f.***

To* cord, *v. a. रज्वा बन्ध् **(c. 9.** बध्नाति, बन्धुं), पाश **(nom.** पाशयति -यितुं), योक्त्र **(nom.** योक्त्रयति -यितुं), यन्त्र् **(c. 10.** यन्त्रयति -यितुं).

Cordage, *s.* शणसूत्रं. **—(Of a ship)** नावो रज्ज्वादिसामग्र्यं.

Corded, *a.* (Fastened with a cord) रज्जुबद्धः -द्धा -द्धं, पाशितः -ता -तं. **—(Made of ropes)** रज्जुमयः -यी -यं.

Cordial, *s.* अग्निवर्द्धनं, रुचकं, रोचकः, रोचनः, बलवर्द्धकं: **or** तेजोवर्द्धनम् औषधं.

Cordial, *a.* (Invigorating tonic) अग्निवर्द्धकः -का -कं, अग्निदः -दा -दं, तेजस्करः -रा -रं, दीपकः -का -कं, रुचकः -का -कं, रुचिर रा -रं, पौष्टिकः -की -कं, धातुपोषकः -का -कं. **—(Sincere, friendly)** सरलः -ला -लं, सौहार्द्दवान् -वती -वत् (त्), सुहृत्तमः -मा -मं.

Cordiality, *s.* सौहार्द्दं, सौहृद्यं, सुहृत्ता, सारल्यं, सरलता, सुशीलता.

Cordially, *adv* सौहार्द्देन, सुहृत्तया, ससौहार्द्दं, ससारल्यं, सुशीलवत्.

Cordmaker, *s.* रज्जुकारः, शणसूत्रकारी ***m.*** (न्), शणतन्तुकृत्.

Cordon, *s.* (Of a rampart) प्रकारशीर्षं. **—(Band)** दाम ***n.*** (न्).

Cordwainer, *s.* पादुकाकारः, चर्म्मकारः, चर्म्मकृत्, चर्म्मपादुकाकृत्, पादूकृत्.

Core, *s.* (Heart, inner part) हृदयं, गर्भः, अन्तरं, मध्यभागः, वीजं, सारः,

Coriaceous, *a.* चर्म्ममयः -यी -यं, चार्म्मिकः -की -कं, अजिनीयः -या -यं.

Coriander, *s.* (Plant) धानी, धानः, धानेयः, सूक्ष्मपत्रः, तीक्ष्णपत्रः, तीक्ष्णफलः, कुनटी. **—(Seed)** छत्रा, अवारिका, सुगन्धि ***n.***, धान्यकं, धान्यवीजं, तुम्बुरु ***n.*** -री, कुस्तुम्बुरुः ***f.*** -म्बरी.

Cork, ***s.*** **(Bark of a tree)** विदेशीयरुत्वक् ***f.*** (च्).—**(Stopple of a bottle, etc.)** पिधानं, कूपीछिद्रपिधानं, कूपीछिद्रनिरोधनार्थं तरुत्वङ्मयं पिधानं.

To **cork,** ***v. a.*** **(Stop with a cork)** पूर्व्वोक्तपिधानेन निरुध् **(c. 7.** -रुणद्धि -रोद्धुं), पिधा **(c. 3.** -दधाति -धातुं).

Corked, ***p. p.*** सपिधानः -ना -नं, पूर्वोक्तपिधाननिरुद्धः -द्धा -द्धं.

Cormorant, ***s.*** सत्यखादकः, पक्षिभेदः.—**(A glutton)** अत्याहारी ***m.*** (न्), गृध्रः, घस्मरः, कुक्षिम्भरिः ***m.***

Corn, ***s.*** **(Grain)** धान्यं.—**(Growing corn)** शस्यं स्तम्बकरिः ***m.,*** सीत्यं. **(Food)** अन्नं, खाद्यं, भक्ष्यं, आहारः, जीवसाधनं.—**(Callosity on the foot)** किणः, कदरः.

To **corn,** ***v. a.*** लवणीकृ, लवण **(nom.** लवणयति -यितुं), लवणाक्तं -क्तां -क्तं कृ.

Cornchandler, ***s.*** धान्यमायः, धान्यादिविक्रेता ***m.*** (तृ), वैवधिकः -की ***m.*** (न्).

Corncutter, ***s.*** किणछेदकः, कदरकृत्, कदरोच्छेदकः, किणोन्मूलकः.

Cornea, ***s.*** **(Of the eye)** शुक्लमण्डलं.

Cornel, ***s.*** **(A tree)** वक्ष्यमाणप्रस्तरसवर्णफलो वृक्षः.

Cornelian, ***s.*** **(A precious stone)** स्वच्छप्रस्तरभेदः.

Corneous, ***a.*** शार्ङ्गः -र्ङ्गी -र्ङ्गं, शृङ्गमयः -यी -यं, शृङ्गोपमः -मा -मं.

Corner, ***s.*** **(Angle)** कोणः, अस्रः, आरं.—**(Of the mouth)** सृक्क ***n.*** (न्), सृक्किणी.—**(Of the eye)** अपाङ्गं, नयनोपान्तः, नेत्रपर्य्यन्तः.—**(Secret place, retreat)** निर्जनदेशः, विविक्तदेशः, आश्रमः.

Cornered, ***p. p.*** सास्रः -स्रा -स्रं. सकोणः -णा -णं, कोणविशिष्टः -ष्टा -ष्टं.

Corner-stone, ***s.*** कोणप्रस्तरः, आरप्रस्तरः, प्रस्तरो येन प्राचीरद्वयं सम्बद्धं, प्रधानप्रस्तरः.

Corner-wise, ***adv.*** कोणाकोणि, आरारि, अस्रास्रि.

Cornet, ***s.*** **(A musical instrument)** शुषिरवादित्रभेदः.—**(Officer of horse)** आश्विकसैन्यदलनायकः, अश्वारूढसैन्यपताकाधारी कुलीनकुमारः, सादी ***m.*** (न्).—**(Envelope of paper)** कोशः, आवेष्टनं, प्रच्छदपटः.

Cornetcy, ***s.*** पूर्व्वोक्तस्य सैन्यदलनायकस्य पदं **or** अधिकारः.

Cornfield, ***s.*** शस्यक्षेत्रं, धान्यक्षेत्रं, सीत्यक्षेत्रं, सीत्यभूमिः ***f.***

Cornflower, ***s.*** कक्षः, शस्यक्षेत्ररुह ओषधिभेदः.

Cornice, ***s.*** प्राकारशीर्षं, खोडकशीर्षं, कपिशीर्षं, क्रयशीर्षं, प्राकारशेखरः.

Cornigerous, ***a.*** शृङ्गी -ङ्गिणी -ङ्गि (न्), शृङ्गिणः -णा -णं.

Corn-mill, ***s.*** धान्यपेषणी, धान्यपेषणयन्त्रं, पेषणं -णिः ***f.***

Corn-rose, ***s.*** खसूखसजातीय ओषधिप्रभेदः,

Cornucopia, ***s.*** श्रीभृतं सम्पत्तिसूचकं पुष्पफलादिसम्पूर्णं विषाणं, श्रीपद्मः.

Cornuted, ***a.*** व्यभिचारिणीभार्य्यावान् ***m.*** (त्), पुंश्चली स्त्री यस्य सः, बन्धकीभार्य्यः.

Corny, ***a.*** **(Horny)** शार्ङ्गः -र्ङ्गी -र्ङ्गं.—**(Producing grain)** धान्यवान् -वती -वत् (त्).

Corollary, ***s.*** अनुमानं, अपवाहः, सिद्धान्तः, उपलक्ष्यः, अभ्यूहः, ऊहा, युक्तिः ***f.***

Coromandel, ***s.*** **(Coast of)** द्राविडः.

Coronal, ***s.*** मुकुटं, किरिटः, मौलिः ***m. f.,*** शेखरः, माला.

Coronal, ***a.*** मस्तकाग्रसम्बन्धीयः -या -यं, मस्तकोपरिस्थः -स्था -स्थं.

Coronary, ***a.*** किरीटी -टिनी -टि (न्), मुकुटसम्बन्धीयः -या -यं.

Coronation, ***s.*** राजाभिषेकः, अभिषेकः, मुकुटधारणसंस्कारः.—**(The hall of coronation)** अभिषेकशाला.

Coroner, ***s.*** अपमृत्युविचारकः, अपमृत्युकारणपरीक्षकः, अपमृत्युवृत्तान्तविचारको राजप्रतिनिधिः.

Coronet, ***s.*** कुलीनवर्गलाक्षणिकः, क्षुद्रकिरीटः, मौलिः ***m. f.,*** मुकुटं.

Corporal, ***s.*** सेनायां पदभाजां मध्ये अवरपदभाक्, सेनारक्षाध्यक्षः.

Corporal, ***a.*** शारीरः -री -रं, -रिकः -की -कं, शरीरी -रिणी -रि (न्), देहिकः -की -कं, देही -हिनी -हि (न्), आङ्गः -ङ्गी -ङ्गं, अङ्गी -ङ्गिनी -ङ्गि (न्), अङ्गिकः -की -कं, अङ्गकः -का -कं, कायिकः -की -कं, कायकः -का -कं. ***See*** **Corporeal.**

Corporality, ***s.*** मूर्त्तिमत्त्वं, शरीरवत्ता, देहवत्त्वं, शारीरिकत्वं.

Corporally, ***adv.*** शरीरतस्, देहतस्, शारीरं, सशरीरं.

Corporate, ***a.*** सङ्घातवान् -वती -वत् (त्), कृतसंसर्गः -र्गा-र्गं, सामाजिकः -की -कं, समूहीभूतः -ता -तं.

Corporation, ***s.*** **(Corporate body)** श्रेणी -णिः ***m. f.,*** ग्रामसङ्घः.

Corporeal, ***a.*** शरीरवान् -वती -वत् (त्), मूर्त्तिमान् -मती -मत् (त्), देहवान् -वती -वत् (त्), वपुष्मान् -ष्मती -ष्मत् (त्), सशरीरः -रा -रं, सदेहः -हा -हं, तनुमान् -मती -मत् (त्), विग्रहवान् -वती -वत् (त्), देहभाक् ***m.f.n.*** (ज्). ***See*** **Corporal.**

Corps, ***s.*** **(Body of soldiers)** सैन्यदलं, सैन्यगुल्मः, दण्डः, अनीकं.

Corpse, ***s.*** शवः -हं, कुणपः -पं, मृतकं, मृतशरीरं, मृतदेहः, पञ्चावस्थः, प्रेतं, शपः.

Corpulence or corpulency, ***s.*** मेदस्विता, मेदोवृद्धिः ***f.,*** स्थूलता, शरीरस्थूलता, स्थूलकायत्वं, उन्मेदा, आप्यायनं.

Corpulent, ***a.*** स्थूलः -ला -लं, स्थूलकायः -या -यं, पृथूदरः -रा -रं, उदरी -रिणी -रि (न्), मेदस्वी -स्विनी -स्वि (न्), मांसलः -ला -लं, आप्यानः -ना -नं, पीनः -ना -नं, पीवरः -रा -रं, वृहत्कुक्षिः -क्षिः -क्षि, तुन्दवान् -वती -वत् (त्), तुन्दिकः -का -कं, वृद्धनाभिः -भि -भि, स्थविष्ठः -ष्ठा -ष्ठं.

Corpuscle, ***s.*** अणुः ***m.,*** परमाणुः, कणः, लवः, लेशः, कणिका, काकिणिका, रेणुः ***m.f.,*** अणुरेणुः ***f.,*** सूक्ष्ममूर्त्तिः ***f.***

Corpuscular, ***a.*** अणुविषयकः -का -कं, सूक्ष्ममूर्त्तिविषयकः -का -कं.

To* correct,** ***v. a. **(Amend)** शुध् **in caus.** (शोधयति -यितुं), परिशुध्, विशुध्, संशुध्; समाधा **(c. 3.** -दधाति -धत्ते -धातुं), निर्द्दोषं -षा -षं कृ. **—(Chatise)** शास् **(c. 2.** शास्ति, शासितुं), अनुशास्, दण्ड् **(c. 10.** दण्डयति -यितुं). **—(Destroy or modify by the addition of opposite qualities)** विपरीतगुणप्रक्षेपेण नश् **in caus.** (नाशयति -यितुं) **or** शम् **in caus.** (शमयति -यितुं) **or** प्रतिकृ.

Correct, ***a.*** शुद्धः -द्धा -द्धं, विशुद्धः -द्धा -द्धं, निर्दोषः -षा -षं, दोषरहितः -ता -तं, सत्यः -त्या -त्यं, यथार्थः -र्था -र्थं, ऋतः -ता -तं, तथ्यः -थ्या -थ्यं, अवितथः -था -थं, समञ्जसः -सा -सं, शुचिः -चिः -चि, यथातथः -था -थं, याथार्थिकः -की -कं, यथामार्गः -र्गा -र्गं, स्पष्टः -ष्टा -ष्टं, प्रकृतः -ता -तं. **—(Correct in conduct)** साधुवृत्तिः -त्तिः -त्ति.

Corrected, ***p. p.*** **(Amended)** शोधितः -ता -तं, विशोधितः -ता -तं. **—(Counteracted)** प्रतिकृतः -ता -तं. **—(Chastised)** शासितः -ता -तं, अनुशासितः -ता -तं.

Correction ***s.*** **(Chastisement)** शास्तिः ***f.,*** शिष्टिः ***f.,*** शासनं, अनुशासनं, दण्डः -ण्डनं, साहसं, निग्रहः, प्रतिफलं. **—(Amendment)** शोधनं, विशोधनं, शुद्धिः ***f.,*** संशुद्धिः ***f.,*** प्रतिसमाधानं, समाधानं.

Corrective, ***a.*** **(Destroying noxious qualities)** नाशकः -का -कं -घ्नः -घ्ना -घ्नं **in comp.,** अपनुदः -दा -दं, हरः -रा -रं, अपहः -हा -हं **or** -हः -हा -हं. **in comp. —(Counteracting)** प्रतीकारकः -का -कं. **—(Amending)** शोधकः -का -कं.

Corrective, ***s.*** प्रतीकारः, प्रतिकारः, प्रतिसमाधानं, अपनोदनं, अभिघातः.

Correctly, ***adv.*** शुद्धं, यथार्थं, निर्दोषं, तथ्यं, ऋतं, सत्यं, अञ्जसा, अवितथं, समञ्जसं, शुचि, यथातथं, यथावत्, यथामार्गं, साधु.

Correctness, ***s.*** शुद्धत्वं, शुद्धिः ***f.,*** विशुद्धिः ***f.,*** निर्दोषता, यथार्थता, सत्यता, याथातथ्यं, याथार्थ्यं, तथ्यता, सामञ्जस्यं, शुचिता, साधुत्वं.

Corrector, ***s.*** **(Chastiser)** शास्ता ***m.*** (स्तृ), शासिता ***m.*** (तृ), दण्डप्रणेता ***m.*** (तृ). **—(Amender)** शोधकः, शोधनकृत्, समाधाता ***m.*** (तृ), प्रतिसमाधाता, प्रतिकारकः.

Correlative, ***a.*** परस्परसम्बन्धी -न्धिनी -न्धि (न्), अन्योन्यसम्बद्धः -द्धा -द्धं, इतरेतरसम्बद्धः -द्धा -द्धं, व्यतिकरः -रा -रं.

Correlativeness, ***s.*** परस्परसम्बन्धित्वं, अन्योन्यसम्बद्धभावः, व्यतिकरः.

To* correspond,** ***v. n. **(Suit)** युज् **in pass.** (युज्यते), उपयुज्, उपपद् **in pass.** (-पद्यते), अनुरूपः -पा -पं **or** सदृशः -शी -शम् अस्, अनुसृ **(c. 1.** -सरति -सर्त्तुं), **—(Keep up intercourse by alternate letters)** परस्परां पत्रलिखनेन संवद् **(c. 1.** -वदति -दितुं), लेखालेखि कृ, पत्रद्वारेण उत्तरप्रत्युत्तरं कृ. **—(Assent)** संवद्, अनुवद्.

Correspondence, ***s.*** **(Adaptation)** योग्यता, युक्ति ***f.,*** सादृश्यं, अनुरूपता, आनुरूप्यं, आनुगुण्यं, तुल्यता, समानता, अनुसारः, पर्य्याप्तिः ***f.,*** उपपत्तिः ***f.*** **—(By letter)** परस्परां पत्रलिखनेन संवादः, पत्रविनिमयः, लेखालेखिकरणं. **—(Connexion, intercourse)** सम्बन्धः, सम्पर्कः, सङ्गः, संसर्गः; **'correspondence of character,'** प्रतिभावः.

Correspondent, ***a.*** योग्यः -ग्या -ग्यं, सदृशः -शी -शं, अनुरूपः -पा -पं, अनुगुणः -णा -णं, अनुसारी -रिणी -रि (न्), तुल्यः -ल्या -ल्यं, समानः -ना -नं, उपयुक्तः -क्ता -क्तं, पर्य्याप्तः -प्ता -प्तं, सङ्गतः -ता -तं, अविरुद्धः -द्धा -द्धं.

Correspondent, ***s.*** **(One who interchanges letters)** अन्येन सह पत्रलिखनेन संवादी ***m.*** (न्). **—(An agent, a connexion)** नियोगी ***m.*** (न्), प्रतिपुरुषः, सम्पर्की ***m.*** (न्), सम्बन्धी ***m.*** (न्).

Corridor, ***s.*** दुर्गपरिगतश् छन्नपथः, गृहपरितश् छन्नपथः.

Corrigible, ***a.*** **(Punishable)** शासनीयः -या -यं, शास्यः -स्या -स्यं, अनुशासनीयः -या -यं, दण्डनीयः -या -यं. **—(Capable of amendment)** शोधनीयः -या -यं, साध्यः -ध्या -ध्यं, समाधातुं शक्यः -क्या -क्यं.

Corrival, ***s.*** सपत्नः, प्रतिस्पर्द्धी ***m.*** (न्), प्रतियोगी ***m.*** (न्), प्रतिपक्षः.

Corrivalry, ***s.*** प्रतिस्पर्द्धा, सङ्घर्षः, विजिगीषा, परम्पराभिभवेच्छा.

To* corroborate,** ***v. a. दृढीकृ, स्थिरीकृ, द्रढ **(nom.** द्रढयति -यितुं), संस्तम्भ् **(c. 5.** -स्तभ्नोति, **c. 9.** -स्तभ्नाति -स्तम्भितुं **or caus.** -स्तम्भयति -यितुं), सबलं -लां -लं कृ, सत्याकृ. **—(Confirm another's opinion by new evidence)**

Corroborated 203 **Cosmetic**

प्रमाणीकृ, प्रमाणं दा, दृढप्रमाणं दा, अनुवद् (**c. 1.** -वदति -दितुं), परवाक्यं दृढीकृ.

Corroborated, *p. p.* दृढीकृतः -ता -तं, स्थिरीकृतः -ता -तं, संस्तब्धः -ब्धा -ब्धं, प्रमाणीकृतः -ता -तं, सत्याकृतः -ता -तं, दृढनिश्चयः -या -यं, सप्रमाणः -णा -णं.

Corroboration, *s.* दृढीकरणं, स्थिरीकरणं, दार्ढ्यं, दृढोक्तिः ***f.,*** संस्तम्भः, सत्याकृतिः ***f.,*** प्रमाणीकरणं, दृढप्रमाणदानं, अनुवादः.

Corroborative, *a.* अनुवादकः -का -कं, दृढीकरणः -णा -णं, स्थिरीकरणः -णा -णं.

To* corrode, *v. a. क्रमशः क्षि **in caus.** (क्षययति, क्षपयति -यितुं) **or** नश् **in caus.** (-नाशयति -यितुं) **or** भक्ष् (**c. 10.** भक्षयति -यितुं) **or** खाद् (**c. 1.** खादति -दितुं), विली **in caus.** (-लाययति -यितुं), विलयनं कृ.

Corroded, *p. p.* क्षीणः -णा -णं, विलीनः -ना -नं, गलितः -ता -तं.

Corrodent, *a.* क्षयकरः -री -रं, अरुन्तुदः -दा -दं, नाशकः -का -कं.

Corrodible or corrsible, *a.* गलनीयः -या -यं, क्षयणीयः -या -यं, विलयनीयः -या -यं, नाश्यः -श्या -श्यं.

Corrody, *s.* (Assignment of money) निबन्धः, निबन्धदानं.

Corrosion, *s.* क्रमशः क्षयकरणं **or** नाशनं, विलयनं, गलनं, जारणं.

Corrosive, *a.* अरुन्तुदः -दा -दं, अरुष्करः -री -रं, तिग्मः -ग्मा -ग्मं, तीव्रः -व्रा -व्रं, विलयनः -ना -नं, मर्म्मस्पृक् ***m.f.n.*** (श्), मर्म्मभेदी -दिनी -दि (न्), खादकः -का -कं, व्रणकृत् ***m.f.n.,*** प्रखरः -रा -रं, कटुः -टुः -टु.

Corrosiveness, *s.* अरुन्तुदत्वं, अरुष्करत्वं, तैग्म्यं, खादकत्वं, तीव्रता.

***To* corrugate, *v. a.* (The skin)** त्वचं **or** चर्म्म कुञ्ज् (**c. 1.** कुञ्चति -ञ्चितुं) **or** आकुञ्च् **or** सङ्कुच् (**c. 1.** -कोचति -चितुं); त्वक्सङ्कोचं कृ, चर्म्मतरङ्गान् कृ.

Corrugation, *s.* कुञ्चनं, आकुञ्चनं, सङ्कोचनं, चर्म्मसङ्कोचः, त्वगाकुञ्चनं.

***To* corrupt, *v. a.* (Vitiate)** दुष् **in caus.** (दूषयति -यितुं), सन्दुष्, प्रतिदुष्; नश् **in caus.** (नाशयति -यितुं), भ्रष्टीकृ, क्षि **in caus.** (क्षपयति -यितुं).—**(Change to a bad state)** विकृ.—**(Infect)** पूतीकृ, पूतिगन्धं -न्धां -न्धं कृ.—**(Bribe)** उत्कोचं दा.

To* corrupt, *v. n. दुष् (**c. 4.** दुष्यति, दोष्टुं), विप्रदुष्, सम्प्रदुष्, पूतीभू. पूतिगन्धं -न्धां -न्धं भू, दुर्गन्धं -न्धां -न्धं भू.

Corrupt, *a.* दुष्टः -ष्टा -ष्टं.—**(In morals)** दुष्टभावः -वा -वं **or** विप्रदुष्टभावः, दुष्टमतिः -तिः -ति, अन्तर्दुष्टः -ष्टा -ष्टं, नष्टधीः -धीः -धि, दुराचारः -रा -रं, दुरात्मा -त्मा -त्म (न्), पापचेताः -ताः -तः (स्), शठः -ठा -ठं, मन्दचरित्रः -त्रा -त्रं.—**(Strinking)** पूतः -ता -तं, पूतिगन्धः -न्धाः -न्धं -न्धिः -न्धि -न्धि, दुर्गन्धः -न्धा -न्धं.

Corrupted, *p. p.* दूषितः -ता -तं, नष्टः -ष्टा -ष्टं, नाशितः -ता -तं, भ्रष्टः -ष्टा -ष्टं, विकारितः -ता -तं, विप्लुतः -ता -तं, विशीर्णः -र्णा -र्णं.

Corrupter, *s.* दूषकः, दूषणः, दूषणकृत्, नाशकः, भ्रंशकारी ***m.*** (न्).

Corruptibility, *s.* दूषणीयता, दूषयितव्यत्वं, दूषणशीलत्वं, नश्वरता.

Corruptible, *a.* दूष्यः -ष्या -ष्यं, दूषणीयः -या -यं, दूषणक्षमः -मा -मं, क्षयी -यिणी -यि (न्), क्षयिष्णुः -ष्णुः -ष्णु, नश्वरः -रा -रं.

Corruption, *s.* (Act of corrupting) दूषणं.—**(Putrescence)** पूतिः ***f.,*** पूतता, दुर्गन्धत्वं, पूयं, दूष्यं, गलितत्वं.—**(Depravation of morals)** दुष्टता, दुष्टभावता, मतिदुष्टता, अन्तर्दुष्टता, दौरात्म्यं, भ्रष्टता, शाठ्यं, दौर्जन्यं.—**(In language)** अपभ्रंशः, अपशब्दः.

Corruptive, *a.* दूषकः -का -कं, दूषण -णा -णं, दूषयित्नुः -त्नुः -त्नु.

Corruptless, *a.* अदुष्टः -ष्टा -ष्टं, अक्षयः -या -यं, निर्जरः -रा -रं.

Corruptly, *adv.* दुष्टं, सदूषणं, सदोषं, भावदुष्टत्वात्, दुरात्मत्वात्.

Corruptness, *s.* दुष्टत्वं, दुष्टभावता भ्रष्टता, कुसृतिः ***f. See* Corruption.**

Corsair, *s.* समुद्रयायी दस्युः ***m.,*** समुद्रीयदस्युः ***m.***

Corse, *s.* शवः, कुणपः -पं, मृतकं, मृतशरीरं. ***See* Corpse.**

Corset, *s.* चेलिका, चोलः -ली, अङ्गिका, कञ्चुलिका, कूर्पासकः -कं.

Corslet, *s.* कवचः -चं, उरस्त्राणं, वक्षस्त्राणं, उरश्छदः, शरीररक्षणी.

Cortical, *a.* वाल्कलः -ली -लं, त्वङ्मयः -यी -यं, त्वाचः -ची -चं.

Corticated, *a.* वृक्षवल्कलोपमः -मा -मं, तरुत्वग्रूपः -पी -पं.

Coruscant, *a.* स्फुरन् -रन्ती -रत् (त्), विद्योतमानः -ना -नं, उज्ज्वलः -ला -लं.

To* coruscate, *v. n. स्फुर् (**c. 6.** स्फुरति -रितुं), विद्युत् (**c. 1.** -द्योतते -तितुं).

Coruscation, *s.* स्फुरणं, स्फुरितं, विद्युद्दाम ***n.*** (न्), छटा, विद्युदाभा.

Corymbiferous, *a.* गुच्छाकारफलविशिष्टः -ष्टा -ष्टं.

Cosine, *s.* ज्या, ज्यका.—**(Of a right-angled triangle)** कोटिज्या.

Cosmetic, *a.* त्वक्कान्तिकरः -री -रं, कान्तिवर्द्धकः -का -कं, अङ्गरागकारी -रिणी -रि (न्), शोभकृत्; **'a cosmetic,'**

गात्रमार्जनद्रव्यं.

Cosmical, ***a.*** जगत्सम्बन्धीयः -या -यं, पार्थिवः -वी -वं.

Cosmogony, ***s.*** जगदुत्पत्तिः ***f.,*** जगत्सृष्टिः ***f.,*** पृथिवीसृष्टिः ***f.,*** पृथिव्युत्पत्तिः.

Cosmographer, ***s.*** जगद्विवरणकृत्, जगद्वर्णनकर्त्ता ***m.*** (र्तृ), पृथिवीविवरणरचकः.

Cosmographical, ***a.*** जगद्विवरणविषयः -या -यं, जगद्वर्णनसम्बन्धीयः -या -यं.

Cosmography, ***s.*** जगद्विवरणं, जगद्वर्णनं, पृथिवीविवरणविद्या.

Cosmopolite, ***s.*** जगद्वासी ***m.*** (न्), पृथिवीवासी, सर्व्वत्रवासी, सर्व्वत्रस्थायी ***m.*** (न्), सर्व्वदेशवासी ***m.*** (न्), निर्विशेषेण सर्व्वलोकमित्रं.

Cost, ***s.*** **(Price)** मूल्यं, अर्घः.—**(Expense)** व्ययः; **'high cost,'** दुर्मूल्यं, बहुमूल्यं, माहार्घ्यं; **'a little cost',** अल्पमूल्यं, अल्पव्ययः; **'at the cost of life,'** प्राणव्ययेन; **'at the cost of a large sum,'** बहुधनव्ययेन.

To **cost,** ***v. n.*** अर्घ् **(c. 10.** अर्घयति -यितुं). **Usually expressed by the inst. c. of** मूल्यं **or** व्ययः **in conjunction with some other verb; as, 'what does it cost?'** कियता मूल्येन विक्रीयते; **'the building of the house cost a large sum of money,'** बहुधनव्ययेन गृहं निर्म्मितं.

Costal, ***a.*** पञ्जरसम्बन्धी -न्धिनी -न्धि (न्), पार्श्वीयः -या -यं.

Costive, ***a.*** आनद्धः -द्धा -द्धं, निबद्धः -द्धा -द्धं, बद्धकोष्ठः -ष्ठा -ष्ठं, अवरुद्धमलः -ला -लं, बद्धमलः -ला -लं. ***See*** **Constipated.**

Costiveness, ***s.*** मलावरोधः मलावष्टम्भः, आनाहः, नाहः, निबन्धः, बद्धकोष्ठं.

Costliness, ***s.*** बहुमूल्यता, महार्घता, माहार्घ्यं, महार्हता, दुर्मूल्यता.

Costly, ***a.*** बहुमूल्यः -ल्या -ल्यं, महार्घः -र्घा -र्घं, महाधनः -ना -नं, महार्हः -र्हा -र्हं, दुर्मूल्यः -ल्या -ल्यं, उत्कृष्टः -ष्टा -ष्टं, अर्घार्हः -र्हा -र्हं, अर्घ्यः -र्घ्या -र्घ्यं.

Costume, ***s.*** **(Dress)** वेशः -षः, नेपथ्यं.—**(Conformity of dress),** वेषसारूप्यं.

Cot, ***s.*** कुटीरः, कुटेरः, कुटिर, उटजः, कुट्टिमः -मं, वेश्म ***n.*** (न्), पर्णशाला, तृणकुटी, तृणौकः ***n.*** (स्), कायमानं.—**(A small bed)** खट्वा, दोला, प्रेङ्खा, प्रेङ्खोलनं.

Cotemporary, ***a.*** समानकालीनः -ना -नं, एककालीनः -ना -नं, समकालवर्त्ती -र्त्तिनी -र्त्ति (न्), सवयाः -या -यः (स्), समानवयस्कः -स्का -स्कं. ***See*** **Contemporary.**

Coterie, ***s.*** भोगासक्तजनानां संसर्गः **or** पंक्तिः ***f.*** **or** गणः.

Cotquean, ***s.*** गेहशूरः, गेहर्नर्दी ***m.*** (न्), गेहमेही ***m.*** (न्), स्त्रीकार्य्यचर्च्चकः.

Cottage, ***s.*** कुटीरः, उटजः, वेश्म ***n.*** (न्), पर्णशाला. ***See*** **Cot.**

Cottager or cotter, ***s.*** कुटीरवासी ***m.*** (न्), ग्रामवासी ***m.,*** ग्रामीयः.

Cottier, ***s.*** कुटीरस्थः, उटजवासी ***m.*** (न्), ग्रामीणः.

Cotton, ***s.*** पिचुलः, पिचुः, पिचुतूलं, तूलः -लं, तूलकं, तूलपिचुः ***m.,*** बदरा -री.—**(The plant)** कर्पासी, कार्पासी, पिचव्यः; **'roll of cotton,'** तूलनाली.--**(Cotton cloth)** कार्पासं, कार्पासाम्बरं, तूलावस्त्रं, अम्बरं, फालवस्त्रं.

Cottony, ***a.*** कार्पासः -सी -सं, -सिकः -की -कं, फालः -ली -लं, बादरः -री -रं.

Couch, ***s.*** केलिशयनं, शय्या, शयनीयं, शयः -यनं, पर्य्यङ्कः, मञ्चः, प्रस्तरः, प्रस्तारः, तल्पः, पालङ्कः, विश्रामस्थानं.

To **couch,** ***v. n.*** शी **(c. 2.** शेते, शयितुं), शयनं कृ, संविश् **(c. 6.** -विशति -वेष्टुं).

To **couch,** ***v. a.*** **(Cause to lie, lay down)** शी **in caus.** (शाययति -यितुं), निधा **(c. 3.** -दधाति -धातुं), निविश् **in caus.** (-वेशयति -यितुं).—**(Comprise)** परिग्रह् **(c. 9.** -गृह्णाति -ग्रहीतुं).—**(Hide)** छद् **(c. 10.** छादयति -यितुं). —**(Cut out cataract of the eye)** नेत्रमन्थम् उच्छिद् **(c. 7.** -छिनत्ति -छेत्तुं).

Couchant, ***a.*** शायी -यिनी -यि (न्), शायितः -ता -तं, शयः -या -यं.

Couched, ***p. p.*** **(Hidden, involved, comprised)** समाच्छन्नः -न्ना -न्नं, छादितः -ता -तं, समाविष्टः -ष्टा -ष्टं, उपलक्षितः -ता -तं, सम्बद्धः -द्धा -द्धं, संसृष्टः -ष्टा -ष्टं, अन्तर्गतः -ता -तं.

Couchfellow, ***s.*** सहशायी ***m.*** -यिनी ***f.*** (न्), एकपर्य्यङ्कशायी, सहशयनः.

Couchgrass, ***s.*** तृणविशेषः, तृणं, कक्षः.

Cough, ***s.*** काशः, कासः, उत्कासः -सनं, विक्षावः, क्षवः, क्षवथुः ***m.,*** क्षुत् ***f.,*** क्षुतः -तं; -ता; **'having a cough,'** काशी -शिनी -शि (न्), क्षुतवान् -वती -वत् (त्).

To **cough,** ***v. n.*** कास् **(c. 1.** कासते -सितुं), क्षु **(c. 2.** क्षौति, क्षवितुं).—**(Coughing up of phlegm)** उत्कासनं.

Cougher, ***s.*** काशी ***m.*** (न्), उत्कासी ***m.*** (न्), क्षुत्कारी ***m.*** (न्), क्षवकृत्.

Coulter, ***s.*** लाङ्गलदन्तः, फालदन्तः, लाङ्गलकीलः, कृन्तत्रं, गोदारणं.

Council, ***s.*** सभा, समाजः, सदः ***n.*** (स्), संसद् ***f.;*** **'council of state,'** शिष्टसभा, महासभा; **'privy council,'** मन्त्रिसभा; गूढसभा; **'councilroom,'** चिन्तावेश्म ***n.*** (न्), मन्त्रशाला, दार्व्वटं.

Counsel, ***s.*** **(Advice)** मन्त्रः -न्त्रणं, णा, उपदेशः, उपदिष्टं, मन्त्रितं, मन्त्रोष्टम्भः.—**(Deliberation)** विचारः -रणं, चिन्ता, सुचिन्ता, सञ्चिन्तनं, विवेचनं, मर्शः, आमर्शः, परामर्शः, प्रत्यवमर्शः; **'good counsel,'** सुमन्त्रितं; **'betraying of counsel,'** मन्त्रभेदः.—**(Plan, scheme, design)** उपायः, व्यवसायः, चिन्ता, अभिप्रायः.—**(Advocate, pleader)** प्रतिवादी ***m.*** (न्), प्रतिनिधिः ***m.***

To **counsel,** ***v. a.*** मन्त्र् **(c. 10.** मन्त्रयते -ति -यितुं), सम्मन्त्र्, मन्त्रणं कृ, मन्त्रं दा, उपदिश् **(c. 6.** -दिशति -देष्टुं), आदिश्, प्रत्यादिश्, परामर्शं कृ.

Counselled, ***p. p.*** मन्त्रितः -ता -तं, उपदिष्टः -ष्टा -ष्टं, आदिष्टः -ष्टा -ष्टं.

Counsellor, ***s.*** **(On public affairs)** मन्त्री ***m.*** (न्), अमात्यः, सचिवः.—**(Adviser in general)** मन्ता ***m.*** (न्तृ), अभिमन्ता ***m.*** (न्तृ), मन्त्रकृत्, मन्त्रवित्, मन्त्रदः, मन्त्रज्ञः, उपदेशकः, उपदेष्टा ***m.*** (ष्टृ), आदेष्टा ***m.*** बुद्धिसहायः, भ्रान्तिहरः, कुल्यः—**(Courtier)** शिष्टः.

Counsellorship, ***s.*** मन्त्रित्वं, साचिव्यं, प्रधानमन्त्रिपदं, अमात्यत्वं.

Count, ***s.*** **(Reckoning)** गणना -नं, गणितं, संख्या, गणितसंख्या. —**(A title of foreign nobility)** विदेशीयख्यातिविशेषः. —**(Charge in an indictment)** पूर्व्वपक्षपादः, भाषापादं, अभियोगः.

To **count,** ***v. a.*** **(Number)** सङ्ख्या **(c. 2.** -ख्याति -तुं), सम्परिख्या, परिसङ्ख्या, कल् **(c. 10.** कलयति -यितुं), अङ्क् **(c. 10.** अङ्कयति -यितुं).—**(Calculate)** गण् **(c. 10.** गणयति -यितुं), विगण्, प्रगण्.—**(Esteem)** मन् **(c. 4.** मन्यते, मन्तुं **or caus.** मानयति -यितुं), सम्मन्, प्रतिमन्.

To **count-upon,** ***v. a.*** अवलम्ब् **(c. 1.** -लम्बते -म्बितुं), समालम्ब, संश्रि **(c. 1.** -श्रयति -ते -यितुं), समाश्रिः, उपाश्रि; विश्वस् **(c. 2.** -श्वसिति -तुं); **'counting upon,'** अवलम्ब्य.

Counted, ***p. p.*** संख्यातः -ता -तं, गणितः -ता -तं, अङ्कितः -ता -तं, मतः -ता -तं.

Countenance, ***s.*** **(face)** मुखं, आननं, वदनं, आस्यं, वक्त्रं.—**(Air, look)** वदनं, रूपं, आकारः, आभा.—**(Sanction, patronage)** दृष्टिः ***f.,*** अनुग्रहः, आग्रहः, सङ्ग्रहः, आश्रयः, आधारः, अनुपालनं, संवर्द्धनं, प्रसादः, आनुकूल्यं, साहाय्यं, उपकारः; **'one who preserves a composed countenance,'** प्रसन्नमुखी ***m.*** (न्).

To **countenance,** ***v. a.*** अनुग्रह् **(c. 9.** -गृह्णाति -ग्रहीतुं), अनुपाल् **(c. 10.** -पालयति -यितुं), प्रतिपाल्, अनुकूल् **(nom.** अनुकूलयति -यितुं), संवृध् **in caus.** (-वर्धयति -यितुं), उपकृ, साहाय्यं कृ.

Countenancer, ***s.*** अनुग्राही ***m.*** (न्), अनुपालकः, उपकारकः, संवर्धकः, सहायः.

Counter, ***s.*** **(Table to count money on)** गणनफलकं, बणिकूफलकं, बणिजां मुद्रासनं.—**(Round piece to count with)** गणनार्थं मुद्रा **or** काकिनी **or** कपर्दकः **or** वटः **or** वराटकः **or** अष्ठीला **or** अक्षः.

Counter, ***adv.*** प्रति, अभि, प्रतिकूलं, विरुद्धं, विपरीतं, प्रातिकूल्येन, विरोधेन, प्रतिमुखं, प्रतिलोमं, विलोमं; **'a counter-charge,'** प्रत्यभियोगः. **'a counter-pledge,'** प्रतिपाणं.

To **counteract,** ***v. a.*** प्रतिकृ, विप्रतिकृ, विप्रकृ, प्रतिहन् **(c. 2.** -हन्ति, -हन्तुं), प्रतीकारेण **or** प्रतियत्नेन विरुध् **(c. 7.** -रुणद्धि -रोद्धुं) **or** प्रतिरुध् **or** निवृ **in caus.** (-वारयति -यितुं); प्रतिकूल **(nom.** प्रतिकूलयति -यितुं).

Counteracted, ***p. p.*** प्रतिकृतः -ता -तं, विप्रतिकृतः -ता -तं, विप्रकृतः -ता -तं.

Counteraction, ***s.*** प्रतीकारः, प्रतिकारः, विप्रतिकारः, प्रतिक्रिया, विप्रकारः, विप्रकृतिः ***f.,*** प्रतिघातः, प्रतियत्नः, प्रतियोगः, विपरीतक्रिया, विरुद्धक्रिया, व्याघातः, अभिघातः.

To **counterbalance,** ***v. a.*** प्रतितुल् **(c. 10.** -तुलयति -यितुं), समीकृ, समतोलीकृ, तुल्यीकृ, तुल्यबलं -लां -लं कृ, तुल्यभारं -रां -रं कृ, समानीकृ.

To **counterbuff,** ***v. a.*** प्रतिहन् **(c. 2.** -हन्ति -हन्तु), अभिहन्, प्रतिघातं कृ.

Counterbuff, ***s.*** प्रतिघातः, प्रतिहतिः ***f.,*** प्रतीघातः, अभिघातः.

Counterchange, ***s.*** परिवर्त्तः -र्त्तनं, विनिमयः, विपर्य्ययः, परस्परपरिवर्त्तनं, आदानप्रतिदानं, व्यतिकरः, इतरेतरयोगः.

To **counterchange,** ***v. a.*** परस्परं परिवृत् **in caus.** (-वर्त्तयति -यितुं) **or** विनिमे **(c. 1.** -मयते -मातुं) **or** आदानप्रतिदानं कृ.

To **countercharm,** ***v. a.*** मन्त्रं **or** अभिचारं **or** वशक्रियां प्रतिकृ, मन्त्रच्छेदं कृ.

Countercheck, ***s.*** प्रतिरोधः, प्रतिष्टम्भः, प्रतिबन्धः, प्रतिषेधः, प्रतिघातः.

Counterevidence, ***s.*** प्रतिकूलसाक्षी ***m.*** (न्), विरुद्धसाक्ष्यं, विपरीतसाक्ष्यं, प्रतिपक्षप्रमाणं.

To **counterfeit,** ***v. a.*** **(Feign)** छल **(nom.** छलयति -यितुं), छद्म कृ, कपटं कृ, कूटं कृ; **'to counterfeit a writing,'** कपटलेख्यं **or** कूटलेखं कृ.—**(Imitate)** अनुकृ.—**(Impose upon)** प्रलभ् **(c. 1.** -लभते -लब्धुं), प्रतॄ **in caus.** (-तारयति -यितुं); **'to counterfeit sleep,'** मिथ्याप्रसुप्तः -प्ता -प्तं भू; **'he counterfeits sleep,'** आत्मानं प्रसुप्तमिव दर्शयति.

Counterfeit, ***s.*** कूटं, कपटः -टं, छद्म ***n.*** (न्), व्याजः. —**(Forgery)** कपटलेखः -ख्यं.

Counterfeit, ***a.*** कृत्रिमः -मा -मं, कल्पितः -ता -तं, छाद्मिकः -की -कं, लक्ष्यः -क्ष्या -क्ष्यं, सव्याजः -जा -जं, कपटी -टिनी -टि (न्); **'a counterfeit dress,'** कपटवेशः, छद्मवेशः; **'counterfeit gold,'** कूटस्वर्णं; **'counterfeit writing,'** कपटलेख्यं; **'counterfeit order,'** कूटशासनं.

Counterfeiter, ***s.*** **(Forger)** कूटकः, कूटकृत्, कपटलेख्यकारी ***m.*** (न्).—**(Imposter)** कपटिकः, छली ***m.*** (न्), प्रतारकः, वञ्चकः.

Counterfeitly, ***adv.*** मिथ्या, सकूटं, सकपटं, सव्याजं, छद्मना, कृत्रिमप्रकारेण.

To **countermand,** ***v. a.*** प्रत्यादिश् **(c. 6.** -दिशति -देष्टुं), प्रत्याज्ञा **in caus.** (-ज्ञापयति -यितुं), विपरीताज्ञां दा, अन्यथा आज्ञा **in caus.**

Countermand, ***s.*** विपरीताज्ञा, प्रत्यादेशः, विपरीतादेशः.

To **countermarch,** ***v. n.*** प्रतिक्रम् **(c. 1.** -क्रामति -क्रमितुं), व्यतिक्रम्, विपरीतयात्रां कृ, प्रतिया **(c. 2.** -याति -तुं), विपरीतं या.

Countermarch, ***s.*** विपरीतयात्रा, प्रतियानं, प्रतिगमनं, विपरीतगतिः ***f.,*** व्यतिक्रमः, प्रतियात्रा.

Countermark, ***s.*** प्रतिचिह्नं, प्रतिलक्षणं, चिह्न चिह्नेन सहितं.

To **countermark,** ***v. a.*** प्रतिचिह्न **(nom.** -चिह्नयति -यितुं), चिह्न चिह्नेन दृढीकृ.

Countermine, ***s.*** प्रतिसुरुङ्गा, प्रतिसन्धिः ***m.,*** प्रतिखानिकं, शत्रुसुरुङ्गाभिमुखगता सुरुङ्गा.

To **countermine,** ***v. a.*** प्रतिसुरुङ्गां कृ, शत्रुसन्धिप्रतिमुखम् अन्यसन्धिं खन् **(c. 1.** खनति -नितुं).

Countermure, ***s.*** प्राचीरपश्चात् प्राचीरं, प्राकारस्य पश्चाद उपप्राकारः.

Counterpane or Counterpoint, ***s.*** शय्याप्रच्छदः, शयनीयप्रच्छदपटः, शय्याच्छादनं, शयनास्तरणं.

Counterpart, ***s.*** प्रतिरूपं, प्रतियोगः, प्रतियोगी ***m.*** (न्), प्रतिमूर्त्तिः ***f.,*** प्रतिमा, प्रतिमानं, प्रतिबिम्बं, अनुरूपं.

Counterplea, ***s.*** प्रत्यर्थं, प्रत्यभियोगः, प्रत्युत्तरं, उद्ग्राहः.

Counterplot, ***s.*** प्रतियत्नः, प्रतियोगः, प्रतिचेष्टा, प्रतीकारः, प्रत्युपाय.

To **counterplot,** ***v. a.*** उपायं प्रत्य् अन्योपायं प्रयुज् **(c. 7.** -युनक्ति -योक्तुं).

To **counterpoise,** ***v. a.*** प्रतितुल् **(c. 10.** -तुलयति -यितुं), तुल्यभारं -रां -रं कृ, तुल्यबलं, -ला -लं कृ, तुल्यीकृ, समतोलीकृ, समीकृ.

Counterpoise, ***s.*** तुल्यभारत्वं, तुल्यबलत्वं, -ता, समतोलत्वं.

Counter-poison, ***s.*** प्रतिविषं, विषनाशनं, विषघ्नं, गरघ्नं.

Counterscarp, ***s.*** कटकनिकटवर्त्ती परिखापार्श्वः.

To **countersign,** ***v. a.*** परहस्ताक्षरं स्वहस्ताक्षरेण दृढीकृ.

Countersign, ***s.*** प्रत्याभिज्ञानं.—**(Watchword)** सम्भाषा, संविद्.

Counter-tenor, ***s.*** उदात्तविपरीतः स्वरमार्गः.

Counter-tide, ***s.*** प्रतिवेला, विपरीतवेला, प्रतिरयः, विपरीतप्रवाहः.

To **countervail,** ***v. a.*** तुल्यबलः -ला -लम् अस्, तुल्यीभू, समानबलीभू.

Countess, ***s.*** विशिष्टपदस्थितस्य कुलीनपुरुषस्य पत्नी.

Counting, ***s.*** गणनं -ना.—**(Counting-house)** लेख्यस्थानं.

Countless, ***a.*** असंख्येयः -या -यं, असंख्यः -ख्या -ख्यं, असंख्यकः -का -कं, अगण्यः -ण्या -ण्यं, अगणनीयः -या -यं, लक्षगुणः -णा -णं, अस्तसंख्यः -ख्या -ख्यं.

Country, ***s.*** **(A region)** देशः, प्रदेशः, विषयः, राष्ट्रं, दिक् ***f.*** (श्), आशा, तायिकः, धिष्ण्यं; **'inhabited country,'** जनपदः, नीवृत्; **'barbarous country,'** म्लेच्छदेशः.—**(As opposed to the town)** ग्रामः, जनपदः.—**(Native country)** जन्मभूमिः ***f.,*** स्वदेशः, स्वराष्ट्रं, स्वविषयः.—**(Country-road)** दिङ्मार्गः.

Country, ***a.*** जानपदः -दी -दं, ग्राम्यः -म्या -म्यं, ग्रामीयः -या -यं.

Country-dance, ***s.*** पंक्तिक्रमेण सम्मुखस्थानां स्त्रीपुरुषाणां नृत्यं.

Country-house, ***s.*** जाङ्गलप्रदेशे गृहं, पौरजनस्य नगरोपान्ते खेलिगृहं.

Country-life, ***s.*** जानपदानां व्यवहारः **or** व्यापारः, जनपदे **or** जङ्गलदेशे वर्त्तनं, वनवर्त्तिभिः प्रवृत्तं जीवनं.

Countryman, ***s.*** **(Rustic)** जानपदः, ग्राम्यजनः, ग्रामवासी ***m.*** (न्), ग्रामी ***m.*** (न्), ग्रामीयः.—**(Fellow-countryman)** स्वदेशीयः, स्वदेशजः, एकदेशस्थः, संस्थः, सांस्थानिकः, एकग्रामीणः, एकपौरः.

Country-parson, ***s.*** ग्राम्यगुरुः ***m.,*** ग्रामवासिनाम् आचार्य्यः, जानपदानां पुरोहितः.

County, ***s.*** मण्डलं, चक्रं, देशः, प्रदेशः, राष्ट्रं.

Couple, ***s.*** **(A brace)** मिथुनं, द्वन्द्वं, युगं, युग्मं, युगलं, यमलं, यामलं, यमः, यमकं, द्वयं **in comp.; as, 'a couple of men,'** पुरुषद्वयं; **'a couple of oxen,'** गोयुगं, गोमिथुनं; **'a married couple,'** दम्पती ***m. du.,*** भार्य्यापती ***m. du.***—**(A tie for fastening two dogs together)** कुक्कुरद्वयसम्बन्धनार्थं रज्जुः **or** शृङ्खला.

To **couple,** ***v. a.*** संयुज् **(c. 7.** -युनक्ति -योक्तुं), सन्धा **(c. 3.** -दधाति -धातुं), संश्लिष् **in caus.** (-श्लेषयति -यितुं), सम्बन्ध् **(c. 9.** -बध्नाति -बन्धुं), एकत्र कृ.

To **couple,** ***v. n.*** भार्य्यापतिभावेन सङ्गम् **(c. 1.** -गच्छति -गन्तुं) **or** सम्मिल् **(c. 6.** -मिलति -मेलितुं), मैथुनं कृ, विवाहं कृ.

Couplet, ***s.*** **(Two lines in verse)** श्लोकः.

Courage or courageousness, ***s.*** वीर्य्यं, वीरता, शौर्य्यं, शूरता, धीरत्वं, धैर्य्यं:, विक्रम:, पराक्रम:, निर्भयता, साहसं, पौरुषं, धाष्टर्य्यं, तेज: ***n.*** (स्), प्रताप:; **'to take courage,'** आश्वस् **(c. 2.** -श्वसिति -सितुं), प्रत्याश्वस्, समाश्वस्; **'to inspire with courage,'** आश्वास् **in caus.** (-श्वासयति -यितुं), समाश्वस् **in caus.**

Courageous, ***a.*** वीर: -रा -रं, प्रवीर: -रा -रं, शूर: -रा -रं, धीर: -रा -रं, निर्भय: -या -यं, अभीत: -ता -तं, अभीरु: -रु: -रु, विक्रान्त: -न्ता, -तं, पराक्रान्त: -न्ता -न्तं, साहसिक: -की -कं, धृष्टं -ष्टा -ष्टं.

Courageously, ***adv.*** सवीर्य्यं, सशौर्य्यं, वीर्य्येण, सधैर्य्यं, सविक्रमं, निर्भयं, अभीतवत्, वीरवत्, शूरवत्, साहसपूर्व्वकं.

Courier, ***s.*** वार्त्ताहर:, अध्वग:, उद्वेग:, वेगी ***m.*** (न्), प्रजवी ***m.*** (न्), तरस्वी ***m.*** (न्), जङ्घाकारिक:, जङ्घाल:, जाङ्घिक: तू: ***m.*** (तुर्).—**(Bearing letters)** लेखहारी ***m.*** (न्).

Course, ***s.*** **(Career)** गति: ***f.,*** चर्य्या, मार्ग:, चलनं, गमनं. —**(Progress)** क्रम: प्रक्रम:, प्रगमनं.—**(Room, scope)** प्रसर:. —**(Track)** पथ:, मार्ग:, पदवी, अयनं.—**(Ship's course)** नौमार्ग:, नौपथ:.—**(Course of an arrow)** वाणगोचरं, शरायणं, वातरायणं.—**(Line of study)** अध्ययनमार्ग:, अध्ययनक्रम:; **'course of mathematics,'** गणितमार्ग:. —**(Order of succession)** क्रम:, अनुक्रम:, पर्य्याय:, आनुपूर्व्यं, परम्परा, श्रेणी, आवलि: ***f.***—**(Course of proceeding)** क्रियाप्रसङ्ग:, क्रियाविधि: ***m.,*** अनुष्ठानं. —**(Manner)** रीति: ***f.,*** विध:, विधि: ***m.*** प्रकार:, मार्ग:. —**(Manner of life or conduct)** व्यवहार:, वृत्ति: ***f.,*** रीति: ***f.,*** आचार:, चरित्रं, सृति: ***f.,*** **'correct course of conduct,'** सुमार्ग:, सुपथ:; **'incorrect course,'** उन्मार्ग:, विमार्ग:, उत्पथ:, विपथ:, कुपथ:, कुसृति: ***f.***—**(Course or flow of a river)** नदीपद्धति: ***f.,*** नदीप्रवाह:, नदीरय:—**(Rice-ground)** चर्य्याभूमि: ***f.,*** वाजिधावनस्थानं.—**(Number of dishes set on the table at once)** यावन्ति भोजनपत्राणि युगपत् परिवेष्यन्ते.—**(Catamenia)** ऋतु: ***m.,*** रज: ***n.*** (स्), आर्त्तवं, पुष्पं; **'of course,'** अवश्यं, नि:सन्देहं, नूनं, सुनिश्चितं, असंशयं; **'in the course,'** मध्ये; **'in the course of three years,'** वर्षत्रयमध्ये; **'being in the course of proof,'** साध्यमान: -ना -नं; **'course of nature,'** सृष्टेरीति: ***f.***

To **course,** ***v. a.*** **and** ***n.*** कुक्कुरै: शशकम् अनुसृ **(c. 1.** -सरति -सर्त्तुं), दृष्टिगोचरशशकानुसरणे शिक्षितै: कुक्कुरैर् मृगयां कृ.

Courser, ***s.*** **(Fleet horse)** जवन:, जवाधिक:, जवी ***m.*** (न्). —**(Warhorse)** वारकीर:.

Court, ***s.*** **(An inclosed place, a square)** चत्वरं, अङ्गनं, प्राङ्गणं, चतु:शालं -ला, चतुश्शाला, निकर्षण:, प्रकोष्ठ:, कक्ष्या; **'court of a house,'** गृहाङ्गणं.—**(Prince's residence)** राजशाला, राजसभा, शाला, सभा, राजगृहं, राजमन्दिरं, राजधानी, राजधाम ***n.*** (न्), नृपवेश्म ***n.*** (न्), राजद्वारं.—**(Court of justice)** धर्म्मसभा, राजद्वारं, व्यवहारमण्डप:, विचारस्थानं, धर्म्माधिकरणं, सद: ***n.*** (स्); **'courthouse'** दार्व्वटं.—**(The judges)** धर्म्माधिकारिण: ***m. pl.,*** प्राड्विवाका: ***m.pl.,*** धर्म्माध्यक्षा: ***m.pl.***—**(The retinue of the prince)** तन्त्रं, राजपरिवार:, राजपरिजन:, परिवर्ह:.—**(Endeavour to please, civility)** अनुनय:, सभाजनं, आराधनं, आनन्दनं, अनुवृत्ति: ***f.,*** अनुकूलता. भजनं, भक्ति: ***f.***

To **court,** ***v. a.*** **(Endeavour to please, conciliate)** अनुनी **(c. 1.** -नयति -नेतुं), आराध् **in caus.** (-राधयति -यितुं), अनुरञ्ज् **in caus.** (-रञ्जयति -यितुं), सेव् **(c. 1.** सेवते -वितुं), आश्रि **(c. 1.** -श्रयते -यितुं), भज् **(c. 1.** भजते, भक्तुं), सभाज् **(c. 10.** सभाजयति -यितुं).—**(Solicit)** प्रार्थ् **(c. 10.** -अर्थयते -ति, -यितुं), याच् **(c. 1.** याचति -चितुं),—**(Solicit to marriage)** विवाहार्थं स्त्रियं प्रार्थ् **or** उपास् **(c. 2.** आस्ते -आसितुं).

Court-chaplain, ***s.*** राजपुरोहित:, राजाचार्य्य:, राजगुरु: ***m.,*** राजविप्र:,

Courted, ***p. p.*** अनुनीत: -ता -तं, आराधित: -ता -तं, अनुरञ्जित: -ता -तं, सभाजित: -ता -तं, सेवित: -ता -तं, अनुरुद्ध: -द्धा -द्धं, प्रार्थित: -ता -तं.

Court-day, ***s.*** विचारदिनं, विचारदिवस:, धर्म्मप्रणयनदिवस:.

Court-favour, ***s.*** वाल्लभ्यं, राजानुग्रह:, राजप्रसाद:.

Courteous, ***a.*** अनुनयी-यिनी-यि (न्), अनुरोधी-धिनी-धि (न्), अनुकूल: -ला -लं, अनुग्राही -हिणी -हि (न्), सविनय: -या -यं, सानुनय: -या -यं, प्रश्रित: -ता -तं, सभ्य: -भ्या -भ्यं, प्रियंवद: -दा -दं, वन्दारु: -रु: -रु, सान्त्ववाद: -दा -दं; **'courteous language,'** सूनृतं; **as in the phrase 'we are happy that you are come,'** धन्या वयं भवदागमनात्.

Courteously, ***adv.*** सानुनयं, सविनयं, सानन्दनं, सानुरोधं, सभाजनपूर्व्वं.

Courteousness, ***s.*** सभ्यता, अनुकूलता, सुशीलता, शिष्टता, अभिनीति: ***f.***

Courtesy, ***s.*** अनुनय:, विनय:, अनुकूलता, अनुरोध:, अनुग्रह:, आनन्दनं. सभाजनं, स्वभाजनं, प्रणय:, प्रश्रय:, अनुवृत्ति: ***f.*** -वर्त्तनं, सौजन्यं, दाक्षिण्यं. **'in receiving or taking leave of a friend,'** आमन्त्रणं, आप्रच्छनं; **'treated with courtesy,'** सभाजित: -ता -तं

Courtezan, ***s.*** वेश्या, गणिका, पण्यस्त्री, पण्याङ्गना, वारविलासिनी, वारस्त्री, बन्धकी, साधारणस्त्री, पुंश्चली, ऋच्छरा, रूपाजीवा.

Courtier, *s.* राजवल्लभः, नृपवल्लभः, सभास्थो जनः, राजसेवकः, राजनृत्यः, सभ्यः, सभ्यलोकः, शिष्टः, राजसभासद्.

Court-like, *a.* सभ्यः -भ्या -भ्यं, शिष्टाचारः -रा -रं, सभ्याचारः -रा -रं.

Courtliness, *s.* सभ्यता, शिष्टता, सौजन्यं, सुजनता, सुशीलता.

Courtly, *a.* सभ्यशीलः -ला -लं, सुजनः -ना -नं, सुन्दरः -री -रं.

Court-minion, *s.* राजवल्लभः, नृपवल्लभः, राजप्रियः.

Courtship, *s.* (Of a woman) विवाहार्थं प्रार्थनं-ना **or** याञ्चा, स्त्र्युपासनं.—**(Soliciting favour)** आराधनं, अनुरञ्जनं, भजनं, आनन्दनं.

Court-yard, *s.* अङ्गनं, प्राङ्गणं, चत्वरं, चतुःशालं-ला-अभ्यन्तरचतुःशालकः, अजिरं, गृहाङ्गणं, गृहप्राङ्गणं, प्रकोष्ठः.

Cousin, *s.* (Male, by father's brother) पितृव्यपुत्रः, पितृभ्रात्रीयः.—**(Female)** पितृव्यपुत्री, पितृभात्रीया.—**(Male, by father's sister)** पितृस्वस्रीय, पितृष्वसेयः.—**(Female)** पितृष्वस्रीया, पितृ.—**(Male, by mother's broher)** मातुलपुत्रः, मातृभ्रात्रीयः.—**(Female)** मातुलपुत्री, मातृभ्रात्रीया.—**(Male, by mother's sister)** मातृष्वस्रीयः, मातृष्वसेयः.—**(Female)** मातृष्वस्रीया, मातृष्वसेयी.—**(A kinsman)** ज्ञातिः ***m.***, बान्धवः, सहजमित्रं.

Cove, *s.* वङ्कः, खल्लः, खातं, अखातं, पोतबन्धनस्थानं.

Covenant, *s.* नियमः, संविद् ***f.***, समयः, पणः, सङ्घट्टनं, समाधिः ***m.***, उपगमः, संश्रवः; **'written covenant,'** नियमपत्रं; **'covenantbreaker,'** समयभेदी ***m.*** (न्), नियमलङ्घी ***m.*** (न्).

To* covenant, *v. n. नियमं कृ, नियमीकृ, समयं कृ, समयाकृ, सङ्घट्ट् **(c. 1.** -घट्टते -ट्टितुं), संविदम्, उपगम् **(c. 1.** -गच्छति -गन्तुं), पणं कृ, पण् **(c. 1.** पणते -णितुं, पणायति -यितुं).

Covenanted, *p. p.* नियमितः -ता -तं, संविदितः -ता -तं, पणितः -ता -तं.

Covenanter, *s.* सामयिकः, नियमबद्धः, नैयमिकः, नियमकारी ***m.*** (न्).

Cover, *s.* (Any thing put over another) छादनं, आच्छादनं, आवरणं, पिधानं, पटलं, पुटः -टी -टं.—**(Sereen)** व्यवधा -धानं, पटः -टं, अवगुण्ठनं.—**(Wrapper)** प्रावारः, प्रवारः, आच्छादनवस्त्रं, प्रच्छदपटः, उत्तरच्छदः, उत्तरीयं, निचोलः.—**(Lid)** मुद्गः, पिधानं, शरावः वर्द्धमानकः.—**(Of a dish)** कूर्म्मपृष्ठकं..—**(Of a book)** पुस्तकवस्त्रं, पुस्तकाच्छादनं.—**(Of a well)** विनाहः, वीनाहः, नान्दीपटः, नान्दीमुखः.—**(Of a carriage)** रथगुप्तिः ***f.***, रथगोपनं.—**(Pretext)** छद्म ***n.*** (न्), व्यपदेशः. अपदेशः.—**(Shelter)** संश्रयः, समाश्रयः.

***To* cover, *v. a.* (Put one thing over another)** छद् **(c. 10.** छादयति -ते -यितुं), आछद्, समाछद्, प्रछद्, परिछद्, प्रतिछद्, संछद्, अवछद्. वृ **(c. 5.** वृणोति, **c. 9.** वृणाति, वरितुं -रीतुं), आवृ, समावृ, निवृ, संवृ; पिधा **(c. 3.** -दधाति -धातुं), अपिधा, अवतन् **(c. 8.** -तनोति -तनितुं).—**(Put on in quanities)** आचि **(c. 5.** -चिनोति -चेतुं), समाचि, स्तृ **(c. 5.** स्तृणोति -णाति, स्तरितुं -रीतुं), आस्तृ.—**(Conceal, veil)** छद्, गुह्, **(c. 1.** गूहति -हितुं), निगुह्, अन्तर्धा, व्यवधा, तिरस्कृ, स्थग् **(c. 10.** स्थगयति -यितुं), गुण्ठ् **(c. 10.** गुण्ठयति -यितुं), अवगुण्ठ्, ऊर्णु **(c. 2.** ऊर्णौति, ऊर्णोति, ऊर्णवितुं), प्रोर्णु.—**(Cover with a garment)** वस्त्रेण आछद् **or** प्रवृ **or** परिधा **or** व्ये **(c. 1.** व्ययति, व्यातुं) **or** वेष्ट् **(c. 1.** वेष्टते -ष्टितुं).—**(As a horse)** स्कु **(c. 5.** स्कुनोति, **c. 9.** स्कुनाति, स्कोतुं).

Covered, *p. p.* छन्नः -न्ना -न्नं, छादितः -ता -तं, आच्छन्नः -न्ना -न्नं, आच्छादितः -ता -तं, प्रच्छन्नः -न्ना -न्नं, प्रच्छादितः -ता -तं, परिच्छन्नः -न्ना -न्नं, समवच्छन्नः -न्ना -न्नं, समाच्छन्नः -न्ना -न्नं, आवृतः -ता -तं, प्रावृतः -ता -तं, संवृतः -ता -तं, वृतः -ता -तं, पिहितः -ता -तं, अवततः -ता -तं, आचितः -ता -तं, निचितः -ता -तं, आस्तीर्णः -र्णा -र्णं, आस्तृतः -ता -तं, गूढः -ढा -ढं, निगूढः -ढा -ढं, अन्तर्हितः -ता -तं, व्यवहितः -ता -तं, स्थगितः -ता -तं, गुण्ठितः -ता -तं, ऊर्णुतः -ता -तं, संवीतः -ता -तं, वेष्टितः -ता -तं, पिनद्धः -द्धा -द्धं, रूषितः -ता -तं, अपवारितः -ता -तं; **'a covered way,'** छन्नपथः; **'covered with blossoms,'** स्तवकाचितः -ता -तं.

Covering, *s.* छादनं, आच्छादनं, प्रच्छादनं, पिधानं, अपिधानं, पटलं, प्रावरणं, आवरणं, वरणं, छदनं, पुटः, अपवारणं, वेष्टनं.—**(Screen)** व्यवधा -धानं, तिरस्करिणी, तिरोधानं, अन्तर्द्धानं, प्रावृतं.—**(Dress)** आच्छादनं, परिधानं, प्रवारः, प्रावारः, परिच्छदः.

Coverlet, *s.* शय्याच्छादनं, शयनीयप्रच्छदपटः, उत्तरप्रच्छदः, उत्तरच्छदः.

Covert, *s.* (Shelter) संश्रयः, समाश्रयः, आश्रयणं.—**(Thicket in which beasts hide themselves)** गहनं, गह्वरं, गुहिनं, झाटः, कुञ्जः.

Covert, *a.* (Sheltered from the wind) निर्वातः -ता -तं.—**(Hidden, secret)** गूढः -ढा -ढं, निगूढः -ढा -ढं, छन्नः -न्ना -न्नं, निभृतः -ता -तं, गुप्तः -प्ता -प्तं, रहस्यः -स्या -स्यं; **'covert expression,'** व्याजोक्तिः ***f.***, व्यङ्ग्योक्तिः ***f.***; **'covert meaning,'** निगूढार्थः.

Covertly, *adv.* निभृतं, तिरस्, रहस्, रहसि, छलेन, गुप्तं.

To* covet, *v. a. लुभ् **(c. 4.** लुभ्यति, लोभितुं, लोब्धुं), अभिलष् **(c. 1.** -लषति -षितुं), वाञ्छ् **(c. 1.** वाञ्छति -ञ्छितुं),

अभिवाञ्छ्, कांक्ष् **(c. 1.** कांक्षति -क्षितुं), आकांक्ष्, अतिशयेन लभ् **in des.** (लिप्सते -प्सितुं), गृध् **(c. 4.** गृध्यति, गर्धितुं), कम् **(c. 10** कामयते -यितुं), स्पृह् **(c. 10.** स्पृहयति -यितुं), अभिध्यै **(c. 1.** -ध्यायति -ध्यातुं).

Covetable, ***a.*** लोभनीयः -या -यं, लोभ्यः -भ्या -भ्यं, स्पृहणीयः -या -यं, स्पृह्यः -ह्या -ह्यं, अभिलषणीयः -या -यं, आकांक्षणीयः -या -यं, वाञ्छनीयः -या -यं.

Coveted, ***p. p.*** अभिलषितः -ता -तं, आकांक्षितः -ता -तं, लिप्सितः -ता -तं, वाञ्छितः -ता -तं, अभीप्सितः -ता -तं, अभीष्टः ष्टा -ष्टं.

Covetous, ***a.*** लोभी -भिनी -भि (न्), लुब्धा -ब्धां -ब्धं, लोभयुक्तः -क्ता -क्तं, लोलुभः -भा -भं, लोभवान् -वती -वत् (त्), अभिलाषी -षिणी -षि (न्) -षुकः -का -कं, आकांक्षी -क्षिणी -क्षि (न्), गृध्रः -ध्रा -ध्रं, गर्द्धनः -ना -नं, गृध्नुः -ध्नुः -ध्नु, ईप्सुः -प्सुः -प्सु, अभीप्सुः -प्सुः -प्सु, इच्छुः -च्छुः -च्छु, जिघृक्षुः -क्षुः -क्षु, लिप्सुः -प्सुः -प्सु, कामवान् -वती -वत् (त्), स्पृहयालुः -लुः -लु, आशायुक्तः -क्ता -क्तं, लालसी -सिनी -सि (न्), तृष्णकः -का -कं.—**(Of riches, gain)** धनलुब्धं -ब्धा -धं, धनाभिलाषुकः -का -कं, अर्थलुब्धः -ब्धा -ब्धं, धनार्थी -र्थिनी, र्थि (न्), अर्थपरः -रा -रं, लाभलिप्सुः -प्सुः -प्सु.

Covetously, ***adv.*** लोभेन, सलोभं, अतिलिप्सया, लुब्धत्वात्, लुब्धं.

Covetousness, ***s.*** लोभः लुब्धता, लिप्सा, तृष्णा, लालसा, अभिलाषः, अतिशयेच्छा, जिघृक्षा, अतिशयलिप्सा, लिप्सातिशयः, अतिस्पृहा, अतिकांक्षा, आकांक्षा, अतिवाञ्छा, अभिध्या -ध्यानं, लौल्यं.—**(Of wealth)** धनलिप्सा, धनलोभः, धनाभिलाषः, धनतृष्णा, वित्तेहा, वित्तेषणा, अर्थकामः.

Covey, ***s.*** **(Hatch of young birds)** पक्षिशावकगणः.—**(A number of birds)** पक्षिगणाः, पाक्षिकं, कापोतं; **'covey of partridges,'** चकोरमाला, टिट्टिभगणः.

Covin, ***s.*** कूटसंविद्, कूटपणः, कूटसमयः, कपटसंविद्.

Cow, ***s.*** गौः ***f.*** (गो), शृङ्गिणी, तम्पा, तम्बा, माहा -हेयी, निलिम्पा, पीवरी, सुरभी, सौरभेयी, उसा, अर्जुनी, अघ्ना, रोहिणी.—**(Milch-cow)** धेनुः ***f.,*** धेनुका, गोधेनः, स्त्रीगवी, दोग्ध्री, पीतदुग्धा, पीनोध्नी, पीवरस्तनी, धेनुष्या; **'excellent cow',** गोवृन्दारकः, गवोद्धः, गोप्रकाण्डं, गोमतल्लिका, नैचिकी; **'a herd of cows,'** गोकुलं, गोवृन्दं, धैनुकं; **'cow anxious for her calf,'** वत्सकामा, वत्सला; **'sacrifice of a cow,'** गोमेधः; **'cow's milk,'** गोदुग्धं, धेनुकादुग्धं; **'killing a cow,'** गोहत्या, गोबधः; **'cow-killer,'** गोघ्नः; **'cow's hoof,'** गोखुरः, गोक्षुरः; **'cow's hide,'** गोचर्म्म ***n.*** (न्); **'cow-tail,'** चामरं, गोपुच्छः; **'owner of cows,'** गवीश्वरः; **'belonging to a cow,'** गव्यः -व्या -व्यं; **'cow-shaped,'** गवाकृतिः -तिः -ति; **'cow-dung,'** गोमयः -यं, गोकृतं, गोशकृत्, भूमिलेपनं, गोपुरीषं, गोहन्नं, गोविट् ***f.*** (ष्).

To* cow,** ***v. a. भी **in caus.** (भाययति -यितुं **or** भीषयति -यितुं), त्रस् **in caus.** (त्रासयति -यितुं), वित्रस्, सन्त्रस्.

Cowach, ***s.*** **(A plant)** कण्डुरा, कण्डूरा, महाह्रस्वा, स्वगुप्ता, स्वयङ्गुप्ता, अध्यण्डा, अजलामा ***m.*** (न्), अजहा, जडा, प्रावृषायणी, मर्कटी.

Coward, ***s.*** कातरः, कापुरुषः, कुपुरुषः, भीरुः, भीतः, अवीरः, वीर्य्यहीनः, हतकः, क्लीवः, शौर्य्यहीनः, युद्धपराङ्मुखः, युयुत्साहितः, कृपणः.

Cowardice, ***s.*** कातर्य्यं, कापुरुषत्वं, निर्वीर्य्यं, अवीर्य्यं, अपौरुषं, भीरुता, कातरता, अविक्रमः, शौर्य्यहीनता, क्लैव्यं, कार्पण्यं.

Cowardly, ***a.*** निर्वीरः -रा -रं, वीर्य्यहीनः -ना -नं, वीर्य्यरहितः -ता -तं, कातरः -रा -रं, भीरुः -रुः -रु, भीरुहृदयः -या -यं, त्रस्नुः -स्नुः -स्नु, क्लीवः -वा -वं, पौरुषहीनः -ना -नं, शौर्य्यरहितः -ता -तं, अविक्रान्तः -न्ता -न्तं.

Cowardly, ***adv.*** कापुरुषवत्, भीतवत्, क्लीववत्, सकातर्य्यं सचकितं.

Cowed, ***p. p.*** भीतः -ता -तं, त्रासितः -ता -तं, सन्त्रस्तः स्ता -स्तं.

To cower, ***v. n.*** अवनतकायः -या -यं भू, प्रणतशरीरः -रा -रं भू, नताङ्गः -ङ्गी -ङ्गं भू, प्रह्वीभू, उत्कटुकासनं कृ.

Cow-herd, ***s.*** गोपः, गोपालः -लकः, गोरक्षकः, गोचारकः, अनुगवीनः, आभीरः, वत्सीयः.

Cow-house, ***s.*** गोष्ठं, गोगोष्ठं, गोस्थानकं, गोशाला -लः -लं व्रजः, गोव्रजः, गोगृहं, सन्धानिनी, गोकुलं.

Cow-keeper, ***s.*** गोरक्षकः, गोपः, गोपालः -लकः, गवीश्वरः.

Cowl, ***s.*** सन्न्यासिभिर् भृतं फणाकृति मस्तकाभरणं.

Cow-pen, ***s.*** **(Shell)** काकिनी ***f.,*** कपर्द्दकः, वटः, वराटकः, हिरणं, हिरण्यं.

Cowslip, ***s.*** वसन्तसमये यवसादिमध्ये प्ररोही ओषधिभेदः.

Cow's-tongue, ***s.*** **(A plant)** गोजिह्विका, गोजिह्वा.

Coxcomb, ***s.*** दाम्भिकः दम्भी ***m.*** (न्), गर्व्वी ***m.*** (न्), दृप्तः, आत्माभिमानी ***m.*** (न्), दर्शनीयमानी ***m.*** (न्), आत्मश्लाघी ***m.*** (न्).—**(The plant)** मयूरशिखा, मयूरचूडा, मयूरः, मयूरकः, वह्निशिखरः.

Coxcombry, ***s.*** दम्भः, गर्व्वः, दर्पः, दाम्भिकत्वं, दम्भिता.

Coxcomical, ***a.*** दम्भी-म्भिनी-म्भि (न्), दाम्भिकः -की -कं, गर्व्वितः -ता -तं.

Coy, ***a.*** **(Modest)** अप्रगल्भः -ल्भा -ल्भं, लज्जान्वितः -ता -तं, सलज्जः -ज्जा -ज्जं, व्रीडितः -ता -तं, विनीतः -ता -तं, सत्रपः -पा -पं, मन्दाक्षः -क्षी -क्षं, मन्दास्यः -स्यी -स्यं.

—**(Reserved, not accessible)** अल्पभाषी -षिणी -षि (न्), परिमितकथः -था -थं, दुर्धर्षः -र्षा -र्षं.

To* coy, *v. n. लज्ज् **(c. 6.** लज्जते -ज्जितु), व्रीड् **(c. 4.** व्रीड्यति, व्रीडितुं).

Coyly, *adv.* लज्जया, सलज्जं, सव्रीडं, सत्रपं, विनीतं.

Coyness, *s.* लज्जा, व्रीडा, त्रपा, सलज्जता, सव्रीडत्वं, लज्जावत्त्वं, अप्रागल्भ्यं, विनीतता, मन्दाक्षं, मन्दास्यं, दुर्धर्षत्वं.

To* cozen, *v. a. वञ्च् **in caus.** (वञ्चयते -ति -यितुं), परिवञ्च्, प्रलभ् **(c. 1.** -लभते -लब्धुं), विप्रलभ्, छल् **(c. 10.** छलयति -यितुं).

Cozenage, *s.* वञ्चनं, प्रतारणा, छलं -लनं, कपटः -टं, कूटः -टं.

Cozener, *s.* वञ्चकः, प्रतारकः, कितवः, कूटकः, कूटकारः.

Crab, *s.* कुलीरः, कर्कटः -टकः, तिर्य्यग्यानः, वहिश्चरः, पार्श्वोदरप्रियः, वहिःकुटीचरः, जलविल्वः, अपत्यशत्रुः ***m.,*** बहुकः, षोडशाङ्घ्रिः ***m.,*** मृत्युसूतिः ***f.,*** पङ्कवासः, कुरचिल्लः.

Crabbed, *a.* (Harsh, unpleasing) शुक्तः -क्ता -क्तं, कर्कशः -शा -शं, परुषः -षा -षं, उग्रः -ग्रा -ग्रं, निष्ठुरः -रा -रं, कष्टः -ष्टा -ष्टं, व्यलीकः -का -कं, विरुद्ध -द्धा -द्धं. —**(Peevish, morose)** दुःशीलः -ला -लं, वामशीलः -ला -लं, नैकृतिकः -की -कं, प्रतीपः -पा -पं,.—**(Difficult, perplexing)** विषमः -मा -मं, दुर्ज्ञेयः -या -यं, निगूढार्थः -र्था -र्थं, अव्याख्येयः -या -यं, सशल्यः -ल्या -ल्यं; **'crabbed or harsh speech,'** कर्कशवाक्यं, परुषवचनं, शुक्तं; **'a crabbhed case,'** सशल्योऽर्थः.

Crabbedly, *adv.* कर्कशं, सकार्कश्यं, निष्ठुरं, वामशीलत्वात्, विषमं.

Crabbedness, *s.* (Harshness) कार्कश्यं, शुक्तता, पारुष्यं, नैष्ठुर्य्यं उग्रत्वं, व्यलीकता.—**(Morosensess)** दौःशील्यं, निकृतिः ***f.*** —**(Difficulty)** वैषम्यं, दुर्ज्ञेयत्वं, सशल्यत्वं.

Crack, *s.* (Chink, breach) छिद्रं, रन्ध्रं, विलं, सन्धिः ***m.,*** भित्तिः ***f.,*** भङ्गः.—**(A sudden disruption)** स्फोटनं, स्फुटनं, भञ्जनं, भेदनं, विदारणं, खण्डनं.—**(Sudden sound of any thing bursting)** क्वणितं, स्फुत्कारः, ध्वनितं, आकस्मिकशब्दः; **'cracking the finger-joints,'** अङ्गुलिस्फोटनं.

To* crack, *v. a. स्फुट् **in caus.** (-स्फोटयति -यितुं), विदृ **in caus.** (-दारयति -यितुं), भञ्ज् **(c. 7.** भनक्ति, भंक्तुं), भिद् **(c. 7.** भिनत्ति, भेत्तुं), खण्ड् **(c. 10** खण्डयति -यितुं), छिद्र **(c. 10.** छिद्रयति -यितुं); **'to crack the finger-joints,'** अङ्गुलिभङ्गं कृ.

***To* crack, *v. n.* (Open in chinks)** स्फुट् **(c. 6.** स्फुटति -टितुं, **c. 1.** स्फोटति -टितुं), भिद् **in pass.** (भिद्यते), भञ्ज् **in pass.** (भज्यते), विदृ **in pass.** (-दीर्य्यते), विदल्) **(c. 1.** -दलीति -लितुं).—**(Utter a sudden sound)** अकस्मात् क्वण् **(c. 1.** क्वणति -णितुं), स्तन् **(c. 1.** स्तनति -नितुं), ध्वन् **(c. 1.** ध्वनति -नितुं).—**(Boast)** विकत्थ् **(c. 1.** -कत्थते -त्थितुं).

Crack-brained, *a.* वातूलः -ला -लं, उन्मत्तः -त्ता -त्तं, हतज्ञानः -ना -नं.

Cracked, *p. p.* स्फोटितः -ता -तं, भिन्नः -न्ना -न्नं, भग्नः -ग्ना -ग्नं, विदीर्णः -र्णा -र्णं, विदलितः -ता -तं, विदलीकृतः -ता -तं, विघट्टितः -ता -तं, छिद्रितः -ता -तं, दरितः -ता -तं, दर्दरः -रा -रं.—**(As sound)** स्वरभग्नः -ग्ना -ग्नं. **'a cracked note,'** अपस्वरः, विस्वरः; **'a cracked voice,'** काकस्वरं.—**(Crazy)** वातुलः -ला -लं, बुद्धि विकलः -ला -लं.

Cracker, *s.* (Boaster) दाम्भिकः, विकत्थी ***m.*** (न्).—**(A small packet filled with gunpowder, which, being ignited, explodes with a loud noise)** आग्नेयचूर्णगर्भः क्षुद्रपुटो यो वह्निसम्पर्कान् महाशब्देन स्फुटति.

Crack-hemp or crack-rope, *s.* पाशदण्डार्हः, रज्जुपाशदण्डयः, उद्बन्धनार्हः.

To* crackle, *v. n. स्फुट् **(c. 6.** स्फुटति -टितुं), स्फुत्कृ, पटपट **(nom.** पटपटायति), शकशक **(nom.** शकशकायति), स्वन् **(c. 1.** स्वनति -नितुं), रट् **(c. 1.** रटति -टितुं).

Crackling, *s.* स्फुत्कारः, स्फुत्कृतं, स्वनितं, पटपट शकशक इत्यादिशब्दाः—**(Of flame)** रटितं, रिटिः ***f.,*** सङ्करः, सङ्कारः.

Cracknel, *s.* अतिभङ्गुरो दृढपिष्टकभेदः.

Cradle, *s.* शिशुखट्वा, शिशुदोला, दोलिका, प्रेङ्खा, प्रेङ्खोलनं.

To* cradle, *v. a. दोलायां शी **in caus.** (शापयति -यितुं). —**(Rock in cradle)** प्रेङ्खायाम् आरोप्य चल् **in caus.** (चालयति -यितुं).

Craft, *s.* (Manual art) शिल्पं, शिल्पकर्म्म ***n.*** (न्), शिल्पिकं, शिल्पविद्या.—**(Trade)** व्यापारः, वृत्तिः ***f.,*** व्यवसायः. —**(Cunning)** शाठ्यं, वैदग्धं, धूर्त्तता, कपटः -टं, छलं, कौटिल्यं.—**(Skill)** चातुर्य्यं, नैपुण्यं, कुशलता, दक्षता, हस्तकौशल्यं, सूक्ष्मता.—**(A small vessel)** क्षुद्रनौका.

Craftily, *adv.* (Cunningly) सशाठ्यं, सवैदग्धं, विदग्धं, छलेन, सकौटिल्यं, धूर्त्तवत्, कितववत्.—**(Skillfully)** चतुरं, सकौशल्यं, सदाक्ष्यं.

Craftiness, *s.* शठता, विदग्धता, वैदग्ध्यं, वक्रता, विजिह्मता, कैतवं, कूटता.

Craftsman, *s.* शिल्पी ***m.*** (न्), शिल्पकारः, कर्म्मकारः, व्यापारी ***m.*** (न्).

Craftly, *a.* विदग्धः -ग्धा -ग्धं, धूर्त्तः -र्त्ता -र्त्तं, वञ्चकः -का -कं, विजिह्मः -ह्मा -ह्मं, कुटिलः -ला -लं, शठः -ठा -ठं, छलनापरः -रा -रं, सव्याजः -जा -जं, विवञ्चिषुः -षुः -षु, चतुरः -रा -रं, फेरवः -वा -वं, विसंवादी -दिनी -दि (न्).

Crag, *s.* विषमं, शृङ्गं, कूटः -टं, शैलशिखरं, पर्व्वतशृङ्गं, ग्रावा *m.* (न्).

Cragged or craggy, *a.* विषमः -मा -मं, असमः -मा मं, अत्यसमः -मा -मं, शृङ्गी -ङ्गिणी -ङ्गि (न्), शिखरी -रिणी -रि (न्), कूटवान् -वती -वत् (त्), शिलेयः -यी -यं.

Craggedness or cragginess, *a.* वैषम्यं, विषमता, शिलयेत्वं, कूटवत्त्वं.

***To* cram,** *v. a.* **(Fill to excess)** अत्यन्तं पॄ **in caus.** (पूरयति -यितुं), आकीर्णीकृ, सम्बाध् **(c. 1.** -बाधते -धितुं). **—(Satiate)** अतिशयेन तृप् **in caus.** (तर्पयति -यितुं), अतितृप्ति भोजनेन सन्तुष् **in caus.** (-तोषयति -यितुं), **or** अन्नं भुज् **in caus.** (भोजयति -यितुं), सौहित्यं जन् **in caus.** (जनयति -यितुं). **—(Thrust in by force)** बलात् **or** प्रसह्य निविश् **in caus.** (-वेशयति -यितुं).

***To* cram,** *v. n.* **(Eat beyond satiety)** अतितृप्ति भुज् **(c. 7.** भुंक्ते, भोक्तुं) **or** भोजनेन आत्मानं पॄ **in caus.** (पूरयति -यितुं).

Crammed, *p. p.* सङ्कीर्णः -र्णा -र्णं, आकीर्णः -र्णा -र्णं, सङ्कुलः -ला -लं; **'with food,'** अतितृप्तः -प्ता -प्तं, सुहितः -ता -तं; **'with people,'** बहुजनाकीर्णः -र्णा -र्णं.

Cramp, *s.* **(Spasm, numbness)** आकर्षः, अङ्गाकर्षः, आक्षेपकः, शूलं, अङ्गग्रहः, अपतन्त्रक, अपतानकः, स्तम्भः, विष्टम्भः, त्वक्सुप्तिः *f.* **—(Obstruction, contraction)** स्तम्भनं, प्रतिरोधः, अवरोधः, संरोधः, प्रतिबन्धः, संवृतिः *f.,* संक्षेपः, सङ्कोचः. **—(Piece of iron to join two bodies)** द्रव्यद्वयसम्बन्धनार्थं कीलः, लौहबन्धनी.

***To* cramp,** *v. a.* **(Pain with cramps)** अङ्गम्, आकृष् **(c. 1.** -कर्षति -क्रष्टुं), अङ्गग्रहं कृ, अङ्गशूलं कृ, अङ्गस्तम्भं कृ, त्वक्तृप्तिं जन् **in caus.** (जनयति -यितुं). **—(Contract, obstruct)** सङ्कुच् **(c. 1.** -कोचति -चितुं), सम्बाध् **(c. 1.** -बाधते -धितुं), स्तम्भ् **(c. 9.** स्तभ्नाति, स्तम्भितुं **or caus.** स्तम्भयति -यितुं), प्रतिरूध् **(c. 7.** -रुणद्धि -रोद्धुं), निरुध्, संरुध्; प्रतिबन्ध् **(c. 9.** बध्नाति -बन्धुं). **—(Fasten with a cramp)** कील् **(c. 10.** कीलयति -यितुं), लौहकीलेन सम्बन्ध्.

Cramped, *p. p.* सम्बाधः -धा -धं, निरुद्धः -द्धा -द्धं, सङ्कटः -टा -टं, संवृतः -ता -तं, क्लिष्टः -ष्टा -ष्टं, कष्टः -ष्टा -ष्टं, बाधितः -ता -तं; **'we are much cramped in this house,'** अस्मिन् गृहे महत् कष्टम् अस्माकं जायते.

Cramp-fish, *s.* विदेशीयमत्स्यभेदो यस्य स्पर्शात् करसुप्तिः सम्पद्यते.

Cramp-iron, *s.* लौहबन्धनी, लौहग्रहणी, लौहकीलः, कीलः, बन्धनकीलः.

Crane, *s.* वकः, सारसः, जलरङ्गः, दीर्घजङ्घः, कुरङ्करः, कलाङ्कुरः, निशैतः, कह्वः, शुक्लवायसः; **'Numidian crane,'** करटुः *m.,* कर्कटुः *m.,* करेटुः, ककरिटुः. **—(Machine for lifting weights)** भारोद्धरणयन्त्रं, भारोत्तोलनयन्त्रं, भारोद्वहनयन्त्रं. **—(A crooked pipe)** वकः, वक्रनाडिः *f.*

Cranial, *a.* कपालः -ली -लं, कापालिकः -की -कं.

Cranium, *s.* कपालः -लं, कर्परः, शिरोस्थि *n.,* करोटः -टी, मस्तकः -कं, शीर्षकं, मुण्डः -ण्डं.

Crank, *s.* **(The end of an iron axle bent in the form of an elbow)** जलोत्तोलनादिहेतोर् अरत्निरूपेण भग्नं लोहदण्डाग्रं. **—(A winding passages)** वक्रमार्गः. **—(Ambiguous expression)** वक्रोक्तिः *f.,* वक्रभणितं.

Crank, *a.* **(As a ship)** सङ्कटाकारः -रा -रं, परिवर्त्तनशीलः -ला -लं.

Crankness, *s.* नाविकभाषायां सङ्कटाकारत्वात् परिवर्त्तनशीलता.

Crannied, *a.* छिद्रितः -ता -तं, छिद्रपूर्णः -र्णा -र्णं, रन्ध्रवान् -वती -वत् (त्).

Cranny, *s.* छिद्रं, रन्ध्रं, भित्तिः *f.,* भङ्गः, सन्धिः *m.,* भेदः, दरी, टङ्कः.

Crape, *s.* बन्धुजनमरणकाले शोकसूचकं नीलवासः *n.* (स्), नीलवर्णो विरलपटः, कृष्णवस्त्रं, कालाशौचे, भृतं नीलाम्बरं.

Crapulence, *s.* मदात्ययः मदातङ्कः, अतिशयमद्यपानजा शिरोवेदना **or** विवमिषा **or** वमनेच्छा.

Crapulous, *a.* मदात्ययग्रस्तः -स्ता -स्तं, मदानङ्कपीडितः -ता -तं.

***To* crash,** *v. n.* झञ्झा **(nom.** झञ्झायते), झं झञ्झा झनत्, इत्यादिशब्दान् कृ, स्तन् **(c. 1.** स्तनति -नितुं), ध्वन् **(c. 1.** ध्वनति -नितुं), कोलाहलं कृ.

***To* crash,** *v. a.* भञ्ज् **(c. 7.** भनक्ति, भंक्तुं), निभञ्ज्, अवभञ्ज्, प्रभञ्ज्, भिद् **(c. 7.** भिनत्ति, भेत्तुं), निर्भिद्; मृद् **(c. 9.** मृद्नाति, मर्द्दितुं), पिष् **(c. 7.** पिनष्टि, पेष्टुं).

Crash, *s.* झञ्झा, झनत्कारः, स्तनितं, ध्वनितं, कोलाहलः, कालकीलः, झः.

Crass, *a.* स्थूलः -ला -लं, घनः -ना -नं, असूक्ष्मः -क्ष्मा -क्ष्मं.

Crassitude, *s.* स्थूलता, स्थौल्यं, घनता, सान्द्रता, असूक्ष्मत्वं.

Crastination, *s.* कालयापनं, कालक्षेपः, विलम्बः,

Crastine, *a.* श्वस्तनः -नी -नं, श्वस्त्यः -स्त्या -स्त्यं, शौवस्तिकः -की -कं.

Cratch, *s.* गवादनी, द्रोणिः *f.* -णी, गवादनाधारः, तृणाधारः.

Cravat, *s.* ग्रीवावेष्टनं, गलावेष्टनं, गलावस्त्रं ग्रीवाच्छादनं, ग्रैवेयकं, ग्रीवाभरणं.

To **crave, *v. a.* (Entreat)** प्रार्थ् **(c. 10.** -अर्थयते -ति -यितुं), अभ्यर्थ्, सम्प्रार्थ्; याच् **(c. 1.** याचति -चितुं), अभियाच्, प्रयाच्, सम्प्रयाच्; विनयेन प्रार्थ्; **'to crave indulgence,'** प्रसद् **in caus.** (-सादयति -यितुं). **—(Long for)** अत्यन्तम् अभिलष् **(c. 1.** -लषति -षितुं) **or** अभिवाञ्छ् **(c. 1.** -वाञ्छति -ञ्छितुं), तृष् **(c. 4.** तृष्यति, तर्षितुं).

Craven, *s.* कापुरुषः, कातरः, हतकः, क्लीवः, भीरुः, निर्वीरः.

Craving, *s.* अतिस्पृहा, अतिशयवाञ्छा, अतिकांक्षा, अभिलाषः, अभिकांक्षा, लालसा, उत्कण्ठा, कौतूहलं, औत्सुक्यं, तृष्णा, तृषा; **'for food,'** अन्नलिप्सा, बुभुक्षा, अतिक्षुधा, गृध्रता; **'for drink,'** पिपासा.

To **craunch, *v. a.*** चर्व् **(c. 1.** चर्वति -र्वितुं **c. 10.** चर्वयति -यितुं), दन्तैः पिष् **(c. 7.** पिनष्टि, पेष्टुं).

Craw, *s.* पक्षिणां जठरः **or** उदरं **or** उपजठरः **or** पूर्व्वजठरः, पक्वाशयः.

Crawfish or crayfish, *s.* नादेयकर्कटः, नादेयकुलीरः, कर्कटजातीयो नादेयमत्स्यः.

Crawl, *s.* गुप्तिः ***f.***, पोतोदरं, नौकागुप्तिः, नौकोदरं, नौकूपः.

To **crawl, *v. n.*** सृप् **(c. 1.** सर्पति, सप्तुं), विसृप्, उपसृप्, प्रसृप्, चुप् **(c. 1.** चोपयति -पितुं), उरसा गम् **(c. 1.** गच्छति, गन्तुं, उरोगमनं कृ, कीटवद् गम्, मन्दं प्रसृ **(c. 1.** -सरति, -सर्त्तुं), मन्दगत्या चल् **(c. 1.** चलति -लितुं), रिङ्ग् **(c. 1.** रिङ्गति -ङ्गितुं).

Crawler, *s.* सर्पी ***m.*** -र्पिणी ***f.*** (न्), विसर्पी ***m.*** (न्), उरोगामी ***m.*** (न्).

Crayon, *s.* वर्त्तिका, चित्रवर्त्तिका, ईषिका, तूलिका, लेख्यचूर्णिका; **'crayon-box,'** वर्त्तिकाकरण्डकः.

To **craze, *v. a.* (Break)** खण्ड् **(c. 10** खण्डयति -यितुं), भञ्ज् **(c. 7.** भनक्ति, भंक्तुं), जर्ज्जरीकृ. **—(Pulverise)** चूर्ण् **(c. 10.** चूर्णयति -यितुं), क्षोदीकृ. **—(Impair the intellect)** वातुलीकृ, मुह् **in caus.** (मोहयति यितुं).

Craziness or crazedness, *s.* (Of intellect) बुद्धिवैकल्यं, वातुलतां. **—(Weakness)** दौर्बल्यं, जीर्णिः ***f.***, जीर्णता; **'as of a house,'** जर्ज्जरत्वं.

Crazy, *a.* (Shattered in mind, mad) वातुलः -ला -लं, वातूलः -ला -लं, न्यूनधीः -धीः -धि, बुद्धिविकलः -ला -लं, विकलान्तःकरणः -णा -णं, भ्रष्टबुद्धिः -द्धिः -द्धि, हतज्ञानः -ना -नं, उन्मादवान् -वती -वत् (त्), उन्मत्तः -त्ता -त्तं, सोन्मादः -दा -दं, अपध्वस्तः -स्ता -स्तं, विमनाः -नाः -नः (स्), उत्सिक्तमनाः -नाः -नः (स्). **—(Broken, shattered)** जर्ज्जरः -रा -रं, जर्ज्जरीकः -का -कं, जीर्णः -र्णा -र्णं; **'a crazy house,'** जर्जरगृहं, जीर्णगृहं.

To **creak, *v. n.*** विरु **(c. 2.** -रौति -रवितुं), कर्कशं शब्द् **(nom.** शब्दायते).

Creaking, *s.* (Of a door) कपाटोद्घाटनात् कर्कशशब्दः, द्वारसन्धिचीत्कृतं.

Cream, *s.* शरः, क्षीरशरः, दुग्धफेनं, दुग्धतालीयं, क्षीरजं, किलाटः -टी, शार्ककः, शार्करः, कूर्चिका, सारः, सरः, सन्तानिका. **—(The best part or essence of any thing)** सारः, तात्विकं, उत्तमांशः.

To **cream, *v. n.*** शरं बन्ध् (c. 9. बध्नाति, बन्धुं). **—(Froth)** फेन **(nom.** फेनायते).

To cream, *v. a.* (Skim milk) दुग्धफेनम् उद्धृ **(c. 1.** -हरति -हर्त्तुं), क्षीरशरम् अपनी **(c. 1.** -नयति -नेतुं). **—(Take the best part)** सारम् उद्धृ.

Creamy, *a.* शरमयः -यी -यं, क्षीरफेणयुक्तः -क्ता -क्तं, शरोपमः -मा -मं.

Crease, *s.* ऊर्म्मी, ऊर्म्मिका, ऊर्म्मिचिह्नं पुटचिह्नं, वस्त्रभङ्गः, बलिः ***f.***, व्यावर्त्तनं.

To **crease, *v. a.*** पुटीकरणेन चिह्न **(c. 10.** चिह्नयति -यितुं), चूण् **(c. 10.** चूणयति -यितुं).

To **crease, *v. n.*** ऊर्म्मिकां बन्ध् **(c. 9.** बध्नाति, बन्धुं), कूण् **(c. 10.** कूणयते -यितुं).

Creased, *p. p.* ऊर्म्मिचिह्नितः -ता -तं, कूणितः -ता -तं.

To **create, *v. a.* (Call into being)** सृज् **(c. 6.** सृजति, स्रष्टुं), विसृज्; जन् **(c. 10.** जनयति -यितुं), विजन्, सञ्जन्; उत्पद् **in caus.** (-पादयति -यितुं), उपपद्, सम्पद्; निर्मा **(c. 2.** -माति, **c. 3.** -मिमीते, **c. 4.** -मायते -मातुं), साध् **(c. 10.** साधयति -यितुं), तन् **(c. 8.** तनोति -नितुं) कृ, सङ्कृ, विधा **(c. 3.** -दधाति -धातुं). **—(Produce by invention)** क्लृप् **(c. 10.** कल्पयति -यितुं), सङ्क्लृप्, सम्प्रक्लृप्, परिक्लृप्, रच् **(c. 10.** रचयति -यितुं). **—(Invest with new rank)** नवपदे नियुज् **(c. 7.** -युनक्ति -योक्तुं) **or** अभिषिच् **(c. 6.** -षिञ्चति -षेक्तुं).

Created, *p. p.* सृष्टः -ष्टा, -ष्टं, जनितः -ता -तं, उत्पादितः -ता -तं, उत्पन्नः -न्ना -न्नं, निर्मितः -ता -तं, साधितः -ता -तं, कारितः -ता -तं, कल्पितः -ता -तं, सम्प्रकल्पितः -ता -तं, विहितः -ता -तं; **'a created thing,'** भूतं; **'all created things,'** सर्व्वभूतानि ***m. pl.***, चेतनाचेतनं.

Creation, *s.* सर्ज्जनं, सृष्टिः ***f.***, उत्पादनं, जननं, निर्म्माणं, उत्पत्तिः ***f.***, सर्गः, निसर्गः, भावनं; **'creation of the world,'** जगत्सृष्टिः ***f.*** **—(Invention)** कल्पना -नं, क्लृप्तिः ***f.***, परिकल्पनं, कल्पनासृष्टिः ***f.***, भावना; **'creation of the mind,'** मनःकल्पितं, मनःसृष्टिः ***f.***, **'creation of one's own brain,'** स्वकपालकल्पितं. **—(Any thing produced)** उत्पन्नं, भूतं. **—(The things created, the universe)** सर्गः,

जगत्सर्व्वं, जगत्समग्रं, विश्वजगत् ***n.***, चराचरं, विश्वं, सर्व्वभूतानि ***n. pl.***, कल्पः.—**(Investing with new rank)** नवपदे नियोजनं **or** अभिषेचनं.

Creative, *a.* उत्पादकः -का -कं, सृष्टिकरणः -णा -णं, जनकः -निका -कं, कारकः -रिका -कं, निर्म्माणशाली -लिनी -लि (न्), विधायी -यिनी -यि (न्).

Creator, *s.* स्रष्टा ***m.*** (ष्टृ), जनकः, उत्पादकः, धाता ***m.*** (तृ), विधाता ***m.*** (तृ), सृक् ***m.*** (ज्), सृष्टिकर्त्ता ***m.*** (र्त्तृ), भावनः.—**(Of the world)** जगत्कर्त्ता ***m.*** (र्त्तृ), भावनः. —**(Of the world)** जगत्कर्त्ता ***m.*** (र्त्तृ), जगत्स्रष्टा ***m.*** (ष्टृ), विश्वसृक् ***m.*** (ज्), विश्वविधायी ***m.*** (न्), विश्वकृत्, विश्वस्रष्टा ***m.*** (ष्टृ), लोककृत् ***m.***

Creature, *s.* (Being created) भूतं, सृष्टं, सृष्टिः ***f.***, उत्पन्नं. —**(Animal)** जन्तुः ***m.*** प्राणी ***m.*** (न्), जीवी ***m.*** (न्), शरीरी ***m.*** (न्), देही ***m.*** (न्), चेतनः, जन्मी ***m.*** (न्); **'living creatures,'** प्राणिनः ***m. pl.***, जीवन्तः ***m. pl.***, जन्तवः ***m. pl.***, प्रजाः ***f. pl.***—**(A word of contempt for a human being)** तपस्वी ***m.*** (न्), जाल्मः, कृपणः.—**(A word of tenderness)** वत्सः -त्सा, प्रियः -या.—**(A person who owes his fortune to another)** आश्रितः, उपजीवी ***m.*** (न्), कार्पटः भाक्तिकः.

Credence, *s.* प्रत्ययः, विश्वासः, श्रद्धा, विश्रम्भः, भक्तिः ***f.***—**(That which gives a claim to credit)** प्रमाणं; **'author worthy of credence,'** प्रामाणिकः, प्रमाणं; **'to give credence,'** प्रती **(c. 2.** प्रत्येति-तुं).

Credenda, *s.* धर्म्मविषये वस्तूनाम् अवश्यश्रद्धेयानां विधानं.

Credent, *a.* श्रद्दधानः -ना -नं, विश्वासी -सिनी-सि (न्), प्रत्ययी-यिनी-यि (न्).

Credentials, *s.* विश्वासपत्रं, अभिज्ञानपत्रं, प्रत्ययपत्रं, प्रत्ययकारिणी.

Credibility, *s.* श्रद्धेयता, विश्वास्यत्वं, विश्वासपात्रता, प्रामाणिकत्वं.

Credible, *a.* विश्वास्यः -स्या -स्यं, श्रद्धेयः -या -यं, प्रामाणिकः -की -कं.

Credibly, *adv.* यथा विश्वासः क्रियते तथा, सप्रामाण्यं, प्रामाणिकवत्.

Credit, *s.* (Belief) प्रत्ययः, विश्वासः, विश्रम्भः श्रद्धा, भक्तिः ***f.***; **'worthy of credit,'** विश्वासपात्रं, विश्वासभूमिः. —**(Reputation)** मानं, सम्मानं, मान्यत्वं, आदरः, पूजा, यशः ***n.*** (स्), कीर्त्तिः ***f.***, ख्यातिः ***f.***—**(Trust between buyer and seller)** कालिका, क्रेतृविक्रेत्रोर् मध्ये क्रेत्रा द्रव्यग्रहणात् प्रभृति मूल्यदानं यावद् विश्वासः, मूल्यदाने विलम्बः **or** अपेक्षा; **'buying on credit,'** उद्धारः,—**(Authority)** प्रमाणं, प्रामाण्यं, श्रद्धेयता, प्रभावः, गौरवं.

To* credit, *v. a. प्रती **(c. 2.** प्रत्येति -तुं), विश्वस् **(c. 2.** -श्वसिति -तुं), सत्यमिति मन् **(c. 4.** मन्यते, मन्तुं), श्रद्धा **(c. 3.** -दधाति -धातुं), प्रत्ययीकृ, विश्वासं कृ.—**(Admit as proof)** प्रमाणीकृ.

Creditable, *a.* मान्यः -न्या -न्यं, सम्मान्यः -न्या -यं, श्लाघ्यः -घ्या -घ्यं, प्रशंसनीयः -या -यं, पूज्यः ज्या ज्यं, प्रशस्तः -स्ता -स्तं, कीर्त्तिकरः -री -रं.

Creditableness, *s.* मान्यता, सम्मान्यता, पूज्यत्वं, श्लाघयत्वं, ख्यातिः ***f.***

Creditably, *adv.* श्लाघ्यप्रकारेण, प्रशस्तं, पूज्यवत्, समानं.

Credited, *p. p.* प्रमाणीकृतः -ता -तं, विश्वस्तः -स्ता -स्तं, प्रतीतः -ता -तं.

Creditor, *s.* उत्तमर्णः -र्णिकः -र्णी ***m.*** (न्), धनार्थी ***m.*** (न्), धनी ***m.*** (न्), धनिकः, धनैषी ***m.*** (न्).

Credulity, *s.* प्रत्ययशीलता, विश्वासशीलता, श्रद्धालुता, अवितर्कः, अशङ्का.

Credulous, *a.* प्रत्ययी -यिनी -यि (न्), प्रत्ययशीलः -ला -लं, विश्वासी -सिनी -सि (न), विश्वासशीलः -ला -लं, विश्रम्भप्रवणः -णा -णं, श्रद्धालुः -लुः -लु, श्रद्धामयः -यी -यं, अवितर्की -र्किणी -र्कि (न्), अशङ्कशीलः -ला -लं, उदारः -रा -रं.

Creed, *s.* (Form of articles of religious belief) धर्म्मविषये वस्तूनाम् अवश्यश्रद्धेयानां विधानं.—**(Tenet)** मतं.

Creek, *s.* वङ्कः, समुद्रवङ्कः, खल्लः, पुटभेदः, वक्रं, भङ्गः, भङ्गुरः, खातं.

Creeky, *a.* वाङ्कः -ङ्की -ङ्कं, वङ्कवान् -वती -वत् (त्), वंक्यः -क्या -क्यं, वक्रः -क्रा -क्रं, भङ्गुरः -रा -रं.

To* creep, *v. n. सृप् **(c. 1.** सर्पति, सप्तुं), उपसृप्, विसृप्, संसृप्, प्रसृप्; चुप् **(c. 1.** चोपति -पितुं), उरसा चल् **(c. 1.** चलति -लितुं), उरोगमनं कृ, कीटवद् गम् **(c. 1.** गच्छति, गन्तुं), मन्दगत्या चल्, मन्दं मन्दं सृ **(c. 1.** सरति, सर्त्तुं) **or** प्रसृ **or** विसृ, रिङ्ग् **(c. 1.** रिङ्गति -ङ्गितुं); **'the work creeps on,'** कर्म्म प्रसर्पति.

Creeper, *s.* (Plant) लता, वल्ली ***f.***, गुल्मिनी ***f.***, लताप्रतानिनी, वृक्षादिरुहः, व्रततिः ***f.***, वीरुद् (ध्), उलपः, खेदिनी, प्रतानी, प्रतानः, अतिरसा.—**(Insect)** उरोगामी ***m.*** (न्), सर्पी ***m.*** (न्), विसर्पी ***m.***

Creeping, *s.* सर्पः -र्पणं, संसर्पः, विसर्पः, रिङ्गणं. ***Part a.*** सर्पी -र्पिणी -र्पि (न्), **or** विसर्पी, प्रसारी -रिणी -रि (न्) **or** विसारी, विसृत्वरः -रा -रं.

Creepingly, *adv.* मन्दगत्या, मन्दं मन्दं, सर्पवत्, कीटवत्.

Cremation, *s.* दाहः -हनं, दहनं, प्लोषः, अग्निसात्करणं, चितारोपणं.

Creole or creolian, *s.* प्रदेशवासिनः सुतः **or** प्रसूतः.

To* crepitate, *v. n. स्फुत्कृ, पटपट **(nom.** पटपटायति), रट् **(c. 1.** रटति -टितुं), स्वन् **(c. 1.** स्वननि -नितुं), पर्द् **(c. 1.** पर्दते

-र्दितुं), शृध् (c. 10. शर्धयति -यितुं).

Crepitations, ***s.*** स्फुत्कारः, स्फुत्कृतं, स्वनितं, रटितं रिटिः ***f.,*** पर्दः, गुदरवः.

Crepuscule, ***s.*** सन्ध्या, सन्ध्याकालः -लं, सन्ध्यासमयः, विकालः -लकः, अरुणोदयकालः; **'morning crepuscule,'** पूर्व्वसन्ध्या, प्राक्सन्ध्या, दिवसमुखं; **'evening crepuscule,'** परसन्ध्या, पश्चिमसन्ध्या, रजनीमुखं, दिनावसानं.

Crepusculous, ***a.*** सान्ध्यः -न्ध्यी -न्ध्यं, वैकालिकः -की -कं, प्रादोषिकः -की -कं

Crescent, ***s.*** अर्द्धचन्द्रः चन्द्रार्द्धं, अर्द्धेन्दुः ***m.,*** इन्दुदलः, अपूर्णचन्द्रः.

Crescent, ***a.*** अर्द्धचन्द्रः -न्द्रा -न्द्रं, चन्द्रार्द्धाकृतिः -तिः -ति, चन्द्रार्द्धः -र्द्धा -र्द्धं.—**(Increasing)** वर्द्धमानः -ना -नं, वर्द्धी -र्द्धिनी -र्द्धि (न्).

Cress, ***s.*** **(An herb)** कच्छभूमिरुहः शाकप्रभेदः.

Cresset, ***s.*** आकाशदीपः, उन्नतभूभागे स्थापिता दीप्तिः **or** उल्का.

Crest, ***s.*** **(On the head)** चूडा, शिखा, मुकुटं, किरीटः, शिखरः -रं शेखरः, मौलिः ***m.f.,*** अवतंसः, कोटीरः.—**(Of a cock, etc.)** चूडा, शिखा.—**(Of a mountain)** नगमूर्द्धा ***m.*** (न्); **'crest-gem,** चूडामणिः ***m.,*** शिरोरत्नं.

Crested, ***a.*** शिखी -खिनी -खि (न्), शिखरी -रिणी -रि (न्), शिखाधरः -रा -रं, किरीटी -टिनी -टि (न्), किरीटधारी -रिणी -रि (न्), चूडावान् -वती -वत् (त्), चूडालः -ला -लं, चौडः -डी -डं, शेखरितः -ता -तं, अवतंसितः -ता -तं.

Crest-fallen, ***a.*** भग्नदर्पः -र्पा -र्पं, आत्तगर्व्वः -र्व्वा -र्व्वं, भग्नमानः -ना -नं, विषणः -णा -णं, हतौजाः -जाः -जः (स्), दीनमनस्कः -स्का -स्कं, खिन्नः -न्ना -न्नं.

Cretaceous, ***a.*** कठिनीमयः -यी -यं, कठिनीसंसृष्टः -ष्टा -ष्टं, श्वेतधातुपूर्णः -र्णा-र्णं.

Crevice, ***s.*** छिद्रं, रन्ध्रं, विवरं, विलं, सन्धिः ***m.,*** भित्तिः ***f.,*** भङ्गः दरी, गर्त्तः.

Crew, ***s.*** **(Of a ship)** पोतावाहाः ***m.pl.,*** नौकारूढाः ***m.pl.,*** नाविकाः ***m.pl.,*** पोतीयलोकाः ***m.pl.,*** नौस्थाः ***m.pl.,*** नियामकाः ***m.pl.***—**(A company of people)** जनसमूहः, जनसंसर्गः, गणः सङ्घः, मण्डलं.

Crewel, ***s.*** और्णसूत्रकोषः, कोषस्थम् ऊर्णामूत्रं.

Crib, ***s.*** **(Rack of a stable)** गवादनी, तृणधारः, द्रोणिः ***f.*** -णी.—**(Stall of an ox)** गोष्ठं, गोस्थानं, व्रजः, गोगृहं.—**(Infants bed)** शिशुखट्वा,—**(Cottage)** कुटिः -टी -टीरः

Cribbage, ***s.*** कृबिज्नामिका द्यूतपत्रक्रीडा.

Cribble, ***s.*** चालनी -नं, धान्यचालनी, तितउः ***m.*** -उ ***n.,*** शोधनी.

Cribration, ***s.*** चालनं, शोधनं, तितउचालनं.

Crick, ***s.*** **(Noise of a door)** कपाटोद्घाटनात् कर्कशशब्दः, द्वारसन्धिचीत्कारः.—**(In the neck)** मन्यास्तम्भः.

Cricket, ***s.*** **(Insect)** झिल्लिका, चीरी, चीरिका, झीरुका, झिरी, वर्षकरी, भक्किका, भृङ्गारी-रिका.—**(Game with bat and ball)** गुलिकाक्रीडा.

Crier, ***s.*** घोषकः, ख्यापकः, प्रकाशकः, घोषणाकृत, अर्थिकः.

Crim. Con., ***s.*** प्रतिषिद्धस्त्रीपुरुषालापः.

Crime, ***s.*** अपराधः, पापं, दोषः, पातकं, दुष्कृतं, दुष्कर्म्म ***n.*** (न्) पापकर्म्म, कल्मषं, कलुषं, दुरितं, दुरिष्ठं, एनः ***n.*** (स्), आगः ***n.*** (स्), अघं, अन्यायः, मन्तुः ***m.,*** कल्कः; **'a heinous crime,'** महापातकं.

Criminal, ***a.*** अपराधी -धिनी -धि (न्), अपराद्धः -द्धा -द्धं, सापराधः -धा -धं, कृतापराधः -धा -धं, पातकी -किनी -कि (न्), पापी -पिनी -पि (न्), पापवान् -वती -वत् (त्), पापकर्म्मा -र्म्मा -र्म्म (न्), दोषी -षिणी -षि (न्), सदोषः -षा -षं, दोषवान् -वती -वत् (त्), दुष्कृती -तिनी -ति (न्), कृतागाः -गाः -गः (स्), अन्यायी -यिनी -यि (न्), एनस्वी -स्विनी -स्वि (न्), अभिपन्नः -न्ना -न्नं; **'criminal law,'** दण्डविधिः ***m.***

Criminal, ***s.*** पापी ***m.*** (न्), पातकी ***m.*** (न्), अपराधी ***m.*** (न्), अपराद्धा ***m.*** (द्धृ), महापातकी ***m.*** (न्), दण्ड्यः, वध्यः, दोषग्रस्तः, प्राप्तदोषः.

Criminally, ***adv.*** सापराधं, सपापं, सदोषं, सपातकं, अन्यायं, दुर्जनवत्; **'according to criminal law,'** दण्डविधिवत्.

Criminality, ***s.*** अपराधिता -त्वं, सापराधता, पापित्वं, सपापता, सदोषत्वं, प्रत्यवायः.

Criminated, ***p. p.*** अपराधितः -ता -तं, अभियुक्तः -क्ता -क्तं, अभिशस्तः -स्ता -स्तं.

Crimination, ***s.*** अभियोगः, दोषारोपः -पणं, दोषकल्पनं, दोषप्रसङ्गः, अभिशंसनं, अपवादः.

Criminatory, ***a.*** अपवादकः -का -कं, अभिशंसकः -का -कं, कलङ्ककरः -री -रं.

Crimp, ***a.*** **(Brittle, crisp)** भङ्गुरः -रा -रं, भिदुरः -रा -रं, भिदेलिमः -मा -मं, अशिथिलः -ला -लं, शिथिलेतरः -रा -रं.—**(Inconsistent)** असङ्गतः -ता -तं, विरुद्धः -द्धा -द्धं.

To **crimp,** ***v. a.*** **(As fish)** मत्स्यान् सद्यो जलोद्धतान् नानाछेदैर् अङ्क् (c. 10. अङ्कयति -यितुं), येन मांसं शिथिलं न भवति.

To **crimple,** ***v. a.*** सङ्कुच् (c. 1. -कोचति -चितुं), कुञ्ज् (c. 1. कुञ्चति -ञ्चितुं), चूण् (c. 10. चूणयति -यितुं), पुट् (c. 10. पुटयति -यितुं), पुटीकृ, सङ्कटीकृ, सतरङ्गं -ङ्गां -ङ्गं कृ.

To crimson, ***v. a.*** शोण **(nom.** शोणयति -यितुं), लोहित **(nom.** लोहितायति -यितुं), अरुण **(nom.** अरुणयति -यितुं), शोणीकृ, अरुणीकृ.

Crimson, ***s.*** शोणः, शोणिमा ***m.*** (न्), लोहितः, रक्तः रक्तिमा ***m.*** (न्), अरुणिमा ***m.*** (न्), कोकनदच्छविः ***m.***

Crimson, ***a.*** शोणः -णा -ण, शोणितः -ता -तं, रक्तः -क्ता -क्तं, रक्तवर्णः -र्णा -र्णं, सुरक्तः -क्ता -क्तं, अरुणः -णा -णं, घनारुणः -णा -णं, लोहितः -ता -तं, रोहितः -ता -तं.

Crimsoned, ***p. p.*** अरुणितः -ता -तं, पाटलितः -ता -तं, सिन्दूरितः -ता -तं.

Crincum, ***s.*** सङ्कोचः, बलिः ***f.,*** लहरी, अखट्टिः ***m.,*** मनोलौल्यं.

Cringe, cringing, ***s.*** पणामः, अष्टाङ्गपातः, अष्टाङ्गप्रणामः, अञ्जलिकर्म्म ***n.*** (न्), अत्यादरः, लालनं, चाटुः ***m.,*** एकान्तनमस्कारः.

To **cringe,** ***v. n.*** साष्टाङ्गपातं प्रणम् (**c. 1.** -णमति -णन्तुं), अञ्जलिं कृ, एकान्ततो नमस्कृ, एकान्तादरं कृ, लल् (**c. 10.** लालयति -यितुं), सान्त्व् (**c. 10.** सान्त्वयति -यितुं).

Crinigerous, ***a.*** रोमवान् -वती -वत् (त्), प्रचुरलोमा -मा -म (न्).

To **crinkle,** ***v. a.*** ऊर्म्मिरूपेण व्यावृत् (**c. 1.** -वर्त्तते -र्त्तितुं), पुटीभू, भङ्गुरीभू.

Crinkle, ***s.*** बलिः ***f.,*** पुटः, भङ्गः, ऊर्म्मिका, व्यावर्त्तनं, आवर्त्तः.

Cripple, ***s.*** **or** ***a.*** खञ्जः -ञ्जा -ञ्जं, पङ्गुः -ङ्गुः -ङ्गु, विकलाङ्गः -ङ्गी -ङ्गं, पादविकलः -ला -लं, अङ्गहीनः -ना -नं, अपाङ्गः -ङ्गी -ङ्गं, व्यङ्गः -ङ्गी -ङ्गं, गतिविकलः -ला -लं, विकलगतिः -तिः -ति, गतिहीनः -ना -नं, वण्डः पांशुवः, कुणिः ***m.,*** श्रोणः.—**(One who moves about in a chair)** पीठसर्पी ***m.*** (न्).

To **cripple,** ***v. a.*** विकल (**nom.** विकलयति -यितुं), विकलीकृ, व्यङ्गीकृ अपाङ्गीकृ.

Crippled, ***p. p.*** विकलीकृतः -ता -तं, न्यूनाङ्गः -ङ्गी -ङ्गं, हीनाङ्गः -ङ्गी -ङ्गं, गतिशक्तिरहितः -ता -तं, हस्तपादादिशक्तिवर्ज्जितः -ता -तं.

Crippleness, ***s.*** खञ्जत्वं, पङ्गुता, गतिवैकल्यं, अङ्गवैकल्यं, व्यङ्गता.

Crisis, ***s.*** **(Of a disease)** रोगावधिर् यत्प्रभृति रोगार्त्तो मरणं वा स्वास्थ्यं वा याति, व्याधिसीमा.—**(Of any affair)** लग्नं, शुभाशुभलग्नं, निर्व्वहणं, कार्य्यनिर्व्वहणक्षणः, परिवर्त्तनक्षणः, विकल्पक्षणः, सन्देहसमयः, शेषावस्था, समयः, तत्कालः.

Crisp, ***a.*** **(Curled, indented)** कुञ्चितः -ता -तं, भङ्गुरः -रा -रं, बन्धुरः -रा -रं.—**(Brittle)** भङ्गुरः -रा -रं, भिदुरः -रा -रं, भिदेलिमः -मा -मं.

To **crisp,** ***v. a.*** केशान् कुञ्च् (**c. 1.** कुञ्चति -ञ्चितुं) **or** आकुञ्च्, अलकान् रच् (**c. 10.** रचयति -यितुं), भङ्गुरीकृ, बन्धुरीकृ.

Crispation, ***s.*** कुञ्चनं, आकुञ्चनं, केशाकुञ्चनं अलकाकुञ्चनं, अलकरचना.

Crisping-iron or crisping-pin, ***s.*** केशाकुञ्चनयन्त्रं, अलकरचनार्थं लोहकीलः.

Crispness, ***s.*** **(Curledness)** आकुञ्चितत्वं.—**(Brittleness)** भङ्गुरता, भिदुरत्वं.

Criss-cross-row, ***s.*** वर्णमाला, व्याकरणारम्भः, आरम्भः, प्रारम्भः.

Criterion, ***s.*** लक्षणं, चिह्नं, लिङ्गं, व्यञ्जनं, आकषः, निकषः, कषः, अभिज्ञानं, संज्ञा, अवगतिः ***f.,*** लाञ्छनं.

Critic, ***s.*** **(Judge of writings, &c)** गुणज्ञः, गुणागुणज्ञः, गुणग्राही ***m.*** (न्), गुणदोषपरीक्षकः, गुणदोषनिरूपकः, विज्ञः, अभिज्ञः, तज्ज्ञः, तद्विद् ***m.***—**(A censor)** दोषग्राही ***m.*** (न्), छिद्रान्वेषी ***m.*** (न्), वाक्यखण्डकः, वितण्डकः.

Critical, ***a.*** **(Of judicious taste)** गुणदोषज्ञः -ज्ञा -ज्ञं, गुणदोषग्राही -हिणी -हि (न्).—**(Relating to criticism)** गुणपरीक्षकः -का -कं, वितण्डी -ण्डिनी -ण्डि (न्).—**(Censorious)** दोषदर्शी-र्शिनी-र्शि (न्), छिद्रानुसारी -रिणी -रि (न्).—**(Relating to a crisis, decisive)** तात्कालिकः -की -कं, निर्व्वहणः -णा -णं; **'the critical time,'** निर्व्वहणकालः.—**(Dangerous, dubious)** सन्दिग्धः -ग्धा -ग्धं, सांशयिकः -की -कं, वैकल्पिकः -की -कं.

Critically, ***adv.*** **(In a critical or censorious manner)** गुणज्ञवत्, गुणदोषपरीक्षया, सवितण्डं.—**(At the exact point of time)** तत्काले, तदानीमेव, तत्क्षणादेव.

To **criticise,** ***v. a.*** गुणदोषान् परीक्ष् (**c. 1.** -ईक्षते -क्षितुं), **or** निरूप् (**c. 10.** -रूपयति -यितुं), वितण्ड् (**c. 1.** -तण्डते -ण्डितुं), वाक्यं खण्ड् (**c. 10.** खण्डयति -यितुं), छिद्राणि **or** दोषान् अन्विष् (**c. 4.** -इष्यति -एषितुं).

Criticism, Critique, ***s.*** गुणदोषपरीक्षा, गुणविज्ञानं, गुणागुणज्ञानं, गुणदोषनिरूपणविद्या, वाक्यखण्डनं, दोषानुसन्धानं, छिद्रान्वेषः, वितण्डा वितण्डावादः.

To **croak,** ***v. n.*** **(As a crow)** कै (**c. 1.** कायति, कातुं), ध्रांक्ष् (**c. 1.** ध्रांक्षति -क्षितुं), ध्मांक्ष् (**c. 1.** ध्मांक्षति -क्षितुं), **or** ध्रांक्ष् **or** ध्वांक्ष्; का शब्दं कृ.—**(As a frog)** भेकनादं कृ, भेकवद् रु (**c. 2.** रौति, रवितुं).—**(Make a harsh sound)** विरु, रट् (**c. 1.** रटति -टितुं), कर्कशशब्दं कृ.

Croaking or croak, ***s.*** भेकनादः, काकरावः, ध्वांक्षरावः, का शब्द, कर्कशनादः

Crocedous, ***a.*** कौङ्कुमः -मी -मं, कुङ्कुमाक्तः -क्ता -क्तं, गौरः -रा -री -रं.

Crock, ***s.*** मृद्भाण्डं, मृत्पात्रं, मृद्भाजनं, मृत्तिकापात्रं, मृण्मयभाण्डं.

Crockery, ***s.*** कौलालकं, मृद्भाण्डानि ***n.pl.,*** मृण्मयभाण्डानि, मार्त्तिकं.

Crocodile, ***s.*** नक्रः, कुम्भीरः, आलास्यः, महामुखः, द्विधागतिः ***m.,*** असिदन्तः, जलशूकरः, जलहस्ती ***m.*** (न्).

Crocus, ***s.*** वसन्तोद्भवः पीतपुष्प ओषधिभेदः.

Croft, ***s.*** वाटः, वाटिका, वृतिः ***f.,*** प्रावृतिः ***f.***

Croisade or crusade, ***s.*** पुण्यनगरप्रत्युद्धरणार्थं ख्रीष्टीयानां यावनैः सह युद्धं, ख्रीष्टधर्म्मविषये आस्तिकानां पाषण्डैः सह युद्धं.

Croises, ***s. pl.*** क्रूशध्वजा योधाः ***m. pl.,*** ख्रीष्टीयधर्म्मार्थं योद्धारः ***m. pl.,*** क्रूशलाञ्छनाः कार्पटिकाः, क्रूशलिङ्गास् तीर्थसेविनः ***m. pl.***

Crone, ***s.*** वृद्धा स्त्री, जरिणी, जरती, जरापरिणता, पलिक्नी.

Crony, ***s.*** चिरमित्रं, चिरपरिचितः, प्रियसुहृत्, प्रियवयस्यः, सुहृत्तमः.

Crook, ***s.*** आकर्षणी -र्षिणी, न्युब्जदण्डः, वक्राग्रो दण्डः, अङ्कुशाकाराग्रो दण्डः, कुञ्चिताग्रो यष्टिः; **'shephered's crook,'** मेषपालकदण्डः.

To **crook,** ***v. a.*** नम् **in caus.** (नामयति -यितुं), अञ्च् **(c. 1.** अञ्चति -ते -ञ्चितुं), कुञ्च् **(c. 1.** कुञ्चति -ञ्चितुं), आकुञ्च्, वक्रीकृ, कुटिलीकृ, साचीकृ.

Crook-back, ***s.*** न्युब्जः -ब्जा -ब्जं, कुब्जः -ब्जा -ब्जं, गडुरः -रा -रं.

Crooked, ***a.*** **(Not straight)** वक्रः -क्रा -क्रं, वक्रिमः -मा -मं, कुटिलः -ला -लं, जिह्मः -ह्मा -ह्मं, विजिह्मः -ह्मा -ह्मं, अनृजुः -जुः -जु, भङ्गुरः -रा -रं, अरालः -ला -लं, नतः -ता -तं, नामितः -ता -तं, कुञ्चितः - -ता -तं, आकुञ्चितः -ता -तं, भुग्नः -ग्ना -ग्नं, अवभुग्नः -ग्ना -ग्नं, विभुग्नः -ग्ना -ग्नं, सम्भुग्नः -ग्ना -ग्नं, वृजिनः -ना -नं, वृजनः -ना -नं, न्युब्जः -ब्जा -ब्जं, क्ष्वेडः -डा -डं, स्तोमः -मा -मं, साचिस्थितः -ता -तं, विषमः -मा -मं.—**(Distorted, made crooked)** वक्रीकृतः -ता -तं, साचीकृतः -ता -तं, विकृताकारः, -रा -रं.—**(Winding)** वक्रः -क्रा -क्रं, कुटिलः -ला -लं, विसर्पी -र्पिणी -र्पि (न्).—**(Perverse, depraved)** प्रतीपः -पा -पं, निकृतः -ता -तं, वक्री-क्रिणी -क्रि (न्), अनृजुप्रकृतिः -तिः -ति, भ्रष्टभावः -वा -वं; **'crooked-armed,'** बाहुकुब्जः -ब्जा -ब्जं, दोर्गडुः, कुम्पः, कूणिः ***m.,*** कुकरः; **'crooked-nosed,'** वक्रनासः -सा -सं, निविडः -डीषः; **'crooked-legged,'** वक्रपादः -दा -दं; **'crooked with age,'** जरापरिणतः -ता -तं.

Crookedly, ***adv.*** कुटिलं, वक्रं, जिह्मं, विजिह्मं, अनृजु, तिरस्, साचि, तिर्य्यक्, पराक्; **'moving crookedly,'** तिर्य्यग्यानः, वक्रगामी ***m.*** (न्) कुटिलगामी ***m.,*** जिह्मगः -गा -गं.

Crookedness, ***s.*** वक्रता, वक्रिमा ***m.*** (न्), जिह्मता, जैह्म्यं, विजिह्मता, कुटिलता, कौटिल्यं, अनृजुता, अनार्जवं, वक्रीभावः, नतिः ***f.***—**(Of body)** वैरूप्यं, न्युब्जता.

Crop, ***s.*** **(Craw of a bird** पक्षिजठरः.—**(Highest part of any thing)** अग्रं, शिखा; **'ear of corn,'** धान्यशीर्षकः.—**(The harvest, product)** शस्यसङ्ग्रहः, फलं, क्षेत्रफलं, कृषिफलं, उत्पन्नं.

To **crop,** ***v. a.*** **(Cut short)** छिद् **(c. 7.** छिनत्ति, छेत्तुं), लू **(c. 9.** लुनाति, लवितुं), निकृत् **(c. 6.** -कृन्तति -कर्त्तितुं).—**(Reap, gather corn, etc.)** शस्यं लू **or** सङ्ग्रह् **(c. 9.** -गृह्णाति -ग्रहीतुं).—**(As cattle)** चर् **(c. 1.** चरति -रितुं), शस्यम् अद् **(c. 2.** अत्ति -त्तुं).

Crop-eared, ***a.*** छिन्नकर्णः -र्णा -र्णं लूनकर्णः -र्णा -र्णं.

Crop-full, ***a.*** परिपूर्णोदरः -रा -रं, पूर्णजठरः -रा -रं, अतितृप्तः -प्ता -प्तं.

Crop-sick, ***a.*** अतिसौहित्यात् **or** अतितृप्तोदरत्वाद् वमथुपीडितः -ता -तं.

Crore, ***s.*** **(Ten millions)** कोटिः ***f.*** -टी.

Crosier, ***s.*** धर्म्माधिपतेः क्रूशाग्रो दण्डः, क्रूशलक्षितो धर्म्माध्यक्षदण्डः.

Cross, ***s.*** **(Two transverse pieces of wood)** व्यत्यस्तकाष्ठद्वयं.—**(The instrument by which Christ suffered death)** क्रूशाभिधानं ख्रीष्टवधसाधनं. **In modern Sanskrit** क्रूशः **or** क्रुशः **are used in this sense.—(An instrument for impaling criminals)** शूला -लः -लं, कीलः.—**(Any thing that thwarts, hindrance, vexation)** व्याघातः, प्रतिरोधः, विघ्नः, प्रत्यूहः, बाधः, क्लेशः, दुःखं, कष्टं, शल्यं.—**(Cross lines)** व्यत्यस्तरेखाद्वयं, स्वस्तिकः.

Cross, ***a.*** **(Transverse)** व्यत्यस्तः -स्ता -स्तं, तिर्य्यङ् तिरश्ची तिर्य्यक्, वज्रः -ज्रा -ज्रं.—**(Adverse, contrary)** विरोधी -धिनी -धि (न्), प्रतिकूलः -ला -लं, विपरीतः -ता -तं, विलोमः -मी -मं, प्रतिलोमः -मा -मं, विपर्य्यस्तः -स्ता -सं, प्रतिपक्षः -क्षा -क्षं, विपक्षः -क्षा -क्षं.—**(Perverse, peevish)** प्रतीपः -पा -पं, कर्कशः -शा -शं, वक्रभावः -वा -वं, सदावक्रः -क्रा -क्रं, नैकृतिकः -की -कं, विपरीतकारी -रिणी -रि (न्); **'a cross woman,'** अधीरा; **'cross multiplication,'** वज्राभ्यासः; **'cross threads,'** पूरणं -णी; **'to be cross,'** प्रतीप **(nom.** प्रतीपायते).

Cross, ***prep.*** **and** ***adv.*** **(Athwart)** व्यत्यस्तं, कोणाकोणि, तिर्य्यक्.—**(Over to the other side)** पारं, तीरान्तरं.

To **cross,** ***v. a.*** **(Lay one body across another)** व्यत्यस् **(c. 4.** -अस्यति -असितुं), व्यत्यासीकृ, अन्यद् अन्यस्योपरि व्यत्यस्तरूपेण धा **(c. 3.** दधाति, धातुं); **'to cross the legs,'** व्यत्यस्तपादेन आस् **(c. 2.** आस्ते, आसितुं); **'to cross the arms,'** बाहुव्यत्यासं कृ, स्वस्तिकं कृ.—**(Go across)** तॄ **(c. 1.** तरति -रितुं -रीतुं), अतितॄ, सन्तॄ, निस्तॄ, उत्तॄ, समुत्तॄ, अती **(c. 2.** -एति -एतुं), व्यती, अतिक्रम् **(c. 1.** -क्रामति -क्रमितुं), व्यतिक्रम्; **'if he crosses your sight,'** यदि दर्शनपथम् अवतरति.—**(Cross to the other side)** पारं गम् **(c. 1.** गच्छति,

गन्तुं); **'to cross the sea,'** समुद्रपारं गम्; **'one who crosses a river,'** अवारपारीणः, अवारीणः.—**(Thwart)** प्रतिरुध् **(c. 7.** -रुणद्धि -रोद्धुं), निरुध्, विरुध्, विघ्न **(nom.** विघ्नयति -यितुं), व्याहन् **(c. 2.** -हन्ति -हन्तुं), प्रतिकूल (nom. प्रतिकूलयति -यितुं).—**(Cross out writing)** लिखितलोपसूचनार्थं व्यत्यस्तरेखाद्वयेन चिह्न **(c. 10.** चिह्नयति -यितुं).

Cross-bow, ***s.*** सृगप्रक्षेपणो धनुर्विशेषः, सृगासनभृत, सृगासनं, गोलासनं.

Cross-bowman, ***s.*** पूर्व्वोक्तधनुर्धारी, सृगासः, गोलासः.

Crossed, ***p. p.*** **Laid transversely)** व्यत्यस्तः -स्ता -स्तं; **'with hands crossed,'** व्यत्यस्तपाणिना.—**(Gone across)** तीर्णः -र्णा -र्णं, उत्तीर्णः -र्णा -र्णं, अतिक्रान्तः -न्ता -न्तं, व्यतिक्रान्तः -न्ता -न्तं, पारगतः -ता -तं.—**(Thwarted)** विरुद्धः -द्धा -द्धं, बाधितः -ता -तं.

To **cross-examine,** ***v. a.*** विपक्षसाक्षिणं नानाविधैः प्रश्नैर् मुह् **in caus.** (मोहयति -यितुं).

Cross-grained, ***a.*** विलोमः -मी -मं, प्रतिलोमः -मा -मं, प्रतीपः -पा -पं.

Crossly, ***adv.*** **(Transversely)** व्यत्यस्तं, तिर्य्यक्.—**(Adversely)** प्रतीपं, प्रतिलोमं, प्रतिकूलं, विपरीतं.—**(Unsuitably)** अयुक्तं, अस्थाने.—**(Peevishly)** कर्कशं.

Crossness, ***s.*** प्रतीपता, कार्कश्यं, कर्कशत्वं, निकृतिः ***f.,*** भाववक्रता, अनार्जवं.

Cross-road, ***s.*** चतुष्पथं, त्रिपथं, त्रिकं, शृङ्गाट-टकं, चारपथः, संस्थानं, प्रवणः.—**(Not the direct high road)** उपपथः.

Crotch, ***s.*** आकषर्णी -र्षिणी, अङ्कुशः, वडिशी.

Crotchet, ***s.*** **(In music)** गान्धर्व्वविद्यायां मध्यमतालसूचकं चिह्नं.—**(A whim)** मनोलौल्यं, मनश्चापलं, मनःकल्पना, अखट्टिः ***m.,*** लहरी.

To **crouch,** ***v. n.*** **(Stoop down)** कायं प्रणम् **(c. 1.** -णमति -णन्तुं **or** -णामयति -यितुं), नताङ्गः -ङ्गी -ङ्गं **or** नम्राङ्गः -ङ्गी -ङ्गं भू, प्रह्वीभू, नम्रीभू, कुटिलिकां कृ; **'to crouch servilely at another's feet,** साष्टाङ्गपातं परपादयोः प्रणिपत् **(c. 1.** -पतति -तितुं),—**(Fawn)** पाठ्कारेण सान्त्व **(c. 10** सान्त्वयति -यितुं).

Crouching, ***p. p.*** अवनतकायः -या -यं, नम्नमूर्त्तिः -र्त्तिः -र्त्ति, आनतशरीरः -रा -रं, प्रह्वः -ह्वा -ह्वं, अवाग्रः -ग्रा -ग्रं.

Croup, ***s.*** **(Of a fowl)** कुक्कुटस्य पश्चाद्भागः.—**(Of a horse)** अश्वनितम्बः.—**(disease of children)** शिशूनां काशपीनसादिलक्षितो रोगः.

Crow, ***s.*** **(The bird)** काकः, वायसः, ध्माक्षः, ध्वांक्षः, ध्वांक्षरावी ***m.*** (न्), करटः, बलिभुक् ***m.*** (ज्), गृहबलिभुक्, बलिपुष्टः -ष्टा -ष्टं, चिरञ्जीवी ***m.*** (न्), काणः, काणूकः, मौकुलिः ***m.*** दिवाटनः, शक्रजः, सकृत्प्रजः, मलभुक् ***m.*** (ज्), प्रातर्भोक्ता ***m.*** (त्तृ), कारवः, अन्यभृत् ***m.*** घूकारिः ***m.*** अरिष्टः, आत्मघोषः; **'carrion crow,'** द्रोणः, दग्धकाकः, शवभुक् ***m.*** (ज्), कुणपभुक्, नालिजङ्घः; **'crow's nest,'** वर्त्तरुकः.—**(Crowbar)** लोहदण्डः, सर्व्वला, शर्व्वला, तोमरः, तङ्कः.—**(Cry of the cock, cry of joy)** कुक्कुटरवः, हर्षनादः.

To crow, ***v. n.*** **(As a cock)** कुक्कटवद् रु **(c. 2.** रौति, रवितुं) **or** नद् **(c. 1.** नदति -दितुं).—**(Boast, bluster)** विकत्थ् **(c. 1.** -कत्थते -त्थितुं), दृप् **(c. 4.** दृप्यति, द्रप्तुं), भर्त्स् **(c. 10.** भर्त्सयते -यितुं), दम्भं कृ.

Crowd, ***s.*** **(A multitude)** समूहः, सङ्घः, सङ्घातः, मेलः -लकः, समाजः, सञ्चयः, सन्नयः, वृन्दं.—**(Confused mass)** सङ्कुलं.—**(Crowd of people)** बहुजनसमूहः, बहुजनमेलकः, जनसम्मर्दः, लोकसङ्घः, लोकनिवहः, जनसङ्कुलं, जनसमागमः, जनता, जनौघं.

To **crowd,** ***v. a.*** **(Fill to excess)** अतिशयेन पृ **in caus.** (पूरयति -यितुं), **or** परिपृ, सङ्कुलीकृ, सङ्कीर्णीकृ, आकीर्णीकृ.—**(Press close together)** सम्मृद् **(c. 9.** -मृद्नाति -मर्द्दितुं), सम्बाध् **(c. 1.** -बाधते -धितुं), सङ्कटीकृ.

To **crowd,** ***v. n.*** सङ्कॄ **in pass.** (-कीर्य्यते), पृ **in pass.** (पूर्य्यते) **or** आपृ, व्याप् **in pass.** (-आप्यते), सङ्कुलीभू, बहुलीभू.

Crowded, ***p. p.*** सङ्कीर्णः -र्णा -र्णं, आकीर्णः -र्णा -र्णं, अनुकीर्णः -र्णा -र्णं, सङ्कुलः -ला -लं, समाकुलः -ला -लं, व्याप्तः -प्ता -प्तं, सम्बाधः -धा -धं, सङ्कटः -टा -टं, जुष्टः -ष्टा -ष्टं, प्रस्तीमः -मा -मं, प्रस्तीतः -ता -तं, अनवकाशः -शा -शं, निरुच्छ्वासः -सा -सं; **'with people,'** बहुजनाकीर्णः -र्णा -र्णं.

Crowder, ***s.*** **(Player on the violin)** शारङ्गीवादकः, पिनाकीवादः.

Crowfoot, ***s.*** **(Caltrop).** ***See*** **the word.—(Plant)** गोक्षुरः, गोखुरः.

Crowing, ***s.*** **(Of a cock)** कुक्कुटरवः, कुक्कुटध्वनिः ***m.,*** चरणायुधशब्दः.

Crown, ***s.*** **(Ornament for the head denoting royalty)** मुकुटं, किरीटः, राजमुकुटं, मौलिः ***m.f.,*** राजमौलिः, राजपट्टः, राजाभरणं.—**(Garland)** स्रक् ***f.*** (ज्), माला.—**(Regal power, royalty)** राज्यं, राजत्वं.—**(Top of the head)** मस्तकाग्रं.—**(Top of any thing)** अग्रं, शिखा, मस्तकं, शिरः ***n.*** (स्), शीर्षकं; **'of a mountain,'** गिरिशृङ्गं, गिरिपृष्ठं.—**(Crown of a hat)** शिरस्काग्रं, शिरस्त्रस्य अग्रभागः **(Piece of silver)** रुप्यमुद्रा.

To **crown,** ***v. a.*** मुकुटेन अलङ्कृ, मुकुटं शिरसीधा **(c. 3.** -दधाति

Crowned 218 **Crupper**

-धातुं), किरीट (**nom.** किरीटयति -यितुं), मुकुट (**nom.** मुकुटयति -यितुं), किरीटं शिरसि धा **or** ऋ **in caus.** (अर्पयति -यितुं), किरीटार्पणसंस्कारं कृ; **'with a garland,'** सृज् (**nom.** सृजयति -यितुं).—**(Complete, perfect)** सम्पद् **in caus.** (-पादयति -यितुं), निष्पद्, समाप् **in caus.** (-आपयति -यितुं), संस्कृ, पुरस्कृ.

Crowned, ***p. p.*** किरीटी -टिनी -टि (न्), मुकुटधारी -रिणी -रि (न्).

Crown-scab, ***s.*** अश्वखुरस्य अग्रभागे व्रण: **or** क्षतं **or** पाम ***n.*** (न्).

To* cruciate,** ***v. a. क्लिश् (**c. 9.** क्लिश्नाति, क्लेष्टुं), व्यथ् **in caus.** (व्यथयति -यितुं), तप् **in caus.** (तापयति -यितुं), प्रमथ् (**c. 1.** -मथति -थितुं), यत् **in caus.** (यातयति -यितुं).

Crucible or cruset, ***s.*** मूष: -षी -षा -षिका, अन्धमूषा, वक:, वकयन्त्रं, आवर्त्तनी, तैजसावर्त्तिनी, शिलात्मिका.

Cruciferous, ***a.*** क्रूशचिह्नधारी -रिणी -रि (न्).

Crucifix, ***s.*** क्रूशारोपितस्य ख्रीष्टस्य प्रतिमा **or** मूर्त्ति: ***f.***

Crucifixion, ***s.*** ख्रीष्टस्य क्रूशारोपणं **or** क्रूशनिवेशनं **or** क्रूशे बन्धनं.

Cruciform, ***a.*** क्रूशाकार: -रा -रं, क्रूशाकृति: -ति: -ति.

To* crucify,** ***v. a. क्रूशे आरुह् **in caus.** (-रोपयति -यितुं) **or** समारुह् **or** निविश् **in caus.** (-वेशयति -यितुं) **or** बन्ध् (**c. 9.** बध्नाति, बन्धुं) **or** व्यध् (**c. 4.** विध्यति, व्यद्धुं).

Crude, ***a.*** **(Raw)** आम: -मा -मं, कल: -ला -लं.—**(Unripe, uncooked)** अपक्व: -क्वा -क्वं, अपरिपक्व: -क्वा -क्वं, अपरिणत: -ता -तं, आपक्व: -क्वा -क्वं, असंस्कृत: -ता -तं, अनुपस्कृत: -ता -तं, असिद्ध: -द्धा -द्धं, यातयाम: -मा -मं.—**(Undigested)** अजीर्ण: -र्णा -र्णं, विदग्ध: -ग्धा -ग्धं.—**(Not brought to perfection)** असम्पूर्ण: -र्णा -र्णं, अपूर्णकाल: -ला -लं, असमाप्त: -प्ता -प्तं, अपरिष्कृत: -ता -तं, अयत्नकृत: -ता -तं; **'crude form of a noun,'** प्रातिपदिकं, पदं.

Crudely, ***adv.*** अपूर्णकाले, अपरिष्कृतं, असिद्धं, अयत्नपूर्व्वं.

Crudeness, crudity, ***s.*** आमता, अपक्वता, अपरिपक्वत्वं, अपाक:, अपक्ति: ***f.,*** असिद्धत्वं, अजीर्णि: ***f.,*** अजीर्णता, असम्पूर्णत्वं, असमाप्ति: ***f.,*** अपरिष्कार:.

Cruel, ***a.*** निष्ठुर: -रा -रं, क्रूर: -रा -रं, क्रूरकर्म्मा -र्म्मा -र्म्म (न्), क्रूरकृत् ***m.f.n.,*** क्रूरकर्म्मशाली -लिनी -लि (न्), हिंस्र: -स्रा -स्रं, नृशंस: -सा -सं, प्राणिपीडाकर: -री -रं, क्लेशक: -का -कं, निर्दय: -या -यं, दयाहीन: -ना -नं, निष्कृप: -पा -पं, कठिनहृदय: -या -यं, अकरुण: -णा -णं, निष्करुण:, -णा -णं, निर्घृण: -णा -णं, वीतघृण: -णा -णं, दु:खकर: -री -रं, पिशुन: -ना -नं, व्याल: -ला -लं, द्रोही -हिणी -हि (न्).

Cruelly, ***adv.*** निष्ठुरं, निर्दयं, क्रूरं, निष्करुणं, निर्घृणं, नैष्ठुर्य्येण, क्रौर्य्येण.

Cruelness, cruelty, ***s.*** नैष्ठुर्य्यं, निष्ठुरता, क्रूरता, क्रौर्य्यं, हिंस्रत्वं, नृशंसता, निर्दयत्वं, निष्करुणता, वीतघृणता, पैशुन्यं, दौरात्म्यं, द्रोह:, अभिद्रोह:, उत्पात:; **'cruelty to animals,'** प्राणिपीडा, प्राणिहिंसा.

Cruentate, ***a.*** रक्ताक्त: -क्ता -क्तं, रक्तलिप्त: -प्ता -प्तं, असृग्लिप्त: -प्ता -प्तं, शोणिताक्त: -क्ता -क्तं, 'शोणितोक्षित: -ता -तं, रक्तमलिन: -ना -नं.

Cruet, ***s.*** शुक्ततैलादिधारणार्थं क्षुद्रकाचकूपी, शुक्ततैलाद्याधार:.

Cruise, ***s.*** **(A small cup)** क्षुद्रपात्रं, क्षुद्रभाजनं, क्षुद्रकूपी, क्षुद्रकंस:.—**(A voyage in search of plunder)** लोप्त्रहरणार्थम् इतस्तत: समुद्रभ्रमणं **or** समुद्रयानं.

To* cruise,** ***v. n. लोप्त्रहरणार्थम् इतस्तत: समुद्रं परिभ्रम् (**c. 4.** -भ्राम्यति -भ्रमितुं).

Cruiser, ***s.*** पारक्यनौकानुसरणे वा न वा नियुक्ता यत्र कुत्रचित् समुद्रयायिनी युद्धनौका.

Crum, crumb, ***s.*** **(Fragment of bread, leavings of a meal)** जुष्टं, फेलक:, फेला -लि: ***f.,*** पिण्डोलि: ***f.,*** अतिरिक्तपूप:, अपूपलव:, अपूपखण्ड:, अपूपशकलं, भुक्तसमुज्झितं, शेषान्नं, अन्नशेष:, भोजनपात्राद् उच्छिष्टं.—**(Soft part of bread)** अपूपस्य कोमलभाग: **or** कोमलांश:.

To* crum or crumble,** ***v. a. चूर्ण् (**c. 10.** चूर्णयति -यितुं), विचूर्ण्, चूर्णीकृ; क्षुद् (**c. 7.** क्षुणत्ति, क्षोत्तुं), प्रक्षुद्, संक्षुद्; पिष् (**c. 7.** पिनष्टि, पेष्टुं), निष्पिष्; मृद् (**c. 9.** मृद्नाति, मर्द्दितुं), विमृद्; खण्ड् (**c. 10.** खण्डयति, -यितुं), खण्डश: कृ, खण्डं खण्डं कृ, शकलीकृ.

To* crumble,** ***v. n. चूर्णीभू, शकलीभू, खण्डशो भू, क्षुणीभू, विशीर्णीभू, विशृ **in pass.** (-शीर्य्यते).

Crummy, ***a.*** कोमल: -ला -लं, मृदुल: -ला -लं, मसृण: -णा -णं.

Crump, ***a.*** कुब्ज: -ब्जा -ब्जं, न्युब्ज: -ब्जा -ब्जं, गडुर: -रा -रं.

Crumpet, ***s.*** शिथिलपिष्टकविशेष: यो नवनीताक्तो भूत्वा खाद्यते.

To* crumple,** ***v. a. कुञ्ज् (**c. 1.** कुञ्चति -ञ्चितुं), सङ्कुच् (**c. 1.** -कोचति -चितुं), पुट् (**c. 10.** पुटयति -यितुं), सम्पुट्, सम्मृद् (**c. 9.** -मृद्नाति -मर्द्दितुं), चूर्ण् (**c. 10.** चूर्णयति -यितुं), रुक्षीकृ.

Crumpling, ***s.*** **(The act of crumpling)** कुञ्चनं, सङ्कोचनं, सम्मर्द्द:, अवमर्द्द:.—**(Fruit)** शिथिलत्वग्विशिष्टं क्षुद्रफलं.

Crupper, ***s.*** चर्म्मबन्धो येन पर्य्याणम् अश्वलाङ्गूलेन संयुज्यते, पुच्छबन्ध:.

Crural, ***a.*** जाङ्घिकः -की -कं, जङ्घासम्बन्धी -न्धिनी -न्धि (न्).

Crusade, crusader, ***See*** **Croisade, croises,** ***s.***

Crush, ***s.*** **(Act of crushing)** मर्द्दनं, सम्मर्दः, अवमर्दः, सम्पेषः, निष्पेषः, सङ्घट्टः -ट्टनं, घर्षणं, समाघातः.—**(A crowd)** जनसम्मर्दः, जनौघं.

To **crush,** ***v. a.*** **(Squeeze)** पीड् **(c. 10.** पीडयति -यितुं), सम्पीड्.—**(Collide)** मृद् **(c. 9.** मृद्नाति, मर्द्दितुं), सम्मृद्, प्रमृद्, विमृद्, आमृद्; पिष् **(c. 7.** पिनष्टि, पेष्टुं), सम्पिष्, निष्पिष्, विनिष्पिष्; चूर्ण् **(c. 10.** चूर्णयति -यितुं), प्रचूर्ण्, अवचूर्ण्, विचूर्ण्; घृष् **(c. 1.** घर्षति -र्षितुं); प्रभञ्ज् **(c. 7.** -भनक्ति -भंक्तुं); खण्ड् **(c. 10.** खण्डयति -यितुं); मन्थ् **(c. 9.** मथ्नाति, मन्थितुं, **c. 1.** मथति -थितुं); क्षुद् **(c. 7.** क्षुणत्ति, क्षोत्तु), पुथ् **in caus.** (पोथयति -यितुं).—**(Beat down)** निपत् **in caus.** (-पातयति -यितुं), अवमृद्.—**(demolish, subdue)** नश् **in caus.** (नाशयति -यितुं), विनश्, दम् **in caus.** (दमयति -यितुं).

Crushed, ***p. p.*** मर्द्दितः -ता -तं, सम्मर्द्दितः -ता -तं, परिमृदितः -ता -तं, सम्पिष्टः -ष्टा -ष्टं, निष्पिष्टः -ष्टा -ष्टं, चूर्णितः -ता -तं, घर्षितः -ता -तं.

Crust, ***s.*** **(An external coat or skin by which a body is enveloped)** त्वक् ***f.*** (च्), वाह्यभागः, पटलं, वाह्यपटलं, वाह्यकोशः, अण्डकोशः, छल्लिः ***f.,*** -ल्ली, चोचं, चोलकं, वल्कं, शल्कं, वहिरावेष्टनं, पेशी.—**(Hard incrustation)** घनपटलं, घनीभूतं वाह्यपटलं, शीनीभूतो वाह्यभागः.—**(Crust of bread)** अपूपस्य वाह्यभागः **or** घनभागः.—**(Pie-crust)** शष्कुलस्य वहिर्भागः **or** उपरिभागः.

To **crust,** ***v. a.*** वाह्यतस् **or** वहिर्भागे घनीकृ, घनपटलेन वेष्ट् **in caus.** (वेष्टयति -यितुं) **or** आच्छद् **(c. 10.** -छादयति -यितुं) **or** शीनीकृ **or** संहतीकृ.

To **crust,** ***v. n.*** वाह्यतस् **or** वाह्यभागे घनीभू, घनपटलं बन्ध् **(c. 9.** बध्नाति, बन्धुं), वहिर्भागे संहतीभू **or** श्यानीभू.

Crustaceous, ***a.*** कवची -चिनी -चि (न्), काम्बवः -वी -वं, वल्कवान् -वती -वत् (त्).

Crustily, ***adv.*** **(Peevishly)** कर्कशं, प्रतीपं, परुषं, कटुभावेन.

Crustiness, ***s.*** कर्कशत्वं, प्रतीपता, निकृतिः ***f.,*** भावरुक्षता, भावकटुता.

Crusty, ***a.*** **(Covered with a crust)** त्वाचः -ची -चं, घनपटलोपेतः -ता -तं.—**(Peevish)** कर्कशः -शा -शं, प्रतीपः -पा -पं, नैकृतिकः -की -कं.

Crutch, ***s.*** वृद्धभृतो दण्डः, पङ्गुना कक्षेणावलम्बितो दण्डः, जरिणोपाश्रितो यष्टिः, खञ्जालम्बनार्थं दण्डः.

To **crutch,** ***v. a.*** दण्डेन आलम्ब् **(c. 1.** -लम्बते -म्बितुं) **or** उत्तम्भ् **in caus.** (-तम्भयति **for** -स्तम्भयति -यितुं).

To **cry,** ***v. n.*** **(Weep, utter lamentations)** क्रन्द् **(c. 1.** क्रन्दति -न्दितुं), आक्रन्द्; रुद् **(c. 2.** रोदिति -तुं), प्ररुद्; परिदेव् **(c. 1.** -देवते -वितुं); विलुप् **(c. 1.** -लपति -पितुं), क्रुश् **(c. 1.** क्रोशति, क्रोष्टुं), विक्रुश्, परिक्रुश्.—**(Shed tears)** अश्रूणि **or** वाष्पं यत् **in caus.** (पातयति -यितुं) **or** मुच् **(c. 6.** मुञ्चति, मोक्तुं) **or** सृज् **(c. 6.** सृजति, स्रष्टुं), वाष्प **(nom.** वाष्पायते).—**(Utter inarticulate sounds, scream)** रु **(c. 2.** रौति, रवितुं), विरु; नद् **(c. 1.** नदति -दितुं), रस् **(c. 1.** रसति -सितुं), क्रुश्, विक्रुश्, वाश् **(c. 4.** वाश्यते, **c. 1.** वाशते -शितुं, कु **(c. 1.** कवते -वितुं), स्वरं कृ, चीत् शब्दं कृ, चित्कारं कृ, चीत्कृ.—**(Cry out, exclaim)** उत्क्रुश्, प्रकाशं **or** उच्चैःस्वरेण घुष् **in caus.** (घोषयति -यितुं), उद्घुष्; प्रक्ष्विड् **(c. 1.** -क्ष्वेडति -डितुं).—**(Proclaim)** घुष **in caus.,** विघुष् **in caus.;** प्रख्या **in caus.** (-ख्यापयति -यितुं), प्रकाश् **in caus.** (-काशयति -यितुं), उच्चर् **in caus.** (-चारयति -यितुं), उत्कृत् **(c. 10.** -कीर्त्तयति -यितुं).

To **cry down,** ***v. a.*** **(Depreciate)** अपवद् **(c. 1.** -वदति -दितुं), पेरिवद्; अपकृष् **(c. 1.** -कर्षति -क्रष्टुं), कन **(nom.** कनयति -यितुं).—**(Prohibit)** निषिध् **(c. 1.** -षेधति -षेद्धुं), प्रतिषिध्.

To **cry unto,** ***v. a.*** आह्वे **(c. 1.** -ह्वयति -ह्वातुं), प्रार्थ् **(c. 10.** प्रार्थयति -यितुं).

To **cry up,** ***v. a.*** प्रशंस् **(c. 1.** -शंसति -सितुं), कृत् **(c. 10.** कीर्त्तयति -यितुं).

Cry, ***s.*** **(Lamentation, weeping)** क्रन्दनं, क्रन्दितं, रोदनं, रुदितं, विलपनं, विलापः, परिदेवनं, -ना, क्रुष्टं.—**(Clamour)** उत्क्रोशः, उत्क्रुष्टं, घोषणं -णा, उच्चैर्धुष्टं, उच्चैःस्वरः, जनरवः, संहूतिः.—**(Confused noise, scream)** कोलाहलः, शब्दः, रुतं, रावः, चित्कारः, चीत्कारः, नादः, विक्रुष्टं, रासः, स्वरः; **'cry of joy,'** हर्षनादः, हर्षस्वनः; **'cry of pain,'** आर्त्तनादः.

Cryer, ***s.*** घोषकः, प्रकाशकः, घोषणाकृत्, उच्चैःस्वरेण ख्यापकः.

Crypt, ***s.*** पूजाशालाया अधोभागे खातं शवनिखननस्थानं, गुहा, गुहागृहं.

Crystal, ***s.*** स्फटिकः, स्फटिकाश्मा ***m.*** (न्), स्फटिकोपलं, काचमणिः ***m.,*** सितमणिः ***m.,*** विमलमणिः, शुचिमणिः, अच्छः, सितोपलः, कुवज्जकं, केलासः, सिक्ष्यं, घौतशिलं, निस्तुपरत्नं, शालिपिष्ठं, रागदः.

Crystal, crystalline, ***a.*** स्फाटिकः -की -कं, स्फटिकमयः -यी -यं.—**(Transparent)** स्फटिकप्रभः -भा -भं, स्वच्छः -च्छा -च्छं, विमलः -ला -लं.

To **crystallize,** ***v. a.*** स्फटिकाकारेण घनीकृ **or** श्यानीकृ, स्फटिकसात्कृ.

To **crystallize,** ***v. n.*** स्फटिकाकारेण घनीभू **or** श्यै **(c. 1.** श्यायते,

श्यातुं), स्फटिकाकृतिः -तिः -ति भू, स्फटिकं बन्ध् (c. 9. बध्नाति, बन्धु).

Cub, ***s.*** **(Young of a beast)** शावः -वकः, वत्सः, शिशुः ***m.,*** पोतः; **'bear's cub,'** ऋक्षशावकः; **'fox's cub,'** लोमशावत्सः; **'jackal's cub,'** शृगालवत्सः; **'elephant's cub,'** हस्तिशावकः, इभयुवतिः ***f.,*** इभपोटा.

Cube, ***s.*** घनः; **'cube-root,'** घनमूलं, घनपदं.

Cubic, cubical, ***a.*** घनाकारः -रा -रं, घनाकृतिः -तिः -ति; **'cubical contents,'** घनफलं.

Cubit, ***s.*** अरत्निः ***m.,*** रत्निः ***m.,*** हस्तः, काकिणी ***f.,*** किष्कुः ***m. f.,*** त्रिपुटः.

Cubital, ***s.*** अरत्निपरिमाणः -णा -णं, हस्तपरिमाणः -णा -णं.

Cuckold, ***s.*** कुलटापतिः ***m.,*** असतीपतिः ***m.,*** वन्धकीभार्य्यः, पुंश्चलीभार्य्यः, व्यभिचारिणीपतिः ***m.,*** अभिसारिकाभार्य्यः.

To **cuckold,** ***v. a.*** भार्य्याभिगमनेन परं तिरस्कारास्पदं कृ.

Cuckold-maker, ***s.*** परदारगामी ***m.*** (न्), परकलत्राभिगामी ***m.,*** पारदारिकः.

Cuckoo, ***s.*** कोकिलः, परभृतः, परपुष्टा, परैधितः, पिकः, वसन्तदूतः, चातकः, मदालापी ***m.*** (न्), शारङ्गः, वनप्रियः; **'its note,'** कोकिलाभिरुतं.

Cucumber, ***s.*** कर्कटी, पटोलः -लिका, जाली, कपालः, चेलाल, इर्वारुः ***m.f.,*** सुखाशः, त्रिखं, त्रपुषं, मानधानिका, राजफलं, वृत्रभोजनं, ज्योत्स्नी, चित्रा, गवाक्षी, गोडुम्बा.

Cucurbitaceous, ***a.*** अलाबूजातीयः -या -यं, तुम्बाकारः -रा -रं.

Cucurbite, ***s.*** अलाबूसरूपं सन्धानयन्त्रं.

Cud, ***s.*** **(Food swallowed to be chewed again)** पुनश्चर्व्य आहारः, पुनश्चर्व्वणीयं तृणादिभोजनं; **'chewing the cud,'** रोमन्थः -न्थनं; **'to chew the cud,'** रोमन्थ **(nom.** रोमन्थायते**).**

To **cuddle,** ***v. n.*** निकटे **or** अङ्के **or** पार्श्वतः शी **(c. 2.** शेते, शयितुं), उत्कटुकासनं कृ.

Cudgel, ***s.*** यष्टिः ***m:f.,*** गदा, लगुडः, वेत्रं, दण्डः, काष्ठं, मुद्गरः, इली, ईली, करपालिका, करवालिका.

To **cudgel,** ***v. a.*** वेत्रेण **or** गदया **or** लगुडेन तड् **(c. 10.** ताडयति -यितुं) **or** आहन् **(c. 2.** -हन्ति -हन्तुं) **or** प्रहृ **(c. 1.** -हरति -हर्त्तुं).

Cudgeling, ***s.*** वेत्राघातः, यष्ट्याघातः, दण्डपारुष्यं.

Cudgel-play, ***s.*** गदायुद्धं, दण्डादण्डि, वेत्रयुद्धं.

Cudgel-player, ***s.*** गदायोधी ***m.,*** (न्), यष्टिप्रहरणः, याष्टीकः, झल्लः.

Cue, ***s.*** **(Tail or end of any thing)** बालः, पुच्छः -च्छं, अञ्चलः. **—(Hint)** सङ्केतः, इङ्गितः, आकूतं. **—(Humour)** छन्दः ***n.*** (स्), छन्दं, मनोभावः.

Cuff, ***s.*** **(Blow with the fist)** मुष्ट्याघातः, मुष्टिप्रहारः, कराघातः, पाणिघातः, आघातः, प्रहारः. **—(End of a sleeve)** पिप्पलस्य अग्रभागः, पिप्पलाञ्चलः; **'fisticuffs,'** मुष्टीमुष्टि.

To cuff, ***v. a.*** मुष्टिना **or** करेण **or** पाणिना तड् **(c. 10.** ताडयति -यितुं) **or** आहन् **(c. 2.** -हन्ति -हन्तुं) **or** प्रहृ **(c. 1.** -हरति -हर्त्तुं).

To **cuff,** ***v. n.*** मुष्टियुद्धं कृ, मुष्टीमुष्टि युध् **(c. 4.** युध्यते, योद्धुं).

Cuirass, ***s.*** कवचः -चं, उरस्त्राणं, वक्षस्त्राणं, उरश्छदः, उदरत्राणं, कूर्प्पासः, तनुत्रं, वाणवारः, वारवाणः, नागोदरं, आयसी, निचुलकं, निचोलकः.

Cuirassier, ***s.*** कवची ***m.*** (न्), वर्म्मवान् ***m.*** (त्), तनुत्रवान् ***m.*** (त्), वर्म्मितः.

Cuish, ***s.*** जङ्घात्राणं, मंक्षुणं, मंक्षुण, ऊरुत्राणं, ऊरुवर्म्म ***n.*** (न्).

Culinary, ***a.*** पाकसम्बन्धी -न्धिनी -न्धि (न्), पाचकः -का -कं; **'culinary utensil,'** पाकपात्रं, पाकभाण्डं; **'culinary skill,'** पाकनिष्पत्तिः ***f.***

To **cull,** ***v. a.*** उद्धृ **(c. 1.** -हरति -हर्त्तुं), समुद्धृ, वृ **(c. 5.** वृणोति, वरितुं -रीतुं), उद्धृ; **'to cull passages from a book,'** चूर्णि कृ.

Culler, ***s.*** उद्धर्त्ता ***m.*** (र्त्तृ), समुद्धर्त्ता, चूर्णिकृत् ***m.***

Cullion, ***s.*** धूर्त्तः, दुरात्मा ***m.*** (न्), नराधमः, जाल्मः, कृपणः.

Cully, ***s.*** कामकूटः, वेश्याजितः, वेश्यावशवर्त्ती ***m.*** (न्), धूर्त्तवञ्चितः.

Culm, ***s.*** **(Stalk)** नालं -ली, नाडिः ***f.*** -डी, काण्डः, स्तम्भः, मञ्जरिः ***f.***

To **culminate,** ***v. n.*** ऊर्द्ध्वदेशं **or** उच्चस्थानं **or** मस्तकोपरिस्थानं **or** अग्रस्थानं प्राप् **(c. 5.** -आप्नोति -आप्तुं) **or** सङ्क्रम् **(c. 1.** -क्रामति -क्रमितुं).

Culpable, ***a.*** दोषी -षिणी -षि (न्), अपराधी -धिनी -धि (न्), अपराद्धः -द्धा -द्धं, सापराधः -धा -धं, सदोषः -षा -षं, कृतापराधः -धा -धं, निन्दनीयः -या -यं, निन्द्यः -न्द्या -न्द्यं, निन्दार्हः -र्हा -र्हं, गर्ह्यः -र्ह्या -र्ह्यं, दूष्यः -ष्या -ष्यं, सागाः -गाः -गः (स्), वाच्यः -च्या -च्यं; **'to be culpable,'** अपराध **(nom.** अपराध्यति).

Culpableness, culpability ***s.*** अपराधिता -त्वं, सापराधता, सदोषता, दोषित्वं, निन्दनीयत्वं, निन्द्यता, निन्दार्हत्वं, गर्ह्यता.

Culpably, ***adv.*** सापराधं, सदोषं, अपराधिवत्, निन्दनीयं.

Culprit, ***s.*** दोषी ***m.*** (न्), अपराधी ***m.*** (न्), अपराद्धा ***m.*** (द्धृ), पापी ***m.*** (न्), दोषग्रस्तः, दृष्टदोषः, निश्चितदोषः, बध्यः.

To **cultivate,** ***v. a.*** **(Till the land)** कृष् **(c. 6** कृषति, क्रष्टुं). **—(Labour at, promote)** सेव् **(c. 1.** सेवते -वितुं), आसेव्,

अनुसेव्, उपसेव्, निषेव्; भज् (c. 1. भजति -ते -भक्तुं); अनुष्ठा (c. 1. -तिष्ठति -ष्ठातुं); अनुपाल् (c. 10. -पालयति -यितुं), प्रतिपाल्; संवृध् in caus. (-वर्धयति -यितुं).

Cultivated, ***p. p.*** कर्षित -ता -तं, कृष्टः ष्टा -ष्टं, फालकृष्टः -ष्टा -ष्टं, सीत्यः -त्या -त्यं, सेवितः -ता -तं; **'cultivated land,'** क्षेत्रभूमिः ***f.,*** कर्म्मभूः ***f.,*** कर्म्मान्तः, सीत्यं.

Cultivation, culture, ***s.*** **(Of land)** कर्षणं, कृषिः ***f.,*** कृषिकर्म्म ***n.*** (न्), कृषिः ***f.,*** कार्षिः ***f.*** **—(Labouring at, promoting)** सेवनं, अनुसेवनं, परिष्कारः, अनुष्ठानं, अनुपालनं, प्रतिपालनं, संवर्धनं; **'of learning,'** विद्यानुसेवनं.

Cultivator, ***s.*** **(Of land)** कृषकः, कर्षकः, कार्षिकः, क्षेत्रिकः क्षेत्री ***m.*** (न्), क्षेत्राजीवः, हालिकः.**—(One who labours at or promotes)** सेवी ***m.*** (न्), अनुसेवी, अनुष्ठायी ***m.*** (न्), अनुपाली ***m.*** (न्), प्रतिपाली ***m.*** (न्), संवर्धकः; **'cultivator of learning,'** विद्यानुसेवी, विद्यानुपाली.

Culver, ***s.*** **(Pigeon)** कपोतः, पारवतः, पारावतः, कलरवः.

Culver-house, ***s.*** कपोतपालिका, कपोतागारं, विटङ्कः.

To **cumber,** ***v. a.*** बाध् (c. 1. बाधते -धितुं), क्लिश् (c. 9. क्लिश्नाति, क्लेष्टुं), अवरुध् (c. 7. -रुणद्धि -रोद्धुं), अतिभारो भू, विघ्न (nom. विघ्नयति -यितुं), कष्टं जन् (c. 10. जनयति -यितुं).

Cumber, ***s.*** अतिभारः, बाधः -धनं, क्लेशः, कण्टकः, शल्यं, कष्टं, विघ्न.

Cumbersome, cumbrous, ***a.*** भारी -रिणी -रि (न्) **or** अतिभारी, क्लेशकः -की -कं, कष्टकरः -री -रं, दुःखकरः -री -रं, दुर्भरः -रा -रं, बाधकः -का -कं.

Cumbersomely, ***adv.*** अतिभारेण, यथा क्लेशः **or** कष्टं **or** बाधा जायते तथा.

Cumbersomeness, cumbrance, ***s.*** भारः, अतिभारः, क्लेशः, कष्टं, विघ्नः, अवरोधः.

Cumin, ***s.*** जीरकः जीरः, जीर्णः, जरणः, सुगन्धं, सूक्ष्मपत्रः, कृष्णसखी, दूता, सुषवी, अजाजी, श्वेतः, कणा.

To **cumulate,** ***v. a.*** सञ्चि (c. 5. -चिनोति -चेतुं), समाचि, समुपचि; राशीकृ, पूगीकृ, पिण्डीकृ, ओघीकृ, एकत्र कृ.

Cumulation, ***s.*** सञ्चयः -यनं, निचयः, प्रचयः, राशीकरणं, पूगीकरणं.

Cunctation, ***s.*** विलम्बः, कालक्षेपः, कालयापः -पनं, दीर्घसूत्रता.

Cuneiform, ***a.*** कीलाकारः -रा -रं, कीलाकृतिः -तिः -ति, कीलसरूपः -पा -पं.

Cunning, ***a.*** **(Sly)** विदग्धः -ग्धा -ग्धं, छली -लिनी -लि (न्), छलनापरः -रा -रं, सव्याजः -जा -जं, मायी -यिनी -यि (न्), मायान्वितः -ता -तं, कापटिकः -की -कं, कूटकृतः ***m.f.n.,*** विप्रलम्भकः -का -कं, धूर्त्तः -र्त्ता -र्त्तं, वञ्चनशीलः -ला -लं, प्रतारणशीलः -ला -लं.**—(Skilful)** निपुणः -णा -णं, चतुरः -रा -रं, पटुः -टुः -ट्वी -टु.

Cunning, ***s.*** **(Deceit, slyness)** विदग्धता, वैदग्ध्यं, छलं -लना, व्याजः, माया, कपटः, कापट्यं, कूटः -टं, धूर्त्तता, वञ्चनं, प्रवञ्चना, शठता, वक्रता, कैतवं.**—(Skill)** पाटवं, नैपुण्यं, चातुर्य्यं, युक्तिः ***f.***

Cunningly, ***adv.*** विदग्धं, छलेन, सव्याजं, समायं, वैदग्ध्येन, सपाटवं.

Cup, ***s.*** पात्रं, पानपात्रं, भाण्डं, भाजनं, कंसः -सं, कांस्यः -स्यं, चषकः, शरावः, कुन्तलः, कुशयः, शालाजिरः -रं, पानीयाधारः.**—(Any thing hollow like a cup)** पुटः -टकं; **'the cup of a flower,'** पुरं, पुष्पगर्भः, पुष्पकोषः; **'cup of a balance,'** कक्ष्य.**—(Drinking bout)** सम्पीतिः ***f.;*** **'one who loves a cup,'** पानासक्तः.

To **cup,** ***v. a.*** **(Draw blood by applying cupping-glasses)** आचूषणं कृ, आचूषणयन्त्रेण रक्तं सु **in caus.** (स्रावयति -यितुं) **or** मुच् **in caus.** (मोचयति -यितुं) **or** मोक्ष् (c. 10. मोक्षयति -यितुं).

Cupbearer, ***s.*** पात्रवाहकः, पानपात्रवाही ***m.*** (न्), पात्रभृत्, मद्यरक्षकः.

Cupboard, ***s.*** अन्नकोष्ठः, कुशूलः, कण्डोलः -लकः, खाद्यद्रव्याधारः.

To **cupboard,** ***v. a.*** अन्नकोष्ठे निधा (c. 3. -दधाति -धातुं) **or** निविश् **in caus.** (-वेशयति -यितुं).

Cupel, ***s.*** स्वर्णकारैर् व्यवहारिता सुवर्णशोधनार्थं मूषा.

Cupid, ***s.*** कामः, कामदेवः, अनङ्गः, मदनः, कन्दर्पः. ***See*** **Kamadeva.**

Cupidinous, ***a.*** कामी -मिनी -मि (न्), कामुकः -का -कं, लोभी -भिनी -भि (न्), लोलुभः -भा -भं, लोभाविष्टः -ष्टा -ष्टं, लाभलिप्सुः -प्सुः -प्सु, लिप्सुः -प्सुः -प्सु.

Cupidity, ***s.*** कामः -मिता, कामुकत्वं, अभिलाषः, लोभः, लुब्धता -त्वं लाभलिप्सा, लिप्सा, कामना, तृष्णा, अभिकांक्षा, अतिस्पृहा.

Cupola, ***s.*** अर्द्धगोलाकारं प्रासादशृङ्गं **or** हर्म्यशिखरं.

Cupper, ***s.*** आचूषणन्त्रेण रक्तमोचकः **or** असृक्स्रावी ***m.*** (न्).

Cupping-glass, ***s.*** रक्ताचूषणयन्त्रं, रक्ताचूषणार्थं काचपात्रं.

Cur, ***s.*** श्वा ***m.*** (न्), शुनकः कुक्कुरः, दुष्टकुक्कुरः; **'cur-like,'** श्ववत्.

Curable, ***a.*** चिकित्स्यः -त्स्या -त्स्यं, साध्यः -ध्या -ध्यं, प्रतीकार्य्यः -र्य्या -र्य्यं, शमनीयः -या -यं, चिकित्सितुं शक्यः -क्या -क्यं, स्वास्थ्यक्षमः -मा -मं.

Curabilness, ***s.*** चिकित्स्यत्वं, साध्यता, प्रतीकार्य्यत्वं, उपशमनीयता.

Curacy, ***s.*** उपपुरोहितस्य वृत्तिः ***f.*** **or** व्यापारः **or** अधिकारः.

Curate, ***s.*** उपपुरोहितः, उपयाजकः, पुरोहितप्रतिनिधिः ***m.,*** उपगुरुः.

Curative, ***a.*** रोगघ्नः -घ्नी -घ्नं, रोगहरः -रा -रं, रोगान्तकः -की -कं, व्याधिशमकः -का -कं, शान्तिकरः, -री -रं, शान्तिदः -दा -दं.

Curator, ***s.*** अध्यक्षः, अधिकारी ***m.*** (न्), अधिकृतः, रक्षकः, अधीशः, अवेक्षिता ***m.*** (तृ), अधिकर्म्मिकः, द्रष्टा ***m.*** (ष्टृ).

Curb, ***s.*** **(Of a bridle)** मुखयन्त्रणं, वल्गाशृङ्खलः, वागासम्बन्धिनी शृङ्खला, अश्वमुखशृङ्खला.—**(Restraint)** यन्त्रणं, शृङ्खलता, संयमः, यमः, निग्रहः, अवरोधः, निषेधः.

To **curb,** ***v. a.*** **(Hold a horse in with a curb)** अश्वं मुखयन्त्रणेन **or** मुखशृङ्खलया यम् **(c. 1.** यच्छति, यन्तुं).—**(Restrain)** यम्, संयम्; यन्त्र् **(c. 10.** यन्त्रयति -यितुं), निग्रह् **(c. 9.** -गृह्णाति -ग्रहीतुं), अवरुध् **(c. 7.** -रुणद्धि -रोद्धुं), निरुध्.

Curbed, ***p. p.*** शृङ्खलितः -ता -तं, यन्त्रितः -ता -तं, संयतः -ता -तं.

Curb-stone, ***s.*** परिस्त्रस्तरोपान्ते सुदृढप्रस्तरः.

To **curd or curdle,** ***v. n.*** दधिसात्कृ, श्यै **in caus.** (श्यापयति -यितुं), घनीकृ.

Curds, ***s.*** दधि ***n.,*** पयस्यं, क्षीरजं, गव्यं, किलाटः, गोरसजं, त्रप्सं, द्रप्सा, रसाला, मार्जिता.

Curdy or curdled, ***a.*** दधिमयः -यी -यं, श्यानः -ना -नं, शीनः -ना -नं, आश्यानः -ना -नं, घनीभूतः -ता -तं, दधिवत् संहतः -ता -तं.

Cure, ***s.*** **(Act of healing)** चिकित्सा -त्सनं -त्सितं, शमः, शान्तिः ***f.,*** उपशमः, रोगशान्तिः ***f.,*** रोगशमः, रोगोपशमः, समाधानं, प्रतिसमाधानं, रुक्प्रतिक्रिया, प्रतीकारः, रोगोपचारः.—**(State of being healed)** समुत्थानं, स्वास्थ्यं, सुस्थता.—**(The remedy itself)** भेषजं, भैषज्यं, औषधं, रोगहं.—**(Benefice of clergyman)** पुरोहितवृत्तिः ***f.,*** धर्म्माध्यापकस्य व्यापारः **or** अधिकारः.

To **cure,** ***v. a.*** कित् **in des.** (चिकित्सति -त्सितुं), शम् **in caus.** (शमयति -यितुं), प्रशम्, उपशम्; स्वस्थं -स्थां -स्थं कृ सुस्थं -स्थां -स्थं कृ, प्रतिकृ, समाधा **(c. 3.** -दधाति -धातुं), प्रतिसमाधा, समुत्था **in caus.** (-थापयति **for** -स्थापयति -यितुं), भिषज् **(nom.** भिषज्यति), साध् **in caus.** (साधयति -यितुं).—**(Cure fish or meat)** लवण **(nom.** लवणयति -यितुं), लवणीकृ.

Cured, ***p. p.*** चिकित्सितः -ता -तं, शमितः -ता -तं, शान्तः -न्ता -न्तं, उपशान्तः -न्ता -न्तं, प्रशान्तः -न्ता -न्तं, स्वस्थः -स्था स्थं, सुस्थः -स्था -स्थं, प्रतिकृतिः -ता -तं, समुत्थितः -ता -तं, रोगमुक्तः -क्ता -क्तं; **'cured of fever,'** विगतज्वरः -रा -रं.

Cureless, ***a.*** अचिकित्स्यः -त्स्या -त्स्यं, असाध्यः -ध्या -ध्यं, दुरुपचारः -रा -रं.

Curer, ***s.*** चिकित्सकः, रोगशान्तकः, रोगहारी ***m.*** (न्), रोगहा ***m.*** (न्), जीवदः.

Curfew, ***s.*** अग्निप्रदीपा निर्व्वापयितव्या इति पुरा निर्देशार्थं प्रदोषकाले वादिता घण्टा, प्रदोषकाले घण्टाशब्दः.

Curiosity, ***s.*** **(Inquisitiveness)** कौतूहलं, कुतूहलं, कौतुकं, कुतुकं, जिज्ञासा, जिज्ञासाकुतूहलं, पिपृच्छिषा, अनुसन्धानेच्छा, असति प्रयोजने किमेतदिति जिज्ञासा; **'one whose curiosity is excited,'** उपजातकौतुकः.—**(A rarity)** दुर्लभद्रव्यं, दुष्प्राप्यद्रव्यं, बहुमतद्रव्यं, विशिष्टद्रव्यं, उत्कृष्टद्रव्यं.

Curious, ***a.*** **(Inquisitive)** कुतूहली -लिनी -लि (न्), कौतूहलान्वितः -ता -तं, कौतूहलपरः -रा -रं, कौतुकाविष्टः -ष्टा -ष्टं, जिज्ञासुः -सुः -सु, पिपृच्छिषुः -षुः -षु, अनुसन्धानेच्छुः -च्छुः -च्छु.—**(Skilled in)** अभिज्ञः -ज्ञा -ज्ञं, विचक्षणः. -णा -णं.—**(Exact, nice)** सूक्ष्मः -क्ष्मा -क्ष्मं, सूक्ष्मदर्शी -र्शिनी -र्शि (न्).—**(Worthy of being seen, rare)** दर्शनार्हः -र्हा -र्हं, दर्शनीयः -या -यं, दुर्लभः -भा -भं, दुष्प्राप्यः -प्या -प्यं, बहुमतः -ता -तं.—**(Strange, wonderful) अद्भुतः -ता -तं, चित्रः -त्रा -त्रं, विचित्रः -त्रा -त्रं, आश्चर्य्यः -र्य्या -र्य्यं, अपूर्व्वः -र्व्वा -र्व्वं.**

Curiously, ***adv.*** **(Inquisitively)** कौतूहलात्, कुतूहलेन, कौतुकेन, जिज्ञासया.—**(Skilfully, nicely, strangely)** निपुणं, सूक्ष्मं, अद्भुतं.

To **curl,** ***v. a.*** **(Turn the hair in curls)** अलकरूपेण केशान् कुञ्च् **(c. 1.** कुञ्चति -ञ्चितुं **or c. 10** कुञ्चयति -यितुं), अलकान् कृ **or** रच् **(c. 10.** रचयति -यितुं).—**(Twist)** कुञ्च्, आकुञ्च्, व्यावृत् **in caus.** (-वर्त्तयति -यितुं).—**(Raise in waves)** तरङ्ग **(nom.** तरङ्गयति -यितुं), बन्धुरीकृ, उन्नतानतीकृ.

To **curl,** ***v. n.*** अलकरूपेण कुञ्च् **in pass.** (कुच्यते) **or** आकुञ्च् **in pass.,** व्यावृत् **(c. 1.** -वर्त्तते -र्त्तितुं).—**(Rise in waves)** तरङ्ग **(nom.** तरङ्गायते), तरल **(nom.** तरलायते), बन्धुरीभू, उन्नतानतीभू.

Curl, ***s.*** अलकः, आवर्त्तः -र्त्तका, कुरलः, कर्कराल: -लं, खङ्कुरः, काकपक्षः, वर्व्वरीकः, चूर्णकुन्तलः, झलरी, भ्रमरकः; **'row of curls,'** अलकसंहतिः ***f.***—**(Undulation)** ऊर्म्मिः ***f.,*** तरङ्गः.

Curlew, ***s.*** क्रौञ्चः, क्रुडः, कलिकः, कालिकः, कालीकः, अतिजागरः.

Curmudgeon, ***s.*** कृपणः, कदर्य्यः, स्वल्पव्ययी ***m.*** (न्), मत्सरः, गाढमुष्टिः.

Currant, ***s.*** **(The tree)** अम्लफलविशिष्टः क्षुद्रवृक्षः.—**(A small dried grape)** शोषितरसा क्षुद्रद्राक्षा.

Currency, ***s.*** **(Circulation, general reception)** प्रचारः, प्रचरः, प्रचलनं, चलनं, हस्ताद्धस्तं चलनं, व्यवहारः,

सर्व्वसाधारणव्यवहारः, सर्व्वग्रहणं, सर्व्वसम्मानं. —**(Continuous flow or course)** प्रवाहः, प्रसरः. —**(Easiness of utterance)** सुखोच्चारणं, सुखोच्चार्य्यता. —**(Current coin)** प्रचलमुद्रा, प्रचारितमुद्रा.

Current, *a.* (Circulatory, generally received) प्रचलनः -ला -लं, प्रचलितः -ता -तं, प्रचलन् -लन्ती -लत् (त्), प्रचरितः -ता -तं, प्रचरन् -रन्ती -रत् (त्), चलमानः -ना -नं, परिचालितः -ता -तं, सञ्चारितः -ता -तं, सर्व्वसम्मतः -ता -तं, सर्व्वगृहीतः -ता -तं. —**(Common, general, popular)** सर्व्वसाधारणः -णी -णं, सर्व्वसामान्यः -न्या -यं, लोकप्रसिद्धः -द्धा -द्धं, लोकविश्रुतः -ता -तं, व्यावहारिकः -की -कं, आचारिकः -की -कं, लौकिकः -की -कं. —**(Received as authority, allowable)** प्रचलितः -ता -तं, प्रामाणिकः -की -कं, ग्राह्यः -ह्या -ह्यं. —**(What is now passing)** वर्त्तमानः -ना -नं, विद्यमानः -ना -नं; **'the current year,'** वर्त्तमानवत्सरः; **'current moment,'** आपातः; **'current report,'** लोकप्रवादः, जनवादः.

Current, *s.* (A running stream) स्रोतः ***n.*** (स्), स्रवन्ती, सोतस्वती, सोतस्विनी. —**(The flow or course of water)** वेला, वेगः, रथः, प्रवाहः, उदक्प्रवाहः, धारः -रा, स्रोतः ***n.*** (स्), ओघः, प्रस्रवः -वणं, संसृतिः ***f.***, प्रवृत्तिः ***f.***, पात्रसंस्कारः, अम्बुपद्धतिः ***f.***, पात्रझङ्कारः, रायभाटी, ऊर्म्मी, कूलङ्कषः, पुरोटिः ***m.***; **'current of the Ganges,'** गाङ्गौघं; **'against the current,'** प्रतिस्रोतस्.

Currently, *adv.* (Generally, popularly) सामान्यतस्, साधारणतस्, लोकतस्, प्रसिद्धं; **'it is currently reported,'** इति लोकप्रवादः श्रूयते; **'it is currently known,'** लोकप्रसिद्धम् अस्ति.

Curricle, *s.* रथः, क्रीडारथः, केलिरथः, अश्वद्वयसञ्चारितो रथः.

Currier, *s.* चर्म्मकारः -री ***m.*** (न्), चर्म्मछेदनकारी ***m.*** चर्म्मावकर्त्ती ***m.*** (न्), कुरटः.

Currish, *a.* कुक्कुराचारः -रा -रं, श्वशीलः -ला -लं, शौवः -वी -वं, दुःशीलः -ला -लं, शौवापदः -दी -दं; **'a currish man,'** श्वनरः.

***To* curry, *v. a.* (Dress leather)** चर्म्म परिष्कृ. —**(Beat)** तड् **(c. 10** ताडयति -यितुं), प्रहृ **(c. 1.** -हरति -हर्त्तुं). —**(Rub a horse with a curry-comb)** अश्वलोम लोहकङ्कतेन मृज् **(c. 2.** मार्ष्टि, मार्ष्टुं). —**(Curry favour)** आराध् **in caus.** (-राधयति -यितुं), सान्त्व् **(c. 10.** सान्त्वयति -यितुं), लल् **in caus.** (लालयति -यितुं).

Curry, *s.* (The dish) अन्नमिश्रणीयो **or** भक्तेन सह खाद्यो व्यञ्जनविशेषः.

Curry-comb, *s.* अश्वलोममार्जनार्थं लोहकङ्कतः, अश्वमार्जनी.

To* curse, *v. a. शप् **(c. 1.** शपति -ते, **c. 4.** शप्यति, शप्तुं), अभिशप्, परिशप्, शापं **or** अभिशापं दा **or** कृ; अमङ्गलं **or** अनिष्टम् आशंस् **(c. 1.** -शंसते -सितुं); आक्रुश् **(c. 1.** -क्रोशति -क्रोष्टुं), गर्ह् **(c. 1.** गर्हते -र्हितुं), धिक्कृ, भर्त्स् **(c. 10.** भर्त्सयति -यितुं).

To* curse, *v. n. शप् **(c. 1.** शपते, शप्तुं), शपथं **or** शापं वद् **(c. 1.** वदति -दितुं) **or** ब्रू **(c. 2.** ब्रवीति, वक्तुं); **'to curse and swear,'** शपथाभिशापौ कृ.

Curse, *s.* (Malediction) शापः, अभिशापः, शपथः, शपः -पनं, परिशापः, आक्रोशनं, अवक्रोशः, भर्त्सनं, अभिषङ्गः, अभीषङ्गः, गालिः ***m.***, मन्दवाञ्छा; **'under a curse,'** शापग्रस्तः -स्ता -स्तं. —**(A pest)** कण्टकः, दूषकः, अपकारकः. **The following are forms of curses answering to 'confusion seize you,' etc.,** अजीवनिस्ते भूयात्, अकरणिस्तेऽस्तु, निग्राहस्ते भूयात्, अवग्राहस्ते स्यात्, अजननिर् अस्तु तव.

Cursed, *p. p.* शप्तः -प्ता -प्तं, अभिशप्तः -प्ता -प्तं, शापार्हः -र्हा -र्हं, गर्हितः -ता -तं, गर्हणीयः -या -यं, घृणार्हः -र्हा -र्हं, धिक्कृतः -ता -तं, अपध्वस्तः -स्ता -स्तं.

Cursedly, *adv.* गर्हितं, गर्हणीयप्रकारेण, दुष्टं, दुष्टु.

Curship, *s.* कुक्कुरत्वं, श्वशीलता, दुःशीलता, अधमाचारत्वं.

Cursitor, *s.* महाविचारणसभासम्बन्धी लेखकविशेषः.

Cursorily, *adv.* ईषदवेक्षया, ईषन्मनोयोगेन, चुम्बकवत्, ईषद्दर्शनेन, सत्वरं, अनवधानेन, अतपेक्षया.

Cursory, *a.* त्वरितः -ता -तं, असावधानः -ना -नं, अनवहितः -ता -तं, अयत्नपूर्व्वः -र्व्वा -र्व्वं, शीघ्रः -घ्रा -घ्रं; **'cursory view,'** ईषद्दर्शतं, अर्द्धवीक्षणं.

Curst, *a.* कर्कशः -शा -शं, नृशंसः -सा -सं, दुष्टचेताः -ताः -तः (स्).

Curst, *a.* ह्रस्वः -स्वा -स्वं, खर्व्वः -र्व्वा -र्व्वं, संक्षिप्तः -प्ता -प्तं.

To* curtail, *v. a. ह्रस् **in caus.** (ह्रासयति -यितुं), छिद् **(c. 7.** छिनत्ति, छेतुं), अवछिद्, संक्षिप् **(c. 6.** -क्षिपति -क्षेप्तुं), संहृ **(c. 1.** -हरति -हर्त्तुं)

Curtailed, *p. p.* ह्रसितः -ता -तं, छिन्नः -न्ना -न्नं, संक्षिप्तः -प्ता -प्तं, क्षीणः -णा -णं, अवरोपितः -ता -तं, अल्पीकृतः -ता -तं.

Curtain, *s.* तिरस्करिणी, व्यवधानं, आवरणं, तिरोधानं आवरणपटः, प्रच्छदपटः, अपटी, यवनिका, नीशारः; **'bed-curtain,'** चतुष्की, मशहरी.

To* curtain, *v. a. आवरणपटेन परिवेष्ट् **(c. 1.** -वेष्टते -ष्टितुं) **or** परिवृ **(c. 5.** -वृणोति -वरितुं -रीतुं) **or** प्रच्छद् **(c. 10.** -छादयति -यितुं).

Curtain-lecture, *s.* रात्रिकाले शय्यागतपतिमुद्दिश्य भार्य्योक्त

निन्दावाक्यं or भर्त्सनवाक्यं or तर्ज्जनं.

Curtsy, *s.* स्त्रीलोकेन कृतः प्रणामः or अङ्गप्रणामः or नमस्कारः.

Curvated, *a.* नतः -ता -तं, त्रानतः -ता -तं, प्रणतः -ता -तं, परिणतः -ता -तं, भुग्नः -ग्ना -ग्नं, अवभुग्नः -ग्ना -ग्नं, विभुग्नः -ग्ना -ग्नं, कुञ्चितः -ता -तं, आकुञ्चितः -ता -तं,

Curvation, *s.* वक्रीकरणं, नम्रीकरणं, कुञ्चनं, आकुञ्चनं, अवकुञ्चनं.

Curvature, *s.* नतिः ***f.,*** आनतिः ***f.,*** वक्रता, वक्रिमा ***m.*** (न्), वक्रीभावः, जिह्मता, कुटिलता, कौटिल्यं, नम्रत्वं, रुग्नता; **'of the spine,'** अभ्यन्तरायामः.

Curve, *a.* वक्रः -क्रा -क्रं, वक्रिमः -मा -मं, नतः -ता -तं, कुटिलः -ला -लं, नम्रः -म्रा -म्रं, जिह्मः -ह्मा -ह्मं, भुग्नः -ग्ना -ग्नं, कुञ्चितः -ता -तं.

Curve, *s.* नतिः ***f.,*** नतं, भुजः, कुटिः ***m.,*** वक्रता, वक्रिमा ***m.*** (न्), कुञ्चनं, अवकुञ्चनं; **'a curve line,'** धनुर्म्मार्गं, वक्ररेखा.

To* curve, *v. a. नम् **in caus.** (नामयति -यितुं), आनम्, अवनम्; नम्रीकृ; वक्रीकृ; आवृज् **in caus.** (-वर्जयति -यितुं), कुञ्च् **(c. 1.** कुञ्चति -ञ्चितुं), कुटिलीकृ, अञ्च् **(c. 1.** अञ्चति -ञ्चितुं), जिह्म **(nom.** जिह्मयति -यितुं).

Curved, *p. p.* नतः -ता -तं, नामितः -ता -तं, वक्रीभूतः -ता -तं, कुटिलीकृतः -ता -तं, जिह्मितः -ता -तं, विभुग्नः -ग्ना -ग्नं, अवभुग्नः -ग्ना -ग्नं, सम्भुग्नः -ग्ना, -ग्नं, रुग्नः -ग्ना -ग्नं, कुञ्चितः -ता -तं, वृजिनः -ना -नं, प्रवणः -णा -णं.

To* curvet, *v. n. प्लु **(c. 1.** प्लवते, प्लोतुं), वल्ग् **(c. 1.** वल्गति -ल्गितुं), आवल्ग्.

Curvet, *s.* प्लुतं, प्लवः, वल्गितं, लङ्घनं, उत्फालः, झम्पः.

Curvilinear, *a.* वक्ररेखः -खा -खं, धनुर्म्मार्गाकारः -रा -रं, वक्रः -क्रा -क्रं.

Curule, *a.* (Chair) पूर्व्वं रोमनगरे विचारकर्त्तॄणाम् आसनं.

Cushion, *s.* उपधानं-नीयं, पीठोपधानं, बालिशं, विष्टरः, विस्तरः, आस्तरणं, पीठास्तरणं, पीठगण्डुः ***m.f.,*** उपवर्हः, पीठाजिनं, अजिनं, चर्म्म ***n.*** (न्).

Cushioned, *a.* उपधानसंविष्टः -ष्टा -ष्टं, अजिनशयानः -ना -नं, बालिशनिषण्णः -ण्णा -ण्णं.

Cusp, *s.* अर्द्धचन्द्रकोणः, अर्द्धेन्दुशिखा, अर्द्धचन्द्राग्रं, कलाग्रं, कलाकोणः.

Cuspated, cuspidated, *a.* सूक्ष्माग्रः -ग्रा -ग्रं, सूच्यग्रः -ग्रा -ग्रं.

Custard, *s.* अण्डखीरादिमयं मिष्टलेह्यं.

Custody, *s.* (Imprisonment) रोधः, निरोधनं, बन्धनं, स्थानासेधः, आसेधः, कारागारे निरोधः.—**(Care, charge)** गुप्तिः ***f.,*** रक्षा, रक्षणं.—**(Defence)** रक्षणं, पालनं, त्राणं.

Custom, *s.* (Habit, established manner, fashion) आचारः, व्यवहारः, व्यवहृतिः ***f.,*** प्रचारः, समाचारः, रीतिः ***f.,*** नियमः, अभ्यासः, नित्यकृत्यं, धारा, मार्गः, स्थितिः ***f.,*** अनुसारः, आवृत्तिः ***f.,*** चर्य्या, चरितं, क्रमः, सम्प्रदायः, व्यापारः, शीलः; **'according to custom,'** यथाव्यवहारं.—**(Practice of buying of one person)** एकपण्यविक्रेतुः सदाक्रयः or नित्यक्रयः.—**(Tribute, toll)** शुल्कः -ल्कं, करः, राजस्वं, राजग्राह्यभागः, शालिकः.

Customable, *a.* व्यावहारिकः -की -कं, आचारिकः -की -कं, लोकसिद्धः -द्धा -द्धं.

Customably, *adv.* व्यवहारानुसारेण, व्यवहारतस्, आचारानुरूपं.

Customarily, *adv.* यथाव्यवहारं, यथारीति, रीत्यनुसारात्, प्रायशस्.

Customary, *a.* आचारिकः -की -कं, व्यावहारिकः -की -कं or व्यवहारिकः, व्यवहारानुसारी -रिणी रि (न्), आचारानुयायी -यिनी -यि (न्), आचरितः -ता -तं, प्रचरितः -ता -तं, प्रचलः -ला -लं, प्रचलितः -ता -तं, नैयमिकः -की -कं रीत्यनुसारी etc., यौगिकः -की -कं.—**(Habitual)** आभ्यासिकः -की -कं, नित्यः -त्या -त्यं.—**(Usual)** प्रायिकः -की -कं, लोकसिद्धः -द्धा -द्धं. लौकिकः-की -कं, प्रसिद्धः -द्धा -द्धं.

Customer, *s.* क्रेता ***m.*** (तृ), क्रयी ***m.*** (न्), नित्यक्रेता ***m.*** सदाक्रयी.

Custom-house, *s.* शुल्कग्रहणशाला, शुल्कस्थानं, करसञ्चयगृहं.

Custom-house-officer, *s.* शौल्कः, शौल्किकः, करग्राही ***m.*** (न्).

To* cut, *v. a. कृत् **(c. 6** कृन्तति, कर्त्तितुं), छिद् **(c. 7.** छिनत्ति, छेत्तुं), संछिद्, लू **(c. 9.** लनाति, लवितुं), व्रश्च् **(c. 6.** वृश्चति, व्रश्चितुं), छो **(c. 4.** छति, छातुं), दो **or** दा **(c. 4.** द्यति, **c. 2.** दाति -तुं).—**(Cut in two)** द्विधा छिद् **or** कृ, द्विखण्डीकृ.—**(Divide)** भिद् **(c. 7.** भिनत्ति, भेत्तुं), खण्ड् **(c. 10.** खण्डयति -यितुं).—**(Pierce)** व्यध् **(c. 4.** विध्यति, व्यद्धुं), छिद्र **(c. 10.** छिद्रयति -यितुं), निर्भिद्, खन् **(c. 1.** खनति -नितुं), छिद्.—**(Carve, make by sculpture)** तक्ष् **(c. 1.** तक्षति -क्षितुं).—**(Hew)** छिद्, विशस् **(c. 1.** -शसति -सितुं).—**(Intersect)** परिच्छिद्.—**(Scratch)** खुर् **(c. 6.** खुरति, खोरितुं).—**(Cut away)** अवकृत्, निकृत्, उच्छिद्.—**(Cut down)** अवकृत्, प्रकृत्, अवछिद्, अवभञ्ज् **(c. 7.** -भनक्ति -भंक्तुं), निभञ्ज्, प्रभञ्ज्; अवपत् **in caus.** (-पातयति -यितुं).—**(Cut off)** छिद्, अवछिद्, निकृत्, अवकृत्, लू; **'destroy,'** उच्छिद्, उद्धृ **(c. 1.** -हरति -हर्त्तुं), उन्मूल् **(c. 10.** -मूलयति -यितुं); **'rescind,'** लुप् **(c. 6.** लुम्पति, लोप्तुं); **'take away,'** अपनी **(c. 1.** -नयति -नेतुं), अपहृ; **'intercept,'** विच्छिद्, उच्छिद्, अवरुध् **(c. 7.** -रुणद्धि -रोद्धुं); **'interrupt,'** विच्छिद्, खण्ड् **(c. 10.** खण्डयति -यितुं); **'preclude,'** निवृ **in caus.**

(-वारयति -यितुं), निरुध्; **'obviate,'** परिच्छिद्; **'cut off a limb,'** अङ्गं छिद्.—**(Cut out)** उत्कृत्, निष्कृत्; **'shape,'** क्लृप् **(c. 10.** कल्पयति -यितुं), परिक्लृप्; **'contrive,'** मनसा चिन्त् **(c. 10.** चिन्तयति -यितुं), परिक्लृप्; **'adapt,'** युज् **in caus.** (योजयति -यितुं); **'outdo,'** अतिभू, विशिष् **in pass.** (-शिष्यते); **'cut off a letter,'** लुप्.—**(Cut short, abridge)** संह, संक्षिप् **(c. 6.** -क्षिपति -क्षेप्तुं), उच्छिद्, लुप्; **'interrupt abruptly,'** सहसा विछिद्.—**(Cut up)** व्यवछिद्, विनिकृत्, निकृत्; **'eradicate,'** उच्छिद्.—**(Cut the hair)** केशान् छिद् **or** आवप् **in caus.** (-वापयति -यितुं) **or** परिवप्.—**(Cut to the heart)** मर्म्म भिद् **or** छिद् **or** व्यध्.

To* cut, *v. n. **(Make way by dividing)** उद्भिद् **in pass.** (-भिद्यते), प्रोद्भिद्, स्फुट् **(c. 6.** स्फुटति -टितुं), उत्पद् **in pass.** (-पद्यते), प्रभू.

Cut, *p. p.* छिन्नः -न्ना -न्नं, कृत्तः -त्ता -त्तं, कर्त्तितः -ता -तं, लूनः -ना -नं, छातः -ता -तं, दातः -ता -तं, छितः -ता -तं, दितः -ता -तं, वृक्णः -क्णा क्णं, खण्डितः -ता -तं, त्रुटितः -ता -तं, क्लृप्तः -प्ता -प्तं, तष्टः -ष्टा -ष्टं, परिवापितः -ता -तं; **'cut up,'** व्यवछिन्नः -न्ना -न्नं, छिन्न भिन्नः -न्ना -न्नं, निकृत्तः -त्ता -त्तं; **'cut off,' in grammar,** लुप्तः -प्ता -प्तं.

Cut, *s.* **(The blow of a sharp instrument)** प्रहारः, आघातः; **'a sword-cut,'** खड्गप्रहारः, खड्गघातः; **'cut with a whip,'** कशाघातः.—**(Impression made by an edge)** छेदः, लूनकः, व्रश्चनचिह्नं.—**(Channel or canal)** खातं, कुल्या, कृत्रिमा सरित्.—**(Part cut off from the rest)** खण्डः -ण्डं, छेदः, भिन्नं, भित्तिः ***f.***, दलं.—**(Small particle)** लवः, कणः, लेशः.—**(A direct road)** ऋजुमार्गः, अविमार्गः, अदीर्घपथः.—**(Print)** मुद्रा, पत्रे मुद्रिता प्रतिमा **or** प्रतिमूर्त्तिः ***f.***—**(Fashion, form)** रीतिः ***f.***, रूपं, आकारः, विधानं, संस्कारः, संस्थानं.

Cutaneous, *a.* त्वाचः -ची -चं, चार्म्मिकः -की -कं, चर्म्मी, -र्म्मिणी -र्म्मि (न्), त्वक्सम्बन्धी -न्धिनी -न्धि (न्); **'cutaneous disease,'** त्वग्रोगः, चर्म्मदूषिका; **'cutaneous eruption,'** दद्रुः ***m.***, दर्द्रूः ***m.***

Cuticle, *s.* अवभासिनी, वाह्यत्वक् ***f.*** (च्), वाह्यचर्म्म ***n.*** (न्).

Cuticular, *a.* त्वाचः -ची -चं, वाह्यत्वक्सम्बन्धी -न्धिनी -न्धि (न्).

Cutis, *s.* **(The true skin)** वेदनी.

Cutlass, *s.* कर्त्तरिका, खड्गः, कृपाणः, पृथुपत्रः खड्गः.

Cutler, *s.* छुरिकाकारः, शस्त्रकारः छुरिकाविक्रेता ***m.*** (तृ), शतमार्जः.

Cutlet, *s.* खण्डः -ण्डं, पर्शुका, पार्श्वास्थि ***n.***; **'of mutton,'** औरभ्रमांसखण्डः.

Cutpurse, *s.* ग्रन्थिभेदः -दकः, चौरः, अपहारकः, तस्करः.

Cutter, *s.* **(One who cuts)** छेत्ता ***m.*** (तृ), छेदकरः, छिद् **in comp.; 'wood-cutter,'** वनछिद्.—**(Cutting instrument)** कर्त्तरिका, कृन्तत्रं, छित्वरः.—**(A nimble boat)** लघुनौका.—**(Front-teeth)** छेदकदन्ताः ***m.pl.***, राजदन्ताः ***m.pl.***

Cut-throat, *s.* घातकः, सुप्तघातकः, प्राणघातकः, आततायी ***m.*** (न्).

Cut-throat, *a.* बधोद्यतः -ता -तं, मारात्मकः -का -कं, क्रूरः -रा -रं.

Cutting, *s.* **(Piece cut off)** विदलं, खण्डः -ण्डं, तष्टं, भित्तिः ***f.***, शकलं, भिन्नं.—**(Act of cutting)** छेदनं, कर्त्तनं, व्रश्चनं, खण्डनं, छिदा, छित्तिः ***f.***, लूनिः ***f.***, लावः, दातिः ***f.***, दानं.

Cutting, *a.* छित्वरः -रा -रं, छिदुरः -रा -रं.—**(Caustic)** स्वरः -रा -रं. अरुन्तुदः -दा -दं, मार्म्मिकः -की -कं, मर्म्मभेदी -दिनी -दि (न्).

Cuttle, *s.* **(A fish, or its bone)** फेनः -नकः, समुद्रफेन, सिन्धुकफः, अब्धिकफः, हिण्डीरः, हिण्डिरः, पिण्डीरः, श्वेतधामाः ***m.*** (न्), सुफेनं, मलं.—**(A foul-mouthed fellow)** मुखरः, वाग्दुष्टः, दुर्मुखः.

Cuvera, *s.* ***See*** **Kuvera.**

Cycle, *s.* चक्रं, कालचक्रं, आवृत्तिः ***f.***, कालवृत्तिः ***f.***, कालावर्त्तः, परिवृत्तिः ***f.***, परिवर्त्तः, पर्य्यायः, आवलिः ***f.***; **'of the seasons,'** ऋतुपर्य्यायः.

Cyclopaedia, *s.* ज्ञानचक्रं, विद्याचक्रं, विद्यापर्य्यायः, विद्याहाराबलिः ***f.***

Cycloptic, cyclopean, *a.* क्रूराचारः -रा -रं, दारुणः -णा -ण, पशुव्यवहारः -रा -रं, अतिमहान् -हती -हत् (त्).

Cygnet, *s.* हंसशावकः, बालहंसः, युवहंसः, हंसापत्यं.

Cylinder, *s.* गोलः, नलः, स्तम्भः, शलाका, निघः.

Cylindrical, *a.* वर्त्तुलः -ला -लं, गोलाकारः -रा -रं, स्तम्भाकारः -रा -रं.

Cymbal, *s.* घनं, झल्लरी, झल्लकं, झिल्लिः ***f.***, झर्झरी, भेरी, करतालं,

Cynegetics, *s.* मृगव्यं, मृगया, मृगव्यविद्या, आखेटविद्या.

Cynic, *s.* **(A misanthrope)** सर्व्वाभिसन्धकः -सन्धी ***m.*** (न्), पुरुषद्वेषी ***m.*** (न्).

Cynical, *a.* सदावक्रः -क्रा -क्रं, अपरिचयी -यिनी -यि (न्), निरानन्दः -न्दा -न्दं, कुटिलभावः -वा -वं, निन्दाशीलः -ला -लं, चिरदुःखी -खिनी -खि (न्), अनालाप्यः -प्या -प्यं, परश्रीकातरः -रा -रं.

Cynosure, *s.* ध्रुवः, नक्षत्रनेमिः ***m.***, द्युतिकरः, ज्योतीरथः.

Cypher, *s.* अङ्कः, शून्यं, गुणनिका. ***See*** **Cipher.**

Cyphering, ***s.*** अङ्कनं, अङ्कविद्या, गणनविद्या. ***See*** **Ciphering.**

Cypress-tree, ***s.*** श्मशानरोपितः शोकलाक्षणिकस् तिक्तपत्रो दीर्घवृक्षः.

D

To **dab,** ***v. a.*** आर्द्रद्रव्यलघ्वाघातेन सिच् (**c. 6.** सिञ्चति, सेक्तुं) **or** प्रोक्ष् (**c. 1.** -उक्षति -क्षितुं), सिक्तद्रव्येण लघु आहन् (**c. 2.** -हन्ति -हन्तुं).

Dab, ***s.*** **(Small lump)** क्षुद्रपिण्डः, पिण्डः, क्षुद्रखण्डः.—**(Blow with something moist)** सिक्तद्रव्येण लघुप्रहारः **or** लघ्वाघातः, सेचनं, निषेकः.—**(Something muddy thrown upon one)** मलसेचनं. क्षिप्तपङ्कः.—**(A man expert at something)** निपुणः, पटुः; कुशलः, दक्षः.

To **dabble,** ***v. a.*** सिच् (**c. 6.** सिञ्चति, सेक्तुं), अवसिच्, निषिच्, लिप् (**c. 6.** लिम्पति, लेप्तुं), उक्ष् (**c. 1.** उक्षति -क्षितुं), प्रोक्ष्, क्लिद **in caus.** (क्लेदयति -यितुं).

To **dabble,** ***v. n.*** **(Play in water)** जले **or** पङ्के क्रीड् (**c. 1.** क्रीडति -डितुं).—**(Dabble in books, read superficially)** शास्त्राणि चुम्ब् (**c. 1.** चुम्बति -म्बितुं).

Dabbler, ***s.*** **(One that plays in water or mud)** जलक्रीडः, पङ्कक्रीड.—**(Superficial reader)** शास्त्रचुम्बकः, शास्त्रगण्डः, किञ्चिज्ज्ञः, अल्पमात्रविद्.

Dace, ***s.*** नदीचरः, क्षुद्रमत्स्यभेदः.

Dactyl, ***s.*** चरणः -णं, भगणः, छन्दःशास्त्रेषु असमानपदं.

Dad, daddy, ***s.*** बालकभाषायां पितृसमानार्थः शब्दः, बाबा, तातः.

Daedal, ***a.*** चित्रविचित्रः -त्रा -त्रं, नानाप्रकारः -र -रं, बहुविधः -धा -ध.

Daffodil, Daffodowndilly, ***s.*** उत्पलजातीयः पुष्पप्रभेदः.

Dagger, ***s.*** कट्टारः, कृपाणी, छुरिका, शङ्कुः ***m.,*** असिपुत्रिका, कर्त्तरी.

To **daggle,** ***v. a.*** मलेन **or** पङ्केन लिप् (**c. 6.** लिम्पति, लेप्तुं).

To **daggle,** ***v. n.*** पङ्के **or** कर्द्दमे लुट् (**c. 6.** लुठति -ठितुं).

Daggletail, ***a.*** मलपङ्की -ङ्किनी -ङ्कि (न्), मलदूषितः -ता -तं.

Daily, ***a.*** आह्निकः -की -कं, दैनिकः -की -कं, दैनः -नी -नं, दैवसिकः -की -कं, प्रात्यहिकः -की -कं, दिवातनः -नी -नं, अन्वाहिकः -की -कं, नैत्यिकः -की -कं, अवश्यकः -की -कं, **'daily occupation,'** आह्निकं, नित्यकृत्यं.

Daily, ***adv.*** प्रतिदिनं, प्रतिदिवसं, प्रत्यहं, प्रतिवासरं, अनुदिनं, अन्वहं, दिवसे दिवसे, दिने दिने, अहनि अहनि, अहरहः.

Daintily, ***adv.*** ललितं, सलालित्यं, सलौल्यं, सुकुमारं, कोमलं, विलासेन.

Daintiness, ***s.*** **(Delicacy, softness)** सौकुमार्य्यं, कोमलता, मृदुता.—**(Elegance, nicety)** लालित्यं, लौल्यं, लावण्यं, विलासः, सूक्ष्मता, विनीतता.—**(Deliciousness)** सुस्वादुता, सुरसत्वं, सौरस्यं.

Dainty, ***a.*** **(Delicious)** स्वादुः -दुः -द्वी -दु **or** सुस्वादुः, सुरसः -सा -सं, रसिकः -का -कं, सरसः -सा -सं, मिष्टः -ष्टा -ष्टं, स्वादुकारः -रा -रं, सुखाद्यः -द्या -द्यं.—**(Delicate, nice)** सुकुमारः -रा -रं, कोमलः -ला -लं, मृदुः -द्वी -दु, विनीतः -ता -तं, सूक्ष्मः -क्ष्मा -क्ष्मं.—**(Over-nice, ceremonious)** अतिविनीतः -ता -तं, अतिसभ्यः -भ्या -भ्यं,

Dainty, ***s.*** सुग्रासः, स्वाद्वन्नं, स्वादुभोजनं, विशिष्टान्नं, भोजनविशेषः, सुखाद्यं.

Dairy, ***s.*** क्षीरमन्थनशाला, दधिमन्थनगृहं, गोदुग्धागारं, पयोरक्षणस्थानं.

Dairy-maid, ***s.*** गोदोहिनी, क्षीरमन्थिनी, गोदुग्धरक्षिका, गोपी, आभीरी.

Daisy, ***s.*** वसन्तसमये यवसप्ररोही शुक्लदलः क्षुद्रपुष्पभेदः.

Dale, ***s.*** दरी -रा, दरीभूः ***f.,*** कन्दरः -री, अद्रिद्रोणी, उपत्यका, प्रान्तरं.

Dalliance, ***s.*** **(Act of fondness)** कामचेष्टा, हावः, ललितं, लालसा, रमणं, रमण्यं, विलासः, विलसितं.—**(Delay)** विलम्बः, कालयापः.

To **dally,** ***v. n.*** **(Sport, play, trifle)** क्रीड् (**c. 1.** क्रीडति -डितुं), प्रक्रीड्; रम् (**c. 1.** रमते, रन्तुं), लल् (**c. 1.** ललति-लितुं), विलस् (**c. 1.** -लसति -सितुं), कुड् (**c. 6.** कुडति -डितुं).—**(Caress a woman)** स्त्रिया सह रम् **or** विलस्, कामचेष्टां कृ.—**(Delay)** विलस् (**c. 1.** -लम्बते -म्बितुं).

Dam, ***s.*** **(Mother, said of animals)** जननी, जनिका, प्रजनिका, प्रजायिनी, प्रसूः ***f.,*** जनयित्री, अम्बा, माता ***f.*** (तृ).—**(Bank to confine water)** सेतुः ***m.,*** सेतुबन्धः, जलबन्धकः, धरणं, पिण्डनः, आलिः ***f.***

To **dam up,** ***v.a.*** सेतुना जलं बन्ध् (**c. 9.** बध्नाति, बन्धुं) **or** संस्तम्भ् (**c. 9.** -स्तभ्नाति -स्तम्भितुं) **or** निरुध् (**c. 7.** -रुणद्धि -रोद्धुं).

Damage, ***s.*** क्षति ***f.,*** क्षतं, अपचयः, अपायः, हानिः ***f.,*** नाशः, दोषः, दूषणं, क्षयः, उपक्षयः, अपकारः, अपकृतं, हिंसा, द्रोहः, ध्वंसः, प्रध्वंसः, भ्रंशः, अनिष्टं.—**(Damages in law)** क्षतिपूरणं, दण्डः, पारितोषिकं, प्रतिफलं, निष्कृतिः ***f.,*** प्रायश्चित्तं.

To **damage,** ***v. a.*** हिंस् (**c. 7.** हिनस्ति **c. 1.** हिंसति -सितुं), उपहिंस्, विहिंस्; दुष् **in caus.** (दूषयति -यितुं); अपकृ; अर्द् **in caus.** (अर्दयति -यितुं); क्षण् (**c. 8.** क्षणोति -णितुं), परिक्षण्; नश् **in caus.** (नाशयति -यितुं), द्रुह् (**c. 4.** द्रुह्यति, द्रोग्धुं).

Damageable, *a.* हिंसनीयः -या -यं, दूष्यः -ष्या -ष्यं, अपचयक्षमः -मा -मं.—**(Mischievous)** हिंस्रः -स्रा -स्रं, दूषकः -का -कं, अपकारकः -का -कं.

Damaged, *p. p.* क्षतः -ता -तं, परिक्षतः -ता -तं, विक्षतः -ता -तं, दूषितः -ता -तं, सदोषः -षा -षं, अर्दितः -ता -तं, कृतापकारः -रा -रं, अपकृतः -ता -तं.

Damask, *s.* पुष्पादिसूचिकर्म्मालङ्कृतं दमस्क्नाम चित्रदुकूलं.

***To* damask, *v. a.* (Adorn stuffs with flowers)** दुकूलं सूचिकर्म्मद्वारा पुष्पादिना अलङ्कृ.—**(Variegate)** चित्र् **(c. 10.** चित्रयति -यितुं), कर्व्वरीकृ.

Damask-rose, *s.* हेमपुष्पं, रक्तपुष्पो जवाप्रभदः.

Dame, *s.* (Lady) आर्य्या, भाविनी.—**(Woman)** स्त्री, वधूः, गृहिणी.

***To* damn, *v. a.* (Doom to hell or eternal torments)** नरकं गम्या इति शापं वद् **(c. 1.** वदति -दितुं); अनन्तदण्डं **or** नरकदण्डं प्राप्या इति ब्रू **(c. 2.** ब्रवीति, वक्तुं), अनन्तदुःखं **or** अनन्तयातना ते भूयाद् इति धिक्कृ. स नरकं व्रजतु **or** अधोऽधो निरये पततु इति शप्तं कृ, नरकदण्डार्हं ज्ञा **(c. 9.** जानाति, ज्ञातुं), नरके निपत् **in caus.** (-पातयति -यितुं). —**(Condemn)** दण्ड् **(c. 10.** दण्डयति -यितुं), दण्डार्हं ज्ञा. —**(Hiss any public performance)** रङ्गे नाटकं प्रेक्ष्य कर्कशशब्दैर् अप्रसादं सूच् **(c. 10.** सूचयति -यितुं).

Damnable, *a.* अनन्तदण्डार्हः -र्हा -र्हं, नरकदण्डार्हः -र्हा -र्हं, नरके पतनार्हः -र्हा -र्हं.—**(Odiuous)** गर्हितः -ता -तं, गर्हणीयः -या -यं.

Damnably, *adv.* यथा नरकदण्डार्हो भवति तथा, गर्हितं.

Damnation, *s.* अनन्तदण्डः, नरकदण्डः, अनन्तयातना, नरकयातना, नरके पतनं, नरकगमनं, अधोगमनं, अभिसम्पातः, ईश्वरकृपावहिष्करणं.

Damned, *p. p.* नरकगतः -ता -तं, नरकपतितः -ता -तं, नरकस्थः -स्था -स्थं, नारकी -किणी -कि (न्), नैरयः -यी -यं, नरकप्राप्तः -प्ता -प्तं, अभिशप्तः -प्ता -प्तं, गर्हितः -ता -तं, गर्हणीयः -या -यं, घृणार्हः -र्हा -र्हं.

Damnific, *a.* क्षतिकारकः -का -कं, अपकारी -रिणी -रि (न्), दूषकः -का -कं,

To* damnify, *v. a. दुष् **in caus.** (दूषयति -यितुं), अपकृ, क्षतं -ता -तं कृ.

Damp, dank, *a.* (Moist) आर्द्रः -र्द्रा -र्द्रं, सार्द्रः -र्द्रा -र्द्रं, जलार्द्रः -र्द्रा -र्द्रं, क्लिन्नः -न्ना -न्नं, तिमितः -ता -तं, स्तिमितः -ता -तं, उन्नः -न्ना -न्नं, समुन्नः -न्ना -न्नं, सरसः -सा -सं, जलसिक्तः -क्ता -क्तं, अनूपः -पा -पं, समुक्षितः -ता -तं, वोदः -दा -दं, उत्तः -त्ता -त्तं.—**(Dejected)** म्लानः -ना -नं, क्लान्तः -न्ता -न्तं, विषणः -णा -णं.

Damp, *s.* (Moisture) क्लेदं, सङ्क्लेदः, स्तेमः, तेमः -मनं, समुन्दनं, जलावसेकः, चिक्लिदं.—**(Fog, vapour)** वाष्पः, खवाष्पः, धूमः -मिका, स्वेदः.—**(Dejection)** विषादः, म्लानिः ***f.*; 'to be damp,'** क्लिद् **(c. 4.** क्लिद्यति) तिम् **(c. 4.** तिम्यति **or** तीम्यति).

***To* damp, *v. a.* (Moisten)** क्लिद् **in caus.** (क्लेदयति -यितुं), परिक्लिद्; सिच् **(c. 6.** सिञ्चति, सेक्तुं), अवसिच्; उक्ष् **(c. 1.** उक्षति -क्षितुं), समुक्ष्; उन्द् **(c. 7.** उनत्ति, उन्दितुं), आर्द्रीकृ. —**(Dispirit)** मनो खण्ड् **(c. 10.** खण्डयति -यितुं), खण्डिताशंसं -सां -सं कृ, भग्नाशं -शां -शं कृ, म्लानाशं -शां -शं, कृ.

Dampish, *a.* ईषदार्द्रः -र्द्रा -र्द्रं, ईषत्तिमितः -ता -तं, आक्लिन्नः -न्ना -न्नं.

Dampness, *s.* आर्द्रता, सार्द्रता, जलार्द्रत्वं, क्लिन्नता, जलसिक्तत्वं, अनूपता.

Dampy, *a.* विषादी -दिनी -दि (न्), अवसन्नः -न्ना -न्नं, उद्विग्नः -ग्ना -ग्नं.

Damsel, *s.* कन्या, कुमारी -रिका, कन्यका, युवतिः ***f.***, -ती, यूनी, बाला -लिका, अविवाहिता स्त्री; **'damsel's child,'** कानीनः -नी.

Damson, *s.* दाम्सन्नामकः कृष्णवर्णः शुक्तफलप्रभेदः.

To* dance, *v. n. नृत् **(c. 4.** नृत्यति, नर्त्तितुं), प्रनृत्, उपनृत्, सम्प्रनृत्, नट् **(c. 1.** नटति -टितुं), नृत्यं कृ, नर्त्तकवद् हस्तपादादि सञ्चल् **in caus.** (-चालयति -यितुं); **'to dance attendance,'** उपास् **(c. 2.** -आस्ते -आसितुं).

To* dance, *v. a. नृत् **in caus.** (नर्त्तयति -यितुं), चल् **in caus.** (चालयति -यितुं)

Dance, *s.* नृत्यं, नाट्यं, ताण्डवं, लास्यं, चारणत्वं, पादन्यासः, गुणनिका.

Dancer, *s.* नर्त्तकः -की ***f.***, नटः -टी ***f.***, कुशीलवः, लासकः -की ***f.***, लासिका ***f.***, चारणः, चारणदाराः ***f. pl.***, शैलाली ***m.*** (न्), शैलूषः, नाटकः -की ***f.***, कृशाश्वी ***m.*** (न्), नर्त्तनवृत्तिः ***m.f.***, नृत्यकुशलः, भरतः, भारतः, जायाजीवः, तालावचरः.

Dancing, *s.* नृत्यं, नर्त्तनं, नाट्यं, नटनं, प्रनर्त्तनं, लास्यं, लासः, ताण्डवं, कौशीलव्यं, चारणत्वं, गुणनिका, हस्तपादादिसञ्चालनं.

Dancing-master, *s.* नृत्याचार्य्यः, नृत्यशिक्षकः, नृत्यगुरुः ***m.***

Dancing-school, *s.* नृत्यशिक्षणशाला, नृत्यशाला, नृत्यशिक्षावेश्म ***n.*** (न्).

Dandelion, *s.* सिंहपर्णी, सिंहदन्तसरूपपत्रः, क्षुद्रौषधिभेदः.

Dandiprat or dapperling, *s.* बालकः, पुत्रकः, माणवकः, वामनः.

To* dandle, *v. a. ऊरुदेशे बालकं धृत्वा लल् **in caus.** (लालयति -यितुं).

Dandled, ***p. p.*** लालितः -ता -तं, सान्त्वकरणार्थं जानुदेशे घृतः -ता -तं.

Dandriff, dandruff, ***s.*** मज्जा, शिरोमध्ये पिण्डितस्नेहः, शिरोमलं.

Dandy, ***s.*** सुवेशी ***m.*** (न्), सुवसनः, दर्शनीयमानी ***m.*** (न्), छेक्रः.

Danger, ***s.*** भयं, भयहेतुः ***m.*** संशयः, शङ्का, सन्देहः, विकल्पः, आतङ्कः, आपदः ***f.,*** विपद् ***f.,*** अपायः, विपत्तिः ***f.,*** उत्पातः, वाधा, व्याघातः; **'any thing exposed to danger,'** भयस्थानं, संशयस्थानं, शङ्कास्पदं; **'danger of life,'** जीवितसंशयः, प्राणनाशसंशयः, प्राणवाधः; **'we are in danger of being led to justice,'** अस्माकं विचारस्थाने आनयनशङ्का विद्यते; **'in danger of punishment,'** दण्डयोग्यः -ग्या -ग्यं; **'brought into danger,'** संशयितः -ता -तं; **'an act attended with danger,'** सन्दिग्धकर्म्म ***n.*** (न्).

To **danger,** ***v. a.*** संशयस्थं -स्थां -स्थं कृ, शङ्कास्पदं कृ, सन्देहस्थं -स्थां -स्थं कृ; **'one who dangers his life,'** संशयितजीवितः.

Dangerous, ***a.*** भयङ्करः -रा -रं. भयानकः -की -कं, भयहेतुकः -की -कं, सन्दिग्धः -ग्धा -ग्धं, सांशयिकः -की -कं, संशयस्थः -स्था -स्थं, संशयापन्नः -न्ना -न्नं, शङ्काक्रान्तः -न्ता -न्तं, भयाक्रान्तः -न्ता -न्तं, भयजनकः -का -कं, भैरवः -वी -वं, विपत्तिजनकः -का -कं; **'a dangerous illness,'** सन्निपातकः.

Dangerously, ***adv.*** यथा संशयः or भयहेतुर् उत्पद्यते तथा, भैरवं, शङ्कापूर्व्वकं, भयानकं, सन्दिग्धं; **'dangerously ill,'** सन्निपातकरोगग्रस्तः.

Dangerousness, ***s.*** भयानकत्वं, सन्दिग्धता, सांशयिकत्वं, शङ्काक्रान्तत्वं.

To **dangle,** ***v. n.*** लुठ् (c. **6.** लुठति -ठितुं) चञ्च् (c. **1.** चञ्चति -ञ्चितुं), लम्ब् (c. **1.** लम्बते -म्बितुं), अवलम्ब्, लुल् (c. **1.** लोलति -ते -लितुं).

Dangler, ***s.*** स्त्रीणाम् उपासने or स्त्रीभिः सह विलासकरणे कालक्षेपकः.

Dangling, ***a.*** चञ्चन् -ञ्चन्ती -ञ्चत् (त्), लोलः -ला -लं, लोलमानः -ना -नं, लुठन् -ठन्ती -ठत् (त्), लम्बमानः -ना -नं, अवलम्बित्ः -ता -तं, लुलितः -ता -तं.

Dapper, ***a.*** विनीतः -ता -तं, शुद्धाकारः -रा -रं, ललितरूपः -पा -पं.

To **dapple,** ***v. a.*** चित्र् (c. **10.** चित्रयति -यितुं), चित्रविचित्रीकृ, कर्व्वुरीकृ.

Dappled, ***a.*** चित्रितः -ता -तं, कर्व्वुरितः -ता -तं, नानावर्णः -र्णा -र्णं.

To **dare,** ***v. n.*** धृष् (c. **5.** धृष्णोति, धर्षितुं), साहसं कृ, साहसेन व्यवसो (c. **4.** -स्यति -सातुं); **'I dare not ask him,'** न तं प्रष्टुं धृष्णोमि.

To **dare,** ***v. a.*** **(Challenge)** आह्वे (c. **1.** -ह्वयति -ह्वातुं), समाह्वे, नियुद्धार्थम् आह्वे, स्पर्ध् (c. **1.** स्पर्धते -र्धितुं), आक्रन्द् (c. **1.** -क्रन्दति -न्दितुं).

Dare, ***s.*** आह्वानं, समाह्वानं, योधसंरावः, क्रन्दितं, अभिग्रहः.

Dared, ***p. p.*** **(Challenged)** आहूतः -ता -तं, समाहूतः -ता -तं.

Daring, ***s.*** साहसं, प्रतिभा, धाष्टर्य्यं; **'act of daring,'** अत्याहितं.

Daring, ***a.*** साहसी -सिनी -सि (न्), साहसिकः -की -कं, धृष्टः -ष्टा -ष्टं, धृष्णुः -ष्णुः -ष्णु, प्रगल्भः -ल्भा -ल्भं, वीरः -रा -रं, प्रवीरः -रा -रं, शूरः -रा -रं, निर्भयः -या -यं, अभीतः -ता -तं, निर्विशङ्कः -ङ्का -ङ्कं, अकुतोभयः -या -यं, विक्रान्तः -न्ता -न्तं, पराक्रमी -मिणी -मि (न्), प्रतिभानवान् -वती -वत् (त्), प्रतिभान्वितः -ता -तं.

Daringly, ***adv.*** साहसेन -सात्, साहसपूर्व्वकं, धृष्टं, धृष्टत्वात्, सशौर्य्यं, प्रगल्भं, निर्भयं, निर्विशङ्कं, सविक्रमं, सप्रतिभानं, वीरवत्.

Daringness, ***s.*** साहसं, साहसिकत्वं, धृष्टता, धृष्णुता, धाष्टर्य्यं, प्रगल्भता, प्रागल्भ्यं, प्रतिभा -भानं, निर्भयत्वं, वीरता, शौर्य्यं, धैर्य्यं, विक्रमः.

Dark, ***a.*** तामसः -सी -सं -सिकः -की -कं, तमस्वी -स्विनी -स्वि (न्), सान्धकारः -रा -रं, अन्धकारयुक्तः -क्ता -क्तं, सतिमिरः -रा -रं, तिमिरयुक्तः -क्ता -क्तं, तमोवृतः -ता -तं, तमोमयः -यी -यं, तमोभूतः -ता -तं, निरालोकः -का -कं, निष्प्रभः -भा -भं, अप्रकाशः -शा -शं, हतज्योतीः -तीः -तिः (स्).—**(Obscure)** गूढः -ढा -ढं, निगूढः -ढा -ढं, दुर्ज्ञेयः -या -यं, अस्पष्टः -ष्टा -ष्टं, दुर्दर्शः -र्शा -र्शं.—**(Dark coloured)** कृष्णः -ष्णा -ष्णं, श्यामः -मा -मं, कालेयः -यी -यं, मेचकः -का -कं, नीलः -ला -लं, सितेतरः -रा -रं.—**(Opaque)** अस्वच्छः -च्छा -च्छं; **'a dark night,'** तामसी, तमिस्रा, नष्टचन्द्रा रात्रिः.

Dark, ***s.*** तमः ***n.*** (स्), अन्धकारः, तिमिरं, तमिस्रं, अन्धं.

To **Darken,** ***v. a.*** तिमिर (nom. तिमिरयति -यितुं), तिमिरीकृ, अन्धीकृ.

To **darken,** ***v. n.*** तमस्वी -स्विनी -स्वि भू, तिमिरीभू, अन्धीभू.

Darkened, ***p. p.*** तमोवृतः -ता -तं, तिमिरीकृतः -ता -तं, सन्तमसः -सा -सं.

Darkish, ***a.*** तमस्कल्पः -ल्पा -ल्पं, ईषत्तमसः -सी -सं.—**(In colour)** ईषत्कृष्णः -ष्णा -ष्णं, आकालः -ला -लं, आनीलः -ला -लं.

Darkling, ***a.*** तमोर्वर्त्ती -र्त्तिनी -र्त्ति (न्) or अन्धकारवर्त्ती.

Darkly, ***adv.*** अस्पष्टं, अप्रकाशं, अव्यक्तं, सान्धकारं, अन्धवत्, अन्धं.

Darkness, ***s.*** अन्धकारः, तमः ***n.*** (स्), तिमिरं, तमिस्रं, तमसं, ध्वान्तं, निरालीकता, सान्धकारत्वं, निष्प्रभता, अन्धं, शार्वरं, रात्रिवासः ***n.*** (स्), निशाचर्म्म ***n.*** (न्), भूच्छाया, खलुक् ***m.*** (ज्); **'slight darkness,** अवतमसं; **'a great darkness,'** अन्धतमसं, तमस्ततिः ***f.;*** **'universal darkness,'** सन्तमसं.

Darksome, ***s.*** तमस्वी -स्विनी -स्वि (न्), तमस्कल्पः -ल्पा -ल्पं, निष्प्रभः -भा -भं.

Darling, ***s.*** प्रियः -या, हृदयप्रियः -या, दयितः -ता, स्नेहपात्रं.

Darling, ***a.*** हृदयप्रियः -या -यं, सुप्रियः -या -यं, प्रियतमः -मा -मं, हृद्यः -द्या -द्यं, वल्लभः -भा -भं, इष्टः -ष्टा -ष्टं, इष्टतमः -मा -मं.

Dark, ***s.*** वस्त्रयोन्यनुकृतं जीर्णवस्त्रसीवनं, वस्त्रसन्धिः ***m.***

To **darn,** ***v. a.*** जीर्णवस्त्राणि सिव् (**c. 4.** सीव्यति, सेवितुं) **or** सूक्ष्मसूचिकर्म्मद्वारा सन्धा (**c. 3.** -धत्ते -धातुं).

Darnel, ***s.*** कक्षः, शस्यक्षेत्ररुहः कक्षप्रभेदः.

Dart, ***s.*** शूलः -लं, प्रासः, शल्यं, शङ्कुः ***m.,*** क्षिपणिः ***m.,*** पाणिमुक्तं, करमुक्तं, मुक्तकं, वाणः, अस्त्रं, समिकं, दूरवेधी ***m.,*** (न्).

To **dart,** ***v. a.*** अस् (**c. 4.** अस्यति, असितुं), प्रास्, क्षिप् (**c. 6.** क्षिपति, क्षेप्तुं), मुच् (**c. 6.** मुञ्चति, मोक्तुं), प्रमुच्, सृज् (**c. 6.** सृजति, स्रष्टुं), ईर् (**c. 10.** ईरयति -यितुं), पत् **in caus.** (पातयति -यितुं), प्रहृ (**c. 1.** -हरति -हर्त्तुं).

To **dart,** ***v. n.*** **(As lightning)** स्फुर् (**c. 6.** स्फुरति -रितुं). **—(Dart upon one)** आपत् (**c. 1.** -पतति -तितुं), अभिद्रु (**c. 1.** -द्रवति -द्रोतुं).

To **dash,** ***v. a.*** **(Throw or strike any thing suddenly or forcibly against another)** सहसा **or** प्रसभं क्षिप् (**c. 6.** क्षिपति, क्षेप्तुं) **or** प्रक्षिप् **or** अस् (**c. 4.** अस्यति, असितुं) **or** प्रास् **or** पत् **in caus.** (पातयति -यितुं), **or** अभिहन् (**c. 2.** -हन्ति -न्तुं) **or** अभ्याहन् **or** प्रतिहन् **or** पहृ (**c. 1.** -हरति -हर्त्तुं). **—(Break by collision, dash in pieces)** मृद् (**c. 9.** मृद्नाति, मर्द्दितुं), निष्पिष् (**c. 7.** -पिनष्टि -पेष्टुं), प्रभञ्ज् (**c. 7.** -भनक्ति, भंक्तुं), विघट्ट् (**c. 10.** -घट्टयति -यितुं), भूमौ प्रक्षिप्य खण्डं खण्डं कृ **or** खण्डशः कृ **or** लवशः कृ **or** चूर्ण् (**c. 10.** चूर्णयति -यितुं), **—(Bespatter, besprinkle)** अवकॄ (**c. 6.** -किरति -करितुं -रीतुं), अभ्यवकॄ, समवकॄ, उक्ष् (**c. 1.** उक्षति -क्षितुं), अभ्युक्ष्, प्रोक्ष्; अवसिच् (**c. 6.** -सिञ्चति -सेक्तुं), **—(Mingle, adulterate)** मिश्र् (**c. 10.** मिश्रयति -यितुं), सम्मिश्र्, संसृज् (**c. 6.** -सृजति -सष्टुं). **—(Confound)** मुह् **in caus.** (मोहयति -यितुं), विनश् **in caus.** (-नाशयति -यितुं). **—(Obliterate)** व्यामृज् (**c. 2.** -मार्ष्टि -मार्ष्टुं), उच्छिद् (**c. 7.** -छिनत्ति -छेत्तुं), विलुप् **in caus.** (-लोपयति -यितुं); **'dash one's hopes,'** आशा भञ्ज् **or** खण्ड् (**c. 10.** खण्डयति -यितुं); **'dash out the brains,'** मस्तकं निष्पिष्.

To **dash,** ***v. n.*** **(Rush against with a violent motion)** प्रपत् (**c. 1.** -पतति -तितुं), प्रोत्पत्, आपत्, प्रस्कन्द् (**c. 1.** -स्कन्दति -स्कन्तुं), उत्प्लु (**c. 1.** -प्लवते -प्लोतुं), अभिद्रु (**c. 1.** -द्रवति -द्रोतुं). **—(Be dashed in pieces),** प्रभञ्ज् **in pass.** (-भज्यते).

Dash, ***s.*** **(Collision)** सङ्घट्टः -ट्टनं, समाघातः, प्रतिघातः, अभिघातः, परस्पराघातः, प्रभङ्गः, सम्मर्द्दः, मर्द्दनं, निष्पेषः. **—(Infusion, admixture)** प्रक्षेपः, मिश्रणं, सम्पर्कः, संसर्गः; **'a dash, a slight quantity,'** किञ्चित्, ईषत्. **—(A line in writing to denote a pause or omission)** लिखने विरामसूचनार्थं **or** त्यागसूचनार्थं क्षुद्ररेखा. **—(Blow)** प्रहारः, आघातः, आहतिः ***f.***

Dastard, ***s.*** कापुरुषः, कुपुरुषः, हतकः, क्लीवः, कातरः, कृपणः, भीरुः.

To **dastard or dastardise,** ***v. a.*** त्रस् **in caus.** (त्रासयति -यितुं), सन्त्रस्; भी **in caus.** (भाययति **or** भीषयति -यितुं), दीनचेतनं -ना -नं कृ.

Dastardly, ***a.*** अमनुष्यः -ष्या -यं, कातरः -रा -रं, निर्वीरः -रा -रं, क्लीवः -वा -वं, अपौरुषेयः -यी -यं, दीनमनस्कः -स्का -स्कं.

Dastardy, ***s.*** कापुरुषत्वं, अमनुष्यता, अपौरुषं, कातर्य्यं, क्लैव्यं, दीनता.

Data, datum, ***s.*** तत्त्वानि ***n. pl.,*** सत्यानि ***n. pl.,*** सर्व्वानुमतं तत्त्वं, उपन्यासः.

Date, ***s.*** **(Time at which a letter, etc. is written)** लिखनकालः, लिखनदिवसः, दिवसः, दिनं, तिथिः ***m.f.*** **—(Time at which a thing was done)** कालः, कालिकता, तत्कालः. **—(Period, term)** अवधिः ***m.,*** कालावधिः ***m.,*** परिमाणं. **—(Fruit)** खर्ज्जूरः, काठिनः; **'out of date,'** अव्यवहारितः -ता -तं, निरुक्तः -क्ता -क्तं.

To **date,** ***v. a.*** कालं **or** दिवसं **or** दिनं **or** तिथिं लिख् (**c. 6.** लिखति, लेखितुं).

Dated, ***p. p.*** कालसम्पन्नः -न्ना -न्नं, सकालः -ला -लं, कृतकालः -ला -लं.

Date-tree, ***s.*** खर्ज्जूरः, तृणद्रुमः, घनामयः; **'marshy date-tree,'** हिन्तालः, हीन्तालः, हिमहासकः.

Dative, ***a.*** **(Case)** सम्प्रदानं, सम्प्रदानकारकः, चतुर्थी विभक्तिः.

To **daub,** ***v. a.*** लिप् (**c. 6.** लिम्पति, लेप्तुं), आलिप्, उपलिप्, समालिप्; अञ्ज् (**c. 7.** अनक्ति, अंक्तुं **or caus.** अञ्जयति -यितुं), दिह् (**c. 2.** देग्धि -ग्धुं), प्रदिह्. **—(Cover over)** छद् (**c. 10.** छादयति -यितुं), प्रच्छद्.

Daub, ***s.*** लेपः, विलेपः. **—(Bad painting)** कुचित्रं, कुचित्रलेखा, मन्दचित्रं.

Daubed, ***p. p.*** लिप्तः -प्ता -प्तं, उपलिप्तः -प्ता -प्तं, विलिप्तः -प्ता -प्तं, अक्तः -क्ता -क्तं, अभ्यक्तः -क्ता -क्तं, दिग्धः -ग्धा -ग्धं, निदिग्ध -ग्धा -ग्धं.

Dauber, ***s.*** लेपकः, लेपकरः, प्रलेपकः.—**(Coarse painter)** अनभिज्ञचित्रकरः, कुचित्रलिक् ***m.*** (ख्), चित्रकरदेशीयः, चित्रकरपाशः.

Dauby, ***a.*** श्यानः -ना -नं, शीनः -ना -नं, सान्द्रः -न्द्रा -न्द्रं लेपयः -प्या -प्यं.

Daughter, ***s.*** दुहिता ***f.*** (तृ), पुत्री, पुत्रिका, पुत्रका, सुता, सूनुः -नूः ***f.,*** आत्मजा, स्वजा, अङ्गजा, कन्या, तनया, कन्यकाजनः, जाता, दारिका, प्रसृतिः ***f.,*** विट् ***f.,*** (श्); **'legitimate daughter,'** औरसी, धर्म्मजा; **'daughter in law,'** स्नुषा, जनी, पुत्रवधूः ***f.,*** वधूः ***f.,*** वधूटी, सुतस्त्री; **'adopted daughter,'** करणीसुता, पुत्रिका, पोष्यपुत्री, क्रीतपुत्री; **'daughter's husband,'** जामाता ***m.*** (तृ), दुहितुःपतिः ***m.***

To **daunt,** ***v. a.*** त्रस् **in caus.** (-त्रासयति -यितुं), सन्त्रस्, भी **in caus.** (भाययति **or** भीषयति -यितुं), भयं जन् **in caus.** (जनयति -यितुं), मनो भञ्ज् **(c. 7.** भनक्ति, भंक्तुं), मनोहतं -ता -तं कृ.

Dauntless, ***a.*** निर्भयः -या -यं, अशङ्कः -ङ्का -ङ्कं, विशङ्कः -ङ्का -ङ्कं, अभीतः -ता -तं, अकुतोभयः -या -यं, अपभीः -भीः भि, निःसाध्वसः -सा -सं.

Dauntlessness, ***s.*** निर्भयत्वं, अभीतिः ***f.,*** अभयं, अभीरुता, विशङ्कता.

Dauphin, ***s.*** युवराजः, ज्येष्ठो राजपुत्रः, राज्ञः पूर्व्वजपुत्रः

To **dawdle,** ***v. n.*** विलम्ब् **(c. 1.** -लम्बते -म्बितुं), कालं क्षिप् **(c. 6.** क्षिपयति, क्षेप्तुं).

Dawdler, ***s.*** विलम्बी ***m.*** (न्), कालक्षेपकः, दीर्घसूत्री ***m.*** (न्).

To **dawn,** ***v. n.*** प्रभा **(c. 2.** -भाति -तुं), उपस् **(nom.** उपस्यति), उष् **(c. 1.** उच्छति, ओषितुं), व्युष्, समुष्, प्रभातीभू.

Dawn, ***s.*** अरुणः, प्रभातं, उषः -षः ***n.*** (स्), प्रत्युषः -षः ***n.*** (स्), प्रत्यूषः -षः ***n.*** (स्), अरुणोदयः, व्युष्टं, विभातं, भातः, उदयः, प्रातःकालः कल्पं, काल्पं, पूर्व्वसन्ध्या, प्राक्सन्ध्या, सन्ध्या, दिवसमुखं, अहर्मुखं, दिनारम्भः, दिनादिः ***m.,*** निशावसानं, निशान्तं, क्षपान्तः, रात्रिविगमः, गोसर्गः, प्राबोधिकः; **'at dawn,'** प्रभाते, उषा, प्रातःकाले, प्रातर्; **'belonging to the dawn,'** उषस्यः -स्या -स्यं, प्रभातीयः -या -यं, प्रातःकालीनः -ना -नं.

Day, ***s.*** दिवसः -सं, दिनं, अहः ***m.*** (न्), वासरः, वारः, द्यु ***n.,*** घस्रः, वाश्रः; **'a lunar day,'** तिथिः ***m.f.*** -थी; **'to day,'** अद्य; **'by day,'** दिवा, अहाय; **'day by day,'** प्रतिदिनं, प्रतिदिवसं, प्रतिवासरं, प्रत्यहं, दिवसे दिवसे, अहन्यहनि, अहरहः, दिने दिने; **'day and night,'** अहोरात्रं, अहर्निशं, दिवानिशं, दिवारात्रं, क्षपाहं, द्युनिशं, द्युनिशौ; **'from day to day,'** दिनाद्दिनं, वारं वारं; **'one day,'** एकदा; **'a former day,'** पूर्व्वेद्युस्; **'a future day,'** उत्तरेद्युस्; **'another day,'** अन्येद्युस्; **'next day,'** परेद्युस्, परेद्यवि; **'the day before yesterday,'** अपरेद्युस्; **'the day after to-morrow,'** परश्वस्, अधरेद्युस्; **'a night and two days or a day and two nights,'** पक्षिणी; **'a day of Brahma,'** ब्राह्मः; **'a day of the gods,'** दैवतः; **'a rainy day,'** दुर्द्दिनं, वार्द्दलं; **'day's hire,'** दिनिका, दैनिकी.

Day-book, ***s.*** महाजनस्य दैनिकपुस्तकं, वाणिजपुस्तकं यस्मिन् दिवसे दिवसे पणायावृत्तान्तो लिख्यते **or** आरोप्यते.

Day-break, ***s.*** अरुणोदयः, उदयकालः, उषः, प्रत्युषः, प्रभातं, प्रभातकालः, दिवसमुखं, अहर्मुखं, दिनारम्भः, दिनादिः ***m.,*** रात्र्यवसानं, निशान्तं.

Day-labour, ***s.*** व्रातं, दैनिककर्म्म ***n.*** (न्), आह्निकक्रिया, दिवाकर्म्म ***n.***

Day-labourer, ***s.*** व्रातीनः, व्रातकरः, व्रातव्यापृतः, दैनिककर्म्मकरः.

Day-light, ***s.*** दिनज्योतिः ***n.*** (स्), सूर्य्यकालः, सूर्य्यरश्मिः ***m.,*** दिनालोकः, दीप्तिः ***f.***

Day-spring, ***s.*** अरुणोदयः, उदयः, सूर्य्योदयः, दिवसमुखं दिनारम्भः.

Day-star, ***s.*** प्रभातनक्षत्रं, प्रभातीयतारा, प्रातरुदयिनी तारा, मुखतारा.

Day-time, ***s.*** दिवसकालः, सूर्य्यकालः, सूर्य्यसमयः, दिनकालः, रविकालः.

Day-work, ***s.*** दिवसकर्म्म ***n.*** (न्), दिवाकर्म्म, आह्निकक्रिया, व्रातं.

To **dazzle,** ***v. a.*** अतिशयतेजसा दृष्टिं सन्तप् **in caus.** (-तापयति -यितुं) **or** उपहन् **(c. 2.** -हन्ति -न्तुं) **or** अवरुध् **(c. 7.** -रुणद्धि -रोद्धुं).

To **dazzle,** ***v. n.*** अतिदीप्त्युपहतत्वात् सन्तापितदृष्टिः -ष्टिः -ष्टि भू.

Dazzled, ***p. p.*** उपहतदृष्टिः -ष्टिः -ष्टि **or** अवरुद्धदृष्टिः, उपहतनयनः -ना -नं.

Dazzling, ***a.*** अतितैजसः -सी -सं, उज्ज्वलः -ला -लं, दृष्टिसन्तापकः -का -कं, दुरालोकः -का -कं, दुर्निरीक्ष्यः -क्ष्या -क्ष्यं, दुर्दर्शः -र्शा -र्शं, नयनोपघाती -तिनी -ति (न्).

Deacon, ***s.*** उपपुरोहितः, उपधर्म्माध्यापकः, पुरोहितसहायः -सहकारी ***m.*** (न्).

Deaconess, ***s.*** पूर्व्वकाले ख्रीष्टीयसमाजे पुरोहितसहकारिणी स्त्री.

Deaconry, Deaconship, ***s.*** उपपुरोहितस्य पदं **or** व्यापारः **or** कर्म्म ***n.*** (न्).

Dead, ***a.*** **and** ***p.*** मृतः -ता -तं, प्रेतः -ता -तं, परेतः -ता -तं, सम्मृतः -ता -तं, प्रेतीभूतः -ता -तं, अतीतः -ता -तं, व्यतीतः -ता -तं, अपगतः -ता -तं, विगतः -ता -तं, अजीवः -वा -वं, निर्जीवः -वा -वं, व्यापन्नः -न्ना -न्नं, विपन्नः -न्ना -न्नं,

संस्थितः -ता -तं, वृत्तः -त्ता -त्तं, प्रमीतः -ता -तं, नष्टः -ष्टा -ष्टं, उपरतः -ता -तं, अवसन्नः -न्ना -न्नं, त्यक्तजीवनः -ना -नं, प्रहीणजीवितः -ता -तं, न्यस्तदेहः -हा -हं, गतप्राणः -णा -णं, गतासुः -सुः -सु or उद्गतासुः, परासुः -सुः -सु, प्राप्तपञ्चत्वः -त्वा -त्वं, अध्रियमाणः -णा -णं, नामशेषः -षा -षं, कीर्त्तिशेषः -षा -षं, कथाशेषः -षा -षं, दिष्टङ्गतः -ता -तं, प्रशान्तः -न्ता -न्तं; **'gone to heaven,'** स्वर्यातः -ता -तं, ऊर्द्ध्वगत -ता -तं; **'half-dead,'** मृतकल्पः -ल्पा -ल्पं, मृतप्रायः -या -यं, मुमूर्षुः -र्षुः -र्षु.—**(Inanimate)** अप्राणी -णिनी -णि (न्), विचेतनः -ना -नं, व्यसुः -सुः -सु, प्राणहीनः -ना -नं.—**(Motionless)** निष्पन्दः -न्दा -न्दं, निश्चेष्टः -ष्टा -ष्टं, निश्चलः -ला -लं.—**(Empty)** शून्यः -न्या -न्यं.—**(Dull)** मन्दः -न्दा -न्दं, निस्तेजाः -जाः -जः (स्).—**(Obtuse)** जडः -डा -डं, अतीक्ष्णः -क्ष्णा -क्ष्णं.—**(Vapid)** विरसः -सा -सं, निस्सत्त्वः -त्त्वा -त्त्वं, निस्सारः -रा -रं, क्लीवः -वा -वं.—**(Useless)** विफलः -ला -लं.—**(Numbed)** स्तब्धः -ब्धा -ब्धं, सुप्तः -प्ता -प्तं.—**(Dead body)** मृतशरीरं, मृतकं, शवः -वं, कुणपः -पं.

Dead, ***s.*** **(Of night)** मध्यरात्रः, महारात्रः, महानिशा, अर्द्धरात्रः, अर्द्धनिशा, निशीथः; **'in the dead of night,'** रात्रिमध्ये; **'of winter,'** शीतकालमध्ये.

To **deaden,** ***v. a.*** दुर्बलीकृ, निर्बलीकृ, म्लानीकृ, शिथिलीकृ, विरसीकृ, तेजो हृ **(c. 1.** हरति, हर्त्तुं**)** **or** उपहन् **(c. 2.** -हन्ति -न्तुं), शम् **in caus.** (शमयति -यितुं).

To **deaden,** ***v. n.*** म्लै **(c. 1.** म्लायति, म्लातुं), क्षि **in pass.** (क्षीयते), शिथिलीभू.

Deadened, ***p. p.*** हततेजाः -जाः -जः (स्) **or** म्लानतेजाः **or** नष्टतेजाः, क्षीणशक्तिः -क्तिः -क्ति, शिथिलबलः -ला -लं, उपहतशक्तिः -क्तिः -क्ति.

Deadly, ***a.*** मारात्मकः -का -कं, व्यापादकः -का -कं, आत्ययिकः -की -कं, प्राणान्तिकः -की -कं **or** प्राणान्तकः **or** जीवान्तकः, प्राणहारी -रिणी -रि (न्) **or** प्राणापहारी, प्राणघातकः -का -कं, मृत्युजनकः -का -कं, निधनकारी -रिणी -रि (न्), विषतुल्यः -ल्या -ल्यं, सविषः -षा -षं, कालकल्पः -ल्पा -ल्पं, प्राणनाशकः -का -कं, मर्म्मान्तिकः -की -कं.—**(Implacable)** अशाम्यः -म्या म्यं; **'deadly hatred,'** बद्धवैरं; **'deadly poison,'** मृत्युजनकगरलं.

Deadly, ***adv.*** **(In a manner like the dead)** मृतवत्, प्रेतवत्, शववत्.—**(Mortally)** मारात्मकं, प्राणान्तिकं; **'deadly wounded,'** भिन्नमर्म्मा ***m.*** (न्); **'deadly pale,'** शवसवर्णः -र्णा -र्णं.

Deadness, ***s.*** **(Coldness, want of affection)** निःस्नेहता, विरक्तिः ***f.,*** वैराग्यं.—**(Languor, weakness)** म्लानिः ***f.,*** ग्लानिः ***f.,*** अवसादः, मान्द्यं, निर्बलता, दौर्बल्यं, अशक्तिः ***f.,*** बलशैथिल्यं, शिथिलता.—**(Want of motion)** निष्पन्दता, निश्चलता.—**(Want of spirit)** तेजोहीनता, निस्सत्त्वता, वैरस्यं, जडत्वं.—**(Numbness)** सुप्तिः ***f.,*** स्तब्धता.—**(Barrenness)** बन्ध्यता, वैफल्यं.

Dead-reckoning, ***s.*** कुत्र समुद्रे नौका वर्त्तते इति जिज्ञासया सूर्य्यताराद्यभावे नाविकैः कृता गणना.

Deaf, ***a.*** बधिरः -रा -रं, एडः -डा -डं, अकर्णः -र्णा -र्णं, बन्धुरः -रा -रं, कल्लः -ल्ला -ल्लं, श्रोत्रविकलः -ला -लं, श्रवणेन्द्रियविकलः -ला -लं, श्रवणशक्तिरहितः -ता -तं, श्रुतिवर्ज्जितः -ता -तं; **'deaf and dumb,'** एडमूकः -का -कं, कल्पः -ल्पा -ल्पं.

To **deafen,** ***v. a.*** बधिरीकृ, बधिर **(nom.** बधिरयति -यितुं), कर्णम् उपहन् **(c. 2.** -हन्ति -न्तुं), श्रवणशक्तिं हृ **(c. 1.** हरति, हर्त्तुं).

Deafened, ***p. p.*** उपहतकर्णः -र्णा -र्णं, बधिरीकृतः -ता -तं.

Deafening, ***a.*** कर्णोपघाती -तिनी -ति (न्), श्रवणशक्तिहारी -रिणी -रि (न्).

Deafish, ***a.*** ईषद्बधिरः -रा -रं, ईषदेडः -डा -डं, अस्पष्टश्रवणः -णा -णं.

Deafly, ***adv.*** बधिरवत्, एडवत्, अश्रवणपूर्व्वं, अस्पष्टं.

Deafness, ***s.*** बधिरत्वं -ता -एडता, कल्लत्वं, अश्रवणं, श्रवणहीनता, श्रवणेन्द्रियवैकल्यं, श्रवणाक्षमता.

Deal, ***s.*** **(Qantity)** बाहुल्यं, बहुत्वं, प्राचुर्य्यं, प्रायः; **'a deaf of, much,'** बहुः -हुः -ह्वी -हु, भूरिः -रिः -रि, प्रचुरः -रा -रं, अनल्पः -ल्पा -ल्पं, अनेकः -का -कं; **'a deal of money,'** बहुधनं; **'a good deal,'** बहु, भृशं, अतिशयं, निर्भरं, गाढं, अत्यन्तं, अनल्पं, अति **or** सु **prefixed; 'a good deal vexed,'** सुदुःखितः.—**(Fir wood)** दारु ***n.,*** देवदारु, देवकाष्ठं, इन्द्रदारु ***m.,*** किलिमं.

To **deal,** ***v. a.*** **(Distribute)** क्लृप् **(c. 10.** कल्पयति -यितुं), परिक्लृप्; पृथक् पृथग् विभज् **(c. 1.** -भजति -ते -भक्तुं) **or** विन्यस् **(c. 4.** -अस्यति -असितुं) **or** व्यंस् **(c. 10.** -असंयति -यितुं) **or** विधा **(c. 3.** -दधाति -धातुं), वण्ट् **(c. 10.** वण्टयति -यितुं).—**(Scatter)** विकॄ **(c. 6.** -किरति -करितुं -रीतुं), विक्षिप् **(c. 6.** -क्षिपति -क्षेप्तुं), व्यस्; **'to deal blows,'** मुष्टिं **or** दण्डं पत् **in caus.** (पातयति -यितुं).

To **deal,** ***v. n.*** **(Transact business, trade)** पण् **(c. 1.** पणते -णितुं **or** पणायति -यितुं), पणायां कृ, व्यवहृ **(c. 1.** -हरति -हर्त्तुं), व्यापृ **(c. 6.** -प्रियते), क्रयविक्रयं कृ.—**(Behave, act)** चर् **(c. 1.** चरति -रितुं), आचर्, समाचर्; वृत् **(c. 1.** वर्त्तते -र्त्तितुं), चेष्ट् **(c. 1.** चेष्टते -ष्टितुं), विधा **(c. 3.** -दधाति -धातुं).

To **deal with,** ***v.a.,*** **(Treat in any manner)** विधा **(c. 3.** –दधाति –धातुं), आचर् **(c. 1.** –चरति –रितुं), समाचर्; व्यवहृ **(c. 1.** –हरति –हर्त्तुं); **'he deals honourably with me,'** मयि यथान्यायं वृत्तिं वर्त्तते.–**(Contend with)** प्रतिकृ, विरुध् **(c. 7.** –रुणद्धि –रोद्धुं), प्रतिरुध्, प्रतिकूल **(nom.** प्रतिकूलयति –यितुं); **'how can one deal with such a monarch?'** एवंविधे नृपे कुतो वशित्वं.–**(Manage)** प्रणी **(c. 1.** –णयति –णेतुं), विधा, घट् **(c. 1.** घटते –टितुं); **'an easy man to deal with,'** विधेयः, प्रणेयः, वश्यः, गृह्यकः, अभिगम्यः, विनेयः; **'a hard man to deal with,'** दुर्धर्षः.

Dealer, ***s.*** **(One who has to do with any thing)** व्यापारी ***m.*** (न्), व्यवसायी ***m.*** (न्).–**(Trader)** क्रयविक्रयिकः, विपणी ***m.*** (न्), आपणिकः, प्रापणिकः, पणिकः, वणिक् ***m.*** (ज्), वाणिजः, विक्रयिकः, विक्रेता ***m.*** (तृ).

Dealing, ***s.*** **(Practice, mode of treatment)** व्यापारः, व्यवहारः, व्यवसायः, कर्म्म ***n.*** (न्), क्रिया, कार्य्यं, चेष्टा, विचेष्टितं, प्रवृत्तिः ***f.,*** विधानं, आचारः, आचरणं, चरितं, वृत्तं, कर्म्मविधिः ***m.***–**(Intercourse)** व्यवहारः, सङ्गतिः ***f.,*** सङ्गः, संसर्गः. –**(Traffic)** क्रयविक्रयः, विपणः, पणाया, पणः, पाणः, वाणिज्यं, ज्या, वणिक्पथं, महाजनकर्म्म ***n.*** (न्), निगमः, सत्यानृतं.

Dealt with, ***p. p.*** व्यवहारितः –ता –तं, आचरितः –ता –तं, पणायितः –ता –तं.

Deambulation, ***s.*** वहिर्गमनं, वहिर्भ्रमणं, परिक्रमः, पर्य्यटनं, भ्रमणं, विहारः.

Dean, ***s.*** प्रधानधर्म्माध्यक्षाधिकारे द्वितीयपदस्थः, महापूजाशाला-सम्बन्धीयमठे प्रधानसभासद्, दशपुरोहिताधिपतिः ***m.***–**(In a college)** विद्यालये विनयाध्यक्षः.

Deanery, ***s.*** **(House of a dean)** पुरोहिताधिपतेर् गृहं **or** वेश्म ***n.*** (न्) **or** निवासः.

Deanship, ***s.*** पुरोहिताधिपते: पदं **or** अधिकारः **or** व्यापारः.

Dear, ***a.*** **(Beloved)** प्रियः –या –यं, सुप्रियः –या –यं, हृदयप्रियः –या –यं, दयितः –ता –तं, इष्टः –ष्टा –ष्टं, अभीष्टः –ष्टा –ष्टं, प्रीतः –ता –तं, प्रेष्ठः –ष्ठा –ष्ठं, हृद्यः –द्या –द्यं, वल्लभः –भा –भं, अभीप्सितः –ता –तं, सुभगः –गा –गं. कान्तः –ता –तं, प्रियतमः –मा –मं, इष्टतमः –मा –मं; **'a dear friend,'** प्रियसुहृद् ***m.;*** **'dear as one's life,'** असुसमः –मा –मं, प्राणाधिकः –का –कं, प्राणैर् गरीयान् –यसी –यः (स्).–**(Of high price, costly)** दुर्मूल्यः –ल्या –ल्यं, बहुमूल्यं –ल्या –ल्यं, महामूल्यः –ल्या –ल्यं, महार्घः –र्घा: –र्घं, दुष्क्रेयः –या –यं, बहुधनव्ययेन क्रेयः –या –यं, गुरुः –र्व्वी –रु, महार्हः –र्हा –र्हं, अर्घ्याः –र्घ्या –र्घ्यं, उत्कृष्टः –ष्टा –ष्टं.

Dear, ***s.*** **(Word of endearment)** प्रियः –या, दयितः –ता , कान्तः –न्ता, दयितः –ता, वत्सः त्सा; **'my dear,'** प्रिय **voc. c.** ***m.,*** प्रिये **voc. c.*****f.***

Dear, ***adv.*** **(Oh dear!)** अहो, अहोवत, कष्टं, आ, हा, हन्त, अहह.

Dear-bought, ***a.*** दुष्क्रीतः –ता –तं, बहुमूल्येन क्रीतः –ता –तं.

Dearly, ***adv.*** **(With great fondness)** प्रियं, सुप्रियं, प्रीत्या, सुप्रीत्या; **'dearly beloved,'** अतिप्रियः –या –यं, प्रियतमः –मा –मं.–**(At a high price)** बहुमूल्येन, दुर्मूल्येन, महार्घेण, गुरु, गुरुमूल्येन.

Dearness, ***s.*** **(Fondness)** प्रियता, इष्टता, अभीष्टता, प्रीतिः ***f.***–**(Hight price)** दुर्मूल्यं, बहुमूल्यं, माहार्घ्यं, महार्घता, महार्घः, मूल्यगुरुता, गुरुत्वं.

Dearth, ***s.*** **(Famine)** दुर्भिक्षं, दुष्कालः, अनाकालं, दुर्भक्ष्यं, नीवाकः, प्रयामः, उपद्रवः; **'dearth of provisions,'** आहारविरहः.–**(Want, need)** अभावः, अप्राप्तिः ***f.,*** विरहः, असम्भवः, दौर्लभ्यं, वैरल्यं; **'dearth of money,'** धनाभावः.

To **dearticulate,** ***v. a.*** विसन्धीकृ, सन्धित्रोटनं, कृ, व्यङ्गीकृ.

Dearticulated, ***p. p.*** विसन्धितः –ता –तं, त्रुटितसन्धिः –न्धिः –न्धि.

Death, ***s.*** मृत्युः ***m.,*** मरणं, निधनं, पञ्चत्वं, –ता, अत्ययः, अन्तः, अन्तकालः, अन्तकः, अपगमः, नाशः, विनाशः, प्रलयः, संस्थानं, संस्थितिः ***f.,*** अवसानं, निःसरणं, उपरति ***f.,*** अपायः, प्रयाणं, जीवनत्यागः, तनुत्यागः, जीवोत्सर्गः, देहक्षयः, प्राणवियोगः, मृतं, मृतिः ***f.,*** मरिमा ***m.*** (न्), महानिद्रा, दीर्घनिद्रा, कालः, कालधर्म्मः, कालदण्डः, कालान्तकः, नरान्तकः, दिष्टान्तः, व्यापद ***f.,*** हान्द्रं, कथाशेषता, कीर्त्तिशेषः, लोकान्तरप्राप्तिः ***f.***–**(Murder)** वधः, घातः, मारणं.–**(Death personified)** यमः, कालः, कृतान्तः; **'a violent death,'** अपघातः, अपमृत्युः ***m.;*** **'death by lightning,'** वज्रवधः; **'deserving of death,'** वध्यः –ध्या –ध्यं, वधार्हः –र्हा –र्हं **or** प्रयाणार्हः; **'desire for death,'** मुमूर्षा; **'desirous of death,'** मुमुर्षुः –र्षुः –र्षु; **'at the point of death,'** आसन्नमृत्युः मुमूर्षुः, मृतप्रायः मृतकल्पः; **'fearing death,'** विवशः –शा –शं, अरिष्टदुष्टधीः –धीः –धि; **'put to death,'** हतः –ता –तं, व्यापादितः –ता –तं, मारितः –ता –तं; **'to put to death,'** हन् **(c. 2.** हन्ति –न्तुं), प्राणदण्डं कृ; **'angel of death,'** यमदूतः; **'death-drum,'** बध्यडिण्डिमः; **'hour of death,'** मृत्युकालः, प्रयाणकालः; **'voluntary death by fasting,'** प्रायः –यणं; **'after death,'** प्रेत्य.

Death-bed, ***s.*** मृत्युशय्या, मरणशय्या, मृत्युशयनं, मुमूर्षुशयनं.

Deathful, ***a.*** मारात्मकः –का –कं, आत्ययिकः –की –कं, मृत्युमयः –यी –यं, मृत्युजनकः –का –कं, प्राणान्तकः –का

-कं, अन्तकरः -री -रं, घातुकः -का -कं.

Deathless, ***a.*** अमरः -री -रं, मृत्युवर्ज्जितः -ता -तं, अमरणीयः -या -यं, अमर्त्यः -र्त्या -र्त्यं, अनन्तः -न्ता -न्तं, निरपायः -या -यं, अनश्वरः -रा -रं.

Death-like, ***a.*** मृत्युसदृशः -शी -शं **or** कालसदृशः, कालकल्पः -ल्पा -ल्पं.

Death's-door, ***s.*** मृत्युद्वारं, यमद्वारं, यमालयद्वारं, यमपुरद्वारं.

Death's-head, ***s.*** शवशिरः ***n.*** (स्), मृतशरीरमस्तकः, कुणपमस्तकः, कपालः, नृकपालः.

Death's man, ***s.*** बध्यपुरुषः, घातुकपुरुषः, वधकर्म्माधिकारी ***m.*** (न्), दण्डपाशिकः, मृतपाः ***m.*** (पा), घातकजनः.

Death-watch, ***s.*** मरणसूचकशब्दकारी कीटविशेषः.

To **deaurate,** ***v. a.*** रस् **(c. 10.** रसयति -यितुं), सुवर्ण **(nom.** सुवर्णयति -यितुं).

Deaurate, ***a.*** रसितः -ता -तं, सुवर्णान्वितः -ता -तं, सुवर्णबद्धः -द्धा -द्धं.

To **debar,** ***v. a.*** बाध् **(c. 1.** बाधते -धितुं), निरस् **(c. 4.** -अस्यति -असितुं), निराकृ, अपाकृ, वहिष्कृ, वृज् **in caus.** (वर्ज्जयति -यितुं), निषिध् **(c. 1.** -षेधति -षेद्धुं), वृ **in caus.** (वारयति -यितुं), निरुध् **(c. 7.** -रुणद्धि -रोद्धुं); **'is debarred,'** परिहीयते.

Debarred, ***p. p.*** निषिद्धः -द्धा -द्धं. प्रतिषिद्धः -द्धा -द्धं. बाधितः -ता -तं, निवारितः -ता -तं, विघ्नितः -ता -तं, नुन्नः -न्ना -न्नं.

To **debark,** ***v. a.*** उत्तृ **(c. 1.** -तरति -रितुं -रीतुं), प्रत्युत्तृ, नौकाया अवरुह् **(c. 1.** -रोहति -रोढुं) **or** अवतृ.

Debarkation, ***s.*** उत्तरणं, प्रत्युत्तरणं, नौकाया अवतरणं **or** अवरोहणं.

To **debase,** ***v. a.*** अपकृष् **(c. 1.** -कर्षति -क्रष्टुं), स्वपदात् पत् **in caus.** (पातयति -यितुं) **or** भ्रंश् **in caus.** (भ्रंशयति -यितुं) **or** अपध्वंस् **in caus.** (-ध्वंसयति -यितुं) **or** च्यु **in caus.** (-च्यावयति -यितुं), अवसद् **in caus.** (-सादयति -यितुं), न्यूनीकृ, अधःकृ, कन **(nom.** कनयति -यितुं).—**(Make despicable)** अवमानास्पदं कृ, खलीकृ, लघूकृ, तुच्छीकृ.

Debased, ***p. p.*** अपकृष्टः -ष्टा -ष्टं, स्थानभ्रष्टः -ष्टा -ष्टं, पातितः -ता -तं, अधःपातितः -ता -तं, पदच्युतः -ता -तं, अपध्वस्तः -स्ता -स्तं, अवज्ञोपहतः -ता -तं, भग्नदर्पः -र्पा -र्पं.

Debasement, ***s.*** **(Act of)** अपकर्षः -र्षणं, पातनं, पदभ्रंशनं, अपध्वंसः, अभिनवः, अवमानना, लघूकरणं, खलीकरणं. —**(State of)** अपकृष्टता, निकृष्टता, पतितत्वं, पातित्यं, अपमानभावः, न्यूनीभावः, अधोगतिः ***f.,*** अधोभावः, भ्रष्टता, वृषलत्वं.

Debatable, ***s.*** विवदनीयः -या -यं, विचार्य्यः -र्य्या -र्य्यं वितर्क्यः -र्क्या -र्क्यं, विचारणीयः -या -यं, सन्दिग्धः -ग्धा -ग्धं.

Debate, ***s.*** विवादः, वादानुवादः, वादप्रतिवादः, संवादः, विसंवादः, वादः, हेतुवादः, वादयुद्धं, विचारः विरोधोक्तिः ***f.,*** वाग्युद्धं, वाक्कलहः, विप्रलापः, विप्रतिपत्तिः ***f.,*** वितण्डा, वितर्कः तर्कः, वाक्यविरोधः, वाक्यं, सन्देहः, वाक्कलिः ***m.*** **—(Contest)** कलहः, विग्रहः, विरोधः, कलिः ***m.;*** **'matter of debate,'** विवादास्पदं.

To **debate,** ***v. a.*** **and** ***n.*** विवद् **(c. 1.** -वदति -ते -दितुं), विसंवद् : विचर् **in caus.** (-चारयति -यितुं), विवादास्पदीकृ, वादानुवादं कृ, वितर्क् **(c. 10.** -तर्कयति -यितुं), विप्रलप् **(c. 1.** -लपति -पितुं), वितण्ड् **(c. 1.** -तण्डते -ण्डितुं), कलह **(nom.** कलहायते), वैर **(nom.** वैरायते), वाक्कलहं कृ, मथ् **(c. 1.** मथति -थितुं).

Debated, ***p. p.*** विचारितः -ता -तं, वादग्रस्तः -स्ता -स्तं, मथितः -ता -तं.

Debateful, ***a.*** विवादी -दिनी -दि (न्), विवादशीलः -ला -लं, विवादार्थी -र्थिनी -र्थि (न्), कलहकारी -रिणी -रि (न्), वाक्कलहप्रियः -या -यं, वाग्युद्धप्रियः -या -यं, वाक्कलिप्रियः -या -यं, सद्वन्द्वः -न्द्वा -न्द्वं, विरोधी -धिनी -धि (न्).

Debater, ***s.*** विवादी ***m.*** (न्), विचारकः, विवादकृत्, तर्की ***m.*** (न्), वादी ***m.*** (न्), हेतुवादी, वितण्डकारी ***m.*** (न्),न्यायी ***m.*** (न्), सांवादिकः.

To **debauch,** ***v. a.*** दुष् **in caus,** (दूषयति -यितुं), सन्दुष्, प्रतिदुष्, दुष्टीकृ; भ्रष्टीकृ, क्षतीकृ; नश् **in caus.** (नाशयति -यितुं); सव्यसनं -ना -नं कृ; धर्म्मभ्रष्टं -ष्टा -ष्टं कृ, धर्म्मविप्लुतः -ता -तं कृ, विकृ; **'to debauch a maiden,'** कन्यां दुष् **or** धृष् **in caus.** (धर्षयति -यितुं), सतीत्वभ्रष्टां कृ.

Debauch, ***s.*** मदावेशः, कामावेशः, व्यसनावेशः, सपीतिः ***f.,*** सम्पीतिः ***f.,*** सम्भोजनं, केलिः ***m.f.,*** स्त्रीमद्यादिसम्भोगार्थम् उत्सवः.

Debauched, ***p. p.*** दूषितः -ता -तं, दुष्टः -ष्टा -ष्टं; **'woman,'** दूषिता, क्षतयोनिः.

Debauchee, ***s.*** व्यसनी ***m.*** (न्), व्यसनीयः, लम्पटः, विषयी ***m.*** (न्), सम्भोगी ***m.*** (न्). विषयासक्तः, विषयानुरागी ***m.*** (न्), कामासक्तः भोगासक्तः, दुराचारः, सम्पीतिरतः, पानरतः, नागरः, विटः.

Debaucher, ***s.*** दूषकः, दूषणः, दूषयिता ***m.*** (तृ), भ्रंशकारी ***m.*** (न्), नाशकः.

Debauchery, ***s.*** लम्पटता, लाम्पट्यं व्यसनं -निता, इन्द्रियासंयमः, विषयित्वं, विषयासक्तत्वं, अनवस्थितिः ***f.,*** धर्म्मापेतत्वं, कामसक्तिः ***f.,*** भोगासक्तिः ***f.,*** दुष्कर्म्म ***n.*** (न्).

Debauchment, ***s.*** दूषणं, प्रतिदूषणं, भ्रष्टीकरण, नाशनं.

To **debellate,** ***v. a.*** युद्धे पराजि (**c. 1.** -जयति -जेतुं), दम् (**c. 10.** दमयति -यितुं).

Debenture, ***s.*** प्रतिज्ञापत्रकं, लेख्यप्रसङ्गः, लेख्यपत्रं, पत्रलेख्यं, ऋणशोधनप्रतिज्ञापत्रं, ऋणमार्गणपत्रं.

Debile, ***a.*** दुर्बलः -ला -लं, अल्पबलः -ला -लं, अल्पशक्तिः -क्तिः -क्ति, शिथिलबलः -ला -लं, शिथिलशक्तिः -क्तिः -क्ति, शिथिल -ला -लं, अल्पवीर्य्यः -र्य्या -र्य्यं, अल्पतेजाः -जा -जः (म्), अल्पसत्त्वः -त्त्वा -त्त्वं, फल्गुः -ल्गुः -ल्गु, म्लानशक्तिः -क्तिः -क्ति, ग्लानः -ना -नं, कृशः -शा -शं, विस्रस्ततेजाः -जाः -जः (स्), अवसन्नः -न्ना -न्नं, क्षामः -मा -मं, क्लीवः -वा -वं, क्षीणक्तिः -क्तिः -क्ति.

To **debilitate,** ***v. a.*** दुर्बलीकृ, शिथिलीकृ, अल्पबलीकृ, म्लानीकृ, क्षामीकृ, क्षीणीकृ, तेजो हृ (**c. 1.** हरति, हर्त्तुं), क्लीव् **in caus.** (क्लीबयति -यितुं), कृश (**nom.** क्रशयति -यितुं), क्षीणं -णां -णं कृ.

Debilitation, ***s.*** दुर्बलीकरणं, शिथिलीकरणं, क्षीणीकरणं, तेजोहरणं, म्लानीकरणं.

Debility, ***s.*** दौर्बल्यं, बलशैथिल्यं, शिथिलता, शक्तिशैथिल्यं, क्षीणशक्तित्वं, म्लानिः ***f.,*** ग्लानिः ***f.,*** अवसादः, अवसन्नता, विस्रंसः -सा, तेजोहीनता, अतेजः ***n.*** (स्), वीर्य्यहानिः ***f.,*** क्षामता, क्लैव्यं, काश्यं, सत्त्वहानिः ***f.,*** मान्द्यं.

To **debit,** ***v. a.*** ऋणकर्त्तुः **or** क्रेतुः **or** द्रव्यग्रहीतुर् नाम पुस्तके समारुह् **in caus.** (-रोपयति -यितुं).

Debonair, ***a.*** सभ्यः -भ्या -भ्यं, सुशीलः -ला -लं, मृदुशीलः -ला -लं, शिष्टः -ष्टा -ष्टं, कोमलस्वभावः -वा -वं, प्रियवादी -दिनी -दि (न्), अग्राम्यः -म्या -म्यं.

Debonairly, ***adv.*** सुशीलवत्, सभ्यवत्, मृदु, सुविनीतं, साधुजनवत्.

Debt, ***s.*** ऋणं, धारः -रणा, उद्धारः, प्रामीत्यं, प्राणीत्यं, अपमित्यकं, पर्य्युदञ्चन; **'in debt,'** ऋणी -णिनी -णि (न्), ऋणवान् -वती -वत् (त्), ऋणग्रस्तः -स्ता -स्तं; **'out of debt, free from debt,'** अनृणः -णा -णं, अनृणी -णिनी -णि (न्) **or** अऋणी; **'to run into debt,'** ऋणं कृ **or** ग्रह् (**c. 9.** गृह्णाति, ग्रहीतुं); **'to pay a debt,'** ऋणं दा **or** शुध् **in caus.** (शोधयति -यितुं), आनृण्यं गम् (**c. 1.** गच्छति, गन्तुं); **'payment or discharge of a debt,'** ऋणदानं, ऋणमुक्तिः ***f.,*** ऋणमोक्षः, ऋणशोधनं, ऋणापनयनं, ऋणापाकरणं, ऋणापनोदनं, आनृण्यं; **'recovery of a debt,'** ऋणादानं, ऋणोद्ग्रहणं; **'a debt at gambling,'** आक्षिकं.

Debtor, ***s.*** अधमर्णः -र्णी ***m.*** (न्) -र्णिकः, ऋणी ***m.*** (न्), ऋणिकः, ऋणवान् ***m.*** (त्), ऋणकर्त्ता ***m.*** (र्त्तृ), धारणकः, धारकः, ऋणग्रस्तः.

Decacuminated, ***a.*** छिन्नाग्रभागः -गा -गं, छिन्नमस्तकः -का -कं, कबन्धः.

Decade, ***s.*** दशकः -कं, दशत्वं, दशता; **'decade of years,'** दशवर्षं.

Decadency, ***s.*** अवपातः, अवसादः, सादः, विसंसा, क्षयः, ध्वंसः, भ्रंशः.

Decagon, ***s.*** दशकोणः -णं, दशभुजः, दशास्रं -स्री, दशकोणा मूर्त्तिः ***f.***

Decalogue, ***s.*** ईश्वरप्रोक्ता दशाज्ञाः ***m. pl.*** **or** दशनिदेशाः ***m.pl.,*** दशविधानं.

To **decamp,** ***v. n.*** कटकनिवेशनात् प्रया (**c. 2.** -याति -तुं) **or** प्रस्था (**c. 1.** -तिष्ठति -स्थातुं) **or** यात्रां कृ, कटकं त्यक्त्वा स्थानान्तरे निविश् (**c. 6.** -विशति -वेष्टुं), शिविरं **or** मन्दिरं त्यज् (**c. 1.** त्यजति, त्यक्तुं).—**(Move off)** अपसृ (**c. 1.** -सरति -सर्त्तुं), व्यपसृप् (**c. 1.** -सर्पति -सप्तुं), पलाय् (**c. 1.** पलायते -यितुं), निष्पत् (**c. 1.** -पतति -तितुं), चल् (**c. 1.** चलति -लितुं).

Decampment, ***s.*** कटकनिवेशनात् प्रयाणं **or** प्रस्थानं **or** प्रगमनं **or** प्रस्थितिः ***f.*** **or** यात्राकरणं, कटकत्यागः, अपसरणं, अपसर्पणं, पलायनं, अपगमः, व्यपगमः.

To **decant,** ***v. a.*** मद्यभाजनम् ईषदवनाम्य मद्यं विमलपात्रे शनैः शनैः प्रसु **in caus.** (-सावयति -यितुं) **or** निक्षिप् (**c. 6.** -क्षिपति -क्षेप्तुं) **or** निविश् **in caus.** (-वेशयति -यितुं) यथा भाजनाथःस्थं मलं नोद्धर्वगच्छति.

Decantation, ***s.*** यथोक्तं काचपात्रे **or** काचकूप्यां मद्यसावणं.

Decanter, ***s.*** काचकूपी, काचपात्रं, कूपी, कुतूः ***f.,*** काचभाजनं, पुटग्रीवः.

To **decapitate,** ***v. a.*** विमस्तक (**nom.** विमस्तकयति -यितुं), शिरः **or** मस्तकं छिद् (**c. 7.** छिनत्ति, छेत्तुं) **or** कृत् (**c. 6.** कृन्तति, कर्त्तितुं).

Decapitated, ***p. p.*** छिन्नमस्तकः -का -कं, छिन्नशिराः -राः -रः (स्) **or** कर्त्तितशिराः, विमस्तकितः -ता -तं, कबन्धः.

Decapitation, ***s.*** मस्तकच्छेदनं, शिरश्छेदः, शीर्षच्छेदः, शिरःकर्त्तनं, कबन्धता; **'meriting it,'** शीर्षछेद्यः -द्या -द्यं, बध्यः -ध्या -ध्यं.

To **decay,** ***v. n.*** क्षि **in pass.** (क्षीयते), सद् (**c. 1.** सीदति, सत्तुं), अवसद्, व्यवसद्; म्लै (**c. 1.** म्लायति, म्लातुं), जृ (**c. 4.** जीर्य्यति, जरितुं -रीतुं), विशृ **in pass.** (-शीर्य्यते), नश् (**c. 4.** नश्यति, नशितुं), विनश्, प्रणश्; ध्वंस् (**c. 1.** ध्वंसते -सितुं), विध्वंस्, प्रली (**c. 4.** -लीयते -लेतुं -लातुं), शद् (**c. 6.** शीयते, शत्तुं), क्षै (**c. 1.** क्षायति, क्षातुं), ह्रस् (**c. 1.** ह्रसति -सितुं), संस् (**c. 1.** संसते -सितुं), विस्रंस्, गल् (**c. 1.** गलति -लितुं), ग्लै (**c. 1.** ग्लायति, ग्लातुं).

To **decay,** ***v. a.*** क्षि **in caus.** (क्षययति, क्षपयति -यितुं), अवसद् **in caus.** (-सादयति -यितुं), नश् **in caus.** (नाशयति -यितुं),

ध्वंस् **in caus.** (ध्वंसयति -यितुं), ह्रस् **in caus.** (ह्रासयति -यितुं), विशीर्णीकृ. म्लानीकृ.

Decay, ***s.*** क्षयः, क्षिया, क्षीणता, परिक्षयः, संक्षयः, सादः, अवसादः, अवसन्नता, जीर्णि: ***f.,*** जीर्णता -त्वं, जरठः, शीर्णता, विशीर्णता, म्लानिः ***f.,*** प्रलयः, नाशः, विनाशः, प्रणाशः, ध्वंसः, विध्वंसः, विस्रंसा, ग्लानिः ***f.,*** हानिः ***f.,*** ह्रासः, अपचयः, व्ययः, क्षामता, गलनं; **'of the teeth,'** दन्तव्यसनं, कृमिदन्तकः.

Decayed, ***p. p.*** क्षीणः -णा -णं, जीर्णः -र्णा -र्णं, जीर्णवान् -वती -वत् (त्), शीर्णः -र्णा -र्णं, विशीर्णः -र्णा -र्णं, म्लानः -ना -नं, नष्टः -ष्टा -ष्टं, गलितः -ता -तं, विगलितः -ता -तं, प्रलीनः -ना -नं, ध्वस्तः -स्ता -स्तं, क्षामः -मा -मं, विस्रस्तः -स्ता -स्तं, सन्नः -न्ना -न्नं, अवसन्नः -न्ना -न्नं, दीनः -ना -नं, हीनः -ना -नं.

Decaying, ***a.*** क्षयी -यिणी -यि (न्), क्षयिष्णुः -ष्णुः -ष्णु, क्षीयमाणः -णा -णं, विशीर्य्यमाणः -णा -णं, परिजीर्यन् -र्यन्ती -र्यत् (त्).

Decease, ***s.*** मरणं, अपगमः, संस्थानं, अत्ययः, प्रयाणं, निःसरणं, अपायः, जीवनत्यागः, तनुत्यागः, जीवोत्सर्गः.

To **decrease,** ***v. n.*** मृ **(c. 6.** म्रियते, मर्त्तुं), प्रे **(c. 2.** एति -तुं, **with** प्र, प्रैति), देहं **or** जीवनं त्यज् **(c. 1.** त्यजति, त्यक्तुं) **or** उत्सृज् **(c. 6.** -सृजति -स्रष्टुं).

Deceased, ***p. p.*** मृतः -ता -तं, प्रेतः -ता -तं, प्रेतीभूतः -ता -तं, अतीतः -ता -तं, व्यतीतः -ता -तं, संस्थितः -ता -तं, विपन्नः -न्ना -न्नं, प्रमीतः -ता -तं.

Deceit, ***s.*** कपटः -टं, छलं -लना, वञ्चनं -ना, प्रवञ्चना, व्याजः. कैतवं, माया, कूटः -टं; कौटं, छद्म ***n.*** (न्), दम्भः, प्रलम्भः, विप्रलम्भः, अतिसन्धानं, अभिसन्धिः ***m.*** -धानं, प्रपञ्चः, प्रतारणं -णा, कुहकः, उपधिः ***m.,*** व्याकूतिः ***f.,*** दण्डाजिनं, संश्वत् ***n.,*** संश्वत् ***n.,*** निमीलिका.

Deceitful, ***a.*** कपटी -टिनी -टि (न्), कापटिकः -की -कं, छली -लिनी -लि (न्), छलनापरः -रा -रं, वञ्चकः -का -कं, वञ्चनः -ना -नं, प्रवञ्चकः -का -कं, मायी -यिनी -यि (न्), मोही -हिनी -हि (न्), मायान्वितः -ता -तं, कौटिकः -की -कं, प्रतारकः -का -कं, छाद्मिकः -की -कं, दाम्भिकः -की -कं, प्रलम्भकः -का -कं, विप्रलम्भकः -का -कं, कृतकपटः -टा -टं, सव्याजः -जा -जं, विवञ्चिषुः -षु -षु, त्रिजिह्मः -ह्मा -ह्मं, उपधिकः -का -कं, दाण्डाजिनिकः -की -कं, तकिलः -ला -लं, वञ्चनशीलः -ला -लं, शठः -ठा -ठं, भ्रान्तिजनकः -का -कं.

Deceitfully, ***adv.*** सकपटं, सव्याजं, सकैतवं, छलेन, समायं, मायया, प्रलम्भात्, विप्रलम्भेन, दम्भात्, वञ्चनार्थं, धूर्त्तवत्, कितववत्, सकूटं.

Deceitfulness, ***s.*** कपटता, कापट्यं, कूटता, वञ्चकत्वं, शठता, सव्याजता.

Deceivable, ***a.*** वचनीयः -या -यं, प्रतारणीयः -या -यं, मोहनीयः -या -यं.

To **deceive,** ***v. a.*** वञ्च् **in caus.** (वञ्चयते -ति -यितुं), परिवञ्च्, प्रवञ्च्; प्रलभ् **(c. 1.** -लभते -लब्धुं), विप्रलभ्; छल् **(c. 10.** छलयति -यितुं), प्रतॄ **in caus.** (-तारयति -यितुं), मुह् **in caus.** (मोहयति -यितुं), भ्रम् **in caus.** (भ्रमयति -यितुं), भ्रान्तिं जन् **in caus.** (जनयति -यितुं), प्रलुभ् **in caus.** (-लोभयति -यितुं), अतिसन्धा **(c. 3.** -दधाति -धातुं), अभिसन्धा, विनिकृ, व्यच् **(c. 6.** विचति, व्यचितुं), दम्भ् **(c. 5.** दभ्नोति, दम्भितुं).

Deceived, ***p. p.*** वञ्चितः -ता -तं, परिवञ्चितः -ता -तं, प्रलब्धः -ब्धा -ब्धं, विप्रलब्धः -ब्धा -ब्धं, प्रतारितः -ता -तं, प्रपञ्चितः -ता -तं, मोहितः -ता -तं, विमोहितः -ता -तं, अतिसंहितः -ता -तं,प्रलोभितः -ता -तं, विलोभितः -ता -तं.

Deceiver, ***s.*** वञ्चकः, प्रतारकः, प्रवञ्चकः, विप्रलम्भकः, कपटी ***m.*** (न्), मायी ***m.*** (न्), दम्भी ***m.,*** (न्), दम्भकः, कितवः, कूटकारः, कुहकः, नारकीटः, दाम्भिकः.

December, ***s.*** आग्रहायणः -णिकः, अग्रहायणः, मार्गशीर्षं, मार्गशिरः, मार्गः -र्गकः, मृगः, सहाः ***m.*** (म्), शोभनमासः, पौपः, सहस्यः, तैषः, वत्सरस्य द्वादशमासः **or** शेषमासः.

Decempedal, ***a.*** दशपादपरिमाणः -णा -णं.

Decemvirate, ***s.*** वक्ष्यमाणदशजनानाम् अधिकारः **or** आधिपत्यं.

Decemviri, ***s.*** पूर्व्वकाले रोमीयदेशाधिष्ठातारो दशजनाः ***m. pl.,*** राज्यधुर्व्वहा दशशासिताराः ***m. pl.***

Decence, decency, ***s.*** विनयः, विनीतत्वं -ता, मर्य्यादा, लज्जा, अनतिक्रमः, इतिकर्त्तव्यता, युक्तिः ***f.,*** उपपत्तिः ***f.,*** सामञ्जस्यं, याथातथ्यं, उपयुक्तता, याथार्थ्यं, औचित्यं, शिष्टता, संस्था, स्थितिः ***f.,*** अभ्रेषः, अभ्रंशः, शालीनत्वं, शिष्टाचारानुसारः.

Decennial, ***a.*** दशवर्षीयः -या -यं, दशवर्षीणः -णा -णं, दशवत्सरी -रिणी -रि (न्), दशवार्षिकः -की -कं, दशाब्दिकः -की -कं, दशवर्षस्थायी -यिनी -यि (न), दशवत्सरवर्त्ती -र्त्तिनी -र्त्ति (न्).

Decent, ***a.*** विनीतः -ता -तं, विनयवान् -वती -वत् (त्), विनयोपेतः -ता -तं, अनतिक्रान्तमर्य्यादः -दा -दं, इतिकर्त्तव्यः -व्या -व्यं, सविनयः -या -यं, समर्य्यादः -दा -दं, सलज्जः -ज्जा -ज्जं, लज्जान्वितः -ता -तं, युक्तः -क्ता -क्तं, उपयुक्तः -क्ता -क्तं, योग्यः -ग्या -ग्यं, उचितः -ता -तं, समुचितः -ता -तं, सम्भाव्यः -व्या -व्यं, उपपन्नः -न्ना -न्नं, शिष्टाचारानुसारी -रिणी -रि (न्), शिष्टः -ष्टा -ष्टं.

Decently, ***adv.*** सविनयं, विनीतवत्, विनयतस्, विनयात्, समर्य्यादं, युक्तं, उपयुक्तं, यथोचितं, समुचितं, सलज्जं, शिष्टाचारानुसारात्, लज्जापूर्व्वं.

Deceptible, ***a.*** वञ्चनीयः -या -यं, प्रतारणीयः -या -यं, प्रलभ्यः -भ्या -भ्यं.

Deception, ***s.*** वचनं -ना, प्रवञ्चना, छलना, प्रतारणं -णा, प्रलम्भः, विप्रलम्भः, कपटः -टं, छलं, व्याजः, माया, छद्म ***n.*** (न्), दम्भः, कूटः -टं.

Deceptious, deceptive, ***a.*** मायी -यिनी -यि (न्), मोही -हिनी -हि (न्), वञ्चकः -का -कं, भ्रान्तिजनकः -का -कं, ऐन्द्रजालिकः -की -कं, धिप्सुः -प्सुः -प्सु. ***See*** **Deceitful.**

Decerpt, ***a.*** अवछिन्नः -न्ना -न्नं, अवकर्त्तितः -ता -तं, अवलूनः -ना -नं.

Decerptible, ***a.*** अवछेद्यः -द्या -द्यं, अवकर्त्तनीयः -या -यं, लाव्यः -व्या -व्यं.

Decerptiom, ***s.*** अवच्छेदः -दनं, अवकर्त्तनं, अवचयः, अवलूनिः ***f.,*** लावः.

Decession, ***s.*** अपगमः, व्यपगमः, गमनं, अपासरणं, विगमः, अपायः.

To **decharm,** ***v. a.*** **and** ***n.*** निश्चि (**c. 5.** -चिनोति -चेतुं), निर्णी (**c. 1.** -णयति -णेतुं), व्यवसो (**c. 4.** -स्यति -सातुं), व्यवस्था **in caus.** (-स्थापयति -यितुं), साध् **in caus.** (साधयति -यितुं), सिद्धीकृ, निष्पद् **in caus.** (-पादयति -यितुं), निष्पत्तिं कृ, निश्चयं कृ, निर्णयं कृ, तीर् (**c. 10.** तीरयति -यितुं), विचर् **in caus.** (-चारयति -यितुं).

Decided, ***p. p.*** निश्चितः -ता -तं, निर्णीतः -ता -तं, सिद्धः -द्धा -द्धं, निष्पन्नः -न्ना -न्नं, व्यवसितः -ता -तं, नियतः -ता -तं, व्यवस्थापितः -ता -तं, व्यवस्थितः -ता -तं, तीरितः -ता -तं, विचारितः -ता -तं.

Decidence, ***s.*** पतनशीलत्वं, पात, अवपातः, निपातः, पतनं, विध्वंसः.

Decider, ***s.*** निर्णेता ***m.*** (तृ), निश्चायकः, निश्चयकारी ***m.*** (न्), निर्णयकृत्, विचारकर्त्ता ***m.*** (र्त्तृ), प्रमाणपुरुषः, मध्यस्थः, निष्पत्तिकारकः.

Deciduous, ***a.*** पतयालुः -लुः -लु, पातुकः -का -कं, पतनशीलः -ला -लं, क्षयी -यिणी -यि (न्), एकवर्षस्थायी -यिनी -यि (न्) **or** अचिरस्थायी **or** अस्थायी, विध्वंसी -सिनी -सि (न्); **'an annual plant,'** ओषधिः ***f.*** -धी.

Decimal, ***a.*** दशकः -का -कं, दशगुणितः -ता -तं, दशसंख्यकः -का -कं.

To **decimate,** ***v. a.*** **(Take the tenth)** दशभागं **or** दशमभागं **or** दशमांशं ग्रह् (**c. 9.** गृह्णाति, ग्रहीतुं) **or** हृ (**c. 1.** हरति, हर्त्तुं). **—(Select by lot every tenth soldier for punishment)** गुटिकापातपूर्व्वं सर्व्वसैन्यमध्याद् दशमं दशमं सैनिकं बर्धार्थम् उद्धृ (**c. 1.** -हरति -हर्त्तुं).

Decimation, ***s.*** दशमभागग्रहणं, दशमांशहरणं, यथोक्तं सर्व्वसैन्यमध्याद् दशके दशके एकसैनिकोद्धारः.

To **decipher,** ***v. a.*** **(Explain occult characters)** गूढाक्षराणि **or** वीजाक्षराणि व्याख्या (**c. 2.** -ख्याति -तुं) **or** व्याकृ **or** व्याहृ (**c. 1.** -हरति -हर्त्तुं) **or** व्याचक्ष् (**c. 2.** -चष्टे) **or** प्रकाश् **in caus.** (-काशयति -यितुं) **or** स्पष्टीकृ **or** परिशुध् **in caus.** (-शोधयति -यितुं), स्पष्ट (**nom.** स्पष्टयति -यितुं), निरूप् (**c. 10.** -रूपयति -यितुं).

Decipherer, ***s.*** व्याख्याता ***m.*** (तृ), स्पष्टीकर्त्ता ***m.*** (र्त्तृ), विवरणकृत्, निरूपकः.

Deciphering, ***s.*** व्याख्यानं, व्याकरणं, विवृतिः ***f.,*** स्पष्टीकरणं, निरूपणं.

Decision, ***s.*** निश्चयः, निर्णयः -यनं, निश्चितं, निष्पत्तिः ***f.,*** सिद्धिः ***f.,*** व्यवसायः, व्यवस्थितिः ***f.,*** व्यवस्थापनं, सम्प्रधारण, तीरणं, तीरितं.

Decisive, decisory, ***a.*** निश्चायकः -का -कं, निर्णायकः -का -कं, निर्णयनः -ना -नं, निष्पत्तिकारकः -का -कं, साधकः -का -कं, सिद्धीकरणः -णा -णं, प्रमाणीकारकः -का -कं, विचारकः -का -कं, निर्देशकः -का -कं, निष्पादकः -का -कं.

Decisively, ***adv.*** निश्चितं, सुनिश्चितं, सनिश्चयं, निर्णयपूर्व्वं, सनिर्णयं.

Decisiveness, ***s.*** निश्चायकत्वं, निर्णायकत्वं, साधकत्वं, विचारकता, निष्पादकता.

To **deck,** ***v. a.*** **(Cover)** छद् (**c. 10.** छादयति -ते -यितुं), आछद्, आस्तृ (**c. 9.** -स्तृणाति -स्तरितुं -रीतुं); **'to deck a ship,'** नौकां काष्ठफलकैर्, आस्तृ.**—(Adorn)** भूष् (**c. 1.** भूषति -षितुं, **c. 10.** भूषयति -यितुं), विभूष्, शुभ् **in caus.** (शोभयति -यितुं), अलङ्कृ, समलङ्कृ, परिष्कृ, मण्ड् (**c. 10.** मण्डयति -यितुं).

Deck, ***s.*** **(Of a ship)** नौकापृष्ठं, नौपृष्ठं, नौकास्तरणं, नौकातलं, नौतलं, नौफलकं.**—(Pack of cards)** द्यूतपत्रराशिः ***m.f.***

Decked, ***p. p.*** भूषितः -ता -तं, अलङ्कृतः -ता -तं, शोभितः -ता -तं.

To **declaim,** ***v. n.*** विस्मयोत्पादनार्थं **or** इन्द्रियमोहकरणार्थम् अलङ्कारमयं वाक्यं वद् (**c. 1.** वदति -दितुं), रसिकवाक्यं **or** शब्दालङ्कारपूर्व्वं वाक्यं ब्रू (**c. 2.** ब्रवीति, वक्तुं), वर्ण् (**c.10** वर्णयति -यितुं); **'to declaim against,'** सवाक्यालङ्कारम् अवक्षिप् (**c. 6.** -क्षिपति -क्षेप्तुं).

Declamation, ***s.*** विस्मयोत्पादनार्थं वाक्यं, इन्द्रियमोहनार्थं वाक्यं, अलङ्कारमयं, वाक्यं, रसिकवाक्यं, वर्णनवाक्यं, भारती, करुणावाक्यं, वक्तृत्वं, शब्दचातुर्य्यं, सुप्रलापः, सारस्वतवाक्यं.

Declamator, Declaimer, ***s.*** वक्ता ***m.*** (क्तृ) वाक्पटुः ***m.,*** वागीशः, वाग्विदग्धः, प्रवचनपटुः ***m.,*** वर्णनकृत्, वाक्यद्वारेण विस्मयोत्पादकः **or** इन्द्रियमोहकः.

Declamatory, ***a.*** वागलङ्कारमयः -यी -यं, वाङ्मयः -यी -यं. —**(Appealing to the passions)** विस्मयोत्पादकः -का -कं, इन्द्रियमोहकः -का -कं.

Declarable, ***a.*** आख्येयः -या -यं, अभिधेयः -या -यं. —**(Capable of proof)** साध्यः -ध्या -ध्यं, सूच्यः -च्या -च्यं, प्रमेयः -या -यं.

Declaration, ***s.*** आख्यानं, ख्यापनं, निवेदनं, आवेदनं, ज्ञापनं, विज्ञापनं, विज्ञप्तिः ***f.,*** बोधनं, अभिधानं, अभिहितत्वं, प्रवचनं, वचनं, वादः, कथनं, कीर्त्तनं, अनुकीर्त्तनं, प्रकीर्त्तनं, प्रकाशनं, घोषणा, प्रतिज्ञा; **'repeated declaration,'** वचनशतं; **'declaration of war,'** प्रत्युत्क्रमः-मणं, प्रत्युत्क्रान्तिः ***f.***

Declarative, declaratory, ***a.*** ख्यापकः -का -कं, ज्ञापकः -का -कं, विज्ञापकः -का -कं, बोधकः -का -कं, आवेदकः -का -कं, निवेदकः -का -कं, वाचकः -का -कं, अभिधायिकः -का -कं, प्रकाशकः -का -कं, कथकः -का -कं.

Declaratorily, ***adv.*** प्रवचनपूर्व्वं, निवेदनपूर्व्वं, व्यक्तं, सुव्यक्तं.

To **declare,** ***v. a.*** **(Tell, make known)** आख्या (**c. 2.** -ख्याति -तुं), समाख्या; ख्या **in caus.** (ख्यापयति -यितुं), ज्ञा **in caus.** (ज्ञापयति -यितुं), विज्ञा, विद् **in caus.** (वेदयति -यितुं), निविद्, आविद्, समाविद्, विनिविद्; कथ् (**c. 10.** कथयति -यितुं), वद् (**c. 1.** वदति -दितुं), प्रवच् (**c. 2.** -वक्ति -क्तुं), अभिधा (**c. 3.** -दधाति -धातुं), सूच् (**c. 10.** सूचयति -यितुं). —**(Proclaim)** प्रख्या **in caus.,** कृत् (**c. 10.** कीर्त्तयति -यितुं), प्रकृत्, अनुकृत्, घुष् **in caus.** (घोषयति -यितुं), विघुष्, आघुष्, उच्चर् **in caus.** (-चारयति -यितुं), प्रकाश् **in caus.** (-काशयति -यितुं), प्रकटीकृ, व्यक्तीकृ.

To **declare,** ***v. n.*** निवेदनं कृ, मतं **or** अभिप्रायं **or** सङ्कल्पं ज्ञा **in caus.** (ज्ञापयति -यितुं), साक्ष्यं **or** प्रमाणं दा, स्वीकृ.

Declared, ***p. p.*** ख्यातः -ता -तं, आख्यातः -ता -तं, प्रोक्तः -क्ता -क्तं, उक्तः -क्ता -क्तं, आवेदितः -ता -तं, निवेदितः -ता -तं, कथितः -ता -तं, सूचितः -ता -तं, ज्ञापितः -ता -तं, विज्ञप्तः -प्ता -प्तं, अभिहितः -ता -तं, कीर्त्तितः -ता -तं, प्रकीर्त्तितः -ता -तं, परिकीर्त्तितः -ता -तं, विघुष्टः -ष्टा -ष्टं, आघोषितः -ता -तं, उच्चारितः -ता -तं, उदितः -ता -तं, प्रकाशितः -ता -तं, निरूपितः -ता -तं, व्यवस्थितः -ता -तं.

Declension, ***s.*** **(Falling off)** भ्रंशः, ध्वंसः, विध्वंसः, सादः, क्षयः, च्युतिः ***f.*** —**(Inflexion of nouns)** विभक्तिः ***f.,*** रूपं, रूपकरणं, शब्दविकारः, पदसाधनं, शब्दाख्यानं.

Declinable, ***a.*** वाच्यः -च्या -च्यं, विकार्य्यः -र्य्या -र्य्यं, आख्येयः -या -यं.

Declination, ***s.*** **(Falling off, decay, descent)** च्युतिः ***f.,*** भ्रंशः, क्षयः, अवसादः, विस्रंसा, अवपातः, अवतारः, अधोगतिः ***f.,*** अवनतिः ***f.*** —**(Obliquity)** वक्रता. —**(Deviation)** उत्क्रमः, भेषः, विक्रिया. —**(In astronomy)** क्रान्तिः ***f.,*** क्रान्तः, अपमः.

Decline, ***s.*** क्षयः, परिक्षयः, उपक्षयः, अवक्षयः, क्षिया, भ्रंशः, सादः, अवसादः, ध्वंसः, विध्वंस, अपचयः, ह्रासः, विस्रंसा, व्ययः, अधःपतनं, अवपातः, च्युतिः ***f.,*** न्यूनता, अत्ययः, व्यसनं, म्लानिः ***f.,*** ग्लानिः ***f.*** —**(Consumption)** देहक्षयः, क्षयरोगः, क्षयथुः, ***m.,*** क्षयकासः, कफक्षयः, शरीरपाकः, शरीरशोषः. —**(Decline of the sun, or of good fortune, etc.)** अस्तः; **'decline of life,'** जीवितक्षयः.

To **decline,** ***v. a.*** **(Bend downwards)** नम् **in caus.** (नामयति -यितुं), अवनम्; अवपीड् (**c. 10.** -पीडयति -यितुं), अपकृष् (**c. 1.** -कर्षति -क्रष्टुं), पत् **in caus.** (पातयति -यितुं). —**(Refuse, shun)** प्रत्याख्या (**c. 2.** -ख्याति -तुं), अन्तःख्या, अतिख्या, अपलप् (**c. 1.** -लपति -पितुं), प्रत्यादिश् (**c. 6.** -दिशति -देष्टं), अपह्नु (**c. 2.** -ह्नुते -ह्नोतुं), निह्नु, अस्वीकृ; निरस् (**c. 4.** -अस्यति -असितुं), अपास्; वृज् **in caus.** (वर्ज्जयति -यितुं), परिहृ (**c. 1.** -हरति -हर्त्तुं). —**(In grammar)** आख्या (**c. 2.** -ख्याति -तुं), रूप् (**c. 10.** रूपयति -यितुं), शब्दरूपं कृ.

To **decline,** ***v. n.*** **(Lean downwards)** नम् (**c. 1.** नमति, नन्तुं), अवनम्, आनम्, नम्रीभू; **'as the sun,'** अस्तं गम् (**c. 1.** गच्छति, गन्तुं), लस् (**c. 1.** लम्बते -म्बितुं); **'declining towards the south,'** दक्षिणाप्रवणः -णा -णं, दक्षिणादिगवनतः -ता -तं. —**(Deviate)** भ्रंश् (**c. 4.** भ्रश्यति, भ्रंशितुं), च्यु (**c. 1.** च्यवते, च्योतुं), विच्यु, विचल् (**c. 1.** -चलति -लितुं), पत् (**c. 1.** पतति -तितुं). —**(Avoid)** त्यज् (**c. 1.** त्यजति, त्यक्तुं), परित्यज्, हा (**c. 3.** जहाति, हातुं). —**(Desist from)** निवृत् (**c. 1.** -वर्त्तते -र्त्तितुं). —**(Decay)** क्षि **in pass.** (क्षीयते), परिक्षि, सद् (**c. 6.** सीदति, सत्तुं), अवसद्; भ्रंश्; ध्वंस् (**c. 1.** ध्वंसते -सितुं), विध्वंस्, विस्रंस् (**c. 1.** -स्रंसते -सितुं), अपचि **in pass.** (-चीयते), म्लै (**c. 1.** म्लायति, म्लातुं), ह्रस् (**c. 1.** ह्रसति -सितुं), व्ययीभू, न्यूनीभू, विशॄ **in pass.** (-शीर्य्यते).

Declined, ***p. p.*** **(Refused)** प्रत्याख्यातः -ता -तं, प्रत्यादिष्टः -ष्टा -ष्टं, अस्वीकृतः -ता -तं. —**(Deviated)** भ्रष्टः -ष्टा -ष्टं, च्युतः -ता -तं, पतितः -ता -तं. —**(Decayed)** क्षीणः -णा -णं, सन्नः -न्ना -न्नं, अवसन्नः -न्ना -न्नं. म्लानः -ना -नं, अस्तगतः -ता -तं, अपचितः -ता -तं, विशीर्णः -र्णा -र्णं. —**(Inflected)** आख्यातः -ता -तं.

Declivity, ***s.*** पातुकः, पातुकभूमिः ***f.,*** प्रवणभूमिः, प्लवः, उत्सङ्गः. निम्नता.

Declivous, ***a.*** क्रमशः पातुकः -की -कं **or** प्रवणः -णा -णं.

To **decoct,** ***v. a.*** क्वथ् (**c. 1.** क्वथति -थितुं), निष्क्वथ्; पच् (**c.**

1. पचति, पक्तुं), निष्पच्.

Decocted, ***p. p.*** निष्पक्वः -क्वा-क्वं, क्वथितः -ता -तं, निष्क्वथितः -ता -तं.

Decoction, ***s.*** **(Act of)** क्वाथः, क्वथनं, निष्क्वाथः, पाचन. **—(Preparation made by decocting)** निर्य्यासः, निर्य्यूहः, कथायः -यं, घनरसः, फाण्टं.

Decollation, ***s.*** शिरश्छेदनं, शीर्षछेदः, मस्तकछेदः, शीर्षघातः.

To **decompose,** ***v. a.*** **(Analyze a compound body)** समस्तद्रव्यं पृथक्कृ **or** व्याकृ, विली **in caus.** (-लाययति -लापयति -यितुं), विद्रु **in caus.** (-द्रावयति -यितुं), पिश् **in caus.** (पेशयति -यितुं), उपोद्घातं कृ.

Decomposed, ***p. p.*** व्याकृतः -ता -तं, विद्रावितः -ता -तं, विलीनः -ना -नं.

Decomposite, ***a.*** **(Twice compounded)** द्विमिश्रितः -ता -तं, पुनर्मिश्रितः

Decomposition, ***s.*** **(Compounding twice)** द्विमिश्रणं, पुनर्मिश्रणं.**—(Resolution of parts, dissolution)** उपोद्धातः, पृथक्करणं, विद्रावणं, विलयः, प्रलयः, परिक्षयः.

To **decompound,** ***v. a.*** **(Compound a second time)** पुनर् **or** द्विवारं मिश्र् **(c. 10.** मिश्रयति -यितुं**) or** सम्मिश्र्.**—(Resolve into parts).** ***See*** **Decompose.**

To **decorate,** ***v. a.*** भूष् **(c. 10.** भूषयति -यितुं**)**, विभूष्; अलङ्कृ, परिष्कृ, समलङ्कृ, संस्कृ; मण्ड् **(c. 10.** मण्डयति -यितुं**)**; शुभ् **in caus.** (शोभयति -यितुं), उपशुभ्, परिकर्म्म **(nom.** परिकर्म्मयति -यितुं**)**.

Decorated, ***p. p.*** भूषितः -ता -तं, विभूषितः -ता -तं, अलङ्कृतः -ता -तं, परिष्कृतः -ता -तं, संस्कृतः -ता -तं, मण्डितः -ता -तं, शोभितः -ता -तं, सालङ्कारः -रा -रं, कृतालङ्कारः -रा -रं, कृताभरणः -णा -णं, कृतशोभः -भा -भं, सवेशः -शा -शं, रञ्जितः -ता -तं, प्रसाधितः -ता -तं.

Decoration, ***s.*** अलङ्कारः, अलङ्क्रिया, भूषणं, विभूषणं, भरणं, आभरणं, प्रसाधनं, परिष्कारः, परिष्कृतिः ***f.,*** परिकर्म्म ***n.*** (न्), प्रतिकर्म्म, संस्कारः, मण्डनं, शोभा -भनं, रञ्जनं, कल्पना, तन्त्रं, सज्जा, वेशः; **'stage decorations,'** नेपथ्यं, आहार्य्यः.

Decorator, ***s.*** प्रसाधकः, भूपकः, शोभाकारी ***m.*** (न्), अलङ्कारकल्पकः.

Decorous, ***a.*** विनीतः -ता -तं, विनयी -यिनी -यि (न्), सविनयः -या -यं, अनतिक्रान्तः -न्ता -न्तं, अनतिक्रान्तमर्य्यादः -दा -दं, समर्य्यादः -दा -दं, शिष्टाचारानुसारी -रिणी -रि (न्), सुशीलः -ला -लं, युक्तः -क्ता -क्तं, उपयुक्तः -क्ता -क्तं, योग्यः -ग्या -ग्यं, यथायोग्यः -ग्या -ग्यं, उचितः -ता -तं, यथोचितः -ता -तं, समञ्जसः -सा -सं.

Decorously, ***adv.*** सविनयं, समर्य्यादं, अनतिक्रान्तं, युक्तं, यथोचितं.

To **decorticate,** ***v. a.*** त्वच **(nom.** त्वचयति -यितुं**)**, निरुत्वच; निरुत्वचीकृ; निर्वल्क **(nom.** निर्वल्कयति -यितुं**)**; निस्तुष **(nom.** निस्तुषयति -यितुं**)**, तुषीकृ, निस्तुषीकृ; त्वक्ष् **(c. 1.** त्वक्षति -क्षितुं**)**, वल्कलं **or** त्वचम् उत्कृष् **(c. 1.** -कर्षति -क्रष्टुं**) or** निष्कृष्.

Decortication, ***s.*** निस्त्वचीकरणं, निस्तुषीकरणं, त्वक्परिपुटनं, निर्वल्कलीकरणं.

Decorum, ***s.*** विनयः, विनीतता -त्वं, मर्य्यादा, अनतिक्रमः, शिष्टाचारानुसारः, सदाचारता, सुशीलता, सभ्यता, शिष्टता, सुरीतिः ***f.,*** सुनीतिः ***f.,*** सुचरित्रं, सच्चरित्रं, युक्तता, उपयुक्तत्वं, औचित्यं, न्यायः -यता.

To **decoy,** ***v. a.*** छलेन **or** कौटने प्रलुभ् **in caus.** (-लोभयति -यितुं) **or** आकृष् **(c. 1.** -कर्षति -क्रष्टुं**) or** प्रवञ्च् **in caus.** (-वञ्चयते -यितुं) **or** प्रतृ **in caus.** (-तारयति -यितुं). **—(Entrap)** जाले बन्ध् **(c. 9.** बध्नाति, बन्धुं**)**.

Decoyed, ***p. p.*** प्रलोभितः -ता -तं, जालबद्धः -द्धा -द्धं, पाशबद्धः -द्धा -द्धं.

Decoy-bird, ***s.*** आकर्षकपक्षी ***m.*** (न्), शाकुनिकैर् अन्यपक्षिप्रलोभने शिक्षितः पक्षी.

To **decrease,** ***v. n.*** क्षि **in pass.** (क्षीयते), परिक्षि, परिहा **in pass.** (-हीयते), ह्रस् **(c. 1.** ह्रसते -सितुं**)**, अल्पीभू, न्यूनीभू, ऊनीभू, अवसद् **(c. 6.** -सीदति -सत्तुं**)**.

To **decrease,** ***v. a.*** अल्पीकृ, ह्रस् **in caus.** (ह्रासयति -यितुं), ऊन् **(c. 10.** ऊनयति -यितुं**)**, न्यूनीकृ, कन **(nom.** कनयति -यितुं**)**, लघ **(nom.** लघयति -यितुं**)**, क्षि **in caus.** (क्षपयति -यितुं).

Decrease, decrement, ***s.*** क्षयः, क्षिया, क्षितिः ***f.,*** ह्रासः, न्यूनत्वं -ता, न्यूनीभावः, अवसादः, अपचयः, हानिः ***f.;*** **'of the moon,'** इन्दुक्षयः.

To **decree,** ***v. n.*** व्यवस्थाद्वारेण **or** आज्ञापत्रद्वारेण निष्पन्नं **or** सिद्धं **or** निर्णीतं कृ, व्यवस्थां कृ, आज्ञां कृ **or** दा, शासनं कृ, निष्पत्तिं कृ, निश्चयं कृ.

To **decree,** ***v. a.*** व्यवस्था **in caus.** (-स्थापयति -यितुं), प्रणी **(c. 1.** -णयति -णेतुं**)**, आज्ञा **in caus.** (-ज्ञापयति -यितुं), आदिश् **(c. 6.** -दिशति -देष्टुं**)**, समादिश्, निर्दिश् विधा **(c. 3.** -दधाति -धातुं**)**, प्रक्लृप् **(c. 10.** -कल्पयति -यितुं**)**.

Decree, ***s.*** व्यवस्था, व्यवस्थापत्रं, शासनं, शासनपत्रं, आज्ञापत्रं, राजाज्ञा, आज्ञा, विधानं, नियमः, नियोगः, निदेशः, आदेशः.

Decreed, ***p. p.*** व्यवस्थितः -ता -तं, व्यवस्थापितः -ता -तं, प्रणीतः -ता -तं, विहितः -ता -तं, निर्द्दिष्टः -ष्टा -ष्टं, प्रकल्पितः -ता -तं, आज्ञप्तः -प्ता -प्तं.

Decrepit, ***a.*** जरी -रिणी -रि (न्), जीर्णः -र्णा -र्णं, जरातुरः -रा -रं, जराग्रस्तः -स्ता -स्तं, जरापरिणतः -ता -तं, जरणः -णा -णं, अतिवृद्धः -द्धा -द्धं.

Decrepitation, *s.* मूषानिवेशितलवणस्य वह्निसम्पर्कात् स्फुत्कारशब्दः.

Decrepitude, *s.* जरा, जीर्णि: *f.,* जीर्णता, जरावस्था, जरठः, जीर्णावस्था, अतिवृद्धभावः, अतिवार्धक्यं, विस्रंसा, ज्यानि: *f.,* प्रातिका.

Decrescent, *a.* क्षयी -यिणी -यि (न्), क्षीयमाणः -णा -णं, अपचीयमानः -ना -नं.

Decretal, *a.* व्यवस्थाविषयः -या -यं, व्यवस्थापकः -का -कं, नैयमिकः -की -कं.

Decretal, *s.* **(Body of laws or edicts)** धर्म्मसंहिता, व्यवस्थासङ्ग्रहः.—**(Collection of the pope's decrees)** रोमनगरे महाधर्म्माध्यक्षप्रकाशितानां शासनपत्राणां संहिता.

Decretory, *a.* विचारकः -का -कं, प्रणयनः -ना -नं, निश्चायकः -का -कं.

Decrial, *s.* अपवादः, परीवादः, उपक्रोशः, उच्चैःस्वरेण कृता निन्दा.

To **decry,** *v. a.* अपवद् **(c. 1.** -वदति -दितुं), परिवद्, उच्चैःस्वरेण निन्द् **(c. 1.** निन्दति -न्दितुं) **or** अवक्षिप् **(c. 6.** -क्षिपति -क्षेप्तुं) **or** तिरस्कृ **or** दोषीकृ.

Decumbence, *s.* शयनं, शय्यागमनं, पतनं, संवेशः उपवेशनं.

Decumbent, *s.* शयानः -ना -नं, शयने संविष्टः -ष्टा -ष्टं, शयितः -ता -तं, निषणः -णा -णं, निलीनः -ना -नं, उपविष्टः -ष्टा -ष्टं.

Decumbiture, *s.* रोगार्त्तस्य शय्यावर्त्तनकालः, रोगावधिर् यत्पर्य्यन्तं शयने वर्त्तते रोगी.

Decuple, *a.* दशगुणः -णा -णं, दशगुणीकृतः -ता -तं, दशविधः -धा -धं.

Decurion, *s.* दशाध्यक्षः, दशसैन्याधिपतिः *m.,* दशयोधनायकः.

Decursion, *s.* अधःपतनं, अधोगमनं, अवतरणं, अवधावनं, अधोद्रावः.

Decurtation, *s.* उच्छेदः -दनं, विच्छेदः, ह्रस्वीकरणं, संक्षेपः -पणं.

Decussation, *s.* अन्तर्लम्बकरेखाव्यत्यासः, कोणाकोणि छेदनं.

To **dedecorate,** *v. a.* अकीर्त्तिं **or** अपयशः कृ, सापमानं -नां -नं कृ, कुख्यातिं जन् **(c. 10.** जनयति -यितुं), कलङ्क **(nom.** कलङ्कयति -यितुं).

Dedecoration, *s.* अकीर्त्तिकरणं, अपयशस्करणं, कलङ्ककरणं, अपमानं.

Dedecorous, *a.* अकीर्त्तिकरः -री -रं, अयशस्यः -स्या -स्यं, कलङ्ककरः -री -रं, लज्जाकरः -री -रं, अपमानजनकः -का -कं, वाच्यः -च्या -च्यं.

To **dedicate,** *v. a.* **(Appropriate to a sacred use)** धर्म्मार्थं प्रयुज् **(c. 7.** -युनक्ति -योक्तुं) **or** विनियुज् **or** निर्द्दिश् **(c. 6.** -दिशति -देष्टुं), धर्म्ममुद्दिश्य दा **or** उत्सर्गं कृ.—**(Consecrate)** प्रतिष्ठा **in caus.** (-ष्ठापयति -यितुं), संस्कृ, अभिसंस्कृ, प्रणी **(c. 1.** -णयति -णेतुं), उपक्लृप् **in caus.** (-कल्पयति -यितुं), उत्सृज् **(c. 6.** -सृजति -स्रष्टुं), निविद् **in caus.** (-वेदयति -यितुं), उत्सृज् **(c. 6.** -सृजति -स्रष्टुं), निविद् **in caus.** (-वेदयति -यितुं), समृ **in caus.** (-अर्पयति -यितुं), अभिमन्त्र् **(c. 10.** -मन्त्रयति -यितुं), सङ्कल्पं कृत्वा दा.—**(Dedicate a book)** उपकारकजनस्य प्रथमपत्रे नामलिखनात् सचाटुवादं ग्रन्थं समृ **in caus., or** निविद् **in caus. or** सनाथीकृ.

Dedicated, *p. p.* प्रतिष्ठितः -ता -तं, सुप्रतिष्ठितः -ता -तं, विनियोजितः -ता -तं, प्रणीतः -ता -तं, उत्सृष्टः -ष्टा -ष्टं, निर्द्दिष्टं -ष्टा -ष्टं, उपक्लृप्तः, -प्ता -प्तं, संस्कृतः -ता -तं, अभिसंस्कृतः -ता -तं, कृतसङ्कल्पः -ल्पा -ल्पं, निवेदितः -ता -तं, समर्पितः -ता -तं,—**(As a book)** उपकारकजनस्य प्रथमपत्रे नामलिखनात् समर्पितः -ता -तं, **or** निवेदितः -ता -तं, उपकारकजननामसंज्ञितः -ता -तं, सनाथीकृतः -ता -तं.

Dedication, *s.* प्रतिष्ठा, सुप्रतिष्ठा, प्रतिष्ठाकरणं, निवेदनं, समर्पणं, विनियोगः, उत्सर्गः, सङ्कल्पकरणं, संस्कारः; **'of a book,'** उपकारकजनस्य प्रथमपत्रे नामलिखनाद् ग्रन्थनिवेदनं, ग्रन्थस्य निवेदनपत्रं; **'of a temple,'** प्रासादप्रतिष्ठा; **'of one's person,'** आत्मनिवेदनं, देह विनियोगः.

Dedicator, *s.* उपकारकजनस्य प्रथमपत्रे नाम लिखित्वा ग्रन्थनिवेदकः **or** ग्रन्थसमर्पकः, अनुग्राहकजनद्वारा ग्रन्थप्रकाशकः, प्रतिष्ठाकारी *m.* (न्).

Dedicatory, *a.* निवेदनपत्रलिखनविषयः -या -यं, ग्रन्थानुग्राहकगुणप्रकाशकः -का -कं, ग्रन्थोपकारकप्रशंसाकरः -री -रं, ग्रन्थानुग्राहकगुणप्रकाशकः -का -कं, ग्रन्थोपकारकप्रशंसाकरः -री -रं, स्तुतिमयः -यी -यं.

Dedition, *s.* समर्पणं, उत्सर्जनं, प्रदानं, प्रोतसारणं, वितरणं, त्यागः.

To **deduce,** *v. a.* अनुमा **(c. 2.** -माति -तुं, **c. 3.** -मिमीते), ऊह् **(c. 1.** ऊहते -हितुं), अपोह्; निर्णी **(c. 1.** -णयति -णेतुं), अवगम् **(c. 1.** -गच्छति -गन्तुं), समधिगम्, अपवह् **(c. 1.** -वहति -वोढुं).

Deduced, *p. p.* अनुमितः -ता -तं, निर्णीतः -ता -तं, अवगतः -ता -तं, समधिगतः -ता -तं, अपोढः -ढा -ढं, अपोहितः -ता -तं.

Deducement, *s.* अनुमानं, अनुमितिः *f.,* ऊहनं, निर्णयः, अपवाहः, अपोहः -हनं.

Deducible, *a.* अनुमेयः -या -यं, ऊहनीयः -या -यं, आनुमानिकः -की -कं, उपलक्ष्यः -क्ष्या -क्ष्यं, अवगम्यः -म्या -म्यं, समधिगम्यः -म्या -म्यं, यौक्तिकः -की -कं.

To **deduct,** *v. a.* उद्धृ **(c. 1.** -हरति -हर्त्तुं), व्यवकल् **(c. 10.** -कलयति -यितुं), ऊन् **(c. 10.** ऊनयति -यितुं), अवच्छिद्

(c. 7. –छिनत्ति –छेत्तुं), पृथक्कृ.

Deducted, ***p. p.*** उद्धृतः –ता –तं, व्यवकलितः –ता –तं, अवछिन्नः –न्ना –न्नं; **'having a part deducted,'** उद्धृतोद्धारः –रा –रं.

Deduction, ***s.*** **(Inference, consequence)** अनुमा –मानं –मितिः ***f.,*** ऊहनं, ऊहा, अपवाहः, अपोहः –हनं, अभ्यूहः, उपलक्ष्यः, युक्तिः ***f.,*** प्रयुक्तिः ***f.,*** अन्वयः, अनुषङ्गः, अनुभवः, निर्णयः, परामर्शः.—**(Part deducted)** उद्धारः, उद्धृतभागः.

Deductive, ***a.*** आनुमानिकः –की –कं, आनुषङ्गिकः –की –कं, यौक्तिकः –की –कं.

Deductively, ***adv.*** प्रयोगतस्, प्रयुक्तं, अनुमानतस्, अनुषङ्गेण.

Deed, ***s.*** **(Action)** कर्म्म ***n.*** (न्), क्रिया, कार्य्यं, कृतं, कृत्यं, कृत्या, चेष्टा, प्रवृत्तिः ***f.,*** विधानं.—**(Exploit)** चेष्टितं, विचेष्टितं, चरित्रं, अद्भुतकर्म्म ***n.*** (न्), आश्चर्य्यकर्म्म ***n.***—**(Written evidence of any legal act)** लेखपत्रं, लेखप्रमाणं, लिखितं, साधनपत्रं; **'deed of conveyance,'** दानपत्रं; **'deed of sale,'** विक्रयपत्रं, क्रयलेख्यं; **'title-deed,'** आगमः, पट्टोलिका, पांशुकूलं, क्लृप्तकीला.—**(Fact)** वस्तु ***n.,*** भूतं, अर्थः, तत्त्वं; **'indeed,'** तत्त्वतस्, सत्यं, वस्तुतस्, अवश्यं, अर्थतस्, परमार्थतस्; **'in very deed,'** सत्यमेव.

To **deem,** ***v. a.*** **and** ***n.*** मन् (**c. 4.** मन्यते, मन्तुं), विचर् **in caus.** (–चारयति –यितुं), सम्भू **in caus.** (–भावयति –यितुं), वितर्क् (**c. 10.** –तर्कयति –यितुं), अनुमा (**c. 2.** –माति –तुं), अवगम् (**c. 1.** –गच्छति –गन्तुं), निर्णी (**c. 1.** –णयति –णेतुं).

Deemed, ***p. p.*** मतः –ता –तं, स्मृतः –ता –तं, अवगतः –ता –तं, अनुमितः –ता –तं.

Deep, ***a.*** **(Having length downwards, profound)** गम्भीरः –रा –रं, गभीरः –रा –रं, अगाधः –धा –धं, दीर्घः –र्घा –र्घं, गहनः –ना –नं, गाढः –ढा –ढं, अवगाढः –ढा –ढं, अधोगतः –ता –तं.—**(Low)** निम्नः –म्ना –म्नं, नीचः –चा –चं.—**(Excessive)** गाढः –ढा –ढं; **'deep grief,'** गाढशोकः.—**(Entering deep)** मर्म्मभेदी –दिनी –दि (न्).—**(Not obvious)** गम्भीरार्थः –र्था –र्थं **or** निगूढार्थः, परमगहनः –ना –नं, अगम्यः –म्या –म्यं, दुर्ज्ञेयः –या –यं, रहस्यः –स्या –स्यं.—(Sagacious) गम्भीरबुद्धिः –द्धिः –द्धि, विदग्धः –ग्धा –ग्धं, दीर्घदृष्टिः –ष्टिः –ष्टि, अर्थज्ञः –ज्ञा –ज्ञं.—**(Full of contrivance)** उपायज्ञः –ज्ञा –ज्ञं.—**(Grave in sound)** गम्भीरः –रा –रं, मन्द्रः –न्द्रा –न्द्रं **or** आमन्द्रः, घनः –ना –नं, धीरः –रा –रं; **'a deep sound,'** गभीरध्वनिः ***m.,*** गम्भीरशब्दः, घनध्वनिः.—**(Dark coloured)** घनः –ना –नं; **'deep red,'** घनारुणः –णा –णं, सुरक्तः –क्ता –क्तं; **'deep blue,'** घननीलः –ला –लं.—**(Very deep)** अतलस्पर्शः –र्शा –र्शं, अस्थागः –गा –गं, अस्थाघः –घा –घं, अस्थानः –ना –नं, अस्थारः –रा –रं; **'deep sleep,'** सुषुप्तिः ***f.,*** सुनिद्रा, सुषुप्त्यवस्था, अघोरनिद्रा, साधिका; **'deep darkness,'** घनान्धकारः, अन्धतमसं; **'deep sigh,'** दीर्घनिश्वासः; **'knee-deep,'** ज्ञानुदघ्नः –घ्ना –घ्नं, जानुद्वयसः –सा –सं, जानुमात्रः –त्रा –त्रं.

Deep, ***s.*** **(The sea)** समुद्रः, सागरः, महोदधिः ***m.,*** महार्णवः, जलधिः ***m.,*** पयोनिधिः ***m.,*** अम्बुराशिः ***m.f.,*** वारिराशिः; **'deep of night,'** निशीथः, महारात्रः, गभीररात्रः, घोररात्र.

To **deepen,** ***v. a.*** गभीरीकृ, अधिकगभीरं –रा –रं कृ, अगाधीकृ, धनतरं –रा –रं, कृ, निम्नीकृ.—**(Darken)** तिमिर **(nom.** तिमिरयति –यितुं).

Deeply, ***adv.*** गम्भीरं, गभीरं, गाढं, प्रगाढं, निर्भरं, अत्यन्तं, नितान्तं, भृशं, दीर्घं; **'deeply grieving,'** शोकमग्नः –ग्ना –ग्नं, शोकसागरमग्नः –ग्ना –ग्नं, शोकावगाढः –ढा –ढं; **'deeply sighing,'** दीर्घनिश्वस्य; **'deeply rooted,'** बद्धमूलः –ला –लं **or** दीर्घमूलः.

Deep-mouthed, ***a.*** गभीरनादी –दिनी –दि (न्), घनध्वनिः –निः –नि.

Deep-musing, ***a.*** चिन्तापरः –रा –रं, ध्यानमग्नः –ग्ना –ग्नं, चिन्ताकुलः –ला –लं.

Deep-read, ***a.*** सर्व्वशास्त्रपारगः –गा –गं, स्वधीतः –ता –तं, सर्व्वविषयज्ञः –ज्ञा –ज्ञं, सर्व्वशास्त्रनिष्ठितः –ता –तं.

Deepness, ***s.*** **(Profundity)** गम्भीरता, गाम्भीर्य्यं, अगाधता, निम्नता, अधोगतत्वं, घनता, गाढता, नीचत्वं, **(Craft)** विदग्धता, वैदग्ध्यं.

Deer, ***s.*** मृगः, हरिणः, कृष्णसारः, एणः, कुरङ्गः –ङ्गकः –ङ्गमः, रुरुः ***m.,*** रोहितः, रोहित् ***m.,*** पृषतः, पृषन् ***m.,*** (त्), समूरुः ***m.,*** चमूरुः ***m.,*** चमरः, ऋश्यः, रिश्यः, रिष्यः, रङ्कु ***m.,*** न्यङ्कुः ***m.,*** रौहिषः, सम्बरः, शम्बरः, समीची, चीनः, कदली, कन्दली, प्रियकः, मृडीकः, गोकर्णः, भीतहृदयः, व्याधभीतः, पल्लवादः, वातायुः ***m.***—**(Deer-skin)** मृगाजिनं, मृगचर्म्म ***n.*** (न्).—**(Deer-killer)** मृगबधाजीवः, मृगयुः ***m.***

To **deface,** ***v. a.*** नश् **in caus.** (नाशयति –यितुं), विनश्; उद्धृ (**c. 1.** –हरति –हर्त्तुं), उच्छिद् (**c. 7.** –छिनत्ति –छेत्तुं), विलुप् **in caus.** (–लोपयति –यितुं), लुप् (**c. 6.** लुम्पति, लोप्तुं), अपमृज् (**c. 2.** –मार्ष्टि –मार्ष्टुं), प्रमृज्, दुष् **in caus.** (दूषयति –यितुं), विरूपीकृ, विकृ.

Defaced, ***p. p.*** विनाशितः –ता –तं, उच्छिन्नः –न्ना –न्नं, लुप्तः –प्ता –प्तं.

Defacement, ***s.*** लोपः, विलोपनं, उच्छेदः, दूषणं, विनाशः, व्यामर्षः.

Defacer, ***s.*** दूषकः, विनाशकः, उद्धर्त्ता ***m.*** (र्त्तृ), उन्मूलकः, उत्पाटकः.

To **defalcate,** ***v. a.*** उद्धृ (**c. 1.** –हरति –हर्त्तुं), ऊन् (**c. 10.** ऊनयति –यितुं), न्यूनीकृ, ह्रस् **in caus.** (ह्रासयति –यितुं), अल्पीकृ, लोपं कृ.

Defalcation, *s.* न्यूनता, हीनता, हानि: *f.,* उद्धार:, लोप:, ह्रास:, क्षीणता, अल्पत्वं, अपचय:, विच्छित्ति: *f.,* अवच्छेद:, उत्कर्त्तनं.

Defamation, *s.* अपवाद:, परिवाद:, अभिशंसनं, अभिशाप:, आक्षेप:, पिशुनवाक्यं, कलङ्क:, कलङ्ककरणं, असूया, निन्दा, परिभाषणं, वाग्दोष:, मौखर्य्यं, अकीर्त्तिकरणं, अयशस्करणं.

Defamatory, *a.* अपवादक: -का -कं, अभिशस्तक: -का -कं, कुवाद: -दा -दं, कलङ्ककर: -री -रं, अकीर्त्तिकर: -री -रं, अपयशस्कर: -री -रं, वाग्दुष्ट: -ष्टा -ष्टं, पिशुन: -ना -नं, अभ्यसूयक: -का -कं, गुणापवादक: -का -कं, मुखर: -रा -रं.

***To* defame,** *v. a.* अपवद् (**c. 1.** -वदति -दितुं), परिवद्, परगुणान् अपवद्, अभिशंस् (**c. 1.** -शंसति -सितुं), कलङ्क (**nom.** कलङ्कयति -यितुं), असूय (**nom.** असूयति -यितुं), निन्द् (**c. 1.** निन्दति -न्दितुं), अपयश: कृ, अकीर्त्तिं कृ.

Defamer, *s.* अपवादी *m.* (न्), परिवादी *m.* गुणापवादक:, असूयक:, अभ्यसूयक:, गुणघाती *m.* (न्), कलङ्ककर:, कुवाद:, अभिशस्तक:, परुषवादी *m.* (न्), पिशुन:, सूचक:, आक्षेपक:.

***To* defatigate,** *v. a.* खिद् **in caus.** (खेदयति -यितुं), श्रम् **in caus.** (श्रामयति -यितुं), श्रान्तीकृ, श्रमार्त्तं -र्त्तां -र्त्तं कृ, क्लान्तं -न्तां -न्तं कृ.

Defatigation, *s.* श्रान्ति: *f.,* क्लान्ति: *f.,* श्रम:, परिश्रम:, ग्लानि: *f.,* खेद:.

Default, *s.* **(Omission)** परित्याग:, अननुष्ठानं, परिलोप:, भ्रंश:. —**(Want, failure)** अभाव:, असम्भव:, अविषय:, विरह:, अप्राप्ति: *f.,* न्यूनता.—**(Defect)** दोष:, अगुण:, वैकल्यं, व्यतिक्रम:.—**(Non-appearance)** अदर्शनं, अनुपस्थानं; **'in default of evidence,** साक्ष्याभावे.

Defaulter, *s.* नियमव्याभिचारी *m.* (न्), नियमलङ्घी *m.* (न्), रुद्ध:, ऋणशोधनार्थं निरूपितदिवसे विचारसभायाम् अनुपस्थायी *m.* (न्).

Defeasance, *s.* अनुशय:, विप्रतिपत्ति: *f.,* लोप:, नियमभङ्ग:, नियमलोप:.

Defeasible, *a.* अनुशयितव्य: -व्या -व्यं, लोप्य: -प्या -प्यं, लोपनीय: -या -यं.

Defeat, *s.* पराजय:, पराभव:, परिभव:, अभिभव:, अभिभूति: *f.,* अपजय:, व्यसनं, बलव्यसनं, भङ्ग:, भेद:, नाश:, विनाश:, ध्वंस:.

***To* defeat,** *v. a.* **(Overthrow)** जि (**c. 1.** जयति, जेतुं), पराजि, विजि; अभिभू (**c. 1.** -भवति -वितुं), पराहन् (**c. 2.** -हन्ति -न्तुं), परास् (**c. 4.** -अस्यति -असितुं), विद्रु **in caus.** (-द्रावयति -यितुं), धृष् (**c. 10.** धर्षयति -यितुं), प्रधृष्; पर्यामृश् (**c. 6.** -मृशति -म्रष्टुं), वशीकृ.—**(Frustrate)** व्याहन्, खण्ड् (**c. 10.** खण्डयति -यितुं), वृथाकृ, विफलीकृ.

Defeated, *p. p.* जित: -ता -तं, पराजित: -ता -तं, पराभूत: -ता -तं, अभिभूत: -ता -तं, पराहत: -ता -तं, परास्त: -स्ता -स्तं, कृतध्वंस: -सा -सं.

Defecate, *a.* अपकर्षितमल: -ला -लं, शोधित: -ता -तं, हृतमल: -ला -लं, निर्म्मलीकृत: -ता -तं, पवित्रीकृत: -ता -तं, परिष्कृत: -ता -तं.

***To* defecate,** *v. a.* मलं हृ (**c. 1.** हरति, हर्त्तुं) **or** अपकृष् (**c. 1.** -कर्षति -क्रष्टुं), निर्म्मलीकृ, विमलीकृ, शुध् **in caus.** (शोधयति -यितुं), पवित्रीकृ, परिष्कृ.

Defecation, *s.* मलापकर्षणं, निर्म्मलीकरणं, विमलीकरणं, शोधनं.

Defect, *s.* **(Fault)** दोष:, अपराध:, छिद्रं, अगुण:, कलङ्क:, दूषणं, वैकल्यं, मन्तु: *m.*—**(Want)** अभाव:, विरह:, न्यूनता.

Defectibility, *s.* न्यूनता, वैकल्यं, हीनता, दोषित्वं, ह्रासता, अपूर्णत्वं.

Defectible, *a.* न्यून: -ना -नं, दोषिक: -की -कं, अपूर्ण: -र्णा -र्णं.

Defection, *s.* त्याग:, परित्याग:, च्युति: *f.,* भ्रंश:, भ्रष्टता, पतनं, परिवर्त्त:.

Defective, *a.* न्यून: -ना -नं, विकल: -ला -लं, दोषी -षिणी -षि (न्), दोषवान् -वती -वत् (त्), सदोष: -षा -षं, हीन: -ना -नं, सापराध: -धा -धं, सच्छिद्र: -द्रा -द्रं, कलङ्की -ङ्किनी -ङ्कि (न्), अपूर्ण: -र्णा -र्णं, अपरिपूर्ण: -र्णा -र्णं, असम्पूर्ण: -र्णा -र्णं, अपर्य्याप्त: -प्ता -प्तं, अङ्गहीन: -ना -नं, अल्पोन: -ना -नं, ऊन: -ना -नं, असमग्र: -ग्रा -ग्रं.

Defectiveness, *s.* न्यूनता, हीनत्वं, असम्पूर्णत्वं, असमग्रता, वैकल्यं.

Defence, *s.* **(Protection)** रक्षणं, रक्षा, त्राणं, पालनं, रक्ष्ण:, शरणं, आश्रय:, संश्रय:, गुप्ति: *f.,* गोपनं, अभ्युपपत्ति: *f.,* अवनं.—**(Apology)** उत्तरं, प्रतिवाद:, व्यपदेश:, छद्मकरणं, शुद्धि: *f.,* शोधनं.—**(In law)** उत्तरं, प्रत्युत्तरं, निवेदनं.

Defenceless, *a.* अरक्षित: -ता -तं, रक्षाहीन: -ना -नं, अशरण: -णा -णं, निराश्रय: -या -यं, अनाश्रय: -या -यं, अप्रतिकार: -रा -रं.—**(Unarmed)** निरायुध: -धा -धं, अस्त्रहीन: -ना -नं, विशस्त्र: -स्त्रा -स्त्रं.

***To* defend,** *v. a.* **(Protect)** रक्ष् (**c. 1.** रक्षति -क्षितुं), अभिरक्ष्, परिरक्ष्, संरक्ष्; त्रै (**c. 1.** त्रायते, त्रातुं), परित्रै, सन्त्रै; पा **or** पाल् **in caus.** (पालयति -यितुं **or c.2.** पाति -तुं), अनुपा, परिपा, प्रतिपा, सम्पा, अभिपा; गुप् (**c. 1.** गोपायति, गोप्तुं **or caus.** गोपयति -यितुं), अनुगुप्, अभिगुप्, प्रगुप्, अभिसङ्गुप्; अव् (**c. 1.** अवति -वितुं), पर्याप् **in des.** (-ईप्सति -प्सितुं), परिप्राप् **in des.**—**(Vindicate)** रक्ष्, अनुपाल्, उत्तरं दा, पक्षपातं कृ; **'defend another,'** परस्य सपक्षो भू, परार्थम् उत्तरं वद् (**c. 1.** वदति -दितुं).—**(Prohibit)** निवृ **in caus.** (-वारयति -यितुं), निषिध् (**c. 1.** -षेधति -षेद्धुं).

Defendable, ***a.*** रक्षणीयः -या -यं, रक्ष्यः -क्ष्या -क्ष्यं, गोपनीयः -या -यं, गोप्यः -प्या -प्यं, पालनीयः -या -यं, अवनीयः -या -यं.

Defendant, ***s.*** **(Person sued)** अभियुक्तः, प्रत्यर्थी ***m.*** (न्), प्रतिपक्षः, कार्य्यी ***m.*** (न्).—**(Advocate)** प्रतिवादी ***m.*** (न्), उत्तरवादी ***m.*** (न्), पक्षपाती ***m.*** (न).

Defended, ***p. p.*** रक्षितः -ता -तं, अभिरक्षितः -ता -तं, पालितः -ता -तं, उपपालितः -ता -तं, गुप्तः प्ता -प्तं, त्रातः -ता -तं, अवितः -ता -तं, गोपायितः -ता -तं.

Defender, ***s.*** रक्षकः, रक्षिता ***m.*** (तृ), रक्षी ***m.*** (न्), परिरक्षी ***m.*** पालकः, पालः -ली ***m.*** (न्), पः **in comp.,** त्राता ***m.*** (तृ), गोपः -पकः, गोपायकः, गोपी ***m.*** (न्), गोपिलः.

Defensible, ***a.*** रक्षणीयः -या -यं, अनुपालनीयः -या -यं, परिशुद्धिक्षमः -मा -मं.

Defensive, ***s.*** रक्षकः -का -कं, पालकः -का -कं, पाली -लिनी -लि (न्), वारकः -का -कं, प्रतिघाती -तिनी -ति (न्).

Defensive, ***s.*** आत्मरक्षा, रक्षावस्था, प्रतिघातः, परित्राणं, सावधानता. —**(In war)** शत्रुवारणं, युद्धनिवारणमात्रं, शत्रोः **or** युद्धात् सावधानता.

To **defer,** ***v. a.*** **(Put off, delay)** विलम्ब् **(c. 1.** -लम्बते - म्बितुं), आकालान्तरात् -कार्य्यं त्यज् **(c. 1.** त्यजति, त्यक्तुं) **or** या **in caus.** (यापयति -यितुं).—**(Refer to another)** कार्य्यनिर्णयं परस्मिन् समृ **in caus.** (-अर्पयति -यितुं) **or** निक्षिप् **(c. 6.** -क्षिपति -क्षेप्तुं) **or** न्यस् **(c. 4.** -अस्यति -असितुं).

To **defer,** ***v. n.*** **(Delay)** विलम्ब् **(c. 1.** -लम्बते - म्बितुं), मन्द **(nom.** मन्दायते), चिर **(nom.** चिरयति -रायति -यितुं), कालं या **in caus.** (यापयति -यितुं) **or** क्षिप् **(c. 6.** क्षिपति, क्षेप्तुं). —**(Pay regard to another's opinion)** परमतम् आश्रि **(c. 1.** -श्रयति -यितुं) **or** आदृ **(c. 6.** -द्रियते -दर्त्तुं) **or** प्रती (प्रति **with** इ, प्रत्येति -तुं) **or** उपगम् **(c. 1.** -गच्छति -गन्तुं).

Deference, ***s.*** **(Regard)** आदरः, समादरः, अनुनयः, मानं, सम्मानं, मान्यत्वं, आग्रहः, प्रश्रयः प्रतीतिः ***f.,*** अनुवर्त्तनं.—**(Submission)** अधीनता, वश्यता, नम्रता.

Deferred, ***p. p.*** विलम्बितः -ता -तं, आकालान्तरात् त्यक्तः -क्ता -क्तं.

Deferring, ***s.*** विलम्बः -म्बनं, यापनं, कालयापः, आकालान्तरात् कार्य्यत्यागः.

Defiance, ***s.*** युद्धार्थम् आह्वानं, समाह्वयं, -ह्वानं, क्रन्दनं, क्रन्दितं, स्पर्द्धा, आस्पर्द्धा, हूतिः ***f.,*** हवः, अभिग्रहः, नासीरं, योधसंरावः.

Deficience, deficiency, ***s.*** न्यूनता, हीनता -त्वं, हानिः ***f.,*** अभावः, विरहः, रहितत्वं, अपूर्णता, असम्पूर्णत्वं, ह्रासः ह्रसितत्वं, अल्पत्वं, क्षीणता, वैकल्यं, लोपः, लुप्तत्वं,—**(Defect)** दोषः, छिद्रं; **'deficiency of intellect,'** बुद्धिहीनत्वं; **'of any organ of sense,'** इन्द्रियवैकल्यं.

Deficient, ***a.*** न्यूनः -ना -नं, हीनः -ना -नं, विकलः -ला -लं, अपूर्णः -र्णा -र्णं असम्पूर्णः -र्णा -र्णं असमग्रः -ग्रा -ग्रं, क्षीणः -णा -णं, रहितः -ता -तं, विरहितः -ता -तं, लुप्तः -प्ता -प्तं, ह्रसितः -ता -तं, ऊनः -ना -नं; **'deficient in intellect,'** न्यूनधीः -धीः -धि, विकलान्तःकरणः -णा -णां, अल्पधी -धीः -धि; **'in any organ of sense,'** न्यूनेन्द्रियः -या -यं **or** विकलेन्द्रियः.

Defied, ***p. p.*** आहूतः -ता -तं, समाहूतः -ता -तं, स्पर्द्धितः -ता -तं.

Defier, ***s.*** आह्वायकः, समाह्वाता ***m.*** (तृ), आस्पर्द्धी ***m.*** (न्), कृताह्वानः.

To **defile,** ***v. a.*** दुष् **in caus.** (दूषयति -यितुं), प्रतिदुष्, सन्दुष्; मलिन **(nom.** मलिनयति -यितुं), मलिनीकृ, कलुष **(nom.** कलुषयति -यितुं), अपवित्रीकृ, अमेध्यं -ध्यां -ध्यं कृ, लिप् **(c. 6.** लिम्पति, लेप्तुं), अनुलिप्, दिह् **(c. 2.** देग्धि -ग्धुं), आविल **(nom.** आविलयति -यितुं), मलीमसीकृ; **'defile a virgin,'** कन्यां दुष्.

To **defile,** ***v. n.*** **(March file by file)** दण्डव्यूहेन **or** श्रेणीव्यूहेन यात्रां कृ.

Defile, ***s.*** **(Narrow passage)** सङ्कटं, सङ्कटपथः, दुर्गमार्गः, दुर्गं, सञ्चरः, सञ्चारः, कन्दरः -री, व्यायामः, घर्घरः, रन्ध्रं, गुहा, पर्व्वतमध्ये सम्बाधपथः.

Defiled, ***p. p.*** दूषितः -ता -तं, दुष्टः -ष्टा -ष्ट, मलिनितः -ता -तं, कलुषितः -ता -तं, मलदूषितः -ता -तं, मलीमसः -सा -सं, अमेध्याक्तः -क्ता -क्तं, अमेध्यलिप्तः -प्ता -प्तं; **'virgin,'** क्षतयोनिः, दूषिता.

Defilement, ***s.*** **(The act)** दूषणं.—**(The state)** मालिन्यं, मलिनत्वं, मलं, समलता, अशुचित्वं, अशौचं -चत्वं, अपवित्रता, कलुषं, कल्मषं, अमेध्यत्वं, दुष्टता.

Defiler, ***s.*** दूषकः, दूषणः, कलुषकारी ***m.*** (न्), मलावहः, अशौचकृत्.

Definable, ***a.*** निर्वचनीयः -या -यं, निरूपणीयः -या -यं, निर्देष्टव्यः -व्या -व्यं, उद्देश्यः -श्या -श्यं, व्याख्येयः -या -यं, निर्धारणीयः -या -यं.

To **define,** ***v. a.*** **(Explain a thing by its qualities)** लक्षणानि **or** गुणान् व्याख्या **(c. 2.** -ख्याति -तुं) **or** निरूप् **(c. 10.** -रूपयति -यितुं) **or** निर्दिश् **(c. 6.** -दिशति -देष्टुं) **or** समुद्दिश् **or** निर्वच् **(c. 2.** -वक्ति -क्तुं).—**(Circumscribe)** परिमा **(c. 2.** -माति -तुं).—**(Mark out)** लक्ष् **(c. 10.** लक्षयति -यितुं), लक्षीकृ, चिह्न **(c. 10.** चिह्नयति -यितुं).

Defined 243 Defunction

—(Determine) निर्णी (c. 1. -णयति -णेतुं), निश्चि (c. 5. -चिनोति -चेतुं), निर्धृ in caus. (-धारयति -यितं).

Defined, *p. p.* निरुक्तः -क्ता -क्तं, निरूपितः -ता -तं, निर्दिष्टः -ष्टा -ष्टं, समुद्दिष्टः -ष्टा -ष्टं, उद्दिष्टः -ष्टा -ष्टं, लक्षितः -ता -तं, उपलक्षितः -ता -तं, कृतलक्षणः -णा -णं, लक्षीकृत -ता -तं, व्याख्यातः -ता -तं, परिमितः -ता -तं.

Definer, *s.* निर्वक्ता *m.* (क्तृ), निर्देष्टा *m.* (ष्टृ), लक्षणव्याख्याता *m.* (तृ), गुणनिरूपकः.

Definite, *a.* (Settled, determined) नियतः -ता -तं, निश्चितः -ता -तं, निर्दिष्टः -ष्टा -ष्टं, निबद्धः -द्धा -द्धं, निर्णीतः -ता -तं, निर्धारितः -ता -तं, व्यवस्थापितः -ता -तं, सिद्धः -द्धा -द्धं.—(Limited) मितः -ता -तं, परिमितः -ता -तं, समर्य्यादः -दा -दं, सावधिकः -का -कं.

Definition, *s.* लक्षणं, निर्वचनं, निरुक्तिः *f.*, निर्देशः निदेशः, समुद्देशः, व्याख्या, लक्षणव्याख्या, गुणनिरूपणं.

Definitive, *a.* नियतः -ता -तं, निश्चायकः -का -कं, निर्णायकः -का -कं, लाक्षणिकः की- -कं, आवश्यकः -का -कं, or अवश्यकः.

Definitively, *adv.* नियतं, अवश्यमेव, निश्चितं, सुनिश्चितं, व्यक्तं, सुव्यक्तं.

Deflagrable, *a.* दाह्यः -ह्या -ह्यं, दहनीयः -या -यं, ज्वलनीयः -या -यं.

Deflagration, *s.* दाहः -हनं, अग्निदाहाद् अशेषेण विनाशः.

To **deflect,** *v. a.* च्यु (c. 1. च्यवते, च्योतुं), विच्यु; भ्रंश् (c. 4. भ्रश्यति, भ्रंशितुं); पत् (c. 1. पतति -तितुं), विचल् (c. 1. -चलति -लितुं), व्यभिचर् (c. 1. -चरति -रितुं).

Deflection, *s.* च्युतिः *f.*, भ्रंशः विचलनं, व्यभिचारः, उत्क्रमः, भ्रेषः, भ्रमः, विपथगमनं, विमार्गगमनं, उत्पथगमनं, सत्पथत्यागः.

To **deflour,** *v. a.* (A virgin) कुमारीं धृष् (c. 10. धर्षयति -यितुं) or अभिगम् (c. 1. -गच्छति -गन्तुं), सतीत्वं or कुमारीत्वं हृ (c. 1. हरति, हर्त्तुं) or नश् in caus. (नाशयति -यितुं), योनिक्षतिं कृ, भ्रष्टां कृ.—(Take away the beauty of any thing) शोभां or कान्तिं हृ or नश्.

Defloured, *p. p.* (Virgin) क्षता, क्षतयोनिः *f.*, धर्शिता, सङ्कारी, प्रमादिका.

Deflourer, *s.* कुमारीगामी *m.* (न्), सतीत्वनाशकः, कन्याप्रमाथी *m.* (न्).

Defluous, *a.* अभिष्यन्दी -न्दिनी -न्दि (न्) or अवस्यन्दी, अधःप्रसारी -रिणी -रि (न्).

Defluxion, *s.* अभिष्यन्दः, अवस्यन्दः, प्रस्रवणं, अधःप्रवाहः, क्षरणं.

Defoedation, *s.* दूषणं, मलकरणं, अशौचकरणं, अपवित्रीकरणं.

To **deform,** *v. a.* विरूप् (c. 10. -रूपयति -यितुं), विरूपीकृ, अपरूपीकृ, कुरूपीकृ, विकलीकृ, विकृ, कदाकारीकृ, व्यङ्गीकृ.

Deformed, *p. p.* विरूपः -पा -पी -पं, कुरूपः -पी -पं, अपरूपः -पी -पं, विकृतः -ता -तं, विकृताङ्गः -ङ्गी -ङ्गं, विकृताकारः -रा -रं, विकृताकृतिः -तिः -ति, विकलाङ्गः -ङ्गी -ङ्गं, व्यङ्गः -ङ्गी -ङ्गं, व्याकारः -रा -रं, कदाकारः -रा -रं, कुतनुः -न्वी -नु, कुवेरः -रा -रं, पोगण्डः -ण्डा -ण्डं or अपोगण्डः, कुब्जः -ब्जा -ब्ज.

Deformation, *s.* विरूपकरणं, अपरूपीकरणं, विकलीकरणं, व्यङ्गीकरणं.

Deformedly, *adv.* कुरूपेण, विकृतरूपेण, कदाकारेण, विकलं.

Deformity, *s.* विरूपता, वैरूप्यं, कुरूपता, अपरूपता, वैकृत्यं, वैकृत, व्याकारः, व्यङ्गता, कुदृश्यत्वं, पोगण्डत्वं, कुत्सितत्वं.

To **defraud,** *v. a.* (Cheat) वञ्च् in caus. (वञ्चयते -ति -यितुं), परिवञ्च्; प्रलभ् (c. 1. -लभते, -लब्धुं), विप्रलभ्, प्रतृ in caus. (-तारयति -यितुं), छल् (c. 10. छलयति -यितुं), अन्यायं कृ.—(Deprive by fraud) छलेन or अन्यायेन or प्रतारणाद्वारा हृ (c. 1. हरति, हर्त्तुं), or स्वावलोपं कृ.

Defraudation, *s.* छलेन or अन्यायेन or प्रतारणापूर्व्वं हरणं or स्वत्वलोपः.

Defrauded, *p. p.* वञ्चितः -ता -तं, परिवञ्चितः -ता -तं, अतिसंहितः -ता -तं.

Defrauder, *s.* वञ्चकः, वञ्चुकः, प्रतारकः, अन्यायकृत्, छली *m.* (न्).

To **defray,** *v. a.* धनव्ययं or व्ययशोधनं or व्ययापाकरणं स्वीकृ, परार्थं धनव्ययं कृ or व्ययशोधनं कृ, व्ययम् उपगम् (c. 1. -गच्छति -गन्तुं) or शुध् in caus. (शोधयति -यितुं) or अपाकृ or साध् in caus. (साधयति -यितुं).

Defrayer, *s.* व्ययशोधकः, व्ययापाकर्त्ता *m.* (र्त्तृ), परार्थं व्ययस्वीकारी *m.* (न्).

Defrayment, defraying, *s.* व्ययशोधनं, व्ययस्वीकारः, व्ययापाकरणं, व्ययमुक्तिः *f.*, व्ययमोक्षः, व्ययापनयनं, व्ययसिद्धिः *f.*, व्ययोपगमः.

Deft, *a.* (Neat) विनीतः -ता -तं.—(Dexterous) दक्षः -क्षा -क्षं.

Deftly, *adv.* विनीतं, सदाक्ष्यं, सूक्ष्मं, क्षिप्रं, चतुरं, युक्तिपूर्व्वं.

Defunct, *a.* मृतः -ता -तं, प्रेतः -ता -तं, परेतः -ता -तं, अतीतः -ता -तं, अपगतः -ता -तं, संस्थितः -ता -तं, विपन्नः -न्ना -न्नं, त्यक्तजीवितः -ता -तं.

Defunction, *s.* मरणं, मृत्युः *m.*, अपगमः, देहत्यागः, संस्थितिः *f.*, विपत्तिः *f.*

To **defy,** *v. a.* युद्धार्थम् आह्वे (c. 1. -ह्वयति -ते -ह्वातुं), समाह्वे, स्पर्धं (c. 1. स्पर्धते -र्धितुं), आक्रन्द् (c. 1. -क्रन्दति -न्दितुं), अभियुज् (c. 7. -युनक्ति -योक्तुं).—(Disdain, slight) अवज्ञा

(c. 9. -जानाति -ज्ञातुं), कदर्थीकृ, पराकृ, लघूकृ, निराकृ.

Defy, ***s.*** आह्वानं, युद्धार्थं समाह्वानं, समाह्वयः, क्रन्दितं.

Defyer, ***s.*** युद्धार्थम् आह्वायकः, समाह्वाता ***m.*** (तृ), अभियोक्ता ***m.*** (क्तृ).

Degeneracy, degenerateness, ***s.*** क्षीणपुण्यत्वं, कुलधर्म्मभ्रंशः, पैतृकधर्म्मच्युतिः ***f.,*** कुलाचारत्यागः, कुलमय्यादाभष्टता, मर्य्यादाहानिः ***f.,*** सन्मार्गापगमः, धर्म्मत्यागः, दुष्टता.

Degenerate, ***a.*** क्षीणपुण्यः -ण्या -ण्यं, क्षीणधर्म्मः -र्म्मा -र्म्मं or नष्टधर्म्मः, कुलधर्म्मभ्रष्टः -ष्टा -ष्टं, त्यक्तकुलमर्य्यादः -दा -दं, पैतृकाचारच्युतः -ता -तं, धर्म्मविप्लुतः -ता -तं, धर्म्मपतितः -ता -तं, परिभ्रष्टः -ष्टा -ष्टं, दुष्टः -ष्टा -ष्टं.

To **degenerate,** ***v. n.*** कुलधर्म्माद् भ्रंश् **(c. 4.** भ्रश्यति, भ्रंशितुं) or च्यु **(c. 1.** च्यवते, च्योतुं) or पत् **(c. 1.** पतति -तितुं), दुष् **(c. 4.** दुष्यति, दोष्टुं).

Deglutition, ***s.*** गरणं, निगरणं, निगारः, गराः, गीर्णिः ***f.,*** गिरिः ***f.,*** ग्रसनं.

Degradation, ***s.*** **(Deprivation or loss of office, disgrace)** पदभ्रंशः, पदच्युतिः ***f.,*** अधिकारभ्रंशः, अधिकारनिराकरणं, अधिकारच्युतिः ***f.,*** पदलोपः, स्थानप्रभ्रंशः, स्थानापकर्षः, अपकर्षः, अपमानं, अपध्वंसः, पतितत्वं, पातित्यं. **—(Degeneracy, baseness)** भ्रष्टता, अपकृष्टता, मर्य्यादाक्षयः, मर्य्यादानाशः, दुष्टता, वृषलत्वं, अधोगतिः ***f.,*** निष्क्रमः.

To **degrade,** ***v. a.*** पदात् or अधिकाराद् भ्रंश् **in caus.** (भ्रंशयति -यितुं) or च्यु **in caus.** (च्यावयति -यितुं) or निराकृ or अपकृष् **(c. 1.** -कर्षति -क्रष्टुं). **—(Lessen the value)** मूल्यं or अर्धम् अल्पीकृ or कन **(nom.** कनयति -यितुं) or ह्रस् **in caus.** (ह्रासयति -यितुं) or लघ **(nom.** लघयति -यितुं), लघूकृ, खलीकृ.

Degraded, ***p. p.*** **(Dismissed from office, disgraced)** पदभ्रष्टः -ष्टा -ष्टं, पदच्युतः -ता -तं, अधिकारपतितः -ता -तं, पतितः -ता -तं, स्थानभ्रष्टः -ष्टा -ष्टं, अवज्ञोपहतः -ता -तं, खलीकृतः -ता -तं. **—(Degenerate)** भ्रष्टः -ष्टा -ष्टं, परिभ्रष्टः -ष्टा -ष्टं, अपकृष्टः -ष्टा -ष्टं, निकृष्टः -ष्टा -ष्टं, अधमः -मा -मं, नीचः -चा -चं, निर्विणः -णा -णं.

Degrading, ***a.*** लाघवकारी -रिणी -रि (न्) or अपमानकारी, अकीर्त्तिकरः -रा -रं, अपयशस्करः -री -रं.

Degree, ***s.*** **(Station, rank)** पदं, स्थानं, आस्पदं, पदविः ***f.*** -वी, वृत्तिः ***f.,*** प्रतिपत्तिः ***f.;*** **'high degree,'** परमपदं. **—(State in which a thing is)** अवस्था, भावः, दशा, स्थितिः ***f.,*** वृत्तिः ***f.,*** गतिः ***f.*** **—(Step to any thing)** क्रमः, पदं. **—(Order of lineage)** आवलिः ***f.,*** श्रेणी; **'of high degree,'** महाकुलप्रसूतः. **—(Measure, extent)** परिमाणं, प्रमाणं, पर्य्यन्तं, मात्रं; **'to what degree'?** कियत् प्रमाणं, कियत् पर्य्यन्तं, किं पर्य्यन्तं, मात्रं; **'to what degree'?** कियत् प्रमाणं, कियत् पर्य्यन्तं, किं पर्य्यन्तं; **'in some degree,'** किञ्चित्, ईषत्, कतिपयेन -यात्. **—(Class, order)** गणः, पंक्तिः ***f.,*** श्रेणी, वर्गः. **—(Degree of latitude, etc.)** भागः, अंशः, अक्षभागः, अक्षांशः. **—(In arithmetic)** अङ्कत्रयं. **—(By degrees)** क्रमशस्, क्रमेण, क्रमे क्रमे, पदे पदे, पदशस्, प्रतिपदं, अनुपदं, पदात्पदं, शनैः, शनैः शनैः.

To **dehort,** ***v. a.*** उपदेशपूर्व्वं or प्रत्यादेशपूर्व्वं भयहेतुं सूचयित्वा निवृत् **in caus.** (-वर्त्तयति -यितुं), मैवं कार्षीः or मैवं कृथा इति मन्त्रं कृ, विपरीतम् उपदिश् **(c. 6.** -दिशति -देष्टुं), प्रत्यादिश्, अन्तःख्या **(c. 2.** -ख्याति -तुं).

Dehortation, ***s.*** विपरीतमन्त्रणं, प्रत्यादेशपूर्व्वं निवर्त्तनं, मैवं कार्षीर् इति मन्त्रकरणं, उद्यमभङ्गस्यार्थः प्रबोधः, निषेधार्थकः परामर्शः.

Dehortatory, ***a.*** प्रत्यादेशकः -का -कं, निषेधार्थकः -का -कं, श्रैवं कार्षीर् इत्युपदेशकः -का -कं, निवृत्तिकारकः -का -कं.

Dehorter, ***s.*** प्रत्यादेशपूर्व्वं निवर्त्तयिता ***m.*** (तृ), प्रत्यादेष्टा ***m.*** (ष्टृ).

To **deject,** ***v. a.*** **(Cast down)** पत् **in caus.** (पातयति -यितुं), अधःपत् **in caus.** **—(Dispirit, make sad)** अवसद् **in caus.** (-सादयति -यितुं), विषणीकृ, अवसन्नीकृ, विषादं जन् **in caus.** (जनयति -यितुं), म्लानीकृ, पीड् **(c. 10.** पीडयति -यितुं), व्यथ् **in caus.** (व्यथयति -यितुं).

Deject, dejected, ***a.*** विषणः -णा -णं, अवसन्नः -न्ना -न्नं, विषादी -दिनी -दि (न्), अवसादितः -ता -तं, उद्विग्नमनाः -नाः -नः (स्) or दीनमनाः or विमनाः or दुर्मनाः or अन्तर्मनाः, अवनतः -ता -तं, निर्विणः -णा -णं, दीनमनस्कः -स्का -स्कं, दीनचेतनाः -ना -नं, क्लान्ताः -न्ता -न्तं, म्लानः -ना -नं, म्लानः -ना -नं. **—(In countenance)** अधोमुखः -खी -खं or नतमुखः, विषणवदनः -ना -नं.

Dejectedly, ***adv.*** सविषादं, सावसादं, विषणं, सोद्वेगं, उद्विग्नमनसा.

Dejectedness, dejection, ***s.*** विषादः, अवसादः, विषणता, अवसन्नता, उद्वेगः, निर्विणता, क्लान्तिः ***f.,*** ग्लानिः ***f.,*** म्लानिः ***f.,*** दीनता.

Dejecture, ***s.*** उच्चारः, उच्चरितं, अवस्करः, शोधनं, शकृत् ***m.,*** पूरीषं.

Deification, ***s.*** **(Union with Brahma)** ब्रह्मत्वं, ब्रह्मभूयं, ब्रह्मनिर्व्वाणं, ब्रह्मसायुज्यं. **—(Inferior deification)** देवत्वं, देवभूयं, सुरभूयं. **—(Act of making a god)** देवकरणं, देवत्वदानं.

Deified, ***p. p.*** देवभूतः -ता -तं, सुरभूतः -ता -तं, ब्रह्मभूतः -ता -तं, प्राप्तः देवत्वः -त्वा -त्वं, , देवत्वमापन्नः -न्ना -न्नं:

Deiform, ***a.*** देवरूपी -पिणी -पि (न्), देवाकारः -रा -रं,

देवाकृतिः -तिः -ति.

To **deify,** ***v. a.*** देवं कृ, देवीकृ, देवं ज्ञात्वा पूज् (c. 10. पूजयति -यितुं).

To **deign,** ***v. n.*** **(Vouchsafe)** अर्ह् (c. 1. अर्हति -र्हितुं); **as, 'Deign thou to enter my house,'** त्वं मम गृहं प्रवेष्टुम् अर्हसि; प्रसद् (c. 6. -सीदति -सत्तुं) **or** प्रसाद कृ **or** प्रसन्नो भूत्वा कृ; **as, 'design to cast a look on us,'** प्रसीद नो दृष्टिञ्च कुरु **or** दृष्टिप्रमादं कुरु **or** प्रसन्नो भूत्वा दृष्टिं कुरु.

To **deign,** ***v. a.*** अनुदा (c. 3. -ददाति -दातुं), प्रदा, अनुज्ञा (c. 9. -जानाति -ज्ञातु), अनुग्रह् (c. 9. -गृह्णाति -ग्रहीतुं), अनुमन् (c. 4. -मन्यते -मन्तुं).

To **deintegrate,** ***v. a.*** साकल्याद् उद्धृ (c. 1. -हरति -हर्त्तुं) **or** अपनी (c. 2. -नयति -नेतुं), ह्रस् **in caus.** (ह्रासयति -यितुं), न्यूनीकृ.

Deism, ***s.*** आस्तिकता, आस्तिक्यं, अद्वैतं, अद्वैतवादः, एकात्मवादः.

Deist, ***s.*** आस्तिकः, अद्वैतवादी ***m.*** (न्), अद्वयवादी ***m.***, एकात्मवादी.

Deity, ***s.*** **(A god)** देवः, देवता, सुरः, विबुधः, ठक्कुरः, पूजिलः, नभःसद् ***m.***, नाकसद् ***m.***, नाकी ***m.***, (न्), सुचिरायुः ***m.***, (स्), अस्वप्नः, अनिमिषः, दैत्यारिः ***m.***, दानवारिः ***m.***, गीर्वाणः, निलिम्पः.—**(Divine state)** देवत्वं -ता.

Delaceration, ***s.*** दारणं, विदारणं, खण्डं, खण्डं करणं **or** छेदनं **or** कर्त्तनं.

Delactation, ***s.*** **(Weaning)** स्तन्यत्यागः, स्तन्यपानत्यागकरणं.

Delapsed, ***p. p.*** अधःपतितः -ता -तं, अवपतितः -ता -तं, सुतः -ता -तं.

To **delate,** ***v. a.*** वह् (c. 1. वहति, वोढुं), अभिवह्, आनी (c. 1. -नयति -नेतुं),—**(Accuse)** अभियुज् (c. 7. -युनक्ति -योक्तुं).

Delation, ***s.*** वाहनं, आनयनं.—**(Accusation)** अभियोगः.

Delator, ***s.*** अभियोगी ***m.*** (न्), -योक्ता ***m.*** (क्तृ), अपवादकः, सूचकः.

To **delay,** ***v. a.*** विलम्ब (c. 1. -लम्बते -म्बितुं **or caus.** -लम्बयति -यितुं), चिर **(nom.** चिरयति -यितुं), आकालान्तरात् त्यज् **(c. 1.** त्यजति, त्यक्तुं) **or** या **in caus.** (यापयति -यितुं), **or** क्षिप् **(c. 6.** क्षिपति, क्षेप्तुं) **or** अपनुद् **in caus.** (-नोदयति -यितुं), स्थगितः -तां -तं, कृ, दीर्घीकृ.—**(Hinder)** रुध् **(c. 7.** रुणद्धि, रोद्धुं), निरुध्, वृ **in caus.** (वारयति -यितुं), निवृ; बाध् **(c. 1.** बाधते -धितुं), स्तम्भ् **in caus.** (स्तम्भयति -यितुं), विष्टम्भ्.

To **delay,** ***v. n.*** विलम्ब् **(c. 1.** -लम्बते -म्बितुं), मन्द **(nom.** मन्दायते), चिर **(nom.** चिरयति -यितुं **or** चिरायति), कालं या **in caus.** (यापयति -यितुं) **or** क्षिप् **(c. 6.** क्षिपति, क्षेप्तुं), विक्लृप् **(c. 1.** -कल्प्यते -ल्पितुं), विचर् **in caus.** (-चारयति -यितुं), दीर्घीभू; **'he delays coming,'** विलम्बेन **or** विलम्बाद् आगच्छति.

Delay, ***s.*** विलम्बः -म्बनं, कालयापः, कालक्षेपः, क्षेपः, विकल्पः, दीर्घसूत्रता, दीर्घीकरणं; **'a short delay,'** क्षणक्षेपः.—**(Stay, stop)** स्तम्भः, अन्तरायः, व्याघातः, बाधा; **'without delay,'** अविलम्बितं, अविलम्बं -म्बेन, अचिरं -रात् -रेण, माचिरं.

Delayed, ***p. p.*** विलम्बितः -ता -तं, चिरायितः -ता -तं, यापितः -ता -तं.

Delayer, ***s.*** विलम्बी ***m.*** (न्), विलम्बकारी ***m.*** (न्), कालयापकः, कालक्षेपकः.

Delectable, ***a.*** रमणीयः -या -यं, रम्यः म्या -म्यं, सुभगः -गा -गं, मनोहरः -रा -रं, मनोरमः -मा -मं, मनोज्ञः -ज्ञा -ज्ञं, कमनीयः -या -यं, मनश्रापः -पा -पं, अभिरामः -मा -मं, हर्षकः -का -कं, सुनन्दः -न्दा -न्दं, मोदकः -का -कं, आह्लादजनकः -का -कं, अभिलषणीयः -या -यं, कान्तः -न्ता -न्तं.

Delectableness, ***s.*** रमणीयता, रम्यत्वं, कमनीयता, मनोरमत्वं, सुनन्दत्वं.

Delectably, ***adv.*** रमणीयं, रम्यं, कमनीयं, सुभगं, मनोरमं.

Delectation, ***s.*** आह्लादः, प्रह्लादः, आनन्दः, हर्षः, प्रमोदः, अभिरुचिः ***f.***

To **delegate,** ***v. a.*** नियुज् (c. 7. -युनक्ति -योक्तुं **or caus.** -योजयति -यितुं), समादिश् (c. 6. -दिशति -देष्टुं), व्यादिश्, प्रतिसन्दिश्, प्रस्था **in caus.** (-स्थापयति -यितुं); प्रेर् (c. 10. -ईरयति -यितुं), न्यस् (c. 4. -अस्यति -असितुं), उपन्यस्; प्रतिपद् **in caus.** (-पादयति -यितुं), ऋ **in caus.** (अर्पयति -यितुं), समृ **in caus.**; परिदा.

Delegate, ***s.*** नियोगी ***m.*** (न्), नियुक्तः अधिकारवान् ***m.*** (त्), प्रति पुरुषः प्रतिनिधिः ***m.*** प्रतिभूः.

Delegated, ***s.*** कार्य्यनिर्वाहणे नियुक्तः -क्ता -क्तं, **or** अधिकृतः -ता -तं, प्रेरितः -ता -तं, समादिष्टः -ष्टा -ष्टं.

Delegation, ***s.*** नियोजनं, प्रेरणं, प्रस्थापनं, समादेशः, समर्पणं.

To **delete,** ***v. a.*** अपमृज् (c. 2. -मार्ष्टि -र्ष्टुं), व्यामृज्, निर्मृज्, लोपं कृ.

Deleterious, deletory, ***a.*** विनाशकः -का -कं, नाशी -शिनी -शि (न्) **or** प्रणाशी, घाती -तिनी -ति (न्) **or** विघाती, घातुकः -का -कं, क्षयकरः -री -रं, सूदनः -नी -नं, हिंस्रः -स्रा -स्रं, शारुकः -का -कं.

Deletion, ***s.*** व्यामर्षः, लोपः, विलोपनं, उच्छेदः, विनाशः, नाशः.

Delf, delfe, ***s.*** **(Mine)** आकरः, खनिः ***f.***, खानिः ***f.***—**(Earthenware)** मृण्मयभाण्डं, मृद्भाण्डं, कौलालकं,

मार्त्तिकभाण्डं, मृण्मयद्रव्यं.

To **deliberate,** ***v. n.*** मन्त्र् (**c. 10.** मन्त्रयते -ति -यितुं), सम्मन्त्र्, विचर् **in caus.** (-चारयति -यितुं), मनसा विचर्, चिन्त् (**c. 10.** चिन्तयति -यितुं), सञ्चिन्त्, विचिन्त्; विगण् (**c. 10.** -गणयति -यितुं), वितर्क् (**c. 10.** -तर्कयति -यितुं); विमृश् (**c. 6.** -मृशति -मर्ष्टुं), परामृश्, विक्लृप् (**c. 1.** -कल्पते -ल्पितुं, **c. 10.** -कल्पयति -यितुं), विनिश्चि (**c. 5.** -चिनोति -चेतुं), स्तम्भू **in caus.** (-भावयति -यितुं), मनसा विवेचनं कृ.

Deliberate, ***a.*** विमृश्यकारी -रिणी -रि (न्) **or** समीक्ष्यकारी **or** अक्षिप्रकारी, स्ववहितः -ता -तं, कृतावधानः -ना -नं, कार्य्यचिन्तकः -का -कं, अव्यग्र -ग्रा -ग्रं, अप्रमत्तः -त्ता -त्तं, अत्वरितः -ता -तं, अतुरः -रा -रं, परिणामदर्शी -र्शिनी -र्शि (न्).

Deliberated, ***p. p.*** चिन्तितः -ता -तं, सञ्चिन्तितः -ता -तं, सुचिन्तितः -ता -तं, मन्त्रितः -ता -तं, विचारितः -ता -तं, विगणितः -ता -तं, मथितः -ता -तं.

Deliberately, ***adv.*** विमृश्य, समीक्ष्य, सुविमृश्य, मन्त्रतस्, अवधानतस्, अवेक्षया, अत्वरितं, अव्यग्रं, असहसा, अप्रमत्तं, बुद्धिपुरःसरं, मनःपूर्व्वकं, बुद्धिपूर्व्वकं, बुद्ध्या, मतिपूर्व्वं; **'walking deliberately,'** मितङ्गमः.

Deliberateness, ***s.*** समीक्ष्यकारित्वं, विमृश्यकारित्वं, अक्षिप्रकारिता, सावधानता, विचारशीलता, सतर्कता, अव्यग्रता, अप्रमादः, परिणामदर्शनं.

Deliberation, ***s.*** मन्त्रण -णा, सम्मन्त्रणं, विचारः -रणं -णा, सुविचारः, चिन्ता, सुचिन्ता, सञ्चिन्तनं, विमर्शः, परामर्शः, विवेचना -नं, वितर्क -र्कणं, समीक्षा -क्षणं, प्रसमीक्षा, चर्चा, विगणनं, सम्प्रधारणा, भावना, विकल्पः, समर्थनं.

Deliberative, ***a.*** विचारकः -का -कं, विचारी -रिणी -रि (न्), चिन्तकः -का -कं, विमर्शी -र्शिनी -र्शि (न्), मन्त्रकरः -री -रं, विचारशीलः -ला -लं.

Delicacy, ***s.*** **(Daintiness)** स्वादुता, सुस्वादुत्वं, सुरसत्वं, सौरस्यं, सुखाद्यत्वं, मिष्टता.—**(Softness)** सौकुमार्य्यं, सुकुमारत्वं, कोमलता, मृदुता.—**(Elegance)** लालित्यं, लौल्यं, लावण्यं, विलासः.—**(Nicety)** सूक्ष्मत्वं -ता, सौक्ष्म्यं, शुद्धता, श्लक्ष्णता.—**(Slenderness, tenuity)** तनुता, लघुता, लाघवं, अस्थूलता, क्षीणता.—**(Scrupulousness, politeness)** आदरः, सभ्यता, विनयः, सुशीलता.—**(Weakness of constitution)** शरीरमृदुता, अङ्गमृदुता, प्रकृतिदौर्बल्यं.—**(Choice food)** स्वाद्वन्नं, विशिष्टान्नं, भोजनविशेषः, सुग्रासः.

Delicate, ***a.*** **(Dainty, of an agreeable taste)** स्वादुः -दुः -द्वी -दु **or** सुस्वादुः, सुरसः -सा -सं, मिष्टः -ष्टा -ष्टं, सुखाद्यः -द्या -द्यं स्वादुकारः -री -रं.—**(Elegant)** ललितः -ता -तं, चारुः -र्व्वी -रु.—**(Soft)** सुकुमारः -रा -रं, कोमलः -ला -लं, मृदुः -द्वी -दु.—**(Nice, slender, fine, not coarse)** सूक्ष्मः -क्ष्मा -क्ष्मं, तनुः -नुः -न्वी -नु **or** वितनुः **or** प्रतनुः, लघुः -घुः -घ्वी -घु, श्लक्ष्णः -क्ष्णा -क्ष्णं, पेलवः -वा -वं, क्षीणः -णा -णं, अस्थूलः -ला -लं, विरलः -ला -लं.—**(Choice)** विशिष्टः -ष्टा -ष्टं, उत्कृष्टः -ष्टा -ष्टं, उत्तमः -मा -मं.—**(Polite)** सभ्यः -भ्या -भ्यं, विनीतः -ता -तं.—**(Weak in constitution)** मृद्वङ्गः -ङ्गी -ङ्गं, मृदुशरीरः -रा -रं, जन्मरोगी -गिणी -गि (न्); **'a delicate woman,'** तन्वी, लघ्वी, सुमध्यमा.

Delicately, ***adv.*** ललितं, सलालित्यं, सुकुमारं, कोमलं, मृदु, तनु.

Delicates, ***s.*** स्वाद्वन्नं, स्वादुभोजनं, मिष्टान्नं, सुग्रासः, विशिष्टान्नं.

Delicious, ***a.*** स्वादुः -दुः -द्वी -दु **or** सुस्वादुः, मधुरः -रा -रं, मिष्टः -ष्टा -ष्टं, सुखास्वादः -दा -दं, सुरसः -सा -सं, मनोहरः -रा -रं, मनोरमः -मा -मं, रम्यः -म्या -म्यं, रमणीयः -या -यं, मोदकः -का -कं, सुभगः -गा -गं, कमनीयः -या -यं.

Deliciously, ***adv.*** लुस्वादुः, मधुरं, मनोरमं, रमणीयं, सुभगं.

Deliciousness, ***s.*** सुस्वादुता, माधुर्य्यं, सौरस्यं, रम्यता, रमणीयता.

Delight, ***s.*** हर्षः, आनन्दः, आह्लादः, प्रह्लादः, ह्लादः, मुदा, मुद् ***f.,*** प्रमोदः, मोदः, आमोदः, प्रीतिः ***f.,*** तृप्तिः ***f.,*** सुखं, सौख्यं, नन्दः, नन्दथुः ***m.,*** मदः, प्रमदः, मादः, रतिः ***f.,*** परितोषः, सन्तोषः, रभसः, अभिरुचिः ***f.,*** कुतूहलं. चित्तप्रसन्नता, महोत्सवः; **'thrill of delight,'** रोमहर्षणं, पुलकः, रोमाञ्चः—**(That which gives delight)** नन्दनः -नं, आनन्दनं, आनन्ददः, हर्षकः, हर्षकरः, प्रीतिदः

To **delight,** ***v. a.*** नन्द् **in caus.** (नन्दयति -यितुं), आनन्द, अभिनन्द्; हृष् **in caus.** (हर्षयति -यितुं), प्रहृष्, परिहृष्; ह्लाद् **in caus.** (ह्लादयति -यितुं), प्रह्लाद्, आह्लाद्; सुख् (**c. 10.** सखयति -यितुं), रम् **in caus.** (रमयति -यितुं), प्रमुद् **in caus.** (-मोदयति -यितुं), परितुष् **in caus.** (-तोषयति -यितुं), सन्तुष्; तृप् **in caus.** (तर्पयति -यितुं), प्री (**c. 9.** प्रीणति **or caus.** प्रीणयति -यितुं, उल्लस् **in caus.** (-लासयति -यितुं), हर्षं कृ, आनन्दं दा.

To **delight,** ***v. n.*** नन्द (**c. 1.** नन्दति -न्दितुं), आनन्द्, अभिनन्द्, विनन्द्; हृष् (**c. 4.** हृष्यति, हर्षितुं), प्रहृष्, संहृष्, सम्प्रहृष्; ह्लाद् (**c. 1.** ह्लादते -दितुं), रम् (**c. 1.** रमते, रन्तुं), अभिरम्, आरम्, संरम्, उपारम्, प्री (**c. 4.** प्रीयते), मुद् (**c. 1.** मोदते -दितुं), प्रमुद्; तुष् (**c. 4.** तोष्यति, तोष्टुं), परितुष्, प्रतुष्, सन्तुष्; रुच् (**c. 1.** रोचते -चितुं), अभिरुच्, उल्लस् (**c. 1.** -लसति -सितुं), विलस्; तृप् (**c. 4.** तृप्यति, तर्प्तुं).

Delighted, ***p. p.*** हृष्टः -ष्टा -ष्टं, हर्षिताः -ता -तं, आह्लादितः

-ता -तं, प्रह्लादितः -ता -तं, ह्लादितः -ता -तं, आनन्दितः -ता -तं, आनन्दी -न्दिनी -न्दि (न्), प्रमोदितः -ता -तं, प्रमोदी -दिनी -दि (न्), मुदान्वितः -ता -तं, प्रीतिमान् -मती -मत् (त्), सन्तुष्टः -ष्टा -ष्टं, उल्लसितः -ता -तं, or उल्लासितः, अभिरुचितः -ता -तं, प्रीतः -ता -तं, सुखी -खिनी -खि (न्), प्रहृष्टमनाः -नाः -नः (स्) or प्रीतमनः, हृष्टचित्तः -त्ता -त्तं, सानन्दः -न्दा -न्दं; **'exquisitely delighted,'** पुलकितः -ता -तं, परमहृष्टः -ष्टा -ष्टं, षरोमाञ्चितः -ता -तं.

Delightful, ***a.*** रम्यः -म्या -म्यं, रमणीयः -या -यं, मनोरमः -मा -मं, मनोहरः -रा -रं, सुभगः -गा -गं, हर्षकः -का -कं, हर्षकरः -री -रं, हर्षणः, -णा -णी -णं, नन्दकः -का -कं, नन्दनः -ना -नं, आनन्दनः -ना -नं, आनन्ददः -दा -दं, प्रीतिदः -दा -दं, मोदकः -का -कं, प्रमोदी -दिनी -दि (न्), रमणः -णा -णं, आनन्दमयः -यी -यं, सुखी -खिनी -खि (न्), सुखदः -दा -दं, परितोषजनकः -का -कं, रामणीयकः -का -कं, कमनीयः -या -यं, रुचिरः -रा -रं.

Delightfully, ***adv.*** रम्यं, रमणीयं, मनोरमं, सुभगं, सुखेन, कमनीयं.

Delightfulness, ***s.*** रम्यता, रमणीयता, मनोरमत्वं, कमनीयता, सश्रीकता.

To* delineate,** ***v. a. **(Sketch)** लिख् **(c. 6.** लिखति, लेखितुं), आलिख्, विलिख्; रूप् **(c. 10.** रूपयति -यितुं); अङ्क् **(c. 10.** अङ्कयति -यितुं). — **(Paint)** चित्र् **(c. 10.** चित्रयति -यितुं). — **(Describe)** वर्ण् **(c. 10.** वर्णयति -यितुं), अनुवर्ण, उपवर्ण्, संवर्ण्.

Delineated, ***p. p.*** आलिखितः -ता -तं, चित्रलिखितः -ता -तं, चित्रगतः -ता -तं, चित्रितः -ता -तं, वर्णितः -ता -तं, निरूपिताः -ता -तं.

Delineation, ***s.*** आलेख्यं, आलेखनं, चित्रं, चित्रारम्भः, पाण्डुलेख्यं, वर्णनं -ना, उपवर्णनं, अङ्कनं, आदर्शः.

Delinquency, ***s.*** दोषः, अपराधः, पापं, व्यतिक्रमः, अवक्रियां, अपकर्म्म ***n.*** (न्), अपचारः, दुष्कर्म ***n.*** (न्), दुष्कृतं, कुकर्म्म ***n.,*** दुश्चरितं, पापकर्म्म ***n.,*** पापकृतं.

Delinquent, ***s.*** पापी ***m.*** (न्), पापकारी ***m.*** (न्), पापकृत्, अपराधी ***m.*** (न्), दोषी ***m.*** (न्), कृतापराधः कुकर्म्मकारी ***m.*** (न्), दुष्कृती ***m.*** (न्).

To* deliquate,** ***v. n. विला **(c. 4.** -लीयते -लेतुं -लातुं), प्रविली; विद्रु **(c. 1.** द्रवति -द्रोतुं), द्रवीभू, विगल् **(c. 1.** -गलति -लितुं), परिगल्.

Deliquation, ***s.*** द्रवः -वणं -वत्जं, विलयः -यनं, द्रवीकरणं, गलनं.

Deliquium, ***s.*** मूर्च्छा -र्च्छनं -ना, प्रलयः, प्रमोहः, नष्टचेष्टता, निर्वेशः.

Delirious, ***s.*** चैतन्यरहितः -ता -तं, भ्रान्तचित्तः -त्ता -त्तं, नष्टचेतनः -ना -नं, रोगापहतज्ञानः -ना -नं, चित्तविभ्रमात् प्रलापकारी -रिणी -रि (न्).

Delirium, ***s.*** चित्तविभ्रमः, ज्ञानभ्रान्तिः ***f.,*** चैतन्यनाशः, अचैतन्यं, चित्तविप्लवः, चित्तवैकल्यं, प्रलापः.

To* deliver,** ***v. a. **(Consign)** प्रतिपद् **in caus.** (-पादयति -यितुं), ऋ **in caus.** (अर्पयति -यितुं), समृ, निक्षिप् **(c. 6.** -क्षिपति -क्षेप्तुं), न्यस् **(c. 4.** -अस्यति -असितुं), उपन्यस्, न्यासीकृ; निविद् **in caus.** (-वेदयति -यितुं), सङ्क्रम् **in caus.** (-क्रामयति -यितुं), प्रतिष्ठा **in caus.** (-ष्ठापयति -यितुं), आरुह् **in caus** (-रोपयति -यितुं), समाविश् **in caus.** (-वेशयति -यितुं). — **(Give up, yield)** प्रदा **(c. 3.** -ददाति -दातुं **c. 1.** -यच्छति), परिदा, सम्प्रदा, उत्सृज् **(c. 6.** -सृजति -सष्टुं), प्रोत्सृ **in caus.** (-सारयति -यितुं), वितृ **(c. 1.** -तरति -रितुं -रीतुं). — **(Release, rescue)** मुच् **(c. 6.** मुञ्चति, मोक्तुं **or caus.** मोचयति -यितुं), विमुच्, प्रविमुच्, मोक्ष् **(c. 10.** मोक्षयति -यितुं), उद्धृ **(c. 1.** -हरति -हर्त्तुं), समुद्धृ, निस्तृ **in caus.** (-तारयति, -यितुं), सन्तृ उत्तृ; त्रै **(c. 1.** त्रायते, त्रातुं), परित्रै, सन्त्रै; रक्ष् **(c. 1.** रक्षति -क्षितुं). — **(Utter, pronounce)** वाक्यम् ईर् **(c. 10.** ईरयति -यितुं), उदीर्, उच्चर् **in caus.** (-चारयति -यितुं), उदाहृ **(c. 1.** -हरति -हर्त्तुं), व्याहृ, वद् **(c. 1.** वदति -दितुं). — **(Deliver a message, etc.)** निविद् **in caus.** (-वेदयति -यितुं), विज्ञा **in caus.** (-ज्ञापयति -यितुं), आख्या **(c. 2.** -ख्याति -तुं). — **(Assist in childbirth)** सु **in caus.** (सावयति -यितुं), प्रसवं कृ **in caus.** (कारयति -यितुं).

Delivered, ***p. p.*** **(Consigned)** प्रतिपादितः -ता -तं, अर्पितः -ता -तं, समर्पितः -ता -तं, निक्षिप्तः -प्ता -प्तं, न्यस्तः -स्ता -स्तं, प्रणिहितः -ता -तं. — **(Given up)** प्रदत्तः -त्ता -त्तं, उत्सृष्टः -ष्टा -ष्टं, निसृष्टः -ष्टा -ष्टं, प्रोत्सारितः -ता -तं, वितीर्णः -र्णा -र्णं. — **(Released, rescued)** मुक्तः -क्ता -क्तं, मोचितः -ता -तं, उद्धृतः -ता -तं, समुद्धृतः -ता -तं, रक्षितः -ता -तं, त्रातः -ता -तं, त्राणः -णा -णं, निस्तारितः -ता -तं, उत्तीर्णः -र्णा -र्णं, — **(Uttered)** उच्चारितः -ता -तं. — **(As a message)** निवेदतिः -ता -तं, निरादिष्टः -ष्टा -ष्टं. — **(Of a child)** प्रसूता.

Deliverance, ***s.*** **(Rescue, release)** रक्षा -क्षणं, परिरक्षणं, त्राणं, परित्राणं, उद्धारः, उद्धरणं, निस्तारः, निस्तारणं, तारणं, मुक्तिः ***f.,*** मोक्षः, मोचनं, मोक्षणं, परिमोक्षणं.

Deliverer, ***s.*** **(Rescuer)** त्राता ***m.*** (तृ), रक्षकः, मोचकः, मोक्षकः, मुक्तिदाता ***m.*** (तृ), उद्धर्त्ता ***m.*** (र्त्तृ), समुद्धर्त्ता ***m.*** निस्तारकः, निस्तारयिता ***m.*** (तृ), तारकः. — **(Announcer)** निवेदकः, निवेदनकृत् ***m.*** आख्यायकः, विज्ञापकः.

Delivery, ***s.*** **(Rescue)** मुक्तिः ***f.,*** त्राणं, रक्षणं, ***See***

Deliverance.—**(Consignment, giving up)** अर्पणं, समर्पणं, प्रतिपादनं, निवेदनं, न्यसनं, उपन्यासः, आरोपणं, प्रदानं, परिदानं, सम्प्रदानं, विधायकत्वं.—**(Of a message, etc.)** निवेदनं, निरादेशः, विज्ञापनं.—**(Utterance)** उच्चारणं, उदाहरणं, व्याहरणं, व्याहारः.—**(Childbirth)** प्रसवः, प्रसूतिः ***f.***, सूतिः ***f.***, षूः ***f.***, प्रसवकरणं, गर्भच्युतिः ***f.***, जातकर्म्म ***n.*** (न्); **'a woman near her delivery,'** आसन्नप्रसवा.

Dell, ***s.*** दरी -रा, कन्दरः -री, दरीभूः ***f.***, द्रोणी, अद्रिद्रोणी, गुहा.

Deludable, ***a.*** मोहनीयः -या -यं, प्रवञ्चनीयः -या -यं, प्रातरणीयः -या -यं.

To **delude,** ***v. a.*** मुह् **in caus.** (मोहयति -यितुं), सम्मुह्, व्यामुह्, वञ्च् **in caus.** (वञ्चयते -यितुं), प्रवञ्च्, परिवञ्च्; प्रलभ् **(c. 1.** -लभते -लब्धुं)-प्रतृ **in caus.** (-तारयति -यितुं), प्रलुभ् **in caus.** (-लोभयति -यितुं).

Deluded, ***p. p.*** मोहितः -ता -तं, सम्मोहितः -ता -तं, विमोहितः -ता -तं, वञ्चितः -ता -तं, प्रलब्धः -ब्धा -ब्धं, प्रतारितः -ता -तं, प्रलोभितः -ता -तं.

Deluder, ***s.*** मोही ***m.*** (न्), वञ्चकः, प्रवञ्चकः, प्रतारकः, भ्रामकः.

Deluge, ***s.*** भूतसम्प्लवः, जलाप्लावनं, जलप्लावनं, आप्लावः, जलप्रलयः, जलवेगः, तोयविप्लवः, सलिलोपप्लवः, परिप्लवः, जलोच्छ्वासः, परिवाहः, वन्या, ओघः.—**(Universal deluge)** एकार्णवं.—**(Of rain)** धारासारः, धारासम्पातः, अतिवृष्टिः ***f.***, महती वृष्टिः.—**(Overflow of a river)** वानं.—**(Sudden calamity)** उत्पातः, विनिपातः.

To **deluge,** ***v. a.*** प्लु **in caus.** (प्लावयति -यितुं), आप्लु, परिप्लु, सम्प्लु; मज्ज् **in caus.** (मज्जयति -यितुं), निमज्ज्; **'This place is deluged by the tide,'** एतत् स्थानं समुद्रवेलया प्लाव्यते.

Deluged, ***p. p.*** आप्लावितः -ता -तं, आप्लुतः -ता -तं, परिप्लुतः -ता -तं, सम्प्लुतः -ता -तं, अभिप्लुतः -ता -तं, अभिपरिप्लुतः -ता -तं, समभिप्लुतः -ता -तं.

Delusion, ***s.*** **(Illusion, error)** मोहः, माया, भ्रमः, भ्रान्तिः ***f.***, व्यामोहः, विभ्रमः, मतिविभ्रमः, परिभ्रमः, आभासः, प्रपञ्चः, इन्द्रजालं, मिथ्यामतिः ***f.***, विवर्त्तः, आवरणं.—**(Cheating, beguiling)** वञ्चना, मोहनं, प्रलोभनं, विलोभः, कूटः -टं, प्रतारणा.

Delusive, delusory, ***a.*** मोही -हिनी -हि (न्), मायी -यिनी -यि (न्), मायिकः -की -कं, मायामयः -यी -यं, जाली -लिनी -लि (न्), भ्रान्तिजनकः -का -कं, इन्द्रजालिकः -की -कं **or** ऐन्द्रजालिकः, भङ्गुरः -रा -रं.

To **delve,** ***v. a.*** खन् **(c. 1.** खनति -नितुं), अभिखन्, खनित्रेण गर्त्तं कृ.

Delve, ***s.*** खातं -तकं, खातभूः ***f.***, खेयं, गर्त्तः, विवरं, विलं, अवटः.

Delver, ***s.*** खनिता ***m.*** (तृ), खातकः, आखनिकः, खनकः.

Demagogue, ***s.*** प्राकृतजननायकः, अन्त्यलोकनेता ***m.*** (तृ), पृथग्जनपुरोगमः, प्रजानायकः, प्रजोपकारकः, हीनवर्णसपक्षः, अधमवर्णपक्षपाती, उत्तमाधमवर्णमध्ये कलहकारी ***m.*** (न्).

Demain, demesne, ***s.*** स्वाधीना भूमिः ***f.***

Demand, ***s.*** **(Claim)** अभियोगः, प्रार्थना, अभ्यर्थना, अर्थना, अभिमानं, याच्ञा, याचना, मार्गणं; **'false demand,'** मिथ्याभियोगः.—**(Question)** अनुयोगः, पर्य्यनुयोगः, प्रश्नः, सम्प्रश्नः, पृच्छा, जिज्ञासा, अन्वेषणा, अनुसरणं.—**(Calling for in order to purchase)** क्रयार्थम् अन्वेषणा.

To **demand,** ***v. a.*** **(Claim)** याच् **(c. 1.** याचति -चितुं), अर्थ् **(c. 10.** अर्थयति -ते -यितुं), प्रार्थ्; ममेति **or** मदीयमिति **or** मम दातव्यमिति वद् **(c. 1.** वदति -दितुं), स्वाधिकारं ज्ञा **in caus.** (ज्ञापयति -यितुं), अभियोगं कृ, स्वीकृ.—**(Question)** अनुयुज् **(c. 7.** -युनक्ति -युंक्ते -योक्तुं), ज्ञा **in des.** (जिज्ञासते -सितुं), प्रच्छ् **(c. 6.** पृच्छति, प्रष्टुं).

Demandable, ***a.*** अभियोक्तव्यः -व्या -वयं, याचनीयः -या -यं, प्रार्थनीयः -या -यं.

Demandant, ***s.*** अभियोक्ता ***m.*** (क्तृ), अर्थी ***m.*** (न्), प्रार्थयिता ***m.*** (तृ).

Demanded, ***p. p.*** याचितः -ता -तं, प्रार्थितः -ता -तं, अभियुक्तः -क्ता -क्तं, अनुयुक्तः -क्ता -क्तं, पृष्टः -ष्टा -ष्टं, जिज्ञासितः -ता -तं, मार्गितः -ता -तं.

Demander, ***s.*** अभियोगी ***m.*** (न्), याचिता ***m.*** (तृ), प्रार्थकः, प्रष्टा ***m.*** (ष्टृ).

Demarcation, ***s.*** सीमा, परिसीमा, मर्य्यादा, अवच्छेदः, विच्छेदः.

To **demean one's self,** ***v. n.*** व्यवहृ **(c. 1.** -हरति -ते -हर्त्तुं), वृत् **(c. 1.** वर्त्तते -र्त्तितुं), चर् **(c. 1.** चरति -रितुं), आचर्, समाचर्; वृत्तिम् अनुष्ठा **(c. 1.** -तिष्ठति -ष्ठातुं).

Demeanour, ***s.*** वृत्तिः ***f.***, व्यवहारः, आचारः, आचरणं, गतिः ***f.***, स्थितिः ***f.***, चलनं, रीतिः ***f.***, चरितं, चरित्रं, चेष्टितं.

To **dementate,** ***v. a.*** उन्मद् **in caus.** (-मादयति -यितुं), मुह् **in caus.** (मोहयति -यितुं).

Dementate, ***a.*** उन्मत्तः -त्ता -त्तं, नष्टचित्तः -त्ता -त्तं, मूढसंज्ञः -ज्ञं.

Dementation, ***s.*** उन्मत्तीकरणं, मोहनं, वातुलीकरणं, भ्रान्तिकरणं.

Demerit, ***s.*** अगुणः -णता, वैगुण्यं, निर्गुणत्वं, दोषः, अपुण्यं, गुणाभवः.

To **demerit,** ***v. a.*** दोषं कृत्वा निन्दां **or** दण्डम् अर्ह् **(c. 1.** अर्हति -र्हितुं).

Demi, ***a.*** अर्द्धः -र्द्धा -र्द्धं, आर्द्धिकः -की -कं, सामि **indec.**

Demi-devil, ***s.*** अर्द्धपिशाचः, नरपिशाचः, अर्द्धेन भूतोऽर्द्धेन पिशाचः.

Demi-god, ***s.*** नरदेव, देवनारकः, देवयोनिः ***m.***, उपदेवता, अर्द्धदेवः.

The following are different sorts of demi-gods or superhuman being : यक्षः सिद्धः, पिशाचः, किन्नरः, विद्याधरः, रक्षः ***n.*** (स्), गन्धर्व्वः, गुह्यकः.

Demi-man, ***s.*** अर्द्धनरः, अर्द्धपुरुषः, अर्द्धमानुषः, किन्नरः.

Demigration, ***s.*** देशत्यागः, स्थानत्यागः, उत्क्रमणं, देशान्तरगमनं.

Demise, ***s.*** **(Of a king)** राजमृत्युः, राजमरणं, उपरमः, उपरतिः ***f.***

To **demise,** ***v. a.*** मरणकाले नियमपत्रेण प्रदा **(c. 1.** –यच्छति, **c. 3.** –ददाति –दातुं) **or** समृ **in caus.** (–अर्पयति –यितुं) **or** प्रतिपद् **in caus.** (–पादयति –यितुं).

Demission, ***s.*** अपकर्षः –र्षणं, अधःपातनं, अधोगतिः ***f.,*** अवसादनं, भङ्गः.

Democracy, ***s.*** सर्व्वप्रजाधिपत्यं, सर्व्ववर्णप्रभुत्वं, प्रजाप्रभुत्वं, प्रजापालितं राज्यं, राज्यविशेषो यत्र साधारण्येन सर्व्वलोकेषु न्यस्तो राज्यभारः.

Democrat, ***s.*** प्रजाप्रभुत्वावलम्बी ***m.*** (न्), प्रजाधिपत्योपकारकः, प्रजाधिपत्यानुग्राही ***m.*** (न्), प्रजोपकारकः, प्रजानाथः.

Democratical, ***a.*** प्रजाप्रभुत्वसम्बन्धी –न्धिनी –न्धि (न्), सार्व्वलौकिकः –की –कं, सार्व्ववर्णिकः –की –कं.

To **demolish,** ***v. a.*** नश् **in caus.** (नाशयति –यितुं), विनश्, उद्धृ **(c. 1.** –हरति –हर्त्तुं), संहृ; ध्वंस् **in caus.** (ध्वंसयति –यितुं), प्रध्वंस्, विध्वंस्; अधःपत् **in caus.** (–पातयति –यितुं); उच्छिद् **(c. 7.** –छिनत्ति –छेत्तुं), उन्मूल् **(c. 10.** –मूलयति –यितुं), साध् **in caus.** (साधयति –यितुं), अवसद् **in caus.** (–सादयति –यितुं), उत्सद्.

Demolished, ***p. p.*** नाशितः –ता –तं, विनाशितः –ता –तं, उद्धृतः –ता –तं, संहृतः –ता –तं, उच्छिन्नः –न्ना –न्नं, उन्मूलितः –ता –तं, भग्नः –ग्ना –ग्नं, सादितः –ता –तं, सूदितः –ता –तं, विघटितः –ता –तं, विघाटितः –ता –तं.

Demolisher, ***s.*** विनाशकः, विनाशकारी ***m.*** (न्), ध्वंसकारी, प्रलयकारी, उच्छेदकः, उन्मूलकः.

Demolition, ***s.*** नाशः, विनाशः, प्रलयः, ध्वंसः, प्रध्वंसः, उच्छेदः, समुच्छेदः, उद्धरणं, संहारः, समूलोद्धरणं, उत्पाटनं.

Demon, ***s.*** पिशाचः, भूत, राक्षसः, असुरः, दानवः, निशाटः, निशाचरः, यज्ञारिः ***m.,*** यातुः ***m.,*** यातुधानः, विथुरः, कर्व्वरः, कर्बुरः, कर्बूरः, प्रेतः, उपपादुकः.

Demoniac, ***s.*** भूताविष्टः, भूतग्रस्तः, भूतोपहतः, प्रेतवाहितः.

Demoniac, Demoniacal, ***a.*** भौतः –ती –तं, भौतिकः –की –कं, पैशाचः –ची –चं, चिकः –की –कं, आसुरः –री –रं, राक्षसः –सी –सं; **'demoniacal possession,'** भूतावेशः.

Demonology, ***s.*** भूतप्रेतादिविषया विद्या, वेतालपिशाचादिविषयका विद्या.

Demonstrable, ***a.*** साध्यः –ध्या –ध्यं, उपपादनीयः –या –यं, सूच्यः –च्या –च्यं, प्रतिपादनीयः –या –यं, प्रमेयः –या –यं, मीमांस्यः –स्या –स्यं.

Demonstrably, ***adv.*** प्रत्यक्षतस् –क्षेण, सुस्पष्टं, सुव्यक्तं, कोऽत्र सन्देहः.

To **demonstrate,** ***v. a.*** साध् **in caus.** (साधयति –यितुं), उपपद् **in caus.** (–पादयति –यितुं), प्रमाणीकृ, प्रमाण **(nom.** प्रमाणयति –यितुं), भू **in caus.** (भावयति –यितुं), विभू, सूच् **(c. 10.** सूचयति –यितुं), निर्दिश् **(c. 6.** –दिशति –देष्टुं), प्रदिश्, विनिर्दिश्, निर्णी **(c. 1.** –णयति –णेतुं); दृश् **in caus.** (दर्शयति –यितुं).

Demonstrated, ***p. p.*** सिद्धः –द्धा –द्धं, –ता –तं, उपपादितः –ता –तं, उपपन्नः –न्ना –न्नं, प्रतिपादितः –ता –तं, प्रमाणितः –ता –तं, प्रमाणीकृतः –ता –तं, विभावितः –ता –तं.

Demonstration, ***s.*** सिद्धिः ***f.,*** साधनं, सिद्धसाध्यं, उपपत्तिः ***f.,*** उपपादनं, सिद्धान्तः, राद्धान्तः, प्रमाणं, प्रामाण्यं, निर्देशः, निर्णयः, निर्णीतत्वं: **'ocular demonstration,'** प्रत्यक्षप्रमाणं, चाक्षुषज्ञानं; **'written,'** लेखप्रमाणं.

Demonstrative, ***a.*** निर्णायकः –का –कं, निश्चायकः –का –कं, निर्देशकः –का –कं, प्रामाणिकः –की –कं, सिद्धान्तकरणः –णा –णं, उपपादकः –का –कं, विभावकः –का –कं.

Demonstratively, ***adv.*** सप्रमाणं, सिद्धिपूर्व्वं, सुव्यक्तं, निर्विवादं.

Demonstrator, ***s.*** निर्देष्टा ***m.*** (ष्टृ), सिद्धान्ती ***m.*** (न्), प्रमाणकर्त्ता ***m.*** (र्त्तृ).

Demoralization, ***s.*** धर्म्मभ्रष्टता, धर्म्मविप्लवः, आचारदुष्टता, व्यवहारदुष्टता.

To **demoralize,** ***v. a.*** आचारान् **or** व्यवहारान् दुष् **in caus.** (दूषयति –यितुं); धर्म्माद् भ्रंश् **in caus.** (भ्रंशयति –यितुं) **or** च्यु **in caus.** (च्यावयति –यितुं), भ्रष्टीकृ, दुर्वृत्तं –त्तां –त्तं कृ.

Demulcent, ***a.*** शमकः –का –कं, शान्तिकः –की –कं, उपशायी –यिनी –यि (न्), स्निग्धः –ग्धा –ग्धं, स्नेहवान् –वती –वत् (त्), चिक्कणः –णा –णं.

To **demur,** ***v. a.*** **or** ***n.*** विलम्ब् **(c. 1.** –लम्बते –म्बितु), शङ्क् **(c. 1.** शङ्कते –ङ्कितुं), विशङ्क्, आशङ्क्; विचर् **in caus.** (–चारयति –यितुं), विक्लृप् **(c. 1.** –कल्पते –ल्पितुं **or caus.** –कल्पयति –यितुं), चिर **(nom.** चिरयति –यितुं), सन्दिह् **(c. 2.** –देग्धि –ग्धुं), मनसा आन्दोल **(nom.** आन्दोलयति –यितुं).

Demur, ***s.*** विलम्बः सन्देहः, संशयः, विकल्पः, शङ्का, आशङ्का, वितर्कः, विचारणं; **'without demur,'** अविचारितं, अविलम्बितं.

Demure, ***a.*** एकान्तविनीतः –ता –तं, अतिविनयवान् –वती –वत् (त्), सगौरवः –वा –वं, गम्भीरः –रा –रं, धीरः –रा –रं,

शान्तः -न्ता -न्तं, व्रीडितः -ता -तं, लज्जितः -ता -तं, ह्रीमान् -मती -मत् (त्), मन्दास्यः -स्या -स्यं.

Demurely, ***adv.*** सविनयं, सगौरवं, एकान्तविनयेन, सलज्जं, सव्रीडं.

Demureness, ***s.*** विनयः, अतिविनयः, गौरवं, गाम्भीर्य्यं, धीरता, धैर्य्यं, मन्दता, शान्तिः ***f.,*** लज्जा, सव्रीडता, त्रपा, शालीनत्वं.

Demurrage, ***s.*** नौकाम् विहितकालादर्वाक् खाते **or** तीरोपान्ते धृत्वा बाणिजेन नौपतये दत्तं पारितोषिकं.

Demurrer, ***s.*** सशल्ये विषये विलम्बः **or** विरामः **or** विरतिः ***f.,*** अर्थनिर्णये प्राड्विवाकैर् आशल्पच्छेदनाद् विचारणत्यागः.

Den, ***s.*** विवरं, विलं, श्वभ्रं, गह्वरं, कन्दरः -रा, गर्त्तः, रन्ध्रं, कुहरं, गुहा, गुहागृहं, खातं, दरी, निर्दरिः ***m.***

Deniable, ***a.*** प्रत्याख्येयः -या -यं, अस्वीकार्य्यः -र्य्या -र्य्यं, खण्डनीयाः -या -यं.

Denial, ***s.*** अपह्नवः अपह्नुतिः ***f.,*** निह्नवः, निह्नतिः ***f.,*** प्रत्याख्यानं, अपवादः, अपलापः, प्रत्यादेशः, निरसनं, निषेधः, प्रतिषेधः, अवधीरणा, प्रणयविहतिः ***f.,*** व्यपाकृतिः ***f.,*** अस्वीकारः, अननुज्ञा; **'self-denial,'** आत्मपरित्यागः, संयमः, संयमनं.

Denied, ***p. p.*** अपह्नुतः -ता -तं, निह्नुतः -ता -तं, प्रत्याख्यातः -ता -तं, अपवादितः -ता -तं, प्रत्यादिष्टः -ष्टा -ष्टं, निरस्तः स्ता -स्तं, अननुज्ञातः -ता -तं.

Denier, ***s.*** अपह्नोता ***m.*** (तृ), निह्नोता ***m.*** अपलापी ***m.*** (न्), अपवादी ***m.*** (न्).

To **denigrate,** ***v. a.*** कृष्ण **(nom.** कृष्णायते, कृष्णायति, -यितुं), कृष्णीकृ, श्यामीकृ.

Denigration, ***s.*** कृष्णीकरणं, श्यामीकरणं, कालीकरणं.

Denizen, ***s.*** नगरस्थः, पौरः, पौरजनः, नागरः, नगरजनः, नगरवासी ***m.*** (न्), स्वासीनः, स्वतन्त्रः, स्ववशः, मुक्तः, नगरस्य सामाजिकजनः.

To **denizen,** ***v. a.*** पौरीकृ, नागरीकृ, स्वाधीनीकृ, स्वतन्त्रीकृ, स्ववशीकृ.

To **denominate,** ***v. a.*** अभिधा **(c. 3.** -दधाति -धातुं), आख्या **(c. 2.** -ख्याति -तुं), कृत् **(c. 10.** कीर्त्तयति -यितुं), प्रकृत्, सङ्कृत्; प्रचक्ष् **(c. 2.** -चष्टे), उदाहृ **(c. 4.** -हरति -हर्त्तुं), भण् **(c. 1.** भणति -णितुं), नाम कृ.

Denominated, ***p. p.*** प्रोक्तः -क्ता -क्तं, अभिहितः -ता -तं, संज्ञितः -ता -तं, स्मृतः -ता -तं, उदाहृतः -ता -तं, परिकीर्त्तितः -ता -तं, आख्यातः -ता -तं, अनूक्तः -क्ता -क्तं, **The following occur at the end of compounds:** अभिधः -धा -धं, अभिधानः -ना -रं, नामा -मा -म (न्), नामधेयः -या -यं, आख्यः -ख्या -ख्यं.

Denomination, ***s.*** नाम ***n.*** (न्), नामधेयः -यं, अभिधा -धानं -धेयं, संज्ञा, आख्या, अभिख्या, अधिवचनं, लक्षणं, उपाधिः ***m.,*** ख्यातिः ***f.***

Denominative, ***a.*** अभिधायी -यिनी -यि (न्) -यिकः -का -कं, अभिधेयः -या -यं, नामकारी -रिणी -रि (न्), आख्यायकः -का -कं, संज्ञादायकः -का -कं.

Denominator, ***s.*** **(Giver of a name)** नामदाता ***m.*** (तृ), नामकृत्.—**(Of a fraction)** हरः, हारः -रकः, हारकाङ्कः; **'reduced to a common denominator,'** सवर्णितः -ता -तं.

Denotation, ***s.*** निर्देशः -शनं, सूचनं, संसूचनं, उपलक्षणं, चिह्नकरणं.

To **denote,** ***v. a.*** सूच् **(c. 10** सूचयति -यितुं), संसूच; निर्दिश् **(c. 6.** -दिशति -देष्टुं), उद्दिश्, प्रदिश्, विनिर्दिश्; लक्ष् **(c. 10.** लक्षयति -यितुं), लक्षीकृ, दृश् **in caus.** (दर्शयति -यितुं).

Denoted, ***p .p.*** सूचितः -ता -तं, संसूचितः -ता -तं, निर्दिष्टः -ष्टा -ष्टं, लक्षितः -ता -तं, उपलक्षितः -ता -तं, दर्शितः -ता -तं, प्रदर्शितः -ता -तं.

Denoting, denotative, ***a.*** सूचकः -का -कं, दर्शकः -का -कं, वाचकः -का -कं.

Denouement, ***s.*** **(Of a drama)** कार्य्यं, निर्व्वहणं, निष्ठा.

To **denounce,** ***v. a.*** प्रकाशं भर्त्स् **(c. 10.** भर्त्सयति -यितुं), घोषणापूर्व्वं तर्ज् **(c. 1.** तर्जति -र्जितुं) **or** आक्रुश् **(c. 1.** -क्रोशति -क्रोष्टुं) **or** अभिशप् **(c. 1.** -शपति -शप्तुं); अमङ्गलं प्रकाश् **in caus.** (-काशयति -यितुं); अनिष्टं ख्या **in caus.** (ख्यापयति -यितुं) **or** विद् **in caus.** (वेदयति -यितुं).

Denouncement, ***s.*** प्रकाशभर्त्सनं, प्रकाशतर्ज्जनं, घोषणापूर्व्वं तर्ज्जनं **or** आक्रोशनं **or** अभिशापः, अनिष्टख्यापनं, अमङ्गलघोषणा.

Denouncer, ***s.*** अनिष्टावेदकः, अनिष्टख्यापकः, अमङ्गलप्रकाशकः, प्रकाशं भर्त्सयिता ***m.*** (तृ) **or** तर्ज्जनकृत् **or** अभिशापकः.

Dense, ***a.*** घनः -ना -नं, स्थूलः -ला -लं, सान्द्रः -न्द्रा -द्रं, पीवरः -रा -रं, सुसंहतः -ता -तं, अविरलः -ला -लं, निविडः -डा -डं, निरन्तरः -रा -रं, -रालः -ला -लं, अनन्तरः -रा -रं, दृढसन्धिः -न्धिः -न्धि, निर्व्विवरः -रा -रं, दृढः -ढा -ढं.

Density, ***s.*** घनता -त्वं, स्थूलता, स्थौल्यं, सान्द्रता, पीवरत्वं, संहतत्वं, निविडत्वं, नैविड्यं, नैरन्तर्य्यं, दृढता, ढार्ढ्यं.

Dent, ***s.*** प्रहारचिह्नं, आघातचिह्नं, भङ्गः, ऊर्म्मिः ***f. See*** **Dint.**

Dental, ***a.*** दन्त्यः -न्त्या, -न्त्यं, दान्तः -न्ती -न्तं, दन्ती, -न्तिनी -न्ति (न्).—**(Letter)** दन्त्यं, दन्तद्वारा उच्चारितम् अक्षरं.

Dentated, dented, denticulated, ***a.*** दन्ती -न्तिनी -न्ति (न्), दन्तुरः, -रा -रं, अनुक्रकचः -चा -चं, भङ्गुरः -रा -रं.

Dentifrice, ***s.*** दन्तपवनं, दन्तशोधनं, दन्तधावनं, दन्तशाणं, माधवी, मिशिः ***f.***

Dentist, ***s.*** दन्तचिकित्सकः, दन्तवैद्यः, दन्तचिकित्साजीवी ***m.*** (न्), दन्तरोगविद्.

Dentition, ***s.*** दन्तोद्भेदः, दन्तोद्भेदकालः, दन्तवृद्धिः ***f.***

To **denudate or denude,** ***v. a.*** नग्नीकृ, विवस्त्र **(nom.** विवस्त्रयति -यितुं), विकोप **(nom.** विकोपयति -यितुं), उच्छद् **(c. 10.** -छादयति -यितुं) हृ **(c. 1.** हरति, हर्त्तुं), शून्यीकृ, रिक्तीकृ; **'a tree of its leaves,'** निष्पत्र **(nom.** (निष्पत्रयति -यितुं).

Denudation, ***s.*** नग्नीकरणं, विवस्त्रीकरणं, विकोषीकरणं, हरणं.

Denuded, ***p. p.*** नग्नीकृतः -ता -तं, विकोषः -षा -षं, हृतः -ता -तं.

Denunciation, denunciator, ***s.*** **See Denouncement, denouncer.**

To **deny,** ***v. a.*** निह्नु **(c. 2.** -ह्नुते -ह्नोतुं), अपह्नु, प्रत्याख्या **(c. 2.** -ख्याति -तु), अन्तःख्यः, अतिख्याः अपवद् **(c. 1.** -वदति -दितुं), अपलप् **(c. 1.** -लपति -पितुं), अपवच् **(c. 2.** -वक्ति -क्तुं), प्रत्यादिश् **(c. 6.** -दिशति -देष्टुं), निरस् **(c. 4.** -अस्यति, असितुं), अपज्ञा **(c. 9.** -जानीते -ज्ञातुं), अधरीकृ.

To **deobstruct,** ***v. a.*** प्रतिबन्धान् हृ **(c. 1.** हरति, हर्त्तुं) **or** विनी **(c. 1.** -नयति -नेतुं), निर्विघ्न **(nom.** निर्विघ्नयति -यितुं), निर्विघ्नीकृ, मुच् **(c. 6.** मुञ्चति, मोक्तुं), विशुध् **in caus.** (-शोधयति -यितुं).

Deodand, ***s.*** ईश्वराय देयं, देवदेयं, देवोपहारः, अपमृत्युप्रायश्चित्तं.

To **deoppilate,** ***v. a.*** प्रतिबन्धं **or** नाहं हृ **(c. 1.** हरति, हर्त्तुं), विशोधनं कृ.

Deoppilation, ***s.*** प्रतिबन्धहरणं, नाहहरणं, विशोधनं, निबन्धनाशनं.

Deoppilative, ***a.*** नाहघ्नः -घ्नी -घ्नं, प्रतिबन्धहारी -रिणी -रि (न्).

Deosculation, ***s.*** चुम्बनं, परिणिंसा, निक्षणं, निमित्तकं.

To **depaint,** ***v. a.*** वर्ण् **(c. 10.** वर्णयति -यितुं), चित्र् **(c. 10.** चित्रयति -यितुं).

To **depart,** ***v. n.*** **(Go away)** अपगम् **(c. 1.** -गच्छन्ति -गन्तुं), व्यपगम्, गम्; अपया **(c. 2.** -याति -तुं), व्यपया, प्रया, अपे **(c. 2.** -एति -तुं **with** अप, अपैति-तुं), व्यपे, विप्रे, वी (व्येति -तुं), अपसृ **(c. 1.** -सरति -सर्त्तुं), अपक्रम् **(c. 1.** -क्रामति -क्रमितुं), व्यपक्रम्, उत्क्रम्, अपमृष् **(c. 1.** -सर्पति -सप्तुं), चल् **(c. 1.** चलति -लितुं), प्रस्था **(c. 1.** -तिष्ठति -स्थातुं), विप्रस्था, सम्प्रस्था, दूरीभू, उज्झ् **(c. 6.** उज्झति -ज्झितुं).—**(Desist from)** निवृत् **(c. 1.** -वर्त्तते -र्त्तितुं).—**(Die)** प्रे **(c. 2.** -एति -तुं **with** प्र, प्रैति -तुं), देहम् उत्सृज् **(c. 6.** -सृजति -स्रष्टुं) **or** त्यज् **(c. 1.** त्यजति, त्यक्तुं), शरीराद् अपगम्, विपद् **(c. 4.** -पद्यते -पत्तुं), लोकान्तरं गम्.

To **depart,** ***v. a.*** उत्सृज् **(c. 6.** -सृजति -स्रष्टुं), त्यज् **(c. 1.** त्यजति, त्यक्तुं).—**(Separate, distribute)** वियुज् **(c. 7.** -युनक्ति -योक्तुं), विभज् **(c. 1.** -भजति -भक्तुं).

Depart, ***s.*** अपगमः, व्यपगमः, विगमः, प्रयाणं.—**(Death)** अपगमः, संस्थितिः ***f.***

Departed, ***p. p.*** गतः -ता -तं, अपगतः -ता -तं, व्यपगतः -ता -तं, निर्गतः -ता -तं, अपेतः -ता -तं, व्यपेतः -ता -तं, प्रयातः -ता -तं, प्रस्थितः -ता -तं, अपसारितः -ता -तं, अपासृतः -ता -तं, **'one who has departed from virtue,'** धर्म्मव्यपेतः -ता -तं.—**(Dead)** प्रेतः -ता -तं, प्रमीतः -ता -तं, व्यतीतः -ता -तं, संस्थितः -ता -तं, निर्वाणः -णा -णं, लोकान्तरगतः -ता -तं, अपविद्धलोकः -का -कं.

Departer, ***s.*** पृथक्करणद्वारा धातुशोधकः, परिच्छेदेन धातुपरीक्षकः.

Department, ***s.*** **(Allotment, division)** विभागः, प्रविभागः, परिच्छेदः, विच्छेदः, भागः.—**(Division of science of literature, &c).** देशः, अङ्गं, विषयः, प्रकरणं.—**(Office, business)** अधिकारः, नियोगः. कर्म्म ***n.*** (न्).—**(Province)** देशः, विषयः, मण्डलं, ग्रामशतं.

Departure, ***s.*** अपगमः, व्यपगमः, विगमः, गमनं, अपायः, प्रयाणं, अपयानं, प्रस्थानं, सम्प्रस्थानं, अपासरणं, अपसरणं, अपक्रमः-मणं, उत्क्रमणं, अत्ययः, निर्गमः, विसर्गः, वियोगः.—**(Death)** अपगमः, अत्ययः, संस्थितिः ***f.,*** तनुत्यागः, जीवोत्सर्गः, प्रयाणं.—**(Abandonment)** त्यागः, निवृत्तिः ***f.,*** प्रोज्झनं.

To **depasture,** ***v. a.*** सम्भक्ष् **(c. 10.** -भक्षयति -यितुं), संखाद् **(c. 1.** -खादति -दितुं).

To **depauperate,** ***v. a.*** दरिद्रीकृ, कृपणीकृ, क्रश **(nom.** क्रशयति -यितुं), कृशीकृ, क्षि **in caus.** (क्षपयति -यितुं), क्षीणीकृ, दीनं -नां -नं कृ.

Depectible, ***a.*** श्यानः -ना -नं, सान्द्रः -न्द्रा -न्द्रं, दुःखछेद्यः -द्या -द्यं.

To **depend,** ***v. n.*** **(Hang from)** लम्ब् **(c. 1.** लम्बते -म्बितुं), अवलम्ब्, प्रलम्ब्.—**(Be dependent on, rest on, rely on)** अवलम्ब्, समालम्ब्; आश्रि **(c. 1.** -श्रयति -ते -यितुं), संश्रि, समाश्रि, उपाश्रि; अधीनः -ना -नं **or** आयत्तः -त्ता -त्तम् अस्, वशीभू; **'the mind depends on the body,'** बुद्धिः शरीरम् आश्रयति.—**(Be connected with)** सम्बन्ध् **in pass.** (-बध्यते).—**(Depend on another for support)** उपजीव् **(c. 1.** -जीवति -वितुं), अनुजीव्.—**(Be in suspense)** दोल **(nom.** दोलायते), विलम्ब्; **'I depend entirely on you,'** सर्व्वं त्वयि समर्पयामि.

Dependance, dependence, ***s.*** **(Reliance)** आश्रयः, उपाश्रयः, संश्रयः, समाश्रयः, श्रयणं, श्रायः, अवलम्बनं, निष्ठा, तन्त्रता, आशयः, विश्वासः, प्रत्ययः, विश्रम्भः, समाश्वासः; **'mutual dependence,'** अन्योन्याश्रयः.—**(State of being at the disposal of another)** पराधीनता, परायत्तत्वं, पराश्रितत्वं, परवशित्वं, परवत्ता, परतन्त्रत्वं, पारतन्त्र्यं, अस्वातन्त्र्यं, भक्तिः

f. —(Connexion) सम्बन्धः -न्धित्वं, अभिसम्बन्धः, प्रबन्धः, प्रसङ्गः, प्रसक्तिः *f.,* अनुषङ्गः, समन्वयः, सम्पर्कः.—(Persons or things of which one has the disposal) भृत्यः, उपजीवी *m.* (न्), स्वद्रव्यं, स्वं.

Dependant, Dependent, *a.* (Depending on) आश्रितः -ता -तं, संश्रितः -ता -तं, उपाश्रितः -ता -तं, अवलम्बी -म्बिनी -म्बि (न्), अवलम्बितः -ता -तं, अधीनः -ना -नं, अभ्यधीनः -ना -नं, आयत्तः -त्ता -त्तं, वशः -शा -शं, तन्त्रः -न्त्रा -न्त्रं, निघ्नः -घ्ना -घ्नं, सम्बद्धः -द्धा -द्धं, निबद्धः -द्धा -द्धं; **'dependent on kings,'** राजसंश्रयः -या -यं; **'dependent on riches,'** अर्थनिबन्धनः -ना -नं; **'a king's fortune is dependent on his minister,'** सचिवायत्ता राजश्रीः.—(At the disposal of another) पराधीनः -ना -नं, पराश्रितः -ता -तं, परायत्तः -त्ता -त्तं, परतन्त्रः -न्त्रा -न्त्रं, परवशः -शा -शं, परवान् -वती -वत् (त्), उपजीवी -विनी -वि (न्), नाथवान् -वती -वत् (त्), गृह्यकः -का -कं, अस्वतन्त्रः -न्त्रा -न्त्रं.—(Handing down) लम्बितः -ता -तं, प्रलम्बः -म्बा -म्बं, विलम्बमानः -ना -नं.

Dependant, *s.* आश्रितः, अनुजीवी *m.* (न्), उपजीवी *m.,* भाक्तिकः, भृत्यः, सम्भार्य्यः, परिवारः, परायत्तजनः.

Deperdition, *s.* नाशः, विनाशः, क्षयः, अपायः, अपचयः, क्षतिः *f.,* ध्वंसः.

To **depict,** *v. a.* वर्ण् (c. 10. वर्णयति -यितुं), अनुवर्ण्, उपवर्ण्, संवर्ण्; विलिख् (c. 6. -लिखति -लेखितुं), आलिख्; निर्दिश् (c. 6. -दिशति -देष्टुं), समुद्दिश्.

Depicted, *p. p.* वर्णितः -ता -तं, आलिखितः -ता -तं, निर्दिष्टिः -ष्टा -ष्टं.

Depilation, *s.* लोमहरणं, रोमहरणं, निष्केशीकरणं, उल्लुञ्चनं.

Depilatory, *a.* लोमहृत् *m.f.n.,* रोमहारी-रिणी-रि(न्), केशनाशकः -का -कं.

Depilous, *a.* रोमहीनः -ना -नं, लोमरहितः -ता -तं, अकेशः -शा -शं.

Depletion, *s.* शून्यीकरणं, शून्यत्वं, -ता, रिक्तता, अपूर्णता, अपूरणं.

Deplorable, *a.* शोचनीयः -या -यं, शोच्यः -च्या -च्यं, विलपनीयः -या -यं, अनुकम्प्यः -म्प्या -म्प्यं, क्रन्दनीयः -या -यं, शोकमयः -यी -यं, दैवोपहतः -ता -तं.

Deplorableness, *s.* शोचनीयता, शोच्यत्वं, दौर्गत्यं, दैवोपहतत्वं.

Deplorably, *adv.* शोचनीयं, अनुकम्पनीयं, शोच्यप्रकारेण, कृपणं.

Deploration, *s.* शोचनं, विलपनं, परिदेवनं, क्रन्दनं, रोदनं, क्रुष्टं.

To **deplore,** *v. a.* शुच् (c. 1. शोचति -चितुं), अनुशुच्; विलप् (c. 1. -लपति -पितुं), परिदेव् (c. 1. -देवति -ते -वितुं), क्रन्द् (c. 1. क्रन्दति -न्दितुं), आक्रन्द्; रुद् (c. 2. रोदिति -तुं), अभिक्रुश् (c. 1. -क्रोशति -क्रोष्टुं).

Deplorer, *s.* अनुशोचकः, विलापकारी *m.* (न्), परिदेवकः, रोदनकृत्.

To **deploy,** *v. a.* (Troops) सैन्यव्यूहान् विस्तॄ in caus. (-स्तारयति -यितुं).

Deplumation, *s.* पक्षोत्पाटनं, पर्णोत्पाटनं, पक्षहरणं, निष्पक्षीकरणं.

To **deplume,** *v. a.* पक्षान् or पर्णान् उत्पट् in caus. (-पाटयति -यितुं) or हृ (c. 1. हरति, हर्त्तुं), निष्पक्षीकृ, पक्षोल्लुञ्चनं कृ.

To **depone,** *v. a.* न्यस् (c. 4. -अस्यति -असितुं), निक्षिप् (c. 6. -क्षिपति -क्षेप्तुं).

Deponent, *s.* (In law) साक्षी *m.* (न्), प्रमाता *m.* (तृ).—(Verb) अकर्त्तरि क्रिया, अकर्म्मक्रिया, आत्मनेपदे क्रिया.

To **depopulate,** *v. a.* निर्जनीकृ, विजनीकृ, शून्यं कृ, अरण्यं कृ, शून्यारण्यं कृ, नरशून्यं -न्यां -यं कृ, उपपीड् (c. 10. -पीडयति -यितुं), बाध् (c. 1. बाधते -धितुं), प्रबाध्, निर्दह् (c. 1. -दहति -दग्धुं), अभिमृद् (c. 1. -मर्दति -र्दितुं).

Depopulation, *s.* निर्जनीकरणं, नरशून्यकरणं, अरण्यकरणं, विप्लवः, उपप्लवः, उपपीडनं, अवमर्द्दः, उच्छेदनं.

Depopulator, *s.* उपपीडकः, बाधकः, विप्लवकारी *m.* (न्), उच्छेदकः.

To **deport one's self,** *v. a.* चर् (c. 1. चरति -रितुं), आचर्, व्यवहृ (c. 1. -हरति -हर्त्तुं), वृत् (c. 1. वर्त्तते -र्त्तितुं), वृत्तिम्, अनुष्ठा (-तिष्ठति -ष्ठातुं).

Deport, deportment, *s.* वृत्तिः *f.,* व्यवहारः, आचारः, आचरणं, रीतिः *f.,* गतिः *f.,* स्थितिः *f.,* चेष्टितं, चरित्रं, चरितं, उत्साहः.

Deportation, *s.* प्रवासनं, विवासनं, विवासकरणं, प्रव्राजनं.

Deposal, *s.* राज्यभ्रंशः, राज्यप्रभ्रंशः, राज्यभङ्गः, राज्यपातनं.

To **depose,** *v. a.* (Lay down) न्यस् (c. 4. -अस्यति -असितुं), निधा (c. 3. -दधाति -धातुं), निक्षिप् (c. 6. -क्षिपति -क्षेप्तुं). —(Degrade from a high station) पदात् or अधिकाराद् भ्रंश् in caus. (भ्रंशयति -यितुं) or च्यु in caus. (च्यावयति -यितुं) or पत् in caus. (पातयति -यितुं).—(In law) स्वयं वद् (c. 1. वदति -दितुं), साक्ष्यं दा (c. 3. ददाति, दातुं), प्रमाणं दा.

Deposed, *p. p.* भ्रष्टराज्यः -ज्या -ज्यं, राज्यभ्रष्टः -ष्टा -ष्टं, राज्यच्युतः -ता -तं.

To **deposit,** *v. a.* न्यस् (c. 4. -अस्यति -असितुं), उपन्यस्, सन्न्यस्, प्रतिन्यस्; निक्षिप् (c. 6. -क्षिपति -क्षेप्तुं), उपनिक्षिप्, विनिक्षिप्; निधा (c. 3. -दधाति -धातुं), आधा, पण् (c. 1. -पणते -णितुं), ऋ in caus. (अर्पयति -यितुं), स्था in caus. (स्थापयति -यितुं), न्यासीकृ, आधीकृ.

Deposit, *s.* न्यासः, निक्षेपः, उपन्यासः, उपनिक्षेपः, उपनिधिः *m.,* उपनिधानं, औपनिधिकं, आधिः *m.,* आधानं, अन्वाधिः *m.,*

विन्यासः, पणः; **'return of a deposit,'** प्रतिदानं. —**(Sediment)** खलं, किट्टं, शेषः.—**(Of a river)** कालुष्यं.

Depositary, *s.* न्यासधारी *m.* (न्), न्यासग्राही *m.* (न्), निक्षेपधारी *m.*—**(Object of trust)** विश्वासस्थानं, विश्वासपात्रं, विश्वासभूमिः *f.*

Deposited, *p. p.* न्यस्तः -स्ता -स्तं, निक्षिप्तः -प्ता -प्तं, उपन्यस्तः -स्ता -स्तं, विन्यस्तः -स्ता -स्तं, गिहितः -ता -तं, प्रणिहितः -ता -तं उपनिहितः -ता -तं, आहितः -ता -तं, उपहितः -ता -तं, अर्पितः -ता -तं, स्थापितः -ता -तं, अधिश्रितः -ता -तं, आधीकृतः -ता -तं.

Deposition, *s.* **(In law)** स्वयमुक्तिः *f.*, साक्ष्यं, साक्षित्वं, प्रमाणं. —**(Degradation from sovereignty, etc.)** राज्यभ्रंशः, छत्रभङ्गः, राज्यच्युतिः *f.*, पदात् **or** अधिकारात् प्रभ्रंशनं **or** पातनं.

Depositor, *s.* निक्षेप्ता *m.* (तृ), न्यासकर्त्ता *m.* (र्त्तृ), आधीकर्त्ता *m.*, स्थापकः.

Depository, *s.* आधारः, निधिः *m.*, निधान, आशयः, आस्पदं, अधिश्रयः.

Dépôt, *s.* आगारः, युद्धसामग्र्यागारं, सैन्यागारं, सैन्यनिवासस्थानं.

Depravations, *s.* **(Act of depraving)** दूषणं, भ्रष्टीकरणं. —**(State)** दुष्टता.

To **deprave,** *v. a.* दुष् **in caus.** (दूषयति -यितुं), सन्दुष्, प्रतिदुष्; नश् **in caus.** (नाशयति -यितुं), भ्रंश् **in caus.** (भ्रंशयति -यितुं), भ्रष्टीकृ; च्यु **in caus.** (च्यावयति -यितुं), शठीकृ, विकृ; **'to become depraved,'** दुष् **(c. 4.** दुष्यति).

Depraved, *p. p.* दुष्टः -ष्टा -ष्टं, अन्तर्दुष्टः -ष्टा -ष्टं, विप्रदुष्टः -ष्टा -ष्टं, भ्रष्टः -ष्टा -ष्टं, दुष्टभावः -वा -वं, दुष्टमतिः -तिः -ति, दुराचारः -रा -रं, दुरात्मा -त्मा त्म (न्), पापचेताः -ता -तः (स्), नष्टधीः -धीः -धि, शठः -ठा -ठं, खलः -ला -लं.

Depraver, *s.* दूषकः, प्रतिदूषकः, दूषणः, नाशकः, भ्रंशकारी *m.* (न्).

Depravity, depravedness, *s.* दुष्टता, विप्रदुष्टता, अन्तर्दुष्टता, दुष्टभावता, दौरात्म्यं, भृष्टता, दुराचारत्वं, शाठ्यं, शठता, कुसृतिः *f.*, नष्टत्वं, दौर्जन्यं, स्वभावदौर्जन्यं, अधमाचारत्वं.

To **deprecate,** *v. a.* प्रार्थनाद्वारेण निवृ **in caus.** (-वारयति -यितुं) **or** अपवृत् **in caus.** (-वर्त्तयति -यितुं) **or** निवृत् **in caus.** मा भूयात् **or** माऽभूद् इति प्रार्थ् **(c. 10.** -अर्थयते -ति -यितुं), अमुकदुःखाद् मुक्तिर् भूयाद् इति प्रार्थ्.—**(Beg for pardon)** मे क्षन्तुम् अर्हसीति प्रार्थ्.

Deprecation, *s.* **(Prayer against evil)** दुःखनिवारणार्थं प्रार्थना **or** याच्ञा, मा ऽभूदिति प्रार्थना.—**(Begging pardon)** क्षमस्व **or** क्षमेथा इति प्रार्थना.

Deprecative, deprecatory, *a.* दुःखनिवारणार्थप्रार्थनविशिष्टः -ष्टा -ष्टं, माऽभूद् इत्यर्थप्रार्थनाकारी -रिणी -रि (न्), अनिष्टनिवारकः -का -कं.

To **depreciate,** *v. a.* अपकृष् **(c. 1.** -कर्षति -क्रष्टुं), अवमन् **(c. 4.** -मन्यते -मन्तुं), लघु मन्, लघूकृ, मूल्यं न्यूनीकृ **or** न्यून **(c. 10.** -ऊनयति -यितुं) **or** कन **(nom.** कनयति -यितुं), **or** अल्पीकृ, अल्पमूल्यं -ल्यां -ल्यं कृ.

Depreciation, *s.* अपकर्पः -र्पणं, लघूकरणं, न्यूनीकरणं, अवमानं, ह्रासः.

To **depredate,** *v. a.* उपद्रु **(c. 1.** -द्रवति -द्रोतुं), अभिद्रु, उपप्लु **(c. 1.** -प्लवते, प्लोतुं), विप्लु, अपहृ **(c. 1.** -हरति -हर्त्तुं), लुण्ट् **(c. 1.** लुण्टति -ण्टितुं **c. 10.** लुण्टयति -यितुं), लुट् **(c. 10.** लोठयति -यितुं), लोप्त्रं हृ.

Depredation, *s.* उपद्रवः, विप्लवः, उपप्लवः, अपहारः, हरणं, लोप्त्रग्रहणं.

Depredator, *s.* उपद्रवी *m.* (न्), विप्लवकारी *m.* (न्), अपहारकृत्, हारकः.

To **deprehend,** *v. a.* **(Catch)** ग्रह् **(c. 9.** गृह्णाति, ग्रहीतुं), धृ **(c. 1.** धरति, धर्त्तुं), अकस्माद् आसद् **(c. 10.** -सादयति -यितुं) **or** उपस्था **(c. 1.** -तिष्ठति -स्थातुं).—**(Find out)** ज्ञा **(c. 9.** जानाति, ज्ञातुं), विद् **(c. 2.** वेत्ति, वेदितुं), निरूप् **(c. 10.** -रूपयति -यितुं).

Deprehensible, *a.* ग्रहणीयः -या -यं, धरणीयः -या -यं, धीगम्यः -म्या -म्यं.

Deprehension, *s.* अकस्माद्धरणं, अकस्माद्ग्रहणं, अकस्मादासादनं.

To **depress,** *v. a.* अवनम् **in caus.** (-नामयति -यितुं), अपकृष् **(c. 1.** -कर्षति -क्रष्टुं), अवपीड् **(c. 10.** -पीडयति -यितुं), पत् **in caus.** (पातयति -यितुं), अधःपत्; अवसद् **in caus.** (-सादयति -यितुं), भ्रंश् **in caus.** (भ्रंशयति -यितुं), अपध्वंस् **in caus.** (-ध्वंसयति -यितुं), अधःकृ, नम्नीकृ.—**(Dispirit)** विषणीकृ, म्लानीकृ, विषद् **in caus.**

Depressed, *p. p.* अपकृष्टः -ष्टा -ष्टं, अवनामितः -ता -तं, अवसादितः -ता -तं, पातितः -ता -तं, अवगाढः -ढा -ढं, निम्नः -म्ना -म्नं.—**(In spirits)** विषणः -णा -णं, अवसन्नः -न्ना -न्नं, विषादी -दिनी -दि (न्), खिन्नः -न्ना -न्नं, दीनमनस्कः -स्का -स्कं.

Depression, *s.* अपकर्षः -र्षणं, अवनामः, पातनं, अधःपातनं, अपध्वंसः. अवपीडनं.—**(Of spirits)** विषादः, अवसादः, अवसन्नता, उद्वेगः, खेदः, म्लानिः *f.*, ग्लानिः *f.*, औत्सुक्यं.

Depressor, *s.* अवनामकः, अपकर्षकः, अवसादकः, अवपीडकः, पातकः.

Deprivation, *s.* हरणं, अपहारः, वियोगः, लोपः, भ्रंशः, हानिः *f.*, अपायः, क्षतिः *f.*, क्षयः, उपक्षयः, अपचयः, च्युतिः *f.*, ध्वंसः,

परित्यागः, नाशः.

To **deprive,** ***v. a.*** हृ **(c. 1.** हरति, हर्त्तुं), अपहृ; भ्रंश् **in caus.** (भ्रंशयति -यितुं) **with abl. of the thing.** च्यु **in caus.** (च्यावयति -यितुं) **with abl. c.,** वियुज् **in caus.** (-योजयति -यितुं), विप्रयुज् **with abl. c.;** अपनी **(c. 1.** -नयति -नेतुं), लुप् **(c. 6.** लुम्पति, लोप्तुं, **caus.** लोपयति -यितुं), विनाकृ; **'to be deprived of,'** हा **in pass.** (हीयते), परिहा **in pass. with inst. c.,** भ्रंश **(c. 4.** भ्रश्यति, भ्रंशितुं) **with abl. c.,** च्यु **(c. 1.** च्यवते, च्योतुं) **with abl. c.,** वियुज् **in pass.** (-युज्यते) **with inst. c.**

Deprived, ***p. p.*** हृतः -ता -तं, अपहृतः -ता -तं, हीनः -ना -नं, परिहीणः, -णा -णं, प्रहीणः -णा -णं, वियुक्तः -क्ता -क्तं, लुप्तः -प्ता -प्तं, रहितः -ता -तं, विरहितः -ता -तं, वर्ज्जितः -ता -तं, विनाकृतः -ता -तं, परित्यक्तः -क्ता -क्तं, **'deprived of one's right,'** हृताधिकारः -रा -रं; **'deprived of reason,'** नष्टवुद्धिः -द्धिः -द्धि, अपहृतविज्ञानः -ना -नं, लुप्तप्रतिभः -भा -भं; **'deprived of life,'** प्रहीणजीवितः -ता -तं.

Depth, ***s.*** गम्भीरता -त्वं, गाम्भीर्य्यं, गभीरता, अगाधता -त्वं, निम्नता. अधोगतत्वं, घनता, नीचता.—**(Deep place)** गम्भीरस्थानं, नीचपदं, अगाधः, उदरं, गह्वरं; **'depth of hell,'** पातालोदरं.—**(Abyss)** अगाधदरी, अतलस्पर्शरन्ध्रं, नरकः. —**(Deep sea)** महोदधिः ***m.***—**(In measurement)** वेधः -धनं; **'mean depth,'** समवेधः.—**(Depth of winter)** शिशिरमध्यं, मध्यशिशिरं; **'in the depth of winter,'** शीतकालमध्ये.

To **depurate, depure,** ***v. a.*** निर्म्मलीकृ, विमलीकृ, शुध् **in caus.** (शोधयति -यितुं), पू **(c. 9.** पुनाति, पवितुं), पवित्रीकृ, शुचीकृ, परिष्कृ.

Depurate, ***a.*** निम्र्मलः -ला -लं, विमलः -ला -लं, पूतः -ता -तं, पवित्रः -त्रा -त्रं, शोधितः -ता -तं, शूचिः -चिः -चि, धूतकल्मषः -षा -षं.

Depuration, ***s.*** निर्म्मलीकरणं, मलापकर्षणं, पवित्रीकरणं, शोधनं.

Deputation, ***s.*** **(Act of deputing)** नियोजनं, विनियोगः, प्रेरणं. —**(Persons deputed)** नियोगिनः ***m. pl.,*** नियुक्ताः ***m. pl.,*** नियोगिनां समूहः **or** गणः.

To **depute,** ***v. a.*** नियुज् **(c. 7.** -युनक्ति -योक्तुं **caus.** -योजयति -यितुं), विनियुज्, प्रेर् **(c. 10.** -ईरयति -यितुं), समादिश् **(c. 6.** -दिशति -देष्टुं), व्यादिश्.

Deputed, ***p. p.*** नियुक्तः -क्ता -क्तं, नियोजितः -ता -तं, विनिक्तः -क्ता -क्तं, विनियोजितः -ता -तं, प्रेरितः -ता -तं, समादिष्टः -ष्टा -ष्टं.

Deputy, ***s.*** प्रतिनिधिः ***m.,*** प्रतिपुरुषः, नियोगी ***m.*** (न्), नियुक्तः, प्रतिहस्तः -स्तकः.

To **deracinate,** ***v. a.*** उन्मूल् **(c. 10.** -मूलयति -यितुं), उत्पट् **(c. 10.** -पाटयति -यितुं), उच्छिद् **(c. 7.** -छिनत्ति -छेत्तुं), उत्खन् **(c. 1.** -खनति -नितुं), समूलोद्धरणं कृ.

To **deraign,** ***v. a.*** प्रमाणीकृ, सत्याकृ, स्थिरीकृ, दृढीकृ, उपपद् **in caus.** (-पादयति -यितुं).

Deraignment, ***s.*** प्रमाणीकरणं, सत्यापनं, उपपादनं.—**(Apostacy)** धर्म्मत्यागः.

To **derange,** ***v. a.*** पर्य्यस् **(c. 4.** -अस्यति -असितुं), व्यस्, विक्षिप् **(c. 6.** -क्षिपति -क्षेप्तुं), विक्षुभ् **in caus.** (-क्षोभयति -यितुं), क्रमं भञ्ज् **(c. 7.** भनक्ति, भंक्तुं), **or** उपहन् **(c. 2.** -हन्ति -न्तुं) **or** विलुप् **(c. 6.** -लुम्पति -लोप्तुं), सङ्करीकृ, आकुलीकृ, विभ्रम् **in caus.** (-भ्रमयति -यितुं).

Deranged, ***p. p.*** व्यस्तः -स्ता -स्तं, विक्षिप्तः -प्ता -प्तं, असंस्थितः -ता -तं, अनवस्थितः -ता -तं, अव्यवस्थितः -ता -तं, व्यापन्नः -न्ना -न्नं, भग्नक्रमः -मा -मं, अस्वस्थः -स्था -स्थं, अस्तव्यस्तः -स्ता -स्तं.—**(In mind)** विपरीतचेताः -ताः -तः (स्), भ्रान्तमनाः -नाः -नः (स्), उन्मत्तः -त्ता -त्तं.

Derangement, ***s.*** उत्क्रमः, व्युत्क्रमः, भग्नप्रक्रमः, अक्रमः, असंस्थानं, अव्यवस्था, अनवस्थितत्वं, वैलक्षण्यं, व्यस्तता, विसूत्रता, विप्लवः, विक्षिप्तता.—**(Of mind)** चित्तविप्लवः, चित्तविभ्रमः, मतिविपर्य्ययः.

Dereliction, ***s.*** त्यागः, परित्यागः, उत्त्यागः, विरहः, उत्सर्जनं, अपायः.

To **deride,** ***v. a.*** अवहस् **(c. 1.** -हसति -सितुं), अपहस्, उपहस्; अपहासास्पदीकृ, अवहासभूमिं कृ; भर्त्स् **(c. 10.** भर्त्सयते -ति -यितुं), उत्स्मि **(c. 1.** -स्मयते -स्मेतुं), अवगर्ह् **(c. 1.** -गर्हते -र्हितुं), अवज्ञा **(c. 9.** -जानाति -ज्ञातुं), अवक्षिप् **(c. 6.** -क्षिपति -क्षेप्तुं).

Derided, ***p. p.*** उपहसितः -ता -तं, अवहसितः -ता -तं, विगर्हितः -ता -तं.

Derider, ***s.*** उपहासकः, परिहासकर्त्ता ***m.*** (र्त्तृ), अवक्षेपकः.

Deridingly, ***adv.*** परिहासेन, उपहासेन, सावक्षेपं, हास्यपुरःसरं.

Derision, ***s.*** उपहासः, अवहासः, अपहासः, परिहासः, हास्यं, अवक्षेपः, उत्प्रासनं, अवज्ञा, अवहेला, अवमानं, व्यञ्जना, व्यङ्ग्यः.

Derisive, ***a.*** परिहासः -का -कं, हासकरः -रा -रं, अवक्षेपकः -का -कं.

Derivable, ***a.*** प्रापणीयः -या -यं, आनयनीयः -या -यं, उत्पादनीयः -या -यं, व्युत्पादनीयः या -यं, निष्पादनीयः -या -यं, यौक्तिकः -की -कं.

Derivation, ***s.*** आनयनं, उत्पत्तिः ***f.,*** व्युत्पत्तिः ***f.,*** निष्पत्तिः ***f.,*** अपवाहः.—**(Origin)** योनिः ***f.,*** उद्भवः, सम्भवः, प्रभवः, निर्गमः, मूलं.—**(Of a word)** शब्दोत्पत्तिः ***f.,*** धातुव्युत्पत्तिः, शब्दयोनिः.

Derivative, ***a.*** व्युत्पन्नः -न्ना -न्नं, यौक्तिकः -की -कं, औत्सर्गिकः -की -कं.

Derivative, ***s.*** व्युत्पन्नशब्दः, उत्पन्नशब्दः, मूलाद् आनीतं यत्किञ्चित्.

To **derive,** ***v. a.*** मूलाद् आनी **(c. 1.** -नयति -नेतुं) **or** निर्णी **or** नी **or** अपवह् **(c. 1.** -वहति -वोढुं), निष्कृष् **(c. 1.** -कर्षति -क्रष्टुं); उत्पत्तिं कृ, व्युत्पत्तिं कृ; निर्गम् **in caus.** (-गमयति -यितुं), उद्भू **in caus.** (-भावयति -यितुं), सम्भू **in caus.;** निःसृ **in caus.** (-सारयति -यितुं), जन् **in caus.** (जनयति -यितुं).—**(Communicate by transmission)** सञ्चर् **in caus.** (-चारयति -यितुं).

To **derive,** ***v. n.*** उत्पद् **(c. 4.** -पद्यते -पत्तुं), व्युत्पद्, समुत्पद्; जन् **(c. 4.** जायते, जनितुं), प्रजन्; प्रभू **(c. 1.** -भवति -वितुं), उद्भू, सम्भू; प्रसृ **(c. 1.** -सरति -सर्त्तुं), उद्गम् **(c. 1.** -गच्छति -गन्तुं), निर्गम्.

Derived, ***p. p.*** उत्पन्नः -न्ना -न्नं, व्युत्पन्नः -न्ना -न्नं, आनीतः -ता -तं.

Deriver, ***s.*** व्युत्पत्तिकारकः, आनयनकर्त्ता ***m.*** (र्त्तृ), जन्मदाता ***m.*** (तृ).

To **derogate,** ***v. a.*** न्यूनीकृ, ऊन् **(c. 10.** ऊनयति -यितुं), अल्पीकृ, कन **(nom.** कनयति -यितुं), लघ **(nom.** लघयति -यितुं), लघूकृ, ह्रस् **in caus.** (ह्रासयति -यितुं), असूय **(nom.** असूयति -यितुं).

Derogation, ***s.*** न्यूनीकरणं, अल्पीकरणं, लघूकरणं, ह्रासः, अपचयः, असूया, अभ्यसूया, अपवादः, विगानं.

Derogatorily, ***adv.*** असूयया, अभ्यसूयया, सापवादं, अकीर्त्तिकरं.

Derogatory, ***a.*** लघूकारकः -का -कं, असूयकः -का -कं, अभ्यसूयकः -का -कं, अपवादकः -का -कं, अपयशस्करः -री -रं, अकीर्त्तिकरः -रा -रं, ह्रासकः -का -कं.

Dervise, dervish, ***s.*** तुरुष्कदेशीयः सन्न्यासी **or** योगी ***m.*** (न्).

Descant, ***s.*** **(Song)** विगीतं, सङ्गीतं, गीतं.—**(Discourse)** वादः, वाक्यं, प्रवादः, प्रवचनं, वचनं, अनुकथनं, सङ्कथा, वचनक्रमः, भाषितं.

To **descant,** ***v. n.*** **(Sing)** विगै **(c. 1.** -गायति -गातुं), अनुगै, सङ्गै.—**(Discourse at large)** सुविस्तरेण वद् **(c. 1.** वदति -दितुं) **or** प्रवद्, सुविस्तरं व्याख्या **(c. 2.** -ख्याति -तुं) **or** विवरणं कृ.

To **descend,** ***v. n.*** **(Come down)** अवरुह् **(c. 1.** -रोहति -रोढुं), अवतृ **(c. 1.** -तरति -रितुं -रीतुं), अवया **(c. 2.** -याति -तुं), अधो या, अवपत् **(c. 1.** -पतति -तितुं), अधो गम् **(c. 1.** गच्छति, गन्तुं).—**(Fall)** पत्, निपत्, प्रपत्, च्यु **(c. 1.** च्यवते, च्योतुं), प्रच्यु.—**(Make hostile incursion)** आक्रम् **(c. 1.** -क्रामति -क्रमितुं), आसद् **(c. 10.** -सादयति -यितुं), अभिद्रु **(c. 1.** -द्रवति -द्रोतुं), अभिधाव् **(c. 1.** -धावति -वितुं).—**(Arrive, enter)** आगम्, अभिगम्, उपस्था **(c. 1.** -तिष्ठति -स्थातुं), प्रविश् **(c. 6.** -विशति -वेष्टुं).—**(Be derived from)** उत्पद् **(c. 4.** -पद्यते -पत्तुं), प्रसृ **(c. 1.** -सरति -सर्त्तुं), प्रभू, निर्गम्.—**(Devolve by inheritance)** वंशक्रमेण **or** अन्वयक्रमेण आगम् **or** आया, पितृसकाशात् प्राप् **in pass.** (-आप्यते -आप्तुं).—**(Descend into particulars)** विस्तरशः **or** विभागशः **or** उपवर्णेन वद् **(c. 1.** वदति -दितुं), विस्तीर्णविवरणं कृ, समुद्देशं कृ.

To **descend,** ***v. a.*** **(Make to come down)** अवतृ **in caus.** (-तारयति -यितुं), अवरुह् **in caus.** (-रोहयति -यितुं), अवपत् **in caus.** (-पातयति -यितुं); **'he descends the tree,'** द्रुमात् **or** तरोर् अवतरति **or** अवरोहति.

Descendant, ***s.*** सन्तानः -नं, सन्ततिः ***f.,*** अपत्यं, प्रवरं, प्रजा, सूनुः ***m.,*** प्रसवः, प्रसूतिः ***f.,*** तन्तुः ***m.;*** **'descendants,'** पुत्रपौत्राः ***m.pl.,*** कुलसन्ततिः ***f.,*** अपत्यानि ***n.pl.,*** कुलं, वंशः; **'male descendant,'** पुत्रसन्तानः.

Descended, ***p. p.*** अवतीर्णः -र्णा -र्णं, अवरूढः -ढा -ढं, अधोगतः -ता -तं; **'lineally descended or inherited,'** वंशक्रमागतः -ता -तं **or** क्रमागतः, क्रमायातः -ता -तं, पितृप्राप्तः -प्ता -प्तं, अन्वयागतः -ता -तं.

Descendent, ***a.*** अवरोही -हिणी -हि (न्), अधोगामी -मिनी -मि (न्), नीचगः -गा -गं, पातुकः -का -कं, अधःपाती -तिनी -ति (न्), नीचाभिमुखः -खा -खं.

Descension, ***s.*** अवपातः, अधोगतिः ***f.,*** पातः, पतनं, अधःपतनं, अधःसरणं.

Descent, ***s.*** **(Going downwards)** अधोगतिः ***f.,*** अधोगमः-मनं, अवपातः, अवतारः, अवपतनं, अवतरणं, अवरोहः -हणं, अधोयानं.—**(Hostile incursion)** अभिक्रमः, अवस्कन्दः, आक्रन्तिः ***f.,*** प्रयाणं, अभिनिर्याणं.—**(Transmission by succession)** क्रमागतः, वंशक्रमागमः, क्रमागतत्वं, अन्वयागमः.—**(Birth extraction)** जन्म ***n.*** (न्), उत्पत्तिः ***f.,*** उद्भवः, सम्भवः, वंशः.—**(Lineage)** सन्ततिः ***f.,*** अन्वयः, आवलिः ***f.;*** **'consanguineous descent,'** एकशरीरान्वयः, एकशरीरावयवत्वं.

Describable, ***a.*** वर्णनीयः -या -यं, निर्देश्यः -श्या -श्यं, निर्वचनीयः -या -यं, व्याख्येयः -या -यं, वर्णयितुं शक्यः -क्या -क्यं.

To **describe,** ***v. a.*** वर्ण् **(c. 10.** वर्णयति -यितुं), अनुवर्ण्, उपवर्ण्, संवर्ण्; निर्दिश् **(c. 6.** -दिशति -देष्टुं), उद्दिश्, समुद्दिश्; विवृ **(c. 5.** -वृणोति -वरितुं -रीतुं), कथ् **(c. 10.** कथयति -यितुं), सङ्कथ्; कृत् **(c. 10.** कीर्त्तयति -यितुं), अनुकृत्; निर्वच् **(c. 2.** -वक्ति -वक्तुं); व्याख्या **(c. 2.** -ख्याति -तुं), विब्रू **(c. 2.** -ब्रवीति -वक्तुं), निरूप् **(c. 10.** -रूपयति -यितुं).

Described, ***p. p.*** वर्णितः -ता -तं, उपवर्णितः (**c. 10.**) निर्द्दिष्टः -ष्टा -ष्टं, उद्दिष्टः -ष्टा -ष्टं, समुद्दिष्टः -ष्टा -ष्टं, निरुक्तः -क्ता -क्तं, व्याख्यातः -ता -तं, कथितः -ता -तं, निरूपितः -ता -तं, विवृतः -ता -तं.

Description, ***s.*** वर्णनं -ना, उपवर्णनं, विवरणं, विवृतिः ***f.,*** निर्देशः, समुद्देशः, निरुक्तिः ***f.,*** निर्वचनं, व्याख्या-ख्यानं, निरूपणं, कथनं, यथार्थकथनं.

Descriptive, ***a.*** निर्देशकः -का -कं, समुद्देशकः -का -कं, वर्णनकृत् ***m.f.n.,*** वाचकः -का -कं, विवरणकारी -रिणी -रि (न्), यथार्थकथकः -का -कं.

To **descry,** ***v. a.*** **(Perceive at a distance, see)** दूराद् आलोक् (**c. 1.** -लोकते, **c. 10.** -लोकयति -यितुं) **or** अवलोक्, दृश् (**c. 1.** पश्यति, द्रष्टुं), अनुदृश्, प्रदृश्, परिदृश्; ईक्ष् (**c. 1.** ईक्षते -क्षितुं), समीक्ष्, अभिवीक्ष्, प्रेक्ष्, वीक्ष्, निर्वर्ण् (**c. 10.** -वर्णयति -यितुं), आलक्ष् (**c. 10.** -लक्षयति -यितुं), उपलक्ष्. —**(Find out, discover)** ज्ञा (**c. 9.** जानाति, ज्ञातुं), अवगम् (**c. 1.** -गच्छति -गन्तुं), निरूप् (**c. 10.** -रूपयति -यितुं), सूच् (**c. 10.** सूचयति -यितुं).

Descry, ***s.*** दूराद् आलोकितं यत्किञ्चिद्, दूरादृष्टं वस्तुं.

To **descrate,** ***v. a.*** प्रतिष्ठालोपं कृ, संस्कारदूषणं कृ, संस्कारहीनं -ना -नं कृ, अपुण्यं -ण्यां -ण्यं कृ, अपवित्रीकृ पुण्यत्वं लुप् (**c. 6.** लुम्पति, लोप्तुं **or caus.** लोपयति -यितुं), दुष् **in caus.** (दूषयति -यितुं), व्यभिचर् (**c. 1.** -चरति -रितुं), कलङ्क (**nom.** कलङ्कयति -यितुं), मलिनीकृ.

Desecrated, ***p. p.*** लुप्तप्रतिष्ठः -ष्ठा -ष्ठं, भग्नसंस्कारः -रा -रं, भ्रष्टपुण्यत्वः -त्वा -त्वं.

Desecration, ***s.*** प्रतिष्ठालोपः, संस्कारदूषणं, पुण्यत्वदूषणं, अपवित्रीकरणं, व्यभिचारः, कलङ्ककरणं, अपुण्यकरणं.

Desert, ***s.*** **(A wilderness)** मरुः ***m.,*** मरुस्थलं -ली, मरुभूमिः ***f.,*** जङ्गलं, अरण्यं, वनं, ईरिणं, इरिणं, धन्वा ***m.*** (न्), रोषणं, विदर्भः, वल्लुरं -ल्लूरं.

Desert, ***a.*** **(Wild)** आरण्यः -ण्यी -ण्यं -ण्यकः -का -कं, जङ्गलः -ला -लं, जाङ्गलः -ली -लं, वन्यः -न्या -न्यं, इरिणः -णा -णं, ईरिणः -णा -णं, निर्जनः -ना -नं, निर्जलः -ला -लं, निरालयः -या -यं, शून्यः -न्या -यं, खिलः -ला -लं.

Desert, ***s.*** **(Merit or dermit)** गुणगुणं, पुण्यापुण्यं, अर्हत्वं, धर्म्माधर्म्मं. —**(Excellence, right to reward)** गुणः, पुण्यं, श्रेयः ***n.*** (स्), सुकृतं, उपयोगः, उपयुक्तता, योग्यत्वं, पात्रता, कृतित्वं, उत्कर्षः, शस्यं, प्रशस्यं.

To **desert,** ***v. a.*** त्यज् (**c. 1.** त्यजति, त्यक्तुं), परित्यज्, सन्त्यज्; हा (**c. 3.** जहाति, हातुं), अपहा, प्रहा, विहा, अपाहा; रह् (**c. 10.** रहयति -यितुं), विरह्; उत्सृज् (**c. 6.** -सृजति -स्रष्टुं), विसृज्, अतिसृज्, उज्झ् (**c. 6.** उज्झति -ज्झितुं), प्रोज्झ्; परिहृ (**c. 1.** -हरति -हर्त्तुं).

To **desert,** ***v. n.*** **(From the army)** सेनां त्यक्त्वा परिवृत् (**c. 1.** -वर्त्तते -र्त्तितुं) **or** पलाय् (**c. 1.** पलायते -यितुं) **or** विपलाय्.

Deserted, ***p. p.*** त्यक्तः -क्ता -क्तं, परित्यक्तः -क्ता -क्तं, उत्यक्तः -क्ता -क्तं, रहितः -ता -तं, विरहितः -ता -तं, उत्सृष्टः -ष्टा -ष्टं, विसर्ज्जितः -ता -तं, हीनः -ना -नं, परिहीणः -णा -णं, वर्जितः -ता -तं, शून्यः -न्या -न्यं, उज्झितः -ता -तं, प्रोज्झितः -ता -तं, विनाकृतः -ता -तं, लुप्तः -प्ता -प्तं, अपविद्धः -द्धा -द्धं.

Deserter, ***s.*** त्यागी ***m.*** (न्), त्यक्ता ***m.*** (क्तृ), सेनात्यागी ***m.*** विपलायी ***m.*** (न्), पलायी ***m.*** (न्), परिवर्त्ती ***m.*** (न्), परिवर्त्तकः, युद्धत्यागी, युद्धपराङ्मुखः.

Desertion, ***s.*** **(Abandonment)** त्यागः, परित्यागः, उत्त्यागः, विरहः, प्रोज्झनं, उत्सर्ज्जनं, विसर्ज्जनं, विसृष्टिः ***f.,*** परिवर्त्तः. —**(From the army)** सेनात्यागः, युद्धत्यागः, युद्धपलायनं, विपलायनं.

Desertless, ***a.*** निगुणः -णा -णं, अनर्हः -र्हा -र्हं, अनुपयुक्तः -क्ता -क्तं.

To **deserve,** ***v. a.*** **and** ***n.*** अर्ह् (**c. 1.** अर्हति -ते -र्हितुं), अर्हः -र्हा -र्हं **or** उपयुक्तः -क्ता -क्तं, **or** उचितः -ता -तं **or** योग्यः -ग्या -ग्यम् अस् **or** भू; **'he deserves honour,'** मानम् अर्हति; **'he deserves punishment,'** दण्डम् अर्हति; **'he deserves to drink soma juice,'** सोमं पातुम् अर्हति; **'does he deserve so large a salary or not?'** किम् उपयुक्तोऽयम् एतावद् वर्त्तनं गृह्णात्य् अनुपयुक्तो वा; **'he deserves death,'** बधार्होऽस्ति, मरणोचितोऽस्ति. **The future pass. part. may sometimes be used in this sense; as, 'he deserves death,'** बध्योऽस्ति; **'he deserves honour,'** मान्योऽस्ति, पूजनीयोऽस्ति.

Deservedly, ***adv.*** अर्हं, उपयुक्तं, योग्यं, उचितं, अर्हत्वेन, न्यायतस्.

Deserver, ***s.*** अर्हः; **'good deserver,'** सत्पात्रं; **'best deserver,'** अर्हत्तमः.

Deserving, ***a.*** **(Worthy of)** अर्हः -र्हा -र्हं, उपयुक्तः -क्ता -क्तं, उचितः -ता -तं, योग्यः -ग्या, -ग्यं. —**(Meritorious)** गुणी -णिनी -णि (न्), गुणान्वितः -ता -तं.

Deserving, ***s.*** गुणः, उपयोगः, पुण्यं, अर्हत्वं, धर्म्मः, पात्रता, शस्यं.

Desiccants, ***a.*** व्रणशोषकाः ***m. pl.,*** क्षतशोषणार्थम् उपनाहः **or** उपदेहः.

To **desiccate,** ***v. a.*** शुष् **in caus.** (शोषयति -यितुं), उच्छुष्, उपशुष्, विशुष्, संशुष्.

To **desiccate,** ***v. n.*** शुष् (**c. 4.** शुष्यति, शोष्टुं), विशुष्, ओख् (**c. 1.** ओखति -खितुं).

Desiccation, ***s.*** शोषणं, परिशोषः, उच्छोषणं, शुष्ककरणं, शुष्कत्वं.

Desiccative, ***a.*** शोषकः -का -कं, उच्छोषणः -णी -णं, शुष्ककृत् ***m.f.n.***

To **desiderate,** ***v. a.*** अप्रत्यक्षं **or** अविषयं किञ्चिद्वस्तु इष् **(c. 6.** इच्छति, एषितुं) **or** उत्कण्ठ् **(c. 1.** -कण्ठते -ण्ठितुं) **or** अभ्याप् **in des.** (-ईप्सति -प्सितुं).

Desideratum, ***s.*** अविद्यमानं किञ्चिद् अभीष्टं वस्तु, अवर्त्तमानो वाञ्छनीयविषयः.

To **design,** ***v. a.*** **(Purpose, intend)** कृ **in des.** (चिकीर्षति -र्षितुं), अभिप्रे **(rt.** इ **with** अभि, प्र; अभिप्रैति -तुं), उपलक्ष् **(c. 10.** -लक्षयति -यितुं); उद्दिश् **(c. 6.** -दिशति -देष्टुं), अभिसन्धा **(c. 3.** -दधाति -धातुं), मनः **or** मतिं **or** बुद्धिं कृ **or** प्रकृ **with loc. or abl. case; as, 'he designs a crime,'** मनः तापे करोति; **'he designs the death of the king,'** राज्ञो विनाशाय मतिं करोति.—**(Plan, meditate)** चिन्त् **(c. 10.** चिन्तयति -यितुं), प्रचिन्त्, मन्त्र् **(c. 10.** मन्त्रयति -यितुं), घट् **(c. 1.** घटते -टितुं), क्लृप् **(c. 10.** कल्पयति -यितुं), परिक्लृप्, अनुसन्धा **(c. 3.** -दधाति -धातुं), व्यवसो **(c. 4.** -स्यति -सातुं).—**(Devote to, apply to a particular purpose)** प्रयुज् **(c. 7.** -युंक्ते -योक्तुं), उपयुज्, विनियुज्; **as, 'to religious purposes,'** धर्म्मार्थम् उपयुज्.—**(Draw)** आलिख् **(c. 6.** -लिखति -लेखितुं), सूत्रपातं कृ, संस्कारं कृ, संस्कृ.

Design, ***s.*** **(Intention, purpose)** चिकीर्षा -र्षितं, अभिप्रायः, अभिप्रेतं, आशयः, अर्थः, आकूतं, तात्पर्य्यं, आकांक्षा, छन्दः, छन्दः ***n.*** (स्), सङ्कल्पः, उद्देशः, मतिः ***f.,*** मतं, कार्य्यं, उपयोगः, प्रयोजनं, उपलक्षितं, अभिसन्धिः ***m.***—**(Plan, scheme)** चिन्ता, उपायः, व्यवसितं, व्यवसायः, प्रक्रान्तं, अनुसन्धानं, कल्पना, घटनं, विधानं.—**(Drawing, impression)** संस्कार, आलेख्यं सूत्रं, सूत्रपातः; **'with the design of,'** अर्थं; **'one who has not effected his design,'** अकृतार्थः.

To **designate,** ***v. a.*** **(Mark out, indicate)** चिह्न **(c. 10.** चिह्नयति -यितुं), लक्ष् **(c. 10.** लक्षयति -यितुं), उपलक्ष्, विशिष् **in caus.** (-शेषयति -यितुं), प्रदिश् **(c. 6.** -दिशति -देष्टुं), निर्दिश्, सूच् **(c. 10.** सूचयति -यितुं).—**(Appoint)** नियुज् **(c. 10.** -योजयति -यितुं), परिक्लृप् **(c. 10.** -कल्पयति -यितुं).

Designated, ***p. p.*** चिह्नितः -ता -तं, लक्षितः -ता -तं, विशेषितः -ता -तं.

Designation, ***s.*** लक्षणं, उपलक्षणं, संलक्षणं, चिह्नं, विशेषणं, संज्ञा, अभिज्ञानं, अभिधानं, आख्या, निर्देशः, सूचनं.

Designed, ***p. p.*** चिकीर्षितः -ता -तं, अभिप्रेतः -ता -तं, उपलक्षितः -ता -तं, उद्दिष्टः -ष्टा -ष्टं, अर्थवान् -वती -वत् (त्), व्यवसितः -ता -तं, घटितः -ता -तं.

Designedly, ***adv.*** इच्छातस्, मन्त्रतस्, कामतस्, प्रकामं, यथाकामं, मतिपूर्व्वकं, बुद्धिपूर्व्वं, बुद्धिपुरःसरं, मनोपूर्व्वकं, मत्या, बुद्ध्या, तात्पर्य्यतस्, यथाकल्पं.

Designer, ***s.*** **(Contriver)** चिन्तकः, उपायचिन्तकः, परिकल्पकः, व्यवसायी ***m.*** (न्).—**(Drawer)** आलेखकः, संस्कारलेखकः, सूत्रपातकः.

Designing, ***a.*** विदग्धः -ग्धा -ग्धं, छली -लिनी -लि (न्), मायी -यिनी -यि (न्), कापटिकः -की -कं, वञ्चनशीलः -ली -लं, प्रतारकः -का -कं, सव्याजः -जा -जं.

Designless, ***a.*** अभिप्रायहीनः -ना -नं, निरर्थकः -का -कं, निष्प्रयोजनः -ना -नं.

Designment, ***s.*** अभिप्रायः, चिकीर्षा, आशयः, अर्थः, अर्थवत्ता, अर्थत्वं, अभिसन्धिः ***m.***

Desirable, ***a.*** स्पृहणीयः -या -यं, स्पृह्यः -ह्या -ह्यं, अभिलषणीयः -या -यं, वाञ्छनीयः -या -यं, कमनीयः -या -यं, काम्यः -म्या -म्यं, लोभ्यः -भ्या -भ्यं, आकांक्षणीयः -या -यं, एषणीयः -या -यं, प्रार्थनीयः -या -यं, अपेक्षणीयः -या -यं, गम्यः -म्या -म्यं; **'a desirable gift,'** काम्यदानं.

Desirableness, ***s.*** स्पृहणीयता, वाञ्छनीयत्वं, कमनीयता, काम्यत्वं, इष्टत्वं.

Desire, ***s.*** इच्छा, अभिलाषः, अभिलषितं, स्पृहा, वाञ्छा, ईहा, कामः, कामना, काक्षा, आकांक्षा, अभिकांक्षा, मनोरथः, अभिमतं, समीहितं, लोभः, आशा, तृषा, तृष्णा, इच्छत्वं, इष्टिः ***f.,*** इष्टं, अभीष्टं, छन्दः ***n.*** (स्), छन्दं, रुचिः ***f.,*** अभिरुचिः ***f.,*** मनस्कामना, मनोभिमतं, अभीप्सा, लिप्सा, औत्सुक्यं, औतकण्ठ्यं, वशः, लालसा, कौतूहलं, कान्तिः ***f.,*** वसारं; **'one's desire,'** स्वेच्छा; **'according to one's desire,'** स्वेच्छातस्, स्वेच्छया, स्ववाञ्छया, स्वरुच्या, यथेष्टं, यथाभिमतं, स्वच्छन्दं. **Obs. The noun formed from the desid. base often express 'desire'; as, 'desire to drink,'** पिपासा; **'desire to burn,'** दिधक्षा.

To **desire,** ***v. a.*** इष् **(c. 6.** इच्छति, एषितुं), अभिलष् **(c. 1.** -लषति, **c. 4.** -लष्यति -लषितुं), वाञ्छ् **(c. 1.** वाञ्छति -ञ्छितुं), अभिवाञ्छ्, संवाञ्छ्; कांक्ष् **(c. 1.** कांक्षति -क्षितुं), आकांक्ष्, अनुकांक्ष्, अभिकांक्ष्; स्पृह् **(c. 10.** स्पृहयति -यितुं), कस् **(c. 10.** कामयते -यितुं), ईह् **(c. 1.** ईहते -हितुं), समीह्, लुभ् **(c. 4.** लुभ्यति, लोब्धुं), अभिरुच् **in caus.** (-रोचयति -यितुं), आप् **in des.** (ईप्सति -प्सितुं), अभ्याप्, पर्याप्; लभ् **in des.** (लिप्सते -प्सितुं), अभिलभ्; आशंस् **(c. 1.** शंसते -सितुं), गृध् **(c. 4.** गृध्यति, गर्धितुं), वश् **(c. 2.** वष्टि, वशितुं).—**(Ask, beg for)** अर्थ् **(c. 10.** अर्थयते -ति -यितुं),

प्रार्थ्, याच् (c. 1. याचति -चितुं), वृ (c. 9. वृणीते, वरितुं -रीतुं) with 2 acc., निविद् in caus. (-वेदयति -यितुं).

Desired, ***p. p.*** इष्टः -ष्टा -ष्टं, अभीष्टः -ष्टा -ष्टं, अभिलषितः -ता -तं, वाञ्छितः -ता -तं, कांक्षितः -ता -तं, आकांक्षितः -ता -तं, अभिकांक्षितः -ता -तं, अभिमतः -ता -तं, ईहितः -ता -तं, समीहितः -ता -तं, ईप्सितः -ता -तं, अभीप्सितः -ता -तं, लिप्सितः -ता -तं, सङ्कल्पितः -ता -तं, हृद्यः -द्या -द्यं.

Desirous, ***a.*** इच्छुः -च्छुः -च्छु, इच्छुकः -का -कं, इच्छावान् -वती -वत् (त्), इच्छान्वितः -ता -तं, अभिलाषी -षिणी -षि (न्) -षुकः -का -कं, वाञ्छी -ञ्छिनी -ञ्छि (न्), आकांक्षी -क्षिणी -क्षि (न्) **or** अभिकांक्षी, एषी -षिणी -षि (न्), अर्थी -र्थिनी -र्थि (न्), कामी -मिनी -मि (न्), कामुकः -का -कं, कामवान् -वती -वत् (त्), कामयानः -ना -नं, लोभी -भिनी -भि (न्), लुब्धः -ब्धा -ब्धं, स्पृहयालुः -लुः -लु, जातस्पृहः -हा -हं, सस्पृहः -हा -हं, साकांक्षः -क्षा -क्षं, ईप्सुः -प्सुः -प्सु **or** अभीप्सुः **or** प्रेप्सुः **or** परिप्रेप्सुः, इष्टी -ष्टिनी -ष्टि (न्), जिघृक्षुः -क्षुः -क्षु, आशंसुः -सुः -सु, आशायुक्तः -क्ता -क्तं, लालसी -सिनी -सि (न्), तृष्णकः -का -कं, कम्रः -म्रा -म्रं. **'Desirous' is sometimes expressed by** काम **affixed to the infinitive, the final of which is rejected; as, 'desirous to do,'** कर्त्तुकामः -मा -मं; **'desirous to go,'** गन्तुकामः -मा -मं; **or by the adj. formed from the desid. base; as, 'desirous of drinking,'** पिपासुः -सुः -सु; **'desirous of taking,'** आदित्सुः -त्सुः -त्सु.

To **desist,** ***v. n.*** विरम् (c. 1. -रमति -रन्तुं), अपरम्, निवृत् (c. 1. -वर्त्तते -र्त्तितुं), निर्वृत्, विनिवृत्; शम् (c. 4. शाम्यति, शमितुं), विगस् (c. 1. -गच्छति -गन्तुं), विछिद् in pass. (-छिद्यते), विश्रम् (c. 4. -श्राम्यति -श्रमितुं), अपया (c. 2. -याति -तुं); **'he desists from wickedness,'** पापाद् विरमति **or** निवर्त्तते.

Desistance, ***s.*** विरति ***f.***, विरामः, निवृत्तिः ***f.***, निवर्त्तनं, निर्वृत्तिः ***f.***, उपशमः.

Desisted, ***p. p.*** निवृत्तः -त्ता -त्तं, विरतः -ता -तं, उपरतः -ता -तं, शान्तः -न्ता -न्तं, प्रशान्तः -न्ता -न्तं, विगतः -ता -तं, विच्छिन्नः -न्ना -न्नं.

Desk, ***s.*** लिखनफलकं, लिपिफलकं, लिपिसज्जाधारः, लेखसाधनाधारः.

Desolate, ***a.*** **(Solitary, uninhabited)** शून्यः -न्या -न्यं, शून्याकारः -रा -रं, विविक्तः -क्ता -क्तं, निर्जनः -ना -नं, निर्मनुष्यः -ष्या -ष्यं, पुरुषवर्जितः -ता -तं, अप्रजः -जा -जं, विलोकः -की -कं, निःशलाकः -का -कं, निरालयः -या -यं, वसतिहीनः -ना -नं.—**(Laid waste)** उच्छिन्नः -न्ना -न्नं प्रबाधितः -ता -तं, उपपीडितः -ता -तं.

To **desolate,** ***v. a.*** उपपीड् (c. 10. -पीडयति -यितुं), प्रबाध् (c. 1. -बाधते -धितुं), उच्छिद् (c. 7. -छिनत्ति -छेत्तुं), शून्यीकृ, निर्जनीकृ, निर्दह् (c. 1. -दहति -दग्धुं), वसती नश् **in caus.** (नाशयति -यितुं).

Desolation, ***s.*** **(Destruction of inhabitants)** शून्यीकरणं, निर्जनीकरणं, वसतिनाशः, उच्छेदः, उपपीडनं.—**(State of destitution)** शून्यता, निर्जनत्वं, विविक्तता, रहितत्वं, विषादः, विपन्नता.

Despair, ***s.*** निराशा, नैराश्यं, आशाहीनता, दौर्मनस्यं, वैकल्व्यं, विषादः; **'in despair,'** त्यक्ताशः, आशाहीनः, गताशः.

To **despair,** ***v. n.*** आशां हा (c. 3. जहाति, हातुं) **or** त्यज्, आशया हा **in pass.** (हीयते), नैराश्यम् उपगम् (c. 1. -गच्छति -गन्तुं) **or** गम्; निराशीभू. सङ्कुट् (c. 6. -कुटति -टितुं).

Despairingly, ***adv.*** आशां विना, आशया विना, सनैराश्यं, नैराश्यात्.

To **despatch,** ***v. a.*** **(Send away hastily)** सत्वरं प्रस्था **in caus.** (-स्थापयति -यितुं) **or** प्रेर् (c. 10. -ईरयति -यितुं) **or** प्रेष् **in caus.** (-स्थापयति -यितुं) **or** प्रेर् (c. 10. -ईरयति -यितुं) **or** प्रेष् **in caus.** (प्रेषयति -यितुं, **rt.** इष्), सम्प्रेष्, परिप्रेष्, **or** प्रहि (c. 5. -हिणोति -हेतुं) **or** प्रया **in caus.** (-यापयति -यितुं) **or** चुद् (c. 10. चोदयति -यितुं), **or** प्रणुद् (c. 6. -णुदति -णोत्तुं).—**(Hasten, perform quickly)** त्वर् **in caus.** (त्वरयति -यितुं), सन्त्वर्; त्वरितं कृ **or** सम्पद् **in caus.** (-पादयति -यितुं) **or** प्रवृत् **in caus.** (-वर्त्तयति -यितुं).—**(Kill)** व्यापद् **in caus.** (-पादयति -यितुं), लोकान्तरं प्राप् **in caus.** (-आपयति -यितुं) **or** प्रेर्.

Despatch, ***s.*** **(Hasty execution)** क्षिप्रकारित्वं, शीघ्रनिर्वाहः, त्वरा, तूर्णिः ***f.***, आवेगः, अदीर्घसूत्रता.—**(Official message)** वाचिकं, वाचिकपत्रं, राजकीयपत्रं, राजलेखः-लेख्यः.—**(Hasty messenger)** धावकः, वेगी ***m.*** (न्), प्रजवी ***m.*** (न्), लेखहारी ***m.*** (न्), वार्त्ताहरः, दूतः.

Despatched, ***p. p.*** **(Sent)** प्रस्थापितः -ता -तं, प्रेरितः -ता -तं, प्रेषितः -ता -तं, प्रहितः -ता -तं, प्रयापितः -ता -तं, दूतः -ता -तं, प्रतिसृष्टः -ष्टा -ष्टं, नुन्नः -न्ना -न्नं, प्रणुन्नः -न्ना -न्नं, गमितः -ता -तं, प्रतिक्षिप्तः -प्ता -प्तं.

Despatchful, ***a.*** शीघ्रकारी -रिणी -रि (न्) **or** क्षिप्रकारी, अविलम्बी -म्बिनी -म्बि (न्), अदीर्घसूत्रः -त्रा -त्रं, त्वरायुक्तः -क्ता -क्तं, त्वराशीलः -ला -लं.

Desperado, ***s.*** साहसी ***m.*** (न्), साहसिकः, अत्याहितकर्म्मा ***m.*** (न्), आततायी ***m.*** (न्).

Desperate, ***a.*** **(Without hope)** निराशः -शा -शं, आशाहीनः -ना -नं, आशारहितः -ता -तं, गताशः -शा -शं, त्यक्ताशः

–शा –शं, निःप्रत्याशः –शा –शं.—**(Daring)** साहसिकः –की –कं –सी –सिनी –सि (न्).—**(Fearless)** निर्भयः –या –यं, अकुतोभयः –या –यं.—**(Irretrievable)** निरुपायी –यिनी –यि (न्), अप्रतिकारः –रा –रं **or** अशक्यप्रतिकारः.—**(Furious)** उग्रः –ग्रा –ग्रं, संरब्धः –ब्धा –ब्धं.—**(Excessive)** अत्यन्तः –न्ता –न्तं, अति **or** सु **prefixed; 'a desperate fool,'** अतिमूढः **'a desperate act,'** अत्याहितं, साहसकल्पः, आततायिता.

Desperately, ***adv.*** **(Furiously)** उन्मत्तवत्, साहसेन-सात्, उग्रं, संरब्धं.—**(In a great degree)** सु **or** अति **prefixed;** अत्यन्तं, भृशं, तीव्रं.

Desperateness, ***s.*** **(Fury, daringness)** उन्मादः, संरम्भः, उग्रत्वं, साहसिकत्वं.

Desperation, ***s.*** नैराश्यं, आशाहीनता, आशाराहित्यं, निराशा.

Despicable, ***a.*** अवमानीयः –या –यं, अवमान्यः –न्या –न्यं **or** अपमान्यः, अवमन्तव्यः –व्या –व्यं, अवज्ञेयः –या –यं, अवज्ञातव्यः –व्या –व्यं, गर्ह्यः –र्ह्या –र्ह्यं, गर्हणीयः –या –यं, गर्हितः –ता –तं, अवगर्हितः –ता –तं, अतिगर्हितः –ता –तं, निन्द्यः –न्द्या –न्द्यं, निन्दनीयः –या –यं, निन्दार्हः –र्हा –र्हं, दूष्यः –ष्या –ष्यं, तुच्छः –च्छा –च्छं, कुत्सितः –ता –तं, क्षुद्रः –द्रा –द्रं, अपकृष्टः –ष्टा –ष्टं.

Despicableness, ***s.*** अवमान्यता, गर्ह्यत्वं, निन्द्यता, तुच्छत्वं, दूष्यता.

Despicably, ***adv.*** गर्हणीयं, गर्हितं, कुत्सितं, अपकृष्टं, तुच्छं.

To **despise,** ***v. a.*** अवज्ञा **(c. 9.** –जानाति –ज्ञातुं), अवमन् **(c. 4.** –मन्यते –मन्तुं), तृणाय मन्, अभ्यवमन्, परिमन्, गर्ह् **(c. 1.** गर्हते –र्हितुं), विगर्ह्, कुत्स् **(c. 10.** कुत्सयति –यितुं), निन्द् **(c. 1.** निन्दति –न्दितुं), परिभू **(c. 1.** –भवति –वितुं), अवधीर् **(c. 10.** अवधीरयति –यितुं), गुप् **in des.** (जुगुप्सते –प्सितुं), उपेक्ष् **(c. 1.** –ईक्षते –क्षितुं), अवध्यै **(c. 1.** –ध्यायति –ध्यातुं), बाध् **in des.** (बीभत्सते –सितुं), अवक्षिप् **(c. 6.** –क्षिपति –क्षेप्तुं), कदर्थ् **(c. 10** –अर्थयते –यितुं), कदर्थीकृ, तुच्छीकृ, लघूकृ.

Despised, ***p. p.*** अवमतः –ता –तं, अवमानितः –ता –तं, विमानितः –ता –तं, अपमानितः –ता –तं, अवज्ञातः –ता –तं, परिभूतः –ता –तं, गर्हितः –ता –तं, विगर्हितः –ता –तं, अवधीरितः –ता –तं, कदर्थितः –ता –तं, अवध्यातः –ता –तं, निन्दितः –ता –तं, उपेक्षितः –ता –तं, अवगणितः –ता –तं.

Despiser, ***s.*** अवमन्ता ***m.*** (न्तृ), अवज्ञाता ***m.*** (तृ), अवमानकर्त्ता ***m.*** (र्त्तृ), निन्दकः.

Despite, ***s.*** **(Malice)** द्वेषः, द्रोहः, मात्सर्य्यं, ईर्ष्या, अभ्यसूया, दुर्बुद्धिः ***f.,*** नृशंस्यं, दौर्जन्यं, दंशः.—**(Opposition)** प्रतिरोधः, विरोधः, प्रतियोगः, प्रतिकारः, प्रतिकूलता; **'in despite,'** अनिच्छया, विरुद्धं, प्रातिकूल्येन, **or expressed by the gen. c. of the pres. part. of the root** दृश् **'to see,' or** मिष्; **'in despite of thee,'** पश्यतस् तव; **'in despite of the princes,'** मिषतां पार्थिवानां.

To **despite,** ***v. a.*** कुप् **in caus.** (कोपयति –यितुं), रुष् **in caus.** (रोषयति –यितुं), तप् **in caus.** (तापयति –यितुं), सन्तप्; क्लिश् **(c. 9.** क्लिश्नाति, क्लेष्टुं), व्यथ् **in caus.** (व्यथयति –यितुं), दुःख् **(c. 10.** दुःखयति –यितुं).

Despiteful, ***a.*** द्रोही –हिणी –हि (न्), द्रोहबुद्धिः –द्धिः –द्धि **or** दुर्बुद्धिः, ईर्ष्यी –र्ष्यिणी –र्ष्यि (न्), सासूयः –या –यं, विषहृदयः –या –यं, नृशंसः –सा –सं, मत्सरः –रा –रं, द्वेषी –षिणी –षि (न्), अहितेच्छुः –च्छुः –च्छु, हिंसाशीलः –ला –लं.

Despitefully, ***adv.*** सद्रोहं, सद्वेषं, हिंसापूर्व्वं, नृशंसं, साभ्यसूयं.

Despitefulness, ***s.*** द्रोहः, द्वेषः, मात्सर्य्यं, नृशंस्यं, दंशः, दौर्जन्यं.

To **despoil,** ***v. a.*** हृ **(c. 1.** हरति, हर्त्तुं), अपहृ, विमुच् **(c. 6.** –मुञ्चति –मोक्तुं), वियुज् **in caus.** (–योजयति –यितुं), विप्रयुज् **with inst. c.; 'despoil of leaves,'** निष्पत्रीकृ.

Despoiled, ***p. p.*** हृतः –ता –तं, अपहृतः –ता –तं, वियुक्तः –क्ता –क्तं, वियोजितः –ता –तं, **'despoiled of all possessions,'** हृतसर्व्वस्वः –स्वा –स्वं.

Despoiler, ***s.*** हर्त्ता ***m.*** (र्त्तृ), हारकः, अपहारकः, अपहारकृत्, लुण्टाकः.

Despoliation, ***s.*** हरणं, अपहारणं, अभिहारः, अभ्याहारः, अभिग्रहणं.

To **despond,** ***v. n.*** विषद् **(c. 1.** –षीदति –षत्तुं), अवसद्; निर्वेदं **or** विषादं **or** नैराश्यम् उपगम् **(c. 1.** –गच्छति –गन्तुं) **or** गम्; आशां हा **(c. 3.** जहाति, हातुं) **or** त्यज् **(c. 1.** त्यजति, त्यक्तुं), निर्विण्णीभू, निर्विद् **(c. 4.** –विद्यते –वेत्तुं), सङ्कुट् **(c. 6.** –कुटति –टितुं).

Despondency, ***s.*** विषादः, निर्वेदः, विषणता, निर्विण्णता, नैराश्यं, निराशा, अवसन्नता, उद्वेगः, दौर्मनस्यं, ग्लानिः ***f.,*** क्लान्तिः ***f.***

Despondent, ***a.*** विषणः –णा –णं, विषादी –दिनी –दि (न्), निर्विणः –णा –णं, निराशः –शा –शं, आशाहीनः –ना –नं, त्यक्ताशः –शा –शं, अवसन्नः –न्ना –न्नं, उद्विग्नमनाः –नाः –नः (स्) **or** दुर्मनाः **or** अन्तर्मनाः ग्लानः –ना –नं.

Despondingly, ***adv.*** सनिर्वेदं, सविषादं, निर्वेदात्, सनैराश्यं.

To **desponsate,** ***v. a.*** वाग्दत्तां कृ, वाग्दानेन विवाहार्थं प्रतिज्ञा **(c. 9.** –जानाति –नीते –ज्ञातुं), कन्यां प्रदा, प्रतिज्ञाविवाहितां कृ.

Desponsation, ***s.*** वाग्दानं, कन्याप्रदानं, विवाहार्थं प्रतिज्ञानं.

Despot, ***s.*** सम्राट् ***m.,*** (ज्), अधिराजः, चक्रवर्त्ती ***m.*** (न्), सर्व्वेश्वरः, राजाधिराजः, एकराजः, स्वाधीनराजः, स्वयम्प्रभुः.

Despotic, despotical, ***a.*** अनधीनः –ना –नं, अनायत्तः –त्ता –त्तं, अधिराजः –का –कं, स्वयम्प्रभुः –भुः –भु, साम्राजिकः –की

-कं, स्वयम्प्रभुत्वकारी -रिणी -रि (न्).

Despotically, ***adv.*** अधिराजवत्, अनायत्तं, स्वेच्छातस्, स्वकामतस्, स्वच्छन्दं.

Despotism, ***s.*** साम्राज्यं, अधिराज्यं, ऐकपत्यं, स्वेच्छाप्रभुत्वं, अनधीनत्वं.

To* despumate, *v. n. फेन (**nom.** फेनायते), उत्सेचनं कृ, मण्ड (**nom.** मण्डायते).

Despumation, ***s.*** फेनोत्सेचनं, मण्डोत्सेचनं, उत्सेचनं, उत्पीडः.

Desquamation, ***s.*** त्वक्परिपुटनं, अस्थिपरिपुटनं, अध्यस्थिपरिपुटनं.

Dessert, ***s.*** भोजनान्ते परिवेशितं फलमोदकादिखाद्यं, फलाहारः.

Destination, ***s.*** **(Purpose for which any thing is intended)** अर्थः, अर्थत्वं, प्रयोगः, उपयोगः, प्रयोजनं, उद्देशः, आशयः, अभिप्रायः, तात्पर्य्यं.—**(Place of destination)** अग्रभूमिः ***f.,*** अग्रस्थानं, अग्रं, निरूपितस्थानं.

To* destine or destinate, *v. a. निरूप् (**c. 10** -रूपयति -यितुं), प्रक्लृप् (**c. 10** -कल्पयति -यितुं), परिक्लृप्, निर्दिश् (**c. 6.** -दिशति -देष्टुं), उद्दिश्, प्रदिश्, समादिश्; नियुज् (**c. 7.** -युनक्ति -योक्तुं, **c. 10.** -योजयति -यितुं), प्रयुज्, उपयुज्, विनियुज्, प्रस्था **in caus.** (-स्थापयति -यितुं), अभिसन्धा (**c. 3** -दधाति -धातुं).

Destined, ***p. p.*** निरूपितः -ता -तं, परिकल्पितः -ता -तं, निर्दिष्टः -ष्टा -ष्टं.

Destiny, ***s.*** दैवं, भाग्यं, भागधेयं, कृतान्तः, विधिः ***m.,*** विधाता ***m.*** (तृ), भवितव्यता, दैविकं, अदृष्टं, नियतिः ***f.,*** कालनियोगः, कालधर्म्मः, दिष्टं, प्राक्तनं.

Destitute, ***a.*** **(Poor, abject, friendless)** निर्धनः -ना -नं, अर्थहीनः -ना -नं, निष्किञ्चनः -ना -नं, अकिञ्चनः -ना -नं, दुर्गतः -ता -तं, निःस्वः -स्वा -स्वं, निराश्रयः -या -यं, अपाश्रयः -या -यं, अशरणः -णा -णं, बन्धुहीनः -ना -नं. —**(Deprived of, in want of)** हीनः -ना -नं, विहीनः -ना -नं, परिहीणः -णा -णं, रहितः -ता -तं, विरहितः -ता -तं, वर्जितः -ता -तं, विवर्जितः -ता -तं, शून्यः -न्या -न्यं, विनाकृतः -ता -तं, वियुक्तः -क्ता -क्तं, लुप्तः -प्ता -प्तं, हृतः -ता -तं, अपेतः -ता -तं; **'destitute of fruit,'** फलहीनः -ना -नं **or** फलरहितः -ता -तं **or** फलापेतः -ता -तं, **or** हृतफलः -ला -लं; **'destitute of means,'** असाधनः -ना -नं.

Destitution, ***s.*** **(State of being deprived)** हीनत्वं, रहितत्वं, शून्यता.—**(Absence of a thing)** अभावः, असम्भवः, विरहः. —**(Want of money, etc., poverty)** धनाभावः, वर्त्तनाभावः, निष्किञ्चनत्वं, अकिञ्चनं, दारिद्र्यं, बन्धुहीनता, असहायता, अभूमिः ***f.***

To* destroy, *v. a. **(Put an end to, ruin)** नश् **in caus.** (नाशयति -यितुं), विनश्, प्रणश्; साध् **in caus.** (साधयति -यितुं,) संसाध्; क्षि (**c. 5.** क्षिणोति, क्षेतुं **or caus.** क्षययति, क्षपयति -यितुं), सद् **in caus.** (सादयति -यितुं,) लुप् (**c. 6.** लुम्पति, लोप्तुं **or caus.** लोपयति -यितुं), विलुप्; ध्वंस् **in caus.** (ध्वंसयति -यितुं), विध्वंस्, प्रध्वंस्; उच्छिद् (**c. 7.** -छिनत्ति -छेत्तुं), निर्दह् (**c. 1.** -दहति -दग्धुं), ग्रस् (**c. 1.** ग्रसते -सितुं). —**(Kill)** हन् (**c. 2.** हन्ति -न्तुं **or caus.** घातयति -यितुं), व्यापद् **in caus.** (-पादयति -यितुं), मृ **in caus.** (मारयति -यितुं), सूद् (**c. 10.** सूदयति -यितुं), अभिसूद्, निसूद्, विनिसूद्, सन्निसूद्; शद् **in caus.** (शातयति -यितुं), प्रमी **in caus.** (-मापयति -यितुं), क्षण् (**c. 8.** क्षणोति -णितुं).

Destroyed, ***p. p.*** नष्टः -ष्टा -ष्टं, नाशितः -ता -तं, विनाशितः -ता -तं, प्रणष्टः -ष्टा -ष्टं, सादितः -ता -तं, सूदितः -ता -तं, हतः -ता -तं, घातितः -ता -तं, ध्वंसितः -ता -तं, उच्छिन्नः -न्ना -न्नं, भग्नः -ग्ना -ग्नं, व्यापादितः -ता -तं.

Destroyer, ***s.*** विनाशकः, नाशी ***m.*** (न्), नाशकारी ***m.*** (न्), विनाशकारी, हन्ता ***m.*** (न्तृ), निहन्ता, घाती ***m.*** (न्), क्षयकरः, अन्तकः, अन्तकृत्, ध्वंसकः, ध्वंसकारी ***m.*** (न्), प्रलयकर्त्ता ***m.*** (र्त्तृ), सूदनः, अपहः; **'destroying angel,'** कृतान्तः.

Destructible, ***a.*** नाशनीयः -या -यं, नाश्यः -श्या -श्यं, विनश्वरः -रा -रं, ध्वसंनीयः -या -यं, अवसेयः -या -यं, क्षयी -यिणी -यि (न्).

Destruction, ***s.*** नाशः, विनाशः, विनष्टिः ***f.,*** प्रणाशः, क्षयः, ध्वंसः, प्रध्वंसः, सादनं, सूदनं, प्रलयः, संहारः, अपायः, अत्ययः, विलोपनं, लोपः, समुच्छेदः, उद्दलनं, उत्पाटनं, क्षैण्यं. —**(Murder)** घातः -तनं, मारणं, वधः, निहननं, प्रमापणं. —**(Of the world)** प्रलयः, कल्पान्तः, जहानकः, जिहानकः, संवर्त्तः, क्षयः.

Destructive, ***a.*** नाशी -शिनी -शि (न्) **or** प्रणाशी, विनाशकः -का -कं, क्षयकरः -री -रं, घाती -तिनी -ति (न्) **or** विघाती, घातुकः -का -कं, प्रध्वंसी -सिनी -सि (न्) **or** परिध्वंसी, अन्तकरः -री -रं, सूदनः -नी -नं, प्रमापी -पिणी -पि (न्), आत्ययिकः -की -कं, निधनकारी -रिणी -रि (न्), नाश्यः -श्या -श्यं, प्राणहरः -रा -रं, अपकारकः -का -कं, पांसनः -ना -नं, अभिमर्शनः -ना -नं, क्रूरः -रा -रं, अपहः -हा -हं **or** हः हा हं **or** घ्नः घ्ना घ्नं **in comp.**

Destructively, ***adv.*** सनाशं, विनाशेन, विनाशकप्रकारेण, आत्ययिकं.

Destructiveness, ***s.*** नाशकत्वं, नाशित्वं, घातुकत्वं, अपकारकता.

Desuetude, ***s.*** विरतिः ***f.,*** उपरतिः ***f.,*** निवृत्तिः ***f.,*** निर्वृत्तिः, निवर्त्तनं, विच्छेदः.

Desultory, ***a.*** चञ्चलः -ला -लं, अस्थिरः -रा -रं, लोलः -ला -लं, तरलः -ला -लं, चपलः -ला -लं, सङ्कसुकः -का -कं, अधीरः -रा -रं, उच्छृङ्खलः -ला -लं.

***To* detach, *v. a.* (Separate)** भिद् **(c. 7.** भिनत्ति, भेत्तुं), विभिद्, वियुज् **(c. 7.** -युनक्ति -योक्तुं), विछिद् **(c. 7.** -छिनत्ति -छेत्तुं), अवछिद्, विश्लिष् **in caus.** (-श्लेषयति -यितुं), खण्ड् **(c. 10.** खण्डयति -यितुं), पृथक्कृ.—**(Send out a party from the main army)** सर्व्वसैन्यमध्यात् कतिपयसैन्यान् डमरकरणार्थं प्रस्था **in caus.** (-स्थापयति -यितुं).

Detached, *p. p.* वियुक्तः -क्ता -क्तं, विप्रयुक्तः -क्ता -क्तं, विनियुक्तः -क्ता -क्तं, भिन्नः -न्ना -न्नं, विभिन्नः -न्ना -न्नं, प्रभिन्नः -न्ना -न्नं, विछिन्नः -न्ना -न्नं, अवछिन्नः -न्ना -न्नं, विश्लिष्टः -ष्टा -ष्टं, असंलग्नः -ग्ना -ग्नं, असंसक्तः -क्ता -क्तं, असक्तः -क्ता -क्तं, व्यासक्तः -क्ता -क्तं, गतसङ्गः -ङ्गा -ङ्गं, निर्युक्तिकः -का -कं.

Detachment, *s.* (Act of detaching) वियोगः, विप्रयोगः, विभेदः, विछेदः, अवछेदः, विश्लेषः, व्यासङ्गः, अनभिष्वङ्गः.—**(Body of troops sent out for petty warfare)** डमरकरणार्थं प्रस्थापितः सैन्यगुल्मः, सैन्यदलं.

Detail, *s.* विवरणं विस्तारः, विस्तरः, वाग्विस्तारः, उपवर्णः -र्णनं, वृत्तान्तविवरणं, सर्व्ववृत्तान्तव्याख्या; **'in detail,'** विस्तरेण, विस्तरशस्, सुविस्तरं, उपवर्णेन, विभागशस्.

To* detail, *v. a. सुविस्तरेण कथ् **(c. 10.** कथयति -यितुं) **or** आख्या **(c. 2.** -ख्याति -तुं), सर्व्ववृत्तान्तं विवृ **(c. 5.** -वृणोति -वरितुं -रीतुं) **or** व्याख्या; उपवर्ण् **(c. 10.** -वर्णयति -यितुं), वृत्तान्तविवरणं कृ.

Detailed, *p. p.* and *a.* उपवर्णितः -ता -तं, सविस्तरः -रा -रं, विस्तीर्णः -र्णा -र्णं.

***To* detain, *v. a.* (Keep what belongs to another)** परद्रव्यं धृ **(c. 1.** धरति, धर्त्तुं **or caus.** धारयति -यितुं) **or** सन्धृ **or** परिभुज् **(c. 7.** भुंक्ते -भोक्तुं).—**(Keep back, withhold)** निवृ **in caus.** (-वारयति -यितुं), निग्रह् **(c. 9.** -गृह्णाति -ग्रहीतुं), विधृ **in caus.,** उपसंहृ **(c. 1.** -हरति -हर्त्तुं) संहृ.—**(Restrain from departure)** धृ, निरुध् **(c. 7.** -रुणद्धि -रोद्धुं) अवरुध्.—**(Hold in confinement)** कारायां निरुध् **or** आसिध् **(c. 1.** -सेधति -सेद्धुं) **or** बन्ध् **(c. 9.** बध्नाति, बन्धुं).

Detained, *p. p.* धृतः -ता -तं, निरुद्धः -द्धा -द्धं, निवारितः -ता -तं.

Detainer, *s.* धारकः, धर्त्ता ***m.*** (र्त्तृ), परिभोक्ता ***m.*** (क्तृ), निरोधकः.

To* detect, *v. a. ज्ञा **(c. 9.** जानाति, ज्ञातुं), विज्ञा, परिज्ञा, अभिज्ञा, निरूप् **(c. 10.** -रूपयति -यितुं), निर्णी **(c. 1.** -णयति -णेतुं), उपलभ् **(c. 1.** -लभते -लब्धुं), अवगम् **(c. 1.** -गच्छति -गन्तुं), अधिगम्, अध्यागम्, धृ **(c. 1.** धरति, धर्त्तुं), आसद् **(c. 10.** -सादयति -यितुं), प्रोत्सद्, अनुसन्धा **(c. 3.** -दधाति -धातुं), व्यञ्ज् **in caus.** (-अञ्जयति -यितुं), व्यक्तीकृ, विवृ **(c. 5.** -वृणोति -वरितुं -रीतुं).

Detected, *p. p.* ज्ञातः -ता -तं, विज्ञातः -ता -तं, अभिज्ञातः -ता -तं, अवगतः -ता -तं, निरूपितः -ता -तं, धृतः -ता -तं, निर्णीतः -ता -तं, व्यञ्जितः -ता -तं, व्यक्तीकृतः -ता -तं, **'in a crime,'** दृष्टदोषः -षा -षं.

Detection, *s.* ज्ञानं, परिज्ञानं, विज्ञानं, निरूपणं, निर्णयं, धरणं, अवगमः, अनुसन्धानं, व्यक्तीकरणं, विवृतिः ***f.***

Detention, *s.* धरणं, धारणं, सन्धारणं, निग्रहः, निवारणं, संहरणं, संरोधः, अमुक्तिः ***f.,*** अमोक्षः.—**(Confinement)** रोधः, निरोधः -धनं, आसेधः, स्थानासेधः, सम्प्रतिरोधकः.—**(Forcible detention of a debtor)** बलात्कारः.

To* deter, *v. a. भयहेतुं दर्शयित्वा निवृत् **in caus.** (-वर्त्तयति -यितुं) **or** निर्वृत् **in caus., or** विरम् **in caus.** (-रमयति -यितुं) **or** निवृ **in caus.** (-वारयति -यितुं), विभी **in caus.** (-भाययति -यितुं), अवभर्त्स् **in caus.** (-भर्त्सयति -ते -यितुं).

To* deterge, *v. a. मलम् अपमृज् **(c. 1.** -मार्जति, **c. 2.** -मार्ष्टि -ष्टुं), परिमृज्, परिष्कृ.

Detergent, *a.* परिमार्ज्जकः -का -कं, परिमार्क्ष्णुः -क्ष्णुः -क्ष्णु, शोधकः -का -कं.

To* deteriorate, *v. n. क्षि **in pass.** (क्षीयते), ह्रस् **(c. 1.** ह्रसते -सितुं), दुष् **(c. 4.** दुष्यति, दोष्टुं), भ्रंश् **(c. 4.** भ्रश्यति, भ्रंशितुं), विकृतीभू, अन्यथाभू, विकलीभू.

To* deteriorate, *v. a. दुष् **in caus.** (दूषयति -यितुं), किकलीकृ, विकृ, अपकृष् **(c. 1.** -कर्षति -क्रष्टुं), ह्रस् **in caus** (ह्रासयति -यितुं).

Deteriorated, *p. p.* क्षीणः -णा -णं, परिभ्रष्टः -ष्टा -ष्टं, विकलः -ला -लं.

Deterioration, *s.* (Growing worse) विकारः, विकृतिः ***f.,*** ह्रासः, अपचयः, क्षयः, क्षीणता, भ्रष्टता, दुष्टता, अधोगतिः ***f.,*** अन्यथाभावः.—**(Making worse)** अपकर्षः -र्षणं, विकलीकरणं.

Determent, *s.* निवर्त्तनं, निवृत्तिः ***f.,*** उद्योगभङ्गः, उद्यमव्याघातः, विघ्नः.

Determinable, *a.* निर्णेयः -या -यं, विवेचनीयः -या -यं, निर्धारणीयः -या -यं, निर्धार्य्यः -र्य्या -र्य्यं, अवधारणीयः -या -यं, अवधार्य्यः -र्य्या -र्य्यं.

Determinate, *a.* (Settled, definite) निश्चितः -ता -तं, निर्णीतः -ता -तं, नियतः -ता -तं, निर्धारितः -ता -तं, सिद्धः -द्धा -द्धं, निबद्धः -द्धा -द्धं, निर्दिष्टः -ष्टा -ष्टं, व्यवस्थापितः -ता -तं, व्यवस्थितः -ता -तं.—**(Decisive)** निश्चायकः -का -कं, निर्णायकः -का -कं.—**(Resolved)** व्यवसितः -ता

–तं, कृतनिश्चय: –या –यं.

Determinately, ***adv.*** निश्चितं, सनिश्चयं, सनिर्णयं, निर्णयपूर्व्वं, सङ्कल्पपूर्व्वं.

Determination, ***s.*** निश्चय:, निर्णय:, सङ्कल्प:, व्यवसाय:, कल्प:, सम्प्रधारणा, निर्धारणं, अवधारणं, सिद्धि: ***f.,*** निष्पत्ति: ***f.,*** व्यवस्थिति: ***f.,*** विचार:, विवेचना; **'firm determination,'** दृढनिश्चय:.—**(Persevering direction to an end)** अभिनिवेश:, निर्बन्ध:, अध्यवसाय:.

Determinative, ***a.*** निश्चायक: –का –कं, निर्णायक: –का –कं, निर्धारक: –का –कं.

To **determine,** ***v. a.*** **(Fix, settle)** स्था **in caus.** (स्थापयति –यितुं), अवस्था, व्यवस्था; सिध् **in caus.** (साधयति –यितुं), स्थिरीकृ, सिद्धीकृ, परिक्लृप् **(c. 10.** –कल्पयति –यितुं).—**(Decide)** निश्चि **(c. 5.** –चिनोति –चेतुं), निर्णी **(c. 1.** –णयति –णेतुं), विचर् **in caus.** (–चारयति –यितुं).—**(Resolve)** व्यवसो **(c. 4.** –स्यति –सातुं), अध्यवसो, सङ्क्लृप्, मनो निविश् **in caus.** (–वेशयति –यितुं).—**(Ascertain)** निरूप् **in caus.** (–रूपयति –यितुं), अवधृ **in caus.** (–धारयति –यितुं), सम्प्रधृ, निर्धृ.—**(Define)** निर्दिश् **(c. 6.** –दिशति –देष्टुं), लक्ष् **(c. 10.** लक्षयति –यितुं).—**(Confine)** परिमा **(c. 2.** –माति –तुं).—**(Direct, influence the choice)** उद्दिश्; प्रेर् **in caus.** (–ईरयति –यितुं), प्रयुज् **in caus.** (–योजयति –यितुं), श्रोत्सह् **in caus.** (–साहयति –यितुं).

To **determine,** ***v. n.*** **(Come to a decision)** निश्चयं कृ, निर्णयं कृ, सङ्कल्पं कृ.—**(End, come to a conclusion)** सिध् **in pass.** (सिध्यते **or c. 4.** सिध्यति), सम्पद् **(c. 4.** –पद्यते –पत्तुं), अवसो **(c. 4.** –स्यति –सातुं), व्यवसो; **'I am determined to do that,'** तत् कर्त्तुं व्यवसितोऽस्मि.

Determined, ***p. p.*** निश्चित: –ता –तं, निर्णीत: –ता –तं, कृतनिष्टस्य: –याध्यं, व्यवसित: –ता –तं, सिद्ध: –द्धा –द्धं, व्यवस्थित: –ता –तं, निर्धारित: –ता –तं, अवधारित: –ता –तं, नियत: –ता –तं, प्रयोतित: –ता –तं, निर्दिष्ट: –ष्टा –ष्टं, विचारित: –ता –तं, सङ्कल्पित: –ता –तं.—**(Resolute)** साङ्कल्पिक: –की –कं, व्यवसायी –यिनी –यि (न्), सुस्थिर: –रा –रं, स्थिरमति: –ति: –ति, अभिनिविष्ट: –ष्टा –ष्टं; **'determined to sacrifice life,'** प्राणास् त्यक्तुं सुनिश्चित: **or** व्यवसित:.

Determinedly, ***adv.*** सुस्थिरं, स्थिरचेतसा, सुनिश्चितं, बुद्धिपुर:सरं, बुद्ध्या.

Determiner, ***s.*** निर्णेता ***m.*** (तृ), निश्चयकारी ***m.*** (न्), सङ्कल्पकृत्.

Detersive, ***a.*** अपमार्ज्जक: –का –कं, शोधक: –का –कं, परिष्कारक: –का –कं.

To **detest,** ***v. a.*** द्विष् **(c. 2.** द्वेष्टि: –ष्टुं), प्रद्विष्, विद्विष्, गर्ह **(c. 1.** गर्हते –र्हितुं), द्रुह् **(c. 4.** द्रुह्यति, द्रोहितुं, द्रोग्धुं), अभिद्रुह्, बाध् **in des.** (बीभत्सते –त्सितुं), घृण् **(c. 1.** घृणते –णितुं).

Detestable, ***a.*** द्वेष्य: –ष्या –ष्यं, द्वेपणीय: –या –यं, गर्हणीय: –या –यं, गर्ह्य: –र्ह्या –र्ह्यं, गर्हित: –ता –तं, घृणार्ह: –र्हा –र्हं, अक्षिगत: –ता –तं.

Detestably, ***adv.*** गर्हणीयं, गर्हितं, द्वेषणीयं, विद्विष्टं, घृणार्हं.

Detestation, ***s.*** द्वेष:, विद्वेष:, विद्विष्टता, गर्हा –र्हणं, बीभत्स:, घृणा.

Detested, ***p. p.*** द्विष्ट: –ष्टा –ष्टं, विद्विष्ट: –ष्टा –ष्टं, गर्हित: –ता –तं, घृणित: –ता –तं, ख्यातगर्हण: –णा –णं, अवगीत: –ता –तं.

Detester, ***s.*** द्वेषी ***m.*** (न्), विद्वेषी ***m.*** (ष्ट्), गर्हाकारी ***m.*** (न्).

To **dethrone,** ***v. a.*** राज्यात् **or** सिंहासनात् पत् **in caus.** (पातयति –यितुं) **or** च्यु **in caus.** (च्यावयति –यितुं) **or** भ्रंश् **in caus.** (भ्रंशयति –यितुं) **or** उत्पट् **in caus.** (–पाटयति –यितुं).

Dethroned, ***p. p.*** राज्यभ्रष्ट: –ष्टा –ष्टं, भ्रष्टराज्य: –ज्या –ज्यं, राज्यात्प्रभ्रंशित: –ता –तं, राज्यप्रच्युत: –ता –तं, सिंहासनात्पातित: –ता –तं, राज्यादुत्पाटित: –ता –तं.

Dethronement, ***s.*** राज्यभ्रंश:, राज्यात्प्रभ्रंशनं, राज्यात्पातनं, राज्यादुत्पाटनं.

To **detonate,** ***v. n.*** स्तन् **(c. 1.** स्तनति –नितुं), स्फूर्ज् **(c. 1.** स्फूर्जति –र्जितुं), तीक्ष्णशब्दं कृ.

Detonation, ***s.*** स्तनितं, स्तननं, स्फूर्जनं, विस्फूर्जितं, तीक्ष्णशब्द:, आस्फोटनशब्द:.

To **detort,** ***v. a.*** विकृ, साचीकृ, वक्रीकृ, विरूप् **(c. 10.** –रूपयति –यितुं).

To **detract,** ***v. a.*** **(Take away from)** अपकृष् **(c. 1.** –कर्षति –क्रष्टुं), व्यपकृष्, अपहृ **(c. 1.** –हरति –हर्त्तुं), अपनी **(c. 1.** –नयति –नेतुं).—**(Diminish, lessen the value)** अल्पीकृ, न्यूनीकृ, कन **(nom.** कनयति –यितुं), लघ **(nom.** लघयति –यितुं), लघूकृ, ह्रस् **in caus.** (ह्रासयति –यितु).—**(Disparage, calcumniate)** असूय **(nom.** असूयति –ते –यितुं), अभ्यसूय, अपवद् **(c. 1.** –वदति –दितुं), परिवद्; निन्द् **(c. 1.** निन्दति –न्दितुं), अवक्षिप् **(c. 6.** –क्षिपति, क्षेप्तुं), आक्षिप्.

Detraction, ***s.*** **(Taking away, diminishing)** अपकर्ष: –र्षणं, अपनयनं, अपहरणं, अल्पीकरणं, न्यूनीकरणं, लघूकरणं, ह्रास:.—**(Disparagement, calumny)** असूया –यनं, अभ्यसूया, असूयु: ***m.,*** अपवाद:, परिवाद:, गुणापवाद:, गुणनिन्दा, गुणघात:, परगुणमत्सर:, परदोषवाद:, परदोषाभिधानं, दोषाविष्करणं, पिशुनवाक्यं, पैशुन्यं, कौलीनं, विगानं, आक्षेप:, कलङ्क:, वाग्दोष:.

Detractor, ***s.*** असूयक:, अभ्यसूयक:, अपवादी ***m.*** (न्),

गुणापवादकः, परिवादी *m.* (न्), गुणघाती *m.* (न्), परगुणासहनः, निन्दकः, आक्षेपकः, सूचकः, खलः.

Detractory, detractive, *a.* असूयकः -का -कं, अभ्यसूयकः -का -कं, असूकः -का -कं, अपवादकः -का -कं, गुणघाती -तिनी -ति (न्), परिवादी -दिनी -दि (न्), लाघवकारी -रिणी -रि (न्), पिशुनः -ना -नं, कलङ्ककरः -री -रं, अकीर्त्तिकरः -री -रं.

Detractress, *s.* अपवादिनी, परिवादिनी, अभ्यसूयका, निन्दाकारिणी.

Detriment, *s.* क्षतिः *f.*, अपायः, हानिः *f.*, अपकारः, अपचयः, हिंसा, द्रोहः, अनिष्टं, नाशः, विनाशः, विरोधः, क्षतं, अपकृतं, अपचितिः *f.*, अपहारः, क्षयः, उपक्षयः, दोषः, वाधः, भ्रंशः, ध्वंसः, प्रध्वंसः, व्ययः.

Detrimental, *a.* अपकारकः -का -कं, -री -रिणी -रि (न्), घातुकः -का -कं, उपघातकः -का -कं, हिंस्रः -स्रा -स्रं, हिंसकः -का -कं, विरोधी -धिनी -धि (न्), क्षतिकारकः -का -कं, हानिजनकः -का -कं, द्रोही -हिणी -हि (न्).

To* detrude, *v. a. निपत् **in caus.** (-पातयति -यितुं), अधःपत् **in caus. or** अधोऽधः पत्, अधःक्षिप् **(c. 6.** -क्षिपति -क्षेप्तुं), अधः कृ, प्रभ्रंश् **in caus.** (-भ्रंशयति -यितुं).

To* detruncate, *v. a. अवछिद् **(c. 7.** -छिनत्ति -छेत्तुं), अवकृत् **(c. 6.** -कृन्तति -कर्त्तितुं).

Detruncation, *s.* छेदः, कर्त्तनं, अवच्छेदः, अवकर्त्तनं, लोपः -पनं.

Detrusion, *s.* निपातनं, अधःपातनं, अधोऽधःपातनं, अधःक्षेपणं.

Deuce, *s.* (Two) द्विः, द्वयं, द्विकं.—**(Devil)** पिशाचः, वेतालः, भूतः.

Deuteronomy, *s.* ईश्वरीयव्यवस्थाया द्वितीयविवरणं, मूसालिखितं पञ्चमपुस्तकं.

To* devastate, *v. a. उपपीड् **(c. 10.** -पीडयति -यितुं); बाध् **(c. 1.** बाधते -धितुं), प्रबाध्, परिबाध्; उपद्रु **(c. 1.** -द्रवति -द्रोतुं), अभिमृद् **(c. 1.** -मर्दति -र्दितुं), अवमृद्, अपप्लु **(c. 1.** -प्लवते -प्लोतुं), दह् **(c. 1.** दहति, दग्धुं), निर्दह्.

Devastated, *p. p.* पीडितः -ता -तं, विप्लुतः -ता -तं, उपद्रुतः -ता -तं.

Devastation, *s.* विप्लवः, उपप्लवः, उपपीडनं, पीडनं, उपद्रवः, अवमर्दः, बाधा, प्रबाधा, उच्छेदः, विनाशः, अभिसम्पातः.

To* develop, *v. a. विवृ **(c. 5.** -वृणोति -णुते -वरितुं -रीतुं), अपावृ; प्रकाश् **in caus.** (-काशयति -यितुं), विकाश्, प्रकटीकृ, उत्पद् **in caus.** (-पादयति -यितुं), विस्तॄ **in caus.** (-स्तारयति -यितुं), प्रसृ **in caus.** (-सारयति -यितुं), विप्रथ् **in caus.** (-प्रथयति -यितुं), व्याकृ.

Developed, *p. p.* विवृतः -ता -तं, विकाशितः -ता -तं, उत्पादितः -ता -तं.

Development, *s.* विवृतिः *f.*, विवरणं, विकाशनं, प्रकाशनं, प्रसारणं, उत्पत्तिः *f.*, उत्पादनं, विस्तृतिः *f.*, विस्तारणं, प्रकटीकरणं, व्याकरणं.

Devergence, *s.* अधःपतनं, अधोगतिः *f.*, च्युतिः *f.*, भ्रंशः, उत्क्रमः, वक्रता.

To* deviate, *v. n. भृंश् **(c. 4.** भृश्यति, भृंशितुं), विभ्रंश्, च्यु **(c. 1.** च्यवते, च्योतुं), विच्यु, विचल् **(c. 1.** -चलति, -लितुं), उत्क्रम् **(c. 1.** -क्रामति -क्रमितुं), व्युत्क्रम्, भ्रम् **(c. 4.** भ्राम्यति, भ्रमितुं), व्यभिचर् **(c. 1.** -चरति -रितुं) **all with abl. c.,** त्यज **(c. 1.** त्यजति, त्यक्तुं) **with acc. c.**

Deviated, *p. p.* भ्रष्टः -ष्टा -ष्टं, च्युतः -ता -तं, विचलितः -ता -तं.

Deviation, *s.* भंशः, च्युतिः *f.*, विचलनं, उत्क्रमः, व्यभिचारः, भ्रान्तिः *f.*, भ्रमः, भ्रेषः, विक्रिया, त्यागः.—**(From the right way)** सत्पथभ्रंशः, सत्पथत्यागः, उत्पथगमनं, विमार्गगमनं, कुपथगमनं, यथोचिताद्भ्रंशः.

Device, *s.* (Contrivance) उपायः, व्यपदेशः, अपदेशः, व्यवसायः, प्रयोगः, कैतवप्रयोगः, प्रयुक्तिः *f.*, युक्तिः *f.*, कल्पना, चेष्टा, साधनं, प्रोत्सादनं, मन्त्रणा, छलं, माया, विधः; **'a good device,'** सुयुक्तिः *f.*—**(Project)** अभिप्रायः, आशयः, चिन्ता. —**(Emblem)** चिह्नं, अङ्कः, कुलीनपदचिह्नं.

Devil, *s.* पिशाचः, भूतः, वेतालः, अपदेवता. ***See* DEMON. The translators of the Bible have coined the word** शैतान् **from the Arabic.**

Devilish, *a.* पैशाचः -ची -चं -चिकः -की -कं, भौतः -ती -तं, तिकः -की -कं.

Devilishly, *adv.* पिशाचवत्, वेतालवत्.—**(Greatly)** अत्यर्थं, भृशं,

Devious, *a.* वक्रः -क्रा -क्रं, कुटिलः -ला -लं, अमर्य्यादः -दा -दं, उत्क्रान्तमर्य्यादः -दा -दं, व्यभिचारी -रिणी -रि (न्), अनाचारी -रिणी -रि (न्), भ्रमी -मिणी -मि (न्).

To* devise, *v. a. प्रचिन्त् **(c. 10.** -चिन्तयति -यितुं), परिचिन्त्, मनसा क्लृप् **(c. 10.** कल्पयति -यितुं) **or** परिक्लृप्, अनुसन्धा **(c. 3.** -दधाति -धातुं), विधा, घट् **(c. 1.** घटते -टितुं), मन्त्र् **(c. 10.** मन्त्रयति -यितुं), व्यवसो **(c. 4.** -स्यति -सातुं), आलोच् **(c. 10.** -लोचयति -यितुं).—**(Grant by will)** दानपत्रेण स्वरिक्थं दायादादिभ्यः प्रदा **(c. 1.** -यच्छति -दातुं) **or** समृ **in caus.** (-अर्पयति -यितुं).

To* devise, *v. n. उपायप्रयोगं कृ, उपायचिन्तां कृ, व्यपदेशं कृ.

Devise, *s.* (Bequeathing by will) दानपत्रेण दायादिभ्यो रिक्थप्रदानं.

Devised, *p. p.* प्रचिन्तितः -ता -तं, घटितः -ता -तं, विहितः -ता -तं, परिकल्पितः -ता -तं; **'well-devised,'** सुघटितः -ता -तं.

Devisee, *s.* धनहारी *m.* (न्), धनाधिकारी *m.* (न्), अधिकारी, दानपात्रं.

Deviser, *s.* **(Contriver)** उपायचिन्तकः, उपायज्ञः, उपेता *m.* (तृ), उपायी *m.* (न्), प्रयोजकः, परिकल्पकः, व्यवसायी *m.* (न्).

Devisor, *s.* दानपत्रेण रिक्थप्रदाता *m.* (तृ), सम्प्रदाता *m.*

Devoid, *a.* **(Empty)** शून्यः -न्या -न्यं.—**(Free from)** हीनः -ना -नं, विहीनः -ना -नं, रहितः -ता -तं, विरहितः -ता -तं, शून्यः -न्या -न्यं, वर्जितः -ता -तं, विवर्जितः -ता -तं, उज्झितः -ता -तं, वीतः -ता -तं, गतः -ता -तं, **or by** निर्, वि **and** अ **prefixed; as, 'devoid of fruit,'** फलहीनः -ना -नं, फलरहितः -ता -तं, फलशून्यः -न्या -न्यं, वीतफलः -ला -लं, निष्फलः -ला -लं, विफलः -ला -लं, अफलः -ला -लं.

Devoir, *s.* सत्कारः, सत्कृतं, सत्कृतिः *f.*, आदरकर्म्म *n.* (न्), समादरः, सम्मानं, पूजा, अर्चनं -ना, स्वकर्त्तव्यं, कर्त्तव्यता, व्रतं.

***To* devolve,** *v. a.* **(Roll down)** प्रवह् **in caus.** (-वाहयति -यितुं), प्रसृ **in caus.** (-सारयति -यितुं), प्रवृत् **in caus.** (-वर्त्तयति -यितुं), अनुवृत्, प्रपत् **in caus.** (-पातयति -यितुं).—**(Deliver over)** न्यस् **(c. 4.** -अस्यति -असितुं), सन्न्यस्, उपन्यस्, ऋ **in caus.** (अर्पयति -यितुं), समृ, प्रतिपद् **in caus.** (-पादयति -यितुं), निक्षिप् **(c. 6.** -क्षिपति -क्षेप्तुं), आरुह् **in caus.** (-रोपयति -यितुं), संक्रम् **in caus.** (-क्रामयति -यितुं).

***To* devolve,** *v. n.* **(Fall into new hands, be delivered over)** आगम् **(c. 1.** -गच्छति -गन्तुं), आया **(c. 2.** -याति -तुं), संक्रम् **(c. 1.** -क्रमते -मितुं), न्यस् **in pass.** (-अस्यते), सन्न्यस् **in pass.,** समृ **in caus. pass.** (-अर्प्यते), न्यस्तः -स्ता -स्तं भू.—**(Roll down, fall down)** अधो वृत् **(c. 1.** वर्त्तते -र्त्तितुं), अधो पत्, प्रपत् **(c. 1.** -पतति -तितुं).

Devolution, *s.* अधःपतनं, प्रवर्त्तनं, न्यसनं, सन्न्यसनं, आरोपणं.

***To* devote,** *v. a.* **(Appropriate to any use, dedicate, consecrate)** विनियुज् **(c. 7.** -युनक्ति -योक्तुं), प्रयुज्, समृ **in caus.** (-अर्पयति -यितुं), निविद् **in caus.** (-वेदयति -यितुं), उत्सृज् **(c. 6.** -सृजति -स्रष्टुं), प्रणी **(c. 1.** -णयति -णेतुं), उपक्लृप् **(c. 10.** -कल्पयति -यितुं), प्रतिष्ठा **in caus.** (-ष्ठापयति -यितुं), सङ्कल्पं कृत्वा दा **or** समृ, वितृ **(c. 1.** -तरति -रितुं -रीतुं).—**(Addict one's self to any thing)** आसञ्ज् **in pass.** (-सज्यते **or** -सज्जते -संक्तुं) **with loc.,** भज् **(c. 1.** भजति -ते, भक्तुं), आसेव् **(c. 1.** -सेवते -वितुं), मनो निविश् **in caus.** (-वेशयति -यितुं), अनुरञ्ज् **in pass.** (-रज्यते), समायत् **(c. 1.** -यतते -तितुं), आसक्तः -क्ता -क्तं भू; **'he is devoted to his wife,'** भार्य्यायाम् अनुरज्यते.—**(Doom to destruction)** नरकं गम्या इति शप्तं कृ.

Devoted, *p. p.* भक्तः -क्ता -क्तं, आसक्तः -क्ता -क्तं, प्रसक्तः -क्ता -क्तं, व्यासक्तः -क्ता -क्तं, सक्तः -क्ता -क्तं, रतः -ता -तं, निरतः -ता -तं, आरूढः -ढा -ढं, आस्थितः -ता -तं, समायत्तः -त्ता -त्तं, दृढभक्तिः -क्ता -क्तं, भक्तिः -क्ता -क्तं, भक्तिमान् -मती -मत् (त्); **'devoted to one's master,'** प्रभुभक्तः; **'to Kṛṣṇa,'** कृष्णाश्रितः **or** कृष्णांश्रितः; **'a devoted wife,'** पतिव्रता, एकपत्नी, पतिसेविनी; **'a devoted husband,'** पत्नीसेवी *m.* (न्), भार्य्यानुकूलः; **'a devoted friend,'** स्थितप्रेमा *m.* (न्).

Devotedness, *s.* **(Dedication, consecration)** समर्पणं, उत्सर्गः, निवेदनं, विनियोगः, सङ्कल्पकरणं, प्रतिष्ठा, वितरणं.—**(Addiction)** भक्तिः *f.*, आसक्तिः *f.*, रक्तिः *f.*, उपसेवनं, निवेशः, अभिनिवेशः, निविष्टता, परायणता, उपासकता.

Devotee, *s.* योगी *m.* (न्), सन्न्यासी *m.* (न्), तपस्वी *m.* (न्), तापसः, यती *m.* (न्), महाव्रती *m.* (न्), वैखानसः, मुनिः *m.* निर्ग्रन्थः -न्थकः, धर्म्मनिबन्धी *m.* (न्), धर्म्मनिरतः, धर्म्मनिविष्टः.

Devotion, *s.* **(Devoted attachment)** भक्तिः *f.*, भक्तत्वं, अनुरागः, आसक्तिः *f.*, प्रसक्तिः *f.*, सक्तिः *f.*, अनुरक्तिः *f.*, योगः, सेवा, उपासना, उपसेवनं.—**(Piety)** ईश्वरभक्तिः *f.*, भजनशीलता, धर्म्मत्वं, ईश्वरसेवा, उत्सर्गः.—**(Act of worship)** नियमः, धर्म्मक्रिया, धर्म्मकृत्यं, तपः *n.* (स्); **'to perform austere devotion,'** तपस् **(nom.** तपस्यति**)** **or** तपस् तप् **in pass.** (तप्यते); **'self-devotion,'** आत्मपरित्यागः; **'devotion to a husband,'** पतिसेवा, पातिव्रत्यं.

Devotional, *a.* **(Relating to religon)** धर्म्मविषयकः -का -कं, ईश्वरपूजाविषयः -या -यं, तपोमयः -यी -यं.—**(Religious)** धर्म्मपरः -रा -रं, ईश्वरभावनः -ना -नं, भजनशीलः -ला -लं, औपासनः -नी -नं, नियमनिष्ठः -ष्ठा -ष्ठं.

***To* devour,** *v. a.* ग्रस् **(c. 1.** ग्रसते -सितुं), उपग्रस्, भक्ष् **(c. 10.** भक्षयति -यितुं), सम्भक्ष्, खाद् **(c. 1.** खादति -दितुं), संखाद्, समद् **(c. 2.** -अत्ति -त्तुं), समश् **(c. 9.** -अश्नाति -अशितुं), पर्य्यश्, जक्ष् **(c. 2.** जक्षिति -तुं) घस् **(c. 1.** घसति, घस्तुं).—**(Swallow up)** गृ **(c. 6.** गिरति, गरितुं -रीतुं), निगृ, सङ्गृ, ग्रस्.—**(Consume)** उपयुज् **(c. 7.** -युंक्ते -योक्तुं), नश् **in caus.** (नाशयति -यितुं).

Devoured, *p. p.* ग्रस्तः -स्ता -स्तं, जग्धः -ग्धा -ग्धं, भक्षितः -ता -तं, खादितः -ता -तं.

Devourer, *s.* भक्षकः, खादकः, भक्षयिता *m.* (तृ), ग्रसनकारः, ग्रसिष्णुः *m.*

Devout, *a.* भक्तः -क्ता -क्तं, भक्तिमान् -मती -मत् (त्), भजनशीलः -ला -लं, धर्म्मी -र्म्मिणी -र्म्मि (न्), धार्म्मिकः -की -कं, धर्म्मिष्ठः -ष्ठा -ष्ठं, धर्म्मात्मा -त्मा -त्म (न्)

or पुण्यात्मा or प्रयतात्मा, पूजकः -का -कं, व्रती -तिनी -ति (न्), or महाव्रती, ईश्वरभावनः -ना -नं, आर्च्चः -र्च्ची -र्च्चं, पुण्यशीलः -ला -लं, तपस्वी -स्विनी -स्वि (न्), ईश्वरनिष्ठः -ष्ठा -ष्ठं, श्रद्धान्वितः -ता -तं, परमेश्वरे सदाभक्तिः -क्तिः -क्ति.

Devoutly, ***adv.*** ईश्वरभक्तिपूर्व्वं, ईश्वरभक्तत्वात्, श्रद्धापूर्व्वं.

Devoutness, ***s.*** ईश्वरभक्तत्वं, ईश्वरनिष्ठत्वं, नियमनिष्ठता, श्रद्धावत्त्वं.

Dew, ***s.*** नीहारः, तुषारः, शिशिरः, प्रालेयं, अवश्यायः, रजनीजलं, रात्रिजलं, निशाजलं, खजलं, खवारि ***n.,*** अवश्यायजलं, अवश्यायसलिलं, निशापुष्पं, खवाष्पः, हिमः -मं, दस्रं.

To* dew,** ***v. a. नीहारेण **or** शिशिरेण क्लिद् **in caus.** (क्लेदयति -यितुं) **or** सिच् **(c. 6.** सिञ्चति, सेक्तुं) **or** प्रोक्ष् **(c. 1.** -उक्षति -क्षितुं), **or** आर्द्रीकृ.

Dew-besprent, ***a.*** शिशिराक्तः -क्ता -क्तं, नीहारोक्षितः -ता -तं, तुषारक्लिन्नः -न्ना -न्नं, अवश्यायावसिक्तः -क्ता -क्तं.

Dew-drop, ***s.*** तुषारकणः, नीहारविन्दुः ***m.,*** शिशिरविन्दुः, अवश्यायविन्दुः, हिमकणः, तुषारशीकरः.

Dew-lap, ***s.*** गलकम्बलः, कम्बलः, साम्बा, वृषगलस्य लोलितमांसं.

Dewy, ***a.*** तुषारमयः -यी -यं, नीहारसिक्तः -क्ता -क्तं, सशिशिरः -रा -रं.

Dexterity, ***s.*** दक्षता, दाक्ष्यं, हस्तकौशल्यं, करदक्षता, हस्लाघवं, हस्तापादिक्षिप्रता, चातुर्य्यं, नैपुण्यं, युक्तिः ***f.,*** सुप्रयोगः -गता, पटुता, सत्वरता.

Dexterous, ***a.*** दक्षः -क्षा -क्षं, करदक्षः -क्षा -क्षं, लघुहस्तः स्ता -स्तं, कृतहस्तः -स्ता -स्तं, चतुरः -रा -रं, निपुणः -णा -णं, क्षिप्रः -प्रा -प्रं, युक्तिमान् -मती -मत् (त्), सुप्रयोगवान् -वती -वत् (त्), पेशलः -ला -लं, पटुः -टुः -टु, सूत्थानः -ना -नं, उष्णः -ष्णा -ष्णं.

Dexterously, ***adv.*** सदाक्ष्यं, सलाघवं, युक्त्या, सचातुर्य्यं, सपाटवं.

Dextral, ***a.*** दक्षिणः -णा -णं, दाक्षिणः -णी -णं, अपसव्यः -व्या -व्यं, वामेतरः -रा -रं, अवामः -मा -मं, दक्षिणस्थः -स्था -स्थं, दक्षिणपार्श्वस्थः -स्था -स्थं.

Dhanwantari, ***s.*** **(The physician of the gods)** धन्वन्तरिः ***m.,*** काशिराजः.

Diabetes, ***s.*** बहुमूत्रमेहः, बहुमूत्ररोगः, इक्षुमेहः, प्रमेहः.

Diabolic, diabolical, ***a.*** पैशाचः -ची -चं -चिकः -की -कं, भौतिकः -की -कं, पिशाचोपमः -मा -मं, वैतालिकः -की -कं, दारुणः -णा -णं.

Diabolically, ***adv.*** पिशाचवत्, भूतवत्, वेतालवत्, दारुणं.

Diacoustics, ***s.*** श्रवणविद्या, शब्दनिर्णयविद्या, ध्वनिविद्या.

Diadem, ***s.*** किरीटः, मुकुटं, मौलिः ***m.,*** -ली, वेष्टनं, शिरोवेष्टनं, अवतंसः, तिरीटं, बन्धुरं, चूडा, मस्तकाभरणं.

Diademed, ***a.*** किरीटी -टिनी -टि (न्), किरीटधारी -रिणी -रि (न्).

Diaeresis, ***s.*** स्वरविच्छेदः, पदविभेदः, अक्षरविच्छेदः, असन्धिः, यथा तितउ शब्दे.

Diagnostic, ***s.*** रोगलक्षणं, रोगचिह्नं, विसूचिका, प्रज्ञानं, उपसर्गः.

Diagonal, ***a.*** एककोणाद् अन्यकोणपर्य्यन्तम् अङ्कितः -ता -तं, कोणाकोणि लिखितः -ता -तं.

Diagonal, ***s.*** कर्णः, श्रुतिः ***f.,*** श्रवणः, एककोणाद् अन्यकोणपर्य्यन्तम् अङ्किता रेखा, कोणाकोणि लिखिता रेखा यया चतुरस्रं द्विसमीकृतं.

Diagonally, ***adv.*** कोणाकोणि, आरारि, अस्राम्रि.

Diagram, ***s.*** मण्डलकं, चक्रं, कूर्म्मचक्रं, क्षेत्रं, अङ्कः, चित्रं.

Dial, dial-plate, ***s.*** मुहूर्त्तदण्डादिपरिमापकं मण्डलं, अङ्कचिह्निता घटी यया मयूखद्वारेण कालः सूच्यते, द्वन्दः, यामघोषा; **'pin of a dial,'** मयूखः, कीलः; **'sun-dial,'** सूर्य्यघटी, प्रतोदः.

Dialect, ***s.*** **(Subdivision of a language)** विभिन्नभाषा, देशभाषा. —**(Language, speech)** भाषा, भाषितं -षणं, वचनं, वाक्यं, वाक् ***f.*** (च्), उक्तिः ***f.;*** **'foreign dialect,'** म्लेच्छभाषा.

Dialectic, ***s.*** **(Logic)** तर्कः, तर्कविद्या, न्यायः, आन्वीक्षिकी, अनुमानोक्तिः ***f.***

Dialectical, ***a.*** तार्किकः -की -कं, न्यायी -यिनी -यि (न्), प्रोहः -हा -हं.

Dialectically, ***adv.*** न्यायतस्, तर्कविद्यानुसारेण, तर्कशास्त्रवत्.

Dialectician, ***s.*** तर्की ***m.*** (न्), न्यायविद्, नैयायिकः, आक्षपादः, सांवादिकः.

Dialling, ***s.*** **(Science of shadow)** छायाविद्या. —**(Dial making)** घटीनिर्म्माणं, पूर्वोक्तमण्डलनिर्म्माणशिल्पं.

Dialogist, ***s.*** कथोपकथकः, सांवादिकः, सम्भाषकः, उत्तरप्रत्युत्तरकृत्, प्रश्नोत्तरक्रमेण कथोपकथनरचकः.

Dialogue, ***s.*** कथोपकथनं, संलापः, सम्भाषा -षणं, संवादः, द्वयोः संवादः, सङ्कथा, सम्प्रवदनं, उत्तरप्रत्युत्तरं, प्रश्नोत्तरं, उक्तिप्रत्युक्तिः ***f.,*** परस्परालापः, वीथ्यङ्गं.

To* dialogue,** ***v. n. सम्भाष् **(c. 1.** -भाषते -षितुं), संवद् **(c. 1.** -वदति -दितुं), संलप् **(c. 1.** -लपति -पितुं), संवच् **(c. 2.** -वक्ति -क्तुं), कथोपकथनं कृ.

Diameter, ***s.*** **(Of a circle)** वसं, विष्कम्भः, विस्तारः, विस्तृतिः ***f.***

Diametral, diametrical, ***a.*** व्यासक्रमेण विपरीतगतः -ता -तं, अभिमुखगतः -ता -तं.

Diatrically, ***adv.*** व्यासक्रमेण विपरीतं, अभिमुखं, प्रतिकूलं, मुखामुखि.

Diamond, *s.* हीरं-रकः, वज्रः -ज्रं, वरारकं, अविकं, अशिरं, दधीच्यस्थि ***n.,*** दृढाङ्गं, लोहजित्, सूचीमुखं, रत्नमुख्यं, भार्गवप्रियः; **'diamondmine,'** वज्राकरः.

Diamond-cutter, *s.* हीराकारः, हीरकछिद्, हीरमार्जकः, हीरपरिष्कारकः.

Diapason, *s.* स्वराष्टकं, अष्टस्वरा ***m.pl.,*** स्वरग्रामः, विरिब्धाष्टकं.

Diaper, *s.* पुष्पादिसंस्कारलङ्कृतः क्षौमपटः चित्रपटः, वरकं.

To **diaper,** ***v. a.*** क्षौमपटं पुष्पादिसंस्कारेण अलङ्कृ, चित्र् (**c. 10.** चित्रयति -यितुं)

Diaphaneity, *s.* स्वच्छता, अच्छता, प्रसन्नता, प्रसत्तिः ***f.,*** वैशद्यं.

Diaphanic, Diaphanous, *a.* स्वच्छः -च्छा -च्छं, अच्छः -च्छा -च्छं, प्रसन्नः -न्ना -न्नं, विशदः -दा -दं, विमलः -ला -लं, विशुद्धः -द्धा -द्धं, स्फटिकप्रभः -भा -भं.

Diaphoretic, *a.* स्वेदकरः -री -रं, स्वेदनः -ना -नं, स्वेदजनकः -का -कं, धर्म्मोत्पादकः -का -कं, प्रस्वेदितवान् -वती -वत् (त्); **'a diaphoretic,'** स्वेदनं.

Diaphragm, *s.* शरीरस्य मध्यदेशः, उदरवक्षःस्थलमध्ये शरीरभागः.

Diarrhoea, *s.* अतिसारः, सारणः, प्रवाहिका, ग्रहणीरुक् ***f.*** (ज्), ग्रहणी, विरेकः, प्रस्कन्दनं -न्दिका, वसन्तः.

Diarrhoetic, *a.* रेचकः -की -कं, सारकः -का -कं, अधोभागहरः -रा -रं.

Diary, *s.* आह्निकव्यवहारपुस्तकं, दैनिकवृत्तान्तपुस्तकं, आह्निकचरित्रलिखनं, पुस्तकं यस्मिन् दैनिकचेष्टितानि समारोप्यन्ते, पदभञ्जिका, पञ्जिका.

Diastole, *s.* रूपकविशेषो येन ह्रस्वस्वरो दीर्घीक्रियते.

Diatesseron, *s.* गान्धर्वविद्यायां स्वरचतुष्टयं.

Dibble, *s.* लघुखनित्रं, क्षुद्रखात्रं, वीजारोपणे प्रयुक्तो तीक्ष्णाग्रो दण्डः.

Dicacity, *s.* वावदूकता, अतिशयोक्तिः ***f.,*** जल्पः, वाचालता, अविनयः.

Dice, ***s. pl.*** **of DIE.** अक्षाः ***m. pl.,*** पाशकाः ***m. pl.,*** देवनाः ***m. pl.;*** **'loaded dice,'** कूटाक्षाः ***m. pl.,*** **'player with dice,'** अक्षदेवी ***m.*** (न्).

To **dice,** ***v. n.*** अक्षैर् दिव् (**c. 4.** दीव्यति -ते, देवितुं) **or** प्रदिव् **or** प्रतिदिव् **or** क्रीड् (**c. 1.** क्रीडति -डितुं); ग्लह् (**c. 1.** ग्लहते -हितुं), अक्षक्रीडां कृ.

Dice-board, *s.* पाशकपीठः, नयपीठी, अष्टापदं, शारिफलं.

Dice-box, *s.* अक्षाधारः, पाशकभाण्डं, अक्षभाजनं, अक्षसम्पुटकः.

Dicer, *s.* अक्षदेवी ***m.*** (न्), अक्षद्यूतः -द्यूः अक्षक्रीडकः; **'player with unfair dice,'** कूटाक्षदेवी ***m.*** (न्).

To **dichotomize,** ***v. a.*** द्विधा कृ **or** छिद् (**c. 7.** छिनत्ति, छेत्तुं), पृथक्कृ.

Dicker, *s.* **(Of leather)** दशचर्म्माणि ***n. pl.,*** चर्म्मदशकं.

To **dictate,** ***v. a.*** आज्ञा **in caus.** (-ज्ञापयति -यितुं), आदिश् (**c. 6.** -दिशति -देष्टुं), निर्दिश्, शास् (**c. 2.** शास्ति, शासितुं), चुद् **in caus.** (चोदयति -यितुं), अभिचुद्, प्रेर् **in caus.** (-ईरयति -यितुं), प्रक्लृप् **in caus.** (-कल्पयति -यितुं).

Dictate, *s.* आज्ञा, आदेशः, निदेशः, निर्देशः, नियमः, नियोगः, शासनं, चोदनः, विधिः ***m.,*** विधानं, प्रेरणं, वचनं, प्रयुक्तिः ***f.***

Dictated, ***p. p.*** आदिष्टः -ष्टा -ष्टं, आज्ञापितः -ता -तं, चोदितः -ता -तं.

Dictation, *s.* आदेशः, आज्ञापनं, निर्देशः, निदेशः, नियोजनं, विज्ञापनं, चोदना.

Dictator, *s.* आपाततः **or** विनिपातसमये सर्व्वसम्मत्या परमाधिकारयुक्तो जनः, अनन्याधीनः शासिता ***m.*** (तृ), परमशासिता, परमप्रभुः, एकप्रभुः, एकाधिपतिः ***m.***

Dictatorial, *a.* आज्ञापकः -का -कं, निर्देशकः -का -कं, घृष्टः -ष्टा -ष्टं.

Dictatorship, *s.* पूर्व्वोक्तशासितुः पदं **or** अधिकारः, ऐकपत्यं, ऐकाधिपत्यं.

Diction, *s.* वाग्व्यापारः, वाक्यव्यापारः, वाग्रीतिः ***f.,*** वाक्यं, उक्तिः ***f.,*** वचनं, भाषा, वाणी, व्याहारः, वचः ***n.*** (स्).

Dictionary, *s.* कोषः, शब्दकोषः, शब्दसङ्ग्रहः, अभिधानं, शब्दग्रन्थः, शब्दजालं, निर्वचनं, निघण्टुः ***m.;*** **'a dictionary compiler,'** कौशिकः.

Dictum, *s.* **(Authoritative saying)** वचनं, आदेशः, वक्तव्यं.

Didactic, didactical, *a.* उपदेशकः -का -कं, निर्देशकः -का -कं, शिक्षकः -का -कं, शिक्षाकरः -रा -रं, वैधिकः -की -कं, मौत्रः -त्री -त्रं.

Didapper, *s.* **(A diving bird)** प्लवः, प्लावी ***m.*** (न्).

Die, *s.* **(To play with)** अक्षः, पाशकः, देवनः, नयः, विन्दुतन्त्रः, दुन्दुभिः ***f.*** -भी, जयपुत्रकः, शारिशृङ्खला, अष्टाङ्गं; **'a loaded die,'** कूटाक्षः, दुरक्ष.—**(Chance)** दैवं.—**(Stamp used in coinage)** मुद्रा.

To **die,** ***v. a.*** **(Colour, stain).** ***See To dye.***

To **die,** ***v. n.*** **(Lose life)** मृ (**c. 6.** म्रियते, मर्त्तुं), सम्मृ, प्रे (**c. 2.** -एति -तुं, **with** प्र, प्रैति), परे, अती (अत्येति), व्यती; जीवनं **or** देहम् उत्सृज् (**c. 6.** -सृजति -स्रष्टुं), तनुं **or** शरीरं त्यज् (**c. 1.** त्यजति, त्यक्तुं) **or** न्यस् (**c. 4.** -अस्यति -असितुं), प्राणत्यागं कृ, प्रमी (**c. 4.** -मीयते), विपद् (**c. 4.** -पद्यते -पत्तुं), व्यापद्; पञ्चत्वं गम् (**c. 1.** गच्छति, गन्तुं), देहाद् अपगम्, लोकान्तरं गम् **or** प्राप् (**c. 5.** -आप्नोति -आप्तुं),

संस्था (c. 1. -तिष्ठते -स्थातुं), प्रेतीभू.—(Perish, be lost) नश् (c. 4. नश्यति, नशितुं), प्रणश्, विनश्; प्रली (c. 4. -लीयते -लेतुं), क्षि in pass. (क्षीयते), प्रक्षि, संक्षि, ध्वंस् (c. 1. ध्वसंते -सितुं), विध्वंस्.—(Sink, faint) सद् (c. 1. सीदति, सत्तुं), अवसद्, विषद्; म्लै (c. 1. म्लायति, म्लातुं), मुर्छ् (c. 1. मूर्च्छति -र्च्छितुं).—(Wither) विश in pass. (-शीर्य्यते).

Dier, ***s.*** **(One who colours)** वस्त्ररागकृत्. ***See*** **Dyer.**

Diet, ***s.*** **(Food)** अन्नं, आहारः, खाद्यद्रव्यं, भोजनं, भक्ष्यं, भोज्यं; **'change of diet,'** अन्नपरिवर्त्तः.—**(Food regulated by the rules of medicine)** पथ्यं, पथ्यान्नं, पथ्यापथ्यं.—**(Assembly of princes)** राजसभा, शिष्टसभा, मण्डलेश्वरसभा.

To **diet,** ***v. a.*** **(Feed by the rules of medicine)** पथ्यापथ्यं निर्दिश् (c. 6. -दिशति -देष्टुं), पथ्यान्नं or पथ्यान्नेन भुज् in caus. (भोजयति -यितुं), पथ्यान्नं दा.—**(Feed)** भुज् in caus., पुष् (c. 10. पोषयति -यितुं), भृ (c. 3. बिभर्त्ति, भर्त्तुं).

To **diet,** ***v. n.*** पथ्यान्नं भुज् 9c. 7. भुंक्ते, भोक्तुं) or अश् (c. 9. अश्नाति, अशितुं).

Diet-drink, ***s.*** औषधीयजलं, पथ्यपानीयं, सिद्धजलं.

To **differ,** ***v. n.*** **(Be distinguished from)** विशिष् in pass. (-शिष्यते), भिद् in pass. (भिद्यते), विभिद्, प्रभिद् all with abl. c.; as, **'the son differs from the father,'** पितुर् भिद्यते कुमारः.—**(Contend, be at variance)** विरुध् (c. 7. -रुणद्धि -रोद्धुं), प्रतिरुध्, प्रतिकूल (nom. प्रतिकूलयति -यितुं).—**(Dissent)** विपरीतं मन् (c. 4. मन्यते, मन्तुं), न सम्मन्, अन्यथा मन्, असम्मतिं कृ, विवद् (c. 1. -वदते दितुं), न स्वीकृ, भिन्नमतः -ता -तं भू.

Difference, ***s.*** **(Distinction from something else)** भेदः, विभेदः, प्रभेदः, भिदा, विशेषः, विशिष्टता, वैशिष्ट्यं, अन्तरं -रितं, भिन्नता, विभिन्नता, पृथक्त्वं, पार्थक्यं, अवच्छेदः, अन्यथात्वं, परत्वं, इतरत्वं.—**(Contrariety)** विपरीतता, वैपरीत्यं, विरोधः, विरुद्धता, विपर्य्ययः, वैलक्षण्यं, विप्रतिपत्तिः ***f.,*** द्वैधं, द्वैविध्यं.—**(Difference of opinion, dispute)** मतिप्रभेदः, मतिविपर्य्ययः, विमतिः ***f.,*** वैमत्यं, विवादः, विसंवादः, द्वैधं, कलहः, कलिः ***m.***—**(Difference of meaning)** अर्थभेदः, अर्थान्तरं.—**(Difference in quantity)** तारतम्यं, वैषम्यं.—**(Dissimilarity)** असाम्यं, असादृश्यं.

To **difference,** ***v. a.*** विशिष् in caus. (-शेषयति -यितुं), भिद् in caus. (भेदयति -यितुं), पृथक्कृ.

Different, ***a.*** **(Distinct)** भिन्नः -न्ना -न्नं, प्रभिन्नः -न्ना -न्नं, विभिन्नः -न्ना -न्नं, अन्यः -न्या -न्यत्, अन्यतरः -रा -रत्, इतरः -रा -रं, परः -रा -रं, विपरीतः -ता -तं, विविक्तः -क्ता -क्तं, व्यतिरिक्तः -क्ता -क्तं, विशिष्टः -ष्टा -ष्टं, त्वः त्वा त्वं.—**(Dissimilar)** असदृशः -शी -शं, असमानः -ना -नं, असमः -मा -मं, विषमः -मा -मं.—**(Various)** विविधः -धा -धं, पृथग्विधः -धा -धं, नानाविधः -धा -धं, बहुविधः -धा -धं, **'by a different road,'** भिन्नमार्गेण; **'in a different way,'** अन्यथा; **'different state of the case,'** अन्यथात्वं. **Sometimes expressed by** अन्तरं **affixed; as, 'a different meaning,'** अर्थान्तरं.

Differential, ***a.*** भेदकरः -री -रं, विशेषकः -का -कं.—**(Differential series, dependence of larger numbers on smaller)** तारतम्यं.

Differently, ***adv.*** अन्यथा, इतरथा, परतस्, अन्यतस्, इतरतस्, पृथक्, भिन्नरूपेण, अन्यप्रकारेण, विपरीतं, पृथक्त्वेन.

Difficult, ***a.*** **(Hard, not easy)** कठिनः -ना -नं, दुष्करः -रा -री -रं, दुःसाध्यः -ध्या -ध्यं, दुश्चरः -रा -रं, दुर्निवहः -हा -हं, असुकरः -री -रं, असुगमः -मा -मं, विषमः -मा -मं, कष्टः -ष्टा -ष्टं, कष्टकरः -री -रं, आयासी -सिनी -सि (न्); **'difficult to be understood,'** दुर्ज्ञेयः -या -यं; **'difficult to be got,'** दुर्लभः -भा -भं, दुःप्राप्यः -प्या -प्यं, दुःखलभ्यः -भ्या -भ्यं, दुःखेन प्राप्यः -प्या -प्यं, दुरापः -पा -पं; **'difficult to be overcome,'** दुरतिक्रमः -मा -मं; **'difficult to be cut,'** दुःखछेद्यः -द्या -द्यं; **'difficult to be joined,'** दुःसन्धानः -ना -नं; **'difficult of digestion,'** दुर्जरः -रा -रं; **'difficult of ascent,'** दुरारोहः -हा -हं; **'a difficult case,'** सशल्योऽर्थः; **'difficult march,'** सङ्क्रमः, दुर्गसञ्चरः.—**(Peevish, morose)** वक्रभावः -वा -वं, दुर्धर्षः -र्षा -र्षं.

Difficultly, ***adv.*** दुःखेन, कष्टेन, कृच्छ्रेण, कृच्छ्रात्, कष्टं, आयासेन, कठिनं, विषमं, दुर् **prefixed; as, 'difficulty attainable,'** दुःप्राप्यः -प्या -प्यं.

Difficulty, ***s.*** **(Hardness, that which is hard to effect)** काठिन्यं, कठिनता, दुःखं, कृच्छ्रं, कष्टं, आयासः, दुष्करत्वं, असौकर्य्यं, विषमं, वैषम्यं, दुर्गं, शल्यं, संशयः; **'difficulties,'** दुर्गाणिः; **'beset with difficulties,'** सशल्यः -ल्या -ल्यं, सकण्टकः -का -कं; **'overcoming difficulties,'** दुर्गलङ्घनः -नी -नं; **'cut with difficulty,'** दुःखछेद्यः -द्या -द्यं or दुःखेन छेद्यः; **'without difficulty,'** अनायासं -सेन; **'obtained with difficulty,'** कृच्छ्राप्तः -प्ता -प्तं.—**(Distress, opposition)** क्लेशः, दुःखं, बाधः, विरोधः, प्रातिकूल्यं.—**(Perplexity)** व्यग्रता, वैक्लव्यं, विप्लवः.—**(Objection)** बाधा, उद्ग्राहः.

To **diffide,** ***v. n.*** शङ्क् (c. 1. शङ्कते -ङ्कितुं), आशङ्क्, न विश्वस् (c. 2. -श्वसिति -तुं).

Diffidence, ***s.*** **(Want of confidence in others)** अविश्वासः, अप्रत्ययः, शङ्का.—**(In one's self)** ह्रीः, लज्जा, व्रीडा, अप्रागल्भ्यं, आशङ्का.

Diffident, ***a.*** **(Distrustful)** अविश्वासी -सिनी -सि (न्), अप्रत्ययी -यिनी -यि (न्), शङ्काशील: -ला -लं, साशङ्क: -ङ्का -ङ्कं, सशङ्क: -ङ्का -ङ्क.—**(Modest, reserved)** ह्रीमान् -मती -मत् (त्), लज्जावान् -वती -वत् (त्), अप्रगल्भ: -ल्भा -ल्भं, अधृष्ट: -ष्टा -ष्टं.

Diffidently, ***adv.*** शङ्कया, शङ्कापूर्व्वं, लज्जया, अप्रगल्भं, अधृष्टं.

Diffluence, diffluency, ***s.*** विद्रुतत्वं, द्रुतता, द्रवत्वं, द्राव्यत्वं, विलीनता, तरलता.

Diffluent, ***a.*** विद्रुत: -ता -तं, द्रव: -वा -वं, विलीन: -ना -नं, तरल: -ला -लं.

To **diffuse,** ***v. a.*** **(Pour out)** प्रस्रु **in caus.** (-स्रावयति -यितुं), प्रक्षिप् **(c. 6.** -क्षिपति -क्षेप्तुं), पत् **in caus.** (पातयति -यितुं).—**(Spread, scatter, extend)** विस्तृ **in caus.** (-स्तारयति -यितुं), संस्तृ, परिस्तृ, प्रसृ **in caus.** (-सारयति -यितुं), विसृ, अतिसृ **in caus.** विसृप् **in caus.** (-सर्पयति -यितुं), प्रचुर् **in caus.** (-चारयति -यितुं), विद्रु **in caus.** (-द्रावयति -यितुं), विकॄ **(c. 6.** -किरति -करितुं -रीतुं), प्रथ् **in caus.** (प्रथयति -यितुं), तन् **(c. 8.** तनोति -नितुं), वितन्, वृध् **in caus.** (-वर्धयति -यितुं), प्रवृध्, विकाश् **in caus.** (-काशयति -यितुं), प्रपञ्च् **(c. 10.** -पञ्चयति -यितुं).—**(Diffuse itself, be diffused)** व्याप् **(c. 5.** -आप्नोति -आप्तुं), विस्तृ **in pass.** (-स्तीर्य्यते), विरुह् **(c. 1.** -रोहति -रोढुं), प्रवृध् **(c. 1.** -वर्धते -र्धितुं), सर्व्वत्र गम् **(c. 1.** गच्छति, गन्तुं), व्यश् **(c. 5.** -अश्नुते -अशितुं), विगाह् **(c. 1.** -गाहते -हितुं), प्रविश् **(c. 6.** -विशति -वेदु).

Diffuse, ***s.*** **(Not concise, prolix)** विस्तीर्ण: -र्णा -र्णं, विस्तृत: -ता -तं, आयत: -ता -तं, अतिक्रान्त: -न्ता -न्तं, प्रपञ्चित: -ता -तं, दीर्घसूत्र: -त्रा -त्रं, असंक्षिप्त: -प्ता -प्तं, असामासिक: -की -कं.

Diffused, ***p. p.*** व्याप्त: -प्ता -प्तं, विस्तीर्ण: -र्णा -र्णं, विस्तृत: -ता -तं, प्रसारित: -ता -तं, विसारित: -ता -तं, प्रसृत: -ता -तं, विसृत: -ता -तं, विकीर्ण: -र्णा -र्णं, प्रकीर्ण: -र्णा -र्णं प्रचारित: -ता -तं, प्रकाशित: -ता -तं, प्रथित: -ता -तं, प्रवृद्ध: -द्धा -द्धं, तत: -ता -तं, वितत: -ता -तं, आतत: -ता -तं, प्रवितत: -ता -तं, प्रपञ्चित: -ता -तं, सर्व्वगत: -ता -तं, सर्व्वत्रगत: -ता -तं, परिगत: -ता -तं, द्रुत: -ता -तं.

Diffusely, ***adv.*** विस्तरशस्, विस्तरेण, सुविस्तरं, प्रपञ्चेन, वाग्विस्तारेण, असंक्षेपतस्, असमासतस्, असंक्षिप्तं, दीर्घसूत्रतया.

Diffusion, ***s.*** व्याप्ति: ***f.,*** व्यापनं, व्यापकत्वं, विस्तार:, विस्तृति: ***f.,*** विस्तार:, विस्तीर्णता, प्रसारणं, प्रसर: -रणं, परिसर:, प्रतति: ***f.,*** वितति: ***f.,*** सन्तति: ***f.,*** तान:, प्रतान:, प्रपञ्च:, प्रकाश: -शनं, विकाश: -शनं, व्यास:, परिक्षेप:, तन्ति: ***f.,*** विग्रह:.

Diffusive, ***a.*** व्यापक: -का -कं, व्यापी -पिनी -पि (न्), व्याप्तिमान् -मती -मत् (त्), विस्तरणशील: -ला -लं, विसतृत: -ता -तं, व्यश्नुवान: -ना -नं, प्रतानी -निनी -नि (न्), विसारी -रिणी -रि (न्) **or** प्रसारी, सान्तानिक: -की -कं, क्षिपण्यु: -ण्यु: -ण्यु.

Diffusively, ***adv.*** विस्तीर्णं, सुविस्तरं, व्याप्तं, सामान्यतस्, सर्व्वत्र, सुपर्य्याप्तं.

Diffusiveness, ***s.*** विस्तार:, विस्तीर्णता, विस्तृति: ***f.,*** व्याप्ति: ***f.,*** व्यापकत्वं.—**(Prolixity of style)** वाग्विस्तार:, विस्तर:, प्रपञ्च:, दीर्घसूत्रता.

To **dig,** ***v. a.*** **and** ***n.*** खन् **(c. 1.** खनति -ते -नितुं), अभिखन्, आखन्; **'dig with a spade,'** खनित्रेण खन् **or** खनित्रेण भूमिं भिद् **(c. 7.** भिनत्ति, भेत्तुं) **or** दॄ **in caus.** (दारयति -यितुं) **or** गर्त्तं कृ.—**(Dig up)** उत्खन्, प्रोत्खन्.—**(Pierce)** निखन्, निर्भिद्, छिद्र **(c. 10.** छिद्रयति -यितुं), छिद् **(c. 7.** छिनत्ति, छेत्तुं), व्यध् **(c. 4.** विध्यति, व्यद्धुं).

Digerent, ***a.*** अग्निवर्द्धक: -का -कं, पाचक: -का -कं, परिपाकी -किणी -कि (न्).

Digest, ***s.*** स्मृतिसंहिता, स्मृतिसङ्ग्रह:, धर्म्मशास्त्रसंहिता, स्मृतिशास्त्रं, स्मृतिसार:.—**(Any compilation)** सङ्ग्रह:, संहिता, समाहार:, संक्षेप:.

To **digest,** ***v. a.*** **(Concoct in the stomach)** जठरे **or** उदरे जॄ **in caus.** (जरयति -यितुं), पच् **(c. 1.** पचति, पक्तुं), परिपच्, क्वथ् **(c. 1.** क्वथति -थितुं), दह् **(c. 1.** दहति, दग्धुं).—**(Soften by heat)** निष्क्वथ्, सिद्धीकृ.—**(Arrange, methodise)** क्रमेण रच् **(c. 10.** रचयति -यितुं), विरच्, श्रेणीक्रमेण लिख् **(c. 6.** लिखति, लेखितुं) **or** ग्रन्थ् **(c. 1.** ग्रन्थति -न्थितुं), सङ्ग्रहं कृ.—**(Prepare in the mind)** मनसा विचर् **in caus.** (-चारयति -यितुं).—**(Put up with)** सह् **(c. 1.** सहते, सोढुं), क्षम् **(c. 1.** क्षमते, क्षन्तुं).

To **digest,** ***v. n.*** जठरे **or** उदरे जॄ **(c. 4.** जीर्य्यति, जरितुं -रीतुं).—**(Suppurate)** पूय् **(c. 1.** पूयते -यितुं), पूयं जन् **(c. 10.** जनयति -यितुं).

Digested, ***p. p.*** जीर्ण: -र्णा -र्णं, पक्व: -क्वा -क्वं, क्वथित: -ता -तं, परिपक्व: -क्वा -क्वं, दग्ध: -ग्धा -ग्धं, रुचित: -ता -तं, सिद्ध: -द्धा -द्धं.

Digester, ***s.*** **(That which strengthens digestion)** जारणं, पाचकं, पाचनं, अग्निवर्धन:, रोचक:, रोचन:.—**(A vessel)** निष्क्वथनयन्त्रं.

Digestible, ***a.*** पक्तव्य: -व्या -यं, पचनीय: -या -यं, क्वथनीय: -या -यं.

Digestion, ***s.*** पाक:, परिपाक:, विपाक:, पचनं, जीर्णि: ***f.,*** जरणं, परिपक्वता, पुटपाक:, अग्नि: ***m.,*** वह्नि: ***m.,*** जठराग्नि:,

उदराग्निः, जठरानलः, कायाग्निः *m.*, कोष्ठाग्निः; **'showness of digestion,'** अग्निमान्द्यं; **'having a weak digestion,'** मन्दाग्निः -ग्निः -ग्निः **'having a good digestion,'** दीप्ताग्निः -ग्निः -ग्नि.—**(Suppuration)** पूयत्वं, पाकः.

Digestive, *a.* पाचकः -का -कं, पाचनः -ना -नं, परिपाकी -किणी -कि (न्), अग्निवर्द्धकः -का -कं, अग्निदः -दा -दं, वह्निकरः -री -रं, आग्नेयः -यी -यं, रुचकः -का -कं, रोचकः -का -कं, रोचनः -ना -नं.—**(Supurative)** पाकलः -ला -लं.

Digger, *s.* खनकः, खनिता *m.* (तृ), खननकारी *m.* (न्), खातकः, आखनिकः.

***To* dight,** *v. a.* भूष् **(c. 10.** भूषयति -यितुं), अलङ्कृ, परिधा **(c. 2.** -धत्ते -धातुं).

Digit, *s.* **(Of the moon)** कला, इन्दुलेखा, इन्दुरेखा, शशाङ्कलेखा, इन्दुदलः.—**(Arithmetical character)** अङ्कः, गुणनिका.

Digitated, *a.* शाखी -खिनी -खि (न्), अङ्गुलिवद् विभिन्नः -न्ना -न्नं.

Digladiation, *s.* असियुद्धं, खड्गयुद्धं, युद्धं, कलिः *m.*, कलहः.

Dignified, *a.* उदारचरितः -ता -तं, उदारवृत्तिः -त्ति -त्ति, मानी -निनी -नि (न्), गर्व्वितः -ता -तं, महाशयः -या -यं, महानुभावः -वा -वं, प्रतापी -पिनी -पि (न्), महाप्रतापः -पा -पं, प्रौढः -ढा -ढं, आयतिमान् -मती -मत् (त्).—**(Invested with some dignity)** उत्कृष्टपदयुक्तः -क्ता -क्तं, प्रवर्द्धितः -ता -तं, प्रतिपत्तिमान् -मती -मत् (त्).

***To* dignify,** *v. a.* **(Perfer)** पदं वृध् **in caus.** (वर्धयति -यितुं), उत्कृष्टपदे नियुज् **(c. 7.** -युंक्ते -योक्तुं) **or** प्रतिपद् **in caus.** (-पादयति -यितुं).—**(Honour, adorn)** मन् **in caus.** (मानयति -यितुं), सम्मन्, भूष् **(c. 10.** भूषयति -यितुं), शुभ् **in caus.** (शोभयति -यितुं).

Dignitary, *s.* उत्कृष्टपदयुक्तः पुरोहितः, प्रतिपत्तिमान् *m.* (त्), मान्यलोकः.

Dignity, *s.* **(Nobleness of mind)** माहात्म्यं, औदार्य्यं, उदारता.—**(Dignity of mien)** प्रतापः, तेजः *n.* (स्), अनुभावः, प्रभावः, आयतिः *f.*—**(Dignity of sentiments)** गर्व्वः, मानं, अभिमानं, मानिता, सम्मानं, दर्पः.—**(Elevation, honourable rank)** उत्कृष्टता, उत्कर्षः, औत्कर्षं, अभिजातता, आभिजात्यं, प्रतिपत्तिः *f.*, उत्कृष्टपदं, परमपदं, प्रधानता, उन्नतिः *f.*, अधिष्ठानं, स्थितिः *f.*, मान्यता, महार्घ्यता, मर्य्यादा.

***To* digress,** *v. n.* **(Turn aside out of the road)** उत्क्रम् **(c. 1.** -क्रामति -क्रमितुं), व्युत्क्रम्, विचल् **(c. 1.** -चलति -लितुं), विच्यु **(c. 1.** -च्यवते -च्योतुं), पार्श्वेगम् **(c. 1.** गच्छति, गन्तुं).—**(Depart from the tenour of a discourse)** वचनक्रमं **or** वाक्यप्रसङ्गं **or** कथायोगं त्यज् **(c. 1.** त्यजति, त्यक्तुं), प्रस्तुतं **or** प्रकृतं **or** मूलविषयं **or** प्रधानविषयं त्यक्त्वा प्रासङ्गिकम् अभिधा **(c. 3.** -दधाति -धातुं).

Digression, *s.* **(From the tenour of a discourse)** प्रस्तुतत्यागः, वचनक्रमत्यागः, वाक्यप्रसङ्गत्यागः, वाक्यक्रमभङ्गः, मूलविषयत्यागः, प्रासङ्गिकवाक्यं, प्रसङ्गः, वाक्यान्तरं, मूलविषयवहिर्गमनं.—**(Deviation)** उत्क्रमः, विचलनं, वक्रगमनं.

Digressive, *a.* निर्विषयः -या -यं, अनन्वितः -ता -तं, अप्रस्तुतः -ता -तं.

***To* dijudicate,** *v. a.* विचर् **in caus.** (-चारयति -यितुं), निर्णी **(c. 1.** -णयति -णेतुं), निश्चि **(c. 5.** -चिनोति -चेतुं), तीर् **(c. 10.** तीरयति -यितुं), परिच्छेदं कृ.

Dijudication, *s.* निर्णयः, विचारः -रणं, निश्चयः, परिच्छेदः.

Dike, *s.* **(Channel)** कुल्या, उपकुल्या, परिखा, अखातं, खातं, नालः, प्रणालः, आधारः.—**(Mound)** सेतुः *m.*, सेतुबन्धः, जलसेतुः *m.*, जलबन्धकः, कूलकं, पालिः *f.*, पिण्डलः, पिण्डिलः, धरणः, संवरः, हिता.

***To* dilacerate,** *v. a.* विदॄ **(c. 9.** -दृणाति -दरितुं -रीतुं, **or caus.** -दारयति -यितुं), विभिद् **(c. 7.** -भिनत्ति- भेत्तुं), निर्भिद्, विदलीकृ.

Dilaceration, *s.* विदारः -रणं, विदरः, विदलीकरणं, भिदा.

***To* dilapidate,** *v. n.* जॄ **(c. 4.** जीर्य्यति, जरितुं -रीतुं), उत्सद् **(c. 6.** -सीदति -सत्तुं), भ्रंश् **(c. 4.** भ्रश्यति, भ्रंशितुं), नश् **(c. 4.** नश्यति, नशितुं), क्षि **in pass.** (क्षीयते).

***To* dilapidate,** *v. a.* नश् **in caus.** (नाशयति -यितुं), उत्सद् **in caus.** (-सादयति -यितुं), ध्वंस् **in caus.** (ध्वंसयति -यितुं), दुष् **in caus.** (दूषयति -यितुं).

Dilapidated, *p. p.* उत्सन्नः -न्ना -न्नं, जीर्णः -र्णा -र्णं, कृतध्वंसः -सा -सं.

Dilapidation, *s.* क्षयः, भङ्गः, प्रभङ्गः, ध्वंसः, नाशः, क्षतिः *f.*, दूषणं.

Dilatability, *s.* विवारणीयत्वं, विवारक्षमता, विकाशनीयत्वं, विस्तारणीयत्वं.

Dilatable, *a.* विचारणीयः -या -यं, विवारक्षमः -मा -मं, विकाशनीयः -या -यं, विस्तारयितुं शक्यः -क्या -क्यं, विततीकरणीयः -या -यं.

Dilatation, *s.* विवारः, विवृतिः *f.*, विकाशः -शनं, विस्तारः, विस्तृतिः *f.*, विततिः *f.*, विततीकरणं, प्रततिः *f.*, व्यादानं, विसरणं, प्रसारणं, उत्फुल्लता, विपुलता, विजृम्भणं.

***To* dilate,** *v. a.* **(Extend)** विस्तृ **in caus.** (-स्तारयति -यितुं), वितन् **(c. 8.** -तनोति -नितुं), व्यातन्, विततीकृ, विवृ **(c. 5.** -वृणोति -वरितुं -रीतुं **or caus.** -वारयति -यितुं), विकाश्

in caus. (-काशयति -यितुं), विसृ **in caus.** (-सारयति -यितुं), व्यादा **(c. 3.** -ददाति -दातुं), द्राघ् **(nom.** द्राघयति -यितुं), प्रथ् **(c. 10.** प्रथयति -यितुं).—**(Tell diffusely)** सुविस्तरेण वद् **(c. 1.** वदति -दितुं), सुविस्तरं व्याख्या **(c. 2.** -ख्याति -तुं), विवरणं कृ, अत्युक्तिं कृ.

To **dilate,** ***v. n.*** वितन् **in pass.** (-तन्यते), विततीभू, विस्तृ **in pass.** (-स्तीर्य्यते), विजृम्भ् **(c. 1.** -जृम्भते -म्भितुं), विवृ **in caus. pass.** (-वार्य्यते), विवारम् इ **(c. 2.** एति -तुं).

Dilated, ***p. p.*** विवृतः -ता -तं, विततः -ता -तं, विततीकृतः -ता -तं, विजृम्भितः -ता -तं, उज्जृम्भितः -ता -तं, व्यात्तः -त्ता -त्तं, उत्फुल्लः -ल्ला -ल्लं **or** फुल्लः, विकाशी -शिनी -शि (न्), विस्तृतः -ता -तं, आयतः -ता -तं, विसारितः -ता -तं, विसृतः -ता -तं, प्रवृद्धः -द्धा -द्धं.

Dilator, ***s.*** विवारकृत्, विकाशकः, विततिकारः, विस्तारकः, व्यादाता ***m.*** (तृ).

Dilatorily, ***adv.*** सविलम्बं, विलम्बेन, कालक्षेपेण, मन्दं मन्दं.

Dilatoriness, ***s.*** दीर्घसूत्रता, चिरकारिता, अक्षिप्रकारित्वं, विलम्बः, विलम्बित्वं, कालक्षेपः, क्षेपः, मन्दः, मन्दता, मान्द्यं.

Dilatory, ***a.*** चिरकारी -रिणी -रि (न्) **or** अक्षिप्रकारी, चिरक्रियः -या -यं, दीर्घसूत्रः -त्रा -त्रं, विलम्बी -म्बिनी -म्बि (न्), मन्दः -न्दा -न्दं, मन्दायमानः -ना -नं, मन्थरः -रा -रं, दीर्घकालीनः -ना -नं, जडक्रियः -या -यं, प्रलम्बः -म्बा -म्बं, मनाक्करः -री -रं, कालक्षेपकः -का -कं.

Dilection, ***s.*** स्नेहः, प्रीतिः ***f.,*** प्रेमा ***m.*** (न्), अनुरक्तिः ***f.,*** अनुग्रहः.

Dilemma, ***s.*** उभयसम्भवः, सन्देहः.—**(Doubtful choice)** विकल्पः.

Diligence, ***s.*** उद्योगः, उद्यमः, व्यवसायः, अभ्यासः, अभ्यासता, अभ्यसनं, प्रसक्तिः ***f.,*** अभिनिवेशः, मनोनिवेशः, अध्यवसायः, उत्साहः, यत्नः, प्रयत्नः, दीर्घप्रयत्नः, प्रवृत्तिः ***f.,*** अभियुक्तता, योग्यता, व्यवस्थितिः ***f.,*** अप्रमादः, समुत्थानं, शुश्रूषा, अनलसता.

Diligent, ***a.*** उद्योगी -गिनी -गि (न्), उद्यमी -मिनी -मि (न्), उद्युक्तः -क्ता -क्तं, व्यवसायी -यिनी -यि (न्), उत्साही -हिनी -हि (न्), सोद्योगः -गा -गं, आसक्तः -क्ता -क्तं, प्रसक्तः -क्ता -क्तं, अभिनिविष्टः -ष्टा -ष्टं, परायणः -णा -णं, प्रयत्नवान् -वती -वत् (त्), महोद्यमः -मा -मं, महोत्साहः -हा -हं, अनलसः -सा -सं, प्रसितः -ता -तं, कृतश्रमः -मा -मं.

Diligently, ***adv.*** प्रयत्नतस्, सोद्योगं, सव्यवसायं, मनोनिवेशेन, प्रसक्तं.

Dill, ***s.*** सालेयः, शालेयः, शीतशिवः, मिशी, मधुरिका, शतपुष्पा, शताह्वा.

Dilucid, ***a.*** **(Clear)** स्वच्छः -च्छा -च्छं, विमलः -ला -लं.—**(Not obscure)** स्पष्टः -ष्टा -ष्टं, व्यक्तः -क्ता -क्तं, भिन्नार्थः -र्था -र्थं.

To **dilucidate,** ***v. a.*** स्पष्टीकृ व्यक्तीकृ, व्याख्या **(c. 2.** -ख्याति -तुं), व्याकृ.

Dilucidation, ***s.*** स्पष्टीकरणं, व्यक्तीकरणं, व्याख्या, विशुद्धिः ***f.***

Diluent, ***a.*** विलयनः -ना -नं, क्षीणकारी -रिणी -रि (न्), तनूकरणः -णा -णं.

Diluent, ***s.*** विलयनं, विद्रावणं, विलयकृत्, तनूकृत्, सूक्ष्मकृत्.

To **dilute,** ***v. a.*** **(Attenuate)** तनूकृ, क्षीणीकृ, सूक्ष्मीकृ, क्रश **(nom.** क्रशयति -यितुं), विलीनं -ना -नं कृ.—**(Dilute with water)** जलेन संसृज् **(c. 6.** -सृजति -स्रष्टुं) **or** मिश्र् **(c. 10.** मिश्रयति -यितुं).

Diluted, ***p. p.*** **(With water)** जलसंसृष्टः -ष्टा -ष्टं, जलघटितः -ता -तं, जलमिश्रितः -ता -तं.—**(Attenuated)** तनूकृतः -ता -तं, प्रकृशितः -ता -तं, विलीनः -ना -नं; **'diluted decoction,'** अनायासकृतं, फाण्टं.

Diluter, ***s.*** जलेन मिश्रयति यो जनः, तनूकारी ***m.*** (न्), क्षीणकारी.

Dilution, ***s.*** **(Act of making thin or weak)** तनूकरणं, क्षीणकरणं, कृशीकरणं, विलयनं.—**(With water)** जलसंसर्गः, जलमिश्रणं.

Diluvian, ***s.*** जलप्रलयसम्बन्धी -न्धिनी -न्धि (न्), जलाप्लावनविषयः -या -यं.

Dim, ***a.*** **(Somewhat dark, obscure)** मन्दच्छायः -या -यं, मन्दकान्तः -न्ता -न्तं, मलिनप्रभः -भा -भं, मलिनः -ना -नं, निष्प्रभः -भा -भं, अप्रभः -भा -भं, अतेजाः -जा -जः (स्) **or** निस्तेजाः, अन्धकः -का -कं, सतिमिरः -रा -रं, अप्रकाशः -शा -शं, अस्पष्टः -ष्टा -ष्टं, अव्यक्तः -क्ता -क्तं, दुर्दृष्टः -ष्टा -ष्टं, दुर्दर्शः -र्शा -र्शं, हतज्योतीः - तीः तिः (स्), दुरालोकः -का -कं.—**(Not seeing clearly)** अस्पष्टदृक् (श्), हतदृष्टिः -ष्टिः -ष्टि.—**(Dull of apprehension)** मन्दबुद्धिः -द्धिः -द्धि, स्थूलधीः -धीः -धि, जडमतिः -तिः -ति, अन्धधीः -धीः -धि.

To **dim,** ***v. a.*** तिमिर **(nom.** तिमिरयति -यितुं), अन्धीकृ, निष्प्रभीकृ, मलिन **(nom.** मलिनयति -यितुं), अस्पष्टीकृ, मलिनीकृ.

Dimension, ***s.*** परिमाणं, प्रमाणं, मात्रं, मात्रा, मानं, विस्तारः, परिसरः, प्रसरः, पर्य्यन्तं, प्रपञ्चः, विशालता, विपुलता, सन्ततिः ***f.,*** विषयः, द्राघिमा ***m.*** (न्), दैर्घ्यं, आयतिः ***f.,*** आयामः, प्रयामः. **The three dimensions are, 'length,'** दैर्घ्यं; **'breadth,'** विस्तारः; **'depth,'** वेधः.

To **diminish,** ***v. a.*** अल्पीकृ, न्यूनीकृ, ऊन् **(c. 10.** ऊनयति -यितुं), कन **(nom.** कनयति -यितुं), ह्रस् **in caus.** (ह्रासयति

-यितुं), लघ (nom. लघयति -यितुं), लुप् (c. 6. लुम्पति, लोप्तुं).

To **diminish,** ***v. n.*** अल्पीभू, न्यूनीभू, ऊनीभू, ह्रस् (c. 1. ह्रसते -सितुं), क्षि in pass. (क्षीयते), परिक्षि, अपचि in pass. (-चीयते).

Diminished, ***p. p.*** अल्पीकृतः -ता -तं, अल्पीभूतः -ता -तं, क्षीणः -णा -णं, ह्रसितः -ता -तं, न्यूनीभूतः -ता -तं, अपचितः -ता -तं, लुप्तः -प्ता -प्तं.

Diminution, ***s.*** **(Act of making less)** न्यूनीकरणं, अल्पीकरणं, ह्रासः, लोपः.—**(State of growing less)** क्षयः, न्यूनत्वं -ता, अल्पत्वं, अपचयः, क्षिया, क्षितिः ***f.,*** ह्रासः, हानिः ***f.,*** अवसादः.

Diminutive, ***a.*** अल्पः -ल्पा -ल्पं, अल्पकः -का -कं, क्षुद्रः -द्रा -द्रं, कणीकः -का -कं, स्तोकः -का -कं, सूक्ष्मः -क्ष्मा -क्ष्मं.—**(In body)** अल्पतनुः -नुः -नु, स्तोककायः -यी -यं, अल्पमूर्त्तिः -र्त्तिः -र्त्ति.

Diminutiveness, ***s.*** अल्पता, क्षुद्रता, सूक्ष्मता, सौक्ष्म्यं, स्तोकता, अणिमा ***m.*** (न्), लघुता, लाघवं, क्षोदिमा ***m.*** (न्).

Dimish, ***a.*** ईषन्मलिनः -ना -नं, ईषदन्धः -न्धा -न्धं, अस्पष्टः -ष्टा -ष्टं.

Dimissory, ***s.*** गमनानुज्ञापकः -का -कं, प्रेरकः -का -कं, प्रस्थापकः -का -कं; **'letters dimissory,'** अन्यधर्म्माध्यक्षाधीनदेशे गमनानुज्ञापकं पत्रं.

Dimity, ***s.*** सूक्ष्मकार्पासं, सूक्ष्मतूलावस्त्रं, कार्पासाम्बरं, फालवस्त्रं.

Dimly, ***adv.*** अस्पष्टं, अप्रकाशं, अव्यक्तं, निष्प्रभं, अस्फुटं, मलिनं.

Dimmed, ***p. p.*** हतप्रभः -भा -भं, हततेजाः -जा -जं (स्) or क्षततेजाः, हतज्योतीः -तीः -तिः (स्), हतौजाः -जाः -जः (स्) or क्षतौजाः, मलिनितः -ता -तं.

Dimness, ***s.*** अस्पष्टता, निष्प्रभता, तिमिरं, अव्यक्तता, अप्रकाशत्वं, दुर्दर्शत्वं, दुरालोकता, प्रभाहानिः ***f.,*** प्रतिभाहानिः ***f.***—**(Stupidity)** बुद्धिमान्द्यं, स्थूलता.

Dimple, ***s.*** कपोलभङ्गः, गण्डतरङ्गः, चिबुकरेखा, हनुभङ्गः, त्वगूर्म्मिका.

Dimply, ***a.*** भङ्गुरः -रा -रं, ऊर्म्मिमान् -मती -मत् (त्)

Din, ***s.*** कोलाहलः, तुमुलं, घुष्टं, घोषः, उच्चैःस्वरः, झञ्झा, झञ्झनं, रासः, स्तनितं, ध्वनितं, क्वणितं, निःस्वनः, उद्रावः चीत्कारः, निनादः, डिण्डि शब्दः.

To **din,** ***v. a.*** डिण्डि शब्देन or कोलाहलेन or उच्चैःशब्देन कर्णाव् उपहन् (c. 2. -हन्ति -न्तुं).

To **dine,** ***v. n.*** आहारं कृ, भोजनं कृ, मध्याह्नभोजनं कृ, माध्याह्निकाहारं कृ; **'one who had dined,'** कृताहारः -रा -रं, कृतभोजनः -ना -नं.

To **dine,** ***v. n.*** **(Give a dinner to)** भुज् in caus. (भोजयति -यितुं), अश् in caus. (आशयति -यितुं), प्राश्, माध्याह्निकभोजनं कृ in caus. (कारयति -यितुं).

To **ding,** ***v. a.*** **(Dash)** प्रसभं क्षिप् (c. 6. क्षिपति, क्षेप्तुं) or पत् in caus. (पातयति -यितुं) or अभिहन् (c. 2. -हन्ति -न्तुं) or प्रतिहन्.

To **ding,** ***v. n.*** शब्द (nom. शब्दायते), भर्त्स् (c. 10. भर्त्सयते -यितुं).

Ding-dong, ***s.*** घण्टाशब्दः, घण्टास्वनः, घण्टानादः.

Dingle, ***s.*** दरी -रा, दरीभूः ***f.,*** कन्दरः -री, अद्रिद्रोणी, प्रान्तरं.

Dining-room, ***s.*** भोजनशाला, भोजनगृहं, भोजनस्थानं, आहारस्थानं.

Dinner, ***s.*** मध्याह्नभोजनं, माध्याह्निकाहारः, भोजनं, आहारः; **'a dinner party,'** सहभोजनं, सम्भोजनं, सग्धिः ***f.;*** **'invited to dinner,'** भोजनार्थं निमन्त्रितः; **'to serve up dinner,'** भोजनं परिविश् in caus. (-वेशयति -यितुं).

Dinner-time, ***s.*** भोजनकालः, मध्याह्नभोजनकालः, आहारकालः.

Dint, ***s.*** **(Blow)** आघातः, प्रहारः, आहतिः ***f.,*** अभिघातः, पातः. —**(Mark made by a blow)** आघातचिह्नं, भङ्गः.—**(Force)** बलं, शक्तिः ***f.,*** प्रभावः; **'by dint of,'** बलेन, प्रभावात्; **'by dint of penance,'** तपःप्रभावात्.

To **dint,** ***v. a.*** आघातेन चिह्न (c. 10. चिह्नयति -यितुं) or अङ्क् (c. 10. अङ्कयति -यितुं).

Diocesan, ***s.*** प्रधानधर्माध्यक्षः, धर्म्माधिपतिः ***m.,*** प्रधानधर्म्मोपदेशकः.

Diocese, ***s.*** प्रधानधर्म्माध्यक्षाधीनो देशः or प्रदेशः.

Dioptrical, ***a.*** दूरदर्शनापकारकः -का -कं, दूरदृष्टिप्रयोजकः -का -कं.

Dioptrics, ***s. pl.*** दूरस्थवस्तुदृष्टिविषयकं चाक्षुषशास्त्रप्रकरणं.

Diorthosis, ***s.*** वक्राङ्गचिकित्सा, भग्नाङ्गसमाधानं, वक्राङ्गस्य ऋजूकरणं.

To **dip,** ***v. a.*** **(Immerge)** मज्ज् in caus. (मज्जयति -यितुं), निमज्ज्, प्रमज्ज्, अवगाह् in caus. (-गाहयति -यितुं); आप्लु in caus. (-प्लावयति -यितुं).—**(Moisten)** क्लिद् in caus. (क्लेदयति -यितुं), सिच् (c. 6. सिञ्चति, सेक्तुं).—**(Engage in)** व्यापृ (c. 6. -प्रियते -पर्त्तुं), वृत् (c. 1. वर्त्तते -र्त्तितुं), प्रवृत्, आस्था (c. 1. -तिष्ठति -स्थातुं).—**(Dip into a book)** शास्त्रं चुम्ब् (c. 1. चुम्बति -म्बितुं) or ईषन्मनोयोगेन अधी (c. 2. अधीते, अध्येतुं).

To **dip,** ***v. n.*** **(Immerge one's self)** मज्ज् (c. 6. मज्जति, मंक्तुं), निमज्ज्, अवगाह् (c. 1. -गाहते -हितुं), व्यवगाह्, विगाह्, प्लु in caus. pass. (प्लाव्यते), आप्लु (c. 1. -प्लवते -प्लोतुं).—**(Enter)** विश् (c. 6. विशति, वेष्टुं), प्रविश्, निविश्.—**(Be engaged in)** व्यापृ (c. 6. -प्रियते), व्यापृतः -ता -तं भू, निष्ठा (c. 1. -तिष्ठति -ष्ठातुं), प्रवृत्तः -ता -त्तं

भू, आरूढः -ढा -ढं भू.—**(Choose by chance)** दैवम् आस्थाय ग्रह् **(c. 9.** गृह्णाति, ग्रहीतुं), दैवात् **or** अकस्माद् ग्रह्.

Dip, *s.* निमज्जनं, अवगाहः, अवनतिः ***f.,*** अधोगतिः ***f.,*** पतनं, आनतिः ***f.,*** नम्रता.

Diphthong, *s.* द्विस्वरः, युक्तस्वरः, स्वरद्वयं, सन्ध्यक्षरं.

Diploma, *s.* पददायकं **or** अधिकारदायकं **or** ख्यातिदायकं पत्रं, अधिकारपत्रं.

Diplomacy, *s.* (State of acting under a diploma) प्राप्ताधिकारस्य पदं **or** अवस्था.—**(Privileges or customs of ambassadors)** दूताधिकारः, राजदूतव्यवहारः.—**(Body of ambassadors)** दूतसमूहः, राजदूतमण्डलं.—**(Business of an ambassador)** राजदूतव्यापारः, राजप्रतिनिधिकर्म्म ***n.*** (न्), दौत्यकर्म्मः.—**(Dexterity in negotiation)** माया.

Diplomatic, *a.* दौतिकः -की -कं, दूतव्यवहारसम्बन्धी: -न्धिनी -न्धि (न्), राजप्रतिनिधिकर्म्मविषयकः -का -कं.

Dipper, *s.* मज्जयिता ***m.*** (तृ), निमज्जयिता, आप्लावकः.—**(Ladle)** खजः.

Dire, *a.* दारुणः -णा -णं, घोरः -रा -रं, उग्रः -ग्रा -ग्रं, भयानकः -का -कं, भयङ्करः -रा रं, भैरवः -वी -वं, रौद्रः -द्री -द्रं, रौद्रदर्शनः -ना -नं, भीषणः -णा -णं, क्रूरः -रा -रं, भीरुमयः -यी -यं.

Direct, *a.* (Not crooked, not oblique) अवक्रः -क्रा -क्रं, अजिह्मः -ह्मा -ह्मं, अकुटिलः -ला -लं, ऋजुः -जुः -जु, अनुलोमः -मा -मं, अञ्जसः -सा -सं, अविलोमः -मा -मं; **'a direct flight,'** अविडीनं.—**(Not collateral)** क्रमागतः -ता -तं.—**(Express, plain)** व्यक्तः -क्ता -क्तं, स्पष्टः -ष्टा -ष्टं, अव्यञ्जनः -ना -नं.

***To* direct, *v. a.* (Aim at, point towards)** अभिसन्धा **(c. 3.** -दधाति -धातुं), उद्दिश् **(c. 6.** -दिशति -देष्टुं), समुद्दिश्; **'to direct a weapon at any one,'** अमुकमुद्दिश्य अस्त्रं क्षिप् **(c. 6.** क्षिपति, क्षेप्तुं) **or** प्रेर् **(c. 10.** -ईरयति -यितुं); **'he performed a penance directed to the deity,'** देवमुद्दिश्य तपस् तेपे.—**(Regulate)** शास् **(c. 2.** शास्ति, शासितुं), अनुशास्, प्रशास्; विधृ **in caus.** (-धारयति -यितुं), विनियम् **(c. 1.** -यच्छति -यन्तुं), विधा **(c. 3.** -दधाति -धातुं).—**(Guide, lead)** नी **(c. 1.** नयति, नेतुं), दृश् **in caus.** (दर्शयति -यितुं), दिश्, प्रदिश्.—**(Prescribe, point out)** निर्दिश्, प्रदिश्, विनिर्दिश्; सूच् **(c. 10.** सूचयति -यितुं).—**(Order, instruct)** आदिश्, उपदिश्, आज्ञा **in caus.** (-ज्ञापयति -यितुं), चुद् **in caus.** (चोदयति -यितुं).

Directed, *p. p.* (Aimed at) उद्दिष्टः -ष्टा -ष्टं, उद्दिश्य **indecl.,** अभिसंहितः -ता -तं.—**(Regulated)** शासितः -ता -तं, अनुशासितः -ता -तं, विनियतः -ता -तं, व्यवस्थितः -ता -तं.—**(Prescribed)** निर्दिष्टः -ष्टा -ष्टं, प्रदिष्टः -ष्टा -ष्टं, देशितः -ता -तं, सूचितः -ता -तं.—**(Ordered, instructed)** आदिष्टः -ष्टा ष्टं, प्रचोदितः -ता -तं, प्रेरितः -ता -तं.—**(Applied)** प्रयुक्तः -क्ता -क्तं, अर्पितः -ता -तं; **'well-directed,'** सुप्रयुक्तः -क्ता -क्तं.

Direction, *s.* (Aim, tendency) सन्धानं, अभिसन्धानं, उद्देशः.—**(Order, command)** आदेशः, निदेशः, निर्देशः, आज्ञा, शासनं, शास्तिः ***f.,*** चोदनं, प्रेरणा, प्रयुक्तिः ***f.,*** मतं, वचनं.—**(Management)** नयः, नायः, प्रणयनं, नेतृत्वं, अधिकारः, अधिष्ठातृत्वं, सम्पादनं, निर्देशः. **(Address of a letter)** पत्रसंज्ञा, पत्रादेशः, पत्रोद्देशः.—**(Place of abode)** वासस्थानं; **'in three Directions,'** त्रेधा; **'in every direction,'** सर्व्वपथीनः -ना -नं, चतुर्दिक्षु; **'following the natural direction,'** अनुलोमनं.

Directive, *a.* देशकः -का -कं, उद्देशकः -का -कं, आदेशी -शिनी -शि (न्), निर्देशकः -का -कं, दर्शकः -का -कं, सूचकः -का -कं.

Directly, *adv.* सद्यम्, अचिरात्, अचिरेण, सपदि, झटिति, अनन्तरं, तत्क्षणात्, क्षणान्तरे, आशु, अविलम्बितं, शीघ्रं, क्षिप्रं, तत्काले.

Director, *s.* नायकः अधिष्ठाता ***m.*** (तृ), शासिता ***m.*** (तृ), अनुशासकः, अध्यक्षः, आदेष्टा ***m.*** (ष्टृ), निर्देष्टा ***m.*** आदेशी ***m.*** (न्), अधिकारी ***m.*** (न्), ईशिता ***m.*** (तृ), सम्पादकः, अवेक्षिता ***m.*** (तृ).

Direful, *a.* दारुणः -णा -णं, घोरः -रा -रं, भीरुमयः -यी -यं. ***See* Dire.**

Directfulness, direness, *s.* दारुणत्वं, दारुणं, घोरता, उग्रता, भयानकत्वं, भीमता, क्रूरता, रौद्रता.

Direcption, *s.* हरणं, अपहारः, अपहरणं, अभिग्रहः, अभिहारः, विलोपनं.

Dirge, *s.* करुणं, करुणार्थकं गीतं, कारुणिकगीतं, करुणमयं गीतं.

Dirk, *s.* कट्टारः, कृपाणी, छुरिका, शङ्कुः ***m.,*** कर्त्तरी, असिपुत्रिका.

Dirt, *s.* (Mud, filth) मलं, पङ्कः, कुपङ्कः, अमेध्यं, कर्द्दमः, कल्कं, जम्बालः -लं, कलुपं.—**(Sordidness)** कदर्य्यत्वं, मालिन्यं.

To* dirt, *v. a. मलिन **(nom.** मलिनयति -यितुं), कलुष **(nom.** कलुषयति -यितुं), मलेन **or** पङ्केन दुष् **in caus.** (दूषयति -यितुं) **or** लिप् **(c. 6.** लिम्पति, लेप्तुं).

Dirtied, *p. p.* मलिनितः -ता -तं, मलदूषितः -ता -तं, पङ्कदूषितः -ता -तं, अमेध्यलिप्तः -प्ता -प्तं, अमेध्याक्तः -क्ता -क्तं, कलुषितः -ता -तं.

Dirtily, *adv.* समलं, मलिनं, सकर्द्दमं, सकल्कं, मलीमसं, समालिन्यं.

Dirtiness, *s.* मालिन्यं, समलता, मलवत्त्वं, अमेध्यता -त्वं, कलुषत्वं, अशुद्धता.

Dirty, ***a.*** **(Filthy)** मलिनः -ना -नं, समलः -ला -लं, मलवान् -वती -वत् (त्), मलदूषितः -ता -तं, मलीमसः -सा -सं, पङ्की -ङ्किनी -ङ्कि (न्) **or** मलपङ्की, पङ्किलः -ला -लं, कलुषः -षा -षं -षी -षिणी -षि (न्), सकर्दमः -मा -मं, कार्दमः -मी -मं, कल्की -ल्किनी -ल्कि (न्), कल्मषः -षा -षं, सजम्बालः -ला -लं, कश्मलः -ला -लं, आविलः -ला -लं, मलीयान् -यसी -यः (स्) अशुद्धः -द्धा -द्धं. —**(Mean, base)** नीचः -चा -चं, खलः -ला -लं, कदर्य्यः -र्य्या -र्य्यं, कुत्सितः -ता -तं; **'dirty clothes,'** वरासी.

To **dirty,** ***v. a.*** मलिन **(nom.** मलिनयति -यितुं), कलुष **(nom.** कलुषयति -यितुं), मलेन **or** अमेध्येन **or** पङ्केन दुष् **in caus.** (दूषयति -यितुं) **or** लिप् **(c. 6.** लिम्पयति, लेप्तुं) **or** अञ्ज् **(c. 7.** अनक्ति, अंक्तुं), मलिनीकृ, समलं -लां -लं, कृ, अमेध्यं -ध्यां -ध्यं कृ, कलङ्क **(nom.** कलङ्कयति -यितुं).

Diruption, ***s.*** स्फोटनं, स्फुटनं, भेदः, विभेदः, विभङ्गः, विदारणं.

Disability, ***s.*** अशक्तिः ***f.,*** असमार्थ्यं, अक्षमता, दौर्बल्यं, शक्तिहीनता, अयोग्यता, अनुपयुक्तता, निषेधः.

To **disable,** ***v. a.*** अशक्तः -क्ता -क्तं कृ, अशक्तीकृ, असमर्थं -र्थां -र्थं कृ, अक्षमं -मां -मं कृ, दुर्बलीकृ, बलं **or** शक्तिं हृ **(c. 1.** हरति, हर्तुं), विकलीकृ, विहस्तीकृ, उपहन् **(c. 2.** -हन्ति -न्तुं).

Disabled, ***p. p.*** हृतशक्तिः -क्तिः -क्ति **or** उपशक्तिः, विहस्तीकृतः -ता -तं.

To **disabuse,** ***v. a.*** **(Undeceive)** भ्रमं **or** भ्रान्तिं **or** मोहं **or** मिथ्यामतिं छिद् **(c. 7.** छिनत्ति, छेत्तुं), **or** अपनी **(c. 1.** -नयति, नेतुं) **or** हृ **(c. 1.** हरति, हर्त्तुं), भान्तेर्, मुच् **(c. 6.** मुञ्चति, मोक्तुं), मुक्तभ्रान्तिं कृ, विगतमोहं -हां -हं कृ.

To **disaccustom,** ***v. a.*** अव्यवहारितं -ता -तं कृ, व्यवहारं **or** अभ्यासं लुप् **(c. 6.** लुम्पति, लोप्तुं) **or** निवृत् **in caus.**

Disadvantage, ***s.*** अनर्थः, अलाभः, अहितं, अनिष्टं, अफलं, अपायः, अपचयः, अपकारः, अपचितिः ***f.,*** अपकृतं, अप्राप्तिः ***f.,*** क्षतिः ***f.,*** हानिः ***f.,*** हिंसा, क्षयः, उपक्षयः, अपहारः, नाशः, विरोधः, व्यांघातः, बाधः, अनुपकारः.

To **disadvantage,** ***v. a.*** अपकृ, अपायं **or** अनर्थं जन्, **in caus.** (जनयति -यितुं), अहिताय **or** अलाभाय भू, विरुध् **(c. 7.** -रुणद्धि -रोद्धुं) (हिंस् **(c. 1.** हिंसति -सितुं).

Disadvantageous, ***a.*** अपकारकः -का -कं -री -रिणी -रि (न्), अहितः -ता -तं, अनर्थः -र्था -र्थं, -र्थकः -का -कं, निरर्थकः -का -कं, अफलः -ला -लं, विरोधी -धिनी -धि (न्), प्रतिकूलः -ला -लं, अनुपकारकः -का -कं, अनिष्टजनकः -का -कं, क्षतिकारकः -का -कं, उपघातकः -का -कं, हिंसकः -का -क, अमङ्गलः -ला -लं, सापकारः -रा -रं.

Disadvantageously, ***adv.*** अहितं, अनिष्टं, अलाभाय, अहिताय, विरोधेन, विरुद्धं, प्रतिकूलं, प्रातिकूल्येन, अनर्थकं, अमङ्गलं, सापकारं.

To **disaffect,** ***v. a.*** **(Cause disaffection)** विरञ्ज् **in caus.** (-रञ्जयति -यितुं), विरक्तीकृ. वैरक्त्यं जन् **(c. 10.** जनयति -यितुं), उपजप् **(c. 1.** -जपति -यितुं), कणे जप् **or** उपजप्, भेदं **or** वैरं कृ.

Disaffected, ***p. p.*** विरक्तः -क्ता -क्तं, अहितः -ता -तं, विप्रियः -या -यं, अहितैषी -षिणी -षि (न्) **or** अप्रियैषी, क्षीणभक्तिः -क्तिः -क्ति, अभक्तः -क्ता -क्तं, अभक्तिमान् -मती -मत् (त्), अहितबुद्धिः -द्धिः -द्धि, अहितकारी -रिणी -रि (न्).

Disaffectedly, ***adv.*** विरक्तं, अहितं, सवैरक्त्यं, सवैराग्यं, विप्रियं.

Disaffection, ***s.*** विरक्तिः ***f.,*** वैरक्त्यं, विरागः, वैराग्यं, अपरागः, अभक्तिः ***f.,*** विप्रियता, अहितत्वं, अभक्तिमत्त्वं.

Disaffirmance, ***s.*** अपवादः, अपलापः, प्रत्याख्यानं, खण्डनं, अस्वीकारः.

To **disagree,** ***v. n.*** **(In opinion)** विवद् **(c. 1.** -वदते -दितुं), विसंवद् (-वदति), न सम्मन् **(c. 4.** -मन्यते -मन्तुं), न अनुमन्, न स्वीकृ, असम्मतः -ता -तं भू, अन्यमतीभू. —**(Differ, not to suit)** भिद् **in pass.** (भिद्यते), असदृशः -शी -शं भू, न युज् **in pass.** (युज्यते). —**(be opposed to)** विरुध् **(c. 7.** -रुणद्धि -रोद्धुं).

Disagreeable, ***s.*** **(Unpleasing)** अप्रियः -या -यं, विप्रियः -या -यं, कुप्रियः -या -यं, अनभिमतः -ता -तं, अननुमतः -ता -तं, अरम्यः -म्या -म्यं, अनिष्टः -ष्टा -ष्टं, अहितः -ता -तं, अमनोज्ञः -ज्ञा -ज्ञं, अमनोहरः -रा -रं, अरुचिरः -रा -रं, अप्रीतिकरः -री -रं, अनीहितः -ता -तं, व्यलीकः -का -कं, अलीकः -का -कं, असुखदः -दा -दं, निःसुखः -खा -खं, कष्टः -ष्टा -ष्टं. —**(Contrary)** विरुद्धः -द्धा -द्धं, विपरीतः -ता -तं, प्रतिकूलः -ला -लं.

Disagreeableness, ***s.*** अप्रियता, विप्रियता, अरम्यता, अनिष्टत्व, व्यलीकता, अलीकता, अनभिमतत्वं, अमनोज्ञत्वं, कष्टता, विरुद्धता, वैपरीत्यं.

Disagreeably, ***adv.*** अप्रियं, अरम्यं, अनिष्टं, व्यलीकं, अरुचिरं, विरुद्धं.

Disagreeing, ***p. p.*** विवदमानः -ना -नं, असम्मतः -ता -तं, परस्परविरुद्धः -द्धा -द्धं.

Disagreement, ***s.*** **(Difference)** भेदः, विभेदः, भिन्नता, असमता, असाम्यं—**(Difference of opinion)** विमतिः ***f.,*** वैमत्यं, मतिप्रभेदः, मतिविपर्य्ययः, असम्मतिः ***f.,*** विसंवादः, अस्वीकारः. —**(Quarrel)** कलहः, विप्रतिपत्तिः ***f.,*** विप्रयोगः. —**(Contrariety)** विरोधः, विरुद्धता, विपरीतता.

To **disallow,** ***v. a.*** **(Deny)** प्रत्याख्या **(c. 2.** -ख्याति -तुं), निह्नु

(c. 2. -ह्नते -ह्नोतुं), प्रत्यादिश् (c. 6. -दिशति -देष्टुं), अपलप् (c. 1. -लपति -पितुं), निरस् (c. 4. -अस्यति -असितुं). —(Not to permit) न अनुज्ञा (c. 9. -जानाति -ज्ञातुं), न अनुमन् (c. 4. -मन्यते -मन्तुं), निषिध् (c. 1. -षेधति -षेद्धुं). —(Censure) निन्द् (c. 1. निन्दति -न्दितुं), गर्ह् (c. 1. गर्हते -र्हितुं).

Disallowable, ***a.*** प्रत्याख्येयः -या -यं, अननुज्ञेयः -या -यं, अधर्म्यः -र्म्या -र्म्यं.

Disallowance, ***s.*** प्रत्याख्यानं, प्रत्यादेशः, निषेधः, प्रतिषेधः, अननुज्ञा, निरसनं.

Disallowed, ***p. p.*** निषिद्धः -द्धा -द्धं, प्रतिषिद्धः -द्धा -द्धं, अननुज्ञातः -ता -तं. प्रत्याख्यातः -ता -तं, वारितः -ता -तं, निवारितः -ता -तं.

To **disanimate,** ***v. a.*** निर्जीवीकृ, विषणीकृ, अवसद् **in caus.** (-सादयति -यितुं).

Disanimation, ***s.*** निर्जीवीकरणं, जीवितनाशः, प्राणहरणं, जीवितहरणं.

To **disannul,** ***v.a.*** लुप् (c. 6. लुम्पति, लोप्तुं), लोपं कृ, खण्ड् (c. 10. खण्डयति -यितुं), मोघीकृ, निष्फल (nom. निष्फलयति -यितुं), अन्यथा कृ.

Disannulled, ***p. p.*** लुप्तः -प्ता -प्तं, मोघीकृतः -ता -तं, अनिष्पन्नः -न्ना -न्नं.

Disannulment, ***s.*** लोपः, खण्डनं, मोघीकरणं, अन्यथाकरणं.

To **disappear,** ***v. n.*** अन्तर्धा **in pass.** (-धीयते), तिरोधा **in pass.,** तिरोभू, तिरस् (nom. तिरस्यति), नश् (c. 4. नश्यति, नशितुं), प्रणश्, तिरोगम् (c. 1. -गच्छति -गन्तुं), विली (c. 4. -लीयते -लेतुं), अप्रत्यक्षीभू, अदृश्यः -श्या -श्यं भू, अस्तं गम्.

Disappeared, ***p. p.*** अन्तर्हितः -ता -तं, तिरोहितः -ता -तं, तिरोगतः -ता -तं, नष्टः -ष्टा -ष्टं, अदृष्टः -ष्टा -ष्टं, अदृश्यः -श्या -श्यं, विलीनः -ना -नं, चक्षुरविषयः -या -यं, अप्रत्यक्षः -क्षा -क्षं, अलोकितः -ता -तं, अदृष्टिगोचरः -रा -रं, परोक्षः -क्षा -क्षं, चक्षुरतीतः -ता -तं.

Disappearance, ***s.*** अन्तर्द्धा -र्द्धानं, अन्तर्द्धिः ***m.,*** तिरोधानं, तिरस्कारः, तिरस्क्रिया, अविषयः, अप्रत्यक्षता, अदर्शनं, अलोकनं, अपवारणं, परोक्षं, अगोचरं, अस्तमयनं, अन्तर्हिततत्वं. —(Departure) अपगमः, अपायः.

To **disappoint,** ***v. a.*** आशाः खण्ड् (c. 10. खण्डयति -यितुं), सङ्कल्पं **or** वाञ्छाः **or** मनोरथान् हन् (c. 2. हन्ति -न्तुं), **or** प्रतिहन् **or** भञ्ज् (c. 7. भनक्ति, भंक्तुं), भग्नाशं -शां -शं कृ, मोघीकृ, व्यर्थीकृ, विफलीकृ, वृथा कृ, मुधा कृ, वञ्च् (c. 10. वञ्चयति -यितुं), प्रलभ् (c. 1. -लभते -लब्धुं), विप्रलभ्.

Disappointed, ***p. p.*** भग्नाशः -शा -शं, हताशः -शा -शं, मनोहतः -ता -तं, खण्डितः -ता -तं, खण्डिताशंसः -सा -सं, भग्नसङ्कल्पः -ल्पा -ल्पं, भग्नोद्यमः -मा -मं, आशाविभिन्नः -न्ना -न्नं, मोघाशः -शा -शं, मोघवाञ्छितः -ता -तं, अनधिगतमनोरथः -था -थं, अलब्धाभीप्सितः -ता -तं, विफलीकृतः -ता -तं, प्रतिहतः -ता -तं, अकृतार्थः -र्था -र्थं, विलक्षितः -ता -तं, प्रतिबद्धः -द्धा -द्धं, विप्रलब्धः -ब्धा -ब्धं. वञ्चितः -ता -तं.

Disappointment, ***s.*** आशाभङ्गः, आशाखण्डनं, उद्यमभङ्गः, सङ्कल्पभङ्गः, फलखण्डनं, विफलीकरणं, कर्म्मध्वंसः, नैराश्यं, विप्रलम्भः, विषादः, विसंवादः, प्रत्यवायः.

Disapprobation, ***s.*** अप्रसादः, निन्दा, अप्रीतिः ***f.,*** विमतिः ***f.,*** विरागः, वैरक्त्यं, विप्रियता, असम्मतिः ***f.,*** अस्वीकारः, अनिच्छा, गर्हा -र्हणं, जुगुप्सा, घृणा.

To **disapprove,** ***v. a.*** निन्द् (c. 1. निन्दति -न्दितुं), गर्ह् (c. 1. गर्हते -र्हितुं), न सम्मन् (c. 4. -मन्यते -मन्तुं), न अनुमन्, न अभिमन्, न स्वीकृ, न प्रशंस् (c. 1. -शंसति -सितुं), न प्रतिनन्द् (c. 1. -नन्दति -न्दितुं), न रुच् (c. 1. रोचते -चितुं) **with dat.; as 'he disapproves of that,'** तत् तस्मै न रोचते.

Disapproved, ***p. p.*** अनभिमतः -ता -तं, असम्मतः -ता -तं, अमतः -ता -तं, अनिष्टः -ष्टा -ष्टं, अप्रशस्तः -स्ता -स्तं, गर्हितः -ता -तं, निन्दितः -ता -तं, अस्वीकृतः -ता -तं, विद्विष्टः -ष्टा -ष्टं.

To **disarm,** ***v. a.*** शस्त्रं **or** अस्त्रं हृ (c. 1. हरति, हर्त्तुं), आयुधम् अपनी (c. 1. -नयति -नेतुं), निरायुधं -धां -धं कृ, निःशस्त्रं -स्त्रां -स्त्रं कृ, विशस्त्रीकृ, विसज्जीकृ.

Disarmed, ***p. p.*** निरायुधः -धा -धं, निरस्त्रः -स्त्रा -स्त्रं, निःशस्त्रः -स्त्रा, स्त्रं, शस्त्रवर्ज्जितः -ता -तं; **'disarmed of resentment,'** क्षीणमन्युः -न्युः -न्यु.

To **disarrange,** ***v. a.*** क्रमं **or** पर्य्यायं भञ्ज् (c. 7. भनक्ति, भंक्तुं), पर्य्यस् (c. 4. -अस्यति -असितुं), व्यस्, विक्षुभ् **in caus.** (-क्षोभयति -यितुं), आकुलीकृ, सङ्करीकृ.

Disarrangement, ***s.*** अक्रमः, उत्क्रमः व्युत्क्रमः, क्रमभङ्गः, अपर्य्यायः, अपरिपाटिः ***f.,*** प्रत्यवायः, व्यस्तता, असंस्थानं.

To **disarray,** ***v. a.*** **(Undress)** उच्छद् (c. 10. -छादयति -यितुं), अपनह् (c. 4. -नह्यति -नद्धुं), विवस्त्रीकृ.

Disarray, ***s.*** **(Disorder of an army)** समुत्पिञ्जः, पिञ्जलः, व्यूहभङ्गः.

Disaster, ***s.*** आपद् ***f.,*** विपद् ***f.,*** व्यसनं, विपत्तिः ***f.,*** व्यापद् ***f.,*** विप्लवः, उपप्लवः, उपद्रवः, अनिष्टपातः, अत्ययः, दुर्दैवं, दुर्घटना, दौर्गत्यं, दुःखं, क्लेशः.—**(From heaven)** विनिपातः, उत्पातः, विनिहतः.

To **disaster,** ***v. a.*** पीड् (c. 10. पीडयति -यितुं), उपपीड्, अभिपीड्, बाध (c. 1. बाधते -धितुं), उपद्रु (c. 1. -द्रवति

–द्रोतुं), उपप्लु (c. 1. (–प्लवते –प्लोतुं).

Diastrous, *a.* आत्ययिकः –की –कं, व्यसनी –निनी –नि (न्), विपद्युक्तः –क्ता –क्तं, आपन्नः –न्ना –न्नं, दुर्गतः –ता –तं, दुर्भाग्यः –ग्या –ग्यं, दैवोपहतः –ता –तं, दुःखी –खिनी –खि (न्), दुरन्तः –न्ता –न्तं, उपाकृतः –ता –तं, दारुणः –णा –णं, अशान्तिकरः –री –रं.

To* disavow, *v. a. प्रत्याख्या (c. 2. –ख्याति –तुं), निह्नु (c. 2. –ह्नुते –ह्नोतुं), अपह्नु, अपलप् (c. 1. –लपति –पितुं), न स्वीकृ, न अङ्गीकृ.

Disavowal, *s.* प्रत्याख्यानं, निह्नवः, अपह्नवः, निह्नुतिः ***f.***, अपलापः, अस्वीकारः.

To* disauthorize, *v. a. शक्तिं or प्रामाण्यं or प्रभुत्वं or अधिकारित्वं हृ (c. 1. हरति, हर्त्तुं) or अपहृ, लुप्तप्रमाणं –णां –णं कृ, न अनुज्ञा (c. 9. –जानाति –ज्ञातुं).

To* disband, *v. a. युद्धकर्म्मणो मुच् (c. 6. मुञ्चति, मोक्तुं), सैन्यान् विसृज् (c. 6. –सृजति –स्रष्टुं), सैन्यभङ्गं कृ.

To* disband, *v. n. युद्धकर्म्मणो मुच् **in pass.** (मुच्यते) **or** विसृज् **in pass.** (–सृज्यते).

To* disbark, *v. a. नौकाया अवरुह् **in caus.** (–रोपयति –यितुं) **or** अवतॄ **in caus.** (–तारयति –यितुं).

Disbelief, *s.* अविश्वासः, अप्रत्ययः, अश्रद्धा, अभक्तिः ***f.***, अविश्रम्भः, प्रत्ययाभावः

To* disbelieve, *v. a. न प्रती (c. 2. प्रत्येति –तुं **rt.** इ), न विश्वस् (c. 2. श्वसिति –तुं), न श्रद्धा (c. 2. –दधाति –धातुं), न प्रत्ययीकृ.

Disbeliever, *s.* अविश्वासी ***m.*** (न्), अप्रत्ययी ***m.*** (न्), अश्रद्दधानः, नास्तिकः.

Disbelieving, *a.* अश्रद्धालुः –लुः –लु, अश्रद्धावान् –वती –वत् (त्).

To* disbranch, *v. a. शाखं छिद् (c. 7. छिनत्ति, छेत्तुं), निःशाखं –खां –खं कृ.

To* disburden, *v. a. भारम् उत्तॄ **in caus.** (–तारयति –यितुं) **or** अवतॄ **in caus.** भाराद् मुच् (c. 6. मुञ्चति, मोक्तुं) **or** विमुच्, भारं विनी (c. 1. –नयति –नेतुं) **or** अपनी, निर्भारं, –रां –रं कृ, रिक्तभारं –रां –रं कृ, विशुध् **in caus.** (–शोधयति –यितुं); **'to disburden the mind,'** मनोगतं **or** अन्तर्गतं मनः परस्मै व्यक्तीकृ **or** व्याख्या (c. 2. –ख्याति –तुं).

To* disburse, *v. a. व्यय् (c. 1. व्ययति, c. 10. व्यययति –यितुं **root** इ)ए व्ययीकृ, विभृज् (c. 6. –सृजति –स्रष्टुं), विनियुज् (c. 7. –युंक्ते –योक्तुं)

Disbursed, *p. p.* व्ययितः –ता –तं, व्ययीकृतः –ता –तं, व्ययीभूतः –ता –तं, अपचितः –ता –तं, विसर्ज्जितः –ता –तं.

Disburement, *s.* व्ययः, धनव्ययः, व्ययीकरणं, विनियोगः, विसर्गः, त्यागः, अपचितिः ***f.***, अपचयः; **'receipt and disbursement,'** आयव्ययौ.

Disburser, *s.* व्ययी ***m.*** (न्), व्ययकर्त्ता ***m.*** (र्त्तृ), अपचेता ***m.*** (तृ).

Discalceated, *p. p.* निष्पादुकः –का –कं, अपपादत्रः –त्रा –त्रं, उपानद्वर्ज्जितः –ता –तं.

To* discandy, *v. a. विली **in caus.** (–लाययति –यितुं), विद्रु **in caus.** (–द्रावयति –यितुं).

To* discard, *v. a. अपास् (c. 4. –अस्यति –असितुं), अवमुच् (c. 6. –मुञ्चति –मोक्तुं), अवसृज् (c. 6. –सृजत –स्रष्टुं, c. 10. –सर्ज्जयति –यितुं), विसृज्, व्यपसृज्, उत्सृज्; प्रतिक्षिप् (c. 6. –क्षिपति –क्षेप्तुं), अपाहा (c. 3. –जहाति –हातुं), अपहा, विहा; निराकृ, पराकृ; उज्झ् (c. 6. उज्झति –झितुं), प्रोज्झ्, दूरीकृ, खण्ड् (c. 10. खण्डयति –यितुं).

Discarded, *p. p.* अपास्तः –स्ता –स्तं, अवमृष्टः –ष्टा –ष्टं, प्रतिक्षिप्तः –प्ता –प्तं, निराकृतः –ता –तं, सन्न्यस्तः –स्ता –स्तं, प्रोज्झितः –ता –तं, अवधूतः –ता –तं.

Discarnate, *a.* मांसहीनः –ना –नं, निर्मांसः –सा –सं, अमांसः –सा –सं.

***To* discern, *v. a.* (Descry, see)** दृश् (c. 1. पश्यति, द्रष्टुं), प्रदृश्, सम्प्रदृश्, प्रतिदृश्, परिदृश्, अनुदृश्, विदृश्, सन्दृश्; ईक्ष् (c. 1. ईक्षते –क्षितुं), समीक्ष्, निरीक्ष्, वीक्ष्, प्रेक्ष्, सम्प्रेक्ष्; आलोक् (c. 10. –लोकयति –यितुं, c. 1. –लोकते –कितुं), समालोक्, अवलोक्, विलोक्, लक्ष् (c. 10. लक्षयति –यितुं), आलक्ष्, समालक्ष्, संलक्ष्, आलोच् (c. 10. –लोचयति –यितुं), निर्वण् (c. 10. –वर्णयति –यितुं).—**(Distinguish, judge)** विविच् (c. 7. –विनक्ति –वेक्तुं **or caus.** –वेचयति –यितुं), विज्ञा (c. 9. –जानाति –नीते –ज्ञातुं), विचर् **in caus.** (–चारयति –यितुं), निर्णी (c. 1. –ण्यति –णेतुं), विभू **in caus.** (–भावयति –यितुं), परिछिद् (c. 7. –छिनत्ति –छेत्तुं).

Discerned, *p. p.* दृष्टः –ष्टा –ष्टं, ईक्षितः –ता –तं, विज्ञातः –ता –तं.

Discerner, *s.* द्रष्टा ***m.*** (ष्टृ), ईक्षिता ***m.*** (तृ), विज्ञः, विवेकदृश्वा ***m.*** (न्), विवेक्ता ***m.*** (क्तृ).

Discernible, *a.* दृश्यः –श्या –श्यं, दृष्टिगोचरः –रा –रं, विज्ञेयः –या –यं, विवेचनीयः –या –यं, विभाव्यः –व्या –व्यं, विभावनीयः –या –यं, प्रत्यक्षः –क्षा –क्षं.

Discernibly, *adv.* प्रत्यक्षतम, दृष्टिगोचरं, व्यक्तं, विज्ञेयं, स्पष्टं.

Discerning, *a.* विवेकी –किनी –कि (न्), विवेकदृश्वा –श्वा –श्व (न्), विज्ञः –ज्ञा –ज्ञं, अभिज्ञः –ज्ञा –ज्ञं, दीर्घदृष्टिः –ष्टिः –ष्टि **or** दूरदृष्टिः, मर्म्मज्ञः –ज्ञा –ज्ञं, परिणामदर्शी –र्शिनी –र्शि (न्), बुद्धिमान् –मती –मत् (त्).

Discerningly, ***adv.*** सविज्ञानं, सविवेकं, विज्ञवत्, विचारेण, परिच्छेदपूर्व्वं.

Discernment, ***s.*** विवेक: -कता, विवेचनं, विवेक्तृत्वं, विवेकदृश्वत्वं, विज्ञानं, परिच्छेद: विचार:, परीक्षा, अवबोध:, अर्थज्ञानं, विभावनं, अवधारणं, वित्ति: ***f.,*** दूरदृष्टि: ***f.,*** प्रेक्षा.

To **discerp,** ***v. a.*** व्यवछिद् **(c. 7.** -छिनत्ति -छेत्तुं), खण्ड् **(c. 10.** खण्डयति -यितुं), खण्डश: कृ, खण्डं खण्डं कृ, लवश: कृ, शकलीकृ, विदृ **in caus.** (-दारयति -यितुं).

Discerptible, ***a.*** व्यवछेद: -द्या -द्यं, विभेद्य: -द्या -द्यं, खण्डनीय: -या -यं.

Discerption, ***s.*** व्यवछेद:, विदारणं, विशसनं, शकलीकरणं.

To **discharge,** ***v. a.*** **(Upload)** भारम् उत्तॄ **in caus.** (-तारयति -यितुं) **or** विनी **or** अपनी, भाराद् मुच् **(c. 6.** मुञ्चति, मोक्तुं, **c. 10.** मोचयति -यितुं).—**(Set free)** मुच्, विमुच्, प्रविमुच्, मोक्ष् **(c. 10.** मोक्षयति -यितुं), विसृज् **(c. 6.** -सृजति -स्रष्टुं, **c. 10.** -सर्ज्जयति -यितुं), निस्तॄ **in caus.**—**(From obligation)** ऋणाद् उत्तॄ **or** मुच् **or** शुध् **in caus.** (शोधयति -यितुं), आनृण्यं दा.—**(Pay a debt, etc.)** ऋणं शुध् **in caus. or** अपनी **or** विनी **or** अपाकृ **or** अपवृज् **in caus.** (-वर्ज्ज यित -यितुं) **or** अपनुद् **(c. 6.** -नुदति -नोत्तुं) **or** निरादिश् **(c. 6.** -दिशति -देष्टुं), आनृण्यं गम् **(c. 1.** गच्छति, गन्तुं) **or** उपगम् **or** आप् **(c. 5.** आप्नोति, आप्तुं).—**(Clear, absolve)** शुध् **in caus.** परिशुध्; पापाद् मुच्.—**(Dismiss from service)** पदात् **or** अधिकाराद् अवसृज् **or** विसृज् **or** मुच् **or** निराकृ, **or** अवरुह् **in caus.** (-रोपयति -यितुं) **or** अपास् **(c. 4.** -अस्यति -असितुं) **or** च्यु **in caus.** (च्यावयति -यितुं) **or** नि:सृ **in caus.** (-सारयति -यितुं) **or** निष्कस् **in caus.** (-कामयति -यितुं) **or** वहिष्कृ.—**(Perform)** अनुष्ठा **(c. 1.** -तिष्ठति -ष्ठातुं), आस्था, सम्पद् **in caus.** (-पादयति -यितुं), विधा **(c. 3.** -दधाति -धातुं), आचर् **(c. 1.** -चरति -रितुं), कृ, सङ्कृ, निर्वह् **in caus.** (-वाहयति -यितुं).—**(A missile)** क्षिप् **(c. 6.** क्षिपति, क्षेप्तुं), प्रक्षिप्, अस् **(c. 4.** अस्यति, असितुं), प्रास्, मुच्, प्रमुच्, सृज्, ईर् **(c. 10.** ईरयति -यितुं), उदीर्, पत् **in caus.** पातयति -यितुं). —**(A gun)** लोहगोलान् युद्धनाडे: प्रक्षिप् **or** नि:सृ **in caus.,** युद्धनाडिस्थम् आग्नेयचूर्णं ज्वल् **in caus.** (ज्वालयति -यितुं). —**(Emit, pour forth)** उदीर्, मुच्, प्रमुच्, उत्सृज्, उद्गॄ **(c. 6.** -गिरति -गरितुं -रीतुं), उद्वम् **(c. 1.** -वमति -मितुं), उच्चर् **in caus.** (-चारयति -यितुं), सु **in caus.** (स्रावयति -यितुं **or c. 1.** भवति, सोतुं), प्रस्रु, क्षर् **(c. 1.** क्षरति -रितुं), स्कन्द् **in caus.** (स्कन्दयति -यितुं).

To **discharge,** ***v. n.*** मुच् **in pass.** (मुच्यते), सु **(c. 1.** स्रवति, स्रोतुं), विली **(c. 4.** -लीयते).

Discharge, ***s.*** **(Unloading)** भारावतरणं, उत्तरणं.—**(Setting free)** मोक्ष:, मुक्ति: ***f.,*** परिमोक्षणं, उत्सर्ग:, निस्तार:.—**(From obligation)** ऋणमोक्ष:, ऋणमुक्ति: ***f.,*** उत्तरणं.—**(Payment of a debt)** ऋणशोधनं, ऋणापनयनं, ऋणापाकरणं, ऋणसिद्धि: ***f.,*** आनृण्यं, ऋणापनोदनं, विगणनं, निरादेश:.—**(Acquittance)** पापमोचनं, परिशोध:, निस्तार:, निष्कृति: ***f.***—**(Dismission from office)** अधिकाराद् विसर्ज्जनं **or** निराकरणं **or** अपासनं **or** अवरोपणं **or** वहिष्करणं, पदच्युति: ***f.***—**(Performance)** अनुष्ठानं, आचरणं, विधानं, करणं, निर्वाह:; **'discharge of one's duties,'** कर्म्मानुष्ठानं.—**(Voiding, emission)** उत्सर्ग:, विसर्ग:, मोक्षणं, स्राव:, आश्राव:, आश्रव:, उच्चार:, उद्गार:.

Discharged, ***p. p.*** **(Released)** मुक्त: -क्ता -क्तं, विमोचित: -ता -तं, मोक्षित: -ता -तं, विसृष्ट: -ष्टा -ष्टं, उत्सृष्ट: -ष्टा -ष्टं.—**(From obligation)** उत्तीर्ण: -र्णा -र्णं, ऋणमुक्त: -क्ता -क्तं,—**(Paid, as a debt)** शोधित: -ता -तं, परिशुद्ध: -द्धा -द्धं, सिद्ध: -द्धा -द्धं, विगणित: -ता -तं, निरादिष्ट: -ष्टा -ष्टं.—**(Acquitted)** शुद्ध: -द्धा -द्धं.—**(Dismissed)** विसर्ज्जित: -ता -तं, विसृष्ट: -ष्टा -ष्टं, अवसृष्ट: -ष्टा -ष्टं, निराकृत: -ता -तं, अपविद्ध: -द्धा -द्ध, अपास्त: -स्ता -स्तं, दूरीकृत: -ता -तं, प्रहित: -ता -तं, अधिकारात्प्रभ्रंशित: -ता -तं, वहिष्कृत: -ता -तं.—**(Shot)** ईरित: -ता -तं, प्रक्षिप्त: -प्ता -प्तं, मुक्त: -क्ता -क्तं, नि:सारित: -ता -तं, निरस्त: -स्ता -स्तं.—**(Emitted)** उदीरित: -ता -तं, उत्सृष्ट: -ष्टा -ष्टं, उच्चारित: -ता -तं, स्कन्दित: -ता -तं.—**(Performed)** अनुष्ठित: -ता -तं, आचरित: -ता -तं, कृत: -ता -तं.

Discharger, ***s.*** **(Of duty)** कर्म्मानुष्ठायी ***m.*** (न्).—**(Of a missile)** प्रक्षेपक:.

To **discind,** ***v. a.*** द्विधा छिद् **(c. 7.** छिनत्ति, छेत्तुं), व्यवछिद्, द्विखण्डीकृ.

Disciple, ***s.*** शिष्य:, अन्तेवासी ***m.*** (न्), अन्तेवासिजन:, छात्र:, अनुयायी ***m.*** (न्), विद्यार्थी ***m.*** (न्), अनुचर:, अनुगतिक:, आश्रित:; **'disciple of a disciple,'** प्रशिष्य:.

Discipleship, ***s.*** शिष्यत्वं, छात्रता, अन्तेवासित्वं, विद्यार्थित्वं, अनुयायित्वं.

Disciplinable, ***a.*** शासनीय: -या -यं, शास्य: -स्या -स्यं, शिक्षणीय: -या -यं.

Disciplinarian, ***s.*** शासिता ***m.*** (तृ), शिष्टिकर्त्ता ***m.*** (र्त्तृ), विनेता ***m.*** (तृ), नियामक:.

Disciplinary, ***a.*** वैनयिक: -की -कं, शिष्टिविषयक: -का -कं.

Discipline, ***s.*** **(Education, instruction)** विनय:, शिक्षा, अभ्यास:, शासनं, शिष्टि: ***f.,*** शास्ति: ***f.,*** अनुशासनं, उपदेश:, अध्यापनं, अनुनय:, नीति: ***f.***—**(Military discipline)** व्यायाम:, युद्धाभ्यास:, युद्धशिक्षा, युद्धनीति: ***f.,*** युद्धव्यवस्था. —**(Rule of government)** नीति: ***f.,*** नय:, राजनीति:, व्यवस्था, नियम:, विधि: ***m.***—**(Chastisement)** शिष्टि: ***f.,***

शास्तिः ***f.***, शासनं, निग्रहः, साहसं, दण्डः, दमः. — **(Subjection)** दान्तिः ***f.***

***To* discipline, *v. a.* (Educate, instruct)** विनी **(c. 1.** -नयति -नेतुं), शिक्ष् **in caus.** (शिक्षयति -यितुं), अनुशिक्ष्; शास् **(c. 2.** शास्ति, शासितुं), अनुशास्, अधी **in caus.** (अध्यापयति -यितुं). — **(Excercise)** अभ्यस् **(c. 4.** -अस्यति -असितुं), व्यायम् **(c. 1.** -यच्छति -यन्तुं). — **(Regulate)** विनियम्, नियम् शास्, अनुशास्, विध् **in caus.** (-धारयति -यितुं). — **(Punish, chastise)** शास्, अनुशास्, दण्ड् **(c. 10.** दण्डयति -यितुं), दम् **(c. 10.** दमयति -यितुं).

Disciplined, *p. p.* शिष्टः -ष्टा -ष्टं, शासितः -ता -तं, विनीतः -ता -तं, अनुनीतः -ता -तं, शिक्षितः -ता -तं, कृताभ्यासः -सा -सं, दमितः -ता -तं, उद्यतः -ता -तं.

To* disclaim, *v. a. निह्नु **(c. 2.** -ह्नुते -ह्नोतुं), अपह्नु, प्रत्याया **(c. 2.** -ख्याति -तुं), अपवद् **(c. 1.** -वदति -दितुं), अपलप् **(c. 1.** -लपति -पितुं), अपज्ञा **(c. 9.** -जानाति -ज्ञातुं), प्रत्यादिश् **(c. 6.** -दिशति -देष्टुं), निरस् **(c. 4.** -अस्यति -असितुं), परित्यज् **(c. 1.** -त्यजति -त्यक्तुं), न स्वीकृ, न अङ्गीकृ.

Disclaimer, *s.* अपह्नोता ***m.*** (तृ), निह्नोता ***m.***, प्रत्यादेशकः, अस्वीकर्त्ता ***m.*** (र्त्तृ).

***To* disclose, *v. a.* (Uncover)** विवृ **(c. 5.** -वृणोति -णुते -वरितुं -रीतुं), अपवृ, अपावृ, उच्छद् **(c. 10.** -छादयति -यितुं). — **(Reveal)** प्रकाश् **in caus.** (-काशयति -यितुं), विकाश् स्पष्टीकृ, प्रकटीकृ, व्यक्तीकृ, व्यञ्ज् **(c. 7.** -अनक्ति -अञ्जितुं). — **(Tell)** निविद् **in caus.** (-वेदयति -यितुं), ख्या **in caus.** (ख्यापयति -यितुं), सूच् **(c. 10.** सूचयति -यितुं); **disclose a secret,'** रहस्यं भिद् **(c. 7.** भिनत्ति, भेत्तुं).

Disclosed, *p. p.* विवृतः -ता -तं, सूचितः -ता -तं, निवेदितः -ता -तं.

Disclosure, *s.* विवृतिः ***f.***, विवरणं, प्रकाशः -शनं, स्पष्टीकरणं, व्यक्तीकरणं, प्रकटीकरणं, प्रचारणं, निवेदनं, उद्भेदः, भेदः; **'of a secret,'** रहस्यभेदः.

Discoloration, *s.* (The act) विवर्णकरणं, मलिनीकरणं, कृष्णीकरणं. — **(The state)** विवर्णत्वं, वैवर्ण्यं, मालिन्यं, कलुषं, कलङ्कः.

To* discolour, *v. a. विवर्णीकृ, विवर्ण् **(c. 10.** -वर्णयति -यितुं), मलिन **(nom.** मलिनयति -यितुं), कलुष **(nom.** कलुषयति -यितुं), कृष्णीकृ.

Discoloured, *p. p.* विवर्णः -र्णा -र्णं, दीनवर्णः -र्णा -र्णं, नीरक्तः -क्ता -क्तं; **'having discoloured teeth,'** कृष्णदशनः -ना -नं.

To* discomfit, *v. a. पराजि **(c. 1.** -जयति -ते -जेतुं), पराहन् **(c. 2.** -हन्ति -न्तुं), परास् **(c. 4.** -अस्यति -असितुं), पराभू, अभिभू, विद्रु **in caus.** (-द्रावयति -यितुं), व्यूहान् भञ्ज् **(c. 7.** भनक्ति, भंक्तुं) **or** भिद् **(c. 7.** भिनत्ति, भेत्तुं), विध्वंस् **in caus.** (-ध्वंसयति -यितुं), पिञ्जलीकृ, स्खद् **(c. 1.** स्खदते -दितुं).

Discomfited, *p. p.* पराजितः -ता -तं, पराभूतः -ता -तं, पराहतः -ता -तं, परास्तः -स्ता -स्तं, प्रपलायितः -ता -तं, विद्रुतः -ता -तं, प्रतिहतोद्यमः -मा -मं, पिञ्जलः -ला -लं, समुत्पिञ्जः -ञ्जा -ञ्जं.

Discomfiture, *s.* पराजयः, अपजयः, पराभवः, व्यसनं, बलव्यसनं, भङ्गः, भेदः, विद्रवः, प्रपलायनं, हारिः ***f.***, स्खदनं, पिञ्जलकः, समुत्पिञ्जलकः.

Discomfort, *s.* अस्वास्थ्यं, असुस्थता, दुःखं, असुखं, पीडा, व्यथा, खेदः, कष्टं, कृच्छ्रं, वेदना, चित्तवेदना, उद्वेगः, बाधाः, क्लेशः, सन्तापः.

To* discomfort, *v. a. दुःख् **(c. 10.** दुःखयति -यितुं), पीड् **(c. 10.** पीडयति -यितुं) व्यथ् **(c. 10.** व्यथयति -यितुं), बाध् **(c. 1.** बाधते -धितुं), परितप् **(c. 10.** -तापयति -यितुं).

To* discommend, *v. a. न प्रशंस् **(c. 1.** -शंसति -सितुं), निन्द् **(c. 1.** निन्दति -न्दितुं).

To* discommode, *v. a. बाध् **(c. 1.** बाधते -धितुं), उपरुध् **(c. 7.** -रुणद्धि -रोद्धुं), क्लिश् **(c. 9.** क्लिश्नाति, क्लेष्टुं), व्यथ् **(c. 10.** व्यथयति -यितुं).

Discommodious, *a.* अनुपयुक्तः -क्ता -क्तं, कष्टकरः -री -रं, अस्वास्थ्यजनकः -का -कं.

To* discompose, *v. a. क्षुभ् **in caus.** (क्षोभयति -यितुं), विक्षुभ्, आकुलीकृ, कातरीकृ, व्याकुलीकृ, अस्थिरीकृ, बाध् **(c. 1.** बाधते -धितुं), मुह् **in caus.** मोहयति -यितुं), व्यामुह्, विलुप् **(c. 6.** -लुम्पति -लोप्तुं).

Discomposed, *p. p.* क्षोभितः -ता -तं, क्षुब्धः -ब्धा -ब्धं, आकुलितः -ता -तं, आकुलचित्तः -त्ता -त्तं, व्याकुलः -ला -लं, कातरः -रा -रं, अस्थिरः -रा -रं, अनवस्थितः -ता -तं, अनिर्वृतः -ता -तं, व्यग्रः -ग्रा -ग्रं, पारिप्लवः -वा -वं, मोहितः -ता -तं, उद्भ्रान्तः -न्ता -न्तं, विधुरः -रा -रं.

Discomposure, *s.* क्षोभः, आकुलता, व्याकुलत्वं, आकुलचित्तता, कातरत्वं, अस्थिरता, अनिर्वृतिः ***f.***, व्यग्रता, पारिप्लवत्वं, उद्वेगः, वैक्लव्यं, उत्कम्पः, मोहः.

***To* disconcert, *v. a.* (Frustrate)** खण्ड् **(c. 10.** खण्डयति -यितुं), प्रतिहन् **(c. 2.** -हन्ति -न्तुं), वृथा कृ. — **(Discompose)** मुह् **in caus.** (मोहयति -यितुं), आकुलीकृ. व्यग्रीकृ.

Disconcerted, *p. p.* प्रतिहतोद्यमः -मा -मं, खण्डितः -ता -तं, मोहितः -ता -तं, आकुलितः -ता -तं, व्याकुलितः -ता -तं, विलक्षितः -ता -तं.

Disconformity, discongruity, ***s.*** असादृश्यं, अयोग्यता, असङ्गतिः ***f.***, विरुद्धता.

To **disconnect,** ***v. a.*** वियुज् (**c. 7.** –युनक्ति –योक्तुं), विश्लिष् (**c. 10.** –श्लेषयति –यितुं).

Disconnected, ***p. p.*** विप्रयुक्तः –क्ता –क्तं, असंसक्तः –क्ता –क्तं, असंलग्नः –ग्ना –ग्नं.

Disconnection, ***s.*** वियोगः, विप्रयोगः, असंयोगः, विश्लेषः, अनभिष्वङ्गः.

Disconsolate, ***a.*** विषणः –णा –णं, विषादी –दिनी –दि (न्), अवसन्नः –न्ना –न्नं, निराशः –शा –शं, हताशः –शा –शं, विमनाः –नाः –नः (स्), **or** क्लान्तमनाः **or** दुर्मनाः **or** अन्तर्मनाः **or** उद्विग्नमनाः, विमनस्कः –स्का –स्कं, निरानन्दः –न्दा –न्दं, अनाश्वासनीयः –या –यं, खिद्यमानः –ना –नं, खेदान्वितः –ता –तं.

Disconsolately, ***adv.*** सविषादं, सखेदं, सोद्वेगं, सनैराश्यं, निरानन्दं.

Discontent, ***s.*** असन्तोषः, अतुष्टिः ***f.***, अपरितोषः, अतृप्तिः ***f.***, अरति ***f.***, अनिर्वृतिः ***f.***, अनाह्लादः, अशान्तिः ***f.***, असन्तुष्टता, अतृप्तता.

Discontent, discontented, ***a.*** असन्तुष्टः –ष्टा –ष्टं, अतृप्तः –प्ता –प्तं, अतुष्टः –ष्टा –ष्टं, अपरितुष्टः –ष्टा –ष्टं, वितुष्टः –ष्टा –ष्टं, अरतः –ता –तं, अनिर्वृतः –ता –तं, अरतिः –तिः –ति, अशान्तः –न्ता –न्तं, अप्रीतः –ता –तं, निरानन्दः –न्दा –न्दं, अप्रशान्तकामः –मा –मं, अप्रतिलब्धकामः –मा –मं, सासूयः –या –यं.

To **discontent,** ***v. a.*** न सन्तुष् **in caus.** (–तोषयति –यितुं), न तृप् **in caus.** (–तर्पयति –यितुं), असन्तोषम् उत्पद् **in caus.** (–पादयति –यितुं).

Discontinuance, disctontinuation, ***s.*** **(Want of continuity)** विच्छेदः, छेदः, भङ्गः, अन्तरायः, खण्डनं.—**(Cessation)** विरतिः ***f.***, विरामः, अवरतिः ***f.***, उपरतिः ***f.***, निवृत्तिः ***f.***, विनिवृत्तिः ***f.***, निर्वृत्तिः ***f.***, निवर्त्तनं, विच्छेदः, छेदः, उपशमः, अपशमः, क्षान्तिः ***f.***, क्षयः.

To **discontinue,** ***v. a.*** **and** ***n.*** **(Leave off)** विरम् (**c. 1.** –रमति –रन्तुं), उपरम् **with abl. c.,** निवृत् (**c. 1.** –वर्त्तते –र्त्तितुं), निर्वृत् **with abl. c.,** शम् (**c. 4.** शाम्यति, शमितुं), विच्छिद् **in pass.** (–छिद्यते).—**(Cause to cease)** निवृत् **in caus.** (–वर्त्तयति –यितुं), विरम् **in caus.** (–रमयति –यितुं).—**(Abandon)** त्यज् (**c. 1.** त्यजति, त्यक्तुं), उज्झ् (**c. 6.** उज्झति –ज्झितुं), प्रोज्झ्.—**(Interrupt, break off)** विच्छिद् (**c. 7.** –छिनत्ति –छेत्तुं), विलुप् (**c. 10.** –लोपयति –यितुं), खण्ड् (**c. 10.** खण्डयति –यितुं).

Discontinued, ***p. p.*** विरतः –ता –तं, अवरतः –ता –तं, निवृत्तः –त्ता –त्तं, विच्छिन्नः –न्ना –न्नं, अवसन्नः –न्ना –न्नं, उज्झितः –ता –तं, त्यक्तः –क्ता –क्तं.

Discord, discordance, ***s.*** **(Disagreement)** भेदः, विभेदः, विभिन्नता, विरोधः परस्परविरोधः, विमतिः ***f.***, वैमत्यं, असम्मतिः ***f.***, अयोग्यता, विपरीतता, वैपरीत्यं, विसंवादः, प्रातिकूल्यं, वैलक्षण्यं, विरुद्धता; **'causing discord,'** भेदकरः –री –रं.—**(In music)** अपरवः, विस्वरशब्दः, असौम्यस्वरः, अपक्वणः.

To **discord,** ***v. n.*** विभिद् **in pass.** (–भिद्यते), न सम्मन् (**c. 4.** –मन्यते –मन्तुं), न युज् **in pass.** (युज्यते), विसंवद् (**c. 1.** –वदति –दितुं), अन्योन्यं विरुध् (**c. 7.** –रुणद्धि –रोद्धुं).

Discordant, ***a.*** **(Incongruous)** विरुद्धः –द्धा –द्धं, परस्परविरुद्धः –द्धा –द्धं, अयोग्यः –ग्या –ग्यं, विभिन्नः –न्ना –न्नं, असङ्गतः –ता –तं, विसङ्गतः –ता –तं, असम्मतः –ता –तं, विपरीतः –ता –तं, क्लिष्टः –ष्टा –ष्टं.—**(In sound)** विस्वरः –रा –रं, अस्वरः –रा –रं, असौम्यस्वरः –रा –रं, कर्कशस्वनः –ना –नं, वैतालिकः –की –कं.

Discordantly, ***adv.*** विरुद्धं, विपरीतं, विस्वरं, विरोधेन, अयोग्यं.

To **discover,** ***v. a.*** **(Shew)** दृश् **in caus.** (दर्शयति –यितुं), अभिदृश्, निदृश्, प्रतिदृश्.—**(Reveal, make manifest)** विवृ (**c. 5.** –वृणोति –वरितुं –रीतुं), अपवृ, प्रकाश् **in caus.** (–काशयति –यितुं), स्पष्टीकृ, व्यक्तीकृ, प्रकटीकृ, व्यञ्ज् (**c. 7.** –अनक्ति –अञ्जितुं, **c. 10.** –अञ्जयति –यितुं), आविष्कृ.—**(Make known)** ज्ञा **in caus.** (ज्ञापयति –यितुं), निविद् **in caus.** (–वेदयति –यितुं), सूच् (**c. 10.** सूचयति –यितुं).—**(Find out, detect)** नि (**c. 10.** –रूपयति –यितुं), ज्ञा (**c. 9.** जानाति –नीते, ज्ञातुं), परिज्ञा, अभिज्ञा, निर्णी (**c. 1** –णयति –णेतुं), उपलभ् (**c. 1** –लभते –लब्धुं), अवगम् (**c. 1** –गच्छति –गन्तुं), अधिगम्, अध्यागम्; आसद् (**c. 10.** –सादयति –यितुं), प्राप् (**c. 5.** –आप्नोति –आप्तुं), विद् (**c. 6.** विन्दति, वेदितुं), अभिविद्, अनुसन्धा (**c. 3.** –दधाति –धातुं).

Discoverable, ***a.*** निरूपणीयः –या –यं, ज्ञेयः –या –यं, प्रेक्षणीयः –या –यं.

Discovered, ***p. p.*** निरूपितः –ता –तं, ज्ञातः –ता –तं, विज्ञातः –ता –तं, अभिज्ञातः –ता –तं, निर्णीतः –ता –तं, अवगतः –ता –तं; **'in a fault,'** दृष्टदोषः –षा –षं.

Discoverer, ***s.*** निरूपकः, निर्णेता ***m.*** (तृ), परिज्ञानी ***m.*** (न्), अवगन्ता ***m.*** (न्तृ).

Discovery, ***s.*** **(Disclosing, exhibiting)** विवृतिः ***f.***, दर्शनं, प्रकाशनं, प्रेक्षणं.—**(Finding out),** ज्ञानं, परिज्ञानं, विज्ञानं, निरूपणं, प्राप्तिः ***f.***, उपलब्धिः ***f.***, अवगमः, अवगतिः ***f.***, निर्णयः, अनुसन्धानं.

Discount, ***s.*** उद्धारः, उद्धृतभागः, हुण्डिकापत्राद् उद्धृतो भागः.

To **discount,** ***v. a.*** **(Deduct a part)** भागम् उद्धृ (**c. 1.** –हरति –हर्तुं).—**(Pay a bill of exchange before hand)** भागम्

उद्धृत्य प्राग्विहितकालाद् हुण्डिकापत्रं शुध् **in caus.** (शोधयति -यितुं).

To* discountenance, *v. a. न अनुग्रह् (**c. 9.** -गृह्णाति -ग्रहीतुं), न अनुपाल् (**c. 10.** -पालयति -यितुं), न अनुकूल (**nom.** अनुकूलयति -यितुं), न उपकृ, लज्ज् (**c. 10.** लज्जयति -यितुं).

***To* discourage, *v. a.* (Depress, deject)** अवसद् **in caus.** (-सादयति -यितुं), विपद् **in caus.** विपणीकृ, विषादं जन् **in caus.** (जनयति -यितुं), म्लानीकृ, निर्विणीकृ; आशा: **or** मनो भञ्ज् (**c. 7.** भनक्ति, भंक्तुं) **or** हन् (**c. 2.** हन्ति -न्तुं). —**(Deter)** भयहेतुं दर्शयित्वा निवृत् **in caus.** (-वर्त्तयति -यितुं) **or** निवृ **in caus.** (-वारयति -यितुं).

Discouraged, *p. p.* विपण: -णा -णं, अवसन्न: -न्ना -न्नं, अवसादित: -ता -तं, निर्विण: -णा -णं, भग्नोद्यम: -मा -मं, भग्नमना: -ना -न: (स्), मनोहत: -ता -तं, हताश: -शा -शं, खिन्न: -न्ना -न्नं, निवर्त्तित: -ता -तं, निवारित: -ता -तं.

Discouragement, *s.* मनोभङ्ग:, उद्योगभङ्ग:, उद्यमव्याघात:, आशाभङ्ग:, निवर्त्तन, विषादोत्पादनं, अवसादकरणं, अप्रसाद:.

Discouraging, *a.* विषादोत्पादक: -का -कं, अवसादजनक: -का -कं.

Discourse, *s.* (Conversation) सम्भाषा -षणं, संलाप:, सङ्कथा, आलाप:, आभाषणं, संवाद:, सम्प्रवदनं, कथोपकथनं, अनुकथनं, कथायोग:. —**(Speech, dissertation)** वचनं, वाक्यं, वच: ***n.*** (स्), वाद:, प्रवाद:, प्रवचनं, भाषितं, भाषणं, लपितं, वचनक्रम:, निगाद:.

***To* discourse, *v. n.* (Talk, converse)** भाष् (**c. 1.** भाषते -षितुं). सम्भाष्, सम्प्रभाष्, प्रभाष्; आलप् (**c. 1.** -लपति -पितुं), संलप्; वद् (**c. 1.** वदति -ते -दितुं), संवद्, सम्प्रवद्, वच् (**c. 2.** वक्ति -क्तुं), संवच्, जल्प् (**c. 1.** जल्पति -ल्पितुं), सञ्जल्प्. —**(Treat of, talk over)** व्याख्या (**c. 2.** -ख्याति -तुं), प्रसङ्गं कृ, कथ् (**c. 10.** कथयति -यितुं).

Discourser, *s.* वादी ***m.*** (न्), वक्ता ***m.*** (क्तृ), भाषी ***m.*** (न्), आलापी ***m.*** (न्), कथक:.

Discoursive, *a.* तर्की -र्किणी -र्कि (न्), ऊही -हिनी -हि (न्), सांवादिक: -की -कं.

Discourteous, *a.* असभ्य: -भ्या -भ्यं, अशिष्ट: -ष्टा -ष्टं, दुर्मर्य्याद: -दा -दं. अनार्य्य: -र्य्या -र्य्यं अविनीत: -ता -तं, अविनय: -या -यं, दु:शील: -ला -लं, कुशील: -ला -लं, विनयप्रमाथी -थिनी -थि (न्), अप्रसन्न: -न्ना -न्नं, दुश्चरित्र: -त्रा -त्रं.

Discourteously, *adv.* असभ्यं, अशिष्टं, अविनीत:, अप्रश्रितं, दु:शीलत्वात्.

Discourtesy, *s.* असभ्यता, अशिष्टता, अविनय:, दु:शीलता, अप्रसाद:, अप्रश्रय:.

Discredit, *s.* अयश: ***n.*** (स्), अकीर्त्ति: ***f.***, अख्याति: ***f.***, कुख्याति: ***f.***, पकीर्त्ति: ***f.***, अपमानं, कलङ्क:, अपकलङ्क:, अप्रतिष्ठा, मर्य्यादा हानि: ***f.***

***To* discredit, *v. a.* (Deprive of credibility)** अविश्वास्य: **or** अश्रद्धेय इति मन् (**c. 4.** मन्यते, मन्तुं), प्रामाण्यं **or** गौरवं लघ् (**nom.** लघयति -यितुं) **or** लघूकृ, अविश्वस्तं -स्तां -स्तं कृ. —**(Not to credit)** न प्रती (**c. 2.** प्रत्येति -तुं), न विश्वस् (**c. 2.** -श्वसिति -तुं). —**(Disgrace)** अकीर्तिं **or** अयश: **or** अपमानं कृ **or** जन् (**c. 10.** जनयति -यितुं), लघूकृ, कलङ्कं कृ.

Discreditable, *a.* अकीर्त्तिकर: -री -रं, अयशस्कर: -री -रं, कलङ्ककर: -री -रं, अपमान्य: -न्या -न्यं, अमान्य: -न्या -न्यं, अनार्य्य: -र्य्या -र्य्यं, अयशस्य: -स्या -स्यं, मर्य्यादाविरुद्ध: -द्धा -द्धं, लोकगर्हित: -ता -तं, अप्रतिष्ठ: -ष्ठा -ष्ठं.

Discreet, *a.* विमृश्यकारी -रिणी -रि (न्) **or** समीक्ष्यकारी, विज्ञ: -ज्ञा -ज्ञं, विचक्षण: -णा -णं, विचारणशील: -ला -लं, स्ववहित: -ता -तं, मनस्वी -स्विनी -स्वि (न्), मतिमान् -मती -मत् (त्), कृतावधान: -ना -नं, विनीत: -ता -तं, परिणामदर्शी -र्शिनी -र्शि (न्).

Discreetly, *adv.* सुविमृश्य, स्ववहित:, सुविचार्य्यं, विचारेण, विज्ञवत्.

Discrepance, Discrepancy, *s.* विभेद:, विभिन्नता, भेद:, भिन्नता, विरोध:, विरुद्धता, विप्रतिपत्ति: ***f.***, असङ्गति: ***f.***, विपरीतता, वैपरीत्यं, द्वैधं, द्वैविध्यं, विसंवाद:, प्रातिकूल्यं, वैलक्षण्यं, विगीति: ***f.***

Discrepant, *a.* भिन्न: -न्ना -न्नं, विभिन्न: -न्ना -न्नं, विरुद्ध: -द्धा -द्धं, विरोधी -धिनी -धि (न्), विपरीत: -ता -तं, विगीत: -ता -तं, असङ्गत: -ता -तं, विसङ्गत: -ता -तं, विसंवादी -दिनी -दि (न्), विवदमान: -ना -नं, प्रतिकूल: -ला -लं.

Discrete, *a.* भिन्न: -न्ना -न्नं, विविक्त: -क्ता -क्तं, पृथग्भूत: -ता -तं.

Discretion, *s.* (Prudence) विनय:, विनीतता, नीति: ***f.***, सुनीति:, सुनय:, प्रसमीक्षा, समीक्षणं, समीक्ष्यकारित्वं, विमृश्यकारित्वं, चिन्ता, विज्ञता, विचक्षणता, विवेचना, विचार:. —**(Liberty of acting at pleasure)** स्वातन्त्र्यं, स्वाच्छन्द्यं, स्वाधीनता. —**(Option)** विकल्प:, अनुकल्प:; **'at one's own discretion,'** स्वेच्छया, स्वरुच्या.

Discretionally, *adv.* स्वेच्छातस्, स्वेच्छानुसारेण, विकल्पतस्, कामं, अनुकामं.

Discretionary, *a.* वैकल्पिक: -की -कं, विकल्पित: -ता -तं, सविकल्पक: -का -कं, आनुकल्पिक: -की -कं, स्वाधीन: -ना -नं, स्वच्छन्द: -न्दा -न्दं, यादृच्छिक: -की -कं.

To* discriminate, *v. a. विज्ञा (**c. 9.** -जानाति -नीते -ज्ञातुं),

विशिष् (c. 7. -शिनष्टि -शेष्टुं, c. 10. -शेषयति -यितुं), विविच् (c. 7. -विनक्ति -वेक्तुं, c. 10. -वेचयति -यितुं), लक्ष् (c. 10. लक्षयति -यितुं), परिछिद् (c. 7. -छिनत्ति -छेत्तुं), विचर् (c. 10. -चारयति -यितुं), पृथक्कृ, विज् (c. 3. वेवेक्ति, विजितुं), विभू (c. 10. -भावयति -यितुं).

Discriminated, ***p. p.*** विशेषितः -ता -तं, कृतलक्षणः -णा -णं, विविक्तः -क्ता -क्तं, परिच्छिन्नः -न्ना -न्नं, विज्ञातः -ता -तं, पृथक्कृतः -ता -तं, विचारित -ता -तं.

Discrimination, ***s.*** **(The act)** विवेकः, विवेचनं, परिच्छेदः -छनं, विज्ञानं, अर्थविज्ञानं, अर्थज्ञानं, विभावनं, विचारः, व्यवच्छेदः, वित्तिः ***f.,*** विवेकदृश्वत्वं, विवेक्तृत्वं, विशेषणं, पृथक्करणं, पृथगात्मता, अवधारणं.—**(The state)** विशिष्टता, परिछिन्नता, विविक्तता; **'discrimination of right and wrong,'** सदसद्विवेकः; **want of discrimination,'** अविवेकः -कता.

Discriminating, ***a.*** विशेषज्ञः -ज्ञा -ज्ञं, विवेकदृश्वा -श्वा -श्व (न्), अर्थज्ञः -ज्ञा -ज्ञं.

Discriminative, ***a.*** विवेकी -किनी -कि (न्), विशेषकः -का -कं, परिच्छेदः -का -कं, प्रभेदकारी -रिणी -रि (न्), विभावकः -का -कं, विजिता -त्री -तृ (तृ).

Discursive, ***a.*** **(Wandering from one topic to another)** बहुविषयः -या -यं, नानावस्तुविषयकः -का -कं, अनेकार्थः -र्था -र्थं, बह्वर्थः -र्था -र्थं, नानाप्रसङ्गः -ङ्गा -ङ्गं, इतस्ततो भ्रमणशीलः -ला -लं, अस्थिरः -रा -रं, चञ्चलः -ला -लं. —**(Argumentative)** तार्किकः -की -कं, विचारी -रिणी -रि (न्).

Discus, ***s.*** चक्रं, लौहचक्रं अट्टनं; **'of Viṣṇu,'** शिवदत्तं.

To **discuss,** ***v. a.*** विचर् **in caus.** (-चारयति -यितुं), वितर्क् (c. 10. -तर्कयति -यितुं), निरूप् (c. 10. -रूपयति -यितुं), विमृश् (c. 6. -मृशति -स्रष्टुं), परिमृश्, समीक्ष् (c. 1. -ईक्षते -क्षितुं), परीक्ष्, विभू (c. 10. -भावयति -यितुं), मथ् (c. 1. मथति -थितुं), वादानुवादं कृ.

Discussed, ***p. p.*** विचारितः -ता -तं, मथितः -ता -तं, वित्तः -त्ता -त्तं, विन्नः -न्ना -न्नं.

Discussion, ***s.*** विचारः -रणा, वितर्कः -र्कणं, वादानुवादः, वादप्रतिवादः, विमर्शः, परीक्षा, विवेचनं -ना, समीक्षा, प्रसमीक्षा, विभावनं, सम्प्रधारण; **'topic under discussion,'** प्रसङ्गः, प्रस्तावः; **'under discussion,'** प्रस्तुतः -ता -तं; **'result of discussion,'** मथितार्थः.—**(Dispersion)** विद्रावणं, विक्षेपः.

Discussing, ***a.*** विचारकः -का -कं, विभावकः -का -कं, विमर्शी -र्शिनी -र्शि (न्).

Discussive, ***a.*** दुष्टधातुनाशकः -का -कं, दुष्टरसविद्रावकः -का -कं, शोथहृत्.

Discutient, ***a.*** शोधघ्नः -घ्नी -घ्नं, शोथजित्, शोथहृत्, विस्फोटघ्नः -घ्नी -घ्नं.

Disdain, ***s.*** अवज्ञा -ज्ञानं, अवहेला -लनं, उपेक्षा, अवमानं, उन्माथः, गर्हा -र्हणं, घृणा, कुत्सा -त्सनं, हेलनं, निराकरणं, पराकरणं, औद्धत्यं, अवलेपः.

To **disdain,** ***v. a.*** अवज्ञा (c. 9. -जानाति -ज्ञातुं), अवमन् (c. 4. -मन्यते -मन्तुं), गर्ह् (c. 1. गर्हते -र्हितुं), कुत्स् (c. 10. कुत्सयति -यितुं), उपेक्ष् (c. 1. -ईक्षते -क्षितुं), लघूकृ, तुच्छीकृ, पराकृ, निराकृ, कदर्थीकृ, प्रत्याचक्ष् (c. 2. -चष्टे).

Disdained, ***p. p.*** अवज्ञातः -ता -तं, गर्हितः -ता -तं, कुत्सितः -ता -तं, उपेक्षितः -ता -तं, कदर्थितः -ता -तं, पराकृतः -ता -तं, निराकृतः -ता -तं.

Disdainful, ***a.*** अवमानी -निनी -नि (न्), सावहेलः -ला -लं, सावज्ञः -ज्ञा -ज्ञं, सावलेपः -पा -पं, उपेक्षकः -का -कं, सोन्माथः -था -थं, घृणी -णिनी -णि (न्).

Disdainfully, ***adv.*** सावज्ञानं, सोन्माथं, सावहेलं, सावलेपं, अवमानेन, उपेक्षया.

Disdainfulness, ***s.*** अवलिप्तता, सावलेपत्वं, सोन्माथता, औद्धत्यं.

Disease, ***s.*** रोगः, व्याधिः ***m.,*** आमयः, पीडा, रुक् ***f.,*** (ज्), रुजा, रुग्नता, गदः, उपतापः, आर्त्तिः ***f.,*** कष्टं, अस्वास्थ्यं, दुःखं, विकारः, विकृतिः ***f.,*** विकरः, श्रमः, अमसः, मृत्युभृत्यः, क्लेशः, तापः.

To **disease,** ***v. a.*** रोगेण पीड् (c. 10. पीडयति -यितुं) **or** व्यथ् (c. 10. व्यथयति -यितुं), दुःख् (c. 10. दुःखयति -यितुं), क्लिश् (c. 9. क्लिश्नाति, क्लेशितुं).

Diseased, ***p. p.*** **or** ***a.*** रोगी -गिणी -गि (न्), रोगवान् -वती -वत् (त्), रोगार्त्तः -र्त्ता -र्त्तं, रोगग्रस्तः -स्ता -स्तं, सरोगः -गा -गं, व्याधितः -ता -तं, सामयः -या -यं, अमी -मिनी -मि (न्), आतुरः -रा -रं, अस्वस्थः -स्था -स्थं, विकारी -रिणी -रि (न्), विकृतः -ता -तं, अभ्यान्तः -न्ता -न्तं, अभ्यमितः -ता -तं, आमयावी -विनी -वि (न्).

To **disembark,** ***v. a.*** उत्तृ **in caus.** (-तारयति -यितुं), नौकायाः **or** पोताद् अवतृ **in caus. or** अवरुह् **in caus.** (-रोपयति -यितुं), उत्कूल **(nom.** उत्कूलयति -यितुं).

To **disembark,** ***v. n.*** उत्तृ (c. 1. -तरति -रितुं -रीतुं), प्रत्युत्तृ, नौकायाः **or** पोताद् अवतृ **or** अवरुह् (c. 1. -रोहति -रोढुं).

Disembarkation, ***s.*** उत्तरणं, प्रत्युत्तरणं, नौकाया अवतरणं **or** अवरोहणं.

Disembarked, ***p. p.*** उत्तीर्णः -र्णाः -र्णं, अवतीर्णः -र्णा -र्णं, अवरूढः -ढा -ढं, अतिनौः -नै, नु, उत्कूलितः -ता -तं.

To **disembitter,** ***v. a.*** तिक्तरसं **or** तिक्तत्वम् अपनी (c. 1. -नयति -नेतुं) अतिक्तं -क्ता -क्तं, कृ, तिक्तवर्ज्जितं -तां -तं, कृ, मधुरीकृ, सुरसं -सां -सं कृ.

Disembodied, ***p. p.*** न्यस्तदेहः -हा -हं, अङ्गहीनः -ना -नं, त्यक्तदेहः -हा -हं, देहातीतः -ता -तं, अशरीरः -रा -रं, विगतदेहः -हा -हं, कायवर्ज्जितः -ता -तं, अनङ्गः -ङ्गा -ङ्गं.

To **disembogue,** ***v. a.*** सलिलं समुद्रे निर्गम् **in caus.** (-गमयति -यितुं) **or** प्रस्रु **in caus.** (-स्रावयति -यितुं) **or** मुच् **(c. 6.** मुञ्चति, मोक्तुं).

To **disembogue,** ***v. n.*** निर्गम् (-गच्छति -गन्तुं), निःसृ **(c. 1.** -सरति -सर्त्तुं), अपसृ, समुद्रं विश् **(c. 6.** विशति, वेष्टुं) **or** प्रविश् **or** निविश्.

To **disembroil,** ***v. a.*** व्यामोहात् **or** उद्वेगात् **or** व्यस्तत्वाद् उद्धृ **(c. 1.** -हरति -हर्त्तुं) **or** मुच् **(c. 6.** मुञ्चति, मोक्तुं), निरुत्पातं -ता -तं, कृ, निरुपद्रवं -वां -वं कृ.

To **disenchant,** ***v. a.*** मन्त्रं **or** अभिचारं **or** वशक्रियां प्रतिकृ, मन्त्रप्रभावात् **or** अभिचारवशाद् उद्धृ **(c. 1.** -हरति -हर्त्तुं) **or** मुच् **(c. 6.** मुञ्चति, मोक्तुं), अभिचारभङ्गं कृ.

To **disencumber, discumber,** ***v. a.*** भारात् **or** विघ्नाद् उद्धृ **(c. 1.** -हरति -हर्त्तुं) **or** मुच् **(c. 6.** मुञ्चति, मोक्तुं), प्रतिबन्धान् अपनी **(c. 1.** -नयति -नेतुं), निर्विघ्नीकृ, निर्विघ्न **(nom.** निर्विघ्नयति -यितुं), विशुध् **in caus.** (-शोधयति -यितुं), निष्प्रत्यूहं -हां -हं कृ.

To **disengage,** ***v. a.*** **(Separate)** वियुज् **(c. 7.** -युनक्ति -योक्तुं), विश्लिष् **in caus.** (-श्लेषयति -यितुं).—**(Disentangle)** मुच् **(c. 6.** मुञ्चति, प्रोक्तुं **c. 10.** मोचयति -यितुं), विमुच्, निर्मुच्, मोक्ष् **(c. 10.** मोक्षयति -यितुं), विमोक्ष्, उद्धृ **(c. 1.** -हरति -हर्त्तुं), विशुध् **in caus.** (-शोधयति -यितुं). —**(Withdraw the mind)** मनो निवृत् **in caus.** (-वर्त्तयति -यितुं).

To **disengage,** ***v. n.*** मुच् **in pass.** (मुच्यते), निवृत् **(c. 1.** -वर्त्तते -र्त्तितुं), विरञ्ज् **in pass.** (-रज्यते), आत्मानं निवृत् **in caus.** (-वर्त्तयति -यितुं); **'to be disengaged, at leisure,'** प्राप्तावकाशः -शा -शंभू, सावकाशः -शा -शं भू, अवसरं प्राप् **(c. 5.** -आप्नोति -आप्तुं), कार्य्यरहितः -ता -तं भू, कार्य्यशून्यः -न्या -न्यं भू.

Disengaged, ***p. p.*** **(Extricated)** मुक्तः -क्ता -क्तं, विमुक्तः -क्ता -क्तं, उत्तीर्णः -र्णा -र्णं, समुद्धृतः -ता -तं.—**(At leisure)** अवकाशप्राप्तः -प्ता -प्तं, प्राप्तावसरः -रा -रं, व्यापारशून्यः -न्या -यं, निर्व्यापारः -रा -रं, निष्क्रियः -या -यं.

To **disentangle,** ***v. a.*** मुच् **(c. 6.** मुञ्चति, मोक्तुं, **c. 10.** मोचयति -यितुं), विमुच्, निर्मुच्, विनिर्मुच्, मोक्ष् **(c. 10.** मोक्षयति -यितुं), उद्धृ **(c. 1.** -हरति -हर्त्तुं), समुद्धृ, उत्तृ **in caus.** (-तारयति -यितुं), निस्तृ, विशुध् **in caus.** (-शोधयति -यितुं).—**(Remove obstacles)** विघ्नान् अपनी **(c. 1.** -नयति -नेतुं) **or** हृ **(c. 1.** हरति, हर्त्तुं), निर्विघ्नीकृ, निष्प्रत्यूहं -हां -हं कृ.

To **disenthral,** ***v. a.*** दास्यात् **or** दासभावात् **or** परवशात् **or** पराधीनत्वाद् मुच् **(c. 6.** मुञ्चति, मोक्तुं) **or** विमुच् **or** निस्तृ **in caus.** (-तारयति -यितुं) **or** मोक्ष् **(c. 10.** मोक्षयति -यितुं).

To **disentrance,** ***v. a.*** निर्भरस्वप्नात् **or** मूर्च्छनात् प्रबुध् **in caus.** (-बोधयति -यितुं).

Disesteem, ***s.*** अनादरः, अमाननं, उपेक्षा, अवमानं, अवज्ञा, अवधीरणं, असेवनं.

To **disesteem,** ***v. a.*** अवमन् **(c. 4.** -मन्यते -मन्तुं), अवज्ञा **(c. 9.** -जानाति -ज्ञातुं), उपेक्ष् **(c. 1.** -ईक्षते -क्षितुं), अवधीर् **(c. 10.** -धीरयति -यितुं), कदर्थ् **(c. 10.** -अर्थयते -यितुं), लघूकृ, तुच्छीकृ मन्दादरः -रा -रं भू.

Disfavour, ***s.*** अप्रसादः, अप्रसन्नता, अननुग्रहः, निग्रहः, वैमुख्यं, अदृष्टिः ***f.,*** अनाश्रयः. विरक्तिः ***f.,*** वैरक्त्यं, अननुकूलता, अनुरोधाभावः, अनुपकारः.

To **disfavour,** ***v. a.*** न अनुग्रह् **(c. 9.** -गृह्णाति -ग्रहीतुं), न अनुकूल **(nom.** अनुकूलयति -यितुं), न प्रसद् **(c. 6.** -सीदति -सत्तुं), अप्रसन्नः -न्ना -न्नं भू, अप्रसादं कृ, न उपकृ.

Disfiguration, ***s.*** विरूपकरणं, अपरूपीकरणं, कदाकारकरणं, विकृतिकरणं.

To **disfigure,** ***v. a.*** विरूप् **(c. 10.** -रूपयति -यितुं), विरूपीकृ, अपरूपीकृ, कुरूपीकृ, विकृ, कदाकारीकृ, व्यङ्गीकृ, विकलीकृ.

Disfigured, ***p. p.*** विरूपितः -ता -तं, विरूपः -पा -पी -पं, अपरूपः -पी -पं, कुरूपः -पी -पं, विकृतः -ता -तं, विकृताङ्गः -ङ्गी -ङ्गं, विकृताकारः -रा -रं, विकृताकृतिः -तिः -ति, विकलाङ्गः -ङ्गी -ङ्गं व्यङ्गः -ङ्गी -ङ्गं.

Disfigurement, ***s.*** विरूपता, वैरूप्यं, कुरूपता, अपरूपता, वैकृत्यं, व्यङ्गता.

To **disfranchise,** ***v. a.*** महासभायां प्रतिनिधिप्रेरणाधिकाराद् भ्रंश् **in caus.** (भ्रंशयति -यितुं) **or** च्यु **in caus.** (च्यावयति -यितुं), पौरत्वलोपं कृ, अधिकारं हृ **(c. 1.** हरति, हर्त्तुं).

Disfranchisement, ***s.*** अधिकारलोपः, अधिकाराद् भ्रंशनं, अधिकारहानिः ***f.***

To **disgorge,** ***v. a.*** उद्गृ **(c. 6.** -गिरति -गरितुं, -रीतुं), वम् **(c. 1.** वमति -मितुं), उद्वम्, उत्क्षिप् **(c. 6.** -क्षिपति -क्षेप्तुं), ऊर्द्ध्वं क्षिप्, छर्द् **(c. 10.** छर्दयति -यितुं).

Disgorgement, ***s.*** उद्गारः -रणं, उद्गिरणं, वमः -मनं, वान्तिः ***f.,*** ऊर्द्ध्वशोधनं.

Disgrace, ***s.*** अयशः ***n.*** (स्), अपयशः ***n.,*** अकीर्त्तिः ***f.,*** अपकीर्त्तिः ***f.,*** अपमानं, अख्यातिः ***f.,*** कुख्यातिः, अपध्वंसः, अपकर्षः, अनादरः, कलङ्कः, अपकलङ्कः, मर्य्यादाहानिः ***f.,*** पराभवः, परिभवः, अभिभवः, अप्रतिष्ठा, अमर्य्यादा; **'disgrace of the**

Disgraced 282 Dishonest

family,' कुलकज्जलः, कुलाङ्गारः.

***To* disgrace, *v. a.* (Cause dishonour)** अयशः कृ, अकीर्त्तिं कृ, सापमानं -नां -नं कृ, कलङ्कं कृ, कलङ्क (**nom.** कलङ्कयति -यितुं), कुख्यातिं जन् **in caus.** (जनयति -यितुं), लज्जां कृ.—**(Degrade, put out of favour)** पदाद् भ्रंश् **in caus.** (भ्रंशयति -यितुं) **or** च्यु **in caus.** (च्यावयति -यितुं) **or** अपकृष् (**c. 1.** -कर्षति -क्रष्टुं) **or** निराकृ.

Disgraced, *p. p.* सापमानः -ना -नं, कलङ्कितः -ता -तं, अवज्ञोपहतः -ता -तं.

Disgraceful, *a.* अकीर्त्तिकरः -री -रं, अपयशस्करः -री -रं, अयशस्यः -स्या -स्यं, कलङ्ककरः -री -रं, लज्जाकरः -री -रं, अपमानजनकः -का -कं, कलङ्की -ङ्किनी -ङ्कि (न्), अमर्य्यादाजनकः -का -कं, निन्दाकरः -री -रं.

Disgracefully, *adv.* सापमानं, अयशस्यं, अकीर्त्तिकरं, लज्जाकरं, गर्हितं.

Disgracious, *a.* अप्रसन्नः -न्ना -न्नं, अननुकूलः -ला -लं, निरनुरोधः -धा -धं, विमुखः -खी -खं, अप्रीतिकरः -री -रं, असन्तोषजनकः -का -कं.

***To* disguise, *v. a.* (Conceal by an unusual dress)** अन्यवेशेन **or** वेशान्तरेण छद् (**c. 10.** छादयति -यितुं), कपटवेशेन **or** छद्मवेशेन गुह् (**c. 1.** गूहति -हितुं, (**c. 10.** गूहयति -यितुं), विडम्ब् (**c. 10.** -डम्बयति -यितुं), आकारगोपनं कृ; **'disguise one's self,'** अन्यवेशं परिधा (**c. 3.** -दधाति -धत्ते -धातुं) **or** धृ **in caus.** (धारयति -यितुं), स्वाकारगोपनं कृ, आत्मरूपं **or** आत्मदेहं गुह्, आत्माकारपरिवर्त्तनं कृ.—**(Conceal, cloke)** छद्, गुप् **in des.** (जुगुप्सते -प्सितुं), प्रावृ (**c. 5.** -वृणोति -वरितुं -रीतुं).—**(Disfigure)** विरूप् (**c. 10.** -रूपयति -यितुं), विरूपीकृ, विकृ; **'disguise one's intentions,'** स्वाभिप्रायगोपनं कृ.

Disguise, *s.* (Dress for concealing the person) कपटवेशः, छद्मवेशः, अन्यवेशः, वेशान्तरं, कृत्रिमवेशः, वेशः.—**(Act of disguising)** आकारगोपनं, वेशान्तरधारणं, विडम्बनं, अभिनयः.—**(Counterfeit appearance, false show)** छद्म ***n.*** (न्), व्यपदेशः, अपदेशः, व्याजः, छलं, लक्ष्यं, लक्षं.

Disguised, *p. p.* वेशधारी -रिणी -रि (न्), कपटवेशी -शिनी -शि (न्) **or** छद्मवेशी, कपटवेशः -शा -शं, कपटरूपी -पिणी -पि (न्), अलक्ष्यलिङ्गः -ङ्गा -ङ्गं, अलक्षितः -ता -तं; **'disguised as a Brahman,'** द्विजरूपी ***m.*** (न्), द्विजवेशः; **'disguised censure,'** व्याजनिन्दा.

Disguisement, *s.* आकारगोपनं, छद्मवेशधारणं, विडम्बनं, कपटरूपग्रहणं.

Disgust, *s.* बीभत्सः -त्सं, घृणा, अरुचिः ***f.***, गर्हा, कुत्सा, विकृतं, वैकृतं -त्यं, विकारः, अरतिः ***f.***, वैराग्यं, विरक्तिः ***f.***, वैरक्त्यं, निर्वेदः.

To* disgust, *v. a. बीभत्सं **or** अरुचिं कृ **or** जन् (**c. 10.** जनयति -यितुं), वैकृत्यम् उत्पद् **in caus.** (-पादयति -यितुं).

Disgusted, *p. p.* जातबीभत्सः -त्सा -त्सं, विकृतः -ता -तं, अरतः -ता -तं.

Disgustful, disgusting, *a.* बीभत्सजनकः -का -कं, घृणोत्पादकः -का -कं, अरचिरः -रा -रं, अहृद्यकृत् ***m.f.n.***, वैराग्यकृत्, कुत्सितः -ता -तं, गर्ह्यः -र्ह्या -र्ह्यं.

Dish, *s.* शरावः, पात्रं, भाजनं, भोजनपात्रं, भाण्डं; **'made-dish,'** सूदः, सिद्धान्नं.

To* dish up, *v. a. पात्रस्थं, मांसव्यञ्जनादि परिविष् **in caus.** (-वेषयति -यितुं).

Dish-clout, *s.* शरावमार्ज्जनः पटः, पात्रसम्मार्ज्जनार्थं चीरं.

Dish-water, *s.* भोजनपात्रप्रक्षालनेन घृतस्नेहादिमलिनं जलं.

Dishabille, *a.* दुर्वासाः -सा -सः (स्), कुचेलः -ला -लं, अविनीतवेशः -शा -शं, अनलङ्कृतः -ता -तं, अकृताभरणः -णा -णं, विवस्त्रः -स्त्रा -स्त्रं.

Dishabille, *s.* लघुवासः ***n.*** (स्), शिथिलवस्त्रं, शयनगृहे परिधेयं वसनं.

To* dishabit, *v. a. निर्वस् **in caus.** (-वासयति -यितुं), वासस्थानाद् वहिष्कृ.

To* dishearten, *v. a. आशां **or** मनो भञ्ज् (**c. 7.** भनक्ति, भंक्तुं), आशाभङ्गं कृ अवसद् **in caus.** (-सादयति -यितुं), विषणीकृ, निर्विणीकृ, विषादं जन् **in caus.** (जनयति -यितुं), निराशीकृ.

Disheartened, *p. p.* भग्नमनाः -ना -नः (स्), भग्नाशः -शा -शं, विषणः -णा -णं, अवसादितः -ता -तं, दीनचेतनः -ना -नं, दीनमनस्कः -स्का -स्कं, म्लानाशः -शा -शं.

Dishevelled, *a.* प्रविततः -ता -तं, प्रकीर्णः -र्णा -र्णं, श्लथः -था -थं; **'having dishevelled hair,'** विगलितकेशः -शी -शं, मुक्तकेशः, शी -शं, विमस्तकेशः -शी -शं, ध्याममूर्द्धजः -जा -जं.

Dishonest, *a.* (Void of probity) असाधुः -धुः -ध्वी -धु, अशुचिः -चिः -चि, अधार्म्मिकः -की -कं, अन्यायवर्त्ती -र्त्तिनी -र्त्ति (न्), अनृजुप्रकृतिः -तिः ति, वक्रः -क्रा -क्रं, वक्री -क्रिणी -क्रि (न्), जिह्मः -ह्मा -ह्मं, कुटिलः -ला -लं, अभद्रः -द्रा -द्रं, खलः -ला -लं, दुष्टः -ष्टा -ष्टं, कपटी -टिनी -टि (न्), कापटिकः -की -कं, विषमः -मा -मं, छाद्मिकः -की -कं, कौटिकः -की -कं, कौटः -टी -टं, निकृतः -ता -तं, असरलः -ला -लं.—**(Unchaste woman)** भृष्टा, व्यभिचारिणी, असाध्वी, असती.—**(Obscene)** अशुद्धः -द्धा -द्धं, गर्हितः-ता -तं.

Dishonestly, ***adv.*** असाधु, अशुचि, अन्यायेन, कुटिलं, विषमं, धूर्त्तवत्.

Dishonesty, ***s.*** **(Want of probity)** असाधुत्वं, अशुचित्वं, खलता, दुष्टता, अधर्म्मः, असरलता, असारल्यं, अनृजुता, जिह्मता, वक्रता, कौटिल्यं, कापट्यं, कौटं, अशुद्धता, अदाक्षिण्यं, माया. **—(Unchastity in a woman)** असतीत्वं, असाध्वीत्वं.

Dishnour, ***s.*** अपमानं, अनादरः, अवमानं -नना, विमानं, अयशः ***n.*** (स्), अपयशः, अकीर्त्तिः ***f.,*** अपकीर्त्तिः ***f.,*** अमर्य्यादा, अवज्ञा, परिभवः, तिरस्कारः, उपेक्षा, कलङ्कः, अपकलङ्कः, अपध्वंसः, अपकर्षः, अप्रतिष्ठा, अख्यातिः ***f.,*** मर्य्यादाहानिः ***f.,*** अङ्कनं.

To **dishonour,** ***v. a.*** **(Cause disgrace)** अपमानं कृ, अयशः कृ, कलङ्कं कृ कलङ्क **(nom.** कलङ्कयति -यितुं), अकीर्त्तिं जन् **(c. 10.** जनयति -यितुं), लज्जां कृ, सापमानं -नां -नं कृ. **—(Dishonour a maiden)** कन्यां दुष् **in caus.** (दूषयति -यितुं). **—(Treat with dishonour)** अवमन् **(c. 4.** -मन्यते -मन्तुं), अवज्ञा **(c. 9.** -जानाति -ज्ञातुं), अवधीर् **(c. 10.** -धीरयति -यितुं), लघूकृ.

Dishonourable, ***a.*** अपमान्यः -या -यं, अवमाननीयः -या -यं, अनार्य्यः -र्य्या -र्य्यं, अपयशस्करः -रा -रं, अकीर्त्तिकरः -री -रं, अपमानजनकः -का -कं, कलङ्ककरः -री -रं.

Dishonourably, ***adv.*** अनार्य्यं, अनार्य्यवत्, अयशस्यं, अपमान्यप्रकारेण.

Dishonoured, ***p. p.*** अपमानितः -ता -तं, अवमानितः -ता -तं, विमानितः -ता -तं, अनर्च्चितः -ता -तं, अनादृतः -ता -तं, अनपचितः -ता -तं, कात्कृतः -ता -तं.

Dishonourer, ***s.*** अपमानकर्त्ता ***m.*** (र्त्तृ), अनादरकृत्, उपेक्षकः, अवज्ञाता ***m.*** (तृ).

Dishumour, ***s.*** प्रकृतिकटुत्वं, प्रकृतिकर्कशत्वं, स्वभाववक्रता, दुःशीलता, वक्रशीलता, अरुन्तुदत्वं.

Disinclination, ***s.*** विरक्तिः ***f.,*** वैरक्त्यं, विमुखता, वैमुख्य, अनीहा, निरीहता, अनिच्छा, अरुचिः ***f.,*** विमतिः ***f.,*** पराङ्मुखता, अप्रीतिः ***f.,*** निग्रहः, अस्पृहा, अप्रवृत्तिः ***f.,*** अप्रियत्वं.

To **disinciine,** ***v. a.*** विरञ्ज् **in caus.** (-रञ्जयति -यितुं), वैरक्त्यं **or** वैमुख्यं **or** अनिच्छां जन् **(c. 10.** जनयति -यितुं) **or** उत्पद् **in caus.** (-पादयति -यितुं), पराङ्मुखं -खां -खं कृ.

Disinclined, ***p. p.*** पराङ्मुखः -खी -ख, विमुखः -खी -खं, विरक्तः -क्ता -क्तं, विरक्तभावः -वा -वं, विमतः -ता -तं, विपरीतः -ता -तं, अनिच्छुः -च्छुः -च्छु, निरीहः -हा -हं, निःस्पृहः -हा -हं, निरभिलाषः -षा -षं, अप्रवृत्तः -त्ता -त्तं.

Disingenuous, ***a.*** अनुदारः -रा -रं, असरलः -ला -लं, अदक्षिणः -णा -णं, वक्रभावः -वा -वं, अशुचिः -चि -चि, सव्याजः -जा -जं, कापटिकः -की -कं, कुटिलस्वभावः -वा -वं, कृपणः -णा -णं, मलार्थकः -का -कं, कदर्य्यः -र्य्या -र्य्यं.

Disingenuously, ***adv.*** अनुदारं, असरलं, अशुचि, सव्याजं, कापट्येन, कुटिलं.

Disingenuousness, ***a.*** अनौदर्य्यं, असारल्यं, अशुचिता, अदाक्षिण्यं, भाववक्रता, कौटिल्यं, सव्याजत्वं, कापट्यं, कार्पण्यं, खलता, दुष्टता, माया.

Disiniherison, ***s.*** **(Act of disinheriting)** पैतृकरिक्थछेदः, पैतृकरिक्थलोपः, विभागशून्यकरणं. **—(The state)** पैतृकाधिकारहानिः ***f.,*** विभागशून्यता.

To **disinherit or disherit,** ***v. a.*** निर्भज् **in caus.** (-भाजयति -यितुं), विभागशून्यं -न्यां -न्यं, कृ, पैतृकधनं **or** पैतृकरिक्थम् अपहृ **(c. 1.** -हरति -हर्त्तुं), पैतृकाधिकाराद् भ्रंश् **in caus.** (भ्रंशयति -यितुं), गोत्ररिक्थलोपं कृ.

Disinherited, ***p. p.*** निर्भाजितः -ता -तं, विभाग शून्यः -न्या -यं, पैतृकाधिकाराद्भ्रंशितः -ता -तं, पैतृकधनहीनः -ना -नं, अनधिकारः -रा -रं.

To **disinter,** ***v. a.*** शवं **or** मृतशरीरम् उत्खन् **(c. 1.** -खनति -नितुं).

Disinterred, ***p. p.*** उत्खातः -ता -तं, प्रोत्खातः -ता -तं, समाधिवहिष्कृतः -ता -तं.

Disinterested, ***a.*** निर्ममः -मा -मं, अममः -मा -मं, अमामकः -की -कं, निष्कामः -मा -मं, अकामात्मा -त्मा -त्म (न्), अनात्मनीनः -ना -नं, मुक्तसङ्गः -ङ्गा -ङ्गं, निःसङ्गः -ङ्गा -ङ्गं, निजलाभनिवृत्ततृष्णः -ष्णा -ष्णं, स्वार्थनिरपेक्षः -क्षा -क्षं., विमलार्थकः -का -कं, विपक्षपातः -ता -तं, अपक्षपाती -तिनी -ति (न्), निःस्वार्थी -र्थिनी -र्थि (न्) **or** अस्वार्थार्थी, अस्वार्थलिप्सुः -प्सुः -प्सु, उदासीनः -ना -नं, अहैतुकः -का -कं, अकिञ्चनः -ना -नं, वृत्तिग्लानः -ना -नं, निरीहः -हा -हं.

Disinterestedly, ***adv.*** निर्ममं, निष्कामं, स्वार्थनिरपेक्षं, निर्ममत्वात्, विपक्षपातं.

Disinterestedness, ***s.*** निर्ममत्वं, अममत्वं -ता, निष्कामत्वं, निःसङ्गत्वं, निरीहता, अस्वार्थार्थित्वं, विपक्षपातत्वं, अपक्षपातिता, उदासीनता, औदास्यं.

To **disjoin,** ***v. a.*** वियुज् **(c. 7.** -युनक्ति -योक्तुं), विप्रयुज्, विश्लिष् **(c. 10.** -श्लेषयति -यितुं).

Disjoined, ***p. p.*** वियुक्तः -क्ता -क्तं, विप्रयुक्तः -क्ता -क्तं, विनियुक्तः -क्ता -क्तं, विश्लष्टः -ष्टा -ष्टं, असंलग्नः -ग्ना -ग्नं, असंसक्तः -क्ता -क्तं, व्यवहितः -ता -तं.

To **disjoint,** ***v. a.*** **(Put out of joint)** विसन्धीकृ, सन्धित्रोटनं कृ, सन्धिं भञ्ज् **(c. 7.** भनक्ति, भंक्तुं), विसन्धा **(c. 3.** -दधाति -धातुं). **—(Separate)** वियुज् **(c. 7.** -युनक्ति -योक्तुं), विसंयुज्, विश्लिष् **in caus.** (-श्लेषयति -यितुं). **—(Carve)** व्यवछिद् **(c. 7.** -छिनत्ति -छेत्तुं), निकृत् **(c. 6.** -कृन्तति -कर्त्तितुं).

To **disjoint,** ***v. n.*** विसन्धीभू, विसंयुज् **in pass.** (-युज्यते).

Disjointed, ***p. p.*** विसन्धितः -ता -तं, असंश्लिष्टः -ष्टा -ष्टं, असंहतः -ता -तं.—**(Not coherent)** असम्बद्धः -द्धा -द्धं, अनन्वितः -ता -तं, निर्युक्तिकः -की -कं.

Disjointing, ***s.*** विसन्धीकरणं, विसन्धानं, विसंयोगः, सन्धिछेदः, व्यवछेदः.

Disjunct, ***a.*** वियुक्तः -क्ता -क्तं, विप्रयुक्तः -क्ता -क्तं, विसंयुक्तः -क्ता -क्तं, विश्लिष्टः -ष्टा -ष्टं, असंलग्नः -ग्ना -ग्नं, पृथग्भूतः -ता -तं.

Disjunction, ***s.*** वियोगः, विसंयोगः, विप्रयोगः, निर्युक्तिः ***f.,*** असंयोगः, विश्लेषः, असन्धानं, विभेदः, सङ्गविच्युतिः ***f.,*** आसङ्गत्यं; **'of letters,'** अवसानं.

Disjunctive, ***a.*** निर्युक्तिकः -की -कं, वियोगी -गिनी -गि (न्), विभेदकरः -री -रं.

Disjunctively, ***adv.*** वियोगतस्, विसंयोगतस्, विश्लेषेण, विसंयुक्तं, पृथक्.

Disk, ***s.*** **(Of the sun, etc.)** विम्बः -म्बं, मण्डलं, परिधिः ***m.,*** परिवेशः, उपसूर्य्यकं, सूर्य्यमण्डलं.—**(Quoit)** चक्रं.

Dislike, ***s.*** अप्रीतिः ***f.,*** अप्रेम ***n.*** (न्), अप्रियता -त्वं, विप्रियता -त्वं, विरक्तिः ***f.,*** वैरक्त्यं, विमतिः ***f.,*** द्वेषः, निग्रहः, विद्विष्टता, द्वेष्यता, अरुचिः ***f.,*** असौहृद्यं, विमुखता, पराङ्मुखता, वैमुख्यं, अनिच्छा, अनीहा, विध्वंसः, अनिष्टता.

To **dislike,** ***v. a.*** न अभिमन् **(c. 4.** -मन्यते -मन्तुं), न अनुमन्, न इष् **(c. 6.** इच्छति, एषितुं), न अभिनन्द् **(c. 1.** -नन्दति -न्दितुं), न प्रतिनन्द्, न अनुरुध् **(c. 4.** -रुध्यते -रोद्धुं); द्विष् **(c. 2.** द्वेष्टि -ष्टुं), विद्विष्, विरञ्ज् **in pass.** (-रज्यते); न प्री **(c. 9.** प्रीणाति **or c. 4.** प्रीयते), न अनुरुच् **(c. 10.** -रोचयति -यितुं) **or expressed by the neut. form** रोचयते; **as, 'he dislikes that,'** तत् तस्मै न रोचते.

Disliked, ***p. p.*** अप्रियः -या -यं, विप्रियः -या -यं, द्विष्टः -ष्टा -ष्टं, विदिष्टः -ष्टा -ष्टं, अनिष्टः -ष्टा -ष्टं, अनभिमतः -ता -तं, अप्रीतिकरः -री -रं.

To **disliken,** ***v. a.*** असमानीकृ, असमीकृ, असदृशं -र्शी -शं कृ, अतुल्यीकृ.

Dislikeness, ***s.*** असमानता, असाम्यं, असादृश्यं, अतुल्यता, वैषम्यं.

To **dislocate,** ***v. a.*** विसन्धीकृ, सन्धित्रोटनं कृ, सन्धिं **or** अस्थिग्रन्थिं त्रुट् **(c. 10.** त्रोटयते -यितुं) **or** भञ्ज् **(c. 7.** भनक्ति, भंक्तुं), विसन्धा **(c. 3.** -दधाति -धत्ते -धातुं), सन्धिम् उत्सृ **in caus.** (-सारयति -यितुं) **or** स्थानान्तरीकृ.

Dislocated, ***p. p.*** विसन्धितः -ता -तं, विसन्धीकृतः -ता -तं, त्रुटितः -ता -तं, सन्धिच्युतः -ता -तं, च्युतग्रन्थिः -न्थिः -न्थिः.

Dislocation, ***s.*** त्रोटनं, सन्धित्रोटनं, सन्धिभङ्गः, ग्रन्थिभङ्गः, विसन्धानं, विसन्धीकरणं, सन्धिच्युतिः ***f.;*** **'of hand and foot,'** करपादत्रोटनं.

To **dislodge,** ***v. a.*** **(Remove from a habitation)** गृहाद् वहिष्कृ **or** निःसृ **in caus.** (-सारयति -यितुं), निर्वस् **in caus.** (-वासयति -यितुं), विवस्, विप्रवस्, स्थानान्तरीकृ, देशान्तरीकृ.—**(Remove, drive away)** अपसृ **or** निःसृ **or** उत्सृ **in caus.** निराकृ, दूरीकृ, अपानुद **(c. 6.** -नुदति -नोत्तुं), निरस् **(c. 4.** -अस्यति -असितुं), विचल् **in caus.** (-चालयति -यितुं).

To **dislodge,** ***v. n.*** अपसृ **(c. 1.** -सरति -सर्त्तुं), स्थानान्तरं **or** देशान्तरं गम् **(c. 1.** गच्छति, गन्तुं), निवेशनस्थानं त्यज् **(c. 1.** त्यजति, त्यक्तुं), स्थानान्तरे निविश् **(c. 6.** -विशति -वेष्टुं).

Dislodged, ***p. p.*** अपसारितः -ता -तं, निःसारितः -ता -तं, विवासितः -ता -तं, वहिष्कृतः -ता -तं, निष्कासितः -ता -तं, निरस्तः -स्ता -स्तं, स्थानान्तरं गमितः -ता -तं.

Disloyal, ***a.*** अभक्तः -क्ता -क्तं, अभक्तिमान् -मती -मत् (त्), क्षीणभक्तिः -क्तिः -क्ति, भक्तिहीनः -ना -नं, विश्वासघाती -तिनी -ति (न्) **or** विश्रम्भघाती **or** भक्तिघाती, शत्रुसेवी -विनी -वि (न्) **or** द्विट्सेवी, राजाभिद्रोही -हिणी -हि (न्), राजापथ्यकारी -रिणी -रि (न्), राजवैरी -रिणी -रि (न्).—**(Not true to marriage)** व्यभिचारी ***m.*** -रिणी ***f.*** (न्), अननुकूलः ***m.,*** असाध्वी ***f.,*** असती ***f.,*** अभिसारिका ***f.***

Disloyally, ***adv.*** अभक्त्या, भक्तिहीनत्वात्, अभक्तवत्, भक्तिभङ्गात्, राजद्रोहेण.

Disloyalty, ***s.*** अभक्तिः ***f.,*** अभक्तिमत्त्वं, भक्तिहीनता, भक्तिभङ्गः, भक्तिघातः, विश्वासभङ्गः, शत्रुसेवा, द्विट्सेवा, राजाभिद्रोहः, राजापथ्यकारित्वं.—**(In love)** व्यभिचारः.

Dismal, ***s.*** दारुणः -णा -णं, दुःखी -खिनी -खि (न्), सशोकः -का -कं, सखेदः -दा -दं, खेदजनकः -का -कं, अनिष्टावेदी -दिनी -दि (न्), उग्रः -ग्रा -ग्रं, घोरः -रा -रं, भीरुमयः -यी -यं, रौद्रः -द्री -द्रं, निरानन्दः -न्दा -न्दं.

Dismally, ***adv.*** दारुणं, घोरं, उग्रं, सखेदं, उग्रशोकात्, भयानकं.

Dismalness, ***s.*** दारुणता, सशोकता, उग्रता, घोरत्वं, रौद्रत्वं, भयानकत्वं.

To **dismantle,** ***v. a.*** **(Strip of dress)** विवस्त्र **(nom.** विवस्त्रयति -यितुं), नग्नीकृ, वस्त्रं हृ **(c. 1.** हरति, हर्त्तुं).—**(Deprive a ship of rigging)** नौकसज्जां **or** नौकोपकरणं हृ **or** अपहृ **or** अपनी **(c. 1.** -नयति -नेतुं).—**(Deprive a town of forts)** नगरपरिगतं प्राचीरादि **or** नगरपरिकूटं **or** नगरदुर्गं **or** नगरगुप्तिं नश् **in caus.** (नाशयति -यितुं).

Dismantled, ***p. p.*** विवस्त्रः -स्त्रा -स्त्रं, हृतोपकरणः -णा -णं, हृतसज्जः -ज्जा -ज्जं.

Dismasted 285 Disobligingly

To* dismask, *v. a. कृत्रिममुखं **or** कपटवेशं **or** छद्मवेशम् अवतॄ **in caus.** (-तारयति -यितुं), अपवृ **(c. 5.** -वृणोति -वरितुं -रीतुं), अपावृ; उच्छद् **(c. 10.** -छादयति -यितुं), स्पष्टीकृ.

To* dismast, *v. a. कूपकं भञ्ज् **(c. 7.** भनक्ति, भंक्तुं), गुणवृक्षकम् अपहृ **(c. 1.** -हरति -हर्त्तुं).

Dismasted, *p. p.* भग्नकूपकः -का -कं, हृतगुणवृक्षकः -का -कं, निष्कूपकः -का -कं.

To* dismay, *v. a. त्रस् **in caus.** (त्रासयति -यितुं), वित्रस्, भी **in caus.** (भाययति **or** भीषयति -यितुं), विस्मि **in caus.** (-स्माययति -स्मापयति -यितुं), विस्मयम् उत्पद् **in caus.** (-पादयति -यितुं), (उद्विज् **in caus.** (-वेजयति -यितुं).

Dismay, *s.* विस्मयः, साध्वसं, त्रासः, सन्त्रासः, भयं, भीषणं, उद्वेगः, दरः.

Dismayed, *p. p.* विस्मितः -ता -तं, सन्त्रस्तः -स्ता -स्तं, भीषितः -ता -तं, त्रासितः -ता -तं, साध्वसोपहतः -ता -तं, विलक्षः -क्षा -क्षं.

To* disember, *v. a. अङ्गाद् अङ्गम् अवछिद् **(c. 7.** -छिनत्ति -छेत्तुं), अवयवशो निकृत् **(c. 6.** -कृन्तति -कर्त्तितुं), गात्राणि पृथक्कृ, व्यङ्गीकृ.

Dismemberment, *s.* अङ्गव्यवच्छेदः, अवयवशो निकर्त्तनं, गात्राणां पृथक्करणं.

***To* dismiss, *v. a.* (Send away)** प्रस्था **in caus.** (-स्थापयति -यितुं), अपसृ **in caus.** (-सारयति -यितुं), प्रेर् **(c. 10.** -ईरयति -यितुं), विसृज् **(c. 6.** -सृजति -स्रष्टुं **c. 10.** -सर्ज्जयति -यितुं), सम्प्रेष् **in caus.** (-एषयति -यितुं). **—(Give leave of departure)** अनुज्ञा, **(c. 9.** -जानाति -ज्ञातुं). **—(Discard)** अपास् **(c. 4.** -अस्यति -असितुं), मुच् **(c. 6.** मुञ्चति, मोक्तुं), अवमृच्, अवसृज्, व्यपसृज्, उत्सृज्; हा **(c. 3.** जहाति, हातुं), अपाहा, अपहा, विहा; उज्झ् **(c. 6.** उज्झति -ज्झितुं), प्रोज्झ्, प्रतिक्षिप् **(c. 6.** -क्षिपति -क्षेप्तुं), निराकृ, पराकृ, दूरीकृ; **'to dismiss from office,'** अधिकारात् **or** पदात् **or** साचिव्याद् भ्रंश् **in caus.** (भ्रंशयति -यितुं) **or** च्यु **in caus.** (च्यावयति -यितुं) **or** अवरुह् **in caus.** (-रोपयति -यितुं) **or** निराकृ.

Dismissed, *p. p.* प्रस्थापितः -ता -तं, अपसारितः -ता -तं, सम्प्रेषितः -ता -तं, विसर्ज्जितः -ता -तं, अवसृष्टः -ष्टा -ष्टं, निसृष्टः -ष्टा -ष्टं, अपास्तः -स्ता -स्तं, प्रतिक्षिप्तः -प्ता -प्तं, अपविद्धः -द्धा -द्धं, निष्कासितः -ता -तं, निकृतः -ता -तं, दूरीकृतः -ता -तं; **'dismissed from office,'** च्युताधिकारः -रा -रं, अधिकारात्प्रभ्रंशितः -ता -तं **or** निराकृतः -ता -तं; **'one dismissed,'** अपविद्धलोकः.

Dismission, dismissal, *s.* प्रस्थापनं, प्रेरणं, विसर्ज्जनं, अपसर्ज्जनं, अवसर्ज्जनं, अपासनं, सम्प्रैषः -षणं, खण्डनं; **'from office,'** अधिकाराद् भ्रंशनं **or** निराकरणं **or** अवरोपणं.

***To* dismount, *v. a.* (Throw from a horse)** अश्वपृष्ठात् पत् **in caus.** (पातयति -यितुं) **or** अवतॄ **in caus.** (-तारयति -यितुं) **or** उत्तॄ. **—(Throw a cannon from its carriage)** युद्धयन्त्रं स्ववाहनाद् अवतॄ **in caus.**

To* dismount, *v. n. अश्वाद् अवरुह् **(c. 1.** -रोहति -रोढुं), अश्वपृष्ठाद् अवतॄ **(c. 1.** -तरति -रितुं -रीतुं) **or** उत्तॄ, अवया **(c. 2.** -याति -तुं), अधो गम् **(c. 1.** गच्छति, गन्तुं.)

Dismounted, *p. p.* अवतीर्णः -र्णा -र्णं, उत्तीर्णः -र्णा -र्णं, अवरूढः -ढा -ढं.

Disnatured, *p. p.* वात्सल्यरहितः -ता -तं, अवत्सलः -ला -लं, स्नेहहीनः -ना -नं.

Disobedience, *s.* आज्ञाभङ्गः, आज्ञाव्यतिक्रमः, आज्ञालङ्घनं, अननुवर्त्तनं, असेवनं, अमाननं, अशुश्रूषा, प्रतिकूलत्वं, प्रतीपता, अवशत्वं, अननुकूलता, अननुष्ठानं, दुःशीलता.

Disobedient, *a.* आज्ञाभङ्गकरः -री -रं, आज्ञालङ्घी -ङ्घिनी -ङ्घि (न्), अनादेशकरः -री -रं, अवचनकरः -री -रं, अवचस्करः -रा -रं, अशुश्रूषुः -षुः -षु, अननुवर्त्ती -र्त्तिनी -र्त्ति (न्), अननुकूलः -ला -लं, अवशः -शा -शं, अवशवर्त्ती -र्त्तिनी -र्त्ति (न्), प्रतीपः -पा -पं, अविधायी -यिनी -यि (न्) असेवी -विनी -वि (न्), प्रतिकूलः -ला -लं, दुःशीलः -ला -लं.

To* disobey, *v. a. आज्ञां भञ्ज् **(c. 7.** भनक्ति, भंक्तुं) **or** लङ्घ् **(c. 10.** लङ्घयति -यितुं) **or** न सेव् **(c. 1.** सेवते -वितुं) **or** न अनुवृत् **(c. 1.** -वर्त्तते -र्त्तितुं) **or** न अनुष्ठा **(c. 1.** -तिष्ठति -ष्ठातुं) **or** न श्रु **in des.** (शुश्रूषते -षितुं) **or** न प्रतीष् **(c. 6.** -इच्छति -एषितुं) **or** न अनुविधा **in pass.** (-धीयते) **or** न अभ्युपे **(c. 2.** अभ्युपैति -तुं); प्रतीप **(nom.** प्रतीपायते).

Disobeyed, *p. p.* असेवितः -ता -तं, अशुश्रूषितः -ता -तं, अननुष्ठितः -ता -तं.

Disobligation, *s.* अप्रियं, विप्रियं, अनुपकारः, अपकारः, अपराधः, विध्वंसः.

To* disoblige, *v. a. अप्रियं **or** विप्रियं कृ **or** आचर् **(c. 1.** -चरति -रितुं); अपराध् **(c. 4.** -राध्यति **c. 5.** -राध्नोति -राद्धुं) **with gen.;** अपकृ, असन्तोषं जन् **(c. 10.** जनयति -यितुं), रोषं **or** मन्युम् उत्पद् **in caus.** (-पादयति -यितुं).

Disobliging, *a.* अप्रियङ्करः -री -रं **or** अप्रियकरः, अननुरोधी -धिनी -धि (न्), अननुग्राही -हिणी -हि (न्), अननुकूलः -ला -लं, अनुपकारी -रिणी -रि (न्), अननुविधायी -यिनी -यि (न्), असन्तोषकरः -री -रं, अपकारकः -का -कं, अपराधकारी -रिणी -रि (न्), व्यलीकः -का -कं.

Disobligingly, *adv.* अप्रीत्या, अननुरोधेन, अनुनयाभावात्, दुष्टभावेन.

Disobligingness, ***s.*** अनरोधः, अननुग्रहः, अननुकूलता, अप्रियकारित्वं, अनुपकारित्वं.

Disorder, ***s.*** **(Irregularity, confusion)** अक्रमः, उत्क्रमः, व्युत्क्रमः, क्रमभङ्गः, भग्नप्रक्रमः, व्यतिक्रमः, विसूत्रता, अपरिपाटिः ***f.,*** असंस्थानं, अव्यवस्था, अविधिः ***m.,*** अविधानं, अनवस्थितत्वं, व्यस्तता, विक्षिप्तता, सङ्करः, साङ्कर्य्यं, सङ्कीर्णत्वं, सङ्क्षोभः, व्यतिकरः.—**(Tumult, disturbance)** विप्लवः, तुमूलं, कोलाहलः, क्षोभः.—**(Breach of law)** व्यवस्थातिक्रमः.—**(Disease)** रोगः, व्याधिः ***m.,*** पीडा, व्यापद् ***f.,*** आमयः, वैकल्यं, अस्वास्थ्यं, असुस्थता; **'disorder of stomach,'** अन्नविकारः, जठरामयः.—**(Discomposure of mind)** आकुलत्वं, व्याकुलत्वं, व्यग्रता, वैक्लव्यं, सम्भ्रमः; **'army in disorder,'** समुत्पिञ्जः, पिञ्जलः.

To **disorder,** ***v. a.*** **(Confuse)** पर्य्यस् **(c. 4.** –अस्यति –असितुं), व्यस्, संक्षुभ् **in caus.** (–क्षोभयति –यितुं), विक्षुभ्, विक्षिप् **(c. 6.** –क्षिपति –क्षेप्तुं), क्रमं भञ्ज् **(c. 7.** भनक्ति, भंक्तुं) **or** विलुप् **(c. 6.** –लुम्पति –लोप्तुं) **or** उपहन् **(c. 2.** –हन्ति –न्तुं), सङ्करीकृ, अस्तव्यस्तीकृ, सङ्कुलीकृ, आकुलीकृ.—**(Make sick)** अस्वास्थ्यं **or** रोगं कृ **or** जन् **(c. 10.** जनयति –यितुं), अस्वस्थं –स्थां –स्थं कृ, पीड् **(c. 10.** पीडयति –यितुं), व्यथ् **(c. 10.** व्यथयति –यितुं), उपहन्, उपतप् **(c. 10.** –तापयति –यितुं).—**(Disturb the mind)** व्याकुलीकृ, आकुलीकृ, व्याकुल **(nom.** व्याकुलयति –यितुं), व्यामुह् **(c. 10.** –मोहयति –यितुं), विभ्रम् **(c. 10.** –भ्रमयति –यितुं).

Disordered, ***a.*** **(Deranged)** व्यस्तः –स्ता –स्तं, अस्तव्यस्तः –स्ता –स्तं, असंस्थितः –ता –तं, अव्यवस्थितः –ता –तं, अनवस्थितः –ता –तं, भग्नक्रमः –मा –मं, क्रमहीनः –ना –नं, विक्षिप्तः –प्ता –प्तं, सङ्करीकृतः –ता –तं, सङ्कुलः –ला –लं, सङ्कीर्णः –र्णा –र्णं, व्यापन्नः –न्ना –न्नं, विगलितः –ता –तं.—**(In mind)** आकुलः –ला –लं, व्याकुलः –ला –लं, सम्भ्रान्तः –न्ता –न्तं, भ्रान्तमनाः –नाः –नः (स्), विपरीतचेताः –ताः –तः (स्), व्यग्रः –ग्रा –ग्रं, पारिप्लवः, –वा –वं.—**(In body)** अस्वस्थः –स्था –स्थं, उपहतः –ता –तं, व्याधितः –ता –तं, पीडितः –ता –तं, आतुरः –रा –रं, विकारी –रिणी –रि (न्).—**(As an army)** पिञ्जलः –ला –लं.

Disorderly, ***a.*** **(Confused)** अस्तव्यस्तः –स्ता –स्तं. ***See*** **Disordered.—(Irregular)** विधिभञ्जकः –का –कं, अनवस्थितः –ता –तं, अव्यवस्थितः –ता –तं, अमर्य्यादः –दा –दं, नियमविरुद्धः –द्धा –द्धं, विषमः –मा –मं.—**(Lawless, unruly)** धर्म्मरोधी –धिनी –धि (न्), अधर्म्यः –र्म्या –र्म्यं, अवशः –शा –शं, अनियतः –ता –तं, उच्छृङ्खलः –ला –लं.

Disorderly, ***adv.*** **(Confusedly, without order)** संकुलं, सङ्कीर्णं, अक्रमेण, क्रमं विना.—**(Against rule or law)** अविधितस्, अधर्म्मतस्, नियमविरुद्धं.

Disordinate, ***a.*** अविधिः –धिः –धि, विधिघ्नः –घ्नी –घ्नं, निराचारः –रा –रं, अव्यवस्थितः –ता –तं, व्यभिचारी –रिणी –रि (न्).

Disorganization, ***s.*** निर्व्यूढिः ***f.,*** निर्व्यूढता, संस्थानभङ्गः, क्रमभङ्गः, रीतिखण्डनं.

To **disorganize, disorganized.** ***See To*** **disorder, disordered.**

To **disown,** ***v. a.*** निह्नु **(c. 2.** –ह्नुते –ह्नोतुं), अपह्नु, प्रत्याख्या **(c. 2.** –ख्याति –तुं), अन्तःख्या, अतिख्या, प्रत्यादिश् **(c. 6.** –दिशति –देष्टुं), निरस् **(c. 4.** –अस्यति –असितुं), अवज्ञा **(c. 9.** –जानीते –ज्ञातुं).

Disowned, ***p. p.*** निह्नुतः –ता –तं, अपह्नुतः –ता –तं, प्रत्याख्यातः –ता –तं.

To **disparage,** ***v. a.*** **(Treat with contempt, undervalue)** अवज्ञा **(c. 9.** –जानाति –ज्ञातुं), अपवद् **(c. 1.** –वदति –दितुं), परिवद्, परिभू, असूय **(nom.** असूयति –ते –यितुं), अभ्यसूय, उपेक्ष् **(c. 1.** –ईक्षते –क्षितुं), कदर्थ् **(c. 10.** –अर्थयते –यितुं), अवक्षिप् **(c. 6.** –क्षिपति –क्षेप्तुं), निन्द् **(c. 1.** निन्दति –न्दितुं), लघूकृ, तुच्छीकृ, तृणाय मन् **(c. 4.** मन्यते, मन्तुं), अवमन्, अपकृष् **(c. 1.** –कर्षति –क्रष्टुं), व्यपकृष्.—**(Match unequally)** अयोग्यविवाहेन सम्बन्ध् **(c. 9.** –बध्नाति –बन्धुं), अनुपयुक्तसम्बन्धं कृ.—**(Impair by union with something inferior)** अयोग्यसंसर्गेण सारताम् अपहृ **(c. 1.** –हरति –हर्त्तुं) **or** अपकृष्.

Disparaged, ***p. p.*** अवज्ञातः –ता –तं, अवमतः –ता –तं, परिभूतः –ता –तं, कदर्थितः –ता –तं, निन्दितः –ता –तं, अपकृष्टः –ष्टा –ष्टं, अवगीतः –ता –तं, लघूकृतः –ता –तं.

Disparagement, ***s.*** **(Detraction, dishonour)** असूया-यनं, अभ्यसूया, असूयुः ***m.,*** अपवादः, परीवादः, परिवादः, अवज्ञा, परिभाषणं, अपमानं, निन्दा, अवहेला, परिभवः, परिभूतिः ***f.,*** अपकर्षः, गुणापवादः, गुणघातः, विगानं, परदोषवादः, परावज्ञा, कलङ्ककरणं, तिरस्कारः.—**(Unequal match)** अयोग्यसम्बन्धः, अनुपयुक्तविवाहः.

Disparager, ***s.*** असूयकः, अभ्यसूयकः, अपवादी ***m.*** (न्) परिवादी ***m.,*** गुणघाती ***m.*** (न्), निन्दकः; **'self-disparager,'** आत्मगुणावमानी ***m.*** (न्).

Disparity, ***s.*** असाम्यं, असमता, असमानता, वैषम्यं, विषमता, अतुल्यत्वं, प्रभेदः, विभेदः, भेदः, भिन्नता, प्रभिन्नता, असमञ्जसं, असामञ्जस्यं, अयोग्यता, तारतम्यं, न्यूनाधिकं, न्यूनाधिक्यं, न्यूनातिरेकं; **'in number,'** संख्यावैषम्यं, विषमसंख्यत्वं.

To **dispark,** ***v. a.*** वाटं सर्व्वसामान्यं कृ **or** निरवरोधं कृ **or** निरावरणं कृ.

To **dispart,** ***v. a.*** वियुज् **(c. 7.** –युनक्ति –योक्तुं), विभज् **(c. 1.** –भजति –भक्तुं), विभिद् **(c. 7.** –भिनत्ति –भेत्तुं), द्विधाभिद्

or कृ, द्वैधीकृ, द्विखण्डीकृ.

Dispassion, ***s.*** वैराग्यं, वैरागं, विरागः, अरागत्वं, अक्रोधः, शान्तिः, ***f.,*** शमः, शान्तता, औदास्यं, निरीहता, निरुद्वेगः, धैर्य्यं, जाड्यं.

Dispassionate, ***a.*** विरागी -गिणी -गि (न्) **or** अरागी, विरक्तः -क्ता -क्तं, अरागः -गा -गं, वीतरागः -गा -गं, रागहीनः -ना -नं, शान्तः -न्ता -न्तं, समचित्तः -त्ता -त्तं, समबुद्धिः -द्धिः -द्धि, उदासी -सिनी -सि (न्), उदासीनः -ना -नं, निरञ्जनः -ना -नं, अक्रोधः -धा -धं, अपक्षपाती -तिनी -ति (न्).

Dispassionately, ***adv.*** शान्त्या, शान्तचेतसा, समबुद्ध्या, असम्भ्रमं, असहसा.

Dispatch, ***s. See*** **Despatch.**

To **dispel,** ***v. a.*** अपनुद् **(c. 6.** -नुदति -नोत्तुं), अपानुद्, व्यपानुद्; निरस् **(c. 4.** -अस्यति -असितुं), व्यस्, अपास्, अपसृ **(c. 10.** -सारयति -यितुं), निःसृ, उत्सृ; निराकृ, वहिष्कृ, दूरीकृ, विचल् **(c. 10.** -चालयति -यितुं), विनी **(c. 1.** -नयति -नेतुं), अपनी, विधू **(c. 5.** -धूनोति -धवितुं), निर्धू, अपोह् **(c. 1.** -ऊहते -हितुं), विध्मा **(c. 1.** -धमति -ध्मातुं), हृ **(c. 1.** हरति, हर्त्तुं), अपहृ, परिहृ, हन् **(c. 2.** हन्ति -न्तुं), नश् **(c. 10.** नाशयति -यितुं); **'dispelling darkness,'** तमोनुदः -दा -दं; **'dispelling fever,'** ज्वरघ्नः -घ्नी -घ्नं, ज्वरनाशकः -का -कं, ज्वरापहः -हा -हं, ज्वरान्तकः -का -कं, **'dispelling poison,'** विषघाती -तिनी -ति (न्); **'dispelling obstacles,'** विघ्नहरः -रा -रं, विघ्नविनायकः -का -कं.

Dispelled, ***p. p.*** निरस्तः -स्ता -स्तं, व्यस्तः -स्ता -स्तं, अपास्तः -स्ता -स्तं, निराकृतः -ता -तं, दूरीकृतः -ता -तं, अपनोदितः -ता -तं, अपसारितः -ता -तं, निर्धूतः -ता -तं, विधूतः -ता -तं, अपनीतः -ता -तं, व्यपोढः -ढा -ढं, अपहृतः -ता -तं.

Dispelling, ***s.*** अपनुत्तिः ***f.,*** अपनोदः, अपसारणं, निःसारणं, निरसनं, निराकरणं.

To **dispend,** ***v. a.*** व्यय् **(c. 10.** व्ययति -यितुं **c. 1.** व्ययति, **rt.** इ), व्ययीकृ.

Dispensary, ***s.*** औषधागारं, औषधसंस्कारशाला, औषधपरिकल्पनगृहं, औषधमिश्रणस्थानं.

Dispensation, ***s.*** **(Distribution)** प्रणयनं, वितरणं, विभागकल्पना, परिकल्पनं, वण्टनं, प्रविभागः, क्लृप्तिः ***f.,*** परिनिर्वपणं, अंशनं. **—(Permission to break a law)** नियमभङ्गानुमतिः ***f.,*** विधानलङ्घनानुमतिः, व्यवस्थाभङ्गानुज्ञा, व्यवहारभङ्गानुमतिः ***f.,*** व्यवस्थावशाद् विमुक्तिः ***f.,*** आचारभङ्गोपेक्षा, मुक्तिः ***f.,*** विनिर्मोकः, क्षमा, मोक्षः. **—(The dealing of God with men)** मनुष्यान् प्रति परमेश्वरस्य गतिः ***f.*** **or** व्यवहारः **or** प्रवृत्तिः ***f.*** **or** क्रियाविधिः ***m.***

Dispensator, ***s.*** विभागकल्पकः, परिकल्पकः, प्रणेता ***m.*** (तृ), वितरणकृत्, वण्टनकृत्.

Dispensatory, ***s.*** औषधसंस्कारविषयो ग्रन्थः, वैद्यशास्त्रं.

To **dispense,** ***v. a.*** क्लृप् **(c. 10.** कल्पयति -यितुं), परिक्लृप्, पृथक् पृथग् विभज् **(c. 1.** -भजति -ते -भक्तुं) **or** प्रविभज् **or** वितृ **(c. 1.** -तरति -रितुं -रीतुं), निन्यस् **(c. 4.** -अस्यति -असितुं), विधा **(c. 3.** -दधाति -धातुं), व्यंस् **(c. 10.** -अंसयति -यितुं), वण्ट् **(c. 10.** वण्टयति -यितुं); **'to dispense justice, punishment, etc.** प्रणी **(c. 1.** -णयति -णेतुं) सम्प्रणी.

To **dispense with,** ***v. a.*** अवसृज् **(c. 6.** -सृजति -स्रष्टुं), त्यज् **(c. 1.** त्यजति, त्यक्तुं), मुच् **(c. 6.** मुञ्चति, मोक्तुं), क्षम् **(c. 1.** क्षमते, क्षन्तुं), अनुज्ञा **(c. 9.** -जानाति -ज्ञातुं), अनुमन् **(c.4.** -मन्यन्ते -मन्तुं), उपेक्ष् **(c. 1.** -ईक्षते -क्षितुं).

Dispensed, ***p. p.*** परिकल्पितः -ता -तं, प्रविभक्तः -क्ता -क्तं, प्रणीतः -ता -तं.

Dispense, ***s.*** नियमभङ्गानुमतिः ***f.,*** विधानलङ्घनक्षमा, व्यवस्थावशाद् विनिर्मोकः.

Dispenser, ***s.*** परिकल्पकः, प्रणेता ***m.*** (तृ), वितरणकारी ***m.*** (न्).

To **dispeople,** ***v. a.*** निर्जनीकृ, विजनीकृ, नरशून्यं -न्यां -न्यं कृ, शून्यारण्यं कृ, निर्मनुष्यं -ष्यां -ष्यं कृ, अरण्यमिव कृ.

Dispeopler, ***s.*** नरशून्यकारी ***m.*** (न्), उच्छेदकः, निर्मनुष्यकारी ***m.,*** निर्जनकृत्.

To **disperse,** ***v. a.*** विकॄ **(c. 6.** -किरति -करितुं -रीतुं), इतस्ततः **or** बहुधा **or** नानादिषु विद्रु **in caus.** (-द्रावयति -यितुं), विक्षिप् **(c. 6.** -क्षिपति -क्षेप्तुं), व्यस् **(c. 4.** -अस्यति -असितुं), विधू **(c. 5.** -धूनोति -धवितुं), निर्धू, इतस्ततो विचल् **in caus.** (-चालयति -यितुं) **or** विस्तृ **in caus.** (-स्तारयति -यितुं) **or** अपनुद् **(c. 6.** -नुदति -नोत्तुं) **or** निरम् **or** गम् **in caus.** (गमयति -यितुं) **or** विसृ **in caus.** (-सारयति -यितुं) **or** प्रसृ **or** विध्मा **(c. 1.** -धमति -ध्मातुं) **or** अपध्मा; **'dispersing darkness,'** तमोनुदः -दा -दं, तमोपहः -हा -हं, तमोहरः -रा -रं. ***See*** **Disperser; 'dispersing to different quarters,'** अपदिश्य.

Dispersed, ***p. p.*** विकीर्णः -र्णा -र्णं, विद्रुतः, -ता -तं, विक्षिप्तः -प्ता -प्तं, विगलितः -ता -तं, व्यस्तः -स्ता -स्तं, सुव्यस्तः -स्ता -स्तं, बहुधागतः -ता -तं, विधूतः -ता -तं, विनिर्धूतः -ता -तं, विभिन्नः -न्ना -न्नं, विष्कन्नः -न्ना -न्नं, प्रसृतः -ता -तं, प्रवृद्धः -द्धा -द्धं.

Dispersedly, ***adv.*** विद्रुतं, असंहतं, सुव्यस्तं, सुविस्तरं, बहुधा, पृथक्.

Disperser, ***s.*** विद्रावयिता ***m.*** (तृ), विकिरणकृत्; **'a disperser**

of doubt,' संशयोच्छेदकः; also expressed by नुदः, घ्नः, घाती *m.* (न्), अपहः, नाशकः, हरः, हारी *m.* (न्), अन्तकः in comp.

Dispersion, *s.* विद्रावणं, विक्षेपः-पणं, परिक्षेपः, विकिरः-रणं, प्रसारणं, विसारणं, विभेदः, बहुधागमनं.

To **dispirit,** *v. a.* उत्साहं or मनो भञ्ज् (c. 7. भनक्ति, भंक्तुं), उत्साहभङ्गं कृ, साहसभङ्ग कृ, आशाभङ्गं कृ, मनोभङ्गं कृ, विपद् in caus. (-पादयति -यितुं), विशणीकृ, तेजो हृ (c. 1. हरति, हर्त्तुं), म्लानीकृ, खिद् in caus. (खेदयति -यितुं).

Dispirited, *p. p.* भग्नोत्साहः -हा -हं, भग्नमनाः -नाः -नः (स्), भग्नसाहसः -सा -सं, विषणः -णा -णं, निरुत्साहः -हा -हं, म्लानतेजाः -जाः -जः (स्) or निस्तेजाः, दीनमनस्कः -स्का, -स्कां, दीनचेतनः -ना -नं, खिन्नः -न्ना -न्नं.

To **displace,** *v. a.* **(Move out of place)** स्वस्थानाद् विचल् in caus. (-चालयति -यितुं) or चल् in caus. or अपसृ in caus. (-सारयति -यितुं) or निःसृ in caus. or निरस् (c. 4. -अस्यति -असितुं) or अपनुद् (c. 6. -नुदति -नोत्तुं) or निराकृ or व्यपोह् (c. 1. -ऊहते -हितुं) or अपकृष् (c. 1. -कर्षति -क्रष्टुं), स्थानान्तरीकृ.—**(Remove from office)** पदात् or अधिकाराद् भ्रंश् in caus. (-भ्रंशयति -यितुं) or च्यु in caus. (व्यावयति -यितुं) or निराकृ.

Displaced, *p. p.* स्थानभ्रष्टः -ष्टा -ष्टं, स्थानच्युतः -ता -तं, पदनिराकृतः -ता -तं.

Displacing, *s.* स्वस्थानाद् अपसारणं or अपनुत्तिः *f.,* or निरसनं or निराकरणं.

To **displant,** *v. a.* **(Remove a plant)** उन्मूल् (c. 10. -मूलयति -यितुं), उत्पट् (c. 10. -पादयति -यितुं), उत्खन् (c. 1. -खनति -नितुं).—**Eject a people)** निर्वस् in caus. (-वायति -यितुं), विवस्, वासस्थानाद् निरस् (c. 4. -अस्यति -असितुं).

To **display,** *v. a.* **(Spread wide)** विस्तृ in caus. (-स्तारयति -यितुं), परिस्तृ, विकाश् in caus. (-काशयति -यितुं), वितन् (c. 8. -तनोति -नितुं), प्रसृ in caus. (-सारयति -यितुं), प्रपञ्च् (c. 10. -पञ्चयति -यितुं),—**(Exhibit)** प्रकाश् in caus. दृश् in caus. (दर्शयति -यितुं), प्रत्यक्षीकृ, व्यक्तीकृ, प्रकटीकृ,, स्पष्टीकृ, स्फुटीकृ, व्यञ्ज् (c. 7. -अनक्ति c. 10. -अञ्जयति -यितुं), विवृ (c. 5. -वृणोति -वरितुं -रीतुं), आविष्कृ, प्रादुष्कृ, प्रकट (nom. प्रकटयति -यितुं). —**(Exhibit ostentatiously)** सगर्व्वं or सदम्भं दृश् in caus.

Display, *s.* प्रकाशनं, विकाशनं, दर्शनं, प्रपञ्चः, प्रत्यक्षीकरणं, प्रकाशीकरणं. प्रकटीकरणं, व्यञ्जनं, व्यक्तिः *f.,* विवरणं, प्रादुष्करणं, आविष्करणं.

Displayed, *p. p.* प्रकाशितः -ता -तं, प्रकाशीकृतः -ता -तं, प्रकटीकृतः -ता -तं, प्रत्यक्षीकृतः -ता -तं, दर्शितः -ता -तं, विवृतः -ता -तं, व्यक्तीकृतः -ता -तं.

To **displease,** *v. a.* **(Offend any one)** कस्यापि विप्रियं or अप्रियं or व्यलीकं कृ, असन्तोषं or अतुष्टिं जन् (c. 10. जनयति -यितुं), वितुष् in caus. (-तोषयति -यितुं), रोषम् उत्पद् in caus. (-पादयति -यितुं), कुप् in caus. (कोपयति -यितुं), रुष् in caus. (रोषयति -यितुं), अपराध् (c. 4. -राध्यति c. 5. -राध्नोति -राद्धुं).

Displeased, *p. p.* वितुष्टः -ष्टा -ष्टं, असन्तुष्टः -ष्टा -ष्टं, अप्रसन्नः -न्ना -न्नं, कृतरुषः -षा -षं, रुष्टः -ष्टा -ष्टं, परिकोपितः -ता -तं, कुपितः -ता -तं, कृतव्यलीकः -का -कं, कृतमन्युः -न्यु -न्यु, आगतमन्युः -न्युः -यु, जातामर्षः -र्षा -र्षं.

Displeasing, *a.* अप्रियः -या -यं, विप्रियः -या -यं, व्यलीकः -का -कं, विरुद्धः -द्धा -द्धं, अतुष्टिकरः -री -रं, अप्रसादजनकः -का -कं, अप्रीतिकरः -री -रं, अमुखावहः -हा -हं.

Displeasure, *s.* **(Offence, anger)** अतुष्टिः *f.,* असन्तोषः, अप्रीतिः *f.,* अप्रसादः, कोषः, रोषः, मन्युः *m.,* क्रोधः, अमर्षः. —**(Pain)** दुःखं, असुखं, उद्वेगः.

To **displode,** *v. a.* महाशब्दपूर्व्वं स्फुट् in caus. (स्फोटयति -यितुं) or विदृ in caus. (-दारयति -यितुं).

Displosion, *s.* महाशब्दपूर्व्वं स्फोटनं or विदारणं, अकस्माद् भञ्जनं.

Disport, *s.* क्रीडा, विहारः, केलिः *m. f.,* देवनं, विलासः, विलसितं, खेला.

To **disport,** *v. a.* विनुद् in caus. (-नोदयति -यितुं); **'disport one's self,'** विहृ (c. 1. -हरति -हर्त्तुं), विलस् (c. 1. -लसति -सितुं), क्रीड् (c. 1. क्रीडति -डितुं), दिव् (c. 4. दीव्यति, देवितुं), खेला (nom. खेलायति -यितुं).

Disposal, dispose. s. **(Orderly arrangement)** विन्यासः, व्यूहनं, व्यूढिः *f.,* प्रतिविधानं, संविधानं, विधानं, रचना, विरचनं, व्यवस्थापनं, व्यवस्थितिः *f.,* क्रमेण or यथाक्रमं स्थापनं, पर्य्यायः, परिपाटिः *f.*—**(Regulation)** विनियमः, नियमकरणं. —**(Distribution)** परिकल्पनं, कल्पना, क्लृप्तिः *f.,* परिनिर्व्वपणं, प्रविभागः, वण्टनं.—**(Bestowing)** विनियोगः, वितरणं, परहस्ते समर्पणं.—**(Power of distribution, right of bestowing)** परिकल्पनशक्तिः *f.,* विनियोगाधिकारः. —**(Control)** अधीनता, वशं, वशता, अधिकारः.—**(Divine disposal)** परमेश्वरेच्छा; **'all this kingdom is at your disposal,'** सर्व्वम् इदं राज्यं युष्मदायत्तं; **'this is at my disposal,'** इदं ममाधीनं.

To **dispose,** *v. a.* **(Employ to various purposes)** विनियुज् (c. 7. -युनक्ति -युंक्ते -योक्तुं) नियुज्, प्रयुज्, उपयुज्.—**(Give,** bestow) दा (c. 3. ददाति, दातुं), वितृ (c. 1. -तरति -रितुं -रीतुं), निक्षिप् (c. 6. -क्षिपति -क्षेप्तुं), समृ in caus. (-अर्पयति -यितुं), निधा (c. 3. -दधाति -धातुं).—(Turn to any particular purpose) अमुककर्म्मणि प्रयुज् or विनियुज् or उपयुज्.—(Adapt) युज् in caus. (योजयति -यितुं), नियुज्, प्रयुज्, क्लृप् in caus. (कल्पयति -यितुं).—(Incline, give a propension) प्रवृत् in caus. (-वर्त्तयति -यितुं), प्रयुज् in caus. चेष्ट् in caus. (चेष्टयति -यितुं), प्रोत्सह् in caus. (-साहयति -यितुं).—(Regulate, arrange, adjust) विन्यस् (c. 4. -अस्यति -असितुं), विधा (c. 3. -दधाति -धातुं), संविधा, प्रतिविधा, व्यूह् (c. 1. -ऊहते -हितुं), विरच् (c. 10. -रचयति -यितुं), क्रमेण स्था in caus. (स्थापयति -यितुं), परिक्लृप्.

To* dispose of, *v. a. (Apply to any purpose) प्रयुज् (c. 7. -युनक्ति -युंक्ते -योक्तुं), विनियुज्, नियुज्, उपयुज्.—(Transfer to any other person, sell to another) परहस्ते समृ in caus. (-अर्पयति -यितुं), विक्री (c. 9. -क्रीणीते -क्रेतुं); 'to dispose of one's daughter in marriage,' कन्यादानं कृ, दारिकादानं कृ, दुहितरं दा.

Disposed, *p. p.* (Arranged, regulated) विन्यस्तः -स्ता -स्तं, प्रतिविहितः -ता -तं, विहितः -ता -तं व्यूढः -ढा -ढं, व्यवस्थितः -ता -तं, व्यवस्थापितः -ता -तं, परिपाटीकृतः -ता -तं.—(Inclined) प्रवर्त्तितः -ता -तं, प्रयोजितः -ता -तं; 'disposed to take,' गृहयालुः -लुः -लु, ग्रहीता -त्री -तृ; 'disposed to fall,' पतयालुः -लुः -लु, पिपतिषुः -षुः -षु; or expressed by शील affixed; as, पतनशीलः -ला -लं.

Disposer, *s.* (Distributer, bestower) परिकल्पकः, दाता *m.* (तृ), प्रदाता, विनियोगकृत्.—(Regulator, director) विधाता *m.* (तृ), विनियन्ता *m.* (न्तृ), अधिष्ठाता *m.* (तृ).

Disposition, *s.* (Orderly arrangement) विन्यासः, व्यूहनं, व्यूढिः *f.* प्रतिविधानं, विधानं, संविधानं, विरचनं, व्यवस्थापनं, पर्य्यायः, क्रमेण स्थापनं.—(Temper natural state) भावः, स्वभावः, शीलः, शीलता -त्वं, प्रकृतिः *f.*, अन्तःकरणं; 'good disposition,' सद्भावः, साधुशीलत्वं; 'bad disposition,' असद्भावः; 'an easy contented disposition,' सुखिस्वभावः; 'of a virtuous disposition,' साधुशीलः, पुण्यशीलः, सत्वशीलः; 'disposition of body,' देहस्वभावः.—(Inclination, tendency) प्रावण्यं, प्रवृत्तिः *f.*, प्रवाहः, or expressed by शीलता -त्वं or आलुता -त्वं affixed; as, 'disposition to fall,' पतनशीलता or पतयालुत्वं.

To* dispossess, *v. a. अधिकारात् or स्वत्वाद् भ्रंश् (c. 10. भ्रंशयति -यितुं) or च्यु in caus. (च्यावयति -यितुं) or पत् in caus. (पातयति -यितुं) or निराकृ, अधिकारं or स्वत्वं हृ (c. 1. हरति, हर्त्तुं) or अपहृ.

Dispossessed, *p. p.* भ्रंशितः -ता -तं, निराकृतः -ता -तं, वहिष्कृतः -ता -तं; 'dispossessed of one's right,' हृताधिकारः -रा -रं, अधिकारभ्रष्टः -ष्टा -ष्टं.

Disposure, *s.* (Disposal power) शक्तिः *f.*, अधिकारः, परिकल्पनशक्तिः *f.*, विनियोगशक्तिः *f.*—(Posture) स्थितिः *f.*, भूमिः *f.*

Dispraise, *s.* निन्दा, अपवादः, अप्रशंसा, तिरस्कारः, उपालम्भः, अयशः *n.* (स्).

To* dispraise, *v. a. निन्द् (c. 1. निन्दति -न्दितुं), तिरस्कृ, उपालभ् (c. 1. -लभते -लब्धुं), न प्रशंस् (c. 1. -शंसते -सितुं), अपवद् (c. 1. -वदति -दितुं).

To* dispread, *v. a. बहुधा or इतस्ततः or नानादिक्षु विस्तृ in caus. (-स्तारयति -यितुं) or विक्षिप् (c. 6. -क्षिपति -क्षेप्तुं) or विद्रु in caus. (-द्रावयति -यितुं).

Disproof, *s.* अनिश्चयः, अनिर्णयः, अप्रामाण्यं, अप्रमाणं, अनुपपत्तिः *f.*, खण्डनं, आधर्षणं, पक्षाघातः, निरासः, बाधः, बाधा, अधरीकरणं, अपवादः, वितण्डा, उपमर्द्दः.

Disproportion, *s.* असाम्यं, असमता, असमानता, वैषम्यं, अतुल्यत्वं, अयोग्यता, अनुपयुक्तता, असमञ्जसं, असमाञ्जस्यं.

To* disproportion, *v. a. अयुक्तं सम्बन्ध् (c. 9. -बध्नाति -बन्धुं), असमञ्जसं संयुज् (c. 7. -युनक्ति -योक्तुं), अयोग्यसम्बन्धं कृ.

Disproportionable, disproportionate, *a.* असमः -मा -मं, अयोग्यः -ग्या -ग्यं, असमानः -ना -नं, अतुल्यः -ल्या -ल्यं, अयुक्तः -क्ता -क्तं, असमञ्जसः -सा -सं, अनुपयुक्तः -क्ता -क्तं, विषमः -मा -मं.

Disproportionableness, disproportionateness, *s.* असाम्यं, अयोग्यता, अलुल्यता.

Disproportionably, disproportionately, *s.* असमं, विषमं, अतुल्यं, अयोग्यं, अयोग्यतस्, अनुपयुक्तं, असमञ्जसं, असमानतस्.

To* disprove, *v. a. खण्ड् (c. 10. खण्डयति -यितुं), संसूच् (c. 10. -सूचयति -यितुं), अधरीकृ, निरस् (c. 4. -अस्यति -असितुं), आधृष् (c. 10. -धर्षयति -यितुं), बाध् (c. 1. -बाधते -धितुं), निराकृ, अपवद् (c. 1. -वदति -दितुं).

Disproved, *p. p.* खण्डितः -ता -तं, आधर्षितः -ता -तं, अधरीकृतः -ता -तं, बाधितः -ता -तं, निरस्तः -स्ता -स्तं, निराकृतः -ता -तं, प्रत्याख्यातः -ता -तं, असिद्धः -द्धा -द्धं.

Disprover, *s.* खण्डनकृत्, आधर्षणकृत्, वितण्डाकृत्, उपमर्द्दकारी *m.* (न्).

Disputable, *a.* विवदनीयः -या -यं, विचारणीयः -या -यं,

विचार्य्यः -र्य्या -र्य्यं, वितर्क्य -र्क्या -र्क्यं, वितर्कणीयः -या -यं, प्रत्याख्येयः -या -यं.

Disputant, ***s.*** तर्की ***m.*** (र्त्), विवादी ***m.*** (न्), वादी ***m.*** वादप्रतिवादकृत, नैयायिकः, विचारणकर्त्ता ***m.*** (र्त्), प्रोहः, शास्त्रविरोधदर्शी ***m.*** (न्).

Disputation, ***s.*** विवादः, वादानुवादः, वादप्रतिवादः, वादः, वितर्कः, तर्कः, वाक्कलहं, वादयुद्धं, वितण्डा, विसंवादः, विरोधोक्तिः ***f.*** विचारः, हेतुवादः.

Disputatious, ***a.*** विवादार्थी -र्थिनी -र्थि (न्), विवादी -दिनी -दि (न्), वादानुवादशीलः -ला -लं, वितण्डापरः -रा -रं, वितर्कप्रियः -या -यं.

To **dispute,** ***v. a.*** **and** ***n.*** विवद् **(c. 1.** -वदति -दितुं), विसंवद्, वादानुवादं कृ, विप्रलप् **(c. 1.** -लपति -पितुं), वितण्ड् **(c. 1.** -तण्डते -ण्डितुं), वितण्डां कृ, वितर्क् **(c. 1.** -तर्कयति -यितुं), कलह **(nom.** कलहायते), वैर **(nom.** वैरायते), वाक्कलहं कृ, वाग्युद्धं कृ, व्यवक्रुश् **(c. 1.** -क्रोशति -क्रोष्टुं).—**(In law)** व्यवहृ **(c. 1.** -हरति -हर्त्तुं), विवादास्पदीकृ.

Dispute, ***s.*** विवादः, वादानुवादः, वादप्रतिवादः, विसंवादः, विप्रलापः, वाग्युद्धं, वादयुद्धं, वाक्कलहः, वाक्कलिः ***m.,*** विरोधोक्तिः ***f.,*** वाक्यविरोधः, वितर्कः, वितण्डा, विप्रतिपत्तिः ***f.,*** वितण्डा, विचारः, वादः, वाक्यं, कलहः, विग्रहः द्वैधं, सन्देहः; **'matter of dispute,'** विवादास्पदं.

Disputed, ***p. p.*** विचारितः -ता -तं, सन्दिग्धः -ग्धा -ग्धं, व्याहितः -ता -तं.

Disputer, ***s.*** विवादी ***m.*** (न्), विवादकारी ***m.*** (न्), विवादकृत् ***m.*** विचारकः, तर्की ***m.*** (न्), वादी ***m.*** (न्), हेतुवादी ***m.*** (न्), वितण्डाकारी ***m.*** (न्), न्यायी ***m.*** (न्), सांवादिकः.

Disqualification, ***s.*** अयोग्यकरणं, अपात्रीकरणं, अयोग्यत्वं -ता, अयुक्तिः ***f.,*** विरोधः -धित्वं, असामर्थ्यं.

Disqualified, ***p. p.*** अयोग्यः -ग्या -ग्यं, अपात्रीकृतः -ता -तं, विरुद्धः -द्धा -द्धं.

To **disqualify,** ***v. a.*** अपात्रीकृ, अयोग्यं -ग्यां -ग्यं कृ, अनुपयुक्तः -क्ता -क्तं, कृ.

Disquiet, disquietness, disquietude, ***s.*** उद्वेगः, चित्तोद्वेगः, चित्तवेदना, व्यथा, अशान्तिः ***f.,*** कष्टं, मनोदुःखं, अनिर्वृतिः ***f.,*** क्लेशः, आधिः ***m.,*** वैक्लव्यं, मनस्तापः, उत्तापः, व्यामोहः, विडम्बनाः, औत्सुक्यं, मानसी व्यथा, व्यस्तता, अस्थिरता, चिन्ता.

To **disquiet,** ***v. a.*** व्यथ् **(c. 10.** व्यथयति -यितुं), क्लिश् **(c. 9.** क्लिश्नाति, क्लेष्टुं), उद्विज् **in caus.** (-वेजयति -यितुं), व्याकुलीकृ, आकुल **(nom.** आकुलयति -यितुं), बाध् **(c. 1.** बाधते -धितुं), क्षुभ् **in caus.** (क्षोभयति -यितुं), मुह् **in caus.** (मोहयति -यितुं), व्यामुह्, विमुह्, परिमुह्.

Disquieted, ***p. p.*** उद्विग्नः -ग्ना -ग्नं, व्यग्रः -ग्रा -ग्रं, व्यथितः -ता -तं, सव्यथः -था -थं, क्लिष्टः -ष्टा -ष्टं, परिक्लिष्टः -ष्टा -ष्टं, अशान्तः -न्ता -न्तं, अनिर्वृतः -ता -तं, विधुरः -रा -रं, विदुरः -रा -रं, उद्भ्रान्तः -न्ता न्तं, मोहितः -ता -तं, जातशङ्कः -ङ्का -ङ्कं.

Disquisition, ***s.*** विचारः -रणा, वितर्कः, विमर्शः, विवेचना, परीक्षः, वितण्डा.

To **disrank,** ***v. a.*** पदात् **or** अधिकाराद् भ्रंश् **in caus.** (भ्रंशयति -यितुं) **or** च्यु **in caus.** (च्यावयति -यितुं) **or** अपकृष् **(c. 1.** -कर्षति -क्रष्टुं).

Disregard, ***s.*** उपेक्षा, अनपेक्षा, निरपेक्षता, अनादरः, अननुष्ठानं, असेवनं, अचिन्ता, अनवधानं, परित्यागः, अवक्रिया, उपात्ययः, उत्प्रेक्षा, उद्भावनं, अदर्शनं.—**(Contempt)** अवज्ञा, अवमानं, अवधीरणं.

To **disregard,** ***v. a.*** उपेक्ष् **(c. 1.** -ईक्षते -क्षितुं), समुपेक्ष्, उपप्रेक्ष्, अवज्ञा **(c. 9.** -जानाति -ज्ञातुं), अवमन् **(c. 4.** -मन्यते -मन्तुं), अवधीर् **(c. 10.** -धीरयति -यितुं), न अनुष्ठा **(c. 1.** -तिष्ठति -ष्ठातुं), न सेव् **(c. 1.** सेवते -वितुं), परित्यज् **(c. 1.** -त्यजति -त्यक्तुं).

Disregarded, ***p. p.*** उपेक्षितः -ता -तं, अनपेक्षितः -ता -तं, समुपेक्षितः -ता -तं, अवज्ञातः -ता -तं, अवधीरितः -ता -तं, अवमतः -ता -तं, अवमानितः -ता -तं, परिभूतः -ता -तं, असेवितः -ता -तं, अवगणितः -ता -तं, उद्भावितः -ता -तं, अननुष्ठितः -ता -तं.

Disregardful, ***a.*** उपेक्षकः -का -कं, निरपेक्षः -क्षा -क्षं, निर्व्यपेक्षः -क्षा -क्षं, मन्दादरः -रा -रं, अवमानी -निनी -नि (न्), अनवधानः -ना -नं.

Disregardfully, ***adv.*** निरपेक्षं, अनपेक्ष्य, उपेक्षया, अवमानेन, मन्दादरं.

Disrelish, ***s.*** अरुचिः ***f.,*** अनभिरुचिः ***f.,*** विरक्तिः ***f.,*** वैरक्त्यं, वैराग्यं, विरागः, अप्रीतिः ***f.,*** विप्रियता, विमतिः ***f.,*** विमुखता, अनिच्छा, विध्वंसः.—**(Bad taste)** कुस्वादः, विस्वादः.

To **disrelish,** ***v. a.*** न अभिमन् **(c. 4.** -मन्यते -मन्तुं), विद्विष् **(c. 2.** -द्वेष्टि -ष्टुं), अरुचिं कृ, न अभिरुच् **(c. 10.** -रोचयति -यितुं), **or expressed by the neut. form** रोचते; **as, 'he disrelished that,'** तत् तस्मै न रोचते.

Disreputable, ***a.*** अनार्य्यः -र्य्या -र्य्यं, अपमान्यः -या -यं, अयशस्यः -स्या -स्यं, अपयशस्करः -री -रं, अकीर्त्तिकरः -री -रं, अवज्ञेयः -या -यं, अप्रतिष्ठः -ष्ठा -ष्ठं, अख्यातिजनकः -का -कं, अप्रशंसनीयः -या -यं, अभिशस्तः -स्ता -स्तं.

Disreputably, ***adv.*** अनार्य्यं, अनार्य्यवत्, अयशस्यं, अप्रशंसनीयं.

Disreputation, disrepute, ***s.*** अयशः ***n.*** (स्), अपयशः ***n.,*** अकीर्त्तिः ***f.,*** अपकीर्त्तिः ***f.,*** दुष्कीर्त्तिः ***f.,*** अख्यातिः ***f.,*** कुख्यातिः

f., अनार्य्यत्वं, वाच्यता, अप्रतिष्ठा, अमर्य्यादा, मर्य्यादाहानिः *f.*, अपमानं.

Disrespect, *s.* अनादरः, अवज्ञा -ज्ञानं, अपमानं, अवमानं -नता, अमाननं, असम्मानं, असन्मानं, परिभवः, परिभूतिः ***f.***, परिभावः, अवधीरणं, उपेक्षा -क्षणं, तिरस्कारः, तिरस्क्रिया, न्यक्कारः, अवहेलं -ला, हेलनं, धर्षणं, अमर्य्यादा, रीढा, असूर्क्षणं. असूक्षणं, सूर्क्षणं.

Disrespected, *p. p.* अनादृतः -ता -तं, अवमानितः -ता -तं, अवधीरितः -ता -तं, परिभूतः -ता -तं, उपेक्षितः -ता -तं, अवज्ञातः -ता -तं, अवमतः -ता -तं.

Disprectful, *a.* अवमानी -निनी -नि (न्), परिभावी -विनी -वि (न्) -भावुकः -का -कं, उपेक्षकः -का -कं, सावज्ञः -ज्ञा -ज्ञं, अनार्य्यः -र्य्या -र्य्यं.

Disrespectfully, *adv.* सावज्ञानं, सावमानं, अनादरात्, उपेक्षया.

To* disrobe, *v. a. विवस्त्रीकृ, वस्त्रम् अवतॄ **in caus.** (-तारयति -यितुं) **or** उत्कृष् **(c. 1.** -कर्षति -क्रष्टुं) **or** अपनह् **(c. 4.** -नह्यति -नद्धुं) **or** उच्छद् **(c. 10.** -छादयति -यितुं), नग्नीकृ.

Disrobed, *p. p.* विवस्त्रः -स्त्रा -स्त्रं, वस्त्रविवृतः -ता -तं, नग्नीकृतः -ता -तं.

Disruption, *s.* भङ्गः, भेदः, विभेदः, विदारः -रणं, विदरः, भिदा, विघटनं.

Dissatisfaction, *s.* अतुष्टिः, अतृप्तिः ***f.***, असन्तोषः, अपरितोषः, अशान्तिः ***f.***, अतृप्ता, वितुष्टिः ***f.***,

Dissatisfied, *p. p.* अतुष्टः -ष्टा -ष्टं, असन्तुष्टः -ष्टा -ष्टं, वितुष्टः -ष्टा -ष्टं, अपरितुष्टः -ष्टा -ष्टं, अतृप्तः -प्ता -प्तं, अशान्तः -न्ता -न्तं, अप्रतिलब्धकामः -मा -मं.

To* dissatisfy, *v. a. न सन्तुष् **in caus.** (-तोषयति -यितुं), न परितुष्, न तृप् **in caus.** (तर्पयति -यितुं), अतुष्टिं जन् **in caus.** (जनयति -यितुं) **or** उत्पद् **in caus.** (-पादयति -यितुं).

To* dissect, *v. a. शरीराङ्गानि कर्त्तर्य्यादिना व्यवछिद् **(c. 7.** -छिनत्ति -छेत्तुं) **or** उच्छिद् **or** संछिद्, शरीरावयवान् निकृत् **(c. 6.** -कृन्तति -कर्त्तितुं) **or** विनिकृत् **or** पृथक्कृ **or** पृथक् पृथक् कृ, विशस् **(c. 1.** -शसति -सितुं).**—(Examine minutely)** सूक्ष्मं परीक्ष् **(c. 1.** -ईक्षते -क्षितुं).

Dissected, *p. p.* विशसितः -ता -तं, व्यवछिन्नः -न्ना -न्नं, विनिकृत्तः -त्ता -त्तं.

Dissection, *s.* विशमनं, व्यवछेदः, अङ्गछेदः, अङ्गकर्त्तनं, पृथक्करणं, सूक्ष्मपरीक्षा.

Dissector, *s.* व्यछेदकः, अङ्गछिद् ***m.***, विशसिता ***m.***, (तृ), विशसनकृत्.

To* disseize, *v. a. अधिकाराद् भ्रंश् **in caus.** (भ्रंशयति -यितुं) **or** च्यु **in caus.** (च्यावयति -यितुं); हृ **(c. 1.** हरति, हर्त्तुं) **or** अपहृ.

Disseizing, *s.* अन्यायेन अधिकाराद् भ्रंशनं **or** भूमिधनादिहरणं.

To* dissemble, *v. a.* and *n. ह्नु **(c. 2.** ह्नुते, ह्नोतुं), अपह्नु, निह्नु, छद्म कृ, छद् **(c. 10.** छादयति -यितुं), गुह् **(c. 1.** गूहति -ते -हितुं), निगुह्, अपवृ **in caus.** (-वारयति -यितुं), गोपनं कृ, अपदिश् **(c. 6.** -दिशति -देष्टुं), व्यपदिश्, कपटं, कृ, अवहित्थां कृ, अपज्ञा **(c. 9.** -जानाति -नीते -ज्ञातुं), प्रतारणं कृ, छल् **(c. 10.** छलयति -यितुं).

Dissembler, *s.* छाद्मिकः, छद्मवेशी ***m.*** (न्), कपटवेशी ***m.*** वेशधारी ***m.*** (न्), दाम्भिकः, गोपनकृत् ***m.*** गोप्ता ***m.*** (प्तृ), प्रच्छादयिता ***m.*** (तृ).

Dissembling, *s.* अपह्नवः, निह्नुतिः ***f.***, निह्नवः, अवहित्था -त्थं, गोपनं, छद्म ***n.*** (न्), छद्मकरणं, गुप्तिः ***f.***, आकारगुप्तिः ***f.***, अपलापः, कापट्यं, कृत्रिमता.

Dissemblingly, *adv.* अपह्नवेन, निह्नवात्, सावहित्थं, छद्मना, मिथ्या, कृत्रिमं.

To* disseminate, *v. a. विकॄ **(c. 6.** -किरति -करितुं -रीतुं), प्रकॄ, विस्तृ **in caus.** (-स्तारयति -यितुं), प्रचर् **in caus.** (-चारयति -यितुं), प्रसृ **in caus.** (-सारयति -यितुं), विसृ, वप् **(c. 1.** वपति, वप्तुं), निवप्; **'to be disseminated,'** प्रचर् **(c. 1.** -चरति -रितुं).

Disseminated, *p. p.* विकीर्णः -र्णा -र्णं, प्रचारितः -ता -तं, सुव्यस्तः -स्ता -स्तं, बहुधागतः -ता -तं, विस्तारितः -ता -तं, उप्तः -प्ता -प्तं.

Dissemination, *s.* विकिरणं, व्यापनं, व्याप्तिः ***f.***, विस्तारः, प्रचारणं, प्रसारणं, वपनं, उप्तिः ***f.***, व्यासः.

Disseminator, *s.* विकिरणकृत् ***m.***, प्रचारकः, वप्ता ***m.*** (प्तृ), प्रवापी ***m.*** (न्).

Dissension, *s.* भेदः, विमतिः ***f.***, वैमत्यं, कलहः, कलिः ***m.***, असम्मतिः ***f.***, द्वन्द्वं, विरोधः, विवादः, विप्रतिपत्तिः ***f.***, विसंवादः, द्वैधं, मतिविपर्य्ययः; **'a sower of dissension,'** उपजापकः; **'family dissensions,'** गृहछिद्रं, गृहरन्ध्रं.

To* dissent, *v. n. न सम्मन् **(c. 4.** -मन्यते -मन्तुं), विपरीतं मन्, अन्यथा मन्, असम्मतिं कृ, न स्वीकृ, विवद् **(c. 1.** -वदते -दितुं), विसंवद्, भिन्नमतः -ता -तं भू, मतान्तरम् अवलम्ब् **(c. 1.** -लम्बते, म्बितुं).

Dissent, *s.* विमतिः ***f.***, वैमत्यं, मतिप्रभेदः, मतिविपर्य्यः, असम्मतिः ***f.***, अस्वीकारः, विसंवादः, विपरीतता, भिन्नमतधारणं, मतान्तरावलम्बनं, अन्यमतधारणं, द्वैधं.

Dissentaneous, *a.* असम्मतः -ता -तं, विमतः -ता -तं, विपरीतमतः -ता -तं.

Dissenter, *s.* (One that disagrees) भिन्नमतधारी ***m.*** (न्),

Dissertation 292 **Dissonant**

मतान्तरावलम्बी *m.* (न्), असम्मतः — **(From the church)** विपथगामी *m.* (न्), अपथवर्त्ती *m.* (न्), साधारणधर्म्मविरोधी *m.* (न्), उपधर्म्मसेवी *m.* (न्), उपधर्म्मः.

To* dissert, *v. n. वट् (**c. 1.** वदति -दितुं), प्रवद्, व्याख्या (**c. 2.** -ख्याति -तुं), कथ् (**c. 10.** कथयति -यितुं), प्रसङ्गं कृ, विवरणं कृ.

Dissertation, *s.* वाक्यं, वादः, प्रवादः, वचनं, प्रवचनं, वचः ***n.*** (स्), व्याख्या, विवरणं, प्रसङ्गः, कथोपकथनं, वचनक्रमः.

To* disserve, *v. a. अपकृ, न उपकृ, हिंस् (**c. 7.** हिनस्ति, **c. 1.** हिंसति -सितुं).

Disservice, *s.* अपकारः, अपकृतं, क्षतिः ***f.,*** अपायः, अपचयः, हिंसा, अनिष्टं, द्रोहः, क्लेशः.

To* dissever, *v. a. वियुज् (**c. 7.** -युनक्ति -युंक्ते -योक्तुं), विप्रयुज् विछिद् (**c. 7.** -छिनत्ति -छेत्तुं), विभिद् (**c. 7.** -भिनत्ति -भेत्तुं), विश्लिष् **in caus.** (-श्लेषयति -यितुं), पृथक्कृ, द्वैधीकृ.

Dissevered, *p. p.* वियुक्तः -क्ता -क्तं, विप्रयुक्तः -क्ता -क्तं, विछिन्नः -न्ना -न्नं, विश्लिष्टः -ष्टा -ष्टं, गतसङ्गः -ङ्गा -ङ्गं, पृथक्कृतः -ता -तं, विगतः -ता -तं.

Dissident, *a.* विमतः -ता -तं, असम्मतः -ता -तं, विपरीतमतः -ता -तं.

Dissimilar, *a.* असदृशः -शी -शं, असमानः -ना -नं, असमः -मा -मं, विषमः -मा -मं, अनीदृशः -शी -शं, भिन्नः -न्ना -न्नं, विभिन्नः -न्ना -न्नं, अन्यः -न्या -न्यत्, इतरः -रा -रं, परः -रा -रं. — **(Heterogeneous)** विजातीयः -या -यं, भिन्नजातीयः -या -यं.

Dissimilarity, dissimilitude, *s.* असादृश्यं, असदृशता, असाम्यं, असमता, असमानता, अतुल्यता, वैषम्यं, भेदः, विभेदः, भिन्नता, विभिन्नता, अन्तरं, परत्वं, अन्यथात्वं, विजातीयत्वं.

Dissimulation, *s.* अपह्नवः, निह्नवः, निह्नुतिः ***f.,*** छद्मकरणं, छद्म ***n.*** (न), गोपनं, गुप्तिः ***f.,*** आकारगुप्तिः *f.,* अवहित्था -त्थां, कापट्यं, अपलापः, कृत्रिमता, प्रतारणा, दम्भः.

***To* dissipate, *v. a.* (Scatter)** कॄ (**c. 6.** किरति, करितुं -रीतुं), विकॄ, प्रकॄ, विक्षिप् (**c. 6.** -क्षिपति -क्षेप्तुं), व्यस् (**c. 4.** -अस्यति -असितुं), विद्रु **in caus.** (-द्रावयति -यितुं), विनिर्धू (**c. 5.** -धूनोति -धवितुं). ***See* Disperse. (Spend)** व्यय् (**c. 1.** व्ययति **c. 10.** व्ययति -यितुं), अपचि (**c. 5.** -चिनोति -चेतुं).

Dissipated, *p. p.* कीर्णः -र्णा -र्णं, विक्षिप्तः -प्ता -प्तं, बहुधागतः -ता -तं, विनिर्धूतः -ता -तं, सुव्यस्तः -स्ता -स्तं, विगलितः -ता -तं. ***See* Dispersed. (Licentious)** कामवृत्तः -त्ता -त्तं, दुराचारः -रा -रं, व्यसनी -निनी -नि (न्).

Dissipation, *s.* विक्षेपः, विकिरण. ***See* Dispersion. (Prodigality)** धनव्ययः, अपव्ययः, धनोत्सर्गः, मोक्षणं. — **(Licentiousness)** स्त्रीसम्भोगनृत्यगीतादिसेवनं, व्यसनिता.

To* dissociate, *v. a. वियुज् (**c. 7.** -युनक्ति -योक्तुं), विप्रयुज्, विसंयुज्, विश्लिष् (**c. 10.** -श्लेषयति -यितुं), पृथक्कृ संलग्नं -ग्नां -ग्नं कृ.

Dissolvable, dissoluble, *a.* द्राव्यः -व्या -व्यं, विद्राव्यः -व्या -व्यं, विलयनीयः -या -यं, द्रवणीयः -या -यं, गलनीयः -या -यं, क्षरभावः -वा -वं, क्षरणीयः -या -यं, याव्यः -व्या -व्यं, आर्द्रः -र्द्रा -र्द्रं, लीनः -ना -नं, विलयनशीलः -ला -लं.

***To* dissolve, *v. a.* (Melt)** विली **in caus.** (-लाययति -लापयति -यितुं), विद्रु **in caus.** -द्रावयति -यितुं), द्रवीकृ, आर्द्रीकृ. — **(Disunite)** वियुज् (**c. 7.** -युनक्ति -योक्तुं). — **(Dissolve friendship, etc.)** सौहृद्यं भिद् (**c. 7.** भिनत्ति, भेत्तुं) **or** भञ्ज् (**c. 7.** भिनत्ति, भेत्तुं) **or** भञ्ज् (**c. 7.** भनक्ति, भंक्तुं); **'dissolve a league,'** संहतिभेदनं कृ; **'dissolve an assembly,'** सभां विसृज् (**c. 6.** -सृजति -स्रष्टुं), सभाभङ्गं कृ.

To* dissolve, *v. n. विली (**c. 4.** -लीयते -लेतुं), प्रविली, प्रली, द्रु (**c. 1.** द्रवति, द्रोतुं), विद्रु, गल् (**c. 1.** गलति -लितुं), विगल्, क्षर् (**c. 1.** क्षरति -रितुं), द्रवीभू, आर्द्रीभू.

Dissolved, *p. p.* विद्रुतः -ता -तं, द्रुतः -ता -तं, विलीनः -ना -नं, लीनः -ना -नं, परिगलितः -ता -तं, द्रवीभूतः -ता -तं, असंहतः -ता -तं.

Dissolvent, *a.* द्रावकरः -री -रं, विलयनः -नी -नं, विद्रावकः -का -कं.

Dissolute, *a.* व्यसनी -निनी -नि (न्), अनवस्थः -स्था -स्थं, व्यभिचारी रिणी -रि (न्), तारलः -ली -लं, तरलः -ला -लं, दुराचारः -रा -रं, कामासक्तः -क्ता -क्तं, भोगासक्तः -क्ता -क्तं, दुष्टः -ष्टा -ष्टं, विषयी -यिणी -यि (न्), अवशः -शा -शां, कामुकः -का -कं, लम्पटः.

Dissolutely, *adv.* लम्पटवत्, दुष्टवत्, कामुकवत्, भोगासक्तत्वात.

Dissoluteness, *s.* लम्पटता, लाम्पट्यं, व्यसनिता, अनवस्थितिः ***f.,*** अनवस्थता, इन्द्रियासंयमः, दुर्वृत्तता, विषयासक्तिः ***f.,*** भोगासक्तिः ***f.,*** स्त्रीसेवा, व्यभिचारः.

Dissolution, *s.* (Liquefaction) विलयः -यनं, विद्रावः, द्रावः, द्रवीकरणं. — **(Destruction)** प्रलयः, नाशः, विनाशः, क्षयः, परिक्षयः, ध्वंसः. — **(Dissolution of an assembly)** सभाभङ्गः, सभाविरामः, सभानिवृत्तिः ***f.*** — **(Dissolution of partnership)** संसर्गभेदः, संसर्गवियोगः, संसर्गित्वनिवृत्तिः ***f.***

Dissonance, *s.* (Discord) विस्वरता -त्वं, अपरवः. — **(Disagreement)** विसंवादः.

Dissonant, *a.* विस्तरः -रा -रं, विझर्झरः -रा -रं, कर्कशस्वनः -ना -नं. — **(Disagreeing)** परस्परविरुद्धः -द्धा -द्धं, विसङ्गतः -ता -तं.

To* dissuade, *v. a. मैवं कार्षीर् इति उपदिश्य निवृत् **in caus.** (-वर्त्तयति -यितुं), भयहेतुं दर्शयित्वा निवृत् **in caus. or** विरम् **in caus.** (-रमयति -यितुं) **or** निवृ **in caus.** (-वारयति -यितुं), मैवं कृथा इति उपदिश् **(c. 6.** -दिशति -देष्टुं) **or** प्रत्यादिश्, विपरीतम् उपदिश्, विपरीतमन्त्रणं कृ, अन्तःख्या **(c. 2.** -ख्याति -तुं).

Dissuader, *s.* निवर्त्तयिता ***m.*** (तृ) मैवं कार्षीर् इति उपदेशकः, प्रत्यादेष्टा ***m.*** (ष्टृ), विपरीतमन्त्रणदाता ***m.*** (तृ), निषेधकर्त्ता ***m.*** (र्तृ).

Dissuasion, *s.* निवर्त्तयिता ***m.*** (र्तृ) मैवं कार्षीर् इति उपदेशकः, प्रत्यादेष्टा ***m.*** (ष्टृ), विपरीतमन्त्रणदाता ***m.*** (तृ), निषेधकर्त्ता ***m.*** (र्तृ).

Dissuasion, *s.* निवर्त्तनं, प्रत्यादेशपूर्व्वं निवर्त्तनं, मैवं कार्षीर् इति प्रत्यादेशः, निषेधार्थः परामर्शः, विपरीतमन्त्रणं, उद्यमभङ्गार्थः प्रबोधः.

Dissusasive, *a.* निवर्त्तकः -का -कं, निवर्त्तनशीलः -ला -लं, निवृत्तिकारी -रिणी -रि (न्), निषेधार्थकः -का -कं, प्रत्यादेशः -का -कं, भयहेतुप्रदर्शकः -का -कं, विपरीतमन्त्रणकारी -रिणी -रि (न्).

Dissuasive, *s.* निवृत्तिकारणं, निवृत्तिहेतुः ***m.***, निवर्त्तनहेतुः ***m.***

Dissyllabic, *a.* द्व्यक्षरः -रा -रं, अक्षरद्वयविशिष्टः -ष्टा -ष्टं.

Dissyllable, *s.* द्व्यक्षरं, अक्षरद्वयविशिष्टः शब्दः, द्व्यक्षरः शब्दः.

Distaff, *s.* तर्कुः ***f.***, तर्कुटं -टी, सूत्रतर्कुटी, सूत्रला.

***To* distain, *v.a.*,** मलिन **(nom.** मलिनयति -यितुं), दुष् **(c. 10.** दूषयति -यितुं).

Distance, *s.* (Interval, space) अन्तरं, अभ्यन्तरं, अन्तरालः -लं, मात्रं, व्यवधानं, व्यवायः,—**(Remoteness)** दूरता, असान्निध्यं, असन्निधानं, असन्निकर्षः; **'a little distance,'** कियद्दूरं, ईषद्दूरं, नातिदूरे; **'at a distance,'** दूरं, दूरे, दूरतस्, विदूरतस्. —**(Haughtiness)** दुर्धर्षता, दुराधर्षत्वं, अनालापः.

To* distance, *v. a. दूरीकृ, दव **(nom.** दवयति -यितुं), अपसृ **in caus.** (-सारयति -यितुं), दूरतः कृ.

Distanced, *p. p.* दूरीकृतः -ता -तं, अपसारितः -ता -तं.

Distant, *a.* (Remote) दूरः -रा -रं, विदूरः -रा -रं, दूरस्थः -स्था -स्थं, दूरस्थितः -ता -तं, दूरस्थायी -यिनी -यि (न्), अनुपस्थायी, अनुपस्थः -स्था -स्थं, दूरीभूतः -ता -तं, दूरवर्त्ती -र्त्तिनी -र्त्ति (न्), विप्रकृष्टः -ष्टा -ष्टं, असन्निकृष्टः -ष्टा -ष्टं, दविष्ठः -ष्ठा -ष्ठं, दवीयान् -यसी -यः (स्), असन्निहितः -ता -तं, प्राध्वः -ध्वा -ध्वं.—**(Haughty)** दुर्धर्षः -र्षा -र्षं, दुराधर्षः -र्षा -र्षं, अनालापी -पिनी -पि (न्).

Distaste, *s.* (Aversion of the palate, disrelish) अरुचिः ***f.***, अनभिरुचिः ***f.***, विरसनं, वितृष्णा, उत्क्लेशः.—**(Dislike)** विरक्तिः ***f.***, वैराग्यं, वैरक्त्यं, अरुचिः ***f.***, अननुरागः, अप्रीतिः ***f.***, द्वेषः, विद्वेषः, अनिच्छा, घृणा, पराङ्मुखता.

***To* distaste, *v. a.* and *n.* (Dislike)** न रुच् **(c. 1.** रोचते -चितुं) **with dat.; as, 'he distastes that,'** तत् तस्मै न रोचते; न अभिनन्द् **(c. 1.** -नन्दति -न्दितुं), अरुचिं कृ.

Distasteful, *a.* अरुचिरः -रा -रं, अरुच्यः -च्या -च्यं, अप्रियः -या -यं, अरसः -सा -सं, विरसः -सा -सं, अरुचिजनकः -का -कं, अप्रीतिकरः -री -रं, विस्वादः -दा -दं, अस्वादुः -दुः -दु.

Distemper, *s.* (Disease) रोगः, व्याधिः ***m.***, आमयः, पीडा, अस्वास्थ्यं, असुस्थता, विकारः.—**(Uneasiness)** व्यथा, क्लेशः, दुःखं, कष्टं, आर्त्तिः ***f.***, उपतापः, तापः, अनिर्वृतिः ***f.***—**(Bad condition)** दुष्प्रकृतिः ***f.***, दुःस्थितिः ***f.***, असद्भावः, कुप्रभावः, दुर्दशा, दुरवस्था.

To* distemper, *v. a. पीड् **(c. 10.** पीडयति -यितुं), व्यथ् **(c. 10.** व्यथयति -यितुं), क्लिश् **(c. 9.** क्लिश्नति, क्लेशितुं), उपहन् **(c. 2.** -हन्ति -न्तुं), उपतप् **in caus.** (-तापयति -यितुं), बाध् **(c. 1.** बाधते -धितुं).

Distemperature, *s.* वायुवैलक्ष्यं, वायुगुरुता, आकाशवैलक्षण्यं, गुरुतापः.

Distempered, *p. p.* व्याधितः -ता -तं, रोगी -गिणी -गि (न्), अस्वस्थः -स्था -स्थं, आर्त्तः -र्त्ता -र्त्तं, आतुरः -रा -रं, पीडितः -ता -तं, उपहतः -ता -तं, व्याकुलः -ला -लं, उत्सिक्तः -क्ता -क्तं.

To* distend, *v. a. विस्तृ **in caus.** (-स्तारयति -यितुं), वितन् **(c. 8.** -तनोति -नितुं), स्फाय् **in caus.** (स्फावयति -यितुं), श्वि **in caus.** (श्वाययति -यितुं), आध्मा **(c. 1.** -धमति -ध्मातुं), प्रध्मा; **'to distend with wind,'** वातेन पृ **(c. 10.** -पूरयति -यितुं).

Distended, *p. p.* आध्मातः -ता -तं, विततः -ता -तं, प्रवृद्धः -द्धा -द्धं, फुल्लः -ल्ला -ल्लं, शूनः -ना -नं, उच्छूनः -ना -नं, स्फातः -ता -तं, स्फीतः -ता -तं, विस्तृतः -ता -तं, प्रसारितः -ता -तं, प्रचुरीकृतः -ता -तं, **'distended with wind,'** वातपूरितः-ता -तं, वातफुल्लः -ल्ला -ल्लं.

Distension, distention, *s.* आध्मानं, विततिः ***f.***, फुल्लता, उत्फुल्लता, विस्तारः, विस्तृतिः ***f.***, स्फीतिः ***f.***, स्फातिः ***f.***, विजृम्भणं.

Distich, *s.* श्लोकः, श्लोकद्वयं, चरणयुगं, द्विचरणं, द्विपदं.

***To* distill, *v. n.* (Fall in drops, flow gently)** च्युत्, **(c. 1.** च्योतति -तितुं) **or** श्च्युत्, री **(c. 4.** रीयते रेतुं), क्षर् **(c. 1.** क्षरति -रितुं) स्पन्द् **(c. 1.** स्पन्दते -न्दितुं) स्रु **(c. 1.** स्रवति, स्रोतुं).

***To* distill, *v. a.* (Let fall in drops)** स्रु **(c. 1.** स्रवति, स्रोतुं) **with acc.; as, 'the clouds distill water,'** तोयं स्रवन्ति मेघाः; क्षर् **(c. 1.** क्षरति -रितुं), जलविन्दून् **or** अम्बुलवान्

मुच् (c. 6. मुञ्चति, मोक्तुं), or पत्, in caus. (पातयति -यितुं), or सृज् (c. 6. सृजति, सष्टुं).—(Extract the spirit, as chemists) सन्धा (c. 3. -दधाति -धातुं), अभिषु (c. 5. -षुणोति -षोतुं) आसु, मण्डं निर्हृ (c. 1. -हरति -हर्तुं).

Distillation, *s.* **(Act of extracting spirit)** सन्धानं -नी, मद्यसन्धानं, सन्धा, अभिषवः, आसुतिः *f.* —**(Act of trickling)** स्रवः, स्रावः, क्षरणं, द्रवः, द्रवणं, द्रवत्वं, निस्यन्दः, स्यन्दः, -न्दनं, अभिष्यन्दः.

Distillatory, *a.* सन्धानयोग्यः -ग्या -ग्यं, सन्धानसम्बन्धी -न्धिनी -न्धि (न्).

Distilled, *p. p.* सन्धितः -ता -तं, अभिषुतः -ता -तं, चारितः -ता -तं, **'distilled water,'** पक्वारि, *n.*

Distiller, *s.* सान्धिकः, मध्वासवनिकः, मण्डहारकः, शौण्डिकः, शुण्डी *m.* (न्) सुराकारः, सुराजीवी *m.* (न्), आसुतीबलः, कल्यपालः.

Distillery, *s.* सन्धानी, मद्यसन्धानशाला, शुण्डा, मण्डनिर्हारस्थानं.

Distinct, *a.* **(Different, separate)** भिन्नः -न्ना -न्नं, विभिन्नः -न्ना -न्नं, प्रभिन्नः -न्ना -न्नं, विविक्तः -क्ता -क्तं, व्यतिरिक्तः -क्ता -क्तं, विशिष्टः -ष्टा -ष्टं, पृथग्विधः -धा -धं, विविधः -धा -धं, व्यस्तः -स्ता -स्तं, अन्यः -न्या -न्यत्, अन्यप्रकारः -रा -रं, इतरः -रा -रं. **'having distinct properties,'** पृथग्गुणः -णा -णं.—**(Clear)** व्यक्तः -क्ता -क्तं, प्रव्यक्तः -क्ता -क्तं, स्पष्टः -ष्टा -ष्टं, स्फुटः -टा -टं, प्रत्यक्षः -क्षा -क्षं, सुप्रकाशः -शा -शं.

Distinction, *s.* **(Difference, separation)** भेदः, विभेदः, प्रभेदः, भिन्नता, विभिन्नता, विशेषः -षणं, विशिष्टता, वैशिष्ट्यं, अन्तरं, पृथक्त्वं, पार्थक्यं, अवच्छेदः, विच्छेदः, अन्यथात्वं, भिदा, व्यासः; **'without distinction,'** अविशेषः, -षा -षं, निर्विशेषः -षा -षं.—**(Discrimination)** विवेकः, विवेचनं, परिच्छेदः, व्यवच्छेदः, पृथक्करणं; **'distinction of race,'** जातित्वं. —**(Eminence, superiority)** विशिष्टता, वैशिष्ट्यं, उत्कृष्टता, उत्कर्षः, श्रेष्ठता, प्रमुखत्वं, समुन्नतिः *f.*, परमपदं.

Distinctive, *a.* विशेषकः -का -कं, विशेषणः -णा -णं, सविशेषः -षा -षं, अवच्छेदकः -का -कं, विच्छेदकः -का -कं, परिच्छेदकः -का -कं, पृथक्कारी -रिणी -रि (न्); **'distinctive mark,'** विशेषलक्षणं.

Distinctively, *adv.* विशेषेण, विशेषतस्, सविशेषं, पृथक् पृथक्.

Distinctly, *adv.* **(Separately)** पृथक्.—**(Clearly)** व्यक्तं, सुव्यक्तं, भिन्नार्थं, स्पष्टार्थं, स्पष्टं, प्रत्यक्षतस् -क्षेण.

Distinctness, *s.* **(State of being different)** भिन्नता, विभिन्नभावः, पृथक्त्वं, पार्थक्यं.—**(Clearness)** व्यक्तिः *f.*, अभिव्यक्तिः *f.*, व्यक्तत्वं, स्पष्टता, भिन्नार्थत्वं.

***To* distinguish,** *v. a.* **and** *n.* विशिष् (c. 7. -शिनष्टि: -शेष्टुं, c. 10. -शेषयति -यितुं), पृथक्कृ, लक्ष् (c. 10. लक्षयति -यितुं), लक्ष्मीकृ, परिछिद् (c. 7. -छिनत्ति -छेत्तुं), विज्ञा (c. 9. -जानाति -नीते -ज्ञातुं) विविच् (c. 7. -विनक्ति -वेक्तुं c. 10. -वेचयति -यितुं), विचर् (c. 10. -चारयति -यितुं), विभू (c. 10. -भावयति -यितुं); **'distinguish one's self, become illustrious,'** विशिष् in pass. (-शिष्यते) उत्कर्षं or परमपदं प्राप् (c. 5. -आप्नोति -आप्तुं).

Distinguishable, *a.* विशेषणीयः -या -यं, विशेष्यः -ष्या -ष्यं, विज्ञेयः -या -यं, परिच्छेदनीयः -या -यं, विभावनीयः -या -यं, विभाव्यः -व्या -व्यं, भेदनीयः -या -यं.

Distinguished, *p. p.* **(Separated, discriminated)** विशेषितः -ता -तं, विविक्तः -क्ता -क्तं, परिछिन्नः -न्ना -न्नं, पृथक्कृत -ता -तं, विज्ञातः -ता -तं, विभावितः -ता -तं, उल्लिङ्गितः -ता -तं.—**(Marked)** लक्षितः -ता -तं, उपलक्षितः -ता -तं, चिह्नितः -ता -तं, तिलकितः -ता -तं.—**(Illustrious)** विशिष्टः -ष्टा -ष्टं, उत्कृष्टः -ष्टा -ष्टं, ख्यातः -ता -तं, प्रसिद्धः -द्धा -द्धं, विश्रुतः -ता -तं, प्रथितः -ता -तं, द्वात्रिंशल्लक्षणोपेतः -ता -तं.

Distinguishingly, *adv.* विशेषेण, सविशेषं, सपुरस्कारं, सविशेषमानं.

***To* distort,** *v. a.* **(Make deformed)** विरूप् (c. 10. -रूपयति -यितुं) विरूपीकृ, अपरूपीकृ, कुरूपीकृ, कदाकारीकृ, व्यङ्गीकृ, विकृ, वक्रीकृ, विकलीकृ.—**(Twist)** आकुञ्च् (c. 1. -कुञ्चति -ञ्चितुं c. 10. -कुञ्चयति -यितुं).—**(Pervert)** साचीकृ, वक्रीकृ.

Distorted, *p. p.* विकृतः -ता -तं, विरूपीकृतः -ता -तं, साचीकृतः -ता -तं, वक्रीकृतः -ता -तं; **'having the limbs distorted,'** विकृताङ्गः -ङ्गी -ङ्गं, व्यङ्गः -ङ्गी -ङ्गं; **'having the face distorted,'** विकृतवदनः -ना -नं.

Distortion, *s.* **(Act of distorting)** विरूपकरणं, अपरूपीकरणं, कुरूपीकरणं, विकारः, विक्रिया, साचीकरणं, वक्रीकरणं, आकुञ्चनं.—**(The state)** विकृतिः *f.*, वैकृत्यं, विरूपता, वैरूप्यं, व्यङ्गता, वक्रता, वक्रिमा *m.* (न्), साची कृतं.

***To* distract,** *v. a.* **(Pull in different directions)** विकृष् (c. 1. -कर्षति c. 6. -कृषति -क्रष्टु), नानादिक्षु कृष् or आकृष् or परिकृष्, बहुधा कृ or गम् in caus. (गमयति -यितुं), विक्षिप् (c. 6. -क्षिपति -क्षेप्तुं).—**(Divide, rend)** विदृ in caus. (-दारयति -यितुं), विभिद् (c. 7. -भिनत्ति -भेत्तुं), खण्ड् (c. 10. खण्डयति -यितुं), परिखण्ड्, विदलीकृ, विदल् in caus. (-दालयति -यितुं).—**(Draw off from any object)** अपकृष्, व्यपकृष्, अपाकृष्.—**(Preplex)** मुह् in caus. (मोहयति -यितुं), विमुह्, व्यामुह्, आकुलीकृ, व्याकुलीकृ.—**(Make mad)** उन्मद् in caus. (-मादयति

Distracted 295 **Distrustful**

–यितुं). —**(Be distracted)** मुह्, (**c. 4.** मुह्यति, मोहितुं), उन्मद् (**c. 4.** –माद्यति –मदितुं); **'my heart is distracted,'** अस्मद्हृदयं विदीर्य्यते.

Distracted, *p. p.* आकृष्टमानसः –सा –सं, विक्षिप्तः –प्ता –प्तं, विकृष्टः –ष्टा –ष्टं, मोहितः –ता –तं, विमोहितः –ता –तं, व्यग्रः –ग्रा –ग्रं, व्याकुलः –ला –लं, चिन्ताकुलः –ला –लं, खण्डितः –ता –तं, उन्मत्तः –त्ता –त्तं, व्यस्तचित्तः –त्ता –त्तं.

Distractedly, *adv.* उन्मत्तवत्, व्यग्रं, व्याकुलमनसा, विकृष्टचेतसा, मूढचेतसा.

Distractedness, *s.* विक्षिप्तता, व्यग्रता, उन्मत्तता, चित्तविप्लवः, आकुलत्वं.

Distraction, *s.* विकर्षः –र्षणं. —**(Perturbation of mind)** मोहः, विमोहः, वैचित्यं, चित्तविक्षिप्तता, आकुलचित्तता, व्यग्रता, चित्तवैकल्यं, व्याकुलता, व्यस्तता. —**(Madness)** उन्मत्तता. —**(Separation)** विभेदः, विदारणं—**(Want of attention of mind)** अमनोयोगः, विबोधः. —**(Distraction of employment, various employment)** विकर्म्म ***n.*** (न्).

To* distrain, *v. a. ऋणहेतोर् अधमर्णस्य द्रव्याणि धृ (**c. 1.** धरति धर्त्तुं) **or** ग्रह् (**c. 9.** गृह्णाति ग्रहीतं), निरुध् (**c. 7.** –रुणद्धि –रोद्धुं).

Distress, *s.* (Act of distraining) द्रव्यग्रहणं, द्रव्यधृतिः ***f.,*** अस्थावरथनग्रहणं, निरोधः. —**(Calamity, affliction)** क्लेशः, दुःखं, दुर्दशा, दुरवस्था, दुर्गतिः ***f.,*** दौर्गत्यं, व्यथा, कष्टं, पीडा, शोकः, सन्तापः, उद्वेगः, वैक्लव्यं, आपद् ***f.,*** विपद् ***f.,*** विपत्तिः ***f.,*** व्यसनं, विप्लवः, उपप्लवः, उत्पातः, विधुरं, अरिष्टं, मन्युः ***m.,*** बाधः, दैन्यं, वृजिनं, विडम्बना, आदीनवः, आश्रवः.

To* distress, *v. a. क्लिश् (**c. 9.** क्लिश्नाति, क्लेशितुं, क्लेष्टुं), व्यथ् **in caus.** (व्यथयति –यितुं), पीड् (**c. 10.** पीडयति –यितुं, उपपीड्, अभिपीड्, बाध् (**c. 1.** बाधते –धितुं), तप् **in caus.** (तापयति –यितुं), सन्तप्, परितप्, उपतप्; उद्विज् **in caus.** (–वेजयति –यितुं), क्लेशं दा, व्यथां कृ, खिद् **in caus.** (खेदयति –यितुं).

Distressed, *p. p.* क्लिष्टः –ष्टा –ष्टं, क्लेशितः –ता –तं, पीडितः –ता –तं, व्यथितः –ता –तं, दुःखितः –ता –तं, क्लिश्यमानः –ना –नं, क्लेशभाक् ***m.f.n.*** तापितः –ता –तं, तप्तः –प्ता –प्तं, सन्तप्तः –प्ता –प्तं, सन्तापितः –ता –तं, बाधितः –ता –तं, विपन्नः –न्ना –न्नं, आपन्नः –न्ना –न्नं, आपद्ग्रस्तः –स्ता –स्तं, दुर्द्दशापन्नः –न्ना –न्नं, आपद्गतः –ता –तं, कृच्छ्रगतः –ता –तं, आपत्प्राप्तः –प्ता –पतं, दुर्गतः –ता –तं, आतुरः –रा –रं, दुःखान्वितः –ता –तं, दुःखी –खिनी –खि (न्), दुःखार्त्तः –र्त्ता –र्त्तं, कातरः –रा –रं, उपतप्यमानः –ना –नं, आतप्यमानः –ना –नं, अभ्यर्द्दितः –ता –तं, विधुरः –रा –रं, विदुरः –रा –रं, उद्विग्नः –ग्ना –ग्नं, विदूनः –ना –नं, दीनः –ना –नं, आधिमान् –मती –मत् (त्), आकुलितः –ता –तं, परिकर्षितः –ता –तं, आतुरचित्तः –त्ता –त्तं, आर्त्तः –र्त्ता –र्त्तं **in comp.; 'friend of the distressed,'** आर्त्तबन्धुः ***m.***

Distressful, distressing, *a.* क्लेशकः –का –कं, क्लेशी –शिनी –शि (न्), क्लेशदः –दा –दं, व्यथकः –का –कं, व्यथाकरः –री –रं, दुःखकरः –री –रं, दुःखमयः –यी –यं, पीडाकरः –रा –रं, उपतापनः –ना –नं, उद्वेजकः –का –कं, आत्ययिकः –की –कं.

Distributable, *a.* विभाज्यः –ज्या –ज्यं, वण्टनीयः –या –यं, परिकल्पनीयः –या –यं.

To* distribute, *v. a. पृथक् पृथग् विभज् (**c. 1.** –भजति –ते –भक्तुं) **or** प्रविभज् **or** संविभज्; विभागशः **or** यथाविभागं **or** अंशांशि दा **or** क्लृप् (**c. 10.** कल्पयति –यितुं) **or** परिक्लृप् **or** विन्यस् (**c. 4.** –अस्यति –असितुं) **or** विधा (**c. 3.** –दधाति –धातुं), व्यंस् (**c. 10.** –असंयति –यितुं), वण्ट् (**c. 10.** वण्टयति –यितुं), प्रकुट्ट् (**c. 10.** –कुट्टयति –यितुं), निक्षिप् (**c. 6.** –क्षिपति –क्षेप्तुं), प्रणी (**c. 1.** –णयति –णेतुं). —**(Distribute food to a party)** परिविश् **or** परिविष् (**c. 10.** –वेषयति –यितुं).

Distributed, *p. p.* विभक्तः –क्ता –क्तं, प्रविभक्तः –क्ता –क्तं, संविभक्तः –क्ता –क्तं, पृथग् विन्यस्तः –स्ता –स्तं, परिकल्पितः –ता –तं, प्रणीतः –ता –तं.

Distributer, *s.* विभागकर्त्ता ***m.*** (र्त्तृ), संविभागकृत्, विभागकल्पकः, परिकल्पकः, वण्टनकृत् अंशयिता ***m.*** (तृ), अंशदः, विभक्ता ***m.*** (क्तृ), प्रणेता ***m.*** (तृ).

Distribution, *s.* विभागः, विभागकल्पनाः, संविभागः, प्रविभागः, विभक्तिः ***f.,*** विभागकरणं, परिकल्पनं, क्लृप्तिः ***f.,*** अंशनं, अंशकरणं, वण्टनं, परिनिर्वपणं, प्रणयनं; **'distribution of food to a party,'** परिवेषः –षणं.

Distributive, *a.* विभागदायी –यिनी –यि (न्), विभागकल्पकः –का –कं, अंशकारी –रिणी –रि (न्), वण्टनकारी, संविभागकृत् ***m.f.n.***

Distributively, *adv.* विभागशस्, विभागतस्, भागशस्, अंशांशि, संविभागेन.

District, *s.* मण्डलं, देशः, प्रदेशः, चक्रं, राष्ट्रं, उपवर्त्तनं, गोचरः.

To* distrust, *v. a. शङ्क् (**c. 1.** शङ्कते –ङ्कितुं), आशङ्क्, अभिशङ्क्, परिशङ्क्; न विश्वस् (**c. 2.** –श्वसिति –तुं), न प्रती (**c. 2.** प्रत्येति –तुं **rt.** इ).

Distrust, *s.* अविश्वासः, अप्रत्ययः, अप्रतीतिः ***f.,*** शङ्का, आशङ्का, सन्देहः, निह्नवः, अनासङ्गः.

Distrusted, *p. p.* अविश्वस्तः –स्ता –स्तं, आशङ्कितः –ता –तं, अप्रतीतः –ता –तं.

Distrustful, *a.* अविश्वासी –सिनी –सि (न्), अप्रत्ययी –यिनी

Distrustfully 296 Divan

-यि (न्), शङ्काशील: -ला -लं, आशङ्कान्वित: -ता -तं, साशङ्क: -ङ्का -ङ्कं, रोलम्ब: -म्बा -म्बं.

Distrustfully, ***adv.*** अविश्वासन, अप्रत्ययात्, शङ्कया, साशङ्कं, शङ्कापूर्व्वं.

To **disturb,** ***v. a.*** **(Agitate, disquiet)** क्षुभ् **in caus.** (क्षोभयति -यितुं), विक्षुभ्, संक्षुभ्, बाध् **(c. 1.** बाधते -धितुं), उपरुध् **(c. 7.** -रुणद्धि -रोद्धुं), धू **(c. 5.** धूनोति **c. 9.** धुनाति, धवितुं, धोतुं), मथ् **(c. 1.** मथति -थितुं) **or** मन्थ् **(c. 1.** मन्थति -न्थितुं **c. 9.** मथ्नाति), लुड् **(c. 1.** लोडति -डितुं **c. 10.** लोडयति -यितुं), आलुड्, समालुड्, परिलुड्, विलुड्, विलुप् **(c. 6.** -लुम्पति -लोप्तुं), विप्रलुप्.—**(Distrub the mind)** मुह् **in caus.** (मोहयति -यितुं), विमुह्, व्यामुह्, विप्रमुह्, परिमुह्, व्याकुल **(nom.** व्याकुलयति -यितुं), व्याकुलीकृ, आकुल **(nom.** आकुलयति -यितुं), आकुलीकृ.—**(Excite anger)** प्रकुप् **in caus.** (-कोपयति -यितुं).—**(Hinder, interrupt)** वृ **in caus.** (-वारयति -यितुं), खण्ड् **(c. 10.** खण्डयति -यितुं), विछिद् **(c. 7.** -छिनत्ति -छेत्तुं), विहन् **(c. 2.** -हन्ति -न्तुं), भञ्ज् **(c. 7.** भनक्ति, भंक्तुं).—**(Disturb slumber)** निद्रां भञ्ज्; **'to be disturbed in mind,'** मुह् **(c. 4.** मुह्यति,) विमुह्, सम्मुह्, आकुलीभू, व्याकुलीभू.

Disturbance, ***s.*** **(Agitation, disorder)** क्षोभ:, संक्षोभ:, विक्षोभ:, व्याक्षोभ:, व्यस्तता, विमर्द्द:.—**(Emotion of mind, perturbation)** आकुलत्वं, व्याकुलत्वं, प्रकोप:, वैक्लव्यं, व्यग्रता, मोह:, आवेग:.—**(Tumult)** विप्लव:, आहव:, डिम्ब:, तुमुलं; **'popular disturbance,'** प्रकृतिक्षोभ:.—**(Interruption)** भङ्ग:, विच्छेद:, खण्डनं, बाध:.

Disturbed, ***p. p.*** क्षुब्ध: -ब्धा -ब्धं, क्षोभित: -ता -तं, बाधित: -ता -तं.—**(In mind)** आकुल: -ला -लं, -लित: -ता -तं, व्याकुल: -ला -लं, -लित: -ता -तं, व्याकुलीकृत: -ता -तं, आकुलचित्त: -त्ता -त्तं, मोहित: -ता -तं, विमोहित: -ता -तं, व्यस्त: -स्ता -स्तं, व्यग्र: -ग्रा -ग्रं, कातर: -रा -रं, खेदित: -ता -तं,

Disturber, ***s.*** क्षोभकर:, विक्षोभकर्त्ता ***m.*** (र्त्तृ), मोहक:.—**(Interrupter)** भञ्जक:, विच्छेदकारी ***m.*** (न्), विघ्नकर:, विलोपनकृत्.

Disunion, ***s.*** वियोग:, विसंयोग:, विप्रयोग:, असंयोग:, निर्युक्ति: ***f.,*** भेद:, भिन्नता, विभेद:, विश्लेष:, अश्लेषा, असन्धानं, आसङ्गत्यं, सङ्गविच्युति: ***f.,*** विच्छेद:, अनैक्यं, पार्थक्यं.

To **disunite,** ***v. a.*** वियुज् **(c. 7.** -युनक्ति: -योक्तुं), विप्रयुज्, विश्लिष् **(c. 10.** -श्लेषयति -यितुं), भिद् **(c. 7.** (भिनत्ति, भेत्तुं), विभिद्, विछिद् **(c. 7.** -छिनत्ति -छेत्तुं), पृथक्कृ, विगम् **in caus.** (-गमयति -यितुं).

To **disunite,** ***v. n.*** वियुज् **in pass.** (-युज्यते), विप्रयुज्; विश्लिष् **(c. 4.** -शिलष्यति -श्लेष्टुं); विभिद् **in pass.** (-भिद्यते), विगम् **(c. 1.** -गच्छति -गन्तुं).

Disunited, ***p. p.*** वियुक्त: -क्ता -क्तं, विप्रयुक्त: -क्ता -क्तं, विश्लिष्ट: -ष्टा -ष्टं, निर्युक्तिक: -की -कं, असंलग्न: -ग्ना -ग्नं, असंसक्त: -क्ता -क्तं, असंहत: -ता -तं, विरहित: -ता -तं, द्वैधीभूत: -ता -तं.

Disuniter, ***s.*** वियोगकर्त्ता ***m.*** (र्त्तृ), भेदकर:, पृथक्कारी ***m.*** (न्).

Disuage, disuse, ***s.*** अव्यवहार:, अनभ्यास:, असेवनं, अनाचार:, निवृत्ति: ***f.,*** विरति: ***f.,*** व्यवहारनिवृत्ति: ***f.,*** आचारत्याग:, अभ्यासविच्छेद:.

To **disuse,** ***v. a.*** व्यवहारं **or** अभ्यासं त्यज् **(c. 1.** त्यजति, त्यक्तुं), व्यवहाराद् विरम् **(c. 1.** -रमति -रन्तुं) **or** निवृत् **(c. 1.** -वर्त्तते -र्त्तितुं), न सेव् **(c. 1.** सेवते -वितुं).

Disused, ***p. p.*** अव्यवहारित: -ता -तं, अनभ्यस्त: -स्ता -स्तं, असेवित: -ता -तं, त्यक्त: -क्ता -क्तं; **'as words,'** निरुक्त: -क्ता -क्तं.

Ditch, ***s.*** खातं, खातकं, परिखा, गर्त्त:, खातभू: ***f.,*** खेयं, अखातं, उपकुल्या, कुल्या, प्रणाल:, प्रतिकूप:, निपानं.

To **Ditch,** ***v. a.*** परिखन् **(c. 1.** -खनति -नितुं), आखन्, परिखाकरणार्थं भूमिं खन्, परिखां कृ, गर्त्तं कृ.

Ditcher, ***s.*** आखनिक:, परिखाखनक:, गर्त्तखनिता ***m.*** (तृ), खातक:.

Dittany, ***s.*** सुगन्धीय औषधिप्रभेद:, तिक्तशाक:.

Ditto, ***s.*** तथा, पूर्व्वोक्त: -क्ता -क्तं, उपरिलिखित: -ता -तं.

Ditty, ***s.*** गीतं -तकं -तिका, गीति: ***f.,*** गानं, गाथा, काव्यबन्ध:.

Diuretic, ***a.*** मूत्रल: -ला -लं, मूत्रवर्धक: -का -कं, मूत्रोत्पादक: -का -कं.

Diurnal, ***a.*** आह्निक: -की -कं, दैन: -नी -नं, निक: -की -कं, दैनन्दिन: -नी -नं, दैवसिक: -की -कं, प्रात्यहिक: -की -कं, दिवातन: -नी -नं, अन्वाहिक: -की -कं, नैत्यिक: -की -कं, नित्य: -त्या: -त्यं.

Diurnal, ***s.*** पञ्जिका, पञ्जि: ***f.,*** पदभञ्जिका, दैनिकपुस्तकं.

Diurnally, ***adv.*** प्रतिदिनं, प्रतिदिवसं, प्रत्यहं, दिवसे दिवसे, दिने दिने.

Diuturnal, ***a.*** चिरस्थायी -यिनी -यि (न्), चिरकालिक: -की -कं.

Divan, ***s.*** **(Council of state)** महासभा, शिष्टसभा, तुरुष्कदेशे राजसभा.—**(Saloon fitted up with sofas)** केलिशयनयुक्ता शाला.

To **divaricate,** ***v. n.*** द्विधा विभिद् **in pass.** (-भिद्यते), द्विभागीभू, द्विखण्डीभू, द्विद्याभू, विगम् **(c. 1.** -गच्छति -गन्तुं), द्विशाखारूपेण विभिद् **in pass.**

To **divaricate,** ***v. a.*** द्विधाकृ, द्विभागीकृ द्विखण्डीकृ, द्विशकलीकृ.

Divarication, ***s.*** द्विधाकरणं, द्विधाभावः, द्विखण्डीकरणं, विभिन्नता.

To **dive,** ***v. a*** **and** ***n.*** मज्ज् **(c. 6.** मज्जति, मंक्तुं, मज्जितुं), निमज्ज्; अवगाह् **(c. 1.** -गाहते -हितुं -गाढुं), व्यवगाह्, जलमध्ये प्रविश् **(c. 6.** -विशति -वेष्टुं), जलान्तःप्रवेशं कृ, जलान्तःप्लवनं कृ, प्लु **(c. 1.** प्लवते प्लोतुं).—**(Dive after something)** किञ्चिदन्वेषणार्थं जले निमज्ज्.—**(Dive into any thing)** अमुककर्म्मणि -निविश्, निरूप् **(c. 10.** -रूपयति -यितुं); **'diving into books,'** ग्रन्थमग्नः -ग्ना -ग्नं, ग्रन्थनिविष्टः -ष्टा -ष्टं.—**(Explore)** अन्विष् **(c. 6.** -इच्छति **c. 4.** -इष्यति -एषितुं), परीक्ष् **(c. 1.** -ईक्षते -क्षितुं).

Diver, ***s.*** मंक्ता ***m.*** (क्तृ), निमंक्ता ***m.*** गाहिता ***m.*** (तृ), अवगाहिता ***m.,*** जलेवाहः.—**(Into books)** शास्त्रनिष्ठः.—**(Bird)** प्लवः प्लावी ***m.*** (न्).

To **diverge,** ***v. n.*** एककेन्द्रात् पराङ्मखः -खी -खं भू **or** विचल् **(c. 1.** -चलति -लितुं) **or** विगम् **(c. 1.** -गच्छति -गन्तुं) **or** विच्यु **(c. 1.** -च्यवते -च्योतुं) **or** व्युत्क्रम् **(c. 1.** -क्रामति -क्रमितुं).

Divergence, ***s.*** केन्द्रपराङ्मुखता, केन्द्रापसरणं, विचलनं, विच्युतिः ***f.,*** विगमः, विस्तारः.

Divergent, ***a.*** केन्द्रपराङ्मुखः -खी -खं, केन्द्रविचलः -ला -लं, विस्तृतः -ता -तं.

Divers, ***a.*** नाना **indec.,** विविधः -धा -धं, अनेकः -का -कं, नानाप्रकारः -रा -रं, नानाविधः -धा -धं, बहुविधः -धा -धं, व्याविधः -धा -धं, नानारूपः -पी -पं.

Diverse, ***a.*** **(Different)** भिन्नः -न्ना -न्नं, विभिन्नः -न्ना -न्नं, अन्यः -न्या -न्यत्, असदृशः -शी -शं, असमानः -ना -नं, असमः -मा -मं, अतुल्यः -ल्या -ल्यं, विपरीतः -ता -तं, विविक्तः -क्ता -क्तं, अनीदृशः -शी -शं, इतरः -रा -रं, पृथक् **indec.,** पृथग्विधः -धा -धं.—**(Various).** ***See*** **Divers.**

Diversely, ***adv.*** नानारूपेण, भिन्नप्रकारेण, अनेकधा, पृथक्.

Diversification, ***s.*** नानाप्रकारकरणं, नानारूपकरणं, अनेकरूपकरणं, आकारपरिवर्त्तनं, वैचित्र्यं, विभिन्नता, विभेदः.

Diversified, ***p. p.*** **or** ***a.*** नानारूपः -पी -पं, भिन्नरूपः -पी -पं, नानाप्रकारः -रा -रं, नानाविधः -धा -धं, पृथग्विधः -धा -धं, विविधः -धा -धं, व्याविधः -धा -धं, चित्रितः -ता -तं, विचित्रः -त्रा -त्रं, चित्रविचत्रः -त्रा -त्रं.

To **diversify,** ***v. a.*** नानारूपं -पीं -पं कृ, भिन्नरूपं -पीं -पं कृ, चित्र् **(c. 10.** चित्रयति -यितुं), विचित्रः -त्रा -त्रं कृ, चित्रविचित्रीकृ, नानाविधः -धा -धं, कृ

Diversion, ***s.*** **(Sport)** विनोदः, विलासः, विलसनं, विहारः,. क्रीडा, परीहासः, केलिः ***m.f.,*** कौतुकं.—**(Act of amusing the mind)** मनोविनोदः, मनोरञ्जनं, अनुरञ्जनं.—**(Act of turning aside)** स्वपथात् **or** स्वमार्गाद्, भ्रंशकरणं **or** च्युतिकरणं **or** विकर्षः **or** विकर्षणं.

Diversity, ***s.*** **(Difference)** भेदः, विभेदः, भिन्नता, विभिन्नता, असादृश्यं, असाम्यं, द्वैधं, द्वैविध्यं.—**(Variety)** वैचित्र्यं, विचित्रता, भेदाभेदः

To **divert,** ***v. a.*** **(Turn from its course)** स्वपथात् **or** स्वमार्गाद् भ्रंश् **in caus.** (भ्रंशयति -यितुं) **or** विचल् **in caus.** (-चालयति -यितुं) **or** विकृष् **(c. 6.** -कृषति **c. 1.** -कर्षति -क्रष्टुं) **or** विच्यु **in caus.** (-च्यावयति -यितुं).—**(Amuse, please)** विनुद् **in caus.** (-नोदयति -यितुं), विलस् **in caus.** (-लासयति -यितुं), नन्द् **in caus.** (नन्दयति -यितुं), रम् **in caus.** (रमयति -यितुं), रञ्ज् **in caus.** (रञ्जयति -यितुं).

Diverted, ***p. p.*** विकृष्टः -ष्टा -ष्टं, आकृष्टः -ष्टा -ष्टं, स्वमार्गच्यावितः -ता -तं.—**(Amused)** विनोदितः -ता -तं, प्रमोदितः -ता -तं, उल्लासितः -ता -तं.

Diverting, ***a.*** हासकरः -री -रं, प्रहासी -सिनी -सि (न्), हास्ययुक्तः -क्ता -क्तं, विनोदकः -का -कं, विनोदजनकः -का -कं, आनन्दकः -का -कं.

Divertisement, ***s.*** **(Diversion)** विनोदः, विलासः.—**(A ballet between the acts)** अङ्कद्वयमध्ये नाटकप्रेक्षणकाणां विनोदार्थं हल्लीषकं.

To **divest,** ***v. a.*** **(Strip)** विवस्त्र **(nom.** -वस्त्रयति -यितुं), नग्नीकृ, अवतॄ **in caus.** (-तारयति -यितुं), उत्कृष् **(c. 1.** -कर्षति -क्रष्टुं), उन्मुच् **(c. 6.** -मुञ्चति -मोक्तुं), अवमुच्, विमुच्; उच्छद् **(c. 10.** -छादयति -यितुं), अपनह् **(c. 4.** -नह्यति -नद्धुं).—**(Deprive of)** हृ **(c. 1.** हरति, हर्त्तुं), अपनी **(c. 1.** -नयति -नेतुं), वियुज् **(c. 10.** -योजयति -यितुं), विनाकृ.

Divesture, ***s.*** विवस्त्रीकरणं, नग्नीकरणं, अपनयनं, हरणं.

Dividable, ***a.*** विभेद्यः -द्या -द्यं, विभाज्यः -ज्या -ज्यं, खण्डनीयः -या -यं.

To **divide,** ***v. a.*** **(Part, separate)** भिद् **(c. 7.** भिनत्ति, भेत्तुं), विभिद् छिद् **(c. 7.** छिनत्ति, छेत्तुं), विच्छिद्; खण्ड् **(c. 10.** खण्डयति -यितुं), वियुज् **(c. 7.** -युनक्ति -योक्तुं), विप्रयुज्, विश्लिष् **(c. 10.** -श्लेषयति -यितुं), पृथक्कृ, शकलीकृ.—**(Divide in two)** द्विधा छिद् **or** कृ, द्विखण्डीकृ, द्विभागीकृ, द्व्यंशीकृ.—**(Make partition of)** विभज् **(c. 1.** -भजति -भक्तुं), प्रविभज्, संविभज्, अंश् **(c. 10.** अंशयति -यितुं), व्यंस् **(c. 10.** -अंसयति -यितुं), परिक्लृप् **(c. 10.** -कल्पयति -यितुं).

To **divide,** ***v. n.*** भिद् **in pass.** (भिद्यते), विभिद्, विच्छिद् **in pass.** (-छिद्यते), वियुज् **in pass.** (-युज्यते), विश्लिष् **(c. 4.** -श्लिष्यति -श्लेष्टुं), द्विधाभू.—**(Cleave open)** स्फुट् **(c. 1.** स्फोटति **c. 6.** स्फुटति -टितुं), दल् **(c. 1.** दलति -लितुं), विदल्.—**(Divide upon a question)** द्विधाभू,

द्वैधीभू.

Divided, *p. p.* भिन्नः -न्ना -न्नं, विभिन्नः -न्ना -न्नं, विच्छिन्नः -न्ना -न्नं, वियुक्तः -क्ता -क्तं, विश्लिष्टः -ष्टा -ष्टं, द्विधाकृतः -ता -तं, द्विधाभूतः -ता -तं, द्वैधीभूतः -ता -तं, पृथक्कृतः -ता -तं, शकलीकृतः -ता -तं, विभक्तः -क्ता -क्तं, प्रविभक्तः -क्ता -क्तं, संविभक्तः -क्ता -क्तं, अंशितः -ता -तं, द्व्यंशः -शा -शं.

Dividend, *s.* (Share, interest on money, etc.) भागः, अंशः, लभ्यांशः, उद्धारः, भाज्यं, कलान्तरं.—**(In arithmetic)** भाज्यं.

Divider, *s.* (One that separates) भेदकः, विभेदकः, भेदकरः, विच्छेदकः, छेदकरः, वियोगकृत् ***m.***—**(Distributer)** विभागकल्पकः, संविभागकृत्, अंशयिता ***m.*** (तृ).

Divination, *s.* गणना, गणकता, पक्षिगतिहस्तरेखादिलक्षणाद् भविष्यदनुमानं **or** शुभाशुभकथनं, पूर्व्वलक्षणपरीक्षा, शकुनपरीक्षणं, पूर्व्वचिह्ननिरीक्षणं, भविष्यत्सूचनं.

Divine, *a.* दिव्यः -व्या -व्यं, दैवः -वी -वं, देवकीयः -या -यं, देवकः -का -कं, दैविकः -की -कं, ऐश्वरः -री -रं, ईश्वरीयः -या -यं, ऐशः -शी -शं, ऐशिकः -की -कं, देवार्हः -र्हा -र्हं.—**(God like)** ईश्वरतुल्यः -ल्या -ल्यं, देवरूपी -पिणी -पि (न्), ईश्वरमूर्त्तिः -र्त्तिः -र्त्ति.

Divine, *s.* (Clergyman) पुरोहितः धर्म्माध्यापकः, धर्म्मोपदेशकः.—**(Theologian)** श्रोत्रियः, श्रुताध्ययनसम्पन्नः, परमार्थविद्.

***To* divine, *v. a.* and *n.* (Practice divination)** गणनां कृ, पक्षिगतिचक्षुःस्पन्दादिलक्षणाद् भविष्यद् अनुमा **(c. 2.** -वाति -तुं) **or** शुभाशुभं कथ् **(c. 10.** -कथयति -यितुं) **or** प्रदृश् **in caus.** (-दर्शयति -यितुं) **or** सूच् **(c. 10.** सूचयति -यितुं), शकुनानि **or** पूर्व्वलक्षणानि परीक्ष् **(c. 1.** ईक्षते -क्षितुं).—**(Conjecture)** अनुमा.

Divinely, *adv.* देवरूपेण, देववत्, दिव्यरूपेण, ईश्वरीयप्रकारेण.

Diviner, *s.* (One who practices divination) दैवज्ञः, शकुनपरीक्षकः, पूर्व्वचिह्ननिरीक्षकः, निमित्तज्ञः, पक्षिगति-हस्तरेखादिलक्षणाद् भविष्यत्सूचकः—**(Conjecturer)** अनुमाता ***m.*** (तृ).

Diving, *s.* मज्जनं, निमज्जनं, अवगाहः -हनं, विगाहः, प्लवः -वनं.

Diving-bell, *s.* वायुपूरितं घण्टाकृति यन्त्रं यत्प्रविश्य जलेवाहा गम्भीरसलिले सुचिरेण वर्त्तितुं शक्नुवन्ति.

Divinity, *s.* (State of being divine) देवत्वं -ता, भगवत्त्वं, ब्रह्मत्वं.—**(A god)** देवः -वी ***f.***, देवता, भगवान् ***m.*** -वती ***f.*** (त्), सुरः, विबुधः, सुचिरायुः ***m.*** (स्).—**(Theology)** परमार्थविद्या, ईश्वरविषया विद्या, श्रुतिविद्या, धर्म्मशास्त्रविद्या, पारमार्थिकविद्या.

Divisibility, *s.* छेद्यत्वं, विच्छेद्यता, भेद्यत्वं, अंशनीयता, विभाज्यत्वं.

Divisible, *a.* छेद्यः -द्या -द्यं, विच्छेद्यः -द्या -द्यं, विच्छेदनीयः -या -यं, भेद्यः -द्या -द्यं, विभाज्यः -ज्या -ज्यं, अंश्यः -श्या -श्यं, अंशनीयः -या -यं, अंशयितव्यः -व्या -व्यं.

Division, *s.* (Dividing, separating) छेदः, विच्छेदः -दनं, भेदः, विभेदः -दनं, खण्डनं, परिच्छेदः, परिच्छित्तिः ***f.***, छित्तिः ***f.***, पृथक्करणं, द्विधाकरणं, द्वैधीकरणं.—**(Partition)** भाजनं, विभागः, प्रविभागः, विभागकरणं, अंशनं, उद्धारविभागः, उद्धारः -रणं.—**(Disunion)** वियोगः, विसंयोगः, विप्रयोगः, विश्लेषः.—**(State of being divided)** भिन्नता, विभिन्नता, विच्छिन्नता, विभक्तता.—**(Part, distinct portion)** भागः, खण्डः, विभागः, देशः, प्रदेशः, एकदेशः.—**(Division of time)** कालविभक्तिः ***f.***—**(Of an army)** गुल्मः, दल, सैन्यव्यूहः.—**(In arithmetic)** भागहरः -हारः, हरणं, छेदनं.

Divisor, *s.* (In arithmetic) हरकः, हारकः, अङ्कहारकः, हरः, हारः, भाजक.

Divorce, divorcement, *s.* निराकरणं, त्यागः, स्त्रीपुरुषविच्छेदः, धर्म्मानुसारेण **or** व्यवहारदर्शनानन्तरं विवाहसम्बन्धभेदः.—**(From a wife)** स्वभार्य्यानिराकरणं, स्वभार्य्यात्यागः; **'writing of divorce,'** त्यागपत्रं.

To* divorce, *v. a. स्वभार्य्यां **or** स्वभर्त्तारं त्यज् **(c. 1.** त्यजति, त्यक्तुं **or** परित्यज् **or** निराकृ **or** निरस् **(c. 4.** -अस्यति -असितुं), व्यवहारदर्शनानन्तरं विवाहसम्बन्धं भिद् **(c. 7.** भिनत्ति, भेत्तुं).

Divorced, *p. p.* त्यक्तः -क्ता -क्तं, परित्यक्तः -क्ता -क्तं, निराकृतः -ता -तं.

Divorcer, *s.* स्त्रीपुरुषयोर् विच्छेदकर्त्ता ***m.*** (र्त्तृ), विवाहसम्बन्धभेदकः.

To* divulge, *v. a. प्रकाश् **(c. 10.** -काशयति -यितुं), विकाश्, ख्या **in caus.** (ख्यापयति -यितुं), विख्या, प्रकटीकृ, विघुष् **(c. 10.** -घोषयति -यितुं), व्यक्तीकृ, व्यञ्ज् **(c. 7.** -अनक्ति -अञ्जितुं), विप्रथ् **in caus.** (-प्रथयति -यितुं), व्यक्तीकृ, व्यञ्ज् **(c. 7.** -अनक्ति -अञ्जितुं), विप्रथ् **in caus.** (-प्रथयति -यितुं), विवृ **(c. 5.** -वृणोति -वरितुं -रीतुं), स्पष्टीकृ, प्रचर् **in caus.** (-चारयति -यितुं); **'to divulge a secret,'** रहस्यं भिद् **(c. 7.** भिनत्ति भेत्तुं); **'to divulge counsel,'** मन्त्रभेदं कृ.

Divulged, *p. p.* प्रकाशितः -ता -तं, प्रकटीकृतः -ता -तं, विप्रथितः -ता -तं.

Divulger, *s.* प्रकाशकः, ख्यापकः; **'of secret,'** रहस्यभेदकरः.

Divulging, *s.* प्रकाशनं, ख्यापनं, प्रकटीकरणं, विघोषणं, विवरणं, व्यक्तीकरणं, सर्व्वत्र प्रचारणं; **'of a secret,'** रहस्यभेदः; **'of counsel,'** मन्त्रभेदः.

Divulsion, *s.* विदारः -रणं, विदरः, उत्पाटनं, उद्धरणं.

Dizziness 299 Doctor

To **dizen,** ***v. a.*** भूष् (**c. 10.** भूषयति -यितुं), परिभूष्, अलङ्कृ, परिष्कृ.

Dizziness, ***s.*** भ्रमरं, भ्रामरं, भ्रमि: ***f.,*** भ्रम:, विभ्रम:, विभ्रान्ति: ***f.,*** घूर्णि: ***f.,*** घूर्णनं, चक्षुरादिचापल्यं, चक्षुरादिचाञ्चल्यं, प्रमाद:.

Dizzy, ***a.*** **(Vertiginous)** भ्रामरी -रिणी -रि (न्), भ्रमी -मिणी -मि (न्), घूर्णायमान: -ना -नं.—**(Causing dizziness)** भ्रमरकर: -री -रं.—**(Thoughtless)** चपल: -ला -लं, प्रमादी -दिनी -दि (न्).

To **do,** ***v. a.*** **(Act)** कृ (**c. 8.** करोति, कुरुते, कर्त्तुं), सङ्कृ, अभिकृ; विधा (**c. 3.** -दधाति -धातुं), व्यवसो (**c. 4.** -स्यति -सातुं), चेष्ट् (**c. 1.** चेष्टते -ष्टितुं).—(Execute) कृ, विधा, सम्पद् **in caus.** (-पादयति -यितुं), घट् (**c. 10.** घटयति -यितुं).—**(Perform)** कृ, विधा, अनुष्ठा (**c. 1.** तिष्ठति -ष्ठातुं), आस्था, समास्था, प्रवृत् **in caus.** (-वर्त्तयति -यितुं), निर्वृत्, वृत्; सम्पद् **in caus.,** निष्पद्, उत्पद्, उपपद्.—**(Practice)** आचर् (**c. 1.** -चरति -रितुं), समाचर्, अभ्यस् (**c. 4.** -अस्यति -असितुं), सेव् (**c. 1.** सेवते -वितुं), आश्रि (**c. 4.** -श्रयति -ते -यितुं).—**(Transact)** व्यवहृ (**c. 1.** -हरति -हर्त्तुं) कृ, समाचर्, निर्वह् **in caus.** (-वाहयति -यितुं), पण् (**c. 10.** पणयति -यितुं), पणायां कृ.—**(Carry on, effect)** निर्वह् **in caus.** प्रवृत् **in caus.** प्रणी (**c. 1.** -णयति -णेतुं), सम्पद् **in caus.** तीर् (**c. 10.** तीरयति -यितुं), पृ (**c. 10.** पारयति -यितुं).—**(Exert labour)** चेष्ट्, विचेष्ट्, व्यवसो, अध्यवसो, यत् (**c. 1.** यतते -तितुं).—**(Cause)** कृ, उत्पद् **in caus.** जन् **in caus.** (जनयति -यितुं), साध् **in caus.** (साधयति -यितुं).—**(Do with, employ)** प्रयुज् (**c. 7.** -युनक्ति-योक्तुं **c. 10.** -योजयति -यितुं), उपयुज्, व्यापृ **in caus.** (-पारयति -यितुं), प्रवृत् **in caus.**—**(Do away, destroy)** साध् **in caus.** विनश् **in caus.**(-नाशयति -यितुं), लुप् (**c. 6.** लुम्पति, लोप्तुं).—**(Do good to)** उपकृ.—**(Do evil to)** अपकृ.—**(Do one's duty)** कृत्यं **or** कर्त्तव्यं, कृ, धर्म्मं निष्पद् **in caus.**—**(Do one's best)** यथाशक्ति कृ; **'he does not know what to do,'** यथाकार्य्यं न जानाति; **'one's own doing,'** आत्मकृत: -ता -तं, स्वयङ्कृत: -ता -तं.

To **do,** ***v. n.*** **(Act, behave)** चर् (**c. 1.** चरति -रितुं), आचर्, समाचर्; वृत् (**c. 1.** वर्त्तते -र्त्तितुं), व्यवहृ.—**(Fare)** अस्, भू, वृत्, स्था (**c. 1.** तिष्ठति, स्थातुं); **'How do you do?'** किं क्षेमम् अस्ति, किं कुशलं भवति, क्षेमं भवतु.—**(Do well, prosper)** सुस्थ: -स्था -स्थम् अस्, सुस्थित: -ता -तं भू, वृध् (**c. 1.** वर्धते -र्धितुं,—**(Do ill)** दु:स्थ: -स्था -स्थम् अस्, दु:स्थितिं गम् (**c. 1.** गच्छति, गन्तुं).—**(Suit)** युज् **in pass.** (युज्यते); **'that will do,'** इत्यलं, यथेष्टं.

Do, ***s.*** **(Ado)** दु:खं, कष्टं.—**(Feat)** कर्म्म ***n.*** (न्) चेष्टितं, विचेष्टितं.

Doab, ***s.*** **(Name of a country)** अन्तर्वेदी ***f.***

Do-all, ***s.*** सर्व्वकर्म्मा -र्म्मा -र्म्म (न्), सर्व्वकर्म्मीणा: -णा -णं, सर्व्वकार्य्यचञ्चक: -का -कं.

Doat, ***See*** **Dote.**

Docible, docile, ***a.*** विनेय: -या -यं, प्रणेय: -या -यं, विधेय: -या -यं, वश्य: -श्या -श्यं, वशग: -गा -गं, वशानुग: -गा -गं, वश्यात्मा -त्मा -त्म (न्) अनुकूल: -ला -लं, अनायासेन शिक्षणीय: -या -यं **or** शिक्ष्य: -क्ष्या: -क्ष्यं, गृह्यक: -का -कं, अनुविधायी -यिनी -यि (न्), अधीन: -ना -नं, आयत्त: -त्ता -त्तं, अस्वच्छन्द: -न्दा -न्दं, निघ्न: -घ्ना -घ्नं, शिक्षाशील: -ला -लं.

Docibleness, Cocility ***s.*** विनेयता, विधेयता, वश्यता, शिक्षणीयत्वं, शिक्षाशीलत्वं.

Dock, ***s.*** **(The plant)** लोलिका, वृद्धराज:, रक्तश्राव:, सौगन्धिकं, रक्तसौगन्धिकं.—**(Tail cut short)** छिन्नबाल:, ह्रस्वपुच्छं.—**(Station for ships)** नौकावस्थानं, नौकाशय:, नावाशय:, नौकाधार:, नौकागारं, नावाधार:, नौकोद्धरणस्थानं.

To **dock,** ***v. a.*** पुच्छं छिद् (**c. 7.** छिनत्ति छेत्तुं) **or** अवछिद् **or** ह्रस् (**c. 10.** ह्रासयति -यितुं), अवकृत् (**c. 6.** -कृन्तति -कर्त्तितुं), निकृत्, लू (**c. 9.** लुनाति, लवितुं).—**(Lay up in a dock)** नौकाशये निविश् **in caus.** (-वेशयति -यितुं), नावम् उद्धृ (**c. 1.** -हरति -हर्त्तुं).

Dock-yard, ***s.*** नाविकभाण्डागारं, नौकानिर्म्माणस्थानं.

Docked, ***p. p.*** अवछिन्न: -न्ना -न्नं, अवकर्त्तित: -ता -तं, लून: -ना -नं.

Docket, ***s.*** **(Ticket on goods)** अङ्कपट:, भाण्डोपरि चिह्नं **or** अङ्क: **or** अङ्कपत्रं, पत्रकं.—**(Small piece of paper containing the heads of a writing)** सङ्ग्रहपत्रकं, सूचिपत्रकं.—**(List of those who have cases in a court)** अर्थिनां **or** कार्य्यिणां नामावलिपत्रं.

To **docket,** ***v. a.*** **(Make an abstract of a writing and enter it in a book)** लिखितसङ्ग्रहं कृत्वा पुस्तके समारुह् **in caus.** (-रोपयति -यितुं), **or** अभिलिख् (**c. 6.** -लिखति -लेखितुं).

Doctor, ***s.*** **(A learned man)** पण्डित:, ज्ञानी ***m.*** (न्), व्युत्पन्न:, वैद्य:, शास्त्री ***m.*** (न्).—**The word** आचार्य्य: **is affixed to the names of learned men, as 'Doctor' is prefixed: thus** राघवाचार्य्य:, रामाचार्य्य:.—**(Teacher)** आचार्य्य:, शिक्षक:, अध्यापक:, उपदेशक:, गुरु: ***m.***—**(Doctor of divinity)** परमार्थविद्याज्ञ:, श्रुतिविद्यासम्पन्न:.—**(Physician)** वैद्य:, चिकित्सक:, भिषक् ***m.*** (ज्), आयुर्वेददृक् ***m.*** (श्), चिकित्साजीवी ***m.*** (न्), अगदकार:, रोगशान्तक:, रोगहृत् ***m.,*** रोगाहा ***m.*** (न्), जीवद:.

To* doctor, *v. a. कित् **in des.** (चिकित्सति -त्सितुं), भिषज् **(nom.** भिषज्यति -ज्यितुं), उपचर् **(c. 1.** -चरति -रितुं), उपचारं कृ, औषधीकृ.

Doctoral, *a.* आचार्य्यपदसम्बन्धी -न्धिनी -न्धि (न्), वैद्यः -द्या -द्यं.

Doctorally, *adv.* वैद्यवत्, पण्डितवत्, आचार्य्यवत्, गुरुवत्.

Doctorship, *s.* आचार्य्यता -त्वं, आचार्य्यपदं, गुरुत्वं, वैद्यपदं.

Doctrinal, *a.* तत्त्वोपदेशकः -का -कं, तत्त्वोपदेशी -शिनी -शि (न्), तत्त्वशिक्षकः -का -कं, शिक्षाविषयः -या -यं, वैधिकः -की -कं, सौत्रः -त्री -त्रं.

Doctrine, *s.* (Principle laid down) तत्त्वं, मतं, सूत्रं, न्यायः. **—(System of doctrines)** पथः, पन्थाः ***m.*** (पथिन्), मार्गः; **'a different doctrine,'** परमतं; **'difference of doctrine,'** शाखाभेदः; **'heretical doctrine,'** असच्छास्त्रं; **'received doctrine,'** आम्नायः, सम्प्रदायः; **'adhering to a doctrine,'** वादरतः. **—(Learning)** विद्या, पाण्डित्यं.

Document, *s.* पत्रं-त्री, पत्रकं, पत्रिका, लेख्यं, लेख्यपत्रं, लेख्यप्रसङ्गः, लेख्यपत्रं, लेख्यप्रमाणं, लिखनं, लिखितं; **'a forged document,'** कपटलेख्यं.

Dodecagon, *s.* द्वादशास्त्रं, द्वादशकोणः.

***To* dodge, *v. a.* and *n.* (Trick)** वञ्च् **c. 10.** वञ्चयते -ति -यितुं), व्यपदिश् **(c. 6.** -दिशति -देष्टुं), अपदिश्, प्रलभ् **(c. 1.** -लभते -लब्धुं), प्रतृ **in caus.** (-तारयति -यितुं), छल् **(c. 10.** छलयति -यितुं). **—(Evade)** अपक्रम् **(c. 1.** -क्रामति -क्रमितुं), पलाय् **(c. 1.** पलायते -यितुं). **—(Escape by suddenly shifting place)** पलायमानो अकस्मात् परिवृत् **(c. 1.** -वर्त्तते -र्त्तितुं), विपरिवृत्, इतश्चेतः परिधाव् **(c. 1.** -धावति -वितुं), विपरिधाव्.

Dodger, *s.* वञ्चकः, मायी ***m.*** (न्), कपटी ***m.*** (न्), व्यपदेष्टा ***m.*** (ष्टृ), प्रतारकः.

Doe, *s.* (She-deer) मृगी, मृगवधूः, हरिणी, एणी, रोहित् ***f.,*** समीची, पृषती, कन्दली; **'doe-skin,'** मृगीचर्म्म ***n.*** (न्).

Doer, *s.* कर्त्ता ***m.*** (र्त्तृ), कारी ***m.*** (न्), कारकः, कारः, करः, कृत् **in comp.** विधायी ***m.*** (न्), अनुष्ठाता ***m.*** (तृ), कर्म्मकारी ***m.*** कर्म्मकरः, सम्पादकः, निर्वाहकः प्रवर्त्तकः.

***To* doff, *v. a.* (Put off dress)** वस्त्रम् अवतृ **in caus.** (-तारयति -यितुं), **or** अपनी **(c. 1.** -नयति -नेतुं), व्यपनी, विवस्त्र **(nom.** -वस्त्रयति -यितुं), उत्कृष् **(c. 1.** -कर्षति -क्रष्टुं), अवमुच् **(c. 6.** -मुञ्चति -मोक्तुं), विमुच्, अपनह् **c. 4.** -नह्यति -नद्धुं).

Dog, *s.* (The animal) श्वा ***m.*** (श्वन्), कुक्कुरः, कुकुरः, शुनकः, भषकः, मृगदंशकः, वक्रपुच्छः, वक्रबालधिः ***m.,*** ललजिह्वः, जिह्वालिट् ***m.,*** (ह्), वृकारिः ***m.,*** ग्रामसिंहः, शीघ्रचेतनः, रात्रिजागरः, कृतज्ञः, सारमेयः, वान्तादः, शरत्कामी ***m.,*** (न्), शवकाम्यः, कौलेयकः; **'sporting-dog,'** मृगयाकुशलः कुक्कुरः, आखेटकाद्यर्थं श्वा, विश्वकद्रुः ***m.;*** **'mad-dog,'** अलर्कः; **'bite of a dog,'** श्वदंशनं. **—(Andiron)** लोहमयः शूलाधारः. **'To go to the dogs,'** शुनो गम् **(c. 1.** गच्छति, गन्तुं), परिक्षि **in pass.** (-क्षीयते), विनश् **(c. 4.** -नश्यति).

To* dog, *v. a. कुक्कुरवद् अन्विष् **(c. 4.** -इष्यति -एषितुं), पश्चाद्गम् **(c. 1.** -गच्छति -गन्तुं), पश्चाद्वृत् **(c. 1.** -वर्त्तते -र्त्तितुं), अनुवृत्, अनुसृ **(c. 1.** -सरति -सर्त्तुं), अनुष्ठा **(c. 1.** -तिष्ठति -ष्ठातुं), नित्यम् अनुसृत्य आयासं जन् **(c. 10.** जनयति -यितुं).

Dog-brier or dog-rose, *s.* जवापुष्पः कण्टकगुल्मः, ओड्रपुष्पः कण्टकस्तम्बः.

Dog-cheap, *a.* श्वमांसवत् **or** विमांसवद् अल्पमूल्येन क्रेयः-या -यं, स्वल्पमूल्यः -ल्या -ल्यं, स्वल्पार्घः -र्घा -र्घं.

Dog-days, *s.* श्वदिनानि ***n.pl.,*** अत्युष्णकालः, अत्युष्णसमयः, सूर्य्यादिनानि, श्रावणात् प्रभृति भाद्रपर्य्यन्तं कालः.

Dog-fancier, *s.* श्वक्रीडी ***m.*** (न्), श्वगणिकः, श्वागणिकः.

Dogged, *a.* (Sullen, obstinate) वक्रभावः -वा -वं, कर्कशभावः -वा -वं जडः -डा -डं, स्तब्धः -ब्धा -ब्ध, कठिनः -ना -नं, निष्ठुरः -रा -रं.

Doggedly, *adv.* वक्रभावेन, कर्कशभावेन, जाड्येन, निष्ठुरं, कर्कशं.

Doggedness, *s.* भाववक्रता, कार्कश्यं, जाड्यं, जडता, नैष्ठुर्य्यं, काठिन्यं.

Doggerel, *a.* (Irregular, as verses) अपरिमितचरण -णा -णं अपरिमितपदः -दा -दं, विषमः -मा -मं; **'doggerel verse,'** कुकविता, मन्दकविता, नीचकविता.

Doggish, *a.* श्वशीलः -ला -लं, शौवः -वी -वं, कुक्कुराचारः -रा -र, श्ववृत्तिः -त्तिः -त्ति, श्वापदः -दी -दं, शौवापदः -दी -दं; **'a doggish fellow,'** श्वनरः; **'a doggish life,'** श्ववृत्तिः ***f.***

Doggishness, *s.* शौवं, श्वशीलता, कुक्कुराचारत्वं, श्वभावः, पशुता.

Dog-grass, *s.* तृणभेदः, तृणं, कक्षः, घासविशेषः.

Dog-hearted, *s.* श्वहृदयः -या -यं, कुक्कुरहृदयः -या -यं, कठिनहृदयः -या -यं.

Dog-hole, *s.* श्वविलं, श्वगर्त्तः, कुक्कुरगर्त्तः, श्वविवरं, श्वभ्रं, अधमस्थानं.

Dog-keeper, *s.* श्वपोषकः, श्ववान् ***m.*** (त्), श्वागणिकः, श्वपचः.

Dog-kennel, *s.* कुक्कुरालयः, श्वगृहं, कुक्कुरगृहं, कुक्कुरागारं.

Dog-louse, *s.* श्वयूका, कुक्कुरयूका, श्वकीटः, कुक्कुरकीटः.

Dogma, *s.* मतं, तत्त्वं, सूत्र, विधिः ***m.,*** सम्मतं, नियमः, आदेशः, निर्देशः, व्यवस्था.

Dogmatic, dogmatical, *a.* आदेशकः -का -कं **or** निर्देशकः, स्वमताभिमानी-निनी -नि (न्), सधर्षं स्वमतवादी -दिनी -दि (न्) **or** स्वमतावलम्बी म्बिनी -म्बि (न्), मतसंस्थापनः -ना -नं, नैयमिकः -की -कं, वैधिकः -की -कं, सौत्रः -त्री -त्रं.

Dogmatically, *adv.* आदेशकप्रकारेण, सनिर्देशः, दृढनिश्चयपूर्व्वं, सधर्षं.

Dogmatism, *s.* स्वमताभिमानं, स्वमतसंस्थापनं, सधर्षं स्वमतवादः **or** स्वमतावलम्बनं, दृढोक्तिः ***f.***

Dogmatist, dogmatiser, *s.* धर्षपूर्व्वं **or** गर्व्वपूर्व्वं स्वमतवादी ***m.*** (न्) **or** स्वमताभिमानी ***m.,*** (न्) **or** तत्त्ववादी.

To* dogmatise, *v. n. सधर्षं **or** सगर्व्वं स्वमतं वद् **(c. 1.** वदात -दितुं), दृढोक्त्या स्वमतं संस्था **in caus.** (-स्थापयति -यितुं), तत्त्वानि धर्षेण वद्.

Dog's ear, *s.* कुक्कुरकर्णः, श्वकर्णः, पुस्तकपत्रकोणे श्वकर्णाकारः, पुटः.

Dog-sick, *a.* कुक्कुरवद् वमनकारी -रिणी -रि (न्).

Dog's-meat, *s.* श्वमांसं, कुक्कुरमांसं, विमांस, कुक्कुराहारः, उच्छिष्टानं.

Dog-star, *s.* कुक्कुरसंज्ञा तारा यस्याम् उदितायाम् अत्युष्णकालो भवति.

Dog's-tooth, *s.* श्वादन्तः, श्वदंष्ट्रा, कुक्कुरदन्तः.

Dog-trick, *s.* श्ववृत्तं, श्वचेष्टितं, श्वकर्म्म ***n.*** (न्), दुश्चेष्टितं, कुचेष्टा.

Dog-weary, *a.* कुक्कुरवत् परिश्रान्तः -न्ता -न्तं, अतिक्लान्तः -न्ता -न्तं.

Doings, *s. pl.* (Things done) चरित्रं, चरितं, चेष्टितं, विचेष्टितं, कृतं, कर्म्म ***n.*** (न्), विधानं, व्यापारः, चेष्टा, वृत्तं.—**(Conduct)** व्यवहारः, आचारः, आचरितं, चारित्र्यं, वृत्तिः ***f.,*** चर्य्या, प्रवृत्तिः ***f.,*** रीतिः ***f.***

Dole, *s.* (That which is dealt, a part, share) भागः, अंशः, विभागः, भाजितं, भाज्यं, उद्धारः, उपहारः, खण्डं, छेदः, भिन्नं, वण्टः.—**(Gratuity)** पारितोषिकं.—**(Grief)** शोकः, दुःखं.

To* dole, *v. a. पृथक् पृथग् विभज् **(c. 1.** -भजति -ते -भक्तुं), विभागशः **or** अंशांशि दा.

Doleful, dolesome, *a.* सशोकः -का -कं, शोचनः -ना -नं, शोकार्त्तः -र्त्ता -र्त्तं, दुःखी -खिनी -खि (न्), समन्युः -न्युः -न्यु, विषादी -दिनी -दि (न्), उद्विग्नः -ग्ना -ग्नं, उग्रः -ग्रा -ग्रं.

Dolefully, *adv.* सशोकं, सविषादं, सोद्वेगं, सुदुःखं, सोत्कण्ठं, सखेदं, उग्रं.

Dolefulness, dolesomeness, *s.* शोकः, दुःखं, विषादः, विषणता, मन्युः ***m.,*** खेदः, उद्वेगः, अमाह्लादः, उग्रत्वं, उद्विग्नता, म्लानिः ***f.,*** मनोम्लानिः ***f.,*** दुःखित्वं.

Doll, *s.* पुत्रिका, दारुपुत्रिका, पाञ्चालिका, पाञ्चलिका, पाञ्चाली, पुत्तली, दारुगर्भा, दारुस्त्री, शालभञ्जी -ञ्जिका, शालाङ्की, कुरुण्टी, यापा, अञ्जलिकारिका.

Dollar, *s.* (A silver coin) रूप्यमुद्रा, रौप्यमुद्रा.

Dolorific, *a.* दुःखकरः -री -रं, व्यथाकरः -री -रं, पीडाकरः -री -रं.

Dolorous, *a.* सशोकः -का -कं, शोकमयः -यी -यं, दुःखमयः -यी -यं, शोकान्वितः -ता -तं, समन्युः -न्युः -न्यु, खेदान्वितः -ता -तं.

Dolour, dolor *s.* शोकः, दुःखं, खेदः, मन्युः ***m.,*** क्लेशः.

Dolphin, *s.* (Kind of sea-fish) समुद्रीयमत्स्यभेदः.—**(The constellation)** अविष्ठा, धनिष्ठा.

Dolt, *s.* स्थूलबुद्धिः ***m.,*** स्थूलधीः ***m.,*** मन्दबुद्धिः मूर्खः, मूढः, जडः.

Doltish, *a.* जडबुद्धिः -द्धिः -द्धि, मन्दमतिः -तिः -ति, स्थूलः -ला -लं.

Doltishly, *adv.* मूढवत्, जडवत्, मूर्खवत्, जाड्येन, बर्ब्बरवत्.

Doltishness, *s.* स्थूलबुद्धित्वं, मन्दमतित्वं, जडता, -त्वं जाड्यं, मूढता, मूर्खता, निर्बुद्धिता, अविज्ञता.

Domain, *s.* (Territory governed) राष्ट्रं, विषयः, देशः, प्रदेशः.—**(Empire)** राज्यं.—**(Estate, possession)** भूमिः ***f.,*** अधिकारः, आधिकारख्यं रिक्थं.

Dome, *s.* (Cupola) अर्द्धगोलाकारं प्रासादशृङ्गं **or** हर्म्यशिखरं.

Domestic, *s.* (One who lives in the family) गृहवासी ***m.*** (न्), अन्तेवासी ***m.*** (न्), आन्तर्वेश्मिकः.—**(Servant)** भृत्यः, भृतकः, अनुजीवी ***m.*** (न्), गृहदासः, प्रेष्यः, कर्म्मकरः, सेवकः, परिचरः; **'female domestic.'** दासी, प्रेष्या.

Domestic, *a.* (Belonging to one's house or family) गृह्यः -ह्या -ह्यं, गृहसम्बन्धी -न्धिनी -न्धि (न्), आन्तर्वेश्मिकः -की -कं, गृहजः -जा -जं, गृहजातः -ता -तं, भृत्यः -त्या -त्यं, आवसथिकः -का -कं; **'domestic affairs,'** गृहकार्य्यं, गृहव्यापारः; **'domestic chaplain,'** कुलाचार्य्यः, कुलविप्रः; **'domestic contentions,'** गृहछिद्रं, गृहभेदः, गृहकलहः; **'domestic duties,'** कुलाचारः; **'domestic slave,'** गृहदासः -सी; **'bewildered with domestic cares,'** गृहमूढधीः.—**(Not wild)** गृह्यकः -का -कं, ग्राम्यः -म्या -म्यं, ग्रामवासी -सिनी -सि (न्); **'a domestic cock,'** गृहकुक्कुटः, ग्रामकुक्कुटः; **'a domestic pigeon,'** गृहकपोतकः.—**(Staying much at home)** गृहारूढचेताः ***m.*** (स्), गेहशूरः, गृहप्रियः, गृहवासी ***m.*** (न्).—**(Pertaining to one's**

country) दैशिकः -की -कं, देश **prefixed in comp.,** अभिन्नदेशीयः -या -यं; **'intestine broil,'** जनपदभेदः.

To* domesticate, *v. a. गृह्यकं -का -कं, कृ, गृह पुष् **(c. 10.** पोषयति -यितुं).

Domesticated, *p. p.* गृह्यकः -का -कं, गृहपुष्टः -ष्टा -ष्टं, छेकः -का -कं, ग्राम्यः -म्या -म्यं, संस्थः -स्था -स्थं.

Domicile, *s.* गृहं, वासस्थानं, वसतिः ***f.,*** निवासः, आवासः, अधिवासः, समावासः, अवस्थानं, वेश्म ***n.*** (न्), आलयः, निलयः, आयतनं.

Domiciled, *p. p.* कृतवासः -सा -सं, कृतालयः -या -यं, समावासितः -ता -तं.

Dominant, *a.* प्रभूतः -ता -तं, प्रभवः -वा -वं, प्रभविष्णुः -ष्णुः -ष्णु, प्रधानः -ना -नं, प्रबलः -ला -लं, अतिरेकी -किणी -कि (न्), सातिशयः -या -यं, प्रकृष्टः -ष्टा -ष्टं, श्रेष्ठः -ष्ठा -ष्ठं, अधिष्ठाता -त्री -तृ (तृ), अग्रस्थः -स्था -स्थं.

To* dominate, *v. n. प्रभू, अतिरिच् **in pass.** (-रिच्यते), उद्रिच्, व्यतिरिच्, अधिष्ठा **(c. 1.** -तिष्ठति -ष्ठातुं), अध्यास् **(c. 2.** -आस्ते -आसितुं), प्रशास **(c. 2.** -शास्ति -शासितुं).

Domination, *s.* प्रभुत्वं, प्रभविष्णुता, प्राधान्यं, आधिपत्यं, ईशत्वं, ऐश्वर्य्यं, अधिकारः, राजत्वं, राज्यं, शासनं, प्रशासनं, प्रबलता.

To* domineer, *v. n. धर्षेण शास् **(c. 2.** शास्ति, शासितुं) **or** ईश् **(c. 2.** ईष्टे, ईशितं), भर्त्सनपूर्व्वम् आधिपत्यं कृ, धृष् **(c. 5.** धृष्णोति, धर्षितुं).

Domineering, *a.* धर्षी -र्षिणी -र्षि (न्), धृष्टः -ष्टा -ष्टं, भर्त्सनकारी -रिणी -रि (न्), मदोद्धतः -ता -तं, मदोदग्रः -ग्रा -ग्रं, उत्सिक्तः -क्ता -क्तं.

Dominical, *a.* प्रभुदिवसविषयकः -का -कं, विश्रामवारसम्बन्धी -न्धिनी -न्धि (न्); **'dominical letter,'** प्रभुवारलाक्षणिको वर्णः, विश्रामवारसूचकम् अक्षरं.

Dominical, *s.* (The Lord's-day) ईश्वरदिवसः, प्रभुदिनं, विश्रामवारः, रविवारः, भट्टारकवारः.

Dominican, *s.* डोमिनिकमतावलम्बी सन्न्यासिविशेषः, योगी ***m.*** (न्), तपस्वी ***m.*** (न्).

Dominion, *s.* ऐश्वर्य्यं, राज्यं, राजत्वं, प्रभुत्वं, ईशत्वं, अधिकारः, आधिपत्यं, शासनं.—**(Country governed)** राष्ट्रं, विषयः, देशः, प्रदेशः.

Domino, *s.* (A long cloak used as a disguise) विडम्बनयोग्यो दीर्घप्रावारः.—**(An oblong piece of ivory)** शलाका, दन्तादिमयो दीर्घचतुरस्रः.

Don, *s.* आर्य्यः, महाशयः, सुजनः, महानुभावः, प्रधानलोकः, शिष्टलोकः.

Donary, *s.* धर्म्मार्थं दत्तं, ईश्वराय दत्तं वस्तु **or** द्रव्यं.

Donation, *s.* दानं, प्रदानं, दत्तं, प्रदेयं, सम्प्रदानं, दायः, उपहारः, उपायनं, वितरणं, विमर्ज्जनं, उत्सर्ज्जनं, त्यागः, विश्राणनं, अंहतिः ***f.*** प्रदा, दादः, दा, दं, हरणं, प्रतिपादनं, विहापितं, स्पर्शनं.

Donative, *s.* दानं, प्रदानं, वितरणं, विसर्ज्जनं, पारितोषिकं.

Done, *p. p.* कृतः -ता -तं, अनुष्ठितः -ता -तं, आचरितः -ता -तं, निष्पन्नः -न्ना -न्नं, वृत्तः -त्ता -त्तं, सम्पादितः -ता -तं.

Donee, *s.* दानग्राही ***m.*** (न्), दानग्रहीता ***m.*** (तृ), देयी ***m.*** (न्).

Dongeon or donjon, *s.* दुर्गमध्ये सुगुप्तस्थानं, दुर्गगुप्तिः ***f.,*** दुर्गकोटिः ***f.;*** दुर्गशिखरं. ***See* Dungeon.**

Donkey, *s.* गर्द्दभः, खरः, रासभः; **'donkey-cart,'** खरयानं; **'bray of a donkey;'** खरनादः, खार्कारः.

Donor, *s.* दाता ***m.*** (तृ), प्रदाता, दायकः, दाकः, दादी ***m.*** (न्), दानकर्त्ता ***m.*** (र्तृ).

Doodle, *s.* अल्पबुद्धिः ***m.*** अल्पधीः ***m.,*** मूर्खः, दुर्मतिः ***m.*** अबद्धजल्पी ***m.*** (न्).

***To* doom, *v. a.* (Condemn to punishment)** दण्ड् **(c. 10.** दण्डयति -यितुं).—**(To death)** बधदण्डार्हं -र्हां -र्हं ज्ञा **(c. 9.** जानाति, ज्ञातुं), बधदण्डाज्ञां कृ.—**(Consign)** ऋ **in caus.** (अर्पयति -यितुं), समृ, प्रतिपद् **in caus.** (-पादयति -यितुं), निक्षिप् **(c. 6.** -क्षिपति -क्षेप्तुं), नियुज **(c. 7.** -युनक्ति -योक्तुं). —**(Destine)** प्रक्लृप् **(c. 10.** -कल्पयति -यितुं), निर्दिश् **(c. 6.** -दिशति -देष्टुं).—**(Judge)** विचर् **in caus.** (-चारयति -यितुं), निर्णी **(c. 1.** -णयति -णेतुं).

Doom, *s.* (Judgment) विचारः, अन्तिमविचारः.—**(Sentence)** निर्णयः, आधर्षणं.—**(Condemnation)** दण्डः -ण्डनं, दण्डाज्ञा, दण्डयोगः.—**(State to which one is destined)** भवितव्यता, विधिः ***m.,*** कालनियोगः, विहितदशा, दिष्टं, नियतिः ***f.*** —**(Ruin)** अन्तं, क्षयः, नाशः.

Doomed, *p. p.* दण्डितः -ता -तं, प्रकल्पितः -ता -तं, निर्दिष्टः -ष्टा -ष्टं, विचारितः -ता -तं, निर्णीतः -ता -तं, नियुक्तः -क्ता -क्तं **or** कालनियुक्तः.

Doomsday, *s.* विचारदिनं, महाविचारदिनं, सर्व्वलोकविचारणदिवसः.

Doomsday-book, domesday-book, *s.* पूर्व्वकाले श्वेतद्वीपराजाज्ञया लिखितं सर्व्वक्षेत्रपरिसंख्यारूपं पुस्तकं, क्षेत्रसङ्ग्रहपुस्तकं.

Door, *s.* द्वारं, द्वाः ***f.*** (र्), कपाटः -टं, कवाटः -टं, अररः -री -रिः ***m.*** अलारः, गृहमुखं, प्रतिहारणं.—**(Passage)** पथः; **'principal door,'** सिंहद्वारं; **'private door,'** अन्तर्द्वारं, प्रच्छन्नद्वारं, प्रच्छन्नं; **'back door,'** पक्षद्वारं, पक्षकः; **'in doors,'** गृहस्थितः; **'out of doors,'** गृहवहिःस्थः, स्थानान्तरीगतः; **'next door to,'** निकटस्थः -स्था -स्थं, अनन्तरवर्त्ती -र्त्तिनी -र्त्ति (न्); **'leaf of a door,'** द्वारशाखा.

Door-case, *s.* द्वारपरिगतं काष्ठादि, द्वारमञ्चकः.

Door-keeper, *s.* द्वारपालः, द्वारस्थः, द्वाररक्षकः, द्वारी *m.* (न्), द्वाःस्थः, द्वाःस्थितः, द्वाराध्यक्षः, प्रतिहारः, प्रतीहारः -री *f.*

Door-post, *s.* द्वारस्तम्भः, द्वारस्थूणा, द्वारकाष्ठं, द्वारदारुः *m.*

Door-sill, *s.* द्वारपिण्डी, देहलिः *f.* -ली, गृहतटी, गृहावग्रहणी, रुण्डिका, असुरः, उडुम्बरः.

Doric, *a.* **(Architecture)** गृहनिर्म्माणे विशेषमार्गः **or** रीतिविशेषः.

Dormant, *a.* सुप्तः -प्ता -प्तं, प्रसुप्तः -प्ता -प्तं, शयितः -ता -तं, शयानः -ना -नं, निद्रितः -ता -तं, निद्राणः -णा -णं. —**(Concealed)** प्रच्छन्नः -न्ना -न्नं, गुप्तः -प्ता -प्तं.

Dormitory, *s.* शय्यागृहं, शयनगृहं, शयनशाला, निद्राशाला, स्वप्ननिकेतनं. विश्रामशाला, शयनागारः.—**(Burial-place)** श्मशानं, प्रेतवनं, पितृवनं.

Dormouse, *s.* अतिनिद्रालुः क्षुद्रमूषिकभेदः, अतिस्वप्नशीलो मूषिकः.

Dorsal, *a.* पृष्ठ्यः -ष्ठ्या -ष्ठ्यं, पृष्ठसम्बन्धी -न्धिनी -न्धि (न्).

Dorsel, dorser, dosser, *s.* पृष्ठेन वाहनयोग्यः पिटकः **or** पेटकः **or** करण्डः.

Dose, *s.* यद् भेषजम् एकवारे रोगिणे देयं **or** रोगिणा पेयं **or** निगरणीयं. भेषजमात्रा, औषधमात्रा, रोगियोग्य औषधभागः, देयं, पेयं, पानं; **'a small dose of medicine,'** औषधस्य अल्पभागः.

***To* dose,** *v. a.* रोगिणा निगरणीयम् औषधभागं दा, **(c. 3.** ददाति, दातुं**)**, भेषजं दा, भिषज् **(nom.** भिषज्यति -जितुं**)**, औषधीकृ.

Dossil, *s.* **(Pledget of lint on a sore)** विकेशिका.

Dot, *s.* विन्दुः *m.*, शून्यं, विप्रुट् *f.* (ष्) **or** विप्लुट्, खं, कणः, अङ्कः.

***To* dot,** *v. a.* विन्दुना अङ्क् **(c. 10.** अङ्कयति -यितुं**) or** चिह्न **(c. 10.** चिह्नयति -यितुं**)**.

Dotage, *s.* बालिशबुद्धित्वं, बालिशता, बालिश्यं, बुद्धिनाशः, बुद्धिवैकल्यं, हतबुद्धित्वं, बुद्धिक्षीणता, ज्ञानहानिः *f.*, बुद्धिलोपः, दौर्बल्यं, जीर्णावस्था.—**(Excessive fondness)** अत्यन्तानुरागः, अत्यन्तप्रेम *n.* (न्).

Dotal, *a.* यौतुकसम्बन्धी -न्धिनी -न्धि (न्), औद्वाहिकः -की -कं, शौल्कः -ल्को -ल्कं, शौल्किकः -की -कं, स्त्रीधनविषयः -या -यं.

Dotard, *s.* बालिशमतिः *m.*, जरातुरः, हतबुद्धिः *m.*, क्षीणबुद्धिः *m.*, बालिशः, अतिवृद्धः.

***To* dote,** *v. n.* **(Be silly through age)** अतिवृद्धत्वाद् बालिशबुद्धिः -द्धिः -द्धि भू **or** मुह् **(c. 4.** मुह्यति, मोहितुं**)**. —**(Love to excess)** अत्यनुरागवान् -वती -वत् **or** अत्यन्तानुरक्तः -क्ता -क्तं, भू **or** अस्; **'I dote upon her,'** तया अत्यनुरागवान् अस्मि.

Doting, *a.* अत्यनुरागवान् -वती -वत् (त्), अत्यनुरक्तः -क्ता -क्तं.

Dotingly, *adv.* अत्यनुरागेण, अत्यनुरागपूर्व्वं, सात्यनुरागं, सातिस्नेहं.

Dotted, *p. p.* चिह्नितः -ता -तं, अङ्कितः -ता -तं, चित्रितः -ता -तं.

Double, *a.* द्विगुणः -णा -णं, द्वैधः -धी -धं, द्विकः -का -कं, द्विविधः -धी -धं, द्विप्रकारः -रा -रं, द्विगुणसंख्यः -ख्या -ख्यं, द्विगुणपरिमाणः -णा -णं, उभयः -ये *sing.* **and** *pl.*, **only,** द्वि **in comp., as, 'having double leaves.'** द्विपर्णः -र्णा -र्णं; **'having a double row of teeth,'** उभयतोदन् -दती -दत् (त्) **or** द्विदन्; **'for a double object,'** उभयार्थं. —**(Deceitful)** विजिह्मः -ह्मा -ह्मं, अनृजुः -जुः -जु, वञ्चकः -का -कं.

Double, *s.* **(Twice the quantity)** द्विगुणं, द्वैधं, द्विकं, द्विस्, द्विकृत्वस्.—**(Trick)** छलं, कपटः -टं, उपायः, माया, व्यपदेशः. —**(A turn)** विपरिवर्त्तनं.

***To* double,** *v. a.* द्विगुणीकृ द्विगुण **(nom.** द्विगुणयति -यितुं**)**, गुणीकृ.—**(Fold)** पुटीकृ, पुट **(nom.** पुटयति -यितुं**)**, **'to double a cape,'** अन्तरीपं परितो नौकया वह् **in pass.** (उह्यते); **'to double the fist,'** मुष्टिं बन्ध् **(c. 9.** बध्नाति, बन्धुं**)**.

***To* double,** *v. n.* द्विगुणीभू.—**(Turn in running)** विपरिवृत् **(c. 1.** -वर्त्तते -र्त्तितुं**)**.—**(Play tricks)** मायां कृ, कुहकं कृ, कपटं कृ, व्यपदिश् **(c. 6.** -दिशति -देष्टुं**)**.

Doubled, *p. p.* द्विगुणितः -ता -तं, द्विगुणीकृतः -ता -तं, गुणीकृतः -ता -तं. **(Folded)** पुटितः -ता -तं, पुटीकृतः -ता -तं.

Double-dealer, *s.* द्विव्यापारी *m.* (न्), द्विव्यवहारी *m.* (न्), उभयविधः, द्विकर्म्मा *m.* (न्), मायी *m.* (न्), कपटी *m.* (न्), कापटिकः, असरलः.

Double-dealing, *s.* द्विव्यापारः, द्विव्यवहारित्वं, कपटः, छलं, माया, अमारल्यं, शठता, व्याजः, वैदग्ध्यं.

Double-dyed, *p. p.* द्विरञ्जितः -ता -तं, द्विरक्तः -क्ता -क्तं, द्विकषायितः -ता -तं.

Double-edged, *a.* द्विधारः -रा -रं, उभयतस् तीक्ष्णः -क्ष्णा -क्ष्णं.

Double-faced, *a.* द्विमुखः -खी -खं, द्विवदनः -नी -नं, उभयतोमुखः -खी -खं.

Double-formed, *a.* द्विरूपः -पी -पं, द्व्याकारः -रा -रं, द्विप्रकारः -रा -रं.

Double-headed, *a.* द्विशीर्षकः -का -कं, द्विशिराः -राः -रः (स्), द्विमूर्द्धः -र्द्धी -र्द्धं.

Double-meaning, *a.* द्व्यर्थः, सन्दिग्धार्थः, द्विरूपः, उपादानं.

Double-minded, ***a.*** द्विमनस्कः -स्का -स्कं, द्विमना: -ना: -नः (स्).

Double-natured, ***a.*** द्विभावः -वा -वं, द्विधातुः -तुः -तु.

Double-tongued, ***a.*** द्विजिह्वः -ह्वा -ह्वं, द्विरसनः -ना -नं, मिथ्यावादी -दिनी -दि (न्) **or** असत्यवादी, अनृतवाक् ***m.f.n.***

Doubleness, ***s.*** द्वैगुण्यं, द्वित्वं, द्वैतं, द्वैविध्यं, उभयत्वं.

Doubler, ***s.*** द्विगुणकारी ***m.*** (न), द्विगुणकृत्, द्विविधकर्त्ता ***m.*** (र्त्तृ).

Doublet, ***s.*** अन्तरीयं, उरोवस्त्र, उरश्छदः, परिधानं, उरोरक्षणी.

Doubloon, ***s.*** विदेशीयस्वर्णमुद्राविशेषः.

Doubly, ***adv.*** उभयतस्, उभयथा, द्विधा, द्विगुणं, द्विविधं.

To **doubt,** ***v. n.*** शङ्क् **(c. 1.** शङ्कते -ङ्कितुं), अभिशङ्क्, आशङ्क्, विशङ्क्, परिशङ्क्, सन्दिह् **(c. 2.** -देग्धि -ग्धुं), विक्लृप् **(c. 1.** -कल्पते -ल्पितुं **c. 10.** -कल्पयति -यितुं), संशी **(c. 2.** -शेते -शयितुं), विचर् **in caus.** (-चारयति -यितुं), मनसा दोल **(nom.** दोलायते -यितुं) **or** आन्दोल (आन्दोलयति -यितुं), सन्देहं कृ.

To **doubt,** ***v. a.*** शङ्क् **(c. 1.** शङ्कते -ङ्कितुं), परिशङ्क् नवविश्वस् **(c. 2.** -श्वसिति -तुं), न प्रती **(c. 2.** प्रत्येति -तुं **rt.** इ), उद्विज् **(c. 6.** -विजते -जितुं).

Doubt, ***s.*** सन्देहः, संशयः, शङ्का, आशङ्का, विकल्पः, विकल्पितं, वितर्कः, विशयः, द्वैधं, विचिकित्सा, द्वापरः.—**(Uncertainty of mind)** चित्त विक्षेपः, चित्तान्दोलनं, चित्तविभ्रमः, व्यस्तता, विप्रतिपत्तिः ***f.,*** अस्थैर्य्यं, अनिर्णयः.—**(Suspicion, distrust, fear)** शङ्का, अविश्वासः; अप्रत्ययः, भयं.—**(Difficulty)** शल्यं, दुर्गं, कृच्छ्रं, कष्टं, विषमं, बाधा.—**(Objection)** बाधः -धकं, उद्ग्राहः; **'case of doubt,'** सन्देहपदं; **'cause of doubt,'** शङ्कास्पदं; **'in doubt,'** दोलायमानः -ना -नं, संशयापन्नः -न्ना -न्नं, शङ्कान्वितः -ता -तं, सशङ्कः -ङ्का -ङ्कं; **'without doubt,'** असंशयं.

Doubted, ***p. p.*** सन्दिग्धः -ग्धा -ग्धं, संशयितः -ता -तं, शङ्कितः -ता -तं.

Doubter, ***s.*** संशयिता ***m.*** (तृ), संशयात्मा ***m.*** (न्), सन्दिग्धमतिः ***m.*** संशयालुः ***m.*** सन्देग्धा ***m.*** (ग्धृ), सन्देहकर्त्ता ***m.*** (र्त्तृ); संशयकृत्.

Doubtful, ***a.*** सन्दिग्धः -ग्धा -ग्धं, सांशयिकः -की -कं, शङ्कनीयः -या -यं, सशङ्कः -ङ्का -ङ्कं, ससंशयः -या -यं, संशयापन्नः -न्ना -न्नं, शङ्कान्वितः -ता -तं, संशयस्थः -स्था -स्थं, संशयात्मकः -का -कं, शङ्कामयः -यी -यं, सन्दिहानः -ना -नं, वैकल्पिकः -की -कं, सविकल्पकः -का -कं, विशयी -यिनी -यि (न्).—**(Ambiguous)** सन्दिग्धार्थः -र्था -र्थं, अस्पष्टार्थः -र्था -र्थं.—**(Questionable)** आशङ्कनीयः -या -यं, वितर्क्यः -र्क्या -र्क्यं, मीमांस्यः -स्या -स्यं; **'to render doubtful,'** सन्दिह् **in caus.** (-देहयति -यितुं).

Doubtfully, ***adv.*** ससंशयं, सशङ्कं, सन्देहेन, शङ्कया, सविकल्पं, सवितर्कं.

Doubtfulness, ***s.*** सन्दिग्धता, सांशयिकत्वं, ससंशयता, शङ्कनीयत्वं.

Doubtingly, ***adv.*** साशङ्कं, शङ्कापूर्व्वं, शङ्कया, अविश्वासेन, अप्रत्ययात्.

Doubtless, ***a.*** असंशयः -या -यं, असन्दिग्धः -ग्धा -ग्धं, निःसन्देहः -हा -हं.

Doubtless, doubtlessly, ***adv.*** असंशयं, निःसंशयं, निःसन्देहेन, संशयं विना, कः सन्देहः, सुनिश्चितं.

Douceur, ***s.*** पारितोषिकं, उपप्रदानं, उपायनं, उत्कोचः.

Dough, ***s.*** गुण्डिका, जलघटितः शक्तु ***m.,*** जलसंसृष्टः शक्तुः, मर्द्दितशक्तुः, पिष्टकः, अपूप्यः.

Doughty, ***a.*** वीरः -रा -रं, शूरः -रा -रं, विक्रान्तः -न्ता -न्तं, प्रशस्तः -स्ता -स्तं.

To **douse,** ***v. a.*** जले मज्ज् **in caus.** (मज्जयति -यितुं) **or** निमज्ज् **or** निविश् **in caus.** (-वेशयति -यितुं).—**(Put out)** निर्वा **in caus.** (-वापयति -यितुं).

Dove, ***s.*** कपोतः, कपोतिका, पारावतः, कलरवः, कलध्वनिः ***m.,*** कलकण्ठः.

Dove-cot, dove-house, ***s.*** कपोतपालिका, विटङ्कः, कपोतागारः, पारावतालयः.

Dove-tail, ***s.*** काष्ठसन्धिः ***m.,*** दारुसीवनं, काष्ठग्रन्थनं, कपोतबालाकारः काष्ठसन्धिः ***m.***

Dowager, ***s.*** मृतभर्त्तृधनभागिनी विधवा, निर्नाथा, रण्डा, मृतभर्त्तृका.

Dowdy, ***s.*** **(Woman)** विरूपी -पिणी, दुर्वेशिनी, दुर्वसना, स्थूलरूपी.

Dower, dowry, ***s.*** **(Jointure)** स्त्रीधनं, विधवाधनं, स्त्रीवृत्तिः ***f.,*** स्वामिदत्तं—**(Wife's portion)** यौतुकं, यौतकं, युतकं, शुल्कः, औद्वाहिकं, अध्यावाहनिकं.

Dowered, ***a.*** यौतुकवती, शुल्किनी, यौतुकप्राप्ता, मृतभर्त्तृधनभागिनी.

Dowerless, ***a.*** यौतुकहीनः -ना -नं, शुल्कहीनः -ना -नं, निर्धनः -ना -नं.

Dowlas, ***s.*** **(Coarse cloth)** स्थूलपट्टं, स्थूलशाटकः, वराशिः ***m.***

Down, ***s.*** **(Soft feather)** मृदुपक्षः, सुकुमारपक्षः, स्निग्धपर्णः, मुखस्पर्शः पर्णः.—**(Fine hair)** मृदुलोम ***n.*** (न्), स्निग्धलोकः, सुकुमारलोम.—**(Down of the body)** अङ्गरुहं, तनुरुहं, लोम ***n.*** (न्), रोम ***n.*** (न्), अङ्कुरः.—**(Down of plants)** तृणलोमः, तृणकेशः; **'down of the gourd,'** अलाबूकटं.—**(Poor hilly land for pasturing sheep)** अविप्रचारयोग्यं पर्व्वतीयमरुस्थलं, तृणसपर्व्वतः, निर्व्वनपर्व्वतः.

Down, *prep.* अव, अधस्; **'thrown down,'** अवपातितः -ता -तं, अधःपातितः -ता -तं, अवक्षिप्तः -प्ता -प्तं, अधःक्षिप्तः -प्ता -प्तं; **'put down,'** अधः कृतः -ता -तं; **'fallen down,'** अधःपतितः -ता -तं; **'gone down,'** अधोगतः -ता -तं; **'laid down,'** अवतारितः -ता -तं; **'handing down,'** अवलम्बमानः -ना -नं; **'to sit down,'** उपविश् **(c. 6.** -विशति -वेष्टुं); **'down to,'** पर्य्यन्तं, यावत् **affixed, as, 'down to the present time,'** अधुना यावत्.

Down, *adv.* अधस्, अधस्तात्, नीचे, अधोऽधस् अधोभागं प्रति. —**(Tending down)** अवाक्, अवाचीनं, अवकटं. —**(At the bottom)** अधःस्थः -स्था -स्थं; **'ups and downs,'** पातोत्पाताः ***m. pl.***

Down-cast, *a.* अवसन्नः -न्ना -न्नं, विषणः -णा -णं, विषणवदनः -ना -नं, अवनतः -ता -तं, नतमुखः -खी -खं, अधोमुखः -खी -खं, अधोवदनः -नी -नं, अवाङ्मुखः -खी -खं, अधोदृष्टिः -ष्टिः -ष्टि, दीनमुखः -खी -खं, विमुखः -खा -खं, दीनमनाः -ना -नः (स्), दीनचेतनः -ना -नं.

Downfall, *s.* ध्वंसः, प्रध्वंसः, क्षयः, परिक्षयः, नाशः, विनाशः, अत्ययः, व्ययः, उच्छेदः, उत्पाटनं, अधःपतनं.

Downfallen, *a.* अधःपतितः -ता -तं, परिक्षीणः -णा -णं, ध्वंसितः -ता -तं.

Downhearted, *a.* विषणः -णा -ज्ञां, दीनमनाः -नाः -नः (स्) **or** उद्विग्नमनाः **or** दुर्मनाः, दीनमनस्कः -स्का -स्कं, दीनचेतनः -ना -नं, म्लानः -ना -नं, खिद्यमानः -ना -नं, उत्साहहीनः -ना -नं.

Downhill, *s.* प्रवणभूमिः ***f.*** पातुकभूमिः, उत्सङ्गः, स्थानं क्रमशोऽधोगम्यं.

Downlooked, *a.* अधोदृष्टिः -ष्टिः -ष्टि, अधोमुखः -खी -खं, अधोवदनः -नी -नं, अवाङ्मुखः -खी -खं, नम्रमुखः -खी -खं, नतमूर्द्धा -र्द्धा -र्द्धा (न्).

Downlying, *s.* शयनकालः, शय्यागमनसमयः, विश्रामकालः.

Downlying, *a.* प्राप्तप्रसवकाला, आसन्नप्रसववेदना, प्राप्तशयनकाला.

Downright, *adv.* (Straight down) अवक्रं, अजिह्मं, अकुटिलं, अविलोमं अधोऽधस्, अवाक्. —**(Plainly)** व्यक्तं, सुव्यक्तं, भिन्नार्थं, स्पष्टं. —**(Completely)** सु **or** अति **prefixed,** सम्यक्, सर्व्वतस्, अखिलेन.

Downright, *a.* (Plain) स्पष्टः -ष्टा -ष्टं, व्यक्तः -क्ता -क्तं, सुस्पष्टः -ष्टा -ष्टं, सुव्यक्तः -क्ता -क्तं. —**(Direct)** अवक्रः -क्रा -क्रं, अजिह्मः -ह्मा -ह्मं, अकुटिलः -ला -लं.

Downsitting, *s.* उपवेशः -शनं, समुपवेशनं, विश्रामः.

Downward, *a.* अधस्तनः -नी -नं, अधोगामी -मिनी -मि (न्), अवाङ् -वाची -वाक् (क्), अवाचीनः -ना -नं, अवकटः -टा -टं. —**(Declivous)** प्रवणः -णा -णं, पातुकः -की -कं.

Downward, downwards *adv.* अव **prefixed,** अधस्, अधोऽधस्, अधस्तात्, अवाक्, आचीनं, अवकटं; **'looking downwards,'** अधोदृष्टिः ***m.f.;* 'going downwards,'** अधोगामी -मिनी -मि (न्).

Downy, *a.* (Covered with down or soft hair) मृदुलोमवान् -वती -वत् (त्), मृदुलोमा -मा -म (न्), स्निग्धपर्णः -र्णा -र्णं. —**(Soft)** मुखस्पर्शः -र्शा -र्शं, कोमलः -ला -लं, मृदुः -द्वी -दु, सुकुमारः -रा -रं.

Dowry, *s.* यौतुकं, शुल्कः. ***See*** **Dower.**

Dowse, *s.* आस्फोटः -टनं, चपेटिका, तलप्रहारः, कराघातः, चपेटाघातः.

To* doze, *v. n. निद्रा **(c. 2.** -द्राति -तुं), स्वप् **(c. 2.** स्वपिति, स्वप्तुं), प्रस्वप्, निमील् **(c. 1.** -मीलति -लितुं), शी **(c. 2.** शेते, शयितुं), निद्रां कृ, अल्पनिद्रां कृ, ईषन्निद्रां कृ.

Dozen, *s.* and *a.* द्वादश ***m.f.n.*** (न्), द्वादशकः -का -कं, द्वादशसंख्यकः -का -कं.

Dozer, *s.* निद्राणः, निद्रायमाणः, ईषन्निद्राकृत् ***m.,*** शायी ***m.*** (न्).

Doziness, *s.* निद्रा, निद्राशीलत्वं, शिशयिषा, निद्रालुत्वं, शयालुता.

Dozy, *a.* निद्रालुः -लुः -लु, शिशयिषुः -षु -षु, स्वप्नशीलः -ला -लं, निद्राशीलः -ला -लं, सुषुप्सुः -प्सुः -प्सु, नैद्रः -द्री -द्रं, निद्रालसः -सा -सं.

Drab, *s.* (Low woman) बन्धकी, कुलटा, वेश्या, भ्रष्टा, व्यभिचारिणी. —**(Brown cloth)** कपिशवस्त्रं.

Drab, *a.* (Dun-coloured) कपिशः -शा -शं, कपिलः -ला -लं, पिङ्गलः -ला -लं.

Drachm, drachma, *s.* (Silver coin) रूप्यमुद्राविशेषः. —**(Eighth part of a particular weight)** विशेषपरिमाणस्य पादार्द्धं.

Draff, *s.* उच्छिष्टं, शेषं, भुक्तावशेषं, शेषान्नं, मलं, खलं, किट्टं, असारः.

Draffish, draffy, *a.* मलिनः -ना -नं, खली -लिनी -लि (न्), असारः -रा -रं.

Draft, *s.* (Order for money) हुण्डिका, हुण्डिकापत्रं. ***See*** **Draught.**

To* drag, *v. a. कृष् **(c. 1.** कर्षति **c. 6.** कृषति, क्रष्टुं, कर्ष्टुं), आकृष्, हृ **(c. 1.** हरति -ते, हर्त्तुं). —**(Drag off, drag away)** अपकृष्, अवकृष्, व्यपकृष्; अपहृ, व्यपहृ. —**(Drag out)** उत्कृष्, निष्कृष्, उद्धृ, निर्हृ, उत्पट् **in caus.** (-पाटयति -यितुं).

To* drag, *v. n. कृष् **in pass.** (कृष्यते), आकृष्. —**(Proceed slowly)** विलम्ब् **(c. 1.** -लम्बते -म्बितुं).

Drag, *s.* (Instrument for dragging) आकर्षणी, आकर्षणयन्त्रं. —**(Car)** रथः, क्रीडारथः, चक्रयानं.

Dragged, ***p. p.*** कृष्टः -ष्टा -ष्टं, आकृष्टः -ष्टा -ष्टं, अवकृष्टः -ष्टा -ष्टं, हृतः -ता -तं.

To* draggle,** ***v. a. पङ्केन दुष् **in caus.** (दूषयति -यितुं), कर्द्दमे लुट् **in caus.** (लोटयति -यितुं), कर्द्दमान्तरेण कृष् **(c. 1.** कर्षति, क्रष्टुं).

To* draggle,** ***v. n. कर्द्दमे लुट् **(c. 6.** लुठति -ठितुं), कर्द्दमे लोटनाद् मलिनीभू, पङ्कान्तरेण कृष् **in pass.** (कृष्यते).

Draggle-tail, ***s.*** अपरिष्कृता स्त्री, अविनीतवेशिनी.

Drag-net, ***s.*** आकर्षकजालं, आकर्षणी, नदीतले आकर्षणयोग्यं जालं.

Dragon, ***s.*** नागः, व्यालः, अहिः ***m.,*** भुजङ्गमः, पन्नगः, पक्षयुक्तः सर्पः.

Dragon-like, ***a.*** नागरूपः -पी -पं, व्यालवद् उग्रस्वभावः -वा -वं.

Dragoon, ***s.*** अश्वारूढः सैन्यः, अश्वारोही योद्धा ***m.*** (द्धृ), सादी ***m.*** (न्).

To dragoon, ***v. a.*** देशम् अश्वारूढसैन्येन विप्लुतं कृ.

Drain, ***s.*** जलनिर्गमः, जलमार्गः, नालः, प्रणालः, नाली, प्रणाली, परीवाहः, परिवाहः, सारणिः ***f.*** -णी, जलोच्छ्वासः, उदकगमनमार्गः, जलवाहनी, कर्द्दमाटकः, सङ्करः, श्रमः, वाहसः; **'a village drain,'** ग्रामसङ्करः.

To* drain,** ***v. a. **(Draw off gradually)** क्रमशो निःसृ **in caus.** (-सार -यति -यितुं) **or** निर्गम् **in caus.** (-गमयति -यितुं) **or** निष्कृष् **(c. 1.** -कर्षति -क्रष्टुं) **or** आकृष् **or** अपवह् **(c. 1.** -वहति -वोढुं) **or** परिवह् **or** सु **in caus.** (स्रावयति -यितुं) **or** निःस्रु **or** उत्क्षिप् **(c. 6.** -क्षिपति -क्षेप्तुं). **—(Dry up, exhaust)** शुष् **in caus.** (शोषयति -यितुं), उच्छुष्, विशुष्, संशुष्, शुष्कीकृ. **—(Drink up)** आपा **(c. 1.** -पिबति -पातुं), प्रपा, परिपा.

Drained, ***p. p.*** शोषितः -ता -तं, उच्छोषितः -ता -तं, परिवाहितः -ता -तं, आपीतः -ता -तं, शुष्कीकृतः -ता -तं, रेचितः -ता -तं, नीरसीकृतः -ता -तं.

Drake, ***s.*** हंसः, कलहंसः, राजहंसः, कादम्बः, वरटः, कामिकः.

Dram, ***s.*** **(A small quantity)** अल्पिका, अल्पभागः. **—(A draught of spirituous liquor)** सुरापानं, शुण्डामात्रा, सुरामात्रा. **—(Drink to give courage)** वीरपाणं. **—(Spirituous liquor)** शुण्डा, शीधुः ***m.*** -धु ***n.*** सुरा, वारुणी, मदिरा, हाला; **'dram-shop,'** शुण्डापानं; **'keeper of one,'** शौण्डिकः -की ***f.***

Dram-drinker, ***s.*** सुरापः -पी ***f.,*** शुण्डापायी -यिनी ***f.*** (न्), शीधुपः -पी.

Drama, ***s.*** नाटकः, प्रकरणं, रूपं -पकं, यात्रा. **The following are various kinds :** भाणः, व्यायोगः, समवाकारः, डिमः, ईहामृगः, अङ्कः, वीथी, प्रहसनं. **—(Minor drama)** उपरूपकं. **The following are various kinds :** नाटिका, त्रोटकं, गोष्ठी, मट्टकं, नाट्यसारकः, प्रस्थानं, उतथ्यः, काव्यं, प्रेङ्खणं, हासकं, संलापकं, श्रीगदितं, शिल्पकं, विलासिका, लासिका, दुर्मल्लिका, प्रकरणिका, हल्लीषं, भाणिका. **—(The science or art of acting)** नाट्यं, नटचर्य्या.

Dramatic, dramatical, ***a.*** नाटकीयः -या -यं, नाटकविषयः -या -यं. काव्यशास्त्रीयः -या -यं, यात्रिकः -की -कं; **'dramatic language,** नाट्योक्तिः ***f.;*** **'dramatic rules,'** नाट्यधर्म्मिकः; **'dramatic representation,'** नटचर्य्या.

Dramatically, ***adv.*** नाट्यधर्म्मानुसारात्, नाटकरूपेण, काव्यशास्त्रानुसारेण.

Dramatis-personae, ***s.*** नटनामानि ***n. pl.,*** नटानां नामावलिः ***f.***

Dramatist, ***s.*** नाटकरचकः, नाटककर्त्ता ***m.*** (र्तृ), काव्यशास्त्रज्ञः, रूपकनिबन्धा ***m.*** (-धृ).

Drap, ***s.*** वस्त्रं, वसनं, पटः, चेलः -लं, चैलं, शाटकः -क.

Draper, ***s.*** वस्त्रविक्रेता ***m.*** (तृ), पटविक्रयी ***m.*** (न्), वस्त्रवाणिज्यकारी ***m.*** (न्).

Drapery, ***s.*** **(The trade)** वस्त्रादिक्रयविक्रयः, वस्त्रकर्म्म ***n.*** (न्), वस्त्रवाणिज्यं. **—(Cloth)** वस्त्रं, पटः, वासः ***n.*** (स्). **—(Dress of a picture, etc.)** प्रच्छपटः, परिच्छदः, वसनं, अम्बरं.

Draught, ***s.*** **(Act of drinking)** पानं. **—(Quantity drunk at once)** पीतं, पेयं, पानं, एकपानं; **'a draught of milk,'** पयःपानं. **—(Abstract)** सङ्ग्रहः, सारः, वस्तु, वस्तुमात्रं. **—(Delineation, sketch)** आलेख्यं, आलेखनं, पाण्डुलेख्यं, चित्रारम्भः, वस्तुमात्रं. **—(Picture drawn, resemblance)** चित्रं, उपमा -मानं, प्रतिमानं, प्रतिमूर्त्तिः ***f.*** **—(Detachment from the main army)** महासैन्यमध्याद् आनीतः सैन्यगुल्मः. **—(Sewer, drain)** सङ्करः, कर्द्दमाटकः. **—(Draught of a ship)** यत् जलपरिमाणं नावं प्लावयति. **—(Order for money),** ***See*** **Draft. (Act of drawing)** आकर्षणं, आकृष्टिः ***f.;*** **'a draught ox,'** शाकटः, प्रासङ्ग्यः, प्राप्तभारः.

Draught-board, ***s.*** अष्टापदं, शारिफलं-लकं, नयपीठी, पञ्चनी, पञ्चमी, पञ्चारी.

Draught-horse, ***s.*** शाकटः -टिकः -टीनः, रथ्यः, प्रवहणवाजी ***m.*** (न्).

Draughts, ***s.*** अष्टापदक्रीडा, शारिक्रीडा; **'a piece at draughts,'** शारिः ***m.,*** शारः, सारिः ***m.,*** सारः, सारिका, जतुपुत्रकः, खेलनी -लिनी, नयः; **'moving a piece at draughts,'** परिणायः, परीणायः.

Draughtsman, ***s.*** लेखकः, आलेख्यकृत्, चित्रकारः, चित्रकरः.

To **draw,** ***v. a.*** **(Pull along)** कृष् (**c. 1.** कर्षति **c. 6.** कृषति -ते, क्रष्टुं कर्ष्टुं), आकृष्, समाकृष्, परिकृष्, प्रतिकृष्, सङ्कृष्. —**(Drag forcibly)** हृ (**c. 1.** हरति, हर्त्तुं).—**(Attract)** आकृष्, समाकृष्, प्रतिकृष्, समुपकृष्; अभिप्रणी (**c. 1.** -णयति -णेतुं); **'she draw the eyes of all,'** सर्व्वचक्षूंषि मुष्णाति. —**(Lead, induce)** आनी, अनुनी.—**(Win conciliate)** आराध् (**c. 10.** -राधयित -यितुं), अभिराध्, अनुरञ्ज् (**c. 10.** -रञ्जयति -यितुं).—**(Receive, take)** ग्रह् (**c. 9.** गृह्णाति, ग्रहीतुं), लभ् (**c. 1.** लभते, लब्धुं), उपलभ्, आदा, उपादा.—**(Cause liquid to flow)** स्रु **in caus.** (स्रावयति -यितुं) **or** मुच् (**c. 6.** मुञ्चति, मोक्तुं **c. 10.** मोचयति -यितुं) **or** मोक्ष् (**c. 10.** मोक्षयति -यितुं) **or** अवसिच् (**c. 6.** -सिञ्चति -सेक्तुं); **'draw blood,'** रक्तं सु.—**(Close curtains)** तिरस्करिर्णी **or** यवनिकां संवृ (**c. 5.** -वृणोति -णुते -वरितुं -रीतुं) **or** सम्पुटीकृ.—**(Unclose curtains)** तिरस्करिर्णी विवृ **or** विततीकृ.—**(Represent, form a picture)** लिख् (**c. 6.** लिखति, लेखितुं), आलिख्, अभिलिख्; चित्र् (**c. 10.** चित्रयति -यितुं).—**(Describe)** वर्ण् (**c. 10.** वर्णयति -यितुं).—**(Unsheath a sword)** खड्गं विकोष् (**nom.** -कोषयति -यितुं) **or** कोषाद् निःसृ **in caus.** (-सारयति -यितुं) **or** विकोषीकृ.—**(Inhale)** श्वस् (**c 2.** श्वसिति -तुं), आश्वस्, प्राण् (**c. 2.** प्राणिति -तुं, **rt.** अन् **with** प्र).—**(Suck the breast)** स्तनं पा (**c. 1.** पिबति, पातुं), धे (**c. 1.** धयति, धातुं).—**(Extract)** निष्कृष्, उत्कृष, निर्तृ. —**(Extend, lengthen)** तन् (**c. 8.** तनोति -नितुं), विस्तृ **in caus.** (-स्तारयति -यितुं), द्राघ्. **nom.** (द्राघयति -यितुं). —**(Utter drawlingly)** दीर्घोच्चारण कृ.—**(Bend a bow)** धनुर् विस्फुर् **in caus.** (-स्फारयति -यितुं) **or** आयम् (**c. 1.** -यच्छति -यन्तुं).—**(Derive)** आनी, निष्कृष्, अपवह् (**c. 1.** -वहति -वोढु).—**(Cause to come out)** निःसृ **in caus.** (-सारयति -यितुं), निर्गम् **in caus.** (-गमयति -यितुं), उद्भू **in caus.** (-भावयति -यितुं).—**(Draw water)** जलम् उत्तुल् (**c. 10.** -तोलयति -यितुं).

To **draw-away,** ***v. a.*** अपकृष्, अपाकृष्, व्यपकृष्, व्यपाकृष्, अवकृष्, विकृष्, अपनी (**c. 1.** -नयति -नेतुं), व्यसपनी, अपहृ (**c. 1.** -हरति -हर्त्तुं).

To **draw-back,** ***v. a.*** प्रतिकृष्, प्रत्यांदा, प्रत्याहृ (**c. 1.** -हरति -हर्त्तुं), प्रतिसंहृ, प्रतिनी (**c. 1.** -नयति -नेतुं), प्रत्यानी.

To **draw-down,** ***v. a.*** **(Bring on, produce)** आवह् (**c. 1.** -वहति -वोढुं), उत्पद् **in caus.** (-पादयति -यितुं), जन् (**c. 10.** जनयति -यितुं).

To **draw-in,** ***v. a.*** संहृ (**c. 1.** -हरति -हर्त्तुं), प्रतिसंहृ, प्रत्याहृ, उपसंहृ.

To **draw-off,** ***v. a.*** अपकृष्, अपाकृष्, व्यपकृष्, अवकृष्, विकृष्, अपहृ, व्यपहृ, अपनी, व्यपनी, विनी.—**(Cause liquid to flow)** सु **in caus.** (सावयति -यितुं), मुच् (**c. 6.** मुञ्चति, मोक्तुं).

To **draw-on,** ***v. a.*** आकृष्, समाकृष्, समुपकृष्, आनी, अभिप्रणी. **(Bring on cause)** आवह् (**c. 1.** -वहति -वोढुं), उत्पद् **in caus.** (-पादयति -यितुं).

To **draw-over,** ***v. a.*** **(Induce)** अनुनी, आकृष्, प्रोत्सह् **in caus.** (-साहयति -यितुं), प्रयुज् **in caus.** (-योजयति -यितुं).

To **draw-out,** ***v. a.*** **(Extract)** निष्कृष्, उत्कृष्, निर्हृ, उद्धृ, उद्ग्रह् (**c. 9.** -गृह्णाति -ग्रहीतुं), निर्दुह् (**c. 2.** -दोग्धि -ग्धुं). —**(Extend, lengthen)** तन् (**c. 8.** तनोति -नितुं), वितन्, व्यातन्, विततीकृ, विस्तृ **in caus.** (-स्तारयति -यितुं), दीर्घीकृ. द्राघ (**nom.** द्राघयति -यितुं).—**(Beat out metal)** उद्वर्त्तनं कृ.—**(Array an army)** सैन्यं व्यूह् (**c. 1.** -ऊहते -हितुं), व्यूहेन रच् (**c. 10.** रचयति -यितुं), पंक्तिक्रमेण रच्.

To **draw-together,** ***v. a.*** समाहृ, संहृ, सङ्ग्रह्, एकीकृ, समानी, समूह् (**c. 1.** ऊहते -हितुं).

To **draw-up,** ***v. a.*** **(Lift, raise)** उत्तुल् (**c. 10.** -तोलयति -यितुं), उद्धृ, उत्कृष्, उद्वह् (**c. 1.** -वहति -वोढुं).—**(Compose in writing)** लिख् (**c. 6.** लिखति, लेखितुं), रच् (**c. 10.** रचयति -यितुं), विरच्, निबन्ध् (**c. 9.** -बध्नाति -बन्धुं).

To **draw,** ***v. n.*** **(As a beast of burden)** कृष् (**c. 1.** कर्षति **c. 6** कृषति -ते, क्रष्टुं).—**(As a weight)** कृष्, आकृष्. —**(Contract)** सङ्कुच् **in pass.** (-कुच्यते), सङ्कोचम् इ (**c. 2.** एति -तुं), संहृ **in pass.** (-ह्रियते). संक्षिप् **in pass.** (-क्षिप्यते).—**(Cause suppuration)** पूयं **or** पूयत्वं **or** पाकं जन् **in caus.** (जनयति -यितुं) **or** उत्पद् **in caus.** (-पादयति -यितुं).

To **draw-back, draw-off,** ***v. n.*** अपक्रम् (**c. 1.** -क्रामति -क्रमितुं), व्यपक्रम्, अपसृ (**c. 1.** -सरति -सर्त्तुं), अपया (**c. 2.** -याति -तुं), निवृत् (**c. 1.** -वर्त्तते -र्त्तितुं), प्रतिनिवृत्, पार्श्वे परिवृत्, परावृत्, पलाय् (**c. 1.** पलायते -यितुं), अवस्था (**c. 1.** -तिष्ठति -स्थातुं).

To **draw-near, draw-on,** ***v. n.*** **(Approach)** उपस्था (**c. 1.** -तिष्ठति -स्थातुं), उपवृत् (**c. 1.** -वर्त्तते -र्त्तितुं), आगम् (**c. 1.** -गच्छति -गन्तुं). उपागम्, आया (**c. 2.** -याति -तुं).

Drawback, ***s.*** **(deduction)** उद्धारः, उद्धृतभागः, भागप्रतिदानं. —**(Loss of advantage)** हानिः ***f.,*** क्षतिः ***f.,*** अपचयः, अपचितिः ***f.,*** अपाय.

Draw-bridge, ***s.*** जङ्गमसेतुः ***m.,*** चलसेतुः ***m.,*** लघुसेतुः यो विक्रष्टुम् उत्तोलयितुं वा शक्यते.

Drawer, ***s.*** कर्षकः, आकर्षकः.—**(A sliding case)** चलकोष्ठः, चलकोष्ठकं, सम्पुटः -ढकः, भाजनं.

Drawers, ***s. pl.*** **(For the legs)** कञ्चुकः, शाटकः, कटिवस्त्रं, कटीपटः, जङ्घापरिधानं.

Drawing, ***s.*** **(Act of pulling)** कर्षः -र्षणं, कृष्टिः ***f.,*** आकर्षः -र्षणं, आकृष्टिः ***f.;*** **'drawing of water,'** जलोत्तोलनं. **—(Representation)** चित्रं, चित्रलेखा-लिखनं, चित्रफलकः, आलेख्यं, वर्त्तिकारेखा, प्रतिमानं, प्रतिमा, प्रतिरूपं. **—(Art of drawing)** चित्रकर्म्म ***n.*** (न्), चित्रविद्या.

Drawing-master, ***s.*** चित्रकर्म्मविद् ***m.,*** चित्रविद्योपदेशकः, चित्रलिखनविद्याज्ञः.

Drawing-room, ***s.*** दर्शनशाला, दर्शनगृहं, उपवेशनशाला. **—(Of a king)** राजदर्शनं.

To **drawl,** ***v. n.*** दीर्घोच्चारणेन वद् **(c. 1.** वदति -दितुं), दीर्घोदाहरणं कृ, मन्दं मन्दं वाक्यानि उच्चर् **in caus.** (-चारयति -यितुं).

Drawling, ***s.*** दीर्घोच्चारणं, दीर्घोदाहरणं, मन्दोच्चारणं, दीर्घव्याहरणं.

Drawn, ***p. p.*** **(Pulled)** कर्षितः -ता -तं, कृष्टः -ष्टा -ष्टं, आकृष्टः -ष्टा -ष्टं. **—(Delineated)** आलिखितः -ता -तं, अभिलिखितः -ता -तं, चित्रितः -ता -तं. **—(Unsheathed)** विक्रोषः -षा -षं, विकोपीकृतः -ता -तं, उल्लसितः -ता -तं, कोषान्निःसारितः -ता -तं. **—(Drawn up, lifted)** उत्तोलितः -ता -तं, उद्वाहितः -ता -तं, उद्धृतः -ता -तं, समुदक्तः -क्ता -क्तं, **(Drawn up in array)** व्यूढः -ढा -ढं, विन्यस्तः -स्ता -स्तं, व्यूहेन रचितः -ता -तं, श्रेणीबद्धः -द्धा -द्धं. **—(Equal)** समानः -ना -नं, तुल्यबलः -ला -लं; **'a cart drawn by a horse,'** अश्वयुक्तः **or** अश्वप्रयुक्तः शकटः; **'a chariot drawn by white horses,'** श्वेतहयैर् युक्तो रथः.

Draw-well, ***s.*** गम्भीरकूपः, जलकूपी, उदकाधारः.

Dray, ***s.*** शकटः -टं, गन्त्री, गन्त्रीरथः, चक्रयानं, चातुरं, अष्टागवं.

Dray-horse, ***s.*** शाकटः, शाकटिकवाजी ***m.*** (न्), शकटाश्वः.

Dray-man, ***s.*** शकटवाहकः, शाकटिकः, गन्त्रीवाहकः, चातुरिकः.

Dread, ***s.*** त्रासः, सन्त्रासः, साध्वसं, भयं, भीतिः ***f.,*** भीष्मं, भीषणं.

Dread, ***a.*** त्रासकरः -री -रं, भीषणः -णा -णं, भीमः -मा -मं.

To **dread,** ***v. a.*** **and** ***n.*** भी **(c. 3.** बिभेति, भेतुं) **with abl. or gen. c. So also** प्रभी, विभी, त्रस् **(c. 4.** त्रस्यति, त्रसितुं), वित्रस्, उद्विज् **(c. 6.** -विजते -जितुं).

Dreadful, ***a.*** भयङ्करः -री -रं, भयानकः -का -कं, दारुणः -णा -णं, घोरः -रा -रं, भीमः -मा -मं, भयावहः -हा -हं, त्रासकरः -रा -रं, उग्रः -ग्रा -ग्रं, भीरुमयः -यी -यं, भैरवः -वा -वं, सुभैरवः -वा -वं, रौद्रः -द्री -द्रं, घोरदर्शनः -ना -नं, उद्वेजनीयः -या -यं.

Dreadfully, ***adv.*** दारुणं, घोरं, भयानकं, उग्रं, भैरवं, रौद्रं.

Dreadfulness, ***s.*** घोरत्वं, दारुणता, दारुण्यं, उग्रत्वं, रौद्रता.

Dreadless, ***a.*** त्रासहीनः -ना -नं, निःसाध्वसः -सा -सं, निर्भयः -या -यं.

Dream, ***s.*** स्वप्नः, स्वप्नदर्शनं, स्वप्नसृष्टिः ***f.,*** स्वप्नप्रपञ्चः, सुप्तज्ञानं, सुप्तविज्ञानं, स्वापः, दर्शनं, स्वप्नकल्पितं निद्रा, संवेशः. **—(Vain fancy)** मृषार्थकं., वृथावासना, अनर्थकवासना, मिथ्यावासना, असम्भवकल्पना, दुर्वासना, अनर्थकचिन्ता, आभासः, अनर्थकभावना; **'like a dream,'** स्वप्नवत्.

To **dream,** ***v. n.*** **(See images in sleep)** स्वप्नं दृश् **(c. 1.** पश्यति, द्रष्टुं), स्वप्न **(nom.** स्वप्नायते), उत्स्वप्न, स्वप्नकल्पितं दृश. **—(Imagine think)** चिन्त् **(c. 10.** चिन्तयति -यितुं), भू **in caus.** (भावयति -यितुं), मनसि **or** मनसा क्लृप् **(c. 10.** कल्पयति -यितुं). **—(Think idly)** अनर्थकचिन्ता कृ, वृथावासनां कृ, असम्भवकल्पनां कृ.

To **dream,** ***v. a.*** **(See in a dream)** स्वप्ने दृश् **(c. 1.** पश्यति, द्रष्टुं).

Dreamer, ***s.*** स्वप्नदर्शकः. **—(A fanciful man)** वृथावासनाकारी ***m.*** (न्), दुर्वासनाकृत्, अनर्थकचिन्ताकरः, असम्भवकल्पयिता ***m.*** (तृ).

Dreamy, ***a.*** स्वप्नवान् -वती -वत् (त्), स्वप्नमयः -यी -यं.

Dreariness, ***s.*** शून्यता, निर्जनत्वं, निर्मनुष्यता, निरानन्दता, घोरता.

Dreary, drear, ***a.*** **(Uninhabited, gloomy, wild)** निर्जनः -ना -नं, निर्मनुष्यः -ष्या -ष्यं, शून्यः -न्या -न्यं, तमस्वी -स्विनी -स्वि (न्), तामसः -सी -सं, निष्प्रभः -भा -भं, जाङ्गलः -ली -लं, आरण्यकः -का -कं. **—(Joyless)** निरानन्दः -न्दा -न्दं.

Dredge, ***s.*** **(Drag-net)** आकर्षणजालं, आकर्षणी, आकर्षणयन्त्रं.

To **dredge,** ***v. a.*** **(Catch with a dredge)** आकृष् **(c. 1.** -कर्षति -क्रष्टुं). **—(Scatter flour on meat when roasting)** पच्यमानमांसे चूर्णं क्षिप् **(c. 6.** क्षिपति, क्षेप्तुं).

Dreggish, dreggy, ***a.*** मलिनः -ना -नं, समलः -ला -लं, खली -लिनी -लि (न्).

Dregs, ***s.*** मलं, खलं, किट्टं, उच्छिष्टं, शेषं, कलङ्कः, अमेध्यं, अवस्करः, अपस्करः, कल्कं, असारः, विनीयः.

To **drench,** ***v. a.*** क्लिद् **in caus.** (क्लेदयति -यितुं) सिच् **(c. 6.** सिञ्चति सेक्तुं), समुक्ष् **(c. 1.** -उक्षति -क्षितुं), अभ्युक्ष्, जलेन प्लु **in caus.** (प्लावयति -यितुं), समाप्लु.

Drench, ***s.*** **(A draught)** पानं, पेयं. **—(Medicine for horses, &c).** अश्वादिना निगरणीयम् औषधं.

Drenched, ***p. p.*** सिक्तः -क्ता -क्तं, समाप्लुतः -ता -तं, प्रक्लिन्नः -न्ना -न्नं.

Dress, ***s.*** वेशः, वेषः, वस्त्रं, वासः ***n.*** (स्), वसनं, परिधानं, भरणं, आभरणं, परिच्छदः, अम्बरं, भूषणं, विभूषणं, अलङ्कारः,

प्रसाधनं, आच्छादनं, प्रतिकर्म्म *n.* (न्), सज्जा, संस्कारः, नेपथ्यं, आकल्पः.

To* dress, *v. a. **(Clothe)** वेष्ट् **(c. 1.** वेष्टते -ष्टितुं), परिवेष्ट्, प्रवेष्ट्; आछद् **(c. 10.** -छादयति -यितुं), प्रवृ **(c. 5.** -वृणोति -वरितुं -रीतुं), संव्ये **(c. 1.** -व्ययति -व्यातुं), वस्त्र **(nom.** वस्त्रयति -यितुं), परिधा **in caus.** (-धापयति -यितुं), प्रसाध् **in caus.** (-साधयति -यितुं), वस **in caus.** (वासयति -यितुं), विवस्, प्रतिवस्.—**(Clothe one's self)** वस् **(c. 2.** वस्ते, वसितुं), प्रवस्, विवस्, परिधा **(c. 3.** -धत्ते -धातुं), वस्त्राणि परिधा **or** आछद् **or** आमुच् **(c. 6.** -मुञ्चति -मोक्तुं).—**(Adorn)** भूष् **(c. 1.** भूषति -षितुं **c. 10.** भूषयति -यितुं); विभूष्, परिभूष्, अलङ्कृ, समलङ्कृ, परिष्कृ.—**(Prepare)** क्लृप् **(c. 10.** कल्पयति -यितुं), उपक्लृप्; संस्कृ, उपस्कृ, सज्जीकृ.—**(Prepare food)** अन्नं **or** मांसं पच् **(c. 1.** पचति, पक्तुं) **or** संस्कृ, **or** श्रा **in caus.** (श्रपयति -यितुं) **or** सिद्धीकृ **or** सन्धा **(c. 3.** -दधाति -धातुं).—**(Dress the hair)** केशान् रच् **(c. 10.** रचयति -यितुं).—**(Trim, put in order)** रच्, विरच्, विधा, सज्जीकृ, विन्यस् **(c. 1.** -अस्यति -असितुं).—**(Curry a horse)** अश्वलोम मृज् **(c. 2.** मार्ष्टि -र्ष्टुं) **or** सम्मृज्.—**(Dress leather)** चर्म्म परिष्कृ.—**(Cleanse)** शुध् **in caus.** (शोधयति -यितुं), प्रक्षल् **(c. 10.** -क्षालयति -यितुं), निर्णिज् **(c. 3.** -नेनेक्ति -नेक्तुं).—**(Dress a wound)** क्षतं परिष्कृ, औषधं प्रतिसृ **in caus.** (-सारयति -यितुं).

Dressed, *p. p.* **(Clothed)** आच्छादितः -ता -तं, परिच्छन्नः -न्ना -न्नं, वेष्टितः -ता -तं, वस्त्रवेष्टितः -ता -तं, वासितः -ता -तं, सवेशः -शा -शं, सचेलः -ला -लं, सवासाः -सा -सः (स्), संवीतः -ता -तं, प्रावृतः -ता -तं, परिहितः -ता -तं, वेशी -शिनी -शि (न्), वस्त्रान्वितः -ता -तं, अनग्नः -ग्ना: ग्नं, अलङ्कृतः -ता -तं, भूषितः -ता -तं; **'well-dressed,'** सुवेशः -शा -शं, सुवसनः -ना -नं, सुवः ***m.f.n.*** (स्); **'ill-dressed,'** दुर्वासाः -साः -सः (स्); **'dressed as a herdsman,'** गोपवेशः **or** गोपवासाः; **'dressed as a hermit,'** मुनिवेशः; **'dressed in yellow,'** पीताम्बरः -रा -रं.—**(Cooked)** पक्वः -क्वा -क्वं, सिद्धः -द्धा -द्धं, संस्कृतः -ता -तं, श्राणः -णा -णं, शृतः -ता -तं, श्रपितः -ता -तं, प्रणीतः -ता -तं, उपसम्पन्नः -न्ना -न्नं, राद्धः -द्धा -द्धं, **'dressed food,'** सिद्धान्नं; **'half dressed,'** आपक्वः -क्वा -क्वं; **'half-dressed grain,'** पौलिः ***m.,*** अभ्युषः, अभ्यूषः, अभ्योषः.—**(As a wound)** प्रतिसारितः -ता -तं.

Dresser, *s.* **(One who dresses)** आच्छादकः, प्रसाधकः -का, परिधानकृत्, कल्पकः.—**(Of hair)** केशरचकः.—**(Table for dressing food)** अन्नसंस्कारफलकं, पाकफलकः.

Dressing, *s.* **(Putting on clothes)** वस्त्राच्छादनं, वस्त्रपरिधानं, अङ्गसंस्कारः, कल्पना, वस्त्रमाल्यादिविन्यासः.—**(Of food)** अन्नसंस्कारः, पाकः, पाकनिष्पत्तिः ***f.***—**(Of a wound)** प्रतिसारणं, लेपः, प्रलेपः, विलेपः, उपदेहः, उपनाहः.—**(Chastisement)** शास्तिः ***f.,*** दण्डनं, वेत्राघातः.

Dressing-gown, *s.* अङ्गसंस्कारकाले भृतो लघुप्रावारः.

Dressing-room, *s.* वस्त्रपरिधानशाला, आच्छादनशाला, विभूषणागारः, नेपथ्यं, अङ्गसंस्कारगृहं.

Dress-maker, *s.* स्त्रीवेशकारिणी, स्त्रीवस्त्रकृत् ***f.,*** स्त्रीवेशनिर्म्माणोपजीविनी.

Dressy, *a.* दर्शनीयः -या -यं, दर्शनीयवेशी -शिनी -शि (न्).

To* drib, *v. a. उद्धृ **(c. 1.** -हरति -हर्त्तुं), अवछिद् **(c. 7.** -छिनत्ति -छेत्तुं).

To* dribble, *v. n. लवशः **or** विन्दुक्रमेण स्यन्द् **(c. 1.** स्पन्दते -न्दितुं) **or** प्रस्यन्द्, शनैः शनैः क्षर् **(c. 1.** क्षरति -रितुं) **or** री **(c. 4.** रीयते, रेतुं) **or** स्रु **(c. 1.** स्रवति, स्रोतुं).

To* dribble, *v. a. लवशः **or** विन्दुक्रमेण सु **in caus.** (स्रावयति -यितुं).

Dribblet, *s.* कणः, कणिका, लवः, लेशः, स्तोकः, खण्डं, अल्पभागः; **'in dribblets,'** लपशस्, अल्पाल्पं, स्तोकशस.

Dried, *p. p.* शुष्कः -ष्का -ष्कं, शाबितः -ता -तं, विशोषितः -ता -तं, उच्छष्क -ष्का -ष्कं, गतरसः -सा -सं, अवानः -ना -नं, वसुः -सुः -सु. **dried flesh,'** शुष्कमांसं, वल्लूरं; **'dried fruit,'** विप्रदहः; **'dried up,** उच्छोषितः -ता -तं.

Drier, *s.* शोषणः, शोषकः, उच्छोषणः -णी -णं, शुष्ककृत्.

Drift, *s.* **(Tendency, aim)** प्रवृत्तिः ***f.,*** प्रवाहः, तात्पर्य्यं, अन्वयः अभिप्रायः, अभिप्रेतं, आशयः, उद्देशः, प्रावण्यं, अभिसन्धिः ***m.,*** आकांक्षा.—**(Impulse)** वेगः, प्रेरणं, प्रणोदः.—**(Heap)** राशिः ***m.f.,*** पुञ्जः, चितिः ***f.,*** सञ्चयः, निकरः; **'of snow,'** हिमपुञ्जः, हिमसंहतिः ***f.*** **(Shower of any thing)** सम्पातः, पातः, वर्षः.

To* drift, *v. a. प्रवह् **in caus.** (-वाहयति -यितुं) सम्पत् **in caus.** (-पातयति -यितुं), प्रेर् **(c. 10.** प्रेरयति -यितुं **rt.** ईर्), राशीकृ, पुञ्जीकृ, पिण्डीकृ, एकौघीकृ.

To* drift, *v. n. वातबलेन राशीभू, वायुवेगात् पुञ्जीभू.—**(Be carried away by the current)** सलिलवेगेन संवह् **in pass.** (समुह्यते) अपवह् **in pass.**

Drifted, *p. p.* वातप्रेरितः -ता -तं, वायुवेगराशीकृतः -ता -तं.

To* drill, *v. a. **(Perforate)** व्यध् **(c. 4.** विध्यति, व्यद्धुं), छिद्र **(c. 10.** छिद्रयति -यितुं), शुपिरीक.—**(Exercise troops)** सैन्यान् अभ्यम् **(c. 4.** -अस्यति -असितुं), सैन्यान् रणशिक्षां **or** अस्त्रशिक्षां शिक्ष् **(c. 10.** शिक्षयति -यितुं), युद्धविद्यां शिक्ष्, सैन्यव्यायामं कृ.—**(Sow seed in rows)** पंक्तिक्रमेण वीजानि वप् **(c. 1.** वपति, वप्तुं).

Drill, ***s.*** **(Boring tool)** आविधः, वेधनी, वेधनिका, आस्फोटनी. —**(Act of training soldiers)** शस्त्राभ्यासः, अस्त्रशिक्षा, सैन्यव्यायामः.—**(Baboon)** वानरः, कपिः ***m.***

To **drink,** ***v. a.*** पा **(c. 1.** पिवति, पातुं), आपा, निपा, परिपा, चम् **(c. 1.** चमति -मितुं), आचम् **(c. 1.** आचामति); **'to drink up,'** आपा; **'drink in,'** निपा; **'drink together,'** सम्पा; **'drink after,'** अनुपा; **'to give to drink,'** पा **in caus.** (पाययति -यितुं).

To **drink,** ***v. n.*** पा **(c. 1.** पिवति, पातुं).—**(Be a drunkard)** पानरतः -ता -तम् अस्.—**(Feast with liquors)** सम्पीतिं कृ, सपीतिं कृ.—**(Salute in drinking)** चपकग्रहणकाले मङ्गलप्रार्थनां कृ **or** शुभं भूयाद् इति वद् **(c. 1.** वदति -दितुं).

Drink, ***s.*** पानं, पानीयं, पेयं, पयः ***n.*** (स्), आचमनीयं, मद्यं, मदिरा.

Drinkable, ***a.*** पेयः -या -यं, पानीयः -या -यं, प्रपाणीयः -या -यं, आचमनीयः -या -यं, पानयोग्यः -ग्धा -ग्यं, पानोपयुक्तः -क्ता -क्तं.

Drinker, ***s.*** पाता ***m.*** (तृ), पायी ***m.*** (न्), थानरतः, पानप्रसक्तः, मद्यपीतः.

Drinking, ***s.*** पानं, पीतिः ***f.,*** निपानं, आचमन; **'drinking together,'** सम्पीतिः ***f.,*** सपीतिः ***f.***

Drinking-vessel, ***s.*** पानपात्रं, पानभाजनं, पानयोग्यभाजनं, आचमनोपयुक्तपात्रं, चषकः, सरकः, अनुतर्षः -र्षणं.

To **drip,** ***v. n.*** कणशः **or** लवशः **or** विन्दुक्रमेण स्यन्द् **(c. 1.** स्यन्दते -न्दितुं) **or** प्रस्यन्द्, शनैः शनैः क्षर् **(c. 1.** क्षरति -रितुं) **or** री **(c. 4.** रीयते, रेतुं) **or** सु **(c. 1.** स्रवति, स्रोतुं).

To **drip,** ***v. a.*** कणशः **or** शनैः शनैः सु **in caus.** (सावयति -यितुं).

Drip, ***s.*** **(Edge of a roof)** पटलप्रान्तः, वलिकः -कं, नीध्रं.

Dripping, ***part.*** **(Trickling)** स्यन्दी -न्दिनी -न्दि (न्), स्यन्नः -न्ना -न्नं, निस्यन्दमा[illegible] -ना -नं, क्षरन् -रन्ती -रत् (त्), रीणः -णा -णं, सुतः -ता -तं.

Dripping, ***s.*** **(Act of trickling)** क्षरणं, स्रवणं, श्रवणं, प्रस्रवणं, स्रवः, श्रवः, स्रावः, स्यन्दनं.—**(Fat which falls from roasting meat)** पच्यमानमांसघृतं, मांसवसा, मांसस्नेहः, मांसनिर्गतसारः.

Dripping-pan, ***s.*** पच्यमानमांसात् प्रसुतघृतस्य भाजनं, मांसस्नेहाधारः.

To **drive,** ***v. a.*** **(Impel, compel)** प्रेर् **(c. 10.** -ईरयति -यितुं), प्रणुद् **(c. 6.** -णुदति -णोत्तुं), प्रचुद् **(c. 10.** -चोदयति -यितुं), प्रवृत् **in caus.** (-वर्त्तयति -यितुं), चल् **in caus.** (चालयति -यितुं) नियुज् **in caus.** (-योजयति -यितुं), कृष् **(c. 1.** कर्षति, क्रष्टुं), समाकृष्.—**(Urge or guide horses)** अश्वान् प्रेर् **or** प्रणुद् **or** प्रचुद् **or** यम् **(c. 1.** यच्छति, यन्तुं).—**(Drive a carriage)** रथं वह् **in caus.** (वाहयति -यितुं), **or** चल् **in caus.**—**(Drive a nail)** कीलम् आहत्य प्रविश् **in caus.** (-वेशयति -यितुं).—**(Drive away)** अपानुद्, व्यपानुद्, निराकृ, अपाकृ, निरस् **(c. 4.** -अस्यति -असितुं), अपास्, अपवह् **(c. 1.** -वहति -वोढुं), व्यपवह्, अपवह् **in caus.** निर्धू **(c. 5.** -धूनोति -धवितुं), विधू, निःसृ **in caus.** (-सारयति -यितुं), बाध् **(c. 1.** बाधते -धितुं), हृ **(c. 1.** हरति, हर्त्तुं), अपहृ, परिहृ.

To **drive,** ***v. n.*** **(Be impelled)** प्रेरितः -ता -तं भू, अपवह् **in pass.** (अपोह्यते **rt.** वह्), संवह् **in pass.** चल् **in caus. pass.** (चाल्यते) कृष् **in pass.** (कृष्यते).—**(Rush against)** आपत् **(c. 1.** -पतति -तितुं), अभिपत्.—**(In a carriage)** क्रीडारथेन विहारं कृ.—**(Aim at)** अभिसन्धा **(c. 3.** -दधाति -धातुं), उद्दिश् **(c. 6.** -दिशति -देष्टुं), अभिप्रे **(c. 2.** अभिप्रैति -तुं **rt.** इ).

Drive, ***s.*** क्रीडारथेन भ्रमणं **or** विहारः **or** परिक्रमः.

To **drivel,** ***v. n.*** लालां **or** श्लेष्मानं मुखात् सु **in caus.** (स्रावयति -यितुं) **or** पत् **in caus.** (पातयति -यितुं) **or** निःसृ **in caus.** (-सारयति -यितुं).—**(Be idiotic, childish)** बुद्धिविकलः -ला -लं, भू, बालिशीभू, जडीभू.

Drivel, ***s.*** लाला, मुखस्रावः, वक्त्रासवः, वदनासवः, स्यन्दिनी, द्राविका, सृणिका, लसिका, मुखनिःसारितं जलं.

Driveller, ***s.*** लालास्रावकः.—**(Idiot)** जडः, मूढः, बुद्धिविकलः.

Driven, ***p. p.*** प्रेरितः -ता -तं, प्रणोदितः -ता -तं, प्रणुन्नः -न्ना -न्नं, प्रवर्त्तितः -ता -तं, प्रचोदितः -ता -तं; **'driven away,'** अपनोदितः -ता -तं, निराकृतः -ता -तं, अपाकृतः -ता -तं, निरस्तः स्ता -स्तं, निर्धूतः -ता -तं, विधूतः -ता -तं, अवधूतः -ता -तं, अपोढः -ढा -ढं, व्यपोढः -ढा -ढ, च्यावितः -ता -तं.

Driver, ***s.*** प्रेरकः, प्रणोदकः.—**(Of a carriage)** रथवाहकः, यन्ता ***m.*** (न्तृ), नियन्ता ***m.,*** प्राजकः, प्राजिता ***m.*** (तृ), प्रचेता ***m.*** (तृ), याता ***m.*** (तृ).—**(Of horses)** अश्वप्रणोदकः, हयङ्कषः. —**(Of an elephant)** महामात्रः, आधोरणः, हस्तिपः, -पकः. —**(Of cattle)** पशुप्रेरकः.

Driving, ***s.*** प्रेरणं, प्रणोदः.—**(Of cattle)** पशुप्रेरणं, उदजः; **'driving away,'** अपनोदनं, निरसनं, निराकरणं.

To **drizzle,** ***v. n.*** शीकर **(nom.** शीकरायते), शीक् **(c. 1.** शीकते -कितुं).

To **drizzle,** ***v. a.*** शीकरं वृष् **(c. 1.** वर्षति -र्षितुं), सूक्ष्मविन्दून् वृक्ष्.

Drizzling, ***s.*** शीकरवर्षः, शीकरपातः, सूक्ष्मविन्दुवर्षः.

Drizzly, ***a.*** शीकरौघः -घा -घं, शीकरविशिष्टः -ष्टा -ष्टं.

Droll, ***a.*** हासकरः -री -रं, हास्यः -स्या -स्यं, उपहास्यः -स्या -स्यं, रसिकः -का -कं, विनोदी -दिनी -दि (न्), कौतुकी -किनी -कि (न्), असङ्गतः -ता -तं, अपरूपः -पा -पं.

Droll, ***s.*** परिहासवेदी ***m.*** (न्), वैहासिकः, विदूषकः, भण्डः, नर्म्मसचिवः.

To **droll,** ***v. n.*** भण्ड् **(c. 1.** भण्डते -ण्डितुं), भण्डवत् परिहासं कृ.

Drollery, ***s.*** हास्यत्वं, हास्यं, परिहासः, नर्म्म ***n.*** (न्), उपहास्यता, विहासः, वैहासिककर्म्म ***n.*** (न्), भाण्डं, लालिका, विनोदः.

Dromedary, ***s.*** एकककुद्, द्विककुद्मान् ***m.*** (त्), उष्ट्रविशेषः, क्रमेलः.

Drone, ***s.*** **(Male bee)** पुन्मधुकरः, पुम्भृङ्गः.—**(Idler)** अलसः, निष्कर्म्मा ***m.*** (न्), निरुत्साहः, आलस्यशीलः, मन्दगतिः ***m.,*** तन्द्रालुः.

To **drone,** ***v. n.*** अलसः -सा -सम् अस्, आलस्यं कृ, मन्दीभू.

Dronish, ***a.*** आलस्यशीलः -ला -लं, तन्द्रालुः -लुः -लु, निरुद्योगः -गा -गं.

To **droop,** ***v. n.*** म्लै **(c. 1.** म्लायति -म्लातुं), परिम्लै, सद् **(c. 1.** सीदति, सत्तुं), अवसद्, विषद्, व्यवसद्, क्षि **in pass.** (क्षीयते), ग्लै **(c. 1.** ग्लायति, ग्लातुं), ध्वंस् **(c. 1.** ध्वंसते -सितुं), विध्वंस्, क्लम् **(c. 4.** क्लाम्यति, क्लमितुं), परिक्लम्, स्रंस् **(c. 1.** स्रंसते -सितुं), विस्रंस्, गल् **(c. 1.** गलति -लितुं), तम् **(c. 4.** ताम्यति, तमितुं), शिथिलीभू.

Drooping, ***a.*** म्लानः -ना -नं, परिम्लानः -ना -नं, सन्नः -न्ना -न्नं, अवसन्नः -न्ना -न्नं, स्रंसमानः -ना -नं, स्रंसी -सिनी -सि (न्), विषादी -दिनी -दि (न्), ग्लायन् -यन्ती -यत् (त्), ध्वंसी -सिनी -सि (न्) **or** विध्वंसी, क्लान्तः -न्ता -न्तं, शिथिलः -ला -लं, आगलितः -ता -तं.

Drop, ***s.*** विन्दुः ***m.,*** कणः, विप्लुट् ***f.*** (ष्), विप्रुट्, पृषत् ***n.,*** पृषतः, पृषन्ति ***n.*** लवः, लेशः, स्तोकः, गडः, धारा, कणिका, शीकरः, स्फाटकः, पुष्वा; **'drop of water,'** जलविन्दुः ***m.,*** अम्बुकणः -णा, अम्बुलवः, जलरण्डः, पयोगडः.—**(Ear-ring)** लोलकः, कुण्डलं; **'drop by drop,'** लवशस्, विन्दुक्रमेण.

To **drop,** ***v. a.*** **(Pour out in drops)** लवशस् **or** विन्दुक्रमेण सु **in caus.** (स्रावयति -यितुं) **or** पत् **in caus.** (पातयति -यितुं).—**(Let fall)** पत् **in caus.** स्रंस् **in caus.** (स्रंसयति -यितुं), भ्रंश **in caus.** (भ्रंशयति -यितुं), च्यु **in caus.** (च्यावयति -यितुं), ध्वंस् **in caus.** (ध्वंसयति -यितुं).—**(Let go)** मुच् **(c. 6.** मुञ्चति, मोक्तुं), सृज् **(c. 6.** सृजति, स्रष्टुं, **c. 10.** सर्ज्जयति -यितुं), विसृज्.—**(Leave off)** त्यज् **(c. 1.** त्यजति, त्यक्तुं), अपास् **(c. 4.** -अस्यति -आसतुं), निवृत् **(c. 1.** -वर्त्तते -र्त्तितुं) **with abl.**—**(Utter a word casually)** अकस्मात् **or** अनपेक्षितं वाक्यं वद् **(c. 1.** वदति -दितुं).

To **drop,** ***v. n.*** **(Distill in drops)** स्यन्द् **(c. 1.** स्यन्दते -न्दितुं), प्रस्यन्द्, स्रु **(c. 1.** स्रवति, स्रोतुं), प्रस्रु, च्युत् **or** श्च्युत् (च्योतति, श्च्योतति -तितुं), क्षर् **(c. 1.** क्षरति -रितुं), री **(c. 4.** रीयते, रेतुं).—**(Fall)** स्रंस् **(c. 1.** स्रंसते -सितुं), आस्रंस्, विस्रंस्, पत् **(c. 1.** पतति -तितुं), भ्रंश् **(c. 4.** भ्रश्यति, **c. 1.** भ्रंशते, भ्रंशितुं), परिभ्रंश्, गल् **(c. 1.** गलति -लितुं), अवगल्, समागल्, विगल्, च्यु **(c. 1.** च्यवते, च्योतुं), ध्वंस् **(c. 1.** ध्वंसते -सितुं), लम्ब् **(c. 1.** लम्बते -म्बितुं).—**(Die)** मृ **(c. 6.** म्रियते, मर्त्तुं).—**(Sink)** सद् **(c. 1.** सीदति, सत्तुं) अवसद्, विषद्, म्लै **(c. 1.** म्लायति, म्लातुं).—**(Faint)** मुर्छ् **(c. 1.** मूर्च्छति -र्च्छितुं).

Droplet, ***s.*** सूक्ष्मविन्दुः ***m.,*** क्षुद्रविन्दुः, सूक्ष्मकणः, कणिका.

Dropped, ***p. p.*** स्रस्तः -स्ता -स्तं, पतितः -ता -तं, निपतितः -ता -तं, भ्रष्टः -ष्टा -ष्टं, गलितः -ता -तं, विगलितः -ता -तं, च्युतः -ता -तं, ध्वस्तः -स्ता -स्तं.

Dropping, ***s.*** स्यन्नं, स्यन्दनी, स्रावः, स्रवणं, सुतं, स्रुत, रीणं.

Dropping, ***part.*** **or** ***a.*** स्यन्दी -न्दिनी -न्दि (न्), स्यन्दमानः -ना -नं, स्रवन् -वन्ती -वत् (त्), सुतः -ता -तं, क्षरन् -रन्ती -रत् (त्), स्यन्नः -न्ना -न्नं, रीणः -णा -णं.

Dropsical, ***a.*** जलोदरी -रिणी -रि (न्) **or** उदरी, जठरामयग्रस्तः -स्ता -स्तं.

Dropsy, ***s.*** जलोदरं -री, उदरी, उदकोदरं, जठरामयः.

Dross, ***s.*** **(Of metals)** मलं, धातुमलं, अयोमलं, कलङ्कः अयोमण्डं, धातुमण्डं, मण्डूरं, किट्टालः, सिंहाणं, सिंहानं, धूर्त्तं.—**(Refuse matter)** मलं, खलं, किट्टं, अमेध्यं, कल्कं, उच्छिष्टं, अवस्करः, अपस्करः, असारः.

Drossy, ***a.*** समलः -ला -लं, मलिनः -ना -नं, कलङ्की -ङ्किनी -ङ्कि (न्).

Drought, ***s.*** अनावृष्टिः ***f.,*** अवर्षणं, जलशोषः, अवग्रहः -ग्राहः, शुष्ककालः, वृष्ठेरभावः, जलाभावः, पानीयाभावः.

Droughty, ***a.*** अनावृष्टिः -ष्टिः -ष्टि, निर्वृष्टिः -ष्टिः -ष्टि, वृष्टिशून्यः -न्या -न्यं, निर्जलः -ला -लं, शुष्कः -ष्का -ष्कं, जलशून्यः -न्या -यं, निरुदकः -का -कं.

Drove, ***s.*** **(Collection of cattle driven)** गोपालेन प्रेरितः पशुगणः **or** पशुसमूहः.—**(Any herd)** कदम्बकं, यूथं, गणः, सङ्घः, वृन्दं, कुलं, सङ्घातः, संहतिः ***f.***

Drover, ***s.*** पशुप्रेरकः, पशुप्रणोदकः, गोचारकः, पशुपालः.

To **drown,** ***v. a.*** **(Immerge in water)** जले **or** अप्सु मज्ज् **in caus.** (मज्जयति -यितुं) **or** निमज्ज् **or** प्रविश् **in caus.** (-वेशयति -यितुं).—**(Kill by immersion)** जले मज्जयित्वा व्यापद् **in caus.** (-पादयति -यितुं).—**(Deluge, inundate)** प्लु **in caus.** (प्लावयति -यितुं), आप्लु, परिप्लु, सम्प्लु.

To **drown,** ***v. n.*** जले मज्ज् (**c. 1.** मज्जति -ज्जितुं **or** मंक्तुं) **or** निमज्ज् **or** प्रमज्ज्, जले मंक्त्वा नश् (**c. 4.** नश्यति, नशितुं) **or** व्यापद् (**c. 4.** -पद्यते, -पत्तुं) **or** पञ्चत्वं गम् (**c. 1.** गच्छति, गन्तुं).

Drowned, ***p. p.*** मग्नः -ग्ना -ग्नं, निमग्नः -ग्ना -ग्नं, प्रमग्नः -ग्ना -ग्नं, जलेमग्नः -ग्ना -ग्नं, प्लावितः -ता -तं, आप्लावितः -ता -तं, परिप्लुतः -ता -तं, समाप्लुतः -ता -तं.

Drowner, ***s.*** मंक्ता ***m.*** (क्तृ), निमंक्ता ***m.,*** मज्जयिता ***m.*** (तृ), प्लावकः.

Drowning, ***s.*** मज्जनं, निमज्जनं, आप्लावः, प्लावनं, परिप्लवः.

To **drowse,** ***v. n.*** निद्रा (**c. 2.** -द्राति -तुं), स्वप् (**c. 2.** स्वपिति, स्वप्तुं), निमील् (**c. 1.** -मीलति -लितुं), स्वप् **in des.** (सुषुप्सति -प्सितुं).

Drowsily, ***adv.*** सुषुप्सुवत्, निद्रालुवत्, निद्रालसवत्, आलस्येन.

Drowsiness, ***s.*** निद्रा, निद्रालुत्वं, तन्द्रा, तन्द्रिः ***f.,*** तन्द्रिका, सुषुप्सुत्वं, शिशयिषा, आलस्यं, अलसत्वं, परासुता, स्वापः, स्वप्नशीलत्वं, शयालुता.

Drowsy, ***a.*** निद्रालुः -लुः -लु, सुषुप्सुः -प्सुः -प्सुः, शिशयिषुः -षुः -षु, नैद्रः -द्री -द्रं, निद्राशीलः -ला -लं, निद्रालसः -सा -सं, स्वप्नशीलः -ला -लं.

To **drub,** ***v. a.*** वेत्रेण तड् (**c. 10.** ताडयति -यितुं) **or** प्रहृ (**c. 1.** -हरति -हर्त्तुं).

Drubbing, ***s.*** ताडनं, आघातः, वेत्राघातः, यष्ट्याघातः.

To **drudge,** ***v. n.*** अविरतं **or** अतिदेहक्लेशेन आयस् (**c. 4.** -यस्यति -यसितुं) **or** श्रम् (**c. 4.** श्राम्यति, श्रमितुं) **or** परिश्रम्, निरन्तरायासं कृ, अतिशरीरायामेन नीचकर्म्म कृ **or** व्रातं कृ.

Drudge, ***s.*** निरन्तरायासी ***m.*** (न्), अविरतायासी ***m.*** अतिक्लेशेन नीचकर्म्मकारी ***m.*** (न्), अपकर्म्मकृत्, श्रमणः, व्रातीनः, हीनवृत्तिः ***m.*** कृतायासः.

Drudgery, ***s.*** निरन्तरायासः, अविरतायासः, शरीरायासः, कायक्लेशः, नित्यश्रमः, नित्यक्लेशः, नित्यकष्टं, नीचकर्म्म ***n.*** (न्), दास्यं, दासत्वं, व्रातं.

Drudgingly, ***adv.*** अतिक्लेशेन, अतिश्रमेण, नित्यकष्टपूर्व्वं, साविरतायासं.

Drug, ***s.*** औषधं, भेषजं, अगदः, औषधीयद्रव्यं, रसः, भैषज्यं, रोगिवल्लभः, व्यवायी ***m.*** (न्), जायुः ***m.*** जारी, जाली. —**(Unsaleable commodity)** अपण्यं, अविक्रेयं, अविक्रेयद्रव्यं.

To **drug,** ***v. a.*** **(Tincture with drugs, etc.)** औषधादिना मिश्र् (**c. 10.** मिश्रयति -यितुं) **or** संसृज् (**c. 6.** -सृजति -स्रष्टुं). —**(With something unwholesome)** अपथ्यद्रव्येण **or** विरुद्धद्रव्येण मिश्र्. —**(Dose with drugs)** औषधीकृ, भिषज् (**nom.** भिषज्यति).

Drugget, ***s.*** स्थूलपटः, स्थूलपट्टः, स्थूलशाटकः -टिका -टिः ***m.*** वराशिः ***m.*** चित्रास्तरणत्राणं, चित्रपटावरणं.

Druggist, ***s.*** औषधविक्रेता ***m.*** (तृ), भेषजविक्रयी ***m.*** (न्), औषधीयद्रव्यक्रयविक्रयिकः, औषधकारः, भेषजकारः.

Drum, ***s.*** मृदङ्गः, पटहः, मर्द्दलः, दुन्दुभिः ***m.*** डिण्डिमः, मुरजः, भेरी, आनकः, झल्लरी, झर्झरी, आनद्धं, अवनद्धं, ढक्का, आडम्बरः, मड्डुः ***m.;*** **'military drum,'** सङ्ग्रामपटहः, विजयमर्द्दलः, महादुन्दुः ***m.*** —**(Of the ear)** कर्णोदरं, श्रवणोदरं, कर्णदुन्दुभिः ***m.***

To **drum,** ***v. n.*** मर्द्दलं **or** डिण्डिमं तड् (**c. 10.** ताडयति -यितुं), पटहम् आहन् (**c. 2.** -हन्ति -न्तुं). —**(Beat)** स्पन्द् (**c. 1.** स्पन्दते -न्दितुं).

Drummer, ***s.*** मार्द्दङ्गिकः, मार्द्दङ्गः, मौरजिकः, पटहताडकः, पाणिवादः, पाणिघः, माड्डुकः, झार्झरः.

Drumstick, ***s.*** कोणः, शारिका, रणः, मृदङ्गताडनार्थं काष्ठं.

Drunk, drunken, ***a.*** मत्तः -त्ता -त्तं, पानादिना उन्मत्तः -त्ता -त्तं, मन्दोन्मत्तः -त्ता -त्तं, मद्यपीतः -ता -तं, क्षीवः -वा -वं, शौण्डः -ण्डा -ण्डं, परिक्षीवः -वा -वं, मदयित्नुः -त्नुः -त्नु, मदोद्धतः -ता -तं, सुमदः -दा -दं, प्रक्षीवितः -ता -तं, उत्कटः -टा -टं. —**(Drenched)** सिक्तः -क्ता -क्तं; **'to be drunk,'** मद् (**c. 4.** माद्यति, मदितुं); **'to make drunk,'** मद् **in caus.** (मादयति -यितुं).

Drunkard, ***s.*** पानरतः, पानप्रसक्तः, मद्यपानासक्तः, पानशौण्डः.

Drunkenness, ***s.*** मत्तत्वं, उन्मत्तता, मद्योन्मत्तत्वं, मादः, मदः, क्षैव्यं, क्षीवता, शौण्डत्वं, परिक्षीवता, उत्कटः, मद्यपानजन्योऽवस्थाविशेषः.

Dry, ***a.*** शुष्कः -ष्का -ष्कं, परिशुष्कः -ष्का -ष्कं, संशुष्कः -ष्का -ष्कं, उच्छुष्कः -ष्का -ष्कं, निर्जलः -ला -लं, निरुदकः -का -कं, नीरसः -सा -सं, निःसलिलः -ला -लं, अतिमितः -ता -तं, अक्लिन्नः -न्ना -न्नं, अपरिक्लिन्नः -न्ना -न्नं, अस्निग्धः -ग्धा -ग्धं, निःस्नेहः -हा -हं, निस्स्नेहः -हा -हं, स्नेहरहितः -ता -तं, अट्टः -ट्टा -ट्टं, वानः -ना -नं, काहलः -ला -लं, रुक्षः -क्षा -क्षं, रूक्षः -क्षा -क्षं. —**(Flat as style)** अरसिकः -का -कं, अरसः -सा -सं. —**(Sarcastic)** अरुन्तुदः -दा -दं. —**(Thirst)** उदकार्थी -र्थिनी -र्थि (न्), तृषार्त्तः -र्त्ता -र्त्तं; **'dry soil,'** मरुः ***m.,*** मरुस्थलं -ली; **'the dry ground,'** स्थलं; **'dry flesh,'** शुष्कमांसं.

To **dry,** ***v. a.*** शुष् **in caus.** (शोषयति -यितुं), विशुष्, संशुष्, परिशुष्, उपशुष्, शुष्कीकृ, निर्जलीकृ, नीरसीकृ, स्नेहं **or** क्लेदं **or** रसं हृ (**c. 1.** हरति, हर्त्तुं) **or** अपनी (**c. 1.** -नयति -नेतुं) **or** निष्कृष् (**c. 1.** -कर्षति -क्रष्टुं); ओख् **in caus.** (ओखयति -यितुं); **'to dry up,'** उच्छुष् **in caus.** (उच्छोषयति -यितुं **rt.** शुष्).

To* dry, *v. n. शुष् **(c. 4.** शुष्यति, शोष्टुं), परिशुष्, विशुष्, संशुष्, उपशुष्, शुष्कीभू, निर्जलीभू, नीरसीभू, ओख् **(c. 1.** ओखति -खितुं), व्यथ् **(c. 1.** व्यथते -थितुं), आश्यै **(c. 1.** -श्यायते -श्यातुं).

Dryad, *s.* वनदेवता, वनाधिष्ठात्री देवता, वन्यस्त्री.

Dryer, *s.* शोषकः, शोषणः, उच्छोषणः, परिशोषकः, शुष्ककृत्.

Dry-eyed, *a.* निरश्रुलोचनः -ना -नं, निःसलिलनयनः -ना -नी -नं.

Drying, *s.* शोषः -षणं, परिशोषणं, विशोषणं, उच्छोषणं, शुष्ककरणं.

Dryly, *adv.* शुष्कं परिशुष्कं, शुष्कतया, अरसं.—**(Sarcastically)** अरुन्तुदत्वेन.

Dryness, *s.* शुष्कता -त्वं, परिशुष्कता, संशुष्कता, शोषः, निर्जलत्वं, नीरसत्वं, निःस्नेहता, अक्लिन्नता, स्नेहराहित्यं.—**(Of style, expression)** अरसिकत्वं, अरुन्तुदत्वं.

Dry-nurse, *s.* स्तन्यदानव्यतिरेकेण बालकप्रतिपालिका, बालकपोष्ट्री, अङ्कपाली, शिशुपालिका.

To* dry-nurse, *v. a. स्तन्यदानव्यतिरेकेण बालकं पाल् **(c. 10.** पालयति -यितुं) **or** प्रतिपाल् **or** पुष् **(c. 10.** पोषयति -यितुं) **or** उपचर् **(c. 1.** -चरति -रितुं).

Dry-shod, *a.* शुष्कपादः -दा -दं, -दुकः -का -कं, शुष्कचरणः -णा -णं.

Dual, *a.* द्विवाचकः -का -कं, द्विकः -का -कं, द्विवचनान्तः -न्ता -तं, द्विसंख्यकः -का -कं; **'the dual number,'** द्विवचनं.

Duality, *s.* द्वित्वं, द्वैतं, द्वैधं, द्वैगुण्यं.

To* dub, *v. a. नवपदे नियुज् **(c. 7.** -युनक्ति -योक्तुं), नवोपधिं दा, नवनाम दा, नूतनपदविं दा; **'dub a knight,'** सादिपदं दा.

Dubious, *a.* सन्दिग्धः -ग्धा -ग्धं, संशयी -यिनी -यि (न्), संशयस्थः -स्था -स्थं, ससंशयः -या -यं, सांशयिकः -की -कं, संशयापन्नः -न्ना -न्नं, शङ्कनीयः -या -यं, शङ्कान्वितः -ता -तं, सशङ्कः -ङ्का -ङ्कं, शङ्कामयः -यी -यं, संशयालुः -लुः -लु, संशयापन्नमानसः -सा -सं, सन्दिहानः -ना -नं, वैकल्पिकः -की -कं, विशयी -यिनी -यि (न्), अनिश्चितः -ता -तं, अस्थिरः -रा -रं.—**(Not clear)** अस्पष्टः -ष्टा -ष्टं, अव्यक्तः -क्ता -क्तं, अप्रकाशः -शी -शं, अप्रत्यक्षः -क्षा -क्षं.

Dubiously, *adv.* सन्दिग्धं, संसशयं, सशङ्कं, सन्देहेन, शङ्कया, शङ्कापूर्व्वं.

Dubiousness, *s.* सन्दिग्धता, ससंशयत्वं, सांशयिकत्वं, अनिश्चयः, अनैश्चित्यं.

Dubitable, *a.* वितर्क्यः -र्क्या -र्क्यं, मीमांस्यः -स्या -स्यं, आशङ्कनीयः -या -यं.

Dubitation, *s.* सन्देहः, संशयः शङ्का, आशङ्का, विकल्पः, वितर्कः.

Ducal, *a.* प्रधानकुलीनपदसम्बन्धी -न्धिनी -न्धि (न्), परमपदसम्बन्धी.

Ducat, *s.* प्रधानकुलीनमनमुद्राङ्कितौ मुद्राविशेषः.

Duchess, *s.* प्रधानकुलीनजनस्य पत्नी **or** भार्य्या.

Duck, *s.* (Bird) हंसः, वरटः -टा -टी, प्लवः, कलहंसः, चक्रवाकः, काटम्बः; **'wild duck,'** कामिकः.—**(Sudden inclination of the head)** अकस्मात् शिरोनम्रीकरणं **or** मस्तकानतिः ***f.***—**(Stone thrown obliquely on the water)** जले तिर्य्यक्क्षिप्तः प्रस्तरः.—**(Word of endearment)** प्रियः -या, दयितः -ता, वत्सः -त्सा, हृदयप्रियः -या.

***To* duck, *v. a.* (Plunge in water)** जले मज्ज् **in caus.** (मज्जयति -यितुं) **or** निमज्ज् **or** अवगाह् **in caus.** (-गाहयति -यितुं) **or** आप्लु **in caus.** (-प्लावयति -यितुं) **or** निक्षिप् **(c. 6.** -क्षिपति -क्षेप्तुं).—**(Bow the head suddenly)** मस्तकम् अकस्माद् नम् **in caus.** (नामयति, नमयति -यितु) **or** नम्रीकृ.

***To* duck, *v. n.* (Dip)** मज्ज् **(c. 6.** मज्जति, मंक्तुं, मज्जितुं), निमज्ज्, अवगाह् **(c. 1.** -गाहते -हितुं).—**(Bow the head suddenly)** मस्तकम् अकस्माद् नम् **(c. 1.** नमति, मन्तुं), अकस्माद् नम्रीभू.

Ducked, *p. p.* जलेमग्नः -ग्ना -ग्नं, जलाप्लुतः -ता -तं, प्रमग्नः -ग्ना -ग्नं.

Ducker, *s.* मज्जयिता ***m.*** (तृ), मंक्ता ***m.*** (क्तृ), आप्लावकः, प्लवः.

Ducking, *s.* मज्जनं, निमज्जनं, अवगाहः, प्लावः, प्लवनं, आप्लावः -प्लवनं.

Duckling, *s.* हंसशावकः, वरटशावकः, वरटशिशुः ***m.***

Duct, *s.* (Canal, passage) नाली; प्रणालः -ली -लिका, सारणिः ***f.***, पथः, मार्गः, सङ्ग्रमः, गमनागमनपथः.—**(Of the body)** नालः -ली -ला, नालिः ***f.***, नाडिः ***f.*** -डी, शिरा, सिरा, धमनिः ***f.*** -नी, तन्त्री.

Ductile, *s.* (Tractable) सुविनेयः -या -य, सुप्रणेयः -या -यं, विधेयः -या -यं, वश्यः -श्या -श्यं, आकर्षणीयः -या -यं, सुखकर्षणीयः -या -यं.—**(Pliable)** आयम्यः -म्या -म्यं, आनम्यः -म्या -म्यं, मृदुः -द्वी -दु, द्रवः -वा -वं.—**(As metal)** उद्वर्त्तनीयः -या -यं, उद्वर्त्तनयोग्यः -ग्या -ग्यं.

Ductileness, ductility, *s.* सुविनेयत्वं, आयम्यता, आनम्यता, मृदुत्वं, द्रवत्वं, सुकर्षणीयता.—**(Of metals)** सुखोद्वर्त्तनीयता, उद्वर्त्तनयोग्यता.

Dudgeon, *s.* (Anger) मन्युः ***m.***, कोपः, क्रोधः, रोषः, अमर्षः, द्वैषः, दुष्टभावः.—**(Small dagger)** क्षुद्रकृपाणी, असिपुत्रिका.

Due, *a.* (That ought to be paid or received) देयः -या -यं,

प्रतिदेयः -या -यं, दानीयः -या -यं, दातव्यः -व्या -व्यं, शोध्यः -ध्या -ध्यं, शोधनीयः -या -यं, संशोध्यः -ध्या -ध्यं, परिशोधनीयः -या -यं, प्राप्यः -प्या -प्यं, प्राप्तव्यः -व्या -व्यं, ग्राह्यः -ह्या -ह्यं.—**(Fit, becoming)** योग्यः -ग्या -ग्यं, युक्तः -क्ता -क्तं, यथायोग्यः -ग्या -ग्यं, उचितः -ता -तं, यथोचितः -ता -तं, उपयुक्तः -क्ता -क्तं, यथार्हः -र्हा -र्हं, अनुरूपः -पा -पं; **'in due time,'** उपयुक्ते समये, समया; **'in due form,'** विधिवत्, यथाविधि.

Due, *s.* (That which ought to be paid or received) देयं, प्रतिदेयं, दानीयं, शोधनीयं, ग्राह्यं, प्राप्यं, प्राप्तव्यं.—**(Debt)** ऋणं.—**(That which ought to be done)** कर्त्तव्यं; **'respect is due to parents,'** मातपितरौ पूजनीयौ.—**(Tribute)** शुल्कः -ल्कं, करः, तारिकः, तार्य्यं, राजग्राह्यभागः.—**(Right)** अधिकारः, स्वाधिकारः.

Due, *adv.* (Diectly) अवक्रं, अजिह्मं, अविलोमं, समरेखं.

Duel, *s.* द्वन्द्वयुद्धं, द्वन्द्वसम्प्रहारः, द्वन्द्वं, नियुद्धं, मल्लयुद्धं.

To* duel, *v. n. द्वन्द्वयुद्धं कृ, द्वन्द्वसम्प्रहारं कृ, द्वन्द्वं कृ.

Dueller, duellist, *s.* द्वन्द्वयोद्धा ***m.*** (द्धृ), मल्लयोद्धा ***m.,*** द्वन्द्वकृत्.

Dug, *s.* (Of an animal) स्तनः, कुचः, कुचतटं; **'of a cow,'** गोस्तनः.

Dug, *p. p.* खातः -ता -तं, खनितः -ता -तं, निखातः -ता -तं, उत्खातः -ता -तं.

Duke, *s.* कुलीनपदानां मध्ये प्रधानपदभाक् ***m.*** (ज्), उत्तमकुलीनपदस्थः.—**(Chief, prince)** अधिपतिः ***m.*** राजा ***m.*** (न्), ईश्वरः.

Dukedom, *s.* उत्तमकुलीनपदं, पूर्वोक्तकुलीनजनस्य आधिपत्यं **or** अधिकारः.

Dulcet, *a.* (Sweet to the taste) स्वादुः -द्वी -दु, मिष्टः -ष्टा -ष्टं, सुरसः -सा -सं.—**(To the ear)** श्रुतिसुखः -खा -खं, सुस्वरः -रा -रं, मधुरः -रा -रं.

Dulcification, *s.* मधुरीकरणं, मधुसात्करणं, निरम्लीकरणं.

To* dulcify *or* dulorate, *v. a. मधुरीकृ, मधुसाकृ, स्वादूकृ, मिष्टीकृ.

Dulcimer, *s.* वाद्ययन्त्रविशेषः, तन्त्री ***m.*** (न्), वल्लकी, विपञ्चिका.

Dull, *a.* (Stupid) मन्दः -न्दा -न्दं, मन्दबुद्धिः -द्धिः -द्धि, स्थूलधीः -धीः -धि, जडः -डा -डं, मूढः -ढा -ढं.—**(Blunt)** अतीक्ष्णः -क्ष्णा -क्ष्णं, अतीव्रः -व्रा -त्रं, अतेजाः -जा -जः (स्) **or** निस्तेजाः, तेजोहीनः -ना -नं, धाराहीनः -ना -नं.—**(Not bright)** मन्दकान्तः -न्ता -न्तं, मन्दतेजाः -जाः -जः (स्), मन्दद्युतिः -तिः -ति, मन्दच्छायः -या -यं, निस्तेजाः -जाः -जः (स्), निष्प्रभः -भा -भं, अप्रभः -भा -भं, मलिनः -ना -नं.—**(Sluggish)** मन्दः -न्दा -न्दं, मन्दरः -रा -रं, मन्दगतिः -तिः -ति, मन्दगामी -मिनी -मि (न्), मन्थरः -रा -श्रं, अलसः -सा -सं.—**(Gross)** स्थूलः -ला -लं, घनः -ना -नं.—**(Sad)** विषणः -णा -णं, विषादी -दिनी -दि (न्), क्लान्तः -न्ता -न्तं, ग्लानः -ना -नं, दीनमनाः -नाः -नः (स्).—**(Flat, insipid)** अरसः -सा -सं, अरसिकः -का -कं.—**(Tendious, troublesome)** कष्टकरः -रा -रं, विषमः -मा -मं.—**(Cheerless)** निरानन्दः -न्दा -न्दं.—**(Dull of hearing)** श्रोत्रविकलः -ला -लं, श्रवणेन्द्रियविकलः -ला -लं; **'a dull day,'** दुर्दिनं; **'a dull boil,'** दुष्टव्रणः.

***To* dull, *v. a.* (Stupefy)** जडीकृ, मूढीकृ, मन्दीकृ, मुह् **in caus.** (मोहयति -यितुं).—**(Blunt)** अतीक्ष्णीकृ, अतीव्रं -व्रां -व्रं कृ, घनीकृ, स्थूलीकृ.—**(Make dim)** मन्दीकृ, निष्प्रभीकृ, मलिन **(nom.** मलिनयति -यितुं), तेजो हृ **(c. 1.** हरति, हर्तुं).—**(Dispirit)** मनो खण्ड् **(c. 10.** खण्डयति -यितुं), म्लानीकृ, विषणीकृ, विषद् **in caus.** (-षादयति -यितुं).

Dull-witted, *a.* मन्दमतिः -तिः -ति, मन्दबुद्धिः -द्धिः -द्धि, स्थूलबुद्धिः -द्धिः -द्धि, स्थूलधीः -धीः -धि, जडमतिः **etc.,** जडबुद्धिः **etc.,** दुर्मतिः **etc.**

Dully, *adv.* मन्दं, मन्दं मन्दं, तेजो विना, सविषादं, रसं विना.

Dulness, *s.* (Stupidity) मन्दता, मान्द्यं, स्थूलता, बुद्धिमान्द्यं, स्थूलबुद्धित्वं, मूढता, अविदग्धता.—**(Bluntness)** अतीक्ष्णता, घनत्वं, अतीवता, धाराहीनता.—**(Sluggishness)** गतिमन्दता, आलस्यं.—**(Dimness)** तेजोमान्द्यं, निष्प्रभता, प्रभाहानिः ***f.,*** प्रतिभाहानिः ***f.,*** अप्रकाशत्वं, अप्रतापः, अतेजः ***n.*** (स्), अस्पष्टता.

Duly, *adv.* (Fitly) यथायोग्यं, युक्तं, यथार्हं -र्हतस्, यथोचितं, सम्यक्, यथातथं, यथान्याय्यं.—**(In proper time)** उपयुक्तसमये, समया.

Dumb, *a.* मूकः -का -कं, जडवाक् ***m.f.n.*** (च्), स्तब्धवाक् ***m.f.n.,*** जडः -डा -डं, अवाक् ***m.f.n.,*** वाग्रहितः -ता -तं, वागिन्द्रियविकलः -ला -लं, वाक्शक्तिहीनः -ना -नं, मुद्रितमुखः -खा -खं, निःशब्दः -ब्दा -ब्दं, निर्वचनः -ना -नं, अनालापः -पा -पं.

Dumbly, *adv.* मूकं, जडं, निःशब्दं, मौक्यपूर्व्वं, तूर्ष्णी.

Dumbness, *s.* मूकता, मौक्यं, वाक्स्तम्भः, वाग्जडता, वाग्जाड्यं, वाक्स्तब्धता, वागिन्द्रियवैकल्यं, वाग्राहित्यं, अवाक्त्वं, नीरवता.

Dumb-show, *s.* वाग्व्यतिरेकेण हस्तपादादिसञ्चालनं.

To* dumfounder, *v. a. मुह् **in caus.** (मोहयति -यितुं), विमुह्, आकुलीकृ, व्याकुलीकृ.

Dumpish, *a.* विषादी -दिनी -दि (न्), उद्विग्नमनाः -नाः -नः (स्) **or** दुर्मनाः.

Dumpling, *s.* (Apple) अम्लफलगर्भः, क्षुद्रवोलिका.—**(Currant)** चित्रापूपः.

Dumps, ***s. pl.,*** विषादः, विषणता, चित्तोद्वेगः, खेदः, क्लान्तिः ***f.,*** म्लानिः ***f.***

Dumpy, ***a.*** ह्रस्वस्थूलः -ला -लं, खर्व्वघनः -ना -नं, दृढखर्व्वः -र्व्वा -र्व्वं.

Dun, ***a.*** **(Dark-coloured)** कपिशः -शा -शं, श्यावः -वा -वं, श्यामः -मा -मं, पिङ्गलः -ला -लं, ताम्रवर्णः -र्णा -र्णं, कृष्णवर्णः -र्णा -र्णं.

To **dun,** ***v. a.*** **(For a debt)** अतिनिर्बन्धेन ऋणदानं प्रार्थ् **(c. 10.** -अर्थयति -ते -यितुं).

Dun, ***s.*** अतिनिर्बन्धेन ऋणप्रार्थकः, सनिर्बन्धो धनार्थी ***m.*** (न्).

Dunce, ***s.*** दुर्बुद्धिः ***m.,*** अनभिज्ञः, अज्ञः, निर्बोधः, अव्युत्पन्नः, मेधाहीनः.

Dunderhead, ***s.*** स्थूलबुद्धिः ***m.,*** स्थूलमतिः ***m.,*** वटुकः, बर्ब्बरः.

Dung, ***s.*** पुरीषं, शकृत् ***n.,*** विष्ठा, विट् ***f.,*** (श्), पशूच्चरितं, पशूच्चारः, गूथः -थं, अमेध्यं, शोधनं, पूतिकं, अवस्करः, अपस्करः, शारीरं, शमलं, वर्च्चस्कः -स्कं, दूर्ष्यं, कल्कं, मलं, सारः, भूमिलेपनं; **'cow-dung,'** गोमयः -यं, गोकृतं, गोहन्नं.

To **dung,** ***v. a.*** पुरीषेण लिप् **(c. 6.** लिम्पति, लेप्तुं) **or** अञ्ज् **(c. 7.** अनक्ति, अंक्तुं).

To dung, v. n. पुरीषम् उत्सृज् **(c. 6.** -सृजति -स्रष्टुं), पुरीषोत्सर्गं कृ.

Dungeon, ***s.*** कारा, कारागारं, कारावेश्म ***n.*** (न्), बन्धनागारं, गुप्तिः ***f.,*** अन्धकूपः.

Dunghill, ***s.*** पुरीषराशिः ***m.f.,*** शकृद्राशिः, अमेध्यस्थानं, अशुचिस्थानं.

Dunghill, ***a.*** कलुषयोनिः -निः -नि, विहीनयोनिः -निः -नि, हीनजातिः -तिः -ति.

Dupe, ***s.*** सुखवञ्चनीयः, सुप्रतारणीयः, वञ्चितः, दम्भास्पदं, कपटास्पदं.

To **dupe,** ***v. a.*** वञ्च् **in caus.** (वञ्चयति -ते -यितुं), परिवञ्च्, प्रलभ् **(c. 1.** -लभते -लब्धुं), विप्रलभ्; छल् **(c. 10.** छलयति -यितुं), प्रतृ **in caus.** (-तारयति -यितुं), दम्भ् **(c. 5.** दम्भोति, दम्भितुं).

Duped, ***p. p.*** वञ्चितः -ता -तं, विप्रलब्धः -ब्धा -ब्धं, प्रतारितः -ता -तं.

Duplicate, ***a.*** द्विगुणः -णा -णं; **'a duplicate,'** प्रतिरूपं, प्रतिलिपिः ***f.***

To **duplicate,** ***v. a.*** **(Double)** द्विगुणीकृ.—**(Fold)** पुटीकृ, पुट **(nom.** पुटयति -यितुं).

Duplication, ***s.*** द्विगुणीकरणं, पुटीकरणं, द्वैगुण्यं, द्वैतं.

Duplicature, ***s.*** **(Fold)** पुटः, व्यावर्त्तनं, ऊर्म्मिका, भङ्गः.

Duplicity, ***s.*** वैदग्ध्यं, विदग्धता, कपटः, माया, छलं, असारल्यं.

Durability, ***s.*** चिरस्थायित्वं, स्थिरता, ध्रौव्यं, ध्रुवता, अक्षयता, स्थायित्वं, स्थितिः ***f.,*** संस्थितिः ***f.,*** संस्थितिः ***f.,*** स्थावरत्वं, अनपायः.

Durable, ***a.*** स्थायी -यिनी -यि (न्) **or** चिरस्थायी **or** दीर्घकालस्थायी, स्थिरः -रा -रं, स्थावरः -रा -रं, चिरकालिकः -का -कं, ध्रुवः -वा -वं, अक्षयः -या -यं, स्थितिमान् -मी -मत् (त्), संस्थः -स्था -स्थं, नित्यः -त्या -त्यं, अनपायः -या -यं -यी -यिनी -यि (न्), अजरः -रा -रं.

Durably, ***adv.*** स्थिरं, ध्रुवं, ध्रौव्येण, अक्षयं, अनपायेन.

Dura Mater, ***s.*** मस्तिष्कस्य वाह्यवेष्टनं **or** आवेष्टनत्वक् ***f.*** (च्).

Durance, ***s.*** आसेधः, स्थानासेधः, रोधः, निरोधनं, सम्प्रतिरोधकः, बन्धनं, प्रतिबन्धनं, कारागारे निरोधः **or** बन्धनं.

Duration, ***s.*** स्थितिः ***f.,*** संस्थितिः ***f.;*** **'duration of an eclipse,'** उपसर्गस्थितिः ***f.***—**(Space of time)** परिमाणं, प्रमाणं; **'duration of day and night,'** अहोरात्रस्य परिमाणं.—**(Long duration)** स्थायित्वं, स्थिरता, स्थावरत्वं, ध्रुवता, ध्रौव्यं, अविरामः.

Durgā, ***s.*** **(The goddess)** दुर्गा, जगन्माता ***f.*** (तृ), दक्षजा, श्यामा. ***See*** **Bhavānī.**

During, ***prep.*** यावत्, पर्य्यन्तं, मध्ये, अन्तरे **affixed; 'during life,'** जीवनपर्य्यन्तं **or** यावज्जीवं **or by prefixing** आ **with abl.; as,** आजीवनान्तात्, आमरणात् ***(i.e.*** **'until death');** **'during the performance of the vowel,'** आसमापनाद् व्रतस्य (***i.e.,*** **'until the completion of the vow'); 'during three fortnights,'** पक्षत्रयमध्ये.

Dusk, ***a.*** ईषत्तामसः -सी -सं, तमस्कल्पः -ल्पा -ल्पं, ईषत्तमस्वी -स्विनी -स्वि (न्), ईषत्तिमिरावृतः -ता -तं, प्रादोषिकः -की -कं, वैकालिकः -की -कं, सान्ध्यः -न्ध्यी -न्ध्यं. —**(A little black)** आकालः -ला -लं, ईषत्कृष्णः -ष्णा -ष्णं, आनीलः -ला -लं.

Dusk, ***s.*** **(Twilight)** सन्ध्या, सन्ध्याकालः -लं, सन्ध्यासमयः, विकालः, अध्वान्तं, प्रदोषः, सायङ्कालः.

Duskily, ***adv.*** ईषदन्धकारेण, ईषत्तमसा, अस्पष्टं, अप्रकाशं.

Duskiness, ***s.*** ईषदन्धकारः, ईषत्तमिस्रं, ईषत्तिमिरं, अवतमसं.

Dusky or Duskish, ***a.*** ईषत्तामसः -सी -सं, ईषत्तमस्वी -स्विनी -स्वि (न्), ईषदन्धकारयुक्तः -क्ता -क्तं, अस्पष्टः -ष्टा -ष्टं, ईषत्कृष्णः -ष्ण -ष्णं, श्यामः -मा -मं. ***See*** **Dusk.**

Dust, ***s.*** रेणुः ***m.f.,*** पांशुः ***m.,*** रजः ***n.*** (स्), धूलिः ***m.f.,*** -ली ***f.,*** क्षोदः -दितं, भूरेणुः ***m.f.,*** अवकरः, अवस्करः, सङ्करः, सङ्कारः, वातकेतुः ***m.,*** वायुकेतुः ***m.,*** क्षितिकणः -णा, परागः, मेदिनीद्रवः, तुस्तं, तूस्तं, पांसुः ***m.,*** रजः ***m.;*** **'dust of the feet,'** चरणजं, पदारः; **'dust of a flower,'** परागः, पुष्परेणुः ***m.,*** सुमनोरजः ***n.*** (स्); **'dust of gold,'** काञ्चनभूः ***f.;*** **'free**

from dust,' नीरजा: -जा -ज: (स्), नीरजस्य: -स्या -स्यं, निर्धूलि: -लि: -लि.

To **dust,** ***v. a.*** **(Free from dust)** नीरजीकृ, निर्धूलीकृ, रेणुम् अपमृज् **(c. 2.** -मार्ष्टि -र्ष्टुं, **(c. 1.** -मार्जति -र्जितुं) **or** अवमृज्, रेणुदूषितं यत्किञ्चित् शुध् **(c. 10.** शोधयति -यितुं), पांशुपरिष्कारं कृ.

Dusted, ***p. p.*** नीरजीकारित: -ता -तं, मार्ज्जित: -ता -तं, सम्मृष्ट: -ष्टा -ष्टं हृतपांशु: -शु: -शु, नीरेणु: -णु: -णु, निष्पांशूकृत: -ता -तं.

Duster, ***s.*** नक्तक:, मार्ज्जनी, मार्ज्जनपट:, अवस्करक:, रेणुपरिष्कारक:.

Dust-hole, ***s.*** अवस्कर:, गृहमार्ज्जिपांश्वादिनिचयस्थानं, सङ्करस्थानं उच्छिष्टप्रक्षेपणार्थं गर्त्त:.

Dust-man, ***s.*** अवस्करक:, मलाकर्षी ***m.*** (न्), खलपू: ***m.,*** अमेध्यहारी ***m.*** (न्).

Dusty, ***a.*** पांशुल: -ला -लं, पांशुर: -रा -रं, रेणुदूषित: -ता -तं, रेणुरूषित: -ता -तं, भूरेणुरुक्ष: -क्षा -क्षं, रजस्वल: -ला -लं, धूल्यवलुण्ठित: -ता -तं.

Dutch, ***a.*** हल्लण्डदेशसम्बन्धी -न्धिनी -न्धि (न्).

Dutiful, ***a.*** भक्त: -क्ता -क्तं, भक्तिमान् -मती -मत् (त्), भक्तियुक्त: -क्ता -क्तं, दृढभक्ति: -क्ति -क्ति, वश्य: -श्या -श्यं, वशवर्त्ती -र्त्तिनी -र्त्ति (न्), धर्म्मचारी -रिणी -रि (न्), धर्म्मज्ञ: -ज्ञा -ज्ञं, धर्म्मपालक: -का -कं, धर्म्मसेवी -विनी -वि (न्), आज्ञापालक: -का -कं, वशानुग: -गा -गं, शुश्रूषु: -षु: -षु, दृढव्रत: -ता -तं, विदितधर्म्मा -र्म्मा -र्म्म (न्), आदृत: -ता -तं, उपयुक्त: -क्ता -क्तं.—**(To a parent)** पितृभक्त: -क्ता -क्तं, पैतृकधर्म्मपालक:, पितृवशाधीन: -ना -नं.—**(To a husband)** पतिव्रता.—**(To a master)** प्रभुभक्त:.

Dutifully, ***adv.*** भक्तवत्, भक्त्या, धर्म्मपालकवत्, सधर्म्मपालनं.

Dutifulness, ***s.*** भक्ति: ***f.,*** भक्तिमत्त्वं, वश्यता, धर्म्मपालनं, आज्ञानुवर्त्तनं, शुश्रूषा, अधीनता, आदर:, प्रणिपात:; **'to parents,'** पितृभक्ति: ***f.,*** पितृसम्मानं, पितृसेवा; **'to a husband,'** पतिसेवा.

Duty, ***s.*** **(That which a person is bound to do)** धर्म्म:, स्वधर्म्म:, कर्त्तव्यं, स्वकर्त्तव्यं, कर्त्तव्यता, कार्य्यं, कृत्यं, क्रिया, स्वकर्म्म ***n.*** (न्), न्याय्यकर्म्म, नियम:, यम:, व्रतं धू: ***f.*** (धुर्), धुरा, तप: ***n.*** (स्).—**(Appointed duty, office)** नियोग:, अधिकार:, पदं, स्थानं, आस्पदं; **'perpetual duty,'** नित्यकृत्यं, नित्यकर्म्म ***n.*** (न्), यम:; **'vouluntary duty,'** नियम:; **'fulfilment of duty,'** धर्म्मनिष्पत्ति: ***f.,*** कृतकृत्यता; **'one who has done his duty,'** कृतकृत्य: कृतक्रिया:; **'morning duty,'** प्रात: कृत्यं; **'a woman's peculiar duty,'** स्त्रीनिबन्धनं; **'charged with weighty duties,'** धुरीण:, धुरीय:, धुर्वह:.—**(Reverence)** भक्ति: ***f.,*** मानं, सम्मानं, नमस्कार:, आदर:.—**(Impost)** शुल्क: -ल्कं, कर:, तारिकं:, तार्य्यं, राजग्राह्यभाग:; **'duty paid at ferries, etc.,'** घट्टादिदेयं.

Dwarf, ***s.*** वामन: -नी ***f.,*** खर्व्व: -र्व्वा, खर्व्व: -र्व्वा, ह्रस्वकाय:, अतुङ्गशरीर:, अतुङ्ग:, कुब्ज:, खदूरकं.

To **dwarf,** ***v. a.*** ह्रस् **in caus.** (ह्रासयति -यितुं), वामनीकृ, खर्व्वीकृ.

Dwarfish, ***a.*** वामन: -ना -नं, ह्रस्व: -स्वा -स्वं खर्व्व: -र्व्वा -र्व्वं **or** निखर्व्व:, अतुङ्ग: -ङ्गा -ङ्गं, वामनाकृति: -ति: -ति, खर्व्वाकार: -रा -रं, ह्रस्वमूर्त्ति: -र्त्ति: -र्त्ति, वामनतनु: -नु: -नु, क्षुद्रतनु: -नु: -नु, स्तोककाय: -या -यं, खट्टेरक: -का -कं.

Dwarfishly, ***adv.*** वामनवत्, खर्व्ववत्, अतुङ्गवत्, वामनरूपेण.

Dwarfishness, ***s.*** वामनता -त्वं, खर्व्वता, ह्रस्वता, क्षुद्रता, अतुङ्गता.

To **dwell,** ***v. n.*** वस् **(c. 1.** वसति, वस्तुं), निवस्, अधिवस्, आवस्, प्रतिवस्, अध्यावस्, समावस्, अधिनिवस्, सन्निवस्; वृत् **(c. 1.** वर्त्तते -र्त्तितुं), स्था **(c. 1.** तिष्ठति -ते, स्थातुं), अधिष्ठा, आस् **(c. 2.** आस्ते, आसितुं), अध्यास्, आश्रि **(c. 1.** -श्रयति -ते -यितुं) **with acc.,** सेव् **(c. 1.** सेवते -वितुं), निषेव्, उपसेव् **with acc.,** जुष् **(c. 6.** जुषते, जोषितुं) **with acc.,** निली **(c. 4.** -लीयते -लेतुं), संली, अधिशी **(c. 2.** -शेते शयितुं), वासं कृ.—**(Dwell together)** संवस्.—**(Dwell abroad)** प्रवस्.—**(Dwell on a subject)** अतिप्रसङ्गं कृ, प्रपञ्चं कृ, दीर्घसूत्रतां कृ; **'on a note in singing,'** दीर्घस्वरं कृ.

Dweller, ***s.*** वासी ***m.*** -सिनी ***f.*** (न्), निवासी ***m.*** -सिनी ***f.*** (न्), निलायी ***m.*** -यिनी ***f.*** वासकृत्.

Dwelling, ***s.*** वास:, वास्थानं, वसति: ***f.,*** निलय: -यनं, आलय:, गृहं, गेह: -हं, वेश्म ***n.*** (न्), निवेशनं, आयतनं, निकेत: -तनं, आगार:, भवनं, वसितं, निवास:, निवसति: ***f.*** समावास:, अवस्थानं, संवाम:, आवसथ:, वास्तु: ***m.,*** स्थानं, ओक: ***n.*** (स्), धाम ***n.*** (न्).

Dwelling, ***part.*** **(Residing)** वासी -सिनी -सि (न्), निवासी, **etc.,** वर्त्ती -र्त्तिनी -र्त्ति (न्), स्थ: स्था स्थं, स्थायी -यिनी -यि (न्), कृतालय: -या -यं, आश्रित: -ता -तं, समाश्रित: -ता -तं, सेवी -विनी -वि (न्), अधिशयान: -ना -नं.

Dwelling-house, ***s.*** निवासगृहं, वासगेह: -हं, वासागार:, निवासवेश्म ***n.*** (न्).

Dwelling-place, ***s.*** वासस्थानं, निवासस्थानं, निवासभूमि: ***f.,*** निवासभूयं.

Dwelt, ***p. p.*** उषित: -ता -तं, अध्युषित: -ता -तं, आश्रित: -ता -तं.

To **dwindle,** ***v. n.*** अल्पीभू, न्यूनीभू, ह्रस् **(c. 1.** ह्रसते -सितुं), क्षि **in pass.** (क्षीयते), परिक्षि, अपचि **in pass.** (-चीयते),

सद् (c. 1. सीदति, सत्तुं).

To* dwindle, *v. a. अल्पीकृ, न्यूनीकृ, ह्रस् **in caus.** (ह्रासयति -यितुं).

Dwindled, *p. p.* अल्पीभूतः -ता -तं, अल्पीकृतः -ता -तं, क्षीणः -णा -णं, न्यूनीभूतः -ता -तं, ह्रसितः -ता -तं, अपचितः -ता -तं, विशीर्णः -र्णा -र्णं.

Dye, *s.* रागः, रङ्गः, वर्णः, कषायः -यं; **'red dye,'** लाक्षा, राक्षा; **'blue dye,'** नीलं; **'plants used for dye,'** लोध्रः, कुसुम्भं, कुङ्कुमः, कषायकृत्.

To* dye, *v. a. रञ्ज् **in caus.** (रञ्जयति -यितुं), अभिरञ्ज्, वर्ण् (**c. 10.** वर्णयति -यितुं), चित्र् (**c. 10.** चित्रयति -यितुं), सरागं -गां -गं कृ, कषाय (**nom.** कषायति), कषायीकृ, कुङ्कुमादिना अञ्ज् (**c. 7.** अनक्ति, अंक्तुं); **'to dye clothes,'** कुसुम्भादिना वस्त्राणि रञ्ज् **or** वस्त्रारागं कृ.

Dyed, *p. p.* रञ्जितः -ता -तं, रक्तः -क्ता -क्तं, रागी -गिणी -गि (न्), सरागः -गा -गं, रागान्वितः -ता -तं, कषायितः -ता -तं, कषायचित्रः -त्रा -त्रं, चित्रितः -ता -तं, वर्णितः -ता -तं; **'with saffron,'** कुङ्कुमाक्तः -क्ता -क्तं, **'dyed red,'** अरुणितः -ता -तं.

Dying, *s.* रञ्जनं, रागकरणं, वर्णनं, चित्रकरणं, कषायीकरणं; **'of clothes,'** वस्त्ररागकरणं, वस्त्ररञ्जनं.

Dyer, *s.* रञ्जकः, रागकृत् ***m.,*** वस्त्ररागकृत्, रागी ***m.*** (न्), रजकः, वस्त्राणां नीलकुसुम्भादिना रागकारकः.

Dying, *part.* (About to die) म्रियमाणः -णा -णं, मुमूर्षुः -र्षुः -र्षु, आसन्नमृत्युः -त्युः -त्यु, मृतकल्पः -ल्पा -ल्पं, मृतप्रायः -या -यं, कण्ठगतप्राणः -णा -णं, गतायूः -यूः -युः (स्); **'dying first,'** पूर्व्वमारी -रिणी -रि (न्).

Dyke, *s.* सेतुः ***m.,*** जलसेतुः, जलबन्धकः. ***See* Dike.**

Dynasty, *s.* आवलिः ***f.*** **–(Of kings)** राजावलिः ***f.*** -ली, राजवंशः, राजसन्ततिः ***f.,*** राजकुलं, राजश्रेणी; **'former dynasty,'** प्राग्वंशः.

Dysenteric, *a.* (Having dysentery) अतिसारी -रिणी -रि (न्), सातिसारः -रा -रं.

Dysentery, *s.* अतिसारः, आमातिसारः, सारणः, प्रवाहिका, ग्रहणी, विरेकः, आमरक्तः, प्रस्कन्दनं -न्दिका, उदरामयः, उदरभङ्गः, वसन्तः.

Dyspepesia, *s.* अजीर्णं, अजीर्णिः ***f.,*** अजीर्णता, अपक्तिः ***f.,*** अपाकः, पाककृच्छ्रं, मन्दाग्निः ***m.,*** तीक्ष्णाग्निः, अप्रदीप्ताग्निः, अवक्वाथः, कुपित्तं, अन्नविकारः, आमयावित्वं, परिणामशूलः.

Dyspeptic, *a.* मन्दाग्निपीडितः -ता -तं, आमयावी -विनी -वि (न्).

Dyspnoea, *s.* दुःश्वासः, श्वासावरोधः, श्वासकृच्छ्रं, श्वासस्तम्भः.

E

Each, *a.* (All) सर्व्वः -र्व्वा -र्व्वं, विश्वः -श्वा -श्वं, सकलः -ला -लं; **'Each' is usually expressed by** प्रति **or** अनु **prefixed; as, 'each day,'** प्रतिदिनं, प्रतिदिवसं, अनुदिनं, अन्वहं; **'each night,'** प्रतिरात्रं; **'each month,'** प्रतिमासं; **'each one,'** प्रत्येकं. **'Or by doubling the word; as, each day,'** दिने दिने, दिवसे दिवसे, अहरहः; **'in each house,'** गृहे गृहे; **'each one,'** एकैकः -का -कं, एकैकशस्, पृथक् पृथक्; **'each other,'** परस्परं -सं, अन्योन्यं, इतरेतरं; **'each man,'** एकैकजनः, प्रतिजनं; **'in each direction,'** प्रतिदिशं, सर्व्वदिक्षु; **'each man related his own dream,'** एकैको जनः स्वं स्वं स्वप्नम् अकथयत्.

Eager, *a.* अतीच्छः -च्छा -च्छं, अत्यभिलाषी -षिणी -षि (न्), अत्याकांक्षी -क्षिणी -क्षि (न्), कुतूहली -लिनी -लि (न्), कौतूहलान्वितः -ता -तं, व्यग्रः -ग्रा -ग्रं, उत्सुकः -का -कं, तीक्ष्णः -क्ष्णा -क्ष्णं, सरभसः -सा -सं, उद्युक्तः -क्ता -क्तं, सचेष्टः -ष्टा -ष्टं, व्यवसितः -ता -तं, आसक्तः -क्ता -क्तं, अवसक्तः -क्ता -क्तं, रतः -ता -तं, उत्कः -त्का -त्कं, शीघ्रकर्म्मा -र्म्मा -र्म्म (न्), उच्चण्डः -ण्डा -ण्डं, प्रचण्डः -ण्डा -ण्डं, उत्तमः -प्ता -प्तं.

Eagerly, *adv.* अत्यभिलाषेण, अतीच्छया, अतिस्पृहातस्, कौतूहलेन, कुतूहलात्, कौतुकेन, अतिवाञ्छया, ईहातस्, सतैक्ष्ण्यं, सरभसं, व्यवसितं.

Eagerness, *s.* कौतूहलं, कुतूहलं, कौतुकं, अत्यभिलाषः, अतिस्पृहा, अतिवाञ्छा, अतिशयेच्छा, तैक्ष्ण्यं, तीक्ष्णता, उत्तापः, उच्चण्डता, प्रचण्डता, व्यग्रता, औत्सुक्यं, उद्योगः, प्रौढिः ***f.,*** रभसः, आग्रहः, गर्द्धः, उप्मः.

Eagle, *s.* उत्क्रोशः, कुररः -रा -री, गृध्रः, खरः, समुत्क्रोशः, पक्षिराजः, राजपक्षी ***m.*** (न्).

Eagle-eyed, *a.* उत्क्रोशदृष्टिः -ष्टिः -ष्टि, सूक्ष्मदृष्टिः -ष्टिः -ष्टि.

Eaglest, *s.* उत्क्रोशशावकः, कुररशावकः, उत्क्रोशपोतकः, कुररशिशुः ***m.***

Ear, *s.* कर्णः, श्रौत्रं, श्रुतिः ***f.,*** श्रवः -वणं, श्रोतः ***n.*** (स्), श्रवणपथः, शब्दग्रहः, ध्वनिग्रहः, शब्दाधिष्ठानं, पैञ्जूषः, कुहरं. **–(Organ of hearing)** श्रवणेन्द्रियं; **'outer ear,'** श्रुतिमण्डलं वेष्टनं; **'tip of the ear,'** पालिः ***f.;*** **'lobe of the ear,'** कर्णलतिका; **'root of the ear,'** श्रुतिमूलं, कर्णजाहं; **'hollow of the ear,'** श्रवणोदरं; **'ringing in the ear,'** कर्णनादः, कर्णक्ष्वेडः; **'boring the ear,'** कर्णवेधः; **'having the ears pricked up,'** स्तब्धकर्णः -र्णा -र्णं; **'this noise splits the ear,'** अयं शब्दः श्रुतिं छिनत्ति; **'he gives ear,'** कर्णं ददाति. **–(Ear of corn)** कणिशः -शं, धान्यशीर्षकं, शस्यमञ्जरी. **–(Handle)** कर्णः, वारङ्गः

Ear-ache, ***s.*** कर्णशूलं, कर्णवेदना, कर्णव्यथा.

Ear-bored, ***a.*** विद्धकर्णः -र्णी -र्णं छिद्रितकर्णः -र्णी -र्णं, छिन्नकर्णः -र्णी -र्णं.

Ear-borer, ***s.*** कर्णवेधनिका -नी, कर्णारा.

Eared, ***a.*** **(Having ears)** कर्णी -र्णिनी -र्णि (न्), कर्णवान् -वती -वत् (त्), कर्णिलः -ला -लं, र्णिकः -का -कं. —**(Having spikes)** मञ्जरितः -ता -तं, सकणिशः -शा -शं.

Earlap, ***s.*** कर्णपालिः ***f.,*** श्रवणपालिः ***f.,*** कर्णलतिका, कर्णशष्कुली.

Ear-pick, ***s.*** कर्णकण्डूयनकः, कर्णनिर्घर्षणकः, कर्णशोधनी.

Ear-piercing, ***a.*** कर्णवेधी -धिनी -धि (न्), कर्णभेदी -दिनी -दि (न्).

Ear-ring, ***s.*** कुण्डलं, कर्णिका, अवतंसः, कर्णालङ्कारः, कर्णालङ्कृतिः ***f.,*** कर्णाभरणं, कर्णवेष्टनं, कर्णवेष्टकं, कर्णेन्दुः ***f.,*** उत्तंसः, कर्णान्दुः ***f.,*** तुष्टुः ***m.;*** **'wearing ear-rings,'** कुण्डली -लिनी -लि (न्), कुण्डलधारी -रिणी -रि (न्), अवतंसितः -ता -तं.

Ear-shot, ***s.*** कर्णगोचरः -रा -रं, कर्णविषयः -या -यं, श्रुतिपर्य्यन्तं.

Ear-wax, ***s.*** कर्णमलः -लं, कर्णगूथः, कर्णविट् ***f.,*** (ष्), तोक्मं, वारुण्डः -ण्डं.

Ear-wig, ***s.*** कर्णकीटी, कर्णजलूका, कर्णजलौका ***f.***-काः ***f.,*** (स्), कर्णदुन्दुभिः ***f.***

Ear-witness, ***s.*** श्रुतसाक्षी ***m.*** (न्), स्वकर्णेन श्रुत्वा साक्ष्यं ददाति यः.

Earl, ***s.*** कुलीनपदानां मध्ये तृतीयपदभाक् ***m.*** (ज्), तृतीयकुलीनपदस्थः.

Earldom, ***s.*** तृतीयकुलीनपदं, तृतीयकुलीनपदस्थितस्य आधिपत्यं **or** अधिकारः.

Earliness, ***s.*** शीघ्रता, क्षिप्रता, अविलम्बः, पूर्व्वत्वं, प्राक्त्वं, प्राग्भावः, अग्रत्वं, प्रत्यग्रत्वं, सद्यस्त्वं, अचिरत्वं. —**(Early maturity)** प्राग्विहितकालात् पक्वता **or** परिणतत्वं. —**(Of the day)** सुप्रभातं, अतिप्रभातं, अतिप्रत्यूषः.

Early, ***a.*** **(Forward, prior in time)** पूर्व्वः -र्व्वा -र्व्वं, अग्रः -ग्रा -ग्रं, प्रत्यग्रः -ग्रा -ग्रं, प्राक्तनः -ना -नं, सद्यस्कः -स्का -स्कं, सद्यस्कालीनः -ना -नं, अचिरः -रा -रं. —**(Mature before the time)** अपूर्णकालः -ला -लं, प्राग्विहितकालात् **or** नियमितकालात् पूर्व्वं परिणतः -ता -तं **or** पक्वः -क्वा -क्वं; **'early decrepitude,'** युवजरा. —**(Early in the day)** प्रगेतनः -नी -नं, अतिप्रगेतनः -नी -नं, पूर्व्वाह्णेतनः -नी -नं, प्रातः कालीनः -ना -नं, प्रभातीयः -या -यं, औषिकः -की -कं, उषस्यः -स्या -स्यं औषसः -सी -सं, वैयुष्टः -ष्टी -ष्टं.

Early, ***adv.*** **(Soon)** सद्यस्, अचिरेण, आशु, झटिति. —**(In advance)** अग्रे, प्राक्, पूर्व्वं, पूर्व्वे. —**(Betimes in the morning)** प्रभाते, अतिप्रभाते, प्रगे, अतिप्रगे, प्रत्यूषे, अतिप्रत्यूषे, प्रातर्, प्रातःकाले, सकालं, उषा, प्राह्णे, पूर्व्वाह्णे, प्राक्, व्युष्टं, समया, समये, वेलायां.

To **earn,** ***v. a.*** अर्ज् **(c. 10.** अर्जयति -यितुं), उपार्ज्, लभ् **(c. 1.** लभते, लब्धुं), उपलभ्, प्राप् **(c. 5.** -आप्नोति -आप्तुं), अवाप्, अधिगम् **(c. 1.** -गच्छति -गन्तुं), अश् **(c. 5.** अश्नुते, अशितुं), उपाश्; आदा **(c. 3.** -ददाति -दत्ते -दातुं), उपादा, निर्विश्, **(c. 6.** -विशति -वेष्टुं), क्लृप् **(c. 10.** कल्पयति -यितुं); **'to earn money by labour,'** श्रमेण धनम् उपार्ज्; **'earn wages,'** वेतनम् अर्ह् **(c. 1.** अर्हति -र्हितुं).

Earned, ***p. p.*** अर्जितः -ता -तं, उपार्ज्जितः -ता -तं, श्रमेणोपार्ज्जितः -ता -तं, लब्धः -ब्धा -ब्धं, उपात्तः -त्ता -त्तं, निर्विष्टः -ष्टा -ष्टं.

Earnest, ***a.*** **(Zealous)** व्यग्रः -ग्रा -ग्रं, उद्युक्तः -क्ता -क्तं, उद्योगी -गिनी -गि (न्), आसक्तचेताः -ता -तः (स्), समुद्यतः -ता -तं, उत्सुकः -का -कं, प्रयत्नवान् -वती -वत्, महोद्यमः -मा -मं, कृतप्रयत्नः -त्ना -त्नं, सचेष्टः -ष्टा -ष्टं, प्रचण्डः -ण्डा -ण्डं, उच्चण्डः -ण्डा -ण्डं, उत्साही -हिनी -हि (न्), व्यवसायी -यिनी -यि (न्), तीक्ष्णः -क्ष्णा -क्ष्णं, अत्यनुरागी -गिणी -गि (न्). —**(Intent)** निविष्टः -ष्टा -ष्टं, अभिनिविष्टः -ष्टा -ष्टं, निविष्टमनाः -ना -नः (स्), आसक्तः -क्ता -क्तं, कृतनिश्चयः -या -यं, अनन्यविषयात्मा -त्मा -त्म (न्), एकाग्रचित्तः -त्ता -त्तं; **'earnest desire,'** अतिस्पृहा, कौतूहलं, गाढाभिलाषः, अतिशयेच्छा.

Earnest, ***s.*** **(Seriousness, not jest)** गौरवं, अलाघवं, धीरत्वं, अपरिहासः; **'in earnest,'** अपरिहासेन, सगौरवं, अलाघवेन, सधैर्य्यं. —**(Part paid beforehand)** पूर्व्वदत्तभागः, पूर्व्वदत्तमूल्यं. —**(Foretaste)** पूर्व्वभुक्तिः ***f.*** —**(Pledge)** उपनिधिः ***m.,*** उपन्यासः, आधिः ***m.,*** निक्षेपः.

Earnestly, ***adv.*** यत्नतस्, यत्नात्, सोत्साहं, महायत्नपूर्व्वं, महोद्यमपूर्व्वं, आसक्तचेतसा, व्यग्रं, निविष्टमनसा, अभिनिवेशेन, निर्बन्धेन, सोद्योगं, उत्सुकं, ईहातस्, अत्यनुरागेण; **'earnestly desiring,'** अतीच्छः -च्छा -च्छं, अत्यभिलाषी -षिणी -षि (न्).

Earnestness, ***s.*** व्यग्रता, निवेशः, अभिनिवेशः, मनोनिवेशः, चित्तासक्तिः ***f.,*** उद्युक्तता, उद्योगः, मनोनिर्बन्धः, उच्चण्डता, औत्सुक्यं, उत्साहः, चेष्टा, अनुरागः, उग्रत्वं, तैक्ष्ण्यं, आत्मैकाम्यं, अभियुक्तता.

Earnings, ***s. pl.*** उपार्ज्जनं, उपार्ज्जितं, अर्ज्जनं, लब्धिः ***f.,*** लभ्यं, लभ्यांशः, वेतनं, वर्त्तनं, निर्वेशः, कर्म्मण्या, भरण्यं, निष्क्रयः.

Earth, *s.* **(The globe)** पृथिवी, पृथ्वी, भूः *f.,* धरणी, मही, वसुधा, धरित्री, धरा, मेदिनी, भूमिः *f.,* क्षितिः *f.,* अवनिः *f.,* -नी, जगती, उर्व्वी, क्ष्मा, क्षोणी -णिः *f.,* क्षौणिः *f.,* वसुन्धरा, वसुमती, धारिणी, धात्री, भूगोलः, भूमण्डलं, भूलोकः, भूर्लोकः, रसा, गौः *f.,* (गो), ज्या, स्थिरा, अचला, निश्चला, अनन्ता कुः *f.,* मर्त्यः, काश्यपी, विश्वम्भरा, भूतधात्री, विश्वधारिणी, धारयित्री, सर्व्वंसहा, संसारः, गोत्रा, इला, इलिका, भुरिक् or भूरिक् *f.,* (ज्), भुवनं, विष्टपः -पं, विष्टभं, सागरमेखला, उदधिमेखला, समुद्राम्बरा, इलागोलं, खस्तनी, व्योमस्थली, रत्नगर्भा, गिरिकर्णिका, वीजसूः *f.,* (-मू), नराधारा, दैत्यमेदजा, विश्वगन्धा, नृतूः *m.* —**(Ground, surface of the earth)** भूमिः *f.,* भूतलं, पृथिवीतलं, क्षितितलं, महातलं, क्ष्मातलं. —**(Particles of earth, soil)** मृत् *f.* मृत्तिका, मृदा, मृत्खण्डं, क्षितिखण्डः.

To **earth,** *v. a.* भूमौ निविश् **in caus.** (-वेशयति -यितुं) **or** निधा **(c. 3.** -दधाति -धातुं) **or** समृ **in caus.** (-अर्पयति -यितुं), भूमिगुप्तं -प्तां -प्तं कृ.

To **earth,** *v. n.* भूमिं निविश् **(c. 6.** -विशति -वेष्टुं), भूमौ गर्त्तं **or** विवरं कृ.

Earth-born, भूमिजः -जा -जं, क्षितिजः -जा -जं, भूमिसम्भवः -वा -वं, स्थलजः -जा -जं, महीजः -जा -जं.

Earthen, *a.* **(Made of earth)** मार्त्तिकः -की -कं, मृण्मयः -यी -यं, मृत्तिकामयः -यी -यं, मृत्तिकानिर्म्मितः -ता -तं, महीमयः -यी -यं, माहेयः -यी -यं.

Earthen-ware, *s.* मृण्मयभाण्डं, मृद्भाण्डानि *n. pl.,* कौलालकं, मार्त्तिकं.

Earthiness, *s.* मार्त्तिकत्वं, भौमत्वं, पार्थिवत्वं, माहेयता, स्थूलता.

Earthling, *s.* मर्त्त्यः, पृथिवीस्थः, पृथिवीवासी *m.* (न्), संसारी *m.* (न्), विषयी *m.* (न्), भूजन्तु *m.*

Earthly, *a.* पार्थिवः -वी -वं, भौमः -मी -मं, -मिकः, -की -कं, लौकिकः -की -कं, ऐहलौकिकः -की -कं, माहेयः -यी -यं, सांसारिकः -की -कं, ऐहिकः -की -कं.

Earthly-minded, *a.* विषयासक्तचेताः -ताः -तः (स्), संसारासक्तमनाः -नाः -नः (स्), विषयोपभोगव्यग्रः -ग्रा -ग्रं.

Earthquake, *s.* भूकम्पः, भूमिकम्पः, धरणीचलनं, भूमिचलनं, भूचलं, भूक्ष्मायितं; **'to quake, as the earth,'** क्ष्माय् **(c. 1.** क्ष्मायते -यितुं).

Earth-worm, *s.* भूजन्तुः *m.,* क्षितिजन्तुः *m.,* भूलता, महीलता, कुसूः *m.,* वैराटः, किञ्चुलुकः. —**(Mean person)** नीचजनः, तुच्छजनः.

Earthy, *a.* पार्थिवः -वी -वं, भौमः -मी -मं. *See* **Earthen, Earthly.**

Ease, *s.* सुखं, सौख्यं, अनायासः, विश्रामः, विश्रान्तिः *f.,* शमः, उपशमः, निर्वृत्तिः *f.,* निवृत्तिः *f.,* विरतिः *f.,* शान्तिः *f.,* स्वास्थ्यं, सुस्थता, सुस्थितिः *f.;* अकष्टं, अदुःखं, अक्लेशः, निरुद्वेगः, प्रसादः. —**(Facility)** सौकर्य्यं, सुकरत्वं, अनायासः, सौगम्यं; **'love of ease,'** सुखेच्छा; **'at ease,'** सुखेन, यथासुखं, निर्वृतः -ता -तं, निरुद्विग्नः -ग्ना -ग्नं.

To **ease,** *v. a.* **(Free from pain)** दुःखं हृ **(c. 1.** हरति, हर्त्तुं) **or** शम् **(c. 10.** शमयति -यितुं), क्लेशं **or** उद्वेगं हृ. —**(Alleviate)** शम्, प्रशम्, उपशम्; शान्त्व् **or** सान्त्व् **(c. 10.** सान्त्वयति -यितुं), उपसान्त्व्; लघ **(nom.** लघयति -यितुं), लघूकृ, शान्तिं दा. —**(Free from labour, remove a burden)** निरायासं -सां -सं कृ, भारं हृ **or** उद्धृ **or** अपनी **(c. 1.** -नयति -नेतुं). —**(Free from any thing)** मुच् **(c. 6.** मुञ्चति, मोक्तुं).

Easel, *s.* चित्रफलकः, चित्रमञ्च, चित्राधारः, चित्रलेखापादपः.

Easement, *s.* सुखं, सौख्यं, उपकारः -करणं, साहाय्यं. —**(Evacuation)** मलविसर्गः -मलशुद्धिः *f.*

Easily, *adv.* **(Without difficulty)** सुखेन, सुखं, यथासुखं, अनायासेन, अनायासं, निरायासं, सुकरं, सौकर्य्येण, अयत्नेन, अयत्नतस्, अदुःखेन, अकष्टेन, अक्लेशेन, अश्रमेण, दुःखं विना, क्लेशं विना, हेलया. **Often expressed by** सु **or** सुख **prefixed; as, 'easily borne,'** सुसहः -हा -हं; **'easily obtained,'** सुलभः -भा -भं; **'easily cut,'** सुखच्छेद्यः -द्या -द्यं; **'easily attained,'** सुखसाध्यः -ध्या -ध्यं; **'easily done,'** अनायासकृतः -ता -तं; **'doing easily,'** सुखकरः -रा -रं. —**(With tranquillity)** सविश्रामं, शान्त्या, शमेन, निरुद्विग्नं, स्वास्थ्येन. —**(Leisurely)** सावकाशं. —**(Readily)** कामं.

Easiness, *s.* **(Facility)** सौकर्य्यं, सुकरत्वं -ता, सौगम्यं, सुगमत्वं, सुखत्वं, सुसाध्यता, अनायासः, निरायासत्वं. —**(Readiness to comply)** अनुकूलता, आनुकूल्यं, अनुरोधः. —**(Freedom from pain)** स्वास्थ्यं, शान्तिः *f.,* सुस्थता, अक्लेशः; **'easiness of circumstances,'** द्रव्यानुकूल्यं.

East, *s.* **(Eastern quarter)** पूर्व्वदिक् *f.* (श), प्राची, पूर्व्वा, प्राचीनदिक् *f.* (श्), पूर्व्वकाष्ठा, पूर्व्वाशा, सूर्य्योदयस्थानं; **'the eastern country,'** प्राच्यः प्राग्देशः, पूर्व्वदेशः.

East, easterly, eastern, *a.* प्राङ् प्राची प्राक् (च्) प्राच्यः -च्या -च्यं, पूर्व्वः -र्व्वी -र्व्वं, प्राचीनः -ना -नं, पूर्व्वदिश्यः -श्या -श्यं, पूर्व्वदेशायः -या -यं पूर्व्वदिक्स्थः -स्था -स्थं, पूर्व्वदेशजः -जा -जं, पूर्व्वजः -जा -जं; **'facing the east,'** प्राङ्मुखः -खा -खी -खं, पूर्व्वमुखः -खा -खं; **'Madhyadesha is east of Vinashana,'** मध्यदेशो विनशनात् पूर्व्वः; **'as far as the eastern ocean,'** आपूर्व्वसमुद्रात्; **'the eastern mountain,'** उदयः, उदयगिरिः *m.,* उदयाचलः, उदयशैलः, पूव्वपर्व्वतः, पूर्व्वाद्रिः *m.,* दिनमूर्द्धा *m.* (न्), पूर्व्वाचलः.

Easter, ***s.*** ख्रीष्टपुनरुत्थानदिवसमुद्दिश्य महोत्सवः ख्रीष्टपुनरुत्थानपर्व्व ***n.*** (न्).

Easterly, eastward ***adv.*** पुरस्तात्, पूर्व्वेण, पुरस्, प्राक्, पूर्व्वं, पूर्व्वदिशं, पूर्व्वदेशे, सूर्य्योदयं प्रति, पुरा, पूर्व्वपार्श्वे.

Easy, ***a.*** **(Not difficult to be done)** निरायासः -सा -सं, निरायासकृतः -ता -तं, अनायासी -सिनी -सि (न्), सुखः -खा -खं, सुकरः -रा -री -रं, सुसाध्यः -ध्या -ध्यं **or** सुखसाध्यः, सुगमः -मा -मं, लघुः -घुः -घ्वी -घु, अकष्टः -ष्टा -ष्टं, अकठिनः -ना -नं, अविषमः -मा -मं, सुखेन कार्य्यः -र्य्या -र्य्यं.—**(Intelligible)** सुबोधः -धा -धं, सुगम्यः -म्या -म्यं, सुग्राह्यः -ह्या -ह्यं, अव्याख्येय -या -यं.—**(Free from pain, quiet)** स्वस्थः -स्था -स्थं, सुस्थः -स्था -स्थं, शान्तः -न्ता -न्तं, सुखी -खिनी -खि (न्), दुःखहीनः -ना -नं, निरुद्वेगः -गा -गं, निर्वृत्तः -त्ता -त्तं; **'an easy, happy character,'** सुखिस्वभावः.—**(Complying)** अनुकूलः -ला -लं; **'easy of utterance,'** सुखोच्चार्य्यः -र्य्या -र्य्यं; **'easy of acquisition,'** सुलभः -भा -भं, सुप्राप्यः -प्या -प्यं, सुखलभ्यः -भ्या -भ्यं **or** सुखेन लभ्यः; **'easy in its paces,'** सुखायनः -ना -नं, सुखचारः -रा -रं; **'an easy case,'** निश्शल्योऽर्थः.

To* eat,** ***v. a. **and** ***n.*** खाद् (c. 1. खादति -दितुं), सङ्खाद्; अद् (c. 2. अत्ति -त्तुं), समद्; भक्ष् (c. 10. भक्षयति -यितुं), सम्भक्ष्, अश् (c. 9. अश्नाति, अशितुं), समश्, पर्य्यश्, प्राश, भुज् (c. 7. भुंक्ते, भोक्तुं), उपभुज्, जक्ष् (c. 2. जक्षिति -तुं), ग्रस् (c. 1. ग्रसते -सितुं), घस् (c. 1. घसति, घस्तुं), प्सा (c. 2. प्साति -तुं), चम् (c. 1. चमति -मितुं), आस्वद् **or** आस्वाद् (c. 1. -स्वदति -स्वादति -दितुं), गॄ (c. 6. गिरति, गरितुं -रीतुं), निगॄ, चर्व् (c. 1. चर्वति -र्वितुं), अभ्यवह (c. 1. -हरति -हर्त्तुं), अभ्याह, प्रत्यालिह् (c. 2. -लेढि -ढुं), प्रत्यवसो (c. 4. -स्यति -सातुं), उपयुज् (c. 7. -युनक्ति -युंक्ते -योक्तुं), वल्भ् (c. 1. वल्भते -ल्भितुं), आहारं कृ; **'he bid them eat and drink,'** अश्नीत पिबतेति तान् अवदत्.

Eatable, ***a.*** खाद्यः -द्या -द्यं, खादनीयः -या -यं, भक्ष्यः -क्ष्या -क्ष्यं, भक्षणीयः -या -यं, भोज्यः -ज्या -ज्यं, भोजनीयः -या -यं, आद्यः -द्या -द्यं, अदनीयः -या -यं, आहार्य्यः -र्य्या -र्य्यं, अभ्यवहरणीयः -या -यं, अभ्याहार्य्यः -र्य्या -र्य्यं.

Eatable, ***s.*** भक्ष्यं, भोज्यं, भोजनं, खाद्यद्रव्यं, भक्ष्यवस्तु ***n.***, आद्यं, प्राशित्रं, अशितम्भवं, आहार्य्यं, अभ्याहार्य्यः -र्य्यं.

Eaten, ***p. p.*** भक्षितः -ता -तं, खादितः -ता -तं, भुक्तः -क्ता -क्तं, अन्नः -न्ना -न्नं, जग्धः -ग्धा -ग्धं, अशितः -ता -तं, प्राशितः -ता -तं, आशितः -ता -तं, अभ्यवहृतः -ता -तं, प्सातः -ता -तं, आस्वादितः -ता -तं, स्वदितः -ता -तं, चर्वितः -ता -तं, गिलितः -ता -तं, प्रत्यवसितः -ता -तं, लिप्तः -प्ता -प्तं, प्रत्यालीढः -ढा -ढं, ग्रसितः -ता -तं, उपयुक्तः -क्ता -क्तं, वल्भितः -ता -तं.

Eater, ***s.*** खादकः, भक्षकः, अत्ता ***m.*** (त्तृ), भोक्ता ***m.*** (क्तृ), भक्षयिता ***m.*** (तृ), भोजी ***m.*** (न्), आशा ***m.*** (न्); **'great eater,'** बह्वाशी ***m.*** बहुभुक् ***m.*** (ज्).

Eating, ***s.*** **(Act of)** भक्षणं, खादनं, भोजनं, कर्वणं, अशनं, प्राशनं, अभ्यवहरणं, अभ्यवहारः, अभ्याहारः, ग्रसनं, जक्षणं, जक्षिः ***f.***, आस्वादः -दनं प्रत्यवसानं, गिलनं, प्सा, प्सानं, वल्भनं; **'eating together,'** सहभोजनं, सग्धिः ***f.***; **'eating of every thing,'** सर्व्वान्नभोजी -जिनी -जि (न्), सर्व्वान्नीनः -ना -नं.

Eating-house, ***s.*** पक्वान्नविक्रयस्थानं, सिद्धान्नागारः, पक्वान्नपण्यशाला.

Eaves, ***s.*** पटलप्रान्तः, वलिकः -कं, नीध्रं, पटलान्तः.

Eaves-dropper, ***s.*** गूढश्रोता ***m.*** (तृ), प्रच्छन्ने स्थित्वा द्वयोः संलापं कौतुकमात्रात् शृणोति यः, प्रच्छन्नश्रावी ***m.*** (न्).

Ebb, ***s.*** पश्चाद्वेला, विपरीतवेला, परावेला, पश्चात्प्रवाहः, विपरीतप्रवाहः, समुद्रवेलाया विपरीतगतिः ***f.***, समुद्रजलस्य पुनरावर्त्तः **or** प्रत्यावर्त्तनं **or** परावर्त्तः **or** विपरीतवर्त्तनं, वेलापरिवर्त्तनं; **'ebb and flow,'** वेला.

To* ebb,** ***v. n. वेलावत् परावृत् (c. 1. -वर्त्तते -र्त्तितुं) **or** विपरिवृत् **or** परिवृत् **or** पुनरावृत्, विपरीतं गम् (c. 1. गच्छति, गन्तुं), पश्चात्प्रवाहं कृ.—**(Decline)** क्षि **in pass.** (क्षीयते); **'a place whence water has ebbed,'** परापः -पा -पं.

Ebony, ***s.*** कोविदारः, कुद्दालः, क्षितिसारकः, केन्दुः ***m.***, युगपत्रकः, स्फूर्जकः, तिन्दुकः, कालस्कन्धः, कुलकः, चमरिकः.

Ebriety, ***s.*** मादः, उन्मादः, उन्मत्तता, मद्यपानजोऽवस्थाविशेषः.

Ebriosity, ***s.*** उन्मादशीलता, सदोन्मत्तता, क्षीवता, नित्यक्षीवता.

Ebullition, ***s.*** उत्सेचनं, उत्सेकः फुत्कारः, फेनकरणं, फेनता.—**(Internal agitation)** अन्तर्वेगः, अन्तःक्षोभः.

Eccentric, ***a.*** **(Deviating from the centre)** केन्द्रापगामी -मिनी -मि (न्) **or** मध्यस्थानाद् अपगामी, केन्द्रभ्रष्टः -ष्टा -ष्टं.—**(From usual custom)** लोकाचारविरुद्धः -द्धा -द्धं, व्यवहारविरुद्धः -द्धा -द्धं, नियमवहिर्गतः -ता -तं, उत्क्रान्तमर्य्यादः -दा -दं, विपथगामी -मिनी -मि (न्), उत्सूत्रः -त्रा -त्रं, व्यभिचारी -रिणी -रि (न्), अव्यवस्थितः -ता -तं, विषमः -मा -मं, विलक्षणः -णा -णं, लोकवाह्यः -ह्या -ह्यं, त्यक्तलोकमार्गः -र्गा -र्गं.

Eccentricity, ***s.*** लोकाचारविरोधः, उत्क्रमः, विधिविरुद्धता, लोकमर्य्यादाव्यभिचारः, वैषम्यं, उत्सूत्रता.

Ecclesiastic, ***a.*** पौराहितः -ती -तं, मण्डलीसम्बन्धी -न्धिनी -न्धि **or** पौरोहित्यसम्बन्धी, धर्म्मोपदेशविषयः -या -यं, याजकीयः -या -यं.

Ecclensiastic, ***s.*** पुरोहितः, धर्म्माध्यापकः, धर्म्मशास्त्रोपदेशकः, आचार्य्यः, याजकः, धर्म्मशास्त्रव्यवसायी ***m.*** (न्).

Echo, ***s.*** प्रतिध्वनिः ***f.,*** प्रतिशब्दः, प्रतिस्वनः, प्रतिरवः, प्रतिश्रुत् ***f.,*** प्रतिध्वानः, प्रतिवचनं, ग्रहणं, अनुनादः, प्रतिगर्जनं, व्यनुनादः, ध्वनिः ***f.,*** स्त्यानं.

To* echo, *v. n.* and *a. ध्वन् **(c. 1.** ध्वनति -नितुं), प्रध्वन्, प्रतिध्वन्, स्वन् **(c. 1.** स्वनति -नितुं), प्रतिस्वन्, स्तन् **(c. 1.** स्तनति -नितुं), प्रतिध्वनिं कृ, प्रतिशब्दं कृ, प्रतिरवं कृ; **'to cause to echo,'** अनुनद् **in caus.** (-नादयति -यितुं), व्यनुनद्;

Echoing, ***part.*** अनुनादयन् -यन्ती -यत् (त्), प्रतिगजन् -र्जन्ती -र्जत् (त्); **'echoing with,'** अनुनादः -दा -दं, निर्घुष्टः -ष्टा -ष्टं, परिसङ्घुष्टः -ष्टा -ष्टं; **with the sound of the lute,'** सवीणानुनादः -दा -दं.

Enclaircissement, ***s.*** परिशोधनं, विवरणं, विवृतिः ***f.,*** व्याख्या, स्पष्टीकरणं.

Eclat, ***s.*** प्रशंसा, स्तुतिः ***f.,*** श्लाघा, कीर्त्तिः ***f.,*** ख्यातिः ***f.,*** सुख्यातिः ***f.,*** यशः ***n.*** (स्), विश्रुतिः ***f.,*** विश्रावः, प्रतिष्ठा, शोभा, प्रभा; **'causing eclat,'** कीर्त्तिकरः -री -रं.

Eclectic, ***a.*** उद्धारकः -का -कं, उद्धरणः -णा -णं, वरणकृत्, चूर्णिकृत्.

Eclipse, ***s.*** ग्रहः -हणं, उपरागः, उपसर्गः, उपप्लवः, राहुग्राहः, ग्रहपीडनं, राहुसंस्पर्शः, औपग्रहिकः, औपग्रस्तिकः, विमर्द्दनं, परागः; **'solar eclipse,'** सूर्य्यग्रहः, सूर्य्योपरागः; **'lunar eclipse,'** चन्द्रग्रहणं.

***To* eclipse, *v. a.* (Darken)** तिमिर **(nom.** तिमिरयति -यितुं), तिमिरीकृ, अन्धीकृ, मलिनीकृ, प्रच्छद् **(c. 10.** -छादयति -यितुं), आच्छद्.—**(To be eclipsed as the sun, etc.)** उपरञ्ज् **in pass.** (-रज्यते), उपसृज् **in pass.** (-सृज्यते); **'Râhu eclipsed the sun,'** राहुः सूर्य्यम् उपाग्रसत्.

Eclipsed, ***p. p.*** **(As the sun, etc.)** उपसृष्टः -ष्टा -र्ष्टं, उपरक्तः -क्ता -क्तं, ग्रस्तः स्ता -स्तं, राहुग्रस्तः -स्ता -स्तं, राहुयुक्तः -क्ता -क्तं, उपप्लुतः -ता -तं, सोपप्लवः -वा -वं. —**(Obscured)** तिमिरावृतः -ता -तं, तमोवृतः -ता -तं, आच्छन्नः -न्ना -न्नं, प्रच्छन्नः -न्ना -न्नं, उपच्छन्नः -न्ना -न्नं, मलिनः -ना -नं, मलिनप्रभः -भा -भं.

Ecliptic, ***s.*** क्रान्तिमण्डलं, क्रान्तिः ***f.,*** क्रान्तिकक्षः, रविमार्गः.

Eclogue, ***s.*** गोमेषपशुपालनादिविषयं क्षुद्रकाव्यं, ग्राम्यकविता.

Economic, economical, ***a.*** **(Pertaining to the management of household concerns)** गृहकर्म्मनिर्वाहसम्बन्धी -न्धिनी -न्धि (न्).—**(Frugal)** परिमितव्ययः -या -यं, स्वल्पव्ययः -या -यं, अव्ययः -या -यं, अमुक्तहस्तः -स्ता -स्तं, व्ययपराङ्मुखः -खी -खं, अबहुदः -दा -दं.

Economically, ***adv.*** परिमितव्ययेन, स्वल्पव्ययेन, अमुक्तहस्तेन.

Economics, ***s.*** गृहकार्य्यं, गृहव्यापारः, गृहकर्म्मनिर्व्वाहविद्या.

Economist, ***s.*** परिमितव्ययी ***m.*** (न्).—**(Political economist)** नीतिज्ञः, नीतिविद्याकुशलः, नीतिशास्त्रविद् ***m.***

To* economize, *v. n. परिमितव्ययेन गृहकार्य्याणि निर्वह् **in caus.** (-वाहयति -यितुं).

Economy, ***s.*** **(Management of a household)** गृहकार्य्यनिर्वाहः, गृहकर्म्मनयः, गार्हस्थ्यं.—**(Frugality)** परिमितव्ययः, स्वल्पव्ययः, अमुक्तहस्तत्वं.—**(Management)** नयः, नीतिः ***f.,*** प्रणयनं, निर्वाहः.—**(Arrangement)** विन्यासः, विरचनं, संविधानं, कल्पना.—**(System)** स्थितिः ***f.,*** संस्थानं, मार्गः. —**(Political economy)** नीतिः ***f.,*** नीतिविद्या, राजनीतिः ***f.,*** राज्यकर्म्मनिर्वाहविद्या.

Ecstasied, ***a.*** सम्मोहितः -ता -तं, हर्षमोहितः -ता -तं, हर्षोन्मत्तः -त्ता -त्तं, प्रहर्षितः -ता -तं, आनन्दमत्तः -त्ता -त्तं, पुलकितः -ता -तं, रोमाञ्चितः -ता -तं.

Ecstasy, ***s.*** प्रमदः, उन्मदः, मादः, प्रहर्षः, मोहः, सम्मोहः, आनन्दः, परमानन्दः, हर्षोन्मत्तता, रोमहर्षः, अत्यन्ताह्लादः, अत्यानन्दः.

Ecstatic, Ecstatical, ***a.*** मादनः -ना -नी -नं, उन्मादनः -ना -नं, मोहनः -ना -नी -नं, सम्मोही -हिनी -हि (न्), परमानन्ददः -दा -दं, परमाह्लादजनकः -का -कं, पुलकजनकः -का -कं.

Ecstatically, ***adv.*** सपरमानन्दं, सानन्दं, समादं, परमाह्लादेन.

Ecumenical, ***a.*** सार्व्वलौकिकः -की -कं, सर्व्वसाधारणः -णी -णं.

Edacious, ***a.*** भक्षकः -का -कं, खादकः -का -कं, भोजी -जिनी -जि (न्), अद्मरः -रा -रं, घस्मरः -री -रं, प्रघसः -सा -सं, बहुभुकः ***m.,*** (ज्), बह्वाशी -शिनी -शि (न्), भोजनलुब्धः -ब्धा -ब्धं.

Edacity, ***s.*** घस्मरता, अतिभोजनं, गृध्नता, जिघृक्षा.

Eddy, ***s.*** जलावर्त्तः, जलगुल्मः, आवर्त्तिका, आवर्त्तिनी, भूमिः ***m.,*** भ्रमः, भ्रमरकः, अवघूर्णः, दरणिः ***m.,*** आरणिः ***m.,*** कूलहुण्डकः, कूलन्धयः, तालूरः.

Edentated, ***a.*** निर्दशनः -ना -नं, नीरदः -दा -दं, अदंष्ट्री -ष्ट्रिणी -ष्ट्रि (न्).

Edge, ***s.*** **(Border, margin)** प्रान्तः, अन्तः -न्तं, उपान्तं, समन्तः, पर्य्यन्तं, सीमा, परिसरः, कच्छः, उत्सङ्गः, कोटिः ***f.,*** धारः. —**(Edge or point of a blade)** धारा -रं, कोटिः ***f.,*** अश्रिः ***f.,*** पालिः ***f.,*** पाली, पालिका, अणिः ***m.,*** आणिः ***m.f.,*** शिखरः -रं, कोणः, अग्रं.—**(Edge of a brook)** कच्छः, तीरं, तटं, कूलं, कच्छान्तः; **'edge of a wood,'** वनान्तं; **'edge of a mountain,'** उत्सङ्गः, टङ्का, धारा; **'edge of a roof,'**

पटलप्रान्तः, वलिकः, नीध्रं; **'two-edged,'** द्विधारः -रा -रं, उभयतस् तीक्ष्णः -क्ष्णा -क्ष्णं; **'red-edged,'** रक्तकोटिः -टिः -टि; **'state of being set on edge (the teeth),'** दन्तहर्षः. **—(Keenness)** तैक्ष्ण्यं, तीक्ष्णता, तेजः ***n.*** (स्); **'of appetite,'** अग्निः ***m.***, रुचिः ***f.***

***To* edge, *v. a.* (Border)** प्रान्तः **(nom.** प्रान्तयति -यितुं), समन्त, (समन्तयति -यितुं), पर्य्यन्तं कृ. **—(Sharpen)** तिज् **(c. 10.** तेजयति -यितुं), तीक्ष्णीकृ, निशो **(c. 4.** -श्यति -शातुं).

Edged, *a.* (Having an edge) धारी -रिणी -रि (न्), धाराधरः -रा -रं, कोटिमान् -मती -मत् (त्). **—(Sharp-edged)** तीक्ष्णधारः -रा -रं, शितधारः -रा -रं, तीक्ष्णाग्रः -ग्रा -ग्रं, लविः -विः -वि; **'two-edged sword,'** द्विधारखड्गः.

Edgeless, *a.* धाराहीनः -ना -नं, कोटिरहितः -ता -तं, अतीक्ष्णः -क्ष्णा -क्ष्णं.

Edging, *s.* कोटिः ***f.*** **—(Of a garment)** अञ्चलः, वस्त्राञ्चलः -लं.

Edible, *a.* खाद्यः -द्या -द्यं, खादनीयः -या -यं, भोज्यः -ज्या -ज्यं, भक्ष्यः -क्ष्या -क्ष्यं, भक्षणीयः -या -यं, भोजनीयः -या -यं, आद्यः -द्या -द्यं, अदनीयः -या -यं, आहार्य्यः -र्य्या -र्य्यं.

Edict, *s.* राजाज्ञा, राजशासनं, शासनं, धर्म्मकीलः; **'written order,'** आज्ञापत्रं, शासनपत्रं, पट्टः.

Edification, *s.* ज्ञाननिष्ठा, निष्ठा, ज्ञानवृद्धिः ***f.***, ज्ञानप्राप्तिः ***f.***, शिक्षा, समुत्थानं, उपदेशः, ज्ञानदानं.

Edifice, *s.* हर्म्यं, शाला, भवनं, मन्दिरं, धाम ***n.*** (न्), सौधं, अट्टालिका, प्रासादः, सदनं, गृहं, वरणः, वाश्रं, प्राकारः.

Edified, *p. p.* शिक्षितः -ता -तं, प्राप्तज्ञानः -ना -नं, वृद्धज्ञानः -ना -नं, लब्धज्ञानः -ना -नं, गृहीतज्ञानः -ना -नं, उपदिष्टः -ष्टा -ष्टं.

To* edify, *v. a. निष्ठां कृ **or** जन् **(c. 10.** जनयति -यितुं), शिक्ष् **(c. 10.** शिक्षयति -यितुं), उपदिश् **(c. 6.** -दिशति -देष्टुं), ज्ञानं वृध् **in caus.** (वर्धयति -यितुं).

Edifying, *a.* निष्ठावर्धकः -का -कं, ज्ञानवर्धकः -का -कं, उपदेशकः -का -कं.

To* edit, *v. a. ग्रन्थं शोधयित्वा प्रकाश् **(c. 10.** -काशयति -यितुं), प्रकटीकृ.

Edited, *p. p.* प्रकाशितः -ता -तं, शोधितः -ता -तं, शुद्धीकृतः -ता -तं.

Edition, *s.* (Publication) प्रकाशनं, प्रकाशकरणं, प्रकटीकरणं. **—(Number of copies printed at once)** एकवारे मुद्रितो ग्रन्थसमूहः.

Editor, *s.* प्रकाशकः, ग्रन्थप्रकाशकः, ग्रन्थशोधकः.

To* educate, *v. a. विनी **(c. 1.** -नयति -नेतुं), अनुनी, शिक्ष् **(c. 10.** शिक्षयति -यितुं), अनुशिक्ष्, शास् **(c. 2.** शास्ति, शासितुं), अनुशास्, अधी **in caus.** (अध्यापयति -यितुं, **rt.** इ), उपदिश् **(c. 6.** -दिशति -देष्टुं), पुष् **(c. 10.** पोषयति -यितुं), पाल् **(c. 10.** पालयति -यितुं), प्रतिपाल्, अभ्यस् **(c. 4.** -अस्यति -असितुं), संवृध् **in caus.** (-वर्धयति -यितुं), विद्या दा.

Educated, *p. p.* शिक्षितः -ता -तं, कृतविद्यः -द्या -द्यं, लब्धविद्यः -द्या -द्यं, गृहीतविद्यः -द्या -द्यं, कृताभ्यासः -सा -सं, कृतबुद्धिः -द्धिः -द्धि कृतधीः -धीः -धि, अनुनीतः -ता -तं, विनीतः -ता -तं, शिष्टः -ष्टा -ष्टं, संवर्धितः -ता -तं, पोषितः -ता -तं, व्युत्पन्नः -न्ना -न्नं, संस्कृतः -ता -तं; **'well-educated,'** सुशिक्षितः -ता -तं.

Education, *s.* शिक्षा, अध्यापनं, विनयः, अनुनयः, शिष्टिः ***f.***, शास्तिः ***f.***, शासनं, अनुशासनं, उपदेशः, विद्यादानं, अभ्यासः, पोषः -षणं, पुष्टिः ***f.***, पालनं, प्रतिपालनं, संवर्धनं, विद्याप्राप्तिः ***f.***, विद्यालब्धिः ***f.***, विद्याग्रहणं, विद्यार्ज्जनं, व्युत्पत्तिः ***f.***

Eel, *s.* जलव्यालः, कुञ्चिका, अन्धाहिः ***m. f.***, पङ्कगतिः ***f.***

Effable, *a.* कथनीयः -या -यं, वाच्यः -च्या -च्यं, निर्वचनीयः -या -यं.

To* efface, *v. a. अपमृज् **(c. 2.** -मार्ष्टि -र्ष्टुं), व्यामृज्, प्रमृज्, अवमृज्, उन्मृज्; व्यामृश् **(c. 6.** -मृशति -स्रष्टुं), अवमृश्; अवमृद् **(c. 9.** -मृद्नाति -मर्द्दितुं), उच्छिद् **(c. 7.** -छिनत्ति -छेत्तुं), विनश् **in caus.** (-नाशयति -यितुं), उद्धृ **(c. 1.** -हरति -हर्त्तुं), समुद्धृ, उन्मूल् **(c. 10.** -मूलयति -यितुं), लुप् **(c. 6.** लुम्पति, लोप्तुं), लोपं कृ, अवमर्षणं कृ, व्यामर्षं कृ.

Effaced, *p. p.* अपमृष्टः -ष्टा -ष्टं, उन्मृष्टः -ष्टा -ष्टं, व्यामृष्टः -ष्टा -ष्टं, उच्छिन्नः -न्ना -न्नं, अवमृदितः -ता -तं, मृदितः -ता -तं, लुप्तः -प्ता -प्तं.

Effacement, *s.* मार्जना, अपमार्जना, व्यामर्षः, अवमर्षणं, लोपः.

Effect, *s.* (That which is produced by an agent) उत्पन्नं, निष्पन्नं, उद्भूतं, सिद्धिः ***f.***, उत्पत्तिः ***f.***, कार्य्यं, वृत्तं, अनुवृत्तं, घटना. **—(Consequence)** फलं, कर्म्मफलं, फलमुत्तरं, प्रयोगः, प्रयुक्तिः ***f.***, उत्तरं, अनुसारः, परिणामः, अन्तः -न्तं, वृत्तान्तः, शेषः, अनुषङ्गः, काव्यं, अन्वयः, योगः, अनुभवः, भव्यं, फलोदयः, प्रतिफलं, उदर्कः, प्रत्ययः. **—(Purpose)** अर्थः, प्रयोजनं, अभिप्राय; **'to what effect?'** किमर्थं; **'he spoke to that effect,'** इत्युवाच. **—(Advantage, validity)** फलं, प्रयोजनं, अर्थः, प्रभावः; **'of no effect,'** निष्फलः -ला -लं, निरर्थकः -का -कं, निष्प्रयोजनः -ना -नं; **'to destroy the effect of any thing,'** निष्फल **(nom.** निष्फलयति -यितुं), मोघीकृ. **—(Completion)** निष्पत्तिः ***f.***, सिद्धिः ***f.*** **—(Fact)** वस्तु ***n.***, अर्थः; **'in effect,'** वस्तुतस्, अर्थतस्, तत्त्वतस्. **—(Effects, goods)** द्रव्याणि ***n.pl.***, वस्तूनि ***n.pl.***, सामग्र्यं,

सामग्री, विभव:, रिक्थं.

To **effect,** ***v. a.*** उत्पद् **in caus.** (-पादयति -यितुं), सम्पद्, निष्पद्, उपपद्, समुत्पद्; साध् **in caus.** (साधयति -यितुं), संसाध्, सिद्धीकृ, जन् **in caus.** (जनयति -यितुं), सञ्जन्; कृ **(c. 8.** करोति, कर्त्तुं), सङ्कृ, तन् **(c. 8.** तनोति -नितुं), निर्मा **(c. 2.** -माति -तुं).

Effected, ***p. p.*** सिद्ध: -द्धा -द्धं, सम्पादित: -ता -तं, उत्पादित: -ता -तं, उपपादित: -ता -तं, निष्पादित: -ता -तं, समुत्पादित: -ता -तं, निष्पन्न: -न्ना -न्नं, सम्पन्न: -न्ना -न्नं, उत्पन्न: -न्ना -न्नं, उपपन्न: -न्ना -न्नं, कृत: -ता -तं, साधित: -ता -तं, सिद्धीकृत: -ता -तं, राद्ध: -द्धा -द्धं, अनुराद्ध: -द्धा -द्धं. **'one who has effected his object,'** कृतार्थ:, कृतार्थीभूत:.

Effectible, ***a.*** साध्य: -ध्या -ध्यं, साधनीय: -या -यं, प्रसाध्य: -ध्या -ध्यं, निष्पाद्य: -द्या -द्यं, उपपाद्य: -द्या -द्यं, सम्पादनीय: -या -यं, करणीय: -या -यं, कर्त्तुं **or** उत्पादयितुं शक्य: -क्या -क्यं.

Effective, ***a.*** साधक: -का -कं, साधिक: -का -कं, कार्य्यसाधक: -का -कं, प्रसाधक: -का -कं, सम्पादक: -का -कं, निष्पादक: -का -कं, प्रतिपादक: -का -कं, उत्पादक: -का -कं, निष्पादन: -ना -नं, कारक: -का -कं, कारी -रिणी -रि (न्), फलोत्पादक: -का -कं.

Effectively, ***adv.*** अमोघं, सफलं, निष्पत्तिपूर्व्वं, निष्पादकप्रकारेण, अव्यर्थं, सबलं, प्रभावेन.

Effectless, ***a.*** निष्फल: -ला -लं, व्यर्थ: -र्था -र्थं, मोघ: -घा -घं, अनुपपन्न: -न्ना -न्नं, निर्बल: -ला -लं, निर्गुण: -णा -णं, निष्प्रयोजन: -ना -नं.

Effectual, ***a.*** अमोघ: -घा -घं, फलोत्पादक: -का -कं, सफल: -ला -लं, अव्यर्थ: -र्था -र्थं, अव्यर्थयत्न: -त्ना -त्नं, प्रबल: -ला -लं, बलवान् -वती -वत् (त्), शक्तिमान् -मती -मत् (त्), सप्रयोजन: -ना -नं, सार्थक: -का -कं, अनिरर्थक: -का -कं. समर्थ: -र्था -र्थं, उपयोगी -गिनी -गि (न्).

Effectually, ***adv.*** अमोघं, अव्यर्थं, सफलं, सप्रयोजनं, बलवत्.

To **effectuate,** ***v. a.*** साध् **(c. 10.** साधयति -यितुं), सम्पद् **(c. 10.** -पादयति -यितुं).

Effeminacy, ***s.*** स्त्रीत्वं, स्त्रीता, स्त्रैणं, क्लैव्यं, क्लीवता, सौकुमार्य्यं, कोमलता, मृदुता, स्त्रीव्यवहारित्वं, स्त्रीधर्म्मसेवा.

Effeminate, ***a.*** स्त्रैण: -णी -णं, स्त्रीधर्म्मा -र्म्मा -र्म्म (न्), स्त्रीधर्म्मी -र्म्मिणी -र्म्मि (न्), स्त्रीव्यवहारी -रिणी -रि (न्), स्त्रीवदाचारी -रिणी -रि (न्), क्लीव: -वा -वं, सुकुमार: -रा -रं, कोमल: -ला -लं; **'an effeminate person,'** निष्पुरुष:, कापुरुष:, गेहशूर:.

To **effeminate,** ***v. a.*** क्लीवीकृ, स्त्रीवत् कृ, निष्पुरुषीकृ, कोमलीकृ.

Effeminately, ***adv.*** स्त्रीवत्, निष्पुरुषवत् कापुरुषवत्, क्लीववत्, नारीरूपेण, स्त्रीधर्म्मानुसारात्.

To **effervesce,** ***v. n.*** फेन **(nom.** फेनायते) उत्सेचनं कृ, फेनल: -ला -लं भू, फेनलीभू, फुत् कृ, बुद्बुद **(nom.** बुद्बुदायते), फुत्कारेण वृध् **(c. 1.** वर्धते -र्धितुं) **or** उच्छूनीभू, **or** उग्रीभू **or** आलोडित: -ता -तं भू.

Effervescence, ***s.*** फेनता, फेनलत्वं, फेनवत्त्वं, उत्सेक:, उत्सेचनं, उच्छूनीभाव:, फेनभाव:, उग्रत्वं, उत्ताप:, अन्त:क्षोभ:, आलोडनं.

Effervescing, ***a.*** फेनल: -ला -लं, फेनायमान: -ना -नं, फेनवान् -वती -वत् (त्), फेनिल: -ला -लं, बुद्बुदायमान: -ना -नं.

Effete, ***a.*** **(Barren)** बन्ध्य: -न्ध्या -ध्यं, अप्रसवी -विनी -वि (न्), निष्फल: -ला -लं, शुष्क: -ष्का -ष्कं.—**(Worn out)** जीर्ण: -र्णा -र्णं.

Efficacious, ***a.*** प्रबल: -ला -लं, बलवान् -वती -वत् (त्), सप्रभाव: -वा -वं, प्रभविष्णु: -ष्णु: -ष्णु, शक्तिमान् -मती -मत् (त्), प्रतापी -पिनी -पि (न्), समर्थ: -र्था -र्थं, क्षम: -मा -मं, गुणवान् -वती -वत् (त्), अलन्तम: -मा -मं, कार्य्यसाधक: -का -कं, सिद्धिकर: -री -रं, गुणकारी -रिणी -रि (न्), अमोघ: -घा -घं, अव्यर्थ: -र्था -र्थं, फलवान् -वती -वत् (त्), तेजोवान् -वती -वत् (त्).

Efficaciously, ***adv.*** प्रभावेण, अमोघं, प्रबलं, अलन्तमं, अलन्तरां, सफलं.

Efficacy, ***s.*** प्रभाव:, प्राबल्यं, बलं, शक्ति: ***f.,*** सामर्थ्यं, तेज: ***n.*** (स्), प्रभविष्णुता, प्रताप:, बलवत्त्वं, अमोघता, फलवत्त्वं, फलोत्पादनं.

Efficiency, ***s.*** कार्य्यसिद्धिक्षमता, कार्य्यसम्पादकत्वं, कार्य्यकारित्वं, कर्म्मक्षमता, कर्म्मसामर्थ्यं, कार्य्योपयुक्तता. ***See*** **Efficacy.**

Efficient, ***a.*** कार्य्यसाधक: -का -धिका -कं, कार्य्यसम्पादक: -का -कं, कार्य्यसिद्धिक्षम: -मा -मं, कार्य्योपयुक्त: -क्ता -क्तं, कार्य्यक्षम: -मा -मं, कर्म्मक्षम: -मा -मं, अलङ्कर्म्मीण: -णा -णं, फलोत्पादक: -का -कं. ***See*** **Efficacious.**

Efficiently, ***adv.*** सिद्धिपूर्व्वं, अमोघं, सप्रभावं, यथा कर्म्म सिध्यते तथा.

Effigy, ***s.*** प्रतिमा -मानं, मूर्त्ति: ***f.,*** प्रतिकाय:, प्रतिरूपं, प्रतिकृति: ***f.,*** रूपं, आकृति: ***f.,*** आकार:, वपु: ***n.*** (स्).

Efflorescence, ***s.*** पुष्पोत्पादनं, पुष्पोत्पत्ति: ***f.,*** प्रस्फोटनं.—**(Eruption on the skin)** दद्रु: ***m.,*** उदर्द:, पुष्पाकारस्फोटोत्पत्ति: ***f.***

Effluence, ***s.*** नि:सार: -णं, नि:स्राव:, प्रसव: -वणं, प्रवृत्ति: ***f.,*** प्रवाह:, उत्पत्ति: ***f.,*** निर्गम:.

Effluvium Effluvia, ***s.*** उद्गार:, वास:, वाष्प:.—**(Bad odour)** दुर्गन्ध:, कुत्सितगन्ध:, पूतिगन्ध:.

Efflux, effluxion, *s.* निःस्राव:, प्रस्राव:, प्रस्रवणं, उत्सेक:, प्रसेक:, निःसार: -रणं, संस्राव:, प्रवाह:, प्रवृत्ति: *f.,* उत्पत्ति: *f.*

Effort, *s.* यत्न:, प्रयत्न:, चेष्टा, चेष्टितं, विचेष्टितं, उत्साह:, उद्यम:, उद्योग:, व्यवसाय:, अध्यवसाय:, चेष्टनं, प्रवृत्ति: *f.,* व्यापार:, आयास:, प्रयास:, घटनं-ना, घटा, ग्रह:, गुरणं, गूरणं, गोरणं, उपक्रम:, कर्म्मयोग:, प्रयोग:, व्यायाम:; **'to make effort,'** यत् **(c. 1.** यतते -तितुं), प्रयत्, चेष्ट् **(c. 1.** चेष्टते -ष्टितुं), विचेष्ट्, व्यवसो **(c. 4.** -स्यति -सातुं), उद्यम् **(c. 1.** -यच्छति -यन्तुं).

Effrontery, *s.* धाष्ट्र्यं, धृष्टता, प्रागल्भ्यं, प्रागल्भता, निर्लज्जत्वं, प्रतिभानं.

Effulgence, *s.* उज्ज्वलता, तेज: *n.* (स्), दीप्ति: *f.,* द्युति: *f.,* वृहद्द्युति: *f.,* प्रताप:, प्रभा.

Effulgent, *a.* तेजस्वी -स्विनी -स्वि (न्), उज्ज्वल: -ला -लं, अतिशोभन: -ता -नं, सुप्रभ: -भा -भं, अतिदीप्तिमान् -मती -मत् (त्), तैजस: -सी -सं.

To **effuse,** *v. a.* पत् **in caus.** (पातयति -यितुं), उत्सृज् **(c. 6.** -सृजति -सष्टुं), विसृज्, स्कन्द् **in caus.** (स्कन्दयति -यितुं), उत्सिच् **(c. 6.** -सिञ्चति -सेक्तुं), अवसिच्, निषिच्, मुच् **(c. 6.** मुञ्चति, मोक्तुं), प्रमुच्, स्रु **in caus.** (स्रावयति -यितुं), प्रस्रु, आवृत् **in caus.** (-वर्त्तयति -यितुं).

Effused, *p. p.* स्कन्दित: -ता -तं, उत्सृष्ट: -ष्टा -ष्टं, स्रावित: -ता -तं.

Effusion, *s.* उत्सर्ग:, निषेक:, उत्सेक:, स्कन्दनं, स्राव:, अवसेचनं, पात: -तनं, मोचनं, मोक्षणं, विसर्ग:, निक्षेप:.

Egg, *s.* अण्डं, डिम्ब:, डिम्भ:, कोश:, कोष: -षक:, पेशि: *f.,* पेशी; **'fowl's egg,'** कुक्कुटाण्डं; **'egg-born,'** अण्डज: -जा -जं.

To **egg on or edge,** *v. a.* प्रेर् **(c. 10.** प्रेरयति -यितुं, **rt.** ईर्), उत्सह् **in caus.** (-साहयति -यितुं), प्रोत्सह्, चुद् **(c. 10.** चोदयति -यितुं), उत्तिज् **(c. 10.** -तेजयति -यितुं).

Egg-plant, *a.* हिण्डीर:, हिङ्गुली, वङ्गन:, वार्त्ताकु: *m.,* -की, भण्डाकी, वातिग:, दुःप्रधर्षणी, चित्रफला, जुकुटं.

Eglantine, *s.* जवापुष्पो वन्यलताभेद:, अरण्यजवा.

Egotism, *s.* अहङ्कार:, अहङ्क्रिया, अहङ्कृति: *f.,* अहन्ता, अहमहमिका, अहम्मति: *f.,* ममता, आत्माभिमानं, आत्मश्लाघा, आत्मस्तुति: *f.*

Egotist, *s.* अहङ्कारी *m.* (न्), अहंयु: *m.* आत्माभिमानी *m.* (न्), ममतायुक्त:.

Egotistical, *a.* अहङ्कारी -रिणी -रि (न्), अहङ्कारवान् -वती -वत् (त्) **or** अहङ्क्रियावान्, अहंयु: -यु: -यु, मामक: -की -कं, आत्मनीन: -ना -नं.

Egregious, *a.* **(Eminent)** विशिष्ट: -ष्टा -ष्टं, ख्यात: -ता -तं, प्रसिद्ध: -द्धा -द्धं, उत्कृष्ट: -ष्टा -ष्टं, अधिक: -का -कं, प्रमुख: -खा -खं, उत्तम: -मा -मं.—**(Great)** अत्यन्त: -न्ता -न्तं, अति **prefixed; 'an egregious fool,'** अतिमूर्ख:, प्रतिनिविष्टमूर्ख:, अत्यन्तविनष्टचित्र:; **'an egregious rascal,'** ख्यातगर्हण:, अत्यन्तदुष्ट:, अतिगर्हित:.

Egregiously, *adv.* अत्यन्तं, अति, अतीव, अतिशयेन, भृशं, अतिमात्रं.

Egress, egression, *s.* निःसार: -रणं, निःसरणं, अपसार:, निर्गम:, निर्गति: *f.,* वहिर्गमनं, निष्क्रमणं, निर्याणं, विनिर्गम:.

Egypt, *s.* **(The country)** मिसरदेश:.

Egyptian, *s.* **and** *a.* मिसरदेशज:, मिसरदेशीय: -या -यं.

Eight, *a.* अष्ट **or** अष्टौ ***m.f.n.*** (अष्टन्), अष्टक: -का -कं, अष्टसंख्यक: -का -कं.

Eighteen, *a.* अष्टादश ***m.f.n.*** (न्), अष्टादशसंख्यक: -का -कं.

Eighteenth, *a.* अष्टादश: -शी -शं.

Eightfold, *a.* अष्टगुण: -णा -णं, अष्टविध: -धा -धं, अष्टक: -का -कं, अष्टाङ्ग: -ङ्गा -ङ्गं, अष्टप्रकार: -रा -रं, अष्टधा.

Eighth, *a.* अष्टम: -मी -मं, अष्टक: -का -कं; **'one-eighth,'** अष्टमांश:, अष्टमभाग:, पादार्द्धं.

Eightieth, *a.* अशीत: -ती -तं, अशीतितम: -मा -मं.

Eighthly, *adv.* अष्टमस्थले, अष्टमपदे, अष्टमस्थाने.

Eighty, *a.* अशीति: ***f. sing.,*** अशीतिसंख्यक: -का -कं; **'eighty years old,'** अशीतिक: -का -कं; **'eighty-one,'** एकाशीति: ***f.;*** **'eighty-two,'** द्व्यशीति: ***f.;*** **'eighty-three,'** त्र्यशीति: ***f.***

Either, ***pron. distrib.*** **(Of two)** अन्यतर: -रा -रत्.—**(Of many)** अन्यतम: -मा -मत्; **'either of two days,'** अन्यतरेद्युस्.

Either, ***conj.*** वा **placed after a word,** अथवा, वापि, किंवा; **'either a friend or an enemy,'** मित्रं वा अथवा शत्रु:.

To **ejaculate,** *v. a.* उत्क्षिप् **(c. 6.** -क्षिपति -क्षेप्तुं), उद्गॄ **(c. 6.** -गिरति -गरितुं -रीतुं).—**(Utter sudden prayer)** आकस्मिकप्रार्थनाम् उदीर् **(c. 10.** -ईरयति -यितुं), अकस्मात्, प्रार्थनाम् उदाहृ **(c. 1.** -हरति -हर्त्तुं).

Ejaculation, *s.* उद्गार:, उद्गिरणं, उत्क्षेप:, उदीरणं, उदाहरणं. —**(Utterance of a sudden prayer)** आकस्मिकप्रार्थनोदीरणं.

Ejaculatory, *a.* उत्क्षेपक: -का -कं, अकस्माद् उदीरित: -ता -तं, आकस्मिक: -की -कं.

To **eject,** *v. a.* अपास् **(c. 4.** -अस्यति -असितुं), निःसृ **in caus.** (-सारयति -यितुं), निराकृ, वहिष्कृ, वहिःकृ, दूरीकृ, उत्क्षिप् **(c. 6.** -क्षिपति -क्षेप्तुं), प्रतिक्षिप्, समाक्षिप्, निष्कस् **in caus.** (-कासयति -यितुं).—**(From office)** अधिकारात्

or साचिव्याद् भ्रंश् in caus. (भ्रंशयति -यितुं) or च्यु in caus. (च्यावयति -यितुं).—(Vomit up) उत्क्षिप्, उद्गॄ (c. 6. -गिरति -गरितुं -रीतुं).

Ejected, *p. p.* निःसारितः -ता -तं, निरस्तः -स्ता -स्तं, अपास्तः -स्ता -स्तं, निराकृतः -ता -तं, वहिष्कृतः -ता -तं, वहिःकृतः -ता -तं, उत्क्षिप्तः -प्ता -प्तं, अपसारितः -ता -तं, अपविद्धः -द्धा -द्धं.—**(From office)** च्युताधिकारः -रा -रं, अधिकारात्प्रभ्रंशितः-ता -तं, निर्भिन्नः -न्ना -न्नं.

Ejection, *s.* निरसनं, निःसारणं, अपसारणं, उत्क्षेपः, वहिष्करणं, अपासनं, निर्वासनं, निराकरणं, अपसर्ज्जनं, प्रयापणं, निष्कासनं.

Ejectment, *s.* राजाज्ञापत्रेण क्षेत्रगृहादेर् निराकरणं.

Ejulation, *s.* विलयनं, परिदेवनं, कोलाहालः, क्रुष्टं, क्रन्दनं, हाहाकारः, आर्त्तनादः, हा हतोऽस्मीति उत्क्रोशनं.

***To* eke,** *v. a.* **(Enlarge)** वृध् in caus. (वर्धयति -यितुं), विस्तॄ in caus. (-स्तारयति -यितुं), प्रसृ in caus. (-सारयति -यितुं).—**(Lengthen)** द्राघ (nom. द्राघयति -यितुं), तन् (c. 8. तनोति -नितुं), दीर्घीकृ.

***To* elaborate,** *v. a.* संस्कृ, परिष्कृ, महायत्नेन or बहुश्रमेण साध् in caus. (साधयति -यितुं) or सिद्धीकृ or निष्पद् in caus. (-पादयति -यितुं) or निर्मा (c. 2. -माति -तुं) or क्लृप् (c. 10. कल्पयति -यितुं) or विधा (c. 3. -दधाति -धातुं).

Elaborate, elaborated, *a.* or *p. p.* संस्कृतः -ता -तं, परिष्कृतः -ता -तं, महायत्नेन कल्पितः -ता -तं, or विरचितः -ता -तं, or सिद्धीकृतः -ता -तं.

Elaborately, *adv.* महायत्नेन, महायासेन, सपरिष्कारं, बहुश्रमेण, बहुप्रयासेन, परिष्कारपूर्व्वं.

Elaboration, *s.* परिष्कारः, परिष्कृतिः *f.,* संस्कारः, महायत्नेन साधनं or निष्पादनं or निर्माणं or कल्पनं or विरचनं.

***To* elance,** *v. a.* अस् (c. 4. अस्यति, असितुं), प्रास्, क्षिप् (c. 6. क्षिपति, क्षेप्तुं), प्रक्षिप्, सृज् (c. 6. सृजति, सष्टुं), मुच् (c. 6. मुञ्चति, मोक्तुं), प्रमुच्.

***To* elapse,** *v. n.* अती (c. 2. अत्येति -तुं, rt इ), व्यती, अतिक्रम् (c. 1. -क्रामति -क्रमितुं), व्यतिक्रम्, अतिवृत् (c. 1. -वर्त्तते -र्त्तितुं), गम् (c. 1. गच्छति, गन्तुं) : **'a long time elapsed,'** अतिचक्राम सुमहान् कालः; **'ten days having elapsed,'** अतिक्रान्ते दशाहे.

Elapsed, *p. p.* अतीतः -ता -तं, व्यतीतः -ता -तं, अतिक्रान्तः -न्ता -न्तं, गतः -ता -तं, भूतः -ता -तं.

Elastic, *a.* स्थितिस्थापकः -का -कं, प्रकृतिप्रापकः -का -कं, वर्द्धनक्षमः -मा -मं, मुखाकुञ्चनीयः -या -यं, वितितीकरणीयः -या -यं, विस्तारयितुं शक्यः -क्या -क्यं, स्वप्रकृतिं प्रति निवर्त्तनशीलः -ला -लं.

Elasticity, *s.* स्थितिस्थापकं -कत्वं -कता, वर्धनक्षमता, प्रकृतिप्रापकत्वं, स्वप्रकृतिं प्रति निवर्त्तनशीलता, सुखाकुञ्चनीयता.

Elate, elated, *a.* उद्धतः -ता -तं, समुद्धतः -ता -तं, उद्धतमनस्कः -स्का -स्कं, प्रहृष्टमनाः -ना -नः (स्), हृष्टचित्रः -त्ता -त्तं, उल्लासितः -ता -तं, उन्नद्धचेताः -ता -तः (स्), समुन्नतचित्तः -त्ता -त्तं, प्रमुदितः -ता -तं, प्रफुल्लः -ल्ला -ल्लं, दर्पध्मातः -ता -तं; **'elated with victory,'** जयगर्व्वितः -ता -तं.

***To* elate,** *v. a.* दृप् in caus. (दर्पयति -यितुं), प्रहृष् in caus. (-हर्षयति -यितुं), उल्लस् in caus. (-लासयति -यितुं), प्रमुद् in caus. (-मोदयति -यितुं).

Elation, *s.* उद्धतिः *f.,* चित्तसमुन्नतिः *f.,* उद्धतमनस्कत्वं, हर्षः, प्रहर्षः, दर्पः, प्रमोदः, गर्व्वः; **'from conqeust,'** जयगर्व्वः.

Elbow, *s.* अरत्निः *m.,* कफोणिः *m.f.* -णी, कूर्परः, कफणिः *m.f.* -णी, कीलः.—**(Of a river)** वङ्कः, वक्रं, भङ्गुरः, पुटभेदः.—**(Corner)** कोणः.

***To* elbow,** *v. a.* अरत्निना ताडयित्वा वहिष्कृ, अरत्निना आहन् (c. 2. -हन्ति -न्तुं).

Elbow-chair, *s.* अरत्निधारणयोग्यः, पीठविशेषः.

Elbow-room, *s.* **(Room for motion)** प्रसरः, अवकाशः.

Elder, *a.* ज्यायान् -यसी -यः (स्), ज्येष्ठः -ष्ठा -ष्ठं, वयोज्येष्ठः -ष्ठा -ष्ठं, पूर्व्वजः -जा -जं, अग्रजः -जा -जं, वरः -रा -रं, वरीयान् -यसी -यः (स्), वरिष्ठः -ष्ठा -ष्ठं, अधिकवयाः -याः -यः स्), चरमवयाः etc., अधिकवयस्कः -स्का -स्कं, वर्षीयान् -यसी -यः (स्), वर्षिष्ठः -ष्ठा -ष्ठं, अग्रिमः -मा -मं, अग्रियः -या -यं, अकनिष्ठः -ष्ठा -ष्ठं.

Elder, *s.* **(Venerable person)** गुरुः *m.,* गुरुजनः, आर्य्यजनः, वृद्धः; **'elders,'** वृद्धाः *m. pl.,* प्राचीनाः *m. pl.,* प्राचीनलोकाः *m. pl.,* पूर्व्वरूपाः *m. pl.,* प्राज्ञः *m. pl.*

Elderly, *a.* अधिकवयाः -याः -यः (स्), मध्यमवयस्कः -स्का -स्कं, अतिक्रान्तयौवनः -ना -नं, ईषद्वृद्धः -द्धा -द्धं.

Eldership, *s.* ज्येष्ठता -त्वं, ज्यैष्ठ्यं, अधिकवयस्कता, गुरुत्वं.

Eldest, *a.* ज्येष्ठः -ष्ठा -ष्ठं or सर्व्वज्येष्ठः, अग्रिमः -मा -मं, श्रेष्ठः -ष्ठा -ष्ठं, सर्व्वश्रेष्ठः -ष्ठा -ष्ठं. ***See* Elder.**

***To* elect,** *v. a.* वृ (c. 5. वृणोति -णुते, c. 9. वृणाति -णीते, c. 1. वरति -रितुं -रीतुं, c. 10. वरयति -यितुं), आवृ, उद्धृ, प्रवृ; उद्धृ (c. 1. -हरति -हर्त्तुं), वावृत् (c. 4. वावृत्यते), अनुरुच् in caus. (-रोचयति -यितुं), मनोनीतं -तां -तं कृ.—**(Take)** ग्रह् (c. 9. गृह्णाति, ग्रहीतुं), उद्ग्रह्, आदा.—**(Appoint)** नियुज् (c. 10. -योजयति -यितुं), निरूप् (c. 10. -रूपयति -यितुं).—**(Perfer)** पुरोधा (c. 3. -दधाति -धातुं); **'they elect a god to rule over them,** देवं राज्ये वरयन्ति; **'she elects him as a husband,'** सा तं पतित्वे वरयति.

Elect, elected, *a.* and *p. p* मनोनीतः -ता -तं, वृतः -ता -तं, वावृत्तः -त्ता -त्तं, वृत्तः -त्ता -त्तं, उद्धृतः -ता -तं, गृहीतः -ता -तं, उद्गृहीतः -ता -तं, पुरोहितः -ता -तं; **'to any office,'** पदे नियुक्तः -क्ता -क्तं.

Election, *s.* वृतिः ***f.,*** वरः -रणं, उद्धारः, उद्धरणं, उद्ग्रहणं, ग्रहणं, आदानं, नियोजनं, मनोनयः.

Electioneering, *s.* पदप्रेप्सुसंवर्द्धनार्थं पराश्रयप्रार्थनं.

Elective, *a.* पराश्रयाधीनः -ना -नं, पराग्रहाधीनः -ना -नं, वरणाधिकारविशिष्टः -ष्टा -ष्टं, वरणकारी -रिणी -रि (न्).

Elector, *s.* वरणकारी ***m.*** (न्), वरयिता ***m.*** (तृ), वरणकृत् ***m.*** वरणाधिकारवान् ***m.*** (त्).

Electoral, *s.* वरणाधिकारसम्बन्धी -न्धिनी -न्धि (न्), वरयितृपदसम्बन्धी.

Electorate, *s.* वरयितुः **or** वरणकारिणः पदं **or** अधिकारः.

Electre, electrum, *s.* (Amber) तैलस्फटिकः, शूकापुट्टः. **—(Mixed metal)** मिश्रितधातुः ***m.,*** कांस्यं, पीतलोहं.

Electric, electrical, *a.* वैद्युतः -ती -तं, विद्युत्वान् -त्वती -त्वत् (त्), तडित्वान् -त्वती -त्वत् (त्), विद्युन्मयः -यी -यं, विद्युद्विषयः -या -यं.

Electircity, *s.* विद्युत् ***f.,*** तडित् ***f.,*** विद्युद्वस्तु ***n.,*** वैद्युतशक्तिः ***f.,*** वज्रस्फुलिङ्गः. **—(The science)** विद्युद्विद्या, वज्रस्फुलिङ्गविद्या.

Electuary, *s.* लेह्यं, अवलेह्यं, अवलेहः, अवलेह्यौषधं.

Eleemosynary, *a.* भिक्षादानसम्बन्धी -न्धिनी -न्धि (न्), दरिद्रपालनार्थः -र्था -र्थं, दरिद्रोपकारी -रिणी -रि (न्), दरिद्रपोषणार्थं दत्तः -त्ता -त्तं.

Elegance, elegancy, *s.* चारुता, सौन्दर्य्यं, विनीतत्वं, विलासः, लावण्यं, शोभा, लालित्यं; **'of form,'** रूपलावण्यं; **'of speech,'** वाग्विलासः.

Elegant, *a.* विलासी -सिनी -सि (न्), चारुः -र्व्वी -रु, सुललितः -ता -तं, ललितः -ता -तं, विनीतः -ता -तं, लावण्यवान् -वती -वत् (त्), लीलावान् **etc.,** सुन्दरः -रा -री -रं, सुरूपः -पी -पं, रोचिष्णुः -ष्णुः -ष्णु, सुरेखः -खा -खं, भ्राजिष्णुः -ष्णुः -ष्णु, विभ्राट् ***m.f.n.*** (ज्), श्लीलः -ला -लं, शुभगः -गा -गं, अग्राम्यः -म्या -म्यं; **'an elegant woman,'** रूपवती, सुमध्यमा. **—(As composition)** सुरसः -सा -सं.

Elegantly, *adv.* सविलासं, विलासतया, सलावण्यं, सुललितं चारु.

Elegiac, *a.* कारुणिकः -की -कं, करुणामयः -यी -यं, शोकसूचकः -की -कं.

Elegy, *s.* करुणं, कारुणिकगीतं, शोकगानं, शोकसूचकगीतं.

Element, *s.* (First or constituent principle) मूलवस्तु ***n.,*** मूलं, भूतं, वीजं, अधिभूतं, मात्रं, विषयः, भूतमात्रं-त्रा, तन्मात्रं, अवयवः; **'the five elements,'** पञ्चभूतं, पृथिव्यादि ***n.*** **—(Of a science, etc.)** तत्त्वं, सूत्रं. **—(Letter)** अक्षरं. **—(Rudiments)** आरम्भः, प्रारम्भः. **—(Outline)** वस्तुमात्रं, वस्तु. **—(Ingredient)** अंशः, भागः, अवयवः; **'elementary substance,'** अव्याकृतं; **'elementary property,'** कारणगुणः.

Elemental, *a.* भौतः -ती -तं, भौतिकः -की -कं, आधिभौतिकः -की -कं, भूतभावः -वा -वं, पाञ्चभौतिकः -की -कं.

Elementary, *a.* (Simple, uncompounded) अव्याकृतः -ता -तं, निरवयवः -वा -वं. **—(Primary)** मूलिकः -की -कं, मौलः -ली -लं. **—(Rudimental)** आरम्भकः -का -कं, प्रारम्भकः -का -कं.

Elephant, *a.* हस्ती ***m.*** (न्), गजः, करी ***m.*** (न्), दन्ती ***m.*** (न्), द्विपः, वारणः, मातङ्गः, मतङ्गः, कुञ्जरः, नागः, द्विरदः, इङ्ः, रदी ***m.*** (न्), द्विपायी ***m.*** (न्), अनेकषः, विषाणी ***m.*** (न्), करेणुः ***m.f.,*** लम्बकर्णः, पद्मी ***m.*** (न्), शुण्डालः, कर्णिकी ***m.*** (न्), दन्तावल्ः, स्तम्बेरम्ः, दीर्घवक्त्रः, द्रुमारिः ***m.*** दीर्घमारुतः, विलोमजिह्वः, शक्का ***m.*** (न्), पीलुः ***m.*** महामृगः, मतङ्गजः, षष्ठिहायनः; **'female elephant,'** हस्तिनी, करिणी, पद्मिनी, धेनुका, वशा, **'young elephant,'** कलभः -भी ***f.,*** करिशावकः, करेणुशिशुः ***m.*** दिक्कः; **'a large elephant,'** गजपुङ्गवः, करेणुवर्य्यः; **'wild elephant,'** वनगजः; **'furious elephant,'** मत्तः, प्रभिन्नः, गर्जितः; **'rutting elephant,'** मदोत्कटः, मदकलः; **'elephant out of rut,'** उद्वान्तः, निर्मदः; **'leader of a herd of elephants,'** यूथनाथः, यूथपः; **'herd of elephants,'** यूथः -थं, हास्तिकं, गजता, गजव्रजं; **'troop of war-elephants,'** घटा, घटना; **'elephants of the quarters,'** ऐरावतः, पुण्डरीकः, वामनः, कुमदः, अञ्जनः, पुष्पदन्तः, सार्वभौमः, सुप्रतीकः; **'their females,'** अभ्रमुः ***f.,*** कपिला, पिङ्गला, अनुपमा, ताम्रकर्णी, शुभदन्ती, अञ्जना, अञ्जनावती; **'elephant's trunk,'** शुण्डा; **'his temples,'** गण्डः, कटः; **'his frontal globes,'** कुम्भौ; **'the hollow between them,'** विदुः; **'his forehead,'** ललाटं, अवग्रहः; **'his eye-ball,'** इषीका, ईषिका; **'corner of his eye,'** निर्य्याणं, निर्णायनं; **'root of his ear,'** चूलिका; **'of his tail,'** पेचकः; **'his withers,'** स्कन्धदेशः, आसनं; **'his side,'** पक्षभागः, पार्श्वभागः; **'his thigh,'** गात्रं, अवरं; **'juice from his temples,'** मदः, दानं; **'water emitted from his trunk,'** वमथुः ***m.,*** करशीकरः; **'his roaring,'** करिगर्जितं, वृंहितं; **'elephant-breaking,'** हस्तिशिक्षा; **'elephant-breaker,'** हस्तिशिक्षाजीवी ***m.*** (न्); **'elephant-stable,'** वारणशाला; **'master of the elephants,'** गजाध्यक्षः.

Elephant-driver, *s.* हस्तिपः -पकः -पालः, महामात्रः, हस्तिचारी ***m.*** (न्), हस्त्यारोहः, निषादी ***m.*** (न्), आधोरणः.

Elephantiasis, *s.* **(Disease of the skin)** वल्मीकः, त्वग्रोगः, दुश्चर्म्मत्वं.

Elephantine, *a.* हास्तेयकः -की -कं, ऐभः -भी -भं; **'as big as an elephant,'** हस्तिद्वयसः -सी -सं, गजमात्रः -त्री -त्रं.

***To* elevate,** *v. a.* उन्नम् **in caus.** (-नमयति -यितुं), उच्छ्रि **(c. 1.** उच्छ्रयति -यितुं, **rt.** श्रि), समुच्छ्रि, प्रोच्छ्रि, उद्यम् **(c. 1.** -यच्छति -यन्तुं), उच्चीकृ, ऊर्द्ध्वीकृ, उत्था **in caus.** (-थापयति -यितुं, **rt.** स्था), उत्क्षिप् **(c. 6.** -क्षिपति -क्षेप्तुं), उन्नी **(c. 1.** -नयति -नेतुं), उद्धन् **(c. 2.** -हन्ति -न्तुं), उद्धृ **(c. 1.** -हरति -हर्त्तुं), अधिरुह् **in caus.** (-रोषयति -यितुं), उन्नतिं कृ.—**(To a high office)** उत्कृष्टपदे नियुज् **(c. 7.** -युंक्ते -योक्तुं) **or** प्रतिपद् **in caus.** (-पादयति -यितुं).

Elevated, *p. p.* उन्नतः -ता -तं, समुन्नतः -ता -तं, उच्छ्रितः -ता -तं, समुच्छ्रितः -ता -तं, अभ्युच्छ्रितः -ता -तं, उत्कृष्टः -ष्टा -ष्टं, उद्धतः -ता -तं, समुद्धतः -ता -तं, उत्थापितः -ता -तं, उद्धृतः -ता -तं, समुद्धृतः -ता -तं, अभ्युत्थितः -ता -तं, उद्यतः -ता -तं, अधिरोपितः -ता -तं, अधिरूढः -ढा -ढं, आरूढः -ढा -ढं, अधरूढः -ढा -ढं, उद्गतः -ता -तं, उद्वृत्तः त्ता -त्तं, उद्वर्हितः -ता -तं, उत्तुङ्गः -ङ्गा -ङ्गं, सोच्छ्रायः -या -यं, आहितगौरवः -वा -वं, कृतोच्चैस् **ind.,** उच्छ्रायी -यिणी -यि (न्).

Elevation, *s.* उन्नतिः *f.,* समुन्नतिः *f.,* उत्कर्षः, उत्कृष्टता, उच्छ्रयः, समुच्छ्रयः, उच्छ्रायः, समुच्छ्रायः, उच्छ्रितिः *f.,* उत्थापनं, अभ्युत्थानं, उत्थितिः *f.,* उत्सेधः, समुत्सेधः, उद्धतिः *f.,* उत्तुङ्गता, औत्कर्षं, उन्नमता, उत्तोलनं, ऊर्द्ध्वत्वं, अधिरोहः, उन्नयः -यनं, उन्नामः, उन्नमनं, उपचयः, प्रतिपत्तिः *f.,* उच्चता, उदयः.

Eleven, *a.* एकादशः *m. f. n. pl.* (न्), एकादशसंख्यकः -का -कं.

Eleventh, *a.* एकादशः -शी -शं.

Ele, *s.* विद्याधरः, अपदेवता, वेतालः, भूतः, राक्षसः, पिशाचः.

Elf-lock, *s.* जटा, जटिः *f.,* सटा.

Elfish, *a.* पैशाचिकः -की -कं, भौतिकः -की -कं, राक्षसः -सी -सं.

***To* elicit,** *v. a.* निर्णी **(c. 1.** -णयति -णेतुं), निष्कृष् **(c. 1.** -कर्षति -क्रष्टुं), उत्कृष्; निर्हृ **(c. 1.** -हरति -हर्त्तुं), उद्धृ, उत्पद् **in caus.** (-पादयति -यितुं), उत्पत्तिं कृ, निर्गम् **in caus.** (गमयति -यितुं), निःसृ **in caus.** (-सारयति -यितुं), उद्भू **in caus.** (-भावयति -यितुं), निर्दुह् **(c. 2.** -दोग्धि -ग्धुं), उद्ग्राह् **(c. 9.** -गृह्णाति -ग्रहीतुं), अपवह् **(c. 1.** -नहति -वोढुं).

Elicitation, *s.* निर्हारः, उद्धारः, उत्पादनं, निष्कर्षणं, निर्णयनं.

Elicited, *p. p.* निर्हृतः -ता -तं, उद्धृतः -ता -तं, उत्पादितः -ता -तं.

***To* elide,** *v. a.* **(Cut off a syllable)** लुप् **(c. 6.** लुम्पति, लोप्तुं).

Eligibility, *s.* वरणीयता, वार्य्यत्वं, ग्राह्यत्वं, ग्रहणीयता, योग्यता.

Eligible, *s.* वरणीयः, -या -यं, वार्य्यः -र्य्या -र्य्यं, वृत्यः -त्या -त्यं, ग्राह्यः -ह्या -ह्यं, ग्रहणीयः -या -यं, आदेयः -या -यं, योग्यः -ग्या -ग्यं, उपयुक्तः -क्ता -क्तं,

Elimination, *s.* **(Turning out of doors)** गृहाद् वहिष्करणं **or** निराकरणं.—**(In algebra)** नाशः, मध्यमनाशः, मध्यमाहरणं, मध्यमापनयनं.

Elision, *s.* **(Cutting off of a syllable)** लोपः, अक्षरत्यागः.

Elixir, *s.* **(Medicine prolonging life)** रसायनं, तेजोवर्धनं.

.lk, *s.* चतुष्पदजन्तुविशेषः, हरिणप्रभेदः.

Ell, *s.* वस्त्रमापने प्रयुक्तः, परिमाणविशेषः.

Ellipse, *s.* **(An oval figure)** अण्डाकारः, अण्डाकृतिः *m.*

Ellipsis, *s.* **(Figure of rhetoric)** शेषः, व्यञ्जना-नं, व्यङ्ग्यः, लक्षणा, उपलक्षणं, व्यञ्जकः; **'supplying an ellipsis,'** अध्याहारः, अभ्यूहः, ऊहः.

Elliptic, elliptical, *a.* **(Oval)** अण्डाकारः -रा -रं, अण्डाकृतिः -तिः -ति.—**(Requiring something to be supplied)** अध्याय्यः -र्य्या -र्य्यं, ऊह्यः -ह्या -ह्यं, अभ्यूह्यः -ह्या -ह्यं, आनुषङ्गिकः -की -कं.

Elm, *s.* वनपादविशेषः, वन्यवृक्षप्रभेदः.

Elocution, *s.* **(Pronunciation)** उच्चारणं, उदाहरणं, व्याहारः, वाणी.—**(In rhetoric)** शब्दचातुर्य्यं, वाङ्मयं, वक्तृता, वक्तृत्वशक्तिः *f.,* वाक्पटुता.

***To* elongate,** *v. a.* दीर्घीकृ, द्राघ **(nom.** द्राघयति -यितुं), प्रसृ **in caus.** (-सारयति -यितुं), प्रतन् **(c. 8.** -तनोति -नितुं), वितन्, विततीकृ.

Elongated, *p. p.* प्रसृतः -ता -तं, आयामितः -ता -तं, आयतः -ता -तं, व्यायतः -ता -तं, आयतिमान -मतो -मत् (त्), लम्बितः -ता -तं.

Elongation, *s.* आयतिः *f.,* दोसीकरणं, तानं, प्रसारणं, द्राघिमा *m.* (न्).

***To* elope,** *v. n.* गूढविवाहार्यं मातृपितृस्वजनाद्यगोचरेण पलाय् **(c. 1.** पलायते -यितुं) **or** मातृपितृस्वजनादीनाम आश्रयं त्यज् **(c. 1.** त्यजति, त्यक्तुं), व्यपसृप् **(c. 1.** -सर्पति -सप्तुं).

Elopement, *s.* गूढविवाहार्थं मातृपितृस्वजनाद्यगोचरेण पलायनं **or** विपलायनं **or** मातृपित्राश्रयत्यागः.

Eloquence, *s.* वाक्पटुता, वाक्पाटवं, पटुत्वं, पाटवं, वाग्विभवः, वक्तृत्वं, वक्तत्वशक्तिः *f.,* वाक्शक्तिः *f.,* सद्वक्तृता, वाग्मित्वं, वाग्विदग्धता, शब्दचातुर्य्यं, सुप्रलापः, सुभाषितं, सुवचनं, वाचाशक्तिः *f.*

Eloquent, *a.* वाक्पटुः -टुः -टु, वाग्मी -ग्मिनी -ग्मि (न्),

वाक्यविशारदः -दा -दं, वाग्विद् *m.f.n.*, प्रवचनपटुः -टुः -टु, पटुः -टुः -टु, सद्वक्ता -क्ती -क्तृ (तृ), वागीशः -शा -शं, वाक्पतिः -तिः -ति, सुवचाः -चाः -चः (स्), वाग्विदग्धः -ग्धा -ग्धं, शब्दचतुरः -रा -रं, सारस्वतः -ती -तं, सुमुखः स्वी -स्वं.

Eloquently, ***adv.*** पाटवेन, सपाटवं, वाग्भिवेन, शब्दचातुर्य्येण.

Else, ***a.*** अन्यः -न्या -न्यत्, इतरः -रा -रं, परः -रा -रं, व्यतिरिक्तः -क्ता -क्तं, भिन्नः -न्ना -न्नं, प्रभिन्नः -न्ना -न्नं, अपरः -रा -रं; **'any thing else,'** किञ्चिद् अन्यत्; **'what else can he do,'** पुनः किं करोति; **'any thing else but this,'** एतद्भिन्नं किञ्चित्, अस्मात् परं किञ्चित्, **or** एतद्व्यतिरिक्तं किञ्चित्.

Else, ***conj.*** **(Otherwise)** अन्यथा, अथवा, नो चेत्, न चेत्, इतरथा, इतरतस्, अन्यतस्, परतस्, अन्यत्, किं वा, एतद्विना, एतद्व्यतिरेकेण.

Elsewhere, ***adv.*** अन्यत्र, इतरत्र, परत्र, अन्यतस्, अपरतस्, इतरतस्, स्थानान्तरे, अन्यस्थाने, भिन्नस्थाने; **'gone elsewhere,'** स्थानान्तरं गतः -ता -तं.

To **elucidate,** ***v. a.*** स्पष्टीकृ, सुस्पष्टीकृ, स्पष्ट (**nom.** स्पष्टयति -यितुं), प्रकाश् **in caus.** (-काशयति -यितुं), व्याख्या (**c. 2.** -ख्याति -तुं), व्यक्तीकृ, व्याकृ, परिशुध् **in caus.** (-शोधयति -यितुं), दृष्टान्तीकृ, दृष्टान्तेन **or** निदर्शनेन व्याख्या.

Elucidated, ***p. p.*** स्पष्टीकृतः -ता -तं, व्याख्यातः -ता -तं, प्रकाशितः -ता -तं.

Elucidation, ***s.*** स्पष्टीकरणं, व्याख्या, प्रकाशनं, दृष्टान्तेन व्याकरणं.

Elucidator, ***s.*** प्रकाशकः, व्याख्याता ***m.*** (तृ), उद्देशकः, निदर्शनकारकः.

To **elude,** ***v. a.*** छलेन अपक्रमः (**c. 1.** -क्रामति -क्रमितुं) **or** व्यपक्रम् **or** पलाय् (**c. 1.** पलायते -यितुं) **or** व्यपसृप् (**c. 1.** -सर्पति -सप्तुं), निर्गम् (**c. 1.** -गच्छन्ति -गन्तुं), पलायित्वा परिहृ (**c. 1.** -हरति -हर्त्तुं), निस्तृ (**c. 1.** -तरति -रितुं -रीतुं); **'It eludes the grap by reason of its subtility,'** सूक्ष्मत्वाद् ग्रहीतुं न शक्यते; **'eluding the senses,'** इन्द्रियागोचरः -रा -रं.

Elumbated, ***a.*** श्रोणिविकलः -ला -लं, क्षीणकटिबलः -ला -लं.

Elusion, ***s.*** छलेन पलायनं **or** अपक्रमः -मणं, निर्गतिः ***f.***, निर्गमः.

Elusive, ***a.*** पलायनपरायणः -णा -णं, विपलायी -यिनी -यि (न्).

Elusory, ***a.*** छली -लिनी -लि (न्), मायी -यिनी -यि (न्), छाद्मिकः -की -कं.

Elysian, ***a.*** स्वर्गीयः -या -यं, स्वर्ग्यः -र्ग्या -र्ग्यं, परमानन्ददः -दा -दं.

Elysium, ***s.*** नन्दनं, स्वर्गः, आनन्दस्थानं, सुखाधारः, सुखदं, वैकुण्ठं.

To **emaciate,** ***v. a.*** कृश (**nom.** कृशयति -यितुं), क्षि **in caus.** (क्षपयति -यितुं), क्षीणं -णां -णं कृ, ग्लै **in caus.** (ग्लपयति -यितुं), मांसक्षयं कृ, शुष्कीकृ.

To **emaciate,** ***v. n.*** क्षि **in pass.** (क्षीयते), कृशीभू, विशॄ **in pass.** (-शीर्य्यते), क्षै (**c. 1.** क्षायति, क्षातुं), ग्लै (**c. 1.** ग्लायति, ग्लातुं), शुष् (**c. 4.** शुष्यति, शोष्टुं), शुष्कीभू.

Emaciated, ***p. p.*** **or** ***a.*** कृशः -शा -शं, परिकृशः -शा -श, कृशाङ्गः -ङ्गी -ङ्गं, क्षीणशरीरः -रा -रं, क्षीणमांसः -सा -सं, शुष्कमांसः -सा -सं, शुष्काङ्गः -ङ्गी -ङ्गं, क्षामः -मा -मं, ग्लानः -ना -नं, शीर्णः -र्णा -र्णं, विशीर्णः -र्णा -र्णं, अमांसः -सा -सं, ग्लाम्बुः -म्बुः -म्बु; **'by hunger,'** क्षुत्क्षामः -मा -मं.

Emaciation, ***s.*** कार्श्यं कृशत्वं -ता, कृशाङ्गत्वं, क्षामता, शीर्णता, शरीरक्षीणता, शरीरशोषणं, शरीरपाकः, मांसशुष्कता, मांसक्षयः, शोषः.

Emanant, emanative, ***a.*** प्रस्नुतः -ता -तं, निःसृतः -ता -तं, विनिःसृतः -ता -तं, उत्पन्नः -न्ना -न्नं उद्भूतः -ता -तं, प्रवृत्तः -त्ता -त्तं, निर्गतः -ता -तं.

To **emanate,** ***v. n.*** **Flow from)** स्रु (**c. 1.** स्रवति, स्रोतुं), प्रस्रु, निःस्रु, विस्रु.—**(Proceed from)** उत्पद् **in pass.** (-पद्यते), निःसृ (**c. 1.** -सरति -सर्त्तुं), विनिःसृ, प्रसृ; निर्गम् (**c. 1.** -गच्छति -गन्तुं), वहिर्गम्, उद्गम, उदि (**c. 1.** -अयति -एतुं), उद्भू, प्रभू.

Emanation, ***s.*** निःस्रावः, निःसारः -सरणं, उत्पत्तिः ***f.***, निर्गमः -मनं, उद्गमः, उद्भवः, उद्भावः, उदयनं, प्रवृत्तिः ***f.***

To **emancipate,** ***v. a.*** मुच् (**c. 6.** मुञ्चति, मोक्तुं, **c. 10.** मोचयति -यितुं), विमुच्, निर्मुच्, मोक्ष् (**c. 10.** मोक्षयति -यितुं), विमोक्ष्, उद्धृ (**c. 1.** -हरति -हर्त्तुं), विसृज् (**c. 6.** -सृजति -स्रष्टुं, **c. 10.** -सर्ज्जयति -यितुं), निस्तृ **in caus.** (-तारयति -यितुं), त्रै (**c. 1.** त्रायते, त्रातुं), परित्रै.

Emancipated, ***p. p.*** मुक्तः -क्ता -क्तं, विमोचितः -ता -तं, मोक्षितः -ता -तं, उद्धृतः -ता -तं, निस्तारितः -ता -तं, विसृष्टः -ष्टा -ष्टं, परित्राणः -णा -णं, रक्षितः -ता -तं, उत्तीर्णः -र्णा -र्णं.—**(From worldly existence)** मुक्तः -क्ता -क्तं, निर्वृतः -ता -तं, निर्वाणः -णा -णं, सिद्धः -द्धा -द्धं.

Emancipation, ***s.*** मुक्तिः ***f.***, मोचनं, मोक्षः -क्षणं, विमोक्षः -क्षणं, विमुक्ति ***f.***, विमोचनं, परिमोक्षणं, वैमुक्तं, उद्धारः, उद्धरणं, निस्तारः, त्राणं, परित्राणं, विसर्गः तारणं.—**(From worldly existence)** मुक्तिः ***f.***, निर्वाणं, निर्वृतिः ***f.***, अपवर्गः -वर्ज्जनं, सिद्धिः ***f.***, सद्गतिः ***f.***, परमागतिः ***f.***, श्रेयः ***n.*** (स्), निःश्रेयः ***n.*** (स्), निःश्रेयसं, निर्याणं, पुनर्जन्मजयः, कैवल्यं; **'desirous of it,'** मुमुक्षुः -क्षुः -क्षु, तितीर्षुः -र्षुः -र्षु.

Emancipator, ***s.*** मोचकः, मोक्षकः, उद्धर्त्ता ***m.*** (र्त्तृ), त्राता ***m.*** (तृ).

To **emasculate,** ***v. a.*** वृषणौ **or** वृषणद्वयम् उत्कृत् **(c. 6.** –कृन्तति –कर्त्तितुं) **or** छिद् **(c. 7.** छिनत्ति, छेत्तुं), अण्डछेदं कृ, पुंस्त्वं, हृ **(c. 1.** हरति, हर्त्तुं), विफलीकृ, शण्डीकृ, निष्पुरुषीकृ, क्लीवीकृ.

Emasculated, ***p. p.*** छिन्नवृषणः –णा –णं, मुष्कशून्यः –न्या –न्यं, विफलीकृतः –ता –तं, विफलः –ला –लं, हृतपौरुषः –षा –षं, शण्डः, शण्ढः –क्लीवः, नपुंसकः.

Emasculation, ***s.*** वृषणछेदः, वृषणोत्पाटनं, पुंस्त्वहरणं, शण्डता.

To **embale,** ***v. a.*** द्रव्यकूर्च्चं कृ, कूर्च्चीकृ, भाण्डं कृ, पोटलिकां कृ,

To **embalm,** ***v. a.*** मृतशरीरं तद्रक्षणाय सुगन्धिद्रव्याक्तं कृ **or** तद्रक्षार्थं तिक्तौषधव्यञ्जनादिना पॄ **in caus.** (पूरयति –यितुं).

Embankment, ***s.*** सेतुः ***m.,*** सेतुबन्धः, मृत्तिकाचयः, धरणः, पिण्डनः, वप्रः.

To **embar,** ***v. a.*** निरुध् **(c. 7.** –रुणद्धि –रोद्धुं), निवृ **in caus.** (–वारयति –यितुं).

Embargo, ***s.*** निषेधः, निरोधः, अवरोधः, बाधा, वारणं, नावो गमनागमननिषेधः **or** वाणिज्यकर्म्मनिषेधः.

To **embark,** ***v. a.*** नौकाम् आरुह् **in caus.** (–रोपयति –यितुं) **or** प्रविश् **in caus.** (–वेशयति –यितुं) **or** निविश् **in caus.** (नौकायां समृ) **in caus.** (–अर्पयति –यितुं).

To **embark,** ***v. n.*** नौकां **or** पोतम् आरुह् **(c. 1.** –रोहति –रोढुं) **or** प्रविश् **(c. 6.** –विशति –वेष्टुं) **or** निविश्.—**(Undertake)** आरभ् **(c. 1.** –रभते –रब्धुं).

Embarkation, ***s.*** नौकारोहणं, नौकारोपणं, नौकाप्रवेशनं, पोतनिवेशनं, नौकासमर्पणं.

Embarked, ***p. p.*** नौकारूढः –ढा –ढं, तरणिम् आरूढः –ढा –ढं, पोतारोपितः –ता –तं, नौकाप्रविष्टः –ष्टा –ष्टं, पोतनिवेशितः –ता –तं, नौकासमर्पितः –ता –तं.

To **embarrass,** ***v. a.*** मुह् **in caus.** (मोहयति –यितुं), विमुह्, व्यामुह्, आकुलीकृ, व्याकुलीकृ, व्याकुल **(nom.** व्याकुलयति –यितुं), व्यग्रीकृ, सङ्करीकृ, बाध् **(c. 1.** बाधते –धितुं), क्लिश् **(c. 9.** क्लिश्नाति, क्लेशितुं), क्लेशं दा, दुःखं दा, शल्यं कृ, रुध् **(c. 7.** रुणद्धिं, रोद्धुं).

Embarrassed, ***p. p.*** मोहितः –ता –तं, विमोहितः –ता –तं, व्याकुलः –ला –लं, आकुलितः –ता –तं, व्यग्रः –ग्रा –ग्रं, समाकुलः –ला –लं, कातरः –रा –रं, कृच्छ्रगतः –ता –तं, बाधितः –ता –तं, क्लिष्टः –ष्टा –ष्टं, विपन्नः –न्ना –न्नं, आपद्गतः –ता –तं, उपरुद्धः –द्धा –द्धं, –स्था –स्थं.

Embarrassment, ***s.*** व्याकुलता, आकुलत्वं, व्यग्रता, मोहः, व्यामोहः, कातरता, व्यस्तता, सम्भ्रमः, क्लेशः, दुःखं, शल्यं, बाधः –धा, कार्य्यसन्देहः.

Embassador, ***s.*** दूतः, राजदूतः, राजप्रेरितः, राजप्रस्थापितः, राजप्रतिनिधिः ***m.,*** राजकर्म्मकरः, राजकार्य्यङ्करः.

Embassadress, ***s.*** दूती –तिः ***f.,*** दूतिका, राजदूती, राजदूतस्य पत्नी **or** भार्य्या.

Embassage, embassy, ***s.*** दूत्यं, दौत्य, दूतक्रिया, दूतधर्म्मः; **'sent on an embassy,'** प्रस्थापितः –ता –तं, प्रेरितः –ता –तं, दूतः –ता –तं.

To **embattle,** ***v. a.*** व्यूह् **(c. 1.** –ऊहते –हितुं), सैन्यं युद्धार्थं व्यूहेन रच् **(c. 10.** रचयति –यितुं) **or** सज्जीकृ **or** व्यवस्था **in caus.** (–स्थापयति –यितुं).

Embedded, ***p. p.*** **or** ***a.*** निहितः –ता –तं, न्यस्तः –स्ता –स्तं, निविष्टः –ष्टा –ष्टं.

To **embellish,** ***v. a.*** भूष् **(c. 10.** भूषयति –यितुं), विभूष्, अलङ्कृ, समलङ्कृ, परिष्कृ, संस्कृ, शुभ् **in caus.** (शोभयति –यितुं), उपशुभ्, मण्ड् **(c. 10.** मण्डयति –यितुं), परिकर्म्म **(nom.** परिकर्म्मयति –यितुं), रञ्ज् **(c. 10.** रञ्जयति –यितुं).

Embellished, ***p. p.*** भूषितः –ता –तं, विभूषितः –ता –तं, अलङ्कृतः –ता –तं, परिष्कृतः –ता –तं, संस्कृतः –ता –तं, शोभितः –ता –तं, उपशोभितः –ता –तं, कृतशोभः –भा –भं, मण्डितः –ता –तं, प्रसाधितः –ता –तं, सालङ्कारः –रा –रं, कृतालङ्कारः –रा –रं.

Embellishment, ***s.*** अलङ्कारः, अलङ्करणं, अलङ्क्रिया, भूषणं, विभूषणं, भरणं, आभरणं, परिष्कारः, परिष्कृतिः ***f.,*** संस्कारः, अङ्गसंस्कारः, परिकर्म्म ***n.*** (न्), प्रतिकर्म्म, प्रसाधनं, मण्डनं, शोभा –भनं, कल्पना, सज्जा, रञ्जनं, आकल्पः, वेशः.—**(Of a book)** पत्ररञ्जनं.—**(Theatrical dress)** नेपथ्यं, वर्णः, आहार्य्यः.

Ember-days, ***s. pl.*** यथापर्य्यायं वत्सरे वत्सरे चत्वार उपवाससमयाः, पुण्यदिनानि, पुण्याहानि.

Embers, ***s. pl.*** भस्म ***n.*** (न्), भसितं, तप्ताङ्गारोच्छिष्टं, अग्नेरुच्छिष्टं, अङ्गारशेषं, भूतिः ***f.***

To **embezzle,** ***v. a.*** ग्रस् **(c. 1.** ग्रसते –सितुं), निक्षिप्तद्रव्यं निह्नवेन स्वीयं कृ **or** स्वीकृ, न्यस्तधनादि छलेन स्वकीयं कृत्वा उपयुज् **(c. 7.** –युनक्ति –युंक्ते –योक्तुं), परवित्तम् अपह्वेन स्वाधीनं कृत्वा हृ **(c. 1.** हरति, हर्त्तुं) **or** अपहृ, अपह्नु **(c. 2.** –ह्नुते –ह्नोतुं), निह्नु.

Embezzled, ***p. p.*** ग्रस्तः –स्ता –स्तं, निह्नुतः –ता –तं, अपह्नवेन **or** छलेन स्वीकृतः –ता –तं, **or** उपयुक्तः –क्ता –क्तं, **or** हृतः –ता –तं, **or** अपहृतः –ता –तं.

Embezzlement, ***s.*** ग्रसनं, अपह्नवेन **or** निह्नवेन हरणं **or** उपहारः, निक्षिप्तधनादेः **or** परवित्तस्य छलेन उपयोगः **or** प्रयोगः, अपह्नवः. निह्नवः, अभिलाषः.

To* emblaze *or* emblazon, *v. a. कुलीनपदचिह्नानि लिखित्वा शुभ् **in caus.** (-शोभयति -यितुं), कुलीनपदचिह्नैर्, अलङ्कृ, रञ्ज् (**c. 10.** रञ्जयति -यितुं).

Emblazoned, *p. p.* कुलीनपदचिह्नशोभितः -ता -तं, उद्योतितः -ता -तं.

Emblem, *s.* चिह्नं, लक्षणं, व्यञ्जनं, लिङ्गं, लाञ्छनं, निदर्शनं, आदर्शः दृष्टान्तः संज्ञा, प्रतिमा, प्रतिरूपं, सङ्केतः, केतुः ***m.,*** ध्वजः, पताका.

Emblematic, emblematical, *a.* उद्बोधकः -का -कं, लाक्षणिकः -की -कं चिह्नकारी -रिणी -रि (न्) **or** निदर्शनकारी, लिङ्गी, -ङ्गिनी -ङ्गि (न्).

Emblematically, *adv.* निदर्शनक्रमेण, लाक्षणिकप्रकारेण, उद्बोधनार्थं.

Emblic myrobalan, *s.* (A plant) तिष्यफला, आमलकः -की, अमृता, वयस्था, वयःस्था, कायस्था.

Embodied, *p. p.* शरीरी -रिणी -रि (न्), शरीरवान् -वती -वत् (त्), देही -हिनी -हि (न्), देहवान् -वती -वत् (त्), सविग्रहः -हा -हं सशरीरः -रा -रं., सवपुषः -षी -षं, जातरूपः -पी -पं, जातशरीरः -रा -रं, सन्निपतितः -ता -तं.

Embodiment, *s.* शरीरवत्त्वं, देहवत्त्वं, सशरीरता, सन्निपातः, समाहारः, एकशरीरीकरणं.

To* embody, *v. a. सशरीरं -रां -रं कृ, एकशरीरीकृ, एकाङ्गीकृ, देहवन्तं -वतीं -वत् कृ.—**(Collect into a mass)** सङ्ग्रह् (**c. 9.** -गृह्णाति -ग्रहीतुं), एकौघीकृ, एकत्र कृ, एकीकृ.

To* embolden, *v. a. आश्वस् **in caus.** (-श्वासयति -यितुं), समाश्वस्, निर्भयं -यां -यं कृ.

Emboldended, *p. p.* आश्वासितः -ता -तं, गतभीः -भी -भि, वीतभयः -या -यं.

To* emboss, *v. a. राजतभाण्डादीनि उच्चरेखादिना अलङ्कृ **or** उपस्कृ **or** गण्डाकारेण परिष्कृ **or** समुत्सेधेन तक्ष् (**c. 1.** तक्षति -क्षितुं).

Embossment, *s.* राजतभाण्डादीनाम् उच्चरेखादिना अलङ्करणं, गण्डाकारेण **or** उच्चैःप्रकारेण तक्षणं, समुत्सेधेन तक्षणं, प्रतिच्छाया.

To* embowel, *v. a. नाडीः **or** अन्त्राणि वहिष्कृ **or** निर्हृ (**c. 1.** -हरति -हर्त्तुं).

To* embrace, *v. a. आलिङ्ग् (**c. 1.** -लिङ्गति -ङ्गितुं), समालिङ्ग्; आश्लिष् (**c. 4.** -श्लिष्यति -श्लेष्टुं), संश्लिष्, समाश्लिष्, उपश्लिष्; स्वञ्ज् (**c. 1.** स्वजते स्वंक्तुं), परिष्वञ्ज्, सम्परिष्वञ्ज्, उपगुह् (**c. 1.** -गूहति -हितुं), परिभ् (**c. 1.** -रभते -रब्धुं), पीड् (**c. 10.** पीडयति -यितुं), क्रोडीकृ, क्रोडे कृ.—**(Comprise)** परिग्रह् (**c. 9.** -गृह्णाति -ग्रहीतुं), परिसमाप् (**c. 5.** -आप्नोति -आप्तुं), प्रतिसंहृ (**c. 1.** -हरति -हर्त्तुं).—**(Encompass)** परिवेष्ट् (**c. 1.** -वेष्टते -ष्टितुं), परिवृ (**c. 5.** -वृणोति -वरितुं -रीतुं).

Embrace, *s.* आलिङ्गनं, -ङ्गितं, आश्लेषः, संश्लेषः, श्लेषः, परिष्वङ्गः, परिरम्भः, उपगूढं, उपगूहनं, अवगूहनं, अङ्कपाली -लिका, अङ्गपालिः ***m.,*** शिलषा, लीः ***f.,*** अङ्कः, कोलः, लयः, क्रोडीकरणं, क्रोडीकृतिः ***f.***

Embraced, *p. p.* आलिङ्गितः -ता -तं, श्लिष्टः -ष्टा -ष्टं, आश्लिष्टः -ष्टा -ष्टं, संश्लिष्टः -ष्टा -ष्टं, परिष्वक्तः -क्ता -क्तं, परिरब्धः -ब्धा -ब्धं, परिमृष्टः -ष्टा -ष्टं, उपगूढः -ढा -ढं, पीडितः -ता -तं, अभिलीनः -ना -नं, लीनः -ना -नं, निलीनः -ना -नं, क्रोडीकृतः -ता -तं.

Embrasure, *s.* प्राकारे छिद्रं **or** रन्ध्रं, आकाशजननी ***m.,*** (न्), जालकः.

To* embrocate, *v. a. अङ्गम् औषधीयजलेन लिप् (**c. 6.** लिम्पति, लेप्तुं) **or** आलिप् **or** उपालिप् **or** अनुलिप् **or** औषधीयजलेन आर्द्रीकृत्य मृद् (**c. 9.** मृद्नाति, मर्द्दितुं) **or** सम्मृद् **or** घृष् (**c. 1.** घर्षयति -र्षितुं).

Embrocation, *s.* आलेपनं, लेपः, विलेपः, उपदेहः, औषधीयजलं, पूरणः.

To* embroider, *v. a. सूचीद्वारेण पुष्पाद्यलङ्कारान् सिव् (**c. 4.** सीव्यति, सेवितुं) **or** निषिव् **or** चित्र् (**c. 10.** चित्रयति -यितुं), कार्म्मिकवस्त्रं कृ.

Embroidered, *p. p.* सूचिकर्म्मद्वारेण पुष्पाद्यलङ्कृतः -ता -तं, चित्रितः -ता -तं, कार्म्मिकः -की -कं; **'embroidered cloth,'** कार्म्मिकवस्त्रं.

Embroiderer, *s.* सूचीशिल्पविद् ***m.f.,*** सूचीशिल्पोपजीवी ***m.*** -विनी ***f.*** (न्), कार्म्मिकवस्त्रकृत् ***m. f.***

Embroidery, *s.* सुवर्णसूत्रादिना पुष्पाद्यलङ्कारनसीवनं, सूचिता, सूचीकर्म्म ***n.*** (न्), सूचीशिल्पं; **'embroidered cloth,'** कार्म्मिकवस्त्रं.

To* embroil, *v. a. सङ्करीकृ, सङ्कुरीकृ, संक्षुभ् **in caus.** (-क्षोभयति -यितुं), सङ्कृ (**c. 6.** -किरति -करितुं -रीतुं), अस्तव्यस्तीकृ, आकुलीकृ, व्याकुलीकृ भेदं **or** वैरत्तयं जन् (**c. 10.** जनयति -यितुं) **or** कृ.

Embroiled, *p. p.* संक्षुब्धः -व्याव्ध, जातभेदः -दा -दं, जातविरागः -गा -गं.

Embroilment, *s.* सङ्करीकरणं, संक्षोभः, साङ्कर्य्यं, विप्रतिपत्तिः ***f.,*** भेदकरणं.

Embryo, embryon, *s.* भ्रूणः, गर्भः, कललं, कललः -लं, षं, गर्भस्थबालकस्य प्रथमावयवः, पुखनः.—**(Rudiments of any thing)** आरम्भः, प्रारम्भः.

Emendable, *a.* शोधनीयः -या -यं, संशोध्यः -ध्या -ध्यं, समाधेयः -या -यं.

Emendation, *s.* शोधनं, शुद्धिः ***f.,*** संशुद्धिः ***f.,*** विशोधनं, समाधानं, प्रतिसमाधानं.

Emendator, *s.* शोधकः, संशोधकः, शोधनकृत्, समाधाता ***m.*** (तृ).

Emended, *p. p.* शोधितः -ता -तं, शुद्धीकृतः -ता -तं, संशुद्धः -द्धा -द्धं.

Emerald, *s.* मरकतः, अश्मगर्भं, हरिन्मणिः ***m.,*** रौहिणेयं, गारुत्मत् ***n.,*** गारुडः, गरुडाश्मा ***m.*** (न्), गरुडाङ्कितं, गरुडोत्तीर्णं, राजनीलः, सुनीलकः, मसारः, आपनिकः; **'of the colour of an emerald,'** मारकतः -ती -तं.

***To* emerge, *v. n.* (From the water, etc.)** सलिलाद् उन्मज्ज् **(c. 6.** -मज्जति -मंक्तुं -मज्जितुं) **or** उत्था **(c. 1.** -तिष्ठति -थातुं, **rt.** स्था) **or** वहिर्गम् **(c. 1.** -गच्छति -गन्तुं) **or** निर्गम् **or** निःसृ **(c. 1.** -सरति -सर्त्तुं) **or** उन्नह् **(c. 4.** -नह्यति -नद्धुं). **—(Rise into view)** उदि **(c. 1.** उदयति, उदेतुं, **rt.** इ), प्रादुर्भू, आविर्भू, वहिर्भू, प्रभू, उत्पद् **(c. 4.** -पद्यते -पत्तुं), प्रकाश् **(c. 1.** -काशते -शितुं), प्रकाशं निर्गम्, उद्भा **(c. 2.** -भाति -तुं) निर्भा, प्रकाशं **or** प्रत्यक्षं दृश् **in pass.** (दृश्यते), दृष्टिगोचरः -रा -रं भू. **—(Re-appear)** पुनर्दृश् **in pass.**

Emergence, emergency, *s.* प्रयोजनं, अवसरः, प्रस्तावः, समयः, कार्य्यं, अवश्यकता, आवश्यकत्वं, अकस्मादुत्पन्नं, अकस्माद्वृत्तं, अकस्माद्भूतं, आकस्मिकसम्भवः, अनिश्चितविषयः, अभ्युदयः, समुन्नयः, समुत्पत्तिः ***f.,*** आपद् ***f.,*** विपद् ***f.,*** **'according to the emergency,'** यथावसरं, यथाप्रयोजनं, प्रस्तावसदृशं, कार्य्यवशात्, यथाकार्य्यं, यथासम्भवं, प्रसङ्गवशात्; **'in this emergency,'** इहसमये.

Emergent, *a.* उन्मज्जन् -ज्जन्ती -ज्जत् (त्). **—(Unexpected)** अकस्मादुत्पन्नः -न्ना -न्नं, आकस्मिकः -की -कं. **—(Urgent)** आवश्यकः -की -कं.

Emery, *s.* महालोहं, उत्तमलोहः, अयस्कान्तः, लोहपरिष्कारको धातुः.

Emetic, *s.* वमनं, वान्तिकृत्, वमनोत्पादकम् औषधं.

Emetic, emetical, *a.* वान्तिदः -दा -दं, वमनकारी -रिणी -रि (न्).

Emigrant, *s.* स्वदेशं त्यक्तुकामः, देशान्तरम् अधिविवत्सुः, दूरदेशे विवत्सुः.

To* emigrate, *v. n. स्वदेशं त्यक्त्वा देशान्तरे **or** दूरदेशे **or** प्रदेशे वस् **(c. 1.** वसति, वस्तुं) **or** अधिवस् **with acc. c., or** अध्यास् **(c. 2.** -आस्ते -आसितुं) **with acc. c.,** दूरदेशे विवत्सया स्वदेशं त्यज् **(c. 1.** त्यजति, त्यक्तुं.

Emigration, *s.* दूरदेशाधिवासनार्थं स्वदेशत्यागः, देशान्तराधिवासनं, प्रदेशाधिवासनं, देशत्यागः.

Eminence, *s.* (Exaltation, distinction) उत्कर्षः, उत्कृष्टता, प्रमुखत्वं, औत्कर्षं, विशिष्टता, वैशिष्ट्यं, उन्नतिः ***f.,*** समुन्नतिः ***f.,*** प्रधानत्वं, प्रकर्षः प्रकृष्टत्वं, परमपदं, परपदं, अधिकत्वं, आधिक्यं, शिष्टता, श्रेष्ठत्वं, महोदयः, सुख्यातिः ***f.,*** विख्यातिः ***f.,*** सेव्यताः. **—(Height)** उच्छ्रयः, उच्छ्रायः, समुच्छ्रयः, उत्सेधः, सभमुत्सेधः, उच्चत्वं, उत्तुङ्गता, ऊर्द्धवत्वं; **'a rising ground,'** उन्नतभूभागः, उच्चस्थानं.

Eminent, *a.* उत्कृष्टः -ष्टा -ष्टं, प्रमुखः -खा -खं, विशिष्टः -ष्टा -ष्टं, शिष्टः -ष्टा -ष्टं, उन्नतः -ता -तं, समुन्नतः -ता -तं, उत्तमः -मा -मं, परमः -मा -मं, परः -रा -रं, श्रेष्ठः -ष्ठा -ष्ठं, अधिकः -का -कं, मुख्यः -ख्या -ख्यं अग्रियः -या -यं, प्रधान **prefixed in comp.,** प्रखरः -रा -रं, वरेण्यः -ण्या -ण्यं, प्रवर्हः -र्हा -र्हं, उच्चः -च्चा -च्चं, उच्छ्रितः -ता -तं. **—(Celebrated)** विश्रुतः -ता -तं, ख्यातः -ता -तं, महायशस्कः -स्का -स्कं, प्रथितः -ता -तं; **'of eminent endowments,'** महाभागः -गा -गं, गुणाढ्यः -ढ्या -ढ्यं; **'to be eminent,'** विशिष् **in pass.** (-शिष्यते). ***See*** **Excellent.**

Eminently, *adv.* अत्यन्तं, अतिशयेन, अत्यर्थं, भृशं, अधिकं, निर्भरं, अति **prefixed.**

Emissary, *s.* दूतः, वार्त्तायनः, चारः, चरः, वार्त्ताहरः, सन्देशहरः, कार्य्यङ्करः, प्रयोज्यः, आख्यकः. **—(Secret agent)** गूढपुरुषः, गुप्तदूतः, गुप्तचरः -चारी ***m.*** (न्), गुप्तगतिः ***m.,*** रहस्याख्यायी ***m.*** (न्), प्रणिधिः ***m.,*** प्रतिष्कः -ष्कशः -ष्कसः.

Emission, *s.* निरसनं, उत्सर्गः, उत्सर्ज्जनं, उत्क्षेपः -पणं, विसर्गः, उद्गारः, उच्चारः, स्रावः, आश्रावः, मोक्षणं, मोचनं, प्रमोचनं, उदीरणं, उद्वमनं, उप्तारः, ऊर्द्धवशोधनं.

To* emit, *v. a. उत्सृज् **(c. 6.** -सृजति -स्रष्टुं), विसृज्, निरस् **(c. 4.** -अस्यति -असितुं), निःसृ **in caus.** (-सारयति -यितुं), मुच् **(c. 6.** मुञ्चति, मोक्तुं), प्रमुच्, उत्क्षिप् **(c. 6.** -क्षिपति -क्षेप्तुं), उद्गृ **(c. 6.** -गिरति -गरितुं -रीतुं), उदीर् **(c. 10.** -ईरयति -यितुं), समुदीर्, समीर्, उच्चर् **in caus.** (-चारयति -यितुं), उद्वम् **(c. 1.** -वमति -मितुं), स्रु **in caus.** (स्रावयति -यितुं), प्रसु, स्कन्द् **(c. 10.** स्कन्दयति -यितुं), निर्गम् **in caus.** (-गमयति -यितुं); **'to emit blood,'** रक्तं सु **in caus.; 'to emit saliva,'** श्लेष्मनिरसनं कृ; **'to emit heat,'** उष्माणम् उद्वम्.

Emitted, *p. p.* उत्सृष्टः -ष्टा -ष्टं, उत्क्षिप्तः -प्ता -प्तं, उदीरितः -ता -तं, निरस्तः -स्ता -स्तं, स्कन्दितः -ता -तं, उच्चारितः -ता -तं, उद्वान्तः -न्ता -न्तं.

Emmenagogue, *s.* स्त्रीणाम् ऋतुवर्धकम् औषधं.

Emmet, *s.* पिपीलिका, पुत्तिका.

To* emmew, *v. a. पिञ्जरे **or** सङ्कटस्थाने निरुध् **(c. 7.** -रुणद्धि -रोद्धुं).

Emollient, ***a.*** स्नेही -हिनी -हि (न्), स्निग्धः -ग्धा -ग्धं, स्नेहवान् -वती -वत्, चिक्कणः -णा -णं, शान्तिकरः -री -रं, शान्तिदः -दा -दं, स्निग्धकारी -रिणी -रि (न्).

Emollient, ***s.*** स्नेहनं, अभ्यञ्जनं, अभ्यङ्गः, आलेपः, उपदेहः.

Emolument, ***s.*** लाभः, फलं, लब्धिः ***f.,*** प्राप्तिः ***f.,*** फलोदयः, आयः, प्रतिपत्तिः ***f.,*** अर्थः, लभ्यं, आगमः, उदयः, वेतनं, वर्त्तनं.

Emotion, ***s.*** **(Passion, feeling)** रसः, भावः, विकारः, मनोविकारः, रागः, चित्तवृत्तिः ***f.,*** चित्तविकारः, विभ्रमः. **—(Agitation of mind)** उत्कम्पः, उत्तापः, अन्तःक्षोभः, चित्तक्षोभः, अन्तर्वेगः, अभितापः, मनस्तापः; **'under emotion,'** अन्यथावृत्तिः -त्तिः -त्ति.

To **empale,** ***v. a.*** **(Enclose with a row of stakes or stockade)** युद्धे सैन्यरक्षार्थं वार्क्ष्येण **or** शङ्कुपंक्त्या परिवृ **(c. 5.** -वृणोति -वरितुं -रीतुं)**.—(Put to death by fixing on a stake)** शूले **or** कीले **or** तीक्ष्णशूले आरुह् **in caus.** (-रोपयति -यितुं) **or** समारुह् **in caus., or** निविश् **in caus.** (-वेशयति -यितुं), कील **(nom.** कीलयति -यितुं).

Empaled, ***p. p.*** कीलितः -ता -तं, शूलारोपितः -ता -तं, शूलनिवेशितः -ता -तं, प्रोतः -ता -तं.

Empalement, ***s.*** शूलारोपः -र्पणः, शूलनिवेशनं; **'deserving empalement,'** शूल्यः -ल्या -ल्यं; **'stake for empalement,'** शूलः, कीलः.

To **empannel, emparlance, empassion.** ***See To*** **(impannel, etc.**

Emperor, ***s.*** राजाधिराजः, महाराजाधिराजः, अधिराजः, अधीश्वरः, राजराजः, महाराजः, सम्राट् ***m.*** (ज्) **or** अधिराजः, अधीश्वरः, राजराजः, महाराजः, सम्राट् ***m.*** (ज्) **or** अधिराट् ***m.,*** मण्डलेश्वरः, चक्रवर्त्ती ***m.*** (न्). सार्व्वभौमः, सर्व्वेश्वरः, अधिराज्यभाक् ***m.*** (ज्).

Emphasis, ***s.*** अवधारणं, गुरुच्चारणं, दीर्घोच्चारणं, गौरवं.

Emphatic, ***a.*** **(Impressive)** गुरुः -र्व्वी -रु.**—(Requiring empahsis)** अवधारणीयः -या -यं, अवधार्य्यः -र्य्या -र्य्यं. **—(Uttered with emphasis)** गौरवेण **or** अवधारणेन उच्चारितः -ता -तं.

Emphatically, ***adv.*** अवधारणेन, सावधारणं, गौरवेण, सगौरवं.

Empire, ***s.*** आधिराज्यं, अधिराज्यं, साम्राज्यं, राज्यं, राजत्वं, आधित्यं, ऐश्वर्य्यं, ईशत्वं, राजाधिकारः, प्रभुत्वं.**—(Region governed)** राष्ट्रं, विषयः.

Empiric, ***s.*** **(A quack)** दुश्चिकित्सकः, मिथ्याचिकित्सकः, छद्मवैद्यः, आयुर्वेदानभिज्ञः.**—(One who makes experiments)** परीक्षकः.

Empirical, ***a.*** **(Charlatanical)** आयुर्वेदविरुद्धः -द्धा -द्धं, मिथ्याचिकित्सासम्बन्धी -न्धिनी -न्धि (न्), छाद्मिकः -की -कं, कापटिकः -की -कं.**—(Experimental)** परीक्षकः -का -कं.

Empirically, ***adv.*** आयुर्वेदविरुद्धं, दुश्चिकित्सकवत्, परीक्षाक्रमेण.

Empiricism, ***s.*** मिथ्याचिकित्सा, दुश्चिकित्सा -त्सनं, आयुर्वेदानभिज्ञता, आयुर्वेदविरुद्धा चिकित्सा, परीक्षा -क्षणं.

Emplastic, ***a.*** लेप्यः -प्या -प्यं, श्यानः -ना -नं, चिक्कणः -णा -णं, सान्द्रः -न्द्रा -न्द्रं.

To **employ,** ***v. a.*** **(Use)** प्रयुज् **(c. 7.** -युनक्ति -युंक्ते -योक्तुं, **c. 10.** -योजयति -यितुं), उपयुज्, सेव् **(c. 1.** सेवते -वितुं), विधा **(c. 3.** -दधाति -धातुं), उपभुज् **(c. 7.** -भुनक्ति -भुंक्ते -भोक्तुं), अभ्यस् **(c. 4.** -अस्यति -असितुं), व्यवह **in caus.** (-हारयति -यितुं), धृ **in caus.** (धारयति -यितुं), वाह् **in caus.** (वाहयति -यितुं).**—(Occupy, give employment)** व्यापृ **in caus.** (-पारयति -यितुं), प्रवृत् **in caus.** (-वर्त्तयति -यितुं), प्रयुज्.**—(Engage, appoint)** नियुज्, विनियुज्, अधिकृ, प्रकृ; **'is employed,'** विधीयते; **'having employed,'** अधिकृत्य, आस्थाय, आश्रित्य; **'employing,'** वाहयन् -यन्ती -यत् (त्).

Employed, ***p. p.*** **(Used)** प्रयुक्तः -क्ता -क्तं, प्रयोजितः -ता -तं, उपयुक्तः -क्ता -क्तं, व्यवहृतः -ता -तं, व्यवहारितः -ता -तं, उपभुक्तः -क्ता -क्तं, सेवितः -ता -तं.**—(Appointed)** नियुक्तः -क्ता -क्तं, विनियुक्तः -क्ता -क्तं, युक्तः -क्ता -क्तं. **—(Occupied)** व्यापृतः -ता -तं, व्यापारितः -ता -तं, व्यापारी -रिणी -रि (न्), व्यवसायी -यिनी -यि (न्).

Employer, ***s.*** प्रयोजयिता ***m.*** (तृ), प्रयोजकः, व्यापारयिता ***m.*** (तृ), प्रवर्त्तकः.

Employment, ***s.*** **(Use)** प्रयोगः, प्रयोजनं, उपयोगः, उपभोगः, व्यवहारः, अभ्यासः.**—(Occupation, business, profession)** व्यापारः, कार्य्यं, कर्म्म ***n.*** (न्), व्यवसायः, व्यवहारः, वृत्तिः ***f.,*** प्रवृत्तिः ***f.,*** प्रवर्त्तनं, कार्य्योद्योगः, वर्त्तनं, वृत्तं, वृत्तिता, जीविका.**—(Appointment)** नियोगः, नियोजनं, नियुक्तिः ***f.,*** विनियोगः; **'out of employment,'** निर्वृत्तिः -त्तिः -त्ति, क्षीणवृत्तिः -त्तिः -त्ति.

To **empoison,** ***v. a.*** **(Administer poison)** विष **or** तीक्ष्णरसं दा, विषप्रयोगं कृ, विषप्रयोगेण नश् **in caus.** (नाशयति -यितुं). **—(Taint with poison)** विषेण दिह् **(c. 2.** देग्धि -ग्धुं) **or** अञ्ज् **(c. 7.** अनक्ति, अंक्तुं).

Empoisoned, ***p. p.*** विषदिग्धः -ग्धा -ग्धं, विषाक्तः -क्ता -क्तं, विषयुक्तः -क्ता -क्तं.

Empoisonment, ***s.*** विषप्रयोगः, विषदानं, विषेण नाशनं **or** मारणं.

Emporium, ***s.*** वाणिज्यस्थानं, लोकयात्रायोग्या **or** महाजनकर्म्मयोग्या नगरी.

Empress 333 Enamoured

To **empoverish, empoverishment.** *See* **Impoverish, etc.**

To **empower,** ***v. a.*** शक्तिं **or** सामर्थ्यं **or** अधिकारित्वं दा, नियुज् **(c. 7.** -युनक्ति: -युंक्ते -योक्तुं, **c. 10.** -योजयति -यितुं), समर्थं -र्थां -र्थं कृ अनुमन् **(c. 4.** -मन्यते -मन्तुं), क्षमताम् ऋ **in caus.** (अर्पयति -यितुं).

Empress, ***s.*** राजाधिराजस्य पत्नी, राज्ञी, अधीश्वरी, महाराजपत्नी.

Emptied, ***p. p.*** रेचित: -ता -तं, विरेचित: -ता -तं, शून्यीकृत: -ता -तं, गततोय: -या -यं, गतजल: -ला -लं; **'poured out,'** पातित: -ता -तं, अवतारित: -ता -तं.

Emptiness, ***s.*** शून्यत्वं -ता, रिक्तता -त्वं, रिक्तं, असारता, नि:सारता, विरसता, नीरसता, रसाभाव:, अपूर्णत्वं, वितानत्वं, तुच्छत्वं, फल्गुता.

Emption, ***s.*** क्रय:, क्रयणं, क्रयकरणं.

Empty, ***a.*** रिक्त: -क्ता -क्तं, रिक्तक: -का -कं, शून्य: -न्या -यं, शून्यमध्य: -ध्या -ध्यं, विरस: -सा -सं, नीरस: -सा -सं, असार: -रा -रं, नि:सार: -रा -रं, नि:सत्त्व: -त्त्वा -त्त्वं, सारहीन: -ना -नं, वितान: -ना -नं, अपूर्ण: -र्णा -र्णं, वशिक: -का -कं, तुच्छ: -च्छा -च्छं.

To **empty,** ***v. a.*** रिच् **(c. 1.** रिणक्ति, रेक्तुं), विरिच्, रिक्तीकृ, शून्यीकृ विरसीकृ, नि:सारीकृ, सारं हृ **(c. 1.** हरति -हर्तुं). **—(Pour out water, etc.)** तोयम् अवतॄ **in caus.** (-तारयति -यितुं)**or** पत् **in caus.** (पातयति -यितुं) **or** प्रसु **in caus.** (-स्रावयति -यितुं); **'the river empties itself into the sea,'** नदी समुद्रं विशति.

Empty-handed, ***a.*** रिक्तहस्त: -स्ता -स्तं, रिक्तपाणि: -णि: -णि, शून्यहस्त: -स्ता -स्तं.

Empty-headed, ***a.*** शून्यमस्तक: -का -कं, निर्बोध: -धा -धं, अल्पबुद्धि: -द्धि: -द्धि.

To **empurple,** ***v. a.*** धूम्रीकृ, लोहितीकृ, अरुणीकृ, धूम्रसवर्णं -र्णां -र्णं कृ, धूम्रवर्णेन रञ्ज् **in caus.** (रञ्जयति -यितुं).

Empyreal, ***a.*** आग्नेय: -यी -यं, उपर्य्युपरिगगणसम्बन्धी -न्धिनी -न्धि (न्).

Empyrean, ***s.*** उपर्य्युपरिस्थगगणं, उत्तमस्वर्ग:, सूक्ष्माग्निस्थानं.

To **emulate,** ***v. a.*** स्पर्ध् **(c. 1.** स्पर्धते -र्धितुं), विस्पर्ध्, आस्पर्ध्, प्रतिस्पर्ध् **with inst. c.;** जि **in des.** (जिगीषति -षितुं), संघृष् **(c. 1.** -घर्षति -र्षितुं), परम् अभिभवितुं यत् **(c. 1.** यतते -तितुं), पराभिभवनाय उद्योगं कृ, अहम्पूर्व्वम्, अहम्पूर्व्वमिति वद् **(c. 1.** वदति -दितुं); **'he emulates Indra,** शक्रेण सह स्पर्धते.

Emulation, ***s.*** स्पर्द्धा, आस्पर्द्धा, प्रतिस्पर्द्धा, जिगीषा, विजिगीषा, सङ्घर्ष:, पराभिभवेच्छा, पराभिवनाय उद्योग:, अहम्पूर्व्विका, सापत्न्यं.

Emulative, Emulous, ***a.*** स्पर्द्धी -द्धिनी -द्धि (न्), प्रतिस्पर्द्धी etc., जिगीषु: -षु: -षु, जिगीषन् -षन्ती -षत् (त्), विजिगीषु: -षु: -षु, जयेच्छु: -च्छु: -च्छु, पराभिभवेच्छु: -च्छु: -च्छु, वीभत्सु: -त्सु: -त्सु.

Emulator, ***s.*** स्पर्द्धाकारी ***m.*** (न्), जिगीषु: ***m.,*** सङ्घर्षकारी ***m.,*** सपत्न:.

To **emulge,** ***v. a.*** निर्दुह् **(c. 2.** -दोग्धि -ग्धुं, **c. 10.** -दोहयति -यितुं), नीरसीकृ.

Emulgent, ***a.*** निर्दोहनकारी -रिणी -रि (न्), निर्दोग्धा -ग्ध्री -ग्धृ (ग्धृ).

Emulsion, ***s.*** पायसिकम्, औषधं, पायसं, पयस्यं.

Emunctory, ***s.*** शरीरमलद्वारं, शरीरमलपथ:, देहोत्सर्गपथ:.

To **enable,** ***v. a.*** शक्तिं **or** सामर्थ्यं **or** क्षमतां दा, समर्थं -र्थां -र्थं कृ, शक्तं -क्तां -क्तं, कृ, क्षमं -मां -मं कृ, समर्थीकृ, क्लृप् **in caus.** (कल्पयति -यितुं).

To **enact,** ***v. a.*** **(Act, perform)** कृ, विधा **(c. 3.** -दधाति -धातुं), प्रयुज् **(c. 7.** -युंक्तो -योक्तुं), निष्पद् **in caus.** (-पादयति -यितुं), सम्पद् **in caus. —(Decree)** व्यवस्थाद्वारेण **or** शासनद्वारेण निष्पन्नं कृ **or** सिद्धं कृ, व्यवस्थां कृ, शासनं कृ, व्यवस्था **in caus.** (-स्थापयति -यितुं), प्रशास् **(c. 2.** -शास्ति -शासितुं), प्रक्लृप् **(c. 10.** -कल्पयति -यितुं). **—(Represent in action)** नट् **(c. 10.** नाटयति -यितुं), अभिनी **(c. 1.** -नयति -नेतुं).

Enacted, ***p. p.*** व्यवस्थापित: -ता -तं, निष्पन्न: -न्ना -न्नं, प्रशासित: -ता -तं.

Enactment, ***s.*** शासनं, प्रशासनं, व्यवस्था -स्थापनं, नियम:, शासनपत्रं, आज्ञापत्रं, राजाज्ञा, विधानं, निदेश:, आदेश:.

Enamel, ***s.*** सुवर्णालङ्कारचित्रकरणे प्रयुक्तं काचवत् सुविलयं मणिवत् सुतेजनीयं स्निग्धद्रव्यं.

To **enamel,** ***v. a.*** पूर्व्वोक्तस्निग्धद्रव्येण सुवर्णालङ्कारान् चित्र् **(c. 10.** चित्रयति -यितुं) **or** चित्रविचित्रीकृ.

To **be enamoured,** ***v. n.*** अनुरागवान् -वती -वत् **or** अनुरक्त: -क्ता -क्तं, **or** आसक्त: -क्ता -क्तं, भू **or** अस् **with inst. c. or loc. c.,** अनुरञ्ज् **in pass.** (-रज्यते) आसञ्ज् **in pass.** (-सज्यते). **with loc. c.,** मुह् **(c. 4.** मुह्यति, मोहितुं); **'he is enamoured with her,'** तया अनुरागवान् अस्ति.

Enamoured, ***p. p.*** अनुरागवान् -वती -वत् (त्), अनुरागी -गिणी -गि (न्), अनुरक्त: -क्ता -क्तं, आसक्त: -क्ता -क्तं, जातमन्मथ: -था -थं.

To **engage,** ***v. a.*** पिञ्जरे प्रविश् **in caus.** (-वेशयति -यितुं) **or** निरुध् **(c. 7.** -रुणद्धि -रोद्धुं) **or** अवरुध् **or** बन्ध् **(c. 9.** बध्नाति, बन्धुं).

To **encamp,** ***v. n.*** निविश् **(c. 6.** -विशते -वेष्टुं), उपविश्

(-विशति), बलेन **or** सैन्येन उपविश्, कटके **or** शिविरे वस् **(c. 1.** वसति, वस्तुं) **or** समावस् **or** अध्यास् **(c. 2.** -आस्ते -आसितुं).

To* encamp, *v. a. सैन्यं निविश् **in caus.** (-वेशयति -यितुं), कटकं समावस् **in caus.** (-वासयति -यितुं), शिविरं स्था **in caus.** (स्थापयति -यितुं).

Excamped, *p. p.* निविष्टः -ष्टा -ष्टं, उपविष्टः -ष्टा -ष्टं, समावासितः -ता -तं, समावासितकटकः -का -कं, निवेशितसैन्यः -न्या -न्यं, अध्यासितः -ता -तं.

Encampment, *s.* (Act of encamping) निवेशनं, वाहिनीनिवेशनं, बलोपवेशनं, समावासः.—**(Camp)** निवेशः, शिविरं, कटकः, मन्दिरं, स्कन्धावारनः, बलस्थितिः ***f.,*** पटकः.

***To* encase, *v. a.* See Incase.**

To* encave, *v. a. कन्दरे **or** कुहरे **or** विवरे गुह् **(c. 1.** गूहति, गोढुं), गर्त्ते गोपनं कृ.

Enceinte, *a.* गर्भिणी, गर्भवती, पूर्णगर्भा, ससत्त्वा, आपन्नसत्त्वा.

To* enchafe, *v. a. तप् **in caus.** (तापयति -यितुं) परितप्, कुप् **in caus.** (कोपयति -यितुं), प्रकुप्, रुष् **in caus.** (-रोषयति -यितुं), बाध् **(c. 1.** बाधते -धितुं).

To* enchain, *v. a. निगडेन **or** शृङ्खलया वन्ध् **(c. 9.** बध्नाति, बन्धुं), निगड **(nom.** निगडयति -यितुं), शृङ्खल **(nom.** शृङ्खलयति -यितुं).

***To* enchant, *v. a.* (Subdue by spells)** मन्त्रद्वारेण वशीकृ **or** मुह् **in caus.** (मोहयति -यितुं), अभिमन्त्र् **(c. 10.** -मन्त्रयते -यितुं), अनुमन्त्र्; अभिचर् **(c. 10.** -चारयति -यितुं), मायां कृ.—**(Charm the mind)** मनो हृ **(c. 1.** हरति, हर्त्तुं) **or** रम् **(c. 10.** रमयति -यितुं), हृष् **(c. 10.** हर्षयति -यितुं), प्रहृष्, परमहर्षं जन् **(c. 10.** जनयति -यितुं).

Enchanted, *p. p.* (With joy) हृष्टमानसः -सी -सं, हृतमानसः -सी -सं, परमहृष्टः -ष्टा -ष्टं, हृष्टचित्तः -त्ता -त्तं, परमानन्दितः -ता -तं, पुलकितः -ता -तं.—**(By spells)** अभिमन्त्रितः -ता -तं, मन्त्रमोहितः -ता -तं. ***See* Charmed.**

Enchanter, *s.* मायी ***m.*** (न्), अभिचारी ***m.*** (न्), अभिचारविद्, मायाकारः, मायाकृत् ***m.*** मायिकः, मोही ***m.*** (न्), ऐन्द्रजालिकः, योगी ***m.*** (न्), योगेश्वरः.

Enchanting, *a.* मनोहरः -रा -रं, परमहर्षकरः -री -रं, परमानन्ददः -दा -दं, मोही -हिनी -हि (न्). ***See* Charming.**

Enchantingly, *adv.* मायया, सुरमणीयं, यथा परमहर्षो जायते तथा.

Enchantment, *s.* माया, अभिचारः, वशक्रिया, योगः, सम्प्रयोगः, अभिमन्त्रणं, इन्द्रजालं, जालं, कुहकः -मोहः, मन्त्रमोहनं, संवदनं -ना, मूलकर्म्म ***n.*** (न्), चित्रकर्म्म ***n.,*** कार्म्मणं, कुसृतिः ***f.***

Enchantress, *s.* मायिनी, योगिनी, अभिचारिणी, मोहिनी, कुहककारी.

***To* enchase, *v. a.* (A gem in gold)** मणिं सुवर्णे प्रणिधा **(c. 3.** -दधाति -धातुं) **or** खच् **(c. 10.** खचयति -यितुं).—**(Adorn silver vessels, etc., by embossed work)** राजतभाण्डादीनि उच्चरेखादिना अलङ्कृ **or** उपस्कृ.

To* encircle, *v. a. परिवेष्ट् **(c. 1.** -वेष्टते -ष्टितुं, **c. 10.** -वेष्टयति -यितुं), उपवेष्ट्, संवेष्ट्, परिवृ **(c. 5.** -वृणोति -वरितुं -रीतुं), परिष्ठा **(c. 1.** -तिष्ठति -ष्ठातुं), परिगम् **(c. 1.** -गच्छति -गन्तुं), परिसृ **(c. 1.** -सरति -सर्त्तुं), मण्डल **(nom.** मण्डलयति -यितुं).—**(Embrace)** परिष्वञ्ज् **(c. 1.** -ष्वजते -ष्वंक्तुं).

Encircled, *p. p.* वलयितः -ता -तं, मण्डलितः -ता -तं, परिमण्डलितः -ता -तं, परिगतः -ता -तं, परिवेष्टितः -ता -तं, आवृतः -ता -तं, व्याप्तः -प्ता -प्तं.

Encirclet, *s.* वलयः, मण्डलं, परिमण्डलं, चक्रवालं, परिवेष्टनं.

***To* enclose, enclosed, enclosure. *See.* Inclose, etc.**

Encomlast, *s.* स्तुतिपाठकः, मङ्गलपाठकः, वन्दी ***m.*** (न्), वर्णकः, गुणोत्कीर्त्तनकृत्, गुणकथकः, गुणप्रशंसकः, गुणप्रशंसाकारी ***m.*** (न्).

Encomiastic, encomiastical, *a.* प्रशंसाकरः -री -रं, स्तुतिमयः -यी -यं, श्लाघामयः -यी -यं, वन्दारुः -रुः -रु, गुणप्रकाशकः -का -कं, कीर्त्तिप्रकाशकः -का -कं.

Engomium, *s.* प्रशंसा, स्तुतिः ***f.,*** श्लाघा, गुणप्रशंसा, गुणश्लाघा, गुणस्तुतिः ***f.,*** स्तुतिवाक्यं, प्रशंसावाक्यं, स्तुतिवादः, गुणोत्कीर्त्तनं, गुणगानं, वन्दना, वर्णना, यशोवर्णना, स्तोत्रं, स्तवः, वन्दिपाठः.

To* encompass, *v. a. परिवेष्ट् **(c. 1.** -वेष्टते -ष्टितुं **c. 10.** -वेष्टयति -यितुं), संवेष्ट्, उपवेष्ट्, प्रवेष्ट्; परिवृ **(c. 5.** -वृणोति -वरितुं -रीतुं), परिगम् **(c. 1.** -गच्छति -गन्तुं), परिष्ठा **(c. 1.** -तिष्ठति -ष्ठातुं), पर्युपस्था, परिसृ **(c. 1.** -सरति -सर्त्तुं), परी **(c. 2.** पर्य्येति -तुं, **rt.** इ), परिवा, व्याप् **(c. 5.** -आप्नोति -आप्तुं), संवल् **(c. 1.** -वलते -लितुं), रुध् **(c. 7.** रुणद्धि, रोद्धुं).

Encompassed, *p. p.* वेष्टितः -ता -तं, परिवेष्टितः -ता -तं, परिवृत -ता -तं, आवृतः -ता -तं, वृतः -ता -तं, परिगतः -ता -तं, परीतः -ता -तं, अभिपरीतः -ता -तं, परिवीतः -ता -तं, परिवारितः -ता -तं, संवीतः -ता -तं, वलयितः -ता -तं, संवलितः -ता -तं, व्याप्तः -प्ता -प्तं, परिक्षिप्तः -प्ता -प्तं, परिप्लुतः -ता -तं, अभिपरिप्लुतः -ता -तं, निलीनः -ना -नं, गुधितः -ता -तं, रुद्धः -द्धा -द्धं; **'having encompassed,'** परीत्य.

Encompassment, *s.* परिवेष्टनं, वेष्टनं, परिवृतिः ***f.*** वृतिः ***f.,*** परिवेशः -वेषणं, परिगमः, परिसर्पः, परिक्रिया. —**(Circumlocution)** वक्रोक्तिः ***f.***

Encore, *s.* पुनर्, पुनवरि, नाटकसङ्गतादिशालायां प्रशंसासूचनार्थं

प्रेक्षकाणां पुनरिति सांराविणं or पुनर् गीयतां पुनर् अभिनीयतामिति बहुभिः कृता संहूतिः *f.*

To* encore, *v. a. प्रशंसासूचनार्थं पुनरिति उत्क्रुश् (**c. 1.** -क्रोशति -क्रोष्टुं), पुनरिति संहूतिं कृत्वा पुनरभिनयं प्रार्थ् (**c. 10.** -अर्थयति -ते -यितुं).

Encounter, *s.* (Meeting) समागमः, समागतिः ***f.,*** सङ्गः, सङ्गमः, सङ्गत, मेलनं, मेलकः, मिलनं, समासादनं.—**(Conflict, collision)** समाघातः, संयुगः, समरः, सङ्ग्रामः, युद्धं, विग्रहः, सम्प्रहारः, अभिसम्पातः, सम्परायः, सङ्घट्टः -ट्टनं, सम्मर्द्दः, प्रतिघातः, सम्फेटः.

***To* encounter, *v. a.* and *n.* (Meet)** समागम् (**c. 1.** -गच्छति -गन्तुं), सङ्गम्, मिल् (**c. 6.** मिलति, मेलितुं), सम्मिल् समे (**c. 2.** समैति -तुं **rt.** इ), आसद् (**c. 10.** -सादयति -यितुं), समासद् प्रतिमुखं or अभिमुखं गम्, सम्मुखीभू.—**(In a hostile manner)** प्रतियुध् (**c. 4.** -युध्यते -योद्धुं), विग्रह् (**c. 9.** -गृह्णाति -ग्रहीतुं), सङ्घट्ट् (**c. 1.** -घट्टते -ट्टितुं), समाहन् (**c. 2.** -हन्ति -न्तुं), समाघातं कृ.

Encountered, *p. p.* समागतः -ता -तं, सङ्गतः -ता -तं, समुपागतः -ता -तं, मिलितः -ता -तं, प्रतिमुखागतः -ता -तं, अभिमुख्यागतः -ता -तं, आसादितः -ता -तं, समासादितः -ता -तं, आक्रान्तः -न्ता -न्तं, विगृहीतः -ता -तं.

To* encourage, *v. a. आश्वस् **in caus.** (-श्वासयति -यितुं), समाश्वस् विश्वस्, उच्छ्वस्; प्रोत्सह् **in caus.** (-साहयति -यितुं), समुत्सह्, परिशान्त्व् (**c. 10.** -शान्त्वयति -यितुं), प्रहृष् **in caus.** (-हर्षयति -यितुं), उत्तिज् **in caus.** (-तेजयति -यितुं), अनुग्रह (**c. 9.** -गृह्णाति -ग्रहीतुं), सङ्ग्रह्, प्रदिश् **in caus.** (-देशयति -यितुं), तेजः or विश्वासं or आशां कृ or दा or वृध् **in caus.** (वर्धयति -यितुं) or सवृध्; प्रवृत् **in caus.** (-वर्त्तयति -यितुं).

Encouraged, *p. p.* आश्वासितः -ता -तं, समाश्वासितः -ता -तं, उच्छ्वासितः -ता -तं, प्रोत्साहितः -ता -तं, उत्तेजितः -ता -तं, अनुगृहीतः -ता -तं.

Encouragement, *s.* (Act of encouraging) आश्वासनं, समाश्वासनं, उच्छ्वासः, प्रोत्साहः -हनं, प्रवर्त्तः, प्ररोचनं, उत्तेजनं, समुत्तेजनं, तेजोवर्धनं, वर्धनं, संवर्धनं.—**(Favor)** अनुग्रहः, आग्रहः, सङ्ग्रहः, ग्रहः, साहाय्यं, उपकारः, अनुपालनं, आनुकूल्यं, अभ्युपपत्तिः ***f.,*** अनुरागः.

Encourager, *s.* आश्वासकः, प्रोत्साहकः, प्रवर्त्तकः, अनुग्रहीता ***m.*** (तृ).

Encouraging, *a.* आश्वासकः -सिका -कं, आशावर्धकः -का -कं, तेजस्करः -री -रं, सान्त्वदः -दा -दं, प्ररोचनदः -दा -दं.

To* encroach, *v. n. क्रमे क्रमे प्रसृप् (**c. 1.** -सर्पति -सप्तुं), पदे पदे प्रसृप्य पराधिकारं or परभूमिम् आविश (**c. 6.** -विशति -वेष्टुं) or प्रविश् or समाविश्; क्रमे क्रमे स्वाधिकारमर्य्यादाम् अतिक्रम्य पराधिकारं or परभूमिम् आक्रम् (**c. 1.** -क्रामति -क्रमितुं) or अभिक्रम् or अध्याक्रम्; पराधीनं किञ्चिद् द्रव्यम् अधर्म्मतः or अन्यायतो ग्रह् (**c. 9.** गृह्णाति, ग्रहीतुं) or अभिग्रह् or ग्रम् (**c. 1.** ग्रसते -सितुं) or स्वीकृ or आत्मीयं कृ.

Encroacher, *s.* पदे पदे प्रसर्पकः or पराधिकारग्रसकः or पराधिकाराक्रामकः or स्वभूमिमर्य्यादातिक्रामकः or पराधीनद्रव्यग्राहकः.

Enroaching, encroachment, *s.* पदे पदे प्रसर्पणं or पराधिकारप्रवेशः; क्रमे क्रमे पराधिकाराक्रमणं or परभूम्यभिक्रमः or स्वाधिकारातिक्रमणं or स्वाधिकारोल्लङ्घनं or पराधीनद्रव्यग्रसनं or पराधिपत्याक्रान्तिः ***f.*** or स्वाधिपत्यातिक्रान्तिः ***f.***

***To* encrust, *v. a. See To* incrust.**

***To* encumber, *v. a.* (Load, clog)** भारं दा or न्यस् (**c. 4.** -अस्यति -असितुं), भारवन्तं -वतीं -वत् कृ, भाराक्रान्तं -न्तां -न्तं कृ, भारेण परिबाध् (**c. 1.** -बाधते -धितुं) or गतिपरिबाधां कृ or उपरुध् (**c. 7.** -रुणद्धि -रोद्धुं) or प्रतिरुध् or प्रतिबन्ध् (**c. 9.** -बध्नाति -बन्धुं) or स्तम्भ् **in caus.** (स्तम्भयति -यितुं) or विघ्न (**nom.** विघ्नयति -यितुं or आयस् **in caus.** (-यासयति -यितुं) or क्लिश् (**c. 9.** क्लिश्नाति, क्लेशितं). —**(Load with debts)** ऋणभारग्रस्तं -स्तां -स्तं कृ.

Encumbered, *p. p.* भारवान् -वती -वत् (त्), भारी -रिणी -रि (न्), भारयुक्तः -क्ता -क्तं, भाराक्रान्तः -न्ता -न्तं, भारग्रस्तः -स्ता -स्तं, बाधितः -ता -तं, प्रतिरुद्धः -द्धा -द्धं, विघ्नितः -ता -तं.

Encumbrance, *s.* (Load) भारः, धुरा.—**(Impediment)** बाधा -धकः, प्रतिबन्धः, प्रतिरोधः, उपरोधः, विघ्नः, स्तम्भः, प्रतिष्टम्भः, विष्टम्भः, प्रत्यूहः, अन्तरायः.—**(Useless addition)** अनुबन्धः.—**(Debt)** ऋणभारः, ऋणं, धारणा.

Encyclical, *a.* चाक्रिकः -की -कं, चाक्रेयः -यी -यं, मण्डली -लिनी -लि (न्), वर्त्तुलः -ला -लं; **'letter,'** बहुजनानुद्दिश्य पत्रं, बहुसाधारणपत्रं.

Encyclopaedia, *s.* विद्याचक्रं, विद्यामण्डलं, विद्यामुक्तावलिः ***f.,*** विद्याहारावलिः ***f.,*** विद्यावलिः ***f.,*** विद्यापर्य्यायः.

End, *s.* (Extremity) अन्तः -न्तं, पर्य्यन्तं, प्रान्तः, समन्तः, पारः -रं.—**(Termination)** अवसानं, पर्य्यवसानं, अवसायः, अवसादः, अवसन्नता, सातिः ***f.,*** सायः, अन्तः -न्तं, शेषः, पर्य्यवशेषः, परिणामः, क्षयः, गतिः ***f.,*** निधनं, अत्ययः. —**(Conclusion)** समाप्तिः ***f.,*** निष्पत्तिः ***f.,*** सिद्धिः ***f.,*** निवृत्तिः ***f.,*** निष्ठा.—**(Cessation)** विरतिः ***f.,*** विरामः, अवरतिः ***f.,*** उपरतिः ***f.,*** निवृत्तिः ***f.,*** विनिवृत्तिः ***f.,*** विच्छेदः, उपशमः.

—**(Limit, term)** अवधिः ***m.,*** सीमा, अन्तरं.—**(Last stage)** परिणामः.—**(Death)** अन्तकालः, अन्तः, अन्तकः, निधनं, अत्ययः, अपगमः, अपायः, मरणं, नाशः, विनाशः, देहक्षयः, उपसंहारः.—**(Extreme point)** अग्रं, अग्रभागः, मुखं, शिखा, शिखरं, अणिः ***m.***—**(Consequence)** अन्तः, फलं, फलमुत्तरं, उत्तरं, परिणामः.—**(Object, scope)** अर्थः, आशयः, अभिप्रायः, तात्पर्य्यं, उद्देशः, अभिसन्धिः ***m.,*** कार्य्यं, कार्य्यवस्तु ***n.;*** **'end of the world,'** पलयः, क्षयः, कल्पः, कल्पान्तः, संवर्त्तः, उपसंयमः; **'end of day,'** दिवसात्ययः, दिनावसानं; **'end of night,'** निशावसानं, क्षपात्ययः; **'end of a garment,'** अञ्चलः, पटाञ्चलः -लं, तरी, तरिः ***f.,*** दशा, वस्तिः ***m.;*** **'hear my speech to the end,'** मद्वचनम् अवसानपर्य्यन्तं **or** शेषं यावत् शृणु.

To* end, *v. a. अवसो **(c. 4.** -स्यति -सातुं), समाप् **in caus.** (-आपयति -यितुं), सम्पॄ **in caus.** (-पूरयति -यितुं), निवृत् **in caus.** (-वर्त्तयति -यितुं) **or** निवृत् **with abl. c. (c. 1.** -वर्त्तते -र्त्तितुं), निर्वृत्, विनिवृत्, विरम् **in caus.** (-रमयति -यितुं) **or** विरम् **with abl. c. (c. 1.** -रमति -रन्तुं), उपरम्, व्युपरम्, निष्पद् **in caus.** (-पादयति -यितुं), साध् **in caus.** (साधयति -यितुं), प्रतियत् **(c. 10.** -यातयति -यितुं) **Often rendered by** अन्त **as the last member of a compound; as, 'death ends life,'** मरणान्तं जीवितं.—**(Get to the end)** पार् **(c. 10.** पारयति -यितुं), तीर् **(c. 10.** तीरयति -यितुं).

To* end, *v. n. विरम् **(c. 1.** -रमति -रन्तुं), उपरम्, व्युपरम्; निवृत् **(c. 1.** -वर्त्तते -र्त्तितुं), विनिवृत्, निर्वृत्, समाप् **in pass.** (-आप्यते), निष्पद् **in pass.** (-पद्यते), विगम् **(c. 1.** -गच्छति -गन्तुं), अपया **(c. 2.** -याति -तुं), विछिद् **in pass.** (-छिद्यते), अवसद् **(c. 1.** -सीदति -सत्तुं), शम् **(c. 4.** शाम्यति, शमितुं). **Often expressed by** अन्तः -न्ता -न्तं **or** पर्य्यन्तं -न्ता -न्तं **as the last member of a compound; as, 'a name which ends in a long vowel,** दीर्घवर्णान्तं नाम; **'ending at the ocean,'** सागरपर्य्यन्तः -न्ता -न्तं.

To* endanger, *v. a. संशयस्थं -स्थां -स्थं कृ, शङ्कास्थं -स्थां -स्थं कृ, सन्देहस्थं -स्थां -स्थं कृ, भयस्थं -स्थां -स्थं कृ, सन्देहदोलस्थं -स्थां -स्थं कृ, संशयापन्नं -न्नां -न्नं कृ, शङ्कास्पदं कृ; **'one who endangers his life,'** संशयितजीवितः.

To* endear, *v. a. प्रियं -यां -यं कृ, हृदयप्रियं -यां -यं कृ, दयितं -तां -तं कृ, प्रीतं -तां -तं कृ, अभीष्टं -ष्टां -ष्टां कृ, इष्टं -ष्टं -ष्टं कृ, स्नेहपात्रं कृ.

Endearing, *a.* प्रियङ्करः -री -रं, प्रियकारः -री -रं, प्रीतिकरः -री -रं.

Endearment, *s.* प्रेमकारणं, स्नेहकारणं, प्रियता -त्वं, प्रेमहेतुः ***m.,*** प्रेमकर्म्म ***n.*** (न्), शृङ्गारकर्म्म ***n.,*** ललितं, हावः, विलासः; **'word of endearment,'** प्रियवाक्यं.

Endeavor, *s.* यत्नः, प्रयत्नः, उद्यमः, उद्योगः, उत्साहः, चेष्टा -ष्टनं, व्यवसायः, अध्यवसायः, समुद्यमः, प्रवृत्तिः ***f.,*** आरम्भः, उपक्रमः, आयासः, प्रयासः, गुरणं, विचेष्टितं, उत्थानं, ग्रहः, व्यापारः, घटना.

To* endeavor, *v. n. यत् **(c. 1.** यतते -तितुं), प्रयत्, चेष्ट् **(c. 1.** चेष्ठते -ष्टितुं), विचेष्ट्, सचेष्ट्, व्यवसो **(c. 4.** -स्यति -सातुं), अध्यवसो, उद्यम् **(c. 1.** -यच्छति -यन्तुं), व्यायम्, घट् **(c. 1.** घटते -टितुं), उपक्रम् **(c. 1.** -क्रमते -मितुं), आयस् **(c. 4.** -यस्यति -यसितुं), प्रयस्, आरभ् **(c. 1.** -रभते -रब्धुं), समारभ्, वाह् **(c. 1.** वाहते -हितुं), प्रवृत् **(c. 1.** -वर्त्तते -र्त्तितुं), उद्योगं कृ, प्रयासं कृ.

Endeavored, *p. p.* व्यवसितः -ता -तं, अध्यवसायितः -ता -तं, चेष्टिः -ता -तं, कृतप्रयत्नः -त्ना -त्नं, समुद्यतः -ता -तं, कृतोत्साहः -हा -हं, वाहितः -ता -तं.

Ended, *p. p.* अवसितः -ता -तं, अवसन्नः -न्ना -न्नं, पर्य्यवसितः -ता -तं, सन्नः -न्ना -न्नं, सितः -ता -तं, निवृत्तः -त्ता -त्तं, वृत्तः -त्ता -त्तं, समाप्तः -प्ता -प्तं, परिणतः -ता -तं, गतः -ता -तं, विगतः -ता -तं, अस्तङ्गतः -ता -तं, अस्तङ्गमितः -ता -तं.

Ending, *s.* अन्तः न्तं, शेषः, समाप्तिः ***f.;*** **'of a word,'** पदान्तं, पदस्य शेषवर्णः.

Endict, endictment, endite, *See.* Indict. etc.

Endive, *s.* शाकप्रभेदः, शुक्तैलादिना सह खादनीयः शाकः.

Endless, *a.* अनन्तः -न्ता -न्तं -न्तक -का -कं, अत्यन्तः -न्ता -न्तं, अपर्य्यन्तः -न्ता -न्त, अशेषः -षा -षं, निरवधिः -धिः -धि, अपारः -रा -रं, निरन्तरः -रा -रं, अविरतः -ता -तं, अनवरतः -ता -तं, अमितः -ता -तं, अतिदीर्घः -र्घा -र्घं.

Endlessly, *adv.* अत्यन्तं, अविरतं, अनारतं, निरन्तरं, अशेषतस्.

Endlessness, *s.* आनन्त्यं, अनन्तता -त्वं, अत्यन्तत्वं, अविरामः, अविरतिः ***f.,*** अविच्छेदः, आनन्तय्यं, नित्यता.

Endorse, endoresment. *See.* Indorese, Indoresment.

***To* endow, *v. a.* (With a portion)** यौतुकं **or** शुल्कं **or** वृत्तिं दा, प्रतिष्ठां कृ, प्रतिष्ठा **in caus.** (-ष्ठापयति -यितुं).—**(Furnish with any thing)** युज् **(c. 10.** योजयति -यितुं), समायुज्, सम्पन्नं -न्नां -न्नं युक्तः -क्ता -क्तं, कृ, दा; **'to be endowed with,'** युज् **in pass.** (युज्यते); **'he is endowed with all good qualities,'** सर्व्वगुणोपेतोऽस्ति.

Endowed, *p. p.* (With a portion, etc.) प्रतिष्ठितः -ता -तं, गृहीतशुल्कः -ल्का -ल्कं.—**(Furnished with any thing)** युक्तः -क्ता -क्तं, संयुक्तः -क्ता -क्तं, उपेतः -ता -तं, सम्पन्नः -न्ना न्नं, उपन्नः -न्ना -न्नं, अन्वितः -ता -तं, प्रयुक्तः -क्ता -क्तं, शीलः -ला -लं, शीलितः -ता -तं.—**(With a grant of property)** निबद्धः -द्धा -द्धं

Endowment, *s.* **(Settling a dower on a woman)** यौतुकदानं, प्रतिष्ठा.—**(Settling property for religious purposes)** देवस्वदानं, अग्रहारदानं, प्रतिष्ठा.—**(The property so settled)** देवस्वं, अग्रहारः.—**(Grant of money for support)** निबन्धः –न्धनं.—**(Quality, gift of nature)** गुणः, शक्तिः *f.*

***To* endue,** *v. a.* सम्पन्नः –न्ना –न्नं, कृ, युक्तः –क्ता –क्तं, कृ, युज् (c. 10. योजयति –यितुं), समायुज्, दा; **'to be endued,'** सम्पन्नः –न्ना –न्नं, भू, युज् **in pass.** (युज्यते). ***See* Endow.**

Endued, *p. p.* सम्पन्नः –न्ना –न्नं, उपेतः –ता –तं, युक्तः –क्ता –क्तं, संयुक्तः –क्ता –क्तं, समयुक्तः –क्ता –क्तं, अन्वितः –ता –तं, आपन्नः –न्ना –न्नं, उपपन्नः –न्ना –न्नं.

Endurance, *s.* **(Bearing with patience)** सहनं, सहत्वं, सहता, साहनं, सहिष्णुता –त्वं, सहनशीलता, क्षमा, तितिक्षा, क्षान्तिः *f.,* मर्षः –र्षणं, धैर्य्यं, धृतिः *f.,* धीरत्वं, स्थैर्य्यं, उत्साहः; **'of austerities,'** दमः.—**(Continuance)** संस्थितिः *f.,* स्थितिः *f.,* स्थायित्वं.

***To* endure,** *v. a.* **(Bear)** सह् (c. 1. सहते, सोढुं), विषह्, क्षम् (c. 1. क्षमते, क्षन्तुं), संक्षम्, तिज् **in des.** (तितिक्षते –क्षितुं), मृष् (c. 4. मृष्यति –ते, मर्षितुं, c. 10. मर्षयति –यितुं), धृ **in caus.** (धारयति –यितुं), उपागम् (c. 1. –गच्छति –गन्तुं), भुज् (c. 7. भुंक्ते, भोक्तुं), धैर्य्यम् आलम्ब् (c. 1. –लम्बते –म्बितुं) **or** अवलम्ब्. **Sometimes expressible by** शक्; **as, 'I cannot endure to see him,'** तं द्रष्टुं न शक्नोमि.

***To* endure,** *v. n.* **(Last continue)** स्था (c. 1. तिष्ठति –ते, स्थातुं), चिरस्थायी –यिनी –यि भू.

Endured, *p. p.* सोढः –ढा –ढं, विसोढः –ढा –ढं, क्षान्तः –न्ता –न्तं, तितिक्षितः –ता –तं, मर्षितः –ता –तं; **'not to be endured,'** न सह्यः –ह्या –ह्यं, न क्षन्तव्यः –व्या –व्यं.

Endurer, *s.* सोढा *m.* (ढृ), विमोढा *m.,* क्षन्ता *m.,* (न्तृ), सहः **in comp.**

Enduring, *a.* **(Lasting)** स्थायी –यिनी –यि (न्), चिरस्थायी **etc.,** दीर्घकालस्थायी **etc.,** संस्थः –स्था –स्थं, अविसर्गी –र्गिणी –र्गि (न्).—**(Patient)** सहिष्णुः –ष्णुः –ष्णु, सहनशीलः –ला –लं, तितिक्षुः –क्षुः –क्षु, सहनः –ना –नं, क्षमः –मा –मं, सहः –हा –हं.

Endwise, *adv.* अग्रे, अग्रतस्, अध्यग्रं, अग्रम् उपधाय **or** अवलम्ब्य.

Enemy, *s.* शत्रुः *m.,* रिपुः *m.,* अरिः *m.,* अरातिः *m.,* विपक्षः, वैरी *m.,* (न्), अमित्रः, प्रतिपक्षः, अपकारी *m.,* (न्), अपकर्त्ता *m.,* (र्त्तृ), द्वेषी *m.,* (न्), द्वेष्टा *m.,* (ष्टृ), द्वेषणः, द्विषन् *m.,* (त्), द्विट् *m.,* (ष्), विद्विट्, विद्वेषी *m.,* (न्), अहितः, विरोधी *m.,* (न्), प्रतिरोधी *m.,* रोधकः, सत्नः, दुर्हृद् *m.,* अभिघाती *m.,* (न्), प्रत्यवस्थाता *m.,* (तृ), परः, पारक्यः, परिपन्थी *m.,* (न्) –न्थकः, प्रत्यर्थी *m.,* (न्), शात्रवः, प्रतिबन्धकः, विजिगीषुः *m.;* **'enemy in the rear,'** पार्ष्णिग्राहः; **'having no enemies,'** अभूतशत्रुः –त्रुः –त्रु.

Energetic, *a.* उत्साही –हिनी –हि (न्), उद्योगी –गिनी –गि (न्), व्यवसायी –यिनी –यि (न्), उद्यमी –मिनी –मि (न्), उत्साहयुक्तः –क्ता –क्तं, सोत्साहः –हा –हं, सोद्योगः –गा –गं, उद्युक्तः –क्ता –क्तं, तेजोवान् –वती –वत् (त्), तेजस्वी –स्विनी –स्वि (न्), कृतप्रयत्नः –त्ना –त्नं, प्रयत्नवान् –वती –वत् (त्), सयत्नः –त्ना त्नं, कर्म्मोद्युक्तः –क्ता –क्तं, तीक्ष्णकर्म्मा –र्म्मा –र्म्म (न्), कर्म्मशीलः –ला –लं, कर्म्मी –र्म्मिणी –र्म्मि (न्), शक्तिमान् –मती –मती (त्), शक्तिरूपः –पा –पं, अनलसः –सा –सं, अतन्द्रः –न्द्रा –न्द्रं, अतन्द्रितः –ता –तं, आलस्यशून्यः –न्या –न्यं, प्रगल्भः –ल्भा –ल्भं, वीर्य्यवान् –वती –वत् (त्).

Energetically, *adv.* सोत्साहं, सोद्योगं, सव्यवसायं, उद्यमेन, सयत्नं, शक्त्या, प्रयत्नस्, सवीर्य्यं, ससत्त्वं, पौरुषेण.

Energy, *s.* **(Power)** तेजः *n.* (स्), वीर्य्यं, शक्तिः *f.,* सत्त्वं, प्रभावः, पौरुषं,—**(Activity)** उद्योगः, व्यवसायः, उद्यमः, उत्साहः, सत्त्वोत्साहः, कर्म्मोद्योगः, सयत्नता प्रवृत्तिः *f.* **The divine energies or mothers of the gods are** ब्राह्मी, महेश्वरी, ऐन्द्री, वाराही, वैष्णवी, कौमारी, कौवेरी, चामुण्डा.

***To* enervate,** *v. a.* दुर्बलीकृ, शिथिलीकृ, तेजः **or** शक्तिं **or** वीर्य्यं हृ (c. 1. हरति, हर्त्तुं), क्लीव् **in caus.** (क्लीवयति –यितुं), क्षीणीकृ, क्षीणं –णां –णं कृ, क्लीवीकृ.

Enervated, *p. p.* हततेजाः –जाः –जः (स्), क्षीणवीर्य्यः –र्य्या –र्य्यं, शिथिलशक्तिः –क्तिः –क्ति.

Enervation, *s.* दुर्बलीकरणं, शिथिलीकरणं, तेजोहरणं, तेजोहानिः *f.,* वीर्य्यक्षयः, शक्तिहानिः *f.,* क्लीवभावः, क्लीवत्वं, प्रमीला.

***To* enfeeble,** *v. a.* दुर्बलीकृ, अल्पबलीकृ, तेजः **or** सत्त्वंहृ **(c. 1.** हरति, हर्त्तुं).

Enfeebled, *p. p.* क्षीणशक्तिः –क्तिः –क्ति, शिथिलबलः –ला –लं, हततेजाः –जाः –जः (स्), क्षीणसत्त्वः –त्त्वा –त्त्वं, गतवीर्य्यः –र्य्या –र्य्यं, सामर्थ्यहीनः –ना –नं, दुर्बलः –ला –लं; **'by age,'** जरितः –ता –तं, जरातुरः –रा –रं.

***To* enforce,** *v. a.* **(Give strength to)** दृढीकृ, स्थिरीकृ, द्रढ **(nom.** द्रढयति –यितुं), संस्तम्भ् **(c. 5.** –स्तभ्नोति –स्तम्भितुं, **c. 10.** –स्तम्भयति –यितुं), सबलं –लां –लं कृ, तेजः **or** शक्तिं दा.—**(Put in act by force)** बलेन **or** बलात्कारेण कृ **in caus.** (कारयति –यितुं) **or** प्रवृत् **in caus.** (–वर्त्तयति –यितुं) **or** प्रणी **(c. 1.** –णयति –णेतुं) **or** निर्वह् **in caus.** (–वाहयति –यितुं) **or** निष्पद् **in caus.** (–पादयति –यितुं). **The causal form of a verb may express the sense of enforce; as, 'to enforce payment,'** दा **in caus.** (दापयति –यितुं).

Enforced, ***p. p.*** बलेन प्रवर्त्तितः -ता -त **or** निष्पादितः -ता -तं **or** प्रणीतः -ता -तं, दृढीकृतः -ता -तं, स्थिरीकृतः -ता -तं, संस्तब्धः -ब्धा -ब्धं; **'payment must be enforced,'** दाप्यः ***(i.e.*** **he must be made to pay).**

Enforcement, ***s.*** **(Putting in act by force)** बलात्कारः, बलेन प्रवर्त्तनं **or** प्रणयनं **or** निष्पादनं.—**(Corroboration)** दृढीकरणं, स्थिरीकरणं, संस्तम्भः, दृढप्रमाणं.—**(Urgent evidence)** दृढप्रमाणं, गुरुप्रमाणं.

To **enfranchise,** ***v. a.*** **(Free from slavery or confinement)** दास्यात् **or** बन्धनाद् मुच् **(c. 6.** मुञ्चति, मोक्तुं, **c. 10.** मोचयति -यितुं) **or** विमुच् **or** मोक्ष् **(c. 10.** मोक्षयति -यितुं) **or** विसृज् **(c. 6.** -सृजति -स्रष्टुं).—**(Admit to the privileges of citizens)** स्वाधीनीकृ, स्वतन्त्रीकृ, स्ववशीकृ, पौरजनानाम् अधिकारान् दा **or** प्रदा.

Enfranchisement, ***s.*** **(Liberation from slavery or custody)** दास्यमोक्षः, बन्धनमोक्षः, दासभावाद् विमोक्षः **or** विमुक्तिः ***f.***—**(Admission to the privileges of citizen, etc.)** पौरजनाधिकारदानं, स्वाधीनीकरणं.

To **engage,** ***v. a.*** **(Occupy, employ)** व्यापृ **in caus.** (-पारयति -यितुं), प्रवृत् **in caus.** (-वर्त्तयति -यितुं), प्रयुज् **in caus.** (-योजयति -यितुं); **'be occupied in,'** व्यापृ **in pass.** (-प्रियते) **with loc. c.,** वृत् **(c. 1.** वर्त्तते -र्त्तितुं), प्रवृत् **with loc. c.,** आस्था **(c. 1.** -तिष्ठति -स्थातुं) **with acc. c.,** सेव् **(c. 1.** सेवते -वितुं), निरतः -ता -तं, भू.—**(Appoint to any business)** नियुज्, विनियुज्, अधिकृ, प्रकृ, वृ **(c. 10.** वरयति -यितुं).—**(Bind by contract)** नियमपत्रेण **or** नियमेन बन्ध् **(c. 9.** बध्नाति, बन्धुं), प्रतिज्ञापत्रेण बन्ध्.—**(Encounter, attack)** युद्धं कृ, सङ्ग्रामं कृ, समाघातं कृ, संयुध् **(c. 4.** -युध्यते -योद्धुं), आक्रम् **(c. 1.** -क्रामति -क्रमितुं).—**(Win, draw)** आराध् **(c. 10.** -राधयति -यितुं), अनुरञ्ज् **(c. 10.** -रञ्जयति -यितुं), आकृष् **(c. 1.** -कर्षति -क्रष्टुं), अनुनी **(c. 1.** -नयति -नेतुं).—**(Pledge, pawn)** पण् **(c. 1.** पणते -णितुं)., आधीकृ.

To **engage,** ***v. n.*** **(In battle)** संयुध् **(c. 4.** -युध्यते -योद्धुं), युद्धारम्भं कृ, रणाभियोगं कृ.—**(Undertake)** आरभ् **(c. 1.** -रभते -रब्धुं), उपक्रम् **(c. 1.** -क्रमते -मितुं), व्यवसो **(c. 4.** -स्यति -सातुं).—**(Promise, make a contract)** प्रतिज्ञा **(c. 9** -जानीते -ज्ञातुं), सम्प्रतिज्ञा, नियमं कृ, समयाकृ, पणं कृ, अङ्गीकृ, पण् **(c. 1.** पणते -णितुं), उपागम् **(c. 1.** -गच्छति -गन्तुं); **'make a contract of marriage,'** विवाहप्रतिज्ञां कृ विवाहसम्बन्धं कृ, वाग्दानं कृ, वाग्निश्चयं कृ; **'better die than engage in such an act as this,'** वरं मरणं न च ईदृशे कर्म्मणि प्रवृत्तिः.

Engaged, ***p. p.*** **(Occupied in)** व्यापृतः -ता -तं, निरतः -ता -तं, रतः -ता -तं, प्रवृत्तः -त्ता -त्तं, परः -रा -रं, निष्ठः -ष्ठा -ष्ठं, निष्ठितः -ता -तं, आस्थितः -ता -तं, अवस्थितः -ता -तं, वृत्तः -त्ता -त्तं, निविष्टः -ष्टा -ष्टं, निवेशितः -ता -तं; **'engaged in business,'** कर्म्मनिष्ठ -ष्ठा -ष्ठं, कर्म्मोद्युक्तः -क्ता -क्तं, कार्य्यवान् -वती -वत् (त्), क्रियावान् **etc.,** कर्म्मी -र्म्मिणी -र्म्मि (न्), व्यापारी -रिणी -रि (न्), व्यवसायी -यिनी -यि (न्), कर्म्मसूद्यतः -ता -तं; **'being engaged in,'** प्रवर्त्तमानः -ना -नं; **'engaged in devotion,'** योगारूढः -ढा -ढं; **'engaged in reading,'** अध्ययनरतः -ता -तं, अध्ययनाभिमुखः -खा -खं; **'engaged in meditation,'** ध्यानपरः -रा -रं, ध्यानतत्परः -रा -रं; **'engaged in one's own duties,'** स्वधर्म्मे निरतः -ता -तं; **'engaged in a quarrel,'** कलहायितः -ता -तं.—**(By contract, promised)** प्रतिज्ञातः -ता -तं, संविदितः -ता -तं, उपगतः -ता -तं, अभ्युपगतः -ता -तं, अभ्युपेतः -ता -तं, अङ्गीकृतः -ता -तं, प्रज्ञप्तः -प्ता -प्तं, कृतसङ्केतः -ता -तं, कृतसमयः -या -यं, कृतसम्बन्धः -न्धा -न्धं.—**(Engaged to be married)** प्रतिज्ञाविवाहितः -ता, वाग्दत्तः -त्ता -प्रत्तः -त्ता.

Engagement, ***s.*** **(Occupation)** व्यापारः, कार्य्यं, कर्म्म ***n.*** (न्), प्रवृत्तिः ***f.,*** प्रवर्त्तनं, वृत्तिः ***f.,*** व्यवसायः, व्यवहारः.—**(Agreement, contract)** प्रतिज्ञा -ज्ञानं, सङ्केतः, संविद् ***f.,*** समयः, नियमः, संस्कारः, उपगमः, अभ्युपगमः, अभ्युपायः, पणः, परिपणनं, व्यवस्था, प्रज्ञप्तिः ***f.,*** समाधिः ***m.;*** **'to make an engagement,'** समयं कृ, समयाकृ. ***See To*** **engage,** ***v. n.*** **'To keep an engagement,'** प्रतिज्ञातं पाल् **(c. 10.** पालयति -यितुं); **'to break an engagement,'** समयं भिद् **(c. 7.** भिनत्ति, भेत्तुं), समयभेदं कृ, विसंवादं कृ; **'one who has fulfilled his engagament,'** कृतप्रतिज्ञः.—**(Marriage-contract)** वाग्निश्चयः, विवाहप्रतिज्ञा.—**(Battle)** युद्धं, रणाभियोगः, समाघातः, सङ्ग्रामः, सम्प्रहारः.—**(Obligation)** अवश्यकर्त्तव्यं.

Engaging, ***a.*** **(Attractive, pleasing)** मनोहरः -रा -रं, हृदयग्राही -हिणी -हि (न्), हृदयकर्षी -र्षिणी -र्षि (न्), मित्रयुः -युः -यु, मित्रवत्सलः -ला -लं, अनुरञ्जकः -का -कं, हृदयङ्गमः -मा -मं, अनुरागजनकः -का -कं.

Engagingly, ***adv.*** मनोहरं, सप्रणयं, यथा हृदयम् आकृष्यते तथा.

To **engender,** ***v. a.*** **(Beget)** जन् **in caus.** (जनयति -यितुं), मञ्जन्, विजन्, प्रसू **(c. 2.** -सूते, **c. 4.** -सूयते, -सोतुं).—**(Produce)** उत्पद **in caus.** (-पादयति -यितुं), जन् **in caus.**

Engendered, ***p. p.*** जातः -ता -तं, जनितः -ता -तं, उपजातः -ता -तं, उत्पादितः -ता -तं, प्रसूतः -ता -तं, प्ररूढः -ढा -ढं, उद्भवः -वा -वं, **in comp.**

Engine, *s.* यन्त्रं, उपकरणं, साधनं, विलाल:; **'military engine,'** युद्धतन्त्रं, युद्धास्त्रं; **'fire-engine,'** अग्निनिर्वापणयन्त्रं.

Engineer, *s.* यन्त्रकार: -रक:, यन्त्रनिर्म्माणशिल्पविद्, यन्त्रविद्, कलाज्ञ:.

Engineering, *s.* यन्त्रकारस्य व्यापार: **or** कर्म्म *n.* (न्).

***To* engird,** *v. a.* परिवेष्ट् (c. 1. -वेष्टते -ष्टितुं), मण्डल (nom. मण्डलयति -यितुं).

England, *s.* श्वेतद्वीप:, इङ्ग्लण्ड्नामको देश:.

***To* engorge,** *v. a.* ग्रस् (c. 1. ग्रसते -सितुं), निगॄ (c. 6. -गिरति -गिरितुं -रीतुं).

***To* engrapple,** *v. n.* बाहूबाहवि **or** हस्ताहस्ति युध् (c. 4. युध्यते, योद्धुं).

***To* engrasp,** *v. a.* ग्रह् (c. 9. गृह्णाति, ग्रहीतुं), धृ (c. 1. धरति, धर्त्तुं).

***To* engrave,** *v. a.* तक्ष् (c. 1. तक्षति -क्षितुं, c. 5. तक्ष्णोति), त्वक्ष् (c. 1. त्वक्षति -क्षितुं), रेखादिना अलङ्कृ **or** उपस्कृ **or** मुद्रीकृ **or** मुद्र (nom. मुद्रयति -यितुं).

Engraved, *p. p.* तष्ट: -ष्टा -ष्टं, रेखादिना मुद्रित: -ता -तं **or** मुद्रीकृत: -ता -तं.

Engraver, *s.* तक्षक:, तष्टा *m.* (ष्टृ), त्वष्टा *m.* (ष्टृ), मुद्राकर:.

Engraving, *s.* तक्षणं, तक्षणकर्म्म *n.* (न्).—**(A print)** मुद्रा.

***To* engross,** *v. a.* **(Thicken)** स्थूलीकृ, घनीकृ, सान्द्रीकृ, निविडीकृ—**(Fatten)** पुष् **in caus.** (पोषयति -यितुं), प्यै **in caus.** (प्याययति -यितुं).—**(Take the whole)** सर्व्वं ग्रह् (c. 9. गृह्णाति, ग्रहीतुं), पूर्व्वं ग्रह्, समुदायं ग्रह्; **'to engross the mind,'** चित्तैकाग्र्यं जन् (c. 10. जनयति -यितुं), चित्तम् अनन्यविषयं कृ **or** एकप्रवणं कृ.—**(Purchase the whole of a commodity with a view to sell at a higher price)** अधिकमूल्येन विक्रयार्थं सर्व्वभाण्डानि पूर्व्वं क्री (c. 9. क्रीणाति -णीते, क्रेतुं), पूर्व्वक्रयं कृ, प्रख्या (c. 2. -ख्याति -तुं).—**(Copy in a large distinct hand)** सुव्यक्ताक्षरै: **or** स्पष्टरूपेण लिख् (c. 6. लिखति, लेखितुं), सुस्पष्टाक्षराणि लिखित्वा उत्तॄ (c. 1. -तरति -रितुं -रीतुं).

Engrossed, *p. p.* **(Absorbed)** निविष्ट: -ष्टा -ष्टं, अभिनिविष्ट: -ष्टा -ष्टं, आविष्ट: -ष्टा -ष्टं, निमग्न: -ग्ना -ग्नं, आसक्तचेता: -ता -त: (स्), अनन्यविषय: -या -यं, निमग्न: -ग्ना -ग्नं, आसक्तचेता: -ता: -त: (स्), अनन्यविषय: -या -यं, एकप्रवण: -णा -णं, एकाग्र: -ग्रा -ग्रं, परायण: -णा -णं; **'by fear,'** भयैकप्रवण: -णा -णं.—**(Forestalled)** पूर्व्वं गृहीत: -ता -तं **or** क्रीत: -ता -तं.

Engrosser, *s.* **(Forestaller)** पूर्व्वक्रेता *m.* (तृ), सर्व्वभाण्डक्रेता, पूर्व्वग्राहक:, प्रख्याता *m.* (तृ).—**(Copier)** सुस्पष्टरूपेण लेखक:, सुव्यक्तलिपिकार:.

***To* engulph,** *v. a.* जलावर्त्ते **or** जलगुल्मे निक्षिप् (c. 6. -क्षिपति -क्षेप्तुं अवघूर्णेन ग्रस् (c. 1. ग्रसते -सितुं), उपग्रस्.

***To* enhance,** *v. a.* वृध् **in caus.** (वर्धयति -यितुं), उपचि (c. 5. -चिनोति -चेतुं), अधिकीकृ, अधिकं -का -कं, कृ, गर (nom. गरयति -यितुं), प्रचुरीकृ; **'is enhanced,'** उपचीयते.

Enhanced, *p. p.* वर्धित: -ता -तं, अधिकीकृत: -ता -तं, उपचित: -ता -तं.

Enhancement, *s.* वृद्धि: *f.*, वर्धनं, उपचय:, विवर्धनं, उन्नति: *f.*, अभ्युदय:.

Enigma, *s.* गूढं, गूढवाक्यं, गूढप्रश्न:, प्रवह्नि: *f.*, -ह्निका, प्रहेलिका, प्रश्नदूती, श्लेष, श्लेषोक्ति: *f.*

Enigmatical, *a.* गूढ: -ढा -ढं, गूढार्थ: -र्था -र्थं, निगूढार्थ: -र्था -र्थं, सन्दिग्धार्थ: -र्था -र्थं, अस्पष्टार्थ: -र्था -र्थं, द्व्यर्थ: -र्था -र्थं, दुर्ज्ञेय: -या -यं, बोधागम्य: -म्या -म्यं, अव्याख्येय: -या -यं, व्याख्यागम्य: -म्या -म्यं, वक्र: -क्रा -क्रं.

Enigmatically, *adv.* गूढं, सगूढार्थं, निगूढार्थतस्, अस्पष्टं, अव्यक्तं, वक्रोक्त्या.

***To* enjoin,** *v. a.* आदिश् (c. 6. -दिशति -देष्टुं), निर्दिश्, प्रदिश्, विनिर्दिश्, समादिश्, सन्दिश्, व्यादिश्, उपदिश्; आज्ञा **in caus.** (-ज्ञापयति -यितुं), समाज्ञा, नियुज् (c. 7. -युनक्ति -योक्तुं, c. 10. -योजयति -यितुं), विनियुज्, सन्नियुज्, चुद् (c. 10 चोदयति -यितुं), प्रचुद्, सञ्चुद्, शास् (c. 2. शास्ति, शासितुं), विधा (c. 3. -दधाति -धातुं).

Enjoined, *p. p.* आदिष्ट: -ष्टा -ष्टं, निर्दिष्ट: -ष्टा -ष्टं, उद्दिष्ट: -ष्टा -ष्टं, प्रचोदित: -ता -तं, सञ्चोदित: -ता -तं, विहित: -ता -तं; **'by the vedas,'** वेदविहित: -ता -तं.

***To* enjoy,** *v. a.* भुज् (c. 1. भुनक्ति, भुंक्ते, भोक्तुं), उपभुज्, अनुभुज्, परिभुज्, अधिभुज्; अश् (c. 5. अश्नुते, c. 9. अश्नाति, अशितुं), समश्, उपाश्; अनुभू (c. 1. -भवति -वितुं), आस्वद् **or** आस्वाद् (c. 1. -स्वदति **or** -स्वादति -दितुं), पुष् (c. 4. पुष्यति, पोष्टुं) **with acc. c.**—**(Delight in)** रम् (c. 1. रमते, रन्तुं), अभिरम् नन्द् (c. 1. नन्दति -न्दितुं), अभिनन्द्, रुच् (c. 1. रोचते -चितुं).—**(Possess with satisfaction)** सुखेन **or** सन्तोषेण उपयुज् (c. 7. -युनक्ति -युंक्ते -योक्तुं) **or** धृ (c. 10. धारयति -यितुं) **or** धा (c. 3. धत्ते, धातुं) **or** सेव् (c. 1. सेवते -वितुं).

Enjoyable, *a.* भोग्य: -ग्या -ग्यं, उपभोग्य: -ग्या -ग्यं, सुभोगीन: -ना -नं, भोगवान् -वती -वत् (त्), रम्य: -म्या -म्यं, रमणीय: -या -यं, सुभग: -गा -गं, आनन्दद: -दा -दं, सुखद: -दा -दं, मनोरम: -मा -मं, कमनीय: -या -यं, आस्वादनीय: -या -यं.

Enjoyably, *adv.* सभोगं, सोपभोगं, रमणीयं, सुभगं, जोषं.

Enjoyed, *p. p.* भुक्त: -क्ता -क्तं, उपभुक्त: -क्ता -क्तं, कृतोपभोग:

-गा -गं, अनुभूतः -ता -तं, अशितः -ता -तं, आस्वादित -ता -तं.

Enjoyment, *s.* (Fruition) भोगः, भुक्तिः ***f.,*** उपभोगः परिभोगः, अनुभवः, आस्वादः -दनं, फलभोगः, सुखास्वादः, निर्वेशः. **—(Pleasure)** सुखं, सौख्यं, रतिः ***f.,*** रतं, आनन्दः, हर्षः, आह्लादः, आमोदः, प्रमोदः, सन्तोषः, मदः.

To* enkindle, *v. a. उद्दीप् **in caus.** (-दीपयति -यितुं), उत्तप् **in caus.** (-तापयति -यितुं), उत्तिज् **in caus.** (-तेजयति -यितुं), समिन्ध् **(c. 7.** -इन्द्धे -न्धितुं), प्रज्वल् **in caus.** (-ज्वलयति -यितुं), संज्वल्, सन्धुक्ष् **(c. 10.** -धुक्षयति -यितुं).

Enkindled, *p. p.* उद्दीप्तः -प्ता -प्तं, समिद्धः -द्धा -द्धं, उत्तेजितः -ता -तं, उत्तापितः -ता -तं, सन्तप्तः -प्ता -प्तं, ज्वलितः -ता -तं, सन्धुक्षितः -ता -तं.

***To* enlarge, *v. a.* (Extend, make large)** विस्तृ **in caus.** (स्तारयति -यितुं), वितन् **(c. 8.** -तनोति -नितुं), प्रथ् **(c. 10.** प्रथयति -यितुं), विशालीकृ, विपुलीकृ, प्रचुरीकृ प्रसृ **in caus.** (-सारयति -यितुं). **—(Augment)** वृध् **in caus.** (वर्धयति -यितुं), संवृध्; एध् **in caus.** (एधयति -यितुं), आप्यै **in caus.** (-प्याययति -यितुं), समाप्यै, स्फाय् **in caus.** (स्फावयति -यितुं), स्फीतीकृ, वृद्धिं नी **(c. 1.** नयति, नेतुं), वृंह् **(c. 10.** वृंहयति -यितुं), उपवृंह्.

***To* enlarge, *v. n.* (Grow large)** वृध् **(c. 1.** वर्धते -र्धितुं), अभिवृध्, विवृध्, प्रवृध्; विशालीभू, विपुलीभू, प्रचुरीभू, प्यै **(c. 1.** प्यायते, प्यातुं), उपचि **in pass.** (-चीयते), स्फाय् **(c. 1.** स्फायते -यितुं), आस्फाय्, वितन् **in pass.** (-तन्यते), विस्तृ **in pass** (-स्तीर्य्यते), वृद्धिम् इ **(c. 2.** एति -तुं), प्ररुह् **(c. 1.** -रोहति -रोढुं). **—(Describe at large)** वर्ण् **(c. 10.** वर्णयति -यितुं), उपवर्ण्, संवर्ण्, सुविस्तरेण वद् **(c. 1.** वदति -दितुं), वाग्विस्तारेण **or** वाक्प्रपञ्चेन व्याख्या **(c. 2.** -ख्याति -तुं), प्रपञ्च **(c. 10.** -पञ्चयति -यितुं), अत्युक्तिं कृ.

Enlarged, *p. p.* प्रवृद्धः -द्धा -द्धं, प्रथितः -ता -तं, उपचितः -ता -तं, वर्धितः -ता -तं, प्ररूढः -ढा -ढं, शनः -ना -नं, स्फीतः -ता -तं, स्फतिः -ता -तं, आप्यायितः -ता -तं, वृंहितः -ता -तं.

Enlargement, *s.* वृद्धिः ***f.,*** वर्धनं, प्रवृद्धिः ***f.,*** विवृद्धिः ***f.,*** स्फातिः ***f.,*** स्फीतिः ***f.,*** विस्तारः, आप्यायनं, वृंहणं, विपुलता, विशालता, स्फारः, प्रपञ्चः, बाहुल्यं.

Enlarger, *s.* वृद्धिकरः, स्फीटिकरः, विस्तारकः, संवर्धकः.

To* enlighten, *v. a. विकाश् **in caus.** (-काशयति -यितुं), प्रकाश्, द्युत् **in caus.** (द्योतयति -यितुं), प्रद्युत्, उद्द्युत्, दीप्, **in caus.** (दीपयति -यितुं), विदीप, उद्दीप्; विराज् **in caus.** (-राजयति -यितुं), भास **in caus.** (भासयति -यितुं), प्रभास्, उद्भास्, भ्राज् **in caus.** (भ्राजयति -यितुं), विमल **(nom.** विमलयति -यितुं). **—(Instruct)** उपदिश् **(c. 6.** -दिशति -देष्टुं).

Enlightened, *p. p.* प्रकाशितः -ता -तं, प्रद्योतितः -ता -तं, उद्द्योतितः -ता -तं, दीपितः -ता -तं, सुप्रभातः -ता -तं. **—(Instructed)** गृहीतार्थः -र्था -र्थं, प्राप्तबुद्धिः -द्धिः -द्धि, उपदिष्टः -ष्टा -ष्टं.

***To* enlist, *v. a.* (Enter names on a list)** नामावलिपत्रे **or** नामपरिसंख्यापत्रे नामानि समारुह् **in caus.** (-रोपयति -यितुं) **or** आरुह् **or** अभिलिख् **(c. 6.** -लिखति -लेखितुं) **or** लिख. **—(Enlist soldiers)** सैन्यमध्ये समारुह् **in caus. or** सैन्यनामावलिमध्ये आरुह् **or** अभिलिख्, युद्धकर्म्मणि व्यापृ **in caus.** (-पारयति -यितुं) **or** प्रवृत् **in caus.** (-वर्त्तयति -यितुं), अस्त्राणि ग्रह् **in caus.** (ग्राहयति -यितुं). **—(Gain over to one's own party)** स्वपक्षीकृ, आत्मपक्षीकृ,, आत्मसात्कृ.

Enlisted, *p. p.* सैन्यनामावलिमध्ये समारोपितः -ता -तं, अभिलिखितः -ता -तं.

Enlisting, *s.* सैन्यनामावलिमध्ये समारोपणं **or** आरोपणं **or** नामाभिलेखनं, युद्धे प्रवर्त्तनं.

To* enliven, *v. a. आश्वस् **in caus.** (-श्वासयति -यितुं), समाश्वस्, विश्वस्, उत्तिज् **in caus.** (-तेजयति -यितुं), तेजः कृ **or** दा. **—(Make cheerful)** हृष् **in caus.** (हर्षयति -यितुं), ह्लाद् **in caus.** (ह्लादयति -यितुं), आह्लाद्, उल्लस् **in caus.** (-लासयति -यितुं).

Enmity, *s.* वैरं, वैरिता, शत्रुता, रिपुता, अरिता, शात्रवं, विपक्षता, द्वेषः -षणं, विद्वेषः, विरोधः, वैरभावः, प्रतिद्वन्द्वं, प्रतिपक्षता, विद्विष्टता, अप्रीतिः ***f.,*** परता.

***To* ennoble, *v. a.* (Raise to nobility)** कुलीनपदे नियुज् **(c. 7.** -युंक्ते -योक्तुं) **or** प्रतिपद् **in caus.** (-पादयति -यितुं). **—(Dignify)** शुभ् **in caus.** (शोभयति -यितुं), सम्मन् **in caus.** (-मानयति -यितुं), उत्कर्षं कृ, उन्नतिं कृ, यशः कृ.

Ennoblement, *s.* प्रतिपत्तिः ***f.,*** उत्कर्षः, पदवृद्धिः ***f.,*** कुलीनता, पदसमुन्नतिः ***f.***

Ennul, *s.* ग्लानिः ***f.,*** क्लान्तिः ***f.,*** श्रान्तिः ***f.,*** विषादः, विषणता, विमर्दः.

Enormity, *s.* (Atriocious crime) अतिपातकं, अतिपापं, महापातकं, महापापं, अघोरपातकं. **—(Atrociousness)** अतिदुष्टता, अघोरता, घोरता.

Enormous, *a.* (Beyond measure, exceeding) अतिमात्रः -त्रा -त्रं, अत्यन्तः -न्ता -न्तं, अपरिमितः -ता -तं. **—(Very large)** अतिमहान् -हती -हत् (त्). सुमहान् **etc.,** अतिवृहन् -हती -हत् (त्). **—(In body)** अतिकायः -या -यं, वृहत्कायः -या

-यं, वृहच्छरीरः -रा -रं, भीमविग्रहः -हा -हं.

Enormously, ***adv.*** अत्यन्तं, अतिमात्रं अतिशयेन, सुमहत्, अतिमहत्.

Enough, ***adv.*** अलं, यथेष्टं, इत्यलं, पर्य्याप्त, प्रचुरं, प्रचुरतरं, उपयुक्तं, कृतं, यथावत्; **'quite enough,'** अलन्तरां; **'enough of this,'** अलम् अनेन; **'enough of ceremony,'** कृतम् आदरेण; **'to be enough for,'** क्लृप् **(c. 1.** कल्पते -ल्पितुं).

Enough, ***a.*** यथेष्टः -ष्टा -ष्टं, उपयुक्तः -क्ता -क्तं, उचितः -ता -तं, समर्थः -र्था -र्थं, पर्य्याप्तः -प्ता -प्तं, प्रचुरः -रा -रं, -रतरः -रा -रं, सम्पूर्णः -र्णा -र्णं बहुलः -ला -लं; **'just food enough to satisfy hunger,'** तृप्तिमात्रोचितम् अन्नं; **'food enough for a year,'** संवत्सरनिर्वाहसमर्थम् अन्नं.

Enough, ***s.*** यथेष्टत्वं, पर्य्याप्तिः ***f.,*** प्राचुर्य्यं, उपयुक्तत्वं, बाहुल्यं, निर्वाहः; **having enough for subsistence,'** अलञ्जीविकः -का -कं.

Enquire, enquiry, ***See*** **Inquire. etc.**

To **enrage,** ***v. a.*** कुप् **in caus.** (कोपयति -यितुं), प्रकुप्, संकुप्; क्रुध् **in caus.** (क्रोधयति -यितुं), रुष् **in caus.** (रोषयति -यितुं), क्रोधं **or** कोपं जन् **(c. 10.** जनयति -यितुं).

To be **enraged,** ***v. n.*** क्रुध् **(c. 4.** क्रुध्यति, क्रोद्धुं), संक्रुध्, अभिसंक्रुध्; कुप् **(c. 4.** कुप्यति, कोपितुं), प्रकुप्, सङ्कुप्; रुष् **(c. 4.** रुष्यति, रोषितुं), **with dat. c.**

Enraged, ***p. p.*** क्रुद्धः -द्धा -द्धं, कुपितः -ता -तं, प्रकोपितः -ता -तं, प्रकुपितः -ता -तं, संक्रु -ता -तं, कोपाकुलः -ला -लं, रुषितः -ता -तं, रुष्टः -ष्टा -ष्टं, संरब्धः -ब्धा -ब्धं, उपजातकोपः -पा -पं, जातामर्षः -र्षा -र्षं, आगतमन्युः -न्युः -न्यु, जातरोषः -षा -षं, इद्धमन्युः -न्यु -न्यु, उप्मान्वितः -ता -तं.

To **enrapture, enravish,** ***v. a.*** परमहर्षेण मुह् **in caus.** (मोहयति -यितुं) **or** सम्मुह्, अतिशयेन प्रहृष **in caus.** (-हर्षयति -यितुं) **or** परिहृष्; **'to be enraptured,** अत्यन्तं हृष् **(c. 4.** हृष्यति, हर्षितुं), पुलकितः -ता -तम् अस्, परमहर्षेण मुह् **(c. 4.** मुह्यति, मोहितुं).

Enraptured, ***p. p.*** हर्षमोहितः -ता -तं, सम्मोहितः -ता -तं, प्रहर्षितः -ता -तं, सम्प्रहृष्टः -ष्टा -ष्टं, पुलकितः -ता -तं, रोमाञ्चितः -ता -तं, परमानन्दितः -ता -तं, विस्मितः -ता -तं, हर्षोन्मत्तः -त्ता -त्तं.

Enravishment, ***s.*** परमहर्षजो मोहः, सम्मोहः, प्रहर्षः, हर्षावेशः, परमानन्दः, अत्यन्ताह्लादः, विस्मयः उन्मदः.

To **enrich,** ***v. a.*** **(Make rich)** सधनं -नां -नं कृ, आढ्यं -ढ्यं -ढ्यं कृ, समृद्धीकृ, वृध् **in caus.** (वर्धयति -यितुं), धन **or** अर्थं वृध्.—**(Make fertile)** आप्यै **in caus.** (-प्यायति -यितुं), स्फाय् **in caus.** (स्फावयति -यितुं), स्फीतीकृ, सफल **(nom.** सफलयति -यितुं).—**(Adorn)** शुभ् **in caus.** (शोभयति -यितुं), उपशुभ्.

Enriched, ***p. p.*** संवर्धितः -ता -तं, आप्यायितः -ता -तं, स्फीतिकृतः -ता -तं.

Enriching, ***a.*** अर्थकरः -री -रं, अर्थजनकः -का -कं, शोभकृत् ***m.f.n.***

To **enroll,** ***v. a.*** नामावलिपत्रे **or** नामपरिसंख्यापत्रे नामानि समारुह् **in caus.** (-रोपयति -यितुं) **or** आरुह् **or** अभिलिख् **(c. 6.** -लिखति -लेखितुं) **or** लिख्.

Enrolled, ***p. p.*** नामावलिपत्रे समारोपितः -ता -तं **or** अभिलिखितः -ता -तं, अभिलिखितनामा -मा -म (न्), आरोपितनामा -मा -म (न्).

Enroller, ***s.*** नामलेखकः, नामाभिलेखकः, नामसमारोपकः, नामारोपकः.

Enrolment, ***s.*** नामाभिलेखनं, नामसमारोपणं, नामारोपणं, नामलिखनं, नामलेखनं.

Ens, ***s.*** **(Being)** भूतं, अधिभूतं, सत्त्वं, भावः, सत्ता, सम्भवः.

Ensample, ***s. See*** **Example.**

To **essanguine,** ***v. a.*** रक्तेन **or** शोणितेन लिप् **(c. 6.** लिम्पति, लेप्तुं), रक्ताक्तं -क्तां -क्तं कृ.

To **ensconce,** ***v. a.*** छद् **(c. 10.** छादयति -यितुं), संछद्, प्रछद्, रक्ष् **(c. 1.** रक्षति -क्षितुं), गुप् **(c. 1.** गोपायति, गोप्तुं), अभिगुप्, गुह् **(c. 1.** गूहति -हितुं); **'ensconce one's self,'** आश्रि **(c. 1.** -श्रयति -यितुं), समाश्रि, संश्रि, आत्मानं गुप् **or** गुह्.

Ensconced, ***p. p.*** समाश्रितः -ता -तं, गुप्तः -प्ता -प्तं, प्रच्छन्ने स्थापितः -ता -तं.

To **ensear,** ***v. a.*** दह् **in caus.** (दाहयति -यितुं), क्षारम् ऋ **in caus.** (अर्पयति -यितुं).

To **enshield,** ***v. a.*** ओछद् (-छादयति -यितुं), गुप् **(c. 1.** गोपयति, गोप्तुं).

To **enshrine,** ***v. a.*** पवित्रद्रव्यं सुगहनाधारे **or** सुगहनभाण्डे **or** सुप्रतिष्ठितभाजने निविश् **in caus.** (-वेशयति -यितुं) **or** रक्ष् **(c. 1.** रक्षति -क्षितुं).

Enshrined, ***p. p.*** सुप्रतिष्ठितभाण्डे **or** सुगहनाधारे रक्षितः -ता -तं.

Ensiform, ***a.*** अस्याकारः -रा -रं, खड्गाकृतिः -तिः -ति, खड्गाकारः -रा -रं.

Ensign, ***s.*** **(Banner)** पताका, ध्वजः, ध्वजपटः, केतनं, केतुः ***m.,*** वैजयन्ती, केतुवसनः, जयन्तः, कदली -लिका, उच्छूलः.—**(Badge)** चिह्नं, लिङ्ग, ध्वजः, व्यञ्जनं, लक्षणं.—**(Officer).** ***See*** **the next word.**

Ensign-bearer, ***s.*** ध्वजी ***m.*** (न्), ध्वजवान् ***m.*** (त्), पताकी ***m.*** (न्), वैजयन्तिकः, ध्वजधारी ***m.*** (न्), पताकाधारी ***m.***

(न्), पताकावाहकः.

To **enslave,** ***v. a.*** दासीकृ, वशीकृ, करदीकृ, दास (**nom.** दासयति -यितुं), दास्ये **or** दासत्वे नियुज् (**c. 7.** -युनक्ति -योक्तुं), दास्यं गम् **in caus.** (गमयति -यितुं).

Enslaved, ***p. p.*** दासीकृतः -ता -तं, दास्यं गमितः -ता -तं, दास्यगतः -ता -तं.

Enslavement, ***s.*** दास्यं, दासत्वं, दासभावः, परप्रेष्यत्वं, बन्धनं.

To **ensnare,** ***v. a. See*** **Insnare.**

To **ensue,** ***v. n.*** अनुवृत् (**c. 1.** -वर्त्तते -र्त्तितु), प्रवृत्, अनुसृ (**c. 1.** -सरति -स र्त्तुं), उत्पद् **in pass.** (-पद्यते), जन् **in pass.** (जायते), अन्वि (**c. 2.** अन्वेति -तुं **rt.** इ), अनुया (**c. 2.** -याति -तुं), उपस्था (**c. 1.** -तिष्ठति -स्थातुं), अनुष्ठा, पश्चाद् आगम् (**c. 1.** गच्छति -गन्तुं), सम्भू, प्रभू, उद्भू.

Ensued, ***p. p.*** उत्पन्नः -न्ना -न्नं, प्रवृत्तः -त्ता -त्तं, वृत्तः -त्ता -त्तं, जातः -ता -तं.

Ensuing, ***a.*** आगामी -मिनी -मि (न्), भावी -विनी -वि (न्), उत्तरकाल लीनः -ना -नं, अनुवर्त्ती -र्त्तिनी -र्त्ति (न्), अनागतः -ता -तं; **'in the ensuing year,'** आगामिवत्सरे.

To **ensure,** ***v. a. See*** **Insure.**

Entablature, entablement, ***s.*** गृहस्य यो भागः स्तम्भाग्रेऽवलम्बते.

Entail, ***s.*** **(An estate inherited lineally)** क्रमागतरिक्थं, क्रमायातरिक्थं.—**(Rule of descent)** क्रमागमविधिः ***m.,*** अन्वयागमविधिः ***m.,*** बद्धत्वं, नियुक्तता.

To **entail,** ***v. a.*** **(An estate)** रिक्थं **or** स्थावरधनादि विशेषक्रमागमानुसारेण दायादिभ्यः प्रदा (**c. 3.** -ददाति -दातुं), रिक्थाधिकारित्वं विशेषक्रमागमानुसारात् स्थिरीकृ **or** बन्ध् (**c. 9.** बध्नाति, बन्धुं).—**(Bring on)** आवह (**c. 1.** -वहति -वोढुं) **or** उत्पद् **in caus.** (-पादयति -यितुं) **or** जन् **in caus.** (जनयति -यितुं).

To **entangle,** ***v. a.*** संश्लिष् **in caus.** (-श्लेषयति -यितुं), आश्लिष्, परिश्लिष्, श्लिष्टीकृ, संलग्नीकृ, ग्रन्थ् (**c. 1.** ग्रन्थति -न्थितुं), ग्रन्थिलीकृ, सङ्कुलीकृ, आकुलीकृ, आकुञ्च् (**c. 1.** -कुञ्चति -ञ्चितुं), व्यावृत् **in caus.** (-वर्त्तयति -यितुं), सङ्कीर्णीकृ, सम्बन्ध् (**c. 9.** -बध्नाति -बन्धुं), सम्मिश्र् (**c. 10.** -मिश्रयति -यितुं); **'to be entangled, as the hair,'** जट् **or** झट् (**c. 1.** जटति, झटति -टितुं); **'to disentangle,'** उद्ग्रन्थ्, समुद्ग्रन्थ्.

Entangled, ***p. p.*** **(Caught)** श्लिष्टः -ष्टा -ष्टं, आश्लिष्टः -ष्टा -ष्टं, परिश्लिष्टः -ष्टा -ष्टं, परिलग्नः -ग्ना -ग्नं, संलग्नः -ग्ना -ग्नं, सक्तः -क्ता -क्तं, सम्बद्धः -द्धा -द्धं.—**(Confused)** सङ्कीर्णः -र्णा -र्णं, सङ्कुलः -ला -लं, ग्रन्थिलः -ला -लं.—**(Twisted)** आकुञ्चितः -ता -तं; **'entangled in the teeth,'** दन्ताश्लिष्टः -ष्टा -ष्टं, दन्तसक्तः -क्ता -क्तं, **'entangled in the branches,'** विटपपरिलग्नः -ग्ना -ग्नं, शाखासु सक्तः -क्ता -क्तं, **'entangled hair,'** जटा, जुटकं, जूटः; **'having entangled hair,'** जटावान् -वती -वत् (त्), जटिलः -ला -लं; **entangled in the net,'** जालबद्धः -द्धा -द्धं.

Entanglement, ***s.*** आश्लिष्टता, संलग्नता, ग्रन्थिलत्वं, जटिलत्वं, सङ्कुलता, सङ्कीर्णत्वं, सङ्करः, साङ्कर्य्यं, व्यतिकरः, आकुलत्वं, व्याकुलत्वं.

To **enter,** ***v. a.*** **and** ***n.*** विश् (**c. 6.** विशति, वेष्टुं), प्रविश्, निविश्, आविश्, समाविश्, आगम् (**c. 1.** -गच्छति -गन्तुं), अभिगम्, अभ्यागम्, अन्तर्गम्, आया (**c. 2.** -याति -तुं), अभिया, उपस्था (**c. 1.** -तिष्ठति -स्थातुं), श्रि (**c. 1.** श्रयति -यितुं), आश्रि, गाह् (**c. 1.** गाहते -हितुं), विगाह्.—**(Set down in writing)** अभिलिख् (**c. 6.** -लिखति -लेखितुं), पुस्तके समारुह् **in caus.** (-रोपयति -यितुं) **or** आरुह्.—**(Enter upon a business)** प्रवृत् (**c. 1.** -वर्त्तते -र्त्तितुं), प्रक्रम् (**c. 1.** -क्रमते -मितुं), उपक्रम्.—**(Enter into another's views)** परमतम् अनुमन् (**c. 4.** -मन्यते -मन्तुं) **or** ग्रह् (**c. 9.** गृह्णाति, ग्रहीतुं).

Entered, ***p. p.*** प्रविष्टः -ष्टा -ष्टं, निविष्टः -ष्टा -ष्टं, आविष्टः -ष्टा -ष्टं.—**(In writing)** अभिलिखतः -ता -तं, आरोपितः -ता -तं, लेख्यारूढः -ढा -ढं, समारोपितः -ता -तं.

Enterprises, ***s.*** **(Undertaking)** प्रवृत्तिः ***f.,*** उद्योगः, उत्साहः, आरम्भः, उपक्रमः, व्यवसायः, उद्यमः, चेष्टा, चेष्टितं, कर्म्म ***n.*** (न्), प्रौढिः ***f.,*** ग्रहः, साध्यं.—**(Bold undertaking)** महोत्साहः, दुर्गकर्म्म ***n.*** (न्), अद्भुतकर्म्म ***n.,*** आश्चर्य्यकर्म्म ***n.,*** कठिनकर्म्म ***n.***

To **enterprise,** ***v. a.*** उपक्रम् (**c. 1.** -क्रमते -मितुं), आरभ् (**c. 1.** -रभते -रब्धुं), समारभ्, व्यवसो (**c. 4.** -स्यति -सातुं), प्रवृत् (**c. 1.** -वर्त्तते -र्त्तितुं).

Enterpriser, ***s.*** कठिनकर्म्मप्रवृत्तः, दुर्गकर्म्मव्यवसायी ***m.*** (न्), महोत्साहः.

Enterprising, ***a.*** व्यवसायी -यिनी -यि (न्), व्यवसायकारी -रिणी -रि (न्), उद्योगी -गिनी -गि (न्), सोद्योगः -गा -गं, कठिनकर्म्मव्यवसायी **etc.,** साहसिकः -की -कं.

To **entertain,** ***v. a.*** **(A guest with hospitality)** अतिथिं सत्कृ **or** सेव् (**c. 1.** सेवते -वितुं) **or** पूज् (**c. 10.** पूजयति -यितुं), आतिथ्यं कृ, सत्कारं कृ; **'with choice food,'** स्वाद्वन्नैः **or** भोजनविशेषैः सन्तुष् **in caus.** (-तोषयति -यितुं) **or** तृप् **in caus.** (तर्पयति -यितुं) **or** भुज् **in caus.** (भोजयति -यितुं).—**(Amuse)** विनुद् (**c. 10.** -नोदयति -यितुं), विलस् (**c. 10.** -लासयति -यितुं), रम् (**c. 10.** रमयति -यितुं).—**(Hold** in the mind) मनसि or मनसा धृ (c. 1. धरति, धर्त्तुं), or उपलभ् (c. 1. -लभते, लब्धुं) or ग्रह् (c. 9. गृह्णाति, ग्रहीतुं).

Entertained, *p. p.* **(Hospitably)** सत्कृतः -ता -तं. —**(Amused)** विनोदितः -ता -तं.

Entertainer, *s.* सत्कारी *m.* (न्), सत्कृत् *m.,* आमन्त्रयिता *m.* (तृ), निमन्त्रणकृत्.

Entertaining, *a.* विनोदकः -का -कं, विनोदजनकः -का -कं, हास्ययुक्तः -क्ता -क्तं.

Entertainment, *s.* **(Amusement)** विनोदः, विलासः.—**(Of guests)** सत्कारः, सत्कर्म्म *n.,* (न्), अतिथिसत्क्रिया, अतिथिसेवा, अतिथिपूजनं, आतिथ्यं, अतिथिक्रिया, सङ्ग्रहः. —**(Feast)** उत्सवः, सहभोजनं; सम्भोजनं.

***To* enthrall,** *See* **Inthrall.**

***To* enthrone,** *v. a.* राजासने or सिंहासने उपविश् **in caus.** (-वेशयति -यितुं) or अध्यास् **in caus.** (-आसयति -यितुं), राज्ये अभिषिच् (c. 6. -षिञ्चति -षेक्तुं).

Enthroned, *p. p.* सिंहासनोपविष्टः -ष्टा -ष्टं, सिंहासनाध्यासितः -ता -तं, अध्यासीनः -ना -नं, राज्ये अभिषिक्तः -क्ता -क्तं.

Enthronment, *s.* सिंहासनोपवेशनं, सिंहासनाध्यासः, अभिषेकः.

Enthusiasm, *s.* **(Religious)** अतिशयदेवभक्तिजन्यो मादविशेषः or उन्मादः or मदः or उन्मदः, अतिश्रद्धाप्रयुक्ता उन्मत्तता, भक्तिव्यग्रता, श्रद्धाव्यग्रता, भक्तिचण्डता, मिथ्याभक्तिः *f.*—**(Warmth, zeal)** उत्तापः, उष्णता, उष्मः, चण्डता, उच्चण्डता, प्रचण्डता, व्यग्रता, उग्रता, औत्सुक्यं, तैक्ष्ण्यं, तीक्ष्णता, अत्यन्तानुरागः, बुद्धिव्यग्रता.

Enthusiast, *s.* **(In religious)** अतिशयदेवभक्तित्वाद् उन्मत्तो जनः, देवभक्तिव्यग्रः, मिथ्याभक्तिमान् *m.* (त्).—**(In any thing)** उत्तमबुद्धिः *m.,* व्यग्रबुद्धिः *m.,* प्रमदजनः, तीक्ष्णजनः.

Enthusiastic, enthusiastical, *a.* व्यग्रः -ग्रा -ग्रं, उत्तप्तः -प्ता -प्तं, चण्डः -ण्डा -ण्डं, उच्चण्डः -ण्डा -ण्डं, प्रचण्डः -ण्डा -ण्डं, उष्णः -ष्णा -ष्णं, उग्रः -ग्रा -ग्रं, अत्यनुरागी -गिणी -गि (न्), उत्सुकः -का -कं, तीक्ष्णः -क्ष्णा -क्ष्णं, तीक्ष्णकर्म्मा -र्म्मा -र्म्म (न्), उद्युक्तः -क्ता -क्तं, उन्मादवान् -वती -वत् (त्).

Enthusiastically, *adv.* अतिव्यग्रं, उत्तापेन, अत्यनुरागेण, सकुतूहलं.

Enthymeme, *s.* न्यूनैकावयवः or न्यूनैकपक्षो न्यायविशेषः, लुप्तन्यायः.

***To* entice,** *v. a.* आकृष् (c. 1. -कर्षति -क्रष्टुं), लुभ् **in caus.** (लोभयति -यितुं), प्रलुभ्, परिलुभ्, मुह् **in caus.** (मोहयति -यितुं), भ्रान्तिं जन् (c. 10. जनयति -यितुं), प्रलभ् (c. 1. -लभते -लब्धुं), लल् (c. 10. लालयति -यितुं), दुष्टकर्म्मणि प्रवृत् **in caus.** (-वर्त्तयति -यितुं) or नियुज् (c. 10. -योजयति -यितुं).

Enticed, *p. p.* आकृष्टः -ष्टा -ष्टं, प्रलोभितः -ता -तं, लालितः -ता -तं.

Enticement, *s.* आकर्षणं, आकृष्टिः *f.,* प्रलोभनं, विलोभनं, मोहनं, विमोहनं, मोहः, लोभः, लालनं, लोभदर्शनं, वञ्चनं, प्रलम्भः.

Enticer, *s.* प्रलोभकः, आकर्षकः, विमोही *m.* (न्), लाली *m.* (न्), लोभदर्शकः.

Enticing, *a.* प्रलोभकः -का -कं, आकर्षकः -का -कं, आकर्षी -र्षिणी -र्षि (न्), विमोहनः -ना -नी -नं, मोही -हिनी -हि (न्), भ्रान्तिजनकः -का -कं.

Enticingly, *adv.* सप्रलोभनं, आकृष्ट्या, प्रलोभनेन, आकर्षकप्रकारेण.

Entire, *a.* **(Complete, whole, not defective)** कृत्स्नः -त्स्ना -त्स्नं, सकलः -ला -लं, सर्व्वः -र्व्वा -र्व्वं, विश्वः -श्वा -श्वं, सम्पूर्णः -र्णा -र्णं, पूर्णः -र्णा -र्णं, समग्रः -ग्रा -ग्रं, निखिलः -ला -लं, अखिलः -ला -लं, समस्तः -स्ता -स्तं, पर्य्याप्तः -प्ता -प्तं, अशेषः -षा -षं, निःशेषः -षा -षं, निरवशेषः -षा -षं, अन्यूनः -ना -नं, अनूनः -ना -नं, अविकलः -ला -लं, अखण्डः -ण्डा -ण्डं, अभग्नः -ग्ना -ग्नं, अभिन्नः -न्ना -न्नं, अक्षतः -ता -तं, साद्यन्तः -न्ता -न्तं, आत्यन्तिकः -की -कं, न्यक्षः -क्षा -क्षं, सिमः *m.* only. **(Of perfect integrity)** अभेद्यः -द्या -द्यं, अहार्य्यः -र्य्या -र्य्यं, सरलः -ला -लं.—**(An entire horse)** सवृषणोऽश्वः, वीजाश्वः.

Entirely, *adv.* अशेषतस्, अशेषेण, निःशेषेण, निरवशेषं, कृत्स्नशस्, कार्त्स्न्येन, साकल्येन, अखिलेन, निखिलेन, सर्व्वतस्, सर्व्वशस्, विश्वतस्, आमूलं, सम्यक्, पर्य्याप्तं, साद्यन्तं, अन्यूनं, अखण्डतस्; **'entirely around,'** समन्ततस्, अभितस्.

Entireness, entirety, *s.* कार्त्स्न्यं, कार्त्स्नं, साकल्यं, आखिल्यं, सामग्र्यं, सम्पूर्णता, समुदायः, समस्तता, समस्तिः *f.,* अभिन्नता, अखण्डत्वं, अन्यूनता, अवैकल्यं.—**(Integrity)** अभेद्यता, सारल्यं, मायाहीनता.

***To* entitle,** *v. a.* **(Give a title or name)** नाम कृ or दा, उपाधिं or संज्ञां दा, नामधेयं कृ, अभिधा (c. 3. -दधाति -धातुं), आख्या (c. 2. -ख्याति -तुं), कृत् (c. 10. कीर्त्तयति -यितुं), उदाहृ (c. 1. -हरति -हर्त्तुं).—**(Give a claim)** अधिकारं or अधिकारित्वं or स्वत्वं दा; **'to be entitled,'** अर्ह् (c. 1. अर्हति -ते -र्हितुं), अर्हः -र्हा -र्हं or उपयुक्तः -क्ता -क्तम्, अस्; **'he is entitled to honour,'** मानम् अर्हति; **'he is entitled to receive so much salary,'** उपयुक्तोऽयम् एतावद् वर्त्तनं गृह्णाति; **'knowledge entitles to respect,'** विद्या मान्यत्वकारणं; **'a good man is entitled to reverence,'** साधुजनः पूजनीयः.

Entitled, *p. p.* **(Named)** प्रोक्तः -क्ता -क्तं, अभिहितः -ता -तं, स्मृतः -ता -तं, संज्ञितः -ता -तं, उदाहृतः -ता -तं, आख्यातः

-ता -तं, *See* **Called. (Having a claim)** अधिकारी -रिणी -रि (न्), अर्हः -र्हा -र्हं; **'entitled to honour,'** पूजार्हः -र्हा -र्हं; **'entitled to a sixth,'** षड्भागभाक् ***m. f. n.*** (ज्).

Entity, *s.* भूतं, अधिभूतं, सत्त्वं, सत्ता, भावः, वस्तु ***n.,*** वर्त्तनं.

To* entomb, *v. a. श्मशाने **or** समाधौ स्था **in caus.** (स्थापयति -यितुं), **or** निधा **(c. 3.** -दधाति -धातुं) **or** निखन् **(c. 1.** -खनति -नितुं) **or** समृ **in caus.** (-अर्पयति -यितुं).

Entombed, *p. p.* निखातः -ता -तं, समाधिनिखातः -ता -तं, भूमिनिखातः -ता -तं.

Entrail, entrails, *s.* अन्त्रं, अन्त्राणि ***n. pl.,*** पुरीतत् ***m. n.,*** नाडिः -डी ***f.,*** धमनी, कोष्ठः.

Entrance, *s.* (Act of entering) प्रवेशः -शनं, निवेशः -शनं, आवेशः -शनं, समावेशः, वेशः -शनं, वेषणं, वेशिका, प्रतिहारणं. **—(Door, gate)** द्वारं, द्वारवर्त्म ***n.*** (न्), मुखं, गृहमुखं, निःसरणं, प्रतीहारः, पथः; **'principal entrance,'** सिंहद्वारं; **'private entrance,'** प्रच्छन्नद्वारं.

Entranced, *p. p.* (Put in a trance) मूर्च्छितः -ता -तं, मूर्च्छापन्नः -न्ना -न्नं.**—(Enraptured)** सम्मोहितः -ता -तं, मोहप्राप्तः -प्ता -प्तं, परमहर्षमोहितः -ता -तं.

To* entrap, *v. a. उन्माथे **or** पाशे पत् **in caus.** (पातयति -यितुं), जाले पातयित्वा बन्ध् **(c. 9.** बध्नाति, बन्धुं) **or** धृ **(c. 1.** धरति, धर्त्तुं) **or** ग्रह् **(c. 9.** गृह्णाति, ग्रहीतुं), प्रलुभ् **in caus.** (-लोभयति -यितुं).

Entrapped, *p. p.* उन्माथे पातितः -ता -तं, पाशबद्धः -द्धा -द्धं, जालबद्धः -द्धा -द्धं.

To* entreat, *v. a. अञ्जलिं कृत्वा प्रार्थ् **(c. 10.** -अर्थयति -ते -यितुं), सम्प्रार्थ्, अभ्यर्थ्; विनयेन **or** कृताञ्जलिवत् प्रार्थ् **or** याच् **(c. 1.** याचति -चितुं), अभियाच्, प्रयाच्, सम्प्रयाच्; प्रसद् **(c. 10.** -सादयते -ति -यितुं), विनी **(c. 1.** -नयति -नेतुं), विनयेन स्वार्थं निविद् **(c. 10.** -वेदयति -यितुं).

Entreated, *p. p.* अञ्जलिकर्म्मपूर्व्वं प्रार्थितः -ता -तं **or** अभ्यर्थितः -ता -तं, विनयेन याचितः -ता -तं, प्रसादितः -ता -तं, अनुनीतः -ता -तं.

Entreaty, *s.* प्रार्थनं -ना, अभ्यर्थना, अर्थः, अर्थित्वं -ता, याचना, विनतिः ***f.,*** मार्गणं, विनयेन निवेदनं.

Entry, *s.* (Passage for entrance) द्वारं, द्वारवर्त्म ***n.*** (न्), गमनागमनपथः.**—(Ingress)** प्रवेशः -शनं.**—(Committing to writing)** अभिलिखनं, लेख्यारोपणं, पुस्तकारोपणं, समारोपणं.

To* enucleate, *v. a. स्पष्टीकृ, व्यक्तीकृ, विशुध् **in caus.** (-शोधयति -यितुं), परिशुध्.

To* enumerate, *v. a. संख्या **(c. 2.** -ख्याति -तुं), सम्परिख्या, परिसंख्या, प्रसंख्या; परिगण् **(c. 10.** -गणयति -यितुं), विगण्, प्रगण्, गण्; अनुपूर्व्वशस् **or** एकैकशस् **or** यथाक्रमं **or** पृथक् पृथक् ख्या, उद्दिश् **(c. 6.** -दिशति -देष्टुं), समुद्दिश् निर्दिश्.

Enumerated, *p. p.* परिसंख्यातः -ता -तं, परिगणितः -ता -तं, उद्दिष्टः -ष्टा -ष्टं, समुद्दिष्टः -ष्टा -ष्टं, एकैकशः **or** प्रत्येकं कथितं -ता -तं **or** निर्दिष्टः -ष्टा -ष्टं, अनुक्रान्तः -न्ता -न्तं.

Enumeration, *s.* परिसंख्या -ख्यानं, संख्या, गणनं -ना, परिगणना, समुद्देशः, एकैकशो निर्देशः.

To* enunciate, *v. a. उच्चर् **in caus.** (-चारयति -यितुं), उदीर् **(c. 10.** -ईरयति -यितुं), समुदीर्, उदाहृ **(c. 1.** -हरति -हर्त्तुं), प्रख्या **(c. 2.** -ख्याति -तुं), कृत् **(c. 10.** कीर्त्तयति -यितुं), प्रकृत्.

Enunciated, *p. p.* उच्चारितः -ता -तं, उदीरितः -ता -तं, उदाहृतः -ता -तं.

Enunciation, *s.* उच्चारणं, उदीरणं, उदाहरणं, व्याहारः -हरणं, समुदाहरणं, ख्यापनं, विज्ञापनं, प्रकीर्त्तनं, प्रकाशनं, घोषणा.

Enunciative, *a.* उच्चारकः -का -कं, ख्यापकः -का -कं, आवेदकः -का -कं.

To* envelop, *v. a. आवेष्ट् **(c. 1.** -वेष्टते -ष्टितुं), परिवेष्ट्, संवेष्ट् आच्छद् **(c. 10.** -छादयति -यितुं), परिछद्, समाछद्, प्रछद्, प्रतिछद्, संछद्; परिवृ **(c. 5.** -वृणोति -वरितुं -रीतुं), आवृ; पिधा **(c. 3.** -दधाति -धातुं), कोशेन परिवेष्ट्.

Envelope, *s.* कोशः, कोषः, आवेष्टनं, परिवेष्टनं, प्रच्छदपटः, प्रावारः, प्रावरणं, वासनं, पिधानं, पुटः, आच्छादनं, निचोलः, अवगुण्ठनं.

Enveloped, *p. p.* वेष्टितः -ता -तं, आवेष्टितः -ता -तं, परिवेष्टितः -ता -तं, कोशस्थः -स्था -स्थं, वासनस्थः -स्था -स्थं, परीतः -ता -तं, अवगुण्ठितः -ता -तं.

To* envenom, *v. a. विषेण लिप् **(c. 6.** लिम्पति, लेप्तुं) **or** दिह् **(c. 2.** देग्धि -ग्धुं) **or** अञ्ज् **(c. 7.** अनक्ति, अंक्तुं) **or** संसृज् **(c. 6.** -सृजति -स्रष्टुं), सविषं -षां -षं कृ.

Envenomed, *p. p.* विषाक्तः -क्ता -क्तं, विषलिप्तः -प्ता -प्तं, विषप्रदिग्धः -ग्धा -ग्धं, सविषः -षा -षं, गरली -लिनी -लि (न्); **'envenomed shaft,'** दिग्धः.

Enviable, *a.* ईर्ष्यणीयः -या -यं, ईर्ष्योत्पादकः -का -कं, लोभ्यः -भ्या -भ्यं, स्पृहणीयः -या -यं, प्रार्थनीयः -या -यं, आकांक्षणीयः -या -यं.

Envied, *p. p.* ईर्षितः -ता -तं, ईर्ष्यितः -ता -तं, अभिलषितः -ता -तं, स्पर्धितः -ता -तं.

Envier, *s.* ईर्ष्यी ***m.*** (न्), असूयकः, अभ्यसूयकः, परकल्याणासहनः.

Envious, *a.* ईर्ष्यी -र्ष्यिणी -र्ष्यि (न्), ईर्ष्यालुः -लुः -लु, ईर्ष्यकः -का -कं, सेर्ष्यः -र्ष्या -र्ष्यं, मत्सरः -रा -रं -री -रिणी -रि (न्), समत्सरः -रा -रं, परधनमत्सरः -रा -रं,

परधनाभिलाषुकः -का -कं, परगुणमत्सरः -रा -रं. परोत्कर्षासहनः -ना -नं, परप्रशंसासहिष्णुः -ष्णुः -ष्णु, स्पर्धी -र्धिनी -र्धि (न्), साभ्यसूयः -या -यं, कृतेर्य्यः -र्य्या -र्य्यं, सञ्जातेर्प्यः -र्प्या -र्प्यं, कुहनः -ना -नं, बीभत्सुः -त्सुः -त्सु, स्पृहयालुः -लुः -लु, अभिलाषी -षिणी -षि (न्), परशुभामर्षणः -णा -णं.

Enviously, ***adv.*** सेर्ष्यं, सासूयं, समत्सरं, समात्सर्य्यं, साभ्यसूयं.

To **environ,** ***v. a.*** परिवेष्ट् **(c. 1.** -वेष्टते -ष्टितुं), परिवृ **(c. 5.** -वृणोति -वरितुं -रीतुं), आवृ, परिष्ठा **(c. 1.** -तिष्ठति -ष्ठातुं). ***See*** **Encompass.**

Environed, ***p. p.*** परिवेष्टितः -ता -तं, परिवृतः -ता -तं, आवृतः -ता -तं, परिगतः -ता -तं, परीतः -ता -तं, वलयितः -ता -तं, व्याप्तः -प्ता -प्तं.

Environs, ***s.*** **(Of a town)** नगरोपान्तं, उपनगरं, उपपुरं, परिसरः.

Envoy, ***s.*** दूतः, राजदूतः, सत्री ***m.*** (न्), सन्देशहरः, वार्त्ताहरः, निसृष्टार्थः, कार्य्यङ्करः, राजचारः, राजप्रतिनिधिः ***m.***

To **envy,** ***v. a.*** ईर्ष्य् **(c. 1.** ईर्ष्यति -र्ष्यितुं), ईक्ष्य् **(c. 1.** ईक्ष्यति -र्क्ष्यितुं), स्पृह् **(c. 10.** स्पृहयति -यितुं), स्पर्ध् **(c. 1.** स्पर्धते -र्धितुं), असूय **(nom.** असूयति -ते -यितुं), अभ्यसूयः, परद्रव्यम् अभिलष् **(c. 1.** -लषति, **c. 4.** -लषयति -षितुं), परोत्कर्षं न सह् **(c. 1.** सहते, सोढुं) **or** न मृष् **(c. 4.** मृष्यति, मर्षितुं), मात्सर्य्यं कृ.

Envy, ***s.*** ईर्ष्या, असूया, मात्सर्य्यं, मत्सरः -रता, स्पर्धा, स्पर्धता, अक्षान्तिः ***f.,*** अमर्षः, परिमर्षः, रागः, द्वेषः, ईर्षा, स्पृहा, परधनाभिलाषः, परोत्कर्षासहिष्णुता, अन्यगुणसहिष्णुता, अन्यशुभद्वेषः, परप्रशंसाया असहिष्णुता.

Eolus, ***s.*** **(God of the winds)** पवनदेवता, वायुदेवता.

Epact, ***s.*** कालगणकभाषायां सौरवत्सरावसाने अमावस्याः प्रभृति तिथिसंख्यासूचकः शब्दः **or** शब्दो येन चान्द्रवत्सरात् सौरवत्सराधिक्यं सूच्यते.

Epaulet, ***s.*** स्कन्धाभरणं, सैनिकजनैः स्कन्धदेशे भृतः पदसूचकोऽलङ्कारः, अंशालङ्कारः, अंशाभरणं.

Ephemeral, ***a.*** ऐकाहिकः -की -कं, क्षणविध्वंसी -सिनी -सि (न्), उत्पन्नविनाशी -शिनी -शि (न्), क्षणभङ्गुरः -रा -रं, एकाहमात्रस्थायी -यिनी -यि (न्).

Ephemeris, ***s.*** आह्निकव्यवहारपुस्तकं, दैवसिकवृत्तान्तपुस्तकं.—**In astronomy)** पुस्तकं यस्मिन् नक्षत्राणां गतिभावादि प्रतिदिनम् आरोप्यते.

Epic, ***a.*** ऐतिहासिकः -की -कं, वीरचरित्रकथकः -का -कं, काथिकः -की -कं, शूरवृत्तान्तविषयः -या -यं, महाकाव्यसम्बन्धी -न्धिनी -न्धि (न्).

Epic, ***s.*** **(Poem)** महाकाव्यं, इतिहासः, वीरचरित्रविषयं काव्यं.

Epicene, ***a.*** सामान्यलिङ्गः -ङ्गा -ङ्गं, साधारणलिङ्गः -ङ्गा -ङ्गं.

Epicure, ***a.*** मिष्टान्नव्यञ्जनादिषु प्रसक्तः सर्व्वान्नरसज्ञः, स्वाद्वन्नाभिलाषी ***m.*** (न्), उदरपरायणः, कुक्षिम्भरिः ***m.*** लोलुपः, अतिलोभी ***m.*** (न्), रसिकः, वैषयिकः, विषयासक्तः, विषयसेवी ***m.*** (न्), पात्रेसमितः.

Epicurean, ***a.*** विषयी -यिणी -यि (न्), शारीरिकसुखसेवी -विनी -वि (न्), वैषयिकः -की -कं, भोगपरायणः -णा -णं.

Epicurism, ***s.*** विषयोपसेवा, विषयासक्तिः ***f.,*** शारीरिकसुखानुरागः.

Epicycle, ***s.*** **(In astronomy)** प्राक् चक्रं, परिधिः ***m.***

Epidemic, epidemical, ***a.*** देशसाधारणः -णा -णी -णं, सर्व्वत्रगः -गा -गं, बहुजनसामान्यः -न्या -न्यं; **'disease,'** मारी, मारः -रिः ***f.,*** महामारी, मरकः, मारकः, आतञ्चनं, सन्निपातकः, उपसर्गः.

Epidermis, ***s.*** वाह्यत्वक् ***f.*** (च्), वहिस्त्वक्, वाह्यचर्म्म ***n.,*** (न्), अवभासिनी.

Epiglottis, ***s.*** उपजिह्वा, अलिजिह्वा,, प्रतिजिह्वा, घण्टिका, शुण्डिका.

Epigram, ***s.*** अबहुश्लोकपरिमाणं रसिककाव्यं, सरसं लघुकाव्यं.

Epigrammatical, ***a.*** पूर्व्वोक्तलघुकवितायोग्यः -ग्या -ग्यं, रसिककवितासम्बन्धी -न्धिनी -न्धि (न्).—**(Pointed)** रसिकः -का -कं, रसवान् -वती -वत् (त्), सरसः -सा -सं.

Epigrammatist, ***s.*** पूर्व्वोक्तरसिककविताकर्त्ता ***m.*** (र्त्तृ), लघुकाव्यरचकः.

Epilepsy, ***s.*** अपस्मारः, ग्रहामयः, भ्रामरं, भूतविक्रिया, प्रतानः, मूर्च्छावायुः ***m.***

Epileptic, ***a.*** अपस्मारी -रिणी -रि (न्), भ्रामरी -रिणी -रि (न्), वातग्रस्तः -स्ता -स्तं, वायुग्रस्तः -स्ता -स्तं, ग्रहामयपीडितः -ता -तं, आकृष्टः -ष्टा -ष्टं.

Epilogue, ***s.*** अन्तवाक्यं, शेषवाक्यं, अन्त्यवचनं, समापकवाक्यं, समापनवचनं.

Epinicion, ***s.*** जयगीतं, जयशब्दः.

Epiphany, ***s.*** ख्रीष्टप्रकाशनं, ख्रीष्टप्रकाशनमुद्दिश्य ख्रीष्टजन्मपर्व्वणः परं द्वादशदिने सेवितो महोत्सवः, ख्रीष्टप्रकाशनपर्व्व ***n.*** (न्).

Episcopacy, ***s.*** धर्म्माध्यक्षता -त्वं, धर्म्माध्यक्षाधिपत्यं, धर्म्माध्यक्षाधिकारः, धर्म्माध्यक्षकर्त्तृका ख्रीष्टीयसमाजनीतिः ***f.***

Episcopal, episcopallian ***a.*** धर्म्माध्यक्षसम्बन्धी -न्धिनी -न्धि (न्), धर्म्माध्यक्षशासितः -ता -तं, धर्म्माध्यक्षपालितः -ता -तं.

Episcopate, ***s.*** धर्म्माध्यक्षाधिकारः, धर्म्माध्यक्षाधिपत्यं, धर्म्माध्यक्षपदं.

Episode, ***s.*** उपाख्यानं, उपकथा, प्रसङ्गवाक्यं, प्रासङ्गिकवाक्यं, पताका, मूलविषयवहिर्गता कथा.

Episodic, episodical, ***a.*** प्रासङ्गिकः -की -कं, मूलविषयानन्वितः -ता -तं, प्रस्तुतविषयवहिर्गतः -ता -तं, अनन्वितः -ता -तं, अप्रस्तुतः -ता -तं.

Epispastic, ***a.*** त्वक्स्फोटोत्पादकः -का -कं, स्फोटकारी -रिणी -रि (न्).

Epistle, ***s.*** पत्रं, लेखः, लेख्यं, पत्रिका, पत्री, संवादपत्रं, सन्देशपत्रं, लिपिः ***f.***

Epistolary, ***a.*** पत्री -त्रिणी -त्रि (न्), पत्रीयः -या -यं, लेख्यकः -का -कं.

Epitaph, ***s.*** चैत्यस्य उपरिलिखितं मृतजनमुद्दिश्य स्तुतिवाक्यं, चैत्योपरि लिखिता तत्रैव निखातजनमुद्दिश्य गुणस्तुतिः, चैत्यलिपिः ***f.,*** चैत्योपरिस्थ लिपिः.

Epithalamium, ***s.*** वैवाहिकगीतं, औद्वाहिकगीतं, विवाहसमये माङ्गलिकगीतं.

Epithem, ***s.*** उत्कारिका, उपदेहः, उपनाहः, प्रलेपः, लेपः

Epithet, ***s.*** विशेषणं -षकः -कं, संज्ञाविषयः, सम्बुद्धिः ***f.,*** उपाधिः ***m.,*** गुणगुणवाचकः शब्दः.

Epitome, ***s.*** संक्षेपः -पणं, सङ्ग्रहः, सारसङ्ग्रहः, सारः, संहिता, प्रत्याहारः, समाहारः, समाहृतिः ***f.,*** समसनं.

To **epitomize,** ***v. a.*** संक्षिप् **(c. 6.** -क्षिपति -क्षेप्तुं), संहृ **(c. 1.** -हरति -हर्त्तुं), उपसंहृ.

Epitomized, ***p. p.*** संक्षिप्तः -प्ता -प्तं, सांक्षेपिकः -की -कं, समस्तः -स्ता -स्तं, सामासिकः -की -कं, संहृतः -ता -तं, उपसंहृतः -ता -तं, चुम्बकः -का -कं.

Epitomizer, epitomist, ***s.*** संक्षेप्ता ***m.*** (प्तृ), सङ्ग्रहकर्त्ता ***m.*** (र्त्तृ), सारलेखकः.

Epoch, epocha, ***s.*** **(A fixed era from which computation of years begin)** ध्रुवः, शाकः, शकः, संवत् **indec. The era of Śālivāhana is called** शाकः, **that of Vikramāditya,** संवत्. **—(Any period or fixed time)** कालः, कालावधिः ***m.,*** अवधिः ***m.,*** निर्णीतकालः.

Epode, ***s.*** उपगीतं, उपगानं, अधिगीतं, अपरगीतं, गीतानुबन्धः.

Epopee, ***s.*** महाकाव्यं, वीरचरित्रविषयं काव्यं.

Epulation, ***s.*** उत्सवकरणं, उत्सवः, मिष्टान्नभोजनं.

Equable, ***a.*** समानः -ना -नं, निर्विकारः -रा -रं. **—(In motion)** समानगतिः -तिः -ति. **—(In temper)** समभावः -वी -वं, समवृत्तिः -त्तिः -त्ति, समचित्तः -त्ता -त्तं.

Equal, ***a.*** समः -मा -मं, समानः -ना -नं, तुल्यः -ल्या -ल्यं, समीयः -या -यं, सदृशः -शी -शं, ईदृशः -शी -शं. **—(Not inferior)** अनवरः -रा -रं, अनवमः -मा -मं. **—(Even, uniform)** समानः -ना -नं, समस्थः -स्था -स्थं, निर्विकारः -रा -रं, अञ्जसः -सा -सं; **'of equal extent or size,'** सम्मितः -ता -तं, सममात्रः -त्रा -त्रं, तुल्यपरिमाणः -णा -णं; **'equal to all,'** सर्व्वसमः -मा -मं; **'of equal strength,'** तुल्यबलः -ला -लं; **'equal in glory,'** समानतेजाः -जाः -जः (स्); **'this is equal to a sixteenth part of that,'** एतत् तस्य षोडशांशेन समं.

Equal, ***s.*** **(Of the same age)** समानवयस्कः, समवयस्कः, सवयाः ***m.*** (स्), तुल्यवयाः ***m.*** (स्), समानजन्मा ***m.*** (न्), वयस्यः. **—(Of the same rank)** समानपदस्थः, तुल्यपदस्थः.

To **equal,** ***v. a.*** समीकृ, समानीकृ, तुल्यीकृ, समान **(nom.** समानयति -यितुं), समानं -नां -नं कृ, तुल्यं -ल्यां -ल्यं कृ.

Equality, ***s.*** समता, साम्यं, समानता, तुल्यता -त्वं, सामान्यं, साम्यता, प्रतियोगिता. **—(In rank)** समानपदं, तुल्यपदं. **—(In tribe)** सवर्णता.

Equalization, ***s.*** समीकरणं, समानीकरणं, तुल्यत्वं, समानता.

To **equalize,** ***v. a.*** समीकृ, समानीकृ, तुल् **(c. 10.** तुलयति -यितुं). ***See To*** **equal.**

Equalized ***p. p.*** समीकृतः -ता -तं, समानीकृतः -ता -तं, तुलितः -ता -तं.

Equally, ***adv.*** समं, समानं, समानतस्, तुल्यवत्, साम्यतस्, सामान्येन.

Equanimity, ***s.*** समचित्तत्वं, समबुद्धिता, समभावः, समानवृत्तिः ***f.,*** सर्व्वसमता, सत्त्वसम्पन्नता, सत्त्वं, सम्पदापदोर् हर्षविषादराहित्यं.

Equanimous, ***a.*** समचित्तः -त्ता -त्तं, समबुद्धिः -द्धिः -द्धि, समभावः -वी -वं, समवृत्तिः -त्तिः -त्ति, सत्त्वसम्पन्नः -न्ना -न्नं, सत्यसम्पन्नः -न्ना -न्नं, सम्पदापदोर् हर्षविषादरहितः -ता -तं, निर्विकारः -रा -रं.

Equation, ***s.*** **(In algebra)** समीक्रिया, समीकरणं, साम्यं, फलं; **'of unknown quantity,'** अव्यक्तसाम्यं; **'unlimited equation,'** एकवर्णसमीकरणं.

Equator, ***s.*** निरक्षः, भूचक्रं, भूपरिधिः ***m.,*** भूगोलरेखा; **'equatorial region'** निरक्षदेशः; **'celestial equator,'** नाडिमण्डलं, नाडीमण्डलं. ***See*** **Equinoctial line.**

Equatorial, ***a.*** निरक्षसम्बन्धी -न्धिनी -न्धि (न्), भूचक्रसम्बन्धी, **etc.**

Equery, equerry, ***s.*** राजाश्वपालः, राजाश्वशालारक्षणे नियुक्तो जनः. **—(Stable for horses)** अश्वशाला, वाजिशाला.

Equestrian, ***a.*** आश्वः -श्वी -श्वं, आश्विकः -की -कं, अश्वीयः -या -यं, तुरगी -गिणी -गि (न्); **'person on horseback,'** अश्वारूढः, अश्वारोही ***m.*** (न्).

Equiangular, ***a.*** समकोणः -णा -णं, समानास्त्रः -स्त्रा -स्त्रं, तुल्यकोणः -णा -णं.

Equidistant, *a.* समान्तरः -रा -रं, तुल्यान्तरः -रा -रं, समान्तरस्थः -स्था -स्थं.

Equilateral, *a.* समभुजः -जा -जं, समानबाहुः -हुः -हु, समपार्श्वः -र्श्वा -र्श्वं; **'an equilateral triangle,'** समत्रिभुजः.

Equilibrium, *s.* तुल्यता, भारतुल्यता, समतोलत्वं, तुल्यबलत्वं, परिमाणतुल्यता, समता, साम्यं.

Equinoctial, *a.* विषुवीयः -या -यं, विषुवसम्बन्धी -न्धिनी -न्धि (न्); **'equinoctial line,'** विषुवचक्रं, विषुमण्डलं, विषुवद्वृत्तं, विषुवरेखा, भूचक्रं, भूपरिधिः ***m.,*** नाडीमण्डलं; **'equinoctial point,'** अयनं.

Equinox, *s.* विषुवं, विषुवत् ***n.,*** विष्वक् ***n.,*** विषुपं; **'the vernal equinox,'** महाविषुवं, हरिपदं; **'autumnal,'** विषुपदं; **'day of the equinox,'** विषुवदिनं.

Equinumerant, *a.* समसंख्यः -ख्या -ख्यं, समानसंख्यः -ख्या -ख्यं.

To* equip, *v. a. सज्जीकृ, सज्ज् **(c. 1.** सज्जति -ज्जितुं), ससज्जं -ज्जां -ज्जं कृ, सर्व्वोपकरणैः **or** सोपकारद्रव्यैः समायुज् **in caus.** (-योजयति -यितुं) **or** युज्, सर्व्वसोपकारद्रव्याणि उपक्लृप् **(c. 10.** -कल्पयति -यितुं) **or** सम्प्रक्लृप् **or** उपस्था **in caus.** (-स्थापयति -यितुं), **or** उपपद् **in caus.** (-पादयति -यितुं) **or** सम्भृ **(c. 1.** -भरति -भर्त्तुं) **or** उपस्कृ **or** पुरस्कृ **or** सिद्धीकृ **or** प्रस्तुतीकृ, द्रव्यसम्भारं कृ, उपकरणसम्भारं कृ. —**(With arms)** अस्त्रैः **or** शस्त्रैः सज्जीकृ, सन्नह् **(c. 4.** -नह्यति -नद्धुं), संवर्म्म् **(nom.** -वर्म्मयति -यितुं).—**(Fit out a ship)** नावं समुद्रयानार्थं **or** युद्धार्थं सज्जीकृ.—**(With clothes)** वस्त्रैर् वेष्ट् **(c. 1.** वेष्टते -ष्टितुं) **or** भूष् **(c. 10.** भूषयति -यितुं) **or** अलङ्कृ.

Equipage, *s.* (Implements, materials) उपकरणं, साधनं, सामग्र्यं -ग्री, सम्भारः, उपस्करः.—**(Paraphernalia)** सज्जा, परिच्छदः, सन्नाहः, अलङ्क्रिया.—**(Of war)** युद्धसज्जा, युद्धोपकरणं, वाहिनी.—**(Retinue)** परिवर्हः, वर्हः, तन्त्रं. —**(Vehicle)** वाहनं, विमानं.

Equipment, *s.* (Act of equipping) सज्जीकरणं, सज्जनं -ना, सज्जकर्म्म ***n.*** (न्), सज्जा, साधनं, सम्भारः, सम्भृतिः ***f.,*** आयोजनं, उपाकर्म्म ***n.*** (न्), पुरस्कारः, पुरस्करणं. ***See* Equipage.**

Equipoise, *s.* तुल्यता, भारतुल्यता, तुल्यभारत्वं, समतोलत्वं, तुल्यबलत्वं, समता, साम्यं, तुल्यपरिमाणं, परिमाणतुल्यता.

To* equipoise, *v. a. समीकृ, तुल्यीकृ, तुल्यबलीकृ, समतोलीकृ.

Equipoised, *p. p.* तुलितः -ता -तं, समीकृतः -ता -तं, समतोलः -ला -लं.

Equipollence, *s.* तुल्यबलत्वं, बलसमता, तुल्यशक्तित्वं, शक्तिसाम्यं.

Equipollent, *a.* तुल्यबलः -ला -लं, तुल्यशक्तिः -क्तिः क्ति, तुल्यौजाः -जाः -जः (स्).

Equiponderance, *s.* तुल्यता, भारतुल्यता, समतोलत्वं, तुल्यबलत्वं.

Equiponderant, *a.* समतोलः -ला -लं, तुल्यबलं -ला -लं, तुल्यपरिमाणः -णा -णं.

Equipped, *p. p.* सज्जीकृतः -ता -तं, सज्जितः -ता -तं, सज्जः -ज्जा -ज्जं, सोपकारद्रव्युक्तः -क्ता -क्तं, संयुक्तः -क्ता -क्तं, समायुक्तः -क्ता -क्तं, समन्वितः -ता -तं, सोपकारः -री -रं, सन्नद्धः -द्धा -द्धं, पिनद्धः -द्धा -द्धं, संहितः -ता -तं.

Equitable, *a.* समदर्शी -र्शिनी -र्शि (न्), धर्म्मकारी -रिणी -रि (न्), न्यायकारी **etc.,** न्यायी -यिनी -यि (न्), धार्मिकः -की -कं, न्यायवर्त्ती -र्त्तिनी -र्त्ति (न्), यथान्यायः -या -यं), अपक्षपाती -तिनी -ति (न्), विपक्षपातः -ता -तं, पक्षपातरहितः -ता -तं, सर्व्वसमः -मा -मं, उभयसाधारणः -णा -णी -णं, निरुपेक्षी -क्षिणी -क्षि (न्).

Equitableness, *s.* साम्यं, समता, सर्व्वसमता, अपक्षपातः, न्यायता.

Equitably, *adv.* न्यायतस्, यथान्यायं, न्यायवत्, पक्षपातं विना, साम्येन.

Equity, *s.* न्यायः, धर्म्मः, न्यायता, अपक्षपातः, साम्यं, समता, उभयसामान्यं, सर्व्वसमता, युक्तिः ***f.,*** याथार्थ्यं, विचारः. —**(Qualification of the severity of law)** दण्डनैष्ठुर्य्यशमनं, धर्म्मनैष्ठुर्य्यशमनं; **'court of equity,'** दण्डनैष्ठुर्य्यशमका महाविचारणसभा.

Equivalent, *a.* सममूल्यः -ल्या -ल्यं, तुल्यमूल्यः -ल्या -ल्यं, समानमूल्यः -ल्या -ल्यं, तुल्यबलः -ला -लं, तुल्यार्घः -र्घा -र्घं, समार्घः -र्घा -र्घं, समानबलः -ला -लं, समशक्तिः -क्तिः -क्ति, तुल्यशक्तिः -क्तिः -क्ति तुल्यः -ल्या -ल्यं, समः -मा -मं, समानः -ना -नं.

Equivalent, *s.* समानमूल्यकं द्रव्यं, तुल्यद्रव्यं, तुल्यवस्तु ***n.,*** प्रतिक्रिया, प्रतीकारः, प्रतिकृतिः ***f.,*** प्रत्युपकारः, निस्तारः, प्रतिफलं, परिवर्त्तः, तुल्यत्वं, साम्यं, समानत्वं.

Equivocal, *a.* सन्दिग्धार्थः -र्था -र्थं, अस्पष्टार्थः -र्था -र्थं, द्व्यर्थः -र्था -र्थं, वक्रः -क्रा -क्रं, वक्रार्थः -र्था -र्थं, अस्पष्टः -ष्टा -ष्टं, विकलार्थकः -का -कं.

Equivocally, *adv.* सन्दिग्धार्थतस्, द्व्यर्थतस्, वक्रोक्त्या, अस्पष्टं, अव्यक्तं.

Equivocalness, *s.* सन्दिग्धार्थः, द्व्यर्थः, अर्थसन्देहः, अर्थसन्दिग्धता, अर्थवक्रिमा ***m.*** (न्), अस्पष्टता, सन्दिग्धता, वक्रता.

To* equivocate, *v. n. वक्रं **or** सवक्रार्थं **or** अर्थवक्रतया **or** द्व्यर्थतो वद् **(c. 1.** वदति -दितुं), वक्रोक्तिं कृ, अस्पष्टं वद.

Equivocating, *a.* वक्रोक्तिमान् -मती -मत् (त्), वाक्छलान्वितः -ता -तं.

Equivocation, *s.* वक्रोक्तिः ***f.,*** वक्रवाक्यं, वक्रभणितं, वक्रवचनं,

वाक्यवक्रता, वाक्छलं, वक्रता, वक्रिमा *m.* (न्), अर्थवैकल्यं, अपदेशः, व्यपदेशः.

Equivocator, *s.* द्व्यर्थवक्ता *m.* (क्तृ), द्व्यर्थवादी *m.* (न्), वक्रवाक्यवादी *m.*

Equivoque, *s.* वक्रोक्तिः *f.*, कूटोक्तिः *f.*, कैतवादः, लालिका, अर्थापत्तिः *f.*

Era, *s.* कालः, ध्रुवः, शाकः, शकः, संवत् **indec. The era of Śālivāhana is called** शाकः, **that of Vikramāditya,** संवत्.

To* eradiate, *v. a. स्फुर् (**c. 6.** स्फुरति -रितुं), रश्मीन् **or** किरणान् पत् **in caus.** (पातयति -यितुं) **or** मुच् (**c. 6.** मुञ्चति, मोक्तुं); **or** निक्षिप् (**c. 6.** -क्षिपति -क्षेप्तुं).

Eradicable, *a.* उन्मूल्यः -ल्या -ल्यं, उन्मूलनीयः -या -यं, उत्पादनीयः -या -यं, मूल्यः -ल्या -ल्यं.

To* eradicate, *v. a. उन्मूल् (**c. 10.** -मूलयति -यितुं), समुन्मूल्, उत्पट् (**c. 10.** -पाटयति -यितुं), मूलात् **or** आमूलं **or** समूलम् उद्धृ (**c. 1.** -हरति -हर्त्तुं) **or** समुद्धृ **or** उच्छिद् (**c. 7.** -छिनत्ति -छेत्तुं) **or** उत्खन् (**c. 1.** -खनति -नितुं), व्यरुह् **in caus.** (-रोपयति -यितुं), उद्वृह् (**c. 6.** -वृहतत -वर्हितुं).

Eradicated, *p. p.* उन्मूलितः -ता -तं, उत्पाटितः -ता -तं, उच्छिन्नः -न्ना -न्नं, उद्धृतः -ता -तं, उत्खातः -ता -तं, व्यपरोपितः -ता -तं, आवर्हितः -ता -तं, उद्बर्हितः -ता -तं.

Eradication, *s.* उत्पाटनं, उच्छेदः, उद्धरणं, उन्मूलनं, समूलोत्पाटनं, समूलोद्धरणं, मूलादुद्धरणं, व्यपरोपणं, समूलघातं, निष्कोषणं, विनाशः.

Eradicative, *a.* उच्छेदी -दिनी -दि (न्), उत्पाटनकारी -रिणी -रि (न्).

Eradicator, *s.* उद्वर्त्ता *m.* (र्त्त), उन्मूलयिता *m.* (तृ), उच्छेदी *m.* (न्).

***To* erase, *v. a.* (Rub out)** व्यामृज् (**c. 2.** -मार्ष्टि -र्ष्टुं), अपमृज्, उन्मृज्, व्यामृश् (**c. 6.** -मृशति -स्रष्टुं), लुप् (**c. 6.** लुम्पति, लोप्तुं), विलुप् (**c. 10.** -लोपयति -यितुं), लोपं कृ. **—(Destroy)** उच्छिद् (**c. 7.** -छिनत्ति -छेत्तुं), उद्धृ (**c. 1.** -हरति -हर्त्तुं), विनश् **in caus.** (-नाशयति -यितुं).

Erased, *p. p.* व्यामृष्टः -ष्टा -ष्टं, लुप्तः -प्ता -प्तं, उच्छिन्नः -न्ना -न्नं.

Erastain, *s.* खीष्टीयसमाजो राज्यरीतिसम्बद्धो भवति **or** राज्यरीत्यधीनो भवति इति मन्यते यो जनः.

Erasure, *s.* व्यामर्षः, लोपः, विलोपनं, उच्छेदः, विनाशः.

Ere, *adv.* **or** *prep.* प्राक्, पूर्व्वं, पुरा, अग्रे; **'ere he could come,'** तस्य आगमनात् पुर्व्वं **or** पुरा; **'ere the time appointed,'** प्राग् विहितकालात्; **'ere twelve years are over,'** प्राग् द्वादशसमाः; **or, expressed by loc. absolute; as, 'ere my child die,'** मम पुत्रे न मृते सति.

Erelong, *adv.* अचिरेण, अचिरात्, न चिरेण, न चिरात्, पुरा.

Erenow, *adv.* अधुना पूर्व्वं, अद्य पूर्व्वं, प्राग् इहसमयात्.

***To* erect, *v. a.* (Set up)** स्था **in caus.** (स्थापयति -यितुं), प्रतिष्ठा, अवस्था, संस्था, अधिष्ठा, अधिरुह् **in caus.** (-रोपयति -यितुं), निरुह्, रुह्. **—(Raise, elevate)** उत्था (**rt.** स्था **with** उत्), उन्नम् **in caus.** (-नमयति -यितुं), उच्छ्रि (**c. 1.** -छ्रयति -यितुं, **rt.** श्रि), समुच्छ्रि, प्रोच्छ्रि; उत्क्षिप् (**c. 6.** -क्षिपति -क्षेप्तुं), उद्यम् (**c. 1.** -यच्छति -यन्तुं), उद्धृ (**c. 1.** -हरति -हर्त्तुं), उन्नी (**c. 1.** -नयति -नेतुं), उद्वृह् (**c. 6.** -वृहति -वर्हितुं), उच्चीकृ, उद्धर्वीकृ, उच्चैः कृ; **'to erect the hair,'** पुलक (**nom.** पुलकयति -यितुं).

Erect, *a.* उन्नतः -ता -तं, समुन्नतः -ता -तं, अनतः -ता -तं, ऋजुः -जुः -जु, उल्लसितः -ता -तं, उत्तानः -ना -नं, अजिह्मः -ह्मा -ह्मं, उच्चः -च्चा -च्चं, उच्छ्रितः -ता -तं. **—(Having the head or countenance erect)** उन्नतशिराः -राः -रः (स्), प्रकटशीर्षः -र्षा -र्षं, ऊद्धर्वमुखः -खी -खं, उत्पक्ष्मलः -ला -लं; **'having the hair erect,'** पुलकितः -ता -तं, रोमाञ्चितः -ता -तं.

Erected, *p. p.* प्रतिष्ठापितः -ता -त्तं, प्रतिष्ठितः -ता -तं, अधिष्ठितः -ता -तं, उत्थापितः -ता -तं, उच्छ्रितः -ता -तं, उन्नमितः -ता -तं, उन्नतः -ता -तं, उद्धृतः -ता -तं, उद्यतः -ता -तं, उद्बर्हितः -ता -तं, उच्चीकृतः -ता -तं, उद्गूर्णः -र्णा -र्णं, उद्वृत्तः -त्ता -त्तं, उद्वर्त्तितः -ता -तं.

Erection, *s.* **(Establishing)** प्रतिष्ठापनं, संस्थापनं, अवस्थापनं. **—(Raising)** उत्थापनं, उच्छ्र्यं, उच्छ्रायः, उच्छ्रितिः *f.*, समुच्छ्रयः, उन्नतिः *f.*, उन्नमनं, उन्नयः -यनं, उन्नामः, उन्नायः, उत्क्षेपः, उद्यमः, उद्वर्त्तनं; **'of the hair of the body,'** पुलकः, पुलकोद्गमः, उद्घर्षणं, रोमहर्षणं, रोमाञ्चः ञ्चनं, रोमोद्गमः, रोमोद्भेदः, उद्धूषणं.

Erectness, *s.* अनतता, उन्नतता, उत्तानत्वं, उच्चता, ऋजुता.

Eremite, *s.* अरण्यवासी *m.* (न्), वनवासी *m.*, वनस्थायी *m.* (न्), वानप्रस्थः.

Ermine, *s.* नकुलजातीयो हिमवद्देशजः शुक्ललोमा क्षुद्रजन्तुः.

Erotic, *a.* कामी -मिनी -मि (न्), शृङ्गारी -रिणी -रि (न्), कामविषयः -या -यं.

To* err, *v. n. भ्रम् (**c. 4.** भ्राम्यति, भ्रमितुं), विभ्रम्, परिभ्रम्, भ्रान्तिं कृ, अपराध् (**c. 4.** -राध्यति, **c. 5.** -राध्नोति -राद्धुं), अपराधं कृ, दोषं कृ, प्रमद् (**c. 4.** -माद्यति -मदितुं), सत्पथात् **or** यथोचिताद् भ्रंश् (**c. 4.** भ्रश्यति, भ्रंशितुं) **or** च्यु (**c. 1.** च्यवते, च्योतुं) **or** विच्यु **or** विचल् (**c. 1.** -चलति -लितुं), उत्क्रम् (**c. 1.** -क्रामति -क्रमितुं), व्युत्क्रम्, व्यभिचर् (**c. 1.** -चरति -रितुं); उत्पथेन **or** उन्मार्गेण गम् (**c. 1.** गच्छति, गन्तुं), मुह् (**c. 4.** मुह्यति, मोहितुं), प्रमादं कृ.

Errand, ***s.*** सन्देशः, सन्दिष्टं, शासनं, शास्तिः ***f.,*** आदेशः, आज्ञा, निर्देशः, समाचारः, वाचिकं, दूत्यं, दौत्यं, कार्य्यं, कृत्यं, कर्त्तव्यं; **'sending on an errand,'** प्रतिशासनं.

Errant, ***a.*** भ्रमी -मिणी -मि (न्), परिभ्रमी **etc.,** पर्य्यटनकारी -रिणी -रि (न्), इतस्ततो भ्रमणकारी **etc.,** अवनिचरः -रा -रं.

Errantry, ***s.*** भ्रमणं, परिभ्रमणं, अटनं, पर्य्यटनं, चक्राटनं.

Errata-list, ***s.*** शुद्धिपत्रं, शोधनपत्रं, अशुद्धशोधनपत्रं.

Erratic, ***a.*** परिभ्रमी -मिणी -मि (न्), भ्रमणशीलः -ला -लं, चरः -रा -रं, चलनः -ना -नं, जङ्गमः -मा -मं, अस्थिरः -रा -रं, चञ्चलः -ला -लं. ***See*** **Errant.**

Erratum, ***s.*** अशुद्धं, अशुद्धिः ***f.,*** अशोधनं.

Errhine, ***a.*** नस्यः -स्या -स्यं, क्षुत्करः -री -रं, छिक्ककः -का -कं.

Erroneous, ***a.*** भ्रान्तिमान् -मती -मत् (त्), अशुद्धः -द्धा -द्धं, अयथार्थः -र्था -र्थं, अतथ्यः -थ्या -थ्यं, वितथः -था -थं, अनृतः -ता -तं, असत्यः -त्या -त्यं, भ्रमजनकः -का -कं, भ्रमात्मकः -का -कं, भ्रमोत्पादकः -का -कं, प्रमादी -दिनी -दि (न्), प्रमादवान् -वती -वत् (त). **Often expressed by** मिथ्या **or** मृषा **prefixed; as, 'an erroneous opinion,'** मिथ्यामतिः ***f.;*** **'an erroneous statement,'** मिथ्यावादः, मृषावादः; **'erroneous conclusion,'** अपसिद्धान्तः.

Erroneously, ***adv.*** मिथ्या, मृषा, अन्यथा, अयथार्थं, अयथावत्, वृथा, अतथ्यं, वितथं, अनृतं, असत्यं, प्रमादेन, सप्रमादं.

Erroneousness, ***s.*** अयाथार्थ्यं, असत्यता, अयथार्थता, अतथ्यता, वितथत्वं, भ्रान्तिमत्त्वं, प्रमादवत्त्वं.

Error, ***s.*** **(Mistake)** भ्रमः, भ्रान्तिः ***f.,*** मतिभ्रमः, मतिभ्रान्तिः ***f.,*** विभ्रमः, मतिविभ्रमः, प्रमादः, मिथ्यामतिः ***f.,*** परिभ्रमः, भ्रामः, प्रपञ्चः, मोहः, व्यामोहः, विवर्त्तः, विचिकित्सा.—**(Irregular course, deviation)** उन्मार्गः, उन्मार्गगमनं, विमार्गगमनं, उत्पथः, सत्पथभ्रंशः, यथोचिताद्भ्रंशः, उत्क्रमः, व्यतिक्रमः, व्यभिचारः, भ्रेषः.—**(Fault, sin)** दोषः, अपराधः, पापं; **'in error,'** अपराधी -धिनी -धि (न्), अपराद्धः -द्धा -द्धं; **'I am not in error,'** नाहम् अपराद्धः.

Erst, ***adv.*** पुरा, पूर्व्वं, पूर्व्वतस्, पूर्व्वकाले, प्राक्, प्राक्काले.

Erubescence, ***s.*** अरुणीभावः, अरुणिमा ***m.*** (न्), मुखारुणिमा ***m.,*** कपोलरागः.

Erubescent, ***a.*** ईषद्रक्तवदनः -नी -नं, ईषदरुणितकपोलः -ला -लं.

To **eruct,** ***v. a.*** उद्गॄ **(c. 6.** -गिरति -गरितुं -रीतुं), उद्वम् **(c. 1.** -वमति -मितुं).

Eructation, ***s.*** उद्गारः, उद्गिरणं, उद्वमः -मनं, उत्क्षेपः, -पणं, उद्गमः, उत्तारः; **'sour eructation,'** अम्लोद्गारः.

Erudite, ***a.*** पण्डितः -ता -तं, विद्यावान् -वती -वत् (त्), ज्ञानवान् **etc.,** कृतधीः -धीः -धि, व्युत्पन्नः -न्ना -न्नं, विपश्चित् ***m.f.n.,*** शिक्षितः -ता -तं.

Erudition, ***s.*** पाण्डित्यं, विद्या, ज्ञानं, व्युत्पत्तिः ***f.,*** शिक्षा, वैदुष्यं.

Eruginous, ***a.*** ताम्रमलसमभावः -वी -वं, ताम्रकलङ्करूपः -पी -पं.

Eruption, ***s.*** **(Bursting forth, emission)** उद्भेदः, प्रोद्भेदः, उद्गारः, उद्गिरणं, उत्सर्गः, उत्क्षेपः, उद्गमः, स्फोटनं, निःसरणं, निर्गमः.—**(On the skin)** दद्रुः ***m.,*** खर्ज्जूः ***f.,*** स्फोटोत्पत्तिः ***f.,*** विस्फोटः, वरटी, वरण्डकः.

Eruptive, ***a.*** उद्भेदी -दिनी -दि (न्), स्फोटविशिष्टः -ष्टा -ष्टं.

Erysipelas, ***s.*** उदर्दः, विसर्पः, दद्रुः ***m.,*** दद्रूः ***m.***

Escalade, ***s.*** लङ्घनं, दुर्गलङ्घनं, अवस्कन्दः -न्दनं, उल्लङ्घनं.

To **escape,** ***v. n.*** **and** ***a.*** पलाय् **(c. 1.** पलायते -यितुं, **rt.** इ), विपलाय्, प्रपलाय्, सम्पलाय्; निस्तॄ **(c. 1.** -तरति -रितुं -रीतुं), उत्तॄ; अपक्रम् **(c. 1.** -क्रामति -क्रमितुं), निर्गम् **(c. 1.** -गच्छति -गन्तुं), प्रद्रु **(c. 1.** -द्रवति -द्रोतुं), विद्रु, विप्रद्रु; प्रधाव् **(c. 1.** -धावति -वितुं), अपधाव्, उत्पा **(c. 1.** -पतति -तितुं), निष्पत्, अपसृप् **(c. 1.** -सर्पति -सप्तुं), क्षेमं त्राणं **or** रक्षां लभ् **(c. 1.** लभते, लब्धुं) **or** प्राप् **(c. 5.** -आप्नोति -आप्तुं). —**(Avoid)** परिहृ **(c. 1.** -हरति -हर्त्तुं), प्रोज्झ् **(c. 6.** -उज्झति -झितुं), त्यज् **(c. 1.** त्यजति, त्यक्तुं), परित्यज्; **'escaping,'** निस्तीर्य्य, पलायित्वा, पलायमानः -ना -नं; **'one who has escaped danger,'** भयमुक्तः -क्ता -क्तं, भयविमुक्तः -क्ता -क्तं, भयत्रातः -ता -तं, क्षेमप्राप्तः -प्ता -प्तं; **'he escapes blame,'** दोषेण विमुच्यते.

Escape, ***s.*** निस्तारः, निस्तरणं, उत्तरणं; निर्गमः, निर्गतिः ***f.,*** पलायनं, प्रपलायनं, विपलायनं, अपक्रमः, अपयानं, प्रदावः, विद्रवः, उद्द्रावः, अत्ययः, अपायः, क्षेमप्राप्तिः ***f.,*** त्राणं, मोक्षः, मुक्तिः ***f.,*** शेषः; **'from punishment,'** दण्डभङ्गः, दण्डमोक्षः; **'desire of escaping with life,'** प्राणपरीप्सा.

Escaped, ***p. p.*** निस्तीर्णः -र्णा -र्णं, उत्तीर्णः -र्णा -र्णं, पलायितः -ता -तं, निर्गतः -ता -तं, द्रुतः -ता -तं, परिभ्रष्टः -ष्टा -ष्टं, प्रभृष्टः -ष्टा -ष्टं.

Eschalot, ***s.*** लशुनजातीयः क्षुद्रकन्दः, तीक्ष्णकन्दभेदः.

Escharotic, ***a.*** मांसदाहकः -का -कं, मांसविलयनकृत्.

Escharotic, ***s.*** विलयनं, अवसादनं, मांसदाहकः प्रलेपः.

Escheat, ***s.*** उत्तराधिकारिणो अभावाद् भूस्वामिहस्तगते भूमिक्षेत्रादि **or** भूस्वामिना प्राप्तं क्षेत्रादि.

To **escheat,** ***v. n.*** उत्तराधिकारिणाम् अभावाद् भूस्वामिन आधिकारण्ये परावृत् **(c. 1.** -वर्त्तते -र्त्तितुं) **or** भूस्वामिहस्तं गम् **(c. 1.** गच्छति, गन्तुं) **or** भूस्वामिना पुनः प्राप् **in pass.**

(प्राप्यते).

To **eschew, *v. a.*** वृज् (**c. 10.** वर्जयति -यितुं), हा (**c. 3.** जहाति, हातुं), उत्सृज् (**c. 6.** -सृजति -स्रष्टुं), त्यज् (**c. 1.** त्यजति, त्यक्तुं), प्रोज्झ् (**c. 6.** -उज्झति -ज्झितुं).

Escort, *s.* (Body of men for protection) रक्षार्थं सैनिकगुल्मः **or** सैन्यदलं, रक्षकाः ***m.pl.,*** परिचराः ***m.pl.,*** अनुचराः ***m.pl.,*** परिवारः.—**(Protection, safeguard)** रक्षा -क्षणं, आश्रयः, शरणं.—**(Attendance for defence)** रक्षार्थम्, अनुव्रजनं, अनुव्रज्या.

To **escort, *v. a.* (Attend by way of defence)** रक्षार्थम् अनुव्रज् (**c. 1.** -व्रजति -जितुं) **or** अनुया (**c. 2.** -याति -तुं), अध्वनि रक्ष् (**c. 1.** रक्षति -क्षितुं), सञ्चर् **in caus.** (-चारयति -यितुं).

Escorted, *p. p.* अनुयातः -ता -तं, अध्वनि रक्षितः -ता -तं, सञ्चारितः -ता -तं.

Escritoir, *s.* लिपिसज्जाधारः, लेखसाधनाधारः.

Esculent, *a.* खाद्यः -द्या -द्यं, खादनीयः -या -यं, भक्षणीयः -या -यं.

Escutcheon, *s.* कुलचिह्नपत्रं, वंशमर्य्यादालक्षणपत्रं.

Esophagus, *s.* अन्नवाहिस्रोतः ***n.*** (स्), निगरणस्रोतः ***n.*** (स्).

Esoteric, *a.* गूढः -ढा -ढं, अलौकिकः -की -कं, अन्तर्भूतः -ता -तं.

Espalier, *s.* वातावरणार्थम् उद्यानपरितो रोपिता क्षुद्रवृक्षपंक्तिः ***f.,*** वृक्षजालं.

Especial, *a.* (Particular) विशेषकः -का -कं, सविशेषः -षा -षं, विशेष्यः -ष्या -ष्यं, विशेष **in comp., as, 'especial duty,'** विशेषधर्म्मः.—**(Principal)** उत्तमः -मा -मं, परमः -मा -मं, मुख्यः -ख्या -ख्यं, अधिकः -का -कं.

Especially, *adv.* विशेषतस्, सविशेषं, प्रधानतस्, मुख्यशस्, परमं.

Espied, *p. p.* दृष्टः -ष्टा -ष्टं, आलोकितः -ता -तं, आलक्षितः -ता -तं.

Espionage, *s.* पैशुन्यं, चारकर्म्म ***n.*** (न्), गूढावेक्षणं, चारचक्षुः ***n.*** (स्).

Esplanade, *s.* तृणास्तीर्णः समभूभागः, तृणविशिष्टः समस्थलीकृतः, क्रीडाप्रदेशः.

Espousal, *s.* वाग्दानं, कन्याप्रदानं, वाग्निश्चयः, विवाहसम्बन्धः.—**(Adoption)** परिग्रहः, सङ्ग्रहः, ग्रहणं, अनुपालनं; **'of another's cause,'** पक्षपातः.

To **espouse, *v. a.* (Betroth)** वाग्दानं कृ, विवाहप्रतिज्ञां कृ.—**(Marry a wife)** कन्यां विवह् (**c. 1.** -वहति -वोढुं) **or** उद्वह् **or** परिणी (**c. 1.** -णयति -णेतुं) **or** परिग्रह् (**c. 9.** -गृह्णाति -ग्रहीतुं).—**(Take to one's self, adopt, maintain)** स्वीकृ, आत्मसात्कृ, अङ्गीकृ, सङ्ग्रह्, परिग्रह्, संवृध् **in caus.** (-वर्धयति -यितुं), अनुपाल् (**c. 10.** -पालयति -यितुं); **'the cause of another,'** परस्य सपक्षो भू **or** पक्षपातं कृ **or** पक्षपाती भू; **'of a follower,'** भक्ताभिमानं कृ.

Espoused, *p. p.* वाग्दत्तः -त्ता -त्तं, प्रदत्तः -त्ता -त्तं, प्रत्तः -त्ता -त्तं, प्रतिज्ञाविवाहितः -ता -तं, विवाहितः -ता -तं, परिणीतः -ता -तं, उपोढः -ढा -ढं.

To **espy, *v. a.* (See at a distance)** दूराद् आलोक् (**c. 1.** -लोकते, **c. 10.** -लोकयति -यितुं) **or** अवलोक् **or** दृश (**c. 1.** पश्यति, द्रष्टुं) **or** ईक्ष् (**c. 1.** ईक्षते -क्षितुं) **or** समीक्ष् **or** प्रेक्ष् **or** आलक्ष् (**c. 10.** -लक्षयति -यितुं), निरूप् (**c. 10.** -रूपयति -यितुं).

Esquire, *s.* (Armour-bearer) सान्नहिनकः.—**(Gentleman)** महाशयः, आर्य्यः. **In cases where esquire is affixed to a name out of respect** श्री **may be prefixed.**

To **essay, *v. a.*** परीक्ष् (**c. 1.** -ईक्षते -क्षितुं), परीक्षां कृ, यत् (**c. 1.** यतते -तितं), चेष्ट् (**c. 1.** चेष्टते -ष्टितुं), उद्यम् (**c. 1.** -यच्छति -यन्तुं), उपक्रम् (**c. 1.** -क्रमते -मितुं), व्यवसो (**c. 4.** -स्यति -सातुं), आरभ् (**c. 1.** -रभते -रब्धुं).

Essay, *s.* परीक्षा-क्षणं, उद्योगः, चेष्टा, उद्यमः, समुद्यमः, आरम्भः, प्रवृत्तिः ***f.,*** उपक्रमः.—**(A Composition on any thesis)** अमुकपक्षविषयो लेख्यबन्धः **or** निबन्धः **or** लेख्यप्रसङ्गः, लेख्यं, लेख्यपत्रं.

Essayist, *s.* लेख्यनिबन्धा ***m.*** (न्धृ), निबन्धकृत् ***m.,*** लेखकः.

Essence, *s.* (Constituent substance or nature) सारः -रता, वस्तु ***n.,*** मूलवस्तु ***n.,*** भावः, पदार्थः, मूलं, अधिभूतं.—**(Pith, extract)** सारः, निष्कर्षः, निर्यासः, कषायः, निर्गलितार्थः, मण्डः, रसः.—**(Perfume)** वासः, आमोदः, सुगन्धिद्रव्यं, सौरभं.

Essential, *a.* (Constituent) वास्तवः -वी -वं, सारः -रा -रं, सारभूतः -ता -तं, सारवान् -वती -वत् (त्), स्वाभाविकः -की -कं; **'essential nature,'** सारता.—**(Important or necessary in the highest degree)** आवश्यकः -की -कं, अत्यवश्यकः -का -कं, गुर्व्वर्थः -र्था -र्थं, बह्वर्थः -र्था -र्थं, अतिप्रयोजनार्हः -र्हा -र्हं.

Essential, *s.* (First principle) तत्त्वं.—**(Constituent principle)** वस्तु, मूलं, पदार्थः.—**(Important point)** परमार्थः, गुर्व्वर्थः, प्रधानार्थः.

Essentially, *adv.* सारतस्, वस्तुतस्, अर्थतस्, भावतस्, भावेन, तत्त्वतस्, पदार्थतस्; **'essentially necessary to be done,'** अवश्यकार्य्यः -र्य्या -र्य्यं.

To **establish, *v. a.* (Set up, settle)** स्था **in caus.** (स्थापयति -यितुं), प्रतिष्ठा, अवस्था, संस्था, रुह् **in caus.** (रोपयति -यितुं), निरुह्; प्रतिनिधा (**c. 3.** -दधाति -धातुं).—**(Ordain, enact)** व्यवस्था **in caus.** (विधा, प्रक्लृप्) (**c. 10.** -कल्पयति

–यितुं), परिक्लृप्, प्रतिपद् in caus. (–पादयति –यितुं), नियुज् (c. 7. युंक्ते –योक्तुं). – (Make firm, ratify) स्थिरीकृ, दृढीकृ, सुस्थिरं –रां –रं कृ, संस्तभ् (c. 5. –स्तभ्नोति –स्तम्भितुं, c. 10. –स्तम्भयति –यितुं); **'by fresh evidence,'** प्रमाणीकृ; भू **in caus.** (भावयति –यितुं), विभू, उपपद् **in caus.** सत्याकृ.

Established, *p. p.* स्थापितः –ता –तं, प्रतिष्ठापितः –ता –तं, प्रतिष्ठितः –ता –तं, संस्थापितः –ता –तं, व्यवस्थितः –ता –तं, व्यवस्थापितः –ता –तं, स्थितः –ता –तं, स्थावरः –रा –रं, विहितः –ता –तं, प्रकल्पितः –ता –तं, प्रतिपादितः –ता –तं, निश्चितः –ता –तं, स्थिरीकृतः –ता –तं, उपन्यस्तः –स्ता –स्तं. – **(Proved)** प्रमाणीकृतः –ता –तं, निर्णीतः –ता –तं, सिद्धः –द्धा –द्धं, उपपन्नः –न्ना –न्नं; **'established custom,'** कृतानुसारः.

Establishment, *s.* (Act of establishing) प्रतिष्ठापनं, संस्थापनं, अवस्थापनं, स्थापनं, व्यवस्थापनं, नियोजनं. – **(Confirmation)** स्थिरीकरणं, दृढीकरणं, संस्तम्भः, सत्यापनं, सत्याकृतिः ***f.*** – **(System)** स्थितिः ***f.***, संस्थानं.

Estate, *s.* (Condition) अवस्था, स्थितिः ***f.***, भावः, दशा, वृत्तिः ***f.*** – **(Property, possession)** रिक्थं, दायः, धनं, अधिकारः, भूमिः ***f.***, **'paternal estate,'** पैतृकभूमिः ***f.*** – **(Rank)** पदं, स्थानं, पदविः ***f.*** – **(Degree, order)** वर्गः, गणः.

***To* esteem, *v. a.* (Value)** मन् **(c. 4.** मन्यते, मन्तुं, **c. 10.** मानयति –यितुं), सम्मन्, प्रतिमन्; पूज् **(c. 10.** पूजयति –यितुं), सम्पूज्, अभिपूज्, आदृ **(c. 6.** –द्रियते –दर्त्तुं); **'to esteem highly,'** बहु मन्. – **(Consider, think)** मन्, भू **in caus.** (भावयति –यितुं), विभू, विगण् **(c. 10.** –गणयति –यितुं).

Esteem, *s.* (Opinion) मतं, मतिः ***f.*** – **(Regard, respect)** मानं, सम्मानं, आदरः, पूजा, मान्यत्वं; **'high esteem,'** बहुमानं, बहुमतिः ***f.***

Esteemed, *p. p.* मतः –ता –तं, सम्मानितः –ता –तं, आदृतः –ता –तं, पूजितः –ता –तं; **esteemed highly,'** बहुमतः –ता –तं. – **(Considered)** स्मृतः –ता –तं.

Estimable, *a.* मान्यः –न्या –न्यं, सम्मान्यः –न्या –न्यं, अर्घ्यः –र्घ्या –र्घ्यं, अर्घार्हः –र्हा –र्हं, आदरणीयः –या –यं, पूजनीयः –या –यं; **'highly estimable,'** परममान्यः –न्या –न्यं. – **(To be reckoned)** गणनीयः –या –यं, अनुमेयः –या –यं.

To* estimate, *v. a. विगण् **(c. 10.** –गणयति –यितु), परिगण्, प्रगण्, गण्; संख्या **(c. 2.** –ख्याति –तुं), परिसंख्या, कल् **(c. 10.** कलयति –यितुं), सङ्कल्, अर्घं **or** मूल्यं संख्या **or** निर्णी **(c. 1.** –णयति –णेतुं) **or** निरूप् **(c. 10.** –रूपयति –यितुं); विभू **in caus.** (–भावयति –यितुं); **'to estimate worth,'** गुणं ग्रह् **(c. 9.** गृह्णाति, ग्रहीतुं); **'to estimate highly,'** बहु मन् **(c. 4.** मन्यते, मन्तुं).

Estimate, *s.* (Computation) विगणनं –ना, परिसंख्यानं, गणना. – **(Valuation)** मूल्यपरिसंख्या, मूल्यनिरूपणं, मूल्यविज्ञापनं, अर्घविज्ञप्तिः ***f.***; **'rough estimate,'** स्थूलमानं, आकारः.

Estimated, *p. p.* विगणितः –ता –तं, विभावितः –ता –तं, निर्णीतमूल्यः –ल्या –ल्यं, निरूपितमूल्यः –ल्या –ल्यं, सङ्कलितः –ता –तं, परिसंख्यातः –ता –तं.

Estimation, *s.* (Calculation) विगणना, गणना, संख्या, परिसंख्यानं. – **(Esteem, regard)** मानं, सम्मानं, आदरः; **'high estimation,'** बहुमानं, बहुमतिः ***f.***

Estimator, *s.* गणकः, विगणकः, गुणकारः, संख्याता ***m.*** (तृ), मूल्यनिरूपकः.

Estival, *a.* नैदाघः –घी –घं, ग्रीष्मकालसम्बन्धी –न्धिनी –न्धि (न्).

Estrade, *s.* समभूमिः ***f.***, समानभूमिः, समस्थलं, समस्थानं.

To* estrange, *v. a. विरञ्ज् **in caus.** (–रञ्जयति –यितुं), वैरक्त्यं जन् **(c. 10.** जनयति –यितुं), विरक्तीकृ, स्नेहं निवृत् **in caus.** (–वर्त्तयति –यितुं) **or** भिद् **(c. 7.** भिनत्ति, भेत्तुं), स्नेहछेदं कृ, स्नेहविच्छेदं कृ, स्नेहभेदं कृ, द्वैधीकृ, द्वैधं जन्, विश्लिष् **in caus.** (–श्लेषयति –यितुं), दूरीकृ.

Estranged, *p. p.* विरक्तः –क्ता –क्तं, जातविरागः –गा –गं, विकृतः –ता –तं, विकारितः –ता –तं, विकृतबुद्धिः –द्धिः –द्धि, निवृत्तस्नेहः –हा –हं, दूरीभूतः –ता –तं.

Estrangement, *s.* विरक्तिः ***f.***, वैरक्त्यं, विरागः, वैराग्यं, विकृतिः ***f.***, विकारः, बुद्धिविकारः, स्नेहनिवृत्तिः ***f.***, स्नेहविच्छेदः, स्नेहभेदः, स्नेहच्छेदः, वियोगः, विप्रयोगः, विश्लेषः, दूरीभावः, पृथग्भावः.

Estuary, *s.* समुद्रशाखा, समुद्रवङ्कः. – **(Mouth of a river)** सम्भेदः, सङ्गमः.

To* estuate, *v. n. फेन **(nom.** फेनायते), उत्सेचनं कृ, वेला **(nom.** वेलायते).

Et-caetera, Expressed by आदिः –दि **in the *m.* or *n.* gender and in the *plur.* or *sing.* numb.; as, 'parrots, starlings, etc.,'** शुकसारिकादयः; **'Indra, Kuvera, etc.,'** इन्द्रकुवेरादयः; **'Of Agni, Pavana, etc.,'** अग्निपवनादीनां; **'the nose, eyes, etc.,'** नासचक्षुरादीनिः; **'peace, war, etc.,'** सन्धिविग्रहादिः; **'by liberality, etc.,'** दानादिना; **'from liberality, etc.,'** दानादेः **(for** दानादिनः). **Sometimes** इति **is prefixed to** आदि; **as, 'the word chitralig, etc.,'** चित्रलिगित्यादि. **Sometimes** आदिकः –का –कं, आद्यः –द्या –द्यं **and** प्रभृति **are used for** आदि; **as, 'gifts, etc.,'** दानादिकं; **'Indra, etc.,'** इन्द्राद्याः, **or** इन्द्रप्रभृतयः ***pl.***

To* etch, *v. a. लिख् **(c. 6.** लिखति, लेखितुं), आलिख्, चित्र्, **(c. 10.** चित्रयति –यितुं).

Etching, ***s.*** चित्रलिखनं, चित्रं, आलेख्यं, वर्त्तिकारेखा.

Eternal, ***a.*** नित्यः -त्या -त्यं, अनन्तः -न्ता -न्तं -न्तकः -का -कं, सनातनः -नी -नं, शाश्वतः -ती -तं, अनादिः -दिः -दि, अनाद्यन्तः -न्ता -न्तं, अनाद्यः -द्या -द्यं, सदातनः -नी -नं, अनन्तकालस्थायी -यिनी -यि (न्), सर्व्वकालीनः -ना -नं, नैत्यिकः -की -कं, अनन्त्यः -न्त्या -न्त्यं, ध्रुवः -वा -वं, सन्ततः -ता -तं, सततः -ता -तं, अभीक्ष्णः -क्ष्णा -क्ष्णं, निरपायः -या -यं, निरन्तरः -रा -रं, अविच्युतः -ता -तं, अविसर्गी -र्गिणी -र्गि (न्), अविरतः -ता -तं, अमरः -रा -रं.

Eternally, ***adv.*** नित्यं, नित्यदा, नित्यशस्, शाश्वतं, शश्वत्, सततं, सन्ततं, अनन्तं, अनाद्यन्तं, सना, अजस्रं, अनिशं, अभीक्ष्णं, निरन्तरं, अविरतं, अश्रान्तं, अनारतं, सर्व्वकालं.

Eternity, ***s.*** नित्यता, नैत्यं, अनन्तता -त्वं, आनन्त्यं, अनन्त्यं, अनन्तकालः, अनाद्यन्तता, ध्रुवता, ध्रौव्यं, अनन्तभावः, नैरन्तर्य्यं, अमरता.

To **eternize,** ***v. a.*** अनन्त (**nom.** अनन्तयति -यितुं), अनन्तीकृ, शाश्वतीकृ.

Etesian, ***a.*** सांवत्सरिकः -की -कं, प्रतिवार्षिकः -की -कं, सामयिकः -की -कं.

Ether, ***s.*** आकाशः, खं, शून्यं, वायुः ***m.,*** निर्म्मलवायुः, अन्तरीक्षोपरिस्थः सूक्ष्मवायुः, नभः ***n.*** (स्), गगणं, विहायः ***n.*** (स्).

Etherial, ***a.*** आकाशीयः -या -यं, आकाशजः -जा -जं, आकाशसम्भवः -वा -वं, आकाशस्थः -स्था -स्थं, खसम्भवः -वा -वं, वायवः -वी -वं, वैहायसः -सी -सं.

Ethic, ethical, ***a.*** वैनयिकः -की -कं, नीतिविषयः -या -यं, नीतिविद्याविषयकः -का -कं, नीतिशास्त्रसम्बन्धी-न्धिनी-न्धि (न्), नीतिशास्त्रीयः -या -यं.

Ethically, ***adv.*** नीतिशास्त्रवत्, नीतिशास्त्रानुसारेण.

Ethics, ***s.*** नीतिविद्या, नीतिः ***f.,*** नीतिशास्त्रं, विनयः, विनयविद्या, अर्थशास्त्रं, दण्डनीतिः ***f.,*** शीलविद्या, आन्वीक्षिकी.—**(As invented by Vrihaspati)** वार्हस्पत्यं.

Ethnic, ethnical, ***a.*** **(Relating to the Gentiles)** अन्यदेशीयः -या -यं, भिन्नदेशीयः -या -यं, देवार्च्चकसम्बन्धी -न्धिनी -न्धि (न्), दूवपूजकसम्बन्धी **etc.**

Ethnology, ***s.*** नृकुलविद्या, नृजातिविद्या, नृवंशविद्या.

Etiquette, ***s.*** सदाचारविधिः ***m.,*** आर्य्यव्यवहारविधिः, सुजनाचारविधिः, विनयविधिः, विनयरीतिः ***f.,*** आदरविधिः ***m.,*** सौजन्यं, मर्य्यादा, सुनीतिः ***f.,*** सभ्यता, सच्चरित्रं, न्यायः.

Etymological, ***a.*** शब्दव्युत्पत्तिविषयः -या -यं, पदभञ्जनविषयः -या -यं, शब्दशास्त्रसम्बन्धी -न्धिनी -न्धि (न्), शब्दसाधनविद्यासम्बन्धी **etc.**

Etymologist, ***s.*** शब्दव्युत्पत्तिकुशलः, पदभञ्जनविद्याज्ञः, शब्दशास्त्रज्ञः.

To **etymologize,** ***v. n.*** शब्दव्युत्पत्तिं कृ, पदभञ्जनं कृ, शब्दसाधनं कृ.

Etymology, ***s.*** व्युत्पत्तिः ***f.,*** शब्दव्युत्पत्तिः ***f.,*** शब्दव्युत्पत्तिविद्या, पदभञ्जनं, शब्दसाधनं, शब्दसाधनविद्या.

Eucharist, ***s.*** ख्रीष्टमृत्युस्मरणार्थकं भोजनं, ख्रीष्टभोजनं, ख्रीष्टप्रकल्पितभोजनं.—**(Giving thanks to God)** ईश्वरस्य धन्यवादकरणं **or** कुशलवादः.

Eulogist, ***s.*** प्रशंसकः, गुणस्तावकः, स्तुतिपाठकः, वन्दी ***m.*** (न्).

Eulogistic, ***a.*** स्तुतिमयः -यी -यं, प्रशंसाकरः -री -रं, वन्दारुः -रुः -रु.

To **eulogize,** ***v. a.*** प्रशंस् (**c. 1.** -शंसति -सितुं), स्तु (**c. 2.** स्तौति, स्तोतुं), अभिष्टु, संस्तु, श्लाघ् (**c. 1.** श्लाघते -घितुं), गुणान् कृत् (**c. 10.** कीर्त्तयति -यितुं) **or** उत्कृत्.

Eulogized, ***p. p.*** प्रशंसितः -ता -तं, प्रशस्तः -स्ता -स्तं, श्लाघितः -ता -तं, स्तुतः -ता -तं.

Eulogy, ***s.*** प्रशंसा -सनं, गुणप्रशंसा, स्तुतिः ***f.,*** गुणस्तुतिः ***f.,*** स्तवः, श्लाघा, गुणश्लाघा, स्तुतिवादः, स्तुतिवाक्यं, गुणोत्कीर्त्तनं, स्तोत्रं, शंसा, यशोवर्णना, वर्णना, वन्दना, वन्दिपाठः, गुणगानं, भोगावली.

Eunuch, ***s.*** क्लीवः, षण्डः, षण्ढः, शण्डः, शण्ढः, मुष्कशून्यः, छिन्नवृषणः, छिन्नमुष्कः, निष्पुरुषः, नपुंसकः, पोगण्डः, पण्डः, तृतीयप्रकृतिः ***m.,*** तृतीयाप्रकृतिः, अफलः, विफलः, वर्षवरः, तूवरः.—**(Guard of the women's apartments)** स्थापत्यः, कञ्चुकी ***m.*** (न्), शुद्धान्तपालकः, शुद्धान्तजनः.

Euphonic, ***a.*** सुस्वरः -रा -रं, सुशब्दः -ब्दा -ब्दं, सुश्राव्यः -व्या -व्यं, श्रुतिसुखः -खा -खं, सुचारुस्वनः -ना -नं, अकर्कशः -शा -शं.

Euphony, ***s.*** सुस्वरः, सुशब्दः, सुस्वनः, सुश्राव्यशब्दः, अकटुत्वं, अकर्कशत्वं.

Euphorbia, ***s.*** बहुदग्धिका, समन्तदुग्धा, सीहुण्डः, वज्रद्रुः ***m.,*** स्नुक् ***f.*** (ह्), स्नुही, गुडा.

European, ***s.*** यूरोपीयः, ऊरोप्नामकदेशजः, ताम्रमुखः,

To **evacuate,** ***v. a.*** शून्यीकृ, उत्सृज् (**c. 6.** -सृजति -स्रष्टुं), विसृज्, विरिच् (**c. 7.** -रिणक्ति -रिंक्ते -रेक्तुं), रिच्, उच्चर् (**c. 1.** -चरति -रितुं), निश्चर् **in caus.** (-चारयति -यितुं), शुध् (**c. 10.** शोधयति -यितुं),; **'the bowels,'** मलोत्सर्गं कृ, मलविसर्गं कृ, मलशुद्धिं कृ.

Evacuated, ***p. p.*** रेचितः -ता -तं, विरेचितः -ता -तं, शोधितः -ता -तं, रिक्तः -क्ता -क्तं, विरिक्तः -क्ता -क्तं, विसृष्टः -ष्टा -ष्टं.

Evacuation, ***s.*** **(Of the bowels)** मलविसर्ग:, मलोत्सर्ग:, समुत्सर्ग:, मलशुद्धि: ***f.,*** मलशोधनं, विरेक:, विरेचनं, रेक:, रेचनं, मलोच्चार:, उच्चार:, शोधनं, उत्थानं, निर्हार:, निश्चारक:, अधोभागहरं.

To **evade,** ***v. a.*** छलेन पलायमान: परिहृ **(c. 1.** -हरति -हर्त्तुं) **or** प्रोज्झ् **(c. 6.** -उज्झति -ज्झितुं).**—(Elude by sophistry)** वक्रोक्त्या छल् **(c. 10.** छलयति -यितुं), अपलप् **(c. 1.** -लपति -पितुं), अपह्नु **(c. 2.** -ह्नुते -ह्नोतुं), निह्नु, अपदिश् **(c. 6.** -दिशति -देष्टुं), व्यपदिश्.

To **evade,** ***v. n.*** **(Escape)** छलेन पलाय् **(c. 1.** पलायते -यितुं, **rt.** इ) **or** निस्तृ **(c. 1.** -तरति -रितुं -रीतुं) **or** अपक्रम् **(c. 1.** -क्रामति -क्रमितुं) **or** अपधाव् **(c. 1.** -धावति -वितुं) **or** अपसृप् **(c. 1.** -सर्पति -सप्तुं), **or** उत्पत् **(c. 1.** -पतति -तितुं) **or** निष्पत्.**—(Practice artifice)** वाक्छलं कृ, वक्रोक्तिं कृ, व्यपदेशं कृ, अपह्नवं कृ.

Evaded, ***p. p.*** छलेन **or** अपदेशेन परिहृत: -ता -तं, **or** प्रोज्झित: -ता -तं, निह्नुत: -ता -तं, अपह्नुत: -ता -तं, निस्तीर्ण: -र्णा -र्णं.

Evagation, ***s.*** भ्रमणं, परिभ्रमणं, विभ्रान्ति: ***f.,*** भ्रान्ति: ***f.,*** विचलनं, व्यभिचार:,

Evanesence, ***s.*** अन्तर्द्धानं, तिरोधानं, अन्तर्हितत्वं, अदर्शनं.

Evanescent, ***a.*** तिरोधेय: -या -यं, अन्तर्हित: -ता -तं, अदृष्टरूप: -पी -पं, अदृश्य: -श्या -श्यं, अप्रत्यक्ष: -क्षा -क्षं, परोक्ष: -क्षा -क्षं.**—(Fleeting)** भङ्गुर: -रा -रं, क्षणभङ्गुर: -रा -रं, क्षणमात्रस्थायी -यिनी -यि (न्), अशाश्वत: -ती -तं.

Evangelical, ***a.*** सुसंवादानुसारी -रिणी -रि (न्), ख्रीष्टीयधर्म्मानुयायी -यिनी -यि (न्), ख्रीष्टप्रचारित: -ता -तं, ख्रीष्टीयधर्म्मपुस्तकान्तर्गत: -ता -तं.

Evangelist, ***s.*** **(Writer of the life of Christ)** ख्रीष्टचरित्ररचक:, ख्रीष्टसमाचाररचक:, सुसंवादलेखक:, मङ्गलसमाचारलेखक:.**—(Preacher of the Gospel)** सुसंवादप्रचारक:, ख्रीष्टीयधर्म्मप्रवक्ता ***m.*** (क्तृ).

To **evangelize,** ***v. a.*** **and** ***n.*** सुसंवादं प्रचर् **in caus.** (-चारयति -यितुं), ख्रीष्टीयधर्म्मं प्रवच् **(c. 2.** -वक्ति -क्तुं) **or** उपदिश् **(c. 6.** -दिशति -देष्टुं) **or** ग्रह् **in caus.** (ग्राहयति -यितुं), ख्रीष्टीयधर्म्मे प्रवृत् **in caus.** (-वर्त्तयति -यितुं).

To **evaporate,** ***v. n.*** वाष्प **(nom.** वाष्पायते), धूम **(nom.** धूमायते) वाष्पसाद्भ्र, वाष्पीभू, वाष्परूपेण उत्पत् **(c. 1.** -पतति -तितुं) **or** उद्गम् **(c. 1.** -गच्छति -गन्तुं), धूमरूपेण विद्रु **(c. 1.** -द्रवति -द्रोतुं) **or** नश् **(c. 4.** -श्यति, नशितुं) **or** प्रणश् **or** अन्तर्धा **in pass.** (-धीयते) **or** क्षि **in pass.** (क्षीयते). **—(Dry up)** आतयेन परिशुष् **(c. 4.** -शुष्यति -शोष्टुं), शुष्कीभू.

To **evaporate,** ***v. a.*** वाष्पसात्कृ, धूमसात्कृ, वाष्पीकृ, वाष्परूपेण विद्रु **in caus.** (-द्रावयति -यितुं), आतपेन परिशुष् **in caus.** (-शोषयति -यितुं) **or** शुष्कीकृ.

Evaporated, ***p. p.*** आतपशुष्क: -ष्का -ष्कं, परिशुष्क: -ष्का -ष्कं, शोषितरस: -सा -सं, वाष्परूपेण उद्गतरस: -सा -सं, वाष्पसात्कृत: -ता -तं, वाष्पीभूत: -ता -तं.

Evaporation, ***s.*** **(Drying up)** परिशोष: -षणं, शोष: -षणं, उच्छोषणं.**—(Conversion to vapour)** वाष्पसात्करणं, धूमसात्करणं, वाष्पभाव:, वाष्परूपेण, उत्पतनं **or** उद्गम: **or** नाश:, वाष्पीभूतत्वं.

Evasion **(Artifice to elude)** अपदेश:, व्यपदेश:, छद्म ***n.*** (न्), छलं, कपट: -टं, अपह्नव:, निह्नव:.**—(Equivocation)** वक्रोक्ति: ***f.,*** वक्रता, वक्रवाक्यं, वाक्छलं, अपलाप:, कैतववाद:, प्रतीपवचनं.**—(Escape)** निस्तार:, उत्तरणं, निर्गम:, निर्गति: ***f.,*** पलायनं, अपक्रम:.

Evasive, ***a.*** छली -लिनी लि (न्), छलान्वित: -ता -तं, व्यपदेशक: -का -कं, वञ्चक: -का -कं, निह्नवकारी -रिणी -रि (न्),**—(Equivocating)** वक्र: -क्रा -क्रं, वाक्छलान्वित: -ता -तं; **'an evasive answer,'** निह्नवोत्तरं, वक्रोत्तरं.

Evasively, ***adv.*** वाक्छलेन, वक्रोक्त्या, निह्नवेन, सनिह्नवं, वक्रं.

Eve, ***s.*** **(The fast to be observed on the evening before a holiday)** महापर्व्वण:, पूर्व्वदिनान्ते सेवनीय उपवास:, पुण्यदिवसस्य पूर्व्वप्रदोष:.**—(Decline of day).** ***See*** **Evening.—'To be on the eve of happening,'** उपस्था **(c. 1.** -तिष्ठति -स्थातुं).

Even, ***s.*** साय:, सायङ्काल:, प्रदोष:, प्रदोषकाल:. ***See*** **Evening.**

Even-tide, ***s.*** सन्ध्याकाल:, सन्ध्यासमय:, सायङ्काल:, प्रदोषकाल:, प्रदोषसमय:.

Even, ***a.*** **(Level, flat)** सम: -मा -मं, समान: -ना -नं, समस्थ: -स्था -स्थं, सपाट: -टा -टं, घनाघन: -ना -नं; **'even ground,'** समभूमि: ***f.,*** समस्थलं, आजि: ***f.,*** पाट.**—(Straight)** समरेख: -खा -खं, अवक्र: -क्रा -क्रं, अभुग्न: -ग्ना -ग्नं, निर्भुग्न: -ग्ना -ग्नं, ऋजु: -जु: -जु, अञ्जस: -सा -सं. **—(Smooth)** श्लक्ष्ण: -क्ष्णा -क्ष्णं, अरुक्ष: -क्षा -क्षं. **—(Uniform, equal)** तुल्य: -लया -ल्यं, समतुल्य: -ल्या -ल्यं, उभयपार्श्वयो: समान: -ना -नं, निर्विकार: -रा -रं; **'in temper,'** समभाव: -वी -वं, समवृत्ति: -त्ति: -त्ति.**—(Not odd)** युग्म: -ग्मा -ग्मं, युगल: -ला -लं, सम: -मा -मं; **'an even number,'** युगं, युगलं; **'with both feet even,'** समपदं.

To **even,** ***v. a.*** समस्थलीकृ, समीकृ, समानीकृ, समान **(nom.** समानयति -यितुं).

Even, ***adv.*** अपि, एव, वा, वापि, सत्यं; **'even though,'** यद्यपि,

यद्यपि स्यात्, तथापि; **'even so,'** एवं, एवमेव, तथा, तथापि, तथैव; **'even as,'** यथैव, यद्वदेव, यत्प्रकारेण; **'even now,'** अद्यापि, अद्यैव; **'not even,'** नापि, नैव.

Even-handed, *a.* उभयसमः -मा -मं, समदर्शी -र्शिनी -र्शि (न्), विपक्ष पातः -ता -तं.

Evening, *s.* प्रदोषः, प्रदोषकालः, सायः, सायङ्कालः, सायाह्नः, अपराह्नः, सन्ध्या, सन्ध्याकालः, विकालः -लकः, वैकालः, दिनान्तः, दिनावसानं, दिवसावसानं, दिवसात्ययः, अहःशेषः, दिनशेषः, रजनीमुखं, निशादिः ***f.,*** रात्र्यारम्भः, उत्सूरः, अह्नः पञ्चमो भागः; **'in the evening,'** साये, सायं, दिनान्ते, अभिसायं, अनुसन्ध्यं; **'good evening to you,'** शुभस् ते प्रदोषः.

Evening, *a.* प्रादोषिकः -की -कं, वैकालिकः -की -कं, सान्ध्यः -न्ध्यी -न्ध्यं, सायन्तनः -नी -नं, अपराह्णेतनः -नी -नं **or** अपराह्णतनः.

Evenly, *adv.* समं, समानं, समानतस्, अञ्जसा, तुल्यं; **'evenly matched,'** तुल्यबलः -ला -लं, तुल्यवीर्य्यः -र्य्या -र्य्यं, समतोलः -ला -लं.

Even-minded, *a.* समचित्तः -त्ता -त्तं, समबुद्धिः -द्धिः -द्धि, समभावः -वा -वं, सत्त्वसम्पन्नः -न्ना -न्नं, सत्यसम्पन्नः -न्ना -न्नं, सम्पदापदोर् हर्षविषादरहितः -ता -तं.

Evenness, *s.* समता, समानता -त्वं, साम्यं, साम्यता, सामञ्जस्यं, तुल्यता, ऋजुता, निर्भुग्नता; **'of temper,'** समचित्तत्वं, समानवृत्तिः ***f.,*** समभावः.

Event, *s.* वृत्तं, सम्भवः, उत्पन्नं, समुत्पत्तिः ***f.,*** समुत्पन्नं, समुन्नयः, सङ्गतं, गतं, सङ्गतिः ***f.,*** घटना, समुपागतं, उपागमः, समुपस्थितं. **—(Consequence conclusion)** उद्भूतं, अनुवृत्तं, अनुवर्त्तनं, परिणामः, निष्पन्नं, सिद्धिः ***f.***

To* eventerate, *v. a. निरन्त्रीकृ, अन्त्राणिविदॄ **in caus.** (-दारयति -यितुं).

Eventful, *a.* गुरुघटनाविशिष्टः -ष्टा -ष्टं, गुरुसङ्गतविशिष्टः -ष्टा -ष्टं, बहुवृत्तविशिष्टः -ष्टा -ष्टं, बहुसमुन्नयवान् -वती -वत् (त्), बहुघटनामयः -यी -यं.

To* eventilate, *v. a. वीज् **(c. 10.** वीजयति -यितुं), विधू **(c. 5.** -धूनोति, **c. 6** -धुवति -धवितुं), निष्पावं कृ.

Eventual, *a.* (Consequential) अनुवर्त्ती -र्त्तिनी -र्त्ति (न्), आनुषङ्गिकः -की -कं, अनुसारी -रिणी -रि (न्), अनुभूतः -ता -तं, परः -रा -रं.**—(Ultimate)** अन्तिमः -मा -मं, अन्त्यः -न्त्या -न्त्यं.

Eventually, *adv.* अन्ततस्, अन्ते, शेषे, शेषतस्, परतस्, प्रयोगतस्.

Ever, *adv.* (At any time) कदाचित्, कदापि, कदाचन, कर्हिचित्, जातु.**—(Always, at all times)** सदा, सर्व्वदा, सततं, नित्यदा, अनुक्षणं, प्रतिक्षणं; **'for ever,'** नित्यं, सर्व्वकालं, अनन्तकालं, शाश्वतीः समाः, अजस्रं, शश्वत्, निरन्तरं, सना; **'ever and anon,'** वारं वारं, काले काले, अनुकालं; **'ever since,'** यतः प्रभृति; **'ever so little,'** मनाक्, ईषत्, किञ्चित्, कियत्.**—(As a word of enforcement)** एव; **'ever young,'** नित्ययौवनः -ना -नं; **'ever happy,'** सदानन्दः -न्दा -न्दं.

Evergreen, *a.* अशीर्णपत्रः -त्रा -त्रं, अम्लानपर्णः -र्णा -र्णं, अशुष्कपर्णः -र्णा -र्णं.

Everlasting, *a.* अनन्तः -न्ता -न्तं, अनन्तकालस्थायी -यिनी -यि (न्), नित्यस्थायी **etc.,** शाश्वतः -ती -तं, अक्षयः -या -यं, अनाश्यः -श्या -श्यं, अजरः -रा -रं. ***See* Eternal.**

Everlastingly, *adv.* शाश्वतं, अनन्तकालं, शाश्वतीः समाः, नित्यं, अजस्रं.

Everliving, *a.* नित्यजीवी -विनी -वि (न्), अनन्तकालजीवी **etc. *See* Eternal.**

Evermore, *s.* अनन्तकालं, सर्व्वकालं, शाश्वतीः समाः, शाश्वतं, शश्वत्, नित्यं, नित्यकालं, सततं, अजस्रं, सना. ***See* Eternally.**

Ever-restless, *a.* नित्यगतिः -तिः -ति, सदागतिः -तिः -ति, सततगतिः -तिः -ति.

Eversion, *s.* पर्य्यासः, पराक्षेपः, परिवर्त्तनं, नाशः, विनाशः.

To* evert, *v. a. पर्यस् **(c. 4.** -अस्यति -असितुं), पराक्षिप् **(c. 6.** -क्षिपति -क्षेप्तुं), अधः कृ.

Every, *a.* सर्व्वः -र्व्वा -र्व्वं, विश्वः -श्वा -श्वं, सकलः -ला -लं, सर्व्वकः -का -कं; **'every art,'** सर्व्वकर्म्म ***n.*** (न्); **'knowing everything,'** सर्व्वज्ञः; **'every road,'** सर्व्वपथः; **'the maker of every thing,'** सर्व्वभूतकृत्, सर्व्वकर्त्ता ***m.*** (र्त्तृ), विश्वङ्करः; **'enduring every thing,'** सर्व्वंसहः, विश्वसहः; **'every one,'** सर्व्वजनाः ***m. pl.,*** विश्वजनं; **'dear to every one,'** सर्व्वप्रियः; **'sustaining every thing,'** विश्वम्भरः **'Every,' may often be expressed by** प्रति **or** अनु **prefixed; as, 'every day,'** प्रतिदिनं, प्रतिदिवसं, अनुदिनं, अन्वहं, प्रत्यहं; **'every night,'** प्रतिरात्रं; **'every month,'** प्रतिमासं; **'every moment,'** अनुक्षणं; **'to every one,'** प्रत्येकं. **Or by doubling the word; as, 'every day,'** दिने दिने, दिवसे दिवसे, अहरहः; **'in every house,'** गृहे गृहे; **'every one,'** एकैकः -का -कं, एकैकशम्, पृथक् पृथक्; **'every man,'** एकैकजनः, प्रतिजनं; **'in every direction,'** प्रतिदिशं, सर्व्वदिक्षु, सर्व्वपथीनः -ना -नं; **'on every side,'** सर्व्वतस्, समन्ततस्, समन्तात्, विश्वतस्, परितस्.

Everywhere, *adv.* सर्व्वत्र, सर्व्वतस्, विश्वतस्, विश्वक्, सर्व्वके, प्रतिदिशं; **'going everywhere,'** सर्व्वत्रगः -गा -गं, सर्व्वगः -गा -गं, विश्वव्यापी पिनी -पि (न्).

To* evict, *v. a. निर्णयपादानन्तरं **or** व्यवहारदर्शनानन्तरम् अधिकाराद् भ्रंश् **(c. 10.** भ्रंशयति -यितुं) **or** निराकृ **or** वहिष्कृ **or** अधिकारं

Evicted 355 **Evolution**

or स्वत्वं हृ (c. 1. हरति, हर्त्तुं).

Evicted, *p. p.* व्यवहारभासकाशाद् आज्ञया हृताधिकारः -रा -रं, साधितः -ता -तं.

Eviction, *s.* व्यवहारमण्डपसकाशाद् आज्ञानुसारेण अधिकारान्निराकरणं or वहिष्करणं or स्वत्वहरणं, साधनं.

Evidence, *s.* (Testimony) साक्ष्यं, साक्षिता, प्रमाणं, साधनं, प्रामाण्यं, प्रमाता ***m.,*** (तृ), क्रियानिर्देशः, साधननिर्देशः; **'written evidence,'** लेखप्रमाणं, लिखितं, साधनपत्रं; **'ocular evidence,'** प्रत्यक्षप्रमाणं, साक्षात्प्रमाणं, चाक्षुषज्ञानं; **'false evidence,'** कौटसाक्ष्यं, कूटसाक्ष्यं; **'want of evidence,'** साक्ष्यभावः, प्रमाणभावः.—**(Witness)** साक्षी ***m.*** (न्), प्रमाता ***m.*** (तृ); **'having evidence,'** साक्षिमान् -मती -मत् (त्).

To* evidence, *v. a. प्रमाण **(nom.** प्रमाणयति -यितुं), प्रमाणीकृ, साक्षिणा or साक्ष्येण or प्रमाणेन साध् (c. 10. साधयति -यितुं) **or** भू **in caus.** (भावयति -यितुं) **or** निर्दिश् **(c. 6.** -दिशति -देष्टुं) **or** उपपद् **in caus.** (-पादयति -यितुं).

Evidenced, *p. p.* साक्षिभावितः -ता -तं, साक्षिलक्षणः -णा -णं, स्पष्टीकृतः -ता -तं.

Evident, *a.* स्पष्टः -ष्टा -ष्टं, सुस्पष्टः -ष्टा -ष्टं, व्यक्तः -क्ता -क्तं, **or** प्रव्यक्तः **or** अभिव्यक्तः, प्रत्यक्षः -क्षा -क्षं, प्रकाशः -शा -शं, सुप्रकाशः -शा -शं, समक्षः -क्षी -क्षं, स्फुटः -टा -टं, उल्वणः -णा -णं; **'to make evident,'** स्पष्टीकृ, व्यक्तीकृ, प्रकाश् **(c. 10.** -काशयति -यितुं), प्रकटीकृ, प्रत्यक्षीकृ, आविष्कृ, प्रादुष्कृ; **'to be evident,'** स्पष्टीभू, आविर्भू, प्रादुर्भू, प्रादुरस्, प्रकाश् **(c. 1.** -काशते -शितुं); **'made evident,'** स्पष्टीकृतः -ता -तं, प्रादुष्कृतः -ता -तं, प्रकाशितः -ता -तं, प्रत्यक्षभूतः -ता -तं.

Evidently, *adv.* व्यक्तं, सुव्यक्तं, स्पष्टं, स्पष्टरूपेण, प्रत्यक्षतस्, प्रत्यक्षेण, साक्षात्, प्रकाशं, स्फुटं, प्रादुस्, समक्षं, नाम.

Evil, *a.* दुष्टः -ष्टा -ष्टं, पापः -पा -पं, पापी -पिनी -पि (न्), खलः -ला -लं, अभद्रः -द्रा -द्रं, असाधुः -धुः -धु, असन् -सती -सत् (त्), निर्गुणः -णा -णं, शठः -ठा -ठं, मन्दः -न्दा -न्दं, अधमः -मा -मं, कुत्सितः -ता -तं, कदर्य्यः -र्य्या -र्य्यं, अधार्म्मिकः -की -कं. **'Evil,' is often expressed by** दुर् **or** कु, **or** अप **prefixed; as, 'an evil man,'** दुर्ज्जनः; **'evil thought,'** कुचिन्ता, अपध्यानं; **'evil conduct,'** दुर्णयः; **'evil deed,'** कुकर्म्म ***n.*** (न्), दुष्कर्म्म ***n.,*** अपकर्म्म ***n.,*** पापकर्म्म ***n.,*** असत्कर्म्म ***n.,*** दुष्कृतं; **'evil course,'** कुमार्गः, उन्मार्गः, विमार्गः; **'evil destiny,'** दुर्भाग्यं, दुर्दैवं.

Evil, *s.* (Wickedness) पापं, दुष्टता, दोषः, व्यसनं -निता, शाठ्यं, दौष्ठ्वं, असाधुता, अधर्म्मः, व्यभिचारः, दौरात्म्यं, दौर्जन्यं, कुसृतिः ***f.,*** निकारः.—**(Injury)** अपकारः, अपकृतं, अपायः, द्रोहः, हिंसा, क्षतिः ***f.***—**(Misfortune, distress)** अपायः, अशुभं, दुर्गतिः ***f.,*** दौर्गत्यं, अकुशलं, अभद्रं, अरिष्टं, अनिष्टं, अहितं, दुःखं, दुरवस्था, दुर्दशा, व्यवसनं, उत्पातः, आपद् ***f.,*** विपद् ***f.,*** विपत्तिः ***f.,*** अनिष्टपातः, अनयः क्लेशः, कष्टं.

Evil, *adv.* दुष्टु; **expressed by** दुर्, वि, दुष्ट, पाप **etc., prefixed; 'evil-intentioned,'** दुष्टबुद्धिः -द्धिः -द्धि, दुराशयः -या -यं, पापाशयः -या -यं; **'evil-affected,'** विरक्तः -क्ता -क्तं, अहितः -ता -तं; **'evil-natured,'** दुष्प्रकृतिः -तिः -ति; **'evil-fated,'** दैवोपहतः -ता -तं, उपहतकः -का -कं, दुर्दैवग्रस्तः -स्ता -स्तं; **'evil-favoured,'** कुरूप -पी -पं.

Evil-doer, *s.* पापकारी ***m.*** (न्), पापकर्त्ता ***m.*** (र्त्तृ), पापकरः, पापकृत् ***m.*** पापकर्म्मा ***m.*** (न्), असत्कर्म्मा, कुकर्म्मा, दुष्कृती ***m.*** (न्), कुकर्म्मकारी ***m.*** मन्दचरित्रः, मन्दकारी ***m.*** दुर्वृत्तः, दुष्टचारी ***m.*** (न्), अधर्म्मचारी ***m.*** (न्), व्यसनी ***m.*** (न्).

Evil-eye, *s.* दुर्दृष्टिः ***f.,*** अदृष्टिः ***f.,*** दूरीषणा, क्रूरदृष्टिः ***f.,*** **'evil-eyed,'** क्रूरदृक् ***m. f. n.*** (श्), असहक् ***m. f. n.*** पापदृष्टिः -ष्टिः -ष्टि.

Evil-minded, *a.* पापमतिः -तिः -ति, पापबुद्धिः -द्धिः -द्धि, पापचेतनः -ना -नं, दुष्टचित्तः -त्ता -त्तं, दुष्टबुद्धिः -द्धिः -द्धि, दुष्टमतिः -तिः -ति, दुरात्मा -त्मा -त्म (न्), अधर्म्मात्मा **etc.,** पापात्मा **etc.,** पापस्वभावः -वा -वं, दुष्टान्तकरणः -णा -णं, दुर्हृदयः -या -यं.

Evil-speaking, *s.* दुरालापः, अपवादः, वाग्दोषः, पिशुनवाक्यं, मौखर्य्यं.

To* evince, *v. a. स्पष्टीकृ, व्यक्तीकृ, प्रकाश् **(c. 10.** -काशयति -यितुं), सूच् **(c. 10.** सूचयति -यितुं), निर्दिश् **(c. 6.** -दिशति -देष्टुं), प्रदिश्, दृश् **in caus.** (दर्शयति -यितुं), प्रमाणीकृ.

Evincible, *a.* सूच्यः -च्या -च्यं, साध्यः -ध्या ध्यं, निर्द्देशनीयः -या -यं.

Evincibly, *adv.* स्पष्टं, सुस्पष्टं, सुव्यक्तं, असंशयं, अत्र न सन्देहः.

To* eviscerate, *v. a. निरन्त्रीकृ, निरन्त्र **(nom.** निरन्त्रयति -यितुं), नाडीर् वहिष्कृ.

Evitable, *a.* परिहरणीयः -या -यं, हेयः -या -यं, वर्ज्जनीयः -या -यं.

Evocation, *s.* (Calling upon) आह्वानं, प्रह्वायः, अनुकर्षणं.—**(Appealing)** पुनराह्वानं, पुनर्विचारप्रार्थना, अन्यप्राड्विवाकसाक्षाद् आह्वानं.

To* evoke, *v. a. आह्वे **(c. 1.** -ह्वयति -ह्वातुं), प्रह्वे, अनुकृष् **(c. 1.** -कर्षति -क्रष्टुं).—**(From one tribunal to another)** अन्यविचारसभासाक्षाद् आह्वे.

Evolution, *s.* (Unfolding) विस्तारः -रणं, प्रसारणं, प्रकटीकरणं, विचारः, विवृतिः ***f.***—**(In arithmetic)** प्रादुर्भावः.—**(Series)**

श्रेणी, श्रेधी.

To **enolve,** ***v. a.*** विस्तृ **in caus.** (-स्तारयति -यितुं), प्रमृ **in caus.** (-सारयति -यितुं), विवृ (**c. 5.** -वृणोति -वरितुं -रीतुं), अपावृ, वितन् (**c. 8.** -तनोति -नितुं), विततीकृ.

Evolved, ***p. p.*** विस्तारितः -ता -तं, प्रसारितः -ता -तं, विवृतः -ता -तं.

Evulsion, ***s.*** उत्पाटनं, उत्कर्षणं, विकर्षणं, उल्लुञ्चनं, अवलुञ्चनं.

Ewe, ***s.*** मेषी -षिका, एडका, उरणी, भेडी, अविला; **'ewe's milk,'** अविसोढं, अविदूसं, अविमरीसं.

Ewer, ***s.*** घटी, उदकपात्रं, उदपात्रं, कुम्भः, पुटग्रीवः, कमण्डलुः ***m.***

To **exacerbate,** ***v. a.*** प्रकुप् **in caus.** (-कोपयति -यितुं), उत्तिज् **in caus.** (-तेजयति -यितुं), तीक्ष्णीकृ, तिग्मतरं -रा -रं कृ, तीव्रतरं -रां -रं कृ, उग्रतरं -रां -रं कृ.

Exacerbation, ***s.*** प्रकोपः -पणं, उत्तेजनं, समुत्तेजनं, उग्रत्वं, कोपज्वलनं, कोपवर्धनं, रोगवृद्धिः ***f.***

Exact, ***a.*** **(Accurate, correct)** यथार्थः -र्था -र्थं, याथार्थिकः -की -कं, समञ्जसः -सा -सं, अञ्जसः -सा -सं, सत्यः -त्या -त्यं, ऋतः -ता -तं, तथ्यः -थ्या -थ्यं, यथातथः -था -थं, शुचिः -चि -चि, शुद्धः -द्धा -द्धं, निर्दोषः -षा -षं, दोषरहितः -ता -तं, स्पष्टः -ष्टा -ष्टं.—**(Careful)** सयत्नः -त्ना -त्नं, अवहितः -ता -तं, अप्रमादी -दिनी -दि (न्).—**(Nice, precise)** सूक्ष्मः -क्ष्मा -क्ष्मं.—**(Not different)** समानः -ना -नं, निर्विशेषः -षा -षं, अनन्यः -न्या -न्यं, -न्यत्, समसमानः -ना -नं.—**(Neither more nor less)** नाधिको न च न्यूनः; **'the exact state,'** तारतम्यं; **'exact measurement,'** सूक्ष्ममानं.

To **exact,** ***v. a.*** **(Compel to pay)** दा **in caus.** (दापयति -यितुं), विहा **in caus.** (-हापयति -यितुं); **'exact tribute,'** बलिं **or** शुल्कम् आह **in caus.** (-हारयति -यितुं) **or** अवह.—**(Take forcibly)** बलात् **or** बलेन ग्रह (**c. 9.** गृह्णाति, ग्रहीतुं) **or** आदा (**c. 3.** -ददाति दत्ते -दातुं).—**(Demand)** याच् (**c. 1.** याचति -चितुं), प्रार्थ् (**c. 10.** -अर्थयति -ते -यितुं).—**(Enforce)** कृ **in caus.** (कारयति -यितुं) **with 2 acc.; 'exact punishment,'** दण्डं प्रणी (**c. 1.** -णयति -णेतुं).

To **exact,** ***v. n.*** बाध् (**c. 1.** बाधते -धितुं), बाधं कृ, उपद्रवं कृ, उपधिं कृ.

Exacted, ***p. p.*** बलाद्गृहीतः -ता -तं, अवहारितः -ता -तं, आहारितः -ता -तं, आकारितः -ता -तं, विहापितः -ता -तं.

Exacter, ***s.*** बलात्कारपूर्व्वं परस्वादायी ***m.*** (न्) **or** परस्वग्राहकः, उपधिकः, औपधिकः, बाधकः, आहारकः, अवहारकः, हारकः.

Exacting, ***a.*** बाधकः -का -कं, विप्रलुम्पकः -का -कं, प्रार्थकः -का -कं.

Exaction, ***s.*** बलेन ग्रहणं **or** आदानं **or** हरणं, भर्त्सनपूर्व्वं प्रार्थनं **or** याचना, बाधः -धनं, उपद्रवः, विप्लवः, उपधिकरणं, परस्वादानं, अर्क्कव्रतं.

Exactly, ***adv.*** यथार्थं, यथावत्, सम्यक्, अञ्जसा, समञ्जसं, यथातथं, तथ्यं, सत्यं, ऋतं, सूक्ष्मत्वेन, सूक्ष्मतया; **'neither more nor less,'** नाधिकं न च न्यूनं; **'exactly so,'** एवमेव, तथैव; **'exactly alike,'** समसमानः -ना -नं.

Exactness, ***s.*** **(Accuracy)** याथार्थ्यं, यथार्थता, सम्यक्त्वं, याथातथ्यं, सत्यता, तथ्यं, सामञ्जस्यं, शुद्धता.—**(Niceness, precision)** सूक्ष्मता, सौक्ष्म्यं.—**(Carefulness)** अवहितत्वं, अप्रमादः, यत्नः, आस्था.—**(Regularity, method)** पारिपाट्यं, समता, अनुक्रमणं, क्रमानुसारः, न्यायः.

To **exaggerate,** ***v. a.*** अत्युक्त्या **or** अतिशयोक्त्या वृध् (**c. 10.** वर्धयति -यितुं) **or** विस्तृ **in caus.** (-स्तारयति -यितुं) **or** अधिकीकृ, **or** उपचि (**c. 5.** -चिनोति -चेतुं), अतिशयेन वर्ण् (**c. 10.** वर्णयति -यितुं), अतिवर्णनं कृ, अत्युक्तिं कृ, वाग्विस्तारं कृ.

Exaggerated, ***p. p.*** वर्धितः -ता -तं, अधिकीकृतः -ता -तं, विस्तारितः -ता -तं, उपचितः -ता -तं, अत्युक्तिपूर्व्वं वर्णितः -ता -तं **or** प्रपञ्चितः -ता -तं.

Exaggeration, ***s.*** अत्युक्तिः ***f.,*** अतिशयोक्तिः ***f.,*** अधिकं, वागाधिक्यं, अधिकीकरणं, वागुपचयः, वाक्यबाहुल्यं, चित्रोक्तिः, अतिवर्णना, अतिप्रपञ्चः.

To **exagitate,** ***v. a.*** विक्षुभ् **in caus.** (-क्षोभयति -यितुं). ***See*** **Agitate.**

To **exalt,** ***v. a.*** उन्नम् **in caus.** (-नमयति -यितुं), उच्छ्रि (**c. 1.** उच्छ्रयति -यितुं, **rt.** श्रि), समुच्छ्रि, उच्चीकृ, ऊर्द्ध्वीकृ, उन्नी (**c. 1.** -नयति -नेतुं), उन्नतिं कृ, समुन्नतिं कृ, उद्धृ (**c. 1.** -हरति -हर्त्तुं), अधिरुह् **in caus.** (-रोपयति -यितुं). ***See*** **Elevate.**

Exaltation, ***s.*** उन्नतिः ***f.,*** समुन्नतिः ***f.,*** उत्कर्षः, उत्कृष्टता, औत्कर्षं, उच्छ्रयः, समुच्छ्रयः, उत्सेधः, उद्धतिः ***f.,*** उदयः, उच्चता, ऊर्द्ध्वत्वं, अधिरोहः. ***See*** **Elevation.**

Exalted, ***p. p.*** उन्नतः -ता -तं, समुन्नतः -ता -तं, उच्छ्रितः -ता -तं, उत्कृष्टः -ष्टा -ष्टं, उद्धतः -ता -तं, उद्यतः -ता -तं, अधिरोपितः -ता -तं, अधिरूढः -ढा -ढं, उद्धृतः -ता -तं, आभ्युदयिकः -की -कं. ***See*** **Elevated.**

Examination, ***s.*** **(Investigation)** परीक्षा -क्षणं, निरूपणं, अनुसन्धानं, विचारः -रणं -णा, जिज्ञासा, अन्वेषण -णं, अनुयोगः समीक्षणं, संवीक्षणं, प्रसमीक्षा, निर्णयः, चर्च्चा, निरूप्पत्वं, विमर्शः, निश्चयः, परीष्टिः ***f.,*** विवेचना, शोधनं.—**(By question)** प्रश्नेन परीक्षा, प्रश्नोत्तरक्रमेण जिज्ञासा **or** परीक्षा.—**(Inspection)** निरीक्षणं, आलोचनं, अवेक्षा -क्षणं, दर्शनं, सन्दर्शनं.—**(Judicial)** विचारः, व्यवहारदर्शनं, आह्वानदर्शनं;

'examination of a witness,' साक्षिपरीक्षा.

***To* examine, *v. a.* (Investigate)** परीक्ष् **(c. 1.** -ईक्षते -क्षितुं), निरूप् **(c. 10.** -रूपयति -यितुं), अनुसन्धा **(c. 3.** -दधाति -धातुं), ज्ञा **in des.** (जिज्ञासते -सितुं), अन्विष् **(c. 4.** -इष्यति -एषितुं) **or** अन्वेष् **(c. 1.** -एषते -यितुं), अनुयुज् **(c. 7.** -युनक्ति -युंक्ते -योक्तुं), विचर् **in caus.** (-चारयति -यितुं), चर्च् **(c. 1.** चर्चति -र्चितुं), विमृश् **(c. 6.** -मृशति -म्रष्टुं), निर्णी **(c. 1.** -णयति -णेतुं), निश्चि **(c. 5.** -चिनोति -चेतुं), विनिश्चि, विचि, अभिनिध्यै **(c. 1.** -ध्यायति -ध्यातुं) मार्ग् **(c. 10.** मार्गयति -यितुं).—**(Inspect)** निरीक्ष्, अवेक्ष्, समीक्ष्, वीक्ष्, अभिवीक्ष्, दृश् **(c. 1.** पश्यति द्रष्टुं), अनुदृश्, परिदृश्, सन्दृश्, प्रतिदृश्, आलोच् **(c. 10.** -लोचयति -यितुं), आलोक् **(c. 10.** लोकयति -यितुं).—**(Interrogate)** अनुप्रच्छ् **(c. 6.** -पृच्छति -प्रष्टुं), परिप्रच्छ्, समनुप्रच्छ्, प्रश्नेन परीक्ष्, प्रश्नोत्तरक्रमेण परीक्ष् **or** अनुयुज्.—**(Judicially)** विचर् **in caus.** विचारं कृ; **'examine witnesses,'** साक्षिणः परीक्ष्;

Examined, *p. p.* निरूपितः -ता -तं, परीक्षितः -ता -तं, निरीक्षितः -ता -तं, अवेक्षितः -ता -तं, जिज्ञासितः -ता -तं, विचारितः -ता -तं, अनुयुक्तः -क्ता -क्तं, चर्च्चितः -ता -तं, अन्वेषितः -ता -तं, निर्णीतः -ता -तं, आलोचितः -ता -तं.

Examiner, *s.* परीक्षकः, विचारकः, विचारकर्त्ता ***m.*** (र्त्तृ), अनुसन्धाता ***m.*** (तृ), निरूपकः, अनुयोक्ता ***m.*** (क्तृ), निर्णेता ***m.*** (तृ), जिज्ञासाकृत्.

Example, *s.* (Pattern for imitation) प्रमाणं, प्रमा, आदर्शः, प्रतिरूपं, प्रतिमा -मानं; **'to follow an example,'** अनुकृ; **'following an example,'** अनुकरणं; **'wherever example he sets, the world follows,'** यत् प्रमाणं स कुरुते लोकस् तद् अनुवर्त्तते; **'men follow my example,'** मम वर्त्म मनुष्या अनुवर्त्तन्ते **or** अनुगच्छन्ति.—**(Person fit for an example)** प्रमाणं, प्रमाता ***m.*** (तृ).—**(Instance serving for illustration)** दृष्टान्तः, निदर्शनं, उदाहारः -हरणं, उपोद्घातः; **'for example,'** दृष्टान्तरूपेण, दृष्टान्तक्रमेण, यथा, तथाहि.

Exanimate, *a.* निर्जीवः -वा -वं, अजीवः -वा -वं, विचेतनः -ना -नं, निस्तेजाः -जाः -जः (स्), भग्नमनाः -नाः -नः (स्), निरुत्साहः -हा -हं, प्राणहीनः -ना -नं.

To* exanimate, *v. a. निर्जीवीकृ, मनोभङ्गं कृ, तेजो हृ **(c. 1.** हरति, हर्त्तुं).

Exanimation, *s.* प्राणहत्या, मनोभङ्गः, उत्साहभङ्गः, तेजोहरणं.

To* exasperate, *v. a. कुप् **in caus.** (कोपयति -यितुं), प्रकुप्, सङ्कुप्, कोपं **or** क्रोधं जन् **(c. 10.** जनयति -यितुं), क्रुध् **in caus.** (क्रोधयति -यितुं).

Exasperated, *p. p.* प्रकोपितः -ता -तं, प्रकुपितः -ता -तं, उपजातकोपः -पा -पं, जातक्रोधः -धा -धं, संरब्धः -ब्धा -ब्धं, जातामर्षः -र्षा -र्षं, इद्धमन्युः -न्युः -न्यु.

Exasperation, *s.* प्रकोपः पणं, क्रोधकरणं, कोपकरणं, संरम्भः.

To* exauctorate, *v. a. पदात् **or** अधिकाराद् भ्रंश् **(c. 10.** भ्रंशयति -यितुं). ***See* Dismiss.**

To* excavate, *v. a. खन् **(c. 1.** खनति -ते -नितुं), उत्खन्, निखन्, अभिखन्, प्रोत्खन्, खनित्रेण भूमिं भिद् **(c. 7.** भिनत्ति, भेत्तुं) **or** दॄ **in caus.** (दारयति -यितुं) **or** भूमौ गर्त्तं **or** विवरं कृ, शुषिरीकृ, शून्यीकृ.

Excavated, *p. p.* निखातः -ता -तं, उत्खातः -ता -तं, खातः -ता -तं, खनितः -ता -तं, शुषिरीकृतः -ता -तं, शून्यीकृतः -ता -तं, पुटितः -ता -तं.

Excavation, *s.* (Act of digging out) खननं, उत्खननं.—**(A cavity)** खातं, गर्त्तः, रन्ध्रं, कुहरं, अवटः -टिः ***m.,*** विलं, शुषिरं.

Excavator, *s.* खनकः, खनिता ***m.*** (तृ), आखनिकः, खातकः.

To* excecate, *v. a. अन्धीकृ, तिमिरीकृ, तिमिर **(nom.** तिमिरयति -यितुं).

To* exceed, *v. a.* and *n. अतिक्रम् **(c. 1.** -क्रामति -क्रमितुं), अतिभू **(c. 1.** -भवति -वितुं), अभिभू, अती **(c. 2.** अत्येति -तुं **rt.** इ), अतिशी **(c. 2.** -शेते -शयितुं), अधिशी, अतिचर् **(c. 1.** -चरति -रितुं), अतिगम् **(c. 1.** -गच्छन्ति -गन्तुं), अतिरिच् **in pass.** (-रिच्यते), **with abl. c.** अतिरिक्तः -क्ता -क्तं, भू, अधिकीभू, लङ्घ् **(c. 10.** लङ्घयति -यितुं), व्यत्यस् **(c. 2.** व्यतिस्ते).

Exceeded, *p. p.* अतिक्रान्तः -न्ता -न्तं, उत्क्रान्तः -न्ता -न्तं, अतीतः -ता -तं, अत्ययितः -ता -तं, अतिशयितः -ता -तं, लङ्घितः -ता -तं.

Exceeding, *a.* (Surpassing) अतिक्रामकः -का -कं, अतिचरः -रा -रं, अतिगः -गा -गं, अतिरेकी -किणी -कि (न्), अतिशयी -यिनी -यि (न्), अतिरिक्तः -क्ता -क्तं, अधिकः -का -कं -कतरः -रा -रं, समधिकः -का -कं -कतरः -रा -रं, अभ्यधिकः -का -कं.—**(In a great degree, very)** अत्यन्तः -न्ता -न्तं, अति **or** सु **or** अतिशय **prefixed,** भूरिः -रिः -रि, गाढः -ढा -ढं, वाढः -ढा -ढं, परमः -मा -मं, परः -रा -रं, अतिमितः -ता -तं, अपरिमितः -ता -तं, पुरुः -रुः -रु; **'exceeding large,'** अतिमहान् -हती -हत् (त्), सुमहान् **etc.; 'exceeding bounds,'** अतिमर्य्यादः -दा -दं, अतिभूमिः -मिः -मि; **'exceeding human power,'** अतिमानुषः -षा -षं, जनातिगः -गा -गं; **'exceeding orders,'** उल्लङ्घितशासनः -ना -नं.

Exceedingly, *adv.* अति **or** सु **or** अतिशय **prefixed,** अतिशयं -न्येन, सातिशयं, भृशं, अत्यन्तं, निर्भरं, अत्यर्थं, अतीव, नितान्तं, परं, गाढं, वाढं, प्रगाढं, एकान्ततस्, अतितरां, सुतरां, अतिमात्रं,

अधिकं, निकामं, सुमहत्.

To* excel, *v. a.* and *n. विशिष् **in pass.** (-शिष्यते), **with abl. c.,** अतिरिच् **in pass.** (-रिच्यते), **with abl. c.,** अतिशी **(c. 2.** -शेते -शयितुं), अतिक्रम् **(c. 1.** -क्रामति -क्रमितुं), अती **(c. 2.** अन्येति -तुं **rt.** इ), अतिचर् **(c. 1.** -चरति -रितुं), अतिगम् **(c. 1.** -गच्छति -गन्तुं), अतिभू, अभिभू, जि **(c. 1.** जयति, जेतुं), विजि, पराजि, प्रशंस् **in pass.** (-शस्यते); **'one whose eyes excel the lotus,'** अधिक्षिप्तपद्मनेत्रः -त्री.

Excelled, *p. p.* अतीतः -ता -तं, अतिक्रान्तः -न्ता -न्तं, अतिशायितः -ता -तं.

Excellence, excellency, *s.* (State of excelling or possessing good qualities) विशिष्टता, वैशिष्ट्यं, श्रेष्ठता -त्वं, उत्कृष्टता, उत्कर्षः, औत्कर्ष्यं, प्रकर्षः, प्रकृष्टत्वं, प्राशस्त्यं, प्रशस्तिः ***f.,*** उत्तमता, गुणवैशेष्यं, गुणोत्कर्षः, गुणप्रकर्षः, गुणिता, गुणता, गुणवत्ता -त्त्वं, सारत्वं, कौशलं, सौष्ठवं, सारत्वं, मतल्लिका, मचर्चिका, उद्घः, तल्लजः, प्रकाण्डः -ण्डं. **—(Any valuable quality)** गुणः, उत्कृष्टगुणः, परभागः; **'your excellency,'** आर्य्य.

Excellent, *a.* विशिष्टः -ष्टा -ष्टं, उत्कृष्टः -ष्टा -ष्टं, उत्तमः -मा -मं, अनुत्तमः -मा -मं, प्रशस्तः -स्ता -स्तं, प्रशस्यः -स्या -स्यं, शस्तः -स्ता -स्तं, शस्यः -स्या -स्यं, श्रेयान् -यसी -यः (स्), सत्तमः -मा -मं, शिष्टः -ष्टा -ष्टं, परमः -मा -मं, अग्रियः -या -यं, अग्रः -ग्रा -ग्रं, परः -रा -रं, वरः -रा -रं, प्रवरः -रा -रं, वरेण्यः -ण्या -ण्यं, प्रवर्हः -र्हा -र्हं, पुष्कलः -ला -लं, अतिशोभनः -ना -नं, सारवान् -वती -वत् (त्), अर्य्यः -र्य्या -र्य्यं, भट्टारकः -का -कं, अपीव्यः -व्या -व्यं. **—(Having excellent qualities)** गुणी -णिनी -णि (न्), गुणवान्, -वती -वत् (त्), गुणात्कृष्टः -ष्टा -ष्टं, गुणोपेतः -ता -तं, गुणमयः -यी -यं, गुणवत्तमः -मा -मं, अधिगुणः -णा -णं; **'having numberless good qualities,'** अपरिमितगुणगणः -णा -णं. **Excellent may be expressed by** ऋषभः **or** पुङ्गवः **or** व्याघ्रः **or** सिंहः **or** शार्दूलः **or** इन्द्रः **or** प्रकाण्डः **in comp.; as, 'an excellent or eminent man,'** पुरुषर्षभः, पुरुषव्याघ्रः, नरपुङ्गवः **etc.; 'an excellent woman,'** उत्तमा, वरारोहा, वरवर्णिनी, मत्तकाशिनी, कुमारीतल्लजः.

Excellently, *adv.* उत्तमं, अनुत्तमं, प्रशस्तं, श्रेष्ठं, सु, सुष्ठु, भद्रं.

To* except, *v. a. वृज् **(c. 10** वर्ज्जयति), अपास् **(c. 4** -अस्यति -असितुं), पर्य्युदस्, व्युदस्, अपहा **(c. 3** -जहाति -हातुं), विहा, त्यज् **(c. 1** त्यजति, त्यक्तुं), मुच् **(c. 6** मुञ्चति, मोक्तुं), उपसंहृ **(c. 1** -हरति -हर्त्तुं).

Except, *prep.* वर्ज्जयित्वा, अपास्य, अपहाय, भुक्त्वा **all with acc. c.,** विना **with inst. or acc. c.** ऋते **with abl. or acc. c.,** अन्तरेण, अन्तरा, व्यतिरेकेण, व्यतिरिक्तं, वर्ज्जं, अन्यत्र, पृथक्. **—(Unless)** यदि न. **Sometimes expressed by the loc. absolute; as, 'except ye eat flesh,'** आमिषे न भुक्ते **or by the indecl. part.; as, 'except ye see,'** न दृष्ट्वा.

Excepted, *p. p.* वर्ज्जितः -ता -तं, पर्य्युदस्तः -स्ता -स्तं, विनिर्मुक्तः -क्ता -क्तं, व्यतिरिक्तः -क्ता -क्तं, उपसंहृतः -ता -तं, व्यावृत्तः -त्ता -त्तं, व्यावृतः -ता -तं, अपास्तः -स्ता -स्तं. **—(In grammar)** निपातितः -ता -तं, विधिसङ्कोचितः -ता -तं.

Excepting, *part.* वर्ज्जयित्वा, अपास्य, मुक्त्वा, अपहाय, हित्वा, त्यक्त्वा.

Exception, *s.* (Act of excepting) वर्ज्जः -र्ज्जनं, अपासनं, पर्य्युदासः, व्युदासः अपहानिः ***f.,*** विनिर्मोकः, परिहारः -हरणं, व्यतिरेकः, व्यावृतिः ***f.,*** अपवादः, निषेधः **—(In grammar)** निपातनं, ग्रहणं, विपक्षः, विधिसङ्कोचः, विधिभञ्जकः. **—(That which is to be excepted)** वर्ज्जनीयं, वर्ज्यं. **—(Objection)** बाध्यः -धा, अपवादः, उद्ग्राहः.

Exceptionable, *a.* बाध्यः -ध्या -ध्यं, परिहरणीयः -या -यं, परिहार्य्यः -र्य्या -र्य्यं, वर्ज्यः -र्ज्या -र्ज्यं, वर्ज्जनीयः -या -यं, अप्रशस्तः -स्ता -स्तं.

Excerpted, *p. p.* उद्धृतः -ता -तं, निर्हृतः -ता -तं, व्यवस्थितः -ता -तं.

Excerption, *s.* उद्धारः, निर्हारः, व्यवस्थितिः ***f.,*** चूर्णिः ***m.,*** चूर्णिकरणं.

Excess, *s.* अधिकता, आधिक्यं, आतिरेक्यं, आतिशय्यं, उद्रेकः, उपचयः, अतिरिक्तता, उत्सेकः, भृशता, भार्श्यं, भशिमा ***m.*** (न्), उत्कर्षः, गाढता, आत्यन्तिकता, समभिहारः, एकान्तत्वं, अपरिमितत्वं, बाहुल्यं, प्राचुर्य्यं. **—(Transgression of due limits)** मर्य्यादातिक्रमः, अमर्य्यादा, अतिक्रमः, अत्याचारः, अत्ययः. **—(Intemperance in eating, etc.)** आहारादिविषये असंयमः.

Excessive, *a.* अति **or** अतिशय **or** मु **prefixed,** अत्यन्तः -न्ता -न्तं, गाढः -ढा -ढं, भूरिः -रिः -रि अधिकः -का -कं, अतिमात्रः -त्रा -त्रं, अपरिमितः -ता -तं, अमितः -ता -तं, अतिमितः -ता -तं, नितान्तः -न्ता -न्तं, आत्यन्तिकः -की -कं, प्रगाढः -ढा -ढं, उद्गाढः -ढा -ढं, उद्रिक्तः -क्ता -क्तं, अतिमर्य्यादः -दा -दं, एकान्तः -ता -न्तं, भृशः -शा -शं, सुभृशः -शा -शं, निर्भरः -रा -रं, भरः -रा -रं, उत्कटः -टा -टं, अतिशयी -यिनी -यि (न्), अतिशायनः -ना -नं, अतिरिक्तः -क्ता -क्तं, परमः -मा -मं, परः -रा -रं; **'excessive heat,'** अतिदाहः, गुरुतापः; **'excessive speaking,'** अतिशयोक्तिः ***f.;*** **'excessive sheep,'** सुनिद्रा, निर्भरनिद्रा; **'excessive rain,'** भूरिवृष्टिः ***f.;*** **'excessive pain,'** तीव्रवेदना.

Excessively, *adv.* भृशं, सुभृशं, निर्भरं, अत्यन्तं, अतिशयं -येन,

Exchange 359 Exciting

सातिशयं, गाढं, प्रगाढं, उद्गाढं, नितान्तं, अतिमात्रं, एकान्ततस्, अत्यर्थं, निर्दयं, अतिमर्य्यादं, अतितरां, सुतरां, तीव्रं, बलवत्, अतिवेलं. **Often expressed by** अति **or** सु **or** अतिशय **prefixed; as, 'excessively sharp,'** अतितीक्ष्णः -क्ष्णा -क्ष्णं.

To* exchange, *v. a. परिवृत् **in caus.** (-वर्त्तयति -यितुं), निमे (**c. 1.** -मयते -मातुं), विनिमे, विमे, **all with acc. and inst. c.,** प्रतिदा, परिवर्त्तं कृ, विनिमयं कृ, व्यतिह (**c. 1.** -हरति -हर्त्तुं), प्रतिपण (**c. 10.** -पणयति -यितुं). **'To exchange may be expressed by the phrase 'having given one thing to take another,'** अन्यद् दत्त्वा अन्यद् आदा, **or** अन्यत् त्यक्त्वा अन्यद् ग्रह् (**c. 9.** गृह्णाति, ग्रहीतुं); **'he exchanges beans for sesamum seeds,'** तिलैर् माषान् परिवर्त्तयति **or** तिलेभ्यः प्रति माषान् ददाति; **'liquids to be exchanged for liquids,'** रसा रसैर् निमातव्याः; **'not to be exchanged,'** अपरिवर्त्तनीयः -या -यं, अप्रतिपण्यः -ण्या -ण्यं.

Exchange, *s.* परिवर्त्तः -र्त्तनं, परिवृत्तिः ***f.,*** परीवर्त्तः, विनिमयः, विमयः, निमयः निमेयः, वैमेयः, प्रतिदानं, परिदानं, परावर्त्तः, परावृत्तिः ***f.,*** व्यतिहारः, व्यतीहारः, निमया.—**(Barter)** भाण्डविनिमयः.—**(Place where merchants meet)** श्रेष्ठिचत्वरं, वणिक्समागमचत्वरं; **'exchange of civilities,'** प्रतिपूजनं; **'exchange of favours,'** परस्परोपकारः; **'exchange of blows,'** अन्योन्यघातः, व्यतिहारः; **in exchange for,'** प्रति, विनिमयेन; **'in exchange for one's life,'** स्वप्रमाणविनिमयेन.

Exchangeable, *a.* परिवर्त्तनीयः -या -यं, निमातव्यः -व्या -व्यं, प्रतिपण्यः -ण्या -ण्यं.

Exchanged, *p. p.* परिवर्त्तितः -ता -तं, परिवृत्तः -त्ता -त्तं.

Exchanger, *s.* परिवर्त्तकः, परिवर्त्तनकृत्, विनिमयकर्त्ता ***m.*** (र्त्तृ), विमयकारी ***m.*** (न्).

Exchequer, *s.* (Treasury) राजकोषः, राजधनागारः, राजधनगृहं, राजस्वकोषः; **'chancellor of the exchequer,'** कोषाध्यक्षः, कोषाधीशः, कोशाधीशः, राजधनाधिकारी ***m.*** (न्), राजस्वपालकः, गञ्जाधिपः.—**(Court).** ***See*** **Chancery.**

Excisable, *a.* (article) शुल्कस्थानं, करस्थानं.

Excise, *s.* स्वदेशनिर्म्मितद्रव्याणां राजग्राह्यभागः **or** राजदेयो भागः, शुल्कः -ल्कं, करः, स्वविषयनिर्म्मितद्रव्येषु राजनिरूपितः करः.

To* excise, *v. a. स्वदेशनिर्म्मितद्रव्याणां **or** -द्रव्येण राजग्रहणीयं भागं निरूप् (**c. 10.** -रूपयति -यितुं) **or** राजदेयभागं निरूप्, करं **or** शुल्कं निरूप् **or** स्था **in caus.** (स्थापयति -यितुं).

Exciseman, *s.* स्वदेशनिर्म्मितद्रव्याणां राजग्राह्यभागनिरूपकः, शुल्काध्यक्षः, कराध्यक्षः, करनिरूपकः, करग्राही ***m.,*** (न्), करग्रहः.

Excision, *s.* उच्छेदः, उच्छित्तिः ***f.,*** उत्कर्त्तनं, कर्त्तनं, विच्छेदः, विच्छित्तिः ***f.,*** उत्पाटनं, उद्धरणं, विनाशः.

Excitability, *s.* उत्तेजनीयता, उद्दीपनीयता, उत्तेजनक्षमता, उत्तापनीयता, प्रकोपनीयता, शीघ्रकोपित्वं.

Excitable, *a.* उत्तेजनीयः -या -यं, उत्तापनीयः -या -यं, उद्दीपनीयः -या -यं, प्रवर्त्तनीयः -या -यं, प्रकोपणीयः -या -यं, शीघ्रकोपी -पिणी -पि (न्), चित्तवेगी -गिनी -गि (न्).

Excitant, *s.* रुचकं, प्ररोचनं, दीपकं, तेजनं, तेजोवर्धनं.

Excitation, *s.* उत्तेजनं, समुत्तेजनं, उत्तापः -पनं, उद्दीपनं, दीपनं, प्ररोचनं, प्रोत्साहः -हनं.

To* excite, *v. a. उत्तिज् **in caus.** (-तेजयति -यितुं), समुत्तिज्, उत्तप् **in caus.** (-तापयति -यितुं), उद्दीप् (**c. 10.** -दीपयति -यितुं), दीप्, उत्था **in caus.** (-थापयति -यितुं, **rt.** स्था), व्युत्था, उद्युज् **in caus.** (-योजयति -यितुं) उत्सह् **in caus.** (-साहयति -यितुं), प्रोत्सहृ, प्ररुच् **in caus.** (-रोचयति -यितुं), प्रवृत् **in caus.** (-वर्त्तयति -यितुं), चुद (**c. 10.** चोदयति -यितुं), प्रचुद्, मञ्चुद्, परिचुद्, सन्धुक्ष् (**c. 10.** -धुक्षयति -यितुं), उद्धन् (**c. 2.** -हन्ति -न्तुं).—**(Create, cause)** जन् (**c. 10.** जनयति -यितुं), उत्पद् (**c. 10.** -पादयति -यितुं); **'to excite divisions,'** भेदं जन्.

Excited, *p. p.* उत्तेजितः -ता -तं, तेजितः -ता -तं, समुत्तेजितः -ता -तं, उत्तापितः -ता -तं, उप्तमः -प्ता -प्तं, उद्दीप्तः -प्ता -प्तं, उद्युक्तः -क्ता -क्तं, प्रवर्तितः -ता -तं, उत्थापितः -ता -तं, उद्धतः -ता -तं, विनिर्वृत्तः -त्ता -त्तं, चोदितः -ता -तं, उद्गुर्णः -र्णा -र्णं, कृतोद्यमः -मा -मं, संरब्ध -ब्धा -ब्धं, उज्जृम्भितः -ता -तं.—**(Caused)** जनितः -ता -तं, जातः -ता -तं, उत्पन्नः -न्ना -न्नं.—**(Under emotion)** चित्तवेगवान् -वती -वत् (त्), अन्यथावृत्तिः -त्तिः -त्ति, गतशान्तिः -न्तिः -न्ति, गतधृतिः -तिः -ति.

Excitement, *s.* उत्तापः, उत्तप्ता, उत्तेजनं, उद्दीपः -पनं, उद्दीप्तिः ***f.,*** दीपनं, प्ररोचनं, उत्थापनं, प्रोत्साहः -हनं, प्रवर्त्तः -र्त्तनं, प्रवृत्तिः ***f.,*** अभितापः उन्मदः, उद्धतिः ***f.,*** उद्योगः, संरम्भः.—**(Emotion)** चित्तवेगः, उत्कम्पः, चित्तोत्तापः.

Exciter, *s.* उत्तापकः, उद्दीपकः, दीपकः, उत्थापकः, उत्तेजकः, प्रोत्साहकः, प्रवर्त्तकः.

Exciting, *a.* उद्दीपकः -का -कं, चित्रोत्तापकारी -रिणी -रि (न्).

To* exclaim, *v. n. उत्क्रुश् (**c. 1.** -क्रोशति -क्रोष्टुं), विक्रुश्, प्रक्रुश्, उच्चैःस्वरेण घुष् **in caus.** (घोषयति -यितुं), उद्घुष्, विद्युष्, उच्चैः **or** प्रकाशं वद् (**c. 1.** -वदति -दितुं) **or** भाष् (**c. 1.** भाषते -षितुं), उच्चैःस्वरं कृ, उच्चैर्घुष्टं कृ, उच्चभाषणं कृ, उच्चवाक्यम् उदीर् (**c. 10.** -ईरयति -यितुं), प्रक्ष्विड् (**c.**

1. -क्ष्वेडति -डितुं).

Exclaimed, ***p. p.*** उत्क्रुष्टः -ष्टा -ष्टं, विक्रुष्टः -ष्टा -ष्टं, उद्घुष्टः -ष्टा -ष्टं.

Exclamation, ***s.*** उत्क्रोशः, उत्क्रुष्टं, घोषणं -णा, उद्घोषणं, उद्गारः, उच्चैर्घुष्टं, उद्घुष्टं, उच्चभाषणं, उच्चैःस्वरः, रासः, प्रक्ष्वेडन, चीत्कारः.

Exclamatory, ***a.*** उत्क्रोशकः -का -कं, उद्घोषणः -णा -ण, विक्रोशनः -ना -नं.

To* exclude,** ***v. a. **(Thrust out)** वहिःकृ वहिष्कृ, निराकृ, अपाकृ, निःसृ **in caus.** (-सारयति -यितुं), अपसृ, निरस् **(c. 4.** -अस्यति -असितुं), अपाम्, अपानुद् **(c. 6.** -नुदति -नोत्तुं), निष्कस् **in caus.** (-कासयति -यितुं).—**(Debar)** वाध् **(c. 1.** बाधते -धितुं), निषिध् **(c. 1.** -षेधति -षेद्धुं), वृ **in caus.** (-वारयति -यितुं), निरुध् **(c. 7.** -रुणद्धि -रोद्धुं), विरुध्, अवरुध्.—**(Except, not include)** वृज् **(c. 10.** वर्ज्जयति -यितुं), अपास्, पर्य्युदस्, व्युदस्, उपसंहृ, उपसंहरणं कृ, न परिग्रह् **(c. 9.** -गृह्णाति -ग्रहीतुं); **'is excluded,'** परिहीयते.

Excluded, ***p. p.*** वहिष्कृतः -ता -तं, वहिःकृतः -ता -तं, निराकृतः -ता -तं, निरस्तः -स्ता स्तं, उदस्तः -स्ता -स्तं, अपास्तः -स्ता -स्तं, निःसारितः -ता -तं, निषिद्धः -द्धा -द्धं, बाधितः -ता -तं, निवारितः -ता -तं, विहीनः -ना -नं, परिहीणः -णा -णं.—**(Excepted)** वर्ज्जितः -ता -तं, पर्य्युदस्तः -स्ता -स्तं, व्यतिरिक्तः -क्ता -क्तं, उपसंहृतः -ता -तं, व्यावृत्तः -ता -त्तं, व्यावृतः -ता -तं; **'excluded from society,'** अपांक्तः -क्ता -क्तं.

Exclusion, ***s.*** बहिष्करणं, वहिःकरणं, निराकरणं, निरासः, निरसनं, अपासनं, अपसारणं, निःसारणं, निष्कासनं, निषेधः, प्रतिषेधः, निवारणं, वारणं, अवरोधनं, निरोधः, विरोधः, विरुद्धत्वं, वहिर्भावः.—**(Exception)** वर्ज्जनं, पर्य्युदासः, व्युदासः, उपसंहारः -हरणं, व्यावृतिः ***f.,*** व्यतिरेकः.

Exclusive, ***a.*** **(Debarring)** निवारकः -का -कं, बाधकः -का -कं, निषेधकः -का -कं.—**(Possessed to the exclusion of others)** असामान्येन भुक्तः -क्ता -क्तं, पृथग्भुक्तः -क्ता -क्तं, अन्यव्यतिरेकेण भुक्तः -क्ता -क्तं, अनन्यः -न्या -न्यं -न्यत्, केवलः -ला -लं.—**(In logic)** वैशेषिकः -की -कं. —**(Not including, not taking into the account)** वर्ज्जयित्वा, अपास्य, अपहाय, हित्वा, अपरिगण्य; **or expressed by** रहितः -ता -तं, हीनः -ना -नं **in comp.**

Exclusively, ***adv.*** **(To the exclusion of others, apart)** असामान्येन, असाधारण्येन, पृथक्, एकान्ततस्, एकान्ते, अन्यव्यतिरेकेण, केवलं, विजने.—**(Without including)** वर्ज्जयित्वा, अपास्य, अपरिगण्य.

Exclusiveness, ***s.*** कैवल्यं, केवलत्वं, अनन्यता, असामान्येन परिभोगः.

To* excogitate,** ***v. a. प्रचिन्त् **(c. 10.** -चिन्तयति -यितुं), परिचिन्त्, विचिन्त्, मनसा क्लृप् **(c. 10.** कल्पयति -यितुं), परिक्लृप्.

Excogitated, ***p. p.*** प्रचिन्तितः -ता -तं, मनःकल्पितः -ता -तं, परिकल्पितः -ता -तं.

Excogitation, ***s.*** उपायचिन्तनं, परिचिन्ता, मनसा परिकल्पनं.

To* excommunicate,** ***v. a. ख्रीष्टीयसमाजाद् वहिष्कृ **or** निराकृ **or** निरस् **(c. 4.** -अस्यति -असितुं), ख्रीष्टीयधर्म्माधिकाराद् भ्रंश् **(c. 10.** भ्रंशयति -यितुं) **or** च्यु **in caus.** (-च्यावयति -यितुं), अपांक्तीकृ, अपात्रीकृ.

Excommunicated, ***p. p.*** ख्रीष्टीयसमाजाद् वहिष्कृतः -ता -तं **or** निराकृतः -ता -तं, अपांक्तः -क्ता -क्तं, अपात्रीकृतः -ता -तं.

Excommunication, ***s.*** ख्रीष्टीयसमाजाद् वहिष्करणं **or** निराकरणं **or** निरसनं, अपांक्तीकरणं, अपात्रीकरणं; **'by edict,'** अपांक्तपत्रं.

To* excoriate,** ***v. a. त्वक्छेदं कृ, त्वग्भेदं कृ, चर्म्मक्षतं कृ, त्वगुल्लेखनं कृ, चर्म्म लिख् **(c. 6.** लिखति, लेखितुं) **or** उल्लिख् **or** दृ **in caus.** (दारयति -यितुं) **or** विदृ, त्वच **(nom.** त्वचयति -यितुं), चर्म्म घृष् **(c. 1.** घर्षति -र्षितुं) **or** निर्घृष्, निस्त्वचीकृ.

Excoriated, ***p. p.*** क्षतचर्म्मा -र्म्मा -र्म्म (न्), उल्लिखितचर्म्मा **etc.** विदारितत्वक् ***m.f.n.,*** निश्चर्म्मा **etc.,** घर्षितचर्म्मा **etc.,** निस्त्वचः -चा -चं.

Excoriation, ***s.*** त्वक्क्षतिः ***f.,*** चर्म्मक्षतिः ***f.,*** त्वक्परिक्षतिः ***f.,*** चर्म्मलिखनं, त्वक्छेदः, त्वग्भेदः, त्वगुल्लिखनं, त्वग्दारणं, चर्म्मदारणं, चर्म्मनिर्घर्षणं.

Excortication, ***s.*** निस्त्वचीकरणं, निर्वल्कलीकरणं, त्वक्परिपुटनं.

Excrement, ***s.*** शकृत् ***n.,*** पुरीषं, उच्चारः, उच्चरितं, अमेध्यं, मलं, शरीरमलं, विष्ठा, विष्ठा, विद् ***f.,*** (ष्), गूथः -थं, शारीरं, शमलं, अवस्करः, अपस्करः, वर्च्चस्कः -स्कं, कल्कं, हन्नं, दूर्य्यं, पूतिकं, शोधनं, किट्टं; **'excrement and urine,'** विण्मूत्रं; **'to void excrement,'** पुरीषोत्सर्गं कृ, विण्मूत्रोत्सर्गं कृ, गु **(c. 6.** गुवति -वितुं).

Excremental, ***a.*** उच्चरितः -ता -तं, उत्सर्जितः -ता -तं, हन्नः -न्ना -न्नं.

Excrementitious, ***a.*** मली -लिनी -लि (न्), पुरीषमयः -यी -यं, विण्मयः -यी -यं.

Excrescence, ***s.*** गण्डः -ण्डका, स्फोटः -टकः, अर्व्वुदः, आभोगः; **'fleshy excrescence,'** अधिमांसं; **'on the tongue,'** अधिजिह्वः; **'on the bone,'** अध्यस्थि ***n.***

To* excrete,** ***v. a. उत्सृज् **(c. 6.** -सृजति -स्रष्टुं), मूत्रपुरीषोत्सर्गं कृ, उच्चर् **(c. 1.** -चरति -रितुं), गु **(c. 6.** गुवति -वितुं), हद्

(c. 6. हदते, हत्तुं)·

Excreted, ***p. p.*** उच्चरितः -ता -तं, हन्नः -न्ना -न्नं, गूनः -ना -नं·

Excretion, ***s.*** **(Act of excreting)** उत्सर्गः, उत्सर्जनं, उच्चरणं· **—(That which is excreted)** उच्चारः, उच्चरितं, मलं· *See* **Excrement.**

Excretive, excretory, ***a.*** उत्सर्गकारी -रिणी -रि (न्), उच्चारकः -का -कं, मलवहिष्कारकः -का -कं, मलरेचकः -का -कं·

To **excruciate,** ***v. a.*** व्यथ् **(c. 10.** व्यथयति -यितुं), तप् **in caus.** (तापयति -यितुं), सन्तप्, परितप्, यत् **in caus.** (यातयति -यितुं), कृष् **in caus.** (कर्षयति -यितुं), तिग्मयातनां दा **or** कृ·

Excruciated, ***p. p.*** व्यथितः -ता -तं, सन्तप्तः -प्ता -प्तं, कर्षितः -ता -तं·

Excruciating, ***a.*** व्यथकः -का -कं, व्यथाकरः -री -रं, उद्वेजनकरः -री -रं, उद्वेजनकरः -री -रं, सन्तापकः -का -कं, तिग्मयातनाकारी -रिणी -रि (न्), अरुन्तुदः -दा -दं, प्रमाथी -थिनी -थि (न्)·

Excruciation, ***s.*** तिग्मयातना, तीव्रवेदना, यातना, व्यथा -थनं·

To **exculpate,** ***v. a.*** दोषात् **or** अपराधात् शुध् **in caus.** (शोधयति -यितुं) **or** विशुध् **or** परिशुध् **or** मुच् **(c. 6.** मुञ्चति, मोक्तुं), निर्दोषीकृ, निरपराधीकृ, अनपराधिनं -धिनीं -धि कृ·

Exculpated, ***p. p.*** दोषमुक्तः -क्ता -क्तं, विशोधितः -ता -तं, विशुद्धः -द्धा -द्धं, निर्दोषः -षा -षं, निरपराधः -धा -धं, विगतदोषः -षा -षं, गतकलङ्कः -ङ्का -ङ्कं·

Exculpation, ***s.*** विशोधनं, विशुद्धिः ***f.,*** परिशोधः -धनं, दोषमुक्तिः ***f.,*** दोषमोचनं, निर्दोषीकरणं, निरपराधीकरणं, दोषप्रक्षालनं, दोषमार्जनं·

Exculpatory, ***a.*** शोधकः -का -कं, शोधनः -ना -नं, विशोधकः -का -कं, विशोधनः -ना -नं, परिशोधनः -ना -नं, दोषमोचकः -का -कं, निर्दोषकारी -रिणी -रि (न्)·

Excursion, ***s.*** **(Rumble)** भ्रमणं, परिभ्रमः -मणं, विहारः, विहरणं. **—(Deviation)** उत्क्रमः, विचलनं, व्यभिचारः, भ्रान्तिः ***f.,*** पथत्यागः, पथभ्रंशः, पथोल्लङ्घनं, पथातिक्रमः·

Excursive, ***a.*** भ्रमी -मिणी -मि (न्), भ्रमणकारी -रिणी -रि (न्), उत्क्रान्तमर्य्यादः -दा -दं, व्यभिचारी -रिणी -रि (न्), विहारी -रिणी -रि (न्), त्यक्तमार्गः -र्गा -र्गं·

Excusable, ***a.*** क्षमणीयः -या -यं, क्षन्तव्यः -व्या -व्यं, क्षमार्हः -र्हा -र्हं, सृष्टव्यः -व्या -व्यं, शोधनीयः -या -यं, मार्जनीयः -या -यं, मोचनीयः -या -यं, सहनीयः -या -यं·

To **excuse,** ***v. a.*** **(Pardon)** क्षम् **(c. 1.** क्षमते -ति, क्षन्तुं), संक्षम्, मृष् **(c. 4.** मृष्यति, मर्षितुं, स्रष्टुं, **c. 10.** मर्षयति -यितुं)·**—(Free from fault)** दोषात् **or** अपराधात् शुध् **(c. 10.** शोधयति -यितुं) **or** विशुध् **or** परिशुध् **or** मुच् **(c. 6.** मुञ्चति, मोक्तुं), निर्दोषीकृ·**—(Extenuate a fault or crime)** दोषं **or** पापं क्षम् **or** छद् **(c. 10.** छादयति -यितुं) **or** आछद् **or** मृज् **(c. 2** मार्ष्टि -र्ष्टुं), दोषक्षालनं कृ·**—(Remit)** अवसृज् **(c. 6** -सृजति -स्रष्टुं), मुच्, विमुच्·**—(Excuse one's self)** उत्तरं कृ **or** दा, अपदेशं कृ, व्यपदेशं कृ, छद्म कृ, आत्मदोषं छद्, आत्मानं शुध्, आत्मदोषमार्जनं कृ, छलं कृ, अपदिश् **(c. 6.** -दिशति -देष्टुं), व्यपदिश्; **'excuse me,'** प्रसीदतु भवान्·

Excuse, ***s.*** उत्तरं, उत्तरदानं, अपदेशः, व्यपदेशः, छद्म ***n.*** (न्), दोषछादनं, पापाच्छादनं, आच्छादनं, शुद्धिः ***f.,*** विशुद्धिः ***f.,*** शोधनं, पापशोधनं, निमित्तं, दोषमार्जना, दोषक्षालनं, दोषप्रक्षालनं, अनुनयः, उपदेशः, प्रत्यवस्कन्दः, कैतवं, छलं, क्षमाप्रार्थनं·

Excused, ***p. p.*** क्षान्तः -न्ता -न्तं, मुक्तः -क्ता -क्तं, विमोचितः -ता -तं, अवसृष्टः -ष्टा -ष्टं·

Excuseless, ***a.*** निरुत्तरं -रा -रं, अक्षमणीयः -या -यं, अक्षमार्हः -र्हा -र्हं·

Excuser, ***s.*** **(One who pleads for another)** परार्थम् उत्तरवादी ***m.*** (न्), पक्षपाती ***m.*** (न्), छद्मकारी ***m.*** (न्)·**—(One who forgives)** क्षन्ता ***m.*** (न्तृ)·

Execrable, ***a.*** गर्हणीयः -या -यं, गर्ह्यः -र्ह्या -र्ह्यं, गर्हितः -ता -तं, शापार्हः -र्हा -र्हं, घृणार्हः -र्हा -र्हं, द्वेष्यः -ष्या -ष्यं, द्वेषणीयः -या -यं, आक्रोशनीयः -या -यं·

Execrably, ***adv.*** गर्हणीयं, गर्ह्यं, गर्हितं, गर्ह्यप्रकारेण, द्वेषणीयं·

To **execrate,** ***v. a.*** शप् **(c. 1.** शपति -ते, **c. 4.** शप्यति, शप्तुं), अभिशप्, परिशप्; गर्ह् **(c. 1.** गर्हते -र्हितुं), आक्रुश् **(c. 1.** -क्रोशति -क्रोष्टुं), अमङ्गलं **or** अनिष्टम् आशंस् **(c. 1.** -शंसते -सितुं), भर्त्स् **(c. 10.** भर्त्सयति -यितुं), धिक्कृ, घृण् **(c. 1.** घृणते -णितुं), बाध् **in des.** (बीभत्सते -त्सितुं)·

Execrated, ***p. p.*** शप्तः -प्ता -प्तं, अभिशप्तः -प्ता -प्तं, गर्हितः -ता -तं, आक्रुष्टः -ष्टा -ष्टं, धिक्कृतः -ता -तं, निर्भर्त्सितः -ता -तं, अभिशस्तः -स्ता -स्तं·

Execration, ***s.*** शापः, अभिशापः, शपः -पनं, शपथः, परिशापः, आक्रोशः -शनं, अवक्रोशः, उपक्रोशः, भर्त्सनं, निर्भर्त्सनं, तर्ज्जनं, अभिषङ्गः, अभीषङ्गः, गालिः ***m.***

To **execute,** ***v. a.*** कृ, विधा **(c. 3.** -दधाति -धातुं), निर्वह् **in caus.** (-वाहयति -यितुं), सम्पद् **in caus.** (-पादयति -यितुं), निष्पद्, अनुष्ठा **(c. 1.** -तिष्ठति -ष्ठातुं), आस्था, समास्था, साध् **(c. 10.** साधयति -यितुं), संसाध्, सिद्धीकृ, वृत् **in caus.** (वर्त्तयति -यितुं), निर्वृत्, निवृत्, संवृत्, प्रवृत्, प्रणी **(c. 1.** -णयति -णेतुं), सम्प्रणी, घट् **(c. 10.** घटयति -यितुं), आचर् **(c. 1.** -चरति -रितुं), समाचर्, प्रयुज् **(c. 7.** -युनक्ति -योक्तुं)· **(Inflict capital punishment)**

धर्म्मसभाविचारानुसारेण बधदण्डार्हं हन् (**c. 2.** हन्ति -न्तुं), वधदण्डं कृ, प्राणदण्डं कृ.

Executed, ***p. p.*** कृतः -ता -तं, अनुष्ठितः -ता -तं, निष्पादितः -ता -तं, निष्पन्नः -न्ना -न्नं, सम्पादितः -ता -तं, विहितः -ता -तं, निर्व्वाहितः -ता -तं, आचरितः -ता -तं, सिद्धीकृतः -ता -तं, साधितः -ता -तं, प्रणीतः -ता -तं, घटितः -ता -तं. **—(Put to death by judicial sentence)** धर्म्मसभाविचारानुसारेण हतः -ता -तं **or** व्यापादितः -ता -तं.

Execution, ***s.*** **(Performance)** करणं, विधानं, अनुष्ठानं, आचरणं, निर्व्वहणं, निर्व्वाहः, निष्पादनं, सम्पादनं, निर्वर्त्तनं, साधनं, सिद्धिः ***f.,*** निष्पत्तिः ***f.*** **—(Putting to death by judicial sentence)** धर्म्मसभाविचारानुसारेण प्राणाघातः **or** प्राणहननं **or** प्राणदण्डः, वधदण्डार्हघातः, बधः, हत्या, व्यापादनं, मारणं; **'place of execution,'** बध्यभूमिः ***f.,*** बधस्थानं, घातस्थानं, बधस्थली.

Executioner, ***s.*** घातुकपुरुषः, घातकजनः, बध्यपुरुषः, बधकर्म्माधिकारी ***m.*** (न्), मृतपाः ***m.,*** दण्डपाशिकः.

Executive, ***a.*** सम्पादकः -का -कं, निर्व्वाहकः -का -कं, साधकः -का -कं, विधायकः -का -कं, प्रवर्त्तकः -का -कं, निष्पादकः -का -कं, प्रणायकः -का -कं.

Executor, ***s.*** मृतपत्रनिरूपणाधिकृतः, मृतलेखाधिकारी ***m.*** (न्), मृतकर्म्माधिकारी ***m.,*** मृतकर्म्मनिर्वाहकः, मृतकर्म्मसम्पादकः, मृतपत्रानुसारेण तद्विषयनिर्वाहकः.

Executorship, ***s.*** मृतजनकर्म्माधिकारिणः पदं **or** कर्म्म ***n.*** (न्).

Executrix, ***s.*** मृतलेखाधिकारिणी स्त्री, मृतकर्म्माधिकारिणी.

Exegesis, ***s.*** व्याख्या -ख्यानं, विवरणं, व्याकरणं, विवृतिः ***f.,*** उद्देशः.

Exegetical, ***a.*** वाचकः -का -कं, उद्देशकः -का -कं, प्रकाशकः -का -कं.

Exgetically, ***adv.*** व्याख्याक्रमेण, प्रकाशनार्थं, उद्दिश्य, विवरणार्थं.

Exemplar, ***s.*** प्रमाणं, प्रतिमा -मानं, उपमा, प्रतिरूपं, आदर्शः, प्रतिकृतिः ***f.,*** न्यायाधारः, दृष्टान्तः.

Exemplarily, ***adv.*** प्रमाणतस्, प्रमाणवत्, प्रमाणम् इव, प्रमाणरूपेण, प्रामाणिकप्रकारेण, दृष्टान्तरूपेण, अनुकरणीयप्रकारेण, अनुकरणीय.

Exemplariness, ***s.*** अनुकरणीयता, अनुकरणयोग्यता, अनुगम्यत्वं, अनुवर्त्तनीयत्वं, प्रामाणिकत्वं, प्रमाणयोग्यता, प्रामाण्यं, दृष्टान्तता.

Exemplary, ***a.*** प्रमाणयोग्यः -ग्या -ग्यं, अनुकरणयोग्यः -ग्या -ग्यं, अनुकरणीयः -या -यं, अनुकरणार्हः -र्हा -र्हं, अनुगम्यः -म्या -म्यं, अनुवर्त्तनीयः -या -यं, दृष्टान्तयोग्यः -ग्या -ग्यं, प्रामाणिकः -की -कं, दार्ष्टान्तिकः -की -कं.

Exemplification, ***s.*** उदाहरणं, उदाहारः, समुदाहरणं, उद्देशः, निदर्शनं, प्रदर्शनं, दृष्टान्तः, दृष्टान्तीकरणं, उत्प्रेक्षा;

Exemplified, ***p. p.*** उदाहृतः -ता -तं, समुदाहृतः -ता -तं, प्रदर्शितः -ता -तं, उद्दिष्टः -ष्टा -ष्टं, दृष्टान्तेन स्पष्टीकृतः -ता -तं, **or** प्रकाशितः -ता -तं.

To **exemplify,** ***v. a.*** दृष्टान्तेन स्पष्टीकृ **or** प्रकाश् (**c. 10.** -काशयति -यितुं **or** प्रदृश (**c. 10.** -दर्शयत -यितुं) **or** उद्दिश् (**c. 6.** -दिशति -देष्टुं), दृष्टान्तीकृ, उदाहृ (**c. 1.** -हरति -हर्त्तुं), व्याहृ.

To **exempt,** ***v. a.*** मुच् (**c. 6.** मुञ्चति, मोक्तुं, **c. 10.** मोचयति -यितुं), विमुच्, निर्मुच्, विनिर्मुच्; मोक्ष् (**c. 10.** मोक्षयति -यितुं), विमोक्ष्; विसृज् (**c. 6.** -सृजति -स्रष्टुं, **c. 10.** -सर्जयति -यितुं), अवसृज्; **'to exempt from taxes,'** अकरीकृ, निष्करीकृ, स्वाधीनीकृ.

Exempt, exempted, ***a.*** **and** ***p. p.*** **(Free from)** वर्ज्जितः -ता -तं, विवर्ज्जितः -ता -तं, मुक्तः -क्ता -क्तं, विनिर्मुक्तः -क्ता -क्तं, निर्मुक्तः -क्ता -क्तं, शून्यः -न्या -न्यं, रहितः -ता -तं, हीनः -ना -नं, विनाकृतः -ता -तं, वियुक्तः -क्ता -क्तं, विगतः -ता -तं, वीतः -ता -तं, **'exempt from bias,'** मुक्तसङ्गः -ङ्गा -ङ्गं, सङ्गमुक्तः -क्ता -क्तं, सङ्गवर्ज्जितः -ता -तं, सङ्गहीनः -ना -नं, विगतसङ्गः -ङ्गा -ङ्गं; **'exempt from passion,'** वीतरागः -गा -गं. **Or expressed by** अ **or** निर् **prefixed; as, 'exempt from tax,'** अकरः -रा -रं, निष्करः -रा -रं. **—(Not liable)** अनधीनः -ना -नं, अनायत्तः -त्ता -त्तं.

Exemption, ***s.*** **(Freedom from)** मुक्तिः ***f.,*** मोक्षः, विनिर्मोकः, निर्मोकः, विमोक्षः, विरहः, राहित्यं, रहितत्वं, शून्यता, अभावः, असम्भवः, व्यावृतिः ***f.;*** **exemption from war,'** युद्धाभावः. **Or expressed by** अ **prefixed; as, 'exemption from fear,'** अभयं; **'exemption from exertion,'** अनायासः; **'exemption from taxes,'** अकरत्वं.

To **exenterate,** ***v. a.*** निरन्त्रीकृ, नाडीः **or** अन्त्राणि वहिष्कृ.

Exequial, ***a.*** और्द्ध्वदेहिः -की -कं, अन्त्येष्टिक्रियासम्बन्धी -न्धिनी -न्धि (न्), अन्तसत्क्रियासम्बन्धी **etc.,** आद्धादिकर्म्मसम्बन्धी **etc.**

Exequies, ***s.*** और्द्ध्वदेहिकं और्द्ध्वदेहिकक्रिया, अन्त्येष्टिक्रिया, अन्त्येष्टिः ***f.,*** अनन्तसत्क्रिया, मृतशरीरसत्कर्म्म ***n.*** (न्), प्रेतकर्म्मः ***n.*** अन्त्यकर्म्म ***n.*** शवकर्म्म ***n.***

Exercise, ***s.*** **(Habitual practice)** अभ्यासः, अभ्यसनं, अभ्यासता, चर्य्या, आवृत्तिः ***f.*** **—(Performance)** आचरणं, प्रवृत्तिः ***f.,*** व्यापारः, निषेवनं, अनुष्ठानं. ***f.*** **—(Employment)** प्रयोगः, उपयोगः, सेवनं. **—(Exertion)** व्यवसायः, उद्यमः, आयासः, उद्योगः, चेष्टा, उत्थानं. **—(Discipline)** शिक्षा. **—(Bodily exercise)** व्यायामः, परिश्रमः, शरीरपरिश्रमः. **—(Exercise of mind)** मनोव्यापारः, मनोव्यवसायः. **—(Military exercise)** सैन्यव्यायामः, अस्त्रशिक्षा, शस्त्राभ्यासः, युद्धाभ्यासः, योग्या; **'daily exercises,'** नित्यकृत्यं; **'taking exercise,'** व्यायामी -मिनी -मि (न्).

To **exercise,** ***v. a.*** **(Practice habitually)** अभ्यस् **(c. 4.** –अस्यति –असितुं), आचर् **(c. 1.** –चरति –रितुं), समाचर्, अभ्यासं कृ.–**(Employ, use)** प्रयुज् **(c. 7.** –युनक्ति –युंक्ते –योक्तुं), उपयुज्, व्यापृ **in caus.** (–पारयति –यितुं).–**(Perform)** कृ, आचर्, आस्था, **(c. 1.** –तिष्ठति –स्थातुं), अनुष्ठा, सेव् **(c. 1.** सेवते –वितुं), निषेव्, आसेव्, उपसेव्.–**(Discipline)** शिक्ष् **in caus.** (शिक्षयति –यितुं). –**(Exercise the body, troops, etc.)** व्यायम् **(c. 10.** –यमयति –यामयति –यितुं, **c. 1.** –यच्छति –यन्तुं). –**(Exercise one's self)** चेष्ट् **(c. 1.** चेष्टते –ष्टितुं), आत्मानं चेष्ट् **(c. 10.** चेष्टयति –यितुं), उद्यम् **(c. 1.** –यच्छति –यन्तुं), व्यायम्, व्यवसो **(c. 4.** –स्यति –सातुं), उद्योगं कृ; **'having exercised,'** व्यायाम्य.

To **exercise,** ***v. n.*** **(Use bodily exercise for health)** शरीरव्यायामं कृ, आरोग्यार्थं विहारं कृ **or** परिक्रमं कृ.

Exercised, ***p. p.*** अभ्यस्तः –स्ता –स्तं, कृताभ्यासः –सा –सं, उद्यतः –ता –तं, व्यायतः –ता –तं, कृतोद्यमः –मा –मं, शिक्षितः –ता –तं, शीलितः –ता –तं.

To **exert,** ***v. a.*** **(Bring into action)** प्रयुज् **(c. 7.** –युनक्ति –युंक्ते –योक्तुं, **c. 10.** –योजयति –यितुं), उपयुज्, उद्युज्, चेष्ट् **in caus.** (चेष्टयति –यितुं), व्यापृ **in caus.** (–पारयति –यितुं) वृत् **in caus.** (वर्त्तयति –यितुं), प्रवृत्, वाह् **(c. 10.** वाहयति –यितुं), उत्सह् **in caus.** (–साहयति –यितुं). –**(Exert one's self)** चेष्ट् **(c. 1.** चेष्टते –ष्टितुं), आत्मानं चेष्ट् **in caus.** विचेष्ट्, यत् **(c. 1.** यतते –तिुं), प्रयत्, व्यवसो **(c. 4.**–स्यति –सातुं), उद्यम् **(c. 1.** –यच्छति –यन्तुं), व्यायम्, आयस् **(c. 4.** –यस्यति –यसितुं), पट् **(c. 1.** घटते –टितुं, **c. 10.** घटयति –यितुं), उद्योगं कृ, यत्नं कृ.

Exerted, ***p. p.*** चेष्टितः –ता –तं, उद्यतः –ता –तं, उद्युक्तः –क्ता –क्तं, प्रयुक्तः –क्ता –क्तं, व्यवसितः –ता –तं, यत्तः –त्ता –त्तं, वाहितः –ता –तं, प्रवर्त्तितः –ता –तं.

Exertion, ***s.*** चेष्टा –ष्टनं, उद्योगः, उद्यमः उत्साहः, यत्नः, व्यवसायः, चेष्टितं, विचेष्टितं, प्रयत्नः, अध्यवसाः, आयासः, प्रयासः, प्रवृत्तिः ***f.,*** घटनं –ना, घटा, गुरणं, गूरणं, गोरणं, व्यापारः, ग्रहः, कर्म्मयोगः, उत्थानं, प्रयोगः, व्यायामः.

Exeunt omens, निष्क्रान्ताः सर्व्वे.

To **exfoliate,** ***v. n.*** अध्यस्थिवद् वल्करूपेण गल् **(c. 1.** गलति –लितुं) **or** विगल्, दुष्टास्थिवत् **or** गलितास्थिवद् वल्करूपपरिपुटनं कृ.

Exfoliation, ***s.*** अध्यस्थि ***n.,*** अध्यस्थिपरिपुटनं, अध्यस्थिगलनं.

Exhalation, ***s.*** **(Act or process of exhaling)** उद्गारः, निश्वासः, प्रश्वासः, निःश्वसनं, उत्क्षेपः.–**(Rising of vapour, etc.)** वाष्पोद्गारः, वाष्पोद्गतिः ***f.,*** धूमोद्गतिः ***f.***–**(The vapour exhaled)** वाष्पः, धूमः –मिका; **'sending forth exhalations,'** उद्गारी –रिणी –रि (न्).

To **exhale,** ***v. a.*** उद्गॄ **(c. 6.** –गिरति –गरितुं –रीतुं), निश्वस् **(c. 2.** –श्वसिति –तुं), निःश्वस्, प्रश्वस्, प्रवा **(c. 2.** –वाति –तुं), मुच् **(c. 6.** मुञ्चति, मोक्तुं), प्रमच्, उदीर् **(c. 10.** –ईक्ष्यति –यितुं), उत्क्षिप् **(c. 6.** –क्षिपति –क्षेप्तुं), उद्गम् **in caus.** (–गम्यति –यितुं), निर्गम्.

Exhaled, ***p. p.*** उद्गीर्णः –र्णा –र्णं, निश्वसितः –ता –तं, उदीरितः –ता –तं.

Exhalement, ***s.*** उद्गारः, उद्गीर्णं, वाष्पः, धूमः –मिका.

To **exhaust,** ***v. a.*** **(Drain off, dry up)** शुष् **in caus.** (शोषयति –यितुं, उच्छुष्, विशुष्, संशुष्, शुष्कीकृ.–**(Empty, draw out all the contents)** शून्यीकृ, विरसीकृ, निःसारीकृ, सर्व्वसारं हृ **(c. 1.** हरति, हर्त्तुं), निःशेषी कृ, निरवशेषीकृ. **(c. 1.**),–**(Consume)** क्षि **(c. 1.** क्षयति, **c. 5.** क्षिणोति **or caus.** क्षपयति –यितुं), क्षीणीकृ, नश् **in caus.** (नाशयति–यितुं), व्ययीकृ.–**(Weary, fatigue)** खिद् **in caus.** (खेदयति –यितुं), ग्लै **in caus.** (ग्लपयति –यितुं), परिग्लै, क्लम् **in caus.** (क्लमयति –यितुं), सद् **in caus.** (सादयति –यितुं), अवसद्.–**(Drink up)** आपा **(c. 1.** –पिवति –पातुं), परिपा.

Exhausted, ***p. p.*** **(Drained)** शोषितः –ता –तं, उच्छोषितः –ता –तं, शुष्कीकृतः –ता –तं.–**(Consumed)** क्षीणः –णा –णं, परिक्षीणः –णा –णं.–**(Fatigued, wearied)** श्रान्तः –न्ता –न्तं, परिश्रान्तः –न्ता –न्तं, क्लान्तः –न्ता –न्तं, अवसन्नः –न्ना –न्नं, खिन्नः –न्ना –न्नं, ग्लानः –ना –नं, परिग्लानः –ना –नं, क्लमी –मिनी –मि (न्), आहितक्लमः –मा –मं, क्षतः –ता –तं.–**(Expended)** व्ययिताः –ता –तं; **'exhausted of strength,'** गतसत्त्वः –त्त्वा –त्त्वं, गततेजाः –जा –जः (स्), च्युतोत्साहः –हा –हं.

Exhaustion, ***s.*** **(Act of draining, emptying)** शोषणं, उच्छोषणं, शून्यीकरणं, सर्व्वसारहरणं.–**(Consumption)** क्षयः, परिक्षयः, नाशः, व्ययः.–**(Fatigue)** क्लान्तिः ***f.,*** श्रान्तिः ***f.,*** क्लमः, श्रमः, क्लमथः, अवसादः, ग्लानिः ***f.,*** खेदः, परिश्रान्तिः ***f.,*** क्लमित्वं.–**(State of being empty)** शून्यता –त्वं.

Exhaustless, ***a.*** अक्षयः –या –यं, अक्षयी –यिणी –यि (न्), अनाश्यः –श्या –श्यं.

To **exhibit,** ***v. a.*** दृश् **in caus.** (दर्शयति –यितुं), प्रदृश्, प्रकाश् **in caus.** (–काशयति –यितुं), सूच् **(c. 10.** सूचयति –यितुं), व्यक्तीकृ, प्रकटीकृ प्रादुष्कृ, आविष्कृ, व्यञ्ज् **(c. 7.** –अनक्ति –अंक्तुं, **c. 10.** –अञ्जयति –यितुं), निर्दिश् **(c. 6.** –दिशति –देष्टुं), प्रदिश्, प्रसृ **in caus.** (–सारयति –यितुं), आहृ **in caus.** (–हारयति –यितुं), प्रत्यक्षीकृ.

Exhibited, ***p. p.*** दर्शितः –ता –तं, प्रकाशितः –ता –तं, व्यक्तीकृतः –ता –तं.

Exhibiter, ***s.*** दर्शकः, दर्शयिता ***m.*** (तृ), प्रदर्शकः, प्रकाशकः, निर्देष्टा ***m.*** (ष्टृ).

Exhibition, ***s.*** दर्शनं, प्रदर्शनं, प्रकाशनं, निर्देशः, सूचनं, व्यक्तीकरणं, व्यञ्जनं, व्यक्तिः ***f.,*** विवरणं, प्रकटीकरणं, प्रादुष्करणं, आविष्करणं, प्रकाशीकरणं, प्रेक्षणं.—**(Maintenance in the university)** राजविद्यालये वृत्तिः ***f.***

Exhibitioner, ***s.*** राजविद्यालये वृत्तिभाक् ***m.*** (ज्) **or** वृत्तिभुक् ***m.*** (ज्).

To **exhilarate,** ***v. a.*** हृष् **in caus.** (हर्षयति -यितुं), प्रहृष्, परिहृष्, ह्लाद् **in caus.** (ह्लादयति -यितुं), आह्लाद्, प्रह्लाद्, नन्द् **in caus.** (नन्दयति -यितुं), अभिनन्द्; मुद् **in caus.** (मोदयति -यितुं), प्रमुद्, उल्लस् **in caus.** (-लासयति -यितुं), मद् **in caus.** (मादयति, मदयति -यितुं), रम् **in caus.** (रमयति -यितुं).

Exhilarated, ***p. p.*** प्रहर्षितः -ता -तं, आनन्दितः -ता -तं, प्रमुदितः -ता -तं.

Exhilarating, ***a.*** प्रहर्षकः -का -कं, आनन्दकारी -रिणी -रि (न्).

Exhilaration, ***s.*** हर्षः, प्रहर्षः, आनन्दः, प्रह्लादः, आह्लादः, प्रमोदः, उल्लासः, प्रफुल्लता, चित्तप्रसन्नता, मादः, प्रमदः.

To **exhort,** ***v. a.*** **(Advise)** उपदिश् **(c. 6.** -दिशति -देष्टुं), प्रबुध् **(c. 10.** -बोधयति -यितुं), प्रदिश् **(c. 10.** -देशयति -यितुं), मन्त्रणां दा.—**(Animate)** आश्वस् **in caus.** (-श्वासयति -यितुं), समाश्वस्.—**(Instigate)** उत्सह् **in caus.** (-साहयति -यितुं), प्रोत्सह्, समुत्सह्, चुद् **(c. 10.** चोदयति -यितुं), प्रचुद्, चेष्ट् **in caus.** (चेष्टयति -यितुं), प्रवृत् **in caus.** (-वर्त्तयति -यितुं), प्रयुज् **(c. 10.** -योजयति -यितुं), उद्युज्, प्रोत्सृ **in caus.** (-सारयति -यितुं), ईह् **in caus.** (ईहयति -यितुं).

Exhortation, ***s.*** उपदेशकः, उपदेशवाक्यं, प्रबोधनं, प्रचोदनं, प्रबोधवाक्यं, मन्त्रणं -णा, प्रवर्त्तकवाक्यं, विनयवाक्यं, प्रोत्साहं -हनं, प्रवर्त्तनं, प्रयोजनं, प्रेरण.

Exhortative, exhortatory ***a.*** उपदेशकः -का -कं, प्रबोधकः -का -कं, प्रचोदनः -ना -नं.

Exhorted, ***p. p.*** प्रबोधितः -ता -तं, प्रचोदितः -ता -तं, उपदिष्टः -ष्टा -ष्टं.

Exhorter, ***s.*** उपदेष्टा ***m.*** (ष्टृ), उपदेशी ***m.*** (न्), प्रचोदकः, प्रवर्त्तकः, प्रयोजकः, प्रोत्साहकः, उत्साहहेतुकः, प्रेरकः.

Exhumation, ***s.*** शवोत्खननं, मृतशरीरोत्खननं.

To **exhume,** ***v. a.*** शवं **or** मृतशरीरम् उत्खन् **(c. 1.** -खनति -नितुं).

Exhumed, ***p. p.*** उत्खातः -ता -तं, प्रोत्खातः -ता -तं, श्मशानवहिष्कृतः -ता -तं.

Exigence, exigency, ***s.*** **(Urgent need)** प्रयोजनं, अवश्यकता, आवश्यकत्वं, कार्य्यवशः,—**(Occasion)** अवसरः, समयः, प्रस्तावः.—**(Distress)** आपद् ***f.,*** विपद् ***f.,*** विपत्तिः ***f.;*** **'according to the exigency,'** यथाप्रयोजनं, प्रयोजनवत्, अर्थवत्, यथासमयं, यथावसरं, प्रस्तावसदृशं; **'in this exigency,'** इह समये.

Exile, ***s.*** प्रवासः -सनं, विवासः -सनं, निर्वासनं, विप्रवासः -सनं, उद्वासः -सनं, प्रव्राजनं, गृहभङ्गः, स्वदेशाद् दूरीभावः **or** निरसनं **or** निराकरणं, दूरसंस्थानं; **'the person exiled,'** प्रवासी ***m.*** (न्), विप्रवासी ***m.***

To **exile,** ***v. a.*** विवस् **in caus.** (-वासयति -यितुं), प्रवस्, निर्वस्, विप्रवस्; प्रव्रज् **in caus.** (-व्राजयति -यितुं), स्वदेशाद् वहिष्कृ **or** निराकृ **or** दूरीकृ **or** निरस् **(c. 4.** -अस्यति -असितुं) **or** अपानुद् **(c. 6.** -नुदति -नोत्तुं) **or** निःसृ **in caus.** (-सारयति -यितुं), देशान्तरीकृ.

Exiled, ***p. p.*** प्रवासितः -ता -तं, विवासितः -ता -तं, स्वदेशदूरीकृतः -ता -तं.

To **exist,** ***v. n.*** **(Be)** अस् **(c. 1.** अस्ति), भू **(c. 1.** भवति -वितुं), सम्भू, वृत् **(c. 1.** वर्त्तते -र्त्तितुं), प्रवृत्, विद् **in pass.** (विद्यते), जन्) **(c. 4.** जायते), उत्पद्) **(c. 4.** -पद्यते -पत्तुं).—**(Live)** जीव् **(c. 1.** जीवति -वितुं), प्राण् **(c. 2.** प्राणिति -तुं, **rt.** अन्).—**(Remain)** स्था **(c. 1.** (तिष्ठति, स्थातुं), वृत्, आस् **(c. 2.** आस्ते).

Existence, ***s.*** जीवनं, जीवितं, जीवः -वा, वृत्तिः ***f.,*** वर्त्तनं, भवः, भावः, सम्भवः, वृत्तिता, अस्ति **ind.,** सत्त्वं, सत्ता, प्राणपरिग्रहः, प्राणधारणं, असुधारणं, निश्वसनप्रश्वसनं, सद्भावः, अवस्था, स्थितिः ***f.***

Existent, ***a.*** जीवी -विनी -वि (न्), जीवन् -वन्ती -वत् (त्), वर्त्तमानः -ना -नं, विद्यमानः -ना -नं, वर्त्तिष्णुः -ष्णुः -ष्णु, भविष्णुः -ष्णुः -ष्णु, ध्रियमाणः -णा -णं, सन् सती सत् (त्).

Exit, ***s.*** निष्क्रमः -मणं, निर्गमः, विनिर्गमः, निर्याणं, निष्क्रान्तिः ***f.,*** अपगमः, अपक्रमः-मणं, अपयानं.—**(In dramatic language)** निष्क्रान्तः -न्ता -न्तं.

To **exonerate,** ***v. a.*** **(Unload)** भाराद् मुच् **(c. 6.** मुञ्चति, मोक्तुं) **or** विमुच्; भारम् उत्तॄ **in caus.** (-तारयति -यितुं) **or** अपनी **(c. 1.** -नयति -नेतुं), निर्भारं. -रां -रं कृ.—**(Clear)** शुध् **(c. 10.** शोधयति -यितुं), विशुध्; दोषाद् मुच्, निर्दोषं -षां -षं कृ.

Exonerated, ***p. p.*** भारमुक्तः -क्ता -क्तं, दोषमुक्तः -क्ता -क्तं, विशोधितः -ता -तं.

Exorable, ***a.*** वरदः -दा -दं, सुप्रसादितः -ता -तं, सान्त्वनीयः -या -यं.

Exorbitance, exorbitancy, ***s.*** अपरिमितत्वं, अमर्य्यादा, मर्य्यादातिक्रमः, निर्माध्यस्थ्यं, अमाध्यस्थं, अमितत्वं, आधिक्यं, आतिरेक्यं, अधिकता, उद्रेकः, वैषम्यं, उत्क्रमः.

Exorbitant, ***a.*** अपरिमितः -ता -तं, अमितः -ता -तं, अतिमर्य्यादः -दा -दं, अमर्य्यादः -दा -दं, अतिमात्रः -त्रा -त्रं, अतिरिक्तः -क्ता -क्तं, उद्रिक्तः -क्ता -क्तं, अमध्यस्थः -स्था -स्थं, निर्मध्यस्थः -स्था -स्थं, उत्क्रान्तमर्य्यादः -दा -दं, अधिकः -का -कं, विषमः -मा -मं.

Exorbitantly, ***adv.*** अपरिमितं, अतिमर्य्यादं, अतिमात्रं, विषमं.

To **exorcise,** ***v. a.*** भूतोपहतजनात् शपनमन्त्रादिना भूतम् अपसृ **in caus.** (-सारयति -यितुं), अमुकजनं त्यक्त्वा दूरम् अपैहि इति शपथपूर्व्वं भूतं वद् **(c. 1.** वदति -दितुं).

Exorcism, ***s.*** भूतोपहतजनात् शापमन्त्रादिना भूतापसारणं.

Exorcist, ***s.*** शपनमन्त्रादिना भूतापसारी ***m.*** (न्) **or** भूतापसारकः.

Exordium, ***s.*** वाङ्मुखं, वाक्यारम्भः, आभाषः, परिभाषा, प्रकरणं, प्रस्तावः -वना, उपोद्घातः, प्रारम्भः, वन्दना.

Exossated, exosseous, ***a.*** निरस्थीकृतः -ता -तं, अस्थिरहितः -ता -तं.

Exoteric, ***a.*** वाह्यः -ह्या -ह्यं, साधारणः -णा -णी -णं, सुव्यक्तः -क्ता -क्तं.

Exotic, ***a.*** विदेशीयः -या -यं, विदेशी -शिनी -शि (न्), वैदेशिकः -की -कं, विदेशजः -जा -जं, परदेशी -शिनी -शि (न्), पारदेशिकः -की -कं, अन्यदेशीयः -या -यं, अन्यदेशोद्भवः -वा -वं, वहिर्भवः -वा -वं.

Exotic, ***s.*** **(Plant)** विदेशीयवृक्षः, अन्यदेशीयवृक्षः.

To **expand,** ***v. a.*** विस्तृ **in caus.** (-स्तारयति -यितुं), वितन् **(c. 8.** -तनोति -नितुं), व्यातन्, प्रतन्, विततीकृ; विसृ **in caus.** (-सारयति -यितुं), प्रसृ, विकाश् **in caus.** (-काशयति -यितुं), प्रकाश्, प्रथ् **(c. 10.** प्रथयति -यितुं), निवृ **(c. 5.** -वृणोति -वरितुं -रीतुं, **or caus.** -वारयति -यितुं), विकस् **in caus.** (-कासयति -यितुं), वृध् **in caus.** (वर्धयति -यितुं), प्रवृध्, प्रपञ्च् **(c. 10.** -पञ्चयति -यितुं), व्यादा **(c. 3.** -ददाति -दातुं), कठोर **(nom.** कठोरयति -यितुं); **'expand itself,'** व्याप् **(c. 5.** -आप्नोति -आप्तुं).

To **expand,** ***v. n.*** विस्तृ **in pass.** (-स्तीर्य्यते), वितन् **in pass.** (-तन्यते), विततीभू, विजृम्भ् **(c. 1.** -जृम्भते -म्भितुं), विवृ **in caus. pass.** (-वार्य्यते), प्रवृध् **(c. 1.** -वर्धते -र्धितुं), प्रसृप् **(c. 1.** -सर्पति -सप्तुं). **—(As flowers)** विकस् **(c. 1.** -कसिति -सितुं), प्रविकस्, स्फुट् **(c. 6.** स्फुटति -टितुं), फुल्ल् **(c. 1.** फुल्लति -ल्लितुं).

Expanded, ***p. p.*** विततः -ता -तं, प्रविततः -ता -तं, ततः -ता -तं, सन्ततः -ता -तं, विस्तारितः -ता -तं, विस्तीर्णः -र्णा -र्णं, विस्तृतः -ता -तं, विवृतः -ता -तं, विसारितः -ता -तं, प्रसारितः -ता -तं, विसृतः -ता -तं, प्रसृतः -ता -तं, व्याप्तः -प्ता -प्तं, प्रथितः -ता -तं, प्रवृद्धः -द्धा -द्धं, व्यात्तः -त्ता -त्तं, वितत्तीकृतः -ता -तं, विजृम्भितः -ता -तं, उज्जृम्भितः -ता -तं, प्रपञ्चितः -ता -तं. **—(As a flower)** विकसितः -ता -तं, फुल्लः -ल्ला -ल्लं, उत्फुल्लः -ल्ला -ल्लं, स्फुटितः -ता -तं.

Expanding, ***a.*** **or part** विकाशी -शिनी -शि (न्) **or** विकासी, विकश्वरः -रा -रं, स्वरः -रा -रं, विकसन् -सन्ती -सत् (त्), प्रसारी -रिणी -रि (न्).

Expanse, ***s.*** **(A spreading, extent)** प्रपञ्चः, विकाशः, विस्तारः, प्रसरः, वितानकं, सन्ततिः ***f.***, तानं, प्रतानः, पाटः **'expanse of heaven,'** व्योम ***n.*** (न्), व्योमविस्तृतं, शून्यं; **'of water,'** वारिचत्वरः.

Expansibility, ***a.*** विस्तारणीयता, विकाशनीयता, विस्तारक्षमता, व्यापकत्वं.

Expansible, ***a.*** विस्तारयितुं **or** वितनितुं शक्यः -क्या -क्यं, विस्तारणीयः -या -यं, विस्तारक्षमः -मा -मं, विततीकरणीयः -या -यं.

Expansion, ***s.*** विस्तारः, विस्तृतिः ***f.***, विस्तरः, विततिः ***f.***, प्रततिः ***f.***, सन्ततिः ***f.***, तन्तिः ***f.***, विकाशः -शनं, प्रकाशः -शनं, प्रसारः -रणं, प्रसरः, परिसरः, विवृतिः ***f.***, विवारः, विसरणं, व्यादानं, विसर्पणं, प्रसर्पणं, प्रपञ्चः, व्याप्तिः ***f.***, व्यापनं, व्यापकत्वं, विजृम्भणं, विह्रतिः ***f.***, व्यासः, परिक्षेपः, अतिरिक्तता.

Expansive, ***a.*** व्यापकः -का -कं, व्याप्तिमान् -मती -मत् (त्), विस्तारकः -का -कं, प्रसारी -रिणी -रि (न्), विसर्पी -र्पिणी -र्पि (न्), सान्तानिकः -की -कं.

To **expatiate,** ***v. n.*** सुविस्तरं **or** प्रपञ्चेन वद् **(c. 1.** वदति -दितुं) **or** व्याख्या **(c. 2.** -ख्याति -तुं), वाग्विस्तारं कृ, अत्युक्तिं कृ. **—(Rove at large)** विहृ **(c. 1.** -हरति -हर्त्तुं), परिभ्रम् **(c. 1.** -भ्रमति **c. 4.** भ्राम्यति -भ्रमितुं).

To **expatriate,** ***v. a.*** प्रवस् **in caus.** (-वाजयति -यितुं), विवस्, स्वदेशाद् वहिष्कृ **or** दूरीकृ **or** निराकृ **or** निःसृ **in caus.** (-सारयति -यितुं), देशान्तरीकृ.

Expatriated, ***p. p.*** प्रवासितः -ता -तं, विवासितः -ता -तं, स्वदेशवहिष्कृतः -ता -तं.

Expatriation, ***s.*** प्रवासः -सनं, विवासनं, प्रव्राजनं, स्वदेशवहिष्करणं.

To **expect,** ***v. a.*** प्रतीक्ष् **(c. 1.** -ईक्षते -क्षितुं), अपेक्ष्, व्यपेक्ष्, सम्प्रतीक्ष्, उदीक्ष्, निरीक्ष्, प्रतिपाल् **(c. 10.** -पालयति -यितुं), आकांक्ष् **(c. 1.** -कांक्षति -क्षितुं), प्रत्याकांक्ष्, उद्दृश् **(c. 1.** -पश्यति -द्रष्टुं).

To **expect,** ***v. n.*** प्रतीक्षां कृ, प्रत्याशां कृ, प्रतीक्षी -क्षिणी -क्षि भू.

Expectable, ***a.*** अपेक्ष्यः -क्ष्या -क्ष्यं, अपेक्षणीयः -या -यं, प्रतीक्ष्यः -क्ष्या -क्ष्यं.

Expectant, ***a.*** प्रतीक्षी -क्षिणी -क्षि (न्), प्रतीक्षकः -का -कं, अपेक्षी -क्षिणी -क्षि (न्), अपेक्षकः -का -कं, व्यपेक्षः -क्षा -क्षं, प्रत्याशी -शिनी -शि (न्), आकांक्षी -क्षिणी -क्षि (न्), सप्रत्याशः -शा -शं, अर्थी -र्थिनी -र्थि (न्).

Expectation, ***s.*** अपेक्षा, प्रतीक्षा -क्षणं, व्यपेक्षा, उदीक्षणं, सम्प्रतीक्षा, निरीक्षा, प्रत्याशा, आशा, व्यपाश्रयः, अभिनन्दा; **'in expectation,'** अपेक्षया.

Expected, ***p. p.*** अपेक्षितः -ता -तं, प्रतीक्षितः -ता -तं, आकांक्षितः -ता -तं चित्तकलितः -ता -तं, **'to be expected,'** अपेक्षणीयः -या -यं, आकांक्षणीयः -या -यं.

To* expectorate, *v. a. श्लेष्मानं or श्लेष्मकं निरस् (c. 4. -अस्यति -असितुं), or उत्क्षिप् (c. 6. -क्षिपति -क्षेप्तुं) or उद्गॄ (c. 6. -गिरति -गरितुं -रीतुं) or मुखाद् निःसृ in caus. (-सारयति -यितुं), श्लेष्मनिरसनं कृ, निष्ठीव् (c. 1. -ष्ठीवति -ष्ठेवितुं), उत्कास् (c. 1. -कासते -सितुं).

Expectorated, ***p. p.*** निष्ठ्यूतः -ता -तं, मुखनिरस्तः -स्ता -स्तं, मुखनिःसारितः -ता -तं.

Expectoration, ***s.*** श्लेष्मनिरसनं, निष्ठ्यूतिः ***f.***, निष्ठेवनं, उत्कासनं, श्लेष्मोत्क्षेपः.

Expectorative, ***a.*** श्लेष्मवर्धकः -का -कं, कफवर्धकः -का -कं, कफकरः -री -रं.

Expedience, expediency ***s.*** युक्तता, युक्तिः ***f.***, योग्यता, उपयुक्तत्वं, उपयोगिता, उपयोगः, औचित्यं, उपपत्तिः ***f.***, याथातथ्यं, याथार्थ्यं, सफलता, सोपकारत्वं, सार्थत्वं.

Expedient, ***a.*** उपयोगी -गिनी -गि (न्), उपयुक्तः -क्ता -क्तं, सोपकारः, -रा -रं, अर्थयुक्तः -क्ता -क्तं, अर्थकरः -री -रं, सार्थकः -का -कं, हितः -ता -तं, योग्यः -ग्या -ग्यं, उपकारकः -का -कं, सफलः -ला -लं.

Expedient, ***s.*** **(Means)** उपायः, अभ्युपायः, गतिः ***f.***, साधनं, कर्म्मसाधनं, गुणः, अङ्गं, विधानं, उपकरणं, सम्भवः, योगः, उपपत्तिः ***f.***, उपक्रमः. **The six expendients of defence are** सन्धिः, विग्रहः, यानं, आसनं, द्वैधं, आश्रयः. **The four expedients for reducing an enemy are** भेदः, दण्डः, साम, दानं.

Expendiently, ***adv.*** युक्तं, यथायोग्यं, यथोचितं, सोपकारं, सफलं, स्थाने.

To* expedite, *v. a. त्वर् **in caus.** (त्वरयति -यितुं), सन्त्वर्, त्वरितं **or** सत्वरं कृ **or** विधा (c. 3. -दधाति -धातुं), **or** सम्पद् **in caus.** (-पादयति -यितुं) **or** साध् (c. 10. साधयति -यितुं) **or** प्रवृत् **in caus.** (-वर्त्तयति -यितुं), क्षेप (nom. क्षेपयति -यितुं), शीघ्र (nom. शीघ्रयति -यितुं).—**(Despatch)** सत्वरं प्रस्था **in caus.** (-स्थापयति -यितुं).

Expedited, ***p. p.*** त्वरितं कृतः -ता -तं, **or** सम्पादितः -ता -तं, वेगितः -ता -तं.

Expedition, ***s.*** **(Hate, speed)** त्वरा, तूर्णि: ***f.***, सत्वरता, त्वरणं, शीघ्रता, शैघ्र्यं, क्षिप्रता, द्रुतत्वं, वेगः -गिता, आवेगः, जवः, प्रजवः, लघुता, लाघवं, अविलम्बः, उद्योगः, क्षिप्रकारित्वं, शीघ्रनिर्वाहः, त्वरितगतिः ***f.***, शीघ्रगमनं, आशुगमनं.—**(March of an army, etc.)** प्रस्थानं, प्रयाणं, यानं, गमनं, गतिः ***f.***, यात्रा, अभिषेणनं, अभिनिर्याणं.—**(Enterprise)** प्रवृत्तिः ***f.***, उपक्रमः.

Expeditious, ***a.*** त्वरितः -ता -तं, सत्वरः -रा -रं, त्वरावान् -वती -वत् (त्), त्वरान्वितः -ता -तं, शीघ्रः -घ्रा -घ्रं, क्षिप्रः -प्रा -प्रं, शीघ्रकारी -रिणी -रि (न्), क्षिप्रकारी **etc.,** अविलम्बः -म्बा -म्ब -म्बी -म्बिनी -म्बि (न्) अविलम्बितः -ता -तं, अप्रलम्ब -म्बा -म्बं, द्रुतः -ता -तं, लघुः -घुः -घु, वेगी -गिनी -गि (न्), वेगवान् -वती -वत् (त्), जवी -विनी -वि (न्), तूर्णः -र्णा -र्णं, धावकः -का -कं, अदीर्घसूत्रः -त्रा -त्रं, शीघ्रगामी -मिनी -मि (न्), त्वरितगतिः -तिः -ति; **'being expeditious,'** शीघ्रायमाणः -णा -णं, त्वरमाणः -णा -णं.

Expeditiously, ***adv.*** त्वरितं, मत्वरं, क्षिप्रं, शीघ्रं, अविलम्बितं, आशु, वेगतस्.

To* expel, *v. a. **(Banish)** विवस् **in caus.** (-वासयति -यितुं), प्रवस्, निर्वस्, विप्रवस्; प्रव्रज् **in caus.** (-व्राजयति -यितुं), स्वदेशाद् वहिष्कृ **or** निराकृ **or** दूरीकृ.—**(Drive away, eject, dismiss)** निरस् (c. 4. -अस्यति -असितुं), अपास्, उदस्, निःसृ **in caus.** (-सारयति -यितुं), उत्सृ, अपसृ, निःसरणं कृ, अपानुद् (c. 6. -नुदति -नोत्तुं), निष्कस् **in caus.** (-कासयति -यितुं), निराकृ, वहिष्कृ, वहिःकृ, दूरीकृ, निष्क्रम् **in caus.** (क्रामयति -यितुं), उत्क्षिप् (c. 6. -क्षिपति -क्षेप्तुं), प्रतिक्षिप्, निर्धू (c. 5. -धूनोति -धवितुं), भ्रंश् **in caus.** (भ्रंशयति -यितुं) च्यु **in caus.** (च्यावयति -यितुं).

Expelled, ***p. p.*** निवासितः -ता -तं, विवासितः -ता -तं, प्रवासितः -ता -तं, स्वदेशवहिष्कृतः -ता -तं, निरस्तः -ता -तं, अपास्तः -स्ता -स्तं, निःसारितः -ता -तं, निष्क्रामितः -ता -तं, वहिष्कृतः -ता -तं, वहिःकृतः -ता -तं, निःकासितः -ता -तं, उदस्तः -स्ता -स्तं, अवकृष्टः -ष्टा -ष्टं, निर्धूतः -ता -तं, अवधूतः -ता -तं, च्यावितः -ता -तं; **'from society,'** अपपात्रितः -ता -तं, अवपात्रितः -ता -तं, अपांक्तः -क्ता -क्तं.

Expeller, ***s.*** निर्वासनकारी ***m.*** (न्), अपसारकः, अपनोदकः, नुदः **in comp.**

To* expend, *v. a. **(Disburse)** व्यय् (c. 1. व्ययति, c. 10. व्यययति -यितुं, **rt.** इ), व्ययीकृ, त्यज् (c. 1. त्यजति, त्यक्तुं), विसृज्

(c. 6. -सृजति -स्रष्टुं), विनियुज् (c. 7. -युंक्ते -योक्तुं), अपचि (c. 5. -चिनोति -चेतुं).—(Lay out, consume) उपयुज् (c. 7. -युनक्ति -युंक्ते), प्रयुज्.—(Waste) विक्षिप् (c. 6. -क्षिपति -क्षेप्तुं), क्षि (c. 1. क्षयति, c. 5. क्षिणोति or caus. क्षपयति -यितुं), उपक्षि, क्षयं कृ.

Expended, ***p. p.*** व्ययितः -ता -तं, व्ययीकृतः -ता -तं, व्ययीभूतः -ता -तं, अपचितः -ता -तं, विसर्ज्जितः -ता -तं, क्षयितः -ता -तं, विनियुक्तः -क्ता -क्तं, प्रयुक्तः -क्ता -क्तं.

Expenditure, expense, ***s.*** व्ययः, धनव्ययः, अपव्ययः, व्ययीकरणं, अपचयः, अपचिति ***f.***, विसर्गः, उत्सर्गः, -र्ज्जनं, त्यागः, परित्यागः, अर्थोत्सर्गः, अर्थत्यागः, क्षयः, उपक्षयः, संक्षयः, अवक्षयः, मोक्षणं, क्षेपः, विनियोगः, अपहारः, न्ययः; **'income and expenditure,'** आयव्ययौ.

Expenseless, ***a.*** निर्मूल्यः -ल्या -ल्यं, निर्व्ययः -या -यं, अल्पमूल्यः -ल्या -ल्यं.

Expensive, ***a.*** **(Costly)** बहुमूल्यः -ल्या -ल्यं, बहुव्ययः -या -यं, बहुधनव्ययेन or बहुमूल्येन क्रेयः -या -यं or साध्यः -ध्या -ध्यं, महार्घः -र्घा -र्घं, दुर्मूल्यः -ल्या -ल्यं, महार्हः -र्हा -र्हं, महाधनः -ना -नं, अर्घ्यः -र्घ्या -र्घ्यं. **—(Extravagant)** व्ययी -यिनी -यि (न्), अतिव्ययी **etc.**, अपरिमितव्ययी **etc.**, व्ययशीलः -ला -लं, अर्थनाशी -शिनी -शि (न्), अपचेता -त्री -तृ (तृ).

Expensively, ***adv.*** बहुधनव्ययेन, बहुमूल्येन, बहुव्ययपूर्व्वं.

Expensiveness, ***s.*** बहुमूल्यत, दुर्मूल्यता, महार्घता, माहार्घ्यं. **—(Extravagance)** अतिव्ययः, महाव्ययः, बहुव्ययः, अर्थदूषणं.

Experience, ***s.*** **(Trial)** परीक्षा -क्षणं, अनुभवः.—**(Use practice)** अभ्यासः, पूर्व्वाभ्यासः, अभ्यसनं, उपभोगः, भोगः, भुक्तिः ***f.***, आचारः.—**(Knowledge derived from trials)** अनुभूतिः ***f.***, अनुभवः, वेदनं, संवेदः, वेदित्वं, बोधः, प्रतीतिः ***f.***, दर्शनं, ऊहा, परिपाकः, पाकः, परिपक्वता; **'by experience,'** अनुभवेन, अनुभवात्, कार्य्यतस्; **'one's own experience,'** स्वानुभवः; **'universal experience,'** सर्व्वानुभूतिः ***f.***

To **experience,** ***v. a.*** **(Suffer, feel)** अनुभू (c. 1. -भवति -वितुं), भुज् (c. 7. भुंक्ते, भोक्तुं), उपभुज्, अश् (c. 5. अश्नुते, अशितुं), उपाश्, समश्, उपागम् (c. 1. -गच्छति -गन्तुं), उपगम्, प्राप् (c. 5. -आप्नोति -आप्तुं), विद् (c. 10. वेदयते -यितुं), आसद् (c. 10. -सादयति -यितुं), दृश् (c. 1. पश्यति, द्रष्टुं). **—(Make trial of)** परीक्ष् (c. 1. -ईक्षते -क्षितुं); **'one who has not experienced a battle,'** अनासादितविग्रहः.

Experienced, ***p. p.*** **(Suffered)** अनुभूतः -ता -तं, उपागतः -ता -तं, उपगतः -ता -तं, उपभुक्तः -क्ता -क्तं, अनुभूयमानः -ना -नं.—**(Skilful by reason of much observation)** बहुदृष्टः -ष्टा -ष्टं, बहुदृश्वा -श्वा -श्व (न्), बहुदर्शी -र्शिनी -र्शि (न्), परिपक्वबुद्धिः -द्धिः -द्धि, अविपक्वबुद्धिः **etc.**, पक्वः -क्वा -क्वं, कोविदः -दा -दं, व्युत्पन्नः -न्ना -न्नं, अनुभवी -विनी -वि (न्), ऊहिवानः -ना -नं.

Experiment, ***s.*** परीक्षा -क्षणं, परीक्षित, कष्टिः ***f.***, अनुभूतिः ***f.***, अनुभवः.

To **experiment,** ***v. a.*** परीक्ष् (c. 1. -ईक्षते -क्षितुं), जिज्ञा **in des.** (जिज्ञासते -सितुं), अनुभू.

Experimental, ***a.*** परीक्षकः -का -कं, अनुभवी -विनी -वि (न्).—**(Derived from experience)** परीक्षालब्धः -ब्धा -ब्धं, परीक्षामूलः -ला -लं, अनुभूतिमूलः -ला -लं.

Experimentally, ***adv.*** अनुभवेन -वात्, स्वानुभवेन, परीक्षापूर्व्वं, कार्य्यतस्.

Experimenter, experimentalist, ***s.*** परीक्षकः, परीक्षणकारी ***m.*** (न्), अनुभावी ***m.*** (न्).

Expert, ***a.*** कुशलः -ला -लं, निपुणः -णा -णं, दक्षः -क्षा -क्षं, विज्ञः -ज्ञा -ज्ञं, अभिज्ञः -ज्ञा -ज्ञं, प्रवीणः -णा -णं, चतुरः -रा -रं, पक्वः -क्वा -क्वं, परिपक्वः -क्वा -क्वं, सुप्रयोगवान् -वती -वत् (त्), पटुः -टुः -ट्वी -टु, विचक्षणः -णा -णं, कृती -तिनी -ति (न्), पेशलः -ला -लं, युक्तिमान् -मती मत् (त्), विशारदः -दा -दं, विदग्धः -ग्धा -ग्धं, चञ्चुरः -रा -रं; **'expert in arms,'** शस्त्रकुशलः -ला -लं, शस्त्रविद् ***m.f.n.***, शस्त्रज्ञः -ज्ञा -ज्ञं.

Expertly, ***adv.*** निपुणं, चतुरं, सुप्रयोगेण, युक्त्या, सपाटवं, विज्ञवत्.

Expertness, ***s.*** दक्षता, दाक्ष्यं, चातुर्य्यं, चतुरता, नैपुण्यं, निपुणता, पटुत्वं, पाटवं, कौशल्यं, प्रवीणता, प्रावीण्यं, युक्तिः ***f.***, सुप्रयोगः, -गता, विज्ञता, अभिज्ञता, वैचक्षण्यं, योग्यता, विदग्धता, वैदग्ध्यं; **'of hand'** हस्तकौशल्यं, हस्तलाघवं, करदक्षता; **'of hands, feet, etc.,'** हस्तपादादिक्षिप्रता.

Expiable, ***a.*** शोधनीयः -या -यं, शोध्यः -ध्या -ध्यं, निष्करणीयः -या -यं, मोचनीयः -या -यं, मार्ज्जनीयः -या -यं, क्षमणीयः -या -यं, सृष्टव्यः -व्या -व्यं, प्रायश्चेत्यः -त्या -त्यं.

To **expiate,** ***v. a.*** पापप्रायश्चित्तं कृ, पापनिष्कृतिं कृ, पापं निष्कृ or अपनुद् (c. 6. -नुदति -नोत्तुं) or शम् (c. 10. शमयति -यितुं) or हृ (c. 1. हरति, हर्त्तुं) or मृज् (c. 2. मार्ष्टि -र्ष्टुं), प्रायश्चित्तेन पापात् शुध् (c. 10. शोधयति -यितुं) or परिशुध् or विशुध् or मुच् (c. 6. मुञ्चति, मोक्तुं) or पू (c. 9. पुनाति, पवितुं) or पवित्रीकृ, पापक्षमां साध् (c. 10. साधयति -यितुं); **'it is expiated,'** प्रायश्चित्तीयते.

Expiated, ***p. p.*** निष्कृतः -ता -तं, शोधितः -ता -तं, मृष्टः -ष्टा -ष्टं, निर्णिक्तः -क्ता -क्तं, पवित्रीकृतः -ता -तं, पावितः -ता -तं, परिपूतः -ता -तं, शान्तः -न्ता -न्तं.

Expiation, ***s.*** प्रायश्चित्तः, निष्कृतिः ***f.,*** शुद्धिः ***f.,*** शोधनं, मुक्तिः ***f.,*** मोचनं, शान्तिः ***f.,*** उपशन्तिः ***f.,*** प्रतीकारः, पावनं, अपनुत्तिः ***f.,*** अपनोदनं, पापशोधनं, पापविशुद्धिः ***f.,*** पापशान्तिः ***f.,*** पापनिर्हरणं, अघनाशनं, पापापनुत्तिः ***f.,*** पापप्रक्षालनं, पापनिर्णेजनं, पापमार्जना, निमित्तधर्म्मः.

Expiatory, ***a.*** शाधकः -का -कं, पावकः -का -कं, पापघ्नः -घ्नी -घ्नं, अघमर्षणः -णी -णं, अघनाशकः -का -कं, अघनाशनः -ना -नं, शमकः -का -कं, शान्तिकः -की -कं.

Expiration, ***s.*** **(Breathing out)** निश्वासः, निःश्वसनं, निःश्वासः, प्रश्वासः, प्राणोद्गारः, प्राणोत्क्षेपः, प्राणत्यागः.—**(Exhalation)** उद्गारः.—**(Cessation, close)** अवसानं, अन्तं, निर्वृत्तिः ***f.,*** विरतिः ***f.,*** उपरमः समाप्तिः ***f.,*** शेषः, पर्य्यवसानं, अत्ययः, क्षयः.

To **expire,** ***v. a.*** **(Breath out)** निःश्वस् **(c. 2.** -श्वसिति -तुं), निश्वस्, प्रश्वस्, प्राणं **or** श्वासम् उत्क्षिप् **(c. 6.** -क्षिपति -क्षेप्तुं) **or** उद्गम् **in caus.** (-गमयति -यितुं) **or** निर्गम् **or** उदीर् **(c. 10.** -ईरयति -यितुं).—**(Exhale)** उद्गॄ **(c. 6.** -गिरति -गरितुं -रीतुं), प्रवा **(c. 2.** -वाति -तुं), प्रमुच् **(c. 6.** -मुञ्चति -मोक्तुं).

To **expire,** ***v. n.*** **(Breathe the last, die)** प्राणत्यागं कृ, प्राणान् हा **(c. 3.** जहाति, हातुं **or** त्यज् **(c. 1.** त्यजति, त्यक्तुं), श्वासत्यागं कृ, शेषप्राणं कृ, मृ **(c. 6.** म्रियते, मर्त्तुं), जीवनोत्सर्गं कृ, पञ्चत्वं गम् **(c. 1.** गच्छति, गन्तुं), नश् **(c. 4.** नश्यति, नशितुं). —**(Close, end)** निवृत् **(c. 1.** -वर्त्तते -र्त्तितुं), निर्वृत्, विरम् **(c. 1.** -रमति -रन्तुं), उपरम्, समाप् **in pass.** (-आप्यते), विगम्, अपया **(c. 2.** -याति -तुं), अवसद् **(c. 1.** -सीदति -सत्तुं).

Expired, ***p. p.*** गतप्राणः -णा -णं, गतासुः -सुः -सु, उद्गतासुः -सुः -सु, परासुः -सुः -सु, प्राप्तपञ्चत्वः -त्वा -त्वं, प्रेतः -ता -तं, परेतः -ता -तं, संस्थितः -ता -तं.

Expiring, ***part.*** **and** ***a.*** कण्ठगतप्राणः -णा -णं, म्रियमाणः -णा -णं, मुमूर्षुः -र्षुः -र्षु, आसन्नमृत्युः -त्युः -त्यु.—**(As a lamp)** निर्वास्यन् -स्यन्ती -स्यत् (त्).

To **explain,** ***v. a.*** व्याख्या **(c. 2.** -ख्याति -तुं), व्यक्तीकृ, स्पष्टीकृ, व्याकृ, विवृ **(c. 5.** -वृणोति -वरितुं -रीतुं), प्रकाश् **(c. 10.** -काश्यति -यितुं), स्पष्ट **(nom.** स्पष्टयति -यितुं), व्याहृ **(c. 1.** -हरति -हर्त्तुं), समुद्दिश् **(c. 6.** -दिशति -देष्टुं), उद्दिश्, प्रवुध् **(c. 10.** -बोधयति -यितुं), सम्बुध्, विब्रू **(c. 2.** -ब्रवीति), प्रवच् **(c. 2.** -वक्ति -क्तुं), प्रवद् **(c. 1.** -वदति -दितुं), व्याचक्ष् **(c. 2.** -चष्टे), निरूप् **(c. 10.** -रूपयति -यितुं), परिशुध् **(c. 10.** -शोधयति -यितुं), वर्ण् **(c. 10.** वर्णयति -यितुं), कथ् **(c. 10.** कथयति -यितुं), प्रदृश् **in caus.** (-दर्शयति -यितु), प्रकृत् **(c. 10.** -कीर्त्तयति -यितुं), विवरणं कृ.

Explainable, ***a.*** व्याख्येयः -या -यं, उद्देश्यः -श्या -श्यं, प्रवक्तव्यः -व्या -व्यं.

Explained, ***p. p.*** व्याख्यातः -ता -तं, व्याकृतः -ता -तं, स्पष्टीकृतः -ता -तं, विवृतः -ता -तं, प्रकाशितः -ता -तं, निरूपितः -ता -तं, द्योतितः -ता -तं, वर्णितः -ता -तं.

Explainer, ***s.*** व्याख्याता ***m.*** (तृ), प्रवक्ता ***m.*** (क्तृ), प्रकाशकः, उद्देशकः.

Explanation, ***s.*** व्याख्या-ख्यानं, विवृतिः ***f.*** विवरणं, व्याकरणं, व्याकृतिः ***f.,*** स्पष्टीकरणं, प्रकाशनं, उद्देशः, समुद्देशः, निरूपणं, समाधानं.

Explanatory, ***a.*** वाचकः -का -कं, उद्देशकः -का -कं, समुद्दशेकः -का -कं, व्याख्याकारी -रिणी -रि (न्), विवरणकारी **etc.,** अर्थकथकः -का -कं, प्रकाशकः -का -कं.

Expletive, ***s.*** पादपूरणं, उपाक्षरं, वाक्यालङ्कारः, पादपूरकः शब्दः.

Explicable, ***a.*** **See** ***Explainable.***

To **explicate,** ***v. a.*** विवृ **(c. 5.** -वृणोति -वरितुं -रीतुं), व्याख्या **(c. 2.** -ख्याति -तुं), प्रकटीकृ.

Explication, ***s.*** विवृतिः ***f.,*** विवरणं, व्याख्या-ख्यानं, व्यक्तीकरणं, प्रकटीकरणं.

Explicative, ***a.*** विवरणार्थकः -का -कं, प्रकाशकः -का -कं, वाचकः -का -कं.

Explicit, ***s.*** व्यक्तः -क्ता -क्तं, सुव्यक्तः -क्ता -क्तं, स्पष्टः -ष्टा -ष्टं, सुस्पष्टः -ष्टा -ष्टं, सुप्रकाशः -शा -शं, स्पष्टार्थः -र्था -र्थं, भिन्नार्थः -र्था -र्थं, स्फुटः -ढा -ढं, अवक्रः -क्रा -क्रं.

Explicitly, ***adv.*** व्यक्तं, सुव्यक्तं, स्पष्टं, सुस्पष्टं, सुप्रकाशं, स्पष्टार्थं, भिन्नार्थं, स्पुटं; **'explicitly shews,'** स्पष्टयति.

Explicitness, ***s.*** व्यक्तत्वं -ता, सुव्यक्तता, स्पष्टता, सुस्पष्टता, सुप्रकाशता, स्पष्टार्थत्वं, भिन्नार्थत्वं, अवक्रता, वाचकता.

To **explode,** ***v. n.*** अन्तरग्निवातादिवलाद् महाशब्देन **or** महाशब्दपूर्व्वं विभिद् **in pass.** (-भिद्यते) **or** विदॄ **in pass.** (-दीर्य्यते) **or** स्फुट् **(c. 6.** स्फुटित -टितुं) **or** विदल् **(c. 1.** -दलति -लितुं).

To **explode,** ***v. a.*** **(Decry with noise, shew disapprobation)** उच्चैःस्वरेण निन्द् **(c. 1.** निन्दति -न्दितुं), कर्क्कशशब्देन अप्रसादं **or** अस्वीकारं सूच् **(c. 10.** सूचयति -यितुं) **or** अवज्ञास्पदं कृ.

Exploded, ***p. p.*** **(Burst)** महाशब्देन विदीर्णः -र्णा -र्णं **or** विभिन्नः -न्ना -न्नं **or** स्फुटितः -ता -तं, निरस्तः -स्ता -स्तं. —**(Brought into disrepute)** अधुनातनव्यवहारविरुद्धः -द्धा -द्धं, नूतनाचारविरुद्धः -द्धा -द्धं, अवज्ञातः -ता -तं, परिभूतः -ता -तं.

Exploit, ***s.*** कर्म्म ***n.*** (न्), महाकर्म्म ***n.,*** चेष्टितं, चेष्टा, विचेष्टितं, चरित्रं, प्रवृत्तिः ***f.,*** अद्भुतकर्म्म ***n.,*** आश्चर्य्यकर्म्म ***n.***

Exploration, ***s.*** अन्वेषण -णं, पर्य्येषणं, अनुसन्धानं, जिज्ञासा,

Explored 369 Expounder

अनुसरणं, परीक्षा -क्षणं, निरूपणं, समीक्षणं, संवीक्षणं, मार्गः -र्गणं, अनुयोगः, शोधनं.

To **explore,** ***v. a.*** अन्विष् (**c. 4.** -इष्यति, **c. 6.** -इच्छति -एषितुं -एष्टुं), अनुसन्धा (**c. 3.** -दधाति -धातुं), निरूप् (**c. 10.** -रूपयति -यितुं), ज्ञा **in des.** (जिज्ञासते -सितुं), मार्ग् (**c. 1.** मार्गति, **c. 10.** मार्गयति -यितुं), मृग् (**c. 10.** मृगयते -ति -यितुं), परीक्ष् (**c. 1.** -ईक्षते -क्षितुं), निरीक्ष्, संवीक्ष्.

Explored, ***p. p.*** अन्वेषितः -ता -तं, अन्विष्टः -ष्टा -ष्टं, निरूपितः -ता -तं.

Explorer, ***s.*** अन्वेष्टा ***m.*** (ष्टृ), अन्वेषी ***m.*** (न्), अनुसन्धाता ***m.*** (तृ), परीक्षकः.

Explosion, ***s.*** महाशब्दपूर्व्वं विदारणं **or** स्फोटनं **or** स्फुटनं **or** अकस्माद् विभङ्गः, समहाशब्दो विदारः, आकस्मिकविदारशब्दः, आकस्मिकविभङ्गशब्दः, ध्माशब्दः.

Explosive, ***a.*** आकस्मिकविदारणकारी -रिणी -रि (न्), महाशब्दपूर्व्वविभङ्गकारी **etc.,** ध्माशब्दकारी **etc.,** विदारकः -का -कं, शीघ्रदाह्यः -ह्या -ह्यं.

To **export,** ***v. a.*** **(Goods to a foreign country)** बाणिज्यद्रव्याणि **or** वस्तूनि विदेशे **or** देशान्तरे **or** वहिर्देशे वह् (**c. 1.** वहति, वोढुं **or caus.** वाहयति -यितुं) **or** आवह् **or** उपवह् **or** निर्व्विवह् **or** तॄ **in caus.** (तारयति -यितुं) **or** सन्तॄ **in caus. or** आनी (**c. 1.** -नयति -नेतुं **or caus.** -नाययति -यितुं) **or** उपनी **or** प्रेर् (**c. 10.** -ईरयति -यितुं).

Exportable, ***a.*** देशान्तरे **or** वहिर्देशे वाह्यः -ह्या -ह्यं **or** उपवाह्यः **etc.**

Exportation, ***s.*** देशान्तरे **or** वहिर्देशे वाहनं **or** उपवाहनं **or** अभिवाह्यं **or** तारणं **or** प्रेरणं.

Exported, ***p. p.*** विदेशे **or** वहिर्देशे वाहितः -ता -तं **or** तारितः -ता -तं **or** सन्तारितः -ता -तं **or** प्रेरितः -ता -तं, देशान्तरीकृतः -ता -तं.

Exports, ***s. pl.*** विदेशे **or** वहिर्देशे वाह्यानि वाणिज्यद्रव्याणि **or** वस्तूनि.

To **expose,** ***v. a.*** **(Uncover)** विवृ (**c. 5.** -वृणोति -णुते -वरितुं -रीतुं), अपवृ, अपावृ, उच्छद् (**c. 10.** -छादयति -यितुं). —**(Make public)** प्रकाश् (**c. 10.** -काशयति -यितुं), विकाश्, प्रकाशीकृ, प्रकटीकृ, व्यक्तीकृ, प्रत्यक्षीकृ, प्रादुष्कृ, आविष्कृ. —**(Expose to view)** प्रत्यक्षीकृ, सर्व्वदृग्गोचरं -रां -रं कृ. —**(For sale)** पण्यवीथिकायां प्रसृ **in caus.** (-सारयति -यितुं).—**(Make liable)** अधीनं -नां -नं कृ.—**(To the air)** वायुव्याप्यं -प्या -प्यं कृ.—**(To the sun)** सूर्य्यव्याप्तं -प्तां -प्तं कृ. **(To contempt, ridicule)** अवमानास्पदं कृ, अवहासस्थानं कृ, हास्यं, -स्यां -स्यं कृ.—**(To danger)** भयस्थानं कृ, शङ्कास्पदं कृ; **'to expose the failings of others.'** परछिद्राणि विवृ **or** अपवृ.

Exposed, ***p. p.*** विवृतः -ता -तं, अपावृतः -ता -तं, अनावृतः -ता -तं, अनाच्छादितः -ता -तं, प्रकाशीकृतः, -ता -तं, प्रकटीकृतः -ता -तं, प्रसारितः -ता -तं; **'caught out in a crime,'** दृष्टदोषः -षा -षं; **'exposed to the weather,'** अभ्रावकाशिकः -की -कं; **'exposed for sale,'** क्रये प्रसारितः -ता -तं, क्रय्यः -य्या -य्यं, ण्या -ण्यं, पण्यवीथिकायां प्रसारितः -ता -तं.

Exposition, ***s.*** विवृतिः ***f.,*** विवरणं, व्याख्या -ख्यानं, स्पष्टीकरणं, प्रकाशनं, व्याकृतिः ***f.,*** व्याकरणं, व्यक्तीकरणं, चूर्णक.

Expositor, ***s.*** व्याख्याता ***m.*** (तृ), प्रकाशकः, प्रवक्ता ***m.*** (क्तृ), अर्थपरिशोधकः, अर्थविज्ञापकः, चूर्णिकृत् ***m.***

Expository, ***a.*** वाचकः -का -कं, प्रकाशकः -का -कं, उद्देशकः -का -कं.

To expostulate, ***v. a.*** आपत्तिं कृ, अन्यायेन **or** असम्यक् **or** अनुचितं करोषि **or** अन्याय्यकर्म्म त्वया कृतम् इत्यादिनिन्दावाक्यैर् अकृत्यकारिणं कञ्चिज्जनं निवृ **in caus.** (-वारयति -यितुं), मैवं कार्षीः **or** मैवं कृथाः **or** नैतत् त्वया करणीयम् इत्यादिवाक्यैर् अन्यायकारिणा सह विचर् (**c. 10.** -चारयति -यितुं) **or** अन्याय्यकर्म्मणः कञ्चिज्जनं निवृत् **in caus.** (-वर्त्तयति -यितुं), प्रत्यादिश् (**c. 6.** -दिशति -देष्टुं).

Expostulation, ***s.*** आपत्तिः ***f.,*** अन्याय्यकर्म्म **or** असम्यक्कर्म्म **or** अयुक्तकर्म्म करोषि **or** कुकर्म्म त्वया कृतम् इत्यादिनिन्दार्थकं वाक्यं **or** इत्यादिवाक्यैर् अन्यायकारिणा सह विचारणं, निवर्त्तनार्थं वाक्यं, निषेधार्थकं प्रबोधवाक्यं, प्रतिवादः, प्रत्यादेशः.

Expostulatory, ***a.*** आपत्तिमयः -यी -यं, निन्दामयः -यी -यं, प्रत्यादेशकः -का -कं.

Exposure, ***s.*** विवृतिः ***f.,*** विवरणं, प्रकाशनं, विकाशनं, व्यक्तीकरणं, प्रकटीकरणं, प्रत्यक्षीकरणं, दृग्गोचरीकरणं, प्रसारणं; **'to the air,'** वायुव्यापकत्वं.

To **expound,** ***v. a.*** व्याख्या (**c. 2.** -ख्याति -तुं), व्याकृ, प्रवद् (**c. 1.** -वदति -दितुं), प्रवच् (**c. 2.** -वक्ति -क्तुं) स्पष्टीकृ, व्याहृ (**c. 1.** -हरति -हर्त्तुं), व्याचक्ष् (**c. 2.** -चष्टे), विवृ (**c. 5.** -वृणोति -वरितुं -रीतुं), प्रकाश् (**c. 10.** -काशयति -यितुं), निरूप् (**c. 10.** -रूपयति -यितुं), विब्रू (**c. 2.** -ब्रवीति).

Expounded, ***p. p.*** व्याख्यातः -ता -तं, व्याकृतः -ता -तं, विवृतः -ता -तं, प्रकाशितः -ता -तं, निरूपितः -ता -तं, स्पष्टीकृतः -ता -तं, व्याहृतः -ता -तं.

Expounder, ***s.*** व्याख्याता ***m.*** (तृ), प्रवक्ता ***m.*** (क्तृ), वक्ता ***m.,*** वादी ***m.*** (न्), प्रकाशकः, वाचकः, अर्थशोधकः; **'of the law,'** धर्म्मप्रवक्ता ***m.***

To **express,** ***v. a.*** **(Press out)** निष्पीड् (**c. 10.** -पीडयति

-यितुं), निपीड्, निष्कृष् (c. 1. -कर्षति -क्रष्टुं), निर्हृ (c. 1. -हरति -हर्त्तुं), निर्दुह् (c. 2. -दोग्धि -ग्धुं).—(Utter, declare) वद् (c. 1. वदति -दितुं), कथ् (c. 10. कथयति -यितुं), उदाहृ (c. 1. -हरति -हर्त्तुं), व्याहृ, उच्चर् (c. 10. -चारयति -यितुं), ज्ञा in caus. (ज्ञापयति -यितुं), विज्ञा, आविद् in caus. (-वेदयति -यितुं), कृत् (c. 10. कीर्त्तयति -यितुं), प्रकाश् (c. 10. -काशयति -यितुं), सूच् (c. 10. सूचयति -यितुं), बुध् (c. 10 बोधयति -यितुं.—(Represent, exhibit) सूच्, दृश् in caus. (दर्शयति -यितुं); 'by gestures, etc.,' नट् (c. 10. नाटयति -यितुं), अभिनी (c. 10. -नयति -नेतुं), रूप् (c. 10. रूपयति -यितुं); 'they express love,' शृङ्गारभावं नाटयन्ति; 'he expresses delight,' हर्षं नाटयति; 'in painting, etc.,' प्रतिरूपं कृ, प्रतिमूर्त्तिं कृ, प्रतिमानं कृ.—(Indicate) सूच्, उद्दिश् (c. 6. -दिशति -देष्टुं), निर्दिश्, लक्ष् (c. 10. लक्षयति -यितुं).

Express, *a.* **(Clear)** व्यक्तः -क्ता -क्तं, सुव्यक्तः -क्ता -क्तं, स्पष्टः -ष्टा -ष्टं, स्पष्टार्थः -र्था -र्थं, अवक्रः -क्रा -क्रं, अवक्रार्थः -र्था -र्थं, भिन्नार्थः -र्था -र्थं, असन्दिग्धार्थः -र्था -र्थं; **'in express terms'** स्पष्टार्थतस्.

Express, *s.* **(Courier)** वेगी *m.,* (न्), प्रजवी *m.,* (न्), जवी *m.,* तरस्वी *m.,* (न्), उद्वेगः, त्वरितः, जवनः, जवः, धावकः, अध्वगः, वार्त्ताहरः.

Expressed, *p. p.* **(In words)** उक्तः -क्ता -क्तं, कथितः -ता -तं, आवेदितः -ता -तं, अभिहितः -ता -तं.—**(Shewn, indicated)** दर्शितः -ता -तं. सूचितः -ता -तं.

Expressible, *a.* कथनीयः -या -यं, कथ्यः -थ्या -थ्यं, निर्वचनीयः -या -यं, आख्येयः -या -यं.—**(To be pressed out)** निष्कर्षणीयः -या -यं, निर्हरणीयः -या -यं.

Expression, *s.* **(Declaration)** वादः, कथनं, ज्ञापनं, विज्ञापनं, ख्यापनं, आवेदनं, अभिधानं, बोधनं, कीर्त्तनं, प्रवचनं.—**(Utterance)** उदाहरणं, व्याहरणं, उच्चारणं.—**(Phrase, word)** उक्तिः *f.,* वाक्यं, वचनं, उक्तं, वाक् *f.* (च्), शब्दः, अभिधेयं, वचः *n.* (स्), पदं; **'authorized expression,'** आप्तोक्तिः.—**(Style, manner)** रीतिः *f.,* मार्गः, व्यापारः; **'style of expression,'** वाग्व्यापारः.—**(Feeling, tone)** रसः.

Expressive, *a.* वाचकः, -का -कं, सूचकः -का -कं, उद्बोधकः -का -कं, अभिधायिकः -का -कं, उद्देशकः -का -कं, अर्थः -र्था -र्थं **or** अर्थकः -का -कं, **in comp.; as, 'expressive of tenderness,'** करुणार्थकः -का -कं.—**(Full of meaning)** पूर्णार्थः -र्था -र्थं, अर्थवान् -वती -वत् -(त्), सार्थः -र्था -र्थं, गुर्वर्थः -र्था -र्थं, साकूतः -ता -तं.

Expressively, *adv.* पूर्णार्थतस्, व्यक्तार्थतस्, सार्थं, साकूतं, सगौरवं.

Expressiveness, *s.* वाचकत्वं, पूर्णार्थत्वं, अर्थवत्त्वं, सार्थत्वं, गौरवं.

Expressly, *adv.* व्यक्तं, सुव्यक्तं, सुस्पष्टं, स्पष्टार्थतस्, व्यक्तार्थतस्, अवक्रं, असन्दिग्धार्थतस्.

***To* exprobate,** *v. a.* निन्द् (c. 1. निन्दति -न्दितुं), गर्ह् (c. 1. गर्हते -र्हितुं), विगर्ह्, कुत्स् (c. 10. कुत्सयति -यितुं), उपालभ् (c. 1. -लभते -लब्धुं), तिरस्कृ.

Exprobation, *s.* निन्दा, गर्हा, तिरस्कारः, दुर्वाक्यं, भर्त्सनवाक्यं, उपक्रोशः.

***To* expugn,** *v. a.* दुर्गं लङ्घ् (c. 10. लङ्घयति -यितुं), विजि (c. 1. -जयते -ति -जेतुं).

Expungnable, *a.* लङ्घनीयः -या -यं, आक्रमणीयः -या -यं, विजेतव्यः -व्या -व्यं.

Expugnation, *s.* दुर्गलङ्घनं, दुर्गाक्रमणं विजयः, जयः.

Expulsion, *s.* अपसारणं, निःसारणं, निरसनं, निराकरणं, अपनोदः -दनं, निर्वासनं, विवासनं, प्रवासनं, प्रव्राजनं, वहिष्करणं, निष्कासनं, निःकासनं, प्रयापणं.—**(The state)** प्रवासः, विवासः.

Expulsive, *a.* अपनोदनः -ना -नं, निरसनः -ना -नं, निराकरिष्णुः -ष्णुः -ष्णु.

Expunction, *s.* लोपः, विलोपः -पनं, उच्छेदः, अपमार्जना, व्यामर्षः, विनाशः.

***To* expunge,** *v. a.* लुप् (c. 6. लुम्पति, लोप्तुं, c. 10. लोपयति -यितुं), विलुप्, उच्छिद् (c. 7. -छिनत्ति -छेत्तुं), व्यामृज् (c. 2. -मार्ष्टि -र्ष्टुं), अपमृज्, उन्मृज्, व्यामृश् (c. 6. -भ्रशति -स्रष्टुं), विनश् in caus. (-नाशयति -यितुं), उद्धृ (c. 1. -हरति -हर्त्तुं).

Expunged, *p. p.* उच्छिन्नः -न्ना -न्नं, लुप्तः -प्ता -प्तं, व्यामृष्टः -ष्टा -ष्टं, उद्धृतः -ता -तं.

***To* expurgate,** *v. a.* शुध् (c. 10. शोधयति -यितुं), विशुध्, पू (c. 9. पुनाति -नीते, पवितुं), विपू, परिपू, निर्म्मलीकृ, मलं हृ (c. 1. हरति, हर्त्तुं), पवित्रीकृ, शुचीकृ, परिष्कृ.

Expurgated, *p. p.* विशोधितः -ता -तं, पावितः -ता -तं, पवित्रीकृतः -ता -तं.

Expurgation, *s.* शोधनं, विशोधनं, पावनं, पवित्रीकरणं, मलापकर्षणं, निर्म्मलीकरणं, परिष्करणं.

Expurgatory, *a.* शोधकः -का -कं, पावकः -का -कं, पावनः -ना -नं.

Exquisite, *a.* **(Choice)** उत्तमः -मा -मं, शिष्टः -ष्टा -ष्टं, विशिष्टः -ष्टा -ष्टं, उत्कृष्टः -ष्टा -ष्टं.—**(Nice, accurate)** सूक्ष्मः -क्ष्मा -क्ष्मं, समञ्जसः -सा -सं, शुद्धः -द्धा -द्धं.—**(Highest)** परमः -मा -मं, उत्तमः -मा -मं; **'exquisite delight,'** परमानन्दः, परमहर्षः, रोमहर्षणं, पुलकः; **'causing exquisite pleasure,'** परमानन्ददः -दा -दं, रुचिरमुद्

Exouisitely 371 Extent

m.f.n.—(Keen) तीक्ष्णः, -क्ष्णा -क्ष्णं, तीव्रः -व्रा -व्रं; **'exquisite pain,'** तीव्रवेदना.

Exouisitely, ***adv.*** **(Nicely)** सूक्ष्मं, सूक्ष्मतत्वेन, ससौक्ष्म्यं, अञ्जसा. —**(In a high degree)** परमं, उत्तमं; **'exquisitely delighted,'** परमहृष्टः -ष्टा -ष्टं, पुलकितः -ता -तं, हर्षरोमाञ्चितः -ता -तं.

Exquisiteness, ***s.*** **(Nicety)** सूक्ष्मता, सौक्ष्म्यं, सामञ्जस्यं. —**(Keenness)** तीक्ष्णता, तैक्ष्ण्यं, तीव्रता.—**(Choiceness)** उत्तमता, उत्कृष्टता.

To **exsiccate,** ***v. a.*** शुष् **in caus.** (शोषयति -यितुं), उच्छुष्, विशुष्.

Exsiccation, ***s.*** शोषः -षणं, उच्छोषणं, परिशोषः, विशोषणं, नीरसीकरणं.

Exsiccant, exsiccative, ***a.*** शोषकः -का -कं, उच्छोषणः -णा -णं, विशोषणः -णी -णं.

Exspuition, ***s.*** निष्ठीवः -वनं, निष्ठेवनं, श्लेष्मनिरसनं, उद्गिरणं.

Extant, ***a.*** **(Protruding)** वहिःस्थः -स्था -स्थं, वहिर्भूतः -ता -तं.—**(In existence)** विद्यमानः -ना -नं, वर्त्तमानः -ना -नं, प्रकाशः -शा -शं.

Extasty, extatic. ***See*** **Ecstacy, ecstatic.**

Extemporaneous, extemporary ***a.*** अचिन्तापूर्व्वः -र्व्वा -र्व्वं, अपूर्व्वचिन्तः -न्ता -न्तं, अचिन्तितः -ता -तं, अयत्नपूर्व्वः -र्व्वा -र्व्वं, अयत्नकृतः -ता -तं, अयत्नभूतः -ता -तं, आकस्मिकः -की -कं, अविचारितः -ता -तं, अकल्पितः -ता -तं, अध्यानपूर्व्वः -र्व्वा -र्व्वं, प्रस्तुतः -ता -तं, समयोपयुक्तः -क्ता -क्तं, प्रस्तावयोग्यः -ग्या -ग्यं.

Extempore, ***adv.*** पूर्व्वचिन्तां **or** पूर्व्वयत्नम् अकृत्वा, चिन्तां विना, पूर्व्वध्यानं विना, अचिन्तितं, अविचारितं:, अनायासेन, द्रुतं.

To **extemporize,** ***v. n.*** पूर्व्वचिन्ताम् अकृत्वा वद् **(c. 1.** वदति -दितुं), अकस्मात् **or** पूर्व्वविचारं विना वद्.

To **extend,** ***v. a.*** तन् **(c. 8.** तनोति -नितुं), वितन्, व्यातन्, प्रतन्, विततीकृ, प्रसृ **in caus.** (-सारयति -यितुं), अतिसृ, विसृ; विस्तॄ **or** विस्तृ **(c. 5.** -स्तृणोति, **c. 9.** -स्तृणाति -स्तरितुं -रीतुं, **c. 10.** -स्तारयति -यितुं), प्रथ् **(c. 10.** प्रथयति -यितुं), आयम् **(c. 1.** -यच्छति -यन्तुं), प्रपञ्च् **(c. 10.** -पञ्चयति -यितुं), प्रचर् **in caus.** (-चारयति -यितुं).—**(Extend the hand, etc.)** हस्तं प्रसृ **in caus. or** प्रग्रह् **(c. 9.** -गृह्णाति -ग्रहीतुं). —**(Enlarge)** वृध् **in caus.** (वर्धयति -यितुं), संवृध्, विवृध्, विशालीकृ, विपुलीकृ प्रचुरतरं -रां -रं कृ.—**(Grant, impart)** दा **(c. 3.** ददाति, दातुं), प्रदा, अनुदा, प्रयम्.—**(Prolong)** द्राघ **(nom.** द्राघयति -यितुं), दीर्घीकृ, दीर्घतरं -रां -रं कृ.

To **extend,** ***v. n.*** तन् **in pass.** (तन्यते), वितन्, विततीभू, प्रसृ **(c. 1.** -सरति -सर्त्तुं), प्रसृप् **(c. 1.** -सर्पति -सप्तुं), विसृप् आया **(c. 2.** -याति -तुं), आयम् **(c. 1.** -यच्छते -यन्तुं), प्रथ् **(c. 1.** प्रथते -थितुं), विप्रथ्, प्ररुह् **(c. 1.** -रोहति -रोढुं), विरुह्, विस्तॄ **in pass.** (स्तीर्य्यते), व्याप् **(c. 5.** -आप्नोति -आप्तुं), विप्रस्था **(c. 1.** -तिष्ठति -स्थातुं), प्रवृध् **(c. 1.** -वर्धते -र्धितुं), विजृम्भ् **(c. 1.** -जृम्भते -म्भितुं).

Extended, ***p. p.*** विततः -ता -तं, प्रविततः -ता -तं, आततः -ता -तं, सन्ततः -ता -तं, आयतः -ता -तं, समायतः -ता -तं, आयामितः -ता -तं, व्यायतः -ता -तं, प्रथितः -ता -तं, प्रसारितः -ता -तं, प्रसृतः -ता -तं, विसृतः -ता -तं, विस्तृतः -ता -तं, विस्तीर्णः -र्णा -र्णं, बहुविस्तीर्णः -र्णा -र्णं, आयतिमान् -मती -मत् (त्), विरूढः -ढा -ढं, प्ररूढः -ढा -ढं, प्रवृद्धः -द्धा -द्धं. परिगतः -ता -तं, विजृम्भितः -ता -तं.—**(As the hand, etc.)** प्रसारितः -ता -तं, उच्छ्रितः -ता -तं; **'having the fingers extended.'** उत्थिताङ्गुलिः -लिः -लि.

Extendible, extensible, ***a.*** विस्तारयितुं **or** वितनितुं शक्यः -क्या -क्यं, विस्तारणीयः -या -यं, प्रसारणीयः -या -यं, विस्तारणक्षमः -मा -मं, आयाम्यः -म्या -म्यं.

Extensibility, ***s.*** विस्तारणीयता, वितनितक्षमता, आयाम्यता.

Extension, ***s.*** विस्तारः, विस्तृतिः ***f.,*** विस्तीर्णता, विस्तरः, विततिः ***f.,*** प्रततिः ***f.,*** आयतिः ***f.,*** आयामः वितानः -नं, तानः, सन्ततिः ***f.,*** प्रसारणं, प्रसरणं, प्रसरः, विसरणं, प्रसर्पणं, विसर्पणं, प्रपञ्चः, व्याप्तिः ***f.,*** व्यापनं, वृद्धिः ***f.,*** प्रवृद्धिः ***f.,*** प्रपञ्चः, व्यासः, विपुलता.

Extensive, ***a.*** विस्तीर्णः -र्णा -र्णं, विपुलः -ला -लं, विशालः -ला -लं, सुपर्य्याप्तः -प्ता -प्तं, वृहन् -हती -हत् (त्), पृथुः थ्वी -थु, पृथुलः -ला -लं, प्रचुरः -रा -रं, विकटः -टा -टं, आयतः -ता -तं, आयतिमान् -मती -मत् (त्), असम्बाधः -धा -धं, अत्यन्तः -न्ता -न्तं.

Extensively, ***adv.*** सुविस्तीर्णं, सुविस्तरं, सुविस्तरेण, विस्तरशस्, अतिमात्रं, विपुलं, प्रचुरं, सामान्यतस्.

Extensiveness, ***s.*** विस्तीर्णता, विस्तारः, विस्तृतिः ***f.,*** विपुलता, विशालता, पृथुत्वं, वृहत्त्वं, परिसरः, आयतिः ***f.,*** व्याप्तिः ***f.,*** व्यापकत्वं.

Extent, ***s.*** **(Bulk, width, length)** विस्तारः, विशालता, विपुलता, वृहत्त्वं, आयति ***f.,*** आयामः, प्रपञ्चः, सन्ततिः ***f.,*** वितानकं, पाटः.—**(Compass)** परिमाणं, परिणाहः, परिसरः, परिधिः ***m.***—**(Degree, measure)** मात्रं, परिमाणं, प्रमाणं, मानं.—**(Limit)** पर्य्यन्तं.—**(Range)** विषयः; **'to what extent?'** कियत्पर्य्यन्तं, किम्पर्यन्तं, कियत्प्रमाणं; **'to such extent,'** एतावत्; **'such an extent,'** एतावत्त्वं; **'to a slight extent,'** ईषत्, किञ्चित्, अल्पमात्रं, स्तोकं.

To **extenuate,** ***v. a.*** **(Lessen)** न्यूनीकृ, न्यून् **(c. 10.** ऊनयति -यितुं), लघ **(nom.** लघयति -यितुं), कन **(nom.** कनयति

–यितुं), अल्पीकृ, क्षीणीकृ, ह्रस् (c. 10. ह्रासयति –यितुं). –(A crime) शम् (c. 10. शमयति –यितुं), उपशम्, पापापनुत्तिं कृ, पापक्षालनं कृ.

Extenuated, ***p. p.*** उपशान्तः –न्ता –न्तं, शमितः –ता –तं, न्यूनीकृतः –ता –तं.

Extenuation, ***s.*** पापोपशान्तिः ***f.,*** पापशान्तिः ***f.,*** उपशमः, पापापनोदनं, पापापनुत्तिः ***f.,*** पापमार्जना, पापप्रक्षालनं, पापोपेक्षा.

Exterior, ***a.*** वाह्यः –ह्या –ह्यं, वाहीकः –का –कं, वहिःस्थः –स्था –स्थं, वहिर्भूतः –ता –तं, वहिर्भवः –वा –वं वहिस् **in comp.; as, 'an exterior object,'** वहिरङ्गः.

Exterior, ***s.*** वहिर्भागः, वाह्यभागः, वहिर्भावः, उपरिस्थभागः.

To **exterminate,** ***v. a.*** उच्छिद् (c. 7. –छिनत्ति –छेत्तुं), समूलं **or** आमूलम् उद्धृ (c. 1. –हरति –हर्त्तुं) **or** समुद्धृ **or** उत्पद् (c. 10. –पाटयति –यितुं), उन्मूल् (c. 10. –मूलयति –यितुं), नश् **in caus.** (नाशयति –यितुं), विनश्.

Exterminated, ***p. p.*** उच्छिन्नः –न्ना –न्नं, विनाशितः –ता –तं, उद्धृतः –ता –तं, उत्पाटितः –ता –तं, उन्मूलितः –ता –तं, सादितः –ता –तं.

Extermination, ***s.*** उच्छेदः, समुच्छेदः, उच्छित्तिः ***f.,*** सर्व्वनाशः, उद्धरणं, समूलोत्पाटनं, मूलादुद्धरणं, उन्मूलनं, समूलघातं, विनाशः, प्रलयः, लोपः, शोधनं.

Exterminator, ***s.*** उद्धर्त्ता ***m.*** (र्त्तृ) विनाशकः, उच्छेदी ***m.*** (न्).

Exterminatory, ***a.*** उच्छेदी –दिनी –दि (न्), सर्व्वनाशकः –का –कं.

External, ***a.*** वाह्यः –ह्या –ह्यं, वाहीकः –का –कं, वहिःस्थः –स्था –स्थं, वहिर्वर्त्ती –र्त्तिनी –र्त्ति (न्), वहिर्भूतः –ता –तं, वहिर्भवः –वा –वं, वहिस् **in comp.; as, an external part,'** वहिरङ्गः.

Externally, ***adv.*** वाह्यतस्, वहिस्, वहिर्भागे, उपरिभागे; **'produced externally.'** वहिर्भवः –वा –वं.

Extinct, ***a.*** **(Extinguished)** शान्तः –न्ता –न्तं, शमितः –ता –तं, निर्वाणः णा –णं. –**(Abolished, at an end)** नष्टः –ष्टा –ष्टं, विनष्टः –ष्टा –ष्टं, निवृत्तः –त्ता –त्तं, निर्वृत्तः –त्ता –त्तं, विगतः –ता –तं, निर्गतः –ता –तं, अवसितः –ता –तं, अवसन्नः –न्ना –न्नं, क्षीणः –णा –णं, परिक्षीणः –णा –णं, उच्छिन्नः –न्ना –न्नं, लुप्तः –प्ता –प्तं; **'becomes extinct,'** शाम्यति.

Extinction, extinguishment, ***s.*** **(Quenching)** निर्वाणं, निर्वापणं, शान्तिः ***f.*** –**(Abolition, destruction)** नाशः, विनाशः, प्रणाशः, उच्छेदः, समुच्छेदः, उद्धरणं, लोपः, विलोपनं, क्षयः, संहारः; **'of race,'** निर्वंशः.

To **extinguish,** ***v. a.*** **(Quench)** निर्वा **in caus.** (–वापयति –यितुं), शम् **in caus.** (शमयति –यितुं), उपशम्, प्रशम्. –**(Destroy, put an end to)** नश् **in caus.** (नाशयति –यितुं), विनश्, निवृत् **in caus.** (–वर्त्तयति –यितुं), उच्छिद् (c. 7. –छिनत्ति –छेत्तुं), निर्दह् (c. 1. –दहति –दग्धुं), लुप् (c. 6. लुम्पति, लोप्तुं, c. 10. लोपयति –यितुं), सद् **in caus.** (सादयति –यितुं); **'to be extinguished,'** शम् (c. 4. शाम्यति, शमितुं), निर्वा (c. 4. –वायति).

Extinguishable, ***a.*** शाम्यः –म्या –म्यं, शमनीयः –या –यं, निर्वाप्यः –प्या –प्यं, निर्वापणीयः –या –यं, नाश्यः –श्या –श्यं, नाशनीयः –या –यं, विलोपनीयः –या –यं.

Extinguished, ***p. p.*** **(Quenched)** निर्वाणः –णा –णं, निर्वापितः –ता –तं, शान्तः –न्ता –न्तं, संशान्तः –न्ता –न्तं, शमितः –ता –तं, प्रशमितः –ता –तं, शान्ताग्निः –ग्निः –ग्नि, शान्तार्च्चिः –र्च्चिः –र्च्चि. –**(Destroyed)** नष्टः –ष्टा –ष्टं, विनष्टः –ष्टा –ष्टं.

Extinguisher, ***s.*** निर्वापकः, निर्वाणकारी ***m.*** (न्). –**(Of a candle)** दीपनिर्वापकः.

To **extirpate,** ***v. a.*** उन्मूल् (c. 10. –मूलयति –यितुं), समुन्मूल्, मूलात् **or** समूलम् उद्धृ (c. 1. –हरति –हर्त्तुं), समुद्धृ, उच्छिद् (c. 7. –छिनत्ति –छेत्तुं), उत्पद् (c. 10. –पाटयति –यितुं), व्यपरुह् **in caus.** (–रोपयति –यितुं), उद्वृह् (c. 6. –वृहति –वर्हितुं), निष्कुष् (c. 9. –कुष्णाति –कोष्टुं).

Extirpated, ***p. p.*** उन्मूलितः –ता –तं, उत्पाटितः –ता –तं, उच्छिन्नः –न्ना –न्नं, उद्धृतः –ता –तं, व्यपरोपितः –ता –तं, आवर्हितः –ता –तं, आवहितः –ता –तं, निष्कुपितः –ता –तं, निर्वीजः –जा –जं.

Extirpation, ***s.*** उन्मूलनं, उत्पाटनं, उच्छेदः, उद्धरणं, समूलोत्पाटनं समूलोद्धरणं, उच्छित्तिः ***f.,*** व्यपरोपणं, निष्कोषणं, नाशः, विनाशः.

Extirpator, ***s.*** उद्धर्त्ता ***m.*** (र्त्तृ), उन्मूलयिता ***m.*** (तृ), उच्छेदी ***m.*** (न्).

To **extol,** ***v. a.*** प्रशंस् (c. 1. –शंसति –सितुं), अभिप्रशंस्, स्तु (c. 2. स्तौति, स्तोतुं), अभिष्टु, संस्तु, विष्टु, परिसंस्तु, श्लाघ् (c. 1. श्लाघते –घितुं, c. 10. श्लाघयति –यितुं), कृत् (c. 10. कीर्त्तयति –यितुं), प्रथ् (c. 10. प्रथयति –यितुं), विख्या (c. 2. –ख्याति –तुं), प्रख्या.

Extolled, ***p. p.*** प्रशंसितः –ता –तं, कीर्त्तितः –ता –तं, अभिष्टुतः –ता –तं.

Extoller, ***s.*** प्रशंसकः, कीर्त्तयिता ***m.*** (तृ), अनुकीर्त्तनकृत् ***m.,*** स्तावकः.

Extorsive, ***a.*** बाधकः –का –कं, उपद्रवी –विणी –वि (न्), सबाधः –धा –धं.

To **extort,** ***v. a.*** **and** ***n.*** बलात् **or** बलेन ग्रह् (c. 9. गृह्णाति, ग्रहीतुं), अन्यायत आदा (c. 3. –दत्ते –ददाति –दातुं), दा **in caus.** (दापयति –यितुं), विहा **in caus.** (–हापयति –यितुं), आहृ **in caus.** (–हारयति –यितुं), बाध् (c. 1. बाधते –धितुं),

परिबाध्, उपधिं कृ.

Extorted, *p. p.* बलाद्गृहीतः -ता -तं, दापितः -ता -तं, विहापितः -ता -तं.

Extorter, extortioner, *s.* अन्यायेन परस्वादायी ***m.*** (न), बलेन परस्वग्राहकः, बाधकः, उपद्रवी ***m.*** (न्), उपधिकः, औपधिकः, दुर्वृत्तः, दुरात्मा ***m.*** (न्), दस्युः ***m.*** लोठयिता ***m.*** (तृ).

Extortion, *s.* अन्यायेन **or** बलेन परस्वग्रहणं, बाधः -धनं, उपद्रवः, विप्लव: अभिद्रोहः, उपधिकरणं, उपधिः ***m.,*** बलात्कारः, निष्ठुरता, दौरात्म्यं, हठः.

Extra, *s.* अधिकं, आधिक्यं, आतिरेक्यं. अति **in comp – (Beyond the usual quantity)** अधिकः -का -कं, अतिरिक्तः -क्ता -क्तं, निरूपितपरिमाणातिरिक्तः -क्ता -क्तं.

To* extract, *v. a. निष्कृष् (**c. 1.** -कर्षति -क्रष्टुं), उत्कृष्, आकृष्; उद्धृ (**c. 1.** -हरति -हर्त्तुं), निर्हृ, उद्ग्रह् (**c. 9.** -गृह्णाति -ग्रहीतुं), निर्दुह् (**c. 2.** -दोग्धि -ग्धुं), निष्कुष् (**c. 9.** -कुष्णाति -कोष्टुं), उत्खन् (**c. 1.** -खनति -नितुं), उद्वृह् (**c. 6.** -वृहत -वर्हितुं), उत्पद् **in caus.** (-पादयति -यितुं), निर्गम् **in caus.** (-गमयति -यितुं); **'the teeth,'** दन्तान् उद्गृ.

Extract, *s.* (That which is extracted) उद्धृतं, उद्धारः, निष्कर्षः चूर्णिः ***m.* – (Essence)** रसः, निर्यासः, निर्य्यूहः, कषायः, अवलेहः; **'of flowers,'** पुष्पनिर्यासः. **– (Epitome)** सङ्ग्रहः, सारः संक्षेपः.

Extracted, *p. p.* उद्धृतः -ता -तं, निष्कर्षितः -ता -तं, निहृतः -ता -तं, निष्कुषितः -ता -तं, निर्गतः -ता -तं, उद्वृहीतः -ता -तं, व्यवस्थितः -ता -त; **'having the teeth extracted,'** उद्धृतदंष्ट्रः -ष्ट्रा -ष्ट्रं.

Extraction, *s.* उद्धारः, निर्हारः, निष्कर्षणं, अभ्यवकर्षणं, आकर्षणं, निष्कोषणं, व्यवस्थितिः ***f.* – (Birth lineage)** जन्म ***n.*** (न्), जातिः ***f.,*** उत्पत्तिः ***f.,*** उद्भवः, सम्भवः, वंशः, कुलं; **'of high extraction,'** महाकुलः -ला -लं; **'of royal extraction,'** राजवंश्यः -श्या -श्यं.

Extra-judicial, *a.* व्यवहारविधिवहिर्भूतः -ता -तं, व्यवहारवाह्यः -ह्या -ह्यं, व्यवहारातिरिक्तः -क्ता -क्तं, व्यवहारातिचरः -रा -रं, व्यवहारातिक्रान्तः -न्ता -न्तं.

Extra-judicially, *adv.* व्यवहारविधिव्यतिरेकेण, व्यवहारम् अतिक्रम्य.

Extra-mundane, *a.* लोकवहिर्भूतः -ता -तं, लोकवाह्यः -ह्या -ह्यं अतिसंसारः -रा -रं, अलौकिकः -की -कं, असांसारिकः -की -कं.

Extraneous, *a.* वाह्यः -ह्या -ह्यं, वाहीकः -का -कं, वहिर्भवः -वा -वं, वहिर्भूतः -ता -तं, वहिःस्थः -स्था -स्थं, भिन्नः -न्ना -न्नं, विभिन्नः -न्ना -न्नं, अन्यः -न्या -न्यत्, परः -रा -रं, विविक्तः -क्ता -क्तं, असहजः -जा -जं, असम्बन्धी -न्धिनी -न्धि (न्), विदेशीयः -या -यं.

Extraordinarily, *adv.* अपूर्व्वप्रकारेण, अद्भुतप्रकारेण, अद्भुतं, असाधारण्येन, वैलक्ष्येण, विचित्रं, आश्चर्य्यप्रकारेण, अप्रसिद्धं.

Extraordinariness, *a.* अद्भुतत्वं, आश्चर्य्यत्वं, अपूर्व्वत्वं, अप्रसिद्धत्वं, वैलक्ष्यं, वैलक्षण्यं, असाधारण्यं, विचित्रता.

Extraordinary, *a.* अपूर्व्वः -र्व्वा -र्व्वं, अदृष्टपूर्व्वः -र्व्वा -र्व्वं, असाधारणः -णी -णं, असामान्यः -न्या -न्यं, अप्रसिद्धः -द्धा -द्धं, आश्चर्य्यः -र्य्या -र्य्यं, महाद्भुतः -ता -तं, अद्भुतः -ता -तं, अप्रकृतः -ता -तं, विचित्रः -त्रा -त्रं, विलक्षणः -णा -णं, अधिकः -का -कं, लोकोत्तरः -रा -रं, अधिकोत्तरः -रा -रं, विरलः -ला -लं.

Extravagant, *s.* (In expenditure) अतिव्ययः, अपव्ययः, महान् व्ययः, धनव्ययः, धनोत्सर्गः, अर्थोत्सर्गः, धनमोक्षणं, अर्थदूषणं, व्ययापरिमितता, **– (Excess in general)** अतिक्रमः उत्क्रमः, मर्य्यादातिक्रमः, नियमातिक्रमः, अमर्य्यादा, अपरिमितता, अत्ययः, अत्याचारः व्यभिचारः.

Extravagant, *a.* (Prodigal) अतिव्ययी -यिनी -यि (न्), अपव्ययी **etc.,** व्ययशीलः -ला -लं, अपरिमितव्ययः -या -यं, अर्थघ्नः -घ्नी -घ्नं, धनापचेता -त्री -तृ (तृ), मुक्तहस्तः -स्ता -स्तं. **– (Exceeding bounds)** मर्य्यादातिक्रमी -मिणी -मि (न्), अतिक्रान्तमर्य्यादः -दा -दं, उत्क्रान्तमर्य्यादः -दा -दं, अमर्य्यादः -दा -दं, अतिमर्य्यादः -दा -दं, अपरिमितः -ता -तं, अत्याचारी -रिणी -रि (न्), व्यभिचारी -रिणी -रि (न्).

Extravagantly, *adv.* (Prodigally) अतिव्ययेन, महाव्ययेन, मुक्तहस्तेन. **– (Beyond all bounds)** अतिमर्य्यादं, अत्यन्तं, अतिमात्रं, अतिशयेन, अपरिमितं.

To* extravagate, *v. a. मर्य्यादाम् अतिक्रम् (**c. 1.** -क्रामति -क्रमितुं), उत्क्रम्, व्युत्क्रम्.

Extravagation, *s.* मर्य्यादातिक्रमः, नियमातिक्रमः, उत्क्रमः, उल्लङ्घनं.

Extravasated, *a.* नाडिवहिर्भूतः -ता -तं, नाडिवहिष्कृतः -ता -तं, शिरावहिर्गतः -ता -तं.

Extravasation, *s.* नाडिवहिष्करणं, रक्तोत्सर्गः, रक्तमोक्षणं.

Extreme, *a.* (Outermost) वाह्यः -ह्या -ह्यं. **– (Greatest, utmost)** परमः -मा -मं, महान् -हती -हत् (त्), अत्यन्तः -न्ता -न्तं, आत्यन्तिकः -की -कं, उत्तमः -मा -मं, परः -रा -रं, अतिशय **or** अति **prefixed; as, 'extreme pain,'** अतिव्यथा. **– (Last)** अन्त्यः -न्त्या -न्त्यं, अन्तिमः -मा -मं, अन्त **or** शेष **in comp.; 'extreme part,'** शेषभागः; **'extreme limit,'** परमावधिः ***m.***

Extreme, *s.* अन्तः -न्तं, पर्य्यन्तं, पारः -रं, उत्तमावधिः ***m.,*** परमावधिः ***m.,*** शेषभागः. **– (Excess)** अत्यन्ता, आधिक्यं,

आतिशय्यं.

Extremely, ***adv.*** अत्यन्तं, अतिशयेन, अतिमात्रं, नितान्तं, अत्यर्थं, एकान्तं -न्ततस्, परमं, परं, अतीव, बहु, अति **or** अतिशय **prefixed; as, 'extremely passionate,'** अत्यन्तकोपनः -ना -नं.

Extremity, ***s.*** **(Utmost point)** अन्तः -न्तं, अग्रं, अग्रभागः, पर्य्यन्तं, प्रान्तः, सीमा, अवधिः ***m.,*** पारः -रं, उत्तमावधिः ***m.,*** परमावधिः ***m.,*** शेषावधिः ***m.,*** शेषभागः; **'the lower extremities,'** अधःकायः, शरीरस्य अधोभागः.—**(Utmost distress)** अतिकृच्छ्रं, अत्यन्तक्लेशः, अत्यन्तदुःखं.

Extricable, ***a.*** उद्धरणीयः -या -यं, उद्धार्य्यः -र्य्या -र्य्यं, मोचनीः -या -यं.

To **extricate,** ***v. a.*** उद्धृ **(c. 1.** -हरति -हर्त्तुं), समुद्धृ; मुच् **(c. 6.** मुञ्चति, मोक्तुं, **c. 10.** मोचयति -यितुं), विमुच्, प्रविमुच्, उत्तॄ **in caus.** (-तारयति -यितुं), निस्तॄ, सन्तॄ; मोक्ष् **(c. 10.** मोक्षयति -यितुं), त्रै **(c. 1.** त्रायते, त्रातुं), परित्रै, सन्त्रै रक्ष् **(c. 1.** रक्षति -क्षितुं), विशुध् **(c. 10.** -शोधयति -यितुं).

Extricated, ***p. p.*** उद्धृतः -ता -तं, समुद्धृतः -ता -तं, उत्तीर्णः -र्णा -र्णं -ता -तं, निस्तारितः -ता -तं, तारितः -ता -तं, मुक्तः -क्ता -क्तं, मोचितः -ता -तं, त्राणः -णा -णं.

Extrication, ***s.*** उद्धारः, उद्धरणं, समुद्धरणं, मुक्तिः ***f.,*** मोचनं, विमोचनं, मोक्षः -क्षणं, रक्षा, परिरक्षणं, त्राणं, निस्तारः, निस्तरणं, उत्तारः, उत्तरणं, तारणं, विशोधनं, शुद्धिः ***f.***

Extrinsic, extrinsical, ***a.*** वाह्यः -ह्या -ह्यं, वाहीकः -का -कं, वहिःस्थः -स्था -स्थं, वहिर्भवः -वा -वं, असहजः -जा -जं, असम्बन्धी -न्धिनी (न्).

Extrinsically, ***adv.*** वाह्यतस्, वहिस्, वहिर्भागे, अनभ्यन्तरात्.

To **extrude,** ***v. a.*** वहिष्कृ, निरस् **(c. 4.** -अस्यति -असितुं), उत्सृ **(c. 10.** -सारयति -यितुं).

Extrusion, ***s.*** वहिष्करणं, निःसारणं, अपसारणं, उत्सारणं, निरसनं.

Extruberance, ***s.*** अधिमांसं, स्फोटः, शोथः, गण्डः, उच्चभागः.

Exuberance, ***s.*** समृद्धिः ***f.,*** सामृद्ध्यं, परिपूर्णता, बाहुल्यं, बहुत्वं, प्राचुर्य्यं, स्फीतिः ***f.,*** स्फातिः ***f.,*** उत्सेकः, उद्रेकः, उपचयः वृद्धिः ***f.,*** आधिक्यं.

Exuberant, ***a.*** समृद्धः -द्धा -द्धं, बहुलः -ला -लं, परिपूर्णः -र्णा -र्णं, प्रचुरः -रा -रं, वर्धिष्णुः -ष्णुः -ष्णु, स्फीतः -ता -तं, उत्सिक्तः -क्ता -क्तं, उद्रिक्तः -क्ता -क्तं, पीनः -ना -नं, पुष्कलः -ला -लं, अतिरिक्तः -क्ता -क्तं, उपचितः -ता -तं.

Exuberantly, ***adv.*** बाहुल्येन, बहुशस्, प्रचुरं, पुष्कलं, उद्रेकेण.

To **enuberate,** ***v. n.*** बहुलीभू, प्रचुरीभू, समृध्, **(c. 5.** -अध्नोति -अर्धितुं.

Exudation, ***s.*** स्वेदः, प्रस्वेदः, स्वेदजलस्रावः, स्वेदविन्दुस्रावः, रसः, रसस्रावः स्पन्दनं, स्रवः -वणं, प्रस्रवणं, स्रावः, निर्यासः, सुतिः ***f.,*** घर्म्मपयः ***n.*** (स्) कषायः वेष्टकः.

To **exude,** ***v. n.*** स्विद् **(c. 4.** स्विद्यति, स्वेत्तुं), प्रस्विद्, स्वेदवत् प्रस्रु **(c. 1.** -स्रवति -स्रोतुं) **or** स्यन्द् **(c. 1.** स्यन्दते -न्दितुं).

To **exude,** ***v. a.*** स्वेदं प्रस्रु **in caus.** (-स्रावयति -यितुं) **or** निःसृ **in caus.** (-सारयति -यितुं).

Exuded, ***p. p.*** प्रसुतः -ता -तं, स्यन्नः -न्ना -न्नं, निःसृतः -ता -तं, निर्गतः -ता -तं.

To **exulcerate,** ***v. a.*** व्रणीकृ, व्रणं **or** क्षतं कृ **or** उत्पद् **in caus.** (-पादयति -यितुं).

Exulceration, ***s.*** व्रणकरणं, क्षतकरणं, व्रणोत्पत्तिः ***f.,*** व्रणोत्पादनं.

To **exult,** ***v. n.*** अत्यन्तं **or** अतिशयेन नन्द् **(c. 1.** नन्दति -न्दितुं) **or** आनन्द् **or** हृष् **(c. 4.** हृष्यति, हर्षितुं) **or** ह्लाद् **(c. 1.** ह्लादते -दितुं), उल्लस् **(c. 1.** -लसति -सितुं), परमहर्षम् इ **(c. 2.** एति -तुं), मद् **(c. 4.** माद्यति, मदितुं).

Exultation, ***s.*** परमानन्दः, परमहर्षः, परमाह्लादः, अत्यन्ताह्लादः, माद, अत्यानन्दः, महोत्सवः.

Exulting, ***a.*** परमहृष्टः -ष्टा -ष्टं, उल्लसितः -ता -तं, अत्यानन्दी -न्दिनी -न्दि (न्), सगर्व्वः -र्व्वा -र्व्वं, सदर्पः -र्पा -र्पं.

Exuperable, ***a.*** लङ्घनीयः -या -यं, अधिगम्यः -म्या -म्यं, अतिक्रमणीयः -या -यं.

Exustion, ***s.*** निर्दाहः, निर्दहनं, परिदहनं, भस्मसात्करणं.

Eye, ***s.*** चक्षुः ***n.*** (स्), नयनं, लोचनं, नेत्रं, विलोचनं, अक्षि ***n.,*** ईक्षणं, प्रेक्षणं, दृष्टिः ***f.,*** दृक् ***f.,*** (श्), दृशा, दृशिः ***f.,*** अक्षं, दैवदीपः, विश्वङ्करः. **'pupil of the eye,'** तारका, कनीनिका; **'corner of the eye,'** अपाङ्गः, नयनोपान्तः; **'mind's eye,'** ज्ञानचक्षुः ***n.*** (स्), ज्ञानदृष्टिः ***f.;*** **'evil-eye,'** कुदृष्टिः ***f.;*** **'long eyes,'** आकर्णलोचने; **'having good eyes,'** सुलोचनः -ना -नी -नं, वामलोचनः -ना -नं, स्वक्षः -क्षी -क्षं; **'having large eyes,'** फुल्लनयनः -ना -नी -नं, फुल्ललोचनः, -ना -नी -नं; **'having sharp eyes,'** सूक्ष्माक्षः -क्षी -क्षं; **'having red eyes,'** अरुणेक्षणः -णा -णं; **'doing what is right in one's own eyes,'** स्वेच्छाचारी -रिणी -रि (न्); **'before one's eyes,'** प्रत्यक्षे, प्रत्यक्षेण, प्रत्यक्षतस्, समक्षं, साक्षात्, पश्यतस् **inds. or expressed by the pres. part. of** दृश्; **as, 'he steals my goods before my eyes,'** पश्यतो मम द्रव्याणि हरति; **'visible to the eye,'** चक्षुर्ग्राह्यः -ह्या -ह्यं, दृष्टिगोचरः -रा -रं; **'with one's own eye,'** स्वचक्षुषा; **'glance of the eye,'** दृष्टिपातः, नयनपातः; **'in my eyes,'** मां प्रति.—**(View, regard)** दृष्टिः ***f.,*** दर्शनं, प्रेक्षितं, वीक्षितं, निरीक्षा.—**(Aperture)** छिद्रं, रन्ध्रं; **'eye of a needle,'** सूचीछिद्रं, सूचिरन्ध्रं.—**(Catch for a book)** कुडुपः.—**(Bud)** मुकुलं, कुदमलं, जालकं.

To* eye, *v. a. निरीक्ष् (c. 1. -ईक्षते -क्षितुं), आलोक् (c. 10. -लोकयति -यितुं, c. 1. -लोकते -कितुं); **'to eye askance,'** कटाक्षेण or अपाङ्गेन दृश् (c. 1. पश्यति, द्रष्टुं) or अवेक्ष्.

Eye-ball, *s.* तारा, चक्षुःपिण्डः, नेत्रपिण्डः, नेत्रकोषः -षं, अक्षिगोलः, अक्षिकूटकः, विडालः; **'of an elephant,'** इषीका.

Eye-beam, *s.* (Glance) नयनपातः, दृष्टिपातः, दृष्टिनिपातः, दृष्टिवाणः.

Eye-brow, *s.* भ्रूः ***f.***, भ्रूलता, कोदण्डः, चक्षुर्भूः ***f.***; **'the two eye-brows,'** भ्रुवौ **du.**; **'space between them,'** कूर्च्चः भ्रुवोर्मध्यं; **'wrinkled eye-brow,'** लोचकः.

Eyed, *p. p.* and *a.* (Viewed) निरीक्षितः -ता -तं, आलोकितः -ता -तं; **'eyed askance,'** कटाक्षितः -ता -तं.—**(Having eyes) used in comp.; as, 'black-eyed,'** कृष्णनयनः -नी -नं, असितनयनः -नी -नं, नीलाक्षः -क्षी -क्षं; **'fiery-eyed,'** ज्वलितनयनः -नी -नं; **'one eyed,'** एकाक्षः -क्षा -क्षं, काणः -णा -णं, एकाक्षिविकलः -ला -लं.

Eye-drop, *s.* वाष्पविन्दुः ***m.***, नयनविन्दुः, अब्विन्दुः, नेत्रजलं, नेत्राम्बु ***n.***, नेत्रजं, नयनसलिलं, नयनवारि ***n.*** अश्रु ***n.***

Eye-glass, *s.* उपनेत्रं, उपनयनं, सुलोचनं.—**(Lens)** दीप्तोपलः, अर्काश्मा ***m.*** (न्).

Eye-lash, *s.* पक्ष्म ***n.*** (न्), अक्षिपक्ष्म ***n.*** नेत्रच्छदलोम ***n*** (न्), रश्मिः ***m.***, रक्षकः, उदानः.

Eye-less, *a.* अचक्षूः -क्षूः -क्षुः (स्), विचक्षूः, -क्षूः -क्षुः (स्), अनक्षः: -क्षा -क्षं, अनयनः -ना -नं, गताक्षः -क्षा -क्षं, दृष्टिहीनः -ना -नं, अदक् ***m.f.n.*** (श्), नेत्रेन्द्रियविकलः -ला -लं.

Eyelet, eyelet-hole *s.* गवाक्षः, छिद्रः रन्ध्रं.

Eye-lid, *s.* नेत्रच्छदः, नयनच्छदः, अक्षिपुटः, पुटः, नयनवर्त्म ***n.*** (न), वर्त्म ***n.***, आडम्बरः.

Eye-salve, *s.* चक्षुरञ्जनं, नेत्राञ्जनं, चक्षुर्विलेपनं, नयनलेपः

Eye-service, *s.* केवलं प्रभुप्रत्यक्षेण कृता शुश्रूषा or परिचर्य्या.

Eye-shot, *s.* चक्षुर्विषयः, नयनविषयः, दृष्टिगोचरः -रं.

Eye-sight, *s.* दृष्टिः ***f.***, नयनदृष्टिः ***f.***, नेत्रेन्द्रियं, चक्षुरिन्द्रियं, दर्शनशक्तिः ***f.***

Eye-sore, *s.* चक्षुःपीडा, नेत्रपीडाकरं or नयनक्लेशकं वस्तु.

Eye-spotted, *p. p.* नयनाकारचिह्नैर् विचित्रितः -ता -तं.

Eye-tooth, *s.* पार्श्वदन्तः, नयनदन्तः, चक्षुर्दन्तः.

Eye-wink, *s.* अक्षिसंज्ञा, नेत्रसङ्केतः, अक्षिसङ्कोचसंज्ञा, कटाक्षः.

Eye-witness, *s.* स्वचक्षुषा साक्षी ***m.*** (न्), प्रत्यक्षदर्शी ***m.*** (न्), प्रत्यक्षदर्शनः, साक्षाद्द्रष्टा ***m.*** (ष्टृ), साक्षाद्दर्शी ***m.*** (देश्य):.

Eyrie, *s.* श्येनादिनीडः, श्येनकुलायः, प्रतुदादिपक्षिस्थानं.

F

Fabaceous, *a.* मौद्गीनः -ना -नं, माषीणः -णा -णं, शिम्बासगुणः -णा -णं.

Fable, *s.* (Feigned story) पुरावृत्तकथा, पुरावृत्तोपाख्यानं, कूटार्थोपाख्यानं, उपाख्यानं, आख्यानं, आख्यायिका, कथा, परिकथा, इतिहासः.—**(Fiction)** कल्पनासृष्टिः ***f.***, प्रबन्धकल्पना, मनःकल्पितं, व्यपदेशः.

To* fable, *v. a.* and *n. पुरावृत्तकथां रच् (c. 10. रचयति -यितुं), विरच् मनसा क्लृप् (c. 10. कल्पयति -यितुं) or सृज् (c. 6. सृजति, सष्टुं) मिथ्याकथा रच्.

Fabled, *p. p.* मनःकल्पितः -ता -तं, काल्पनिकः -की -कं, कूटार्थः -र्था -र्थं.

Fabric, *s.* (Structure) निर्म्माणं, निर्म्मितिः ***f.***, कल्पना.—**(Edifice)** हर्म्यं, शाला, भवनं, मन्दिरं, प्रासादः, धाम ***n.*** (न्), अट्टालिका.—**(Form, texture)** आकारः, आकृतिः ***f.***, ऊतिः ***f.***

***To* fabricate, *v. a.* (Construct)** निर्मा (c. 2. -माति -तुं, c. 3. -मिमीते, c. 4. -मीयते **caus.** -मापयति -यितुं), कृ (c. 8. करोति, कर्त्तुं **caus.** कारयति -यितुं), क्लृप् (c. 10. कल्पयति -यितुं), विरच् (c. 10. -रचयति -यितुं), सृज् (c. 6. सृजति, स्रष्टुं) घट् (c. 1. घटते -टितुं).—**(Invent)** मनसा क्लृप्, मिथ्या क्लृप् or कृ.

Fabricated, *p. p.* (Constructed) निर्म्मितः -ता -तं, रचितः -ता -तं, विरचितः -ता -तं, घटितः -ता -तं, कल्पितः -ता -तं.—**(Invented)** मनःकल्पितः -ता -तं, कृत्रिमः -मा -मं.

Fabrication, *s.* (Construction) निर्म्माणं, निर्म्मितिः ***f.***, रचना, विरचना, कल्पनं -ना, घटनं.—**(Falsehood, forgery)** मनःकल्पितं, मिथ्याकथा.

Fabricator, *s.* निर्म्माता ***m.*** (तृ), निर्म्माणकारी ***m.*** (न्), रचकः, विरचकः.

Fabulist, *s.* पुरावृत्तकथाविरचकः, इतिहासरचकः, ऐतिहासिकः.

Fabulous, *a.* (Fictitious) कृत्रिमः -मा -मं, मनःकल्पितः -ता -तं, काल्पनिकः -की -कं, अप्रसिद्धः -द्धा -द्धं, कूटार्थः -र्था -र्थं.—**(Relating to fable)** पुरावृत्तकथासम्बन्धी -न्धिनी -न्धि (न्), ऐतिहासिकः -की -कं, काथिकः -की -कं.

Fabulously, *adv.* कृत्रिमप्रकारेण, कल्पनापूर्व्वं, इतिहासानुसारेण.

Façade, *s.* (Of a building) हर्म्यमुखं, प्रासादमूर्द्धा ***m.*** (न्).

Face, *s.* (Visage) मुखं, वदनं, आननं, वक्रं, आस्यं, वन्दनं, चुब्रं, श्मन् **indec.**; **'face like the moon,'** वदनचन्द्रः, वदनेन्दुः ***m.***—**(Air, look)** वदनं, दृष्टिः ***f.***, आकारः, आभा.—**(Surface)** तलं मुखं, पृष्ठं, पीठं; **'face of the earth,'** भूतलं, पृथिवीतलं, क्षितिपीठं.—**(State)** अवस्था, स्थितिः ***f.***,

दशा, भावः, रूपं; **'before the face,'** प्रतिमुखं, सम्मुखं -खे, अभिमुखं, साक्षात्, समक्षं, प्रत्यक्षं-क्षेण -क्षतस्, अग्रे, अग्रतस्; **'face to face,'** सम्मुखं, मुखामुखि; **'in face of,'** सम्मुखः -खा -खी -खं., सम्मुखीनः -ना -नं, अभिमुखः-खा -खी -खं; **'having the face averted,'** विमुखः -खी -खं, पराङ्मुखः -खी -खं; **'to turn away the face,'** विमुखीभू; **'to stand face to face,'** सम्मुखीभू; **'to fall with one's face on the ground,'** भूमौ न्यङ्मुखः or अधोमुखः पत् **(c. 1.** पतति -तितुं); **'a wry face,'** विकृताननं.

To* face, *v. a. सम्मुखीभू, अभिमुखीभू, प्रतिमुखीभू.—**(Meet, oppose)** अभिमुखं गम् **(c. 1.** गच्छति, गन्तुं), अभिवृत् **(c. 1.** -वर्त्तते -र्त्तितुं), पर्य्यवस्था **(c. 1.** -तिष्ठति -स्थातुं); **'one who faces the foe,'** अभ्यमित्रीणः, अभ्यमित्रीयः, अभ्यमित्र्यः. —**(Be opposite to) expressed by** मुख **or** अभिमुख **in comp.; 'to face the south,'** दक्षिणमुखः -खी -खं भू; **'the north,'** उदङ्मुखः -खी -खं भू; उत्तराभिमुखः -खी -खं भू; **'the east,'** प्राङ्मुखः -खी -खं.—**(Covered with additional cloth)** अधिवस्त्रेण **or** अधिकपटेन छद् **(c. 10.** छादयति -यितुं).

Faced, *a.* अधिवस्त्रोपेतः -ता -तं, उत्तरवस्त्रान्वितः -ता -तं. —**(Having a face) used in comp.; as, 'lovely faced,'** सुमुखः -खी -खं, मुग्धाननः -नी -नं; **'lotus-faced,'** आननाब्जः -ब्जा -ब्जं; **'moon faced,'** चन्द्रमुखः -खी -खं.

Faceless, *s.* निर्मुखः -खी -खं, निर्वदनः -ना -नं, मुखहीनः -ना -नं.

Facet, *s.* (Small surface of a gem) कणः.

Facetious, *a.* रसिकः -का -कं, रसी -सिनी -सि (न्), रसवान् -वती -वत् (त्), सरसः -सा -सं, परिहासशीलः -ला -लं, परिहासवेदी -दिनी -दि (न्), प्रहासी -सिनी -सि (न्), विनोदी -दिनी -दि (न्), विदूषकः -का -कं; **'facetious conversation,'** सरसालापः, चित्रं.

Facetiously, *adv.* रसरं, हासकरणार्थं, विनोदार्थं, रसिकप्रकारेण.

Facetiousness, *s.* रसिकत्वं, रसवत्त्वं, सरसता, परिहासशीलता, विनोदकत्वं, हास्यता, हासोत्पादकत्वं, उल्लसता.

Facile, *a.* मुखः -खा -खं, सुकरः -रा -रं, निरायासः -सा -सं, अनायासी -सिनी -सि (न्), सुसाध्यः -ध्या -ध्यं, सुगमः -मा -मं, सुखेन कार्य्यः -र्य्या -र्य्यं, अकठिनः -ना -नं. —**(Complying)** अनुकूलः -ला -लं.—**(Easy of access)** अभिगम्यः -म्या -म्यं.

To* facilitate, *v. a. सुकरं -रा -रं कृ, निरायासीकृ, सुखीकृ, दुःखानि **or** दुर्गाणि **or** विघ्नान् **or** शल्यानि विनी **(c. 1.** -नयति -नेतुं) **or** अपनी **or** हृ **(c. 1.** हरति, हर्त्तुं) **or** नश् **(c. 10.** नाशयति -यितुं), निर्विघ्नीकृ, निष्प्रत्यूहीकृ.

Facilitated, *p. p.* सुकरीकृतः -ता -तं, हतविघ्नः -घ्ना -घ्नं, हतप्रत्यूहः -हा -हं,

Facility, *s.* सौकार्य्यं, सुकरत्वं, सौख्यं, सौगम्यं, सुगमत्वं, सुसाध्यता, अनायासः, निरायासत्वं, अकाठिन्यं, अकष्टत्वं, अवैषम्यं.

Facing, *part.* (Opposite to) अभिमुखः -खा -खी -खं, सम्मुखः -खा -खं. सम्मुखीनः -ना -नं, अभिमुखगतः -ता -तं, प्रतिमुखः -खा -खं, **'facing the north,'** उत्तराभिमुखः -खा -खं, **or expressed by** मुख; **as, 'facing the east,'** प्राङ्मुखः -खा -खं; **'the west,'** प्रत्यङ्मुखः **'the south,'** दक्षिणामुखः; **'the north,'** उदङ्मुखः; **'with the head facing the east,'** प्राक्शिरसः -सा -सं.

Facing, *s.* (Additional covering in from of a garment) वस्त्राग्रभागे स्यूतम् अधिकांशुकं **or** अधिवसनं.—**(End of a sleeve)** पिप्पलान्तं.—**(Of a fortification)** दुर्गमुखं.

Fac-simile, *s.* प्रतिलिपिः ***f.,*** हस्ताक्षरप्रतिरूपं.

Fact, *s.* वस्तु ***n.*** भूतं, अर्थः, वृत्तं, कर्म्म ***n.*** (न्), कृतं, कृतवस्तु ***n.***—**(Reality)** तत्त्वं, सत्त्वं, सत्ता, सत्यता, यथार्थता, याथार्थ्यं, प्रकृतत्वं; **'in fact,'** वस्तुतस्, अर्थतस्, तत्त्वतस्, परमार्थतस्.

Faction, *s.* (A party) पक्षः, शाखा, गणः, दलं; **'one of the opposite faction,'** विपक्षः; **'one's own faction,'** आत्मपक्षः; **'following a faction,'** पक्षपातः -तिता, पक्षपातकृतस्नेहः, गणता.—**(Political dissension)** भेदः, द्वैधं, द्वन्द्वं, विरोधः, राजद्रोहः.

factious, *a.* (Relating to faction) पाक्षः -क्षी -क्षं. —**(Promoting faction, seditious)** राज्यभेदकरः -री -रं राजद्रोही -हिणी -हि (न्), कलहकारी -रिणी -रि (न्), भेत्ता -त्ती -त्तृ (त्तृ), उपजापकः -का -कं, उपद्रवी -विणी -वि (न्).

Factiously, *adv.* भेदकरणार्थं, कलहकरणार्थं, सोपजापं, उपजापकवत.

Factiousness, *s.* भेदकरणशीलता, राजद्रोहः, कलहकारित्वं, उपजापः.

Factitious, *a.* कृत्रिमः -मा -मं, कृतकः -का -कं, कल्पितः -ता -तं, काल्पनिकः -की -कं, रचितः ता -तं, घटितः -ता -तं, शिल्पिकः -का -कं, शिल्पनिर्म्मितः -ता -तं, यौक्तिकः -की -कं.

Factitiously, *adv.* कृत्रिमप्रकारेण, शिल्पेन, कल्पनापूर्व्वं.

Factor, *s.* वणिक्प्रतिनिधिः ***m.,*** देशान्तरे वाणिज्यकर्म्मनिर्वाहणे नियुक्तो जनः, नियोगी ***m.*** (न्), नियुक्तः, प्रतिपुरुषः.

Factorage, *s.* बणिक्प्रतिनिधिगृहीतः, शुल्कः, वणिक्कर्म्मनिर्वाहणार्थं नियोगिणे देयं पारितोषिकं.

Factory, *s.* (Manufactory) शिल्पगृहं, शिल्पशाला, यन्त्रगृहं, आवेशनं, प्रावेशनं, अन्वासनं, पण्यनिर्म्माणशाला,

वाणिज्यद्रव्यनिर्म्माणगृहं.

Factotum, ***s.*** सर्व्वकर्म्मा ***m.f.*** (न्), सर्व्वकर्म्मकरः -री, सर्व्वकर्म्मीणः -णा.

Faculty, ***s.*** **(Power)** शक्तिः ***f.,*** बलं, क्षमता, सामर्थ्यं, प्रभावः, आशक्तिः.—**(Faculty of the mind)** धीशक्ति ***f.,*** मनःशक्ति ***f.,*** निष्क्रमः संस्कारः, चित्तसंस्कारः.—**(Facility of performance)** योग्यता, युक्तिः ***f.,*** सुप्रयोगता, कौशल्यं, पाटवं.—**(Privilege)** अधिकारः.—**(The body of doctors)** वैद्यगणः, चिकित्सकवर्गः.

Facund, ***a.*** वाक्पटुः -टुः -टु, वाग्मी -ग्मिनी -ग्मि (न्). ***See*** **Eloquent.**

Facundity, ***s.*** वाक्पटुता, वाक्पाटवं, पटुत्वं, वाग्विदग्धता.

To **faddle,** ***v. n.*** रम् (**c. 1.** रमन्ते, रन्तुं), खेल् (**c. 1.** खेलति -लितुं), खेलां कृ.

To **fade,** ***v. n.*** **(Decay, wither)** म्लै (**c. 1.** म्लायति, म्लातुं), परिम्लै, विश **in pass.** (-शीर्य्यते), क्षि **in pass.** (क्षीयते), सद् (**c. 1.** सीदति, सत्तुं) अवसद्, व्यवसद्, जृ (**c. 4.** जीर्य्यति, जरितुं -रीतुं), नश् (**c. 4.** नश्यति -नशितुं), प्रणश्, विनश् ध्वंस् (**c. 1.** ध्वंसते -सितुं), विध्वंस्, शद् (**c. 1.** शीयते, शत्तुं), ग्लै (**c. 1.** ग्लायति, ग्लातुं), प्रली (**c. 4.** -लीयते -लेतुं), गल् (**c. 1.** गलति -लितुं).—**(Lose colour)** विवर्णीभू, नीरक्तीभू.

To **fade,** ***v. a.*** **(Cause to wither)** क्षि **in caus.** (क्षपयति, क्षपयति यितुं), अवसद् **in caus.** (-सादयति -यितुं), ध्वंस् **in caus.** (ध्वंसयति -यितुं), ग्लै **in caus.** (ग्लपयति -यितुं), म्लानीकृ, विशीर्णीकृ, तेजो हृ (**c. 1.** हरति -हर्त्तुं).—**(Deprive of colour)** विवर्णीकृ, वर्णं दुष् **in caus.** (दूषयति -यितुं) **or** नश् **in caus.** (नाशयति -यितुं).

Faded, ***p. p.*** म्लानः -ना -नं, परिम्लानः -ना -नं, शीर्णः -र्णा -र्णं विशीर्णः -र्णा -र्णं, क्षीणः -णा -णं, ध्वस्तः -स्ता -स्तं, अवसन्नः -न्ना -न्नं, जीर्णः -र्णा -र्णं, तान्तः -न्ता -न्तं.—**(In colour)** विवर्णः -र्णा -र्णं, दीनवर्णः -र्णा -र्णं, वीतरागः -गा -गं, गतवर्णः -र्णा -र्णं, नीरक्तः -क्ता -क्तं.

Fading, ***s.*** म्लानि ***f.,*** शीर्णता, विशीर्णता, क्षयः, ध्वंसः, अवसादः जीर्णिः ***f.,*** तेजोहानिः ***f.,*** शोषः, शुष्कता.—**(Loss of colour)** वर्णहानिः ***f.,*** वैवर्ण्यं.

Fading, ***part.*** **or** ***a.*** म्लायन् -यन्ती -यत् (त्), म्लायमानः -ना -नं, विशीर्य्यमाणः -णा -णं, क्षीयमाणः -णा -णं, ग्लायमानः -ना -नं, क्षयी -यिणी -यि (न्), क्षयिष्णुः -ष्णुः -ष्णु, विनश्वरः -रा -रं, विध्वंसी -सिनी -सि (न्).

Faecal, Faeces ***See*** **Fecal, feces.**

To **fag,** ***v. a.*** अतिकायक्लेशेन नीचकर्म्म कृ **in caus.** (कारयति -यितुं) **or** दास्यं कृ **in caus.** खिद् **in caus.** (खेदयति -यितुं), आयस् **in caus.** (-यासयति -यितुं).

To **fag,** ***v. n.*** अतिकायक्लेशेन श्रम् (**c. 4.** श्राम्यति, श्रमितुं), **or** आयस् (**c. 4.** -यस्यति -यसितुं), खिद् (**c. 4.** खिद्यते, खेत्तुं), निरन्तरायासं कृ.

Fag, ***s.*** दासः, निरन्तरायासी ***m.*** (न्), अतिश्रमेण नीचकर्म्मकारी ***m.*** (न्).

Fag-End, ***s.*** अन्तः -न्तं, अग्रं, अग्रभागः, शेषभागः.—**(Refuse)** शेषः, अवशिष्टं, उच्छिष्टं, परभागः.

Fagged, ***p. p.*** खिन्नः -न्ना -न्नं, अतिशरीरायासेन परिश्रान्तः -न्ता -न्तं.

Fagging, ***s.*** निरन्तरायासः, शरीरायासः, कायक्लेशः, नित्यश्रमः, नित्यक्लेशः.

Fagot, ***s.*** काष्ठभारः, काष्ठकूर्च्चः काष्ठखण्डभारः, दारुखण्डपिण्डः.

To **fagot,** ***v. a.*** काष्ठभारं कृ, कूर्च्चीकृ, काष्ठखण्डानि एकत्र बन्ध (**c. 9.** बध्नाति, बन्धुं) **or** एकपिण्डीकृ **or** एकगुच्छीकृ.

To **fail,** ***v. n.*** **(Decay, decline)** क्षि **in pass.** (क्षीयते), परिक्षि, सद् (**c. 1.** सीदति, सत्तुं), अवसद्, ध्वंस् (**c. 1.** ध्वंसते -सितुं), विध्वंस्, परिहा **in pass.** (-हीयते), प्रहा, भ्रंश् (**c. 4.** भ्रश्यति, भ्रंशितुं), विस्रंस् (**c. 1.** -स्रंसते -सितुं), म्लै (**c. 1.** म्लायति, म्लातुं).—**(Cease, be extinct)** निवृत् (**c. 1.** -वर्त्तते -र्त्तितुं), नश् (**c. 4.** नश्यति, नशितुं).—**(Become deficient)** न्यूनीभू, ह्रस् (**c. 1.** ह्रसते -सितुं), क्षि **in pass.** अपचि **in pass.** (-चीयते).—**(Miss, not to succeed)** न सिध् (**c. 4.** सिध्यति, सेद्धुं), विफलीभू, न उपपद् (**c. 4.** -पद्यते -पत्तुं), सम्पद्, वृथाभू, मोघीभू, भग्नाशः -शा -शं भू, प्रतिहन् **in pass.** (-हन्यते).—**(Omit, neglect)** हा (**c. 3.** जहाति, हातुं), प्रमद् (**c. 4.** -माद्यति -मदितुं), न कृ, न अनुष्ठा (**c. 1.** -तिष्ठति -ष्ठातुं), न सेव् (**c. 1.** सेवते -वितुं).—**(Become bankrupt)** परिक्षि **in pass.** परिक्षीणः -णा -णं भू.

To **fail,** ***v. a.*** **(Desert)** हा (**c. 3.** जहाति, हातुं), अपहा, विहा, त्यज् (**c. 1.** त्यजति, त्यक्तुं), परित्यज्; **'one who fails in his efforts,'** भग्नोद्यमः.

Fail, ***s.*** परित्यागः, अननुष्ठानं, असेवनं, अकरणं, अवक्रिया, उपात्ययः, हानिः ***f.;*** **'without fail,'** अवश्यं, अवश्यमेव, नूनं, सुनिश्चितं, असंशयं, नियतं.

Failed, ***p. p.*** अनुपपन्नः -न्ना -न्नं, अप्रतिपन्नः -न्ना -न्नं, अकृतः -ता -तं, अननुष्ठितः -ता -तं.

Failing, ***part.*** सीदन् -दन्ती -दत् (त्), क्षीयमाणः -णा -णं, विकलः -ला -लं.

Failing, ***s.*** **(Fault)** दोषः, अपराधः, छिद्रं, अगुणः, मन्तुः ***m.,*** वैकल्यं.

Failure, ***s.*** **(Want, deficience)** अभावः, असम्भवः, विरहः, अविषयः, अप्राप्तिः ***f.,*** हानिः, ***f.,*** हीनता, न्यूनता, रहितत्वं,

ह्रासः, क्षीणता, वैकल्यं, लोपः; **'on failure,'** अभावे, अविषये. **—(Decay)** क्षयः, परिक्षयः, ध्वंसः, नाशः, विनाशः, भ्रंशः; **'failure of intellect,'** बुद्धिविनाशः; **'failure of memory,'** स्मृतिभ्रंशः.**—(Miscarriage, want of success)** असिद्धिः ***f.,*** अनुपपत्तिः ***f.,*** असम्पत्तिः ***f.,*** विपत्तिः ***f.,*** अप्रतिपत्तिः ***f.,*** कार्य्यविपत्तिः ***f.,*** भङ्गः, अकरणिः ***f.*** **—(Omission, non performance)** परित्यागः, अननुष्ठानं, असेवनं, अकरणं, अवक्रिया, उपात्ययः; **'in performance of duty,'** अतिपातः;– **'in a promise,'** संविद्व्यतिक्रमः: **'in a vow,'** व्रतलोपनं. **—(Becoming insolvement)** परिक्षयः, परिक्षीणता, गृहभङ्गः.

Fain, *a.* सकामः –मा –मं, इच्छुः –च्छुः –च्छु, अभिलाषी –षिणी –षि (न्).

Fain, *adv.* प्रकामं, कामं, सकामं, इच्छातस्, सानन्दं, सानुरागं; **'he would fain have filled (his) belly,'** उदरं पूरयितुम् अकांक्षत् **or** ऐच्छत्.

To* faint, *v. n. मुर्छ् **(c. 1.** मूर्च्छति –र्च्छितुं), मूर्च्छां गम् **(c. 1.** गच्छति, गन्तुं), मुह् **(c. 4.** मुह्यति, मोहितुं), नष्टचेतनः –ना –नं भू, चेतनां **or** चैतन्यं हा **(c. 3.** जहाति, हातुं), ग्लै **(c. 1.** ग्लायति, ग्लातुं), परिग्लै, ग्लै **(c. 1.** म्लायति, म्लातुं), परिम्लै, क्लम् **(c. 4.** क्लाम्यति, क्लमितुं), तम् **(c. 4.** ताम्यति, तमितुं), आतम्, प्रतम्, प्रली **(c. 4.** –लीयते –लेतुं).**—(Sink, be dejected)** सद् **(c. 1.** सीदति, सत्तुं), अवसद्, विषणीभू, क्षि **in pass.** (क्षीयते), संस् **(c. 1.** स्रंसते –सितुं).

Faint, *a.* (Languid) म्लानः –ना –नं, परिम्लानः –ना –नं, ग्लानः –ना –नं, परिग्लानः –ना –नं, क्लान्तः –न्ता –न्तं, क्ली, –मिनी –मि (न), तान्तः –न्ता –न्तं, विषणः –ण –णं, शिथिलाङ्गः –ङ्गी –ङ्गं, अवसन्नाङ्गः –ङ्गी –ङ्गं, स्रस्ताङ्ग, –ङ्गी –ङ्गं, विश्लथाङ्गः –ङ्गी –ङ्गं.**—(Feeble)** शिथिलवलः –ला –लं निर्वलः –ला –लं, सत्त्वरहितः –ता –तं.**—(As colour)** पाण्डुः –ण्डुः –ण्डु, मन्दच्छायः –या –यं; **'faint red,'** ईषद्रक्तः –क्ता –क्तं, श्वेतरक्तः –क्ता –क्तं.**—(As sound)** मन्दः –न्दा –न्दं.

Fainted, *p. p.* मूर्च्छितः –ता –तं, मूर्च्छागतः –ता –तं, कश्मलगतः –ता –तं. नष्टचेतनः –ना –नं, चैतन्यरहितः –ता –तं, प्रमुग्धः –ग्धा –ग्धं, प्रलीनः –ना –नं.

Faint-hearted, *a.* भीतहृदयः –या –यं, भीरुहृदयः –या –यं, हरिणहृदयः –या –यं, चकितहृदयः –या –यं, भयाक्रान्तमनाः –नाः –नः (स्).

Faint-heartedly, *adv.* भीरुवत्, भीतवत्, कापुरुषवत्, कातर्य्येण, चकितं.

Faint-heartedness, *s.* हृदयभीरुता, हृदयकातर्य्यं, कातरता.

Fainting, *s.* मूर्च्छा, मूर्च्छनं –ना, मोहः, सम्मोहः, प्रमोहः, कश्मलं, कस्मलं, नष्टचेष्टता, चेतनाहानिः ***f.,*** चैतन्यहानिः, चैतन्यनाशः, चित्तवैकल्यं, प्रलयः, निर्वेशः, मूः ***f.,*** (मुर्).

Fainting, *part.* or *a.* मूर्च्छितः –ता –तं, मूर्च्छालः –ला –लं, मूर्त्तः –र्त्ता –र्त्तं, स्रस्ताङ्गः –ङ्गी –ङ्गं; **'from sorrow,'** शोकमूर्च्छितः –ता –तं. ***See*** **Fainted.**

Faintly, *adv.* अल्पबलेन, मन्दं, ईषत्, कियत्, मनाक्, अबलवत्.

Faintness, *s.* म्लानिः ***f.,*** ग्लानिः ***f.,*** क्लान्तिः ***f.,*** क्लमित्वं, अवसादः, अवसन्नता, दीनता, दौर्बल्यं, अङ्गशैथिल्यं, सत्त्वराहित्यं, मान्द्यं, मन्दता.

Fair, *a.* (Beautiful) सुन्दरः –रा –री –रं, चारुः –र्व्वी –रु, चारुदर्शनः –ना –नं, शोभनः –ना –नं, शुभ्रः –भ्रा –भ्रं, शुभः –भा –भं, कान्तः –न्ता –न्तं, सौम्यः –म्या –म्यं, वामः –मा –मं, सुमुखः –खी –खं, रूपवान् –वती –वत् (त्), सुरूपः –पी –पं, सुदृश्यः –श्या –श्यं, रुचिरः –रा –रं, शुभाननः –ना –नं, श्रीमान् –मती –मत् (त्).**—(Clear)** विमलः –ला –लं, निर्म्मलः –ला –लं, विशदः –दा –दं, स्वच्छः –च्छा –च्छं, दीप्रः –प्रा –प्रं, शुद्धः –द्धा –द्धं; **'fair weather,'** निर्म्मलदिनं, सुदिनं.**—(Free from clouds)** अनभ्रः –भ्रा –भ्रं, निरभ्रः –भ्रा –भ्रं व्यभ्रः –भ्रा –भ्रं, गततोयदः –दा –दं, वितिमिरः –रा –रं. **—(Just, honest)** धर्म्यः –र्म्या –र्म्यं, न्याय्य –य्या –य्यं, यथान्यायः –या –यं, न्यायवर्त्ती –र्त्तिनी –र्त्ति (न्), समः –मा –मं, सरलः –ला –लं, शुचिः –चिः –चि, शुद्धमतिः –तिः –ति, विमलात्मा –त्मा –त्म (न्), निष्कपटः –टा –टं, निर्व्याजः –जा –जं, सात्त्विकः –की –कं, ऋजुः –जुः –जु. **—(Favourable)** अनुकूलः –ला –लं, प्रसन्नः –न्ना –न्नं. **—(Middling)** मध्यमः –मा –मं, न स्थूलो न सूक्ष्मः, नाधिको न च न्यूनः; **'the fair sex,'** रमणीगणः, प्रमदागणः.

Fair, *adv.* (Civilly) अनुनयेन, सुशीलवत्, अनुकूलं.**—(Honestly)** यथान्यायं, समं; **'he bids fair,'** उपपद्यते, युज्यते.

Fair, *s.* (Annual market) मेला, निगमः, क्रयारोहः, निर्घटः –टं, हट्टः, अवटङ्कः, निषद्या, सांवत्सरिकः क्रेतृविक्रेतृसमागमः, लोकयात्रा.

Fair-complexioned, *a.* विमलवर्णः –र्णा –र्णं, विशदवर्णः –र्णा –र्णं, सुवर्णः –र्णा –र्णं.

Fair-dealing, *s.* शुचिता, सारल्यं, न्यायः, समता, अव्याजः, अकापट्यं.

Fair-faced, *a.* सुमुखः –खी –खं, चारुमुखः –खी –खं, शुभाननः –ना –नं.

Fair-haired, *a.* सुकेशी –शिनी –शि (न्), सुकेशवान् –वती –वत् (त्).

Fairing, *s.* मेलासमये क्रीतं प्रीतिदानं.

Fairly, *adv.* (Justly) धर्म्मतस्, धर्म्मेण, न्यायतस्, न्यायेन, यथान्यायं, न्याय्यं, समं, सम्यक्, सारल्येन, कपटं विना, अमायया.

Fairness, *s.* (Beauty) सौन्दर्य्यं, चारुता, शोभा, कान्तिः ***f.,*** रूप,

श्री: *f.*—**(Clearness)** विमलता, निर्म्मलता, वैमल्यं, वैशद्यं, प्रसन्नता, शुद्धि: *f.*, दीप्ति: *f.*—**(Honesty, candour)** सारल्यं, सरलता, शुचिता, समता, साम्यं, न्यायता, दाक्षिण्यं, ऋजुता, आर्जवं, अव्याज:, धर्म्यता, धर्म्म:.

Fair-spoken, *a.* प्रियवादी -दिनी -ति (न्), प्रियंवद: -दा -दं, वन्दारु: -रु: -रु.

Fairy, *s.* विद्याधरी, पिशाची, योगिनी, राक्षसी, नायिका, मायिनी, दैत्या, भती.

Fairy, *a.* पैशाचिक: -की -कं, भौतिक: -की -कं, राक्षस: -सी -सं.

Faith, *s.* श्रद्धा, भक्ति: *f.*, प्रत्यय:, विश्वास:, विश्रम्भ:, आस्था, निष्ठा, आस्तिक्यबुद्धि: *f.*, आस्तिकता, भक्तता; **'of one faith,'** एकभक्ति: -क्ति: -क्ति; **'to have faith in,'** श्रद्धा **(c. 3.** -दधाति -धातुं), विश्वस् **(c. 2.** -श्वसिति -तुं).—**(Veracity, honesty)** सत्यता, सत्यवादित्वं, विश्वास्यता, सारल्यं; **'done with faith,'** श्रद्धाकृत: -ता -तं.

Faith, *exclam.* सत्यं, नूनं, खलु, एवं, आश्चर्य्यं, चित्रं.

Faithful, *a.* (Firm in adherence) भक्त: -क्ता -क्तं, भक्तिमान् -मती -मत् (त्), दृढभक्ति: -क्ति: -क्ति भक्तियुक्त: -क्ता -क्तं, आप्त: -प्ता -प्तं, अव्यभिचारी -रिणी -रि (न्); **'faithful to one's master,'** प्रभुभक्त: -क्ता -क्तं; **'a faithful friend,'** स्थितप्रेमा ***m.*** (न्), दृढप्रेमा ***m.***, दृढसौहृद:.—**(True to obligations)** सत्यप्रतिज्ञ: -ज्ञा -ज्ञं, सत्यसन्ध: -न्धा -न्धं, संशितव्रत: -ता -तं, अस्कन्दितव्रत: -ता -तं, अलङ्घितव्रत: -ता -तं, अनुव्रत: -ता -तं, प्रतिज्ञापालक: -का -कं.—**(Full of faith, having faith)** श्रद्धालु: -लु: -लु, श्रद्धावान् -वती -वत् (त्), श्रद्दधान: -ना -नं, श्रद्दधत् -धती -धत् (त्), श्रद्धामय: -यी -यं, विश्वासी -सिनी -सि (न्), प्रत्ययी -यिनी -यि (न्).—**(To be trusted, confided in)** विश्वास्य: -स्या -स्यं, विश्वसनीय: -या -यं, विश्वस्त: -स्ता -स्तं, विश्रब्ध: -ब्धा -ब्धं; **'faithful wife,'** पतिव्रता, साध्वी, सती, सुचरित्रा, स्वीया, एकपत्नी; **'faithful lover,'** अनुकूल:.

Faithfully, *adv.* भक्त्या, दृढभक्त्या, भक्तवत्, सत्यं, सारल्येन, कपटं विना.

Faithfulness, *s.* (Firm adherence) भक्ति: *f.*, दृढा भक्ति:, भक्तत्वं, भक्तिमत्त्वं, दृढभक्तित्वं, आसक्ति: *f.*, अनुरक्ति: *f.*, दृढं सौहृद्यं.—**(Veracity)** सत्यता, सत्यवादित्वं.—**(Performance of promises)** प्रतिज्ञापालनं -लकत्वं.—**(In a wife)** पातिव्रत्यं, सतीत्वं, साध्वीत्वं; **'in a lover,'** अनुकूलता.

Faithless, *a.* (Unbelieving) अश्रद्दधान: -ना -नं, श्रद्धारहित: -ता -तं, अविश्वासी -सिनी -सि (न्), अप्रत्ययी -यिनी -यि (न्).—**(Disloyal, perfidious)** अभक्त: -क्ता -क्तं, अभक्तिमान् -मती -मत् (त्), भक्तिहीन: -ना -नं, विश्वासघाती -तिनी -ति (न्), विश्रम्भघाती **etc.**, द्विट्सेवी -विनी -वि (न्), कुटिलाचार: -रा -रं.—**(Not to be trusted)** अविश्वास्य: -स्या -स्यं.—**(Not true to engagements)** भग्नप्रतिज्ञ: -ज्ञा -ज्ञं, असत्यसन्ध: -न्धा -न्धं, मिथ्याप्रतिज्ञ: -ज्ञा -ज्ञं, विसंवादी -दिनी -दि (न्).—**(Not true to marriage)** व्यभिचारी ***m.*** -रिणी ***f.*** (न्), असाध्वी ***f.***, असती ***f.***

Faithlessly, *adv.* अभक्त्या, अभक्तवत्, भक्तिभङ्गात्, प्रतिज्ञाभङ्गात्, मिथ्या.

Faithlessness, *s.* (Unbelief) अश्रद्धा, अविश्वास:, अप्रत्यय:, अविश्रम्भ:.—**(Disloyalty)** अभक्ति: ***f.***, भक्तिहीनता, भक्तिभङ्ग:, विश्वासभङ्ग:, विश्वासघात:, शत्रुसेवा.—**(Violation of promises, etc.)** प्रतिज्ञाभङ्ग:, प्रतिज्ञातिक्रम:, व्रतलोपनं, संविद्व्यतिक्रम:.

Falcated, *a.* दात्राकृति: -ति: -ति, लवित्राकार: -रा -रं, वक्र: -क्रा -क्रं.

Falchion, *s.* वक्रखड्ग:, चन्द्रहास:, निस्त्रिंश: खड्ग:, मण्डलाग्र:, कृपाण: -णक:.

Falcon, *s.* श्येन:, कपोतारि: ***m.***, घातिपक्षी ***m.***, (न्), खगान्तक:, शशादन:, पत्री ***m.***, (न्), नीलपिच्छ:, कपोताद्यनुसरणे शिक्षित: श्येन:.

Falconer, *s.* श्येनजीवी ***m.***, (न्), श्येनपोषक:, श्येनपालक:, श्येनशिक्षक:.

Falconry, *s.* श्यैनम्पाता, श्येनशिक्षा, श्येनपोष:, श्येनपालनं.

Fald-stool, *a.* इतस्ततो वहनयोग्यो लघुपीठ:, धर्म्माध्यक्षपीठ: -ठं.

To* fall, *v. n. पत् **(c. 1.** पतति -तितुं), निपत्, परिपत्, भ्रंश् **(c. 4.** भ्रश्यति **c. 1.** भ्रंशते -शितुं), परिभ्रंश्, च्यु **(c. 1.** च्यवते, च्योतुं), ध्वंस् **(c. 1.** ध्वंसते -सितुं), विध्वंस्, स्रंस् **(c. 1.** स्रंसते -सितुं), आस्रंस्, विस्रंस्, गल् **(c. 1.** गलति -लितुं), अवगल्, विगल्, समागल्, लम्ब् **(c. 1.** लम्बते -म्बितुं), स्खल् **(c. 1.** स्खलति -लितुं).—**(Die)** मृ **(c. 6.** म्रियते, मर्त्तुं).—**(Sink)** सद् **(c. 6.** सीदति, सत्तुं), अवसद्.—**(Fall away) 'become lean,'** क्षि **in pass.** (क्षीयते), कृशीभू; **'apostatize,'** स्वधर्म्माद् भ्रंश् **or** च्यु **or** विच्यु; **'decline, fade,'** म्लै **(c. 1.** म्लायति, म्लातुं), प्रली **(c. 4.** -लीयते -लेतुं).—**(Fall back)** अवस्था **(c. 1.** -तिष्ठते -स्थातुं), अवसृ **(c. 1.** -सरति -सर्त्तुं).—**(Fall calm)** निर्वातीभू.—**(Fall down)** अवपत्, निपत्, प्रयत्; **'prostrate one's self in worship,'** प्रणिपत्, अवनिं गम् **(c. 1.** गच्छति, गन्तुं), अष्टाङ्गपातं कृ; **'fall down with one's face on the ground,'** भूमौ न्यङ्मुख: **or** अधोमुख: यत्; **'fall down at one's feet,'** पादयो: **or** चरणयो: पत्.—**(Fall foul)** आक्रम् **(c. 1.** -क्रामति -क्रमितुं).—**(Fall from)** भ्रंश्, प्रभ्रंश् **or**

च्यु with abl. c. – (Fall into) निपत्; 'fall into the hands of the enemy,' शत्रुहस्ते पत्. – (Fall in with) सम्मन् (c. 4. -मन्यते -मन्तुं, उपगम्. – (Fall off) 'withdraw,' पलाय् (c. 1. पलायति -यितुं, rt. इ), चल् (c. 1. चलति -लितुं), अवस्था, अपसृ; 'abandon one's duty,' स्वधर्म्मं त्यज् (c. 1. त्यजति, त्यक्तुं). – (Fall on) आपत्, आक्रम्, आसद् (c. 10. -सादयति -यितुं), अभिद्र, (c. 1. -द्रवति, -द्रोतुं). – (Fall out) 'quarrel,' विवद् (c. 1. -वदते -दितुं), कलहं कृ; 'befall,' निपत्, आपत्, उपस्था (c. 1. -तिष्ठति -स्थातुं), सम्भू. – (Fall short) न्यूनीभू, ह्रस् (c. 1. ह्रसते -सितुं), क्षि in pass. (हीयते). (Fall sick) रोगग्रस्तः -स्ता -स्तं भू, पीडितः -ता -तं भू. – (Fall to) उपक्रम्, प्रक्रम्. – (Fall under) अन्तर्गण् in pass. (-गण्यते). – (Fall upon). *See To* fall on. (Fall into misfortune) आपद्ग्रस्तः -स्ता -स्तं भू, आपद् (c. 4. -पद्यते -पत्तुं).

To* fall, *v. a. (Drop, let fall) पत् in caus. (पातयति -यितुं), भ्रंश् in caus. (भ्रंशयति -यितुं), स्रंस् in caus. (स्रंसयति -यितुं). – (Diminish) न्यूनीकृ.

Fall, *s.* (Act of falling and dropping) पातः, पतनं, अवपातः, निपातः, निपतनं, सम्पातः, प्रपतनं, भ्रंशः, प्रभ्रंशः, च्युतिः *f.*, ध्वसः -सनं, विध्वंसः, प्रध्वंसः, अधोगतिः *f.*, अधःपतनं, विस्रंसा. – (Death, ruin) क्षयः, परिक्षयः, ध्वंसः, परिध्वंसः, नाशः. – (Degradation) पदभ्रंशः, पदच्युतिः *f.*, स्थानप्रभ्रंशः, अपकर्षः, अपध्वंसः, अधोगमः -मनं, मर्य्यादाक्षयः. – (Declension, sinking) च्युतिः *f.*, क्षयः, अवक्षयः, सादः, अवसादः. – (Diminution) न्यूनता, ह्रासः, अपचयः, क्षयः. – (Declivity) पातुकः, पातुकभूमिः *f.*, प्रवणभूमिः *f.*, निम्नभूमिः. – (Cascade) प्रपातः, प्रश्रवणं, वारिप्रवाहः, निर्झरः. – (Fall of the leaf) पर्णध्वंसः, पत्रापगमः, शरद् *f.* – (Fall of snow) हिमवर्षः. – (Fall of rain) धारासम्पातः, धारासारः, धारा, आसारः, अभ्रावकाशः. – (Fall from a vehicle) वाहनभ्रंशः, वाहभ्रंशः.

Fallacious, *a.* मोही -हिनी -हि (न्), मोहनः -ना -नी, -नं, भ्रान्तिजनकः -का -कं, भ्रमजनकः -का -कं, भ्रान्तिमान् -मती -मत् (त्), मायी -यिनी -यि (न्), वञ्चकः -का -कं, अविश्वसनीयः -या -यं, असत्यः -त्या -त्यं, मिथ्या in compl.; 'a fallacious opinion,' मिथ्यामतिः *f.;* a fallacious argument,' मिथ्याहेतुः *m.*

Fallaciously, *adv.* मिथ्या, मोहनार्थं, सव्याजं, मायया, वञ्चनार्थं.

Fallaciousness, *s.* भ्रान्तिजनकत्वं, भ्रान्तिमत्त्वं, वञ्चकता, असत्यता, सव्याजत्वं; 'of an argument,' हेत्वाभासः.

Fallacy, *s.* (Deceitfulness) वञ्चकत्वं, कूटता. – (Mistake) भ्रमः, भ्रान्तिः *f.*, मिथ्यामतिः *f.* – (False argument) मिथ्याहेतुः *m.*, आभासः, हेत्वाभासः, पक्षाभासः, फक्किका.

Fallen, *p. p.* पतितः -ता -तं, निपतितः -ता -तं, प्रपतितः -ता -तं, भ्रष्टः -ष्टा -ष्टं, प्रभृष्टः -ष्टा -ष्टं, च्युतः -ता -तं, सस्तः -स्ता -स्तं, ध्वस्तः -स्ता -स्तं, गलितः -ता -तं, विगलितः -ता -तं, पन्नः -न्ना -न्नं, स्कन्नः -न्ना -न्नं; 'fallen down,' अधःपतितः -ता -तं, 'fallen asleep,' सुप्तः -प्ता -प्तं. प्रसुप्तः -प्ता -प्तं; 'fallen into distress,' विपद्ग्रस्तः -स्ता -स्तं, आपत्प्राप्तः -प्ता -प्तं, आपदम्प्राप्तः -प्ता -प्तं.

Fallibility, *s.* भ्रान्तिमत्त्वं, मोहयोग्यता, मोहाधीनता, भ्रमजनकता, मोहवत्त्वं, वञ्चनीयता, वञ्चकता, प्रमादवत्त्वं, असत्यता.

Fallible, *a.* भ्रान्तिजनकः -का -कं, भ्रमजनकः -का -कं, भ्रान्तिमान् -मती -मत् (त्), मोही -हिनी -हि (न्), भ्रमणशीलः -ला -लं, वञ्चनीयः -या -यं, भ्रमयोग्यः -ग्या -ग्यं.

Falling, *part.* पातुकः -का -कं, पाती -तिनी -ति (न्), पतयालुः -लः -लु, स्रंसी -सिनी -सि (न्), ध्वंसी -सिनी -सि (न्), पित्सन् -त्सन्ती -त्सत् (त्), पिपतिषुः -षुः -षु.

Falling, *s.* (Indenture) भङ्गः, निम्नताः. – (Falling away) धर्म्मभ्रंशः धर्म्मच्युतिः *f.*, धर्म्मत्यागः. – (Falling off) भ्रंशः, भ्रेषः, क्षयः, उत्क्रमः.

Falling-sickness, *s.* भ्रामरं, ग्रहामयः, अपस्मारः, भूतविक्रिया, प्रतानः.

Fallow, *a.* (Unsowed) अनुप्तः -प्ता -प्तं, अनुप्तशस्यः -स्या -स्यं, अनुप्त्रिमः -मा -मं, अवापितः -ता -तं. – (Untilled) अप्रहतः -ता -तं, अकृष्टः -ष्टा -ष्टं, अफालकृष्टः -ष्टा -ष्टं, अकृतः -ता -तं, अहलः -ला -लं, अहल्यः -ल्या -ल्यं, खिलः -ला -लं; 'fallow land,' अनुप्तभूमिः *f.*, अप्रहतभूमिः *f.* – (Pale red) ईषद्रक्तः -क्ता -क्तं, श्वेतरक्तः -क्ता -क्तं.

To* fallow, *v. a. वीजारोपणव्यतिरेकेण or वीजानि अनुप्त्वा भूमिं हलेन कृष् (c. 1. कर्षति, क्रष्टुं) or भूमिलोष्टान् भिद् (c. 7. भिनत्ति, भेत्तुं).

Fallowing, *s.* वीजवपनव्यतिरेकेण भूमिकर्षणं or लोष्टभेदनं or भूमिहतिः *f.*

Fallowness, *s.* अनुप्तत्वं, अकृष्टता, अहल्यता, बन्ध्यता, निष्फलता, वैफल्यं.

False, *a.* (Not true) असत्यः -त्या -त्यं, निःसत्यः -त्या -त्यं, अनृतः -ता -तं, अतथ्यः -थ्या -थ्यं, वितथः -था -थं, अयथार्थः -र्था -र्थं, असन् -सती -सत् (त्), अप्रकृतः -ता -तं, अलीकः -का -कं, मिथ्या or मृषा or अन्यथा in comp.; as 'a false accusation,' मिथ्याभियोगः मिथ्यापवादः; 'a false opinion,' मिथ्यामतिः *f.;* 'a false reply,' मिथ्योत्तरं; 'false speaking,' मृषावादः, मिथ्यावादः, असत्यभाषणं; 'false accuser,'

मृषापवादी *m.* (न्).—**(Fictitious)** कृत्रिमः -मा -मं, कल्पितः -ता -तं, काल्पनिकः -की -कं, विडम्बितः -ता -तं, कपटी -टिनी -टि (न्), कूट **or** कपट **or** छद्म **in comp.; as, 'false coin,'** कूटस्वर्णं; **'false dice,'** कूटाक्षः; **'flase document,'** कपटलेख्यं; **'false balances,'** कूटतुला; **'false measure,'** कूटमानं; **'a false ascetic,'** छद्मतापसः, वकव्रती *m.* (न्); **'in a false dress,'** छद्मवेशी *m.* (न्). —**(Unfaithful, treacherous)** विश्वासघाती -तिनी -ति (न्), रहस्यभेदी -दिनी -दि (न्), मन्त्रभेदी **etc.,** क्षीणभक्तिः -क्तिः -क्ति व्यभिचारी -रिणी -रि (न्); **'to vows, engagements,'** स्कन्दितव्रतः -ता -तं, उल्लङ्घितव्रतः -ता -तं, असत्यसन्धः -धा -धं, लुप्तव्रतः -ता -तं; **'a false wife,'** अपतिव्रता.—**(Hypocritical)** कुहकः -का -कं, दम्भी -म्भिनी -म्भि (न्); **'false worship,'** अर्च्चाविडम्बनं. —**(Vain, groundless)** वृथा **or** मिथ्या **in comp.** मोघः -घा -घं; **'a false alarm,'** वृथाक्रोशः; **'false hope,'** मोघाशा. —**(Dishonest)** कापटिकः -की -कं.

False-hearted, *a.* विश्रम्भघाती -तिनी -ति (न्), अस्थिरप्रेमा -मा -म (न्).

Falsehood, *s.* **(Want of truth)** असत्यता, निःसत्यता, अतथ्यता, अनृतता, वितथता, अलीकता, अयाथार्थ्यं.—**(A lie)** अनृतं, असत्यं, वितथं, अतथ्यं, अलीकं, अश्लीलं, मृषोद्यं. —**(Speaking falsehood)** मिथ्यावादः, मृषावादः, मिथ्याकथनं, मृषाभाषिता, असत्यभाषणं, मृषाभिधानं, कैतववादः, **'one who tells a falsehood,'** अनृतवादी *m.* (न्), मिथ्यावादी, मृषावादी; **'devoted to falsehood,'** अनृतव्रतः -ता -तं.

Falsely, *adv.* मिथ्या, मृषा, अन्यथा, असत्यं, निःसत्यं, अनृतं; **'acting falsely,'** मिथ्याचारः -रा -रं; **'speaking falsely,'** अनृतवादी -दिनी -दि (न्), अनृतवाक् ***m.f.n.*** (च्); **falsely modest,'** मिथ्याविनीतः -ता -तं, कपटविनयवान् -वती -वत् (त्).

Falseness, *s.* **(Want of truth)** असत्यता, निःसत्यता. —**(Fictiousness)** कूटता, कृत्रिमता, कापट्यं.—**(Duplicity)** कपटता, व्याजः, कैतवं, शठता.—**(Perfidy)** विश्वासभङ्गः, विश्वासघातः, मन्त्रभेदः.

False-prophet, *s.* भविष्यद्वादिनो वेशधारी *m.* (न्), मिथ्याभविष्यद्वादी *m.*

False-witness, *s.* कूटसाक्षी *m.* (न्), मिथ्यासाक्षी *m.* कूटकारकः, कौटसाक्ष्यं, मिथ्यासाक्ष्यं, अतथ्यसाक्ष्यं.

Falsification, *s.* कूटकरणं, कपटकरणं, छद्मकरणं, कृत्रिमकरणं, मिथ्याकरणं, अन्यथाकरणं.

Falsifier, *s.* कूटकः, कूटकृत्, कपटकारी *m.* (न्), मिथ्याकारी *m.*—**(Disprover)** खण्डनकृत्, प्रत्याख्याता *m.* (तृ), अधरीकारी *m.*

To **falsify,** *v. a.* **(Counterfeit)** कूटं कृ, कपटं कृ, छल् **(c. 10.** छलयति -यितुं), अन्यथा कृ, मिथ्या कृ,—**(Disprove)** खण्ड् **(c. 10.** खण्डयति -यितुं), अधरीकृ, असत्यम् इति सूच् **(c. 10.** सूचयति -यितुं).—**(Violate, break)** अतिक्रम् **(c. 1.** -क्रामति -क्रमितुं), भिद **(c. 7.** भिनत्ति, भेत्तुं), लुप् **(c. 6.** लुम्पति, लोप्तुं).

To **falsify,** *v. n.* असत्यं वद् **(c. 1.** वदति -दितुं), मिथ्या **or** मृषा वद्.

Falsity, *s.* असत्यता, निःसत्यता, अनृतता, अयाथार्थ्यं वितथत्वं, अलीकता.

To **falter,** *v. n.* **(Speak with broken utterance)** स्वरभङ्गेन **or** भग्नस्वरेण **or** स्खलद्वाक्येन वद् **(c. 1.** वदति -दितुं), स्खलितं वद्, स्वरेण स्खल् **(c. 1.** स्खलति -लितुं, **c. 10.** स्खलयति -यितुं), गद्गदया वाचा वद्, अस्पष्टवाचा वद्, गद्गद **(nom.** गद्गद्यति).—**(Tremble, totter)** स्खल्, प्रस्खल्, स्खलनं कृ, कम्प् **(c. 1.** कम्पते -म्पितुं), वेप् **(c. 1.** वेपते -पितुं).

Faltering, *part.* **or** *a.* स्खलितवाक्यः -क्या -क्यं, भग्नस्वरः -रा -रं, भिन्नस्वरः -रा -रं.

Faltering, *s.* स्खलनं, वाक्यस्खलनं, स्खलद्वाक्यं, स्वरभङ्गः, स्वरभेदः, गद्गदवाक् *f.* (च्), अस्पष्टवचनं.

Falteringly, *adv.* स्खलत्स्वरेण, स्खलद्वाक्येन, स्वरभङ्गेन, गद्गदवाचा.

Fame, *s.* कीर्त्तिः *f.,* यशः *n.* (स्), ख्यातिः *f.,* सुख्यातिः *f.,* परिख्यातिः *f.,* विश्रुतिः *f.,* प्रतिष्ठा, विश्रावः, प्रसिद्धिः *f.,* प्रकीर्त्तिः *f.,* कीर्त्तना -नं, प्रथा, प्रथितिः *f.,* सम्प्रथा, समाख्या, समाज्ञा, प्रतिपत्तिः *f.,* विख्यातिः *f.,* प्रविख्यातिः *f.,* प्रतिख्यातिः *f.,* रूढिः—**(Rumour)** जनश्रुतिः *f.,* जनप्रवादः, जनोदाहरणं.

Famed, *a.* ख्यातः -ता -तं, विख्यातः -ता -तं, प्रसिद्धः -द्धा -द्धं, विश्रुतः -ता -तं, प्रथितः -ता -तं, कीर्त्तितः -ता -तं, समाख्यातः -ता -तं, लोकविश्रुतः -ता -तं.

Fame-giving, *a.* कीर्त्तिकरः -री -रं, यशस्करः -री -रं, कीर्त्तिदः -दा -दं.

Familiar, *a.* **(Domestic)** गृहजः -जा -जं -जातः -ता -तं, आन्तर्वेश्मिकः -की -कं, कौलिकः -की -कं, कुल **in comp.**—**(Well acquainted with, intimate)** परिचितः -ता -तं, सुविद् ***m.f.n.,*** सुसंसर्गी -र्गिणी -र्गि (न्), संस्तुतः -ता -तं; **'with the scriptures,'** शास्त्रज्ञः -स्वधीतशास्त्रः; **'with law,'** स्मृतिकुशलः.—**(Accustomed to)** अभ्यस्तः -स्ता -स्तं.—**(Well-known)** सुविदितः -ता -तं, सुज्ञातः -ता -तं, प्रसिद्धः -द्धा -द्धं.—**(Unceremonious)** आदरहीनः -ना -नं,

निर्गौरवः -वा -वं, निरादरः -रा -रं.—**(Ordinary)** प्राकृतः -ती -तं, लौकिकः -की -कं, लोकसिद्धः -द्धा -द्धं. प्रसिद्धः -द्धा -द्धं. **'familiar conversation,'** विश्रम्भालापः.

Familiar, *s.* (Friend) सुपरिचितः सुहृद् ***m.;*** दृढसुहृद् ***m.,*** सुसंसर्गी ***m.*** (न्), चिरमित्रं, आप्तः.

Familiarity, *s.* (Intimate association) सुसंसर्गः, दृढसंसर्गः, संसर्गित्वं, संसक्तिः ***f.,*** आसङ्गः, संयोगः.—**(Intimate acquaintance)** परिचयः, सुपरिचयः, परिज्ञानं, संस्तवः.—**(Freedom from ceremony, affability)** अनादरः, आदरहीनता, गौरवहीनता, अभिगम्यता.

To* familiarize, *v. a. अभ्यस् **(c. 4.** -अस्यति -असितुं), अभ्यासेन सुगमं -मां -मं **or** सुकरं -रां -रं कृ, निरन्तराभ्यासं कृ, परिचयं कृ.

Familiarized, *p. p.* अभ्यस्तः -स्ता -स्तं, कृताभ्यासः -सा -सं, कृतपरिचयः -या -यं.

Familiarly, *adv.* निर्गौरवं, गौरवं, विना, निरादरं, अनादरेण, चिरमित्रमवत्, सुपरिचितवत्; **'familiarly conversing,'** विश्रब्धप्रलापी -पिनी -पि (न्).

Family, *s.* (Race) कुलं, वंशः, कुटुम्बः, जातिः ***f.,*** गोत्रं, सन्तानः, प्रवरं.—**(Lineage)** अन्वयः, सन्ततिः ***f.,*** जननं, आवलिः ***f.,*** अन्ववायः.—**(Household)** गृहजनः, अभिजनः, स्वजनः, परिजनः, कुटुम्बकं, स्त्रीपुत्रकन्यादि; **'head of a family,'** कुटुम्बी, कौटुम्बिकः, कुलपतिः ***m.,*** कुलोद्वहः; **'of the same family,'** सकुलः -ला -लं, सकुल्यः -ल्या -ल्यं; **'relating to a family,'** कौलः -ली -लं -लिकः -की -कं, कुल **in comp.; 'of good or noble family,'** महाकुलः -ला -लं, -लीनः -ना -नं, कुलीनः -ना -नं, कौलेयः -यी -यं, कुलिकः -का -कं, कुलोद्गतः -ता -तं; **'of low family,'** दुष्कुलीनः -ना -नं, अकुलीनः -ना -नं; **'a woman of good family,'** कुलनारी, कुलकन्या; **'of royal family,'** राजवंश्यः -श्या -श्यं; **'family honour,'** कुलमर्य्यादा; **'family pride,'** कुलाभिमानं, कुलोन्नतिः ***f.; 'family disgrace,'*** कुलनिन्दा; **'family respectablility,'** कुलोत्कर्षः; **'family duty,'** कुलधर्म्मः, कुलाचारः; **'family priest,'** कुलाचार्य्यः; **'family party,'** गृहोत्सवः; **'family feuds,'** गृहच्छिद्रं; **'family connexions,'** गोष्ठी, कुलसन्निधिः ***f.;*** **'of ancient family,'** दीर्घवंशः -शा -शं; **'attentive in supporting one's family,'** कुटुम्बव्यापृतः, कुलालम्बी ***m.*** (न्), अभ्यागारिकः, उपाधिः ***m.; 'cruelty to one's family,'*** अनात्म्यं.

Famine, *s.* दुर्भिक्षं, दुष्कालः, दुर्भक्ष्यं, अनाकालं, अकालः, प्रयामः, नीवाकः, अनाहारकालः, आहारविरहः, आहाराभावः, अन्नाभावः, आहारासम्भवः, दुर्मूल्यं.

To* famish, *v. a. क्षुधया पीड् **(c. 10.** पीडयति -यितुं) **or** व्यापद् **(c. 10.** -पादयति -यितुं) **or** अवसद् **in caus.** (-सादयति -यितुं) **or** कृशीकृ, क्षुधार्त्तं -र्त्तां -र्त्तं कृ.

To* famish, *v. n. आहारविरहाद् अवसद् **(c. 6.** -सीदति -सत्तुं) **or** क्षि **in pass.** (क्षीयते) **or** क्षीणशरीरः -रा -रं भू **or** कृशाङ्गीभू **or** व्यापद् **(c. 4.** -पद्यते).

Famished, *p. p.* or *a.* क्षुत्पीडितः -ता -तं, क्षुधार्त्तः -र्त्ता -र्त्तं, क्षुधापीडितः -ता -तं, क्षुत्क्षामः -मा -मं, क्षुत्परिकृशः -शा -शं, क्षुधार्दितः -ता -तं, बुभुक्षितः -ता -तं, निरन्नः -न्ना -न्नं.

Famishment, *s.* क्षुत्पीडा, क्षुत्क्षामता, अनाहारः, अन्नाभावः, बुभुक्षा.

Famous, *a.* ख्यातः -ता -तं, सुख्यातः -ता -तं, यशस्वी -स्विनी -स्वि (न्), महायशाः -शाः -शः (स्) -यशस्कः -स्का -स्कं, कीर्त्तिमान् -मती -मत् (त्), विश्रुतः -ता -तं, प्रथितः -ता -तं, प्रसिद्धः -द्धा -द्धं, विख्यातः -ता -तं, परिख्यातः -ता -तं, कीर्त्तितः -ता -तं, प्रतिष्ठः -ष्ठा -ष्ठं, प्रतिपत्तिमान् -मती -मत् (त्), पृथुप्रथः -था -थं, लोकविश्रुतः -ता -तं, **'rendering famous,'** यशस्करः -री -रं, यशस्यः -स्या -स्यं, कीर्त्तिकरः -री -रं.

Famously, *adv.* महायशसा, महाकीर्त्तिपूर्व्वं, परमं, उत्तमप्रकारेण.

Famousness, *s.* कीर्त्तिमत्त्वं, यशस्विता, ख्यातिमत्त्वं, विश्रुतिः ***f.***

Fan, *s.* व्यजनं, तालवृन्तः -न्तकं, वीजनं, प्रकीर्णकं, चामरं, मरुदान्दोलः, उत्क्षेपणं, व्यजः.—**(For winnowing)** सूर्प्पः -र्प्पं, शूर्प्पः -र्प्पं.

To* fan, *v. a. वीज् **c. 10.** वीजयति -यितुं), उपवीज्, अनुवीज्, उद्वीज्, व्यजनवायुना विधू **(c. 5.** -धूनोति, **c. 6.** -धुवति -धवितुं), व्यजनवातेन शीतल **(nom.** शीतलयति -यितुं).

Fanatic, fanatical *a.* देवभक्तिव्यग्रः -ग्रा -ग्रं **or** अतिश्रद्धाव्यग्रः, एकान्तदेवभक्तित्वाद् उन्मक्तः -क्ता -क्तं **or** उत्तप्तबुद्धिः -द्धिः -द्धि, **or** उच्चण्डबुद्धिः -द्धिः -द्धि **or** भ्रान्तबुद्धिः -द्धिः -द्धि.

Fanatic, *s.* अतिशयदेवभक्तिवाद् उन्मत्तजनः **or** उन्मादी ***m.*** (न्), मिथ्याभक्तिमान् ***m.*** (त्), क्षपणकः.

Fanatically, *adv.* देवभक्तिव्यग्रवत्, एकान्तदेवभक्त्या, उन्मत्तवत्.

Fanaticism, *s.* एकान्तदेवभक्तिजन्यो मादविशेषः **or** उन्मादः **or** उन्मदः **or** उत्तप्तबुद्धित्वं, अतिश्रद्धाप्रयुक्ता उन्मत्तता, अतिभक्तिव्यग्रता, अतिश्रद्धाव्यग्रता, भक्तिमुचण्डता, मिथ्याभक्तिः ***f.***

Fancied, *p. p.* भावितः -ता -तं, विभावितः -ता -तं, मतः -ता -तं.

Fanciful, *a.* (Formed in the imagination) मानसिकः -की -कं, मनोजः -जा -जं, मनसिजः -जा -जं, मनोगतः -ता -तं, मायामयः -यी -यं, वासनाकल्पितः -ता -तं, काल्पनिकः -की -कं, मनःकल्पितः -ता -तं, मनोरथसृष्टः -ष्टा -ष्टं, सङ्कल्पजः -जा -जं, अमूलकः -का -कं.—**(Fanciful man)**

वृथावासनाकारी *m.* (न्), दुर्वासनाकृत् *m.* अनर्थकचिन्ताकरः, असम्भवकल्पकः, चपलबुद्धिः *m.,* मनोलौल्यवान् *m.* (त्), लोलमतिः *m.*

Fancifully, *adv.* वृथावासनापूर्व्वं, अनर्थकचिन्तापूर्व्वं, काल्पनिकप्रकारेण, मनोलौल्यात्, बुद्धिचापल्यात्.

Fancifulness, *s.* मनोलौल्यं, बुद्धिचापल्यं, लोलबुद्धित्वं, मायावत्त्वं, बुद्धिविलासिता, मिथ्यासङ्कल्पवत्त्वं.

Fancy, *s.* **(The faculty of imagination)** कल्पनाशक्तिः *f.,* भावना -नं, विभावना -नं, वासना, कल्पना.—**(Idea)** बुद्धिः *f.,* मतिः *f.,* सङ्कल्पः, मनोगतं, चिन्ता, मनोरथसृष्टिः *f.*—**(Caprice, whim)** मनोलौल्यं, बुद्धिविलासः, बुद्धिचापल्यं, चापलं, भासः, आभासः, निर्ब्बन्धः, लहरी, तरङ्गः, अखट्टिः *m.,* छन्दः *n.* (स्).—**(Strange fancy)** वृथावासना, असम्भवकल्पना, अनर्थकवासना, मिथ्यावासना, दुर्वासना, अनर्थकचिन्ता, मनोमाया, मृषार्थकं.—**(Linking)** रुचिः *f.,* अभिरुचिः *f.*

***To* fancy,** *v. n.* **(Imagine, think)** मन् **(c. 4.** मन्यते, मन्तुं), भू **(c. 10.** भावयति -यितुं), विभू, सम्भू, चिन्त् **(c. 10.** चिन्तयति -यितुं). **'To fancy one's self,' is sometimes expressed by the adj.** मन्यः -न्या -न्यं; **as, 'one who fancies himself learned,'** पण्डितम्मन्यः; **'one who fancies himself good,'** साधुम्मन्यः; **'one who fancies herself beautiful,'** सुन्दरीम्मन्या.

***To* fancy,** *v. a.* **(Form in the mind)** मनसा क्लृप् **(c. 10.** कल्पयति -यितुं) **or** भू **in caus.** (भावयति -यितुं) **or** कृ. —**(Like)** अभिनन्द् **(c. 1.** -नन्दति -न्दितुं), रुच् **(c. 1.** रोचते -चितुं) **with dat. of the person; as, 'he fancies that,'** तत् तस्मै रोचते; **'doing what one fancies,'** कामकारी *m.* (न्); **'eating what one fancies,'** कामभक्षः.

Fancy-framed, *a.* मनःकल्पितः -ता -तं, वासनाकल्पितः -ता -तं, मनोजः -जा -जं, मनसिजः -जा -जं, मनोरथसृष्टः -ष्टा -ष्टं, मानसिकः -की -कं.

Fancy-sick, *a.* विकृतबुद्धिः -द्धिः -द्धि; **'one who fancies himself sick,'** रोगिणम्मन्यः.

Fane, *s.* देवतागारः, देवागारः, देवालयः, देवतायतनं, देवभवनं, देवप्रासादः, देवगृहं, देववेश्म *n.* (न्), देवतामन्दिरं, देवतावासः.

Fang, *s.* दंष्ट्रा, दशनः -नं, रदः -दनः -दन्तः, उदग्रदन्तः, दीर्घदन्तः, विषाणः -णं, दाढा, दाडकः, राक्षसी; **'of a serpent,'** विषदन्तः, आशीः *f.* (स्).—**(Claw)** नखः.

Fanged, *a.* दंष्ट्री -ष्ट्रिणी -ष्ट्रि (न्), दन्ती -न्तिनी -न्ति (न्), दीर्घदन्तवान् -वती -वत् (त्).

Fangless, *a.* निदर्शनः -ना -नं, भग्नदंष्ट्रः -ष्ट्रा -ष्ट्रं, गलितदन्तः -न्ता -न्तं, निर्दन्तः -न्ता -न्तं, दशनोच्छिष्टः -ष्टा -ष्टं.

Fan-light, *s.* व्यजनाकारो गवाक्षः **or** गृहाक्षः.

Fanned, *p. p.* वीजितः -ता -तं, उपवीजितः -ता -तं, वीज्यमानः -ना -नं, उद्वीज्यमानः -ना -नं, व्यजनेन विधूयमानः -ना -नं **or** विधुतः -ता -तं.

Fanner, *s.* वीजयिता *m.* (तृ), वीजनकर्त्ता *m.* (र्त्तृ), विधविता *m.* (तृ).

Fantasm, *s.* मिथ्यावासना, मनोरथसृष्टिः *f.,* आभासः, अपच्छाया.

Fantastic, fantastical, *a.* **(Existence in the imagination)** मनःकल्पितः -ता -तं, मनसिजः -जा -जं, वासनाकल्पितः -ता -तं, मानसिकः -की -कं.—**(Capricious, whimsical)** चपलः -ला -लं, लोलः -ला -लं.—**(Odd)** विषमः -मा -मं, असङ्गतः -ता -तं, अपरूपः -पा -पी -पं, विलक्षणः -णा -णं.

Fantastically, *adv.* चपलं, चापल्येन, मनोलौल्यात्, विषमं, असङ्गतं.

Fantasticalness, *s.* चापल्यं, मनोलौल्यं, वैषम्यं, अपरूपता, असङ्गतत्वं.

Fantasy, *s. See* **Fancy.**

Far, *a.* दूरः -रा -रं, विदूरः -रा -रं, दूरस्थः -स्था -स्थं, -स्थायी -यिनी -यि (न्), दूरवर्त्ती -र्त्तिनी -र्त्ति (न्), दूरीभूतः -ता -तं, अनुपस्थायी -यिनी -यि (न्), अनुपस्थः -स्था -स्थं, असन्निकृष्टः -ष्टा -ष्टं, विप्रकृष्टः -ष्टा -ष्टं, असन्निहितः -ता -तं; **'very far,'** सुदूरः -रा -रं, दविष्ठः -ष्ठा -ष्ठं, दवीयान् -यसी -यः (स्).

Far, *adv.* **(At a distance)** दूरं, दूरे, दूरतस्, विदूरतस्, आरात्. —**(To a distance)** दूरं, दूरपर्य्यन्तं.—**(By a distance)** दूरेण. —**(From far)** दूरात्, दूतरस्.—**(To a great extent)** अत्यन्तं, भृशं, बहु, सु **or** अति **or** अतिशय **prefixed.—(As far as) expressed by** आ **prefixed governing the abl. c., or by** पर्य्यन्तं **or** अन्त **affixed; as, 'the earth as far as the ocean,'** आसमुद्रात् **or** समुद्रपर्य्यन्तं **or** सागरान्ता पृथिवी.—**(By far)** दूरेण; **'action is by far inferior to devotion,'** कर्म्म दूरेण अवरं योगात्.—**(How far?)** किं पर्य्यन्तं, कियत् पर्य्यन्तं, कियत् प्रमाणं.—**(So far)** तदन्तं, तत्पर्य्यन्तं.—**(Far off)** दरस्थः -स्था -स्थं, दूरसंस्थः -स्था -स्थं, दूरीभूतः -ता -तं; **'the day being far spent,'** अतिक्रान्ते दिवसे; **'a woman far gone in love,'** दूरगतमन्मथा.

Far-extended, *a.* बहुविस्तीर्णः -र्णा -र्णं, सर्व्वत्रव्यापी -पिनी -पि (न्).

Far-famed, *a.* पृथुप्लथः -था -थं, पृथुयशाः -शाः -शः (स्), महायशाः **etc.**

Far-fetched, *a.* क्लिष्टः -ष्टा -ष्टं, यत्नकृतः -ता -तं; **'far-fetched idea,'** क्लिष्टकल्पना.

Far-seeing, *a.* दूरदर्शी -र्शिनी -र्शि (न्), दीर्घदर्शी -र्शिनी -र्शि

(न्).

Far-sighted, *a.* दूरदृष्टिः -ष्टिः -ष्टि, दीर्घदृष्टिः -ष्टिः -ष्टि, पारदृश्वा -श्वा -श्व (न्).

Farce, *s.* प्रहसनं, विलासिका, दुर्म्मल्लिका, हास्योत्पादको नाटकः, परिहासजनकम् उपरूपकं.

Farcical, *a.* प्रहसनसम्बन्धी -न्धिनी -न्धि (न्).—**(Droll)** हासकरः -री -रं, हास्यः -स्या -स्यं, उपहास्यः -स्या -स्यं, रसिकः -का -कं, विनोदी -दिनी -दि (न्), हास्योत्पादकः -का -कं, असङ्गतः -ता -तं, अपरूपः -पा -पं.

Farcy, *s.* अश्वानां चर्म्मरोगविशेषः **or** दुश्चर्म्मत्वं **or** चर्म्मदूषिका.

Fardel, *s.* कूर्च्चः, गुच्छः -च्छकः, पोटलिका, पोट्टली, भारः.

***To* fare, *v. n.* (Be in any state)** वृत् (c. 1. वर्त्तते -र्त्तितुं), अस् (c. 2. अस्ति), भू (c. 1. भवति -वितुं), स्था (c. 1. तिष्ठति, स्थातुं); **'to fare well,'** सुस्थः -स्था -स्थं **or** सुस्थितः -ता -तं भू **or** अस्; **'to fare badly,'** दुःस्थः -स्था -स्थं भू **or** अस्; **'faring well,'** भविष्णुः -ष्णुः -ष्णु, भूष्णुः -ष्णुः -ष्णु, भविता -त्री -तृ (तृ).—**(Feed)** भोजनं कृ, भुज् (c. 7. भुंक्ते, भोक्तुं), आहारं कृ. **'to fare well,'** स्वाद्वन्नानि **or** उत्तमान्नानि **or** परमान्नानि भुज्.

Fare, *s.* (Passage-money) आतारः, आतरः, तरपण्यं, तरमूल्यं, तारिकं, तार्य्यं, अनुतरं.—**(Food)** भोजनं, आहारः, अन्नं, भक्ष्यं; **'good fare,'** उत्तमाहारः, परमान्नं, उत्तमान्नं; **'bad fare,'** कदन्नं.

Farewell, *adv.* (To bid farewell) आमन्त्र् (c. 10. -मन्त्रयते -यितुं), अनुमन्त्र, आप्रच्छ् (c. 6. -पृच्छते -ति -प्रष्टुं).—**(Bidding farewell)** आमन्त्रणं, आप्रच्छनं, प्रस्थानकाले कुशलवादः **or** प्रणामः **or** नमस्कारः; **'farewell!'** कुशलं भूयात्, सुखं भूयात्, कल्याणं भूयात्, सुखम् आस्तां.

Farina, *s.* परागः, सुमनोरजः ***n.*** (स्), पुष्परेणुः ***m.*,** सुमनःपांशुः ***m.*,** पुरुः ***m.***

Farinaceous, *a.* शस्यमयः -यी -यं, धान्यमयः -यी -यं, गोधूमचूर्णमयः -यी -यं.

Farm, *s.* क्षेत्रं, भूमिः ***f.*,** क्षेत्रभूमिः, भूः ***f.*,** कृषिक्षेत्रं, कर्षणभूमिः ***f.*,** सीत्यं.

***To* farm, *v. a.* (Let out the collection of the revenue or any other work at a certain rate per cent).** शते शते निरूपितमूल्यं प्रतिज्ञाय **or** शते शते नियमितभागो मया दातव्य इति सन्धिं कृत्वा अमुकजनं शुल्ककरादिग्रहणे **or** किञ्चित्कर्म्मनिर्वहणे नियुज् (c. 7. -युनक्ति -योक्तुं, c. 10. -योजयति -यितुं).—**(Undertake any work for another at a certain rate per cent.)** शते शते नियमितभागो मद्वेतनार्थम् उद्धरणीयं or शते शते निरूपितमूल्यं मया ग्रहणीयम् इति सन्धिं कृत्वा अमुकजनस्थाने किञ्चित् कर्म्म निर्वह् **in caus.** (-वाहयति -यितुं) **or** नियमितमूल्यम् अपेक्ष्य परस्थाने किञ्चित् कर्म्म व्यवसो (c. **4.** -स्यति -सातुं) **or** अध्यवसो.—**(Farm the tolls)** निरूपितमूल्यं दत्त्वा राजस्थाने घट्टनदीतरादिदेयशुल्कान् ग्रह् (c. **9.** गृह्णाति, ग्रहीतुं).—**(Cultivate land)** क्षेत्रं **or** भूमिं कृष् (c. **6.** कृषति, c. **1.** कर्षति, क्रष्टुं).

Farm-house, *s.* क्षेत्रिकगृहं, कर्षकगृहं, क्षेत्रिकवेश्म ***n.*** (न्), क्षेत्रपतिगृहं.

Farm-yard, *s.* क्षेत्रिकगृहोपान्ते वाटी **or** वाटिका **or** चत्वरं.

Farmer, *s.* क्षेत्रकर्षकः, क्षेत्रिकः क्षेत्री ***m.*** (न्), कर्षकः, कृषिकः, कृषकः, क्षेत्राजीवः, कृषिजीवी ***m.*** (न्), कृषीबलः, कार्षकः, क्षेत्रपतिः ***m.*—(Of the revenue)** शते शते नियमितभागो मद्वेतनार्थम् उद्धरणीय इति सन्धिं कृत्वा शुल्ककरादि गृह्णाति यो जनः.

Farming, *s.* कृषिकर्म्म ***n.*** (न्), कृषिः ***f.*,** कार्षिः ***f.*,** क्षेत्रिकव्यापारः, अनृतं.

Farraginous, *a.* सान्निपातिकः -की -कं, सन्निपतितः -ता -तं, प्रकीर्णः -र्णा -र्णं, बहुद्रव्यनिर्म्मितः -ता -तं, नानाद्रव्यघटितः -ता -तं.

Farrago, *s.* सन्निपातः, प्रकीर्णकं, नानाद्रव्यसम्मिश्रणं.

Farrier, *s.* अश्वचिकित्सकः, अश्ववैद्यः.—**(Shoer of horses)** अश्वपादुकाबन्धा ***m.*** (न्धृ), अश्वपादुकाकारः.

Farriery, *s.* अश्वचिकित्सा, अश्वरोगचिकित्सनविद्या.

Farrow, *s.* शूकरशावकगणः, शूकरपोतकगणः, शूकरापत्यं.

To* farrow, *v. n. शूकरीप्रकारेण शावकगणं सु (c. **2.** सूते, c. **4.** सूयते, सोतुं) **or** प्रसु.

Fart, *s.* पर्दः -र्दनं, गुदरवः, पायुशब्दः, शर्द्धः.

Farther, *adv.* दूरतरं, विदूरतरं, अधिकतरे, अग्रे, अग्रतरं, अग्रतस्, पुरतस्, पुरस्.—**(Moreover)** अपरं, अपरञ्च, अधिकं, अधिकन्तु, अन्यच्च, अपिच, किञ्च, परन्तु. ***See* the more correct word *further*.**

Farther, *a.* दूरतरः -रा -रं, विदूरतरः -रा -रं, दवीयान् -यसी -यः (स्), अधिकदूरस्थः -स्था -स्थं, अपरः -रा -रं; **'the farther side,'** पारः; **'on the farther side,'** पारे.

Farthest, *a.* दूरतमः -मा -मं, विदूरतमः -मा -मं, दविष्ठः -ष्ठा -ष्ठं, सुदूरः -रा -रं, अत्यन्तदूरस्थः -स्था -स्थं.

Farthing, *s.* ताम्रमुद्रा, कपर्दकः, वराटकः.

Fasces, *s.* धर्म्माध्यक्षलक्षणं, दण्डनायकचिह्नं, पूर्व्वकाले रोमनगरे दण्डलाक्षणिकः, काष्ठखण्डसम्बद्धः परशुः.

Fascia, *s.* पट्टः, पट्टकः, बन्धनं, वेष्टनं, आवेष्टनं, कवलिका.

Fasciation, *s.* पट्टबन्धनं, कवलिकाबन्धनं, अनुवेल्लितं.

***To* fascinate, *v. a.* (Bewitch)** मुह् **in caus.** (मोहयति -यितुं), मोहं कृ, मायां कृ, मन्त्रद्वारेण वशीकृ **or** अभिमन्त्र्

(c. 10. -मन्त्रयते -यितुं) or अनुमन्त्र् or अभिचर् (c. 10. -चारयति -यितुं)·—(Captivate) चित्रं or आकृष् (c. 1. -कर्षति -क्रष्टुं), हृदयं ग्रह् (c. 9. गृह्णाति, ग्रहीतुं)·

Fascinated, *p. p.* मोहितः -ता -तं, विमोहितः -ता -तं, सम्मोहितः -ता -तं, परिमूढः -ढा -ढं, सम्मुग्धः -ग्धा -ग्धं, आकृष्टचित्तः -त्ता -त्तं, हृतमानसः -सी -सं, वशीकृतः -ता -तं, वशीभूतः -ता -तं·

Fascinating, *a.* चित्तहारी -रिणी -रि (न्), चित्तापहारी **etc.,** मनोहरः, -रा -रं, मोहनः -ना -नी -नं, विमोहनः **etc.,** मोही -हिनी -हि (न्), परिमोही **etc.,** आकर्षकः -की -कं, आकर्षिकः -की -कं, आकृष्टवान् -वती -वत् (त्), हृदयग्राही -हिणी -हि (न्); **'a fascinating woman,'** मुग्धा, प्रमदा, मदिरेक्षणा·

Fascination, *s.* मोहः -हनं, परिमोहनं, विमोहनं, सम्मोहः, आकर्षः, माया, वशक्रिया, अभिमन्त्रणं, अभिचारः, इन्द्रजालं, कार्म्मणं -णत्वं·

Fascine, *s.* युद्धे व्यवहारितः -काष्ठभारः **or** काष्ठकूर्च्चः·

Fashion, *s.* (Form) आकारः, आकृतिः ***f.,*** रूपं, संस्कारः, मूर्त्तिः ***f.,*** विधानं, संस्थानं·—**(Cut, shape)** आकारः, आकृतिः ***f.,*** रीतिः ***f.***—**(Prevailing custom)** लौकिकाचारः, लोकाचारः, लोकव्यवहारः, लोकरीतिः ***f.,*** लोकमार्गः, लोकव्यापारः, धारा, लोकमतं·—**(Manner, mode)** प्रकारः, विधः, विधिः ***m.,*** रीतिः ***f.,*** मार्गः; **'after this fashion,'** अनेन प्रकारेण, एवंविधं; **'after one's own fashion,'** स्वानुरूपं·

***To* fashion, *v. a.* (Form)** निर्मा (c. 2. -माति, c. 3. -मिमीते, c. 4. -मायते -मातुं), विनिर्मा, रच् (c. 10. रचयति -यितुं), विरच्, क्लृप् (c. 10. कल्पयति -यितुं), विधा (c. 3. -दधाति -धातुं), घट् (c. 10. घटयति -यितुं), कृ, सङ्कृ·—**(Adapt)** युज् (c. 10. योजयति -यितुं), सन्धा, समाधा·

Fashionable, *a.* लौकिकः -की -कं, व्यावहारिकः -की -कं, आचारिकः -की -कं, लोकसिद्धः -द्धा -द्धं, व्यवहारसिद्धः -द्धा -द्धं, लोकाचारानुसारी -रिणी -रि (न्), लोकव्यवहारानुसारी **etc.,** लोकमतानुसारी **etc.,** लौकिकाचारानुरूपः -पा -पं, लौकिकरीत्यनुरूपः -पा -पं, लोकमार्गानुयायी -यिनी -यि (न्)·

Fashionably, *adv.* लोकाचारानुसारेण, लोकव्यवहारानुसारात्, लोकरीतिवत्·

Fashioned, *p. p.* निर्म्मितः -ता -तं, रचितः -ता -तं, विरचितः -ता -तं, कल्पितः -ता -तं, क्लृप्तः -प्ता -प्तं, घटितः -ता -तं, कारितः -ता -तं·

Fast, *a.* (Firm, close) दृढः -ढा -ढं, स्थिरः -रा -रं, स्थावरः -रा -रं, स्तब्धः -ब्धा -ब्धं, अचलः -ला -लं, निश्चलः -ला -लं, दृढसन्धिः -न्धिः -न्धि, गाढः -ढा -ढं·—**(Fixed)** बद्धः -द्धा -द्धं, सन्निबद्धः -द्धा -द्धं; **'a fast colour,'** स्थिररङ्गः; **'a fast friend,'** दृढसौहृदः, दृढभक्तिः ***m.;*** **'a fast sleep,'** सुषुप्तिः ***f.,*** सुनिद्रा, अतिशयनिद्रा, अघोरनिद्रा·—**(Quick in motion)** त्वरितगतिः -तिः -ति, शीघ्रगामी -मिनी -मि (न्), द्रुतगतिः -तिः -ति, शीघ्रः -घ्रा -घ्रं, महावेगः -गा -गं, वेगवान् -वती -वत् (त्)·

Fast, *adv.* (Firmly) दृढं, गाढं, स्थिरं; **'fast-rooted,'** बद्धमूलः -ला -लं; **'held fast,'** सुगृहीतः -ता -तं, सुधृतः -ता -तं, कररुद्धः -द्धा -द्धं; **'fast bound,'** दृढबद्धः -द्धा -द्धं, **'shut fast,'** दृढसंवृतः -ता -तं, दृढपिहितः -ता -तं; **'fast asleep,'** सुषुप्तः -प्ता -प्तं, सुनिद्रितः -ता -तं, अतिशयनिद्रितः -ता -तं, सुखसुप्तः -प्ता -प्तं **or** सुखं सुप्तः -प्ता -प्तं·—**(Swiftly)** शीघ्रं, त्वरितं, द्रुतं, क्षिप्रं, सत्वरं, आशु, अविलम्बितं, अशनैः; **'going fast,'** त्वरितगतिः -तिः -ति; **'spoken fast,'** त्वरितोदितः -ता -तं·

To* fast, *v. n. उपवस् (c. 1. -वसति -वस्तुं), लङ्घ् (c. 1. लङ्घते -ङ्घितुं), निरूपितकालपर्य्यन्तं भोजनात् **or** आहाराद् निवृत् (c. 1. -वर्त्तते -र्त्तितुं), उपवासं कृ, अनशनं कृ, आहारनिवृत्तिं कृ; **'to death,'** प्रायोपवेशनं कृ·

Fast, *s.* उपवासः, उपवस्तं, उपोषितं, उपोषणं, औपवस्तं, अनशनं, अनाहारः, अभोजनं, लङ्घनं, आक्षपणं·

Fast-day, *s.* उपवासदिनं, उपोषणदिनं, अनाहारदिवसः, लङ्घनदिवसः·

Fasted, *p. p.* उपोषितः -ता -तं, कृतोपवासः -सा -सं·

***To* fasten, *v. a.* (Make fast)** बन्ध् (c. 9. बध्नाति, बन्धुं), सम्बन्ध्, निबन्ध्, अनुबन्ध्·—**(Shut up)** पिधा (c. 3. -दधाति -धातुं), निरुध् (c. 7. -रुणद्धि -रोद्धुं)·—**(Bar)** अर्गलेन बन्ध्, कील (**nom.** कीलयति -यितुं)·—**(Unite together)** सम्बन्ध्, संयुज् (c. 7. -युनक्ति -योक्तुं), संश्लिष् **in caus.** (-श्लेषयति -यितुं), सन्धा, संलग्नीकृ·—**(Tie)** योक्त्र (**nom.** योक्त्रयति -यितुं), ग्रन्थ् (c. 9. ग्रथ्नाति, c. 1. ग्रन्थति -न्थितुं)·—**(Tie on)** पिनह् (c. 4. -नह्यति -नद्धुं), आनह्, आबन्ध्, अनुबन्ध्··—**(Impress)** प्रणिधा·—**(Make firm)** दृढीकृ, स्थिरीकृ, संस्तम्भ् (c. 5. -स्तभ्नोति -स्तम्भितुं, c. 10. -स्तम्भयति -यितुं)·

Fastened, *p. p.* बद्धः -द्धा -द्धं, पिहितः -ता -तं, पिधानवान् -वती -वत् (त्), सपिधानः -ना -नं, निरुद्धः -द्धा -द्धं, युक्तः -क्ता -क्तं, संयुक्तः -क्ता -क्तं, संयोजितं -ता -तं, संलग्नीकृतः -ता -तं, लग्नः -ग्ना -ग्नं, पिनद्धः -द्धा -द्धं, आनद्धः -द्धा -द्धं, कीलायितः -ता -तं, कीलितः -ता -तं·

Fastening, *s.* (Any thing that binds) बन्धनं -नी, बन्धनग्रन्थिः ***m.***—**(Joining)** सन्धिः ***m.***—**(Of a bracelet)** कुडुपः, सन्धिः ***m.***

Faster, *s.* उपवासी ***m.*** (न्), उपवासकर्त्ता ***m.*** (र्तृ), कृतोवासः, सोपवासः·

Faster, *adv*. (More rapidly) शीघ्रतरं, अधिकवेगेन, लघुतरं.

Fastidious, *a*. उपेक्षकः -का -कं, अवमानी -निनी -नि (न्), सावहेलः -ला -लं, सावज्ञः -ज्ञा -ज्ञं, घृणी -णिनी -णि (न्), दुस्तोषणीय -या -यं, दुःखतोषणीयः -या -यं, दुःखेन सन्तोषणीयः -या -यं **or** तर्पणीयः -या -यं.

Fastidiously, *adv*. सावज्ञानं, उपेक्षया, सावहेलं, सावमानं, दुस्तोषणीयं.

Fastidiousness, *s*. अवमानशीलता, उपेक्षकत्वं, सावहेलत्वं, दुस्तोषणीयता, दुस्तर्पणीयता, अवमानिता.

Fasting, *s*. उपवासः, उपोषणं -षितं, अनशनं, निरशनं, अभोजनं, अभक्षणं, अनाहारः, लङ्घनं, आक्षपणं, अपतर्पणं; **'to death,'** प्रायः -यणं, प्रायोपवेशनं -शनिका.

Fasting, *part*. or *a*. उपवासी -सिनी -सि (न्), निराहारः -रा -रं, अनशनः -ना -नं, अभक्षः -क्षा -क्षं, अनाशकः -का -कं, अकृताहारः -रा -रं; **'to death,'** प्रायोपविष्टः -ष्टा -ष्टं.

Fastness, *s*. (Firmness) दृढता, स्थिरता, स्तब्धता, अचलता, निश्चलता.—**(Strong-hold)** दुर्गं, कोटिः ***f*.,** शिखरी ***m*.** (न्).

Fastuous, *a*. गर्व्वी -र्व्विणी -र्व्वि (न्), सावलेपः -पा -पं, उद्धतः -ता -तं.

Fat, *a*. पीवरः -रा -री -रं, पीनः -ना -नं, मेदस्वी -स्विनी -स्वि (न्), पुष्टः -ष्टा -ष्टं, पुष्टाङ्गः -ङ्गी -ङ्गं, मांसलः -ला -लं, स्थूलः -ला -लं, स्थूलकायः -या -यं, प्यानः -ना -नं, आप्यानः -ना -नं, प्रप्यानः -ना -नं, स्फीतः -ता -तं, स्फातः -ता -तं, पीवा -वा -वं (न्), तुन्दी -न्दिनी -न्दि (न्), तुन्दिकः -का -कं, उच्छूनः -ना -नं, कुण्टकः -की -कं. —**(Fertile)** स्फीतः -ता -तं; **'fat land,'** उर्व्वरा.

Fat, *s*. मेदः ***n*.** (स्), वसा, वपा, मांससारः, मांसस्नेहः, घृतः.

***To* fat, *v*. *a*.** प्यै **in caus.** (प्याययति -यितुं), आप्यै, पुष् **in caus.** (पोषयति -यितुं), स्फाय् **in caus.** (स्फावयति -यितुं), स्थूलीकृ, पीवरीकृ, पुष्टीकृ.

***To* fat, *v*. *n*.** आप्यै **(c. 1.** -प्यायते -प्यातुं), पुष् **(c. 4.** पुष्यति, पोष्टुं), पीवरीभू.

Fat, *s*. (tub) भाण्डं. ***See* Vat.**

Fatal, *a*. (Proceeding from fate, relating to it) दैवः -वी -वं -विकः -की -कं, दैष्टिकः -की -कं, कार्त्तान्तिकः -की -कं, दैवप्रयुक्तः -क्ता -क्तं, दैववशः -शा -शं, नियतः -ता -तं, आवश्यकः -की -कं.—**(Deadly, calamitous)** प्राणघातकः -का -कं, प्राणहरः -रा -रं, प्राणान्तिकः -की -कं **or** प्राणान्तकः, प्राणनाशकः -की -कं, मृत्युजनकः -का -कं मारात्मकः -की -कं साङ्घातिकः -की -कं मारकः -की -कं अन्तकरः -रा -रं, व्यापादकः -का -कं, आत्ययिकः -की -कं, अनायुष्यः -ष्या -ष्यं, मर्म्मान्तिकः -की -कं, मर्म्मभेदी -दिनी -दि (न्), दुरन्तः -न्ता -न्तं, दुर्विपाकः -का -कं.

Fatalism, *s*. दैवायत्तता, दैवाधीनता, दैववशित्वं, दैवचिन्ता, दैविकता, दैष्टिकता.

Fatalist, *s*. दैवपरः, दैवाधीनः, दैवायत्तः, दैवपरायणः, दैवचिन्तकः.

Fatality, *s*. आवश्यकता, अवश्यकत्वं, भवितव्यता, कृतान्तः, नियतिः ***f*.**

Fatally, *adv*. (By necessity) दैवात्, दैववशात्, दैवनियोगात्. —**(Mortally)** प्राणनाशेन, सनाशं, आत्ययिकं.

Fate, *s*. दैवं, कृतान्तः, विधाता ***m*.** (तृ), विधिः ***m*.,** भागधेयं, भाग्यं, नियतिः ***f*.,** भवितव्यता, दिष्टं, दैविकं, अदृष्टं, कालनियोगः, कालः, कालधर्म्मः, गतिः ***f*.,** व्यसनं, कर्म्म ***n*.** (न्), कर्म्मवशः, कार्य्यवशः, प्राक्तनं.—**(Death)** मृत्युः ***m*.,** नाशः, विनाशः, क्षयः; **'ill-fate,'** दुर्दैवं, दौर्भाग्यं; **'good-fate,'** सौभाग्यं.

Fated, *a*. दैवनियुक्तः -क्ता -क्तं, कालनियुक्तः -क्ता -क्तं, दैवनिर्दिष्टः -ष्टा -ष्टं, नियतः -ता -तं, दैविकः -की -कं, दैष्टिकः -की -कं, भवितव्यः -व्या -व्यं; **'one whose fated time is come,'** प्राप्तकालः -ला -लं; **'well-fated,'** सुभाग्यः -ग्या -ग्यं, सौभाग्यवान् -वती -वत् (त्), पुण्यवान् **etc.; 'ill-fated,'** दुर्दैवग्रस्तः -स्ता -स्तं, दैवोपहतः -ता -तं.

Father, *s*. पिता ***m*.** (तृ), जनकः, जननः, जनिता ***m*.** (तृ), जनयिता ***m*.** (तृ), जन्मदः, तातः, प्रसविता ***m*.** (तृ), प्रजावान् ***m*.** (त्), धाता ***m*.** (तृ), वप्ता ***m*.** (प्तृ), वापः, देहकृत् ***m*.,** सम्भूः ***m*.,; 'of a family,'** कुलपतिः ***m*.; 'of a son,'** पुत्री ***m*.** (न्), सुती ***m*.** (न्); **'father and mother,'** मातापितरौ ***m*.** **du.** **or** मातरपितरौ, तातजनयित्र्यौ ***f*.** **du.; 'father of all,'** विश्वधाता ***m*.** (तृ).—**(Title of respect)** गुरुः, आचार्य्यः.

Father-in-law, *s*. श्वशुरः धर्म्मपिता ***m*.** (तृ), पूज्यः; **'father and mother-in-law,'** श्वश्रूश्वशुरौ ***m*.** **du.**

***To* father, *v*. *a*.** पुत्रं ग्रह् **(c. 9.** गृह्णाति, ग्रहीतुं), पोष्यपुत्रं **or** कृत्रिमपुत्रं ग्रह्.—**(Acknowledge as one's own)** स्वीकृ. —**(Ascribe to another as his offspring, or production)** पुत्रारोपणं कृ, किञ्चित् परस्मै आरुह् **in caus.** (-रोपयति -यितुं), तेन प्रसुतं **or** तेन विरचितम् इति विज्ञा **in caus.** (-ज्ञापयति -यितुं).

Fatherhood, *s*. पितृत्वं -ता, जनकत्वं -ता, पितृभावः, प्रजावत्त्वं, पितृधर्म्मः.

Father-land, *s*. पैतृकभूमिः ***f*.,** पैतृकदेशः पैतृकविषयः, जन्मभूमिः ***f*.,** मूलभूमिः.

Fatherless, *a*. अपितृकः -का -कं, पितृहीनः -ना -नं, तातहीनः -ना -नं, छमण्डः **or** छेमण्डः ***m*.** **only,** अनाथः -था -थं, निर्णाथः -था -थं.

Fatherliness, *s*. पितृतुल्यता, tाततुल्यता, पैतृकत्वं, वात्सल्यं.

Fatherly, *a*. पितृसन्निभः -भा -भं, पितृतुल्यः -ल्या -ल्यं, ताततुल्यः -ल्या -ल्यं, तातलः -ला -लं, पैतृकः -की -कं

or पैत्रिकः, पैत्रः -त्री -त्रं, पितृनिर्विशेषः -षा -षं, मनोजवः -वा -वं.

Fatherly, *adv.* पितृवत्, जनकवत्, तातवत्, पितृरूपेण, जनकरूपेण.

Fathom, *s.* (Measure of length) व्यामः, व्यायामः, न्यग्रोधः. **—(Penetration)** वेधः -धनं, मर्म्मवेधः.

***To* fathom, *v. a.* (Sound the depth)** वेधं **or** गाम्भीर्य्यं **or** तलं परीक्ष् **(c. 1.** -ईक्षते -क्षितुं**)** **or** निरूप् **(c. 10.** -रूपयति -यितुं**)** **or** मा **in caus.** (मापयति -यितुं). **—(Penetrate)** व्यध् **(c. 4.** विध्यति, व्यद्धुं); **'one's designs,'** मर्म्म व्यध्, अभिप्रायं परीक्ष् **or** निरूप्.

Fathomless, *a.* अतलस्पर्शः -र्शा -र्शं, अगाधः -धा -धं, अनवगाह्यः -ह्या -ह्यं, अगम्यः -म्या -म्यं, अगन्त्यतलः -ला -लं.

Fatidical, *a.* भविष्यद्वाचकः -का -कं, भविष्यत्प्रदर्शकः -का -कं.

Fatigue, *s.* क्लान्तिः ***f.,*** श्रान्तिः ***f.,*** क्लमः, श्रमः, आयासः, परिश्रमः, परिश्रान्तिः ***f.,*** खेदः क्लेशः, क्लमित्वं, क्लमथः, अवसादः, ग्लानिः ***f.,*** कष्टं, व्यायामः, कायक्लेशः, तन्द्रा; **'inured to fatigue,'** जितश्रमः -मा -मं.

To* fatigue, *v. a. स्विद् **in caus.** (खेदयति -यितुं), क्लम् **in caus.** (क्लमयति -यितुं), परिक्लम्, आयस् **in caus.** (-यासयति -यितुं), श्रम् **in caus.** (श्रमयति -यितुं), परिश्रम्, सद् **in caus.** (सादयति -यितुं), अवसद्, ग्लै **in caus.** (ग्लपयति -यितुं), परिग्लै, क्लिश् **(c. 9.** क्लिश्नाति, क्लेशितुं), श्रान्तिं जन् **in caus.** (जनयति -यितुं).

Fatigued, *p. p.* श्रान्तः -न्ता -न्तं, परिश्रान्तः -न्ता -न्तं, क्लान्तः -न्ता -न्तं, श्रमार्त्तः -र्त्ता -र्त्तं, जातश्रमः -मा -मं, खिन्नः -न्ना -न्नं, खेदितः -ता -तं, क्लिष्टः -ष्टा -ष्टं, क्लिशितः -ता -तं, क्लेशितः -ता -तं, ग्लानः -ना -नं, परिग्लानः -ना -नं, क्लमी -मिनी -मि (न्), श्रमी -मिणी -मि (न्), अवसन्नः -न्ना -न्नं, अवसादितः -ता -तं, सश्रमः -मा -मं; **'to be fatigued,'** श्रम् **(c. 4.** श्राम्यति, श्रमितुं), आयस् **(c. 4.** -यस्यति -यसितुं), खिद् **(c. 4.** खिद्यते, खेत्तुं), क्लम् **(c. 4.** क्लाम्यति, क्लमितुं), कष्ट **(nom.** कष्टायते).

Fatiguing, *a.* श्रमकरः -री -रं, श्रमजनकः -का -कं, क्लेशकः -की -कं.

Fatness, *s.* स्थूलता, स्थौल्यं, मेदस्विता, पुष्टता, पुष्टिः ***f.,*** पीनता, पीवरत्वं, स्फीतिः ***f.,*** मेदोवृद्धिः ***f.,*** स्फातिः ***f.,*** उन्मेदा, शरीरस्थूलता, स्थूलकायत्वं, आप्यायनं.

To* fatten, *v. a. प्यै **in caus.** (प्याययति -यितुं), आप्यै, पुष् **in caus.** (पोषयति -यितुं), स्थूलीकृ, पीवरीकृ, पुष्टीकृ, स्फाय् **in caus.** (स्फावयति -यितुं), संवृध् **in caus.** (वर्धयति -यितुं).

To* fatten, *v. n. आप्यै **(c. 1.** -प्यायते, -प्यातुं), पुष् **(c. 4.** पुष्यति, पोष्टुं). स्थूलीभू, पीवरीभू, संवृध् **(c. 1.** -वर्धते, -र्धितुं), स्फाय् **(c. 1.** स्फायते -यितुं).

Fattened, *p. p.* पुष्टः -पुष्टः -ष्टं, पुष्टाङ्गः -ङ्गी -ङ्गं, आप्यायितः -ता -तं, वृंहितः -ता -तं, स्थूलीकृतः -ता -तं, संवर्धितमांसः -सा -सं.

Fattening, *a.* पौष्टिकः -की -कं, पुष्टिदः -दा -दं, वृंहणः -णा -णं.

Fatty, *a.* मेदस्वी -स्विनी -स्वि (न्), मांसलः -ला -लं, सस्नेहः -हा -हं.

Fatuity, *s.* मूर्खता, मौर्ख्यं, मूढता, मोहः, बालिशता, मुग्धता.

Fatuous, *a.* मूर्खः -र्खा -र्खं, मूढः -ढा -ढं, वालिशमतिः -तिः -ति, दुर्बुद्धिः -द्धिः -द्धि, दुर्मतिः -तिः -ति, अल्पधीः -धीः -धि.

ɪucet, *s.* भाण्डनिवेशितो जलनिर्गमयोग्यो नाडिविशेषः.

Fault, *s.* दोषः, अपराधः, मन्तुः ***m.,*** भ्रमः, छिद्रं, अगुणः, पापं, दूषणं, प्रमादः, कर्म्मदोषः, व्यतिक्रमः, परवाच्यं. **—(Find fault with)** निन्द् **(c. 1.** निन्दति -न्दितुं), उपालभ् **(c. 1.** -लभते -लब्धुं), दोषीकृ.

Fault-finder, *s.* दोषग्राही -हिणी -हि (न्), दोषग्राहकः -का -कं, निन्दकः -का -कं, पापदर्शी -र्शिनी -र्शि (न्), छिद्रानुसारी -रिणी -रि (न्), छिद्रान्वेषी -षिणी -षि (न्).

Faultily, *adv.* दोषेण, अपराधेन, सदोषं, सापराधं, प्रमादेन, अन्यथा.

Faultiness, *s.* अपराधिता -त्वं, दोषिता -त्वं, दोषवत्त्वं, सापराधता, सदोषत्वं, दुष्टता, वाच्यता.

Faultless, *a.* निर्दोषः -षा -षं, निरपराधः -धा -धं, अपराधहीनः -ना -नं, अपापः -पा -पं, अनघः -घा -घं, अनवद्यः -द्या -द्यं, अकल्मषः -षा -षं, अनेनाः -नाः -नः (स्), निरागाः -गाः -गः (स्), निश्छिद्रः -द्रा -द्रं, विशुद्धः -द्धा -द्धं, निर्म्मलः -ला -लं; **'in form,'** अव्यङ्गः -ङ्गी -ङ्गं, शुद्धरूपः -पी -पं.

Faultlessness, *s.* निर्दोषत्वं, निरपराधत्वं, दोषहीनता, विशुद्धता.

Faulty, *a.* दोषी -षिणी -षि (न्), अपराधी -धिनी -धि (न्), दोषवान् -वती -वत् (त्), निन्दनीयः -या -यं, निन्दार्हः -र्हा -र्हं, सापराधः -धा -धं, सदोषः -षा -षं, दोषिकः -की -कं, वाच्यः -च्या -च्यं, प्रामादिकः -की -कं, प्रमादी -दिनी -दि (न्), प्रमादवान् -वती -वत् (त्), अशुद्धः -द्धा -द्धं, प्राप्तदोषः -षा -षं, अयथार्थः -र्था -र्थं, वितथः -था -थं, अनृतः -ता -तं; **'full of faults,'** बहुदोषः -षा -षं; **'a faulty statement,'** मिथ्यावादः, मृषावादः; **'a faulty conclusion,'** अपसिद्धान्तः.

Faun, *s.* (Sylvan deity) वनदेवता, स्थलीदेवता, वनेचरः.

To* favor, *v. a. अनुग्रह् **(c. 9.** -गृह्णाति -ग्रहीतुं), अनुकूल **(nom.** अनुकूलयति -यितुं), उपकृ, उपकारं कृ, साहाय्यं कृ, प्रसादं

कृ, अनुपाल् (c. 10. -पालयति -यितुं), प्रतिपाल्, भज् (c. 1. भजति -ते, भक्तुं), अनुरुध् (c. 4. -रुध्यति -रोद्धुं), जुष् (c. 6. जुषते, जोषितुं), रक्षां कृ, प्रसन्नो भू or अस् स्नेहं कृ, कृपां कृ, परप्रियं or परहितम् इष् (c. 6. इच्छति, एषितुं). —(Resemble) सरूपः -पी -पं, भू or अस्; 'a child that favors his father,' पितृरूपः पुत्रः; 'fortune favors the brave,' साहसे श्रीः प्रतिवसति.

Favor, *s.* **(Kind regard, friendly disposition)** प्रसादः, अनुग्रहः, अनुकूलता, आनुकूल्यं, प्रसन्नता, प्रीतिः *f.,* प्रियता, स्नेहः, अनुरोधः, हितेच्छा, हितेप्सा.—**(Support, countenance)** आग्रहः, सङ्ग्रहः, ग्रहः, आश्रयः, संश्रयः, आधारः, अनुपालनं, साहाय्यं, उपकारः, पुरस्कारः, संवर्धनं, वर्धनं, शरण्यता, अभ्युपपत्तिः *f.* —**(Kind act)** उपकृतं, उपकारः, सुकृतं, सुकृतिः *f.,* उपचारः, प्रियं, हितं.—**(Leave, permission)** अनुमतिः *f.,* अनुज्ञा; **'to ask a favor,'** प्रसद् (c. 10. -सादयते -यितुं), **with acc. of person,** उपकारं प्रार्थ् (c. 10. -अर्थयते -यितुं); **'I ask you as a favor not to be angry with me,'** प्रसादये त्वां न मे क्रोद्धुम् अर्हसि; **'conciliate the favor,'** आराध् (c. 10. -राध-यति -यितुं), अनुरञ्ज् **in caus.** (-रञ्जयति -यितुं).

Favorable, *a.* प्रसन्नः -न्ना -न्नं, सुप्रसन्नः -न्ना -न्नं, अनुग्राही -हिणी -हि (न्), अनुकूलः -ला -लं, आनुग्राहकः -की -कं, हितैषी -षिणी -षि (न्), प्रियैषी **etc.,** हितकामः -मा -मं, हितेप्सुः -प्सुः -प्सु, हितः -ता -तं, सुहितः -ता -तं, प्रियकारः -री -रं, प्रियङ्करः -री -रं, हितबुद्धिः -द्धिः -द्धि, अर्थकृत्, उपकारकः -का -कं.—**(Tending to promote)** उत्पादकः -का -कं; **'favorable to wealth,'** अर्थोत्पादकः -का -कं; **'to longevity,'** आयुष्यः -ष्या -ष्यं; **'to be favorable,'** प्रसद् (c. 1. -सीदति -सत्तुं); **'I am favorable to you,'** प्रसन्नोऽस्मि तव.

Favorableness, *s.* प्रसन्नता, अनुकूलता, आनुकूल्यं, हितबुद्धित्वं.

Favorably, *adv.* प्रसन्नं, प्रसादेन, अनुग्रहेण, सानुग्रहं, सानुकूल्यं, प्रियं.

Favored, *p. p.* अनुगृहीतः -ता -तं, उपकृतः -ता -तं, प्रतिपालितः -ता -तं.

Favorer, *s.* अनुग्राही *m.* (न्), अनुग्राहकः, उपकारकः, अनुपालकः.

Favorite, *s.* प्रियः -या, सुप्रियः -या, वल्लभः -भा, सुभगः -गा, हृदयप्रियः -या, स्नेहपात्रं, प्रीतिपात्रं; **'general favorite,'** सर्व्वप्रियः; **'a royal favorite,'** नृपवल्लभः, राजवल्लभः; **'a favorite wife,'** सुभगा.

Favorite, *a.* प्रियः -या -यं, प्रियतमः -मा -मं, हृदयप्रियः -या -यं, दयितः -ता -तं, इष्टतमः -मा -मं, अभीष्टः -ष्टा -ष्टं, हृद्यः -द्या -द्यं.

Favoritism, *s.* पक्षपातिता, पक्षानुग्रहः, पक्षोद्ग्राहित्वं, पक्षता, स्नेहः.

Fawn, *s.* मृगशावकः, मृगपोतकः, हरिणशिशुः *m.,* हरिणवत्सः, कुरङ्गः; **'fawn-eyed,'** कुरङ्गनयनः -ना -नी -नं.

***To* fawn,** *v. n.* **(Bring forth a fawn)** मृगशावकं **or** कुरङ्गं सु (c. 2. सूते, c. 4. सूयते, सोतुं) **or** प्रसु **or** जन् (c. 10. जनयति -यितुं).

***To* fawn upon,** *v. n.* साष्टाङ्गपातं प्रणम्यं सान्त्व् **or** शान्त्व् (c. 10. सान्त्वयति -यितुं), अभिशात्व्, उपसान्त्व्, परिशान्त्व्, **or** लल् (c. 10. लालयति -यितुं).

Fawner, *s.* साष्टाङ्गपातं प्रणम्यं सान्त्वकारः, लाली *m.* (न्), चाटुकारः.

Fawning, *s.* अष्टाङ्गप्रणामपूर्व्वं सान्त्वनं **or** लालनं, अतिचाटुकारः.

Fawningly, *adv.* साष्टाङ्गपातं, अञ्जलिकर्म्मपूर्व्वं, एकान्तचाटुकारेण.

Fay, *s.* विद्याधरी, पिशाची, योगिनी, राक्षसी. ***See* Fairy.**

Fealty, *s.* भक्तिः *f.,* प्रभुभक्तिः *f.,* भक्तता, प्रभुभक्तता, आसक्तिः *f.,* अनुषङ्गः.

Fear, *s.* भयं, भीतिः *f.,* भीरुता, त्रासः, सन्त्रासः, परित्रासः, साध्वसः, शङ्का, आशङ्का, दरः -रं, भीष्मं, भीषणं; **'removal of fear,'** भयप्रतीकारः; **'causing fear,'** भयङ्करः -रा -रं, भयकारकः -का -कं, भयदः -दा -दं, भयप्रदः -दा -दं; **'cause of fear,'** भयहेतुः *m.;* **'agitated by fear,'** भयविह्वलः -ला -लं; **'through fear,'** भयात्, त्रासात्, भीत्या, भीतेः, शङ्कया; **'through fear of punishment,'** दण्डभयात्.

***To* fear,** *v. a.* भी (c. 3. बिभेति, भेतुं) **with abl. or gen. c. So also** प्रभी, विभी, त्रस् (c. 4. त्रस्यति, त्रसितुं), वित्रस्, उद्विज् (c. 6. -विजते -जितुं), व्यथ् (c. 1. व्यथते -थितुं), प्रव्यथ् **all with abl. c.,** शङ्क् (c. 1. शङ्कते -ङ्कितुं), आशङ्क् **with acc. c.,** तर्क् (c. 10. तर्कयति -यितुं).

***To* fear,** *v. n.* त्रस् (c. 4. त्रस्यति, त्रसितुं), व्यथ् (c. 1. व्यथते -थितुं), उद्विग्नीभू, भयार्त्तः -र्त्ता -र्त्तं भू **or** अस्; **'do not fear,'** मा भैषीः, मा त्रासीः **or** मा त्रसीः.

Fearful, *a.* **(Affected by fear, timid)** भयार्त्तः -र्त्ता -र्त्तं, भयातुरः -रा -रं, भीरुः -रुः -रु -रुकः -का -कं, सभयः -या -यं, भीतः -ता -तं, ससाध्वसः -सा -सं, सशङ्कः -ङ्का -ङ्कं, शङ्कितः -ता -तं, त्रस्तः -स्ता -स्तं, सन्त्रस्तः -स्ता -स्तं, दीनः -ना -नं, त्रस्नुः -स्नुः -स्नुः, भीलुकः -का -कं, दरितः -ता -तं.—**(Terrible)** भयङ्करः -रा -रं, भयानकः -की -कं, भयावहः -हा -हं, त्रासकरः -री -रं, भीरुमयः -यी -यं, दारुणः -णा -णं, रौद्रः -द्री -द्रं, घोरः -रा -रं, भीमः -मा -मं, भीषणः -णा -णं, भीष्मः, -ष्मा -ष्मं, भैरवः -वी -वं.

Fearfully, *adv.* **(With fear)** सभयं, सत्रासं, भयेन, ससाध्वसं, सशङ्कं.—**(Terribly)** दारुणं, घोरं, भैरवं, भयानकं.

Fearfulness, ***s.*** भीरुता, भीतत्वं, सभयत्वं, सन्त्रस्तता, रौद्रता.

Fearless, ***a.*** निर्भयः -या -यं, अभयः -या -यं, अभीतः -ता -तं, विभीतः -ता -तं, अशङ्कः -ङ्का -ङ्कं, विशङ्कः -ङ्का -ङ्कं, निर्विशङ्कः -ङ्का -ङ्कं, अभीरुः -रुः -रु, अपभीः -भीः -भि, अपशङ्कः -ङ्का -ङ्कं, निः- साध्वसः -सा -सं, विगतभयः -या -यं, अकुतोभयः -या -यं, निःसंशयः -या -यं, साहसिकः -की -कं.

Fearlessly, ***adv.*** निर्भयं, अभयं, निःशङ्कं, अभीतवत्, साहसेन; **'acting fearlessly,'** निर्वार्य्यः -र्य्या -र्य्यं.

Fearlessness, ***s.*** निर्भयत्वं, अभीतिः ***f.,*** अभीता, अभयं -यत्वं, शौर्य्यं.

Feasibility, ***s.*** शक्यता, साध्यता, करणीयता, सम्भाव्यता, उपपाद्यत्वं.

Feasible, ***a.*** साध्यः -ध्या -ध्यं, करणीयः -या -यं, शक्यः -क्या -क्यं, कर्त्तुं शक्यः -क्या -क्यं, सुकरः -रा -रं, सम्भाव्यः -व्या -व्यं, सम्भावनीयः -या -यं, उपपाद्यः -द्या -द्यं, कृत्यः -त्या -त्यं, सुगमः -मा -मं, लभ्यः -भ्या -भ्यं, सुलभः -भा -भं.

Feast, ***s.*** **(Festival)** उत्सवः, महः, पर्व्व ***n.*** (न्), यात्रा, यात्रोत्सवः, उद्धर्पः, उद्धवः, पर्व्वरीणं, अभ्युदयः क्षणः, चर्चरी; **'a great feast,'** महोत्सवः.—**(Entertainment)** सत्क्रिया, सहभोजनं, सम्भोजनं, उत्तमान्नसम्भारः, परमान्नसम्भारः; **'feast of lanterns,'** दीपोत्सवः; **'feast to the eye,'** नयनोत्सवः.

To **feast,** ***v. n.*** परमान्नानि भुज् (c. 7. भुंक्ते, भोक्तुं), उत्तमाहारं कृ, उत्तमभोजनं कृ, उत्तमान्नेन तृप (c. 4. तृप्यति), उत्सवं कृ, महोत्सवं कृ.

To **feast,** ***v. a.*** उत्तमान्नैः **or** भोजनविशेषैः सन्तृप् (c. 10. -तर्पयति -यितुं) **or** मन्तुप् **in caus.** (-तोषयति -यितुं), परमान्नानि भुज् **in caus.** (भोजयति -यितुं), सत्कृ.

Feasted, ***p. p.*** सत्कृतः -ता -तं, परमान्नसन्तर्पितः -ता -तं.

Feasting, ***s.*** उत्सवकरणं, परमान्नभोजनं, उत्तमाहारकरणं, सहभोजनं.

Feat, ***s.*** कर्म्म ***n.*** (न्), चरित्रं, चेष्टितं, अद्भुतकर्म्म ***n.*** आश्चर्य्यकर्म्म ***n.***

Feather, ***s.*** पक्षः, पर्णः, गरुत् ***m.,*** पिच्छं, पतत्रं, पत्रं, पक्ष्म ***n.*** (न्), वाजः, तनुरुहः; **'of a peacock,'** मयूरपिच्छं; **'of an arrow,'** पुङ्खः, शरपुङ्खा, शरपक्षः, पत्रं, वाजः, मणिकाचः.

Feather-bed, ***s.*** पक्षपूरितं शयनं, पक्षशय्या, मृदुशयनं, कोमलपर्य्यङ्कः, सुखस्पर्शप्रस्तरः.

Feathered, ***a.*** पक्षी -क्षिणी -क्षि (न्), पक्षवान् -वती -वत् (त्), पक्षाच्छादितः -ता -तं, पक्षयुक्तः -क्ता -क्तं, सपक्षः -क्षा -क्षं, गरुत्मान् -त्मती -त्मत् (त्), पत्री -त्रिणी -त्रि (न्), पतत्री -त्रिणी -त्रि (न्).

Feathery, ***a.*** पक्षतुल्यः -ल्या -ल्यं, पक्षसदृशः -शी -शं, पक्षसगुणः -णा -णं.

Feature, ***s.*** **(Form of the face)** वदनाकृतिः ***f.,*** वदनाकारः, वदनरेखा, मुखरेखा, मुखावयवः, वदनावयवः.—**(Form, cast)** आकारः, आकृतिः ***f.,*** संस्कारः, संस्थानं, रूपं, मूर्त्तिः ***f.***

To **feaze,** ***v. a.*** उद्ग्रन्थ् (**c. 1.** -ग्रन्थति -न्थितुं, **c. 9.** -ग्रथ्नाति), समुद्ग्रन्थ्.

Fabriculose, ***a.*** ईषज्ज्वरी -रिणी -रि (न्), ईषज्ज्वरातुरः -रा -रं.

Fabrifacient, ***a.*** ज्वरकरः -रा -रं, ज्वरोत्पादकः -का -कं.

Febrifuge, ***a.*** ज्वरघ्नः -घ्नी -घ्नं, ज्वरनाशकः -का -कं, ज्वरान्तकः -का -कं, ज्वरहन्ता -न्ती -न्तृ (न्तृ), ज्वरनिवारकः -का -कं; **'a febrifuge,'** ज्वरनाशकम् औषधं, ज्वरापहा.

Febrile, ***a.*** ज्वरी -रिणी -रि (न्), ज्वरितः -ता -तं, ज्वरजः -जा -जं.

February, ***s.*** फाल्गुनः माघः, तपस्यः, फाल्गुनिकः, वत्सरस्य द्वितीयमासः.

Fecal, ***a.*** मलमयः -यी -यं, शकृन्मयः -यी -यं, विण्मयः -यी -यं, मलिनः -ना -नं, अमेध्यः -ध्या -ध्यं, खली -लिनी -लि (न्).

Feces, ***s.*** मलं, पुरीषं, विष्ठा, विट् ***f.*** (ष्), उच्चारः, उच्चरितं, शमलं, गूथः, अवस्करः, अपस्करः, वर्च्चस्कः, दूर्य्यं. —**(Dregs)** मलं, खलं, कल्कं, किट्टं, उच्छिष्टं, शेषं, कलङ्कः; **'to discharge feces,'** पुरीषोत्सर्गं कृ, विण्मूत्रोत्सर्गं कृ.

Feculence, ***s.*** मालिन्यं, समलता, अमेध्यता, मलवत्त्वं, कलुषता, मलं.

Feculent, ***a.*** समलः -ला -लं, मलवान् -वती -वत् (त्), मलिनः -ना -नं, मलीमसः -सा -सं, मलदूषितः -ता -तं, अमेध्यः -ध्या -ध्यं, खली -लिनी -लि (न्), कल्की -ल्किनी -ल्कि (न्), कलुषः -षा -षं -षिणी -षि (न्), विड्भवः -वा -वं, कलङ्की -ङ्किनी -ङ्कि (न्).

Fecund, ***a.*** बहुप्रजः -जा -जं, बह्वपत्यः -त्या -त्यं, अबन्ध्यः -न्ध्या -न्ध्यं, बहुफलदः -दा -दं, प्रजनिष्णुः -ष्णुः -ष्णु; **'fecund soil,'** उर्व्वरा.

To **fecundate,** ***v. a.*** सफलीकृ, बहुफलदीकृ, रेतः **or** परागं सिच् (**c. 6.** सिञ्चति, सेक्तुं).

Fecundation, ***s.*** सफलीकरणं, अबन्ध्यीकरणं, परागसेकः, रेतःसेचनं.

Fecundity, ***s.*** साफल्यं, सफलता, फलवत्त्वं, जनकता, अबन्ध्यता, स्फीतिः ***f.,*** प्रसवनं, प्रसवित्वं, सावकत्वं, प्रजनिष्णुता.

Fed, ***p. p.*** पुष्टः -ष्टा -ष्टं, पुषितः -ता -तं, पोषितः -ता -तं, भृतः -ता -तं, पालितः -ता -तं, सन्तोषितः -ता -तं, सन्तर्पितः -ता -तं, अशितः -ता -तं, आशितः -ता -तं; **'well-fed,'** सुपुष्टः -ष्टा -ष्टं, हृष्टपुष्टः -ष्टा -ष्टं, स्वाशितः -ता -तं;

'ill-fed,' विपुष्टः -ष्टा -ष्टं; 'fed on by cattle,' अशितङ्गवीनः -ना -नं; 'having fed,' भोजयित्वा.

Federal, *a.* साङ्घातिकः -की -कं, सामयिकः -की -कं, सहितः -ता -तं.

Federate, *a.* सन्धितः -ता -तं, कृतसन्धिः -न्धिः -न्धि, कृतसम्बन्धः -न्धा -न्धं, संहतः -ता -तं, सहितः -ता -तं, सङ्घातवान् -वती -वत् (त्), संयुक्तः -क्ता -क्तं.

Fee, *s.* **(Recompense)** शुल्कं -ल्कं, पारितोषिकं, वेतनं, भाटिः *f.*, भाटकः, दक्षिणा, उपप्रदानं, उपायनं, निस्तारः, प्रतिफलं. —**(Land granted by a lord)** भूस्वामिना स्वपरिचरहस्ते समर्पिता भूमिः; **'fee-simple,'** स्वाधीनभूमिः *f.*

To **fee,** *v. a.* पारितोषिकं दा, वेतनं दा, उपप्रदानेन परितुष् **in caus.** (-तोषयति -यितुं) **or** सन्तुष्, उत्कोचं दा.

Feeble, *a.* अल्पबलः -ला -लं, दुर्बलः -ला -लं, अल्पशक्तिः -क्तिः -क्ति, अल्पवीर्य्यः -र्य्या -र्य्यं, अल्पसत्त्वः -त्त्वा -त्त्वं, अल्पतेजाः -जाः -जः (स्), शिथिलबलः -ला -लं, शिथिलशक्तिः -क्तिः -क्ति, निर्बलः -ला -लं, बलहीनः -ना -नं, सामर्थ्यहीनः -ना -नं, क्षीणबलः -ला -लं, असमर्थः -र्था -र्थं, शिथिलः -ला -लं, फल्गुः -ल्गुः -ल्गु, विस्रस्ततेजाः -जाः -जः (स्), क्षीणः -णा -णं, अवसन्नः -न्ना -न्नं, क्षामः -मा -मं, क्लीवः -वा -वं, छातः -ता -तं, शातः -ता -तं, अमांसः -सा -सं.

Feeble-minded, *a.* अल्पबुद्धिः -द्धिः -द्धि, दुर्मतिः -तिः -ति, अल्पधी -धीः -धि.

Feebleness, *s.* दौर्बल्यं, अल्पशक्तित्वं, अल्पबलं, बलशैथिल्यं, शक्तिशैथिल्यं, शिथिलता, क्षीणता, क्षीणशक्तित्वं, वीर्य्यहानिः *f.*, शक्तिहीनता, सत्त्वहानिः *f.*, तेजोहीनता, अतेजः *n.* (स्), अशक्तिः *f.*, असामर्थ्यं, सामर्थ्यहीनता, अवसादः, विस्रंसा, क्लैव्यं.

Feebly, *adv.* अल्पबलेन, अल्पशक्त्या, दुर्बलं, निर्बलं, दौर्बल्येन.

To **feeb,** *v. a.* **(give tc eat)** भुज् **in caus.** (भोजयति -यितुं), अश् **in caus.** (आशयति -यितुं), प्राश् **in caus.** (भोजनं **or** अन्नं दा. —**(Nourish)** पुष् **(c. 1.** पोषति -षितुं, **c. 9.** पुष्णाति, **c. 10.** पोषयति -यितुं), परिपुष्, पाल् **(c. 10.** पालयति -यितुं), प्रतिपाल्, भृ **(c. 3.** बिभर्त्ति, भर्त्तुं), सम्भृ, अन्नेन सन्तुष् **in caus.** (-तोषयति -यितुं) **or** सन्तृप् **in caus.** (-तर्पयति -यितुं) **or** संवृध् **(c. 10.** -वर्धयति -यितुं). —**(Pasture)** चर् **in caus.** (चारयति -यितुं). —**(Supply)** उपस्था **in caus.** (-स्थापयति -यितुं), उपक्लृप् **(c. 10.** -कल्पयति -यितुं); **'to be plentifully fed,'** आपॄ **in pass.** (-पूर्य्यते).

To **feed,** *v. n.* **(Eat)** भुज् **(c. 7.** भुंक्ते, भोक्तुं), उपभुज्, अश् **(c. 9.** अश्नाति, अशितुं), समश्, पर्य्यश्, प्राश्, खाद् **(c. 1.** खादति -दितुं), अद **(c. 2.** अत्ति -त्तु), भक्ष् **(c. 10.** भक्षयति -यितुं), अन्नेन पॄ **in pass.** (पूर्य्यते) **or** पुष् **(c. 4.** पुष्यति, पोष्टुं). —**(Graze)** चर् **(c. 1.** चरति -रितुं), तृण् **(c. 8.** तृणोति, तृणोति -र्णितुं) तृणं भुज्.

Feed, *s.* **(Provender, fodder)** भक्ष्यं, भोज्यं, विधा, विधानं, विधिः *m.*, गवादनं, अश्वादनं. —**(Quantity of corn, etc. eaten by a horse at once)** यत् तृणधान्यादि एकवारे अश्वेन भुज्यते; **'day's feed for a cow,'** गवाह्निकं.

Feeder, *s.* **(Giver of food)** भोजयिता *m.* (तृ), आशयिता *m.* (तृ), पोष्टा *m.* (ष्टृ), पोषयिता *m.* (तृ), आहारदाता *m.* (तृ), अन्नदाता *m.* —**(One that eats)** भक्षकः, खादकः, अत्ता *m.* (त्तृ), भोक्ता *m.* (क्तृ), भक्षयिता *m.* (तृ), भोजी *m.* (न्), आशी *m.* (न्); **'on grain,'** शस्यभक्षकः, शस्यादः, शस्याद्; **'on grass,'** तृणजम्भः; **'on flesh,'** मांसभक्षः, पिशिताशनः, क्रव्यादः क्रव्याद्, मांसभुक् *m.* (ज्); **'on fruit,'** फलाशी *m.* (न्), फलाशनः.

Feeding, *s.* **(Giving food)** आहारदानं, अन्नदानं, पोषणं, पालनं, भरणं. —**(Eating)** भक्षणं, खादनं, भोजनं, अशनं, प्राशनं, जक्षणं, ग्रसनं, अभ्यवहरणं; **'upon grain,'** शस्यभक्षणं.

To **feel,** *v. a.* **(Perceive by the touch)** स्पृश् **(c. 6.** स्पृशति, स्प्रष्टुं), संस्पृश्, परिस्पृश्, हस्तेन **or** पाणिना परामृश् **(c. 6.** -मृशति -स्रष्टुं **or** परिमृश् **or** मृश् **or** आलभ् **(c. 1.** -लभते -लब्धुं). —**(Try by touch)** स्पर्शेन **or** हस्तसम्पर्केण परीक्ष् **(c. 1.** -ईक्षते -क्षितुं) **or** निरूप् **(c. 10.** -रूपयति -यि); **'to feel the pulse,'** नाडीं परीक्ष्, नाडीपरीक्षां कृ. —**(Suffer, experience)** अनुभू, उपगम् **(c. 1.** -गच्छति -गन्तुं, उपागम्, विद् **(c. 10.** वेदयते -यितुं), सूच् **(c. 10.** सूचयति -यितुं); **'one who feels pain,'** अनुभूतव्यथः, जातव्यथः, आहितव्यथः. —**(Be affected with)** उपहतः -ता -तं भू **or** अस्. —**(Know)** ज्ञा **(c. 9.** जानाति, ज्ञातुं). —**(Feel for the woes of another)** परस्य समदुःखः -खा -खं भू **or** अस्, परदुःखवृत्तान्तं श्रुत्वा कारुण्यं सूच् **or** कृ, अनुकम्प् **(c. 1.** -कम्पते -म्पितुं).

Feel, *s.* स्पर्शः, स्पृष्टिः *f.*, संस्पर्शः, सम्पर्कः, परिमर्शः.

Feeler, *s.* **(Of an insect)** कीटमस्तकाग्रे परामर्शयोग्यं, सूक्ष्मशृङ्गं.

Feeling, *s.* **(Sense of touch)** स्पर्शः, स्पर्शज्ञानं, स्पर्शेन्द्रियं, स्पृष्टिः *f.*, संस्पर्शः, परिमर्शः, परामर्शः, सम्पर्कः. —**(Sensation, perception)** संवेदः, वेदनं, बोधः, ज्ञानं, चेतना, चैतन्यं, चित् *f.*, चिच्छक्तिः *f.*, उपगमः, उपागमः, उपलम्भः, उपलब्धि *f.* —**(Emotion, sentiment)** रसः, भावः, चित्तवृत्तिः *f.*, रागः, चित्तरागः, चित्तविकारः. —**(Feeling for others)** कृपा, दया, अनुकम्पा, करुणा, समदुःखत्वं; **'the feelings,'** चेतः *n.* (स्), चित्तं, चैतन्यं, हृदयं.

Feeling, *part.* **or** *a.* **(Sentient)** चेतनः -ना -नं, चेतकः -की

-कं, चेतनावान् -वती -वत् (त्).—**(Impassioned, affecting)** रसिकः -का -की -कं, रसी -सिनी -सि (न्), रसवान् -वती -वत् (त्), भाविकः -का -की -कं, रागी -गिणी -गि (न्), हृदयङ्गमः -मा -मं.

Feelingly, ***adv.*** सरसं, सरागं, हृदयङ्गमप्रकारेण, कृपापूर्व्वं, सानुकम्पं.

Feet, *s.pl.* पादौ **m.du.,** चरणे **n.du.; 'ornament for the feet,'** नूपुरः.

To* feign, *v. a.* (Invent)** मनसा क्लृप् **(c. 10.** कल्पयति -यितुं) **or** परिक्लृप् **or** सृज् **(c. 6.** सृजति, स्रष्टुं).—**(Pretend)** छद्म कृ, छल् **(c. 10.** छलयति -यितुं), कपटं कृ, व्याजं कृ, ध्वजीकृ, कूटं कृ; **'to feign one's self asleep,'** आत्मानं प्रसुप्तम् इव दृश् **in caus.** (दर्शयति -यितुं) **or** मिथ्याप्रसुप्तः -प्ता -प्तं भू **or** अस्; **'feigning himself dead,'** आत्मानं मृतवत् सन्दर्श्य; **'feigning himself just,'** साधुवेशधारी ***m. (न्).

Feigned, *p. p.* or *a.* कल्पितः -ता -तं, मनःकल्पितः -ता -तं, काल्पनिकः -की -कं, कृत्रिमः -मा -मं, कृतकः -का -कं, कूटार्थः -र्था -र्थं, विडम्बितः -ता -तं, **'a feigned dress,'** कपटवेशः, छद्मवेशः; **'in a feigned dress,'** छद्मवेशी ***m.*** (न्); **'a feigned ascetic,'** छद्मतापसः, वैडालव्रतिकः, वकव्रती ***m.*** (न्); **'feigned kindness,'** मिथ्योपचारः.

Feignedly, *adv.* मिथ्या, सकपटं, सकूटं, सव्याजं, छलेन, छद्मना, असत्यं.

Feigner, *s.* परिकल्पकः, कूटकः, छद्मवेशी ***m.*** (न्), कपटिकः, छली ***m.*** (न्), प्रतारकः; **'of madness,'** उन्मत्तलिङ्गी ***m.*** (न्).

Feint, *s.* अपदेशः, व्यपदेशः, छद्म ***n.*** (न्), कूटः -टं, छलं, मिषं, कैतवं, निमित्तं, व्याजः, कपटः, उपधा; **'mock attack,'** मिथ्याक्रमणं, मिथ्याघातः.

To* felicitate, *v. a. मङ्गलवचनं **or** कल्याणवचनं वद् **(c. 1.** वदति -दितुं), कल्यं वद्, कुशलवादं कृ, मङ्गलं **or** कुशलं भूयाद् इति वद्, आमन्त्र् **(c. 10.** -मन्त्रयति -ते -यितुं), अभिवन्द् **(c. 1.** -वन्दते -न्दितुं), संवन्द्, अभिवद् **(c. 10.** -वादयते -यितुं), अभिनन्द् **(c. 1.** -नन्दति -न्दितुं).

Felicitated, *p. p.* अभिवन्दितः -ता -तं, अभिनन्दितः -ता -तं, आनन्दितः -ता -तं.

Felicitation, *s.* अभिवन्दनं, कल्यवादः, कल्याणवचनं, मङ्गलवाक्यं, कल्पं, कल्पा, कुल्यं, कुशलवादः, आशीर्वादः, धन्यवादः, अभिवादनं.

Felicitious, *a.* परमानन्दितः -ता -तं, परमसुखी -खिनी -खि (न्), अतिकल्याणः -णा -णं.

Felicitous, *a.* परमानन्दितः -ता -तं, परमसुखी -खिनी -खि (न्), अतिकल्याणः -णा -णं.

Felicitously, *adv.* परमसुखेन, परमानन्देन, अतिकल्याणं अतिसुखेन.

Felicity, *s.* परमसुखं, परमानन्दः, परमाह्लादः, सुखं सौख्यं, अत्यन्तसुखं, हर्षः, धन्यता, कल्याणं, शर्म्म ***n.*** (न्), प्रह्लादः, श्रेयः ***n.*** (स्), निःश्रेयसं, सौभाग्यं.—**(Heavenly)** सद्गतिः ***f.,*** स्वर्गगतिः, परमागतिः ***f.,*** सिद्धिः ***f.,*** परमपदं, अपवर्गः, मोक्षः.

Feline, *a.* वैडालः -ली -लं, लिकः -की -कं, मार्जारीयः -या -यं.

Fell, *a.* (Cruel, savage) क्रूरः -रा -रं, रौद्रः -द्री -द्रं, दारुणः -णा -णं, उग्रः -ग्रा -ग्रं, निष्ठुरः -रा -रं, शौवापदः -दी -दं, व्यालः -ला -लं.

Fell, *s.* चर्म्म ***n.*** (न्), अजिनं, दृतिः ***m.,*** कृत्तिः ***f.,*** पशुचर्म्म ***n.***

To* fell, *v. a. पत् **in caus.** (पातयति -यितुं), अवपत्, निपत्, अवछिद् **(c. 7.** -छिनत्ति -छेत्तुं), छिद्; अवकृत् **(c. 6.** -कृन्तति -कर्त्तितुं), प्रकृत्, अवभञ्ज् **(c. 7.** -भनक्ति -भंक्तुं), निभञ्ज्, प्रभञ्ज्, भ्रंश् **in caus.** (भ्रंशयति -यितुं), आघातेन **or** प्रहारेण भूमौ पत् **in caus.**

Felled, *p. p.* पातितः -ता -तं, निपातिः -ता -तं, अवपातिः -ता -तं, छिन्नः -न्ना -न्नं, अवछिन्नः -न्ना -न्नं, प्रभग्नः -ग्ना -ग्नं, भ्रंशितः -ता -तं.

Feller, *s.* अवपातकः, निपातकः, छेत्ता ***m.*** (त्), अवछेत्ता ***m.***

Fellifluous, *a.* पित्तस्त्रावी -विणी -वि (न्), पित्तमयः -यी -यं, पित्तपूर्णः -र्णा -र्णं.

Fellmonger, *s.* पशुचर्म्मविक्रेता ***m.*** (तृ), दृतिक्रयविक्रयिकः, चर्म्मकारः.

Fellness, *s.* क्रूरता, दारुण्यं, दारुणता, रौद्रता, उग्रत्वं, नैष्ठुर्य्यं, पशुत्वं.

Felloe, *s.* (Of a wheel) नेमिः ***f. See*** **Felly.**

Fellow, *s.* (Companion) सहायः, सहचरः, सङ्गी ***m.*** (न्), अनुषङ्गी ***m.*** सहभावी ***m.*** (न्), सहवर्त्ती ***m.*** (न्), बन्धुः ***m.*** सजूः ***m.*** (स्), मित्रं.—**(Equal)** वयस्यः, सवयाः ***m.*** (स्), समवयस्कः, तुल्यपदस्थः.—**(One of the same kind)** सजातिः ***m.,*** सजातीयः, सविधः.—**(One of two or a pair)** यमः -मा -मं, यमकः -का -कं, युग्मकः, एकतरः -रा -रं. —**(Of a college)** विद्यालये लाभालाभभागी ***m.*** (न्) **or** आयभाक् ***m.*** **or** आयभागी ***m.*** (न्).—**(Of a learned body)** पण्डितगणाभ्यन्तरः, आचार्य्यपंक्तिभ्यन्तरः.—**(Of any association)** गणाभ्यन्तरः, श्रेण्यभ्यन्तरः, पांक्तयः, पांक्तेयः. —**(Appellation of contempt)** माणवकः, मनुष्यकः, जाल्मः; **'poor fellow,'** तपस्वी ***m.*** (न्); **'my good fellow,'** भद्र, सौम्य.

To* fellow, *v. a. समायुज् **(c. 7.** -युनक्ति -योक्तुं, **c. 10.** -योजयति -यितुं), संयुज्, समाधा **(c. 3.** -दधाति -धातुं), सन्धा, एकत्रकृ, एकीकृ, तुल्यीकृ.

Fellow-citizen, ***s.*** एकपौरः एकपुरवासी ***m.*** (न्), एकनगरस्थः, एकग्रामीणः, एकग्राममनिवासी ***m.*** (न्), सांस्थानिकः.

Fellow-citizenship, ***s.*** पौरसख्यं, पौरसाहित्यं, एकपौरत्वं.

Fellow-commoner, ***s.*** विद्यालये आचार्य्यगणसहभोजी कुलीनछात्रः.

Fellow-councilor, ***s.*** सहमन्त्री ***m.*** (न्), समन्त्री ***m.***, समसचिवः.

Fellow-countryman, ***s.*** स्वदेशजः, स्वदेशीयः, एकदेशीयः, एकदेशवासी ***m.*** (न्), एकस्थानजः, सांस्थानिकः, संस्थः.

Fellow-creature, ***s.*** सजातिः ***m.***, सजातीयः, समानजातिः ***m.***, समानजातीयः, समभूतः, समभावः, समजः.

Fellow-feeling, ***s.*** समदुःखत्वं, समदुःखसुखत्वं, समभावः, कृपा, अनुकम्पा.

Fellow-heir, ***s.*** समांशी ***m.***, (न्), समाधिकारी ***m.***, (न्), समांशभाक् ***m. See*** **Co-heir.**

Fellow-helper, ***s.*** सहकारी ***m.*** (न्), सहकृत् ***m.***, साहाय्यकृत् ***m.***, सहायः.

Fellow-laborer, ***s.*** सहकर्म्मी ***m.***, (न्), एककर्म्मकारी ***m.***, सम्भूयकारी ***m.***

Fellow-prisoner, ***s.*** सहवन्दिः ***f.***, एककारस्थायी ***m.***, (न्), एककारागुप्तः.

Fellow-scholar, ***s.*** सहाध्यायी ***m.***, (न्), सहाध्येता ***m.*** (तृ), सहशिष्यः सहछात्रः.

Fellow-servant, ***s.*** सहदासः, सहभृत्यः, एकप्रभुसेवकः, सहसेवकः.

Fellowship, ***s.*** सहायत्व -त्वं, साहाय्यं, साहित्यं, साह्यं, संसर्गः, संसर्गिता, सङ्गः, सङ्गतिः ***f.***, साङ्गत्यं, सङ्गित्वं, सङ्गमः, सङ्घातः, संयोगः, साहचर्य्यं, समागमः, संवासः, मैत्र्यं, मैत्री, मित्रत्वं, सख्यं, सौहृद्यं.—**(In a college)** विद्यालये आयभागित्वं **or** आयसंविभागिनः पदं **or** अधिकारः **or** वृत्तिः ***f.***

Fellow-solidier, ***s.*** सहयुध्वा ***m.*** (न्), सहयुध्वानः, सहयोद्धा ***m.*** (द्धृ), सहसैन्यः.

Fellow-student, ***s.*** सहाध्यायी ***m.*** (न्), सहपाठकः, सहशिष्यः, सहछात्रः, समछात्रः, सब्रह्मचारी ***m.*** (न्), सतीर्थः, सतीर्थ्यः.

Fellow-subject, ***s.*** एकराजभक्तः, एकराजाधीनः, एकराज्यवासी ***m.*** (न्).

Fellow-Sufferer, ***s.*** सहदुःखी ***m.*** (न्), समदुःखी ***m.*** समदुःखभागी ***m.*** (न्), सहदुःखभाक् ***m.*** (ज्), समदुःखोपेतः, सहभोगी ***m.*** (न्).

Fellow-traveller, ***s.*** समध्वः -ध्वा, समपथगः, सहयायी ***m.*** (न्), सहपथिकः, सहगामी ***m.*** (न्), समाध्वनि वर्त्तमानः, सममार्गेण यायी ***m.*** (न्).

Fellow-worker, ***s.*** सहकर्म्मी ***m.*** (न्), एककर्म्मकारी ***m.*** (न्), सहकारः, सहकृत्वा ***m.*** (न्).

Felly, ***adv.*** दारुणं, क्रूरं, निष्ठुरं, उग्रं, रौद्रतया, पशुवत्, श्वापदवत्.

Felly, ***s.*** **(Of a wheel)** नेमिः ***f.***, चक्रनेमिः, चक्रपरिधिः ***m.***, प्रधिः ***m.***, प्रधिमण्डलं, नीध्रं, नीव्रः.

Felo-de-se, ***s.*** आत्महा ***m.*** (न्), आत्मघाती ***m.*** (न्), आत्मत्यागी ***m.*** (न्), कृतजीवितत्यागः, आत्मव्यापादकः.

Felon, ***s.*** आततायी ***m.*** (न्), महापातकी ***m.*** (न्), महापापी ***m.*** (न्), महापराधी ***m.*** (न्), साहसिकः.—**(Whitlow)** नखम्पचः, चिप्यं.

Felonious, ***a.*** आततायी -यिनी -यि (न्), जिघांसुः -सुः -सु, घाती -तिनी -ति (न्), साहसिकः -की -कं, साहसी -सिनी -सि (न्), दुराचारः -रा -रं, दुर्वृत्तः -त्ता -त्तं, दुष्टः -ष्टा -ष्टं, पापिष्ठः -ष्ठा -ष्ठं, बधोद्यतः -ता -तं, सन्नद्धः -द्धा -द्धं, द्रोहबुद्धिः -द्धा -द्धं.

Feloniously, ***adv.*** द्रोहबुद्ध्या, द्रोहचेतसा, द्रोहचिन्तनपूर्व्वं, दुष्टमतिपूर्व्वं.

Felony, ***s.*** आततायिता, महापातकं, महापापं, महापराधं, साहसं.

Felt, ***p. p.*** अनुभूतः -ता -तं, जातः -ता -तं, उपगतः -ता -तं, विदितः -ता -तं, ज्ञातः -ता -तं, चित्तभवः -वा -वं, आहितः -ता -तं.

Felt, ***s.*** ऊर्णा, और्णवस्त्रं, उर्णा, और्णकं, ऊर्णायुः ***m.***, कम्बलः.

To **felt,** ***v. a.*** ऊर्णालोमादि संहत्य व्यूतिव्यतिरेकेण स्थूलवस्त्रं कृ.

Felucca, ***s.*** अग्रे पश्चाच्च कर्णयुक्ता लघुनौका **or** लघुनौका यस्याः कर्णः, कदापि पश्चात् कदापि अग्रे युज्यते.

Female, ***s.*** स्त्री, नारी, मानुषी, मनुषी, अङ्गना, योषितः -ता, योषा, महिला, वनिता, अबला, स्त्रीजनः, अङ्गनाजनः, अबलाजनः, वधूः, सीमन्तिनी, वामा; **'female friend,'** सखी; **'female apartments,'** शुद्धान्तः.

Feminine, ***a.*** स्त्रैणः -णी -णं, स्त्रीसम्बन्धी -न्धिनी -न्धि (न्), निष्पुरुषः -षा -षं, स्त्रीधर्म्मा -र्म्मा -र्म्म (न्).—**(Soft, delicate)** सुकुमारः -री -रं, कोमलः -ला -लं, पेलवः -वा -वं, मृदुः -द्वी -दु; **'the feminine gender,'** स्त्रीलिङ्गं.

Fen, ***s.*** अनूपः, अनूपभूः ***f.***, कच्छः, कच्छभूः ***f.***, पङ्कः, कर्दमः.

Fence, ***s.*** आवरणं, वृतिः ***f.***, प्रान्ततो वृतिः, प्रावृतिः ***f.***, प्राकारः, प्राचीरं, अवरोधकं, वेष्टकः, वेष्टनं, वेष्टः, आवेष्टकः, प्रावरः, आवारः, वारणं -णी, वरणः, स्तम्भकरः, मत्तवारणं, मत्तालम्बः, गडः, नेमः, मोघः, मोघाली.—**(Defence)** रक्षा -क्षणं, गुप्तिः ***f.***, त्राणं.

To **fence,** ***v. a.*** **(Inclose with a hedge)** प्राचीरेण परिवेष्ट् **(c. 1.** -वेष्टते -ष्टितुं, **c. 10.** -वेष्टयति -यितुं) **or** आवृ **(c. 5.** -वृणोति -वरितुं -रीतुं) **or** परिवृ **or** अवरुध् **(c. 7.** -रुणद्धि -रोद्धुं) **or** निरुध् **or** वृ **in caus.** (वारयति -यितुं).

—**(Fortify)** परिखाप्राकारादिना परिवृ **or** आवृ **or** संवेष्ट्. —**(Defend)** रक्ष् (**c. 1.** रक्षति -क्षितुं), परिरक्ष्.

***To* fence,, *v. n.* (Practice the art of fencing)** यष्टिद्वारेण शस्त्रविद्यां **or** आयुधविद्याम् अभ्यस् (**c. 4.** -अस्यति -असितुं) **or** शिक्ष् (**c. 1.** शिक्षते -क्षितुं), त्सरुमार्गान् कृ, यष्टिमार्गान् कृ.—**(Fight with foils)** यष्टियुद्धं कृ, दण्डादण्डि युद्धं कृ, यष्टिक्रीडां कृ, दण्डक्रीडां कृ.

Fenced, *p. p.* or *a.* प्राचीरेण वृतः -ता -तं, सावरणः -णा -णं, प्राकाराद्यावृतः -ता -तं, प्रावृतः -ता -तं, प्राकारीयः -या -यं, अवरुद्धः -द्धा -द्धं.

Fenceless, *a.* अनावृतः -ता -तं, अरक्षितः -ता -तं अरुद्धः -द्धा -द्धं.

Fencer, *s.* युष्टियुद्धकर्त्ता ***m.*** (र्त्तृ), आयुधविद्याभ्यासी ***m.*** (न्), यष्टिक्रीडाशिक्षकः.

Fencing, *s.* आयुधविद्या, शस्त्रविद्या, यष्टियुद्धं, दण्डयुद्धं, यष्टिक्रीडा.

Fencing-master, *s.* आयुधविद्योपदेशकः, यष्टिक्रीडोपदेशी ***m.*** (न्).

Fencing-school, *s.* आयुधविद्यावेश्म ***n.*** (न्), आयुधशिक्षाशाला, शस्त्रविद्याशिक्षालयः, यष्टिक्रीडाशिक्षाशाला.

To* fend, *v. a. वृ **in caus.** (वारयति -यितुं), निवृ, प्रतिहन् (**c. 2.** -हन्ति -न्तुं).

Fender, *s.* अङ्गारगुप्तिः ***f.***, अङ्गारवारणी -णं, अङ्गारावरोधकं, अङ्गारस्तम्भकरः.—**(Of a carraige)** वरुथः, रथगुप्तिः ***f.***

Fennel, *s.* शालेयः, सालेयः, शतपुष्पा, भूरिपुष्पा, स्कन्धबन्धना, छत्ता, शीतशिवः, मधुरिका, मिशी, मिश्रेया, कारवी, घोषा.

Fenny, *a.* अनूपः -पा -पं, आनूपः -पी -पं, कच्छः -च्छा -च्छं, जलाढ्याः -ढ्या -ढ्यं, आप्यः -प्या -प्यं, सजलः -ला -लं, पङ्किलः -ला -लं

Feod, *s.* युद्धे ममोपकारी भवेति सन्धिं कृत्वा भूस्वामिना परहस्ते समर्पिता भूमिः **or** परस्मै विसर्ज्जितः क्षेत्राधिकारः.

Feodal, feodary, *See* Feudal, feudatory.

To* feoff, *v. a. पूर्व्वोक्तसन्धिना क्षेत्राद्यधिकारं परहस्ते **or** परस्मै समृ **in caus.** (-अर्पयति -यितुं) **or** परं क्षेत्राद्यधिकारे नियुज् (**c. 10.** (-योजयति -यितुं).

Feoffee, *s.* पूर्व्वोक्तसन्धिपुरःसरं भूस्वामिना क्षेत्राद्यधिकारे नियुक्तः **or** क्षेत्राद्यधिकारवान् ***m.*** (त्).

Feoffer, *s.* पूर्व्वोक्तसन्धिपुरःसरं परस्मै क्षेत्राधिकारसमर्पकः.

Feoffment, *s.* पूर्व्वोक्तसन्धिपुरःसरं परस्मै समर्पितो भूम्यधिकारः.

Feracious, *a.* स्फीतः -ता -तं, फली -लिनी -लि (न्), अबन्ध्यः -न्ध्या -न्ध्यं.

Feracity, *s.* फलवत्त्वं, साफल्यं, स्फीतता, अबन्ध्यता, उर्व्वरात्वं.

Ferine, *a.* पाशवः -वी -वं, शौवापदः -दी -दं, श्वापदः -दी -दं, पशुशीलः -ला -लं, पशुव्यवहारः -रा -रं, पशुधर्म्मा -र्म्मा -मर्म (न्), वन्यः -न्या -न्यं.

Ferity, *s.* पशुता -त्वं, पशुशीलता, क्रूराचारत्वं, निष्ठुरता.

To* ferment, *v. a. अन्तःक्षोभं **or** अन्तश्चलनं **or** अन्तस्तापं **or** उद्भावं जन् (**c. 10.** जनयति -यितुं), उत्सेचनं जन्, अन्तः क्षुभ् (**c. 10.** क्षोभयति -यितुं), उत्तप् (**c. 10.** -तापयति -यितुं).

To* ferment, *v. n. अन्तःक्षुभ् (**c. 4.** क्षुभ्यति, क्षोभितुं), अन्तःक्षोभं **or** अन्तस्तापम् उपागम् (**c. 1.** -गच्छति -गन्तुं) **or** गम् **or** इ (**c. 2.** एति -तुं), उत्तप्तः, प्ता -प्तं भू **or** अस्, उद्धू, फेन (**nom.** फेनायते).

Ferment, *s.* (Intestine motion, heat) अन्तःक्षोभः, अन्तस्तापः, अन्तर्दाहः, अन्तर्वेगः, अन्तरुत्सेकः, उत्तापः, अन्तरालोडनं, अन्तरुष्मः, उग्रत्वं, प्रचण्डता.—**(That which causes fermentation, yeast)** नग्नहूः ***m.***, किण्वः -ण्वं, मण्डः -ण्डं, सुरामण्डः, अभिषवः, कारोत्तरः, कारोत्तमः, कादम्बरीवीजं.

Fermentable, *a.* अन्तरुत्सेकयोग्यः -ग्या -ग्यं, अन्तरुत्सेचनक्षमः -मा -मं, अन्तःक्षोभणीयः -या -यं.

Fermentation, *s.* सन्धानं, सन्धिका, अन्तर्दहनं, अन्तःक्षोभः, अन्तस्तापः, अन्तर्दाहः, अन्तरुत्सेकः, उत्सेकः, उत्सेचनं, उद्भावः, उत्तापः, उग्रत्वं, अन्तरुष्मः, उच्चण्डता अन्तश्चण्डता, अन्तरालोडनं, विकारः.

Fermentative, *a.* उद्भावकारी -रिणी -रि (न्), अन्तःक्षोभकारी **etc.,** उत्सेकजनकः -का -कं, मण्डजनकः -का -कं.

Fermented, *a.* विकृतः -ता -तं, विकारितः -ता -तं, सन्धितः -ता -तं, सन्धानोपगतः -ता -तं, अन्तःक्षुब्धः -ब्धा -ब्धं, उत्सिक्तः -क्ता -क्तं; **'fermented liquor,'** सुरासवः, यवसुरं.

Fern, *s.* समङ्गा, गुप्तपुष्प ओषधिभेदः, बहुपत्रकः.

Ferny, *a.* समङ्गाविशिष्टः -ष्टा -ष्टं, समङ्गावृतः -ता -तं, समङ्गामयः -यी -यं.

Ferocious, *a.* रौद्रः -द्री -द्रं, क्रूरः -रा -रं, अतिक्रूरः -रा -रं, मारात्मकः -का -कं, उग्रः -ग्रा -ग्रं, शौवापदः -दी -दं, श्वापदः -दी -दं, व्यालः -ला -लं, साहसिकः -की -कं, दारुणः -णा -णं, क्रूरचरितः -ता -तं, क्रूरकर्म्मा -र्म्मा -र्म्म (न्), रौरवः -वी -वं, व्यालतमः -मा -मं.

Ferociously, *adv.* अतिक्रूरवत्, अतिक्रौर्य्येण, श्वापदवत्, व्यालवत्, उग्रं.

Ferocity, *s.* रौद्रता, क्रूरता, अतिक्रूरता, क्रौर्य्यं, उग्रत्वं, व्यालत्वं.

Ferreous, *a.* लौहः -ही -हं, आयसः -सी -सं, लोहलः -ला -लं, लोहमयः, -यी -यं, अयोमयः -यी -यं, लोहसभावः -वा -वं.

Ferret, *s.* बभ्रुः ***m.***, नकुलः, अङ्गूषः, नकुलजातीयो जन्तुः.

To* ferret, *v. a. शशकादिविलेवासिनो क्षुद्रजन्तून् बभुभिर् गर्त्तेभ्यो निःसृ **in caus.** (-सारयति -यितुं) **or** गर्त्तेभ्यो वहिष्कृत्य अनुसृ, इन्दुरादीन् गर्त्ताश्रयान् निःसृ **in caus.**

Ferruginous, *a.* लोहकलङ्कमयः -यी -यं, अयोमलवान् -वती -वत् (त्).

Ferrule, *s.* लोहवलयः, लोहबन्धनी -नं, लौहरक्षणी, दण्डाग्रत्राणं.

To* ferry over, *v. a. नावा **or** नौकया नदीं **or** नदीपारं तृ **in caus.** (तारयति -यितुं).

To* ferry over, *v. n. नौकया नदीं **or** नदीपारं तृ **(c. 1.** तरति -रितुं -रीतुं) **or** सन्तृ.

Ferry, *s.* (Place of passing over rivers) नदीतरस्थानं, तरस्थानं, तरणस्थानं, उत्तरणस्थानं, तरः, घट्टः -ट्टी, उमः.

Ferry-boat, *s.* तरणनौका, तरणः -णिः ***f.***, तारणः -णिः ***f.***, तरित्री, तरिः ***f.***, तरिकं -का, तारकः -कं, तरण्डः -ण्डा -ण्डी, तरालुः ***m.***, तरान्धुः ***m.***, वहित्रं, उडुपः -पं.

Ferry-man, *s.* तारकः, तरिकः -की ***m.*** (न्), तारणः, तरिता ***m.*** (तृ).

Fertile, *a.* बहुफलः -ला -ली -लं, बहुफलदः -दा -दं, दायी -यिनी -यि (न्), बहुफलोत्पादकः -का -कं, बहुशस्यदः -दा -दं, प्रचुरशस्योत्पादकः -का -कं, फली -लिनी -लि (न्), फलवान् -वती -वत् (त्), सफलः -ला -लं, स्फीतः -ता -तं, पीनः -ना -नं, अबन्ध्यः -न्ध्या -न्ध्यं; **'fertile soil,'** उर्व्वरा **or** ऊर्व्वरा.

Fertilely, *adv.* सफलं, सबहुफलं, स्फीतं, स्फीत्या, यथा बहुफलम् उत्पद्यते तथा, अबन्ध्यं.

Fertileness, fertility *s.* फलवत्त्वं, सफलता, फलिता, साफल्यं, स्फीतिः ***f.***, बहुफलोत्पादकत्वं, अबन्ध्यत्वं, उर्व्वरात्वं, ऊर्व्वरत्वं.

To* fertilize, *v. a. सफल **(nom.** सफलयति -यितुं), सफलीकृ, स्फीतिकृ, स्फाय् **in caus.** (स्फावयति -यितुं), आप्यै **in caus.** (-प्याययति -यितुं).

Fertilized, *p. p.* सफलीकृतः -ता -तं, स्फीतीकृतः -ता -तं, आप्यायितः -ता -तं.

Ferule, ferula, *s.* काष्ठफलकविशेषो येन हस्ततले शिष्यताडनं क्रियते.

To* ferule, *v. a. पूर्व्वोक्तकाष्ठफलकेन करतले शिष्यं तड् **(c. 10.** ताडयति -यितुं).

Fervency, *s.* व्यग्रता, चण्डता, उच्चण्डता, प्रचण्डता, उष्णता, उष्मः, उत्तापः, तैक्ष्ण्यं, तीक्ष्णता, उद्योगः, उद्युक्तता, उग्रता, औत्सुक्यं, अनुरागः, आसक्तिः ***f.***, चित्रासक्तिः ***f.***, मनोनिर्बन्धः, उत्साहः; **'pious ardour,'** अतिशयभक्तिः ***f.***, भक्तिव्यग्रता.

Fervent, *a.* व्यग्रः -ग्रा -ग्रं, चण्डः -ण्डा -ण्डं, प्रचण्डः -ण्डा -ण्डं, उच्चण्डः, -ण्डा -ण्डं, उत्तप्तः -प्ता -प्तं, उष्णः -ष्णा -ष्णं, उद्योगी -गिनी -गि (न्), उद्युक्तः -क्ता -क्तं, सोद्योगः -गा -गं, तीक्ष्णः -क्ष्णा -क्ष्णं, अनुरक्तः -क्ता -क्तं, अत्यनुरागी -गिणी -गि (न्), उत्सुकः -का -कं, आसक्तः -क्ता -क्तं, समुद्यतः -ता -तं, उग्रः -ग्रा -ग्रं; **'in piety,'** अतिभक्तः -क्ता -क्तं, भक्तिव्यग्रः -ग्रा -ग्रं.

Fervently, *adv.* व्यग्रं, अत्यनुरागेण, सतैक्ष्ण्यं, उत्तापेन, सोद्योगं, औत्सुक्येन, उत्सुकं, उग्रं, सानुरागं, प्रचण्डं, व्यवसितं, अतिकुतूहलेन.

Fervid, *a.* तप्तः -प्ता -प्तं, सन्तप्तः -प्ता -प्तं, उपतप्तः -प्ता -प्तं, अभितप्तः -प्ता -प्तं, उत्तप्तः -प्ता -प्तं, चण्डः, ण्डा -ण्डं, प्रचण्डः -ण्डा -ण्डं, उष्णः -ष्णा -ष्णं, तीक्ष्णः -क्ष्णा -क्ष्णं, तीव्रः -व्रा -व्रं, तिग्मः -ग्मा -ग्मं.

Fervour, *s.* तापः, उत्तापः, सन्तापः, उपतापः, अभितापः, उष्णता, औष्ण्यं, दाहः, चण्डता, तीक्ष्णता, तैक्ष्ण्यं, तिग्मता, तीव्रता. ***See*** **Fervency.**

Festal, *a.* पार्व्वः -र्व्वी -र्व्वं, औत्सवादिकः -की -कं, यात्रिकः -की -कं.

To* fester, *v. n. पूय् **(c. 1.** पूयते -यितुं), पाकं कृ, पक्वाः -क्वा -क्वं भू, सपूयः -या -यं भू, पूतीभू, व्रणवद् दुष् **(c. 4.** दुष्यति, दोष्टुं).

Festival, *s.* उत्सवः, पर्व्व ***n.*** (न्), पर्व्वाहः, पर्व्वरीणं, उत्सवदिनं, महः -महः ***n.*** (स्), उद्धर्षः, यात्रा, उद्धवः, क्षणः अभ्युदयः, चर्चरी; **'great festival,'** महोत्सवः; **'public festival,'** यात्रोत्सवः; **'fixed,'** नैश्चित्यं; **'completion of a festival,'** पर्व्वपूर्णता.

Festive, *a.* आनन्दी -न्दिनी -न्दि (न्), सानन्दः -न्दा -न्दं, आनन्दसूचकः -का -कं, सोत्सवः -वा -वं, उत्सवकारी -रिणी -रि (न्), हर्षणः -णा -णं.

Fesitivity, *s.* समुत्सवः उत्सवः, महोत्सवः, उत्सवकालः, हर्षः, आनन्दः, आह्लादः, आमोदः, प्रमोदः, विश्रम्भः.

Festoon, *s.* माला, हारः, प्रालम्बिका; **'of flowers,'** कुसुममाला.

Fetal, *a.* गार्भः -र्भी -र्भं, गार्भिकः -की -कं, भ्रूणसम्बन्धी -न्धिनी -न्धि (न्).

***To* fetch, *v. a.* (Bring)** आनी **(c. 1.** -नयति -नेतुं), उपानी, आहृ **(c. 1.** -हरति -हर्त्तुं).—**(Derive)** आनी, निर्णी, नी, अपवहृ **(c. 1.** -हरति -हर्त्तुं).—**(Derive)** आनी, निर्णी, नी, अपवह् **(c. 1.** -वहति -वोढुं).—**(Draw, cause to appear)** निष्कृष् **(c. 1.** -कर्षति -क्रष्टुं), स्रु **in caus.; in caus.** (स्रावयति -यितुं), उत्पद् **in caus.** (-पादयति -यितुं), जन् **in caus.** (जनयति -यितुं); **'draw blood,'** शोणितम् उत्पद् **in caus.,** रक्तं सु **in caus.; 'fetch a sigh,'** दीर्घं निःश्वस् **(c. 2.** -श्वसिति -तुं) **or** निश्वस्.—**(Perform)** कृ.—**(Fetch a price)** अमुकमूल्येन विक्री **in pass.** (-क्रीयते); **'what price does it fetch?'** कियता मूल्येन विक्रीयते.

Fetch, ***s.*** उपायः, व्यपदेशः, अपदेशः, छलं -लना, कपटः, व्याजः.

Fetched, ***p. p.*** आनीतः -ता -तं, उपानीतः -ता -तं, आहृतः -ता -तं.

Fete, ***s.*** उत्सवः, महोत्सवः, उत्सवदिनं, उद्धर्षदिनं.

Fetid, ***a.*** दुर्गन्धः -न्धा -धं., दुर्गन्धी -न्धिनी -न्धि (न्), असुगन्धः -न्धा -न्धं, उग्रगन्धिः -न्धिः -न्धि, पूतिगन्धिकः -की -कं, असुरभिः -भिः -भि, पूतः -ता -तं.

Fetidness, ***s.*** दुर्गन्धत्वं, दौर्गन्धिः ***m.***, पूतिगन्धता, पूतिः ***f.***, पूतत्वं.

Fetlock, ***s.*** अश्वानां पादजङ्घासन्धिः ***m.*** **or** चरणजङ्घापर्व ***n.*** (न्) **or** पादजङ्घासन्धिरुहो लोमपिण्डः **or** लोमगुच्छकः.

Fetor, ***s.*** दुर्गन्धः, पूतिगन्धः, कुत्सितगन्धः, उग्रगन्धः, असुगन्धः.

Fetter, ***s.*** निगडः -डं, बन्धनं, बन्धः, पाशः, शृङ्खलः -ला -लं, यन्त्रणं, यन्त्रं, योक्त्रं, चारः, प्रसितिः ***f.***, **'for the feet,'** पादपाशः -शी, चरणपाशः, पादबन्धनं; **'of iron,'** लौहबन्धः -न्धं -न्धनं, शृङ्खला.

To **fetter,** ***v. a.*** निगडेन **or** पाशेन **or** शृङ्खलया बन्ध् **(c. 9.** बध्नाति, बन्धुं), निगड **(nom.** निगडयति -यितुं), पाश **(nom.** पाशयति -यितुं), शृङ्खल **(nom.** शृङ्खलयति -यितुं), योक्त्र **(nom.** योक्त्रयति -यितुं), यन्त्र् **(c. 10.** यन्त्रयति -यितुं), पाशीकृ, पाशेन यम् **(c. 1.** यच्छति, यन्तुं) **or** संयम्.

Fettered, ***p. p.*** निगडितः -ता -तं, निगडेन बद्धः -द्धा -द्धं, पाशितः -ता -तं, पाशीकृतः -ता -तं, शृंङ्खलितः -ता -तं, यन्त्रितः -ता -तं, संयमितचरणः -णा -णं, बद्धपादः -दा -दं.

Fetus, ***s.*** भ्रूणः, गर्भः, कललं, कललः -लं, पिण्डः, षं, गर्भस्थबालकः, जरायुस्थो बालकः, उदरस्थः शिशुः ***m.***, जठरस्थशिशुः ***m.***, अन्तरापत्यं.

Feud, ***s.*** **(Quarrel)** कलहः -हं, कलिः ***m.***, विरोधः, विग्रहः, विपक्षता, युद्धं, द्वन्द्वं; **'family feud,'** कुटुम्बकलहः, गृहच्छिद्रं, गृहरन्ध्रं.—**(Right to land).** ***See*** **feod.**

Feudal, ***a.*** पूर्व्वकाले क्षेत्राधिकारविषये यो नियमस् तत्सम्बन्धी -न्धिनी -न्धि (न्) **or** क्षेत्रस्वामिक्षेत्राधिकारिणोर् मध्ये यः समयस् तद्विषयकः -का -कं.

Feudatory, ***s.*** पूर्व्वकाले भूस्वाम्यधीनः क्षेत्राधिकारी ***m.*** (न्), उपजीवी ***m.*** (न्).

Fever, ***s.*** ज्वरः, संज्वरः, तापः, शरीरतापः, शरीरदाहः, देहदाहः, अन्तर्दाहः, जूर्त्तिः ***f.***, महागदः; **'common fever,'** प्राकृतज्वरः; **'bilious fever,'** पित्तज्वरः; **'continued fever,'** सततज्वरः; **'remittent,'** सन्ततज्वरः; **'slow fever,'** प्रलेपकः; **'ill of fever,'** ***see*** **Feverish. 'to be ill of fever,'** ज्वर् **(c. 1.** ज्वरति -रितुं), संज्वर्; **'attack of fever,'** ज्वरावतरणं, ज्वराक्रमणं, आतपलङ्घनं.

To **fever,** ***v. a.*** ज्वर् **in caus.** (ज्वरयति -यितुं), संज्वर्, **in caus.** ज्वरं कृ, तप् **in caus.** (तापयति -यितुं), सन्तप्, दह् **(c. 1.** दहति, दग्धुं).

Feverish, ***a.*** **(Ill with fever)** ज्वरी -रिणी -रि (न्, ज्वरितः -ता -तं, सज्वरः -रा -रं, सज्वारी -रिणी -रि (न्), ज्वरातुरः -रा -रं, संज्वरातुरः -रा -रं, ज्वरपीडितः -ता -तं, ज्वरग्रस्तः -स्ता -स्तं.—**(Having a slight fever)** ईषज्ज्वरी -रिणी -रि (न्).—**(Producing fever)** ज्वरजनकः -का -कं, ज्वरोत्पादकः -का -कं.

Feverishness, ***s.*** सज्वरत्वं, ईषज्ज्वरग्रस्तता, ज्वरभावः, ज्वरित्वं.

Few, ***a.*** अल्पः -ल्पा -ल्पं, स्वल्पः -ल्पा -ल्पं, स्वल्पकः -का -कं, अबहुः -हुः -ह्वी -हु, कतिपयः -या -यं, अप्रचुरः -रा -रं, स्तोकः -का -कं, अल्पसंख्यकः -का -कं, अवृंहितः -ता -तं, अनेकः -का -कं, मितः -ता -तं, परिमितः -ता -तं, अभृशः -शा -शं; **'a few,'** अल्पे, स्वल्पे, कतिचित्, अनेके, कतिपयजनाः ***m. pl.***, कतिचिज्जनाः ***m. pl.***, स्तोकाः ***m. pl.***, कति कति; **'a few paces,'** कतिचित्पदानि ***m. pl.***, **'fewest,'** न्यूनः -ना -नं, अवरः -रा -र.

Fewness, ***s.*** अल्पता, स्वल्पता, अबहुत्वं, अप्राचुर्य्यं, स्तोकत्वं.

Fiat, ***s.*** आज्ञा, आदेशः, निदेशः, नियोगः, शासनं, व्यवस्था.

Fib, ***s.*** असत्यं, अनृतं, वितथं, अलीकं, मिथ्यावादः, मृषावादः.

To **fib,** ***v. n.*** असत्यं वद् **(c. 1.** वदति -दितुं), मृषा **or** मिथ्या वद्.

Fibber, ***s.*** असत्यवादी ***m.*** (न्), मिथ्यावादी ***m.***, मृषावादी ***m.***, अनृती ***m.***, (न्).

Fibre, ***s.*** **(Thread)** तन्तुः ***m.***, तन्त्रं, सूत्रं, गुणः.—**(Filament)** केशरः, पक्ष्मः ***n.*** (न्), अंशुः ***m.***—**(Fibre of the body)** शिरा, सिरा, नाडी, स्नायुः ***m.***, स्नसा, वहीरुः ***m.***—**(Of a leaf)** पत्रशिरा, पत्रनाडिका, दलञ्जसा.—**(Of the lotus)** मृणालः -लं, विशं, विषं, विसं, तन्तुलं.

Fibred, ***a.*** मृणाली -लिनी -लि (न्), तन्तुमान् -मती -मत् (त्), अंशुमान् **etc.**

Fibril ***s.*** सूक्ष्मतन्तुः ***m.***, सूक्ष्मतन्त्रं, सूक्ष्मकेशरः, सूक्ष्मशिराः.

Fibrous, ***a.*** तन्त्री -ण्णी -न्त्रि (न्), तन्तुमान् -मती -मत् (त्), तन्तुमयः -यी -यं, केशरी -रिणी -रि (न्), सूत्री -त्रिणी -त्रि (न्), सूक्ष्मनाडिविशिष्टः -ष्टा -ष्टं, शिरालः -ला -लं.

Fibula, ***s.*** जङ्घाया वहिरस्थि ***n.***, जङ्घाबद्धास्थि.—**(Clasp)** कुडुपः.

Fickle, ***a.*** चञ्चलः -ला -लं, चञ्चलहृदयः -या -यं, चञ्चलबुद्धिः -द्धिः -द्धि, चपलः -ला -लं, चपलात्मकः -का -कं, चलचित्तः -त्ता -त्तं, सङ्कसुकः -का -कं, अस्थिरः -रा -रं, अनवस्थः -स्था -स्थं, अनवस्थानः -ना -नं, अनवस्थितः -ता -तं, लोलः -ला -लं, तरलः -ला -लं, प्रकृतितरलः -ला

Fickleness 396 Fiery

-लं, अधीरः -रा -रं, अन्यमनाः -नाः -नः (स्), नैकभावाश्रयः -या -यं, सञ्चारी -रिणी -रि (न्).

Fickleness, *s.* चञ्चलत्वं, चाञ्चल्यं, चपलता, चापल्यं, अस्थिरता, अस्थैर्य्यं, चलचित्तता, लोलता, लौल्यं, मनोलौल्यं, तरलता, तारल्यं, सङ्कुमुकत्वं, अनवस्थितिः ***f.***, अधीरत्वं, अधृतिः ***f.***

Fickly, *adv.* चञ्चलं, चपलं, तरलं, अस्थिरः, अस्थैर्य्येण, मनोलौल्यात्.

Fiction, *s.* (Feigning, invention) कल्पना -नं, क्लृप्तिः ***f.***, परिकल्पनं, -ना, रचना, सृष्टिः ***f.***, मनःसृष्टिः ***f.***, कल्पनासृष्टिः ***f.***, कृत्रिमकरणं.—**(That which is feigned, false story)** मनःकल्पिता कथा, कूटार्थोपाख्यानं, कूटार्थभाषिता, परिकथा, मिथ्याकथा, मिथ्यावाक्यं, प्रबन्धकल्पना, अनृतं; **'a poetical fiction,'** प्रकरणं.

Fictitious, *a.* कल्पितः -ता -तं, परिकल्पितः -ता -तं, काल्पनिकः -की -कं, मनःकल्पितः -ता -तं, कृत्रिमः -मा -मं, कृतकः -का -कं, कूटार्थः -र्था -र्थं, मिथ्यार्थकः -का -कं, मृषार्थकः -का -कं, असत्यः -त्या -त्यं, अप्रकृतः -ता -तं, विडम्बितः -ता -तं, कपटी -टिनी -टि (न्), मिथ्या **in comp.; 'fictious coin,'** कूटस्वर्णं.

Fictitiously, *adv.* मिथ्या, असत्यं, सकपट, सकूटं, सव्याजं, मृषा, कृत्रिमं, काल्पनिकप्रकारेण, सविडम्बनं.

Fiddle, *s.* (Violin) सारङ्गी, शारङ्गी, पिनाकी.

To *fiddle*, *v. n.* सारङ्गीं वद् **in caus.** (वादयति -यितुं) **or** संवद्, शारिकां सृ **in caus.** (सारयति -यितुं).—**(Trifle, fidget)** चपलः -ला -लं भू, तुच्छकर्म्म कृ, तृणादि सृ **in caus.**

Fiddle-faddle, *s.* मृषार्थकं, वृथाकथा, आलस्यवचनं, असत्सद्धवाक्यं.

Fiddle-faddle,, *a.* तृणप्रायः -या -यं, असम्बद्धः -द्धा -द्धं, तुच्छः -च्छा -च्छं.

Fiddler, *s.* सारङ्गीवादकः, पिनाकीवादकः, सारङ्गीपाणिः ***m.***

Fiddlestick, *s.* शारिका, कोणः, रणः, परिवादः, घर्घरिका.

Fiddle-string, *s.* तन्त्री, तन्त्रं, सारङ्गीतन्तुः ***m.***, सारङ्गीसूत्रं.

Fidelity, *s.* भक्ति ***f.***, भक्तिमत्त्वं, भक्तता, विश्वास्यत्वं, धीरत्वं, अभेद्यता, विश्रब्धता, विश्वस्तता, सेवा; **'to a master,'** प्रभुभक्तिः ***f.***; **'to a husband,'** पतिव्रतं, प्रातिव्रत्यं, पतिसेवा.

To* fidget, *v. n. चपलः -ला -लं भू, चञ्चलः -ला -लं भू, चापल्यं कृ; **'with the hands.'** पाणिचापल्यं कृ.

Fidget, *s.* (Restlessness) चापल्यं, चञ्चलत्वं, अशान्तिः ***f.***, सदाचलत्वं.

Fidgety, *a.* चपलः -ला -लं, चञ्चलः -ला -लं, सदाचलः -ला -लं, सततगतिः -तिः -ति, अशान्तः -न्ता -न्तं, असुस्थः -स्था -स्थं.

Fiducial, *a.* विश्वासी -सिनी -सि (न्), विश्वस्तः -स्ता -स्तं, असन्दिग्धः -ग्धा -ग्धं.

Fiduciary, *a.* प्रत्ययी -यिनी -यि (न्), दृढविश्वासः -सा -सं.

Fiduciary, *s.* (Trustee) न्यासधारी ***m.*** (न्), निक्षेपधारी ***m.*** (न्), विश्वस्तजनः.

Fie, *exclam.* धिक्, शान्तं, द्यै, अपैहि, अपसरः.

Fief, *s.* क्षेत्रं, भूमिः ***f. See* Feod.**

Field, *s.* क्षेत्रं, केदारः, भूमिः ***f.***, वप्रिः ***m.***, तटं, मालं, वारटं, पाटीरः **'of corn,'** शस्यक्षेत्रं; **'ploughed field,** सीत्यक्षेत्रं, कृष्टभूमिः ***f.***; **'field of battle,'** रणभूमिः ***f.***, युद्धक्षेत्रं, रणक्षेत्रं, समराङ्गनं, रङ्गाङ्गनं, रङ्गभूमिः ***f.***, रणाजिरं, रणः -णं, आयोधनं, मल्लभूमिः ***f.***, रुण्डिका; **'relating to a field,'** कैदारः -री -रं, क्षेत्रिकः -की -कं, क्षेत्री -त्रिणी -त्रि (न्).—**(Space for action)** प्रसरः.

Field-day, *s.* युद्धाभ्यासदिवसः, युद्धशिक्षादिवसः, सैन्यव्यायामदिनं.

Field-marshal, *s.* बलाध्यक्षः, सेनाध्यक्षः, सेनाधिपः, सेनापतिः ***m.***

Field-mouse, *s.* क्षेत्रवासी क्षुद्रमूषिकविशेषः, ग्राम्यमूषिकः.

Field-piece, *s.* रणभूमौ, प्रयोजनीयं लघुयुद्धयन्त्रं.

Field-sports, *s.* वनक्रीडा, जङ्गलक्रीडा, मृगयाविहारः, मृगव्यं, मृगया.

Fiend, *s.* पिशाचः, भूतः, वेतालः, राक्षसः, असुरः, दानवः, दैत्यः, दैतेयः, निशाटः, निशाचरः, रात्रिचरः, रजनीचरः, नक्तचरः, क्षणदाचरः, कौणपः, यातुः ***m.***, यातुधानः, यज्ञारिः ***m.***, प्रेतः, विथुरः, कर्बुरः.

Fiendish, fiend-like, *a.* पैशाचः -ची -चं-चिकः -की -कं, भौतः -ती -तं -तिकः -की -कं, राक्षसः -सी -सं, वैतालिकः -की -कं, आसुरः -री -रं, पिशाचसन्निभः -भा -भं, दारुणः -णा -णं, पिशाचवद् अतिदुष्टः -ष्टा -ष्टं.

Fierce, *a.* (Savage) क्रूरः -रा -रं, रौद्रः -द्री -द्रं, उग्रः -ग्रा -ग्रं, दारुणः -णा -णं, रौरवः -वी -वं, व्यालः -ला -लं, शौवापदः -दी -दं, श्वापदः -दी -दं.—**(With anger)** कोपज्वलितः -ता -तं, कोपोन्मत्तः -त्ता -त्तं, कोपाकुलः -ला -लं, संरब्धः -ब्धा -ब्धं, संरम्भी -म्भिणी -म्भि (न्), समन्युः -न्युः -न्यु.—**(Violent)** तीक्ष्णः -क्ष्णा -क्ष्णं, तीव्रः -व्रा -व्रं, चण्डः -ण्डा -ण्डं, प्रचण्डः -ण्डा -ण्डं, प्रखरः -रा -रं, साहसिकः -की -कं, धीरः -रा -रं.

Fiercely, *adv.* क्रूरं, क्रौर्य्येण, रौद्रं, उग्रं, श्वापदवत्, व्यालवत्, तीव्रं, तीक्ष्णं, सतैक्ष्ण्यं, प्रचण्डं.

Fierceness, *s.* (Savageness) क्रूरता, रौद्रता, क्रौर्य्यं, उग्रत्वं, व्यालत्वं.—**(Furiousness)** संरम्भः, सरंब्धता, प्रतिरम्भः, कोपोन्मत्तता.—**(Violence)** तीक्ष्णता, तैक्ष्ण्यं, तीव्रता, चण्डता, प्राखर्य्यं.

Fiery, *a.* (Consisting of fire) आग्नेयः -यी -यं, अग्निमयः

-यी -यं, अग्निमान् -मती -मत् (त्), कार्शानवः -वी -वं. —**(Vehement, hot)** तीक्ष्णः -क्ष्णा -क्ष्णं, तैजसः -सी -सं, चण्डः -ण्डा -ण्डं, प्रचण्डः -ण्डा -ण्डं, उच्चण्डः -ण्डा -ण्डं, उष्णः -ष्णा -ष्णं, उग्रः -ग्रा -ग्रं.—**(Irascible)** शीघ्रकोपी -पिणी -पि (न्), सुलभकोपः -पा -पं, पित्तवेगी -गिनी -गि (न्).

Fife, ***s.*** वेणुः ***m.,*** वंशः, विवरनालिका, ध्वनिनाला.

Fifer, ***s.*** वेणुध्मः, वेणुवादः-दकः, वांशिकः, वंशवादकः.

Fifteen, ***a.*** पञ्चदश ***m. f. n. pl.*** (न्), पञ्चदशसंख्यकः -का -कं.

Fifteenth, ***a.*** पञ्चदशः -शी -शं.

Fifth, ***a.*** पञ्चमः -मी -मं, पञ्चकः -का -कं; **'one-fifth,'** पञ्चमांशः.

Fifthly, ***adv.*** पञ्चतस्, पञ्चमतस्, पञ्चस्थाने, पञ्चमपदे.

Fiftieth, ***a.*** पञ्चाशः -शी -शं, पञ्चाशत्तमः -मी -मं.

Fifty, ***a.*** पञ्चाशत् ***f. sing.,*** अर्द्धशतः -ता -तं; **'one hundred and fifty,'** सार्द्धशतं.

Fig, ***s.*** अञ्जीरं, उदुम्बरफलं, न्यग्रोधफलं, पिप्पलफलं.

Fig-tree, ***s.*** उदम्बरः, उदुम्बरः, वटः, न्यग्रोधः, पर्कटी, पिप्पलः, गजभक्षकः, अञ्जीरं.

To **fight,** ***v. a.*** **and** ***n.*** युध् **(c. 4.** युध्यते, योद्धुं, **c. 10.** योधयति -यितुं), प्रतियुध्, संयुध्, आयुध्, प्रायुध्, विग्रह् **(c. 9.** -गृह्णाति -ह्णीते -ग्रहीतुं), **with inst. or sometimes acc. c.; as, 'he fights with his enemies,'** शत्रुभिः **or** शत्रुभिः सह युध्यते **or** विगृह्णाति **or** अरीन् प्रतियुध्यते **or** योधयति; सम्प्रहृ **(c. 1.** -हरति -हर्त्तुं), युद्धं कृ, सङ्ग्रामं कृ, कलह **(nom.** कलहायते), वैर **(nom.** वैरायते); **to desire to fight,'** रणकाम **(nom.** -कामयति), युध् **in des.** (युयुत्सते -त्सितुं).

Fight, ***s.*** युद्धं, सङ्ग्रामः, आयोधनं, प्रयुद्धं, रणः -णं, समरः -रं, संयुगः, संख्यं, आहवः, सङ्गरः, समाघातः, समित् ***f.,*** समिति ***f.,*** सम्प्रहारः, विग्रहः, कलिः ***m.;*** **'close fight,'** नियुद्धं.

Fighter, ***s.*** योद्धा ***m.*** (द्धृ), योधी ***m.*** (न्), नियोद्धा ***m.,*** नियोधकः, युध्वा ***m.,*** (न्), युयुत्सुः ***m.,*** प्रयुयुत्सुः ***m.,*** युधानः, प्रहारी ***m.*** (न्), प्रहर्त्ता ***m.*** (र्त्तृ), प्रहरन् ***m.*** (त्).

Fighting, ***part.*** गुध्यमानः -ना -नं, योधयन् -यन्ती -यत् (त्), युद्धकारी -रिणी -रि (न्).—**(Qualified for war)** युद्धोपयुक्तः -क्ता -क्तं, युद्धकर्म्मयोग्यः -ग्या -ग्यं.

Figment, ***s.*** कल्पितकथा, कल्पितवाक्यं, मिथ्याकथा. ***See*** **Fiction.**

Figurante, ***s.*** नर्त्तकी, लासकी, लासिका, नर्त्तनवृत्तिः ***f.,*** नृत्यकुशली.

Figurate, ***a.*** आकारवान् -वती -वत् (त्), आकृतिमान् -मती -मत् (त्), साकारः -रा -रं, रूपवान् -वती -वत् (त्), मूर्त्तिमान् -मती -मत् (त्), अवयवी -विनी -वि (न्), रूपधृत् ***m.f.n.,*** रूपभृत्, ***m. f. n.*** आकारधारी -रिणी -रि (न्).

Figuration, ***s.*** रूपकरणं, आकारविधानं, मूर्त्तिकरणं, संस्कारः, आकृतिः ***f.***

Figurative, ***a.*** रूपकः -का -कं, व्यञ्जकः -का -कं, लाक्षणिकः -की -कं, उपलक्षितः -ता -तं, ध्वनितः -ता -तं, गौणः -णी -णं; **'figurative style,'** व्यञ्जनं -ना, व्यञ्जनावृत्तिः ***f.,*** व्यङ्ग्यः, उपक्षेपः.

Figuratively, ***adv.*** सव्यञ्जनं, व्यञ्जनापूर्व्वं, सरूपकं, सोपलक्षणं.

Figurativeness, ***s.*** रूपकत्वं, व्यञ्जकत्व, गौणत्वं, लाक्षणिकत्वं.

Figure, ***s.*** **(Form)** आकारः, आकृतिः ***f.,*** मूर्त्तिः ***f.,*** रूपं, संस्कारः, संस्थानं, विधानं, विग्रहः, प्रतिकृतिः ***f.,*** धरिमा ***m.*** (न्), अङ्कः. —**(Image)** प्रतिमा, प्रतिरूपं, प्रतिकृतिः ***f.,*** प्रतिकायः. —**(Figure of speech)** रूपकं, व्यञ्जनं, -ना, व्यञ्जकः, ध्वनिः ***m.,*** उपलक्षणं, लक्षणा, उपक्षेपः, आरोपः, निदर्शनं.—**(Shape, body)** वपुः ***n.*** (स्), कायः, देहः, शरीरं, गात्रं, अङ्गं, संहननं; **'having a handsome figure,'** सुरूपः -पी -पं, सुगात्रः -त्री -त्रं, रूपवान् -वती -वत् (त्), आकारवान् **etc.,** सिंहसंहननः -ना -नं, सुमध्यमा ***f.***

To **figure,** ***v. a.*** **(Form into a shape)** कृ, संस्कृ, क्लृप् **(c. 10.** कल्पयति -यितुं), सङ्क्लृप्, विधा **(c. 3.** -दधाति -धातुं), विरच् **(c. 10.** -रचयति -यितुं).—**(Delineate, depict)** रूप् **(c. 10.** रूपयति -यितुं), लिख् **(c. 6.** लिखति, लेखितुं), आलिख्, विलिख्, अङ्क् **(c. 10.** अङ्कयित -यितुं), चित्र् **(c. 10.** चित्रयति -यितुं), वर्ण **(c. 10.** वर्णयति -यितुं). —**(Diversify)** नानारूपं -पीं -पं कृ, भिन्नरूपं -पीं -पं कृ, चित्र्, विचित्रीकृ, चित्रविचित्रीकृ.—**(Adorn with figures)** नानाचिह्नैर् अलङ्कृ **or** चित्रविचित्रीकृ, नानारेखाभिः **or** नानाप्रकाराङ्कैः शुभ् **(c. 10.** शोभयति -यितुं).—**(Figure to one's self)** मनसा क्लृप् **or** भ् **(c. 10.** भावयति -यितुं), विभू.

Figured, ***p. p.*** **or** ***a.*** **(Adorned with figures)** नानारेखालङ्कृतः -ता -तं, नानारेखाचिह्नितः -ता -तं, अङ्कितः -ता -तं, अङ्की -ङ्किनी -ङ्कि (न्), चित्रितः -ता -तं.

Filaceous, ***s.*** सूत्री -त्रिणी -त्रि (न्), तन्तुमयः -यी -यं, तन्त्री -त्रिणी -न्त्रि (न्).

Filament, ***s.*** केशरः, तन्तुः ***m.,*** तन्त्रं, पक्ष्म ***n.*** (न्), अंशुः ***m.,*** सूक्ष्मसूत्रं; **'of the lotus,'** मृणालः -लं, विशं, विषं, विसं, किञ्जल्कः, मकरन्दः, तन्तुलं, अलिमकः.

Filbert, ***s.*** खाद्यवीजगर्भम्, अण्डाकृति फलं.

To **filch,** ***v. a.*** मुष् **(c. 9.** मुष्णाति, मोषितुं), परिमुष्, प्रमुष्, चुर् **(c. 10.** चोरयति -यितुं), स्तेन् **(c. 10.** स्तेनयति -यितुं), अपहृ **(c. 1.** -हरति -हर्त्तुं).

Fliched, ***p. p.*** मूषितः -ता -तं, चौरहृतः -ता -तं, अपहृतः -ता -तं.

Filcher, ***s.*** मोषकः, मोषी ***m.*** (न्), आमोषी ***m.,*** मुमुषिषुः ***m.,***

स्तेयकृत् *m.,*

Filching, ***s.*** मोषा -षणं, मुष्टिः ***f.,*** मुष्टं, स्तेयं, चौरिका, अपहारः.

File, ***s.*** **(Thread)** सूत्रं, तन्त्रं, तन्त्री, तन्तुः ***m.,*** गुणः.—**(A wire on which papers are strung)** पत्रारोपणयोग्या शलाका, लोहतारा यस्यां लेख्यपत्रादीनि क्रमेण समारोप्यन्ते.—**(The whole number of papers arranged on a wire)** शलाकारोपिता लेख्यपत्रसमूहः, लेख्यपत्रावलिः ***f.,*** लेख्यपत्रश्रेणी, श्रेणीभूतो लेख्यपत्रसमूहः.—**(Row of soldiers)** सैन्यश्रेणिः ***f.,*** सूचिः ***f.,*** दण्डव्यूहः.—**(Instrument for polishing)** अनुक्रकचं लोहमार्जनयन्त्रं, उच्चरेखाविशिष्टं लोहघर्षणयन्त्रं, लोहमार्जनी.

To **file,** ***v. a.*** **(To arrange papers on a wire)** लेख्यपत्रादीनि शलाकायां **or** लोहतारायां यथाक्रमम् आरुह् **in caus.** (-रोपयति -यितुं), लेख्यपत्राणि श्रेणीकृ **or** विरच् **(c. 10.** -रचयति -यितुं).—**(Rub with a file)** लोहमार्जनेन घृष् **(c. 1.** घर्षति -र्षितुं) **or** परिष्कृ **or** मृज् **(c. 2.** मार्ष्टि -र्ष्टुं) **or** चूर्ण् **(c. 10.** चूर्णयति -यितुं).

To **file,** ***v. n.*** **(March in file)** दण्डव्यूहेन **or** सूचिव्यहेन **or** सूचिव्यूहेन **or** श्रेणिव्यूहेन यात्रां कृ.

Filial, ***a.*** पुत्र्यः -त्र्या -त्र्यं, पुत्रीयः -या -यं, पौत्रः -त्री -त्रं, पौत्रिकः -की -कं, पुत्रसम्बन्धी -न्धिनी -न्धि (न्), पुत्रयोग्यः -ग्या -ग्यं, पुत्रोपयुक्तः -क्ता -क्तं; **'filial affection,'** पितृभक्तिः ***f.;*** **'filial duty,'** पुत्रधर्म्मः.

Filially, ***adv.*** पुत्रवत्, सुतवत्, पुत्रधर्म्मवत्, पितृभक्त्या.

Filiation, ***s.*** पुत्रत्वं, सुतत्वं.—**(Adoption)** पुत्रीकरणं.

Filigree, ***s.*** सूक्ष्मरेखारूपेण राजतभाण्डादीनां तक्षणकर्म्म ***n.*** (न्).

Filings, ***s. pl.*** लोहचूर्णं, कृष्णचूर्णं, लोहजं, लोहकिट्टं, लोष्टं, शूलधातनं. गौरिलः, लोहखण्डं.

To **fill,** ***v. a.*** पृ **in caus.** (पूरयति -यितुं), आपृ, परिपृ, सम्पृ, समापृ, पूर्णीकृ, परिपूर्णीकृ, सम्पूर्णीकृ, सङ्कुलीकृ, आकीर्णीकृ, सङ्कीर्णीकृ, पर्य्याकुलीकृ, आकॄ **(c. 6.** -किरति -करितुं -रीतुं), संकॄ, समाकॄ, व्याप् **(c. 5.** -आप्नोति -आप्तुं), आवृ **(c. 5.** -वृणोति -वरितुं -रीतुं), उभ् **or** उम्भ् **(c. 6.** उभति, उम्भति -म्भितुं).—**(Make abundant)** प्रचुरीकृ, बहुलीकृ. —**(Supply, store)** सम्भृ **(c. 3.** -बिभर्त्ति, **c. 1.** -भरति -भर्त्तुं), सञ्चितं -ता -तं, कृ.—**(Satisfy, glut)** अन्नादिना पृ **or** सन्तुष् **(c. 10.** -तोषयति -यितुं **or** सन्तृप् **(c. 10.** -तर्पयति -यितुं).

To **fill,** ***v. n.*** **(Become full)** पृ **in pass.** (पूर्य्यते), आपृ, सम्पृ, समापृ, परिपृ, प्रपृ, पूर्णीभू, सम्पूर्णीभू, परिपूर्णीभू, सङ्कुलीभू, सङ्कीर्णीभू.

Filled, ***p. p.*** पूरितः -ता -तं, पूर्णः -र्णा -र्णं, परिपूर्णः -र्णा -र्णं, सम्पूर्णः -र्णा -र्णं, अभिपूर्णः -र्णा -र्णं, पूर्य्यमाणः -णा -णं, आकीर्णः -र्णा -र्णं, सङ्कीर्णः -र्णा -र्णं, अनुकीर्णः -र्णा -र्णं, सङ्कुलः -ला -लं, समाकुलः -ला -लं, पर्य्याकुलः -ला -लं, व्याप्तः -प्ता -प्तं, आवृतः -ता -तं, आविष्टः -ष्टा -ष्टं, चितः -ता -तं, आचितः -ता -तं, समाचितः -ता -तं, निचितः -ता -तं, सञ्चितः -ता -तं, सम्भृतः -ता -तं, भरितः -ता -तं, प्रोम्भितः -ता -तं, गर्भः -र्भा -र्भं, **in comp.; as, 'a tube filled with powder,'** चूर्णगर्भा नाडिः.

Filler, ***s.*** पूरयिता ***m.*** (तृ), पूरकः -का, पूरणकारी ***m.*** (न्).

Fillet, ***s.*** पट्टः, ललाटपट्टः -ट्टं, मूर्द्धवेष्टनं, ललाटवेष्टनं, बन्धनी, केशवेशः; **'binding the head with fillets,'** पट्टबन्धनं.

To **fillet,** ***v. a.*** पट्टेन बन्ध् **(c. 9.** बध्नाति, बन्धुं) **or** वेष्ट् **(c. 1.** वेष्टते -ष्टितुं).

Filling, ***part.*** पूरकः -का -कं, पूरणः -णा -णी -णं.

Filling, ***s.*** पूरणं, आपूरणं, पूर्त्तिः ***f.,*** आपूर्त्तिः ***f.,*** पूर्णीकरणं.

To **fillip,** ***v. a.*** अङ्गुलिनखेन तड् **(c. 10.** ताडयति -यितुं), अङ्गुलिघातं कृ.

Fillip, ***s.*** अङ्गुलिघातः, अङ्गुलिप्रहारः, अङ्गुलिताडनं, अङ्गुलिध्वनिः ***m.,*** अङ्गुलिस्फोटनं, छोटिका.

Filly, ***s.*** किशोरी, बालवाजिनी, बालतुरगी, बालघोटिका.

Film, ***s.*** पटलं, पुटः, सूक्ष्मत्वक् ***f.*** (च्), सूक्ष्मचर्म्म ***n.*** (न्); **'over the eye,'** अक्षिपटलं, अन्तर्धानं.

Filmy, ***a.*** पटलावृतः -ता -तं, पटलमयः -यी -यं, सूक्ष्मत्वग्विशिष्टः -ष्टा -ष्टं.

To **filter,** ***v. a.*** सम्मार्जनयन्त्रद्वारा जलं शुध् **(c. 10.** शोधयति -यितुं) **or** सम्मृज् **(c. 2.** -मार्ष्टि -र्ष्टुं) **or** निर्म्मलीकृ **or** पवित्रीकृ, जलोत्पवनं कृ.

To **filter,** ***v. n.*** जलसम्मार्जनयन्त्राद् निर्गल् **(c. 1.** -गलति -लितुं) **or** शनैः शनैर् निःसृत्य शुध् **(c. 4.** शुध्यति, शोद्धुं) **or** लवशः स्यन्दमानः शुद्धीभू.

Filtered, ***p. p.*** शोधितः -ता -तं, सम्मृष्टः -ष्टा -ष्टं, निर्गलितः -ता -तं.

Filth, ***s.*** मलं, अमेध्यं, अमेध्यत्वं, मालिन्यं, कुत्सितत्वं, कलुषं -षत्वं, कालुष्यं, पङ्कः, कुपङ्कः, कर्द्दमः, कल्कं, खलता, विष्ठादि ***n.,*** अवस्करः, अपस्करः, वर्च्चस्कं.

Filthily, ***adv.*** अमेध्यं, अपवित्रं अशुद्धं, कुत्सितं, कुत्सितप्रकारेण.

Filthiness, ***s.*** अमेध्यता, अपवित्रत्वं, मलिनता, कुत्सित्वं, अशुद्धता.

Filthy, ***a.*** मलिनः -ना -नं, समलः -ला -लं, मलदूषितः -ता -तं, मलीमस -सा -सं, अमेध्यः -ध्या -ध्यं, अपवित्रः -त्रा -त्रं, अशुद्धः -द्धा -द्धं, कलुषः -षा -षं, -षी -षिणी -षि (न्), कच्चरः -रा -रं, पङ्की -ङ्किनी -ङ्कि (न्), पङ्किलः -ला -लं, कश्मलः -ला -लं, कुत्सितः -ता -तं; **'filthy conversation,'** कुत्सितवाक्यं.

Filtration, ***s.*** जलोत्पवनं, उत्पवनं, जलशोधनं, जलसम्मार्जनं,

निर्गलनं.

Fin, ***s.*** मत्स्यपक्षः, मत्स्यदेहधिः ***m.,*** मत्स्यनुरुहः, मत्स्यवाजः; **'fin-footed,'** जालपादः -दा -दं, जालपाद् ***m. f. n.***

Finable, ***a.*** दाप्यः -प्या -प्यं, दण्डः -ण्डा -ण्डां, दण्डनीयः -या -यं.

Final, ***a.*** अन्त्यः -न्त्या -न्त्यं, अन्तिमः -मा -मं, आन्तः -न्ती -न्तं, समाप्तिकः -की -कं, चरमः -मा -मं, पश्चिमः -मा -मं, जघन्यः -न्या -न्यं, चन्तः **or** शेष **in comp.**

Finally, ***adv.*** अन्ततस्, शेषे, अवशेषे, शेषतस्, अन्ते, अवस्तात्.

Finance, finances ***s.*** आयः, बलिः ***m.,*** करः, धनं, शुल्कः -लकं, उदयः, आगमः, धनागमः, कारः, राजस्वं, राजधनं, नृपांशः; **'control of the finance,'** धनाधिकारः; **'superintendant of,'** धनाधिकारी ***m.***

Financial, ***a.*** बालेयः -यी -यं, शौल्कः -ल्की -ल्कं, राजधनसम्बन्धी -न्धिनी -न्धि (न्).

Financier, ***s.*** धनाधिकारी ***m.*** (न्), राजकोशाध्यक्षः, राजस्वपालकः.

To **find,** ***v. a.*** **(Meet with, obtain)** अधिगम् **(c. 1.** -गच्छति -गन्तुं), अध्यागम्, गम्, आसद् **(c. 10.** -सादयति -यितुं), प्राप् **(c. 5.** -आप्नोति -आप्तुं), आप्, अवाप्, समाप्; लभ् **(c. 1.** लभते, लब्धुं), उपलभ्, विद् **(c. 6.** विन्दति, वेदितुं), अभिविद्, प्रतिपद् **(c. 4.** -पद्यते -पत्तुं), आविश् **(c. 6.** -विशति -वेष्टुं), इ **(c. 2.** एति -तुं), ऋ **(c. 1.** ऋच्छति), अव् **(c. 1.** अवति -वितुं), उद्देशं कृ.—**(Find out, discover)** ज्ञा **(c. 9.** जानाति -नीते, ज्ञातुं), परिज्ञा, अभिज्ञा, परिज्ञानं कृ, निरूप् **(c. 10.** -रूपयति -यितुं), अनुसन्धा **(c. 3.** -दधाति -धातुं), अन्विष् **(c. 6.** -इच्छति -एषितुं), निर्णी **(c. 1.** -णयति -णेतुं), उपलभ् **(c. 1.** -लभते -लब्धुं), अवगम्.—**(Find out, invent)** परिक्लृप् **(c. 10.** -कल्पयति -यितुं).—**(Find out, solve)** परिशुध् **(c. 10.** शोधयति -यितुं), व्याख्या **(c. 2.** -ख्याति -तुं), व्याकृ, स्पष्टीकृ, व्यक्तीकृ, उच्छिद् **(c. 7.** -छिनत्ति -छेत्तुं).

Finder, ***s.*** अधिगन्ता ***m.*** (न्तृ), आसादयिता ***m.*** (तृ), प्रापकः, अवाप्ता ***m.*** (प्तृ).

To **find fault with,** ***v. a.*** दोषीकृ, निन्द् **(c. 1.** निन्दति -न्दितुं), प्रतिनिन्द्, उपालभ् **(c. 1.** -लभते -लब्धुं), तिरस्कृ, दोषम् आरुह् **in caus.** (-रोपयति -यितुं), दोषं ग्रह् **(c. 9.** गृह्णाति, ग्रहीतुं).

Finding, ***s.*** अधिगमः, आसादनं, प्राप्तिः ***f.,*** लब्धिः ***f.,*** अवगतिः ***f.,*** परिज्ञानं.

Fine, ***a.*** **(Subtile, thin, minute)** सूक्ष्मः -क्ष्मा -क्ष्मं, तनुः -नुः, -न्वी -नु, प्रतनुः -नुः -नु, वितनुः -न्वी -नु, क्षीणः -ण -णं, श्लक्ष्णः -क्ष्णा -क्ष्णं, प्रतनुः -नुः -नु, वितनुः -न्वी -नु, क्षीणः -णा -णं, श्लक्ष्णः -क्ष्णा -क्ष्णं, कणीकः -का -कं, अत्यल्पः -ल्पा, -ल्पं, दहरः -रा -रं; **'in discerning minute beauties, etc.,'** कुशाग्रीयमतिः -तिः -ति, मार्म्मिकः -की -कं.—**(Delicate)** पेलवः -वा -वं, कोमलः -ला -लं, सुकुमारः -री -रं.—**(Not coarse)** अस्थूलः -ला -लं, सूक्ष्मः -क्ष्मा -क्ष्मं, विरलः -ला -लं; **'fine cloth,'** सूक्ष्मवस्त्रं, सुचेलकं, अंशुकं, दुकूलं.—**(Keen)** तीक्ष्णः -क्ष्णा -क्ष्णं. —**(Clear, pure)** शुद्धः -द्धा -द्धं, विशुद्धः -द्धा -द्धं, विमलः -ला -लं.—**(Excellent)** उत्कृष्टः -ष्टा -ष्टं, उत्तमः -मा -मं, परमः -मा -मं.—**(Handsome, elegant)** शोभनः -ना -नं, सुन्दरः -री -रं, कान्तः -न्ता -न्तं, विनीतः -ता -तं, रूपवान् -वती -वत् (त्), सुरूपः -पी -पं; **'having fine eyes,'** वामलोचनः -ना -नं, सुलोचनः -ना -नं; **'having fine teeth,'** सुदन् -दती -दत् (त्); **'having fine hair,'** सुकेशी -शिनी -शि (न्), केशवः -वा -वं; **A fine woman,'** रूपवती, प्रमदा, सुन्दरी; **'a fine lady,'** सुन्दरीम्मन्या, सुवेशिनाम्मन्या; **'a fine day,'** सुदिनं, उत्तमाहः; **'fine night,'** सुदिनं, उत्तमाहः; **'fine night,'** सुरात्रिः ***f.***—**(Fine art)** कला.

Fine, ***s.*** **(Mulct)** दण्डः, धनदण्डः, अर्थदण्डः, पणः; **'small fine,'** दण्डलेशः -शं; **'in fine,'** शेषे, अन्ततस्, वस्तुतस्.

To **fine,** ***v. a.*** **(Punish with a fine)** दण्ड् **(c. 1.** दण्डयति -यितुं), दा **in caus.** (दापयति -यितुं), साध् **(c. 1.** साधयति -यितुं), अवहृ **(c. 1.** -हरति -हर्त्तुं).—**(Refine, clarify)** शुध् **(c. 10.** शोधयति -यितुं), परिशुध्, विशुध्, पवित्रीकृ, परिष्कृ, विमलीकृ, निर्म्मलीकृ, मलं हृ **(c. 1.** हरति, हर्त्तुं), प्रसन्नीकृ, पू **(c. 9.** पुनाति, पवितुं).

Fined, ***p. p.*** दण्डितः -ता -तं, दापितः -ता -तं, साधितः -ता -तं, अवहृतः -ता -तं.

To **findraw,** ***v. a.*** अतसौक्ष्म्येण **or** अतिशुद्धतया वस्त्रछिद्रं सिव् **(c. 4.** सीव्यति, सेवितुं) **or** सूच्या सन्धा **(c. 3.** -धत्ते -धातुं).

Finderawer, ***s.*** अतिसौक्ष्म्येण वस्त्रछिद्रसीवनकृत्, अतिसूक्ष्मसूचिकर्म्मविद्.

Finedrawing, ***s.*** अतिसूक्ष्मत्वेन वस्त्रछिद्रसीवनं, अतिसूक्ष्मसूचिकर्म्म ***n.*** (न्).

Fine-fingered, ***a.*** करदक्षः -क्षा -क्षं, लघुहस्तः -स्ता -स्तं, युक्तिमान् -मती -मत् (त्).

Finely, ***adv.*** **(Minutely, nicely)** सूक्ष्मं, सौक्ष्म्येण, सूक्ष्मत्वेन. —**(Elegantly, excellently)** चारु, सुन्दरं, सुष्ठु, उत्तमं, सु **prefixed; as, 'finely dressed,'** सुवेशः -शा -शं.

Fineness, ***s.*** **(Minuteness, thinness)** सूक्ष्मता -त्वं, सौक्ष्म्यं, तानवं, तनुता, श्लक्ष्णता, क्षीणता, अत्यल्पता.—**(Absence of coarseness)** अस्थूलता, विरलता.—**(Clearness)** शुद्धता, विशुद्धता, विमलत्वं.—**(Keenness)** तीक्ष्णता, तैक्ष्ण्यं.

—**(Elegance, beauty)** शोभा, कान्तिः ***f.,*** सौन्दर्य्यं, चारुता, वामता, विनीतता.—**(Excellence)** उत्कृष्टता, उत्तमता, श्रेष्ठता; **'of gold,'** वर्णका.

Finer, ***s.*** धातुशोधकः, धातुपरिष्कारकः, मलापकर्षकः.

Finery, ***s.*** **(Show, splendor)** शोभा, प्रतिभा, तेजः ***n.*** (स्), प्रतापः, आडम्बरः.—**(Decorations, etc.)** अलङ्कारः, अलङ्क्रिया, भूषणं, विभूषणं, आभरणं, प्रसाधनं, परिकर्म्म ***n.*** (न्), प्रतिकर्म्म ***n.,*** परिष्कारः, मण्डनं, रञ्जनं, कङ्कणरत्नादि; **'fond of finery,'** अलङ्कारिष्णुः -ष्णुः -ष्णु, प्रियमण्डना ***f.,*** अलङ्कारप्रियः -या -यं.

Fine-spun, ***a.*** सूक्ष्मीकृतः -ता -तं, सूक्ष्मीभूतः -ता -तं, सूक्ष्मतन्त्रीकृतः -ता -तं,

Finesse, ***s.*** माया, सूक्ष्मोपाययोगः, सूक्ष्मं, सूक्ष्मता, व्यपदेशः.

Finger, ***s.*** अङ्गुलिः ***f.*** -ली, अङ्गुरिः ***f.*** -री, करपल्लवः, करशाखा, कराग्रपल्लवः, करकुड्मलं, अभीशुः ***f.,*** शक्वरी, अग्रुः ***f.;*** **'the fore-finger,'** प्रदेशिनी; **'little-finger,'** कनीनी -निका, कनिष्ठाङ्गुली; **'like a finger,'** आङ्गुलिकः -की -कं; **'talking with the fingrs,'** अङ्गुलिसन्देशः; **'the five fingers,'** अङ्गुलिपञ्चकं. **'six-fingered,'** षडङ्गुलिः -लिः -लि.

To **finger,** ***v. a.*** अङ्गुल्या परामृश् **(c. 6.** -मृशति -म्रष्टुं**)** or स्पृश् **(c. 6.** स्पृशति, स्प्रष्टुं**)** or आलभ् **(c. 1.** -लभते -लब्धुं**)** or समालभ्.

Fingered, ***p. p.*** अङ्गुलिस्पृष्टः -ष्टा -ष्टं, अङ्गुलिपरिघट्टितः -ता -तं.

Finger-nail, ***s.*** नखः, कररुहः, करजः, करकण्टकः, पाणिजः, अङ्गुलीसम्भूतः.

Finger-ring, ***s.*** अङ्गुरीयः -यं -यकं, अङ्गुलीयकं, अङ्गुलीकः, -कं, अङ्गुलिमुद्रा, ऊर्मिका.

Finical, ***s.*** एकान्तविनीतः -ता -तं, एकान्तसूक्ष्मः -क्ष्मा -क्ष्मं, एकान्तपेलवः -वा -वं, एकान्तकोमलः -ला -लं, अतिशोभनः -ना -नं, अत्युत्कृष्टः -ष्टा -ष्टं.

Finicalness, ***s.*** एकान्तविनीतता, अतिसूक्ष्मता, एकान्तपेलवता.

Finikin, ***a.*** एकान्तसूक्ष्मः -क्ष्मा -क्ष्मं, अतिलघुः -घुः -घ्वी -घु, स्वल्पविषयेषु **or** मुलघुविषयेषु कृतावधानः -ना -नं.

Fining, ***s.*** **(Imposing a fine)** दण्डनं, साधनं, अवहरणं,

To **finish,** ***v. a.*** समाप् **(c. 10.** -आपयति -यितुं**)**, सम्पॄ **(c. 10.** -पूरयति -यितुं**)**, निर्वृत् **(c. 10.** -वर्त्तयति -यितुं**)**, निवृत्, संवृत्, अवसो **(c. 4.** -स्यति -सातुं**)**, निष्पद् **(c. 10.** -पादयति -यितुं**)**, सम्पद्, साध् **(c. 10.** साधयति -यितुं, संसाध्, विरम् **(c. 10.** -रमयति -यितुं**)**, तीर् **(c. 10.** तीरयति -यितुं**)**, पार् **(c. 10.** पारयति -यितुं**)**.—**(Polish up, elaborate)** संस्कृ, परिष्कृ, महायत्नेन साध् **or** सिद्धीकृ.

Finished, ***p. p.*** समाप्तः -प्ता -प्तं, समापितः -ता -तं, सम्पूर्णः -र्णा -र्णं, समापन्नः -न्ना -न्नं, सम्पन्नः -न्ना -न्नं, निष्पन्नः -न्ना -न्नं, अवसितः -ता -तं, सितः -ता -तं, अवसन्नः -न्ना -न्नं, पर्य्यवसितः -ता -तं, सिद्धः -द्धा -द्धं, निर्वृत्तः -त्ता -त्तं, निवृत्तः -त्ता -त्तं, वृत्तः -त्ता -त्तं, साधितः -ता -तं, विपर्य्यस्तः -स्ता -स्तं, अपनीतः -ता -तं, सुविहितः -ता -तं. —**(Polished)** संस्कृतः -ता -तं, परिष्कृतः -ता -तं.

Finisher, ***s.*** समापकः, समाप्तिकः, साधकः, निष्पादकः, सिद्धिदाता ***m.*** (तृ).

Finishing, finish, ***s.*** समाप्तिः ***f.,*** समापनं, सिद्धिः ***f.,*** साधनं, निष्पत्तिः ***f.,*** निर्वृत्तिः ***f.,*** निर्वर्त्तनं, अन्तः -न्तं.

Finite, ***a.*** अन्तवान् -वती -वत् (त्), आद्यन्तवान् **etc.,** साद्यन्तः -न्ता -न्तं, समर्य्यादः -दा -दं, मितः -ता -तं, परिमितः -ता -तं, प्रमेयः -या -यं, परिमेयः -या -यं, नियतः -ता -तं, निरूपितः -ता -तं.

Finitely, ***adv.*** परिमितं, साद्यन्तं, समर्य्यादं, नियतं.

Finiteness, ***s.*** परिमितता, प्रमेयता, अन्तवत्त्वं, साद्यन्तत्वं.

Finless, ***s.*** पक्षहीनः -ना -नं, पक्षरहितः -ता -तं, पक्षवर्ज्जितः -ता -तं.

Finny, ***a.*** पक्षवान् -वती -वत् (त), पक्षविशिष्टः -ष्टा -ष्टं.

Fir, ***s.*** देवदारुः ***m.,*** इन्द्रदारुः, इन्द्रवृक्षः, देवकाष्ठं, किलिमः.

Fire, ***s.*** अग्निः ***m.,*** वह्नि ***m.,*** अनलः, पावकः, पावनः, ज्वलनः, दहनः, तेजः ***n.*** (स्), कृष्णवर्त्मा ***m.,*** (न्), कृशानुः ***m.,*** हुतभुक् ***m.,*** (ज्), हविरशनः, हुताशः -शनः, हविर्भुक् ***m.,*** हव्यवाहनः, हव्याशनः, कव्यवाहनः, तनूनपात् ***m.,*** (द्), आश्रयाशः, आशयाशः, आश्रयभुक् ***m.*** (ज्), आश्रयध्वंसी ***m.,*** (न्) वर्हिः ***m.,*** (स्), दमुनाः ***m.,*** (स्), शुष्मा ***m.,*** (न्), घासिः ***m.,*** दावः, पचनः, पाचनः, पाचकः, जुहुवान् ***m.,*** (त्), वाशिः ***m.,*** शिखी ***m.,*** (न्), शिखावान् ***m.,*** (त्), अर्च्चिमान् ***m.,*** (त्), प्रभाकरः, छिदिरः, शुन्ध्युः ***m.,*** जगनुः ***m.,*** जागृविः ***m.,*** अपाम्पित्तः, अप्पित्तं, जलपित्तः, हिमारातिः ***m.,*** वायुसखः -खा ***m.,*** फुत्करः, शुक्रः, आशरः, शुचिः ***m.,*** समिधः, वैश्वानरः, वीतिहोत्रः, अग्निहोत्रः, धनञ्जयः, कृपीटयोनिः ***m.,*** जातवेदाः ***m.,*** (म्), शोचिष्केशः, उषर्बुधः, वृहद्भानुः ***m.,*** रोहिताश्वः, आशुशुक्षणिः ***m.,*** चित्रभानुः ***m.,*** हिरण्यरेताः ***m.,*** (स्), ज्वालाजिह्वः, सप्तार्चिः ***m.,*** (स्), विभावसुः ***m.,*** वृषाकपिः ***m.,*** स्वाहापतिः ***m.,*** स्वाहाप्रियः, स्वाहाभुक् ***m.,*** (ज्); **'the god of fire,'** अग्निदेवः -वता; **'his wife,'** स्वाहा, अग्नायी, वृषाकपायी; **'on fire,'** अग्निदीप्तः -प्ता -प्तं; **'placed on the fire,'** अग्निष्ठः -ष्ठा -ष्ठं; **'a forest-fire,'** वनवह्निः ***m.,*** दावः, दवाग्निः ***m.,*** दावानलः; **'fire-temple,'** अग्न्यागारः, अग्निगृहं; **'cooked with fire,'** अग्निपक्वः -क्वं -क्वं.—**(Conflagration)** दाहः -हनं,

ज्वालः; **'of a house,'** गृहदाहः.—**(Vigour)** तेजः *n.* (स्), सत्त्वं; **'submarine fire,'** और्वः, बाडवाग्निः *m.*, समुद्रवह्निः *m.*

To* fire, *v. a. दह् **(c. 1.** दहति, दग्धुं), निर्दह्, प्रदह्, सम्प्रदह्, परिदह्, आदह्, अनुदह्, ज्वल् **in caus.** (ज्वालयति, ज्वलयति -यितुं), प्रज्वल्, दीप् **in caus.** (दीपयति -यितुं), प्रदीप्, समिन्ध् **(c. 7.** -इन्द्धे -इन्धितुं), सन्धुक्ष् **(c. 10.** -धुक्षयति -यितुं), तप् **(c. 10.** तापयति -यितुं), अग्निसात्कृ, ज्योतिस्सात्कृ.—**(Animate)** उत्तिज् **(c. 10.** तेजयति -यितुं), प्रोत्सह् **in caus.** (-साहयति -यितुं).—**(Fire off a gun)** लोहगोलान् युद्धनाडेः प्रक्षिप् **(c. 6.** -क्षिपति -क्षेप्तुं) **or** निःसृ **in caus.** (-सारयति -यितुं), युद्धनाडिस्थम् आग्नेयचूर्णं ज्वल् **in caus.**

***To* fire, *v. n.* (Take fire)** दह् **(c. 4.** दह्यति -ते, दग्धुं), दीप् **(c. 4.** दीप्यते, दीपितुं), सन्दीप्, आदीप्, प्रदीप्, ज्वल् **(c. 1.** ज्वलति -लितुं), प्रज्वल्, समिन्ध् **in pass.** (-इध्यते), समिद्धीभू, सन्धुक्ष् **(c. 1.** -धुक्षते -क्षितुं), अग्निदीप्तः -प्ता -प्तं भू.

Fire-arms, *s.* अग्न्यस्त्रं -स्त्राणि ***n. pl.***, आग्नेयास्त्रं -स्त्राणि ***n. pl.***, भुशुण्डी, अन्तरग्निबलेन गुलिकाप्रक्षेपणी लोहनाडिः.

Fire-arrow, *s.* अग्निवाणः, आग्नयेवाणः, अग्निशरः, अग्निशायकः.

Fire-ball, *s.* अग्निगोलः -लकः, शीघ्रदाह्यचूर्णगर्भी लौहगोलो यो युद्धे विदीर्णो भूत्वा रिपुनाशं करोति.

Fire-brand, *s.* उल्का, उल्मुकं, अङ्गारः -रं, अलातं, आलातं, अग्निकाष्ठं, अग्निकुक्कुटः, कुक्कुटः, कुलुक्कगुञ्जा, अग्नियुद्धकाष्ठं, ज्वलनकाष्ठं; **'a number of fire-brands,'** आङ्गारं.—**(Incendiary)** अग्निदः.

Fired, *p. p.* ज्वलितः -ता -तं, प्रज्वालितः -ता -तं, समिद्धः -द्धा -द्धं, प्रदीप्तः -प्ता -प्तं, उद्दीप्तः -प्ता -प्तं, सन्तप्तः -प्ता -प्तं, सन्धुक्षितः -ता -तं.

Fire-engine, *s.* अग्निनिर्वापणयन्त्रं, गृहदाहनिर्वाणकरणार्थं यन्त्रं.

Fire-eyed, *a.* ज्वलितनयनः -ना -नं, ज्वलितचक्षूः -क्षूः -क्षुः (स्).

Fire-fly, *s.* खद्योतः, खज्योतिः *m.* (स्), ज्योतिरिङ्गः -ङ्गणं, प्रभाकीटः, ज्योतिर्वीजं, गुह्यदीपकः, ध्वान्तोन्मेषः, चिलमीलिका.

Fire-man, *s.* गृहदाहनिर्वापणे नियुक्तो जनः, अग्निनिर्वाणकारी *m.* (न्).

Fire-pan, *s.* अग्न्याधारः, अङ्गारिणी, अङ्गारधानिका, अङ्गारशकटी, अग्निपात्रं, हसनी, हसन्ती -न्तिका.

Fire-place, *s.* चुल्लिः *f.* -ल्ली, अङ्गारिणी, वितानं, अश्मन्तं -न्तकं, अस्मन्तं, अन्तिका, अन्दिका, उद्धानं, उध्मानं, उद्धारं, अधिश्रयणी, दूडकः, अग्निकुण्डं.

Fire-proof, *a.* अदाह्यः -ह्या -ह्यं, अदहनीयः -या -यं, अग्निनास्पृश्यः -श्या -श्यं.

Fire-ship, *s.* अग्निनौका, आग्नेयनौका, शीघ्रदाह्यवस्तुपूरिता युद्धनौका.

Fire-shovel, *s.* अङ्गारधारणयोग्यो लोहकुद्दालः.

Fire-side, *s.* गृहाग्निस्थानं, अग्निसमीपं, गृहाग्निनिकटे, गृहाग्न्युपान्तं, वितानं.

Fire-stone, *s.* अग्निप्रस्तरः, अग्निपाषाणं, आग्नेयाश्मा *m.* (न्).

Fire-tongs, *s.* अङ्गारधारणयोग्यो लौहसन्दंशकविशेषः.

Fire-wood, *s.* अग्निकाष्ठं, दाह्यकाष्ठं, इन्धनं, इध्मं, समित् *f.* (ध्).

Fire-works, *s.* अग्निक्रीडा, खधूपादिक्रीडा, अग्नितारादिक्रीडा.

Firing, *s.* दाह्यं, इध्मं, समिन्धनं, अङ्गारकाष्ठतृणादीनि दाह्यवस्तूनि.

Firkin, *s.* मानविशेषः, आढकः, अर्द्धाढकः, द्रोणः, अर्द्धद्रोणः.

Firm, *a.* दृढः -ढा -ढं, स्थिरः -रा -रं, निश्चलः -ला -लं, अचलः -ला -लं, अविचलितः -ता -तं, धीरः -रा -रं, धृतिमान् -मती -मत् (त्), धैर्य्यवान् -वती -वत् (त्), स्थाणुः -णुः -णु, स्थास्नुः -स्नुः -स्नु, स्थावरः -रा -रं, स्थेयान् -यसी -यः (स्), स्थेष्ठः -ष्ठा -ष्ठं, अकम्पितः -ता -तं, अक्षुब्धः -ब्धा -ब्धं, अस्खलितः -ता -तं, अव्यभिचारी -रिणी -रि (न्), व्यवस्थितः -ता -तं, स्थितः -ता -तं, स्थितिमान् -मती -मत् (त्), गाढः -ढा -ढं, प्रगाढः -ढा -ढं. —**(Compact)** घनः -ना -नं, दृढः -ढा -ढं, संहतः -ता -तं, अशिथिलः -ला -लं, दृढसन्धिः -न्धिः -न्धि, निर्भटः -टा -टं; **'firm in mind,'** स्थिरमति -तिः -ति, निश्चलमतिः -तिः -ति, स्थितधीः -धीः -धि, स्थिरात्मा -त्मा -त्म (न्), अभिन्नात्मा **etc.; 'in friendship,'** दृढसौहृदः; **'in allegiance,'** दृढभक्तिः ***m.*; 'in battle,'** दृढायुधः; **'firm as a rock,'** शिलाघनः -ना -नं, शैलसारः -रा -रं; **'firm step,'** अस्खलितगतिः; **'a firm, compact breast,'** घनपयोधरः; **'firm-footed,'** स्थिरपदः -दा -दं.

Firm, *s.* (Partnership) अनेकबाणिजजनसंसर्गः, सहव्यापारिणां बहुजनानाम् आख्या **or** उपाधिः ***m.***

To* firm, *v. a. दृढीकृ, स्थिरीकृ, द्रढ **(nom.** द्रढयति -यितुं).

Firmament, *s.* आकाशः, आकाशवर्त्म ***n.*** (न्), व्योम ***n.*** (न्), व्योमविस्तृतं, नभोमण्डलं, नभस्तलः -लं, गगणं, खं, अन्तरीक्षं, नक्षत्रमण्डलं, ज्योतिष्चक्रं, तारापथः खगोलः, उडुपथः, शून्यं, शून्यत्वं, घनाश्रयः, मेघवर्त्म ***n.*** (न्).

Firmamental, *a.* आकाशीयः -या -यं, आन्तरीक्षः -क्षी -क्षं, वैहायसः -सी -सं, विहायसीयः -या -यं, गगणीयः -या -यं, गगणस्थः -स्था -स्थं, नभः स्थः -स्था -स्थं.

Firmly, *adv.* दृढं, स्थिरं, निश्चलं, धैर्य्येण, स्थैर्य्येण, गाढं, प्रगाढं, दार्ढ्येन; **'firmly rooted,'** बद्धमूलः -ला -लं; **'firmly**

Firmness 402 Fist

devoted,' दृढभक्तिः -क्तिः -क्ति; 'firmly tied,' दृढबद्धः -द्धा -द्धं; 'firmly united,' दृढसन्धिः -न्धिः -न्धि.

Firmness, *s.* दृढता, दार्ढ्यं, द्रढिमा *m.* (न्), द्राढं, स्थिरता, स्थैर्य्यं, धीरत्वं, धैर्य्यं, धृतिः *f.*, निश्चलता, अचलत्वं, स्थितिः *f.*, व्यवस्थितिः *f.*, स्थास्नुता, धृतिमत्त्वं, स्थितिमत्त्वं, गाढता, प्रगाढता, स्थेमा *m.* (न्), अक्षोभः, अकम्पः, अस्खलनं, स्थावरत्वं, धारणा.—**(Compactness)** घनत्वं -ता, संहतिः *f.*, संहतता, सन्धिः *m.*, सान्द्रता, दृढत्वं.

First, *a.* प्रथमः -मा -मं, पूर्व्वः -र्व्वा -र्व्वं, आद्यः -द्या -द्यं, आदिमः -मा -मं, अग्रः -ग्रा -ग्रं, अग्रिमः -मा -मं, आदिः *m.*, पौरस्त्यः -स्त्या -स्त्यं, प्राक्तनः -नी -नं.—**(Chief)** मुख्यः -ख्या -ख्यं, प्रमुखः -खा -खं, अग्र्यः -ग्र्या -ग्र्यं, प्राग्र्यः -ग्र्या -ग्र्यं, अग्रियः -या -यं, अग्रीयः -या -यं, प्रधानः -ना -नं, प्रष्ठः -ष्ठा -ष्ठं, प्रवरः -रा -रं, पुरोगमः -मा -मं; **'first and last,'** पूर्व्वापरः, -रा -रं; **'first half,'** पूर्व्वार्द्धः; **'first part of the night,'** पूर्व्वरात्रः; **'first attack'** (of disease), पूर्व्वावतरः; **'dying first,'** पूर्व्वमारी -रिणी -रि (न्); **'first of all,'** सर्व्वप्रधानः -ना -नं, सर्व्वाग्रः -ग्रा -ग्रं.

First, *adv.* प्रथमं, पूर्व्वं, अग्रे, आदितस्, आदौ, पुरस्, पुरस्तात्; **'at first, in the first place,'** प्रथमं, प्रथमतस्, पूर्व्वं; **'first and last,'** आद्यन्तं.

First-begotten, *a.* पूर्व्वप्रसृतः -ता -तं, पूर्व्वजनितः -ता -तं, पूर्व्वजः -जा -जं, प्रथमजातः -ता -तं, प्रथमप्रसूतः -ता -तं, अग्रजातः -ता -तं.

First-born, *s.* पूर्व्वजः, अग्रजः, अग्रियः, अग्रिमः, अग्र्यः, अग्रजन्मा *m.* (न्), ज्येष्ठः, वयोज्येष्ठः, अधिकवयाः *m.* (स्), सर्व्वपुत्रज्येष्ठः, प्रधानसन्तानः.

First-fruits, *s.* प्रथमफलं, आदिफलं, प्रथमजातं फलं, अग्रफलं, प्रथमोत्पन्न फलं, प्रथमोत्पन्नं, नवशस्यं; **'sacrifice of first-fruits,'** आग्रायणं.

Firstling, *s.* पशोः प्रथमजातसन्तानः or प्रथमप्रसूतसन्ततिः *f.*

Firstly, *adv.* प्रथमतस्, प्रथमं, पूर्व्वं, आदितस्.

First-rate, *a.* परमः -मा -मं, श्रेष्ठः -ष्ठा -ष्ठं, उत्कृष्टः -ष्टा -ष्टं.

Fiscal, *a.* बालेयः -यी -यं, शौल्कः -ल्की -ल्कं, राजायसम्बन्धीयः -या -यं.

Fish, *s.* मत्स्यः, मीनः, झषः, मच्छः, विसारः -री *m.* (न्), वैसारी *m.* (न्), वेसारिणः, अण्डजः शकली *m.* (न्), शल्की *m.* (न्), शल्कली *m.* कण्टकी *m.* (न्), आम्भसिकः, जलजः, जलप्रियः, जलजन्तुः *m.* जलेचरः, जलचारी *m.* पाठीनः, अनिमिषः, अनिमेषः, स्थिरजिह्वः, षडक्षीणः, पृथुरोमा *m.* (न्), आत्माशी *m.* (न्), मत्स्यी *f.*, मत्सः; **'fish-bone,'** कण्टकः; **'fish-sauce,'** मत्सगण्ठः, मीनाम्रीणः; **'fish-bannered god,'** मीनकेतनः, मकरध्वजः, मकरकेतुः *m.* झषकेतनः.

To **fish,** *v. a.* **and** *n.* मत्स्यान् ग्रह् (c. 9. गृह्णाति, ग्रहीतुं) or धृ (c. 1. धरति, धर्त्तुं) or बन्ध् (c. 9. बध्नाति, बन्धुं), मत्स्यघातं कृ, झष् (c. 1. झषति -षितुं).—**(Search)** अन्विष् (c. 1. -इच्छति -एषितुं), अनुसृ (c. 1. -सरति -सर्त्तुं).

Fish-basket, *s.* मत्स्यधानी, मत्स्यबन्धिनी, कुवेणी, मत्स्यभाजनं.

Fisher, fisherman *s.* धीवरः, कैवर्त्तः, मात्स्यिकः, मैनिकः, निषादः, मत्स्यधारी *m.* (न्), मत्स्यजीवी *m.* (न्), मत्स्यबन्धी *m.* (न्), मीनाघाती *m.* (न्), मत्स्यघातोपजीवी *m.* (न्), जालिकः, जाली *m.* (न्), कुपिनी *m.* (न्), साफरिकः, तीवरः, छोटी *m.* (न्), दासः, दाशः, धीवा *m.* (न्).

Fishery, *s.* धीवरकर्म्म *n.* (न्), मत्स्यबन्धनं, मत्स्यग्रहणं.—**(Place for catching fish)** मत्स्यग्रहणस्थानं.

Fish-hook, *s.* वडिशं -शा -शी, वरिशी, वलिशं -शी, मत्स्यवेधनं -नी.

Fishing, *s.* मत्स्यबन्धनं, मत्स्यग्रहणं, मत्स्यबधः, मत्स्यघातः.

Fishing-boat, *s.* धीवरनौका, कैवर्त्तनौका, निषादनौका, मात्स्यिकपोतः.

Fishing-net, *s.* मत्स्यजालं, मत्स्यग्रहणार्थं जालं, कुपिनी.

Fishing-tackle, *s.* मत्स्यग्रहणोपकरणं, मत्स्यबन्धनसाधनं.

Fish-kettle, *s.* मत्स्यपचनयोग्या दीर्घस्थाली, मत्स्यपचनी.

Fish-market, *s.* मत्स्यविक्रयस्थानं, मीनविक्रयशाला, निषद्या.

Fishmonger, *s.* मत्स्यविक्रेता *m.* (तृ), मत्स्यविक्रयोपजीवी *m.* (न्).

Fish-pond, *s.* मत्स्यपूर्णं सरः *n.* (स्), मीनाश्रयः, मत्स्यालयः, मीनालयः.

Fish-spawn, *s.* मीनाण्डं, मत्स्याण्डं, झषाण्डं, मत्स्यडिम्बः.

Fish-woman, *s.* मत्स्यविक्रेत्री, मत्स्यविक्रयोपजीविनी.

Fishy, *a.* मात्स्यः -त्स्यी -त्स्यं, मात्स्यिकः -की -कं, मात्सिकः -की -कं, मैनिकः -की -कं, मीनरः -रा -रं, मत्स्यगुणोपेतः -ता -तं.

Fishile, *a.* विदलः -ला -लं, भिदुरः -रा -रं, छिद्रुरः -रा -रं, भिदेलिमः -मा -मं.

Fissure, *s.* छिद्रं, रन्ध्रं, सन्धिः *m.*, भित्तिः *f.*, भङ्गः, दरी -रा, विदरः.

To **fissure,** *v. a.* विदॄ (c. 10. -दारयति -यितुं), विदल् (c. 10. -दलयति -यितुं).

Fist, *s.* मुष्टिः *m.f.* -ष्टी, हस्तमुष्टिः, मुस्तुः *m.*, खटः -टकः -टिकः, रत्निः *m.* -त्नी *f.*, जितकाशिः *m.*; **'doubling or clenching the fist,'** मुष्टिबन्धः, मुष्टिसङ्ग्राहः, हस्तसङ्ग्राहः.

To **fist,** *v. a.* मुष्टिना or मुष्टया तड् (c. 10. ताडयति -यितुं) or

Fisticuffs 403 Fives

प्रहृ (c. 1. -हरति -हर्तुं), मुष्टिसङ्ग्राहेण पीड् (c. 10. पीडयति -यितुं).

Fisticuffs, *s.* मुष्टिप्रहार:, मुष्टिपात:, मुष्टियुद्धं, मौष्टा, मुष्टीमुष्टि युद्धं, बाहुयुद्धं, मल्लयुद्धं, पाणिघात:.

Fistula, *s.* नाडि: ***f.*** -डी, नालि: -ली, नाडीव्रण:, नालीव्रण:, नालीक्षतं; **'in ano,'** शतपानेक:, भगन्दर:; **'lachrymalis,'** अश्रुनाली.

Fistulous, *a.* नाडकार: -रा -रं, नाडिरूप: -पा -पं; **'fistulous sore,'** नाडीव्रण:.

Fit, *a.* (Paroxysm of any disease) आवेश:, अवतार: -तरणं, आक्रम: -मणं; **'fit of the gout,'** वातरोगावेश:; **'fit of fever,'** ज्वरावतार:; **'of ague,'** कम्पज्वराक्रम:, शीतज्वरावेश:; **'fit of anger,'** क्रोधावेश:; **'fit of lust,'** कामावेश:; **'of madness,'** उन्मादावेश:,—**'Fit of fainting, epilepsy, etc.'** मूर्च्छा -र्च्छनं -ना, भ्राभरं, भ्रमि: ***f.***, घूर्णि: ***f.***

Fit, fitting *a.* युक्त: -क्ता -क्तं, योग्य: -ग्या -ग्यं, उपयुक्त: -क्ता -क्तं, उपयोगी -गिनी -गि (न्), यथायोग्य: -ग्या -ग्यं, उचित: -ता -तं, समुचित: -ता -तं, यथोचित: -ता -तं, समञ्जस: -सा -सं, उपपन्न: -न्ना -न्नं पर्य्याप्त: -प्ता -प्तं, न्याय्य: -य्या -य्यं, सम्भाव्य: -व्या -व्यं, सम्भावित: -ता -तं, अनुरूप: -पा -पं, अर्ह: -र्हा -र्हं, यथार्ह: -र्हा -र्हं, सङ्गत: -ता -तं, सङ्गतार्थ: -र्था -र्थं, पथ्य: -थ्या -थ्यं, औपयिक: -की -कं, अभिनीत: -ता -तं, लभ्य: -भ्या -भ्यं, भजमान: -ना -नं.—**(Qualified)** क्षम: -मा -मं, कर्म्मक्षम: -मा -मं, अलङ्कर्म्मीण: -णा -णं; **'Fit for a man,'** अलम्पुरुषीण: -णा -णं; **'fit for sacrifice,'** यज्ञिय: -या -यं, यज्ञार्ह: -र्हा -र्हं; **'a field fit for growing rice,'** शाल्युद्भवोचितं क्षेत्रं. **Sometimes expressed by the fut. pass. part.; as, 'fit to be eaten,'** खाद्य: -द्या -द्यं. खादनीय: -या -यं; **'fit to be done,'** कार्य्य: -र्य्या -र्य्यं, करणीय: -या -यं.

***To* fit, *v. a.* (Adapt, accommodate)** युज् (c. 10. योजयति -यितुं, c. 7. युनक्ति, योक्तुं), समायुज्, आयुज्, सन्धा (c. 3. -दधाति -धातुं), समाधा, योग्यं -ग्यां -ग्यं or उपयुक्त: -क्ता -क्तं कृ.—**(Fit out, equip)** सज्जीकृ, सज्ज् (c. 1. सज्जति -ज्जितुं), सोपकारद्रव्यै: समायुज्, उपयुक्तद्रव्याणि सम्प्रक्लृप् (c. 10. -कल्पयति -यितुं) or उपक्लृप् or उपपद (c. 10. -पादयति -यितुं) or पुरस्कृ or उपस्कृ or प्रस्तुतीकृ सर्व्वसोपकारद्रव्युक्त: -क्तां -क्तं कृ, उपयुक्तद्रव्यसाधनं कृ; **'fit out a ship,'** समुद्रयानार्थं or युद्धार्थं नावं सज्जीकृ

***To* fit, *v. n.* (Be proper, suitable)** युज् **in pass.** (युज्यते), उपपद् **in pass.** (-पद्यते), योग्य: -ग्या -ग्यं भू or अस्, उपयुक्त: -क्ता -क्तं, भू, अर्ह् (c. 1. अर्हति -र्हितुं); **'it is not fit that you should grieve,'** न शोचितुम् अर्हसि; **'it is not fit that I should go,'** न गन्तुम् अर्हामि.—**(Be qualified)** क्लृप् (c. 1. कल्पते -ल्प्तुं), उपक्लृप्, क्षम: -मा -मं भू, उचित: -ता -तं भू; **'he is fit for immortality,** अमृतत्वाय कल्पते.

Fitch, *s.* (A chick-pea) चणक:, हरिमन्थ: -न्थक:.

Fitful, *a.* चञ्चल: -ला -लं, चल: -ला -लं, विषम: -मा -मं, लोल: -ला -लं, चपल: -ला -लं, अनित्य: -त्या -त्यं.

Fitly, *adv.* युक्तं, योग्यं, यथायोग्यं, उचितं, यथोचितं, उपयुक्तं, योगतस् यथार्हं, र्हतस्-सम्यक्, यथार्थं, यथायथं, यथातथं, अनुरूपं, साम्प्रतं, स्थाने.

Fitness, *s.* युक्तता, योग्यता, युक्ति: ***f.***, उपयोग:, उपयुक्तता, उपयोगिता, उचितत्वं, औचित्यं, सामञ्जस्यं, समञ्जसं, उपपत्ति: ***f.***, सम्भावना, न्याय -यता, सङ्गतत्वं, पर्य्याप्ति: ***f.***, यथार्हता, याथार्थ्यं, कल्प:, अभेष:, देशरूप कर्त्तव्यता.—**(Qualification)** पात्रता -त्वं, क्षमता.

Fitting, *s.* (Adaptation) समायोजनं, समाधानं.—**(Equipping)** सज्जं करणं, सज्जनं, सज्जकर्म्म ***n.*** (न्), साधनं, पुरस्करणं. —**(Suitable)** ***see* Fi,**

Five, *a.* पञ्च ***m.f.n.*** (न्), पञ्चक: -का -कं, दशार्द्ध:, पञ्चतय: -या -यं, पञ्चत् ***m.f.n.***, पञ्चसंख्यक: -का -कं; **'aggregate of five,'** पञ्चा -ता, पञ्चकत्वं; **'having five claws,'** पञ्चनख: -खा -खं; **'having five fingers,'** पञ्चाङ्गुलि: -लि: -लि; **'five times,'** पञ्चकृत्वस् **'having five parts,'** पञ्चाङ्ग: -ङ्गी -ङ्गं; **'five hundred,'** पञ्चशतं.

Five-fold, *a.* पञ्चगुण: -णा -ण, पञ्चविध: -धा -धं, पञ्चधा.

Five-leaved, *a.* पञ्चपर्ण: -र्णी -र्णं, पञ्चपत्र: -त्रा -त्रं, पञ्चदल: -ला -लं.

Fives, *a.* कन्दुकक्रीडा, कन्दुकलीला, गुलिकाक्रीडाविशेष:.

***To* fix, *v. a.* (Establish)** स्था **in caus.** (स्थापयति -यितुं), प्रतिष्ठा, अवस्था, संस्था, धा (c. 3. दधाति, धातुं), विधा, प्रतिनिधा, रुह् **in caus.** (रोपयति -यितुं), आरुह्, निरुह्. —**(Make firm)** स्थिरीकृ, दृढीकृ, सुस्थिरं -रां -रं कृ. —**(Fasten)** बन्ध् (c. 9. बध्नाति, बन्धुं)..—**(Determine, ascertain)** निश्चि (c. 5. -चिनोति -चेतुं), निर्णी (c. 1. -णयति -णेतुं), उन्नी, निरूप् (c. 10.-रूपयति -यितुं), परिक्लृप् (c. 10. -कल्पयति -यितुं).—**(Fix the gaze or eye)** लक्षं बन्ध्, अनिमिषेण or अनिसेषेण or अनन्यदृष्ट्या or स्मिमितलोचनेन दृश् (c. 1. पश्यति, द्रष्टुं), दृष्टिं निविश् **in caus.** (-वेशयति -यितुं).—**(Fix the mind)** मनो निविश् **in caus., or** युज् (c. 7. युनक्ति, योक्तुं, c. 10. योजयति -यितुं), अनन्यप्रनस्क: -स्का -स्कं भू, एकाग्र: -ग्रा -ग्रं भू; **'on any object,'** अर्थे धृतिं बन्ध्.

***To* fix, *v. n.* (Be fixed)** निष्ठा (c. 1. -तिष्ठति -ष्ठातुं), प्रणिधा

in pass. (-धीयते), प्रतिनिधा, स्था in caus. pass. (स्थाप्यते), प्रतिष्ठज्ञ, बन्ध् in pass. (बध्यते), स्थिरीभू.

Fixed, *p. p.* **(Established)** स्थापितः -ता -तं, प्रतिष्ठापितः: -ता -तं, प्रतिष्ठितः -ता -तं, संस्थापितः -ता -तं, संस्थितः -ता -तं, स्थितः -ता -तं, व्यवस्थापितः -ता -तं, व्यवस्थितः -ता -तं, निष्ठितः -ता -तं, रोपितः -ता -तं, कृतावस्थः -स्था -स्थं, स्थिरीकृतः -ता -तं, विहितः -ता -तं.—**(Certain, determined)** नियतः -ता -तं, निश्चितः -ता -तं, सुनिश्चितः -ता -तं, निष्पन्नः -न्ना -न्नं.—**(Firm)** स्थिरः -रा -रं, स्थायी -यिनी -यि (न्), स्थावरः -रा -रं, स्थाणुः -णुः -णु, स्थास्नुः -स्नुः -स्नु, दृढः -ढा -ढं, निश्चलः -ला -लं, अकम्पितः -ता -तं, अस्पन्दः -न्दा -न्दं, नैष्ठिकः -की -कं. —**(Attached)** लग्नः -ग्ना -ग्नं, अनुलग्नः -ग्ना -ग्नं, आसक्तः -क्ता -क्तं, संसक्तः -क्ता -क्तं.—**(Fastened)** बद्धः -द्धा -द्धं; **'firmly fixed,'** दृढबद्धः -द्धा -द्धं, दृढरोपितः -ता -तं, बद्धमूलः -ला -लं; **'having the eye or look fixed,'** बद्धदृष्टिः -ष्टिः -ष्टि; अनिमिषनयनः -ना -नं, स्तिमितलोचनः -ना -नं, स्थिरदृष्टिः -ष्टिः -ष्टि; **'having the mind fixed,'** अवस्थितमतिः -तिः -ति, निवेशितमनाः -नाः -नः (स्), आसक्तमनाः etc., आसक्तचित्तः -त्ता -त्तं, अनन्यमनस्कः -स्का -स्कं, अकुण्ठमेधाः -धाः -धः (स्); **'fixed in the mind,'** चित्तीकृतः -ता -तं; **'of fixed intent,** बद्धानुशयः -या -यं; **'fixed as to time,'** कृतकालः -ला -लं.

Fixedly, *adv.* दृढं, स्थिरं, स्थैर्य्येण, अवस्थितचेतसा, स्थिरदृष्ट्या.

Fixedness, *s.* स्थिरता, स्थैर्य्यं, स्थितिः *f.*, व्यवस्थितिः *f.*, अवस्थितिः *f.*, संस्थितिः *f.*, स्थायित्वं, निष्ठा, धृतिः *f.*, धैर्य्यं, दृढता, दार्ढ्यं, स्थावरत्वं. स्थास्नुता, निश्चलत्वं, स्थेमा *m.* (न्), स्थितिमत्त्वं, अकम्पः.

Fixity, *s.* संलग्नत्वं, अनुलग्नता, संसक्तिः *f.*, संश्लेषः, संहतिः *f.*, समासज्जनं.

Fixture, *s.* स्थावरं, स्थावरद्रव्यं, स्थितद्रव्यं; **'fixtures,'** स्थावराणिः.

Flabbiness, *s.* शिथिलता, शैथिल्यं, मृदुता, कोमलत्वं, लालित्यं.

Flabby, *a.* शिथिलः -ला -लं, ललितः -ता -तं, कोमलः -ला -लं, स्निग्धः -ग्धा -ग्धं, मेदुरः -रा -रं, अकठिनः -ना -नं.

Flaccid, *a.* शिथिलः -ला -लं श्लथः -था -थं, प्रश्लथः -था -थं, म्लानः -ना -नं, आर्द्रः -र्द्रा -र्द्रं, असंहतः -ता -तं, बलिनः -ना -नं, बलिभः -भा -भं, बलिमान् -मती -मत् (त्).

Flaccidity, *s.* शैथिल्यं, शिथिलता, श्लथता, प्रश्रथः, श्रन्थः, म्लानता, आर्द्रता, विस्रंसः, असंहतत्वं, बलिमत्त्वं.

Flag, *s.* **(Ensign, banner)** पताका ध्वजः, ध्वजपटः, ध्वजांशुकः, केतनं, केतुः *m.*, केतुवसनः, वैजयन्ती -न्तिका, जयन्तः, कदली -लिका, उच्छलः.—**(Stone)** शिला, परिस्रस्तरः, प्रस्तरः. —**(Plant)** गोलोमी, भूतकेशः, श्वेतदूर्व्वा.

***To* flag,** *v. n.* म्लै (c. 1. म्लायति, म्लातुं), परिम्लै, सद् (c. 1. सीदति, सत्तुं), अवसद्, ग्लै (c. 1. ग्लायति, ग्लातुं), ध्वंस् (c. 1. ध्वंसते -सितुं), विध्वंस्, स्रंस्) (c. 1. स्रंसते -सितुं), विस्रंस्, क्षि in pass. (क्षीयते), शिथिलीभू, शिथिलबलः -ला -लं भू, शिथिलतेजाः -जाः -जः भू, खिद् (c. 4. खिद्यते, खेत्तुं), खिन्नः -न्ना -न्नं भू.

***To* flag,** *v. a.* **(Pave with flag-stones)** परिस्रस्तरेण or प्रस्तरैः or शिलाभिर् आस्तॄ (c. 5. -स्तृणोति, (c. 9. -स्तृणाति -स्तरितुं -रीतुं).

Flag-officer, *s.* नौकासमूहपतिः *m.*, युद्धनौकासमूहाधिपतिः *m.*

Flag-staff, *s.* ध्वजस्तम्भः, केतुयष्टिः *m.f.*, ध्वजः, यष्टिः, पताकायष्टिः.

Flag-stone, *s.* शिला, शिलापट्टः, शिलाफलकं, परिस्रस्तरः, प्रस्तरः.

***To* flagellate,** *v. a.* रज्ज्वा or रज्जुना or चर्म्मदण्डेन तड् (c. 10. ताडयति -यितुं) or आहन् (c. 2. -हन्ति -न्तुं) or प्रहृ (c. 1. -हरति -हर्त्तुं).

Flagellation, *s.* कशाघातः, कशाताडनं, कशा, चर्म्मदण्डताडनं.

Flageolet, *s.* वंशः, वेणुः *m.*, विवरनालिका, सानेयी -यिका.

Flagged, *p. p.* प्रस्तरास्तीर्णः -र्णा -र्णं, शिलास्तीर्णः -र्णा -र्णं.

Flagging, *part.* म्लानः -ना -नं, स्रंसी -सिनी -सि (न्), खिन्नः -न्ना -न्नं.

Flaggy, *a.* शिथिलः -ला -लं, श्लथः -था -थं, प्रश्लथः -था -थं.

Flagitious, *a.* अतिपापी -पिन -पि (न्), महापापी etc., अतिपातकी -किनी -कि (न्), महापातकी etc., अतिदुर्वृत्तः -त्ता -त्तं, अतिपापिष्ठः -ष्ठा -ष्ठं अतिदुष्टः -ष्टा -ष्टं, अतिदोषी -षिणी -षि (न्), दारुणः -णा -णं, घोरः -रा -रं.

Flagitiously, *adv.* समहापापं, अतिपापिष्ठवत्, अतिदुर्वृत्तवत्, दारुणं.

Flagitiousness, *s.* अतिदुष्टता, महापातकं, महापापं, पापिष्ठता, दौरात्म्यं, दुर्वृत्तता, घोरता, दारुणता.

Flagon, *s.* पुटग्रीवः, सुराभाजनं, पानभाजनं, पानपात्रं.

Flagrancy, *s.* सर्व्वप्रकाशता, सर्व्वप्राकट्यं, वाच्यता, अतिदुष्टता, घोरता.

Flagrant, *a.* प्रकाशः -शा -शं, सर्व्वप्रकाशः -शा -षं, सर्व्वप्रसिद्धः -द्धा -द्धं, लोकविदितः -ता -तं, अतिदुष्टः -ष्टा -ष्टं, घोरः -रा -रं, पुरःस्फुरन् -रन्ती -रत् (त्).

Flagrantly, *adv.* प्रकाशं, सुप्रकाशं, सर्व्वप्रसिद्धं, अतिदुष्टं.

Flagration, *s.* दाहः, दहनं, दाहनं, ज्वलनं, ज्वालः, प्लोपः.

Flail, ***s.*** धान्यमर्द्दनयष्टिः ***m.f.,*** शस्यकण्डनयन्त्रं, कण्डनी, शस्यमर्द्दनी, शिथिलदण्डविशेषो पदाघातेन धान्यादि निस्तुपीक्रियते.

Flake, ***s.*** **(Of snow)** हिमलवः, हिमकणः, तुषारघनः, नीहारघनः, हिमतूलं, हिमाङ्कुरः, तुपारगडः, तृलोपमो हिमानीलवः. **—(Layer)** फलकः -कं. **—(Scale, loose piece)** वल्कं, शल्कं, शकलं.

To **flake,** ***v. n.*** शकलीभू, शकलानि बन्ध् **(c. 9.** बध्नाति, बन्धुं).

Flaky, ***a.*** सशल्कः -ल्का -ल्कं, शकली -लिनी -लि (न्), फलकी -किनी -कि (न्).

Flam, ***s.*** अनर्थक, मृषार्थकं, माया, छलं, प्रतारणा, छद्म ***n.*** (न्).

Flambeau, ***s.*** उस्का, उल्मुकं, ज्वलनकाष्ठं, अग्निकाष्ठं, अलातं.

Flame, ***s.*** शिखा, अग्निशिखा, अर्च्चिः ***f.*** (स्), अर्च्चिः ***f.,*** ज्वालः -ला, अग्निज्वाला, ज्वलः -लका, ज्वालाग्निः ***m.,*** अग्निजिह्वा, शिखिशिखा, कीलः -ला, अग्निकीलः, हेतिः ***f.,*** उल्का, तेजः ***n.*** (स्); **'in flames,'** ज्वलन् -लन्ती -लत् (त्), ज्योतिस्सात्.

To **flame,** ***v. a.*** ज्वल् **in caus.** (ज्वालयति, ज्वलयति -यितुं), प्रज्वल्, सम्प्रज्वल्.

To **flame,** ***v. n.*** ज्वल् **(c. 1.** ज्वलति -लितुं), प्रज्वल्, उज्ज्वल्, सम्प्रज्वल्, ज्वल् **in freq.** (जाज्वल्यते), दीप् **(c. 4.** दीप्यते -पितुं), प्रदीप्, आदीप्.

Flame-coloured, ***a.*** अग्निवर्णः -र्णा -र्णं, वह्निवर्णः -र्णा -र्णं, पीतः -ता -तं.

Flaming, ***part.*** **and** ***a.*** ज्वलन् -लन्ती -लत् (त्), ज्वलयन् -यन्ती -यत् (त्), ज्वलः -ला -लं, ज्वली -लिनी -लि (न्), ज्वाली **etc.,** ज्वालः -ली -लं, ज्वलितः -ता -तं, उज्ज्वलः -ला -लं, जाज्वल्यमानः -ना -नं, प्रज्वलितः -ता -तं, उच्छिख -खा -खं, प्रदीप्तः -प्ता -प्तं, अर्चिष्मान् -ष्मती -ष्मत् (त्).

Flamingo, ***s.*** राजहंसः, हंसकः, रक्तपक्षः, अग्निवर्णः पक्षिभेदः.

Flamy, ***a.*** शिखी -खिनी -खि (न्), शिखावलः -ला -लं, आग्नेयः -यी -यं.

Flank, ***s.*** पार्श्वः -र्श्वं, पार्श्वभागः, पार्श्वाङ्गं, पक्षः, पक्षभागः, उत्सङ्गः, कुक्षिः ***m.,*** अङ्कः, कोलः, कृत्स्नं, तः; **'of a horse,'** कश्यं; **'on the flank,'** पार्श्वतस्.

To **flank,** ***v. a.*** **and** ***n.*** **(Attack the flank)** पार्श्वं or पार्श्वभागम् आक्रम् **(c. 1.** -क्रामति -क्रमितुं). **—(Guard on the flank)** पार्क्रतो रक्ष् **(c. 1.** रक्षति -क्षितुं). **(Border, be posted on the side)** पार्श्वतः or निकटे or पार्श्वभागे स्था **(c. 1.** तिष्ठति स्थातुं) or वृत् **(c. 1.** वर्त्तते -र्त्तितुं), स्पश् **(c. 6.** स्पृशति, स्प्रष्टुं).

Flannel, ***s.*** कम्बलः, ऊर्णायुः ***m.,*** और्णपटः, औरभं, ऊर्णानिर्म्मितं or मेषलोममयं विरलवस्त्रं, सहस्ररोम ***n.*** (न्), साशूकः, कुतपः.

Flap, ***s.*** **(Any thing that hangs loose)** लम्बिका, लोला, लोलकः, लम्बमानवस्तु ***n.,*** प्रलम्बवस्तु, प्रलम्बितं. **—(The motion of it)** आस्फालः -लनं -लितं.

To **flap,** ***v. a.*** **(The wings)** पक्षौ स्फल् **in caus.** (स्फालयति -यितुं) **or** आस्फल् **or** चल् **in caus.** (चालयति -यितुं) **or** उत्क्षिप् **(c. 6.** -क्षिपति -क्षेप्तुं).

To **flap,** ***v. n.*** आस्फालितं कृ, आस्फल् **(c. 1.** -स्फलति -लितुं), झलञ्झला **(nom.** झलञ्झलायते).

Flapped, ***p. p.*** आस्फालितः -ता -तं, चालितः -ता -तं, लोलितः -ता -तं.

Flapping, ***s.*** **(Of wings)** आस्फालनं, पक्षास्फालनं, पक्षस्फालनं, पक्षोत्क्षेपः, झलञ्झला. **—(Of ears)** कर्णतालः.

To **flare,** ***v. n.*** चञ्चलशिखया **or** सचञ्चलशिखं **or** चञ्चलरूपेण ज्वल् **(c. 1.** ज्वलति -लितुं) **or** उज्ज्वल् **or** ज्वल् **in freq.** (जाज्वल्यते).

Flare, ***s.*** चञ्चलशिखा, चञ्चलज्वालः, कम्पितज्वाला, स्फरद्युतिः ***f.***

Flaring, ***a.*** चञ्चलशिखया जाज्वल्यमानः -ना -नं **or** उज्ज्वलः -ला -लं.

Flash, ***s.*** ज्वाला, स्फुरितं, स्फुरणं, द्युतिस्फुरणं, प्रभाकम्पः, अकस्मात्स्फुरणं, अकस्माद्दीप्तिः ***f.,*** क्षणप्रभा, क्षणद्युतिः ***f.,*** अचिरप्रभा, अचिरद्युतिः ***f.*** **—(Of lightning)** विद्युत्स्फुरणं, सौदामिनीस्फुरणं, विद्युत्प्रकाशः, विद्युत्कम्पः, विद्युद्दाम: ***n.*** (न्), मेघज्योतिः ***n.*** (स्), विद्युज्ज्वाला, इरम्मदः.

To **flash,** ***v. n.*** स्फुर् **(c. 6.** स्फुरति -रितुं), विद्युत् **(c. 1.** -द्योतते -तितुं), अकस्मात् प्रकाश् **(c. 1.** -काशते -शितुं) **or** ज्वल् **(c. 1.** ज्वलति -लितुं) **or** उज्ज्वल् **or** प्रज्वल्, विद्युद्वत् कम्प् **(c. 1.** कम्पते म्पितुं).

Flashing, ***a.*** **or** ***part.*** स्फुरन् -रन्ती -रत् (त्), स्फुरितः -ता -तं, विद्योतमानः -ना -नं, द्योतमानः -ना -नं, कम्पमानः -ना -नं, कम्पितप्रभः -भा -भं, क्षणप्रकाशन् -शन्ती -शत् (त्).

Flashy, ***a.*** क्षणमात्रद्योती -तिनी -ति (न्), मिथ्याद्योती **etc.,** मिथ्यातैजसः -सी -सं, मिथ्यातेजोमयः -यी -यं. **—(Unsubstantial)** असारः -रा -रं, निस्सत्त्वः -त्त्वा -त्त्वं.

Flask, ***s.*** कूपी, पुटग्रीवः, काचपात्रं, काचभाजनं; **'of wine,'** मद्यभाजनं.

Flasket, ***s.*** अन्नभाजनं, अन्नपात्रं, खाद्यद्रव्यभाजनं.

Flat, ***a.*** **(Even)** समः -मा -मं, समानः -ना -नं, समस्थः -स्था -स्थं, सपाटः -टा -टं, समरेखः -खा -खं, निर्भुग्नः -ग्ना -ग्नं, अभुग्नः -ग्ना -ग्नं. **—(Not elevated)** अनुच्चः -च्चा

-च्चं, अनुन्नतः -ता -तं, निम्नः -म्ना -म्नं, नतः -ता -तं. —**(Prostrate, lying flat)** दण्डवत्पतितः -ता -तं. भूमौ क्षिप्तदेहः -हा -हं, अवनिङ्गतः -ता -तं.—**(Vapid, tasteless)** विरसः -सा -सं, नीरसः -सा -सं, अरसिकः -का -कं, फल्गुः -ल्गुः -ल्गु, असारः -रा -रं, निस्सारः -रा -रं, अलवणः -णा -णं, सारहीनः -ना -नं, लवणहीनः -ना -नं, निस्तेजाः -जाः -जः (स्), तेजोहीनः -ना -नं, क्लीवः -वा -वं, निःस्वादुः -दुः -दु, विस्वादः -दा -दं.—**(Plain)** अवक्रः -क्रा -क्रं; **'flat roof,'** पृष्ठं; **'flat surface,'** समपृष्ठं, समतलं.

Flat, *s.* **(A plain)** समभूमिः ***f.,*** समस्थलं -ली, समभूभागः, समस्थानं, आजिः ***f.,*** पाटः, समं.—**(Low ground)** निम्नभूमिः ***f.***—**(Sinoal)** सैकतं.—**(Of a sword, etc.)** फलकं -कं, पत्रं.—**(In music)** अनुदात्तः, मन्दः, मन्द्रः, उदात्तेतरः शब्दः. —**(Flat-bottomed boat)** तरालुः ***m.,*** तरान्धुः ***m.***—**(Stupid fellow)** मन्दबुद्धिः ***m.,*** स्थूलधीः ***m.***

To* flat, *v. a. समीकृ, समानीकृ, समस्थलीकृ, निम्नीकृ.

Flat-bottomed, *a.* समतलः -ला -लं, समाधोभागः -गा -गं, समाधःस्थानः-ना -नं.

Flat-nosed, *a.* नतनासिकः -का -कं, अवनाटः -टा -टं, अवटीटः -टा -टं, अवभ्रढः -ढा -ढं, खुरणसः -सा -सं **or** -णाः -णाः -णः (स्).

Flatly, *adv.* समं, समानतस्.—**(Plainly)** अवक्रं, सुव्यक्तं.

Flatness, *s.* **(Evenness)** समता, साम्यं, समानता -त्वं, साम्यता, पाटः, निर्भुग्नता, अभुग्नता.—**(Want of elevation)** अनुच्चता, अनुन्नतिः ***f.,*** निम्नता नतत्वं.—**(Insipidity, dulness)** अरसिकत्वं, आरस्यं, फल्गुता, असारता, निःस्वादुता, अलावण्यं, आलवण्यं, अतेजः ***n.*** (स्), तेजोहीनता.

To* flatten, *v. a. समीकृ, समानीकृ, समस्थलीकृ, निम्नीकृ, वामनीकृ.—**(Depress)** अवनम् **in caus.** (-नामयति -नमयति -यितुं), नम्रीकृ.—**(Lay flat)** दण्डवत् पत् **in caus.** (पातयति -यितुं).—**(Make vapid)** रसं हृ **(c. 1.** हरति, हर्तुं), फल्गूकृ, विरसीकृ.

To* flatten, *v. n. समीभू, निम्नीभू, अवनतीभू, नम्रीभू, विरसीभू.

Flattened, *p. p.* अवनामितः -ता -तं, निमीकुतः -ता -तं, नम्नीकृतः -ता -तं.

Flattening, *s.* अवनामः, निम्नीकरणं, नम्नीकरणं, समीकरणं.

Flatter, *s.* अवनामकः, समकरणयन्त्रं, मुद्गरविशेषः.

To* flatter, *v. a. **(Soothe by priase, etc.)** सान्त्व् **or** शान्त्व् **(c. 10.** सान्त्वयति, -यितुं), परिशान्त्व्, अभिशान्त्व्, अतिप्रशंसया **or** स्तुतिवाक्यैः **or** चाटूक्त्या **or** मधुरैर्वचोभिः सान्त्व् **or** प्रलुभ् **(c. 10.** -लोभयति -यितुं) **or** सन्तुष् **(c. 10.** -तोषयति -यितुं) **or** लल् **(c. 10.** लालयति -यितुं).—**(Speak what is agreeable)** प्रियं **or** प्रियाणि **or** चाटुवाक्यानि वद् **(c. 1.** वदति -दितुं).—**(Praise falsely)** मिथ्या प्रशंस् **(c. 1.** -शंसति -सितुं) **or** श्लाघ् **(c. 1.** श्लाघते -घितुं).—**(Gratify)** आराध् **(c. 10.** -राधयति -यितुं), प्रमुद् **(c. 10.** -मोदयति -यितुं), सभाज् **(c. 10.** सभाजयति -यितुं).—**(Raise false hopes)** मिथ्या आशावृद्धिं कृ.

Flattered, *p. p.* प्रशंसितः -ता -तं, मिथ्याप्रशस्तः -स्ता -स्तं, लालितः -ता -तं, कृतसान्त्वनः -ना -नं, चाटूक्त्याराधितः -ता -तं, सभाजितः -ता -तं, आश्वासितः -ता -तं.

Flatterer, *s.* प्रशंसकः, प्रियवादी ***m.*** (न्), प्रियंवदः, चाटुवादी ***m.*** सान्त्ववादः, सान्त्वनकारी ***m.*** (न्), चाटुकारः, लाली ***m.*** (न्), मिथ्याप्रशंसकः, शंस्ता ***m.*** (स्तृ), कपटप्रशंसाकृत् ***m.*** मिथ्याश्वासकः, आश्वासनशीलः, कापटिकः.

Flattering, *s.* परितोषकः -का -कं, सन्तोषणः -णा -ज्ञां, सान्त्वनः -ना -नं, स्तुतिमयः -यी -यं, प्रशंसाकरः -री -रं, प्रीतिकरः -रा -रं, आश्वासकः -का -कं.

Flatteringly, *adv.* अतिप्रशंसयाः, चाटूक्त्या, अतिशयस्तुत्या, सान्त्वनपूर्व्वं.

Flattery, *s.* अतिप्रशंसा -सनं, मिथ्याप्रशंसाः -सनं, सान्त्वः -त्वं, त्वनं -ना, सान्त्ववाक्यं, सान्त्वोक्तिः ***f.,*** सान्त्वकारः, चाटूक्तिः ***f.,*** चाटुकारः, चाटुः ***m.,*** -टु ***n.,*** लालनं, प्रियवाक्यं, मधुवाक्यं, मधुरवचः ***n.*** (स्), कोमलवाक्यं, कोमलत्वं, आश्वासनं, आलोकः, आलोकशब्दः, अनुनयः, आराधनं.

Flattish, *a.* ईषत्समः -मा -मं; ईषत्समानः -ना -नं, ईषन्निम्न -म्ना -म्नं.

Flatulence, flatulency, *s.* वायुपूर्णता, वायुरोगः, वातफुल्लता, वातफुल्लान्त्रं, वातिकत्वं, कोष्ठाश्रितवायुः ***m.,*** वायुः ***m.,*** वातः, वायुगण्डः, अन्त्राध्मानं, उदराध्मानं, आध्मातः, पुप्फुलः -लं.

Flatulent, *a.* वायुग्रस्तः -स्ता -स्तं, वायुरोगग्रस्तः -स्ता -स्तं, वातफुल्लः -ल्ला -ल्लं, वातफुल्लान्तः -न्त्रा -न्त्रं, वातिकः -की -कं, वातवद्धः -द्धा -द्धं, वायुबद्धः -द्धा -द्धं.

Flatus, *s.* वायुः ***m.,*** वातः, अन्त्रस्थवायुः, उदरजवातः, उदरजो वातः.

To* flaunt, *v. n. सगर्व्वं **or** सदम्भं चल् **(c. 1.** चलति -लितुं), गर्व्वितगत्या चल् **or** चर् **(c. 1.** चरति -रितुं).

Flaunting, *a.* गर्व्वेण चारी -रिणी -रि (न्), गर्व्वितगतिः -तिः -ति, खेलगामी -मिनी -मि (न्), दर्शनीयमानी -निनी -नि (न्).

Flavor, *s.* रसः, आस्वादः, स्वादः, रुचिः ***f.,*** अभिरुचिः ***f.,*** लालित्यं, लावण्यं,

To* flavor, *v. a. रसं दा **(c. 3.** ददाति, दातुं), सरसं -सां -सं कृ, सुरसीकृ.

Flavored, *p. p.* or *a.* रसितः -ता -तं, सरसः -सा -सं, रसिकः

Flavorless 407 Fleet

-का -कं; **'well-flavored,'** सुरसः -सा -सं, सुखास्वादः -दा -दं, सुललितः -ता -तं, सुस्वादुः -द्वी -दु.

Flavorless, *a.* अरसः -सा -सं, सिकः -की -कं, विरसः -सा -सं, निरसः -सा -सं, नीरसः -सा -सं, निःस्वादुः -दुः -दु, विस्वादः -दा -दं, अस्वादुः -दुः -दु.

Flavorous, *a.* सुरसः -सा -सं, रसिकः -का -कं, रसवान् -वती -वत् (त्), स्वादुः -द्वी -दुः, सुखास्वादः -दा -दं, मिष्टः -ष्टा -ष्टं.

Flaw, *s.* **(Crack)** छिद्रं, रन्ध्रं, भित्तिः *f.*, खण्डः, भेदः, छेदः, भङ्गः, सन्धिः *m.*—**(Defect)** दोषः, अपराधः, छिद्रं, कलङ्कः.—**(In a gem)** पुलकः, खण्डः, रक्तविन्दुः *m.*; **'Without a flow,'** निश्छिद्रः -द्रा -द्रं, नीरन्ध्रः -न्ध्रा -न्ध्रं.—**(Sudden gust of wind)** प्रभञ्जनः, निर्घातः, व्योममुद्गरः.

***To* flaw,** *v. a.* छिद्र (c. 10. छिद्रयति -यितुं), खण्ड् (c. 10. खण्डयति -यितुं).

Flawless, *a.* निश्छिद्र -द्रा -द्रं, नीरन्ध्रः -न्ध्रा -न्ध्रं, निर्दोषः -षा -षं.

Flawy, *a.* सछिद्रः -द्रा -द्रं, सरन्ध्रः -न्ध्रा -न्ध्रं, सदोषः -षा -षं, दर्दरः -रा -रं.

Flax, *s.* अतसी, उमा, क्षुमा, क्षौमी, शणं, मसीना, मसृणा, सुवर्च्चला, मालिका.

Flax-comb, *s.* अतसीमार्जकः, उमामार्जनी, उमाशोधनी, शणप्रसाधनी.

Flax-dresser, *s.* अतसीशोधकः, उमापरिष्कारकः, शबप्रसाधक.

Flaxen, *a.* औमः -मी -मं, औमकः -की -कं, क्षौमः -मी -मं, शाणः -णी -णं.

***To* flay,** *v. a.* त्वच (**nom.** त्वचयति -यितुं), निरुत्वचीकृ, चर्म्म निष्कृष् (c. 1. -कर्षति -क्रष्टुं) **or** उत्कृष् **or** निर्हृ (c. 1. -हरति -हर्त्तुं), निश्चर्म्म (**nom.** निश्चर्म्मयति -यितुं), त्वक्ष् (c. 1. त्वक्षति -क्षितुं).

Flayed, *p. p.* निस्त्वचीकृतः -ता -तं, निस्त्वचः -चा -चं, निश्चर्म्मा -र्म्मा -र्म्म (न्).

Flayer, *s.* चर्म्मनिष्कर्षकः, चर्म्मोत्पाटी *m.* (न्), त्वग्विदारकः.

Flaying, *s.* निस्त्वचीकरणं, चर्म्मनिष्कर्षणं, निश्चर्म्मकरणं, त्वक्परिपुटनं.

Flea, *s.* देहिका, मत्कुणः, मक्षिका, तल्पकीटः, रक्तपायी *m.* (न्).

***To* flea,** *v. a.* देहिका **or** तल्पकीटान् अपनी (c. 1. -नयति -नेतुं) **or** दूरीकृ.

Flea-bite, *s.* देहिकादंशः, मत्कुणदंशनं, देहकादशनाङ्कः, मक्षिकादंशः.

Flea-bitten, *a.* देहिकादष्टः -ष्टा -ष्टं, देहिकादंशितः -ता -तं, मक्षिकादष्टः -ष्टा -ष्टं.

Fleam, *s.* पशुचिकित्सकादिभिः सिराव्यधे **or** रक्तमोक्षणे प्रयुक्तं तीक्ष्णाग्रयन्त्रं.

Fled, *p. p.* पलायितः -ता -तं, विपलायितः -ता -तं, विद्रुतः -ता -तं.

***To* fledge,** *v. a.* सपक्षं -क्षां -क्षं कृ, पक्षैर् युज् (**c. 10.** योजयति -यितुं).

Fledged, *p. p.* पक्षयुक्तः -क्ता -क्तं, पक्षवान् -वती -वत् (त्), गरुत्मान् -त्मती -त्मत् (त्मत्).

***To* flee,** *v. n.* पलाय् (**c. 1.** पलायते -यितुं, *rt.* इ), विपलाय्, प्रपलाप्, सम्पलाय्, द्रु (**c. 1.** द्रवति, द्रोतुं), विद्रु, विप्रद्रु, प्रद्रु, प्राद्रु; प्रधाव् (**c. 1.** -धावति -वितुं), अपधाव्, निष्पत् (**c. 1.** -पतति -तितुं), उत्पत्, अपक्रम् (**c. 1.** -क्रामति -क्रमितुं), निर्गम् (**c. 1.** -गच्छति -गन्तुं), अपगम्, अपसृप् (**c. 1.** -सर्पति -सप्तुं), व्यपमृप्, भज् (**c. 1.** भजति -ते, भक्तुं) **with** दिशः **or** ककुभः.—**(Avoid)** वृज् (**c. 10.** वर्जयति -यितुं), विवृज् परिवृज्, परिहृ (**c. 1.** -हरत -हर्त्तुं), त्यज् (**c. 1.** त्यजति, त्यक्तुं).

Fleece, *s.* मेषलोम *n.* (न्), अविलोम *n.* (न्), मेषरोम *n.* (न्), मेषाङ्गरुहं, यन् मेषलोमपरिमाणम् एकवारे अवछिद्यते, मेषस्य छिन्नलोम *n.* (न्).

***To* fleece,** *v. a.* मेषलोम छिद् (**c. 7.** छिनत्ति, छेत्तुं) **or** लू (**c. 9.** लुनाति, लवितुं).—**(Strip, plunder)** हृ (**c. 1.** हरति, हर्त्तुं), अपहृ, प्रबाध् (**c. 1.** -बाधते -धितुं).

Fleeced, *p. p.* हृतसर्व्वस्वः -स्वा -स्वं, अपहृतस्वः -स्वा -स्वं, बाधितः -ता -तं.

Fleecy, *a.* लोमशः -शा -शं, रोमशः -शा -शं, बहुलोमा -मा -म (न्), बहुरोमा **etc.,** लोमावृतः -ता -तं, बहुलोमवान् -वती -वत् (त्), मेषलोममयः -यी -यं.

***To* fleer,** *v. a.* अवहस् (**c. 1.** -हसति -सितुं), अपहस्, कु स्मि (**c. 1.** रमयते, स्मेतुं), उत्स्मि, विकृतदृष्ट्या स्मि, तिरस्कृ, मुखरीकृ, अवक्षिप् (**c. 6.** -क्षिपति -क्षेप्तुं).

Fleer, *s.* अवहासः, अवहेला, अवक्षेपः, कुस्मयः, कुस्मितं, दृष्टिविक्षेपः.

Fleerer, *s.* उपहासकः, अवक्षेपकः, मुखरजनः, कुस्मितः.

Fleeet, *s.* वृहन्नौकासमूहः, महानौकासमूहः, वृहन्नौसङ्ग्रहः, युद्धनौसमूहः.

Fleet, *a.* शीघ्रगामी -मिनी -मि (न्), द्रुतगामी **etc.,** द्रुतगतिः -तिः -ति लघुगतिः -तिः -ति, महावेगः -गा -गं, महाजवः -वा -वं, वेगवान् -वती -वत् (त्), जवी-विनी-वि (न्), शीघ्रजवः -वा -वं, प्रतूर्णः -र्णा -र्णं, त्वरितः -ता -तं, त्वरितगतिः -तिः -ति, ससौष्ठवः -वा -वं.—**(As the wind)** वायुवेगः -गा -गं, वायुवेगसमः -मा -मं, वायुगतिः -तिः -ति, वायव्यः -व्या -व्यं.

To* fleet, *v. n. **(Go swiftly)** द्रुतगत्या **or** महावेगेन चल् **(c. 1.** चलति -लितुं), त्वर् **(c. 1.** त्वरते -रितुं), शीघ्र **(nom.** शीघ्रायते), द्रुतं गम् **(c. 1.** गच्छति, गन्तुं).

To* fleet, *v. a. **(Skim over)** लघुगत्या अतिक्रम् **(c. 1.** -क्रामति -क्रमितुं) **or** विसृप् **(c. 1.** -सर्पति -सप्तुं).—**(Skim milk)** दुग्धफेनम् अपनी **(c. 1.** -नयति -नेतुं).

Fleeting, *a.* क्षणमात्रस्थायी -यिनी -यि (न्), अचिरस्थायी **etc.,** अध्रुवः -वा -वं, क्षणभूतः -ता -तं, क्षणभङ्गुरः -रा -रं, क्षणिकः -का -की -कं.

Fleetly, *adv.* शीघ्रं, द्रुतं, त्वरितं, महावेगेन, महाजवेन, द्रुतगत्या, लघुगत्या, लघुः, क्षिप्रं, सरभसं, ससौष्ठवं.

Fleetness, *s.* शीघ्रता, द्रुतत्वं, शीघ्रगामित्वं, त्वरितगतिः ***f.,*** वेगः, प्रजवः, जवः, सत्वरता, तूर्णिः ***f.,*** आशुगमनं, रभसः.

Flesh, *s.* मांसं, आमिषं, पललं, क्रव्यं, पिशितं **usually in plural,** तरसं, पलं, अस्रजं, शुक्तं, मेदस्कृत् ***n.,*** काश्यपं, उद्घसं; **'dried flesh,'** शुष्कलः -ला -ली -लं, शुष्कमांसं, उत्तप्तं, वल्लूरं; **'game,'** जङ्गलं, जाङ्गलं.—**(Body)** शरीरं.—**(Carnality)** शरीरोपसेवा, विषयासक्तिः ***f.,*** आमिषं.

To* flesh, *v. a. अभ्यस् **(c. 4.** -अस्यति -असितुं), निर्दयीकृ, क्रूरकर्म्माभ्यस्तं -स्तां -स्तं कृ.

Flesh-broth, *s.* मांसजूषं, मांसयूषं, मांसनिष्क्वाथः, मांसक्वाथः, सूपः.

Flesh-brush, *s.* त्वगाघर्षणी, चर्म्मनिर्घर्षणकः, चर्म्ममार्जनी.

Flesh-color, *s.* मांसवर्णः, आमिषवर्णः, क्रव्यवर्णः, मांसरागः.

Flesh-colored, *a.* मांसवर्णः -र्णा -र्णं, आमिषवर्णः -र्णा -र्णं, क्रव्यसवर्णः -र्णा -र्णं.

Flesh-diet, *s.* मांसाहारः, मांसभोजनं, आमिषाहारः.

Fleshiness, *s.* मांसत्वं, मांसलत्वं, पुष्टता, पुष्टाङ्गत्वं, पीनता, पीवरता, मेदस्विता, मेदोवृद्धिः ***f.,*** शरीरस्थूलता.

Fleshless, *s.* अमांसः -सा -सं, निर्मांसः -सा -सं, विमांसः -सा -सं, विपुष्टः -ष्टा -ष्टं, अपुष्टः -ष्टा -ष्टं, मांसहीनः -ना -नं.

Fleshiliness, *s.* शरीरोपसेवा, विषयोपसेवा, विषयासक्तिः ***f.,*** शारीरिकविषयसङ्गः, कामासक्तिः ***f.***

Fleshly, *a.* **(Carnal)** शारीरिकः -की -कं, शरीरजः -जा -जं, दैहिकः -की -कं, कायिकः -की -कं, वापुषिकः -की -कं, विषयी -यिणी -यि (न्), ऐहिकः -की -कं, सांसारिकः -की -कं.

Flesh-meat, *s.* मांसाहारः, मांसभोजनं, खाद्यमांसं, भोजनार्थम् आमिषं.

Fleshmonger, *s.* मांसविक्रयी ***m.*** (न्), सौनिकः.—**(Pimp)** विटः.

Fleshy, *a.* मांसलः -ला -लं, मांसशीलः -ला -लं, पुष्टः -ष्टा -ष्टं, पुष्टाङ्गः -ङ्गी -ङ्गं, क्रव्यमयः -यी -यं, पीनः -ना -नं, पीवरः -रा -रं, मेदस्वी -स्विनी -स्वि (न्).

Flexibility, *s.* आनम्यता, नम्यता, नमनीयत्वं, कुञ्चनीयता, अवकुञ्चनीयत्वं. आयम्यत्वं, मृदुता, कोमलता, शैथिल्यं.

Flexible, *a.* आनम्यः -म्या -म्यं, नम्यः -म्या -म्यं, नमनीयः -या -यं, कुञ्चनीयः -या -यं, अवकुञ्चनीयः -या -यं, आयम्यः -म्या -म्यं, नमनशीलः, -ला -लं, कुञ्चनशीलः -ला -लं, मृदुः -दुः -द्वी -दु, कोमलः -ला -लं, शिथिलः -ला -लं, अदृढः -ढा -ढं.

Flexion, *s.* नतिः ***f.,*** नमनं, आनतिः ***f.,*** आनमनं, कुञ्चनं, अवकुञ्चनं, भङ्गः -ङ्गी.

Flexuous, *a.* वक्रः -क्रा -क्रं, वक्रिमः -मा -मं, भङ्गुरः -रा -रं, कुटिलः -ला -लं, जिह्मः -ह्मा -ह्मं, विसर्पी -र्पिणी -र्पि (न्).

Flexure, *s.* नतिः ***f.,*** आनतिः ***f.,*** वक्रता, वक्रिमा ***m.*** (न्), कुञ्चनं, अवकुञ्चनं, जिह्मता, भङ्गः -ङ्गी, पुटः.

To* flicker, *v. n. **(With the wings)** विहायसा **or** व्योममध्ये पक्षास्फालनं कृ.—**(As a flame, etc.)** इतस्ततश् चल् **(c. 1.** चलति -लितुं), चञ्चलीभू, चपलीभू, चञ्चलरूपेण ज्वल् **(c. 1.** ज्वलति -लितुं).

Flickering, *a.* **(With the wings)** व्योममध्ये पक्षास्फालनकारी -रिणी -रि (न्).—**(Unsteady)** चञ्चलः -ला -लं, विचलः -ला -लं, चलः -ला -लं, चपलः -ला -लं.

Flier, *s.* पलायी ***m.*** (न्), विपलायी ***m.,*** प्रपलायी ***m.,*** पलायनकृत् ***m.***

Flight, *s.* **(Act of fleeing, running away)** पलायनं, विपलायनं, प्रपलायनं, द्रावः, द्रवः, विद्रवः, प्रदावः, उद्द्रावः, सन्द्रावः, सन्दावः, अपक्रमः, अपयानं, अपायः, अपगमः, डमरं, शृगाली -लिका; **'to put to flight,'** विद्रु **in caus.** (-द्रावयति -यितुं), द्रु; **'put to flight,'** भयद्रुतः -ता -तं, विद्रुतः -ता -तं, कान्दिशीकः -का -कं, प्रपलायितः -ता -तं, पलायितः -ता -तं.—**(Flying of a bird)** डीनं, डनं, प्रडीनं, निडीनं; **'upward flight of a bird,'** उड्डीनं, उड्डयनं, प्रडीनं: **'downward flight,'** अवडीनं; **'indirect flight,'** विडीनं; **'direct flight,'** अविडीनं.—**(Number of birds flying)** पक्षिमाला, पक्षिश्रेणी, डीयमानपक्षिगणः; **'of geese,'** हंसमाला; **'of pigeons,'** कापोतं; **'of parrots,'** शौकं.—**(Flight of an arrow)** शरवेगः, शरपातः.—**(Elevation or excursion of thought)** बुद्धिसमुन्नतिः ***f.,*** बुद्धिविलासः.—**(Flight of stairs)** सोपानपद्धतिः ***f.,*** सोपानश्रेणिः ***f.,*** निःश्रेणी -णिः ***f.***

Flightiness, *s.* बुद्धिभ्रान्तिः ***f.,*** बुद्धिविभ्रमः, बुद्धिविलासः, मतिचापल्यं, उच्छृङ्खलता.

Flighty, *a.* भ्रान्तबुद्धिः -द्धिः -द्धि, विभ्रान्तमनाः -नाः -नः (स्),

चपलमतिः -तिः -ति, उच्छृङ्खलबुद्धिः -द्धिः -द्धि, अस्थिरबुद्धिः -द्धिः -द्धि, पारिप्लवः -वा -वं.

Flimsiness, ***s.*** असारता, निःसारता, निर्बलता, तेजोहीनता, तुच्छत्वं, शैथिल्यं.

Flimsy, ***a.*** असारः -रा -रं, निःसारः -रा -रं, सारहीनः -ना -नं, निस्तेजाः -जाः -जः (स्), अवास्तवः -वी -वं, विकः -की -कं, निर्बलः -ला -लं, तुच्छः -च्छा -च्छं, तनुः -नुः -न्वी -तु, शिथिलः -ला -लं.

To **flinch,** ***v. n.*** निवृत् **(c. 1.** -वर्त्तते -र्त्तितुं), परिवृत्, परावृत् **with abl. c.,** उद्विज् **(c. 6.** -विजते -जितुं) **with abl. c.,** विकम्प् **(c. 1.** -कम्पते -म्पितुं), अवस्था **(c. 1.** -तिष्ठते -स्थातुं), पलाय् **(c. 1.** पलायते -यितुं **rt.** इ), पराङ्मुखीभू, विमुखीभू, त्यज् **(c. 1.** त्यजति, त्यक्तुं).

Flincher, ***s.*** परिवर्त्तकः, परिवर्त्ती ***m.*** (न्), कर्म्मनिवृत्तः, कर्म्मत्यागी ***m.*** (न्), पराङ्मुखः, विकम्पितः -म्पकः.

Flinching, ***s.*** विकम्पः -म्पनं, विकम्पितं, निवृत्तिः ***f.,*** निवर्त्तनं, पराङ्मुखता.

To **fling,** ***v. a.*** क्षिप् **(c. 6.** क्षिपति, क्षेप्तुं), प्रक्षिप्, अस् **(c. 4.** अस्यति -सितुं), प्रास्, अभ्यस्,मुच् **(c. 6.** मुञ्चति, मोक्तुं), प्रमुच्, सृज् **(c. 6.** सृजति, स्रष्टुं), ईर् **(c. 10.** ईरयति -यितुं), यत् **in caus.** (पातयति -यितुं).—**(Fling away)** अपास्, अवमुच्, प्रमुच्, अवसृज्, विसृज्, व्यपसृज्, प्रतिक्षिप्, अपहा **(c. 3.** -जहाति -हातुं).

To **fling,** ***v. n.*** क्रोधसंरब्धत्वात् पादादिक्षेपं कृ **or** खुरक्षेपं कृ, अवक्षिप् **(c. 6.** -क्षिपति -क्षेप्तुं).

Fling, ***s.*** क्षेपः -पणं, प्रक्षेपः, निःक्षेपः, असनं, पातः -तनं.—**(Gibe)** क्षेपः, अवक्षेपः.

Flint, ***s.*** अग्निप्रस्तरः, अरणिः ***m.,*** वह्निप्रस्तरः, आग्नेयप्रस्तरः.

Flinty, ***a.*** अग्निप्रस्तरमयः -यी -यं.—**(Cruel, hard-hearted)** पाषाणहृदयः -या -यं, अयोहृदयः -या -यं. कठिनहृदयः -या -यं.

Flip, ***s.*** **(A beverage)** मद्ययवसुरादिनिर्म्मितं पानीयं.—**(Stroke)** आघातः, आस्फालनं.

Flippancy, ***s.*** **(Of speech)** वाक्चापल्यं, वावदूकता.—**(Pertness)** चापल्यं, चपलत्वं, चाञ्चल्यं, अस्थिरता, लोलता, लौल्यं, अनवस्थितिः ***f.,*** प्रगल्भता.

Flippant, ***a.*** **(In speech)** वाक्चपलः -ला -लं, वाक्चञ्चलः -ला -लं, वाचालः -ला -लं.—**(Pertness)** चपलः -ला -लं चञ्चलः -ला -लं अस्थिरः -रा -रं, लोलः -ला -लं, अनवस्थितः -ता -तं, प्रगल्भः -ल्भा -ल्भं.

Flippantly, ***adv.*** चपलं, चापल्यात्, लौल्यात्, चञ्चलं, अस्थैर्य्यात्.

To **flirt,** ***v. a.*** **(Toss suddenly)** अकस्मात् **or** सहसा क्षिप् **(c. 6.** क्षिपति, क्षेप्तुं).

To **flirt,** ***v. n.*** **(Jeer)** क्षिप् **(c. 6.** क्षिप्यति, क्षेप्तुं), अवक्षिप्.—**(Act with giddiness)** चपलः -ला -लं भू, चञ्चलः -ला -लं भू.—**(Coquet)** विलस् **(c. 1.** -लसति -सितुं), लल् **(c. 1.** ललति -लितुं), खेला **(nom.** खेलायति -यितुं), विलासं कृ, हावं कृ, प्रेमललित कृ, प्रेमखेलां कृ.

Flirt, ***s.*** **(Quick throw)** अकस्मात्क्षेपः, आकस्मिकक्षेपः.—**(Coquette)** रसिका स्त्री, प्रगल्भा स्त्री, धृष्टा स्त्री, चपला स्त्री, विलासिनी, लालिनी, लीलावती, प्रेमखेलाकारिणी.

Flirtation, ***s.*** **(Playing at courtship)** प्रेमखेला, प्रेमललितं, लीला, खेला, विलासः, हावः, लालसा, रमण्यं.

To **flit,** ***v. n.*** **(Fly away, move rapidly)** प्रडी **(c. 4.** -डीयते, **c. 1.** -डयते -यितुं), द्रुतगत्या **or** लघुगत्या **or** लघु चल् **(c. 1.** चलति -लितुं) **or** सृप् **(c. 1.** सर्पत, सप्तुं).—**(Rove on the wing, flutter)** वियति **or** आकाशे विसृप्, व्योममध्ये पक्षास्फालनं कृ.—**(Be unstable)** अस्थिरः -रा -रं भू, चञ्चलीभू, चपलीभू.—**(Migrate, move about)** उत्क्रम् **(c. 1.** -क्रामति -क्रमितुं), देशान्तरं गम् **(c. 1.** गच्छति, गन्तुं), स्थानात् स्थानं गम्, इतस्ततो भ्रम् **(c. 4.** भ्राम्यति, भ्रमितुं).

Flitch, ***s.*** लवणीकृतं, शूकरपार्श्वमांसं, शूकरस्य, शुष्कमांसं, वलूरं.

Flitter, ***s.*** वस्त्रखण्डः -ण्डं, चीरं, कर्पटः, लक्त्रकं, कन्था.

Flitter-mouse, ***s.*** जतुका -तूका, अजिनपत्रा, चर्म्मपचका, चर्म्मचटी.

Flitting, ***s.*** लघुचलनं, विसर्पणं, सर्पणं, अस्थैर्य्यं, भ्रमणं.

To **float,** ***v. n.*** **(Be borne on the surface, not to sink)** प्लु **(c. 1.** प्लवते, प्लोतुं), भाम् **(c. 1.** भासते -सितुं), उन्मज्ज् **(c. 6.** -मज्जति -मंक्तुं), उत्पत् **(c. 1.** -पतति -तितुं).—**(Swim)** तॄ **(c. 1.** तरति -रितुं -रीतुं), जले विसृ **(c. 1.** -सरति -सर्त्तुं).

To **float,** ***v. a.*** प्लु **in caus.** (प्लावयति -यितुं), वह् **in caus.** (वाहयति -यितुं).

Float, ***s.*** **(Raft)** प्लवः, प्लवाका, तरणः -णी, तरण्डः, तरत् ***n.,*** तर्णिः ***m.,*** तारणः, वहित्रं, कोलः, उडुपः, -पं, वारिरथः.—**(Of a fishing-line)** तरण्डः.

Floating, ***part.*** **or** ***a.*** प्लवमानः -ना -नं, भासमानः -ना -नं.

Flocculent, ***a.*** घनीभूतः -ता -तं, श्यानः -ना -नं.—**(Seeds)** ग्रीष्महासं, वंशकफं.

Flock, ***s.*** **(Collection of animals)** यूथं, गणः, समूहः, सङ्घः, सङ्घातः, व्रजः, कुलं, वृन्दं, संहतिः ***f.,*** ओघः, कदम्बकं, निवहः, समुदायः, समुदयः, समाहारः, पाशवं, निकरः, समवायः, सञ्चयः, चयः, निकुरुम्बं -म्बकं, वारः, विसरः, व्रातः, सन्दोहः, समजः, सार्थः, निकायः.—**(Flock of sheep)** मेषयूथं, अविगणः, अविकुलं, अविकटः, आविकं, औरभ्रकं; **'of goats,'** आजकं; **'of goats and sheep,'** अजाविकं; **'of**

cattle,' पशुगणः, गोकुलं, गोवृन्दं; 'of pigeons,' कापोतं; 'of parrots,' शौकं; 'of peacocks,' मायूरं; 'of geese,' हंसमाला, हंसश्रेणी; 'of partridges,' तैत्तिरं; 'in flocks,' यूथशस्.—(Flock of cotton) तूलं -लिका, इन्द्रतूलं; 'flock-mattress,' तूलिका.

To **flock together,** *v. n.* एकत्र मिल् (c. 6. मिलति, मेलितुं), यूथशः or पशुयूथवत् सङ्गम् (c. 1. -गच्छति -गन्तुं) or समागम् or समे (c. 2. समैति -तुं, rt. इ) or अनुसृ (c. 1. -सरति -सर्त्तुं), एकीभू, एकत्रभू, एकौघीभू, समूहीभू, सङ्कुलीभू.

To **flog,** *v. a.* चर्म्मदण्डेन or कशया or वेत्रेण तड् (c. 10. ताडयति -यितुं) or आहन् (c. 2. -हन्ति -न्तुं) or प्रहृ (c. 1. -हरति -हर्त्तुं) or दण्ड् (c. 10. दण्डयति -यितुं).

Flogged, *p. p.* कशाताडितः -ता -तं, कशादण्डितः -ता -तं, वेत्राहतः -ता -तं.

Flogging, *s.* कशाताडनं, कशाघातः -कशा, रज्जुताडनं, वेत्राघातः, चर्म्मदण्डप्रहारः; 'deserving it,' कश्यः -श्या -श्यं, कशार्हः -र्हा -र्हं.

Flood, *s.* (Deluge, inundation) जलाप्लावनं, जलप्लावनं, आप्लावः, जलप्रलयः, जलवेगः, तोयविप्लवः, सलिलोपप्लवः, जलोच्छ्वासः, आप्लावः, जलप्रलयः, जलवेगः, तोयविप्लवः, सलिलोपप्लवः, जलोच्छ्वासः, जलौघः, आप्लाविजलं, परीवाहः, विदारः, वन्या.—(Universal flood) भूतसम्प्लवः, एकार्णवं.—(Stream) स्रोतः *n.* (स्), प्रवाहः.—(Tide) वेला, रयः.—(Overflow of a river) वानं.—(Flood of tears) अश्रुप्रवाहः, अश्रुपातः, अश्रुवर्षः, वाष्पवर्षः, धाराश्रु *n.,* अश्रुकलाम्बुः *m.*

To **flood,** *v. a.* प्लु in caus. (प्लावयति -यितुं), आप्लु, सम्प्लु; 'if flooded,' प्लाव्यते.

Flooded, *p. p.* प्लावितः -ता -तं, आप्लावितः -ता -तं, परिप्लुतः -ता -तं, अभिप्लुतः -ता -तं, सम्प्लुतोदकः -का -कं, अभिपरिप्लुतः -ता -तं.

Flood-gate, *s.* जलद्वारं, जलपथः, जलवर्त्म *n.* (न्), जलनिर्गमः, जलनिःसरणं.

Flook, *s.* लङ्गरदन्तः, लङ्गरभुजः, लङ्गराकर्षणी, नौबन्धनयन्त्रकीलः.

Floor, *s.* (Bottom of a building part on which one walks) तलं, गृहतलं, हर्म्यतलं, गृहभूमिः *f.,* गृहभूः *f.,* वेश्मभूः *f.,* कुट्टिमं, तलिमं, सुतलः, गृहपोटः, गृहपोतकः, पोतः, वास्तुः *m.,* प्रतिष्ठानं, गृहमूलं, भूमिः *f.,* भूतल पृष्ठं.—(Story of a house) भूमिः, कोष्ठः -ष्ठं, मञ्चः; 'second floor,' द्वितीयभूमिः *f.,* द्वितीयकोष्ठं; 'upper floor,' उपरिभूमिः *f.*—(Platform of boards) फलकः -कं, फलकास्तरः -रणं, दीर्घकाष्ठास्तरः -रणं, फलकस्तरिमा *m.* (न्), फलकसंस्तरः मञ्चः -ञ्चकः.

To **floor,** *v. a.* फलकैः or दीर्घकाष्ठैः or काष्ठफलकैर आस्तॄ (c. 9. -स्तृणाति -स्तरितुं -रीतुं), फलक (nom. फलकयति -यितुं), सफलकीकृ.—(Strike down) भूमौ पत् in caus. (पातयति -यितुं).

Flooring, *s.* फलकास्तरणं, फलकस्तरः, फलकस्तरिमा *m.* (न्), परिस्रस्तरः.

To **flop,** *v. a.* आस्फोटनशब्देन तड् (c. 10. ताडयति -यितुं), आस्फल् (c. 10. -स्फालयति -यितुं).

Flora, *s.* (The goddess) सीता, पुष्पदेवता.—(Catalogue of plants) ओषधिपरिसंख्या.

Floral, *a.* पौष्पः -ष्पी -ष्पं -ष्पिकः -की -कं, कौसुमः -मी -मं, सौमनसः -सी -सं.

Florid, *a.* (In colour of complexion) रक्तवर्णः -र्णा -र्णं, अरुणवर्णः, पुष्पवर्णः -र्णा -र्णं.—(As style) पुष्पितः -ता -तं, अलङ्कृतः -ता -तं, वागलङ्कारमयः -यी -यं, व्यञ्जनामयः -यी -यं, शोभितः -ता -तं.

Floridity, floridiness, *s.* (Of complexion) कपोलरागः, वदनरक्तता, मुखारुणिमा *m.* (न्).—(Of style) अलङ्कारः, सालङ्कारत्वं, वाग्लङ्कारः, वागलङ्क्रिया, वाक्शोभा.

Floriferous, *a.* पुष्पोत्पादकः -का -कं, पुष्पजनकः -का -कं, पुष्पदः -दा -दं.

Florilegium, *s.* पुष्पचयः, पुष्पावचयः, पुष्पप्रचायः, कुसुमावचयः.

Florin, *s.* विदेशीयमुद्राविशेषः, रूप्यमुद्राविशेषः.

Florist, *s.* पुष्पादिविद्याज्ञः, पुष्पलावः, ओषधिविद्याज्ञः, मालाकारः, मालिकः, माली *m.* (न्).

Flota, *s.* वृहन्नौकासमूहः, महावाणिज्यनौकासमूहः.

Flotilla, *s.* क्षुद्रनौकासमूहः, क्षुद्रनौकासङ्ग्रहः.

To **flounce,** *v. n.* सम्भ्रमोपहतत्वात् or संरम्भाविष्टत्वात् शरीराङ्गानि or शरीरम् इतस्ततः क्षिप् (c. 6. क्षिपति, क्षेप्तुं) or विक्षिप् or चल् in caus. (चालयति -यितुं) or विचल्.

Flounce, *s.* (Sudden jerk of the body) अकस्माद् अङ्गविक्षेपः or शरीरविक्षेपः.—(A piece of cloth sewed round a gown with the lower border loose) स्त्रीवेशपरितः स्यूतः शिथिलाधोभागो वस्त्रखण्डः, स्त्रीवेशोपरि शोभार्थम् अधिकवस्त्रविन्यासः.

Flounced, *p. p.* अधिकवस्त्रपंक्तिशोभितः -ता -तं, वेशोपरिस्थपटपंक्तिशोभितः -ता -तं.

Flounder, *s.* समुद्रजः क्षुद्रमत्स्यभेदः.

To **flounder,** *v. n.* यथा वाजी पङ्के तथा पादादिविक्षेपेण लुठ् (c. 6. लुठति -ठितुं), पङ्कपतितवद् निर्गमेच्छया शरीराङ्गानि इतस्ततः क्षिप् (c. 6. क्षिपति, क्षेप्तुं), विप्लु (c. 1. -प्लवते -प्लोतुं).

Flour, *s.* शक्तुः *m.,* गोधूमचूर्णं, गोधूमक्षोदः, चूर्णं, क्षोदः, अपूप्यः,

पिष्टं, गुण्डिकः -का, समीदः, समिता.

***To* flourish, *v. n.* (Thrive)** ऋध् **(c. 5.** ऋध्नोति, **c. 4.** ऋध्यति, अर्धितुं), समृध्, एध् **(c. 1.** एधते -धितुं), समेध्, वृध् **(c. 1.** वर्धते -र्धितुं), विवृध, संवृध्, समृद्धीभू.—**(Use lofty language)** गर्व्वितवाक्यम् आश्रि **(c. 1.** -श्रयति -यितुं).

***To* flourish, *v. a.* (Embellish with flowers, etc.)** पुष्पाद्यलङ्कारेण शुभ् **(c. 10.** शोभयति -यितुं) **or** रञ्ज् **(c. 10.** रञ्जयति -यितुं), अलङ्कृ, समलङ्कृ, चित्र् **(c. 10.** चित्रयति -यितुं).—**(Brandish)** भ्रम् **in caus.** (भ्रमयति, भ्रामयति -यितुं), उद्ग्रम्.

Flourish, *s.* (Show, embellishment) शोभा, अलङ्कारः, अलङ्क्रिया, रञ्जनं.—**(Lofty language)** गर्व्वितवाक्यं, दर्पवाक्यं.—**(Brandishing)** भ्रान्तिः ***f.,*** उद्भ्रमः, उद्भ्रान्तिः ***f.***

Flourished, *p. p.* (Embellished) अलङ्कृतः -ता -तं.—**(Brandished)** उद्भ्रान्तः -न्ता -न्तं.

Flourishing, *a.* समृद्धः -द्धा -द्धं, वर्धमानः -ना -नं, वर्द्धिष्णुः -ष्णुः -ष्णु, अधिकर्द्धिः -र्द्धिः -र्द्धि, उदयी -यिनी -यि (न्), शुभान्वितः -ता -तं, सुस्थः -स्था -स्थं.

To* flout, *v. a. अवहस् **(c. 1.** -हसति -सितुं), अवक्षिप् **(c. 6.** -क्षिपति -क्षेप्तुं), गर्ह् **(c. 1.** गर्हते -र्हितुं), अवज्ञा **(c. 9.** -जानाति -ज्ञातुं), तिरस्कृ, मुखरीकृ.

Flouted, *p. p.* अवज्ञातः -ता -तं, मुखरीकृतः -ता -तं, गर्हितः -ता -तं.

***To* flow, *v. n.* (Run as water)** स्रु **(c. 1.** स्रवति, स्रोतुं), प्रस्रु, परिस्रु, स्यन्द् **(c. 1.** स्यन्दते -न्दितुं), प्रस्पन्द्, सृ **(c. 1.** सरति, सर्त्तुं), प्रसृ, संसृ, क्षर् **(c. 1.** क्षरति -रितुं), री **(c. 4.** रीयते, रेतुं), गल् **(c. 1.** गलति -लितुं), जलं प्रवह् **(c. 1.** -वहत -वोढुं), पयस् **(nom.** पयस्यति).—**(Glide along)** प्रसृप् **(c. 1.** -सर्पति -सप्तुं), विसृप्, संसृप्, सृप्, विसृ, प्रसृ.—**(As the tide)** वेलावत् प्रसृ, वेला **(nom.** वेलायते).—**(Proceed)** प्रवृत् **(c. 1.** -वर्त्तते -र्त्तितुं), प्रस्रु, प्रगम् **(c. 1.** -गच्छति -गन्तुं), प्रया **(c. 2.** -याति -तुं), प्रचल् **(c. 1.** -चलति -लितुं).—**(Arise from)** उत्पद् **(c. 4.** -पद्यते -पत्तुं), जन् **(c. 4.** जायते, जनितुं), प्रभू, प्रवृत्.—**(Hang loose, as hair, etc.)** विगलितः -ता -तं भू, प्रविततः -ता -तं. भू, प्रश्लथः -था -थं भू, विस्रंस् **(c. 1.** -स्रंसते -सितुं), शिथिलीभू.

Flow, *s.* (Stream, course) स्रवः -वणं, प्रवाहः, स्रोतः ***n.*** (स्), प्रस्रवः, प्रस्रवणं, प्रस्रावः, स्रावः, संसृतिः ***f.,*** प्रवृत्तिः ***f.,*** जलवाहनं, स्पन्दः -न्दनं, निस्पन्दः, अभिष्यन्दः, गलनं, गालः, क्षरणं, उदक्प्रवाहः.—**(Current)** वेला, वेगः, रयः, धारः -रा, ओघः, पात्रसंस्कारः, अम्बुपद्धतिः ***f.,*** पात्रझङ्कारः, रायभाटी, ऊर्म्मी.—**(Tide)** वेला, समुद्रवेला, समुद्ररयः.—**(Flow of words)** वाक्सरणिः ***f.,*** वाक्चापल्यं; **'flow of tears,** अश्रुपातः, अश्रुप्रवाहः, धाराश्रु ***n.;*** **'flow of blood,'** असृकपात्:, असृग्धारा.

Flower, *s.* पुष्पं, कुसुमं, सुमनाः ***m.*** -नः ***n.*** -नसः ***f. pl.*** (म्), फुल्लं, प्रसवः, प्रसूनं, प्रसूतं, सूनं. **'flower-gathering,'** पुष्पचयः, पुष्पावचयः, पुष्पप्रचयः, पुष्पप्रचायः, कुसुमावचयः; **'flower-gatherer,'** पुष्पचायी ***m.*** (न्), पुष्पावचायी ***m.*** (न्), पुष्पलावः; **'flower-seller,'** पुष्पाजीवी ***m.*** (न्), मालाकारः, मालिकः.—**(Prime, best part)** सारः, उत्तमभागः, श्रेष्ठभागः; **'flower of age,'** यौवनावस्था; **'flower of youth,'** यौवनप्रौढिः ***f.,*** नवयौवनं, अक्षतयौवनं; **'of corn,'** धान्यस्य खाद्यभागः; **'in the flower of youth,'** प्रौढयौवनः -ना -नं.—**(Catamenia)** पुष्पं, कुसुमं.

***To* flower, *v. n.* (Blossom)** पुष्प् **(c. 4.** पुष्यति, पुष्पितुं), कुसुम **(nom.** कुसुमयति -यितुं), फुल्ल् **(c. 1.** फुल्लति -ल्लितुं), स्फुट् **(c. 6.** स्फुटति -टितुं, **c. 1.** स्फोटते -टितुं), विकस् **(c. 1.** -कसति -सितुं).—**(Be in the prime)** प्रौढयौवनः -ना -नं भू.—**(Froth)** फेन **(nom.** फेनायते) मण्ड **(nom.** मण्डायते).

To* flower, *v. a. पुष्पाद्यलङ्कारेण शुभ् **(c. 10.** शोभयति -यितुं).

Flower-armed, *a.* (The Hindu Cupid) कुसुमायुधः, कुसुमेषुः ***m.,*** पुष्पास्त्रः, पुष्पचापः.

Flower-de-luce or flower-de-lis, *s.* उत्पलभेदः, पद्मविशेषः.

Flowered, *p. p.* or *a.* पुष्पितः -ता -तं, कुसुमितः -ता -तं, विकसितः -ता -तं, फुल्लः -ल्ला -ल्लं.—**(Embellished with flowers)** पुष्पाद्यलङ्कारशोभितः -ता -तं.

Floweret, *s.* पुष्पकः -कं, क्षुद्रपुष्पं, क्षुद्रकुसुमं.

Flower-garden, *s.* पुष्पोद्यानं, कुसुमोद्यानं, पुष्पवाटी -टिका, उद्यानं, कुसुमाकरः.

Flowering, *a.* फुल्लवान् -वती -वत् (त्), प्रफुल्लः -ल्ला -ल्लं, पुष्पी -ष्पिणी -ष्पि (न्), पुष्पवान् -वती -वत् (त्), पुष्पितः -ता -तं, कुसुमितः -ता -तं, कुसुमवान् -वती -वत् (त्), स्फुटितपुष्पः -ष्पा -ष्पं, विकासी -सिनी -सि (न्), पुष्पदः -दा -दं.

Flowerless, *a.* अपुष्पः -ष्पा -ष्पं, अपुष्पकः -का -कं, अपुष्पदः -दा -दं.

Flower-stalk, *s.* मञ्जरी, पुष्पवृन्तं, प्रसवबन्धनं.

Flowery, *a.* (Having flowers) पौष्पः -ष्पी -ष्पं, पुष्पी -ष्पिणी -ष्पि (न्), सपुष्पः -ष्पा -ष्पं, पुष्पितः -ता -तं, पुष्पशाली -लिनी -लि (न्), पुष्पमयः -यी -यं, कौसुमः -मी -मं, सौमनसः -सी -सं, सकुसुमः -मा -मं.—**(As style)** पुष्पितः -ता -तं, अलङ्कृतः -ता -तं, वागलङ्कारमयः -यी -यं, व्यञ्जनामयः -यी -यं.

Flowing, ***part.*** **or** ***a.*** स्रुतः -ता -तं, स्रवन् -वन्ती -वत् (त्), प्रस्रुतः -ता -तं, स्यन्नः -न्ना -न्नं, स्यन्दी -न्दिनी -न्दि (न्), विसारी -रिणी -रि (न्), प्रसारी **etc.,** विसृत्वरः -रा -रं, विसृमरः -रा -रं, रीणः -णा -णं, स्रुतः -ता -तं.

Flowing, ***s.*** स्रवः -वणं, प्रस्रवः -वणं, प्रस्रावः स्रावः, उदक्प्रवाहः, वेला.

Flowingly, ***adv.*** वाक्सरणिपूर्व्वं, वाक्चापल्येन, द्रुतं, द्रुतवाक्येन, अस्खलितवाक्येन, अविलम्बितं, अविलम्बितवाक्येन.

Fluctuant, ***a.*** ऊर्म्मिवद् इतस्ततो लोलमानः -ना -नं **or** विचलः -ला -लं.

To **fluctuate,** ***v. n.*** **(Roll or move to and fro)** इतस्ततो लुट् **(c. 6.** लुठति -ठितुं) **or** लुल् **(c. 1.** लोलति -ते -लितुं) **or** चल् **(c. 1.** चलति -लितुं) **or** विचल्.—**(Be unsteady, irresolute)** दोल **(nom.** दोलायते -यितुं), विचल्, विचलीभू, अस्थिरः -रा -रं भू, अस्थिरीभू, अनवस्थितः -ता -तं, भू, चञ्चलीभू, पातोत्पातं कृ, विक्लृप् **(c. 1.** -कल्पते -ल्पितुं, **c. 10.** -कल्पयति -यितुं).

Fluctuating, ***a.*** दोलायमानः -ना -नं, विचलः -ला -लं, अप्रतिष्ठः -ष्ठा -ष्ठं, अनवस्थितः -ता -तं, अस्थिरः -रा -रं, चलः -ला -लं, चञ्चलः -ला -लं, लोलः -ला -लं, लोलमानः -ना -नं, चपलः -ला -लं, तरलायितः -ता -तं.

Fluctuation, ***s.*** अस्थैर्य्यं, अस्थिरता, अनवस्थितिः ***f.,*** विचलनं, चञ्चलता, चाञ्चल्यं, चलता, आन्दोलनं, दोलायमानता, अप्रतिष्ठा, चपलता, पातोत्पातः.

Flue, ***s.*** **(Passage for smoke)** धूमपथः, धूममार्गः, धूमवर्त्म ***n.*** (न्), धूमनिर्गमपथः.—**(Soft down)** मृदुलोम ***n.*** (न्), मृदुपक्षः.

Fluency, ***s.*** **(Of speech)** वाक्सरणिः ***f.,*** वागद्रुतता, वाक्चापल्यं, वाक्क्षिप्रता, वाग्विभवः, वाक्पटुता, वाक्चातुर्य्यं, शब्दचातुर्य्यं वाक्कौशलं, वाक्शीघ्रता, वाग्बाहुल्यं.

Fluent, ***a.*** **(In speech)** वाग्द्रुतः -ता -तं, द्रुतवाक् ***m.f.n.*** (च्), वाक्क्षिप्रः -प्रा -प्रं, वाक्त्वरितः -ता -तं, त्वरितवाक् ***m.f.n.,*** वाक्पटुः -टुः -टु, अस्खलितवाक्यः -क्या -क्यं, अस्खलद्वाक्यः -क्या -क्यं, अविलम्बितवाक्यः -क्या -क्यं, शब्दचतुरः -रा -रं.

Fluently, ***adv.*** द्रुतवाक्येन, क्षिप्रवाक्येन, वाक्चापल्येन, अविलम्बितवाचा, अस्खलितवाचा, त्वरितवाचा, वाग्विभवेन, द्रुतं, शीघ्रं, अस्खलितं, अविलम्बितं.

Fluid, ***a.*** द्रवः -वा -वं, द्रुतः -ता -तं, विद्रुतः -ता -तं, द्राव्यः -व्या -व्यं, विलीनः -ना -नं, तरलः -ला -लं, पयस्यः -स्या -स्यं, विभाजनीयः -या -यं.

Fluid, ***s.*** द्रवः, रसः, द्रवद्रव्यं, द्रववस्तु ***n.,*** जलवद्द्रव्यं, वारि ***n.,*** जलं, पयः ***n.*** (स्).

Fluidity, ***s.*** द्रवता -त्वं, द्राव्त्वं, द्रुतत्वं, विद्रुतत्वं, विलीनता, तारल्यं.

Fluke, ***s.*** लङ्गरदन्तः, लङ्गरभुजः. ***See*** **Flook.**

Flummery, ***s.*** मिथ्याप्रशंसा, मिथ्यास्तुतिः ***f.,*** कल्पितप्रशंसा, अनर्थकस्तुतिः ***f.***

Flung, ***p. p.*** क्षिप्तः -प्ता -प्तं, प्रक्षिप्तः -प्ता -प्तं, अस्तः -स्ता -स्तं; **'flung aside,'** अपास्तः -स्ता -स्तं, अपसारितः -ता -तं, समाक्षिप्तः -प्ता -प्तं.

Flunkey, ***s.*** दासः, नीचकर्म्मकरः, तुच्छकर्म्मकरः, कापुरुषः, लटकः.

Flurried, ***p. p.*** आकुलितः -ता -तं, आकुलीकृतः -ता -तं, व्याकुलः -ला -लं -लितः -ता -तं, सम्भ्रान्तः -न्ता -न्तं, ससम्भ्रमः -मा -मं, विभ्रान्तमनाः -नाः -नः (स्), विक्षिप्तचित्तः -त्ता -त्तं, व्यग्रः -ग्रा -ग्रं, समाकुलः -ला -लं, चित्तवेगवान् -वती -वत् (त्), व्यस्तः -स्ता -स्तं, कातरः -रा -रं.

Flurry, ***s.*** आकुलत्वं, व्याकुलता, सम्भ्रमः, विभ्रमः, चित्तभ्रान्तिः ***f.,*** चित्तवेगः. व्यग्रता, आवेगः, संवेगः, व्यस्तता, कातरता, वैक्लव्यं, विस्मयः, मोहः.

To **flurry,** ***v. a.*** आकुलीकृ, व्याकुलीकृ, व्याकुल **(nom.** व्याकुलयति -यितुं), कातरीकृ, मुह् **(c. 10.** मोहयति -यितुं), विमुह्, चित्तवेगं जन् **(c. 10.** जनयति -यितुं).

To **flush,** ***v. n.*** **(Become suddenly red)** अकस्माद् रक्तोद्गमत्वाद् अरुणमुखीभू **or** लोहिताननः -ना -नं भू **or** रक्तवदनः -ना -नं भू, अरुणीभू, रक्तीभू, लोहित **(nom.** लोहितायते), रञ्ज् **in pass.** (रज्यते) संरञ्ज्.

To **flush,** ***v. a.*** **(Redden suddenly)** अकस्माद्, अरुणीकृ **or** रक्तीकृ **or** अरुण **(nom.** अरुणयति -यितुं), सरागं -गां -गं कृ, रञ्ज् **in caus.** (रञ्जयति -यितुं).—**(Elate)** दृप् **in caus.** (दर्पयति -यितुं), उद्धतीकृ, गर्व्वितीकृ.

Flush, ***a.*** **(Vigorous)** प्रौढतेजाः -जाः -जः (स्), तेजस्वी -स्विनी -स्वि (न्), प्रौढः -ढा -ढं.—**(Affluent)** धनाढ्यः -ढ्या -ढ्यां, समृद्धः -द्धा -द्धं.—**(Liberal)** धनव्ययशीलः -ला -लं, मुक्तहस्तः -स्ता -स्तं.

Flush, ***s.*** कपोलरागः, कपोलरक्तता, मुखारुणिमा ***m.*** (न्), वदनरागः, नववर्णः.—**(Abundance, affluence)** बाहुल्यं, धनबाहुल्यं, समृद्धिः ***f.***

Flushed, ***p. p.*** **(Colored)** अरुणितः -ता -तं, अरुणीकृतः -ता -तं, रञ्जितः -ता -तं, रक्तः -क्ता -क्तं, रागी -गिणी -गि (न्), कपोलरागवान् -वती -वत् (त्).—**(Elated)** उद्धतः -ता -तं, दर्पाध्मातः -ता -तं, दृप्तः -प्ता -प्तं, **'with victory,'** जयगर्व्वितः -ता -तं.

Flushing, ***s.*** अरुणीभावः, वदनरक्तत्वं, रक्तवर्णः, लोहितवर्णः.

Fluster 413 Fly-catcher

To **fluster,** ***v. a.*** पानादिना मद् **in caus.** (मादयति -यितुं) **or** उन्मत्तीकृ **or** विमुह् **(c. 10.** -मोहयति -यितुं) **or** चित्तविभ्रमं जन् **(c. 10.** जनयति -यितुं).

Fluster, ***s.*** चित्तविभ्रमः, मद्यपानजः सम्भ्रमः, व्यग्रता, मोहः, व्याकुलता.

Flute, ***s.*** **(Instrument)** वेणुः ***m.,*** वंशः -शी, मुरली, सानेयी -यिका, सानिका, विवरनालिका, दर्दुरः, नन्दः; **'sound of the flute,'** वेणुशब्दः, वेणुध्वनिः ***m.,*** क्षोजनं.—**(Channel of a column)** स्तम्भरेखा, स्तम्भसीता.

To **flute,** ***v. n.*** **(Play on the flute)** वेणुं **or** वंशीं ध्मा **(c. 1.** धमति, ध्मातुं) **or** प्रध्मा **or** वद् **in caus.** (वादयति -यितुं) **or** संवद् **or** प्रवद्.

To **flute,** ***v. a.*** स्तम्भपरितो दीर्घरेखाः कृ **or** निखन् **(c. 1.** -खनति -नितुं).

Flute-player, ***s.*** वेणुध्मः, वांशिकः, वैणविकः, मुरलीवादकः.

Fluted, ***p. p.*** **or** ***a.*** स्तम्भवद् दीर्घरेखायुक्तः -क्ता -क्तं **or** रेखांपंक्तियुक्तः -क्ता -क्तं.

To **flutter,** ***v. n.*** **(Flap the wings in mid air)** विहायसा **or** व्योममध्ये पक्षास्फालनं कृ **or** पक्षस्पन्दनं **or** पक्षौ स्फल् **(c. 10.** स्फालयति -यितुं) **or** आस्फल्, प्रडीनम् अकृत्वा आकाशमध्ये पक्षौ विचल् **in caus.** (-चालयति -यितुं) **or** चल्.—**(Move about with bustle)** इतस्ततश् चल् **or** धाव् **(c. 1.** धावति -वितुं).—**(Vibrate, beat, be agitated)** स्पन्द् **(c. 1.** स्पन्दते, -न्दितुं), कम्प् **(c. 1.** कम्पते -म्पितुं), विकम्प्, स्फुर् **(c. 6.** स्फुरति -रितुं), क्षुभ् **(c. 4.** क्षुभ्यति, क्षोभितुं), उच्छ्वस् **(c. 2.** -छ्वसिति -तुं, **rt.** श्वस्), दोल् **(nom.** दोलायते -यितुं).

Flutter, ***s.*** **(Vibration)** स्पन्दनं, प्रतिस्पन्दनं, स्फुरणं, कम्पः -म्पनं, विकम्पः, उच्छ्वासः, उच्छ्वसनं, इतस्ततो विचलनं **or** चलनं.—**(Hurry, agitation)** सम्भ्रमः, वेगः, संवेगः, आवेगः, चित्तवेगः, क्षोभः.

Fluttering, ***s.*** पक्षास्फालनं, पक्षस्पन्दनं, पक्षकम्पनं, पक्षचालनं, स्फालः -लन.

Fluttering, ***part.*** **or** ***a.*** आस्फलितः -ता -तं, स्पन्दमानः -ना -नं, कम्पमानः -ना -नं, विचलः -ला -लं, विचलन् -लन्ती -लत् (त्), उच्छ्वासी -सिनी -सि (न्); **'in the breeze,'** अनिलोद्धतः -ता -तं, पवनाहतः -ता -तं, पवनक्षिप्तः -प्ता -प्तं.

Fluvial, fluviatic, ***a.*** नादेयः -यी -यं, नदीसम्बन्धी -न्धिनी -न्धि (न्).

Flux, ***s.*** **(Flow)** स्रवः -वणं, प्रस्रवः -वणं, प्रस्रावः, प्रवाहः, स्पन्दः क्षरणं, गलनं, गालः.—**(Of the tide)** वेला.—**(Confluence)** सङ्गमः, समागमः.—**(Bloody flux)** आमातिसारः, आमरक्तः.

To **flux,** ***v. a.*** विली **in caus.** (-लाययति -लापयति -यितुं), द्रवीकृ. द्रु **in caus.** (द्रावयति -यितुं), विद्रु, गल् **in caus.** (गालयति -यितुं), विलीनीकृ.

Fluxibility, fluxility, ***s.*** द्रवत्वं, द्राव्यत्वं, गलनीयता, विलीनता.

Fluxible, ***a.*** द्राव्यः -व्या -व्यं, गलनीयः -या -यं, सुविलयः -या -यं.

Fluxion, ***s.*** स्रवः -वणं, प्रस्रवः -वणं, स्रावः, प्रवाहः, गलनं, क्षरणं.

To **fly,** ***v. n.*** **(As a bird in the air)** डी **(c. 4.** डीयते, **c. 1.** डयते -यितुं), प्रडी, उड्डी, खे **or** वियति विसृप् **(c. 1.** -सर्पति -स्रप्तुं) **or** सृप्, आकाशेन गम् **(c. 1.** गच्छति, गन्तुं) **or** या **(c. 2.** याति -तुं), पत् **(c. 1.** पतति -तितुं), उत्पत्, प्रोत्पत्, समुत्पत्, सम्पत्.—**(Move along swiftly)** त्वरितं **or** सत्वरं **or** शीघ्रं गम् **or** चल् **(c. 1.** चलति -लितुं) **or** सृ **(c. 1.** सरति, सर्त्तुं) **or** प्रसृ.—**(Run away)** पलाय् **(c. 1.** पलायते -यितुं, **rt.** इ), विपलाय्, प्रपलाय्, सम्पलाय्, प्रद्रु **(c. 1.** -द्रवति -द्रोतु), विद्रु, विप्रद्रु, प्रधाव् **(c. 1.** -धावति -वितुं), अपधाव्, अपक्रम् **(c. 1.** -क्रामति -क्रमितुं), अपगम्, निर्गम्, अपसृप् **(c. 1.** सर्पति -स्रप्तुं), अपया **(c. 2.** -याति -तुं), अपसृ **(c. 1.** -सरति -सर्त्तुं), अपे **(c. 2.** अपैति -तुं, **rt.** इ).—**(Pass rapidly)** शीघ्रम् अतिक्रम् **or** अती **(c. 2.** अत्येति -तुं, **rt.** इ) **or** अतिवृत् **(c. 1.** -वर्त्तते -र्त्तितुं); **'to fly away,'** उड्डी, प्रडी, प्रोड्डी, निष्पत्; **'he flew away,'** पलायितः; **'to fly at,'** अभिपत्, आपत्, उपपत्, अभिद्रु, आद्रु, उपद्रु, अभिधाव्, आधाव्, प्रतिधाव्; **'to fly up,'** उड्डी, उत्पत्, अधिरुह् **(c. 1.** -रोहति -रोढुं); **'to let fly,'** मुच् **(c. 6.** मुञ्चति, मोक्तुं), सृज् **(c. 6.** सृजति, स्रष्टुं), पत् **in caus.** (पातयति -यितुं).

To **fly,** ***v. a.*** **(Avoid)** वृज् **(c. 10.** वर्जयति -यितुं), विवृज्, त्यज् **(c. 1.** त्यजति, त्यक्तुं), परिहृ **(c. 1.** -हरति -हर्त्तुं).—**(Cause to float in the air)** आकाशे विसृप् **in caus.** (-सर्पयति -यितुं) **or** विसृ **in caus.** (-सारयति -यितुं).

Fly, ***s.*** **(Insect)** मक्षिका, मशकः, मक्षीका, माचिका, भम्भः, भम्भराली, बम्भराली.

Fly-bitten, ***a.*** मक्षिकादष्टः -ष्टा -ष्टं, मक्षिकादंशाङ्कितः -ता -तं.

To **fly-blow,** ***v. a.*** मक्षिकावद् अण्डप्रसवेन खाद्यमांसं दुष् **(c. 10.** दूषयति -यितुं).

Fly-boat, ***s.*** प्रणालीप्लवनयोग्या लघुनौका, द्रुतगामिनी दीर्घनौका.

Fly-catcher, ***s.*** मक्षिकाखादकः पक्षिभेदः, मक्षिकाभुक् ***m.*** (ज्), मक्षिकानाशकः.

To **fly-fish,** ***v. n.*** मक्षिकां वडिशे निवेश्य मत्स्यान् ग्रह् **(c. 9.**

गृह्णाति, ग्रहीतुं).

Fly-flap, *s.* मक्षिकानिवारणार्थं चामरं, अवचूलकं, रोमगुच्छः.

Fly-leaf, *s.* मलपृष्ठं, पुस्तकस्य आद्यन्तयोः शून्यपत्रं.

Flyer, *s.* डीयमानः, खविसर्पी ***m.*** (न्), आकाशगामी. ***See* Flier.** —**(Wheel)** तुलाचक्रं.

Flying, *s.* (Act of) डीनं, डयनं, प्रडीनं, विसर्पणं, आकाशगमनं, पतनं; **'flying up and down,'** ढीनावढीनं.

Flying, *part.* डीयमानः -ना -नं. स्वविसर्पी -र्पिणी -र्पि (न्), आकाशगतिः -तिः -ति, आकाशगामी -मिनी -मि (न्), आकाशयायी -यिनी -यि (न्), पतन् -तन्ती -तत् (त्), नभोगतिः -तिः -ति; **'flying up,'** उड्डीयमानः -ना -नं.

Flying-bridge, *s.* नौसेतुः ***m.,*** चलसेतुः ***m.,*** जङ्गमसेतुः.

Flying-fish, *s.* आकाशगमनशीलो मत्स्यभेदः.

Foal, *s.* अश्वशावः -वकः, किशोरः, घोटकवत्सः, बालः, बालघोटकः, अम्बरीषः.

To* foal, *v. n. किशोरं **or** अश्वशावकं मु **(c. 2.** सूते, **c. 4.** सूयते, सोतुं) **or** प्रभु **or** जन् **(c. 10.** जनयति -यितुं) **or** प्रजा **(c. 4.** -जायते -जनितुं).

Foam, *s.* फेनः, मण्ड: -ण्डं, पराञ्जः, परञ्जः, कारुजः, उत्पीडः, उत्सेकः, उत्सेचनं.

To* foam, *v. n. फेन **(nom.** फेनायते -यितुं), मण्ड **(nom.** मण्डायते -यितुं), उत्सेचनं कृ, उत्पीडं कृ, फेनम् उत्पद् **in caus.** (-पादयति -यितुं) **or** निर्गम् **in caus.** (-गमयति -यितुं).

Foaming, *part.* फेनायमानः -ना -नं, उत्सेचनकारी -रिणी -रि (न्).

Foamy, *a.* फेनलः -ला -लं, फेनिलः -ला -लं, फेनवान् -वती -वत् (त्), फेनी -निनी -नि (न्), फेनोत्पादकः -का -कं.

Fob, *s.* घटीकोषः, घटीपिधानं, क्षुद्रघटीधारकः, कटिवस्त्रपार्श्वे कालमापनयन्त्राधारः **or** -कोषः.

To* fob, *v. a. छल् **(c. 10.** छलयति -यितुं), वञ्च् **in caus.** (वञ्चयते -यितुं), छद्म कृ.

Focus, *s.* अग्रांशुः ***m.*** अग्रकरः, केन्द्रं, विन्दुः ***m.,*** अक्षः, तेजःसङ्कर्षदेशः, नाभिः ***m.f.***

Fodder, *s.* पशुभोजनं, गवादनं, गवादिभोजनं, अश्वादनं, पशुखादनीयं शुष्कतृणादि, विधः -धा -धानं, विधिः ***m.***

To* fodder, *v. a. शुष्कतृणादि दा **(c. 3.** ददाति, दातु) **or** भुज् **(c. 10.** भोजयति -यितुं).

Foe, *s.* शत्रुः ***m.,*** रिपुः ***m.,*** अरिः ***m.,*** अरातिः ***m.,*** वैरी ***m.,*** (न्), विपक्षः, अमित्रः, प्रतिपक्षः, विरोधी ***m.,*** (न्), प्रतिद्वन्द्वः, सपत्नः, अपकारी ***m.,*** (न्), अहितः.

Foetal, foetus, foeces. *See* Fetal, etc.

Fog, *s.* (Mist) धूमिका, धूलिका, धूपिका, शीकरः, खवाष्पः, मृगतृष्णा -तृषा -ष्णिका, मृगतृट् ***f.*** (ष्), कूहा, कुहेडिका, कुज्झटिका, कुज्झटिः ***f.*** -टी -टिका, हिमज्झतिः ***f.,*** रुभेटिः ***f.,*** धूममहिषी.—**(After grass)** द्वितीयतृणं.

Fogginess, *s.* सधूमिकत्वं, धूमलता, सशीकरत्वं, कुज्झटिकावस्था, कुज्झटिकाकीर्णता, सान्धकारत्वं, शीकराकीर्णता.

Foggy, *a.* सधूमिकः -का -कं, धूमिकावृतः -ता -तं, धूमलः -ला -लं, सशीकरः -रा -रं, शीकरीयः -या -यं, शोकरौघः -घा -घं, कुज्झटिकाच्छन्नः -न्ना -न्नं, सान्धकारः -रा -रं, सकुज्झटिकः -का -कं, अभ्रियः -या -यं.—**(Dull)** स्थूलः -ला -लं.

Foü, *exclam.* धिक्, शान्तं, अपैहि, अपसरः.

Foible, *s.* छिद्रं, दोषः, कलङ्कः, अपराधः, वैकल्पं, हानिः ***f.,*** हीनता.

To* foil, *v. a.* (Frustrate)** प्रतिहन् **(c. 2.** -हन्ति -न्तुं), व्याहन्, परास् **(c. 4.** -अस्यति -असितुं), खण्ड् **(c. 10.** खण्डयति -यितुं, उद्यमभङ्गं कृ, विफलीकृ, वृथा कृ.—**(Blunt)** रुग्नीकृ, विरुग्नीकृ; **'one who foils one's designs,'** कार्य्यहन्ता ***m. (न्तृ).

Foil, *s.* (Defeat, frustration) प्रतिहतिः ***f.,*** खण्डनं, भङ्गः. —**(Blund sword)** धाराहीनः खड्गः, क्रीडाखड्गः, युद्धक्रीडायां प्रयुक्तो लोहयष्टिः.—**(Leaf of metal)** धातुपत्रं; **'tin-foil,'** त्रपुपत्रं.—**(Foil of a jewel)** रत्नप्रभावर्धकं, मणितेजोवर्धको धातुपत्रखण्डः.—**(Any thing which sets off)** प्रकाशकः -का -कं, कान्तिवर्धकः -का -कं, शोभकृत् ***m.f.n.***

Foiled, *p. p.* प्रतिहतः -ता -तं, परास्तः -स्ता -स्तं, भग्नोद्यमः -मा -मं, विफलीकृतः -ता -तं, खण्डिताशंसः -सा -सं, अकृतार्थः -र्था -र्थं हताशः -शा -शं, मनोहतः -ता -तं, विक्षिप्तः -प्ता -प्तं, विनिवृत्तकामः -मा -मं, तिरस्कृतः -ता -तं.

Foiler, *s.* कार्य्यहन्ता ***m.*** (न्तृ), उद्यमभङ्गकारी ***m.*** (न्), कर्म्मध्वंसकारी ***m.***

Foin, *s.* यष्टिक्रीडायां यष्ट्याघातः **or** यष्टिप्रहारः, खड्गाघातः.

To* foin, *v. a. यष्टिक्रीडायां यष्टिना प्रहृ **(c. 1.** -हरति -हर्त्तुं) **or** आहन् **(c. 2.** -हन्ति -न्तुं).

To* foist, *v. a. छलेन **or** कपटेन निविश् **in caus.** (-वेशयति -यितुं) **or** अभिलिख् **(c. 6.** -लिखति -लेखितुं), मिथ्या क्लृप् **(c. 10.** कल्पयति -यितुं), कृत्रिमं -मां -मं कृ.

Foisted, *p. p.* छलेन निवेशितः -ता -तं **or** अभिलिखितः -ता -तं.

Foistiness, *s.* पर्य्युषितत्वं, विरसत्वं, ईषत्पूतत्वं, पूतिगन्धिता, कुरसवत्त्वं.

Fold, ***s.*** **(For sheep or cattle)** मेषस्थानं -नकं, व्रजः, व्रजाजिरं, मेषव्रजः, मेषशालाः, गोष्ठं, गोस्थानकं.—**(A double in cloth, etc.)** पुटः, वस्त्रपुटः, ऊर्मिः ***m.f.*** -र्म्मिका -र्म्मी, भङ्गः, वस्त्रभङ्गः, तरङ्ग, व्यावर्त्तनं, चूणः. **'Fold,' in comp. is expressed by the affix** धा; **as, 'two-fold,'** द्विधा, **or by** गुण; **as,** द्विगुणः -णा -णं.

To **fold,** ***v. a.*** **(Double)** पुटीकृ, पुट (**nom.** पुटयति -यितुं), द्विगुण (**nom.** द्विगुणयति -यितुं), द्विगुणीकृ, व्यावृत् (**c. 10.** -वर्त्तयति -यितुं) विपरिवृत्, व्यावर्त्तनं कृ, संवृ (**c. 5.** -वृणोति, **c. 1.** -वरति -रितुं -रीतुं), सम्पीड् (**c. 10.** -पीडयति -यितुं); **'fold the arms,'** भुजौ सम्पीड्; **'in the arms,'** भुजापीडं कृ.—**(Confine sheep in a fold)** मेषान् व्रजे निविश् **in caus.** (-वेशयति -यितुं) **or** निरुध् (**c. 7.** -रुणद्धि -रोद्धुं).

Folded, ***p. p.*** पुटितः -ता -तं, पुटीकृतः -ता -तं, द्विगुणितः -ता -तं, संवृतः -ता -तं, सम्पीडितः -ता -तं, व्यावर्त्तितः -ता -तं; **'folded or wrapped up,'** वेष्टितः -ता -तं, वासनस्थः -स्था -स्थं; **'folded leaf,'** दलकपाटः.

Folding, ***s.*** पुटीकरणं, व्यावर्त्तनं, संवृतिः ***f.;*** **'folding in the arms,'** भुजापीडं कृ.

Folding-doors, ***s.*** द्विकपाटयुक्तं **or** द्विशाखायुक्तं द्वारं.

Foliage, ***s.*** पत्रं -त्राणि ***n.pl.,*** धर्णं, दलं, वृक्षपत्रं, तरुच्छदः, तरुजं:.

To **foliate,** ***v. a.*** मुद्गराघातेन धातुं सूक्ष्मपत्राकारं कृ **or** धातुपत्रं कृ, उद्वर्त्तनं कृ.

Foliation, ***s.*** मुद्गराघातेन धातुपत्रकरणं, उद्वर्त्तनं.

Folio, ***s.*** पुस्तकपत्रं, महापत्रं, पृथुपत्रं, वृहत्पत्रं, विशालपत्रं, द्विपत्रं.

Folk, ***s.*** लोकः, जनः, मनुष्यजातिः ***f.,*** नृजातिः ***f.,*** प्रजा, जगती.

To **follow,** ***v. a.*** **(Go after)** अनुगम् (**c. 1.** -गच्छति -गन्तुं), अन्वागम्, पश्चाद् गम्, अनुया (**c. 2.** -याति -तुं), समनुया, अन्वि (**c. 1.** -एति -तुं), अनुवृत् (**c. 1.** -वर्त्तते -र्त्तितुं), समनुवृत्, अनुसृ (**c. 1.** -सरति -सर्त्तुं), अनुव्रज् (**c. 1.** -व्रजति -जितुं), समनुव्रज्, अनुक्रम् (**c. 1.** -क्रामति -क्रमितुं), अनुचर् (**c. 1.** -चरति -रितुं), अन्वग्या, पुरस्कृ.—**(Imitate)** अनुकृ, अनुवृत्, अनुगम्.—**(Observe, practise)** अनुष्ठा (**c. 1.** -तिष्ठति -ष्ठातुं), आस्था, सेव् (**c. 1.** सेवते -वितुं), उपसेव्, निषेव्, समासेव्, आश्रि (**c. 1.** -श्रयति -यितुं), विधा (**c. 3.** -दधाति -धातुं).—**(Adhere to, serve, honour)** आश्रि, श्रु **in des.** (शुश्रूषते -षितुं), उपास् (**c. 2.** -आस्ते -आसितुं), भज् (**c. 1.** भजते, भक्तुं), परिचर्.—**(Result from)** उत्पद् (**c. 4.** -पद्यते -पत्तुं), जन् **in pass.** (जायते), अनुवृत्, उद्धृ, अनुभू.

Followed, ***p. p.*** अनुगतः -ता -तं, अनुयातः -ता -तं, अनुगम्यमानः -ना -नं, अन्वीयमानः -ना -नं.—**(Observed)** अनुष्ठितः -ता -तं, सेवितः -ता -तं, आश्रितः -ता -तं.

Follower, ***s.*** **(One who goes after)** अनुगामी ***m.*** (न्), पश्चाद्गामी, अनुगः -गतः, अनुयायी ***m.*** (न्), अनुवर्त्ती ***m.*** (न्), अनुचरः -चारी ***m.*** (न्), अनुगतिकः, अनुयात्रिकः -अभिसरः, पार्श्वपरिवर्त्ती ***m.*** (न्), पार्ष्णिग्राहः उपधावनः.—**(Adherent, disciple)** अनुषङ्गी, भक्तः, आश्रितः, भाक्तिकः, शिष्यः; **'follower of Kṛṣṇa,'** कृष्णाश्रितः.—**(Attendant, defendant)** परिजनः, अनुचरः, सेवकः, अनुजीवी ***m.*** (न्) -विकः, उपजीवी ***m.,*** परिवारः.—**(Companion, associate)** सहायः, सहचरः, सङ्गी ***m.*** (न्).

Following, ***part.*** **(Going after)** अनुगः -गा -गं, अनुयायी -यिनी -यि (न्), अनुसारी -रिणी -रि (न्), अनुवर्त्मा -र्त्मा -र्त्म (न्), अनुपथः -था -थं, अन्वक्षः -क्षा -क्षं, अन्वङ् अनूची अन्वक् (ञ्च्), अनुपदं.—**(Nest after)** परः -रा -रं.—**(Succeeding)** अनुयायी **etc.**

Following, ***s.*** **(Act of)** अनुगमः -मनं, अनुसरणं, अनुवर्त्तनं, अनुव्रजनं.

Folly, ***s.*** मूर्खता, मौर्ख्यं, मूढता -त्वं, मोहः, मौढ्यं, बुद्धिहीनता, निर्बुद्धिता, अज्ञता, अविज्ञता, अनभिज्ञता, अज्ञानं, ज्ञानाभावः, प्रज्ञाहीनता.

To **foment,** ***v. a.*** **(Heat with warm lotions)** स्विद् **in caus.** (स्वेदयति -यितुं), प्रस्विद्, घर्म्मोदकादिना **or** उष्णोदकादिना लिप् (**c. 6.** लिम्पति, लेप्तुं) **or** अनुलिप् **or** अञ्ज् (**c. 7.** अनक्ति, अंक्तुं) **or** दिह् (**c. 2.** देग्धि -ग्धुं) **or** सिच् (**c. 6.** सिञ्चति, सेक्तुं) **or** निषिच्.—**(Encourage, excite)** वृध् **in caus.** (वर्धयति -यितुं), संवृध् **in caus.** प्रवृत् **in caus.** (-वर्त्तयति -यितुं), तेजो दा, तेजोवृद्धिं कृ, उत्तिज् (**c. 10.** -तेजयति -यितुं), उत्तप् (**c. 10.** -तापयति -यितुं), उद्दीप् (**c. 10.** -दीपयति -यितुं); **'foment dissensions,'** उपजप् (**c. 1.** -जपति -पितुं), कर्णे जप्, उपजापेन भेदं वृध् **in caus.**

Fomentation, ***s.*** **(Act of heating with warm lotions, etc.)** स्वेदनं, प्रस्वेदनं, घर्म्मोदकादिना विलेपनं **or** सेचनं.—**(the lotion itself)** घर्म्मलेपः, घर्म्मानुलेपनं, उष्णोपदेहः.—**(Encouragement)** उद्दीपनं, उत्तेजनं, उत्तापः, संवर्धनं.

Fomented, ***p. p.*** स्वेदितः -ता -तं.—**(Encouraged)** उद्दीप्तः -प्ता -प्तं, संवर्धितः -ता -तं.

Fomenter, ***s.*** **(Of dissension)** उपजापकः, कर्णेजपः, भेदकरः, कलिकारकः.

Fond, ***a.*** **(Loving)** अनुरक्तः -क्ता -क्तं, अनुरागवान् -वती -वत् (त्), अनुरागी -गिणी -गि (न्), सानुरागः -गा -गं, स्नेही -हिनी -हि (न्), स्नेहितः -ता -तं, कामी -मिनी -मि (न्), प्रणयी -यिनी -यि (न्).—**(Attached to, delighting in)** आसक्तः -क्ता -क्तं, प्रसक्तः -क्ता -क्तं, परः -रा -रं, तत्परः -रा -रं, रतः -ता -तं, सेवी -विनी -वि (न्), अभिलाषी

–षिणी –षि (न्), आनन्दी –न्दिनी –न्दि (न्) –न्दितः –ता –तं, प्रमोदी –दिनी –दि (न्); **'fond of one's ease,'** सुखाभिलाषी –षिणी –षि (न्); **'fond of embracing,'** आलिङ्गनतत्परः –रा –रं; **'fond of noise,'** ध्वनमोदी **etc. Often expressed by** प्रिय **in comp.; as, 'fond of water,'** जलप्रियः –या –यं; **'fond of mountains,'** गिरिप्रियः –या –यं; **'fond of ornament,'** प्रियमण्डनः –ना –नं; **or by** काम **in comp.; as, 'fond of flesh,'** मांसकामः –मा –मं; **'to be fond of,'** अनुरागवान् –वती –वद् अस् **or** भू, सेव् **(c. 1.** सेवते –वितुं), अभिलष् **(c. 1.** –लषति –षितुं), रुच् **(c. 1.** रोचते –चितुं), **with dat. of the person;** अभिनन्द् **(c. 1.** –नन्दति –न्दितुं).–**(Doting)** अत्यनुरक्तः –क्ता –क्तं. –**(Silly)** मूढः –ढा –ढं, मुग्धः –ग्धा –ग्धं.

To* fondle, *v. a. आलिङ्ग् **(c. 1.** –लिङ्गति –ङ्गितुं), समालिङ्ग्, परिष्वञ्ज् **(c. 1.** –ष्वजते –ष्वंक्तुं) परिमृश् **(c. 6.** –मृशति –म्रष्टुं), लल् **(c. 10.** लालयति –यितुं), क्रोडीकृ, भुजापीडितं –ता –तं कृ, प्रेम कृ, अनुरागं कृ, अङ्कीकृ, अङ्के कृ, अङ्के पाल् **(c. 10.** पालयति –यितुं).

Fondled, *p. p.* लालितः –ता –तं, क्रोडीकृतः –ता –तं, भुजापीडितः –ता –तं.

Fondling, *s.* (Caressing) आलिङ्गनं, परिष्वङ्गः, लालनं, क्रोडीकरणं, अङ्कपाली –लिका –लिः ***m.,*** भुजापीडः.–**(The person or thing fondled)** प्रेमपात्रं, प्रेमभूमिः ***f.,*** अनुरागपात्रं.

Fondly, *adv.* सानुरागं, वात्सल्येन, अतिस्नेहेन, अतिप्रीतिपूर्व्वं. –**(Foolishly)** मूढवत्.

Fondness, *s.* स्नेहः, प्रीतिः ***f.,*** अनुरक्तिः ***f.,*** अनुरागः, प्रेम ***n.*** (न्), प्रियता, वात्सल्यं, वत्सलता, प्रणयः, अभिरुचिः ***f.,*** रुचिः ***f.,*** सन्तोषः.

Font, *s.* पूजाशालामध्ये जलसंस्कारकरणे प्रयुक्तः प्रस्तरमयो जलाधारः. –**(Complete assortment of printing types of one size)** समपरिमाणमुद्राक्षरपरिसंख्या.

Food, *s.* भोजनं, आहारः, भोज्यं, भक्ष्यं, खाद्यं, अन्नं, आद्यं, अदनं, खादनं. आहार्य्यं, अभ्याहार्य्यं, आमिषं, जग्धिः ***f.,*** अशनं, भक्षणं, भक्तं, चाम्यं, जेमनं, जमनं, चनः ***n.*** (स्), घसिः ***m.,*** निघसः, विघसः, ग्रासः, प्सानं, प्रत्यदनं, आशः, देहयात्रा, जीवनकः, शरीरयात्रा, न्यादः, लेपः, लेहः; **'choice food,'** परमान्नं, उत्तमान्नं, भोजनविशेषः; **'bad food,'** कदन्नं; **'food and raiment,'** ग्रासाच्छादनं, अन्नाच्छादनं, अशनाच्छादनं **or** –ने **n. du.,** अन्नवस्त्रं, कशिपुः ***m. du.;* 'food of the gods,'** अमृतं, पीयूषं, पेयूषं, सुधा, लेह्यं; **'to eat food,'** आहारं कृ. **Food is divided by the Hindus into five kinds,** भक्ष्यं, भोज्यं, लेह्यं, चोष्यं, पेयं.

Fool, *s.* मूर्खः, मूढः, अज्ञः, निर्बुद्धि ***m.,*** निर्बोधः, अबुद्धिः ***m.,*** –द्धिमान् ***m.*** (त्), अबुधः, अप्राज्ञः, अविज्ञः, अविद्वान् ***m.*** (स्), प्रमूढः, प्रज्ञाहीनः, अज्ञानी ***m.*** (न्), जडः, जडमतिः ***m.,*** अल्पधीः ***m.,*** मन्दबुद्धिः ***m.,*** मन्दः, बर्व्वरः, कुण्ठकः, लटः.–**(Buffoon, jester)** विदूषकः, नर्म्मसचिवः, भण्डः.

To* fool, *v. n. खेला **(nom.** खेलायति), कुड् **(c. 6.** कुडति –डितुं), परिहासं कृ, लट् **(c. 1.** लटति –टितुं).

To* fool, *v. a. मुह् **(c. 10.** मोहयति –यितुं), सम्मुह्, वञ्च् **(c. 10.** वञ्चयते –यितुं), प्रलभ् **(c. 1.** –लभते –लब्धुं), छल् **(c. 10.** छलयति –यितुं).

Foolery, *s.* मूर्ख्वकर्म्म ***n.*** (न्), मूर्खक्रिया, मूर्खता, बालकर्म्म ***n.,*** बालिश्य.

Fool-hardiness, *s.* असमीक्ष्य साहसं, अविचारेण प्रगल्भता, अतिसाहसिकत्वं, जाल्मत्वं, अविमृश्यकारित्वं, अत्याहितं, दर्पः, प्रमत्तता.

Fool-hardy, *a.* असमीक्ष्य साहसी –सिनी (न्), अविमृश्य प्रगल्भः –ल्भा –ल्भं, जाल्मः –ल्मा –ल्मं, प्रमत्तवीरः –रा –रं, प्रमत्तशूरः –रा –रं.

Foolish, *a.* मूर्खः –र्खा –र्खं, मूढः –ढा –ढं, अज्ञः –ज्ञा –ज्ञं, अनभिज्ञः –ज्ञा –ज्ञं, निर्बुद्धिः –द्धिः –द्धि, निर्बोधः –धा –धं, अबुद्धिमान् –मती –मत् (त्), अप्राज्ञः –ज्ञा –ज्ञं, अल्बुद्धिः **etc.,** दुर्बुद्धिः **etc.,** अल्पधीः –धीः –धि, बुद्धिहीनः –ना –नं, प्रज्ञाहीनः –ना –नं, दुर्मेधाः –धाः –धः (स्), दुर्मतिः –तिः –ति, अज्ञानः –ना –नं –नी –निनी –नि (न्), अकोविदः –दा –दं, बालिशः –शा –शं, बालिशमतिः –तिः –ति, अस्तधीः –धीः –धि, वैधेयः –यी –यं, असङ्गतः –ता –तं.

Foolishly, *adv.* मूर्खवत्, मूढवत्, अज्ञवत्, अज्ञानात्, मौर्ख्यात्, अल्पबुद्ध्या.

Foolishness, *s.* मूर्खता, मौर्ख्यं, मूढता, मौढ्यं, अज्ञता, अनभिज्ञता, निर्बुद्धित्वं, मोहः, बुद्धिहीनता, अबोधता, अज्ञानं, ज्ञानाभावः, बालिशता, बालिश्यं.

Foolscap, *s.* मूर्खशिरोवेष्टनसंज्ञकः, कार्पासविशेषः **or** पत्रविशेषः.

Foot, *s.* (Part of the body) पादः, पदं, चरणं –णः, अंह्रिः ***m.,*** अङ्घ्रिः ***m.,*** अधमाङ्गं, लञ्जः; **'both feet,'** पादौ **du.,** चरणे **du.,** चरणयुगं; **'point of the foot,'** पादाग्रं, पदिकं; **'foot and knee,'** पदष्ठीवं.–**(Bottom, base)** तलं, अधोभागः, अधःस्थानं, मूलं, उपस्थः; **'foot of a tree,'** तरुतल वृक्षतलं, वृक्षाङ्घ्रिः ***m.,*** पादः; **'foot of a mountain,'** उपत्यका, शैलोपशल्यं, पर्व्वततलं, गिरिपादः, पर्व्वताधोभागः. –**(Measure)** मनुष्यपादपरिमाणं, सार्द्धचतुरङ्गुलिपरिमाणं; **'ornament for the feet,'** नूपुरः, पादाङ्गदं, चरणाभरणं, पादकटकः, तुलाकोटिः ***f.,*** मञ्जीरं; **'water for ablution of the feet,'** पाद्यं, पादोदकं; **'to go on foot,'** पद्भ्यां **or** पादाभ्यां व्रज् **(c. 1.** व्रजति –जितुं) **or** चर् **(c. 1.** चरति –रितुं); **'going**

on foot,' पादचारः; 'foot by foot,' पादशश्, पदे पदे, पच्छश; 'at the foot,' पादतस्; 'to set on foot,' प्रवृत् (c. 10. -वर्त्तयति -यितुं); 'set on foot,' प्रवर्त्तितः -ता -तं, उपक्रान्तः -न्ता -न्तं.

To* foot, *v. a. **(Kick)** पादेन प्रह (c. 1. -हरति -हर्तुं) **or** आहन् **(c. 2.** -हन्ति -न्तुं), पादाघातं कृ.—**(Tread)** क्रम् **(c. 1.** क्रामति, क्रमितुं), चरणपातं कृ.

To* foot, H, *v. n. नृत् **(c. 4.** नृत्यति, नर्त्तितुं), पादादि सञ्चल् **in caus.** (-चालयति -यितुं).

Foot-ball, *s.* वाताध्मातो गोवस्तिर् यः सङ्क्रीडमानजनपादाघातेन इतस्ततो विक्षिप्यते, पादाहतकन्दुकक्रीडा.

Foot-board, *s.* पादफलकं, चरणफलकं, पादकाष्ठं.

Foot-boy, *s.* बालसेवकः, युवसेवकः, बालभृत्यः, युवप्रेष्यः.

Foot-bridge, *s.* सङ्क्रामः, सङ्क्रामः, सङ्क्रमसेतुः ***m.,*** दुर्गसच्चरः -सञ्चारः.

Footed, *p. p.* पादाहतः -ता -तं.—**(Having feet)** पादी -दिनी -दि (न्), पदी **etc.**

Foot-fall, *s.* पदपातः, पादपातः, चरणपातः, पदन्यासः, पदविष्टम्भः.—**(Trip)** स्खलनं.

Foot-fight, *s.* पादातियुद्धं, पदातियुद्धं, पदिकयुद्धं, पदगयुद्धं.

Foot-guard, *s.* पादातिकसैन्यः, पदातिकसैनिकः, पदगरक्षकः.

Footing, *s.* **(Ground for the feet)** पादन्यासस्थानं, पादनिक्षेपस्थानं, पदविष्टम्भस्थानं, पदं, स्थानं, भूमिः ***f.,*** स्थलं, आस्पदं, वर्त्म ***n.*** (न्), पदवी -विः ***f.,*** अयनं, सरणिः ***f.,*** वर्त्तनं; **'firm footing,'** प्रतिष्ठानं; **'place with no firm footing,'** अस्थानं.—**(Basis, foundation)** मूलं, उपष्टम्भः, तलं.—**(Support)** उपस्तम्भः, उपघ्नः, आश्रयः, अवलम्बनं. **(Condition, position)** अवस्था, स्थितिः ***f.,*** भावः, संस्थानं, वृत्तिः ***f.***

Footless, *a.* पादहीनः -ना -नं, निष्पादः -दा -दं, चरणहीनः -ना -नं.

Foot-licker, *s.* पादसेवकः, चरणसेवकः, पदानुरागः, पीठमर्दः.

Foot-man, *s.* **(Foot-soldier)** पदातिः ***m.,*** -तिकः, पादातिः ***m.,*** -तिकः, पादातः, पदात्, पादातः, पत्तिः ***m.,*** पदगः, पद्गः, पदिकः, पादचारः -री ***m.,*** (न्), पादाविकः, पदाजिः ***m.***—**(Running footman)** जाङ्घिकः.—**(Servant)** सेवकः, प्रेष्यः, कुलसेवकः, परिचरः, किङ्करः.

Foot-mark, *s.* पादचिह्नं, पदचिह्नं, पदाङ्कः, पदपंक्तिः ***f.,*** पादमुद्रा, चरणपदवी, पदवी, पदं; **'of a horse,'** खुरपदवी.

Foot-pace, *s.* पदपातः, पादगतिः ***f.,*** पदक्रमः, चरणक्रमः,

Foot-pad, *s.* सारणिकघ्नः, पादविकघ्नः, परिपन्थी ***m.,*** (न्), होडा ***m.,*** (ड्).

Foot-pan, *s.* पाद्यपात्रं, पाद्यभाजनं, पाद्याधारः, पादोदकपात्रं.

Foot-path, *s.* पदविः ***f.*** -वी, पदगपथः, पदिकमार्गः, पादचारयोग्यः, क्षुद्रपथः.

Foot-soldier, *s.* पदातिः ***m.,*** पत्तिः ***m.,*** पदातिकसैन्यः, पादातिकयोद्धा ***m.,*** (द्धृ). ***See*** **Foot-man.**

Foot-stalk, *s.* प्रसवबन्धनं, वृन्तं, मञ्जरी.

Foot-step, *s.* **(Mark of the foot)** पादचिह्नं, पदाङ्कः, पदपंक्तिः ***f.,*** पादमुद्रा, चरणपदवी.—**(Tread)** पदपातः, पादपातः, पादन्यासः, चरणपातः, पदविक्षेपः, पदविष्टम्भः.—**(Course, track)** पदविः -वी ***f.,*** अनुपदं, पद्धतिः ***f.,*** पथः, मार्गः, अयनं, वर्त्म ***n.*** (न्).—**(Token)** चिह्नं, लक्षणं.

Foot-stool, *s.* पादपीठं, चरणपीठं, पादासनं, पादपः, पदासनं.

Fop, *s.* दर्शनीयमानी ***m.,*** (न्), दम्भी ***m.,*** (न्), गर्व्वी ***m.,*** (न्), आत्माभिमानी, रूपगर्व्वितः, सुवेशमानी ***m.,*** सुवेशिनम्मन्यः, छेकः.

Foppery, *s.* सुवेशमानिता, रूपमानिता, मूर्खता, मूर्खकर्म्म ***n.,*** (न्).

Foppish, *a.* दम्भी -म्भिनी -म्भि (न्), वेशाभिमानी -निनी -नि (न्).

Foppishness, *s.* वेशाभिमानता, दम्भः, दाम्भिकत्वं, रूपगर्व्वितत्वं.

For, *conj.* **(Because)** यतस्, यत्, येन, यस्मात्, हि, इति हेतोः, तदर्थं, अनेन हेतुना. ***See*** **Because.—(For as much) as)** यतस्, यत्, **or expressed by the abl. c. of the abst. noun; as, 'for as much as he was a good man,'** सज्जनत्वात्.

For, *prep.* **(In exchange for)** प्रति **with abl. c.,** विनिमयेन; **'he exchanges beans for seasamum seed,'** तिलेभ्यः प्रति मोषान् ददाति; **or expressed by the inst. c., as,** तिलैर् माषान् परिवर्त्तयति; **'in exchange for one's life,'** स्वप्राणविनिमयेन.—**(Instead of, in place of)** स्थाने, प्रति.—**(Toward)** प्रति, उद्दिश्य **with acc. c.—(On account of, by reason of)** अर्थं, अर्थे, हेतोः, हेतौ, कृते, निमित्ते, कारणात् **all affixed to the crude; as, 'for this cause,'** तदर्थं, **or expressed by** उद्दिश्य **with acc. c., or by the abl. c.; as, 'for anger he did it,'** कोपात् तत् कृतवान्, **'for want of money,'** धनाभावात्.—**(Conducive to)** अर्थं, अर्थे, **or expressed by the dat. c., as, 'for the good of the world,'** भूतये भुवः; **'for one's own advantage,'** आत्मविवृद्धये.—**(For the sake of)** अर्थं, अर्थे, हेतोः, कृते, **or by dat. c., as, 'for the satisfying of hunger,'** क्षुधाशान्तये; **'for thy enjoyment,'** तव भोगाय.—**(In order to obtain)** अर्थं, अर्थे **or by dat. c., as, 'for fame,'** प्रतिपत्तये, **or even by inst. c., as, 'for hire,'** भाटकेन.—**(In return for)** प्रति, **or more usually expressed by the indec. part.; as, 'for so doing,'** तत् कृत्वा.—**(During a certain time)** यावत्, पर्य्यन्तं; **'for life,'** पुरुषस्यायुर् यावत्, यावज्जीवं, जीवनपर्य्यन्तं **or by prefixing** आ **with abl. c., as,** आमरणात्, आजीवनान्तात् ***(i.e.*** **until death); 'lasting**

for life,' आमरणान्तिकः -का -कं; 'for three days,' दिनत्रयपर्य्यन्तं; 'for a hundred years,' वर्षशतं यावत्. Sometimes expressed by the acc. c., as, 'for one month,' एकं मासं; 'for two months,' द्वौ मासौ; 'for a hundred years,' वर्षशतं, or even by the instr. c., as, 'for twelve years,' द्वादशभिर् वर्षैर्; 'for a few days,' कतिपयदिवसैः; 'for a long time,' चिरकालं, अनेककालं, चिरात्, चिरेण, चिराय; 'food for a year,' वर्षोपभोग्यम् अन्नं. —(In proportion to, considering) अपेक्ष्य, उद्दिश्य, प्रतीक्ष्य, अवेक्ष्य, all with acc. c.—(On the part of) अपेक्ष्य, उद्दिश्य, कृते; 'as for me,' मामपेक्ष्य, मामुद्दिश्य, मत्कृते. —(On the side of) सपक्षः -क्षा -क्षं; 'he is for us,' अस्माकं सपक्षो भवति.—(Notwithstanding, for all that) तथापि.—(As if) वत् affixed, इव; 'he shewed himself for dead,' मृतवत् or मृतम् इव आत्मानम् अदर्शयत्. —(According to) यथा, अनुसारेण, अनुरूपेण; 'for one's ability,' यथाशक्ति. 'For,' may be expressed by the acc. c. in such phrases as 'looking for,' 'waiting for,' etc.; as, 'he looks for me,' माम् अपेक्षते, or by other cases; as, 'we depend on God for success,' ईश्वराधीना सिद्धिः; 'I have great affection for her,' तस्याम् अनुरागवान् अस्मि or तया सह महान् स्नेहः, or by the crude form, as, 'search for money,' धनान्वेषणं, or even by the affix सात्, as, 'he built a house for the Brahman,' गृहं चकार द्विजातिसात्.—(For the most part) प्रायेण, प्रायस्, प्रायशस्, भूयिष्ठं.

Forage, *s.* **(Food for horses and cattle)** अश्वादेनं, गवादनं, अश्वादिभोजनं.—**(Provisions)** यात्रिकं, पाथेयं, खाद्यद्रव्यं, भोज्यं, भोजनसम्भारः.—**(Search for food)** खाद्यद्रव्यान्वेषणं; **'going to forage,'** प्रसारः -रणं, प्रसरणं.

***To* forage,** *v. n.* परिभ्रमणं कृत्वा खाद्यद्रव्याणि **or** अश्वादनम् अन्विष् **(c. 4.** -इष्यति -एषितुं**)**, प्रसारं **or** अवस्कन्दं **or** उपद्रवं कृत्वा धान्यादिभोज्यम् अपहृ **(c. 1.** -हरति -हर्त्तुं**)**.

Forager, *s.* भोजनार्थं परिभ्रमणकारी ***m.*** (न्), **or** अवस्कन्दकारी **or** प्रसारी ***m.*** (न्), युद्धसमये खाद्यद्रव्यान्वेषी ***m.*** (न्), **or** अश्वादिभोजनार्थं धान्यादिहारकः.

Foraging, *s.* भोजनान्वेषणार्थं परिभ्रमणं **or** प्रसारणं **or** प्रसरणं **or** अवस्कन्दः **or** उपद्रवः, युद्धसमये खाद्यद्रव्यान्वेषणं; **'foraging army,'** प्रचक्रं.

Foray, *s.* उपद्रवः, अवस्कन्दः, विप्लवः, लोप्त्रार्थम् उपप्लवः.

***To* forbear,** *v. a.* **and** *n.* **(Cease from)** निवृत् **(c. 1.** -वर्त्तते -र्त्तितुं**)**, विरम् **(c. 1.** -रमति -रन्तुं**)**.—**(Delay, pause)** विलम्ब् **(c. 1.** -लम्बते -म्बितुं**)**, विरम्, आकालान्तरात् त्यज् **(c. 1.** त्यजति -त्यक्तुं**)**.—**(Avoid)** वृज् **(c. 10.** वर्जयति -यितुं**)**, परिहृ **(c. 1.** -हरति -हर्त्तुं**)**.—**(Be patient)** सह् **(c. 1.** सहते, सोढुं**)**, क्षम् **(c. 1.** क्षमते -मितुं, क्षन्तुं**)**.

Forbearance, *s.* **(Cessation from, avoidance)** निवृत्तिः ***f.,*** विनि वृत्तिः ***f.,*** सन्निवृत्तिः ***f.,*** विरतिः ***f.,*** विरामः, उपरतिः ***f.,*** वर्जनं, त्यागः. परिहारः.—**(Patience)** क्षमा, क्षान्तिः ***f.,*** तितिक्षा, सहनं, सहनशीलता, सहिष्णुता, मर्षः, परामर्षः, अपकारेऽपि चित्तस्याविकारः.—**(Restraint)** संयमः, यमः, यामः, संयामः, वियामः, वियमः, दमः.

Forbearing, *a.* सहनशीलः -ला -लं, सहिष्णुः, ष्णुः -ष्णु, तितिक्षुः -क्षुः -क्षु, क्षमी -मिणी -मि (न्), संयामवान् -वती -वत् (त्).

***To* forbid,** *v. a.* **(Prohibit)** प्रतिषिध् **(c. 1.** -षेधति -षेद्धुं, **c. 10.** -षेधयति -यितुं**)**, निषिध्, प्रत्याख्या **(c. 2.** -ख्याति -तुं**)**, अन्तःख्या, परिभाष् **(c. 1.** -भाषते -षितुं**)**, मैवं कुरु **or** मैवं कार्षीर्, इति आज्ञा **in caus.** (-ज्ञापयति -यितुं) **or** आदिश् **(c. 6.** -दिशति -देष्टुं**)**.—**(Prevent)** वृ **in caus.** (वारयति -यितुं), निव, निरुध् **(c. 7.** -रुणद्धि -रोद्धुं**)**, बाध् **(c. 1.** बाधते -धितुं**)**; **'heaven forbid!'** इत्थं न भूयात्, एतादृशं न भवतु, शान्तं.

Forbiddance, *s.* निषेधः, प्रतिषेधः, प्रतिषेधोक्तिः ***f.,*** प्रत्याख्यानं, वारणं, निवारणं, निरोधः, बाधः, बाधकता.

Forbidden, *s.* निषिद्धः -द्धा -द्धं, प्रतिषिद्धः -द्धा -द्धं, निवारितः -ता -तं.

forbidding, *s.* बीभत्सजनकः -का -कं, घृणोत्पादकः -का -कं, अनिष्टः -ष्टा -ष्टं.

Force, *s.* **(Strength)** बलं, शक्तिः ***f.,*** सामर्थ्यं, समर्थता.—**(Energy might)** तेजः ***n.*** (स्), वीर्य्यं, विक्रमः, पराक्रमः, ऊर्जः, शौर्य्यं.—**(Violence)** बलात्कारः, साहसं, प्रमाथः, प्रसभं. —**(Momentum)** वेगः. आपातः.—**(Efficacy)** प्रभावः, प्राबल्यं, गौरवं, सामर्थ्यं, प्रतापः.—**(Validity)** सिद्धिः ***f.,*** निष्पत्तिः ***f.;*** **'of force,'** सिद्धः -द्धा -द्धं, निष्पन्नः -न्ना -न्नं; **'of no force,'** असिद्धः -द्धा -द्धं, मोघः -घा -घं, निष्फलः -ला -लं; **'put in force,'** प्रवर्त्तितः -ता -तं.—**(force of a word)** शब्दशक्तिः ***f.,*** शब्दसामर्थ्यं-समर्थता, निरूढः, लक्षणं. —**(Forces, troops)** बलं, सैन्यं, सेना, सैन्याः ***m. pl.,*** अनीकं: -कानि ***n. pl.,*** अनीकिनी. दण्डः; **'by force,'** बलात्, बलेन, बलात्कारेण; **'taken by force,'** बलादृहीतः -ता -तं, कलहापहृतः -ता -तं.

***To* force,** *v. a.* **(Compel). Expressed by the causal form usually in conjunction with** बलात् **or** बलेन **or** बलात्कारेण **or** यत्नेन; **as, 'to force a man to do any thing,'** बलेन पुरुषं किञ्चित् कृ **in caus.** (कारयति -यितुं)

Forced 419 Foredeck

or प्रवृत् in caus. (-वर्त्तयति -यितुं); 'to force to give,' दा in caus. (दापयति -यितुं); 'to force to go,' बलेन गम् in caus. (गमयति -यितुं).—(Impel, drive) प्रेर् (c. 10. प्रेरयति -यितुं), कृष् (c. 1. कर्षति, क्रष्टुं), समाकृष्, प्रणुद् (c. 6. -णुदति -णोत्तुं).—(Use force) बलात्कारं कृ, साहसं कृ, विक्रमं कृ. यत्नं कृ, प्रतियत्नं कृ.—(Force a town, storm) दुर्गं लङ्घ् (c. 10. लङ्घयति -यितुं) or भञ्ज् (c. 7. भनक्ति, भंक्तुं) or बलेन प्रविश् (c. 6. -विशति -वेष्टुं).—(Violate) धृष् (c. 10. धर्षयति -यितुं), बलात्कारेण अभिगम् (c. 1. -गच्छति -गन्तुं).—(Cause to produce fruit prematurely) प्राक्पूर्णकालात् फलोत्पत्तिं जन् (c. 10. जनयति -यितुं).

Forced, ***p. p.*** **(To do)** बलात् कारितः -ता -तं.—**(To pay)** दापितः -ता -तं.—**(Done by force)** बलात्कृतः -ता -तं, बलात्कारितः -ता -तं, यत्नकृत् -ता -तं, यत्नपूर्व्वः -र्व्वा -र्व्वं.—**(Strained, unnaful, affected)** क्लिष्टः, -ष्टा -ष्टं, प्रतियत्नपूर्व्वः -र्व्वा -र्व्वं, विलक्षः -क्षा -क्षं, कृत्रिमः -मा -मं; **'a forced idea,'** क्लिष्टकल्पना; **'a forced smile,'** वैलक्ष्यस्मितं.

Forcedly, ***adv.*** बलात्, यत्नपूर्व्वं, प्रतियत्नपूर्व्वं, वैलक्ष्येण, सवैलक्ष्यं.

Forceful, ***a.*** बलवान् -वती -वत् (त्), शक्तः -क्ता -क्तं, साहसी -सिनी -सि (न्).

Forceless, ***a.*** निर्बलः -ला -लं, शक्तिहीनः -ना -नं, अशक्तः -क्ता -क्तं.

Force-meat, ***s.*** बुस्तं, निस्तनी, मिष्टान्नं, उपस्करः, व्यञ्जनं.

Forceps, ***s.*** सन्दंशः -शकं -शका, खण्डधारा, शल्योद्धरणयन्त्रं.

Forcible, ***a.*** **(Powerful)** प्रबलः -ला -लं, बलवान् -वती -वत् (त्), शक्तिमान् -मती -मत् (त्), समर्थः -र्था -र्थं, तेजोवान् -वती -वत् (त्),—**(Effacious)** सप्रभावः -वा -वं, प्रभविष्णुः -ष्णु -ष्णु, अमोघः -घा -घं, अव्यर्थः -र्था -र्थं.—**(Impressive)** निर्बन्धेन or दार्ढ्येन or गौरवेण or सगौरवम् उक्तः -क्ता -क्तं, तीक्ष्णः -क्ष्ण -क्ष्णं.—**(Violent, done by force)** साहसिकः -की -कं, बलेन कृतः -ता -तं; **'forcible entry,'** बलप्रवेशः or बलात्प्रवेशः; **'forcible removal,'** बलापकर्षः.

Forcibleness, ***s.*** बलवत्त्वं, शक्तिमत्त्वं, प्राबल्यं, सामर्थ्यं, तैक्ष्ण्यं, गौरवं.

Forcibly, ***adv.*** बलात्, बलेन, बलात्कारेण, बलवत्, प्रसभं, प्रसह्य, अभिषह्य, प्रमथ्य, बलापकर्षं, अवगृह्य.—**(Impressively)** निर्बन्धेन, दार्ढ्येन, गौरवेण, सगौरवं.

Ford, ***s.*** नदीतरस्थानं, नदीतरस्थलं, तरणस्थानं, उत्तरणस्थानं, ईषज्जलो नदीभागः, घट्टः.

To **ford,** ***v. a.*** पद्भ्यां or पादाभ्यां or अश्वगजादिवाहनेन नदीम् ईषज्जलस्थाने तॄ (c. 1. तरति -रितुं -रीतुं) or नदीपारं तॄ.

Fordable, ***a.*** पद्भ्यां or पादाभ्यां or अश्वगजादिवाहनेन तार्य्यः -य्या -र्य्यं, सुतरः -रा -रं, पादस्पृश्यतलः -ला -लं, अल्पजलः -ला -लं.

Fording, ***s.*** पद्भ्यां or पादाभ्यां or अश्वादिवाहनेन नदीतरणं or उत्तरणं.

Fore, ***a.*** पूर्व्वः -र्व्वा -र्व्वं, अग्रः -ग्रा -ग्रं, पूर्व्ववर्त्ती -र्त्तिनी -र्त्ति (न्), अग्रगामी -मिनी -मि (न्), पूर्व्वगतः -ता -तं; **'fore-part,'** अग्रभागः, अग्रांशः; **'fore part of the thigh,'** अग्रजङ्घा.

Fore, ***adv.*** पूर्व्वं, पूर्व्वे, अग्रे, अग्रतस्, पूर्व्वतस्, प्राक्; **'fore and aft,'** नावोऽग्रभागात्प्रभृति पश्चिमभागपर्य्यन्तं.

To **fore-admonish,** ***v. a.*** अग्रे प्रबुध् (c. 10. -बोधयति -यितुं) or उपदिश् (c. 6. -दिशति -देष्टुं).

Fore-arm, ***s.*** प्रकोष्ठः, प्रवेष्टः, कलाचिका, अग्रबाहुः ***m.,*** अग्रभुजः.

To **fore-arm,** ***v. a.*** अग्रे or पूर्व्वे सन्नह् (c. 4. -नह्यति -नद्धुं) or युद्धार्थं सज्जीकृ.

To **fore-bode,** ***v. a.*** अनिष्टघटनां पूर्व्वे सूच् (c. 10. सूचयति -यितुं) or अग्रे ज्ञा (c. 9. जानाति, ज्ञातुं) or प्रदृश् (c. 1. -पश्यति -द्रष्टुं), पूर्व्वलक्षणं दा, पूर्व्वचिह्नं दा, पूर्व्वलक्षणेन अनिष्टम् अनुमा (c. 2. -माति -तुं) or अवगम् (c. 1. -गच्छति -गन्तुं).

Foreboder, ***s.*** अनिष्टसूचकः, अनिष्टप्रदर्शकः, पूर्व्वलक्षणज्ञः, पूर्व्वलिङ्गज्ञः, अग्रसूचकः.

Foreboding, ***s.*** अनिष्टसूचनं-ना, अनिष्टप्रदर्शनं, पूर्व्वलक्षणाद् अनिष्टानुमानं.

To **forecast,** ***v. a.*** **and** ***n.*** अग्रे or पूर्व्वे चिन्त् (c. 10. चिन्तयति -यितुं) or प्रचिन्त् or निरूप् (c. 10. -रूपयति -यितुं) or उपायम् अनुसन्धा, (c. 3. -दधाति -धातुं), अग्रविवेचनां कृ, अग्रकल्पनां कृ.

Forecast, ***s.*** अग्रचिन्तनं, अग्रनिरूपणं, पूर्व्वविवेचनं, पूर्व्वकल्पना, दीर्घदृष्टिः ***f.***

Forecastle, ***s.*** नावः पूर्व्वभागः or अग्रभागः, अग्रकूपकपुरतो नौभागः.

To **foreclose,** ***v.*** प्रतिबन्ध् (c. 9. -बध्नाति -बन्धुं), प्रतिषिध् (c. 1. -षेधति -षेद्धुं).—**(Foreclose a mortgage)** न्यासकारिण ऋणमोक्षणक्षमताम् अपनी (c. 1. -नयति -नेतुं).

Foreclosure, ***s.*** प्रतिबन्धनं, प्रतिषेधः, अवरोधनं, ऋणमोक्षणक्षमताहरणं.

Foredeck, ***s.*** नौकापृष्ठस्य पूर्व्वभागः or अग्रभागः पूर्व्वपृष्ठं, अग्रपृष्ठं.

To **fore-determine,** ***v. a.*** अग्रे निश्चि (c. 5. -चिनोति -चेतुं) or निर्णी (c. 1. -णयति -णेतुं).

Fore-determined, ***p. p.*** पूर्व्वनिश्चितः -ता -तं, पूर्व्वनिर्णीतः -ता -तं, अग्रविचारितः -ता -तं.

To **foredoom,** ***v. a.*** अग्रे or पूर्व्वेनिर्दिश् (c. 6. -दिशति -देष्टुं) or प्रक्लृप् (c. 10. -कल्पयति -यितुं) or विचर् in caus. (-चारयति -यितुं).

Forefathers, ***s. pl.,*** पूर्व्वाः ***m. pl.,*** पूर्व्वपुरुषाः ***m. pl.,*** पूर्व्वजाः ***m. pl.,*** पितृलोकः, पितरः ***m. pl.,*** पितृपितामहादि ***n.*** वृद्धाः ***m. pl.;*** **'practice of forefathers,'** वृद्धाचारः.

To **forefend,** ***v. a.*** निवृ (c. 10. -वारयति -यितुं), प्रतिहन् (c. 2. -हन्ति -न्तुं), प्रतिकृ.

Forefinger, ***s.*** प्रदेशिनी, प्रदेशनी, देशिनी, देशी ***m.*** (न्), तर्ज्जनी, तरिता.

Forefoot, ***s.*** अश्वादिचतुष्पदजन्तूनां पूर्व्वपादः or सम्मुखीनपादः.

To **forego,** ***v. a.*** अवसृज् (c. 6. -सृजति -स्रष्टुं), उत्सृज्, त्यज् (c. 1. त्यजति, त्यक्तुं), परित्यज्, हा (c. 3. जहाति, हातुं), उज्झ् (c. 6. उज्झति -ज्झितुं), प्रोज्झ्.

Foregone, ***s.*** त्यक्तः -क्ता -क्तं, परित्यक्तः -क्ता -क्तं, अवसृष्टः -ष्टा -ष्टं.

Foreground, ***s.*** चित्रगतभूमेर् अग्रभागः or पूर्व्वभागः.

Forehead, ***s.*** ललाटं, अलिके, अलीकं, भालं, गोधिः ***m.,*** मुण्डः -ण्डं, ललाटतटं, ललाटपट्टं, लकं, निटलं, गण्डशैलः, महाशङ्खः; **'having a high forehead.'** उच्चललाटः -टा -टं; **'the open forehead,'** ललाटफलकं.

Foreign, ***a.*** विदेशीयः -या -यं, वैदेशिकः -की -कं, विदेशी -शिनी -शि (न्), पारदेशिकः -की -कं, परदेशी -शिनी -शि (न्), विदेशजः -जा -जं, अन्यदेशीयः -या -यं, अन्यदेशजः -जा -जं, अन्यदेशोद्भवः -वा -वं, भिन्नदेशीयः -या -यं; **'a foreign country,'** विदेशः, वहिर्देशः, देशान्तरं, अन्यदेशः.—**(Extraneous)** वहिर्भवः -वा -वं, वर्हिर्भूतः -ता -तं, वहिःस्थः -स्था -स्थं, वाह्यः -ह्या -ह्यं.—**(Not pertaining)** असम्बन्धी -न्धिनी -न्धि (न्), अनन्वितः -ता -तं, असम्पर्कीयः -या -यं.

Foreigner, ***s.*** विदेशी ***m.*** (न्), विदेशीयः, वैदेशिकः, परदेशी ***m.*** (न्), पारदेशिकः, पारदेश्यः, भिन्नदेशीयः, वहिर्देशजः, विदेशादागतः, देशान्तरादागतः, वहिर्देशोद्भवः, वैदेश्यः.

Foreignness, ***s.*** वाह्यत्वं, वहिर्भूतत्वं, दूरत्वं, असम्बन्धः, असम्पर्कः.

To **fore-imagine,** ***v. a.*** अग्रे मन् (c. 4. मन्यते, मन्तुं) or चिन्त् (c. 10. चिन्तयति -यितुं).

To **fore-judge,** ***v. a.*** अग्रे or पूर्व्वे विचर् (c. 10. -चारयति -यितुं) or निर्णी (c. 1. -णयति -णेतुं).

To **fore-know,** ***v. a.*** अग्रे or पूर्व्वं ज्ञा (c. 9. जानाति, ज्ञातुं) or विद् (c. 2. वेत्ति, वेदितुं) or निरूप् (c. 10. -रूपयति -यितुं) or बुध् (c. 4. बुध्यते, बोद्धुं), भविष्पद् ज्ञा, प्रवेक्ष् (c. 1. -ईक्षते -क्षितुं), प्रदृश् (c. 1. -पश्यति -द्रष्टुं), पूर्व्वं लक्ष्यीकृ.

Foreknowledge, ***s.*** अग्रज्ञानं, पूर्व्वज्ञानं, अग्रनिरूपणं, भविष्यज्ज्ञानं, भाविज्ञानं, प्रवेक्षणं, प्रदर्शनं, पूर्व्वलक्ष्यं, अग्रदृष्टिः ***f.,*** पूर्व्वदृष्टिः ***f.***

Foreknown, ***p. p.*** पूर्व्वज्ञातः -ता -तं, अग्रज्ञातः -ता -तं, अग्रनिरूपितः -ता -तं.

Foreland, ***s.*** अन्तरीपः -पं, समुद्रमध्ये महाद्वीपवहिःस्थो भूमिभागः, उदग्रभूमिः ***f.,*** उदग्रभूः ***f.,*** उदग्रस्थलं, महाद्वीपनासिका, समुद्रनासिका.

Forelock, ***s.*** ललाटरुहः -हं, ललाटजः -जं, केशपाशी, ललाटकेशः मस्तकाग्रकेशः, मस्तकाग्ररुहः केशपाशः or केशपक्षः.

Foreman, ***s.*** **(Of a jury)** द्वादशप्रमाणपुरुषप्रष्ठः, द्वादशमध्यस्थपुरुषमुखं. प्रधानमध्यस्थः, मुख्यप्रमाणपुरुषः.—**(Superintendant)** कार्य्याधिष्ठाता ***m.*** (तृ), अधिकर्म्मिकः, कार्य्याधीशः, कार्य्याध्यक्षः, कार्य्याधिकृतः, श्रेष्ठी ***m.*** (न्), कर्म्म कुर्व्वताम् अधिष्ठाता ***m.***

Foremast, ***s.*** नौकाग्रस्थः कूपकः, नौकाग्रभागे गुणवृक्षकः, अग्रकूपकः.

Fore-mentioned, ***a.*** पूर्व्वोक्तः -क्ता -क्तं, पूर्व्वोदितः -ता -तं, प्रागुक्तः -क्ता -क्तं.

Foremost, ***a.*** अग्रः -ग्रा -ग्रं, मुख्यः -ख्या -ख्यं, प्रमुखः -खा -खं, अम्यः -म्या -म्यं, अग्रीयः -या -यं, प्राम्यः -म्या -म्यं, प्रधानः -ना -नं, प्रथमः -मा -मं, उत्तमः -मा -मं, उत्कृष्टः -ष्टा -ष्टं, श्रेष्ठः -ष्ठा -ष्ठं, सर्व्वश्रेष्ठः -ष्ठा -ष्ठं, सर्व्वाग्रस्थः -स्था -स्थं; **'first in rank'** प्रथमपदस्थः -स्था -स्थं.

Forenamed, ***a.*** पूर्व्वोक्तः -क्ता -क्तं, पूर्व्वाभिहितः -ता -तं, पूर्व्वोदाहृतः -ता -तं.

Forenoon, ***s.*** पूर्व्वाह्णः, प्राह्णः, पूर्व्वाह्णकालः; **'in the forenoon,'** प्राह्णे, पूर्व्वोह्णे, प्राह्णेतमां; **'relating to it,'** प्राह्णेतनः -नी -नं, पूर्व्वाह्णेतनः -नी -नं.

Forensic, ***a.*** व्यावहारिकः -की -कं or व्यवहारिकः, व्यवहारी -रिणी -रि (न्), विचारसभासु व्यवहारितः -ता -तं, विचारस्थानसम्बन्धीयः -या -यं.

To **fore-ordain,** ***v. a.*** अग्रे or पूर्व्वं निरूप् (c. 10. -रूपयति -यितुं) or प्रक्लृप् (c. 10. -कल्पयति -यितुं) or निर्दिश् (c. 6. -दिशति -देष्टुं) or नियुज् (c. 7. -युनक्ति -योक्तुं) or विधा (c. 3. -दधाति -धातुं).

Fore-ordained, ***p. p.*** अग्रनिरूपितः -ता -तं, पूर्व्वनिर्दिष्टः -ष्टा -ष्टं, पूर्व्वप्रकल्पितः -ता -तं.

Forepart, ***s.*** अग्रभागः, पूर्व्वभागः, आदिभागः, प्रथमभागः, सम्मुखभागः.

Forerank, ***s.*** अग्रपदं, प्रथमपदं, प्रधानपदं, मुख्यपदं, श्रेष्ठपदविः ***f.***

To **fore-run,** ***v. a.*** अग्रे **or** अग्रतः **or** पुरः **or** प्राक् सृ **(c. 1.** सरति, सर्त्तुं) **or** गम् **(c. 1.** गच्छति, गन्तुं) **or** या **(c. 2.** याति -तुं) **or** वृत् **(c. 1.** वर्त्तते -र्त्तितुं).

Fore-runner, ***s.*** अग्रेसरः, अग्रसरः, अग्रगः -गामी ***m.*** (न्), पुरागः -गामी ***m.,*** प्राग्गामी ***m.,*** अग्रवर्त्ती ***m.,*** (न्), अग्रगतः, पूर्व्वपुरुषः.

Foresaid, ***p. p.*** पूर्व्वोक्तः -क्ता -क्तं, पूर्व्वोदितः -ता -तं, प्रागुक्तः -क्ता -क्तं.

Foresail, ***s.*** नौकाग्रस्थकूपकालम्बितं वायुवसनं **or** वातवसनं.

To **foresay,** ***v. a.*** अग्रे **or** पूर्व्वं वद् **(c. 1.** वदति -दितुं) **or** प्रवद्, भविष्यद् वद्.

To **Foresee,** ***v. a.*** प्रदृश् **(c. 1.** -पश्यति -द्रष्टुं), उद्दृश्, प्रवेक्ष् **for** प्रावेक्ष् **(c. 1.** -ईक्षते -क्षितुं), अग्रे **or** पूर्व्वे दृश्, अनागतं **or** परिणामं **or** भविष्यद् दृश् **or** समीक्ष्, अग्रे ज्ञा **(c. 9.** जानाति, ज्ञातुं) **or** निरूप् **(c. 10.** -रूपयति -यितुं).

Foreseeing, ***part.*** प्रपश्यन् -श्यन्ती -श्यत् (त्), अग्रदर्शी -र्शिनी -र्शि (न्), अनागतदर्शी **etc.,** पूर्व्वदर्शी **etc.,** भविष्यद्दर्शी **etc.,** दूरदर्शी **etc.,** अन्तरज्ञः -ज्ञा -ज्ञं, प्रवेक्ष्यन् **etc. for** प्रावेक्ष्यन् **etc.**

Foreseen, ***p. p.*** प्रवेक्षितः -ता -तं, प्रदृष्टः -ष्टा -ष्टं, सन्दृष्टः -ष्टा -ष्टं, सन्दृश्यमानः -ना -नं, अग्रनिरूपितः -ता -तं.

To **foreshadow,** ***v. a.*** पूर्व्ववर्णनं कृ, पूर्व्वमूर्त्तिं कृ, अग्रे रूप् **(c. 10.** रूपयति -यितुं).

To **foreshame,** ***v. a.*** लज्ज् **in caus.** (लज्जयति -यितुं), कलङ्क **(nom.** कलङ्कयति -यितुं).

Fore-ship, ***s.*** नावः पूर्व्वभागः **or** अग्रभागः, नौकाग्रभागः.

To **foreshorten,** ***v. a.*** मूर्त्तिं चित्रसमर्पणात् सम्मुखभागे ह्रस् **(c. 10.** ह्रासयति -यितुं), **or** संहृ **(c. 1.** -हरति -हर्त्तुं) **or** संक्षिप् **(c. 6.** -क्षिपति -क्षेप्तुं).

To **foreshow,** ***v. a.*** प्रदृश् **in caus.** (-दर्शयति -यितुं), अग्रे **or** पूर्व्वे दृश **or** सूच् **(c. 10.** सूचयति -यितुं), भविष्यत् सूच् **or** वद् **(c. 1.** वदति -दितुं).

Foreshown, ***p. p.*** प्रदर्शितः -ता -तं, अग्रसूचितः -ता -तं, पूर्व्वसूचितः -ता -तं.

Foresight, ***s.*** पूर्व्वदृष्टिः ***f.,*** अग्रदृष्टिः ***f.,*** प्रवेक्षणं, प्रदर्शनं, परिणामदृष्टिः ***f.,*** अग्रनिरूपणं, भविष्यद्दर्शनं, दूरदृष्टिः ***f.,*** दूरदर्शनं, दीर्घदृष्टिः ***f.,*** परिवेदना.

Foreskirt, ***s.*** अग्रस्थो वस्त्राञ्चलः, परिधानस्य अग्राञ्चलः, अग्रतो वसनान्तं.

To **forespeak,** ***v. a.*** अग्रे वद् **(c. 1.** वदति -दितुं), प्रवद्, प्रव्याहृ **(c. 1.** -हरति -हर्त्तुं).

Forespent, ***a.*** क्षीणबलः -ला -लं, श्रान्तः -न्ता -न्तं, खिन्नः -न्ना -न्नं.

Forespoken, ***a.*** पूर्व्वोक्तः -क्ता -क्तं, पूर्व्वोदितः -ता -तं, प्रागुक्तः -क्ता -क्तं.

Forest, ***s.*** अरण्यं, -ण्यी -ण्यानी, वनं -नी, अटविः -वी ***f.,*** गहनं, गहः, काननं, विपिनं, जङ्गलं -लं, दावः, दवः, कान्तारः -रं, कुञ्जं, रिक्तं, तल्कं; **'forest on fire,'** दावः, दावाग्निः ***m.,*** मुखाग्निः, मङ्खिलः.

Forest, ***a.*** वन्यः -न्या -न्यं, आरण्यः -ण्यी -ण्यं -ण्यकः -का -कं, जङ्ग . -ला -लं, जाङ्गलः -ली -लं; **'produced in a forest,'** वनोद्भवः -वा न्वं, अरण्यजः -जा -जं, -जातः -ता -तं, अरण्यभवः -वा -वं, अरण्योत्पन्नः -न्ना -न्नं, अरण्यसम्भवः -वा -वं, अराण्य **or** वन **in comp.; as, 'a forest tree,'** वनपादपः, अरण्यवृक्षः, वनराजिः ***m.,*** वनस्पतिः ***m.,*** वन्यतरुः ***m.***

To **forestall,** ***v. a.*** **(Take beforehand)** अग्रे **or** पूर्व्वं **or** पूर्व्वतो ग्रह् **(c. 9.** गृह्णाति, ग्रहीतुं) **or** आदा **(c. 3.** -दत्ते -दातुं), अग्रे गृहीत्वा निवृ **(c. 10.** -वारयति -यितुं) **or** निषिध् **(c. 1.** -षेधति -षेद्धुं).**—(Buy beforehand)** पूर्व्वे क्री **(c. 9.** क्रीणाति, क्रेतुं), पूर्व्वक्रयं कृ, प्रख्या **(c. 2.** -ख्याति -तुं).

Forestalled, ***p. p.*** पूर्व्वगृहीतः -ता -तं, पूर्व्वक्रीतः -ता -तं, प्रख्यातः -ता -तं.

Forestaller, ***s.*** पूर्व्वक्रेता ***m.*** (तृ), अग्रक्रयी ***m.*** (न्), सर्व्वपण्यानि विक्रयस्थानानयनात् पूर्व्वं क्रीत्वा मूल्यवर्धकः.

Forester, ***s.*** **(Inhabitant of a forest)** वनवासी ***m.*** (न्), अरण्यवासी ***m.*** वनस्थायी ***m.*** (न्), वनस्थः, वनेचरः, वनचरः, वनचारी ***m.*** (न्), वनवर्त्ती ***m.*** (न्), वनौका ***m.*** (स्), अरण्यौकाः ***m.*** (स्), वनाश्रयः, वनव्यवहारी ***m.*** (न्), आरण्यकः, अरण्यसद् ***m.*****—(Overseer of the forests)** अरण्याध्यक्षः, अरण्यरक्षकः.

Forestate, ***s.*** पूर्व्वभुक्तिः ***f.,*** अग्रभुक्तिः ***f.,*** पूर्व्वभोजनं, पूर्व्वास्वादनं, अग्रोपभोगः, पूर्व्वोपभोगः, पूर्व्वानुभवः, पूर्व्वज्ञानं अग्रज्ञानं.

To **Foretaste,** ***v. a.*** अग्रे **or** पूर्व्वे **or** अग्रतो भुज् **(c. 7.** भुंक्ते, भोक्तुं) **or** उपभुज् **or** अनुभू **or** आस्वाद् **(c. 1.** -स्वादति -दितुं), पूर्व्वभुक्तिं कृ, पूर्व्वस्वादनं कृ.

Foretasted, ***p. p.*** पूर्व्वभुक्तः -क्ता -क्तं, पूर्व्वास्वादितः -ता -तं, पूर्व्वानुभूतः -ता -तं.

To **foretell,** ***v. a.*** अग्रे **or** अग्रतः **or** पूर्व्वं वद् **(c. 1.** वदति -दितुं) **or** प्रवद्, भविष्यद् वद् **or** वच् **(c. 2.** वक्ति -क्तुं), प्रदृश् **in caus.** (-दर्शयति -यितुं), अग्रे दृश्, अनागतं ज्ञा **in caus.** (ज्ञापयति -यितुं).

Foreteller, ***s.*** अग्रवादी ***m.*** (न्), भविष्यद्वक्ता ***m.*** (क्तृ), भविष्यद्वादी ***m.*** भाविवक्ता ***m.,*** अनागतज्ञापकः, प्रदर्शकः, भाविदर्शकः, दैवज्ञः.

To **forethink,** ***v. a.*** पूर्व्वे **or** अग्रे चिन्त् **(c. 10.** चिन्तयति -यितुं**)** **or** प्रचिन्त् **or** विमृश् **(c. 6.** -मृशति -स्रष्टुं**)** **or** निरूप् **(c. 10.** -रूपयति -यितुं), पूर्व्वविवेचनं कृ.

Forethought, ***s.*** पूर्व्वचिन्ता, अग्रचिन्ता, पूर्व्वविवेचनं -ना, अग्रविवेचनं, पूर्व्वविचारणं -णा, अग्रनिरूपणं, पूर्व्वविमर्शः, प्रसमीक्षा, प्रवेक्षणं, पूर्व्वदृष्टिः ***f.,*** दीर्घदृष्टिः ***f.,*** परिणामदृष्टिः, परिवेदना.

To **foretoken,** ***v. a.*** अग्रे **or** पूर्व्वे दृश् **(c. 10.** दर्शयति -यितुं**)** **or** सूच् **(c. 10.** सूचयति -यितुं**)**, प्रदृश्, पूर्व्वलक्षणं, **or** पूर्व्वचिह्नं दा, पूर्व्वलक्षणेन भविष्यत् सूच्.

Foretoken, ***s.*** पूर्व्वलक्षणं, पूर्व्वचिह्नं, पूर्व्वलिङ्गं, भाविलक्षणं, भाविचिह्नं, भविष्यल्लक्षणं, भविष्यल्लिङ्गं.

Foretold, ***p. p.*** पूर्व्वकथितः -ता -तं, प्रदर्शितः -ता -तं, प्राक्सम्भवादुक्तः -क्ता -क्तं,

Fore-tooth, ***s.*** अग्रदन्तः, राजदन्तः, सम्मुखदन्तः, मुख्यदन्तः.

Foretop, ***s.*** मस्तकाग्रकेशः.—**(Of a ship)** कूपकाग्रे मञ्चकः.

For-ever, ***adv.*** नित्यं, सर्व्वकालं, अनन्तकालं, शाश्वतीः समाः.

Fore-ward, ***s.*** सेनामुखं, ध्वजिनीमुखं, सेनाग्रं, रणमूर्द्धा ***m.*** (न्), शिरः ***n.*** (स्).

To **fore-warn,** ***v. a.*** अग्रे **or** पूर्व्वे बुध् **(c. 10.** बोधयति -यितुं**)** **or** प्रबुध् **or** प्रत्यादिश् **(c. 6.** -दिशति -देष्टुं**)** **or** उपदिश् **or** सन्दिश् **or** ज्ञा **in caus.** (ज्ञापयति -यितुं), पूर्व्वलक्षणं दा.

Fore-warned, ***p. p.*** पूर्व्वबोधितः -ता -तं, अग्रविज्ञापितः -ता -तं, पूर्व्वोपदिष्टः -ष्टा -ष्टं.

Fore-warning, ***s.*** अग्रप्रत्यादेशः, पूर्व्वबोधनं, पूर्व्वोपदेशः, पूर्व्वविज्ञप्तिः ***f.***

To **forefeit,** ***v. a.*** दण्ड् **in pass.** (दण्ड्यते), दण्डं दा; **'he forfeits the eighth part of his property,'** स्ववित्तस्य अष्टमांशं दण्ड्यते.—**(Lose one's right)** स्वाधिकारात् **or** स्वस्वत्वाद् भ्रंश् **(c. 4.** भ्रश्यति, भ्रंशितुं**)** **or** परिभ्रंश् **or** प्रभ्रंश् **or** च्यु **(c. 1.** च्यवते, च्योतुं**)** **or** प्रच्यु, हा **in pass.** (हीयते) **with instr. or abl. c.,** प्रहा; **'he forfeits his right,'** तस्मात् स्वत्वम् अपवर्त्तते; **'his kingdom,'** राज्यात् प्रभ्रश्यति.

Forfeit, ***s.*** दण्डः, धनदण्डः, अर्थदण्डः, हारितं, विहापितं, निक्षेपः, न्यासः.

Forfeitable, ***a.*** दण्ड्यः -ण्ड्या -ड्यं, दण्डनीयः -या -यं, हेयः -या -यं.

Forfeited, ***p. p.*** दण्डितः -तां -तं, भृष्टः -ष्टा -ष्टं, हीनः -ना -नं, च्युतः -ता -तं; **'one who has forfeited his right,'** हताधिकारः -रा -रं, च्युताधिकारः -रा -रं, अधिकाराद्भ्रष्टः -ष्टा -ष्टं; **'all his property,'** सर्व्वस्वदण्डः -ण्डा -ण्डं, हृतसर्व्वस्वः -स्वा -स्वं; **'his kingdom,'** राज्यात्भ्रष्टः -ष्टा -ष्टं.

Forfeiture, ***s.*** हानिः ***f.,*** भ्रंशः, अपहारः, च्युतिः ***f.,*** नाशः, अपवर्त्तनं, वृद्धिः ***f.,*** दण्डदानं; **'of right,'** स्वत्वहानिः ***f.,*** अधिकारहानिः, अधिकारभ्रंशः; **'of property,'** वित्तहानिः ***f.,*** दायापवर्त्तनं.

Forge, ***s.*** कुटिलिका, उध्मानं, अग्निकुण्डं, तप्तलोहघटनस्थानं, निर्म्माणस्थानं.

To **forge,** ***v. a.*** **(Metals)** तप्तलोहादि मुहरादिना ताडयित्वा नानारूपेण घट् **(c. 10.** घटयति -यितुं**)** **or** कुटिलिकायां विलाप्य घट् **or** निर्मा **(c. 2.** -माति -तुं**)**.—**(Make)** घट्, निर्मा, क्लृप् **(c. 10.** कल्पयति -यितुं), विधा **(c. 3.** -दधाति -धातुं**)**, विरच् **(c. 10.** -रचयति -यितुं**)**.—**(Counterfeit)** छलेन **or** कपटेन क्लृप् **or** निर्म्मा, कूटं कृ, कपटं कृ; **'forge a writing,'** कपटलेख्यं कृ, कूटलेखं कृ.

Forged, ***p. p.*** **(Fabricated)** घटितः -ता -तं, कल्पितः -ता -तं, रचितः -ता -तं, निर्म्मितः -ता -तं.—**(Counterfeit)** काल्पनिकः -की -कं, कृत्रिमः -मा -मं, कपटी -टिनी -टि (न्), कूट् **or** कपट **in comp.; as, 'a forged document,'** कपटलेख्यं, कूटलेखः; **'a forged decree,'** कूटशासनं; **'forged coin,'** कूटस्वर्णं.

Forger, ***s.*** कूटकः, कूटकृत् ***m.*** -कारः कपटलेख्यकारी ***m.*** (न्), कूटलेख्यकारकः, कपटिकः, कपटकारी ***m.*** कृत्रिमलेखकृत्.

Forgery, ***s.*** कूटकरणं, कपटकरणं, कपटलेख्यकरणं, कूटलेख्यकरणं, कृत्रिमलेखकरणं, कूटता.—**(That which is counterfeited)** कपटलेखः.

To **forget,** ***v. a.*** विस्मृ **(c. 1.** -स्मरति -ते -स्मर्त्तुं**)**, न स्मृ, अपस्मृ, स्मृतेर् भ्रंश् **(c. 4.** भ्रश्यति, भ्रंशितुं**)** **with nom. of thing forgotten** स्मृत्यपेतः -ता -तं भू, विस्मरणात् परित्यज् **(c. 1.** -त्यजति -त्यक्तुं**)**, अवमर्षणं कृ.

Forgetful, ***a.*** विस्मरणशीलः -ला -लं, विस्मारकः -का -कं, नष्टसंस्मृतिः -तिः -ति, नष्टस्मृतिः -तिः -ति, अपस्मृतिः -तिः -ति, अनवहितः -ता -तं, प्रमत्तः -त्ता -त्तं.

Forgetfulness, ***s.*** विस्मृतिः ***f.,*** विस्मरणं, विस्मरणशीलता, अस्मृतिः ***f.,*** अस्मरणं, अपस्मारः, प्रस्मृतिः ***f.,*** स्मृतिभ्रंशः, स्मृतिहानिः ***f.,*** स्मृतिनाशः, भ्रमः.

Forging, ***s.*** घटनं -ना, निर्म्माणं, कल्पनं, रचना, कूटकरणं.

To **forgive,** ***v. a.*** क्षम् **(c. 1.** क्षमते -ति, क्षन्तुं**)**, संक्षम्, मुच् **(c. 6.** मुञ्चति, मोक्तुं**)**, विमुच, अवसृज् **(c. 6.** -सृजति -स्रष्टुं**)**, त्यज् **(c. 1.** त्यजति, त्यक्तुं**)**, मृष **(c. 4.** मृष्यति, मर्षितुं, स्रष्टुं, **c. 10.** मर्षयति -यितुं**)**, मृज् **(c. 2.** मार्ष्टि -र्ष्टुं**)**, अनुज्ञा **(c. 9.** -जानाति -ज्ञातुं**)**, समनुज्ञा, सह **(c. 1.** सहते, सोढुं**)**, निर्यत् **(c. 10.** -यातयति -यितुं**)**; **'forgive injuries,'** अपराधान्

क्षम्; **'forgive sins,'** पापानि मृज् **or** अवमृज्; **'forgive a debt,'** ऋणं त्यज्.

Forgiven, *p. p.* क्षान्तः -न्ता -न्तं, दोषमुक्तः -क्ता -क्तं, पापमुक्तः -क्ता -क्तं, विमोचितः -ता -तं, अवमृष्टः -ष्टा -ष्टं, पापमार्ज्जितः -ता -तं.

Forgiveness, *s.* क्षमा, क्षान्तिः ***f.,*** पापमोचनं, पापमुक्तिः ***f.,*** दोषमुक्तिः ***f.,*** अपराधसहिष्णुता, पापमार्जनं, विमोचनं, कृपा, दया, मर्षणं; **'of a debt,'** ऋणत्यागः.

Forgiving, *a.* क्षमी -मिणी -मि (न्), क्षमावान् -वती -वत् (त्), क्षमान्वितः -ता -तं, क्षमायुक्तः -क्ता -क्तं, अपराधसहिष्णुः -ष्णुः -ष्णु, दयालुः -लुः -लु, कृपालुः -लुः -लु.

Forgotten, *p. p.* विस्मृतः -ता -तं, अस्मृतः -ता -तं, स्मृतिभ्रष्टः -ष्टा -ष्टं, स्मृत्यपेतः -ता -तं, अन्तर्गतः -ता -तं.

Fork, *s.* खाद्यमांसाद्युत्तोलनार्थं शूलविशेषः, कण्टकः; **'two-pronged,'** द्विशिखशूलः, द्व्यग्रशूलः; **'three-pronged,'** त्रिशिखशूलः, त्र्यग्रशूलः.

***To* fork, *v. n.* (Divide in two)** द्विशिखः -खा -खं भू, द्विशिखारूपेण भिन्नीभू **or** विभिद् **in pass.** (-भिद्यते), द्विशिखीभू.

To* fork, *v. a. पूर्व्वोक्तशूलेन उत्तुल् **(c. 10.** -तोलयति -यितुं) **or** उत्क्षिप् **(c. 6.** -क्षिपति -क्षेप्तुं).

Forked, forky *a.* द्विशिखः -खा -खं, द्व्यग्रः -ग्रा -ग्रं, वज्रः -ज्रा -ज्र, कण्टकाकारः -रा -रं; **'having a forked tongue,'** द्विजिह्वः -ह्वा -ह्वं, द्विरसनः -ना -नं; **'forked lightning,'** विद्युल्लता, तडिल्लता, द्यौत्रं.

Forlorn, *a.* गतिहीनः -ना -नं, अगतिकः -का -कं, अशरणः -णा -णं, निःशरणः -णा -णं, सहायहीनः -ना -नं, निःसहायः -या -यं, असहायः -या -यं, अनाथः -था -थं, निराश्रयः -या -यं, एकाकी -किनी -कि (न्), निरवलम्बः -म्बा -म्बं; **'on the forlorn hope,'** त्यक्तजीवितः -ता -तं, त्यक्तप्राणः -णा -णं.

Form, *s.* (Shape) आकारः, आकृतिः ***f.,*** रूपं, मूर्त्तिः ***f.,*** संस्कारः, संस्थानं, धरिमा ***m.*** (न्), विग्रहः, वपुः ***n.*** (स्), वर्पः ***n.*** (स्); **'in the form of a man,'** नररूपेण; **'of regular form,'** आकारशुद्धः -द्धा -द्धं.—**(Manner, fashion)** प्रकारः, रीतिः ***f.,*** विधः, विधिः ***m.,*** मार्गः, विधानं, प्रकृतिः ***f.,*** भेदः.—**(Established rule)** विधिः ***m.,*** नियमः, स्थितिः ***f.,*** सूत्रं, धर्म्मः, मर्य्यादा, व्यवस्था, क्रमः, आचारः, चर्य्या, व्यवहारः.—**(Method)** क्रमः.—**(Ceremony)** नियमः, विधिः ***m.*** संस्कारः.—**(Arrangement)** विन्यासः, पर्य्यायः, प्रतिविधानं, विरचना.—**(Long seat)** दीर्घासनं, दीर्घपीठं. फलकं.—**(Class of scholars)** सहाध्यायिनां पंक्तिः ***f.,*** छात्रपदं.—**(Bed of a hare)** शशकशय्या, शशकासनं; **'in due form,'** यथाविधि, यथावत्, विधिवत्, विधितस्.

To* form, *v. a. कृ **(c. 8.** करोति, कुरुते, कर्त्तुं), सङ्कृ, अभिकृ, निर्मा **(c. 2.** -माति, **c. 3.** -मिमीते, **c. 4.** -मायते -मातुं), विनिर्मा, क्लृप् **(c. 10.** कल्पयति -यितुं), सङ्क्लृप्, विधा **(c. 3.** -दधाति -धातुं), रच् **(c. 10.** रचयति -यितुं), विरच्, घट् **(c. 10.** घटयति -यितुं); **'to form a plan,'** उपायं प्रचिन्त **(c. 10.** -चिन्तयति -यितुं) **or** मनसा क्लृप्; **'to form in clots, as blood,'** रक्तगुल्मान् बन्ध् **(c. 9.** बध्नाति, बन्धुं); **'to form an alliance,'** सन्धा, सन्धिं कृ.

Formal, *a.* (Agreeable to established rule) नैयमिकः -की -कं, वैधिकः -की -कं, नियमानुसारी -रिणी -रि (न्), रीत्यनुसारी **etc.,** व्यावहारिकः -की -कं.—**(Strictly ceremonious)** अत्याचारः -रा -रं, आचारसेवी -विनी -वि (न्), सभ्याचारनिष्ठः -ष्ठा -ष्ठं, नियमनिष्ठः -ष्ठा -ष्ठं, नियमशीलः -ला -लं.—**(Exact)** यथार्थः -र्था -र्थं, याथार्थिकः -की -कं, समञ्जसः -सा -सं.—**(Constituent)** वास्तवः -वी -वं.

Formalist, *s.* नियममात्रसेवी ***m.*** -विनी ***f.*** (न्), धर्म्मक्रियामात्रनिष्ठः ***m.*** -ष्ठा ***f.,*** धर्म्मकृत्यमात्रावलम्बी ***m.*** -म्बिनी ***f.*** (न्), यमान् अकुर्व्वाणो नियमान् केवलान् भजन् ***m.*** (त्).

Formality, *s.* (Observance of forms) नियममात्रसेवनं, धर्म्मक्रियामात्रनिष्ठा.—**(Ceremoniousness)** अत्याचारसेवनं, अत्यादरः, सभ्यरीतिनिष्ठा, एकान्ततः, सभ्यनियमसेवनं; **'enough of this formality,'** कृतं कृतम् आदरेण.

Formally, *adv.* (According to established rule) विधिवत्, यथाविधि, नियमानुसारेण, रीत्यनुसारात्.—**(Ceremoniously)** एकान्तादरेण, अत्यादरपूर्व्वं, अत्याचारसेवनात्, सभ्यनियमानुसारात्.

Formation, *s.* निर्म्माणं, निर्म्मितिः ***f.,*** रचना, विरचनं -ना, कल्पनं -ना, विधानं, करणं, घटनं, उत्पादनं, उत्पत्तिः ***f.,*** जननं, उद्भवः, सम्भवः, सृष्टिः ***f.,*** सर्ज्जनं.

Formed, *p. p.* (Made) निर्म्मितः -ता -तं, रचितः -ता -तं, विरचितः -ता -तं, घटितः -ता -तं, कल्पितः -ता -तं, क्लृप्तः -प्ता -प्तं, कारितः -ता -तं, विहितः -ता -तं, उत्पादितः -ता -तं, सृष्टः -ष्टा -ष्टं, सम्भृतः -ता -तं, मयः -यी -यं **in comp.; 'formed of wood,'** काष्ठमयः -यी -यं, काष्ठानिर्म्मितः -ता -तं, काष्ठघटितः -ता -तं.—**(Shaped)** रूपी -पिणी -पि (न्), साकारः -रा -रं, आकार **or** आकृति **in comp.; 'well-formed,'** सुरूपः -पी -पं; **'formed like the moon,'** चन्द्राकारः -रा -रं.

Former, *s.* (He that forms) कर्त्ता ***m.*** (र्तृ), कारकः, कारी ***m.***

(न्), निर्म्माता *m.* (तृ), विधायी *m.* (न्), रचकः, विरचकः, सष्टा *m.* (ष्टृ), उत्पादकः.

Former, ***a.*** **(Before in time, preceding)** पूर्व्वः -र्व्वा -र्व्वं, पौर्व्विकः -की -कं, पूर्व्वतनः -नी -नं, प्राक्तनः -नी -नं, प्रथमः -मा -मं, आद्यः -द्या -द्यं, अग्रः -ग्रा -ग्रं, प्राग्गामी -मिनी -मि (न्), प्राक् **in comp.; as, 'former time,'** प्राक्कालं, पूर्व्वकालं.—**(Ancient, belonging to past time)** प्राक्कालीनः -ना -नं, पूर्व्वकालीनः -ना -न्नं, गतकालीनः -ना -नं, अतीतकालीनः -ना -नं, अग्रकालीनः -ना -नं, प्राचीनः -ना -नं; **'former and latter,'** पूर्व्वापरं; **'belonging to a former existence)** पौर्व्वदेहिकः -की -कं.

Formerly, ***adv.*** पूर्व्वं, पूर्व्वे, पूर्व्वकाले, प्राक्काले, पूर्व्वतस्, पुरा, प्राक्, भूतपूर्व्वं, भूतकाले, अतीतकाले, गतकाले, अग्रे, पुरस्तात्, पुरस्; **'as formerly,'** यथापूर्व्वं; **'done formerly,'** पूर्व्वकृतः -ता -तं; **'formerly stated,'** पूर्व्वोक्तः -क्ता -क्तं, पूर्व्वचोदितः -ता -तं; **'formerly seen,'** पूर्व्वदृष्टः -ष्टा -ष्टं; **'formerly informed,'** विज्ञापितपूर्व्वः -र्व्वा -र्व्वं.

Formidable, ***a.*** भयङ्करः -रा -रं, भयानकः -की -कं, भयावहः -हा -हं, त्रासकरः -री -नरं, भीरुमयः -यी -यं, भयजनकः -का -कं, भयदः -दा -दं, शङ्काकरः -रा -रं, प्रतिभयः -या -यं, भीषणः -णा -णं, भैरवः -वी -वं, दारुणः -णा -णं.

Formidableness, ***s.*** भयानकत्वं, भयजनकता, भीषणता, दारुण्यं.

Formidably, ***adv.*** भयानकं, दारुणं, भैरवं, भयङ्करप्रकारेण.

Formless, ***a.*** अरूपः -पी -पं -पी -पिणी -पि (न्), नीरूपः -पा -पं, अनाकारः -रा -रं, निराकारः -रा -रं, निराकृतिः -तिः -ति, आकृतिहीनः -ना -नं, अमूर्त्तः -र्त्ता -र्त्तं.

Formula, formueary, formule, ***s.*** **(Prescribed rule)** विधिः ***m.,*** सूत्रं, नियमः, रीतिः ***f.,*** व्यवस्था, स्थितिः ***f.,*** विधः -धा -धानं; **'book of forms,'** विधिग्रन्थः, नियमग्रन्थः, सूत्रग्रन्थः.

To **fornicate,** ***v. n.*** वेश्यां गम् (c. 1. गच्छति, गन्तुं) **or** अभिगम् **or** सेव् **(c. 1.** सेवते -वितुं), व्यभिचर् **(c. 1.** -चरति -रितुं), व्युच्चर्, पण्यस्त्रीभिः सह सम्भोगं कृ.

Fornication, ***s.*** वेश्यागमनं, वेश्यासेवा, पण्यस्त्र्यभिगमनं, स्त्रीसेवा, पण्यस्त्रीसम्भोगः, व्यभिचारः, व्यभिचारकर्म्म ***n.*** (न्), जारकर्म्म ***n.,*** लम्पटता.

Fornicator, ***s.*** वेश्यागामी ***m.*** (न्), गणिकासेवी ***m.*** (न्), पण्यस्त्रीसम्भोगी, व्यभिचारी ***m.*** (न्), लम्पटः.

Fornicatress, ***s.*** पुंश्चली, पुरुषगामिनी, परपुरुषगामिनी, व्यभिचारिणी, बन्धकी, अभिसारिका, निशाचरी.

To **forsake,** ***v. a.*** त्यज् **(c. 1.** त्यजति, त्यक्तुं), परित्यज्, सन्त्यज्, हा **(c. 3.** जहाति, हातुं), अपहा, विहा, प्रहा, अपाहा, उत्सृज् **(c. 6.** -सृजति -स्रष्टुं), विसृज्, अतिसृज्, व्यपसृज्, रह् **(c. 10.** रहयति -यितुं), विरह् उज्झ् **(c. 6.** उज्झति -ज्झितुं), प्रोज्झ्, परिहृ **(c. 1.** -हरति -हर्त्तुं).

Forsaken, ***p. p.*** त्यक्तः -क्ता -क्तं, परित्यक्तः -क्ता -क्तं, उत्सृष्टः -ष्टा -ष्टं, विसर्ज्जितः -ता -तं, रहितः -ता -तं, विरहितः -ता -तं, प्रोज्झितः -ता -तं.

Forsaker, ***s.*** त्यागी ***m.*** (न्), त्यक्ता ***m.*** (क्तृ), परित्यागी ***m.*** (न्).

Forsaking, ***s.*** त्यागः, परित्यागः, उत्यागः, प्रोज्झनं, विसर्ज्जनं, विरहः.

Forsooth, ***s.*** नाम, किल, सत्यं, सत्यमेव, नूनं, खलु, अवश्यं.

To **forswear,** ***v. a.*** **(Renounce with oath)** शपथेन **or** शपथपूर्व्वं त्यज् **(c. 1.** त्यजति, त्यक्तुं) **or** प्रत्याख्या **(c. 2.** -ख्याति -तुं) **or** निह्नु **(c. 2.** -ह्नुते -ह्नोतुं).

To **forswear,** ***v. n.*** **(Swear falsely)** मिथ्याशपथं कृ, मृषा शपथं कृ, मिथ्या शप् **(c. 1.** शपति -ते, **c. 4.** शप्यति, शप्तुं), असत्यं शपथं कृ, मिथ्यादिव्यं कृ.

Forswearer, ***s.*** **(One that renounces on oath)** शपथपूर्व्वं त्यागी ***m.*** (न्).—**(False swearer)** मिथ्याशपथकारी ***m.*** (न्).

Forsworn, ***p. p.*** **(Renounced on oath)** शपथपूर्व्वं त्यक्तः -क्ता -क्तं **or** परित्यक्तः -क्ता -क्तं.—**(Perjured)** असत्यशपथः -था -थं.

Fort, ***s.*** **(Fortified place)** दुर्गं, कोटिः ***f.,*** कोटः, कूटः, कुटः, शिखरी ***m.*** (न्), गुल्मः, मन्थरः.

Forte, ***s.*** **(Strong point)** अग्रगुणः, उत्कृष्टगुणः, श्रेष्ठगुणः.

Forth, ***s.*** **(A way)** मार्गः, पथः, वर्त्म ***n.*** (न्), अयनं.

Forth, ***adv.*** **(Forward, out). Expressed by** अग्रे, प्रकाशं, प्र, निर्, वहिस्, उत्; **as, 'to go forth,'** निर्गम् **(c. 1.** -गच्छति -गन्तुं), वहिर्गम्; **'call forth,'** प्रवृत् **(c. 10.** -वर्त्तयति -यितुं), प्रोत्सह् **(c. 10.** -साहयति -यितु); **'set forth,'** प्रकाश् **(c. 10.** -काशयति -यितुं), प्रादुष्कृ, प्रकटीकृ, निर्दिश् **(c. 6.** -दिशति -देष्टुं); **'draw forth,'** निष्कृष् **(c. 1.** -कर्षति -क्रष्टुं), उत्कृष्, निःसृ **in caus.** (-सारयति -यितुं); **'burst forth,'** उद्भिद् **(c. 7.** -भिनत्ति -भेत्तुं), प्रोद्भिद्.—**(From that time forth)** तदाप्रभृति, ततःप्रभृति, तत्कालदारभ्य, तद्दिनादारभ्य; **'from this time forth,'** अद्यप्रभति, अद्यारभ्य, अद्यावधि.

Forth, ***prep.*** गिर, वहिस्, प्र, उत्; **'going forth,'** निर्याणं, प्रयाणं वहिर्गमनं, प्रस्थानं.

Forthcoming, ***a.*** आगामी -मिनी -मि (न्), आगन्तव्यः -व्या -व्यं, उपस्थायं -यिनी -यि (न्).

Forthwith, ***s.*** सद्यस्, अचिरात्, अचिरेण, सपदि, झटिति, तदनन्तरं अतःपरं, अनन्तरं, ततस्, तत्क्षणात्, आशु, क्षिप्रं, अविलम्बितं, तत्काले.

Fortieth, ***a.*** चत्वारिंशः -शी -शं, चत्वारिंशत्तमः -मा -मं.

Fortification, ***s.*** **(The act)** दुर्गकरणं, परिखाप्राचीरादिनिर्म्माणं, परिक्रिया.—**(The works themselves)** दुर्गं, प्राचीरं, परिखा, नगरपरिपरिखाप्राचीरादि, परिकूटं, गुप्तिः ***f.,*** कुटः, कूटः, कोटः.

Fortified, ***p. p.*** परिखाप्राचीरादिवेष्टितः -ता -तं, प्राचीरावृतः -ता. गुप्तः -प्ता -प्तं, सज्जः -ज्जा -ज्जं, दृढीकृतः -ता -तं; **'a fortified cit.** दुर्गपुरं, दुर्गनगरं, प्राचीराद्यावृतं नगरं.

Fortifier, ***s.*** दुर्गकारी ***m.*** (न्), प्राचीरकर्त्ता ***m.*** (र्त्तृ), संस्तम्भकः.

To **fortify,** ***v. a.*** **(Surround with a wall, ditch, etc.)** परिखा प्राचीरादिना परिवेष्ट् **(c. 10.** -वेष्टयति -यितुं) **or** परिवृ **(c. 5.** -वृणोति -वरितुं -रीतुं), दुर्गं कृ.—**(Confirm, strengthen)** दृढीकृ, स्थिरीकृ. संस्तम्भ् **(c. 5.** -स्तभ्नोति -स्तम्भितुं).

Fortiori, A. (Arugment) दण्डापूपन्यायेन वितर्कः.

Fortitude, ***s.*** स्थैर्य्यं, धैर्य्यं, धीरत्वं, धृतिः ***f.,*** स्थिरता, मनःस्थैर्य्यं, चित्तस्य स्थैर्य्यं, वीर्य्यं, वीरता, शौर्य्यं, शूरता, साहसं, पौरुषं, निर्भयता.

Fortnight, ***s.*** पक्षः, द्विसप्ताहः, मासार्द्धं, अर्द्धमासः.

Fortress, ***s.*** दुर्गं, कोटिः ***f.,*** कोटः, कूटः, कुटः, शिखरी ***m.*** (न्), गुल्मः, मन्थरः; **'governor of a fortress,'** दुर्गाधिकारी ***m.*** (न्), दुर्गाध्यक्षः, कोटिपालः.

Fortuitous, ***a.*** आकस्मिकः -की -कं, दैविकः -की -कं, दैवाधीनः -ना -नं, दैवायत्तः -त्ता -त्तं, आपतिकः -की -कं, अदृष्टः -ष्टा -ष्टं, अचिन्तितः -ता -तं, अकस्माद्घटितः -ता -तं, अकस्मादुत्पन्नः -न्ना -न्नं.

Fortuitiously, ***adv.*** अकस्मात्, दैवात्, दैवयोगात्, दैववशात्, अदृष्टवशात्.

Fortuity, ***s.*** दैवयोगः, दैवं, दैवाधीनता, अदृष्टं, आकस्मिकत्वं.

Fortunate, ***a.*** सौभाग्यवान् -वती -वत् (त्) **or** भाग्यवान्, धन्यः -न्या -न्यं, पुण्यवान् -वती -वत् (त्), शर्म्मवान् **etc.,** श्रीमान् -मती -मत् (त्), मङ्गलः -ला -लं, कल्याणः -णा -णं -णी -णिनी -णि (न्), शुभः -भा -भं, कुशलः -ला -लं, कुशलशाली -लिनी -लि (न्), सुखभागी -गिनी -गि (न्), महाभागः -गा -गं, सुभगः -गा -गं, सुकृती -तिनी -ति (न्), लक्ष्मीवान् **etc.,** श्रीयुक्तः -क्ता -क्तं, भद्रः -द्रा -द्रं, शिवः -वा -वं.

Fortunately, ***adv.*** सौभाग्येन -ग्यात्, कल्याणात्, कौशल्यात्, माङ्गल्येन, दिष्ट्या, श्रिया, सुभगं.

Fortunateness, ***s.*** सौभाग्यवत्त्वं, पुण्यवत्त्वं, धन्यता, कल्याणता, माङ्गल्यं.

Fortune, ***s.*** **(Goddess)** लक्ष्मीः, श्रीः.—**(Change, destiny)** दैवं, भाग्यं, भागधेयं, भवितव्यता, दैवयोगः, दैवदशा, अदृष्टं, कृतान्तः, नियतिः ***f.,*** विधिः ***m.,*** गतिः ***f.,*** दैविकं, दिष्टं, रिष्टं, कालनियोगः.—**(Good fortune)** सौभाग्यं, कल्याणं, भद्रं, शुभं, शिवं, मङ्गलं, माङ्गल्यं, कुशलं -लता, कौशल्यं, श्रीः, लक्ष्मीः, सम्पत्तिः ***f.,*** सम्पद् ***f.,*** शर्म्म ***n.*** (न्), अयः, पुण्योदयः; **'bad fortune,'** दुर्भाग्यं, दुर्दैवं.

To **fortune,** ***v. n.*** दैवाद् घट् **(c. 1.** घटते -टितुं) **or** सम्पद् **(c. 4.** -पद्यते -पत्तुं),

Fortune-hunter, ***s.*** विवाहार्थं धनवर्तीं स्त्रीम् अन्विष्यति यो जनः.

Fortune-teller, ***s.*** दैवज्ञः -ज्ञा, विप्रश्निका, गणकः -की, मङ्गलादेशवृत्तः, मङ्गलामङ्गलादेशी ***m.*** (न्), आदेशी ***m.,*** शुभाशुभदर्शनाजीवः, कार्त्तान्तिकः.

Fortune-telling, ***s.*** दैवप्रश्नः, शुभाशुभदर्शनं, मङ्गलादेशः, जातकं.

Forty, ***s.*** चत्वारिंशत् ***f.*** **sing.; 'forty-one,'** एकचत्वारिंशत्; **'forty-two,'** द्वाचत्वारिंशत्; **'forty-three,'** त्रयश्चत्वारिंशत्; **'forty-four,'** चतुश्चत्वारिंशत्.

Forward, ***a.*** **(At the fore-part)** अग्रस्थः -स्था -स्थं, सम्मुखस्थः -स्था -स्थं, सम्मुखीनः -ना -नं, प्रष्ठः -ष्ठा -ष्ठं.—**(Prompt, eager)** उद्युक्तः -क्ता -क्तं, उद्यतः -ता -तं, प्रत्युत्पन्नः -न्ना -न्नं, अविलम्बः -म्बा -म्बं, प्रस्तुतः -ता -तं, व्यग्रः -ग्रा -ग्रं, प्रगल्भः -ल्भा -ल्भं, प्रचण्डः -ण्डा -ण्डं.—**(Bold)** निर्लज्जः -ज्जा -ज्जं, प्रगल्भः -ल्भा -ल्भं, सप्रतिभः -भा -भं, प्रतिभानवान् -वती -वत् (त्).—**(Before its time)** अपूर्णकालः -ला -लं, आकालिकः -क -कं, आकालभवः -वा -वं, प्राक्पूर्णकालात् पक्वः -क्वा -क्वं.—**(Advanced in learning)** कृतागमः -मा -मं, कृतविद्यागमः -मा -मं..—**(Anterior)** अग्रः -ग्रा -ग्रं.

Forward, ***adv.*** **(In front)** अग्रं, अग्रतस्, पुरस्, पुरतस्, पुरस्तात्, अभितस्, अभिमुखं, प्रतिमुखं, सम्मुखं, **or expressed by** प्र **or** आ; **'going forward,'** प्रगमनं, प्रस्थानं, अग्रगमनं; **'to go forward and backward,'** प्रतिगतागतं कृ, गतागतं कृ, गमनागमने कृ, यातायातं कृ; **'from this day forward,'** अद्यारभ्य, अद्यप्रभृति, अधुनारभ्य, अद्यावधि.

To **forward,** ***v. a.*** **(Advance, promote)** पुरस्कृ, उपकृ, साहाय्यं कृ, सहायत्वं कृ, प्रयुज् **(c. 10.** -योजयति -यितुं), उद्युज्, प्रवृध् **(c. 10.** -वर्धयति -यितुं), प्रवृत् **(c. 10.** -वर्त्तयति -यितुं). उद्योगं कृ.—**(Accelerate)** त्वर **in caus.** (त्वरयति -यितुं), सन्त्वर्.—**(Sent forward)** प्रेर् **(c. 10.** -ईरयति -यितुं), पुरस्कृ.

Forwarded, ***p. p.*** पुरस्कृतः -ता -तं, प्रेरितः -ता -तं, सञ्चारितः -ता -तं.

Forwardness, ***s.*** **(Promptness)** प्रत्युत्पन्नता, उद्योगः, उद्यमः, उत्साहः, उद्युक्तता, सयत्नता, प्रवृत्तिः ***f.,*** अविलम्बः.—**(Egerness)** प्रचण्डता, व्यग्रता, तीक्ष्णता.—**(Boldness)** प्रगल्भता, प्रागल्भ्यं, निर्लज्जत्वं, प्रतिभाभानं.—**(Advance before the usual time)** प्राक्पूर्णकालात् पक्वता.—**(In learning, etc.)** विद्यागमः, आगमः.

Fosse, ***s.*** परिखा, खातं -तकं, खातभूः ***f.,*** खेयं, अखातं, अवटः.

Fossil, ***s.*** धातुः ***m.,*** धातुद्रव्यं, उपधातुः ***m.,*** शिलाजं, शिलाभवं, शिलोत्पन्नं, शिलोद्भवं, उत्खातद्रव्यं, प्रस्तरः.

Fossil, ***a.*** शिलाजः -जा -जं, शिलोद्भवः -वा -वं, उत्खातः -ता -तं.

Fossilist, ***s.*** शिलाजद्रव्यगुणधर्म्मादितत्त्वज्ञः, धातुविद्याज्ञः.

To **foster,** ***v. a.*** पुष् **(c. 1** पोषति, **c. 9.** पुष्णाति, पोषितुं, **c. 10.** पोषयति -यितुं), परिपुष्, पाल् **(c. 10** पालयति -यितुं), प्रतिपाल्, वृध् **in caus.** (वर्धयति -यितुं), संवृध्, प्रवृध् भृ **(c. 1** भरति -ते, भर्त्तुं), अनुग्रह् **(c. 9.** -गृह्णाति -ग्रहीतुं), लल् **(c. 10.** लालयति -यितुं), तेजो वृध्, उपकृ.

Foster-brother, ***s.*** धात्रीपुत्रः, एकस्तनपायी भ्राता ***m.*** (तृ).

Foster-child, ***s.*** पोष्यपुत्रः -त्री, परिस्कन्नः -स्कन्दः, परिष्कन्दः -ध्कन्नः, परभृतः-ता.

Foster-dam, ***s.*** धात्री, धात्रेयिका, प्रतिपालिका, अङ्कपाली.

Foster-earth, ***s.*** धात्री मृत्तिका, पोषणभूमिः ***f.,*** प्रतिपालकभूमिः ***f.***

Foster-father, ***s.*** धाता ***m.*** (तृ), पालकपिता ***m.*** (तृ), प्रतिपालकः, अन्नदाता ***m.*** (तृ).

Foster-mother, ***s.*** धात्री, धात्रेयिका, पपुः ***f.,*** अङ्कपाली, मातृका.

Foster-sister, ***s.*** धात्रेयिका, धात्रेयी, एकस्तनपायिनी स्वसा ***f.*** (सृ).

Foster-son, ***s.*** पोष्यपुत्रः पोष्यसुतः, पोष्यसन्तानः, परिस्कन्नः.

Fostered, ***p. p.*** पोषितः -ता -तं, पुष्टः -ष्टा -ष्टं, पालितः -ता -तं, प्रतिपालितः -ता -तं, वर्धितः -ता -तं, संवर्धितः -ता -तं, भर्त्रिमः -मा -मं. — **(By another)** परभृतः -ता -तं, परपुष्टः -ष्टा -ष्टं, अन्यवर्धितः -ता -तं.

Fosterer, ***s.*** पालकः, प्रतिपालकः, पालयिता ***m.*** (तृ), पोषकः, पोष्टा ***m.*** (ष्टृ).

Foul, ***a.*****(Filthy impure)** मलिनः -ना -नं, समलः -ला -लं, मलवान् -वती -वत् (त्), मलीमसः -सा -सं, मलीयान् -यसी -यः (स्), मलदूषितः -ता -तं, कलुषः -षा -षं -षी -षिणी -षि (न्), अमेध्यः ध्या -ध्यं, कुत्सितः -ता -तं, कश्मलः -ला -लं, आविलः -ला -लं, अपवित्रः -त्रा -त्रं, अशुद्धः -द्धा -द्धं. — **(Muddy)** मलपङ्की -ङ्किनी -ङ्कि (न्), पङ्किलः -ला -लं, कार्दमः -मी -मं. — **(Detestable)** गर्हितः -ता -तं, गर्ह्यः -र्ह्या -र्ह्यं. — **(Wicked)** दुष्टः -ष्टा -ष्टं. — **(Obsence)** अवाच्यः -च्या -च्यं. — **(Unfair)** कूटकः -का -कं, विषमः -मा -मं, कूट **in comp.; 'foul play,'** कूटता. — **(Unfavourable)** अननुकूलः -ला -लं. — **(Foul weather)** दुर्द्दिनं. — **(Foul air)** पूतिवातः; **'foul smell,'** पूतिगन्धः; **'to fall foul of each other,** प्रतिमुखम् आगत्य परस्परं शरीरसमाघातं कृ.

To **foul,** ***v. a.*** मलिन **(nom.** मलिनयति -यितुं), दुष् **in caus.** (दूषयति -यितुं), कलुष **(nom.** कलुषयति -यितुं), आविल **(nom.** आविलयति -यितुं), समलीकृ.

Foul-feeding, ***a.*** मलभुक् ***m.f.n.,*** मलभोजी -जिनी -जि (न्), कुत्सिताहारभुक्.

Foully, ***adv.*** मलिनं, समलं, अमेध्यं, कुत्सितं, गर्हितं, अतिदुष्टं.

Foul-mouthed, ***a.*** दुर्मुखः -खी -खं, वाग्दुष्टः -ष्टा -ष्टं, मुखरः -रा -रं, अबद्धमुखः -खा -खं, मुखशफः -फा -फं, मुखष्ठीलः -ला -लं, कटुभाषी -षिणी -षि (न्).

Foulness, ***s.*** मालिन्यं, समलता, मलवत्त्वं, कलुषत्वं, कालुष्यं, अमेध्यता -त्वं, अशुद्धता, अपवित्रत्वं, अशुचित्वं, कुत्सिवं, गर्ह्यता, पूतित्वं.

Found, ***p. p.*** आमादितः -ता -तं, समासादितः -ता -तं, अधिगतः -ता -तं, प्राप्तः -प्ता -प्तं, प्रपन्नः -न्ना -न्नं, निरूपितः -ता -तं; **'having found,'** आसाद्य.

To **found,** ***v. a.*** **(Lay the foundation)** मूलं न्यस् **(c. 4.** -अस्यति -असितुं) **or** धा **(c. 3.** दधाति, धातु) **or** रुह् **in caus.** (रोपयति -यितुं). — **(Build)** निर्मा **(c. 2.** -माति -तुं **or in caus.** मापयति -यितुं), कृ **in caus.** (कारयति -यितुं). — **(Establish)** स्था **in caus.** (स्थापयति -यितुं), प्रतिष्ठा, अवस्था, संस्था, रुह् **in caus.** प्रतिनिधा.

Foundation, ***s.*** **(Of a house)** भित्तिमूलं, भित्तिः ***f.,*** गृहभूमिः ***f.,*** वेश्मभूः ***f.,*** वास्तुः ***m.,*** -स्तु ***n.,*** गृहपोतकः, पोतः, पोटः, कुट्टिमं, सुतलः, तलिमं, गृहप्रतिष्ठा. — **(Basis of any thing)** मूलं, वस्तु ***n.,*** उपष्टम्भः, अधोभागः. — **(Endowment)** प्रतिष्ठा; **'to lay the foundation of a house,'** इष्टकान्यासं कृ, भित्तिन्यासं कृ.

Founded, ***p. p.*** प्रतिष्ठापितः -ता -तं, रोपितः -ता -तं, न्यस्तमूलः -ला -लं, स्थापितः -ता -तं, निर्म्मितः -ता -तं, मूलः -ला -लं; **as, 'founded on knowledge,'** ज्ञानमूलः -ला -लं.

Founder, ***s.*** स्थापकः, प्रथमस्थापकः, प्रतिष्ठापकः, निर्म्माता ***m.*** (तृ), प्रयोजकः, प्रवर्त्तकः, आरम्भकः, आदिकर्त्ता ***m.*** (र्त्तृ); **'of a religion,'** प्रवर्त्तकाचार्य्यः. — **(Caster of metals)** व्योकारः.

To **founder,** ***v. n.*** समुद्रमध्ये जलाविष्टत्वाद् मज्ज् **(c. 6.** मज्जति -ज्जितुं).

Foundered, ***p. p.*** समुद्रमध्ये जलाविष्टत्वात् प्रमग्नः -ग्ना -ग्नं **or** मग्नः.

Foundery, foundry ***s.*** सन्धानी, कुप्यशाला, लोहादिविलयनशाला.

Foundling, ***s.*** त्यक्तबालकः, उज्झितबालकः, मातृपितृविरहितो बालः, उत्सृष्टबालः, अनुद्दिष्टपितृको बालकः.

Foundress, ***s.*** स्थापकी, प्रथमस्थापका, निर्म्मात्री, प्रवर्त्तका, आरम्भकर्त्ती.

Fount, fountain, ***s.*** प्रश्रवणं, निर्झरः, झरः -रा -री, स्रवः, जलाकरः, उत्सः, प्रपा, कूपः; **'artificial,'** शृङ्गं. — **(Source,**

original) मूलं, योनि: *m. f.*, आदि: *m.*, हेतु: *m.* –(**Of types**). ***See* Font.**

Four, ***a.*** चत्वार: *m. pl.* चतस्र: *f. pl.* चत्वारि *n. pl.* (चतुर्), चतुष्टय: -यी -यं. **The neut. of this last word expresses 'the aggregate of four,' and sometimes 'four' itself; as, 'four hours,'** दण्डचतुष्टयं; **'in four ways,'** चतुर्विध: -धा -धं, चतुर्धा; **'four times,'** चतु: **ind.**, चतुःकृत्वस् **ind.**

Four-cornered, ***a.*** चतुरस्र: -स्रा -स्रं, चतुष्कोण: -णा -णं.

Four-faced, ***a.*** **(Brahmā)** चतुर्मुख:, चतुरानन:, चतुर्वदन:, चतुर्वक्त्र:.

Four-fold, ***a.*** चतुर्गुण: -ण -णं, चतुर्विध: -धा -धं, चतुःप्रकार: -रा -रं, चतुष्टय: -यी -यं, चतुरङ्गी -ङ्गिनी -ङ्गि (न्), चतुर्धा.

Four-footed, ***a.*** चतुष्पाद: -दा -दं, चतुष्पद: -दा -दं, चतुष्पाद् *m. f. n.*

Fourscore, ***a.*** अशीति: *f. sing.*, अशीतिसंख्यक: -का -कं, विंशकचतुष्टयं; **'fourscore years of age,'** अशीतिक: -का -कं.

Foursquare, ***a.*** चतुरस्र: -स्रा -स्रं, चतुष्कोण: -णा -णं.

Fourteen, ***a.*** चतुर्दश *m. f. n.* (न्) चतुर्दशसंख्यक: -का -कं, सप्तद्वयं.

Fourteenth, ***a.*** चतुर्दश: -शी -शं.

Fourth, ***a.*** चतुर्थ: -र्था -र्थी -र्थं, तुरीय: -या -यं -यक: -का -कं, तुर्य्य: -र्य्या -र्य्यं, पादिक: -की -कं; **'a fourth part,'** चतुर्भाग:, चतुर्थांश:, पाद:, पादिन:.

Fourthly, ***adv.*** चतुर्थतस्, तुरीयतस्, चतुर्थस्थाने, चतुर्थपदे.

Four-wheeled, ***a.*** चतुश्चक्र: -क्रा -क्रं, चतुश्चक्रयुक्त: -क्ता -क्तं.

Fowl, ***s.*** **(A winged animal)** पक्षी *m.* -क्षिणी *f.* (न्), खग:, विहग:, विहङ्गम:, पतग:, पतत्री *m.* (न्), शकुन:, शकुनि: *m.* –**(Gallinaceous or domestic fowl)** कुक्कुट: -टी, चरणायुध:, कृकवाकु: *m.*, ताम्रचूड:; **'wild-fowl,'** रज्जुदालक:.

To* fowl,** ***v. n. पक्षिणो ग्रह् (**c. 9.** गृह्णाति, ग्रहीतुं) **or** धृ (**c. 1.** धरति, धर्त्तुं) **or** बन्ध् (**c. 9.** बध्नाति, बन्धुं), शकुन (**nom.** शकुनयति -यितुं), पक्षिबधेन उपजीव् (**c. 1.** -जीवति -वितुं).

Fowler, ***s.*** व्याध:, शाकुनिक:, लुब्धक:, जालिक:, वागुरिक:, पक्षिग्राहक:, पक्षिबन्धी *m.* (न्), पक्षिबधजीवी *m.* (न्).

Fowling, ***s.*** पक्षिधरणं, पक्षिग्रहणं, पक्षिघात:, पक्षिबध:, पक्षिमारणं.

Fowling-piece, ***s.*** पक्षिमारणे प्रयुक्ता लघ्वी आग्नेयनाडी.

Fox, ***s.*** लोमशा -शी, लोमालिका, उल्कामुखी, शृगाल: -ली -लिका, किंखि: *f.*, खिखि: *f.*, खिङ्खिर: -रा, क्रोष्टा *m.* (ष्टृ), भूरिमाय:; **'flyingfox,'** वातुलि: *f.*, वल्गुल:.

Fox-glove, ***s.*** रक्तपुष्पो द्विवर्षीण ओषधिभेद:.

Fox-hound, ***s.*** शृगालाखेटिक:, लोमशाखेटक:, शृगालाद्यनुसरणे शिक्षितो मृगव्यकुक्कुर:, शृगालारि: *m.*

Fox-hunt, ***s.*** शृगालाखेटिक:, लोमशाखेटक:, लोमशाद्यनुधावनं.

Fox-hunter, ***s.*** शृगालखेटक:, शृगालानुसारी *m.* (न्), लोमशानुधावक:.

Fox-like, ***a.*** बहुमाय: -या -यं, शृगालधर्म्मा -र्म्मा -र्म्म (न्), विदग्ध: -ग्धा -ग्धं.

Fraction, ***s.*** **(In arithmetic)** भिन्नं, भाग:, अंश:, राशि: *m.f.*, राशिभाग:, अपूर्ण:; **'multiplication of fractions,'** भिन्नगुणनं; **'addition,'** भिन्नसङ्कलितं; **'subtraction,'** भिन्नव्यवकलितं; **'division,'** भिन्नभागहर:; **'square of a fraction,'** भिन्नवर्ग:; **'cube,'** भिन्नघनं; **'assimilation of fractions,'** भागजाति: *f.*

Fractional, ***a.*** भागिक: -की -कं, भागी -गिनी -गि (न्), अपूर्ण: -र्णा: -र्णं.

Fractious, ***s.*** कलहकारी -रिणी -रि (न्) सुलभकोप: -पा -पं, प्रतीप: -पा -पं.

Fractiously, ***adv.*** कलहकारिवत्, कलहकरणार्थं, प्रतीपवत्.

Fracture, ***s.*** भङ्ग:, भेद:, विभङ्ग:, भञ्जनं, भेदनं, विभेद:, भक्ति: *f.*, प्रभङ्ग:, खण्डनं, विदारणं.–**(Of a bone)** अस्थिभङ्ग:, अस्थिभेद:, अस्थित्रोटनं.

To* fracture,** ***v. a. भञ्ज् (**c. 7.** भनक्ति, भंक्तुं), प्रभञ्ज्, विभञ्ज्, भिद् (**c. 7.** भिनत्ति, भेत्तुं), विभिद्, खण्ड् (**c. 10.** खण्डयति -यितुं), विदॄ (**c. 10.** -दारयति -यितुं), शकलीकृ.–**(A bone)** अस्थि भञ्ज् **or** भिद् **or** त्रुट् (**c. 10.** त्रोटयते -यितुं).

Fractured, ***p. p.*** भग्न: -ग्ना -ग्नं, भिन्न: -न्ना -न्नं, खण्डित: -ता -तं, विभिन्न: -न्ना -न्नं, रुग्न: -ग्ना -ग्नं, विदीर्ण: -र्ण -र्णं, शकलीकृत: -ता -तं, त्रुटित: -ता -तं.

Fragile, ***a.*** भङ्गुर: -रा -रं, भिदुर: -रा -रं, सुभङ्ग: -ङ्गा -ङ्गं, सुभेद्य: -द्या -द्यं, सुखभेद्य: -द्या -द्यं, सुखदण्डनीय: -या -यं, विनश्वर: -रा -रं.

Fragility, ***s.*** भङ्गुरत्वं -ता, भिदुरता, सुभङ्गत्वं, सुभेद्यता, सुखण्डनीयता, विनश्वरत्वं, कोमलता, क्षयिता, क्षीणता.

Fragment, ***s.*** खण्ड: -ण्डं -ण्डक:, भिन्नं, भित्तं, भित्ति: *f.*, दलं, विदलं, भाग:, अंश:, शकल: -लं, अपूर्ण:, विडं, विड् *f.*, विकिर:, छ:, आदिष्टं; **'in fragments,'** खण्डशस्, खण्डं खण्डं, भागशस्; **'in a thousand fragments,'** सहस्रखण्डश:, सहस्रधा.

Fragmentary, ***a.*** खण्डी -ण्डिनी -ण्डि (न्), भागी -गिनी -गि (न्), खण्डमय: -यी -यं.

Fragrance, fragrancy, ***s.*** सुगन्ध:, सुगन्धि: *m.* -न्धिता, सौगन्ध्यं, गन्ध:, उपगन्ध:, आमोद:, मोद:, सुरभि: *m.*, सौरभ्यं, सुवास:, वास:, परिमल:, तिक्त:, निर्हार:.

Fragrant, ***s.*** सुगन्ध: -न्धा -न्धं -न्धि: -न्धि: -न्धि, सौगन्धिक:

-की -कं, गन्धी -न्धिनी -न्धि (न्), सगन्धः -न्धा -न्धं, गन्धवहः -हा -हं, गन्धवान् -वती -वत् (त्), सुरभिः -भिः -भि, सुवासिकः -का -कं, सवासः -सा -सं, आमोदी -दिनी -दि (न्), सामोदः -दा -दं, तिक्तः -क्ता -क्तं, कषायः -या -यं.

Fragrantly, ***adv.*** सगन्धं, सुगन्धेन सामोदं, सवासं, सुरभि, तिक्तं.

Frail, ***a.*** भङ्गुरः -रा -रं, क्षणभङ्गुरः -रा -रं, क्षयी -यिणी -यि (न्), नश्वरः -रा -रं, विनश्वरः -रा -रं, द्रुतापायः -या -यं, क्षणविध्वंसी -सिनी -सि (न्), सद्यःपाती -तिनी -ति (न्), अनित्यः -त्या -त्यं, अस्थायी -यिनी -यि (न्).

Frail, ***s.*** **(Basket made of rushes)** दूर्व्वामयः **or** नलमयः पेटकः.

Frailty, ***s.*** भङ्गुरता -त्वं, अस्थैर्य्यं, अधैर्य्यं, धृतिहीनता, दौर्बल्यं, अल्पशक्तित्वं, क्षयिता, नश्वरत्वं, अनित्यता, अस्थायिता.

To **frame,** ***v. a.*** **(Fabricate, form)** कृ, सङ्कृ, निर्मा **(c. 2.** -माति -तुं, **c. 3.** -मिमीते, **c. 4.** -मायते), क्लृप् **(c. 10.** कल्पयति -यितुं), घट् **(c. 10.** घटयति -यितुं), विधा **(c. 3.** -दधाति -धातुं), रच् **(c. 10.** रचयति -यितुं).—**(Adjust, shape)** विरच्, संविधा, समाधा, विन्यस्, **(c. 4.** -अस्यति -असितुं).—**(Compose)** रच्, विरच्, निबन्ध् **(c. 9.** -बध्नाति -बन्धुं), सङ्ग्रह् **(c. 9.** -गृह्णाति -ग्रहीतुं).—**(Conform)** सादृश्यं कृ, आनुरूप्यं कृ, सदृशीकृ; **'frame a plan in the mind,'** उपायं मनसा क्लृप्.

Frame, ***s.*** **(Fabric)** निर्म्माणं, कल्पनं -ना, घटनं.—**(Form)** आकारः, आकृतिः ***f.,*** रूपं.—**(Body)** शरीरं, देहः, गात्रं, गात्रकं, कायः, मूर्त्तिः ***f.,*** अङ्गं, वपुः ***n.*** (स्); **'of a hardy frame,'** वज्रदेही -हिनी -हि (न्), वज्रशरीरी -रिणी -रि (न्).—**(Stand, support)** मञ्चः -ञ्चकः, वृक्षः -क्षकः, तलः, उपस्तम्भः.—**(Of a picture)** चित्रकोशः, चित्रावरणं, चित्रावेष्टनं, चित्रपरिगतं काष्ठादि.—**(Of a window)** वातायनपरिगतं काष्ठादि.—**(State)** स्थितिः ***f.,*** भावः, अवस्था, वृत्तिः ***f.,*** दशा; **'frame of mind,'** मनोभावः, मनःस्थितिः ***f.,*** चित्तवृत्तिः ***f.;*** **'frame of body,'** शरीरस्थितिः ***f.*** —**(Structure system)** संस्थानं, संस्थितिः ***f.,*** स्थितिः ***f.,*** रीतिः ***f.,*** प्रवृत्तिः ***f.,*** व्यूहः -हनं.

Framed, ***p. p.*** रचितः -ता -तं, विरचितः -ता -तं, कल्पितः -ता -तं, घटितः -ता -तं, निर्म्मितः -ता -तं, कृतः -ता -तं, विहितः -ता -तं.

Framer, ***s.*** रचकः, विरचकः, कर्त्ता ***m.*** (र्तृ), कारकः, निबन्धा ***m.*** (-घृ).

Franchise, ***s.*** पौरजनाधिकारः.—**(Freedom from burden)** मुक्तिः ***f.,*** विमुक्तिः ***f.,*** मोचनं, विमोचनं, मोक्षः, अकरत्वं, निष्करत्वं, स्वाधीनता.

To **franchise,** ***v. a.*** मुच् **(c. 6.** मुञ्चति, मोक्तुं, **c. 10.** मोचयति -यितुं), विमुच्. ***See*** **Enfranchise.**

Frangibility, ***s.*** भङ्गुरत्वं -ता, भिदुरता, सुभङ्गत्वं, सुभेद्यता, खण्डनीयता.

Frangible, ***a.*** भङ्गुरः -रा -रं, खण्डनीयः -या -यं, भेद्यः -द्या -द्यं.

Frank, ***a.*** **(Ingenuous, candid)** अकपटः -टा -टं, निष्कपट -टा -टं, अमायः -या -यं, अमायिकः -की -कं, मायाहीनः -ना -नं, विमलात्मा -त्मा -त्म (न्), विमलार्थकः -का -कं, अवक्रः -क्रा -कं, अगूढभावः -वा -वं, सरलः -ला -लं, दक्षिणः -णा -णं, निर्व्यलीकः -का -कं.—**(Generous)** उदारः -रा -रं.

Frank, ***s.*** **(Coin)** रूप्यमुद्राविशेषः.—**(Letter carried without postage)** मूल्यं विना वाहनीयं पत्रं.—**(The mark which makes it free)** इदं पत्रं मूल्यं विना वाह्यम् इति पत्रोपरि सूचकं चिह्नं.

To **frank,** ***v. a.*** इदं पत्रं मूल्यं विना वाहनीयम् इति पत्रस्योपरिलिखितचिह्नेन सूच् **(c. 10.** सूचयति -यितुं).

Frank-hearted, ***a.*** उदारचेताः -ता -तः (स्), उदारधीः -धीः -धि, विमलात्मा -त्मा -त्म (न्).

Frankincense, ***s.*** कुन्दुरुः ***m. f.*** -रुकः, कुन्दुः ***f.,*** रसालं, क्लृप्तधूपः, खोटीरसः.

Frankly, ***adv.*** निष्कपटं, कपटं विना, अवक्रं, अमायया, व्यक्तं, निर्व्याजं, निर्व्यलीकं, सरलं, दाक्षिण्येन, उदारवत्.

Frankness, ***s.*** उदारत्वं, औदार्य्यं, सरलता, सारल्यं, अवक्रता, कपटहीनता, निष्कपटत्वं, मायाहीनता, दाक्षिण्यं, भावगूढता, अमाया, निर्व्यलीकता, विमलात्मता, अकापट्यं.

Frantic, ***a.*** उन्मत्तः -ता -त्तं, उन्मादः -दा -दं, उन्मादसंरब्धः -ब्धा -ब्धं, मदोत्कटः -टा -टं, मदविक्षिप्तः -प्ता -प्तं, व्यस्तचित्तः -त्ता -त्तं, प्रमदः -दा -दं.

Franticly, ***adv.*** उन्मत्तवत्, उन्मादवत्, उन्मादविक्षिप्तवत्, वातुलवत्.

Franticness, ***s.*** उन्मत्तता, उन्मादः, उन्मादसंरब्धता, चित्तविक्षिप्तता, चित्तव्यस्तता, चित्तविप्लवः, विमोहः, सोन्मादत्वं, वातुलता.

Franternal, ***a.*** भ्रात्रीयः -या -यं, भातृकः -का -कं, भातृसन्निभः -भा -भं.

Franternally, ***adv.*** भ्रातृवत्, भ्रातृरूपेण, सोदरवत्, भ्रात्रीयप्रकारेण.

Franternity, ***s.*** **(Brotherhood)** भ्रातृत्वं, सौभ्रात्रं.—**(Association)** संसर्गः, संसगित्वं, साहित्यं, बन्धुता.—**(Body of men associated)** सहकारिजनसमूहः.

To **ferternize,** ***v. a.*** भातृवत् सहितः -ता -तं भू **or** सह मिल् **(c. 6.** मिलति -ते, मेलितुं) **or** संयुक्तः -क्ता -क्तं भू **or** सङ्घातवान् -वती -वद् भू.

Fratricide, ***s.*** भ्रातृहत्या, भ्रातृबधः, भ्रातृघातः.—**(One who murders a brother)** भ्रातृघातकः, भ्रातृहा ***m.*** (न्), भ्रातृघाती ***m.*** (न्).

Fraud, ***s.*** कपटः -टं, व्याजः, छलं -लना, कैतवं, कूटः -टं, कौटं, माया, दम्भः, उपधिः ***m.,*** वञ्चनं -ना, प्रवञ्चना, प्रलम्भः, विप्रलम्भः, अतिसन्धानं, अभिसन्धिः ***m.*** -धानं, प्रपञ्चः, प्रतारणं -णा, कुहकः, व्याकूतिः, संश्चत्, निमीलिका, दण्डाजिनं, स्खलितं.

Fraudful, ***a.*** कपटी -टिनी -टि (न्), मायी -यिनी -यि (न्). ***See*** **Fraudulent.**

Fraudulence, ***s.*** कपटता, कापट्यं, कूटता, सव्याजता, धूर्त्तता, शठता.

Fraudulent, ***a.*** कपटी -टिनी -टि (न्), कापटिकः -की -कं, छली -लिनी -लि (न्), मायी -यिनी -यि (न्), वञ्चकः -का -कं, प्रवञ्चकः -का -कं, कूटकः -का -कं, कौटः -टी -टं, टिकः -की -कं, छाद्मिकः -की -कं, दाम्भिकः -की -कं, धूर्त्तः -र्त्ता -र्त्तं, प्रतारकः -का -कं, सव्याजः -जा -जं, उपधिकः -का -कं, प्रलम्भकः -का -कं, शठः -ठा -ठं, दाण्डाजिनिकः -की -कं, तकिलः -ला -लं, स्थगः -गा -गं, कूट **in comp.**

Fraudulently, ***adv.*** सकपटं, सव्याजं, सकूटं, छलेन, सकैतवं, धूर्त्तवत्, वञ्चनार्थं, कितववत्, शठवत्, दम्भात्, मायया, समायं.

Fraught, ***a.*** **(Laden)** धुरीणः -णा -णं, धुरीयः -या -यं, भारवान् -वती -वत् (त्).—**(Filled)** पूर्णः -र्ण -र्णं, अभिपूर्णः -र्णा -र्णं, परिपर्णः -र्णा -र्णं पूर्य्यमाणः -णा -णं, आकीर्णः -र्णा -र्णं सङ्कीर्णः -र्णा -र्णं सङ्कुलः -ला -लं, गर्भः -र्भा -र्भं **in comp.; 'fraught with happiness,'** सुखावहः -हा -हं.

Fray, ***s.*** कलहः, कलिः ***m.,*** युद्धं, तुमुलं, द्वन्द्वं, सङ्ग्रामः, समरः, संयुगः, डिम्बः, डमरः, डामरः, विरोधः, व्यवक्रोशनं.

To **fray,** ***v. a.*** **(Rub)** वस्त्राञ्चलवद् घर्षणेन जर्जरीभू **or** रूक्षीभू.

Frayed, ***p. p.*** वस्त्राञ्चलवद् घर्षणेन जर्जरीकः -का -कं **or** जर्जरीभूतः -ता -तं.

Freak, ***s.*** चापलं, लौल्यं, मनोलौल्यं, बुद्धिचापल्यं, छन्दः ***n.*** (स्), लीला, खेला, केलिः ***m. f.,*** विलासः, विहारः, लहरी, तरङ्गः अखट्टिः ***m.***

To **freak,** ***v. a.*** चित्र्, **(c. 10.** चित्रयति -यितुं), चित्रीकृ, चित्रविचित्रीकृ.

Freakish, ***a.*** चपलः -ला -लं, लोलः -ला -लं, केलिकः -का -कं, लीलाखेलः -ला -लं.

Freakishly, ***adv.*** चपलं, चापल्यात्, लौल्यात्, मनोलौल्यात्, सलीलं.

Freakishness, ***s.*** चापल्यं, चपलता, लौल्यं, लीलावत्त्वं, विलासिता.

Freckle, ***s.*** जटुलः, कालकः, विप्लुः ***m.,*** तिलकः, तिलः, तिलमकालकः, चिह्नं.

Freckled, ***a.*** जटुलचिह्नितः -ता -तं, तिलकी -किनी -कि (न्), तिलकः -का -कं.

Free, ***a.*** **(Set at liberty)** मुक्तः -क्ता -क्तं, विमुक्तः -क्ता -क्तं, मोचितः -ता -तं, विमोचितः -ता -तं, मोक्षितः -ता -तं, विमोक्षितः -ता -तं, निर्मुक्तः -क्ता -क्तं, विसृष्टः -ष्टा -ष्टं. —**(Not subject to the will of others)** स्वाधीनः -ना -नं, अनधीनः -ना -नं, अपराधीनः -ना -नं, अनायत्तः -त्ता -त्तं, स्वतन्त्रः -न्त्रा -न्त्रं, आत्मन्त्रः -न्त्रा -न्त्रं, विवशः -शा -शं, स्वैरचारी -रिणी -रि (न्), स्वेच्छाचारी **etc.,** स्वच्छन्दः -न्दा -न्दं, अनुपाश्रयः -या -यं, अभुजिष्यः -ष्या -ष्यं. —**(Unshackled)** अबद्धः -द्धा -द्धं, निर्यन्त्रणः -णा -णं विशृङ्खलः -ला -लं, उच्छृङ्खलः -ला -लं. **(Unrestrained)** अयतः -ता -तं, अनियतः -ता -तं, अवशः -शा -शं, निर्यन्त्रितः -ता -तं, अयन्त्रितः -ता -तं, निरवग्रहः -हा -हं. —**(Unimpeded)** निर्विघ्नः -घ्ना -घ्नं, अविघ्नः -घ्ना -घ्नं -घ्नितः घ्नितः -ता -तं, अविरोधितः -ता -तं, निरवरोधः -धा -धं, अवहितः -ता -तं, निष्प्रत्यूहः -हा -हं, असम्बाधः -धा -धं.—**(Free in expenses)** मुक्तहस्तः -स्ता -स्तं, त्यागशीलः -ला -लं.—**(Not decorous)** अमर्य्यादः -दा -दं, मर्य्यादातिक्रान्तः -न्ता -न्तं.—**(Gratuitous)** मूल्यं विना दत्तः -त्ता -त्तं **or** लब्धः -ब्धा -ब्धं, अक्रीतः -ता -तं, धर्म्मार्थकः -का -कं.—**(Open to all)** सर्व्वसामान्यः -न्या -न्यं, सर्व्वसाधारणः -णी -णं.—**(Free in speech)** अयन्त्रितकथः -था -थं, अयतवाक् ***m.f.n.*** (च्).—**(Free from, exempt)** वर्जितः -ता -तं, विवर्ज्जितः -ता -तं, मुक्तः -क्ता -क्तं, रहितः -ता -तं, हीनः -ना -नं, शून्यः -न्या -न्यं, विगतः -ता -तं, वीतः -ता -तं **or expressed by** निर् **or** अ **prefixed; 'free from bias,'** मुक्तसङ्गः -ङ्गा -ङ्गं, सङ्गवर्ज्जितः -ता -तं, सङ्गहीनः -ना -नं; **'free from desire,'** वीतकामः -मा -मं, विगतकामः -मा -मं; **'free from debt,'** अनृणः -णा -णं, अनृणी -णिनी -णि (न्), अवतीर्ण -र्णः -र्णा -र्णं; **'free from motive,'** निष्कारणः -ण -णा; **'free choice,'** स्वेच्छा; **'free course,'** प्रसरः.

To **free,** ***v. a.*** **(Set at liberty)** मुच् **(c. 6.** मुति, मोक्तुं **c. 10.** मोचयति -यितुं), विमुच्, निर्मुच्, मोक्ष् **(c. 10.** मोक्षयति -यितुं), विमोक्ष्, विसृज् **(c. 6.** -सृजति -स्रष्टुं, **c. 10.** -सर्ज्जयति -यितुं), निस्तॄ **in caus.** (-तारयति -यितुं), त्रै **(c. 1.** त्रायते, त्रातुं).—**(Free from confinement)** बन्धनाद् मुच्.—**(From encumbrance)** मुच्, विशुध् **in caus.** (-शोधयति -यितुं), विघ्नान् **or** भारम् अपनी **(c. 1.** -नयति -नेतुं) **or** विनी **or** हृ **(c. 1.** हरति, हर्त्तुं) **or** उद्धृ, निर्विघ्नीकृ,

निष्कण्टकं -कां -कं कृ, निष्प्रत्यूहीकृ.—**(From doubt)** संशयम् अपनीकृ.—**(From blame)** निर्दोषीकृ.—**(From taxes)** अकरीकृ, निष्करीकृ.

Free-agency, *s.* स्वेच्छा, स्वैरता, स्वातन्त्र्यं, स्वाच्छन्द्यं, स्वतन्त्रता.

Free-booter, *s.* दस्यु:, साहसिक:, प्रसह्यचौर:, परिपन्थी ***m.*** (न्), लुण्टाक:.

Free-booting, *s.* अपहारणं, चौर्य्यं, चौरत्वं, अभ्याहार:, साहसं.

Free-born, *a.* अदासज: -जा -जं, अदासेयजाति: -ति: -ति, अदासीपूत्र:, उदारयोनि: -नि: -नि, उदारजाति: -ति: -ति, कुलीनज: -जा -जं.

Freed, *p. p.* or *a.* मुक्त: -क्ता -क्तं, विमुक्त: -क्ता -क्तं, विमोचित: -ता -तं, मोक्षित: -ता -तं, वर्ज्जित: -ता -तं; **'freed from confinement,'** मुक्तबन्धन: -ना -नं **or** बन्धनमुक्त: -क्ता -क्तं; **'from desire,'** विगतकाम: -मा -मं, कामातीत: -ता -तं.

Freedman, *s.* मुक्तजन:, दास्यमुक्त:, दास्यमोक्षित:, दास्याद्विमोचित:.

Freedom, *s.* (Liberty) मुक्ति: ***f.,*** विमुक्ति: ***f.,*** मोक्ष:, विमोक्ष: -क्षणं, विमोचनं, वैमुक्तं, परिमोक्षणं.—**(Freedom from slavery)** दास्यमुक्ति: ***f.,*** दास्यमोक्ष:, अदास्यं, अदासत्वं.—**(From confinement)** बन्धनमुक्ति: ***f.***.—**(From obstacle or restraint)** निर्विघ्नता, विघ्नमुक्ति: ***f.,*** निर्यन्त्रणं -णत्वं, निरवरोधता, उच्छृङ्खलता, अयन्त्रितत्वं.—**(Independence)** स्वाधीनता, स्वतन्त्रता, अवशता, स्वातन्त्र्यं, अनधीनता.—**(Freedom of will)** स्वेच्छा, स्वाच्छन्द्यं, स्वैरता.—**(Want of decorum)** अमर्य्यादा, अविनय:, मर्यादातिक्रम:.—**(Freedom of a city)** स्वाधीनपुराधिकार:, पौरजनाधिकार:.—**(Exemption from)** मुक्ति: ***f.,*** विरह:, राहित्यं, शून्यता, अभाव:, असम्भव:; **'freedom from taxes,'** अकरत्वं, निष्करत्वं, **'from war,'** युद्धाभाव:.

Free-hearted, *a.* उदारचेता: -ता -त: (स्), अगूढभाव: -वा -वं.

Freehold, *s.* स्वाधीनभूमि: ***f.,*** अपराधीनभूमि: ***f.,*** आत्माधीनक्षेत्रं.

Freeholder, *s.* स्वाधीनभूमिधारी ***m.*** (न्), आत्माधीनभूमिधारी, स्वाधीनक्षेत्रधारी.

Freely, *adv.* (Without restraint) निर्विघ्नं, निर्यन्त्रणं, निष्प्रत्यूहं, निर्यन्त्रितं, निरवरोधेन, अनिवारितं, असम्बाधं.—**(Voluntarily)** कामं, प्रकामं, कामतस्, स्वच्छन्दात्, स्वेच्छया.—**(Copiously)** बाहुल्येन, बहुशस्.—**(Without persuasion)** अयाचितं.—**(Gratuitously)** मूल्यं विना.

Free-liver, *s.* बह्वाशी -शिनी -शि (न्), अत्याहारी -रिणी -रि (न्), कुक्षिम्भरि: -रि: -रि.

Freeman, *s.* अदास:, स्वाधीन:, अपराधीन:, अपरवश:, स्वतन्त्र:.

Freemason, *s.* परस्परोपकरणार्थं संसर्गिणां जनानां गणाभ्यन्तर:.

Free-minded, *a.* अव्याकुलचित्त: -त्ता -त्तं, चिन्ताशून्यमना: -ना: -न: (स्).

Freeness, *s.* (Freedom from restraint) निर्विघ्नता, निर्यन्त्रणं, -णत्वं, निरवरोधता, उच्छृङ्खलत्वं.—**(of speech)** वागयतत्वं.—**(Frankness, openness)** अगूढशीलता, निष्कपटता.—**(Liberality)** मुक्तहस्तत्वं, त्यागशीलता.

Free-spoken, *a.* अयन्त्रितकथ: -था -थं, अयतवाक् ***m.f.n.*** (च्), स्पष्टवाक् ***m.f.n.***

Free-stone, *s.* गृहनिर्म्माणे प्रयुक्त: मुछेद्यप्रस्तरविशेष:.

Free-thinker, *s.* नास्तिक:, धर्म्मादिर् निन्दक:, देवनिन्दक:, धर्म्मावमानी ***m.*** (न्).

Free-will, *s.* स्वेच्छा, स्वच्छन्दता, स्वाच्छन्द्यं, स्वकाम:, यदृच्छा.

Free-woman, *s.* अदासी, स्वाधीना स्त्री, अनधीना, स्वैरचारिणी.

To* freeze, *v. n. अतिशीतलत्वाद् घनीभू, **or** संहतीभू **or** संहन् **in pass.** (-हन्यते), अतिशीतोदकवत् शीनीभू **or** श्यै **(c. 1.** श्यायते, श्यातुं) **or** हिमपिण्डान् बन्ध् **(c. 9.** बध्नाति, बन्धुं), हिमपिण्डीभू, शीतीभू, शीनीभू, श्यानीभू, जडीभू.

To* freeze, *v. a. अतिशीतलत्वाद् घनीकृ **or** संहतीकृ **or** हिमपिण्डरूपेण संहन् **(c. 2.** -हन्ति -न्तुं) **or** श्यै **in caus.** (श्यापयति -यितुं) **or** श्यानीकृ, शीतीकृ, जड **(nom.** जडयति -यितुं).

Freight, *s.* (Cargo of a ship) नौकाभार:, नौभार:, नौकास्थद्रव्याणि, पोतस्थं भाण्डं, नाविकं, पौतिकं.—**(Fare)** आतर:, तरपण्यं, तारिकं, तार्य्यं, अनुतरं.

To* freight, *v. a. नौकायां द्रव्याणि निविश् **in caus.** (-वेशयति -यितुं) **or** आरुह् **in caus.** (-रोपयति -यितुं) **or** द्रव्यै: पृ **(c. 10.** पूरयति -यितुं).

Freighted, *p. p.* द्रव्यपूरित: -ता -तं, आरोपितभाण्ड: -ण्डा -ण्डं **or** गृहीतभाण्ड:.

Freighter, *s.* नौकायां भाण्डनिवेशक: **or** द्रव्यनिवेशक:, नौकापूरक:.

Frentic, *a. See* Frantic.

Frenum, *s.* (In anatomy) सेवनं, सीवनी.

Frenzied, *a.* उन्मादवान् -वती -वत् (त्), विक्षिप्तचित्त: -त्ता -त्तं.

Frenzy, *s.* उन्माद:, चित्तविप्लव:, चित्तविभ्रम:, प्रामाद्यं, आवेश:.

Frequence, frequency, *s.* बहुत्वं, -ता, बाहुल्यं, नित्यता -त्वं, अभीक्ष्णता, पौन:पुन्यं, पुन:पुनस्त्वं, अविरति: ***f.,*** अविराम:, नैरन्तर्य्यं.

Frequent, *a.* नित्य: -त्या -त्यं, नैत्यिक: -की -कं अभीक्ष्ण:

-क्ष्णा -क्ष्णं, पुनःपुनर् वर्त्तमानः -ना -नं, बहुशः or बहुवारं or अनेकशः or मुहुर्मुहुर् घटमानः -ना -नं, सततः -ता -तं, अविरतः -ता -तं.

To **frequent,** ***v. a.*** सेव् (c. 1. सेवते -वितुं), निषेव्, नित्यम् आश्रि (c. 1. -श्रयति -ते -यितुं), पुनः पुनः or बहुवारम् अभिगम् (c. 1. -गच्छति -गन्तुं) or अभ्यागम्, जुष् (c. 6. जुषते, जोषितुं), गाह् (c. 1. गाहते -हितुं).

Frequentative, ***s.*** **(Verb in grammar)** यङ्लुगन्तः, यङन्तः.

Frequented, ***p. p.*** सेवितः -ता -तं, निषेवितः -ता -तं, आश्रितः -ता -तं, जुष्टः -ष्टा -ष्टं, आकीर्णः -र्णा -र्णं, आचरितः -ता -तं.

Frequenting, ***s.*** सेवनं, निषेवणं, आश्रयणं, मुहुर् अभ्यागमनं, सङ्गतिः ***f.***

Frequently, ***adv.*** बहुशस्, भूयस्, भूयोभूयः, मुहुस्, मुहुर्मुहुस्, असकृत्, अनेकशस्, बहुवारं, बहुकृत्वस्, अनेककृत्वस्, नित्यं, पुनःपुनर्, वारंवारं, अभीक्ष्णं, प्रायस्, प्रायेण, प्रायशस्, वारेण, शश्वत्, सततं.

Fresco, ***s.*** **(Coolness)** शीतलता.—**(Painting)** मण्डोदकं, मण्डोदकचित्रं.

Fresh, ***a.*** **(New, recent)** नवः -वा -वं, अभिनवः -वा -वं, प्रतिनवः -वा -वं, नूतनः -ना -नं, प्रत्यग्र -ग्रा -ग्रं, सद्यस्कः -स्का -स्कं, सद्यस्कालीनः -ना -नं, नवीनः -ना -नं, अप्राचीनः -ना -नं.—**(Not faded)** अम्लानः -ना -नं, विम्लानः -ना -नं, अविकलः -ला -लं, अशुष्कः -ष्का -ष्कं.—**(Recently obtained)** सद्यःप्राप्तः -प्ता -प्तं.—**(Cool)** शीतलः -ला -लं.—**(Somewhat strong)** ईषत्तीक्ष्णः -क्ष्णा -क्ष्णं, ईषत्प्रबलः -ला -लं.—**(With unimpaired vigor)** अक्षतवीर्य्यः -र्य्या -र्य्यं, अविकलतेजाः -जाः -जः (स्), अश्रान्तः -न्ता -न्तं, अक्लान्तः -न्ता -न्तं.—**(Fresh colored)** नववर्णः -र्णा -र्णं, रक्तवर्णः -र्णा -र्णं..—**(Not salt)** अलवणः -णा -णं.—**(Full of spirit)** सरसः -सा -सं, रसिकः -का -कं, रसी -सिनी -सि (न्); **'fresh butter,'** नवनी -नीतं.

To **freshen,** ***v. a.*** नवीकृ, शीतलीकृ, सरसीकृ, लावण्यं हृ (c. 1. हरति, हर्त्तुं).

To **freshen,** ***v. n.*** **(Grow brisk)** ईषत्तीक्ष्णीभू, ईषत्तीव्रीभू, ईषत्प्रबलीभू.

Freshly, ***adv.*** **(Newly)** सद्यस्, नवं, अभिनवं, प्रत्यग्रं.—**(Briskly)** ईषत्तीक्ष्णं, ईषत्तीव्रं, ईषद्बलवत्.—**(Coolly)** शीतलं; **'freshly heated,'** सद्यस्तप्तः -प्ता -प्तं.

Freshman, ***s.*** नवशिष्यः, नवछात्रः, नूतनशिष्यः, प्राथमकल्पिकः.

Freshness, ***s.*** **(Newness)** नवता -त्वं, अभिनवत्वं, नूतनता -त्वं, नवीनता, प्रत्यग्रता.—**(Vigor)** अम्लानिः ***f.***, वीर्य्यं, तेजः ***n.*** (स्), अविक्लमः, अक्लान्तिः ***f.***, अश्रान्तिः ***f.***—**(State of not being withered or impaired)** अशीर्णता, अम्लानता, अक्षीणता, अक्षतत्वं, अवैकल्यं.—**(Freedom from salt)** अलावण्यं.—**(Briskness)** ईषत्तीक्ष्णता, सबलता.—**(Of color)** नववर्णः, रक्तवर्णः, अरुणवर्णः.

Fret, ***s.*** **(Of the sea)** समुद्रक्षोभः, इतस्ततो वीचिप्रलोढनं or ऊर्म्मिप्रलोठनं.—**(Vexation of mind)** आत्मद्रोहः, आत्मक्लेशः आत्मपीडा, स्वमनस्तापः, स्वचित्तक्षोभः, अशान्तिः ***f.***, उद्वेगः.

To **fret,** ***v. a.*** **(Vex)** व्यथ् (c. 10. व्यथयति -यितुं), तप् (c. 10. तापयति -यितुं), परितप्, सन्तप्, बाध् (c. 1. बाधते -धितुं), क्लिश् (c. 9. क्लिशानाति, क्लेशितुं), क्षुभ् (c. 10. क्षोभयति -यितुं).—**(Chafe)** घृष् (c. 1. घर्षति -र्षितुं), आघृष्, घर्षणेन तप् or क्षतीकृ or व्रणीकृ.

To **fret,** ***v. n.*** **(Be vexed)** व्यथ् (c. 1. व्यथते -थितुं), तप् in pass. (तप्यते), परितप्, सन्तप्, आतप्, क्लिश् (c. 4. क्लिश्यते, क्लेशितुं), उद्विज् (c. 6. -विजते -जितुं), शुच् (c. 1. शोचति -चितुं), ज्वर् (c. 1. ज्वरति -रितुं), संज्वर्, दुर्मनस् (nom. दुर्मनायते), आत्मानं तप् (c. 10. तापयति -यितुं), क्षुभ् (c. 4. क्षुभ्यति, क्षोभितुं).—**(Wear away by friction)** घर्षणेन क्षि in pass. (क्षीयते) or परिक्षतीभू.

Fretful, ***a.*** आत्मद्रोही -हिणी -हि (न्), शीघ्रकोपी -पिनी -पि (न्), आत्मतापी -पिनी -पि (न्), वक्रभावः -वा -वं, दुष्प्रकृतिः -तिः -ति, दुर्मनाः -नाः -नः (स्).

Fretfully, ***adv.*** वक्रभावेन, वक्रप्रकृतित्वात्, दुष्प्रकृतित्वात्, समनस्तापं.

Fretfulness, ***s.*** आत्मद्रोहः, आत्मक्लेशः, आत्मपीडा, स्वमनस्तापः, स्वचित्तक्षोभः, भाववक्रता, प्रकृतिवक्रता, प्रतीपता, सदाप्रतीपत्वं, उद्वेगः, अशान्तिः ***f.***

Fretted, ***p. p.*** व्यथितः -ता -तं, क्लिष्टः -ष्टा -ष्टं, सन्तापितः -ता -तं, पीडितः -ता -तं, बाधितः -ता -तं.—**(Rubbed)** घर्षितः -ता -तं.

Fretty, ***a.*** व्यत्यस्तरेखालङ्कृतः -ता -तं, व्यत्यस्तरेखारूपेण तष्टः -ष्टा -ष्टं.

Fretwork or fret, ***s.*** व्यत्यस्तरेखारूपं तक्षणकर्म्म ***n.*** (न्).

Friability, ***s.*** चूर्णयोग्यता, सूचूर्णनीयता, भङ्गुरत्वं, भिदुरता.

Friable, ***a.*** सुचूर्णनीयः -या -यं, चूर्णयोग्यः -ग्या -ग्यं, भिदुरः -रा -रं, भङ्गुरः -रा -रं, सुभेद्यः -द्या -द्यं, सुखण्डनीयः -या -यं.

Friar, ***s.*** सन्न्यासी ***m.*** (न्), तपस्वी ***m.*** (न्), योगी ***m.*** (न्), मुनिः ***m.*** वैरागी ***m.*** (न्).

Friary, ***s.*** मठः, सन्न्यासिनां मठः, आश्रमः, तपोवनं विहारः.

Fricassee, ***s.*** पक्षिशशकादिमांसनिष्क्वथितं सरसभोजनं or सव्यञ्जनभोजनं, रसकः, मांसव्यञ्जनं.

To* fricassee, *v. a. पक्षिशशकादिमांसं रसादिना सह or व्यञ्जनादिना सह निष्क्वथ् (c. 1. -क्वथति -थितुं).

Friction, *s.* घर्षणं, आघर्षः, -र्षणं, सङ्घर्षः, उद्घर्षणं, अभिघर्षणं, निर्घर्षणं, उपघर्षणं, परस्परघर्षणं, मर्द्दनं, अभिमर्द्दः, परिमर्द्दनं, परिमर्शः, आघट्टनं, विघट्टनं, उद्घट्टनं, मार्ज्जनं, परिमार्ज्जनं.

Friday, *s.* शुक्रवारः, कुलवारः, भृगुवारः, सप्ताहस्य षष्ठवारः.

Fried, *p. p.* भृष्टः -ष्टा -ष्टं, भर्ज्जितः -ता -तं, भृष्टः -ष्टा -ष्टं, कन्दुपक्वः -क्वा -क्वं; **'fried meat,'** चुस्तं, भरूटकं; **'fried grain,'** लाजाः ***m. pl.***, अक्षतं -ताः ***m. pl.***, धानाः ***f. pl.***, भृष्टयवः.

Friend, *s.* मित्रं, सुहृत् ***m.*** (द्), सखा ***m.*** (खि), बन्धुः ***m.*** वयस्यः, स्निग्धः, स्नेही ***m.*** (न्), बान्धवः, सहायः, अनुरागी ***m.*** (न्), प्रणयी ***m.*** (न्), सुहृत्तमः, हितः, हितकारी ***m.*** (न्), प्रियकृत् ***m.*** सजूः ***m.*** (स्), अनुकूलः, विभावः, केलिकरः, सङ्गी ***m.*** (न्), आर्य्यः; **'friend of the same age,'** सवयाः ***m.*** (स्), वयस्यः; **'female friend,'** सखी ***f.***; **'an old friend,'** चिरमित्रं; **'a true friend,'** सन्मित्रं; **'my friend,'** सखे **voc. c. *m.***, सखि **voc. c. *f.***

To* friend, *v. a. मित्र (**nom.** मित्रीयते -यितुं), सखिवृत्तिं कृ **or** आस्था (**c. 1.** -तिष्ठति -स्थातुं), उपकृ अनुग्रह् (**c. 9.** -गृह्णाति -ग्रहीतुं).

Friendless, *a.* मित्रहीनः -ना -नं, बन्धुहीनः -ना -नं, अबन्धुः -न्धुः -न्धुः, अबान्धवः -वी -वं, असहायः -या -यं, निःसहायः -या -यं, अनाथः -था -थं, अलब्धनाथः -था -थं, निराश्रयः -या -यं, अशरणः -णा -णं, निरवलम्बः -म्बा -म्बं, बान्धवोज्झितः -ता -तं.

Friendlessness, *s.* मित्रहीनता, बन्धुहीनता, असहायता, निराश्रयत्वं.

Friendliness, *s.* मित्रत्वं, सौहृद्यं, बन्धुता, प्रीतिः ***f.***, सखित्वं, प्रणयः, प्रेम ***n.*** (न्), प्रियता, अनुरागः, अनुकूलता, अपकारशीलता, हितत, हितेच्छा हितकाम्या.

Friendly, *a.* हितः -ता -तं, हितैषी -षिणी -षि (न्), हितवान् -वत्ती -वत् (त्), हितकामः -मा -मं, हितप्रेप्सुः -प्सुः -प्सु, सुहितः -ता -तं, मैत्रः -त्री -त्रं, मित्रः -त्रा -त्रं, साखेयः -यी -यं, सुहृत्तमः -मा -मं, कृतमैत्रः -त्रा -त्रं, अनुरागी -गिणी -गि (न्), प्रणयी -यिनी -यि (न्), सप्रणयः -या -यं, स्नेही -हिनी -हि (न्), स्निग्धः -ग्धा -ग्धं, स्नेहशीलः -ला -लं, प्रीतिमान् -मती -मत् (त्), सानुरागः -गा -गं, प्रियङ्करः -रा -रं, प्रियकृत् ***m.f.n.***, हितकरः -री -रं, अनुकूलः -ला -लं, अनुग्राही -हिणी -हि (न्), उपकारशीलः -ला -लं, सुहृदयः -या -यं, प्रियतमः -मा -मं; **'friendlyminded,'** हितबुद्धिः -द्धिः -द्धि; **'friendly to all creatures,'** कृतभूतमैत्रः; **'friendly dispute,'** प्रीतिकलहः, प्रीतिवादः.

Friendly, *adv.* मित्रवत्, बन्धुवत्, हितवत्, स्निग्धवत्, मित्रत्वात्, प्रियं.

Friendship, *s.* मित्रत्वं -ता, मैत्र्यं, मैत्री, सौहृद्यं, सौहार्दं, सुहृत्ता, सख्यं, साख्यं, सखित्वं, बन्धुता, स्नेहः, प्रणयः, प्रीतिः ***f.***, प्रेम ***n.*** (न्), प्रियता, साहाय्यं, सहायता, अनुरागः, साप्तपदीनं; **'to form friendship with another,'** अन्यस्मिन् प्रीतिं कृ.

Frieze, *s.* **(Coarse cloth)** स्थूलपट्टं, स्थूलशाटकः, वराशिः ***m.*** — **(In architecture)** महाभवनस्य यो दीर्घचतुरस्रो भागः स्तम्भाग्रम् अवलम्बते स च उच्चप्रकारेण तक्षितैर् नानाजन्तुप्रतिमानैर् अलङ्क्रियते.

Frigate, *s.* युद्धनौका, महायुद्धनौका, वृहद्युद्धनौः ***f.***

Fright, *s.* त्रासः, सन्त्रासः, भयं, साध्वसं, शङ्का, भीतिः ***f.***, परिकम्पः, उद्वेगः, आतङ्कः, भीषणं, दरः.

To* fright, frighten, *v. a. भी **in caus.** (भाययति -यितुं **or** भीषयति -यितुं), त्रस् **in caus.** (त्रासयति -यितुं), सन्त्रस्, वित्रस्, उत्तस्, उद्विज् **in caus.** (वेजयति -यितुं), कम्प् **in caus.** (कम्पयति -यितुं), विकम्प्.

Frightened, *p. p.* भीतः -ता -तं, त्रासितः -ता -तं, त्रस्तः -स्ता -स्तं, सन्त्रस्तः -स्ता -स्तं, वित्रस्तः -स्ता -स्तं, भीषितः -ता -तं, भयार्त्तः -र्त्ता -र्त्तं, भयातुरः -रा -रं, भयाक्रान्तः -न्ता -न्तं, शङ्कितः -ता -तं, अभिशङ्कितः -ता -तं, दरितः -ता -तं, ससाध्वसः -सा -सं, चकितः -ता -तं, तर्जितः -ता -तं.

Frightful, *a.* दारुणः -णा -णं, भयानकः -की -कं, भयङ्करः -रा -रं, भयावहः -हा -हं, घोरः -रा -रं, भीमः -मा -मं, भैरवः -वी -वं, सुभैरवः -वी -वं, भीरुमयः -यी -यं, रौद्रः -द्री -द्रं, त्रासकरः -रा -रं, विकटः -टा -टं, उग्रः -ग्रा -ग्रं, करालः -ला -लं, शङ्काजनकः -का -कं, उद्वेजनीयः -या -यं; **'in appearance,'** भीमदर्शनः -ना -नं, रौद्रदर्शनः -ना -नं, करालवदनः -ना -नं.

Frightfully, *adv.* दारुणं, घोरं, भयानकं, उग्रं, भैरवं, सुभैरवं, रौद्रं.

Frightfulness, *s.* दारुणता -त्वं, घोरता -त्वं, दारुण्यं, उग्रता -त्वं, रौद्रता.

Frigid, *a.* **(Cold)** शीतलः -ला -लं, शीतः -ता -तं, शिशिरः -रा -रं, हिमः -मा -मं, अनुष्णः -ष्णा, ष्णं, जडः -डा -डं, सुषीमः -मा -मं,—**(Wanting in affection)** निःस्नेहः -हा -हं, स्नेहशून्यः -न्या -न्यं.

Frigidity, *s.* **(Coldness)** शीतता, शीतलता, शीतं, शैत्यं, हिमं, जडता, जाड्यं, सुषीमः.—**(Of affection)** निःस्नेहता, नैःस्नेह्यं.

Frigidly, *adv.* शीतलं, शिशिरं, शैत्येन, जाड्येन, जडं, स्नेहं विना.

Frill, *s.* विरलांशुकमय ऊर्म्मिवद् उन्नतानतो वस्त्रालङ्कारः, वस्त्राञ्चलं, अञ्चलः, वस्त्रकोटिः ***f.***, ऊर्म्याकारांशुकमयो वस्त्रालङ्कारः, ऊर्म्मिमदंशुकमयो वस्त्रानुबन्धः.

Fringe, ***s.*** अञ्चलः, वस्त्राञ्चलः -लं, तरी, तरिः ***f.,*** वस्तिः ***m.,*** दशा, शिथिलतन्तुमयो वस्त्राद्यलङ्कारः **or** वस्त्राद्यनुबन्धः.

To **fringe,** ***v. a.*** पूर्व्वोक्ताञ्चलेन अलङ्कृ, शिथिलतन्तुभिर्, वस्त्रादिकोटिम् अलङ्कृ.

Fripperer, ***s.*** जीर्णवस्त्रक्रयविक्रयिकः, चीरवस्त्रव्यापारी ***m.*** (न्).

Frippery, ***s.*** **(Old clothes)** जीर्णवस्त्रं, चीरवस्त्रं, चीराणि ***n. pl.,*** वस्त्रखण्डाः ***m. pl.,*** उच्छिष्टवस्त्र.—**(Useless matter)** निरर्थकं, मृषार्थकं, उच्छिष्टं.

To **frisk,** ***v. n.*** चित्तप्रहर्षात् क्रीड् **(c. 1.** क्रीडति -ते -डितुं) **or** प्रक्रीड् **or** विक्रीड्, **or** इतस्ततः प्लु **(c. 1.** प्लवते, प्लोतुं) **or** नृत् **(c. 4.** नृत्यति, नर्त्तितुं) **or** रम् **(c. 1.** रमते, रन्तुं) **or** खेला **(nom.** खेलायति) **or** हस्तपादादि सञ्चल् **in caus.** (-चालयति -यितुं.

Frisker, ***s.*** चित्तप्रसन्नत्वाद् इतस्ततः प्लवकः **or** नर्त्तकः **or** खेलाकारी ***m.*** (न्).

Frisky, ***a.*** हृष्टः -ष्टा -ष्टं, चित्तप्रहर्षाद् इतस्ततः क्रीडमानः -ना -नं **or** प्लवनशीलः -ला -लं, प्रहृष्टः -ष्टा -ष्टं, प्रफुल्लः -ल्ला -ल्लं, आनन्दी -न्दिनी -न्दि (न्), खेलाकारी -रिणी -रि (न्).

Frith, ***s.*** समुद्रस्य सङ्कटपथः, सङ्कटं, सम्भेदः, सङ्गमः.

Fritter, ***s.*** भृष्टपिष्टकविशेषः, भृष्टापूपः.—**(Fragment)** खण्डः -ण्डकः, शकलः -लं, विदलं.

To **fritter,** ***v. a.*** खण्ड् **(c. 10.** खण्डयति -यितुं), खण्डशः कृ, शकलीकृ; **'fritter away,'** अल्पम् अल्पं **or** खण्डं खण्डं क्षिप्त्वा न्यूनीकृ **or** क्षीणीकृ **or** क्षि **in caus.** (क्षपयति -यितुं).

Frivolity, frivolousness, ***s.*** लघुता, लाघवं, लघुवृत्तित्वं -ता, लघुकर्म्मकारित्वं, तुच्छवृत्तित्वं, तुच्छता, चपलता, चापलं, चपलवृत्तित्वं, आनर्थक्य, निरर्थकता.

Frivolous, ***a.*** लघुः -घुः -घु, लघुवृत्तिः -त्तिः -त्ति, लघुकर्म्मा -र्म्मा -र्म्म (न्), चपलः -ला -लं, चपलवृत्तिः -त्तिः -त्ति, तुच्छकर्म्मा **etc.,** अनर्थकवृत्तिः -त्तिः -त्ति, निरर्थककर्म्मकारी -रिणी -रि (न्); **'in mind,'** लघुचेताः -ताः -तः (स्).

Frivolously, ***adv.*** लघु, लाघवेन, लघुवृत्तित्वात्, चपलं, निरर्थकं.

To **friz, frizzle** ***v. a.*** कुञ्च् **(c. 1.** कुञ्चति -ञ्चितुं, **c. 10.** कुञ्चयति -यितुं), आकुञ्च्, व्यावत् **in caus.** (-वर्त्तयति -यितुं), बन्धुरीकृ, उन्नतानतीकृ.

Fro, ***adv.*** **(To and fro)** इतस्ततस्, इतश्चेतस्, अग्रे पश्चात्; **'going to and fro,'** गमनागमनं, गतागतं, प्रतिगतागतं, यातायातं.

Frock, ***s.*** **(Upper garment)** उत्तरीयं.—**(Gown)** शाटः -टी -टकः, स्त्रीकटीवस्त्रं.

Frog, ***s.*** भेकः, मण्डूकः, प्लवः, प्लवगतिः ***m.,*** प्लवङ्गमः, दुर्दुरः, व्यङ्गः, वर्षाभूः ***m.,*** वर्षाघोषः, वृष्टिभूः ***m.,*** दर्दरीकः, गूढवर्च्चाः ***m.,*** (स्), अलिमकः, अजिह्वः, शल्लः, शालूरः, सालूरः; **'female,'** भेकी मण्डूकी.—**(Of a horse's foot)** अश्वखुरमध्यं.

Froggy, ***a.*** भेकपूर्णः -र्णा -र्णं, मण्डूकपूर्णः -र्णा -र्णं, दार्दुरः -री -रं.

Frolic, ***s.*** क्रीडा, खेला, विहारः, लीला, क्रीडाकौतुकं, कौतुकं, विलासः, विलसनं, परीहासः, केलिः ***m.f.,*** छन्दः ***n.*** (स्); **'of a calf,'** आलीढकं.

To **frolic,** ***v. n.*** क्रीड् **(c. 1.** क्रीडति -ते -डितुं), प्रक्रीड्, विक्रीड्, सङ्क्रीड्, परिक्रीड्, विलस् **(c. 1.** -लसति -सितुं), रम् **(c. 1.** रमते, रन्तुं), विहृ **(c. 1.** -हरति -हर्त्तुं), खेला **(nom.** खेलायति), लल् **(c. 1.** ललति -लितुं).

Frolicsome, ***a.*** विलासी -सिनी -सि (न्), लीलावान् -वती -वत् (त्), क्रीडावान् **etc.,** केलिकः -का -कं, क्रीडापरः -रा -रं, केलिपरः: -रा -रं, खेलापरः -रा -रं, उल्लसः -सा -सं, उल्लासितः -ता -तं, समुल्लसितः -ता -तं, विहारी -रिणी -रि (न्), कलाकेलिः -लिः -लि.

From, ***prep.*** **In phrases where it denotes procession, derivation, deliverance, extraction, separation, distance, emission, removal, the reason or motive of any act, and the ground or cause of anything, it is usally expressed by the abl. case. It is also expressed in some phrase by such words as** सकाशात्, मध्यात्, प्रभृति, आरभ्य, **or even by the prep.** आ **with the abl. c. The following are examples; 'coming out from his house,'** निःसृत्य गृहात्; **'from avarice anger arises,'** लोभात् क्रोधः प्रभवति; **'even from poison nectar may be taken,'** विषाद् अप्य् अमृतं ग्राह्यं; **'he delivers me from danger,'** त्रायते मां भयात्; **'Kṛṣṇa is a hundred kośa from Somanātha,'** कृष्णः शतं क्रोशाः सोमनाथात्; **'he separates the good from the bad,'** साधून् दुष्टेभ्यः, पृथक्करोति; **'having discharged an arrow from the bow,'** वाणं धनुषः प्रक्षिप्य; **'he rises from his seat,** आसनाद् उत्तिष्ठति; **'from fear of punishment,'** दण्डभयात्; **'from unsteadiness of mind,'** अनवस्थितचित्तत्वात्; **'from being founded on observation,'** प्रत्यक्षमूलत्वात्. **The abl. c. is also used to express 'from' in the sense of** ***since;*** **as, 'from childhood,'** बाल्यात् **or** बाल्यतः; **'from the earliest period of the world,'** जगदारम्भकालात्, **but in these cases** प्रभृति **or** आरभ्य **or** अवधि **are often added, or** आ **may sometimes, but very rarely, be prefixed; as, 'from childhood,'** बाल्यात् प्रभृति, आबाल्यात्, आबाल्यकालात्; **'from birth,'** जन्मतः प्रभृति, जन्मत आरभ्य, आजन्मतः, जन्मावधि; **'from the very first glance,'** प्रथमदर्शनक्षणात् प्रभृति. **The word** सकाशात् **is used in**

such phrases as, 'from the presence of the king,' राजसकाशात्; 'an order from the council,' सभासकाशाद् आज्ञा. The word मध्यात् in such phrases as, 'from among the soldiers, सैन्यमध्यात्. Other examples of the modes of expressing 'from' are, 'from the top to the bottom,' ऊर्द्ध्वाद् अधःपर्य्यन्तं; 'from the hole of the weasel to the hold of the serpent,' नकुलविवराद् आरभ्य सर्पविवरं यावत्; 'from birth to death,' जन्मावधि मृत्युपर्य्यन्तं; 'from that time forth,' तदाप्रभृति, तत्कालात् प्रभृति; 'from this day,' अद्यारभ्य, अद्यप्रभृति, अद्यावधि; 'from city to city,' पुरात् पुरं; 'from the beginning to the end,' प्रथममात्प्रभृति or आप्रथमाद् अन्तं यावत्, अनुपूर्व्वशस्; 'Let them be told from me,' उच्यन्तां मम वचनात्; 'from any one soever,' यतः कुतश्चित्; 'from above,' ऊर्द्ध्वात्, उपरिष्टात्; 'from below,' अधस्तात्, अधःस्थानात्; 'from behind,' पश्चिमभागात्; 'from far,' दूरात्, दूरतस्; 'from hence,' इतस्, अतस्; 'from without,' वहिर्देशात्; 'from within,' अभ्यन्तरात्.

Front, ***s.*** **(Face)** मुखं, वदनं, आननं, आस्यं.—**(Forehead)** मूर्द्धा ***m.*** (न्), शिरः ***n.*** (स्), ललाटं.—**(Fore part of any thing)** अग्रं, अग्रभागः, अग्रदेशः, अग्रांशः, मुखं, मूर्द्धा; **'in front,'** अग्रे, अग्रतस्, पुरस्, पुरतस्, पुरस्तात्, सम्मुखे -खं, अभिमुखे -खं, प्रतिमुखे -खं, अभितस्, साक्षात्, समक्षं, प्रत्यक्षं; **'in front of the assembly,'** सभासाक्षात्; **'in front of the army,'** अनीकस्य पुरस्; **'in the front, at the head,'** अग्रे, मूर्द्धनि, धुरि; **'the front of the army,'** रणमूर्द्धा, समरमूर्द्धा, सेनामुखं, सेनाग्रं; **'front ranks,'** अग्रानीकं; **'to place in front,'** पुरस्कृ.

To **front,** ***v. a.*** **and** ***n.*** सम्मुखीभू, अभिमुखीभू, प्रतिमुखीभू, सम्मुखे वृत् (c. 1. वर्त्तते -र्त्तितुं).—**(Be opposite to) expressed by** मुख **or** अभिमुख **in comp.; as, 'to front the south,'** दक्षिणमुखः -खी -खं भू; **'to front the east,'** प्राङ्मुखः -खी -खं भू.

Frontage, ***s.*** गृहस्य **or** गृहसमूहस्य सम्मुखभागः **or** अग्रभागः, सद्मचितिमुखं.

Frontal, ***a.*** लालाटिकः -की -कं, ललाटसम्बन्धी -न्धिनी -न्धि (न्).

Frontal, ***s.*** **(Fillet)** ललाटपट्टः -ट्टं, ललाटवेष्टनं, मूर्द्धवेष्टनं, मस्तकबन्धनी; **'of an elephant,'** कुम्भः, घटः.

Frontier, ***s.*** सीमा, देशान्तः -न्तं, समन्तः, सामन्तं, प्रान्तः, देशसमन्तः, देशप्रान्तः, पर्य्यन्तं -न्तं, उपान्तः -न्तं; **'dwelling on the frontier,'** सामन्तवासी -सिनी -सि (न्), पर्य्यन्तस्थः -स्था -स्थं.

Frontier, ***a.*** सामन्तः -न्ती -न्तं, सीमावर्त्ती -र्त्तिनी -र्त्ति (न्).

Fronting, ***part.*** सम्मुखः -खा -खी -खं, सम्मुखीनः -ना -नं, अभिमुखः -खा -खी -खं, प्रतिमुखः -खा -खं, अभिमुखगतः -ता -तं; **'fronting the north,'** उत्तराभिमुखः -खा -खं, उदङ्मुखः -खी -खं.

Frontispiece, ***s.*** **(Of a book)** अलङ्करणार्थं पुस्तकस्य प्रथमपृष्ठसम्मुखे मुद्रिता वस्तुप्रासङ्गिकी प्रतिमा, ग्रन्थाग्रे प्रतिमा **or** मुद्रा.—**(Of a building)** गृहस्य अग्रभागः, गृहमुखं.

Frontless, ***a.*** निर्लज्जः -ज्जा -ज्जं, लज्जाहीनः -ना -नं, धृष्टः -ष्टा -ष्टं.

Frontlet, ***s.*** ललाटपट्टः -ट्टं, ललाटवेष्टनं, मूर्द्धवेष्टनं, शिरोबन्धनी.

Frost, ***s.*** हिमं, तुषारः, नीहारः, अवश्यायः, प्रालेयं, निहारः, तौषारं,, हिमानी, हिमसंहतिः ***f.,*** हिमिका, तुहिनं, शिशिरं, मिहिका, महिका, खजलं, दस्रं, इन्द्राग्निधूमः, भस्मतूलं, कुज्झटिः ***f.*** -टिका; **'hoarfrost,'** तुषारकणः.

Frost-bitten, ***a.*** हिमोपहतः -ता -तं, तुषारोपहतः -ता -तं, शीतोपहतः -ता -तं.

Frosted, ***a.*** **(In cookery)** तुषारकणसदृशशर्करान्वितः -ता -तं.

Frosty, ***a.*** हिमः -मा -मं, हिमवान् -वती -वत् (त्), हैमः -मी -मं, हिम्य -म्या -म्यं, नीहारवान् **etc.,** तुषारः -रा -रं, तौषारः -री -रं, तुषारवान् **etc.**

Froth, ***s.*** फेनः, मण्डः -ण्डं, सुरामण्डः, कारोत्तरः, कारुजः, उत्पीडः, परञ्जः.

To **froth,** ***v. n.*** फेन **(nom.** फेनायते**)**, मण्ड **(nom.** मण्डायते**)**, उत्सेकं कृ, उत्सेचनं कृ.

Frothiness, ***s.*** फेनता, फेनलता, फेनिलत्वं, फेनवत्त्वं. —**(Emptiness)** शून्यता -त्वं, असारता, निःसारता, अनर्थकता.

Frothy, ***a.*** फेनलः -ला -लं, फेनिलः -ला -लं, फेनी -निनी -नि (न्), फेनवान् -वती -वत् (त्), फेनमयः -यी -यं. —**(Empty)** शून्यः -न्या -न्यं, असारः -रा -रं, निःसारः -रा -रं, सारहीनः -ना -नं, तुच्छः -च्छा -च्छं, लघुः -घुः -घु.

Frouzy, ***a.*** दुर्गन्धः -न्धा -धं, पूतिगन्धः -न्धा -धं, उग्रगन्धिः -न्धा -धं.

Froward, ***a.*** प्रतीपः -पा -पं, विप्रतीपः -पा -पं, विपरीतकारी -रिणी -रि (न्), प्रतिकूलः -ला -लं, अवश्यः -श्या -श्यं, अविनेयः -या -यं, अदम्यः -म्या -म्यं, अदमनीयः -या -यं, वक्रभावः -वा -वं, कर्कशभावः -वा -वं, उच्छृङ्खलः -ला -लं, विलोमः -मा -मं, उल्लङ्घितशासनः -ना -नं.

Frowardly, ***adv.*** प्रतीपं, प्रतिकूलं, वक्रभावेन, कर्कशभावेन, प्रतीपशीलत्वात्.

Frowardness, ***s.*** प्रतीपता, प्रतिकूलता -त्वं, अवश्यत्वं, अवनियेता, अदम्यत्वं, भाववक्रता, वक्रशीलता, कार्कश्यं.

To **frown,** ***v. n.*** भ्रूभङ्गं कृ, भ्रूकुटिं कृ, कटाक्षेण **or** भ्रूभङ्गेन दश्

(c. 1. पश्यति, द्रष्टुं), भ्रुवौ सङ्कुच् (c. 1. -कोचति -चितुं), भ्रूक्षेपं कृ, भ्रूसङ्कोचं कृ.

Frown, *s.* भ्रूभङ्गः, भ्रूकुटिः *f.* -टी, भ्रुकुटिः *f.* -टी, भृकुटी, भ्रूक्षेपः, काक्षं, भ्रूसङ्कोचः -चनं, कटाक्षः.

Frowned Upon, *p. p.* कटाक्षितः -ता -तं, भ्रूभङ्गेन निरीक्षितः -ता -तं.

Frowning, *a.* नतभ्रूः -भ्रूः -भ्रु, संहतभ्रूः -भ्रूः -भ्रु, सभ्रूभङ्गः -ङ्गा -ङ्गं, सभ्रूक्षेपः -पा -पं, सभृकुटीमुखः -खी -खं, सकटाक्षः -क्षा -क्षं, काक्षः -क्षा -क्षं.

Frowningly, *adv.* सभ्रूभङ्गं, भ्रूभङ्गेन, सभ्रूक्षेपं, भ्रूक्षेपेण, कटाक्षेण, सकटाक्षं.

Frozen, *a.* or *p. p* अतिशीतत्वाद् घनीभूतः -ता -तं, or संहतीभूतः -ता -तं, or श्यानीभूतः -ता -तं, हिमसंहतः -ता -तं, अवश्यानः -ना -नं, अवशीतः -ता -तं, अवशीनः -ना -नं, शीतः -ता -तं, शीनः -ना -नं, जडीभूतः -ता -तं, जडीकृतः -ता -तं.

Fructiferous, *a.* फलदः -दा -दं, फलदायी -यिनी -यि (न्), फली -लिनी -लि (न्).

Fructification, *s.* सफलीकरणं, फलदीकरणं, अबन्ध्यीकरणं, आधानं.

***To* fructify,** *v. a.* सफल (nom. सफलयति -यितुं), सफलीकृ, बहुफलदीकृ, फलितं -तां -तं कृ, स्फीतीकृ, अबन्ध्यीकृ.

Fructuous, *a.* फली -लिनी -लि (न्), फलवान् -वती -वत् (त्), फलदः -दा -दं.

Frugal, *a.* परिमितव्ययः -या -यं, मितव्ययी -यिनी -यि (न्), स्वल्पव्ययः -या -यं, अव्ययः -या -यं, व्ययपराङ्मुखः -खी -क्षं, अबहुप्रदः -दा -दं, अबहुदः -दा -दं, अमुक्तहस्तः -स्ता -स्तं, परिमितः -ता -तं, कृपणः -णा -णं.

Frugality, *s.* परिमितव्ययः, मितव्ययः, स्वल्पव्ययः, अमुक्तहस्तत्वं, व्ययपराङ्मुखता, परिमितत्वं, कृपणत्वं.

Frugally, *adv.* परिमितव्ययेन, मितव्ययेन, स्वल्पव्ययेन, अमुक्तहस्तेन, अल्पव्ययपूर्व्वं, परिमितं, कृपणं, सकार्पण्यं.

Fruit, *s.* **(Produce of a tree or plant)** फलं, वृक्षादिफलं, प्रसवः, वृक्षोत्पन्नं.—**(Offspring)** अपत्यं, सन्तानः, सन्ततिः *f.,* प्रजा, प्रसूतिः *f.,* उत्पत्तिः *f.*—**(Effect, consequence)** उत्पन्नं, उत्पत्तिः *f.,* उद्भूतं, कार्य्यं, वृत्तं, फलं, कर्म्मफलं. —**(Profit)** फलं, लाभः, अर्थः; **'moist fruit,'** शलाटुः *m.f.n.;* **'dry fruit,'** वानः -ना -नं; **'collection of fruit,'** फलोच्चयः; **'fruit season,'** फलकालः, फलसमयः; **'fruit-stalk,'** शस्यमञ्जरी, प्रसवबन्धनं; **'to bear fruit,'** फल् (c. 1. फलति -लितुं), फलं दा; **'bearing fruit,'** फलनिष्पत्तिः *f.*

Fruit-bearer, *s.* फलदाता *m.* (तृ), फलग्राही *m.* (न्), फलेग्राही *m.,* फलदः.

Fruit-bearing, *a.* फलदः -दा -दं -दायी -यिनी -यि (न्), फलग्रहिः -हिः -हि, फलेग्रहिः -हिः -हि, फली -लिनी -लि (न्), फलवान् -वती -वत् (त्), फलशाली, -लिनी -लि (न्).

Fruiterer, *s.* फलविक्रेता *m.* (तृ), फलक्रयविक्रयिकः, फलादिविक्रयी *m.* (न्).

Fruitery, *s.* **(Fruit collectively)** फलत्वं, फलानि *n. pl.,* फलोच्चयः.—**(Fruit-loft)** फलस्थानं, फलागारं.

Fruitful, *a.* फली -लिनी -लि (न्), फलवान् -वती -वत् (त्), बहुफलः -ला -ली -लं, फलितः -ता -तं, सफलः -ला -लं, प्रचुरफलः -ला -लं, फलदः -दा -दं, दायी -यि -यि (न्), बहुफलदः -दा -दं, फलोत्पादकः -का -कं, फलेग्रहिः हिः -हि, कृतफलः -ला -लं, फलोपेतः -ता -तं, अबन्ध्यः -ध्या -न्ध्यं.—**(Prolific)** बहुप्रजः -जा -जं, बहुप्रजावान् -वती -वत् (त्), बह्वपत्यः -त्या -त्यं, प्रजनिष्णुः -ष्णुः -ष्णु.—**(Productive of)** उत्पादकः -का -कं, जनकः -का -कं, सावकः -विका -कं.

Fruitfully, *adv.* सफलं, सबहुफलं, फलबाहुल्येन, बहुशस्, प्रचुरं.

Fruitfulness, *s.* साफल्यं, सफलता, फलवत्त्वं, फलिता, फलबाहुल्यं, फलप्राचुर्य्यं, फलोत्पादकत्वं.—**(Fecundity)** प्रजनिष्णुता, बहुप्रजावत्त्वं, बह्वपत्यत्वं, सफीतिः *f.,* प्रसवित्वं, सावकत्वं.—**(Productiveness)** उत्पादकता, जनकता.

Fruition, *s.* भोगः, भुक्तिः *f.,* उपभोगः, परिभोगः, फलभोगः, अनुभवः, आस्वादः -दनं, सुखभोगः, सुखास्वादः.

Fruitive, *a.* निष्फलः -ला -लं, विफलः -ला -लं, अफलः -ला -लं, फलहीनः -ना -नं, फलापेतः -ता -तं, मोघः -घा -घं, अनर्थः -र्था -र्थं -र्थकः -का -कं, व्यर्थः -र्था -र्थं, निरर्थकः -का -कं, अपार्थः -र्था -र्था -र्थं, अनुपयुक्तः -क्ता -क्तं, निष्प्रयोजनः -ना -नं, बन्ध्यः -न्ध्या -न्ध्यं.

Fruitless, *a.* निष्फलः -ला -लं, विफलः -ला -लं, अफलः -ला -लं, फलहीनः -ना -नं, फलापेतः -ता -तं, मोघः -घा -घं, अनर्थः -र्था -र्थं -र्थकः -का -कं, व्यर्थः -र्था -र्थं, निरर्थकः -का -कं, अपार्थः -र्था -र्थं, अनुपयुक्तः -क्ता -क्तं, निष्प्रयोजनः -ना -नं, बन्ध्यः -न्ध्या -न्ध्यं.

Fruitlessly, *adv.* निष्फलं, विफलं, मोघं, व्यर्थं, वृथा, मुधा.

Fruitlessness, *s.* निष्फलता, विफलता, वैफल्यं, अफलत्वं, फलहीनता, व्यर्थता, वैयर्थ्यं, अनर्थकत्वं, मोघता, अनुपयोगः, बन्ध्यत्वं.

Fruit-time, *s.* फलकालः, फलसमयः, फलावचयकालः, फलसङ्ग्रहकालः.

Fruit-tree, *s.* फलदः, फलग्राही *m.* (न्), सफलवृक्षः.

Fruity, *a.* फलसरसः -सा -सं, फलरसोपेतः -ता -तं, फलोपमः -मा -मं.

Frumentaceous, *a.* गोधूममयः -यी -यं, धान्यमयः -यी -यं,

शस्यमयः -यी -यं.

Frumenty, ***s. See*** **Frumenty.**

To **frustrate,** ***v. a.*** खण्ड् **(c. 10.** खण्डयति -यितुं), प्रतिहन् **(c. 2.** -हन्ति -न्तुं), व्याहन्, विफलीकृ, निष्फलीकृ, मोघीकृ, व्यर्थीकृ, सङ्कल्पं हन् **or** भञ्ज् **(c. 7.** भनक्ति, भंक्तुं), वृथा कृ, मुधा कृ, यत्नं **or** आशां खण्ड्, भग्नाशं -शां -शं कृ, विफलं -लां -लं, कृ, तिरोभू **in caus.** (-भावयति -यितुं); **'to be frustrated,'** वृथा भू, मुधा भू, तिरोभू.

Frustrate, ***a.*** निष्फलः -ला -लं, विफलः -ला -लं, मोघः -घा -घं, व्यर्थः -र्था -र्थं, निष्प्रयोजनः -ना -नं, अनिष्पन्नः -न्ना -न्नं.

Frustrated, ***p. p.*** खण्डितः -ता -तं, प्रतिहतः -ता -तं, व्याहतः -ता -तं, विफलीकृतः -ता -तं, मोघीकृतः -ता -तं, वृथाभूतः -ता -तं, व्यर्थीकृतः -ता -तं, मनोहतः -ता -तं; **'in one's efforts,'** भग्नोद्यमः -मा -मं, खण्डितयत्नः -त्ना -त्नं, व्यर्थयत्नः -त्ना -त्नं, भग्नसङ्कल्पः -ल्पा -ल्पं; **'in one's expectations,'** भग्नाशः -शा -शं, हताशः -शा -शं, खण्डिताशंसः -सा -सं, आशाविभिन्नः -न्ना -न्नं, मोघवाञ्छितः -ता -तं, अनधिगतमनोरथः -था -थं, अकृतार्थः -र्था -र्थं, भृष्टसङ्कल्पः -ल्पा -ल्पं.

Frustration, ***s.*** खण्डनं, भङ्गः, विफलीकरणं, निष्फलीकरणं, मोघीकरणं, व्यर्थीकरणं, वृथाकरणं, व्याघातः.—**(Of expectation)** आशाखण्डनं, आशाभङ्गः.—**(Of effort)** यत्नखण्डनं, यत्नव्याघातः, कर्म्मध्वंसः.

Frustrative, frustratory, ***a.*** व्यर्थकारी -रिणी -रि (न्), विफलकारी **etc.,** मोघकारी **etc.,** वृथाकारी **etc.,** खण्डनकारी **etc.,** घाती -तिनी -ति (न्), भञ्जकः -का -कं, व्याघातजनकः -का -कं.

Frutescent, ***a.*** गुल्मी -ल्मिनी -ल्मि (न्), स्तम्बकारः -री -रं.

Fruticant, ***a.*** अङ्कुरितः -ता -तं, पल्लवितः -ता -तं, पल्लवी -विनी -वि (न्).

Fry, ***s.*** **(Swarm of fish)** मत्स्यसङ्घातः, मत्स्यसङ्घः, क्षुद्रमत्स्यसमूहः, क्षुद्राण्डमत्स्यसङ्घातः, पोताधानं.—**(Spawn)** जलाण्डकः, मीनाण्डं.—**(Any thing fried)** भृष्टान्नं.

To **fry,** ***v. a.*** भज्ज् **(c. 6.** भृज्जति -ते, भ्रष्टुं, भर्ष्टुं), भृज् **(c. 1.** भजते -जितुं), अम्बरीषे पच् **(c. 1.** पचति, पक्तुं).

To **fry,** ***v. n.*** भृज् **in pass.** (भृज्यते), भृष्टः -ष्टा -ष्टं भू, पच् **in pass.** (पच्यते).

Frying, ***s.*** भर्ज्जनं, भृज्जने **or** अम्बरीषे पचनं **or** पाकः.

Frying-pan, ***s.*** अम्बरीषं, भ्राष्ट्रः, ऋजीषं, भृज्जनं, भर्ज्जनयन्त्रं, कठाहः, कन्दुः -दूः ***m.f.n.,*** स्वेदनी, खल्लिका.

Fucated, ***a.*** चित्रितः -ता -तं, मिथ्य रागान्वितः -ता -तं, कपटरागान्वितः **etc.**

To **fuddle,** ***v. a.*** मद् **in caus.** (मदयति, मादयति -यितुं) **or** उन्मद् मद्यदानेन मुह् **in caus.** (मोहयति -यितुं) **or** मूढीकृ.

To **fuddle,** ***v. n.*** मद् **(c. 4.** माद्यति, मदितुं), मत्तीभू, मद्यपानेन मूढीभू.

Fuddled, ***p. p.*** मत्तः -त्ता -त्तं, मद्यपानेन उन्मत्तः -त्ता -त्तं **or** मूढः -ढा -ढं, मन्दोन्मत्तः -त्ता -त्तं, मूढबुद्धिः -द्धिः -द्धि.

Fuddler, ***s.*** पानरतः, पानप्रसक्तः मद्यपानासक्तः, पानशौण्डः.

Fudge, ***s.*** अनर्थकं, आनर्थक्यं, असम्बद्धं, मृषार्थकं.

Fuel, ***s.*** इन्धनं, इध्मं, समित् ***f.*** (ध्), समिन्धनं, एधः ***n.*** (स्), दाह्यकाष्ठं, अरणिः ***m.f.,*** दाह्यं, ज्वलनार्थम् अङ्गारकाष्ठादि.

To **fuel,** ***v. a.*** इन्धनं दा, काष्ठादीनि दाह्यवस्तूनि उपस्था **in caus.** (-स्थापयति -यितुं) **or** अग्नौ क्षिप् **(c. 6.** क्षिपति -क्षेप्तुं).

Fugacious, ***a.*** पलायी -यिनी -यि (न्), प्रपलायी **etc.,** विपलायी **etc.,** पलायनशीलः -ला -लं, पलायमानः -ना -नं, अस्थायी -यिनी -यि (न्).

Fugaciousness, fugacity, ***s.*** पलायनशीलता, अस्थायित्वं, चञ्चलत्वं.

Fugitive, ***a.*** **(Apt to flee away)** प्रपलायी -यिनी -यि (न्), पलायनपरायणः -णा -णं.—**(Unstable, fleeting)** अस्थिरः -रा -रं, अचिरस्थायी -यिनी -यि (न्), चञ्चलः -ला -लं, चपलः -ला -लं, अशाश्वतः -ती -तं, क्षणिकः -की -कं, अनियतः -ता -तं, असुरक्षः -क्षा -क्षं, वाष्पधर्म्मकः -का -कं, तरलः -ला -लं.

Fugitive, ***s.*** पलायी ***m.*** (न्), विपलायी ***m.,*** युद्धत्यागी ***m.*** (न्), सेनात्यागी ***m.*** -त्यक्ता ***m.*** (क्तृ), युद्धपराङ्मुखः.

Fugitiveness, ***s.*** चाञ्चल्यं, चञ्चलता, अस्थैर्य्यं, अस्थिरता, चापल्यं, तरलता, अचिरस्थायित्वं.

Fulcrum, ***s.*** उपस्तम्भः, आधारः, धारणं, अवलम्बनं, आलम्बः, आश्रयः.

To **fulfil,** ***v. a.*** **(Complete)** सम्पॄ **in caus.** (-पूरयति -यितुं), पॄ, समभिपॄ, सम्पूर्णीकृ, सम्पद् **in caus.** (-पादयति -यितुं), निष्पद्, समाप् **in caus.** (-आपयति -यितुं).—**(Accomplish, carry into effect)** साध् **(c. 10.** साधयति -यितुं), संसाध्, निर्वह् **in caus.** (-वाहयति -यितुं), सफलं -लां -लं कृ, सफलीकृ, तीर् **(c. 10.** तीरयति -यितुं); **'to fulfil a promise,'** प्रतिज्ञां शुध् **(c. 10.** शोधयति -यितुं) **or** अपवृज् **(c. 10.** -वर्जयति -यितुं) **or** तॄ **(c. 1.** तरति, तरितुं -तरितुं -रीतुं, तर्तुं); **'is fulfilled,'** सिध्यति.

Fulfilled, ***p. p.*** सम्पूर्णः -र्णा -र्णं, पूर्णीभूतः -ता -तं, सम्पन्नः -न्ना -न्नं, निष्पन्नः -न्ना -न्नं, सिद्धः -द्धा -द्धं, साधितः -ता -तं, कृतार्थीभूतः -ता -तं, निर्वृत्तः -त्ता -त्तं; **'one whose wishes are fulfilled,'** पूर्णकामः -मा -मं, कृतार्थः -र्था -र्थं.

Fulfiller, ***s.*** पूरकः, पूरयिता ***m.*** (तृ), सम्पूरकः, परिपूरकः, सम्पादकः, साधकः.

Fulfilling, ***part.*** पूरयन् -यन्ती -यत् (त), पूरणः -ण -णी -णं, सम्पादकः -का -कं, निष्पादनः -ना -नं, -का -कं; **'fulfiling the desires,'** कामपूरः -रा -रं.

Fulfilment, ***s.*** पूरणं, साधनं, सिद्धिः ***f.,*** संसिद्धिः ***f.,*** समाप्तिः ***f.,*** निष्पत्तिः ***f.,*** सम्पूर्णता, परिपूर्णता; **'of one's wishes,'** इच्छापूरणं, कामसिद्धिः ***f.,*** साध्यसिद्धिः ***f.,*** इच्छासम्पत् ***f.,*** कृतार्थता.

Fulgency, ***s.*** द्युतिः ***f.,*** दीप्तिः ***f.,*** तेजस् ***n.,*** प्रभा, उज्ज्वलता, दीप्तता.

Fulgent, ***a.*** दीप्तिमान् -मती -मत् (त्), द्युतिमान् **etc.,** प्रभावान् **etc.,** द्योती -तिनी -ति (न्), उज्ज्वलः -ला -लं, अतितैजसः -सी -सं.

Fuliginous, ***a.*** कज्जलमयः -यी -यं, धूम्रः -म्रा -म्रं, सधूमः -मा -मं.

Full, ***a.*** **(Replete)** पूर्णः -र्णा -र्णं, सम्पूर्णः -र्णा -र्णं, परिपूर्णः -र्णा -र्णं, पूरितः -ता -तं, आकीर्णः -र्णा -र्णं, सङ्कीर्णः -र्णा -र्णं, सङ्कुलः -ला -लं, व्याप्तः -प्ता -प्तं, आढ्यः -ढ्या -ढ्यं, संवलितः -ता -तं, सम्भृतः -ता -तं, मयः -यी -यं **in comp.; 'a jar full of ghee,'** घृतपूर्णो घटः; **'full of nectar,'** अमृतमयः -यी -मं.—**(Complete, entire)** सकलः -ला -लं, निखिलः -ला -लं, कृत्स्नः -त्स्ना -त्स्नं, समग्रः -ग्रा -ग्रं, अशेषः -षा -षं, अविकलः -ला -लं, अखण्डः -ण्डा -ण्डं, अन्यूनः -ना -नं, सिद्धः -द्धा -द्धं; **'full two years old,'** पूर्णद्विवर्षः -र्षी -र्षं.—**(Mature)** पक्वः -क्वा -क्वं, परिपक्वः -क्वा -क्वं, परिणतः -ता -तं, सम्पन्नः -न्ना -न्नं.—**(As the moon)** पूर्णः -र्णा -र्णं, प्रौढः -ढा -ढं, कठोरः -रा -रं; **'at full length,'** विस्तरेण, सुविस्तरं.

Full, ***s.*** पूर्णता -त्वं, सम्पूर्णता, पूर्त्ति ***f.,*** साकल्यं; **'to the full,'** सर्व्वतस्.

Full, ***adv.*** सर्व्वथा, साकल्येन, अशेषतस्, अशेषेण, कृत्स्नशस्.

To **full,** ***v. a.*** वस्त्रं पेषणयन्त्रेण घनीकृ **or** स्थूलीकृ **or** संहत्य निर्णिज् **(c. 3.** -णेनेक्ति -णेक्तुं) **or** प्रक्षल् **(c. 10.** -क्षालयति -यितुं) **or** सम्मृज् **(c. 2.** -मार्ष्टि -र्ष्टुं).

Full-blown, ***a.*** फुल्लः -ल्ला -ल्लं, उत्फुल्लः -ल्ला -ल्लं, प्रफुल्लः -ल्ला -ल्लं, स्फुटितः -ता -तं, प्रस्फुटः -टा -टं, विकचः -चा -चं, विकसितः -ता -तं.

Full-bodied, ***a.*** स्थूलशरीरः -रा -रं, प्रौढकायः -या -यं, पुष्टाङ्गः -ङ्गी -ङ्गं.

Full-bosomed, ***a.*** पीनस्तनः -ना -नं, स्तनभोगवान् -वती -वत् (त्), पीनकुचकुट्मलः -ला -लं.

Full-bottomed, ***a.*** स्थूलाधोभागः -गा -गं, वृहदधोभागः -गा -गं.

Full-eyed, ***s.*** फुल्लनयनः -ना -नं, फुल्ललोचनः -ना -नं.

Full-fed, ***a.*** पुष्टाङ्गः -ङ्गी -ङ्गं, हृष्टपुष्टः -ष्टा -ष्टं, परितृप्तः -प्ता -प्तं.

Full-grown, ***a.*** प्रवृद्धः -द्धा -द्धं, प्रौढः -ढा -ढं, एधितः -ता -तं, प्ररूढः -ढा -ढं, उद्गतः -ता -तं, गतशैशवः -वा -वं, पूर्णवृद्धिः -द्धिः -द्धि, कठोरः -रा -रं.

Full-growth, ***s.*** प्रवृद्धिः ***f.,*** -द्धता, प्रौढिः ***f.,*** प्रौढता, पूर्णवृद्धिः ***f.***

Full-laden, ***a.*** सुभारवान् -वती -वत् (त्), पूर्णगर्भः -र्भा -र्भं.

Full-moon, ***s.*** पूर्णेन्दुः ***m.,*** सकलेन्दुः ***m.,*** पूर्णिमा, राका, कठोरचन्द्रः, अखण्डकलः; **'day of full moon,'** पौर्णमासी, पूर्णिमा, पौर्णिमा.

Fuller, ***s.*** रजकः, वस्त्रनिर्णेजकः, वस्त्रधावकः, चैलधावः, वस्त्रमार्जकः.

Fuller's-earth, ***s.*** रजकादिभिर् वस्त्रमार्जने प्रयुक्तो मृत्तिकाविशेषः.

Fuller's-thistle, ***s.*** रजकादिभिर् वस्त्रपरिष्करणे प्रयुक्तो बहुतीक्ष्णशूकवान् खुरभेदः.

Fullery, ***s.*** वस्त्रनिर्णेजनस्थानं, वस्त्रधावनगृहं, वस्त्रमार्जनशाला.

Fulling-mill, ***s.*** वस्त्रनिर्णेजने प्रयुक्तं पेषणयन्त्रं, वस्त्रमार्जनयन्त्रं.

Fully, ***adv.*** सर्व्वतस्, सर्व्वशस्, अशेषतस्, अशेषेण, निःशेषेण, निरवशेषं -वतस्, कृत्स्नशस्, सम्यक्, साकल्येन, अखिलेन, अखण्डतस्, सम्पूर्णं, अशून्यं; **'at full length,'** विस्तरेण -रशस्, सुविस्तरं.

Fulminant, ***a.*** स्फूर्ज्जन् -र्ज्जन्ती -र्ज्जत् (त्), स्फूर्ज्जवान् -वती -वत् (त्), वर्ज्जनिर्घोषकारी -रिणी -रि (न्), स्तनितकारी **etc.**

To **fulminate,** ***v. n.*** स्फूर्ज् **(c. 1.** स्फूर्जति -र्जितुं), स्तन् **(c. 1.** स्तनति -नितुं), वज्रनिर्घोषवत् **or** वज्रनिष्पेषवत् शब्दं कृ. —**(Issue threatenings as if with the force of thunder)** वज्रनिर्घोषेण इव भर्त्सनानि उदीर् **(c. 10.** -ईरयति -यितुं).

Fulmination, ***s.*** स्फूर्जनं, मेघनिर्घोषः, वज्रनिर्घोषेण इव आक्रोशनं.

Fulness, ***s.*** पूर्णता -त्वं, सम्पूर्णता, परिपूर्णता -त्वं, पूर्त्तिः ***f.,*** आपूर्त्तिः ***f.,*** आकीर्णता, सङ्कीर्णता, व्याप्तिः ***f.,*** सम्भारः.—**(Satiety)** परिपूर्णता, सौहित्यं.—**(Perfection)** सिद्धिः ***f.,*** संसिद्धिः ***f.,*** प्रौढिः ***f.,*** सम्पन्नता, सम्पद् ***f.***—**(Maturity)** परिणामः, परिणतिः ***f.,*** परिपाकः.—**(Plenty)** बाहुल्यं, प्राचुर्य्यं; **'fulness of consequences,'** फलपाकः.

Fulsome, ***a.*** बीभत्सजनकः -का -कं, विरसः -सा -सं, अरुचिरः -रा -रं, घृणाजनकः -का -कं, कुत्सितः -ता -तं, गर्ह्यः -र्ह्या -र्ह्यं, वैराग्यकृत् ***m.f.n.***

Fulsomely, ***adv.*** विरसं, अरुचिरं, कुत्सितं, यथा बीभत्सः **or** घृणा जायते तथा.

Fulsomeness, ***s.*** विरसता, वैरस्य, कुत्सिततत्वं, गर्ह्यता, अरुचिरता.

To* fumble, *v. a.* and *n. परामृश् (**c. 6.** -मृशति -स्रष्टुं), परिमृश्, अदक्षप्रकारेण कर्म्म कृ **or** विधा (**c. 3.** -दधाति -धातुं), समालभ् (**c. 1.** -लभते -लब्धुं).

Fumbler, *s.* अदक्षप्रकारेण परिमर्शकारी ***m.*** (न्) **or** कर्म्मविधायी ***m.*** (न्).

Fumbling, *s.* अदक्षपरिमर्शः, तमःप्रवेशः, अदक्षप्रकारेण कर्म्मकरणं.

Fumblingly, *adv.* अदक्षपरिमर्शेन, अदक्षं, अपटु, अनाप्तं, अक्षिप्तं.

Fume, *s.* (Smoke, vapour) धूमः -मिका, धूपः -पिका, वाष्पः. —**(Exhalation)** धूमोद्गारः, धूमोद्गतिः ***f.***—**(Rage)** कोपः, क्रोधः, संरम्भः.

***To* fume, *v. n.* (Smoke)** धूम (**nom.** धूमायते -ति), धूप (**nom.** धूपायति -ते), धूमोद्गारं कृ.—**(Be angry)** क्रुध् (**c. 4.** क्रुध्यति, क्रोद्धुं), कप (**c. 4.** कुप्यति, कोपितुं), संरब्धः -ब्धा -ब्धं भू.

To* fume, *v. a. धूम (**nom.** धूमयति -यितुं), धूप (**nom.** धूपायति, धूपयति -यितुं), धूम्र (**nom.** धूम्रयति -यितुं), वास् (**c. 10.** वासयति -यितुं), अनुवास्, अधिवास्.

Fumid, *a.* सधूमः -मा -मं, धूम्रः -म्रा -म्रं, धौमीयः -यी -यं.

To* fumigate, *v. a. धूप (**nom.** धूपायति **or** धूपयति -यितुं), धूम (**nom.** धूमयति -यितुं), वास् (**c. 10.** वासयति -यितुं), अनुवास्, धूमव्याप्तं -प्तां -प्तं कृ.

Fumigated, *p. p.* धूपितः -ता -तं, धूपायितः -ता -तं, अवधूपितः -ता -तं, वासितः -ता -तं, अनुवासितः -ता -तं, धूमव्याप्तः -प्ता -प्तं.

Fumigation, *s.* वासनं, अनुवासनं, अधिवासनं, सधूमीकरणं, धूमव्याप्यकरणं.

Fuming, *part.* धूमायमानः -ना -नं.—**(Angry)** क्रुध्यन -ध्यन्ती -ध्यत् (त्).

Fumingly, *adv.* सक्रोधं, सकोपं, सरोषं, संरम्भात्, संरब्धवत्.

Fumitory, *s.* क्षुद्रपुष्पस्तवकविशिष्ट ओषधिप्रभेदः.

Fumous, fumy *a.* धूममयः -यी -यं, सधूमः -मा -मं, सधूपः -पा -पं.

Fun, *s.* परिहासः -स्यं, परीहासः, खेला, क्रीडा, कौतुकं, क्रीडाकौतुकं, नर्म्म ***n.*** (न्), केलिः ***m.f.***, प्रहसनं, हासिका, उल्लसता, मुदा; **'in fun,'** परिहास्येन.

Funambulist, *s.* रज्जुचारी ***m.*** (न्), रज्जुनर्त्तकः, रज्जुनृत्यकारी ***m.*** (न्), प्लवकः

Function, *s.* (Performance) करणं, निर्वाहः, अनुष्ठानं, आचरणं. —**(Office, employment)** कर्म्म ***n.*** (न्), कार्य्यं, कृत्यं, क्रियाः, व्यापारः, व्यवसायः, व्यवहारः, वृत्तिः ***f.***, प्रवृत्तिः ***f.***, वृत्तं, नियोगः, पदं, अधिकारः.—**(Duty, property)** धर्म्मः, गुणः, व्रतं.—**(Faculty)** इन्द्रियं, कर्म्मेन्द्रियं, शक्तिः ***f.***

Functional, *a.* ऐन्द्रियिकः -की -कं, शक्तिसम्बन्धीयः -या -यं.

Functionary, *s.* नियोगी ***m.*** (न्), अधिकारी ***m.*** (न्), अधिकारवान् ***m.*** (त्), कर्म्मकारी ***m.*** (न्), कर्म्मकरः, कर्म्मनिर्वाहकः.

Fund, *s.* (Stock) सञ्चयः, सञ्चितं, पुञ्जः, समुद्रायः सङ्ग्रहः, सम्भारः, संयोगः, सन्निपातः, सन्नयः, चायः, निचयः, संहारः, समाहारः, समवायः, कोषः, संस्थितिः ***f.***, संस्थानं.—**(Capital)** मूलधन, नाविः -वी ***f.***, परिणतं, परिपणं.—**(Money lent to government and bearing interest)** राजकोषे निक्षिप्तं सवृद्धिकं धनं.

To* fund, *v. a. सञ्चितं कृ, पुञ्जं कृ, मूलधनं सञ्चि (**c. 5.** -चिनोति -चेतुं).

Fund-holder, *s.* राजधनार्थी ***m.*** (न्), राजकोषे सवृद्धिकधननिक्षेप्ता ***m.*** (प्तृ).

Fundament, *s.* गुदं, पायुः ***m.*** मैत्रः, अपानं, अपानद्वारं, मार्गः, मलद्वारं, सीघ्रं, गुह्यं, शकृद्देशः, अधोङ्गं, अधोभागः, अधोदेशः, अधोवशः.

Fundamental, *a.* मौलः -ली -लं, मूलिकः -की -कं, मूली -लिनी -लि (न्), आवश्यकः -की -कं, गुर्वर्थः -र्था -र्थं, प्रधानार्थः -र्था -र्थं, पारमार्थिकः -की -कं, सारः -रा -रं, वास्तवः -वी -वं.

Fundamental, *s.* (Principle) तत्त्वं, मूलतत्त्वं, गुरुतत्त्वं, सारः, मूलं, परमार्थः, प्रधानं, प्रधानतत्त्वं.

Fundamentally, *adv.* मूलतस्, वस्तुतस्, सारतस्, प्रधानतस्, तत्त्वतस्.

Funeral, *s.* अन्त्येष्टिः ***f.***, अन्त्येष्टिक्रिया, प्रेतकर्म्म ***n.*** (न्), प्रेतकार्य्यं, प्रेतकृत्यं, और्द्ध्वदेहिका -कं, और्द्ध्वदेहिकक्रिया अन्त्यकर्म्म ***n.*** (न्), अन्तकर्म्म ***n.*** शवकर्म्म ***n.***, मृतशरीरसत्कर्म्म ***n.*** उत्तरक्रिया, अन्तसत्क्रिया, सत्क्रिया, प्रेतनिर्हारः, शवानुगमनं, श्मशानयापनं, श्मशाने स्थापनकर्म्म ***n.*** (न्), श्राद्धादिकर्म्म, शवदाहादि कर्म्म ***n.***

Funeral, *a.* और्द्ध्वदेहिकः -की -कं, आन्तकर्म्मिकः -की -कं, अन्त्येष्टिसम्बन्धी -न्धिनी -न्धि (न्); **'funeral rite,'** श्राद्धं, प्रेतकर्म्म ***n.*** (न्), अन्त्येष्टिः ***f.***, कटोदकं; **'funeral fire,'** चिताग्निः ***m.***, श्मशानाग्निः ***m.***; **'funeral hymn,'** यमगाथा.

Funeral-pile, *s.* चिता, चितिः ***f.*** -ती, चित्या, श्मशानाग्निः ***m.***

Funereal, *s.* अन्त्येष्टियोग्यः -ग्या -ग्यं, शोकसूचकः -का -कं, विलापी -पिनी -पि (न्), श्माशानिकः -की -कं, निरानन्दः -न्दा -न्दं.

Fungous, *a.* छत्रारूपेण **or** गोमयछत्रवद् रोही -हिणी -हि (न्), छत्राकोपमः -मा -मं, छत्राकसभावः -वा -वं, छत्रकगुणविशिष्टः -ष्टा -ष्टं.

Fungus, *s.* गोमयछत्रं, विड्जछत्रं विड्जं, गोमयजं, छत्रं -त्रा, छत्राकं, छत्रकः, शिलीन्ध्रकं -न्ध्रकं, उच्छिलीन्ध्रं -न्ध्रकं, अतिच्छत्रः -त्रकः, ऊर्व्यङ्गं.

Funicle, ***s.*** रज्जुकः, क्षुद्ररज्जुः ***m.f.,*** क्षुद्रगुणः, सूत्रं, तन्तुः ***m.***

Funk, ***s.*** अतिभयात् कृतो दुर्गन्धः **or** कुत्सितगन्धः **or** पूतिगन्धः, पूतिः ***f.***

To* funk,** ***v. n. अतिभयाद् दुर्गन्धं कृ **or** कुत्सिगन्धं कृ.

Funnel, ***s.*** **(For smoke)** धूमपथः, धूममार्गः, धूमद्वारं.—**(Tube, pipe)** सूच्याकारा नाली, प्रणाली -लिका, नाडिः ***f.*** -डी, सुपिरनालिः ***f.***

Funny, ***a.*** **(Droll)** हास्यः -स्या -स्यं, उपहास्यः -स्या -स्यं, हासकरः -री -रं, रसिकः -का -कं, सरसः -सा -सं, विनोदी -दिनी -दि (न्), कौतुकी -किनी कि (न्), अपरूपः -पा -पं.

Funny, ***s.*** **(Light boat)** लघुनौकाविशेषः.

Fur, ***s.*** लोमः ***n.*** (न्), पशुलोम ***n.*** (न्), रोम ***n.*** (न्), अङ्गरुहं, तनुरुहं, तनजुजं, पश्चादेर् लोमशचर्म्म ***n.*** (न्), लोमवच्चर्म्म ***n.***—**(On the tongue)** कुलुकं, कुल्वकः, जिह्वामलं.

Fur, ***a.*** पशुलोममयः -यी -यं, लोमनिर्म्मितः -ता -तं.

To* fur,** ***v. a. लोमावृतं -तां -तं कृ, वस्त्रं लोमान्वितं **or** लोमोपेतं कृ.

Furbelow, ***s.*** ऊर्म्याकारांशुकमयो वस्त्राञ्चलः **or** वस्त्रसम्बन्धी अलङ्कारः, स्त्रीवस्त्रपरितः स्यूतम् ऊर्म्याकारम् अधिकांशुकं.

To* furbish,** ***v. a. तिज् **(c. 10.** तेजयति -यितुं), निष्टप् **(c. 10.** निष्टापयति -यितुं, **rt.** तप्), मृज् **(c. 2.** मार्ष्टि -र्ष्टुं), कान्तिं दा, धाव् **(c. 10.** धावयति -यितुं), परिष्कृ.

Furbished, ***p. p.*** तेजितः -ता -तं, सुनिष्टप्तः -प्ता -प्तं, मार्जितः -ता -तं, मृष्टः -ष्टा -ष्टं, प्रमृष्टः -ष्टा -ष्टं, निर्धौतः -ता -तं, धौतः -ता -तं, परिष्कृतः -ता -तं.

Furbisher, ***s.*** तेजकः, मार्जनकृत्, सम्मार्जकः, धावकः, निर्णेजकः, कान्तिदायकः.—**(Of weapons)** अस्त्रमार्ज्जः, अभिधावः.

Furbishing, ***s.*** तेजनं, मार्जनं, मार्ष्टिः ***f.,*** धावनं, परिष्कारः.

Furcated, ***a.*** द्व्यग्रः -ग्रा -ग्रं, अग्रद्वयविशिष्टः -ष्टा -ष्टं, वज्रः -ज्रा -ज्रं.

Furious, ***a.*** **(Mad)** उन्मत्तः -त्ता -त्तं, उन्मादः -दा -दं, मदोत्कटः -टा -टं, उन्मादसंरब्धः -ब्धा -ब्धं, मदोदग्रः -ग्रा -ग्रं, मत्तः -त्ता -त्तं, समदः -दा -दं, उत्कटः -टा -टं.—**(Violent)** उग्रः -ग्रा -ग्रं, साहसिकः -की -कं, प्रबलः -ला -लं, महावेगवान् -वती -वत् (त्), उच्चण्डः -ण्डा -ण्डं.—**(With rage)** कोपाकुलः -ला -लं, क्रोधाकुलः -ला -लं, संरब्धः -ब्धा -ब्धं, संरम्भी -म्भिणी -म्भि (न्), रोपणः -णा -णं, रोपवेगाकुलः -ला -लं.

Furiously, ***adv.*** उग्रं, उन्मत्तवत्, संरम्भेण, कोपाकुलवत्, महावेगेन.

Furiousness, ***s.*** उन्मत्तता, उग्रता, संरब्धत्वं, संरम्भः, कोपाकुलत्वं.

To* furl,** ***v. a. नौकावसनं **or** वातवसनं सम्पुटीकृ **or** संवेष्ट् **(c. 10.** वेष्टयति -यितुं), **or** संहृ **(c. 1.** -हरत -हर्त्तुं) **or** संवृ **(c. 1.** -वरति, **c. 5.** वृणोति -वरितुं -रीतुं).

Furled, ***p. p.*** संवृतः -ता -तं, सम्पुटीकृतः -ता -तं, संवेष्टितः -ता -तं.

Furlong, ***s.*** नल्वः, किष्कुचतुःशतं, अर्द्धक्रोशस्य अष्टमभागः.

Furlough, ***s.*** निरूपितकालं यावत् कर्म्मत्यागानुज्ञा **or** कर्म्मविरामानुज्ञा **or** कर्म्मनिवृत्तिः ***f.,*** **or** कर्म्मावकाशः **or** अवकाशः **or** कर्म्मावसरः.

Furmenty, ***s.*** दुग्धेन सह क्वथितं गोधूमधान्यादि भोजनं.

Furnace, ***s.*** उध्मानं, उद्धानं, उद्धारं, चुल्लिः ***f.,*** -ल्ली, अश्मन्तं, अस्मन्तं, अन्तिका, अन्दिका, अधिश्रयणी, अग्निकुण्डं, वह्निकुण्डं, भीरुरन्ध्रः, मुषा; **'a portable furnace,'** अङ्गारधानिका, अङ्गारशकटी, हसन्ती, हसनी.

To* furnish,** ***v. a. **(Supply with all things necessary)** सर्व्वोपकरणैः समायुज् **(c. 10.** -योजयति -यितुं) **or** संयुज् **or** युजृ, सर्व्वसोपकारद्रव्याणि उपक्लृप् **(c. 10.** -कल्पयति -यितुं) **or** परिक्लृप् **or** सम्प्रक्लृप् **or** उपस्था **in caus.** (-स्थापयति -यितुं) **or** उपपद् **in caus.** (-पादयति -यितुं) **or** सम्भृ **(c. 1.** -भरति -भर्त्तुं) **or** पुरस्कृ **or** प्रस्तुतीकृ **or** विधा **(c. 3.** -दधाति -धातुं), द्रव्यसम्भारं कृ, उपकरणसम्भारं कृ; **'furnish a house,'** गृहम् उपस्करादिना समायुज् **or** पीठशयनभाण्डाद्युपेतं कृ; **'furnish with arms,'** अस्त्रैः **or** शस्त्रैः सज्जीकृ, सन्नह् **(c. 4.** -नह्यति -नद्धुं).—**(Equip)** सज्जीकृ, सज्ज् **(c. 1.** सज्जति -ज्जितुं), ससज्जं -ज्जां -ज्जं कृ.

Furnished, ***p. p.*** युक्तः -क्ता -क्तं, संयुक्तः -क्ता -क्तं, समायुक्तः -क्ता -क्तं, समन्वितः -ता -तं, अन्वितः -ता -तं, उपेतः -ता -तं, उपक्लृप्तः -प्ता -प्तं, परिक्लृप्तः -प्ता -प्तं, सम्प्रक्लृप्तः -प्ता -प्तं, संहितः -ता -तं, सम्भृतः -ता -तं.—**(With necessaries)** सोपकारद्रव्ययुक्तः -क्ता -क्तं, सोपकारः -रा -रं, सोपकरणं -णा -णं, सोपस्करः -रा -रं; **'a furnished house,'** उपस्करादियुक्तं गृहं, सोपस्करगृहं.—**(Equipped)** सज्जीकृतः -ता -तं.

Furniture, ***s.*** उपकरणं, उपस्करः, परिच्छदः, पारिणाह्यं, परीभाण्डं, सामग्र्यं -ग्री, सम्भारः, सज्जा; **'household furniture,'** गृहोपस्करः गृहपारिणाह्यं.—**(Appendages)** अनुबन्धाः ***m. pl.***

Furred, ***p. p.*** **or** ***a.*** लोमावृतः -ता -तं, लोमवान् -वती -वत् (त्), लोमान्वितः -ता -तं; **'as the tongue,'** मलवान् -वती -वत् (त्), समलः -ला -लं.

Furrier, ***s.*** पशुलोमविक्रेता ***m.*** (तृ), लोमक्रयविक्रयिकः, लोमव्यवसायी ***m.*** (न्).

Furrow, ***s.*** **(Made by a plough)** सीता, हलिः ***m.,*** लाङ्गलपद्धतिः ***f.,*** हलरेखा, वृहद्धलं, लेखा.—**(Groove)** शुषिरं, रेखा.

—(Wrinkle) रेखा, वदनरेखा, बहुरेखा: *pl.*

To **furrow,** ***v. a.*** सीतां कृ, विलेखनं कृ, लाङ्गलेन पद्धतिं कृ **or** लेखां कृ **or** भूमौ रेखा: कृ, हल् **(c. 1.** हलति -लितुं), भूमिं कृष् **(c. 1.** कर्षति, क्रष्टुं).

Furrowed, ***p. p.*** सीत्य: -त्या -त्यं, रेखाचिह्नित: -ता -तं, रेखान्वित: -ता -तं.

Furry, ***a.*** लोमश: -शा -शं, लोमवान् -वती -वत् (त्), लोममय: -यी -यं.

Further, ***a.*** **(More distant)** दूरतर: -रा -रं, विदूरतर: -रा -रं, दवीयान् -यसी -य: (स्), अधिकदूरस्थ: -स्था -स्थं. —**(Additional)** अधिक: -का -कं, अधिकतर: -रा -रं, अपरन: -रा -रं, पर: -रा -रं. ***See*** **Farther.**

Further, ***adv.*** दूरतरं, विदूरतरं, अधिकदूरे, अग्रे, अग्रतरं, अग्रतस्, पुरतस्, ऊर्द्ध्वं; **'further and further,'** उत्तरोत्तरं, अधिकाधिकं; **'move off a little further,'** स्तोकम् अन्तरं **or** किञ्चिद् अपरतोऽपसर. —**(Moreover)** अपरं, अपरञ्च, अधिकन्तु, किञ्च, अन्यच्च.

To **further,** ***a.*** उपकृ, पुरस्कृ, साहाय्यं कृ, प्रवृत् **(c. 10.** -वर्त्तयति -यितुं), प्रवृध् **(c. 10.** -वर्धयति -यितुं), संवृध्, प्रयुज् **(c. 10.** -योजयति -यितुं), अनुग्रह् **(c. 9.** -गृह्णाति -ग्रहीतुं), उपग्रह्, त्वर् **(c. 10.** त्वरयति -यितुं), उपकारं कृ, पक्षपातं कृ.

Furtherance, ***s.*** उपकार: -रिता, उपकरणं, साहाय्यं, वर्धनं, प्रवर्धनं, वृद्धि: ***f.,*** संवर्धना, उपग्रह:, अनुग्रह:, सङ्ग्रह:, प्रवर्त्तनं, पक्षपात:.

Furthered, ***p. p.*** प्रवर्धित: -ता -तं, संवर्धित: -ता -तं, प्रवर्त्तित: -ता -तं, कृतसाहाय्य: -य्या -य्यं, उपकृत: -ता -तं, कृतोपकार: -रा -रं.

Furtherer, ***s.*** उपकारी ***m.*** (न्), उपकारक:, साहाय्यकर्त्ता ***m.*** (र्त्तृ), प्रवर्धक:, प्रवर्त्तक:, संवर्धनकारी ***m.,*** उत्तरसाधक:, प्रयोजक:.

Fourthermore, ***s.*** अपरञ्च, अपरं, अपरन्तु, परन्तु, अधिकन्तु, अन्यच्च, अपिच, किञ्च.

Furthest, furthermost ***a.*** दूरतम: -मा -मं, विदूरतम: -मा -मं, दविष्ठ: -ष्ठा -ष्ठं, सुदूर: -रा -रं, अत्यन्तदूर: -रा -रं, अतिदूरस्थ: -स्था -स्थं.

Furthest, ***adv.*** दूरतमं, विदूरतमं, सुदूरं, अत्यन्तदूरं, दविष्ठं.

Furtive, ***a.*** चौरहृत: -ता -तं, छलेन हृत: -ता -तं, **or** गृहीत: -ता -तं, चौर्य्येण अपहृत: -ता -तं, मूषित: -ता -तं.

Furtively, ***adv.*** छलेन, निभृतं, सुनिभृतं, रहसि, उपांशु, चौरवत्.

Furuncle, ***s.*** व्रण: -णं, नालीव्रण:, स्फोट: -टक:, विस्फोट:, गण्ड:.

Fury, ***s.*** **(Madness)** उन्माद:, उन्मत्तता, प्रामाद्यं, मदोत्कटत्वं, मदोदग्रता. —**(Rage)** संरम्भ:, संरब्धता, उग्रता -त्वं, कोप:, क्रोध:, औत्कट्यं, चण्डता, उच्चण्डता. —**(Impetuous motion)** अत्यन्तवेग:, महावेग:, आपात:. —**(Goddess of vengeance)** चण्डा -ण्डी, दुर्गा. —**(Furious woman)** चण्डी.

Furze, ***s.*** प्रचुरकण्टक: पीतपुष्प: सदाहरितवर्णी गुल्मभेद:.

Furzy, ***a.*** पूर्व्वोक्तगुल्मावृत: -ता -तं, सकण्टकस्तम्बपूर्ण: -र्णा -र्णं.

Fuscation, ***s.*** तिमिरीकरणं, तिमिरं, कलुषीकरणं, अन्धकारकरणं.

Fuscous, ***a.*** आकृष्ण: -ष्ण -ष्णं, श्याम: -मा -मं, कपिशवर्ण: -र्णा -र्णं.

To **fuse,** ***v. a.*** विली **in caus.** (-लाययति -लापयति -यितुं), विद्रु **in caus.** (-द्रावयति -यितुं), द्रवीकृ, गल् **in caus.** (गालयति -यितुं), गलितीकृ, जलमात्कृ, आर्द्रीकृ, विलीनीकृ.

To **fuse,** ***v. n.*** विली **(c. 4.** -लीयते -लेतुं), प्रविली, प्रली, द्रु **(c. 1.** द्रवति, द्रोतुं), विद्रु, गल् **(c. 1.** गलति -लितुं), विगल्, द्रवीभू, विलीनीभू, जलमाद्भू, क्षर् **(c. 1.** क्षरति -रितुं).

Fused, ***p. p.*** द्रुत: -ता -तं, विद्रुत: -ता -तं, विद्रावित: -ता -तं, विलीन: -ना -नं, लीन: -ना -नं, निलीन: -ना -नं, द्रवीकृत: -ता -तं, द्रवीभूत: -ता -तं, गलित: -ता -तं, गालित: -ता -तं, परिगलित: -ता -तं, तप्त: -प्ता -प्तं.

Fusee, ***s.*** **(Of a watch)** घटीमध्यवर्त्ती सूची यत्परित: शृङ्खलम्, आवेष्टितं तिष्ठति. —**(Small firelock)** क्षुद्रपरिमाणा युद्धनाडी **or** आग्नेयनाडि: ***f.***

Fusibility, ***s.*** द्राव्यत्वं -ता, विद्राव्यता, द्रवत्वं, गलनीयता, विलयनीयता.

Fusible, ***a.*** द्राव्य: -व्या -व्यं, विद्राव्य: -व्या -व्यं विलयनीय: -या -यं, गलनीय: -या -यं, द्रवणीय: -या -यं, सुविलय: -या -यं, क्षरणीय: -या -यं, क्षरभाव: -वा -वं, याप्य: -व्या -व्यं, विलयनशील: -ला -लं.

Fusil, ***s.*** क्षुद्रपरिमाणा लघुयुद्धनाडी **or** आग्नेयनाडि: ***f.***

Fusileer, ***s.*** पूर्व्वोक्तशस्त्रधारी **or** पूर्व्वोक्तशस्त्रभृत् सैन्य: **or** योद्धा ***m.*** (द्धृ).

Fusing, ***part.*** द्रवमाण: -णा -णं, गाली -लिनी -लि (न्).

Fusion, ***s.*** द्राव:, द्रवत्वं, विलयनं, विलय:, विद्राव:, गलनं, गालनं, लय: -यं, गलितत्वं, प्रतीवाप:, द्रवीकरणं, विलीनता.

Fuss, ***s.*** सम्भ्रम:, व्यग्रता, आकुलत्वं, वैक्लव्यं, व्यस्तता, तुमुलं, कोलाहल:.

Fussy, ***a.*** सम्भ्रमशील: -ला -लं, व्यग्रशील: -ला -लं.

Fust, ***s.*** **(Of a column)** स्तम्भदण्ड:, स्तम्भ:, स्थूणास्तम्भ:, स्तम्भयष्टि: ***f.*** —**(Strong smell)** दुर्गन्ध:, कुत्सितगन्ध:, पूतिगन्ध:, उग्रगन्ध:.

Fustain, *s.* **(Cloth)** स्थूलकार्पासं, स्थूलवस्त्रं, स्थूलशाटकः, वराशिः *m.*—**(Inflated style of writing)** गर्व्वितवाग्वृत्तिः *f.,* दर्पवाक्यं, अतिशयोक्तिः *f.*

Fustian, *a.* कार्पासिकः -की -कं, स्थूलकार्पासमयः -यी -यं. —**(Inflated)** अतिगर्व्वितः -ता -तं, आध्मातः -ता -तं.

Fustiness, *s.* पूतिः *f.,* कुत्सितत्वं, पूतिगन्धता, दुर्गन्धः, विरसता, वैरस्यं.

Fusty, *a.* दुर्गन्धः -न्धा -न्धं, पूतिगन्धः -न्धा -न्धं, उग्रगन्धिः -न्धिः -न्धि, कुत्सिगन्धः -न्धा -न्धं, विरसः -सा -सं, पूतः -ता -तं, पर्य्युषितः -ता -तं.

Futile, *a.* लघ्वर्थः -र्था -र्थं, तृणप्रायः -या -यं, निरर्थकः -का -कं, अनर्थकः -का -कं, मोघः -घा -घं, असारः -रा -रं, क्लीवः -वा -वं, मन्दः -न्दा -न्दं.

Futility, *s.* अनर्थकत्वं, लाघवं, मोघता, असारता, क्लीवता, निर्गुणत्वं.

Future, *a.* भावी -विनी -वि (न्), भविष्यन् -ष्यन्ती -ष्यत् (त्), आगामी -मिनी -मि (न्), अनागतः -ता -तं, भाविकः -का -कं, उत्तरकालीनः -ना -नं, कालान्तरीयः -या -यं, शौवस्तिकः -की -कं, श्वस्तनः -नी -नं.—**(Belonging to another world)** पारलौकिकः -की -कं, पारत्रिकः -की -कं, आमुष्मिकः -की -कं, अमुत्रत्यः -त्या -त्यं; **'future event,'** भाविघटना; **'future tense,'** भविष्यत्कालः.

Future, futurity, *s.* भविष्यत्कालः, भाविकालः, उत्तरकालः, आगामिकालः, परकालः, भावि *n.* (न), भविष्यत् *n.,* आयतिः *f.,* आयत्तिः *f.,* उदर्कः; **'knowledge of futurity,'** भविष्यज्ज्ञानं; **'ignorant of the future,'** अश्वस्तनविद् *m.f.n.*

Fuzzball, *s.* रेणुपूरितो गोमयछत्रप्रभेदः, बहुपांशुगर्भं विड्जछत्रं.

Fy, ***exclam.*** धिक्, अपैहि, अपेहि, शान्तं, उम्, अये, अरे, कित्.

G

Gabardine, *s.* स्थूलशाटकः, स्थूलशाटी, ग्राम्यजनभृतं शिथिलोत्तरीयं.

To **gabble,** *v. n.* जल्प् (c. 1. जल्पति -ल्पितुं), उपजल्प्, प्रलप् (c. 1. -लपति -पितुं), अनर्थकवाक्यम् उदीर् (c. 10. -ईरयति -यितुं), अनर्थकशब्दं कृ, वृथाशब्दं कृ.

Gabble, *s.* जल्पः -ल्पना -ल्पितं, प्रजल्पः, प्रलापः, निरर्थकशब्दः, चीत्कारः.

Gabbler, *s.* जल्पकः, जल्पाकः, उपजल्पी *m.* (न्), अनर्थकशब्दकारी *m.* (न्).

Gabel, *s.* शुल्कः -ल्कं, करः, राजग्राह्यभागः, राजदेयो भागः, राजस्वं.

Gabion, *s.* युद्धे शत्रुप्रक्षिप्तगोलनिवारको मृत्तिकागर्भः करण्डविशेषः.

Gable, gable-end, *s.* गृहशृङ्गं, प्रासादशृङ्गं, गृहशिखरं, वडभिः *f.*

Gad, *s.* **(Head of a spear or arrow)** शूलाग्रं, वाणाग्रं. —**(Wedge of steel or iron)** तीक्ष्णायसकीलः, लोहकीलः.

To **gad about,** *v. n.* अट् (c. 1. अटति -टितुं), पर्य्यट्, भ्रम् (c. 1. भ्रमति, c. 4. भ्राम्यति , भ्रमितुं), परिभ्रम्, अट् **in freq.** (अटाट्यते), इतस्ततो विचर् (c. 1. -चरति -रितुं).

Gadder, *s.* अटनकारी *m.* (न्), पर्य्यटनकृत्, भ्रमणकारी *m.,* अवनिचरः.

Gadding about, *s.* अटनं, पर्य्यटनं, भ्रमणं, परिभ्रमणं, व्रज्या, विहरणं.

Gadfly, *s.* दंशः -शी, दंशकः, वनमक्षिका, अरण्यमक्षिका, गोमक्षिका, नीलाङ्गुः *m.,* पांशुरः.

Gaff, *s.* **(Light spear used fishermen)** लघुशूलः, धीवरी. —**(For extending sails)** नौकावसनप्रसारणार्थं यष्टिः *m.f.*

Gaffer, *s.* साधुजनः, आर्य्यकः, आर्य्यमाणवकः, तपस्वी *m.* (न्).

To **gag,** *v. a.* मुखं बन्ध् (c. 9. बध्नाति, बन्धुं) **or** प्रतिबन्ध् **or** रुध् (c. 7. रुणद्धि, रोद्धुं) **or** निरुध् **or** प्रतिरुध् **or** पिधा (c. 3. -दधाति -धातुं).

Gag, *s.* मुखरोधनं, मुखबन्धनी, मुखप्रतिबन्धकं, मुखपिधानं.

Gage, *s.* **(Pledge)** पणः, परिपणनं, प्रतिपाणं, आधिः *m.,* बन्धकः. —**(Challenge)** आह्वानं.—**(Measure)** परिमाणं, परिमाणविधिः *m.,* परिमाणरीतिः *f.,* प्रमाणं, मानं.—**(Instrument for measuring)** मापनयन्त्रं, परिमापनयन्त्रं; **'rain-gage,'** वृष्टिमापनयन्त्रं.

To **gage,** *v. a.* **(Pledge)** पण् (c. 1. पणते -णितुं), पणं कृ, प्रतिज्ञा (c. 9. -जानीति -ज्ञातुं), अङ्गीकृ.—**(Bind by pledge)** पणेन बन्ध् (c. 9. बध्नाति, बन्धुं).—**(Measure).** ***See*** **Guage.**

To **gaggle,** *v. n.* हंसनादं कृ, हंसवत् कूज् (c. 1. कूजति -जितुं).

Gaggling, *s.* हंसनादः, हंसरुतं, हंसकूजनं, कजनं.

Gaiety, *s.* **See Gayety.**

Gaily, *adv.* **(Joyfully)** सहर्षं, सानन्दं, हृष्टमनसा, प्रफुल्लमनसा, प्रसन्नचेतसा, प्रमोदेन.—**(Splendidly)** अतिशोभनं, शोभनं, सशोभं; **'gaily dressed,'** शोभनवेशी -शिनी -शि (न्), उज्ज्वलवेशधारी -रिणी -रि (न्).

Gain, *s.* लाभः, लब्धिः *f.,* प्राप्तिः *f.,* फलं, अर्ज्जनं, उपार्ज्जनं, लभ्यं, लभ्यांशः, प्रतिपत्तिः *f.,* आयः, फलोदयः, अर्थः, उत्पन्नं, पण्यफलत्वं, योगक्षेमः, वृद्धिः *f.,* विवृद्धिः *f.,* प्रयोगः.

To **gain,** *v. a.* **(Obtain, acquire)** अर्ज् (c. 10. अर्जयति -यितुं), उपार्ज्; लभ् (c. 1. लभते, लब्धुं), उपलभ्, आप् (c. 5. आप्नोति, आप्तुं), प्राप्, सम्प्राप्, अवाप्, समाप्; आसद् (c. 10. -सादयति

-यितुं), समासद्, अधिगम् (c. 1. -गच्छति -गन्तुं), गम्, प्रतिपद् (c. 4. -पद्यते -पत्तुं), आपद्, आविश् (c. 6. -विशति -वेष्टुं), समाविश्, अश् (c. 5. अश्नुते, अशितुं), समश्, उपाश्, विद् (c. 6. विन्दति, वेत्तुं, वेदितुं), अभिविद्, प्रतिविद्, इ (c. 2. एति -तुं), स्वीकृ.—**(Gain by conquest)** निर्जि (c. 1. -जयति -जेतुं).—**(Gain over)** अनुरञ्ज् (c. 10. -रञ्जयति -यितुं), प्रसाध् (c. 10. -साधयति -यितुं); **'to one's own party,'** आत्मपक्षीकृ.—**(Gain ground)** वृध् (c. 1. वर्धते -र्धितुं), प्रभू.

To **gain,** ***v. n.*** **(Have advantage)** लाभं कृ, फलं कृ.—**(Grow rich, prosper)** समृद्धीभू, समृध् (c. 5. -ऋध्नोति -अर्धितुं), वृध् (c. 1. वर्धते -र्धितुं).—**(Advance on, encroach)** क्रमे क्रमे प्रसृप् (c. 1. -सर्पति -सप्तुं) **or** प्रगम् (c. 1. -गच्छन्ति -गन्तुं).—**(Prevail against)** अतिरिच् **in pass.** (-रिच्यते), अभिभू, प्रभू, जि (c. 1. जयति, जेतुं).

Gainable, ***a.*** प्राप्यः -प्या -प्यं, लभ्यः -भ्या -भ्यं, आसादनीयः -या -यं.

Gained, ***p. p.*** प्राप्तः -प्ता -प्तं, आप्तः -प्ता -प्तं, अवाप्तः -प्ता -प्तं, लब्धः -ब्धा -ब्धं, अर्ज्जितः -ता -तं, उपार्ज्जितः -ता -तं, मासादितः -ता -तं, समासादितः -ता -तं, अधिगतः -ता -तं, आपन्नः -न्ना -न्नं, उपात्तः -त्ता -त्तं, कलितः -ता -तं; **'gained with difficulty,'** कृच्छ्राप्तः -प्ता -प्तं.

Gainer, ***s.*** अर्जयिता ***m.*** (तृ), अर्जकः, उपार्जकः, प्रापकः, फलप्रापकः, लब्धा (ब्धृ).

Gainful, ***a.*** फली -लिनी -लि (न्), फलदः -दा -दं, सफलः -ला -लं, अर्थकरः -री -रं, अर्थदः -दा -दं, लाभजनकः -का -कं, प्राप्तिजनकः -का -कं.

Gainfully, ***adv.*** सफलं, सलाभं, सार्थं, लाभेन, फलोदयेन.

Gainfulness, ***s.*** सफलता, सलाभता, सार्थत्वं, लाभः, लब्धिः ***f.,*** प्राप्तिः ***f.***

Gainly, ***adv.*** दक्षं, सदाक्ष्यं, युक्त्या, सपाटवं, चतुरं, पर्य्याप्तं.

To **gainsay,** ***v. a.*** विपरीतं वद् (c. 1. वदति -ते -दितुं), विवद्, अपवद्, प्रत्याख्या (c. 1. -ख्याति -तुं), अन्तःख्या, अपलप् (c. 1. -लपति -पितुं), विरुध् (c. 7. -रुणद्धि -रोद्धुं), अधरीकृ, बाध् (c. 1. बाधते -धितुं).

Gainsayed, ***p. p.*** प्रत्याख्यातः -ता -तं, अपह्नुतः -ता -तं, बाधितः -ता -तं.

Gainsayer, ***s.*** विपरीतवादी ***m.*** (न्), प्रत्याख्याता ***m.*** (तृ), अपवादकः, विवादी ***m.*** (न्), प्रतिवादी ***m.*** (न्), विरोधी ***m.*** (न्), विघ्नकारी ***m.*** (न्).

Gairish, ***a.*** अतिशोभनः -ना -नं, एकान्तशोभनः -ना -नं, शोभामात्रसेवी -विनी -वि (न्), अलङ्करिष्णुः -ष्णुः -ष्णु, दाम्भिकः -की -कं, रूपाध्मातः -ता -तं.

Gairishly, ***adv.*** अतिशोभनं, एकान्तशोभापूर्व्वं, रूपाध्मातवत्, सदम्भं, दाम्भिकवत्.

Gairishness, ***s.*** अतिशोभा, एकान्तशोभा, दम्भः, दाम्भिकत्वं, रूपाध्मातत्वं.

Gait, ***s.*** गतिः ***f.,*** गमनं, गतं, चारः, चरणं, चलनं, सरणं, व्रजनं, अयनं; **'graceful in gait,'** सुगः -गा -गं -गामी -मिनी -मि (न्), शुभगः -गा -गं, हंसगामी **etc.,** चारचणः -णा -णं.

Gaiter, ***s.*** स्थूलवस्त्रमयं जङ्घात्राणं **or** जङ्घारक्षणं, जङ्घोत्तरीयं.

Gala, ***s.*** उत्सवः -वदिनं, महोत्सवः पर्व्व ***n.*** (न्), पर्व्वाहः, उद्धर्षः.

Galactophagist, ***s.*** क्षीरपः -पायी ***m.*** (न्), दुग्धयः पयस्यः, क्षीरादः, क्षीराशी ***m.*** (न्).

Galaxy, ***s.*** **(Milky way)** मन्दाकिनी, आकाशगङ्गा, स्वर्गङ्गा, नागवीथी, हरिताली.—**(Assemblage of splendid objects)** शोभनवस्तुमण्डलं, सुप्रभवस्तुसमूहः.

Gale, ***s.*** प्रबलवायुः ***m.,*** प्रचण्डवायुः ***m.,*** अतिवातः, वात्या, वात्यावेगः, चण्डवातः, वाताली, वातरूपः, वातगुल्मः, झञ्झावातः, झञ्झा, पवनः, पवनाघातः, जवानिलः, ध्राजिः ***f.,*** व्राजिः ***f.,*** करीषङ्कषा, फः; **'tossed by gales,'** पवनक्षिप्तः -प्ता -प्तं, पवनवेगक्षिप्तः -प्ता -प्तं.

Galiot, ***s.*** शीघ्रगामी लघुनौकाविशेषः.

Gall, ***s.*** **(Bitter fluid, bile)** पित्तं, तिक्तपित्तं, मायुः ***m.***—**(Rancour)** विषं, विषहृदयत्वं, कालकूटं, दंशः, दुष्टभावः, दुर्बुद्धिः ***f.,*** द्रोहः, द्वेषः, कटुता, तीक्ष्णता, तिग्मता, उग्रत्वं, अरुन्तुदत्वं, कठोरता, क्रोधः.—**(Excrescence on a tree)** वृक्षफेनः -नकः.

Gall-bladder, ***s.*** पित्ताधारः, तिक्तपित्ताधारः, तिक्तपित्ताशयः.

Gall-stone, ***s.*** पित्ताशयजा शर्करा.

To **gall,** ***v. a.*** **(Excoriate by friction)** घर्षणेन चर्म्मक्षतं कृ **or** त्वक्छेदं कृ **or** त्वगुल्लेखनं कृ, चर्म्म घृष् (c. 1. घर्षति -षितुं) **or** कृष् (c. 10. कर्षयति -यितुं).—**(Vex, harass)** तप् (c. 10. तापयति -यितुं), परितप्, सन्तप्, पीड् (c. 10. पीडयति -यितुं), अभिपीड्, आपीड्, क्लिश् (c. 9. क्लिश्नाति, क्लेष्टुं), बाध् (c. 1. बाधते -धितुं), अर्द् (c. 10. अर्दयति -यितुं), समर्द्, मर्म्मपीडां कृ, अरुन्तुदः -दा -दं भू.

To **gall,** ***v. n.*** **(Vex one's self)** आत्मानं तप् (c. 10. तापयति -यितुं), **or** पीड् (c. 10. पीडयति -यितुं) **or** बाध् (c. 1. बाधते -धितुं), परितप **in pass.** (-तप्यते).

Gallant, ***a.*** **(Brave, heroic)** वीरः -रा -रं, प्रवीरः -रा -रं, महावीर्य्यः -र्य्या -र्य्यं, शूरः -रा -रं, पराक्रान्तः -न्ता -न्तं, विक्रान्तः -न्ता -न्तं, विक्रमी -मिणी -मि (न्), साहसिकः

-की -कं, माहात्मिकः -की -कं, उदारचेताः -ता -तः (स्).
—(Courteous, inclined to courtship) सभ्यः -भ्या -भ्यं, सभ्यशीलः -ला -लं, सुशीलः -ला -लं, स्त्र्युपासनशीलः -ला -लं, स्त्र्युपचारशीलः -ला -लं, सुजनः -ना -नं, प्रेमशीलः -ला -लं.

Gallant, *s.* **(Courtly man)** सभ्यजनः, सुजनः.—**(One attentive to ladies)** स्त्र्युपासकः, स्त्र्युपचारः -चारपरः.—**(Lover)** प्रणयी *m.* (न्), कामिजनः, कामी *m.* (न्), कामुकः, नायकः, रमकः.—**(Paramour)** जारः, रमणः, उपपतिः *m.,* पापपतिः *m.,* विटः, चेटकः.

Gallantly, *adv.* **(Bravely)** सवीर्य्यं, महावीर्य्येण, महावीरवत्, शुरवत्, समहाशौर्य्यं, सपराक्रमं, सविक्रमं, उदारवत्, प्रसभं.—**(Like one inclined to courtship)** स्त्र्युपासकवत्, स्त्र्युपचारकवत्, रमणवत्.

Gallantry, *s.* **(Bravery)** वीर्य्यं, महावीर्य्यं, शौर्य्यं, वीरता, शूरता, पौरुषं, विक्रमः, पराक्रमः, धाम *n.* (न्).—**(Nobleness)** उदारता, औदार्य्यं, माहात्म्यं.—**(Courtliness, attention to ladies)** सभ्यता, सुशीलता, सुजनता, स्त्र्युपासनं, स्त्र्युपचारः.

Galled, *p. p.* **(Having the skin torn by friction)** क्षतचर्म्मा -र्म्मा -र्म्म (न्), घर्षितचर्म्मा etc., छिन्नत्वक् *m.f.n.*—**(Harassed)** सन्तापितः -ता -तं, क्लिष्टः -ष्टा -ष्टं, पीडितः -ता -तं, बाधितः -ता -तं.

Galleon, *s.* सुवर्णरुप्यसन्तारणे प्रयुक्ता वृहती विदेशीयनौका.

Gallery, *s.* **(Covered way)** छन्नपथः, छन्नमार्गः.—**(In a building)** हर्म्ये **or** महाभवने इतस्ततो भ्रमणयोग्यः पथः.—**(Elevated floor furnished with seats)** दीर्घासनयुक्तो मञ्चः **or** मञ्चकः.—**(Covered terrace outside a house)** बहिर्द्वारप्रकोष्ठकं, वरण्डः, निष्काशः.

Galley, *s.* **(Long, light boat)** दीर्घपरिमाणा लघुनौका, मद्गुः *m.*—**(Cook-room) of a ship of war)** युद्धनौकायाः पाकस्थानं.

Galley-slave, *s.* आमृत्योर् मद्गुदण्डसञ्चारण नियुक्तो महापातकी *m.* (न्).

Galliard, *a.* हृष्टः -ष्टा -ष्टं, प्रफुल्लः -ल्ला -ल्लं, उल्लसः -सा -सं, रसिकः -का -कं.

Gallicism, *s.* फ्रान्सीयरीत्यनुसारी वाग्व्यापारः.

Galligaskins, *s.* नीचभाषायां स्थूलवस्त्रमयं जङ्घोत्तरीयं **or** जङ्घापरिधानं.

Gallimatia, *s.* असम्बद्धप्रलापः, अनर्थकवाक्यं, वृथाकथा, प्रलपितं.

Gallimaufry, *s.* सन्निपातः, सान्निपातिकं, प्रकीर्णकं, सङ्कीर्णकं.

Gallinaceous, *a.* गृह्यकुक्कुटसम्बन्धी -न्धिनी -न्धि (न्) **or** -वाचकः -का -कं; **'a gallinaceous fowl,'** कुक्कुटः -टी, कृकवाकुः *m.,* ताम्रचूडः, चरणायुधः.

Galling, *s.* घर्षणेन चर्म्मक्षतिः *f.* **or** त्वक्परिक्षतिः *f.,* चर्म्मदारणं, चर्म्मनिर्घर्षणं.

Gallinule, *s.* कालकण्ठः -ण्ठकः, नीलकण्ठः, दात्यूहः, आत्यूहः, नत्यूहः, जलरङ्कुः, पीतमुण्डः, मञ्जुलः, मासज्ञः, डाहुकः, खेगमनः, हुडुक्कः, मादकः.

Gallipot, *s.* भेषजविक्रेतृभिः प्रयुक्तं मृण्मयम् औषधपात्रं, चलुकः, चुलुकः.

Gall-nut, *s.* मसीजलकरणे प्रयुक्तः फलाकारो वृक्षफेनः.

Gallon, *s.* द्रवद्रव्याणां परिमाणविशेषः, अर्द्धप्रस्थः.

Galloon, *s.* स्वर्णरूप्यसूत्रमयम् तान्तवालङ्कारविशेषः.

***To* gallop,** *v. n.* प्लु **(c. 1.** प्लवते, प्लोतुं), वल्ग् **(c. 1.** वल्गति -ल्गितुं), आवल्ग्, धोर् **(c. 1.** धोरति -रितुं), धाव् **(c. 1.** धावति -वितुं), पुलायितं कृ, प्लुतगत्या **or** वल्गितेन चल् **(c. 1.** चलति -लितुं).

Gallop, *s.* वल्गितुं, पुलायितुं, पुला, प्लुतः -तं, प्लवः -वनं, विप्लावः, विक्रान्तिः *f.,* तरङ्गः, धोरणं, धोरितं -तकं, धौरितकं.

Gallopade, *s.* द्रुतनृत्यविशेषो यत्र नर्त्तकाः प्लतुगत्या चलन्ति.

Galloper, *s.* प्लवगः -गतिः *m.,* प्लवकः, वल्गितकारी *m.,* (न्), पुलायितकृत्.

***To* gallow,** *v. a.* त्रस् **in caus.** (त्रासयति -यितुं), भी **in caus.** (भाययति -यितुं).

Galloway, *s.* मध्यमपरिमाणो न वृहन् न क्षुद्रस् तुरङ्गभेदः.

Gallows, *s.* उद्बन्धनकाष्ठं, उद्बन्धनवृक्षः, वधस्थानं, घातस्थानं.

Galoche, galoshe, *s.* काष्ठपादुका, उत्तरपादुका, उपपादुका.

Galvanic, *a.* वक्ष्यमाणवैद्युतशक्तिसम्बन्धी -न्धिनी -न्धि (न्).

Galvanism, *s.* गल्वाणिनाम्ना विदेशीयविदुषा परिकल्पिता विद्युतीयशक्तिः **or** वैद्युतशक्तिः **or** आकर्षकशक्तिः, विद्युद्विद्याङ्गं.

Galvanist, *s.* पूर्व्वोक्तविद्युद्विद्याशाखातत्त्वज्ञः.

***To* galvanize,** *v. a.* पूर्व्वोक्तविद्युतीयशक्त्या आकृष् **(c. 1.** -कर्षति -क्रष्टुं) **or** उपहन् **(c. 2.** -हन्ति -न्तुं).

Galvanized, *p. p.* पूर्व्वोक्तवैद्युतशक्त्युपहतः -ता -तं.

***To* gamble,** *v. a.* **(With dice, etc.)** अक्षैः **or** अक्षान् दिव् **(c. 4.** दीव्यति -ते देवितुं) **or** प्रदिव् **or** प्रतिदिव्, अक्षैः क्रीड् **(c. 1.** क्रीडति -डितुं), अक्षादिक्रीडां कृ, द्यूतक्रीडां कृ, अक्षद्यूतं कृ.

Gambler, *s.* द्यूतकरः -कारः, अक्षद्यूतः, अक्षद्यूः *m.,* अक्षदेवी *m.* (न्), अक्षधूर्त्तः धूर्त्तः, कितवः, द्यूतक्रीडकः, आक्षिकः. ***See* Gamester.**

Gambling, *s.* अक्षद्यूतं, द्यूतं, द्यूतक्रीडा, अक्षादिक्रीडा, देवनं, अक्षवती, द्यूतसेवा, कैतवं, ग्लहः, पणः, दुरोदरं.

Gamboge, *s.* पीतवर्णः पूर्व्वदेशीयवृक्षनिर्यासः.

***To* gamble,** *v. n.* **(Frolic)** क्रीड् **(c. 1.** क्रीडति -डितुं), विक्रीड्,

परिक्रीड्, दिव् (c. 4. दीव्यति -ते, देवितुं), चित्तप्रहर्षाद् इतस्ततः प्लु (c. 1. प्लवते, प्लोतुं) or नृत् (c. 4. नृत्यति, नर्त्तितुं), खेला (nom. खेलायति -यितुं), कुमार (nom. कुमारयति -यितुं).

Gambol, *s.* क्रीडा -डनं, देवनं, खेला, केलिः ***m.f.,*** लीला, नृत्यं, लास्यं.

Gamboling, ***part.*** क्रीडन् -डन्ती -डत् (त्), क्रीडमानः -ना -नं, दीव्यन्, व्यती -व्यत् (त्).

Game, *s.* **(Sport)** क्रीडा, खेला, केलिः ***m.f.,*** लीला, नर्म्म ***n.*** (न्), परीहासः, कूर्द्दनं, विलासः.—**(Game of play)** रासः, रासेरसः.—**(Wild animals)** जाङ्गलं, जङ्गलपक्ष्यादि, वन्यपश्वादिः, आरण्यपशुपक्ष्यादि.—**(The chase)** मृगव्यं, मृगया.—**(Scheme)** सङ्कल्पः, निश्चितं, व्यवसितं, व्यवसायः, कल्पना.

To* game,** ***v. n. क्रीड् (c. 1. क्रीडति -डितुं), दिव् (c. 4. दीव्यति -ते, देवितुं).—**(With dice, etc.)** अक्षैः क्रीड् or दिव् द्यूतक्रीडां कृ.

Game-cock, *s.* चरणायुधः, नखायुधः, युद्धे शिक्षितः कृकवाकुः.

Gamekeeper, *s.* वन्यपक्षिरक्षकः, जाङ्गलपक्षिप्रतिपालकः, वन्यजन्तुपोषकः.

Game-leg, *s.* खञ्जजङ्घा, पङ्गुजङ्घा, गतिविकलः, पादः, पङ्गुपादः.

Gamesome, *a.* क्रीडापरः -रा -रं, क्रीडावान् -वती -वत् (त्), लीलावान् **etc.,** चोलापरः -रा -रं, विलासी -सिनी -सि (न्), केलिकः -का -कं.

Gamesomeness, *s.* क्रीडापरत्वं, खेलापरत्वं, सविलासता, लीलावत्त्वं, उल्लसता.

Gamester, *s.* द्यूतकरः -कारः, द्यूतकृत् ***m.,*** द्यूतसेवी ***m.,*** (न्), द्यूतद्यूतः, अक्षद्यूः ***m.,*** अक्षधूर्त्तः, द्यूतवृत्तिः ***m.,*** द्यूतसेवी ***m.,*** (न्), द्यूतप्रसक्तः, अक्षक्रीडकः, धूर्त्तः, कितवः, अक्षादिसेवी ***m.,*** दुरोदरः, कृष्णकोहलः.

Gaming, *s.* अक्षद्यूतं, द्यूतं -तः, द्यूतकर्म्म ***n.*** (न्), द्यूतक्रीडा, द्यूतसेवा, अक्षादिक्रीडा, अक्षती, देवनं, कैतवं, ग्लहः, पणः, दुरोदरं.

Gaming-House, *s.* द्यूतसभा, द्यूतस्थानं, द्यूतशाला, द्यूतगृहं; **'keeper of one,'** द्यूतसभाधिकारी ***m.*** (न्), द्यूताधिकारी ***m.,*** द्यूतकारः -रकः, द्यूतवृत्तिः ***m.***

Gammon, *s.* **(Dried hog's flesh)** वल्लूरं, शूकरस्य शुष्कमांसं **or** वासितमांसं.—**(Game)** चर्म्मपट्टिकाक्रीडा, शारिक्रीडा.—**(Imposition, hoax)** छलं, वञ्चनं, कपटः, दम्भः.

To* gammon,** ***v. a. शूकरमांसं शुष्कीकृ **or** लवणीकृ, वल्लूरं कृ.—**(Hoax)** प्रलभ् (c. 1. -लभते -लब्धुं), अभिसन्धा (c. 3. -दधाति -धातुं), वञ्च् (c. 10. वञ्चयति -यितुं).

Gamut, *s.* **(Musical scale)** ग्रामः. **The seven musical notes of the Hindū gamut are called** निषादः, ऋषभः, गान्धारः, षडजः, मध्यमः, धैवतः, पञ्चमः.

Gander, *s.* वरटः, हंसः, राजहंसः, कलहंसः, चक्रः, चक्रवाकः, चक्राङ्गः.

Gandharba, *s.* **(A celestial musician. These are demigods who inhabit heaven, and form the orechestra at one banquests of the gods)** गन्धर्व्वः, हाहाः (स्), हुहुः ***m.,*** हुहूः ***m.,*** हहाः ***m.***

Ganesha, *s.* **(Son of Śiva and Pārvatī, the god of wisdom, and remover of difficulties and obstacles, addressed at the commencement of all undertaking, and at the opening of all compositions. He is called 'Ganesha,' as president over the troop of deities attendant on Śiva)** गणेशः, गणनाथः, गणाधिपः, गणनायकः, गणपतिः ***m.,*** गणाग्रणीः ***m.*** गणः, हेमाङ्गः, हेरम्बः, हस्तिमल्लः,—**(As remover of obstacles)** विघ्नेशः, विघ्नराजः, विघ्ननाशकः -शनः, विघ्नविनायकः, विनायकः, विघ्नहारी ***m.*** (न्).—**(Elephant-faced)** गजाननः, गजवदनः, गजास्यः.—**(Elephant-toothed)** गजदन्तः.—**(One-toothed)** एकदन्तः.—**(Big-bellied)** लम्बोदरः.—**(Two-bodied)** द्विदेहः.—**(Having two mothers)** द्वैमातुरः.

Gang, *s.* **(Company of persons)** गणः, जनसमूहः, जनसंसर्गः, जननिवहः, सङ्घः, सङ्गः; **'of thieves,'** चौरगणः.

Gang-board, *s.* नौकारोहणावरोहणार्थं दीर्घकाष्ठफलकं.

Gang-days, *s.* भ्रमणदिवसाः ***m. pl.,*** परिक्रमदिवसाः, पर्य्यटनकालः.

Ganges, *s.* **(The River)** गङ्गा, गङ्गाका, गङ्गिका. **The name Gangā is derived from the root *gam,* 'to go,' *i.e.* 'that which goes or flows on the earth,' whence also the name** भवायना, **'going in the world.' (Daughter of Jahnu. The Ganges in its course from heaven disturbed the devotions of this saint, upon which he drank up its waters, but released them again at the intercession of the sage Bhagīratha. Hence the following names)** जाह्नवी, जह्नुतनया, जह्नुसुता, भागीरथी, **(Crest of Śiva. The Ganges, in its descent from heaven, alighted on the head of Śiva, where it wandered for a time in the tresses of his hair)** हरशेखरा. **(River of heaven)** स्वर्णदी, सुरनदी, सुरनिम्नगा, स्वरापगा, स्वर्गगङ्गा, स्वर्वापी, खापगा, सिद्धापगा.—**(Flowing in heaven, earth, and hell)** त्रिपथगा, त्रिस्रोताः ***f.*** (स्).—**(Flowing from the foot of Vīṣṇu)** विष्णुपदी.—**(Mother of Bhīshma)** भीष्मसूः ***f.***—**(The very auspicious one)** महाभद्रा.

Ganglion, *s.* स्नायुस्फोटः -टकः, शिरास्फोटकः, नाडीविस्फोटः.

Gangrene, *s.* कोथः, पूतिमांसं, विद्रधिः ***m.,*** क्षतं, नालीव्रणः, मांसपाकः, रक्तविद्रधिः ***m.,*** मांसपूतिः, शरीरस्य परभागे स्वस्थे

सति एकभागस्य पूतीभावः.

To* gangerene, *v. n. मांसैकदेशे पूतीभू, पूतमांसीभू, कोथीभू.

Gangrenous, *a.* कोपथवान् -वती -वत् (त्), कोथीयः -या -यं, पूतिमांसवान् **etc.**

Gangway, *s.* नौकायां गमनागमनपथः **or** आरोहणावरोहणपथः.

Gantlet, gantlope *s.* सेनायां दण्डार्हस्य दण्डविशेषः; **'to run the gantlet,'** महापातकिवत् सैन्यानां यष्टिपाणीनां द्विपंक्तिमध्ये धाव् (**c. 1.** धावति -ते -वितुं) यावद् एकैकेन यष्ट्याघातः क्रियते.

Gaol, *s.* कारा, कारागारं, कारावेश्म ***n.*** (न्) बन्धनागारं, बन्धनालयः, बन्धनगृहं, बन्धनस्थानं, गुप्तिः ***f.***

To* gaol, *v. a. कारायां बन्ध् (**c. 9.** बध्नाति, बन्धुं) **or** निरुध् (**c. 7.** -रुणद्धि -रोद्धुं).

Gaol-delivery, *s.* काराशुद्धिः ***f.,*** कारागारशोधनं, बन्धनागारविशोधनं.

Gaoler, *s.* कारागाराध्यक्षः, काररक्षकः, बन्धनपालयरक्षकः.

Gap, *s.* (In a wall) सन्धिः ***m.,*** गृहरन्ध्रं, सुरुङ्गाः, कुड्यच्छेदः. **—(Breach, chasm)** भङ्गः, भेदः, छेदः, रन्ध्रं, छिद्रं, विवरं, विच्छेदः, गर्त्तः, खण्डः -ण्डनं.

To* gape, *v. n. जृम्भ् (**c. 1.** जृम्भते -म्भितुं), विजृम्भ्, प्रजृम्भ्, जभ् **or** जम्भ् (**c. 1.** जभते, जम्भते -म्भितुं), मुखं व्यादा (**c. 3.** -ददाति -दातुं) **or** विस्तॄ **in caus.** (-स्तारयति -यितुं), जृम्भं कृ, ग्लै (**c. 1.** ग्लायति, ग्लातुं).**—(Open in fissures)** स्फुट् (**c. 6.** स्फुटति -टितुं), विदल् (**c. 1.** -दलति -लितुं), विदॄ **in pass.** (-दीर्य्यते).

Gaper, *s.* जृम्भी ***m.*** (न्), जृम्भकः, जृम्भणकारी ***m.*** (न्), मुखव्यादानकारी.

Gaping, gape, *s.* जृम्भः -म्भा -म्भणं, -म्भिका, जृम्भितं, विजृम्भितं, विजृम्भणं, हर्म्म ***n.*** (न्), हाफिका, उपपुष्पिका. **—(Opening the mouth)** मुखव्यादानं, मुखविवृतिः ***f.***

Gaping, *part.* जृम्भः -म्भा -म्भं, जृम्भमाणः -णा -णं, जृम्भी -म्भिणी -म्भि (न्), जृम्भावान् -वती -वत् (त्), जृम्भितः -ता -तं, विजृम्भितः -ता -तं, व्यात्तमुखः -खा -खं, विवृतमुखः -खा -खं.

Gap-toothed, *a.* विरलदन्ती -न्तिनी -न्ति (न्), विच्छिन्नदन्ती **etc.**

Garb, *s.* वेशः, वेषः, वासः ***n.*** (स्), परिधानं, परिच्छदः, अम्बरं, वस्त्रं, वसनं, आच्छादनं, सज्जा, प्रसाधनं.

Garbage, *s.* उच्छिष्टं, उच्छिष्टान्नं, शेषान्नं, पशोर्, अन्त्रादि, मलं.

***To* garble, *v. a.* (Pick out the best parts of a book to serve a purpose)** छलार्थं **or** वञ्चनार्थं ग्रन्थस्य उत्तमवचनानि **or** उत्तमदेशान् उद्धृ (**c. 1.** -हरति -हर्त्तुं) **or** समुद्धृ **or** ग्रन्थचूर्णिं कृ, ग्रन्थं खण्ड् (**c. 10.** खण्डयति -यितुं).**—(Pervert)** साचीकृ, वक्रीकृ, विकृ, विकलीकृ.

Garbled, *p. p.* साचीकृतः -ता -तं, छलेन विकलीकृतः -ता -तं, **or** खण्डितः -ता -तं.

Garboil, *s.* कोलाहलः, तुमुलं, हलहलाशब्दः, हाहाकारः.

Garden, *s.* उद्यानं, आरामः, उपवनं, पुष्पवाटी -टिका, पुष्पवनं, वाटिका, वृक्षवाटिका, कुसुमाकरः, वेलं, तेवनं, पुष्पफलोपचयहेतुर् भूभागः; **'pleasure-garden,'** क्रीडार्था भूमिः, क्रीडावाटिका, क्रीडावनं; **'garden near a house,'** गृहवाटिका, गृहारामः; **'kitchen-garden,'** शाकशाकटं, शाकटशाकिनं, शाकवाटिका.

To* garden, *v. n. उद्यानं कृ, पुष्पफलोत्पत्तियोग्यं भूमिभागं कृष् (**c. 6.** कृषति, क्रष्टुं), उद्यानकर्षणं कृ.

Gardener, *s.* उद्यानपालः -लकः, उद्यानरक्षकः, उद्यानसेवकः, मालिकः, माली ***m.*** (न्).

Gardening, *s.* उद्यानपालः -लकः, उद्यानकर्षणं, उद्यानसेवनं, पुष्पफलोत्पत्तिकर्म्म ***n.*** (न्).

Garden-plot, *s.* पुष्पफलोत्पत्तियोग्यो भूमिभागः, पुष्पस्थलं, स्थलं -ला.

Garden-stuff, *s.* उद्यानजं, उद्यानोद्भिद् ***m.f.n.,*** उद्यानजं शाकादि.

Garden-wall, *s.* उद्यानपरिसरः, वाटिकापरिसरः, उद्यानप्राकारः.

Gargarism, *s.* आचाम्यं, आचमनीयं, कवलः, मुखमार्जनजलं.

To* gargarize, *v. a. आचम् (**c. 1.** -चामति -चमितुं), जलम् उपस्पृश् (**c. 6.** -स्पृशति -स्प्रष्टुं).

Gargle, *s.* आचाम्यं, आचमनीयं, कवलः, मुखधावनार्थं जलादि.

To* gargle, *v. a. जलम् आचम् (**c. 1.** -चामति -चमितुं) **or** उपस्पृश् (**c. 6.** -स्पृशति -स्प्रष्टुं), आचमनं कृ, उपस्पर्शं कृ, जलोपस्पर्शं कृ, जलादिना मुखं मृज् (**c. 2.** मार्ष्टि -र्ष्टुं) **or** धाव् (**c. 10.** धावयति -यितुं).

Gargled, *p. p.* आचान्तः -न्ता -न्तं, उपस्पृष्टः -ष्टा -ष्टं.

Garish, *a. See* Garish.

Garland, *s.* माला, माल्यं, स्रक् ***f.*** (ज्), दाम ***n.*** (न्), हारः, आवलिः -ली ***f.,*** प्रालम्बः -म्बिका; **'of flowers,'** कुसुममाला, पुष्पावली, कुसुमस्तवकः, कुसुमावतंसकं; **'of pearls,'** मुक्तावली, देवच्छन्दः, शतयष्टिकः **'other kinds of garlands,'** गुत्सः, गुत्सार्द्धः, गोस्तनः.

To* garland, *v. a. मालया **or** स्रजा अलङ्कृ, मालायुक्तं -क्तां -क्तं कृ.

Garlanded, *p. p.* माली -लिनी -लि (न्), स्रग्वी -ग्विनी -ग्वि (न्), स्रग्धरः -रा -रं.

Garlic, *s.* लशुनं, रशुनं, लशूनं, लसुनः, रसुनः, रसोनः, -नकः, गृञ्जनः, महौषधं, महाकन्दः, अरिष्टः, सोनहः, उग्रगन्धः, दीर्घपत्रः, ग्रन्थमूलं, श्रीमस्तकः, मुखदूषणः, राहूच्छिष्टः, तरिता.

Garlic-eater, *s.* लशुनाशी ***m.*** (न्), लशुनभोजी ***m.*** (न्),

लशुनादः.

Garlicky, ***a.*** लशुनीयः -या -यं, रशुनीयः -या -यं.

Garment, ***s.*** वस्त्रं, वेशः, वेषः, वासस् ***n.,*** वसनं, परिधानं, परिच्छदः, अम्बरं, आच्छादनं, प्रच्छादनं, प्रसाधनं, संव्यानं, प्रवारः, शर्म्मरः, **'undergarment,'** अन्तरीयं, अन्तर्वासस, अधोवसनं; **'upper,'** उत्तरीयं, प्रावारः.

Garner, ***s.*** कुशूलः, धान्यागारं, अन्नकोष्ठः, कोष्ठः -ष्ठकं, भाण्डागारं, व्रीह्यगारं, कण्डोलः -लकः, काण्डालः, पिटः, कृदरः.

To **garner,** ***v. a.*** कुशूले निविश् **(c. 10.** -वेशयति -यितुं) **or** सञ्चि **(c. 5.** -चिनोति -चेतुं).

Garnered, ***p. p.*** कुशूलभूतः -ता -तं, कोष्ठभूतः -ता -तं, कुशूलीकृतः -ता -तं.

Garnet, ***s.*** रक्तवर्णो मणिविशेषः, पद्मरागविशेषः, सर्पमणिः ***m.f.***

To **garnish,** ***v. a.*** शुभ् **(c. 10.** शोभयति -यितुं), उपशुभ्, भूष् **(c. 10.** भूषयति -यितुं), विभूष्, अलङ्कृ, समलङ्कृ, परिष्कृ, रञ्ज् **(c. 10.** रञ्जयति -यितुं).

Garnish, ***s.*** अलङ्कारः, अलङ्क्रिया, शोभा -भनं, भूषणं, विभूषणं, आभरणं. सज्जा, प्रसाधनं. ***See*** **Garnishment.**

Garnished, ***p. p.*** शोभितः -ता -तं, उपशोभितः -ता -तं, अलङ्कृतः -ता -तं, भूषितः -ता -तं, विभूषितः -ता -तं, परिष्कृतः -ता -तं, प्रसाधितः -ता -तं, कृतशोभः -भा -भं.

Garnishment, garniture, ***s.*** सज्जा, उपकरणानि ***n. pl.,*** शोभार्थम् अनुबन्धाः ***m. pl.***

Garret, ***s.*** उपरिस्थः कोष्ठः, क्षोमः -मं, क्षौमः -मं, अट्टः, अट्टालः, कूटागारं, चन्द्रशाला -लिका, चूला.

Garrison, ***s.*** दुर्गनिवासिनः सैन्याः ***m. pl.,*** दुर्गस्थाः सैन्याः, दुर्गस्थसैन्यं, दुर्गसैन्यं, दुर्गबलं, दुर्गरक्षिणः ***m. pl.,*** दुर्गरक्षकाः ***m. pl.,*** रक्षिणः ***m. pl.,*** रक्षकाः ***m. pl.,*** रक्षिवर्गः.

To **garrison,** ***v. a.*** नगररक्षार्थं दुर्गे सैन्यान् **or** रक्षकान् निविश् **in caus.** (-वेशयति -यितुं), नगररक्षणे सैन्यगुल्मं नियुज् **(c. 7.** युनक्ति -योक्तुं).

Garrisoned, ***p. p.*** रक्षकयुक्तः -क्ता -क्तं, रक्षार्थं सैन्ययुक्तः -क्ता -क्तं.

Garrulity, ***s.*** वावदूकता, वाचालता, बहुवादित्वं, बहुभाषिता, अतिशयोक्तिः ***f.*** जल्पकता, जल्पाकत्वं, वाग्मित्वं, अतिभाषणं, अत्यालापः अतिवादः.

Garrulous, ***a.*** वावदूकः -का -कं, वाचालः -ला -लं, बहुभाषी -षिणी -षि (न्), बहुवादी -दिनी -दि (न), जल्पकः -का -कं, जल्पाकः -का -कं, वाग्मी -ग्मिनी -ग्मि (न्), गदयित्नुः -त्नुः -त्नु, मुखरः -रा -रं, वक्ता -क्त्री -क्तृ (क्तृ).

Garter, ***s.*** जङ्घाबन्धनी, पादबन्धनी, जङ्घाबन्धः, जङ्घावस्त्ररक्षणी.

Garuḍa, ***s.*** **(The bird on which the god Viṣṇu is carried, represented as being something between a man and a bird, and considered as the lord of the feathered tribe. He is the son of Kaśyapa by Vinatā, and younger brother of Aruṇa)** गरुडः, गरुत्मान् ***m.*** (-त्मत्), तार्क्ष्यः, खगेश्वरः, सुपर्णः, विष्णुरथः, वैनतेयः, विनतासूनुः ***m.,*** नागान्तकः, पन्नगाशनः, भुजगदारणः, सिताननः, दक्षाय्यः. **The son of Garuḍa is called** सम्पातिः-तिकः.

Gas, ***s.*** वायु ***m.,*** वाष्पः, वातः, धूमः, धूमिका, अङ्गारजो वायुः ***m.***

Gash, ***s.*** दीर्घछेदः, गम्भीरछेदः, दीर्घक्षतं, गम्भीरक्षतं, दीर्घगम्भीरम् त्वग्भेदः **or** त्वक्छेदः.

To **gash,** ***v. a.*** दीर्घछेदं कृ, गम्भीरछेदं कृ, दीर्घगम्भीरं त्वग्भेदं कृ.

Gasometer, ***s.*** वायुमापनयन्त्रं, अङ्गारजवायुनिर्म्माणस्थानं.

To **gash,** ***v. n.*** मुखं व्यादाय कृच्छ्रेण श्वासप्रश्वासं कृ, कृच्छ्रेण श्वस् **(c. 2.** श्वसिति -तुं) **or** प्राण् **(c. 2.** प्राणिति -तुं), दुःश्वासं कृ, प्राणकृच्छ्रोपहतः -ता -तं भू.

Gasp, ***s.*** दुःश्वासः, श्वासः, श्वसितं, दुःश्वसितः -उच्छ्वासः, उच्छ्वसितं, प्राणः.

Gasping, ***part.*** उच्छ्वसन् -सन्ती -सती -सत् (त्), कृच्छ्रेण श्वसन् **etc.,** उच्छ्वसितः -ता -तं, काशश्वासः -सा -सं, दुःश्वासी -सिनी -सि (न्), श्वासकृच्छ्रोपहतः -ता -तं, यष्टिप्राणः -णा -णं.

Gastric, ***a.*** जाठरः -री -रं, औदरिकः -की -कं, उदरीयः -या -यं, जठरीयः -या -यं; **'gastric juice,'** कोष्ठाग्निः ***m.,*** अग्निः.

Gastronome, ***s.*** उदरपरायणः, उदरसेवी ***m.*** (न्), कुक्षिम्भरिः ***m.,*** सर्व्वान्नरसज्ञः.

Gastronomy, ***s.*** सर्व्वान्नरसविद्या, परमान्नरसविद्या, उदरसेवा.

Gastrotomy, ***s.*** उदरछेदः -दनं, जठरछेदः -दनं.

Gate, ***s.*** द्वारं, द्वाः ***f.*** (र), प्रतीहारः, प्रतिहारः, अररः -री -रं, गृहमुखं, द्वारकण्टकः; **'back-gate,'** पक्षद्वारं; **'private-gate,'** अन्तर्द्वारं, प्रच्छन्नद्वारं; **'city-gate,'** पुरुद्वारं, नगरद्वारं, गोपुरं; **'raised place over it,'** हस्तनखः; **'outer-gate,'** बर्हिर्द्वारं.

Gate-post, ***s.*** द्वारस्तम्भः, द्वारस्थूणा, द्वारदारुः ***m.;*** **'its ornament,'** तोरणः.

Gate-way, ***s.*** द्वारवर्त्म ***n.*** (न्), द्वारपथः, निःसरणं.

To **gather,** ***v. a.*** **(Collect)** चि **(c. 5.** चिनोति, चेतुं), अवचि, समाचि, सञ्चि, आचि, प्रचि, समानी **(c. 1.** -नयति -नेतुं), समुपानी, समादा **(c. 3.** -ददाति -दातुं), समाहृ **(c. 1.** -हरति -हर्त्तुं), उपसंहृ, समूह् **(c. 1.** ऊहते -हितुं), सङ्ग्रह् **(c. 9.** -गृह्णाति -ग्रहीतुं), ग्रह् सम्भृ **(c. 1.** -भरति, **c. 3.** -बिभर्त्ति -भर्त्तुं), संवृ **(c. 5.** -वृणोति, **c. 1.** -रति -रितुं), एकीकृ, एकत्र कृ.—**(Gather flowers, etc.)** पुष्पाणि चि **or** अवचि **or** लू **(c. 9.** लुनाति, लवितुं)—**(Select)** उद्धृ, समुद्धृ, वृ,

Gather 447 Gaze

उद्वृ.—(Deduce, infer) अनुमा (c. 2. -माति -तुं, c. 3. -मिमीते), ऊह् (c. 1. ऊहते -हितुं) अपोह्, अवगम् (c. 1. -गच्छति -गन्तुं).

To* gather, *v. n. **(Congregate)** सङ्गम् **(c. 1.** -गच्छति -गन्तुं), समागम्, समे (सम् **and** आ **with rt.** इ, समैति -तुं), एकत्र मिल् (c. 6. मिलति, मेलितुं), सम्मिल्, एकत्र आगम्. —**(Increase)** वृध् (c. 1. वर्धते -र्धितुं), उपचि **in pass.** (-चीयते).—**(Form matter)** पूय् (c. 1. पूयते -यितुं), पूयं बन्ध् (c. 9. बध्नाति, बन्धुं), पूयपूर्णः -र्णा -र्णं भू.

Gather, *s.* **(Fold)** वस्त्रपुटः, ऊर्म्मिः ***m.f.***, ऊर्म्मिका, व्यावर्त्तनं, चूर्णः.

Gathered, *p. p.* चितः -ता -तं, सञ्चितः -ता -तं, अवचितः -ता -तं, उपचितः -ता -तं, समूढः -ढा -ढं, सङ्गृहीतः -ता -तं, लूनः -ना -नं.

Gatherer, *s.* अवचायी ***m.*** (न्), सञ्चयी ***m.*** (न्), सङ्ग्रहीता ***m.*** (तृ), सङ्ग्राहकः; **'gatherer of taxes,'** करग्रहः, शुल्कग्राही ***m.*** (न्); **'of flowers,'** पुष्पावचायी ***m.***

Gathering, *s.* **(Act of collecting)** चयनं, सञ्चयनं, चायः, अवचयः, अवचायः, लावः, सङ्ग्रहः -हणं, एकत्रकरणं; **'of flowers,'** पुष्पचयः, कुसुमावचः, पुष्पप्रचायः.—**(Crowd, assembly)** समूहः, सङ्घः, सञ्चयः, सङ्घातः, समागमः, समवायः, समाहारः, सन्नयः; **'of people,'** जनसमूहः, जननिवहः, लोकसङ्घः.—**(Abscess)** विद्रधिः ***m.***, पूयसम्पूर्णः स्फोटः.—**(Gathering of clouds)** घनचयः, घनौघः, घनजालं, घनघनौघः.

Gaudery, *s.* अलङ्कारः, चित्रविचित्राभरणानि ***n. pl.***, शोभाकरद्रव्याणि ***n. pl.***

Gaudily, *adv.* सचित्रालङ्कारं, शोभाकरणार्थं, एकान्तशोभनं, चित्रविचित्रं; **'gaudily dressed,'** उज्ज्वलवेशधारी -रिणी -रि (न्).

Gaudiness, *s.* रक्तता, सरागत्वं, रागः, रङ्गः, चित्रता, चित्रविचित्रता, शोभा, एकान्तशोभा, अतिशोभा, वर्णः, नानावर्णत्वं, कर्वुरता, वाह्यदृष्टिः ***f.***

Gaudy, *a.* बहुवर्णः -र्णा -र्णं, नानावर्णः -र्णा -र्णं, चित्रः -त्रा -त्रं, चित्रविचित्रः -त्रा -त्रं, अतिशोभनः -ना -नं, एकान्तशोभनः -ना -नं, रक्तः -क्ता -क्तं, अतिरागी -गिणी -गि (न्), चित्रालङ्कारवान् -वती -वत् (त्), उज्ज्वलः -ला -लं.

Gaudy, *s.* **(A feast)** उत्सवः, उत्सवदिनं, पर्व्वाहः, उद्धर्षः.

To* gauge, *v. a. प्रमाणदण्डेन भाण्डभरकं मा **(c. 2.** माति -तुं, **(c. 10.** मापयति -यितुं).

Gauge, *s.* **(Measure)** परिमाणं, प्रमाणं, मानं, परिमाणविधिः ***m.***, परिमाणरीतिः ***f.***—**(Instrument for measuring)** मापनयन्त्रं, परिमापनदण्डः, प्रमाणदण्डः, भाण्डपूरकमापनार्थं यष्टिः ***m.*** ***See*** **Gage.**

Gauger, *s.* प्रमाणदण्डद्वारेण भाण्डभरकमापकः, परिमाणकर्त्ता ***m.*** (र्त्तृ).

Gauging, *s.* प्रमाणदण्डेन भाण्डभरकमापनं **or** भाण्डपूरकपरिमापणं.

Gaunt, *a.* कृशः -शा -शं, परिकृशः -शा -शं, कृशाङ्गः -ङ्गी -ङ्गं, क्षीणशरीरः -रा -रं, क्षीणमांसः -सा -सं, क्षामः -मा -मं, शुष्काङ्गः **etc.**, क्षुत्क्षामः **etc.**

Gauntlet, *s.* लोहनिर्म्मितं हस्ताच्छादनं **or** हस्तत्राणं; **'to throw the gauntlet,'** पूर्व्वोक्तहस्ताच्छदनं भूमौ प्रक्षिप्य युद्धार्थम् आह्वे **(c. 1.** -ह्वयति -ह्वातुं).

Gaur, *s.* **(The country)** गौडः; **'its inhabitants,'** गौडाः ***m. pl.***

Gauze, *s.* विरलतन्तुः स्वच्छवस्त्रविशेषः, विरलांशुकं, सूक्ष्मांशुकं.

Gavot, *s.* गवोत्संज्ञको लघुनृत्यविशेषः.

Gawk, *s.* मूर्खः, मूढः, स्थूलबुद्धिः ***m.***, स्थूलधीः ***m.***, जडधीः ***m.***

Gawky, *a.* स्थूलः -ला -लं, स्थूलशरीरः -रा -रं, दीर्घस्थूलः -ला -लं, दीर्घदेहः -हा -हं, अदक्षः -क्षा -क्षं, विरूपः -पी -पं.

Gay, *a.* **(Merry)** उल्लसः -सा -सं, -सितः -ता -तं, आनन्दी -न्दिनी -न्दि (न्), हृष्टः -ष्टा -ष्टं, प्रहृष्टः -ष्टा -ष्टं, हृष्टहृदयः -या -यं, प्रफुल्लः -ल्ला -ल्लं, उल्लासितः -ता -तं, समुल्लसितः -ता -तं, विलासी -सिनी -सि (न्), केलिकः -का -कं, मुदितः -ता -तं, प्रमोदी -दिनी -दि (न्), ललितः -ता -तं, परिहासशीलः -ला -लं, हासी -सिनी -सि (न्). —**(Showy)** नानावर्णः -र्णा -र्णं, बहुवर्णः -र्णा -र्णं, चित्रविचित्रः -त्रा -त्रं, अतिशोभनः -ना -नं.

Gayety, *s.* उल्लसता, उल्लासः, आनन्दः, आह्लादः, सानन्दता, हर्षः, प्रहर्षः, प्रफुल्लता, मुदा, प्रमोदः, चित्तप्रसन्नता, प्रहसनं.—**(Merry making)** उत्सवः, महोत्सवः, उत्सवकरणं.

Gayly, *adv.* सानन्दं, सहर्षं, प्रमोदेन, उल्लासेन, प्रहृष्टवत्. —**(Showily)** सबहुवर्णं, चित्रविचित्रं, अतिशोभनं; **'gayly dressed,'** उज्ज्वलवेशधारी -रिणी -रि (न्).

To* gaze, *v. a.* and *n. ईक्ष् **(c. 1.** ईक्षते -क्षितुं), प्रेक्ष्, निरीक्ष्, वीक्ष्, अभिवीक्ष्, समीक्ष्, आलीक् **(c. 10.** -लोकयति -यितुं, **c. 1.** -लोकते -कितुं), बद्धदृष्ट्या **or** स्थिरदृष्ट्या **or** अनिमिषनयनाभ्यां निरीक्ष् **or** दृश् **(c. 1.** पश्यति, द्रष्टुं), स्थिरदृष्टिं कृ, दृष्टिं **or** लक्षं बन्ध् **(c. 9.** बध्नाति, बन्धुं).

Gaze, *s.* स्थिरदृष्टिः ***f.***, बद्धदृष्टिः ***f.***, अनिमिषदृष्टिः ***f.***, दृष्टिः ***f.***, आलोकनं, ईक्षणं, निरीक्षा, वीक्षणं, वीक्षितं, प्रेक्षणं, प्रेक्षितं, दर्शनं, लक्षः -क्षणं; **'with fixed gaze,'** बद्धदृष्टिः -ष्टिः -ष्टि, अनिमिषनयनः -ना -नं.

Gazehound, ***s.*** दृष्टिमात्रेण शशकाद्यनुसरणशीलो मृगव्यकुक्कुरः.

Gazelle, ***s.*** तनुशरीरो हरिणभेदः, मृगः -गी; **'gazelle-eyed,'** मृगीदृक् ***m.f.n.*** (श्).

Gazette, ***s.*** वाचिकपत्रं, समाचारपत्रं, संवादपत्रं, सन्देशपत्रं.

To **gazette,** ***v. a.*** वाचिकपत्रेण प्रकाश् (**c. 10.** -काशयति -यितुं).

Gazetteer, ***s.*** अमुकदेशे यत्किञ्चिद् नगरग्राममार्गादि विद्यते तदाकारनामादिवाचकं पुस्तकं.

Gazing, ***part.*** स्थिरदृष्ट्या प्रेक्षमाणः -णा -णं **or** आलोकयन् -यन्ती -यत् (त्); **'gazing up to heaven,'** नभोदृष्टिः -ष्टिः -ष्टि: **'in various directions,'** इतस्ततो दत्तदृष्टिः.

Gazing-stock, ***s.*** तिरस्कारविषयः, अवहासभूमिः ***f.,*** परिभवास्पदं, कौतुकं.

Gear, ***s.*** उपकरणं, सामग्री -ग्र्यं, सज्जा, परिच्छदः, पारिणाह्यं, आभरणं, प्रसाधनं, प्रतिकर्म्म ***n.*** (न्); **'plough-gear,'** हलोपकरणं.

Geese, ***s. pl.*** हंसाः ***m. pl. See*** **Goose.**

Gelatin, ***s.*** क्वथितमांसनिर्म्मितं घनीभूतं **or** श्यानीभूतं स्वच्छद्रव्यं.

Gelatinous, ***a.*** पूर्व्वोक्तश्यानद्रव्यगुणविशिष्टः -ष्टा -ष्टं, श्यानः -ना -नं, शीनः -ना -नं, सान्द्रः -न्द्रा -न्द्रं, संलग्नशीलः -ला -लं, अवलेह्यः -ह्या -ह्यं.

To **geld,** ***v. a.*** बृषणाव् उत्कृत् (**c. 6.** -कृन्तति -कर्त्तितुं) **or** छिद् (**c. 7.** छिनत्ति, छेत्तुं), वृषणद्वयम् उत्पट् (**c. 10.** -पाटयति -यितुं).

Gelded, ***p. p.*** छिन्नवृषणः -णा -णं, छिन्नमुष्कः -ष्का -ष्कं, मुष्कशून्यः -न्या -न्यं.

Gelding, ***s.*** **(Horse)** अवृषणोऽश्वः, छिन्नवृषणो वाजी ***m.*** (न्).

Gelid, ***a.*** अतिशीतलः -ला -लं, अत्यन्तशिशिरः -रा -रं; हिमः -मा -मं.

Gelidity, gelidness, ***s.*** अतिशीतलता, अतिशैत्यं, शीतता, शिशिरत्वं.

Gelly, ***s.*** क्वथितमांसनिर्म्मितो घनीभूतः **or** श्यानीभूतः स्वच्छरसः.

Gem, ***s.*** **(Precious stone)** मणिः ***m. f.*** -णी, रत्नं, चारुशिला, प्रस्तरः, मणिरत्नं; **'necklace of gems,'** मणिमाला, मणिसरः, रत्नावलिः ***f.*** ; **'its central gem,'** तरलः; **'mine of gems,'** रत्नाकरः.—**(Bud)** मुकुलं, जालकं, पल्लवः -वं, कुट्मलं.

To **gem,** ***v. a.*** मणिभिः **or** रत्नैर् अलङ्कृ **or** भूष् (**c. 10.** भूषयति -यितुं).

To **gem,** ***v. n.*** **(Bud)** फुल्ल् (**c. 1.** फुल्लति -ल्लितुं), अङ्कुर (**nom.** अङ्कुरयति -यितुं).

To **geminate,** ***v. a.*** द्विगुणीकृ, द्विगुण (**nom.** द्विगुणयति -यितुं), द्वैधीकृ, द्विकं -कां -कं कृ.

Gemination, ***s.*** द्विगुणीकरणं, द्वैगुण्यं, द्विरावृत्तिः ***f.,*** पुनरुक्तिः ***f.***

Gemini, ***s. pl.*** **(Twins)** यमौ ***m. du.,*** यमजौ **m. du.**—**(Constellation)** द्वन्द्वः, मिथुनः, जित्तमः.

Geminous, ***a.*** द्विगुणः -ण -णं, द्विकः -का -कं, द्वैधः -धी -धं, द्विविधः -धा -धं, यमः -मा -मं, यमकः -का -कं.

Geminy, ***s.*** मिथुनं, द्वन्द्वं, यमकं, यमलं, युगं, युग्मं, युगलं, द्वयं.

Gemmate, ***a.*** मुकुलितः -ता -तं, फुल्लवान् -वती -वत् (त्), पल्लवितः -ता -तं.

Gemmed, ***p. p.*** रत्नवान् -वती -वत् (त्), मणिमान् -मती -मत् (त्), रत्नमयः -यी -यं, रत्नानुविद्धः -द्धा -द्धं, रत्नालङ्कृतः -ता -तं, मणिभूषितः -ता -तं.

Gemmy, ***a.*** मणिशः -शा -शं, रत्नद्योती -तिनी -ति (न्), मणिमयः -यी -यं.

Gender, ***s.*** लिङ्गं, प्रकृतिः ***f.;*** **'masculine gender,'** पुंलिङ्गं, पुरुषः; **'feminine gender,'** स्त्रीलिङ्गं; **'a noun of invariable gender,'** अजहल्लिङ्गः

To **gender,** ***v. a.*** जन् **in caus.** (जनयति -यितुं), सञ्जन्, प्रसू **or** प्रसु (**c. 2.** -सूते, **c. 4.** -सूयते -सोतुं), उत्पद् **in caus.** (-पादयति -यितुं).

To **gender,** ***v. n.*** स्त्रीपुरुषवत् सङ्गम् (**c. 1.** -गच्छति -गन्तुं) **or** मैथुनं कृ.

Genealogical, ***a.*** वंशावलीविषयः -या -यं, वंशान्वयविषयकः -का -कं, वंशक्रमसम्बन्धी -न्धिनी -न्धि (न्).

Genealogist, ***s.*** अन्वयज्ञः -वंशावलिज्ञः घटकः, कुलाचार्य्यः, वंशावलिरचकः, वंशपरम्पराज्ञः.

Genealogy, ***s.*** वंशावली -लिः ***f.,*** आवलिः ***f.,*** वंशान्वयः, अन्वयः, वंशश्रेणी, वंशक्रमः, वंशपरम्परा, वंशानुचरितं, वंशविततिः ***f.,*** वंशविवरणं; **'of kings,'** राजावलिः ***f.,*** नृपावलिः, पार्थिवावलिः.

General, ***a.*** **(Common to many, or all)** साधारण -णा -णी -णं, सामान्यः -न्या -न्यं, सर्व्वसामान्यः -न्या -न्यं, बहुसामान्यः -न्या -न्यं, सर्व्वसाधारणः -णी -णं, सर्व्वः -र्व्वा -र्व्वं, सार्व्वः -र्व्वी -र्व्वं, सार्व्वत्रिकः -की -कं, सर्व्वीयः -या -यं, सर्व्वजनीयः -या -यं, सार्व्वजनिकः -की -कं, सर्व्वजनीनः -ना -नं, विश्वजनीनः -ना -नं, विश्वजनीयः -या -यं, विश्वजन्यः -न्या -न्यं, सार्व्वलौकिकः -की -कं, लौकिकः -की -कं, व्यापकः -का -कं, सर्व्वव्यापकः -का -कं, सर्व्वमयः -यी -यं, औत्सर्गिकः -की -कं.—**(Not particular)** अविशेषकः -का -कं, अवच्छेदावच्छेदकः -का -कं.—**(Usual)** प्रायिकः -की -कं, लोकसिद्धः -द्धा -द्धं, आचारिकः -की -कं, सर्व्वत्र प्रचलः -ला -लं **or** प्रचलितः -ता -तं; **'general practice,'** जनरीतिः ***f.,*** लोकव्यवहारः; **'general order,'** सामान्यशासनं; **'general opinion,'** बहुमतं; **'general collection,'** सर्व्वसङ्ग्रहः; **'general reader,'** चुम्बकः, प्रघटाविद् ***m.;*** **'in general,'** प्रायेण, प्रायशस्, बहुशस्. ***See*** **Generally.**

General, ***s.*** **(Of an army)** सेनापतिः ***m.,*** वाहिनीपतिः ***m.,*** सेनानीः ***m.,*** सेनाधिपः, सेनाग्रगः, चमूपतिः ***m.,*** योधमुख्यः, सेनाध्यक्षः, सैन्याध्यक्षः, बलाध्यक्षः, दण्डनायकः, महासेनः; **'skilful general,'** सांयुगीनः.—**(Total, whole)** साकल्यं, सामान्यं, साधारण्यं, समुदायः.

Generalissimo, ***s.*** प्रधानसेनापतिः ***m.,*** अग्रसेनानीः ***m.,*** प्रधानसैन्याध्यक्षः.

Generality, ***s.*** **(State of being general)** सामान्यं -न्यत्वं, साधारण्यं, साधारणत्वं.—**(Greatest part)** प्रधानभागः, अधिकभागः, बहुतरभागः, प्रधानांशः.

Generalization, ***s.*** अवच्छेदावच्छेदः, व्यापकत्वं, जातिनिर्देशः, बहुसामान्यकरणं, गणीकरणं.

To **generalize,** ***v. a.*** अवच्छेदावच्छेदं कृ, बहुव्यापकं -कां -कं कृ, बहुसामान्यं -न्यां -न्यं कृ, गणीकृ, जातिनिर्देशं कृ.

Generally, ***adv.*** प्रायस्, प्रायशस्, प्रायेण, भूयस्, बहुशस्, बाहुल्येन, भूयिष्ठं, बहुतरं, साधारण्येन, सामान्यतस्, साकल्येन.

Generalness, ***s.*** साधारणत्वं, सामान्यत्वं, व्यापकत्वं, बाहुल्यं, प्रसिद्धत्वं.

Generalship, ***s.*** सैनापत्यं, सेनापतित्वं.—**(Skill in tactics)** व्यूहपाण्डित्यं, रणपाण्डित्यं, सेनाव्यूहनैपुण्यं, बलविन्यासकौशल्यं, सेनानयप्रवीणता.

Generalty, ***s.*** साकल्यं, समस्तत्वं, सामान्यं, कार्त्स्न्यं, आखिल्यं, समुदायः.

To **generate,** ***v. a.*** जन् **in caus.** (जनयति -यितुं), सञ्जन्, प्रसू or प्रसु **(c. 1.** -सवति, **c. 2.** -सूते, **c. 4.** -सूयते, -सोतुं), सू, उत्पद् **in caus.** (-पादयति -यितुं).

Generated, ***p. p.*** जातः -ता -तं, जनितः -ता -तं, उपजातः -ता -तं, सञ्जातः -ता -तं, उत्पादितः -ता -तं, समुत्पादितः -ता -तं, प्रसूतः -ता -तं, प्ररूढः -ढा -ढं, कृतजन्मा -न्मा -न्म (न्), उद्भवः -वा -वं, प्रभवः -वा -वं; **'generated in water,'** जलोद्भवः -वा -वं.

Generation, ***s.*** **(Production)** जननं, प्रजननं, जन्म ***n.*** (न्), उत्पादनं, उत्पत्तिः ***f.,*** प्रसूतिः ***f.,*** प्रसवः, सम्भवः, उद्भवः, प्रभवः.—**(Race)** जातिः ***f.,*** वंशः, सन्तानः, सन्ततिः ***f.,*** कुलं, अन्वयः, प्रवरं.—**(The people living at the same time)** समवयस्काः or समकालजीविनः पुरुषाः ***m. pl.***—**(Series of descendants)** वंशावली, वंशपरम्परा, वंशश्रेणी; **'extending to seven generations,'** साप्तपौरुषः -षी -षं; **'organ of generation,'** उपस्थः.

Generative, ***a.*** जनकः -का -कं, उत्पादक -का -कं, सावकः -विका: -कं.

Generator, ***s.*** जनयिता ***m.*** (तृ), जनिता ***m.*** (तृ), जननः, जनकः, जन्मदः -दाता ***m.*** (तृ), वीजप्रदः, वीजी ***m.*** (न्), उत्पादकः.

Genergic, generical, ***a.*** सामान्यः -न्या -न्यं, साधारणः -णा -णी -णं, वर्गीयः -या -यं, जातीयः -या -यं, जातिसम्बन्धीयः -या -यं, व्यापकः -का -कं; **'generic property,'** जातित्वं, जातिधर्म्मः, जातिस्वभावः, सामान्यं, समानाधिकरणं; **'generic characteristic,'** जातिलक्षणं, सामान्यलक्षणं.

Generically, ***adv.*** जातिमुद्दिश्य, वर्गमुद्दिश्य, जातितस्, सामान्यतस्.

Generosity, ***s.*** **(Liberality)** औदार्य्यं, उदारता, दानशीलता, त्यागशीलता त्वं, त्यागः, त्यागिता, बहुप्रदत्वं, अतिसर्ज्जनं, अतिदानं, वदान्यता, अकार्पण्यं, विलम्भः.—**(Nobleness of soul)** माहात्म्यं, औदार्य्यं, उदीर्णता.

Generous, ***a.*** **(Liberal)** उदार -रा -री -रं, दानशीलः -ला -लं, त्यागशीलः -ला -लं, बहुप्रदः -दा -दं, बहुदः -दा -दं, अतिदाता -त्री -तृ (तृ), दायकः -का -कं, दानरतः -ता -तं, वदान्यः -न्या -न्यं, अकृपणः -णा -णं, स्थूललक्ष्यः -क्ष्या -क्ष्यं, उदात्तः -त्ता -त्तं.—**(Noble-minded)** उदारचेताः -ता -तः (स्), उदारधी -धीः -धि, उदारचरितः -ता -तं, माहात्मिकः -की -कं, महामनाः -ना -नः (स्), महानुभावः -वा -वं, महेच्छः -च्छा -च्छं, उदीर्णः -र्णा -र्णं.—**(Of honourable birth)** सत्कुलीनः -ना -नं, महाकुलः -ला -लं.

Generously, ***adv.*** उदारवत्, वदान्यवत्, औदार्य्येण, दानशीलत्वात्, माहात्मन.

Generousness, ***s.*** औदार्य्यं, उदारता, माहात्म्यं. ***See*** **Generosity.**

Genesis, ***s.*** धर्म्मग्रन्थानां मध्यात् प्रथमग्रन्थः, जगत्सृष्टिविषयकं मूसालिखितम् आदिपुस्तकं.

Genet, ***s.*** **(Horse)** सुरूपी विदेशीयः क्षुद्रवाजी ***m.*** (न्).—**(Civet)** गन्धमार्ज्जारः.

Genethliac, ***s.*** **(Birthday poem)** जन्मदिवसमुद्दिश्य काव्यं.

Genial, ***a.*** **(Contributing to propagation)** सावकः -का -कं, प्रसवकारी -रिणी -रि (न्), प्रसूतिवर्धकः -का -कं.—**(Contributing to life cheerfulness)** जीवदः -दा -दं, तेजोवर्धकः -का -कं, आनन्दकरः -रा -रं, रम्यः -म्या -म्यं, रमणीयः -या -यं, मनोरमः -मा -मं, सुखकर -री -रं, प्रसन्नः -न्ना -न्नं, सुभगः -गा -गं प्रसादकरः -रा -रं, रुचिरः -रा -रं.

Genially, ***adv.*** प्रसत्तं, प्रसादेन, सप्रसादं, सानन्दं, प्रमोदेन, सहर्षं.

Genialness, ***s.*** सुनन्दता, रम्यता, रमणीयत्वं, प्रसन्नता, सानन्दता.

Geniculated, ***a.*** जानुपर्व्वाकारग्रन्थियुक्तः -क्ता -क्तं, ग्रन्थिलः -ला -लं.

Genital, ***a.*** प्रसवसम्बन्धी -न्धिनी -न्धि (न्), जननसम्बन्धी **etc.,**

यौन: -नी -नं.

Genitals, *s. pl.* उपस्थ:, शिश्नादि ***n.,*** भगादि ***n.,*** अधोङ्गं, जननाङ्गं.

Genitive, *a.* or *s.* (In grammar) सम्बन्ध:, शेष:, षष्ठी विभक्ति: ***f.***

Genitor, *s.* जनयिता ***m.*** (तृ), जनिता ***m.*** (तृ), जनक:, जनन:, जन्मद:.

Genius, *s.* (Natural disposition) स्वभाव:, प्रकृति: ***f.*** शील:, गुण:.—**(Strength of mind, power of intellect)** धीशक्ति: ***f.,*** बुद्धिशक्ति: ***f.,*** मन:शक्ति: ***f.,*** मनोयुक्ति: ***f.,*** बुद्धिसामर्थ्यं, बुद्धिप्रभाव:, मतिसुप्रयोगता.—**(Power of invention)** कल्पनाशक्ति ***f.***—**(Man endowed with talent)** गुणी ***m.,*** (न्), गुणवान् ***m.,*** (त्), धीशक्तियुक्त: बुद्धिशक्तिमान् ***m.,*** (त्), युक्तबुद्धि: ***m.,*** बुद्धिमान् ***m.,*** (त्), धीमान् ***m.,*** (त्). —**(Peculiar characteristic)** विशेषणं, लक्षणं, स्वभाव:, स्वधर्म्म:, वृत्ति: ***f.;*** **'poetical genius,'** कविताशक्ति: ***f.***

Genius, *s.* (Demon) भूत:, असुर:, दैत्य:, दानव:, प्रेत:, पिशाच:; **'evil genius,'** दुर्दैवं; **'good genius,'** सुदैवं, शुभदैवं.

Genteel, *a.* सभ्य: -भ्या -भ्यं, सभ्याचारी -रिणी -रि (न्), आर्य्य: -र्य्या -र्य्यं, आर्य्यव्यवहार: -रा -रं, आर्य्यवृत्त: -त्ता -त्तं, सद्वृत्त: -त्ता -त्तं, सुजन: -ना -नं, साधुवृत्त: -त्ता -त्तं, साधुव्यवहार: -रा -रं, सुशील: -ला -लं, अग्राम्य:. -म्या -म्यं, शिष्टाचारी -रिणी -रि (न्), महानुभाव: -वा -वं. —**(Elegant)** विनीत: -ता -तं, चारु: -र्व्वी -रु, ललित: -ता -तं.

Genteelly, *adv.* सभ्यवत्, सुशीलवत्, आर्य्यवत्, सुजनवत्, सभ्याचारानुसारेण.

Genteelness, *s.* सभ्यता, आर्य्यत्वं, सभ्याचारत्वं, आर्य्यवृत्तत्वं, सुशीलता, शिष्टाचारत्वं, सौजन्यं, सुजनता, साधुता, विनीतत्वं.

Gentian, *s.* (Plant) किरात:, किराततिक्त:, अनार्य्यतिक्त:, चिरातिक्त:, चिरतिक्त:, काण्डतिक्तक:, कैरातं, भूनिम्ब:, भूतीक:.

Gentile, *s.* अन्यदेशीय:, भिन्नदेशीय:, भिन्नदेशीयलोक:, अन्यदेशीयलोक:, देवतार्च्चक:, देवताभ्यर्च्चक:, देवार्च्चक:. —**(Kindred)** गोत्रज:; **'in grammar,'** ज्ञातिवाचक:.

Gentile, *a.* अन्यदेशीय: -या -यं, भिन्नदेशीय: -या -यं, जातीय: -या -यं.

Gentilism, *s.* देवार्च्चकत्वं, देवार्च्चनं -ना, देवताभ्यर्च्चनं, भिन्नदेशीयता.

Gentilitial, *a.* कौलिक: -की -कं, कूलज: -जा -जं, वंशिक: -की -कं, वंश्य: -श्या -श्यं, जातीय: -या -यं, दैशिक: -की -कं.

Gentility, *s.* (Politeness of manners) सभ्यता, सभ्याचारत्वं, सुशीलता, शिष्टाचारत्वं, आर्य्यत्वं, आर्य्यवृत्तत्वं, सौजन्यं, सुजनता, साधुवृत्तत्वं, सुविनीतता, महानुभावता.—**(Good birth)** कुलीनता, महाकुलत्वं, वंशविशुद्धता, कुलोत्कर्ष:.

Gentle, *a.* (Well-born) कुलीन: -ना -नं, सत्कुलीन: -ना -नं, महाकुल: -ला -लं, महाकुलप्रसूत: -ता -तं, साधुज: -जा -जं, साधुवंशज: -जा -जं, आर्य्यवंशज: -जा -जं, सुजन्मा -न्मा -न्म (न्); **'a maid of gentle birth,'** कुलकन्यका. —**(Mild, soft, bland)** मृदु: -द्वी -दु, मृदुल: -ला -लं, मन्द: -न्दा -न्दं, कोमल: -ला -लमं, सौम्य: -म्या -म्यी -म्यं, स्निग्धा -ग्धा -ग्धं, सुकुमार: -रा -री -रं, मसृण: -णा -णं, अनुग्र: -ग्रा -ग्रं, अकर्कश: -शा -शं, अपरुष: -षा -षं, अचण्ड: -ण्डा -ण्डी -ण्डं, अखर:, रा -रं, असाहसिक: -की -कं, सुकर: -रा -री -रं; **'of a gentle disposition,'** मृदुभाव: -वा -वं, मृदुस्वभाव: -वा -वं.—**(Quiet, tame)** शान्त: -न्ता -न्तं, उपशान्त: -न्ता -न्तं, शमी -मिनी -मि (न्), दान्त: -न्ता -न्तं; **'a gentle breeze,'** मन्दानिल:, मृदुवात:; **'a gentle laugh,'** मन्दहास्यं, मन्दस्मितं, ईषद्धास:; **'gentle remedy,'** सौम्योपचार:, सामोपचार:; **'by gentle means,'** सास्ना; **'gentle speech,'** प्रियवाक्यं, प्रियोदितं.

Gentle, *s.* (Maggot) अलि: ***m.,*** अली ***m.,*** (न्), कोपकारी ***m.,*** (न्).

Gentlefolk, *s.* आर्य्यलोका: ***m. pl.,*** साधुजना: ***m. pl.,*** आर्य्यमिश्रा: ***m. pl.,*** कुलीनलोक:.

Gentleman, *s.* आर्य्य:, आर्य्यजन:, आर्य्यमिश्र:, साधु: ***m.,*** साधुजन:, महाशय:, महानुभाव:, कुलीन:, कुलीनजन:, सत्कुलीन:, सुजन:, सुजन्मा ***m.,*** (न्), सज्जन:, सज्जाति: ***m.,*** महाजन:, सत्कुलजात:, सुविनीत:, श्री **prefixed.**

Gentleman-commoner, *s.* राजविद्यालये अन्तेवासिनां मध्यात् प्रथमपदस्थ:.

Gentlemanlike, gentlemanly *a.* आर्य्यव्यवहारानुसारी -रिणी -रि (न्), सभ्याचारानुसारी **etc.,** सभ्य: -भ्या -भ्यं, आर्य्यवृत्त: -त्ता -त्तं, सुशील: -ला -लं, सुविनीत: -ता -तं, शिष्टाचारयोग्य: -ग्या -ग्यं; **'gentlemanly deportment,'** आर्य्यवृत्ति: ***f.,*** सौजन्यं.

Gentlemanliness, *s.* आर्य्यत्वं, सुशीलता, सौजन्यं, सुविनीतता.

Gentleness, *s.* मृदुता, म्रदिमा ***m.*** (न्), मार्द्दवं, मन्दता, कोमलता, सौम्यता -त्वं, स्निग्धता, सौकुमार्य्यं, सुकुमारता, अनुग्रता, अकार्कश्यं, अकर्कशत्वं, अपरुषता, अपारुष्यं, अचण्डता, असाहसं; **'of disposition,'** भावमृदुता.

Gentlewoman, *s.* आर्य्या, कुलीना स्त्री, सुशीला स्त्री, सुविनीता स्त्री.

Gently, *adv.* शनैस्, शनै: शनैस्, शनकैस्, मन्दं मन्दं, मृदु, अनुग्रं, अकर्कशं, अपरुषं, अचण्डं, साहसं, विना.

Gentry, *s.* आर्य्यलोका: ***m.pl.,*** आर्य्या: ***m.pl.,*** साधुलोका: ***m.pl.,***

कुलीनलोकाः **m.pl.,** कुलीनवर्गः, सुजनवर्गः, सुजनता, सौजन्यं.

Genuflexion, s. पूजार्थं जानुभ्यां नतिः **f. or** आनतिः **f.,** जानुनतिः **f.**

Genuine, a. सत्यः -त्या -त्यं, प्रकृतः -ता -तं, वास्तवः -वी -वं, -विकः -की -कं, अकल्पितः -ता -तं, अकृत्रिमः -मा -मं, अकपटः -टा -टं, निष्कपटः -टा -टं, निर्व्याजः -जा -जं, निर्व्यलीकः -का -कं, यथार्थः -र्था -र्थं, सारः -रा -रं.

Genuinely, adv. सत्यं, निष्कपटं, कपटं, विना, निर्व्याजं, निर्व्यलीकं, यथार्थं.

Genuineness, s. सत्यता, प्रकृतत्वं, अकृत्रिमता, अकल्पितत्वं, याथार्थ्यं, यथार्थता, निर्व्यलीकता, निर्व्याजत्वं, वास्तविकता, सारतां.

Genus, s. (In logic) परं.—**(Aclass)** जातिः **f.,** गणः, वर्गः, जातिमात्रं, गोत्रं.

Geographer, s. भूपृष्ठविद्याज्ञः, भूगोलविद्याज्ञः, भूगोलशास्त्रज्ञः, भूपृष्ठलेखकः, भूगोलज्ञानी **m.** (न्), भूगोलस्य यत् किञ्चिद् देशसमुद्रनगरादि विद्यते तदाकारनामादिलेखकः, भूपृष्ठस्य देशसमुद्रपर्व्वतनद्यादिव्याख्याता **m.** (तृ), भूपृष्ठविवरणकृत्.

Geographical, a. भूगोलविषयः -या -यं, भूपृष्ठविषयकः -का -कं, भूगोलशास्त्रविषयः -या -यं, भूपृष्ठसम्बन्धी -न्धिनी -न्धि (न्), भूगोलशास्त्रीयः -या -यं.

Geographically, s. भूगोलशास्त्रानुसारेण, भूगोलशास्त्रवत्.

Geography, s. भूपृष्ठविद्या, भूगोलविद्या, भूपृष्ठविषयकं ज्ञानं, भूगोलस्य यत् किञ्चिद् देशसमुद्रनगरादि विद्यते तदाकारनामादिव्याख्या, भूपृष्ठस्य देशसमुद्रपर्व्वतनद्यादीनां ज्ञानं **or** विवरणं, भूगोलशास्त्रं.

Geological, a. पार्थिवांशविषयः -या -यं, पृथिवीविद्यासम्बन्धी -न्धिनी -न्धि (न्), पृथिवीसंस्थानविषयकः -का -कं.

Geologist, s. पार्थिवांशविद्याज्ञः, पृथिवीविद्याज्ञः, पृथिवीसंस्थानव्याख्याता **m.** (तृ), मृत्तिकाभावगुणादिविवरणकृत् **m.**

Geology, s. पार्थिवांशानां ज्ञानं **or** विद्या, पार्थिवांशविषयं ज्ञानं, पृथिवीविद्या, पार्थिवांशानां प्राचीनेतिहासः, पृथिवीसंस्थानविद्या, मृत्तिकासंस्थानविद्या, मृत्तिकाभावगुणादिविवरणविद्या.

Geometral, geometric, geometrical, a. क्षैत्रः -त्री -त्रं, क्षेत्रपरिमाणविषयः -या -यं, क्षेत्रगतः -ता -तं, क्षेत्रविद्यानुसारी -रिणी -रि (न्), रेखागणितसम्बन्धी -न्धिनी -न्धि (न्); **'geometrical proof,'** क्षेत्रगतोपपत्तिः **f.**

Geometrically, adv. क्षेत्रविद्यानुसारेण, रेखागणितशास्त्रवत् **or** -तस्.

Geometrician, s. क्षेत्रविद्याज्ञः, रेखागणितविद् **m.,** क्षैत्रज्ञः, रेखागणितशास्त्रदर्शी **m.,** (न्), क्षेत्रपरिमाणविद्यावान् **m.,** (त्).

Geometry, s. क्षैत्रं, क्षेत्रं, क्षेत्रविद्या, क्षेत्रपरिमाणविद्या, क्षेत्रपरिमाणविषया विद्या, रेखागणितं, रेखागणितशास्त्रं, रेखागणनाविद्या; **'proof by geometry,'** क्षेत्रगतोपपत्तिः **f.**

Georgic, s. गोमेषादिविषयं गीतं, कृषिविद्याविषयकं काव्यं.

Geranium, s. वकमुखाकारबीजकोषः सुपुष्पवान् ओषधिभेदः.

Gerfalcon, s. श्येनभेदः, कपोतारिः **m.,** घातिपक्षी **m.** (न्).

Germ, germen, germin, s. (The embryo of fruit, a bud) पल्लवः -वं, अङ्कुरः, अभिनवोद्भिद् **m.,** जालकं, क्षारकः, जोषिका, कुन्दुकं; **'of leaves,'** माढिः **f.**—**(Origin, that from which any thing springs)** वीजं, योनिः **m. f.,** आदिः **m.,** आरम्भः, गर्भः, मूलं.

German, a. (Related) सम्बन्धी -न्धिनी -न्धि (न्), सम्पर्की -र्किणी -र्कि (न्); **'cousin german,'** पितृव्यपुत्रः -त्री, मातुलपुत्रः -त्री.—**(Belonging to Germany)** जर्म्मणिदेशसम्बन्धी **etc.,** जर्म्मणिदेशजः -जा -जं; **'language,'** जर्म्मणिदेशभाषा.

Germander, s. अनेकौषधीनां सामान्यनाम **n.** (न्), ओषधिगणसंज्ञा.

Germanism, s. जर्म्मणिदेशभाषासम्बन्धी सम्प्रदायः.

***To* germinate, v. n.** स्फुट् **(c. 6.** स्फुटति -टितुं), फुल्ल् **(c. 1.** फुल्लति -ल्लितुं), अङ्कुर **(nom.** अङ्कुरयति -यितुं), विकस् **(c. 1.** -कसति -सितुं), उद्भिद् **in pass.** (-भिद्यते), प्रोद्भिद्, प्ररुह् **(c. 1.** -रोहति -रोढुं), वृध् **(c. 1.** वर्धते -र्धितुं).

Germinating, part. उद्भिज्जः -ज्जा -ज्जं, उद्भिद् **m.f.n.,** उद्भिदः -दा -दं, प्ररोही -हिणी -हि (न्), अङ्कुरितः -ता -तं, फुल्लवान् -वती -वत्, प्रस्फुटः -टा -टं, स्फुटन्, -टन्ती -टत् (त्).

Germination, s. स्फुटनं, स्फुटता, उद्भेदः, प्रोद्भेदः, प्ररोहः, उद्वर्त्तनं.

Gerund, s. लाटीनभाषाव्याकरणे क्रियावाचकः, शब्दः.

Gestation, s. गर्भधारणं, गर्भपोषणं, गर्भवहनं, गर्भिणीभावः.

***To* gesticulate, v. n.** अङ्गानि विक्षिप् **(c. 6.** -क्षिपति -क्षेप्तुं), हस्तादि विक्षिप् **or** सञ्चल् **in caus.** (-चालयति -यितुं), अङ्गविक्षेपं कृ, इङ्ग् **(c. 1.** इङ्गति -ङ्गितुं), नट् **(c. 10.** नाटयति -यितुं), अभिनयं कृ, आङ्गिककर्म्म कृ.

Gesticulation, s. अङ्गविक्षेपः -पणं, हस्तादिविक्षेपः, अङ्गहारः, इङ्गितं, इङ्गितकरणं, अङ्गसञ्चालनं, हस्तादिसञ्चालनं, सङ्केतकरणं, शाणी, सूचा -चना, भावकरणं, आङ्गिककर्म्म **n.** (न्).

Gesticulator, s. अङ्गविक्षेपकः, हस्तादिविक्षेपकः, अङ्गसञ्चालकः, इङ्गितकारी **m.** (न्), सङ्केतकारी **m.** (न्).

Gesture, s. इङ्गितं, अङ्गविक्षेपः, हस्तादिविक्षेपः, सङ्केतः, अङ्गहारः -रिः **m.,** चेष्टा, भावः, इङ्गः, अभिनयः, अभिनीतिः **f.,** सूचना.

***To* gesure, v. a.** साङ्गविक्षेपं कृ, सहस्तविक्षेपं कृ, साभिनयं कृ.

***To* get, v. a. (Obtain)** आप् **(c. 5.** आप्नोति, आप्तुं), प्राप्, अवाप्, सम्प्राप्, समवाप्; लभ् **(c. 1.** लभते, लब्धुं), अर्ज् **(c.**

1. अर्जति -र्जितुं, c. 10. अर्जयति -यितुं), उपार्ज, आसद् (c. 10. -सादयति -यितुं), समासद्, अधिगम् (c. 1. -गच्छति -गन्तुं), गम, प्रतिपद् (c. 4. -पद्यते -पत्तुं), आपद्, अभिपद्, आविश् (c. 6. -विशति -वेष्टुं). इ (c. 2. एति -तुं), अश् (c. 5. अश्नुते, अशितुं), उपाश्, समश्. —(Have) धा (c. 3. दधाति, धत्ते, धातुं), धृ in caus. (धारयति -यितुं), भृ (c. 3. बिभर्त्ति, भर्त्तुं), आप्. —(Beget) जन् (c. 10. जनयति -यितुं). —(Learn) शिक्ष् (c. 1. शिक्षते -क्षितुं), अधी (c. 2. अधीते, अध्येतुं rt. इ), अधिगम्. —(Induce, persuade) अनुनी (c. 1. -नति -नेतुं), प्रोत्सह् (c. 10. -साहयति -यितुं), or expressed by the causal; as, 'he got him to return,' निवर्त्तयामास. —(Earn) उपार्ज्, लभ्. —(Receive, take) आदा (c. 3. -दत्ते -दातुं), ग्रह् (c. 9. गृह्णाति, ग्रहीतुं), उपलभ्. —(Procure, get ready) क्लृप् (c. 10. कल्पयति -यितुं), परिक्लृप, सज्जीकृ, उत्पद् (c. 10. -पादयति -यितुं). —(Get together) समानी (c. 1. -नयति -नेतुं), सञ्चि (c. 5. -चिनोति -चेतुं), समादा, सङ्ग्रह, एकीकृ, एकत्र कृ. —(Get over, get through, surmount) आरुह् (c. 1. -रोहित -रोढुं), अधिरुह्, अतिक्रम् (c. 1. -क्रामति -क्रमितुं), तीर् (c. 10. तीरयति -यितुं), पार् (c. 10. पारयति -यितुं), तॄ (c. 1. तरति -रितुं -रीतुं), निस्तॄ; 'get over a difficulty,' दुःखम् आरुह्, दुःखपारं गम् (c. 1. गच्छति, गन्तुं), दुःखस्यान्तं गम्. —(Get up, prepare) उपस्कृ, संस्कृ, परस्कृ, विरच् (c. 10. -रचयति -यितुं), सज्जीकृ. —(Get into debt) ऋणं कृ, ऋणग्रस्तः -स्ता -स्तं भू, ऋणवान् -वती -वद् भू.

To **get, *v. n.*** (Arrive at) आगम् (c. 1. -गच्छति -गन्तुं), उपगम्, अभिगम्, प्राप् (c. 5. -आप्नोति -आप्तुं), अवाप्, आया (c. 2. -याति -तुं), उपस्था (c. 1. -तिष्ठति -स्थातुं). —(Get away) अपगम्, अपया, अपे (c. 2. अपैति -तुं, rt. इ), अपसृ (c. 1. -सरति -सर्त्तुं), अपक्रम् (c. 1. -क्रामति -क्रमितुं), चल् (c. 1. चलति -लितुं), प्रस्था. —(Get before) अग्रे or पूर्व्वे or पूर्व्वं आगम् or प्राप्. —(Get clear) मुच् in pass. (मुच्यते). —(Get down) अवरुह् (c. 1. रोहति -रोढुं), अवतॄ (c. 1. -तरति -रितुं -रीतुं), अधो या or गम्. —(Get in) विश् (c. 6. विशति, वेष्टुं), प्रविश्, निविश्, आविश्. —(Get off, escape) पलाय् (c. 1. पलायते -यितुं, rt. इ), विपलाप्, निस्तॄ, अपक्रम्, निर्गम्. —(Get off, alight) अवतॄ, अवरुह्. —(Get out) अपगम्, अपसृ, अपे. —(Get up) उत्था for उत्स्था. —(Get quit of) मुच् in pass.. —(Get on) प्रगम्, प्रवृत् (c. 1. -वर्त्तते -र्त्तितुं), प्रसृ, प्रया, प्रचल्. —(Get drunk) मत्तः -त्ता -त्तं भू, उन्मत्तीभू; 'get out with you,' अपसर, अपैहि, अपेहि.

Getter, *s.* प्रापकः, अवाप्ता ***m.*** (प्तृ), लब्धा ***m.*** (ब्धृ), अर्जकः, उपार्जकः, अधिगन्ता ***m.*** (न्तृ), लाभकृत् ***m.*** आदाता ***m.*** (तृ), ग्राहकः, जनकः, उत्पादकः.

Getting, *s.* लाभः, लब्धिः ***f.***, आप्तिः ***f.***, प्राप्तिः ***f.***, प्रापणं, अवाप्तिः ***f.***, सम्प्राप्तिः ***f.***, अर्जनं, उपार्जनं, आसादनं, अधिगमः, आगमः, ग्रहणं.

Gewgaw, *s.* अल्पमूल्यकम् आभरणं, अल्पार्घं क्रीडाद्रव्यं, क्रीडनकं, कङ्कणं, खेलाद्रव्यं, कदर्थद्रव्यं.

Ghastfully, *adv.* पिशाचवत्, भूतवत्, प्रेतवत्, दारुणं, भयानकं, घोरं.

Ghastliness, *s.* रूपदारुण्यं, वदनघोरता, मुखरौद्रता, भूतसरूपता, भौतत्वं, करालत्वं, विकटत्वं.

Ghastly, *a.* **(Like a ghost)** भूतसरूपः -पी -पं, प्रेतसरूपः -पी -पं, भौतिकः -की -कं, पैशाचिकः -की -कं, शवसवर्णः -र्णा -र्णं, प्रेतसवर्णः -र्णा -र्णं. —(Frightful) घोररूपः -पी -पं, घोराकृतिः -तिः -ति, दारुणः -णा -णं, भयानकः -का -कं, रौद्रः -द्री -द्रं, भीमदर्शनः -ना -नं, उग्रम्पश्यः -श्या -श्यं, करालमुखः -खी -खं.

Ghaut, *s.* **(Landing-place)** घट्टः -ट्टी, सज्जनं, गुल्मः. —(Malaya range of mountains) मलयः, मलयाचलः, मलयपर्व्वतः, मलयाद्रिः ***m.***, दक्षिणाचलः, दक्षिणपर्व्वतः.

Ghee, *s.* घृतं, हविस् ***n.*** सर्पिस् ***n.*** हव्यं, हवनीयं, हविष्यं, आज्यं, तनूनपं, तृप्रः.

Ghost, *s.* **(Soul)** आत्मा ***m.*** (न्), अन्तरात्मा ***m.*** (न्). —(Disembodied spirit) प्रेतः, प्रेतनरः, परेतः, नारकः, नरकवासी ***m.*** (न्), नरकामयः. —(Goblin) वेतालः, रात्रिञ्चरः निशाचरः, निशाटः, भूतः -तं, श्मशानवासी ***m.*** (न्), राक्षसः; 'to give up the ghost,' प्राणत्यागं कृ. ईश्वरहस्ते जीवनं or प्राणं समृ in caus. (-अर्पयति -यितुं).

Ghostlike, *s.* प्रेतसरूपः -पा -पी -पं, भूतसरूपः -पा -पी -पं.

Ghostliness, *s.* प्रेतत्वं, भूतत्वं, परेत्वं, आत्मता, पारमार्थिकत्वं.

Ghostly, *a.* **(Spiritual)** आत्मिकः -की -कं, आत्मविषयः -या -यं, पारमार्थिकः -की -कं, अशारीरिकः -की -कं, पारत्रिकः -की -कं. —(Pertaining to ghosts) भौतिकः -की -कं, प्रेतसम्बन्धी -न्धिनी -न्धि (न्).

Giant, *s.* **(A man of extraordinary size)** वृहत्कायः, वृहच्छरीरः, विकटशरीरः, भीमविग्रहः, प्रकाण्डशरीरः अखर्व. —(A titan) दैत्यः, असुरः, राक्षसः, दानवः, दैतेयः, रक्षस् ***n.***, इन्द्रारिः ***m.***, सुरद्विट् ***m.*** (ष्), दितिसुतः, दनुजः, यातु ***n.***, यातुधानः, पूर्व्वदेवः, शुक्रशिष्यः, कौणपः, नैर्ऋतः, निकषात्मजः, क्रव्याद् ***m.***, निशाचरः.

Giantess, *s.* वृहत्काया, वृहच्छरीरा, विकटशरीरा स्त्री, राक्षसी.

Giant-like, Giantly *a.* वृहत्कायः -या -यं, वृहच्छरीरः -रा -रं.

To **gibber, *v. n.*** जल्प् (c. 1. जल्पति -ल्पितुं), अस्पष्टं वद् (c.

1. वदति -दितुं).

Gibberish, ***s.*** अनर्थकवाक्यं, असम्बद्धवाक्यं, वृथाकथा, मृषार्थकवचनं, जल्पितं; **'one who talks it,'** अनिवद्धप्रलापी ***m.*** (न्).

Gibbet, ***s.*** उद्बन्धनकाष्ठं, उद्बन्धनवृक्षः, बधस्थानं, घातस्थानं.

To* gibbet,** ***v. a. रज्जुपाशेन उद्बन्ध् (**c. 9.** -बध्नाति -बन्धुं), उद्बन्धनं कृ.

Gibbosity, ***s.*** कुब्जता, न्युब्जता, कूर्म्मपृष्ठाकारत्वं, विम्बाकारता, आभोगः, खण्डमण्डलत्वं.

Gibbous, ***a.*** **(Convex, protuberant)** न्युब्जः -ब्जा -ब्जं, विम्बाकारः -रा -रं, कूर्म्मपृष्ठाकारः -रा -रं, गण्डाकारः -रा -रं, आभोगी -गिनी -गि (न्); **'as the moon,'** खण्डमण्डलः -ला -लं.—**(Hump-backed)** कुब्जः -जब्जं, गडुरः -रा -रं.

Gibbousness, ***s.*** न्युब्जता, कूर्म्मपृष्ठाकारता, साभोगता. ***See*** **Gibbosity.**

Gib-cat, ***s.*** जीर्णमार्जारः, अतिवृद्धो विडालः.

To* gibe,** ***v. a. **and** ***n.*** क्षिप् (**c. 6.** क्षिपति, क्षेप्तुं), अवक्षिप्, परिक्षिप्, अवहस् (**c. 1.** -हसति -सितुं), अवज्ञा (**c. 9.** -जानाति -ज्ञातुं), तिरस्कृ, मुखरीकृ.

Gibe, ***s.*** क्षेपः, अवक्षेपः, तिरस्कारः, अवहासः, दुर्वाक्यं, दुरुक्तं, कटुवाक्यं.

Giber, ***s.*** क्षेपकः, अवक्षेपकः, दुर्मुखः मुखरः, दुर्वक्ता ***m.*** (क्तृ).

Giblets, ***s. pl.,*** हंसादेर् यत् पादमस्तकयकृदादि प्राक्शृलारोपणाद् अवच्छिन्नीभूय पृथक् पच्यन्ते, हंसस्य पचनयोग्यं हृद्यकृदन्त्रादि, हंसखण्डकाः ***m. pl.***

Giddily, ***adv.*** भ्रामररोगग्रस्तवत्, सभ्रामरं, चपलं, मनोलौल्यात्.

Giddiness, ***s.*** **(Of the head, etc.)** भ्रमरं, भ्रामरं, भूमिः ***f.,*** भ्रमः, विभ्रमः, विभ्रान्तिः ***f.,*** घूर्णिः ***f.,*** घूर्णनं, चक्षुरादिचापल्यं-चापलं, चक्षुरादिविभ्रान्तिः ***f.,*** प्रमादः.—**(Of character)** चपलता, चापल्यं, चञ्चलत्वं, चाञ्चल्यं, चलचित्तता, अस्थिरता, अस्थैर्य्यं, लोलता, अनवस्थितिः ***f.,*** अधीरत्वं, लौल्यं, मनोलौल्यं, विभ्रान्तिः ***f.,*** विभ्रान्तशीलता, तरलता, प्रमत्तता.

Giddy, ***a.*** **(In the head)** भ्रामरी -रिणी -रि (न्), भ्रमी -मिणी -मि (न्), घूर्णरोगी -गिणी -गि (न्), भ्रामररोगी **etc.,** विभ्रान्तः -न्ता -न्तं.—**(Causing giddiness)** भ्रमकरः -री -रं.—**(In character)** चपलः -ला -लं, चञ्चलः -ला -लं, विभ्रान्तशीलः -ला -लं, अस्थिरः -रा -रं, अनवस्थः -स्था -स्थं, अनवस्थितः -ता -तं, अधीरः -रा -रं, चपलबुद्धिः -द्धिः -द्धि, चपलात्मकः -का -कं, चलचित्तः -त्ता -त्तं, लोलः -ला -लं, लोलमनाः -नाः -नः (स्), प्रमत्तः -त्ता -त्तं, प्रमादी -दिनी -दि (न्).—**(Elated)** उद्धतः -ता -तं, मत्तः -त्ता -त्तं; **'with power,'** ऐश्वर्य्यमत्तः -त्ता -त्तं.

Gift, ***s.*** दानं, प्रदानं, दत्तं, प्रदेयं, सम्प्रदानं, दायः, उपहारः, उपायनं, वितरणं, त्यागः, उत्सर्ज्जनं, विसर्गः, विसर्ज्जनं, विश्राणनं, अंहतिः ***f.,*** उपग्राह्यं, उपढौकनं, उपदा -दानकं, प्रदा, दादः, दा, दं, विहापितं, प्रतिपादनं, निर्वपणं, स्पर्शनं, प्रादेशनं, प्रदेशनं, अपवर्ज्जनं, उपचारः, प्रीतिदानं, प्राभृतं; **'a special gift,'** सदायः, सुदायः, हरणं; **'nuptial gift,'** यौतकं; **'desirable gift,'** प्रवारणं, प्रहारणं; **'gift to deceased ancestors,'** पितृदानं.—**(Endowment)** गुणः, शक्तिः ***f.***

Gifted, ***p. p.*** **or** ***a.*** **(Endowed)** सम्पन्नः -न्ना -न्नं, उपपन्नः -न्ना -न्नं, युक्तः -क्ता -क्तं, संयुक्तः -क्ता -क्तं, उपेतः -ता -तं, अन्वितः -ता -तं, शीलितः -ता -तं.—**(With talents)** गुणी -णिनी -णि (न्), गुणवान् -वती -वत् (त्), इष्टगुणसम्पन्नः -न्ना -न्नं, सद्गुणोपेतः -ता -तं.

Gig, ***s.*** **(Any thing that whirls round in play)** भ्रमरं, भ्रमरक्रीडनकं.—**(A light carriage)** द्विचक्रयुक्तं लघुयानं, लघुरथः.—**(Boat)** उपनौका, लघुनौका, क्षुद्रनौका.

Gigantic, ***a.*** वृहत्कायः -या -यं, वृहच्छरीरः -रा -रं -री -रिणी -रि (न्), भीमविग्रहः -हा -हं, अतिकायः -या -यं, विकटशरीरः -रा -रं, अतिमहान् -हती -हत् (त्), अतिवृहन् -हती -हत् (त्), राक्षसपरिमाणः -णा -णं, दैत्यपरिमाणः -णा -णं.

Giggle, ***s.*** असम्बद्धपरिहासः, अनर्थकहासः, कुहसितं, मूर्खहसितं.

To* giggle,** ***v. n. असम्बद्धपरिहासं कृ, अनर्थकहासं कृ, मूर्खवत् **or** असम्बद्धं **or** कु हस् (**c. 1.** हसति -सितुं), कक्क् (**c. 1.** कक्कति -क्कितुं), कख् (**c. 1.** कखति -खितुं).

Giggler, ***s.*** असम्बद्धपरिहासशीलः, निरर्थकहासकारी ***m.*** (न्).

To* gild,** ***v. a. **(Overlay with gold)** सुवर्ण (**nom.** सुवर्णयति -यितुं), स्वर्णपत्रपिनद्धं -द्धां -द्धं कृ, सुवर्णोपेतं -तां -तं कृ.—**(Illuminate)** रञ्ज् (**c. 10.** रञ्जयति -यितुं), द्युत् (**c. 10.** द्योतयति -यितुं), विराज् (**c. 10.** -राजयति -यितुं), प्रकाश् (**c. 10.** -काशयति -यितुं).

Gilded, ***p. p.*** सुवर्णितः -ता -तं, रसितः -ता -तं, स्वर्णपत्रपिनद्धः -द्धा -द्धं, स्वर्णमण्डितः -ता -तं, स्वर्णपत्रसंवीतः -ता -तं **or** -प्रतिबद्धः -द्धा -द्धं, राजतान्वितः -ता -तं, रञ्जितः -ता -तं, राजितः -ता -तं, प्रद्योतितः -ता -तं.

Gilder, ***s.*** स्वर्णपत्रादिना रञ्जकः, स्वर्णपत्रपिनद्धकारी ***m.*** (न्).

Gilding, ***s.*** स्वर्णरञ्जनं, सुवर्णीकरणं, स्वर्णमण्डनं; **'of the leave of a book,'** पत्ररञ्जनं.

Gill, ***s.*** **(Organ of respiration in fishes)** मत्स्यानां श्वासेन्द्रियं, मत्स्यानां श्वासप्रश्वासार्थं मस्तकरन्ध्रं **or** शिरोरन्ध्रद्वयं.—**(Of a fowl)** कुक्कुटस्य मुखकम्बलः **or** मुखस्याधःस्थं लोलमांसं.—**(Flesh on the lower part of the cheek)** अधोगण्डमांसं, अधोगण्डः, अधःकपोलः, चिवुकमांसं.—**(Measure)** द्रवद्रव्याणां

परिमाणविशेषः.

Gilly-flower, ***s.*** अनेकौषधीनां सामान्यनाम ***n.*** (न्), ओषधिगणसंज्ञा.

Gilt, ***p. p.* or *a.*** सुवर्णितः -ता -तं, रसितः -ता -तं, राजतान्वितः -ता -तं. ***See* Gilded.**

Gilt, ***s.*** सुवर्णरञ्जनं, स्वर्णपत्रं; **'silver-gilt,'** विमलं.

Gilt-head, ***s.*** **(Fish)** गडकः, शकुलगण्डः, शकुलार्भकः, शालः, कुम्भिलः.

Gimcrack, ***s.*** निरर्थकयन्त्रं, क्रीडायन्त्रं, क्रीडाद्रव्यं, क्रीडनकं.

Gimlet, ***s.*** वेधनिका, आस्फोटनी, लास्फोटनी, आविधः.

Gimp, ***s.*** कौशिकसूत्रनिर्म्मितः सुतनुचेलकः.

Gin, ***s.*** **(Spirit)** शुण्डा, सुरा -री, वारुणी, शीधुः ***m.*** -धु ***n.,*** मदिरा, हाला, आसवं; **'gin-drinker,'** सुरापः -पी, शुण्डापायी ***m.*** -यिनी; **'gin-drinking,'** सुरापानं; **'gin-shop,'** शुण्डापानं, पानगोष्ठिका.—**(Snare, trap)** पाशः, उन्माथः, जालं, कूटयन्त्रं, वागुरा, पाशबन्धं.

Ginger, ***s.*** आर्द्रकं, शृङ्गवेरं, अङ्गलोड्यः, गुल्ममूलं, अपाकशाकं; **'dry ginger,'** शुष्कार्द्रं, शुण्ठिः ***f.***-ण्ठी -ण्ठ्यं, विश्वभेषजं, विश्वं-श्वा, महौषधं, नागरं.

Ginger-beer, ***s.*** आर्द्रकपानं, आर्द्रकरसः, आर्द्रकपानीयं, आर्द्रकसुरा.

Ginger-bread, ***s.*** आर्द्रकपिष्टकः, आर्द्रकपूपः, आर्द्रकमय मिष्टान्नं.

Ginger-wine, ***s.*** आर्द्रकमद्यं, आर्द्रकमदिरा, आर्द्रकसुरा.

Gingerly, ***adv.*** सावधानं, अवधानेन, शनैः शनैस्, असहसा.

Gingham, ***s.*** रेखाचित्रितं कार्पासाम्बरं **or** तूलावस्त्रं.

Gingival, ***a.*** दन्तमांससम्बन्धी -न्धिनी -न्धि (न्), दन्तशिरासम्बन्धी **etc.**

To* gingle,** ***v. n. शिञ्ज् **(c. 2.** शिंक्ते, **c. 1.** शिञ्जते -ञ्जिते), विशिञ्ज्, क्वण् **(c. 1.** क्वणति -णितुं), किङ्किण **(nom.** किङ्किणायते), झज्झनं कृ.

Gingle, gingling, ***s.*** शिञ्जः -ञ्जा, शिञ्जितं, आशिञ्जितं, क्वणितं, किङ्किणिशब्दः, झज्झनं, झनत्कारः.

Gingling, ***part.*** क्वणन् -णन्ती -णत् (त्), शिञ्जी -ञ्जिनी -ञ्जि (न्).

Ginnet, ***s.*** अश्वकः. ***See* Jennet.**

Gipsy, ***s.*** हस्तरेखानिरीक्षणानन्तरं दैवकथनाद्युपजीवी चक्राटः, अवनिचरः -रा ***f.,*** धूर्त्तः -र्त्ता ***f.,*** काकचरित्रः -त्रा.

Giraffe, ***s.*** तरक्षुरूपेण चित्रित उष्ट्रजातीयो दीर्घग्रीवो जन्तुभेदः.

To* gird,** ***v. a. **(Bind round)** बन्ध् **(c. 1.** बध्नाति बन्धुं), परिबन्ध्.—**(Bind on)** आबन्ध्, पिनह् **(c. 4.** -नह्यति -नद्धुं), अवनह्, सन्नह्, पिनद्धं -द्धां -द्धं कृ, आकच् **(c. 1.** -कचते -चितुं); **'gird the loins,'** कटिं बन्ध्.—**(Encircle, invest)** परिवेष्ट् **(c. 1.** -वेष्टते -ष्टितुं, **c. 10.** -वेष्टयति -यितुं), परिधा **(c. 3.** -दधाति -धत्ते -धातुं), परिवृ **(c. 5.** -वृणोति -वरितुं -रीतुं).

To* gird,** ***v. n. **(Gibe)** क्षिप् **(c. 6.** क्षिपति, क्षेप्तु), अवक्षिप्, अवहस् **(c. 1.** -हसति -सितुं).

Gird, ***s.*** आकर्षः, शूलं, अपतानकः, अपतन्त्रकः, आक्षेपकः, वेत्राघातः.

Girded, ***p. p.*** बद्धः -द्धां -द्धं, पिनद्धः -द्धां -द्धं, आनद्धः -द्धां -द्धं, अवनद्धः -द्धां -द्ध आबद्धः -द्धां -द्धं, परिवेष्टिः -ता -तं, परिहितः -ता -तं.

Girder, ***s.*** गृहतले वृहत्काष्ठं **or** अग्रकाष्ठं **or** महादारुः ***m.***

Girdle, ***s.*** **(Belt)** मेखला, रसना, कटिसूत्रं, कटिबन्धनं, -नी, काञ्ची, कलापः, कक्षा, कक्ष्या, परिकरः, सारसं -सनं, वस्नं, सप्तकी, शक्करी, रशना, शृङ्खला.—**(Inclosure, circumference)** वेष्टनं, परिवेष्टनं, आवेष्टनं, मण्डलं, वलयः, चक्रवालं.—**(Zodiac)** राशिचक्रं.

To* girdle,** ***v. a. मेखलया बन्ध् **(c. 9.** बध्नाति, बन्धुं), वेष्ट् **(c. 1.** वेष्टते -ष्टितुं, **c. 10.** वेष्टयति -यितुं), परिवेष्ट्, परिवृ **(c. 5.** -वृणोति -वरितुं -रीतुं).

Girdler, ***s.*** मेखलाकारः, रसनाकर्त्ता ***m.*** (र्त्तृ), कटिसूत्रकारी ***m.*** (न्).

Girl, ***s.*** कन्या, कुमारी, तरुणी, बाला, बालिका, पुत्री, दारिका, अनागतार्त्तवा, लग्निका, नग्निका, गौरी, वास्रूः ***f.***

Girlhood, ***s.*** कन्यात्वं, कुमारीत्वं, तरुणीत्वं, कौमार्य्यं, तारुण्यं.

Girlish, ***a.*** कन्यायोग्यः -ग्या -ग्यं, कुमारीयोग्यः -ग्या -ग्यं.

Girlishly, ***adv.*** कन्यावत्, कुमारीवत्, तरुणीवत्, कन्यारूपेण.

Girt, ***p. p.*** बद्धः -द्धा -द्धं, पिनद्धः -द्धा -द्धं, वेष्टितः -ता -तं, परिवेष्टितः -ता -तं; **'girt with a falchion,'** बद्धनिस्त्रिंशः -शा -शं; **'sea-girt,'** समुद्रमेखलः -ला -लं.

Girth, ***s.*** उदरत्राणं, अधोबन्धनं -नी, वरत्रा, वर्द्धं, वर्द्धी, नद्धी, चूषा, कक्षा, कक्ष्या.

To* girth,** ***v. a. वरत्रया बन्ध् **(c. 9.** बध्नाति, बन्धुं), उदरत्राणं पिनह् **(c. 4.** -नह्यति -नद्धुं).

Gist, ***s.*** अर्थः, मुख्यार्थः, परमार्थः, उत्तमार्थः, अग्रविषयः.

To* give,** ***v. a. दा **(c. 3.** ददाति, दत्ते, दातुं), प्रदा, प्रादा, अभिदा, सम्प्रदा, निदा, अनुदा, सन्दा, यम् **(c. 1.** यच्छति -ते, दातुं), प्रयम्, संयम्, प्रतियम्, सम्प्रयम्, दद् **(c. 1.** -ददते -दितुं), प्रतिपद् **(c. 10.** -पादयति -यितुं), उपपद्, ऋ **in caus.** (अर्पयति -यितुं), समृ, निक्षिप् **(c. 6.** -क्षिपति -क्षेप्तुं), वितृ **(c. 1.** -तरति -रितुं -रीतुं), विश्रण् **(c. 10.** -श्राणयति -यितुं), त्यज् **(c. 1.** त्यजति, त्यक्तुं), विसृज् **(c. 10.** -सर्जयति -यितुं), ग्रह् **in caus.** (ग्राहयति -यितुं), आहृ **(c. 1.** हरति -हर्त्तुं), उपहृ, सङ्क्रम् **in caus.** (-क्रामयति -यितुं), दिश् **(c. 6.** दिशति, देष्टुं).—**(Give away)** प्रदा, प्रयम्.—**(Give back)** प्रतिदा, प्रतिपद्, प्रत्यर्प् **(caus. of** ऋ **with** प्रति), निर्यत् **(c. 10.** -यातयति -यितुं), प्रतिनिर्यत्, प्रतिरुह् **in caus.** (-रोपयति -यितुं).—**(Give chase)** अनुधाव् **(c. 1.** धावति

-वितुं), अनुसृ (**c. 1.** -सरति -सर्त्तुं).—**(Give forth)** प्रकाश् (**c. 10.** -काशयति -यितुं), ख्या **in caus.** (ख्यापयति -यितुं), निविद् (**c. 10.** -वेदयति -यितुं).—**(Give the hand for support)** करालम्बनं कृ.—**(Give in)** अनुदा, अनुज्ञा (**c. 9.** -जानाति -नीते -ज्ञातुं), त्यज्.—**(Give over)** त्यज्, उत्सृज् (**c. 6.** -सृजति -स्रष्टुं), विरम् (**c. 1.** -रमति -रन्तुं) **with abl. c.,** निवृत् (**c. 1.** -वर्त्तते -र्त्तितुं) **with abl. c. 'To give over a sick man,'** असाध्य इति परिछिद्य रोगातुरं मुच् (**c. 6.** मुञ्चति, मोक्तुं).—**(Give out)** निविद्, प्रकाश्, विघुष् (**c. 10.** -घोषयति -यितुं); **'emit,'** उत्सृज्, मुच्, निःसृ **in caus.** (-सारयति -यितुं).—**(Give up)** त्यज्, परित्यज्, सन्त्यज्; हा (**c. 3.** जहाति, हातुं), विहा; उत्सृज्, विमुच्, उज्झ् (**c. 6.** उज्झति -ज्झितुं), प्रोज्झ्, प्रत्यादिश्.—**(Give one's self up to)** आसञ्ज् **in pass.** (-सज्यते **or** -सज्जते), सेव् (**c. 1.** सेवते -वितुं), आसेव्, आसक्तः -क्ता -क्तं भू, निरतः -ता -तं भू.—**(Give ground)** अपक्रम् (**c. 1.** -क्रामति -क्रमितुं), अवस्था (**c. 1.** -तिष्ठते -स्थातुं), परावत्, निवृत्.—**(Give way)** पन्थानं दा, त्यज्, अवसृ (**c. 1.** -सरति -सर्त्तुं); **'give way,'** अवसरत, पन्थानं त्यजत.—**(Give in marriage)** दा, प्रदा, उपादिश्; **'the girl is given in marriage to a husband,'** कन्या वोढुः, प्रदीयते.—**(Give thanks)** धन्यवादं कृ, धन्यं वद् (**c. 1.** वदति -दितुं), कुशलं वद्.—**(Give ear)** कर्णं दा.—**(Give power)** शक्तिं दा, क्षमताम् ऋ, नियुज् (**c. 7.** -युनक्ति -योक्तुं).—**(Give utterance)** उदीर् (**c. 10.** -ईरयति -यितुं), उच्चर (**c. 10.** -चारयति -यितुं), उदाहृ.—**(Give suck)** धे **in caus.** (धापयति -यितुं), उपधे, पा **in caus.** (पाययति -यितुं.—**(Give offence)** रुष् **in caus.** (रोषयति -यितुं), विप्रियं कृ.

***To* give, *v. a.* (Give way, sink)** सद् (**c. 1.** सीदति, सत्तुं), अवसद्.—**(Relent, be mitigated)** शम् (**c. 4.** शाम्यति, शमितुं), प्रशम्, शान्तिं **or** सान्त्वनं या (**c. 2.** याति -तुं), शान्तीभू, शिथिलीभू.—**(Recede)** अपसृ (**c. 1.** -सरति -सर्त्तुं), निवृत् (**c. 1.** -वर्त्तते -र्त्तितुं), अपया.—**(Cease)** विरम् (**c. 1.** -रमति -रन्तुं), निवृत्, शस्.—**(Give in to)** अनुज्ञा (**c. 9.** -ज्ञानाति -ज्ञातुं), अनुमन् (**c. 4.** -मन्यते -मन्तुं).

Given, *p. p.* दत्तः -त्ता -त्तं, प्रदत्तः -त्ता -त्तं, प्रत्तः -त्ता -त्तं, नीत्तः -त्ता -त्तं, निहितः -ता -तं, निक्षिप्तः -प्ता -प्तं, प्रतिपादितः -ता -तं, उपपादितः -ता -तं, विश्राणितः -ता -तं, अर्पितः -ता -तं, समर्पितः -ता -तं, वितीर्णः -र्णा -र्णं, विसर्ज्जितः -ता -तं, विसृष्टः -ष्टा -ष्टं, उपन्यस्तः -स्ता -स्तं; **'well given,'** सूत्तः -त्ता -त्तं; **'given and taken,'** दत्तादत्तः -त्ता -त्तं, दत्तापहृतः -ता -तं.—**(Given up)** त्यक्तः -क्ता -क्तं, परित्यक्तः -क्ता -क्तं, उत्सृष्टः -ष्टा -ष्टं.—**(Addicted to)** आसक्तः -क्ता -क्तं, रतः -ता -तं, निरतः -ता -तं; **'given quantity,'** दृश्यः.

Giver, *s.* दाता ***m.*** (तृ), प्रदाता, दायकः, दायी ***m.*** (न्), दानकर्त्ता ***m.*** (र्त्तृ), दाकः, दादी ***m.*** (न्), प्रदः **or** दः **in comp.,** त्यागी ***m.*** (न्); **'giver and receiver,'** दातृग्राहकौ ***m. du.,*** दातृप्रतीच्छकौ ***m. du.***

Giving, *s.* दानं, प्रदानं, सम्प्रदानं, त्यागः, वितरणं, विसर्ज्जनं.

Gizzard, *s.* कुक्कुटादीनां जठरः **or** उदरं **or** अन्तर्जठरं **or** पक्वाशयः.

Glacial, *a.* हिम्यः -म्या -म्यं, हैमः -मी -मं, हिमरूपः -पा -पं.

To* glaciate, *v. n. हिमीभू, हिमवत् संहतीभू **or** शीतीभू.

Glaciation, *s.* शीतीकरणं, शीतीभावः, हिमीकरणं, हिमसंहतिः ***f.***

Glacier, *s.* हिमपर्व्वतोत्सङ्गे सुविस्तीर्णा हिमसंहतिः.

Glacis, *s.* दुर्गवहिर्भागे प्रवणभूमिः ***f.*** **or** निम्नभूमिः **or** स्थानं क्रमशोऽधोगम्यं.

Glad, *a.* हृष्टः -ष्टा -ष्टं, प्रहृष्टः -ष्टा -ष्टं, हृष्टहृदयः -या -यं, हृष्टमानसः -सा -सं, हर्षयुक्तः -क्ता -क्तं, आनन्दी -न्दिनी -न्दि (न्), आनन्दितः -ता -तं, सानन्दः -न्दा -न्दं, प्रीतः -ता -तं, आह्लादितः -ता -तं, प्रह्लादितः -ता -तं, प्रह्लन्नः -न्ना -न्नं, तुष्टः -ष्टा -ष्टं, परितुष्टः -ष्टा -ष्टं, तृप्तः -प्ता -प्तं, प्रसादितः -ता -तं, प्रफुल्लः -ल्ला -ल्लं, उल्लसः -स -सं -सितः -ता -तं, अभिरुचितः -ता -तं, मत्तः -त्ता -त्तं.—**(Making glad)** हर्षकः -का -कं, नन्दकः -का -कं, मोदकः -का -कं, आनन्दकरः -री -रं, हर्षकरः -री -रं, सुभगः -गा -गं, रमणीयः -या -यं.

To* glad, gladden, *v. a. हृष् (**c. 10.** हर्षयति -यितुं), प्रहृष्, परिहृष्, नन्द् (**c. 10.** नन्दयति -यितुं), अभिनन्द्, ह्लाद् (**c. 10.** ह्लादयति -यितुं), आह्लाद्, प्रह्लाद्, रम् (**c. 10.** रमयति -यितुं), उल्लस् (**c. 10.** -लासयति -यितुं), तुष् (**c. 10.** तोषयति -यितुं), तृप् (**c. 10.** तर्पयति -यितुं), प्रमुद् (**c. 10.** -मोदयति -यितुं), प्री (**c. 9.** प्रीणति, **c. 10.** प्रीणयति -यितुं).

Gladdened, *p. p.* आह्लादितः -ता -तं, आनन्दितः -ता -तं, प्रमोदितः -ता -तं.

Gladdening, *a.* हर्षकः -का -कं, हर्षणः -णा -णं, हर्षकरः -री -रं, नन्दकः -का -कं, आनन्दनः -ना -नं, आनन्ददः -दा -दं, प्रीतिदः -दा -दं.

Gladder, Gladdener *s.* आनन्दकारी ***m.*** (न्), आनन्दकः, सुखदः.

Glade, *s.* जङ्गलमध्ये **or** वनमध्ये पथः, वनपथः, वनमार्गः, वृक्षावृतः पथः तरुगुल्मावृतो मार्गः.

Gladiate, *a.* खड्गाकारः -रा -रं, अस्याकारः -रा -रं, खड्गाकृतिः -तिः -ति.

Gladiator, *s.* झल्लः, मल्लः, आसिकः, असिक्रीडकः, खड्गक्रीडकः, अस्त्रक्रीडकः, नैस्त्रिंशिकः.

Gladiatorial, *a.* झल्लसम्बन्धी -न्धिनी -न्धि (न्), असिक्रीडासम्बन्धी **etc.,** आसिकः -की -कं.

Gladiature, *s.* असियुद्धं, खड्गयुद्धं, असिक्रीडा, खड्गक्रीडा.

Gladly, *adv.* सानन्दं, सहर्षं, हर्षेण, हृष्टमनसा, हृष्टवत्, साह्लादं, आह्लादेन, प्रह्लादेन, प्रमोदेन, सन्तोषेण.

Gladness, *s.* हर्षः, आनन्दः, आह्लादः, प्रह्लादः, प्रमोदः, आमोदः, हृष्टिः *f.,* मुदा, हृष्टता, प्रहृष्टता, प्रफुल्लता, उल्लासः, उल्लसत्वं, चित्तप्रसन्नता, प्रीतिः *f.,* प्रीतता, तुष्टिः *f.,* सन्तुष्टिः *f.,* मोदः, उत्सवः.

Gladsome, *a.* आनन्दी -न्दिनी -न्दि (न्), रम्यः -म्या -म्या -म्यं, सुभगः -गा -गं.

Glair, *s.* अण्डशुक्रं, अण्डगर्भपरिगतः, शुक्लरसः, अण्डपयस् *n.*

Glance, *s.* **(Of the eye)** दृष्टिपातः, दृष्टिनिपातः, नयनपातः, दृष्टिविक्षेपः, कटाक्षः, नेत्रकटाक्षः, अपाङ्गदृष्टिः *f.,* अपाङ्गदर्शनं, वीक्षितं, प्रेक्षितं, अवलोकनं, काक्षः, दृष्टिवाणः. —**(Slight view)** ईषद्दर्शनं, ईषद्दृष्टिः *f.,* अर्द्धवीक्षणं, अर्द्धदृष्टिः *f.;* **'glance in return,'** प्रतिसमीक्षणं. —**(A shoot of light)** स्फुरितं, स्फुरणं, द्युतिपातः, रश्मिः *m.*

***To* glance,** *v. n.* **(As light)** स्फुर् **(c. 6.** स्फुरति -रितुं**)**, परिस्फुर्, लस् **(c. 1.** लसति -सितुं**)**. —**(Strike lightly and pass by)** लघु हत्वा **or** ताडयित्वा अतिक्रम् **(c. 1.** -क्रामति -क्रमितुं**) or** अती **(c. 2.** अत्येति -तु, **rt.** इ**)**, द्रुतम् अतिक्रम्य घृष् **(c. 1.** घर्षति -र्षितुं**)**. —**(Glance with the eye)** दृष्टिं पत् **(c. 10.** पातयति -यितुं**) or** विक्षिप् **(c. 6.** -क्षिपति -क्षेप्तुं**)**, दृष्टिवाणं पत्, कटाक्ष **(nom.** कटाक्षयति -यितुं**)**. —**(Glance at, inspect slightly)** ईषद् दृश् **(c. 1.** पश्यति, द्रष्टुं**) or** निरीक्ष् **(c. 1.** -ईक्षते -क्षितुं**)**, अर्द्धवीक्षणं कृ.

Glancing, *part.* स्फुरन् -रन्ती -रत् (त्), लसन् -सन्ती -सत् (त्), स्फुरितः -ता -तं.

Glancingly, *adv.* लघु, ईषत्, अल्पमात्रं, सार्द्धदर्शनं, लाघवेन, तिर्य्यक्, तिरस्, वक्रगत्या.

Gland, *s.* शरीराभ्यन्तरे ग्लाण्ड्संज्ञकः पित्तश्लेष्माद्याशयो मृदुमांसपिण्डः, मांसग्रन्थिः *m.*

Glanders, *s.* अश्वानाम् उग्ररोगविशेषो यत्र नासिकारान्ध्रेण दुर्गन्धश्लेष्म **or** दुर्गन्धगलम् उत्सृज्यते.

Glandule, *s.* शरीराभ्यन्तरे श्लेष्माद्याशयो मृदुमांसपिण्डकः.

Glandulous, glandular, *a.* पूर्व्वोक्तमांसपिण्डसम्बन्धी -न्धिनी -न्धि (न्).

Glans, *s.* **(Penis)** मणिः *m.f.*

Glare, *s.* तेजस् *n.,* अतितेजस्, अतिद्युतिः *f.,* द्युतिः *f.,* अतिप्रभा, भाः *f.,* (स्), दृष्टिसन्तापका द्युतिः, नयनोपघातिनी प्रभा, हेतिः *f.,* उज्ज्वलद्युतिः *f.,* प्रखरदीप्तिः *f.,* खरदीप्तिः *f.* —**(Fierce look)** उग्रदृष्टिः *f.,* तीक्ष्णदृष्टिः, कोपज्वलिता दृष्टिः.

***To* glare,** *v. n.* अतितेजसा द्युत् **(c. 1.** द्योतते -तितुं**)**, उज्ज्वल् **(c. 1.** -ज्वलति -लितुं**)**, ज्वल् **in freq.** (जाज्वल्यते), दीप् **in freq.** (देदीप्यते), अतितेजसा दृष्टिं सन्तप् **(c. 10.** -तापयति -यितुं**) or** उपहन् **(c. 2.** -हन्ति -न्तुं**)**, स्फुर् **(c. 6.** स्फुरति -रितुं**)**. —**(Look with fierce eyes)** तीक्ष्णदृष्टिं **or** कोपज्वलितां दृष्टिं पत् **(c. 10.** -पातयति -यितुं**)**, रोपप्रदीप्ताक्षः -क्षा -क्षं भू.

Glareous, *a.* अण्डशुक्लसगुणः -णा -णं, अण्डशुक्लधर्म्मा -र्म्मा -र्म्म (न्).

Glaring, *part.* **or** *a.* अतितैजसः -सी -सं, उज्ज्वलः -ला -लं, अतिद्योती -तिनी -ति (न्) अतितेजसा दृष्टिसन्तापकः -का -कं **or** नयनोपघाती -तिनी -ति (न्), भास्वान् -स्वती -स्वत् (त्), कार्शानवः -वी -वं. —**(Clear, notorious)** सर्व्वप्रकाशः -शा -शं, सुप्रकाशः -शा -शं, पुरः स्फुरन् -रन्ती -रत् (त्); **'having eyes glaring with anger,'** रोपदीप्ताक्षः -क्षा -क्षं.

Glaringly, *adv.* सुप्रकाशं, सर्व्वप्रकाशं, सर्व्वप्रसिद्धं, अतितेजसा.

Glass, *s.* **(Transparent substance formed by fusing sand with alkalies)** काचः, क्षारः, सिक्ष्यं, अभ्रं -भ्रकं, स्फटिकः. —**(Glass drinking-vessel)** काचभाजनं, काचपात्रं, काचकूपी, पलिघः, पुलकः, पारी; **'glass jar,'** काचघटी. —**(Looking-glass, mirror)** दर्पणः, मुकुरः, आदर्शः.

Glass, *a.* काचमयः -यी -यं, काचनिर्म्मितः -ता -तं, काच **in comp.**

***To* glass,** *v. a. See to* **glaze.**

Glass-blower, *s.* काचधमकः, क्षारधमकः, काचध्माकारः, काचनिर्म्माणकृत्.

Glassful, *s.* काचपात्रपूरणं, काचभाण्डभरकः, काचभाण्डपूरकः.

Glass-grinder, *s.* काचपरिष्कारकः, काचमार्ज्जकः, काचतेजस्कारी *m.* (न्).

Glass-house, *s.* काचनिर्म्माणशाला, क्षारनिर्म्माणगृहं, काचशाला.

Glassiness, *s.* स्वच्छता, प्रसन्नता, प्रसत्तिः *f.,* विमलता, श्लक्ष्णता.

Glass-like, *a.* काचोपमः -मा -मं, काचसगुणः -णा -णं.

Glass-man, *s.* काचविक्रेता *m.* (तृ), काचद्रव्यविक्रयी *m.* (न्), काचव्यवसायी *m.* (न्).

Glass-work, *s.* काचनिर्म्माणं, काचनिर्म्माणशिल्पं, काचकर्म्म *n.* (न्).

Glassy, *a.* काचोपमः -मा -मं, काचवत्प्रसन्नः -न्ना -न्नं, काचवद्विमलः -ला -लं, स्वच्छः -च्छा -च्छं, स्फटिकप्रभः -भा -भं, श्लक्ष्णः -क्ष्णा -क्ष्णं.

Glaucous, *a.* समुद्रवर्णः -र्णा -र्णं, श्यामहरित् *m.f.n.,* घननीलः -ला -लं.

Glave, ***s.*** पृथुपत्रः खड्गः, कृपाणः, निस्त्रिंशः, असिः ***m.***

To **glaze,** ***v. a.*** काच (**nom.** काचयति -यितुं), काचेन आच्छद् (**c. 10.** -छादयति -यितुं), काचान्वितं -तां -तं कृ, काचोपेतं -तां -तं कृ.—**(Make smooth)** श्लक्ष्ण (**nom.** श्लक्ष्णयति -यितुं), स्निग्धीकृ, श्लक्ष्णीकृ.

Glazed, ***p. p.*** काचितः -ता -तं, काचान्वितः -ता -तं. काचाछादितः -ता -तं.

Glazier, ***s.*** काचव्यवसायी ***m.*** (न्), काचबन्धकः, काचबन्धा ***m.*** (न्धृ).

Glazing, ***s.*** काचबन्धनं, काचाछादनं, काचकर्म्म ***n.*** (न्).

Gleam, ***s.*** **(Sudden shoot of light)** द्युतिस्फुरणं, स्फुरितं, अकस्मात्स्फुरणं, प्रभास्फुरणं, क्षणप्रभा, क्षणद्युतिः ***f.,*** क्षणज्योतिस् ***n.,*** अचिरप्रभा, अचिरद्युतिः ***f.,*** अकस्माद्दीप्तिः ***f.,*** द्युतिज्वाला. —**(Beam)** रश्मिः ***m.,*** क्लिरणः, अंशुः ***m.***—**(Brightness)** उज्ज्वलता, प्रभा, तेजस् ***n.***

To **gleam,** ***v. n.*** स्फुर् (**c. 6.** स्फुरति -रितुं), प्रस्फुर्, परिस्फुर्, लस् (**c. 1.** लसति -सितुं), विद्युत् (**c. 1.** -द्योतते -तितुं), अकस्मात् **or** क्षणमात्रं प्रकाश् (**c. 1.** -काशते -शितुं) **or** ज्वल् (**c. 1.** ज्वलति -लितुं) **or** उज्ज्वल्.

Gleaming, ***part.*** स्फुरन् -रन्ती -रत् (त), लसन् -सन्ती -सत् (त्), स्फुरितः -ता -तं.

Gleamy, ***a.*** क्षणमात्रद्योतमानः -ना -नं, क्षणप्रभः -भा -भं, कम्पितप्रभः -भा -भं, चञ्चलप्रभः -भा -भं, चञ्चलद्योती -तिनी -ति (न्), प्रकाशमानः -ना -नं, उज्ज्वलः -ला -लं.

To **glean,** ***v. a.*** **and** ***n.*** उञ्छ् (**c. 1. 6.** उञ्छति -ञ्छितुं), शिल् **or** सिल् (**c. 6.** शिलति, सिलति -लितुं), ध्रस् **or** उध्रस् (**c. 9.** ध्रस्नाति, **c. 10.** ध्रासयति, उध्रस्नाति उध्रासयति -यितुं), शेषधान्यानि **or** शस्यशेषं **or** अवशिष्टकणिशान् **or** लूनशस्यावशिष्टं चि (**c. 5.** चिनोति, चेतुं) **or** अवचि **or** उद्धृ (**c. 1.** -हरति -हर्त्तुं) **or** हृ **or** सङ्ग्रह् (**c. 9.** गृह्णाति -ग्रहीतुं).

Glean, ***s.*** धान्यशेषं, अवशिष्टकणिशसङ्ग्रहः, शेषधान्यसञ्चयः, लूनशस्यावशिष्टं.

Gleaned, ***p. p.*** हृतधान्यशेषः -षा -षं, हृतशस्यावशेषः -षा -षं, उद्धृतसर्व्वकणिशः -शा -शं, सङ्गृहीतसर्व्वशस्यः -स्या -स्यं.

Gleaner, ***s.*** शिलोञ्छवृत्तिः ***m.f.,*** उञ्छवृत्तिः ***m.f.,*** उञ्छशीलः -ला -लं, शिलोञ्छकारी ***m.*** (न्), शेषधान्यसङ्ग्राहकः, अवशिष्टकणिशसञ्चयी ***m.*** (न्), उच्छिष्टशस्यावचायी ***m.*** (न्).

Gleaning, ***s.*** **(The act)** उञ्छः, उञ्छनं, शिलोञ्छः, उञ्छशिलं, उञ्छसिलं, शिलोञ्छवृत्तिः ***f.,*** उञ्छवृत्तिः ***f.,*** शिलं, ऋतं, कटभङ्गः, अवशिष्टशस्यसङ्ग्रहः -हणं, लूनक्षेत्रशेपधान्यावचयः उच्छिष्टकरिणशचयः, शस्यशेपापहरणं, धान्यश आदानं.—**(That which is gleanded)** शस्यशेयं, शस्यावशिष्टं, लूनशस्योच्छिष्टं, लूनकेदारशेषधान्यानि ***n. pl.,*** कणिशावशेषः.

Glebe, ***s.*** **(Soil, ground)** मृद् ***f.,*** मृत्तिका, स्थलं -ली, भूमिः ***f.,*** लोष्टं, मृल्लोष्टं.—**(Land belonging to a beneficed clergyman)** धर्म्माव्यापकभूमिः ***f.,*** धर्म्माध्यापकक्षेत्रं.

Gleby, ***a.*** मृल्लोष्टमयः -यी -यं, मृत्पूर्णः -र्णा -र्णं, मार्त्तिकः -की -कं.

Glee, ***s.*** हर्षः, आह्लादः, प्रह्लादः, आनन्दः, मुदा, प्रमोदः, आमोदः, मदः, उल्लासः, उत्सवः, महोत्सवः.

Gleeful, ***a.*** हृष्टः -ष्टा -ष्टं, आनन्दी -न्दिनी -न्दि (न्), हृष्टचित्तः -त्ता -त्तं

To **gleek,** ***v. n.*** अवक्षिप् (**c. 6.** -क्षिपति -क्षेप्तुं), अवहस् (**c. 1.** -हसति -सितुं).

Gleet, ***s.*** मूत्रमार्गरोगः, मूत्रमार्गदोषः, मेहविकारः, प्रमेहविकारः, इक्षुमेहः मूत्रमार्गनिर्गतं पूयशोणितं, धातुप्रस्रावः.

To **gleet,** ***v. n.*** शनैर् मूत्रमार्गात् सु (**c. 1.** स्रवति, स्रोतुं) **or** प्रस्रु.

Glen, ***s.*** दरी -रा, कन्दरः -री, दरीभूः ***f.,*** अद्रिद्रोणी, निम्नभूमिः ***f.,*** प्रान्तरं.

Glene, ***s.*** अक्षिपात्रं, अक्षिरन्ध्रं, नयनपात्रं, नयनकोष्ठः.

Glib, ***a.*** **(Smooth, slippery)** स्निग्धः -ग्धा -ग्धं, श्लक्ष्णः -क्ष्णा -क्ष्णं, चिक्कणः -णा -णं.—**(In speech)** वाग्द्रुतः -ता -तं, वाक्चपलः -ला -लं, द्रुतवाक् ***m.f.n.,*** वाक्क्षिप्रः -प्रा -प्रं, वाक्पटुः -टुः -टु, त्वरितवाक् ***m.f.n.***

To, glib ***v. a.*** **(Castrate)** वृषणद्वयम् उत्कृत् (**c. 6.** -कृन्तति -कर्त्तितुं).—**(Make smooth)** श्लक्ष्ण (**nom.** श्लक्ष्णयति -यितुं).

Glibly, ***adv.*** द्रुतं, श्लक्ष्णं, क्षिप्रं, वाक्चापल्येन, द्रुतवाचा, अविलम्बितं. अस्खलितवाक्येन, अस्खलितं.

Glibness, ***s.*** **(Smoothness)** श्लक्ष्णता, स्निग्धता, चिक्कणत्वं. —**(In speech)** वाक्चापल्यं, वाग्द्रुतता, वाक्क्षिप्रता, वाक्पटुता, वाक्सरणिः ***f.***

To **glide,** ***v. n.*** सृप् (**c. 1.** सर्पति, सप्तुं), प्रसृप्, विसृप्, संसृप्, विसृ (**c. 1.** -सरति -सर्त्तुं), प्रसृ, संसृ, चल् (**c. 1.** चलति -लितुं).—**(As a river)** सु (**c. 1.** स्रवति, स्रोतुं), प्रस्रु, स्यन्द् (**c. 1.** स्यन्दते -न्दितुं), प्रस्यन्द्, री (**c. 4.** रीयते, रेतुं).—**(Move slowly)** शनैः शनैः सृ **or** चल्.

Glide, ***s.*** सर्पणं, संसर्पः, विसर्पणं, विसारः, स्रवः -वणं, प्रस्रवणं.

Glider, ***s.*** विसर्पी ***m.*** (न्), संसर्पी ***m.*** विसारी ***m.*** (न्), विसर्पणकृत् ***m.***

Gliding, ***part.*** विसर्पन्, -र्पन्ती -र्पत् (त्), विसर्पी -र्पिणी -र्पि (न्), संसर्पी **etc.,** विसारी -रिणी -रि (न्), प्रसारी **etc.,** विमृत्वरः -रा -रं, सवन् -वन्ती -वत् (त्), स्यन्दी -न्दिनी -न्दि (न्); **'in the air,'** वियति -विसर्पी **etc.**

Gliding, ***s.*** सर्पणं, विसर्पः -र्पणं, संसर्पः -र्पणं, विसारः, संसृतिः

f., सवः -वणं, शनैः सरणं; **'in the air,'** खसर्पणं, वियति -विसर्पणं; **'gliding up,'** उत्सर्पणं.

Glidingly, ***adv.*** द्रुतं, अविलम्बितं, शनैः शनैः, विसृत्वरं.

Gliff, ***s.*** ईषद्दर्शनं, ईषद्दृष्टिः ***f.***, अर्द्धवीक्षणं, अर्द्धदृष्टिः ***f.***

Glike, ***s.*** अवहासः, अवक्षेपः, तिरस्कारः, गर्हा, अवज्ञा.

Glim, ***s.*** दीपः -पकः, दीपिका, प्रदीपः, दीपद्युतिः ***f.***

To* glimmer,** ***v. n. मन्दतेजसा **or** मन्दप्रभया दीप् **(c. 4.** दीप्यते, दीपितुं) **or** प्रकाश् **(c. 1.** -काशते -शितुं) **or** द्युत् **(c. 1.** द्योतते -तितुं), ईषत् **or** मन्दं द्युत् **or** स्फुर् **(c. 6.** स्फुरति -रितुं), प्रस्फुर्, ईषत्स्फुरणं कृ, मन्दप्रभः -भा -भं भू, पाण्डुकिरणान् पत् **(c. 10.** पातयति -यितुं).

Glimmer, ***s.*** मन्दतेजस् ***n.***, मन्दद्युतिः ***f.***, मन्दप्रभा, मन्ददीप्तिः ***f.***, स्फुरणं, स्फुरितं, ईषत्स्फुरणं, ईषत्प्रभा, पाण्डुप्रभा.

Glimmering, ***part.*** ईषत्स्फुरितः -ता -तं, मन्दप्रभः -भा -भं, मन्दछायः -या -यं, मन्दतेजाः -जाः -जः (स्), पाण्डुद्युतिः -तिः -ति, पाण्डुरश्मिः -श्मिः -श्मि, पाण्डुकिरणः -णा -णं.

Glimpse, ***s.*** **(Short or slight view)** ईषद्दर्शनं, ईषद्दृष्टिः ***f.***, अर्द्धदृष्टिः ***f.***, अर्द्धवीक्षणं, क्षणदर्शनं, अचिरदर्शनं, मुहूर्त्तदर्शनं. **—(Flash)** क्षणप्रभा, अचिरप्रभा.

To* glisten,** ***v. n. द्युत् **(c. 1.** द्योतते -तितुं), स्फुर् **(c. 6.** स्फुरति -रितुं).

Glistening, ***part.*** **or** ***a.*** स्फुरन् -रन्ती -रत् (त्), स्फुरितः -ता -तं.

To* glister,** ***v. n. See to **glisten.**

To* glitter,** ***v. n. द्युत् **(c. 1.** द्योतते -तितुं), प्रकाश् **(c. 1.** काशते -शितुं), स्फुर् **(c. 6.** स्फुरति -रितुं), दीप् **(c. 4.** दीप्यते, दीपितुं), राज् **(c. 1.** राजति -ते -जितुं), भा **(c. 2.** भाति -तुं), भ्राज् **(c. 1.** भ्राजति -जितुं), विभ्राज्, भास् **(c. 1.** भासते -सितुं), आभास्, प्रभास्, अवभास्, चकास् **(c. 2.** चकास्ति, चकासितुं), रुच् **(c. 1.** रोचते -चितुं), वर्चस् **(nom.** वर्चायते).

Glitter, ***s.*** द्युतिः ***f.***, दीप्तिः ***f.***, प्रभा, तेजस् ***n.***, ज्योतिस् ***n.***, कान्तिः ***f.***, रुचिः ***f.***, द्युतिमत्त्वं, दीप्तिमत्त्वं, आभा, वर्चस् ***n.***, छविः ***f.***, छाया, उज्ज्वलता.

Glittering, ***part.*** **or** ***a.*** द्योती -तिनी -ति (न्), द्योतमानः -ना -नं, दीप्तिमान् -मती -मत् (त्), प्रभावान् -वती -वत् (त्), देदीप्यमानः -ना -नं, तेजोमयः -यी -यं, प्रकाशमानः -ना -नं, वर्चस्वी -स्विनी -स्वि (न्), धौतः -ता -तं, उज्ज्वलः -ला -लं, कान्तिमान् -मती -मत् (त्), सितः -ता -तं, स्फुरितप्रभः -भा -भं.

Glitteringly, ***adv.*** दीप्त्या, तेजसा, वर्चसा, स्फुरत्तेजसा, स्फुरितं, उज्ज्वलं.

To* gloat,** ***v. n. अत्यभिलापात् **or** अतलोभाद् विवृताक्षो निरीक्ष् **(c. 1.** -ईक्षते -क्षितुं) **or** शून्यदृष्ट्या निरीक्ष् **or** विवृतनयनः -ना -नं भू.

Gloating, ***part.*** **or** ***a.*** अतिलोभेन विवृताक्षः -क्षी -क्षं, लोभोत्फुल्लनयनः -ना -नं, अत्यभिलापात शून्यदृष्टिः -ष्टिः -ष्टि.

Globate, globated, ***a.*** गोलाकारः -रा -रं, गोलाकृतिः -तिः -त, मण्डलाकारः -रा -रं, वर्त्तुलः -ला -लं, वर्त्तुलाकृतिः -तिः -ति, मण्डली -लिनी -लि (न्).

Globe, ***s.*** **(A sphere)** गोलः -ला -लं, -लकः, मण्डलं, परिमण्डलं, वर्त्तुलः, निधः चक्रं. **—(Earth)** भूगोलः, भूमण्डलं, क्षितिमण्डलं, अवनिमण्डलं, इलागोलं, ब्रह्माण्डः.

To* globe,** ***v. a. गोलीकृ, एकमण्डलीकृ, परिमण्डलीकृ, वर्त्तुलीकृ.

Globose, Globous, ***a.*** मण्डली -लिनी -लि (न्), वर्त्तुलः -ला -लं.

Globosity, ***s.*** गोलत्वं, गोलाकारत्वं, वर्त्तुलता, मण्डलत्वं, परिमण्डलता.

Globular, ***a.*** गोलाकारः -रा -रं, गोलाकृतिः -तिः -ति, मण्डलाकारः -रा -रं, मण्डली -लिनी -लि (न्), पर्त्तुलः -ला -लं, वृत्तः -त्ता -त्तं, गुडः -डा -डं, वटी -टिनी -टि (न्), निस्तलः -ला -लं.

Globularly, ***adv.*** गोलवत्, मण्डलवत्, गोलाकारेण, मण्डलरूपेण, वर्त्तुलं.

Globule, ***s.*** गुलिका, गुली, विन्दुः ***m.***, अणुः ***m.***, रेणुः ***m.f.***, परमाणुः ***m.***, क्षुद्रगोलः.

Globy, ***a.*** मण्डलाकारः -रा -रं, गोलाकारः -रा -रं, वर्त्तुलः -ला -लं.

To* glomerate,** ***v. a. गोलीकृ, मण्डलीकृ, परिमण्डल **(nom.** परिमण्डलयति -यितुं), वर्त्तुलीकृ, पिण्डीकृ, एकौघीकृ, एकत्र कृ.

Glomerate, glomerated ***a.*** **or** ***p. p*** पिण्डलीभूतः -ता -तं, एकौघीभूतः -ता -तं, एकगोलीकृतः -ता -तं, एकत्रीभूतः -ता -तं.

Glomeration, ***s.*** **(The act)** पिण्डीकरणं, राशीकरणं. **—(A collection)** राशिः ***m. f.***, पिण्डः, ओघः, सन्निपातः, सञ्चयः.

Glomerous, ***a.*** पिण्डी -ण्डिनी -ण्डि (न्), पिण्डितः -ता -तं, पिण्डाकृतिः -तः -ति.

Gloom, ***s.*** अवतसं, अन्धकारः ईषदन्धकारः, तमस् ***n.***, तिमिरं, तमिस्रं, तामिस्रं, तमसं, निष्प्रभता, सान्धकारता, ध्वान्तं, अन्धं, भूच्छाया.

To* gloom,** ***v. n. तिमिरीभू, अन्धीभू, तमस्वी -स्विनी -स्वि भू.

To* gloom,** ***v. a. तिमिर **(nom.** तिमिरयति -यितुं), तिमिरीकृ, कलुषीकृ.

Glommily, ***adv.*** **(Dimly)** सावतमसं, सान्धकारं, निष्प्रभं, अप्रकाशं.—**(Not cheerfully)** सविषादं, सावसादं, विषणमनसा, सोद्वेगं.

Gloominess, ***s.*** अपतमसं, ईषत्तिमिरं, ईषत्तमस्विता, निष्प्रभता, अप्रकाशत्वं, सान्धकारत्वं.—**(Of mind)** विषादः, विषणता, अवसन्नता, चित्तोद्वेगः, निरानन्दता.

Gloomy, ***a.*** तमस्वी -स्विनी -स्वि (न्), ईषत्तमस्वी **etc.**, तामसः -सी -सं, ईषत्तामसः -सी -सं, ईषदन्धकारः -रा -रं, सान्धकारः -रा -रं, सतिमिरः -रा -रं, तमोयुक्तः -क्ता -क्तं, तमस्कल्पः -ल्पा -ल्पं, तमोवृतः -ता -तं, तमोमयः -यी -यं, निष्प्रभः -भा -भं **or** निः प्रभः, निरालोकः -का -कं, अप्रकाशः -शा -शं, अस्पष्टः -ष्टा -ष्टं, अप्रभः -भा -भं, मलिनप्रभः -भा -भं, दुर्दुर्शः, -र्शा -र्शं, मलिनः -ला -लं, अरोकः -का -कं, विगतः -ता -तं.—**(Dejected, melancholy)** विषणः -णा -णं, अवसन्नः -न्ना -न्नं, दीनचेतनः -ना -नं, निरानन्दः -न्दा -न्दं, म्लानः -ना -नं.

Glorification, ***s.*** **(Act of giving glory)** गुणप्रशंसा-सनं, गुणोत्कीर्त्तनं, उत्कीर्त्तनं, यशःकीर्त्तनं, अनुकीर्त्तनं, यशोवर्णना, स्तुतिवादः, गुणश्लाघा, धन्यवादः, वन्दना, प्रशंसाकरणं. —**(Elevation to glory)** ऊर्द्ध्वगतिः ***f.***, स्वर्गारोहणं, स्वर्गगतिः ***f.***, परमपदप्राप्तिः ***f.***

Glorified, ***p. p.*** उत्कीर्त्तितः -ता -तं, प्रशंसितः -ता -तं, कृतधन्यवादः -दा -दं.—**(Elevated to glory)** ऊर्द्ध्वगतः -ता -तं, स्वर्गारूढः -ढा -ढं.

To **glorify,** ***v. a.*** गुणान् कृत् **(c. 10.** कीर्त्तयति -यितुं) **or** उत्कृत्, प्रशंस् **(c. 1.** -शंसति -सितुं), श्लाघ् **(c. 1.** श्लाघते -घितुं), स्तु **(c. 2.** स्तौति, स्तोतुं), धन्यं वद् **(c. 1.** वदति -दितुं), धन्यवादं कृ, यशः **or** कीर्त्तिं **or** महिमानं वर्ण् **(c. 10.** वर्णयति -यितुं) **or** प्रकाश् **(c. 10.** -काशयति -यितुं). —**(Elevated to celestial glory)** स्वर्गम् आरुह् **in caus.** (-रोपयति -यितुं), परमपदं प्राप् **in caus.** (-आपयति -यितुं).

Glorious, ***a.*** **(Illustrious)** महायशाः -शाः -शः (स्), कीर्त्तिमान् -मती -मत् (त्), यशस्वी -स्विनी -स्वि (न्) यशस्वान् -स्वती -स्वत् (त्), महोदयः, -या -यं, श्रीमान् -मती -मत् (त्), विश्रुतः -ता -तं, ख्यातः -ता -तं.—**(Of great splendour)** प्रतापवान् -वती -वत् (त्), प्रतापी -पिनी -पि (न्), तेजोमयः -यी -यं, तेजस्वी -स्विनी -स्वि (न्), ओजस्वी **etc.**, वर्च्चस्वी **etc.**, सुप्रभः -भा -भं, अतिशोभनः -ना -नं, तैजसः -सी -सं.—**(Excellent, noble)** उत्कृष्टः -ष्टा -ष्टं, उत्तमः -मा -मं, प्रशस्तः -स्ता -स्तं, **'conferring glory,'** यशस्करः -री -रं, कीर्त्तिकरः -री -रं.

Gloriously, ***adv.*** प्रतापेन, सप्रतापं, सुप्रभं, उत्कृष्टं, उत्तमं, प्रशस्तं.

Glory, ***s.*** **(Splendour)** तेजस् ***n.***, द्युतिः ***f.***, वृहद्युतिः ***f.***, प्रतापः, तेजस्विता, ओजस्विता, प्रभा, शोभा, उज्ज्वलता.—**(Praise)** प्रशंसा, श्लाघा, स्तुतिः ***f.***, स्तुतिवाक्यं, स्तोत्रं.—**(Honour)** मानं, पूजा.—**(Fame, renown)** कीर्त्तिः ***f.***, यशस् ***n.***, ख्यातिः ***f.***, सुख्यातिः ***f.***, विश्रुतिः ***f.***, कीर्त्तनं, प्रथा, प्रतिपत्तिः ***f.***, महिमा ***m.*** (न्), जनोदाहरणं.—**(Celestial bliss)** स्वर्गगतिः ***f.***, स्वर्गभोगः, सद्गतिः ***f.***, परमागतिः ***f.***, परमपदं, अपवर्गः, सिद्धिः ***f.***, मोक्षः.—**(Of victory)** जयश्रीः.—**(Vain-glory)** आत्मश्लाघा, दर्पः, गर्व्वः, अहङ्कारः, विकत्था.

To **glory,** ***v. n.*** **(Boast)** आत्मानं श्लाघ् **(c. 1.** श्लाघते -घितुं), दृप् **(c. 4.** दृप्यति, द्रप्तुं), गर्व्व् **(c. 1.** गर्व्वति -र्व्वितुं), विकत्थ् **(c. 1.** -कत्थते -त्थितुं), दम्भं कृ.—**(Exult)** अत्यन्तं नन्द् **(c. 1.** नन्दति -न्दितुं) **or** आनन्द्.

Glorying, ***s.*** आत्मश्लाघा, विकत्था, अहङ्कारः, दर्पः, दम्भः, दर्पकरणं.

Gloss, ***s.*** **(Comment)** टीका, भास्यं, भाष्यं, व्याख्या, विवरणं, वार्त्तिकं, टिप्पनी.—**(Superficial lustre)** वाह्यशोभा, कल्पितशोभा, वाह्यस्निग्धता, वाह्यकान्तिः ***f.***, वाह्यरुचिः, ***f.***, आभा, छविः ***f.***

To **gloss,** ***v. a.*** **and** ***n.*** **(Explain write a comment)** टीकया व्याख्या **(c. 2.** -ख्याति -तुं) **or** व्याकृ **or** स्पष्टीकृ **or** व्याहृ **(c. 1.** -हरति -हर्त्तुं), टीकां लिख् **(c. 6.** लिखति, लेखितुं), टीकां कृ.—**(Give a superficial lustre)** वाह्यशोभां दा, वाह्यकान्तिं दा, स्निग्धीकृ, उपरिभागं शुभ् **(c. 10.** शोभयति -यितुं).

Glossarial, ***a.*** शब्दकोषविषयकः -का -कं, परिभाषाप्रकाशकः -का -कं.

Glossarist, glossator, glosser, ***s.*** शब्दकोपलेखकः, शब्दसङ्ग्रहकारी ***m.*** (न्), कौशिकः, निर्वचनकृत् ***m.***

Glossary, ***s.*** कोषः, शब्दकोषः, शब्दसङ्ग्रहः, शब्दग्रन्थः, शब्दजालं, निर्वचनं, निघण्टुः ***m.***, अभिधानं, परिभाषाप्रकाशको ग्रन्थः.

Glossiness, ***s.*** वाह्यशोभा, वाह्यकान्तिः ***f.*** वाह्यरुचिः ***f.***, स्निग्धता, स्नैग्ध्यं, चिक्कणता, कल्पितशोभा.

Glossographer, ***s.*** टीकालेखकः, भाष्यलेखकः, टिप्पनीलेखकः.

Glossography, ***s.*** टीकालेखनं, शब्दकोषलेखनं, शब्दकोपषचनं.

Glossy, ***a.*** स्निग्धः -ग्धा -ग्धं, चिक्कणः -ण -णं, श्लक्ष्णः -क्ष्णा -क्ष्णं, वहिर्भागे शोभनः -ना -नं **or** रुचिरः -रा -रं **or** तेजितः -ता -तं, **or** परिष्कृतः -ता -तं.

Glottis, ***s.*** उपजिह्वा, प्रतिजिह्वा, अलिजिह्वा.

Glove, ***s.*** हस्ताच्छादनं, हस्तत्राणं, हस्तपरिधानं, पाणिवस्त्रं, पाणिवेष्टनं, करवेष्टनं, हस्ताभरणं.

To **glove,** ***v. a.*** हस्तं पूर्व्वोक्तवस्त्रेण आच्छद् **(c. 10.** -छादयति -यितुं).

Glover, *s.* हस्ताच्छादनकृत् *m.*, पाणिवस्त्रविक्रयी *m.* (न्).

To **glow,** *v. n.* दीप् (c. 4. दीप्यते, दीपितुं) or in freq. (देदीप्यते) ज्वल् (c. 1. ज्वलति -लितुं), दह् (c. 4. दह्यति, दग्धुं or in pass. दह्यते), तप् in pass. (तप्यते or c. 1. तपति, तप्तुं), सन्तप्, प्रतप्, अभितप्.—(Become red) अरुणीभू, रक्तीभू, रञ्ज् in pass. (रज्यते), संरञ्ज्; 'the east glows,' प्राची संरज्यते.

Glow, *s.* तापः, उत्तापः, दीप्तिः *f.*, तेजस्, द्युतिः *f.*, दाहः, चण्डता, उष्णता, उज्ज्वलता.—(Redness of colour) रक्तता, अरुणिमा *m.* (न्), रागः; 'glow in the cheek,' कपोलरागः, मुखरागः.

Glowing, *part.* or *a.* दीप्तः -प्ता -प्तं, दीप्यमानः -ना -नं, देदीप्यमानः -ना -नं, तप्तः -प्ता -प्तं, सन्तप्तः -प्ता -प्तं, अभितप्तः -प्ता -प्तं, उत्तप्तः -प्ता -प्तं, तापी -पिनी -पि (न्), तैजसः -सी -सं, चण्डः -ण्डा -ण्डं, प्रचण्डः -ण्डा -ण्डं, उज्ज्वलः -ला -लं, ज्वाली -लिनी -लि (न्) दह्यमानः -ना -नं; 'glowing with anger,' रोषप्रदीपितः -ता -तं, कोपज्वलितः -ता -तं; 'having glowing cheeks,' रक्तकपोलः -ला -लं; 'having glowing eyes,' दीप्ताक्षः -क्षा -क्षं.

Glowingly, *adv.* तापेन, उत्तापेन, तेजसा, दीप्त्या, प्रचण्डं, उष्णं.

Glow-worm, *s.* प्रभाकृमिः *m.*, प्रभाकीटः, द्युतिमत्कीटः, खद्योतः.

To **gloze,** *v. a.* लल् (c. 10. लालयति -यितुं), सान्त्व् (c. 10. सान्त्वयति -यितुं).

Gloze, *s.* लालनं, सान्त्वनं -ना, सान्त्ववाक्यं, चाटुः *m.*, मधुरवाक्यं.

Glozer, *s.* लाली *m.* (न्), सान्त्ववादः, चांटुकारः, चाटुवादी *m.* (न्).

Glue, *s.* लेपः, विलेपः, संलग्नीकरणार्थम् अतिश्यानद्रव्यं, सुधा.

To **glue,** *v. a.* पूर्व्वोक्तलेपद्वारेण संलग्नीकृ or संयुज् (c. 7. -युनक्ति -योक्तुं) or संश्लिष् (c. 10. -श्लेषयति -यितुं).

Glued, *p. p.* संलग्नीकृतः -ता -तं, संयुक्तः -क्ता -क्तं, संश्लिष्टः -ष्टा -ष्टं.

Gluey, *a.* श्यानः -ना -नं, सान्द्रः -न्द्रा -न्द्रं, चिक्कणः -णा -णं.

Glum, *a.* वक्रभावः -वा -वं, सदावक्रः -क्रा -क्रं, प्रतीपः -पा -पं.

To **glut,** *v. a.* (Satiate) अत्यन्तं तृप् (c. 10. तर्पयति -यितुं) or सन्तृप् or पृ in caus. (पूरयति -यितुं) or परिपृ, अतितृप्तिं or अतिसौहित्यं जन् (c. 10. जनयति -यितुं).—(Swallow, gorge) ग्रस् (c. 1. ग्रसते -सितुं), उपग्रस्, गृ (c. 6. गिरति, गरितुं -रीतुं).

Glut, *s.* (More than enough) आतिरेक्यं, अतिरिक्तता, आधिक्यं, आतिशय्यं, उत्सेकः, उद्रेकः, उद्वर्त्तः.—(Too great plenty) अतिबाहुल्यं.—(Satiety) अतितृप्तिः *f.*, अतिसौहित्यं.

To **glutinate,** *v. a.* लेपद्वारेण संलग्नीकृ or संयुज् (c. 7. -युनक्ति -योक्तुं).

Glutination, *s.* लेपादिना संलग्नीकरणं or संयोजनं or संश्लेषणं.

Glutinous, *a.* श्यानः -ना -नं, चिक्कणः -णा -णं, सान्द्रः -न्द्रा -न्द्रं, स्निग्धः -ग्धा -ग्धं, संलग्नशीलः -ला -लं, अनुलग्नशीलः -ला -लं.

Glutinousness, *s.* श्यानता, सान्द्रता, स्निग्धता, स्नैग्ध्यं, संलग्नशीलता।

Glutted, *p. p.* अतितृप्तः -प्ता -प्तं, अतिपूरितः -ता -तं, अतिपूर्णः -र्णा -र्णं.

Glutton, *s.* अत्याहारी *m.* (न्), अपरिमिताहारी *m.*, अत्यन्तभोजी *m.* (न्), कुक्षिम्भरिः *m.* उदरम्भरिः *m.* औदरिकः, अतिलोभी *m.* (न्), गृध्रजनः, सत्वरभुक् *m.* वर्व्विः *m.*,

To **gluttonize,** *v. n.* अत्यन्तं भुज् (c. 7. भुंक्ते, भोक्तुं), अत्याहारं कृ, गृध (c. 3. गृध्यति, गर्धितुं), अतिभोजनं कृ.

Gluttonous, gluttonish, *a.* अत्याहारी -रिणी -रि (न्), बह्वाशी -शिनी -शि (न्), अतिभोजी -जिनी -जि (न्), अतिवुभुक्षुः -क्षुः -क्षु, बहुभोक्ता -क्ती -क्तृ (क्तृ), अपरिमिताहारी etc., भक्षकः -का -कं, घस्मरः -रा -रं, अद्मरः -रा -रं, प्रघसः -सा -सं, कुक्षिम्भरिः -रिः -रि, उदरम्भरिः -रिः -रि, देहम्भरः -री -रं, औदरिकः -की -कं, लोलुभः -भा -भं, गृध्रः -ध्रा -ध्रं, गर्धी -र्धिनी -र्धि (न्), लोलः -ला -लं, आद्यूनः -ना -नं.

Gluttionously, *adv.* अत्याहारेण, गृध्रजनवत्, औदरिकवत्, सातिभोजनं

Gluttony, *s.* अत्याहारः, अतिभोजनं, अतिबुभुक्षा, अधिकभोजनं, अपरिमिताहारः, घस्मरता, गृध्रता, लोलता, लौल्यं, अतृप्तिः *f.*, उदरभरणं.

Glyph, *s.* गृहनिर्म्माणे स्तम्भोपरि रेखाकारेण तक्षितोऽलङ्कारः.

Glyptography, *s.* रत्नोपरि तक्षणशिल्पं or तक्षणकर्म्म *n.* (न्) or लिखनं.

To **gnarl,** *v. n.* गर्ज् (c. 1. गर्जति -र्जितुं), रै (c. 1. रायति, रातुं), घुर्घुरां कृ.

Gnarled, *a.* ग्रन्थिलः -ला -लं, बहुग्रन्थिः -न्थिः -न्थि, पर्व्वविशिष्टः -ष्टा -ष्टं.

To **gnash,** *v. a.* and *n.* क्ष्विड् or क्ष्विद् (c. 1. क्ष्वेडति, क्ष्वेदति -डितुं -दितुं), दन्तान् दन्तैर् घृष् (c. 1. घर्षति -र्षितुं) or निष्पिष् (c. 7. -पिनष्टि -पेष्टुं), सन्दंश (c. 1. -दशति -दंष्टुं), कटकट (nom. कटकटापयति -यितुं), क्ष्वेडनं कृ, दन्तघर्षणं कृ.

Gnashing, *s.* दन्तघर्षणं, क्ष्वेडनं, क्ष्वेडितं, कटकशब्दः.

Gnat, *s.* मशकः -मसकः, सूक्ष्ममक्षिका, दंशकः; भम्भरालिका, सूचिवदनः, रणरणः, प्राचिका, रात्रिजागरदः.

Gnat-snapper, *s.* मशकखादकः पक्षिभेदः, मशकनाशकः.

To* gnaw, *v. a.* and *n. चर्व् **(c. 1.** चर्वति -र्वितुं, **c. 10.** चर्वयति -यितुं), दंश् **(c. 1.** दशति, दंष्टुं) विदंश्, सन्दंश्, सम्मुखदन्तैर् अल्पाल्पं खाद् **(c. 1.** खादति -दितुं) **or** अश् **(c. 9.** अश्नाति, अशितुं) **or** भक्ष् **(c. 10.** भक्षयति -यितुं), क्रमशः खाद् **or** चर्वणं कृ **or** कर्त्तनं कृ.

Gnawed, *p. p.* चर्वितः -ता -तं, सम्मुखदन्तैः क्रमशः खादितः -ता -तं, विदश्यमानः -ना -नं, गलितः -ता -तं.

Gnawer, *s.* चर्वणकारी ***m.*** (न्), दंशनकृत् ***m.,*** सम्मुखदन्तैः खादकः.

Gnawing, *s.* चर्वणं, दंशनं, सम्मुखदन्तैर् अल्पाल्पखादनं **or** कर्त्तनं.

Gnome, *s.* पृथिव्यभ्यन्तरे वासी खन्याकरादिरक्षको भूतविशेषः.

Gnomon, *s.* **(Of a dial)** कीलः, मयूखः, शङ्कुः ***m.,*** नरः, ना ***m.*** (न).

Gnomonic, *s.* घटीकीलनिर्म्माणसम्बन्धी -न्धिनी -न्धि (न्).

Gnomonics, *s.* घटीकीलनिर्म्माणविद्या, कालमापकमण्डल-निर्म्माणशिल्पं, मुहूर्त्तदण्डादिपरिमापकमण्डलसम्बन्धिनी विद्या.

Gnostic, *s.* ग्नास्तिक्संज्ञकः प्राचीननास्तिकविशेषः.

To* go, *v. n. गम् **(c. 1.** गच्छति, गन्तुं), या **(c. 2.** याति -तुं), इ **(c. 2.** एति -तुं), सृ **(c. 1.** सरति, सर्त्तुं), चर् **(c. 1.** चरति -रितुं), पद् **(c. 4.** पद्यते, पत्तुं), व्रज् **(c. 1.** व्रजति -जितुं), ऋ **(c. 1.** ऋच्छति, अर्त्तुं), चल् **(c. 1.** चलति -लितुं), गा **(used only in 3d pret.** आगत्), इङ्ग् **(c. 1.** इङ्गति -ङ्गितुं), अंह् **(c. 1.** अंहते -हितुं).—**(Walk)** क्रम् **(c. 1.** क्रामति, c. 4. क्राम्यति, क्रमितुं), पादाभ्यां गम् **or** चर्.—**(Flow)** सु **(c. 1.** स्रवति, सोतुं), स्यन्द् **(c. 1.** स्यन्दते -न्दितुं), री **(c. 4.** रीयते, रेतुं).—**(Glide along)** सृप् **(c. 1.** सर्पति, स्रप्तुं).—**(Pass current, circulate)** प्रचल्, प्रचर्.—**(Fare)** वृत् **(c. 1.** वर्त्तते -र्त्तितुं), स्था **(c. 1.** तिष्ठति, स्थातुं); **'How goes it with you?'** कीदृशी स्थितिर् भवतः.—**(Be about to do) expressed by** काम **with the infin.; as, 'What were you going to say?'** किम् असि वक्तुकामः; **'What are you going to do?'** किं कर्त्तुकामोऽसि, **or by the desid. form, as** किं विवक्षसि, किं चिकीर्षसि.—**(Go about, attempt)** यत् **(c. 1.** यतते -तितुं), उद्यम् **(c. 1.** -यच्छति -यन्तुं), व्यवसो **(c. 4.** -स्यति -सातुं), उपक्रम्.—**(Go against)** आक्रम्, अभिक्रम्, अभिप्रया.—**(Go aside)** पार्श्वे चल्.—**(Go astray)** भ्रम् **(c. 4.** भ्राम्यति, भ्रमितुं), विभ्रम्, सत्पथात् च्यु **(c. 1.** च्यवते, च्योतुं) **or** भ्रंश् **(c. 4.** भ्रश्यति, भ्रंशितुं), उत्क्रम्, व्युत्क्रम्, व्यभिचर्, उन्मार्गेण गम्.—**(Go away)** अपगम्, व्यपगम्, गम्, अपया, व्यपया, प्रया, अपे **(c. 2.** अपैति -तुं, **rt.** इ), व्यपे, अपसृ, अपक्रम्, व्यपक्रम्, अपसृप्, चल्, प्रस्था, विप्रस्था, सम्प्रस्था.—**(Go between)** अन्तरश्चर्, अन्तरि, अन्तर्वृत्, मध्ये वृत्, मध्ये स्था, मध्यस्थः -स्था -स्थं भू, मध्यवर्त्ती -र्त्तिनी -र्त्ति भू.—**(Go by)** अतिक्रम्, अती, व्यती, अतिवृत्; **'to go by sea,'** समुद्रेण या.—**(Go down)** अधो गम्, अधो या, अवया, अवरुह् **(c. 1.** -रोहति -रोढुं).—**(Go for nothing)** तृणप्रायः -या -यं भू.—**(Go forth)** निर्गम्, निर्या, विनिर्या, निःसृ, विनिःसृ, निष्क्रम्, निरि, निश्चर्.—**(Go forward)** प्रगम्, अग्रे गम्, पुरो गम्, प्रया, प्रसृ, प्रस्था.—**(Go in)** विश् **(c. 6.** विशति, वेष्टुं), निविश्, प्रविश्, आविश्, आगम्, अन्तर्गम्, आया, उपस्था.—**(Go in and out)** गमनागमनं कृ.—**(Go off, depart)** अपगम्, अपया.—**(Go off, die)** प्रे, परे, अती, देहाद् अपगम्, लोकान्तरं गम्.—**(Go off, explode)** अन्तरग्निबलेन विभिद् **in pass.** (-भिद्यते), विदृ **in pass.** (-दीर्य्यते).—**(Go on, proceed)** प्रगम्, प्रया, प्रसृ, प्रसृप्, प्रवृत्; **'the work goes on,'** प्रसर्पति कर्म्म; **'the laugh goes on,'** प्रवर्त्तते हासः.—**(Go out, issue)** निर्गम्, विनिर्गम्, निःसृ, विनिःसृ, निर्या, विनिर्या, अभिनिर्या, निष्क्रम्, विनिष्क्रम्, अभिनिष्क्रम्, निश्चर्, विनिश्चर्, निरि, वहिर्गम्.—**(Go out, as a fire or light)** निर्वा **(c. 4.** -वायति -वातुं) **or in caus. pass.** (-वाप्यते), शम् **(c. 4.** शाम्यति, शमितुं).—**(Go over, read)** अधी **(c. 2.** अधीते, **rt.** इ). अधिगम्, अधिगा **used only in 3d pret. ātm.** (अध्यगीष्ट).—**(Go over from one party to another)** स्वपक्षं त्यक्त्वा परपक्षम् आश्रि **(c. 1.** -श्रयति -यितुं), स्वधर्म्माद् भ्रंश् **(c. 4.** भ्रश्यति, भ्रंशितुं).—**(Go through, execute)** निर्वह् **(c. 10.** -वाहयति -यितुं), प्रवृत् **in caus.** (-वर्त्तयति -यितुं), साध् **(c. 10.** साधयति -यितुं).—**(Go through, undergo)** उपगम्, उपागम्, सह् **(c. 1.** सहते, सोढुं), अनुभू.—**(Go through, penetrate)** प्रविश्, निविश्, विश्, व्यध् **(c. 4.** विध्यति, व्यद्धुं), निर्भिद् **(c. 7.** -भिनत्ति -भेत्तुं).—**(Go to, go towards)** आगम्, उपगम्, उपागम्, समुपगम्, अधिगम्, अभिगम्, आया, अभिया, उपया, उपाया, प्रत्याया, समाया, समुपया, उपस्था, अभिसृ, आवृत्, अभिवृत्, प्रतिवृत्, उपावृत्, अभ्यावृत्, आव्रज्, प्रतिव्रज्, अभिपद्, समापद्, प्रतिपद्, समुपद्, ए **(c. 2.** ऐति -तुं, **rt.** इ **with** आ), अभ्ये, उपे, अभी, (अभ्येति), प्रती, आक्रम्, उपक्रम्, अभ्यृ.—**(Go up)** ऊर्द्ध्वं गम्, उदि **(c. 1.** -अयति -एतुं), उच्चैर् व्रज्.—**(Go with)** अनुया, समनुया, अन्वि, सह गम् **or** चर्, सहायीभू.—**(Go on horseback)** अश्ववाहनेन व्रज्.—**(Go on foot)** प्रादाभ्यां गम्.—**(Go to bed)** शय्यां गम्.—**(Go to law)** विवद् **(c. 1.** -वदते -दितुं).—**(Go to sea)** नौकाम आरुह्.—**(Go ashore)** नौकाया उत्तृ **(c. 1.** -तरति -रितुं -रीतुं) **or** अवरुह्.

Go-between, *s.* मध्यस्थः, मध्यवर्त्ती ***m.*** (न्), सन्धिजीवकः.—**(Female)** दूती, सञ्चारिका, सुरततालीं.

Go-by, *s.* पलायनं, अपक्रमः, निर्गमः, अपयानं, व्यपदेशः.

Go To, ***interj.*** अपैहि, अपसर, एहि, यातु, धिक्.

Go-cart, ***s.*** शकटिका, बालकानां पादचारशिक्षार्थं चक्रयानविशेषः, क्रीडाशकटः.

Goad, ***s.*** तोदनं, तोत्रं, प्रतोदः, अङ्कुशः, प्राजनं, शृणिः ***f.,*** प्रवयणं.

To **goad,** ***v. a.*** प्रतोदेन तुद् **(c. 6.** तुदति, तोत्तुं**) or** वितुद् **or** आतुद्.**—(Incite)** प्रेर् **(c. 10.** ईरयति -यितुं), प्रचुद् **(c. 10.** -चोदयति -यितुं), प्रणुद् **(c. 6.** -णुदति -णोत्तुं), प्रवृत् **(c. 10.** -वर्त्तयति -यितुं), प्रोत्सह् **(c. 10.** -साहयति -यितुं), उत्तिज् **(c. 10.** -तेजयति -यितुं).

Goaded, ***p. p.*** प्रतुन्नः -न्ना -न्नं, प्रेरितः -ता -तं, प्रोत्साहितः -ता -तं.

Goal, ***s.*** अग्रं, अग्रभूमिः ***f.,*** अग्रस्थानं.**—(Final end)** अभिप्रायः, शेषाभिप्रायः, आशयः, उद्देशः, अर्थः, अन्तः, उत्तरं, फलमुत्तरं, परिणामः.

Goat, ***s.*** छागः -गलः, छगलः, अजः, वस्तः, स्तुनकः, पर्णभोजनः, लम्बकर्णः, पयस्वलः, शिवाप्रियः, देवानाम्प्रियः; **'wild-goat,'** वनाजः, वनछागः, अरण्यछागः; **'she-goat,'** छागी, अजा; **'excrescence on a goat's neck,'** मणिः ***m.f.;*** **'flock of goats,'** आजकं; **'relating to a goat,'** वास्तः -स्ती -स्तं.

Goat-herd, ***s.*** जाबालः, अजजीविकः, अजाजीवः -वी ***m.*** (न्), अजापालकः, छागपालकः, अजपः -पालकः, छागपोषकः.

Goatish, ***a.*** अजवत कामुकः -का -कं, अजगन्धः -न्धा -न्धं, छागन्धः **etc.**

Goatishly, ***adv.*** अजवत्, छागवत्, कामुकवत्, कामुकं.

Goatskin, ***s.*** अजचर्म्म ***n.*** (न्), छागचर्म्म ***n.,*** छागाजिनं, अजाजिनं.

Gob, ***s.*** अल्पिका, अल्पपिण्डः, अल्पग्रासः, सुखपूरणं, कवलः.

To **gobble,** ***v. a.*** ग्रस् **(c. 1.** ग्रसते -सितुं), उपग्रस्, गृध्रवत् सत्वरं भक्ष् **(c. 10.** भक्षयति -यितुं) **or** खाद् **(c. 1.** खादति -दितुं), गॄ **(c. 6.** गिरति, गरितुं -रीतुं).

To **gobble,** ***v. n.*** शीघ्रनिगरणशब्दं कृ, दीर्घकण्ठपक्षिवत् शब्दं कृ.

Gobbler, ***s.*** शीघ्रभोजी ***m.*** (न्), शीघ्राशी ***m.*** (न्), बह्वाशी ***m.*** भक्षकः, घस्मरः.

Goblet, ***s.*** कांस्यं, कंसः -सं, कंशः -शं, पानभाजनं, पानपात्रं; **'relating to one,'** कंसीयः -या -यं.

Goblin, ***s.*** वेतालः, रात्रिञ्चरः, रात्रिचरः, रजनीचरः, क्षणदाचरः, नक्तचरः -चारी ***m.*** (न्), निशाटः, भूतः, राक्षसः, पिशाचः, असुरः, प्रेतः, अपदेवता, क्रव्याद् ***m.*** यज्ञारिः ***m.*** विथुरः, कर्बुरः, कौणपः.

God, ***s.*** **(The Supreme Being)** ईश्वरः, परमेश्वरः, परेश्वरः, परमात्मा ***m.*** (न्).**—(A god)** देवः -वता, सुरः, अमरः, विबुधः, अनिमिषः, अजरः, चिरायूः ***m.*** (स्), सुचिरायूः ***m.*** (स्), भगवान् ***m.*** (त्).**—(The Creator)** सर्व्वस्रष्टा ***m.*** (ष्टृ), धाता ***m.*** (तृ), विधाता ***m.*** जगत्कर्त्ता ***m.*** (र्त्तृ), विश्वसृक् ***m.*** भूतादिः ***m.*** सात् ***n.*—(God of gods)** ईश्वरेश्वरः; **'city god,'** नगरदेवता.**—(Self-existent)** स्वयम्भूः ***m.***

Godaverī, ***s.*** **(River)** गोदावरी, तपनी, तपनात्मजा.

God-child, ***s.*** धर्म्मपुत्रः -त्री, धर्म्मसुतः -ता.

God-daughter, ***s.*** धर्म्मपुत्री, धर्म्मसुता, जलसंस्कारकाले ख्रीष्टीयधर्म्मशिक्षणार्थं स्वीकृता पुत्री.

Goddess, ***s.*** देवी, सुरी, अमरा -री, अजरा -री, देवपत्नी, देवाङ्गना, भगवती.

Godfather, ***s.*** धर्म्मपिता ***m.*** (तृ), धर्म्मप्रतिभूः ***m.,*** जलसंस्कारकाले ख्रीष्टीयधर्म्मशिक्षणाय प्रतिजानीते यो बालस्य कृत्रिमपिता.

Godhead, ***s.*** देवत्वं -ता, ईश्वरत्वं -ता, देवभूयं, भगवत्त्वं, ब्रह्मत्वं, ब्रह्मभूयं.

Godless, ***a.*** अनीश्वरः -रा -रं, अनीश्वरवादी -दिनी -दि (न्), नास्तिकः, अनीश्वररोचितः -ता -तं.**—(Impious)** निर्धर्म्मः -र्म्मा -र्म्मं, अधार्म्मिकः -की -कं, अतिदुष्टः -ष्टा -ष्टं.

Godlessly, ***adv.*** नास्तिकवत्, पाषण्डवत्, अतिदुष्टं, धर्म्मव्यतिरेकेण.

Godlessness, ***s.*** अनीश्वरत्वं, नास्तिकत्वं, निर्धर्म्मता, अतिदुष्टता.

Godlike, ***a.*** देवतुल्यः -ल्या -ल्यं, देवोपमः -मा -मं, देवरूपी -पिणी -पि (न्), दिव्यः -व्या -व्यं, देवार्हः -र्हा -र्हं, ईश्वरीयः -या -यं, ईश्वरमूर्त्तिः -र्त्तिः -र्त्ति.

Godliness, ***s.*** ईश्वरसेवा -वनं, ईश्वरभक्तिः ***f.,*** देवभक्तिः ***f.,*** ईश्वरश्रद्धा, ईश्वरपूजा, धर्म्मत्वं, धार्म्मिकता, धर्म्मसेवा, ब्रह्मण्यता, पुण्यशीलता.

Godly, ***a.*** ईश्वरसेवी -विनी -वि (न्), ईश्वरभक्तः -क्ता -क्तं, ईश्वरपूजकः -का -कं, देवपूजकः -का -कं, पुण्यशीलः -ला -लं, पुण्यात्मा -त्मा -त्म (न्), भजनशीलः -ला -लं, भक्तिमान् -मती -मत् (त्), धर्म्मी -र्म्मिणी -र्म्मि (न्), धार्म्मिकः -की -कं, धर्म्माचारी -रिणी -रि (न्), ब्रह्मण्यः -ण्या -ण्यं.

Godly, ***adv.*** ईश्वरभक्तवत्, देवपूजकवत्, धार्म्मिकवत्, पुण्यं.

Godmother, ***s.*** धर्म्ममाता ***f.*** (तृ), जलसंस्कारकाले ख्रीष्टीयधर्म्मशिक्षणाय प्रतिजानीते या बालकस्य कृत्रिममाता.

Godsend, ***s.*** देवदत्तं, ईश्वरदत्तं, लक्ष्मीदत्तं, श्रीदत्तं, सौभाग्यं.

Godship, ***s.*** ईश्वरत्वं -ता, देवत्वं -ता, देवभावः, देवभूयं, भगवत्त्वं.

Godson, ***s.*** धर्म्मपुत्रः, धर्म्मसुतः, जलसंस्कारकाले ख्रीष्टीयधर्म्मशिक्षणार्थं स्वीकृतः पुत्रः.

Godwit, ***s.*** दीर्घमुखः पक्षिभेदः, दीर्घचञ्चुः ***m.,*** दीर्घजङ्घः, दीर्घपाद् ***m.***

Goer, ***s.*** गामी ***m.*** (न्), गन्ता ***m.*** (न्तृ), यायी ***m.*** (न्), सरः, सारी ***m.*** (न्), क्रमिता ***m.*** (तृ), चलः, गमनकारी ***m.*** (न्); **'a quick goer,'** अविलम्बितक्रमः, द्रुतक्रमः.

To **goggle,** ***v. n.*** चक्षुषी इतस्ततो लुल् **(c. 1.** लोलति -लितुं, **c. 10.** लोलयति -यितुं), विवताक्षः -क्षा -क्षं भू, तिर्य्यग्दृष्टिः -ष्टिः -ष्टि भू.

Goggle-eye, *s.* लोलनयनं, लोलनेत्रं, फुल्लनयनं, विवृतचक्षुस् ***n.***

Goggle-eyed, *a.* लोलनयनः -ना -नं, लोलाक्षिः -क्षिः -क्षि, उत्फुल्लनयनः -ना -नं, फुल्ललोचनः -ना -नं, तिर्य्यग्दृष्टिः -ष्टिः -ष्टि, वक्रदृष्टिः -ष्टिः -ष्टि, उन्नेत्रः -त्रा -त्रं, उदग्रनयनः -ना -नं.

Going, *part.* चरन् -रन्ती -रत (त), चलन् -लन्ती -लत् (त), क्रामन् -मन्ती -मत् (त्), सरन् -रन्ती -रत् (त्), गामी -मिनी -मि (न्), सरः -रा -रं, सरणः -णा -णं, चरः -रा -रं; **'going in a straight line,'** सरलयायी -यिनी -यि (न्).

Going, *s.* गमः -मनं, सरणं, चरणं, चारः, चलनं, व्रजनं, गतिः ***f.***, गतं, अयनं, क्रमः -मणं; **'going away,'** अपगमः, व्यपगमः, अपयानं, अपसरणं, अपायः, प्रस्थानं; **'going out,'** निष्क्रमः -मणं, निष्क्रान्तिः ***f.***, निर्गमः, निर्याणं, वहिर्गमनं; **'going and coming,'** गमागमः, गमनागमनं, गतागतं, यातायातं.

Goitre, *s.* गडुः ***m.***, गण्डिः ***m.***; **'having it,'** गडुकण्ठः -ण्ठी -ण्ठं.

Goitrous, *a.* गडुपीडितः -ता -तं, गडुकण्ठः -ण्ठी -ण्ठं.

Gold, *s.* सुवर्णं, स्वर्णं, कनकं, काञ्चनं, हिरण्यं, हेम ***n.*** (न्), हेमं, रुक्मं, रुग्मं, भर्म ***n.*** (न्), भर्मं, जातरूपं, जाम्बूनदं, शातकुम्भं, शतकुम्भः, शातकौम्भं, चामीकरं, निष्कं, हाटकं, हिरणं, तपनीयं, महारजतं, कलधौतं, कलधूतं, कार्त्तस्वरं, अष्टापदः -दं, कर्बुरं, कर्बूरं, गाङ्गेयं, गौरं, दीप्तं, भास्करं, जाम्बवं, तेजस्, शतखाण्डं, महाधातुः ***m.***, सौमेरुकं, लोहोत्तमं, पिञ्जानं, सुराहं, दाक्षायणं, सानसिः ***m.***, पुरटं, पुरुदं, वह्निवीजं, अकुप्यं, मृदुन्नकं; **'pure gold,'** कुमारं; **'virgin gold,'** पिङ्गाशं; **'false gold,'** कूटस्वर्णं; **'gold for ornaments,'** शृङ्गिकनकं; **'a heap of gold,'** काञ्चनचयः; **'a piece of gold,'** कनकभङ्गः; **'a gold coin,'** सुवर्णमुद्रा; **'a weight of gold,'** कनकपलः, सुवर्णः -र्णं.

Gold, *a.* सुवर्ण **or** स्वर्ण **or** कनक **or** काञ्चन **etc. in comp.; as, 'a gold bracelet,'** सुवर्णकङ्कणं; **'gold stick,'** कनकदण्डः; **'gold-mine,'** कनकस्थली, काञ्चनकन्दरः; **'gold necklace,'** हेमसूत्रकं, कनकसूत्रं. ***See*** **Golden.**

Gold-beater, *s.* स्वर्णपत्रकारः -कृत्, सुवर्णकारविशेषो यो मुद्गरादिना सुवर्णम् अतिसूक्ष्मीकरोति **or** अतिशयेन तनूकरोति **or** उद्वर्त्तयति.

Gold-drawer, *s.* सुवर्णोद्वर्त्तनकारी ***m.*** (न्), कनकोद्वर्त्तनकृत् ***m.***

Gold-dust, *s.* कनकपरागः, काञ्चनभूः ***f.***, कनकरेणुः ***m.***

Golden, *a.* सौवर्णः -र्णी -र्णं, स्वर्णमयः -यी -यं, स्वर्णनिर्म्मितः -ता -तं, स्वर्णकः -का -कं, सुवर्णवान् -वती -वत् (त्), काञ्चनः -नी -नं, काञ्चनमयः -यी -यं, कनकमयः -यी -यं, सुवर्णकृतः -ता -तं, रुक्मवान -वती -वत् (त्), तापनीयः -यी -यं; **'golden ornament,'** कनकभूषणं. ***See*** **Gold *a.***

Goldfinch, *s.* कनकवर्णपक्षयुक्तो मधुररुतविशिष्टः क्षुद्रपक्षी ***m.*** (न्).

Gold-fish, *s.* चीनदेशजः कनकवर्णो मत्स्यभेदः.

Gold-leaf, *s.* स्वर्णपत्रं, कनकपत्रं, अष्टापदपत्रं, पत्रं.

Goldsmith, *s.* स्वर्णकारः, सुवर्णकारः, हेमकारः, रुक्मकारकः, नाडिन्धमः, हेमलः, कलादः, कणादः, गौञ्जिकः, सुवर्णस्य विकारान्तरकृत् ***m.***

Gold-thread, *s.* कनकसूत्रं, हेमसूत्रं, सुवर्णतन्तुः ***m.***

Golf, *s.* कन्दुकक्रीडा, कन्दुकलीला, गुलिकाक्रीडा.

Gondola, *s.* वेनिशनगरवासिभिः प्रयुक्तो लघुनौकाविशेषः.

Gondolier, *s.* पूर्व्वोक्तनौकावाहकः, पूर्व्वोक्तनौकादण्डधरः.

Gone, *p. p.* गतः -ता -तं, यातः -ता -तं, चलितः -ता -तं, सृतः -ता -तं, चरितः -ता -तं, व्रजितः -ता -तं, इतः -ता -तं, पन्नः -न्ना -न्नं; **'gone away,'** अपगतः -ता -तं, व्यपगतः -ता -तं; **'gone out,'** निर्गतः -ता -तं, निष्क्रान्तः -न्ता -न्तं, वहिर्गतः -ता -तं.—**(Past)** वृत्तः -त्ता -त्तं, भूतः -ता -तं, अतीतः -ता -तं, अतिक्रान्तः -न्ता -न्तं.

Gonfalon, gonfanon, *s.* पताका, ध्वजः, केतुः ***m.***, वैजयन्ती.

Gong, *s.* कांस्यं घनं, गभीरिका.

Goniometer, *s.* कोणपरिमापकयन्त्रं, असमापनयन्त्रं.

Gonorrhoea, *s.* रक्षणीरकः, रक्षणारकः, धातुक्षरणं, मूत्रमार्गरोगः.

Good, *a.* (Not bad, excellent) साधुः -धुः -ध्वी -भद्रः -द्रा -द्रं, उत्तमः -मा -मं, प्रशस्तः -स्ता -स्तं, प्रशस्यः -स्या -स्यं, शस्तः -स्ता -स्तं, शस्यः -स्या -स्यं, शिष्टः -ष्टा -ष्टं, शुभः -भा -भं, कुशलः -ला -लं, कल्याणः -णा -णं, सन् सती सत् (त्), सत्तमः -मा -मं, श्रेष्ठः -ष्ठा -ष्ठं, सारः -रा -रं, सारवान् -वती -वत् (त), आर्य्यः -र्य्या -र्य्यं, वरः -रा -रं, निर्दोषः -षा -षं, अदुष्टः -ष्टा -ष्टं, **often expressed by** सु **prefixed; as, 'a good action,'** सुक्रिया; **'a good man,'** साधुजनः, सज्जनः; **'a good road,'** सुपथः, सन्मार्गः.—**(Virtuous)** धार्म्मिकः -की -कं, सच्चरितः -ता -तं, सदाचारः -रा -रं, साधुवृत्तः -त्ता -त्तं, आर्य्यवृत्तः -त्ता -त्तं, शुभाचारः -रा -रं, सुकर्म्मा -र्म्मा -र्म्म (न्), सुकृती -तिनी -ति (न्), सुकृत् ***m.f.n.***, सुचरितः -ता -तं, कुशली -लिनी -लि (न्), पुण्यः -ण्या -ण्यं, पुण्यकर्म्मा -र्म्मा -र्म्म (न्), पुण्यशीलः -ला -लं, पुण्यात्मा -त्मा -त्म (न्), वृत्तवान् -ती -वत् (त्).—**(Suitable, fit)** योग्यः -ग्या -ग्यं, युक्तः -क्ता -क्तं, उपयुक्तः -क्ता -क्तं, उचितः -ता -तं, समुचितः -ता -तं, हितः -ता -तं, सुहितः -ता -तं, **sometimes expressed by the fut. pass. part.; as, 'good to eat,'** खाद्यः -द्या -द्यं, खादनीयः -या -यं.—**(Wholesome)** पथ्यः -थ्या -थ्यं.—**(Useful)** उपयोगी -गिनी -गि (न्), सोपकारः -रा -रं.—**(Kind)** हितं -ता -तं, हितकामः -मा -मं, सुजनः

–ना –नं, प्रियङ्करः –रा –रं, प्रियकारः –रा –रं, उपकारकः –का –कं.—**(Tending to promote)** उत्पादकः –का –कं. —**(Sound, undamaged)** अक्षतः –ता –तं, अदूषितः –ता –तं.—**(Entire, complete)** सम्पूर्णः –र्णा –र्णं, सकलः –ला –लं, कृत्स्नः –त्स्ना –त्स्नं.—**(Considerable, great)** बहुः –ह्वी –हु, अनल्पः, –ल्पा –ल्पं, महान् –हती –हत् (त्), भूरिः –रिः –रि, प्रचुरः –रा –रं, सु **or** अति **prefixed; as, 'a good deal vexed,'** सुदुःखितः –ता –तं, अतिदुःखिताः –ता –तं; **'a good distance,'** सुदूरं; **'a good while ago,'** सुदीर्घकाले गते.—**(Valid)** धर्म्यः –र्म्या –र्म्यं, अवशिुद्ध –द्धा –द्धं. **'Good quality,'** गुणः; **'endowed with good qualities,'** गुणी –णिनी –णि (न्), सद्गुणः –णा –णं; **'good wishes,'** कल्याणवचनं, आशीर्वचनं; **'good and bad,'** शुभाशुभः –भा –भं, हिताहितः –ता –तं, सारासारः –रा –रं; **'beloved by the good,'** आर्य्यहृद्यः –द्या –द्यं; **'to make good,'** सम्पद् **(c. 10.** –पादयति –यितुं), सम्पृ **(c. 10.** –पूरयति –यितुं), साध् **(c. 10.** साधयति –यितुं); **'make good a promise,'** प्रतिज्ञाम् अपवृज् **(c. 10.** –वर्जयति –यितुं); **'make good a debt,'** ऋण् शुध् **(c. 10.** शोधयति –यितुं) **or** अपाकृ; **'a good fellow,'** भद्रः; **'in good time,'** उपयुक्तकाले.

Good, ***s.*** **(Benefit, welfare)** हितं श्रेयस् ***n.***, भद्रं, शुभं, कल्याणं, कुशलं, क्षेमं मङ्गलं, भूतिः ***f.***; **'for the good of the world,'** लोकहिताय, भूतये भुवः; **'good and evil,'** हिताहितं, शुभाशुभं, भद्राभद्रं, मङ्गलामङ्गलं; **'good and bad,'** सारासारं.—**(Utility)** उपयोगः, अर्थः, फलं, लाभः.—**(Virtue)** पुण्यं, सुकृतं, सुचरितं, साधुवृत्तं, धर्म्मः; **'to do good,'** हितं कृ, क्षेमं कृ, उपकृ.

Good, ***adv.*** सु **prefixed,** सुष्ठु; **'as good, as,'** समं; **'this is as good as a sixteenth part,'** एतत् षोडशांशेन समं.

Good, ***interj.*** भद्रं, वाढं, कामं, भवतु, अस्तु, एवमस्तु, तथेति.

Good-breeding, ***s.*** सभ्यता, विनयः, सुविनयः, सुशीलता; **'a man of good breeding,'** सुविनीतः, सुशीलः.

Good-conditioned, ***a.*** सुस्थः –स्था –स्थं, सुस्थितः –ता –तं, सुवृत्तः –त्ता –त्तं.

Good-fellow, ***s.*** भद्रः, भद्रजनः, साधुजनः, सहपायी ***m.*** (न्), रसिकजनः.

Good-fellowship, ***s.*** उत्सवकारिणां संसर्गः, सुसङ्गः, सुसाहित्यं, सुमैत्र्यं.

Good-fortune, ***s.*** सौभाग्यं, भाग्यं, कल्याणं, भद्रं, शुभं, मङ्गलं, माङ्गल्यं, कुशलं, कौशल्यं, दैवं, सुदैवं, श्रीः ***f.***, लक्ष्मीः ***f.***, शर्म्म ***n.*** (न्), सम्पद्, सम्पत्तिः ***f.***, पुण्योदयः.

Good-friday, ***s.*** ख्रीष्टस्य क्रूशारोपणमुद्दिश्य महोपवासदिनं.

Good-humour, ***s.*** सद्भावः, सुस्वभावः, सुशीलता, चित्तप्रसन्नता, सत्प्रकृतिः ***f.***

Good-humoured, ***a.*** सुप्रकृतिः –तिः –ति, सत्प्रकृतिः –तिः –ति, हृष्टभावः –वा –वं, हृष्टचित्तः –त्ता –त्तं, प्रसन्नस्वभावः –वा –वं.

Good-humouredly, ***adv.*** सद्भावेन, सुस्वभावात्, सुशीलवत्, हृष्टवत्.

Good-looking, ***a.*** सुदृश्यः –श्या –श्यं, सुदर्शनः –ना –नं, सुरूपः –पी –पं.

Good-luck, ***s.*** सौभाग्यं. ***See*** **Good-Fortune.**

Good-manners, ***s.*** विनयः, विनीतता, मर्य्यादा, सुशीलता, सभ्यता, सदाचारता, सुनीतिः ***f.***, सुचरित्रं, सच्चरित्रं.

Good-nature, ***s.*** सद्भावः, सुस्वभावः, सुप्रकृतिः ***f.***, सत्प्रकृतिः ***f.***, सुशीलता, साधुशीलत्वं, साधुत्वं, आर्य्यता.

Good-natured, ***a.*** सुप्रकृतिः –तिः –ति, सत्प्रकृतिः –तिः –ति, सुशीलः –ला –लं, सुभाववान् –वती –वत् (त्), साधुशीलः –ला –लं, सुहृदयः –या –यं, सुहृदयवान् **etc.**

Good-sense, ***s.*** सुविवेकः, सुबोधः, बुद्धिमत्त्वं, विज्ञता, प्रज्ञता.

Good-will, ***s.*** हितता, सुहितता, हितेच्छा, प्रीतिः ***f.***, हितकाम्या, सौहृद्यं प्रियता, अनुकूलता.

Good-woman, ***s.*** गृहिणी, गृहमेधिनी, गृहव्यापारकुशला **or** –दक्षा.

Goodliness, ***s.*** रूपलावण्यं, सौन्दर्य्यं, शोभा, चारुता, रूपवत्त्वं.

Goodly, ***a.*** **(Graceful)** सुन्दरः –रा –री –रं, चारुः –र्व्वी –रु, सुदृश्यः –श्या –श्यं, सुदर्शनः –ना –नं, सुरूपः –पी –पं, लावण्यवान् –वती –वत् (त्).—**(Pleasant)** रम्यः –म्या –म्यं, रमणीयः –या –यं, रुचिरः –रा –रं.

Goodman, ***s.*** गृही ***m.*** (न्), गेही ***m.*** (न्), कुटुम्बी ***m.*** (न्), स्वामी ***m.*** (न्).

Goodness, ***s.*** **(Excellence)** साधुता –त्वं, सत्त्वं, प्रशस्तता, प्राशस्त्यं, प्रशस्तिः ***f.***, उत्तमता, श्रेष्ठता, उत्कृष्टता, सारत्वं, प्रकृष्टता, विशिष्टता, कौशलं, सौष्ठवं, आर्य्यता.—**(Virtue, piety)** पुण्यता, पुण्यशीलता, साधुशीलता, धर्म्मत्वं, सदाचारता, साधुवृत्तत्वं, धार्म्मिकत्वं, देवभक्तिः ***f.***—**(Kindness)** सुजनत्वं, सौजन्यं, प्रियता, दया, कृपा.

Goods, ***s. pl.*** **(Property, effects)** द्रव्यं, द्रव्याणि ***n. pl.***, वस्तूनि ***n. pl.***, विभवः, सामग्री –ग्र्यं, रिक्थं.—**(Moveable household furniture)** अस्थावरद्रव्याणि ***n. pl.***, गृहोपस्करादि ***n.***, गृहोपकरणानि.—**(Merchandise)** भाण्डानि ***n. pl.***, भाण्डकं, पण्यं, पण्यानि ***n. pl.***, विट्पण्यं.

Goose, ***s.*** हंसः –सी, राजहंसः –सी, वरटः –टा –टी, वरला, चक्राङ्गः –ङ्गी, श्वेतपत्रः, श्वेतच्छदः, श्वेतगरुत् ***m.***, सितपक्षः, शितिच्छदः, शितिपक्षः, जालपाद् ***m.***, नीलाक्षः, मानसालयः, मानसौकाः ***m.*** (स्), मञ्जुगमना, धार्त्तराष्ट्रः, पुरुदंशकः, मल्लिकः, शकवः, सरःकाकः –की, कलहंसः –सी; **'ruddy goose,'** चक्रः, चक्रवाकः, रथाङ्गः, कोकः, द्वन्द्वचरः –चारी;

Gooseberry 465 Gout

'wild goose,' चक्राङ्गी; **'tame goose,'** ग्राम्यहंसः.—**(Fool)** मूर्खः, निर्बुद्धिः ***m.***

Gooseberry, ***s.*** कण्टकितगुल्मोत्पन्नम् अम्लफलं.

Gooseberry-fool, ***s.*** क्षीरेण सह क्वथितः पूर्व्वोक्तफलरसः.

Gor-bellied, ***a.*** महोदरः -रा -रं, स्थूलोदरः -रा -रं, लम्बोदरः -रा -रं, तुन्दी -न्दिनी -न्दि (न्), वृहत्कुक्षिः -क्षिः -क्षि, वृद्धनाभिः -भिः -भि.

Gor-belly, ***s.*** महोदरं, स्थूलोदरं, वृहत्तुन्दं, वृहत्कुक्षिः ***m.***

Gore, ***s.*** **(Blood)** रक्तं, असृक् ***n.*** (ज्), लोहितं, रुधिरं, शोणितं, क्षतजं.—**(Clotted blood)** घनरक्तं, घनलोहितं, रक्तगुल्मः.—**(Triangular piece of cloth sewed into a garment to widen it)** वस्त्रपृथूकरणार्थं तन्निवेशितम् त्र्यस्राकारः पटखण्डः.

To **gore,** ***v. a.*** **(Pierce with a pointed instrument)** शूलादिना त्वचं भिद् **(c. 7.** भिनत्ति, भेत्तुं**)** **or** निर्भिद् **or** छिद् **(c. 7.** छिनत्ति, छेत्तुं**)**, **or** व्यध् **(c. 4.** विध्यति, व्यद्धुं**)**.—**(With the point of a horn)** शृङ्गाग्रेण त्वचं निर्भिद् **or** व्यध्.

Gored, ***p. p.*** छिन्नत्वक् ***m.f.n.,*** क्षतचर्म्मा -र्म्मा -र्म्म (न्), विदारितत्वक् ***m.f.n.,*** उल्लिखितचर्म्मा **etc.,** विद्धः -द्धा -द्धं.

Gorge, ***s.*** **(Gullet)** निगरणः, अन्नवाहिस्रोतस् ***n.*** गलः, कण्ठः.—**(Defile between mountains)** सङ्कटं, सङ्कटपथः, दुर्गमार्गः, कन्दरः -री, पर्व्वतरन्ध्रं, रन्ध्रं, सञ्चरः, सञ्चारः, पर्व्वतमध्ये सम्बाधपथः.

To **gorge,** ***v. a.*** **(Swallow)** गॄ **(c. 6.** गिरति, गरितुं -रीतुं**)**, निगॄ, ग्रस् **(c. 1.** ग्रसते -सितुं**)**.—**(Fill with food)** अन्नेन पॄ **(c. 10.** पूरयति -यितुं**)**, **or** परिपॄ **or** अत्यन्तं तृप् **(c. 10.** तर्पयति -यितुं**)**.

To **gorge,** ***v. n.*** अन्नेन पॄ **in pass.** (पूर्य्यते) **or** अत्यन्तं पॄ.

Gorged, ***p. p.*** अन्नपूरितः -ता -तं, अतिपूरितः -ता -तं, अतितृप्तः -प्ता -प्तं.

Gorgeous, ***a.*** तेजस्वी -स्विनी -स्वि (न्), तैजसः -सी -सं, महाप्रतापः -पा -पं, प्रतापी -पिनी -पि (न्), प्रतापवान् -वती -वत् (त्), अतिशोभनः -ना -नं, सुप्रभः -भा -भं, शुभः -भा -भं, उज्ज्वलः -ला -लं, स्पर्धी -र्धिनी -र्धि (न्).

Gorgeously, ***adv.*** अतितेजसा, महाप्रतापेन, अतितैजस, सुप्रभं.

Gorgeousness, ***s.*** अतितेजस् ***n.,*** सुप्रतापः, अतिशोभा, सुप्रभा, उज्ज्वलता.

Gorget, ***s.*** ग्रीवात्राणं, गलत्राणं, कण्ठावरणं, अर्द्धचन्द्राकृति कवचं.

Gorging, ***s.*** निगरणं, ग्रसनं, अत्याहारः, अतिभोजनं, अन्नपूरणं.

Gorgon, ***s.*** सर्पाकारकेशविशिष्टा भयङ्करमूर्त्तिः स्त्री.

Gormand, ***s.*** अत्याहारी ***m.*** (न्), अतिभोजी ***m.*** (न्). ***See*** **Gourmand.**

To **gormandize,** ***v. n.*** अत्यन्तं भुज् **(c. 7.** भुंक्ते, भोक्तुं**)**, अत्याहारं कृ, अतिभोजनं कृ.

Gormandizer, ***s.*** अत्याहारी ***m.*** (न्), बह्वाशी ***m.*** (न्), अतिभोजी ***m.*** (न्), अतिबुभुक्षुः ***m.*** भक्षकः, घस्मरः, अद्मरः, कुक्षिम्भरिः ***m.*** उदरम्भरिः ***m.*** पात्रेसमितः.

Gormandizing, ***s.*** अत्याहारः, अतिभोजनं, घस्मरता, बह्वाशित्वं, गृध्नता.

Gory, ***a.*** रक्तविलिप्तः -प्ता -प्तं, रक्ताक्तः -क्ता -क्तं, असृग्लिप्तः -प्ता -प्तं, रक्तगुल्ममयः -यी -यं, रक्तमलिनः -ना -नं.

Goshawk, ***s.*** अतिगृध्नशीलः श्येनभेदः, श्येनकः.

Gosling, ***s.*** हंसशावकः, वरटशावकः, हंसशिशुः ***m.***

Gospel, ***s.*** सुसंवादः, मङ्गलसंवादः, मङ्गलसमाचारः, सुवार्त्ता, शुभवार्त्ता.

Gospeler, ***s.*** ख्रीष्टसमाचाररचकः, सुसंवादलेखकः, सुसंवादप्रचारकः, ख्रीष्टीयधर्म्मप्रवक्ता ***m.*** (क्तृ).

To **gospelize,** ***v. a.*** सुसंवादं प्रचर् **in caus.** (-चारयति -यितुं).

Gossamer, ***s.*** ग्रीष्मसमये वायुप्रेरिता मर्कटवासतन्तवः ***m. pl.,*** वाततूलं.

Gossip, ***s.*** **(Tattler)** जल्पकः, जल्पाकः, उपजल्पी ***m.*** (न्), परार्थवादी ***m.*** (न्), परकार्य्यचर्च्चकः, वावदूकः, प्रलापी ***m.*** (न्), गायनः.—**(Tattle)** जल्पितं, जल्पः, प्रजल्पः, प्रलापः.—**(Tippling companion)** सहपायी ***m.*** (न्), पानमित्रं.

To **gossip,** ***v. n.*** जल्प् **(c. 1.** जल्पति -ल्पितुं**)**, प्रलप् **(c. 1.** -लपति -पितुं**)**, संलप्, अनर्थककथां कृ, वृथाकथां कृ, कथोपकथनं कृ.

Gossiping, ***s.*** जल्पः -ल्पनं, जल्पितं, प्रजल्पः, संलापः, वाक्चापल्यं, आलस्यवचनं, गायनं, निरर्थककथा, वावदूकता वाचालता.

Got, gotten, ***p. p.*** प्राप्तः -प्ता -प्तं, अवाप्तः -प्ता -प्तं, लब्धः -ब्धा -ब्धं, अधिगतः -ता -तं, आसादितः -ता -तं, आपन्नः -न्ना, -न्नं, अपन्नः -न्ना -न्नं.

Gouge, ***s.*** अर्द्धचन्द्राकारकलको व्रश्चनविशेषः, तक्षणी.

To **gouge,** ***v. a.*** **(The eye)** लोचनम् उत्पट् **(c. 10.** -पाटयति -यितुं**)**.

Gourd, ***s.*** अलाबूः ***f.,*** अलाबु ***f.,*** आलाबु, लाबुः, तुम्बी -म्बिः ***f.,*** तुम्बः -म्बकः -कं, विम्बिका, सुषवी, कुष्माण्डकः, कूष्माण्डकः, कर्कारुः ***m.,*** कर्कटः; **'bitter gourd,'** तिक्तिका, कटुतुम्बी, इक्ष्वाकुः ***f.***

Gourmand, ***s.*** अत्याहारी ***m.*** (न्), बहुभक्षकः, बहुभोजी ***m.*** (न्), भक्षकः, कुक्षिम्भरिः ***m.,*** उदरम्भरिः ***m.*** औदरिकः.

Gout, ***s.*** वातः, वातरोगः, वातव्याधिः ***m.,*** वातगुल्मः, वातरक्तं, वातथुडा, वातशोणितं, पादशोथः, पादगण्डिरः, पादवल्मीकं.

Goutiness, *s.* वातुलता, वातूलत्वं, वातिकत्वं, सवातत्वं.

Gouty, *a.* वातकी -किनी -क (न्), वातरोगी -गिणी -गि (न्), वातुलः -ला -लं, वातूलः -ला -लं, वातग्रस्तः -स्ता -स्तं, वातिकः -की -कं, वातासहः -हा -हं.

To **govern,** *v. a.* शास् (c. **2.** शास्ति, शासितुं), अनुशास्, प्रशास्, समनुशास्, यम् (c. **1.** यच्छति, यन्तुं), नियम्, संयम्, विनियम्, सन्नियम् ईश् (c. **2.** ईष्टे, ईशितुं), पाल् (c. **10.** पालयति -यितुं), परिपाल्, विनी (c. **1.** -नयति -नेतुं), प्रणी, वशीकृ, विधा (c. **3.** -दधाति -धातुं), अध्यास् (c. **2.** -आस्ते -आसितुं), गुप् (c. **1.** गोपायति, c. **10.** गोपयति -यितुं).—**(Keep in subjection, restrain)** वशीकृ, यम्, विनियम्, संयम्, निग्रह्, (c. **9.** -गृह्णाति -ग्रहीतुं), विनिग्रह्, संहृ (c. **1.** -हरति -हर्त्तुं), दम् (c. **10.** दमयति -यितुं), यन्त्र् (c. **10.** यन्त्रयति -यितुं), नियन्त्र्; **'to govern a country well,'** राष्ट्रं सम्यक् पाल्; **'governing noun,'** अन्वयी *m.* (न्).

To **govern,** *v. n.* राज्यं कृ, राज्याधिकारं कृ, राज्यपालनं कृ, राज्यशासनं कृ, राजकार्य्यं कृ, राज्यव्यवहारं कृ, आधिपत्यं कृ.

Governable, *a.* शास्यः -स्या -स्यं, शासनीयः -या -यं, वश्यः -श्या -श्यं, विधेयः -या -यं, प्रणेयः -या-यं, विनेयः -या -यं, विनीतः -ता -तं, आज्ञाधीनः -ना -नं.

Governance, *s.* शासनं, शास्तिः *f.*, अनुशासनं, पालनं, प्रतिपालनं, आधिपत्यं, अधिकारः, नीतिः *f.*, विनयः, वशः, वशिता, संयमः, विनियमः, यमः.

Governed, *p. p.* शासितः -ता -तं, अनुशासितः -ता -तं, प्रशासितः -ता -तं, पालितः -ता -तं, वशीकृतः -ता -तं, संयतः -ता -तं, विनियतः -ता -तं, नियमितः -ता -तं, निगृहीतः -ता -तं; **'governed by another,'** पराधीनः -ना -नं, परतन्त्रः -न्त्रा -न्त्रं.

Governess, *a.* बालाध्यापका, बालोपदेशिका, बालोपदेशिनी, शिक्षाकरी.

Government, *s.* **(Administration of government)** राज्यं, राज्याधिकारः, राज्यधुरा, राजधुरा, राज्यनीतिः *f.*, राज्यपालनं, राज्यव्यवहारः, नीतिः *f.*, वैशस्त्रं.—**(Control, regulation)** शासनं, शास्तिः *f.*, अनुशासनं, वशः -शं, यमः, संयमः, विनियमः, निग्रहः, दमः -मनं, यन्त्रणं.—**(Authority)** अधिकारः, अधीकारः, आधिपत्यं, प्रभुत्वं, ईशत्वं, ऐश्वर्य्यं.—**(Empire)** राज्यं, राजत्वं, आधिपत्यं.—**(The king's ministers)** राजधुर्वहाः *m.pl.*, राजमन्त्रिणः *m.pl.*, राजसचिवाः *m.pl.*; **'form of government,'** राज्यरीतिः *f.*, राज्यविधिः *m.*; **'government affairs,'** राज्यव्यवहारः, राजकार्य्यं; **'good government,'** सम्यक् पालनं; **'bad government,'** असम्यक् पालनं.

Governor, *s.* अधिपतिः *m.*, अधिष्ठाता *m.* (तृ), अधिकारी *m.* (न्), अध्यक्षः, अधिपः, शासिता *m.* (तृ), प्रशासिता *m.* शास्ता *m.* शासकः, अनुशासकः, अधिकृतः, ईशिता *m.* (तृ), ईश्वरः, ईशः पालयिता *m.* (तृ), नियन्ता *m.* (न्तृ), राष्ट्रियः.

Governorship, *s.* आधिपत्यं, अधिष्ठातृत्वं, अध्यक्षता, अधिकारिता.

Gown, *s.* शाटी, शाटकः, स्त्रीकटीवस्त्रं, कटिवस्त्रं, कटीपटः, पटवासः, चोटी, चलनकं.

Gowned, *a.* सशाटकः -की -कं, कटिवस्त्रवेष्टितः -ता -तं.

Gownsman, *s.* पण्डितवेशधारी *m.* (न्), पण्डितवेशः.—**(In an university)** राजविद्यालये अन्तेवासिवेशधारी *m.* (न्).

Grab, *s.* ग्रहः, ग्रहणं, सङ्ग्रहः -हणं, सङ्ग्राहः, धरणं, धृतिः *f.*

Grabbed, *p. p.* अकस्मात् सङ्गृहीतः -ता -तं **or** धृतः -ता -तं.

To grabble, *v. n.* **(Grope)** परामृश् (c. **6.** -मृशति -स्रष्टुं). —**(Lie prostrate on the belly)** उदरेण भूमिं गम् (c. **1.** गच्छन्ति, गन्तुं), क्षिप्तदेहः -हा -हं भू, अवमूर्द्धशयः -या -यं भू.

Grace, *s.* **(Favor)** प्रसादः, अनुग्रहः, दया, कृपा, अनुकम्पा, प्रसन्नता, अनुकूलता, अनुरोधः.—**(Good-will, kindness)** प्रीतिः *f.*, प्रियता, हितता, हितेच्छा.—**(Beauty, elegance)** शोभा, लावण्यं, विलासः, चारुता, सौन्दर्य्यं, विनीतता, लालित्यं, श्रीः *f.*—**(Pardon)** क्षमा, पापशोधनं, पापमार्जनं, निष्कृतिः *f.* —**(Blessing before or after meat)** भोजनात् पूर्व्वं परं वा धन्यवादः.—**(Goddess of beauty)** श्रीदेवता, श्रीः *f.*

To **grace,** *v. a.* शुभ् (c. **10.** शोभयति -यितुं), उपशुभ्, अलङ्कृ, समलङ्कृ, भूष् (c. **10.** भूषयति -यितुं), विभूष्, शोभां कृ **or** दा, मन् (c. **10.** मानयति -यितुं).

Graced, *p. p.* शोभितः -ता -तं, उपशोभितः -ता -तं, कृतशोभः -भा -भं.

Graceful, *a.* विलासी -सिनी -सि (न्), चारुः -र्व्वी -रु, लावण्यवान् -वती -वत् (त्), सुन्दरः -रा -री -रं, सुरूपः -पी -पं, सुललितः -ता -तं, ललितः -ता -तं, विनीतः -ता -तं, लीलावान् -वती -वत् (त्), शुभगः -गा -गं, सुगः -गा -गं; **'graceful walk,'** शुभगतिः *f.*, सुगतिः *f.*; **'graceful speech,'** वाग्विलासः; **'having a graceful gait,'** शुभगतिः -तिः -ति.

Gracefully, *adv.* सविलासं, विलासेन, विलासतया, सलावण्यं, लावण्येन, सुन्दरं, सौन्दर्य्येण, सुललितं, विनीतं, चारु.

Gracefulness, *s.* चारुता, सौन्दर्य्यं, लावण्यं, रूपलावण्यं, विलासः -सिता, लालित्यं, सुलालित्यं, विनीतता -त्वं, रूपवत्त्वं, शोभा, श्रीः *f.*, वामता, सुरूपत्वं.

Graceless, *a.* अन्तर्दुष्टभावः -वा -वं, दुराचारः -रा -रं, मन्दचरित्रः -त्रा -त्रं, नष्टभावः -वा -वं, अतिदुष्टः -ष्टा -ष्टं, ईश्वरप्रसादवहिष्कृतः -ता -तं.

Gracelessness, ***s.*** अन्तर्दुष्टता, अतिदुष्टता, दुराचारता, नष्टता.

Gracious, ***a.*** प्रसन्नः -न्ना -न्नं, सुप्रसन्नः -न्ना -न्नं, अनुग्राही, -हिणी -हि (न्), अनुकूलः -ला -लं, आनुग्राहकः -की -कं, प्रसादितः -ता -तं, अनुकम्पी -म्पिनी -म्पि (न्), दयावान् -वती -वत् (त्), दयाशीलः -ला -लं, दयालुः -लुः -लु, कृपावान् **etc.,** सानुकम्पः -म्पा -म्पं, हितः -ता -तं, हितबुद्धिः -द्धिः -द्धि, सानुक्रोशः -शा -शं, कृपालुः -लुः -लु, उपकारी -रिणी -रि (न्), उपकारकः -का -कं, भक्तवत्सलः -ला -लं; **'be thou gracious,'** प्रसीद.

Graciously, ***adv.*** प्रसन्नं, सुप्रसन्नं, प्रसादेन, सप्रसादं, अनुग्रहेण, सानुग्रहं, अनुकूलं, सानुकूल्यं, सानुकम्पं, कृपया, दयया, हितेच्छया.

Graciousness, ***s.*** प्रसन्नता, सुप्रसन्नता, प्रसादः, अनुग्रहः, अनुकूलता, आनुकूल्यं, अनुकम्पा, दयालुत्वं, कृपालुत्वं -ता, हितता, हितबुद्धित्वं, सानुकम्पता.

Gradation, ***s.*** क्रमः -मणं, अनुक्रमः -मणं, पर्य्यायः, आनुपूर्व्यं, आनुपूर्व्वं -र्व्वी -र्व्वकं, परम्परा, अन्वयः, समन्वयः, उत्तरोत्तरं, अल्पाल्पता, अनुयायित्वं; **'in regular gradation,'** यथाक्रमं, क्रमशस्, अनुपूर्व्वशस्, क्रमे क्रमे, पर्य्यायेण.

Grade, ***s.*** क्रमः, पदं, पदविः ***f.*** -वी, आस्पदं, अवस्था; **'highest grade',** परमपदं.

Gradient, ***a.*** **(Moving by steps)** क्रामन् -मन्ती -मत् (त्), क्रममाणः -णा -णं.—**(Rising and descending)** उन्नतानतः -ता -तं; **'gradients,'** पातोत्पाताः ***m. pl.***

Gradual, ***s.*** क्रमकः -का -कं, क्रकिः -का -कं, अल्पाल्पः -ल्पा -ल्पं, उत्तरोत्तरः -रा -रं, आनुक्रमिकः -की -कं, आनुपदिकः -की -कं, अनुपूर्व्वः -र्व्वा -र्व्वं, आनुपूर्व्विकः -की -कं.

Gradually, ***adv.*** क्रमशस्, क्रमतस्, क्रमेण, क्रमे क्रमे, पदे पदे, पदशस्, प्रतिपदं, अनुपदं, पदात्पदं, शनैः, शनैः शनैः.

To **graduate,** ***v. a.*** राजविद्यालये पदं प्राप् **in caus.** (-आपयति -यितुं) **or** पदे नियुज् **(c. 7.** -युंक्ते -योक्तुं).—**(Mark with degrees)** आनुक्रमिकचिह्नैर् अङ्क् **(c. 10.** अङ्कयति -यितुं), अनुक्रमेण चिह्नैर् अङ्क्, क्रमकछेदैर् अङ्क्.

To **graduate,** ***v. n.*** **(Receive a degree at an university)** राजविद्यालये पदं प्राप् **(c. 5.** -आप्नोति -आप्तुं).

Graduate, ***a.*** महाविद्यालये पदप्राप्तः **or** पदयुक्तः **or** पदवान् ***m.*** (त्).

Gaduated, ***p. p.*** राजविद्यालये पदयुक्तः -क्ता -क्तं.—**(Marked with degrees)** आनुक्रमिकचिह्नैर् अङ्कितः -ता -तं, आनुक्रमिकछेदाङ्कितः -ता -तं.

Graduation, ***s.*** अनुक्रमः -मणं, क्रमः -मणं, पर्य्यायः, आनुपूर्व्यं. —**(Marking with degrees)** आनुक्रमिकचिह्नाङ्कनं, आनुक्रमिकछेदाङ्कनं.

Graft, ***s.*** वृक्षशाखानिवेशितो भिन्नवृक्षपल्लवः -वं **or** भिन्नवृक्षकिसलयः.

To **graft,** ***v. a.*** एकवृक्षशाखायां भिन्नवृक्षपल्लवं निविश् **(c. 10.** वेशयति -यितुं), एकवृक्षपल्लवं भिन्नवृक्षपल्लवेन संयुज् **(c. 10.** -योजयति -यितुं) **or** संलग्नीकृ.

Grafted, ***p. p.*** भिन्नवृक्षशाखानिवेशितः -ता -तं, भिन्नवृक्ष-विटपसंयुक्तः -क्ता -क्तं.

Grafting, ***s.*** एकवृक्षशाखायां भिन्नवृक्षपल्लवनिवेशनं.

Grain, ***s.*** **(Seed of corn)** धान्यं, धान्यादि ***n.***—**(Corn in general)** शस्यं, सीत्यं, गारित्रः, स्तम्बकरिः ***m.,*** वीजरुहः, जीवसाधनं.—**(Seed)** वीजं -जकं.—**(A particle)** कणः -णिकः -का, लवः, लेशः, अणुः ***m.,*** रेणुः ***m.*** ; **'a grain of rice,'** तण्डुलकणः.—**(Seed used as a weight)** काकिणी.—**(Vein of wood)** काष्ठरेखा, काष्ठलेखा, काष्ठशिरा; **'against the grain,'** प्रतिलोमः -मा -मं, प्रतीपः -पा -पं; **'with the grain,'** अनुलोमः -मा -मं; **'grain freed from chaff,'** धान्यास्थि; **'fried grain,'** लाजा -जाः ***m. pl.,*** अक्षतं; **'wetted grain,'** लाजः.

To **grain** ***v. a.*** काष्ठरेखानुकारेण चित्र् **(c. 10.** चित्रयति -यितुं) **or** चित्रीकृ.

Grained, ***p. p.*** **or** ***a.*** **(Painted in imitation of the fibres of wood** काष्ठरेखासमवर्णेन चित्रितः -ता -तं **or** लिखितः -ता -तं, दारुरेखानुकृतवर्णः -र्णा -र्णं.

Grainy, ***a.*** धान्यमयः -यी -यं, शस्यमयः -यी -यं, धान्यवान् -वती -वत् (त्).

Gramineous, ***a.*** तृणमयः -यी -यं, तृणसः -सा -सं, शाद्वलः -ला -लं.

Graminivorous, ***a.*** तृणभक्षकः -का -कं, तृणस्वादकः -का -कं, तृणभोजी -जिनी -जि (न्), तृणजम्भः -म्भा -म्भं, घासादः -दा -दं, घासाहारी -रिणी -रि (न्).

Grammar, ***s.*** व्याकरणं, व्याकृतिः ***f.,*** व्याकरणशास्त्रं, शब्दशास्त्रं, शास्त्रचक्षुस् ***n.,*** व्युत्पत्तिः ***f.,*** व्युत्पत्तिवादः, शब्दव्युत्पत्तिः ***f.,*** शब्दशुद्धिः ***f.***

Grammar-school, ***s.*** व्याकरणशिक्षाशाला, व्याकरणपाठशाला.

Grammarian, ***s.*** वैयाकरणः, वैयाकरणीयः, व्याकरणशास्त्रज्ञः, शब्दशास्त्रज्ञः, व्याकरणज्ञः, व्याकरणाध्यापकः, शाब्दिकः, व्याकरणव्युत्पन्नः.

Grammatical, ***a.*** वैयाकरणः -णी -णं, -णीयः -या -यं, शाब्दिकः -की -कं, व्याकरणसम्बन्धी -न्धिनी -न्धि (न्). —**(According to grammar)** व्याकरणानुसारी -रिणी -रि (न्), व्याकरणाविरुद्धः -द्धा -द्धं; **'grammatical accuracy,'** शब्दशुद्धिः ***f.***

Grammatically, ***adv.*** व्याकरणानुसारेण, व्याकरणाविरोधेन, शब्दशास्त्रवत्.

Grainary, ***s.*** कुशूलः, धान्यागारं, शस्यागारं, व्रीह्यगारं, अन्नकोष्ठः, -ष्ठकं, कोष्ठकं, कण्डोलः -लकः, काण्डालः, पिटः, कृदरः, मरारः.

Grand, ***a.*** **(Great)** महान् -हती -हत् (त्), वहन् -हती -हत् (त्).—**(Splendid)** प्रतापी -पिनी -पि (न्), प्रतापवान् -वती -वत् (त्), सुप्रभः -भा -भं, तैजसः -सी -सं, तेजस्वी -स्विनी -स्वि (न्), उज्ज्वलः -ला -लं.—**(Principal)** प्रधान **in comp.,** प्रमुखः -खा -खं, मुख्यः -ख्या -ख्यं, अग्रः -ग्रा -ग्रं, अग्र्यः -ग्र्या -ग्र्यं, अग्रीयः -या -यं, उत्तमः -मा -मं.—**(Noble)** उत्कृष्टः -ष्टा -ष्टं.

Grandam, ***s.*** मातामही, पितामही.—**(Old woman)** वृद्धा स्त्री, जरिणी.

Grandchild, ***s.*** पुत्रसुतः -ता, पुत्रात्मजः -जा, पौत्रः -त्री दौहित्रः -त्री.

Granddaughter, ***s.*** पौत्री, नप्त्री, पुत्रसुता, पुत्रपुत्री, सुतात्मजा, पुत्रात्मजा.—**(Daughter's daughter)** दौहित्री, पुत्रिकासुता; **'a great grand-daughter,'** प्रपौत्री, प्रतिनप्त्री.

Grandee, ***s.*** कुलीनजनः, कुलश्रेष्ठी ***m.*** (न्), राजन्यः, उच्चपदस्थः, उत्कृष्टपदस्थः, सत्कुलीनः, अभिजनवान् ***m.*** (त्).

Grandeur, ***s.*** **(Greatness)** महत्त्वं, महिमा ***m.*** (न्), वृहत्त्वं.—**(Splendor, dignity)** प्रतापः, विभूतिः ***f.,*** वैभवं, तेजस् ***n.,*** उज्ज्वलता, सुप्रभता, ओजस्विता, प्रभावः, ऐश्वर्य्यं, सम्पत्तिः ***f.***—**(Nobleness, elevation)** माहात्म्यं, औदार्य्यं, उदारता, उत्कर्षः, उत्कृष्टता, श्रेष्ठत्वं.

Grandevity, ***s.*** चिरजीवः -वा -वितं, दीर्घवयस्कत्वं, वृद्धता.

Grandevous, ***a.*** चिरजीवी -विनी -वि (न्), दीर्घजीवी **etc.,** दीर्घायूः -यूः -युः (स्).

Grandfather, ***s.*** **(Paternal)** पितामहः, पितृपिता ***m.*** (तृ).—**(Matrnal)** मातामहः, मातृपिता ***m.*** (तृ), आर्य्यकः; **'great grandfather,'** प्रपितामहः, प्रमातामहः; **'great great grandfather,'** वृद्धप्रपितामहः, **'great great grandmother,'** वृद्धप्रमातामहः.

Grandiloquence, ***s.*** गर्व्वितवाक्यं, अतिशयोक्तिः ***f.,*** अत्युक्तिः ***f.,*** चित्रोक्तिः ***f.,*** दर्पवाक्यं, दर्पाध्मातवचनं.

Grandiloquent, ***a.*** गर्व्वितवाक्यः -क्या -क्यं, उच्चवादी -दिनी -दि (न्).

Grandinous, ***a.*** करकामयः -यी -यं, शिलावृष्टिमान् -मती -मत् (त्).

Grandly, ***adv.*** तेजसा, प्रतापेन, सप्रतापं, सुप्रभं, विभूत्या, वैभवेन, ऐश्वर्य्येण, उज्ज्वलं, उत्कर्षेण, उत्कृष्टं, श्रेष्ठं, प्रभावेण.

Grandmother, ***s.*** **(Paternl)** पितामही, पितृमाता ***f.,*** (तृ), पितृप्रसूः ***f.***—**(Maternal)** मातामही, मातृमाता ***f.*** (तृ); **'great grandmother,'** प्रपितामही, प्रमातामही.

Grand-nephew, ***s.*** भ्रातृपौत्रः, भ्रातृनप्ता ***m.*** (प्तृ), स्वसृपौत्रः, स्वसृनप्ता ***m.***

Grandness, ***s.*** महत्त्वं, महिमा ***m.*** (न्), वैभवं, प्रतापः. ***See*** **Grandeur.**

Grand-neice, ***s.*** भ्रातृपौत्री, भ्रातृनप्त्री, स्वसृनप्त्री, स्वसृपौत्री.

Grandsire, ***s.*** पितामहः, मातामहः, आर्य्यकः, पितृपिता ***m.*** (तृ).

Grandson, ***s.*** **(Son's son)** पौत्रः, नप्ता ***m.*** (प्तृ), पुत्रसुतः, पुत्रपुत्रः, सुतात्मजः, पुत्रात्मजः.—**(Daughter's son)** दौहित्रः, पुत्रिकापुत्रः, पुत्रिकासुतः; **'great grandson,'** प्रपौत्रः, प्रतिनप्ता ***m.*** (प्तृ); **'great great grandson,'** परप्रपौत्रः, परप्रतिनप्ता ***m.*** (तृ), परम्परः.

Grange, ***s.*** क्षेत्रं, भूमिः ***f.,*** क्षेत्रभूमिः ***f.,*** क्षेत्रिकगृहादि ***n.***

Granite, ***s.*** ग्राणित्संज्ञकः, सुदृढप्रस्तरविशेषः.

Granivorous, ***a.*** शस्यभक्षकः -का -कं, शस्यादः -दा -दं, धान्यभुक् ***m.f.n.***

Grant, ***s.*** प्रदानं, सम्प्रदानं, दानं, दत्तं, प्रदा, वितरणं, विसर्ज्जनं, उत्सर्गः, उत्सर्ज्जनं, दायः, विहापितं; **'grant of maintenance,'** वृत्तिदानं; **'a written grant,'** लेखपत्रं, समर्पणपत्रं; **'a royal grant,'** शासनं, शासनपत्रं, पट्टः; **'grant of property,'** निबन्धः -न्धनं; **'grant of safe conduct,'** अभयप्रदानं.

To **grant,** ***v. a.*** **(Give, confer)** दा **(c. 3.** ददाति, **c. 1.** यच्छति, दातुं), प्रदा, अनुदा, वितॄ **(c. 1** -तरति -रितुं -रीतुं), प्रतिपद् **(c. 10.** -पादयति -यितुं), दिश् **(c. 6.** दिशति, देष्टुं), उपकृ, उपाकृ.—**(Admit)** स्वीकृ, स्वीकारं कृ, अङ्गीकृ, ग्रह् **(c. 9.** गृह्णाति, ग्रहीतुं), अनुग्रह्.—**(Allow)** अनुज्ञा **(c. 9.** -जानाति -नीते -ज्ञातुं), अभ्यनुज्ञा, अनुमन् **(c. 4.** -मन्यते -मन्तुं).

Granted, ***p. p.*** प्रदत्तः -त्ता -त्तं, प्रत्तः -त्ता -त्तं, दत्तः -त्ता -त्तं, वितीर्णः -र्णा -र्णं, स्वीकृतः -ता -तं, अङ्गीकृतः -ता -तं, अनुज्ञातः -ता -तं, अनुमतः -ता -तं; **'be it so,'** भवतु, एवमस्तु, अस्त्वेवं.

Grantee, ***s.*** दानग्रहीता ***m.*** (तृ), आदाता ***m.*** (तृ), दानभोगी ***m.*** (न्).

Grantor, ***s.*** दाता ***m.*** (तृ), दानकर्त्ता ***m.*** (र्त्तृ), उत्सर्गकर्त्ता ***m.***

Granular, granulary, ***a.*** वीजमयः -यी -यं, शस्यवीजाकारः -रा -रं.

To **granulate,** ***v. a.*** वीजाकारं -रां -रं कृ, क्षुद्रपिण्डीकृ, शस्यवीजाकारेण घनीकृ **or** सान्द्रीकृ **or** संहतीकृ **or** खण्डीकृ.

To **granulate,** ***v. n.*** वीजाकारपिण्डान् बन्ध् **(c. 9.** बध्नाति, बन्धुं), वीजाकारीभू, सूक्ष्मपिण्डीभू, शस्यवीजाकारेण घनीभू.

Granulated, *p. p.* शस्यवीजाकारः -रा -रं.—**(Sugar)** खण्डमोदकः, शर्करा.

Granulation, *s.* वीजाकारपिण्डबन्धनं, क्षुद्रपिण्डबन्धनं.—**(Of flesh)** उत्सादनं, असुवं.

Granule, *s.* कणिका, वीजकं, लवः, अणुः *m.*, गुटिका, क्षुद्रगुटिका.

Grape, *s.* द्राक्षा, मृद्वीका, मृद्वी, स्वाद्वी, स्वादुरसा, मधुरसा, गोस्तनी -ना, रसा, रसाला, चारुफला, कापिशायनी, साब्दी, हरहूरा; **'made of grapes,'** माद्धर्वीकः -की -कं; **'juice of grapes,'** द्राक्षारसः.

Grapery, *s.* द्राक्षारोहण्योग्यं गृहं, द्राक्षावाटिका.

Grape-shot, *s.* युद्धनाडेः प्रक्षेपणीयो द्राक्षास्तवकरूपेण पिण्डीभूतो गुलिकासमूहः.

Grape-Stone, *s.* द्राक्षावीजं-जकं, द्राक्षाफलस्य अष्ठिः *f.* or अष्ठीला.

Graphic, graphical, *a.* सुचित्रितः -ता -तं, सुवर्णितः -ता -तं, सुनिर्द्दिष्टः -ष्टा -ष्टं, सुलिखितः -ता -तं, सुकथितः -ता -तं, सुनिर्देशकः -का -कं.

Graphically, *adv.* सुवर्णनेन, सुनिर्देशेन, सुविवरणेन, सुचित्रितं, सुनिर्द्दिष्टं.

Grapnel, *s.* चतुर्दन्तयुक्तो लङ्गरविशेषः, चतुर्दन्तयुक्तम् आकर्षणयन्त्रं, आकर्षणी -र्षिणी.

To **grapple,** *v. a.* **(Lay hold of, seize)** सङ्ग्रह् (c. 9. गृह्लाति -ग्रहीतुं), उपसङ्ग्रह्, धृ (c. 1. धरति, धर्त्तुं), आकृष् (c. 1. -कर्षति, c. 60 -कृषति -क्रष्टुं).

To **grapple with,** *v. n.* बाहूबाहवि or हस्ताहस्ति युध् (c. 4. युध्यते, योद्धुं), बाहुयुद्धे सङ्गम् (c. 1. -गच्छति -गन्तुं).

Grapple, *s.* **(Hold)** सङ्ग्रहः, आग्रहः, धृतिः *f.*—**(Close fight)** बाहुयुद्धं.—**(Hook)** आकर्षणी -र्षिणी.

Grappled, *p. p.* सङ्गृहीतः -ता -तं, धृतः -ता -तं, आकर्षितः -ता -तं.

Grappling-irons, *s. pl.* लोहमयम् आकर्षणयन्त्रं, आकर्षणी -र्षिणी.

Grapy, *a.* द्राक्षामयः -यी -यं, द्राक्षासरसः -सा -सं, द्राक्षोपमः -मा -मं.

Grashopper, *s. See* **Grasshopper.**

To **grasp,** *v. a.* and *n.* ग्रह् (c. 9. गृह्लाति, ग्रहीतुं), सङ्ग्रह्, परिग्रह्, अभिग्रह्, उपसङ्ग्रह्, मुष्टिना ग्रह् or सङ्ग्रह्, धृ (c. 1. धरति, धर्त्तुं), ग्रस् (c. 1. ग्रसते -सितुं), परामृश् (c. 6. -मृशति -म्रष्टुं), अवलम्बि (c. 1. -लम्बिते -म्बितुं), सङ्ग्राहं कृ.—**(Grasp at, try to seize)** ग्रह् in des. (जिघृक्षति -ते -क्षितुं), हृ (c. 1. हरति, हर्त्तुं), संहृ, अपहृ, हृ in des. (जिहीर्षति -ते -र्षितुं); **'one who has grasped his sword,'** गृहीतखड्गः.

Grasp, *s.* मुष्टिसङ्ग्राहः, ग्रहः -हणं, मुष्टिग्रहणं, सङ्ग्रहः, सङ्ग्राहः, हस्तग्रहः, आग्रहः, धृतिः *f.*, हस्तधृतिः *f.*, धरणं, अवलम्बनं, करालम्बनं; **'tightness of grasp,'** दृढमुष्टिता; **'within the grasp,'** ग्राह्यः -ह्या -ह्यं, ग्रहणीयः -या -यं.

Grasped, *p. p.* गृहीतः -ता -तं, मुष्टिसङ्गृहीतः -ता -तं, मुष्टिसङ्ग्राहपीडितः -ता -तं, धृतः -ता -तं, ग्रस्तः -स्ता -स्तं, लस्तः -स्ता -स्तं, कुण्ठितः -ता -तं.

Grasper, *s.* ग्राहकः, मुष्टिसङ्ग्राहकृत्, सङ्ग्रहीता *m.* (तृ), हर्त्ता *m.* (र्त्तृ).

Grasping, *s.* ग्रहणं, सङ्ग्राहः, सङ्ग्रहः, धृतिः *f.*, धरणं, हरणं.

Grasping, *part.* or *a.* जिघृक्षुः -क्षुः -क्षु, जिहीर्षुः -र्षुः -र्षु, पुरोभागी -गिनी -गि (न्), ग्रहणशीलः -ला -लं.

Grass, *s.* तृणं, घासः, यवसः, जवसः, शादः, अर्ज्जुनं -नी, खटः, खेटं; **'sacrificial grass,'** कुशं -शः, दर्भः, कुथः, पवित्रं; **'young grass,'** बालतृणं, शष्पं; **'fragrant grass,'** कत्तृणं, सौगन्धिकं, देवजग्धं -ग्धकं, पौरं, ध्यामं, रौहिषं; **'abounding with grass,'** तृणपूर्णः -र्णा -र्णं, बहुतृणः -णा -णं, महाघासः -सा -सं.

To **grass,** *v. a.* तृणेन आच्छद् (c. 10. -छादयति -यितुं), सतृणं -णां -णं कृ.

Grasshopper, *s.* शरभः, शलभः, पतङ्गः, त्रिशङ्कुः *m.*

Grassiness, *s.* सतृणत्वं, सघासत्वं, शाड्वलता, बहुघासत्वं.

Grassless, *a.* तृणहीनः -ना -नं, अतृणः -णा -णं, तृणवर्ज्जितः -ता -तं.

Grass-plot, *s.* तृणवृतो भूमिभागः or भूप्रदेशः, सतृणस्थलं.

Grassy, *a.* तृणसः -सा -सं, तृणमयः -यी -यं, सतृणः -णा -णं, तृणावृतः -ता -तं, तृणाच्छादितः -ता -तं, घासमयः -यी -यं, बहुघासः -सा -सं, बहुतृणः -णा -णं, महाघासः -सा -सं, शाड्वलः -ला -लं, साड्वलः -ला -लं.—**(Green, verdant)** हरितः -ता -तं, शादहरितः -ता -तं.

Grate, *s.* **(Fire-place)** इध्मगुप्तिः *f.*, अङ्गारगुप्तिः *f.*, अङ्गारिणी, अग्निकुण्डं, चुल्ली, इध्मवारणी, अङ्गारवारणी, वितानं.—**(Iron-lattice)** लौहजालं, लौहजालकः, व्यत्यस्तलोहदण्डयुक्तम् अवरोधकं or व्यवधानं.

To **grate,** *v. a.* **(Rub)** घृष् (c. 1. घर्षति -र्षितुं), पिष् (c. 7. पिनष्टि, पेष्टुं), निष्पिष्, मृद् (c. 9. मृद्नाति, मर्द्दितुं), सङ्घट्ट् (c. 10. -घटटयति -यितुं); **'to grate the teeth,'** दन्तान् दन्तैर् घृष् or निष्पिष्.—**(Fret, irritate)** व्यथ् (c. 10. व्यथयति -यितुं), बाध् (c. 1. बाधते -धितुं), तप् (c. 10. तापयति -यितुं), मर्म्माणि तुद् (c. 6. तुदति, तोत्तुं) or स्पृश् (c. 6. स्पृशति, स्प्रष्टुं).—**(Furnish with an iron lattice)** लोहजालेन युज् (c. 10. योजयति -यितुं), व्यत्यस्तलोहदण्डैर्

युज्.—**(Reduce to powder by rubbing)** घर्षणेन चूर्णीकृ **or** क्षोदीकृ.

To* grate, *v. n. परस्परघर्षणं कृ, परस्परघर्षणजं कर्कशशब्दं कृ.

Grated, *p. p.* (Rubbed) घर्षितः -ता -तं, आघर्षितः -ता -तं, पिष्टः -ष्टा -ष्टं, चूर्णीकृतः -ता -तं, क्षोदितः -ता -तं. —**(Furnished with a grating)** लोहजालयुक्तः -क्ता -क्तं.

Grateful, *a.* (Having a due sense of benefits) कृतज्ञः -ज्ञा -ज्ञं, कृतवेदी -दिनी -दि (न्), कृत्यवेदी -दिनी -दि (न्) उपकृतज्ञः -ज्ञा -ज्ञं, उपकारस्मर्त्ता -र्त्ती -र्त्तृ (र्त्तृ), कृतोपकारस्य स्मर्त्ता **etc.**, उपकृतस्मरन् -रन्ती -रत् (त्).—**(Agreeable)** रम्यः -म्या -म्यं, रमणीयः -या -यं, सुभगः -गा -गं, हृद्यः -द्या -द्यं.—**(To the taste)** सुखास्वादः -दा -दं, सुरसः -सा -सं.

Gratefully, *adv.* कृतज्ञवत्, उपकारस्मरणात्.—**(Agreeably)** रम्यं, सुभगं.

Gratefulness, *s.* (Gratitude) कृतज्ञता, उपकृतज्ञता, उपकारस्मरणं, कृतोपकारस्मरणं.—**(Agreeableness)** रम्यता, रमणीयता, सुभगता.

Grater, *s.* घर्षणी, घर्षणयन्त्रं, निर्घर्षकः, घर्षणालः, आघट्टकः.

Gratification, *s.* (Act of pleasing, indulging) सन्तोषणं, तोषः -षणं, तुष्टिकरणं, तुष्टिदानं, तर्पणं, प्रीतिकरणं, आराधनं, अनुरोधः -धनं, अनुवर्त्तनं, प्रसादनं, आनमनं, आनतिः ***f.;*** **'gratification of an humour,'** छन्दोनुवर्त्तनं, छन्दोनुवृत्तं; **'of a wish,'** मनोरथसिद्धिः ***f.,*** इच्छासाधनं, इच्छादानं. —**(Pleasure, satisfaction)** तुष्टिः ***f.,*** सन्तोषः, परितोषः, तोषः, प्रीतिः ***f.,*** तृप्तिः ***f.,*** सुखं, सौख्यं, आनन्दः, आह्लादः, रतिः ***f.,*** अभिरुचिः ***f.***

Gratified, *p. p.* तुष्टः -ष्टा -ष्टं, सन्तोषितः -ता -तं, परितुष्टः -ष्टा -ष्टं, सन्तुष्टः -ष्टा -ष्टं, प्रीतः -ता -तं, तृप्तः -प्ता -प्तं, तप्तिः -ता -तं, आराधितः -ता -तं, प्रसादितः -ता -तं, आनन्दितः -ता -तं, प्रमोदितः -ता -तं, प्रतिग्राहितः -ता -तं; **'in mind,'** प्रीतमनाः -नाः -नः (स्); **'having every wish gratified,'** सर्व्वसिद्धार्थः -र्था -र्थं, पूर्णकामः -मा -मं, कृतार्थः -र्था -र्थं, चरितार्थः -र्था -र्थं.

***To* gratify, *v. a.* (Please)** सुख् **(c. 10.** सुखयति -यितुं), सन्तुष् **(c. 10.** -तोषयति -यितुं), परितुष्, नन्द् **(c. 10.** नन्दयति -यितुं), आनन्द्, प्री **(c. 9.** प्रीणति, **c. 10.** प्रीणयति -यितुं), तृप् **(c. 10.** तर्पयति -यितुं), प्रमुद् **(c. 10.** -मोदयति -यितुं), रम् **(c. 10.** रमयति -यितुं), ह्लाद् **(c. 10.** ह्लादयति -यितुं), हृष् **(c. 10.** हर्षयति -यितुं), सभाज् **(c. 10.** सभाजयति -यितुं), रुच् **(c. 1.** रोचते -चितुं) **with dat. of person,** सुखं कृ, प्रीतिं दा.—**(Indulge, humour, soothe)** अनुवृत् **(c. 1.** -वर्त्तते -र्त्तितुं), आराध् **(c. 10.** -राधयति -यितुं), प्रसद् **(c. 10.** -सादयति -यितुं), अनुरञ्ज् **(c. 10.** -रञ्जयति -यितुं), अनुरध् **(c. 4.** -रुध्यते -रोद्धुं), लल् **(c. 10.** लालयति -यितुं).

Gratifying, *part.* or *a.* परितोषकः -का -कं, सन्तोषकः -का -कं, तुष्टिकरः -रा -रं, तुष्टिदः -दा -दं, परितोषजनकः -का -कं, तुष्टिजननः -नी -नं, सुखकरः -रा -रं, सुखदः -दा -दं, प्रीतिकरः -री -रं, प्रीतिदः -दा -दं, आनन्ददः -दा -दं, नन्दकः -का -कं, तर्पी -र्पिणी -र्पि (न्), रमणः -णा -णं, आराधकः -का -कं, अनुरञ्जकः -का -कं.

Grating, *part.* or *a.* कर्कशः -शा -शं, निष्ठुरः -रा -रं, खरः -रा -रं, अरुन्तुदः -दा -दं, कटुः -टुः -ट्वी -टु; **'to the ears,'** कर्णकटुः -टुः -टु.

Grating, *s.* परस्परघर्षणं, परस्परघर्षणजः, कर्कशशब्दः. —**(Partition of iron bars)** लोहजालं, लौहजालकः, व्यत्यस्तलोहदण्डयुक्तम् अवरोधकं **or** व्यवधानं.

Gratingly, *adv.* कर्कशं, निष्ठुरं, अरुन्तुदं, कटु, कार्कश्येन.

Gratis, *adv.* मूल्यं विना, मूल्यव्यतिरेकेण, निर्मूल्यं, धर्म्मार्थं.

Gratitude, *s.* कृतज्ञता, उपकारज्ञता, उपकृतज्ञता, उपकारस्मरणं, कृतोपकारस्मरणं, प्रत्युपकारकरणेच्छा.

Gratuitous, *a.* मूल्यं विना दत्तः -त्ता -त्तं, निर्मूल्यः -ल्या -ल्यं, प्रकामं **or** स्वेच्छातो दत्तः -त्ता -त्तं, धर्म्मार्थकः -का -क; **'gratuitous labour,'** विष्टिः ***f.***—**(Groundless)** अहेतुकः -का -कं, निर्निमित्तः -त्ता -त्तं, निष्कारणः -णा -णं.

Gratuitously, *s.* मूल्यं विना, मूल्यव्यतिरेकेण, धर्म्मार्थं, निर्मूल्यं.

Gratuity, *s.* पारितोषिकं, शुल्कः -ल्कं, उपायनं, प्रदानं, दानं.

To* gratulate, *v. a. अभिनन्द् **(c. 1.** -नन्दति -न्दितुं), अभिवन्द् **(c. 1.** -वन्दते -दितुं), कल्याणवचनं वद् **(c. 1.** वदति -दितुं), कल्यं वद्, कुशलवादं कृ. ***See* Congratulate.**

Gratulation, *s.* अभिनन्दा -न्दनं, अभिवन्दनं, कल्याणवादः, कल्पवादः.

Gratulatory, *a.* कल्यवादी -दिनी -दि (न्), अभिनन्दकः -का -कं.

Grave, *s.* (Place for the dead) समाधिः ***m.,*** अवटः, श्मशानं, मृतशरीरस्थानं, एडुकं, सन्धिः ***m.,*** शववासः, शवगर्त्तः.

Grave, *a.* (Serious) गुरुः -र्व्वी -रु, अलघुः -घुः -घु, मन्दः -न्दा -न्दं, जडः -डा -डं.—**(Momentous)** गुर्व्वर्थः -र्था -र्थं, बह्वर्थः -र्था -र्थं, गम्भीरार्थः -र्था -र्थं.—**(Deep in sound)** गम्भीरः -रा -रं, गम्भीरः -रा -रं, मन्द्रः -न्द्रा -द्रं, मन्दः -न्दा -न्दं, मन्थरः -रा -रं, आमन्द्रः -न्द्रा -न्द्रं, धीरः -रा -रं, घनः -ना -नं.—**(In grammar)** प्लुतः -तं; **'the grave accent,** अनुदात्तः.

To* grave, *v. a.* and *n. तक्ष् **(c. 1.** तक्षति -क्षितुं, **c. 5.** तक्ष्णोति), त्वक्ष् **(c. 1.** त्वक्षति -क्षितुं), मुद्र **(nom.** मुद्रयति -यितुं), मुद्रीकृ.

Grave-clothes, *s.* शववस्त्रं, शवाच्छादनं, मृतशरीरपरिधानं.

Grave-digger, *s.* समाधिखनकः, अवटखनिता *m.* (तृ), शवगर्त्तखनकः.

Grave-stone, *s.* चित्यं, चैत्यं, चैत्रः, चिताचूडकं, मृतजनस्मरणप्रस्तरः, श्मशानप्रस्तरः, समाधिप्रस्तरः.

Gravel, *s.* शर्करा, बालुका, चूर्णखण्डः, चूर्णः -र्णं, शिलाखण्डः, पाषाणखण्डः, शिलाचूर्णं, पाषाणचूर्णं.—**(The disease)** शर्करा, अश्मरी, अश्मीरः -रं, मूत्रखण्डः, पाण्डुशर्करा.

***To* gravel,** *v. a.* सशर्करं -रां -रं कृ, शर्करान्वितं -तां -तं कृ, शर्करावृतं -तां -तं कृ, शर्करीकृ.—**(Perplex)** विमुह् **(c. 10.** -मोहयति -यितुं), शल्यं कृ.

Gravelly, *a.* शार्करीयः -यी -यं, शार्करी -री -रं, शार्करकः -का -कं, शर्करावान् -वती -वत् (त्), शर्करिकः -की -कं, शर्करिलः -ला -लं, सशर्करः -रा -रं.

Gravel-walk, *s.* शर्करावृतः पथः, शर्करावान् उद्यानमार्गः.

Gravely, *adv.* गुरु, अलघु, गौरवेण, सगौरवं, गम्भीरं, भावगम्भीरं, गाम्भीर्य्येण, धीरं, मन्दं.

Graven, *p. p.* तष्टः -ष्टा -ष्टं, तक्षितः -ता -तं, मुद्रितः -ता -तं.

Graveness, *s.* गुरुता -त्वं, गौरवं, गरिमा *m.* (न्), गम्भीरता, गाम्भीर्य्यं, धीरत्वं -ता, अलघुता, अलाघवं, जडता, जाड्यं.

Graveolence, *s.* दुर्गन्धः, कुत्सितगन्धः, दौर्गन्धिः *n.,* पूतिगन्धः.

Graveolent, *a.* दुर्गन्धी -न्धिनी -न्धि (न्), कुत्सितगन्धः -न्धा -न्धं.

Graver, *s.* तक्षकः, तष्टा *m.* (ष्टृ), तक्षणकर्त्ता *m.* (र्त्तृ), मुद्राकरः.

Gravid, *a.* गर्भिणी, गर्भवती, पूर्णगर्भा, गृहीतगर्भा, अन्तरापत्या.

Graving, *s.* तक्षणं, तक्षणकर्म्म *n.* (न्), तक्षणकार्य्यं.

***To* gravitate,** *v. n.* स्वभारगुरुत्वाद् भूमिं प्रति पत् **(c. 1.** पतति -तितुं) **or** पत् **in des.** (पिपतिषति -षितुं), पित्सति) **or** अधः पत्, **or** अधो गम् **(c. 1.** गच्छति, गन्तुं) **or** अन्यमूर्त्तिं प्रति आकृष् **in pass.** (-कृष्यते).

Gravitation, *s.* स्वभारगुरुत्वाद् भूमिं प्रति पतनशीलता **or** पातुकत्वं **or** पिपतिषा **or** अधःपातुकता **or** अन्यमूर्त्तिं प्रति आकर्षणशीलता.

Gravity, *s.* **(Weight)** गुरुत्वं, गौरवं, गरिमा *m.* (न्), भारः, भारगुरुता.—**(Seriousness)** गुरुता, गौरवं, गम्भीरता, गाम्भीर्य्यं, धीत्वं -ता, अलघुता, अलाघवं, जडता, जाड्यं, मन्दता.—**(Tendency of a body towards the earth, or towards another body)** स्वभारगुरुत्वाद् भूमिं प्रति पातुकत्वं **or** अन्यमूर्त्तिं प्रति आकर्षणशीलता.—**(Specific gravity)** भारमानं.

Gravy, *s.* मांसयूषं, मांसजूषं, मांसव्यञ्जनं, व्यञ्जनं, उपस्करः, तेमनं, लालसीकं, प्रहितं, मिष्टान्नं, प्रदिग्धः.

Gray, *a.* धूसरः -री -रं, धूषरः -री -रं, पांशुवर्णः -र्णा -र्णं, भस्मवर्णः -र्णा -र्णं, ईषत्पाण्डुः -ण्डुः, -ण्डुः, ईषद्धवलः -ला -लं, आशुक्लः -क्ला -क्लं, शुक्लकृष्णः -ष्णा -ष्णं.—**(As the hair)** पलितः -ता -तं, धवलः -ला -लं, पक्वः -क्वा -क्वं; **'gray hair,'** पलितं.—**(Old)** जीर्णः -र्णा -र्णं, वृद्धः -द्धा -द्धं -पक्वः -क्वा -क्वं.

Gray, *s.* **(The colour)** धूसरः धूषरः, धूसरवर्णः, पांशुवर्णः.

Gray-beard, *s.* शुक्लश्मश्रुः *m.,* धवलश्मश्रुः *m.,* जीर्णकूर्च्चः.

Gray-eyed, *a.* पाण्डुनयनः -ना -नं, धूसरनेत्रः -त्रा -त्रं.

Gray-haired, *a.* पलितः -ता -तं, पलिक्ली *f.,* धवलकेशः -शी -शं, शुक्लकेशः -शी -शं, पक्केशः -शी -शं.

Gray-headed, *a.* पलितशिराः -रा -रः (स्), पलितमस्तकः -का -कं.

Gray-hound, *s. See* **Grey-hound.**

Grayish, *a.* ईषद्धूसरः -रा -रं, आधूसरः -रा -रं, ईषत्पांशुवर्णः -र्णा -र्णं.

Grayling, *s.* स्वच्छनदीजो मत्स्यप्रभेदः.

Grayness, *s.* धूसरत्वं, धूसरवर्णत्वं, पांशुवर्णत्वं.—**(Of the hair)** पलितं, केशधावल्यं, केशशुक्लता, केशपक्वता.—**(Oldness)** वृद्धत्वं, जीर्णता, पक्वता.

***To* graze,** *v. a.* **(Touch lightly, rub)** घृष् **(c. 1.** घर्षति -र्षितुं), लघु तड् **(c. 10.** ताडयति -यितुं), लघुगत्या अतिक्रम्य घृष्.—**(Feed cattle with grass)** चर् **in caus.** (चारयति -यितुं), तृणम् अश् **in caus.** (आशयति -यितुं) **or** भुज् **in caus.** (भोजयति -यितुं) **or** खाद् **in caus.** (खादयति -यितुं), तृणं दा.

***To* graze,** *v. n.* **(Feed on grass)** चर् **(c. 1.** चरति -रितुं), तृण् **(c. 8.** तर्णोति, तृणोति, तर्णितुं), तृणं खाद् **(c. 1.** खादति -दितुं) **or** अश् **(c. 9.** अश्नाति, अशितुं) **or** भक्ष् **(c. 10.** भक्षयति -यितुं).

Grazed, *p. p.* **(Rubbed)** घृष्टः -ष्टा -ष्टं, घर्षितः -ता -तं, लघु ताडितः -ता -तं.—**(Eaten by cattle)** गोचरितः -ता -तं, गोभक्षितः -ता -तं, आशितङ्गवीनः -ना -नं, अशितङ्गवीनः -ना -नं.

Grazer, *s.* तृणखादकः तृणभक्षकः तृणाशी *m.* (न्), चरिता *m.* (तृ).

Grazier, *s.* गोचारकः, गवादिचारकः, गोपालकः, पशुपोषकः.

Grazing, *s.* गोचरः -रणं, गोप्रचारः, प्रचारः, तृणस्वादनं.

Grease, *s.* वसा, घृतं, मेदस् *n.,* स्नेहः, मांसस्नेहः, मांससारः, वपा, तैलं, तिलस्नेहः, अभ्यञ्जनं.

***To* grease,** *v. a.* वसया **or** घृतेन **or** स्नेहेन लिप् **(c. 6.** लिम्पति, लेप्तुं) **or** अञ्ज् **(c. 7.** अनक्ति, अंक्तुं, **c. 10.** अञ्जयति -यितुं)

Greased 472 Greediness

or दिह् (c. 2. देग्धि -ग्धुं), घृताक्तं: -क्तां -क्तं कृ, स्निग्धीकृ, स्नेहाक्तीकृ.

Greased, *p. p.* वसालिप्त: -प्ता -प्तं, घृताभ्यक्त: -क्ता -क्तं, स्नेहाक्त: -क्ता -क्तं, वसाभ्यक्त: -क्ता -क्तं, घृतोक्षित: -ता -तं, अभ्यक्त: -क्ता -क्तं.

Greasily, *adv.* चिक्कणं, स्निग्धं, वसया, सस्नेहं, सघृतं, घृतेन.

Greasiness, *s.* चिक्कणता -त्वं, स्निग्धता, स्नैग्ध्यं, घृताक्तत्वं, घृतवत्त्वं, स्नेहवत्त्वं, सस्नेहत्वं, मेदस्विता, वसालिप्तता.

Greasy, *a.* वसामय: -यी -यं, घृतवान्, -वती -वत् (त्), घृताक्त: -क्ता -क्तं, वसाभ्यक्त: -क्ता -क्तं, चिक्कण: -णा -णं, स्निग्ध: -ग्धा -ग्धं, स्नेहवान् -वती -वत् (त्), सस्नेह: -हा -हं, स्नेही -हिनी -हि (न्), स्नेहाक्त: -क्ता -क्तं, मेदस्वी -स्विनी -स्वि (न्), प्रमेदित: -ता -तं, वसायुक्त: -क्ता -क्तं, सतैल: -ला -लं.

Great, *a.* (Large) महान् -हती -हत् (त्), वृहन् -हती (त्), विशाल: -ला -लं, विपुल: -ला -लं, पृथु: -थु: -थ्वी -थु, पृथुल: -ला -लं, उरु: -रु:, रु, स्थूल: -ला -लं, विकट: -टा -टं, कराल: -ला -लं, विशङ्कट: -टा -टी -टं, वड्र: -ड्रा -ड्रं, ऊर्ज्जित: -ता -तं.—**(Great in number, a great many)** बहु: -हु: -ह्वी -हु, बहुल: -ला -लं, बहुसंख्यक: -का -कं, भूरि: -रि: -रि, प्रचुर: -रा -रं.—**(Extensive)** विस्तीर्ण: -र्णा -र्णं, पृथुपरिमाण: -णा -णं.—**(Noble, eminent)** महात्मा -त्मा -त्म (न्), विश्रुत: -ता -तं, महायशस्क: -स्का -स्कं, प्रसिद्ध: -द्धा -द्धं, उत्कृष्ट: -ष्टा -ष्टं, श्रेष्ठ: -ष्टा -ष्ठं, महाभाग: -गा -गं, प्रतिष्ठ: -ष्ठा -ष्ठं.—**(Chief, principal)** प्रधान **in comp.,** मुख्य: -ख्या -ख्यं, अग्र: -ग्रा -ग्रं, परम: -मा -मं.—**(Important)** गुरु: -र्व्वी -रु, परम: -मा -मं, अलघु: -घु: -घु.—**(Expressing a great degree of any thing)** अति **or** सु **or** महा **prefixed,** अत्यन्त: -न्ता -न्तं, गाढ: -ढा -ढं, अतिमात्र: -त्रा -त्रं, अधिक: -का -कं, नितान्त: -न्ता -न्तं, एकान्त: -न्ता -न्तं, भृश: -शा -शं, अतिरिक्त: -क्ता -क्त, पर: -रा -रं; **'great fear,'** महाभयं, अतिभयं; **'great vigour'** सुवीर्य्यं **'great heat,'** अतिदाह:, सुदाह:, गुरुताप:; **'great rain'** भूरिवृष्टि: ***f.;*** **'to a great distance',** सुदूरं-रे-रतस्, अतिदूरं-रे; **'to a great degree,'** अत्यन्तं, अत्यर्थं, अतिमात्रं, भृशं, अतिशयं -येन, निर्भरं, गाढं, बहु; **'great grandson,'** प्रपौत्र:; **'great grandfather,'** प्रपितामह:; **'a great many people'** बहुजना: ***m. pl.***

Great, *s.* (The whole) साकल्यं, समुदाय:, समास:, समस्ति: ***f.,*** सामग्र्यं.—**(Great people)** कुलीनजना: ***m.pl.,*** सेव्यजना: ***m.pl.,*** उत्कृष्टपदस्था: ***m.pl.,*** महाजना: ***m.pl.;*** **'fit for the great,'** माहाजनिक: -की -कं.

Great-coat, *s.* उत्तरीयं, उत्तरीयवस्त्रं, प्रावार: -रक:, निचोल: -ली.

Great-hearted, great-minded, *a.* महात्मा -त्मा -त्म (न्), महामना: -ना -न: (स्), उदारचेता: -ता -त: (स्), महासत्त्व: -त्त्वा -त्त्वं, महेच्छ: -च्छा -च्छं.

Greater, *a.* महत्तर: -रा -रं, विशालतर: -रा -रं, वृहत्तर: -रा -रं, गुरुतर: -रा -रं, गरीयान् -यसी -य: (स्), उत्तर: -रा -रं.—**(Greater number)** बहुतर: -रा -रं, भूयान् -यसी -य: (स्), भूयिष्ठ: -ष्ठा -ष्ठं, अधिक: (-का -कं), अधिकतर: -रा -रं, पर: -रा -नं, परतर: -रा -रं, अपर: -रा -रं; **'greater and greater,'** अधिकाधिकं, उत्तरोत्तरं.

Greatest, *a.* महत्तम: -मा -मं, वृहत्तम: -मा -मं, सुमहान्, -हती -हत् (त्). गुरुतम: -मा -मं, गरिष्ठ: -ष्ठा -ष्ठं, अधिकतम: -मा -मं; **'in the greatest degree,'** सुभृशं, सुमहत्, अतिमहत्, सुतरां, अतितरां.

Greatly, *adv.* (In a great degree) सु **or** अति **or** अतिशय **prefixed,** भृशं, सुभृशं, अत्यन्तं, निर्भरं, अतिशयं -येन, अतिमात्रं, अत्यर्थं, भूरि, गाढं, नितान्तं, सुतरां, अतितरां, अधिकं, अतीव, परं, बलवत्; **'greatly grieved,'** सुदु:खित: -ता -तं.—**(Nobly)** माहात्म्येन, उदारवत्.

Greatness, *s.* (Largeness) महत्त्वं, महिमा ***m.*** (न्), वृहत्त्वं, विशालता, विपुलता, पृथुता -त्वं, प्रथिमा ***m.*** (न्), पार्थवं, स्थूलता, स्थौल्यं, उरुता -त्वं, विकटता, वैकट्यं, व्रडिमा ***m.*** (न्), परिव्रडिमा ***m.***—**(Extent)** विस्तीर्णता, सुविस्तीर्णता. —**(Bulk)** परिमाणं.—**(Eminence)** उत्कर्ष:, उत्कृष्टता, प्रसिद्धता, श्रेष्ठत्वं, यशस्विता, विश्रुति: ***f.,*** आधिक्यं. —**(Grandeur)** विभूति: ***f.,*** वैभवं, प्रभाव:, ऐश्वर्य्यं. —**(Greatness of mind)** माहात्म्यं, उदारता, औदार्य्यं.—**(Of rank)** कुलीनता, कुलोत्कर्ष:, अभिजातता, सेव्यता.

Greaves, *s. pl.* जङ्घात्राणं, मंक्षणं, मंक्षुणं, जङ्घाकवचं, जङ्घारक्षणी, ऊरुत्राणं, ऊरुवर्म्म ***n.*** (न्).

Grecian, *a.* ग्रीकदेशीय: -या -यं, ग्रीकदेशज: -जा -जं, यावन: -नी -नं, यवनीय: -या -यं, यवनदेशीय: -या -यं.

Grecian, *s.* ग्रीकदेशवासी ***m.*** (न्), यवन:, यवनदेशज:.

Grecism, *s.* ग्रीकभाषानुसारिणी वाग्वृत्ति:, ग्रीकभाषासम्प्रदाय:.

Greece, *s.* ग्रीकदेश:, यवन:, यवनदेश:.

Greedily, *adv.* अतिलोभेन -भात्, अतिलौल्यात्, लुब्धजनवत्, गृध्रवत्, अतिशयलिप्सया, अतिशयजिघृक्षया, लोभावेशात्, अत्यभिलाषेण, अतीच्छया, अतिस्पृहातस्.

Greediness, *s.* लुब्धता, लोभवत्त्वं, लोभ:, अतिभोजनं, अत्याहार:, गृध्रता, गृध्नुता, अतिबुभुक्षा, अधिकभोजनं, घस्मरता, लोलता, लौल्यं, अद्मरता, अतृप्ति: ***f.,*** अपरितोष:, अत्याकांक्षा, अतिलिप्सा, लिप्सातिशय:, उदरभरणं, जिघृक्षा, गर्द्ध:, भक्षकत्वं,

अत्यभिलाषः, अतिस्पृहा.

Greedy, *a.* (Voracious) लुब्धः -ब्धा -ब्धं, आहारलुब्धः -ब्धा -ब्धं, लोभी -भिनी -भि (न्), भक्षकः -का -कं, बहुभक्षकः -का -कं, बह्वाशी -शिनी -शि (न्), बहुभुक् ***m.f.n.***, घस्मरः -रा -रं, अद्मरः -रा -रं, गृध्रः -ध्रा -ध्रं, गृध्नुः -ध्रा -ध्रं, गर्धी -र्धिनी -र्धि (न्), गर्धनः -ना -नं, जिघृक्षुः -क्षुः -क्षु, बुभुक्षुः -क्षुः -क्षु, अतिभोजी -जिनी -जि (न्), अत्याहारी -रिणी -रि (न्), अपरिमिताहारी **etc.,** कुक्षिम्भरिः -रि -रि, उदरम्भरि -रिः -रि, आत्मम्भरिः -रिः -रि औदरिकः -की -कं, स्वोदकपूरकः -का -कं, उदरपिशाचः -ची -चं, लोलुभः -भा -भं, लोलः -ला -लं, लोलुपः -पा -पं, लोभाविष्टः -ष्टा -ष्टं.—**(Eager after)** अत्यभिलाषी -षिणी -षि (न्), अभिलाषकः -का -कं, अतीच्छः -च्छा -च्छं, तृष्णकः -का -कं, अत्याकांक्षी -क्षिणी -क्षि (न्), मत्सरः -रा -रं; **'to be greedy,'** गृध् **(c. 4.** गृध्यति, गर्धितुं), लुभ् **(c. 4.** लुभ्यति, लोब्धुं).

Greek, *a.* ग्रीकदेशीयः -या -यं, यवनदेशीयः -या -यं.

Greek, *s.* ग्रीकदेशजः, यवनदेशवासी ***m.*** (न्), यवनः. —**(Language of Greece)** ग्रीकभाषा.

Green, *a.* हरितः -ता -रिणी -तं, हरित् ***m.f.n.***, हरितवर्णः -र्णा -र्णं, हरिद्वर्णः -र्णा -र्णं, हरिः -रिः -रि, पलाशः -शी -शं, पालाशः -शी -शं, श्यामः -मा -मं, भरितः -ता -तं, तालकाभः -भा -भं, श्यामवर्णः -र्णा -र्णं; **'green wood,'** आर्द्रकाष्ठं; **'to make green,'** हरितीकृ; **'to become green,'** हरित **(nom.** हरितायते).

Green, *s.* (The colour) हरित् ***m.***, हरितः, हरिः ***m.***, पालाशः, तालकाभः.—**(Grassy plat)** हरिततृणावृतो भूमिभागः, हरितस्थानं, हरितस्थलं -स्थानं.

Greened, *p. p.* हरितीकृतः -ता -तं, हरितीभूतः -ता -तं.

Green-finch, *s.* हरितपक्षयुक्तः पक्षिभेदः.

Greengage, *s.* हरितवर्णः फलविशेषः.

Green-grocer, *s.* शाकफलादिविक्रेता ***m.*** (तृ), शाकादिविक्रयी ***m.*** (न्).

Greenhorn, *s.* अविपक्वबुद्धिः ***m.***, (अपक्वधीः ***m.***, अकोविदः.

Green-house, *s.* बालवृक्षादिरक्षणार्थं काचपटलं गृहं.

Greenish, *a.* ईषद्धरितः -ता -तं, ईषत्पलाशः -शी -शं, आश्यामः -मा -मं.

Green-leaved, *a.* हरितच्छदः -दा -दं, हरित्पर्णः -र्णा -र्णं, हरितपत्रः -त्रा -त्रं.

Greenness, *s.* हरितत्वं, हरित्त्वं, पलाशता, पालाशता, श्यामता -त्वं. —**(Immaturity)** अपक्वता, अविपक्वता; **'of mind,'** अपक्वबुद्धित्वं.

Green-room, *s.* शाणी, नेपथ्यं, नेपथ्यशाला.

Greens, *s. pl.* शाकादि ***n.***, हरितकं, खादनीयशाकाः ***m. pl.***

Green-sickness, *s.* स्त्रीरोगविशेषो यस्मिन् मुखं श्यामवर्णं भवति देहस्य चावसादो जायते.

Green-sward, *s.* घासावृता भूमिः, हरितभूमिः, सतृणस्थलं.

To* greet, *v. a. अभिनन्द् **(c. 1.** -नन्दति -न्दितुं), अभिवन्द् **(c. 1.** -वन्दते -न्दितुं), वन्द्, अभिवद् **(c. 10.** -वादयते -ति -यितुं), कुशलवाक्यैर् अभिवद् **or** अभिभाष् **(c. 1.** -भाषते -षितुं), अर्च् **(c. 1.** अर्चति -र्चितुं, **c. 10.** अर्चयति -यितुं), अभ्यर्च्, नमस्कृ, नमस्कारं कृ, सत्कृ, कुशलवादं कृ, प्रणम् **(c. 1.** -णमति -णन्तुं), प्रणतिं कृ; **'to greet in return,'** प्रत्यभिवद्, प्रत्यर्च्.

Greeted, *p. p.* अभिनन्दितः -ता -तं, अभिवादितः -ता -तं, कुशलवाक्यैः सम्भाषितः -ता -तं **or** अभिभाषितः -ता -तं, नमस्कृतः -ता -तं, सत्कृतः -ता -तं.

Greeter, *s.* अभिवादयिता ***m.*** (तृ), अभिवादकः, अभिनन्दकः.

Greeting, *s.* अभिनन्दा -न्दनं, अभिवादः -दनं, वन्दनं, अभिवन्दनं, कुशलवाक्यैः सम्भाषणं **or** अभिभाषणं, कुशलप्रश्नः, सत्कारः, सत्कृतिः ***f.***, नमस्कारः, नमस्क्रिया, कौशलं -ली, कुशलवादः; **'greeting in return,'** प्रत्यभिवादः -दनं.

Gregarious, *a.* यूथचारी -रिणी -रि (न्), अनेकचरः -रा -रं, सङ्घचारी **etc.**

Gregariously, *adv.* यूथशस्, सङ्घशस, अनेकशस्, गणशस्.

Gregariousness, *s.* यूथचारित्वं, सङ्घचारित्वं, अनेकचारित्वं.

Grenade, *s.* युद्धे हस्तप्रक्षेपणीया आग्नेयचूर्णगर्भा लोहगुली या अन्तरग्निबलेन शतखण्डशो विदीर्णा भूत्वा रिपुनाशं करोति.

Grenadier, *s.* दीर्घशिरस्कभृत् पूर्व्वोक्ताग्नेयास्त्रपाणिः सैन्यविशेषः.

Grey, *a. See* Gray.

Greyhound, *s.* दृष्टिगोचरशशकानुसरणे शिक्षितः सुतनुशरीरो मृगयाकुक्करः.

Grice, *s.* शूकरशावकः, शूकरशिशुः ***m.***, वराहशावकः.

To* gride, *v. a. कर्कशशब्दपूर्व्वं छिद् **(c. 7.** छिनत्ति, छेत्तुं).

Gridelin, *a.* शुक्लरक्तः -क्ता -क्तं, धवलरक्तः -क्ता -क्तं.

Gridiron, *s.* विरलाधोभागो भर्ज्जनयन्त्रविशेषः, अम्बरीषं, भ्राष्ट्रः -ष्ट्रं, भृज्जनं, ऋजीपं.

Grief, *s.* शोकः, खेदः, दुःख, सन्तापः, क्लेशः, शुक् ***f.*** (च्), मन्युः ***m.***, व्यथा, विषादः, पीडा, मनोदुःखं, मनस्तापः, मनःपीडा, मनोव्यथा, निर्वेदः, आधिः ***m.***, उद्वेगः, परितापः, अनिर्वृतिः ***f.***, कृच्छ्रं, मनःकृच्छ्रं, मनोवेदना, आर्त्तिः ***f.***; **'grief for the loss of any one,'** उत्कण्ठा, औत्कण्ठ्यं, उद्वेगः, उत्सुकता, उत्कः.

Grievance, *s.* कष्टं, क्लिष्टिः ***f.***, क्लेशः, दुःखं, पीडा, बाधा, आबाधा, बाधकं, क्लेशकं, आर्त्तिः ***f.***, द्रोहः, कष्टकरं किञ्चित्; **'infantine grievance,'** शिशुक्रन्दः.

To* grieve, *v. a. दुःख् **(c. 10.** दुःखयति -यितुं), शुच् **(c. 10.**

शोचयति -यितुं), पीड् (c. 10. पीडयति -यितुं), आपीड्, उपपीड्, अभिपीड्, परिपीड्, व्यथ् (c. 10. व्यथयति -यितुं), क्लिश् (c. 9. क्लिश्नाति, क्लेशितुं, क्लेष्टुं), संक्लिश्, खिद् (c. 10. खेदयति -यितुं), तप् (c. 10. तापयति -यितुं), परितप्, सन्तप्, अनुतप्, अभितप्, उपतप्, उद्विज् (c. 10. -वेजयति -यितुं), आयस् (c. 10. -यासयति -यितुं), दु (c. 5. दुनोति, दोतुं), विदु, शोकं दा or जन् (c. 10. जनयति -यितुं), क्लेशं कृ, व्यथां कृ, मनोदुःखं कृ.

To* grieve, *v. n. शुच् (c. 1. शोचति -चितुं), अनुशुच, परिशुच्, अनुप्रशुच्, शोकार्त्तीभू, खिद् (c. 4. खिद्यते, खेत्तुं), परिखिद्, दुःख (nom. दुःखायते or दुःखीयते), तप् in pass. (तप्यते), परितप्, सन्तप्, अनुतप्, अभितप्, उपतप्, उद्विज् (c. 6. -विजते -जितुं), व्यथ् (c. 1. व्यथते -थितुं), प्रव्यथ्, सम्प्रव्यथ्, क्लिश् (c. 4. क्लिश्यते -ति, क्लेशितुं), परिक्लिश्, संक्लिश्, दु (c. 5. दुनोति, c. 4. दूयते, दोतुं), विदु, दुर्मनस् (nom. दुर्मनायते), उन्मनस्, कृच्छ्र (nom. कृच्छ्रायते), मन्तु (nom. मन्तूयते), शोचनं कृ; 'to grieve for,' अनुशुच्.

Grieved, *p. p.* दुःखितः -ता -तं, दुःखी -खिनी -खि (न्), दुःखार्त्तः -र्त्ता -र्त्तं, शोचितः -ता -तं, शोकार्त्तः -र्त्ता -र्त्तं, शोकातुरः -रा -रं, पीडितः -ता -तं, पीड्यमानः -ना -नं, सन्तप्तः -प्ता -प्तं, सन्तापितः -ता -तं, अभिसन्तप्तः -प्ता -प्तं, तापितः -ता -तं, खेदितः -ता -तं, क्लेशितः -ता -तं, क्लिष्टः -ष्टा -ष्टं, क्लिश्यमानः -ना -नं, व्यथितः -ता -तं, उद्वेजितः -ता -तं, उद्विग्नः -ग्ना -ग्नं, दूनः -ना -नं, विदूनः -ना -नं, बाधितः -ता -तं, अनुभूतशोकः -का -कं, आर्त्तः -र्त्ता -र्त्तं, or आतुरः -रा -रं in comp.

Grieving, *part.* शोचमानः -ना -नं, शोचनः -ना -नं, खिद्यमानः -ना -नं, क्लिश्यमानः -ना -नं, परितप्यमानः -ना -नं, विदूयमानः -ना -नं.

Grievingly, *adv.* सशोकं, सखेदं, सदुःखं, सक्लेशं, सोद्वेगं, शोकेन, उद्वेगेन.

Grievous, *a.* दुःखकरः -री -रं, दुःखमयः -यी -यं, दुःखी -खिनी -खि (न्), शोकजनकः -का -कं, क्लेशकः -का -कं, क्लेशी -शिनी -शि (न्), क्लेशदः -दा -दं, उग्रः -ग्रा -ग्रं, पीडाकरः -रा -रं, व्यथकः -का -कं, व्यथाकरः -री -रं, कष्टकरः -री -रं, कारकः -का -कं, शोचनीयः -या -यं, शोच्यः -च्या -च्यं, सशोकः -का -कं, उपतापनः -ना -नं, उद्वेजकः -का -कं, सवेदनः -ना -नं, बाधकः -का -कं, गुरुः -र्वी -रु, आत्ययिकः -की -कं, दुर् दुश्, दुष्, दुस् or दुः in comp.

Grievously, *adv.* उग्रं, शोचनीयं, सशोकं, यथा शोकः or क्लेशो जायते तथा.

Grievousness, *s.* उग्रत्वं -ता, शोच्यता, शोचनीयता, सशोकत्वं, क्लेशः, क्लिष्टता, दुःखं, दुःखिता, घोरता, कष्टं.

Griffin, griffon, *s.* कविकल्पित उत्क्रोशोद्धर्वकायः सिंहाधः कायो जन्तुविशेषः.

Griffin-like, *a.* पूर्व्वोक्तजन्तुसरूपः -पी -पं or -समभावः -वा -वं.

Grig, *s.* चञ्चलशीलः क्षुद्रजलव्यालः, कुञ्चिकाभेदः.

To* grill, *v. a. भ्रज्ज् (c. 6. भृज्जति, भ्रष्टुं), भृज् (c. 1. भर्जते -र्जितुं), ऋञ्ज् (c. 1. ऋञ्जते -ञ्जितुं), तप् (c. 10. तापयति -यितुं), पच् (c. 1. पचति, पक्तुं)

Grilled, *p. p.* भृष्टः -ष्टा -ष्टं, भर्जितः -ता -तं, तापितः -ता -तं.

Grim, *a.* घोरः -रा -रं, उग्रः -ग्रा -ग्रं, दारुणः -णा -णं, भयानकः -का -कं, रौद्रः -द्री -द्रं करालः -ला -लं, विकटः -टा -टं, कुत्सितः -ता -तं; 'in appearance,' घोराकृतिः -तिः -ति, उग्राकारः -रा -रं, उग्रम्पश्यः -श्या -श्यं, उग्रदर्शनः -ना -नं, रौद्रदर्शनः -ना -नं, कुरूपः -पी -पं, अपरूपः -पी -पं, कदाकारः -रा -रं, दुदर्शनः -ना -नं, कुदृश्यः -श्या -श्यं.

Grim-faced, *a.* उग्रमुखः -खी -खं, घोरवदनः -ना -नं, करालवदनः -ना -नं.

Grimace, *s.* वदनविकृतिः *f.*, मुखविकृतिः *f.*, मुखविकारः, मुखवैरूप्यं, मुखविरूपता, मुखवक्रता, वक्रमुखं, विकृतमुखं, वक्रास्यं, कुमुखं.

Grimalkin, *s.* वृद्धविडालः, वृद्धमार्जारः, जीर्णविडालः.

Grime, *s.* मलं, किट्टं, कल्कं, अमेध्यं, कलुषं, मालिन्यं.

To* crime, *v. a. मलिन (nom. मलिनयति -यितुं), कलुष (nom. कलुषयति -यितुं), मलेन दुष् (c. 10. दूषयति -यितुं).

Grimed, *p. p.* मलिनितः -ता -तं, मलदूषितः -ता -तं, अमेध्यलिप्तः -प्ता -प्तं.

Grimly, *adv.* उग्रं, घोरं, दारुणं, भयानकं, रौद्रं, घोराकारेण.

Grimness, *s.* घोरता, उग्रता, -त्वं, रौद्रता, दारुण्यं, उग्राकारत्वं, करालता, उग्रमुखत्वं करालमुखत्वं, कुदृश्यत्वं, कुरूपत्वं.

Grimy, *a.* समलः -ला -लं, अमेध्याक्तः -क्ता -क्तं, कल्की -ल्किनी -ल्कि (न्).

To* grin, *v. n. कुस्मि (c. 1. -स्मयते -यितुं -स्मेतुं), कुस्मितं कृ, कु हस् (c. 1. हसति -सितुं), कुहासं कृ, विकृतं स्मि or हस्, विकृतमुखेन स्मि, मुखविकारेण हस्, कुस्मितं कृत्वा दन्तान् दश् (c. 10. दर्शयति -यितुं), दन्तान् घृष् (c. 1. घर्षति -र्पितुं).

Grin, *s.* कुत्सितं, कुहासः, कुहसितं, कुविहसितं, विकृतस्मितं, विकृतहासः, वक्रस्मितं, दन्तदर्शनं, दन्तघर्षणं.

To* grind, *v. a. (Communite by attrition) चूर्ण् (c. 10. चूर्णयति -यितुं), प्रचूर्ण्, विचूर्ण्, चूर्णीकृ, पिष् (c. 7. पिनष्टि, पेष्टुं),

निष्पिष्, विनिष्पिष्, प्रतिपिष्, उत्पिष्, मृद् (c. 9. मृद्नाति, मर्द्दितुं, c. 10. मर्दयति -यितुं), अवमृद्, विमृद्, प्रमृद्, अभिमृद्, क्षद् (c. 7. क्षुणत्ति, क्षोत्तुं), क्षोदीकृ, खण्ड् (c. 10. खण्डयति -यितुं), गुण्ड् (c. 7. गुण्डति, c. 10. गुण्डयति -यितुं), कुट्ट (c. 10. कुट्टयति -यितुं).—**(Sharpen by friction)** घर्षणेन निशो (c. 4. -श्यति -शातुं or तिज् (c. 10. तेजयति -यितुं) or तीक्ष्णीकृ or तीक्ष्णधारीकृ.—**(Rub one against another)** घृष् (c. 1. घर्षति -र्षितुं), परस्परघर्षणं कृ; **'to grind the teeth,'** दन्तान् दन्तैर् निष्पिष् or घृष्, दन्तघर्षणं कृ, क्ष्विड् (c. 1. क्ष्वेडति -डितुं), दन्तक्ष्वेडनं कृ.—**(Oppress)** बाध् (c. 1. बाधते -धितुं), पीड् (c. 10. पीडयति -यितुं).

To* grind, *v. n. पेषणं कृ, चूर्णीभू, क्षोदीभू, पिष्टीभू, खण्डीभू.

Grinder, *s.* (One who grinds) पेषणकारी ***m.*** (न्), पेषकः, पेश्वरः.—**(Instrument for grindling)** पेषणं -णी, पेषणयन्त्रं.—**(Tooth that chews)** दाढा, चर्वणदन्तः, महादन्तः.

Grinding, *s.* पेषणं, निष्पेषणं, चूर्णीकरणं, मर्दनं, विमर्दनं, कुट्टनं, अवहननं, घर्षणं; **'of the teeth,'** दन्तघर्षणं, क्ष्वेडनं.

Grindstone, *s.* (For grindling) पेषणं -णी -णिः ***f.***, पेषणशिला, पेषणप्रस्तरः, पेषाकः, शिला, शिलापट्टः, क्षोदः.—**(For sharpening)** शाणः -णी, शानः, भ्रमः -मिः ***f.***, शाणप्रस्तरः.

Grinner, *s.* कुत्सितकारी ***m.*** (न्), कुस्मेरः, कुहासी ***m.*** (न्), विकृतहासी ***m.*** विकृतमुखः, दन्तदर्शकः.

Gripe, *s.* (Grasp) सङ्ग्राहः, ग्रहः, हणं, मुष्टिसङ्ग्राहः, मुष्टिबन्धः, हस्तग्रहः, दुर्मोचहस्तग्रहः धृतिः ***f.***, हस्तधृतिः ***f.***—**(Squeeze, pressure)** पीडा -डनं, निपीडनं.—**(Handful)** मुष्टिः ***f.***

***To* gripe, *v. a.* (Grasp)** ग्रह् (c. 9. गृह्णाति, ग्रहीतुं), सङ्ग्रह्, मुष्टिना ग्रह् or सङ्ग्रह्, हस्तेन धृ (c. 1. धरति, धर्त्तुं), सङ्ग्राहं कृ.—**(Close the fist)** मुष्टिं or हस्तं बन्ध् (c. 9. बध्नाति, बन्धुं), मुष्टिबन्धं कृ.—**(Squeeze)** पीड् (c. 10. पीडयति -यितुं), सम्पीड्.—**(Pain in the bowels)** अन्त्रवेदना कृ or जन् (c. 10. जनयति -यितुं).

Griped, *p. p.* मुष्टिसङ्ग्राहपीडितः -ता -तं, हस्तधृतः -ता -तं.

Griper, *s.* ग्राहकः, मुष्टिसङ्ग्राहकृत् ***m.***—**(Oppressor)** परस्वग्राहकः, बाधकः, पीडकः.

Gripes, *s. pl.* अन्त्रशूलं, नाडिशूलं, अन्त्रवेदना, जठरव्यथा.

Grisette, *s.* बणिकपुत्री, बणिजः स्त्री or दुहिता ***f.*** (तृ), कन्या.

Grisliness, *s.* उग्रता -त्वं, घोरता, दारुणता, रौद्रता, क्रूरता.

Grisly, *a.* उग्रः -ग्रा -ग्रं, घोरः -रा -रं, दारुणः -णा -णं, भयानकः -का -कं, क्रूरः -रा -रं, करालः -ला -लं, घोराकृतिः -तिः -ति, उग्रम्पश्यः -श्या -श्यं, उग्रदर्शनः -ना -नं, करालवदनः -ना -नं, कुदृश्यः -श्या -श्यं.

Grist, *s.* (Corn ground) गोधूमचूर्णं, गोधूमक्षोदः, पिष्टधान्यं, पिष्टं.—**(Corn for grinding)** पेषणाय धान्यं, पेषणयोग्यं शस्यं, पेषणीयधान्यं, यच्छस्यम् एकवारे पेष्टुं शक्यते.

Gristle, *s.* तरुणास्थि ***n.***, कोमलास्थिः ***n.***, उपास्थि ***n.***, शिथिलास्थि ***n.***, सन्धिबन्धनं, दृढमांसं.

Gristly, *a.* तरुणास्थिमयः -यी -यं, कोमलास्थिमान् -मती -मत् (त्), उपास्थिसमभावः -वा -वं.

Grit, *s.* (Sand, gravel) शर्करा, चूर्णखण्डः, शिलाखण्डः, चूर्णः -र्णं, बालुका.—**(Coarse part of meal)** शक्तुशर्करा, घनशक्तुः ***m.***, शक्तुघनः.

Grittiness, *s.* शार्करीयता, शर्करावत्त्वं, सशर्करत्वं.

Gritty, *a.* शार्करीयः -यी -यं, शर्करावान् -वती -वत् (त्), शार्करिकः -की -कं, शर्करिलः -ला -लं, सशर्करः -रा -रं.

Grizzile, *s.* (Gray colour) धूसरः, धूसरवर्णः, पांशुवर्णः.

Grizzly, *a.* ईषद्धूसरः -रा -रं, ईषत्पांशुवर्णः -र्णा -र्णं, ईषत्पाण्डुः -ण्डुः -ण्डु, शुक्लकृष्णा -ष्णा -ष्णं; **'grizzly bear,'** पूर्व्वोक्तवर्णविशिष्टो वृहदृक्षः.

To* groan, *v. n. वेदनोपहतत्वाद् दीर्घनादं कृ or दीर्घरावं कृ or दीर्घं निःश्वस् or निश्वस् (c. 2. -श्वसिति -तुं) or दीर्घं रु (c. 2. रौति, रवितुं) or नद् (c. 1. नदति -दितुं) or क्रुश् (c. 1. क्रोशति, क्रोष्टुं), दुःखार्त्तत्वाद् दीर्घचित्कारं कृ, आर्त्तनादं कृ, आर्त्तरावं कृ, आर्त्तवद् दीर्घं नद् or स्तन् (c. 1. स्तनति -नितुं) or विस्तन्, or निष्टन्, स्तननं कृ, दीर्घनिश्वासं कृ, गम्भीरनादं कृ, गम्भीरनिश्वासं कृ.

Groan, *s.* आर्त्तनादः, आर्त्तरावः, दुःखार्त्तस्य दीर्घनादः or दीर्घरावः or दीर्घचित्कारः, दीर्घनिश्वासः, दीर्घनिःश्वासः, सदीर्घनिश्वासो गम्भीरनादः, सीत्कारः, सीत्कृतं, चीत्कारः, स्तननं, परिदेवनं -वितं.

Groaning, *part.* वेदनोपहतत्वाद् दीर्घनादी -दिनी -दि (न्) or दीर्घनिश्वासी **etc.**

Groaning, *s.* दीर्घनादकरणं, आर्त्तनादः, दीर्घनिश्वसितं, स्तननं.

Groat, *s.* ताम्रमुद्राविशेषः.

Grocer, *s.* उपस्करादिविक्रेता ***m.*** (तृ), मिष्टान्नादिविक्रयी ***m.*** (न्), शुष्कफलादिविक्रेता ***m.***, शर्करादिविक्रयी ***m.***

Grocery, *s.* मिष्टान्नादि ***n.***, उपस्करादिद्रव्यं, शुष्कफलादि ***n.***, शर्करादिद्रव्यं.

Grog, *s.* मदिरा, सुरा -री, वारुणी, शीधुः ***m.*** -धु ***n.***, शुण्डा.

Grog-drinker, *s.* सुरापः -पी, शुण्डापायी ***m.*** -यिनी ***f.***, शीधुपः.

Groin, *s.* वंक्षणः -णं, वाटः, ऊरुसन्धिः ***m.***, सक्थिसन्धिः ***m.***

Groom, *s.* अश्वपालः -लकः, मायी ***m.*** (न), पालकः, भोगपालः, भोगिकः, चारकः, अश्वरक्षः -क्षकः, अश्वसेवकः, किरातः.

To* groom, *v. a. अश्वलोम मृज् **(c. 2.** मार्ष्टि -र्ष्टुं), अश्वं पाल् **(c. 10.** पालयति -यितुं).

Groove, *s.* शुमिरं, दीर्घशमिरं, दीर्घरेखारूपेण खनितं शुषिरं, दीर्घगर्त्तः, दीर्घकुहरं, दीर्घशून्यं, स्तम्भरेखा, स्तम्भसीता.

To* groove, *v. a. शुषिरीकृ, दीर्घरेखारूपेण खन् **(c. 1.** खनति -नितुं) **or** उत्खन्, दीर्घशुषिरं कृ, दीर्घरेखां कृ, सीतां कृ.

To* grope, *v. a.* and *n. तमसि **or** अन्धकारे परामृश् **(c. 6.** -मृशति -स्रष्टुं) **or** परिमृश्, तमसि परीक्ष् **(c. 1.** -ईक्षते -क्षितुं) **or** अन्विष् **(c. 4.** -इष्यति, **c. 1.** -इच्छति -एषितुं) **or** निरूप् **(c. 10.** -रूपयति -यितुं), तमः प्रविश्य हस्तेन परीक्ष् **or** निरूप्, निरूपणार्थं **or** हस्तपरामर्शार्थं तमः प्रविश् **(c. 6.** -विशति -वेष्टुं) **or** तमःप्रवेशं कृ.

Groper, *s.* अन्धकारे हस्तपरामर्शकारी ***m.*** (न्), तमसि परीक्षकः **or** निरूपकः, तमःप्रवेशकः.

Groping, *s.* अन्धकारे हस्तद्वारेण परामर्शः, तमसि हस्तेन जिज्ञासा **or** अन्वेषणं **or** निरूपणं.

Gross, *a.* (Bulky) स्थूलः -ला -लं, स्थूलकायः -या -यं, वृहन् -हती -हत् (त्), वृहदङ्गः -ङ्गी -ङ्गं.—**(Fat, corpulent)** पीनः -ना -नं, पीवरः -रा -रं, मेदस्वी -स्विनी -स्वि (न्), वृहत्कुक्षिः -क्षिः -क्षि.—**(Coarse, thick, not fine)** घनः -ना -नं, स्थूलः -ला -लं, असूक्ष्मः -क्ष्मा -क्ष्मं, सान्द्रः -न्द्रा -न्द्रं, निविडः -डा -डं, निरन्तरः -रा -रं, नीरन्ध्रः -न्ध्रा -न्ध्रं, स्त्यानः -ना -नं.—**(Indelicate, vulgar)** अशुद्धः -द्धा -द्धं, अवाच्यः -च्या -च्यं, गर्ह्यः -ह्या -र्ह्यं, कुत्सितः -ता -तं, असभ्यः -भ्या -भ्यं, ग्राम्यः -म्या -म्यं, नीचः -चा -चं.—**(Unrefined, impure)** अशिष्टः -ष्टा -ष्टं, अविनयः -या -यं, अविनीतः -ता -तं, अपरिष्कृतः -ता -तं, दुर्मर्य्यादः -दा -दं, अमेध्यः -ध्या -ध्यं, मलीमसः -सा -सं.—**(Great, excessive)** अत्यन्तः -न्ता -न्तं, अति **or** सु **or** महा **prefixed; as, 'a gross blunder,'** अतिदोषः.—**(Disgraceful)** अयशस्करः -री -रं, लज्जाकरः -री -रं.—**(Dull)** मन्दः -न्दा -न्दं, -ढा -ढं, जडः -डा -डं; **'gross measurement,'** स्थूलमानं; **'gross ignorance,'** घनाज्ञानं; **'gross darkness,'** अन्धतमस्, अन्धतामसं.

Gross, *s.* (The bulk, chief part) प्रधानभागः, प्रधानांशः, अधिकभागः, स्थूलांशः, बहुतरभागः, साकल्यं, सामग्र्यं, समुदायः, समासः, समस्तिः ***f.;*** **'in the gross,'** साकल्येन.—**(Twelve dozen)** द्वादशद्वादशकं, एकशतं चतुश्चत्वारिंशत्.

Grossly, *adv.* (Coarsely, not finely) स्थूलं, घनं, सान्द्रं, निविडं.—**(Not delicately)** अशुद्धं, असभ्यं, अशिष्टं, अविनीतं, विनयविरोधेन, मर्य्यादाविरुद्धं.—**(Greatly, enormously)** अत्यन्तं, अतिशयेन, अतिमात्रं, अति **or** महा **prefixed; as, 'grossly indecent,'** अतिगर्हितः -ता -तं; **'grossly criminal,'** महापातकी ***m.*** (न्).

Grossness, *s.* (Bulkiness) स्थूलता, स्थौल्यं, वृहत्त्वं.—**(Fatness)** शरीरस्थूलता, स्थूलकायत्वं, पीनता, मेदस्विता.—**(Density)** घनता, सान्द्रता, स्थूलत्वं, नैविड्यं, नैरन्तर्य्यं, स्त्यानं, स्त्यानता.—**(Coarseness, want of refinement)** अशुद्धता, अशुद्धिः ***f.,*** अशिष्टता, असभ्यता, अविनयः, अविनीतत्वं, अमर्य्यादा, गर्ह्यता, अमेध्यता.—**(Enormity)** अत्यन्तता, अतिरिक्तता, आधिक्यं, गाढता, महत्त्वं.

Grot, grotto *s.* (Cave) कन्दरः -रा, गह्वरं -री, कुहरं, शैलरन्ध्रं, गुहा, शैलविवरं.—**(Natural grotto)** देवखातं -तकं, देवखातविलं.—**(Artificial)** क्रीडाकन्दरः, क्रीडागह्वरं, कुञ्जः, कुञ्जकुटीरः.

Grotesque, *a.* अपरूपः -पा -पी -पं, असङ्गतरूपः -पा -पं, हास्यरूपः -पा -पं, असङ्गताकारः -रा -रं, कदाकारः -रा -रं, हास्यः -स्या -स्यं, विषमः -मा -मं, विलक्षणः -णा -णं.

Grotesquely, *adv.* असङ्गतरूपेण, हास्यरूपेण, विषमं, असङ्गतं.

Grotesqueness, *s.* अपरूपता, असङ्गतत्वं, हास्यता, वैषम्यं.

Ground, *s.* (Earth) भूमिः ***f.,*** भू ***f.,*** मही, पृथिवी, पृथ्वी, धरणी, धरा, वसुधा क्षितिः ***f.,*** अवनिः ***f.,*** -नी, उर्व्वी, मेदिनी, वसुमती, वसुन्धरा, धारिणी, क्षोणी -णिः ***f.,*** क्षौणिः ***f.***—**(Surface of the earth)** भूतलं, महीतलं, महीपृष्ठं, भूपृष्ठं, पृथिवीतलं, क्षितितलं, क्षौणितलं, क्षितिपीठं, धरोपस्थः.—**(Land, estate)** भूमिः ***f.,*** क्षेत्रं.—**(Foundation, basis of any thing)** मूलः, उपष्टम्भः, उपस्तम्भः, वस्तु.—**(Fundamental cause, reason)** हेतुः ***m.,*** आदिहेतुः ***m.,*** कारणं, आदिकारणं, निमित्तं, निदानं, प्रयोजनं, उपपत्तिः ***f.***—**(First principle)** तत्त्वं.—**(Ground for the site of a house)** गृहभूमिः ***f.,*** वेश्मभूः ***f.,*** भित्तिमूलं, तलिमं, कुट्टिमं, वास्तुः ***m.,*** पोतः, गृहपोतकः, गृहप्रतिष्ठा.—**(Soil)** मृत् ***f.,*** मृत्तिका, मृदा, मृत्खण्डः.—**(Field of action)** रणभूमिः ***f.,*** रणक्षेत्रं.—**(First colour)** आदिवर्णः.—**(Firstform)** प्रथमसंस्कारः; **'to gain ground,'** वृध् **(c. 1.** वर्धते -धितुं), प्रवृध्, उत्तरोत्तरं वृध्; **'lose ground,'** क्षि **in pass.** (क्षीयते), अपचि **in pass.** (-चीयते), शनैः शनैर् निवृत् **(c. 1.** -वर्त्तते -र्त्तितुं).

***To* ground, *v. a.* (Lay on the ground)** भूमौ न्यस् **(c. 4.** -अस्यति -असितुं) **or** निधा **(c. 3.** -दधाति -धातुं).—**(Fix, found)** मूलं न्यस् **or** स्था **in caus.** (स्थापयति -यितुं) **or** प्रतिष्ठा; **often expressed by** मूलः -ला -ल **in comp.: as, 'faith grounded on knowledge,'** ज्ञानमूलः प्रत्ययः.—**(Settle in rudiments of knowledge)** विद्यारम्भान् **or** विद्यातत्त्वानि शिक्ष् **(c. 10.** शिक्षयति -यितुं); **'in grammar,'** व्याकरणारम्भान् शिक्ष्.

To* ground, *v. n. **(As a ship)** उत्कूल **(nom.** उत्कूलयति -यितुं), उत्कूलीभू.

Ground, *p. p.* (Reduced to power) चूर्णितः -ता -तं, चूर्णीकृतः -ता -तं, पिष्टः -ष्टा -ष्टं, निष्पिष्टः -ष्टा -ष्टं, सम्पिष्टः -ष्टा -ष्टं, मर्दितः -ता -तं, विमर्दितः -ता -तं, मृदितः -ता -तं, परिमृदितः -ता -तं, क्षोदितः -ता -तं, क्षोदीकृतः -ता -तं, क्षुणः -णा -णं, खण्डितः -ता -तं, गुण्डितः -ता -तं, रुषितः -ता -तं, घर्षितः -ता -तं, घृष्टः -ष्टा -ष्टं.

Grounded, *p. p.* (Run aground) उत्कूलितः -ता -तं, **'grounded on the rudiments of knowldege,'** सुशिक्षितविद्यारम्भः म्भा -म्भं; **'in grammar,'** स्वधीतव्याकरणः -णा -णं.

Ground-floor, *s.* गृहस्य अधःकोष्ठाः ***m. pl.*** **or** भूमिष्ठाः शालाः ***f. pl.*** **or** भूमिष्ठो भागः **or** भूमिष्ठभागः, गृहतलं, गृहतलिमं, गृहकुट्टिमं.

Ground-ivy, *s.* नीलपुष्पः, क्षुद्रलताविशेषः.

Groundless, *a.* निर्मूलः -ला -लं, अमूलः -ला -लं -लकः -का -कं, निर्हेतुः -तुः -तु, अहेतुकः -का -कं, निष्प्रयोजनः -ना -नं, निर्निमित्तः -त्ता -त्तं, निष्कारणः -णा -णं, अनर्थकः -का -कं; **'groundless charge,'** मिथ्याभियोगः; **'groundless enmity,'** शुष्कवैरं.

Groundlessly, *adv.* निष्कारणं, अकरिणे, हेतुना विना, हेतुं विना, निष्प्रयोजनं, कारणं विना, प्रयोजनं विना, मिथ्या.

Groundlessness, *s.* अहेतुता, निर्हेतुता, निष्कारणत्वं, अकारणं, निर्मूलत्वं, निर्निमित्तत्वं.

Ground-plot, *s.* गृहभूमिः ***f.***, वेश्मभूः ***f.***, वास्तुः ***m.*** -स्तु, कुट्टिमं, तलिमं.

Ground-rent, *s.* भूमिकरः, भूमिशुल्कः -ल्कं, भूस्वामिग्राह्यः शुल्कः.

Grounds, *s. pl.* (Dregs) मलं, किट्टं, उच्छिष्टं शेषं, खलं, कल्कं, कलङ्कः, असारः.

Goundsel, *s.* क्षुद्रपक्षिखाद्य ओषधिभेदः.

Groundsil, *s.* देहली, गृहावग्रहणी, गृहतटी.

Groundwork, *s.* मूलं -लत्वं, आरम्भः, प्रारम्भः, आदिकर्म्म ***n.*** (न्), मूलकर्म्म ***n.***

Group, *s.* सङ्घः, समूहः, सङ्घातः, समुदायः, समवायः, सञ्चयः, गणः, गुल्मः, गुच्छः -च्छकः, गुत्सः, स्तवकः, ओघः, वृन्दं; **'a group of people,'** जनसमूहः, जनौघं, जनसङ्घः, जननिवहः, जनता; **'of houses,'** सञ्जवनं, सद्मचितिः ***f.***, चतुःशालं; **'of flowers,'** पुष्पगुत्सः; **'in groups,'** सङ्घशस्, गुल्मशस्.

To* group, *v. a. सङ्घशः कृ, एकत्र कृ, एकीकृ, सङ्घीकृ, समूहीकृ, गुल्मीकृ, वृन्दीकृ गणीकृ, सञ्चि **(c. 5.** -चिनोति -चेतुं).

Grouped, *p. p.* कृतसङ्घः -ङ्घा -ङ्घं, कृतसमूहः -हा -हं, गणीभूतः -ता -तं.

Grouse, *s.* वन्यपक्षिभेदः, जङ्गलप्रियः, कृष्णवर्णः पक्षिभेदः.

Grout, *s.* (Coarse meal) घनशक्तुः ***m.*** **– (Lees)** उच्छिष्टं, शेषं, किट्टं, असारः,

Grove, *s.* वनं, उपवनं, काननं, विपिनं, वृक्षवाटिका, वृक्षजालं, वनिका, वनान्त; आरामः, गहनं, अरण्यं, अटविः ***f.*** -वी, वृक्षखण्डं, वृक्षच्छाया, प्रपावनं; **'a grove near a house,'** गृहारामः, निष्कूटः; **'a number of groves,'** वन्या, वनसमूहः.

To* grovel, *v. n. कीटवद् भूमौ सृप् **(c. 1.** सर्पति, सप्तुं), सर्पवद् उरसा चल् **(c. 1.** चलति -लितुं), उरोगमनं कृ. **– (Act in a mean manner)** नीचवत् **or** अधमवत् **or** अपकृष्टवत् **or** निकृष्टवद् आचर् **(c. 1.** -चरति -रितुं), तुच्छीभू.

Groveling, *part.* or *a.* (Creeping) भूमौ सर्पी -र्पिणी -र्पि (न्). **– (Abject)** नीचः -चा -चं, अधमः -मा -मं, निकृष्टः -ष्टा -ष्टं, अपकृष्टः -ष्टा -ष्टं, कृपणः -णा -णं, अधमाचारः -रा -रं, क्षुद्रः -द्रा -द्रं, तुच्छः -च्छा -च्छ.

To* grow, *v. n. **(As a plant)** रुह् **(c. 1.** रोहति, रोढुं), प्ररुह्, संरुह्, स्फुट् **(c. 6.** स्फुटति -टितुं), फुल्ल् **(c. 1.** फुल्लति -ल्लितुं); **'the lotus does not grow on the top of mountains,'** न पर्वताग्रे नलिनी प्ररोहति. **– (Increase)** वृध् **(c. 1.** वर्धते -र्धितुं), विवृध्, संवृध्, अभिवृध्, प्रवृध्, परिवृध्, संविवृध्, एध् **(c. 1.** एधते -धितुं), समेध्, ऋध् **(c. 5.** ऋध्नोति, **c. 4.** ऋध्यति, अर्धितुं), उपचि **in pass.** (-चीयते), प्यै **(c. 1.** प्यायते, प्यातुं), आप्यै, पुष् **(c. 4.** पुष्यति, पोष्टुं), स्फाय् **(c. 1.** स्फायते -यितुं), आस्फाय्, वृद्धिम् इ **(c. 2.** एति -तुं) **or** या **(c. 2.** याति -तुं), स्फीतीभू. **– (Extent)** विस्तृ **in pass.** (स्तीर्य्यते), व्याप् **(c. 5.** -आप्नोति -आप्तुं), विततीभू. **– (Improve)** आगमं कृ; **'in knowledge.'** विद्यागमं कृ, विद्याप्राप्तिं कृ. **– (Become)** भू, सम्भू, जन् **(c. 4.** जायते); **'to grow fat,'** स्थूलीभू, पीवरीभू, पुष्टीभू; **'to grow lean,'** कृशीभू, कृशाङ्गः -ङ्गी -ङ्गं भू. **– (Proceed from, arise)** जन्, उपजन्, प्रजन्, सञ्जन्, विजन्, अभिजन्, उत्पद **(c. 4.** -पद्यते -पत्तुं), उदि **(c. 1.** -अयति -एतुं), उद्भू, प्रभ, सम्भू. **– (Grow up, arrive at manhood)** प्रौढीभू, अतीतशैशवः -वा -वं भू. **– (Grow old)** जॄ **(c. 1.** जीर्य्यति, जरितुं -रीतुं), जीर्णीभू.

***To* grow, *v. a.* (Cause to grow)** रुह् **in caus.** (रोपयति -यितुं), निरुह्, संरुह्, वृध् **in caus.** (वर्धयति -यितुं).

Grower, *s.* रोपयिता ***m.*** (तृ), वर्धकः; **'of trees,'** वृक्षरोपयिता ***m.***

Growing, ***part.*** **(As a plant, &c).** रोही -हिणी -हि (न), रुहः -हा -हं, प्रजनिष्णुः -ष्णुः -ष्णु उद्भवः -वा -वं **or** प्रभवः -वा -वं **or** भवः -वा -वं **or** जः जा जं **or** उत्थः -त्था -त्थं **or** जातः -ता -तं **or** भूः भूः भु **in comp.; as, 'growing in water,'** जलरुहः -हा -हं, जलरुद् ***m.f.n.*** (ह्), जलोद्भवः -वा -वं, जलजः -जा -जं -जातः -ता -तं, जलभूः -भूः -भु; **'growing on the rocks,'** शिलाभवः -वा -वं, शिलोत्थः -त्था -त्थं, शिलाजः -जा -जं; **'growing on the head,'** शिरोरुहः -हा -हं.**—(Increasing)** वर्धमानः -ना -नं, वर्धी -र्धिनी (न्), वर्धनः -नी -नं, वर्धिष्णुः -ष्णुः -ष्णु, एधमानः -ना -नं, उपचीयमानः -ना -नं, विस्तीर्य्यमाणः -णा -णं, विजृम्भाणः -णा -णं, **'growing in size,'** वर्धमानशरीरः -रा -रं, पचीयमानावयवः -वा -वं; **'growing old,'** जीर्य्यन् -र्य्यन्ती -र्य्यत् (त्).

Growl, ***s.*** गर्जनं, गर्जितं, घुर्घुरा, घर्घरितं, भषणं, रायणं, रुतं.

To **grown,** ***v. n.*** गर्ज् **(c. 1.** गर्जति -र्जितुं), अभिगर्ज्, परिगर्ज्, गर्जनं कृ, घुर्घुरां कृ, भष् **(c. 1.** भषति -षितुं), रै **(c. 1.** रायति, रातुं), घुर् **(c. 6.** घुरति -रितुं).

Grown, ***p. p.*** रुढः -ढा -ढं, वर्धितः -ता -तं, प्ररूढः -ढा -ढं, संवर्धितः -ता -तं, प्रवृद्धः -द्धा -द्धं, उपचितः -ता -तं, एधितः -ता -तं, समेधितः -ता -तं, समृद्धः -द्धा -द्धं, ता, स्फीतः -ता -तं, आप्यायितः -ता -तं, वृंहितः -ता -तं.**—(Produced)** जातः -ता -तं, उत्पन्नः -न्ना -न्नं, उपजातः -ता -तं.**—(Grown in size)** वर्धितदेहः -हा -हं, प्ररूढकायः -या -यं.**—(Full grown)** प्रौढः -ढा -ढं, प्रौढशरीरः -रा -रं, प्रवृद्धः -द्धा -द्धं, गतशैशवः -वा -वं, अतीतशैशवकालः -ला -लं, वयःप्राप्तः -प्ता -प्तं, वृद्धः -द्धा -द्धं.

Growth, ***s.*** रूढिः ***f.,*** प्ररूढिः ***f.*** **—(Increase)** वृद्धिः ***f.,*** वर्धनं, विवृद्धिः ***f.,*** विवर्धनं, प्रवृद्धिः ***f.,*** ऋद्धिः ***f.,*** उपचयः, स्फातिः ***f.,*** स्फीतिः ***f.,*** अभ्युदयः, समुत्थानं, आप्यायनं, विस्तारः, व्याप्तिः ***f.*** **—(Production)** उत्पत्तिः ***f.,*** उत्पादनं, जन्म ***n.*** (न्), जननं, प्रजननं, उद्भवः, प्रभवः.**—(Improvement)** वृद्धिः, आगमः. **—(Full growth)** प्रौढिः ***f.,*** प्रौढता, प्रवृद्धता.

To **grub,** ***v. n.*** खन् **(c. 1.** खनति -नितुं); **'grub up,'** उत्खन्, प्रोत्खन्.

Grub, ***s.*** कीटः, कृमिः ***m.,*** कीटडिम्बः, कीटाण्डजं, कोशस्थः. **—(Dwarf, short, thick man)** वामनः, खर्व्वः, ह्रस्वस्थूलः.

Grubber, ***s.*** खनकः, खनिता ***m.*** (तृ).**—(Instrument)** खनित्रं, खात्रं.

To **grubble,** ***v. n.*** अन्धकारे हस्तेन परामृश् **(c. 6.** -मृशति -म्रष्टुं) **or** आलभ् **(c. 1.** -लभते -लब्धुं) **or** स्पर्शेन निरूप् **(c. 10.** -रूपयति -यितुं).

To **grudge,** ***v. a.*** **and** ***n.*** **(Envy)** असूय **(nom.** असूयति -ते -यितुं), ईर्ष्य् **(c. 1.** ईर्ष्यति -र्ष्यितुं), स्पृह् **(c. 10.** स्पृहयति -यितुं), अभिलष् **(c. 1.** -लयति, **c. 4.** -लष्यति -यितुं), न सह् **(c. 1.** सहते, सोढुं), न मृष् **(c. 1.** मष्यति, मर्षितुं), मात्सर्य्यं कृ.**—(Give or take unwillingly)** अकामतस् **or** अकामेन **or** अनिच्छातो दा **or** ग्रह् **(c. 9.** गृह्णाति, ग्रहीतुं). **—(Do any thing reluctantly or grudgingly)** अकामतस् **or** अनिच्छातस् **or** दुःखेन **or** कृच्छ्रेण **or** सासूयं **or** असूयया किञ्चित् कृ.**—(Refuse)** प्रत्याख्या **(c. 2.** -ख्याति -तुं). **—(Complain, murmur)** विलप् **(c. 1.** -लपति -पितुं).

Grudge, ***s.*** **(Malice, ill-will)** मात्सर्य्यं, असूया, अभ्यसूया, ईर्ष्या, द्रोहः, द्रोहचिन्तनं, दुष्टभावः.**—(Enmity)** वैरं, वैरिता, वैरभावः. **—(Hatred)** द्वेषः, विद्वेषः, विद्विष्टता, दीर्घद्वेषः, चिरद्वेषः, द्वेष्यता.

Grudgingly, ***adv.*** सासूयं, असूयया, अभ्यसूयया, मात्सर्य्येण, समात्सर्य्यं, दुष्टभावेन, अकामतस्, अकामं-मेन, अनिच्छातस्, दुःखेन, कृच्छ्रेण, कातर्य्येण.

Gruel, ***s.*** काम्बलिकः.**—(Rice-gruel)** यवागूः ***f.,*** श्राणा, तरला, विलेपी, उष्णिका, सिद्धजलं.**—(Sour gruel)** आरनालं-लकं, सौवीरं, कुल्माषं, कुल्मासः, कुल्माषाभिषुतं, अभिषवं, अभिषुतं, काञ्जिका -कं, काञ्चिकं, काञ्चीकं, कुजलं, धान्याम्लं, अवन्तिसोमं.

Gruff, ***s.*** कर्कशस्वभावः -वा -वं, कर्कशः -शा -शं, रुक्षः -क्षा -क्षं, परुषः -षा -षं, निष्ठुरः -रा -रं, कटुः -टुः -ट्वी -टु, कठोरः -रा -रं, कठिनः -ना -नं.**—(As tone)** मन्द्रः -न्द्रा -न्द्रं, आमन्द्रः -न्द्रा -न्द्रं, गम्भीरः -रा -रं; **'a gruff voice,'** गम्भीरस्वरः.

Gruffly, ***adv.*** कर्कशं, रुक्षं, परुषं, निष्ठुरं, कठिनं, कठोरं, मन्द्रं.

Gruffness, ***s.*** कर्कशत्वं -ता, कार्कश्यं, रुक्षता, रौक्ष्यं, परुषता, निष्ठुरत्वं, नैष्ठुर्य्यं, कटुत्वं, कठोरता, काठिन्यं, स्वभावकटुता. **—(Of tone)** मन्द्रता, गम्भीरता, गाम्भीर्य्यं.

To **grumble,** ***v. n.*** **(Make a low, harsh sound)** गर्ज् **(c. 1.** गर्जति -र्जितुं), परिगर्ज्, गर्जनं कृ, स्तन् **(c. 1.** स्तनति -नितुं), स्तनितं कृ, घुर् **(c. 6.** घुरति -रितुं), गुञ्ज् **(c. 1.** गुञ्जति -ञ्जितुं), मन्द्रशब्दं कृ, गम्भीरशब्दं कृ.**—(Complain discontentedly)** असन्तुष्टत्वाद् विलप् **(c. 1.** -लपति -पितुं) **or** परिदेव् **(c. 1.** -देवते -वितुं).

Grumbler, ***s.*** असन्तुष्टत्वात् सदापरिदेवी ***m.*** (न्), असन्तुष्टजनः.

Grumbling, ***s.*** गर्जनं, गर्जितं, परिगर्जनं, स्तनितं, स्तननं, मन्द्रशब्दः. गम्भीरशब्दः, गम्भीरनादः, गम्भीरध्वनिः ***m.,*** गभीरशब्दः. **—(Sound of complaint)** परिदेवनं -वितं, विलपनं.

Grumbling, ***part.*** गम्भीरनादी -दिनी -दि (न्), मन्द्रशब्दकारी -रिणी -रि (न्).

Grume, ***s.*** गुल्मः, पिण्डः -ण्डं, घनता; **'of blood,'** रक्तगुल्मः,

घनलोहितं.

Grumous, ***a.*** पिण्डीभूतः -ता -तं, घनीभूतः -ता -तं, श्यानः -ना -नं, सान्द्रः -न्द्रा -न्द्रं, गुल्मी -ल्मिनी -ल्मि (न्); **'grumous blood,'** घनलोहितं.

To **grunt,** ***v. n.*** शूकरवद् घर्घरितं कृ **or** कण्ठनादं कृ **or** गम्भीरनादं कृ, गर्ज् **(c. 1.** गर्जति -र्जितुं), घुर्घुराशब्दं कृ.

Grunt, grunting, ***s.*** घर्घरितं, शूकरनादः, शूकरगर्जितं, शूकरस्य कण्ठनादः **or** गम्भीरनादः.

Gruntling, ***s.*** शूकरशावकः, शूकरशिशुः ***m.,*** बालशूकरः.

Guarantee, ***s.*** **(One who is surety for another)** प्रतिभूः ***m.,*** प्रतिनिधिः ***m.,*** मध्यस्थः.—**(Security)** प्रातिभाव्यं, पारिभाव्यं, प्रात्ययिकः, प्रत्ययकारिणी, लग्नकः, बन्धकः.

To **guarantee,** ***v. a.*** प्रतिभू **or** प्रतिनिधिः भू, प्रातिभाव्यं कृ, पारिभाव्यं कृ, लग्नकं **or** प्रात्ययिकं **or** बन्धकं दा, प्रत्ययं कृ.

To **guard,** ***v. a.*** **and** ***n.*** रक्ष् **(c. 1.** रक्षति -क्षितुं), अभिरक्ष्, परिरक्ष्, संरक्ष्, प्रतिरक्ष्, पाल् **or** पा **(c. 10.** पालयति -यितुं, **c. 2.** पाति -तुं), अनुपाल्, परिपाल्, प्रतिपाल्, सम्पाल्, अभिपाल्, उपपाल्, गुप् **(c. 1.** गोपायति, गोप्तुं, **c. 10.** गोपयति -यितुं), अनुगुप्, अभिगुप्, प्रगुप्, अभिसङ्गुप्, त्रै **(c. 1.** त्रायते, त्रातुं), परित्रै, सन्त्रै, अव् **(c. 1.** अवति -वितुं), पर्याप् **in des.** (-ईप्सति -प्सितुं), परिप्राप्.—**(Ward off)** वृ **(c. 10.** वारयति -यितुं), निवृ.—**(Guard against)** अवधा **(c. 3.** -धत्ते -धातुं), अवहितः -ता -तं भू, सावधानः -ना -नं भू, अवधानं कृ; **'guard against avarice,'** लोभात् सावधानो भव.—**(Keep guard)** रक्षां कृ, रक्षार्थं जागृ **(c. 2.** जागर्त्ति, जागरितुं).

Guard, ***s.*** **(Act of guarding)** रक्षणं, रक्षा, रक्ष्णः, पालनं, त्राणं, गुप्तिः ***f.,*** गोपनं, अवनं.—**(A sentry)** रक्षकः, रक्षी ***m.*** (न्), सैन्यः, सैनिकः, सेनारक्षः, परिचरः, उपरक्षणं, परिधिस्थः, रक्षिवर्गः, अनीकस्थः, सज्जनं; **'captain of the guards,'** गुल्मस्थानाधिकारी ***m.*** (न्), गुल्मस्थानाधिपः, रक्षाधिकृतः.—**(That which protects any part of the body from injury)** त्राणं, त्रं **affixd,** वारणं; **'finger-guard,'** अङ्गुलित्राणं, अङ्गुलित्रं; **'guard for the arm in shooting,'** गोधा, तलं -ला, ज्याघातवारणं; **'to stand on one's guard',** सावधानः -ना -नं **or** सचेतनः -ना -नं स्था **or** भू; **'be on your guard,'** सावधानो भव, सावहितो भव.

Guard-room, ***s.*** उद्घाटः, रक्षकाणां वासागारं, सैन्यस्थानं, सैनिकशाला.

Guardable, ***a.*** रक्षणीयः -या -यं, रक्ष्यः -क्ष्या -क्ष्यं, पालनीयः -या -यं.

Guarded, ***p. p.*** रक्षितः -ता -तं, अभिरक्षितः -ता -तं, पालितः -ता -तं, उपपालितः -ता -तं, गुप्तः -प्ता -प्तं, गोपायितः -ता -तं, त्रातः -ता -तं, त्राणः -णा -णं, अवितः -ता -तं.—**(Cautious)** अवहितः -ता -तं, स्ववहितः -ता -तं, सावधानः -ना -नं.

Guardedly, ***adv.*** सावधानं, अवधानेन, अवहितं, स्ववहितं, सुविमृश्य.

Guardedness, ***s.*** अवधानता, सावधानता, स्ववहितत्वं, समीक्ष्यकारित्वं.

Guarder, ***s.*** रक्षकः, रक्षी ***m.*** (न्), परिरक्षी ***m.*** रक्षिता ***m.*** (तृ), पालयिता ***m.*** (तृ), पालकः, पालः -ली ***m.*** (न्), गोप्ता ***m.*** (प्तृ), गोपः -पकः, गोपायकः, गोपी ***m.*** (न्), गोपिलः, त्राता ***m.*** (तृ), पः **in comp.**

Guardful, ***a.*** सावधानः -ना -नं, अवहितः -ता -तं, स्ववहितः -ता -तं.

Guardian, ***s.*** पालकः, प्रतिपालकः, रक्षकः, गोप्ता ***m.*** (प्तृ), पालः, नाथः, अध्यक्षः.—**(Of an orphan)** पितृस्थानः -नीयः, मातृपितृस्थानः, नाथः; **'guardian deity,'** लोकपालः -लकः.

Guardianship, ***s.*** रक्षणं, रक्षा, रक्षकत्वं, पालकत्वं, रक्षितृपदं.

Guardship, ***s.*** रक्षणं, रक्षा, पालनं, त्राणं, गुप्तिः ***f.,*** गोपनं.

Gudgeon, ***s.*** वडिशद्वारेण सुग्रहणीयः क्षुद्रमत्स्यभेदः.—**(A person easily cheated)** सुवञ्चनीयः, सुप्रतारणीयः.

Guerdon, ***s.*** फलं, प्रतिफलं, पारितोषिकं, वेतनं.

To **guess,** ***v. a.*** **and** ***n.*** अनुमा **(c. 2.** -माति, **c. 4.** -मायते, **c. 3.** -मिमीते -मातुं), तर्क् **(c. 10.** तर्कयति -यितुं), वितर्क्, ऊह् **(c. 1.** ऊहते -हितुं), अवगम् **(c. 1.** -गच्छति -गन्तुं), शङ्क् **(c. 1.** शङ्कते -ङ्कितुं), अनिर्णयपूर्व्वम् अनुभू, अनिश्चयपूर्व्वं निरूप् **(c. 10.** -रूपयति -यितुं) **or** प्रदृश् **(c. 1.** -पश्यति -द्रष्टुं) **or** विवेचनां कृ **or** मन् **(c. 4.** मन्यते, मन्तुं).

Guess, ***s.*** अनुमानं, अनुमितिः ***f.,*** अनुमानोक्तिः ***f.,*** वितर्कः -र्कणं, ऊहा -हनं, शङ्का, अनुभवः, अनुभूतिः ***f.,*** अनिश्चयपूर्व्वं निरूपणं, अनिर्णयपूर्व्वा विवेचना, अदृढप्रमाणः परामर्शः, अवगतिः, उपलब्धिः ***f.,*** उपलक्ष्यः.

Guessed, ***p. p.*** अनुमितः -ता -तं, वितर्कितः -ता -तं, शङ्कितः -ता -तं.

Guesser, ***s.*** अनुमाता ***m.*** (तृ), अनुमानकर्त्ता ***m.*** (र्त्तृ), वितर्ककः.

Guest, ***s.*** अतिथिः ***m.f.*** थी ***f.,*** अभ्यगतः, अभ्यागतजनः, गृहाभ्यागतः, गृहागतः, आगन्तुः ***m.f.,*** आगान्तुः, आगन्तुकः -का -कं, आवेशिकः -की -कं, प्राघुणः, प्राघुर्णिकः, प्रघूर्णः, साङ्गतिकः; **'proper for a guest,'** आतिथ्यः -थ्यी -थ्यं, आतिथेयः -यी -यं.

Guest-chamber, ***s.*** अतिथिशाला, अतिथिसत्कारयोग्या शाला.

Guest-rite, ***s.*** अतिथिसत्कारः -सत्क्रिया, अतिथिक्रिया, अतिथिसेवा.

Guidance 480 Gulf

***To* guggle, *v. n. See* Gurgle.**

Guidance, *s.* नयः, नायः, नीतिः ***f.,*** प्रणयनं, नेतृत्वं, विनियमः, पथदर्शनं.—**(Direction)** निर्देशः, निदेशः, उपदेशः, शास्तिः ***f.,*** शासनं, अनुशास्तिः ***f.,*** अनुशासनं, विधानं; **'good guidance,'** सुनयः, सुनीतिः ***f.***

To* guide, *v. a. नी **(c. 1.** नयति, नेतुं), आनी, समानी, मार्गं **or** पथं दृश् **(c. 10.** दर्शयति -यितुं), गम् **(c. 10.** गमयति -यितुं). —**(Direct)** निर्दिश् **(c. 6.** -दिशति -देष्टुं), उपदिश्, उद्दिश्, शास् **(c. 2.** शास्ति, शासितुं), अनुशास्, समनुशास्, प्रणी, विनियम् **(c. 1.** -यच्छति -यन्तुं), विधृ **(c. 10.** -धारयति -यितुं), विधा **(c. 3.** -दधाति -धातुं).

Guide, *s.* नेता ***m.*** (तृ), नायकः, नेत्रः, विनेता ***m.*** (तृ), पथदर्शकः, मार्गदर्शकः, दर्शकः, दर्शयिता ***m.*** (तृ), प्रदर्शकः, निर्देष्टा ***m.*** (ष्टृ), निर्देशकः, उद्देशकः, उपदेशी ***m.*** (न्), उपदेशकः, देशकः, उपदेष्टा ***m.*** (ष्टृ), आदेष्टा ***m.*** पथिकः, सञ्चारकः, शासिता ***m.*** (तृ), शास्ता ***m.*** अनुशासकः, अध्यक्षः.

Guided, *p. p.* नीतः -ता -तं, आनीतः -ता -तं, समानीतः -ता -तं, नीयमानः -ना -नं, गमितः -ता -तं, शासितः -ता -तं, अनुशासितः -ता -तं, निर्दिष्टः -ष्टा -ष्टं.

Guide-post, *s.* पथदर्शनार्थं **or** मार्गसूचनार्थं स्थूणा.

Guild, *s.* श्रेणी -णिः ***m.,*** सहकारिजनसमूहः, नगरकार्य्यसम्पदानार्थं जनसंसर्गः, नागरसमाजः, वणिक्समाजः, निगमः, नैगमः, महाजनसंसर्गः.

Guild-hall, *s.* सहकारिणां वाणिजजनानां समागमशाला, निगमशाला, नगरकार्य्यसम्पादनार्थं महाचत्वरं.

Guile, *s.* माया, कपटः -टं, छलं, -लना, शठता, शाठ्यं, खलता, धूर्त्तता, व्याजः, विदग्धता, वैदग्ध्यं, छद्म ***n.*** (न्), कूटः -टं, कौटिल्यं, कैतवं, वक्रता, कापट्यं, वञ्चनं -ना, असारल्यं.

Guileful, *a.* मायावान् -वती -वत् (त्), मायी -यिनी -यि (न), मायामयः -यी -यं, मायान्वितः -ता -तं, मायावी -विनी -वि (न्), छली -लिनी -लि (न्), छलान्वितः -ता -तं, विदग्धः -ग्धा -ग्धं, कापटिकः -की -कं, वञ्चकः -का -कं, वञ्चनशीलः -ला -लं, शठः -ठा -ठ, खलः -ला -लं, कुटिलः -ला -लं, विजिह्मः -ह्मा -ह्मं, सव्याजः -जा -जं, धूर्त्तः -र्त्ता -र्त्तं, वक्रः -क्रा -क्रं, वक्रभावः -वा -वं.

Guilefulness, *adv.* मायया, समायं, शाठ्येन, छलेन, खलवत्, शठवत्, धूर्त्तवत्, सव्याजं, कितववत्, कैतवेन, विदग्धं.

Guilefully, *s.* मायावत्त्वं, शठता, शाठ्यं, कौटिल्यं, वक्रता, विजिह्मता; विदग्धता, सव्याजत्वं, असारल्यं.

Guilefulness, *a.* अमायी -यिनी -यि (न्), अमायिकः -की -कं, मायाहीनः -ना -नं, निष्कपटः -टा -टं, कपटहीनः -ना -नं, निर्व्याजः -जा -जं, छलरहितः -ता -तं, शुद्धमतिः -तिः -ति, सरलः -ला -लं, अजिह्मः -ह्मा -ह्मं, अवक्रः -क्रा -क्रं, अकुटिलः -ला -लं, विमलात्मा -त्मा -त्म (न्), निर्व्यलीकः -का -कं, दक्षिणः -णा -णं, अकृत्रिमः -मा -मं, कूर्च्चः -र्च्चा -र्च्चं.

Guilelessly, *adv.* मायां विना, मायया विना, मायाव्यतिरेकेण, कपटं विना, निष्कपटं, निर्व्याजं, सरलवत्.

Guilelessness, *s.* मायाहीनता, सारल्यं, अवक्रता, अजिह्मता, शुद्धता.

Guillotine, *s.* शिरश्छेदनयन्त्रं, अतितीक्ष्णयन्त्रं यदाधातेन निमेषमात्रेण, शीर्षच्छेदः क्रियते.

To* guillotine, *v. a. पूर्व्वोक्तयन्त्रेण मस्तकं छिद् **(c. 7.** छिनत्ति, छेत्तुं).

Guilt, *s.* (Criminality) अपराधिता -त्वं, सापराधता, पापित्वं, सपापत्वं, अपराद्धता, दोषिता -त्वं, सदोषता, पापवत्त्वं, दोषवत्त्वं. —**(Crime)** पापं, अपराधः, दोषः, पातकं, दुष्कृतं, दुष्कर्म्म ***n.*** (न्), पापकर्म्म ***n.,*** कल्मषं, एनस् ***n.,*** आगस् ***n.,*** अघं, दुरितं, मन्तुः ***m.***

Guiltily, *adv.* सापराधं, सपापं, सदोषं, सपातकं, अपराद्धवत्.

Guiltiness, *s.* अपराधिता, अपराद्धता, सापराधत्वं, पापित्वं, सपापता, दोषिता -त्वं, सदोषता, पापवत्ता, दोषवत्ता.

Guiltless, *a.* निष्पापः -पा -पं, -पी -पिनी -पि (न्), अपायः -पा -पं, निरपराधः -धा -धं, अनपराधी -धिनी -धि (न्), निर्दोषः -षा -षं -षी -षिनी -षि (न्), पापहीनः -ना -नं, शुद्धः -द्धा -द्धं, शुद्धमतिः -तिः -ति, अनघः -घा -घं.

Guiltlessly, *adv.* निष्पापं, पापं विना, निरपराध, अपराधेन विना.

Guiltlessness, *s.* निष्पापत्वं, निर्दोषत्वं, निरपराधिता, शुद्धता.

Guilty, *adv.* अपराधी -धिनी -धि (न्), अपराद्धः -द्धा -द्धं, सापराधः -धा -धं, कृतापराधः -धा -धं, प्राप्तापराधः -धा -धं, पापी -पिनी -पि (न्), पापवान् -वती -वत् (त्), पापकर्म्मा -र्म्मा -र्म्म (न्), सपायः -पा -पं, दोषी -षिणी -षि (न), दोषवान् -वती -वत् (त्), सदोषः -षा -षं, पातकी -किनी -कि (न्), दुष्कृती -तिनी -ति (म्), एनस्वी -स्विनी -स्वि (न्), कृतैनाः -नाः -नः (स्), अनिष्कृतैनाः **etc.,** कृतागाः -गाः -गः (स्), अभिपन्नः -न्ना -न्नं; **'rashly guilty,'** चिकुरः -रा -रं, चपलः -ला -लं.

Guinea, *s.* सुवर्णमुद्राविशेषः, सुवर्णः.

Guinea-hen, *s.* चित्रशरीरविशिष्टा विदेशीयकुक्कुटी.

Gunea-pig, *s.* अत्यल्पशरीरो विदेशीयशूकरभेदः.

Guise, *s.* वेशः, वेषः, वासस् ***n.,*** परिधानं, अम्बरं, वस्त्रं, वसनं, आकारः, रूपं, व्यवहारः, रीतिः ***f.,*** **'in the guise of a herdsman,'** गोपवेशः; **'of a Brahmin,'** द्विजरूपी ***m.*** (न्).

Guitar, *s.* वीण, वल्लकी, विपञ्ची -ञ्चिका, तन्त्री, रुद्री, सारङ्गी, शारङ्गी, पिनाकी, ततं, परिवादिनी.

Gulf, *s.* (A bay) अखातं, खातं, समुद्रवङ्कः, पुटभेदः.—**(Abyss)**

अगाधदरी, अगाधरन्ध्रं, अतलस्पर्शखातं, गम्भीररन्ध्रं, नरकः. —**(Whirlpool)** आवर्त्तः, जलावर्त्तः, जलगुल्मः, अवघूर्णः, घूर्णः, घूर्णजलं.

Gulfy, *a.* घूर्णजलपूर्णः -र्णा -र्णं, जलगुल्ममयः -यी -यं.

To* gull, *v. a. वञ्च् (c. 10. वञ्चयते -ति -यितुं), परिवञ्च्, छल् (c. 10. छलयति -यितुं), प्रतॄ (c. 10. -तारयति -यितुं).

Gull, *s.* (Bird) जलकुक्कुटः -टी, विश्वका, गङ्गाचिल्ली, देवट्टी, ध्वांक्षः.—**(One easily cheated)** सुवञ्चनीयः, सुप्रतारणीयः.

Gull-catcher, *s.* वञ्चकः, प्रतारकः, छली ***m.*** (न्), कूटकारः.

Gulled, *p. p.* वञ्चिताः -ता -तं, प्रलब्धः -ब्धा -ब्धं, प्रतारितः -ता -तं.

Gullery, *s.* वञ्चन, छलं, कपटः -टं, प्रतारणा, व्याजः, कैतवं.

Gullet, *s.* निगरणस्रोतस् ***n.***, निगरणः, अन्नवाहिस्रोतस् ***n.***

Gullibility, *s.* सुवञ्चनीयता, सुखवञ्चनीयत्वं, सुप्रतारणीयता.

Gullible, *a.* सुवञ्चनीयः -या -यं, सुखेन प्रतारणीयः -या -यं.

Gully, *s.* नालः, पणालः -ली -लिका, खातं, कुल्या, जलमार्गः, उदकगमनमार्गः, जलवाहनी, परीवाहः, सारणिः -णी ***f.***

To* gully, *v. a. भूमिम् उत्खन् (c. 1. -खनति -नितुं), प्रणालिकां कृ, कुल्यां कृ.

Gully-hole, *s.* कर्दमाटकरन्ध्रं, प्रणालिकारन्ध्रं, प्रणालीविवरं.

Gulosity, *s.* अतिभोजनं, अत्याहारः घस्मरता, अतृप्तिः ***f.***

To* gulp, *v. a. जलं बहुशो गॄ (c. 6. गिरति, गरितुं -रीतुं) **or** निगॄ **or** अवगॄ **or** ग्रस् (c. 1. ग्रसते -सितुं).—**(Disgorge)** उद्गॄ, उत्क्षिप् (c. 6. -क्षिपति -क्षेप्तुं).

Gulp, *s.* गरणं, गरा, गीर्णिः ***f.***, गिररिः ***f.***, निगारः, निगरणं, ग्रसनं, ग्रासः, एकवारे निगीर्णं यत्किञ्चित्.—**(Disgorging)** उद्गारः -रणं, उद्गिरणं, उद्गमः -मनं.

Gum, *s.* (Fleshy covering of the teeth) दन्तमांसं, दन्तवेष्टः -ष्टनं, दन्तशिरा, दन्तमूलं, वेला.—**(Exudation from trees)** निर्यासः, वृक्षनिर्यासः वृक्षरसः.—**(Adhesive substance)** श्यानद्रव्यं, सान्द्रद्रव्यं.

To* gum, *v. a. पूर्व्वोक्तनिर्यासेन **or** श्यानद्रव्येण लिप् (c. 6. लिम्पयति, लेप्तुं) **or** संयुज् (c. 7. -युनक्ति -योक्तु) **or** संलग्नीकृ.

Gum-Arabic, *s.* सूक्ष्मपत्रः, सूक्ष्मपत्ररसः.

Gum-boil, *s.* दन्तविस्फोटः, दन्तस्फोटः, -टकः, दन्तव्रणः -णं, दन्तार्बुदः, द्विजव्रणः, वैदर्भः, उपकुशः.

Gumminess, *s.* सान्द्रत्वं, श्यानत्वं, स्निग्धता, संलग्नशीलता.

Gummy, *a.* वृक्षनिर्यासमयः -यी -यं, श्यानः -ना -नं, सान्द्रः -न्द्रा -न्द्रं.

Gun, *s.* अन्तरग्निबलेन गुलिकाप्रक्षेपणी लोहनाडिः **or** -डी, गुलिप्रक्षेपणी सुषिरनाली, गुलिकाप्रक्षेपार्थं शुषिरयन्त्रं, लोहसुषिः ***f.***

Gunner, *s.* पूर्व्वोक्तनाडिद्वारा गुलिकाप्रक्षेपकः, लोहनाडिधारी ***m.*** (न्), अग्न्यस्त्रधारी ***m.***, आग्नेयास्त्रप्रक्षेपकः.

Gunnery, *s.* अग्न्यस्त्रविद्या, लोहनाडिद्वारेण गुलिकाप्रक्षेपणविद्या.

Gunpowder, *s.* आग्नेयचूर्णं, शीघ्रदाह्यचूर्णं, आग्नेयक्षोदः, महाशब्दपूर्व्वम् अग्निसम्पर्कात् सद्योदाह्यचूर्णं.

Gun-shot, *s.* लोहगुलिकागोचरं, लोहगुलिविषयः, युद्धनाडिक्षेपणं.

Gun-smith, *s.* अग्न्यस्त्रकारः, आग्नेयशस्त्रकारः, आग्नेयनाडिनिर्म्माता ***m.*** (तृ) युद्धनाडिनिर्म्माणशिल्पज्ञः.

Gun-stock, *s.* आग्नेयनाडिदण्डः, लोहनाडिदारुः ***m.***, नाडिवारङ्गः.

Gunwale, gunnel, *s.* नौपार्श्वधारा -रः, नौपार्श्वस्य उपरिकाष्ठं, नावुत्सङ्गः.

Gurge,, *s.* जलावर्त्तः, जलभ्रमः, जलावघूर्णः, जलगुल्मः, घूर्णजलं.

To* gurgle, *v. n. जलवद् घर्घराशब्देन सु (c. 1. स्रवति, स्रोतुं), घर्घराशब्दं कृ, घर्घ **or** गर्ग (**nom.** घर्घायते, गर्गायते), गर्घ् (c. 1. गर्घति, -र्घितुं).

Gurgling, *s.* घर्घराशब्देन जलप्रस्रावः, घर्घरः.

To* gush, *v. n. प्रपत् (c. 1. -पतति -तितुं), निर्पत्, बहुशः प्रसु (c. 1. -स्रवति, -स्रोतुं) **or** प्रस्यन्द् (c. 1. -स्यन्दते -न्दितुं) **or** क्षर् (c. 1. क्षरति -रितुं), वेगेन **or** वेगतो निःसृ (c. 1. -सरति -सर्त्तुं); **'tears gushed from (her) eyes,'** जलं नेत्राभ्यां प्रापतत्.

Gush, gushing *s.* बहुप्रस्रावः, जलप्रपातः उत्सेकः, उत्सेचनं, उत्पीडः.

Gusset, *s.* वस्त्रनिवेशित उपवस्त्रखण्डः **or** अधिकवस्त्रखण्डः.

Gust, *s.* (Blast of wind) निर्घातः, प्रभञ्जनः, व्योममुद्गरः, वातरूपः, वायुगुल्मः, वायुवेगः, वात्या, प्रबलवायुः ***m.***, प्रचण्डवायुः ***m.***, चण्डवातः, तीव्रवातः, पवनाघातः, जवानिलः.—**(Taste)** स्वादः, आस्वादः, रसनेन्द्रियं, रुचिः ***f.***, अभिरुचिः ***f.***

Gustation, *s.* स्वादनं, आस्वादनं, प्राशनं, लेहनं.

Gustful, *a.* रुच्यः -च्या -च्यं, रुचिरः -रा -रं, सरसः -सा -सं.

Gustless, *a.* विरसः -सा -सं, निःस्वादुः -दुः -द, अस्वादुः -दुः -दु.

Gusto, *s.* रुचिः ***f.***, अभिरुचिः ***f.***, रसः, सुरसः, आस्वादः.

Gusty, *a.* वातलः -ला -लं, वातवान् -वती -वत् (त्), वातीयः -या -यं, वातमयः -यी -यं, बहुपवनः -ना -नं, पवनक्षिप्तः -प्ता -प्तं.

Gut, *s.* नाडिः -डी ***f.***, अन्तर्नाडी, नाली -लिः ***f.***, धमनी -निः ***f.***, शिरा, सिरा, अन्त्रं, पुरीतत् ***m. n.***, कोष्ठः.—**(Stomach)** उदरं, जठरः -रं.

To* gut, *v. a. निरन्त्रीकृ, निरन्त्र (**nom.** निरन्त्रयति -यितुं), नाडीः **or** अन्त्राणि वहिष्कृं.—**(Plunder)** द्रव्याणि अपहृ (c. 1. -हरति -हर्त्तुं).

Gutta serena, ***s.*** तिमिरं; **'an eye affected with it,'** तिमिरदोषहतं चक्षुस्.

Gutted, ***p. p.*** निरन्त्रीकृतः -ता -तं, हृतसर्व्वद्रव्यः -व्या -व्यं.

Gutter, ***s.*** प्रणालः -ली -लिका, नालः, जलनिर्गमः, जलमार्गः, परीवाहः, जलवाहनी, सारणिः ***f.*** -णी, उदकगमनमार्गः.

To* gutter,** ***v. a. प्रणालीरूपेण उत्खन् **(c. 1.** -खनति -नितुं**)** **or** शुषिरीकृ.

To* gutter,** ***v. n. प्रणालीरूपेण उत्खन् **in pass. (**-खन्यते**)** **or** शुषिरीभू, प्रणालिकां कृ, ज्वलदीपिकारूपेण लवशः स्यन्द् **(c. 1.** स्यन्दते -न्दितुं**)**.

Guttler, ***s.*** बहुभक्षकः, अतिभोजी ***m.*** (न्), कुक्षिम्भरिः ***m.***

Guttural, ***a.*** वण्ठ्यः -ण्ठ्या -ण्ठ्यं, कण्ठस्थः -स्था -स्थं, ग्रैवः -वी -वं, ग्रैवेयः -यी -यं; **'guttural letter,'** कण्ठ्यं; **'guttural sound,** कुहरं.

Guzarat, ***s.*** **(The country)** गुर्जरः.—**(The people)** गुर्जराः ***m. pl.***

To* guzzle,** ***v. a. बहुशो गॄ **(c. 6.** गिरति, गरितुं -रीतुं**)** **or** निगॄ **or** ग्रस् **(c. 1.** ग्रसत -सितुं**)** **or** पा **(c. 1.** पिवति, पातुं**)**, पानरतः -ता -तं भू.

Guzzler, ***s.*** अतिपायी ***m.*** (न्), अतिभोजी ***m.*** (न्), पानरतः.

Gymnasium, ***s.*** व्यायामशाला, मल्लयुद्धशाला, मल्लशाला, विहारः.

Gymnastic, ***a.*** व्यायामी -मिनी -मि (न्), व्यायामसम्बन्धी -न्धिनी -न्धि (न्), मल्लयुसम्बन्धी **etc.,** व्यायामशीलः -ला -लं.

Gymnastics, ***s. pl.*** व्यायामः, मल्लयुद्धं, व्यायामविद्या.

Gypsy, gypsey. ***See* Gipsy.**

To* gyrate,** ***v. n. परिवृत् **(c. 1.** -वर्त्तते -र्त्तितुं**)**, भ्रम् **(c. 4.** भ्राम्यति, **c. 1.** भ्रमयति -मितुं**)**, घूर्ण् **(c. 6. 1.** घूर्णति -ते -र्णितुं**)**, परिघूर्ण्, विघूर्ण्, व्याघूर्ण्.

Gyration, ***s.*** परिवर्त्तनं, आवर्त्तः, भ्रमः -मणं, भूमिः, ***f.,*** घूर्णिः ***f.,*** घूर्णनं; **'of a bird,'** पारिडीनकं.

Gyre, ***s.*** चक्रावर्त्तः चक्रगतिः ***f.,*** आवृत्तिः ***f.,*** मण्डलं, परिमण्डलं.

To* gyre,** ***v. a. निगडिन बन्ध् **(c. 9.** बध्नाति, बन्धुं**)**, निगड **(nom.** निगडयति -यितुं**)**, पाश **(nom.** पाशयति -यितुं**)**.

Gyves, ***s. pl.*** निगद्धः -द्धं, पाशः, बन्धनं -नानि ***n. pl.,*** पादपाशः, शृङ्खला.

H

Ha, ***interj.*** हा, हहा, आहा, अहो, आहो, अहहः, अहोवत्, ह, अह, आ, अयि, आश्चर्य्यं.

Habeas Corpus, ***s.*** मिथ्यानिरोधनिषेधार्थकं पूर्व्वकालीनशासनपत्रं.

Haberdasher, ***s.*** वस्त्रादिविक्रेता ***m.*** (तृ), वसनादिविक्रेता ***m.,*** अंशुकादि विक्रयी ***m.*** (न्), क्षुद्रद्रव्यविक्रेता ***m.***

Haberdashery, ***s.*** पूर्व्वोक्तव्यापारिणा विक्रीता वस्त्रादिद्रव्यसामग्री.

Habergeon, ***s.*** वक्षस्त्राणं, उरस्त्राणं, उरश्छदः, कण्ठस्थकवचं.

Habiliment, ***s.*** वेशः, परिधानं, परिच्छदः, वसनं, वस्त्रं, आभरणं, अम्बरं, वासस् ***n.,*** प्रसाधनं, आच्छादनं, सज्जा.

Habit, ***s.*** **(Dress)** वेशः, वेषः, वसनं, वस्त्रं, वासम् ***n.,*** परिधानं, परिच्छदः, अम्बरं.—**(State, condition)** अवस्था, स्थितिः ***f.,*** भावः, वृत्तिः ***f.,*** दशा, संस्थितिः ***f.,*** स्वभावः; **'habit of body,'** शरीरस्थितिः ***f.,*** देहस्वभावः; **'habit of mind,'** चित्तवृत्तिः ***f.***—**(Temperament, disposition)** प्रकृतिः ***f.,*** शीलः -लता, स्वभावः, अन्तःकरणं.—**(Custom, practice, established manner)** आचारः, अभ्यासः, व्यवहारः, समाचारः, नित्य कृत्यं, नित्यक्रिया, रीतिः ***f.,*** व्यवहृतिः ***f.,*** शीलः, प्रचारः, चरितं, चर्य्या, क्रमः, नियमः, आवृत्तिः ***f.,*** व्यापारः, प्रवृत्तिः ***f.,*** मार्गः, अनुशीलं; **'bad habit,'** व्यसनं; **'having bad habits,'** दुराचारः -रा -रं, पापसमाचारः -रा -रं, पापचर्य्यः -र्य्या -र्य्यं, दुर्वृत्तः -त्ता -त्तं, दुश्चरित्रः -त्रा -त्रं, व्यसनी -निनी -नि (न्).

To* habit,** ***v. a. वेष्ट् **(c. 1.** वेष्टते -ष्टितुं**)**, परिवेष्ट्, आच्छद् **(c. 10.** -छादयति -यितुं**)**, वस्त्र **(nom.** वस्त्रयति -यितुं**)**, परिधा **in caus. (**-धापयति -यितुं**)**.

Habitable, ***a.*** वासतेयः -यी -यं, वास्तव्यः -व्या -व्यं, वासयोग्यः -ग्या -ग्यं. वासक्षमः -मा -मं, आजीव्यः -व्या -व्यं, उपजीव्यः -व्या -व्यं.

Habitant, ***s.*** वासी ***m.*** (न्), निवासी ***m.*** निलायी ***m.*** (न्), वासकृत्.

Habitation, ***s.*** वासः, वासस्थानं, निवासः, वसतिः ***f.,*** निवसतिः ***f.,*** गृहं, गेहः -हं, वेश्म ***m.*** (न्), निलयः -यनं, आलयः, आयतनं, निवेशनं, निकेतः -तनं, आगारः, भवनं, वसितं, समावासः, अवस्थानं, आवसथः, स्थानं, ओकस् ***n.,*** धाम ***n.*** (न्).

Habitual, ***a.*** आभ्यासिकः -की -कं, अभ्यस्तः -स्ता -स्तं, आचारिकः -की -कं, आचरितः -ता -तं, व्यावहारिकः -की -कं, व्यवहारिकः -की -कं, नित्यः -त्या -त्यं, स्वाभाविकः -की -कं, अनुशीलितः -ता -तं, नैयमिकः -की -कं, प्रायिकः -की -कं.

Habitually, ***adv.*** नित्यं, नित्यशस्, यथाव्यवहारः, यथारीति, साभ्यासं, अभ्यासेन, अभ्यासपूर्व्वं, यथाभ्यासं.

To* habituate,** ***v. a. अभ्यस् **(c. 4.** -अस्यति -असितुं**)**, अभ्यासं कृ, अभ्यस्तं -स्तां -स्तं कृ, शिक्ष् **(c. 10.** शिक्षयति -यितुं**)**, शील् **(c. 10.** शीलयति -यितुं**)**; **'to be habituated,'** अभ्यस्तः -स्ता -स्तं भू.

Habituated, ***p. p.*** अभ्यस्तः -स्ता -स्तं, शिक्षितः -ता -तं, कृताभ्यासः -सा -सं, शीलितः -ता -तं, अनुशीलितः -ता -तं, शीलः -ला -लं **in comp.**

Habitude, ***s.*** **(Custom)** व्यवहारः, आचारः, रीतिः ***f.,*** चरितं, चर्य्या, नित्यकृत्यं.—**(Relation)** सम्बन्धः, सम्पर्कः, प्रतीक्षा.—**(Intercourse)** संसर्गः.

To **hack,** ***v. a.*** **(Mangle)** व्यवच्छिद् **(c. 7.** -छिनत्ति -छेत्तुं), व्रश्च् **(c. 6.** वृश्चति, व्रश्चितुं), प्रव्रश्च्, विदॄ **(c. 10.** -दारयति -यितुं), बहुलवशः खण्ड् **(c. 10.** खण्डयति -यितुं) **or** छिद्, बहुखण्डशः कृ, खण्डं खण्डं कृ, बहुखण्डीकृ, क्षतविक्षतीकृ.

To **hack,** ***v. n.*** **(For hire)** अतिशरीरायासेन नीचकर्म्म कृ, निरन्तरायासं कृ, पण्यः -ण्या -ण्यं भू, सर्व्वप्रयोज्यः -ज्या -ज्यं भू, सर्व्वसाधारणीभू.

Hack, ***s.*** **(Cut)** प्रहारः, छेदः, आघातः, छुरिकाघातः.—**(Horse kept for hire, worn out horse)** कदश्वः, पण्याश्वः, भाटकीयवाजी ***m.*** (न्), साधारणवाजी ***m.,*** सर्व्वप्रयोज्यवाजी ***m.,*** पण्यघोटकः, अश्वकः; **'hack-carriage,'** पण्यवाहनं, साधारणरथः.—**(Drudge)** निरन्तरायासी ***m.*** (न्), अतिदेहक्लेशेन नीचकर्म्मकारी ***m.*** (न्), हीनवृत्तिः ***m.*** व्रातीनः.

Hacked, ***p. p.*** व्यवच्छिन्नः -न्ना -न्नं, क्षतविक्षतः -ता -तं, वृक्णः -क्णा -क्णं.

To **hackle,** ***v. a.*** वक्ष्यमाणयन्त्रेण शणं **or** अतसीं मृज् **(c. 2.** मार्ष्टि -र्ष्टुं) **or** सम्मृज्, **or** परिष्कृ **or** शुध् **(c. 10.** शोधयति -यितुं) **or** पृथक्कृ.

Hackle, ***s.*** अतसीमार्जनी, शणमार्जकः, उमाशोधनी.

Hackney, ***s.*** **(Horse)** कदश्वः, अश्वकः, पण्याश्वः, पण्यघोटकः, साधारणवाजी ***m.*** (न्), भाटकीयवाजी ***m.***—**(Any thing much used, a drudge, a hireling)** (नीचकर्म्मणि नियुक्तः, नीचकर्म्मकारी ***m.*** (न्), निरन्तरायासी ***m.*** (न्), हीनवृत्तिः ***m.*** वैतनिकः, पण्यः, साधारणः, सर्व्वप्रयोज्यः.—**(Prostitute)** पण्यस्त्री, साधारणस्त्री.

To **hackney,** ***v. a.*** नीचकर्म्मणि नियुज् **(c. 7.** -युनक्ति -योक्तुं, **c. 10.** -योजयति -यितुं), पण्यीकृ, साधारणीकृ, सर्व्वप्रयोज्यं -ज्यां -ज्यं कृ, जीर्णीकृ.

Hackney-coach, ***s.*** साधारणरथः, पण्यरथः, पण्यवाहनं, सर्व्वप्रयोज्यरथः.

Hackneyed, ***p. p.*** सर्व्वप्रयुक्तः -क्ता -क्तं, सर्व्वसाधारणः -णा -णी -णं, सर्व्वपण्यः -ण्या -ण्यं, अपकर्म्मनियुक्तः -क्ता -क्तं, जीर्णः -र्णा -र्णं.

Haddock, ***s.*** हड्डक्संज्ञकः, समुद्रीयमत्स्यभेदः.

Hades, ***s.*** प्रेतलोकः, अधोलोकः, अधोभुवनं, नरकः, पातालं.

Haft, ***s.*** **(Handle)** त्मरुः ***m.,*** तलः, वारङ्गः, मुष्टिः ***m.*** -ष्टी ***f.,*** दण्डः, कर्णः.

To **haft,** ***v. a.*** त्सरौ **or** तले **or** वारङ्गे निविश् **(c. 10.** -वेशयति -यितुं).

Hag, ***s.*** कुरूपी -पिणी, कुट्टिनी, डाकिनी, वृद्धा स्त्री, जरिणी.

Haggard, ***a.*** कृशाननः -ना -नं, क्षीणवदनः -ना -नं, क्षामवदनः -ना -नं, शुष्कवदनः -ना -नं, उग्रमुखः -खा -खं, उग्रदर्शनः -ना -नं.

Haggish, ***a.*** कुरूपिणी, अपरूपिणी, विरूपिणी, जरापरिणता.

To **haggle,** ***v. a.*** व्यवच्छिद् **(c. 7.** -छिनत्ति -छेत्तुं), क्षतविक्षतीकृ, खण्डशः कृ.

To **haggle,** ***v. n.*** **(In bargaining)** क्रयकाले विलम्ब् **(c. 1.** -लम्बते -म्बितुं) **or** विचर् **(c. 10.** -चारयति -यितुं) **or** एतावन्न दातुम् इच्छामीति वादानुवादं कृ **or** न्यूनमूल्यं दित्सामीति वद् **(c. 1.** वदति -दितुं).

Haggler, ***s.*** क्रयकाले विलम्बी ***m.*** (न्) **or** एतावन्मूल्यं न दातुम् इच्छामीति वादानुवादकारी ***m.*** (न्).

Hagiographa, ***s.*** धर्म्मग्रन्थः, धर्म्मशास्त्रसंहिता, धर्म्मपुस्तकं.

Hah, ***interj.*** हा, अहो, अहोवत्, अहह, हाहा, आ, अयि, आश्चर्य्यं.

Hail, ***s.*** **(Frozen rain)** करका, करकावृष्टिः ***f.,*** शिला, शिलावृष्टिः ***f.*** वर्षोपलः, पयोघनः, पयोगडः, घनकफः, मेघास्थि ***n.,*** मेघकफः, मेघगर्भः, धारा, तोयडिम्भः, मरुत्फलं, पिण्डाभं, धाराङ्कुरः, मटती, शिलीन्ध्रं, वार्षिला.

Hail, ***exclam.*** नमस्, स्वस्ति, कुशलं, कुशलं भूयात्, सुखं भूयात्, कल्याणं भूयात्, क्षेमं भवतु, शेवं, अभिवादये, अभिवन्दे.

To **hail,** ***v. n.*** **(Pour down hail)** करकासारं वृषं **(c. 1.** वर्षति -र्षितुं), शिला वृष्, उपलान् वृष् **or** पत् **(c. 10.** पातयति -यितुं).

To **hail,** ***v. a.*** **(Call from a distance)** दूराद् आह्वे **(c. 1.** -ह्वयति -ह्वातुं) **or** ह्वे **or** सम्बोधनं कृ **or** आक्रन्द् **(c. 1.** -क्रन्दति -न्दितुं) **or** आमन्त्र् **(c. 10.** -मन्त्रयते -यितुं) **or** समामन्त्र् **or** अभिभाष् **(c. 1.** -भाषते -षितुं) **or** आभाष्.—**(Salute)** वन्द् **(c. 1.** वन्दते -न्दितुं), अभिवन्द्, अभिवद् **(c. 10.** -वादयति -ते -यितुं), नमस्कृ, आमन्त्र्, उपास् **(c. 2.** -आस्ते -आसितुं).

Hailed, ***p. p.*** दूराद् आहूतः -ता -तं **or** अभिहितः -ता -तं **or** आमन्त्रितः -ता -तं, सम्बोधितः -ता -तं, आक्रन्दितः -ता -तं.

Hail-stone, ***s.*** शिला, वर्षोपलः, पयोघनः, करका, पयोगडः

Hail-storm, ***s.*** करकासारः, करकावृष्टिः ***f.,*** शिलासारः.

Haily, ***a.*** करकामयः -यी -यं, शिलामयः -यी -यं, वर्षोपलमयः **etc.**

Hair, ***s.*** केशः, बालः, कचः, चिकुरः, वृजनः -जिनः, कुन्तलः.—**(Of the head)** केशः, शिरोरुहः, शिरोरुट् ***m.,*** शिरसिजः, मूर्द्धजः, कृशला.—**(Of the body)** लोम ***n.*** (न्), रोम ***n.*** (न्), तनुरुहः -हं, तनूरुहः -हं, तनुरुट् ***m.*** (ह्), तनुजं, अङ्कुरः; **'a head of hair,'** कैश्यं, कैशिकं; **'a quantity of**

Hair-bell 484 Half-sister

hair,' केशकलापः, केशपक्षः, केशोच्चयः, केशपाशः, कचपाशः, कचपक्षः, कचहस्तः, चिकुरपाशः, चिकुरपक्षः, चिकुरहस्तः; **'having much or fine hair,'** केशी -शिनी -शि (न्), केशवान् -वती -वत् (त्), केशवः -वा -वं, केशिकः -की -कं; **'a fine head of hair,'** केशभारः, कवरीभारः -भर; **'a braid of hair,'** कवरी, केशगर्भः -र्भकः, केशवेशः; **'braided hair,'** धम्मिल्लः, वेणिः -णी ***f.***, वेणिका, प्रवेणिः -णी ***f.***; **'a lock of hair,'** अलकः -कं, चूर्णकुन्तलः, भ्रमरकः -काकपक्षः, शिखण्डः -ण्डकः, केशपाशी, चूड़ा, शिखा; **'clotted hair,'** जटा, सटा; **'unentangled hair,'** शीर्षण्यः, शिरस्यः; **'covered with hair,'** लोमशः -शा -शं, बहुलोमा -मा -म (न्), रोमाक्रान्तः -न्ता -न्तं; **'point of hair,'** बालाग्रं; **'erection of the hair,'** रोमहर्षणं, उद्धर्षणं. ***See*** **Erection. – (Filament of a plant)** केशरः, केसरः.

Hair-bell, ***s.*** घण्टाकारपुष्पविशिष्ट ओषधिभेदः.

Hair-breadth, ***s.*** एककेशान्तरं, एककचपरिमाणं, अत्यल्पान्तरं.

Hair-broom, ***s.*** केशनिर्म्मिता मार्जनी, लोममयी शोधनी.

Hair-brush, ***s.*** केशमार्जनी, केशशोधनी, केशनिर्घर्षणकः.

Hair-cloth, ***s.*** लोमनिर्म्मितं वस्त्रं, केशमयः पटः.

Hair-cutter, ***s.*** केशछिद् ***m.*** -छेत्ता ***m.*** (तृ), शिरोरुहछेदकः.

Hair-dresser, ***s.*** केशरचकः, केशविरचकः, केशसंस्कारकृत् ***m.***

Hair-dressing, ***s.*** केशरचना, केशरविरचनं -ना, केशसंस्कारः.

Haired, ***a.*** केशी -शिनी -शि (न्), केशवान् -वती -वत् (त्).

Hairness, ***s.*** लोमशत्वं, रोमशत्वं, बहुलोमत्वं, लोमप्राचुर्य्यं.

Hairless, ***a.*** अकेशः -शा -शं, विककेशः -शा -शं, केशहीनः -ना -नं, निर्लोमा -मा -म (न्), लोमरहितः -ता -तं, अविद्यमानलोमा etc.

Hairy, ***a.*** लोमशः -शा -शं, रोमशः -शा -शं, बहुलोम -मा -म (न्), प्रचुरलोमा etc., बहुकेशः -शा -शं, केशी -शिनी -शि (न्), केशकः -का -कं, केशिकः -की -कं, केशवः -वा -वं, बहुकेशवान् -वती -वत् (त्), लोमवान् etc., लोममयः -यी -यं, लोमपूर्णः -र्णा -र्णं.

Hake, ***s.*** समुद्रीयमत्स्यभेदः.

Halbered, ***s.*** युद्धे प्रयुक्तः काष्ठदण्डो लोहाग्रः शूलविशेषः, प्रासः, शक्तिः ***f.***

Halberdier, ***s.*** पूर्व्वोक्तशूलधरः, शक्तिग्रहः, शाक्तीकः, प्रासिकः.

Halcyon, ***s.*** **(Kingfisher)** मत्स्यरङ्गः -ङ्गकः, सुचित्रकः, कुट्टकः.

Halcyon, ***a.*** प्रसन्नः -न्ना -न्नं, शान्तः -न्ता -न्तं, प्रशान्तः -न्ता -न्तं, निर्वेगः -गा -गं, निराकुलः -ला -लं, निर्वृतः -ता -तं, निर्वातः -ता -तं, सुखी -खिनी -खि (न्).

Hale, ***a.*** निरामयः -या -यं, नीरोगः -गा -गं, नीरुजः -जा -जं, नीरुक् ***m.f.n.*** (ज्), कल्यः -ल्या -ल्यं, आधिव्याधिरहितः -ता -तं, अक्षतः -ता -तं.

To **hale,** ***v. a.*** कृष् (c. 1. कर्षति, क्रष्टुं), आकृष्, अपकृष्, अपहृ (c. 1. -हरति -हर्त्तुं).

Half, ***s.*** अर्द्धं -र्द्धः, अर्द्धभागः, अर्द्धांशः; **'half an hour,'** अर्द्धदण्डः; **'half a league,'** अर्द्धक्रोशः; **'half a hundred,'** अर्द्धशतं; **'half the body,'** अर्द्धाङ्गं; **'a year and a half,'** सार्द्धवत्सरः; **'a hundred and a half,'** सार्द्धशतं; **'the best half,'** उत्तमार्द्धं -र्द्धं; **'the last half,'** अवरार्द्धं, पश्चार्द्धं; **'sharing a half,'** अर्द्धभागी -गिनी -गि (न्), अर्द्धांशी -शिनी -शि (न्), अर्द्धी -र्द्धिनी -र्द्धि (न); **'lasting half a month,'** आर्द्धमासिकः -की -कं.

Half, ***a.*** अर्द्धः -र्द्धा -र्द्धं, आर्द्धिकः -की -कं, अर्द्धिकः -का -कं; **'half assent,'** अर्द्धाङ्गीकारः; **'half moon,'** अर्द्धचन्द्रः.

Half, ***adv.*** अर्द्धं, अर्द्धेन, सामि; **'half-man, half-woman,'** अर्द्धेन पुरुषोऽर्द्धेन स्त्री; **'half-eaten,'** अर्द्धभुक्तः -क्ता -क्तं, जग्धार्द्धः -र्द्धा -र्द्धं, सामिभुक्तः -क्ता -क्तं, **'half-drank,'** अर्द्धपीतः -ता -तं, सामिपीतः -ता -तं; **'half-read,'** अर्द्धवाचितः -ता -तं; **'half-spoken,'** अर्द्धोक्तः -क्ता -क्तं; **'half-closed,'** अर्द्धसंवृतः -ता -तं, मुकुलितः -ता -तं, निमीलितः -ता -तं.

Half-blood, ***s.*** **or** ***a.*** भिन्नोदरः -रा -रं, भिन्ननाभिः -भिः -भि, भिन्नगर्भः -र्भा -र्भं, असमानोदरः -रा -रं, भिन्नोदर्य्यः अन्योदर्य्यः, भिन्नशरीरान्वयः.

Half-brother, ***s.*** वैमात्रः -त्रेयः, भ्राता द्वैमातुरः, अन्योददर्य्यः, सापत्नः.

Half-dead, ***a.*** मृतकल्पः -ल्पा -ल्पं, मृतप्रायः, -या -यं, मुमूर्षुः -र्षुः -र्षु, आसन्नमृत्युः -त्युः -त्यु, मरणोन्मुखः -खी -खं, अर्द्धमृतः -ता -तं, कण्ठगतप्राणः -णा -णं.

Half-heard, ***a.*** अर्द्धश्रुतः -ता -तं, ईषच्छ्रुतः -ता -तं.

Half-holiday, ***s.*** अर्द्धोत्सवः, अर्द्धमहोत्सवः, अर्द्धानध्यायः.

Half-learned, ***a.*** अल्पज्ञानी -निनी -नि (न्), किञ्चिज्ज्ञः ज्ज्ञा -ज्ज्ञं, चुम्बकः.

Half-lost, ***a.*** नष्टप्रायः -या -यं, आसन्ननाशः -शा -शं, नाशोन्मुखः -खी -खं.

Half-moon, ***s.*** अर्द्धचन्द्रः, चन्द्रार्द्धं, अर्द्धेन्दुः ***m.***; **'shaped like a halfmoon,'** अर्द्धचन्द्राकारः -रा -रं, अर्द्धचन्द्राकृतिः -तिः -ति.

Half-pay, ***s.*** निवृत्तयुद्धस्य सैन्यस्य प्रकल्पितम् अर्द्धवेतनं.

Half-penny, ***s.*** ताम्रमुद्रार्द्धं, ताम्रमुद्राविशेषः.

Half-pike, ***s.*** लघुशूलः -लं, अदीर्घपरिमाणः शूलविशेषः, परिघः.

Half-seas-over, ***s.*** ईषमन्तः -त्ता -त्तं, ईषदुन्मत्तः -त्ता -त्तं, ईषत्क्षीवः -वा -वं.

Half-sister, ***s.*** वैमात्री, वैमात्रेयी, स्वसा द्वैमातुरी, अन्योदर्य्या.

Half-sphere, *s.* अर्द्धमण्डलं, अर्द्धगोलः, मण्डलार्द्धं, भूगोलार्द्धं.

Half-starved, *a.* अनाहारेण म्रियमाणः -णा -णं **or** मृतप्रायः -या -यं, क्षुधावसन्नः -न्ना -न्नं.

Half-uttered, *a.* अर्द्धोक्तः -क्ता -क्तं, अर्द्धोदितः -ता -तं, अर्द्धकथितः -ता -तं.

Half-way, *adv.* अर्द्धमार्गे, अर्द्धपथे, मध्यमार्गे, मध्यपथे.

Half-witted, *a.* अल्पबुद्धिः -द्धिः -द्धि, अल्पधीः -धीः -धि, अल्पमेधाः -धाः -धः (स्).

Half-year, *s.* अर्द्धवत्सरः, वत्सरार्द्धं, अब्दार्द्धं, षण्मासः, अयनं.

Half-yearly, *a.* षण्मासिकः -की -कं, आर्द्धवार्षिकः -की -कं.

Halibut, *s.* वृहत्कायः समुद्रीयमत्स्यभेदः.

Halidom, *s.* शापः, शपथः, दिव्यं, सत्यं, प्रत्ययः.

Halituous, *a.* प्राणसमभावः -वा -वं, वाष्पोपमः -मा -मं, धूमलः -ला -लं.

Hall, *s.* **(Large room at the entrance of a house)** शाला, वहिर्द्वारशाला, द्वारोपान्ते महाशाला, वाह्यकोष्ठः, कक्षा, कक्ष्या, किर्म्मी; **'a temporary hall,'** मण्डपः -पा, जनाश्रयः; **'a judgment-hall,'** विचारशाला.

Halleluiah, hallelujah, ***exclam.*** ईश्वरस्य धन्यवादं **or** स्तुतिवादं कुरुतं.

Halleluiah, *s.* ईश्वरस्य धन्यवादः **or** स्तुतिवादः **or** स्तुतिगानं.

Halliard, halyard *s.* नौरज्जुः *m.,* नौगुणः, वातवसनोत्तोलनार्थं रज्जुः.

Halloo, ***interj.*** भोः, भो, भोभो, हे, है, अये, अयि, अरे, अरे, अहो, हंहो, हलहलाशब्दः.

***To* halloo,** *v. n.* हलहलाशब्दं कृ, हलहला **(nm.** हलहलायते), भोः, हे, है इत्यादिशब्दैर् उत्क्रुश् **(c. 1.** -क्रोशति -क्रोष्टुं) **or** दूराद् आह्वे **(c. 1.** -ह्वयति -ह्वातुं), उच्चैःस्वरेण घुष् **(c. 10.** घोषयति -यितुं).

***To* hallo,** *v. a.* **(Set on by shouts)** हे, है, हलहला इत्यादिशब्दैः कुक्कुरादीन् प्रचुद् **(c. 10.** -चोदयति -यितुं).

***To* hallow,** *v. a.* **(Make holy)** पवित्रीकृ, पवित्रं -त्रां -त्रं कृ, पुण्यीकृ, पुण्यं -ण्यां -ण्यं कृ, पूज्यं -ज्यां -ज्यं कृ, शुद्धीकृ. **—(Consecrate)** संस्कृ, अभिसंस्कृ, अभिषिच् **(c. 6.** -षिञ्चति -षेक्तुं), प्रोक्ष् **(c. 1.** -उक्षति -क्षितुं), प्रतिष्ठा **in caus.** (-ष्ठापयति -यितुं), धर्म्मार्थं विनियुज् **(c. 7.** -युनक्ति -योक्तुं) **or** निर्दिश् **(c. 6.** -दिशति -देष्टुं).

Hallowed, *p. p.* **(Made holy, reverenced)** पवित्रीकृतः -ता -तं, पवित्रितः -ता -तं, पूजितः -ता -तं, पूज्यः ज्या -ज्यं, अर्चितः -ता -तं—**(Consecrated)** संस्कृतः -ता -तं, कृतसंस्कारः -रा -रं, प्रतिष्ठितः -ता -तं. सुप्रतिष्ठितः -ता -तं, प्रोक्षितः -ता -तं, प्रणीतः -ता -तं, अभिषिक्तः -क्ता -क्तं, धर्म्मार्थं विनियोजितः -ता -तं.

Hallucination, *s.* मोहः, व्यामोहः, माया, भ्रमः, भ्रान्तिः ***f.,*** मतिविभ्रमः, मिथ्यामतिः ***f.,*** इन्द्रजालं, वञ्चना.

Halm, *s.* **(Straw)** तृणं, पलालः -लं -ली, पलः, धान्यकल्कं.

Halo, *s.* द्युतिमाला, अंशुमाला, सूर्य्यपरिगतं **or** चन्द्रपरिगतं द्युतिमण्डलं **or** दीप्तिमण्डलं **or** रक्तवर्णमण्डलं, दीप्तिचक्रं, द्युतिवलयः, परिधिः ***m.,*** परिवेशः.

Halser, *s.* नौरज्जुः ***m.,*** नौगुणः, नौबन्धनरज्जुः, नौबन्धनार्थं महागुणः.

Hlat, *s.* **(Stopping)** अयानं, पथमध्ये स्थितिः ***f.*** **or** अवस्थितिः ***f.,*** स्थानं, आसनं, विश्रामः, यानविरतिः ***f.,*** विरामः, अवरतिः ***f.,*** स्त[illegible], यतिः ***f.*—(Limping)** लङ्गः.

Halt, *a.* **(Lame)** पङ्गुः -ङ्गुः -ङ्गु, खञ्जः -ञ्जा -ञ्जं, खोरः -रा -रं, गतिविकलः -ला -लं, पादविकलः -ला -लं.

***To* halt,** *v. n.* **(Stop)** पथमध्ये स्था **(c. 1.** तिष्ठति -ते, स्थातुं), संस्था, विष्ठा, अवस्था, **or** विरम् **(c. 1.** रमति -रन्तुं) **or** विश्रम् **(c. 4.** -श्राम्यति -श्रमितुं), स्तम्भ् **(c. 1.** स्तम्भते -म्भितुं).**—(Limp)** लङ्ग् **(c. 1.** लङ्गति -ङ्गितुं), खञ्जीभू, गतिविकलः -ला -लम् अस्).

Halted, *p. p.* निवृत्तयानः -ना -नं. अवस्थितः -ता -तं, सन्निषणः -णा -णं.

Halter, *s.* **(Rope)** कण्ठपाशः -शकः, कण्ठरज्जुः ***m.,*** पाशः, कण्ठलता, पलापः, प्रग्रहः, प्रग्राहः.

***To* halter,** *v. a.* कण्ठपाशेन बन्ध् **(c. 9.** बध्नाति, बन्द्धुं), पाश **(nom.** पाशयति -यितुं).

***To* halve,** *v. a.* अर्द्धीकृ, द्विसमभागीकृ, द्विधा कृ, द्विखण्डीकृ, द्व्यंशीकृ.

Halved, *a.* अर्द्धकृतः -ता -तं, सामिकृतः -ता -तं, द्विसमभागीकृतः -ता -तं.

Halves, *s. pl.* **(To go halves)** अर्द्धभागी -गिनी -गि भू, अर्द्धांशी -शिनी -शि भू.**—(To cry halves)** अर्द्धभागो ममेति वद् **(c. 1.** वदति -दितुं).

Ham, *s.* **(Back of the knee)** मन्दिरः, जङ्घोरुसन्धेः पश्चिमभागः. **—(Thigh)** सक्थि ***n.,*** जङ्घा, जाङ्घनी; **'seated on the hams,'** कृतावसक्थिकः -का -कं.**—(Dried hog's flesh)** वल्लूरं, शूकरस्य शुष्कमांसं.

Hamdryad, *s.* वनदेवता, तरुदेवता, वृक्षाधिष्ठात्री देवता, वन्यस्त्री.

Hamlet, *s.* ग्रामः, क्षुद्रग्रामः, पल्लिः ***f.,*** पल्ली, पद्रः, खेटकः, निवसथः.

Hammer, *s.* मुद्गरः, घनः, अयोधनः, अयोग्रं, मुषलः, मुसलः.

***To* hammer,** *v. a.* मुद्गरेण आहन् **(c. 2.** -हन्ति -न्तुं) **or** तड् **(c. 10.** ताडयति -यितुं) **or** प्रह **(c. 1.** -हरति -हर्त्तुं).

***To* hammer,** *v. n.* **(Labour, work hard)** महायत्नं कृ,

महाकाष्टेन मुहुर् मुहुर् उद्योगं कृ, पुनः पुनर् उत्साहं कृ or श्रम् (c. 4. श्राम्यति, श्रमितुं).

Hammer-cloth, ***s.*** रथोपस्थवस्त्रं, सूतासनाच्छादनं.

Hammerer, ***s.*** मुद्गरेण ताडयिता ***m.*** (तृ), मुद्गरादिना कर्म्मकारी ***m.*** (न्).

Hammering, ***s.*** मुद्गरताडनं, मुद्गरप्रहरणं, मुद्गराघातः.

Hammock, ***s.*** दोला -ली, दोलिका, प्रेङ्खा, खट्वा, प्रेङ्खोलनं.

Hamper, ***s.*** पेटा -टी, पेटिका, पेटकः, करण्डः उल्लकः.

To **hamper,** ***v. a.*** रुध् (c. 6, रुणद्धि, रोद्धुं), प्रतिरुध्, निरुध्, विरुध्, विहन् (c. 2. -हन्ति, न्तुं), व्याहन्, विघ्न (nom. विघ्नयति -यितुं), बाध् (c. 1. बाधते -धितुं), क्लेशं दा, शल्यं कृ.

Hampered, ***p. p.*** विरुद्धः -द्धा -द्धं, विघ्नितः -ता -तं, बाधितः -ता -तं.

Hamstring, ***s.*** मन्दिरशिरा, मन्दिरस्नायुः ***m.,*** जङ्घोरुसन्धिबन्धनं, ऊरुपर्व्वबन्धनस्नायुः ***m.,*** जङ्घोरुबन्धनं.

To **hamstring,** ***v. a.*** मन्दिरशिरां छिद् (c. 7. छिनत्ति, छेत्तुं), जङ्घोरुपर्व्वबन्धनं छित्त्वा गतिविकलं -लां -लं कृ.

Hamstrung, ***s.*** छिन्नमन्दिरस्नायुः -युः -यु, छिन्नजङ्घोरुबन्धनः -ना -नं.

Hanaper, ***s.*** कोषः, राजकोषः, राजस्वकोषः, धनकोषः.

Hand, ***s.*** **(Palm with the fingers)** हस्तः, करः, पाणिः ***m.,*** पञ्चशाखः, भुजादलः, शयः, शमः, कुलिः ***m.,*** हरणः; **'the right hand,'** अग्रहस्तः, अग्रकरः, अग्रपाणिः ***m.;*** **'the left hand,'** वामहस्तः; **'the palm of the hand,'** हस्ततलं, करतलं; **'the open hand'** प्रहस्तः, प्रपाणिः ***m.,*** चपेटः; **'back of the hand,'** करपृष्ठं, अवहस्तः; **'hollow of the hand,'** करपुटं, करकोषः, करपात्रं; **'both hands,'** हस्तौ ***m.*** **du.,** हस्तद्वयं, करद्वयं; **'a beautiful hand,'** करकमलं, करपद्मं, करपल्लवः, करपङ्कजं; **'the hand below the wrist,'** कल्मषं, हस्तपुच्छं; **'the clenched hand,'** मुष्टिः ***m.f.,*** हस्तमुष्टिः; **'part of the had sacred to the gods,'** देवतीर्थं दैवं; **'to the manes,'** पितृतर्पणं, पितृतीर्थं पित्र्यं; **'the hands and feet,'** पाणिपादं; **'bound hand and foot,'** संयमितकरचरणः -णा -णं; **'hand to hand,'** हस्ताहस्ति, मुष्टीमुष्टि, बाहूबाहवि; **'hand in hand,'** सहितं, सहं, समं, योगतस्, सम्भूय, एकीभूय; **'with joined hands,'** अभिगृहीतपाणिः -णिः -णि; **'with hands across,'** व्यत्यस्तपाणिः -णिः -णि; **'with one's own hand,'** स्वहस्तेन; **'at hand,'** उपस्थितः -ता -तं, आसन्नः -न्ना -न्नं, सन्निहितः -ता -तं; **'in hand, in one's possession,'** हस्तस्थः -स्था -स्थं, हस्तस्थितिः -ता -तं, हस्तवर्त्ती -र्त्तिनी -र्त्ति (न्), हस्तगतः -ता -तं; **'held in the hand,'** करधृतः -ता -तं, करतलधृतः -ता -तं, करनिहितः -ता -तं, करप्राप्तः -प्ता -प्तं; **'in hand, ready to hand,'** प्रस्तुतः -ता -तं, प्रत्युत्पन्नः -न्ना -न्नं, सिद्धः -द्धा -द्धं; **'matter in hand,'** प्रस्तुतं; **'sword in hand'** खड्गपाणिः ***m.;*** **'staff in hand,'** लगुडहस्तः; **'off hand,'** अचिरेण, अविलम्बितं, आकस्मिकः -की -कं, प्रत्युत्पन्नः -न्ना -न्नं, अचिन्तापूर्व्वः -र्व्वा -र्व्वं; **'out of hand,'** तत्काले, तत्क्षणात्, सपदि, सद्यस्; **'living from hand to mouth,'** उत्पन्नभक्षी -क्षिणी -क्षि (न्); **'to take in hand,'** आरभ् (c. 1. -रभते -रब्धुं), व्यवसो (c. 4. -स्यति -सातुं), अध्यवसो; **'to lend a hand,'** उपकृ, साहाय्यं कृ, सहायत्वं कृ; **'to lay hands on,'** धृ (c. 1. धरति, धर्त्तुं), ग्रह् (c. 9. गृह्णाति, ग्रहीतुं), हृ (c. 1. हरति, हर्त्तुं); **'to shake hands,'** परस्परं पाणिं ग्रह्, अन्योन्यं हस्तं or हस्तौ स्पृश् (c. 6. स्पृशति, स्प्रष्टुं); **'to have a hand in'** सहकारी-रिणी -रि भू or' अस्; **'to get the upper hand,'** अभिभू, प्रभू; **'to clap the hands,'** करतालं कृ; **'to support with the hand,'** करालम्बनं कृ; **'under-hand,'** तिरस्, रहस्, छलेन.—**(A measure)** हस्तपरिमाणं, करतलपरिमाणं.—**(Side, part)** पार्श्वः, पक्षः, भागः; **'on the one hand,'** एकतस्, एकत्र; **'on the other hand,'** अन्यत्र, पुनर्; **'on the hands,'** सर्व्वतस्, सर्व्वत्र.—**(Action, performance)** करणं, विधानं, प्रवृत्तिः ***f.,*** चेष्टा, क्रिया.—**(Power, possession)** शक्तिः ***f.,*** अधिकारः, आधिकारण्यं; **'fallen into one's hand,'** हस्तगतः -ता -तं.—**(Agent)** कर्त्ता ***m.*** (र्तृ), कारकः, कारः, कर्म्मकरः.—**(Index of a dial)** कीलः, देशिनी, प्रदेशिनी, सूचिः ***f.,*** सूचिनी.—**(Form of writing)** स्वाक्षरं, स्वहस्ताक्षरं, लिपिः ***f.***

To **hand,** ***v. a.*** **(Give with the hand)** हस्तेन गृहीत्वा परहस्ते दा (c. 3. ददाति, दातुं) or प्रदा or ऋ in caus. (अर्पयति -यितुं) or समृ or प्रतिपद् (c. 10. -पादयति -यितुं).—**(Guide or lead with the hand)** हस्तेन नी (c. 1. नयति, नेतुं) or समानी or गम् in caus. (गमयति -यितुं).—**(Support with the hand)** परालम्बनार्थं हस्तं दा, करालम्बनं कृ.—**(Hand down, transmit)** क्रमागतं -ता -तं कृ, क्रमायातं -ता -तं, क्रमेण or पारम्पर्य्येण सञ्चर् (c. 10. -चारयति -यितुं) or सङ्क्रम् (c. 10. -क्रामयति -यितुं) or प्रतिपद्.

Hand-barrow, ***s.*** हस्तसञ्चालितं वाहनं or यानं.

Hand-bell, ***s.*** हस्तेन वादिता क्षुद्रघण्टा, घण्टिका, हस्तघण्टा.

Hand-breadth, ***s.*** एकहस्तपरिमाणं, एककरपरिमाणं, पाणितलं.

Handcuff, ***s.*** हस्तपाशः, पाणिबन्धनं, हस्तबन्धनः, करबन्धनं.

To **handcuff,** ***v. a.*** हस्तौ पाशेन बन्ध् (c. 9. बध्नाति, बन्द्धुं) पाणिबन्धनं कृ.

Handcuffed, ***p. p.*** बद्धहस्तः -स्ता -स्तं, यन्त्रितकरः -रा -रं, संयमितकरः -रा -रं.

Handed, ***p. p.*** **(Given into the hand)** हस्ते दत्तः -त्ता -त्तं **or** अर्पितः -ता -तं.—**(Led with the hand)** हस्तेन नीतः -ता -तं.—**(Supported with the hand)** दत्तहस्तः -स्ता -स्तं, आलम्बितकरः -रा -रं.—**(Handed down)** पारम्पर्य्यक्रमागतः -ता -तं, क्रमायातः -ता -तं, पारम्पर्य्येण सञ्चारितः -ता -तं.

Handful, ***s.*** मुष्टिः ***m.f.,*** हस्तपूरणं, पाणिपूरणं, गण्डूषः -षा, मुष्टिपरिमितं द्रव्यं; **'a handful of grass,'** तृणमुष्टिः.

Hand-gallop, ***s.*** ईषत्पुलायितं, अर्द्धपुलायितं, ईषद्वल्गितं, अर्द्धवल्गितं.

Hand-Gun, ***s.*** हस्तद्वारेण प्रयुक्ता आग्नेयनाडिः, हस्तनाडिः.

Handicraft, ***s.*** शिल्पं, शिल्पकर्म्म ***n.*** (न्), शिल्पिकं, शिल्पविद्या, हस्तकर्म्म ***n.*** हस्तव्यापारः, हस्तव्यवसायः.

Handicraftsman, ***s.*** शिल्पी ***m.*** (न्), शिल्पकारः, कर्म्मकारः, हस्तव्यापारी ***m.*** (न्), हस्तव्यवसायी ***m.*** (न्), पाणिघः.

Handily, ***adv.*** सदाक्ष्यं, दाक्ष्येण, दक्षं, करदाक्ष्येण, हस्तकौशल्येन, हस्तलाघवेन, कुशलं, निपुणं, चतुरं, सलाघवं, युक्त्या.

Handiness, ***s.*** दक्षता, दाक्ष्यं, हस्तकौशल्यं, करदक्षता, हस्तलाघवं, हस्तपादादिक्षिप्ता, युक्तिः ***f.,*** कौशल्यं, कुशलता, सुप्रयोगः -गता, नैपुण्यं, चातुर्य्यं, चतुरता, पटुता, क्षिप्रता.

Handiwork, ***s.*** हस्तकर्म्म ***n.*** (न्), हस्तव्यापारः, हस्तकृतं कर्म्म.

Handkerchief, ***s.*** नक्तकः, वरकं, मुखमार्जनी, गात्रमार्जनी; **'neckhandkerchief,'** कण्ठवेष्टनं, गलावेष्टनं, कण्ठवस्त्रं.

To **handle,** ***v. a.*** **(Feel with the hand)** स्पृश् **(c. 6.** स्पृशति, स्प्रष्टुं), संस्पृश्, परिस्पृश्, हस्तेन परामृश् **(c. 6.** -मृशति -म्रष्टुं **or** परिमृश् **or** आलभ् **(c. 1.** -लभते -लब्धुं) **or** समालभ् **or** घट्ट् **(c. 10.** घट्टयति -यितुं) **or** परिघट्ट्.—**(Manage)** प्रणी **(c. 1.** -णयति -णेतुं), विधा **(c. 3.** -दधाति -धातुं).—**(Use)** प्रयुज् **(c. 7.** -युनक्ति -युंक्ते -योक्तुं), उपयुज्.—**(Treat)** आचर् **(c. 1.** -चरति -रितुं), व्यवहृ **(c. 1.** -हरति -हर्त्तुं).—**(Discuss)** विचर् **(c. 10.** -चारयति -यितुं), विमृश्.

Handle, ***s.*** मुष्टिः ***m.f.,*** वारङ्गः, दण्डः, तलः, तालः, नालः, कर्णः.—**(Of a sword, etc.)** त्सरुः ***m.,*** सरुः ***m.,*** तलः, तालः.—**(Of a plough)** ईषादण्डः; **'become a handle,'** नालयितः -ता -तं.

Handled, ***p. p.*** स्पृष्टः -ष्टा -ष्टं, संस्पृष्टः -ष्टा -ष्टं, परामृष्टः -ष्टा -ष्टं, परिमृष्टः -ष्टा -ष्टं, परिघट्टितः -ता -तं, करघट्टितः -ता -तं, करपरिघट्टितः -ता -तं.

Handless, ***a.*** अहस्तः -स्ता -स्तं, विहस्तः -स्ता -स्तं, अकरः -रा -रं.

Hand-maid, ***s.*** दासी, दासिका, चेटी, सेविका, परिचारिका.

Hand-mill, ***s.*** यन्त्रपेषणी, हस्तेन सञ्चालिता पेषणी.

Hand-rail, ***s.*** **(Of a staircase)** सोपाने उभयतः स्थापिता क्षुद्रस्तम्भपंक्तिः.

Hand-saw, ***s.*** हस्तसञ्चारितं करपत्रं, हस्तसञ्चालितः क्रकचः.

Handsel, ***s.*** प्रथमविक्रयः, आदिविक्रयः, प्रथमप्रयोगः, प्रथमव्यवहारः, प्रथमकर्म्म ***n.*** (न्), आदिक्रिया.

To **handsel,** ***v. a.*** प्रथमं कृ **or** प्रयुज् **(c. 7.** -युनक्ति -युंक्ते -योक्तुं), प्रथमप्रयोगं कृ.

Handsome, ***s.*** **(Beautiful)** सुरूपः -पी -पं, रूपवान् -वती -वत् (त्), रूपी -पिणी -पि (न्), रूपोपेतः -ता -तं, सुगात्रः -त्री -त्रं, स्वङ्गः -ङ्गी -ङ्गं, वराङ्गः -ङ्गी -ङ्गं, दर्शनीयः -या -यं, सुदृश्यः -श्या -श्यं, चारुः -र्व्वी -रु, चारुदर्शनः -ना -नं, सौम्यः -म्या -म्यी -म्यं, सुन्दरः -रा -री -रं, शोभनः -ना -नं, कान्तः -न्ता -न्तं, लावण्यवान् -वती -वत् (त्), वामः -मा -मं, वामिलः -ला -लं, पुद्गलः -ला -लं, सिंहसंहननः -ना -नं; **'having a handsome countenance,'** शुभाननः -ना -नं, चारुवदनः -ना -नं, सुमुखः -खा -खी -खं, आननाब्जः -ब्जा -ब्जं; **'a handsome woman,'** रूपवती, प्रमदा. **Often expressed by** सु; **as, 'having handsome teeth,'** सुदन् -दती -दत् (त्); **'having handsome eyes,'** सुनयनः -ना -नं, सुदृक ***m.f.n.*** (श्); **'having a handsome waist,'** सुमध्यमा.—**(Generous, liberal)** उदारः -रा -रं, वदान्यः -न्या -न्यं, स्थूललक्ष्यः -क्ष्या -क्ष्यं, अकृपणः -णा -णं.—**(Ample, large)** विपुलः -ला -लं, विशालः -ला -लं, प्रचुरः -रा -रं, वृहन् -हती -हत् (त्).

Handsomsely, ***adv.*** **(With beauty or grace)** चारु, सुन्दरं, सौन्दर्य्येण, लावण्येन, सलावण्यं, शोभनं, शोभया.—**(Generously)** उदारवत्, वदान्यवत्, अकृपणं.

Handsomeness, ***s.*** सुरूपता, रूपवत्त्वं, रूपं, रूपलावण्यं, दर्शनीयता, सुदृश्यता, चारुता, सौम्यता, सौन्दर्य्यं, कान्तता, शोभा, वामता.

Hand-stroke, ***s.*** कराघातः, हस्ताघातः, पाणिघातः, हस्तप्रहारः, हस्तपातः.

Hand-weapon, ***s.*** हस्तायुधं, हस्तशस्त्रं, हस्तास्त्रं, हस्तप्रहरणं.

Hand-writing, ***s.*** स्वहस्ताक्षरं, हस्ताक्षरं, स्वाक्षरं, हस्तलिखनं, हस्तलेखा.—**(In general)** लेखः -खा, लिखनं, लिपिः ***f.,*** लिविः ***f.,*** अक्षरसंस्थानं.

Handy, ***a.*** दक्षः -क्षा -क्षं, करदक्षः -क्षा -क्षं, लघुहस्तः -स्ता -स्तं, चतुरः -रा -रं, कुशलः -ला -लं, निपुणः -णा -णं, क्षिप्तः -प्रा -प्रं, युक्तिमान् -मती -मत् (त्), सुप्रयोगवान् -वती -वत् (त्), (त्), पटुः -टुः -टु, लघुः -घुः -घु.—**(Convenient, ready, near)** उपयुक्तः -क्ता -क्तं, प्रस्तुतः -ता -तं, प्रत्युत्पन्नः -न्ना -न्नं, आसन्नः -न्ना -न्नं, निकटः -टा -टं, समीपस्थ, -स्था -स्थं.

Handy-blow, ***s.*** कराघातः, हस्ताघातः, पाणिघातः; **'handy-blows,'** मुष्टीमुष्टि.

To **hang,** ***v. a.*** उद्बन्ध् **(c. 9.** -बध्नाति -बन्द्धुं), उद्बन्धनं कृ,

उद्बद्धं -द्धां -द्धं कृ, ऊर्द्ध्वं or उच्चैः or विहायसा बन्ध्, आन्दोल (**nom.** आन्दोलयति -यितुं); **'by a loop,'** काच (**nom.** काचयति -यितुं).—**(Put to death by hanging)** रज्जुपाशेन उद्बन्ध्, उद्बन्धनेन हन् (**c. 2.** हन्ति -न्तुं **or caus.** घातयति -यितुं) **or** प्राणदण्डं कृ.—**(With curtains, etc.)** यवनिकादिना परिवेष्ट् (**c. 1.** -वेष्टते -ष्टितुं) **or** प्रच्छद् (**c. 10.** -छादयति -यितुं).

To* hang, *v. a. **(Be suspended)** उद्बन्ध् **in pass.** (-बध्यते), ऊर्द्ध्वं **or** उच्चैर बन्ध्.—**(Dangle)** लम्ब् (**c. 1.** लम्बते -म्बितुं), अवलम्ब्, प्रलम्ब्, लुल् (**c. 1.** लोलति -ते -लितुं), लुठ् (**c. 6.** लुठति -ठितुं), चञ्च् (**c. 1.** चञ्चति -ञ्चितुं). —**(Swing)** दोल (**nom.** दोलयते -यितुं), प्रेङ्ख् (**c. 1.** प्रेङ्खति -ङ्खितुं).—**(Depend)** अवलम्ब्, समालम्ब्, आश्रि (**c. 1.** -श्रयति -ते -यितुं), अधीनः -ना -नं भू.—**(Cling to)** अवलम्ब्, समालम्ब्, संलग्नीभू, अनुलग्नीभू, लग्नीभू, अनुबन्ध् **in pass.,** सञ्ज् **in pass.** (सज्यते, सज्जते).—**(Hang back)** विलम्ब्.—**(Hang by)** अवलम्ब्; **'hanging by the mouth,'** मुखेन अवलम्ब्य.—**(Hang down)** अवलम्ब्, प्रलम्ब्, अधो लम्ब्.—**(Hang over, impend)** उपस्था (**c. 1.** -तिष्ठति -स्थातुं), प्रत्युपस्था.—**(Hang over, project)** वहिर्लम्ब्. —**(Hang one's self)** आत्मदेहम् उद्बन्ध्, रज्जुपाशेन आत्मघातं कृ.—**(Hang the head)** शिरो नम् (**c. 10.** नामयति, नमयति -यितुं) **or** अवनम्.

Hanger, *s.* **(One who hangs)** उद्बन्धा ***m.*** (-धृ), उद्बन्धनकृत्. —**(Sort of sword)** ह्रस्वपत्रः खड्गविशेषः, ह्रस्वकृपाणः.

Hanger-on, *s.* उपजीवी ***m.*** (न्), अनुजीवी ***m.*** परान्नभोजी ***m.*** (न्), परपिण्डादः, पराधीनः, पात्रेसमितः, पीठमर्द्दः.

Hanging, *s.* उद्बन्धनं, ऊर्द्ध्वबन्धनं.—**(Tapestry, drapery)** जवनिका, चित्रजवनिका, यवनिका, प्रच्छदपटः, अपटी, परिच्छदः, वसनं, अम्बरं.

Hanging, *part.* **(Dangling, being suspended)** लम्बमानः -ना -नं, लम्बः -म्बा -म्बं, प्रलम्बः -म्बा -म्बं, लम्बितः -ता -तं, अवलम्बितः -ता -तं, अवलम्बः -म्बा -म्बं, अवलम्बी -म्बिनी -म्बि (न्), विलम्बमानः -ना -नं; **'hanging the head,'** नतमूर्द्धा -र्द्धा -र्द्ध (न्), अवनतशिराः -राः -रः (स्).

Hangman, *s.* दण्डपाशिकः, मृतपाः ***m.,*** घातुकपुरुषः, उद्बन्धनकर्म्माधिकृतः.

Hang-nail, *s.* नखाङ्कुरः, नखमूलाङ्कुरः, नखकीलः.

Hank, *s.* **(A bundle of skeins)** पञ्जिकासमूहः.—**(Wooden ring)** काष्ठवलयः.—**(Check)** संयमः, निग्रहः, यन्त्रणं, निरोधः.

To* hanker after, *a. अभिलष् (**c. 1.** -लषति, **c. 4.** -लष्यति -लषितुं), वाञ्छ् (**c. 1.** वाञ्छति -ञ्छितुं), अभिवाञ्छ्, स्पृह् (**c. 10.** स्पृहयति -यितुं), कांक्ष् (**c. 1.** कांक्षति -क्षितुं), आकांक्ष्, अनुकांक्ष्, उत्कण्ठ् (**c. 1.** -कण्ठते -ण्ठितुं), लुभ् (**c. 4.** लुभ्यति, लोब्धुं), कम् (**c. 10.** कामयते -यितुं), लभ् **in des.** (लिप्सते -प्सितुं), गृध् (**c. 4.** गृध्यति, गर्धितुं).

Hankering, *s.* स्पृहा, अभिलाषः, वाञ्छा, उत्कण्ठा, आकांक्षा.

Hap, hap-hazard, *s.* दैवं, दैवयोगः, दैवगतिः ***f.,*** दैवघटना, अदृष्टं, सङ्गतिः ***f.,*** दैवसङ्गतं, नियतिः ***f.***

Hapless, *a.* दुर्भाग्यः -ग्या -ग्यं, अभाग्यः -ग्या -ग्यं, मन्दभाग्यः -ग्या -ग्यं, दैवहीनः -ना -नं, निर्द्दैवः -वा -वं, अधन्यः -न्या -न्यं, हतभाग्यः -ग्या -ग्यं.

Haply, *adv.* दैवात्, दैववशात्, दैवयोगेन, अदृष्टवशात्, अकस्मात्, अनिश्चितं, अचिन्तितं, अपिनाम, किल.

To* happen, *v. n. घट् (**c. 1.** घटते -टितुं), निपत् (**c. 1.** -पतति -तितुं), आयत्, सम्पद् (**c. 4.** -पद्यते -पत्तुं), उपपद्, समापद्, उत्पद्, उपस्था (**c. 1.** -तिष्ठति -स्थातुं), समुपस्था, सम्भू (**c. 1.** -भवति -वितुं) संवृत् (**c. 1.** -वर्त्तते -र्त्तितुं), वृत्, आगम् (**c. 1.** -गच्छति -गन्तुं), उपागम्, दैवात् **or** अकस्माद् भू.

Happened, *p. p.* घटितः -ता -तं, उपस्थितः -ता -तं, समुपस्थितः -ता -तं, समापन्नः -न्ना -न्नं, उपपन्नः -न्ना -न्नं, उत्पन्नः -न्ना -न्नं, निपतितः -ता -तं, आपतितः -ता -तं, वृत्तः -त्ता -त्तं, संवृत्तः -त्ता -त्तं, आगतः -ता -तं, उपागतः -ता -तं, सम्भूतः -ता -तं.

Happily, *adv.* **(Fortunately)** सौभाग्येन -ग्यात्, कल्याणात्, दिष्ट्या, सुभगं.—**(In a state of happiness)** सुखं, सुखेन, यथासुखं, सौख्येन, स्वास्थ्येन.

Happiness, *s.* सुखं, सौख्यं, सुखित्वं, आनन्दः, आह्लादः, धन्यता, हर्षः, कल्याणं, शर्म्म ***n.*** (न्), श्रेयस्, निःश्रेयसं, क्षेमः -मं, स्वास्थ्यं, कुशलं, शुभं, मङ्गलं, माङ्गल्यं, कौशल्यं, भद्रं, सौभाग्यं, सम्पत्तिः ***f.,*** सम्पद् ***f.,*** निर्वृतिः ***f.,*** निवृतिः ***f.,*** श्रीः ***f.,*** पुण्योदयः, शस्तं, मतल्लिका, मचर्चिका, प्रकाण्डं, उद्धः, तल्लजः.

Happy, *a.* सुखी -खिनी -खि (न्), सुखयुक्तः -क्ता -क्तं, सुखभागी -गिनी -गि (न्), आनन्दी -न्दिनी -न्दि (न्), हृष्टः -ष्टा -ष्टं, प्रीतः -ता -तं, तुष्टः -ष्टा -ष्टं, प्रह्लन्नः -न्ना -न्नं, प्रमोदी -दिनी -दि (न्), प्रमुदितः -ता -तं, विशोकः -का -कं, शोकहीनः -ना -नं, सुस्थः -स्था -स्थं, निर्वृतः -ता -तं, विशोकः -का -कं, शोकहीनः -ना -नं, सुस्थः -स्था -स्थं, निर्वृतः -ता -तं, अकातरः -रा -रं, तृप्तः -प्ता -प्तं, मत्तः -त्ता -त्तं.—**(Fortunate, prosperous)** धन्यः -न्या -न्यं, सौभाग्यवान् -वती -वत् (त्), भाग्यवान् **etc.,** पुण्यवान् **etc.,** पुण्यः -ण्या -ण्यं, शर्म्मवान् **etc.,** क्षेमवान् **etc.,** क्षेमः -मा -मं, क्षेम्यः -म्या -म्यं, कुशली -लिनी -लि (न्), कुशलः -ला -लं, कल्याणः -णा -णं -णी -णिनी -णि (न्), शुभः -भा -भं, शुभान्वितः -ता -तं, शुभंयुः -युः -यु, भद्रः -द्रा -द्रं, श्रीमान् -मती -मत् (त्), श्रीयुक्तः -क्ता -क्तं,

लक्ष्मीवान् etc., मङ्गलः -ला -लं, शिवः -वा -वं, भावुकः -का -कं, भविकः -का -कं, भव्यः -व्या -व्यं, श्वःश्रेयसः -सा -सं, शस्तः -स्ता -स्तं, लक्ष्मणः -णा -णं, श्रीलः -ला -लं, समृद्धः -द्धा -द्धं, अधिकर्द्धिः -र्द्धिः -र्द्धि, वर्धिष्णुः -ष्णुः -ष्णु, निरापद् *m.f.n.;* **'a happy moment,'** शुभलग्नः; **'a happy result,'** शुभफलं, स्वन्तं; **'having a happy result,'** स्वन्तः -न्ता -न्तं; **'to be happy,'** सुख (nom. सुखायते).

Harangue, ***s.*** वाक्यं, अलङ्कारमयं वाक्यं, रसिकवाक्यं.

To* harangue,** ***v. n. बहुजनसमाजे अलङ्कारमयं वाक्यं वद् **(c. 1.** वदति -दितुं), अभिवद्, अभिभाष् **(c. 1.** -भाषते -षितुं).

Haranguer, ***s.*** बहुजनसमाजे अलङ्कारमयवाक्यवक्ता ***m.*** (क्तृ), वागीशः, वागीश्वरः, प्रवचनपटुः, वाक्यद्वारेण विस्मयोत्पादकः **or** इन्द्रियमोहकः.

To* harass,** ***v. a. **(Fatigue)** खिद् **(c. 10.** खेदयति -यितुं) आयस् **(c. 10.** -यासयति -यितुं), सद् **(c. 10.** -सादयति -यितुं), अवसद्, क्लम् **(c. 10.** क्लमयति -यितुं), परिक्लम्, श्रम् **(c. 10.** श्रमयति -यितुं), परिश्रम्, ग्लै **in caus.** (ग्लपयति -यितुं). **—(Vex)** बाध् **(c. 1.** बाधते -धितुं), प्रबाध्, परिबाध्, क्लिश् **(c. 9.** क्लिश्नाति, क्लेशितुं), संक्लिश्, पीड् **(c. 10.** पीडयति -यितुं), परिपीड्, उपपीड्, प्रपीड्, अभिपीड्, अभिनिपीड्, निपीड्, सम्पीड्, आपीड्, व्यथ् **(c. 10.** व्यथयति -यितुं), अर्द् **(c. 10.** तापयति -यितुं), अर्द् **(c. 10.** अर्दयति -यितुं), समर्द्, दु **(c. 5.** दुनोति, दोतुं), प्रदु, तप् **(c. 10.** तापयति -यितुं), परितप्, सन्तप्, कृष् **(c. 10.** कर्षयति -यितुं), अभिकृष्, उपरुध् **(c. 7.** -रुणद्धि, रोद्धुं), मथ् **(c. 1.** मथति, **c. 9.** मथ्नाति, मन्थितुं), प्रमथ्, क्षि **(c. 5.** क्षिणोति, क्षेतुं), रध् **(c. 10.** रन्धयति -यितुं), उपहन् **(c. 2.** -हन्ति -न्तुं).

Harassed, ***p. p.*** खेदितः -ता -तं, खिन्नः -न्ना -न्नं, श्रान्तः -न्ता -न्तं, परिश्रान्तः -न्ता -न्तं, क्लान्तः -न्ता -न्तं, बाधितः -ता -तं, क्लिष्टः -ष्टा -ष्टं, क्लिशितः -ता -तं, क्लेशितः -ता -तं, परिक्लिष्टः -ष्टा -ष्टं, पीडितः -ता -तं, अर्दितः -ता -तं, अभ्यर्दितः -ता -तं, समर्दितः -ता -तं, अवसादितः -ता -तं, दूनः -ना -नं, उपहतः -ता -तं, व्यथितः -ता -तं, विडम्बितः -ता -तं, दुर्मनायमानः -ना -नं, **'to be harassed,'** खिद् **(c. 4.** खिद्यते).

Harasser, ***s.*** खेदकरः, श्रमकरः, बाधकः, क्लेशकः, पीडकः, पीडाकरः.

Harassing, ***a.*** खेदजनकः -का -कं, क्लेशकरः -री -रं, दुःखकरः -री -रं.

Harbinger, ***s.*** अग्रेसरः, अग्रसरः, अग्रगः, अग्रगामी ***m.*** (न्), पुरोगः-गामी ***m.*** (न्), प्राग्गामी ***m.*** अग्रवर्त्ती ***m.*** (न्), अग्रगतः, दूतः, वार्त्तावाहकः, वार्त्ताहरः, सन्देशहरः; **'harbinger of spring,'** वसन्तदूतः.

Harbor, ***s.*** **(For ships)** खातं, नौबन्धनयोग्यं खातं, नौबन्धखातं, नौरक्षणस्थानं, नौकाशयः. **—(Shelter, place of rest)** आश्रयः, समाश्रयः, संश्रयः, प्रतिश्रयः, आशयः, अवस्थानं, अवकाशः, वासस्थानं, निवासस्थानं, आवासस्थानं.

To* harbor,** ***v. a. आश्रयं कृ **or** दा, अवकाशं दा, वासस्थानं दा, वस् **in caus.** (वासयति -यितुं), निवस्, सत्कृ. **—(Entertain in the mind)** मनसि **or** मनसा धृ **(c. 1.** धरति, धर्त्तुं) **or** उपलभ् **(c. 1.** -लभते -लब्धुं) **or** ग्रह् **(c. 9.** गृह्णाति, ग्रहीतुं).

To* harbor,** ***v. n. आश्रि **(c. 1.** -श्रयति -यितुं), समाश्रि, वस् **(c. 1.** वसति, वस्तुं), निवस्.

Harborage, ***s.*** आश्रयः, समाश्रयः, संश्रयः, अवस्थानं, अवकाशः.

Harborer, ***s.*** आश्रयकर्त्ता ***m.*** (र्त्तृ), आश्रयः, आशयिता ***m.*** (तृ), अवस्थापकः, ग्रहीता ***m.*** (तृ).

Harborless, ***a.*** निराश्रयः -या -यं, आश्रयहीनः -ना -नं, निर्वासः -सा -सं.

Hard, ***a.*** **(Firm, solid, compact)** दृढः -ढा -ढं, घनः -ना -नं, कठिनः -ना -नं, कर्कशः -शा -शं, कठोरः -रा -रं, संहतः -ता -तं, अशिथिलः -ला -लं, अमसृणः -णा -णं, वज्रः -ज्रा -ज्रं, ग्रावा -वा -व (न्), वज्रमयः -यी -यं, दृढसन्धिः -न्धिः -न्धि, कर्करः -रा -रं, जरठः -ठा -ठं, गाढः -ढा -ढं, प्रगाढः -ढा -ढं, कीकसः -सा -सं, कक्खटः -टा -टं, कटोलः -ला -लं, क्रूरः -रा -रं, निष्ठुरः -रा -रं, द्रवेतरः -रा -रं. **—(Hard to be understood)** दुर्ज्ञेयः -या -यं. **—(Difficult, not easy to be done)** कठिनः -ना -नं, दुष्करः -रा -री -रं, दुःसाध्यः -ध्या -ध्यं, दुश्चर -रा -रं, असुकरः -री -रं, असुगमः -मा -मं, विषमः -मा -मं, कष्टः -ष्टा -ष्टं, दुर्निवहः -हा -हं, आयासकृतः -ता -तं, दुःखसाध्यः -ध्या -ध्यं, दुःखेन कार्य्यः -र्य्या -र्य्यं **or** साध्यः -ध्या -ध्यं. **Often expressed by** दुर् **or** दुःख **in comp.; as, 'hard to be borne,'** दुःसहः -हा -हं; **'hard to obtain,'** दुर्लभः -भा -भं, दुःखलभ्यः -भ्या -भ्यं, दुष्प्रापः -पा -पं, दुःखेन प्राप्यः -प्या -प्यं; **'hard to be crossed,'** दुस्तरः -रा -रं, दुस्तार्य्यः -र्य्या -र्य्यं; **'hard to be broken,'** दुर्भेद्यः -द्या -द्यं, दुःखभेद्यः -द्या -द्यं; **'hard to be relinquished,'** दुस्त्यजः -जा -जं. **—(Fatiguing, painful, laborious)** कष्टकरः -री -रं, दुःखी -खिनी -खि (न्), दुःखकरः -रा -रं, क्लेशी -शिनी -शि (न्), क्लेशकः -का -कं. **—(Seven, harsh)** कठोरः -रा -नरं, निष्ठुरः -रा -रं, उग्रः -ग्रा -ग्रं, उग्रदण्डः -ण्डा -ण्डं, तीक्ष्णः -क्ष्णा -क्ष्णं, क्रूरः -रा -रं, कर्कशः -शा -शं, रुक्षः -क्षा -क्षं. **—(Unfavorable)** अननुकूलः -ला -लं; **'hard fate,'** दुर्दैवं. **—(Sour, acid)** अम्लरसः -सा -सं, शुक्तः -क्ता -क्तं.

Hard, ***adv.*** **(Near, hard by)** समीपं, निकटे, उपान्ते, आरात्, आसन्नः -न्ना -न्नं, सन्निकृष्टः -ष्टा -ष्टं.—**(With difficulty)** दुःखेन, कष्टेन, कृच्छ्रेण, आयासेन, कठिनं, विषमं, दुर् **prefixed. (Violently, with force)** बलेन, बलात्, बलवत्, तीव्रं, तीक्ष्णं, प्रसभं.—**(Hard)** शीघ्रं, सत्वरं, त्वरितं.

Hard-bound, ***a.*** दृढबद्धः -द्धा -द्धं, दृढसन्धिः -न्धिः -न्धि, बद्धकोष्ठः -ष्ठा -ष्ठं.

Hard-drinker, ***s.*** मद्यपानप्रसक्तः पानरतः, अतिपायी ***m.*** (न्).

Hard-earned, ***a.*** श्रमेणोपार्ज्जितः -ता -तं, कृच्छ्रोपार्जितः -ता -तं, कृच्छ्राप्तः -प्ता -प्तं.

To **harden,** ***v. a.*** कठिनीकृ, घनीकृ, कठोरीकृ, दृढीकृ, कर्कशीकृ, स्तब्धीकृ, कठिनं -नां -नं कृ.

To **harden,** ***v. n.*** कठिनीभू, घनीभू, कठोरीभू, दृढीभू, कर्कशीभू.

Hardened, ***p. p.*** कठिनीकृतः -ता -तं, घनीकृतः -ता -तं, दृढीभूतः -ता -तं.

Hard-featured, ***a.*** कठिनवदनः -ना -नं, कठिनमुखः -खी -खं, दुर्मुखः -खी -खं.

Hard-fisted, ***a.*** कठिनमुष्टिः -ष्टिः -ष्टि, दृढमुष्टि -ष्टिः -ष्टि.

Hard-hearted, ***a.*** कठिनहृदयः -या -यं, कठिनान्तःकरणः -णा -णं, पाषाणहृदयः -या -यं, अयोहृदयः -या -यं, निर्दयः -या -यं, निरनुक्रोशः -शा -शं, दुर्हृदयः -या -यं, अक्लिन्नहृदयः -या -यं, वज्रमयः -यी -यं.

Hard-heartedness, ***s.*** कठिनहृदयता, हृदयकाठिन्यं, निरनुक्रोशता.

Hardhood, ***s.*** वीर्य्यं, वीरता, धीरत्वं, धृतिः ***f.,*** धैर्य्यं, शौर्य्यं, शूरता, साहसं, निर्भयत्वं, प्रगल्भता, प्रागल्भ्यं, स्थैर्य्यं, स्थिरता.

Hardily, ***adv.*** शूरवत्, वीरवत्, धीरवत्, धैर्य्येण, साहसेन, धीरं.

Hardiness, ***s.*** **(Boldness)** शौर्य्यं, धीरत्वं, धैर्य्यं, धृतिः ***f.,*** वीरता.—**(Of body)** देहकाठिन्यं, शरीरदृढता, दृढदेहत्वं.

Hardly, ***adv.*** **(With difficulty)** दुःखेन, कष्टेन, कृच्छ्रेण, कठिनं, कष्टं, आयासेन, दुर् **prefixed.—(Scarcely, barely)** कष्टं, कष्टेन, कृच्छ्रेण.—**(Severely)** निष्ठुरं, कठोरं, उग्रं, तीक्ष्णं, नैष्ठुर्य्येण.

Hard-mouthed, ***a.*** कठिनमुखः -खा -खं, दृढमुखः -खा -खं, कठोरमुखः -खा -खं.

Hardness, ***s.*** **(Firmness, solidity)** दृढता, दार्ढ्यं, द्रढिमा ***m.*** (न्), कठिनता, काठिन्यं, घनता, कठोरता, द्राढ्यं, कर्कशता, कार्कश्यं, निष्ठुरता.—**(Difficuty to be understood)** दुर्ज्ञेयता, अस्पष्टता.—**(Difficulty to be effected)** दुःसाध्यता, दुष्करत्वं, काठिन्यं, कठिनता, असौकर्य्यं, कष्टत्वं.—**(Severity)** निष्ठुरता, नैष्ठुर्य्यं, कठोरता, उग्रता, तीक्ष्णता, कर्कशता, कार्कश्यं.

Hards, ***s. pl.*** शणोच्छिष्टं, शणावशिष्टं, शणशेषं, अतसीशणादेः शेषभागः.

Hardship, ***s.*** क्लेशः, कायक्लेशः, देहक्लेशः, शरीरक्लेशः, श्रमः, आयासः, शरीरायासः, कष्टं, खेदः, परिश्रमः.—**(Oppression)** बाधः -धा, अभिद्रोहः, निष्ठुरता, उत्पातः.

Hardware, ***s.*** पिठरकटाहादीनि लौहभाण्डानि, लोहमयभाण्डं-ण्डानि ***n. pl.,*** लोहादिनिर्म्मितभाण्डानि.

Hardwareman, ***s.*** लौहभाण्डविक्रयी ***m.*** (न्), पिठरकटाहादिभाण्डविक्रेता ***m.*** (तृ).

Hardy, ***a.*** **(Bold, brave)** शूरः -रा -रं, वीरः -रा -रं, प्रवीरः -रा -रं, प्रगल्भः -ल्भा -ल्भं, साहसी -सिनी -सि (न्), प्रतिभानवान् -वती -वत् (त्), प्रतिभावान् **etc.—(In body)** दृढदेहः -हा -हं, कठिनदेहः -हा -हं, दृढशरीरः -रा -रं.

Hare, ***s.*** शशः, शशकः, लम्बकर्णः, लोमकर्णः -र्णकः, मृदुलोमकः, मृदुरोमवान् ***m.*** (त्).

Harebrained, ***a.*** चपलबुद्धिः -द्धिः -द्धि, चञ्चल बुद्धिः -द्धिः -द्धि, विभ्रान्तशीलः -ला -लं.

Harehunting, ***s.*** शशकाखेटः, शशकानुसरणं.

Harelip, ***s.*** शशकौष्ठः, छिन्नौष्ठः, शशकौष्ठरूपेण छिन्नौष्ठः.

Harem, ***s.*** **(Women's apartments)** अन्तःपुरं, अवरोधः -धनं, अवरोधगृहं, अवरोधायनं, स्त्रीगृहं, स्त्र्यगारं, शुद्धान्तः, भोगगृहं, भोगावासः, कलत्रावासः, सुविदल्लं; **'guard of the harem,'** शुद्धान्तपालकः.

Hareskin, ***s.*** शशोर्णः, शशलोम ***n.*** (न्), शशचर्म्म ***n.*** (न्), शशकाजिनं.

Haricot, ***s.*** शाकमूलादिना सह सिद्धं मांसं.

Hark, ***interj.*** शृणु, कर्णं देहि, अवधीयतां, निशामय.

Harlequin, ***s.*** चित्रवेशो भण्डविशेषः, वैहासिकः, परिहासवेदी ***m.*** (न्).

Harlot, ***s.*** वेश्या, गणिका, पण्यस्त्री, पण्याङ्गना, पण्याजनः, पणाङ्गना, वारस्त्री, वाराङ्गना, वारविलासनी, वारसुन्दरी, पुंश्चली, भोग्या, बन्धकी, दारिका, भ्रष्टा, साधारणस्त्री, सामान्या स्त्री, व्यभिचारिणी, कुलटा, निशाचरी, ग्रामणीः, वेप्पा, रूपाजीवा, कुम्भा, लञ्जिका, झर्झरा, बन्धुरा, त्रपारण्डा; **'a company of harlots,'** गाणिक्यं.

Harlotry, ***s.*** वेश्यात्वं, वेश्यावृत्तिः ***f.,*** वेश्याव्यवसायः, वैशिकं, पौंश्चल्यं, वारसेवा, वेश्यासेवा.

Harm, ***s.*** हिंसा-सनं, क्षतिः ***f.,*** परिक्षतिः ***f.,*** क्षतं, द्रोहः, अभिद्रोहः, अपायः, नाशः, अपकारः, अपकृतं, पीडा, व्यथा, अपचयः, अपचितिः ***f.,*** विहेठः -ठनं, हानिः ***f.,*** दूषणं, दोषः, अनिष्टं, अपहारः, क्षयः, अर्दना.

To **harm,** ***v. a.*** हिंस् **(c. 7.** हिनस्ति, **c. 1.** हिंसति -सितुं), उपहिंस्, विहिंस्, आहिंस्; अपकृ; अर्द् **(c. 10.** अर्दयति -यितुं), समर्द्, पीड् **(c. 10.** पीडयति -यितुं), व्यथ् **(c. 10.** व्यथयति

-यितुं), क्षण् (c. 8. क्षणोति -णितुं), परिक्षण्, क्षतिं कृ, परिक्षतिं कृ, दुष् (c. 10. दूषयति -यितुं), द्रुह् (c. 4. द्रुह्यति, द्रोग्धुं), उपहन् (c. 2. -हन्ति -न्तुं), बाध् (c. 10. बाधते -धितुं, रिष् (c. 1. रेषति, c. 4. रिष्यति, रेष्टुं).

Harmed, ***p. p.*** हिंसितः -ता -तं, विहिंसितः -ता -तं, क्षतः -ता -तं, परिक्षतः -ता -तं, विक्षतः -ता -तं, अर्दितः -ता -तं, पीडितः -ता -तं, निपीडितः -ता -तं, व्यथितः -ता -तं, दूषितः -ता -तं, अपकृतः -ता -तं, कृतापकारः -रा -रं, विहतः -ता -तं, रिष्टः -ष्टा -ष्टं.

Harmful, ***a.*** हिंस्रः -स्रा -स्रं, हिंसकः -का -कं, हिंसात्मकः -का -कं, हिंसाजनकः -का -कं, हिंसाकरः -री -रं, क्षतिकारकः -का -कं, क्षतिजनकः -का -कं, अपकारकः -का -कं, द्रोही -हिणी -हि (न्), भूतध्रुक् ***m.f.n.*** (ह्), नृशंसः -सा -सं, शारुकः -का -कं, शरारुः -रुः -रु, घातुकः -का -कं, उपघातकः -का -कं, सबाधः -धा -धं, रिष्वः -ष्वा -ष्वं.

Harmfully, ***adv.*** हिंसापूर्व्वं, क्षतिपूर्व्वं, सद्रोहं, सापकारं, सदूषणं.

Harmless, ***a.*** अहिंसकः -का -कं, अहिंस्रः -स्रा -स्रं, हिंसारहितः -ता -तं, अनपकारी -रिणी -रि (न्), अद्रोही -हिणी -हि (न्), अनुपघातकः -का -कं.—**(Innocent)** निर्दोषः -षा -षं, अदुष्टः -ष्टा -ष्टं, निष्पापः -पा -पं.

Harmlessly, ***adv.*** अहिंसया, अहिंसापूर्व्वं, अद्रोहेण, दोषं विना.

Harmlessness, ***s.*** अहिंसा, अनपकारः, अद्रोहः, हिंसात्यागः, अहिंसकत्वं, अनपकारकता.—**(Innocence)** निर्दोषत्वं, अदुष्टता, शुद्धत्वं, पापहीनता.

Harmonic, harmonical ***a.*** एकतालः -ला -लं, एकस्वरः -रा -रं, एकतानः -ना -नं, समस्वरः -रा -रं, मधुरस्वरः -रा -रं, सङ्गतस्वरः -रा -रं.

Harmonica, ***s.*** **(Musical glasses)** जलतरङ्गः.

Harmonics, ***s.*** मधुस्वराः ***m. pl.,*** सुस्वरविद्या, आरुस्वनविद्या.

Harmonious, ***a.*** **(Symphonious)** एकतालः -ला -लं, एकस्वरः -रा -रं, समस्वरः -रा -रं, एकस्वनः -ना -नं, एकलयः -या -यं, एकतानः -ना -नं.—**(Melodious)** सुस्वरः -रा -रं, मधुस्वरः -रा -रं, मधुरस्वनः -ना -नं, सुचारुस्वनः -ना -नं, श्रोत्राभिरामः -मा -मं, श्रोत्रसुखः -खा -खं, श्रुतिसुखः -खा -खं, सुखश्रवः -वा -वं, सुश्राव्यः -व्या -व्यं, सुशब्दः -ब्दा -ब्दं, मधुरः -रा -रं, मधुकः -का -कं.—**(Consonant, agreeing)** सदृशः -शी -शं, अविरुद्धः -द्धा -द्धं, अनुगुणः -णा -णं, अनुसारी -रिणी -रि (न्), तुल्यः -ल्या -ल्यं.

Harmoniously, ***adv.*** **(With symphony)** स्वरैक्येन, तालैक्येन, एकस्वरेण, स्वरसङ्गेन, सङ्गतस्वरेण.—**(Melodiously)** सुस्वरं, मधुस्वरेण.—**(Agreeably, in concord)** सदृशं, अविरुद्धं, अनुसारेण.

Harmoniousness, ***s.*** तालैक्यं, स्वरैक्यं, स्वरसङ्गः, सुस्वरता, सुश्राव्यता, माधुर्य्यं, सादृश्यं, सदृशता, अविरुद्धता.

To **harmonize,** ***v. n.*** **(Agree)** सदृशीभू, सदृशः -शी -शम् अस्, एकीभू, तुल्यीभू, अनुगुणीभू, न विरुध् (c. 7. -रुणद्धि -रोद्धुं).

To **harmonize,** ***v. a.*** सदृशीकृ, सदृशं -शीं -शं कृ, एकीकृ, तुल्यीकृ.—**(Make musical)** तालैक्यं कृ, स्वरैक्यं कृ, सुस्वरीकृ, सुश्राव्यं -व्यां -व्यं कृ.

Harmony, ***s.*** **(Of sound, musical concord)** तालैक्यं, स्वरैक्यं, स्वरसङ्गः, स्वरैकता, एकतालः, एकतानः, एकलयः; **'of singing, dancing, and music,'** तौर्य्यत्रिकं, सङ्गीतं.—**(Melody)** सुस्वरता, सुश्राव्यता, स्वरमाधुर्य्यं, कलता, तालः.—**(Agreement, concord)** ऐक्यं, एकता, सङ्गः, योग्यता, सादृश्यं, अविरोधः, आनुरूप्यं, अनुसारिता, संयोगः, सन्धिः ***m.,*** दाक्षिण्यं; **'of sentiment,'** सम्मतिः ***f.,*** एकचित्रता, चित्तैक्यं, मतैक्यं, परस्परानुमतिः ***f.,*** संवादं.—**(Friendship, love)** प्रीतिः ***f.,*** मैत्र्यं, स्नेहः, सौहृद्यं.

Harness, ***s.*** **(Of a horse)** अश्वसज्जा, अश्वपरिच्छदः, अश्वाभरणं, अश्वप्रसाधनं, रथ्यसज्जा.—**(Accountrements)** सज्जा, सन्नाहः, परिच्छदः, परिधानं, पारिणाह्यं, प्रसाधनं.

To **harness,** ***v. a.*** **(Fix a horse to a chariot)** अश्वं रथे नियुज् (c. 7. -युनक्ति -योक्तुं, c. 10. -योजयति -यितुं) **or** युज् **or** आयुज्; रथम् अश्वेन संयुज्.—**(Put on the furniture of a horse)** अश्वं सज्जीकृ **or** ससज्जं कृ, अश्वसज्जनं कृ.—**(Accoutre)** सज्ज् (c. 1. सज्जति -ज्जितुं), सन्नह् (c. 1. -नह्यति -नद्धुं), पिनह्.

Harnessed, ***p. p.*** रथनियुक्तः -क्ता -क्तं, रथसंयोजितः -ता -तं, आयुक्तः -क्ता -क्तं, संसक्तयुगः -गा -गं, संयुक्तः -क्ता -क्तं, सज्जीकृतः -ता -तं, सज्जितः -ता -तं, ससज्ज -ज्जा -ज्जं.

Harness-maker, ***s.*** अश्वसज्जाकर्त्ता ***m.*** (र्त्तृ), अश्वपरिच्छद ***m.*** (न्).

Harp, ***s.*** वल्लकी, वीणा, विपञ्ची -ञ्चिका, तन्त्री, रुद्री.

To **harp,** ***v. n.*** **(Play on the harp)** वल्लकीं **or** वीणां वद् (c. 10. वादयति -यितुं); **'celebrate on the harp,'** उपवीण (nom. उपवीणयति -यितुं); **'harp on a subject,'** अतिप्रसङ्गं कृ, पुनरुक्तिं कृ, प्रपञ्चं कृ, दीर्घसूत्रः -त्रा -त्रं भू.

Harper, ***s.*** वीणावादः -दकः, वैणिकः, वीणापाणिः, वल्लकीवादः.

Harpoon, ***s.*** तिमिवेधनार्थं शूलः, धीवरी, तिमिवेधनी, मकरवेधनी.

Harpooner, ***s.*** तिमिवेधकः, मकरवेधकः मीनराघाती ***m.*** (न्).

Harpsichord, ***s.*** तान्त्रवाद्यविशेषः, तन्त्री, वल्लकी, विपञ्चिका.

Happy, ***s.*** कविकल्पितः स्त्रीमुखो गृध्रपक्षिशरीरः सुलुब्धशीलो जन्तुभेदः.—**(Plunderer)** अपहारकः, साहसिकः, विप्रलुम्पकः, उपद्रवी ***m.*** (न्).

Harridan, *s.* वृद्धबन्धकी, जीर्णवेश्या, वृद्धा गणिका.

Harrier, *s.* शशकाखेटक: कुक्कुरभेद:, शशकाखेटे शिक्षितो मृगव्यश्वा *m.* (न्),

Harrow, *s.* कोटिश:, कोटीश:, लोष्टभेदन:, लोष्टघ्न:, आकर्षणी, जित्य:.

To **harrow,** *v. a.* कोटिशेन भूमिं कृष् (c. 6. कृषति, क्रष्टुं), पूर्व्वोक्तयन्त्रेण मृल्लोष्टानि भिद् (c. 7. भिनत्ति, भेत्तुं) or दॄ in caus. (दारयति -यितुं).—(Lacerate, torment) विदॄ in caus. सन्तप् (c. 10. -तापयति -यितुं), कृष् (c. 10. कर्षयति -यितुं).

Harrower, *s.* कोटिशेन भूमिकर्षक: or मृल्लोष्टभेदक:.

Harrowing, *a.* विदारक: -का -कं, अरुन्तुद: -दा -दं, सन्तापक: -का -कं.

To **harry,** *v. a.* बाध् (c. 1. बाधते -धितुं), पीड् (c. 10. पीडयति -यितुं), क्लिश् (c. 9. क्लिश्नाति, क्लेशितुं), व्यथ् (c. 10. व्यथयति -यितुं).

Harsh, *a.* **(Rough to the touch)** रूक्ष: -क्षा -क्षं, रुक्ष: -क्षा -क्षं, परुष: -षा -षं, दु:खस्पर्श: -र्शा -र्शं, कर्कश: -शा -शं, विषम: -मा -मं, अमसृण: -णा -णं.—**(Rough to the ear)** कर्णकटु: -टु: टु, कर्कशस्वन: -ना -नं, कर्कशस्वर: -रा -रं, विस्वर: -रा -रं, कुश्राव्य: -व्या -व्यं, विझर्झर: -रा -रं.—**(Rough to the taste, sour)** शुक्त: -क्ता -क्तं, अम्लरस: -सा -सं, कषाय: -या -यं, कषायान्वित: -ता -तं.—**(Austere, severe, crabbed)** निष्ठुर: -रा -रं, कर्कश: -शा -शं, उग्र: -ग्रा -ग्रं, कठिन: -ना -नं, क्रूर: -रा -रं, कटु: -टु: -टु, कठोर: -रा -रं, जरठ: -ठा -ठं, कीटक: -का -कं, जाल्म: -ल्मा -ल्मं; **'harsh words,'** कर्कशवाक्यं, परुषवचनं, परुषोक्ति: *f.,* शुक्तं, विक्रुष्टवचनं.

Harshly, *adv.* **(Roughly)** रुक्षं, परुषं, कर्कशं, विषमं.—**(Discordantly)** विस्वरं, कर्कशं, कर्कशस्वरेण विझर्झरं.—**(Severely, asuterely)** निष्ठुरं, नैष्ठुर्य्येण, कर्कशं, कार्कश्येन, सकार्कश्यं, कठिनं, काठिन्येन, उग्रं, कठोरं, कटु.

Harshness, *s.* **(Roughness to the touch)** रुक्षता, रौक्ष्यं, परुषता, पारुष्यं, कार्कश्यं, वैषम्यं, दु:खस्पर्शत्वं.—**(Roughness to the ear)** कर्णकटुता, कर्कशता, विस्वरता, कुश्राव्यता.—**(Roughness to the taste)** शुक्तता, अम्लता, कषायत्वं, कटुता.—**(Severity, austerity)** निष्ठुरता, नैष्ठुर्य्यं, कर्कशता, कार्कश्यं, उग्रता, कठिनता, काठिन्यं, क्रूरता, कठोरता, कटुता, पारुष्यं, शुक्रता, व्यलीकता, जाल्मता.

Harslet, haslet, *s.* शूकरान्त्राणि *n. pl.,* शूकरस्य हृद्यकृदन्त्रादि.

Hart, *s.* मृग:, हरिण:, कुरङ्ग: -ङ्गक: -ङ्गम:, कृष्णसार:, एण:.

Hartshorn, *s.* मृगशृङ्गं, मृगविषाण:; **'spirits of hartshorn,'** मृगशृङ्गादिनिर्यास:, मृगशृङ्गादिनिष्कर्षितो रस:.

Harm-scarum, *a.* चपल: -ला -लं, अस्थिर: -रा -रं, प्रमादी -दिनी -दि (न्).

Harvest, *s.* **(The season of gathering the corn)** शस्यसङ्ग्रहकाल:, शस्यछेदनकाल:, शस्यकर्त्तनसमय:, शस्यलवनकाल:, गोधूमकर्त्तनकाल:, शस्यसञ्चयकाल:, शस्यसङ्ग्रह:.—**(Gathered corn)** सङ्गृहीतशस्यं, लूनशस्यं, छिन्नशस्यं.

To **harvest,** *v. a.* शस्यसङ्ग्रहं कृ, शस्यं सङ्ग्रह् (c. 9. -गृह्णाति -ग्रहीतुं) or छिद् (c. 7. छिनत्ति, छेत्तुं) or लू (c. 9. लुनाति, लवितुं) or चि (c. 5. चिनोति, चेतुं), शस्यसञ्चयं कृ.

Harvest-home, *s.* शस्यसङ्ग्रहकालमुद्दिश्य ग्राम्यजनसेवितो महोत्सव:.

Harvest-lord, *s.* शस्यछेत्तृणां मध्यात् प्रधानछेत्ता *m.* (त्रृ), श्रेष्ठ: शस्यसङ्ग्राहक: or शस्यसङ्ग्रहीता *m.* (तृ), प्रधानलवक:.

Harvest-man, harvester *s.* शस्यछेत्ता *m.* (त्तृ), शस्यसङ्ग्राहक:, शस्यसङ्ग्रहीता *m.* (तृ), शस्यसञ्चयी *m.* (न्), शस्यलवक:, धान्यादिसञ्चयकारी *m.* (न्).

To **harsh,** *v. a.* खण्डं खण्डं कृ, खण्डश: कृ or छिद् (c. 7. छिनत्ति, छेत्तुं) or विछिद्, शकलीकृ, खण्डीकृ.

Hash, *s.* **(Hashed meat)** व्यञ्जनादिना सह सिद्धं छिन्नमांसं or खण्डमांसं.

Hasp, *s.* कुडुप:, सन्धि: *m.,* बन्धनी, बन्धनकुडुप:.

To **hasp,** *v. a.* पूर्व्वोक्तकुडुपेन बन्ध् (c. 9. बध्नाति, बन्द्धुं).

Hassock, *s.* भजनशालायां पीठविशेषो यस्मिन् ईश्वरपूजको जानुद्वयं न्यस्य पूजां करोति, पादप:, विस्तर:.

Haste, *s.* त्वरा, तूर्णि: *f.,* त्वरणं, त्वरितं, सत्वरता, सम्भ्रम:, शीघ्रता, शैघ्र्यं, क्षिप्रता, द्रुतत्वं, वेग: -गिता आवेग:, जव:, प्रजव:, जूति: *f.,* जूर्णि: *f.,* तरस् *n.,* रभस:, अविलम्ब:, आशुकारित्वं, क्षिप्रकारित्वं, त्वरितगति: *f.,* आशुगमनं, रंहति: *f.;* **'in haste,'** ससम्भ्रमं, सत्वरं; **'to make haste,'** त्वर् (c. 1. त्वरते -रितुं); **'make haste,'** त्वर्य्यतां.

To **haste, hasten** *v. a.* त्वर् in caus. (त्वरयति -यितुं), सन्त्वर्, क्षेप (nom. क्षेपयति -यितुं), क्षिप्रीकृ, द्रुततरं -रां -रं कृ.

To **haste, hasten,** *v. n.* त्वर् (c. 1. त्वरते -रितुं), सन्त्वर्, अतित्वर्, शीघ्र (nom. शीघ्रायते), तरण (nom. तरणण्यति); **'to move with haste,'** आशु or सत्वरं or त्वरितं गम् (c. 1. गच्छति, गन्तुं) or चल् (c. 1. चलति -लितुं), द्रु (c. 1. द्रवति, द्रोतुं), धाव् (c. 1. धावति -वितुं); **'to hasten towards,'** अभिद्रु, आद्रु, समाद्रु, समुपद्रु, प्रतिद्रु, अभिधाव्.

Hastily, *adv.* सत्वरं, त्वरितं, क्षिप्तं, शीघ्रं, आशु, तूर्णं, ससम्भ्रमं, सरभसं, सहसा, द्रुतं, वेगतस्, अविलम्बितं, सपदि, झटिति.—**(Passionately)** क्रोधात्, कोपात्, क्रोधाविष्टत्वात्.

Hastinapur, ***s.*** **(The city)** हस्तिनापुरं, हस्तिनीपुरं, गजाह्वं -ह्वयं.

Hastiness, ***s.*** **(Haste, speed)** सत्वरता -त्वं, शीघ्रता, शैघ्र्यं, क्षिप्रता, द्रुतता, आशुता.—**(Precipitation)** क्षिप्रकारिता, आशुकारित्वं, साहसं.—**(Of temper)** शीघ्रकोपित्वं.

Hastings, ***s. pl.*** प्रथमसतीलकः, प्राक्पूर्णकालात् खादनीयः सातिलकः.

Hasty, ***a.*** **(Quick, expeditious)** त्वरितः -ता -तं, त्वरावान् -वती -वत् (त्), त्वरायुक्तः -क्ता -क्तं, सत्वरः -रा -रं, त्वरान्वितः -ता -तं, तूर्णः -र्णा -र्णं, शीघ्रः -घ्रा -घ्रं, क्षिप्रः -प्रा -प्रं, द्रुतः -ता -तं, शीघ्रकारी -रिणी -रि (न्), क्षिप्रकारी **etc.,** आशुकारी **etc.,** अविलम्बः -म्बा -म्बं -म्बी -म्बिनी -म्बि (न्), अविलम्बितः -ता -तं.—**(Rash)** साहसी -सिनी -सि (न्).—**(In temper)** शीघ्रकोपी -पिनी -पि (न्), सुलभकोपः -पा -पं.

Hat, ***s.*** ऊर्णामयं शिरस्कं **or** शिरस्त्रं **or** शिरस्त्राणं **or** मस्तकाभरणं.

Hat-Band, ***s.*** शिरस्कबन्धनं -नी, शिरस्कवेष्टनं.

Hat-box, hat-case, ***s.*** शिरस्काधारः, शिरस्कभाण्डं, शिरस्कधारकः.

To **hatch,** ***v. a.*** कुलायनिलायेन पक्षिशावकान् अण्डाद् उत्पद् **(c. 10.** -पादयति -यितुं) **or** जन् **(c. 10.** जनयति -यितुं) **or** डिम्बाद् निर्गम् **(c. 10.** -गमयति -यितुं) **or** उद्भू **in caus.** (-भावयति -यितुं), कुलायनिलायं कृ.—**(Contrive)** प्रचिन्त् **(c. 10.** -चिन्तयति -यितुं), परिचिन्त्, घट् **(c. 1.** घटते -टितुं).

To **hatch,** ***v. n.*** अण्डात् **or** डिम्बाद् उत्पद् **(c. 4.** -पद्यते) **or** जन् **(c. 4.** जायते) **or** उद्भू **or** समुद्भू.

Hatch, ***s.*** **(A brood)** यः पक्षिशावकगण एकवारे डिम्बाद् उत्पद्यते **or** जायते, पक्षिशावकगणः.—**(Contrivance, discovery)** परिकल्पनं -ना, घटनं, विवृतिः ***f.***.—**(Opening in a ship's deck)** नौपृष्ठे द्वारं, नौकामुख, नौकोदरनिःसरणपथः, नौकोदरद्वारं.

Hatchel, ***s.*** अतसीमार्जकः, उमामार्जनी, उमाशोधनी, शणप्रसाधनी.

To **hatchel,** ***v. a.*** पूर्व्वोक्तमार्जकयन्त्रेण अतसीं शुध् **(c. 10.** शोधयति -यितुं).

Hatcher, ***s.*** परिकल्पकः, प्रचिन्तकः, परिचिन्तकः, घटकः.

Hatchet, ***s.*** टङ्कः, तङ्कः, कुटारः -री, वृक्षभिद् ***f.,*** वृक्षभेदी ***m.*** (न्), परशुः ***m.f.,*** पर्शुः, परश्वधः, छिदिः ***f.,*** स्वधितिः ***m.f.,*** इष्मप्रव्रश्चनं, पाषाणदारणः.

Hatchet-face, ***s.*** टङ्कमुखं टङ्कधारोपमम् अतिक्षीणवदनं.

Hatching, ***s.*** कुलायनिलायेन डिम्बात् **or** अण्डाद् शावकोत्पादनं **or** पक्षिशावकोत्पत्तिः ***f.,*** पक्षिशावकोद्भवः.

Hatchment, ***s.*** गृहस्योपरि स्थापितं मृतजनस्य कुलचिह्नफलकं.

Hatchway, ***s.*** नौपृष्ठे द्वारं, नौकोदरद्वारं, नौकोदरनिःसरणपथः, नौकोदरगमनागमनपथः.

To **hate,** ***v. a.*** द्विष् **(c. 2.** द्वेष्टि: -ष्टुं), विद्विष्, प्रद्विष्, गर्ह् **(c. 1.** गर्हते -र्हितुं), घृण् **(c. 6.** घृणते -णितुं), घृणां कृ, कुत्स् **(c. 10.** कुत्सयति -यितुं), गुप् **in des.** (जुगुप्सते -प्सितुं), ऋत् **(irreg.** ऋतीयते -यितुं), द्रुह् **(c. 4.** द्रुह्यति, द्रोहितुं, द्रोग्धुं), अभिद्रुह्, बाध् **in des.** (बीभत्सते -त्सितुं), द्वेषं कृ; **'he hates his enemy,'** रिपुं द्वेषि, **or** रिपुं प्रति द्वेषं करोति.

Hate, ***s.*** द्वेषः, विद्वेषः, विद्विष्टता, घृणा, अप्रीतिः ***f.***

Hated, ***p. p.*** द्विष्टः -ष्टा -ष्टं, विद्विष्टः -ष्टा -ष्टं, घृणितः -ता -तं, गर्हितः -ता -तं.

Hateful, ***a.*** द्वेष्यः -ष्या -ष्यं, द्वेषणीयः -या -यं, विद्विष्टः -ष्टा -ष्टं, गर्ह्यः -र्ह्या -र्ह्यं, गर्हणीयः -या -यं, गर्हितः -ता -तं, कुत्सितः -ता -तं, घृणार्हः -र्हा -र्हं, अक्षिगतः -ता -तं.

Hatefully, ***adv.*** द्वेषणीयं, गर्हणीयं, गर्हितं, कुत्सितं, घृणार्हं.

Hatefulness, ***s.*** द्वेष्यता, द्वेषणीयता, गर्ह्यता, घृणार्हत्वं, कुत्सितत्वं.

Hater, ***s.*** द्वेषी ***m.*** (न्), विद्वेषी ***m.*** विद्वेष्टा ***m.*** (ष्टृ), प्रद्वेष्टा ***m.*** द्विट् ***m.*** (ष्), विद्विट् ***m.*** प्रद्विट् ***m.*** द्वेषणः, विरोधी ***m.*** (न्), घृणाकारी ***m.*** (न्).

Hatred, ***s.*** द्वेषः, विद्वेषः, प्रद्वेषः, विद्विष्टता, घृणा, गर्हा -र्हणं, कुत्सा -त्सनं, अप्रीतिः ***f.,*** ऋतीया, विरोधः, द्वेष्यता, जुगुप्सा, बीभत्सः.

Hatter, ***s.*** ऊर्णामयशिरस्ककारः, शिरस्कविक्रेता ***m.*** (तृ).

Hauberk, ***s.*** कञ्चुकः, कवचः, तनुत्रं, वारवाणः, वाणवारः.

Haughtily, ***adv.*** सदर्पं, साटोपं, समानं, सगर्व्वं, सोन्माथं, सोन्मादं, प्रगल्भं, उद्धतं, सावहेलं, सावलेपं, दर्पेण, गर्व्वेण, धर्षेण.

Haughtiness, ***s.*** मानं, अभिमानं -नता, मानिता, अभिमानिता, दर्पः, गर्व्वः, प्रगल्भता, प्रागल्भ्यं, अहङ्कारः, उद्धतिः ***f.,*** औद्धत्यं, उन्माथः, उन्मादः, अवहेला-लनं, अवलेपः, अवलिप्तता, सावलेपत्वं, चित्रसमुन्नतिः ***f.,*** चित्तोन्नतिः ***f.,*** उत्सिक्तता, साटोपः, साटोपत्वं, धर्षः, प्रतिभानं, शौटीर्य्यं.

Haughty, ***a.*** मानी -निनी -नि (न्), मानवान् -वती -वत् (त्), अभिमानी **etc.,** अभिमानवान् **etc.,** गर्व्वी -र्व्विणी -र्व्वि (न्), गर्व्वितः -ता -तं, सदर्पः -र्पा -र्पं, साटोपः -पा -प, दृप्तः -प्ता -प्तं, दृप्रः -प्रा -प्रं, प्रगल्भः -ल्भा -ल्भं, अहङ्कारी -रिणी -रि (न्), उद्धतः -ता -तं, मदोद्धतः -ता -तं, मदोदग्रः -ग्रा -ग्रं, उत्सिक्तः -क्ता -क्तं, शौटीरः -रा -रं, अवलिप्तः -प्ता -प्तं, प्रधर्षितः -ता -तं, प्रधृष्टः -ष्टा -ष्टं, ऊर्द्ध्वदृष्टिः -ष्टिः -ष्टि, सावहेलः -ला -लं, सोन्माथः -था -थं; **'to be haughty,'** दृप् **(c. 4.** दृप्यति, दर्प्तुं, द्रप्तुं), प्रगल्भ् **(c. 1.** -गल्भते -ल्भितुं).

To **haul,** ***v. a.*** कृष् **(c. 1.** कर्षति, **c. 6.** कृषति, क्रष्टुं, कर्ष्टुं), आकृष्, हृ **(c. 1.** हरति -ते, हर्त्तुं).

Haul, ***s.*** आकर्षः -र्षणं, कर्षः -र्षणं, आकृष्टिः ***f.,*** हरणं.

Hauled, ***p. p.*** कृष्टः -ष्टा -ष्टं, आकृष्टः -ष्टा -ष्टं, आकर्षितः

-ता -तं, हृतः -ता -तं.

Haum, *s.* शस्यनालः -ली, पलः, पलालः -लं, तृणं.

Haunch, *s.* उत्सङ्गः, कटिः ***m.*** -टी, जघनं, नितम्बः, कोलः, पालिः ***f.,*** प्रोथः, अङ्कः, श्रोणिः ***f.*** -णी, पश्चाद्भागः; **'haunch of venison,'** मृगजघनं.

To* haunt, *v. a.* and *n. पुनः पुनः **or** वारं वारम् अभिगम् **(c. 1.** -गच्छति -गन्तुं) **or** अभ्यागम् **or** अभिसृ **(c. 1.** -सरति -सर्त्तुं, **c. 10.** -सारयति -यितुं) **or** अभिसारणं कृ, मुहुर्मुहुर् गमनागमनं कृ, नित्यगमनं कृ, नित्यम् आश्रि **(c. 1.** -श्रयति -ते -यितुं).

Haunt, *s.* स्थानं यत्र पुनःपुनर् अभिगमः **or** अभिसारणं क्रियते, गमनागमनस्थानं, नित्यगमनस्थानं, आश्रयः, समाश्रयः, आशयः, आयतनं, आलयः, निलयः.

Haunted, ***p. p.*** **or** ***a.*** पुनःपुनर् आश्रितः -ता -तं **or** अभिसारितः -ता -तं; **'by ghosts,'** रात्रिचरसेवितः -ता -तं, प्रेतनरजुष्टः -ष्टा -ष्टं, वेतालनिषेवितः -ता -तं.

Haunter, *s.* अभिसारी ***m.*** (न्), गमनागमनकारी ***m.,*** पुनःपुनर् अभ्यागमकारी ***m.***

Haunting, *s.* अभिसारणं, पुनःपुनर् अभिगमः **or** अभ्यागमः **or** गमनागमनं, नित्यगमनं.

Hautboy, *s.* शुषिरवाद्यविशेषः, वृहद्वंशः, सानेयी.

Haunteur, *s.* मानं, अभिमानं, अहङ्कारः, उद्धतिः ***f.,*** औद्धत्यं, चित्तोन्नतिः ***f.,*** चित्तसमुन्नतिः ***f.,*** दर्पः, गर्व्वः.

***To* have, *v. a.* (Hold in possession, possess)** धा **(c. 3.** दधाति, धत्ते, धातुं), विधा, धृ **(c. 10.** धारयति -यितुं, **c. 1.** धरति, धर्त्तुं), भुज् **(c. 7.** भुंक्ते, भोक्तुं), परिभुज्, भृ **(c. 3.** बिभर्त्ति, भर्त्तुं), शील् **(c. 10.** शीलयति -यितुं), दध् **(c. 1.** दधते -धितुं), परिभोगं कृ.—**(Obtain, gain)** आप् **(c. 5.** आप्नोति, आप्तुं), प्राप्, अवाप्, लभ् **(c. 1.** लभते, लब्धुं), उपलभ्.—**(Receive)** ग्रह् **(c. 9.** गृह्णाति, ग्रहीतुं), आदा.—**(Be urged by obligation) expressed by the fut. pass. part.; as, 'I have to go,'** मया गन्तव्यं; **'I have to write a letter,'** मया पत्रं लेखनीयं.—**(Have in esteem)** मन् **(c. 10.** मानयति -यितुं), सम्मन्.—**(Have in contempt)** अवज्ञा **(c. 9.** -जानाति -ज्ञातुं), अवसन्.—**(Have on, wear)** धृ, भृ, परिधा.—**(Have a care)** अवधानं कृ, सावधानः -ना -नं भू.

Haven, *s.* **(For ships)** नौबन्धनयोग्यं खातं, नौबन्धस्थानं, नौरक्षणस्थानं, नौकाशयः.—**(Shelter)** आश्रयः, समाश्रयः, संश्रयः, आशयः, अवस्थानं, रक्षास्थानं.

Having, ***part.*** **(Possessing)** दधत् -धती -धत् (त्), दधानः -ना -नं, विदधत् -धती -धत् (त्), धारयन् -यन्ती -यत् (त्), धारी -रिणी -रि (न्), दधः -धा -धं, शाली -लिनी -लि (न्) **: 'often expressed by the affixes** वत्, मत्, इन्, विन्, मिन्, वल; **as, 'having wealth,'** धनवान् -वती -वत् (त्), धनी -निनी -नि (न्); **'having wisdom,'** धीमान् -मती -मत् (त्) **: also expressible by** उपेतः -ता -तं, अन्वितः -ता -तं, युक्तः -क्ता -क्तं **in comp.; as, 'having wealth,'** धनोपेतः **etc.**

Having, *s.* **(Possession)** धरणं, धारणं, शालिता, अधिकारः, भुक्तिः ***f.,*** परिभोगः.—**(Goods)** विभवः, द्रव्यं, रिक्थं.

Havoc, *s.* महानाशः, महाक्षयः, संहारः, महाप्रलयः, महोत्पातः, सर्व्वनाशः, उच्छेदः, महाविप्लवः, विनाशः.

To* havoc, *v. a. महानाशं कृ, महाक्षयं कृ, महोत्पातं कृ, अत्यन्तं नश **(c. 10.** नाशयति -यितुं), उच्छिद् **(c. 7.** -छिनत्ति -छेत्तुं).

Haw, *s.* हासंज्ञकं वीजगर्भं गुटिकाकारं क्षुद्रफलं.

***To* haw, *v. n.* (Hesitate in speaking)** भिन्नस्वरेण **or** स्खलितस्वरेण वद् **(c. 1.** वदति -दितुं).

Hawk, *s.* **(Bird)** श्येनः, पत्री ***m.*** (न्), शशादनः, कपोतारिः ***m.*** खगान्तकः, घातिपक्षी ***m.*** (न्), नीलपिच्छः, सत्काण्डः, कपोताद्यनुसारणे शिक्षितः श्येनः.—**(Forcing up phlegm)** उत्कासनं, श्लेष्मोत्क्षेपः.

***To* hawk, *v. a.* (Catch birds by means of hawks)** श्येनादिभिः पक्षिणो ग्रह् **(c. 9.** गृह्णाति, ग्रहीतुं) **or** पक्ष्यनुसरणं कृ, श्यैनम्पातां कृ.—**(Force up phlegm)** उत्कास् **(c. 1.** -कासते -सितुं), श्लेष्माणम् उत्क्षिप् **(c. 6.** -क्षिपति -क्षेप्तुं) **or** निरस् **(c. 4.** -अस्यति -असितुं), श्लेष्मनिरसनं कृ.—**(Sell goods by outery in the streets)** नगरमार्गेषु भ्रमणं कृत्वा घोषणपूर्व्वं द्रव्याणि विक्री **(c. 9.** -क्रीणाति -णीते -क्रेतुं).

Hawker, *s.* **(Seller of goods by outery in the streets of a town)** नगरमार्गेषु घोषणपूर्व्वं तुच्छद्रव्यविक्रेता ***m.*** (तृ).—**(Falconer)** श्येनजीवी ***m.*** (न्), श्येनशिक्षकः, श्येनपोषकः, श्येनपालकः.

Hawk-eyed, ***a.*** श्येननयनः -ना -नं, सूक्ष्मदृष्टिः -ष्टिः -ष्टि, सूक्ष्मदर्शी -र्शिनी -र्शि (न्), दूरदर्शी etc.

Hawking, *s.* **(Falconry)** श्यैनम्पाता, श्येनादिभिः पक्षिग्रहणं, श्येनशिक्षा, श्येनपालनं.—**(Forcing up phlegm)** उत्कासनं, श्लेष्मोत्क्षेपः.—**(Selling goods by outery in the streets of a town)** नगरमार्गेषु घोषणपूर्व्वं तुच्छद्रव्यविक्रयः.

Hawser, *s.* नौरज्जुः ***m.,*** क्षुद्ररज्जुः. ***See*** **Halser.**

Hawthorn, *s.* हासंज्ञकफलविशिष्टः कण्टकितगुल्मभेदः.

Hay, *s.* शुष्कतृणं, शुष्कघासः, शुष्कशष्पं, तृणं, घासः.

Haycock, *s.* शुष्कतृणचितिः ***f.,*** शुष्कघासस्तूपः, तृणचय

Hay-harvest, *s.* शुष्कतृणसङ्ग्रहः, शुष्कतृणसञ्चयकालः.

Hay-loft, *s.* शुष्कतृणसङ्ग्रहकोष्ठकं, शुष्कघासरक्षागारं.

Hay-maker, *s.* शुष्कतृणसङ्ग्राहकः, शुष्कतृणसञ्चयी ***m.*** (न्).

Hay-making, *s.* शुष्कतृणसङ्ग्रहः, शुष्कघाससञ्चयः -यनं.

Hay-market, *s.* तृणविक्रयस्थानं, घासविक्रयचत्वरं.

Hay-rick, hay-stack, *s.* शुष्कतृणराशिः ***m.,*** शुष्कतृणोत्करः, शुष्कघाससचितिः ***f.,*** शुष्कतृणविस्तरः.

Hazard, *s.* **(Chance)** दैवं, दैवयोगः, दैवगतिः ***f.,*** दैवघटना, दैवसङ्गतं, दैववशः, अदृष्टं.—**(Risk, danger)** संशयः, शङ्का, सन्देहः, विकल्पः; **'a condition of hazard,'** शङ्कास्पदं, संशयस्थानं; **'hazard of life,'** जीवितसंशयः.—**(Game at dice)** द्यूतक्रीडा, अक्षादिक्रीडा, द्यूतकर्म्म ***n.*** (न्), द्यूतव्यवहारः, द्यूतं.

***To* hazard,** *v. a.* संशयस्थं -स्थां -स्थं कृ, सन्देहस्थं -स्थां -स्थं कृ, सन्देहदोलस्थं -स्थां -स्थं कृ, शङ्कास्थं -स्थां -स्थं कृ, संशयापन्नः -न्नां -न्नं कृ, दैवाधीनं -ना -नं कृ, दैववशं -शां -शं कृ, शङ्कास्पदं कृ; **'one who hazards his life,'** संशयितजीवितः.

Hazardable, *a.* दैवाधीनः -ना -नं, दैवायत्तः -त्ता -त्तं, संशयस्थः -स्था -स्थं.

Hazarded, *p. p.* संशयितः -ता -तं, दैववशङ्गमितः -ता -तं.

Hazardeer, *s.* किञ्चित् संशयस्थं करोति यो जनः; **'a hazarder of life,'** संशयितजीवितः.

Hazardous, *a.* सन्दिग्धः -ग्धा -ग्धं, सांशयिकः -की -कं, संशयस्थः -स्था -स्थं, सन्देहस्थः -स्था -स्थं, शङ्काक्रान्तः -न्ता -न्तं, भयाक्रान्तः -न्ता -न्तं, संशयापन्नः -न्ना -न्नं, भयहेतुकः -का -कं, दैवाधीनः -ना -नं, दैववशः -शा -शं, भयानकः -का -कं; **'a hazardous situation,'** संशयस्थानं, भयस्थानं, शङ्कास्पदं.

Hazardously, ***adv.*** शङ्कया, सन्देहेन, संशयेन, ससंशयं, अनिष्टशङ्कया.

Hazardousness, *s.* सन्दिग्धता, भयाक्रान्तता, दैवाधीनता, दैवायत्तत्वं.

Haze, *s.* धूमिका, खवाष्पः, मृगतृष्णा, कुहेडिका, कुहेली, कुज्झटिका.

***To* haze,** *v. n.* कुज्झटिका **(nom.** कुज्झटिकायते**)**, धूमिका **(nom.** धूमिकायते**)**.

Hazel, *s.* ईषत्कपिशफलविशिष्टो गुल्मभेदः.

Hazel, *a.* वक्ष्यमाणफलसवर्णः -र्णा -र्णं, ईषत्कपिशः -शा -शं.

Hazel-nut, *s.* ईषत्तासवर्णं दृढत्वक्परिवृतं पूर्व्वोक्तगुल्मफलं.

Haziness, *s.* सधूमिकत्वं, कुज्झटिकावस्था, सान्धकारत्वं, साभ्रता.

Hazy, *a.* सधूमिकः -का -कं, धूमिकावृतः -ता -तं, सकुज्झटिकः -का -कं, कुज्झटिकामयः -यी -यं, सान्धकारः -रा -रं, अभ्रियः -या -यं, साभ्रः -भ्रा -भ्रं, अन्धकः -का -कं.

He, *s.* सः (तद्), एषः (एतद्), असौ ***m.*** (अदस्), सकः; **'so and so,'** अमुकनामा ***m.*** (न्). **Obs. The visarga of** सः **and** एषः **is dropped before *any consonant*.**

Head, *s.* **(Uppermost part of the human body)** शिरस् ***n.,*** शीर्षं -र्षकं, मूर्द्धा ***m.*** (न्), मस्तकः -कं, मुण्डः -ण्डं, ण्डकं, मौलिः -ली ***m.f.,*** केनारः, चूडालं, वराङ्गं, उत्तमाङ्गं, सीमन्तः -न्तं, केशभूः ***m.***—**(A chief, leader)** नायकः, मुखरः, अग्रगः, पतिः ***m.,*** अधिपतिः ***m.,*** अधिपः, अधिष्ठता ***m.*** (तृ), श्रेष्ठः श्रेष्ठी ***m.*** (न्), शिष्टः, प्रष्टः, शिरोवर्त्ती ***m.*** (न्), मुख्य **or** प्रधान **in comp.; as, 'head-minister,'** मुख्यमन्त्री ***m.*** (न्), प्रधानमंत्री ***m.,***; **'head-merchant,'** विट्पतिः ***m.;*** **'headscholar,'** पट्टशिष्यः, श्रेष्ठशिष्यः; **'head of the police,'** दण्डनायकः, दण्डपालकः; **'with Karna at their head,'** कर्णमुखाः ***m. pl.,*** कर्णपुरोगमाः ***m.pl.***—**(Division of a subject)** पदं, स्थानं, मार्गः, विषयः, अधिकरणं.—**(Top, forepart)** अग्रं, शिरस् ***n.,*** शीर्षकं; **'head of a spear,'** शूलाग्रं; **'head of a boat,'** मङ्गः; **'at the head of,'** अग्रे **or expressed by** धुरि **in such phrases as, 'a father at the head of all who possess sons,'** पिता धुरि पुत्रिणां.—**(The first place)** अग्रस्थानं, उत्तमस्थानं.—**(Source)** प्रभवः, उद्भवः, उद्गमः, मूलं, हेतुः ***m.;*** **'of a river,'** सरिन्मुखं, सरित्प्रभवः.—**(Head of hair)** कैशिकं, कैश्यं, केशपाशः, केशपक्षः; **'belonging to the head,'** शीर्षण्यः -ण्यी -ण्यं; **'to cut off the head,'** शिरः **or** मस्तकं छिद् **(c. 7.** छिनत्ति, छेत्तुं**)**; **'to be over head and ears in debt,'** ऋणग्रस्तः -स्ता -स्तं भू, ऋणमग्नः -ग्ना -ग्नं भू; **'to get ahead of,'** अतिक्रम् **(c. 1.** -क्रामति -क्रमितुं**)**; **'to make head against,'** प्रतिकूल **(nom.** प्रतिकूलयति -यितुं**)**, पर्य्युपस्था **(c. 1.** -तिष्ठति -स्थातुं**)**, प्रस्था, प्रया **(c. 2.** -याति -तुं**)**.

***To* head,** *v. a.* **(Lead, act as a leader)** नी **(c. 1.** नयति, नेतुं**)**, अग्रे **or** पुरो गम् **(c. 1.** गच्छति, गन्तुं**)**, अधिष्ठा **(c. 1.** -तिष्ठति -ष्ठातुं**)**; **'headed by Karna,'** कर्णमुखः -खा -खं **or** कर्णपुरोगमः -मा -मं.—**(Cut off the head)** शिरः **or** मस्तकं छिद् **(c. 7.** छिनत्ति, छेत्तुं**)**, विमस्तक **(nom.** विमस्तकयति -यितुं**)**, शीर्षछेदं कृ.—**(Oppose)** प्रतिकूल **(nom.** प्रतिकूलयति -यितुं**)**.

Headache, *s.* शिरोवेदना, शीर्षवेदना, शीर्षव्यथा, शिरःपीडा, शिरोर्त्तिः ***f.,*** शिरःशूलं, शिरोरोगः; **'afflicted with it,'** शीर्षवेदनः -ना -नं.

Head-band, *s.* मूर्द्धवेष्टनं, शिरोवेष्टनं, शिरोबन्धनं -नी, ललाटवेष्टनं, ललाटपट्टः -ट्टं, मस्तकबन्धनी.

Head-borough, *s.* गर्व्वाटः.

Head-dress, *s.* मस्तकाभरणं, मस्तकभूषणं, मुकुटं, मकुटं, किरीटः, शेखरः, मौलिः ***m.f.*** चूडा.

Headed, *p. p.* मुखः -खा -खं **or** पुरोगमः -मा -मं **in comp.; as, 'headed by Karna,'** कर्णमुखः -खा -खं; **'two-**

headed,' द्विशीर्षकः -का -कं; **'three-headed,'** त्रिशिराः -राः -रः (स्).

Head-foremost, *a.* अवाक्शिराः -राः -रः (स्), अधःशिराः **etc.,** अधोमुखः -खा -खं, अवाङ्मुखः -खा -खं.

Headiness, *s.* साहसं, विषमसाहसं, गमकारित्वं, क्षिप्रकारिता, मदः.

Headland, *s.* अन्तरीपः -पं, समुद्रमध्ये महाद्वीपवहिःस्थो भूमिभागः, उदग्रभूमिः ***f.,*** महाद्वीपनासिका, भूमिनासिका, उदग्रस्थलं.

Headless, *a.* अशिरस्कः -स्का -स्कं, अशिराः -रा -रं: (स्), मस्तकहीनः -ना -नं, अपमूर्द्धा -र्द्धा -र्द्ध (न्); **'a headless trunk,'** कबन्धः -न्धं, अपमूर्द्धकलेवरं.

Headlong, *a.* (Head-foremost) अधोमुखः -खी -खं, अवाङ्मुखः -खी -खं, अवाङ् -वाची -वाक् (च्), अवाक्शिराः -राः -रः (स्), अधःशिराः **etc. – (Rash)** साहसी -सिनी -सि (न्), गमकारी -रिणी -रि (न्), क्षिप्रकारी **etc. – (Precipitous)** प्रवणः -णा -णं, पातुकः -का -कं.

Headlong, *adv.* अधोमुखेन, अवाङ्मुखं -खेन, अवाक्शिरसा, अवाक्. **– (Rashly)** साहसेन, सहसा, अनालोचितं.

Headmost, *a.* अग्रस्थः -स्था -स्थं, सर्व्वाग्रस्थः -स्था -स्थं, अग्र्यः -ग्र्या -ग्र्यं, प्राग्र्यं -ग्र्या -ग्र्यं, मुख्यः -ख्या -ख्यं, प्रमुखः - खा -खं, प्रधान **in comp.**

Headpiece, *s.* (Armour for the head) शिरस्त्राणं, शिरस्त्रं, शीर्षकं, शीर्षण्यं, शीर्षरक्ष. **– (Force of understanding)** धीशक्तिः ***f.,*** बुद्धिसामर्थ्यं.

Headship, *s.* मुख्यता, प्रमुखता -त्वं, प्रधानता, प्राधान्यं, श्रेष्ठता.

Headsman, *s.* घातुकपुरुषः, घातकजनः, बध्यपुरुषः, बधकर्म्माधिकारी ***m.*** (न्), मृतपाः ***m.,*** दण्डपाशिकः, शिरश्छेदी ***m.*** (न्).

Headstall, *s.* अश्वस्य शिरोबन्धनी **or** मस्तकबन्धनं.

Headstrong, *a.* साहसी -सिनी -सि (न्), जाल्मः -ल्मा -ल्मं, गमकारी -रिणी -रि (न्), क्षिप्रकारी **etc.,** चञ्चलः -ला -लं, प्रमत्तः -त्ता -त्तं, अस्थिरः -रा -रं, प्रतीपः -पा -पं, धीरः -रा -रं, अवशः -शा -शं, निर्यन्त्रणः -णा -णं, उच्छृङ्खलः -ला -लं, दुर्दमः -मा -मं.

Heady, *a.* साहसी -सिनी -सि (न्), तीक्ष्णकर्म्मा -र्म्मा -र्म्म (न्), संरम्भी -म्भिणी -म्भि (न्), उच्चण्डः -ण्डा -ण्डं, शीघ्रकोपी -पिनी -पि (न्), अमर्षी -र्षिणी -र्षि (न्).

To* heal, *v. a. शम् **(c. 10.** शमयति -यितुं), प्रशम्, उपशम्, कित् **in des.** (चिकित्सति -त्सितुं), स्वस्थं, -स्थां -स्थं कृ **or** सुस्थं कृ, निरामयं -यां -यं कृ, नीरोगं -गां -गं कृ, प्रतिकृ, भिषज् **(nom.** भिषज्यति), रोगाद् मुच् **(c. 6.** मुञ्चति, मोक्तुं), समुत्था **in caus.** (-थापयति -यितुं, **rt.** स्था), साध् **(c. 10.** साधयति -यितुं); **'heal a wound,'** व्रणं रुह् **in caus.** (रोपयति -यितुं), व्रणरोपणं कृ. **– (Reconcile)** समाधा **(c. 3.** -दधाति -धातुं), सन्धा, प्रतिसमाधा.

To* heal, *v. n. शस् **(c. 4.** शाम्यति, शमितुं), उपशम्, स्वस्थः -स्था -स्थं भू, सुस्थः -स्था -स्थं भू.

Healed, *p. p.* शमितः -ता -तं, शान्तः -न्ता -न्तं, शान्तरोगः -गा -गं, उपशान्तः -न्ता -न्तं, प्रशान्तः -न्ता -न्तं, रोगमुक्तः -क्ता -क्तं, चिकित्सितः -ता -तं, सुस्थः -स्था -स्थं, स्वस्थः -स्था -स्थं, समुत्थितः -ता -तं, प्रतिकृतः -ता -तं; **'as a sore or wound,'** रोपितः -ता -तं, रूढः -ढा -ढं, रूढव्रणः -णा -णं, शुष्कः -ष्का -ष्कं.

Healer, *s.* चिकित्सकः, रोगशान्तकः, रोगहृत् ***m.,*** भिषक् ***m.*** (ज्).

Healing, *a.* रोगशमकः -का -कं, शान्तिकरः -री -रं, शान्तिदः -दा -दं, शान्तिकः -की -कं, रोगहरः -रा -रं, रोगघ्नः -घ्नी -घ्नं.

Healing, *s.* (The act) चिकित्सा -त्सनं, शमः, शान्तिः ***f.,*** उपशमः, रोगशान्तिः ***f.,*** रोगशमः, रुक् प्रतिक्रिया, प्रतीकारः, सुस्थकरणं, समुत्थानं, भेषजं; **'of a sore,'** व्रणरोपणं.

Health, *s.* स्वास्थ्यं, स्वस्थता, अरोगः, आरोग्यं, अरोगिता, सुस्थता, सुस्थितिः ***f.,*** अनामयं, निरामयता, रोगाभावः, कल्पत्वं -ता, कुशलं, शरीरकुशलं, शरीरमुखं, वार्त्तः, उत्पाली. **– (Bad health)** अस्वास्थ्यं, असुस्थता, शरीरदुःस्थितिः ***f.,*** रोगिता, सरोगता; **'health to you,'** स्वस्ति, कुशलं ते.

Healthful, *a.* अरोगी -गिणी -गि (न्), नीरोगः -गा -गं, आरोग्यः -ग्यी -ग्यं, सुस्थः -स्था -स्थं, स्वस्थः -स्था -स्थं, निरामयः -या -यं. ***See*** **Healthy.**

Healthfully, *adv.* अरोगेण, सारोग्यं, निरामयं, स्वास्थ्येन, कुशलं.

Healthfulness, *s.* आरोगिता -त्वं, स्वास्थ्यं, निरामयता, कल्यत्वं.

Healthily, *adv.* सारोग्यं, सानामयं, शरीरस्वास्थ्येन, स्वस्थवत्.

Healthiness, *s.* स्वास्थ्यं, स्वस्थता, आरोग्यं, आरोगिता, सुस्थता, शरीरसुस्थितिः ***f.,*** निरामयत्वं, अनामयत्वं, कल्पत्वं, -ता, रोगाभावः.

Healthiless, *a.* अस्वस्थः -स्था -स्थं, असुस्थशरीरः -रा -रं, सरोगः -गा -गं.

Healthsome, *a.* स्वास्थ्यजनकः -का -कं, रोगनिवर्त्तकः -का -कं, रोगघ्नः -घ्नी -घ्नं.

Healthy, *a.* सुस्थः -स्था -स्थं, सुस्थितः -ता -तं, अरोगी -गिणी -गि (न्), नीरोगः -गा -गं, नीरुजः -जा -जं, नीरुक् ***m.f.n.*** (ज्), निरामयः -या -यं, स्वस्थः -स्था -स्थं, सहारोग्यः -ग्या -ग्यं, कल्यः -ल्या -ल्यं, कुशली -लिनी -लि (न्), निर्व्याधिः -धिः -धि, व्याधिहीनः -ना -नं, रोगहीन· -ना -नं, चङ्गः -ङ्गा -ङ्गं, वार्त्तः -र्त्ता -र्त्तं, निष्पीडः -डा -डं.

—**(Causing health)** स्वास्थ्यजनकः -का -कं, आरोग्यकरः -री -रं, अनामयकरः -री -रं.

Heap, ***s.*** राशिः ***m.*** -शी ***f.,*** सञ्चयः, निचयः, चयः, चितिः ***f.,*** प्रचयः, पिण्डः, प्रकरः, उत्करः, निकरः, ओघः, पुञ्जः, पूगः, स्तूपः, स्तोमः, वृन्दं, समूहः, समवायः, सन्नयः, समुदायः, चायः, संस्थानं, सङ्ग्रहः, कूटः; **'a heap of grass,'** तृणराशिः ***m.,*** तृणविस्तरः, तृण्या.

To **heap,** ***v. a.*** राशीकृ, आचि **(c. 5.** -चिनोति -चेतुं), समाचि, सञ्चि, समाक्षिप् **(c. 6.** -क्षिपति -क्षेप्तुं), पिण्डीकृ, पिण्ड् **(c. 1.** पिण्डते, **c. 10.** पिण्डयति -यितुं), ओघीकृ, वृन्दीकृ, एकत्रीकृ, एकत्र कृ, पुञ्जीकृ, पूगीकृ.

Heaped, ***p. p.*** राशीकृतः -ता -तं, राशीभूतः -ता -तं, आचितः -ता -तं, पिण्डीकृतः -ता -तं, पिण्डीभूतः -ता -तं, सञ्चितः -ता -तं, पिण्डितः -ता -तं, पिण्डीकृतः -ता -तं, पिण्डीभूतः -ता -तं, एकौघभूतः -ता -तं, पुञ्जितः -ता -तं, पूगीकृतः -ता -तं, सङ्कलितः -ता -तं, सङ्गूढः -ढा -ढं, पुञ्जिष्ठः -ष्ठा -ष्ठं, एकपिण्डीभूतः -ता -तं, एकत्रीभूतः -ता -तं, समूढः -ढा -ढं, पर्य्यस्तः -स्ता -स्तं; **'heaped with flowers,'** कुसुमचितः -ता -तं.

Heaper, ***s.*** राशिकर्त्ता ***m.*** (र्तृ), पिण्डकर्त्ता ***m.,*** सञ्चयकारी ***m.*** (न्).

Heapy, ***a.*** पिण्डी -ण्डिनी -ण्डि (न्), निचयी -यिनी -यि (न्), उत्करीयः -या -यं.

To **hear,** ***v. a.*** **and** ***n.*** श्रु **(c. 5.** शृणोति, श्रोतुं), उपश्रु, समुपश्रु, अनुश्रु, परिश्रु, आकर्ण् **(c. 10.** -कर्णयति -यितुं), निशम् **(c. 10.** -शामयति -यितुं), **c. 4.** -शाम्यति -शमितुं), विनिशम्, सन्निशम्, श्रवणेन्द्रियेण **or** कर्णद्वारेण उपलभ् **(c. 1.** -लभते -लब्धुं) **or** बुध् **(c. 1.** बोधति -धितुं) **or** ग्रह् **(c. 9.** गृह्णाति, ग्रहीतुं), श्रवणं कृ; **'having heard,'** श्रुत्वा, निशाम्य.

Heard, ***p. p.*** श्रुतः -ता -तं, आकर्णितः -ता -तं; **'as heard,'** यथाश्रुतं.

Hearer, ***s.*** श्रोता ***m.*** (तृ), श्रवणकर्त्ता ***m.*** (र्तृ), आकर्णयिता ***m.*** (तृ).

Hearing, ***s.*** श्रवणं, श्रुतिः ***f.,*** आकर्णनं, निशमनं, निशामनं; **'sense of hearing,'** श्रोत्रं, श्रवणेन्द्रियं; **'out of hearing,'** असंश्रवः -वा -वं, कर्णगोचरः -रा -रं; **'out of the hearing of the master,'** गुरोर् असंश्रवे; **'within hearing,'** कर्णगोचरः -रा -रं, कर्णश्रवः -वा -वं.

To **hearken,** ***v. n.*** श्रु **(c. 5.** शृणोति, श्रोतुं), आकर्ण् **(c. 10.** -कर्णयति -यितुं), निशम् **(c. 10.** -शामयति -यितुं), श्रवणं कृ.

Hearkener, ***s.*** श्रोता ***m.*** (तृ), श्रवणकारी ***m.*** (न्), निशमनकारी ***m.***

Hearsay, ***s.*** किंवदन्ती, जनश्रुतिः ***f.,*** जनवादः, जनरवः.

Hearse, ***s.*** शववाहनं, शवयानं, प्रेतवहनार्थं खट्वा, प्रेतवहनसाधनं, कटः.

Heart, ***s.*** **(The seat of life in an animal)** हृदयं, हृद् ***n.,*** हृत्पिण्डं, रक्ताशयः, अग्रमांसं, बुक्काग्रमांसं, मर्म्म ***n.*** (न्), बुक्कः -क्का -क्कं, वृक्कः, कन्तुः ***m.,*** रिंकं, भपत् ***m.*** **—(Seat of feeling)** चिल्लं, चेतस्, हृदयं, अन्तःकरणं, अन्तःप्रकृतिः ***f.,*** अन्तरात्मा ***m.*** (न्), आत्मा ***m.,*** मनस् ***n.,*** अन्तर्भावः, मानसं, स्वान्तं. **—(The breast)** वक्षस् ***n.,*** वक्षस्स्थलं, वक्षःस्थलं. **—(Vital part)** मर्म्म ***n.*** (न्), मर्म्मस्थानं-स्थलं, हृदयस्थीनं-स्थलं. **—(Inner part of any thing)** गर्भः, उदरं, अभ्यन्तरं **or expressed by** अन्तर् **prefixed; as, 'the heart of the city,'** अन्तर्नगरं. **—(Courage, spirit)** वीर्य्यं, शौर्य्यं, तेजस्, सत्त्वं, पौरुषं. **—(Affection)** स्नेहः, प्रणयः, हार्दं, भावः, रागः, **'my heart beats,'** स्पन्दते **or** कम्पते हृदयं मे; **'it goes to my heart,'** मर्म्म भिनत्ति **or** स्पृशति; **'to take heart,'** आश्वस् **(c. 2.** -श्वसिति -तुं), समाश्वस्; **'to learn by heart,'** अभ्यस् **(c. 4.** -अस्यति -असितुं), रूपं कृ; **'learnt by heart,'** कण्ठस्थः -स्था -स्थं, अभ्यस्तः -स्ता -स्तं; **'learning by heart,'** रूपं; **'to be out of heart,'** दीनमनस्कः -स्का -स्कं भू; **'pure in heart,'** निर्म्मलान्तःकरणः -णा -णं; **'with all one's heart,'** कामं, प्रकामं; **'heart's desire,'** मनोवाञ्छितं; **'from the hear,'** अन्तःकरणेन; **'heart-searching,'** चित्रज्ञः -ज्ञा -ज्ञं.

Heart-ache, ***s.*** हृदयव्यथा, हृदयवेदना, चित्तवेदना, अन्तःकरणवेदना, मनोदुःखं, मनःपीडा, हृदयशल्यं, मानसी व्यथा.

Heart-appalling, ***a.*** मर्म्मभेदी -दिनी -दि (न्), चित्तशङ्काजनकः -का -कं.

Heart-breaking, ***a.*** हृदयभेदी -दिनी -दि (न्), मर्म्मभिद् ***m.f.n.,*** हृदयाविद् ***m.f.n.*** (ध्), मर्म्मस्पृक् ***m.f.n.*** (श्).

Heart-broken, ***p. p.*** भिन्नहृदयः -या -यं, विन्नहृदयः -या -यं.

Heart-burn, ***s.*** तीक्ष्णाग्निः ***m.,*** आम्लपित्तं, हृदयवेदना, हृद्रोगः.

Heart-dear, ***a.*** हृदयप्रियः -या -यं, हृद्यः -द्या -द्यं, हृदयङ्गमः -मा -मं.

Heart-ease, ***s.*** हृदयसुखं, मनःसुखं, हृदयशान्तिः ***f.,*** हृत्सुखं, मनोनिर्वृत्तिः ***f.,*** चित्तनिर्वृत्तिः ***f.,*** मनोविश्रान्तिः ***f.,*** हृदयस्वास्थ्यं.

Heart-easing, ***a.*** हृदयसुखजनकः -का -कं, मनःशान्तिकरः -री -रं.

Heart-felt, ***a.*** हृद्गतः -ता -तं, हृदयजातः -ता -तं, चित्तभवः -वा -वं.

Heart-rending, ***a.*** मर्म्मभेदी -दिनी -दि (न्), मर्म्मछेदी **etc.,** हृदयभेदी **etc.,** हृदयभिद् ***m.f.n.,*** हृदयाविद् ***m.f.n.*** (ध्), मर्म्मस्पृक् ***m.f.n.*** (श्), मर्म्मपीडाकरः -री -रं,

चित्तपीडाजनकः -का -कं, चित्तोद्वेगजनकः -का -कं, मनोदुःखकारी -रिणी -रि (न्).

Heart-robbing, ***a.*** मनोहरः -रा -रं, मनोहारी -रिणी -रि (न्), चित्तहारी **etc.,** चित्तापहारी **etc.** चित्तहृत् ***m.f.n.,*** हृदयग्राही -हिणी -हि (न्).

Heart-sick, ***a.*** आतुरचित्तः -त्ता -त्तं, उद्विग्नमनाः -नाः -नः (स्), विमनाः **etc.**

Heart's-ease, ***s.*** त्रिवर्णपुष्पविशिष्ट ओषधिभेदः.

Heart-sore, ***s.*** मनोव्यथा, मनःपीडा, हृदयपीडा, मनोदुःखं.

Heart-strings, ***s.*** हृत्पिण्डपरिगतं शिरादि.

Heart-struck, ***a.*** हतचित्तः -त्ता -त्तं, विद्धहृदयः -या -यं, हृद्विद्धः -द्धा -द्धं.

Heart-swelling, ***a.*** चित्तक्षोभकारी -रिणी -रि (न्), हृदयकम्पकारी **etc.**

Heart-whole, ***a.*** अक्षतहृदयः -या -यं, अभिन्नहृदयः -या -यं, अविकलचित्तः -त्ता -त्तं.

Heart-wounded, ***a.*** क्षतहृदयः -या -यं, भिन्नहृदयः -या -यं, भिन्नमर्म्मा -र्म्मा -र्म्म (न्), विद्धमर्म्मा **etc.,** विद्धहृदयः -या -यं.

Heart-wounding, ***a.*** मर्म्मभेदी -दिनी -दि (न्), हृदयभेदी **etc.,** हृदयाविद् ***m.f.n.*** (ध्).

To* hearten,** ***v. a. आश्वस् **(c. 10.** -श्वासयति -यितुं), तेजः **or** विश्वासं **or** आशां कृ **or** दा **or** वृध् **(c. 10.** वर्धयति -यितुं).

Heapth, ***s.*** अग्निकुण्डं, वितानं, चुल्लिः ***f.*** -ल्ली, अश्मन्तं, अन्तिका, उपचाय्यः, पक्षः.

Heartily, ***adv.*** कामं, प्रकामं, कामतस्, सर्व्वान्तःकरणेन, सर्व्वभावेन, चित्तसन्तोषेण, सन्तुष्टचेतसा, इच्छातस्, स्वेच्छातस्, निर्व्यलीकं, निष्कपटं.—**(With vigour)** सवीर्य्यं, हृष्टपुष्टवत्.

Heartiness, ***s.*** **(Sincerity)** सारल्यं, सरलता, सत्यशीलता, अमाया, अकापट्यं, चित्तनिर्म्मलता.—**(Vigour, strength)** तेजस् ***n.,*** सत्त्वं, वीर्य्यं, पौरुषं, सारता.

Heartless, ***a.*** **(Spiritless, without vigour)** निस्तेजाः -जाः -जः (स्), निर्वीरः -रा -रं, निर्वीर्य्यः -र्य्या -र्य्यं, निःसत्त्वः -त्त्वा -त्त्वं, भीरुहृदयः -या -यं, क्लीबहृदयः -या -यं.—**(Hard-hearted)** कठिनहृदयः -या -यं, निर्दयः -या -यं, दयाहीनः -ना -नं, निष्करुणः -णा -णं.

Heartlessly, ***adv.*** **(In a spiritless manner)** निवीर्य्यं, निर्वीरवत सत्त्वं विना, क्लीववत्, भीरुहृदयेन.—**(In a cruel manner)** निर्दयं, निष्करुणं, हृदयकाठिन्यात्.

Heartlessness, ***s.*** **(Want of spirit)** निर्वीर्य्यं, वीर्य्यहीनता, तेजोहीनता, अपौरुषं, हृदयभीरुता, क्लीवता.—**(Cruelty)** दयाहीनता, हृदयकाठिन्यं, निष्करुणता, कृपाराहित्यं.

Heart, ***a.*** **(Sincere)** सरलः -ला -लं, निर्म्मलचित्तः -त्ता -त्तं, सत्यशीलः -ला -लं, मायाहीनः -ना -नं, निष्कपटः -टा -टं, निर्व्यलीकः -का -कं.—**(Vigorous, in full health)** वीर्य्यवान् -वती -वत् (त्), तेजोवान् **etc.,** हृष्टपुष्टः -ष्टा -ष्टं, सुस्थः -स्था -स्थं, कल्यः -ल्या -ल्यं, सपौरुषः -षा -षं.

Heat, ***s.*** घर्म्मः, तापः, अभितापः, उपतापः, उत्तापः, सन्तापः, आतपः, दाहः, उष्णता, औष्ण्यं, उष्मः, उष्मा ***m.*** (न्), औष्म्यं, निदाघः, चण्डता, तिग्मता, तिग्मं, तैग्म्यं, अग्निः ***m.,*** अशिशिरता, ग्रीष्मः, इद्धं, तीक्ष्णं, खरं.—**(Hot weather)** ग्रीष्मः, निदाघः, घर्म्मः.—**(Ardour, vehemence)** उत्तापः, उच्चण्डता, प्रचण्डता, उग्रता, व्यग्रता, तीक्ष्णता, तैक्ष्ण्यं, उष्मः.—**(Anger)** चण्डता, तिग्मता, संरम्भः, मदः, उष्मः, क्रोधः, उग्रता.—**(Course at a race)** चर्य्या.—**(Flush on the face)** कपोलरागः.—**(Heat of youth)** यौवनदर्पः, यौवनमदः.—**(As of a bitch, etc.)** मदः.—**(Morbid heat)** स्पर्शः, तापकः; **'it emits heat,'** उष्मायते.

To* heat,** ***v. a. तप् **(c. 10.** तापयति -यितुं, **c. 1.** तपति, तप्तुं), उत्तप्, प्रतप्, सन्तप्, उष्णीकृ, दीप् **(c. 10.** दीपयति -यितुं), ज्वल् **(c. 10.** ज्वलयति -यितुं), सन्धुक्ष् **(c. 10.** -धुक्षयति -यितुं), स्विद् **(c. 10.** स्वदेयति -यितुं), दह् **(c. 1.** दहति, दग्धुं).

Heated, ***p. p.*** तप्तः -प्ता -प्तं, सन्तप्तः -प्ता -प्तं, उपतप्तः -प्ता -प्तं, उत्तप्तः -प्ता -प्तं, तापी -पिनी -पि (न्, तापितः -ता -तं, दीप्तः -प्ता -प्तं, जाततापः -पा -पं, स्वेदितः -ता -तं.

Heater, ***s.*** जलादितापनार्थं तप्तलोहपिण्डः.

Heath, ***s.*** **(Plant)** जङ्गलरुहः क्षुद्रौषधिभेदः.—**(Wild ground)** जङ्गलभूमिः ***f.***—**(Common ground)** सर्व्वसामान्यभूमिः ***f.***

Heath-cock, ***s.*** जङ्गलदेशसेवी कुक्कुटभेदः.

Heathen, ***s.*** देवतार्च्चकः, देवार्च्चकः, देवताभ्यर्च्चकः, देवपूजकः, देवप्रतिमापूजकः, देवतोपासकः, देवतासेवकः, प्रतिमापूजकः, प्रतिमासेवकः.

Heathen, ***a.*** देवार्च्चकसम्बन्धी -न्धिनी -न्धि (न्), प्रतिमापूजकसम्बन्धी **etc.**

Heathenish, ***a.*** देवार्च्चकयोग्यः -ग्या -ग्यं, देवार्च्चकव्यवहारः -रा -रं, देवार्च्चकधर्म्मा -र्म्मा -र्म्म (न्), प्रतिमापूजकयोग्यः -ग्या -ग्यं, देवार्च्चकाचारः -रा -रं.—**(Barbarous)** क्रूराचारः -रा -रं, दुराचारः -रा -रं.

Heathenism, ***s.*** देवार्च्चा -र्च्चनं, देवतार्च्चनं -ना, देवताभ्यर्च्चा -र्च्चनं, प्रतिमापूजा, देवपूजा, देवार्च्चकाचारत्वं.

Heathy, ***a.*** जङ्गलः -ला -लं, जाङ्गलः -ली -लं, जङ्गलवृक्षावृतः -ता -तं.

Heating, ***s.*** तापनं, तपनं, सन्तापनं, उष्णीकरणं, दीपनं, घर्म्मकरणं.

Heating, *a.* तापकः -का -कं, तापनः -नी -नं, दीपनः -ना -नं.

To **heave,** *v. a.* **(Lift, raise)** उत्तुल् **(c. 10.** -तोलयति -यितुं), उद्धृ **(c. 1.** -हरति -हर्त्तुं), उन्नम् **(c. 10.** -नमयति -यितुं) उत्था **in caus.** (-थापयति -यितुं, **rt.** स्था), उच्छ्रि **(c. 1.** -छ्रयति -यितुं, **rt.** श्रि), उच्चीकृ.

To **heave,** *v. n.* **(Palpitate)** स्पन्द् **(c. 1.** स्पन्दते -न्दितुं), कम्प् **(c. 1.** कम्पते -म्पितुं), स्फुर् **(c. 6.** स्फुरति -रितुं).—**(Swell gently)** लुठ् **(c. 6.** लुठति -ठितुं), प्रलुठ्, उत्सृप् **(c. 1.** -सर्पति -सप्तुं).—**(Pant)** कृच्छ्रेण श्वासप्रश्वासं कृ, उद्धमं कृ; **'to heave a sigh,'** दीर्घं निःश्वस् **(c. 2.** -श्वसिति -तुं), दीर्घनिश्वासं कृ **or** त्यज् **(c. 1.** त्यजति, त्यक्तुं); **'heaving a sigh,'** दीर्घं निःश्वस्य.

Heave, *s.* उत्तोलनं, उद्धरणं, उन्नमनं, उन्नयः -थनं, उत्क्षेपः, उद्गारः.

Heaven, *s.* **(Region of the blessed)** स्वर्गः, स्वर् **indecl.,** स्वर्लोकः, पुण्यलोकः, सुरलोकः, देवलोकः, त्रिदिवः -वं, दिवं, द्यौः *f.* (दिव्), द्यौ *f.* (द्यौ), नाकः, देवनिकायः, देवालयः, सुरवर्त्म *n.* (न्), सुरपथं, शाश्वतं, सौरिकः, त्रिपिष्टपं, शक्रभवनं, सुखाधारः, सुखदं, त्रिदशालयः, त्रिदशावासः, अकुण्ठधिष्ण्यं; **'the heaven of Vīṣṇu,'** वैकुण्ठं.—**(The sky)** आकाशः, गगणं, नभस् *n.,* व्योम *n.* (न्), स्वं, अन्तरीक्षं, अम्बरं, दिगन्तरं, तारापथः, मेघवर्त्म *n.* (न्). ज्योतिश्चक्रं, ज्योतिषचक्रं; **'heaving and earth,'** द्यावापृथिव्यौ ***f. du.,*** द्यावाभूम्यौ ***f. du.,*** दिवस्पृथिव्यौ ***f. du.,*** आकाशपृथिव्यौ ***f. du.,*** द्योभूम्यौ, स्वर्गमह्यौ, द्यावाक्षमे ***f. du.,*** रोदसी ***n. du.,*** (स्), रौदस्यौ ***f. du.***

Heaven-born, *a.* दिविजः -जा -जं, स्वर्गजातः -ता -तं, स्वर्गोत्पन्नः -न्ना -न्नं.

Heavenly, *a.* स्वर्गीयः -या -यं, स्वर्ग्यः -र्ग्या -र्ग्यं, दिव्यः -व्या -व्यं, दिविजः -जा -जं, दिविष्ठः -ष्ठा -ष्ठं, स्वस्थः -स्था -स्थं, नभःस्थः -स्था -स्थं, नभसीयः -या -यं, आन्तरीक्षः -क्षी -क्षं, वैहायसः -सी -सं; **'heavenly voice,'** वैहायसी वाक्; **'heavenly bodies,'** स्वस्थपदार्थाः *m. pl.,* **'heavenly nymph,'** सुराङ्गना, स्वर्वेश्या.—**(Excellent)** परमः -मा -मं.

Heavenly, *adv.* दिव्यं, स्वर्गस्थवत्, स्वर्गीयप्रकारेण, दिव्यरूपेण.

Heavenwards, *s.* स्वर्गं प्रति, स्वर्गाभिमुखं, त्रिदिवं प्रति.

Heavily, *adv.* **(With great weight)** गौरवेण, सगौरवं, महाभारेण, अतिभारेण, सुभरं, गुरुभारेण.—**(Slowly)** मन्दं, विलम्बेन, शनैः शनैस्, विलम्बितं, मान्द्येन.—**(Sorrowfully)** विषादेन, सविषादं, विषणमनसा.—**(Vehemently)** अति **or** सु **prefixed,** भृशं, तीव्रं, तीक्ष्णं; **'heavily laden,'** गुरुभारवान् -वती -वत् (त्), अतिभारी -रिणी -रि (न्), सुभरः -रा -रं.

Heaviness, *s.* **(Ponderousness)** गुरुत्वं, गौरवं, गरिमा *m.* (न्), भारवत्त्वं, भारित्वं, भारः.—**(Slowness, dulness)** मन्दता, मान्द्यं, जडता, जाड्यं, स्थूलता.—**(Dejection)** विषादः, विषणता, अवसादः, दीनता.

Heaving, *s.* **(Palpitation)** स्पन्दनं, कम्पनं, स्फुरणं.—**(Swelling, undulation)** उत्सर्पः -र्पणं, प्रलोठनं, लोठनं, लुठनं, लुलितं; **'of a wave,'** ऊर्मिप्रलोठनं, ऊर्मिविभ्रमः.

Heaving, *part.* **(Palpitating)** स्पन्दमानः -ना -नं, कम्पमानः -ना -नं, स्फुरन् -रन्ती -रत (त्), स्फुरितः -ता -तं.—**(Swelling gently)** प्रलोठितः -ता -तं, उत्सर्पी -र्पिणी -र्पि (न्), उत्सर्पितः -ता -तं, लुलितः -ता -तं, लोलः -ला -लं, लोलमानः -ना -नं.

Heavy, *a.* **(Ponderous)** गुरुः -र्व्वी -रु, भारी -रिणी -रि (न्), भारवान् -वती -वत् (त्), धुरीणः -णा -णं, धौरेयः -यी -यं, उद्धुरः -रा -रं; **'very heavy,'** गरिष्ठः -ष्ठा -ष्ठं, गरीयमान् -यसी -यः (स्).—**(Slow)** मन्दः -न्दा -दं, मन्थरः -रा -रं, मन्दगतिः -तिः -ति, विलम्बी -म्बिनी -म्बि (न्), विलम्बितः -ता -तं, अलसः -सा -सं.—**(Dull, stupid)** जडः -डा -डं, मन्दबुद्धिः -द्धिः -द्धि, स्थूलः -ला -लं, स्थूलधीः -धीः -धि.—**(Dejected, sad)** विषणः -णा -णं, विषादी -दिनी -दि (न्), अवसन्नः -न्ना -न्नं, दीनमनस्कः -स्का -स्कं.—**(Grievous)** गुरुः -र्व्वी -रु, क्लेशी -शिनी -शि (न्), दुःखी -खिनी -खि (न्), दुःखकरः -री -रं.—**(Vehement)** गुरुः -र्व्वी -रु, तीक्ष्णः -क्ष्णा -क्ष्णं, तीव्रः -व्रा -व्रं, उग्रः -ग्रा -ग्रं, गाढः -ढा -ढं, अति **or** सु **prefixed; as, 'heavy rain,'** अतिवृष्टिः ***f.,*** **'heavy displeasure,'** गुरुकोपः; **'a heavy sea,'** वानं, ऊर्म्मिप्रलोठनं, ऊर्मिविभ्रमः.

Heavy-headed, *a.* स्थूलबुद्धिः -द्धिः -द्धि, मन्दमतिः -तिः -ति, जडधीः -धीः -धि.

Heavy-laden, *a.* सुभारवान् -वती -वत् (त्), गुरुभारवान् **etc.,** अतिभारी -रिणी -रि (न्), सुभरः -रा -रं, सुधुरन्धर -रा -रं.

Hebdomad, *s.* **(Week)** सप्ताहं, सप्तदिनं, दिनसप्तकं.

Hebdomadal, *a.* साप्ताहिकः -की -कं, सप्तदिनः -ना -नं.

To **hebetate,** *v. a.* घनीकृ, स्थूलीकृ, अतीक्ष्णीकृ, धाराहीनं -नां -नं कृ, तेजो हृ **(c. 1.** हरति, हर्त्तुं), जडीकृ, मन्दीकृ, मूढीकृ.

Hebetude, *s.* अतीक्ष्णता, घनता, स्थूलता, धाराहीनता, जडता, जाड्यं, मन्दता, मान्द्यं, आलस्यं.

Hebraism, *s.* यिहुदीयभाषानुसारी वाग्व्यापारः.

Hebraist, *s.* यिहुदीयभाषाव्युत्पन्नः, यिहुदीयभाषानिपुणः.

Hebrew, *s.* **(The language)** यिहुदीयभाषा.—**(A Jew)** यिहुदीयः.

Hecatomb, *s.* एकशतबलिदानं, शतगोबलिकरणं, शतगोमेधः.

Hectic, *a.* ज्वरसूचकः -का -कं, अन्तर्दाहसूचकः -का -कं,

ज्वरी -रिणी -रि (न्), ज्वरितः -ता -तं.

Hectic, ***s.*** **(Fever)** ज्वरविशेषः, प्रलेपकः.

Hector, ***s.*** शूरम्मन्यः, शूरमानी ***m.*** (न्), पिण्डीशूरः, दम्भी ***m.*** (न्), कुम्भः, विटः, भर्त्सनकारी ***m.*** (न्), कलहकारः, विकत्थी ***m.*** (न्), आत्मश्लाघी ***m.*** (न्).

To **hecor,** ***v. n.*** भर्त्स् **(c. 10.** भर्त्सयति -ते -यितुं), विकत्थ् **(c. 1.** -कत्थते -त्थितुं), तर्ज् **(c. 1.** तर्जति -र्जितुं), तिरस्कृ, मुखरीकृ, आत्मानं श्लाघ् **(c. 1.** श्लाघते -घितुं).

Hectoring, ***s.*** भर्त्सनकरणं, विकत्था -त्थनं, अहङ्कारोक्तिः ***f.,*** आहोपुरुषिका, अहमहमिका, शूरमानं, आत्मश्लाघा, गर्व्वितवाक्यं.

Hedge, ***s.*** वृतिः ***f.,*** क्षेत्रवृतिः ***f.,*** क्षेत्रप्रान्ततो वृतिः ***f.,*** प्रावृतिः ***f.,*** प्राचीरं, क्षेत्रप्राचीरं, क्षेत्रसीमा, प्राकारः, प्रावरः, आवरणं, आवारः, वारणं -णी, वरणः, धारा, क्षेत्रधारा, अवरोधकं, क्षेत्रावरोधकं, वेष्टनं, क्षेत्रवेष्टनं, मत्तवारणं, वेष्टः, आवेष्टकः, स्तम्भकरः, मत्तालम्बः, नेमः, गडः, मोघः, मोघाली.

To **hedge,** ***v. a.*** प्राचीरादिना परिवेष्ट् **(c. 1.** -वेष्टते -ष्टितुं, **c. 10.** -वेष्टयति -यितुं) **or** आवृ **(c. 5.** -वृणोति -वरितुं -रीतुं) **or** परिवृ **or** अवरुध् **(c. 7.** -रुणद्धि -रोद्धुं).

Hedge-born, ***a.*** अन्त्यजः -जा -जं, अन्त्यजातीयः -या -यं, नीचजातीयः -या -यं, अधमजातीयः -या -यं, हीनवर्णः -र्णा -र्णं.

Hedge-hog, ***s.*** शल्यः -ल्यकः, शल्यकण्ठः, शल्लकी, श्वाविद् ***m.*** (ध्).

Hedge-sparrow, ***s.*** कलविङ्कः -ङ्कः, कलिङ्कः, कलाविकलः, चटकः.

Hedger, ***s.*** प्राचीरकारी ***m.*** (न्), क्षेत्रसीमारचकः.

Hedging-bill, ***s.*** क्षेत्रसीमारचनार्थं दात्रविशेषः.

To **heed,** ***v. a.*** अवधा **(c. 3.** -धत्ते -धातुं), मनो धा सावधानः -ना -नं भू, अवहितः -ता -तं भू **or** अस्. **—(Respect, regard)** सेव् **(c. 1.** सेवते -वितुं), निषेव्, भज् **(c. 1.** भजति -ते, भक्तुं), अवेक्ष् **(c. 1.** -ईक्षते -क्षितुं), अपेक्ष्, मन् **(c. 10.** मानयति -यितुं), प्रतिमन्, आदृ **(c. 6.** -द्रियते -दर्त्तुं), अभिनन्द् **(c. 1.** -नन्दति -न्दितुं).

Heed, ***s.*** अवधानं, -नता, अवहितता, सावधानता, अवेक्षा, अपेक्षा, अभिनिवेशः, मनोनिवेशः, मनःप्रवेशः, मनोयोगः, अप्रमादः; **'to take heed,'** अवधानं कृ, अवधा **(c. 3.** -धत्ते -धातुं), मनो धा, सावधानः -ना -नं भू; **'take thou heed,'** सावधानो भव.

Heedful, ***a.*** सावधानः -ना -नं, अवहितः -ता -तं, कृतावधानः -ना -नं, दत्तावधानः -ना -नं, अप्रमत्तः -त्ता -त्तं, अप्रमादी -दिनी -दि (न्), सचेतनः -ना -नं, अर्पितचेतनः -ना -नं, समीक्ष्यकारी -रिणी -रि (न्), विमृश्यकारी **etc.,** प्रमादरहितः -ता -तं.

Heedfully, ***adv.*** सावधानं, अवधानेन, अवहितं, प्रमादं विना, अप्रमत्तं.

Heedfulness, ***s.*** अवधानता, सावधानता, अवहितत्वं, अप्रमादित्वं.

Heedless, ***a.*** अनवधानः -ना -नं, असावधान, -ना -नं, अनवहितः -ता -तं, प्रमत्तः -त्ता -त्तं, प्रमादी -दिनी -दि (न्), प्रमादवान् -वती -वत् (त्), निरपेक्षः -क्षा -क्षं, असमीक्ष्यकारी -रिणी -रि (न्).

Heedlessly, ***adv.*** अनवधानेन, अनवहितं, अवधानं विना, प्रमादेन, प्रमत्तं, सप्रमादं, निरपेक्षं, अनपेक्षया, असमीक्ष्य.

Heedlessness, ***s.*** अनवधानं -नता, असावधानता, प्रमाद्यं, अनपेक्षा, अनवेक्षा.

Heel, ***s.*** पार्ष्णिः ***m.f.,*** पादमूलं, अंह्रिस्कन्धः, कूर्च्चशिरस् ***n.,*** गोहिरं, पादस्य पश्चिमो भागः. **—(Of a shoe)** पादुकायाः पश्चाद्भागः, पादुकामूलं; **'to be at ones heels,'** पार्ष्णि ग्रह् **(c. 9.** गृह्णाति, ग्रहीतुं), वर्त्म अनुगम् **(c. 1.** -गच्छति -गन्तुं **or** पश्चाद् गम्; **'to take to one's heels.'** पलाय् **(c. 1.** पलायते -यितुं, **rt.** इ); **'heels upwards,'** ऊर्द्ध्वपादः -दा -दं, ऊर्द्ध्वचरणः -णा -णं, ऊर्द्ध्वपार्ष्णिः -र्ष्णिः -र्ष्णि.

To **heel,** ***v. n.*** **(Fall over on one side)** एकपार्श्वे यत् **(c. 1.** पतति -तितुं) **or** परिवृत् **(c. 1.** -वर्त्तते -र्त्तितुं) **or** प्रलम्ब् **(c. 1.** -लम्बते -म्बितुं) **or** प्रणतः -ता -तं भू **or** अस्.

To **heel,** ***v. a.*** **(A shoe)** पादुकामूलं कृ, पादुकायाः पश्चाद्भागं कृ.

Heeled, ***p. p.*** **(Having heels)** पार्ष्णीलः -ला -लं, पार्ष्णियुक्तः -क्ता -क्तं.

Heel-piece, ***s.*** पादुकादेः पश्चाद्भागः, पादुकामूलं.

Heft, ***s.*** **(Effort)** चेष्टा -ष्टितं, विचेष्टितं, उद्योगः, उत्साहः, यत्नः. **—(Handle)** वारङ्गः, तलः, मुष्टिः ***m.*** -ष्टी.

Hegira, ***s.*** यावनशाकः, यावनिकशाकः, मसलमानीयशाकः.

Heifer, ***s.*** गोवत्सा, वत्सा; **'of one year old,'** एकहायनी, एकाब्दा, एकवर्षिका; **'of two years,'** द्विहायनी; **'of three years,'** त्रिहायणी, त्र्यब्दा; **'of four years,'** चतुर्हायणी, चतुरब्दा.

Heigh-ho, ***interj.*** अहो, अहोवत्, अहह, हा, हन्त, हाहा.

Height, ***s.*** **(Elevation)** उच्चत्वं -ता, उन्नतिः ***f.,*** समुन्नतिः ***f.,*** उत्कर्षः, उत्कृष्टता, उच्छ्रयः, समुच्छ्रयः, उच्छ्रायः, समुच्छ्रायः, उच्छ्रितिः ***f.,*** उत्सेधः, समुत्सेधः, उद्धर्वतिः ***f.,*** तुङ्गता, उत्तुङ्गता, औत्कर्षं, उन्नम्नता, ऊर्द्धत्वं -ता, उन्नयः, प्रोच्चता, उन्नाहः. **—(High place, hill)** उन्नतभूभागः, उच्चस्थानं, पर्व्वतः गिरिः ***m.,*** तुङ्गशेखरः. **—(Summit)** अग्रं, शिखा, शिखरं, शृङ्गं. **—(Elevation of rank)** कुलोत्कर्षः, कुलोत्कृष्टता, उच्चपदं, परमपदं, प्रधानता, प्रकृष्टत्वं, श्रेष्ठत्वं. **—(Utmost degree)** उत्तमावधिः ***m.,*** परमावधिः ***m.;*** **'the height of summer,'**

ग्रीष्ममध्यं, महाग्रीष्मः; **'in the height of summer,'** ग्रीष्ममध्ये, मध्यग्रीष्मे.

***To* heighten, *v. a.* (Exalt)** उच्चीकृ, ऊद्ध्वींकृ, उन्नी **(c. 1.** -नयति -नेतुं), उन्नतिं कृ.—**(Increase, aggravate)** वृध् **(c. 10.** वर्धयति -यितुं), उपचि **(c. 5.** -चिनोति -चेतुं), अधिकीकृ, अधिकतरं -रां -रं कृ.

Heightened, *p. p.* वर्धितः -ता -तं, उपचितः -ता -तं, लम्भितः -ता -तं.

Heinous, *a.* घोरः -रा -रं, अघोरः -रा -रं, दारुणः -णा -णं, गर्हितः -ता -तं, गर्ह्यः -र्ह्या -र्ह्यं, पापिष्ठः -ष्ठा -ष्ठं, अतिपातकी -किनी -क (न्), अतिपापी -पिनी -पि (न्), महापापी **etc.,** अतिदुष्टः -ष्टा -ष्टं, दुष्टतमः -मा -मं, उत्कटः -टा -टं; **'a heinous crime,'** महापातकं, अतिपातकं, अघोरपातकं.

Heinously, *adv.* दारुणं, घोरं, गर्हितं, पापिष्ठं, अतिदुष्टं.

Heinousness, *s.* घोरता, अघोरता, दारुणता, अतिदुष्टता, पापिष्ठत्वं, अतिगर्ह्यता, गर्हितत्वं.

Heir, *s.* उत्तराधिकारी ***m.*** (न्), अधिकारी ***m.*** धनाधिकारी ***m.*** (न्), दायादः, दायादवः, रिक्थी ***m.*** (न्), रिक्थहारी ***m.*** (न्), रिक्थभागी ***m.*** (न्), ऋक्थहारी ***m.*** (न्), ऋक्थभागी ***m.*** (न्), अंशभाक् ***m.*** (ज्), अंशहरः, अंशहारी ***m.*** (न्), अंशी ***m.*** (न्), अंशकः.

To* heir, *v. a. अधिकृ, अधिकारी -रिणी -रि भू, दायादो भू.

Heir-apparent, *s.* युवराजः; **'state of one,'** युवराजत्वं.

Heiress, *s.* उत्तराधिकारिणी, दायादी -दा, धनाधिकारिणी.

Heirless, *s.* अदायिकः -का -कं, दायादहीनः -ना -नं.

Heir-loom, *s.* वंशक्रमेण पितृप्राप्तं किञ्चिद् अस्थावरद्रव्यं.

Heirship, *s.* उत्तराधिकारिता -त्वं, धनाधिकारिता -त्वं, अधिकारिता.

Held, *p. p.* (Grasped, taken in the hand) गृहीतः -ता -तं, धृतः -ता -तं, ग्रस्तः -स्ता -स्तं, हितः -ता -तं, निहितः -ता -तं, **'held fast,'** सुगृहीतः -ता -तं, **'held in the hand,'** हस्तगृहीतः -ता -तं, हस्तधृतः -ता -तं, हस्तस्थः -स्था -स्थं, हस्तस्थितः -ता -तं, हस्तगतः -ता -तं.—**(Esteemed, considered)** स्मृतः -ता -तं, मतः -ता -तं, अभिहितः -ता -तं; **'is held,'** अभिधीयते.—**(Detained, stopped)** धृतः -ता -तं, स्तम्भितः -ता -तं.—**(Restrained)** निवारितः -ता -तं, निरुद्धः -द्धा -द्धं.—**(Contained)** धारितः -ता -तं, अन्तर्गतः -ता -तं, परिगृहीतः -ता -तं.—**(Kept, solemnized)** सेवितः -ता -तं, पालितः -ता -तं, चरितः -ता -तं, आचरितः -ता -तं.—**(Held out)** प्रसारितः -ता -तं.—**(Held up)** उच्छ्रितः -ता -तं, उद्धृतः -ता -तं, उद्यतः -ता -तं, उन्नमितः -ता -तं, उत्थितः -ता -तं, उद्गूर्णः -र्णा -र्णं.

Heliotrope, *s.* सूर्य्यकमलं, श्रीहस्तिनी, भूरुण्डी.

Hell, *s.* नरकः, नारकः, निरयः, अधोलोकः, अधोगतिः ***f.,*** अधोभुवनं, पातालं, बलिसद्म ***n.*** (न्), रसातलं, दुर्गतिः ***f.,*** प्रमथालयं, नागलोकः. **The following are different hells.** वाडवाग्निः ***m.,*** संहातः, संहारः, **धूमप्रभा, पङ्कधूमः,** पङ्कप्रभा, तामिस्रं, तमःस्थितं, प्रतापनः, **तपनः,** महातमप्रभा, तप्तपाषाणकुण्डं, लोहशङ्कुः ***m.,*** सकाकौलः, सम्प्रतापनं, महारौरवः, रौरवः, पूयदः, अयःपानं, पर्य्यावर्त्तनं, प्राणरोधः, तप्तशूर्म्मिः ***m.f.,*** दन्दशूकः, अन्धकूपः, अवीचिः ***f.,*** अवटविरोधनः, कृमिभोजनं, कालसूत्रं, क्षारकर्दमः, पुत् ***n.;*** **'pains of hell,'** यातना, कारणा; **'river of hell,'** वैतरणी.

Hell-doomed, *a.* नैरयः -यी -यं, नारकी -किणी -कि (न्), नरकगामी -मिनी -मि (न्).

Hell-fire, *s.* नरकाग्निः ***m.,*** नारकाग्निः ***m.,*** नरकानलः, यातना.

Hell-hound, *s.* नरककुक्कुरः, नरकश्वा ***m.*** (न्), नरकीयश्वा ***m.***

Hellebore, *s.* औषधीयवृक्षभेदः.

Hellenism, *s.* ग्रीकभाषानुसारी वाग्व्यापारः, ग्रीकवाक्य.

Hellish, *a.* नारकः -की -कं, नारकी -किणी -कि (न्), नरकीयः -या -यं. नारकीयः -यी -यं, नरकस्थः -स्था -स्थं, नैरयः -यी -यं.

Hellishly, *adv.* नरकवासिवत्, पिशाचवत्, राक्षसवत्, नरके यथा पापिष्ठप्रकारेण.

Hellishness, *s.* नारकत्वं, नारकीयत्वं, पापिष्ठत्वं, अतिगर्ह्यता.

Helm, *s.* (Rudder) कर्णः, अरित्रं, केनिपातः, -तकः, पोतरक्षः.—**(Helmet)** शिरस्त्राणं, शीर्षरक्षं, मस्तकरक्षणी.

To* helm, *v. a. कर्णं धृ **(c. 10.** धारयति -यितुं) **or** ग्रह् **(c. 9.** गृह्णाति, ग्रहीतुं).

Helmet, *s.* शिरस्त्राणं, शिरस्त्रं, शिरस्कं, शीर्षकं, शीर्षण्यं, शीर्षरक्षं, मस्तकरक्षणी, मस्तकावरणी, खोलकः.

Helmsman, *s.* कर्णधारः, कर्णग्राहः, कर्णिकः, कर्णी ***m.*** (न्), नावकः.

Helot, *s.* दासः, क्रीतदासः, पूर्व्वकालीनो दासः.

***To* help, *v. a.* (Assist)** उपकृ **(c. 8.** -करोति -कर्त्तुं), उपकारं कृ, साहाय्यं कृ, सहायत्वं कृ, उपचर् **(c. 1.** -चरति -रितुं), उपग्रह् **(c. 9.** -गृह्णाति -ग्रहीतुं), अनुग्रह्, अभिरक्ष् **(c. 1.** रक्षति -क्षितुं), आनुकूल्यं कृ, पक्षपातं कृ.—**(Further)** पुरस्कृ, प्रवृत् **(c. 10.** -वर्त्तयति -यितुं), संवृध् **(c. 10.** -वर्धयति -यितुं), प्रवृध्, प्रयुज् **(c. 10.** -योजयति -यितुं), उद्योगं कृ.—**(Forbear, restrain one's self)** निवृत् **(c. 1.** -वर्त्तते -र्त्तितुं), आत्मानं निग्रह्, **or rather expressed by the fut. pass. part. with** अवश्यं; **as, 'I cannot help going,'** अवश्यं मया गन्तव्यं; **'how can I help it,'** का गतिः.—**(Help at table)** परिविष् **or** परिविशि् **(c. 10.** -वेषयति -यितुं).

To* help, *v. n. साहाय्यं कृ, सहायो भू, उपकारी -रिणी -रि भू **or**

अस् or साहाय्यकारी भू, अनुकूलः -ला -लं भू or अस्.

Help, *s.* उपकारः -रिता, उपकृतं, साहाय्यं, सहायत्वं -ता, साहित्यं, उपग्रहः, अनुग्रहः, आग्रहः, सङ्ग्रहः, उपचारः, अभिरक्षा, आनुकूल्यं, अनुकूलता, संवर्धनं, अनुपालनं.—**(Resource)** गतिः *f.*, आश्रयः, शरणं, उपायः; **'a helping hand,'** करालम्बनं; **'Help! Help!'** त्राहि, त्राहि, परित्रायध्वं, परित्रायध्वं.

Helped, *p. p.* उपकृतः -ता -तं, कृतोपकारः -रा -रं, कृतसाहाय्यः -य्या -य्यं.

Helper, *s.* उपकारी *m.* (न्), उपकर्त्ता *m.* (र्तृ), उपकारकः, साहाय्यकारी *m.* (न्), सहकारी *m.* सहायः, उत्तरसाधकः.

Helpful, *a.* उपकारकः -का -कं, उपकारकारी -रिणी -रि (न्), सोपकारः -रा -रं, उपयोगी -गिनी -गि (न्), साहाय्यकारी -रिणी -रि (न्).

Helpfulness, *s.* उपकारिता, उपकारकत्वं, उपयोगिता, सोपकारत्वं.

Helpless, *a.* निरुपायः -या -यं, उपायहीनः -ना -नं, गतिहीनः -ना -नं, गत्यूनः -ना -नं, निराश्रयः -या -यं, अपाश्रयः -या -यं, अशरणः -णा -णं, निरवलम्बः -म्बा -म्बं, अनुपकृतः -ता -तं, निःसहायः -या -यं, असहायः -या -यं, विवशः -शा -शं, विहस्तः -स्ता -स्तं.

Helplessly, *adv.* निरुपायं, निराश्रयं, उपायव्यतिरेकेण, उपायं विना.

Helplessness, *s.* निरुपायत्वं, उपायहीनता, गतिहीनता, निराश्रयत्वं.

Helpmate, *s.* सहकारी *m.* (न्), साहाय्यकारी *m.*, सम्भूयकारी *m.*

Helter-skeleter, *adv.* सङ्कुलं, सङ्कीर्णं, साङ्कर्य्येण, क्रमेण विना, अक्रमेण.

Helve, *s.* परशुदण्डः, दण्डः, वारङ्गः, तलः, मुष्टिः *m.* -ष्टी.

To **helve,** *v. a.* परशुं दण्डेन युज् (c. 10. योजयति -यितुं).

Hem, *s.* **(Of a garment)** अञ्चलः, वस्त्राञ्चलः -लं, दशा, वसनदशा, वस्तिः *m.*, तरी, माढिः *f.*, चीरी, शुकं, वसनग्रन्थिः *m.*, वसनप्रान्तः, वसनान्तः.—**(Clearing the throat)** उत्कासनं.

To **hem,** *v. a.* अञ्चल (nom. अञ्चलयति -यितुं), अञ्चलं सिव् (c. 4. सीव्यति, सेवितुं), अञ्चलं कृ.—**(Clear the throat)** उत्कास् (c. 1. -कासते -सितुं), उत्कासनं कृ.

To **hem in,** *v. a.* परिवेष्ट् (c. 1. -वेष्टते -ष्टितुं, c. 10. -वेष्टयति -यितुं), परिवृ (c. 5. -वृणोति -वरितुं -रीतुं), निरुध् (c. 7. -रुणद्धि -रोद्धुं), प्रतिरुध्.

Hemmed In, *a.* परिवेष्टितः -ता -तं, परिवृतः -ता -तं, प्रतिरुद्धः -द्धा -द्धं, निरुद्धः -द्धा -द्धं, प्रतिच्छन्नः -न्ना -न्नं, सङ्कुलः -ला -लं.

Hemicycle, *s.* अर्द्धचक्रं, अर्द्धगोलः, अर्द्धावृत्तिः *f.*

Hemiplegy, *s.* पक्षाघातः, अर्द्धाङ्गघातः, अर्द्धाङ्गवायुः *m.*

Hemisphere, *s.* अर्द्धगोलः, अर्द्धमण्डलं, भूगोलस्य अर्द्धभागः, अर्द्धभुवनं.

Hemispherical, *a.* अर्द्धगोलाकारः -रा -रं, अर्द्धमण्डली -लिनी -लि (न्)

Hemistich, *s.* अर्द्धश्लोकः, श्लोकार्द्धं, अर्द्धपद्यं.

Hemlock, *s.* पूर्व्वकाले प्रसिद्धो विषविधाने प्रयुक्तस् तीक्ष्णौषधिभेदः.

Hemorrhage, hemorrhagy, *s.* रक्तस्रावः, रुधिरस्रावः, रक्तातीसारः, असृक्श्रावः, रक्तक्षरणं.

Hemorrhoids, *s.* अर्शस् *n.*, अर्शं, अर्शोरोगः, गुदाङ्कुरः, गुदकीलः, गुदरोगः.

Hemp, *s.* शणं, भङ्गा, मातुलानी, इन्द्राशनः, अजया, मत्कुणारिः *m.*

Hempen, *a.* शाणः -णी -णं, भाङ्गीनः -ना -नं, शणमयः -यी -यं, शणसत्रमयः -यी -यं; **'a hempen cord,'** शणसूत्रं.

Hemp-field, *s.* भङ्ग्यं, भाङ्गीनक्षेत्रं, शणक्षेत्रं, भङ्गाक्षेत्रं.

Hemp-seed, *s.* शणवीजं, भाङ्गीनवीजं, पक्षिखाद्यं क्षुद्रवीजं.

Hen, *s.* कुक्कुटी, कुक्कुटवधूः *f.*, पक्षिणी, ग्राम्यकुक्कुटी.

Hen-coop, *s.* ग्राम्यकुक्कुटादिरक्षणार्थं पिञ्जरं or वीतंसः, कुक्कुटपालिका, कुक्कुटपिञ्जरं.

Hen-hearted, *a.* भीरुहृदयः -या -यं, कुक्कुटीव भयशीलः -ला -लं.

Hen-house, *s.* कुक्कुटपालिका, कुक्कुटगृहं, कुक्कुटागारं.

Hen-pecked, *a.* स्त्रीजितः -ता -तं, स्त्रीवशः -शा -शं, स्त्रीवशवर्त्ती -र्त्तिनी -र्त्ति (न्), दयिताधीनः -ना -नं, स्त्रीविधेयः -या -यं, भार्य्याटिकः -काकरुकः, कावरुकः -की -कं.

Hen-roost, *s.* कुक्कुटालयः, कुक्कटनिलयः, कुक्कुटनिवासस्थानं.

Hence, *adv.* **(From this place)** इतस्; **'begone hence!'** अपैहि, अपसर, दूरम् अपसर.—**(From this time)** अद्यारभ्य, अतःपरं, एतत्कालादारभ्य, अत ऊर्द्ध्वं.—**(From this cause)** तस्मात्, अतस्, अस्मात्, अतएव, अमुतस्.—**(For this reason)** अतःकारणात्, अनेन हेतुना, तस्य हेतोः.—**(In another place)** अन्यतस्, अन्यत्र, अपरतस्, इतरतस्.

Henceforth, henceforward, *adv.* अद्य प्रभृति, अद्यारभ्य, अद्यावधि, अधुनारभ्य, एतत्कालादारभ्य, एतद्दिनादारभ्य, अतःपरं, अतःप्रभृति, इतःपरं.

Heptagon, *s.* समासं -सी, सप्तकोणः -णं, सप्तभुजः, सप्तकोणा मूर्त्तिः.

Heptagonal, *a.* सप्तास्रः -स्रा -स्रं, सप्तकोणः -णा -णं, सप्तभुजः -जा -जं.

Her, *pron.* तां **acc. c.** *f.* (तद्), इमां **acc. c.** *f.* (इदं); **'of her,'** तस्याः, अस्याः; **as, 'her house,'** तस्या गृहं; **'her own,' expressed by** स्व; **as, 'her own house,'** स्वगृहं.

Herald, *s.* वन्दी *m.* (न्), राजदूतः, सन्दिष्टार्थः, राजसन्देशहरः, राजवार्त्ताहरः, अग्रेसरः -री *m.* (न्), अग्रगामी *m.* (न्),

राजघटकः.

Heraldick, ***a.*** वंशावलीसूचकः -का -कं, कुलीनपदचिह्नविषयः -या -यं.

Heraldry, ***s.*** कुलीनपदचिह्नविषया विद्या, वंशावलीविषयका विद्या.

Herb, ***s.*** ओषधिः -धी ***f.,*** शाकः, तृणं, लता, हरितकं, अर्भः, कन्दः.

Herbaceous, ***a.*** **(Relating to herbs)** शाकतृणादिविषयः -या -यं, तृणसः -सा -सं.—**(Eating herbs)** शाकतृणादिभोजी -जिनी -जि (न्).

Herbage, ***s.*** तृणं, घासः, यवसः, गवादनं, गवादिखाद्यं, क्षेत्रियं.

Herbal, ***s.*** शुष्कौषधिपुस्तकं, शुष्कतृणादिपुस्तकं, वृक्षतृणादिविवरणपुस्तकं, शुष्कतृणादिविषयो ग्रन्थः, वृक्षायुर्वेदः.

Herbalist, ***s.*** शाकतृणादिविषयशास्त्रज्ञः, ओषधितृणादिनामगुणादितत्त्वज्ञः, शुष्कौषधिसङ्ग्राहकः, वृक्षायुर्वेदज्ञः.

Herbarium, ***s.*** शुष्कौषधिपुस्तकं, शुष्कौषधिसङ्ग्रहः, शुष्कौषधयः ***f. pl.***

To **herbalize,** ***v. n.*** शुष्कौषधिसङ्ग्रहं कृ, ओषधितृणाद्यन्वेषणार्थं भ्रमणं कृ.

Herbelet, ***s.*** ओषधिकः, क्षुद्रौषधिः ***f.,*** क्षुद्रलता.

Herbescent, ***a.*** ओषधिरूपेण रोही -हिणी -हि (न्), ओषधितृणादिमध्ये जातः -ता -तं.

Herbid, ***a.*** तृणाद्यावृतः -ता -तं, तृणादिविशिष्टः -ष्टा -ष्टं.

Herbous, ***a.*** तृणादिमयः -यी -यं, ओषधिशाकादिमयः -यी -यं.

Herb-woman, ***s.*** शाकादिविक्रेत्री स्त्री, शाकादिविक्रयिणी.

Herby, ***a.*** शाकतृणादिसगुणः -णा -णं, शाकादिगुणविशिष्टः -ष्टा -ष्टं.

Herculean, ***a.*** अत्यन्तबलवान् -वती -वत् (त्), अतिशक्तिमान् -मती -मत् (त्), अतिप्रबलः -ला -लं, अतिवृहन् -हती -हत् (त्), अतिदुष्करः -री -रं.

Herd, ***s.*** **(Collection of animals)** यूथं, गणः, सङ्घः, सङ्घातः, समूहः, कुलं, वृन्दं, व्रजः, संहतिः ***f.,*** कदम्बकं, ओघः, निवहः, समुदायः, समुदयः, समाहारः, निकरः, समवायः, सञ्चयः, सार्थः, विसरः, वारः, निकायः, निकुरुम्बं -म्बकं, समजः, सन्दोहः; **'herd of cattle,'** पशुगणः, गोकुलं, गोवृन्दं, गव्या, गोत्रा, पाशवं; **'herd of swine,'** शूकरगणः, शूकरनिवहः, वराहव्रजः; **'a herd of elephants,'** हास्तिकं; **'a herd of calves,'** वात्सकं; **'of oxen,'** औक्षकं, उक्ष्णां संहतिः; **'of milch cows,'** धैनुकं, **'rich in herds of cattle,'** गोमान् -मती -मत् (त्), गोमी -मिनी -मि (न्).—**(Company of men)** जनसमूहः, पुरुषगणः.

To **herd,** ***v. n.*** पशुयूथवद् एकत्र मिल् (c. 6. मिलति, मेलितुं), यूथशः सङ्गम् (c. 1. -गच्छति -गन्तुं) or समागम् or समे (c. 2. समैति -तुं, rt. इ), एकीभू, एकत्र भू, एकौघीभू, समूहीभू, सङ्कुलीभू.

Herdsman, ***s.*** गोपालः, पशुपालः, गोरक्षः -क्षकः पशुरक्षी ***m.*** (न्), गोचारकः, यूथपतिः ***m.,*** गोपः, गोसंख्यः; **'his business,'** पाशुपाल्यं, पशुपालनं, पशुरक्षणं; **'herdsman's wife,'** गोपी.

Here, ***adv.*** **(In this place)** अत्र, इह, इहस्थाने, अस्मिन् देशे.—**(In this world)** इह, इहलोके, इहकाले; **'in this world and the next,'** इहामुत्र; **'on this occasion,'** इहसमये; **'here am I,'** सोऽहं, एषोऽस्मि; **'here we are,'** इमे स्मः; **'here and there,'** इतस्ततस्, इतश्चेतस्, प्रतिदेशं.

Hereabouts, ***adv.*** अत्र, इह, इहसमीपे, इहस्थानसमीपे, अत्रोपान्ते, अत्रान्तिके, इहस्थानोपान्ते.

Herafter, ***adv.*** अतःपरं, अत ऊर्द्ध्वं, ततः परं, इतःपरं, परं, परम्, परतस्, अपरं, अनन्तरं, एतदनन्तरं, तदनन्तरं, परस्तात्, पश्चात्, तत्पश्चात्, एतत्पश्चात्, उत्तरतस्, उत्तरत्र, परकाले, अपरकाले, अतस्, ततस्, पुरा; **'in the next world,'** परत्र, अमुत्र, प्रेत्य, परलोके; **'in the sequel,'** अग्रे.

Hereafter, ***s.*** परकालः, अपरकालः, उत्तरकालः, भविष्यत्कालः, भाविकालः, आगामिकालः.

Hereat, ***adv.*** अतस्, ततस्, तदनन्तरं, अत्रान्तरे.

Hereby, ***adv.*** तेन, एतेन, तद्द्वारा, तद्द्वारेण, तस्मात्.

Hereditament, ***s.*** दायः, पैतृकं रिक्थं, गोत्ररिक्थं, अधिकारः.

Hereditarily, ***adv.*** पारम्पर्य्येण, क्रमागमेन, वंशक्रमेण, परम्परतस्, परम्परं.

Hereditary, ***a.*** परम्परीणः -णा -णं, पारम्परीयः -या -यं, परम्परः -रा -रं, परम्परागतः -ता -तं, क्रमागतः -ता -तं, क्रमायातः -ता -तं, पैतृकः -की -कं, कौलिकः -की -कं, कुलजः -जा -जं, परम्परप्राप्तः -प्ता -प्तं.—**(As disease)** सञ्चारी -रिणी -रि (न्), शुक्रशोणितद्वारेणानुप्रविशन् -शन्ती -शत् (त्); **'hereditary estate,'** पैतृकभूमिः ***f.,*** वंशभोज्यं; **'hereditary succession,'** क्रमागतत्वं; **'hereditary servant,'** मूलभृत्यः.

Herefrom, ***adv.*** अतस्, अतःकारणात, तस्मात्, अस्य हेतोः.

Herein, ***adv.*** अत्र, इह, इहविषये, अस्मिन् विषये, अस्मिन्न् अर्थे.

Hereon, ***adv.*** अत्रोपरि, तत्रोपरि, अतस्, अवान्तरे.

Heresiarch, ***s.*** विधर्म्मनायकः, वैधर्म्यपतिः ***m.,*** स्वधर्म्मपरित्यागं कारयित्वा परधर्म्मावलम्बनं कारयति यो जनः, धर्म्मत्यागप्रवर्त्तकः.

Heresy, ***s.*** विधर्म्मः, वैधर्म्यं, उपधर्म्म, विधर्म्मसेवा, अपथः, विपथः, अपथगमनं, मिथ्यादृष्टिः ***f.,*** कुदृष्टिः ***f.,*** स्वधर्म्मपरित्यागपूर्व्वं परधर्म्मावलम्बनं or परधर्म्माश्रयः or परमतग्रहणं or मतान्तरप्रवेशः, नास्तिक्यं, नास्तिकता, देवनिन्दा,

असच्छास्त्रानुष्ठानं.

Heretic, *s.* पाषण्डः -ण्डकः -ण्डी *m.* (न्), अपथगामी *m.* (न्), अपथवर्त्ती *m.* (न्), विधर्म्मसेवी *m.* (न्), उपधर्म्मसेवी *m.* उपधर्म्मः, विधर्म्मावलम्बी *m.* (न्), परधर्म्मावलम्बी *m.,* स्वधर्म्मभ्रष्टः, स्वधर्म्मच्युतः, मतान्तरावलम्बी *m.,* नास्तिकः, देवनिन्दकः, वृष्णिः *m.*

Heretical, *a.* वैधर्म्मिकः -की -कं, पाषण्डधर्म्मा -र्म्मा -र्म्म (न्), अपथगामी -मिनी -मि (न्), विपथगामी **etc.,** अपथवर्त्ती -र्त्तिनी -र्त्ति (न्), धर्म्मविरुद्धः -द्धा -द्धं.

Heretically, *adv.* पाषण्डवत्, नास्तिकवत्, धर्म्मविरुद्धं, देवनिन्दकवत्.

Heretofore, *adv.* पूर्व्वं, पूर्व्वे, पूर्व्वकाले, प्राक्काले, पूर्व्वतस्, पुरा, प्राक्, भूतकाले, अतीतकाले, गतकाले, वर्त्तमानकालात् पूर्व्वं, इहसमयात् पूर्व्वं, इतःप्राक्.

Hereupon, *adv.* अतस्, ततस्, अत्रोपरि, तत्रोपरि, अत्रान्तरे.

Herewith, *adv.* अनेन सह, एतेन सह, तेन सह, एतत्सहितं, एतेन समं.

Heriot, *s.* भूस्वामिने देयो दण्डः **or** शुल्कविशेषः.

Heriotable, *a.* पूर्व्वोक्तशुल्काधीनः -ना -नं.

Heritable, *a.* पितृप्राप्यः -प्या -प्यं, औद्धारिकः -की -कं, दाययोग्यः -ग्या -ग्यं.

Heritage, *s.* पैतृकधनं, पैतृकं रिक्थं, अधिकारः, पैतृकाधिकारः, दायः, दायत्वं, गोत्ररिक्थं, पैतृकं, औद्धारिकं.

Hermaphrodite, *s.* षण्डः, शण्ढः, पण्डः, क्लीवः, अर्द्धेन पुरुषोऽर्द्धेन स्त्री.

Hermetical, *a.* रसायनीयः -या -यं, रसायनजः -जा -जं.

Hermetically, *adv.* रसायनानुसारात्, रसायनरीत्यनुसारेण. —**(Closely)** सुदृढं, अतिदृढं, सुगाढं.

Hermit, *s.* अरण्यवासी *m.* (न्), वनवासी *m.* (न्), वनस्थायी *m.* (न्), वनस्थः, वानप्रस्थः, योगी *m.* (न्), यती *m.* (न्), तपस्वी *m.* (न्), मुनि. *m.* सन्न्यासी *m.* यतिः *m.* वैखानसः, वनी *m.* (न्), उदासीनः, संसारत्यागी *m.* (न्), लोकत्यागी *m.*

Hermitage, *s.* आश्रमः, मुनिवासः, मुनिस्थानं, अरण्यवासः, पर्णशाला.

Hernia, *s.* अन्त्रवृद्धिः *f.,* अन्त्रवृद्धिरोगः; **'umbilical hernia,'** नाभिवर्द्धनः, नाभिगुडकः, नाभिगोलकः.

Hero, *s.* वीरः, शूरः, विक्रान्तः, महावीरः, प्रवीरः, दृढायुधः, युद्धवीरः, भटः, सुभटः, महौजाः *m.* (स्), औजसिकः, अतिरथः, रथी *m.* (न्), रथारोही *m.* (न्), युयुत्सः *m.* प्रयुत्सुः *m.* शौटीरः, गण्डीरः, जेता *m.* (तृ), दमनः, वारभटः, वागरः, पत्तिः *m.* त्यागी *m.* (न्), जजः.—**(Of a drama, etc.)** नायकः.

Heroic, heroical, *a.* वीर्य्यवान् -वती -वत् (त्), महावीर्य्यः -र्य्या -र्य्यं, वीरः -रा -रं, शूरः -रा -रं, प्रवीरः -रा -रं, विक्रान्तः -न्ता -न्तं, पराक्रान्तः -न्ता -न्तं, शौर्य्यवान् -वती -वत् (त्), शूरयोग्यः -ग्या -ग्यं, धामवान् **etc.,** साहसिकः -की -कं; **'heroic poem,'** वीरचरित्रविषयं काव्यं.

Heroically, *adv.* शूरवत्, वीरवत्, सवीर्य्यं, महावीर्य्येण, शौर्य्येण, सशौर्य्यं, सपराक्रमं, सविक्रमं.

Heroine, *s.* वीरा, शूरा, विक्रान्त स्त्री, पराक्रान्ता स्त्री, वीर्य्यवती. —**(Of a poem, etc.)** नायिका, दिव्यादिव्या.

Heroism, *s.* वीर्य्यं, शौर्य्यं, वीरत्वं, सुवीर्य्यं शूरत्वं -ता, प्रवीरत्वं, विक्रमः, सुविक्रमः, पराक्रमः, वीय्यवत्त्वं, धाम *n.* (न्), वीरश्रीः *f.,* शौटीर्य्यं, शुटीर्य्यं, प्राधानिकं, प्राधान्यं, पौरुषं, साहसं, रणोत्साहः, जजौजस् *n.,* उत्साहवर्धनः, वीरः.

Heron, *s.* क्रौञ्चः, कङ्कः, कङ्कपक्षी *m.* (न्), वकः, दीर्घपाद् *m.,* आमिषप्रियः, लोहपृष्ठः, मत्स्यहारी *m.* (न्), प्रेयोपत्यः.

Herring, *s.* हेरिङ्गनामा समुद्रीयमत्स्यभेदः.

Hers, *pron.* तस्याः **gen. c.** (तद्), अस्याः **gen. c.** (इदं), तदीयः -या -यं, **or expressed by** स्व **in comp.**

Herself, *pron.* सा एषा.

Hesitancy, *s.* सन्देहः, संशयः, विकल्पः, शङ्का, आशङ्का, चित्तास्थैर्य्यं, चलचित्तता.

To **hestiate,** *v. n.* विक्लृप् **(c. 1.** -कल्पते -ल्पितुं, **c. 10.** -कल्पयति -यितुं**)**, शङ्क् **(c. 1.** शङ्कते -ङ्कितुं**)**, अभिशङ्क्, आशङ्क्, विशङ्क् परिशङ्क्, विलम्ब् **(c. 1.** -लम्बते -म्बितुं**)**, विचर् **(c. 10.** -चारयति -यितुं**)**, मनसा दोल **(nom.** दोलायते -यितुं**)** **or** आन्दोल (आन्दोलयति -यितुं), चिर **(nom.** चिरायति -ते, चिरयति -यितुं**)**, सन्देहं कृ.

Hesitation, *s.* विकल्पः, शङ्का, सन्देहः, संशयः, आशङ्का, विकल्पितं, विचारणं, वितर्कः, चिन्ता, विशयः, द्वैधं, विचिकित्सा.—**(In speaking)** स्वरभेदः, स्वरभङ्गः, वाक्यस्खलनं, स्खलद्वाक्यं, गद्गदवाक् *f.,* गद्गदपदं, अस्पष्टवचनं; **'having a hesitation in the speech,'** स्खलितवाक् *m.f.n.* (च्), स्खलितवाक्यः -क्या -क्यं, स्खलद्वाक्यः -क्या -क्यं, भिन्नस्वरः -रा -रं, भग्नस्वरः -रा -रं.

Heteroclite, *a.* भिन्नविभक्तिः -क्तिः -क्ति, साधारणनियमवहिर्भूतः -ता -तं, विधिनिपातितः -ता -तं, साधारणविधिविपरीतः -ता -तं.

Heterodox, *a.* विधर्म्मी -र्म्मि (न्), वैधर्म्मिकः -की -कं, धर्म्मविपरीतः -ता -तं, धर्म्मविरुद्धः -द्धा -द्धं, सच्छास्त्रविरुद्धः -द्धा -द्धं, सत्पथविपरीतः -ता -तं, भिन्नधर्म्मा -र्म्मा -र्म्म (न्), भिन्नमतः -ता -तं, अशास्त्रीयः -या -यं, अवैधः -धी

-धं, अपथगामी -मिनी -मि (न्), विपथगामी **etc.,** अपथवर्त्ती -र्त्ति (न्), वृष्णि: -ष्णि: -ष्णि.

Heterodoxy, ***s.*** कुदृष्टि: ***f.,*** मिथ्यादृष्टि: ***f.,*** कुपथ:, विपथ:, अपथ:, कापथ:, विधर्म्म:, असच्छास्त्रं.

Heterogeneity, ***s.*** विजातीयता, जातिभेद:, गुणविभिन्नता, वैवर्ण्यं, वैविध्यं.

Heterogeneous, ***a.*** विजातीय: -या -यं, भिन्नजातीय: -या -यं, विविध: -धा -धं, नानाविध: -धा -धं, पृथग्विध: -धा -धं, विवर्ण: -र्णा -र्णं.

To **hew,** ***v. a.*** छिद् **(c. 7.** छिनत्ति, छेत्तुं), अवछिद्, कृत् **(c. 6.** कृन्तति, कर्त्तितुं), निकृत्, विकृत्, लू **(c. 9.** लुनाति, लवितुं), विशस् **(c. 1.** -शसति -सितुं); **'to hew in pieces,'** खण्डं खण्डं छिद्, खण्डश: कृ **or** छिद्.

Hewed, ***p. p.*** छिन्न: -न्ना -न्नं, छिद्यमान: -ना नं, छिन्नभिन्न: -न्ना -न्नं, व्यवछिन्न: -न्ना -न्नं, विशसित: -ता -तं, खनित: -ता -तं.

Hewer, ***s.*** छेत्ता ***m.*** (त्तृ), छेदी ***m.*** (न्), छेदकर:, विशसिता ***m.*** (तृ), छिद् **in comp.; 'hewere of wood,'** वनछिद्, काष्ठछिद् ***m.***

Hexagon, ***s.*** षट्कोणं -ण:, षड्भुज:, षडस्रं -स्री, षट्कोणा मूर्त्ति:.

Hexagonal, ***a.*** षड्भुज: -जा -जं, षट्कोण: -णा -णं, षडस्र: -स्रा -स्रं.

Hexameter, ***s.*** षट्पदी श्लोक:, षट्पदविशिष्ट:, श्लोक:.

Hey, ***interj.*** किं, किमुत, किंस्वित्, ननु, स्वित्, अहो, आहा, हा.

Heyday, ***interj.*** हा, हाहा, आहा, अहो, आ, अहह.

Heyday, ***s.*** **(Joy, hilarity)** उल्लसता, परिहास:, हासिका, मुदा; **'heyday of youth,'** यौवनप्रौढि: ***f.,*** अक्षतयौवनं, नवयौवनं.

Hiatus, ***s.*** विच्छेद:, छेद:, छिद्रं, भेद:, भङ्ग:, अन्तरं.

Hibernal, ***a.*** हैमन्त: -न्ती -न्तं, न्तिक: -की -कं, हैमन: -नी -नं, शीतकालसम्बन्धी -न्धिनी -न्धि (न्).

Hiccough or hiccup, ***s.*** हेक्का, हिक्का, प्राणन्ती, श्वासकाश:, हल्लास:, यमला, गम्भीरा, अनुबन्धी.

To **hiccough or hiccup,** ***v. n.*** हिक्क् **(c. 1.** हिक्कती -ते -क्कितुं), हेक्कां कृ, हिक्कां कृ.

Hid, hidden, ***p. p.*** गुप्त: -प्ता -प्तं, गूढ: -ढा -ढं, निगूढ: -ढा -ढं, छन्न: -न्ना -न्नं, प्रच्छन्न: -न्ना -न्नं, छादित: -ता -तं, अन्तर्हित: -ता -तं, अन्तरित: अपवारित: -ता -तं, निवारित: -ता -तं, निभृत: -ता -तं, स्थगित: -ता -तं, संवृत: -ता -तं, तिरोहित: -ता -तं, तिरस्कृत: -ता -तं; **'to be hidden,'** गुह् **in pass.** (गुह्यते), गुप् **in pass.** (गुप्यते), तिरस्कृ **in pass.** (-क्रियते), रहस् **(nom.** रहायते); **'hidden behind the bushes,'** विटपान्तरित: -ता -तं.

To **hide,** ***v. a.*** गुह् **(c. 1.** गूहति -ते, गूहितुं, गोढुं), निगुह्, विनिगुह्, छद् **(c. 10.** छादयति -यितुं), अच्छद्, साच्छद्, प्रच्छद्, प्रतिच्छद्, सञ्छद्, गुप् **(c. 1.** गोपायति, गोप्तुं **or in des.** जुगुप्सते -प्सितुं), स्थग् **(c. 10.** स्थगयति -यितुं), अन्तर्धा **(c. 3.** -दधाति -धातुं), तिरोधा, अपिधा, पिधा, उपनिधा, अपवृ **(c. 10.** -वारयति -यितुं), संवृ, गोपनं कृ, निह्नु **(c. 2.** -ह्नुते -ह्नोतुं).

To **hide,** ***v. n.*** गुप्त: -प्ता -प्तं भू, अन्तरित: -ता -तं भू, गुप् **in pass.** (गुप्यते), तिरस्कृ **in pass.** (-क्रियते); **'he hides behind the bushes,'** विटपान्तरितो भवति.

Hide, ***s.*** **(Skin of animal)** चर्म्म ***n.*** (न्), अजिनं, दृति: ***m.,*** कृत्ति: ***f.*** त्वक् ***f.*** (च्), पशुत्वक् ***f.*** पशुचर्म्म ***n.*** (न्), पशुलोम ***n.*** (न्).

Hide-and-seek, ***s.*** बालानां क्रीडाविशेषो यत्र एकतमे गुप्तशरीरे सति तदन्वेषणार्थं बालकगण इतस्ततो धावति.

Hide-bound, ***a.*** **(Niggardly)** दृढमुष्टि: -ष्टि: -ष्टि, गाढमुष्टि: -ष्टि: -ष्टि, स्वल्पव्ययी -यिनी -यि (न्), कृपण: -णा -णं.—**(Harsh, untractable)** कर्कश: -शा -शं, कठिन: -ना -नं, प्रतीप: -पा -पं, अवश्य: -श्या -श्यं.

Hideous, ***a.*** करालवदन: -ना -नं, करालमुख: -खी -खं, करालानन: -ना -नं, कराल: -ला -लं, उग्रदर्शन: -ना -नं, उग्रम्पश्य: -श्या -श्यं, भीमदर्शन: -ना -नं, घोरदर्शन: -ना -नं, घोराकृति: -ति: -ति, घोररूप: -पी -पं, रौद्रदर्शन: -ना -नं, कुत्सित: -ता -तं, दुर्दर्शन: -ना -नं, कुरूप: -पी -पं, कदाकार: -रा -रं.

Hideously, ***adv.*** सकरालवदनं, घोररूपेण, उग्ररूपेण, उग्रं.

Hideousness, ***s.*** करालता, उग्रता, घोरत्वं, रौद्रता, कुत्सितत्वं.

Hider, ***s.*** गोपनकर्त्ता ***m.*** (र्त्तृ), गोप: -पक:, गोप्ता ***m.*** (प्तृ), छादयिता ***m.*** (तृ).

Hiding, ***s.*** गोपनं, गुप्ति: ***f.,*** सङ्गोपनं, छादनं, प्रच्छादनं, अन्तर्धानं, तिरोधानं, स्थगनं, अपवारणं, अपिधानं, पिधानं.

Hiding-place, ***s.*** गुप्ति: ***f.,*** गुप्तिस्थानं, निभृतस्थानं, गूढस्थानं.

To **hie,** ***v. n.*** त्वर् **(c. 1.** त्वरते -रितुं), सन्त्वर्, सत्वरं गम् **(c. 1.** गच्छति, गन्तुं) **or** आश्रि **(c. 1.** -श्रयति -ते -यितुं), अभिश्रि, संश्रि.

Hierarch, ***s.*** पौरोहितवर्गाधिपति: ***m.,*** आचार्य्यवर्गाधिपति: ***m.,*** पुरोहितगणपति: ***m.,*** पुरोहितेश्वर:.

Hierarchical, ***a.*** पुरोहिताधिपत्यसम्बन्धी -न्धिनी -न्धि (न्), पुरोहिताधिकारसम्बन्धी **etc.**

Hierachy, ***s.*** पुरोहिताधिपत्यं, पुरोहिताधिकार:, आचार्य्याधिपत्यं, धर्म्माध्यापकैश्वर्य्यं.

Hieroglyphic, ***s.*** गूढाक्षरं, निगूढाक्षरं, वीजाक्षरं, गूढवर्णः, शब्दसूचकं निगूढचिह्नं.

Hieroglyphical, ***a.*** गूढाक्षरसम्बन्धी -न्धिनी -न्धि (न्), गूढाक्षरीयः -या -यं.

Hierophant, ***s.*** महापुरोहितः, महायाजकः, महागुरुः ***m.,*** आचार्य्यः.

To* higgle,** ***v. n. **(Chaffer)** पण् **(c. 1.** पणते -णितुं) **or** पणयति -यितुं), पणं कृ, पणीकृ, तुच्छप्रकारेण क्रयविक्रयं कृ, क्षुद्रवाणिज्यं कृ.—**(Hang back in bargaining)** नैतावद् दित्सामीति क्रयसमये विलम्ब् **(c. 1.** -लम्बते -म्बितुं).

Higgledy-piggledy, ***adv.*** अस्तव्यस्तः -स्ता स्तं, अधरोत्तरः -रा -रं, क्षिप्त विक्षिप्तः -प्ता -प्तं, आदिपश्चात्.

Higgler, ***s.*** क्षुद्रबाणिज्यकारी ***m.*** (न्), क्षुद्रबणिक् ***m.*** (ज्), दरिद्रसार्थवाहः.

High, ***a.*** **(Lofty)** उच्चः -च्चा -च्चं उन्नतः -ता -तं, उच्छ्रितः -ता -तं, समुन्नतः -ता -तं, समुच्छ्रितः -ता -तं, अभ्युच्छ्रितः -ता -तं, सोच्छ्रायः -या -यं, उच्छ्रायी -यिणी -यि (न्), प्रांशुः -शुः -शु, तुङ्गः -ङ्गा -ङ्गं, उत्तुङ्गः -ङ्गा -ङ्गं, उदग्रः -ग्रा -ग्रं, उद्गतः -ता -तं, उन्नम्नः -म्ना -म्नं, ऊर्द्धवः -द्धर्वा -र्द्धं, उत्तरः -रा -रं, उत्तमः -मा -मं, दीर्घः -र्घा -र्घं; **'a high tree,'** उच्चतरुः ***m.,*** दीर्घतरुः.—**(Elevated in rank)** उत्कृष्टः -ष्टा -ष्टं, उत्कृष्टपदस्थः -स्था -स्थं, प्रतिपत्तिमान् -मती -मत् (त्), उत्तमपदस्थः -स्था -स्थं, अनवमः -मा -मं, अनीचः -चा -चं.—**(Noble, of high family)** महाकुलः -ला -लं, -लीनः -ना -नं.—**(Haughty)** गर्व्वी -र्व्विणी -र्व्वि (न्), गर्व्वोद्धतः -ता -तं, उन्नतचेताः -ता -तः (स्), उन्नद्धचेताः **etc.,** उद्धतः -ता -तं, समुद्धतः -ता -तं, उत्सिक्तः -क्ता -क्तं.—**(Capital, great, chief)** उत्तमः -मा -मं, परमः -मा -मं, मुख्यः -ख्या -ख्यं, श्रेष्ठः -ष्ठा -ष्ठं, प्रधान **in comp.,** महा **in comp.**—**(As sound)** उदात्तः -त्ता -त्तं, उत्तालः -ला -लं, कलोत्तालः -ला -लं; **'a high tone,'** उदात्तः, उच्चस्वरः, तारः; **'in a high tone,'** उदात्तस्वरेण, उच्चैःस्वरेण; **'high and low,'** उत्तमाधमः -मा -मं, उत्कृष्टापकृष्टः -ष्टा -ष्टं, उत्तराधरः -रा -रं, उच्चावचः -चा -चं, उन्नतानतः -ता -तं, निम्नोन्नतः -ता -तं; **'the high and low,'** उत्तमाधमौ ***m. du.,*** उत्कृष्टापकृष्टौ ***m.*** **du.; 'very high,'** अत्युच्चः -च्चा -च्चं; **'higher and higher,'** उत्तरोत्तरं; **'highest,'** उत्तमः -मा -मं, परमः -मा -मं; **'a high price,'** दुर्मूल्यं; **'a high wind,'** प्रबलवायुः ***m.,*** प्रचण्डवायुः, अतिवातः; **'high ground,'** उन्नतभूभागः; **'as high as an elephant,'** गजद्वयसः -सी -सं, गजमात्रः -त्री -त्रं, गजदघ्नः -घ्नी -घ्नं. गजपरिमाणः -णा -णं.

High, ***adv.*** उच्चैस्, उच्चकैस्, उच्चैस्तमां, उच्चै; **'on high,'** ऊर्द्ध्वं, ऊर्द्ध्वे, उपरि; **'from on high,'** उपरिष्टात्; **'to carry one's self high,'** दृप् **(c. 4.** दृप्यति, द्रप्तुं).

High-birth, ***s.*** कुलोत्कर्षः, कुलौत्कर्षं, कुलीनता, अभिजातता, आभिजात्यं.

High-blest, ***a.*** अतिपुण्यवान्, -वती -वत् (त्), अतिधन्यः -न्या -न्यं, महाभागः -गा -गं, परमसुखी -खिनी -खि (न्), सौभाग्यवान् **etc.**

High-blown, ***a.*** अत्याध्मातः -ता -तं, अतिस्फीतः -ता -तं, अत्युच्छूनः -ना -नं.

High-born, ***a.*** महाकुलजः -जा -जं, महाकुलप्रसूतः -ता -तं, सत्कुलजातः -ता -तं, सत्कुलीनः -ना -नं, कुलीनः -ना -नं, विशुद्धकुलभवः -वा -वं, श्रेष्ठकुलोद्भूतः -ता -तं, कुलश्रेष्ठी -ष्ठिनी -ष्ठि (न्), सद्वंशः -शा -शं, सद्वंशजातः -ता -तं, प्रधानवंशोद्भवः -वा -वं, महावंशीयः -या -यं, उत्तमवंशजातः -ता -तं, अभिजातः -ता -तं, अभिजनवान् -वती -वत् (त्).

High-built, ***a.*** उच्चैर्निर्म्मितः -ता -तं, उच्छ्रायी -यिणी -यि (न्).

High-coloured, ***a.*** अतिरागी -गिणी -गि (न्), अतिरञ्जितः -ता -तं.

High-day, ***s.*** उत्सवदिनं, उद्धर्षदिनं, शुभदिनं, पर्व्वाहः, सुदिनं.

High-fed, ***a.*** अतिपुष्टः -ष्टा -ष्टं, सुपुष्टः -ष्टा -ष्टं, हृष्टपुष्टः -ष्टा -ष्टं.

High-flown, ***a.*** अतिगर्व्वितः -ता -तं, महागर्व्वी -र्व्विणी -र्व्वि (न्), स्फीतः -ता -तं.

High-flying, ***a.*** अपरिमितः -ता -तं, अतिक्रान्तमर्य्यादः -दा -दं.

High-heaped, ***a.*** अतिसञ्चितः -ता -तं, अत्याचितः -ता -तं, महाराशीभूतः -ता -तं.

High-hung, ***a.*** ऊर्द्ध्वबद्धः -द्धा -द्धं, उच्चैर्बद्धः -द्धा -द्धं.

High-mettled, ***a.*** अदीनसत्त्वः -त्त्वा -त्त्वं, महासत्त्वः -त्त्वा -त्त्वं, महतेजाः -जा -जः (स्), तेजोवान् -वती -वत् (त्) गर्व्वितः -ता -तं, अतिमादवान् **etc.**

High-minded, ***a.*** महामनाः -नाः -नः (स्), महामनस्कः -स्का -स्कं, महात्मा -त्मा -त्म (न्), महामतिः -तिः -ति, उदारचेताः -ताः -तः (स्), उदारचरितः -ता -तं, गर्व्वी- -र्व्विणी -र्व्वि (न्).

High-priest, ***s.*** महायाजकः, महापुरोहितः.

High-principled, ***a.*** धर्म्मशीलः -ला -लं, पुण्यशीलः -ला -लं, पुण्यात्मा -त्मा -त्म (न्).

High-prized, ***a.*** महामूल्यः -ल्या -ल्यं, महार्घः -र्घा -र्घं, बहुमतः -ता -तं.

High-red, ***a.*** अतिरक्तः -क्ता -क्तं, घनरक्तः -क्ता -क्तं, घनारुणः

-णा -णं.

High-road, ***a.*** महापथः, महामार्गः, राजमार्गः, रथ्या, घण्टापथः.

High-seasoned, ***a.*** सुवासितः -ता -तं, सुप्रयस्तः -स्ता -स्तं, सुसंस्कृतः -ता -तं.

High-spirited, ***a.*** अदीनसत्त्वः -त्त्वा -त्त्वं, महासत्त्वः -त्त्वा -त्त्वं, महातेजाः -जाः -जः (स्), महेच्छः, -च्छा -च्छं, ऊर्ज्जिताश्रयः -या -यं; **'highspirited speech,'** ऊर्ज्जिताश्रयं वचनं.

High-street, ***s.*** राजमार्गः, महामार्गः, प्रतोली, रथ्या, विशिखा; **'a town having a high street,'** प्रतोलीकः.

High-treason, ***s.*** राजशरीराभिद्रोहः, राजापथ्यकारित्वं.

High-wrought, ***a.*** महायत्नेन संस्कृतः -ता -तं **or** परिष्कृतः -ता -तं **or** कल्पितः -ता -तं.

Highest, ***a.*** **(Most lofty)** उच्चतमः -मा -मं.—**(Greatest)** परमः -मा -मं, उत्तमः -मा -मं; **'a criminal in the highest degree,'** महापातकी ***m.*** (न्).

Highland, ***s.*** पर्व्वतीयदेशः, अधित्यका, उन्नतदेशः.

Highland, ***a.*** पर्व्वतीयः -या -यं, पार्व्वतः -ती -तं.

Highlander, ***s.*** पार्व्वतीयजनः, पर्व्वतासी ***m.*** (न्), पर्व्वतीयः.

Highly, ***adv.*** **(With elevation)** उच्चैस्, उच्चं.—**(In a great degree, very)** परमं, परं, भृशं, अत्यन्तं, अतीव, अति **or** सु **prefixed; 'highly indignant,'** अत्यमर्षी -र्षिणी -र्षि (न्); **'highly delighted,'** परमानन्दी -न्दिनी -न्दि (न्); **'highly respectable,'** परममान्यः -न्या -न्यं.

Highmost, ***a.*** उत्तमः -मा -मं, उच्चतमः -मा -मं, उच्चैस्तमः -मा -मं, सर्व्वोपरिस्थः -स्था -स्थं.

Highness, ***s.*** **(Elevation)** उच्चता, उन्नतिः ***f.***, ऊद्धर्वत्वं.—**(A title, your highness)** भवान् ***m.*** (त्), भगवान् ***m.*** (त्), कुमारः.

Highway, ***s.*** राजमार्गः, राजपथः, महापथः, महामार्गः, नरपतिपथः, महावर्त्म ***n.*** (न्), वर्त्म ***n.***, रथ्या, विशिखा, संसरणं, साधारणपथः, घण्टापथः; **'highway police,'** मार्गपालः.

Highwayman, ***s.*** परिपन्थी ***m.*** (न्), पारिपन्थिकः, सारणिकघ्नः, पादविकघ्नः, दस्युः ***m.***, होडा ***m.*** (ड़्).

Hijjal, ***s.*** **(Tree)** निचुलः, हिज्जलः, इज्जलः, अम्बुजः.

Hilarity, ***s.*** आह्लादः, उल्लसता, उल्लासः, हर्षः, प्रहर्षः, आनन्दः, सानन्दता, प्रफुल्लता, मुदा, प्रहसनं, हासिका, आमोदः, कौतुकं, उत्सवः.

Hill, ***s.*** पर्व्वतः, गिरिः ***m.***, शैलः, अद्रिः ***m.***, भूधरः, अचलः, महीधरः, सानुमान् ***m.*** (त्); **'hill near a mountain,'** पादः, प्रत्यन्तपर्वतः.

Hillock ***s.*** क्षुद्रपर्व्वतः, वल्मीकं, वप्रः -प्री, मृत्तिकाचयः, वामलूरः, नाकुः ***m.***, उन्नतभूभागः.

Hilly, ***a.*** पर्व्वतीयः -या -यं, पार्व्वतीयः -यी -यं, सपर्व्वतः -ता -तं, सगिरिः -रिः -रि, उच्चनीचः -चा -चं, विषमः -मा -मं.

Hilt, ***s.*** **(Of a sword, etc.)** त्सरुः ***m.***, मुष्टिः ***m.***, खड्गमुष्टिः, तलः, तालः, वारङ्गः.

Hilted, ***a.*** त्सरुमान् -मती -मत् (त्), मुष्टिविशिष्टः -ष्टा -ष्टं, दृढमुष्टिः -ष्टा -ष्टं.

Him, ***pron.*** तं **acc.** ***m.*** (तद्), एतं **acc.** ***m.*** (एतद्), एनं **acc.** ***m.*** (इदं).

Himālaya, ***s.*** **(Mountain)** हिमालयः, हिमाद्रिः ***m.***, हिमवान् ***m.***, (त्), हिमप्रस्थः, हिमः, तुषाराद्रिः ***m.***, उदगद्रिः ***m.***, गिरीशः, तुहिनशैलः.

Hind, ***s.*** **(Female of a deer)** मृगी, हरिणी, कुरङ्गी, एणी, मृगवधूः ***f.***, समीची, रोहित् ***f.***, पृषती.—**(A boor)** ग्राम्यजनः वृषलः. —**(A servant)** दासः, भृत्यः.

Hind, hinder, ***a.*** पश्चिमः -मा -मं, जघन्यः -न्या -न्यं, अवरः -रा -रं, अपरः -रा -रं, पाश्चात्यः -त्या -त्यं, पश्चातीयः -या -यं.—**(The hinder part)** पृष्ठदेशः, पश्चाद्देशः, पश्चाद्भागः, पश्चिमभागः, पृष्ठं, नितम्बः; **'in the hinder part,'** पश्चाद्भागे, अवरतस्, अवरस्तात्; **'hind quarter of an elephant,'** अपरं; **'of a ship,'** नावः पश्चिमभागः **or** पश्चाद्भागः.

To* hinder,** ***v. a. वृ (**c. 10.** वारयति -यितुं), निवृ, विनिवृ, प्रतिवृ, आवृ, रुध् (**c. 7.** रुणद्धि, रोद्धुं), प्रतिरुध्, निरुध्, संरुध्,, अवरुध्, उपरुध्; बाध् (**c. 1.** बाधते -धितुं), विहन् (**c. 2.** -हन्ति -न्तुं), व्याहन्, प्रतिहन्, विघ्न (**nom.** विघ्नयति -यितुं), स्तम्भ् (**c. 10.** स्तम्भयति -यितुं), विष्टम्भ्, प्रतिबन्ध् (**c. 9.** -बध्नाति, -बन्द्धुं), प्रतिषिध् (**c. 1.** -षेधति -षेद्धुं).

Hinderance, ***s.*** विघ्नः, प्रत्यूहः, अन्तरायः, व्याघातः, विघातः, बाधः -धा, बाधकः -कता, विरोधः, अवरोधः, निरोधः, संरोधः, प्रतिरोधः, उपरोधः रोधः -धनं, वारणं, निवारणं, आवरणं, स्तम्भः -म्भनं, विष्टम्भः, प्रतिष्टम्भः, प्रतिबन्धः -न्धकं -न्धकता, विष्कम्भः, प्रतिषेधः, हेटः.

Hindered, ***p. p.*** वारितः -ता -तं, निवारितः -ता -तं, रुद्धः -द्धा -द्धं, विरुद्धः -द्धा -द्धं, निरुद्धः -द्धा -द्धं, उपरुद्धः -द्धा -द्धं, अवरुद्धः -द्धा -द्धं, बाधितः -ता -तं, विघ्नितः -ता -तं, विहतः -ता -तं, व्याहतः -ता -तं, प्रतिहतः -ता -तं, पराहतः -ता -तं, स्तम्भितः -ता -तं, स्तब्धः -ब्धा -ब्धं, विष्टब्धः -ब्धा -ब्धं, प्रतिबद्धः -द्धा -द्धं, प्रतिषिद्धः -द्धा -द्धं, सार्गलः -ला -लं.

Hinderer, ***s.*** विरोधी ***m.*** (न्), वारकः, निवारकः, बाधकः, विघ्नकारी ***m.*** (न्), प्रतिबन्धकः, स्तम्भकरः -कारी ***m.*** प्रतिबन्धकः.

Hindering, ***part.*** रुन्धन् -न्धती -धत् (त्), विरुन्धानः -ना -नं,

रोधनः -नी -नं.

Hindermost, *a.* पश्चिमः -मा -मं, जघन्यः -न्या -न्यं, पाश्चात्यः -त्या -त्यं, पश्चातीयः -या -यं, अवरः -रा -रं, अवरतमः -मा -मं, अवरतस् **indec.,** अवरस्तात् **indec.**

Hindrance, *s. See* **Hinderance.**

Hinge, *s.* द्वारसन्धिः *m.* सन्धिः *m.* द्वारग्रन्थिः *m.* केन्द्रं.

To **hint,** *v. a.* इङ्गितं कृ, सङ्केतं कृ, उद्दिश् **(c. 6.** -दिशति -देष्टुं), समुद्दिश्, सूच् **(c. 10.** सूचयति -यितुं), आकूतं कृ.—**(Suggest)** उपन्यस् **(c. 4.** -अस्यति -असितुं).

Hint, *s.* इङ्गितं, इङ्गः, सङ्केतः, आकारः, आकृतं, मीलितं, अङ्गवैकृतं, भावः, सूचना, सूचितं.—**(Suggestion)** उपन्यासः; **'understanding a hint,'** इङ्गितकोविदः.

Hinted, *p. p.* उद्दिष्टः -ष्टा -ष्टं, सूचितः -ता -तं.

Hip, *s.* **(Joint of the thigh)** कटिः *m.* -टी, कटः, श्रोणिः *f.* -णी, श्रोणिफलकं, कलत्रं, अङ्कः, जघनं, प्रोथः, कोलः, पालिः *f.,* वरारोहा, ककुद्मती, मेखलापदं.—**(Lowness of spirits)** विषादः, अवसादः.

Hippish, *a.* विषादी -दिनी -दि (न्), विषणः -णा -णं, दुर्मनाः -नाः -नः (स्).

Hippogriff, *s.* कविकल्पितः पक्षवान् अश्वविशेषः.

Hippopotamus, *s.* विदुः *m.,* करियादस् *n.,* शुण्डा, ग्राहः, अवहारः.

Hipshot, *s.* त्रुटितश्रोणिः -णिः -णि, विसन्धितकटिः -टिः -टि.

To **hire,** *v. a.* निरूपितकालं यावद् वेतनेन **or** मूल्येन ग्रह् **(c. 9.** गृह्णाति, ग्रहीतुं), मूल्यं **or** वेतनं दत्त्वा सन्दिष्टकालं यावद् ग्रह **or** प्रयुज् **(c. 7.** -युनक्ति -युंक्ते -योक्तुं, **c. 10.** -योजयति -यितुं) **or** उपभुज् **(c. 7.** -भुनक्ति -भुंक्ते -भोक्तुं) **or** सेव् **(c. 1.** सेवते -वितुं), भट् **(c. 1.** भटति, टितुं), भृ **(c. 1.** भरति -ते, भर्त्तुं), भाटक **(nom.** भाटकयति -यितुं), परिक्री **(c. 9.** -क्रीणति -क्रेतुं), आनिर्दिष्टकालाद् भृतिं दा.—**(Hire labourers)** मूल्यं दत्त्वा **or** प्रतिज्ञाय आविहितकालात् कर्म्मणि नियुज् **or** प्रयुज् **or** व्यापृ **(c. 10.** -पारयति -यितुं), कर्म्मकरान् उपनी **(c. 1.** -नयते -नेतुं).

Hire, *s.* **(Act of hiring)** निरूपितकालं यावद् वेतनेन **or** मूल्येन ग्रहण मूल्यं दत्त्वा आसन्दिष्टकालाद् ग्रहणं, प्रयोगः, वेतनदानं.—**(Wages)** भृतिः *f.,* भृत्या, भरणं, भरण्यं, भाटिः *f.,* भाटकः, वेतनं, मूल्यं, निर्वेशः, कर्म्मण्या, वस्नं, निष्क्रयः, भर्म्म *n.* (न्), भर्म्मं, विधा, विष्टिः *f.,* पणः, हात्रं, विरहिणी, वेचा; **'for hire,'** निरूपितमूल्येन ग्रहणीयः -या -यं **or** प्रयोज्यः -ज्या -ज्यं, पण्यः -ण्या -ण्यं, साधारणः -णी -णं; **'working for hire,'** भृतिभुक् *m.f.n.,* भरण्यभुक्.

Hired, *p. p.* आनिरूपितकालाद् वेतनेन गृहीतः -ता -तं, भृतः -ता -तं, कृतवेतनः -ना -नं, प्रकल्पितवेतनः -ना -नं, भाटकितः -ता -तं, भाटकीयः -या -यं; **'hired labourer,'** भृतकः, भृतिभुक् *m.* (ज्); **'teacher,'** भृतकाध्यापकः.

Hireling, *s.* भृतकः, भृतिभुक् *m.* (ज्); भरण्यभुक् *m.,* भृत्यः, वैतनिकः, वेतनार्थी *m.* (न्), वस्निकः, कर्म्मकरः.

Hirer, *s.* भृतिदाता *m.* (तृ), वेतनदाता *m.* (तृ), मूल्यदाता *m.*

Hirsute, *a.* प्रचुरलोमा -मा -म (न्), बहुलोमा -मा -म (न्), लोमशः -शा -शं.

His, *pron. poss.* तस्य **gen. c.** (तद्), अस्य **gen. c.** (इदं), तदीयः -या -यं **or expressed by** स्व **in comp.; as, 'his house,'** स्वगृहं.

To **hiss,** *v. a.* **and** *n.* **(As a serpent, etc.)** सर्पवत् श्वस् **(c. 2.** श्वसिति -तुं), सर्पनादं कृ, सर्पशब्दं कृ, सीत्कारं कृ, शीशशब्दं कृ.—**(Hiss off, show disapprobation by hissing)** कर्कशशब्देन अप्रसादं सूच् **(c. 10.** सूचयति -यितुं) **or** अवज्ञास्पदं कृ.

Hiss, hissing, *s.* श्वासः, सर्पश्वासः, सर्पनादः, सर्पशब्दः, कर्कशशब्दः, सीत्कारः, सीत्कृतं, शीश्शब्दः, कर्कशशब्देन अप्रसादसूचनं.

Hist, *adv.* तूर्ष्णी भव, मौनीभव, निःशब्दो भव, वाचं यम.

Historian, *s.* एतिहासिकः, इतिहासरचकः, इतिहासलेखकः, पुरावृत्तरचकः, वृत्तरचकः, भूतरचकः, पुराभृतलेखकः, पुराणरचकः, पुराणोपाख्यानरचकः, शिष्टसमाचाररचकः, चरित्रलेखकः.

Historic, historical, *a.* ऐतिहासिकः -की -कं, इतिहासविषयः -या -यं, इतिहाससम्बन्धी -न्धिनी -न्धि (न्), पुरावृत्तविषयः -या -यं, वृत्तरचनासम्बन्धी **etc.,** शिष्टसमाचारसम्बन्धी **etc.,** पौराणिकः -की -कं.

Historically, *adv.* इतिहासक्रमेण, इतिहासानुसारेण, पुराणोपाख्यानक्रमेण.

To **historify,** *v. a.* इतिहासं लिख् **(c. 6.** लिखति, लेखितुं) **or** रच् **(c. 10.** रचयति -यितुं), पुरावृत्तानि रच्.

Historiographer, *s.* इतिहासरचकः, इतिहासलेखकः, पुराणोपाख्यानरचकः, पुरावृत्तरचकः.

History, *s.* इतिहासः, पुरावृत्तं, उपाख्यानं, पुराणोपाख्यानं, पुरावृत्तोपाख्यानं, शिष्टसमाचारः, उदन्तः; **'writing of history,'** इतिहासरचना, पुरावृत्तरचना, पुराभूतविवरणं, शिष्टसमाचारविरचना, उपाख्यानरचना, चरित्रलिखनं.

Histrionic, histrionical, *a.* नाटकीयः -या -यं, नाट्यसम्बन्धी -न्धिनी -न्धि (न्), रङ्गसम्बन्धी **etc.,** रङ्गयोग्यः -ग्या -ग्यं, नाट्यशालायोग्यः -ग्या -ग्यं.

Hit, *s.* **(Blow, storke)** आघातः, घातः, अभिघातः, प्रहारः, हतिः *f.,* आहतिः *f.,* ताडनं, पातः.—**(Chance)** दैवं, अङ्गतिः *f.;* **'good hit,'** सुदैवं, शुभगतिः *f.,* सौभाग्यं, सम्पद् *f.*

To* hit, *v. a. तड् **(c. 10.** ताडयति -यितुं), वितड्, प्रह **(c. 1.** -हरति -हर्त्तुं), हन् **(c. 2.** हन्ति -न्तुं), अभिहन्, निहन्, विहन्, आहन्, समाहन्, अभ्याहन्, तद् **(c. 6.** तुदति -ते, तोत्तुं), आतुद्, वितुद्, व्यध् **(c. 4.** विध्यति -ते, व्यद्धुं), प्रतिव्यध्; **'to hit the mark,'** लक्ष्यं व्यध्.—**(Attain)** प्राप् **(c. 5.** -आप्नोति -आप्तुं), गम् **(c. 1.** गच्छति, गन्तुं), या **(c. 2.** याति -तुं), इ **(c. 2.** एति -तुं), स्पृश् **(c. 6.** स्पृशति, स्प्रष्टुं), आविश् **(c. 6.** -विशति -वेष्टुं); **'to hit upon,'** आसद् **(c. 10.** -सादयति -यितुं), उपगम्, उपागम्.

***To* hit, *v. n.* (Clash)** परस्परं सङ्घट्ट् **(c. 1.** -घट्टते -ट्टितुं), परस्परसमाघातं कृ.—**(Succeed)** सिध् **(c. 4.** सिध्यति, सेद्धुं), सम्पद् **(c. 4.** -पद्यते -पत्तुं)

Hit, *p. p.* ताडितः -ता -तं, हतः -ता -तं, आहतः -ता -तं, समाहतः -ता -तं, अभिहतः -ता -तं, प्रहतः -ता -तं; **'hit upon,'** आसादितः -ता -तं, विहितः -ता -तं; **'hit off,'** उपन्नः -न्ना -न्नं.

***To* hitch, *v. n.* (Lay hold)** ग्रह् **(c. 9.** गृह्णाति, ग्रहीतुं), धृ **(c. 1.** धरति, धर्त्तुं), अनुबन्ध् **(c. 9.** -बध्नाति -बन्द्धुं), आकृष् **(c. 1.** -कर्षति -क्रष्टुं).—**(Be caught, held)** धृतः -ता -तं भू, रुद्धः -द्धा -द्धं भू, बन्ध् **in pass.** (बध्यते), अनुबन्ध्, बद्धः -द्धा -द्धं भू, स्तम्भितः -ता -तं भू.

Hithe, *s.* घट्टः, उमः, गुल्मः, तरस्थानं, उत्तरणस्थानं.

Hither, *adv.* इतस्, अत्र, इह, इहस्थाने, अस्मिन् देशे; **'come hither,'** उपैह, इत इतस्; **'hither and thither,'** इतस्ततस्, इतश्चेतस्.

Hither, *a.* ऐहिकः -की -कं, ऐहस्थानिकः -की -कं, उपस्थः -स्था -स्थं, उपान्तः -न्ता -न्तं, आसन्नतरः -रा -रं, नेदीयान् -यसी -यः (स्).

Hithermost, *s.* आसन्नतमः -मा -मं, समीपतमः -मा -मं, निकटकस्थः -स्था -स्थं, सन्निहितः -ता -तं, अन्तिकः -का -कं, उपस्थः -स्था -स्थं, नेदिष्ठः -ष्ठा -ष्ठं.

Hitherto, *adv.* अद्य यावत्, अद्यपर्य्यन्तं, एतत्कालपर्य्यन्तं, वर्त्तमानकालपर्य्यन्तं, आवर्त्तमानकालात्, तत्क्षणपर्य्यन्तं, एतत्क्षणपर्य्यन्तं, अद्यावधि.

Hitherward, *adv.* इतस्, इह, अत्र, इहस्थानं प्रति.

Hive, *s.* मधुकोषः, करण्डः, छत्रकः, चषालः, मधुमक्षिकाधारः, मधुकरवासः, मधुकरालयः, मधुकरपोषणस्थान.

To* hive, *v. a. मधुकोषे निविश् **(c. 10.** -वेशयति -यितुं), करण्ड **(nom.** करण्डयति -यितुं).

To* hive, *v. n. मधुकोषं निविश् **(c. 6.** -विशति, वेष्टुं), सङ्घशः करण्डं निविश्.

Ho, hoa, *interj.* हो, अहो, हंहो, हं, हे, हौ, होहौ, है, अरे, अरेरे.

Hoar, *a.* धवलः -ला -लं, शुक्लः -क्ला -क्लं, श्वेतः -ता -तं, शुभ्रः -भ्रा -भ्रं गोरः -रा -री -रं, विशदः -दा -दं.

Hoard, *s.* अतिसञ्चयः, निभृतसञ्चयः, गूढसञ्चयः, सञ्चयः, निचयः, चयः, प्रचयः, समुच्चयः, समुदायः, सङ्घातः, सन्नयः, पुञ्जः, पूगः, राणः, समूहः, संहारः, सङ्ग्रहः, समाहारः, निर्हारः, निधानं, निधिः ***m.***, राशिः ***m.***; **'hoard of barbarians,'** म्लेच्छगणः.

To* hoard, *v. a. निभृतं सञ्चि **(c. 5.** -चिनोति -चेतुं) **or** समाचि, गूढसञ्चयं कृ, अतिसञ्चयं कृ, पुञ्जीकृ, राशीकृ.

Hoarded, *p. p.* सञ्चितः -ता -तं, समाचितः -ता -तं, पुञ्जीकृतः -ता -तं.

Hoarder, *s.* सञ्चयी ***m.*** (न्), अतिसञ्चयकारी ***m.*** (न्), गूढचयकारी ***m.***

Hoar-frost, *s.* नीहारः, तुषारः, तुषारकणः, प्रालेयं, हिमं, हिमानी, हैमं, तुहिनं, खजलं, खवाप्यः.

Hoariness, *s.* धावल्यं, धवलता, शुक्लता, गौरता, वैशद्यं, शुक्लिमा ***m.*** (न्); **'of the hair,'** केशधावल्यं, केशशुक्लता, केशपक्वता, पलितं, पलितत्वं.

Hoarse, *a.* रुक्षस्वरः -रा -रं, रूक्षाभिभाषी -षिणी -षिणी -षि (न्) स्वरभग्नः -ग्ना -ग्नं, भग्नस्वरः -रा -रं, गम्भीरस्वरः -रा -रं, कल्लः -ल्ला -ल्लं.

Hoarsely, *adv.* रुक्षस्वरेण, गम्भीरस्वरेण, भग्नस्वरेण, रूक्षं, गभीरं.

Hoarseness, *s.* स्वररुक्षता, स्वरगम्भीरता, स्वरभङ्गः, स्वरभग्नता, स्वरभेदः, कल्लत्वं -ता.

Hoary, *a.* शुक्लः -क्ला -क्लं, धवलः -ला -लं, श्वेतः -ता -तं, गौरः -रा -री -रं, शुभ्रः -भ्रा -भ्रं, विशदः -दा -दं.—**(Gray-haired)** पलितः -ता -लिक्नी -तं, पलिकेशः -शी -शं, शुक्लकेशः -शी -शं, धवलकेशः -शी -शं, पक्वकेशः -शी -शं.

Hoax, *s.* वञ्चनं -ना, प्रवञ्चना, छद्म ***n.*** (न्), कपटः -टं, प्रतारणं -णा.

To* hoax, *v. a. वञ्च् **(c. 10.** वञ्चयते -ति -यितुं), प्रवञ्च, प्रलभ् **(c. 1.** -लभते -लब्धुं), छल् **(c. 10.** छलयति -यितुं), प्रतृ, **c. 10.** (-तारयति -यितुं), व्यपदिश **(c. 6.** -दिशति -देष्टुं).

Hoaxed, *p. p.* वञ्चितः -ता -तं, विप्रलब्धः -ब्धा -ब्धं, मोहितः -ता -तं.

Hob, *s.* (A clown) वृषलः, ग्राम्यजनः, प्राकृतजनः, जानपदः.

***To* hobble, *v. n.* (Limp)** खञ्ज् **(c. 1.** खञ्जति -ञ्जितुं), लङ्ग् **(c. 1.** लङ्गति -ङ्गितुं), वङ्ग् **(c. 1.** वङ्गति -ङ्गितुं), खोर् **(c. 1.** खोरति -रितुं), खोल् **(c. 1.** खोलति -लितुं), खोड् **(c. 1.** खोडति -डितुं), खोट् **(c. 1.** खोटति -टितुं), गतिविकलः -ला -लं भू.

Hobble, *s.* (Limping) लङ्गः, खञ्जता, पङ्गुता.—**(Evil plight)** दुर्दशा.

Hobbler, *s.* खञ्जः, लङ्गगतिः, लङ्गगामी ***m.*** (न्), गतिविकलः.

Hobbling, *s.* खञ्जत्वं, पङ्गुता, खोरता, लङ्गः, गतिवैकल्यं.

Hobblingly, *adv.* खञ्जवत्, पङ्गुवत्, खोरवत्, लङ्गगत्या.

Hobby, *s.* (Species of hawk) श्येनभेदः, उत्क्रोशभेदः.—**(Fancy)** छन्दस् ***n.***, चापलं, बुद्धिचापल्यं, निर्बन्धः, लहरी, अखट्टिः ***m.***, रुचिः ***f.***, अभिरुचिः ***f.***, मनोरथः, प्रियद्रव्यं, प्रियवस्तु ***n.***—**(A stupid fellow)** मूढः, मूर्खः, जडः, स्थूलजः.

Hobby-horse, *s.* क्रीडामृगः, क्रीडाश्वः, चर्म्ममृगः, क्रीडनकं, क्रीडाद्रव्यं.

Hobgoblin, *s.* रात्रिचरः, रात्रिञ्चरः, रजनीचरः, क्षणदाचरः, नक्तचरः -चारी ***m.*** (न्), निशाटः, भूतः, वेतालः, प्रेतः, पिशाचः, राक्षसः, असुरः, क्रव्याद् ***m.***, कर्बुरः, अपदेवता.

Hobnail, *s.* अश्वपादुकाकीलः, अश्वपादुकाशङ्कुः ***m.***, वृहत्कीलः.

Hobson's choice, *s.* विकल्पाभावः, अविकल्पः, विकल्पं विना.

Hock, *s.* (Kind of wine) मद्यविशेषः.—**(Of quadrupeds)** चतुष्पदानां पश्चिमजङ्घाया मध्यमसन्धिः **or** अरत्निरूपः सन्धिः.

To* hock, *v. a. पूर्वोक्तसन्धिशिरां छिद् (**c. 7.** छिनत्ति, छेत्तुं), पश्चिमजङ्घाशिरां छिद्.

Hocus-pocus, *s.* तन्त्रमन्त्र, माया, कुहकः, जालं, मूलकर्म्म ***n.*** (न्).

Hod, *s.* लेपकारिभिः स्कन्धेन धृतं काष्ठमयं लेपपात्रं, लेपाधारः, विलेपभाजनं.

Hodge-podge, *s.* सन्निपातः, प्रकीर्णकं, सङ्कीर्णकं, नानाद्रव्यसमूहः.

Hodiernal, *a.* अद्यतनः -नी -नं, वर्त्तमानदिवसीयः -या -यं.

Hoe, *s.* खनित्रं, खात्रं, स्तम्बघ्नः, स्तम्बघनः, स्तम्बघातः, स्तम्बहननं -नी, स्तम्बहा ***m.*** (न्), आसनः -निकः -आखानं.

To* hoe, *v. a. खनित्रेण खन् (**c. 1.** खनति -ते -नितुं), खात्रेण भूमिं भिद् (**c. 7.** भिनत्ति, भेत्तुं) **or** दृ (**c. 10.** दारयति -यितुं), खनित्रेण कक्षान् उद्धृ (**c. 1.** -हरति -हर्त्तुं) **or** उत्खन्.

Hog, *s.* शूकरः, सूकरः, वराहः, कोलः, दंष्ट्री ***m.*** (न्), वक्रदंष्ट्रः, चक्रदंष्ट्रः, चक्ररदः, वक्रवक्त्रः, पोत्री ***m.*** (न्), स्थूलनासः, दीर्घरदः, मुखलाङ्गलः, भूदारः, किरः, किरिः ***m.***, किटिः ***m.*** बहुप्रजः, बह्वपत्यः, घृष्टिः ***m.*** गृष्टिः ***m.*** घोणी ***m.*** (न्), स्तब्धरोमा ***m.*** (न्), क्रोडः; **'village hog,'** ग्राम्यः, विट्चरः.

Hog-herd, *s.* शूकरपालः -लकः, शूकरपोषकः, वराहरक्षी ***m.*** (न्).

Hoggish, *a.* शूकरीयः -या -यं, सौकरः -री -रं, वाराहः -ही -हं, शूकरोपमः -मा -मं, शूकरसगुणः -णा -णं, वराहसगुणः -णा -णं.

Hoggishness, *s.* शूकरीयता, सौकर्य्यं, शौकर्य्यं, पशुत्वं, अतिलोभः.

Hogo, *s.* अतिस्वादः, तीक्ष्णस्वादः, सूक्ष्मस्वादः.

Hogshead, *s.* द्रवद्रव्याणां परिमाणविशेषः.

Hogsty, *s.* शूकरस्थानं, शूकरालयः, शूकरगृहं, शूकरवासः.

Howash, *s.* शूकरखाद्यं भुक्तावशेषं **or** उच्छिष्टान्नं.

Hogweed, *s.* पुनर्नवा, शोथघ्नी.

Hoiden, *s.* प्रगल्भा स्त्री, निर्लज्जा स्त्री, पुंश्चली, स्वैरिणी, बन्धकी, असभ्या स्त्री, ग्रामिणी.

To* holden, *v. n. पूर्व्वोक्ता स्त्री यत्प्रकारेण तत्प्रकारेण चर् (**c. 1.** चरति -रितुं) **or** आचर् **or** वृत् (**c. 1.** वर्त्तते -र्त्तितुं).

To* hoist, *v. a. उत्तुल् (**c. 10.** -तोलयति -यितुं), तुल्, उद्धृ (**c. 1.** -हरति -हर्त्तुं), उन्नी (**c. 1.** -नयति -नेतुं)), उद्घट् (**c. 10.** -घाटयति -यितुं), उच्छ्रि (**c. 1.** -छ्रयति -यितुं, **rt.** स्था), उच्चीकृ, ऊर्द्ध्वीकृ.

Hoisted, *p. p.* उत्तोलितः -ता -तं, उद्धृतः -ता -तं, उच्छ्रितः -ता -तं, उद्धर्हितः -ता -तं, उद्वाहितः -ता -तं, उद्घाटितः -ता -तं, उद्यतः -ता -तं.

***To* hold, *v. a.* (Keep)** धृ (**c. 1.** धरति, धर्त्तुं, **c. 10.** धारयति -यितुं), धा (**c. 3.** धत्ते, धातुं), रक्ष् (**c. 1.** रक्षति -क्षितुं); **'hold in the hand,'** हस्तेन धृ.—**(Maintain)** भृ (**c. 1.** भरति, **c. 3.** बिभर्त्ति, भर्त्तुं), धृ, सन्धृ, पाल् (**c. 10.** पालयति -यितुं); **'hold an opinion,'** मतं धृ (**c. 10.** धारयति), मतम अवलम्ब् (**c. 1.** -लम्बते -म्बितुं) **or** समालम्ब्.—**(Possess)** धा (**c. 3.** दधाति, धत्ते, धातुं), विधा, आधा, भृ, धृ (**c. 10.**), शील् (**c. 10.** शीलयति -यितुं), आप् (**c. 5.** आप्नोति, आप्तुं).—**(Esteem)** मन् (**c. 4.** मन्यते, मन्तुं); **'hold in high estimation,'** बहु मन्; **'hold in contempt,'** अवमन्, तृणाय मन्, लघूकृ, तुच्छीकृ, कदर्थीकृ.—**(Detain)** धृ, सन्धृ, रुध् (**c. 7.** रुणद्धि, रोद्धुं), निरुध्, अवरुध्.—**(Hold in confinement)** करायां निरुध् **or** बन्ध् (**c. 9.** बध्नाति, बन्द्धुं) **or** धृ.—**(Hold back, withhold)** निवृ (**c. 10.** -वारयति -यितुं), निग्रह् (**c. 9.** -गृह्णाति -ग्रहीतुं), विनिग्रह्, सन्निग्रह्, उपसंहृ (**c. 1.** -हरति -हर्त्तुं), संहृ, विधृ.—**(Contain)** धा, आधा, धृ, भृ, आदा (**c. 3.** -ददाति -दत्ते -दातुं), ग्रह्, परिग्रह्; **'room to hold all,'** सर्व्वेषां धारणे स्थानं.—**(Take hold, lay hold)** ग्रह्, परिग्रह्, सङ्ग्रह्, हस्तेन ग्रह्, घृ, हस्तेन धृ, परामृश् (**c. 6.** -मृशति -म्रष्टुं), हस्तेन अवलम्ब् (**c. 1.** -लम्बते -म्बितुं) **or** समालम्ब्.—**(Celebrate as a festival)** सेव् (**c. 1.** सेवते -वितुं), विधिवत् कृ, यथाविधि अनुष्ठा (**c. 1.** -तिष्ठति -ष्ठातुं) **or** पाल्.—**(Carry on, perform)** कृ, विधा, सम्पद् (**c. 10.** -पादयति -यितुं), निर्वह् (**c. 10.** -वाहयति -यितुं), अनुष्ठा.—**(Hold out, extend)** प्रसृ (**c. 10.** -सारयति -यितुं), प्रग्रह्.—**(Hold out, offer)** प्रयस् (**c. 1.** -यच्छति -यन्तुं), उपनी (**c. 1.** -नयति -नेतुं), उपन्यस् (**c. 4.** -अस्यति -असितुं), उपस्था **in caus.** (-स्थापयति -यितुं), उपहृ.—**(Hold up, raise aloft)** उच्चीकृ, उच्चैः कृ, ऊर्द्ध्वीकृ, उन्नम् (**c. 10.** -नमयति -यितुं), उच्छ्रि (**c. 1.** -छ्रयति -यितुं), उद्यम्.—**(Hold up, sustain)** धृ, सन्धृ, आलम्ब् (**c. 1.** -लम्बते,

c. 10. -लम्बयति -यितुं), अवलम्ब्, समवलम्ब्, उत्तम्भ् (**c. 10.** -तम्भयति -यितुं, **rt.** स्तम्भ्), भृ.—**(Holdone's tongue)** जिह्वां रक्ष् **or** धृ.

***To* hold, *v. n.* (Stand, remain firm)** स्था (**c. 1.** तिष्ठति, स्थातुं), स्थिरीभू.—**(Last, endure)** स्था, संस्था, चिरस्थायी -यिनी -यि भू, ध्रुवीभू.—**(Refrain)** आत्मानं संयम् (**c. 1.** -यच्छति -यन्तुं), आत्मानं यम्, विरम् (**c. 1.** -रमति -रन्तुं) **with abl. c.,** निवृत् (**c. 1.** -वर्त्तते -र्त्तितुं) **with abl. c.,** परिहृ (**c. 1.** -हरति -हर्त्तुं), संहृ.—**(Adhere)** अनुबन्ध् (**c. 9.** -बध्नाति -बन्द्धुं **or in pass.** -बध्यते), अनुलग्नीभू, संलग्नीभू, अवलम्ब् (**c. 1.** -लम्बते -सितुं), अवलम्बी -म्बिनी -म्बि भू.—**(Be dependent on)** अधीनः -ना -नं भू, आश्रितः -ता -तं भू, अवलम्ब्.—**(Hold off)** विलम्ब्.—**(Hold on)** संस्था, पर्यवस्था, निर्बन्धं कृ.—**(Hold out, resist)** चिरेण सह् (**c. 1.** सहते, सोढुं), चिरकालेन प्रतिकृ.—**(Hold together)** संलग्नीभू, सम्बन्ध् **in pass.;** (-बध्यते).

Hold, *s.* (Act of holding) धृतिः ***f.,*** धरणं, धारणं, ग्रहणं, आग्रहः, सङ्ग्राहः.—**(Taking hold)** ग्रहणं, सङ्ग्रहणं, सङ्ग्राहः, ग्रहः, हस्तेन ग्रहणं, हस्तेन धृतिः ***f.* or** धरणं; **'letting go the hold,'** स्रस्तहस्तः -स्ता -स्तं.—**(Place of holding)** वारङ्गः —**(Place of custody)** कारा, कारागारं, बन्धनस्थानं, निरोधस्थानं, गुप्तिः ***f.***—**(Fortified place)** दुर्गं, कोटिः ***f.*** —**(Support)** आलम्बः -म्बनं, अवलम्बनं, धारणं, आधारः, उपस्तम्भः, आग्रहः, सङ्ग्रहः.—**(Influence)** अधिकारः, भारः, गौरं, वशः -शं.—**(Hold of a ship)** गुप्तिः ***f.,*** नौगुपिः ***f.,*** नौकोदरं, नौकाधोभागः.

Holder, *s.* धारी ***m.*** (न्), धारकः, धरः, धारणकर्त्ता ***m.*** (र्त्तृ), धारयः, ग्राहकः, ग्राही ***m.*** (न्).

Holdfast, *s.* (Any thing that takes hold) ग्राहकः -कं, ग्रहणी, धरः -री -रं, बन्धनी, कुडुपः.—**(Parsimonious man)** दृढमुष्टिः ***m.,*** गाढमुष्टिः ***m.,*** बद्धमुष्टिः ***m.,*** अमुक्तहस्तः.

Holding, *s.* धरणं, धारणं, ग्रहणं, आधानं, आदानं, रक्षणं.

Holding, *part.* धारी -रिणी -रि (न्), धारयन् -यन्ती -यत् (त्), धरः -रा -री -रं, आददानः -ना -नं, आदधानः -ना -नं; **'holding' may be expressed by** हस्त **in comp.; as, 'holding a stick,'** दण्डहस्तः -स्ता -स्तं; **'holding a sword,'** खड्गहस्तः -स्ता -स्तं.

Hole, *s.* विवरं, विलः, गर्त्तः, रन्ध्रं, छिद्रं, कुहरं, शुषिरं, शुषिः ***f.,*** -षी, कूपः, अवटः -टिः ***m.,*** गुहा, विरोकं, रोकं, रुहकं, रोपं, सङ्कुः ***m.,*** मर्करा, भूकं, दूकं, निर्व्यथनं.—**(Cave)** गह्वरं, कन्दरः -रं दरी, खातं, निर्दरिः ***m.,*** गुहा, शैलरन्ध्रं.—**(Of a beast)** श्वभ्रं, विवरं; **'of a serpent,'** सर्पविवरं; **'rat hole,'** मूषिकविवरं; **'full of holes,'** अनेकरन्ध्रः -न्ध्रा -न्ध्रं, सरन्ध्रः **etc.,** बहुविवरः -रा -रं, बहुविलः -ला -लं; **'one who picks holes in the character of others,'** छिद्रान्वेषी -षिणी -षि (न्), छिद्रानुसारी -रिणी -रि (न्).

Holiday, *s. See* Holyday.

Holily, *adv.* पुण्यं, पुण्यवत्, पुण्यशीलता, पवित्रं, पवित्रवत्, धर्म्मशीलवत्, शुचिवत्, शौचेन.

Holiness, *s.* पुण्यता -त्वं, पुण्यशीलता, पवित्रता, -त्वं, शुचिता -त्वं, शौचं, धर्म्मशीलता, साधुत्वं -ता, धर्म्मत्वं -ता, देवभक्तिः ***f.,*** पुण्यवत्त्वं, ब्रह्मवर्च्चसं, ब्रह्मण्यता, वृत्ताध्ययनर्द्धिः ***f.;*** **'his holiness,'** भगवान् ***m.*** (त्).

Hollo, *interj.* भो, भोः, भोस्, भोभो, हलहला, हे, है, अहो, हं, हंहो.

To* hollo, *v. n. हे, है, भो, हलहला इत्यादिशब्दान् कृ **or** इत्यादिशब्दैर् दूरस्थजनम् आह्वे (**c. 1.** -ह्वयति -ह्वातुं), उच्चैःस्वरेण दूरस्थं कञ्चिज्जनम् आह्वे, हलहला **(nom.** हलहलायते).

Holland, *s.* (Country) हल्लण्डसंज्ञको देशः.

Hollander, *s.* हल्लण्डीयः, हल्लण्डीयजनः, हल्लण्ड्देशजः.

Hollands, *s.* (Spirits) शुण्डा, सुरा -री, वारुणी, हाला.

Hollow, *a.* (Empty within) शून्यः -न्या -न्यं, शून्यमध्यः -ध्या -ध्यं, शून्यगर्भः -र्भा -र्भं, शून्योदरः -रा -रं, शुषिरः -रा -रं, रिक्तमध्यः -ध्या -ध्यं, रिक्तगर्भः -र्भा -र्भं, उत्तानः -ना -नं, वितानः -ना -नं, पुटाकारः -रा -रं, गर्भाकारः -रा -रं, उदराकृतिः -तिः -ति.—**(In sound)** मन्दः -न्दा -न्दं, मन्थरः -रा -रं, उदराकृतिः -तिः -ति.—**(In sound)** मन्दः -न्दा -न्दं, मन्थरः -रा -रं, मन्द्रः -न्द्रा, -न्द्रं, गभीरः -रा -रं, गम्भीरः -रा -रं.—**(Worthless, unsubstantial)** निःसारः -रा -रं, असारः -रा -रं, सारहीनः -ना -नं, निःसत्त्वः -त्त्वा -त्त्वं.—**(Vain)** मोघः -घा -घं, निरर्थकः -का -कं.—**(False)** असत्यः -त्या -त्यं, निःसत्यः -त्या -त्यं, वितथः -था -थं, कृत्रिमः -मा -मं, मिथ्या **in comp.; 'a hollow reed,'** शून्या.

Hollow, *s.* (Cavity, hole) विवरं, विलं, कुहरं, गर्त्तः, कोष्ठः, शुषिरं, शून्यः, अवटः -टिः ***m.,*** कूपः, गुहा.—**(Inner part)** गभः, उदरं, अभ्यन्तरं, क्रोडं.—**(Hollow ground)** दरा -री, दरीभूः ***f.,*** कन्दरः -री, निम्नभूमिः ***f.,*** द्रोणी, अद्रिद्रोणी. —**(Excavation)** खातं, खातभूः ***f.***—**(Natural hollow)** देवखातं.—**(Cavern)** गह्वरं, कन्दरः, गुहा, कुहरं.—**(Canal)** कुल्या, प्रणाली, सारणिः ***f.***—**(Hollow of a tree)** कोटरः -रं, वृक्षभवनं, तरुक्रोडं, प्रान्तरं, निर्गूढः, चत्वालः, निष्कुहः; **'hollow of the hand,'** पुटः, पुटितं, करकोषः; **'hollow of the ear,'** ऋषभः; **'hollow of the loins,'** गर्त्तः, जघनकूपकौ ***m.du.;*** **'hollow of a boiler,'** स्थालीविलं.

To* hollow, *v. a. शून्यीकृ, शुषिरीकृ, खन् (**c. 1.** खनति -ते

-नितुं), उत्खन्, पुट् (c. 10. पुटयति -यितुं), पुटीकृ.

Hollowed, *p. p.* खातः -ता -तं, उत्खातः -ता -तं, पुटितः -ता -तं, शून्यीकृतः -ता -तं, शुषिरीकृतः -ता -तं.

Hollowness, *s.* शून्यता -त्वं, शुशिरता -त्वं, रिक्तता.—**(Of sound)** मन्दता, मन्द्रता, गभीरता, गम्भीरता -त्वं, गाम्भीर्य्यं. —**(Worthlessness)** निःसारता, असारता, मोघता, फल्गुता. —**(Falsity)** असत्यता, निःसत्यता, कृत्रिमता, कूटता, कापट्यं.

Holly, *s.* कण्टकितपत्रविशिष्टः सदाहरितो गुल्मभेदः.

Hollyhock, *s.* नानावर्णपुष्पविशिष्ट ओषधिभेदः.

Holm-oak, *s.* चिरस्थायी महावृक्षभेदः.

Holocaust, *s.* होमः, हुतं, हव्यं, हुतहोमं, आहुतं, आहवनीयं.

Holpen, *p. p.* उपकृतः -ता -तं, कृतोपकारः -रा -रं, कृतसाहाय्यः -य्या -य्यं.

Holy, *a.* पुण्यः -ण्या -ण्यं, पुण्यवान् -वती -वत् (त्), पुण्यशीलः -ला -लं, पुण्यात्मा -त्मा -त्म (न्), पवित्रः -त्रा -त्रं, धर्म्मशीलः -ला -लं, शुचिः -चिः -चि, शुचिमनाः -नाः -नः (स्), शुचिव्रतः -ता -तं, विमलः -ला -लं, अमलात्मा -त्मा -त्म (न्), निर्म्मलान्तःकरणः -णा -णं, शुद्धमतिः -तिः -ति, पवित्रमतिः -तिः -ति, शुद्धात्मा etc., शुद्धहृदयः -या -यं, धार्म्मिकः -की -कं, साधुः -धुः -ध्वी -धु; **'holy land,'** पुण्यभूमिः ***f.***, पुण्यभूः ***f.***; **'holy writ,'** श्रुतिः ***f.***; **'holy place of pilgrimage,'** तीर्थं -र्थं, पुण्यतीर्थं, क्षेत्रं, पुण्यस्थानं.

Holyday, *s.* (Sacred day) पुण्याहं, पुण्यदिनं, पुण्यदिवसः. —**(Festival)** उत्सवः, उत्सवदिनं, पर्व्वाहः, उद्धर्षदिनं, आनन्ददिवसः, यात्रा, रासेरसः.—**(Day on which there is intermission of study)** अनध्यायः अनध्यायदिवसः, अनध्यायमहोत्सवः, अस्वाध्यायतिथिः ***m. f.***, विश्रामदिवसः; **'holyday folk,'** यात्राजनः, यात्रालोकः.

Holy-water, *s.* पुण्यजलं, पुण्योदकं, पुण्यासु ***n.***, पुण्यवारि ***n.***

Homage, *s.* पूजा, प्रणामः, प्रणातिः ***f.***, प्रणिपातः -पतनं, अर्चनं -ना, अर्चा, अभ्यर्चा, अभ्यर्चनं, नमस्कारः, मानं, सम्मानं, सत्कारः, पादवन्दनं, सेवा, सेवाञ्जलिः ***m.***, आदरः, भक्तिः ***f.***, प्रभुक्तिः ***f.***, प्रतीतिः ***f.***, विनीतिः ***f.***, उपासना, शेवं.

To* homage, *v. a. पूज् **(c. 10.** पूजयति -यितुं), सम्पूज्, अर्च् **(c. 1.** अर्चति -र्चितुं, **c. 10.** अर्चयति -यितुं), प्रणिपत् **(c. 1.** -पतति -तितुं), उपस् **(c. 2.** -आस्ते -आसितुं), प्रणम् **(c. 1.** -णमति -णन्तुं), सत्कृ; **'he paid homage,'** प्रणतवान्.

Homager, *s.* पूजकः, प्रणामकृत् ***m.***, प्रणिपातकारी ***m.*** (न्), सम्मानकृत् ***m.***

Home, *s.* स्वगृहं, गृहं, स्वस्थानं, स्वदेशः, स्ववासः, स्वविषयः, स्वगेहः, स्ववेश्म ***n.*** (न्), निजगहं, निजालयः, निजगेहः, स्वभवनं, स्वनिलयः; **'devoted to home,'** गृहारूढचेताः -ताः -तः (स्).

Home, *adv.* गृहं प्रति, स्वगृहं प्रति; **'he went home,'** गृहं ययौ. —**(Close)** निकटे; **'speech that strikes home,'** सङ्गतवाक्यं, हृदयङ्गमवाक्यं.

Home-born, *a.* गृहजातः -ता -तं, स्वगृहजः -जा -जं, स्वदेशजः -जा -जं; **'home-born slave,'** गृहजातो दासः, ज्ञातिदासः.

Home-bred, *a.* गृहजः -जा -जं, गृह्यः -ह्या -ह्यं, आन्तर्वेश्मिकः -की -कं.

Home-felt, *a.* अन्तरस्थः -स्था -स्थं, अन्तरतमः -मा -मं, अन्तर्भूतः -ता -तं.

Homless, *a.* निरालयः -या -यं, निरास्पदः -दा -दं, निराश्रयः -या -यं.

Homeliness, *s.* ग्राम्यता, ग्रामीयत्वं, गृह्यता, असभ्यता, नीचता, अश्लीलता, अशुद्धत्वं, अशिष्टत्वं.

Homely, *a.* ग्राम्यः -म्या -म्यं, ग्रामिकः -की -कं, ग्रामीयः -या -यं, ग्रामीणः -णा -णं, गृह्यः -ह्या -ह्यं, गृहजः -जा -जं, प्राकृतः -ती -तं, असभ्यः -भ्या -भ्यं, अश्लीलः -ला -लं, नीचः -चा -चं, अधमः -मा -मं, अशुद्धः -द्धा -द्धं, अशिष्टः -ष्टा -ष्टं, असंस्कृतः -ता -तं, अपरिष्कृतः -ता -तं; **'homely speech,'** ग्राम्यं.

Homely, *adv.* ग्राम्यं, ग्राम्यप्रकारेण, असभ्यं, नीचं, गृह्यतस्.

Home-made, *a.* गृहनिर्म्मितः -ता -तं, गृहकृतः -ता -तं, गृहोत्पन्नः -न्ना -न्नं.

Home-spun, *a.* गृहजातः -ता -तं, गृहजः -जा -जं, गृह्यः -ह्या -ह्यं.

Home-stall or home-stead, *s.* गृहं, वासस्थानं, वसतिः ***f.***, आवासः.

Homeward, *adv.* गृहं प्रति, स्ववासं प्रति, स्वस्थानं प्रति.

Homicidal, *a.* नृहत्याकारी -रिणी -रि (न्), मनुष्यघाती -तिनी -ति (न्)

Homicide, *s.* नृहत्या, मनुष्यहत्या, मनुष्यवधः, मनुष्यघातः.—**(One who kills a man)** नृहन्ता ***m.*** (न्तृ), मनुष्यघातकः.

Homily, *s.* पूजाशालासु श्रावणीयं धर्म्मविषयं वाक्यं.

Homogeneal, homoeneous, *a.* समानजातीयः -या -यं, सजातीयः -या -यं, समानजातिः -तिः -ति, सजातिः -तिः -ति, समभावः -वा -वं, समानभावः -वा -वं, समधर्म्मा -र्म्मा -र्म्म (न्), एकजातिः -तिः ति, एकधर्म्मा etc., स्वभावीयः -या -यं.

Homogenealness, homogeneity, homogeneousness, *s.* समानजातिता, सजातिता, भावसमता, भावसमानता, जातिसमता.

Homologous, *a.* तुल्याकारः -रा -रं, तुल्यपरिमाणः -णा -णं, समपरिमाणः -णा -णं.

Homonymous, ***a.*** भिन्नार्थः -र्था -र्थं, सन्दिग्धार्थः -र्था -र्थं, द्व्यर्थः -र्था -र्थं. समसंज्ञकः -का -कं, समनामा -मा -म (न्).

Homonymy, ***s.*** भिन्नार्थता, विभिन्नार्थता, अर्थभेदः, द्व्यर्थता, नामसमता.

Hone, ***s.*** शाणः -णी, शाणाश्म ***n.*** (न्), शानः क्षुरधारातेजनप्रस्तरः.

Honest, ***a.*** **(Upright, just)** सरलः -ला -लं, दक्षिणः -णा -णं, शुचिः -चिः -चि, न्यायाचारः -रा -रं, न्यायवर्त्ती -र्त्तिनी -र्त्ति (न्), न्याय्यः -य्या -य्यं, ऋजुः -जुः -जु, सच्चरितः -ता -तं, सात्त्विकः -की -कं, शुद्धमतिः -तिः -ति, शुद्धात्मा -त्मा -त्म (न्), अजिह्मः -ह्मा -ह्मं, अकुटिलः -ला -लं, अशठः -ठा -ठं, अशठधीः -धीः -धि, मायाहीनः -ना -नं, अमायः -या -यं, -यिकः -की -कं, अकपटः -टा -टं, निष्कपटः -टा -टं, कपटहीनः -ना -नं, निर्व्याजः -जा -जं, विमलात्मा -त्मा -त्म (न्), निर्व्यलीकः -का -कं, अवक्रः -क्रा -क्रं, धार्म्मिकः -की -कं, दम्भरहितः -ता -तं, धर्म्मकारी -रिणी -रि (न्), भद्रः -द्रा -द्रं, साधुः -धुः -ध्वी -धु, सन् सती -सत् (त्), उत्तमः -मा -मं, सरलपायी -यिनी -यि (न्), श्लक्ष्णः -क्ष्णा -क्ष्णं, प्राञ्जलः -ला -लं, प्रगुणः -णा -णं.—**(True)** सत्यः -त्या -त्यं, सत्यकः -का -कं, सत्यशीलः -ला -लं, सत्यवृत्तः -त्ता -त्तं, सत्यवादी -दिनी -दि (न्).

Honestly, ***adv.*** सरलं, सारल्येन, न्यायेन, न्यायतस्, न्याय्यं, निष्कपटं, कपटं विना, निर्व्याजः, निर्व्यलीकं, अमायया, मायां विना, सरलवत्, शुचिवत्, अजिह्मं, सदाक्षिण्यं.

Honesty, ***s.*** सारल्यं, सरलता, दाक्षिण्यं, शुचिता -त्वं, ऋजुता, आर्जवं, अमाया, मायाहीनता, अपकटः, अकापट्यं, कपटहीनता, अव्याजः, न्यायिता, न्यायाचारता, अजिह्मता, अकौटिल्यं, अशठता, निर्व्यलीकता, अवक्रता, अस्तेयं, अपैशुनं, भद्रता, साधुता, शुद्धत्वं, धार्म्मिकत्वं, सत्यता, सत्यशीलता, सत्यवादित्वं, नैर्मल्यं, विमलता, अदत्तानुपादानं.

Honey, ***s.*** मधु ***n.,*** क्षौद्रं, पुष्पनिर्यासः, पुष्परसः, पुष्पसारः, पुष्पासवं, कुसुमासवं, माक्षिकं, छात्रं -त्रकं, सारघं, कापिशायनं; **'honey of flowers,'** सवं; **'become honey,'** मधुसाद्भूतः -ता -तं.

To **honey,** ***v. n.*** मधुरवचोभिः **or** मधुरवाक्यैः सान्त्व् **(c. 10.** सान्त्वयति -यितुं).

Honey-comb, ***s.*** मधुकोषः, मधुवासः, मधुचक्रं, माक्षिकाश्रयं, मधुक्रमः, करण्डः.

Honey-moon, ***s.*** आनन्दमासः, विवाहात् परं प्रथममासो यस्मिन् स्त्रीपुरुषौ प्रेममात्रं कुरुतः.

Honey-suckle, ***s.*** सुरभिगन्धविशिष्टो लताविशेषः.

Honey-sweet, ***a.*** मधुरः -रा -रं, मधुवत् स्वादुः -दुः -द्वी -दु, मधुसात् **ind.**

Honey-tongued, ***a.*** मधुरभाषी -षिणी -षि (न्), मधुरवादी -दिनी -दि (न्).

Honied, ***a.*** मधुमान् -मती -मत् (त्), मधुमयः -यी -यं, मधुरः -रा -रं.

Honorary, ***a.*** सम्मानकरः -रा -रं, मानदः -दा -दं, यशस्यः -स्या -स्यं, यशस्वी -स्विनी -स्वि (न्), कीर्त्तिकरः -रा -रं, यशस्करः.—**(Confering honour only, without gain)** सम्मानमात्रदः -दा -दं, कीर्त्तिमात्रकरः -री -रं, अलाभकरः -री -रं.

Honour, ***s.*** **(Fame, reputation)** कीर्त्तिः ***f.,*** यशस् ***n.,*** ख्यातिः ***f.,*** सुख्यातिः ***f.,*** विख्यातिः ***f.,*** प्रतिष्ठा, विश्रुतिः ***f.,*** समाख्या, प्रतिपत्तिः ***f.***—**(Reverence)** सम्मानं, मानं, पूजा, अर्चनं -ना, अर्चा, अभ्यर्चा -र्चनं, नमस्कारः, सेवा, अर्हा, अर्हणं -णा, आदरः, सम्भावना, सत्कारः, आराधनं, पुरस्कारः, सम्भ्रमः, श्लाघा.—**(Dignity, honourable rank)** उत्कर्षः, उत्कृष्टता, उत्कृष्टपदं, कुलीनपदं, प्रतिपत्तिः ***f.,*** प्रधानपदं, प्रधानता, प्राधान्यं, श्रेष्ठत्वं, उन्नतिः ***f.,*** मर्य्यादा, अभिजातता, पूज्यता, मान्यता -त्वं, अभ्यर्हणीयेता.—**(family honour)** मर्य्यादा, कुलमर्य्यादा.

To **honour,** ***v. a.*** पूज् **(c. 10.** पूजयति -यितुं), सम्पूज्, अभिपूज्, मन् **(c. 10.** मानयति -यितुं), सम्मन्, प्रतिमन्, अर्च् **(c. 1.** अर्चति -र्चितुं, **c. 10.** अर्चयति -यितुं), अभ्यर्च्, समभ्यर्च्, समर्च्, सेव् **(c. 1.** सेवते -वितुं, **c. 10.** सेवयति -यितुं), अर्ह् **(c. 10.** अर्हयति -यितुं), सम्भू **(c. 10.** -भावयति -यितुं), आदृ **(c. 6.** द्रियते -दर्त्तुं), नमस्कृ, सत्कृ, पुरस्कृ,, आराध् **(c. 10.** राधयति -यितुं), श्रु **in des.** (शुश्रूषते -षितुं), अञ्च् **(c. 1.** अञ्चति -ञ्चितुं) मह् **(c. 1.** महति -हितुं), अनुग्रह् **(c. 9.** -गृह्णाति -ग्रहीतुं), पूजां कृ, सम्मानं कृ.—**(Accept a bill)** लेख्यपत्रं ग्रह् **or** स्वीकृ **or** आदृ.

Honourable, ***a.*** पूज्यः -ज्या -ज्यं, पूजनीयः -या -यं, पूजयितव्यः -व्या -व्यं, सम्पूजनीयः -या -यं, सम्मान्यः -न्या -न्यं, मान्यः -न्या -न्यं, मानी -निनी -नि (न्), पूजार्हः -र्हा -र्हं, अर्चार्हः -र्हा -र्हं, अर्घ्यः -र्घ्या -र्घ्यं, अर्हणीयः -या -यं, श्लाघ्यः -घ्या -घ्यं, आदरणीयः -या -यं, पुरस्करणीयः -या -यं, मर्य्यादावान् -वती -वत् (त्), मर्य्यादान्वितः -ता -तं.—**(Illustrious)** ख्यातः -ता -तं, सुख्यातः -ता -तं, यशस्वी -स्विनी -स्वि (न्), महायशाः -शाः -शः (स्), कीर्त्तिमान् -मती -मत् (त्), प्रतिपत्तिमान् -मती -मत् (त्), विश्रुतः -ता -तं, प्रसिद्धः -द्धा -द्धं.—**(Conferring honour)** कीर्त्तिकरः -री -रं, यशस्करः -री -रं, यशस्यः -स्या -स्यं.—**(Upright, equitable)** सच्चरितः -ता -तं, न्यायाचारः -रा -रं, धार्म्मिकः -की -कं, शुचिः -चिः -चि, दक्षिणः -णा -णं, सात्त्विकः -की -कं, शुद्धात्मा -त्मा -त्म (न्), निर्व्यलीकः -का -कं, निष्कपटः -टा -टं, विमलात्मा -त्मा -त्म (न्), निर्व्यलीकः

–का –कं, निष्कपटः –टा –टं, विमलात्मा –त्मा –त्म (न्), अवक्रः –क्रा –क्रं, ऋजुः –जुः –जु, साधुः –धुः –ध्वी –धु. —**(Noble)** कुलीनः –ना –नं, उदारः –रा –रं, उदारचेताः –ता –तः (स्).

Honourably, ***adv.*** समानं, सम्मानपूर्व्वं, शुचिवत्, धार्म्मिकवत्, साधुवत्, उदारवत्, सौदार्य्यं सत्कारपूर्व्वं, नमस्कारपूर्व्वं, श्लाघ्यप्रकारेण, सुकीर्त्तिपूर्व्वं, सुयशसा, निर्व्यलीकं, सम्पूजनीयं.

Honoured, ***p. p.*** पूजितः –ता –तं, सम्पूजितः –ता –तं, अर्चितः –ता –तं, अभ्यर्चितः –ता –तं, सम्मानितः –ता –तं, पुरस्कृतः –ता –तं, सेवितः –ता –तं, अर्हितः –ता –तं, सेव्यमानः –ना –नं, निषेव्यमाणः –णा –णं, आदृतः –ता –तं, अञ्चितः –ता –तं, सत्कृतः –ता –तं, महितः –ता –तं, आराधितः –ता –तं, शुश्रूषितः –ता –तं, अनिन्दितः –ता –तं.—**(Accepted as a bill)** गृहीः –ता –तं, स्वीकृतः –ता –तं, आदृतः –ता –तं; **'to be honoured,'** पूज् **in pass.** (पूज्यते), मह **(nom.** महीयते).

Hoods, ***s.*** स्त्रीवस्त्रानुबद्धं मस्तकाच्छादनं **or** मस्तकावरणं **or** मस्तकपिधानं, फणाकारं मस्तकाच्छादनं, शिरस्कं, शिरस्त्रं –स्त्राणं, शिरोवस्त्रं; **'of a snake,'** फणः –णा –णं, भोगः, स्फोटा.

To **hood,** ***v. a.*** पूर्व्वोक्तपिधानेन मस्तकम् आच्छद् **(c. 10.** –छादयति –यितुं), मस्तकावरणेन पिधा **(c. 3.** –दधाति –धातुं).

To **hoodwink,** ***v. a.*** चक्षुषी वस्त्रेण रुध् **(c. 7.** रुणद्धि, रोद्धुं), नयने पिधानेन आवृ **(c. 5.** –वृणोति –वरितुं –रीतुं) **or** आच्छद् **(c. 10.** –छादयति –यितुं), नयनरोधं कृ.

Hoof, ***s.*** खुरः, क्षुरः शफः –फं, वर्त्तकः –का, निघृष्वः, पुटः, विङ्खः, रिङ्खः; **'hoof of a cow,'** गोक्षुरं, गोष्पदं; **'mark of a hoof,'** खुरपदवी, खुरचिह्नं.

Hoofed, ***a.*** खुरी –रिणी –रि (न्), क्षुरी –रिणी –रि (न्), खुरयुक्तः –क्ता –क्तं.

Hook, ***s.*** **(Any thing bent that catches hold)** आकर्षी –र्षिणी, अङ्कुशः, आकर्षणार्थं वक्रयन्त्रं **or** वक्रलोहः, ग्रहणी, धरणी. —**(Fishhook)** वडिश –शा –शी, वरिशी, वरिशं –शी, मत्स्यवेधनं –नी.—**(Hook for driving an elephant)** अङ्कुशः –शं, अङ्कूषः –षं, शृणिः ***f.***—**(Bill-hook)** दात्रं.

To **hook,** ***v. a.*** **(Fish)** वडिशेन मत्स्यान् व्यध् **(c. 4.** विध्यति, व्यद्धुं) **or** धृ **(c. 1.** धरति, धर्त्तुं) **or** ग्रह् **(c. 9.** गृह्णाति, ग्रहीतुं) **or** बन्ध् **(c. 9.** बध्नाति, बन्द्धुं), धरणं कृ, ग्रहणं कृ.

Hooked, ***a.*** **(Bent in the form of a hook)** वक्रः –क्रा –क्रं, अङ्कुशाकारः –रा –रं, अङ्कुशी –शिनी –शि (न्), अनृजुः –जुः –जु, कुञ्चितः –ता –तं.

Hoop, ***s.*** **(Any thing circular)** चक्रं, चक्रवालं, वलयः –यं. —**(For playing with)** क्रीडाचक्रं, क्रीटावलयः.

To **hoop,** ***v. a.*** **(Bind with hoops)** लोहवलयान् बन्ध् **(c. 9.** बध्नाति, बन्द्धुं), लोहचक्रादिभिर् युज् **(c. 10.** योजयति –यितुं). —**(Shout out)** चित्कारं कृ, चित्कारशब्दं कृ, उच्चैःस्वरेण उद्घुष् **(c. 10.** –घोषयति –यितुं).

Hooper, ***s.*** **(A cooper)** लोहवलयबन्धा ***m.*** (न्धृ), काष्ठभाण्डकारः.

Hooping-cough, ***s.*** आक्षेपककाशः, हूपशब्दपूर्व्वकः काशः, बालकानां काशः.

To **hoot,** ***v. n.*** रु **(c. 2.** रौति, रवितुं), विरु, दीर्घरुतं कृ, दीर्घरावं कृ, घूत्कृ, घूत्कारं कृ, चित्कारं कृ, उच्चैःस्वरेण उद्घुष **(c. 10.** –घोषयति –यितुं); **'to hoot at,'** हे, रे, अरे, धिक्, हूम्, घृत इत्यादिशब्दैर् अवमानं **or** अवज्ञां **or** अप्रसादं सूच् **(c. 10.** सूचयति –यितुं) **or** इत्यादिशब्दैर् अवज्ञास्पदं कृ.

Hoot, hooting, ***s.*** दीर्घरुतं, दीर्घरावः, रावः, घूत्कारः, घूत्कृतं, चित्कारः, हे, रे, धिक्, घूत् इत्यादिशब्दैर् अवमानसूचनं **or** अप्रसादसूचनं.

To **hop,** ***v. n.*** प्लु **(c. 1.** प्लवते, प्लोतुं), वल्ग् **(c. 1.** वल्गति –ल्गितुं), नृत् **(c. 4.** नृत्यति, नर्त्तितुं), एकप्लादेन प्लु **or** वल्ग्.

Hop, ***s.*** **(The plant)** लताविशेषो यस्य पुष्पाणि यवरसेन सह संसृज्यन्ते तेन च यवसुरा उत्पद्यते.—**(Jump)** प्लवः, प्लुतं, वल्गितं, झम्पः, नत्यं, नर्त्तनं, एकपादेन प्लुतं, वल्गितं.

Hope, ***s.*** आशा, प्रत्याशा, आशंसा, आकांक्षा, आशावन्धः, मनोरथः, अपेक्षा, व्यपेक्षा, प्रतीक्षा, सम्प्रतीक्षा, स्पृहा, निरीक्षा, उदीक्षणं, ईप्सितं, मनस्विता; **'hope of a good issue,'** फलाकांक्षा; **'haing one's hopes fulfilled,'** पूर्णमनोरथः, आशाप्राप्तः; **'hope whose fulfilment is delayed,'** विलम्बितफला मनोरथाः; **'hope-inspiring,'** आशाजननः –ना –नं.

To **hope,** ***v. a.*** **and** ***n.*** आशंस् **(c. 1.** –शंसते –सितुं), आकांक्ष् **(c. 1.** –कांक्षति –क्षितुं), प्रत्याकांक्ष्, प्रतीक्ष् **(c. 1.** –ईक्षते –क्षितुं), अपेक्ष्, व्यपेक्ष्, उदीक्ष्, स्पृह् **(c. 10.** स्पृहयति –यितुं), वाञ्छ् **(c. 1.** वाञ्छति –ञ्छितुं), अभिवाञ्छ्, आशां कृ, प्रत्याशां कृ, आशंसां कृ, आशास् **(c. 2.** शास्ते –शासितुं); **'I hardly hoped to see you again,'** न खलु म आसीद् आशंसा यथा पुनरपि त्वां प्रेक्षिष्ये; **'I hope' may be expressed by the particle** कच्चित्; **as, ' I hope the fever does not pain you much,'** कच्चित् त्वां नातिबाधते ज्वरः.

Hopeful, ***a.*** **(Full of hope)** आशावान् –वती –वत् (त्), आशान्वितः –ता –तं, आशायुक्तः –क्ता –क्तं, आशाविष्टः –ष्टा –ष्टं, आशाबद्धः –द्धा –द्धं, स्पृहयालुः –लुः –लु, आकांक्षी –क्षिणी –क्षि (न्), सप्रत्याशः –शा –शं, प्रत्याशी –शिनी –शि (न्), अपेक्षी –क्षिणी –क्षि (न्), अपेक्षकः –का –कं. —**(Promising, exciting hope)** आशाजननः –ना –नं, आशाकारी –रिणी –रि (न्).

Hopefully, ***adv.*** सप्रत्याशं, साशंसं, आशापूर्व्वं, आशंसापूर्व्वं.

Hopefulness, ***s.*** आशावत्त्वं, आशाविष्टत्वं, सप्रत्याशत्वं.

Hopeless, ***a.*** आशाहीनः -ना -नं, निराशः -शा -शं, आशारहितः -ता -तं, गताशः -शा -शं, त्यक्ताशः -शा -शं, निःप्रत्याशः -शा -शं, हताशः -शा -शं.

Hopelessly, ***adv.*** निराशं, निःप्रत्याशं, आशां विना, गताशं.

Hopelessness, ***s.*** नैराश्यं, निराशता, आशाहीनता, आशाराहित्यं.

Hopper, ***s.*** **(One who hops)** एकपादेन प्लुतकारी ***m.*** (न्), एकपादेन नर्त्तकः.—**(In a mill)** शस्याधारः, शस्यपात्रं.

Hopping, ***s.*** एकपादेन नर्त्तनं **or** नृत्यं **or** प्लुतकरणं **or** वल्गितकरणं.

Horal, horary, ***a.*** मौहूर्त्तिकः -की -कं, घटिकाविषयः -या -यं.

Horde, ***s.*** अस्थिरवासिनां **or** पर्य्यटनकारिणां म्लेच्छपुरुषाणां समूहः **or** सङ्घः **or** वृहत्कुलं **or** वृहद्गणः, शवरगणः, किरातगणः.

Horizon, ***s.*** दिङ्मण्डलं, मण्डलं, चक्रवालं, चक्रं, दिगन्तः, आकाशकक्षा, अम्बरान्तः -न्तः, चक्रपालः. **'The eastern horizon,'** प्राची दिक, प्राचीमलं.

Horizontal, ***a.*** अनुप्रस्थः -स्था -स्थं, अन्वायतनः -ना -न, दिगन्तसमः -मा -मं, समः -मा -मं, समरेखः -खा -खं, सम-यः -स्था -स्थं, सपाटः -टा -टं; **'a horizontal line,'** द्विज्यामार्गं, समरेखा; **'plane,** समानभूभागः.

Horizontally, ***adv.*** अनुप्रस्थं, अन्वायतनं, समं, समरेखं, समानरूपेण.

Horn, ***s.*** **(Of an animal)** शृङ्गं, विषाणः -णी -णं, कूणिका, काहलः -ला -लिका; **'of a buffalo,'** गवलं.—**(Wind-instrument)** शङ्खः, काहलः -ला; **'to blow a horn,'** शङ्खं ध्मा (**c. 1.** धमति, ध्मातुं) **or** प्रध्मा.—**(Of the moon)** चन्द्रशिखा, चन्द्रशृङ्गं, बन्द्राग्रं.

Horn-book, ***s.*** बालकस्य आरम्भपुस्तकं **or** आदिपुस्तकं **or** प्रथमपाठग्रन्थः.

Horned, ***a.*** शृङ्गी -ङ्गिणी -ङ्गि (न्), शृङ्गिणः -णा -णं, विषाणी -णिनी -णि (न्), शृङ्गविशिष्टः -ष्टा -ष्टं; **'in the form of a horn,'** शृङ्गाकारः -रा -रं; **'horned moon,'** सिनीवाली.

Hornet, ***s.*** वृहद्वरलभेदः, वृहद्भृङ्गरोलः, विषशृङ्गी ***m.*** (न्), विषशूकः

Hornless, ***s.*** अशृङ्गः -ङ्गा -ङ्गं, शृङ्गहीनः -ना -नं; **'hornless bull,'** तूवरः.

Horn-owl, ***s.*** उलूकभेदः, शृङ्गिणपेचकः, शृङ्गिकौशिकः.

Horn-pipe, ***s.*** नृत्यविशेषः यस्मिन् नर्त्तको हस्तपादादि इतस्ततः क्षिप्रं सञ्चालयति, नाविकनृत्यं.

Horny, ***a.*** शार्ङ्गः -ङ्गी -ङ्गं, शृङ्गमयः -यी -यं, शृङ्गगुणः -णा -णं.

Horologe, horology, ***s.*** घटी, यामघोषा, कालमापनयन्त्रं.

Horoscope, ***s.*** जन्मपत्रं-त्रिका, जन्मनक्षत्रपत्रं, जन्मयोगपत्रं, जन्मकालग्रहः.

Horrible, ***a.*** दारुणः -णा -णं, घोरः -रा -रं, सुभैरवः -वी -वं, भैरवः -वी -वं, रौद्रः -द्री -द्रं, भयङ्करः -री -रं, सुभयानकः -की -कं, भयानकः -की -कं, भीमः -मा -मं, उग्रः -ग्रा -ग्र, भीषणः -णा -णं, त्रासकरः -रा -रं, भयावहः -हा -हं, विकटः -टा -टं, करालः -ला -लं, भीष्मः -ष्मा -ष्मं.—**(In appearance)** घोरदर्शनः -ना -नं, रौद्रदर्शनः -ना -नं, भीमदर्शनः -ना -नं.

Horribly, ***adv.*** दारुणं, घोरं, भयानकं, सुभैरवं, रौद्रं, उग्रं, विकटं.

Horrid, ***a.*** घोरः -रा -रं, दारुणः -णा -णं, उग्रः -ग्रा ग्रं, कुत्सितः -ता -तं, भयानकः -का -कं, भयङ्करः -री -रं, भीमः -मा -मं, भीषण -णा -णं, रौद्रः -द्री -द्रं, भैरवः -वी -वं, विकटः -टा -टं, करालः -ला -लं.

Horridly, ***adv.*** घोरं, दारुणं, उग्रं, कुत्सितं, अतिकुत्सितं, रौद्रं.

Horridness, ***s.*** घोरता, दारुणता, उग्रता, कुत्सितत्वं भयानकत्वं रौद्रता.

Horrific, ***a.*** भैरवकारकः -का -कं, भैरवजनकः -का -कं, सुभयङ्करः -री -रं, सुभयानकः -का -कं, साध्वसकारी -रिणी -रि (न्).

Horrified, ***p. p.*** भयसंहृष्टरोमा -मा -म (न्), साध्वसोपहतः -ता -तं.

To* horrify,** ***v. a. भैरवं जन् (**c. 10.** जनयति -यितुं), ससाध्वसं -सां -सं कृ.

Horripilation, ***s.*** रोमहर्षः -र्षणं, लोमहर्षणं, संहर्षः, उद्धर्षणं, रोमाञ्चः -ञ्चनं, रोमोद्गमः, रोमोद्भेदः, पुलकः, पुलकोद्गमः, उद्धूषणं.

Horror, ***s.*** भैरवं, भयसंहर्षं, भयकम्पः, साध्वसं, भीषणं, भीष्म, भीमं, घोरं, भयानकं, भयङ्करं, त्रासः, सन्त्रासः, परिकम्पः.

Horse, ***s.*** अश्वः, हयः, तुरङ्गः -ङ्गमः, तुरगः, वाजी ***m.*** (न्), घोटकः, वाहः, तार्क्ष्यः, अर्व्वा ***m.*** (न्), सैन्धवः, मप्तिः ***m.*** किल्वी ***m.*** (न्), प्रचेलकः, श्रीभ्राता ***m.*** (तृ), पीतिः ***m.*** पीति ***m.*** (न्), वीतिः ***m.*** परुद्वारः, मुद्गभुक् ***m.*** (ज्), मुद्गभोजी ***m.*** (न्), गन्धर्व्वः; **'a well-bred horse,'** आजानेयः, कुलीनः, सिन्धुवारः, भूमिपक्षः, भूमिरक्षकः; **'a well-trained horse,'** विनीतः, साधुवाही ***m.*** (न्), **'a white horse,'** कर्कः; **'a bay horse,'** उकनाहः, कियाहः; **'a fleet horse,'** जवनः, जवाधिकः, प्रजवी ***m.*** (न्), **'a good horse,** वल्लभः, हयोत्तमः; **'a chariot horse,'** रथ्यः; **'a pack-horse,'** पृष्ठ्यः, स्थौरी ***m.*** (न्), स्थुरी ***m.***, स्थोरी ***m.***; **'a horse for sacrifice,'** ययुः ***m.*** अश्वमेधीयः; **'four-horsed carriage,'** चतुरश्वो रथः.—**(Cavalry)** आश्वं, आश्विकं, अश्वारूढाः ***m. pl.***—**(Support for towels, etc.)**

मार्ज्जनपटाधार:, वरकाधार:; **'relating to a horse,'** अश्वीय: -या -यं, आश्विक: -की -कं, आश्व: -श्वी -श्वं.—**(A number of horses,'** अश्वीयं, आश्वं.

To* horse, *v. a. अश्वम् आरुह् **in caus.** (-रोपयति -यितुं), अश्वारूढं -ढां -ढं कृ.

Horse-back, *s.* अश्वपृष्ठं, ऊर्द्धवस्थिति: ***f.;* 'on horse-back,'** अश्वपृष्ठे **loc. c.; 'going on horse-back,'** तुरङ्गयायी ***m.*** (न्).

Horse-bean, *s.* क्षुद्रशिम्बिकभेद:, शिम्बा, मुद्ग:, माप:.

Horse-boat, *s.* अश्ववहनं, अश्ववहनयोग्या नौका.

Horse-breaker, *s.* अश्वदमक:, अश्वविनेता ***m.*** (तृ), अश्वशिक्षक:, अश्वशिक्षाजीवी ***m.*** (न्).

Horse-breaking, *s.* अश्वदमनं, अश्वशिक्षा, अश्वविनय:.

Horse-chestnut, *s.* (Tree) श्यामफलविशिष्टो वृक्षभेद:.

Horse-cloth, *s.* अश्वास्तरणं, आस्तर:, अश्वपरिस्तोम:.

Horse-comb, *s.* अश्वमार्जनी, अश्वलोमशोधनी.

Horse-dealer, *s.* अश्वव्यापारी ***m.*** (न्), हयज्ञ:, हेडावुक्क:, हेलावुक्क: हयविद्याविशारद:.

Horse-driving, *s.* अश्वसारथ्यं, अश्वप्रेरणं, हयप्रेरणं.

Horse-dung, *s.* अश्वकृत ***n.*,** अश्वपुरीषं, अश्वमलं, अश्वहन्नं.

Horse-faced, *a.* अश्वमुख: -खी -खं, अश्ववदन: -ना -नं, हयमुख: -खी -खं, तुरङ्गवक्त्र: -क्त्रा -क्त्र, तुरङ्गानन: -ना -नं, तुरङ्गस्य: -स्या -स्यं.

Horse-flesh, *s.* अश्वमांसं, घोटकमांसं, तुरगमांसं.

Horse-fly, *s.* अश्वदंशक:, हयदंशी, अश्वमक्षिका.

Horse-guards, *s.* अश्वारूढसैनिका: ***m.pl.,*** राजशरीररक्षकम् अश्वारूढसैन्यं.

Horse-hair, *s.* अश्वलोम ***n.*** (न्), अश्वरोम ***n.*** (न्), अश्वबाल:.

Horse-laugh, *s.* अट्टहास:, अतिहास:, अतिहसितं, महाहास:, आच्छुरितं, सोत्प्रास:.

Horse-leech, *s.* अश्वदंशका जलौका, अश्वरक्तपायिनी.—**(Farrier)** अश्वचिकित्सक:, अश्ववैद्य:.

Horseman, *s.* अश्वारूढ:, अश्वारोह: -ही ***m.*** (न्), हयारूढ:, हयारोह:, सादी ***m.*** (न्), अश्वसादी ***m.*** (न्), तुरगी ***m.*** (न्), तुरुङ्गी ***m.*** (न्), अश्ववह: अश्ववार:, सायी ***m.*** (न्), हयविद्याविशारद:.

Horsemanship, *s.* अश्वविद्या, हयविद्या, अश्वारोहणविद्या, हयज्ञता, हयारोह:, अश्वहृदयं.

Horse-meat, *s.* अश्वाहार:, अश्वभोजनं, अश्वखाद्यं, पशुखाद्यद्रव्यं.

Horse-pond, *s.* अश्वतडाग:, अश्वपुष्करिणी, अश्ववापी.

Horse-race, *s.* अश्वचर्य्या, अश्वमार्ग:, अश्वधावनं.

Horse-radish, *s.* कुरुकन्दक: -कं, कन्दमूलभेद:.

Horse-shoe, *s.* अश्वखुरत्रं, अश्वखुरत्राणं, अश्वखुरबन्धनं, अश्वपादुका.

Horse-stealer, *s.* अश्वहारक:, वाजिहर्त्ता ***m.*** (र्त्तृ), अश्वमुक् ***m.*** (ष्).

Horse-trappings, *s.* आदानं, अश्वपरिष्टोम:, अश्वसज्जा, अश्वास्तरणं.

Horse-way, *s.* अश्वपथ:, अश्वमार्ग:, अश्ववर्त्म ***n.*** (न्).

Horse-whip, *s.* कशा, अश्वकशा, अश्वताडनी, अश्वप्रतोद:, प्रतिष्कश:, प्रतिष्कष:, चर्म्मदण्ड:.

To* horse-whip, *v. a. कशया **or** चर्म्मदण्डेन तड **(c. 10.** ताडयति -यितुं) **or** आहन् **(c. 2.** -हन्ति -न्तुं) **or** प्रहृ **(c. 1.** -हरति -हर्त्तुं), कशाघातं कृ.

Hortation, *s.* उपदेश:, उपदेशवाक्यं, प्रबोधनं, प्रबोधवाक्यं, मन्त्रणं.

Hortatory, *a.* उपदेशक: -का -कं, प्रबोधक: -का -कं, आदेशक: -का -कं.

Horticultural, *a.* उद्यानविद्यासम्बन्धी -न्धिनी -न्धि (न्), उद्यानविषय: -या -यं.

Horticulture, *s.* उद्यानविद्या, उद्यानकर्षणविद्या, उद्यानकर्षणं, उद्यानकरणविद्या, उद्यानकरणं, उद्यानकृषिकर्म्म ***n.*** (न्), पथ्यफलोत्पत्तिकर्म्म ***n.*** (न्).

Horticulturist, *s.* उद्यानविद्याज्ञ:, उद्यानकर्षक:, उद्यानकर्षणाजीवी ***m.*** (न्).

Hortulan, *a.* उद्यानसम्बन्धी -न्धिनी -न्धि (न्).

Hortus siccus, *s.* शुष्कोद्यानं, शुष्कौषधिपुस्तकं, शुष्कौपधिसङ्ग्रह:, शुष्कतृणादिसङ्ग्रह:, शुष्कौषधय: ***f. pl.***

Hose, *s.* ऊर्णामयं पादत्राणं, और्णपादत्रं, पादरक्षणं, जङ्घापरिधानं.

Hosier, *s.* पूर्व्वोक्तपादत्रविक्रेता ***m.*** (तृ), और्णपादत्रविक्रयी ***m.*** (न्).

Hospitable, *a.* आतिथ्य: -थ्या -थ्यं, आतिथेय: -यी -यं, अतिथिसेवक: -का -कं, अतिथिपूजक: -का -कं, आतिथ्यकारी -रिणी -रि (न्), प्रियातिथि: -थि: -थि, वल्लभातिथि: -थि: -थि, सत्कारशील: -ला -लं.

Hospitably, *adv.* आतिथ्यपूर्व्वं, सातिथ्यं, सत्कारेण, सत्कारपूर्व्वं, आतिथेयं; **'to receive hospitably,'** सत्कृ आतिथ्यं कृ.

Hospital, *s.* आरोग्यशाला, चिकित्साशाला, चिकित्सागारं, रोगप्रतीकारशाला, रोगोपचारशाला, रोगार्त्तलोकपोषणस्थानं, दरिद्रलोकानां रोगचिकित्सनशाला, धर्म्मशाला.

Hospitality, *s.* आतिथ्यं, अतिथित्वं, अतिथिक्रिया, आतिथ्यकर्म्म ***n.*** (न्), अतिथिसत्कार:, अतिथिसत्क्रिया, सत्कार:, सत्क्रिया, सत्कर्म्म ***n.*** (न्), सत्कृति: ***f.*,** सत्कृतं, अतिथिसेवा, अतिथिपूजनं, मनुष्ययज्ञ:, नृयज्ञ:.

Host, *s.* (Entertainer) सत्कारी ***m.*** (न्), सत्कृत् ***m.*,** आमन्त्रयिता ***m.*** (तृ), निमन्त्रणकृत् ***m.*,** निमन्त्रक:, भोजनदाता, ***m.*** (तृ),

आतिथ्यकृत् **m.** –**(Army)** चमूः **f.,** सेना, अनीकं, वाहिनी, अनीकिनी, वरूथिनी, योधसमूहः. –**(A great number)** समूहः, सङ्घः, सङ्घातः, गणः, कुलं, समवायः, समुदायः, निवहः, निकायः; **'a host of enemies,'** शत्रुनिकायः; **'a host of excellencies,'** गुणग्रामः.

To* host, *v. n. **(Lodge)** वस् **(c. 1.** (वसति, वस्तुं), निवस्, अतिथिर् भू **or** अस्. –**(Encounter in battle)** युद्धे समागम् **(c. 1.** –गच्छति –गन्तुं) **or** सङ्गम्.

Hostage, *s.* शरीरबन्धकः, बन्धकः, सन्धिनियमस्योपरि विश्वासार्थं त्यक्तः शरीरबन्धकः.

Hostel, hostelery, *s.* उत्तरणस्थानं, उत्तरणगृहं, उपकारी –रिका.

Hostess, *s.* आतिथ्यकारिणी, सत्कारिणी, निमन्त्रकारिणी, भोजनदात्री.

Hostile, *a.* वैरी –रिणी –रि (न्), विरुद्धः –द्धा –द्धं, विरोधी –धिनी –धि (द्ध), विपक्षः –क्षा –क्षं, प्रतिकूलः –ला –लं, विपरीतः –ता 'तं, अहितः –ता –तं, अहितकारी –रिणी –रि (न्), प्रातिपक्षः –क्षी –क्षं, विद्वेषी –षिणी –षि (न्), द्वेषी **etc.,** द्वेषणः –णा –णं, विद्विषः –षा –षं, शात्रवीयः –यी –य, द्रोहवृत्तिः –त्तिः –त्ति, अपकारी –रिणी –रि (न्), प्रतिरोधी –धिनी –धि (न्), पर्य्यवस्थाता –त्री –तृ (तृ), सवैरः –रा –रं; **'a hostile invasion,'** शत्रुविग्रहः; **'to be hostile,'** विपक्षीभू, प्रतिकूल **(nom.** प्रतिकूलयति –यितुं), विरुध् **(c. 7.** –रुणद्धि –रोद्धुं), वैर **(nom.** वैरायते), शत्रु **(nom.** शत्रूयति), द्विष् **(c. 2.** द्वेष्टि –ष्टुं), विद्विष्, पर्य्यवस्था **(c. 1.** –तिष्ठति –स्थातुं).

Hostilely, *adv.* शत्रुवत्, रिपुवत्, विरोधेन, विरुद्धं, विपरीतं, विपक्षवत्.

Hostility, *s.* वैरिता, वैरभावः, वैरं, शत्रुता, रिपुता, विपक्षता, विरोधः, विरुद्धता, विद्वेषः, द्वेषः, शात्रवं, अरिता, प्रतिपक्षता, विद्विष्टता, अप्रीतिः **f.,** प्रतिद्वन्द्वं, परता –त्वं; **'natural hostility,'** जातिवैरं. –**(War, state of war)** युद्धं, युद्धभावः युद्धावस्था, विग्रहः, संग्रामः.

Hostler, *s.* अश्वपालः –लकः, अश्वरक्षकः, उत्तरणस्थाने अभ्यागतान् अश्वान् पालयति यो जनः.

Hot, *a.* **(Contrary to cold)** उष्णः –ष्णा –ष्णं, तप्तः –प्ता –प्तं, चण्डः –ण्डा –ण्डं, प्रचण्डः –ण्डा –ण्डं, उच्चण्डः –ण्डा –ण्डं, सन्तप्तः –प्ता –पतं, उपतप्तः –प्ता –प्तं, तापी –पिनी –पि (न्), कोष्णाः –ष्णा –ष्णं, सोष्मः –ष्मा –ष्मं, सोष्मा –ष्मा –ष्म (न), नैदाघः –घी –घं, अशिशिरः –रा –रं, अशीतः –ता –तं, तिग्मः –ग्मा –ग्मं, तीव्रः –व्रा –व्रं, तीक्ष्णः –क्ष्णा –क्ष्णं, खरः –रा –रं, ग्रीष्मः –ष्मा –ष्मं, घर्म्म **in comp.; 'hot season, hot weather,'** उष्णकालः, उष्णसमयः, ग्रीष्मः, ग्रीष्मःकालः, निदाघः, निदाघकालः, उष्णागमः; **'hot water,'** उष्णोदकं, घर्म्मोदकं, घर्म्मासु **n.** –**(Hot to the taste)** तिग्मः –ग्मा –ग्मं, तीक्ष्णः –क्ष्णा –क्ष्णं, तीव्रः –व्रा –व्रं, खरः –रा –रं, कटुः –टुः, टु, उग्रः –ग्रा –ग्रं. –**(Passionate)** चण्डः –ण्डा –ण्डं, चण्डवान् –वती –वत् (त्), तीक्ष्णः –क्ष्णा –क्ष्णं, तिग्मः –ग्मा –ग्मं, उग्रः –ग्रा –ग्रं, शीघ्रकोपी –पिनी –पि (न्), रागी –गिणी –गि (न्), उष्णः –ष्णा –ष्णं. –**(Impetuous)** तीक्ष्णकर्म्मा –र्म्मा –र्म्म (न्), संरम्भी –म्भिणी –म्भि (न्), उत्तप्तः –प्ता –प्तं; **'to make hot,'** तप् **(c. 10.** तापयति –यितुं); **'to be hot',** उष्णीभू, उष्म **(nom.** उष्मायते).

Hotbed, *s.* गोहयशकृदादिप्रक्षेपेण तप्तीकृतम् उद्यानस्थलं, उष्णस्थलं.

Hotch-potch, *s.* नानाखाद्यद्रव्यसंयोगः, नानाशाकादिसम्मिश्रणं, सन्निपातः, प्रकीर्णकं.

Hotel, *s.* उत्तरणशाला, उत्तरणगृहं, उत्तरणस्थानं, उपकारी –रिका, उपकार्य, औपकार्य्यं, प्रवासीयगृहं.

Hot-headed, *a.* साहसकः –की –कं, साहसी –सिनी –सि (न्), उच्चण्डः –ण्डा –ण्डं, उत्तप्तः –प्ता –प्तं, संरम्भी –म्भिणी –म्भि (न्), शीघ्रकोपी –पिनी –पि (न्), तीक्ष्णकर्म्मा –र्म्मा –र्म्म (न्); **'hot-headed zeal,'** उत्तापः.

Hot-house, *s.* उद्याने विदेशीयवृक्षरक्षणार्थं काचाच्छादितं तप्तगृहं **or** उष्णगृहं.

Hotly, *adv.* तीक्ष्णं, तीव्रं, तिग्मं, सतैक्ष्ण्यं, चण्डं, प्रचण्डं, उच्चण्डं, उग्रं, उग्रतया, उत्तापेन, सोष्मं, उत्तप्तं, उष्णं.

Hot-mouthed, *a.* तीक्ष्णवादी –दिनी –दि (न्), उग्रमुखः –खी –खं, दुर्मुखः –खी –खं.

Hotness, *s.* उष्णता, औष्म्यं, तापः, तप्तत्वं, चण्डता, प्रचण्डता, अशिशिरता, तिग्मता, तैग्म्यं, तीक्ष्णता, निदाघः. –**(To the taste)** तिग्मता, तीक्ष्णता, तीव्रता, कटुता, उग्रता –त्वं. –**(Ardor, vehemence)** उत्तापः, उच्चण्डता, व्यग्रता, तीक्ष्णता, उष्मः, संरम्भः. –**(Of temper)** चण्डता, शीघ्रकोपित्वं.

Hotspur, *s.* साहसकजनः, तीक्ष्णस्वभावो जनः, संरम्भी **m.** (न्).

Hovel, *s.* कुटीरः, कुटेरः, कुटी, तृणीकुटी, उटजः, मण्डपः, गोष्ठं.

To* hovel, *v. a. कुटीरे वस् **(c. 1.** वसति, वस्तुं) **or** निवस्, कुटीरम् अधिवस्.

Hoven, *a.* उच्छूनः –ना –नं, प्रस्फुरितः –ता –तं, उत्थितः –ता –तं.

To* hover, *v. n. विहायसा **or** व्योममध्ये वृत् **(c. 1.** वर्त्तते –र्त्तितुं) **or** व्यावत्, आकाशमध्ये मस्तकोपरि वृत्, प्रडीनम् अकृत्वा ऊर्द्ध्ववियति विसृप् **(c. 1.** –सर्पति –सप्तु) **or** विचल् **(c. 1.** –चलति –लितुं), व्योममध्ये पक्षास्फालनं कृत्वा निश्चलो वृत्. –**(Hesitate, waver)** विलम्ब् **(c. 1.** –लम्बते –म्बितुं), दोल **(nom.** दोलायते), आन्दोल **(nom.** आन्दोलयति –यितुं), विक्लृप्, **(c. 1.** –कल्पते –ल्पितुं), विचर् **(c. 10.** –चारयति –यितुं), विशङ्क् **(c. 1.** –शङ्कते –ङ्कितुं).

Hough, ***s.*** जङ्घास्थिशिरा, जङ्घास्थिस्नायुः ***m.*** जङ्घासन्धिबन्धनं.

To* hough,** ***v. a. जङ्घास्थिशिरां छिद् (**c. 7.** छिनत्ति, छेत्तुं).

Hound, ***s.*** मृगयाकुक्कुरः, मृगव्यकुक्कुरः, मृगयार्थं कुक्कुरः, आखेटकार्यार्थं श्वा ***m.*** (न्), आखेटिकः, मृगारिः ***m.***, मृगदंशकः, वृकारिः ***m.***, विश्वकद्रुः ***m.***

To* hound,** ***v. a. मृगव्यकुक्कुरैर् अनुसृ (**c. 1.** -सरति -सर्त्तुं).

Hour, ***s.*** घटिका, होरा, केरली, दिवसस्य चतुर्विंशभागः **or** चतुर्विंशतितमांशः, दिनांशः; **'an hour of forty eight minutes,'** मुहूर्त्तः -र्त्तं; **'a space of twenty-four minutes,'** दण्डः; **'half-an-hour,'** अर्द्धघटिका; **'an hour and a half,'** अर्द्धयामः.

Hour-glass, ***s.*** यामनाली, बालुकायन्त्रं, कालपरिमापकयन्त्रं.

Houri, ***s.*** दिव्याङ्गना, दिव्यकन्या, देवकन्या, स्वर्गकन्या, स्वर्वेश्या.

Hourly, ***adv.*** प्रतिमुहूर्त्तं, मुहूर्त्ते मुहूर्त्ते, दण्डे दण्डे, प्रतिदण्डं.

Hour-Plate, ***s.*** मुहूर्त्तदण्डादिपरिमापकं मण्डलं, यामघोषा, घटीमुख.

House, ***s.*** गृहं, गेहं -हः, वेश्म ***n.*** (न्), भवनं, आलयः, निलयः, आयतनं, निकेतः -तनं -तक, निवेशनं, सदनं, मन्दिरं, वासः, संवासः, वासस्थानं आगारः -रं, अगारः -रं, निवासः, निवासस्थानं, निवसतिः ***f.***, वसितं समावासः, आवसथः, निकाय्यः, अवस्थानं, वस्यं, उदवसितं, वास्तुः ***m.*** ओकस् ***n.***, धाम ***n.*** (न्), छत्वरः, निशान्तं, कुटः -टी, शाला, सभा स्थानं; **'house and land'** गृहक्षेत्रादि; **'a number of houses** सद्मचितिः ***f.***; **'house of confinement,'** बन्धनगृहं, बन्धनागारं बन्धनालयः; **'confined to the house,'** गृहानुबद्धः -द्धा -द्धं. —**(Family, race)** कुलं, वंशः, कुटुम्बः, जातिः ***f.*** —**(Family, house hold)** गृहजनः, परिजनः, परिवारः, स्वजनः, कुटुम्बकं, स्त्रीपुत्रकन्यादि.

To* house,** ***v. a. गृहे निविश् (**c. 10.** -वेशयति -यितुं), गृह प्रविश् (**c. 10.** -वेशयति -यितुं), वेश्मनि वस् (**c. 10.** वासयति -यितुं), आश्रयं दा वासस्थानं दा.

House-breaker, ***s.*** गृहभेदकः, आगारभेदकः, भित्तिचौरः, वन्दिचौर सन्धिचौरः, कारुचौरः, कुड्यच्छेदी, कपाटघ्नः, खानिलः, कुजम्भलः -म्भिलः.

House-builder, ***s.*** गृहकारकः, गृहकारी ***m.*** (न्), गृहकर्म्मी ***m.*** (न्), गृहनिर्माता ***m.*** (तृ).

House-burner, ***s.*** गृहदाहकः, आगारदाहकः, गृहदाहनकृत् ***m.***

House-burning, ***s.*** गृहदाहः -हनं, गृहदहनं, गृहप्लोषः, आगारदाहः.

Housedog, ***s.*** गृहकुक्कुरः, गृहरक्षकः श्वा ***m.*** (न्).

Housedoor, ***s.*** गृहद्वारं, गेहद्वारं.

Household, ***s.*** गृहजनः, परिजनः, गृहपरिजनः, गृहपरिवारः, स्वजन परिवारः, अभिजनः, कुटुम्बकं.

Household, ***a.*** गृह्यः -ह्या -ह्यं, गृहसम्बन्धी -न्धिनी -न्धि (न्), आवसथिक -की -कं. **or expressed by** गृह **in comp.; as, 'household affairs,'** गृहकार्य्यं, गृहकरणं, गृहव्यापारः; **'household utensils** गृहोपस्करः; **'household gods,'** गृह्या देवताः ***f. pl.***, कुलदेवताः ***f. pl.***, **'household bread,'** गृहायूपः.

Householder, ***s.*** गृहस्थः, गृहस्वामी ***m.*** (न्), गृहपतिः ***m.*** गृहाधिकार ***m.*** (न्), गृही ***m.*** (न्), गेही ***m.*** (न्), कुटुम्बी ***m.*** (न्), कौटुम्बिकः गृहमेधी ***m.*** (न्), स्नातकः, ज्येष्ठाश्रमी ***m.*** (न्).

Household-stuff, ***s.*** गृहोपस्करः, गृहोपकरणं, गृहसामग्री -ग्र्यं.

Housekeeper, ***s.*** **(Householder)** गृही ***m.*** (न्), गेही ***m.*** (न्), गृह स्वामी ***m.*** (न्), गृहाधिकारी ***m.*** (न्), कुटुम्बी ***m.*** (न्). —**(A woman who has the care of a family)** गृहिणी, गेहिनी, कुटुम्बिनी, गृहमेधिनी.

Housekeeping, ***s.*** गृहव्यापारः, गृहकार्य्यं, गृहकरणं, गृहकर्म्म ***n.*** (न्), गार्हस्थ्यं, गृहस्थता.

Houseleek, ***s.*** कुतृणं, गृहभित्तिरुह ओषधिभेदः.

Houseless, ***a.*** गृहहीनः -ना -नं, गृहशून्यः -न्या -न्यं, निरालयः -या -यं अनिकेतनः -ना -नं, अकेतनः -ना -नं, अलयः -या -यं, निराश्रयः -य -यं, अशरणः -णा -णं, निर्वासः -सा -सं.

Housemaid, ***s.*** गृहदासी, गृहपरिष्कारिणी, गृहमार्जनी, दासी.

House-room, ***s.*** गृहावस्थानं, वासस्थानं, निवासस्थानं, आवासः, वासः.

House-top, ***s.*** गृहपृष्ठं, गृहाग्रं, गृहशिखरं, गृहशृङ्गं.

House-warming, ***s.*** गृहप्रवेशः, नवगृहप्रवेशकाले उत्सवः, वास्तुप्रवेशः वास्तुसंशमनं -नीयं.

Housewife, ***s.*** गृहमेधिनी, गृहव्यापारकुशला, गृहकार्य्यदक्षा, गृहकर्म्मनिपुणा, गृहिणी, गेहिनी.

Housewifery, ***s.*** गृहव्यापारकुशलता, गृहकार्य्यदक्षता, गृहकर्म्मनिपुणता गृहमेधित्वं, परिमितव्ययः.

Housing, ***s.*** **(House-room)** वासस्थानं, निवासस्थानं. —**(Of a horse or elephant)** आस्तरः -रणं, परिस्तोमः, वर्णः, आदानं.

How, ***adv.*** कथं, किं, केन प्रकारेण, केन रूपेण, किन्नु, कुतस्, किमुत्; **'how much, how many, how little, how long, etc.,'** कियान् -यती -यत् (त्) **or** कियत् **indec.,** कतिः -तिः -ति **or** कति **in comp.; as, 'how long?'** कियत्कालं, कियन्तं कालं, कियता कालेन, कतिकालं; **'how long!'** कियच्चिरं; **'how many sorts?'** कतिविधः -धा -धं; **'how many times?'** कतिकृत्वस्; **'for how much?'** कियता मूल्येन; **'how far?'** कियत्पर्य्यन्तं, किम्पर्य्यन्तं, कियदवधि; **how much more,'** किम्पुनर्, किमुत, किमु, किम्, कुतःपुनर्;

how much less,' किमुत, किमु; 'how so?' किमिति, किमिव; how else,' अथकिम्; 'how wonderful,' किमाश्चर्य्यं; 'how do you do?' किं क्षेमम् अस्ति भवतः, किं कुशलम् अस्ति भवतः, कीदृशी स्थितिर् भवतः; 'how are we to act?' किम् अस्माभिः करणीयं; 'he knows not how to act,' यथाकार्य्यं न जानाति; 'how great is that darkness!' सोऽन्धकारः कियान् महान्; 'any how,' यथाकथञ्चित्, यथातथा, कथञ्चन, कथञ्चित्.

Howbeit, ***adv.*** तथापि, तथैव, तथाच, किञ्च, अपि, अपितु, किन्तु.

Howdah, ***s.*** **(On the back of an elephant)** वरण्डकः.

However, ***adv.*** तथापि, किञ्च, अपितुं, किन्तु, तु, परन्तु, पुनर्; **'in whatever manner,'** यत्प्रकारेण.

Howitzer, ***s.*** अन्तरग्निवलेन लोहगुलिकाप्रक्षेपकं युद्धयन्त्रं.

To **howl,** ***v. n.*** रु **(c. 2.** रौति, रवितुं), विरु, दीर्घरावं, कृ, दीर्घरुतं कृ, गर्ज् **(c. 1.** गर्जति -र्जितुं), भष् **(c. 1.** भषति -षितुं), रै **(c. 1.** रायति रातुं), रस् **(c. 1.** रसति -सितं), रट् **(c. 1.** रटति -टितुं), वाश् **(c. 1.** वाशते -शितुं).

Howl, howling, ***s.*** रावः, रुतं, दीर्घरावं, दीघरुतं, गर्जनं, रायणं, भाषः, भषणं, बुक्कनं, वाशितं, मुखघण्टा; **'making a howling,'** दीर्घरावः -वी -वं.

Howsoever, ***adv.*** यत्प्रकारेण, येन प्रकारेण, यथा यथा, यथातथा, तथापि

To **hox,** ***v. a.*** जङ्घास्थिशिरां छिद् **(c. 7.** छिनत्ति, छेत्तुं).

Hoy, ***s.*** वृहन्नौकाविशेषः, विशालनौका.

Hubbub, ***s.*** कोलाहलः, कलकलः, कलरवः, रासः, हलहलाशब्दः, कालकीलः, तुमुलं, विप्लवः, कलहः.

Huckaback, ***s.*** नानारेखाङ्कितः क्षौमपटविशेषः.

Hucklebacked, ***a.*** न्युब्जः -ब्जा -ब्जं, कुब्जः -ब्जा -ब्जं, वक्रकन्धरः -रा -रं.

Hucklebone, ***s.*** कट्यस्थि ***n.,*** कटास्थि ***n.,*** श्रोण्यस्थि ***n.,*** जघनास्थि.

Huckster, ***s.*** क्षुद्रबाणिज्यकारी ***m.*** (न्), तुच्छबाणिज्यकृत्, कुत्सितवणिक् ***m.*** (ज्).

To **huckster,** ***v. n.*** तुच्छवाणिज्यं कृ, तुच्छप्रकारेण **or** नीचप्रकारेण **or** कुत्सिप्रकारेण बाणिज्यं कृ.

To **huddle,** ***v. a.*** सम्मिश्रीकृ, अस्तव्यस्तीकृ, सङ्कुलीकृ, सङ्करीकृ, सम्मिश्र् **(c. 10.** -मिश्रयति -यितुं), सम्बाध् **(c. 1.** -बाधते -धितुं), अधरोत्तरीकृ, संक्षुभ्.

To **huddle,** ***v. n.*** सम्मिश्रीभू, सङ्कुलीभू, सङ्कीर्णीभू, सङ्करीभू, अस्तव्यस्तीभू, अधरोत्तरीभू, सम्बाधीभू.

Huddle, ***s.*** अस्तव्यस्तता -त्वं, अधरोत्तरं, सङ्करः, साङ्कर्य्यं, सङ्क्षोभः.

Hue, ***s.*** **(Dye, colour)** वर्णः, रागः, रङ्गः छाया, छविः ***f.*** **—(Hue and cry)** जनरवः, बहुभिः कृता संहूतिः, जनघोषणा.

Huff, ***s.*** **(Anger)** क्रोधावेशः, क्रोधः, कोपः, रोपः, संरम्भः. **—(Arrogance)** दर्पः, दर्पावशः, औद्धत्यं. **—(One inflated with arrogance)** दर्पाध्मातः, अतिगर्व्वितः, उद्धतः.

To **huff,** ***v. a.*** रुष् **(c. 10.** रोषयति -यितुं), कुप् **(c. 10.** कोपयति -यितुं).

To **huff,** ***v. n.*** दृप् **(c. 4.** दृप्यति, द्रप्तुं), धृष् **(c. 5.** धृष्णोति, धर्षितुं), दर्पाध्मातः -ता -तं भू, भर्त्स् **(c. 10.** भर्त्सयति -ते -यितुं), विकत्थ् **(c. 1.** -कत्थते -त्थितुं).

Huffer, ***s.*** दाम्भिकः, भर्त्सनकारः, विकत्थी ***m.*** (न), धर्षी ***m.*** (न्), शूरम्मन्यः.

Huffish, ***a.*** **(Angry)** क्रोधाविष्टः -ष्टा -ष्टं, कोपी -पिनी -पि (न्), सरोषः -षा -षं, सकोपः -पा -पं. **—(Arrogant)** दृप्तः -प्ता -प्तं, गर्व्वी -र्व्विणी -र्व्वि (न्), उद्धतः -ता -तं, धर्षी -र्षिणी -र्षि (न्), आत्मश्लाघी -घिनी -घि (न्).

Huffishly, ***adv.*** सकोपं, सरोषं, सदर्पं, धृष्टवत्, गर्व्वितवत्.

Huffishness, ***s.*** सकोपत्वं, सरोषत्वं, क्रोधाविष्टता, गर्व्वित्वं, अहङ्कारः.

To **hug,** ***v. a.*** आलिङ्ग् **(c. 1.** -लिङ्गति -ङ्गितुं), समालिङ्ग्, आश्लिष् **(c. 4.** -श्लिष्यति -श्लेष्टुं), संश्लिष्, समाश्लिष्, परिष्वञ्ज् **(c. 1.** ष्वजते -ष्वंक्तुं), परिरभ् **(c. 1.** -रभते -रब्धुं), बाहुभ्यां पीड् **(c. 10.** पीडयति -यितुं) **or** परिग्रह् **(c. 9.** -गृह्णाति -ग्रहीतुं).

Hug, ***s.*** आलिङ्गनं -ङ्गितं, आश्लेषः, परिष्वङ्गः, बाहूपपीडः, अङ्कपाली.

Hugged, ***p. p.*** आलिङ्गितः -ता -तं, आश्लिष्टः -ष्टा -ष्टं, पीडितः -ता -तं.

Huge, ***a.*** वृहन् -हती -हत् (त्), अतिवृहन् **etc.,** सुवृहन **etc.,** महान् -हती -हत् (त्), अतिमहान् **etc.,** सुमहान् **etc.,** स्थूलः -ला -लं, अतिविशालः -ला -लं, वृहत्परिमाणः -णा -णं, अपरिमितः -ता -तं, वरीयान् -यसी -यः (स्), वरिष्ठः -ष्ठा -ष्ठं, गरिष्ठः -ष्ठा -ष्ठं. **—(In body)** महाकायः -यं, अतिकायः -या -यं, वृहत्कायः -या -यं, [illegible] -रा -रं.

Hugely, ***adv.*** सुमहत्, अतिमहत्, सुवृहत्, अत्यन्तं, अति[illegible] अपरिमितं.

Hugeness, ***s.*** सुवहत्त्वं, वृहत्त्वं, महत्त्वं, सुमहत्त्वं,, अति[illegible] स्थूलता, अतिविशालता, अपरिमितत्वं, सुविपुलता, कायवृ[illegible] वृहत्कायत्त्वं.

Hugger-mugger, ***s.*** रहस् ***n.,*** गूढता, प्रच्छन्नता; **'in huggermugger,'** रहसि, रहस्यं, निभृतं, प्रच्छन्नं, गुप्तं, उपांशु.

Hulk, ***s.*** जीर्णनौका, गुणकूपकादिरहिता नौका, रज्जुकूपकादिहीनो नौकायाः स्थूलभागः.

Hull, ***s.*** **(Integument)** कञ्चुकः, आवेष्टनं, परिवेष्टनं, कोशः,

कोषः, पुटः, त्वक् *f.* (च्)—**(Of a ship)** गुणकूपकादिभिन्नो नौकाभागः, नौकायाः स्थूलभागः **or** कायः.

Hully, ***a.*** कोशवान् -वती -वत् (त्), तुषवान् **etc.,** त्वग्युक्तः -क्ता -क्तं.

To **hum,** ***v. n.*** गुञ्ज् **(c. 1.** गुञ्जति -ञ्जितुं), रु **(c. 2.** रौति, रवितुं), विरु, रणरणं कृ; **'to hum and haw,'** भिन्नस्वरेण **or** स्खलितवाचा वद् **(c. 1.** वदति -दितुं).

Hum! ***interj*** हुम्, हूम्, आ, आस्, हा, अहो, अहोवत्, तावत्, किं.

Hum, ***s.*** **(Buzzing sound)** कलः, कलरवः, कलकलः, कलस्वरः, रुतं, विरुतं, रावः, विरावः, गुञ्जनं, गुञ्जितं, मर्मरः, झङ्कारः, रणत्कारः; **'of bees,'** अलिविरावः, अलिविरुतं.

Human, ***a.*** मानुषः -षी -षं -षिकः -की -कं, मानवीनः -ना -नं, मानवीयः -या -यं, पौरुषः -षी -षं, पौरुषेयः -यी -यं, जनकीयः -या -यं, नारः -री -रं, मनुष्यजातीयः -या -यं, लौकिकः -की -कं; **'human nature,'** पुरुषत्वं -ता, मनुष्यत्वं -ता, मानुष्यं, मानुषत्वं; **'human race,'** मनुष्यजातिः ***f.,*** मनुष्यवर्गः, नृजातिः ***f.;*** **'human form,'** नररूपं; **'human art,'** मनुष्यकला; **'a human brute,'** पुरुषपशुः ***m.***

Humane, ***a.*** परोपकारशीलः -ला -लं, परोपकारी -रिणी -रि (न्), परहितैषी -षिणी -षि (न्), परहितः -ता -तं, परहितकामः -मा -मं, उपकारपरः -रा -रं, दयालुः -लुः -लु, कृपालुः -लुः -लु, कारुणिकः -की -कं, सकरुणः -णा -णं, दयाशीलः -ला -लं, करुणशीलः -ला -लं, करुणात्मा -त्मा -त्म (न्), करुणार्द्रः -र्द्रा -र्द्रं, अनुकम्पी -म्पिनी -म्पि (न्), सानुकम्पः -म्पा -म्पं, सर्व्वमतानुकम्पकः -का -कं, आपन्नरक्षणशीलः -ला -लं, दयावान् -वती -वत् (त्), सुहृदयः -या -यं, सुशीलः -ला -लं, दीनानुकम्पनः -ना -नं, सदयः -या -यं, सानुक्रोशः -शा -शं, क्षमावान् -वती -वत् (त्), अनृशंसः -सा -सं, करुणावेदी -दिनी -दि (न्).

Humanely, ***adv.*** सकरुणं, सकारुण्यं, सानुकम्पं, सदयं, दयाशीलत्वात्, सुशीलवत्, परिहितेच्छया.

Humanist, ***s.*** शास्त्रज्ञः, शास्त्रव्युत्पन्नः, शब्दशास्त्रविद् ***m.,*** विद्वज्जनः.

Humanity, ***s.*** **(Benevolence, compassion)** दया, दयाशीलता, दयालुता, कारुण्यं, करुणा, करुणाशीलत्वं, अनुकम्पा, कृपा, परहितेच्छा, परोपकारशीलता, हितकाम्या, उपकारपरता, करुणार्द्रता, सानुकम्पता, आपन्नरक्षणं.—**(Nature of man)** पुरुषता -त्वं, मानुषता, मनुष्यता, -त्वं, मानुष्यं, मानवत्वं, मानव्यं.

To **humanize,** ***v. a.*** शिष्टाचारान् **or** आर्य्यव्यवहारान् शिक्ष् **(c. 10.** शिक्षयति -यितुं) **or** शास् **(c. 2.** शास्ति, शासितुं), शिष्टीकृ, सुशीलीकृ, विनीतं -ता -तं, कृ, सभ्यं -भ्यां -भ्यं कृ.

Humankind, ***s.*** मनुष्यजातिः ***f.,*** नृजातिः ***f.,*** मनुष्यवर्गः, पुरुषवर्गः.

Humanly, ***adv.*** पुरुषवत्, मनुष्यवत्, नरवत्, मानुषवत्, मानुषप्रकारेण.

Humbird or humming bird, ***s.*** कलरवकारी नानावर्णः सूक्ष्मपक्षिभेदः.

Humble, ***a.*** नम्रबुद्धिः -द्धिः -द्धि, नम्रचेताः -ता -तः (स्), नम्रः -म्रा -म्रं, विनम्रः -म्रा -म्रं, नम्रशीलः -ला -लं, वनतचेताः **etc.,** विनतः -ता -तं, विनयी -यिनी -यि (न्), विनीतः -ता -तं, सविनयः -या -यं, निर्विणः -णा -णं, निर्विणचेताः **etc.,** अगर्व्व -र्व्वा -र्व्वं, गर्व्वहीनः -ना -नं, दर्पहीनः -ना -नं, दर्परहितः -ता -तं, दम्भरहितः -ता -तं, वीतदम्भः -म्भा -म्भं, निरहङ्कारः -रा -रं, अनहङ्कारी -रिणी -रि (न्), अनहङ्कृतः -ता -तं, निरहङ्कारी **etc.,** निरभिमानः -ना -नं, अभिमानहीनः -ना -नं, अभिमानशून्यः -न्या -न्यं, अनभिमानी -निनी -नि (न्), अनुद्धतः -ता -तं, वश्यात्मा -त्मा -त्म (न्).—**(Low)** अपकृष्टः -ष्टा -ष्टं, नीचः -चा -चं, अधमः -मा -मं, प्राकृतः -ती -तं, कृपणः -णा -णं.

To **humble,** ***v. a.*** अपकृष् **(c. 1.** -कर्षति, **c. 6.** -कृषति -क्रष्टुं), नम् **(c. 10.** नमयति -यितुं), अवनम्, नम्रीकृ, पत् **(c. 10.** -पातयति -यितुं), भ्रंश् **(c. 10.** भ्रंशयति -यितुं), अभिभू **(c. 1.** -भवति -वितुं), तिरोभू **(c. 10.** -भावयति -यितुं), दर्पं **or** गर्व्वं भञ्ज् **(c. 7.** भनक्ति, भंक्तुं) **or** हृ **(c. 1.** हरति, हर्त्तुं).

Humble-Bee, ***s.*** गुञ्जकृत् ***m.,*** ध्वनमोदी ***m.*** (न्), भृङ्गराजः, भ्रमरः.

Humbled, ***p. p.*** भग्नदर्पः -र्पा -र्पं, आत्तगर्व्वः -र्व्वा -र्व्वं, हृतगर्व्वः -र्व्वा -र्व्वं, अभिभूतः -ता -तं, पराभूतः -ता -तं, पातितः -ता -तं, नम्रीकृतः -ता -तं, आनतः -ता -तं.

Humbleness, ***s.*** बुद्धिनम्रता, नम्रता, विनम्रता, नम्रशीलता, विनयः, विनीतिः ***f.,*** विनतिः ***f.,*** वश्यता, अनहङ्कारः, अगर्व्वः, गर्व्वहीनता, दर्पहीनता, अनभिमानता, अपकृष्टता.

Humbling, ***s.*** अभिभवः, अभिभूतिः ***f.,*** अपकर्षः -र्षणं, दर्पभङ्गः, मानभङ्गः, दर्पहरणं, नम्रीकरणं.

Humbling, ***a.*** दर्पहः -हा -हं, दर्पहरः -रा -रं, मानहरः -रा -रं,

Humbly, ***adv.*** सविनयं, नम्रचेतसा, नम्रं, विनम्रं, दर्पं विना, गर्व्वं विना, अगर्व्वेण, निरभिमानेन, अहङ्कारं विना, सनिर्वेदं, निर्विणं, अनुद्धतं, कृपणं.

Humbug, ***s.*** प्रतारणं -णा, कपटः -टं, व्याजः, प्रवञ्चना, छलं, कैतवं.

To **humbug,** ***v. a.*** प्रतॄ **(c. 10.** -तारयति -यितुं), छल् **(c. 10.** छलयति -यितुं), मुह् **(c. 10.** मोहयति -यितुं), प्रलभ् **(c. 1.** -लभते -लब्धुं), अभिसन्धा **(c. 3.** -दधाति -धातुं).

Hum-drum, ***a.*** मन्दः -न्दा -न्दं, विरसः -सा -सं, अरसिकः -का -कं, फल्गुः -ल्गुः -ल्गु, कष्टकरः -रा -रं, जडः -डा -डं.

Humectation, ***s.*** क्लेदनं, आर्द्रीकरणं, आप्लावनं, तेमनं, समुन्दनं.

To* humectate, *v. a. क्लिद् (c. 10. क्लेदयति -यितुं), आप्लु (c. 10. (प्लावयति -यितुं), आर्द्रीकृ, उन्द् (c. 7. उनत्ति, उन्दितुं), समुन्द्, सरसीकृ.

Humerus, *s.* प्रगण्डः.

Humid, *a.* आर्द्रः -र्द्रा -र्द्रं, सार्द्रः -र्द्रा -र्द्रं, तिमितः -ता -तं, स्तिमितः -ता -तं, अरसः -सा -सं, क्लिन्नः -न्ना -न्नं, उन्नः -न्ना -न्नं, समुन्नः -न्ना -न्नं, वोदः -दा -दं.

Humidity, *s.* आर्द्रता, सार्द्रता, क्लेदः, संक्लेदः, क्लिन्नता, सरसता, तेमः, स्तेमः, तेमनं, समुन्दनं, समुन्नता.

Humiliating, *a.* दर्पहः -हा -हं, दर्पहरः -रा -रं, मानहरः -रा -रं.

Humiliation, *s.* मानभङ्गः, मानहानिः ***f.,*** दर्पभङ्गः, दर्पहरणं, अपकर्षः -र्षणं, अभिभवः, अभिभूतिः ***f.,*** नम्रता, नम्रीकरणं, विनतिः ***f.,*** दान्तिः ***f.,*** नियमनं, दमनं.

Humility, *s.* विनयः, विनीतिः ***f.,*** विनतिः ***f.,*** नम्रता, विनम्रता, नम्रशीलता, बुद्धिनम्रता, अनहङ्कारः, अगर्व्वः, गर्व्वहीनता, दर्पहीनता, अनभिमानं, वश्यता, दैन्यं, दीनता, निर्वेदः, निर्विणता, अनौद्धत्यं, आनतिः ***f.,*** सन्नतिः ***f.,*** अपकृष्टता, कृपणता, कार्पण्यं.

Humorist, *s.* परिहासवेदी ***m.*** (न्), परिहासशीलः, रसिकः, रसज्ञः, वैहासिकः, हासकरः, विदूषकः, भण्डः, नर्म्मसचिवः, रागी ***m.*** (न्).

Humorous, *a.* रसिकः -का -कं, रसी -सिनी -सि (न्), रसवान् -वती -वत् (त्), सरसः -सा -सं, परिहासशीलः -ला -लं, हासकरः -री -रं, हासजनकः -का -कं, हास्यः -स्या -स्यं, उपहास्यः -स्या -स्यं, प्रहासी -सिनी -सि (न्), विनोदी -दिनी -दि (न्), कौतुकी -किनी -कि (न्).

Humorously, *adv.* सरसं, रसिकप्रकारेण, हास्यप्रकारेण, रसिकं, हास्यं, विनोदार्थं, परिहासपूर्व्वं.

Humorousness, *s.* रसिकत्वं, रसवत्त्वं, सरसत्वं, परिहासशीलता, हास्यता, उपहास्यता, हासजनकता, विनोदकत्वं.

Humoursome, *s.* (Peevish) वक्रभावः -वा -वं, वक्रशीलः -ला -लं.—**(Full of whims)** चपलप्रकृतिः -तिः -ति, चपलभावः -वा -वं, चलचित्तः -त्ता -त्तं, छन्दोवान् -वती -वत् (त्), नैकभावाश्रयः -या -यं.

Humour, *s.* (Moisture) क्लेदः -दं, संक्लेदः, स्तेमः, तेमः, जलावसेकः, चिक्लिदं, समुन्दनं, स्नेहः, आर्द्रता.—**(Fluid)** रसः, जलं; **'of the body,'** धातुः ***m.;*** **'disorder of the humours,'** दोषः; **'vitiation of the three humours,'** दोषत्रयं.—**(Temper of mind)** भावः, स्वभावः, शीलः, शीलता -त्वं, प्रकृतिः ***f.;*** **'good humour,'** सद्भावः सत्प्रकृतिः ***f.,*** सुशीलता, सुप्रकृतिः ***f.;*** **'bad humour,'** असद्भावः, वक्रभावः; **'in a bad humour,'** दुष्प्रकृतिः -तिः -ति, दुःशीलः -ला -लं, वक्रभावः -वा -वं.—**(Whim)** छन्दस् ***n.,*** छन्दं, मनोलौल्यं, बुद्धिलौल्यं, बुद्धिविलासः, बुद्धिचापल्यं, चापलं, तरङ्गः, लहरी, अखट्टिः ***m.***—**(Wit)** रसः, रसिकता, रसिता, चित्रं, वैदग्ध्यं, कौतुकं.

To* humour, *v. a. अनुवृत् (c. 1. -वर्त्तते, -र्त्तितुं), अनुकूल (c. 10. -कूलयति -यितुं), सन्तुष् (c. 10. -तोषयति -यितुं), परितुष्, अनुरुध् (c. 4. -रुध्यते -ति -रोद्धुं), आराध् (c. 10. -राधयति -यितुं), अनुग्रह् (c. 9. -गृह्णाति -ग्रहीतुं), प्रसद् (c. 10. -सादयति -यितुं), अनुरञ्ज् (c. 10. लालयति -यितुं), **'to humour one's inclination,'** छन्दोऽनुवृत्.—**(Suit)** युज् (c. 4. युज्यते, c. 10. योजयति -यितुं).

Humoured, *p. p.* अनुवृत्तः -त्ता -त्तं, अनुरुद्धः -द्धा -द्धं, अनुगृहीतः -ता -तं, आराधितः -ता -तं, प्रसादितः -ता -तं, सन्तोषितः -ता -तं.

Humouring, *s.* (Indulging) अनुवर्त्तनं, अनुवृत्तिः ***f.,*** छन्दोनुवृत्तं, अनुरोधः -धनं, सन्तोषणं, तुष्टिकरणं, तुष्टिदानं, आराधनं, प्रसादनं, प्रीतिकरणं, तर्पणं.

Hump, *s.* गडुः ***m.,*** पृष्ठग्रन्थिः ***m.;*** **'of a bull, etc.,'** ककुद् ***f.,*** ककुदः -दं, अंसकूटः; **'having a hump,'** ककुद्मान् -द्मती -द्मत् (त्), ककुद्मी -द्मिनी -द्मि (न्), न्युब्जः -ब्जा -ब्जं.

Hump-Backed, *a.* कुब्जः -ब्जा -ब्जं, कुब्जकः -का -कं, गडुः -डुः -डु, गडुरः -रा -रं, गडुलः -ला -लं, वक्रपृष्ठः -ष्ठा -ष्ठं, उच्चस्कन्धः -न्धा -न्धं.

Hunch, *s.* (A hump) गडुः ***m.,*** स्थगुः ***m.***—**(A lump)** पिण्डः, गण्डका, घनः.

To* hunch, *v. a. अरत्निना तड् (c. 10. ताडयति -यितुं) **or** आहन् (c. 2. -हन्ति -न्तुं).

Hunch-backed, *a.* गडुपृष्ठः -ष्ठा -ष्ठं. ***See* Hump-backed.**

Hundred, *a.* शतं, शतसंख्यकः -का -कं, एकशतसंख्यकः -का -कं, शतकः -का -कं, दशतिः ***f.*** **The word** शतं **may be used with the nom. pl. or gen. pl.; as, 'a hundred ancestors,'** शतं पितरः **or** शतं पितॄणां; **or in comp., as, 'a hundred years,'** वर्षशतं, शतवर्षं; **'a hundred and fifty,'** सार्द्धशतं; **'a hundred thousand,'** लक्षं -क्षा; **'a hundred millions,'** अर्बुदं; **'a hundred years old,'** शतायूः -यूः -युः (स्).

Hundred, *s.* शतं, शतकः, दशतिः ***f.;*** **'by hundreds,'** शतशस्.

Hundredth, *a.* शततमः -मी -मं, शतः -ती -तं.

Hunger, *s.* क्षुधा, क्षुत् ***f.*** (ध्), बुभुक्षा, जिघत्सा, अन्नलिप्सा, आहारलिप्सा, अशनाया -यितं, अन्नायी, क्षारिका; **'hunger and thirst,'** क्षुत्पिपासा **or** -से ***f.*** **du.**

To* hunger, *v. n. क्षुध् (c. 4. क्षुध्यति, क्षोद्धुं), भुज् **in des.** (बुभुक्षति -ते -क्षितुं), घस् **in des.** (जिघत्सति -सितुं), अशन (**nom.** अशनायति -यितुं), अन्नं **or** आहारं लभ् **in des.**

(लिप्सते -प्सितुं); **'to hunger aftr righteousness,'** धर्म्माय क्षुध्.

Hunger-bit, hunger-bitten, ***a.*** क्षुधार्त्तः -र्त्ता -र्त्तं, क्षुत्पीडितः -ता -तं.

Hungered, ***a.*** क्षुधितः -ता -तं, बुभुक्षितः -ता -तं, क्षुधार्त्तः -र्त्ता -र्त्तं.

Hungerly, ***a.*** अन्नार्थी -र्थिनी -र्थि (न्), भोजनार्थी **etc.,** आहारार्थी **etc.**

Hunger-starved, ***a.*** क्षुदवसन्नः -न्ना -न्नं, क्षुधावसन्नः -न्ना -न्नं, क्षुधार्दितः -ता -तं.

Hungry, ***a.*** क्षुधार्त्तः -र्त्ता -र्त्तं, क्षुधितः -ता -तं, क्षुत्पीडितः -ता -तं, क्षुधापीडितः -ता -तं, क्षुधातुरः -रा -रं, बुभुक्षितः -ता -तं, बुभुक्षुः -क्षुः -क्षु, जिघत्सुः -त्सुः -त्सु, आहारार्थी -र्थिनी -र्थि (न्), अन्नार्थी **etc.,** अन्नलिप्सुः -प्सुः -प्सु, आहारलिप्सुः -प्सुः -प्सु, अशनायितः -ता -तं, क्षुधाव्याकुलः -ला -लं; **'hungry and thirsty,'** क्षुत्पिपासितः -ता -तं, क्षुत्तृष्णोपपीडितः -ता -तं.—**(Lean)** कृशः -शा -शं, अपुष्टः -ष्टा -ष्टं, विपुष्टः -ष्टा -ष्टं.

Hunks, ***s.*** कृपणः, कदर्य्यः, धनलोभी ***m.*** (न्), मितम्पचः.

To **hunt,** ***v. a.*** **and** ***n.*** **(Chase)** मृग् (**c. 10.** मृगयते -यितुं), मृगयां कृ, आखिट् (**c. 1.** -खेटति -टितुं), परिकल् (**c. 10.** -कालयति -यितुं).—**(Pursue, follow after, search for)** अनुसृ (**c. 1.** -सरति -सर्त्तुं), अनुधाव् (**c. 1.** -धावति -वितुं), पश्चाद्धाव्, अनुवृत् (**c. 1.** -वर्त्तते -र्त्तितुं), पश्चाद्वृत, अन्विष् (**c. 4.** -इष्यति -एषितुं).

Hunt, ***s.*** **(Chase)** मृगया, मृगव्यं, खेटः -टं, आखेटः, आक्षोदनं, आच्छोदनं, पापर्द्धिः ***f.,*** पराधिः ***f.***—**(Pursuit, search)** अनुसरणं, अनुधावनं, अन्वेषणं -णा, पर्य्येषणा, मृगणं, मार्गणं.

Hunted, ***p. p.*** मृगितः -ता -तं, अनुसृतः -ता -तं, अनुधावितः -ता -तं, आखेटितः -ता -तं, अन्विष्टः -ष्टा -ष्टं, अन्वेषितः -ता -तं.

Hunter, ***s.*** **(One who pursues wild animals)** व्याधः, मृगयुः ***m.,*** लुब्धकः, मृगबधाजीवः, मृगजीवनः, आखेटकः, मृगादिपशुहन्ता ***m.*** (न्तृ), सौकरिकः, अन्ध्रः, खट्टिकः; **'with nets,'** जालिकः.—**(Horse)** मृगयाश्वः.

Hunting, ***s.*** मृगयाः, मृगव्यं, खेटः -टं, आखेटः, आक्षोदनं, आच्छोदनं, पापर्द्धिः ***f.,*** पराधिः ***f.;*** **'hunting-knife,'** कर्त्तरिका; **'hunting-dog,'** आखेटकः श्वा ***m.*** (न्), मृगयाकुक्कुरः; **'hunting appointments,'** मृगयावेशः.—**(Pursuit, search)** अनुसरणं, अनुधावनं, अन्वेषणं -णा, पर्य्येषणा, मृगणं, मार्गणं.

Hunting-horn, ***s.*** मृगयाशङ्खः, मृगव्यशङ्खः, व्याधवादितं शृङ्गं **or** विषाणं.

Huntress, ***s.*** व्याधी ***f.,*** व्याधस्त्री, आखेटकी, मृगयाकारिणी.

Huntsman, ***s.*** मृगयाकारी ***m.*** (न्), मृगव्यकारी ***m.*** मृगयुः ***m.,*** आखेटकः.

Huntsmanship, ***s.*** मृगयाविद्या, मृगव्यविद्या, आखेटविद्या.

Hurdle, ***s.*** काष्ठशलाकानिर्म्मितम् अवरोधकं **or** आवरणं, स्तम्भकरः.

Hurdy-Gurdy, ***s.*** कर्कशशब्दः, सतन्त्रीवाद्यविशेषः.

To **hurl,** ***v. a.*** क्षिप् (**c. 6.** क्षिपति, क्षेप्तुं), प्रक्षिप्, अस् (**c. 4.** अस्यति, असितुं), प्रास्, ईर् (**c. 10.** ईरयति -यितुं), उदीर्, समीर्, मुच् (**c. 6.** मुञ्चति, मोक्तुं), प्रमुच्, सृज् (**c. 6.** सृजति, स्रष्टुं), व्यवसृज्, पत् (**c. 10.** पातयति -यितुं), प्रहृ (**c. 1.** -हरति -ते -हर्त्तुं), प्रेष् (**c. 10.** प्रेषयति -यितुं), **rt.** इष्), उद्गॄ (**c. 6.** -गिरते -रितुं); **'to hurl stones,'** शिलाप्रहरणं कृ; **'is hurled down,'** निपात्यते.

Hurl, ***s.*** **(Throw)** क्षेपः -पणं, असनं, पातनं.—**(Tumult)** तुमुलं, कोलाहलः, विप्लवः, डिम्बः.

Hurled, ***p. p.*** क्षिप्तः -प्ता -प्तं, प्रक्षिप्तः -प्ता -प्तं, अस्तः -स्ता -स्तं, प्रास्तः -स्ता -स्तं, पातितः -ता -तं, ईरितः -ता -तं, विसृष्टः -ष्टा -ष्टं.

Hurler, ***s.*** क्षेपकः, क्षेप्ता ***m.*** प्तृ), असिता ***m.*** (तृ), प्रासकः.

Hurling, ***s.*** क्षेपणं, असनं, पातनं; **'of stones,'** शिलाप्रहरणं.

Hurly-burly, ***s.*** कोलाहलः, हलहलाशब्दः, कालकीलः -लकः, तुमुलं.

Hurrah, ***exclam.*** जयशब्दः, प्रशंसाशब्दः, आनन्दशब्दः.

Hurricane, ***s.*** चक्रवातः, प्रभञ्जनः, उत्पातवातः, अतिवातः, वात्या, वात्यावेगः, चण्डवातः, प्रचण्डवायुः ***m.,*** वाताली, वातरूषः, वातगुल्मः, झञ्झावातः, झञ्झा, जवानिलः, भूमिः ***m.,*** निर्घातः, पवनाघातः.

Hurried, ***a.*** त्वरितः -ता -तं; **'spoken fast,'** त्वरितोदितः -ता -तं, निरस्तः -स्ता -स्तं.

Hurriedly, ***adv.*** त्वरितं, सत्वरं, द्रुतं, शीघ्रं, अविलम्बितं, सरभसं.

To **hurry,** ***v. a.*** त्वर् (**c. 10.** त्वरयति -यितुं), सन्त्वर्.—**(Hurry along, drive, impel)** कृष् (**c. 1.** कर्षति, क्रष्टुं), समाकृष्, प्रेर् (**c. 10.** -ईरयति -यितुं), प्रणुद् (**c. 6.** -णुदति -णोद्धुं).

To **hurry,** ***v. n.*** त्वर् (**c. 1.** त्वरते -रितुं), सन्त्वर्, अतित्वर्, शीघ्र (**nom.** शीघ्रायते), सत्वरं **or** शीघ्रं गम् (**c. 1.** गच्छति, गन्तुं) **or** चर् (**c. 1.** चरति -रितुं).

Hurry, ***s.*** त्वरा, सम्भ्रमः, संवेगः, आवेगः, वेगः, रभसः, क्षिप्रकारिता, त्वरितगतिः ***f.,*** आशुगमनं, शीघ्रता.—**(Bustle)** सम्भ्रमः, आकुलत्वं, व्यग्रता, व्यस्तता; **'in a hurry,'** त्वरितः -ता -तं, सम्भ्रमी, -मिणी -मि (न्), सम्भ्रान्तः -न्ता -न्तं, आकुलः -ला -लं.

Hurry-skurry, ***adv.*** ससम्भ्रमं, सरभसं, सावेगं, व्याकुलं, सम्भ्रमेण.

To **hurt,** ***v. a.*** हिंस् (**c. 7.** हिनस्ति, **c. 1.** हिंसति -सितुं), विहिंस्, उपहिंस्, आहिंस्, क्षतं कृ, क्षतिं कृ, क्षण् (**c. 8.**

क्षणोति -णितुं), परिक्षण्, अपकृ, द्रोहं कृ, अर्द् (c. 10. अर्दयति -यितुं), समर्द्, पीड् (c. 10. पीडयति -यितुं), व्यथ् (c. 10. व्यथयति -यितुं), रिष् (c. 1. रेषति, c. 4. रिष्यति, रेषितुं, रेष्टुं), क्षि (c. 5. क्षिणोति, c. 1. क्षयति, क्षेतुं), हन् (c. 2. हन्ति -न्तुं), विहन्, उपहन्, तुद् (c. 6. तुदति, तोत्तुं), नश् (c. 10. नाशयति -यितुं), दुष् (c. 10. दूषयति -यितुं), द्रुह् (c. 4. द्रुह्यति, द्रोग्धुं); **'you hurt me by your sharp words,'** तुदसि मे मर्म्माणि वाक्शरैः.

Hurt, *s.* क्षतं, क्षतिः ***f.,*** परिक्षतं, हिंसा -सनं, अपकारः, अपकृतं, द्रोहः, अभिद्रोहः, अपायः, क्षयः, उपक्षयः, पीडा, व्यथा, आघातः, बाधः, नाशः, दोषः, विहेठः -ठनं, हानिः ***f.*** रिष्टं.

Hurt, *p. p.* क्षतः -ता -तं, परिक्षतः -ता -तं, विक्षतः -ता -तं, हिंसितः -ता -तं, विहिंसितः -ता -तं, अपकृतः -ता -तं, कृतापकारः -रा -रं, अर्दितः -ता -तं, पीडितः -ता -तं, निपीडितः -ता -तं, व्यथितः -ता -तं, विहतः -ता -तं, दूषितः -ता -तं, रिष्टः -ष्टा -ष्टं.

Hurter, *s.* क्षतकारी ***m.*** (न्), अपकारी ***m.,*** हिंसकः, रेष्टा ***m.*** (ष्टृ).

Hurtful, *a.* हिंस्रः -स्रा -स्रं, हिंसालुः -लुः -लु -लुकः -का -कं, हिंसात्मकः -का -कं, अपकारी -रिणी -रि (न्), अपकारकः -का -कं, आपकरः -री -रं, क्षतिकारी **etc.,** क्षतिजनकः -का -कं, अहितः -ता -तं, नृशंसः -सा -सं, शरारुः -रुः -रु, शारुकः -का -कं, घातुकः -का -कं, उपघातकः -का -कं, हानिजनकः -का -कं, बाधकः -का -कं, सबाधः -धा -धं, रिष्वः -ष्वा -ष्वं, अनिष्टजनकः -का -कं, द्रोही -हिणी -हि (न्).

Hurtfully, *adv.* हिंसापूर्व्वं, हिंसया, क्षतपूर्व्वं, सक्षतं, हिंस्रं, हिंस्रप्रकारेण, अहितं, यथा हिंसा क्रियते तथा, यथा क्षतं जायते तथा.

Hurtfulness, *s.* हिंस्रता -त्वं, हिंसालुता, क्षतिकारिता, अहितत्वं.

To* hurtle, *v. a. समाहन् (c. 2. -हन्ति -न्तुं), परस्परसमाघातं कृ. **—(Whirl)** भ्रम् (c. 10. भ्रमयति -यितुं).

Hurtless, *a.* अहिंस्रः -स्रा -स्रं, अनपकारी -रिणी -रि (न्).

Husband, *s.* (Man married to a woman) पतिः ***m.,*** भर्त्ता ***m.,*** (र्तृ), स्वामी ***m.,*** (न्), वरः, वोढा ***m.,*** (ढृ), विवोढा ***m.,*** वरयिता ***m.*** (तृ), कान्तः, परिणेता ***m.*** (तृ), परिणायकः, नाथः, दयितः, इष्टः, प्रियः -यतमः, धवः, उपयन्ता ***m.,*** (न्तृ), परिग्रहीता ***m.*** (तृ), क्षेत्रिकः, हृदयेशः, प्राणेशः, जीवितेशः, प्राणनाथः, प्राणाधिनाथः, वेत्ता ***m.*** (त्तृ); **'husband and wife,'** दम्पती ***m.*** **du.,** जम्पती ***m.*** **du.,** भार्य्यापती ***m.*** **du.,** जायापती ***m.*** **du; 'a husband's brother,'** देवा ***m.*** (वृ), देवः, देवरः, देवलः; **'a second husband,'** दिधिषुः ***m.*** -षूः ***m.*** **—(Economist)** परिमितव्ययी ***m.*** (न्), अल्पव्ययी ***m.*** **—(Cultivator)** कृषकः, कृषिकारी ***m.*** (न्).

***To* husband, *v. a.* (Economize)** परिमितव्ययं कृ, न व्ययीकृ, न विक्षिप् (c. 6. -क्षिपति -क्षेप्तुं); **'to husband one's time,'** न कालक्षेपं कृ. **—(Cultivate)** कृष् (c. 6. कृषति, क्रष्टुं).

Husbandless, *a.* पतिहीना, भर्त्तृहीना, भर्त्तृरहिता, निर्णाथा, अनाथा.

Husbandly, *a.* परिमितव्ययः -या -यं, गृहव्यापाराभिः -ज्ञा -ज्ञं.

Husbandman, *s.* (Cultivator, farmer) कृषकः, कृषिकः, कर्षकः, कार्षकः, कार्षिकः, कृषीबलः, क्षेत्रकर्षकः, क्षेत्रिकः, क्षेत्री ***m.*** (न्). क्षेत्राजीवः, कृषिजीवी ***m.*** (न्), हालिकः, क्षेत्रपतिः ***m.*** कृषाणः, कीनाशः, आर्द्धिकः. **—(Man of the third tribe)** वैश्यः, विट् ***m.*** (श्), ऊरुजः, ऊरव्यः, अर्य्यः, भूमिस्पृक् ***m.*** (श्).

Husbandry, *s.* (Agriculture) कृषिः ***f.,*** कार्षिः ***f.,*** कृषिकर्म्म ***n.*** (न्), कृषिविद्या, अनृतं, वैश्यक्रिया, वैश्यवृत्तिः ***f.,*** हलभृतिः ***f.,*** कर्षणं, कृष्टिः ***f.,*** प्रमृतं. **—(Frugality, economy)** परिमितव्ययः, गृहकर्म्मनयः, गृहकर्म्मनिर्वाहविद्या.

Hush, *exclam.* शान्तं, शान्तं, शान्तं, शब्दं मा कुरु, तूष्णीम्भवः, मौनीभव, निःशब्दो भव, वाचं यम, वाग्रोधं कुरु, हूम्, नीचैस्.

To* hush, *v. a. शम् (c. 10. शमयति -यितुं), प्रशम्, उपशम्, सान्त्व् (c. 10. सान्त्वयति -यितुं), शब्दशान्तिं कृ, शब्दरोधं कृ, निःशब्दीकृ.

To* hush, *v. n. शम् (c. 4. शाम्यति, शमितुं), उपशम्, प्रशम्, प्रसद् (c. 1. -सीदति -सत्तुं), शान्तीभू, निःशब्दीभू, मौनीभू, तूष्णीम्भू.

Hushed, *p. p.* शान्तः -न्ता -न्तं, शमितः -ता -तं, प्रशमितः -ता -तं.

Husk, *s.* तुषः -पा, तुसः, त्वक् ***f.,*** (च्), कञ्चुकः, कोशः, पुटः, आवेष्टनं; **'of corn,'** धान्यत्वक् ***f.,*** (च्), धान्यतुषः. **—(Chaff)** बुसं, बुषं, तुच्छं, तुच्छधान्यकं, धान्यकल्कं; **'rice in husk,'** शुष्कान्नं.

To* husk, *v. a. निस्तुष (**nom.** निस्तुषयति -यितुं), निस्तुषीकृ, तुषीकृ, निस्त्वच (**nom.** निस्त्वचयति -यितुं), निस्त्वचीकृ, त्वच (**nom.** त्वचयति -यितुं), तुषं **or** त्वचं हृ (c. 1. हरति, हर्त्तुं).

Husked, *p. p.* (Stripped of the husk) निस्तुषितः -ता -तं, निस्तुषः -षा -षं, निस्त्वचः -चा -चं, तुषी तः -ता -तं. **—(Having a husk)** तुषरः -रा -रं, तुषवान् -वती -वत् (त्), त्वग्युक्तः -क्ता -क्तं.

Husky, *a.* (Having husks, consisting of husks) सतुषः -षा -षं, बहुतुषवान् -वती -वत् (त्), तुषमयः -यी -यं, त्वङ्मयः -यी -यं. **—(Rough, harsh),** रूक्षः -क्षा -क्षं, कर्कशः -शा -शं; **'in sound,'** रूक्षस्वरः -रा -रं.

Hussar, *s.* अश्वारूढः सैन्यः, अश्वारोही ***m.*** (न्), सादी ***m.*** (न्).

Hussy, *s.* पापीयसी, दासीपुत्री, बन्धकी, दुष्टा स्त्री.

Hustings, *s.* काष्ठनिर्म्मितो मञ्चविशेषो यत्र नगरप्रतिनिधिवरणं क्रियते.

To* hustle, *v. a. निरस् (**c. 4.** -अस्यति -असितुं), निःसृ (**c. 10.** -सारयति -यितुं), निराकृ, वहिष्कृ, सम्बाध् (**c. 1.** -बाधते -धितुं), संक्षुभ् (**c. 10.** -क्षोभयति -यितुं).

Huswife, *s.* गृहिणी, कुटुम्बिनी, गेहिनी, स्वामिनी, गृहमेधिनी, गृहव्यापारकुशला.

Huswifery, *s.* गृहव्यापारकुशलता, गृहकार्य्यदक्षता, गृहकर्म्मनिपुणता, गृहमेधित्वं, परिमितव्ययः.

Hut, *s.* उटजः, कुटीरः, पर्णशाला, कुटेरः, कुटिरं, सहोटजः, तृणौकस् ***n.,*** तृणकुटी, कुट्टिमः, वेश्म ***n.*** (न्), कायमानं.

Hutch, *s.* (Bin) धान्यकोष्ठकं, कुशूलः, पिटः.—**(For rabbits)** शशकाधारः, शशकरक्षणी.

Huzza, *s.* जयशब्दः, जयनादः, आनन्दशब्दः, प्रणादः, जयध्वनिः ***m.,*** जयकोलाहलः, जयारवः, प्रशंसानादः.

To* huzza, *v. n. जयशब्दं कृ, प्रणादं कृ, जयप्रणादं कृ.

Hyacinth, *s.* सुगन्धपुष्प ओषधिभेदः, सुगन्धिकुसुमा.

Hybrid, *a.* सङ्कीर्णजातिः -तिः -ति, सङ्कीर्णजातीयः -या -यं, सङ्करजातः -ता -तं, सङ्कीर्णः -र्णा -र्णं.

Hydra, *s.* जलव्यालः, जलभुजङ्गमः, कविकल्पितो बहुमस्तकविशिष्टो वृहन् जलव्यालः.

Hydraulic, hydraulical, *a.* जलचलनविषयः -या -यं, चलनजलसम्बन्धी -न्धिनी -न्धिं (न्), जङ्गमजलसम्बन्धी **etc.**

Hydraulics, *s.* चलनजलविद्या, जङ्गमजलविद्या, जलचलनविषया विद्या.

Hydrocele, *s.* कोषवृद्धिः ***f.,*** मुष्कवृद्धिः ***f.,*** कुरण्डः.

Hydrocephalus, *s.* जलमस्तकः, उदकमस्तकः, मस्तकाध्मानं.

Dydrodynamics, *s.* जलगुणविषया विद्या, जलशक्तिविषया विद्या.

Hydrogen, *s.* जलचरः, जलजं, जलजो, वायुः, जलजो वाष्पः.

Hydrographer, *s.* समुद्रवेलादिपत्रलेखकः, नदीसमुद्रादिपत्रलेखकः, समुद्रलेखकः, समुद्रालेख्यकृत् ***m.,*** वेलालेख्यकृत् ***m.***

Hydrographical, *a.* समुद्रलिखनसम्बन्धी -न्धिनी -न्धि (न्).

Hydrography, *s.* समुद्रलिखनं, समुद्रलिखनविद्या, नदीसमुद्रादिपत्रलिखनं, समुद्रवेलादिविवरणं.

Hydromancy, *s.* जलादिलक्षणात् शुभाशुभदर्शनं **or** भविष्यदनुमानं **or** अनागतवृत्तसूचनं **or** भाविविषयप्रदर्शनं.

Hydromel, *s.* जलसंसृष्टं मधु, जलमधु ***n.,*** जलमाक्षिकं, मधु ***n.***

Hydrometer *s.* जलपरिमापकयन्त्रं, जलमापनी.

Hydropathy *s.* शीतजलप्रयोगेण रोगचिकित्सा, जलोपचारः.

Hydrophobia, *s.* अलर्करोगः, जलभयं, अलर्कदंशनप्रयुक्तो जलभयरोगः.

Hydropic, hydropical, *a.* जलोदरी -रिणी -रि (न्), जलोदरीयः -या -यं.

Hydropsy, *s.* जलोदरं -री, उदरी, उदकोदरं, आध्मानं, जठरामयः.

Hydrostatics, *s.* स्थावरजलविषया **or** अजङ्गमजलविषया विद्या, जलादिद्रवद्रव्यधर्म्मविषया विद्या.

Hyemal, *a.* शीतकालीनः -ना -नं, हैमन्तः -न्ती -न्तं -न्तिकः -की -कं.

Hyena, *s.* तरक्षुः ***m.,*** मृगाजीवः, मृगादनः, युयुक्खुरः.

Hygrometer, *s.* क्लेदपरिमापकयन्त्रं, तेमपरिमापकः.

Hymen, *s.* विवाहाधिष्ठात्री देवता, विवाहाधिष्ठाता ***m.*** (तृ).

Hymeneal, *a.* वैवाहिकः -की -कं, विवाहीयः -या -यं, उद्वाहिकः -की -कं, पाणिग्रहणिकः -की -कं.

Hymn, *s.* स्तुतिगीतं, ईश्वरस्तुतिगीतं, स्तुतिगानं, गीतं, सङ्गीतं, गानं, भक्तिगानं, गाथा, गेयं, खेलिः ***f.,*** स्तोत्रं, सूक्तं; **'a chanter of hymns,'** सुम्नयुः ***m.,*** गायकः, उद्गाता ***m.*** (तृ).

***To* hymn, *v. a.* (Celebrate in song)** सङ्गीतद्वारेण स्तु (**c. 2.** स्तौति, स्तोतुं) **or** स्तुतिं कृ **or** प्रशंस् (**c. 1.** -शंसति -सितुं), उपवीण (**nom.** उपवीणयति -यितुं).

To* hymn, *v. n. गै (**c. 1.** गायति, गातुं), उद्गै, प्रगै, सुम्न (**nom.** सुम्नायते), स्तुतिं पठ् (**c. 1.** पठति -ठितुं), स्तुतिपाठं कृ.

Hymned, *p. p.* उपगीतः -ता -तं, उपगीयमानः -ना -नं, स्तुतः -ता -तं, संस्तुतः -ता -तं, स्तूयमानः -ना -नं.

Hyp, *s.* विषादः, अवसादः, अवसन्नता, उद्वेगः, म्लानिः ***f.,*** खेदः.

To* hyp, *v. a. विषद् (**c. 10.** -षादयति -यितुं), विषणीकृ, म्लानीकृ, उद्विग्नीकृ.

Hyperbole, *s.* अत्युक्तिः ***f.,*** अतिशयोक्तिः ***f.,*** चित्रोक्तिः ***f.,*** अधिकोक्तिः ***f.,*** अधिकं, वागाधिक्यं, वागुपचयः, वाक्यबाहुल्यं, अतिवर्णना, सत्यातिक्रमः, याथार्थ्यातिक्रमः -यथार्थोल्लङ्घनं, सत्यातिरिक्ता कथा.

Hyperbolic, hyperbolical, *a.* अत्युक्तिपूर्व्वः -र्व्वा -र्व्वं, अत्युक्तिमान् -मती -मत् (त्), अधिकः -का -कं, अधिकः -का -कं, अधिकवाङ्मयः -यी -यं, अतिक्रान्तसत्यः -त्या -त्यं, उल्लङ्घितसत्यः -त्या -त्यं.

Hyperbolically, *adv.* अत्युक्त्या, अत्युक्तिपूर्व्वं, अतिशयोक्त्या, सत्यातिक्रमेण.

To* hyperbolize, *v. n. अत्युक्तिं कृ, अतिशयोक्तिं कृ, अतिवर्णनं कृ, अतिशयोक्त्या वद् (**c. 1.** वदति -दितुं).

Hyperborean, *a.* उत्तरः -रा -रं, उत्तरदिश्यः -श्या -श्यं, उत्तरीयः -या -यं, उदङ् -दीची -दक् (च्), उदीचीनः -ना नं. उत्तरदिक्सम्बन्धनी -न्धिनी -न्धि (न्); **'a hyperborean,'**

Hypercritic 525 **Idea**

उत्तरदेशजः.

Hypercritic, *s.* अतिशयेन गुणदोषपरीक्षकः एकान्ततो गुणदोषनिरूपकः **or** दोषग्राही ***m.*** (न्), वितण्डकः.

Hypercriticism, *s.* अतिशयेन गुणदोषपरीक्षा **or** गुणदोषनिरूपणं, वितण्डा, अतिवितण्डा.

Hyphen, *s.* सम्बन्धचिह्नं, संयोगचिह्नं, सम्बन्धसूचकं चिह्नं **or** अङ्कः.

Hypochondres, hypochondria, *s.* कुपितवायुः ***m.,*** वायुरोगः, विषादः, विषणता, अवसादः, उद्वेगः.

Hypochondriac, hypochondriacal, *a.* कुपितवायुग्रस्तः -स्ता -स्तं, विषादी -दिनी -दि (न्), विषणः -णा -णं, अन्तर्मनाः -नाः -नः (स्), चिन्ताकुलः -ला -लं, उद्विग्नः -ग्ना -ग्नं.

Hypocrisy, *s.* कुहना -निका, दम्भः, कुहकवृत्तिः ***f.,*** धर्म्मापिधा, मिथ्याधर्म्मः-र्म्मत्वं, कपटधर्म्मः, धर्म्मविषये छद्म ***n.*** (न्), उद्मवेशः **or** कापट्यं, कुक्कटिः ***f.*** टी, काल्पनिकता, धर्म्मध्वजमात्रं, आर्य्यरूपता, आर्य्यवेशधारणं, मखः, म्रक्षः.

Hypocrite, *s.* दम्भी ***m.*** (न्), दाम्भिकः, कुहकः, कुहकवृत्तिः ***m.,*** कपटधर्म्मी ***m.*** (न्), कपटी ***m.*** (न्), आर्य्यवेशधारी ***m.*** (न्), वेशधारी ***m.*** धर्म्मध्वजी ***m.*** (न्), आर्य्यरूपः, आर्य्यलिङ्गी ***m.*** (न्), छद्मतापसः, कपटतपस्वी ***m.*** (न्), कपटव्रती ***m.*** (न्), लिङ्गवृत्तिः ***m.*** छद्मवेशी ***m.*** (न्), कपटवेशी ***m.*** (न्), वकव्रती ***m.*** (न्), वैडालव्रतिकः, कौक्कुटिकः, कुयोगी ***m.*** (न्), छन्दपातनः, लोकरञ्जनार्थम् आर्य्यकर्म्मानुष्ठायी ***m.*** (न्), साधुम्मन्यः.

Hypocritical, *a.* दाम्भिकः -की -कं, दम्भी -म्भिनी -म्भि (न्), कुहनः -ना -नं, कपटी -टिनी -टि (न्), कापटिकः -की -कं, छद्मवेशी -शिनी -शि (न्), छाद्मिकः -की -कं, धर्म्मोपधः -धा -धं, काल्पनिकः -की -कं.

Hypocritically, ***adv.*** कुहकवत्, दाम्भिकवत्, सदम्भं, सकपटं, मिथ्याधर्म्मेण.

Hypogastric, *a.* वास्तेयः -यी -यं; **'hypogastric region,'** वस्तिः ***m. f.***

Hypothenuse, *s.* कर्णः, विषमकर्णः.

Hypothesis, *s.* उपन्यासः, प्रतिज्ञा, कल्पना, प्रमेयं, निष्प्रमाणेन उपन्यासः अप्रमाणपूर्व्व उपन्यासः, अनुमानं, अनुभवः.

Hypothetic, hypothetical, *a.* अप्रमाणपूर्व्वम्, उपन्यस्तः -स्ता -स्तं, आनुमानिकः -की -कं, काल्पनिकः -की -कं, सोपन्यासः -सा -सं, निष्प्रमाणः -णा -णं.

Hypothetically, ***adv.*** उपन्यासक्रमेण, प्रतिज्ञाक्रमेण, सोपन्यासं, निष्प्रमाणेन.

Hyssop, *s.* हिस्सपुसंज्ञकः कटुरसविशिष्ट ओषधिभेदः.

Hysteric, hysterical, *a.* मूर्च्छालः -ला -लं, मूर्च्छावान् -वती -वत् (त्), गर्भरोगोपहतत्वाद् मूर्च्छाग्रस्तः -स्ता -स्तं, मूर्च्छनोपहतः -ता -तं.

Hysterics, *s.* जरायुरोगजाता मूर्च्छना **or** मूर्च्छा, गर्भरोगजात उपसर्गः **or** आवेशः.

I

I, ***pron.*** अहम् (अस्मद्); **'I myself,'** सोऽहं.

Iambic, *s.* ध्वजं, द्व्यक्षरं पदं यस्य पूर्व्वाक्षरं लघु पश्चिमाक्षरं गुरु.

Ibex, *s.* पर्व्वतवासी छागभेदः, अजः, वस्तः, पर्णभोजनः.

Ibis, *s.* पूर्व्वं मिसरदेशे महापूजापुरःसरं पालितः पक्षिभेदः.

Ice, *s.* हिमं, हिमानी, हिमसंहतिः ***f.,*** हिमसंहतम् उदकं, शीतमुदकं, घनजलं, संहतजलं, घनीकृतजलं, तुषारः, नीहारः, प्रालेयं, अवश्यायः.

***To* ice,** *v. a.* हिमीकृ, तुषारीकृ, हिमरूपं -पां -पं कृ.—**(Cool with ice)** हिमद्वारेण **or** तुषारद्वारेण शीतलीकृ **or** शिशिरीकृ **or** शीतल **(nom.** शीतलयति -यितुं).

Iceberg, *s.* हिमपर्व्वतः, हिमराशिः ***m.,*** तुषारपर्व्वतः, तुषारराशिः ***m.,*** घनजलराशिः.

Ice-bound, *a.* हिमबद्धः -द्धा -द्धं, हिमपरिवेष्टितः -ता -तं.

Ice-house, *s.* ग्रीष्मकाले हिमरक्षणयोग्यं गृहं, हिमगृहं, हिमगुप्तिः ***f.***

Ichneumon, *s.* अङ्गूषः, नकुलः, बभ्रुः ***m.***

Icehor, *s.* पूयरक्तं, पूयशोणितं.

Ichthyology, *s.* मत्स्यविद्या, मत्स्यजातिगुणादिविषया विद्या.

Ichthyosaurus, *s.* मत्स्यमकरः.

Icicle, *s.* हिमकणः -णिका, तुषारकणः, नीहारकणः, हिमविन्दुः ***m.***

Iciness, *s.* हिमता, हिम्यता, हिमवत्त्वं, हैमता, हैमं, शीतता, शैत्यं.

Iconoclasm, *s.* देवताप्रतिमाभङ्गः, देवतामूर्त्तिभञ्जनं.

Iconoclast, *s.* देवताप्रतिमाभञ्जकः, देवतामूर्त्तिभङ्गकरः.

Iconography, *s.* प्रतिमालिखनं, मूर्त्तिविवरणं, प्रतिमूर्त्तिव्याख्या.

Iconology, *s.* प्रतिमाविद्या, देवतादिप्रतिमानविषया विद्या.

Icy, *a.* हिमः -मा -मं, हिम्यः -म्या -म्यं, हैमः -मी -मं, हिमवान् -वती -वत् (त्), तुषारवान् **etc.,** तौषारः -री -रं, नीहारवान् **etc.—(Frigid)** शीतः -ता -तं, शीतलः -ला -लं, शिशिरः -रा -रं, जडः -डा -डं.—**(Wanting in affection)** निःस्नेहः -हा -हं, स्नेहशून्यः -न्या -न्यं.

Idea, *s.* बुद्धिः ***f.,*** मति ***f.,*** सङ्कल्पः, मनोगतं, मनसिजं, चिन्ता, मनःकल्पितं, मनःकल्पना, कल्पना, वासना, भावना, बोधः; **'with the idea that,' 'under the idea of,' is expressed by the inst. c. of** बुद्धिः; **as, 'with the idea that he was a tiger,'** व्याघ्रबुद्ध्या; **'with the idea of reaching.**

प्रापणबुद्ध्या; **'from an idea of (his) incapacity,'** अपात्रबुद्ध्या.—**(Abstract idea)** भावः.

Ideal, ***a.*** मनसिजः -जा -जं, मनोगतः -ता -तं, मनोजः -जा -जं, मानसिकः -की -कं, मानसः -सी -सं, मनोभवः -वा -वं, चिन्तोद्भूतः -ता -तं, चिन्ताभवः -वा -वं, काल्पनिकः -की -कं, मनःकल्पितः -ता -तं, मायामयः -यी -यं, मायिकः -की -कं.

Idealism, ***s.*** माया, विषयाभावबुद्धिः ***f.,*** अमूर्त्तिवादः, अविद्या.

Idealist, ***s.*** मायिकमतावलम्बी ***m.*** (न्), विषयाभाववादी ***m.*** (न्).

Ideally, ***adv.*** मनसा, मनसि, बुद्ध्या, बुद्धिमात्रेण, चिन्तया, चिन्तामात्रेण.

Identical, ***a.*** अनन्यः -न्या -न्यं, अभिन्नः -न्ना -न्नं, अविभिन्नः -न्ना -न्नं, अनन्यरूपः -पा -पं, अभिन्नरूपः -पा -पं, समः -मा -मं, समानः -ना -नं, समसमानः -ना -नं, तुल्यः -ल्या -ल्यं, अभेदः -दा -दं, अपरः -रा -रं, अविपरीतः -ता -तं, निस्तरभेदः -दा -दं, निर्विशेषः -षा -षं; **'identical with the world,'** जगत्समः -मा -मं, जगदात्मकः -का -कं.

Identically, ***adv.*** अनन्यं, अभिन्नं, समं, समानं, समसमानं, अपृथक्.

Identification, ***s.*** समीकरणं, एकीकरणं, सायुज्यं; **'with Brahma,'** ब्रह्मसायुज्यं, ब्रह्मभूयं.

Identified, ***p. p.*** समीकृतः -ता -तं, समानीकृतः -ता -तं, समीभूतः -ता -तं, समानीभूतः -ता -तं, एकीकृतः -ता -तं, सरूपीकृतः -ता -तं.

To identify, ***v. a.*** समीकृ, समानीकृ, एकीकृ, सरूपीकृ, तुल्यीकृ, अनन्यीकृ.

To **identify,** ***v. n.*** समीभू, समानीभू, एकीभू, सरूपीभू, संयुक्तः -क्ता -क्तं भू.

Identity, ***s.*** समता, समानता, साम्यं, अभिन्नता, अनन्यता, अभेदः, अविभेदः, अविभिन्नता, सारूप्यं, सरूपता, आत्मता, स्वरूपता, तादात्म्यं; **'identity of class,'** सावर्ण्यं, सजातित्वं.

Ides, ***s.*** रोमीयपञ्जिकायां मासस्य त्रयोदशो दिवसः **or** पञ्चदशो दिवसः.

Idiocy, ***s.*** जडता, जाड्यं, मूढता, मूर्खता, बुद्धिवैकल्यं, बुद्धिन्यूनता, अज्ञता, मेधाभावः, बुद्धभावः, बोधाभावः.

Idiom, ***s.*** वाग्रीतिः ***f.,*** वाग्वृत्तिः ***f.,*** वाग्व्यापारः, वाग्व्यवहारः, वाग्धारा, विशेषवाक्यं, विशेषवचनं, सविशेषवाक्यं, भाषाविशेषणं, विशेषभाषा, विशिष्टवचनं, विशिष्टवाक्यं, विशिष्टभाषा, भाषालक्षणं, भाषावच्छेदः, अवच्छेदकवाक्यं, सम्प्रदायः.

Idiomatic, ***a.*** भाषाविशेषकः -का -कं, भाषालाक्षणिकः -की -कं, विशेषवाग्रीत्यनुसारी -रिणी -रि (न्), भाषारीत्यनुसारी **etc.**

Idiosyncrasy, ***s.*** प्रकृतिस्वभावः, शरीरस्वभावः देहस्वभावः, जातिस्वभावः.

Idiot, ***s.*** जडः, मूढः, न्यूनबुद्धिः ***m.,*** न्यूनधीः ***m.,*** बुद्धिविकलः, विकलबुद्धिः ***m.,*** निर्बुद्धिः ***m.,*** बुद्धिहीनः, हतबुद्धिः ***m.,*** हतज्ञानः, मूर्खः, अज्ञः, निर्बोधः, न्यूनपञ्चाशद्भावः पामरः, बर्बरः, वैधेयः, बालिशः, यथाजातः.

Idiotcy, ***s.*** **See IDiocy.**

Idiotic, ***a.*** जडः -डा -डं, मूढः -ढा -ढं, मूर्खः -र्खा -र्खं, न्यूनबुद्धिः -द्धिः -द्धि, न्यूनधीः -धीः -धि, निर्बुद्धिः -द्धिः -द्धि अल्पबुद्धिः -द्धिः -द्धि, निर्बोधः -धा -धं, बुद्धिविकलः -ला -लं, बालिशः -शा -शं, वैधेयः -यी -यं.

Idiotism, ***s.*** **(Peculiarity of expression)** विशेषवाक्यं, विशेषभाषा, भाषाविशेषणं, वाग्रीतिः ***f.,*** विशेषवाग्रीतिः ***f.*** —**(Idiotcy)** जडता, जाड्यं, मूढता, बुद्धिवैकल्यं, बुद्धिन्यूनता.

Idle, ***a.*** **(Averse to labour, doing nothing)** अलसः -सा -सं, आलस्यः -स्या -स्यं, निष्कर्म्मा -र्म्मा -र्म्म (न्), निष्कर्म्मकः -का -कं, अकर्म्मशीलः -ला -लं, अकर्म्मा **etc.,** कर्म्मरहितः -ता -तं, कार्य्यशून्यः -न्या -न्यं, निर्व्यापारः -रा -रं, अव्यापारी -रिणी -रि (न्), अक्रियः -या -यं, निरुद्योगः -गा -गं -गी -गिनी -गि (न्), निरुत्साहः -हा -हं, अनुद्योगः -गा -गं, निरुद्यमः -मा -मं, निश्चेष्टः -ष्टा -ष्टं, कार्य्यपराङ्मुखः -खा -खं, अकर्म्मकृत् ***m.f.n.,*** कर्म्मविमुखः -खा -खं, उदासीनः -ना -नं, सावकाशः -शा -शं, कर्म्मद्वेषी -षिणी -षि (न्); **'to be idle,'** उदास् **(c. 2.** -आस्ते -आसितुं), अलसीभू.—**(Vain, useless)** निरर्थकः -का -कं, अनर्थकः -का -कं, व्यर्थः -र्था -र्थं, मोघः -घा -घं, निष्प्रयोजनः -ना -नं, किमर्थः -र्था -र्थं, असम्बद्धः -द्धा -द्धं; **'idle talk,'** आलस्यवचनं, वृथाकथा; **'idle talker,'** असम्बद्धभाषकः.

To **idle,** ***v. n.*** आलस्यं कृ, अलसीभू, कालक्षेपं कृ, कालहरणं कृ, कालव्ययं कृ, कालं क्षिप् **(c. 6.** क्षिपति, क्षेप्तुं), उदास् **(c. 2.** -आस्ते -आसितुं).

Idleness, ***s.*** आलस्य, अलसता -त्वं, अकर्म्मशीलता, कार्य्यप्रद्वेषः, कार्य्यपराङ्मुखता, कर्म्मविमुखता, अनुद्योगः, अव्यापारः, कार्य्यशून्यता, निष्कर्म्मत्वं, उदासीनता, कालक्षेपः.

Idler, ***s.*** अलसजनः, आलस्यकारी ***m.*** (न्), निष्कर्म्मकः, निर्व्यापारः, अव्यापारी ***m.*** (न्), मुखनिरीक्षकः, लालाटिकः, कालक्षेपकः, कार्य्यपुटः.

Idly, ***adv.*** अलसवत्, अलसं, आलस्येन, सालस्यं, उदासीनवत्. —**(Vainly)** वृथा, मुधा, असम्बद्धं, निरर्थकं.

Idol, ***s.*** देवताप्रतिमा -मानं, देवप्रतिमा, देवतामूर्त्तिः ***f.,*** देवमूर्त्तिः ***f.,*** देवता, दैवतः -तं, प्रतिमा -मानं, विग्रहः, देवताविग्रहः, देवताप्रतिमूर्त्तिः ***f.,*** ठक्कुरः, पुत्तलिका; **'attendant on an idol,'** देवलः, देवाजीवी ***m.*** (न्), देवाजीवः, प्रतिमापरिचारकः.

Idolater, *s.* देवतार्च्चकः, देवताभ्यर्च्चकः, देवार्च्चकः, देवतापूजकः, प्रतिमा पूजकः, देवप्रतिमापूजकः, देवतोपासकः, देवतासेवी ***m.*** (न्), विग्रहसेवी, प्रतिमासेवी ***m.*** (न्), -सेविता ***m.*** (तृ).

Idolatress, *s.* देवतार्च्चका, देवताभ्यर्च्चका, प्रतिमापूजयित्री, देवतापूजका, देवतोपासिका, प्रतिमासेविनी, प्रतिमासेवित्री.

To* idolatrize, *v. n. देवताः पूज् **(c. 10.** पूजयति -यितुं), प्रतिमाः पूज् **or** अर्च् **(c. 1.** अर्चति -र्चितुं) **or** अभ्यर्च्, देवतार्चनं, कृ, प्रतिमापूजां कृ.

Idolatrous, *a.* देवतार्च्चकः -का -कं, प्रतिमापूजकः -का -कं, देवप्रतिमापूजकः -का -कं, प्रतिमापूजाविशिष्टः -ष्टा -ष्टं, प्रतिमापूजासम्बन्धी -न्धिनी -न्धि (न्).

Idolatry, *s.* देवतार्च्चनं -ना, देवताभ्यर्च्चनं, -ना, देवताभ्यर्च्चा, देवार्च्चा, देवतापूजा, प्रतिमापूजा, देवप्रतिमापूजा, देवतोपासना, प्रतिमासेवा, विग्रहपूजा, मूर्त्तिसेवा, देवताराधना -नं, देवतोपच्चर्या.

Idolist, *s.* प्रतिमापूजकः, मूर्त्तिपूजयिता ***m.*** (तृ), प्रतिमानसेवी ***m.*** (न्).

To* idolize, *v. a. अतिप्रेम कृ, अत्यनुरागवान् -वती -वत् **or** अत्यन्तानुरक्तः -क्ता -क्तं, भू **or** अस्, अतिशयेन **or** एकान्तः प्री **(c. 4.** प्रीयते, प्रेतुं) **all with instr. or loc. c.,** देववत् पूज् **(c. 10.** पूजयति -यितुं) **or** भज् **(c. 1.** भजते, भक्तुं).

Idoneous, *a.* युक्तः -क्ता -क्तं, उपयुक्तः -क्ता -क्तं, योग्यः -ग्या -ग्यं.

Idyl, *s.* पशुपालनादिविषयम् अबहुश्लोकं क्षुद्रकाव्यं.

If, *conj.* यदि, चेत् **usually used with the indicative; as, 'if he live he will behold prosperity,'** यदि जीवति भद्राणि पश्यति; **'if there be need to me,'** यदि मया प्रयोजनम् अस्ति; **'if avarice were abandoned, who would be poor?'** तृष्णा चेत् परित्यक्ता को दरिद्रः.—**(As if)** इव.—**(If so)** यद्येवं.—**(If not)** यदि न, न चेत्, नो चेत्, न वा.

Igneous, *a.* आग्नेयः -यी -यं, अग्निमयः -यी -यं, अग्निमान् -मती -मत् (त्), अग्नितुल्यः -ल्या -ल्यं, अग्निसमभावः -वा -वं, कार्शानवः -वी -वं.

To* ignify, *v. a. अग्निसात्कृ, अग्निरूपं -पा -पं कृ, अग्निवत् कृ.

Ignis-Fatuus, *s.* मिथ्याग्निः ***m.,*** मिथ्यादीप्तिः ***f.,*** मिथ्याद्युतिः ***f.,*** पिशाचदीपिका.

To* ignite, *v. a. ज्वल् **(c. 10.** ज्वालयति, ज्वलयति -यितुं), प्रजवल्, संज्वल्, समिन्ध् **(c. 7.** -इन्द्धे -इन्धितुं), दीप् **(c. 10.** दीपयति -यितुं), प्रदीप्, सन्दीप्, आदीप्, उद्दीप्, सन्धुक्ष् **(c. 10.** -धुक्षयति -यितु), दह् **(c. 1.** दहति, दग्धुं), तप् **(c. 10.** तापयति -यितुं), समिद्धीकृ, ज्योतिस्सात्कृ.

To* ignite, *v. n. समिन्ध् **in pass.** (-इध्यते), समिद्धीभू, दीप् **(c. 4.** दीप्यते, दीपितुं), सन्दीप्, प्रदीप्, ज्वल् **(c. 1.** ज्वलति -लितुं), प्रज्वल्, दह् **(c. 4.** दह्यति, दग्धुं), सन्धुक्ष् **(c. 1.** -धुक्षते -क्षितुं), अग्निदीप्तः -प्ता -प्तं भू.

Ignited, *p. p.* समिद्धः -द्धा -द्धं, इद्धः -द्धा -द्धं, ज्वलितः -ता -तं, प्रज्वालितः -ता -तं, दीपितः -ता -तं, उद्दीप्तः -प्ता -प्तं, प्रदीप्तः -प्ता -प्तं, सन्धुक्षितः -ता -तं, सन्तप्तः -प्ता -प्तं.

Ignitible, *a.* दीपनीयः -या -यं, दीप्यः -प्या -प्यं, ज्वलनीयः -या -यं, ज्वलनशीलः -ला -लं, दाह्यः -ह्या -ह्यं.

Ignition, *s.* इन्धनं, समिन्धनं, ज्वलनं, दीपनं, उद्दीपनं, दहनं, तापः.

Ignoble, *a.* **(Of low) birth)** अकुलीनः -ना -नं, दुष्कुलीनः -ना -नं. अकुलः -ला -लं, हीनजातिः -तिः -ति, न्यग्जातिः -तिः -ति, अपकृष्टजातिः -तिः -ति.—**(Mean, base)** नीचः -चा -चं, अपकृष्टः -ष्टा -ष्टं, निकृष्टः -ष्टा -ष्टं, अधमः -मा -मं, खलः -ला -लं, अनार्य्यः -र्य्या -र्य्यं, कदर्य्यः -र्य्या -र्य्यं, कृपणः -णा -णं, कुत्सितः -ता -तं, तुच्छः -च्छा -च्छं, दीनः -ना -नं, जघन्यः -न्या -न्यं, प्राकृतः -ती -तं, हीनः -ना -नं.—**(Disgraceful)** अकीर्त्तिकरः -री -रं.

Ignobly, *adv.* अकुलीनवत्, अपकृष्टवत्, नीचवत्, हीनजातिवत्, अनार्य्यवत्, अनार्य्यं, खलवत्, कृपणवत्, अधमजनवत्, अपकृष्टं, कृपणं, कुत्सितं, सदैन्यं, कदर्य्यं.

Ignominious, *a.* अकीर्त्तिकरः -री -रं, अपयशस्करः -री -रं, अपशस्यः -स्या -स्यं, अयशस्वी -स्विनी -स्वि (न्), गर्हितः -ता -तं, गर्ह्यः -र्ह्या -र्ह्यं, कलङ्करः -री -रं, कलङ्की -ङ्किनी -ङ्कि (न्), लज्जाकरः -री -रं, अपमानकरः -री -रं, वाच्यः -च्या -च्यं, कुत्सितः -ता -तं, कदर्य्यः -र्य्या -र्य्यं, अपकृष्टः -ष्टा -ष्टं, अनार्य्यः -र्य्या -र्य्यं.

Ignominiously, *adv.* गर्हितं, अयशस्यं, सापमानं, कदर्य्यं, कुत्सितं, अनार्य्यं.

Ignominy, *s.* अकीर्त्तिः ***f.,*** अयशस् ***n.,*** अपकीर्त्तिः ***f.,*** अपयशस्, अपमानं, अख्यातिः ***f.,*** कुख्यातिः ***f.,*** यशोहानिः ***f.,*** कीर्त्तिहानिः ***f.,*** मर्य्यादाहानिः ***f.,*** तेजोहानिः ***f.,*** कलङ्कः, अपकलङ्कः, अपकर्षः, अपध्वंसः, अवमानं, अवज्ञा, परिभवः, तिरस्कारः, अप्रतिष्ठा, अमर्य्यादा.

Ignoramus, *s.* अज्ञः, अज्ञानी ***m.*** (न्), निर्बुद्धिः ***m.,*** निर्बोधः, अबुद्धिमान् ***m.*** (त्).

Ignorance, *s.* अज्ञानं -नता, अज्ञता, अनभिज्ञता -त्वं, अनभिज्ञानं -नत्वं, अविज्ञता, ज्ञानाभावः, प्रज्ञाहीनता, ज्ञानहीनता, अबोधः -धता, अबुद्धिः ***f.,*** अविद्या, अज्ञानित्वं, निर्बुद्धिता, बुद्धिहीनता; **'spiritual ignorance,'** मोहः, अज्ञानं, अविद्या, अहम्मतिः ***f.***

Ignorant, *a.* अज्ञानः -ना -नं, अज्ञानी -निनी -नि (न्), अज्ञः -ज्ञा -ज्ञं, अनभिज्ञः -ज्ञा -ज्ञं, अविज्ञः -ज्ञा -ज्ञं, अप्राज्ञः -ज्ञा

–ज्ञं, अबोधः –धा –धं, अबुधः –धा –धं, ज्ञानहीनः –ना –नं, प्रज्ञाहीनः –ना –नं, विद्याहीनः –ना –नं, विद्याविहीनः –ना –नं, विद्यारहितः –ता –तं, विद्याशून्यः –न्या –न्यं, बोधहीनः –ना –नं, निबोधः –धा –धं, निर्बुद्धिः –द्धिः –द्धि, दुर्बुद्धिः –द्धिः –द्धि, अबुद्धिमान् –मती –मत् (त्), दुर्मतिः –तिः –ति, अविपश्चिद्, अविद्वान् –दुषी –द्वत् (सत्), अविद्यः –द्या –द्यं, अकोविदः –दा –दं, अव्युत्पन्नः –न्ना –न्नं, अश्रुतः –ता –तं, वैधेयः –यी –यं.

Ignorantly, ***adv.*** अज्ञानतस्, अज्ञानात्, अज्ञानेन, अज्ञानपूर्व्वं, अबोधपूर्व्वं.

Iguana, ***s.*** गौधारः, गौधेयः, गौधेरः, गोधा, गोधिका, गोधिः ***m.,*** गोधिकात्मजः, निहाका, नक्रः.

Iliac, ***a.*** आन्त्रिकः –की –कं, नाडिसम्बन्धी –न्धिनी –न्धि (न्); **'iliacpassion,'** उदावर्त्तः, शूलव्याधिः ***m.,*** शूलयोगः, अन्त्रशूलं.

Ill, ***a.*** **(Bad, evil)** दुष्टः –ष्टा –ष्टं, पापः –पा –पं, खलः –ला –लं, मन्दः –न्दा –न्दं, कदर्य्यः –र्य्या –र्य्यं, निर्गुणः –णा –णं, कुत्सितः –ता –तं, नीचः –चा –चं, अधमः –मा –मं, शठः –ठा –ठं, अभद्रः –द्रा –द्रं, असाधुः –धुः –धु, असन् –सती –सत् (त्), असारः –रा –रं, अधार्म्मिकः –की –कं; **'ill,' as a general word, is ofen expressed by** दुर्, कु, अप **or** वि; as, **'ill conduct,'** दुर्णयः, कुकर्म्म ***n.*** (न्), अपकर्म्म ***n.,*** विकर्म्म ***n.;*** **'an ill road,'** दुरध्वः, कुपथं, विमार्गः, कदध्वा ***m.*** (न्); **'ill policy,'** अनीतिः ***f.,*** दुर्णीतिः ***f.;*** **'ill luck,'** दुर्भाग्यं, दुर्दैवं.—**(Unwell, sick)** अस्वस्थः –स्था –स्थं, अस्वस्थशरीरः –रा –रं, असुस्थशरीरः –रा –रं, असुस्थः –स्था –स्थं, असुस्थितः –ता –तं, रोगी –गिणी –गि (न्), सरोगः –गा –गं, रोगग्रस्तः –स्ता –स्तं, रोगान्वितः –ता –तं, रोगवान् –वती –वत् (त), रोगार्त्तः –र्त्ता –र्त्तं, व्याधितः –ता –तं, व्याधियुक्तः –क्ता –क्तं, सामयः –या –यं, अमी –मिनी –मि (न्), विकारी –रिणी –रि (न्). **Expressed also by** पीडितः –ता –तं, आतुरः –रा –रं, आर्त्तः –र्त्ता –र्त्तं, ग्रस्तः –स्ता –स्तं **in comp.; as, 'ill with fever,'** ज्वरपीडितः –ता –तं, ज्वरातुरः –रा –रं, ज्वरग्रस्तः –स्ता –स्तं, सज्वरः –रा –रं.

Ill, ***s.*** **(Evil, wickedness** दुष्टता, पापं, दोषः, व्यसनं –निता, दौष्ठवं, शाठ्यं, शठता, खलता, मन्दता, असाधुता, अधर्म्मः, दुराचारत्वं, भ्रष्टता, कुसृतिः ***f.*** —**(Distress, calamity)** अपायः, अनिष्टं, दुःखं, अशुभं, अकुशलं, दुर्गतिः ***f.,*** दौर्गत्यं, अभद्रं, अरिटं, अहितं, व्यसनं, उत्पातः, विपद ***f.,*** आपद् ***f.,*** विपत्तिः ***f.,*** अनिष्टपातः, क्लेशः, कष्टं, दुर्दशा, दुरवस्था. —**(Disadvantage, loss, injury)** अनर्थः, अपायः, अहितं, अपचयः, अपकारः, अपकृतं, क्षतिः ***f.,*** हानिः ***f.,*** क्षयः, नाशः. —**(Disease, pain)** रोगः, व्याधिः ***m.,*** आमयः, पीडा, दुःखं क्लेशः, कष्टं, आर्त्तिः ***f.,*** उपतापः, तापः, अस्वास्थ्यं; **'boding ill,'** अनिष्टसूचकः –का –कं; **'designing ill,'** द्रोहचिन्तकः –का –कं.

Ill, ***adv.*** **(Not well, badly)** दुष्टु, दुष्टं, असम्यक्, अभद्रं, अयुक्तं **or expressed by** दुर्, वि, अ, कु, अप, दुष्ट, पाप **etc. prefixed; as, 'ill-intentioned,'** दुराशयः –या –यं, दुष्टबुद्धिः –द्धिः –द्धि, पापाशयः –या –यं; **'ill-done,'** दुष्कृतः –ता –तं, अपकृतः –ता –तं, **'ill-behaved,'** दुःशीलः –ला –लं, कुशीलः –ला –लं, दुर्वृत्तः –त्ता –त्तं; **'ill-natured,'** दुष्प्रकृतिः –तिः –ति; **'ill-fated'** दुर्दैवग्रस्तः –स्ता –स्तं, दुर्दैवोपहतः –ता –तं, दुर्भाग्यः –ग्या –ग्यं; **'ill-managed,'** दुर्णीतः –ता –तं; **'ill-conditioned,'** दुःस्थः –स्था –स्थं, दुःस्थितः –ता –तं, **'ill at ease,'** अनिर्वृतः –ता –तं; **'ill-grounded'** अमूलः –ला –लं, लकः –का –कं; **'ill ordered,'** दुष्क्रमः –मा –मं, अक्रमः –मा –मं; **'ill-regulated,'** अव्यवस्थितः –ता –तं; **'ill-qualified,'** अयुक्तः –क्ता –क्तं, अयोग्यः –ग्या –ग्यं; **'ill-shaped,'** कुरूपः –पा –पं, अपरूपः –पा –पं, विरूपः –पा –पी –पं; **'ill-sounding'** विस्वरः –रा –रं, अस्वरः –रा –रं; **'ill-treated,'** अपकृतः –ता –तं; **'ending ill, turning out ill,'** दुरन्तः –न्ता –न्तं, दुष्परिणामः –मा –मं.—**(Not well in health)** अस्वस्थं, अस्वास्थ्येन, असुस्थं; **'to be ill,'** अस्वस्थः –स्था –स्थं भू. ***See*** **Ill, *a.*** **(Not easily)** दुःखेन, कष्टेन, कष्टं, कृच्छ्रेण, कठिनं, विषमं.

Ill-advised, ***a.*** असमीक्ष्य कृतः –ता –तं, अनालोचितः –ता –तं, अपरीक्षितः –ता –तं.

Ill-affected, ***a.*** अहितः –ता –तं, विरक्तः –क्ता –क्तं द्रोहबुद्धिः –द्धिः –द्धि, अहितैषी –षिणी –षि (न्), अपकारार्थी –र्थिनी –र्थि (न्); **'to be ill affected,'** विरक्तभू, अभिद्रुह **(c. 1.** –द्रुह्यति –द्रोग्धुं).

Illacerable, ***s.*** अविदार्य्यः –र्य्या –र्य्यं, अविदारणीयः –या –यं, अछेदनीयः –या –यं.

Illpase, ***s.*** निपतनं, प्रपतनं, प्रवेशः, अकस्माद् आक्रमणं.

To **illaqueate,** ***v. a.*** उन्माथे **or** पाशे पत् **(c. 10.** पातयति –यितुं), जाले पातयित्वा बन्ध् **(c. 9.** बध्नाति, बन्द्धुं), पाश **(nom.** पाशयति –यितुं), पाशीकृ.

Illaqueation, ***s.*** उन्माथे पातनं, जाले वन्धनं, पाशीकरणं.

Ill-Arranged, ***a.*** दुष्क्रमः –मा –मं, दुर्विरचितः –ता –तं, दुर्विहितः –ता –तं.

Illation, ***s.*** अनुमानं, अनुमितिः ***f.,*** अपवाहः, अपोहः –हनं, अभ्यूहः.

Illative, ***a.*** आनुमानिकः –की –कं, आनुषङ्गिकः –की –कं, यौक्तिकः –की –कं.

Illatively, ***adv.*** अनुमानेन, अनुमानतस्, प्रयोगतस्, अपवाहेन.

Illudable, ***a.*** अप्रशंसनीयः –या –यं, अश्लाघ्यः –घ्या –घ्यं, अश्लाघनीयः –या –यं.

Ill-behaved, ***a. See*** **Ill-bred.**

Ill-bred, ***a.*** दुर्विनीतः -ता -तं, अविनीतः -ता -तं, अनीतः -ता -तं, दुर्विनयः -या -यं, अविनयः -या -यं, विनयरोधी -धिनी -धि (न्), विनयप्रमाथी -थिनी -थि (न्), विनयापेतः -ता -तं, अशिष्टः -ष्टा -ष्टं, विशीलः -ला -लं, कुशीलः -ला -लं, दुशीलः -ला -लं, असभ्यः -भ्या -भ्यं, दुराचारः -रा -रं, दुश्चेष्टिः -ता -तं, दुर्वत्तः -त्ता -त्तं, व्यभिचारी -रिणी -रि (न्), असम्यक्कारी **etc.**

Ill-breeding, ***s.*** अविनयः, दुर्विनीतता, कुशीलता, दुःशीलता, अशिष्टता, असभ्यता, विनयभङ्गः, शीलवञ्चना.

Ill-contrived, ***a.*** दुर्घटितः -ता -तं, दुर्णीतः -ता -तं, अपक्वः -क्वा -क्वं.

Ill-conditioned, ***a.*** दुःस्थः -स्था -स्थं, दुःस्थितः -ता -तं, दुर्वृत्तिः -त्तिः -त्ति.

Ill-conducted, ***a.*** दुर्णीतः -ता -तं, दुर्घटितः -ता -तं, असम्यग् घटितः -ता -तं.

Ill-dressed, ***a.*** दुर्वासाः -साः -सः (स्), कुवेष्टितः -ता -तं, कुप्रावृतः -ता -तं.

Illegal, ***a.*** स्मृतिविरुद्धः -द्धा -द्धं, व्यवहारविरुद्धः -द्धा -द्धं, नियमविरुद्धः -द्धा -द्धं, व्यवस्थाविरुद्धः -द्धा -द्धं, स्मृत्यपेतः -ता -तं, अस्मार्त्तः -र्त्ती -र्त्तं. शास्त्रविरुद्धः -द्धा -द्धं, धर्म्मरोधी -धिनी -धि (न्), अधर्म्यः -र्म्या -र्म्यं, निषिद्धः -द्धा -द्धं, अव्यवस्थितः -ता -तं, अशास्त्रिकः -का -कं, अशास्त्रीयः -या -यं, अवैधः -धी -धं, अविधिः -धि -धि, विधिभञ्जकः -का -कं.

Illegality, ***s.*** स्मृतिविरोधः -विरुद्धता, व्यवहारविरोधः, नियमविरोधः, शास्त्रविरोधः, अस्मृतिः ***f.,*** अधर्म्यता, धर्म्मविरोधः, व्यवस्थाविरोधः, अव्यवस्था, विकर्म्म ***n.*** (न्), विकर्म्मक्रिया, व्यवस्थातिक्रमः, व्यवहारातिक्रमः, नियमभङ्गः, विधिभङ्गः, व्यवस्थाभङ्गः.

Illegally, ***adv.*** स्मृतिविरोधेन, व्यवहारविरुद्धं, नियमविरुद्धं, शास्त्रविरोधेन, धर्म्मविरुद्धं; **'acting illegally,'** विकर्म्मकृत् ***m.f.n.,*** विकर्म्मिकः -की -कं.

Illegibility, ***s.*** अस्पष्टता, अव्यक्तत्वं, अस्पष्टाक्षरत्वं, दुर्वाच्यता.

Illegible, ***a.*** अस्पष्टाक्षरः -रा -रं, अव्यक्ताक्षरः -रा -रं, दुर्वाच्यः -च्या -च्यं, अस्पष्टवर्णः -र्णा -र्णं.

Illegitimacy, ***s.*** अनौरसता, विजातता, विजन्म ***n.*** (न्), वैजात्यं, अनभिजातत्वं, जारजत्वं, जारजातता, उपस्त्रीजातत्वं, दासीजातत्वं, जन्मवैलक्षण्यं.

Illegitimate, ***a.*** विजातः -ता -तं, विजनितः -ता -तं, विजन्मा -न्मा -न्म (न्), विजातीयः -या -यं, अधर्म्मजः -जा -जं, अनभिजातः -ता -तं, उपस्त्रीजातः **etc.,** जारजातः **etc.,** जारजः -जा -जं, असतीप्रसूत -ता -तं, कृष्णपक्षजः -जा -जं, कृष्णपक्षीयः -या -यं; **'an illegitimate child,'** अनौरसः -सी, कुण्डः -ण्डी ***m.*** (न्), उपस्त्रीसुतः -ता, उपस्त्रीपुत्रः -त्री, जारजः -जा, दासीपुत्रः, कौलटेरः -रा, कौलटेयः -यी, कौलटिनेयः -यी -बन्धुलः, बान्धकिनेयः; **'of a widow,'** गोलकः.—**(Spurious)** कृत्रिमः -मा -मं, कल्पितः -ता -तं. —**(Unlawful)** व्यवहारविरुद्धः -द्धा -द्धं, अव्यवहारिकः -की -कं, नियमविरुद्धः -द्धा -द्धं, अधर्म्यः -र्म्या -र्म्यं, निषिद्धः -द्धा -द्धं.

Illegitimately, ***adv.*** विजन्मना, जन्मवैलक्ष्येण, वैजात्येन, कुण्डवत्, अधर्म्मेण.—**(Unlawfully)** व्यवहारविरुद्धं, नियमविरुद्धं.

Ill-fame, ***s.*** अपयशस् ***n.,*** अयशस् ***n.,*** अकीर्त्तिः ***f.,*** अख्यातिः ***f.,*** अप्रतिष्ठा.

Ill-fated, ***a.*** दैवोपहतः -ता -तं, हतदैवः -वी -वं, दुर्दैवग्रस्तः -स्ता -स्तं, दुर्भाग्यः -ग्या -ग्यं, उपहतकः -का -कं.

Ill-favored, ***a.*** कुरूपः -पा -पी -पं, अवरूपः -पी -पं, कदाकारः -रा -रं, कुत्सितरूपः -पी -पं, असुन्दरः -री -रं, दुर्दर्शनः -ना -नं, अवलक्षणी -णिनी -णि (न्).

Ill-fitted, ***a.*** अयोग्यः -ग्या -ग्यं, अयुक्तः -क्ता -क्तं, अक्षमः -मा -मं.

Ill-formed, ***a.*** कुरूपी -पिणी -पि (न्), विरूपः -पी -पं, अपरूपः -पी -पं.

Ill-gotten, ***a.*** द्रोहार्ज्जितः -ता -तं, अन्यायोपार्ज्जितः -ता -तं, वृजिनार्ज्जितः -ता -तं.

Illiberal, ***a.*** अनुदारः -रा -रं, कृपणः -णा -णं, अदानशीलः -ला -लं, अत्यागशीलः -ला -लं, अदाता -त्री -तृ (तृ), अवदान्यः -न्या -न्यं, कुत्सितः -ता -तं, मत्सरी -रिणी -रि (न्), कृपणबुद्धिः -द्धिः -द्धि, कृपणधीः -धीः -धि, कृपणचेताः -ता -तः (स्), कृष्णस्वभावः -वा -वं, दीनचेताः **etc.,** नीचमनाः -नाः -नः (स्).

Illiberality, ***s.*** कार्पण्यं, कृपणता, अनौदार्य्यं, अनुदारता, अदानशीलता, बुद्धिकार्पण्यं, स्वभावकार्पण्यं, कृपणबुद्धित्वं, स्वभावदीनता, स्वभावदैन्यं, बुद्धिनीचता, अत्यागशीलता, अवदान्यता, मात्सर्य्यं.

Illiberally, ***adv.*** अनुदारं, कृपणं, कार्पण्येन, सकार्पण्यं, कृपणवत्.

Illicit, ***a.*** निषिद्धः -द्धा -द्धं, प्रतिषिद्धः -द्धा -द्धं, अधर्म्यः -र्म्या -र्म्यं, धर्म्म विरुद्धः -द्धा -द्धं, धर्म्मरोधी -धिनी -धि (न्), नियमविरुद्धः -द्धा -द्धं, व्यवहारविरुद्धः -द्धा -द्धं, अव्यवहारिकः -की -कं, निवारणीयः -या -यं, निवार्य्यः -र्य्या -र्य्यं.

Illimitable, ***a.*** अनन्त्यः -न्त्यः -न्त्यं, अनन्तः -न्ता -न्तं, अनन्तवान् -वती -वत् (त्), अप्रमेयः -या -यं, अमेयः -या -यं.

Illimited, ***a.*** अनन्तः -न्ता -न्तं -न्तकः -का -कं, अमितः -ता -तं, अपरिमितः -ता -तं, निरवधिः -धिः -धि, अपर्य्यन्तः

–न्ता –न्तं, अमर्य्यादः –दा –दं, अशेषः –षा –षं, असीमकः –का –कं.

Illiterate, ***a.*** निरक्षरः –रा –रं, अनक्षरः –रा –रं, अशिक्षितः –ता –तं, विद्याहीनः –ना –नं, ज्ञानहीनः –ना –नं, अपण्डितः –ता –तं, अप्राज्ञः –ज्ञा –ज्ञं, अकृतबुद्धिः –द्धिः –द्धि, असंस्कृतबुद्धिः –द्धिः –द्धि, अकृतः –ता –तं, अविद्यः –द्या –द्यं.

Illiterateness, ***s.*** अपाण्डित्यं, विद्याहीनता, विद्याभावः, अप्राज्ञता, अविद्या, अशिक्षितत्वं, अकृतबुद्धित्वं.

Ill-judged, ***a.*** अविचार्य्य **or** अविमृश्य **or** अविवेचनपूर्व्वं कृतः –ता –तं.

Ill-judging, ***a.*** विवेकशून्यः –न्या –न्यं, अविवेकी –किनी –कि (न्).

Ill-looking, ***a.*** दुर्दर्शनः –ना –नं, कुदर्शनः –ना –नं, कुरूपः –पी –पं.

Ill-luck, ***s.*** दुर्दैवं, दुर्भाग्यं, दौर्भाग्यं, दुर्गतिः ***f.,*** दौर्गत्यं, अमङ्गलं, अकुशलं, अभद्रं, अरिष्टं, व्यवसन–निता, विपत् ***f.,*** दुरदृष्टं, दुर्जातं, अनिष्टपातः, अश्लीकं.

Ill-mannered, ***a.*** कुशीलः –ला –लं, वामशीलः –ला –लं, दुःशीलः –ला –लं, विशीलः –ला –लं, दुर्विनीतः –ता –तं, दुर्विनयः –या –यं, दुराचारः –रा –रं, असङ्गतः –ता –तं.

Ill-nature, ***s.*** भावदुष्टता, कुशीलता, वामशीलता, दुःशीलता, दौःशील्यं, भावप्रतीपता, भावकार्कश्यं, स्वभाववक्रता, कर्कशभावत्वं, निकृतिः ***f.,*** प्रकृतिवक्रता.

Ill-natured, ***a.*** दुष्प्रकृतिः –तिः –ति, दुष्टप्रकृतिः –तिः –ति, दुष्टस्वभावः –वा –वं, कर्कशभावः –वा –वं, प्रतीपस्वभावः –वा –वं, वक्रप्रकृतिः –तिः –ति, दुःशीलः –ला –लं, कुशीलः –ला –लं, वामशीलः –ला –लं, कटुस्वभावः –वा –वं, नैकृतिकः –की –कं.

Ill-naturedly, ***adv.*** स्वभावकार्कश्यात्, प्रकृति ष्टत्वात्, कर्कशं, वामशीलत्वात्.

Illness, ***s.*** रोगः, व्याधिः ***m.,*** रोगिता, आमयः, रुक् ***f.*** (ज्), रुजा, पीडा, अस्वास्थ्यं, अस्वस्थता, असुस्थता, क्लेशः, दुःखं, रुग्नता, आर्त्तिः ***f.,*** उप तापः, कष्टं, विकारः, विकृतिः ***f.,*** विकरः, अमः, अमसः, तापः; **'dangerous illness,'** सन्निपातकः.

Illogical, ***a.*** न्यायविरुद्धः –द्धा –द्धं, न्यायविपरीतः –ता –तं, अन्यायी –यिनी – यि (न्), अन्याय्या –य्या –य्यं, अन्यायानुसारी –रिणी –रि (न्), अन्यायसिद्धः –द्धा –द्धं, अयुक्तिसिद्धः –द्धा –द्धं, अनानुमानिकः –की –कं, अतार्किकः –की –कं; **'illogical conclusion,'** अविनिगमः.

Illogically, ***adv.*** न्यायविरुद्धं, न्यायविरोधेन, अन्यायानुसारेण, अयुक्त्या.

Ill-omened, ***a.*** अनिष्टलक्षण –णा –णं, अनिष्टशकुनः –ना –नं, अशस्तः –स्ता –स्तं.

Ill-starred, ***a.*** हतदैवः –वा –वं, दैवोपहतः –ता –तं, उपहतकः –का –कं, दुर्भाग्यः –ग्या –ग्यं, मन्दभाग्यः –ग्या –ग्यं.

Ill-tempered, ***a.*** दुष्प्रकृतिः –तिः –ति, कर्कशभावः –वा –वं. ***See*** **Ill-natured.**

Ill-timed, ***a.*** अप्राप्तावसरः –रा –रं, अप्राप्तकालः –ला –लं, अकालिकः –की –कं, असामायिकः –की –कं, अप्राप्तसमयः –या –यं, अनवसरः –रा –रं.

Ill-trained, ***a.*** दुर्विनीतः –ता –तं, अविनीतः –ता –तं, अशिक्षितः –ता –तं.

To ill-treat, ***v. a.*** अपकृ, अपकारं कृ, द्रोहं कृ, अर्द् **(c. 10.** अर्दयति –यितुं).

Ill-treated, ***p. p.*** अपकृतः –ता –तं, कृतापकारः –रा –रं, पीडितः –ता –तं, अर्दितः –ता –तं.

Ill-turn, ***s.*** अपकृतं, अपकारः, अप्रियं, अहितं, हिंसा, द्रोहः, क्षतिः ***f.***

To **illude,** ***v. a.*** वञ्च् **(c. 10.** वञ्चयते –यितुं), प्रवञ्च्, मुह् **(c. 10.** मोहयति –यितुं), छल् **(c. 10.** छलयति –यितुं), प्रतॄ **(c. 10.** –तारयति –यितुं), प्रलभ् **(c. 1.** –लभते –लब्धुं), प्रलुभ् **(c. 10.** –लोभयति –यितुं).

Illuded, ***p. p.*** मोहितः –ता –तं, विमोहितः –ता –तं, वञ्चित –ता –तं.

To **illume, illumine, illuminate,** ***v. a.*** द्युत् **(c. 10.** द्योतयति –यितुं), प्रद्युत्, उद्युत्, विद्युत्, प्रकाश् **(c. 10.** –काशयति –यितुं), विकाश्, दीप् **(c. 10.** दीपयति –यितुं), विदीप्, उद्दीप्, प्रदीप्, विराज् **(c. 10.** –राजयति –यितुं), भास् **(c. 10.** भासयति –यितुं), प्रभास्, उद्भास्, अवभास्, भ्राज् **(c. 10.** भ्राजयति –यितुं), रञ्ज् **(c. 10.** रञ्जयित –यितुं), तेजसा रञ्ज्, विमल **(nom.** विमलयति –यितुं), विमलीकृ.—**(Illuminate a manuscript)** पत्रं रञ्ज्.

Illuminated, illumined, ***p. p.*** द्योतितः –ता –तं, प्रद्योतितः –ता –तं, उद्द्योतितः –ता –तं, प्रकाशितः –ता –तं, विकाशितः –ता –तं, दीपितः –ता –तं, आदीपितः –ता –तं, उद्दीपितः –ता –तं, प्रदीपितः –ता –तं, राजितः –ता –तं, विराजितः –ता –तं, उज्ज्वलितः –ता –तं, भासितः –ता –तं, अवभासितः –ता –तं, उद्भासितः –ता –तं, चकासितः –ता –तं, रञ्जितः –ता –तं.

Illumination, ***s.*** द्योतनं, प्रद्योतनं, उद्द्योतः, द्युतिः ***f.,*** प्रकाशनं, विकाशनं, दीपनं, दीप्तिः ***f.,*** प्रदीपनं, प्रदीप्तिः ***f.,*** उद्दीपनं, उज्ज्वलनं, उज्ज्वलता, उद्भासः, भ्राजिष्णुता, प्रकाशता.—**(Rows of lights displayed in token of joy)** उत्सवकाले हर्षसूचका दीपमाला–लिका **or** दीपशृङ्खला **or** दीपसमूहः.—**(Of a**

manuscript) पत्ररञ्जनं, कलधौतलिपिः *f.*

Illuminator, *s.* दीपकः, प्रदीपकः, प्रकाशकः, द्युतिकरः, दीप्तिकर्त्ता *m.* (र्त्तृ); **'of a manuscript,'** पत्ररञ्जकः.

Illusion, *s.* माया, मोहः, व्यामोहः, भ्रमः, भ्रान्तिः *f.,* विभ्रमः, मतिविभ्रमः, आभासः, प्रपञ्चः, इन्द्रजालं, जालं, अलीकता, कूटः, अजया, आवरणं, अविद्या; **'power of illusion,'** मायाशक्तिः *f.,* आवरणशक्तिः *f.*

Illusive, illusory, *a.* मायी -यिनी -यि (न्), मायिकः -की -कं, मायावी -विनी -वि (न्), मायामयः -यी -यं, मोही -हिनी -हि (न्), जाली -लिनी -लि (न्), इन्द्रजालिकः -की -कं, ऐन्द्रजालिकः -की -कं, भ्रमी -मिणी -मि (न्), भ्रान्तिजनकः -का -कं, वञ्चकः -का -कं, अलीकः -का -कं.

***To* illustrate,** *v. a.* **(Make clear, brighten)** प्रकाश् (c. 10. काशयति -यितुं), विकाश्, शुभ् (c. 10. शोभयति -यितुं), विमल (nom. विमलयति -यितुं), विमलीकृ, द्युत् (c. 10. द्योतयति -यितुं), दीप् (c. 10. दीपयति -यितुं).—**(Elucidate, explain)** व्याख्या (c. 2. ख्याति -तुं), स्पष्टीकृ, व्यक्तीकृ, व्याकृ, सुस्पष्टीकृ, स्पष्ट (nom. स्पष्टयति -यितुं), व्याहृ (c. 1. -हरति -हर्त्तुं), उदाहृ, परिशुध् (c. 10. -शोधयति -यितुं), विवृ (c. 5. -वृणोति -वरितुं -रीतुं), विवरणं कृ, प्रकाश्, दृष्टान्तीकृ, दृष्टान्तेन or निदर्शनेन व्याख्या or प्रकाश्.

Illustrated, *p. p.* प्रकाशितः -ता -तं, स्पष्टीकृतः -ता -तं, व्याख्यातः -ता -तं, उदाहृतः -ता -तं, समुदाहृतः -ता -तं, द्योतितः -ता -तं, व्याकृतः -ता -तं, निरूपितः -ता -तं, वर्णितः -ता -तं, दार्ष्टान्तिकः -की -कं, उपमितः -ता -तं.

Illustration, *s.* उदाहरणं, उदाहारः, समुदाहरणं, निदर्शनं, दृष्टान्तः, उत्प्रेक्षा, उद्देशः, उपोद्घातः, व्याख्या, प्रदर्शनं; **'for an illustration,'** निदर्शनार्थं, प्रदर्शनार्थं.

Illustrative, *a.* प्रकाशकः -का -कं, उद्देशकः -का -कं, दार्ष्टान्तिकः -की -क.

Illustratively, *adv.* निदर्शनार्थं, प्रदर्शनार्थं, दृष्टान्तक्रमेण, उदाहरणार्थं.

Illustrator, *a.* प्रकाशकः, अर्थप्रकाशकः, उद्देशकः, अर्थव्याख्याता *m.* (तृ), अर्थप्रदर्शकः, निदर्शनकृत्, दृष्टान्तकारी *m.* (न्), उदाहर्त्ता *m.* (र्त्तृ).

Illustrious, *a.* विश्रुतः -ता -तं, ख्यातः -ता -तं, विख्यातः -ता -तं, सुख्यातः -ता -तं, यशस्वी -स्विनी -स्वि (न्), महायशाः -शाः -शः (स्), महायशस्कः -स्का -स्कं, प्रथितः -ता -तं, प्रसिद्धः -द्धा -द्धं, कीर्त्तिमान् -मती -मत् (त्), कीर्त्तितः -ता -तं, श्रीमान् -मती -मत् (त्), दीप्तिमान् etc., यशस्वान् -स्वती -स्वत् (त्), पृथुप्रथः -था -थं, प्रतिपत्तिमान् -मती -मत् (त), प्रतिष्ठः -ष्ठा -ष्ठं, प्रतिष्ठान्वितः -ता -तं, सुप्रतिष्ठः -ष्ठा -ष्ठं, लोकविश्रुतः -ता -तं, परिख्यातः -ता -तं, लोकप्रथितः -ता -तं, विशालः -ला -लं, प्रतीतिः -ता -तं, विज्ञातः -ता -तं, द्वात्रिंशल्लक्षणोपेतः -ता -तं, लब्धनामा -मा -म (न्).—**(Eminent)** उत्कृष्टः -ष्टा -ष्टं, प्रमुखः -खा -खं, महाभागः -गा -गं, विशिष्टः -ष्टा -ष्टं, महान् -हती -हत् (त्), शिष्टः -ष्टा -ष्टं; **'rendering illustrious,'** यशस्करः -री -रं, यशस्यः -स्या -स्यं, कीर्त्तिकरः -री -रं.

Illustriously, *adv.* महायशसा, महाकीर्त्तिपूर्व्वं, उत्कृष्टं, विशिष्टं, विश्रुतं, प्रश्रितं, प्रसिद्धं, यशस्यं.

Illustriousness, *s.* विश्रुतिः *f.,* कीर्त्तिमत्त्वं, ख्यातिमत्त्वं, यशस्विता, उत्कृष्टता.

Ill-will, *s.* दुष्टभावः, दुष्टबुद्धिः *f.,* द्रोहबुद्धिः *f.,* दुर्बुद्धिः *f.,* द्रोहचिन्तनं, द्रोहः, मात्सर्य्यं, असूया, अभ्यसूया, द्वेषः, अहितत्वं, अप्रीतिः *f.*

Image, *s.* प्रतिमा, प्रतिमानं, प्रतिरूपं, प्रतिमूर्त्तिः *f.,* मूर्त्तिः *f.,* प्रतिकृतिः *f.,* प्रतिकायः, उपमा -मानं, प्रतियातना, प्रतिच्छन्दः, प्रतिनिधिः *m.,* अर्चा, विग्रहः.—**(Reflected image)** प्रतिविम्बं, प्रतिच्छाया, विम्बः -म्बं, प्रतिच्छन्दः -न्दकं.—**(Idol)** देवताप्रतिमा.—**(Iron image)** लोहप्रतिमा, सूर्मी, स्थूणा.—**(Mental image)** मनःकल्पना, मनःसङ्कल्पः, नसिजं, **'image maker,'** प्रतिमाकारः, उपमाता *m.* (तृ); **'a son the image of his father,'** पितृरूपः पुत्रः.

***To* image,** *v. a.* **(From an image of)** विम्ब (nom. विम्बयति -यितुं), प्रतिविम्ब, प्रतिमानं कृ, प्रतिरूपं कृ, प्रतिमूर्त्तिं कृ.—**(In the mind)** मनसा क्लृप् (c. 10. कल्पयति -यितुं) or संक्लृप्.

Imaged, *p. p.* विम्बितः -ता -तं, प्रतिविम्बितः -ता -तं, विम्बगतः -ता -तं, विम्बागतः -ता -तं, कल्पितः -ता -तं; **'in the water,'** जलप्रतिविम्बितः -ता -तं; **'in the mind,'** मनःकल्पितः -ता -तं.

Imagery, *s.* **(Forms of the fancy)** मनःकल्पना, मनःकल्पितं, कल्पना, मनःसङ्कल्पः मनोवासना, मनःसृष्टिः *f.,* मनःपरिकल्पनं, मनोवासना, वासनाकल्पितं.—**(Figurative style)** व्यञ्जनावृत्तिः *f.,* व्यञ्जनं, व्यङ्ग्यः, उपलक्षणं, लक्षणा, निदर्शनं.

Image-worship, *s.* प्रतिमापूजा, देवताभ्यर्चा, प्रतिमासेवा, मूर्त्तिसेवा.

Imaginable, *a.* विभावनीयः -या -यं, विभाव्यः -व्या -व्यं, भावनीयः -या -यं, मन्तव्यः -व्या -व्यं, बोध्यः -ध्या -ध्यं, बोधनीयः -या -यं, मनःकल्पनीयः -या -यं, मनसा कल्पनीयः -या -यं, चिन्तनीयः -या -यं, चिन्त्यः -न्त्या -न्त्यं, बोधगम्यः -म्या -म्यं, अन्तर्भावनीयः -या -यं.

Imaginary, *a.* मनःकल्पितः -ता -तं, वासनाकल्पितः -ता -तं, बुद्धिकल्पितः -ता -तं, मनसा कल्पितः -ता -तं, काल्पनिकः

-की -कं, मनसिजः -जा -जं, मनोजः -जा -जं, मनोभवः -वा -वं, मानसिकः -की -कं, मनोगतः -ता -तं, सङ्कल्पजः -जा -जं, मनःसृष्टः -ष्टा -ष्टं, मनोरथसृष्टः -ष्टा -ष्टं, चिन्तामात्रकल्पितः -ता -तं, चिन्तामात्रेण परिकल्पितः -ता -तं, चिन्ताभवः -वा -वं, अमूलकः -का -कं, मायामयः: -यी -यं, असत्यः -त्या -त्यं.

Imagination, ***s.*** भगवना -नं, विभावना -नं, सङ्कल्पः, कल्पना, मनःकल्पना, वासना, चिन्ता.—**(Idea)** बुद्धिः ***f.,*** मतिः ***f.,*** मनोगतं, मनःकल्पितं, मनसिजं, मनोजं, बोधः.—**(Faculty of conception)** कल्पनाशक्तिः ***f.,*** भावनाशक्तिः ***f.,*** विभावनाशक्तिः ***f.,*** उपलब्धिः ***f.,*** अनुभवः.

Imaginative, ***a.*** विभावकः -का -कं, कल्पकः -का -कं, परिकल्पकः -का -कं, काल्पनिकः -की -कं, भावनापरः -रा -रं, वासनापरः -रा -रं, विभावनशीलः -ला -लं.

To **imagine,** ***v. a.*** **(Form in the mind)** मनसा क्लृप् **(c. 10** कल्पयति -यितुं) **or** संक्लृप् **or** परिक्लृप् **or** भू **(c. 10** भावयति -यितुं) **or** विभू **or** सम्भू, मनसा सृज् **(c. 6.** सृजति, स्रष्टुं) **or** कृ.

To **imagine,** ***v. n.*** **(Think, conceive)** जन् **(c. 4.** मन्यते, मन्तुं), चिन्त् **(c. 10.** चिन्तयति -यितुं), भू **(c. 10.** भावयति -यितुं), विभू, सम्भू, बुध् **(c. 1.** बोधयति -धितुं), तर्क् **(c. 10.** तर्कयति -यितुं), ध्यै **(c. 1.** ध्यायति, ध्यातुं), अवगम् **(c. 1.** -गच्छति -गन्तुं), उपलभ् **(c. 10.** -लभते -लब्धुं), अवे **(c. 2.** अवैति -तुं, **rt.** इ), अनुभू; **'I imagine,'** मन्ये; **'don't imagine,'** मैवं संस्थाः.

Imagined, ***p. p.*** चिन्तितः -ता -तं, भावितः -ता -तं, विभावितः -ता -तं, मतः -ता -तं, मनःकल्पितः -ता -तं, मनसा कल्पितः -ता -तं, वासनाकल्पितः -ता -तं, मनःसृष्टः -ष्टा -ष्टं, बुद्धः -द्धा -द्धं, उपलब्धः -ब्धा -ब्ध, अवगतः -ता -तं, मनोगतः -ता -तं, अनुभूतः -ता -तं.

Imbalm, imbargo, imbark, ***See*** **Embalm, etc.**

Imbecile, ***a.*** दुर्बलः -ला -लं, अल्पबलः -ला -लं, कृपणः -णा -णं, क्षीणबलः -ला -लं, अल्पशक्तिः -क्तिः -क्ति, क्लीवः -वा -वं.—**(In mind)** न्यूनद्धिः -द्धिः -द्धि, न्यूनधीः -धीः -धि, अल्पबुद्धिः -द्धिः -द्धि, बालिशमतिः -तिः -ति, कृपणबुद्धिः **etc.**

Imbecility, ***s.*** दौर्बल्यं, दुर्बलता, कार्पण्यं, कृपणता, क्लीवता, क्लैव्यं, अतेजस् ***n.,*** अयोग्यता, बालिश्यं.—**(Mental)** बुद्धिन्यूनता, न्यूनबुद्धित्वं, अल्पबुद्धित्वं, बालिशमतित्वं, बुद्धिकार्पण्यं.

Imbedded, ***a.*** अन्तर्गतः -ता -तं, निष्ठितः -ता -तं, निविष्टः -ष्टा -ष्टं; **'in rocks,'** पाषाणान्तर्गतः -ता -तं.

To **imbibe,** ***v. a.*** निपा **(c. 1.** -पिवति -पातुं), उत्पा, आपा, शुष् **(c. 10.** शोषयति -यितुं), उच्छुष्, ग्रस् **(c. 1.** ग्रसते -सितुं); **'water is imbibed,'** पयो निपीयते.—**(Receive in the mind)** मनसा ग्रह् **(c. 9.** गृह्णाति, ग्रहीतुं) **or** उपलभ् **(c. 1.** -लभते -लब्धुं).

Imbibed, ***p. p.*** निपीतः -ता -तं, आपीतः -ता -तं, उपलब्धः -ब्धा -ब्धं.

To **imbitter,** ***v. a.*** दुःख् **(c. 10.** दुःखयति -यितुं) दुःखं जन् **(c. 10.** जनयति -यितुं), निरानन्दं -न्दां -न्दं कृ, सदुःखं -खां -खं कृ, दुःखमयं -यीं -यं कृ, उग्रीकृ, कटूकृ, तिग्मीकृ, तीव्रीकृ, कठोरीकृ, निष्ठुरीकृ.

Imbodied, imbody, imbolden. ***See.*** **Embodied, etc.**

To **imborder,** ***v. a.*** प्रान्त **(nom.** प्रान्तयति -यितुं), पर्य्यन्तं कृ, सीमां कृ.

To **imbosom,** ***v. a.*** **(Hold in the bosom)** क्रोडीकृ, क्रोडे कृ, अङ्के कृ **or** रक्ष् **(c. 1.** रक्षति -क्षितुं) **or** पाल् **(c. 10.** पालयति -यितुं), भुजाभ्यां पीड् **(c. 10.** पीडयति -यितुं), भुजापीडं कृ.—**(Inclose, surround)** परिवेष्ट् **(c. 1.** -वेष्टते -ष्टितुं, **c. 10.** -वेष्टयति -यितुं), परिगम् **(c. 1.** -गच्छति -गन्तुं), परिसृ **(c. 1.** -सरति -सर्त्तुं).

Imbosomed, ***p. p.*** क्रोडीकृतः -ता -तं, अन्तर्गतः -ता -तं, परिच्छन्नः -न्ना -न्नं.

To **imbrown,** ***v. a.*** कपिश **(nom.** कपिशयति -यितुं), कपिशीकृ, श्यावीकृ, पिङ्गलीकृ, ताम्बीकृ, ताम्रवर्णं -र्णां, र्णं कृ, आताम्रं -म्रां -म्रं कृ.

Imbrowned, ***p. p.*** कपिशितः -ता -तं, कपिशीकृतः -ता -तं, पिङ्गलीकृतः -ता -तं.

To **imbrue,** ***v. a.*** सिच् **(c. 6.** सिञ्चति, सेक्तुं), क्लिद् **(c. 10.** क्लेदयति -यितुं), उक्ष् **(c. 1.** उक्षति -क्षितुं) समुक्ष्, अभ्युक्ष्, लिप् **(c. 6.** लिम्पति, लेप्तुं), अञ्ज् **(c. 7.** अनक्ति, अंक्तुं).

Imbrued, ***p. p.*** **(In blood)** असृग्लिप्तः -प्ता -प्तं, शोणिताक्तः -क्ता -क्तं, शोणितोक्षितः -ता -तं, रक्तक्लिन्नः -न्ना -न्नं, रक्ताक्तः -क्ता -क्तं.

To **imbue,** ***v. a.*** **(Dye)** रञ्ज् **(c. 10.** रञ्जयति -यितुं), अभिरञ्ज्.—**(Cause to learn)** उपदिश् **(c. 6.** -दिशति -देष्टुं), शिक्ष् **(c. 10.** शिक्षयति -यितुं)

Imbued, ***p. p.*** रञ्जितः -ता -तं, शिक्षितः -ता -तं, उपदिष्टः -ष्टा -ष्टं.

Imitable, ***a.*** अनुकरणीयः -या -यं, अनुगम्यः -म्या -म्यं, अनुगमनीयः -या -यं, अनुकार्य्यः -र्य्या -र्य्यं, अनुवर्त्तनीयः -या -यं, अनुवृत्यः -त्या -त्यं.

To **imitate,** ***v. a.*** अनुकृ **(c. 8.** -करोति -कुरुते -कर्त्तुं), अनुगम् **(c. 1.** -गच्छति -गन्तुं), अनुवृत् **(c. 1.** -वर्त्तते -र्त्तितुं), समनुवृत, अनुया **(c. 2.** -याति -तुं), समनुया, अनुसृ **(c. 1.**

-सरति -सर्त्तुं), अनुव्रज् (c. 1. -व्रजति -जितुं), अनुहृ (c. 1. -हरति -ते -हर्त्तुं), अनुष्ठा (c. 1. -तिष्ठति -ष्ठातुं), अनुचर् (c. 1. -चरति -रितुं), अन्वि (c. 2. -एति -तुं), विडम्ब् (c. 10. -डम्बयति -यितुं).

Imitated, *p. p.* अनुकृतः -ता -तं, अनुगतः -ता -तं, अनुवृत्तः -त्ता -त्तं.

Imitation, *s.* अनुकारः, अनुकरणं, अनुक्रिया, अनुकृतिः ***f.***, अनुकर्म्म ***n.*** (न्), अनुगमः, अनुगतिः ***f.***, अनुवृत्तिः ***f.***, अनुवर्त्तनं, अनुसरणं, अनुहारः, अनुसृष्टिः ***f.***, अनुष्ठानं, विडम्बनं -ना. **—(A copy, resemblance)** प्रतिरूपं, अनुरूपं, आदर्शः, सादृश्यं, औपम्यं, उपमा, प्रतिमानं.

Imitative, *a.* अनुकारी -रिणी -रि (न्), अनुकरणशीलः -ला -लं, अनुगामी -मिनी -मि (न्), अनुगमनशीलः -ला -लं, अनुगतिकः -की -कं, गतानुगतिकः -की -कं.

Imitator, *s.* अनुकारी ***m.*** (न्), अनुकारकः, अनुकर्त्ता ***m.*** (र्त्तृ), अनुगामी ***m.*** (न्), अनुगतिकः, अनुयायी ***m.*** (न्), अनुवर्त्ती ***m.*** (न्), अनुचारी ***m.*** (न्), गतानुगतिकः.

Imm aculate, *a.* अनघः -घा -घं, निष्कल्मषः -षा -षं, अकल्मषः -षा -षं, निष्कलङ्कः -ङ्का -ङ्कं, अनेनाः -नाः -नः (स्), निर्मलः -ला -लं, विमलः -ला -लं, निर्दोषः -षा -षं, निरपराधः -धा -धं, अनिन्द्यः -न्द्या -न्द्यं.

Immanent, *a.* निष्ठः -ष्ठा -ष्ठं, अन्तर्भवः -वा -वं, अन्तरस्थः -स्था -स्थं.

Immanity, *s.* क्रूरता, दारुणता, क्रौर्य्यं, दारुण्यं, निष्ठुरता, नैष्ठुर्य्यं.

Immarcessible, *a.* अम्लानी -निनी -नि (न्), अम्लानिः -निः -नि, अनश्वरः -रा -रं, अविनश्वरः -रा -रं, अक्षयः -या -यं, अनाश्यः -श्या -श्यं, अजरः -रा -रं.

To* immask, *v. a. कपटवेशेन or छद्मवेशेन छद् (c. 10. छादयति -यितुं), or आकारगोपनं कृ, विडम्ब् (c. 10. -डम्बयति -यितुं).

Immaterial, *a.* (Incorporeal, not consisting of matter) अमूर्त्तिकः -का -कं, अमूर्त्तः -र्त्ता -र्त्तं, अमूर्त्तिमान् -मती -मत् (त्), अमूर्त्तिमयः -यी -यं, अशरीरी -रिणी -रि (न्), अशारीरिकः -की -कं, अदैहिकः -की -कं, अदेही -हिनी -हि (न्), अवास्तवः -वी -वं, आत्मीयः -या -यं, आत्मिकः -की -कं, निरवयवः -वा -वं.**—(Unimportant)** अगुरुः -र्वी -रु, लघुः -घुः, घु, अल्पार्थः -र्था -र्थः -अगुर्वर्थः -र्था -र्थं, लघ्वर्थः -र्था -र्थं अनावश्यकः -की -कं, अल्पप्रभावः -वा -वं, निष्प्रयोजनः -ना -नं.

Immaterialism, *s.* देहभिन्नात्मकवादः, आत्मास्तित्ववादः, आत्मास्तित्वमतं.

Immaterialist, *s.* अमूर्त्तिवादी ***m.*** (न्), निराकारवादी ***m.***, आत्मवादी.

Immateriality, *s.* अमूर्त्तिः ***f.***, अमूर्त्तिमत्त्वं, मूर्त्तिहीनता, अशरीरिता, निरवयवत्वं, आत्मता -त्वं, अपाञ्चभौतिकता, निराकात्वं, अमात्रवत्त्वं.

Immaterially, *adv.* अनावश्यकं, अल्पप्रभावेण, लघु, निष्प्रयोजनं.

Immature, *a.* अपक्वः -क्वा -क्वं, अपरिपक्वाः -क्वा -क्वं, अपक्त्रिमः -मा -मं, अविपक्त्रिमः -मा -मं, अपरिणतः -ता -तं, अपाकः -का -कं, अप्रौढः -ढ -ढं, अपूर्णः -र्णा -र्णं, अपूर्णकालः -ला -लं, असम्पूर्णः -र्णा -र्णं, असम्पूर्ण कालः -ला -लं, असम्पन्नः -न्ना -न्नं, असिद्धः -द्धा -द्धं,, आपक्वः -क्वा -क्वं, अतिशीघ्रः -घ्रा, घ्रं, अपुष्कलः -ला -लं, अप्राप्तयौवनः -ना -नं.

Immturely, *adv.* अपक्वं, अपरिपक्वं, प्राक्परिपाकात्, परिपाकात्पूर्व्वं, प्राक्पूर्णकालात्, पूर्णकालात्पूर्व्वं, अतिशीघ्रं.

Immatureness, immaturity, *s.* अपक्वता, अपरिपक्वता, अपक्तिः ***f.***, अपाकः, अपरिपाकः, अविपाकः, अपरिणतत्वं, अपरिणामः, अपरिणतिः ***f.***, अप्रौढता, अपूर्णता, असम्पूर्णता, असिद्धता, असिद्धिः ***f.***, असम्पन्नता, अपुष्कलता, अपौष्कल्यं.

Immeasurable, *a.* अप्रमेयः -या -यं, अपरिमेयः -या -यं, अमेयः -या -यं, दुष्प्रमेयः -या -यं, अपरिमाणः -णा -णं, अपरिमितः -ता -तं, अमितः -ता -तं.

Immeasurableness, *s.* अप्रेमयता, अपरिमेयत्वं, अमेयता, दुष्प्रमेयत्वं.

Immeasurably, *adv.* अप्रमेयं, अपरिमेयं, अपरिमितं, अत्यन्तं.

Immediate, *a.* (Proximate) उपस्थः -स्था -स्थं, उपस्थायी -यिनी -यि (न्), उपस्थितः -ता -तं, सन्निहितः -ता -तं, अन्तिकः -का -कं, आसन्नः -न्ना -न्नं, निकटः -टा -टं. **—(Without a medium or intervention)** अनन्तरः -रा -रं, अव्यवहितः -ता -तं, अव्यवधानः -ना -नं, निरन्तरः -रा -रं.**—(Without the intervention of time, instant)** साद्यस्कः -स्की -स्कं, सद्यस्कः -स्का -स्कं, तात्कालिकः -की -कं, साम्प्रतिकः -की -कं, वर्त्तमानः -ना -नं, आकालिकः -की -कं, अचिरः -रा -रं, शीघ्रः -घ्रा -घ्रं, क्षणान्तरः -रा -रं.**—(Direct)** अवक्रः -क्रा -क्रं, अजिह्मः -ह्मा -ह्म. अकुटिलः -ला -लं.

Imemdiately, *adv.* सद्यस्, सपदि, आपाततस्, अनन्तरं, तत्क्षणात्, तत्काले, तत्क्षणे, झटिति, क्षणान्तरे, सम्प्रति, वर्त्तमानकाले, द्राक्, शीघ्रं, आशु, अकालक्षेपेण, अविलम्बितं; **'immediately after,'** अनन्तरं, समनन्तरं; **'immediately on,' is expressed by** मात्रात्; **as, 'immediately on leaving the ship,'** नौकातो निर्गममात्रात्; **'immediately on laying hands,'** हस्तार्पणमात्रात्.

Immediateness, ***s.*** आनन्तर्य्यं, नैरन्तर्य्यं, साद्यस्कता, सद्यस्कत्वं, शीघ्रता.

Immedicable, ***a.*** अचिकित्स्यः -त्स्या -त्स्यं, दुरुपचारः -रा -रं, ओषधिपथातिगः -गा -गं.

Immelodious, ***a.*** अविस्वरः -रा -रं, अस्वरः -रा -रं, कुस्वरः -रा -रं.

Immemorable, ***a.*** अस्मरणीयः -या -यं, अस्मर्त्तव्यः -व्या -व्यं, स्मरणायोग्यः -ग्या -ग्यं.

Immemorial, ***a.*** **(Beyond memory)** स्मरणातिगः -गा -गं, स्मृत्यतिगः -गा -गं. स्मरणातिक्रान्तः -न्ता -न्तं, अतिस्मृतिः -तिः -ति, अस्मार्त्तः -र्त्ती -र्त्तं, जनश्रुत्यतिगः -गा -गं, अतिप्राचीनः -ना -नं, विस्मरणीयः -या -यं; **'immemorial succession,'** अनादिपरम्परा, अनागमः.

Immense, ***a.*** **(Unlimited)** अत्यन्तः -न्ता -न्तं, अनन्तः -न्ता -न्तं, अपरिमितः -ता -तं, अपरिमाणः -णा -णं, अमितः -ता -तं, अप्रमेयः -या -यं, अपरिमेयः -या -यं, अमेयः -या -यं, दुष्प्रमेयः -या -यं, अतिमर्य्यादः -दा -दं, अतिमात्रः -त्रा -त्रं, आत्यन्तिकः -की -कं, नितान्तः -न्ता -न्तं.—**(Very great)** सुमहान् -हती -हत् (त्), अतिमहान् **etc.,** अतिवृहन् -हती -हत् (त्); **'in bulk,'** वृहच्छरीरः -रा -रं, वृहत्कायः -या -यं, अपरिमितशरीरः -रा -रं.

Immensely, ***adv.*** अत्यन्तं, अतिमात्रं, अपरिमितं, नितान्तं, अतिशयेन, सुमहत्.

Immensity, ***s.*** **(Unlimited extension)** अमितता, अपरिमितत्वं, अपरिमाणत्वं, अप्रमेयता, अमेयता.—**(Infinity)** अत्यन्तता, अनन्तता, आनन्त्यं, आत्यन्तिकत्वं.—**(Vastness of size)** सुमहत्त्वं, सुवृहत्त्वं, शरीरवृहत्त्वं.—**(Infinite space)** महाकाशं.

To **immerge,** ***v. a.*** निमज्ज् **(c. 10.** -मज्जयति -यितुं), मज्ज्, अवगाह् **(c. 10.** -गाहयति -यितुं), आप्लु **(c. 10.** -प्लावयति -यितुं), स्ना **in caus.** (स्नापयति, स्नपयति -यितुं), जलं प्रविश् **(c. 10.** -वेशयति -यितुं), जले निविश्.

To **immerge,** ***v. n.*** **(Immerse one's self)** निमज्ज् **(c. 6.** -मज्जति -ज्जितुं -मंक्तुं), मज्ज्, अवगाह् **(c. 1.** -गाहते -हितुं -गाढुं), व्यवगाह्, विगाह्, आप्लु **(c. 1.** -प्लवते -प्लोतुं), स्ना **(c. 2.** स्नाति -तुं), जलं प्रविश् **(c. 6.** -विशति -वेष्टुं).

To **immerse,** ***v. a. See To*** **immerge.**

Immersed, ***p. p.*** मग्नः -ग्ना -ग्नं, निमग्नः -ग्ना -ग्नं, प्रमग्नः -ग्ना -ग्नं, निमज्जमानः -ना -नं, अवगाहितः -ता -तं, अवगाढः -ढा -ढं, विगाढः -ढा -ढं, गाहितः -ता -तं, आप्लुतः -ता -तं, निष्णातः -ता -तं, निवेशितः -ता -तं, निविष्टः -ष्टा -ष्टं, अभिनिविष्टः -ष्टा -ष्टं, अभिनिवेशितः -ता -तं, लीनः -ना -नं, निष्ठः -ष्ठा -ष्ठं, निष्ठितः -ता -तं, निष्णः -ष्णा -ष्णं; **'immersed in sorrow,'** शोकसागरमग्नः -ग्ना -ग्नं, शोकमग्नः -ग्ना -ग्नं; **'immersed in business,'** कार्य्यनिष्ठः -ष्ठा -ष्ठं, कर्म्मनिविष्टः -ष्टा -ष्टं.

Immersion, ***s.*** निमज्जनं, सज्जनं, प्रमज्जनं, अवगाहनं, विगाहः -हनं, आप्लवः, आप्लावः -वनं, स्नानं, जलप्रवेशः, जलान्तःप्रवेशः, अभिषेकः, निष्णानं.

Immethodical, ***a.*** अक्रमकः -का -कं, -मिकः -का -कं, अव्यवस्थितः -ता -तं, क्रमहीनः -ना -नं, क्रमविरुद्धः -द्धा -द्धं, अपर्य्यायः -या -यं.

Immethodically, ***adv.*** अक्रमेण, क्रमेण, विना, क्रमविरुद्धं, अक्रमतस्, अपर्य्यायतस्.

Immethodicalness, ***s.*** अक्रमः, क्रमहीनता, अव्यवस्थितत्वं, अपर्य्यायः.

Immigrant, ***s.*** एकदेशत्यागानन्तरं देशान्तराधिविवत्सुः ***m.*** **or** देशान्तराधिवासी ***m.*** (न्), अन्यदेशविवत्सुः ***m.***

To **immigrate,** ***v. n.*** एकदेशं त्यक्त्वा देशान्तरे वस् **(c. 1.** वसति, वस्तुं) **or** अधिवस् **with acc. c., or** अध्यास् **(c. 2.** -आस्ते -आसितुं) अन्यदेशाधिवासनार्थम् एकदेशं त्यज् **(c. 1.** त्यजति, त्यक्तुं).

Immigration, ***s.*** देशान्तराधिवासनं, प्रदेशाधिवासनं, देशत्यागः.

Imminent, ***a.*** उपस्थायी - यिनी -यि (न्), उपस्थितः -ता -तं, उपस्थः -स्था -स्थं, समुपस्थितः -ता -तं, समुपगतः -ता -तं, समीपवर्त्ती -र्त्तिनी -र्त्ति (न), निकटवर्त्ती **etc.,** आसन्नवर्त्ती **etc.,** उपनतः -ता -तं; **'imminent death,'** कुपितान्तकः -का -कं.

To **immingle,** ***v. a.*** मिश्र् **(c. 10.** मिश्रयति -यितुं), विमिश्र्, सम्मिश्र्, मिश्रीकृ, एकीकृ.

Immingled, ***p. p.*** मिश्रितः -ता -तं, सन्निपतितः -ता -तं, संसृष्टः -ष्टा -ष्टं.

Imminution, ***s.*** ह्रासः, क्षयः, हानिः ***f.,*** न्यूनता, अपचयः.

Immiscibility, ***s.*** अमिश्रणीयः -या -यं, अयोजनीयता, अयाव्यता, मिश्रणाक्षमता.

Immiscible, ***a.*** अमिश्रणीयः -या -यं, अयोजनीयः -या -यं, अयाव्यः -व्या -व्यं.

Immission, ***s.*** निक्षेपणं, न्यसनं, प्रवेशनं, निवेशनं, प्रवेशकरणं.

To **immit,** ***v. a.*** निक्षिप् **(c. 6.** -क्षिपति -क्षेप्तुं), निविश् **(c. 10.** -वेशयति -यितुं).

Immitigable, ***a.*** अशमनीयः -या -यं, अशाम्यः -म्या -म्यं, अनुपशम्यः -म्या -म्यं.

Immitted, ***p. p.*** निक्षिप्तः -प्ता -प्तं, निवेशितः -ता -तं, प्रवेशितः -ता -तं.

To **immix,** ***v. a.*** मिश्र् **(c. 10.** मिश्रयति -यितुं), विमिश्र्, मिश्रीकृ, सम्मिश्रीकृ.

Immobility, ***s.*** निश्चलत्वं, अचलत्वं, स्थिरता, स्थैर्य्यं, स्थावरत्वं, व्यवस्थिति: ***f.***, अवस्थिति: ***f.***, संस्थिति: ***f.***, स्थायित्वं, स्थास्नुता, अकम्प:.

Immoderate, ***a.*** अपरिमित: -ता -तं, अत्यन्त: -न्ता -न्तं, अतिमात्र: -त्रा -त्रं, अतिमर्य्याद: -दा -दं, अमित: -ता -तं, अपरिमाण: -णा -णं, नितान्त: -न्ता -न्तं, अतिमित: -ता -तं, अधिक: -का -कं, अमर्य्याद: -दा -दं, आत्यन्तिक: -की -कं, सु **or** अति **or** सु **or** अतिशय **prefixed.**

Immoderately, ***adv.*** अपरिमितं, अत्यन्तं, अतिमात्रं, नितान्तं, अतिशयेन, अतिमर्य्यादं, अत्यर्थं, अति **or** अतिशय **prefixed.**

Immoderation, ***s.*** अपरिमितत्वं, अमितत्वं, मर्य्यादातिक्रम:, अमर्य्यादा.

Immodest, ***a.*** निर्लज्ज: -ज्जा -ज्जं, लज्जाहीन: -ना -नं, त्रपाहीन: -ना -नं, व्रीडाहीन: -ना -नं, अविनीत: -ता -तं, अलज्ज: -ज्जा -ज्जं, विलज्ज -ज्जा -ज्जं, अनिभृत: -ता -तं, वियात: -ता -तं, प्रगल्भ: -ल्भा -ल्भं, धृष्ट: -ष्टा -ष्टं.—**(Impure, obsence)** अशुद्ध: -द्धा -द्धं, अशुचित्त: -चि: -चि, अवाच्य: -च्या -च्यं, गर्ह्य: -र्ह्या -र्ह्यं.—**(Unchaste)** असद्वृत्त: -त्ता -त्तं, असाधुवृत्त: -त्ता -त्तं, व्यसनी -निनी -नि (न्), (व्यभिचारी -रिणी -रि (न्), पांशुल: -ला -लं; **'an immodest woman,'** बन्धकी, असती, पुंश्चली, असाध्वी, कुलटा, अभिसारिका, धर्षिणी.

Immodestly, ***adv.*** अविनीतं, निर्लज्जं, वैयात्येन, अशुद्धं, प्रगल्भं, विनयविरोधेन, धृष्टवत्, अशुचि.

Immodesty, ***s.*** निर्लज्जत्वं, लज्जाहीनता, अलज्जा, अविनय:, अविनीतत्वं, वैयात्यं, प्रगल्भता, प्रागल्भ्यं, धृष्टता, अशुद्धता, अशुचित्रा, गर्ह्यता; **'in a woman,'** पौंश्चल्यं, असतीत्वं, असाध्वीत्वं.

To **immolate,** ***v. a.*** क्रतौ हन् **(c. 2.** हन्ति -न्तुं), उपहारार्थं हन्, उत्सर्गार्थं हन् **or** शस् **(c. 1.** शसति -सितुं) **or** विशस् **or** प्रमी **in caus.** (-मापयति -यितुं), **or** उपहृ **or** उपहारीकृ **or** प्रोक्ष् **(c. 1.** -उक्षति -क्षितुं), उत्सर्गपूर्व्वं हन्, घातयित्वा उत्सर्गं कृ, हत्वा उत्सृज् **(c. 6.** -सृजति -स्रष्टुं), बलिं कृ, बलिदानं कृ.

Immolated, ***p. p.*** उपहारार्थं हत: -ता -तं **or** प्रमीत: -ता -तं **or** शसित: -ता -तं, उपहृत: -ता -तं, उपहारीकृत: -ता -तं, प्रोक्षित: -ता -तं.

Immolation, ***s.*** उपहारार्थं घात: **or** घातनं **or** निहननं, उत्सर्गार्थं मारणं **or** प्रमापणं **or** विशसनं **or** शसनं, शमनं, ससनं, प्रोक्षणं, परम्पराकं, उपहार:, उपहरणं, उत्सर्गकरणं, बलिदानं.

Immoral, ***a.*** निर्धर्म्म: -र्मा -र्मं -र्म्मा -र्म्म (न), अधार्म्मिक: -की -कं, धर्म्मविरुद्ध: -द्धा -द्धं, धर्म्मापेत: -ता -तं, धर्म्मरोधी -धिनी -धि (न्), अधर्म्मी -र्म्मिणी -र्म्मि (न्), कुधर्म्मा -र्म्मा -र्म्म (न), अपुण्य: -ण्या -ण्यं, असाधु: -ध्वी -धु, अशुचि: -चि: -चि, कुशील: -ला -लं, विशील: -ला -लं, दु:शील: -ला -लं, दुश्चरित्र: -त्रा -त्रं, असच्चरित्र: -त्रा -त्रं, असत्कर्म्मा -र्म्मा -र्म्म (न्), दुष्ट: -ष्टा -ष्टं, कर्म्मदुष्ट: -ष्टा -ष्टं, दुर्वृत्त: -त्ता -त्तं, व्यभिचारी -रिणी -रि (न्), पापी -पिनी -पि (न्), पापकर्म्मा **etc.,** व्यसनी -निनी -नि (न्), कुचरित: -ता -तं, अधर्म्मचारी -रिणी -रि (न्).

Immorality, ***s.*** अधर्म्म:, अधर्म्मत्वं -ता, निधर्म्मत्वं, अधार्म्मिकत्वं, असाधुत्वं, अपुण्यता, अशुचिता, दुष्टता, दुर्वृत्तत्वं, व्यसनिता, व्यसनं, कुशीलता, दुश्चरित्रता, अधर्म्मचारित्वं, दु:शीलता, दौ:शील्यं, व्यभिचार:.

Immortal, ***a.*** **(Exempt from death)** अमर: -री -रं, अमर्त्य: -र्त्या -र्त्यं, सदाजीवी -विनी -वि (न्), सदास्थायी -यिनी -यि (न्), मरणरहित: -ता -तं.—**(Imperishable)** निर्जर: -रा: -रं, अजर: -रा -रं, अक्षय: -या -यं, अनश्वर: -रा -रं, अनाश्य: -श्या -श्यं, अविनाशी -शिनी -शि (न्), निरपाय: -या -यं.—**(Eternal)** अनन्त: -न्ता -न्तं, नित्य: -त्या -त्यं, सनातन: -नी -नं, सदातन: -नी -नं, शाश्वत: -ती -तं, अनाद्यन्त: -न्ता -न्तं, सर्व्वकालीन: -ना -नं, अनन्तकालस्थायी -यिनी -यि (न्).

Immortality, ***s.*** अमरता-त्वं, अमर्त्यता, निर्जरता -त्वं, अजरता -त्वं, अक्षयता, अनश्वरता, अनाश्यता, अनन्तता, आनन्त्यं, अनन्त्यं, सदास्थायित्वं, नित्यता.

To **immortalize,** ***v. a.*** अमरीकृ, निर्जरीकृ, अनश्वरीकृ, अक्षयीकृ, शाश्वतीकृ, नित्यीकृ आनन्त्यं कृ **or** जन् **(c. 10.** जनयति, -यितुं).

Immortally, ***adv.*** अमरं, अमरत्वेन, अमरवत्, अमर्त्यवत्, निर्जरं, अजरं, अक्षयं, अनश्वरं, अनन्तकाले -लं, अनन्तं, आनन्त्येन, सनातनं, शाश्वतं, निरपायं, अविनाशेन.

Immovability, ***s.*** अचलता -त्वं, निश्चलत्वं, स्थावरत्वं, स्थिरता, अचरिष्णुता, स्तब्धता.

Immovable, ***a.*** अचल: -ला -लं, निश्चल: -ला -लं, स्थावर: -रा -रं, अचर: -रा -रं, अचरिष्णु: -ष्णु: -ष्णु, अजङ्गम: -मा -मं, अस्पन्द: -न्दा -न्दं, अच्युत: -ता -तं, स्थिर: -रा -रं, स्थायी -यिनी -यि (न), स्तब्ध: -ब्धा -ब्धं, स्थाणु: -णु:, -णु, स्थास्नु: -स्नु: -स्नु, जङ्गमेतर: -रा -रं, स्तिमित: -ता -तं, अनेतन् -न्ती -त् (त्); **'immovables,'** स्थावराणि.

Immovably, ***adv.*** अचलं, निश्चलं, स्थावरं, स्थिरं, स्तब्धं, स्थाणुवत्.

Immund, ***a.*** अशुचि: -चि: -चि, अपवित्र: -त्रा -त्रं, अशौची -चिनी -चि (न्).

Immundicity, ***s.*** अशुचिता -त्वं, अशौचं, आशौचं, अपवित्रता -त्वं, अशोधनं.

Immunity, ***s.*** मुक्ति: ***f.***, मोक्ष:, विमोक्ष:, विनिर्मोक:, निर्मोक:, विरह:, राहित्यं, रहितत्वं, शून्यता, अभाव:, असम्भव:, **or expressed by** अ **prefixed; as, 'immunity from danger,'**

Immured 536 Imparted

अभयं; **'from exertion,'** अनायासः; **'from taxes,'** अकरत्वं.

To* immure, *v. a. निरुध् **(c. 7.** -रुणद्धि -रोद्धुं), अवरुध्, रुध्; **'in prison,'** कारायां निरुध् **or** बन्ध् **(c. 9.** बध्नाति, बन्द्धुं), कारागुप्तं -प्त -प्तं कृ.—**(Inclose)** परिवृ **(c. 5.** -वृणोति -वरितुं -रीतुं), परिवेष्ट् **(c. 1.** -वेष्टते -ष्टितुं, **c. 10.** -वेष्टयति -यितुं), संवेष्ट्, उपवेष्ट्.—**(Surround with a wall)** प्राकारेण परिवृ, प्राकारीयं -यां -यं कृ.

Immured, *p. p.* निरुद्धः -द्धा -द्धं, अवरुद्धः -द्धा -द्धं, अन्तर्गतः -ता -तं.

Immutability, *s.* अविकार्य्यता -त्वं, अविकारत्वं, निर्विकारत्वं, अविकारः, स्थिरता, अमोघता, अपरिवर्त्तनं, नित्यता.

Immutable, *a.* अविकार्य्यः -र्य्या -र्य्यं, अविकारः -रा -रं, अविक्रियः -या -यं, निर्विकारः -रा -रं, विकाराक्षमः -मा -मं, विकारहीनः -ना -नं, स्थिरः -रा -रं, अमोघः -घा -घं, निर्विकल्पः -ल्प -ल्पं, नित्यः -त्या -त्यं, अपरिवर्त्तनीयः -या -यं.

Immutably, *adv.* अविकार्य्यं, अविकारेण, अविकार्य्यत्वेन, स्थिरं, नित्यं, निर्विकारं, निर्विकल्पं, अमोघं.

Immutation, *s.* विकारः, विक्रिया, विकृतिः ***f.***, वैकृत्यं, विपर्य्ययः, परिवर्त्तः.

Imp, *s.* पिशाचः, भूतः, राक्षसः, असुरः, दैत्यः, दानवः, ग्रहः, यातुः ***m.***, यातुधानः, विथुरः, क्रव्याद् ***m.***, निशाटः, निशाचरः, कर्व्वरः, कर्व्वुरः.

***To* imp, *v. a.* (Graft)** एकवृक्षशाखायां भिन्नवृक्षपल्लवं निविश् **(c. 10.** -वेशयति -यितुं).—**(Lengthen)** दीर्घतरं -रां -रं कृ, दीर्घीकृ.

Impacable, *a.* अशाम्यः -म्या -म्यं, असान्त्वनीयः -या -यं, अतोषणीयः -या -यं.

Impact, *s.* स्पर्शः, संस्पर्शः, सम्पर्कः, उपघातः, आघातः, प्रतिघातः.

To* impair, *v. a. न्यूनीकृ, ह्रस् **(c. 10.** ह्रासयति -यितुं), अल्पीकृ, विकलीकृ, कन **(nom** कनयति -यितुं), ऊन् **(c. 10.** ऊनयति -यितुं), न्यून्, क्षण् **(c. 8.** क्षणोति -णितुं), परिक्षण्, क्षीणीकृ, क्षतिं कृ, परिक्षतिं कृ, दुष् **(c. 10.** दूषयति -यितुं), उपहन् **(c. 2.** हन्ति -न्तुं), लघ् **(nom.** लघयति -यितुं), लुप् **(c. 6.** लुम्पति, लोप्तुं), लघूकृ, नश् **(c. 10.** नाशयति -यितुं), विनश्.—**(Enfeeble)** शिथिलीकृ, अल्पबलीकृ, दुर्बलीकृ, बलं **or** तेजः **or** सत्त्वं हृ **(c. 1.** हरति, हर्त्तुं).

Impaired, *p. p.* विकलः -ला -लं, विकलीभूतः -ता -तं, विकलीकृतः -ता -तं, अल्पीभूतः -ता -तं, अल्पीकृतः -ता -तं, न्यूनीकृतः -ता -तं, न्यूनीभूतः -ता -तं, क्षीणः -णा -णं, ह्रसितः -ता -तं, अपचितः -ता -तं, लुप्तः -प्ता -प्तं, शिथिलीकृतः -ता -तं, उपहतः -ता -तं, विशीर्णः -र्णा र्णं; **'impaired in strength,'** शिथिलबलः -ला -लं, क्षीणबलः -ला -लं, हतबलः -ला -लं, हतसत्त्वः -त्त्वा -त्त्वं.

Impairing, Impairment, *s.* न्यूनता, त्वं, न्यूनीकरणं, क्षयः, ह्रासः, हानिः ***f.***, अल्पत्वं, -ता, वैकल्यं, विकलीकरणं, शैथिल्यं, शिथिलीकरणं, अपचयः क्षिया, अवसादः.

***To* impale, *v. a.* Impaled, impalment. *See* Empale, etc.**

Impalpability, *s.* अस्पृश्यता, अस्पर्शनीयता, दुःस्पृश्यता, अग्राह्यता, अग्रहणीयत्वं, अव्यक्तता, अव्यक्तिः ***f.***, अतिसूक्ष्मता.

Impalpable, *a.* अस्पृश्यः -श्या -श्यं, अस्पर्शनीयः -या -यं, दुःस्पर्शः -र्शा -र्शं, दुःस्पृश्य -श्या -श्यं, अग्राह्यः -ह्या -ह्यं, अग्रहणीयः -या -यं, दुरभि ग्रहः -हा -हं, दुरालभः -भा -भं, स्पर्शाव्यक्तः -क्ता -क्तं, अव्यक्तः -क्ता -क्तं, अप्रत्यक्षः -क्षा -क्षं, इन्द्रियैरग्राह्यः -ह्या -ह्यं, इन्द्रियाग्राह्यः -ह्या -ह्यं, इन्द्रियागोचरः -रा -रं, अतिसूक्ष्मः -क्ष्मा -क्ष्मं.

Impalpably, *adv.* अस्पर्शनीयं, अस्पृश्यं, अव्यक्त, अप्रत्यक्षं.

***To* impannel, *v. a.* (A jury)** नामावलिपत्रे **or** नामपरिसंख्यापत्रे द्वादशप्रमाणपुरुषाणां **or** द्वादशमध्यस्थपुरुषाणां नामानि समारुह् **in caus.** (-रोपयति -यितुं) **or** अभिलिख् **(c. 6.** -लिखति -लेखितुं).

Imparasyllabic, *a.* असमानाक्षरः -रा -रं, अतुल्याक्षरः -रा -रं.

Imparity, *s.* असाम्यं, असमता, असमानता, असामान्यं, वैषम्यं, विषमता, विषम, अतुल्यत्वं, -ता, असमञ्जसं, असामञ्जस्यं, तारतम्यं.

To* impark, *v. a. वाट कृ, वाटिकां कृ, भूमिभागं प्राचीरेण परिवृ **(c. 5.** -वृणोति -वरितुं -रीतुं) **or** वृतिपरिगतं कृ.

To* impart, *v. a. प्रदा **(c. 3.** -ददाति -दातुं), अभिदा, सम्प्रदा, निदा, दा, यम् **(c. 1.** यच्छति, दातुं), प्रयम्, सम्प्रयम्, प्रतिपद् **(c. 10.** -पादयति -यितुं), उपपद्, वितॄ **(c. 1.** -तरति -रितुं -रीतुं), आहृ **(c. 1.** -हरति -हर्त्तुं), उपहृ ऋ **in caus.** (अर्पयति -यितुं), समृ, निक्षिप् **(c. 6.** -क्षिपति -क्षेप्तुं), सङ्क्रम् **in caus.** (-क्रामयति -यितुं), ग्रह् **in caus.** (ग्राहयति -यितुं), प्रदानं कृ.—**(Impart information, make known)** विज्ञा **in caus.** (-ज्ञापयति -यितुं), निविद् **(c. 10.** -वेदयति -यितुं), समाविद्, संवद् **(c. 1.** -वदति -दितुं), संवादं कथ् **(c. 10.** कथयति -यितुं), समाचारं कथ्; **'impart a secret,'** रहस्यं प्रकाश् **(c. 10.** -काशयति -यितुं).

Imparted, *p. p.* प्रदत्तः -त्ता -त्तं, प्रत्तः -त्ता -त्तं, निदत्तः -त्ता -त्तं, नीत्तः -त्ता -त्तं, प्रतिपादितः -ता -तं, उपपादितः -ता -तं, वितीर्णः -र्णा -र्णं, अर्पितः -ता -तं, समर्पितः -ता -तं, निक्षिप्तः -प्ता -प्तं, निहितः -ता -तं, संक्रान्तः -न्ता -न्तं.—**(Made known)** निवेदितः -ता -तं, विज्ञापितः -ता -तं, विज्ञप्तः -प्ता -प्तं.—**(As a secret, etc.)** प्रकाशितः -ता -तं.—**(As a disease)** संचारितः -ता -तं, संक्रान्तः -न्ता -न्तं.

Imparter, ***s.*** दाता ***m.*** (तृ), प्रदाता ***m.,*** दायी ***m.*** (न्), प्रतिपादकः.

Impartial, ***a.*** अपक्षपाती -तिनी -ति (न्), विपक्षपातः -ता -तं, पक्षपातरहितः -ता -तं, पक्षपातहीनः -ना -नं, समदर्शी -र्शिनी -र्शि (न्), सर्व्वसमः -मा -मं, समः -मा -मं, निःसङ्गः -ङ्गा -ङ्गं, सङ्गहीनः -ना -नं, मुक्तसङ्गः -ङ्गा -ङ्गं, न्यायी -यिनी -यि (न्), न्यायवर्त्ती -र्त्तिनी -र्त्ति (न्), उदासीनः -ना -नं, उदासी -सिनी -सि (न्), उभयसाधारणः -णा -णी -णं, उभयसमः -मा -मं, उभयसामान्यः -न्या -न्यं, मध्यस्थः -स्था -स्थं, धार्म्मिकः -की -कं, निरपेक्षः -क्षा -क्षं, समानवृत्तिः -त्तिः -त्ति.

Impartiality, ***s.*** अपक्षपातः, पक्षपातहीनता, साम्यं, समता, सर्व्वसमता, उभयसमता, औदास्यं, उदासीनता, निःसङ्गता, सङ्गहीनता, न्यायः, धर्म्मन्यायः.

Impartially, ***adv.*** अपक्षपातेन, पक्षपातं विना, समं, साम्येन, असङ्गेन, सङ्गं विना, न्यायेन, न्यायतस्, उदासीनं, उदासीनवत्.

Impartible, ***a.*** अविभाज्यः -ज्या -ज्यं, अवण्टनीयः -या -यं, अनंश्यः -श्या -श्यं.

Impassable, ***a.*** अतरणीयः -या -यं, अतार्य्यः -र्य्या -र्य्यं, दुस्तरः -रा -रं, दुस्तार्य्यः -र्य्या -र्य्यं, सुदुस्तरः -रा -रं, दुरुत्तरः -रा -रं, दुर्गः -र्गा -र्गं, दुर्गमः -मा -मं, अगम्यः -म्या -म्यं, अगमनीयः -या -यं, दुरत्ययः -या -यं. गहनः -ना -नं, सङ्कटः -टा -टं, सम्बाधः -धा -धं, गत्यूनः -ना -नं.

Impassableness, ***s.*** अतार्य्यत्वं, दुस्तार्य्यत्वं, अगम्यता, दुर्गम्यता.

Impassible, ***a.*** अचेतनः -ना -नं, निश्चेतनः -ना -नं, शोकदुःखाद्यक्षमः -मा -मं, क्लेशदुःखादिहीनः -ना -नं, रागहीनः -ना -नं, अरागी -गिणी -गि (न्).

Impassibleness, ***s.*** अचैतन्यं, शोकदुःखाद्यक्षमता, क्लेशदुःखादिहीनता.

To **impassion,** ***v. a.*** संरक्तीकृ, सरागीकृ, रागवन्तं -वतीं -वत् कृ.

Impassioned, ***p. p.*** संरक्तः -क्ता -क्तं, रागवान -वती -वत् (त्), रागी -गिणी -गि (न्), रागान्वितः -ता -तं, सरागः -गा -गं, सानुरागः -गा -गं, अनुरागी -गिणी -गि (न्), सरसः -सा -सं, रसी -सिनी -सि (न), रसिकः -का -कं, शृङ्गारी -रिणी -रि (न्), शृङ्गारितः -ता -तं.

Ipatience, ***s.*** अमर्षः, अक्षमता, अक्षमा, अक्षान्तिः ***f.,*** असहिष्णुता -त्वं, विमर्षः, असहतं, असहत्वं, अतितिक्षा, अनुत्साहः.

Impatient, ***a.*** असहिष्णुः -ष्णुः -ष्णु, असहनः -ना -नं, असहः -हा -हं, असहमानः -ना -नं, असहनशीलः -ला -लं, अक्षमः -मा -मं, अक्षान्तिमान् -मती -मत् (त्), अक्षमी -मिणी -मि (न्), अक्षन्ता -न्त्री -न्तृ (न्तृ), अमर्षणः -णा -णं, विमर्षी -र्षिणी -र्षि (न्), जातामर्षः -र्षा -र्षं, अतितिक्षुः -क्षुः -क्षु, उत्सुकः -का -कं, उत्कः -त्का -त्कं.

Impatiently, ***adv.*** सामर्षं, सविमर्षं, अमर्षेण, विमर्षेण, असहिष्णुवत्, अक्षान्त्या, असहनशीलत्वात्, सावेगं.

To **impawn,** ***v. a.*** आधीकृ, पण् (**c. 1.** पणते -णितुं), परिपण्, निक्षिप् (**c. 6.** -क्षिपति -क्षेप्तुं), न्यस् (**c. 4.** -अस्यति -असितुं).

To **impeach,** ***v. a.*** अभियुज् (**c. 7.** -युनक्ति -योक्तुं), व्यवहारसभायां **or** व्यवहारानुसारेण अभियुज् **or** अभिशंस् (**c. 1.** -शंसति -सितुं) **or** अभियोगं कृ **or** अभिशंसनं कृ **or** अपवद् (**c. 1.** -वदति -दितुं), दोषीकृ, उपालभ् (**c. 1.** -लभते -लब्धुं).

Impeachable, ***a.*** अभियोक्तव्यः -व्या -व्यं, व्यवहारसभायाम् अभियोज्यः -ज्या -ज्यं.

Impeached, ***a.*** व्यवहाराभियुक्तः -क्ता -क्तं, अभियुक्तः -क्ता -क्तं, व्यवहाराभिशस्तः -स्ता -स्तं.

Impeacher, ***s.*** अभियोगी ***m.*** (न्), अभियोक्ता ***m.*** (क्तृ), अभियोगकृत् ***m.,*** अपवादकः.

Impeachment, ***s.*** अभियोगः, व्यवहाराभियोगः, अभिशंसनं, व्यवहाराभिशंसनं, अपवादः, संशयः.

Impeccability, ***s.*** निष्पापत्वं, पापहीनता, पापाभावः, पापाक्षमता.

Impeccable, ***a.*** अपापः -पा -पं, निष्पापः -पा -पं, पापाक्षमः -मा -मं.

To **impede,** ***v. a.*** रुध् (**c. 7.** रुणद्धि, रोद्धुं), प्रतिरुध्, निरुध्, उपरुध्, संरुध्, विरुध्; विहन् (**c. 2.** -हन्ति -न्तुं), व्याहन्, प्रतिहन्, प्रतिबन्ध् (**c. 9.** बध्नाति -बन्द्धुं), वृ (**c. 10.** वारयति -यितुं), निवृ, विनिवृ, आव, समावृ, प्रतिवृ, विघ्न (**nom.** विघ्नयति -यितुं), बाध् (**c. 1.** बाधते -धितुं), स्तम्भ् (**c. 10.** स्तम्भयति -यितुं, **c. 9.** स्तभ्नाति, स्तम्भितुं), विष्टम्भ्, प्रत्यूहीकृ, निषिध् (**c. 1.** -षेधति -षेद्धुं).

Impeded, ***p. p.*** रुद्धः -द्धा -द्धं, विरुद्धः -द्धा -द्धं, प्रतिरुद्धः -द्धा -द्धं, निरुद्धः -द्धा -द्धं, उपरुद्धः -द्धा -द्धं, विहत -ता -तं, प्रतिहतः -ता -तं, पराहतः -ता -तं, वारितः -ता -तं, निवारितः -ता -तं, विघ्नितः -ता -तं, बाधितः -ता -तं, स्तम्भितः -ता -तं, स्तब्धः -ब्धा -ब्धं, विष्टब्धः -ब्धा -ब्धं, अन्तरितः -ता -तं, सार्गलः -ला -लं.

Impediment, ***s.*** विघ्नः, व्याघातः, अन्तरायः, प्रत्यूहः, प्रतिबन्धः, विष्टम्भः, प्रतिष्टम्भः, स्तम्भः -म्भनं, रोधः, संरोधः, विरोधः, अवरोधः, उपरोधः, निरोधः, विघातः -तं, विहननं, विहतिः ***f.,*** बाधा -धकः, वारणं, निवारणं. आवरणं.—**(Impediment in speech)** वाक्स्खलनं वाग्भेदः, वाग्वैकल्यं; **'having an impediment in one's speech,'** स्खलद्वाक्यः -क्या -क्यं, वाग्विकलः -ला -लं, भिन्नवाक् ***m.f.n.,*** कद्वदः -दा -दं.

Impedimental, ***a.*** **(Causing impediment)** व्याघातकः -का -कं, विघाती -तिनी -ति (न्), विघ्नकरः -री -रं, विघ्नकारी -रिणी -रि (न्), विरोधी -धिनी -धि (न्), प्रतिरोधी **etc.,**

Impelled 538 Imperious

औपरोधिकः -की -कं, विष्टम्भी -म्भिनी -म्भि (न), निवारकः -का -कं.

To* impel, *v. a. **(Drive, urge forward)** प्रेर् **(c. 10.** -ईरयति -यितुं), प्रणुद् **(c. 10.** -णुदति -णोत्तुं), पचुद् **(c. 10.** -चोदयति -यितुं), सञ्चुद्, परिचुद्, चुद्, कृष् **(c. 1.** कर्षति, क्रष्टुं), समाकृष्. — **(Incite to action)** प्रवृत् **(c. 10.** -वर्त्तयति -यितुं), प्रयुज् **(c. 10.** -योजयति -यितुं), नियुज्, उद्युज्, उत्सह् **(c. 10.** -साहयति -यितुं), प्रोत्सह्, प्ररुच् **(c. 10.** -रोचयति -यितुं), चेष्ट् **(c. 10.** चेष्टयति -यितुं), उत्तप् **(c. 10.** -तापयति -यितुं).

Impelled, *p. p.* प्रेरितः -ता -तं, प्रणोदितः -ता -तं, प्रणुन्नः -न्ना -न्नं, प्रचोदितः -ता -तं, प्रवर्त्तितः -ता -तं, प्रवृत्तः -त्ता -त्तं, नियोजितः -ता -तं, प्रयोजितः -ता -तं, प्रोत्साहितः -ता -तं, प्ररुचितः -ता -तं, समाकृष्टः -ष्टा -ष्टं, आकृष्टः -ष्टा -ष्टं.

Impellent, *s.* प्रेरकः, प्रेरयिता ***m.*** (तृ), प्रणोदकः, प्रवर्त्तकः, प्रयोजकः, प्रोत्साहकः, प्रचोदकः.

To* impend, *v. n. **(Be near)** उपस्था **(c. 1.** -तिष्ठति -ते -स्थातुं), प्रत्युपस्था, समुपस्था, समीपं स्था **or** वृत् **(c. 1.** वर्त्तते -र्त्तितुं), निकटे स्था **or** वृत्, उपगम् **(c. 1.** -गच्छति -गन्तुं), उपागम्, समुपगम्, उपनतः -ता -तं भू. — **(Hang over)** आलम्ब् **(c. 1.** -लम्बते -म्बितुं), प्रलम्ब्, अवलम्ब्, लम्ब्. — **(Be about to fall)** यत् **in des.** (पिपतिषति -षितुं, पित्सति -त्सितुं), आपत् **(c. 1.** -पतति -तितुं).

Impendent, impending *a.* उपस्थायी -यिनी -यि (न्), उपस्थितः -ता -तं, उपस्थः -स्था -स्थं, समुपस्थितः -ता -तं, समीपवर्त्ती -र्त्तिनी -र्त्ति (न), निकटवर्त्ती **etc.,** आसन्नवर्त्ती **etc.,** उपनतः -ता -तं, समुपगतः -ता -तं, पतनोन्मुखः -खा -खं, पिपतिषुः -षुः -षु, पित्सुः -त्सुः -त्सु.

Impenetrability, *s.* अवेध्यता, अव्यधता, अभेद्यता, अछेद्यत्वं, अप्रवेश्यत्वं, वज्रता -त्वं, गहनत्वं; **'impenetrability,' as a property of mater, is expressed in scientific treatises by the word** विरोधः.

Impenetrable, *a.* **(Not to be pierced)** अवेध्यः -ध्या -ध्यं, अव्यध्यः -ध्या -ध्यं, अभेद्यः -द्या -द्यं, अभेदनीयः -या -यं, अछेद्यः -द्या -द्यं, अछेदनीयः -या -यं, अव्याप्यः -प्या -प्यं, अच्छिद्रणीयः -या -यं, कलिलः -ला -लं. — **(Not to be entered)** अप्रवेश्यः -श्या -श्यं, अप्रवेष्टव्यः -व्या -व्यं, गहनः -ना -नं. — **(Very hard)** वज्रमयः -यी -यं, वज्रः -ज्रा -ज्रं.

Impeneterably, *adv.* अभेद्यं, अवेध्यं, अछेदनीयं, गहनं, वज्रवत्.

Impenitence, impentency *s.* अननुतापः, अपश्चात्तापः, पश्चा त्तापहीनता, पश्चात्तापाभावः, अननुशोकः, अखेदः, खेदहीनता, खेदराहित्यं, अप्रायाश्चित्तं, अननुशयः, स्तब्धचि त्तत्वं.

Impenitent, *a.* अननुतापी -पिनी -पि (न्), अननुतप्तः -प्ता -प्तं, पश्चात्तापहीनः -ना -नं, अननुतापशीलः -ला -लं, खेदहीनः -ना -नं, खेदरहितः -ता -तं, अननुशयी -यिनी -यि (न्), स्तब्धचित्तः -त्ता -त्तं, कठिनचित्तः -त्ता -त्तं.

Imperative, *a.* आज्ञापकः -का -कं, आदेशकः -का -कं, आदेशी -शिनी -शि (न्), नियोजकः -का -कं, प्रबोधकः -का -कं, अवश्यकर्त्तव्यः -व्या -व्यं; **'imperative mood,'** विधिः ***m.,*** आज्ञावाचकः -कं.

Imperceptible, *a.* अव्यक्तः -क्ता -क्तं, अप्रत्यक्षः -क्षा -क्षं, अविभाव्यः -व्या -व्यं, अविभावनीयः -या -यं, अगम्यः -म्या -म्यं, अगोचरः -रा -रं. — **(To the senses)** अतीन्द्रियः -या -यं, इन्द्रियागोचरः -रा -रं, इन्द्रियागम्यः -म्या -म्यं, इन्द्रियातीत -ता -तं. — **(To the eye)** परोक्षः -क्षा -क्षं, अलोकनीयः -या -यं, नयनागोचरः -रा -रं. — **(To the ear)** कर्णगोचरः -रा -रं.

Imperceptibly, *adv.* अव्यक्तं, अप्रत्यक्षं -क्षेणा, अविभावनीयं, अगोचरं; **'going imperceptibly,'** अव्यक्तगतिः -तिः -ति.

Imperfect, *a.* **(Not complete)** असम्पूर्णः -र्णा -र्णं, अपूर्णः -र्णा -र्णं, अपरिपूर्णः -र्णा -र्णं, सम्पन्नः -न्ना -न्नं, असमाप्तः -प्ता -प्तं, असिद्धः -द्धा -द्धं, असमग्रः -ग्रा -ग्रं, अनिखिलः -ला -लं, अनिष्पन्नः -न्ना -न्नं, अपर्य्याप्तः -प्ता -प्तं, असंसिद्धः -द्धा -द्धं, अपक्वः -क्वा -क्वं, खण्ड **in comp.** — **(Defective)** न्यूनः -ना -नं, विकलः -ला -लं, हीनः -ना -नं, लुप्तः -प्ता -प्तं, दोषी -षिणी -षि (न्), सछिद्रः -द्रा -द्रं, ऊनः -ना -नं. — **(Wanting some organ)** अङ्गहीनः -ना -नं, न्यूनेन्द्रियः -या -यं, विकलेन्द्रियः -या -यं, विकलाङ्गः -ङ्गा -ङ्गं. — **(Tense)** अद्यतनभूतः, अनद्यतनः; **the grammatical symbols are** घी, लङ्; **'imperfect comparison,'** लुप्तोपमा.

Imperfection, *s.* **(Defect)** दोषः, छिद्रं, अगुणः, अपराधः, कलङ्कः, दूषणं, वैकल्यं, हानिः ***f.,*** हीनता, क्षतिः ***f.,*** न्यूनता, अपर्य्याप्तिः ***f.,*** अशुद्धताः **'in a germ,'** पुलकः, खण्डः

Imperfectly, *adv.* असम्पूर्णं, असमग्रं, खण्डतस्, अनिखिलेन, असम्पन्नं, असम्यक्, अपर्य्याप्तं, विकलं, वैकल्येन.

Imperfectness, *s.* असम्पूर्णता, अपूर्णता, असम्पन्नता, असिद्धिः ***f.,*** असमग्रता.

Imperforate, *a.* नीरन्ध्रः -न्ध्रा -न्ध्रं, निश्छिद्रः -द्रा -द्रं, अछिद्रितः -ता -तं.

Imperial, *a.* माहाराजिकः -की -कं, आधिराजिकः -की -कं, महाराजकीयः -या -यं, महाराजयोग्यः -ग्या -ग्यं, सामाजिकः -की -कं, महेश्वरीयः -या -यं.

Imperialist, *s.* महाराजाधीनः, अधिराजाधीनः, महाराजानुचरः, महाराजानुषङ्गी ***m.*** (न्); **'imperialist army,'** महाराजसैन्यं.

To* imperil, *v. a. संशयस्थं -स्थां -स्थं कृ, सन्देहस्थं -स्थां -स्थं कृ.

Imperious, *a.* **(Commanding)** आज्ञापकः -का -कं, आदेशकः

-का -कं.—**(Overbearing, haughty)** धृष्टः -ष्टा -ष्टं, धर्षी -र्षिणी -र्षि (न्), भर्त्सनकारी -रिणी -रि (न्), उद्धतः -ता -तं, अवलिप्तः -प्ता -प्तं, सावहेलः -ला -लं, सोन्माथः -था -थं, प्रगल्भः -ल्भा -ल्भं, दृप्तः -प्त -प्तं.

Imperiously, *adv.* धर्षेण, प्रगल्भं, सावहेलं, सावलेपं, सोन्माथं, साटोपं.

Imperiousness, *s.* धृष्टता, धर्षः, अवलिप्तता, अवलेपः, सावलेपत्वं, अवहेला, उद्धतिः ***f.,*** चित्तसमुन्नतिः ***f.,*** प्रगल्भता, प्रागल्भ्यं, उत्सिक्तता, साटोपत्वं.

Imperishable, *a.* अक्षयः -या -यं, अक्षय्यः -य्या -य्यं, अक्षयी -यिणी -यि (न्), अनश्वरः -रा -रं, अविनश्वरः -रा -रं, अविनाशी -शिनी -शि (न्), अनाश्यः -श्या -श्यं, अव्ययः -या -यं, अजरः -रा -रं, निर्जरः -रा -रं, अजर्य्यः -र्य्या -र्य्यं, अक्षरः -रा -रं, अक्षयणीयः -या -यं.

Imperishableness, *s.* अक्षयता -त्वं, अनश्वरता, अनाश्यत्वं, अविनाश्यता, अजरत्वं, निर्जरत्वं, अव्ययीभावः.

Impermeable, *a.* अव्याप्यः -प्या -प्यं, अप्रवेश्यः -श्या -श्यं, अप्रवेशनीयः -या -यं.

Impermeableness, *s.* अव्याप्यता, अप्रवेश्यता, अभेद्यत्वं.

Impersonal, *a.* अकर्त्तृकः -का -कं, कर्त्तृत्वहीनः -ना -नं, अकर्त्तृवाच्यः -च्या -च्यं, भाववाचकः -का -कं; **'impersonal verb,** भाववाच्यं. अकर्त्तृवाचका क्रिया.

Impersonally, *adv.* अकर्त्तृकं, अकर्त्तृवाच्यक्रमेण, भाववाच्यानुसारेण.

Impertinence, impertinency, *s.* (Rudeness) अविनयः, अविनीतता, अशिष्टता, परुषवचनं, दुरुक्तिः ***f.,*** वाक्पारुष्यं, कुशीलता, दुःशीलता, अशीलता, वामशीलता, धृष्टता, धर्षः, प्रगल्भता, चापल्यं, क्लेशदायकत्वं, उत्तरदायकत्वं.—**(Meddling with other's affairs)** पराधिकारचर्च्चा, पराधिकारप्रवेशः.—**(State of not relating to the subject)** निर्विषयता -त्वं, अप्रासङ्गिकत्वं, अप्रस्तुतत्वं, असम्बन्धः.—**(Nonsense)** आनर्थक्यं, अनर्थकता, असम्बद्धत्वं.

Impertinent, *a.* (Rude) अविनीतः -ता -तं, अशिष्टः -ष्टा -ष्टं, धृष्टः -ष्टा -ष्टं, प्रगल्भः -ल्भा -ल्भं, दुःशीलः -ला -लं, अशीलः -ला -लं, कुशीलः -ला -लं, वामशीलः -ला -लं, चपलः -ला -लं, परुषवाक् ***m.f.n.,*** परुषवादी -दिनी -दि (न्), क्लेशदायकः -का -कं; **'giving impertinent answers,'** उत्तरदायकः -का -कं.—**(Meddling with others affairs)** पराधिकारचर्चकः -का -कं.—**(Irrelevant)** अप्रासङ्गिकः -की -कं, अप्रस्तुतः -ता -तं, निर्विषयः -या -यं, असम्बन्धी -न्धिनी -नि: (न्) असम्पर्कीयः -या -यं, निष्प्रयोजनः -ना -नं, प्रस्तुतवहिर्भूतः -ता -तं.—**(Nonsensical)** अनर्थकः -का -कं, असम्बद्धः -द्धा -द्धं.

Impertinently, *adv.* (Rudely) अविनयेन, अविनीतवत्, धृष्टवत्, प्रगल्भवत्, अशिष्टवत्, कुशीलवत्, परुषोक्त्या.—**(Officiously)** अतिचर्चापूर्व्वं.—**(Irrelevantly)** असम्बद्धं, अप्रस्तुतं, अप्रासङ्गिकं, निष्प्रयोजनं.

Imperturbable, *a.* अक्षोभ्यः -भ्या -भ्यं, अक्षोभणीयः -या -यं, अवस्थितमतिः -तिः -ति, स्थिरमतिः -तिः -ति, समबुद्धिः -द्धिः -द्धि, अनाकुलचित्तः -त्ता -त्तं, अपारिप्लवः -वी -वं, अकातरः -रा -रं, अविखण्डितमनाः -नाः -नः (स्), निर्विकारः -रा -रं.

Imperturbation, *s.* अक्षोभ्यता, अनाकुलचित्तता, अपारिप्लवत्वं, अव्यग्रता.

Impervious, *a.* (Not to be penetrated or entered) अप्रवेश्यः -श्या -श्यं, अप्रवेशनीयः -या -यं, अगम्यः -म्या -म्यं, गहनः -ना -नं, सुगहनः -ना -नं, गहीयः -या -यं, गभीरः -रा -रं, गम्भीरः -रा -रं, कलिलः -ला -लं, सङ्कटः -टा -टं, सम्बाधः -धा -धं, कष्टः -ष्टा -ष्टं.—**(Compact, without interstice)** निषिडः -डा -डं, अविरलः -ला -लं, निर्विवरः -रा -रं, नीरन्ध्रः -न्ध्रा -न्ध्रं.—**(Not to be pierced)** अवेध्यः -ध्या -ध्यं, अव्याप्यः -प्या -प्यं, अभेद्यः -द्या -द्यं, अछेदनीयः -या -यं.

Imperviousness, *s.* अप्रवेश्यता, गम्भीरत्वं, गहनत्वं, अव्याप्यता, अगम्यता, अवेध्यता, नीरन्ध्रता, नैविड्यं.

Impetrable, *a.* अभ्यर्थनीयः -या -यं, प्रार्थनेन प्राप्यः -प्या -प्यं.

To* impetrate, *v. a. प्रार्थनेन **or** अभ्यर्थनाद्वारेण प्राप् **(c. 5.** -आप्नोति -आप्तुं).

Impetration, *s.* प्रार्थनया **or** याच्ञाद्वारेण प्राप्तिः ***f.*** **or** प्रापणं.

Impetuosity, *s.* वेगः, आवेगः, महावेगः, संवेगः, अत्यन्तवेगः, संरम्भः, संरब्धत्वं, आपातः, तीक्ष्णता, तैक्ष्ण्यं, साहसं, उग्रता, उच्चण्डता, अमर्षः, क्षिप्ता, रभसः, कुतूहलं, तीव्रता.

Impetuous, *a.* वेगवान् -वती -वत् (त्), वेगी -गिनी -गि (न्), महावेगः -गा -गं, भीमवेगः -गा -गं, उदीर्णवेगः -गा -गं, संरम्भी -म्भिणी -म्भि (न्), चण्डः -ण्डा -ण्डं, उच्चण्डः -ण्डा -ण्डं, तीक्ष्णः -क्ष्णा -क्ष्णं, तीक्ष्ण कर्म्मा -र्म्मा -र्म्म (न्), अमर्षी -र्षिणी -र्षि (न्), अमर्षणः -णा -णं, अमर्षवान् -वती -वत् (त), साहसी -सिनी -सि (न्), साहसिकः -की -कं, उग्रः -ग्रा -ग्रं, तीव्रः -व्रा -व्रं, प्रबलः -ला -लं, रोषणः -णा -णं, कुतूहली -लिनी -लि (न्).

Impetuously, *adv.* महावेगेन, भीमवेगेन, अत्यन्तवेगेन, वेगतस्, सवेगं, संरम्भेण, आपाततस्, तीक्ष्णं, सामर्षं, उच्चण्डं, उग्रं, सरभसं, साहसेन, संरब्धवत्, सकुतूहलं, कौतूहलेन.

Impetuousness, *s. See* Impetuosity.

Impetus, *s.* वेगः, आवेगः, संवेगः, आपातः, अत्यन्तवेगः, गतिशक्तिः ***f.***

Impiety, ***s.*** अधर्म्मः -र्म्मत्वं, वैधर्म्यं, निर्धर्म्मत्वं, धर्म्मलोपः, धर्म्महीनता, अपभक्तिः ***f.,*** भक्तिहीनता, अभक्तत्वं, देवनिन्दा, दुष्टता, अपुण्यत्वं, असाधुता, पापिष्ठत्वं, सपापत्वं, पापं, दुष्कृतं, कुकर्म्म ***n.*** (न्).

To* impinge,** ***v. a. आहन् **(c. 2.** -हन्ति -न्तुं), अभिहन्, अभ्याहन, आपत् **(c. 1.** -पतति -तितुं), प्रपत्, संघट्ट् **(c. 1.** -घट्टते -ट्टितुं).

Impious, ***a.*** अधर्म्मी -र्म्मिणी -र्म्मि (न्), अधार्म्मिकः -की -कं, निर्धर्म्मः -र्म्मा -र्म्मं, धर्म्महीनः -ना -नं, धर्म्मालीकः -का -कं, अभक्तः -क्ता -क्तं, देवनिन्दकः -का -कं, भक्तिहीनः -ना -नं, दुष्टः -ष्टा -ष्टं, अपुण्यः -ण्या -ण्यं, असाधुः -ध्वी -धु, पापी -पिनी -पि (न्), पापिष्ठः -ष्ठा -ष्ठं, अनीश्वररोचितः -ता -तं.

Impiously, ***adv.*** अधर्म्मतस्, अधर्म्मेण, अपुण्यवत्, पापिष्ठवत्, देवनिन्दकवत्.

Impiousness, ***s. See*** **Impiety.**

Implacability, implacableness, ***s.*** अशाम्यता, असान्त्वनीयता, अतोषणीयता, अप्रसाद्यत्वं.

Implacable, ***a.*** अशाम्यः -म्या -म्यं, अतोषणीयः -या -यं, अशमनीयः -या -यं, असान्त्वनीयः -या -यं, अनाराध्यः -ध्या -ध्यं, अप्रसाद्यः -द्या -द्यं, दुःखेन शाम्यः -म्या -म्यं **or** आराध्यः -ध्या -ध्यं.—**(Constant in hatred)** दीर्घद्वेषी -षिणी -षि (न्), अतिद्वेषी **etc.; 'implacable hatred,'** दीर्घद्वेषः, बद्धवैरं.

Implacably, ***adv.*** अशमनीयं, अशाम्यं, अतोषणीयं, अनाराधनीयं.

To* implant,** ***v. a. निरुह् **in caus.** (-रोपयति -यितुं), निष्ठा **in caus.** (-ष्ठापयति -यितुं), प्रतिष्ठा, निष्ठं -ष्ठां -ष्ठं कृ, निधा **(c. 3.** -दधाति -धातुं), प्रणिधा, उपनिधा, निखन् **(c. 1.** -खनति -नितुं).

Implanted, ***p. p.*** निष्ठः -ष्ठा -ष्ठं, निष्ठितः -ता -तं, प्रतिष्ठितः -ता -तं, सुप्रतिष्ठितः -ता -तं, निरूढः -ढा -ढं, निखातः -ता -तं, निहितः -ता -तं.

To* implead,** ***v. a. अभियुज् **(c. 7.** -युनक्ति -योक्तुं), व्यवहारसभायाम् उत्तरप्रत्युत्तरे कृ.

Implement, ***s.*** यन्त्रं, उपकरणं, साधनं, भाण्डं, कार्य्यसाधनं, सामग्र्यं -ग्री, द्रव्यं, पात्रं, उपस्करः, सम्भारः.

To* implicate,** ***v. a. सम्बन्ध् **(c. 9.** -बध्नाति -बन्द्धुं), अनुबन्ध्, संश्लिष् **(c. 10.** -श्लेषयति -यितुं), आश्लिष्, परिश्लिष्, संसृज् **(c. 6.** -सृजति -स्रष्टुं); **'he is implicated in many crimes,'** बहुपापैः सम्बध्यते.

Implicated, ***p. p.*** सम्बद्धः -द्धा -द्धं, अनुबद्धः -द्धा -द्धं, संश्लिष्टः -ष्टा -ष्टं, संसृष्टः -ष्टा -ष्टं, ग्रस्तः -स्ता -स्तं, अनुषङ्गी -ङ्गिणी -ङ्गि (न्), लिप्तः -प्ता -प्तं.

Implication, ***s.*** **(Involution, connection)** सम्बन्धः, अनुबन्धः, अभिसम्बन्धः अनुषङ्गः, समन्वयः, सम्पर्कः, संसर्गः.—**(Implying)** विवक्षा, अर्थापत्तिः ***f.,*** अनुमानं, अपवाहः, उपलक्ष्यः.

Implicit, ***a.*** अनाशङ्कितः -ता -तं, अवितर्कितः -ता -तं, अवैकल्पिकः -की -कं, अविचार्य्य कृतः -ता -तं, अवितर्क्य कृतः -ता -तं, अशङ्कात्मकः -का -कं, असांशयिकः -की -कं, अखण्डः -ण्डा -ण्डं.

Implicitly, ***adv.*** अवितर्क्य, अविचार्य्य, अनाशङ्कापूर्व्वं, अशङ्क्या, अवितर्केण, असंशयपूर्व्वं, अविकल्पेन.

Implied, ***p. p.*** **or** ***a.*** विवक्षितः -ता -तं, अर्थसम्बद्धः -द्धा -द्धं, उपलक्षितः -ता -तं, आनुषङ्गिकः -की -कं; **'implied meaning,'** विवक्षितार्थः, फलितार्थः, ध्वनितार्थः, ध्वनिः ***m.***

To* implore,** ***v. a. प्रार्थ् **(c. 10.** -अर्थयते -ति -यितुं), अभ्यर्थ् सम्प्रार्थ्. अर्थ्, विनयेन **or** अञ्जलिं कृत्वा प्रार्थ्, कृताञ्जलिः **or** निर्बन्धेन याच् **(c. 1.** याचयति -चितुं), अभियाच्, संयाच्, प्रयाच्, सम्प्रयाच्, प्रसद् **(c. 10.** -सादयते -ति -यितुं), विनी **(c. 1.** -नयति -नेतुं), अनुनी, विनयेन स्वार्थं निविद् **(c. 10.** -वेदयति -यितुं), नाथ् **(c. 1.** नाथति -थितुं).

Implored, ***p. p.*** अञ्जलिकर्म्मपूर्व्वं प्रार्थितः -ता -तं, **or** अभ्यर्थितः -ता -तं, विनयेन **or** निर्बन्धेन याचितः -ता -तं **or** अभियाचितः -ता -तं, प्रसादितः -ता -तं, अनुनीतः -ता -तं.

Implorer, ***s.*** कृताञ्जलिः प्रार्थकः **or** प्रार्थयिता ***m.*** (तृ), निर्बन्धेन याचकः.

To* imply,** ***v. a. वच् **in des.** (विवक्षति -क्षितुं), सूच् **(c. 10.** सूचयति -यितुं), संसूच्. **Often expressed by** अर्थ **in comp., as, 'a speech which implies censure,'** निन्दार्थो वादः.

Impolicy, ***s.*** कुनीतिः ***f.,*** दुर्णीतिः ***f.,*** दुर्णयः, अनीतिः ***f.,*** दुर्णीतं, अनयः.

Impolite, ***a.*** अशिष्टः -ष्टा -ष्टं, असभ्यः -भ्या -भ्यं, अविनीतः -ता -तं, अशीलः -ला -लं, कुशीलः -ला -लं, विशीलः -ला -लं, दुःशीलः -ला -लं, दुमर्य्यादः -दा -दं, नष्टविनयः -या -यं, ग्राम्यः -म्या -म्यं, असुजनः -ना -नं, अनार्य्यः -र्य्या -र्य्यं.

Impoliteness, ***s.*** अशिष्टता, असभ्यता, अविनयः, कुशीलता, दुःशीलता.

Impolitic, ***a.*** **(Not acquainted with good policy, not prudent)** अनीतिज्ञः -ज्ञा -ज्ञं, अनीतिविद् ***m.f.n.,*** अनीतिमान् -मती -मत् (त्), अनीतिकुशलः -ला -लं, दुर्णीतः -ता -तं, अविनीतः -ता -तं, अमतिमान् -मती -मत् (त), अबुद्धिमान् **etc.,** अबुधः -धा -धं, अविज्ञः -ज्ञा -ज्ञं, अविवेचकः -का -कं, अकोविदः -दा -दं.—**(Not politic, adapted to injure the public interest)** अहितः -ता -तं, नीतिविरुद्धः -द्धा -द्धं, प्रज्ञार्थविरोधी -धिनी -धि (न्), अर्थविरोधी **etc.,** अनर्थकरः

Impoliticly 541 **Imposing**

–रा –रं, अनर्थजनकः –का –कं, अनिष्टकरः –री –रं, असमीक्ष्य कृतः –ता –तं, सापकारः –रा –रं, अयौक्तिकः –की –कं.

Impoliticly, *adv.* नीतिविरुद्धं, अहितं –ताय, अर्थविरोधेन, असमीक्ष्य.

Imponderable, imponderous, *a.* निर्भारः –रा –रं, अभारी –रिणी –रि (न्), अतोलनीयः –या –यं, अगुरुः –र्वी –रु, अतिसूक्ष्मः –क्ष्मा –क्ष्मं, अतिलघुः –घुः –घु.

To import, *v. a.* (Bring goods from a foreign country) वाणिज्यद्रव्याणि **or** वाणिज्यवस्तूनि विदेशात् **or** देशान्तरात् **or** वहिर्देशाद् आनी **(c. 1.** –नयति –नेतुं) **or** उपनी **or** आवह् **(c. 1.** –वहति –वोढुं) **or** उपवह् **or** आहृ **(c. 1.** –हरति –हर्त्तुं). **—(Convey a meaning, imply)** सूच् **(c. 10.** सूचयति –यितुं), संसूच्, उद्दिश् **(c. 6.** –दिशति –देष्टुं), वच् **in des.** (विवक्षति –क्षितुं), उद्बुध् **(c. 10.** –बोधयति –यितुं), **or expressed by** अर्थ **in comp.; as, 'a speech which imports censure,'** निन्दार्थो वादः. **—(Be of weight or consequence)** गुर्वर्थः –र्था –र्थं भू.

Import, *s.* (Goods brought from a foreign country) विदेशात् **or** देशान्तरात् **or** वहिर्देशाद् आनीतानि वाणिज्यद्रव्याणि ***n. pl.*** **or** वाणिज्यवस्तूनि ***n. pl.***, विदेशीयवस्तूनि ***n. pl.***, विदेशजद्रव्याणि ***n. pl.***, वहिर्देशवस्तूनि. **—(Meaning)** अर्थः, अभिप्रायः, अभिप्रेतं, विवक्षा, उद्देशः, आशयः; **'of like import,'** समानार्थः –र्था –र्थं. **—(Importance)** गौरवं, गुरुत्वं, प्रभावः.

Importable, *a.* विदेशाद् आनेयः –या –यं **or** आनेतव्यः –व्या –व्यं.

Importance, *s.* (Consequence) गौरवं, गुरुत्वं –ता, गुर्वर्थत्वं, प्रभावः, भारः; **'of a thing,'** द्रव्यगुरुता; **'of an act,'** कार्य्यगुरुता. **—(Of a person)** उत्कर्षः, औत्कर्षं, प्रधानता, सेव्यता, प्रतिपत्तिः ***f.***, प्रागल्भ्यं, गर्व्वः, मानं.

Important, *a.* गुरुः –र्वी –रु, गुर्वर्थः –र्था –र्थं, बह्वर्थः –र्था –र्थं, महार्थः –र्था –र्थं परमार्थः –र्था –र्थं, गुरुप्रभावः –वा –वं, महाप्रभावः –वा –वं, बहुप्रभावः –वा –वं, परमप्रभावः –वा –वं, परमः –मा –मं, अलघुः –घुः –घु, महोपकारी –रिणी –रि (न्), भारी –रिणी –रि (न्), भारवान् –वती –वत् (त्), आवश्यकः –की –कं; **'important object,'** गुर्वर्थः, परमार्थः, महार्थः; **'most important,'** गरिष्ठः –ष्ठा –ष्ठं, गुरुतमः –मा –मं; **'move important,'** गरीयान् –यसी –यः (स्).

Importantly, *adv.* गुरु, परमप्रभावेण, परमं, अलघुः.

Importation, *s.* (Act of bringing from a foreign country) विदेशात् **or** वहिर्देशात् **or** देशान्तराद् आनयः –यनं **or** उपनयः –यनं **or** आवाहनं **or** आवहनं **or** उपवाहनं. **—(The commodities imported)** विदेशाद् आनीतानि द्रव्याणि, देशान्तराद् आनीतवस्तूनि, विदेशीयवस्तुसमूहः.

Imported, *p. p.* विदेशात् **or** बहिर्देशाद् आनीतः –ता –तं **or** उपनीतः –ता –तं.

Importer, *s.* विदेशात् **or** वहिर्देशाद् बाणिज्यद्रव्यानेता ***m.*** (तृ).

Importunacy, *s.* निर्बन्धः, अतिनिर्बन्धः, अतियाचना –नं, अतिप्रार्थनं –ना, आग्रहः, अतिनिर्बन्धेन याचना **or** प्रार्थनं, वारं वारं प्रार्थना, नित्यप्रार्थनं, नित्ययाचना, नित्ययाचनेन परोद्वेजनं **or** परायासकरणं.

Importunate, *a.* निर्बन्धशीलः –ला –लं, अतिनिर्बन्धशीलः –ला –लं, आग्रही-हिणी-हि (न्), आग्रहशीलः –ला –लं, अतियाचकः –का –कं, अतिप्रार्थकः –का –कं, निर्बन्धेन याचकः –का –कं, नित्यप्रार्थकः –का –कं, नित्यं, याचनेन परोद्वेजकः –का –कं **or** परायासकरः –री –रं, वारं वारं प्रार्थकः –का –कं; **'importunate solicitation,'** निर्बन्धः, आग्रहः.

Importunately, *adv.* निर्बन्धेन, अतिनिर्बन्धेन, आग्रहेण, साग्रहं, प्रसभं, मुहुर्मुहुः, पुनःपुनर्.

Importunateness, *s. See* Importunancy.

To* importune, *v. a. अतिनिर्बन्धेन **or** निर्बन्धेन प्रार्थ् **(c. 10.** –अर्थयति –यितुं) **or** अभ्यर्थ् **or** याच् **(c. 1.** याचति –चितुं) **or** अभियाच्, आग्रहेण प्रार्थ्, वारं वारं प्रार्थ्, अतियाचनेन परम् उद्विज् **(c. 10.** –वेजयति –यितुं), नित्यप्रार्थनेन परम् आयस् **(c. 10.** –यासयति –यितुं).

Importuned, *p. p.* निर्बन्धेन प्रार्थितः –ता –तं **or** याचितः –ता –तं, अतियाचितः –ता –तं.

Importuner, *s.* अतिप्रार्थकः, अतियाचकः, निर्बन्धेन प्रार्थकः, अतियाञ्चया परोद्वेजकः.

Importunity, *s.* निर्बन्धः, अतिनिर्बन्धः, अतियाचना –नं, आग्रहः, वारं वारं प्रार्थना, पुनःपुनः प्रार्थनं, अतियाचनेन परोद्वेजनं. ***See* Importunancy.**

***To* impose, *v. a.* (Lay on)** न्यस् **(c. 4.** –अस्यति –असितुं), निविश् **(c. 10.** –वेशयति –यितुं), समाविश्, नियुज् **(c. 10.** –योजयति –यितुं, **c. 7.** –युनक्ति –योक्तुं), धा **(c. 3.** दधाति, धातुं), निधा, विधा, आरुह् **in caus.** (–रोपयति –यितुं), स्था **in caus.** (स्थापयति –यितुं), उपस्था, अवस्था. **—(Set over)** अधिकृ, उपधिकृ, नियुज्, विनियुज्. **—(Impose upon, deceive)** प्रलभ् **(c. 1.** –लभते –लब्धुं), विप्रलभ्, वञ्च् **(c. 10.** वञ्चयते –ति –यितुं), परिवञ्च् छल् **(c. 10.** छलयति –यितुं), अभिसन्धा, अतिसन्धा, दम्भ् **(c. 5.** दभ्नोति, दम्भितुं).

Imposed, *p. p.* न्यस्तः –स्ता –स्तं, निवेशितः –ता –तं, नियुक्तः –क्ता –क्तं, नियोजितः –ता –तं, विहितः –ता –तं, अधिकृतः –ता –तं; **'imposed upon',** वञ्चितः –ता –तं, प्रलब्धः –ब्धा –ब्धं, विप्रलब्धः –ब्धा –ब्धं, अतिसंहितः –ता –तं.

Imposing, *a.* विस्मयोत्पादकः –का –कं, आश्चर्य्यकरः –रा –रं, विस्मापकः –का –कं, अद्भुतः –ता –तं, गुः –र्वी –रु, महातेजाः

–जाः –जः (स्).

Imposition, *s.* (Act of laying on) न्यासः, न्यसनं, निवेशनं, आरोपणं, स्थापनं; **'of hands,'** हस्तन्यासः.—**(That which is imposed, a tax)** करः, शुल्कः –ल्कं.—**(Task given as a punishment)** साहसं, व्रतं, शिष्येण दण्डार्थम् अधिककर्त्तव्यं किञ्चित्.—**(Fraud, deception)** दम्भः, वञ्चनं –ना, छलं, प्रलम्भः, विप्रलम्भः अभिसन्धिः ***m.,*** अतिसन्धानं.

Impossibility, *s.* अशक्यता, असाध्यता, अकर्त्तव्यता, अकरणीयता, अकार्य्यता.—**(An impossibility, an absurdity)** असाध्यं, असम्भवः, मृषार्थकं, शशविषाणं, शशशृङ्गं, खपुष्पं, गगणपुष्पं, गगणकुसुमं; **'impossibilities,'** असाध्यानि ***n. pl.***

Impossible, *a.* अशक्यः –क्या –क्यं, असाध्यः –ध्या –ध्यं, असाधनीयः –या –यं, असम्भवः –वा –वं, अकर्त्तव्यः –व्या –व्यं, अकरणीयः –या –यं, अकार्य्यः –र्य्या –र्य्यं, असङ्गतः –ता –तं, अघटितः –ता –तं, अघटमानः –ना –नं, अघटनीयः –या –यं, अगम्यः –म्या –म्यं, अप्राप्यः –प्या –प्यं, अपार्य्यः –र्य्या –र्य्यं, अपारणीयः –या –यं, अक्षमः –मा –मं.

Impost, *s.* करः, शुल्कः –ल्कं, राजकरं, कारः, राजग्राह्यभागः, राजस्वं, राजदेयं, राजधनं, शालिकः, तारिकं, तार्य्यं.

Imposthume, *s.* विद्रधिः ***m.,*** पूयसम्पूर्णः स्फोटः **or** विस्फोटः, सपूयव्रणं.

Impostor, *s.* (Deceiver) दम्भी ***m.*** (न्), दाम्भिकः, दम्भकः, कुहकः, कूटकारः, कूटकः, वञ्चकः, कपटी ***m.*** (न्), कापटिकः, धूर्त्तः, कितवः, प्रतारकः, छद्मवेशी ***m.*** (न्).—**(In religion)** धर्म्मध्वजी ***m.*** (न्), आर्य्य लिङ्गी ***m.*** (न्), आर्य्यरूपः, धर्म्मोपधः, पाषण्डः, पाखण्डः, लिङ्गवृत्तिः ***m.,*** सर्व्वलिङ्गी ***m.*** (न्), छद्मतापसः, कपटधर्म्मी ***m.*** (न्).

Imposture, *s.* दम्भः, वञ्चनं –ना, प्रवञ्चना, प्रलम्भः, विप्रलम्भः, कूटः –टं, कपटः –टं, व्याजः, छलं –लना, कैतवं, कौटं, उपधिः ***m.,*** प्रतारणं –णा, कुहकः, अभिसन्धिः ***m.*** अतिसन्धानं, छद्म ***n.*** (न्).

Impotence, impotency, *s.* (Want of strength or power) वीर्य्यहानिः ***f.,*** शक्तिहीनता, अशक्तिः ***f.,*** अशक्तता, अवीर्य्यं, निर्बलता, बलहीनता, सत्त्वहानिः ***f.,*** निःसत्त्वं, सत्त्वाभावः, वीर्य्याभावः, असामर्थ्यं, असमर्थत्वं, अतेजस् ***n.,*** तेजोहीनता, क्लीवता, दौर्बल्यं, दुर्बलता, शक्तिवैकल्यं.—**(Absence of virility)** क्लीवत्वं, क्लैव्यं, अपुंस्त्वं, निष्पुरुषत्वं, अपौरुषं, नपुंसकत्वं, ध्वजभङ्गः, निर्वीजता, निष्फलत्वं, अजनकता.

Impotent, *a.* (Without power) निर्बलः –ला –लं, बलहीनः –ना –नं, शक्तिहीनः –ना –नं, अशक्तः –क्ता –क्तं, अबलः –ला –लं, असमर्थः –र्था –र्थं, सामर्थ्यहीनः –ना –नं, निर्वीर्य्यः –र्य्या –र्य्यं वीर्य्यहीनः –ना –नं, अवीरः –रा –रं, निःसत्त्वः –त्त्वा –त्त्व, सत्त्वहीनः –ना –नं, निस्तेजाः –जाः –जः (स्), तेजोहीनः –ना –नं, गततेजाः **etc.,** अकल्पः –ल्पा –ल्पं, दुर्बलः –ला –लं, अक्षमः –मा –मं, अपारगः –गा –गं.—**(Wanting virility)** क्लीवः –वा –वं, पुंस्त्वहीनः –ना –नं. पुंशक्तिहीनः –ना –नं, निष्पुरुषः –षा –षं, पुरुषशक्तिवर्जितः –ता –तं, नपुंसकः –का –कं, निर्वीजः –जा –जं, भग्नध्वजः –जा –जं, निष्फलः –ला –लं.

Impotently, *adv.* निर्बलं, अबलं, दुर्बलं, अवीरवत्, निर्वीर्य्यवत्, क्लीववत्, निर्वीर्य्यं, बलं विना, वीर्य्यं विना, निःसत्त्वेन.

To* impound, *v. a. यूथपरिभ्रष्टपश्वादि अवरोधस्थाने निरुध् **(c. 7.** –रुणद्धि –रोद्धुं) **or** रक्ष् **(c. 1.** रक्षति –क्षितुं).

To* impoverish, *v. a. दरिद्रीकृ, निर्धनीकृ, क्षीणीकृ, धनं नश् **(c. 10.** नाशयति –यितुं), क्षीणधनं –नां –नं कृ.—**(Enfeeble, exhaust strength)** कृश **(nom.** क्रशयति –यितुं), कृशीकृ, तेजः **or** सत्त्वं **or** वीर्य्यं हृ **(c. 1.** हरति, हर्त्तुं) **or** नश्, दुर्बलीकृ, क्षि **in caus.** (क्षपयति –यितुं).

Impoverished, *p. p.* (Reduced to poverty) क्षीणधनः –ना –नं, निर्धनः –ना –नं, दरिद्रितः –ता –तं, दरिद्रीकृतः –ता –तं, दारिद्र्यगतः –ता –तं, धनच्युतः –ता –तं, क्षीणार्थः –र्था –र्थं, नष्टार्थः –र्था –र्थं, नष्टधनः –ना –नं, गतविभवः –वा –वं, प्रचलितविभवः –वा –वं, शिथिलवसुः –सुः –सु, विगतश्रीकः –का –कं, विनष्टलक्ष्मीकः –का –कं, निष्किञ्चनः –ना –नं, अकिञ्चनः –ना –नं.—**(Exhausted of energy)** क्षीणसत्त्वः –त्त्वा –त्त्वं, कृशीभूतः –ता –तं, गतवीर्य्यः –र्य्या –र्य्यं च्युतोत्साहः –हा –हं.

Impoverishment, *s.* दरिद्रता, दारिद्र्यं, दरिद्रीकरणं, धननाशः, धनहानिः ***f.,*** धनच्युतिः ***f.,*** सत्त्वहानिः ***f.,*** क्षीणता.

Impracticability, *s.* असाध्यता –त्वं, असाधनीयता, अकर्त्तव्यता, अकरणीयता, अकार्य्यता, अशक्यता –त्वं, कर्त्तुम् अशक्यता, असम्भवत्वं, असम्भाव्यता, अनुपपाद्यता, अघटनीयत्वं, अगम्यत्वं, दुष्करत्वं.

Impracticable, *a.* असाध्यः –ध्या –ध्यं, असाधनीयः –या –यं, अकर्त्तव्यः –व्या –व्य, अकरणीयः –या –यं, अकार्य्यः –र्य्या –र्य्यं, अशक्यः –क्या –क्यं, कर्त्तुम् अशक्यः –क्या –क्यं, अकृत्यः –त्या –त्यं, अघटनीयः –या –यं, असम्भवः –वा –वं, असम्भाव्यः –व्या –व्यं, असम्भावनीयः –या –यं, अनुपपाद्यः –द्या –द्यं, दुष्करः –रा –रं, अगम्यः –म्या –म्यं, अपार्य्यः –र्य्या –र्य्यं.

Impracticably, *adv.* असाधनीयं, अकरणीयं, असम्भवेन, असम्भावनीयं.

To* imprecate, *v. a. शप् **(c. 1.** शपति –ते, **c. 4.** शप्यति, शप्तुं), अभिशप्, परिशप्, आक्रुश् **(c. 1.** –क्रोशति –क्रोष्टुं), अमङ्गलं **or** अनिष्टम् आशंस् **(c. 1.** –शंसते –सितुं) **or** प्रार्थ् **(c. 10.** –अर्थयते –यितुं), गर्ह् **(c. 1.** गर्हते –र्हितुं), भर्त्स् **(c. 10.**

भर्त्सयति -यितुं), धिक्कृ.

Imprecated, ***p. p.*** अभिशप्तः -प्ता -पतं, आक्रुष्टः -ष्टा -ष्टं. धिक्कृतः -ता -तं.

Imprecation, ***s.*** शापः, अभिशापः, आक्रोशन, अवक्रोशः, अभीषङ्गः, अभिषङ्गः, अनिष्टाशंसनं, अनिष्टप्रार्थना, मन्दप्रार्थना, मन्दवाञ्छा, भर्त्सनं, गालिः ***m.,*** धिक्करणं.

Imprecatory, ***a.*** अभिशापार्थकः -का -कं, आक्रोशकः -की -कं, अनिष्टाशंसकः -का -कं, अनिष्टप्रार्थकः -का -कं.

Impregnable, ***a.*** अलङ्घनीयः -या -यं, अलंघ्यः -घ्या -घ्यं, अनाक्रमणीयः -या -यं, अनाक्रम्यः -म्या -म्यं, दुराक्रमः -मा -मं, दुराक्रामः -मा -मं, अगम्यः -म्या -म्यं, दुर्गमः -मा -मं. **—(Invincible)** अज्ञेयः -या -यं, दुर्जयः -या -यं, अपराजितः -ता -तं.

To **impregnate,** ***v. a.*** **(Infuse the principle of conception, make pregnant)** सिच् **(c. 6.** सिञ्चति, सेक्तुं), निषिच्, आसिच्, रेतः सिच्, गर्भं ग्रह् **in caus.** (ग्राहयति -यितुं) **or** उत्पद् **(c. 10.** -पादयति -यितुं), गर्भवर्ती कृ, ससत्त्वां कृ, आपन्नस त्त्वां कृ, अन्तरापत्यां कृ, सञ्जातगर्भां कृ, गर्भाधानं कृ, निषेकं कृ. **—(Infuse particles of one thing into another)** प्रक्षिप् **(c. 6.** -क्षिपति -क्षेप्तुं), निषिच्, प्रक्षेपं कृ, व्याप् **(c. 5.** -आप्नोति -आप्तुं), व्याप्तं -प्तां -प्तं कृ.

Impregnated, ***p. p.*** सिक्तः -क्ता -क्तं, गृहीतगर्भा, उत्पन्नगर्भा, ससत्त्वा, आपन्नसत्त्वा, सञ्जातगर्भा. **—(Infused)** व्याप्तः -प्ता -प्तं.

Impregnating, ***part.*** गर्भदः -दा -दं, सेचकः -का -कं, गर्भोत्पादकः -का -कं.

Impregnation, ***s.*** सेकः, सेचनं, निषेकः, आसेकः, आसेचनं, गर्भग्रहणं, गर्भोत्पादनं, गर्भाधानं, गर्भधारणं, भेरुण्डं.

Impregnator, ***s.*** सेक्ता ***m.*** (क्तृ), सेचकः, निषेककारी ***m.*** (न्), गर्भदः, गर्भोत्पादकः.

To **impress,** ***v. a.*** **(Imprint, stamp, make a mark by pressure)** मुद्र **(nom.** मुद्रयति -यितुं), मुद्रीकृ, अङ्क् **(c. 10.** अङ्कयति -यितुं), चिह्न **(nom.** चिह्नयति -यितुं), मुद्रितं -तां -तं कृ, लक्ष् **(c. 10.** लक्षयति -यितुं), प्रणिधा **(c. 3.** -दधाति -धातुं), न्यस् **(c. 4.** -अस्यति -असितुं), निविश् **(c. 10.** -वेशयति -यितुं), निपीड् **(c. 10.** -पीडयति -यितुं) अङ्कितं -ता -तं कृ. **—(Fix deep in the mind, etc.)** हृदये सुनिष्ठितं -तां -तं कृ, चित्तनिष्ठं -ष्ठां -ष्ठं कृ, हृत्स्थं -त्स्थां, -त्स्थं कृ, हृद्गतं -तां -तं कृ, हृदयगतं -तां -तं कृ, हृदये कृ, हृदये निविश् **or** निष्ठा **in caus.** (-ष्ठापयति -यितुं); **'to be impressed,'** निष्ठा **(c. 1.** -तिष्ठति -ष्ठातुं). **—(Impress seamen)** राजाज्ञया बलात्कारेण धृत्वा नाविकादिकर्म्मणि व्यापृ **(c. 10.** -पारयति -यितुं).

Impress, ***s.*** मुद्रा, अङ्कः, चिह्नं, न्यासः, लक्षणं; **'having the impress of knowledge)** ज्ञानमुद्रः -द्रा -द्रं.

Impressed, ***p. p.*** **(Imprinted)** मुद्रितः -ता -तं, मुद्रीकृतः -ता -तं, कृतमुद्रः -द्रा -द्रं, मुद्राङ्कितः -ता -तं, अङ्कितः -ता -तं, कृताङ्कः -ङ्का -ङ्कं, चिह्नितः -ता -तं, समुद्रः -द्रा -द्रं, लक्षितः -ता -तं. **—(Infixed)** निष्ठितः -ता -तं, निष्ठः -ष्ठा -ष्ठं, न्यस्तः -स्ता -स्तं, निहितः -ता -तं, प्रणिहितः -ता -तं, निवेशितः -ता -तं; **'in the mind,'** हृदयनिष्ठितः -ता -तं, चित्तनिष्ठः -ष्ठा -ष्ठं, हृदयगतः -ता -तं, हृद्गतः -ता -तं, हृदयनिवेशितः -ता -तं, हृत्स्थः -त्स्था -त्स्थं.

Impressible, ***s.*** अङ्कनीयः -या -यं, अंक्यः -क्या -क्यं, चिह्नक्षमः -मा -मं.

Impression, ***s.*** **(Mark, stamp)** मुद्रा, अङ्कः, चिह्नं. **—(Act of impressing)** अङ्कनं. **—(Impression on the mind)** संस्कारः, चित्तसंस्कारः, मनःसंस्कारः. **—(Idea, image in the mind)** बुद्धिः ***f.,*** मतिः ***f.,*** अनुभवः, मनोगतं, मनसिजं, आभासः, भासः. **—(Sensible effect)** उत्पन्नं, निष्पन्नं, उत्पत्तिः ***f.,*** सम्पन्नं. **—(Indentation)** आघातचिह्नं, अभिघातचिह्नं, भङ्गः, छेदः. **—(Number of books printed at once)** एकवारे मुद्रितो ग्रन्थसमूहः.

Impressive, ***a.*** हृदयङ्गमः -मा -मं, हृद्गमः -मा -मं, हृदयग्राही -हिणी -हि (न्), चित्तहारी -रिणी -रि (न्), हृदयस्पृक् ***m.f.n.,*** (श्), मर्मस्पृक् ***m.f.n.,*** विस्मयोत्पादकः -का -कं, हृद्भेदकः -का -क, भावोत्पादकः **etc.**

Impressively, ***adv.*** हृदयङ्गमप्रकारेण, यथा हृदयं स्पृश्यते इति प्रकारेण.

Impressiveness, ***s.*** हृदयङ्गमत्वं, हृद्गमत्वं, हृदयम्पृक्त्वं, विस्मयोत्पादकत्वं.

Impressment, ***s.*** राजाज्ञया बलात्कारधरणानन्तरं नाविकादिकर्म्मणि प्रवर्त्तनं.

To **imprint,** ***v. a.*** मुद्र **(nom.** मुद्रयति -यितुं), मुद्रीकृ, मुद्रितं -तां -तं कृ, अङ्क् **(c. 10.** अङ्कयति -यितुं), चिह्न **(nom.** चिह्नयति -यितुं), प्रणिधा **(c. 3.** -दधाति -धातुं), न्यस् **(c. 4.** -अस्यति -असितुं), निविश् **(c. 10.** -वेशयति -यितुं); **'on the mind,'** हृदयनिष्ठं -ष्ठां -ष्ठं कृ, हृदये मुद्रितमिव किञ्चित् कृ, हृदये निविश्.

Imprinted, ***p. p.*** मुद्रितः -ता -तं, मुद्रीकृतः -ता -तं, अङ्कितः -ता -तं, मुद्राङ्कितः -ता -तं, कृतमुद्रः -द्रा -द्रं. **—(Infixed)** निष्ठितः -ता -तं, न्यस्तः -स्ता -स्तं, निहितः -ता -तं, प्रणिहितः -ता -तं, निवेशितः -ता -तं; **'on the mind,'** हृदयनिष्ठः -ष्ठा -ष्ठं, हृदयगतः -ता -तं, हृद्गतः -ता -तं, हृदयनिवेशितः -ता -तं.

To **imprison,** ***v. a.*** कारायां **or** कारागारे निरुध् **(c. 7.** -रुणद्धि

–रोद्धुं) or बन्ध् (c. 9. बध्नाति, बन्द्धुं), कारागृहं प्रविश् (c. 10. –वेशयति –यितुं), बन्धनालये रक्ष् (c. 1. रक्षति –क्षितुं) or अवरुध् or आसिध् (c. 1. –नेधति –सेद्धुं), कारागुप्तं –प्ता –प्तं कृ.

Imprisoned, *p. p.* कारागुप्तः –प्ता –प्तं, कारानिरुद्धः –द्धा –द्धं, कारायां बद्धः –द्धा –द्धं, कारावद्धः –द्धा –द्धं, कारागारप्रवेशितः –ता –तं, अवरुद्धदेहः –हा –हं, निरुद्धः –द्धा –द्धं, आसिद्धः –द्धा –द्धं, प्रतिबद्धः –द्धा –द्धं.

Imprisonment, *s.* कारानिरोधः, निरोधः –धनं, काराबन्धनं, बन्धनं, प्रतिबन्धनं, कारागारप्रवेशनं, कारागृहप्रवेशः, कारागोपनं, कारागृहगुप्तिः ***f.,*** आसेधः, स्थानासेधः, रोधः, सम्प्रतिरोधकः, प्रग्रहः.

Improbability, *s.* असम्भवः –वता –त्वं, असम्भाव्यता, असम्भावनीयता, असम्भावना, अनुपपत्तिः ***f.,*** अनुपपाद्यता, असङ्गतिः ***f.,*** असङ्गतत्वं, अघटनीयता, अभवनीयत्वं, अप्रमेयता, असाध्यता.

Improbable, *a.* असम्भवः –वा –वं, असम्भाव्यः –व्या –व्यं, असम्भावनीयः –या –यं, असम्भावितः –ता –तं, असङ्गतः –ता –तं, अनुपपन्नः –न्ना –न्नं, असत्यसन्निभः –भा –भं, असत्यसङ्काशः –शा –शं, अभवनीयः –या –यं, असाध्यः –ध्या –ध्यं, असाधनीयः –या –यं, अघटनीयः –या –यं, अघटितः –ता –तं, अघटमानः –ना –नं, अप्रमेयः –या –यं; **'it is improbable,'** न उपपद्यते.

Improbably, *adv.* असम्भवेन, असम्भावनीयं, असङ्गतं, असाध्यं, अन्यथा.

Improbity, *s.* असाधुत्वं –ता, अशुचित्वं, अधर्म्मः, असरलता, असारल्यं, अनृजुता, अदाक्षिण्यं, अशुद्धता, दुष्टता, अभद्रता, नीचत्वं, खलता, जिह्मता, कौटिल्यं, कापट्यं, कौटं, वक्रता.

Impromptu, *adv.* पूर्व्वचिन्ताम् अकृत्वा, पूर्व्वचिन्तां विना, अचिन्तितं, अनायासेन.

Impromptu, *a.* अचिन्तापूर्व्वः –र्व्वा –र्व्वं, अपूर्व्वचिन्तः –न्ता –न्तं, अयत्नपूर्व्वः –र्व्वा –र्व्वं, आकस्मिकः –की –कं, प्रस्तुतः –ता –तं, पूर्व्वविचारहीनः –ना –नं.

Improper, *a.* अयुक्तः –क्ता –क्तं, अयोग्यः –ग्या –ग्यं, अनुचितः –ता –तं, अन्याय्यः –य्या –य्यं, असङ्गतः –ता –तं, अनुपयुक्तः –क्ता –क्तं, असमञ्जसः –सा –सं, अनुपपन्नः –न्ना –न्नं, अनर्हः –र्हा –र्हं, असदृशः –शी –शं, अपथ्यः –थ्या –थ्यं, असमीचीनः –ना –नं, असम्भाव्यः –व्या –व्यं, असम्भावनीयः –या –यं, अपथ्यः –थ्या –थ्यं, अयथार्थः –र्था –र्थं; **sometimes expressed by कु prefixed; as, 'an improper marriage,'** कुविवाहः. **—(Improper to be done)** अकर्त्तव्यः –व्या –व्यं, अकरणीयः –या –यं, अकार्य्यः –र्य्या –र्य्यं, अननुष्ठेयः –या –यं, नानुष्ठेयः –या –यं, अननुष्ठातव्यः –व्या –व्यं; **'to be spoken,'** अवचनीयः –या –यं.

Improperly, *adv.* अयुक्तं, अयोग्यं, अनुपयुक्तं, अनुचितं –तेन, असाम्प्रतं –ति, असम्यक्, अन्यायेन, अन्यायतस्, असङ्गतं, अयथार्थं, अयोगतस्, अकार्य्यतस्, दुःषमं, निःषमं, असम्भावनीयं; **'acting improperly,'** अकृत्यकारी –रिणी –रि (न्), व्यभिचारी **etc.**

Impropriety, *a.* अयुक्तिः ***f.,*** अयुक्तता, निर्युक्तिः ***f.,*** अन्यायः –यत्वं, अनुपयुक्तता, अविनयः, अविनीतता, आनुचित्यं, अनुचितत्वं, अनौचित्यं, अयोग्यता, असमञ्जसं, असामञ्जस्यं, अनुपपत्तिः ***f.,*** असङ्गतत्वं, व्यलीकता, असम्यक्तं, अयाथार्थ्यं; **'of conduct,'** अमर्य्यादा, कुचर्य्या, कुचरितं, कुचेष्टितं, दुश्चरितं, दुश्चेष्टितं, अपचारः, अकार्य्यं, अकर्त्तव्यता, भ्रेषः, व्यभिचारः, अनियमः, मर्य्यादातिक्रमः; **'of speech,'** अवचनीयता, अवाच्यता.

Improsperity, *s.* असमृद्धिः ***f.,*** अकल्याणं, अकुशलं, अशुभं, असम्पत्तिः ***f.***

Improsperous, *a.* असमृद्धः –द्धा –द्धं, अकल्याणः –णा –णं, अक्षेमवान् –वती –वत् (त्).

Improvability, *a.* वर्धनीयता, संवर्धनीयता, वृंहणीयता, श्रेयस्त्वक्षमता.

Improvable, *a.* वर्धनीयः –या –यं, संवर्धनीयः –या –यं, वृंहणीयः –या –यं, श्रेयस्त्वक्षमः –मा –मं, भद्रतरभावक्षमः –मा –मं, वृद्धिम् आनेयः –या –यं, भद्रतरीकरणीयः –या –यं.

***To* improve, *v. a.* (Make better, advance in good qualities)** भद्रतरं –रा –रं कृ, अधिकतरं –रां –रं कृ, भद्रतरीकृ, अधिकीकृ, वृध् (c. 10. वर्धयति –यितुं), संवृध्, परिवृध्, वृंह् (c. 10. वृंहयति –यितुं), वृद्धिं नी (c. 1. नयति, नेतुं) or प्राप् in caus. (–आपयति –यितुं), श्रेयस्त्वं or भद्रतरत्वं or भद्रतरभावं नी or प्राप्, श्रेयांस –यसीं –यः कृ. **—(Make productive, turn to good account)** सफलं –लां –लं कृ, सफलीकृ, सु प्रयुज् (c. 7. –युनक्ति –युंक्ते –योक्तुं).

***To* improve, *v. n.* (Grow better, advance in goodness or any excellence)** भद्रतरः –रा –रं भू, भद्रतरीभू, वृध् (c. 1. वर्धते –र्धितुं), अभिवृध्, विवृध्, प्रवृध्, संवृध्, वृद्धिं गम् (c. 1. गच्छति, गन्तुं) or प्राप् (c. 5. –आप्नोति –आप्तुं), श्रेयान् –यसी –यो भू, अधिकः –का –कं भू, अधिकतरः –रा –रं, भू, अधिकीभू, अधिकतरीभू, उपचि in pass. (–चीयते), अभ्युदयं or उपचयं गम् or इ (c. 2. एति –तुं); **'improve in knowledge,'** विद्यागमं कृ, विद्याप्राप्तिं कृ, विद्यार्ज्जनं कृ.

Improved, *p. p.* वर्धितः –ता –तं, प्रवृद्धः –द्धा –द्धं, उपचितः –ता –तं, वृंहितः –ता –तं, परिवृंहितः –ता –तं, भद्रतरीभूतः –ता –तं, अधिकीभूतः –ता –तं, समुत्थितः –ता –तं. **—(Employed profitably)** सफलीकृतः –ता –तं, सुप्रयुक्तः –क्ता –क्तं.

Improvement, *s.* (Advancement in any excellence) वृद्धिः

f., प्रवृद्धिः *f.*, वर्धनं, उपचयः, समुत्थानं, अभ्युदयः, वृंहणं, परिवृंहणं, आधिक्यं, प्राप्तिः *f.*, आगमः.—**(State of being better)** श्रेयस्त्वं, भद्रतरत्वं, श्रेष्ठता, श्रैष्ठ्यं.—**(Advancement in knowledge)** विद्यागमः, विद्याप्राप्तिः *f.*, विद्यार्ज्जनं. —**(Progression)** प्रगमनं, अग्रगमनं.—**(Employment to beneficial purposes)** सुप्रयोगः सफलीकरणं.

Improvidence, *s.* अपूर्व्वदृष्टिः *f.*, अदीर्घदृष्टिः *f.*, अपरिणामदृष्टिः *f.*, -दर्शनं, अदूरदृष्टिः *f.*, अपूर्व्वचिन्ता, अपूर्व्वविवेचनं, अपूर्व्वनिरूपणं, अप्रसमीक्षा, असमीक्ष्यकारिता, पूर्व्वविवेचनाभावः, पूर्व्वचिन्ताभावः, अपूर्व्वविचारणं -णा, असावधानता.

Improvident, *a.* अदीर्घदर्शी -र्शिनी -र्शि (न्), अदूरदर्शी **etc.,** अपूर्व्वदृष्टिः -ष्टिः -ष्टि, अदीर्घदृष्टिः -ष्टिः -ष्टि, अपरिणामदर्शी **etc.,** अपूर्व्वविवेकी -किनी -कि (न्), असमीक्ष्यकारी -रिणी -रि (न्), अभविष्यद्दर्शी **etc.**

Improvidently, *adv.* पूर्व्वचिन्तां विना, अग्रविवेचनां विना, अग्रनिरूपणं विना, पूर्व्वविचारणं विना, अपरिणामदृष्ट्या, असमीक्षापूर्व्वं, अप्रसमीक्ष्य, अप्रविमृश्य.

Improving, *part.* or *a.* (Growing better) वर्धमानः -ना -नं, वर्धी -र्धिनी -र्धि (न्), वर्धनः -नी -नं, उपचीयमानः -ना -नं.—**(Making better)** वर्धकः -का -कं, वृद्धिकरः -री -रं, वृंहणः -णा -णी -णं.

Imprudence, *s.* अविनयः, अविनीतता, अनीतिः *f.*, दुर्विनीतता, दुर्णीतिः *f.*, दुर्णयः, असमीक्षा, असमीक्ष्यकारित्वं, अविज्ञता, अप्रज्ञता, अप्राज्ञत्वं, अविवेचना, अविचारः -रणा, अविचक्षणता, अवैचक्षण्यं, असावधानता, अमनस्विता.

Imprudent, *a.* अविज्ञः -ज्ञा -ज्ञं, अप्रज्ञः -ज्ञा -ज्ञं, अविचक्षणः -णा -णं, अविनीतः -ता -तं, दुर्विनीतः -ता -तं, अनभिज्ञः -ज्ञा -ज्ञं, अनीतिमान् -मती -मत् (त्), अनीतिज्ञः -ज्ञा -ज्ञं, अविमृश्यकारी -रिणी -रि (न्), असमीक्ष्यकारी **etc.,** अमनस्वी -स्विनी -स्वि (न्), अमतिमान् -मती -मत् (त्), अविवेकी -किनी -कि (न्), अविवेचकः -का -कं, अविचारणशीलः -ला -लं, अकार्य्यचिन्तकः -का -कं, अबुधः -धा -धं, असावधानः -ना -नं.

Imprudently, *adv.* अविज्ञवत्, अविनीतवत्, अविमृश्य, असमीक्ष्य, असमीक्षापूर्व्वं अविचारपूर्व्वं, अविचार्य्य, अनालोचितं, अविचारितं, अबुधवत्.

Impudence, *s.* निर्लज्जता -त्वं, लज्जाहीनता, अलज्जता, अलज्जा, धृष्टता, धार्ष्ट्यं, प्रगल्भता, प्रागल्भ्यं, वैयात्यं, त्रपाहीनता, अनपत्रत्वं, निस्त्रपत्वं, निरपत्रपत्वं, अव्रीडता, व्रीडाहीनता, अविनयः, अविनीतता.

Impudent, *a.* निर्लज्जः -ज्जा -ज्जं, लज्जाहीनः -ना -नं, अलज्जः -ज्जा -ज्जं, विलज्जः -ज्जा -ज्जं, अविनीतः -ता -तं, दुर्विनीतः -ता -तं, धृष्टः -ष्टा -ष्टं, अत्रपः -पा -पं, त्रपाहीनः -ना -नं, निस्त्रपः -पा -पं, निरपत्रपः -पा -पं, अनपत्रपः -पा -पं, वियातः -ता -तं, प्रगल्भः -ल्भा -ल्भं, व्रीडाहीनः -ना -नं, स्वल्पव्रीडः -डा -डं, अल्पलज्जः -ज्जा -ज्जं, अनिभृतः -ता -तं, धर्षितः -ता -तं, धृष्णक् ***m.f.n.*** (ज्), धृष्णुः -ष्णुः -ष्णु, त्यक्तलज्जः -ज्जा -ज्जं, भैढः -ढा -ढं.

Impudently, *adv.* धृष्टवत्, अविनीतवत्, दुर्विनीतवत्, अविनीतं, धार्ष्ट्येन, प्रगल्भं, प्रगल्भवत्, लज्जां विना, वैयात्येन, प्रौढवत्, वियातवत्.

To* impugn, *v. a. विपरीतं वद् **(c. 1.** वदति -दितुं), अपवद्, विवद्, प्रत्याख्या **(c. 2.** -ख्याति -तुं), अधरीकृ, विरुध् **(c. 7.** -रुणद्धि - रोद्धुं), प्रतिरुध्, प्रतिकूल **(nom.** प्रतिकूलयति -यितुं).

Impugned, *p. p.* अपवादितः -ता -तं, प्रत्याख्यातः -ता -तं, अधरीकृतः -ता -तं, विरुद्धः -द्धा -द्धं, बाधितः -ता -तं, विप्रतिपन्नः -न्ना -न्नं.

Impungner, *s.* विपरीतवादी ***m.*** (न्), अपवादकः, प्रतिवादी ***m.*** (न्).

Impulse, *s.* वेगः, आवेगः, मनोवेगः प्रेरणं -णा, प्रणोदः, प्रवर्त्तः -र्त्तनं प्रोत्साहः -हनं, प्ररोचनं, शक्तिः ***f.*—(Motive)** हेतुः ***m.,*** प्रयोगः, प्रयोजनं, निमित्तं, निबन्धनं, कारणं.—**(Mental impression)** मनःसंस्कारः.

Impulsion, *s.* प्रेरणं -णा, प्रणोदः -दनं, प्रचोदनं, आकर्षः -र्षणं, प्रवर्त्तनं.

Impulsive, *a.* प्रेरकः -का -कं, प्रणोदकः -का -कं, प्रचोदकः -का -कं.—**(Actuated by impulse)** वेगी -गिनी -गि (न्), वेगवान् -वती -वत् (त्), वेगशीलः -ला -लं.

Impunctual, *a.* असमयपालकः -का -कं, असामयिकः -की -कं, अकालिकः -की -कं.

Impunity, *s.* (Exemption from punishment) अदण्डं -ण्डः, दण्डाभावः, असाहसं, अशिष्टिः ***f.*—(Exemption from injury or hurt)** अक्षतिः ***f.,*** अक्षतं, अहिंसा, हिंसाभावः, अपीडा, अनाशः, अनपकारः; **'with impunity to one's self,'** स्वयमक्षतेन.

Impure, *a.* अशुद्धः -द्धा -द्धं, अशुचिः -चिः -चि, अपवित्रः -त्रा -त्रं, अमेध्यः -ध्या -ध्यं, अपूतः -ता -तं, अशुद्धि -द्धिः -द्धि, अशौची -चिनी -चि (न्), आशौची **etc.,** अनिर्मलः -ला -लं, समलः -ला -लं, मलवान् -वती -वत् (त्), मलिनः -ना -नं, अपुण्यः -ण्या -ण्यं, अपवनः -ना -नं, शौचहीनः -ना -नं.—**(Obscene)** गर्हितः -ता -तं, गर्ह्यः -र्ह्या -र्ह्यं, कुत्सितः -ता -तं, अवाच्यः -च्या -च्यं.—**(Unchaste)** लम्पटः -टा -टं, पांशुलः -ला -लं.

Impurely, *adv.* अशुद्धं, अपवित्रं, अपुण्यं, समलं, साशौचं,

अशुचिवत्, अमेध्यं, अशुद्धवत्, मलिनं, लम्पटवत्, गर्हितं.

Impurneness, impurity, ***s.*** अशुद्धि: ***f.,*** अशुद्धत्वं -ता, अशोधनं, अशुचित्वं, -ता, अशुचि: ***f.,*** अशौचं -चत्वं, आशौचं, अपवित्रत्वं -ता, अमेध्यता, अपुण्यता, अपूतता, अपूति: ***f.,*** समलता, मलवत्त्वं, मालिन्यं, मलं, कलुषत्वं, कालुष्यं, शौचहीनता, अप्रायत्यं. **—(Obscenity)** गर्हितत्वं, कुत्सितत्वं, अवाच्यता. **—(Unchastity)** लम्पटत्वं, लाम्पट्यं, पांशुलता; **'an impure thing,'** अपद्रव्यं.

To **impurple,** ***v. a.*** धूम्रीकृ, धूमलीकृ, धूमल **(nom.** धूमलयति -यितुं). ***See*** **Empurple.**

Imputable, ***a.*** आरोपणीय: -या -यं, अध्यारोपणीय: -या -यं, सम्बन्धनीय: -या -यं, अभिसम्बन्धनीय: -या -यं.

Imputation, ***s.*** **(Act of imputing)** आरोप: -पणं, अध्यारोप: -पणं, अभिसम्बन्धनं, सम्बन्धनं, प्रसङ्ग:; **'imputation of a crime,'** दोषारोप:, दोषकल्पनं, दोषप्रसङ्ग:.**—(Charge)** अभियोग:, अपवाद:, अभिशंसनं, संशय:.**—(Reproach)** अवक्षेप:, क्षेप:, अभिवाद:, परीवाद:, दुर्वाक्यं, दुरुक्तं, तिरस्कारवाक्यं, कलङ्क:.

To **impute,** ***v. a.*** **(Attribute)** आरुह् **in caus.** (-रोपयति -यितुं), अध्यारुह्, अभिसम्बन्ध् **(c. 9.** -बध्नाति -बन्द्धुं), सम्बन्ध्. **—(Inpute a crime to any one)** कस्मिंश्चिद् दोषम् आरुह् **or** क्षिप् **(c. 6.** क्षिपति, क्षेप्तुं), दोषारोपणं कृ, दोषप्रसङ्गं कृ, दोषकल्पनं कृ.**—(Cast imputations)** अवक्षिप्, अधिक्षिप्, क्षिप्, अपवद् **(c. 1.** -वदति -दितुं).

Imputed, ***p. p.*** आरोपित: -ता -तं, आरुढ: -ढा -ढं, अध्यारोपित: -ता -तं.

Imputer, ***s.*** आरोपक:, आरोपयिता ***m.*** (तृ), आरोपणकृत् ***m.,*** अवक्षेपक:.

In, ***prep.*** नि **prefixed to roots may give the sense of 'in;' as, 'to enter in,'** निविश्; **'to dwell in,'** निवस्. **When 'in' is used for 'within,' or 'in the midst,' it may be expressed by** अन्तर्, अन्तरा, अन्तरे, मध्ये. **But the most frequent use of 'in' is expressed in Sanskrit by the locative case, without any preposition; as, 'in the city,'** नगरे; **'in the night,'** रात्रौ; **'a tree planted in the earth,'** पृथिव्यां रोपितो वृक्ष:; **'confidence in you,'** त्वयि विश्वास:; **'engaging in the acquisition of wealth,'** अर्थार्जने प्रवृत्ति: ***f.;*** **'the sun in the east,'** प्राचि सूर्य्य:; **'he sinks in the mud,'** पङ्के मज्जति; **'he delights in the good of others,'** परहिते रमते; **'in the front of the fight,'** रणमूर्द्धनि. **In cases where 'in' refers to any division of time, or the manner in which any thing is done, it is usually expressed in Sanskrit by the instr. case; as, 'in three years,'** त्रिभिर् वर्षै:; **'in twelve months,'** द्वादशभिर् मासै:; **'in hundreds of years,'** वर्षशतै:; **'in an instant,'** क्षणेन; **'in process of time,'** कालपर्य्यायेण; **'in how long time?'** कियता कालेन; **'in a short time,'** अचिरेण; **'in this manner,'** अनेन प्रकारेण; **'in abundance,'** बाहुल्येन: **'in the form of a man,'** नररूपेण; **'in joke,'** परिहासेन; **'written in Sanskrit,'** संस्कृतेन रचितं. **Certain adverbial affixes and prefixes may often express 'in;' as, 'in front,'** अग्रतस्; **'in the first place,'** प्रथमतस्; **'in another place,'** अन्यत्र; **'in one place,'** एकत्र; **'in many places,'** बहुत्र; **'in the next world,'** अमुत्र; **'in every way,'** सर्व्वथा; **'in another way,'** अन्यथा; **'in one way,'** एकधा; **'in a hundred ways,'** शतधा; **'in many ways,'** बहुधा; **'in some way,'** कथञ्चित्, कथञ्चन्; **'in small quantities,'** अल्पशस्; **'in large quantities,'** बहुशस्; **'in proper order,'** क्रमशस्, क्रमतस्, अनुक्रमं; **'in every direction,'** प्रतिदेशं; **'in three directions,'** त्रेधा; **'in like manner,'** तथैव, तद्वत्; **'in vain,'** वृथा, मुधा. **Sometimes 'in' may be expressed by a participle; as, 'he has pleasure in calumniating others,'** अन्यान् परिवदन् स तुष्यति **or** पराभिशंसनं कृत्वा तुष्टो भवति; **'what bravery is there in killing a sleeping man?'** किं पौरुषं हत्वा सुप्तं; **'he said that to me in joke,'** उपहस्य माम् तद् अवदत्. **The sense of 'in,' may be inherent in a noun; as, 'to go in and out,'** गमनागमने कृ. **'In as much as,' is expressed by** यस्मात्, येन, **or by the abl. or instr. case of the abstract noun; as, 'in as much as it is founded on observation,'** प्रत्यक्षमूलत्वात् **or** प्रत्यक्षमूलतया.

Inability, ***s.*** अशक्ति: ***f.,*** अशक्तता -त्वं, असामर्थ्यं, असमर्थत्वं, अक्षमता -त्वं, शक्तिहीनता, अबलत्वं, निर्बलत्वं, दौर्बल्यं, बलहीनता, शक्तिवैकल्यं, अयोग्यता -त्वं.

Inabstinence, ***s.*** असंयम: -मनं, असंयाम:, अयतेन्द्रियत्वं, अयताहारत्वं, अनिवृत्ति: ***f.***

Inaccessibility, ***s.*** अगम्यता, अनभिगम्यता, दुर्गम्यता, दौर्ग्यं, अप्राप्यता, अलङ्घनीयत्वं, अलभ्यता, गहनत्वं.

Inaccessible, ***a.*** अगम्य: -म्या -म्यं, अनभिगम्य: -म्या -म्यं, अगमनीय: -या -यं, दुर्गम्य: -म्या -म्यं, दुर्गम: -मा -मं, दुर्ग: -र्गा -र्गं, अप्राप्य: -प्या -प्यं, दुष्प्राप्य: -प्या -प्यं, दुरासद: -दा -दं, दुरारोह: -हा -हं, सुदुरारुह: -हा -हं, दुरुपक्रम: -मा -मं, अलङ्घनीय: -या -यं, गहन: -ना -नं, विषमस्थ: -स्था -स्थं.**—(Not to be obtained)** अलभ्य: -भ्या -भ्यं, दुर्लभ: -भा -भं, अप्रापणीय: -या -यं.**—(Forbidding access, haughty)** दुर्धर्ष: -र्षा -र्षं.

Inaccuracy, ***s.*** अशुद्धि: ***f.,*** अशुद्धता -त्वं, अशोधनं, अयाथार्थ्यं, असम्यकत्त्वं, असङ्गतत्वं, अतथ्यं, असामञ्जस्यं, भ्रम:, प्रमाद:, अन्यथात्वं.

Inaccurate, ***a.*** अशुद्ध: -द्धा -द्धं, अशोधित: -ता -तं, अयथार्थ:

-र्था -र्थं, असम्यङ् -मीची -म्यक् (क्), असङ्गतः -ता -तं, अतथ्यः -थ्या -थ्यं, असमञ्जसः -सा -सं, अनञ्जसः -सा -सं, अयाथार्थिकः -की -कं, अनृतः -ता -तं.

Inaccurately, ***adv.*** अशुद्धं, अयथार्थं, असम्यक्, अतथ्यं, असङ्गतं, असमञ्जसं, अन्यथा, अनञ्जसा, अनृतं.

Inaction, ***s.*** अकर्म्म ***n.*** (न्), अक्रिया, अक्रियत्वं -ता, अप्रवृत्तिः ***f.,*** नैष्कर्म्यं, अचेष्टा, अनुद्योगः, आलस्यं, अलसता, अव्यवसायः, निर्व्यापारः, औदासीन्यं, औदास्यं, निर्वृत्तिः ***f.***

Inactive, ***a.*** अकर्म्मा -र्म्मा -र्म्म (न्), अकर्म्मकृत् ***m.f.n.,*** निष्कर्म्मा -र्म्मा -र्म्म (न्), अक्रियः -या -यं, क्रियाशून्यः -न्या -न्यं, निश्चेष्टः -ष्टा -ष्टं, निरुद्योगः -गा -गं, निरुत्साहः -हा -हं, निरुद्यमः -मा -मं, अप्रवर्त्तकः -का -कं, अयत्नः -त्ना -त्नं, अप्रयत्नः -त्ना -त्नं, प्रयत्नशून्यः -न्या -न्यं, अयत्नकारी -रिणी -रि (न्), अयत्नवान् -वती -वत् (त्), लघुप्रयत्नः -त्ना -न्तं, अव्यवसायी -यिनी -यि (न्), निर्व्यापारः -रा -रं, वृत्तिरहितः -ता -तं, अलसः -सा -सं, उदासीनः -ना -नं, अनुद्यतः -ता -तं; **'to remain inactive,'** अलसीभू, अलसो वृत्, उदास् (**c. 3.** -आस्त -आसितुं).

Inactively, ***adv.*** निरुद्योगं, निरुत्साहं, उद्योगम्, अकृत्वा, यत्नं विना, प्रयत्नम् अकृत्वा, अलसवत्, उदासीनवत्.

Inactivity, ***s.*** अक्रिया -यत्वं, अकर्म्म ***n.*** (न्), अनुद्योगः, अनुत्साहः, अप्रवृत्तिः ***f.,*** अव्यवसायः, अयत्नः, अप्रयत्नता, अचेष्टा, निर्व्यापारः, नैष्कर्म्यं, क्रियाशून्यता, आलस्यं, अलसता, औदासीन्यं, औदास्यं, कार्य्यप्रद्वेषः.

Inadequacy, ***s.*** अक्षमता -त्वं, असामर्थ्यं, असमर्थता, अयोग्यता, अनुपयुक्तत्वं.

Inadequate, ***a.*** अक्षमः -मा -मं, असमर्थः -र्था -र्थं, अयोग्यः -ग्या -ग्यं, अनुपयुक्तः -क्ता -क्तं, अपर्य्याप्तः -प्ता -प्तं, अनुचितः -ता -तं, अप्रभूतः -ता -तं, कार्य्याक्षमः -मा -मं, अनलम् **indec.**

Inadequately, ***adv.*** अपर्य्याप्तं, अनुपयुक्तं, अयोग्यं, अनलम्, अक्षमं.

Inadmissible, ***a.*** अनादेयः -या -यं, अग्राह्यः -ह्या -ह्यं, अग्रहणीयः -या -यं, अनुपादेयः -या -यं, अस्वीकरणीयः -या -यं, अस्वीकार्य्यः -र्य्या -र्य्यं, अमन्तव्यः -व्या -व्यं; **'into society,'** अपांक्तेयः -या -यं, अपांक्त्यः -क्त्या -क्त्यं, अपांक्तः -क्ता -क्तं.

Inadvertence, inadvertency, ***s.*** प्रमादः, प्रमाद्यं, अनवधानं -नता, असावधानता, अमनोयोगः, अनपेक्षा, अनवेक्षा, उपेक्षा.

Inadvertent, ***a.*** प्रमादी -दिनी -दि (न्), प्रमादवान् -वती -वत् (त्), प्रमत्तः -त्ता -त्तं, अनवधानः -ना -नं, असावधानः -ना -नं, अनवहितः -ता -तं, अपेक्षकः -का -कं, निरपेक्षः -क्षा -क्षं, अमनोयोगी -गिनी -गि (न्).

Inadvertently, ***adv.*** प्रमादेन -दात्, प्रमत्तं, सप्रमादं, प्रमाद्यात्, अनवधानेन -न्नात्, अनवहितं, अमनोयोगात्, अनपेक्षया, निरपेक्षं, अयीक्ष्य.

Inalienable, ***a.*** अविभेद्यः -द्या -द्यं, अविभेदनीयः -या -यं, अविछेदनीयः -या -यं, परवशे कर्त्तुम् अशक्यः -क्या -क्यं, परवशे स्थापयितुम् अशक्यः -क्या -क्यं, अदेयः -या -यं, अनन्यादेयः -या -यं, अनन्यहार्य्यः -र्य्या -र्य्यं, अनन्यसमर्पणीयः -या -यं, परादेयः -या -यं, वंशमात्रोपभोग्यः -ग्या -ग्यं; **'inalienable property,'** पराधीनं कर्त्तुं न शक्यते यद् द्रव्यं.

Inalienableness, ***s.*** अविभेद्यता, अविभेदनीयता, अनन्यादेयता, अनन्यहार्य्यता.

Inalterable, ***a.*** अविकार्य्यः -र्य्या -र्य्यं अविकरणीयः -या -यं.

Inamissible, ***a.*** अहेयः -या -यं, अहार्य्यः -र्य्या -र्य्यं अत्याज्यः -ज्या -ज्यं, अहरणीयः -या -यं, अनाश्यः -श्या -श्यं, अविनाश्यः -श्या -श्यं.

Inamorata, ***s.*** प्रिया, कान्ता, कामिनी, अनुरागवती, प्रणयिनी, रागिणी.

Inamorato, ***s.*** प्रियः, कान्तः, कामी ***m.*** (न्), अनुरागवान् ***m.*** (त्), प्रणयी ***m.*** (न्), रागी ***m.*** (न्).

Inane, ***a.*** शून्यः -न्या -न्यं, रिक्तः -क्ता -क्तं, असारः -रा -रं, निःसारः -रा -रं, सारहीनः -ना -नं, वितानः -ना -नं, तुच्छः -च्छा -च्छं.

Inanimate, ***a.*** निर्जीवः -वा -वं, विचेतनः -ना -नं, अचेतनः -ना -नं, अप्राणी -णिनी -णि (न्), प्राणहीनः -ना -नं, निष्पन्दः -न्दा -न्दं; **'animate and inanimate,'** चेतनाचेतनं.

Inanition, ***s.*** शून्यता, असारता, सारहीनता, अपूर्णता, अवसादः, निरन्नत्वं.

Inanity, ***s.*** शून्यत्वं, रिक्तता -त्वं, निःसारत्वं, साराभावः, रिक्तं.

Inappetency, ***s.*** अलोभः, अनभिलाषः, अनभिरुचिः ***f.,*** अनिच्छा, अवाञ्छा.

Inapplicable, ***a.*** अयोग्यः -ग्या -ग्यं, अनुपयुक्तः -क्ता -क्तं, अनुपयोगी -गिनी -गि (न्), अनुपपन्नः -न्ना -न्नं, अप्रयोक्तव्यः -व्या -व्यं, अप्रयोज्यः -ज्या -ज्यं.

Inapplication, ***s.*** अनभिनिवेशः, अमनःप्रवेशः, अमनोयोगः, अनभ्यासः, अनुद्योगः, अप्रवृत्तिः ***f.,*** अप्रवृत्तत्वं, अव्यवसायः, आलस्यं, अलसता -त्वं.

Inapposite, ***a.*** अयुक्तः -क्ता -क्तं, असङ्गतः -ता -तं, अयोग्यः -ग्या -ग्यं, अप्रस्तुतवर्हिर्भूतः -ता -तं, प्रस्तुतिविरुद्धः -द्धा -द्धं.

Inappositely, ***adv.*** असङ्गतं, अयुक्तं, अयोग्यं, अनुपयुक्तं, अनुपपन्नं.

Inapprehensible, ***a.*** अग्राह्यः -ह्या -ह्यं, अगम्यः -म्या -म्यं, अनुपलभ्यः -भ्या -भ्यं.

Inapprehensive, ***a.*** अशङ्की -ङ्किनी -ङ्कि (न्), अशङ्कान्वितः

-ता -तं.

Inapproachable, *a.* अनभिगम्यः -म्या -म्यं, अनुपगम्यः -म्या -म्यं, अगम्यः -म्या -म्यं.

Inappropriate, *a.* अयोग्यः -ग्या -ग्यं, अयुक्तः -क्ता -क्तं, असङ्गतः -ता -तं, असङ्गतार्थः -र्था -र्थं अनुपयोगी -गिनी -गि (न्), निर्युक्तिकः -की -कं.

Inappropriately, *adv.* अयोग्यं, अयुक्तं, असङ्गतं, अनुपयुक्तं, अस्थाने.

Inaptitude, *s.* अयोग्यता, अनुपयुक्तत्वं, अनुपयोगिता, अपात्रता -त्वं, अयुक्तिः ***f.***, निर्युक्तिः ***f.***, अनुचितत्वं.

Inaptly, *adv.* अयुक्तं, अयोग्यं, अनुपयुक्तं, अयुक्तया, अस्थाने.

Inarable, *a.* अकर्षणीयः -या -यं, अकृषियोग्यः -ग्या -ग्यं, असीत्यः -त्या -त्यं.

Inarticulate, *a.* अव्यक्तः -क्ता -क्तं, अस्पष्टः -ष्टा -ष्टं, अव्यक्तपदः -दा -दं, अस्पष्टाक्षरः -रा -रं, सन्दिग्धाक्षरः -रा -रं, अव्यक्ताक्षरः -रा -रं, अव्यक्तवर्णः -र्णा -र्णं, अस्फुटः -टा -टं, अपरिस्फुटः -टा -टं, मदकलः -ला -लं, म्लिष्टः -ष्टा -ष्टं, म्लेच्छितः -ता -तं, कद्वदः -दा -दं; **'inarticulate speech,'** गद्गदवाक् ***f.*** (च्), गद्गदपदं, म्लिष्टं, म्लेच्छितं, सीत्कृतं, हिक्का; **'with a voice inarticulate from weeping,'** वाष्पसन्दिग्धया गिरा.

Inarticulately, *adv.* अव्यक्तं, अस्पष्टं, अस्फुटं, गद्गदवाचा, सन्दिग्धाक्षरया गिरा, सन्दिग्धवाचा, अस्पष्टोच्चारणेन.

Inarticulateness, *s.* अव्यक्तता, अस्पष्टता, वागस्पष्टता, उच्चारणास्पष्टत्वं.

Inartificial, *a.* अकृत्रिमः -मा -मं, अकृतकः -का -कं, अकाल्पनिकः -की -कं.

Inartificially, *adv.* अकृत्रिमं, अकृत्रिमप्रकारेण, अकल्पनापूर्व्वं, अप्रतियत्नपूर्व्वं, स्वयङ्कृतं.

In as much as, *adv.* यस्मात्, येन. ***See*** **In.**

Inattention, *s.* अनवधानं -नता, असावधावनता, अनवहितत्वं, अमनोयोगः, उपेक्षा, अनवेक्षा, अनपेक्षा, प्रमादः, प्रमत्तता, प्रमाद्यं, अनभिनिवेशः, अमनोनिवेशः, अमनःप्रवेशः, अनिविष्टचित्तता, अनासक्तचित्तता, विबोधः, अननुष्ठानं, अननुष्ठातृत्वं, अनादरः, उद्भावनं, शून्यहृदयत्वं, असतर्कत्वं, विरक्तत्वं, अननुरागः.

Inattentive, *a.* असावधानः -ना -नं, अनवधानः -ना -नं, अनवहितः -ता -तं, अमनोयोगी -गिनी -गि (न्), प्रमत्तः -त्ता -त्तं, प्रमादी -दिनी -दि (न्), प्रमादवान् -वती -वत् (त्), निरपेक्षः -क्षा -क्षं, उपेक्षकः -का -कं, अनिविष्टचित्तः -त्ता -त्तं, अनासक्तः -क्ता -क्तं, अनासक्तचित्तः -त्ता -त्तं, विबुद्धः -द्धा -द्धं, मन्दादरः -रा -रं, विरक्तः -क्ता -क्तं.

Inattentively, *adv.* अनवधानेन-नतस्, अनवहितं, अवधानं विना, सप्रमादं.

Inaudible, *a.* अश्राव्यः -व्या -व्यं, अश्रवणीयः -या -यं, अश्रोतव्यः -व्या -व्यं, कर्णागोचरः -रा -रं, अकर्णश्रवः -वा -वं, श्रोत्राग्राह्यः -ह्या -ह्यं, श्रोतुम् अशक्यः -क्या -क्यं.

Inaudibly, *adv.* अश्रवणीयं, अश्राव्यं, यथा श्रोतुं न शक्यते तथा.

Inaugural, *a.* **(As an address)** अभिषेककाले **or** प्रतिष्ठाकाले **or** अधिकारप्रवेशकाले श्रावितः -ता -तं **or** श्रावणीयः -या -यं.

To* inaugurate, *v. a. अभिषिच् **(c. 6.** -षिञ्चति -षेक्तुं) **with loc. c.,** अभिषेकादिसंस्कारेण नवाधिकारं प्रविश् **(c. 10.** -वेशयति -यितुं) **or** नवाधिकारप्रवेशनं कृ, प्रतिष्ठा **in caus.** (-ष्ठापयति -यितुं), अभिमन्त्र् **(c. 10.** -मन्त्रयति -यितुं), उपनिमन्त्र्.

Inaugurated, *p. p.* अभिषिक्तः -क्ता -क्तं, कृताभिषेकः -का -कं, प्रतिष्ठितः -ता -तं, कृतसंस्कारः -रा -रं, अभिसंस्कृतः -ता -तं, अभिषेकादिना नवपदप्रवेशितः -ता -तं.

Inauguration, *s.* अभिषेकः, अभिषेचनं, प्रतिष्ठा, संस्कारः, अधिकारप्रवेशसंस्कारः, अभिमन्त्रणं.

Inaguration, *s.* स्वर्णरञ्जनं, सुवर्णरञ्जनं, स्वर्णपत्राच्छादनं, सुवर्णीकरणं.

Inauspicious, *a.* अशुभः -भा -भं, अकल्याणः -णा -णं, अमङ्गलः -ला -लं, अमङ्गल्यः -ल्या -ल्यं, अकुशलः -ला -लं, अभद्रः -द्रा -द्रं, अशकुनः -ना -नं, अनिष्टसूचकः -का -कं, अमङ्गलजनकः -का -कं, अधन्यः -न्या -न्यं, अनिष्टः -ष्टा -ष्टं, अक्षेमः -मा -मं, अक्षेम्यः -म्या, म्यं, अक्षेमवान् -वती -वत् (त्), दुर्भाग्यः -ग्या -ग्यं, अभाग्यः -ग्या -ग्यं. —**(Unfavorable)** अननुकूलः -ला -लं.

Inauspiciously, *adv.* अशुभं, अकल्याणं, अमङ्गलं, अकुशलं, अभद्रं, अक्षेमेण, अदिष्ट्या, अशुभलग्ने, अननुकूलं.

Inauspiciousness, *s.* अकल्याण, अमंगल्यं, अकौशल्यं, अशुभत्वं, अक्षेमः.

Inavertible, *a.* अनिवार्य्यः -र्य्या -र्य्यं, अनिवारणीयः -या -यं, अनिवारयितव्यः -व्या -व्यं, अपरिहार्य्यः -र्य्या -र्य्यं, दुरत्ययः -या -यं.

Inbeing, *s.* अन्तर्भावः, अन्तर्वृत्तिः ***f.***, निष्ठा, योगः.

Inborn, inbred, *a.* अन्तर्जातः -ता -तं, अन्तर्जनितः -ता -तं, अन्तर्भवः -वा -वं, निजः -जा -जं, सहजः -जा -जं, सहजातः -ता -तं, निष्ठाः -ष्ठा -ष्ठं, स्वाभाविकः -की -कं, स्वभावजः -जा -जं, अन्तर्वर्त्ती -र्त्तिनी -र्त्ति (न्), अन्तरनातः -ता -तं, नैसर्गिकः -की -कं.

To* incage, *v. a. पिञ्जरे **or** वीतंसे निरुध् **(c. 7.** -रुणद्धि -रोद्धुं) **or** अवरुध्.

Incalculable, *a.* अगणनीयः -या -यं, अगण्यः -ण्या -ण्यं,

Incalculably 549 **Incense**

अविगण्यः -ण्या ण्यं, अविगणनीयः -या -यं, असंख्येयः -या -यं

Incalculably, ***adv.*** अगणनीयं, अविगणनीयं, यथा गणना कर्त्तुं न शक्यते·

Incandescence, ***s.*** अत्युष्मा ***m.*** (न्), अत्युष्णता, अत्यौष्ण्यं, अत्यन्तचण्डता·

Incantation, ***s.*** मन्त्रः, अभिमन्त्रण, मनमोहनं, अभिचारः, वशक्रिया, वशीकरणं, योगः, सम्प्रयोगः, चित्रकर्म्म ***n.*** (न्), मूलकर्म्म ***n.,*** माया, हुङ्कृतं, संवदनं -ना, हिंसाकर्म्म ***n.*** (न्), जालं, कुसृतिः ***f.;*** **'to use incantations,'** अभिमन्त्र् **(c. 10.** -मन्त्रयते -यितुं), अनुमन्त्र्, मन्त्रद्वारेण वशीकृ **or** मुह् **(c. 10.** मोहयति -यितुं), अभिचर् **(c. 10.** -चारयति -यितुं), मायां कृ·

Incantatory, ***a.*** आभिचारिकः -की -कं, अभिचारिकः -की -कं, मान्त्रिकः -की -कं·

Incapability, incapableness, ***s.*** अक्षमता, असामर्थ्यं, असमर्थता, अशक्तिः ***f.,*** अशक्तता, अयोग्यता, अयुक्तिः ***f.,*** अनुपयोगिता, अपात्रता, अनर्हता·

Incapable, ***a.*** अक्षमः -मा -मं, असमर्थः -र्था -र्थं, अशक्तः -क्ता -क्तं, अयोग्यः -ग्या -ग्यं, अनुपयुक्तः -क्ता -क्तं, अनुपयोगी -गिनी -गि (न्), शक्तिहीनः -ना -नं, अपात्रिकः -की -कं, अनुचितः -ता -तं, अनर्हः -र्हा -र्हं· ***See*** **Capable.**

Incapacious, ***a.*** अविस्तीर्णः -र्णा -र्णं, अविस्तृतः -ता -तं, अविशालः -ला -लं, अपृथुः -थुः -थु, अविपुलः -ला -लं, सम्बाधः -धा -धं, सङ्कटः -टा -टं, अविवृतः -ता -तं·

Incapaciousness, ***s.*** अविस्तीर्णता, अविशालत्वं, अपृथुता, सम्बाधत्वं·

To **incapacitate,** ***v. a.*** अक्षमीकृ, अशक्तीकृ, अक्षमं -मां -मं कृ, अशक्तं -क्तां -क्तं, कृ असमर्थीकृ, असमर्थं, -र्थां, -र्थं कृ, अपात्रीकृ, अयोग्यं -ग्यां -ग्यं कृ, अनुपयुक्तं -क्तां -क्तं, कृ, शक्तिं हृ **(c. 1.** हरति, हर्त्तुं)·

Incapacitated, ***p. p.*** अपात्रीकृतः -ता -तं, अक्षमीभूतः -ता -तं, हृतशक्तिः -क्तिः -क्ति·

Incapacity, ***s.*** अशक्तिः ***f.,*** असामर्थ्यं, अक्षमता, असमर्थता, अयोग्यता -त्वं, अयुक्तिः ***f.,*** शक्तिहीनता, अनुपयुक्तता, अनुपयोगित्वं, अपात्रता -त्वं·—**(Mental incapacity)** बोधशक्तिहीनता, बुद्धिहीनता, धीशक्तिहीनता, मेधाभाव·

To **incarcerate,** ***viz.*** कारागारे **or** कारागृहे निरुध् **(c. 7.** -रुणद्धि -रोद्धुं) **or** अवरुध् **or** बन्ध् **(c. 9.** बध्नाति, बन्द्धुं), निरोधगृहं **or** बन्धनालयं प्रविश् **(c. 10.** -वेशयति -यितुं), आसिध् **(c. 1.** -सेधति -सेद्धुं)·

Incarcerated, ***p. p.*** कारागारे निरुद्धः -द्धा -द्धं, अवरुद्धदेहः -हा -हं·

Incarceration, ***s.*** कारागारप्रवेशनं, कारागृहप्रवेशः, कारानिरोधः, काराबन्धनं, कारागोपनं, कारागृहगुप्तिः ***f.***

Incarnate, ***a.*** शरीरी -रिणी -रि (न्), सशरीरः -रा -रं, शरीरवान् -वती -वत् (त्), देही -हिनी -हि (न्), सदेहः -हा -हं, देहवान् -वती -वत् (त्), मूर्त्तिमान् -मती -मत् (त्), वपुष्मान् ष्मती -ष्मत् (त्), सवपुषः -षी -षं, शरीरधारी -रिणी -रि (न्), गृहीतशरीरः -रा -रं, गृहीतदेहः -हा -हं, मनुष्यशरीरेण अवतीर्णः -र्णा -र्णं, शरीरगतः -ता -तं, देहगतः -ता -तं, देहतन्त्रः -न्त्रा -न्त्रं, अवरुद्धदेहः -हा -हं, अवतारी -रिणी -रि (न्)·

Incarnation, ***s.*** अवतारः, शरीरग्रहणं, शरीरधारणं, मनुष्यशरीरधारणं, देहग्रहणं, देहधारणं, मूर्त्तिमत्त्वं, सशरीरता· ***See*** **Viṣṇu.**

To **incase,** ***v. a.*** **(Put in a case)** भाण्डे **or** आधारे निविश् **(c. 10.** -वेशयति -यितुं) **or** निधा **(c. 3.** -दधाति -धातुं)·—**(Cover, inclose)** पिधा, आवृ **(c. 5.** -वृणोति -वरितुं -रीतुं), परिवृ, परिवेष्ट् **(c. 1.** -वेष्टते -ष्टितुं, **c. 10.** -वेष्टयति -यितुं), आच्छद् **(c. 10.** -छादयति -यितुं), परिछद्·

Incased, ***p. p.*** आवृतः -ता -तं, पिहितः -ता -तं, कोशस्थः -स्था -स्थं, परिवेष्टितः -ता -तं, परिवृतः -ता -तं, परिछन्नः -न्ना -न्नं·

Incaution, ***s.*** अनवधानं -नता, असावधानता, अनपेक्षा, अनवेक्षा, असमीक्षा, अविवेचनं, प्रमाद्यं, प्रमादः·

Incautious, ***a.*** अनवधानः -ना -नं, असावधानः -ना -नं, अनवहितः -ता -तं, प्रमत्तः -त्ता -त्तं, प्रमादी -दिनी -दि (न्), प्रमादवान् -वती -वत् (त्), निरपेक्षः -क्षा -क्षं, असमीक्ष्यकारी -रिणी -रि (न्), अविमृश्यकारी **etc.,** साहसी -सिनी -सि (न्)·

Incautiously, ***adv.*** अनवधानतस्, अनवधानेन, अनवहितं, अवधानं विना, सप्रमादं, प्रमादात्, प्रमादतस्, प्रमाद्यतस्, प्रमत्तं, प्रमत्तवत्, निरपेक्षं अनपेक्षया, असमीक्ष्य, अविमृश्य·

Incautiousness, ***s.*** अनवधानता, असावधानता, प्रमाद्यं, अपरिणामदृष्टिः ***f.***

Incendiarism, ***s.*** गृहदाहः -हनं, आगारदाहः -हनं, गृहज्वलनं, गृहप्लोषः·

Incendiary, ***s.*** गृहदाहकः, आगारदाही ***m.*** (न्), अग्निदः, आततायी ***m.*** (न्), महापातकी ***m.*** (न्), तामसः·

Incense, ***s.*** धूपः, यज्ञधूपः, सुगन्धिकः, वह्निगन्धः, सिह्वः -ह्लकः, शिह्लः, तुरुष्कः, यावनः, पिण्डकः, पिण्डातः, कपिजः, कप्पाख्यः, मेरुकः, पालङ्की, कृत्रिमः, तैलर्पणी·

To **incense,** ***v. a.*** **(Perfume with incense)** धूप् **(c. 1.** धूपायति, **c. 10.** धूपयति -यितुं), अवधूप्, परिधूप्, धूपेन वास् **(c. 10.** वासयति -यितुं) **or** सुरभीकृ·—**(Provoke to anger)** कुप् **(c. 10.** कोपयति -यितुं), प्रकप्, सङ्कुप्, कोपं **or** क्रोधं जन् **(c. 10.** जनयति -यितुं), क्रुध् **(c. 10.** क्रोधयति -यितुं), कोपेन ज्वल् **(c. 10.** ज्वलयति -यितुं) **or** उद्दीप् **(c. 10.**

Incensed 550 Incision

-दीपयति -यितुं) or उत्तिज् (c. 10. -तेजयति -यितुं), संरब्धीकृ.

Incensed, ***p. p.*** **(Perfumed with incense)** धूपितः -ता -तं, धूपायितः -ता -तं.—**(Exasperated)** कुपितः -ता -तं, कोपितः -ता -तं, प्रकोपितः -ता -तं, प्रकुपितः -ता -तं, कोपदीप्तः -प्ता -प्तं, कोपज्वलितः -ता -तं, समिद्धकोपः -पा -पं, इद्धकोपः -पा -पं, संरब्धः -ब्धा -ब्धं, संरक्तः -क्ता -क्तं.

Incensement, ***s.*** प्रकोपः -पणं, कोपकरणं, क्रोधकरणं, कोपज्वलनं, संरम्भः.

Incensory, ***s.*** धूपाधारः, धूपपात्रं, धूपभाजनं, गन्धद्रव्यपात्रं.

Incentive, ***s.*** प्रोत्साहः -हनं, प्ररोचनं, प्रवर्त्तः -र्त्तनं, उत्तेजनं, समुत्तेजनं, प्रेरणं -णा, प्रणोदः -दनं, प्रचोदनं, प्रयोजनं, हेतुः ***m.,*** कारणं, निमित्तं, निबन्धनं, उत्तेजकं, उद्बोधकं.

Incentive, ***a.*** **(Inciting)** प्रोत्साहकः -का -कं, प्रवर्त्तकः -का -कं, उत्तेजकः -का -कं, प्रेरकः -का -कं, प्रयोजकः -का -कं, प्रणोदकः -का. -कं.

Inception, ***s.*** आरम्भः, प्रारम्भः, समारम्भः, उपक्रमः, प्रक्रमः.

Inceptive, ***a.*** आरम्भकः -का -कं, आरम्भोद्बोधकः -का -कं.

Incertitude, ***s.*** अनिर्णयः, अनियमः, अनिश्चयः, शङ्का, विकल्पः, सन्दिग्धता.

Incessant, ***a.*** अविरतः -ता -तं, अनवरतः -ता -तं, निरन्तरः -रा -रं, नित्यः -त्या -त्यं, नैत्यिकः -की -कं, अत्यन्तः -न्ता -न्तं, अनन्तः -न्ता -न्तं, अनारतः -ता -तं, अविरलः -ला -लं, अविश्रान्तः -न्ता -न्तं, अश्रान्तः -न्ता -न्तं, अनिवृत्तः -त्ता -त्तं, अविच्छिन्नः -न्ना -न्नं, अपरिच्छिन्नः -न्ना -न्नं, शाश्वतः -ती -तं, नियतः -ता -तं, अभीक्ष्णः -क्ष्णा -क्ष्णं, सर्व्वकालीनः -ना -नं, सर्व्वक्षणीयः -या -यं, अविसर्गी -र्गिणी -र्गि (न्), प्रसक्तः -क्ता -क्तं, अखण्डितः -ता -तं.

Incessantly, ***adv.*** अविरतं, अनवरतं, निरन्तरं, नित्यं, नित्यदा, नित्यशस्, प्रतिक्षणं, अनुक्षरं, अनारतं, अजस्रं, अनिशं, शाश्वतं, अभीक्ष्णं, अविश्रान्तं, अश्रान्तं, नियतं, सततं, सन्ततं, सर्व्वदा, सर्व्वकालं, प्रसक्तं, अत्यन्तं, वारं वारं, मुहुस्, मुहुर्मुहुस्, अनन्तकालं.

Incest, ***s.*** अगम्यागमनं, अगम्यगमनं, गोत्रगमनं, गोत्राभिगभनं, व्यभिचारः.—**(With a mother)** मातृगमनं.—**(With a sister)** स्वसृगमनं.—**(With a daughter)** दुहितृगमनं.—**(With a father's wife)** गुरुतल्पगमनं, गुरुतल्पं.

Incestuous, ***a.*** अगम्यागामी ***m.*** (न्), अगम्यगामिनी ***f.,*** गोत्रगामी ***m.*** गोत्राभिगामी ***m.*** (न्), व्यभिचारी ***m.*** (न्); **'an incestuous son,'** मातृगामी ***m.*** (न्), गुरुतल्पगः, गुरुतल्पी ***m.*** (न्).

Inch, ***s.*** अङ्गुलः, अङ्गुलपरिमाणं, अङ्गुष्ठपर्व्वपरिमाणं; **'a line eight inches long,'** अष्टाअङ्गुलपरिमिता रेखा; **'an inch long,'** अङ्गुलपरिमितः -ता -तं, अङ्गुलमितः -ता -तं.

Inchmeal, ***s.*** अङ्गुलपरिमाणः खण्डः, अङ्गुष्ठपर्व्वभरः.

To **inchoate,** ***v. a.*** आरभ् (c. 1. -रभते -रब्धुं), प्रारभ्, प्रक्रम् (c. 1. -क्रमते -मितुं).

Inchoate, ***a.*** आरब्धः -ब्धा -ब्धं, समारब्धः -ब्धा -ब्धं, प्रारब्धः -ब्धा -ब्धं.

Inchoation, ***s.*** आरम्भः, प्रारम्भः, समारम्भः, प्रारब्धिः ***f.,*** उपक्रमः, प्रक्रमः, अभ्यादानं, उपोद्घातः.

Inchoative, ***a.*** आरम्भकः, -का -कं, प्रारम्भकः -का -कं, आरम्भसूचकः -का -कं.

Incidence, ***s.*** पतनं, आपतनं, अभिपतनं, आपातः, निपातः, समुत्पत्तिः ***f.;*** **'angle of incidence,'** पतनकोणः, आपतनकोणः.

Incident, ***s.*** **(Happening)** आपतिकः -की -कं, आपतनशीलः -ला -लं, उपस्थायी -यिनी -यि (न्), उपस्थितः -ता -तं.

Incident, ***s.*** **(An event)** वृत्तं, भूतं, सम्भवः, उत्पन्नं, समुत्पत्तिः ***f.,*** समुत्पन्नं, सङ्गतं, सङ्गतिः ***f.,*** समुपागतं, समुपस्थितः, आगन्तुः ***m.,*** घटना -नं.—**(Episode)** उपाख्यानं, उपकथा, प्रसङ्गवाक्यं.

Incidental, ***s.*** **(Causal, accidental, occasional)** आपतिकः -की -कं, आगन्तुः -न्तुः -न्तु, आगन्तुकः -का -की -कं, आहार्य्यः -र्य्या -र्य्यं, आकस्मिकः -की -कं, प्रासङ्गिकः -की -कं, सहजेतरः -रा -रं, कादाचित्कः -त्का -त्कं, अनित्यः -त्या -त्यं, नैमित्तिकः -की -कं, विरलागतः -ता -तं; **'incidental cause,'** कार्य्यकारणं.

Incidentally, ***adv.*** **(Causally)** आगन्तुकप्रकारेण, अकस्मात्, दैवात्, हठात्, सङ्गत्या, दैवयोगेन.—**(Beside the main design)** मूलविषयवहिस् प्रस्तुतविषयव्यतिरेकेण; **'from some incidental cause,'** कार्य्यकारणतस्.

To **incinerte,** ***v. a.*** भस्मीकृ, भस्मसात्कृ, भस्मराशीकृ.

Incinerated, ***p. p.*** भस्मीभूतः -ता -तं, भस्मसात्कृतः -ता -तं, भस्मराशीभूतः -ता -तं.

Incineration, ***s.*** भस्मीकरणं, भस्मसात्करणं, भस्मराशीकरणं.

Incipiency, ***s.*** आरम्भः, प्रारम्भः, समारम्भः, प्रारब्धिः ***f.,*** उपक्रमः.

Incipient, ***a.*** आरम्भकः -का -कं, आरब्धः -ब्धा -ब्धं, प्रारब्धः -ब्धा -ब्धं.

Incircumspection, ***s.*** असमीक्षा -क्षणं, असमीक्ष्यकारित्वं, अनवधानं -नता, असावधानता.

To **incise,** ***v. a.*** छिद् (c. 7. छिनत्ति, छेत्तुं), निछिद्, कृत् (c. 6. कृन्तति, कर्त्तितुं), निकृत्, तक्ष् (c. 1. तक्षति, c. 5. तक्ष्णोति -क्षितुं).

Incised, ***a.*** निकृत्तः -त्ता -त्तं, निछिन्नः -न्ना -न्नं, तष्टः -ष्टा -ष्टं.

Incision, ***s.*** छेदः -दनं, निछेदः, कर्त्तनं, निकर्त्तनं, व्रश्चनं, लूनिः ***f.,***

लाव:· छित्तिः *f.*, छिदा, खण्डनं; **'in the flesh,'** मांसच्छेदः, त्वक्छेदः, त्वग्भेदः, मांसक्षतं.

Incisor, *s.* छेदकदन्तः, अग्रदन्तः, राजदन्तः, सम्मुखदन्तः मुख्यदन्तः.

Incisory, *a.* छेदकः -का -कं, छित्वरः -रा -रं, छेदकरः -री -रं.

Incitation, *s.* प्रोत्साहनं, प्रेरणं, उत्तेजनं, समुत्तेजनं, प्रवर्त्तनं, प्ररोचनं, प्रचोदनं, प्रणोदः -दनं.

To* incite, *v. a. उत्सह् **in caus.** (-साहयति -यितुं), प्रोत्सह्, समुत्सह्, प्रवृत् **(c. 10.** -वर्त्तयति -यितुं), प्रेर् **(c. 10.** प्रेरयति -यितुं), चुद् **(c. 10.** चोदयति -यितुं), प्रचुद्, सच्चुद्, सम्प्रचुद्, परिचुद्, प्रणुद् **(c. 6.** -णुदति -णोत्तुं), प्ररुच् **(c. 10.** -रोचयति -यितुं), उद्युज् **(c. 10.** -योजयति -यितुं), प्रयुज्, नियुज्, चेष्ट् **(c. 10.** चेष्टयति -यितुं), आकृ **(c. 10.** -कारयति -यितुं), उद्दीप् **(c. 10.** -दीपयति -यितुं), उत्तप् **(c. 10.** -तापयति -यितुं), सन्धुक्ष् **(c. 10.** -धुक्षयति -यितुं), प्रदिश् **(c. 10.** -देशयति -यितुं), उत्था **in caus.** (-थापयति -यितुं, **rt.** स्था), ईह् **(c. 10.** ईयति -यितुं). **The loc. or dat. c. is required of the thing to which one is incited; as, 'he incited them to murder their mother,'** तान् मातुर् बधे **or** बधाय प्राचोदयत्. **—(Encourage)** आश्वस् **(c. 10.** -श्वासयति -यितुं), तेजः **or** विश्वासं कृ **or** वृध् **(c. 10.** वर्धयति -यितुं).

Incited, *p. p.* प्रोत्साहितः -ता -तं, प्रवर्त्तितः -ता -तं, प्रेरितः -ता -तं, प्रचोदितः -ता -तं, चोदितः -ता -तं, प्रवृत्तः -त्ता -त्तं, प्रयोजितः -ता -तं, नियोजितः -ता -तं, उद्युक्तः -क्ता -क्तं, प्रणोदितः -ता -तं, प्रणुन्नः -न्ना -न्नं, उत्तेजितः -ता -तं, उत्थापितः -ता -तं, प्ररुचितः -ता -तं, उत्तप्तः -प्ता -प्तं, उद्दीप्तः -प्ता -प्तं.

Incitement, *s.* प्रोत्साहः -हनं, प्रवर्त्तः -र्त्तनं, प्रेरणं -णा, प्रलोभनं, प्ररोचनं, उत्तेजनं, समुत्तेजनं, प्रणोदः -दनं, प्रचोदनं. **—(Motive)** प्रयोजनं, हेतुः ***m.***, उत्साहहेतुः, कारणं, प्रयोगः, निमित्तं, निबन्धनं.

Inciting, *a.* प्रोत्साहकः -का -कं, प्रवर्त्तकः -का -कं, प्रेरकः -का -कं, प्रचोदकः -का -कं, प्रणोदकः -का -कं, प्रयोजकः -का -कं.

Incivil, *a.* असभ्यः -भ्या -भ्यं, अशिष्टः -ष्टा -ष्टं, अदक्षिणः -णा -णं, दुर्मर्य्यादः -दा -दं, दुःशीलः -ला -लं, कुशीलः -ला -लं.

Incivility, *s.* अशिष्टता, दुःशीलता, कुशीलता, अविनयः, असभ्यता, अमर्य्यादा, दुर्मर्य्यादता, अननुनयः, अदाक्षिण्यं, अनार्य्यता.

Incivilly, *adv.* असभ्यवत्, अशिष्टवत्, कुशीलवत्, विनयविरुद्धं, विनयं विना, अमर्य्यादापूर्व्वं, मर्य्यादाविरोधेन.

Inclemency, *s.* (Want of clemency) अदया, निर्दयता, अदयता, निष्करुणता, अकारुण्यं, अकृपा, कृपाहीनता, दयाहीनता, अननुकम्पा, अनुकम्पाहीनता. **—(Severity, roughness as of the weather, etc.)** निष्ठुरता, नैष्ठुर्य्यं, उग्रता, कठोरता, क्रूरता, क्रौर्य्यं, कटुता, कर्कशता, कार्कश्यं, रुक्षता, रौक्ष्यं, अमृदुता, पारुष्यं, प्रचण्डता, दुर्दिनं. **—(Boisterousness, rainyness)** वातलता, बहुवातवृष्टित्वं.

Inclement, *a.* निर्दयः -या -यं, अदयः -या -यं, दयाहीनः -ना -नं, निष्करुणः -णा -णं, अकरुणः -णा -णं, निष्कृपः -पा -पं, कृपाहीनः -ना -नं, दयारहितः -ता -तं, अनुकम्पाहीनः -ना -नं. **—(Severe, rough as weather, etc.)** उग्रः -ग्रा -ग्रं, निष्ठुरः -रा -रं, कठोरः -रा -रं, कटुः -टुः -टु, क्रूरः -रा -रं, कर्कशः -शा -शं, रुक्षः -क्षा -क्षं, अमृदुः -द्वी -दु, प्रचण्डः -ण्डा -ण्डं. **—(Boisterous, rainy)** वातलः -ला -लं, वृष्टिमान् -मती -मत् (त्) बहुवातवृष्टिः -ष्टिः -ष्टि.

Inclination, *s.* (Disposition, tendency) प्रावण्यं, प्रवणता, प्रवाहः, प्रवृत्तिः ***f.*, or more usually expressed by** शीलः **or** शीलता -त्वं **or by** आलुता -त्वं **affixed, or by the desid. form; as, 'inclination to fall,'** पतनशीलता -त्वं **or** पतयालुता -त्वं **or** पिपतिषा. **—(Desire)** अभिलाषः, इच्छा, कांक्षा, आकांक्षा, छन्दं, छन्दस्. **—(Bending)** नम्रता, नतिः ***f.***, आनतिः ***f.*; 'inclination of a planet,'** परमापमः; **'greatest inclination of a planet,** विक्षेपध्रुवः; **'following one's inclination,'** कामकारी -रिणी -रि (न्), कामचारः -रा -रं.

***To* incline, *v. n.* (Bend, lean)** नम् **(c. 1.** नमति, नन्तुं), अवनम् आनम्, नम्रीभू, अवलम्ब् **(c. 1.** -लम्बते -म्बितुं), आलम्ब्, प्रलम्ब्. **—(Be disposed)** प्रवणः -णा -णं भू, **expressed by** शीलः -ला -लं; **as, 'to be inclined to give,'** दानशीलः -ला -लं भू. **—(Have a wish or desire)** इष् **(c. 6.** इच्छति, एषितुं), अभिलष् **(c. 1.** -लषति, **c. 4.** -लष्यति -षितुं), कांक्ष् **(c. 1.** कांक्षति -क्षितुं), आकांक्ष्, अभिकांक्ष्.

***To* incline, *v. a.* (Cause to bend)** नम् **(c. 10.** नमयति, नामयति -यितुं), आनम्, अवनम्, आवृज् **(c. 10.** -वर्जयति -यितुं), नम्रीकृ. **—(Give a propension, or tendency)** प्रवणीकृ, प्रवृत् **(c. 10.** -वर्त्तयति -यितुं), प्रयुज् **(c. 10.** -योजयति -यितुं), नियुज्, उद्युज्, प्रोत्सह् **(c. 10.** -साहयति -यितुं), अभिलाषं **or** इच्छां **or** आकांक्षां दा.

Inclined, *p. p.* (Disposed) प्रवणः -णा -णं, प्रवर्त्तितः -ता -तं, **or more usually expressed by** शीलः -ला -लं **or** आलुः -लुः -लु **affixed, or by the desid. form; as, 'inclined to fall,'** पतनशीलः -ला -लं, पतयालुः -लुः -लु, पिपतिषुः -षुः -षु; **'inclined to give,'** दानशीलः -ला -लं, दित्सुः -त्सुः -त्सु. **—(Bent)** नतः -ता -तं, नामितः -ता -तं, आनतः -ता -तं, प्रणतः -ता -तं, नम्रः -म्रा -म्रं.

Inclining, *part.* आनतः -ता -तं, प्रणतः -ता -तं, अवलम्बनः -ना -नं, अवलम्बी -म्बिनी -म्बि (न्), प्रवणः -णा -णं; **'inclining to the south,'** दक्षिणप्रवणः -णा -णं.

To **inclose,** ***v. a.*** परिवृ (**c. 5.** -वृणोति -वरितुं -रीतुं), आवृ, परिवेष्ट् (**c. 1.** -वेष्टते -ष्टितुं, **c. 10.** -वेष्टयति -यितुं), संवेष्ट्, उपवेष्ट्, प्रवेष्ट्, संवल् (**c. 1.** -वलते -लितुं), अवरुध् (**c. 7.** -रुणद्धि -रोद्धुं), निरुध्, संरुध्, रुध्.—**(With a fence)** प्राचीरेण परिवेष्ट् **or** आवृ **or** वृ (**c. 10.** वारयति -यितुं) **or** अवरुध्.—**(Cover with a wrapper or envelope)** आवेष्ट्, आच्छद् (**c. 10.** -छादयति -यितुं), परिछद्, समाछद्, प्रतिछद्, संछद्, पिधा (**c. 3.** -दधाति -धातुं), कोशेन परिवेष्ट्, कोशस्थं -स्थां -स्थं कृ, अन्तर्गतं -तां -तं कृ.

Inclosed, ***p. p.*** परिवृतः -ता -तं, परिवेष्टितः -ता -तं, आवृतः -ता -तं, परिगतः -ता -तं, परिवारितः -ता -तं, संवलितः -ता -तं, रुद्धः -द्धा -द्धं.—**(With a fence, etc.)** प्राचीरेण वृतः -ता -तं, प्राकाराद्यावृतः -ता -तं, सावरणः -णा -णं, प्राकारीयः -या -यं, अवरुद्धः -द्धा -द्धं.—**(In a wrapper, etc.)** आवेष्टितः -ता -तं, कोशान्तर्गतः -ता -तं, कोशस्थः -स्था -स्थं, वासनस्थः -स्था -स्थं, अन्तर्गतः -ता -तं, पिहितः -ता -तं, परिच्छन्नः -न्ना -न्नं, प्रतिच्छन्नः -न्ना -न्नं, अवगुण्ठितः -ता -तं.

Inclosure, ***s.*** **(That which incloses, a fence)** वृतिः ***f.,*** प्राचीरं, आवरणं, प्राकारः, वेष्टनं, आवेष्टनं, अवरोधकं, वेष्टकः, आवेष्टकः, वेष्टः, प्रावृतिः ***f.,*** प्रावरः, आवारः, वारणं -णी, वरणः, मत्तवारणं, स्तम्भकरः, वलयः.—**(Ground inclosed)** वाटः, वाटी, वाटिका.—**(Paper inclosed)** अन्तर्गतपत्रं, वासनस्थपत्रं; **'inclosure of an edifice,'** कक्षा, कक्ष्या; **'inclosure for a sacrifice,'** चत्वरं, सुगहना, कुम्बा, स्थण्डिलं.

To **incloud,** ***v. a.*** अभ्रं कृ, मेघं कृ, तिमिर (**nom.** तिमिरयति -यितुं), तिमिरीकृ, मलिनीकृ, मेघावृतं -ता -तं कृ. तमोवृतं -ता -तं कृ.

To **include,** ***v. a.*** **(Comprise, comprehend)** परिग्रह् (**c. 9.** -गृह्णाति -ग्रहीतुं), परिसमाप् (**c. 5.** -आप्नोति -आप्तुं), अन्तर्गण् (**c. 10.** -गणयति -यितुं), अन्तर्गतं -तां -तं, कृ, अन्तर्गम् (**c. 10.** -गमयति -यितुं), बन्ध् (**c. 9.** बध्नाति, बन्द्धुं), निबन्ध्, प्रतिसंह (**c. 1.** -हरति -हर्त्तुं); **'excluding this, including that,'** एतद्वर्ज्जं तत्सहितं.—**(Contain, hold)** धा (**c. 3.** दधाति, धातुं), आधा, आदा (**c. 3.** -ददाति -दातुं), धृ (**c. 1.** धरति, **c. 10.** धारयति -यितुं), प्रविश् (**c. 10.** -वेशयति -यितुं).

Included, ***p. p.*** अन्तर्मतः -ता -तं, अन्तर्गणितः -ता -तं, अन्तर्वर्त्ती -र्त्तिनी -र्त्ति (न्), आन्तर्गणिकः -की -कं, परिगृहीतः -ता -तं, समाविष्टः -ष्टा -ष्टं, प्रविष्टः -ष्टा -ष्टं, आकलितः -ता -तं, प्रतिसंहृतः -ता -तं, अधिश्रितः -ता -तं, सहितः -ता -तं, अवान्तरः -रा -रं, गर्भः -र्भा -र्भं **in comp.,** गर्भितः -ता -तं, बद्धः -द्धा -द्धं, निबद्धः -द्धा -द्धं; **'included space,'** अभ्यन्तरं, अन्तरालं.

Inclusion, ***s.*** परिग्रहः, ग्रहणं, परिसमाप्तिः ***f.,*** अन्तर्गणना, प्रतिसंहारः, समावेशः, निबन्धः, समासक्तिः ***f.,*** व्याप्तिः ***f.,*** संवरः, अधिकरणं.

Inclusive, ***a.*** परिसमापकः -का -कं, परिग्राही -हिणी -हि (न्), आन्तर्गणिकः -की -कं, अन्तर्गणितः -ता -तं, अन्तर्गतः -ता -तं, व्यापी -पिनी -पि (न्), व्यापकः -का -कं; **'inclusive of,'** सहितः -ता -तं.

Inclusively, ***adv.*** सर्व्वमपेक्ष्य, अशेषतस्, अशेषेण, निःशेषेण, निरवशेषे, साकल्येन, साद्यन्तं, पर्य्याप्तं, सहितं.

Incoagulable, ***a.*** अश्यानीयः -या -यं, अश्येयः -या -यं.

Incoercible, ***a.*** अयन्त्रणीयः -या -यं, अनिग्रहीतव्यः -व्या -व्यं.

Incogitable, ***a.*** अचिन्तनीय -या -यं, अध्यानीयः -या -यं, अभावनीयः -या -यं.

Incogitance, incogitancy, ***s.*** अचिन्ता, चिन्ताशून्यत्वं, अध्यानं, अविचारणं, अभावना, भावनाशून्यत्वं, चिन्ताभावः.

Incogitant, ***a.*** निश्चिन्तः -न्ता -न्तं, चिन्तारहितः -ता -तं, विचारहीनः -ना -नं.

Incognito, ***a.*** **or** ***adv.*** गुप्तरूपः -पा -पं, प्रच्छन्नरूपः -पा -पं, अलक्षितः -ता -तं, अलक्ष्यरूपः -पा -पं, अलक्ष्यलिङ्गः -ङ्गा -ङ्गं, अप्रकाशरूपः -पा -पं, गुप्तरूपेण, प्रच्छन्नरूपेण, अलक्ष्यरूपेण, अप्रकाशरूपेण, अलक्षितं.

Incognizable, ***a.*** अलक्ष्यः -क्ष्या -क्ष्यं, अज्ञेयः -या -यं, अविज्ञेयः -या -यं.

Incoherence, incoherency, ***s.*** असम्बन्धः, अनन्वयः, असङ्गतिः ***f.,*** असङ्गमः, असंस्थितिः ***f.,*** असम्पर्कः, विरोधः, विरुद्धता, अयोग्यता, अयुक्तिः ***f.,*** असन्दर्भः, अनिर्वाहः, असामञ्जस्यं, अननुषङ्गः.

Incoherent, ***a.*** असम्बद्धः -द्धा -द्धं, अबद्धः -द्धा -द्धं, अनन्वितः -ता -तं, अन्वयहीनः -ना -नं, असङ्गतः -ता -तं, असंस्थितः -ता -तं, विरुद्धः -द्धा -द्धं, सन्दर्भविरुद्धः -द्धा -द्धं, अयोग्यः -ग्या -ग्यं, असमञ्जसः -सा -सं, असमवेतः -ता -तं, अघटमानः -ना -नं, आकुलः -ला -लं, व्याकुलः -ला -लं.—**(As speech)** अव्यक्तः -क्ता -क्तं, अस्फुटः -टा -टं, भिन्नः -न्ना -न्नं, भग्नः -ग्ना -ग्नं, स्खलितः -ता -तं.

Incoherently, ***adv.*** असम्बद्धं, असम्बद्धप्रकारेण, असङ्गतं, अयोग्यं, असमञ्जसं, सन्दर्भविरोधेन, असमवेतरूपं, आकुलं, आकुलवत्; **'talking incoherently,'** अव्यक्तवाक् ***m.f.n.*** (च्), अस्फुटवाक्, भिन्नवाक्, चित्रजल्पः -ल्पा -ल्पं.

Incombustibility, ***s.*** अदाह्यता -त्वं, अदहनीयता, अज्वलनीयता.

Incombustible, ***a.*** अदहनीयः -या -यं, अदाह्यः -ह्या -ह्यं, अज्वलनीयः -या -यं, दुर्दाह्यः -ह्या -ह्यं, दुर्ज्वलनीयः -या -यं, दुःखज्वलनीयः -या -यं.

Income, ***s.*** आयः, आगमः, धनागमः, अर्थागमः, उदयः, धनोदयः, उत्पन्नं, प्राप्तिः ***f.;*** **'income and expenditure,'** आयव्ययौ ***m.*** **du.**

Incommensurable, incommensurate, ***a.*** असमः -मा -मं, असमानः -ना -नं, असमपरिमाणः -णा -णं, अतुल्यपरिमाणः -णा -णं, असदृशः -शी -शं, अननुरूपः -पा -पं.

Incommensurableness, ***s.*** असमता, असमानता, असादृश्यं, असमपरिमाणत्वं.

Incommensurably, ***adv.*** अननुरूपेण, अननुसारेण, असदृशं, असमं.

To **incommode,** ***v. a.*** पीड् (c. 10. पीडयति -यितुं), उपपीड्, अभिपीड्, आयस् (c. 10. -यासयति -यितुं), बाध् (c. 1. बाधते -धितुं), परिबाध्, प्रबाध्, अधिबाध्, रुध् (c. 7. रुणद्धि, रोद्धुं), उपरुध्, अभिरुध्, क्लिश् (c. 9. क्लिशनाति, क्लेशितुं), व्यथ् (c. 10. व्यथयति -यितुं), आकुलीकृ, व्याकुलीकृ, समाकुलीकृ; **'don't incommode yourself,'** अलम् आयासेन.

Incommoded, ***p. p.*** पीडितः -ता -तं, अभिपीडितः -ता -तं, बाधितः -ता -तं, उपरुद्धः -द्धा -द्धं, क्लेशितः -ता -तं, क्लिष्टः -ष्टा -ष्टं, व्यथितः-ता -तं, आकुलः -ला -लं, समाकुलः -ला -लं.

Incommodious, ***a.*** अयोग्यः -ग्या -ग्यं, अयुक्तः -क्ता -क्तं, अनुपयुक्तः -क्ता -क्तं, अनुपयोगी -गिनी -गि (न्), अहितः -ता -तं, अनुपकारी -रिणी -रि (न्); **'giving trouble,'** क्लेशकरः -री -रं, क्लेशकः -का -कं, कष्टकरः -री -रं, पीडाकरः -री -रं, उपरोधी -धिनी -धि (न्).

Incommodiously, ***adv.*** अयोग्यं, अयुक्तं, अनुपयुक्तं, यथा कष्टं **or** क्लेशः **or** उपरोधः **or** पीडा जायते तथा.

Incommodiousness, ***s.*** अयोग्यता, अयुक्तता, सक्लेशत्वं, सकष्टत्वं, उपरोधः.

Incommunicable, ***a.*** अदेयः -या -यं, अप्रतिपादनीयः -या -यं, असंवदनीयः -या -यं, अनिवेद्यः -द्या -द्यं, अन्यादेयः -या -यं, अनन्यदेयः -या -यं.

Incommunicableness, ***s.*** अदेयता, अप्रदेयता, अप्रतिपादनीयता, असंवदनीयता.

Incommunicative, ***a.*** असंवादशीलः -ला -लं, परिमितकथः -था -थं, वाग्यतः -ता -तं, कथाविरक्तः -क्ता -क्तं, भाषणविरक्तः -क्ता -क्तं,

Incommutable, ***a.*** अपरिवर्त्तनीयः -या -यं, अप्रतिपण्यः -ण्या -ण्यं, अप्रतिदेयः -या -यं.

Incompact, ***a.*** अघनः -ना -नं, असंहतः -ता -तं, अदृढः -ढा -ढं, असान्द्रः -न्द्रा -न्द्रं.

Incomparable, ***a.*** अतुल्यः -ल्या -ल्यं अतुलनीयः -या -यं, अतुलः -ला -लं, अनुपमः -मा -मं, निरुपमः -मा -मं, अनुपमेयः -या -यं, अप्रतिमेयः -या -यं, अप्रतिमः -मा -मं, असाधारणः -णा -णी -णं, असामान्यः -न्या -न्यं, असदृशः -शी -शं, अद्वितीयः -या -यं, अप्रतिरूपः -पा -पं, अत्युत्तमः -मा -मं, सर्व्वश्रेष्ठः -ष्ठा -ष्ठं, सर्व्वजित् ***m.f.n.,*** उपादेयः -या -यं.

Incomparableness, ***s.*** अतुल्यता, अनुपमेयता, अनुपमत्वं, अप्रतिमेयता.

Incomparably, ***adv.*** अतुल्यं, अनुपमेयं, अप्रतिमेयं, निरुपमं.

Incompassionate, ***a.*** निर्दयः -या -यं, अदयः -या -यं, दयाहीनः -ना -नं, निष्करुणः -णा -णं, निष्कृपः -पा -पं, निर्घृणः -णा -णं, वीतदयः -या -यं.

Incompassionately, ***adv.*** निर्दयं, दयां विना, निष्करुणं, अकृपया, अकरुणं.

Incompatibility, ***s.*** अयोग्यता, विरुद्धता, विरोधः, विपरीतता, वैपरीत्यं, असङ्गत्वं, असङ्गतिः ***f.,*** असाङ्गत्यं, अयुक्तता, असम्भवः, असम्भाव्यता, अनुपयुक्तता, वैलक्षण्यं.

Incompatible, ***a.*** विरुद्धः -द्धा -द्धं, विरोधी -धिनी -धि (न्), अयोग्यः -ग्या -ग्यं, असङ्गतः -ता -तं, विसङ्गतः -ता -तं, असम्भाव्यः -व्या -व्यं, असम्भवः -वा -वं, असंस्थितः -ता -तं, विपरीतः -ता -तं, अनुपयुक्तः -क्ता -क्तं, अयुक्तः -क्ता -क्तं, विलक्षणः -णा -णं, परस्परविरुद्धः -द्धा -द्धं.

Incompatibly, ***adv.*** विरोधेन, असङ्गतं, अयोग्यं, असम्भाव्यं, विपरीतं.

Incompetence, incompetency, ***s.*** अयोग्यता, अक्षमता -त्वं, असामर्थ्यं, समर्थता, अशक्तिः ***f.,*** अशक्तता, बलहीनता, अयुक्तता, अनुपयुक्तत्वं, अपर्य्याप्तिः ***f.,*** अनुचितत्वं.

Incompetent, ***a.*** अक्षमः -मा -मं, असमर्थः -र्था -र्थं, अयोग्यः -ग्या -ग्यं, अशक्तः -क्ता -क्तं, अनुपयुक्तः -क्ता -क्तं, अपर्य्याप्तः -प्ता -प्तं, अनुचितः -ता -तं, अपारकः -का -कं, अपारगः -गा -गं, अकृती -तिनी -ति (न्); **'incompetent witness,'** हीनः, हीनवादी ***m.*** (न्).

Incompetently, ***adv.*** अक्षमवत्, अशक्तवत्, असामर्थ्येन, अनुपयुक्तं, अपर्य्याप्तं, अयोग्यं, अनुचितं, हीनवत्.

Incomplete, ***a.*** असमाप्तः -प्ता -प्तं, असम्पन्नः -न्ना -न्नं, असम्पूर्णः -र्णा -र्णं, अपूर्णः -र्णा -र्णं, अपरिपूर्णः -र्णा -र्णं, असिद्धः -द्धा -द्धं, अनिष्पन्नः -न्ना -न्नं, असमग्रः -ग्रा -ग्रं, अपर्य्याप्तः -प्ता -प्तं, अनिखिलः -ला -लं, अकृतः, -ता -तं, कृताकृतः -ता -तं, अपूर्य्यमाणः -णा -णं, असमस्तः -स्ता -स्तं, अपक्वः -क्वा -क्वं, भावशेषः -षा -षं. **—(Defective)** विकलः -ला -लं, न्यूनः -ना -नं, हीनः -ना -नं, लुप्तः -प्ता -प्तं, खण्डितः -ता -तं, विकलाङ्गः -ङ्गी -ङ्गं, अङ्गविकलः -ला -लं, न्यूनाङ्गः -ङ्गी -ङ्गं.

Incompletely, ***adv.*** असम्पूर्णं, असम्पन्नं, असमग्रं, अपर्य्याप्तं, असम्यक्, सावशेषं, खण्डतस्, अनिखिलेन, विकलं, वैकल्येन.

Incompleteness, ***s.*** अपूर्णता, असम्पूर्णता, अपरिपूर्णता -त्वं, अपूर्त्तिः ***f.,*** असमाप्तिः ***f.,*** असमाप्तत्वं, असिद्धिः ***f.,*** असंसिद्धिः अपक्वता, अपरिपक्वता, वैकल्यं, न्यूनता, हीनता, स्थूलोच्चयः.

Incomplex, ***a.*** असङ्कीर्णः -र्णा -र्णं, अमिश्रितः -ता -तं, असमस्तः

-स्ता -स्तं.

Incomposed, ***a.*** अशान्तः -न्ता -न्तं, अस्थिरः -रा -रं, व्याकुलः -ला -लं.

Incomposite, ***a.*** असमस्तः -स्ता -स्तं, अमिश्रितः -ता -तं, निरवयवः -वा -वं.

Incomprehensible, ***a.*** अज्ञेयः -या -यं, अग्राह्यः -ह्या -ह्यं, अग्रहणीयः -या -यं, अबोधगम्यः -म्या -म्यं, अमनोगम्यः -म्या -म्यं, बोधागम्यः -म्या -म्यं, अबोधनीयः -या -यं, अभावनीयः -या -यं, अविभाव्यः -व्या -व्यं, अचिन्त्यः -न्त्या -न्त्यं, अचिन्तनीयः -या -यं, अनुपलभ्यः -भ्या -भ्यं, अतर्क्यः -र्क्या -र्क्यं, अप्रतर्क्यः -र्क्या -र्क्यं, बोधातीतः -ता -तं, इन्द्रियगोचरः -रा -रं, मनसा ग्रहीतस् अशक्यः -क्या -क्यं.

Incomprehensibleness, ***s.*** अज्ञेयता, अग्राह्यता, बोधागम्यत्वं, अचिन्तनीयत्वं.

Incomprehensibly, ***adv.*** अचिन्तनीयं, यथा मनसा ग्रहीतुं न शक्यते.

Incompressibility, ***s.*** असंक्षेपणीयता, असंहरणीयता, स्थितिस्थापकहीनता.

Incompressible, ***a.*** असंक्षेपणीयः -या -यं, असंहरणीयः -या -यं, असङ्कोचनीयः -या -यं, असम्पीडनीयः -या -यं, स्थितिस्थापकहीनः -ना -नं, संवरितुम् अशक्यः -क्या -क्यं.

Inconcealable, ***a.*** अगोपनीयः -या -यं, अगोप्यः -प्या -प्यं, अगुह्यः -ह्या -ह्यं अप्रच्छादनीयः -या -यं, प्रकाशनीयः -या -यं.

Inconceivable, ***a.*** अचिन्त्यः -न्त्या -न्त्यं, अचिन्तनीयः -या -यं, अविचिन्त्यः -न्त्या -न्त्यं, अभावनीयः -या -यं, अविभाव्यः -व्या -व्यं, दुर्विभाव्यः -व्या -व्यं, असम्भावनीयः -या -यं, अबोधनीयः -या -यं, अबोध्यः -ध्या -ध्यं, बोधागम्यः -म्या -म्यं, अमनोगम्यः -म्या -म्यं, अधीगम्यः -म्या -म्यं, अमन्तव्यः -व्या -व्यं, अज्ञानविषयः -या -यं, इन्द्रियगोचरः -रा -रं, अतीन्द्रियः -या -यं; **'of inconceivable beauty,'** अचिन्त्यरूपः -पा -पं.

Inconceivableness, ***s.*** अचिन्त्यता, अविचिन्त्यत्वं, अविभाव्यता, बोधागम्यत्वं.

Inconceivably, ***adv.*** अचिन्तनीयं, अभावनीयं, अचिन्त्यप्रकारेण, अतीन्द्रियं.

Inconclusive, ***a.*** अप्रमाणः -णा -णं, निष्प्रमाणः -णा -णं, अप्रामाणिकः -की -कं, प्रमाणहीनः -ना -नं, अनिश्चायकः -का -कं, अनिर्णीतः -ता -तं, अनिर्णायकः -का -कं, अनिश्चयकारी -रिणी -रि (न्), अनिर्दिष्टः -ष्टा -ष्टं.

Inconclusively, ***adv.*** अप्रमाणेन, प्रमाणं, विना, अप्रामाण्येन, निष्प्रमाणं, अनिश्चितं, अनिर्णीतं, असिद्धान्तपूर्व्वं, निश्चयं विना.

Inconclusiveness, ***s.*** अप्रामाण्यं, अप्रमाणं, प्रमाणहीनता, अनिश्चायकत्वं, अनिर्णायकत्वं, अनिर्णेतृत्वं, अनिश्चितत्वं, अनिर्देष्टृत्वं, निदर्शनहीनता.

Incondite, ***a.*** अपरिष्कृतः -ता -तं, अनुपस्कृतः -ता -तं, असंस्कृतः -ता -तं.

Inconformable, ***a.*** अननुरूपः -पा -पं, असदृशः -शी -शं, अननुगुणः -णा -णं.

Inconformity, ***s.*** अननुरूपता, अनानुरूप्यं, असादृश्यं, अननुसारित्वं.

Incongenial, ***a.*** अस्वाभाविकः -की -कं, स्वाभावविरुद्धः -द्धा -द्धं, अननुगुणः -णा -णं.

Incongruence, incongruity. ***s.*** अयोग्यता, अयुक्तता, अयुक्तिः ***f.,*** असङ्गति ***f.,*** असङ्गतत्वं, असाङ्गत्यं, अननुरूपता, अनानुरूप्यं, असादृश्यं, असमञ्जसं, असामञ्जस्यं, विरुद्धता, विरोधनं, अयथार्थता, अयाथार्थ्यं, अनुचितत्वं, अनौचित्यं, अनुपपत्तिः ***f.,*** अनुपयुक्तता, अननुसारिता, असम्बद्धता.

Incongruous, ***a.*** अयोग्यः -ग्या -ग्यं, अयुक्तः -क्ता -क्तं, असङ्गतः -ता -तं, विरुद्धः -द्धा -द्धं, विरोधी -धिनी -धि (न्), असमञ्जसः -सा -सं, अनुपयुक्तः -क्ता -क्तं, असदृशः -शी -शं, अयथार्थः -र्था -र्थं, अयाथार्थिकः -की -कं, अनुचितः -ता -तं, असम्भवः -वा -वं, अननुसारी -रिणी -रि (न्), अनुपपन्नः -न्ना -न्नं, असम्बद्धः -द्धा -द्धं,

Incongruously, ***adv.*** अयोग्यं, अयुक्तं, असङ्गतं, विरोधेन, असमञ्जसं. असदृशं, अनुचितं, अनुपयुक्तं, अयथार्थं, असमृद्धं.

Inconnexedly, ***adv.*** असंयोगेन, अयोगतस्, असम्बन्धेन, असम्पर्केण, असम्बद्धं.

Inconnexion, ***s.*** असंयोगः, अयोगः, असम्बन्धः, असङ्गः, असंसर्गः, असम्पर्कः.

Inconscionable, ***a.*** अन्याय्यः -य्या -य्यं, अयथार्थः -र्था -र्थं, अयाथार्थिकः -की -कं.

Inconsequence, ***s.*** अप्रयुक्तिः ***f.,*** अयुक्तिः ***f.,*** अनन्वयः, अपरिणामः.

Inconsequent, ***a.*** अप्रयुक्तः -क्ता -क्तं, अप्रयोगी -गिणी -गि (न्), अयौक्तिकः -की -कं.

Inconsiderable, ***a.*** अगुरुः -र्व्वी -रु, लघुः -घुः -घु, अल्पः -ल्पा -ल्पं, स्वल्पः -ल्पा -ल्पं, अत्यल्पः -ल्पा -ल्पं, क्षुद्रः -द्रा -द्रं, तुच्छः -च्छा -च्छं, अगण्यः -ण्या -ण्यं, अबहुः -ह्वी -हु, अमहान् -हती -हत् (त्), अल्पार्थः -र्था -र्थं, लघ्वर्थः -र्था -र्थं, अमान्यः -न्या -न्यं, मितः -ता -तं.

Inconsiderate, ***a.*** असमीक्ष्यकारी -रिणी -रि (न्), अविमृश्यकारी **etc.,** निश्चिन्तः -न्ता -न्तं, अपरिणामदर्शी -र्शिनी -र्शि (न्), अविचारी -रिणी -रि (न्), अविवेकी -किनी -कि (न्), अविवेचकः -का -कं, नष्टविवेकः -का -कं, असावधानः -ना -नं, साहसी -सिनी -सि (न्), अनालोचितः

-ता -तं, अपरीक्षित: -ता -तं, जाल्म: -ल्मा -ल्मं, अकार्य्यचिन्तक: -का -कं, अमनस्वी -स्विनी -स्वि (न्), प्रमत्त: -त्ता -त्तं.

Inconsiderately, ***adv.*** असमीक्ष्य, अविचार्य्य, अविमृश्य, अविचारेण, विचारं, विना, विवेचनं विना, सहसा, चिन्तया विना, अनवेक्षया, अनालोचितं, अनवधानतस्, प्रमत्तवत्, जाल्मवत्, सप्रमादं, निरपेक्षं, निश्चिन्तं.

Inconsiderateness, inconsideration, ***s.*** अविचार: -रणं -णा, असमीक्षा -क्षणं, अविवेचनं -ना, अविवेकता, अविवेचकता, अचिन्ता, अविमर्श:, असावधानता, अपरिणामदर्शनं, अचर्चा, अमनोयोग:, अवितर्क:, अनालोचनं.

Inconsistence, incosistency, ***s.*** असङ्गति: ***f.,*** असङ्गम:, असङ्गतता, असाङ्गत्यं, असंस्थिति: ***f.,*** विरोध: -धनं, विरुद्धता, विपरीतता, वैपरीत्यं, अयोग्यता, असम्भवता, भेद:, विभेद:, असादृश्यं, विपर्य्यय:, अनन्वय:.—**(Inconsistence in argument or narration, self contradiction)** पूर्व्वापरविरोध:, पूर्व्वापरवैपरीत्यं, वचनविरोध:, विपरीतवचनं, विरोधोक्ति: ***f.,*** वचनभेद:, चित्तभेद:, विगीति: ***f.,*** विसंवाद:, बाध: -धा.

Inconsistent, ***a.*** असङ्गत: -ता -तं, असंस्थित: -ता -तं, विरुद्ध: -द्धा -द्धं, विपरीत: -ता -तं, विरोधी -धिनी -धि (न्), परस्परविरुद्ध: -द्धा -द्धं, परस्परविरोधी -धिनी -धि (न्), परस्परपराहत: -ता -तं, विसङ्गत: -ता -तं, अयोग्य: -ग्या -ग्यं, असम्भव: -वा -वं, अनन्वित: -ता -तं, क्लिष्ट: -ष्टा -ष्टं, सङ्कुल: -ला -लं, विगीत: -ता -तं, असदृश: -शी -शं, पूर्व्वापरविरुद्ध: -द्धा -द्धं, बाधित: -ता -तं, **'to make an inconsistent assertion,'** विपरीतं वद् **(c. 1.** वदति -दितुं), विसंवद्, विप्रवद्.

Inconsistently, ***adv.*** असङ्गतं, विरोधेन, विरुद्धं, अयोग्यं, विपरीतं, वैपरीत्येन, परस्परविरुद्धं, विसङ्गतं, असदृशं, अयथा.

Inconsolable, ***a.*** निर्विनोद: -दा -दं, दुर्विनोद: -दा -दं, असान्त्वनाय: -या -यं, असन्तोषणीय: -या -यं, अप्रबोधनीय: -या -यं, अनाश्वासनीय: -या -यं, अविनोदनीय: -या -यं, अशरण: -णा -णं, नि:शरण: -णा -णं, शोकाकुल: -ला -लं, अत्युत्कण्ठित: -ता -तं.

Inconsonance, ***s.*** अयोग्यता, अननुसार:, अनानुरूप्यं, असादृश्यं, विरोध:.

Inconsonant, ***a.*** अयोग्य: -ग्या -ग्यं, अननुसारी -रिणी -रि (न्), असदृश: -शी -शं, अननुरूप: -पा -पं, विरुद्ध: -द्धा -द्धं, विरोधी -धिनी -धि (न्).

Inconspicuous, ***a.*** अप्रकाश: -शा -शं, अव्यक्त: -क्ता -क्तं, अप्रत्यक्ष: -क्षा -क्षं.

Inconstancy, ***s.*** अस्थिरता -त्वं, अस्थैर्य्यं, अधीरता, अधैर्य्यं, अधृति: ***f.;*** चञ्चलत्वं -ता, चपलता, चाञ्चल्यं, चापल्यं, चलचित्तता, अस्थायित्वं, लोलता, लौल्यं, तारल्यं, सङ्कसुकत्वं, अनवस्थिति: ***f.,*** अस्थेमा ***m.*** (न्), अनित्यता.

Inconstant, ***a.*** अस्थिर: -रा -रं, अस्थायी -यिनी -यि (न्), अस्थावर: -रा -रं, चञ्चल: -ला -लं, चपल: -ला -लं, अधीर: -रा -रं, चलचित्त: -त्ता -त्तं, चपलात्मक: -का -कं, सङ्कसुक: -का -कं, चञ्चलहृदय: -या -यं, लोल: -ला -लं, तरल: -ला -लं, प्रकृतितरल: -ला -लं, अनवस्थ: -स्था -स्थं, अनवस्थित: -ता -तं, अधृतिमान् -मती -मत् (त्), अनित्य: -त्या -त्यं.

Inconstantly, ***adv.*** अस्थिरं, अस्थिरवत्, चञ्चलं, चञ्चलवत्, चपलं, चापल्येन, चपलवत्, अधीरं, अधीरवत्, लोलवत्, तरलं.

Inconsumable, ***a.*** अनाश्य: -श्या -श्यं, अविनाश्य: -श्या -श्यं, अक्षय: -या -यं.

Incontaminate, ***a.*** अदुष्ट: -ष्टा -ष्टं, अदूषित: -ता -तं, अकलङ्कित: -ता -तं.

Incontestable, ***a.*** अविवदनीय: -या -यं, निर्विवाद: -दा -दं, अप्रत्याख्येय: -या -यं, अविचार्य्य: -र्य्या -र्य्यं, अवितर्क्य: -र्क्या -र्क्यं, अवितर्कणीय: -या -यं, अवाध्य: -ध्या -ध्यं, असन्दिग्ध: -ग्धा -ग्धं, नि:सन्देह: -हा -हं, निश्चित: -ता -तं, सुनिश्चित: -ता -तं, नियत: -ता -तं.

Incontestably, ***adv.*** निर्विवादं, सुनिश्चितं, असन्दिग्धं, असंशयं, नि:संशयं, अत्र न संशय:, सुनियतं.

Incontinence, incontinency, ***s.*** असंयम:, अयतेन्द्रियत्वं, असंयतेन्द्रियता, अजितेन्द्रियत्वं, अनवस्था, अनवस्थता, अनवस्थिति: ***f.,*** अनियति: ***f.,*** अयम:, अदम:, अदान्ति: ***f.,*** व्यभिचार:, उपस्थासंयम:, लम्पटता, लाम्पट्यं, प्रतिषिद्धविषयेष्व् अतिप्रसङ्ग:.

Incontinent, ***a.*** असंयत: -ता -तं, असंयतेन्द्रिय: -या -यं, अयती -तिनी -ति (न्), अयतेन्द्रिय: -या -यं, अजितेन्द्रिय: -या -यं, अयतमैथुन: -ना -नं, असंयतोपस्थ: -स्था -स्थं, अनवस्थित: -ता -तं, अनवस्थ: -स्था -स्थं, व्यभिचारी -रिणी -रि (न्), व्यसनी -निनी -नि (न्), लम्पट: -टा -टं, निषिद्धविषयेष्व् अतिप्रसक्त: -क्ता -क्तं,

Incontinently, ***adv.*** असंयमेन, संयमं विना, लम्पटवत्, अजितेन्द्रियत्वात्.

Incontrollable, ***a.*** असंयमनीय: -या -यं, अदमनीय: -या -यं, निग्रहणीय: -या -यं, अवश्य: -श्या -श्यं, अनिवार्य्य: -र्य्या -र्य्यं, अशासनीय: -या -यं.

Incontrovertible, ***a.*** अप्रत्याख्येय: -या -यं, अविवदनीय: -या -यं, अविचारणीय: -या -यं, अविवदनीय: -या -यं, निर्विवाद: -दा -दं, अविवाद्य: -द्या -द्यं, अवितर्क्य: -र्क्या -र्क्यं, अवितर्कणीय: -या -यं, अबाध्य: -ध्या -ध्यं, अखण्डनीय:

-या -यं, अविग्रहः -हा -हं, सुनिश्चितः -ता -तं, असन्दिग्धः -ग्धा -ग्धं.

Incontrovertibly, ***adv.*** निर्विवादं, सुनिश्चितं, असंशयं, निःसंशयं, अवितर्कणीयं.

Inconvenience, inconveniency, ***s.*** **(That which gives trouble or impedes)** क्लेशः कष्टं, पीडा, बाधा -धकः, व्यथा, कृच्छ्रं, दुःखं, शल्यं, उपरोधः रोधः, विरोधः, आयासः, कण्टकः -कं, विडम्बनं -ना, अनिष्टं, अमुखं, आयासहेतुः ***m.,*** क्लेशहेतुः ***m.,*** पीडाहेतुः ***m.,*** कष्टकारणं. **—(Unsuitableness)** अयोग्यता, अयुक्तिः ***f.,*** निर्युक्तिः ***f.,*** अयुक्तता, अनुपयुक्तता, अनुपयोगिता, अनुपपत्तिः ***f.,*** अनुचितता.

To **inconvenience,** ***v. a.*** क्लेशं दा **or** कृ, कष्टं कृ, दुःखं कृ, शल्य कृ, उपरोधं कृ, बाध् **(c. 1.** बाधते -धितुं), पीड् **(c. 10.** पीडयति -यितुं), रुध् **(c. 7.** रुणद्धि, रोद्धुं), उपरुध्.

Inconvenient, ***a.*** अयोग्यः -ग्या -ग्यं, अनुपयुक्तः -क्ता -क्तं, अनुपयोगी -गिनी -गि (न्), अयुक्तः -क्ता -क्तं, अनुचितः -ता -तं, अनुपपन्नः -न्ना -न्नं, अतिः -ता -तं, अनुपकारी -रिणी -रि (न्), असमञ्जसः -सा -सं. **—(Causing trouble or uneasiness)** क्लेशकरः -री -रं, क्लेशदः -दा -दं, क्लेशकः -का -कं, कष्टकरः -री -रं, दुःखदः -दा -दं, पीडाकरः -री -रं, उपरोधी -धिनी -धि (न्), बाधकः -का -कं, आयासहेतुकः -का -कं, क्लेशहेतुकः -का -कं, कष्टकारकः -का -कं.

Inconveniently, ***adv.*** अयोग्यं, अयुक्तं, अनुपयुक्तं, अनुचितं, अनुपपन्नं, असमञ्जसं, असाम्प्रतं, यथा कष्टं **or** क्लेशः **or** उपरोधः **or** पीडा जायते तथा.

Inconversable, ***a.*** असंवादशीलः -ला -लं, अनालापी -पिनी -पि (न्), असंलापी **etc.,** असंवादी **etc.,** परिमितकथः -था -थ, वाग्यतः -ता -तं.

Inconversant, ***a.*** अविज्ञः -ज्ञा -ज्ञं, अनभिज्ञः -ज्ञा -ज्ञं, असम्पन्नः -न्ना -न्नं.

Inconvertibility, ***s.*** अपरिवर्त्तनीयता, अपरिवर्त्तनयोग्यता, अविकार्य्यता.

Inconvertible, ***a.*** अपरिवर्त्तनीयः -या -यं, अपरिवर्त्तनयोग्यः -ग्या -ग्यं.

Incorporal, ***s. See*** **Incorporeal.**

To **incorporate,** ***v. a.*** एकशरीरीकृ, एकीकृ, एकत्र कृ, सम्मिश्र् **(c. 10.** -मिश्रयति -यितुं), संयुज् **(c. 7.** -युनक्ति -योक्तुं), संश्लिष् **(c. 10.** -श्लेषयति -यितुं), संसृज् **(c. 6.** -सृजति -सष्टुं).

To **incorporate,** ***v. n.*** एकशरीरीभू, एकीभू, एकत्र भू, सम्मिश्रीभू, संयुज् **in pass.** (-युज्यते).

Incorporate, ***a.*** शारीरिकः -की -कं, शरीरी -रिणी -रि (न्).

Incorporated, ***p. p.*** संयुक्तः -क्ता -क्तं, संश्लिष्टः -ष्टा -ष्टं, एकीकृतः -ता -तं, सहितः -ता -तं, कृतसंसर्गः -र्गा -र्गं, संसृष्टः -ष्टा -ष्टं, संहतः -ता -तं, सङ्घातवान् -वती -वत् (त्), एकत्रीभूतः -ता -तं.

Incorporation, ***s.*** संयोगः, संयोजनं, संसर्गः, सम्मिश्रणं, संश्लेषः.

Incorporeal, ***a.*** अशरीरी -रिणी -रि (न्), अशरीरवान् -वती -वत् (त्), अदेहवान् -वती -वत् (त्), विदेहः -हा -हं, अमूर्त्तिमान् -मती -मत् (त्), अनङ्गः -ङ्गा -ङ्गं, निरवयवः -वा -वं, अशारीरिकः -की -कं, देहशून्यः -न्या -यं, निराकारः -रा -रं, अदैहिकः -की -कं.

Incorporeally, ***adv.*** अशरीरेण, निराकारेण, निरवयवं, विदेहं.

Incorporeity, ***s.*** अशरीरित्वं, अशरीरवत्त्वं, देहशून्यता, निरवयवता.

Incorrect, ***a.*** अशुद्धः -द्धा -द्धं, अशोधितः -ता -तं, अयथार्थः -र्था -र्थं, असम्यङ् -मीची -म्यक् (क्), असमीचीनः -ना -नं, असमञ्जसः -सा -सं, अयाथार्थिकः -की -कं, अतथ्यः -थ्या -थ्यं, अनञ्जसः -सा -सं, वितथः -था -थं, अनृतः -ता -तं, असङ्गतः -ता -तं, अप्रकृतः -ता -तं, दोषी -षिणी -षि (न्), सदोषः -षा -षं, दोषवान् -वती -वत् (त्), अशुचिः -चिः -चि, असत्यः -त्या -त्यं. **—(In conduct)** दुर्वृत्तः -त्ता -त्तं, असाधुवृत्तः -त्ता -त्तं, दुराचारः -रा -रं, अधार्म्मिकः -की -कं, अशुचिकर्म्मा -र्म्मा -र्म्म (न्).

Incorrectly, ***adv.*** अशुद्धं, अयथार्थं, अयथावत्, वृथा, असम्यक्, अन्यथा, अनञ्जसा, असमञ्जसं, अशुचिः वितथं, अतथ्यं, अनृतं, असत्यं, असमीचीनं, असङ्गतं, असाधु, सदोषं.

Incorrectness, ***s.*** अशुद्धिः ***f.,*** अशुद्धता, अविशुद्धिः ***f.,*** अशोधनं, अयथार्थता, अयाथार्थ्यं, असम्यक्त्वं, असमीचीनता, असामञ्जस्यं, अतथ्यता, असत्यता, वितथत्वं, अनृतं, अनृतत्वं, अशुचिता, अन्यथात्वं, अयाथातथ्यं, सदोषता, दोषवत्त्वं, असाधुता.

Incorrigible, ***a.*** असाध्यः -ध्या -ध्यं, अशोधनीयः -या -यं, अशोध्यः -ध्या -ध्यं, असाधनीयः -या -यं, समाधातुम् अशक्यः -क्या -क्यं, साधयितुम् अशक्यः -क्या -क्यं, अशासनीयः -या -यं, अप्रतिसमाधेयः -या -यं, अतिदुष्टः -ष्टा -ष्टं, शिक्षातीतः -ता -तं.

Incorrigibleness, incorrigibility, ***s.*** असाध्यता, असाधनीयता, अशोधनीयता.

Incorrigibly, ***adv.*** असाधनीयं, यथा समाधातुं न शक्यते तथा.

Incorrodible, ***a.*** अगलनीयः -या -यं, अक्षयणीयः -या -यं, अनाश्यः -श्या -श्यं.

Incorrupt, incorrupted, ***a.*** अदुष्टः -ष्टा -ष्टं, अदूषितः -ता -तं, अविकृतः -ता -तं, अविकारितः -ता -तं, शुचिः -चिः -चि, शुद्धः -द्धा -द्धं, पवित्रः -त्रा -त्रं, अभ्रष्टः -ष्टा -ष्टं.

Incorruptibility, ***s.*** अक्षयता -त्वं, अनश्वरता -त्वं, अनाश्यता, अदूष्यता, अजर्य्यता -त्वं, अभेद्यता, अहार्य्यता.

Incorruptible, *a.* अक्षयः -या -यं, अक्षयणीयः -या -यं, अनश्वरः -रा -रं, अनाश्यः -श्या -श्यं, अदूष्यः -ष्या -ष्यं, अदूषणीयः -या -यं, अजर्य्यः -र्य्या -र्य्यं.

Incorruption, *s.* अदूषणं, अदुष्टता, अक्षयः, अनश्वरता, अविकारः, अनाशः.

Incorruptness, *s.* अदुष्टता, अक्षयता, अभृष्टता, अविकार्य्यता. —**(Integrity)** अभेद्यता, अहार्य्यता, शुचिता, सारल्यं, सच्चरित्रता.

To* incrassate, *v. a. घनीकृ, स्थूलीकृ, सान्द्रीकृ, असूक्ष्मीकृ, पीवरीकृ.

To* incrassate, *v. n. घनीभू, स्थूलीभू, सान्द्रीभू, पीवरीभू.

Incrassation, *s.* घनीकरणं, स्थूलीकरणं, सान्द्रीकरणं, पीवरीकरणं, स्थूलता.

To* increase, *v. n. वृध् **(c. 1.** वर्धते -र्धितुं), विवृध्, संवृध्, प्रवृध्, अभिवृध्, परिवृध्, संविवृध्, वृद्धिम् इ **(c. 2.** एति -तुं) **or** या **(c. 2.** याति -तुं) **or** प्राप् **(c. 5.** -आप्नोति -आप्तुं), एध् **(c. 1.** एधते -धितुं), समेध्, ऋध् **(c. 4.** ऋध्यति, **c. 5.** ऋध्नोति, अर्धितुं), समृध्, उपचि **in pass.** (-चीयते), प्रचि, परिचि, प्यै **(c. 1.** प्यायते, प्यातुं), आप्यै, स्फाय् **(c. 1.** स्फायते -यितुं), आस्फाय्, स्फीतीभू, प्रचुरीभू, अधिकीभू, अधिकतरीभू, बहुतरीभू, उपचयं **or** अभ्युदयम् इ.—**(Extend)** विस्तॄ **in pass.** (-स्तीर्य्यते), वितन् **in pass.** (-तन्यते), प्रसृ **(c. 1.** -सरति -सर्त्तुं), प्रसृप् **(c. 1.** -सर्पति -सप्तुं), विजृम्भ् **(c. 1.** -जृम्भते -म्भितुं), विस्तारम् इ.—**(Grow)** रुह् **(c. 1.** रोहति, रोढुं), प्ररुह्; **'increase in knowledge,'** विद्यागमं कृ, विद्याप्राप्तिं कृ.

To* increase, *v. a. वृध् **(c. 10.** वर्धयति -यितुं), परिवृध्, संवृध्, विवृध्, वृद्धिं नी **(c. 1.** नयति, नेतुं), एध् **(c. 10.** एधयति -यितुं), समेध्, वृंह् **(c. 10.** वृंहयति -यितुं), परिवृंह्, उपवृंह्, समुपवृंह्, आप्यै **(c. 10.** -प्याययति -यितुं), समाप्यै, स्फाय् **(c. 10.** स्फावयति -यितुं), आस्फाय्, स्फीतीकृ, बंह **(nom.** बंहयति -यितुं), सम्बह्, प्रचुरीकृ, प्रचुरतरं -रां -रं कृ, अधिकीकृ, अधिकतरं -रां -रं कृ, बहुतरीकृ, अधिकतरीकृ. —**(Extend)** विस्तॄ **(c. 10.** -स्तारयति -यितुं), वितन् **(c. 8.** -तनोति -नितुं), तन्, विततीकृ, प्रसृ **(c. 10.** -सारयति -यितुं), विसृ.

Increase, *s.* वृद्धिः ***f.,*** विवृद्धिः ***f.,*** प्रवृद्धिः ***f.,*** वर्धनं, विवर्धनं, संवर्धनं, ऋद्धि ***f.,*** समृद्धिः ***f.,*** स्फातिः ***f.,*** स्फीतिः ***f.,*** उपचयः, अभ्युदयः, वृंहणं, परिवृंहणं, उद्वृंहणं, उत्सेकः, समुत्थानं, उन्नतिः ***f.,*** समुन्नतिः ***f.,*** आप्यायनं, विस्तारः, प्ररूढिः ***f.,*** आधिक्यं, अधिकता, प्रपञ्चः, बाहुल्यं.

Increased, *p. p.* वृद्धः -द्धा -द्धं, प्रवृद्धः -द्धा -द्धं, विवृद्धः -द्धा -द्धं, वर्धितः -ता -तं, विवर्धितः -ता -तं, संवर्धितः -ता -तं, उपचितः -ता -तं, एधितः -ता -तं, समेधितः -ता -तं, ऋद्धः -द्धा -द्धं, समृद्धः -द्धा -द्धं, स्फीतः -ता -तं, स्फातः -ता -तं, आप्यायितः -ता -तं, प्ररूढः -ढा -ढं, वृंहितः -ता -तं, परिवृंहितः -ता -तं, परिवृहितः -ता -तं, उपवृंहितः -ता -तं, प्रथितः -ता -तं, प्रचुरीकृतः -ता -तं, विततः -ता -तं, विस्तीर्णः -र्णा -र्णं विस्तृतः -ता -तं, विरूढः -ढा -ढं, प्रसारितः -ता -तं, विजृम्भितः -ता -तं.

Increasing, *part.* वर्धमानः -ना -नं, वर्धी -र्धिनी -र्धि (न्), वर्धनः -ना -नं, वर्धिष्णुः -ष्णुः -ष्णु, एधमानः -ना -नं, समेधमानः -ना -नं, उपचीयमानः -ना -नं, प्रचीयमानः -ना -नं, विजृम्भमाणः -णा -णं, विस्तीर्य्यमाणः -णा -णं; **'increasing in bulk,'** वर्धमानशरीरः -रा -रं, प्रचीयमानावयवः -वा -वं.

Increasingly, *adv.* अधिकाधिकं, उत्तरोत्तरं, वर्धमानप्रकारेण.

Increate, increated, *a.* असृष्टः -ष्टा -ष्टं, अभूतः -ता -तं, अजनितः -ता -तं.

Incredibility, *s.* अश्रद्धेयता, अविश्वास्यता, अविश्वसनीयत्वं, अप्रत्येतव्यता, अविश्वासपात्रता, अप्रामाणिकत्वं, प्रत्ययातीतत्वं, विश्वासातिगत्वं, विश्वासातीतता, अतिप्रत्ययता.

Incredible, *a.* अश्रद्धेयः -या -यं, अविश्वासस्य -स्या -स्यं, अविश्वसनीयः -या -यं, अप्रत्येतव्यः -व्या -व्यं, अप्रामाणिकः -की -कं, विश्वासातिगः -गा -गं, विश्वासपथातिगः -गा -गं, प्रत्ययातीतः -ता -तं, अतीतप्रत्ययः -या -यं, अतिप्रत्ययः -या -यं, अतिविश्वासः -सा -सं, विश्वासायोग्यः -ग्या -ग्यं, अतिकथः -था -थं.

Incredibly, *adv.* अतिप्रत्ययं, अतिविश्वासं, अश्रद्धेयं, अविश्वसनीयं.

Incredulity, *s.* अश्रद्धा, अप्रत्ययः, अविश्वासः, अप्रतीतिः ***f.,*** अभक्तिः ***f.,*** अश्रद्धालुता, अप्रत्ययशीलता, अविश्वासशीलता, प्रत्ययाभावः.

Incredulous, *a.* अप्रत्ययी -यिनी -यि (न्), अप्रत्ययशीलः -ला -लं, अविश्वासी -सिनी -सि (न्), अविश्वासशीलः -ला -लं, अविश्रम्भशीलः -ला -लं, अश्रद्धालुः -लुः -लु, अश्रद्दधानः -ना -नं, अश्रद्धावान् -वती -वत् (त्), शङ्काशीलः -ला -लं.

Incredulously, *adv.* अप्रत्ययेन -यात्, अविश्वासेन, विश्वासं विना, साशङ्कं.

Increment, *s.* वृद्धिः ***f.,*** वर्धनं, उपचयः, अभ्युदयः, उन्नतिः ***f.,*** आधिक्यं.

To* increpate, *v. a. निन्द् **(c. 1.** निन्दति -न्दितुं), प्रतिनिन्द्, धिक्कृ.

Increpation, *s.* निन्दा, परीवादः, परिभाषणं, उपालम्भः, उपक्रोशः, धिक्कारः.

To* incriminate, *v. a. अभियुज् **(c. 7.** -युनक्ति -योक्तुं), दोषम् आरुह् **in caus.** (-रोपयति -यितुं), दोषारोपणं कृ.

To* incrust, *v. a. वाह्यत्वचा **or** त्वग्रूपपटलेन **or** घनपटलेन आछद्

(c. 10. –छादयति –यितुं) **or** आवेष्ट् **(c. 10.** –वेष्टयति –यितुं), वाह्यभागे **or** वहिर्भागे **or** उपरिभागे घनीकृ **or** श्यानीकृ **or** संहतीकृ.

Incrustation, *s.* त्वक् *f.* (च्), त्वग्रूपपटलं, वाह्यपटलं, वाह्यकोशः, वहिरावेष्टनं, वर्हिर्भागे घनता, वल्कं, शल्कं.

Incrusted, *p. p.* सपटलः –ला –लं, त्वगुपेतः –ता –तं, वहिर्भागे घनीभूतः –ता –तं.

***To* incubate,** *v. n.* कुलायनिलायं कृ, नीडनिलायं कृ, अण्डप्रसवानन्तरम् आपक्षिशावकोत्पत्तेर् नीडं निली **(c. 4.** –लीयते –लेतुं) **or** अण्डोपरि उपविश् **(c. 6.** –विशति –वेष्टुं).

Incubation, *s.* कुलायनिलायः –यिता, नीडनिलायः, अण्डोपरि **or** डिम्बोपरि उपवेशः –शनं.

Incubus, *s.* **(Nightmare)** कुस्वप्नः, दुःस्वप्नः, अजीर्णप्रयुक्तस्वप्नः, स्वप्नकल्पितो हृदयदेशोपरिस्थो महाभारः.

***To* inculcate,** *v. a.* निर्बन्धेन **or** मुहुर्मुहुर् उपदिश् **(c. 6.** –दिशति –देष्टुं) **or** शिक्ष् **(c. 10.** शिक्षयति –यितुं) **or** हृदये निविश् **(c. 10.** –वेशयति –यितुं), **or** विनिविश् **or** चित्तनिष्ठं –ष्ठां –ष्ठं कृ.

Inculcated, *p. p.* निर्बन्धेन **or** मुहुर्मुहुर् उपदिष्टः –ष्टा –ष्टं, मुहुरुपदेशेन मनोनिवेशितः –ता –तं **or** चित्तविनिवेशितः –ता –तं **or** चित्तनिष्ठितः –ता –तं.

Inculcation, *s.* निर्बन्धेन उपदेशः, मुहुरुपदेशः, मुहुरुपदेशेन चित्तनिवेशनं **or** मनोनिवेशनं.

Inculpable, *a.* निर्दोषः –षा –षं, निरपराधः –धा –धं, अनिन्द्यः –न्द्या –न्द्यं.

***To* inculpate,** *v. a.* निन्द् **(c. 1.** निन्दति –न्दितुं), दोषम् आरुह् **in caus.** (–रोपयति –यितुं), दोषीकृ.

Inculture, *s.* अपरिष्कारः, असंस्कारः, अपरिष्कृतिः *f.*, अकर्षणं, अकृषिः *f.*

Incumbent, *a.* **(Lying on, resting on)** अवलम्बी –म्बिनी –म्बि (न्), अवलम्बितः –ता –तं, आश्रितः –ता –तं, उपाश्रितः –ता –तं, उपस्थः –स्था –स्थं, उपस्थायी –यिनी –यि (न्), उपरिस्थः –स्था –स्थं.—**(Obligatory, indispensable)** अवश्यकर्त्तव्यः –व्या –व्यं, अवश्यकः –का –कं, आवश्यकः –की –कं, अवश्यकरणीयः –या –यं, **sometimes expressed by the fut. pass. part. alone; as, 'it is incumbent upon you to go,'** त्वया गन्तव्यं, **or by the use of the verb** अर्ह् **(c. 1.** अर्हति); **as, 'it is incumbent upon you to marry the damsel,'** त्वं कन्यां वोढुम् अर्हसि.

Incumbent, *s.* **(The person in possession of a benefice)** धर्म्मवृत्तिभोगी *m.* (न्), धर्म्मवृत्तिधारी *m.* (न्), वृत्तिभोगी *m.*

***To* incur,** *v. a.* आप् **(c. 5.** आप्नोति, आप्तुं), प्राप्, अवाप्, सम्प्राप्, समाप्, उपगम् **(c. 1.** –गच्छति –गन्तुं), उपागम्, अधिगम्, गम्, इ **(c. 2.** एति –तुं), ऋ **(c. 1.** ऋच्छति), आसद् **(c. 10.** –सादयति –यितुं), प्रतिपद् **(c. 4.** –पद्यते –पत्तुं), लभ् **(c. 1.** लभते, लब्धुं), अनुभू.—**(Bring on)** आवह् **(c. 1.** –वहति –वोढुं), उत्पद् **(c. 10.** –पादयति –यितुं).—**(Be liable to)** अधीनः –ना –नं भू, अर्हः –र्हा –र्हं भू, योग्यः –ग्या –ग्यं भू, **or expressed by the fut. pass. part. as, 'he incurs a penalty,'** दण्ड्यः **or** दण्डनीयः **or** दण्डार्हः **or** दण्डयोग्यो भवति.

Incurability, *s.* असाध्यता, अचिकित्स्यत्वं, अप्रतिसमाधेयता, अप्रतिकार्य्यता, दुरुपचारत्वं, निरुपचारत्वं, निरुपायत्वं, अनुपायत्वं, उपायहीनता, अशमनीयता, अनुपशमनीयता, अपरिहार्य्यता, साध्यताभावः.

Incurable, *a.* असाध्यः –ध्या –ध्यं, असाधनीयः –या –यं, अचिकित्स्यः –त्स्या –त्स्यं, अचिकित्सनीयः –या –यं, अचिकित्सितव्यः –व्या –व्यं, अचिकित्सः –त्सा –त्सं, अप्रतीकार्य्यः –र्य्या –र्य्यं, अप्रतिसमाधेयः –या –यं, अशमनीयः –या –यं, अनुपशमनीयः –या –यं, दुरुपचारः –रा –रं, निरुपचारः –रा –रं, निरुपायः –या –यं, अनुपायः –या –यं, चिकित्सितुम् अशक्यः –क्या –क्यं, ओषधिपथातिगः –गा –गं, अपरिहार्य्यः –र्य्या –र्य्यं.

Incurably, *adv.* अचिकित्सनीयं, असाधनीयं, दुरुपचारं, निरुपायं, अप्रतिसमाधेयं, यथा चिकित्सितुं न शक्यते तथा.

Incuriosity, *s.* अकौतुकं, अकौतूहलं, अकुतूहलं, अजिज्ञासा, अनुत्सुकता, अनौत्सुक्यं.

Incurious, *a.* विकौतुकः –का –कं, अकुतूहली –लिनी –लि (न्), अनुत्सुकः –का –कं, अजिज्ञासुः –सुः –सु.

Incurred, *p. p.* प्राप्तः –प्ता –प्तं, उपागतः –ता –तं, उपगतः –ता –तं, आसादितः –ता –तं, लब्धः –ब्धा –ब्धं, अनुभूतः –ता –तं.

Incursion, *s.* अवस्कन्दः –न्दनं, उपद्रवः, अभिद्रवः, उपप्लवः, विप्लवः, अभिक्रमः –मणं, आक्रमः, अभिमर्दः अभिग्रहः, अभिनिर्याणं; **'to make incursions,'** अवस्कन्द् **(c. 1.** –स्कन्दति –स्कन्तुं), समवस्कन्द्, उपद्रु **(c. 1.** –द्रवति –द्रोतुं) अभिद्रु, समाद्रु, समुपद्रु, अभिधाव् **(c. 1.** –धावति –वितुं).

Incursive, *a.* उपद्रवी –विणी –वि (न्), अवस्कन्दकारी –रिणी –रि (न्).

***To* incurvate,** *v. a.* नम् **(c. 10.** नामयति –यितुं), आनम्, अवनम्, नम्रीकृ, वक्रीकृ, कुञ्च् **(c. 1.** कुञ्चति –ञ्चितुं), आवृज् **(c. 10.** –वर्जयति –यितुं), कुटिलीकृ.

Incurvated, *p. p.* नामितः –ता –तं, वक्रीकृतः –ता –तं, कुञ्चितः –ता –तं.

Incuration, *s.* वक्रीकरणं, आनतिः *f.*, नतिः *f.*, आकुञ्चनं, अवकुञ्चनं.

Indebted, *a.* **(In debt)** ऋणी –णिनी –णि (न्), ऋणवान् –वती –वत् (त्), ऋणबद्धः –द्धा –द्धं; ऋणग्रस्तः –स्ता –स्तं, कृतर्णः

Indecency 559 Indelibly

-र्णा -र्णं.—**(Obliged by something received)** अनुगृहीत: -ता -तं, उपकृत: -ता -तं, उपकारबद्ध: -द्धा -द्धं; **'I am indebted to you for your advice,'** अनुगृहीतोऽहं तवोपदेशेन.

Indecency, ***s.*** अविनय:, अविनीतत्वं -ता, अमर्य्यादा, मर्य्यादातिक्रम:, विनयातिक्रम:, अयुक्ति: ***f.,*** अयोग्यता, अकर्त्तव्यता, अनुपयुक्तता, अनुपपत्ति: ***f.,*** अनुचितत्वं, अनौचित्यं, अशिष्टता, असभ्यता, अयाथार्थ्यं, मेष:, भ्रंश:.—**(In language)** गर्ह्यता, गर्हितत्वं, अवाच्यता.

Indecent, ***a.*** अविनीत: -ता -तं, अविनयवान् -वती -वत् (त्), विनयापेत: -ता -तं, अतिक्रान्तविनय: -था -यं, अतिक्रान्तमर्य्याद: -दा -दं, मर्य्यादाविरुद्ध: -द्धा -द्धं, विनयविरुद्ध: -द्धा -द्धं, अविनय: -या -यं, अमर्य्याद: -दा -दं, अयुक्त: -क्ता -क्तं, अयोग्य: -ग्या -ग्यं, अनुपयुक्त: -क्ता -क्तं, अकर्त्तव्य: -व्या -व्यं, अनुचित: -ता -तं, अनुपपन्न: -न्ना -न्नं, शिष्टाचारविरुद्ध: -द्धा -द्धं, अशिष्ट: -ष्टा -ष्टं, निर्लज्ज: -ज्जा -ज्जं, लज्जाकर: -री -रं, अन्याय्य: -य्या -य्यं, न्यायविरुद्ध: -द्धा -द्धं, असङ्गत: -ता -तं, असमञ्जस: -सा -सं, अयथार्थ: -र्था -र्थं.—**(In language)** गर्ह्य: -र्ह्या -र्ह्यं, गर्हित: -ता -तं, अवाच्य: -च्या -च्यं, अवचनीय: -या -यं, दुरुक्त: -क्ता -क्तं, कुश्राव्य: -व्या -व्यं.

Indecently, ***adv.*** अविनयेन, विनयविरोधेन, विनयविरुद्धं, मर्य्यादाविरुद्धं, विनयं विना, अविनीतवत्, अयुक्तं, अयोग्यं, अनुपयुक्तं, अन्यायतस्, अनुचितं, असङ्गतं, शिष्टाचारविरुद्धं, गर्हितं, गर्हणीयं.

Indecision, ***s.*** अनिश्चय:, अनिर्णय:, सन्देह:, विकल्प:, संशय:, आशङ्का, शङ्का, वितर्क:.—**(Indecision of character)** अस्थिरमतित्वं, सन्दिग्धमतित्वं, विकल्पशीलता, सन्देहशीलता, अनिर्णयशीलता, चञ्चलता, चञ्चलमतित्वं, चलचित्तता, अनवस्थिति: ***f.,*** अधीरत्वं, आन्दोलितचित्तत्वं.

Indecisive, ***a.*** अनिश्चायक: -का -कं, अनिर्णायक: -का -कं, अनिर्णयन: -ना -नं, अनिश्चित: -ता -तं, अनिर्णीत: -ता -तं, सन्दिग्ध: -ग्धा -ग्धं, संशयस्थ: -स्था -स्थं, वैकल्पिक: -की -कं, सविकल्प: -ल्पा -ल्पं.—**(Vacillating in character)** अस्थिरमति: -ति: -ति, सन्दिग्धमति: -ति: -ति, चञ्चलशील: -ला -लं, चलचित्त: -त्ता -त्तं, अनवस्थितमति: -ति: -ति, आन्दोलितचित्त: -त्ता -त्तं, दोलायमानमति: -ति: -ति.

Indecisively, ***adv.*** अनिश्चयपूर्व्वं, अनिर्णयपूर्व्वं, अनिश्चितं, अनिर्णयेन.

Indeclinable, ***a.*** अव्यय: -या -यं, अव्ययी -यिनी -यि (न्), अविकार्य्य: -र्य्या -र्य्यं, अविभक्तिक: -का -कं; **'an indeclinable word,'** अव्यय: -यं, अव्ययशब्द:; **'an indeclinable compound,'** अव्ययीभाव:.

Indecorous, ***a.*** अविनीत: -ता -तं, अविनय: -या -यं, विनयविरुद्ध: -द्धा -द्धं, विनयापेत: -ता -तं, अयुक्त: -क्ता -क्तं, अन्याय्य: -य्या -य्यं अयोग्य: -ग्या -ग्यं, अनुपयुक्त: -क्ता -क्तं, अनुचित: -ता -तं, मर्य्यादाविरुद्ध: -द्धा -द्धं, अमर्य्याद: -दा -दं, असङ्गत: -ता -तं, अनियम: -मा -मं, शिष्टाचारविरोधी -धिनी -धि (न्), सभ्याचारविरोधी **etc.,** अतिक्रान्तविनय: -या -यं.

Indecorously, ***adv.*** अविनीतवत्, अविनयेन, विनयविरुद्धं, मर्य्यादाविरोधेन, अशिष्टवत्, असभ्यवत्, दु:शीलवत्, कुशीलवत्, अयुक्तं, अयोग्यं, अनुपयुक्तं, अनुचितं, अन्यायतस्, अन्यायेन, असम्यक्, असङ्गतं.

Indecorum, ***a.*** अविनय:, अविनीतता -त्वं, अमर्य्यादा, मर्य्यादातिक्रम:, विनयविरोध:, अन्याय: -यत्वं, अयुक्ति: ***f.,*** अयुक्तता, अनुपयुक्तता, अनुचितत्वं, अनौचित्यं, अयोग्यता, असङ्गतत्वं, असम्यक्त्वं, अनुपपत्ति: ***f.,*** असमञ्जसं, अयाथार्थ्यं, सदाचारविरोध:, शिष्टाचारातिक्रम:, असभ्यता, अशिष्टत्वं, कुशीलता, दु:शीलता, कुरीति: ***f.,*** अनीति: ***f.,*** कुनीति: ***f.,*** अनय:, कुचर्य्या, व्यभिचार:, अनियम:, अपचार:, अकर्त्तव्यता.

Indeed, ***adv.*** खलु, नूनं, एवं, एव, सत्यं, सत्यमेव, अवश्यं, अर्थतस्, वस्तुतस्, तत्त्वतस्, परमार्थतस्, किल, वै, नाम, ध्रुवं, तावत्.

Indefatigable, ***a.*** अश्रान्त: -न्ता -न्तं, अविश्रान्त: -न्ता -न्तं, अपरिश्रान्त: -न्ता -न्तं, अक्लान्त: -न्ता -न्तं, अतन्द्रित: -ता -तं, निस्तन्द्रि: न्द्रि: -न्द्रि, अविषाद: -दा -दं, बहुश्रम: -मा -मं, -मी -मिणी -मि (न्), महोत्साही -हिनी -हि (न्).

Indefatigableness, ***s.*** अश्रान्तता, अश्रान्ति: ***f.,*** अक्लान्ति: ***f.,*** अतन्द्रा.

Indefatigably, ***adv.*** अश्रान्तं, अतन्द्रितं, अतन्द्रितस्, अक्लान्तमनसा.

Indefeasible, ***a.*** अलोप्य: -प्या -प्यं, अलोपनीय: -या -यं, अविनाश्य: -श्या -श्यं.

Indefensible, ***a.*** अरक्षणीय: -या -यं, अप्रतिपालनीय: -या -यं, अपक्षपातक्षम: -मा -मं, अशोधनीय: -या -यं, अशोध्य: -ध्या -ध्यं, अपरिशुद्धिक्षम: -मा -मं, अप्रतिपादनीय: -या -यं, अव्यवस्थाप्य: -प्या -प्यं, अनुत्तर: -रा -रं.

Indefinite, ***a.*** अलक्षण: -णा -णं, अलक्षित: -ता -तं, अनियत: -ता -तं, अनियमित: -ता -तं, अनिर्द्दिष्ट: -ष्टा -ष्टं, अनिश्चित: -ता -तं, अव्यवस्थित: -ता -तं, अपरिमित: -ता -तं, उपलक्षण: -णा -णं; **'indefinite tense,'** अनद्यतनभूत:.

Indefinitely, ***adv.*** अपरिमितं, अमितं, अनियतं, अनिर्द्दिष्टं, अनिश्चितं.

Indelible, ***a.*** अनाश्य: -श्या -श्यं, अविनाश्य: -श्या -श्यं, अलोप्य: -प्या -प्यं, अलोपनीय: -या -यं, अमार्ष्टव्य: -व्या -व्यं, अनपमृज्य: -ज्या -ज्यं, अक्षर: -रा -रं, अक्षय्य: -य्या -य्यं.

Indelibly, ***adv.*** अलोपनीयं, अनाश्यं, यथा उपमार्ष्टुं न शक्यते तथा.

Indelicacy, ***s.*** अविनयः, अविनीतता -त्वं, असभ्यता, अशिष्टता, अमर्य्यादा, मर्य्यादातिक्रमः, मर्य्यादाविरोधः, अशुद्धता, कुशीलता, दुःशीलता, सदाचारविरोधः, असूक्ष्मत्वं -ता.

Indelicate, ***a.*** अविनीतः -ता -तं, विनयविरुद्धः -द्धा -द्धं, मर्य्यादाविरुद्धः -द्धा -द्धं, असभ्यः -भ्या -भ्यं, अशिष्टः -ष्टा -ष्टं, अयुक्तः -क्ता -क्तं, असङ्गतः -ता -तं, अनुचितः -ता -तं, असमञ्जसः -सा -सं, अयथार्थः -र्था -र्थं.—**(Offensive to good manners)** सदाचारविरुद्धः -द्धा -द्धं, शिष्टाचारविरुद्धः -द्धा -द्धं.—**(In language)** अवाच्यः -च्या -च्यं.

Indelicately, ***adv.*** अविनीतं, विनयविरुद्धं, मर्य्यादाविरोधेन, असभ्यवत्, अविनीतवत्, अशिष्टवत्, अयुक्तं, सदाचारविरुद्धं, दुःशीलवत्, असङ्गतं.

Indemnified, ***p. p.*** परितोषितः -ता -तं, प्रत्युपकृतः -ता -तं, रक्षितः -ता -तं.

To **indemnify,** ***v. a.*** **(Secure against loss)** अग्निचौरादिभ्यो रक्ष् (c. 1. रक्षति -क्षितुं), योगक्षेमं कृ, क्षेमप्रतिविधानं कृ.—**(Make good loss, compensate)** क्षतिं पॄ (c. **10.** पूरयति -यितुं) **or** सम्पॄ, क्षतिपूरणं कृ, परितुष् (c. **10.** -तोषयति -यितुं), पारितोषिकं दा, क्षतिपारितोषिकं कृ, क्षतिनिष्कृतिं दा, क्षतिं निष्कृ **or** अपाकृ **or** प्रतिकृ **or** शुध् (c. **10.** शोधयति -यितुं) **or** परिशुध्, अपकारमपेक्ष्य प्रत्युपकृ.

Indemnity, ***s.*** योगक्षेमः, अग्निचौरादिभ्यो रक्षारूपं क्षेमप्रतिविधानं, विधायकत्वं.—**(Compensation)** क्षतिपूरणं, क्षतिसम्पूरणं, हानिपूरणं, क्षतिमपेक्ष्य परितोषः, क्षतिपारितोषिकं, क्षतिनिष्कृतिः ***f.,*** दण्डनिष्कृतिः ***f.,*** दण्डनिस्तारः, प्रत्युपकारः, प्रत्युपकृतं, क्षतिशोधनं, अपकारशुद्धिः ***f.,*** उपहारः; **'paper of indemnity,'** हानिपूरणपत्रं, दण्डाभयपत्रं, अदण्डपत्रं, अभयपत्रं.

Indemonstrable, ***a.*** असाध्यः -ध्या -ध्यं, अनुपपादनीयः -या -यं, असूच्यः -च्या -च्यं.

To **indent,** ***v. a.*** क्रकचरूपेण **or** दन्तपंक्तिरूपेण भङ्गुरं -रां -रं कृ, दन्तुरं -रां -रं कृ, सदन्तं -न्तां -न्तं कृ, सदन्तीकृ, भङ्गं कृ, भङ्गुरीकृ, सभङ्गं -ङ्गां -ङ्गं कृ, छेदं कृ, अवच्छेदं कृ, क्रकचदन्तरूपेण छिद् (c. **7.** छिनत्ति, छेत्तुं), **or** विछिद्, ऊर्म्मिरूपं -पां -पं कृ, अङ्क् (c. **10.** अङ्कयति -यितुं).

Indentation, ***s.*** भङ्गः, छेदः, अवच्छेदः, विच्छेदः, दन्तः, क्रकचदन्तरूपो भङ्गः, भङ्गकरणं, भङ्गुरीकरणं, अङ्कः, अङ्कनं.

Indented, ***p. p.*** **or** ***a.*** भङ्गुरः -रा -रं, सभङ्गं -ङ्गां -ङ्गं, दन्तुरः -रा -रं, दन्ती -न्तिनी -न्ति (न्), अनुक्रकचः -चा -चं, क्रकचदन्तरूपेण विच्छिन्नः -न्ना -न्नं, ऊर्म्मिमान् -मती -मत् (त्), अङ्कितः -ता -तं, क्रकचाकारः -रा -रं.

Indenture, ***s.*** नियमपत्रं, लेखपत्रं, लेख्यपत्रं, पत्रं, लेख्यं, प्रतिज्ञापत्रं.

Independence, ***s.*** अनधीनता, अनायत्तता, स्वाधीनता, स्वतन्त्रता, स्वातन्त्र्यं, स्वच्छन्दता, स्वाच्छन्द्यं, स्वैरिता, स्वैरता, आत्माधीनता, आत्मायत्तता, आत्मतन्त्रता, आत्माश्रयः, आत्माश्रितत्वं, आत्मसंश्रयः, अनायत्तवृत्तिता, स्वैरवृत्तत्वं, स्वच्छन्दवृत्तिता, यदृच्छा, अपराधीनता, अपरायत्तता, अपरवशत्वं, विवशत्वं, अवशत्वं, अपारतन्त्र्यं, अनवलम्बत्वं, व्युत्थानं.

Independent, ***a.*** अनधीनः -ना -नं, अनायत्तः -त्ता -त्तं, स्वाधीनः -ना -नं, स्वतन्त्रः -न्त्रा -न्त्रं, स्वच्छन्दः -न्दा -न्दं, आत्माधीनः -ना -नं, आत्मायत्तः -त्ता -त्तं, आत्मतन्त्रः -न्त्रा -न्त्रं, आत्माश्रितः -ता -तं, आत्मसंश्रितः -ता -तं, अनुपाश्रितः -ता -तं, अनाश्रितः -ता -तं, अनपाश्रयः -या -यं, स्वैरी -रिणी -रि (न्), स्वैरवृत्तिः -त्तिः -त्ति, स्वैरः -री -रं, स्वैरचारी -रिणी -रि (न्), स्वच्छन्दवृत्तिः -त्तिः -त्ति, अनायत्तवृत्तिः -त्तिः -त्ति, अवशः -शा -शं, विवशः -शा -शं, अपरवशः -शा -शं, अपराधीनः -ना -नं, अपरायत्तः -त्ता -त्तं, अपरतन्त्रः -न्त्रा -न्त्रं, अनवलम्बः -म्बा -म्बं -म्बी -म्बिनी -म्बि (न्) यादृच्छिकः -की -कं, स्वेच्छाचारी -रिणी -रि (न्), यथेष्टचारी **etc.,** अनपेक्षः -क्षा -क्षं, निरपेक्षः -क्षा -क्षं, अभुजिष्यः -ष्या -ष्यं; **'independent of any written title,'** आगमनिरपेक्षः -क्षा -क्षं; **'independent of any written title,** अगमनिरपेक्षः -खा -क्षं; **'independent woman,'** स्वैरिणी, अवीरा.

Independently, ***adv.*** अनधीनं, अनुपाश्रितं, स्वाधीनवत्, स्वतन्त्रवत्, स्वातन्त्र्येण, स्वैरवत्, स्वच्छन्दवत्, विवशं, यदृच्छया, स्वेच्छया, यथेष्टं, यथाकामं; **'independently of any written title,'** आगमनिरपेक्षं.

Indescribable, ***a.*** अवर्णनीयः -या -यं, अनिर्देश्यः -श्या -श्यं, अव्याख्येयः -या -यं, अनिर्वचनीयः -या -यं, वर्णयितुम् अशक्यः -क्या -क्यं; **'this is indescribable,'** तद् वर्णयितुं न शक्यते.

Indesirable, ***a.*** अस्पृहणीयः -या -यं, अस्पृह्यः -ह्या -ह्यं, अप्रार्थनीयः -या -यं.

Indestructibility, ***s.*** अनाश्यता, अविनश्वरत्वं, अक्षयता, अजरत्वं.

Indestructible, ***a.*** अनाश्यः -श्या -श्यं, अविनाश्यः -श्या -श्यं, अविनश्वरः -रा -रं, अनश्वरः -रा -रं, अविनाशी -शिनी -शि (न्), अनाशनीयः -या -यं, अक्षयः -या -यं, अक्षयी -यिणी -यि (न्), अक्षय्यः -य्या -य्यं, अध्वंसनीयः -या -यं, अविध्वंसनीयः -या -यं, अजरः -रा -रं.

Indeterminate, ***a.*** अनियतः -ता -तं, अनिश्चितः -ता -तं, अनिर्णीतः -ता -तं, अनिर्धारितः -ता -तं, अनिर्दिष्टः -ष्टा -ष्टं, अव्यवस्थितः -ता -तं, अलक्षितः -ता -तं, अलक्षणः -णा -णं, अपरिमितः -ता -तं, वैकल्पिकः -की -कं, सन्दिग्धः -ग्धा -ग्धं, अविवक्षितः -ता -तं.

Indeterminately, ***adv.*** अनियतं, अनिश्चितं, अनिश्चयपूर्व्वं, अनिर्णयपूर्व्वं.

Indetermination, *s.* अनिश्चयः, अनिर्णयः, अनिर्धारणं, अनिष्पत्तिः ***f.,*** अनवधारणं.

Index, *s.* (That which points out, as the forefinger) देशी ***m.*** (न्), प्रदेशिनी, प्रदेशनी, देशकः, प्रदर्शकः, दर्शयिता ***m.*** (तृ), दर्शकः, प्रकाशकः.—**(Table of contents)** सूचीपत्रं, सूचिः ***f.*** -ची, अनुक्रमणिका, पत्रपञ्जी, निर्वचनं, निर्घण्टः; **'index of names,'** नामावलिः ***f.;*** **'index of a letter, in algebra,'** घातमापकः.

India, *s.* (The country) भारतवर्षं, भरतवर्षं, भारतं, भारतदेशः, जम्बुः, जम्बु ***n.,*** जम्बुद्वीपः.

Indian, *a.* भारतवर्षीयः -या -यं, भारतदेशीयः -या -यं, भारतदेशजः -जा -जं, भारतवर्षसम्बन्धी -न्धिनी -न्धि (न्).

Indian-rubber, *s.* अतिस्थितिस्थापकविशिष्टो भारतदेशीयवृक्षनिर्यासः.

To* indicate, *v. a. सूच् (**c. 10.** सूचयति -यितुं), संसूच्, प्रदिश् (**c. 6.** -दिशति -देष्टुं), निर्दिश्, विनिर्दिश्, उद्दिश्, सन्दिश्, अपदिश्, आदिश्, दृश् (**c. 10.** दर्शयति -यितुं), अभिदृश्, निदृश्, प्रतिदृश्, लक्षीकृ, प्रकटीकृ, व्यक्तीकृ, आविष्कृ, बुध् (**c. 10.** बोधयति -यितुं), उद्बुध्, निरूप् (**c. 10.** -रूपयति -यितुं), प्रकाश् (**c. 10.** -काशयति -यितुं), आविद् (**c. 10.** -वेदयति -यितुं), निविद्, लक्ष् (**c. 10.** लक्षयति -यितुं).

Indicated, *p. p.* सूचितः -ता -तं, निर्दिष्टः -ष्टा -ष्टं, उद्दिष्टः -ष्टा -ष्टं, दर्शितः -ता -तं, वेदितः -ता -तं, आवेदितः -ता -तं, लक्षितः -ता -तं.

Indication, *s.* लक्षणं, चिह्नं, लिङ्गं, सूचना, पूर्व्वलक्षणं, पूर्व्वलिङ्गं, पूर्व्वचिह्नं, पूर्व्वरूपं, रूपकं, व्यञ्जनं, प्रज्ञानं, अभिज्ञानं, संज्ञा, आकूतं, आकारः, इङ्गः, इङ्गितं, सङ्केतः, अवगतिः ***f.,*** अनुभवः, प्रमाणं.

Indicative, *a.* सूचकः -का -कं, अनुसूचकः -का -कं, दर्शकः -का -कं, लाक्षणिकः -का -कं, लाक्षण्यः -ण्या -ण्यं, बोधकः -का -कं, उद्बोधकः -का -कं, वाचकः -का -कं, अभिव्यञ्जकः -का -कं, उद्देशकः -का -कं, निर्देशकः -का -कं, देशकः -का -कं, देशी -शिनी (न्), गमकः -का -कं, ज्ञापकः -का -कं, निवेदकः -का -कं; **'indicative mode,'** कर्त्तृवाच्यं, स्वार्थः.

To* indict, *v. a. अभियोगपत्रेण **or** अपवादपत्रेण अभियुज् (**c. 7.** -युनक्ति -योक्तुं) **or** अभिशंस् (**c. 1.** -शंसति -सितुं) **or** अपवद् (**c. 1.** -वदति -दितुं).

Indictable, *a.* अभियोक्तव्यः -व्या -व्यं, अभियोज्यः -ज्या -ज्यं, अभियोजनीयः -या -यं.

Indicted, *p. p.* अपवादपत्रद्वारा अभियुक्तः -क्ता -क्तं **or** अभिशस्तः -स्ता -स्तं, लेख्याभियुक्तः -क्ता -क्तं.

Indicter, *s.* अभियोक्ता ***m.*** (क्तृ), अभियोगपत्रलेखकः.

Indictment, *s.* अभियोगपत्रं, अपवादपत्रं, अभियोगलेख्यं, लेख्यं, अभियोगः, अभिशंसनं.

Indifference, *s.* (Unconcernedness) उदासीनता, औदास्यं, औदासीन्यं, निरुत्सुकता, अनुत्सुकता, अनौत्सुक्यं, विरक्तिः ***f.,*** विरक्तता, वैराग्यं, वैरक्त्यं, अनभिलाषः, अनीहा, निरीहता -त्वं, अनपेक्षा, अनवेक्षा, अनादरः, निरादरः, निःस्पृहता, अस्पृहा, निःस्नेहता, नैःस्नेह्यं, जडता, जाड्यं, निःसङ्गत्वं, असङ्गता, सङ्गहीनता, स्नेहहीनता, वितृष्णा, अमनोयोगः, प्रमादः, निर्वृतिः.—**(Impartiality)** अपक्षपातः -तिता, विपक्षपातत्वं, अपक्षता, स्नेहराहित्यं, असङ्गः.—**(State in which there is no difference)** अविशेषत्वं, निर्विशेषत्वं, अभिन्नता -त्वं.—**(Neutrality)** मध्यस्थता.

Indifferent, *a.* (Unconcerned) उदासीनः -ना -नं, उदासी -सिनी -सि (न्), निरुत्सुकः -का -कं, अनुत्सुकः -का -कं, विरक्तः -क्ता -क्तं, निरीहः -हा -हं, अनपेक्षः -क्षा -क्षं, निरपेक्षः -क्षा -क्षं, अनभिलाषः -षा -षं, निरादरः -रा -रं, निःस्पृहः -हा -हं, विगतस्पृहः -हा -हं, निःस्नेहः -हा -हं, स्नेहहीनः -ना -नं, निःसङ्गः -ङ्गा -ङ्गं, सङ्गशून्यः -न्या -न्यं, गतसङ्गः -ङ्गा -ङ्गं, अनिच्छुकः -का -कं, विकौतुकः -का -कं, अव्यग्रः -ग्रा -ग्रं, जडः -डा -डं, समबुद्धिः -द्धिः -द्धि, समभावः -वा -वं, अमनोयोगी -गिनी -गि (न्), निर्वृतः -ता -तं.—**(Impartial)** विपक्षपातः -ता -तं, अपक्षपाती -तिनी -ति (न्), समदर्शी -र्शिनी -र्शि (न्), समदृष्टिः -ष्टिः -ष्टि, निःसङ्गः -ङ्गा -ङ्गं, गतसङ्गः -ङ्गा -ङ्गं.—**(Having no difference, not different)** निर्विशेषः -षा -षं, अविशेषः -षा -षं, अविशिष्टः ष्टा -ष्टं, अभिन्नः -न्ना -न्नं.—**(Neutral)** मध्यस्थः -स्था -स्थं, मध्यवर्त्ती -र्त्तिनी -र्त्ति (न्), तटस्थः -स्था -स्थं, समपक्षः -क्षा -क्षं.—**(Of a middling quality, bad)** विगुणः -णा -णं, निर्गुणः -णा -णं, मध्यमः -मा -मं, सामान्यः -न्या -न्यं; **'an indifferent person,'** उदासः, उदासिता ***m.*** (तृ), उदासी ***m.*** (न्), वहिरङ्गः.

Indifferently, *adv.* निर्विशेषं -षेण, अविशेषेण, अविशिष्टं, निरपेक्षं, अनपेक्षया.—**(Badly)** विगुणं, निर्गुणं, यावत्तावत्.

Indigence, indigency, *s.* दरिद्रता, दारिद्रं, दारिद्र्यं, निर्धनता -त्वं, अधनता, निष्किञ्चनत्वं, कार्पण्यं, दीनता, दैन्यं, दुर्गतिः ***f.,*** निःस्वता.

Indigenous, *a.* स्वदेशीयः -या -यं, स्वदेशजः -जा -जं, स्वदेशजातः -ता -तं, देशजः -जा -जं, दैशिकः -की -कं, स्वदेशोद्भवः -वा -वं.

Indigent, *a.* दरिद्रः -द्रा -द्रं, निर्धनः -ना -नं, अधनः -ना -नं, अल्पधनः -ना -नं, निष्किञ्चनः -ना -नं, निष्काञ्चनः -ना -नं, दीनः -ना -नं, कृपणः -णा -णं, दुर्गतः -ता -तं, वित्तहीनः -ना -नं, अर्थहीनः -ना -नं, निःस्वः -स्वा -स्वं, दरिद्रायकः -का -कं.

Indigently, ***adv.*** दरिद्रवत्, निर्धनवत्, दारिद्र्येण, कृपणं, दीनं, सदैन्यं.

Indigested, ***a.*** अजीर्णः -र्णा -र्णं, अपक्वः -क्वा क्वं, अजातपाकः -का -कं, अक्वथितः -ता -तं, अदग्धः -ग्धा -ग्धं, असिद्धः -द्धा -द्धं, अरुचितः -ता -तं.—**(Not regularly arranged)** अव्यवस्थितः -ता -तं.

Indigestible, ***a.*** अपाच्यः -च्या -च्यं, दुष्पाच्यः -च्या -च्यं, दुष्पचः -चा -चं, अपाक्यः -क्या -क्यं, अपक्तव्यः -व्या -व्यं, अपचनीयः -या -यं, दुर्जरः -रा -रं, अजर्य्यः -र्य्या -र्य्यं अक्वथनीयः -या -यं, अपाकयोग्यः -ग्या -ग्यं.

Indigestion, ***s.*** अजीर्णिः ***f.,*** अजीर्णं, अजीर्णता, अजरणं, अपक्तिः ***f.,*** अपाकः, अपरिपाकः, पाककृच्छ्रं, मन्दाग्निः ***m.,*** तीक्ष्णाग्निः ***m.,*** अप्रदीप्ताग्निः ***m.,*** अग्नितीक्ष्णता, अवक्वाथः, अक्वाथः, अपक्वता, अपरिपक्वता, कुपित्तं, अरुचिः ***f.,*** अरोचकः, अन्नविकारः, अजीर्णविकारः, आमयावित्वं, परिणामशूलः.

Indignant, ***a.*** समन्युः -न्यु -न्यु, अतिक्रुद्धः -द्धा -द्धं, अतिक्रोधी -धिनी -धि (न्), अतिकोपी -पिनी -पि (न्), कुपितः -ता -तं, कोपाकुलः -ला -लं, कृतमन्युः -न्युः -न्यु, कृतकोपः -पा -पं, आगतमन्युः -न्युः -न्यु, अतिरुष्टः -ष्टा -ष्टं, सरोषः -षा -षं, जातामर्षः -र्षा -र्षं, सामर्षः -र्षा -र्षं, जातरोषः -षां -षं, जनितरोषः -षा -षं, उपजातकोपः -पा -पं, इद्धमन्युः -न्युः -न्यु, संरम्भी -म्भिणी -म्भि (न्).

Indignantly, ***adv.*** सकोपं, सरोधं, सक्रोधं, सामर्षं, क्रोधेन, कोपाकुलवत्.

Indignation, ***s.*** मन्युः ***m.,*** रोषः, क्रोधः, कोपः, अमर्षः, संरम्भः, अत्यन्तक्रोधः, गुरुकोपः, अतिरोषः, अवज्ञापूर्व्वः क्रोधः, अवेलापूर्व्वः कोपः, गर्ज्जनं.

Indignity, ***s.*** अपमानं, अवमानं, अवज्ञा -ज्ञान, परिभवः, अनादरः, अवहेला -लं -लनं, परावज्ञा, उपेक्षा -क्षणं, गर्हा -र्हणं, अवधीरणं, कुत्सा -त्सनं, हेलनं, तिरस्कारः, न्यक्कारः.

Indigo, ***s.*** नीलं.—**(The plant)** नीली, नीलिनी, नीलिका, काला, रञ्जनी, तूली, तूणी, द्रोणिका, द्रोणी, स्यमीका, स्थिररङ्गा, दोला, श्रीफली, ग्रामीणा, मधुपर्णिका, क्लीतकिका, तुत्था, पुक्कसी, नीलपुष्पिका; **'indigo vat,'** नीलपाचनभाण्डं, नीलसन्धानभाण्डं; **'maceration of indigo,'** नीलपाचनं, नीलीसन्धानं.

Indirect, ***a.*** वक्रः -क्रा -क्रं, कुटिलः -ला -लं, जिह्मः -ह्मा -ह्मं, विजिह्मः -ह्मा -ह्मं, अनृजुः -जुः -जु, वक्रिमः -मा -मं, असरलः -ला -लं, तिर्य्यङ् तिरश्ची तिर्य्यक् (च्), वक्री -क्रिणी -क्रि (न्), विषमः -मा -मं; **'indirect flight,'** विडीनं; **'indirect speech,'** वक्रभणितं, वक्रोक्तिः ***f.***

Indirectly, ***adv.*** वक्रं, कुटिलं, जिह्मं, विजिह्मं, अनृजु, असरलं, तिर्य्यक्, तिरस्, विषमं.—**(Not expressly)** अव्यक्तं, वक्रोक्त्या.

Indirectness, ***s.*** वक्रता, कुटिलता, कौटिल्यं, जिह्मता, अनृजुता, असरलत्वं, असारल्यं, तिर्य्यक्त्वं, विषमता, वैषम्यं.

Indiscernible, ***a.*** अदृश्यः -श्या -श्यं, अदर्शनीयः -या -यं, अदृष्टिगोचरः -रा -रं, अविज्ञेयः -या -यं, अप्रत्यक्षः -क्षा -क्षं, अलक्ष्यः -क्ष्या -क्ष्यं, अप्रेक्ष्यः -क्ष्या -क्ष्यं, अप्रेक्षणीयः -या -यं, अलोकनीयः -या -यं, अविभाव्यः -व्या -व्यं, अव्यक्तः -क्ता -क्तं.

Indiscerptibility, ***a.*** अछेद्यता, अव्यवछेद्यत्वं, अभेद्यता, अविभेद्यता, अखण्डनीयता.

Indiscerptible, ***a.*** अछेद्यः -द्या -द्यं, अविभेद्यः -द्या -द्यं, अखण्डनीयः -या -यं.

Indiscoverable, ***a.*** अनिरूपणीयः -या -यं, अज्ञेयः -या -यं, अविज्ञेयः -या -यं.

Indiscreet, ***a.*** अविनीतः -ता -तं, दुर्विनीतः -ता -तं, अविनयः -या -यं, अविनयवान् -वती -वत् (त्), अनीतिज्ञः -ज्ञा -ज्ञं, अविज्ञः -ज्ञा -ज्ञं, अविचक्षणः -णा -णं, अविचारी -रिणी -रि (न्), अविचारणशीलः -ला -लं, अविमृश्यकारी -रिणी -रि (न्), असमीक्ष्यकारी **etc.,** अविवेचकः -का -कं, अबुद्धिमान् -मती -मत् (त्), अमतिमान् **etc.,** अमनस्वी -स्विनी -स्वि (न्), अपरिणामदर्शी -र्शिनी -र्शि (न्), अनवहितः -ता -तं, विचारशून्यः -न्या -न्यं.

Indiscreetly, ***adv.*** अविनयेन, विनयविरुद्धं, अविनीतवत्, अविज्ञवत्, अविमृश्य, असमीक्ष्य, अविचार्य्य, असमीक्षापूर्व्वं, अविचारितं, अविवेचनापूर्व्वं, अनालोचितं, अविचक्षणवत्.

Indiscrete, ***a.*** अविविक्तः -क्ता -क्तं, अभिन्नः -न्ना -न्नं, अविछिन्नः -न्ना -न्नं.

Indiscretion, ***s.*** अविनयः, अविनीतता -त्वं, अनीतिः ***f.,*** दुर्णीतिः ***f.,*** दुर्णयः, अविज्ञता, असमीक्षा, असमीक्ष्यकारित्वं, अविचारः -रणा, अविवेचना, अविचक्षणता, अवैचक्षण्यं, अबुद्धिमत्त्वं, अमनस्विता, अनवेक्षा, असावधानता, जाल्मता, प्रमादः; **'indiscretion of youth,'** यौवनदर्पः.

Indiscriminate, ***a.*** अविविक्तः -क्ता -क्तं, निर्विशेषः -षा -षं, अविशेषः -षा -ष, -षकः -का -कं, अविशेषणः -णा -णं, अविशेषणीयः -या -यं, विशेषहीनः -ना -नं, अपरिच्छिन्नः -न्ना -न्नं, अपरिच्छेदितः -ता -तं, अपृथक्कृतः -ता -तं, अकृतलक्षणः -णा -णं, अलक्षितः -ता -तं, अभेदः -दा -दं, अपरिच्छेदकः -का -कं, अव्यवस्थितः -ता -तं.—**(Confused)** सङ्कुलः -ला -लं, सङ्कीर्णः -र्णा -र्णं अस्तव्यस्तः -स्ता -स्तं.

Indiscriminately, ***adv.*** अविशेषेण, निर्विशेषः -षेण, अविविक्तं, अभेदेन.—**(Confusedly)** सङ्कुलं, सङ्कीर्णं, क्रमं विना, अक्रमेण.

Indiscrimination, indsicriminative ***a.*** अविवेकी -किनी -कि (न्), निर्विवेकः -का -कं, अविशेषज्ञः -ज्ञा -ज्ञं, अविवेकदृश्वा -श्वा -श्व (न्), अविशेषणः -णा -णं, अपरिच्छेदकः -का -कं, अविभावकः -का -कं.

Indiscrimination, *s.* अविवेकः, अविवेचना, अविज्ञता, अपरिच्छेदः, अविज्ञानं, अविभावनं, अविचारः, अव्यवच्छेदः, अविवेक्तृत्वं.

Indispensable, *a.* अवश्यकः -का -कं, आवश्यकः -की -कं, अवश्यकर्त्तव्यः -व्या -व्यं, अवश्यकार्य्यः -र्य्या -र्य्यं, अवश्यकरणीयः -या -यं, अवश्यः -श्या -श्यं, अपरित्याज्यः -ज्या -ज्यं, अपरिहार्य्यः -र्य्या -र्य्यं, अपरिहरणीयः -या -यं, अत्याज्यः -ज्या -ज्यं, अवश्यभवितव्यः -व्या -व्यं, सर्व्वथा करणीयः -या -यं, नैत्यिकः -की -कं; **'indispensable act,'** अवश्यकर्त्तव्यं, नित्यकृत्यं, नित्यकर्म्म *n.* (न्).

Indispensableness, *s.* अवश्यकत्वं, आवश्यकता, अवश्यकर्त्तव्यता, अत्याज्यत्वं, अपरिहार्य्यता.

Indispensably, *adv.* अवश्यं, अवशं, विवशं, अत्यवश्यं, अपरिहरणीयं.

***To* indispose,** *v. a.* वैरक्त्यं or अनिच्छां or अरुचिं जन् (c. 10. जनयति -यितुं) or उत्पद् (c. 10. -पादयति -यितुं), पराङ्मुखं -खां -खं कृ, विरञ्ज् (c. 10. -रञ्जयति -यितुं), विमुखीकृ, न प्रवृत् (c. 10. -वर्त्तयति -यितुं), प्रतिकूलं -ला -लं कृ, अननुकूलं -ला -लं कृ.—**(Make unfit)** अयोग्यं -ग्या -ग्यं कृ, अनुपयुक्तः -क्ता -क्तं कृ.—**(Disorder the health)** अस्वस्थीकृ.

Indisposed, *p. p.* **(Disinclined)** पराङ्मुखः -खी -खं, विमुखः -खी -खं, विरक्तः -क्ता -क्तं, विरक्तभावः -वा -वं, विपरीतः -ता -तं, अनिच्छुः -च्छुः -च्छु, विमतः -ता -तं, अनभिलाषी -षिणी -षि (न्), प्रतिकूलः -ला -लं, अननुकूलः -ला -लं, अप्रवृत्तः -त्ता -त्तं.—**(In health)** अस्वस्थः -स्था -स्थं, अस्वस्थशरीरः -रा -रं, असुस्थः -स्था -स्थं, असुस्थशरीरः -रा -रं, अस्वस्थ्य -स्थ्या -स्थ्यं, ईषद्रोगी -गिणी -गि (न्), ईषद्रोगार्त्तः -र्त्ता -र्त्तं.

Indisposition, *s.* **(Disinclination)** विरक्ति *f.*, विरागः, वैरक्त्यं, विमुखता, वैमुख्यं, पराङ्मुखता, अनिच्छा, अरुचिः *f.*, विमतिः *f.*, अनीहा, निरीहता, अस्पृहा, अप्रीतिः *f.*, प्रतिकूलता, विपरीतता, अप्रवृत्तिः *f.*—**(Slight disorder of the health)** अस्वास्थ्यं, अस्वस्थता, असुस्थता, शरीरास्वास्थ्यं, ईषद्रोगः, अल्परोगः, रोगः, ईषत्पीडा.

Indisputable, *a.* अविवदनीयः -या -यं, निर्व्विवादः -दा -दं, अविचारणीयः -या -यं, अविचार्य्यः -र्य्या -र्य्यं, अवितर्क्यः -र्क्या -र्क्यं, अवितर्कणीयः -या -यं, अप्रत्याख्येयः -या -यं, अबाध्यः -ध्या -ध्यं, अखण्डनीयः -या -यं, अनाशङ्कनीयः -या -यं, असन्दिग्धः -ग्धा -ग्धं, अविसंवादी -दिनी -दि (न्), सुनिश्चितः -ता -तं.

Indisputably, *adv.* निर्व्विवादं, अविवदनीयं, असंशयं, सुनिश्चितं.

Indissolubility, *s.* **(State of being not to be broken)** अभेद्यता, दुर्भेद्यता, अलंघ्यता.—**(State of being not to be melted)** अद्राव्यता, अद्रवणीयत्वं, अगलनीयता, अक्षरणीयत्वं, अयाव्यता.

Indissoluble, *a.* **(Not to be broken or violated)** अभेद्यः -द्या -द्यं, दुर्भेद्यः -द्या -द्यं, अखण्डनीयः -या -यं, अलंघ्यः -घ्या -घ्यं, अनतिक्रमणीयः -या -यं.—**(Not to be melted)** अद्राव्यः -व्या -व्यं, अविद्राव्यः -व्या -व्यं, अविलयनीयः -या -यं, अविलयनशीलः -ला -लं, अगलनीयः -या -यं, अक्षरणीयः -या -यं, अयाव्यः -व्या -व्यं, अद्रवणीयः -या -यं.—**(Very firm)** सुदृढः -ढा -ढं, वज्रप्रायः -या -यं.

Indissolubly, *adv.* अभेद्यप्रकारेण, अलंघनीय, सुदृढं, अतिदृढं, दृढबन्धनपूर्व्वं, यथा भेत्तुं न शक्यते तथाप्रकारेण.

Indistinct, *a.* अव्यक्तः -क्ता -क्तं, अनभिव्यक्तः -क्ता -क्तं, अस्पष्टः -ष्टा -ष्टं, अविस्पष्टा -ष्टा -ष्टं, अस्फुटः -टा -टं, अपरिस्फुटः -टा -टं, अप्रत्यक्षः -क्षा -क्षं, अप्रकाशः -शा -शं, अव्यञ्जनः -ना -नं, अभिन्नः -न्ना -न्नं.—**(As speech)** अस्पष्टः -ष्टा -ष्टं, अविस्पष्टः -ष्टा -ष्टं, म्लिष्टः -ष्टा -ष्टं, मदकलः -ला -लं; **'indistinct speech,'** अविस्पष्टं, म्लिष्टं, म्लेच्छः.—**(Confused)** सङ्कीर्णः -र्णा -र्णं, व्यस्तः -स्ता -स्तं, सङ्कुलः -ला -लं.—**(Imperfect)** विकलः -ला -लं.

Indistinction, *s.* अभेदः, अविभेदः, अभिन्नता, अविच्छेदः, अपृथक्त्वं, अपरिच्छेदः, व्यस्तता, सङ्कीर्णता.

Indistinctly, *adv.* अव्यक्तं, अस्पष्टं, अस्पष्टार्थं, अस्फुटं, अपरिस्फुटं, अप्रत्यक्षं -क्षतस् -क्षेण, अस्पष्टत्वेन, अव्यक्तत्वेन.

Indistinctness, *s.* अव्यक्तः -त्वं, अव्यक्तिः *f.*, अनभिव्यक्तिः *f.*, अस्पष्टता -त्वं, अस्फुटता, अपरिस्फुटता, अभिन्नता, अप्रत्यक्षता -त्वं, अप्रकाशत्वं.—**(Confusion)** व्यस्तता, सङ्कीर्णता.

Indistinguishable, *a.* अव्यक्तः -क्ता -क्तं, अविज्ञेयः -या -यं, अविभावनीयः -या -यं, अविभाव्यः -व्या -व्यं, अदृश्यः -श्या -श्यं, अपरिच्छेदनीयः -या -यं, परिच्छेत्तुम् अशक्यः -क्या -क्यं, अदृष्टिगोचरः -रा -रं, अप्रत्यक्षः -क्षा -क्षं, अलक्ष्यः -क्ष्या -क्ष्यं, अलोकनीयः -या -यं.

***To* indite,** *v. a.* लिख् (c. 6. लिखति, लेखितुं), अभिलिख्, लेखनं कृ, अभिलेखनं कृ.

Indited, *p. p.* लिखितः -ता -तं, अभिलिखितः -ता -तं, रचितः -ता -तं.

Individual, *a.* अव्यापी -पिनी -पि (न), अव्यापकः -का -कं, अव्याप्तः -प्ता -प्तं, अविभक्तः -क्ता -क्तं, व्यक्तः -क्ता -क्तं, एकः -का -कं.

Individual, *s.* **(A single person)** व्यक्तिः, एकजनः, जनः, लोकः.

Individuality, *s.* व्यक्तिता, व्यक्तिः *f.*, व्यक्तता -त्वं, अव्याप्तिः *f.*, अव्याप्तत्वं, अव्यापकत्वं, अविभक्तिः *f.*, अविभक्तता, पृथक्त्वं, पार्थक्यं, पृथगात्मिका, ममता, एकता, ऐक्यं.

Individually, ***adv.*** पृथक्, पृथक् पृथक्, प्रत्येकं, एकैकं, एकतस्, एकैकशस्.

To* individuate, *v. a. पृथक्कृ, पृथक्, पृथग् विभिद् (**c. 7.** -भिनत्ति -भेत्तुं).

Indivisibility, *s.* अछेद्यता, अविच्छेद्यत्वं, अभेद्यता, अविभाज्यता, अनंश्यता, असावयवत्वं, अवयवहीनता, निरवयवत्वं, छेत्तुम् अशक्यता.

Indivisible, *a.* अछेद्यः -द्या -द्यं, अविच्छेद्यः -द्या -द्यं, अविच्छेदनीयः -या -यं, अभेद्यः -द्या -द्यं, अविभाज्यः -ज्या -ज्यं, अनंश्यः -श्या -श्यं, अनंशनीयः -या -यं, अपृथक्करणीयः -या -यं, छेत्तुम् अशक्यः -क्या -क्यं, परिच्छेत्तुम् अयोग्यः -ग्या -ग्यं, निरवयवः -वा -वं.

Indivisibly, *adv.* अछेदनीयं, अविच्छेद्यं, यथा छेत्तुं न शक्यते तथाप्रकारेण.

Indocile, *a.* अविनेयः -या -यं, अवश्यः -श्या -श्यं, अशिक्ष्यः -क्ष्या -क्ष्यं, अशिक्षणीयः -या -यं, अप्रणेयः -या -यं, अविधेयः: -या -यं, अवशगः -गा -गं, अशिक्षणीयः -या -यं, अनायत्तः -त्ता -त्तं अनधीनः -ना -नं, दुःशास्यः -स्या -स्यं, दुःशासनः -ना -नं, दुर्निग्रहः -हा -हं, दुर्दमः -मा -मं, दुर्दान्तः -न्ता -न्तं, प्रतीपः -पा -पं, स्वच्छन्दः -न्दा -न्दं, स्वैरी -रिणी -रि (न्), स्वैरचारी -रिणी -रि (न्), स्वेच्छाचारी etc., अगृह्यकः -का -कं.

Indocility, *s.* अविनेयता, अविधेयता, अवश्यत्वं, अनायत्तत्वं, अनधीनता, प्रतीपता, दुर्दान्तता, अशिक्ष्यता, अशिक्षणीयत्वं, स्वैरिता, स्वाच्छन्द्यं.

To* indoctrinate, *v. a. उपदिश् (**c. 6.** -दिशति -देष्टुं), शिक्ष् (**c. 10.** शिक्षयति -यितुं), ज्ञा **in caus.** (ज्ञापयति -यितुं), शास् (**c. 2.** शास्ति, शासितुं), अनुशास्.

Indoctrinated, *p. p.* शिक्षितः -ता -तं, उपदिष्टः -ष्टा -ष्टं, अध्यापितः -ता -तं.

Indoctrination, *s.* उपदेशः -शनं, शिक्षा, शासनं, अनुशासनं, प्रतिबोधः.

Indolence, *s.* आलस्यं, अलसता -त्वं, आलस्यशीलता, तन्द्रा -न्द्रिः ***f.,*** -द्री, तन्द्रिका, तन्द्रालुता, मन्दता, मान्द्यं, जडता, जाड्यं, अनुद्योगः, अनुत्साहः, अव्यवसायः अप्रवृत्तिः ***f.,*** कार्य्यविमुखता, कार्य्यप्रद्वेषः, अनुत्सुकता, कुण्ठता, सिद्धं.

Indolent, *a.* अलसः -सा -सं, आलस्यः -स्या -स्यं, आलस्यशीलः -ला -लं, तन्द्रालुः -लुः -लु, मन्दः -न्दा -न्दं, क्रियासु मन्दः -न्दा -न्दं, अनुद्योगी -गिनी -गि (न्), निरुद्योगः -गा -गं -गी -गिनी -गि (न्), निरुत्साहः -हा -हं, निरुद्यमः -मा -मं, अप्रयत्नः -त्ना -त्नं, प्रयत्नशून्यः -न्या -न्यं, लघुप्रयत्नः -त्ना, त्नं, अव्यवसायी -यिनी -यि (न्), जडः -डा -डं, कुण्ठः -ण्ठा -ण्ठं, कार्य्यद्वेषी -षिणी -षि (न्), कार्य्यविमुखः -खा -खं, उदासीनः -ना -नं, निश्चेष्टः -ष्टा -ष्टं; **'indolent tumour,'** अर्व्वुदः -दं, मेदोर्व्वुदं.

Indolently, *adv.* अलसवत्, अलसं, आलस्येन, मन्दं, अनुद्योगेन.

Indomitable, *a.* अदमनीयः -या -यं, अदम्यः -म्या -म्यं, दुर्दम्यः -म्या -म्यं, दुर्दमः -मा -मं, दुर्दान्तः -न्ता -न्तं, अश्रण्यः -ण्या -ण्यं, अदीनचेताः -ताः -तः (स्).

To* indorse, *v. a. **(Write on the back of a paper or bill)** पत्रपृष्ठे or पत्रविपरीतभागे लिख् (**c. 6.** लिखति, लेखितुं), हुण्डिकापत्रदृढीकरणार्थं विपरीतभागे स्वनामाक्षराणि लिख्, लेख्यपत्रसत्याकरणार्थं पृष्ठभागे स्वाक्षरं लिख्. **—(Corroborate, sanction)** दृढीकृ, सत्याकृ, सत्यं कृ, प्रमाणीकृ, प्रमाणं दा, सप्रमाणं -णां -णं कृ.

Indopsed, *p. p.* पृष्ठभागे or विपरीतभागे लिखितः -ता -तं, सत्याकृतः -ता -तं, सत्यीकृतः -ता -तं, प्रमाणीकृतः -ता -तं, सप्रमाणः -णा -णं.

Indorsement, *s.* पत्रदृढीकरणार्थं विपरीतभागे स्वनामाक्षरलिखनं, लेख्यपत्रप्रमाणीकरणार्थं पृष्ठभागे स्वाक्षरलिखनं.

Indra, *s.* **(The Hindū Jove or Jupiter Tonans, chief of the secondary deities. He presides over Svarga or Paradise, and is more praticularly the god of the atmosphere and winds. He is also regent of the east quarter of the sky)** इन्द्रः, महेन्द्रः, शक्रः, मघवा ***m.*** (न्), मघवान् ***m.*** (त्), ऋभुक्षी ***m.*** (न्), ऋभुक्षः, तुरापाट् ***m.*** (-साह्), सङ्क्रन्दनः, देवः, वैकुण्ठः. **—(As chief of the deities, he is called)** देवपतिः ***m.,*** देवदेवः, देवराजः, देवताधिपः, सुरपतिः ***m.*** सुराधिपः, सुरराजः, सुरेन्द्रः, अमरेशः -रेश्वरः, सुरप्रियः, सुरग्रामणीः, अमरभर्त्ता ***m.*** (र्त्तृ), अमराधिपतिः ***m.*** **—(As lord of the atmosphere)** दिवस्पतिः ***m.,*** वृषा ***m.*** (न्), आकाशेशः. **—(As lord of the winds)** मरुत्वान् ***m.*** (त्), मरुत्पालः, मरुतां भर्त्ता ***m.*** (र्त्तृ), मरुत्सखः. **—(As lord of the eight Vasus or demigods Wind, Fire, etc.)** वासवः. **—(As the Thunderer)** वज्री ***m.*** (न्), वज्रधरः, वज्रपाणिः ***m.,*** कुलिशभृत् ***m.*** **—(As splitting mountains with his thunderbolt, or as clipping their wings)** गोत्रभिद् ***m.,*** अद्रिभिद् ***m.,*** नगभिद् ***m.,*** गिरिभिद् ***m.,*** गिरिछिद् ***m.*** पर्व्वतारिः ***m.*** **—(As breaking cities, etc., into fragments)** पुरन्दरः, पुरन्दः, आखण्डलः, विडोजाः ***m.*** (स्), विडौजाः. **—(As ruling or destroying demons)** पाकशासनः, वृत्रहा ***m.*** (न्), बलारातिः ***m.,*** बलभिद्, जम्भद्वेषी ***m.*** (न्), जम्भद्विट् ***m.*** (ष्), नमुचिद्विट् ***m.,*** नमुचिसूदनः, पुरुदंशाः ***m.*** (स्). **—(As lord of paradise)** स्वर्गपतिः ***m.,*** स्वर्गभर्त्ता ***m.*** (र्त्तृ), स्वाराट् ***m.*** (ज्), स्वर्गराजः, इन्द्रलोकेशः, नाकनाथः, नाकनायकः, नाकषेधकः. **—(As borne on the clouds, cloud-compeller)** मेघवाहनः, घनवाहनः, घनाघनः, जीमूतवाहनः, पर्जन्यः. **—(As lord of a hundred sacrifices;**

the performance of a hundred aśwamedhas elevating the sacrificer to the rank of Indra) शतक्रतुः *m.*, शतमखः, शतमन्युः *m*.—(As havig a thousand eyes, in consequence of the curse of Gautama, who covered him over with a thousand disgraceful marks, and afterwards changed them to eyes) सहस्राक्षः, सहस्रनयनः, सहस्रदृक् *m.* (श्), सहस्रनेत्रः.—(As husband of Śacī) शचीपतिः *m*.—(As destroyer of his own father-in-law Puloma, to prevent his curse for the violation of his daughter) पुलोमभिद् *m.*, (न्) पुलोमद्विट् *m.* (ष्), पुलोमजित् *m.*, पुलोमारिः *m*.—(As the victorious leader of the celestial armies) जिष्णुः *m.*, सुनासीरः.—(As the good preserver) सुत्रामा *m.* (न्) सूत्रामा.—(As the best of deities) लेखर्षभः.—(As much invoked) पुरुहूतः.—(As having green horses) हरिहयः.—(As borne on a white horse) श्वेतवाः *m.* (ह्), श्वेतवाहः.—(As presiding over the site of a house) वास्तोष्पतिः *m*.—(As suffering from the curse of the saint Chyavana) दुश्च्यवनः.—(As listening to the old) वृद्धश्रवाः *m.* (स्).—(His wife is called) शची -चिः, इन्द्राणी, शक्राणी, मघोनी. इन्द्रशक्तिः *f.*, पुलोमजा, पौलोमी.—(His son) जयन्तः, पाकशासनिः *m.* ऐन्द्रिः *m*.—(His daughter) देवसेना.—(His paradise) स्वर्गः, इन्द्रलोकः, सुरलोकः, सुरसद्म *m.* (न्), सुरेन्द्रलोकः, अमर्त्यभुवनं, नाकः, ऋभुक्षः.—(His pleasure garden or elysium) नन्दनं, नन्दनवनं.—(His city) अमरावती, देवपुः *f.* (र्).—(His palace) वैजयन्तः.—(His car) विमानः, व्योमयानं, सहस्रहर्यश्वः.—(His horse) उच्चैःश्रवाः *m.* (स्), देवाश्वः, श्वेतहयः.—(His chariceer) मातलिः, मातुलिः, शक्रसारथिः *m*.—(One of his doorkeppers) देवनन्दी *m.* (न्).—(His thunderbolt) वज्रः -ज्रं, कुलिशं, अशनिः *m. f.*, वज्राशनिः *m.* भिदुरं, ह्रादिनी, पविः *m.*, शतकोटिः *m.* शम्बः, शम्भः, दम्भोलिः *m.* स्वरुः *m.* इन्द्रप्रहरणं, अभ्रोत्थं.—(His elephant) ऐरावतः, ऐरावणः, अभ्रोमतामाङ्गः, अभ्रमुप्रियः, अभ्रमुवल्लभः, श्वेतहस्ती *m.* (न्), इन्द्रकुञ्जरः.—(His bent bow, visible to mortals as the rainbow) शक्रधनुस्, इन्द्रायुधं, शक्रशरासनं.—(His unbent bow, invisible to mortals) रोहितं.—(His musicians) गन्धर्व्वाः *m. pl.;* 'their chief,' चित्ररथः.

Indubitable, ***a.*** असंशयः -या -यं, निःसंशयः -या -यं, असन्दिग्धः -ग्धा -ग्धं, निःसन्देहः -हा -हं, सुनिश्चितः -ता -तं, अशङ्कितः -ता -तं, अनाशङ्कनीयः -या -यं.

Indubitably, ***adv.*** असंशयं, असन्दिग्धं, सुनिश्चितं, अत्र न संशयः.

To **induce,** ***v. a.*** अनुनी (c. 1. -नयति -नेतुं), आनी, नी.—(Incite to any action by argument, etc.) सुहेतुवादेन or चाटूक्त्या कस्मिंश्चित् कर्म्मणि प्रवृत् (c. 10. -वर्त्तयति -यितुं) or नियुज् (c. 10. -योजयति -यितुं) or प्रयुज्, प्रोत्सह् (c. 10. -साहयति -यितुं), उत्सह्, समुत्सह्, आकृष् (c. 1. -कर्षति -क्रष्टुं), प्रलुभ् (c. 10. -लोभयति -यितुं). Sometimes the sense of 'induce' may be expressed by the causal form; as, 'to induce to return,' निवृत् in caus. (-वर्त्तयति -यितुं); 'he induces her to go home,' तां गृहं गमयति.—(Bring on produce) आवह् (c. 1. -वहति -वोढुं), उत्पद् (c. 10. -पादयति -यितुं) जन् (c. 10. जनयति -यितुं).

Induced, ***p. p.*** अनुनीतः -ता -तं, प्रवर्त्तितः -ता -तं, प्रवृत्तः -त्ता -त्तं, प्रोत्साहितः -ता -तं, आकृष्टः -ष्टा -ष्टं, आकर्षितः -ता -तं.—(Brought on) उत्पादितः -ता -तं.

Inducement, ***s.*** प्रोत्साहः -हनं, प्रलोभनं, प्रवर्त्तः -र्त्तनं, प्रवर्त्तकं, प्ररोचनं, उत्तेजनं, प्रेरणं -णा, अभ्युपायनं.—(Motive) हेतुः *m.*, प्रयोजनं -जकं, प्रयोगः, कारणं, निमित्तं -त्तं, निदानं, निबन्धनं, करणं.

To **induct,** ***v. a.*** नियमानुसारेण नवाधिकारं प्रविश् (c. 10. -वेशयति -यितुं), दीक्षाकर्म्मपूर्व्वं नवमाधिकारे नियुज् (c. 10. -योजयति -यितुं).

Inducted, ***p. p.*** नियमानुसारेण or दीक्षाकर्म्मपूर्व्वं नवपदप्रवेशितः -ता -तं.

Induction, ***s.*** (A kind of argument) अनुमानं, अनुमा, अनुमितिः *f.*, ऊहनं, अभ्यूहः, अपवाहः, व्याप्तिः *f.*, सिद्धान्तः, अर्थापत्तिः *f.*, परामर्शः, कल्पन -ना, उपलक्ष्यः, अनुभवः, अवगमः.—(Reasoning from particulars to generals) विशेषपरीक्षापूर्व्वं साधारणानुमानं or साधारणनिश्चयः.—(Introduction into a new office) नियमानुसारेण or दीक्षाकर्म्मपूर्व्वं नवाधिकारप्रवेशनं or नवपदप्रवेशकरणं.

Inductive, ***a.*** आनुमानिकः -की -कं, व्यापकः -का -कं; 'reasoning,' अनुमानोक्तिः *f.*

To **indue,** ***v. a. See*** **Endue.**

To **indulge,** ***v. a.*** (Gratify, yield to humour) अनुवृत् (c. 1. -वर्त्तते -र्त्तितुं), अनुरुध् (c. 4. -रुध्यते -रोद्धुं), अनुकूल (nom. अनुकूलयति -यितुं) लल् (c. 10. लालयति -यितुं), अनुविधा in pass. (-धीयते), अनुकूलीभू.—(Favour) अनुग्रह् (c. 9. -गृह्णाति -ग्रहीतुं), अनुकूल.—(Permit) अनुज्ञा (c. 9. -जानाति -ज्ञातुं), अनुमन् (c. 4. -मन्यते -मन्तुं), अनुमुद् (c. 1. -मोदते -दितुं), क्षम् (c. 1. क्षमते, क्षन्तुं), क्षान्तिं कृ.—(Permit to be, not to oppose) न विरुध् (c. 7. -रुणद्धि -रोद्धुं), न प्रतिरुध्, न प्रतिकूल (nom. प्रतिकूलयति -यितुं), न प्रतिकृ, न यम् (c. 1. -यच्छति -यन्तुं), न निग्रह्, न निषिध् (c. 1. -षेधति -षेद्धुं), उपेक्ष् (c. 1. -ईक्षते -क्षितुं); 'indulge one's humour,' छन्दो ऽनुवृत्; 'one's passions, इन्द्रियाणि न संयम् or न निग्रह्.

Indulged, ***p. p.*** अनुवृत्तः -त्ता -त्तं, अनुरुद्धः -द्धा -द्धं, अनुगृहीतः -ता -तं, लालितः -ता -तं, अविरुद्धः -द्धा -द्धं, अप्रतिरुद्धः -द्धा -द्धं, अयतः -ता -तं, असंयतः -ता -तं, अनिगृहीतः -ता -तं, अयन्त्रितः -ता -तं, अनिषिद्धः -द्धा -द्धं, उपेक्षितः -ता -तं, अनुज्ञातः -ता -तं, अनुमतः -ता -तं, दत्तानुज्ञः -ज्ञा -ज्ञं, क्षान्तः -न्ता -न्तं.

Indulgence, ***s.*** अनुवर्त्तनं, अनुवृत्तिः ***f.***, अनुरोधः -धनं, छन्दोनुवृत्तं, छन्दोनुवर्त्तनं, छन्दोनुरोधः, अनुविधानं, अनुविधायित्वं, क्षमा, क्षान्तिः ***f.***, अनुग्रहः, अनुज्ञा -ज्ञानं, अनुमतिः ***f.***, स्वीकारः, उपेक्षा. **—(Not restraining)** असंयमः अविरोधः, अप्रतिरोधः, अनवरोधः, अनिग्रहः, अदमः, अनिषेधः; **'indulgence of one's passions,'** इन्द्रियासंयमः; **'in sorrow,'** शोकचर्चा.

Indulgent, ***a.*** छन्दोनुवर्त्ती -र्त्तिनी -र्त्ति (न्), छन्दोनुरोधी -धिनी -धि (न्), अनुरोधकः -का -कं, अनुविधायी -यिनी -यि (न्), अनुग्राही -हिणी -हि (न्), छन्दोनुसारी -रिणी -रि (न्), छन्दोनुयायी -यिनी -यि (न्), आनुग्राहकः -की -कं, अनुकूलः -ला -लं, क्षमी -मिणी -मि (न्), क्षमावान् -वती -वत् (त्), अनुकम्पकः -का -कं, करुणात्मा -त्मा -त्म (न्), कारुणिकः -की -कं, प्रियकारः -री -रं, प्रियङ्करः -री -रं, स्निग्धः -ग्धा -ग्धं.

Indulgently, ***adv.*** अनुरोधेन, अनुग्रहेण, क्षमापूर्व्वं, क्षान्तिपूर्व्वं, सानुरोधं, सानुग्रहं, अनुकूलं, अनुकूलवत्, सदयं, सकारुण्यं, कृपया.

To **indurate,** ***v. n.*** **(Grow hard)** घनीभू, कठिनीभू, कठोरीभू, दृढीभू.

To **indurate,** ***v. a.*** घनीकृ, कठिनीकृ, दृढीकृ, कठोरीकृ, कर्कशीकृ.

Indurated, ***p. p.*** घनीभूतः -ता -तं, दृढीभूतः -ता -तं, कठोरीभूतः -ता -तं.

Induration, ***s.*** घनीकरणं, दृढीकरणं, घनीभावः, दृढीभावः, काठिन्यं कठिनता, घनता, कठोरता, कर्कशता.

Indus, ***s.*** **(The river)** सिन्धुः ***m.***

Industrial, ***a.*** कार्म्मिकः -की -कं, कार्म्मः -र्म्मी -र्म्मं, कर्म्मी -र्म्मिणी -र्म्मि (न्).

Industrious, ***a.*** कर्म्मशीलः -ला -लं, उद्योगशीलः -ला -लं, कर्म्मासक्तः -क्ता -क्तं, कर्म्मप्रसक्तः -क्ता -क्तं, कर्म्मनिष्ठः -ष्ठा -ष्ठं, बहुकर्म्मा -र्म्मा -र्म्म (न्), बहुकरः -रा -रं, कर्म्मी -र्म्मिणी -र्म्मि (न्), कर्म्मोद्युक्तः -क्ता -क्तं, क्रियावान् -वती -वत् (त्), उद्योगी -गिनी -गि (न्), सदोद्योगी **etc.,** सोद्योगः -गा -गं, उद्युक्तः -क्ता -क्तं, प्रयत्नवान् -वती -वत् (त्), सयत्नः -त्ना -त्नं, दीर्घप्रयत्नः -त्ना -त्नं, उत्साही -हिनी हि (न्), सोत्साहः -हा -हं, व्यवसायी -यिनी -यि (न्), उद्यमी -मिनी -मि (न्), अनलसः -सा -सं, निरालस्यः -या -स्यं, अनालस्यः -स्या -स्यं, आलस्यहीनः -ना -नं, कार्म्मः -र्म्मी -र्म्मं, कर्म्मशूरः -रा -रं, क्रियाभिनिविष्टः -ष्टा -ष्टं, कर्म्मपरायणः -णा -णं, कृतश्रमः -मा -मं, परिश्रमी -मिणी -मि (न्), बहुश्रमः -मा -मं, श्रमसहः -हा -हं, कर्म्मप्रसितः -ता -तं, आयासी -सिनी -सि (न्), चक्रियः -या -यं, अतन्द्रितः -ता -तं, तन्द्राहीनः -ना -नं.

Industriously, ***adv.*** सोद्योगं, सोत्साहं, सयत्नं, यत्नतस्, प्रयत्नतस्, व्यवसायेन, सव्यवसायं, अनलसवत्, अनालस्येन, अतन्द्रितस्, अतन्द्रित्, अभिनिवेशेन, श्रमेण, परिश्रमेण, प्रसक्तं.

Industry, ***s.*** कर्म्मशीलता, उद्योगः, व्यवसायः, उद्यमः, कर्म्मासक्तिः ***f.***, कर्म्मप्रसक्तिः ***f.***, कर्म्माभिनिवेशः, क्रियानिवेशः, उत्साहः, यत्नः, प्रयत्नः, सयत्नता, दीर्घप्रयत्नत्वं, अध्यवसायः, कर्म्मोद्योगः, प्रवृत्तिः ***f.***, प्रवर्त्तनं, चेष्टा, अभ्यासः -सता, अभ्यसनं, समुत्थानं, अनलसता, अनालस्यं, आलस्यहीनता, प्रयासः, आयासः, श्रमः, परिश्रमः, क्रिया, कर्म्म ***n.*** (न्), सोद्योगता.

Indwelling, ***a.*** निष्ठः -ष्ठा -ष्ठं, अन्तर्भवः -वा -वं, अन्तर्वर्त्ती -र्त्तिनी -र्त्ति (न्).

To **inebriate,** ***v. a.*** मद् **(c. 10.** मादयति, मदयति -यितुं), मत्तीकृ, उन्मत्तीकृ, मत्तः -त्ता -त्तं, कृ, मादं जन् **(c. 10.** जनयति -यितुं).

Inebriated, ***p. p.*** मत्तः -त्ता -त्तं, उन्मत्तः -त्ता -त्तं, उन्मदः -दा -दं, मदोन्मत्तः -त्ता -त्तं, क्षीवः -वा -वं, परिक्षीवः -वा -वं, प्रक्षीवितः -ता -तं, मद्यपीतः -ता -तं, शौण्डः -ण्डा -ण्डं.

Inebriation, ***s.*** मादः, मदः, उन्मादः, मत्तत्वं, उन्मत्तता, क्षैव्यं, क्षीवता, परिक्षीवता, शौण्डत्वं, प्रामाद्यं.

Ineffable, ***s.*** अकथनीयः -या -यं, अकथ्यः -थ्या -थ्यं, अवर्णनीयः -या -यं, अनिर्वचनीयः -या -यं, अवचनीयः -या -यं, अवाच्यः -च्या -च्यं, अवक्तव्यः -व्या -व्यं, अतिकथः -था -थं, वाग्विभवातिगः -गा -गं, वाग्विभवातिवृत्तः -त्ता -त्त. अनिरुक्तः -क्ता -क्तं.

Ineffableness, ***s.*** अकथनीयता, अकथ्यता, अवर्णनीयता, अवचनीयता.

Ineffably, ***adv.*** अकथनीयं, अवर्णनीयं, अनिर्वचनीयं, अतिकथं.

Ineffaceable, ***a.*** अनपमृज्यः -ज्या -ज्यं, अलोपनीयः -या -यं, अनाश्यः -श्या -श्यं.

Ineffective, ***a.*** निष्फलः -ला -लं, विफलः -ला -लं, व्यर्थः -र्था -र्थं, व्यर्थयत्नः -त्ना -त्नं, असाधकः -का -कं, निरर्थकः -का -कं, अनर्थकः -का -कं, अपार्थः -र्था -र्थं, दुर्बलः -ला -लं, निर्बलः -ला -लं, अप्रबलः -ला -लं, असमर्थः -र्था -र्थं, मोघः -घा -घं, अक्षमः -मा -मं, असिद्धिकरः -री -रं, अशक्तिमान् -मती -मत् (त्), प्रभावहीनः -ना -नं, शिथिलः -ला -लं, शिथिलबलः -ला -लं, दुर्बलायासः -सा -सं, निष्प्रयोजनः -ना -नं, अनुपयुक्तः -क्ता -क्तं, अनुपयोगी -गिनी -गि (न्).

Ineffectively, ***adv.*** निष्फलं, विफलं, व्यर्थं, मोघं, अप्रबलं, निर्बलं.

Ineffectual, ***a.*** निष्फलं, -ला -लं, अफलजनकः -का -कं, अफलोत्पादकः -का -कं, फलहीनः -ना -नं, मोघः -घा -घं, शक्तिहीनः -ना -नं, अप्रबलः -ला -लं, असमर्थः -र्था -र्थं. *See* **Ineffective.**

Ineffectually, ***adv.*** निष्फलं, माघं, व्यर्थं, निर्बलं, वृथा, मुधा.

Inefficacious, ***a.*** अप्रबलः -ला -लं, निष्प्रभावः -वा -वं, अकिञ्चित्करः -री -रं, अप्रभविष्णुः -ष्णुः -ष्णु, अफलवान् -वती -वत् (त्), तेजोहीनः -ना -नं, अक्षमः -मा -मं, अगुणवान् **etc.,** अशक्तिमान्, असमर्थः -र्था -र्थं, अनुपकारी -रिणी -रि (न्). *See* **Ineffectual.**

Inefficaciously, ***adv.*** अप्रबलं, अप्रभावेण, मोघं, निष्फलं, अफलं, अक्षमं, मुधा.

Inefficacy, ***s.*** निष्फलता, अफलता, वैफल्यं, अप्राबल्यं, अप्रबलता, अप्रभावः, प्रभावहीनता, शक्तिहीनता, असामर्थ्यं, असमर्थता, बलहीनता, निर्बलता, प्रतापहीनता, तेजोहीनता, मोघत्वं, अक्षमता, व्यर्थता, अनर्थकत्वं, शैथिल्यं, शिथिलता, अनुपयुक्तत्वं.

Inefficiency, ***s.*** अक्षमता -त्वं, असाथ्र्यं, असमर्थता, अशक्तिः ***f.,*** अशक्तता, बलहीनता, अयुक्तता, अयोग्यत्वं, अनुपयुक्तत्वं, कार्य्याक्षमता, कार्य्यसिद्ध्यक्षमता, कार्य्यकारित्वं. *See* **Inefficacy.**

Inefficient, ***a.*** अक्षमः -मा -मं, कार्य्याक्षमः -मा -मं, असमर्थः -र्था -र्थं, अशक्तः -क्ता -क्तं, अयोग्यः -ग्या -ग्यं, अनुपयुक्तः -क्ता -क्तं, अप्रबलः -ला -लं, दुर्बलः -ला -लं, बलहीनः -ना -नं, शक्तिहीनः -ना -नं, असाधकः -का -कं, कर्म्मासाधकः -का -कं, कार्य्यासाधकः-का -कं, कार्य्यसिद्ध्यक्षमः -मा -मं, अपारकः -का -कं, अकार्य्यकारी -रिणी -रि (न्), अकृती -तिनी -ति (न्) *See* **Inefficacious.**

Inefficiently, ***adv.*** असिद्धिपूर्व्वं, अक्षमं, अयोग्यं, अप्रबलं, अनुपयुक्तं, व्यर्थं.

Inelastic, ***a.*** अस्थितिस्थापकविशिष्टः -ष्टा -ष्टं, स्थितिस्थापकहीनः -ना -नं.

Inelegance, ***s.*** असौन्दर्य्यं, अलावण्यं, आलावण्यं, अचारुता, अशोभा.

Inelegant, ***s.*** असुन्दरः -रा -री -रं, अलावण्यवान् -वती -वत् (त्), अविनीतः -ता -तं, अशोभनः -ना -नं, कुरूपः -पी -पं, अश्लीलः -ला -लं, अप्रशस्तः -स्ता -स्तं.

Inelegantly, ***adv.*** असुन्दरं, अविनीतं, अलावण्येन, अप्रशस्तं, अशोभापूर्व्वं.

Ineligible, ***a.*** अवरणीयः -या -यं, अवार्य्यः -र्य्या -र्य्यं, अयोग्यः -ग्या -ग्यं.

Ineloquent, ***a.*** अवाग्मी -ग्मिनी -ग्मि (न्), असद्वक्ता -क्त्री -क्तृ (कृ) दुर्मुखः -खा -खं, मुखदुर्बलः -ला -लं, हीनवाक् ***m. f. n.,*** वागपटुः -टुः -टु, वाग्जडः -डा -डं.

Inept, ***a.*** अयुक्तः -क्ता -क्तं, अयोग्यः -ग्या -ग्यं, अनभिज्ञः -ज्ञा -ज्ञं.

Ineptly, ***adv.*** अयुक्तं, अयोग्यं, अनुपयुक्त, अनभिज्ञवत्, अज्ञवत्.

Inequality, ***s.*** असमता, असाम्यं, असमानता, विषमता, वैषम्यं, विषकं, असामान्यं, असाम्यता, अतुल्यता -त्वं.—**(Diversity)** असादृश्यं, असदृशता -त्वं, भिन्नता, विभिन्नता, भेदः, विभेदः, असमञ्जसं.—**(Of number)** विषमसंख्यत्वं, तारतम्यं.

Inequitable, ***a.*** अन्याय्यः -य्या -य्यं, अन्यायी -यिनी -यि (न्), अधार्म्मिकः, -की -कं.

Inerrability, ***s.*** अभ्रमणशीलता, अभ्रान्तिशीलता, भ्रमायोग्यता, अभ्रान्तिः ***f.***

Inerrable, ***a.*** अभ्रमणशीलः -ला -लं, अभ्रान्तिशीलः -ला -लं, भ्रमायोग्यः -ग्या -ग्यं.

Inert, ***a.*** जडः -डा -डं, अचेष्टः -ष्टा -ष्टं, नष्टचेष्टः -ष्टा -ष्टं, निश्चेष्टः -ष्टा -ष्टं, अचेतनः -ना -नं, चेष्टाहीनः -ना -नं, गतिहीनः -ना -नं, अचलनः -ला -लं, निश्चलः -ला -लं, कुण्ठः -ण्ठा -ण्ठं.—**(Slow to act)** अनुद्योगी -गिनी -गि (न्), अनुद्योगशीलः -ला -लं, अप्रवर्त्तकः -का -कं, प्रवृत्तिशून्यः -न्या -न्यं, मन्दः -न्दा -न्दं, आलस्यशीलः -ला -लं, तन्द्रालुः -लुः -लु, अल्पचेष्टिः -ता -तं.

Inertia, ***s.*** जडता -त्वं, जाड्यं, अचलता, निश्चलता, कुण्ठता.

Inertly, ***adv.*** जडवत्, जडं, जाड्येन, सजाड्यं, आलस्येन, अलसवत्, मन्दं.

Inertness, ***s.*** जडता, जाड्यं, अचेष्टा, चेष्टाशून्यता, चेष्टाविमुखता, गतिहीनता, अनुद्योगः, अप्रवृत्तिः ***f.,*** अप्रवर्त्तनं, मन्दता, मान्द्यं, अलसत्वं, आलस्यं, तन्द्रिका, कुण्ठता.

Inestimable, ***a.*** अनर्घ्यः -र्घ्या -र्घ्यं, अनर्घः -र्घा -र्घं, अमूल्यः -ल्या -ल्यं, मूल्यातीतः -ता -तं, मूल्यातिगः -गा -गं, अतिमूल्यः -ल्या -ल्यं, अत्युत्तमः -मा -मं, अत्युत्कृष्टः -ष्टा -ष्टं.

Inevitable, ***a.*** अपरिहार्य्यः -र्य्या -र्य्यं अपरिहरणीयः -या -यं, अनिवार्य्यः -र्य्या -र्य्यं, अवारणीयः -या -यं, अवश्यकः -का -कं, आवश्यकः -की -कं, अवश्यः -श्या -यं, अनतिक्रमणीयः -या -यं, अहार्य्यः -र्य्या -र्य्यं, अवर्ज्जनीयः -या -यं, अनिवारः -रा -रं, अवशः -शा -शं, भवितव्यः -व्या -व्यं, अवश्यभवनीयः -या -यं, नियतः -ता -तं, आनुषङ्गिकः -की -कं.

Inevitableness, ***s.*** अपरिहार्य्यता, अनिवार्य्यता, आवश्यकता, आवश्यकत्वं, निवारणशक्यता, अनतिक्रमणीयता; **'invitable act,'** अवश्यकर्त्तव्यं, आवश्यं-श्यकं.

Inevitably, ***adv.*** अवयं, अवशं, नियतं, ध्रुवं, अनिवारणीयं.

Inexcitable, ***a.*** अनुत्तेजनीयः -या -यं, अक्षोभणीयः -या -यं, अक्षोभ्यः -भ्या -भ्यं.

Inexcusable, ***a.*** अक्षमणीयः -या -यं, अक्षन्तव्यः -व्या -व्यं, अक्षम्यः -म्या -म्यं, अमृष्टव्यः -व्या -व्यं, अमार्जनीयः -या -यं, अमार्ष्टव्य, -व्या -व्यं, अमृज्यदोषः -षा -षं, निरुत्तरः -या -यं, निरुत्तरीयः -या -यं, उत्तरशून्यः -न्या -न्यं, अमोचनीयः -या -यं, अशोधनीयः -या -यं, असहनीयः -या -यं, असोढव्यः -व्या -व्यं, अनिवार्य्यदोषः -षा -षं.

Inexcusableness, ***s.*** अक्षमणीयता, अक्षम्यता, अमार्ज्जनीयता, निरुत्तरत्वं.

Inexcusably, ***adv.*** अक्षमणीयं, निरुत्तरं, यथा उत्तरं न शक्यते दातुं तथा.

Inexhausted, ***a.*** अक्षीणः -णा -णं, अव्ययितः -ता -तं, अशून्यः -न्या -न्यं.

Inexhaustible, ***a.*** अक्षयः -या -यं, अक्षयी -यिणी -यि (न्), अक्षयणीयः -या -यं, अशक्यक्षयः -या -यं, अव्ययः -या -यं, अशक्यव्ययः -या -यं, अनाश्यः -श्या -श्यं, अविनाशी -शिनी -शि (न्), अनन्तः -न्ता -न्तं.

Inexhaustibleness, ***s.*** अक्षयता -त्वं, अक्षयित्वं, अनाश्यता, अनन्तता.

Inexorable, ***a.*** अनाराध्यः -ध्या -ध्यं अनाराधनीयः -या -यं, दुराराध्यः -ध्या -ध्यं, असान्त्वनीयः -या -यं, अप्रसादनीयः -या -यं, अननुनेयः -या -यं, अविनेयः -या -यं, निर्दयः -या -यं, कठिनहृदयः -या -यं, पाषाणहृदयः -या -यं, अयोहृदयः -या -यं, कठोरचित्तः -त्ता -त्तं.

Inexorably, ***adv.*** निर्दयं, निर्दयवत्, अनाराधनीयं, पाषाणचित्तत्वात्

Inexpectation, ***s.*** अनपेक्षा, अप्रतीक्षा, अनिरीक्षा, अप्रत्याशा, अनाशा.

Inexpedience, inexpediency, ***s.*** अयोग्यता, अयुक्ता -त्वं, अयुक्तिः ***f.,*** अनुपयुक्तता -त्वं, अनुपयोगिता, अनौचित्यं, अनुपपत्तिः ***f.,*** अनर्हत्वं, अयाथार्थ्यं, अकर्त्तव्यता, अकार्य्यता.

Inexpedient, ***a.*** अयोग्यः -ग्या -ग्यं, अनुपयुक्तः -क्ता -क्तं, अनुपयोगी -गिनी -गि (न्), अनुचितः -ता -तं, अनर्थकरः -री -रं, अनुपकारकः -का -कं, अकर्त्तव्यः -व्या -व्यं, अकरणीयः -या -यं, अकार्य्यः -र्य्या -र्य्यं.

Inexperience, ***s.*** अननुभूतिः ***f.,*** अननुभवः, अपाकः, अपरिपाकः, अपक्वता, अपरिपक्वता, अपक्वबुद्धित्वं, अप्रतीतिः ***f.,*** अप्रत्ययः, अव्यापारः, अदर्शनं, अव्युत्पन्नता, बालिशता, बालिश्यं, व्यवहाराज्ञता, अज्ञता, अनभिज्ञता, अपटुता.

Inexperienced, ***a.*** अविपक्वबुद्धिः -द्धिः -द्धि, अपरिपक्वबुद्धिः -द्धिः -द्धि, अपक्वः -क्वा -क्वं, अकोविदः -दा -दं, अव्युत्पन्नः -न्ना -न्नं, अव्यापारः, -रा -रं, बालिशः -शा -शं, अल्पज्ञः -ज्ञा -ज्ञं, अल्पदृश्वा -श्वा -श्व (न्), अनभिज्ञ -ज्ञा -ज्ञं, अज्ञः -ज्ञा -ज्ञं, व्यवहाराज्ञः -ज्ञा -ज्ञं.

Inexpert, ***a.*** अकुशलः -ला -लं, अदक्षः -क्षा -क्ष, अनिपुणः -णा -णं, अपटुः -टुः -टु, अपेशलः -ला -लं, अचतुरः -रा -रं, कौशल्यहीनः -ना -नं, अविचक्षणः -णा -णं, अविदग्धः -ग्धा -ग्धं, अयुक्तिमान् -मती -मत् (त्), अविज्ञः -ज्ञा -ज्ञं, अनभिज्ञः -ज्ञा -ज्ञं.

Inexpertness, ***s.*** अदक्षता, अकुशलता, अकौशल्यं, आकौशलं, अकौशलं, अनिपुणता, अनैपुण्यं, अपटुत्वं, अप्रवीणता, अयुक्तिः ***f.,*** अनभिज्ञता, अविदग्धता.

Inexpiable, ***a.*** अशोधनीयः -या -यं, अशोध्यः -ध्या -ध्यं, अमोचनीयः -या -यं, प्रायश्चित्तायोग्यः -ग्या -ग्यं, प्रायश्चित्तानर्हः -र्हा -र्हं, अनिष्करणीयः -या -यं, अमार्ज्जनीयः -या -यं, अपरिमार्ज्जनीयः -या -यं, निष्कृत्ययोग्यः -ग्या -ग्यं, अशक्यनिष्कृतिः -तिः -ति.

Inexpiably, ***adv.*** यथा प्रायश्चित्तं कर्त्तुं न शक्यते तथाप्रकारेण.

Inexplicable, ***a.*** अव्याख्येयः -या -यं, अविवरणीयः -या -यं, अनिर्देश्यः -श्या -श्यं, अनुद्देश्यः -श्या -श्यं, अवर्णनीयः -या -यं, अनिर्वचनीयः -या -यं, दुर्बोधः -धा -धं, अबोध्यः -ध्या -ध्यं, गहनः -ना -नं, अशक्यार्थः -र्था -र्थं.

Inexplicably, ***adv.*** यथा व्याख्यातुं न शक्यते तथाप्रकारेण, अविवरणीयं.

Inexpressible, ***a.*** अकथनीयः -या -यं, अकथ्यः -थ्या -थ्यं, अनिर्वचनीयः -या -यं, अनिर्वाच्यः -च्या -च्यं, अनाख्येयः -या -यं, अव्याख्येयः -या -यं, अनिवेद्यः -द्या -द्यं, अनिवेदनीयः -या -यं, अनुच्चारणीयः -या -यं, अनुच्चार्य्यः -र्य्या -र्य्यं, वाग्विभवातिगः -गा -गं.

Inexpressibly, ***adv.*** अकथनीयः यथा निर्देष्टुं न शक्यते तथाप्रकारेण.

Inexpugnable, ***a.*** अलङ्घनीयः -या -यं, अनाक्रमणीयः -या -यं, दुर्गम्यः -म्या -म्यं.

Inextinguishable, ***a.*** अशमनीयः -या -यं, अप्रशमनीयः -या -यं, अशाम्यः -म्या -म्यं, अनिर्वाप्यः -प्या -प्यं, अनिर्वाणीयः -या -यं, अनिर्वाणयोग्यः -ग्या -ग्यं.

Inextricable, ***a.*** अनुद्धरणीयः -या -यं, अनुद्धार्य्यः -र्य्या -र्य्यं, अमोचनीयः -या -यं, दुस्तार्य्यः -र्य्या -र्य्यं, दुस्तरः -रा -रं, सुदुस्तरः -रा -रं.

Infallibility, ***s.*** अभ्रान्तिमत्त्वं, अभ्रान्तिशीलता, अभ्रमाधीनता, अमोहाधीनता, अभ्रमयोग्यता, अभ्रान्तिः ***f.,*** अस्खलितमतित्वं, स्खलनासम्भवः, अमोघता, अव्यर्थता, प्रमादाक्षमता.

Infallible, ***a.*** अभ्रान्तिशीलः -ला -लं, अभ्रमाधीनः -ना -नं, अभ्रान्तिमान् -मती -मत् (त्), भ्रमायोग्यः -ग्या -ग्यं, अभ्रान्तः -न्ता -न्तं, अमोहाधीनः -ना -नं, अस्खलितमतिः -तिः -ति, अस्खलितबुद्धिः -द्धिः -द्धि, अप्रमादी -दिनी -दि (न्), प्रमादहीनः -ना -नं, प्रमादाक्षमः -मा -मं, अमोघः -घा -घं, अव्यर्थः -र्था -र्थं, निश्चितः -ता -तं.

Infallibly, ***adv.*** सुनिश्चितं, निश्चितं, अमोघं, अव्यर्थं, अवश्यं, असंशयं.

Infamous, ***a.*** ख्यातगर्हणः -णा -णं, दुष्कीर्त्तिः -र्त्तिः -र्त्ति, अकीर्त्तिमान् -मती -मत् (त्), अयशस्वी -स्विनी -स्वि (न्), अयशस्यः -स्या -स्यं, कुख्यातिः -तिः -ति, वाच्यः -च्या -च्यं, अभिशस्तः -स्ता -स्तं, गर्हितः -ता -तं, गर्ह्यः -र्ह्या -र्ह्यं, कुयशस्कः -स्का -स्कं, अपयशस्कः -स्का -स्कं, अपयशस्वी **etc.,** कुख्यातः -ता -तं, अख्यातः -ता -तं, अतिदुष्टः -ष्टा -ष्टं, कलङ्की -ङ्किनी -ङ्कि (न्), पिशुनः -ना -नं, दुर्वृत्तः -त्ता -त्तं, पांसनः -ना -नं.—**(Causing infamy)** अकीर्त्तिकरः -री -रं, अपयशस्करः -री -रं, कलङ्ककरः -रा -रं, लज्जाकरः -री -रं, निन्दाकरः -री -रं.

Infamously, ***adv.*** ख्यातगर्हणं, गर्हणीयं, गर्हितं, अतिदुष्टं, अतिदुष्टवत्, अयशस्यं, अकीर्त्तिकरं, वाच्यप्रकारेण.

Infamy, infamousness, ***s.*** अकीर्त्तिः ***f.,*** अपकीर्त्तिः ***f.,*** कुकीर्त्तिः ***f.,*** अयशस् ***n.,*** अपशयस् ***n.,*** अख्यातिः ***f.,*** कुख्यातिः ***f.,*** अप्रतिष्ठा, वाच्यता, अमर्य्यादा, मर्य्यादाहानिः ***f.,*** कलङ्कः अपकलङ्कः अपकर्षः, अपध्वंसः.

Infancy, ***s.*** बालत्वं, बाल्यं, बालकत्वं, बाल्यभावः, बाल्यकालः, बाल्यावस्था, बालावस्था, शैशवं, शिशुकालः, शिशुभावः.—**(Beginning or early period of any thing)** आरम्भः, प्रारम्भः, प्रथमकालः, आदिकालः.

Infant, ***s.*** बालः -ला, स्तनपः -पा ***f.,*** स्तनपाः ***m.,*** स्तनपायी ***m.*** -यिनी ***f.,*** स्तनन्धयः -या -यी, क्षीरपः, -पा, क्षीरादः -दा, क्षीरपायी -यिनी, क्षीरादः, बालकः, अतिबालकः, डिम्भः -म्भा, डिम्बः -म्बा, दारकः, उत्तानशयः -या, शिशुः ***m.;*** **'infant offspring,'** बालापत्यं.—**(Minor)** अप्राप्तव्यवहारः, अजातव्यवहारः, व्यवहारायोग्यः, किशोरः.

Infant, ***a. See*** **Infantile.**

Infanta, ***s.*** राजवंशीयकन्या, राजकन्या, राजपुत्री, राजकुमारी.

Infanticide, ***s.*** बालहत्या, बालकहत्या, शिशुहत्या, शिशुबधः, बालकबधः, बालघातः.—**(The agent)** बालहा ***m.*** (न्), बालहन्ता ***m.*** (न्तृ), बालघातकः -की ***m.*** (न्).

Infantile, infantine, ***a.*** बालकीयः -या -यं, बालकः -ला -लं, बालेयः -यी -यं, बालकः -का -कं, अतिबालकः -का -कं, किशोरः -रा -रं, बालसम्बन्धी -न्धिनी -न्धि (न्), बालयोग्यः -ग्या -ग्यं, शिशुसम्बन्धी **etc.**

Infantry, ***s.*** पादातं, पदातिः ***m.,*** पदातयः ***m. pl,*** पत्तिः ***m.,*** पत्तयः ***m. pl,*** पादातिकसैन्यं, पदातिकसैन्याः ***m. pl,*** पदगसैन्यं, पदातिकाः ***m. pl,*** पद्गाः ***m. pl,*** **'a body of infantry,'** पत्तिसंहतिः ***f.,*** पत्तिसमूहः **'a line of infantry,'** पत्तिपंक्तिः ***f.,*** पत्तिश्रेणी.

To **Infatuate,** ***v. a.*** मुह् **(c. 10.** मोहयति -यितुं), सम्मुह, मोहेन, उपहन् **(c. 2.** -हन्ति -न्तुं), मूढीकृ, ज्ञानलोपं कृ, बुद्धिभ्रंशं कृ, हतबुद्धिं -द्धिं -द्धि कृ.

Infatuated, ***a.*** मूढः -ढा -ढं, सम्मूढः -ढा -ढं, मोहितः -ता -तं, विमोहितः -ता -तं, सम्मोहितः -ता -तं, प्रमूढसंज्ञः -ज्ञा -ज्ञं, परिमूढः -ढा -ढं, मोहोपहतः -ता -तं, हतबुद्धिः -द्धिः -द्धि, उपहतबुद्धिः -द्धिः -द्धि, उपहतः -ता -तं, प्रमुदितेन्द्रियः -या -यं, हतज्ञानः -ना -नं, नष्टज्ञानः -ना -नं, नष्टबुद्धिः -द्धिः -द्धि, भ्रष्टबुद्धिः -द्धिः -द्धि, बुद्धिभ्रष्टः -ष्टा -ष्टं, नष्टविवेकः, -का -कं, दुर्मदान्धः -न्धा -न्धं; **'by lust,'** काममूढः -ढा -ढं.

Infatuating, ***a.*** जनमोही -हिनी -हि (न्), परिमोही **etc.,** मोहनः -ना -नी -नं, विमोहनः **etc.,** मोहकारी **etc.**

Infatuation, ***s.*** मोहः, सम्मोहः, मूढता -त्वं, मौढ्यं, मूर्खता -त्वं, मौर्ख्यं, मूढग्राहः, बुद्धिहीनता, बुद्धिभ्रंशः, ज्ञानभ्रंशः, बुद्धिलोपः, ज्ञानलोपः, बुद्धिनाशः, नष्टविवेकता, मोहोपहतत्वं, मोहाविष्टत्वं.

Infeasibility, ***s.*** असाध्यता, असाधनीयता, अकरणीयता, अशक्यता, असम्भाव्यता, दुःसाध्यता, अनुपपाद्यत्वं.

Infeasible, ***a.*** असाध्यः -ध्या -ध्यं, दुःसाध्यः -ध्या -ध्यं, अकरणीयः -या -यं, अशक्यः -क्या -क्यं, कर्त्तुम् अशक्यः -क्या -क्यं, दुष्करः -रा -रं, असम्भाव्यः -व्या -व्यं, असम्भावनीयः -या -यं, अनुपपाद्यः -द्या -द्यं, दुर्लभः -भा -भं.

To **infect,** ***v. a.*** दुष् **(c. 10.** दूषयति -यितुं), स्वरोगम् अन्यस्मिन् सञ्चर् **(c. 10.** -चारयति -यितुं) **or** संक्रम् **(c. 10.** -क्रमयति -क्रामयति -यितुं), स्वरोगदूषितं -तां -तं कृ, रोगदूषितं -तां -तं कृ, रोगाक्रान्तं -न्तां -न्तं कृ, रोगसंसृष्टं -ष्टां -ष्टं कृ, संसर्गदूषितं -तां -तं कृ, रोगसम्पर्केण **or** रोगसंसर्गेण दुष्.

Infected, ***p. p.*** **or** ***a.*** दूषितः -ता -तं, रोगदूषितः -ता -तं, रोगाक्रान्तः -न्ता -न्तं, रोगसंसर्गदूषितः -ता -तं, रोगसम्पर्कदूषितः -ता -तं, संसृष्टः -ष्टा -ष्टं, रोगसंसृष्टः -ष्टा -ष्टं, रोगसञ्चारदूषितः -ता -तं, सञ्चारदुष्टः -ष्टा -ष्टं, सञ्चारितरोगग्रस्तः -स्ता -स्तं, सङ्क्रान्तदोषग्रस्तः -स्ता -स्तं, रोगदोषप्राप्तः -प्ता -प्तं.

Infection, ***s.*** सञ्चारः, सञ्चारदोषः, रोगसञ्चारः, रोगसञ्चारदोषः, रोगसङ्क्रमः, स्पर्शसञ्चारः, रोगसम्पर्कः, सम्पर्कदोषः, स्पर्शदोषः, रोगसंसर्गः, संसर्गदोषः, दोषः, दूषणं, संस्रवः.

Infectious, Infective, ***a.*** सञ्चारी -रिणी -रि (न्), स्पर्शसञ्चारी **etc.,** सञ्चारकः -का -कं, सङ्क्रमिता -त्री -तृ (तृ), साङ्क्रामिकः -की -कं, सम्पर्कीयः -या -यं, संसर्गी -र्गिणी -र्गि (न्), संसर्गीयः -या -यं, सांसर्गिकः -की -कं, स्पर्शाक्रामकः -का -कं, दूषकः -का -कं, दूषणः -णा -णं, दूषयित्नुः -त्नुः -त्नु.

Infectiousness, ***s.*** सञ्चारितत्वं, स्पर्शसञ्चारित्वं -ता, सञ्चारकत्वं,

साङ्क्रामिकत्वं, सांसर्गिकत्वं, सम्पर्काक्रामकत्वं.

Infecund, ***a.*** बन्ध्यः -न्ध्या -न्ध्यं, निष्फलः -ला -लं, अफलः -ला -लं, अप्रजः -जा -जं, अनपत्यः -त्या -त्यं, असुती -तिनी -ति (न्), अप्रसवी -विणी -वि (न्), शुष्कः -ष्का -ष्कं.

Infecundity, ***s.*** बन्ध्यता, निष्फलता, अफलता, अनपत्यत्वं, अप्रजावत्त्वं, फलहीनता; **'in a female,'** बन्ध्यात्वं.

Infelicity, ***s.*** असुखं, असौख्यं, दुःखं, अकल्याणं, अकुशलं, अशर्म्म ***n.*** (न्), अधन्यता, अक्षेमः, अश्रेयस्, अस्वास्थ्यं, अनिर्वृतिः ***f.***

To* Infer,** ***v. a. अनुमा (**c. 2.** -माति -तुं, **c. 3.** -मिमीते), प्रमा, ऊह् (**c. 1.** ऊहते -हितुं), अपोह्, निर्णी (**c. 1.** -णयति -णेतुं), अवगम् (**c. 1.** -गच्छति -गन्तुं), तर्क् (**c. 10.** तर्कयति -यितुं), अनुतर्क्, प्रतर्क्, अपवह् (**c. 1.** -वहति -वोढुं), उन्नी (**c. 1.** -नयति -नेतुं), उन्नयनं कृ, अनुमानं कृ.

Inferable, ***a.*** अनुमेयः -या -यं, आनुमानिकः -की -कं, ऊहनीयः -या -यं, अपोहनीयः -या -यं, अवगम्यः -म्या -म्यं, समधिगम्यः -म्या -म्यं, उपलक्ष्यः -क्ष्या -क्ष्यं, अनुमानसाध्यः -ध्या -ध्यं, अनुमानगम्यः -म्या -म्यं, तर्कसाध्यः -ध्या -ध्यं, अनुमानवेद्यः -द्या -द्यं, उन्नयनसाध्यः -ध्या -ध्यं, यौक्तिकः -की -कं.

Inference, ***s.*** अनुमानं, अनुमितिः ***f.***, अनुमा, ऊहनं, ऊहा, अपोहः -हनं, अभ्यूहः, अपवाहः, युक्तिः ***f.***, अप्रयुक्तिः ***f.***, तर्क, तर्कनिश्चयः, तर्कनिर्णयः, अनुमाननिर्णयः, अनुमानसिद्धान्तः, तर्कसिद्धान्तः, उन्नयनं, कल्पनं -ना, अनुषङ्गः, उपलक्ष्यः, अन्वयः परामर्शः, व्याप्तिः ***f.***, अनुभूतिः ***f.***, अनुभवः, लिङ्गं, वितर्कः; **'an inference from circumstances,'** अर्थापत्तिः ***f.***, **'subject of an inference,'** व्याप्यं; **'leading to one,'** उन्नायकः -का -कं, अनुमापकः -का -कं. **Strictly, the process of 'inference' is** अनुमानं, **and the result** अनुमितिः.

Inferential, ***a.*** आनुमानिकः -की -कं, अनुमानसिद्धः -द्धा -द्धं, ऊही -हिनी -हि (न्), उन्नायकः -का -कं, यौक्तिकः -की -कं, तर्कसिद्धः -द्धा -द्धं.

Inferior, ***a.*** **(Lower or low in place)** अधःस्थः -स्था -स्थं, अधरस्थः -स्था -स्थं, अधरः -रा -रं, नीचस्थः -स्था -स्थं, निम्नः -म्ना -म्नं, अधस्तनः -नी -नं.—**(Lower or low in station, rank, value)** नीचः -चा -चं, अपकृष्टः -ष्टा -ष्टं, निकृष्टः -ष्टा -ष्टं, प्रतिकृष्टः -ष्टा -ष्टं, अधमः -मा -मं, अवरः -रा -रं, अवमः -मा -मं, हीनः -ना -नं, अनुत्तमः -मा -मं. कुत्सितः -ता -तं, जघन्यः -न्या -न्यं, दुष्टः -ष्टा -ष्टं, खलः -ला -लं, न्यङ् नीची न्यक् (ञ्च्), अर्व्वा -र्व्वती -र्व्वत् (न्), अरमः -मा -मं, गर्ह्यः -र्ह्या -र्ह्यं, रेफः -फा -फं, रेपः -पा -पं, रेफाः -फाः -फः (स्), रेपाः **etc.,** याप्यः -प्या -प्यं, खेटः -टा -टं, अवद्यः -द्या -द्यं, अणकः -का -कं, अनकः -का -कं, आणकः -का -कं, कुपूयः -या -यं, अनार्य्यः -र्य्या -र्य्यं, अल्पः -ल्पा -ल्पं; **'of inferior rank,'** अवरपदभाक् ***m.f.n.*** (ज्), अवरपदस्थः -स्था -स्थं, हीनजातिः -तिः -ति. **Sometimes expressed by** दुर् **in comp.; as 'of inferior family,'** दुष्कुलीनः -ना -नं.—**(Inferior in age)** कनीयान् -यसी -यः (स्), कनिष्ठः -ष्ठा -ष्ठं, अवरजः -जा -जं, अनुजः -जा -जं.—**(Secondary)** अप्रधानः -ना -नं, अमुख्यः -ख्या -ख्यं, अप्राम्यः -म्या -म्यं, गौणः -णी -णं.—**(Less)** ऊनः -ना -नं, न्यूनः -ना -नं, अल्पीयान् -यसी -यः (स्).

Inferior, ***s.*** **(A person in a lower station)** अवरपदस्थः, अवरः, अनुजीवी ***m.*** (न्), हीनपदस्थः.

Inferiority, ***s.*** अवरत्वं, नीचत्वं, -ता, अपकर्षः -र्षता, अपकृष्टता -त्वं, निकृष्टता, हीनता, जघन्यत्वं -ता, अनुत्कर्षः, हीनता, दुष्टता, खलता, अप्रधानता, अप्राधान्यं, अमुख्यता, गौणता.

Infernal, ***a.*** नारकः -की -कं, नारकी -किणी -कि (न्), नरकीयः -या -यं, नारकीयः -यी -यं, नरकस्थः -स्था -स्थं, पातालीयः -या -यं, पातालसम्बन्धी -न्धिनी -न्धि (न्), नरकसम्बन्धी **etc.,** नैरयः -यी -यं, पैशाचः -ची -चं, चिकः -की -कं, आसुरः -री -रं, राक्षसः -सी -सं, अधोभुवनसम्बन्धी **etc.**—**(Infernal regions)** नरकः -कं, पातालं, अधोभुवनं, अधोलोकः, प्रेतलोकः, बलिसद्म ***n.*** (न्), बलिमन्दिरं, रसातलं, नागलोकः, निरयः.

Infernal, ***s.*** **(Inhabitant of hell)** नरकवासी ***m.*** (न्), पातालवासी ***m.***, नरकस्थः, नरकसंस्थः, पातालस्थः.

Infernally, ***adv.*** नरकीयप्रकारेण, पिशाचवत्, राक्षसवत्, नरके यथा.

Inferred, ***p. p.*** अनुमितः -ता -तं, अनुमानसिद्धः -द्धा -द्धं, अपोहितः -ता -तं, अपोढः -ढा -ढं, अवगतः -ता -तं, तर्कसिद्धः -द्धा -द्धं, अनुभूतः -ता -तं.

Infertile, ***a.*** बन्ध्यः -न्ध्या -न्ध्यं, निष्फलः -ला -लं, अफलः -ला -लं. अफलदः -दा -दं, अफलवान् -वती -वत् (त्), अस्फीतः -ता -तं, अल्पफलः -ला -लं, अल्पफलदः -दा -दं; **'infertile soil,'** अनुर्व्वरा, अनूर्व्वरा.

Infertility, ***s.*** बन्ध्यत्वं -ता, निष्फलता, अफलता, अफलवत्त्वं, अस्फीतिः ***f.***, अस्फीतता; **'of the soil,'** अनुर्व्वरात्वं.

To* infest,** ***v. a. बाध् (**c. 1.** बाधते -धितुं), प्रबाध्, उपरुध् (**c. 7.** -रुणद्धि -रोद्धुं), आयस् (**c. 10.** -यासयति -यितुं) क्लिश् (**c. 9.** क्लिश्नाति, क्लेशितुं), पीड् (**c. 10.** पीडयति -यितुं), तप् (**c. 10.** तापयति -यितुं), परितप्, उपद्रु (**c. 1.** द्रवति -द्रोतुं), समुपद्रु, उपसृज् (**c. 6.** -सृजति -स्रष्टुं), उपप्लु (**c. 1.** -प्लवते -प्लोतुं), उपद्रवं कृ, उपसर्गं कृ, उपप्लवं कृ.

Infested, ***p. p.*** उपद्रुतः -ता -तं, समुपद्रुतः -ता -तं, उपप्लुतः

–ता –तं, उपसृष्टः –ष्टा –ष्टं, बाधितः –ता –तं, उपरुद्धः –द्धा –द्धं, पीडितः –ता –तं.—**(Frequented)** सेवितः –ता –तं, आश्रितः –ता –तं, आचरितः –ता –तं, जुष्टः –ष्टा –ष्टं; **'by beasts of prey,'** श्वापदाचरितः –ता –तं, श्वापदोपसृष्टः –ष्टा –ष्टं.

Infidel, ***s.*** नास्तिकः, अविश्वासी ***m.*** (न्), अश्रद्दधानः, अश्रद्धः, शास्त्राविश्वासी ***m.,*** शास्त्राश्रद्धः, धर्म्मनिन्दकः, धर्म्मादेर् निन्दकः, अनीश्वरवादी ***m.*** (न्).—**(Disbeliever in Christianity)** ख्रीष्टीयधर्म्मनिन्दकः, ख्रीष्टीयशास्त्राविश्वासी ***m.*** (न्).

Infidel ***a.*** अश्रद्धः –द्धा –द्धं, अश्रद्धालुः –लुः –लु, अश्रद्दधानः –ना –नं, अश्रद्धावान् –वती –वत् (त्), अविश्वासी –सिनी –सि (न्), अविश्वासशीलः –ला –लं, नास्तिकवृत्तिः –त्तिः –ति, नास्तिकधर्म्मा –र्म्मा –र्म्म (न्), भक्तिहीनः –ना –नं, देवनिन्दकः –का –कं.

Infidelity, ***s.*** अश्रद्धा, अविश्वासः, नास्तिक्यं, नास्तिकता –त्वं, शास्त्राविश्वासः, शास्त्राश्रद्धा, धर्म्मनिन्दा, अनीश्वरवादः परलोकाभावबुद्धिः ***f.,*** अभक्तिः ***f.,*** अप्रत्ययः, विश्वासाभावः, शास्त्रनिन्दा, देवनिन्दा.—**(Disbelief in Christianity)** ख्रीष्टीयधर्म्माविश्वासः ख्रीष्टीयधर्म्मनिन्दा.—**(Conjugal infidelity)** व्यभिचारः, विवाहसंविद्व्यातिक्रमः, विवाहसमयभङ्गः, विवाहप्रतिज्ञाभङ्गः, असाधुता, जारकर्म्म ***n.*** (न्); **'on the part of the wife,'** अपातिव्रत्यं, असाध्वीत्वं, असतीत्वं.

Infinite, ***a.*** अनन्तः –न्ता –न्तं, –न्तकः –का –कं, अत्यन्तः –न्ता –न्तं, अपर्य्यन्तः –न्ता –न्तं, अनाद्यन्तः –न्ता –न्तं, अमितः –ता –तं, अपरिमितः –ता –तं, अपरिमेयः –या –यं, अप्रमेयः –या –यं, निरवधिः –धिः –धि, अपारः –रा –रं, अमर्य्यादः –दा –दं, निर्मर्य्यादः –दा –दं, अतिमर्य्यादः –दा –दं, अशेषः –षा –षं, निरन्तरः –रा –रं, असीमकः –का –कं; **'of infinite splendour,'** अमितद्युतिः –तिः –ति, अमिततेजाः –जाः –जः (स्); **'any infinite number,'** परार्द्ध्यं.

Infinitely, ***adv.*** अत्यन्तं, अनन्तं, अमितं, अपरिमितं, अतिमर्य्यादं, अशेषतस्.

Infiniteness, ***s.*** अनन्तता, आनन्त्यं, अनन्त्यं, अमितता, अपरिमितत्वं.

Infinitesimal, ***a.*** अतिसूक्ष्मः –क्ष्मा –क्ष्मं, अत्यन्तसूक्ष्मः **etc.,** अल्पिष्ठः –ष्ठा –ष्ठं.

Infinitive, ***s.*** **(In grammar)** साधारणरूपं, सामान्यरूपं, भाववचनं. **The grammatical symbol for the infinitive mood is** चतुस्.

Infinitively, ***adv.*** साधारणरूपेण, सामान्यरूपेण, भाववचनरूपेण.

Infinity, infinitude, ***s.*** अनन्तता, आनन्त्यं, अनन्त्यं, अत्यन्तता, अनाद्यन्तता –त्वं, अमितता –त्वं, अपरिमितता –त्वं, अप्रमेयता, अपारता, सीमाभावः, असीमत्वं, अवधिहीनता, निरवधिभावः, अवध्यभावः, आनन्तर्य्यं, नित्यता.

Infirm, ***s.*** **(Feeble)** दुर्बलः –ला –लं, क्षीणबलः –ला –लं, क्षीणः –णा –णं. शिथिलबलः –ला –लं, अल्पबल –ला –लं, निर्बल –ला –लं, अशक्तः –क्ता –क्तं, क्षीणशक्तिः –क्तिः –क्ति अल्पशक्तिः –क्तिः –क्ति, शिथिलशक्तिः –क्तिः –क्ति, क्षीणवीर्य्यः –र्य्या –र्य्यं, क्षीणसत्त्वः –त्त्वा –त्त्वं, अल्पवीर्य्यः **etc.,** असमर्थः –र्था –र्थं, अवसन्नः –न्ना –न्नं, क्लीवः –वा –वं.—**(Not firm)** अस्थिरः –रा –रं, अधीरः –रा –रं, अदृढः –ढा –ढं, अध्रुवः –वा –वं.—**(From age)** जरी –रिणी –रि (न्), जीर्णः –र्णा –र्णं, जरातुरः –रा –रं, जरापरिणतः –ता –तं, जराग्रस्तः –स्ता –स्तं, जरणः –णा –णं, जरण्डः –ण्डा –ण्डं, जरठः –ठा –ठं, जीर्णवान् –वती –वत् (त्).

Infirmary, ***s.*** आरोग्यशालाः, रोगिशाला, चिकित्साशाला, रोग्यालयः, रोग्याश्रयः, चिकित्सालयः, स्वास्थ्यालयः, रोगप्रतीकारशालाः, रोगार्त्तलोकचिकित्सनस्थानं.

Infirmity, ***s.*** **(Feebleness)** दौर्बल्यं, दुर्बलता, बलहीनता, बलशैथिल्यं, शिथिलता, अल्पशक्तित्वं, क्षीणता, क्षीणशक्तित्वं, अशक्तिः ***f.,*** अशक्तता, वीर्य्यहानिः ***f.,*** सत्त्वहानिः ***f.***—**(Foible, failing)** छिद्रं, दोषः, अपराधः, अगुणः वैकल्यं, हानिः ***f.,*** हीनता.—**(Malady, disorder)** रोगः, व्याधिः ***m.,*** आमयः, पीडा, अस्वास्थ्यं.

Infirmness, ***s.*** जरा, जीर्णिः ***f.,*** जीर्णता, ज्यानिः ***f.,*** जीर्णावस्था, क्लेव्यं.

To **infix,** ***v. a.*** निष्ठा **in caus.** (–ष्ठापयति –यितुं), निष्ठं –ष्ठां –ष्ठं कृ, निधा **(c. 3.** –दधाति –धातुं), व्रणिधा, निबन्ध् **(c. 9.** –बध्नाति –बन्द्धुं), निखन् **(c. 1.** –खनति –ते –नितुं), निरुह् **in caus.** (–रोपयति –यितुं), निविश् **(c. 10.** –वेशयति –यितुं).

Infixed, ***p. p.*** निष्ठितः –ता –तं, निष्ठः –ष्ठा –ष्ठं, निखातः –ता –तं, निहितः –ता –तं, प्रणिहितः –ता –तं, निबद्धः –द्धा –द्धं, निरूढः –ढा –ढं, निविष्टः –ष्टा –ष्टं, निवेशितः –ता –तं.

To **inflame,** ***v. a.*** तप् **(c. 10.** तापयति –यितुं, **c. 1.** तपति, तप्तुं), सन्तप्, दीप् **(c. 10.** दीपयति –यितुं), प्रदीप्, आदीप्, सन्दीप्, उपदीप्, ज्वल् **(c. 10.** ज्वालयति, ज्वलयति –यितुं), दह् **(c. 1.** दहति, दग्धुं), प्रदह्, सम्प्रदह्, परिदह्, आदह्, समिन्ध् **(c. 7.** –इन्द्धे, इन्धितुं), सन्धुक्ष् **(c. 10.** –धुक्षयति –यितुं), अग्निसात्कृ.—**(Excite)** उद्दीप्, उत्तप्, उत्तिज् **(c. 10.** –तेजयति –यितुं), समुत्तिज्, उत्सह् **(c. 10.** –साहयति –यितुं), प्रोत्सह्, परुच् **(c. 10.** –रोचयति –यितुं).—**(Irritate)** कुप् **(c. 10.** कोपयति –यितुं), प्रकुप्, क्रुध् **(c. 10.** क्रोधयति –यितुं), कोपं जन् **(c. 10.** जनयति –यितुं).

Inflamed, ***p. p.*** तप्तः –प्ता –प्तं, तापितः –ता –तं, सन्तप्तः –प्ता –प्तं, सन्तापितः –ता –तं, दीप्तः –प्ता –प्तं, दीपितः –ता –तं, प्रदीप्तः –प्ता –प्तं, उद्दीप्तः –प्ता –प्तं, ज्वलितः –ता –तं, प्रज्वालितः –ता –तं, समिद्धः –द्धा –द्धं, दग्धः –ग्धा –ग्धं,

Inflammability 572 Inflicter

सन्धुक्षितः -ता -तं.—**(Excited)** उत्तेजितः -ता -तं, समुत्तेजितः -ता -तं.—**(Provoked)** प्रकोपितः -ता -तं, प्रकुपितः -ता -तं; **'inflamed with wrath,'** कोपज्वलितः -ता -तं, कोपदीप्तः -प्ता -प्तं; **'inflamed with pride'** समिद्धदर्पः -र्पा -र्पं; **'to be inflamed,'** दह् **(c. 4.** दह्यति -ते, दग्धुं), दीप् **(c. 4.** दीप्यते, दीपितुं), ज्वल् **(c. 1.** ज्वलति -लितुं), समिन्ध् **in pass.** (-इध्यते).

Inflammability, ***s.*** दाह्यता -त्वं, दहनीयता -त्वं, ज्वलनशीलता, आशुज्वलनीयता, शीघ्रज्वलनीयता, सुखज्वलनीयत्वं, दहनशीलता.

Inflammable, ***a.*** दाह्यः -ह्या -ह्यं, दहनीयः -या -यं, ज्वलनीयः -या -यं, ज्वलनशीलः -ला -लं, दहनशीलः -ला -लं, आशुज्वलनीयः -या -यं, शीघ्रज्वलनीयः -या -यं, सुखज्वलनीयः -या -यं, दीपनीयः -या -यं, दीप्यः -प्या -प्यं, ज्वलनार्हः -र्हा -र्हं, दाहात्मकः -का -कं.

Inflammation, (The act) तापनं, सन्तापनं, दीपनं, प्रदीपनं, उद्दीपनं, दहनं, दाहनं, ज्वलनं.—**(State of heat)** दाहः, तापः, सन्तापः, उपतापः, अभितापः, उत्तापः, विदाहः, ओषः, प्लोषः.—**(Internal heat)** अन्तर्दाहः, अन्तर्ज्वलनं; **'he died of inflammation,'** जातदाहो व्यपद्यत.—**(Morbid heat)** उपतापः, दाहः, उपतप्ता ***m.*** (प्तृ), तापकः, स्पशः, **'inflammation of the glands of the neck,'** गण्डमाला; **'of the eye,'** सिरोत्पातः.

Inflammatory, ***a.*** **(Inflamming)** तापकः -का -कं, तापी -पिनी -पि (न्), उपतापी **etc.,** तापनः -नी -नं, दाहकः -का -कं, दीपकः -का -कं, दीपनः -ना -नं, प्रदीपनः -नी -नं, उद्दीपकः -का -कं, दाहजनकः -का -कं, दाहोत्पादकः -का -कं, दाहकारकः -का -कं, तापजनकः -का -कं, तापकरः -री -रं.—**(Accompanied with inflammation)** दाहवान् -वती -वत् (त्), सदाहः -हा -हं, दाहयुक्तः -क्ता -क्तं, दाहविशिष्टः -ष्टा -ष्टं, दाहिकः -की -कं, सतापः -पा -पं, तापी -पिनी **etc.,** उपतापी **etc.,** दाह **in comp.; as, 'inflammatory fever,'** दाहज्वरः.

To **inflate,** ***v. a.*** ध्मा **(c. 1.** धमति, ध्मातुं), आध्मा, समाध्मा, प्रध्मा, उपध्मा.—**(Distend with air)** वातेन पॄ **(c. 10.** पूरयति -यितुं), वातफुल्लं -ल्लां -ल्लं कृ, वायुपूरित -तां -तं, कृ, श्वासेन पॄ.—**(Swell)** स्फाय् **(c. 10.** स्फावयति -यितुं), श्वि **(c. 10.** श्वाययति -यितुं), विस्तॄ **(c. 10.** -स्तारयति -यितुं), स्फीतीकृ.—**(Puff up)** दर्पाध्मातं -तां -तं कृ, उद्धतीकृ, उन्मत्तीकृ.

Inflated, ***p. p.*** ध्मातः -ता -तं, आध्मातः -ता -तं, समाध्मातः -ता -तं, वातपूरितः -ता -तं, वायुपूर्णः -र्णा -र्णं, श्वासपूरितः -ता -तं, वातफुल्लः -ल्ला -ल्लं, स्फीतः -ता -तं; **'inflated with pride,'** दर्पाध्मातः -ता -तं, मदाध्मातः -ता -तं, दर्पोद्धतः -ता -तं, मदोद्धतः -ता -तं; **'to be inflated,'** ध्मा **in pass.** (ध्मायते), आध्मा वातेन पॄ **in pass.** (पूर्य्यते).

Inflation, ***s.*** **(The act)** आध्मानं, समाध्मानं, ध्मानं, वातपूरणं, श्वासपूरणं.—**(State)** ध्मातत्वं, आध्मातत्वं, वायुध्मातता, वातपूर्णता, वातफुल्लता.—**(State of being puffed up with pride)** दर्पाध्माततत्व, मदाध्माततत्वं, मदोद्धतिः ***f.***

To **inflect,** ***v. a.*** **(Bend)** नम् **(c. 10.** नामयति -यितुं), अवनम्, आनम्, नम्रीकृ, आवृज् **(c. 10.** -वर्जयति -यितुं), वक्रीकृ.—**(In grammar)** आख्या **(c. 2.** -ख्याति -तुं), शब्दरूपं कृ, रूप् **(c. 10.** रूपयति -यितुं), विभक्तिं कृ.

Inflected, ***p. p.*** नतः -ता -तं, नामितः -ता -तं, आनतः -ता -तं, अवभुग्नः -ग्ना -ग्नं, विभुग्नः -ग्ना -ग्नं.—**(In grammar)** आख्यातः -ता -तं, सविभक्तिः -क्तिः -क्ति, कृतविभक्तिः -क्तिः -क्ति.

Inflection, ***s.*** **(Act of bending)** नतिः ***f.,*** आनतिः ***f.,*** नम्रीकरणं, वक्रीकरणं, अवकुञ्चनं.—**(In grammar)** विभक्तिः ***f.,*** विभक्तिकार्य्यं, व्यक्तिः ***f.,*** रूपं, रूपान्तरं, अवगृह्यं, लिङ्गकार्य्यं, कार्य्यं; **'series of inflections,'** रूपावलिः ***f.***

Inflective, ***a.*** नम्रीकरणक्षमः -मा -मं, वक्रीकरणक्षमः -मा -मं.

Inflexibility, inflexibleness, ***s.*** अनमनीयता, सुदृढता, काठिन्यं, कठोरता, धीरतर, धैर्य्यं, दृढसङ्कल्पत्वं, हृदयकाठिन्यं, निर्विकल्पता, संहननं, आग्रहः.

Inflexible, ***a.*** **(That cannot be bent)** अनमनीयः -या -यं, अनाम्यः -म्या -म्यं, अकुञ्चनीयः -या -यं.—**(Firm, hard)** दृढः -ढा -ढं, सुदृढः -ढा -ढं, कठिनः -ना -नं, कठोरः -रा, संहतः -ता -तं.—**(In mind, purpose, etc.)** दृढसङ्कल्पः -ल्पा -ल्पं, स्थिरनिश्चयः -या -यं, स्थिरमतिः -तिः -ति, अनाराधनीयः -या -यं, कठिनहृदयः -या -यं, पाषाणहृदयः -या -यं, निर्विकल्पः -ल्पा -ल्पं, आग्रही -हिणी -हि (न्), धीरः -रा -रं.

Inflexibly, ***adv.*** सुदृढं, दृढचेतसा, सुस्थिरं, दृढनिश्चयपूर्व्वं, निर्विकल्पं.

To **inflict,** ***v. a.*** प्रणी **(c. 1.** -णयति -णेतुं), सम्प्रणी, प्रवृत् **(c. 10.** -वर्त्तयति -यितुं), प्रयुज् **(c. 10.** -योजयति -यितुं), आचर् **(c. 1.** -चरति -रितुं), विधा **(c. 3.** -दधाति -धातुं), कृ **(c. 8.** करोति, कर्त्तुं), पत् **(c. 10.** पातयति -यितुं); **'to inflict punishment',** दण्डं प्रणी, दण्डं कृ.

Inflicted, ***p. p.*** प्रणीतः -ता -तं, सम्प्रणीतः -ता -तं, प्रवर्त्तितः -ता -तं, प्रयुक्तः -क्ता -क्तं, आचरितः -ता -तं, विहितः -ता -तं, कृतः -ता -तं.

Inflicter, ***s.*** **(Of punishment)** दण्डप्रणेता ***m.*** (तृ), दण्डप्रवर्त्तकः, दण्डभृत् ***m.***

Infliction, ***s.*** प्रणयनं, प्रवर्त्तनं, प्रयोगः, आचरणं, विधानं, करणं; **'of punishment,'** दण्डप्रणयनं, दण्डयोगः, दण्डप्रयोगः, दण्डप्रवर्त्तनं, दण्डाधानं, दण्डोपधानं, दण्डपातनं, दण्डकरणं.

Influence, ***s.*** प्रभावः, अधिकारः, गौरवं, वशं, शक्तिः ***f.,*** बलं, भारः, प्रभवः, प्रभुता, कर्त्तृत्वं, क्षमता, प्रतापः, सामर्थ्यं, गुणः, कार्य्यकारित्वं, गुणकारिता, व्यापकता, व्याप्तिः ***f.;*** **'the influence of love,'** कामाधिकारः; **'under the influence of love,'** कामवशः -शा -शं, कामाधिष्ठितः; -ता -तं, कामोपहतः -ता -तं, **'through the influence of love,'** कामवशात्; **'through the influence of alarm,'** साध्वसवशात्; **'planetary influence,'** ग्रहावेशः.

To **influence,** ***v. a,*** अधिकृ, प्रभू, अधिष्ठा (**c. 1.** -तिष्ठति -ष्ठातुं), उपहन् (**c. 2.** -हन्ति -न्तुं), वशीकृ.—**(Induce, move to action)** प्रवृत् (**c. 10.** -वर्त्तयति -यितुं), प्रेर् (**c. 10.** -ईरयति -यितुं), नियुज् (**c. 10.** -योजयति -यितुं), प्रयुज्, अनुनी (**c. 1.** -नयति -नेतुं), आकृष् (**c. 1.** -कर्षति -क्रष्टुं), प्रोत्सह् (**c. 10.** -साहयति -यितुं).

Influenced, ***p. p.*** अधिष्ठितः -ता -तं, अधिकृतः -ता -तं, उपहतः -ता -तं, प्रेरितः -ता -तं, प्रवर्त्तितः -ता -तं, नियुक्तः -क्ता -क्तं, नियोजितः -ता -तं, आकृष्टः -ष्टा -ष्टं, प्रोत्साहितः -ता -तं, वशः -शा -शं **in comp.; 'influenced by love,'** कामाधिष्ठितः -ता -तं, कामोपहतः -ता -तं, कामवशः -शा -शं; **'influenced by avarice,'** लोभाकृष्टः -ष्टा -ष्टं.

Influential, ***a.*** गुरुः -र्व्वी -रु, सगौरवः -वा -वं, गुरुप्रभावः -वा -वं, सप्रभावः -वा -वं, प्रभविष्णुः -ष्णुः -ष्णु, भारी -रिणी -रि (न्), प्रबलः -ला -लं, शक्तिमान् -मती -मत् (त्), अधिकारी -रिणी -रि (न्), प्रतापी -पिनी -पि (न्).

Influentially, ***adv.*** प्रभावेण, सप्रभावं, गौरवेण, सगौरवं, सभारं.

Influenza, ***s.*** साधारणपीनसरोगः, साधारणश्लेष्मरोगः, सन्निपातकः.

Influx, ***s.*** आगमः -ननं, प्रवाहः, अन्तःप्रवाहः, अन्तर्वहनं, प्रस्रवणं, अन्तःस्रवणं, अन्तर्गमनं.

To **infold,** ***v. a.*** वेष्ट् (**c. 1.** वेष्टते -ष्टितुं), आवेष्ट्, परिवेष्ट्, संवेष्ट्, आच्छद् (**c. 10.** -छादयति -यितुं), परिच्छद्, पिधा (**c. 3.** -दधाति -धातुं), कोशेन परिवेष्ट्, कोशस्थं -स्थां -स्थं कृ, वासनस्थं -स्थां -स्थ कृ.—**(Clasp with the arms, embrace)** भुजाभ्यां पीड् (**c. 10.** पीडयति -यितुं), आलिङ्ग् (**c. 1.** -लिङ्गति -ङ्गितुं), समालिङ्ग्, आश्लिष् (**c. 4.** -श्लिष्यति -श्लेष्टुं).

Infolded, ***p. p.*** आवेष्टितः -ता -तं, वेष्टितः -ता -तं, परिवेष्टितः -ता -तं, आच्छन्नः -न्ना -न्नं, कोशस्थः -स्था -स्थं, वासनस्थः -स्था -स्थं, अवगुण्ठितः -ता -तं.

To **infoliate,** ***v. a.*** सपत्रीकृ, सपर्णीकृ, सदलीकृ, पत्रान्वितं -ता -तं, कृ.

To **inform,** ***v. a.*** **(Make known, tell)** ज्ञा **in caus.** (ज्ञापयति, ज्ञपयति -यितुं), विज्ञा, निविद् (**c. 10.** -वेदयति -यितुं), आविद्, समाविद्, विद्, बुध् (**c. 10.** बोधयति -यितुं), प्रबुध्, प्रतिबुध्, अवबुध्, सूच् (**c. 10.** सूचयति -यितुं), संसूच्, आख्या (**c. 2.** -ख्याति -तुं **or caus.** -ख्यापयति -यितुं), समाख्या, ख्या, कथ् (**c. 10.** कथयति -यितुं), अवगम् (**c. 10.** -गमयति -यितुं), शंस् (**c. 1.** शंसति -सितुं) प्रत्यादिश् (**c. 6.** -दिशति -देष्टुं), सन्दिश्, आदिश्, श्रु (**c. 10.** श्रावयति -यितुं), कर्णगोचरीकृ.—**(Inform against)** अपराधं सूच्, प्राड्विवाकसाक्षाद् आह्वे (**c. 1.** -ह्वयति -ह्वातुं), उपनिधा (**c. 3.** -दधाति -धातुं), पैशुन्यं कृ, पिशुनो भू.

Informal, ***a.*** विधिविरुद्धः -द्धा -द्धं, अविधिः -धिः -धि, विधिघ्नः -घ्नी -घ्नं, अवैधिकः -की -कं, नियमविरुद्धः -द्धा -द्धं, रीतिविरुद्धः **etc.,** अव्यवस्थितः -ता -तं, उत्सूत्र -त्रा -त्रां, अमर्य्यादः -दा -दं, अयोग्यः -ग्या -ग्यं, अयथार्थः -र्था -र्थं.

Informality, ***s.*** अविधिः ***m.,*** विधिविरोधः, विधिव्यतिक्रमः, अव्यवस्था, उत्क्रमः, अविधानं, अनियमः, अरीतिः *f.*, विधिभङ्गः, नियमभङ्गः, अमर्य्यादा, विसूत्रता.

Informally, ***adv.*** अविधिवत्, अविधितस्, अविधानतस्, विधिविरुद्धं, अयथाविधिः नियमविरोधेन, अक्रमेण, अविधिपूर्व्वं.

Informant, ***s.*** ज्ञापकः, विज्ञापकः, आवेदकः, निवेदकः, बोधकः, प्रबोधकः, सूचकः, सूची ***m.*** (न्), ख्यापकः, आख्यायकः.

Information, ***s.*** विज्ञप्तिः, विज्ञापनं, ज्ञप्तिः, ज्ञापनं, ज्ञाप्तिः ***f.,*** विज्ञाप्तिः ***f.,*** निवेदनं, आवेदनं, विदितं, बोधः -धनं, प्रबोधः -धनं, सूचनं, संसूचनं, आख्यानं, ख्यापनं, प्रत्यादेशः.—**(Intelligence, news)** वार्त्ता, समाचारः. वृत्तान्तः, सन्देशः, सन्दिष्टं, संवादः, सूचना.—**(Knowledge)** ज्ञानं, विज्ञानं, बोधः, अवगमः.—**(In law, intelligence of crime)** अपराधसूचनं -ना, अन्यायसूचनं -ना, स्वयमुक्तिः ***f.,*** पैशुन्यं, उपनिधानं.

Informed, ***p. p.*** विज्ञप्तः -प्ता -प्तं, विज्ञापितः -ता -तं, ज्ञापितः -ता -तं, ज्ञप्तः -प्ता -प्तं, ज्ञपितः -ता -तं, अनुज्ञापितः -ता -तं, आवेदितः -ता -तं, निवेदितः -ता -तं, बोधितः -ता -तं, प्रबोधितः -ता -तं, सूचितः -ता -तं, संसूचितः -ता -तं, आख्यातः -ता -तं, समाख्यातः -ता -तं, प्रत्यादिष्टः -ष्टा -ष्टं सन्दिष्टः -ष्टा -ष्टं, गृहीतार्थः -र्था -र्थं.

Informer, ***s.*** सूचकः, सूची ***m.*** (न्), पिशुनः, कर्णजपः, कर्णेजपः, बोधकः, उपनिधाता ***m.*** (तृ), अपराधसूचकः, अन्यायसूचकः. —**(Conveyer of intelligence)** वार्त्तिकः, वार्त्तायनः.

Informity, ***s.*** निराकारत्वं, अनाकारत्वं, अरूपता, विरूपता, वैरूप्यं, निरवयवत्वं.

Infraction, ***s.*** भङ्गः, भञ्जनं, खण्डनं, भेदः, अतिक्रमः व्यतिक्रमः -मणं, लङ्घनं, उल्लङ्घनं; **'of an agreement,'** संविद्व्यतिक्रमः;

'of a law,' व्यवस्थालङ्घनं.

Infrangible, *a.* अभेद्यः -द्या -द्यं, अभेदनीयः -या -यं, अखण्डनीयः -या -यं, अखण्ड्यः -ण्ड्या -ण्ड्यं, अनतिक्रमणीयः -या -यं, अलङ्घनीयः -या -यं.

Infrequency, *s.* विरलता, वैरल्यं, अबहुत्वं, अनभीक्ष्णता, अनाभीक्ष्ण्यं, अनित्यता, कादाचित्कत्वं, क्वाचित्कत्वं, अपौनःपुन्यं, असामान्यं.

Infrequent, *a.* विरलः -ला -लं, विरलागतः -ता -तं, अनभीक्ष्णः -क्ष्णा -क्ष्णं, अबहुशो वर्त्तमानः -ना -नं, अनित्यः -त्या -त्यं, अनैत्यिकः -की -कं, कादाचित्कः -त्का -त्कं, क्वाचित्कः -त्का -त्कं, अपौनःपुनिकः -की -कं, असततः -ता -तं, असामान्यः -न्या -न्यं.

Infrequently, *adv.* अबहुशस्, अनभीक्ष्णं, अनित्यं, विरलं, कदाचित्.

***To* infringe, *v. a.* (Break)** भञ्ज् **(c. 7.** भनक्ति, भंक्तुं), खण्ड् **(c. 10.** खण्डयति -यितुं), भिद् **(c. 7.** भिनत्ति, भेत्तुं), भङ्गं कृ.—**(Violate)** अतिक्रम् **(c. 1.** -क्रामति -क्रमितुं), व्यतिक्रम्, लङ्घ् **(c. 10.** लङ्घयति -यितुं), उल्लङ्घ्, विलङ्घ्, लुप् **(c. 10.** लोपयति -यितुं), विलुप्, अतिचर् **(c. 1.** -चरति -रितुं), अतिवृत् **(c. 1.** -वर्त्तते -र्त्तितुं).

Infringed, *p. p.* भग्नः -ग्ना -ग्नं, लङ्घितः -ता -तं, उल्लङ्घितः -ता -तं, अतिक्रान्तः -न्ता -न्तं, लुप्तः -प्ता -प्तं, खण्डितः -ता -तं, विछिन्नः -न्ना -न्नं.

Infringer, *s.* भङ्गकरः, भञ्जकः, भङ्गकारी ***m.*** (न्), लङ्घनकारी, अतिक्रमी ***m.*** (न्), विच्छेदकः लोपकरः, अतिवर्त्ती ***m.*** (न्).

Infringement, *s.* भङ्गः, भञ्जनं, भेदः, खण्डनं, अतिक्रमः -मणं, व्यतिक्रमः -मणं, लङ्घनं, उल्लङ्घनं, लोपः -पनं, विच्छेदः, अतिवर्त्तनं; **'of a compact,'** संविद्व्यतिक्रमः, नियमातिक्रमः, नियमभङ्गः; **'of a law,'** व्यवस्थालङ्घनं, व्यवस्थालोपः.

Infuriate, *a.* कोपाकुलः -ला -लं, क्रोधाकुलः -ला -लं, रोषवेगाकुलः -ला -लं, संरब्धः -ब्धा -ब्धं, क्रोधान्धः -धा -न्ध, उन्मादसंरब्धः -ब्धा -ब्धं, मदोत्कटः -टा -टं, क्रोधविक्षिप्तः -प्ता -प्तं.

To* infuriate, *v. a. कोपाकुलीकृ, रोषवेगेन व्याकुलीकृ, संरब्धीकृ.

To* infuscate, *v. a. तिमिर **(nom.** तिमिरयति -यितुं), तिमिरीकृ, कृष्णीकृ, श्यामीकृ.

***To* infuse, *v. a.* (Pour in, mix)** आसिच् **(c. 6.** -सिञ्चति -सेक्तुं), निषिच्, सिच्, प्रक्षिप् **(c. 6.** -क्षिपति -क्षेप्तुं), निक्षिप्, मिश्र् **(c. 10** मिश्रयति -यितुं), सम्मिश्र् संसृज् **(c. 6.** -सृजति -स्रष्टुं), मिश्रीकृ, मिश्रणं कृ.—**(Introduced)** निविश् **(c. 10.** -वेशयति -यितुं), प्रविश्, आविश्; **'infuse into the mind,'** चित्ते निविश्, उपदिश् **(c. 6.** -दिशति -देष्टुं), उपदेशं कृ.—**(Steep)** वास् **(c. 10.** वासयति -यितुं), क्वथ् **(c. 1.** क्वथति -थितुं), भू **(c. 10.** भावयति -यितुं).

Infused, *p. p.* आसिक्तः -क्ता -क्तं, सिक्तः -क्ता -क्तं, प्रक्षिप्तः -प्ता -प्तं, निक्षिप्तः -प्ता -प्तं, मिश्रितः -ता -तं, व्याप्तः -प्ता -प्तं, संसृष्टः -ष्टा -ष्टं, निवेशितः -ता -तं, विलीनः -ना -नं.—**(Steeped)** वासितः -ता -तं, भावितः -ता -तं.

Infusible, *a.* (That may be infused) प्रक्षेपणीयः -या -यं, मिश्रणीयः -या -यं, निवेशनीयः -या -यं.—**(Incapable of fusion)** अद्राव्यः -व्या -व्यं, अद्रवणीयः -या -यं.

Infusion, *s.* (Act of pouring in) आसेकः, आसेचनं, प्रक्षेपः -पणं, मिश्रणं, मिश्रीकरणं, सम्मिश्रणं.—**(Act of introducing)** निवेशनं, प्रवेशनं.—**(Suggestion, instruction)** उपन्यासः, प्रबोधः -धनं, उपदेशः.—**(Process of steeping)** वासनं, भावनं, क्वथनं, निष्क्वाथः.—**(The liquor in which plants are steeped)** कषायः -यं, रसः, निर्य्यासः, निर्य्यूहः, क्वाथः.

Ingathering, *s.* शस्यसङ्ग्रहः, शस्यसञ्चयः, शस्यसङ्ग्रहकालः.

Ingelable, *a.* अघनीकरणीयः -या -यं, घनीकरणशक्यः -क्या -क्यं.

To* ingeminate, *v. a. द्विगुणीकृ, द्विगुण **(nom.** द्विगुणयति -यितुं), पुनःपुनः कृ, वारं वारं कृ, द्विवारं कृ, मुहुर्मुहुः कृ, असकृत् कृ.

Ingeminate, *a.* द्विगुणितः -ता -तं, पुनःपुनः कृतः -ता -तं.

Ingemination, *s.* द्विगुणीतकरणं, पुनःपुनःकरणं, द्विवारकरणं, असकृत्करणं.

Ingenerate, ingenerated, *a.* अन्तर्जातः -ता -तं, सहजः -जा -जं, निजः -जा -जं.

Ingenious, *a.* (Possessed of invention, prompt to invent) युक्तिमान् -मती -मत् (त्), यौक्तिकः -की -कं, उपायज्ञः -ज्ञा -ज्ञं, उपायी -यिनी -यि (न्), कल्पकः -का -कं, परिकल्पकः -का -कं, विज्ञः -ज्ञा -ज्ञं, चतुरः -रा -रं, निपुणः -णा -णं, सुप्रयोगवान् -वती वत् (त्), विदग्धः -ग्धा -ग्धं, प्रवीणः -णा -णं, सूक्ष्मबुद्धिः -द्धिः -द्धि, तीक्ष्णबुद्धिः -द्धिः -द्धि, पटुः -टुः -टु, उपकारकः -का -कं, व्यवसायी -यिनी -यि (न्), विचक्षणः -णा -णं, दक्षः -क्षा -क्षं.—**(Of curious design or structure)** सुयुक्तिकृतः -ता -तं, सुयुक्तिनिष्पन्नः -न्ना -न्नं, सुप्रयोगकृतिः -ता -तं, सुप्रयुक्तः -क्ता -क्तं.

Ingeniously, *adv.* युक्त्या, सुयुक्त्या, सुप्रयोगेन, विज्ञवत्, चातुर्य्येण, चतुरं, निपुणं, निपुणवत्, विचक्षणवत्, सपाटवं, दाक्ष्येण, दक्षवत्.

Ingenuity, ingeniousness, *s.* युक्तिः ***f.***, सुयुक्तिः ***f.***, सुप्रयोगः, युक्तिमत्त्वं, कल्पना, कल्पनाशक्तिः ***f.***, कल्पकत्वं, विज्ञता, उपायज्ञता, चतुरता, चातुर्य्यं, निपुणता, नैपुण्यं, सूक्ष्मता, बुद्धिसूक्ष्मता, बुद्धितीक्ष्णता, पटुता, पाटवं, विदग्धता, वैदग्ध्यं, प्रवीणता, वैचक्षण्यं, दक्षता, दाक्ष्यं, कला, मनुष्यकला, व्यवसायः.

Ingenuous, ***a.*** निष्कपटः -टा -टं, अकपटः -टा -टं, विमलात्मा -त्मा -त्म (न्), विमलार्थकः -का -कं, मायाहीनः -ना -नं, अमायः -या -यं, अमायिकः -की -कं, निर्व्याजः -जा -जं, अवक्रः -क्रा -क्रं, सरलः -ला -लं, शुद्धमतिः -तिः -ति, अजिह्मः -ह्मा -ह्मं, ऋजुः -जुः -जु, निर्व्यलीकः -का -कं, दक्षिणः -णा -णं, अगूढभावः -वा -वं, शुचिः -चिः -चि, शुचिमनाः -नाः -नः (स्), निर्म्मलचित्तः -त्ता -त्तं, अकृपणः -णा -णं.—**(Generous, noble)** उदारः -रा -रं, उदारचेताः -ताः -तः (स्), महानुभावः -वा -वं.

Ingenuously, ***adv.*** निष्कपटं, कपटं विना, अवक्रं, अमायया, सरलं, सरलवत्, सारल्येन, निर्व्यलीकं निर्व्याजं दाक्षिण्येन, उदारवत्.

Ingenuousness, ***s.*** उदारत्वं, औदार्य्यं, कपटहीनता, निष्कपटत्वं, निष्कापट्यं, अकापट्यं, अमाया, मायाहीनता, सरलता, सारल्यं, अवक्रता, अजिह्मता, ऋजुता, आर्जवं, निर्व्यलीकता, दाक्षिण्यं, शुचिता, विमलात्मता, चित्तनिर्म्मलत्वं, भावागूढता, शुद्धमतित्वं, भावशुद्धत्वं, अव्याजः, अकार्पण्यं, उदीर्णता.

Inglorious, ***a.*** अयशस्वी -स्विनी -स्वि (न्), अयशस्यः -स्या -स्यं, अकीर्त्तिमान् -मती -मत् (त्), अकीर्त्तिकरः -री -रं, अकीर्त्तिदः -दा -दं, अयशस्करः -री -रं, अपयशस्करः -री -रं, अख्यातः -ता -तं, अश्रीमान् -मती -मत् (त्), निःश्रीकः -का -कं, अपमानजनकः -का -कं, कलङ्ककरः -री -रं, निःप्रतापः -पा -पं, लज्जाकरः -री -रं.

Ingloriously, ***adv.*** अयशस्यं, सापमानं, सकलङ्कं, अकीर्त्तिपूर्व्वं.

Ingot, ***s.*** तूलिकाविलीनः, सुवर्णादिपिण्डः, तूलिकाकारः सुवर्णरूप्यादिपिण्डः, सुवर्णादिकीलः; **'ingot mould,'** तूलिका, तुलिका, ईषीका, ईषिका.

To **ingraft,** ***v. a.*** एकवृक्षशाखायाम् अन्यवृक्षपल्लवं निविश् **(c. 10.** -वेशयति -यितुं), एकवृक्षपल्लवम् अन्यवृक्षपल्लवेन संयुज् **(c. 10.** -योजयति -यितुं).

Ingrafted, ***p. p.*** निवेशितः -ता -तं, निहितः -ता -तं, संलग्नीकृतः -ता -तं.

Ingraftment, ***s.*** एकवृक्षशाखायाम् अन्यवृक्षपल्लवनिवेशनं, संलग्नीकरणं.

Ingrate, ***a.*** अकृतज्ञः -ज्ञा -ज्ञं, कृतघ्नः -घ्नी -घ्नं, अकृतवेदी -दिनी -दि (न्), अनुपकृतज्ञः -ज्ञा -ज्ञं, उपकारविस्मर्त्ता - र्त्री -र्त्तृ (र्त्तृ), कृतनाशकः -की -कं.

To **ingratiate,** ***v. a.*** **(Conciliate favor for one's self)** आराध् **(c. 10.** -राधयति -यितुं), अनुरञ्ज् **(c. 10.** -रञ्जयति -यितुं), सान्त्व् **(c. 10.** सान्त्वयति -यितुं), प्रसद् **(c. 10.** -सादयति -यितुं), प्रसाध् **(c. 10.** -साधयति -यितुं), लल् **(c. 10.** लालयति -यितुं), अनुग्रहं प्राप् **(c. 5.** -आप्नोति -आप्तुं), अनुरागं कृ, स्नेहं कृ, अनुरुध् **(c. 4.** -रुध्यति -रोद्धुं).

Ingratitude, ***s.*** अकृतज्ञता, कृतघ्नता, उपकृतघ्नता, उपकारविस्मृतिः ***f.,*** उपकारविस्मरणं, उपकृतविस्मृतिः ***f.,*** कृतपूर्व्वनाशनं, कृतनाशनं, उपकारनाशनं, कृतपूर्व्वविस्मृतिः ***f.,*** अनुपकारिता, निरुपकारिता, प्रत्युपकाराभावः.

Ingredient, ***s.*** भागः, अंशः, द्रव्यं, साधनद्रव्यं, उपकरणं, अङ्गं, वस्तु; **'any thing mixed as an ingredient in drugs in the course of decoction,'** प्रक्षिप्तं, भावितं.

Ingress, ***s.*** प्रवेशः -शनं, निवेशः -शनं, आवेशः -शनं, समावेशः, वेशः -शनं, वेषणं, वेशिका, सन्निवेशः, सञ्चारः; **'of the sun into a sign,'** संक्रान्तिः ***f.,*** संक्रमः; **'of a luminary at an eclipse,'** वेधः.

Inguinal, ***a.*** वंक्षणसम्बन्धी -न्धिनी -न्धि (न्), वंक्षणीयः -या -यं.

To **ingulf,** ***v. a. See. To*** **Engulph.**

To **ingurgitate,** ***v. a.*** जलादि बहुशो गॄ **(c. 6.** गिरति, गरितुं -रीतुं) **or** निगॄ **or** अवगॄ **or** ग्रस् **(c. 1.** ग्रसते -सितुं).

Ingustable, ***a.*** रसनेन्द्रियातीतः -ता -तं, रसनेन्द्रियाविषयः -या -यं.

To **inhabit,** ***v. a.*** वस् **(c. 1.** वसति, वस्तुं), निवस्, प्रतिवस् **all with loc. c.,** आवस्, समावस्, अधिवस्, अधिनिवस्, अध्यावस्, उपवस्, सन्निवस् **with acc. c. or loc. c.,** अध्यास् **(c. 2.** -आस्ते -आसितुं), समध्यास् **with acc. c.,** आस् **with loc. c.,** आश्रि **(c. 1.** -श्रयति -ते -यितुं) **with acc. c.,** सेव् **(c. 1.** सेवते -वितुं), निषेव्, उपसेव् **with acc. c.,** अधिष्ठा **(c. 1.** -तिष्ठति -ष्ठातुं) **with acc. c. or loc. c.,** स्था **with loc. c.,** जुष् **(c. 6.** जुषते, जोषितुं) **with acc. c.,** निली **(c. 4.** -लीयते -लेतुं), वासं कृ.

Inhabitable, ***a.*** वस्तव्यः -व्या -व्यं, वास्तव्यः -व्या -व्यं, वासतेयः -यी -यं, वसनीयः -या -यं, आवसनीयः -या -यं, निवसनीयः -या -यं, वासयोग्यः -ग्या -ग्यं, वासक्षमः -मा -मं, वासार्हा -र्हा -र्हं, आजीव्यः -व्या -व्यं, उपजीव्यः -व्या -व्यं.

Inhabitant, ***s.*** वासी ***m.*** (न्), निवासी ***m.*** वासकारी ***m.*** (न्), निवासकारी ***m.*** निलायी ***m.*** (न्), स्थायी ***m.*** (न्), अवस्थायी ***m.*** स्थः **or** संस्थः **in comp.**

Inhabitation, ***s.*** वासः, निवासः, निवसनं, वसतिः ***f.,*** निवसतिः ***f.,*** निलयः -यनं.

Inhabited, ***p. p.*** उषितः -ता -तं, अध्युषितः -ता -तं, अध्यासितः -ता -तं, सेवितः -ता -तं, अधिष्ठितः -ता -तं, निषेवितः -ता -तं, जुष्टः -ष्टा -ष्टं; **'formerly inhabited by cattle,'** उषितङ्गवीनः -ना -नं; **'an inhabited country,'** जनपदः, जानपदः.

Inhabiting, ***part.*** वसन् -सन्ती -सती -सत् (त्), निवसन् -सन्ती -सत् (त्), निवासी -सिनी -सि (न्), कृतालयः

–या –यं, आश्रितः –ता –तं, समाश्रितः –ता –तं, सेवी –विनी –वि (न्), अधिशयानः –ना –नं.

To* inhale, *v. a. श्वस् (**c. 2.** श्वसिति –तुं), निश्वस्, उरःस्थानं **or** वक्षःस्थानं **or** हृदयस्थानं श्वासेन पृ (**c. 10.** पूरयति –यितुं) **or** वायुना पृ, श्वासं कृ, निपा (**c. 1.** –पिवति –पातुं).

Inharmonious, *a.* विस्वरः –रा –रं, अपस्वरः –रा –रं, कर्कशस्वनः –ना –नं.

To* inhere, *v. n. निष्ठा (**c. 1.** –तिष्ठति –ष्ठातुं), अन्तः स्था, अधिष्ठा, अन्तर्भू, अन्तर्वृत् (**c. 1.** –वर्त्तते –र्त्तितुं), अन्तर् जा **in pass.** (जायते), सहजः –जा –जं भू.

Inherence, inherency, *s.* निष्ठा –ष्ठानं, निष्ठितिः ***f.,*** अन्तःस्थितिः, अधिष्ठितिः ***f.,*** अधिष्ठानं, संस्था, संस्थितिः ***f.,*** स्थितिः ***f.,*** अन्तर्भावः, अन्तर्वर्त्तनं, अन्तर्वृत्तिः ***f.,*** अनुषङ्गः –ङ्गिका –निरूढिः ***f.,*** समवायः, समवायसम्बन्धः.

Inherent, *a.* निष्ठः –ष्ठा –ष्ठं, निष्ठितः –ता –तं, अन्तर्भवः –वा –वं, अन्तर्भूतः –ता –तं, अन्तर्जातः –ता –तं, अन्तरस्थः –स्था –स्थं, अन्तःस्थ–स्था –स्थं, अन्तःस्थायी –यिनी –यि (न्), अन्तर्वर्त्ती –र्त्तिनी –र्त्ति (न्), निजः –जा –जं, सहजः –जा –जं, निरूढः –ढा –ढं, अनुषङ्गी –ङ्गिनी –ङ्गि (न्), अनुषङ्गिकः –की –कं, आनुषङ्गिकः –की –कं, प्रासङ्गिकः –की –कं, आवेशिकः –की –कं, समवायी –यिनी –यि (न्), समवेतः –ता –तं, व्यस्तः –स्ता –स्तं, समस्तः –स्ता –स्तं; **'inherent in the body,'** देहनिष्ठः –ष्ठा –ष्ठं.—**(Naturally pertaining to)** स्वाभाविकः –की –कं, स्वभावजः –जा –जं, प्रकृतिस्थः –स्था –स्थं, नैसर्गिकः –की –कं, औत्सर्गिकः –की –कं, सांसिद्धिकः –की –कं; **'inherent nature,'** अन्तर्भावः, स्वभावः.

To* inherit, *v. a. अधिकृ, उत्तरेण **or** उत्तरम् अधिकृ, वंशक्रमागमेन प्राप् (**c. 5.** –आप्नोति –आप्तुं) **or** ग्रह् (**c. 9.** गृह्णाति, ग्रहीतुं), पितुः प्राप्, पितृतः प्राप्, क्रमागतत्वेन प्राप्, अन्वयागमेन प्राप्, वंशाधिकारेण प्राप्, पारम्पर्य्येण प्राप्, वंशक्रमेण पितुः प्राप्, पैतृकाधिकारं प्राप्, अधिकारी –रिणी –रि भू, उत्तराधिकारी भू, दायादो भू; **'to inherit property,'** पैतृकरिक्थं प्राप्, गोत्ररिक्थं प्राप्, क्रमागतरिक्थं प्राप्.

Inheritable, *a.* पितृप्राप्यः –प्या –प्यं, पितृपुत्रपरम्पराभोग्यः –ग्या –ग्यं, उत्तराधिकारोपभोग्यः –ग्या –ग्यं, औद्धारिकः –की –कं, दापयोग्यः –ग्या –ग्यं.

Inheritance, *s.* (Act of receiving an inheritance) पैतृकरिक्थग्रहणं, रिक्थप्राप्तिः ***f.,*** अधिकारप्राप्तिः ***f.,*** रिक्थहरणं, अंशहरणं, रिक्थभागग्रहणं, दायभागप्राप्तिः ***f.*–(Right of inheritance)** उत्तराधिकारः –रिता, अधिकारः –रिता –त्वं, रिक्थाधिकारः, दायत्वं, दायाधिकारः.—**(Heritage, estate, patrimony)** पैतृकरिक्थं, पैतृकं रिक्थं **or** ऋक्थं, गोत्ररिक्थं, पैतृकधनं, गोत्रधनं, दायः, ऋक्थभागः, पैतृकं, औद्धारिकं, क्रमागतरिक्थं, क्रमागतधनं.—**(Portioning of inheritance)** दायविभागः, दायभागः, रिक्थविभागः, उद्धारविभागः, रिक्थवण्टनं; **'to divide an inheritance,'** पैतृकरिक्थं भज् (**c. 1.** भजति –ते, भक्तुं) **or** विभज्.—**(Share of an inheritance)** भागः, अंशः, उद्धारः.

Inherited, *p. p.* पितृप्राप्तः –प्ता –प्तं, पितृगृहीतः –ता –तं, क्रमागमेन प्राप्तः –प्ता –प्तं, क्रमागतः –ता –तं, क्रमायातः –ता –तं, क्रमाद् आगतः –ता –तं, अन्वयागतः –ता –तं, परम्पराप्राप्तः –प्ता –प्तं, परम्परायातः –ता –तं, पारम्पर्येणागतः –ता –तं, परम्परीणः –णा –णं.

Inheritor, *s.* अधिकारी ***m.*** (न्), उत्तराधिकारी ***m.,*** दायादः, भागी ***m.,*** (न्), भाक् **in comp.** (ज्), अंशी ***m.,*** (न्); **'inheritor of property,'** धनाधिकारी ***m.,*** रिक्थभागी ***m.,*** (न्). ***See* Heir.**

Inheritress, inheritrix, *s.* अधिकारिणी, उत्तराधिकारिणी, दायादी.

To* inhibit, *v. a. नियम् (**c. 1.** –यच्छति –यन्तुं), संयम्, निग्रह् (**c. 9.** –गृह्णाति –ग्रहीतुं), निरुध् (**c. 7.** –रुणद्धि –रोद्धुं), अवरुध्, वृ (**c. 10.** वारयति –यितुं), निवृ, निषिध् (**c. 1.** –षेधति –षेद्धुं).

Inhibition, *s.* संयमः, निग्रहः, निवारणं, निरोधः, संरोधः, निषेधः.

Inhospitable, *a.* अनातिथेयः –यी –यं, अनातिथ्यः –थ्यी –थ्यं, अतिथिद्वेषी –षिणी –षि (न्), अभ्यागतद्वेषी **etc.,** आतिथ्यविमुखः –खा –खं, सत्कारद्वेषी **etc.,** सत्कारविमुखः –खा –खं, असत्कारशीलः –ला –ल, अभ्यागतानुपकारी –रिणी –रि (न्), अभ्यागताशरणः –णा –णं, अभ्यागताहितः –ता –तं, अभ्यागतानादरी –रिणी –रि (न्).

Inhospitableness, inhospitality, *s.* अनातिथ्यं, अनातिथेयत्वं, अनतिथित्वं, असत्कारः, असत्कर्म्म ***n.*** (न्), अतिथिद्वेषः, अभ्यागतद्वेषः, अतिथ्यनादरः, अतिथ्यसत्कारः.

Inhospitably, *adv.* अनातिथेयं, अनातिथ्यपूर्व्वं, असत्कारेण, असत्कारपुरःसरं, अतिथिद्वेषिवत्.

Inhuman, *a.* अमनुष्यः –ष्या –ष्यं, अमनुष्यधर्म्मा –र्म्मा –र्म्म (न्), मनुष्यविधर्म्मा **etc.**–**(Cruel)** निर्दयः –या –यं, दयाहीनः –ना –नं, क्रूरः –रा –रं, क्रूरकर्म्मा –र्म्मा –र्म्म (न), निष्ठुरः –रा –रं, निष्कृपः –पा –पं, निष्करुणः –णा –णं, निर्घृणः –णा –णं, राक्षसधर्म्मा **etc.,** कठिनहृदयः –या –यं.

Inhumanity, *s.* अमनुष्यत्वं, निर्दयता, –त्वं, क्रूरता, क्रौर्य्यं, दयाहीनता, निष्ठुरता, नैष्ठुर्य्यं, निष्करुणता, कृपाहीनता, दौरात्म्यं.

Inhumanly, *adv.* अमनुष्यवत्, निर्दयं, निष्ठुरं, नैष्ठुर्य्येण, क्रूरवत्, क्रौर्य्येण, निष्करुणं, राक्षसवत्, निष्कृपं, दुरात्मवत्.

Inhumation, *s.* भूमिखननं, निखननं, निखातत्वं, भूमौ निखननं, भूमिसमर्पणं, भूमिनिक्षेपः, भूमिनिवेशनं, क्षितिन्यासः.

To **inhume,** ***v. a.*** भूमौ निखन् (**c. 1.** -खनति -नितुं) **or** निधा (**c. 3.** -दधाति -धातुं) **or** स्था **in caus.** (-स्थापयति -यितुं) **or** समृ **in caus.** (-अर्पयति -यितुं) **or** निक्षिप् (**c. 6.** -क्षिपति -क्षेप्तुं) **or** न्यस् (**c. 4.** -अस्यति -असितुं).

Inimical, ***a.*** वैरी -रिणी -रि (न्), अहितः -ता -तं, अहितकारी -रिणी -रि (न्), द्वेषी -षिणी -षि (न्), द्वेषणः -णा -णं, विद्वेषी **etc.,** विद्वेष्टा -ष्ट्री -ष्टृ (ष्टृ), सवैरः -रा -रं, अपथ्यकारी **etc.,** अपकारी **etc.,** प्रतिकूलः -ला -लं, विरोधी -धिनी -धि (न्), विपक्षः -क्षा -क्षं, प्रतिपक्षः -क्षा -क्षं, द्रोहबुद्धिः -द्धिः -द्धि, द्रोहवृत्तिः -त्तिः -त्ति, शात्रवः -वी -वं, शात्रवीयः -यी -य, अहितमनाः -नाः -नः (स्), अहितशीलः -ला -लं, अमित्रः -त्रा -त्रं, अस्निग्धः -ग्धा -ग्धं, असुहृद् ***m.f.n.,*** अनुपकारी -रिणी -रि (न्), अननुकूलः -ला -लं, विपरीतः -ता -तं.

Inimically, ***adv.*** शत्रुवत्, अहितवत्, सवैरं, अमित्रवत्, अस्निग्धवत्, शत्रुबुद्ध्या, द्रोहबुद्ध्या, प्रतिकूलं, विरोधेन, विरुद्धं, विपक्षवत्, अननुकूलं, विपरीतं, रिपुवत्.

Inimitability, ***s.*** अनुपमेयता, अननुकार्य्यता, अनन्यसाध्यत्वं, अद्वितीयता.

Inimitable, ***a.*** अनुपमेयः -या -यं, अननुकार्य्यः -र्य्या -र्य्यं, अननुकरणीयः -या -यं, अनुपमः -मा -मं, अप्रतिमः -मा -मं, उपमातीतः -ता -तं, अनुकरणातिगः -गा -गं, अनन्यसाध्यः -ध्या -ध्यं, अनन्यशक्यः -क्या -क्यं, अन्यासाध्यः -ध्या -ध्यं, अन्याशक्यः -क्या -क्यं, अतुल्यः -ल्या -ल्यं, अद्वितीयः -या -यं, असाधारणः -णा -णी -णं.

Inimitably, ***adv.*** अनुपमेयं, अननुकरणीयं, अतुल्यं, अत्युपमं.

Iniquitous, ***a.*** अन्यायी -यिनी -यि (न्), अन्याय्यः -य्या -य्यं, अयथान्यायः -या -यं, न्यायविरुद्धः -द्धा -द्धं, अधार्म्मिकः -की -कं, अधर्म्मी -र्म्मिणी -र्म्मि (न्), धर्म्मापेतः -ता -तं, पापः -पा -पं, पापी -पिनी -पि (न्), पापिष्ठः -ष्ठा -ष्ठं, खलः -ला -लं, दुर्वृत्तः -त्ता -त्तं, दुराचारः -रा -रं, कुकर्म्मा -र्म्मा -र्म्म (न्), दुष्टः -ष्टा -ष्टं, किल्विषी -षिणी -षि (न्).

Iniquitously, ***adv.*** अन्यायतस्, अयथान्यायं, न्यायविरुद्धं, न्यायविरोधेन, अधर्म्मतस्, अधर्म्मेण, पापिष्ठवत्, दुष्टवत्, खलवत्, दुराचारवत्.

Iniquity, ***s.*** अधर्म्मः -र्म्मता -त्वं, अन्यायः, अन्याय्यत्वं -ता, अन्यायिता, धर्म्मविरोधः, न्यायविरोधः, न्यायविरुद्धता, धर्म्मापेतत्वं, पापं, दुष्टता, पापिष्ठता, खलता, दुर्वृत्तिः ***f.,*** दुर्वृत्तत्वं, अनीतिः ***f.,*** नीतिविरोधः, कुकर्म्म ***n.*** (न्), दुष्कर्म्म ***n.,*** कुक्रिया, दुराचारत्वं, अपकर्म्म ***n.,*** अपचारः, शठता, दौरात्म्यं, कुसृतिः ***f.,*** व्यसनं.

Initial, ***a.*** आदि **in comp.,** आद्यः -द्या -द्यं, आदिकः -का -कं, आदिमः -मा -मं, आदिस्थः -स्था -स्थं, आदिवर्त्ती -र्त्तिनी -र्त्ति (न्), प्राथमिकः -की -कं, प्रथमः -मा -मं, पूर्व्वः -र्व्वी -र्व्वं, पौर्व्विकः -की -कं, पौरस्त्यः -स्त्या -स्त्यं, आरम्भकः -का -कं, आरम्भस्थः -स्था -स्थं.

Initial, ***s.*** **(First letter of a name)** नामादिवर्णः, नामाद्यक्षरं, आद्यवर्णः, प्रथमवर्णः.

To **initiate,** ***v. a.*** **(Instruct in rudiments or principles)** विद्यारम्भान् **or** विद्यातत्त्वानि **or** प्रथमतत्त्वानि उपदिश् (**c. 6.** -दिशति -देष्टुं), प्रथमोपदेशं कृ, प्रथमशिक्षां कृ, विद्याप्रवेशं कृ, विद्याभिनिवेशं कृ, विद्योपक्रमं कृ.—**(Introduce by initiatory ceremonies)** दीक्ष् (**c. 1.** दीक्षते -क्षितुं), उपनी (**c. 1.** -नयति -नेतुं), दीक्षापूर्व्वम् उपनी, दीक्षाकर्मपूर्व्वं **or** संस्कारपूर्व्वं **or** अभिमन्त्रणपूर्व्वं **or** मन्त्रपूर्व्वं प्रविश् (**c. 10.** -वेशयति -यितुं), दीक्षां कृ, दीक्षाकर्म्म कृ.—**(Instruct in initiatory ceremonies)** दीक्षाकर्म्म उपदिश्, संस्कारमन्त्रान् **or** दीक्षामन्त्रान् उपदिश्.

Initiated, ***p. p.*** दीक्षितः -ता -तं, कृतदीक्षः -क्षा -क्षं, संस्कृतः -ता -तं, कृतसंस्कारः -रा -रं, जातसंस्कारः -रा -रं, संस्कारितः -ता -तं, अभिसंस्कृतः -ता -तं, अभिमन्त्रितः -ता -तं, मन्त्रवान् -वती -वत् (त्), उपनीतः -ता -तं, उपनीयमानः -ना -नं, कृताभिषेकः -का -कं, राद्धः -द्धा -द्धं, उपदिष्टः -ष्टा -ष्टं, कृतविद्यारम्भः -म्भा -म्भं, कृतविद्योपक्रमः -मा -मं, कृतविद्याप्रवेशः -शा -शं, विद्याप्रविष्टः -ष्टा -ष्टं.

Initiation, ***s.*** **(Instruction in rudiments or principles)** विद्यारम्भोपदेशः, विद्यातत्त्वोपदेशः, प्रथमतत्त्वोपदेशः, प्रथमोपदेशः, प्रथमशिक्षा, विद्याप्रवेशः -शनं, विद्याभिनिवेशः -शनं. विद्याभिनिवेशः -शनं.—**(Introduction by initiatory ceremonies, etc.)** दीक्षा, दीक्षाकरणं, दीक्षाकर्म्म ***n.*** (न्), उपनयः -यनं, उपनायः, दीक्षापूर्व्वम् उपनयनं, दीक्षापूर्व्वं प्रवेशनं, संस्कारः, अभिमन्त्रणं, अभिषेकः.—**(Instruction in initiatory ceremonies)** दीक्षाकर्म्मोपदेशः, मन्त्रोपदेशः, उपदेशः.

Initiative, ***s.*** **(Introductory step)** आरम्भः, प्रत्युत्क्रमः, प्रत्युत्क्रान्तिः ***f.***

Initiative, initiatory ***a.*** आरम्भकः -का -कं, प्रारम्भकः -का -कं, आद्यः द्या -द्यं, आदिमः -मा -मं, आदिकः -का -कं. —**(Relating to introductory ceremonies)** दीक्षाकर्म्मसम्बन्धी -न्धिनी -न्धि (न्).

To **inject,** ***v. a.*** अन्तःक्षिप् (**c. 6.** -क्षिपति -क्षेप्तुं), अन्तःप्रक्षिप्, निक्षिप्, अन्तःक्षेपं कृ, अन्तःप्रक्षेपं कृ, अन्तः कृ.—**(With a syringe)** वस्तिद्वारेण अन्तःक्षिप् **or** अन्तःप्रक्षिप.

Injected, ***p. p.*** अन्तःक्षिप्तः -प्ता -प्तं, अन्तःप्रक्षिप्तः -प्ता -प्तं, निक्षिप्तः -प्ता -प्तं.

Injection, ***s.*** अन्तक्षेपः -पणं, अन्तःप्रक्षेपः -पणं, निक्षेपणं. —**(Clyster)** वस्तिः ***m. f.***

***To* injoin, *See To* enjoin.**

Injudicious, ***a.*** अविवेकी -किनी -कि (न्), अविवेचकः -का -कं, विवेकशून्यः -न्या -न्यं, विवेचनाशून्यः -न्या -न्यं, अविवेकदृश्वा -श्वा -श्व (न्), अविज्ञः -ज्ञा -ज्ञं, अविचक्षणः -णा -णं, अबुद्धिमान् -मती -मत् (त्), अविचारी -रिणी -रि (न्), अविचारकः -का -कं, विचारशून्यः -न्या -न्यं, अपरिच्छेदी -दिनी -दि (न्).

Injudiciously, ***adv.*** अविवेकेन, अविवेचकवत्, विवेकं विना, अविज्ञवत्, अविचारेण, विचारं विना, अविचक्षणवत्.

Injudiciousness, ***s.*** अविवेकः -कता -किता, अविवेचकत्वं, विवेकशून्यता, अविवेचना, अविज्ञता, अविचारः, विचारशून्यता, अविचक्षणता, अवैचक्षण्यं, अबुद्धिमत्त्वं, अपरिच्छेदः, परिच्छेदहीनता.

Injunction, ***s.*** आज्ञा, आदेशः, निदेशः, निर्देशः, नियोगः, चोदनं -ना, नियमः, निदर्शनं, विधानं, शासनं, वचनं; **'sacred injunction,'** विधिः ***m.,*** कल्पः; **'chief injunction,'** मुख्यः; **'secondary,'** अनुकल्पः.

To* injure,** ***v. a. हिंस् **(c. 7.** हिनस्ति, **c. 1.** हिंसति -सितुं), विहिंस्, उपहिंस्, आहिंस्, अपकृ, क्षतिं कृ, क्षतं कृ, क्षण् **(c. 8.** क्षणोति -णितुं), परिक्षण्, विक्षण्, पीड् **(c. 10.** पीडयति -यितुं), अर्द् **(c. 10.** अर्दयति -यितुं), समर्द्, व्यथ् **(c. 10.** व्यथयति -यितुं), रिष् **(c. 1.** रेषति, **c. 4.** रिष्यति, रेषितुं, रेष्टुं), क्षि **(c. 5.** क्षिणोति, **c. 1.** क्षयति, क्षेतुं), दुष् **(c. 10.** दूषयति -यितुं), नश् **(c. 10.** नाशयति -यितुं), हन् **(c. 2.** हन्ति -न्तुं), विहन्, उपहन्, धृष् **(c. 10.** धर्षयति -यितुं), द्रोहं कृ, द्रुह् **(c. 4.** द्रुह्यति, द्रोग्धुं), अपराध् **(c. 5.** -राध्नोति, **c. 4.** -राध्यति -राद्धुं) **with gen. c.,** रिह् **(c. 1.** रेहति, रेढुं), अतिवृत् **(c. 1.** -वर्त्तते -र्त्तितुं), अपकारं कृ, अपायं कृ, हिंसा कृ, अहितं कृ, अन्यायं कृ, हानिं कृ, ध्वंसं कृ, दुःखं दा, क्लेशं दा, अनिष्टं कृ.

Injured, ***p. p.*** हिंसितः -ता -तं, विहिंसितः -ता -तं, अपकृतः -ता -तं, प्राप्तापकारः -रा -रं, कृतापकारः -रा -रं, क्षतः -ता -तं, परिक्षतः -ता -तं, विक्षतः -ता -तं, अर्दितः -ता -तं, पीडितः -ता -तं, निपीडितः -ता -तं, व्यथितः -ता -तं, रिष्टः -ष्टा -ष्टं, कृतध्वंसः -सा -सं, दूषितः -ता -तं, विहतः -ता -तं, जातापायः -या -यं, प्राप्तहानिः -निः -नि, व्यापन्नः -न्ना -न्नं, व्यापादितः -ता -तं.

Injurer, ***s.*** हिंसकः, हिंसाकारी ***m.*** (न्), अपकारी ***m.*** अपकारकः, क्षतिकारकः, अन्यायकारी ***m.*** परापकारी ***m.*** अनिष्टकारी ***m.*** अहितकारी ***m.*** द्रोहकारी ***m.*** रेष्टा ***m.*** (ष्टृ), नशिता ***m.*** (तृ), नंष्टा ***m.*** (ष्टृ), द्रोही ***m.*** (न्), द्वेषी ***m.*** (न्), विहेठकः.

Injurious, ***a.*** हिंसकः -का -कं, हिंस्रः -स्रा -स्रं, हिंसालुः -लुः -लु -लुकः -का -कं, हिंसात्मकः -का -कं, अपकारी -रिणी -रि (न्), अपकारकः -का -कं, आपकरः -री -रं, क्षतिकरः -री -रं, क्षतिजनकः -का -कं, हानिकरः -री -रं, जनकः -का -कं, अहितकरः -री -रं, अनिष्टकरः -री -रं, अहितः -ता -तं, नृशंसः -सा -सं, शरारुः -रुः -रु, शारुकः -का -कं, रिष्वः -ष्वा -ष्वं, घातुकः -का -कं, उपघातकः -का -कं, नंशुकः -का -कं, बाधकः -का -कं, द्रोही -हिणी -हि (न्), भूतध्रुक् ***m.f.n.*** (ह्).

Injuriously, ***adv.*** हिंसापूर्व्वं, हिंसया, सापकारं, सापायं, अपकारेण, अहितं, क्षतिपूर्व्वं, द्रोहपूर्व्वं, क्षतपूर्व्वं, द्रोहेण, हिंस्रप्रकारेण, नृशंसं, यथा हिंसा क्रियते तथा, यथा क्षतं **or** अपायो जायते तथा, सद्रोहं, सदषणं.

Injury, ***s.*** **(Wrong)** हिंसा -सनं, अपकारः, अपकृतं, अपकृतिः ***f.,*** अपक्रिया, द्रोहः अभिद्रोहः, अन्यायः, अपराधः, हिंसाकर्म्म ***n.*** (न्), निकारः, विप्रकारः, पीडा -डनं, प्राणिपीडा, अहितं, अनिष्टं, व्यापादः -दनं, विहेठः -ठनं. —**(Hurt, harm, detriment)** क्षति ***f.,*** क्षतं, परिक्षतिः ***f.,*** परिक्षतं, अपकारः, अपकृतं, अपायः हानिः ***f.,*** नाशः, ध्वंसः, अपचयः, अपचितिः ***f.,*** दूषणं, अर्दना, क्षयः, उपक्षयः, बाधः, दुःखं, दोषः, भ्रंशः.

Injustice, ***s.*** अधर्म्मः -र्म्मता -त्वं, अन्यायः -यता -त्वं, अन्याय्यता, अन्यायिता, धर्म्मविरोधः, धर्म्मविरुद्धा, धर्म्मापेतता, न्यायविपर्य्ययः, न्यायविरोधः, न्यायविरुद्धता, अनीतिः ***f.,*** अनयः, दुर्णीतिः.

Ink, ***s.*** मसिः ***f.*** -सी, मषिः ***f.*** -षी, मसिका, मसीजलं, मलिनाम्बु ***n.,*** पत्राञ्जनं, अञ्जनं, कालिका, काली, वर्णिका, मेला, गोला; **'red ink,'** अलक्तरसः, अलक्तः -क्तकं.

To* Ink,** ***v. a. मस्या लिप् **(c. 6.** लिम्पति, लेप्तुं) **or** मलिन **(nom.** मलिनयति -यितुं) **or** दुष् **(c. 10.** दूषयति -यितुं), मसिदूषितं -तां -तं कृ, कालीकृ.

Ink-horn, ***s.*** मसिधानी, मसिकूपी, मसिभाजनं, मसिपात्रं, मस्याधारः.

Inkling, ***s.*** ईषज्ज्ञानं, किञ्चिज्ज्ञानं, ईषद्बोधनं, ईषत्सूचना -नं, किञ्चित्सूचितं, इङ्गितं, सङ्केतः, भासः, आभासः, वासना.

Inkstand, ***s.*** मसिधानी -नं, मसिकूपी, मसिभाजनं, मस्याधारः, मसिपात्रं, मेलान्धुः ***m.,*** वार्द्दलः -लं, लिपिसज्जापात्रं, लेखसाधनपात्रं, लिपिसामग्र्यभाजनं.

Inky, ***a.*** मसिमयः -यी -यं, मसिवर्णः -र्णा -र्णं, समसिः -सिः -सि, मसीयः -या -यं, मसिलिप्तः -प्ता -प्तं, मसिदूषितः -ता -तं.

Inlaid, ***p. p.*** खचितः -ता -तं, अनुविद्धः -द्धा -द्धं, प्रतिबद्धः -द्धा -द्धं, प्रणिहितः -ता -तं, छुरितः -ता -तं, पिनद्धः -द्धा -द्धं, जडितः -ता -तं, करम्बः -म्बा -म्बं -ता -तं; **'is inlaid,'** प्रणिधीयते.

Inland, *a.* मध्यदेशीयः -या -यं, मध्यदेशी -शिनी -शि (न्), मध्यदेशस्थः -स्था -स्थं, देशमध्यस्थः -स्था -स्थं, देशमध्यवर्त्ती -र्त्तिनी -र्त्ति (न्), समुद्रदूरस्थः -स्था -स्थं, समुद्रदूरवर्त्ती -र्त्तिनी -र्त्ति (न्), समुद्रानिकटवर्त्ती **etc.,** असमुद्रतीरस्थः -स्था -स्थं. —**(Not foreign, domestic)** अविदेशीयः -या -यं, देशीयः -या -यं, दैशिकः -की -कं, देश **in comp.**

Inlander, *s.* समुद्रदूरवासी ***m.*** (न्), मध्यदेशजः, मध्यदेशवासी ***m.***

To* inlapidate, *v. a. पाषाणीकृ, प्रस्तरीकृ, पाषाणवत् कठिनीकृ.

To* inlay, *v. a. नानावर्णद्रव्यैः खच् (**c. 10.** खचयति -यितुं) **or** अनुव्यध् (**c. 4.** -विध्यति -व्यद्धुं) **or** छुर् (**c. 6.** छुरति -रितुं) **or** बन्ध् (**c. 9.** बध्नाति, बन्द्धुं), निधा (**c. 3.** -दधाति -धातुं), प्रणिधा, चित्रविचित्रीकृ, करम्बीकृ, नानाविधद्रव्यैः खचितं -तां -तं कृ, **or** जडितं कृ.

Inlayer, *s.* प्रणिधाता ***m.*** (तृ), नानावर्णद्रव्यनिबन्धा ***m.*** (न्धृ), प्रणिधायी ***m.*** (न्).

Inlaying, *s.* नानावर्णद्रव्यनिबन्धनं, प्रणिधानं, विचित्रीकरणं.

Inlet, *s.* (Entrance, place of ingress) द्व प्रवेशद्वारं, प्रवेशमार्गः, पथः, मार्गः.—**(Creek, or recess in the shore of the sea)** समुद्रवङ्कः, वङ्कः, खल्लः, तटभङ्गः, तीरभङ्गः, तीरभेदः, पुटभेदः, खातं.

***To* inlist, *v. a.* *See* Enlist.**

Inly, *a.* आन्तरिकः -की -कं, अन्तरस्थः -स्था -स्थं. ***See* Internal, Inward.**

Inmate, *s.* सहवासी ***m.*** (न्), निवासी ***m.*** (न्), सहवर्त्ती ***m.*** (न्), सहस्थायी ***m.,*** एकगृहवासी ***m.*** एकगृहस्थायी ***m.***

Inmost, *a.* अन्तरतमः -मा -मत्, अन्तरतमस्थः -स्था -स्थं, अत्यभ्यन्तरः -रा -रं, अत्यभ्यन्तरस्थः -स्था -स्थं, अत्यन्तरस्थः **etc.,** अत्यभ्यन्तरवर्त्ती -र्त्तिनी -र्त्ति (न्), अत्यान्तरिकः -की -कं, अत्यन्तर्गतः -ता -तं, अत्यन्तर्भूतः -ता -तं.

Inn, *s.* (House for the loding of travellers) उत्तरणगृहं, उत्तरणशाला, उत्तरणस्थानं, उत्तरणीयगेहं, उपकारी -रिका, उपकारिकागृहं, उपकार्य्या, औपकार्य्या -र्य्यं, प्रवासीयगृहं. —**(Tavern)** गञ्जा -ञ्जिका, मदिरागृहं, मदिराशाला. —**(Residence of law years)** स्मृतिशास्त्रज्ञमठः, स्मृतिशास्त्रज्ञवेश्म ***n.*** (न्).

To* inn, *v. n. उत्तरणगृहे वस् (**c. 1.** वसति, वस्तुं), उत्तरणशालां निविश् (**c. 6.** -विशति -वेष्टुं), अध्वमध्ये रथाद् अवतीर्य्य पूर्व्वोक्तगृहं निविश्.

To* inn, *v. a. उत्तरणगृहे वस् (**c. 10.** वासयति -यितुं), उत्तरणशालां निविश् (**c. 10.** -वेशयति -यितुं).

Inn-keeper, *s.* उत्तरणगृहपतिः ***m.*** उत्तरणशालास्वामी ***m.*** (न्), उपकारिकागृहाधिकारी ***m.*** (न्), शौण्डिकः.

Innate, *a.* सहजः -जा -जं, सहजातः -ता -तं, अन्तर्जातः -ता -तं, निजः -जा -जं, अन्तर्भवः -वा -वं, अन्तरुत्पन्नः -न्ना -न्नं, अन्तर्भूतः -ता -तं, अन्तर्वर्त्ती -र्त्तिनी -र्त्ति (न्), अन्तरस्थः -स्था -स्थं, स्वाभाविकः -की -कं, स्वभावजः -जा -जं, नैसर्गिकः -की -कं, निसर्गजः -जा -जं, औत्सर्गिकः -की -कं, प्रकृतिस्थः -स्था -स्थं, प्राकृतिकः -की -कं, औत्पत्तिकः -की -कं, अन्तरीयः -या -यं.

Innately, *adv.* स्वभावात् -वेन, स्वभावतस्, सहजं, निजभावेन.

Innateness, *s.* स्वाभाविकत्वं, सहजत्वं, अन्तर्भावः, अन्तर्जातत्वं, नैसर्गिकत्वं.

Innavigable, *a.* अनौतार्य्यः -र्य्या -र्य्यं, अनाव्यः -व्या -व्यं, नावतार्य्यः -र्य्या -र्य्यं, नावगम्यः -म्या -म्यं, अनौगम्यः -म्या -म्यं, नौगमनशक्यः -क्या -क्यं.

Inner, *a.* अन्तरस्थः -स्था -स्थं, आन्तरिकः -की -कं, आन्तरः -री -रं, अन्तरीयः -या -यं, आभ्यन्तरः -री -रं, अभ्यन्तर **or** अन्तर **or** अन्तर् **in comp.,** अन्तर्भवः -वा -वं, अन्तर्गतः -ता -तं, अन्तर्भूतः -ता -तं, अन्तर्वर्त्ती -र्त्तिनी -र्त्ति (न्), अन्तरतमः -मा -मत्, अन्तःस्थितः -ता -तं, मध्यस्थः -स्था -स्थं, गर्भस्थः -स्था -स्थं, अन्तरङ्गः -ङ्गा -ङ्गं; **'inner apartments,'** अन्तर्गृहं, अन्तर्भवनं, भवनोदरं, वासगृहं.

Innermost, *s.* अन्तरतमः -मा -मत्. ***See* Inmost.**

Innocence, innocency, *s.* (Freedom from guilt) शुचिता, शुद्धता -त्वं, निष्पापत्वं, निरपराधता -धिता, अनपराधता, निर्दोषत्वं, अपापत्वं, दोषहीनता, अपराधहीनता, अपराधशून्यता, निष्कलङ्कता -त्वं, अनघता, निर्म्मलता, शुद्धमतित्वं, विमलचित्तत्वं, मतिशुद्धता, चित्रशुद्धिः ***f.,*** शुद्धिः ***f.***—**(Guilelessness)** निष्कापट्यं, अकापट्यं, मायाहीनता, छलहीनता, सारल्यं, अदुष्टता; **'innocence and guilt,'** गुणदोषौ ***m.* du.**

Innocent, *a.* शुचिः -चिः -चि, निरपराधः -धा -धं, अनपराधः -धा -धं, -धी -धिनी -धि (न्), निर्दोषः -षा -षं -षी -षिणी -षि (न्), अदोषः -षा -षं, निष्पापः -पा -पं, -पी -पिनी -पि (न्), अपापः -पा -पं, पापहीनः -ना -नं, अपराधहीनः -ना -नं -शून्यः -न्या -न्यं, पापरहितः -ता -तं, शुद्धः -द्धा -द्धं, शुद्धमतिः -तिः -ति, शुचिमनाः -नाः -नः (स्), शुचिकर्म्मा -र्म्मा -र्म्म (न्), शुक्लकर्म्मा **etc.,** अकृष्णकर्म्मा **etc.,** शिश्विदानः -ना -नं, निष्कलङ्कः -ङ्का -ङ्कं, अनघः -घा -घं, अकृतापराधः -धा -धं, अकृतैनाः -नाः -नः (स्), अकृतपापः -पा -पं, निर्म्मलः -ला -लं, निर्म्मलचित्तः -त्ता -त्तं, विमलचित्तः -त्ता -त्तं, अदृष्टदोषः -षा -षं, अदृष्टापराधः -धा -धं, अहेतुकः -का -कं.—**(Guileless)** निष्कपटः -टा -टं, निर्व्याजः -जा -जं, छलरहितः -ता -तं, निर्व्यलीकः -का -कं, विमलात्मा -त्मा -त्म (न्), मायाहीनः -ना -नं, सरलः -ला -लं, निष्कृत्रिमः -मा -मं, अकृत्रिमः

–मा – मं, अदुष्टः –ष्टा –ष्टं.

Inncoent, *s.* (A guiltless person) शुचिजनः, निरपराधी ***m.*** (न्).

Innocently, *adv.* अनपराधेन, निरपराधः, पापं विना, निष्पापं, शुचि, शुचिवत्, शुचिमनसा, निर्म्मलचेतसा, अनघं, अनघवत्, निर्व्यलीकं, निष्कपटं.

Innocuous, *a.* अहिंसकः –का –कं, अहिंसः –सा –सं, हिंसारहितः –ता –तं, अहिंसाकरः –री –रं, अनपकारी –रिणी –रि (न्), अनपकारकः –का, –कं, अक्षतिकारकः –का –कं, अद्रोही –हिणी –हि (न्).

Innocuously, *adv.* अहिंसया, अहिंसापूर्व्वं, अक्षतिपूर्व्वं, अद्रोहेण.

Innocuousness, *s.* अहिंसा, अनपकारः –रकता, अहिंसकत्वं, अद्रोहः.

***To* innovate, *v. a.* (Introduce new customs)** नूतनरीतिं **or** नवव्यवहारान् स्था **in caus.** (–स्थापयति –यितुं) **or** संस्था **or** प्रवृत् (**c. 10.** –वर्त्तयति –यितुं) **or** क्लृप् (**c. 10.** कल्पयति –यितुं) **or** प्रक्लृप्, व्यवहारान्तराणि स्था, कुलव्यवहारभिन्नान् नवाचारान् स्था, कुलाचारभिन्नान् नवीनव्यवहारान् क्लृप्, देशव्यवहारभिन्नान् नूतनव्यवहारान् प्रक्लृप्, देशाचारान् परिवृत् **or** नवीकृ, नूतनसम्प्रदायान् **or** मतान्तराणि स्था, अन्यसम्प्रदायान् कृ **or** क्लृप्, नूतनकर्म्माणि प्रवृत् (**c. 10.** –वर्त्तयति –यितुं).

Innovation, *s.* (The act) नवव्यवहारस्थापनं, नूतनरीतिसंस्थापनं, व्यवहारान्तरकल्पनं, नवीनाचारसंस्थापनं, नूतनसम्प्रदायकल्पनं, देशाचारपरिवर्त्तनं, कुलाचारपरिवर्त्तनं, नूतनकर्म्मप्रवर्त्तनं, नवीकरणं. **—(The change made)** नूतनरीतिः ***f.,*** नवरीतिः ***f.,*** नवीनव्यवहारः, व्यवहारान्तरं, रीत्यन्तरं, नवाचारः, नवाचरितं, नवचरितं, नवमार्गः, नवधारा.

Innovator, *s.* नवरीतिस्थापकः, नूतनव्यवहारस्थापकः, व्यवहारान्तरप्रकल्पकः, नवव्यवहारप्रवर्त्तकः, देशव्यवहारपरिवर्त्तकः, कुलाचारपरिवर्त्तकः, नवसम्प्रदायप्रवर्त्तकः, मतान्तरस्थापकः.

Innoxious, *a.* अहिंसकः –का –कं, अहिंस्रः –स्रा –स्रं, अनपकारी –रिणी –रि (न्), अक्षतिकरः –री –रं, अघातुकः –का –कं, अद्रोही –हिणी –हि (न्), अरिष्वः –ष्वा –ष्वं, अशारुकः –की –कं.

Innoxiously, *adv.* अहिंसया, अनपकारेण, अद्रोहेण, अक्षतिपूर्व्वं.

Innoxiousness, *s.* अहिंसता –त्वं, अनपकारः –रकत्वं, अहिंसकत्वं –ता, अघातुकत्वं, अशारुकत्वं, हिंसात्यागः.

Innuendo, *s.* वक्रोक्तिः ***f.,*** व्यंग्योक्तिः ***f.,*** व्यंग्यः –ग्यं, भङ्गि ***f.,*** भंग्युक्तिः ***f.,*** छेकोक्तिः ***f.,*** पर्य्यायोक्तिः ***f.***

Innumerable, *a.* अगणनीयः –या –यं, अगण्यः –ण्या –ण्यं, असंख्येयः –या –यं, असंख्यः –ख्या –ख्यं, अस्तसंख्यः –ख्या –ख्यं, गणनातीतः –ता –तं, गणनाशक्यः –क्या –क्यं, संख्यातीतः –ता –तं, लक्षगुणः –णा –णं, कोटिगुणः –णा –णं, अगणितः –ता –तं; **'in innumerable numbers,'** कोटिशस्.

Innumerableness, *s.* अगणनीयता, अगण्यता, असंख्येयता, असंख्यता.

Innutrition, *s.* अपुष्टिः ***f.,*** अपोषणं, पोषणाभावः, अभरणं.

Innutritious, *a.* अपुष्टिदः –दा –दं, अपुष्टिकरः –री –रं, अपोषकः –का –कं.

Inobservable, *a.* अलक्ष्यः –क्ष्या –क्ष्यं, दुर्लक्ष्यः **etc.,** अदृश्यः –श्या –श्यं.

***To* inoculate, *v. a.* (A tree)** एकवृक्षशाखायां भिन्नवृक्षपल्लवं निविश् (**c. 10.** –वेशयति –यितुं), जालकं निविश्. **—(Insert infectious matter in the flesh)** विस्फोटरसविन्दुं बाहुमांसे निविश् (**c. 10.** –वेशयति –यितुं), रक्तवरटीजपूयलवम् अन्यमांसे निविश् **or** त्वक्छेदनानन्तरं बाहुमांसे निविश्, विस्फोटजरसनिवेशनेन रक्तवरटीरोगम् अन्यस्मिन् संक्रम् (**c. 10.** –क्रामयति –यितुं) **or** सञ्चर् (**c. 10.** –चारयति –यितुं).

Inoculated, *p. p.* (Budded) भिन्नवृक्षशाखानिवेशितः –ता –तं. **—(Infected by inoculation with small-pox, etc.)** स्फोटजरसनिवेशनेन रक्तवरटीरोगदूषितः –ता –तं.

Inoculation, *s.* (Budding) एकवृक्षशाखायां भिन्नवृक्षपल्लवनिवेशनं. **—(Inserting infectious matter in the flesh)** सुस्थजनमांसे विस्फोटपूयलवनिवेशनं, स्फोटजरसनिवेशनेन रक्तवरटीरोगदूषणं **or** रक्तवटीरोगसञ्चारणं.

Inoculator, *s.* (Of plants) वृक्षशाखायां भिन्नवृक्षपल्लवनिवेशकः. **—(Of infectious matter)** विस्फोटपूयलवनिवेशकः, रक्तवरटीरोगसञ्चारकः.

Inodorous, *a.* निर्गन्धः –न्धा –न्धं अगन्धः –न्धा –न्धं, गन्धहीनः –ना –नं.

Inoffensive, *a.* अनपकारी –रिणी –रि (न्), अनपकारकः –का –कं, अनपकारशीलः –ला –लं, अनपराधी –धिनी –धि (न्), निरपराधः –धा –धं, अहिंसकः –का –कं, अहिंस्रः –स्रा –स्रं, हिंसारहितः –ता –तं, अहिंसाकरः –री –रं, अपरद्रोही –हिणी –हि (न्), अद्रोहशीलः –ला –लं, निर्द्रोही **etc.,** अपरदुःखदः –दा –दं, अपरक्लेशदः –दा –दं, अघातुकः –का –कं, अबाधकः –का –कं, अविरोधी –धिनी –धि (न्), निर्दोषी –षिणी –षि (न्), निरुपद्रवी –विणी –वि (न्), सात्विकः –की –कं, सत्वशीलः –ला –लं, अप्रतिध्रुक् ***m.f.n.*** (ह्).

Inoffensively, *adv.* अनपकारेण, अहिंसया, अद्रोहेण, अनपराधेन, निरपराधं.

Inoffensiveness, *s.* अहिंसा, अनपकारः –रिता –रकता, अनपकारशीलता, अहिंसाशीलता, अहिंसा, अद्रोहः, अद्रोहशीलता, अबाधकता, सत्वशीलता, अनपराधिता, हिंसात्यागः.

Inofficial, ***a.*** अनाधिकारिकः -की -कं, अनधिकारप्रयुक्तः -क्ता -क्तं.

Inoperative, ***a.*** असाधकः -का -कं, अकार्य्यसाधकः -का -कं, अकार्य्यकारकः -का -कं -री -रिणी -रि (न्), अकिञ्चित्करः -री -रं, अफलोत्पादकः -का -कं.

Inopportune, ***a.*** अकालिकः -की -कं, आकालिकः -की -कं, अप्राप्तकालः -ला -लं, अकालीनः -ना -नं, अनवसरः -रा -रं, अप्राप्तावसरः -रा -रं, असामयिकः -की -कं, असमयोचितः -ता -तं, असमयोपयुक्तः -क्ता -क्तं. अप्रसङ्गोचितः -ता -तं, अप्राप्तप्रसङ्गः -ङ्गा -ङ्गं, अप्रास्ताविकः -की -कं, अकालसदृशः -शी -शं, अप्रस्तावसदृशः -शी -शं, अप्रस्तावयोग्यः -ग्या -ग्यं, असमयानुरूपः -पा -पं, अयथाकालः -ला -लं, अस्थानः -ना -नं, अयोग्यः -ग्या -ग्यं.

Inopportunely, ***adv.*** अकाले-लेन, अस्थाने-नं, अनवसरं-रेण, असमयेन, अकालसदृशं, असमयानुरूपेण, अयोग्यं, अयथाकालं, अप्रसङ्गवत्, अपदं, असाम्प्रतं, असम्प्रति.

Inopportuneness, ***s.*** अकालिकत्वं, आकालिकत्वं, अकालीनता, असामयिकत्वं, अनवसरः, असमयः, अयोग्यता.

Inordinate, ***a.*** अपरिमितः -ता -तं, अत्यन्तः -न्ता -न्तं, आत्यन्तिकः -की -कं, अतिमर्य्यादः -दा -दं, अमर्य्यादः **etc.,** उन्मर्य्यादः **etc.,** मर्य्यादातीतः -ता -तं, अतिक्रान्तमर्य्यादः -दा -दं, मर्य्यादातीत -ता -तं, अतिमात्रः -त्रा -त्रं, अमितः -ता -तं, अपरिमाणः -णा -णं, अतिमितः -ता -तं, अनियमितः -ता -तं, लंघितमर्य्यादः -दा -दं, लंघितनियमः -मा -मं, उद्रिक्तः -क्ता -क्तं, अतिरिक्तः -क्ता -क्तं.

Inordinately, ***adv.*** अपरिमितं, अत्यन्तं, अतिमर्य्यादः, अतिमात्रं, अतिशयेन, नितान्तं, सातिशयं, अतितरां, सुतरां, अत्यर्थं, तीव्रं, सुभृशं.

Inordinateness, ***s.*** अपरिमितता -त्वं, अपरिमाणं, अमितत्वं, मर्य्यादातिक्रमः, नियमातिक्रमः, आत्यन्तिकत्वं, अमर्य्यादा, उद्रिक्तता, अतिरिक्तता.

Inorganic, ***a.*** अप्रमाणी -णिनी -णि (न्), निर्जीवः -वा -वं, जीवितसाधनहीनः -ना -नं, प्राणवायुसञ्चारहीनः -ना -नं, जडः -डा -डं, निरवयवः -वा -वं, अङ्गरहितः -ता -तं.

Inosculation, ***s.*** अग्रद्वयसन्धिः ***m.*** -सन्धानं, पार्श्वद्वयसंयोगः.

Inquest, ***s.*** **(Judicial inquiry)** विचारः -रण -णा व्यवहारपरीक्षा, व्यवहारदर्शनं.—**(Inquiry into the cause of a sudden death)** अपमृत्युपरीक्षा, अपमृत्युकारणविचारः, अपमृत्युवृत्तान्तविचारः.

Inquietude, ***s.*** अशान्तिः ***f.,*** अशान्तचित्तता, चित्तशान्तिः ***f.,*** चित्तोद्वेगः, उद्वेगः, उद्विग्नता, अनिर्वृतिः ***f.,*** चित्तानिर्वृतिः ***f.,*** मनस्तापः, चित्तवेदना, चित्तव्यथा, मनोदुःखं, मनःपीडा, कष्टं, अस्वास्थ्यं, अस्वस्थता, असमाधानं, आधिः ***m.,*** क्लेशः, व्याकुलता, व्यामोहः, मानसी व्यथा, व्यस्तता, अस्थिरता, अस्थैर्य्यं, औत्सुक्यं, वैक्लव्यं.

To **inquinate,** ***v. a.*** दुष् **(c. 10.** दूषयति -यितुं), मलिन **(nom.** मलिनयति -यितुं).

To **inquire,** ***v. a.*** **(Ask a question)** प्रच्छ् **(c. 6.** पृच्छति, प्रष्टुं), अनुप्रच्छ्, परिप्रच्छ्, समनुप्रच्छ्, प्रश्नं कृ, पृच्छनं कृ, अनुयुज् **(c. 7.** -युनक्ति -युंक्ते -योक्तुं), अनुयोगं कृ, अभिचुद् **(c. 10.** -चोदयति -यितुं).—**(Investigate, examine into)** परीक्ष् **(c. 1.** -ईक्षते -क्षितुं), निरूप् **(c. 10.** -रूपयति -यितुं), अनुसन्धा **(c. 3.** -दधाति -धातुं), ज्ञा **in des.** (जिज्ञासते -सितुं), अन्विष् **(c. 4.** -इष्यति -एषितुं), अन्वेष् **(c. 1.** -एषते -षितुं), विचर् **(c. 10.** -चारयति -यितुं), विमृश् **(c. 6.** -मृशति -म्रष्टुं), चर्च् **(c. 1.** चर्चति -र्चितुं), निर्णी **(c. 1.** -णयति -णेतुं), निश्चि **(c. 5.** -चिनोति -चेतुं), विनिश्चि, मार्ग् **(c. 1.** मार्गति, **c. 10.** मार्गयति -यितुं), मृग् **(c. 10.** मृगयते -यितुं), गवेष् **(c. 10.** गवेषयति -यितुं), अभिनिध्यै **(c. 1.** ध्यायति -ध्यातुं), जिज्ञासां कृ, अन्वेषणं कृ.—**(Inquire about one's health, etc.)** कुशलप्रश्नं कृ, कुशलसम्प्रश्नं कृ, सम्प्रश्नं कृ.

Inquired, ***p. p.*** पृष्टः -ष्टा -ष्टं, अनुयुक्तः -क्ता -क्तं, परीक्षितः -ता -तं, जिज्ञासितः -ता -तं, निर्णीतः -ता -तं, चर्चितः -ता -तं, निरूपितः -ता -तं.

Inquirer, ***s.*** **(One who asks a question)** प्रष्टा ***m.*** (ष्टृ), पृच्छकः, प्रश्नकारी ***m.*** (न्), अनुयोक्ता ***m.*** (क्तृ), अनुयोगकृत् ***m.***—**(One who investigates)** परीक्षकः, निरूपकः, विचारकः, अनुसन्धाता ***m.*** (तृ), निर्णेता ***m.*** (तृ), जिज्ञासुः ***m.*** -सकः, अन्वेषकः, जिज्ञासाकृत् ***m.***—**(Inquirer after knowledge)** ज्ञानेप्सुः ***m.,*** ज्ञानेच्छुः ***m.***

Inquiring, ***a.*** जिज्ञासुः -सुः -सु, ज्ञानेप्सुः -प्सुः -प्सु, ज्ञानेच्छुः -च्छुः -च्छु.

Inquiry, ***s.*** **(Question, interrogation)** प्रश्नः, सम्प्रश्नः, पृच्छा -च्छनं, अनुयोगः -योजनं.—**(Investigation)** परीक्षा -क्षणं, निरूपणं, अनुसन्धानं, जिज्ञासा, विचारः -रणं -णा, अन्वेषणं -णा, चर्चा, समीक्षा -क्षणं, निर्णयः, पर्य्येषणा, गवेषणं -णा, परीष्टिः ***f.,*** निश्चयः, अनुसरणं, विमर्शः, विवेचना, शोधः -धनं; **'spirit of inquiry,'** ज्ञानेच्छा, ज्ञानेप्सा; **'friendly inquiry respecting health,' etc.,** कुशलप्रश्नः, सम्प्रश्नः, सान्त्वना.

Inquisition, ***s.*** **(Examination)** परीक्षा -क्षणं, अनुसन्धानं, जिज्ञासा, अनुयोगः, समीक्षणं, संवीक्षणं.—**(Judicial)** विचारः -रणा.—**(Court for religious inquiry)** धर्म्मपरीक्षणसभा, धर्म्मविचारणसभा.

Inquisitive, ***a.*** पिपृच्छिषु -षुः -षु, पृच्छकः -का -कं, प्रश्नशीलः -ला -लं, पृच्छनशीलः -ला -लं, कुतूहली -लिनी -लि

(न्), कौतूहलपरः -रा -रं, कौतूहलान्वितः -ता -तं, कौतुकाविष्टः -ष्टा -ष्टं, जिज्ञासुः -सुः -सु, अनुसन्धानेच्छुः -च्छुः -च्छु, अनुसन्धानशीलः -ला -लं, अन्वेषणशीलः -ला -लं, अन्वेषणासक्तः -क्ता -क्तं.—**(Inclined to seek knowledge)** ज्ञानेच्छुः -च्छुः -च्छु, ज्ञानेप्सुः -प्सुः -प्सु.

Inquisitively, ***adv.*** कौतूहलेन -लात्, कुतूहलेन, जिज्ञासया, अन्वेषणशीलत्वात्, कौतुकेन, सकौतुकं.

Inquisitiveness, ***s.*** कौतूहलं, कुतूहलं, जिज्ञासाकुतूहलं, ज्ञानकुतूहलं, अनुसन्धानेच्छा, पिपृच्छिषा, जिज्ञासा, कौतुकं, कुतुकं, निरूपणेच्छा, ज्ञानेच्छा, अन्वेषणाकांक्षा, अन्वेषणासक्तिः ***f.,*** अन्वेषणशीलता, पृच्छनशीलता, अनुसन्धानशीलत्वं, असति प्रयोजने किमेतदिति जिज्ञासा.

Inquisitor, ***s.*** परीक्षकः, विचारकः, अनुसन्धाता ***m.*** (तृ), निरूपकः.—**(Member of court of inquisition)** धर्म्मपरीक्षासभासद् ***m.,*** धर्म्मविचारसभासद्.

Inquisitorial, ***a.*** परीक्षकः -का -कं, अतिपरीक्षकः -का -कं, अनुसन्धायी -यिनी -यि (न्), निरूपकः -का -कं, चर्चकः -का -कं, परीक्षासम्बन्धी -न्धिनी -न्धि (न्).

Inquisitorially, ***adv.*** अतिपरीक्षापूर्व्वं, अत्यनुसन्धानपूर्व्वं, अतिचर्चया.

To* inrail,** ***v. a. शङ्कुपंक्त्या परिवेष्ट् **(c. 10.** -वेष्टयति -यितुं) **or** आवृ **(c. 5.** -वृणोति -वरितुं -रीतुं) **or** अवरुध् **(c. 7.** -रुणद्धि -रोद्धुं).

Inroad, ***s.*** उपद्रवः, अभिद्रवः, अवस्कन्दः -न्दनं, उपप्लवः, विप्लवः, अभिक्रमः -मणं, अकस्माद् आक्रमणं, अभिमर्द्दः, अभिनिर्याणं; **'to make inroads,'** अवस्कन्द् **(c. 1.** -स्कन्दति -स्कन्तुं), उपद्रु **(c. 1.** -द्रवति -द्रोतुं).

Insalubrious, ***a.*** अनारोग्यः -ग्या -ग्यं, अनारोग्यकरः -री -रं, रोगकरः **etc.,** रोगजनकः -का -कं, व्याधिकरः **etc.,** अस्वास्थ्यकारकः -का -कं, अक्षेम्यः -म्या -म्यं, अक्षेमकरः -रा -रं, बाधकः -का -कं.

Insalubrity, ***s.*** अनारोग्यं, रोगजनकत्वं, व्याधिजनकत्वं, अक्षेम्यता.

Insalutary, ***a.*** अहितः -ता -तं, अक्षेमकरः -रा -रं, अक्षेमङ्करः -री -रं, अक्षेम्यः -म्या -म्यं, अहितकरः -री -रं, अनिष्टकरः **etc.**

Insanable, ***a.*** अचिकित्स्यः -स्या -त्स्यं, अशमनीयः -या -यं. ***See* Incurable.**

Insane, ***a.*** उन्मत्तः -त्ता -त्तं, उन्मादवान् -वती -वत् (त्), उन्मादः -दा -दं -दी -दिनी -दि (न्), सोन्मादः -दा -दं, उन्मदः -दा -दं, उन्मदिष्णुः -ष्णुः -ष्णु, प्रमदः -दा -दं, मत्तः -त्ता -त्तं, विक्षिप्तबुद्धिः -द्धिः -द्धि -मनस्कः -स्का -स्कं, हतबुद्धिः **etc.,** नष्टबुद्धिः **etc.,** भ्रष्टबुद्धिः **etc.,** बुद्धिभ्रष्टः -ष्टा -ष्टं, नष्टमतिः -तिः -ति, विक्षिप्तमतिः **etc.,** नष्टेन्द्रियः -या -यं, भ्रान्तचित्तः -त्ता -त्तं, विप्लुतचित्तः -त्ता -त्तं, मूढचेताः -ता -तः (स्), हतज्ञानः -ना -नं, वातुलः -ला -लं, वातूलः -ला -लं, क्षीवः -वा -वं.

Insanely, ***adv.*** उन्मत्तवत्, मत्तवत्, सोन्मादं, वातुलवत्, उन्मादेन.

Insaneness, insanity, ***s.*** उन्मत्तता, मत्तता, सोन्मादत्वं, बुद्धिभ्रंशः, बुद्धिविक्षिप्तता, चित्तविभ्रमः, चित्तविप्लवः, बुद्धिनाशः, इन्द्रियनाशः, प्रमाद्यं, वातुलता.

Insatiable, Insatiate, ***a.*** अतर्पणीयः -या -यं, अतर्प्यः -र्प्या -र्प्यं, अनातृप्यः -प्या -प्यं, अशक्यतृप्तिः -प्तिः -प्ति, तर्पणाशक्यः -क्या -क्यं, दुष्पूरः -रा -रं, अशमनीयः -या -यं, अतोषणीयः -या -यं, अतृप्तः -प्ता -प्तं.—**(Very greedy)** अतिलुब्धः -ब्धा -ब्धं, -भिनी -भि (न्), लोलुपः -पा -पं, बह्वाशः -शा -शं, बहुभक्षकः -का -कं, मत्सरः -रा -रं.

Insatiableness, ***s.*** अतर्पणीयता -त्वं, अतर्प्यत्वं, अतृप्तिः ***f.,*** अतिलुब्धता.

Insatiably, ***adv.*** अतर्पणीयं, यथा तृप्तिः **or** तुष्टिर् न जायते तथाप्रकारेण.

Insatisfaction, ***s.*** अतुष्टिः ***f.,*** असन्तोषः, अपरितोषः, अतृप्तिः ***f.,*** असमाधानं.

To* inscribe,** ***v. a. अभिलिख् **(c. 6.** -लिखति -लेखितुं), लिख्, पत्रे **or** लेख्ये समृ **in caus.** (-अर्पयति -यितुं) **or** निविश् **(c. 10.** -वेशयति -यितुं) **or** आरुह् **in caus.** (-रोपयति -यितुं) **or** न्यस् **(c. 4.** -अस्यति -असितुं), अक्षराणि पत्रे निविश् **or** समृ **or** न्यस्, पत्रान्तर्गतं -तां -तं कृ, अन्तर्गतं -तां -तं कृ.—**(Mark with letters)** वर्णाङ्कितं -तां -तं कृ, वर्णैर् अङ्क् **(c. 10.** अङ्कयति -यितुं), अक्षराङ्कितं -तां -तं कृ.—**(Dedicate a book)** नामलिखनपूर्व्वं **or** नामाङ्कनपूर्व्वं ग्रन्थं समृ **in caus.,** **or** निविद् **(c. 10.** -वेदयति -यितुं).

Inscribed, ***p. p.*** अभिलिखितः -ता -तं, लिखितः -ता -तं, न्यस्ताक्षरः -रा -रं, निवेशिताक्षरः -रा -रं, समर्पिताक्षरः -रा -रं, लेख्यारूढः -ढा -ढं लेख्यारोपितः -ता -तं, पत्रनिवेशितः -ता -तं, पत्रान्तर्गतः -ता -तं, अङ्कितः -ता -तं,

Inscription, ***s.*** **(Writing)** अभिलेखनं, अभिलिखितं, लिखितं, लिखनं, लेखनं, लेखः -खा, लेख्यं, लिपिः ***f.,*** लिपिका.—**(Writing on a stone)** पाषाणलेखः, शिलालेखः, अङ्कितलेखः, मुद्रितलेखः.—**(Dedication of a book)** नामलिखनपूर्व्वं ग्रन्थसमर्पणं, नामाङ्कनपूर्व्वं ग्रन्थनिवेदनं.

Inscrutable, ***a.*** अतर्क्यः -र्क्या -र्क्यं, दुर्ज्ञेयः -या -यं, बोधागम्यः -म्या -म्यं, बुद्ध्यतीतः -ता -तं, अबोधगम्यः -म्या -म्यं, अप्रतर्क्यः -र्क्या -र्क्यं अज्ञेयः -या -यं, अलक्ष्यः -क्ष्या -क्ष्यं, दुर्लक्ष्यः -क्ष्या -क्ष्यं, अचिन्त्य -न्त्या -न्त्यं, अचिन्तनीयः -या -यं, अनुपलभ्यः -भ्या -भ्यं, इन्द्रियागोचरः -रा -रं, गहनः -ना -नं, परगहनः -ना -नं, अगाधः -धा -धं; **'whose ways**

are inscrutable,' अनुपलक्ष्यवर्त्मा -र्त्मा -र्त्म (न्).

Inscrutably, ***adv.*** परमगहनं, दुर्ज्ञेयं, अचिन्तनीयं, अतर्क्यप्रकारेण.

To* insculp,** ***v. a. तक्ष् **(c. 1.** तक्षति -क्षितुं), उपस्कृ, मुद्रीकृ, तक्षणं कृ.

Insect, ***s.*** कीटः -टकः, कृमिः ***m.,*** क्रिमिः ***m.,*** नीलङ्गुः ***m.,*** नीलाङ्गुः, सर्पः -र्पी -र्पिणी.

Insectile, ***a.*** कीटजातीयः -या -यं, कीटधर्म्मा -र्म्मा -र्म्म (न्).

Insectivorous, ***a.*** कीटभोजी -जिनी -जि (न्), कीटभक्षकः -का -कं, कीटाशी **etc.**

Insecure, ***a.*** सशङ्कः -ङ्का -ङ्कं, शङ्कनीयः -या -यं, शंक्यः -क्या -क्यं, शङ्कान्वितः -ता -तं, सभयः -या -यं, संशयापन्नः -न्ना -न्नं, शङ्कापन्नः -न्ना -न्नं, संशयस्थः -स्था -स्थं, संशयात्मकः -का -कं, भययुक्तः -क्ता -क्तं, शङ्कास्पदं.

Insecurity, ***s.*** सभ्यता, सशङ्कता -त्वं, शङ्कनीयता, संशयापन्नता, भयशङ्का, भयसंशयः, भयं, शङ्का, संशयः, अक्षेमः -मं.

Insensate, ***a.*** निर्बोधः -धा -धं, निर्बुद्धिः -द्धिः -द्धि, अबुद्धिमान् -मती -मत् (त्), प्रमूढः -ढा -ढं, प्रमुग्धः -ग्धा -ग्धं, अचेतनः -ना -नं.

Insensibility, insensibleness, ***s.*** **(Want of corporeal sensibility)** अचैतन्यं, अचेतना, इन्द्रियस्वापः, इन्द्रियसुप्तिः ***f.,*** सुप्तिः ***f.,*** स्पर्शाज्ञानं, स्पर्शानभिज्ञता, नष्टेन्द्रियता, इन्द्रियनाशः. **—(Want of emotion or tenderness)** रागहीनता, विकाराभावः, भावहीनता, रसहीनता, दयाहीनता, कृपाहीनता. **—(Dulness, torpor)** जडता, जडिमा ***m.*** (न्), जाड्यं, अचिन्ता, कुण्ठता. **—(Loss of consciousness, fainting)** चेतनाहानिः ***f.,*** चैतन्यहानिः ***f.,*** चैतन्यनाशः, नष्टचेष्टता, संज्ञाहानिः ***f.,*** संज्ञानाशः, चित्तवैकल्यं, मोहः, प्रमोहः, प्रलयः, मूर्च्छा -र्च्छना.

Insensible, ***a.*** **(Imperceptible)** अगोचरः -रा -रं, इन्द्रियागोचरः -रा -रं, इन्द्रियाग्राह्यः -ह्या -ह्यं, इन्द्रियाविषयः -या -यं, अतीन्द्रियः -या -यं, अलक्ष्यः -क्ष्या -क्ष्यं. **—(Wanting corpreal sensibility)** अचेतनः -ना -नं, विचेतनः -ना -नं, विसंज्ञः -ज्ञा -ज्ञं, नष्टेन्द्रियः -या -यं, सुप्तेन्द्रियः -या -यं, सुप्तः -प्ता -प्तं, स्पर्शानभिज्ञः -ज्ञा -ज्ञं. **—(Void of emotion, feeling, or tenderness)** रागहीनः -ना -नं, रसहीनः -ना -नं, दयाहीनः -ना -नं, निर्दयः -या -यं, कृपारहितः -ता -तं, अनार्द्रचित्तः -त्ता -त्तं, अद्रवचित्तः -त्ता -त्तं. **—(Dull, torpid)** जडः -डा -डं, कुण्ठः -ण्ठा -ण्ठं, अचिन्तः -न्ता -न्तं. **—(Void of consciousness, fainted)** नष्टचेतनः -ना -नं, गतचेतनः -ना -नं, चैतन्यरहितः -ता -तं, अचेतनः -ना -नं, विचेतनः -ना -नं, निश्चेतनः -ना -नं, गतचेताः -ता -तः (स्), नष्टसंज्ञः -ज्ञा -ज्ञं, निःसंज्ञः -ज्ञा -ज्ञं, संज्ञाहीनः -ना -नं, नष्टचेष्टः -ष्टा -ष्टं, निचेष्टितः -ता -तं, असंज्ञः -ज्ञा -ज्ञं, गतसंज्ञः -ज्ञा -ज्ञं, मृतकल्पः -ल्पा -ल्पं, प्रमूढः -ढा -ढं, प्रमुग्धः -ग्धा -ग्धं, मोहितः -ता -तं, प्रमोहितः -ता -तं, प्रलीनः -ना -नं, मूर्च्छितः -ता -तं.

Insensibly, ***adv.*** **(Imperceptibly)** इन्द्रियागोचरं, अव्यक्तं, अलक्ष्यप्रकारेण, दुर्लक्ष्यं. **—(Gradually)** क्रमे क्रमे, क्रमशस्, क्रमेण, शनैः, पदशस्, पदे पदे, शनैः शनैः.

Insentient, ***a.*** अचेतनः -ना -नं, विचेतनः -ना -नं, अप्राणभृत्. ***See*** **Insensible.**

Inseparable, ***a.*** अवियोज्यः -ज्या -ज्यं, अवियोजनीयः -या -यं, अभेद्यः -द्या -द्यं, अभेदनीयः -या -यं, अविभेद्यः -द्या -द्यं, वियोजनाशक्यः -क्या -क्यं, अविभजनीयः -या -यं, अपृथक्करणीयः -या -यं, अद्वैधीकरणीयः -या -यं, नित्यसम्बन्धी -न्धिनी -न्धि (न्), नित्यसहवर्त्ती -र्त्तिनी -र्त्ति (न्), समवायसम्बन्धी **etc.,** समवायी **etc.; 'inseparable relation,'** समवायसम्बन्धः, समवायिकरणं.

Inseparableness, ***s.*** अवियोज्यता, अभेद्यता, अविभेद्यता, नित्यसम्बन्धः.

Inseparably, ***adv.*** अविभेदनीयं, अवियोजनीयं, नित्यसम्बन्धेन, दृढसम्बन्धेन, समवायसम्बन्धेन, यथा वियोक्तुं न शक्यते तथाप्रकारेण.

To* insert,** ***v. a. निविश् **(c. 10.** -वेशयति -यितुं), प्रविश, आविश्, समाविश्, अन्तर्गतं -तां -तं कृ, अन्तरस्थं -स्थां -स्थं कृ, अन्तःस्थितं -तां -तं कृ, अन्तः स्था **in caus.** (स्थापयति -यितुं), निधा **(c. 3.** -दधाति -धातुं), न्यस् **(c. 4.** -अस्यति -असितुं); **'insert in writing,'** अभिलिख् **(c. 6.** -लिखति -लेखितुं), पत्रे **or** लेख्ये समृ **in caus.** (-अर्पयति -यितुं) **or** आरुह् **in caus.** (-रोपयति -यितुं).

Inserted, ***p. p.*** निवेशितः -ता -तं, प्रवेशितः -ता -तं, समावेशितः -ता -तं, निविष्टः -ष्टा -ष्टं, अन्तर्गतः -ता -तं, अन्तरस्थः -स्था -स्थं, निहितः -ता -तं, प्रत्याकलितः -ता -तं, **'in writing,'** अभिलिखितः -ता -तं, लेख्यारूढः -ढा -ढं, लेख्यारोपितः -ता -तं.

Insertion, ***s.*** निवेशः -शनं, प्रवेशः -शनं, आवेशनं, समावेशनं, अन्तःस्थापनं, निधानं, आरोपणं, समर्पणं; **'in writing,'** अभिलिखनं, लेख्यारोपणं, लेख्यसमर्पणं.

To* inshrine,** ***v. a. See To **enshrine.**

Inside, ***s.*** **(Interior of anything)** अभ्यन्तरं, अन्तरं, गर्भः, उदरं, क्रोडं, अन्तःभागः, अभ्यन्तरभागः, विलं, विवरं, कुहरं; **'the inside of a house,'** गृहाभ्यन्तरं, अन्तर्गृहं, अन्तर्भवनं, भवनोदरं; **'the inside of a boiler,'** स्थालीविलं; **'the inside of a tree,'** तरुकोटरः -रं, तरुक्रोडं.

Inside, ***adv.*** अभ्यन्तरे, अन्तरे; **'inside the house,'** गृहाभ्यन्तरे.

Insidious, ***a.*** छली -लिनी -लि (न्), छलनापरः -रा -रं, कपटी -टिनी -टि (न्), कापटिकः -की -कं, मायी -यिनी -यि

(न्), बहुमाय: -या -यं, भूरिमाय: -या -यं, मायान्वित: -ता -तं, मायाकर: -री -रं, मायापटु: -टु: -टु, कौटिक: -की -कं, सव्याज: -जा -जं, छाद्मिक: -की -कं, प्रतारक: -का -कं, उपजापक: -का -कं, वञ्चक: -का -कं, मोही -हिनी -हि (न्), प्रलोभक: -का -कं.

Insidiously, ***adv.*** छलेन, सकपटं, समायं, मायया, सव्याजं, उपजापकवत्, प्रलोभनार्थं, सकूटं, छद्मपूर्व्वं, वञ्चनार्थं कितववत्, धूर्त्तवत्.

Insidiousness, ***s.*** सकपटत्वं, कापट्यं, कूटता, सकूटता, सव्याजता, कापटिकत्वं, वञ्चकत्वं, कौटिकत्वं, छाद्मिकत्वं, उपजाप:.

Insight, ***s.*** अभिनिवेश:, निवेश:, प्रवेश:, परिज्ञानं, अभिज्ञानं, ज्ञानं, परिचय:, निरीक्षणं, अवेक्षणं, आलोचना.

Insignia, ***s.*** चिह्नं, लक्षणं, लिङ्गं, व्यञ्जनं, उपकरणं; **'insignia of royalty,'** राजलक्षणं, राजचिह्नं, नृपलक्ष्म ***n.*** (न्); **these are 'the parasol,'** छत्रं, **and 'the fan,'** चामरं; **'bearing of royal insignia,'** प्रक्रिया, अधिकार:.

Insignificance, insignificancy, ***s.*** **(Want of meaning)** अनर्थकत्वं, निरर्थकत्वं, आनर्थक्यं, अर्थहीनता, अर्थशून्यता, अर्थाभाव:, अनर्थवत्त्वं. — **(Unimportance)** लघुता, लाघवं, लघिमा ***m.*** (न्), प्रभावहीनता, अल्पप्रभावत्वं, अल्पत्वं, अगुरुता, अगौरवं, गौरवहीनता. — **(Meanness)** लाघवं, लघुवृत्तिता, क्षुद्रता, कदर्य्यत्वं, तुच्छत्वं, अपकृष्टता, अपकर्ष:, कुत्सितत्वं, दीनता, नि:सत्त्वं, सत्त्वहीनता, क्षुल्लकत्वं.

Insignificant, ***a.*** **(Void of meaning)** अनर्थक: -का -कं, निरर्थक: -का -कं, निरर्थ: -र्था -र्थं, अर्थहीन: -ना -नं, अर्थशून्य: -न्या -न्यं, अर्थावाचक: -का -कं, अवाचक: -का -कं. — **(Unimportant)** लघु: -घु: -घ्वी -घु, अगुरु: -रु: -र्व्वी -रु, अल्पप्रभाव: -वा -वं, प्रभावहीन: -ना -नं, गौरवहीन: -ना -नं, अल्प: -ल्पा -ल्पं, स्वल्प: -ल्पा -ल्पं, अकिञ्चत्कर: -री -रं. — **(Mean)** क्षुद्र: -द्रा -द्रं, कदर्य्य: -र्य्या -र्य्यं, लघुवृत्ति: -त्ति: -त्ति, तुच्छ: -च्छा -च्छं, अपकृष्ट: -ष्टा -ष्टं, कुत्सित: -ता -तं, नि:सत्त्व: -त्त्वा -त्त्वं, सत्त्वहीन: -ना -नं, तृणप्राय: -या -यं, अल्पिष्ठकीर्त्ति: -र्त्ति: -र्त्ति, किम्वान् -म्वती -म्वत् (त्); **'insignificant person,'** क्षुद्रजन:, अजन:.

Insignificantly, ***adv.*** **(Without meaning)** अर्थं विना, अनर्थकं, निरर्थकं. — **(Without importance)** लघु, अगुरु, अगौरवेण, लाघवेन, अल्पप्रभावेण.

Insincere, ***a.*** असत्य: -त्या -त्यं, नि:सत्य: -त्या -त्यं, असरल: -ला -लं, कृत्रिम: -मा -मं, कल्पित: -ता -तं, काल्पनिक: -की -कं, कृतक: -का -कं, कूटार्थ: -र्था -र्थं, मिथ्यार्थक: -का -कं, मृषार्थक: -का -कं, कपटी -टिनी -टि (न्), कापटिक: -की -कं, छाद्मिक: -की -कं, अनृजु: -जु: -जु, जिह्म: -ह्मा -ह्मं, वक्र: -क्रा -क्रं, कुटिल: -ला -लं, मायी -यिनी -यि (न्), मायिक: -की -कं, अयथार्थ: -र्था -र्थं, अनृत: -ता -तं, अलीक: -का -कं, वितथ: -था -थं, अतात्त्विक: -की -कं, असात्त्विक: -की -कं, अशुद्ध: -द्धा -द्धं, अनिर्म्मल: -ला -लं, मिथ्या **or** मृषा **in comp.**

Insincerely, ***adv.*** असरलं, असत्यं, नि:सत्यं, कृत्रिमं, अनृतं, अयथार्थं, मायया, समायं, अशुद्धं, मिथ्या, मृषा.

Insincerity, ***s.*** नि:सत्यता, असत्यता, असारल्यं, असरलता, कृत्रिमता, काल्पनिकत्वं, कूटार्थत्वं, कापट्यं, सकपटत्वं, कपटता, अनृजुता, जिह्मता, वक्रता, अनृतत्वं; कुटिलता, माया, कौटिल्यं ***m.***, मायिकत्वं, कुहना, छद्म ***n.*** (न्), छाद्मिकत्वं, छद्मवेश:, दम्भ:, दाम्भिकत्वं, कुहकवृत्ति: ***f.***, अयथार्थता, अलीकता, वितथता, अपह्नव:, निह्नव:.

To **insinuate,** ***v. a.*** **(Introduce gently)** शनै: शनै: **or** क्रमे क्रमे प्रविश् **(c. 10.** -वेशयति -यितुं) **or** निविश् **or** आविश्. — **(Work one's self into favor by gentle means)** शनै: शनै: सान्त्वादिना **or** लालनादिकर्म्मणा परानुग्रहं प्राप् **(c. 5.** -आप्नोति -आप्तुं) **or** सम्पद् **(c. 10.** -पादयति -यितुं), परानुग्रहसम्पादनार्थं सामादिना लल् **(c. 10.** लालयति -यितुं) **or** सान्त्व् **(c. 10.** सान्त्वयति -यितुं) **or** आराध् **(c. 10.** -राधयति -यितुं) **or** अनुरञ्ज् **(c. 10.** -रञ्जयति -यितुं), मन्दं मन्दं लालनाद्युपायै: परप्रीतिं गम् **(c. 1.** गच्छति, गन्तुं) **or** अधिगम्. — **(Hint by oblique allusion)** वक्रोक्त्या उद्दिश् **(c. 6.** -दिशति -देष्टुं) **or** सूच् **(c. 10.** सूचयति -यितुं) **or** उपन्यस् **(c. 4.** -अस्यति -असितुं) वक्रोक्तिं कृ, छेकोक्तिं कृ, छेकोक्त्या सूच्, सङ्केतं कृ अवक्षिप् **(c. 6.** -क्षिपति -क्षेप्तुं), उपक्षिप्.

To **insinuate,** ***v. n.*** **(Creep in)** मन्दं मन्दं निविश् **(c. 6.** -विशति -वेष्टुं) **or** प्रविश् **or** सृप् **(c. 1.** सर्पति, स्रप्तुं) **or** उपसृप् **or** आगम् **(c. 1.** -गच्छति -गन्तुं) **or** अन्तर्गम्.

Insinuated, ***p. p.*** **(Introduced gently)** शनै: शनै: **or** मन्दं मन्दं निवेशित: -ता -तं **or** प्रवेशित: -ता -तं. — **(Hinted)** वक्रोक्त्या सूचित: -ता -तं, **or** उद्दिष्ट: -ष्टा -ष्टं, अवक्षिप्त: -प्ता -प्तं, उपक्षिप्त: -प्ता -प्तं.

Insinuating, insinuative, ***a.*** **(Stealing gradually on the affections)** शनै: शनै: परानुग्रहसम्पादक: -का -कं **or** परानुरागोत्पादक: -का -कं, लाली -लिनी -लि (न्), लालनशील: -ला -लं. — **(Using oblique allusion)** वक्रोक्त्या सूचक: -का -कं, अवक्षेपक: -का -कं, निह्नुवान: -ना -नं.

Insinuation, ***s.*** **(Act of stealing on the affections)** शनै: शनै: सान्त्वादिना **or** लालनादिना परानुग्रहसम्पादनं **or** परानुरागसम्प्राप्ति: ***f.***, लालनं, सान्त्वनं -ना, सामादिना प्रीतिकरणं. — **(Oblique allusion, hint)** वक्रोक्ति: ***f.***, छेकोक्ति: ***f.***,

व्यंग्योक्तिः *f.,* व्यङ्ग्यः, वक्रभणितं, वक्रवाक्यं, वक्रसूचितं, निह्नुतिः *f.,* निह्नवः, अवक्षेपः, पर्य्यायोक्तिः *f.* —**(Creeping in gradually)** मन्दं मन्दम् उपसपर्णं **or** अभ्यन्तरनिवेशः.

Insipid, ***a.*** विरसः -सा -सं, अरसः -सा -सं, नीरसः -सा -सं, अरसिकः -का -कं, निरसः -सा -सं, रसहीनः -ना -नं, अलवणः -णा -णं, लवणहीनः -ना -नं, विस्वादः -दा -दं, निःस्वादुः -दुः -दु, स्वादहीनः -ना -नं, अस्वादुः -दुः -दु, असारः -रा -रं, निस्सारः -रा -रं, सारीनः -ना -नं, फल्गुः -ल्गुः -ल्गु, निःसत्त्वः -त्त्वा -त्त्वं, सत्त्वहीनः -ना -नं, निस्तेजाः, जाः -जः (स्).

Inspidity, inispidness, ***s.*** विरसता -त्वं, वैरस्य, अरसता, आरस्यं, अरसिकत्वं, नीरसता, निरसः, रसहीनता, अलवणता, अलावण्यं, आलवण्यं, लवणहीनता, अस्वादुता, विस्वादत्वं, असारता -त्वं, सारहीनता, फल्गुता.

Insipidly, ***adv.*** विरसं, वैरस्येन, रसादृते, रसं विना, विस्वादं.

To **insist,** ***v. n.*** **(Insist upon, urge with firmness)** निर्बन्धं कृ, अतिनिर्बन्धं कृ, आग्रहं कृ; धैर्य्यं **or** स्थैर्य्यम् अवलम्ब् **(c. 1.** -लम्बते -म्बितुं), अतिनिर्बन्धेन पर्य्यवस्था **(c. 1.** -तिष्ठति -ष्ठातुं); **'to insist on a thing's being done,'** इदम् अवश्यं करणीयम् इति दृढोक्त्या वद् **(c. 1.** वदति -दितुं) **or** इति निर्बन्धेन वद्.

Insitiency, ***s.*** अतृष्णा, अतृषा, तृष्णाभावः, अपिपासा, पिपासाभावः.

To **insnare,** ***v. a.*** पाशे **or** उन्माथे **or** वागुरायां यपत् **(c. 10.** पातयति -यितुं), जाले पातयित्वा बन्ध् **(c. 9.** बध्नाति, बन्द्धुं), जालबद्धं -द्धां -द्धं कृ, प्रलुभ् **(c. 10.** -लोभयति -यितुं).

Insnared, ***p. p.*** उन्माथपातितः -ता -तं, पाशबद्धः -द्धा -द्धं, जालबद्धः **etc.**

Insobriety, ***s.*** अतिपानं, मद्यपानासक्तिः *f.,* मत्तता, उन्मत्तता.

Insociable, ***a.*** संलापविमुखः -खी -खं, सम्भाषणविमुखः -खी -खं, संलाप-पराङ्मुखः **etc.,** असंलापी -पिनी -पि (न्), अनालापी **etc.,** असंलापशीलः. -ला -लं.

To **insolate,** ***v. a.*** सूर्य्यव्याप्तं -प्तां कृ, सूर्य्यतेजोव्याप्तं -प्तां कृ, सूर्य्यकिरणव्याप्तं -प्तां कृ सूर्य्यव्याप्यं -प्यां कृ.

Insolence, insolency, ***s.*** धर्षः -र्षणं, धृष्टता, धाष्टर्य्यं, दर्पः, प्रगल्भता प्रागल्भ्यं, उद्धतिः *f.,* औद्धत्यं, अवहेला -लनं, अवलेपः, अवलिप्तता, सावलेपत्वं, गर्व्वः, उन्मादः, प्रतिभानं, वैयात्यं, निर्लज्जत्वं, अविनयः, उन्माथः, उत्सिक्तता, उत्सेकः.

Insolent, ***a.*** धृष्टः -ष्टा -ष्टं, धर्षितः -ता -तं, प्रधृष्टः -ष्टा -ष्टं, धर्षी -र्षिणी -र्षि (न्), प्रधर्षितः -ता -तं, दृप्तः -प्ता -प्तं, सदर्पः -र्पा -र्पं, प्रगल्भः -ल्भा -ल्भं, उद्धतः -ता -तं, मदोद्धतः -ता -तं, गर्व्वी -र्व्विणी -र्व्वि (न्), गर्व्वितः -ता -तं, अवलिप्तः -प्ता -प्तं, सावलेपः -पा -पं, सावहेलः -ला -लं, उत्सिक्तः -क्ता -क्तं, उन्मत्तः -त्ता -त्तं, अविनीतः -ता -तं, अविनयः -या -यं, प्रतिभामुखः -खी -खं, प्रतिभानवान् -वती -वत् (त्), प्रतिभावान् **etc.,** प्रतिभान्वितः -ता -तं, वियातः -ता -तं, निर्लज्जः -ज्जा -ज्जं, लज्जाहीनः -ना -नं, मदोदग्रः -ग्रा -ग्रं.

Insolently, ***adv.*** धृष्टवत्, धर्षेण, सधर्षं, सदर्पं, दर्पेण, प्रगल्भं, प्रगल्भवत्, प्रागल्भ्येन, सावलेपं, सावहेलं, अविनयेन, प्रसह्य, अभिषह्य, प्रमथ्य.

Insolidity, ***s.*** अघनता -त्वं, अकाठिन्यं, अदृढता, अन्तःशून्यता.

Insolubility, insolvableness, ***s.*** **(Indissolvable)** अद्राव्यता, अद्रवणीयता, अगलनीयता, द्रावणाशक्यता, अविलयनीयता.

Insoluble, insolvable, ***a.*** **(Indissolvable)** अद्राव्यः -व्या -व्यं, अद्रवणीयः -या -यं, अभेद्यः -द्या -द्यं, अगलनीयः -या -यं. —**(Not to be solved)** अपरिशोधनीयः -या -यं. अव्याख्येयः -या -यं.

Insolvency, ***s.*** परिक्षीणता, ऋणशोधनाशक्तिः *f.,* ऋणमोचनाशक्तिः *f.,* ऋणमोक्षणासमर्थ्यं, ऋणापकरणाशक्तिः *f.,* ऋणशोधनाक्षमता, निर्धनता.

Insolvent, ***a.*** परिक्षीणः -णा -णं, ऋणशोधनाक्षमः -मा -मं, ऋणशोधनाशक्तः -क्ता -क्तं, ऋणमोचनाशक्तः -क्ता -क्तं, ऋणापकरणाशक्तः -क्ता -क्तं, ऋणापकरणासमर्थः -र्था -र्थं, ऋणपरिशोधनाक्षमः -मा -मं, निर्धनः -ना -नं, गतविभवः -वा -वं.

In so much that, ***adv.*** **(To such a degree)** एतत्पर्य्यन्तं, एतावत्पर्य्यन्तं एतावत्, एतदवधि, एतावदवधि, यथा तथा.

To **inspect,** ***v. a.*** निरीक्ष् **(c. 1.** -ईक्षते -क्षितुं), परीक्ष्, अवेक्ष्, वीक्ष्, अभिवीक्ष्, समीक्ष्, निरूप् **(c. 10.** -रूपयति -यितुं), दृश् **(c. 1.** पश्यति, द्रष्टुं), अनुदृश्, परिदृश्, अभिदृश्, प्रतिदृश्, सन्दृश्, अनुसन्धा **(c. 3.** -दधाति -धातुं), आलोच् **(c. 10.** -लोचयति -यितुं), आलोक् **(c. 10.** -लोकयति -यितुं), कार्य्यदर्शनं कृ, कार्य्येक्षणं कृ, कार्य्यावेक्षणं कृ.

Inspected, ***p. p.*** निरीक्षितः -ता -तं, अवेक्षितः -ता -तं, निरूपितः -ता -तं, परीक्षितः -ता -तं, आलोचितः -ता -तं, समीक्षितः -ता -तं.

Inspection, ***s.*** **(Looking into, examination)** निरीक्षणं, निरीक्षा, परीक्षा -क्षणं, अवेक्षणं, अवेक्षा, समीक्षा -क्षणं, प्रसमीक्षा, वीक्षणं, संवीक्षणं, निरूपणं, अनुसन्धानं, आलोचनं -ना, आलोकनं, दर्शनं, सन्दर्शनं, कार्य्यदर्शनं, कार्य्येक्षणं, कार्य्यावेक्षणं, अनुसन्धानं.—**(Superintendence)** अध्यक्षता -त्वं, कार्य्याधीशता, अधिकारः, अधिकर्म्म ***n.*** (न्).

Inspector, ***s.*** **(One who looks into, examines)** निरीक्षकः, निरीक्षिता ***m.*** (तृ), अवेक्षकः, अवेक्षिता ***m.,*** परीक्षकः, समीक्षकः, निरूपकः, निरूपयिता ***m.*** (तृ), अनुसन्धाता ***m.*** (तृ), द्रष्टा ***m.*** (ष्टृ), उपद्रष्टा.—**(Superintendent of**

affairs) अध्यक्षः, कार्य्याध्यक्षः, कार्य्यद्रष्टा ***m.*** (ष्टृ), कार्य्याधीशः, कार्य्यावेक्षिता ***m.*** (तृ), कार्य्येक्षिता ***m.*** अधिकारी ***m.*** (न्), कर्म्माधिकारी ***m.*** अधिकर्म्मिकः; **'inspector of morals,** धर्म्माध्यक्षः, व्यवहारद्रष्टा ***m.*** (ष्टृ); **'of the coinage,'** रूप्याध्यक्षः; **'of a district,'** गोपः.

Inspectorship, ***s.*** अध्यक्षता -त्वं, कार्य्याध्यक्षत्वं, कार्य्याधीशता, प्रभुत्वं.

Inspersion, ***s.*** निषेकः, निषेचनं, अभिषेकः, अभिषिञ्चनं, प्रोक्षणं, अभिप्रोक्षणं, अभ्युक्षणं, समुक्षणं.

Inspiration, ***s.*** **(Breath inspired)** श्वासः, श्वसनं, श्वसितं, प्राणः, निश्वासः, उच्छ्वासः, आनः, आहर.—**(Act of drawing air into the lungs)** श्वासग्रहणं, प्राणग्रहणं, श्वासादानं, प्राणादानं, श्वसनं, निश्वसनं, निश्वासग्रहणं; **'inspiration and expiration,'** श्वासप्रश्वासं, श्वासनिःश्वास.—**(Breathing into any thing)** श्वासपूरणं, प्राणपूरणं, श्वासेन पूरणं, श्वासप्रक्षेपणं.—**(Infusion)** प्रक्षेपः -पणं, निक्षेपः.—**(Supernatural infusion into the mind)** ईश्वरप्रेरणा, ईश्वरसञ्चारणं, ईश्वरसूचना, ईश्वरोपदेशः, ईश्वरप्रबोधः, ईश्वरात्मावेशः, ईश्वरात्मव्याप्तिः ***f.,*** ईश्वरप्रयुक्तज्ञानं, दैवज्ञानं, गोत्रं; **'poetical inspiration,'** प्राणः.

To **inspire,** ***v. a.*** **(Breathe into)** श्वासेन पॄ (**c. 10.** पूरयति -यितुं), श्वासपूरितं -ता -तं कृ.—**(Draw into the lungs)** श्वासग्रहणं कृ, श्वासादानं कृ, श्वस् (**c. 2.** श्वसिति -तुं), निश्वस्, उरःस्थानं श्वासेन पॄ, श्वसमार्गेण प्राणम् आकृष् (**c. 1.** -कर्षति -क्रष्टुं); **'to inspire and expire,'** श्वासप्रश्वासं कृ, श्वासनिःश्वासं कृ.—**(Infuse into the mind, suggest)** चित्ते निविश् (**c. 10.** -वेशयति -यितुं), प्रबुध् (**c. 10.** -बोधयति -यितुं), उपन्यस् (**c. 4.** -अस्यति -असितुं), उपनिधा (**c. 3.** -दधाति -धत्ते -धातुं); **'inspire with fear,'** भयम् उपनिधा or जन् (**c. 10.** जनयति -यितुं) **or** उत्पद् (**c. 10.** -पादयति -यितुं), सभयं -यां कृ.—**(Inspire with courage, incite)** आश्वस् (**c. 10.** -श्वासयति -यितुं), समाश्वस्, उच्छ्वस्, विश्वस्, उत्तिज् (**c. 10.** -तेजयति -यितुं), प्रोत्सह्, (**c. 10.** -साहयति -यितुं), समुत्सह्, प्रेर् (**c. 10.** -ईरयति -यितुं), नियुज् (**c. 10.** -योजयति -यितुं), प्रयुज्, प्रवृत् (**c. 10.** -वर्त्तयति -यितुं), तेजः **or** विश्वासं कृ **or** जन् **or** उत्पद्.—**(Inspire supernaturally)** ईश्वरप्रेरित तां कृ, ईश्वरोपदिष्टं -ष्टां कृ.

Inspired, ***p. p.*** **(Breathed)** श्वसितः -ता -तं, निश्वसितः -ता -तं, उच्छ्वसितः -ता -तं.—**(Infused)** व्याप्तः -प्ता -प्तं, भावितः -ता -तं निवेशितः -ता -तं.—**(Supernaturally inspired)** ईश्वरप्रेरितः -ता -तं ईश्वरोपदिष्टः -ष्टा -ष्टं, ईश्वरसूचितः -ता -तं, ईश्वरसञ्चारितः -ता -तं ईश्वरप्रबोधितः -ता -तं, ईश्वरात्मव्याप्तः -प्ता -प्तं.—**(Inspired with courage)** आश्वासितः -ता -तं, जातविश्वासः -सा -सं, उत्तेजितः -ता -तं; **'inspired with,'** is often expressed by जात **in comp.; as, 'inspired with fear,'** जातभयः -या -यं.

To **inspirit,** ***v. a.*** आश्वस् (**c. 10.** -श्वासयति -यितुं), समाश्वस्, विश्वस्, उत्तिज् (**c. 10.** -तेजयति -यितुं) तेजः **or** विश्वासं **or** समाश्वासं कृ **or** दा **or** जन् (**c. 10.** जनयति -यितुं) **or** उत्पद् (**c. 10.** -पादयति -यितुं), प्रोत्सह् (**c. 10.** -साहयति -यितुं), उत्सह्, हृष् (**c. 10.** हर्षयति -यितुं), प्रहृष्, उल्लस् (**c. 10.** -लासयति -यितुं), जीव् (**c. 10.** जीवयति -यितुं).

Inspirited, ***p. p.*** आश्वासितः -ता -तं, समाश्वासितः -ता -तं, उच्छ्वसितः -ता -तं, उत्तेजितः -ता -तं, प्रोत्साहितः -ता -तं, उत्साहितः -ता -तं, जातोत्साहः -हा -हं, जाततेजाः -जाः -जः -स्).

Inspiriting, ***a.*** आश्वासकः -सिका -कं, उत्तेजकः -का -कं, प्रोत्साहकः -का -कं, उत्साहजनकः -का -कं, उत्साहकारकः -का -कं, तेजस्करः -री -रं, तेजोवर्धकः -का -कं, हर्षकः -का -कं.

To **inspissate,** ***v. a.*** घनीकृ, स्थूलीकृ, सान्द्रीकृ, स्थव (**nom.** स्थवयति -यितुं).

Inspissate, inspissated ***a.*** **or** ***p. p.*** घनः -ना -नं, घनीभूतः -ता -तं, स्थूलः -ला -लं, स्थूलीभूतः -ता -त, सान्द्रः -न्द्रा -न्द्रं, स्त्यानः -ना -नं, निविडः -डा -डं.

Inspissation, ***s.*** घनता -त्वं, घनीकरणं, स्थूलता, स्थूलीकरणं, सान्द्रता, सान्द्रभावः, नैविड्यं, गाढता.

Instability, ***s.*** अस्थिरता, अस्थैर्य्यं, अधैर्य्यं, अधृतिः ***f.,*** अधीरता, अस्थायित्वं, अनवस्थितिः ***f.,*** अनवस्था, चञ्चलता, चाञ्चल्यं, चापल्यं.

Instable, ***a.*** अस्थिरः -रा -रं, अधीरः -रा -रं. *See* **Unstable.**

To **install,** ***v. a.*** अभिषिच् (**c. 6.** -षिञ्चति -षेक्तुं), **with loc. c. of the office in which one is installed,** अभिषेकादिसंस्कारेण नवाधिकारं प्रविश् (**c. 10.** -वेशयति -यितुं), संस्कारपूर्व्वं नवाधिकारप्रवेशनं कृ, यथाविधि प्रतिष्ठा **in caus.** (-ष्ठापयति -यितुं) **or** अधिकारारूढं कृ, अभिमन्त्र् (**c. 10.** -मन्त्रयति -यितुं), उपनिमन्त्र्, पदस्थं कृ.

Installation, ***s.*** अभिषेकः, अभिषेचनं, अभिषेकादिसंस्कारेण नवाधिकारप्रवेशः, संस्कारपूर्व्वं नवाधिकारप्रवेशनं, अधिकार-प्रवेशसंस्कारः, प्रतिष्ठा-ष्ठापनं, संस्कारः, अधिकारस्थापनं, अधिकारप्रतिष्ठापनं, पदस्थापनं.

Installed, ***p. p.*** अभिषिक्तः -क्ता -क्तं, कृताभिषेकः -का -कं, प्राप्ताभिषेकः -का -कं, कृतसंस्कारः -रा -रं, प्राप्तसंस्कारः -रा -रं, संस्कारपूर्व्वं नवाधिकारप्रवेशितः -ताः -ता -तं, **or** नवाधिकारप्रतिष्ठापितः -ता -तं **or** नवपदप्रतिष्ठापितः -ता -तं, प्रतिष्ठितः -ता -तं, प्रतिष्ठापितः -ता -तं, कृतप्रतिष्ठः -ष्ठा -ष्ठं, लब्धप्रतिष्ठः -ष्ठा -ष्ठं, अधिकारस्थः -स्था -स्थं,

पदारूढः -ढा -ढं, अधिकारारूढः -ढा -ढ, अभिसंस्कृतः -ता -तं.

Instalment, *s.* (Act of installing). *See* Installation. (Part of a large sum of money to be paid) कालान्तरेण देयस्य बहुधनस्य भागः **or** विभागः **or** अंशः, ऋणभागः, ऋणविभागः; **'by instalments,'** भागशस्, विभागशस्, विभागतस्, शनैः.

Instance, *s.* (Urgency, urgent solicitation) निर्बन्धः, प्रार्थनं -ना, निर्बन्धेन प्रार्थनं, आग्रहः, प्रेरणा.—**(Example)** दृष्टान्तः, निदर्शनं, उदाहरणं, उदाहारः, उपोद्घातः, प्रतीकं, लक्ष्यं; **'for instance,'** दृष्टान्तरूपेण, दृष्टान्ततस्, यथा, तथाहि, तथा.—**(Case)** स्थलं, पदं.—**(Occasion)** प्रस्तावः, समयः, वारः, स्थानं; **'in the first instance,'** प्रथमसमये, प्रथमं -मतस्, अग्रे.

To* instance, *v. n. दृष्टान्तं कृ, दृष्टान्तीकृ, दृष्टान्तं दा, दृष्टान्त **(nom.** दृष्टान्तयति -यितुं), दृष्टान्तक्रमेण कथ् **(c. 10.** कथयति -यितुं).

Instant, *a.* (Urgent) निर्बन्धशीलः -ला -लं, आग्रही -हिणी -हि (न्), आग्रहशीलः -ला -लं, अतियाचकः -का -कं, अतिप्रार्थकः -का -कं.—**(Immediate, without intervening time)** अनन्तरकालीनः -ना -नं, अनन्तरकालिकः -की -कं, तात्कालिकः -की -कं, साद्यस्कः -स्की -स्कं, सद्यस्कः -स्का -स्कं, अव्यवहितकालः -ला -लं, साम्प्रतिकः -की -कं, क्षणान्तरः -रा -रं.—**(Quick)** शीघ्रः -घ्रा -घ्रं, अचिरः -रा -रं.—**(Current)** वर्त्तमानः -ना -नं.

Instant, *s.* (A moment) क्षणः, विपलं, पलं, निमेषः, निमिषः, मात्रा, त्रुटिः ***f.;*** **'the current moment,'** आपातः; **'in an instant,'** क्षणात्, निमेषमात्रेण, क्षणमात्रेण, क्षणान्तरे, एकपदे; **'for an instant,'** क्षणं -णेन -णात्, क्षणमात्रं, निमेषमात्रं; **'for that very instant,'** तत्क्षणादेव; **'at that instant,'** तत्क्षणात् -णे, तत्काले, तदानीमेव; **'at this very instant,'** तत्क्षणात् -णे, तत्काले, तदानीमेव; **'at this very instant,'** इदानीमेव, एतत्काले; **'every instant,'** प्रतिक्षणं, अनुक्षणं; **'the next instant,'** क्षणान्तरं; **'the instant, may often be expressed by** मात्रं, **in such phrases as 'the instant of birth,'** जातमात्रं; **'from the instant of birth,'** जातमात्रात्.

Instantaneous, *a.* तत्क्षणिकः -की -कं, तत्कालिकः -की -कं, तात्कालिकः -की -कं, क्षणिकः -का -की -कं, अव्यवहितकालीनः -ना -नं, अव्यवहितकालिकः -की -कं, आकालिकः -की -कं, क्षणभूतः -ता -तं, अचिरः -रा -रं, क्षणान्तरः -रा -रं.

Instantaneously, *adv.* तत्क्षणे, तत्क्षणेन, क्षणात्, क्षणेन, सद्यस्, तत्काले, सपदि, क्षणमात्रेण, निमेषमात्रेण, क्षणान्तरे, झटिति, आपाततस्.

Instantly, *adv.* तत्क्षणात् -णेन -णं, क्षणात् -णेन, सद्यस्, सपदि, अनन्तरं, झटिति, द्राक्, प्रतिक्षणं, अञ्जसा, सम्प्रति, आपाततस्, अशनैः, अविलम्बितं, अव्यवहितकाले, अचिरेण.—**(Urgently)** निर्बन्धेन, आग्रहेण.

To* instate, *v. a. प्रतिष्ठा **in caus.** (-ष्ठापयति -यितुं), संस्था, स्था, रुह् **in caus.** (रोपयति -यितुं), पदं प्रविश् **(c. 10.** -वेशयति -यितुं), पदस्थं कृ, पदप्रतिष्ठितं कृ, पदारूढं कृ.

In statu quo, (Former state) प्रत्यवस्थानं, पूर्व्वावस्था.

Instauration, *s.* प्रतिष्ठापनं, प्रत्यवस्थापनं, सन्धानं, प्रतिसमाधानं.

Instead of, *adv.* or *prep.* प्रति **usually following a word in the abl. c.,** स्थाने, विनिमयात् -येन, स्थले, भूमौ; **'Kāma instead of Kṛṣṇa,'** प्रद्युम्नः केशवात् प्रति; **'instead of me,'** मत्स्थाने; **'instead of thee,'** त्वद्विनिमयेन.

To* insteep, *v. a. वास् **(c. 10.** वासयति -यितुं), सिच् **(c. 6.** सिञ्चति, सेक्तुं), चिरकालेन जलेन समाप्लु **(c. 10.** -प्लावयति -यितुं) **or** जलसमाप्लुतं कृ, आर्द्रीकृ.

Instep, *s.* पिचिण्डिका, पिचण्डिका, पिण्डिका, पिण्डिः ***f.,*** पिण्डी, पादपिण्डः, पादोपरिभागः, पादाग्रं.

To* instigate, *v. a. प्रोत्सह् **(c. 10.** -साहयति -यितुं), उत्सह्, समुत्सह्, नियुज् **(c. 10.** -योजयति -यितुं), प्रयुज्, उद्युज्, प्रेर् **(c. 10.** प्रेरयति -यितुं, **rt.** ईर्), चुद् **(c. 10.** चोदयति -यितुं), प्रचुद्, सञ्चुद्, प्रवृत् **(c. 10.** -वर्त्तयति -यितुं) चेष्ट् **(c. 10.** चेष्टयति -यितुं), प्रणुद् **(c. 6.** -णुदति -णोत्तुं), प्ररुच् **(c. 10.** -रोचयति -यितुं), उत्तिज् **(c. 10.** -तेजयति -यितुं), उत्था **in caus.** (-थापयति -यितुं, **rt.** स्था), उद्दीप् **(c. 10.** -दीपयति -यितुं). **The loc. or dat. c. is required of the thing to which one is instigated. *See* Incite.**

Instigated, *p. p.* प्रोत्साहितः -ता -तं, नियोजितः -ता -तं, प्रयोजितः -ता -तं, प्रयुक्तः -क्ता -क्तं, उद्युक्तः -क्ता -क्तं, प्रेरितः -ता -तं, चोदितः -ता -तं, प्रचोदितः -ता -तं, प्रवर्त्तितः -ता -तं, प्रवृत्तः -त्ता -त्तं, प्रणोदितः -ता -तं, उत्तेजितः -ता -तं, प्ररुचितः -ता -तं, उत्थापितः -ता -तं.

Instigation, *s.* प्रोत्साहः -हनं, प्रेरणं -णा, नियोजनं, प्रवर्त्तनं, प्रचोदनं, उत्तेजनं, समुत्तेजनं, प्रणोदः -दनं, प्ररोचनं, सञ्चारणं, नियोगः, प्रयोजनं, प्रयोजककर्त्तृत्वं.

Instigator, *s.* प्रोत्साहकः, प्रेरकः, नियोजकः, प्रयोजकः, प्रवर्त्तकः, सञ्चारकः, प्रचोदकः, उत्तेजकः, प्रणोदकः, उत्साहहेतुकः, प्रयोजककर्त्ता ***m.*** (र्त्तृ), प्रवर्त्तनकारी ***m.*** (न्); **'to an evil act,'** कुप्रवर्त्तकः.

***To* instil, *v. a.* (Infuse by drops)** लवशः **or** कणशो निसिच् **(c. 6.** -सिञ्चति -सेक्तुं) **or** आसिच् **or** निक्षिप् **(c. 6.** -क्षिपति -क्षेप्तुं) **or** प्रक्षिप्—**(Infuse gradually into the mind)** अल्पशः **or** अल्पाल्पं **or** शनैः शनैर् उपदिश् **(c. 6.** -दिशति

–देष्टुं or चित्ते निविश् (c. 10. –वेशयति –यितुं) or प्रविश् with acc. c.

Instillation, ***s.*** लवशो निषेकः or निषेचनं or प्रक्षेपणं, शनैर् उपदेशनं.

Instilled, ***p. p.*** लवशः or शनैः शनैः or क्रमे क्रमे निषिक्तः –क्ता –क्तं or निक्षिप्तः –प्ता –प्तं or निवेशितः –ता –तं or प्रवेशितः –ता –तं, क्रमेणोपदिष्टः –ष्टा –ष्टं.

Instinct, ***s.*** **(Natural knowledge)** सहजज्ञानं, सहजबुद्धिः ***f.,*** उपज्ञा, स्वाभाविकबुद्धिः ***f.,*** स्वाभाविकज्ञानं, प्राकृतिकबुद्धिः ***f.,*** अन्तर्जबुद्धिः ***f.,*** नैसर्गिकबुद्धिः ***f.,*** पशुबुद्धिः ***f.***

Instinct, ***a.*** **(Excited, animated)** उत्तेजितः –ता –तं, उद्दीप्तः –प्ता –प्तं, दीप्तः –प्ता –प्तं, दीपितः –ता –तं, उद्दीपितः –ता –तं, तेजितः –ता –तं, जीवितः –ता –तं, सजीवीकृतः –ता –तं.

Instinctive, ***a.*** **(Prompted by instinct, spontaneous)** सहजः –जा –जं, सहजज्ञानप्रयुक्तः –क्ता –क्तं, सहजज्ञानसिद्धः –द्धा –द्धं, स्वाभाविकः –की –कं, साहजिकः –की –कं, प्राकृतिकः –की –कं, उपज्ञासूचितः –ता –तं, स्वाभाविकबुद्धिसूचितः –ता –तं, प्रकृतिसिद्धः –द्धा –द्धं, नैसर्गिकः –की –कं, स्वभावप्रेरितः –ता –तं, सांसिद्धिकः –की –कं.

Instinctively, ***adv.*** स्वभावतस्, स्वभावेन, सहजज्ञानात्, स्वाभाविकज्ञानात्, प्राकृतिकज्ञानात्, निसर्गतस्, स्वतस्, स्वयं.

To **institute,** ***v. a.*** **(Establish, ordain, enact)** स्था **in caus.** (स्थापयति –यितुं), प्रतिष्ठा, संस्था, अवस्था, व्यवस्था, विधा **(c. 3.** –दधाति –धातुं), प्रतिनिधा, क्लृप् **(c. 10.** कल्पयति –यितुं), प्रक्लृप्, परिक्लृप्, आदिश् **(c. 6.** –दिशति –देष्टुं), सन्दिश्, निर्दिश्, प्रचुद् **(c. 10.** –चोदयति –यितुं), प्रतिपद् **(c. 10.** –पादयति –यितुं), नियुज् **(c. 7.** –युंक्ते –योक्तुं); **'is instituted,'** कल्प्यते, प्रकल्प्यते.—**(Instruct)** उपदिश्, निर्दिश्. —**(Begin, set on foot)** प्रवृत् **(c. 10.** –वर्त्तयति –यितुं), आरभ् **(c. 1.** –रभते –रब्धुं).

Institute, ***s.*** **(Established law, ordinance, precept)** व्यवस्था, विधिः ***m.,*** विधानं, नियमः, शास्त्रविधानं, कल्पः, सूत्रं, निदर्शनं, शास्त्रनिदर्शनं, शास्त्रमर्य्यादा, नियोगः, चोदना, चरितं –त्रं. —**(Institutes of religion or law)** शास्त्रं, धर्म्मशास्त्रं. —**(Compendium of institutes)** धर्म्मसंहता, संहिता.

Instituted, ***p. p.*** प्रकल्पितः –ता –तं, कल्पितः –ता –तं, विहितः –ता –तं, स्थापितः –ता –तं, प्रतिष्ठापितः –ता –तं, संस्थापितः –ता –तं, प्रचोदितः –ता –तं, निर्दिष्टः –ष्टा –ष्टं, प्रवर्त्तितः –ता –तं.

Institution, ***s.*** **(Act of establishing)** कल्पनं, प्रकल्पनं, स्थापनं, प्रतिष्ठापनं, संस्थापनं, व्यवस्थापनं, अवस्थापनं, विधानं, नियोजनं. —**(Law enjoined by authority)** विधिः ***m.,*** विधानं, व्यवस्था, नियमः, कल्पः, निदर्शनं, नियोगः, सूत्रं. —**(Organised society).** मठः, सभा, श्रेणी –णिः ***m.f.,*** संसर्गः; **'literary institution,'** विद्यालयः, विद्यावेश्म ***n.*** (न्), विद्याशाला; **'religious institution,'** धर्म्मशाला.—**(System)** स्थितिः ***f.,*** संस्थितिः ***f.,*** संस्थानं, मार्गः, रीतिः ***f.***

Institutional, ***a.*** वैधिकः –की –कं, नैयमिकः –की –कं, शास्त्रीयः –या –यं.

Institutor, ***s.*** स्थापकः, संस्थापकः, प्रतिष्ठापकः, व्यवस्थापकः, प्रयोजकः, प्रवर्त्तकः, विधायकः, विधायी ***m.*** (न्), विधाता ***m.*** (तृ), आरम्भकः, स्थापनकारी ***m.*** (न्).

To **instruct,** ***v. a.*** **(Teach)** उपदिश् **(c. 6.** –दिशति –देष्टुं), शिक्ष् **(c. 10.** शिक्षयति –यितुं), अनुशिक्ष्, अभिशिक्ष्, अधी **in caus.** (अध्यापयति –यितुं **rt.** इ), शास् **(c. 2.** शास्ति, शासितुं), अनुशास्, पठ् **(c. 10.** पाटयति –यितुं), निदृश् **(c. 10.** –दर्शयति –यितुं), उपदेशं कृ, विद्यां दा.—**(Educate)** विनी **(c. 1.** –नयति –नेतुं), अनुनी.—**(Inform)** ज्ञा **in caus.** (ज्ञापयति, ज्ञपयति –यितुं), विज्ञा, निविद् **(c. 10.** –वेदयति –यितुं), बुध् **(c. 10.** बोधयति –यितुं), सूच् **(c. 10.** सूचयति –यितुं), अनुसूच्. —**(Direct, enjoin)** आदिश्, निर्दिश्, समादिश्, प्रदिश्, सन्दिश्, आज्ञा **in caus.** समाज्ञा, नियुज् **(c. 7.** –युनक्ति –योक्तुं, **c. 10.** –योजयति –यितुं), चुद् **(c. 10.** चोदयति –यितुं), प्रचुद्, सञ्चुद्.

Instructed, ***p. p.*** **(Taught)** उपदिष्टः –ष्टा –ष्टं, शिक्षितः –ता –तं, अध्यापितः –ता –तं, शासितः –ता –तं, अनुशासितः –ता –तं, शिष्टः –ष्टा –ष्टं, अनुशिष्टः –ष्टा –ष्टं, लब्धविद्यः –द्या –द्यं, प्राप्तविद्यः –द्या –द्यं, गृहीतविद्यः –द्या –द्यं, पाठितः –ता –तं.—**(Informed)** ज्ञापितः –ता –तं, विज्ञापितः –ता –तं, विज्ञप्तः –प्ता –प्तं, बोधितः –ता –तं.—**(Directed)** आदिष्टः –ष्टा –ष्ट –ष्टं, निर्दिष्टः –ष्टा –ष्टं, प्रचोदितः–ता –तं, आज्ञप्तः –प्ता –प्तं.

Instruction, ***s.*** **(Teaching)** उपदेशः –शनं, शिक्षा –क्षणं, अध्यापनं, शासनं, अनुशासनं, पाठः –ठनं, विद्यादानं, बोधनं, प्रतिबोधः. —**(Direction, order)** आज्ञा, आदेशः, निदेशः, निर्देशः, शासनं, शास्तिः ***f.,*** चोदनं –ना, नियोगः.—**(Precept)** विधिः ***m.,*** विधानं, नियमः सूत्रं, कल्पः, निदर्शनं.

Instructive, ***a.*** उपदेशकः –का –कं, उपदेशी –शिनी –शि (न्), उपदेशकरः –रा –रं, उपदेशावहः –हा –हं, उपदेशप्रदः –दा –दं, बोधकः –का –कं, निदेशी –शिनी –शि (न्), शिक्षाकरः –रा –रं, ज्ञानोत्पादकः –का –कं, उपदेश **in comp.**

Instructor, ***s.*** उपदेशकः, उपदेशी ***m.*** (न्), उपदेष्टा ***m.*** (ष्टृ), अध्यापकः, शिक्षकः, शिक्षाकरः, उपाध्यायः, गुरुः ***m.*** शिक्षागुरुः ***m.*** आचार्य्यः, उपदेशकृत् ***m.*** –कारी ***m.*** (न्), शिक्षादाता ***m.*** (तृ), विद्यादाता ***m.*** ज्ञापकः.

Instructress, ***s.*** उपदेशिका, उपदेष्ट्री, उपदेशिनी, अध्यापिका, आचार्य्या, शिक्षिका, उपदेशकर्त्री, शिक्षाकर्त्री, शिक्षादात्री.

Instrument, ***s.*** **(Tool, implement)** यन्त्रं, उपकरणं, साधनं, कर्म्मसाधनं, कार्य्यसाधनं, सामग्र्यं -ग्री, द्रव्यं, उपस्करः, विलालः; **'astronomical instrument,'** ज्योतिषयन्त्रं. —**(Means, instrumental cause)** कारणं, करणं, हेतुः ***m.,*** निमित्तं -त्तकं, निमित्तकारणं, प्रयोजनं.—**(Agent, doer)** कारकः, कर्त्ता ***m.*** (तृ), साधकः, प्रयोजकः, प्रयोज्यः, कार्य्यसाधकः, हेतुकः, कारकहेतुः ***m.***—**(Musical instrument)** वादित्रं, वाद्यं, तूर्य्यं, आतोद्यं, तालितं; **'a wind instrument,'** शुषिरं, शुषिरवाद्यं, शङ्खः -ङ्खं; **'stringed instrument,'** ततं, तन्तुवाद्यं; **'instrument for martial music,'** रणवाद्यं; **'sounded by the mouth,'** मुखवाद्यं; **'covered with skin,'** चर्म्मवाद्यं. ***See*** **Drum. (Deed, writing)** साधनपत्रं, लेखः, लेखपत्रं, पत्रं, पत्रकं, लेख्यं, लेख्यप्रसङ्गः, करणं.

Instrumental, ***a.*** **(Serving to effect some end)** कारणिकः -की -कं, हेतुकः -का -कं, हैतुकः -की -कं, कारकः -रिका -कं, साधकः -धिका -कं, साधिकः -का -कं, कार्य्यसाधकः **etc.,** कारणभूतः -ता -तं, साधनभूतः -ता -तं, साधनीभूतः -ता -तं, कारणीभूतः -ता -तं, प्रसाधकः -का -कं, प्रयोजकः -का -कं, उपकारी -रिणी -रि (न्), कारी **etc.,** कारकवान् -वती -वत् (त्), सम्पादकः -का -कं. —**(Not vocal)** वाद्यजः -जा -जं, वाद्यजनितः -ता -तं, वाद्यसिद्धः -द्धा -द्धं, वाद्यसम्बन्धी -न्धिनी -न्धि (न्), वाद्योत्पन्नः -न्ना -न्नं.—**(Instrumental case in grammar)** करणं, तृतीया विभक्तिः.

Instrumentality, ***s.*** कारणत्वं -ता -तं, कारकत्वं, हेतुता -त्वं, निमित्तत्वं, साधकत्वं, साधनत्वं, कर्त्तृत्वं, कर्त्तृकत्वं, करणत्वं, प्रयोजकत्वं.

Instrumentally, ***adv.*** कारणतस्, हेतुतस्, कारणत्वेन, निमित्ततस्, करणतस्.

Insuavity, ***s.*** अमृदुता, असौम्यता, अस्निग्धता, कर्कशत्वं, परुषता, चण्डता.

Insubjection, ***s.*** अनधीनता, अनायत्तता, अवशता, अविधेयता, अवश्यत्वं.

Insubordinate, ***a.*** अवशः -शा -शं, अविनीतः -ता -तं, अविधेयः -या -यं.

Insubordination, ***s.*** अविनयः, अविनीतता, अविधेयता, आज्ञाभङ्गः, आज्ञाव्यतिक्रमः, शासनभङ्गः, अवशत्वं, स्वाम्यनधीनता, दुःशीलता.

Insubstantial, ***a.*** अवास्तवः -वी -वं, -विकः -की -कं, निःसारः -रा -रं, असारः -रा -रं, सारहीनः -ना -नं, निःसत्त्वः -त्त्वा -त्त्वं, सत्त्वहीनः -ना -नं, असन् -सती -सत् (त्), वायुसमः -मा -मं, असत्यः -त्या -त्यं.

Insubstantiality, ***s.*** अवस्तुता, अवास्तत्वं, अवस्तु ***n.,*** वस्त्वभावः, असारत्वं, सारहीनता, सत्त्वहीनता, असत्यता.

Insufferable, ***a.*** असह्यः -ह्या -ह्यं, असहनीयः -या -यं, दुःसहः -हा -हं, निःसहः -हा -हं, अक्षन्तव्यः -व्या -व्यं, अक्षमणीयः -या -यं, सहनाशक्यः -क्या -क्यं.

Insufferableness, ***s.*** असह्यता, असहनीयता, निःसहत्वं, दौःसह्यं.

Insufferably, ***adv.*** असहनीयं, यथा सोढुं न शक्यते तथाप्रकारेण.

Insufficiency, ***s.*** **(Deficiency, state of not being enough)** न्यूनता, हीनता, क्षीणता, अल्पत्वं, विरहः, अयथेष्टता, अप्राचुर्य्यं. अपर्य्याप्तिः ***f.,*** अबाहुल्यं, अभावः, अनिर्वाहः. —**(Inadequateness)** अनुपयुक्तत्वं, अयोग्यता, अक्षमता -त्वं, अनौचित्यं, अनुचितत्वं, अपर्य्याप्तिः ***f.,*** असमर्थता, असामर्थ्यं.

Insufficient, ***a.*** **(Not enough, deficient)** अनलम् **indec.,** अयथेष्टः -ष्टा -ष्टं, अपर्य्याप्तः -प्ता -प्तं, न्यूनः -ना -नं, हीनः -ना -नं, क्षीणः -णा -णं, अपूर्णः -र्णा -र्णं, अप्रचुरः -रा -रं, निर्वाहाक्षमः -मा -मं, निर्वाहासमर्थः -र्था -र्थं. —**(Inadequate)** अनुपयुक्तः -क्ता -क्तं, अयोग्यः -ग्या -ग्यं, अक्षमः -मा -मं, असमर्थः -र्था -र्थं, अपर्य्याप्तः -प्ता -प्तं, अनुचितः -ता -तं.

Insufficiently, ***adv.*** **(Not enough)** अनलं, अयथेष्टं, अप्रचुरं. —**(In adequately)** अनुपयुक्तं, अयोग्यं, अक्षमं, अपर्य्याप्तं, अनुचितं, अपर्य्याप्तं.

Insufflation, ***s.*** **(Act of breathing on)** श्वासप्रक्षेपः, प्राणप्रक्षेपः, श्वासन्यासः.

Insular, ***a.*** **(Belonging to an island)** द्वीप्यः -प्या -प्यं, द्वैप्यः -प्यी -प्यं, द्वैपः -पी -पं, द्वीपी -पिनी -पि (न्), द्वीपीयः -या -यं, द्वीपसम्बन्धी **etc.,** उपद्वीपसम्बन्धी **etc.**—**(Surrounded by water)** द्वीपाकारः -रा -रं, उपद्वीपाकारः -रा -रं, द्वीपरूपः -पा -पं, जलवेष्टितः -ता -तं, जलपरिगतः -ता -तं.

Insularity, ***s.*** द्वीपाकारत्वं, द्वीपरूपता, द्वीपता -त्वं, जलवेष्टितत्वं.

To **insulate,** ***v. a.*** पृथक् स्था **in caus.** (स्थापयति -यितुं), पृथक्कृ, अन्यवियुक्तं -क्तां कृ, अन्यविछिन्नं -न्नां कृ, अन्यविश्लिष्टं -ष्टां कृ.

Insulated, ***p. p.*** **or** ***a.*** अनन्यसंलग्नः -ग्ना -ग्नं, अनन्यसंसक्तः -क्ता -क्तं, अनन्यसंयुक्तः -क्ता -क्तं, अन्यविश्लिष्टः -ष्टा -ष्टं, अन्यविभिन्नः -न्ना -न्नं, पृथक्स्थितः -ता -तं.

Insulation, ***s.*** अन्यवियोगः, अन्यविभेदः, अनन्यसंयोगः, अन्यविच्छेदः.

Insult, ***s.*** अवक्षेपः, अपमानवाक्यं, अवमानवाक्यं, तिरस्कारवाक्यं, तिरस्कारः, अपमानं, अवज्ञा -ज्ञानं, परिभवः, उपमानक्रिया, अवलेपः, अवहेला -लनं, अपवादः, परीवादः, वाक्पारुष्यं, परिभाषणं, निन्दा, दुर्वचस् ***n.,*** धर्षणं, अनार्य्यं, खलोक्तिः ***f.,*** अनादरः, अनादरक्रिया, भर्त्सना, निर्भर्त्सना, क्षेपः.

To* insult, *v. a. अवज्ञा (**c. 9.** -जानाति -ज्ञातुं), अवमन् (**c. 4.** -मन्यते -मन्तुं), अपमन्, अपमानं कृ, अवज्ञां कृ, अनार्य्यं कृ, तिरस्कृ, परिभू, लघूकृ, तुच्छीकृ, कदर्थीकृ, अवक्षिप् (**c. 6.** -क्षिपति -क्षेप्तुं), अधिक्षिप्, परिक्षिप्, आक्षिप्, अवगुर् (**c. 6.** -गुरते -रितुं), आक्षर् (**c. 10.** -क्षारयति -यितुं), अपवद् (**c. 1.** -वदति -ते -दितुं), परिवद्, कुत्स् (**c. 10.** कुत्सयति -यितुं); **'he insulted her,'** तेन तस्या अनार्य्यं कृतं.

Insulted, *p. p.* परिभूतः -ता -तं, अवज्ञातः -ता -तं, अवमानितः -ता -तं, अपमानितः -ता -तं, विमानितः -ता -तं, क्षिप्तः -प्ता -प्तं, अवक्षिप्तः -प्ता -प्तं, आक्षिप्तः **etc.,** गर्हितः -ता -तं, अवधीरितः -ता -तं, तिरस्कृतः -ता -तं, निन्दितः -ता -तं, धर्षितः -ता -तं.

Insulter, *s.* अपमानकर्त्ता ***m.*** (र्त्तृ), अवमन्ता ***m.*** (न्तृ), अवज्ञानकृत्, अनार्य्यकृत्.

Insulting, *a.* अपमानकारी -रिणी -रि (न्), अपमानसूचकः -का -कं, अपमानार्थकः -का -कं, अवमानी -निनी -नि (न्), परिभवी- विणी - वि (न्), परिभावी **etc.,** परिभावुकः -का -कं, अवक्षेपकः -का -कं, तिरस्कारमयः -यी -यं, निन्दार्थः -र्था -र्थं, कुत्सावादी -दिनी -दि (न्).

Insultingly, *adv.* सापमानं, सतिरस्कारं, सावक्षेपं, अवज्ञापूर्व्वं.

Insuperable, *a.* अनतिक्रमणीयः -या -यं, अनतिक्रम्यः -म्या -म्यं, दुरतिक्रमः -मा -मं, अलंघनीयः -या -यं, अलंघ्यः -घ्या -घ्यं, दुर्लंघ्यः -घ्या -घ्यं, अनधिगम्यः -म्या -म्यं, दुरधिगम्यः **etc.,** दुरधिगमः -मा -मं, दुरत्ययः -या -यं, दुस्तरः -रा -रं, दुःसाध्यः -ध्या -ध्यं, दुरारोहः -हा -हं, अजेयः -या -यं, दुर्जेयः -या -यं.

Insuperableness, *s.* अलंघ्यता, अनतिक्रम्यता, अनधिगम्यता, अजेयता.

Insuperably, *adv.* अलंघनीयं, अनतिक्रमणीयं, दुर्जयं, दुरारोहं.

Insupportable, *a.* असह्यः -ह्या -ह्यं, असहनीयः -या -यं, दुःसहः -हा -हं, दुःसहनीयः -या -यं, अक्षन्तव्यः -व्या -व्यं, न क्षन्तव्यः -व्या -व्यं, निःसहः -हा -हं, दुर्वहः -हा -हं, दुरुद्वहः -हा -हं.

Insupportableness, *s.* असह्यता, असहनीयता, दुःसह्यता, अक्षन्तव्यता.

Insupportably, *adv.* असहनीयं, दुःसहनीयं, यथा सोढुं न शक्यते तथा.

Insuppressible, *a.* अनिग्रहतीव्यः -व्या -व्यं, दुर्निग्रहः -हा -हं, दुर्निवारः -रा -रं.

Insurance, *s.* योगक्षेमः, क्षेमप्रतिविधानं, क्षेमकरणं, क्षेमविधानं, विधायकत्वं, सत्याकरणं, सत्याकृतिः ***f.,*** सत्यापनं; **'against fire,'** अग्निजनाशात् क्षेमप्रतिविधानं; **'against thieves, etc.,'** चौरादिभ्यः क्षेमप्रतिविधानं **or** क्षेमकरणं **or** रक्षा -क्षणं **or** अहार्य्यत्वं **or** अनाश्यत्वं.

To* insure, *v. a. योगक्षेमं कृ, क्षेमं कृ **or** विधा (**c. 3.** -दधाति -धातुं) **or** प्रतिविधा, सत्याकृ, सत्यीकृ, स्थिरीकृ, दृढीकृ, अहार्य्यत्वं कृ, अनाश्यत्वं कृ,, अभेद्यत्वं कृ; **'the merchant insures his goods,'** बणिग् द्रव्याणि सत्याकरोति.

Insured, *p. p.* सत्याकृतः -ता -तं, क्षेमयुक्तः -क्ता -क्तं, रक्षितः -ता -तं.

Insurgent, *s.* राजप्रतियोधी ***m.*** (न्), राजयुध्वा ***m.*** (न्), राजविरोधी ***m.*** (न्), राजप्रतिरोधी ***m.,*** उपद्रवी ***m.*** (न्), विप्लवकृत् ***m.*** राजद्रोही ***m.*** (न्), उपद्रवकारी ***m.*** (न्), प्रजाविप्लवकारी ***m.,*** प्रकृतिक्षोभकारी ***m.***

Insurmountable, *a.* दुरारोहः -हा -हं, अनारोहः -हा -हं, अलंघनीयः -या -यं, अनधिगम्यः -म्या -म्यं, दुरधिगमः -मा -मं, अनतिक्रम्यः -म्या -म्यं, दुस्तरः -रा -रं. ***See* Insuperable.**

Insurmountableness, *s.* दुरारोहत्वं, अलंघनीयता, अनधिगम्यत्वं, दौस्तर्य्यं.

Insurrection, *s.* राजयुद्धं, उपद्रवः, उपप्लवः, प्रजाविप्लवः, राज्योपद्रवः, राजप्रकोपः, प्रकोपः, प्रकृतिक्षोभः, राज्यक्षोभः, प्रजाक्षोभः, राजद्रोहः, राजविरुद्धसम्भूयसमुत्थानं.

Insurrectionary, *a.* उपद्रवी -विणी -वि (न्), राजविरुद्धः -द्धा -द्धं, राजप्रतीपः -पा -पं, राजप्रतिकूलः -ला -लं, राजविपरीतः -ता -तं, विप्लवसम्बन्धी -न्धिनी -न्धि (न्).

Insusceptibility, *a.* अग्राहकत्वं, अग्रहणशीलता, ग्रहणाक्षमता, वेदनाशक्तिः ***f.***

Insusceptible, *a.* अग्राही -हिणी -हि (न्), अग्राहकः -का -कं, अग्रहणशीलः -ला -लं, ग्रहणाक्षमः -मा -मं, ग्रहणशक्तिरहितः -ता -तं, वेदनशक्तिहीनः -ना -नं.

Intangible, *s.* अस्पृश्यः -श्या -श्यं, अस्पर्शनीयः -या -यं, अस्प्रष्टव्यः -व्या -व्यं, दुःस्पर्शः -र्शा -र्शं, दुस्पृश्यः -श्या -श्यं, अस्पर्शवेद्यः -द्या -द्यं, स्पर्शागम्यः -म्या -म्यं, स्पर्शागोचरः -रा -रं, स्पर्शायोग्यः -ग्या -ग्यं, दुरालभः -भा -भं, अनालभ्यः -भ्या -भ्यं.

Intangibleness, *s.* अस्पृश्यता, अस्पृर्शनीयता, स्पर्शावेद्यता, स्पर्शागम्यता.

Integer, integral, *s.* (A whole number) पूर्णाङ्कः, अभिन्नाङ्कः, अभिन्नः सम्पूर्णाङ्कः, रूपं.

Integral, *a.* अभिन्नः -न्ना -न्नं, पूर्णः -र्णा -र्णं, सम्पूर्णः -र्णा -र्णं, अविकलः -ला -लं, अखण्डः -ण्डा -ण्डं, अन्यूनः -ना -नं, अत्रुटितः -ता -तं, साङ्गः -ङ्गा -ङ्गं.—**(In algebra)** पूरितः -ता -तं, पूर्णः -र्णाः -र्णं; **'integral calculus,'** पूरितगणितं; **'differential and integral calculus.'** वैलक्षणपूरितगणितं; **'integral existence,'** अधिकरणं.

To* integrate,** ***v. a. सम्पूर्णीकृ, सम्पृ **(c. 10.** -पूरयति -यितुं), प्रतिसङ्कृ.

Integration, ***s.*** **(In algebra)** पूरितं, पूर्णीकरणं, सम्पूर्णीकरणं.

Integrity, ***s.*** **(Entireness)** सम्पूर्णता, पूर्णता, अभिन्नता, अभिन्नभावः, अखण्डता, अवैकल्यं, अन्यूनता, साकल्यं, सामग्र्यं, समस्तता, समस्तिः ***f.,*** समुदायः, साङ्गता.—**(Probity, soundness, incorruptness)** अभेद्यता, सारल्यं, सरलता, शुचिता, मायाहीनता, ऋजुता, शुद्धता, अदुष्टता, न्यायिता, अजिह्मता, अवक्रता, अशठता, सत्यता, सत्यशीलता, विमलता, नैर्मल्यं, साधुता; **'of strict integrity,'** अभेद्यः -द्या -द्यं, सरलः -ला -लं, अहार्य्यः -र्य्या -र्य्यं. ***See*** **Honest.**

Integument, ***s.*** वेष्टनं, आवेष्टनं, परिवेष्टनं, पटलं, कञ्चुकः, आच्छादनं, छादनं, छदनं, आवरणं, प्रावरणं, वासनं, शिरा, पुटः -टं, कोशः, पिधानं, शरीरावरणं.

Intellect, ***s.*** बुद्धिः ***f.,*** धीः ***f.,*** मेधा, मतिः ***f.,*** मनस् ***n.,*** प्रज्ञा, चित् ***f.,*** चेतना, चेतस् ***n.,*** चित्तं, ज्ञानं, बोधः, संवित् ***f.,*** संवित्तिः ***f.,*** मनीषा, उपलब्धिः ***f.,*** प्रतिभा, ज्ञप्तिः ***f.,*** प्रतिपद् ***f.,*** शेमुषी, धिषणा, प्रेक्षा, ज्ञानदृष्टिः ***f.,*** ध्यानं, बोधशक्तिः ***f.,*** चिच्छक्तिः ***f.,*** ज्ञानशक्तिः ***f.,*** संज्ञा.

Intellection, ***s.*** बोधः -धनं, ज्ञानं, ग्रहणं, बुद्धिग्रहः, आकलनं.

Intellectual, intellective, ***a.*** **(Relating to the understanding)** मानसिकः -की -कं, मानसः -सी -सं, बुद्धिसम्बन्धी -न्धिनी -न्धि (न्), बुद्धिविषयः -या -यं, चित्सम्बन्धी **etc.,** ज्ञानसम्बन्धी **etc.**—**(Existing in the intellect, perceived by it)** मनसिजः -जा -जं, मनोजः -जा -जं, मनोगतः -ता -तं, मनोभवः -वा -वं, चिद्भवः -वा -वं, चिद्गतः -ता -तं, मानसिकः **etc.,** बुद्धिगम्यः -म्या -म्यं, धीगम्यः -म्या -म्यं.—**(Endowed with intellect)** बुद्धिमान् -मती -मत् (त्), धीमान् **etc.,** मतिमान् **etc.,** मेधावी -विनी -वि (न्), मनीषिः -षिणी -षि (न्), सुबुद्धिः -द्धिः -द्धि, मेधिरः -रा -रं, चिच्छक्तिविशिष्टः -ष्टा -ष्टं; **'possessing all intellectual qualities,'** सर्व्वधीगुणः -णा -णं, अखिलधीगुणः **etc.; 'intellectual faculty,'** धीशक्तिः ***f.,*** निष्क्रमः. ***See*** **Intelligent.**

Intellectually, ***adv.*** बुद्ध्या, बोधेन, मनसा, ज्ञानतस्, बुद्धिपूर्व्वं.

Intelligence, ***s.*** **(Understanding, skill, cleverness)** बुद्धिः ***f.,*** ज्ञानं, धीः ***f.,*** मेधा, चेतना, चैतन्यं, चित् ***f.,*** चिच्छक्तिः ***f.,*** विज्ञता, कुशलता, कौशल्यं, चातुर्य्यं, वैचक्षण्यं, विदग्धता, वैदग्ध्यं.—**(Information, tidings)** वार्त्ता, समाचारः, सन्देशः, वृत्तान्तः, संवादः, वाचिकः, उदन्तः, किंवदन्ती, सूचना; **'good intelligence,'** सुवार्त्ता, शुभवार्त्ता; **'secret intelligence,'** गूढभाषितं.—**(A spiritual being)** चेतनः, सचेतनव्यक्तिः ***f.,*** बुद्धिरूपव्यक्तिः.

Intelligencer, ***s.*** **(Messenger)** वार्त्तिकः, वार्त्तायनः, वार्त्ताहरः, वार्त्तावहः, सन्देशहरः, आख्यायकः.—**(Newspaper)** वाचिकपत्रं, समाचारपत्रं.

Intelligent, ***a.*** बुद्धिमान् -मती -मत् (त्), धीमान् **etc.,** मतिमान् **etc.,** मेधावी -विनी -वि (न्), मनस्वी **etc.,** सबुद्धिः -द्धिः -द्धि, सुबुद्धिः **etc.,** कुशलबुद्धिः **etc.,** सुधीः -धीः -धि, शुद्धधीः **etc.,** कृतधीः **etc.,** सुबोधः -धा -धं, मेधिरः -रा -रं, सज्ञानः -ना -नं, ज्ञानी -निनी -नि (न्), ज्ञानवान् **etc.,** प्रज्ञावान् **etc.,** प्राज्ञः -ज्ञा -ज्ञं, मनीषी -षिणी -षि (न्), प्रेक्षावान् **etc.,** कोविदः -दा -दं, ज्ञाता -त्री -तृ (तृ), विदुरः -रा -रं, विन्दुः -न्दुः -न्दु, मर्म्मज्ञः -ज्ञा -ज्ञं.—**(Clever)** विज्ञः -ज्ञा -ज्ञं, विचक्षणः -णां -णं, कुशलमतिः -तिः -ति, निपुणमतिः **etc.,** चतुरः -रा -रं, चतुरबुद्धिः **etc.,** अभिज्ञः -ज्ञा -ज्ञं, विदग्धः -ग्धा -ग्धं, विदग्धबुद्धिः **etc.,** कल्याणबुद्धिः **etc.**

Intelligently, ***adv.*** विज्ञवत्, सुबुद्ध्या, सुबुद्धिपूर्व्वं, बुद्धिकौशल्येन, विदग्धवत्, विचक्षणवत्, अभिज्ञवत्, चतुरं, वैचक्षण्येन, सवैचक्षण्यं, सचातुर्य्यं.

Intelligible, ***a.*** बोध्यः -ध्या -ध्यं, बोधनीयः -या -यं, बुद्धिगम्यः -म्या -म्यं, बुद्धिग्राह्यः -ह्या -ह्यं, सुगम्यः -म्या -म्यं, सुग्राह्यः -ह्या -ह्यं, स्पष्टः -ष्टा -ष्टं, विस्पष्टः -ष्टा -ष्टं, सुस्पष्टः -ष्टा -ष्टं, स्पष्टार्थः -र्था -र्थं, ज्ञेयः -या -यं, संवेद्यः -द्या -द्यं, भिन्नार्थः -र्था -र्थं.

Intelligibleness, intelligibility, ***s.*** बोध्यता, बोधनीयता, बुद्धिगम्यता, सुगम्यता, सुग्राह्यता, स्पष्टत्वं, सुस्पष्टत्वं, सुज्ञेयता.

Intelligibly, ***adv.*** स्पष्टं, सुस्पष्टं, विस्पष्टं, स्पष्टार्थतस्, भिन्नार्थतस्.

Intemperance, ***s.*** असंयमः -मनं, अयमः, असंयतत्वं, मर्य्यादातिक्रमः, अमर्य्यादा, अपरिमितत्वं, अमितत्वं, अनियमः, नियमातिक्रमः, अतिक्रमः, अत्याचारः, अदमः, अनिग्रहः, आधिक्यं, उद्रेकः, उत्सेकः, अतिरिक्तता, आतिशय्यं.—**(In pleasures, enjoyments, or habits)** भोगामितत्वं, अपरिमितभोगित्वं, असंयताचारत्वं, अनियतवृत्तिता, अजितेन्द्रियत्वं, अयतेन्द्रियत्वं.—**(In eating)** अत्याहारः, अतिभोजनं, अतिभक्षणं, भोजनासक्तिः ***f.,*** अयताहारत्वं, असंयताहारत्वं, आहारादिविषये असंयमः.—**(In drinking)** अतिपानं, पानासक्तता, पानप्रसक्तत्वं.

Intemperate, ***a.*** **(Not moderate or restrained within limits)** असंयतः -ता -तं, असंयमी -मिनी -मि (न्), असंयमशीलः -ला -लं, असितः -ता -तं, अपरिमितः -ता -तं, अतिमर्य्यादः -दा -दं, अमर्य्यादः -दा -दं, अयतः -ता -तं, अतिक्रान्तमर्य्यादः -दा -दं, अतिक्रान्तनियमः -मा -मं, अनियमवान् -वती -वत् (त्), अतिमितः -ता -तं, अपरिमाणः -णा -णं, अधिकः -का -कं, उद्रिक्तः -क्ता -क्तं, अतिरिक्तः

-क्ता -क्तं, अतिशयी -यिनी -यि (न्), अदान्तः -न्ता -न्तं. —**(In pleasures or habits)** अमितभोगी -गिनी -गि (न्), अपरिमितभोगः -गा -गं, असंयताचारः -रा -रं, अयताचारः -रा -रं, अयतवृत्तिः -त्तिः -त्तिः, असंयतवृत्तिः -त्तिः -त्तिः, अत्याचारी -रिणी -रि (न्), अयतेन्द्रियः -या -यं, अजितेन्द्रियः -या -यं, अनियतेन्द्रियः -या -यं.—**(In eating)** अतिभोजी -जिनी -जि (न्), अमितभोजी **etc.,** अत्याहारी **etc.,** अत्याहारः -रा -रं, अपरिमिताहारः -रा -रं. ***See* Gluttonous. (In drinking)** अतिपायी -यिनी -यि (न्), पानासक्तः -क्ता -क्तं, पानप्रसक्तः -क्ता -क्तं.

Intemperately, ***adv.*** असंयमेन, असंयतं, अपरिमितं, अमितं, अतिमर्य्यादं, मर्य्यादातिक्रमेण, नियमातिक्रमेण, अपरिमाणेन, अतिशयेन, अतिरिक्तं, आधिक्येन.

Intemperature, ***s.*** गुणवैषम्यं, गुणाधिक्यं, गुणातिरेक्यं, अपरिमितत्वं, वैषम्यं.

Intenable, ***a.*** अप्रतिपादनीयः -या -यं, अव्यवस्थापनीयः -या -यं, अरक्षणीयः -या -यं.

To* intend,** ***v. a. **(Mean, purpose)** अभिप्रे (अभिप्रैति -तुं), अभिप्रायं कृ, कृ **in des.** (चिकीर्षति -र्षितुं), उद्दिश् **(c. 6.** -दिशति -देष्टुं), मनसा उद्दिश्, अभिसन्धा **(c. 3.** -दधाति -धातुं), इष् **(c. 6.** इच्छति, एषितुं), उपलक्ष् **(c. 10.** लक्षयति -यितुं), परिक्लृप् **(c. 10.** -कल्पयति -यितुं), मनः **or** मतिं **or** बुद्धिं कृ **or** प्रकृ, **with loc. or dat. case; as, 'he intends going,'** मनो गमनाय करोति. **Sometimes expressible by the des. form of a verb; as, 'to intend to go,'** गम् **in des.** (जिगमिषति -षितुं); **'to intend to do,'** कृ **in des.; 'to intend to say,'** वच् **in des.** (विवक्षति -क्षितुं).

Intendancy, ***s.*** अध्यक्षता -त्वं, अधिष्ठातृत्वं, अधिकारिता, अधीशता.

Intendant, ***s.*** अध्यक्षः, अधिष्ठाता ***m.*** (तृ), अधिकारी ***m.*** (तृ), अधिकारी ***m.*** (न्), उपद्रष्टा ***m.*** (ष्टृ).

Intended, ***p. p.*** अभिप्रेतः -ता -तं, चिकीर्षितः -ता -तं, उद्दिष्टः -ष्टा -ष्टं, मनसोद्दिष्टः -ष्टा -ष्टं, उपलक्षितः -ता -तं, सङ्कल्पितः -ता -तं, इष्टः -ष्टा -ष्टं, कृताभिप्रायः -या -यं, परिकल्पितः -ता -तं; **'intended to be said,'** विवक्षितः -ता -तं; **'not intended,'** अनभिप्रेतः -ता -तं.

Intending, ***part.*** अभिप्रेत्यं, उद्दिश्य, मनसोद्दिश्य, अभिसन्धाय.

Intendment, ***s.*** अभिप्रायः, अभिप्रेतः, आशयः, अर्थः, उद्देशः, अभिसन्धिः ***m.***

Intense, ***a.*** अत्यन्तः -न्ता -न्तं, आत्यन्तिकः -की -कं, गाढः -ढा -ढं, तीव्रः -व्रा -व्रं, तीक्ष्णः -क्ष्णा -क्ष्णं, उग्रः -ग्रा -ग्रं, चण्डः -ण्डा -ण्डं, प्रचण्डः -ण्डा -ण्डं, उच्चण्डः -ण्डा -ण्डं, प्रकृष्टः -ष्टा -ष्टं, प्रबलः -ला -लं, प्रगाढः -ढा -ढं, नितान्तः -न्ता -न्तं, भृशः -शा -शं, सुभृशः -शा -शं, निर्भरः -रा -रं, अतिशयी -यिनी -यि (न्), अतिशायनः -ना -नं, कठोरः -रा -ं, परमः -मा -मं, महान् -हती -हत् (त), परः -रा -रं, उदीर्णः -र्णा -र्णं, उद्धतः -ता -तं, कठिनः -ना -नं, तैजसः -सी -सं, व्यग्रः -ग्रा -ग्रं, भूरिः -रिः -रि, अति **or** अतिशय **or** सु **prefixed; 'intense darkness,'** घनतिमिरं; **'intense heat,'** अतिदाहः, गुरुतापः, अलघूष्मा ***m.*** (न्); **'intense pain,'** तीव्रवेदना; **'intense study,'** अत्यन्ताभिनिवेशः, अतिप्रवेशः, व्यासङ्गः.

Intensely, ***adv.*** अत्यन्तं, अतिशयेन, तीव्रं, तीक्ष्णं, अतितैक्ष्ण्येन, प्रचण्डं, नितान्तं, भृशं, सुभृशं, निर्भरं, कठोरं, गाढं, अतिशयेन, उग्रं, परमं, अतीव, अति **or** अतिशय **or** सु **prefixed; 'intensely passionate,'** अत्यन्तकोपनः -ना -नं, अतिकोपनः -ना -नं.

Intensity, intenseness, ***s.*** अत्यन्तता आत्यन्तिकत्वं, तीव्रता, तीक्ष्णता, तैक्ष्ण्यं, उग्रता, चण्डता, प्रचण्डता, गाढता, प्रगाढता, नितान्तत्वं, प्रबलता, प्राबल्यं, कठोरता, भृशता, भ्रशिमा ***m.*** (न्), प्रकृष्टता, प्रकर्षः, तैजसं, काठिन्यं, व्यग्रता, उद्रेकः, उदीर्णता, उत्कर्षः, अतिभूमिः ***f.,*** आतिशय्यं, **'intensity of application to study,'** अभिनिवेशः, अत्यन्ताभिनिवेशः, व्यासङ्गः.

Intension, ***s.*** विततिः ***f.,*** आततिः ***f.,*** वृद्धिः ***f.,*** प्रकर्षः, उत्कर्षः, प्रकृष्टता.

Intensive, ***a.*** **(Serving to give force or emphasis)** शक्तिकरः -रा -रं, प्रकर्षकरः -रा -रं, उत्कर्षज्ञापकः -का -कं, अर्थविशेषकारकः -का -कं, वर्धकः -का कं, वृद्धिकरः **etc.**

Intent, ***a.*** **(Having the mind fixed closely on one object)** एकाग्रः -ग्रा -ग्रं, एकचित्तः -त्ता -त्तं, एकतानः -ना -नं, एकाग्रचित्तः -त्ता -त्तं, एकनिष्ठः -ष्ठा -ष्ठं, अनन्यमनाः -नाः -नः (स्), अनन्यवृत्तिः -त्तिः -त्ति, अनन्यविषयः -या -यं, अनन्यविषयात्मा -त्मा -त्म (न्), अनन्यमनस्कः -स्का -स्कं, एकायनः -ना -नं.—**(Intent on any object)** आसक्तः -क्ता -क्तं, आसक्तचित्तः -त्ता -त्तं, आसक्तचेताः -ताः -तः (स्), अभिनिविष्टः -ष्टा -ष्टं, अभिनिवेशी -शिनी -शि (न्), निविष्टः -ष्टा -ष्टं, प्रविष्टः -ष्टा -ष्टं, परायणः -णा -णं, परः -रा -रं, तत्परः -रा -रं, रतः -ता -तं, निरतः -ता -तं, अभियुक्तः -क्ता -क्तं, आयुक्तः -क्ता -क्तं, सक्तः -क्ता -क्तं, संसक्तः -क्ता -क्तं, निष्ठः -ष्ठा -ष्ठं, निष्ठितः -ता -तं, आविष्टः -ष्टा -ष्टं, आविष्टचित्तः -त्ता -त्तं, आविष्टमनाः **etc.,** अभिमुखः -खा -खं, नियतः -ता -तं, व्यग्रः -ग्रा -ग्रं, व्यग्रमनाः **etc.,** तन्मनस्कः -स्का -स्कं, आहितः -ता -तं, कृतनिश्चयः -या -यं; **'intent on reading,'** अध्ययनपरः -रा

-रं, अध्ययनाभिमुखः -खा -खं.

Intent, *s.* अभिप्रायः, अभिप्रेतं, आशयः, उद्देशः, अर्थः, तात्पर्य्यं; **'with what intent?'** किमुद्दिश्य; **'to all intents,'** सर्व्वार्थतस्.

Intention, *s.* (Design) अभिप्रायः, अभिप्रेतं, चिकीर्षितं, चिकीर्षा, आशयः, सङ्कल्पः, उद्देशः, आकांक्षा, बुद्धिः ***f.,*** मतिः ***f.,*** मतं, इङ्गितं, छन्दः, तात्पर्य्यं, आकूतं, इच्छा, चेष्टा, कल्पना, परिकल्पना, परिकल्पितं, उपलक्षितं, निश्चितं.—**(End, aim, object)** अर्थः, आशयः, अभिसन्धिः ***m.,*** कार्य्यं, कार्य्यवस्तु ***n.,*** प्रयोजनं, अर्थवत्ता.—**(Meaning)** विवक्षितं, विवक्षा; **'purity of intention,'** चित्तशुद्धिः ***f.,*** अन्तःकरणशुद्धि ***f.,*** **'change of intention,'** बुद्धिभेदः, मतिभेदः; **'declared intention,'** ईरिताकूतं; **'with what intention?'** किमुद्दिश्य. —**(Fixedness of attention)** एकाग्रता. ***See*** **Intentness.**

Intentional, *a.* मतिपूर्व्वः -र्व्वा -र्व्वं: **etc.,** ज्ञानपूर्व्वः **etc.,** बुद्धिपुरःसरः -रा -रं, अभिप्रायपूर्व्वः **etc.,** ऐच्छिकः -की -कं, बुद्धिकृतः -ता -तं, कामकृतः -ता -तं, कामिकः -की -कं, काम्यः -म्या -म्यं, यथाकामः -मा -मं, साभिप्रायः -या -यं, सङ्कल्पकृतः -ता -तं, साङ्कल्पिकः -की -कं, यथाकल्पः -ल्पा -ल्पं, ज्ञानकृतः -ता -तं, अर्थवान् -वती -वत् (त्), सार्थः -र्था -र्थं चिकीर्षितः -ता -तं अभिप्रेतः -ता -तं.

Intentionally, *adv.* बुद्धिपूर्व्वं, बुद्धिपुरःसरं, मतिपूर्व्वं, अभिप्रायपूर्व्वं, साभिप्रायं, ज्ञानपूर्व्वं, बुद्धा, इच्छातस्, कामतस्, यथाकामं, प्रकामं, मत्या, मनःपूर्व्वकं, तात्पर्य्यतस्, यथाकल्पं, ज्ञानतस्, इच्छापूर्व्वं.

Intentioned, *a.* (In composition). Expressed by आशय, बुद्धि **etc. in comp.; as, 'well-intentioned,'** शुभाशयः -या -यं; **'ill-intentioned,'** दुराशयः -या -यं, द्रोहबुद्धिः -द्धिः -द्धि.

Intentive, *a.* कृतावधानः -ना -नं, अवहितः -ता -तं, समाहितः -ता -तं.

Intently, *adv.* एकाग्रं, एकाग्रचेतसा, अनन्यमनसा, आसक्तचेतसा, निविष्टमनसा, अभिनिवेशेन, अभिनिवेशपूर्व्वं, साभिनिवेशं, निष्ठापूर्व्वं, निर्बन्धेन, सैकाग्र्यं, मनोयोगेन, समनोयोगं, व्यग्रं, व्यग्रवत्.

Intentness, *s.* एकाग्रता, एकचित्तता -त्वं, अनन्यचित्तता, अभिनिवेशः, चित्ताभिनिवेशः, अभिनिविष्टता, आसक्तिः ***f.,*** -क्तता, निवेशः, प्रवेशः, निविष्टता, ऐकाग्र्यं, अभियुक्तता, परता, निष्ठा, निष्ठितत्वं, एकनिष्ठता आविष्टत्वं, अनन्यवृत्तिः ***f.,*** मनोयोगः; **'intentness of soul,'** आत्मैकाग्र्यं चित्तैकाग्र्यं.

To* inter, *v. a. भूमौ **or** श्मशाने निखन् **(c. 1.** -खनति -नितुं -खातुं) **or** स्था **in caus.** (स्थापयति -यितुं) **or** समृ **in caus.** (-अर्पयति -यितुं) **or** निधा **(c. 3.** -दधाति -धातुं), भूमिगतं -तां -तं कृ.

Intercalar, intecalary, *a.* अधिकः -का -कं, निवेशितः -ता -तं, सौराब्दपूरकः -का -कं; **'intercalary month,'** अधिकमासः, अधिमासः, मलमासः, मलिम्लुचः, अनामकः, अधिमासशेषः, पुरुषोत्तमामसः, असंक्रान्तिकमासः; **'intercalary day,'** अधिकदिवसः, अधिदिवसः; **'intercalary verse,'** अधिकश्लोकः.

***To* intercalate, *v. a.* (A month)** अधिकमासं निविश् **(c. 10.** -वेशयति -यितुं), अधिमासं निविश्.—**(A day)** अधिकदिवसं निविश्.

Intercalation, *s.* (Of a month) अधिकमासनिवेशनं.—**(Of a day)** अधिकदिवसनिवेशनं, अधिदिवसनिवेशनं.

***To* intercede, *v. n.* (Intervene, pass between)** अन्तर्गम् **(c. 1.** -गच्छति -गन्तुं), अन्तर्वृत् **(c. 1.** -वर्त्तते -र्त्तितुं), अन्तःस्था **(c. 1.** -तिष्ठति -स्थातुं), मध्ये वृत्, मध्ये स्था, उपस्था. —**(Mediate between two parties)** मध्यस्थो भू **or** अस्, मध्यवर्त्ती भू, माध्यस्थ्यं कृ, मध्यस्थवृत्तिम् आस्था, सन्धा **(c. 3.** -दधाति -धातुं), सन्धानं कृ.—**(Plead in favor of another)** परार्थं प्रार्थ् **(c. 10.** -अर्थयते -ति -यितुं), परार्थप्रार्थनं कृ, परार्थं वद् **(c. 1.** वदति -दितुं) **or** अनुनी **or** निवेदनं कृ, परार्थनिवेदनं कृ.

Interceder, *s.* मध्यस्थः, मध्यवर्त्ती ***m.*** (न्), परार्थप्रार्थकः, परार्थप्रार्थनकृत् ***m.,*** परार्थवादी ***m.*** (न्), परार्थं निवेदनकृत् ***m.***

To* intercept, *v. a. रुध् **(c. 7.** रुणद्धि, रोद्धुं), अवरुध्, विरुध्, प्रतिरुध्, उपरुध्, निरुध्, संरुध्, गतिरोधं कृ, गतिभङ्गं कृ, विछिद् **(c. 7.** -छिनत्ति -छेत्तुं), गतिविच्छेदं कृ, गतिछेदं कृ, वियुज् **(c. 10.** -योजयति -यितुं), निवृ **(c. 10.** -वारयति -यितुं), खण्ड् **(c. 10.** खण्डयति -यितुं), प्रतिबन्ध् **(c. 9.** -बध्नाति -बन्द्धुं).

Intercepted, *p. p.* रुद्धः -द्धा -द्धं, अवरुद्धः -द्धा -द्धं, विच्छिन्नः -न्ना -न्नं.

Intercepter, *s.* रोधकः, गतिभङ्गकारी ***m.*** (न्), विच्छेदकारी ***m.***

Interception, *s.* गतिरोधः -धनं गतिभङ्गः, गतिविच्छेदः, गतिछेदः, रोधः -धनं, अवरोधः, विच्छेदः, निवारणं, प्रतिबन्धः, स्तम्भनं, विघ्नः.

Intercession, *s.* (Mediation between two parties) माध्यस्थ्यं, माध्यस्थं, मध्यस्थत्वं, सन्धानकरणं.—**(Pleasing in favor of another)** परार्थप्रार्थना -नं, परार्थं, प्राथनं, परार्थवादः, परार्थनिवेदनं, परार्थं निवेदनं **'to make intercession.'** ***See To*** **intercede.**

Intercessor, *s.* (Mediator) मध्यस्थः, मध्यवर्त्ती ***m.*** (न्), मध्यस्थायी ***m.*** (न्), मध्यस्थितः.—**(Pleader for another)** परार्थप्रार्थकः, परार्थं प्रार्थयिता ***m.*** (तृ), परार्थं प्रार्थनकृत् ***m.,*** परार्थवादी ***m.*** (न्), परार्थं निवेदनकारी ***m.***

Intercessory, *a.* परार्थप्रार्थकः -का -कं, परार्थप्रार्थनविषयः -या -यं.

To* interchange, *v. a. परस्परं परिवृत् **(c. 10.** -वर्त्तयति -यितुं) **or** विनिमे **(c. 1.** -मयते -मातुं) **or** निमे **or** विनिमयं कृ, परस्परपरिवर्त्तनं कृ, परस्परविनिमयं कृ, व्यतिकरं कृ, परस्परं दानप्रतिदानं कृ **or** आदानप्रदानं कृ, व्यतिहृ **(c. 1.** -हरति -हर्त्तुं).

Interchange, *s.* परिवर्त्तनं, परस्परपरिवर्त्तनं, विनिमयः, परस्परविनिमयः, परिवृत्तिः ***f.,*** परीवर्त्तः, निमयः, विमयः, निमेयः, वैमेयः, व्यतिकरः, व्यतिहारः, व्यतीहारः, परावृत्तिः ***f.,*** विपर्ययः, परस्परं दानप्रतिदानं आदानप्रदानं.

Interchangeable, *a.* परिवर्त्तनीयः -या -यं, विनिमातव्यः -व्या -व्यं, विनिमयार्हः -र्हा -र्हं.—**(Following each other in succession)** परस्परानुगामी -मिनी -मि (न्), अन्योन्यपृष्ठानुगामी **etc.**

Interchangeably, *adv.* विनिमयेन, विपर्य्ययेण, पर्य्यायेण, परिवर्त्तनेन, परिवृत्य.

Intercision, *s.* विच्छेदः, छेदः, अवच्छेदः, भङ्गः, रोधः, अवरोधः.

To* interclude, *v. a. अवरुध् **(c. 7.** -रुणद्धि -रोद्धुं), विछिद् **(c. 7.** -छिनत्ति -छेत्तुं).

Intercostal, *a.* पञ्जरमध्यस्थः -स्था -स्थं, वंक्रिमध्यवर्त्ती -र्त्तिनी -र्त्ति (न्), पर्शुकाभ्यन्तरस्थः -स्था -स्थं.

Intercourse, *s.* संसर्गः, परस्परसंसर्गः, अन्योन्यसंसर्गः, संसर्गिता, सङ्गतिः ***f.,*** साङ्गत्यं, सङ्गमः, सङ्गः समागमः, उपगमः, गमनागमनं, परस्परालापः, आलापः, सम्भाषः, सम्पर्कः, साहित्यं, आनुगत्यं, साहचर्य्यं, सङ्घट्टनं, परिचयः; **'intercourse of society,'** लोकव्यवहारः, लोकसंसर्गः लोकयात्रा; **'of the sexes,'** स्त्रीपुरुषसङ्गः, मिथुनीभावः, मैथुनं.

Intercutaneous, *a.* त्वगन्तर्भूतः -ता -तं, त्वगन्तर्गतः -ता -तं, त्वगन्तःस्थः -स्था -स्थं.

To* interdict, *v. a. अन्तःख्या **(c. 2.** -ख्याति -तुं), प्रत्याख्या, निषिध् **(c. 1.** -षेधति -षेद्धुं, **c. 10.** -षेधयति -यितुं), प्रतिषिध्, निवृ **(c. 10.** -वारयति -यितुं), निषेधं कृ, बाध् **(c. 1.** बाधते -धितुं).

Interdict, interdiction, *s.* निषेधः, प्रतिषेधः, आसेधः, प्रत्याख्यानं, वारणं, निवारणं, निरोधः, विरोधनं, बाधः, निषिद्धत्वं.

Interdicted, *p. p.* निषिद्धः -द्धा -द्धं, प्रतिषिद्धः -द्धा -द्धं, अन्तःख्यातः -ता -तं.

Interdictory, *a.* निषेधकः -का -कं, निषेधार्थकः -का -कं, निषेधकरः -रा -रं.

Interest, *s.* (Advantage, good) अर्थः, हितं, लाभः, फलं, कल्याणं, कुशलं, मङ्गलं, क्षेमः -मं, श्रेयस्, भूतिः ***f.;*** **'for the public interest,'** लोकहिताय; **'one's own interest,'** स्वार्थः, स्वहितं, स्वलाभः, स्वकार्य्यं, आत्महितं, आत्मवृद्धिः; **'for one's own interest,'** आत्महिताय, आत्मविवृद्धये; **'regard to one's own interest,'** स्वार्थापेक्षा, स्वार्थदृष्टिः ***f.,*** स्वहितावलोकनं, स्वार्थलिप्सा; **'regardful of one's own interest,'** स्वार्थपरः -रा -रं, स्वार्थसाधनतत्परः -रा -रं, स्वार्थपरायणः -णा -णं, स्वार्थलिप्सुः -प्सुः -प्सु, स्वार्थार्थी -र्थिनी -र्थि (न्), स्वहितैषी -षिणी -षि (न्), स्वलाभपरायणः -णा -णं; **'regardless of it.'** ***See*** **Distinterested.—(Concern, lively feeling about)** स्नेहः, अवेक्षा, अपेक्षा, प्रतीक्षा, अनुरागः, रागः, स्पृहणीयत्वं, स्पृहा, सम्बन्धः, अभिसम्बन्धः, अभिसन्धानं.—**(Partiality for, bias in favor of)** सङ्गः, पक्षपातः, स्नेहः; **'void of all interest in,'** वीतसङ्गः -ङ्गा -ङ्गं, मुक्तसङ्गः **etc.,** निःसङ्गः **etc.,** विपक्षपातः -ता -तं.—**(Gratification)** विनोदः.—**(Power to interest or please)** विनोदकत्वं, मनोरञ्जकता, हृद्गमत्वं, रसः.—**(Influence)** गौरवं, गुरुत्वं, प्रभावः, प्राबल्यं, अधिकारः, भारः.—**(Share, portion, participation in loss or gain)** भागः, अंशः, विभागः, लाभालाभविभागित्वं, लाभालाभसम्बन्धः. —**(Interest on money, usury)** वृद्धिः ***f.,*** वार्धुष्यं, भागः, कलान्तरं, कारिका, कारिता, कुसीदवृद्धिः ***f.;*** **'compound interest,'** चक्रवृद्धिः ***f.;*** **'simple interest,'** सरलवृद्धिः ***f.;*** **'bearing interest,'** सवृद्धिकः -का -कं, भागिकः -की -कं, भाग्यः -ग्या -ग्यं,; **'bearing no interest,'** अवृद्धिकः -का -कं; **'interest at the rate of five per cent.,'** शते विंशभागः, पञ्चकं शतं, पञ्चोत्तरं; **'at four per cent.,'** शते पञ्चविंशभागः; **at two per cent.,'** द्विकं शतं.

***To* interest, *v. a.* (Excite interest, partiality, or concern)** स्नेहं **or** अनुरागं **or** स्पृहां **or** पक्षपातम् उत्पद् **(c. 10.** -पादयति -यितुं) **or** जन् **(c. 10.** जनयति -यितुं), अनुरञ्ज् **(c. 10.** -रञ्जयति -यितुं), अनुरक्तं -क्तां कृ, सानुरागं -गां कृ, सङ्गम् उत्पद्.—**(Engage the attention, amuse)** विनद् **(c. 10.** -नोदयति -यितुं), मनः **or** चित्तं विनुद् **or** रञ्ज् **(c. 10.** रञ्जयति -यितुं), हृदयं गम् **(c. 1.** गच्छति, गन्तुं), चित्तविनोदं कृ. —**(Give a share in)** भागं **or** अंशं दा, संविभागित्वं **or** समांशित्वं दा, भागिनं -गिनीं कृ, अंशिनं -शिनीं कृ.—**(Have a share in)** भागं **or** अंशं लभ् **(c. 1.** लभते, लब्धुं) **or** प्राप् **(c. 5.** -आप्नोति -आप्तुं), भागी -गिनी -गि भू **or** अस्. —**(Have concern in)** सम्बन्ध् **in pass.** (-बध्यते), सम्बद्धः -द्धा -द्धं भू.—**(Interest one's self for another)** परहितैषी -षिणी -षि भू **or** अस्, परहितेप्सुः -प्सुः -प्सु भू, परहितार्थी -र्थिनी -र्थि भू.

Interested, *p. p.* or *a.* (Having one's affection or concern excited) जातस्नेहः -हा -हं, जातानुरागः -गा -गं, अनुरञ्जितः -ता -तं, अनुरक्तः -क्ता -क्तं, विरक्तः -क्ता -क्तं, अभिसंहितः -ता -तं.—**(Having partiality for)** सङ्गी -ङ्गिनी -ङ्गि (न्), पक्षपाती -तिनी -ति (न्), सपक्षपातः -ता -तं, सङ्गयुक्तः

-क्ता -क्तं.—(**Having the attention engaged**) आसक्तः -क्ता -क्तं, निविष्टः -ष्टा -ष्टं, अभिनिविष्टः -ष्टा -ष्टं, निरतः -ता -तं.—(**Amused**) विनोदितः -ता -तं.—(**Made a sharer in**) भागी -गिनी -गि (न्), संविभागी &c. —(**Concerned in a cause or in consequence**) सम्बन्धी -न्धिनी -न्धि (न्), सम्बद्धः -द्धा -द्धं, अर्थसम्बद्धः -द्धा -द्धं, लाभालाभसम्बद्धः -द्धा -द्धं, अभिसम्बद्धः **etc.**—(**Self-interested**) स्वलाभासक्तः -क्ता -क्तं, स्वफलासक्तः -क्ता -क्तं, सकामः -मा -मं, सार्थः -र्था -र्थं स्वार्थदर्शी -र्शिनी -र्शि (न्), कामात्मा -त्मा -त्म (न्), स्वार्थापेक्षकः -का -कं.

Interesting, ***a.*** (**Engaging the attention, exciting the passions, amusing**) विनोदकः -का -कं, विनोददः -दा -दं, हृदयङ्गमः -मा -मं, हृद्गमः -मा -मं, अनुरागजनकः -का -कं, मनोरञ्जकः -का -कं, चित्तवेधकः -का -कं, मनोहरः -रा -रं, हृदयग्राही -हिणी -हि (न्), हृदयस्पृक् ***m.f.n.*** (श्).

To **interefer,** ***v. n.*** (**Intermeddle**) परव्यापारान् **or** परकार्य्याणि प्रविश् (**c. 6.** -विशति -वेष्टुं) **or** चर्च् (**c. 1.** चर्चति -र्चितुं), परव्यापारचर्चां कृ, परकार्य्यप्रवेशं कृ, परनियोगचर्चां कृ, पराधिकारचर्चां कृ, परकार्य्यनिरूपणं कृ, परकार्य्येषु व्यापृ **in pass.** (-प्रियते) **or** व्यापृतः -ता -तम् -अस्.—(**Clash, come into collision**) परस्परं विरुध् (**c. 7.** -रुणद्धि -रोद्धुं) **or** संघट्ट् (**c. 1.** -घट्टते -ट्टितुं), परस्परविरोधं कृ, परस्परविपर्य्यासं कृ.

Interference, ***s.*** (**Intermeddling**) परव्यापारप्रवेशः, परकार्य्यप्रवेशः, परव्यापारचर्चा, पराधिकारचर्चा, परनियोगचर्चा, परकार्य्यनिरूपणं.—(**Mediation, interposition**) माध्यस्थ्यं, मध्यस्थत्वं, अन्तर्गमनं, अन्तरागमनं.—(**Clashing, collision**) परस्परविरोधः, परस्परसमाघातः.

Interfluent, ***s.*** मध्यस्रवन् -वन्ती -वत् (त्), मध्यस्यन्दी -न्दिनी -न्दि (न्).

Interfused, ***a.*** मध्यविस्तीर्णः -र्णा -र्णं, मध्यप्रसारी -रिणी -रि (न्).

Interim, ***s.*** मध्यकालः, अन्तर्गतकालः, अन्तरितकालः, अन्तरं, कालान्तरं, कालाभ्यन्तरं; '**in the interim,**' अत्रान्तरे.

Interior, ***a.*** अन्तरस्थः -स्था -स्थं, आन्तरिकः -की -कं, आन्तरः -री -रं, अन्तर्भूतः -ता -तं, अन्तर्गतः -ता -तं, अन्तःस्थः -स्था -स्थं, अन्तर्वर्त्ती -र्त्तिनी -र्त्ति, अन्तर्भवः -वा -वं, आभ्यन्तरः -री -रं अन्तरङ्गः -ङ्गा -ङ्गं, अन्तरतमः -मा -मत्, गर्भस्थः -स्था -स्थं, अन्तर् **in comp.**—(**Inland**) मध्यदेशस्थः -स्था -स्थं.

Interior, ***s.*** (**The inside**) अभ्यन्तरं, अन्तर्भागः, अन्तःप्रदेशः, अन्तरङ्गं, गर्भः, उदरं, मध्यभागः, विलं, विवरं; '**interior of a boiler,**' स्थालीविलं; '**interior of a house,**' गृहाभ्यन्तरं, अन्तर्गृहं, अन्तर्भवनं, भवनोदरं, गर्भागारं; '**interior of a country,**' देशमध्यं, मध्यदेशः.

Interjacency, ***s.*** मध्यस्थितिः ***f.,*** मध्यवर्त्तनं, मध्यवर्त्तित्वं, अन्तर्वर्त्तनं.

Interjacent, ***a.*** मध्यस्थितः -ता -तं, मध्यवर्त्ती -र्त्तिनी -र्त्ति (न्), अन्तर्वर्त्ती **etc.**

To **interject,** ***v. a.*** मध्ये क्षिप् (**c. 6.** क्षिपति, क्षेप्तुं) **or** प्रक्षिप्, अन्तःक्षिप्.

Interjection, ***s.*** (**Throwing between**) मध्यप्रक्षेपः -पणं, मध्यक्षेपः -पणं, अन्तःक्षेपणं.—(**Exclamation**) उद्गारः.

To **interlace,** ***v. a.*** व्यामिश्र् (**c. 10.** -मिश्रयति -यितुं), अन्यद् अन्येन मिश्र्.

To **interlard,** ***v. a.*** मध्ये निविश् (**c. 10.** -वेशयति -यितुं), अन्तर् निविश्.—(**Mix, diversify**) विमिश्र् (**c. 10.** -मिश्रयति -यितुं), सम्मिश्र्, सम्मिश्रीकृ, विचित्रीकृ.

To **interleave,** ***v. a.*** (**Insert a leaf**) पत्रं निविश् (**c. 10.** -वेशयति -यितुं), पत्रनिवेशनं कृ.—(**Insert a blank leaf between two other leaves**) पुस्तकपत्रद्वयमध्ये शून्यपत्रं निविश्.

To **interline,** ***v. a.*** अक्षरपंक्तिद्वयमध्ये लिख् (**c. 6.** लिखति, लेखितुं) **or** अभिलिख्.

Interlinear, interlineary, ***a.*** अक्षरपंक्तिद्वयमध्ये लिखितः -ता -तं.

Interlocution, ***s.*** संवादः, संलापः, सम्भाषा -षणं, द्वयोः संवादः, उत्तरप्रत्युत्तरं, उक्तिप्रत्युक्ती ***f.* du.,** परस्परालापः, सङ्कथा, सम्प्रवदनं, कथोपकथनं.

Interlocutor, ***s.*** संवादी ***m.*** (न्), सांवादिकः, संवादकारी ***m.*** (न्), सम्भाषकः, उत्तरप्रत्युत्तरकृत् ***m.*** उक्तिप्रत्युक्तिकृत् ***m.*** कथोपकथकः.—(**An actor who in the intervals of the scenes explains the progress of the story**) विष्कम्भः -म्भकः.

Interlocutory, ***a.*** संवादरूपः -पा -पं, सांवादिकः -की -कं, संवादात्मकः -का -कं, संलापीयः -या -यं, उ त्तरप्रत्युत्तररूपः -पा -पं.

To **interlope,** ***v. n.*** अधर्म्मतः, पराधिकारं प्रविश् (**c. 6.** -विशति -वेष्टुं) **or** आविश् **or** अन्तर्गम् (**c. 1.** -गच्छति -गन्तुं) **or** अन्तरागम्, स्वाधिकारम् अतिक्रम्य पराधिकारप्रवेशं कृ.

Interloper, ***s.*** पराधिकारप्रवेशकः -प्रवेष्टा ***m.*** (ष्टृ), पराधिकारान्तर्गामी ***m.*** (न्), पराधिकारमध्यवर्त्ती ***m.*** (न्), अनधिकारी ***m.*** (न्).

Interlude, ***s.*** अङ्कद्वयान्तर्गतं कौतुकं, विलासिका.

Interlunar, interlunary, ***a.*** अमावास्याकालिकः -की -कं,

अमासम्बन्धी -न्धिनी -न्धि (न्).

Intermarriage, *s.* परस्परविवाहः, अन्योन्यविवाहः, विवाहव्यवहारः, परस्परदारपरिग्रहः, परस्परकन्याव्यवहारः, परिवर्त्तनविवाहः, प्रत्युद्वाहः; **'confusion of castes through intermarriage,'** सङ्करः साङ्कर्य्यं.

To **intermarry,** *v. n.* परस्परं विवह् (c. 1. -वहति -वोढुं) or उद्वह्, परस्परविवाहं कृ, परस्परविवाहव्यवहारं कृ, परस्परदारपरिग्रहं कृ, परस्परकन्याव्यवहारं कृ, परस्परदारपरिणयनं कृ.

To **intermeddle,** *v. a.* परकार्य्याणि चर्च् (c. 1. चर्चति -र्चितुं), परव्यापारचर्चां कृ, परव्यापारान् प्रविश् (c. 6. -विशति -वेष्टुं), परव्यापारप्रवेशं कृ, परकार्य्याणि निरूप् (c. 10. -रूपयति -यितुं), परकार्य्यनिरूपणं कृ, पराधिकारचर्चां कृ, परनियोगचर्चां कृ, परकार्य्येषु व्यापृ in pass. (-प्रियते), परव्यापारान्तर्गमनं कृ.

Intermeddler, *s.* परकार्य्यचर्चकः, परव्यापारप्रवेशकः पराधिकारचर्चकः, परकार्य्यनिरूपकः, परकार्य्यव्यापारी *m.* (न्), परव्यापारान्तर्गामी *m.* (न्).

Intermediate, intermdedial, *a.* मध्यः -ध्या -ध्यं, मध्यमः -मा -मं, मध्यस्थितः -ता -तं, मध्यवर्त्ती -र्त्तिनी -र्त्ति (न्), मध्यगः -गा -गं, अन्तरालस्थः -स्था -स्थं, अन्तरालस्थितः -ता -तं, उभयमध्यस्थितः -ता -तं, अन्तर्गतः -ता -तं, अन्तरितः -ता -तं, व्यवधायकः -का -कं, व्यवहितः -ता -तं, विचालः -ला -लं, अन्तराल in comp.; **'intermediate space,'** अन्तरं, अभ्यन्तरं, अन्तरालं; **'intermediate time,'** कालान्तरं, अन्तरं; **'intermediate point of the compass,'** अपदिशं, विदिक् *f.,* (श्), उपदिक् *f.;* **'in an intermediate direction,'** मध्यदिशि.

Intermediately, *adv.* मध्यदिशि, मध्यमदिशि, मध्ये, सान्तरालं, अन्तरेण.

Interment, *s.* भूमिखननं, निखननं, भूमिसमर्पणं, भूमौ खननं.

Interminable, *a.* अनन्तः -न्ता -न्तं -न्तकः -का -कं, निरवधिः -धिः -धि, अत्यन्तः -न्ता -न्तं, अपर्य्यन्तः -न्ता -न्तं, असीमः -मा -मं, निस्सीमः -मा -मं, अमितः -ता -तं, अपरिमितः -ता -तं, अविरतः -ता -तं, अनवरतः -ता -तं, असमापनीयः -या -यं.

Interminableness, *s.* निरवधिता, अनन्तता, आनन्त्यं, सीमाहीनता.

Interminably, *adv.* अविरतं, अनारतं, अनवरतं, अनन्तं, अत्यन्तं, निरन्तरं.

To **intermingle,** *v. a.* सम्मिश्र् (c. 10. -मिश्रयति -यितुं), सम्मिश्रीकृ, व्यामिश्र्, विमिश्र्, संकॄ (c. 6. -किरति -करितुं -रीतुं), सङ्कीर्णीकृ, सङ्करीकृ, पङ्कुलीकृ, संसृज् (c. 6. -सृजति -स्रष्टुं).

To **intermingle,** *v. n.* सम्मिश्रीभू, व्यामिश्रीभू, सम्मिल् (c. 6. -मिलति -मेलितुं).

Intermingled, *p. p.* व्यामिश्रः -श्रा -श्रं, सम्मिश्रः -श्रा -श्रं, सम्मिश्रीकृतः -ता -तं, व्यामिश्रीभूतः -ता -तं, मिश्रितः -ता -तं, सङ्कीर्णः -र्णा -र्णं, संसृष्टः -ष्टा -ष्टं, सम्पृक्तः -क्ता -क्तं, करम्बः -म्बा -म्बं, म्बितः -ता -तं, विभिन्नः -न्ना -न्नं.

Intermission, *s.* विरतिः *f.,* विरामः, अवरतिः *f.,* उपरतिः *f.,* निवृत्तिः *f.,* विनिवृत्तिः *f.,* निर्वृत्तिः *f.,* निवर्त्तनं, निर्वर्त्तनं, छेदः, विच्छेदः, उपशमः, अपशमः, क्षयः; **'without intermission,'** अविरतं, अनवरतं, निरन्तरं.

To **intermit,** *v. a.* **(Cause to cease)** निवृत् (c. 10. -वर्त्तयति -यितुं), निर्वृत्, विरम् (c. 10. -रमयति -यितुं), उपरम्, शम् (c. 10. शमयति -यितुं), विछिद् (c. 7. -छिनत्ति -छेत्तुं).

To **intermit,** *v. n.* विरम् (c. 1. -रमति -रन्तुं), उपरम् निवृत् (c. 1. -वर्त्तते -र्त्तितुं), निर्वृत्, विनिवृत्, शम् (c. 4. शाम्यति, शमितुं), अपया (c. 2. -याति -तुं), विगम् (c. 1. -गच्छति -गन्तुं), विछिद् ion pass. (छिद्यते), प्रत्यूह् (c. 1. -ऊहते -हितुं).

Intermitted, *p. p.* विरतः -ता -तं, उपरतः -ता -तं, निवृत्तः -त्ता -त्तं, शान्तः -न्ता -न्तं, शमितः -ता -तं, प्रशान्तः -न्ता -न्तं, विगतः -ता -तं, विच्छिन्नः -न्ना -न्नं.

Intermittent, intermissive, *a.* विरमन् -मन्ती -मत् (त्), सविरामः -मा -मं, सविच्छेदः -दा -दं.—**(As a fever)** विषमः -मा -मं, अन्तरितः -ता -तं; **'intermittent fever,'** विषमज्वरः; **'occurring on alternate days,'** एकान्तरः -रा -रं.

Intermittingly, *adv.* सविच्छेदं, सछेदं, विषमं, सविरामं, वैषम्येण.

To **intermix,** *v. a.* सम्मिश्र् (c. 10 -मिश्रयति -यितुं), व्यामिश्र्, विमिश्र्, मिश्र्, सम्मिश्रीकृ, मिश्रीकृ. *See* **Intermingle.**

Intermixed, *p. p.* मिश्रीभूतः -ता -तं, सम्मिश्रीकृतः -ता -तं, व्यामिश्रः -श्रा -श्रं, मिश्रितः -ता -तं, सङ्कलितः -ता -तं, म्लुक्तः -क्ता -क्तं. *See* **Intermingled.**

Intermixture, *s.* मिश्रणं, व्यामिश्रणं, सम्मिश्रणं, मिश्रीकरणं, सम्मिश्रीकरणं, व्यतिकरः, संसर्गः, सङ्कलनं, सम्पर्कः, सन्निपातः, साङ्कर्य्यं, सङ्करः, सङ्करीकरणं, योगः, संयोगः, मिलनं, सम्मिलनं.

Intermontane, *a.* पर्व्वतमध्यस्थितः -ता -तं, गिरिमध्यस्थः -स्था -स्थं.

Intermundane, *a.* भवनमध्यस्थितः -ता -तं, जगन्मध्यवर्त्ती -र्त्तिनी -र्त्ति (न्).

Intermural, *a.* प्राकारान्तर्वर्त्ती -र्त्तिनी -र्त्ति (न्), प्राचीरान्तर्वर्त्ती etc.

Intermutation, *s.* परिवर्त्तनं, परम्परपरिवर्त्तनं, विनिमयः, व्यतिहारः.

Internal, *a.* अन्तरस्थः -स्था -स्थं, अन्तर्भूतः -ता -तं, अन्तर्वर्त्ती

-र्त्तिनी -र्त्ति (न्), अन्तर्भवः -वा -वं, अन्तर्गतः -ता -तं, आन्तरः -री -रं, आभ्यन्तरः -री -रं, अभ्यन्तरस्थः -स्था -स्थं, आन्तरिकः -की -कं, अन्तरतमः -मा -मत्, गर्भस्थः -स्था -स्थं, अन्तःस्थः -स्था -स्थं, अन्तरङ्गः -ङ्गा -ङ्गं, अभ्यन्तर **in comp., अन्तर् in comp.; 'internal feelings,'** अन्तरात्मा ***m.*** (न्), अन्तःकरणं, अन्तःशरीरं, अन्तःप्रकृतिः ***f.***; **'internal consciousness,'** अन्तःसंज्ञा; **'internal heat,'** अन्तर्दाहः, अन्तर्ज्वलनं; **'internal nature,'** अन्तर्भावः; **'internal store,'** अन्तःसारः.

Internally, ***adv.*** **(Inwardly)** अन्तर्, अन्तरे, अभ्यन्तरे, मध्ये; **'internally bad,'** अन्तर्दुष्टः -ष्टा -ष्टं.—**(Mentally)** मनसा, बुद्ध्या, अन्तःकरणेन.

International, ***a.*** देशानां परस्परव्यवहारसम्बन्धी -न्धिनी -न्धि **or** परस्परसंसर्गसम्बन्धी **etc.**

Internode, ***s.*** **(In botany)** ग्रन्थिद्वयमध्यं, पर्व्वद्वयमध्यं.

Internuncio, ***s.*** उभयपक्षदूतः, उभयपक्षवार्त्ताहरः.

To **interpolate,** ***v. a.*** छलेन **or** कपटेन निविश् **(c. 10.** वेशयति -यितुं) **or** क्षिप् **(c. 6.** क्षिपति, क्षेप्तुं) **or** निक्षिप् **or** अन्तःक्षिप्, मिथ्या अभिलिख् **(c. 6.** -लिखति -लेखितुं), मिथ्या क्लृप् **(c. 10.** कल्पयति -यितुं) कृत्रिमलेख्यं कृ.

Interpolated, ***p. p.*** छलेन निवेशितः -ता -तं **or** क्षिप्तः -प्ता -प्तं **or** अन्तःक्षिप्तः -प्ता -प्तं, मिथ्याभिलिखितः -ता -तं, कपटेन कल्पितः -ता -तं, मिथ्याकल्पितः -ता -तं.

Interpolation, ***s.*** छलेन निवेशनं **or** क्षेपणं **or** अन्तःक्षेपणं, कपटेन **or** मिथ्या अभिलिखनं **or** कल्पनं, मिथ्याकल्पनं.—**(Matter interpolated)** छलेन निवेशितं वाक्यं **or** लेख्यं, मिथ्याभिलिखितं, मिथ्याकल्पितं.

Interpolator, ***s.*** छलेन निवेशनकारी ***m.*** (न्) **or** क्षेपणकर्त्ता ***m.*** (र्त्तृ).

To **interpose,** ***v. a.*** अन्तर्धा **(c. 3.** -दधाति -धत्ते -धातुं), व्यधा, मध्ये स्था **in caus.** (स्थापयति -यितुं), अन्तः स्था, अन्तर्गतं -तां कृ, अन्तर्गम् **(c. 10.** -गमयति -यितुं), व्यवहितं -तां कृ अन्तरितं -तां कृ.—**(Introduce)** मध्ये प्रविश् **(c. 10.** -वेशयति -यितुं) **or** निविश्.

To **interpose,** ***v. n.*** मध्ये स्था **(c. 1.** तिष्ठति, स्थातुं) **or** वृत् **(c. 1.** वर्त्तते -र्त्तितुं), अन्तर्गम् **(c. 1.** -गच्छति -गन्तुं), अन्तरि **(c. 1.** -एति -तुं), मध्यवर्त्ती -र्त्तिनी -र्त्ति भू.—**(Intrude)** मध्ये प्रविश् **(c. 6.** -विशति -वेष्टुं).

Interposed, ***p. p.*** व्यवहितः -ता -तं, अन्तर्गतः -ता -तं, अन्तरितः -ता -तं, मध्ये स्थापितः -ता -तं, **or** प्रवेशितः -ता -तं, प्रत्याकलितः -ता -तं.

Interposer, ***s.*** मध्यवर्त्ती ***m.*** (न्), मध्यस्थः -स्थायी ***m.*** (न्), अन्तर्गामी ***m.***

Interposition, ***s.*** मध्यस्थता, मध्यवर्त्तित्वं, माध्यस्थ्यं, अन्तरायः, अन्तर्गमनं, अन्तरागमनं, व्यवधानं, व्यवहितत्वं, अन्तर्गतकृत्यं, अन्तर्गतयत्नः, व्यवधायकत्वं, अनुसरणं.

To **interpret,** ***v. a.*** व्याख्या **(c. 2.** -ख्याति -तुं), अर्थं व्याख्या **or** विवृ **(c. 5.** -वृणोति -वरितुं -रीतुं) **or** प्रकाश् **(c. 10.** -काशयति -यितुं), अर्थं बुध् **(c. 10.** बोधयति -यितुं) **or** प्रबुध् **or** व्यक्तीकृ **or** स्पष्टीकृ **or** व्याकृ **or** निरूप् **(c. 10.** -रूपयति -यितुं), व्याहृ **(c. 1.** -हरति -हर्त्तुं), विब्रू **(c. 2.** -ब्रवीति), व्याचक्ष् **(c. 2.** -चष्टे), परिशुध् **(c. 10.** -शोधयति -यितुं), प्रवच् **(c. 2.** -वक्ति -क्तुं), अर्थं कृ, विवरणं कृ. —**(Translate)** भाषान्तरीकृ.

Interpretable, ***a.*** व्याख्येयः -या -यं, विवरणीयः -या -यं, व्याख्यायोग्यः -ग्या -ग्यं.

Interpretation, ***s.*** व्याख्या -ख्यानं, विवरणं, विवृतिः ***f.***, व्याकरणं, व्याकृतिः ***f.***, स्पष्टीकरणं, निरूपणं, वाचिकं, अर्थकरणं, अर्थबोधनं, अर्थबोधकं वाक्यं; **'of dreams,'** स्वप्नविचारः, शाकुनिकं; **'of a śloka,'** श्लोकलापनं.—**(Meaning given, commentary)** अर्थः, व्याख्या, टीका, भास्यं; **'doubtful interpretation,'** सन्दिग्धार्थः; **'far-fetched interpretation,'** क्लिष्टार्थः.—**(Translation)** भाषान्तरं.

Interpretative, ***a.*** वाचकः -का -कं, व्याख्याकारी -रिणी -रि (न्), विवरणकारी **etc.,** अर्थबोधकः -का -कं, अर्थकथकः -का -कं, प्रकाशकः -का -कं.

Interpreted, ***p. p.*** व्याख्यातः -ता -तं, विवृतः -ता -तं, व्याकृतः -ता -तं, प्रकाशितः -ता -तं, स्पष्टीकृतः -ता -तं, निरूपितः -ता -तं, व्याहृतः -ता -तं, वर्णितः -ता -तं, कृतविवरणः -णा -णं.—**(Translated)** भाषान्तरीकृतः -ता -तं.

Interpreter, ***s.*** व्याख्याता ***m.*** (तृ), व्याख्याकारी ***m.*** (न्), विवरणकर्त्ता ***m.*** (र्त्तृ), अर्थबोधकः -अर्थशोधकः, अर्थप्रकाशकः, अर्थप्रवक्ता ***m.*** (क्तृ), अर्थविज्ञापकः, वाचकः, फलवक्ता ***m.;*** **'of dreams,'** स्वप्नविचारी ***m.*** (न्), स्वप्नप्रकाशकः. —**(Translator, one who speaks two languages)** द्विभाषावादी ***m.*** (न्), भाषान्तरवक्ता ***m.,*** द्विभाषी ***m.*** (न्), भाषाद्वयवक्ता ***m.***—**(Commentator)** भास्यकरः, भाष्यकरः.

Interregnum, ***s.*** अनायकत्वं, अराजकत्वं, अराजकं, अनायकं, राजद्वयमध्यगत अराजककालः **or** अनायककालः.

To **interrogate,** ***v. a.*** प्रच्छ् **(c. 6.** पृच्छति, प्रष्टुं), अनुप्रच्छ्, परिप्रच्छ्, समनुप्रच्छ्, अभिप्रच्छ्, प्रश्नं कृ, पृच्छनं कृ, अनुयुज् **(c. 7.** -युनक्ति -युंक्ते -योक्तुं), प्रश्नेन परीक्ष् **(c. 1.** -ईक्षते -क्षितुं), प्रश्नोत्तरक्रमेण परीक्ष्, ज्ञा **in des.** (जिज्ञासति -ते -सितुं).

Interrogated, ***p. p.*** पृष्टः -ष्टा -ष्टं, अभिपृष्टः -ष्टा -ष्टं, अनुयुक्तः -क्ता -क्तं.

Interrogation, ***s.*** प्रश्नः, पृच्छा -च्छनं, प्रच्छनं -ना, अनुयोगः,

पर्य्यनुयोगः, जिज्ञासा, कथङ्कथिकता; **'not of interrogation,'** प्रश्नचिह्नं, प्रश्नसूचकचिह्नं.

Interrogative, *a.* पृच्छकः -का -कं, प्रश्नकारकः -का -कं, प्रश्नरूपः -पा -पं, प्रश्नार्थकः -का -कं, प्रश्नात्मकः -का -कं, प्रश्नसूचकः -का -कं.

Interrogative, *s.* (Word used in asking questions) प्रश्नार्थकसर्व्वनाम ***n.*** (न्). **Interrogative words are such as** किं, किन्नु, किंस्विद्.

Interrogatively, *adv.* प्रश्नरूपेण, प्रश्नक्रमेण, अनुयोगरूपेण, प्रश्नतस्, अनुयोगतस्.

Interrogator, *s.* प्रष्टा ***m.*** (ष्टृ), पृच्छकः, प्रच्छकः, प्रश्नकर्त्ता ***m.*** (र्त्तृ), अनुयोक्ता ***m.*** (क्तृ), जिज्ञासुः ***m.***, कथङ्कथिकः, कथङ्कथितः.

Interrogatory, *s.* (A question) प्रश्नः, अनुयोगः, पृच्छा -च्छनं.

Interrogatory, *a. See* Interrogative, *a.*

To* interrupt, *v. a. भञ्ज् **(c. 7.** भनक्ति, भंक्तुं), विछिद् **(c. 7.** -छिनत्ति -छेत्तुं) छिद्, खण्ड् **(c. 10.** खण्डयति -यितुं), भिद् **(c. 7.** भिनत्ति, भेत्तुं), लुप् **(c. 6.** लुम्पति, लोप्तुं, **c. 10.** लोपयति -यितुं), विलुप्, बाध् **(c. 1.** बाधते -धितुं), विहन् **(c. 2.** -हन्ति -न्तुं), व्याहन्, प्रतिहन्, निवृ **(c. 10.** -वारयति -यितुं), प्रतिबन्ध् **(c. 9.** -बध्नाति -बन्द्धुं), विघ्न **(nom.** विघ्नयति -यितु), भङ्गं कृ, विच्छेदं कृ, खण्डनं कृ; **'he will interrupt my meditation by his complaints,'** परिदेवनैः समाधिं मे भंक्ष्यति.

Interrupted, *p. p.* विच्छिन्नः -न्ना -न्नं, भग्नः -ग्ना -ग्नं, खण्डितः -ता -तं, सविच्छेदः -दा -दं, सछेदः -दा -दं, सभङ्गः -ङ्गा -ङ्गं, लुप्तः -प्ता -प्तं, बाधितः -ता -तं, व्याहतः -ता -तं, प्रतिहतः -ता -तं, विघ्नितः -ता -तं.

Interruptedly, *adv.* सविच्छेदं, सछेदं, सभङ्गं, विच्छिन्नं, खण्डतस्.

Interrupter, *s.* विच्छेदकारी ***m.*** (न्), भङ्गकारी ***m.***, भंक्ता ***m.*** (क्तृ), खण्डनकृत्, व्याघातकृत, विघ्नकर्त्ता ***m.*** (र्त्तृ), बाधकः.

Interruption, *s.* भङ्गः, विच्छेदः, छेदः, खण्डनं, अन्तरायः, व्याघातः, विघ्नः, बाधः -धा, प्रतिहतिः ***f.***, रोधः, प्रतिरोधः, निवारणं, स्तम्भः, प्रतिबन्धः.

To* intersect, *v. a.* and *n. परस्परं छिद् **(c. 7.** छिनत्ति, छेत्तुं) **or** परिछिद् **or** विच्छिद्, परस्परछेदं कृ परिच्छेदं कृ.

Intersected, *p. p.* परिच्छिन्नः -न्ना -न्नं, परस्परछिन्नः -न्ना -न्नं, विच्छिन्नः -न्ना -न्नं.

Intersection, *s.* परिच्छेदः, विच्छेदः, छेदः, परस्परछेदः -दनं, परस्परविच्छेदः.

To* intersperse, *v. a. अन्यद्रव्यमध्ये इतस्ततः प्रक्षिप् **(c. 6.** -क्षिपति -क्षेप्तुं) **or** कृ **(c. 6.** किरति, करितुं -रीतुं) **or** विकृ **or** अवकृ **or** सङ्कृ, अन्यद्रव्यैः सह मिश्र् **(c. 10.** मिश्रयित -यितुं) **or** सम्मिश्र् **or** व्यामिश्र्, प्रतिमध्यावकिरणं कृ.

Interspersed, *p. p.* मिश्रितः -ता -तं, व्यामिश्रः -श्रा -श्रं, सम्मिश्रः -श्रा -श्रं, अन्यद्रव्यमध्ये इतस्ततः प्रक्षिप्तः -प्ता -प्तं **or** कीर्णः -र्णा -र्णं **or** अवकीर्णः -र्णा -र्णं, संसृष्टः -ष्टा -ष्टं, करम्बितः -ता -तं, अनुविद्धः -द्धा -द्धं.

Interspersion, *s.* मिश्रणं, व्यामिश्रणं, सम्मिश्रणं, अन्यद्रव्यमध्ये इतस्ततो विकिरणं **or** अवकिरणं **or** प्रक्षेपणं, प्रतिमध्यावकिरणं, अन्यद्रव्यैः सह संसर्गः.

Interstellar, *a.* तारामण्डलान्तर्गतः -ता -तं, तारामण्डलान्तःस्थितः -ता -तं, तारागणान्तर्वर्त्ती -र्त्तिनी -र्त्ति (न्), तारामण्डलमध्यवर्त्ती **etc.**

Interstice, *s.* छिद्रं, विच्छेदः, अवच्छेदः, छेदः, सन्धिः ***m.***, अन्तरं, अन्तरालः, रन्ध्रं, विवरं, अवकाशः; **'without interstices,'** निरन्तरः -रा -रं. निरन्तरालः -ला -लं, अनन्तरः -रा -रं, निश्छिद्रः -द्रा -द्रं, नीरन्ध्रः -न्ध्रा -न्ध्रं, निर्व्विवरः -रा -रं, निविडः -डा -डं; **'having interstices,'** सान्तरः -रा -रं, सान्तरालः -ला -लं, सच्छिद्रः -द्रा -द्रं.

Interstitial, *a.* सान्तरः -रा -रं, सान्तरालः -ला -लं, अन्तरीयः -या -यं.

Intertexture, *s.* ग्रन्थनं, परस्परग्रन्थनं, परस्परविरचना, परस्परव्यूतिः ***f.***,

To* intertwine, intertwist, *s. ग्रन्थ् **(c. 9.** ग्रथ्नाति, **c. 1.** ग्रन्थति -न्थितुं), परस्परं ग्रन्थ्, पुट् **(c. 10.** पुटयति -यितुं), खच् **(c. 10.** खचयति -यितुं), उत्खच्, परस्परं कुञ्च् **(c. 1.** कुञ्चति -ञ्चितुं, **c. 10.** कुञ्चयति -यितुं) आकुञ्च् **or** व्यावृत् **(c. 10.** -वर्त्तयति -र्त्तितुं).

Interval, *s.* (Intermediate space) अन्तरं, अभ्यन्तरं, अभ्यन्तरस्थानं, अन्तरालः, अवकाशः, मध्यः, मध्यस्थानं, व्यवधानं, व्यवायः, सन्धिः ***m.*** **–(Interval of time)** कालान्तरं, अभ्यन्तरकालः, मध्यकालः, अवकाशः, अन्तरावसरः, अवधिः ***m.*** **–(Pause, remission)** विरामः, विच्छेदः, विरतिः ***f.***, निवृत्तिः ***f.***, सन्धिः ***m.***, उपशमः, शान्तिः ***f.***; **'without interval,'** अनन्तरः -रा -रं, निरन्तरः -रा -रं, निरन्तरालः -ला -लं; **'at intervals,'** काले काले, वारं वारं, शनैस्; **'interval between the equinoxes,'** अयनकालः.

To* intervene, *v. n. मध्ये गम् **(c. 1.** गच्छति, गन्तुं) **or** आगम् **or** आया **(c. 2.** -याति -तुं), अन्तर्गम्, अन्तरागम्, अन्तर्या, अन्तराया, मध्ये वृत् **(c. 1.** वर्त्तते -र्त्तितुं), अन्तर्वृत्, मध्ये स्था **(c. 1.** तिष्ठति, स्थातुं) **or** उपस्था, अन्तरि **(c. 2.** -एति -तुं, **c. 1.** -अयति), मध्ये चर् **(c. 1.** चरति -रितुं), व्यवधा **in pass.** (-धीयते), व्यवहितः -ता -तं भू, अन्तर्गतः -ता -तं भू, अन्तरितः -ता -तं भू.

Intervenient, intervening, *a.* or *part.* मध्यवर्त्ती -र्त्तिनी -र्त्ति

(न), व्यवहितः -ता -तं, अन्तर्गतः -ता -तं, अन्तरागतः -ता -तं, व्यवधायकः -का -कं, अन्तरितः -ता -तं, मध्यगः -गा -गं, मध्यमः -मा -मं, अन्तर्धायकः -का -कं, मध्यचारी -रिणी -रि (न्), मध्यस्थः -स्था -स्थं -स्थायी -यिनी -यि (न्), विचालः -ला -लं; **'intervening space,'** अभ्यन्तरं, अन्तरं.

Intervention, *s.* अन्तर्गमनं, अन्तरागमनं, व्यवधानं, मध्यवर्त्तनं, मध्यवर्त्तित्वं, मध्यस्थता, माध्यस्थ्यं, अन्तरायः, व्यवहितत्वं, व्यवधायकत्वं, योगः; **'by the intervention of another,'** अन्यं नियुज्य.

Interview, *s.* अन्योन्यदर्शनं, परस्परदर्शनं, अन्योन्यदृष्टिः ***f.,*** दर्शनं, सन्दर्शनं, समागमः, सङ्गमः, समास्या, परस्परालापः.

***To* interweave,** *v. a.* परस्परं ग्रन्थ् (**c. 9.** ग्रथ्नाति, **c. 1.** ग्रन्थति -न्थितुं) **or** खच् (**c. 10.** खचयति -यितुं), **or** उत्खच्, परस्परं विरच् (**c. 10.** -रचयति -यितुं) **or** संयुज् (**c. 7.** -युनक्ति -योक्तुं, **c. 10.** -योजयति -यितुं), परस्परसंयोगं कृ, परस्पराश्लेषं कृ, परस्परसंसर्गं कृ.—**(Intermingle)** सम्मिश्र् (**c. 10.** -मिश्रयति -यितुं), व्यामिश्र्, विमिश्र्, सम्मिश्रीकृ.

Interwoven, *p. p.* ग्रथितः -ता -तं, उद्ग्रथितः -ता -तं, खचितः -ता -तं, अनुविद्धः -द्धा -द्धं, परस्पराश्लिष्टः -ष्टा -ष्टं, परस्परसंयुक्तः -क्ता -क्तं, व्यामिश्रः -श्रा -श्रं, सम्मिश्रः -श्रा -श्रं, सम्मिश्रीभूतः -ता -तं, करम्बितः -ता -तं.

Intestable, *a.* मृतपत्रकरणाक्षमः -मा -मं, मृत्युपत्रानधिकारी -रिणी -रि (न्), मृतलेखकरणाशक्तः -क्ता -क्तं

Intestacy, *s.* अकृतमृतपत्रता, अकृतमृत्युलेखत्वं, मृत्युपत्रम्, अकृत्वा **or** अलिखित्वा मरणं.

Intestate, *a.* अकृतमृत्युपत्रः -त्रा -त्रं, अकतमृतलेखः -खा -खं, मृत्युपत्रम् अकृत्वा **or** अलिखित्वा मृतः -ता -तं.

Intestinal, *a.* आन्त्रिकः -की -कं, औदर्यः -र्यी -र्यं, धमनीलः -ला -लं, अन्त्रसम्बन्धी -न्धिनी -न्धि (न्), नाडिसम्बन्धी **etc.**

Intestine, *s.* **(Bowel)** अन्त्रं, नाडिः -डी ***f.,*** अन्तर्नाडी, नाली -लिः ***f.,*** धुरीतत् ***m. n.,*** धमनी -निः ***f.,*** शिरा, सिरा, कोष्ठः, उदरं, जठरः -रं, मलाशयः, पुरीषाशयः.

Intestine, *a.* **(Internal)** अन्तर्वर्त्ती -र्त्तिनी -र्त्ति (न्), अन्तर्भवः -वा -वं, आन्तरः -री -रं, आन्तरिकः -की -क, आभ्यन्तरः -री -रं, अवाह्यः -ह्या -ह्यं--**(Domestic, not foreign)** स्वदेशीयः -या -यं, दैशिकः -की -कं, अविदेशजः -जा -जं, अविदेशीयः -या -यं, देशीयः -या -यं, स्वदेशान्तर्गतः -ता -तं; **'intestine broils,'** गृहकलहः, गृहभेदः.

***To* inthral,** *v. a.* दासीकृ, वशीकृ करदीकृ. ***See* Enslave.**

Inthralment, *s.* दास्यं, दासत्वं, दासभावः, परवशत्वं, बन्धनं.

***To* inthrone,** *v. a.* सिंहासने उपविश् (**c. 10.** -वेशयति यितुं). ***See* Enthrone.**

Intimacy, *s.* परिचयः, सुपरिचयः, सौहृद्यं, दृढसौहृद्यं, संसर्गः, सुसंर्गः, दृढसंसर्गः, संसर्गित्वं, परस्परपरिज्ञानं, परिज्ञानं, संसक्तिः ***f.,*** आसङ्गः, संस्तवः, दृढसंयोगः, अतिसौहृद्यं, अतिसौहार्द्दं, अतिमित्रता, अतिप्रणयः, अतिमैत्र्यं, अतिसख्यं, संघट्टनं.

Intimate, *a.* **(Inward)** अन्तरस्थः -स्था -स्थं, अन्तर्भवः -वा -वं, अन्तर्गतः -ता -तं, आन्तरः -री -रं, आभ्यन्तरः -री -रं, अन्तरतमः -मा -मत्, अन्तरङ्गः -ङ्गा -ङ्गं.—**(Close)** गाढः -ढा -ढं, दृढः -ढा -ढं, सुदृढः -ढा -ढं.—**(Near)** सन्निकृष्टः -ष्टा -ष्टं, निकटः -टा -टं, सन्निहितः -ता -तं.—**(Close in friendship)** दृढसौहृदः -दा -दं, परिचितः -ता -तं, सुपरिचितः -ता -तं, सुहृत्तमः -मा -मं, संसर्गी -र्गिणी -र्गि (न्), सुसंसर्गी **etc.,** संसक्तः -क्ता -क्तं, सुसंसक्तः -क्ता -क्तं, संस्तुतः -ता -तं, परस्परज्ञः -ज्ञा -ज्ञं.

Intimate, *s.* **(A friend)** सुपरिचितः, दृढसुहृद् ***m.,*** दृढमित्रं, सुसंसर्गी ***m.*** (न्), सुहृत्तमः, प्रियसुहृद्, प्रियवयस्यः.

***To* intimate,** *v. a.* सूच् (**c. 10.** सूचयति -यितुं), संसूच्, अनुसूच, उद्दिश् (**c. 6.** -दिशति -देष्टुं), समुद्दिश्, सूचनां कृ, इङ्गितं कृ सङ्केतं कृ, आकूतं कृ, उपन्यस् (**c. 4.** -अस्यति -असितुं), प्रतिपद् (**c. 10.** -पादयति -यितुं).

Intimated, *p. p.* सूचितः -ता -तं, अनुसूचितः -ता -तं, उद्दिष्टः -ष्टा -ष्टं.

Intimately, *adv.* **(Closely)** दृढं, सुदृढं, गाढं.—**(With close friendship)** दृढसौहृद्येन, सुपरिचितं, सुपरिचितवत्, दृढमित्रवत्, सुहृत्तमं, सुसंसर्गेण, दृढसंसर्गेण; **'intimately connected,'** दृढसम्बन्धी -न्धिनी (न्धि (न्), दृढसंसर्गी -र्गिणी -र्गि (न्).

Intimation, *s.* सूचना -नं, सुचितं, उद्देशः -शनं, सन्देशः, समुद्देशः -शनं, इङ्गितं, सङ्केतः, उपन्यासः, आकारः, व्यंग्यः, व्यंग्योक्तिः ***f.,*** वक्रोक्तिः ***f.,*** वक्रवाक्यं, आकूतं, परिकरः.

***To* intimidate,** *v. a.* त्रस् (**c. 10.** त्रासयति -यितुं), संत्रस्, वित्रस्, भी **in caus.** (भाययति -यितुं **or** भीषयति -यितुं), भयहेतुं दर्शयित्वा निवृत् (**c. 10.** -वर्त्तयति -यितुं) **or** निवृ (**c. 10.** -वारयति -यितुं), सभयं -यां -यं कृ.—**(Dishearten)** धैर्य्यभङ्गं कृ, उत्साहभङ्गं कृ.—**(Threaten)** भर्त्स् (**c. 10.** भर्त्सयति -यितुं).

Intimidated, *p. p.* त्रासितः -ता -तं, भीषितः -ता -तं, जातशङ्कः -ङ्का -ङ्कं.

Intimidation, *s.* त्रासकरणं, भीषणं, भीषा, भयकरणं, भयदर्शनं, भयप्रदर्शनं भर्त्सनं, भर्त्सनकरणं, धैर्य्यभङ्गः.

Into, *prep.* मध्ये, अन्तर्, अन्तरे, अभ्यन्तरे, अन्तरेण; **'into the forest,'** अरण्यमध्ये. **When 'into' follows verbs of motion it may be expressed by the accus. c.; as, 'come into the house,'** गृहम् आयाहि; **'the river runs into the ocean,'**

नदी समुद्रं विशति. When it follows verbs denoting examination or inspection it may also be expressed by the acc. c.; as, 'he looks into the letter,' पत्रं निरूपयति. When it follows verbs denoting insertion or inclusion it may be expressed by the loc. c.; as, 'he inserts the wedge into the wood,' कीलं काष्ठे निवेशयति. When it follows verbs denoting mixture it may be expressed by the instrum. c., or by सह with the instrum. c.; as, 'he puts the wine into the water,' मद्यं जलेन सह मिश्रयति. When 'into' denotes the passing of a thing from one state to another it may be expressed by the affixed सात्; as, 'converted into water,' जलसात्कृतः -ता -तं, or by changing the final of the noun to ई; as, 'reduced into one mass,' पिण्डीभूतः -ता -त. When 'into' is used for 'in' it may usually be expressed by the loc. c.; as, 'into the ear,' कर्णे. This last expression is also rendered by उपकर्णं.

Intolerable, *a.* असह्यः -ह्या -ह्यं, असहनीयः -या -यं, न सहनीयः -या -यं, दुःसहः -हा -हं, निःसहः -हा -हं, दुर्विषहः -हा -हं, अक्षन्तव्यः -व्या -व्यं, न क्षन्तव्यः -व्या -व्यं, अक्षमणीयः -या -यं, दुरासदः -दा -दं, सहनाशक्यः -क्या -क्यं, दुरुद्वहः -हा -हं.

Intolerableness, *s.* असह्यता, असहनीयता, दुःसहत्वं, दौःसह्यं, निःसहत्वं.

Intolerably, *adv.* असहनीयं, यथा सोढुं न शक्यते तथाप्रकारेण.

Intolerance, *s.* असहन, असहनशीलता, असहिष्णुता -त्वं, अक्षमा, अक्षमता, अक्षान्तिः *f.*, अमर्षः, विमर्षः, असहत्वं, निःसहत्वं, अनुत्साहः, अतितिक्षा, क्षमाभावः.—(Of other's opinions) परमतासहनं, अन्यमतासहनं, परमतासहिष्णुता, परमतातितिक्षा.

Intolerant, *a.* असहनः -ना -नं, असहः -हा -हं, असहमानः -ना -नं, असहनशीलः -ला -लं, असहिष्णुः -ष्णुः -ष्णु, अक्षमः -मा -मं -मी -मिणी -मि (न्), अक्षन्ता -न्त्री -न्तृ (न्तृ), अमर्षणः -णा -णं, विमर्षी -र्षिणी -र्षि (न्), कृतावमर्षः -र्षा -र्षं; विमर्षी -र्षिणी -र्षि (न्), अतितिक्षुः -क्षुः -क्षु. —(Of other's opinions) परमतासहः -हा -हं, अन्यमतासहः -हा -हं, परमतासहिष्णुः -ष्णुः -ष्णु, परमतातितिक्षुः -क्षुः -क्षु, परमतासूयकः -का -कं.

To **intomb,** *v. a.* समाधौ निखन् (c. 1. -खनति -नितुं) or स्था in caus. (स्थापयति -यितुं) or समृ in caus. (-अर्पयति -यितुं) or निधा (c. 3. -दधाति -धातुं) or निक्षिप् (c. 6. -क्षिपति -क्षेप्तुं), समाधिस्थं -स्थां -स्थं कृ.

Intonation, *s.* (Modulation of voice) स्वरभेदः, स्वरः, लयः; 'deep intonation,' गम्भीरस्वरः, गभीरस्वरः.

To **intone,** *v. a.* गम्भीरस्वरेण वद् (c. 1. वदति -दितुं) or वच (c. 2. यक्ति -क्तुं), गम्भीरस्वरम् उदीर् (c. 10. -ईरयति -यितुं) or उदाहृ (c. 1. -हरति -हर्त्तुं).

Intorsion, *s.* आकुञ्चनं, अवकुञ्चनं, कुञ्चनं, आवर्त्तः -र्त्तनं, व्यावर्त्तनं.

To **intort,** *v. a.* आकुञ्च् (c. 1. -कुञ्चति -ञ्चितुं, c. 10. कुञ्चयति -यितुं), अवकुञ्च्, कुञ्च्, व्यावृत् (c. 10. -वर्त्तयति -यितुं), आवृत्.

To **intoxicate,** *v. a.* मद् (c. 10. मादयति, मदयति -यितुं), मत्तीकृ, उन्मत्तीकृ, माटं or उन्मादं जन् (c. 10. जनयति -यितुं) or उत्पद् (c. 10. -पादयति -यितुं).

Intoxicated, *p. p.* मत्तः -त्ता -त्तं, उन्मत्तः -त्ता -त्तं, मदोन्मत्तः -त्ता -त्तं, उन्मदः -दा -दं, मदान्वितः -ता -तं, शौण्डः -ण्डा -ण्डं, क्षीवः -वा -वं, परिक्षीवः -वा -वं, प्रक्षीवितः -ता -तं, मदोद्धतः -ता -तं, मदयित्नुः -त्नुः -त्नु, सुमदः -दा -दं, उत्कटः -टा -टं; 'intoxicated with passion.' काममोहितः -ता -तं.

Intoxicating, *a.* मादकः -का -कं, उन्मादकः -का -कं, मादजनकः -का -कं.

Intoxication, *s.* मादः, उन्मादः, मदः, मत्तत्वं -ता, उन्मत्तता, प्रामाद्यं, मद्योन्मत्तत्वं, क्षीवता, क्षैव्यं, शौण्डत्वं, परिक्षीवता, उत्कटः, विह्वलता, मद्यपानजन्योऽवस्थाविशेषः.

Intractable, *a.* अवश्यः -श्या -श्यं, दुःशासनः -ना -नं, दुःशास्यः -स्या -स्यं, अविनेयः -या -यं, अविधेयः -या -यं, दुर्निग्रहः -हा -हं, दुर्दमः -मा -मं, दुर्दान्तः -न्ता -न्तं, दुराधर्षः -र्षा -र्षं, दुराधर्षः -र्षा -र्षं, दुर्धर्षः -र्षा -र्षं, अनायत्तः -त्ता -त्तं, अनिवार्य्यः -र्य्या -र्य्यं, अनिवारः -रा -रं, दुःसाध्यः -ध्या -ध्यं, दुरासदः -दा -दं, प्रतीपः -पा -पं, विप्रतीपः -पा -पं, उच्छृङ्खलः -ला -लं.

Intractableness, *s.* अवश्यता, दुःशास्यता, अविनेयता, दुर्दान्तत्वं, दुर्धर्षता अनायत्तत्वं, दुःसाध्यता, प्रतीपता.

Intractably, *adv.* अवश्यं, अविनेयं, अविधेयं, प्रतीपवत्, विप्रतीपवत्.

Intransient, *a.* अक्षणिकः -की -कं, अभङ्गुरः -रा -रं, चिरस्थायी -यिनी -यि (न्).

Intransitive, *a.* (In grammar) अकर्म्मकः -का -कं.

Intransmutable, *a.* अविकार्य्यः -र्य्या -र्य्यं, अवस्थान्तराक्षमः -मा -मं.

To **intrench,** *v. a.* परिखादिना परिवेष्ट् (c. 10. -वेष्टयति -यितुं) or परिवृ (c. 5. -वृणोति -वरितुं -रीतुं), दुर्गपरितः परिखां कृ or खन् (c. 1. खनति -नितुं), परिखाविशिष्टं -ष्टा -ष्टं कृ, परिखाश्रितं -तां -तं कृ.—(Encroach) आक्रम् (c. 1. -क्रामति -क्रमितुं), अभिक्रम्.

Intrenched, *p. p.* परिखापरिवेष्टितः -ता -तं, परिखापरिवृतः

-ता -तं, परिखावृतः -ता -तं, परिक्षिप्तः -प्ता -प्तं, निवृतः -ता -तं.

Intrenchment, ***s.*** परिखा, परिकूटं, परिक्रिया, गुप्तिः ***f.,*** दुर्गपरिगतं परिखाप्राचीरादि.

Intrepid, ***a.*** निर्भयः -या -यं, अभयः -या -यं, अभीतः -ता -तं, विभीतः -ता -तं, विगतभयः -या -यं, विशङ्कः -ङ्का -ङ्कं; निःशङ्कः -ङ्का -ङ्कं; अभीरुः -रुः -रु, वीरः -रा -रं, प्रवीरः -रा -रं, शूरः -रा -रं, साहसशीलः -ला -लं, साहसिकः -की -कं.

Intrepidity, ***s.*** निर्भयत्वं, अभीतिः ***f.,*** अभीतता, वीर्य्यं, शौर्य्यं, वीरत्वं, प्रवीरत्वं, शूरत्वं -ता, विक्रमः, सुविक्रमः, पौरुषं, साहसं.

Interpidly, ***adv.*** सवीर्य्यं, महावीर्य्येण, वीरवत्, शूरवत्, शौर्य्येण, सशौर्य्यं, सविक्रमं, सपराक्रमं, निर्भयं, अभीतवत्, साहसपूर्व्वं.

Intricacy, ***s.*** असरलता, असारल्यं, क्लिष्टता, दुःशोधनीयता, दुःशोध्यता, कठिनता, काठिन्यं, समस्तता, व्यस्तता, सङ्कुलता, वक्रत्वं, कुटिलत्वं, कौटिल्यं, विषमता, वैषम्यं, आकुञ्चितत्वं.

Intricate, ***a.*** असरलः -ला -लं, क्लिष्टः -ष्टा -ष्टं, दुःशोधनीयः -या -यं, दुःखशोधनीयः -या -यं, दुःशोध्यः -ध्या -ध्यं, अपरिशोध्यः -ध्या -ध्यं, कठिनः -ना -नं, समस्तः -स्ता -स्तं, व्यस्तः -स्ता -स्तं, मिश्रितः -ता -तं, नानाप्रकारः -रा -रं, सङ्कुलः -ला -लं, वक्रः -क्रा -क्रं, कुटिलः -ला -लं, कुञ्चितः -ता -तं, आकुञ्चितः -ता -तं, विषमः -मा -मं. —**(Obscure)** दुर्ज्ञेयः -या -यं, अस्पष्टार्थः -र्था -र्थं, नानार्थः **etc.,** गूढः -ढा -ढं.

Intricately, ***adv.*** असरलं, दुःशोधनीयं, कठिनं, काठिन्येन, सङ्कुलं कुटिलं.

Intricateness, ***s. See*** **Intricacy.**

Intrigue, ***s.*** वैदग्ध्यप्रयोगः, विदग्धयोगः, कपटप्रयोगः, विदग्धकल्पना, कुयुक्तिः ***f.,*** कुप्रयुक्तिः ***f.,*** कुकल्पना, विदग्धमन्त्रणा, विदग्धपरामर्शः विदग्धनीतिः ***f.,*** वैदग्ध्यं, विदग्धता, कपटप्रबन्धः, सङ्कल्पः.—**(Armour)** कामचरित्रं.

To **intrigue,** ***v. n.*** वैदग्ध्यप्रयोगं कृ, कपटप्रयोगं कृ, कुप्रयोगं कृ, विदग्धकल्पनां कृ, कपटप्रबन्धं कृ, वैदग्ध्यं कृ.

Intriguer, ***s.*** विदग्धनायकः, विदग्धप्रयोजकः, विदग्धजनः.

Intrinsic, intrinsical, ***a.*** **(Internal)** अन्तरस्थः -स्था -स्थं, अन्तर्भूतः -ता -तं, आन्तरिकः -की -कं, आभ्यन्तरः -री -रं. —**(Genuine, real)** वास्तवः -वी -वं -विकः -की -कं, प्रकृतः -ता -तं, सत्यः -त्या -त्यं, यथार्थः -र्था -र्थं, सारः -रा -रं, अकृत्रिमः -मा -मं.—**(Essential)** स्वाभाविकः -की -कं, प्राकृतिकः -की -कं, सांसिद्धिकः -की -कं.

Intrinsically, ***adv.*** स्वभावतस्, स्वभावेन, प्रकृतितस्, वस्तुतस्, जातितस्, सारतस्, तत्त्वतस्, भावतस्.

To **introduce,** ***v. a.*** **(To the presence of)** प्रविश् **(c. 10.** -वेशयति -यितुं), दर्शनं कृ **in caus.** (कारयति -यितुं), प्रवेशनं कृ.—**(Bring into use)** प्रवृत् **(c. 10.** -वर्त्तयति -यितुं), प्रचल् **(c. 10.** -चालयति -यितुं), प्रचलीकृ, प्रचर् **(c. 10.** -चारयति -यितुं) स्था **in caus.** (स्थापयति -यितुं), प्रतिष्ठा. —**(Cause to enter)** प्रविश् **or** निविश् **or** आविश् **or** समाविश् **in caus.**—**(Conduct, bring)** आनी **(c. 1.** -नयति -नेतुं), उपानी, आवह् **(c. 1.** -वहति -वोढुं), आगम् **(c. 10.** -गमयति -यितुं), गम्.—**(Begin)** आरभ् **(c. 1.** -रभते, रब्धुं), प्रवृत् **(c. 1.** -व र्त्तते -र्त्तितुं).

Introduced, ***p. p.*** **(To the presence of)** प्रवेशितः -ता -तं. —**(Brought into use)** प्रवर्त्तितः -ता -तं, प्रचालितः -ता -तं, परिचालितः -ता -तं, प्रचलितः -ता -तं, प्रचलीकृतः -ता -तं, प्रचारितः -ता -तं.—**(Brought in)** आनीतः -ता -तं.—**(Made to enter)** निवेशितः -ता -तं, प्रवेशितः -ता -तं, प्रविष्टः -ष्टा -ष्टं, निविष्टः -ष्टा -ष्टं.—**(In legal process)** प्रत्याकलितः -ता -तं.

Introducer, ***s.*** प्रवेशकः, निवेशकः.—**(One who brings into use)** प्रवर्त्तकः, प्रथमस्थापकः, प्रतिष्ठापकः, आरम्भकः.

Introduction, ***s.*** **(Ushering into the presence of)** प्रवेशनं, प्रवेशकरणं.—**(Making persons known to each other)** अन्योन्यपरिचयकरणं; **'letter of introduction,'** अन्योन्यपरिचयप्रार्थनार्थं पत्रं.—**(Bringing in)** आनयनं, उपनयनं, आवहनं.—**(Bringing into use)** प्रवर्त्तनं, स्थापनं, प्रतिष्ठापनं, प्रचारः.—**(Insertion, causing to enter)** निवेशनं, प्रवेशनं, आवेशनं, समावेशनं, प्रसङ्गः.—**(Preface)** प्रस्तावना -नं, प्रस्तावः, आभाषः, आरम्भः, उपोद्घातः, उपन्यासः, प्रकरणं. —**(Exordium)** वाक्यारम्भः, वाङ्मुखं, परिभाषा, आभाषः, प्रारम्भः, वन्दना.

Introductory, introductive, ***a.*** प्रावेशिकः -की -कं, प्रवेशकः -का -कं.—**(Preliminary)** आरम्भकः -का -कं, प्रारम्भकः -का -कं, प्राथमिकः -की -कं.—**(Prefatory)** पारिभाषिकः -की -कं, प्रस्तावनारूपः -पा -पं, उपोद्घातरूपः -पा -पं.

Introgression, ***s.*** प्रवेशः -शनं, निवेशः -शनं, अन्तर्गमनं, अन्तरागमनं.

Intromission, ***s.*** प्रवेशनं, प्रवेशकरणं, निवेशनं, अन्तःक्षेपणं.

To **intromit,** ***v. a.*** प्रविश् **(c. 10.** -वेशयति -यितुं), प्रवेशद्वारं भू, प्रवेशसाधनं भू.

Introspection, ***s.*** अन्तरालोकनं, अन्तरवलोकनं, अन्तर्दर्शनं, अन्तर्दृष्टिः ***f.***

Introspective, ***a.*** अन्तर्दर्शी -र्शिनी -र्शि (न्), अन्तर्दृष्टिः -ष्टिः -ष्टि.

To **introvert,** ***v. a.*** अन्तर्मुखं -खां -खीं -खं कृ, अन्तर्मुखीकृ.

To **intrude,** ***v. n.*** अन्यायतः **or** अनधिकारपूर्व्वं प्रविश् **(c. 6.**

-विशति -वेष्टुं), अनाहूत: प्रविश् or आविश् or प्रसृप् (c. 1. -सर्पति -सप्तुं) or आगम् (c. 1. -गच्छति, गन्तुं), धर्षेण प्रविश् or आक्रम् (c. 1. -क्रामति -क्रमितुं) or अभिक्रम्, चर्च् (c. 1. चर्चति -र्चितुं), चर्चां कृ.

Intruder, *s.* अनाहूतप्रवेशक:, अन्यायत: or अनधिकारपूर्व्वं प्रवेशक: or प्रसर्पक:, अनाहूतागन्ता *m.* (न्तृ), आगन्तुक:, अनधिकारी, चर्चक:, चर्चाकारी *m.* (न्).

Intrusion, *s.* अनधिकारपूर्व्व: प्रवेश:, अनधिकारपूर्व्वं प्रवेशनं, अनाहूतप्रवेशनं, अनाहूतागमनं.

Intrusive, *a.* पराधिकारचर्चक: -का -कं, चर्चाशील: -ला -लं, धृष्ट: -ष्टा -ष्टं, धर्षी -र्षिणी -र्षि (न्), प्रगल्भ: -ल्भा -ल्भं.

To **intruit,** *v. a.* **(Commit)** ऋ **in caus.** (-अर्पयति -यितुं), समृ, निक्षिप् (c. 6. -क्षिपति -क्षेप्तुं), विनिक्षिप्, न्यस् (c. 4. -अस्यति -असितुं), उपन्यस्, न्यासीकृ, नियुज् (c. 7. -युनक्ति -योक्तुं, c. 10. -योजयति -यितुं), प्रतिपद् (c. 10. -पादयति -यितुं), परिदा (c. 3. -ददाति -दातुं), प्रणिधा.—**(Place trust in)** विश्वस् (c. 2. -श्वसिति -तुं), विश्वासं कृ, प्रत्ययं कृ.

Intrusted, *p. p.* अर्पित: -ता -तं, समर्पित: -ता -तं, निक्षिप्त: -प्ता -प्तं, न्यस्त: -स्ता -स्तं, न्यासीकृत: -ता -तं, नियोजित: -ता -तं, प्रतिपादित: -ता -तं, प्रणिहित: -ता -तं.

Intuition, *s.* सहजज्ञानं, साहजिकज्ञानं, अन्तर्ज्ञानं, तात्कालिकज्ञानं, प्रमाणनिरपेक्षज्ञानं, अप्रामाणिकज्ञानं, विचारनिरपेक्षज्ञानं, सहजोपलब्धज्ञानं, अविचारपूर्व्वं ज्ञानं, अयानज्ञानं.

Intuitive, *a.* **(Seen without arguments)** अन्तर्ज्ञानोपलब्ध: -ब्धा -ब्धं, सहजज्ञानोपलब्ध: **etc.,** अन्तर्ज्ञानोपलभ्य: -भ्या -भ्यं, प्रमाणनिरपेक्षज्ञेय: -या -यं, सहजज्ञेय: -या -यं, अविचारपूर्व्वम् उपलभ्य: -भ्या -भ्यं, अविचार्य्य ज्ञेय: -या -यं.—**(Seeing without arguments)** अन्तर्ज्ञानी -निनी नि (न्), सहजज्ञ: -ज्ञा -ज्ञं, प्रमाणनिरपेक्षज्ञ: -ज्ञा -ज्ञं.

Inuitively, *adv.* सहजज्ञानात्, अन्तर्ज्ञानेन, तात्कालिकज्ञानात्, प्रमाणनिरपेक्षं, विचारनिरपेक्षं, अविचारपूर्व्वं.

Intumescence, inturgescence, *s.* शोथ:, स्फीति: *f.,* स्फीतता -त्वं, शोफ:, श्वयथु: *m.,* आध्मानं.

To **intwine, intwist,** *v. a.* ग्रन्थ् (c. 9. ग्रथ्नाति, c. 1. ग्रन्थति -न्थितुं), गुफ् (c. 6. गुफति -फितुं), गुम्फ् (c. 6. गुम्फति -म्फितुं), रच् (c. 10. रचयति -यितुं), विरच्.

Inuendo, *s. See* **Innuendo.**

To **inumbrate,** *v. a.* छायां कृ, छायया छद् (c. 10. छादयति -यितुं), प्रच्छद्.

Inunction, *s.* अभ्यञ्जनं, अञ्जनं, अभ्यङ्ग:, प्रदेह:, आलेपनं, विलेपनं.

To **inundate,** *v. a.* जलेन प्लु (c. 10. प्लावयति -यितुं) or आप्लु or परिप्लु or सम्प्लु, जलप्लुतं -तां कृ, जलप्लावितं -तां कृ, जलव्याप्तं -प्तां कृ, जलप्लावनं कृ, जलप्रलयं कृ; **'is inundated,'** प्लाव्यते.

Inundated, *p. p.* जलप्लावित: -ता -तं, आप्लावित: -ता -तं, जलप्लुत: -ता -तं, आप्लुत: -ता -तं, जलव्याप्त: -प्ता -प्तं, परिप्लुत: -ता -तं, जलमय: -यी -यं, उत्तरङ्ग: -ङ्गा -ङ्गं.

Inundation, *s.* जलप्लाव: -वन, आप्लाव: -वनं, जलाप्लावनं, जलप्रलय:, तोयविप्लव:, जलविप्लव:, सलिलोपप्लव:, जलोच्छ्वास:, जलवेग:, जलपरिप्लव:, परिप्लव:, जलौघ:, ओघ:, जलवृद्धि: *f.,* परीवाह:, परिवाह:, विदार:, स्रोतस् *n.* वन्या.

Inurbanity, *s.* अविनय:, अविनीतता, अशिष्टता, असभ्यता, अदाक्षिण्यं.

To **inure,** *v. a.* अभ्यस् (c. 4. -अस्यति -असितुं), अभ्यासं कृ, अभ्यस्तं -स्तां -स्तं कृ, शिक्ष् (c. 10. शिक्षयति -यितुं), नित्याभ्यासं कृ.—**(Harden by constant practice)** नित्याभ्यासेन कठिनीकृ or कठोरीकृ.

Inured, *p. p.* अभ्यस्त: -स्ता -स्तं, कृताभ्यास: -सा -सं, शिक्षित: -ता -तं, नित्याभ्यासेन कठिनीभूत: -ता -तं; **'inured to fatigue,'** जितश्रम: -मा -मं.

Inurement, *s.* अभ्यास:, नित्याभ्यास:, निरन्तराभ्यास: व्यवहार:, शिक्षा.

To **inurn,** *v. a.* समाधौ निधा (c. 3. -दधाति -धातुं) or निक्षिप् (c. 6. -क्षिपति -क्षेप्तुं).

Inustion, *s.* दाह:, दाहनं, दहनं, तप्तलोहेन दाहनं.

Inutility, *s.* व्यर्थता, वैयर्थ्यं, विफलता, वैफल्यं, निरर्थकत्वं, अनर्थकत्वं, अनुपयोग: -गिता निरुपयोग: -गिता, अयोग्यता -त्वं.

Inutterable, *a.* अवाच्य: -च्या -च्यं, अवचनीय: -या -यं, अनिर्वचनीय: -या -यं, अनुच्चारणीय: -या -यं, अनुच्चार्य्य: -र्य्या -र्य्यं, अकथ्य: -थ्या -थ्यं.

To **invade,** *v. a.* आक्रम् (c. 1. -क्रामति -क्रमितुं), अभिक्रम्, अधिक्रम्, उपक्रम्, उपाक्रम्, अवस्कन्द् (c. 1. -स्कन्दति -स्कन्तुं), आस्कन्द्, समास्कन्द्, समवस्कन्द्, आसद् (c. 10. -सादयति -यितुं), समासद्, अभिद्रु (c. 1. -द्रवति -द्रोतुं), उपद्रु, समाद्रु, अभिप्रया (c. 2. -याति -तुं), अभिसृ (c. 1. -सरति -सर्त्तुं), अवस्कन्दं कृ, उपद्रवं कृ, उपप्लवं कृ, अभिनिर्याणं कृ, अभियोगं कृ; **'invade a country,'** देशम् आक्रम्, देशाक्रमणं कृ, लोप्त्रार्थं or द्रोहकरणार्थं देशं प्रविश् (c. 6. -विशति -वेष्टुं).

Invaded, *p. p.* आक्रन्त: -न्ता -न्तं, उपद्रुत: -ता -तं, कृतावस्कन्द: -न्दा -न्दं, अवस्कन्दित: -ता -तं, उपप्लुत: -ता -तं, कृतोपद्रव: -वा -वं.

Invader, *s.* आक्रामक:, देशाक्रामक:, आक्रमणकारी *m.* (न्).

अवस्कन्दकृत् *m.*

In vain, ***adv.*** वृथा, मुधा. ***See*** **Vainly.**

Invalescense, ***s.*** स्वास्थ्यं, स्वस्थता, आरोग्यं, शरीरकुशलं.

Invalid, ***a.*** **(Of no force)** निर्बलः -ला -लं, बलहीनः -ना -नं, शक्तिहीनः -ना -नं, अनिष्पन्नः -न्ना -न्नं, व्यर्थः -र्था -र्थं, मोघः -घा -घं, निष्फलः -ला -लं, विफलः -ला -लं, अप्रमाणः -णा -णं, निष्प्रमाणः -णा -णं, निष्प्रभावः -वा -वं, प्रभावहीनः -ना -नं, निस्तेजाः -जाः -जः (स्), लुप्तः -प्ता -प्तं, लघुः -घुः -घु, लघुप्रमाणः -णा -णं.

Invalid, ***s.*** **(A sick or infirm person)** रोगी *m.* -गिणी *f.,* रोगवान् *m.* -वती *f.,* रोगार्त्तः -र्त्ता, सरोगः -गा, अस्वस्थशरीरः -रा, अस्वस्थः -स्था, जन्मरोगी *m.* -गिणी, जरी *m.* -रिणी.

To **invalidate,** ***v. a.*** अधरीकृ, मोघीकृ, व्यर्थीकृ, निष्फलीकृ, निष्फल (nom. निष्फलयति -यितुं), लुप् (c. 6. लुप्यति, लोप्तुं, c. 10. लोपयति -यितुं), मुधा कृ, वृथा कृ, मुधा विधा (c. 3. -दधाति -धातुं), निर्बलीकृ, निष्प्रभावी कृ, लघूकृ.

Invalidated, ***p. p.*** अधरीकृतः -ता -तं, अनिष्पन्नः -न्ना -न्नं, निर्बलीकृतः -ता -तं.

Invalidity, ***s.*** निर्बलता, बलहीनता, अनिष्पत्तिः *f.,* अनिष्पन्नता, व्यर्थता, मोघता, निष्फलता, विफलता, निष्प्रभावत्वं, प्रभावहीनता, शक्तिहीनता, दुर्बलता, दौर्बल्यं, अप्रामाण्यं, लघुत्वं, लाघवं.

Invaluable, ***a.*** अनर्घ्यः -र्घ्या -र्घ्यं, अमूल्यः -ल्या -ल्यं, अनर्घः -र्घा -र्घं, मूल्यातीतः -ता -तं, मूल्यातिगः -गा -गं, अतिमूल्यः -ल्या -ल्यं, अत्युत्तमः -मा -मं, अत्युत्कृष्टः -ष्टा -ष्टं, बहुमूल्यकः -का -कं.

Invaluableness, ***s.*** अनर्घ्यता -त्वं, अमूल्यता -त्वं, अनर्घत्वं, अत्युत्कृष्टत्वं.

Invariable, ***a.*** अविकार्य्यः -र्य्या -र्य्यं, निर्विकारः -रा -रं, अविकारः -रा -रं, अविक्रियः -या -यं, नित्यः -त्या -त्यं, नैत्यिकः -की -कं, स्थिरः -रा -रं, सुस्थिरः -रा -रं, नियतः -ता -तं, अचलः -ला -लं, अचञ्चलः -ला -लं, अविकल्पः -ल्पा -ल्पं, निर्विकल्पः -ल्पा -ल्पं, व्यवस्थितः -ता -तं, धृतिमान् -मती -मत् (त्), अपरिवर्त्तनीयः -या -यं.

Invariableness, ***s.*** अविकार्य्यता -त्वं, निर्विकारत्वं, अविकारत्वं, नित्यता, नैत्यिकत्वं, स्थिरता, सुस्थैर्य्यं सुस्थिरता.

Invariably, ***adv.*** नित्यं, नित्यदा, सर्व्वदा, सततं, नियतं, निर्विकारं, सुस्थिरं.

Invasion, ***s.*** आक्रमणं, आक्रमः, अभिक्रमः -मणं, अधिक्रमः -मणं, आक्रान्तिः *f.,* वस्कन्दः, अभिमर्दः, उपद्रवः, उपप्लवः, अभिनिर्याणं, प्रयाणं, अभियोगः, दिग्विजयक्रमः; **'of a country,'** देशाक्रमणं.

Invasive, ***a.*** आक्रामकः -मा -कं, अभिक्रामकः **etc.,** उपद्रवी -विणी -वि (न्).

Invective, ***s.*** क्षेपः, अवक्षेपः, आक्षेपः, निन्दोक्तिः *f.,* निन्दावाक्यं, निन्दा, भर्त्सनवाक्यं, भर्त्सना, निर्भर्त्सनं, -ना, अपवादः, परीवादः, परिभाषणं, दुर्वाक्यं, वाक्पारुष्यं, धिक्पारुष्यं, धिक्क्रिया, दुरुक्तं, तिरस्कारवाक्यं, तिरस्कारः, कुत्सावाक्यं, गर्हा, कटुवाक्यं, प्रतिकूलार्थं वचः.

Invective, ***a.*** निन्दकः -का -क, निन्दामयः -यी -यं, निन्दाकरः -री -रं, निन्दात्मकः -का -कं, कुत्सावादी -दिनी -दि (न्), अपवादी **etc.,** अपवादकः -का -कं.

To **inveigh,** ***v. a.*** अवक्षिप् **(c. 6.** -क्षिपति -क्षेप्तुं), अधिक्षिप्, परिक्षिप्, आक्षिप्, क्षिप्, निन्द् **(c. 1.** निन्दति -न्दितुं), प्रणिन्द्, विनिन्द्, अपवद् **(c. 1.** -वदति -ते -दितुं), परिवद्, भर्त्स् **(c. 10.** भर्त्सयति -यितुं), निर्भर्त्स्, अवभर्त्स्, अवगुर् **(c. 6.** -गुरते -रितुं), अभिशप् **(c. 1.** -शपति -शप्तुं), परिशप्, गर्ह् **(c. 1.** गर्हते -र्हितुं, **c. 10.** गर्हयति -ते -यितुं), विगर्ह्, परिगर्ह्, तिरस्कृ, धिक्कृ, दुर्वाक्यं वद्, निन्दावाक्यं वद्, उपालभ् **(c. 1.** -लभते -लब्धुं).

To **inveigle,** ***v. a.*** प्रलुभ् **(c. 10.** -लोभयति -यितुं), परिलुभ्, लुभ्, लल् **(c. 10.** लालयति -यितुं), मधुरवचोभिः **or** चाटूक्त्या **or** चाटुकारेण प्रलुभ् **or** लल् **or** सान्त्व् **(c. 10.** सान्त्वयति -यितुं) **or** आकृष् **(c. 1.** -कर्षति, **c. 6** -कृषति -क्रष्टुं) **or** प्रलभ् **(c. 1.** -लभते -लब्धुं) **or** मुह् **(c. 10.** मोहयति -यितुं), लालनं कृ, वञ्च् **(c. 10.** वञ्चयति -यितुं).

Inveigled, ***p. p.*** लालितः -ता -तं, प्रलोभितः -ता -तं, चाटुकारेणाकृष्टः -ष्टा -ष्टं.

Inveigler, ***s.*** प्रलोभकः, विलोभकः, लाली *m.* (न्), लालनकारी *m.* (न्), आकर्षकः, मोही *m.* (न्), विमोही *m.* मोहकः, लोभदर्शकः प्रलम्भकारी *m.*

Inveigling, inveiglement, ***s.*** प्रलोभनं, विलोभनं, आकर्षणं, आकृष्टिः *f.,* लालनं, मोहनं, विमोहनं, लोभदर्शनं, वञ्चनं -ना, प्रवञ्चना, प्रतारणा, प्रलम्भः.

To **invent,** ***v. a.*** क्लृप् **(c. 10.** कल्पयति -यितुं), परिक्लृप्, रच् **(c. 10.** रचयति -यितुं), विरच्, सृज् **(c. 6.** सृजति, स्रष्टुं), विधा **(c. 3.** -दधाति -धातुं), घट् **(c. 10.** घटयति -यितुं), निर्मा **(c. 2.** -माति, **c. 3.** -मिमीते -मातुं), विनिर्मा, परिकल्पनां कृ.—**(In the mind)** मनसा क्लृप् **or** परिक्लृप् **or** सृज्, स्वमनसा क्लृप्.—**(Devise a plan)** उपायं प्रचिन्त् **(c. 10.** -चिन्तयति -यितुं) **or** परिचिन्त्.—**(Fabricate falsely)** मिथ्या क्लृप् **or** सृज्.—**(Find out)** निरूप् **(c. 10.** -रूपयति -यितुं).

Invented, ***p. p.*** कल्पितः -ता -तं, परिकल्पितः -ता -तं, क्लृप्तः -प्ता -प्तं, मनः कल्पितः -ता -तं, मनःसृष्टः -ष्टा -ष्टं, रचितः -ता -तं, विरचितः -ता -तं, घटितः -ता -तं, निर्मितः -ता -तं.—**(Devised)** प्रचिन्तितः -ता -तं, घटितः -ता -तं.

—**(Fabricated, factitious)** मिथ्याकल्पितः -ता -तं, काल्पनिकः -की -कं, कृत्रिमः -मा -मं, कृतकः -का -कं. —**(Found out)** निरूपितः -ता -तं.

Invention, ***s.*** **(The act)** कल्पना -नं, परिकल्पना -नं, क्लृप्तिः ***f.,*** रचना, विरचना, सृष्टिः ***f.,*** निर्माणं, घटनं, निरूपणं.—**(Power of invention, ingenuity)** कल्पनाशक्तिः ***f.,*** कल्पना, युक्तिः ***f.,*** सुयुक्तिः ***f.,*** उपायज्ञानं, उपायज्ञत्वं.—**(That which is invented)** कल्पितं, परिकल्पितं, कल्पना, क्लृप्तिः ***f.***—**(Fabrication, fiction)** मिथ्याकल्पना, मिथ्याकल्पितं, मनःकल्पितं, मनःसृष्टिः ***f.;*** **'invention of one's own brain,'** स्वकपोलकल्पितं.

Inventive, ***a.*** कल्पकः -का -कं, उपायज्ञः -ज्ञा -ज्ञं, उपायी -यिनी -यि (न्), युक्तिमान् -मती -मत् (त्), चतुरः -रा -रं, कुशलः -ला -लं, उपायकुशलः -ला -लं, सुप्रयोगवान् **etc.**

Inventiveness, ***s.*** उपायज्ञत्वं, युक्तिः ***f.,*** युक्तिमत्त्वं, सुयुक्तिः ***f.***

Inventor, ***s.*** कल्पकः, परिकल्पकः, कल्पयिता ***m.*** (तृ), स्रष्टा ***m.*** (ष्टृ), निर्माता ***m.*** (तृ), विधायी ***m.*** (न्), विधाता ***m.*** (तृ), रचकः, विरचकः, निरूपकः, निरूपयिता ***m.*** (तृ).

Inventory, ***s.*** गृहोपस्करपरिसंख्या, गृहभाण्डपरिगणना, अस्थावरद्रव्यसंख्यापत्रं, अस्थावरवस्तुगणनापत्रं, गृहवस्तुपरिसंख्या, गृहसामग्र्यपरिगणनां.

To **inventory,** ***v. a.*** गृहोपस्करादि परिसंख्या **(c. 2.** -ख्याति -तुं) **or** परिगण् **(c. 10.** -गणयति -यितुं).

Inventress, ***s.*** कल्पिका, परिकल्पिका, कल्पयित्री, निरूपयित्री.

Inverse, ***a.*** व्यत्यस्तः -स्ता -स्तं, विपरीतः -ता -तं, विपर्य्यस्तः -स्ता -स्तं, पर्य्यस्तः -स्ता -स्तं, व्यस्तः -स्ता -स्तं, विलोमः -मा -मं, प्रतिलोमः -मा -मं, व्यतिक्रान्तः -न्ता -न्तं, प्रतिकूलः -ला -लं, प्रतीपः -पा -पं, विप्रतीपः -पा -पं, प्रसव्यः -व्या -व्यं, अपसव्यः -व्या -व्यं; **'Rule of three inverse,'** विलोमत्रैराशिकं, व्यस्तत्रैराशिकं; **'in inverse ratio,'** विपर्य्ययेण.

Inversely, ***adv.*** विपर्य्ययेण, व्यत्यासेन, व्युत्क्रमेण, विपरीतं, पर्य्यासेन.

Inversion, ***s.*** त्रिपर्य्ययः, विपर्य्यायः, व्यत्यासः, विपर्य्यासः, पर्य्यासः, व्युत्क्रमः, व्यतिक्रमः, विपरीतता, वैपरीत्यं, प्रतिकूलता, प्रातिकूल्यं, विलोमता, प्रतिलोमता, प्रातिलोम्यं, व्यत्ययः, व्यत्यस्तता, विप्रतीपता, प्रतीपता, प्रपञ्चः, प्रसव्यत्वं; **'rule of inversion in arithmetic,'** विलोमक्रिया, व्यस्तविधिः ***m.***

To **invert,** ***v. a.*** विपर्यस् **(c. 4.** -अस्यति -असितुं), पर्यस्, व्यत्यस्, विपरीतीकृ, वैपरीत्यं कृ, विपर्य्ययं कृ, व्यत्यस्तं -स्तां कृ, विपर्य्यस्तं -स्तां कृ, प्रतिकूलीकृ, विलोमीकृ.—**(Turn upside down)** अधोमुखीकृ, अधोमुखं -खां कृ, अधःकृ, अधरोत्तरीकृ, ऊर्द्ध्वाधरीकृ, अपवृत् **(c. 10.** -वर्त्तयति -यितुं), परिवृत्; **'invert the glass in water,?** पात्रम् अधोमुखं जले स्थापय.

Inverted, ***p. p.*** विपर्य्यस्तः -स्ता -स्तं, पर्य्यस्तः -स्ता -स्तं, व्यस्तः -स्ता -त, विपरीतः -ता -तं, व्यतिक्रान्तः -न्ता -न्तं, विलोमः -मा -मं, प्रतिलोमः -मा -मं, प्रतिकूलः -ला -लं, प्रसव्यः -व्या -व्यं, प्रतिसव्यः -व्या -व्यं.—**(Turned upside down)** अधोमुखीकृतः -ता -तं, अधोमुखः -खा -खं, अधःकृतः -ता -तं, अधरोत्तरः -रा -रं, अपवृत्तः -त्ता -त्तं.

To **invest,** ***v. a.*** **(Dress, clothe)** वेष्ट् **(c. 1.** वेष्टते -ष्टितुं), परिवेष्ट्, प्रवेष्ट्, आछद् **(c. 10.** -छादयति -यितुं), प्रवृ **(c. 5.** -वृणोति -वरितुं -रीतुं), संव्ये **(c. 1.** -व्ययति -व्यातुं), परिव्ये, परिधा **in caus.** (-धापयति -यितुं), वस् **(c. 10.** वासयति -यितुं), विवस्.—**(Invest with office)** अधिकारे नियुज् **(c. 7.** -युनक्ति -युंक्ते, **c. 10.** योजयति -यितुं), अधिकारं प्रविश् **(c. 10.** -वेशयति -यितुं), अधिकारयुक्तं -क्ता कृ, अभिषिच् **(c. 6.** -षिञ्चति -षेक्तुं), संस्कारपूर्व्वम्, अधिकारप्रवेशं कृ. —**(Adorn)** अलङ्कृ, भूष् **(c. 10.** भूषयति -यितुं), विभूष्. —**(Indue, place in possession)** युक्तं -क्तां कृ, सम्पन्नं -न्नां कृ, विशिष्टं -ष्टां कृ, उपेतं -तां कृ, अन्वितं -तां कृ, नियुज्, युज्.—**(Inclose, besiege)** परिवेष्ट्, उद्वेष्ट्, समन्ताद् रुध् **(c. 7.** रुणद्धि, रोद्धुं) **or** उपरुध् **or** अवरुध्.—**(Invest money)** क्षेत्रगृहादि क्रीत्वा धनं प्रयुज्, धनप्रयोगं कृ.

Invested, ***p. p.*** **(Clothed)** वेष्टितः -ता -तं, आछादितः -ता -तं, परिच्छन्नः -न्ना -न्नं, परिहितः -ता -तं, संवीतः -ता -तं, आश्लिष्टः -ष्टा -ष्टं.—**(With office)** अधिकारे नियुक्तः -क्ता -क्तं, पदयुक्तः -क्ता -क्तं, पदविशिष्टः -ष्टा -ष्टं. —**(Induced, placed in possession)** युक्तः -क्ता -क्तं. ***See To*** **invest.**—**(Closed, besieged)** परिवेष्टितः -ता -तं, उद्वेष्टितः -ता -तं, रुद्धः -द्धा -द्धं, समन्तादुपरुद्धः -द्धा -द्धं, पर्य्यवष्टब्धः -ब्धा -ब्धं, बाधितः -ता -तं.—**(As money)** प्रयुक्तः -क्ता -क्तं.

Investigable, ***a.*** निरूपणीयः -या -यं, निरूप्यः -प्या -प्यं, विचारणीयः -या -यं, विचार्य्यः -र्य्या -र्य्यं, अनुसन्धेयः -या -यं, निर्णेयः -या -यं, विचारयोग्यः -ग्या -ग्यं.

To **Investigate,** ***v. a.*** निरूप् **(c. 10.** -रूपयति -यितुं), अनुसन्धा **(c. 3.** -दधाति -धातुं), परीक्ष् **(c. 1.** -ईक्षते -क्षितुं), समीक्ष्, अवेक्ष्, निरीक्ष्, विचर् **(c. 10.** -चारयति -यितुं), ज्ञा **in des.** (जिज्ञासते -सितुं), अन्विष् **(c. 4.** -इष्यति -एषितुं), अन्वेष् **(c. 1.** -एषते -षितुं), आलोच् **(c. 10.** -लोचयति -यितुं), आलोक् **(c. 10.** -लोकयति -यितुं), अनुयुज् **(c. 7.** -युनक्ति -युंक्ते -योक्तुं), विमृश् **(c. 6.** -मृशति -स्रष्टुं), निर्णी **(c. 1.** -णयति -णेतुं), निश्चि **(c. 5.** -चिनोति -चेतुं), विनिश्च, विभू **(c. 10.** -भावयति -यितुं), चर्च् **(c. 1.** चर्चति -र्चितुं), मार्ग् **(c. 10.** मार्गयति -यितुं), मन् **in des.** (मीमांसते -सितुं),

Investigated 605 Invious

अभिनिध्यै (c. 1. -ध्यायति -ध्यातुं), विवेचनां कृ.

Investigated, ***p. p.*** निरूपितः -ता -तं, परीक्षितः -ता -तं, निरीक्षितः -ता -तं, अवेक्षितः -ता -तं, विचारितः -ता -तं, जिज्ञासितः -ता -तं, अन्वेषितः -ता -तं, अन्विष्टः -ष्टा -ष्टं, निर्णीतः -ता -तं, आलोचितः -ता -तं, चर्चितः -ता -तं.

Investigating, ***part.*** निरूपयन् -यन्ती -यत् (त्), परीक्षकः -का -कं, अन्वेषी -षिणी -षि (न्), अनुसन्धानी -निनी -नि (न्), अनुसन्धायी **etc.,** विचारी **etc.**

Investigation, ***s.*** निरूपणं, अनुसन्धानं, परीक्षा -क्षणं, विचारः -रणं -णा, जिज्ञासा, अन्वेषणं -णा, निरीक्षणं, अवेक्षा -क्षणं, समीक्षणं, संवीक्षणं, प्रसमीक्षा, निर्णयः, निश्चयः, अनुयोगः, विवेचना, विवेकः, चर्चा, विमर्शः, निरूप्यत्वं, परीष्टिः ***f.;*** **'under investigation,'** निश्चीयमानः -ना -नं, विचार्य्यमाणः -णा -णं, निरूप्यमाणः -णा -णं.

Investigator, ***s.*** परीक्षकः, विचारकः, निरूपयिता ***m.*** (तृ), अनुसन्धायी ***m.*** (न्), अन्वेष्टा ***m.*** (ष्टृ), अन्वेषी ***m.*** (न्), निर्णेता ***m.*** (तृ), चर्चाकारी ***m.*** (न्).

Investiture, ***s.*** **(Investing with any office)** प्रतिष्ठापनं, प्रतिष्ठा, अभिषेकः, अभिषेचनं, अधिकारप्रवेशकरणं, पदस्थापनं -ना. **—(With the sacrificial cord, or yajñopavīta)** उपनयः -यनं, आनयः -यनं, मौञ्जीबन्धनं पवित्रारोपणं.

Investment, (Clothes) परिधानं, आच्छादनं, वस्त्रं. **—(besieging, surrounding)** अवरोधः -धनं, प्रतिरोधः, रोधः, वेष्टनं, परिवेष्टनं -वेष्टः, उद्वेष्टः, पर्य्यवष्टम्भनं. **—(Laying out money)** धनप्रयोगः.

Inveteracy, ***s.*** बद्धमूलता, निर्बन्धः, अभिनिवेशः, दृढता, स्थिरता, अभिनिविष्टता, चिरकालिकत्वं, बहुकालिकत्वं.

Inveterate, ***a.*** बद्धमूलः -ला -लं, दृढमूलः -ला -लं, दृढः -ढा -ढं, स्थिरः -रा -रं, निर्बद्धः -द्धा -द्धं, चिरस्थायी -यिनी -यि (न्), बहुकालिकः -की -कं, चिरकालिकः -की -कं, चिरकालीनः -ना -नं, अभिनिविष्टः -ष्टा -ष्टं; **'inveterate hatred,'** बद्धवैरं, अच्युतवैरं; **'an inveterate fool,'** प्रतिनिविष्टमूर्खः.

Inveterateness, ***s. See*** **Inveteracy.**

Invidious, ***a.*** **(Envious)** मत्सरी -रिणी -रि (न्), समत्सरः -रा -रं, ईर्ष्यी -र्ष्यिणी -र्ष्यि (न्), ईर्ष्यालुः -लुः -लु. **—(Likely to provoke envy or ill-will)** ईर्ष्याकरः -रा -रं, ईर्ष्याजनकः -का -कं, असूयाजनकः -का -कं, असूयोत्पादकः -का -कं, मात्सर्य्यजनकः -का -कं, भत्सरावहः -हा -हं, द्वेषजनकः -का -कं, द्वेष्यः -ष्या -ष्यं, द्वेषणीयः -या -यं, कुत्सितः -ता -तं, अप्रीतिजनकः -का -कं.

Invidiously, ***adv.*** **(Enviously)** समत्सरं, समात्सर्य्यं, सासूयं, सेर्ष्यं. **—(In a manner so as to provoke hatred)** यथा द्वेषः **or** असूया जायते तथा, यथा मात्सर्य्यम् उत्पद्यते तथा.

Invidiousness, ***s.*** द्वेषजनकत्वं, असूयाजनकत्वं, ईर्ष्याजनकत्वं.

To **invigorate,** ***v. a.*** वलं वृध् **(c. 10.** वर्धयति -यितुं), तेजो वृध् **or** कृ **or** दा, वीर्य्यं **or** सत्त्वं वृध् **or** दा, अग्निं **or** रुचिं दा **or** वृध्, सबलं -लां कृ, सबलीकृ, सवीर्य्यं -र्य्यां कृ, पुष् **(c. 10.** पोषयति -यितुं), पुष्टिं कृ **or** दा **or** वृध्, आप्यै **(c. 10.** -प्याययति -यितुं), समाप्यै, दीप् **(c. 10.** दीपयति -यितुं).

Invigorated, ***p. p.*** वर्धितबलः -ला -लं, वर्धिततेजाः -जाः -जः (स्), वृद्धसत्त्वः -त्त्वा -त्त्वं, तेजितः -ता -तं, पुष्टः -ष्टा -ष्टं, दीपितः -ता -तं, प्रदीप्तः -प्ता -प्तं, आप्यायितः -ता -तं.

Invigorating, ***a.*** बलवर्धकः -का -कं, बलवर्धी -र्धिनी -र्धि (न्), तेजस्करः -रा -रं, तेजोवर्धकः -का -कं, पुष्टिदः -दा -दं, पुष्टिकारकः -का -कं, पौष्टिकः -की -कं, वीर्य्यदः -दा -दं, सत्त्ववर्धकः **etc.,** दीपकः -का -कं.

Invigoration, ***s.*** **(The act)** बलवर्धनं, तेजोवर्धनं, पुष्टिकरणं. **—(State)** बलवृद्धिः ***f.,*** तेजोवृद्धिः ***f.***

Invincible, ***a.*** अजेयः -या -यं, अजय्यः -य्या -य्यं, दुर्जयः -या -यं, दुर्जेयः -या -यं, अदम्यः -म्या -म्यं, अदमनीयः -या -यं, अपराजेयः -या -यं, अपराजेतव्यः -व्या -व्यं, अपराजितः -ता -तं, अपराभाव्यः -व्या -व्यं, अप्रधृष्यः -ष्या -ष्यं, सर्व्वजित् ***m. f. n.***

Invincibleness, ***s.*** अजेयता -त्वं, दुर्जेयता, अपराजेयत्वं, अदम्यता.

Invincibly, ***adv.*** अजेयं, अपराजेयं, अदमनीयं, यथा जेतुं न शक्यते.

Inviolable, ***a.*** **(Not to be broken)** अलंघ्यः -घ्या -घ्यं, अलंघनीयः -या -यं, अभेद्यः -द्या -द्यं, अनतिक्रमणीयः -या -यं, अनतिक्रम्यः -म्या -म्यं, अभङ्गः -ङ्गा -ङ्गं, भङ्गायोग्यः -ग्या -ग्यं. **—(not to be treated irreverently, not to be hurt)** अलंघनीयः -या -यं, अनुल्लंघनीयः -या -यं, अबाध्यः -ध्या -ध्यं, अबाधनीयः -या -यं, अनपकार्य्यः -र्य्या -र्य्यं, विकारानर्हः -र्हा -र्हं. **—(Not to be put to death)** अबध्यः -ध्या -ध्यं, अघ्नः -घ्ना -घ्नं. **These last are used in reference to an ambassador or herald.**

Inviolableness, inviolability, ***s.*** अलंघ्यता -त्वं, अलंघनीयता -त्वं, अभेद्यता, अनतिक्रमणीयता, अबाध्यत्वं. **—(Of an ambassador or herald)** अबध्यता -त्वं, अबध्यभावः.

Inviolably, ***adv.*** अलंघनीयं, अभङ्गेन, यथा न भिद्यते तथाप्रकारेण.

Inviolate, ***a.*** अलंघितः -ता -तं, अभग्नः -ग्ना -ग्नं, अक्षतः -ता -तं, अखण्डः -ण्डा -ण्डं, अभङ्गः -ङ्गा -ङ्गं, अभेदितः -ता -तं, अभिन्नः -न्ना -न्नं, अबाधितः -ता -तं.

Invious, ***a.*** दुर्गमः -मा -मं, अगम्यः -म्या -म्यं, अगमनीयः -या -यं, दुरत्ययः -या -यं, गहनः -ना -नं, सम्बाधः -धा

-धं, गत्यूनः -ना -नं.

To **inviscate,** ***v. a.*** चूर्णादिना श्यानद्रव्येण लिप् (**c. 6.** लिम्पति, क्षेप्तुं).

Invisibility, invisibleness, ***s.*** अदृश्यता -त्वं, अलक्ष्यता -त्वं, परोक्षता, अलोकनीयत्वं, दृष्ट्यगोचरता, अप्रत्यक्षता, दुर्दृश्यता, दुर्दर्शत्वं, दुर्लक्ष्यता -त्वं, अदर्शनं, परोक्षं अलोकनं, अन्तर्द्धा -द्धानं -द्धिः ***m.,*** अन्तर्हितत्वं, अविषयः.

Invisible, ***a.*** अदृश्यः -श्या -श्यं, अदर्शनीयः -या -यं, अलक्ष्यः -क्ष्या -क्ष्यं, अप्रत्यक्षः -क्षा -क्षं, दृष्ट्यगोचरः -रा -रं, दृग्गोचरः -रा -रं, अलोकनीयः -या -यं, अप्रेक्षणीयः -या -यं, परोक्षः -क्षा -क्षं, दुर्दृश्यः -श्या -श्यं, दुर्दर्शः -र्शा -र्शं, दुर्लक्ष्यः -क्ष्या -क्ष्यं, दुर्लक्षः -क्षा -क्षं, असमक्षः -क्षी -क्षं, दृष्ट्यविषयः -या -यं, चक्षुरग्राह्यः -ह्या -ह्यं, दर्शनातीतः -ता -तं, दर्शनपथातीतः -ता -तं, अनालोक्यः -क्या -क्यं, अदृष्टरूपः -पा -पं, अन्तर्हितः -ता -तं, तिरोहितः -ता -तं, अन्तरितः -ता -तं, प्रकाशेतरः -रा -रं, अरूपः -पा -पं, अचाक्षुषः -षी -षं, असाक्षात् **indec.; 'to become invisible,'** अन्तर्धा **in pass.** (-धीयते), तिरोधा.

Invisibly, ***adv.*** अदर्शनीयं, अप्रत्यक्षं -क्षेण -क्षतस्, परोक्षं -क्षेण, असाक्षात्, अप्रकाशं, अप्रादुस्, असमक्षं, अदृष्टरूपेण, दुर्दर्शं, दृष्ट्यगोचरेण; **'moving invisibly,'** अलक्ष्यगतिः -तिः -ति.

Invitation, ***s.*** निमन्त्रणं, आमन्त्रणं, आह्वानं, आह्वयः, ***f.,*** आवाहनं, आकारणं, केतनं, सङ्केतः; **'invitation to dinner,** भोजनार्थं निमन्त्रणं.

Invitatory, ***a.*** निमन्त्रयिता -त्री -तृ (तृ), आमन्त्रयिता **etc.,** आह्वानार्थकः -का -कं.

To **invite,** ***v. a.*** निमन्त्र् (**c. 10.** -मन्त्रयति -यितुं), आमन्त्र्, उपनिमन्त्र्, सन्निमन्त्र्, आह्वे (**c. 1.** -ह्वयति -ह्वातुं), समाह्वे, उपह्वे, केत् (**c. 10.** केतयति -यितुं), सङ्केत्, अभ्यर्थ् (**c. 10.** -अर्थयते -ति -यितुं), आकृ (**c. 10.** कारयति -यितुं), आवह् (**c. 10.** -वाहयति -यितुं), सङ्केतं कृ; **'invite to dine,'** भोजनार्थं **or** भोजनाय निमन्त्र्.—**(Allure)** आकृष् (**c. 1.** -कर्षति -क्रष्टुं), प्रलुभ् (**c. 10.** -लोभयति -यितुं).

Invited, ***p. p.*** निमन्त्रितः -ता -तं, आमन्त्रितः -ता -तं, आहूतः -ता -तं, केतितः -ता -तं, अभ्यर्थितः -ता -तं, आवाहितः -ता -तं, आकारितः -ता -तं; **'invited to dine,'** भोजनार्थं निमन्त्रितः -ता -तं; **'the persons invited,'** निमन्त्रणीयजनाः ***m. pl.,*** निमन्त्रिताः ***m. pl.*** — **(Allured)** आकृष्टः -ष्टा -ष्टं, प्रलोभितः -ता -तं.

Inviting, ***a.*** **(Alluring)** आकर्षकः -का -कं, आकर्षी -र्षिणी -र्षि (न्).

To **invocate,** ***v. a. See To*** **invoke.**

Invocation, ***s.*** आह्वानं, आह्वयः, आहूतिः ***f.,*** प्रह्वायः, अभिमन्त्रणं, आमन्त्रणं, अनुकर्षणं, उपहवः, नामग्रहणं, नामस्मरणं, नामोच्चारणं, आवाहनं.

Invoice, ***s.*** वीजकं, बाणिजभाषायां समर्पितद्रव्यपरिसंख्यापत्रं.

To **invoke,** ***v. a.*** ह्वे (**c. 1.** ह्वयति -ह्वातुं), आह्वे, उपह्वे, प्रह्वे, विह्वे, अभिमन्त्र् (**c. 10.** -मन्त्रयति -यितुं), आमन्त्र, आवद् (**c. 1.** -वदति -दितुं), अभिवद्, आवच् (**c. 2.** -वक्ति -क्तुं), अभिवच्, प्रार्थ् (**c. 10.** प्रार्थयति -यितुं), अनुकृष् (**c. 1.** -कर्षति -क्रष्टुं), आह्वानं कृ.—**(Call on by name)** सम्बोधनं कृ, नाम ग्रह् (**c. 9.** गृह्णाति, ग्रहीतुं) **or** स्मृ (**c. 1.** स्मरति, स्मर्तुं), नामग्रहणं कृ, आवाहनं कृ.—**(Invoke blessings)** आशास् (**c. 2.** -शास्ते -शासितुं).

Invoked, ***p. p.*** आहूतः -ता -तं, आमन्त्रितः -ता -तं, आवाहितः -ता -तं.

Involuntarily, ***adv.*** अनिच्छातस्, अकामतस्, अनिकामतस्, अनिच्छापूर्व्वं, अकामपूर्व्वं, अमतिपूर्व्वं, अबुद्धिपूर्व्वं, अबोधपूर्व्वं, असन्तोषेण, असन्तोषपूर्व्वं, अज्ञानतस्, अज्ञानपूर्व्वं, निष्कामं.

Involuntary, ***a.*** अनैच्छिकः -की -कं, अनिच्छापूर्व्वः -र्व्वा -र्व्वं, अकामिकः -का -कं, अनभिकामिकः -का -कं, अकाम्यः -म्या -म्यं, अबुद्धिपूर्व्वः -र्व्वा -र्व्वं, असन्तोषपूर्व्वः -र्व्वा -र्व्वं, अज्ञानपूर्व्वः -र्व्वा -र्व्वं, अमतिपूर्व्वः -र्व्वा -र्व्वं, अस्वेच्छाजातः -ता -तं, अवशः -शा -शं, अनिच्छाधीनः -ना -नं, इच्छावाह्यः -ह्या -ह्यं.—**(Not having will; unwilling)** अकामः -मा -मं, निष्कामः -मा -मं, अनिच्छुः -च्छुः -च्छु.

Involution, ***s.*** **(Act of involving or enveloping)** आवेष्टनं, परिवेष्टनं, वेष्टनं, आवरणं, आच्छादनं.—**(State of being entangled)** आश्लिष्टता, अन्योन्यसंश्लेषः, अन्योन्संलग्नता, ग्रन्थिलत्वं, जटिलत्वं, सङ्कीर्णता, व्यतिकरः.

To **involve,** ***v. a.*** **(Envelop)** आवेष्ट् (**c. 1.** -वेष्टते -ष्टितुं, **c. 10.** -वेष्टयति -यितुं), परिवेष्ट्, संवेष्ट्, आछद् (**c. 10.** -छादयति -यितुं), आवृ (**c. 5.** -वृणोति -वरितुं -रीतुं), परिवृ; **'is involved,'** आव्रियते.—**(Implicate, connect, join)** सम्बन्ध् (**c. 9.** -बध्नाति -बन्द्धुं), अनुबन्ध्, बन्ध्, संश्लिष् (**c. 10.** -श्लेषयति -यितुं), आश्लिष्, परिश्लिष्, संयुज् (**c. 7.** -युनक्ति -योक्तुं, **c. 10.** -योजयति -यितुं), संसृज् (**c. 6.** -सृजति -स्रष्टुं); **'he is involved in many crimes,'** बहुपापैः सम्बध्यते **or** लिप्यते.—**(Comprise)** परिग्रह् (**c. 9.** -गृह्णाति -ग्रहीतुं), अन्तर्गण् (**c. 10.** गणयति -यितुं), परिसमाप् (**c. 5.** -आप्नोति -आप्तुं).

Involved, ***p. p.*** **(Enveloped** आवेष्टितः -ता -तं, परिवेष्टितः -ता -तं, वेष्टितः -ता -तं, आवृतः -ता -तं, आच्छादितः -ता -तं, आच्छन्नः -न्ना -न्नं, समाच्छन्नः -न्ना -न्नं, व्याप्तः -प्ता -प्तं.—**(Comprised, included)** अन्तर्गतः -ता -तं, अन्तर्गणितः -ता -तं, परिगृहीतः -ता -तं, समाविष्टः -ष्टा

-ष्टं, आकलितः -ता -तं, सहितः -ता -तं, प्रतिष्ठितः -ता -तं, अवान्तरः -रा -रं, गर्भः -र्भा -र्भं **in comp.—(Implicated, connected)** सम्बद्धः -द्धा -द्धं, अनुबद्धः -द्धा -द्धं, निबद्धः -द्धा -द्धं, बद्धः -द्धा -द्धं, संसृष्टः -ष्टा -ष्टं, संश्लिष्टः -ष्टा -ष्टं, संसक्तः -क्ता -क्तं, अनुषक्तः -क्ता -क्तं, संयुक्तः -क्ता -क्तं, ग्रस्तः -स्ता -स्तं, लिप्तः -प्ता -प्तं; **'involved in crime,'** पापसम्बद्धः -द्धा -द्धं, पापलिप्तः -प्ता -प्तं; **'in calamity,'** विपद्ग्रस्तः -स्ता -स्तं; **'in debt,'** ऋणग्रस्तः -स्ता -स्तं.—**(Implied)** ध्वनितः -ता -तं, फलितः -ता -तं, **'involved meaning,'** फलितार्थः ध्वनितार्थः.—**(Confused, not clear)** अस्पष्टः -ष्टा -ष्टं, अव्यक्तः -क्ता -क्तं, अभिन्नः -न्ना -न्नं.

Invulnerable, ***a.*** अभेद्यदेहः -हा -हं, अवेध्यदेहः -हा -हं, अछेद्यदेहः -हा -हं, अप्रहार्य्यदेहः -हा -हं, अनाघातनीयः -या -यं, असम्भाव्यक्षतः -ता -तं, क्षताक्षमः -मा -मं, -आघाताक्षमः -मा -मं, वज्रदेहः -हा -हं, वज्रशरीरः -रा -रं.

Invulnerableness, ***s.*** अभेद्यता, अवेध्यता, अछेद्यता, अघातनीयत्वं.

Inward, ***a.*** अन्तरस्थः -स्था -स्थं, अन्तःस्थः -स्था -स्थं, आन्तरः -री -रं रिकः -की -कं, अन्तर्भूतः -ता -तं, अन्तर्वर्त्ती -र्त्तिनी -र्त्ति (न्), अन्तर्भवः -वा -वं, अन्तर्गतः -ता -तं, अभ्यन्तरः -रा -रं, आभ्यन्तरः -री -रं, अन्तरतमः -मा -मत्, अन्तरङ्गः -ङ्गा -ङ्गं. **Often expressed by** अन्तर् **in comp.; as, 'inward heart,'** अन्तर्दाहः; **'inward spirit,'** अन्तरात्मा ***m.*** (न्), अन्तःकरणं, अन्तःप्रकृतिः ***f.;*** **'inward consciousness,'** अन्तःसंज्ञा; **'inward purity,'** अन्तःशौचं; **'inward discipline,'** अन्तर्यमनं, अन्तःकरणसंयमः, दमः; **'inward meditation,'** अन्तर्भावना.

Inwardly, ***adv.*** अन्तर्, अन्तरे -रेण, अभ्यन्तरेण; **'inwardly bad,'** अन्तर्दुष्टः -ष्टा -ष्टं.—**(In the heart, secretly)** अन्तःकरणेन, मनसा, निभृतं, सुनिभृतं.

Inwards, ***s. pl.*** अन्त्राणि ***n. pl.,*** अन्तर्नाड्यः ***f. pl.,*** उदरं.

To **inweave,** ***v. a.*** ग्रन्थ् (c. 9. ग्रथ्नाति, c. 1. ग्रन्थति -न्थितुं). ***See To*** **interweave.**

To **inwarp,** ***v. a.*** आवेष्ट् (c. 1. -वेष्टते -ष्टितुं, c. 10. -वेष्टयति -यितुं), परिवेष्ट्, आछद् (c. 10. -छादयति -यितुं), अवगुण्ठ् (c. 10. -गुण्ठयति -यितुं).

To **inwreathe,** ***v. a.*** मालया परिवेष्ट् (c. 1. -वेष्टते -ष्टितुं), मालायुक्तं -क्तां कृ.

Inwrought, ***p. p.*** खचितः -ता -तं, जडितः -ता -तं, छुरितः -ता -तं.

Iota, ***s.*** लवलेशः, लेशः, विन्दुः ***m.,*** विन्दुमात्रं, तिलमात्रं.

Irascible, ***a.*** शीघ्रकोपी -पिनी -पि (न्), शीघ्रक्रोधी -धिनी -धि (न्), सुलभकोपः -पा -पं, क्रोधशीलः -ला -लं, कोपी -पिनी -पि (न्), क्रोधी **etc.,** क्रोधिष्ठः -ष्ठा -ष्ठं, कोपिष्ठः -ष्ठा -ष्ठं, चण्डः -ण्डा -ण्डं, चण्डस्वभावः -वा -वं, पित्तवेगी -गिनी -गि (न्), पित्तस्वभावः -वा -वं, सन्तापी -पिनी -पि (न्).

Irascibleness, ***s.*** शीघ्रकोपित्वं, क्रोधशीलता, स्वभावचण्डता, पित्तस्वभावः, क्रोधस्वभावः, पित्तप्रकृतिः ***f.***

Irate, ***a.*** क्रुद्धः -द्धा -द्धं, कुपितः -ता -तं, क्रोधी -धिनी -धि (न्).

Ire, ***s.*** क्रोधः, कोपः, अमर्षः, रोषः, मन्युः ***m.,*** संरम्भः, सन्तापः.

Ireful, ***a.*** क्रोधी -धिनी -धि (न्), कोपी -पिनी -पि (न्), क्रुद्धः -द्धा -द्धं, सकोपः -पा -पं, समन्युः -न्युः -न्यु, संरम्भी -म्भिणी -म्भि (न्).

Irefully, ***adv.*** सकोपं, सक्रोधं, सरोषं, सामर्षं, कोपेन, क्रोधेन.

Iris, ***s.*** **(Rainbow)** इन्द्रायुधं, इन्द्रधनुस् ***n.***—**(Of the eye)** नेत्रतारकामण्डलं, कनीनिकामण्डलं, कनीनिकापरिधिः ***m.,*** तारामण्डलं, उपतारा.—**(Plant)** गोलोमी, श्वेतदूर्व्वा, भूतकेशः.

To **irk,** ***v. a.*** आयस् (**c. 10.** -यासयति -यितुं), दुःख् (**c. 10.** दुःखयति -यितुं), खिद् (**c. 10.** खेदयति -यितुं), पीड् (**c. 10.** पीडयति -यितुं), बाध् (c. 1. बाधते -धितुं).

Irksome, ***a.*** खेदजनकः -का -कं, क्लेशकरः -री -रं, क्लेशदः -दा -दं, दुःखदः -दा -दं, दुःखकरः -री -रं, आयासहेतुकः -का -कं, कष्टकरः -री -रं, कष्टः -ष्टा -ष्टं, श्रमजनकः -का -कं, गुरुः -र्व्वी -रु.

Riksomeness, ***s.*** खेदजनकत्वं, क्लेशजनकत्वं, क्लेशकत्वं, कष्टत्वं गुरुता.

Iron, ***s.*** लोहं -हः, अयस् ***n.,*** आयसं, लौहं -हंः, कृष्णायसं, कालायसं, कृष्णं, कालं, तीक्ष्णं, शस्त्रकं, पिण्डं, अश्मसारः, गिरिजं, गिरिसारः, शिलाजं, शिलात्मजं, निशितं, कान्तं, दृढं, मलीमसः; **'green sulphate of iron,'** धातुशेखरः, पुष्पकासीशः, नयनौषधं, कासीसं, काशीशं, हंसलोमशं; **'red sulphate of iron,'** धातुकासीशः; **'pyritic iron-ore,'** स्वर्णमाक्षिकं, विट्माक्षिकं, सुवर्णमुखी; **'iron-filings,'** लोहचूर्णं; **'rust of iron,'** मण्डूरं, सिंहानं, अयोमलं. ***See*** **Rust; 'sulphuret of iron,'** पांशुकासीसं, ताप्यं, धातुमाक्षिकं; **'tipped with iron,'** अयोमुखः -खा -खं, अयोग्रः -ग्रा -ग्रं, लोहाग्रः '-या -यं; **'wrought iron,'** कुशी.—**(Smoothing iron)** वस्त्रादिश्लक्ष्णीकरणार्थं लोहयन्त्रं.—**(Fetter)** लौहबन्धं -न्धं -न्धनं.

Iron, ***a.*** **(Made of iron)** लौहः -ही -हं, लोहमयः -यी -यं, लोहलः -ला -लं, आयसः -सी -सं, अयोमयः -यी -यं, अयस्मयः -यी -यं, लोहात्मकः -का -कं, लोह **in comp.; as, 'an iron arrow,'** लोहनालः; **'iron-image,'** लोहप्रतिमा; **'iron armour,'** लोहवर्म्म ***n.*** (न्); **'iron pike,'** लोहशङ्कुः

m.; **'iron medicine,'** लोहभस्म *n.* (न्); **'iron-toothed,'** अयोदत्-दती-दत् (त्); **'having an iron constitution,'** वज्रदेह: -हा -हं.

To **iron,** *v. a.* **(Smooth with an iron)** लोहयन्त्रेण श्लक्ष्णीकृ. **—(Fetter)** शृङ्खलया बन्ध् **(c. 9.** बध्नाति, बन्द्धुं), शृङ्खल **(nom.** शृङ्खलयति -यितुं).

Iron-bar, *s.* कुशी, लोहकुशी, लोहपिण्ड: -ण्डं.

Iron-fillings, *s. pl.* लोहचूर्णं, लोहकिट्टं, लोहजं.

Iron-fisted, *a.* वज्रमुष्टि: -ष्टि: ष्टि, लोहमुष्टि: -ष्टि: -ष्टि.

Iron-founder, *s.* लोहकार:, अयस्कार:, व्योकार:.

Iron-foundery, *s.* लोहविलयनशाला, कुप्यशाला, सन्धानी.

Iron-hearted, *a.* अयोहृदय: -या -यं, वज्रहृदय: -या -यं, लोहहृदय: -या -यं.

Iron-mold, *s.* लोहचिह्नं, लोहाङ्क:, लोहकलङ्क:.

Iron-monger, *s.* लोहकार:, लोहद्रव्यविक्रेता *m.* (तृ) -विक्रयी *m.* (न्), लौहभाण्डविक्रयी *m.* पिठरकटाहादिभाण्डविक्रेता *m.*

Iron-mongery, *s.* लोहद्रव्याणि *n. pl.,* लौहभाण्डानि *n. pl.,* लोहमयद्रव्याणि, पिठरकटाहादीनि लोहनिर्म्मितभाण्डानि.

Ironical, *a.* मृषावादी -दिनी -दि (न्), विकत्थन: -ना -नं, साक्षेप: -पा -पं, सव्यञ्जन: -ना -नं, उपरोधी -धिनी -धि (न्), औपरोधिक: -की -कं, उपरोधात्मक: -का -कं, अवक्षेपक: -का -कं.

Ironically, *adv.* सविकत्थनं, साक्षेपं, सव्यञ्जनं, विपरीतलक्षणापूर्व्वं, निह्नवेन, सनिह्नवं, सोल्लुण्ठनं, मृषावादेन, मृषा.

Irony, *s.* **(Speech expressing one thing and meaning another)** व्याजोक्ति: *f.,* व्यञ्जना, व्यंग्य:, आक्षेप:, अवक्षेप:, विपरीतलक्षणा, उपरोध:.**—(Ironical praise)** व्याजस्तुति: *f.,* निन्दास्तुति: *f.,* व्याजनिन्दा, विकत्था -त्थनं, सोत्प्रास:, सोल्लुण्ठ: -ण्ठनं, मृषावाद:, अन्यथास्तोत्रं.**—(Dissimulation)** निह्नव:, निह्नुति: *f.,* अपह्नव:, पलाप:, अवहित्था.

Irony, *a.* **(Made of iron)** लौहिक: -की -कं, लोहमय: -यी -यं, अयोमय: **etc.**

Irradianc, irradiancy, *s.* दीप्ति: *f.,* द्युति: *f.,* प्रभा, कान्ति: *f.,* तेजस्.

To **irradiate,** *v. a.* प्रकाश् **(c. 10.** -काशयति -यितुं), विकाश्, दीप् **(c. 10.** दीपयति -यितुं), विदीप्, प्रदीप्, उद्दीप्, द्युत् **(c. 10.** द्योतयति -यितुं), विद्युत्, प्रद्युत्, विराज् **(c. 10.** -राजयति -यितुं).

Irradiated, *p. p.* प्रकाशित: -ता -तं, विकाशित: -ता -तं, दीपित: -ता -तं, प्रदीपित: -ता -तं, राजित: -ता -तं, विराजित: -ता -तं, द्योतित: -ता -तं.

Irradiation, *s.* प्रकाशनं, विकाशनं, दीपनं, प्रदीपनं, उद्दीपनं, दीप्ति: *f.,* प्रदीप्ति: *f.,* द्योतनं, प्रद्योतनं, उद्योत: -तनं, द्युति: *f.,* उज्ज्वलनं, उज्ज्वलता, उद्भास:, प्रकाशता.

Irrational, *a.* **(Void of reason)** बुद्धिहीन: -ना -नं, बुद्धिरहित: -ता -तं, निर्बुद्धि: -द्धि: -द्धि, निर्बोध: -धा -धं, अबुद्धिमान् -मती -मत् (त्), ज्ञानहीन:, -ना -नं, ज्ञानशक्तिरहित: -ता -तं, अज्ञानी -निनी -नि (न्), प्रज्ञाहीन: -ना -नं, अचेतन: -ना -नं, चैतन्यरहित: -ता -तं, अचिन्त: -न्ता -न्तं, निश्चिन्त: -न्ता -न्तं, चिन्ताशून्य: -न्या -न्यं, पशुधर्म्मा -र्म्मा -र्म्म (न), पशुसमभाव: -वा -वं, पशुसमान: -ना -नं.**—(Contrary to reason, absurd)** अन्याय्य: -य्या -य्यं, न्यायविरुद्ध: -द्धा -द्धं, अन्यायी -यिनी -यि (न्), असम्बद्ध: -द्धा -द्धं, असङ्गत: -ता -तं, अतर्कित: -ता -तं, अतार्किक: -की -कं, अयुक्तिक: -का -कं, अयुक्तिसिद्ध: -द्धा -द्धं, युक्तिविरुद्ध: -द्धा -द्धं, अयुक्त: -क्ता -क्तं, असमञ्जस: -सा -सं, अनर्थक: -का -कं.

Irrationality, *s.* बुद्धिहीनता, ज्ञानहीनता, निर्बुद्धित्वं, अन्याय्यता.

Irrationally, *adv.* न्यायविरोधेन, असङ्गतं, असम्बद्धं, अतर्कितं, पशुवत्.

Irreclaimable, *a.* दुष्कर्म्मानिवर्त्तयितव्य: -व्या -व्यं, कुकर्म्मापरावर्त्तनीय: -या -यं, अशक्यविप्रतीसार: -रा -रं, उपदेशवहिर्भूत: -ता -तं, अनुद्धार्य्य: -र्य्या -र्य्यं, अशोधनीय: -या -यं.

Irreconcilable, *a.* **(Not to be brought to amity)** असन्धेय: -या -यं, असन्धातव्य: -व्या -व्यं, असमाधेय: -या -यं, अशमनीय: -या -यं, अशाम्य: -म्या -म्यं, अशक्यशम: -मा -मं.**—(That cannot be made to agree, inconsistent)** असङ्गत: -ता -तं, परस्परविरुद्ध: -द्धा -द्धं, -विरोधी -धिनी -धि (न्), परस्परपराहत: -ता -तं, विसङ्गत: -ता -तं, असदृश: -शी -शं, असम्भावनीय: -या -यं, असम्भाव्य: -व्या -व्यं, अन्योन्यविपरीत: -ता -तं, असमञ्जस: -सा -सं.

Irreconcilableness, *s.* असङ्गति: *f.,* परस्परविरोध:, अन्योन्यविपरीतता.

Irrecoverable, *a.* असमाहार्य्य: -र्य्या -र्य्यं, अपुन:प्राप्य: -प्या -प्यं, पुनरप्राप्य: -प्या -प्यं, अपुनर्लभ्य: -भ्या -भ्यं, पुनरलभ्य: -भ्या -भ्यं, अपुनरादेय: -या -यं, अनावाप्य: -प्या -प्यं, अनुद्धरणीय: -या -यं.

Irrecoverably, *adv.* असमाहार्य्यं, अनुद्धरणीयं, यथा उद्धर्त्तुं न शक्यते तथा.

Irrefragable, *s.* अखण्डनीय: -या -यं, अखण्ड्य: -ण्ड्या -ण्ड्यं, अप्रत्याख्येय: -या -यं, अबाध्य: -ध्या -ध्यं, अविवदनीय: -या -यं, असन्दिग्ध: -ग्धा -ग्धं, सुनिश्चित: -ता -तं, वज्रप्रमाण: -णा -णं, दृढप्रमाण: -णा -णं.

Irrefragableness, *s.* अखण्डनीयता, अखण्ड्यता, अबाध्यत्वं.

Irrefragably, *adv.* अखण्डनीयं, यथा खण्डनं कर्त्तुं न शक्यते तथा.

Irrefutable, ***a.*** अखण्डनीयः -या -यं, अखण्डितव्यः -व्या -व्यं, अशक्यखण्डनः -ना -नं, खण्डनाशक्यः -क्या -क्यं, अनिरसनीयः -या -यं.

Irregular, ***a.*** विधिविरुद्धः -द्धा -द्धं, विधिभञ्जकः -का -कं, विधिहीनः -ना -नं, अविधिः -धिः -धि, अवैधः -धी -धं, अवैधिकः -की -कं, विधिघ्नः -घ्नी -घ्नं, नियमविरुद्धः -द्धा -द्धं, अयथाविधिः -धिः -धि, शास्त्रविरुद्धः -द्धा -द्धं, उत्सूत्रः -त्रा -त्रं, विसूत्रः -त्रा -त्रं.—**(Immethodical)** अक्रमकः -का -कं, मिकः -का -कं, क्रमविरुद्धः -द्धा -द्धं, क्रमहीनः -ना -नं, क्रमशून्यः -न्या -न्यं, क्रमरहितः -ता -तं, क्रमवाह्यः -ह्या -ह्यं, अव्यवस्थितः -ता -तं, असंस्थितः -ता -तं, अपर्य्यायः -या -यं, उच्छृङ्खलः -ला -लं.—**(In conduct)** व्यभिचारी -रिणी -रि (न्), अमर्य्यादः -दा -दं, उत्क्रान्तमर्य्यादः -दा -दं, धर्म्मरोधी -धिनी -धि (न्), धर्म्मविरुद्धः -द्धा -द्धं, विपथगामी -मिनी -मि (न्), अपथगामी **etc.,** अपथवर्त्ती -र्त्तिनी -र्त्ति (न्), अन्यथाचारी **etc.,** आचारवर्जितः -ता -तं, कुचरितः -ता -तं.—**(In grammar, to be, expected)** वर्ज्जनीयः -या -यं, निपातितः -ता -तं, निपातनीयः -या -यं.—**(Uneven, unequal)** विषमः -मा -मं, असमः -मा -मं; **'irregular fever,'** विषमज्वरः.—**(In shape)** विरूपः -पा -पी -पं.

Irregularity, ***s.*** अविधिः ***m.,*** अविधानं, अविधिता, विधिविरोधः, विधिभङ्गः, अवैधत्वं, उत्सूत्रता, विसूत्रता, शास्त्रविरोधः, नियमविरोधः, अनियमः, अक्रमः, उत्क्रमः, व्यतिक्रमः, क्रमविरोधः, अव्यवस्था, अपरिपाटिः ***f.***—**(In conduct)** व्यभिचारः, विपथगमनं, कुपथगमनं, अपथः, पथः, अधर्म्मः -र्म्मत्वं, अनाचारः.—**(In grammar, exception)** निपातः -तनं, वर्ज्जनं, निषेधः.—**(Unevenness)** विषमता, वैषम्यं, विषमं, असमता; **'irregularity in diet,'** कुपथ्यं, अपथ्यं.

Irregularly, ***adv.*** अविधितस्, अविधानतस्, अविधिवत्, विधिविरुद्धं, विधिविरोधेन, नियमविरुद्धं, अनियमतस्, अयथाविधि अक्रमेण, क्रमविरुद्धं, विसूत्रं, अव्यवस्थितं, अयथाशास्त्रं.

Irrelative, ***a.*** असम्बन्धी -न्धिनी -न्धि (न्), निःसम्बन्धः -न्धा -न्धं, सम्बन्धहीनः -ना -नं, असङ्गः -ङ्गा -ङ्गं, निःसङ्गः -ङ्गा -ङ्गं, अविषयकः -का -कं, अनानुषङ्गिकः -की -कं.

Irrelevancy, ***s.*** अप्रासङ्गिकत्वं, अप्रस्तुतता, अप्रसङ्गः, अविषयत्वं, निर्विषयता, अनन्वयः, अन्वयाभावः, असम्बन्धः, असम्पर्कः, असङ्गतत्वं, अप्रयुक्तिः ***f.***

Irrelevant, ***a.*** अप्रासङ्गिकः -की -कं, अप्रस्तुतः -ता -तं, निर्विषयः -या -यं, अनन्वितः -ता -तं, असम्बन्धी -न्धिनी -न्धि (न्), अप्रसक्तः -क्ता -क्तं, प्रसङ्गवाह्यः -ह्या -ह्यं, प्रस्तुतवहिर्भूतः -ता -तं, असङ्गतः -ता -तं, अप्रकृतः -ता -तं, अप्रकारणिकः -की -कं, असम्पर्कीयः -या -यं, अनुपपन्नः -न्ना -न्नं, अप्रयुक्तः -क्ता -क्तं, अयौक्तिकः -की -कं.

Irrelevantly, ***adv.*** अप्रस्तुतं, निर्विषयं, प्रस्तुवहिस्, असम्बद्धं, असम्बन्धेन, असङ्गतं, अप्रयुक्तं, असम्पर्केण, अप्रसक्तं.

Irreligion, ***s.*** अधर्म्मः -र्म्मत्वं, वैधर्म्यं, निर्धर्म्मत्वं, धर्म्मलोपः, धर्म्महीनता, अपूजा, अभक्तिः ***f.,*** भक्तिहीनता, अभक्तत्वं, देवनिन्दा, अपुण्यत्वं, दुष्टता, पापिष्ठत्वं, सपापत्वं, दुष्कृतं.

Irreligious, ***a.*** अधर्म्मी -र्म्मिणी -र्म्मि (न्), अधार्म्मिकः -की -कं, निर्धर्म्मः -र्म्मा -र्म्मं, अधर्म्मिष्ठः -ष्ठा -ष्ठं, धर्म्महीनः -ना -नं, त्यक्तधर्म्मा -र्म्मा -र्म्म (न्), अपूजकः -का -कं, अभक्तः -क्ता -क्तं, भक्तिहीनः -ना -नं, देवनिन्दकः -का -कं, दुष्टः -ष्टा -ष्टं, अपुण्यः -ण्या -ण्यं, असाधु -ध्वी -धु, पापी -पिनी -पि (न्).

Irreligiously, ***adv.*** अधर्म्मतस्, अधर्म्मेण, अधार्म्मिकवत्, अपुण्यवत्, पापिष्ठं.

Irremeable, ***a.*** अपुनरागम्यः -म्या -म्यं, अप्रत्यागम्यः **etc.,** अपरावर्त्यः -र्त्या -र्त्यं.

Irremediable, ***a.*** अप्रतिकार्य्यः -र्य्या -र्य्यं, अशक्यप्रतीकारः -रा -रं, अप्रतिकारः -रा -रं, अविद्यमानप्रतीकारः -रा -रं, निरुपायः -या -यं, अनुपायः -या -यं, निरुपायी -यिनी -यि (न्), उपायहीनः -ना -नं, उपायातीतः -ता -तं, अशक्योपायः -या -यं, अचिकित्स्यः -त्स्या -त्स्यं, अचिकित्सनीयः -या -यं, चिकित्सितुम् अशक्यः -क्या -क्यं, असमाधेयः -या -यं, अप्रतिसमाधेयः -या -यं.

Irremediableness, ***s.*** निरुपायत्वं, अप्रतिकार्य्यत्वं, प्रतीकारहीनता, असमाधेयता.

Irremediably, ***adv.*** निरुपायं, यथा प्रतिकर्त्तुं न शक्यते तथाप्रकारेण, यथा उपायो न विद्यते तथा.

Irremissible, ***a.*** अक्षन्तव्यः -व्या -व्यं, अमोचनीयः -या -यं, क्षमानर्हः -र्हा -र्हं.

Irremovable, ***a.*** अनपादेयः -या -यं, अनपहरणीयः -या -यं, अपरिहार्य्यः -र्य्या -र्य्यं, अनिःसारणीयः -या -यं, अनपनेतव्यः -व्या -व्यं, अचलः -ला -लं, स्थिरः -रा -रं.

Irreparable, ***a.*** असाध्यः -ध्या -ध्यं, असाधनीयः -या -यं, असन्धेयः -या -यं, असमाधेयः -या -यं, अप्रतिसमाधेयः -या -यं, अप्रतिकार्य्यः -र्य्या -र्य्यं, अप्रतिकारः -रा -रं, अशक्यप्रतीकारः -रा -रं, अचिकित्सनीयः -या -यं, अनुद्धार्य्यः -र्य्या -र्य्यं, अनुद्धरणीयः -या -यं.

Irreparableness, ***s.*** असाध्यता, अप्रतिकार्य्यत्वं, असमाधेयता, अनुद्धार्य्यत्वं.

Irreparably, ***adv.*** असाधनीयं, यथा प्रतिकारो न विद्यते तथा, अचिकित्सनीयं, अप्रतिसमाधेयं.

Irreprehensible, ***a.*** अनिन्द्यः -न्द्या -न्द्यं, अनिन्दनीयः -या -यं, निर्दोषः -षा -षं, दोषशून्यः -न्या -न्यं, अगर्ह्यः -र्ह्या -र्ह्यं, अविगर्ह्यः -र्ह्या -र्ह्यं.

Irreprehensibleness, ***s.*** अनिन्द्यता, अनिन्दनीयता, दोषशून्यता, निर्दोषत्वं.

Irreprehensibly, ***adv.*** अनिन्दनीयं, निरपराधं, अनपराधेन, दोषं विना.

Irrepressible, ***a.*** अनिग्रहीतव्यः -व्या -व्यं, दुर्निग्रहः -हा -हं, अनियन्तव्यः -व्या -व्यं, अनिवार्य्यः -र्य्या -र्य्यं, असंहरणीयः -या -यं, अयन्त्रणीयः -या -यं.

Irreproachable, ***a.*** अनिन्द्यः -द्या -न्द्यं, अनिन्दनीयः -या -यं, अनिन्दितः -ता -तं, अगर्ह्यः -र्ह्या -र्ह्यं, अविगर्ह्यः **etc.,** अविगर्हितः -ता -तं, अपरिवाद्यः -द्या -द्यं, अनपवाद्यः -द्या -द्यं, अनवद्यः -द्या -द्यं, निरवद्यः -द्या -द्यं, निर्दोषः -षा -षं, निरपराधः -धा -धं, अपरिभाषणीयः -या -यं, अकुत्सितः -ता -तं, अनवगीतः -ता -तं, निष्कलङ्कः -ङ्का -ङ्कं, अदूष्यः -ष्या -ष्यं, अवाच्यः -च्या -च्यं, निर्वाच्यः -च्या -च्यं, अवचनीयः -या -यं, अदुर्वृत्तः -त्ता -त्तं.

Irreproachableness, ***s.*** अनिन्द्यता, अनिन्दनीयता, अगर्ह्यत्वं, अपरिवाद्यता.

Irreproachably, ***adv.*** अनिन्दनीयं, अनिन्दितं, अगर्हणीयं, अविगर्हितं.

Irresistible, ***a.*** अप्रतिकार्य्यः -र्य्या -र्य्यं, अप्रतीकार्य्यः **etc.,** अनिवार्य्यः -र्य्या -र्य्यं अनिवारणीयः -या -यं, अनिवारः -रा -रं, दुर्निवारः -रा -रं, अवार्य्यः -र्य्या -र्य्यं, निर्वार्य्यः -र्य्या -र्य्यं, अनवग्रहः -हा -हं, दुर्निग्रहः -हा -हं, असंहार्य्यः -र्य्या -र्य्यं, दुर्धरः -रा -रं, निर्धारणीयः -या -यं, निर्धार्य्यः -र्य्या -र्य्यं अबाध्यः -ध्या -ध्यं, अबाधनीयः -या -यं, अनतिक्रमणीयः -या -य, अप्रतिहतः -ता -तं, अप्रतिद्वन्द्वः -न्द्वा -न्द्वं, सर्व्वदमनः -ना -नं.

Irresistibleness, ***s.*** प्रतिकार्य्यत्वं, अनिवार्य्यता, अनिवारणीयता, अवारणीयत्वं, दुर्निग्रहत्वं, अबाध्यत्वं.

Irresistibly, ***adv.*** अनिवारणीयं, अवारणीयं, अप्रतिकार्य्यं, दुर्निग्रहं, यथा निवारयितुं न शक्यते तथाप्रकारेण.

Irresolute, ***a.*** अस्थिरमतिः -तिः -ति, अस्थिरचित्तः -त्ता -त्तं, अस्थिरबुद्धिः -द्धिः -द्धि, अस्थिरमनस्कः -स्का -स्कं, चञ्चलबुद्धिः -द्धिः -द्धि, चञ्चलवृत्तिः -त्तिः -त्ति, चलचित्तः -त्ता -त्तं, विकल्पशीलः -ला -लं, विकल्पयन् -यन्ती -यत् (त्), संशयात्मा -त्मा -त्म (न्), संदिग्धमतिः -तिः -ति, संशयापन्नमानसः -सा -सं, चपलात्मकः -का -कं, अधीरः -रा -रं, अदृढमनस्कः -स्का -स्कं, अनवस्थितः -ता -तं, धैर्य्यहीनः -ना -नं, तरलः -ला -लं.

Irresolutely, ***adv.*** अस्थिरं, अधीरं, स्थैर्य्यपूर्व्वं, धैर्य्यपूर्व्वं, अधैर्य्येण, अस्थैर्य्येण, अस्थिरचेतसा, चञ्चलबुद्ध्या, विकल्पशीलत्वात्, चञ्चलं, चपलवत्.

Irresolution, ***s.*** अस्थैर्य्यं, अस्थिरता, अधैर्य्यं, अधीरता, चित्तास्थैर्य्यं, विकल्पशीलता, बुद्धिचाञ्चल्यं, चञ्चलबुद्धिः ***f.,*** अस्थिरबुद्धिः ***f.,*** चलचित्तता, चञ्चलत्वं, अदृढता, अधृतिः ***f.,*** अधारणा, चपलता, चापल्यं, अनवस्थितिः ***f.***

Irrespective, ***a.*** निरपेक्षः -क्षा -क्षं, अनपेक्षः -क्षा -क्षं, अपेक्षाहीनः -ना -नं, निर्व्यपेक्षः -क्षा -क्षं, अप्रतीक्षकः -का -कं.

Irrespectively, ***adv.*** निरपेक्षं, अनपेक्षं, अनपेक्ष्यं, अप्रतीक्ष्य, अनुद्दिश्य.

Irresponsibility, ***s.*** अनुयोगानधीनता, अपृच्छाधीनता, प्रश्नायोग्यत्वं, अननुयोज्यता.

Irresponsible, ***a.*** अननुयोगाधीनः -ना -नं, अनुयोगानधीनः -ना -नं, अपृच्छाधीनः -ना -नं, अप्रश्नयोग्यः -ग्या -ग्यं, पृच्छानर्हः -र्हा -र्हं, अननुयोज्यः -ज्या -ज्यं, अननुयोक्तव्यः -व्या -व्यं.

Irrestrainable, ***a.*** अनिवार्य्यः -र्य्या -र्य्यं, अनिग्रहीतव्यः -व्या -व्यं, दुर्निग्रहः -हा -हं, अनिवर्त्तयितव्यः -व्या -व्यं, अनिवर्त्तनीयः -या -यं.

Irretrievable, ***a.*** अपुनःप्राप्यः -प्या -प्यं, पुनरप्राप्यः -प्या -प्यं, अपुनर्लभ्यः -भ्या -भ्यं, पुनरलभ्यः -भ्या -भ्यं, अनुद्धरणीयः -या -यं, अनुद्धार्य्यः -र्य्या -र्य्यं, असमाहार्य्यः -र्य्या -र्य्यं, अप्रतिसमाधेयः -या -यं.

Irretrievableness, ***s.*** अपुनःप्राप्यता, अनुद्धरणीयता, अप्रतिसमाधेयत्वं.

Irretrievably, ***adv.*** अनुद्धरणीयं, यथा प्रतिसमाधातुं न शक्यते तथा.

Irreverence, ***s.*** अपूजा, अपमानं, अवमानं, अनादरः, अवज्ञानं, अवज्ञा, असम्मानं, परिभवः, परिभूतिः ***f.,*** परिभावः, अवधीरणं, उपेक्षा, अमर्य्यादा.

Irreverent, ***a.*** अपूजकः -का -कं, अपमानी -निनी -नि (न्), अवमानी **etc.,** अपमानकारी **etc.,** अवज्ञाकारी **etc.,** अनादरकारी **etc.,** परिभावी -विनी -वि (न्), अनादरी -रिणी -रि (न्), अनादरबुद्धिः -द्धिः -द्धि.

Irreverently, ***adv.*** अपूजया, अपूजापूर्व्वं, सावमानं, सावज्ञानं, अनादरेण.

Irreversible, ***a.*** अपरावर्त्यः -र्त्या -र्त्यं, अपरावर्त्तनीयः -या -यं, अनिवर्त्यः -र्त्या -र्त्यं, अनिवर्त्तनीयः -या -यं, परावर्त्तनाशक्यः -क्या -क्यं, परावर्त्तानर्हः -र्हा -र्हं, अलोप्यः -प्या -प्यं, अलोपनीयः -या -यं, अखण्डनीयः -या -यं, अखण्ड्यः -ण्ड्या -ण्ड्यं.

Irreversibleness, ***s.*** अपरावर्त्यत्वं, अपरावर्त्तनीयता, अलोप्यता, अखण्ड्यत्वं.

Irreversibly, ***adv.*** अपरावर्त्तनीयं, यथा परावर्त्तितुं न शक्यते तथा.

Irrevocable, ***a.*** अपरावर्त्यः -र्त्या -र्त्यं, सविकार्य्यः -र्य्या -र्य्यं, अनन्यथाकरणीयः -या -यं.

Irrevocably, ***adv.*** अपरावर्त्तनीयं, अपरिवर्त्तनीयं, अनन्यथाकरणीयं.

To **irricate,** ***v. a.*** सिच् (**c. 6.** सिञ्चति, सेक्तुं), अभिषिच्, अवसिच्, जलेन प्लु (**c. 10.** प्लावयति -यितुं) **or** क्लिद् (**c. 10.** क्लेदयति -यितुं) **or** अभ्युक्ष् (**c. 1.** -उक्षति -क्षितुं) **or** प्रोक्ष्, अभिवृष् (**c. 1.** -वर्षति -र्षितुं), प्रणालिकासिञ्चनं कृ.

Irrigated, ***p. p.*** सिक्तः -क्ता -क्तं, जलसिक्तः **etc.,** सलिलसिक्तः **etc.,** जलप्लावितः -ता -तं, समुक्षितः -ता -तं.

Irrigation, ***s.*** सेकः -सेचनं, सिञ्चनं, निषेकः, अवसेकः, अवसेचनं, जलप्लावनं, क्लेदनं, अभ्युक्षणं, प्रोक्षणं, प्रणालिकासिञ्चनं.

Irriguous, ***a.*** जलसिक्तः -क्ता -क्तं, सिक्तः -क्ता -क्तं, जलाढ्यः -ढ्या -ढ्यं, अनूपः -पा -पं, बहूदकः -का -कं, सजलः -ला -लं, आर्द्रः -र्द्रा -र्द्रं, समुन्नः -न्ना -न्नं.

Irrision, ***s.*** उपहासः, अवहासः, अपहासः, परिहासः, हास्यं, अवहेला.

Irritability, ***s.*** शीघ्रकोपित्वं, कोपशीलता, क्रोधशीलता, सुक्रोधनीयता, चण्डस्वभावः, उच्चण्डता, सुखोत्तापनीयत्वं.

Irritable, ***a.*** **(Easily made angry)** शीघ्रकोपी -पिनी -पि (न्), सुलभकोपः -पा -पं, सुलभक्रोधः -धा -धं, शीघ्रक्रोधी **etc.,** सुलभमन्युः -न्युः -न्यु, सुक्रोधनीयः -या -यं, सुप्रकोपणीयः -या -यं, कोपशीलः -ला -लं, क्रोधशीलः -ला -लं, सन्तापशीलः -ला -लं, कोपिष्ठः -ष्ठा -ष्ठं, क्रोधिष्ठः -ष्ठा -ष्ठं, चण्डस्वभावः -वा -वं, पित्तस्वभावः -वा -वं, पित्तवेगी -गिनी -गि (न्), उच्चण्डः -ण्डा -ण्डं, उष्णस्वभावः -वा -वं.—**(Easily excited)** शीघ्रोत्तेजनीयः -या -यं, सुखोत्तापनीयः -या -यं.

To **irritate,** ***v. a.*** कुप् (**c. 10.** कोपयति -यितुं), प्रकुप्, सङ्कुप्, क्रुध् (**c. 10.** क्रोधयति -यितुं), कोपं जन् (**c. 10.** जनयति -यितुं), क्रोधं जन्.—**(Excite)** उत्तप् (**c. 10.** -तापयति -यितुं), सन्तप्, उत्तिज् (**c. 10.** -तेजयति -यितुं).

Irritated, ***p. p.*** प्रकोपितः -ता -तं, प्रकुपितः -ता -तं, कुपितः -ता -तं, जातकोपः -पा -पं, जातक्रोधः -धा -धं, जातामर्षः -र्षा -र्षं, उपजातक्रोधः -धा -धं, इद्धमन्युः -न्युः -न्यु. —**(Excited)** उत्तेजितः -ता -तं, समुत्तेजितः -ता -तं, उत्तापितः -ता -तं, उत्तप्तः -प्ता -प्तं.

Irritating, ***part.*** **or** ***a.*** कोपजनकः -का -कं, क्रोधजनकः -का -कं, उत्तापकः -का -कं, सन्तापकः -का -कं, चित्तोतपकारी -रिणी -रि (न्).

Irritation, ***s.*** **(The act)** प्रकोपः -पणं, क्रोधकरणं, कोपकरणं. —**(State)** कोपः, क्रोधः, अमर्षः, विमर्षः, मन्युः ***m.,*** क्रोधावेशः, क्रुद्धता, रागावेशः.—**(Excitement)** उत्तापः, उत्तप्तता, सन्तापः, सन्तप्तता, उत्तेजनं, समुत्तेजनं, दाहः; **'irritation of the throat,'** काशं, क्षवथुः ***m.***

Irritative, ***s.*** उत्तापकः -का -कं, सन्तापकः -का -कं, दाहजनकः -का -कं.

Irruption, ***s.*** अवस्कन्दः -न्दनं, उपद्रवः, अभिद्रवः, उपप्लवः, विप्लवः, अभिक्रमः -मणं, आक्रमः, अभिमर्द्दः, अभिग्रहः, अवलुम्पनं; **'to make an irruption,'** अवस्कन्द् (**c. 1.** -स्कन्दति -स्कन्तुं), समवस्कन्द्, आस्कन्द्, उपद्रु (**c. 1.** -द्रवति -द्रोतुं), अभिद्रु, समाद्रु, अभिधाव् (**c. 1.** -धावति -वितुं).

Ischuretic, ***a.*** मूत्रावरोधघ्नः -हनी -घ्नं, मूत्राष्टम्भनाशकः -का -कं.

Ischury, ***s.*** मूत्रावरोधः, मूत्रावष्टम्भः, मूत्रकृच्छ्रं, विष्टम्भः, मूत्रानुबन्धः, विबन्धः, आनाहः.

Isinglass, ***s.*** अभ्रं -भ्रकं, मत्स्यान्त्रनिर्म्मितम् अतिसंलग्नभावं, श्यानद्रव्यं.

Island, ***s.*** द्वीपः -पं, अन्तरीपं, उपद्वीपं, पयोगडं; **'one of alluvial formation,'** पुलिनं.

Island, ***a.*** द्वीप्यः -प्या -प्यं, द्वैप्यः -प्यी -प्यं, द्वैपः -पी -पं, द्वीपसम्बन्धी -न्धिनी -न्धि (न्), द्वीपस्थः -स्था -स्थं.

Islander, ***s.*** द्वीपवासी ***m.*** (न्), द्वीपनिवासी ***m.*** द्वीपी ***m.*** (न्), द्वीपस्थः, द्वीपवासः, द्वैपः, द्वीप्यः.

Isle, ***s.*** द्वीपः -पं, अन्तरीपं. ***See*** **Island.**

Islet, ***s.*** क्षुद्रद्वीपः -पं, अल्पद्वीपः -पं, उपद्वीपः -पं.

Isochronal, isochronous, ***a.*** समकालिकः -की -कं, समसंख्यकालः -ला -लं.

To **isolate,** ***v. a.*** वियुज् (**c. 7.** -युनक्ति -योक्तुं), विच्छिद् (**c. 7.** -छिनत्ति -छेत्तुं), अवच्छिद्, अन्यभेदं कृ, अन्यविभेदं कृ, अन्यवियोगं कृ, परविश्लेषं कृ, पृथक् स्था **in caus.** (-स्थापयति -यितुं). ***See To*** **insulate.**

Isolated, ***p. p.*** असङ्गः -ङ्गा -ङ्गं, निःसङ्गः -ङ्गा -ङ्गं, गतसङ्गः -ङ्गा -ङ्गं, वियुक्तः -क्ता -क्तं, विभिन्नः -न्ना -न्नं, परविभिन्नः -न्ना -न्नं, अन्यविश्लिष्टः -ष्टा -ष्टं, व्यासक्तः -क्ता -क्तं, अनन्यसंसक्तः -क्ता -क्तं, अन्यासक्तः -क्ता -क्तं, पृथक्स्थितः -ता -तं, स्वतन्त्रः -न्त्रा -न्त्रं. ***See*** **Insulated.**

Isolation, ***s.*** असङ्गः, परवियोगः, परविभेदः, विच्छेदः, अवच्छेदः, व्यासङ्गः, विभिन्नता, पृथक्त्वं. ***See*** **Insulation.**

Isosceles, ***a.*** समद्विभुजः -जा -जं, समद्विबाहुः -हुः -हु, समद्विपार्श्वः -र्श्वा -र्श्वं; **'isosceles triangle,'** समद्विबाहुकत्रिभुजः, तुल्यद्विबाहुकत्रिभुजः द्विसमत्रिभुजः -जा; **'angles at the base of an isosceles triangle,'** तुल्यद्विबाहुकत्रिभुजस्य भूलग्नकोणौ ***m.*** **du.**

Issue, ***s.*** **(Egress)** निःसरणं, निस्सरणं, निर्गमः, निर्गतिः ***f.,*** निर्याणं, निष्क्रमणं, विनिर्गमः, वहिर्गमनं, वहिस्सरणं, निःसारः -रणं, अपसारः, अपसरणं, प्रवहः.—**(Event, consequence, last result)** गतिः ***f.,*** उद्भूतं, अनुवृत्तं, संवृत्तं, उत्पन्नं, फलं, फलमुत्तरं,

परिणामः, शेषः, अन्तः, सिद्धिः *f.*, प्रयुक्तिः *f.*, अन्वयः, निष्पन्नं; **'happy issue,'** सद्गतिः *f.*, शुभगतिः *f.*, शुभफलं; **'expectation of a favourable issue,'** शुभफलाकांक्षा. —**(Progeny)** प्रजा, अपत्यं, सन्तानं, सन्ततिः *f.*, अन्वयः, तन्तुः *m.* —**(Flux)** आमातिसारः, रक्तातिसारः, रक्तशुद्धिः *f.* —**(Ulcer, fontanel)** कृत्रिमव्रणः.

To* issue, *v. n. **(Flow out)** प्रसु (c. 1. -स्रवति -स्रोतुं), निःसु, सु. —**(Pass out, go out)** निःसृ (c. 1. -सरति -सर्त्तुं), विनिःसृ, निर्गम् (c. 1. -गच्छति -गन्तुं), विनिर्गम्, निर्या (c. 2. -याति -तुं), विनिर्या, निष्क्रम् (c. 1. -क्रामति -क्रमितुं), विनिष्क्रम्, अभिनिष्क्रम्, निश्चर् (c. 1. -चरति -रितुं), विनिश्चर्, निरि (c. 2. -एति -तुं), वहिर्गम्. —**(Proceed, arise)** उत्पद् (c. 4. -पद्यते -पत्तुं), जन् (c. 4. जायते, जनितुं), प्रवृत् (c. 1. -वर्त्तते -र्त्तितुं), प्रभू. —**(Close, end)** निष्पद्, विगम्, समाप् in pass. (-आप्यते), निवृत्, अपया.

To* issue, *v. a. **(Send out)** निःसृ (c. 10. -सारयति -यितुं), प्रचल् (c. 10. -चालयति -यितुं), प्रचर् (c. 10. -चारयति -यितुं), प्रचलीकृ. —**(Make public)** प्रकाश् (c. 10. -काशयति -यितुं), ख्या **in caus.** (ख्यापयति -यितुं), घुष् (c. 10. घोषयति -यितुं), विघुष्, प्रसिद्धीकृ.

Issued, *p. p.* निःसृतः -ता -तं, निर्गतः -ता -तं, प्रसुतः -ता -तं, उत्पन्नः -न्ना -न्नं.

Issueless, *s.* असन्तानः -ना -नं, अनपत्यः -त्या -त्यं, अप्रजः -जा -जं, अप्रसुतः -ता -तं, निःसन्तानः -ना -नं, निरन्वयः -या -यं, निर्वंशः -शा -शं.

Isthmus, *s.* संयोगभूमिः *f.*, योगभूमिः *f.*, सम्बन्धभूमिः *f.*

It, *pron.* तद्, एतद्, इदं. **Sometimes 'it' is not expressed, but is inherent in the verb; as, 'it is well ascertained that the figure of the earth is globular,'** पृथिवी गोलाकारा भवति इति सुनिश्चितं.

Italian, *a.* इटालिदेशसम्बन्धी -न्धिनी -न्धि (न्), इटालिदेशजः -जा -जं, इटालिदेशीयः -या -यं, इटालिदेशस्थः -स्था -स्थं.

Italics, *s. pl.*, इटालिक्संज्ञको मुद्राक्षरविशेषः.

Itch, *s.* **(The disease)** कण्डूः *f.*, कण्डुः *f.*, खर्ज्जूः *f.*, कच्छूः *f.*, कच्छुः *f.*, सुकण्डुः *f.*, सृकण्डुः *f.*, खसः, पाम *n.* -मा *f.*, (न्), कण्डूतिः *f.* —**(An itching)** कण्डूतिः *f.*, कण्डूयनं, कण्डूया. —**(Eager desire)** अतिस्पृहा, अतिशयेच्छा, अत्यभिलाषः.

To* itch, *v. n. कण्डू (nom. कण्डूयति -ते), कण्डूयां कृ, कण्डूतिं कृ, स्पन्द् (c. 1. स्पन्दते -न्दितुं), स्फुर् (c. 6. स्फुरति -रितुं), कण्डलः -ला -लं भू. —**(Desire eagerly)** अतिशयेन इष् (c. 6. इच्छति, एषितुं) **or** अभिलष् (c. 1. -लषति -षितुं), गृध् (c. 4. गृध्यति, गर्धितुं).

Itchy, *a.* कण्डूलः -ला -लं, कच्छुरः -रा -रं, कण्डुरोगी -गिणी -गि (न्), पामनः -ना -नं.

Item, *adv.* **(Also)** अपर, अपिच, अथच, चैव, पुनरपि.

Item, *s.* **(Article, separate particular)** पदं, विषयः, प्रकरणं, अधिकरणं.

To* iterate, *v. a. **(Utter again)** पुनर् वद् (c. 1. वदति -दितुं), मुहुर् वद्, अनुवद्, पुनरुक्तिं कृ. —**(Do again)** पुनः कृ, मुहुः कृ, पुनःपुनः कृ.

Iteration, *a.* पुनरुक्तिः *f.*, पौनरुक्त्यं, पुनर्वचनं, अनुवादः, मुहुर्भाषाः **(Doing again)** पुनःकरणं, पुनरावृत्तिः *f.*, द्विरावृत्तिः *f.*

Iterative, *a.* पुनर्वादी -दिनी -दि (न्), पुनःकारी -रिणी -रि (न्).

Itinerant, *a.* अटमानः -ना -नं, पर्यटनकारी -रिणी -रि (न्), अध्वगः -गा -गं, -गामी -मिनी -मि (न्), भ्रमणकारी **etc.**, परिभ्रमी -मिणी -मि (न्), अवनिचरः -रा -रं, यात्रिकः -की -कं, चक्राटः -टा -टं.

Itinerary, *s.* मार्गवृत्तान्तपुस्तकं, मार्गक्रमणलेखः, प्रवासवृत्तान्तलेखः.

To* itinerate, *v. n. देशभ्रमणं कृ देशपर्यटनं कृ, परिभ्रम् (c. 4. -भ्राम्यति -भ्रमितुं), पर्यट् (c. 1. -अटति -टितुं).

Its, *pron.* तदीयः -या -यं, तस्य **gen. c.** (तद्), अय **gen. c.** (इदं).

Itself, *pron.* तद् एतद्, स्वयं.

Ivory, *s.* हस्तदन्तः, करिदन्तः, गजदन्तः, दन्तिदन्तः -न्ती.

Ivory, *a.* दान्तः -न्ती -न्तं, हस्तिदन्ती -न्तिनी -न्ति (न्), हस्तिदन्तनिर्म्मितः -ता -तं, दन्तिदन्तमयः -यी -यं.

Ivy, *s.* वृक्षगृहादिरोही लताविशेषः, तरुरुहा, तरुरोहिणी.

J

To* jabber, *v. n. जल्प् (c. 1. जल्पति -ल्पितुं), उपजल्प्, त्वरितं वद् (c. 1. वदति -दितुं), अव्यक्तं **or** अस्पष्टं वद्, वद् **in freq.** (वावद्यते), प्रलप् (c. 1. -लपति -पितं), चटचट **(nom.** चटचटायते), अनर्थकवचनं कृ.

Jabberer, *s.* जल्पकः, जल्पाकः, जल्पी *m.* (न्), उपजल्पी *m.* वाचालः, वाचाटः, वावदूकः, बहुभाषी *m.* (न्), अस्पष्टवक्ता *m.* (क्तृ).

Jabbering, *s.* जल्पः -ल्पनं, प्रजल्पः, जल्पितं, वावदूकता, प्रलापः, विप्रलापः. प्रलपितं, त्वरितवचनं, स्पष्टवचनं, अव्यक्तवचनं, निरर्थकवचनं.

Jack, *s.* **(Instrument for pulling off boots)** पादुकानिष्कर्षणयन्त्रं. —**(Instrument for turning a spit)** यन्त्रं यद्द्वारेण पाकशूलः परिवर्त्तते. —**(A fish)** जलसूचिः *m.* —**(Coat of mail)** कवचः -चं, तनुत्रं. —**(Horse, woodden**

frame) मञ्चः, वृक्षः, उपस्तम्भः, आधारः.–**(Male of certain animals) expressed by** पुं **prefixed.**–**(Flag at the end of a bow-spirit)** नौकाग्रवहिः प्रलम्बो ध्वजपटः.–**(Breadfruit tree)** पनसः, पनसनालिका, कण्टकिफलः.

Jack-a-lantern, ***s.*** पिशाचदीपिका, भूतदीपिका, मिथ्यादीप्तिः ***f.***

Jackal, ***s.*** शृगालः, सृगालः, जम्बुकः, जम्बूकः, गोमायुः ***m.,*** वञ्चकः, क्रोष्टा ***m.*** (ष्टु), गोमी ***m.,*** (न्), क्रश्वा ***m.,*** (न्), भूरिमायः, घोररासनः, हूरवः, श्वभीरुः ***m.,*** फेरः, फेरण्डः, फेरवः.–**(Female)** शृगाली, क्रोष्ट्री, शिवा.

Jackanapes, ***s.*** वानरवृत्तिः ***m.,*** कपिस्वभावः, मर्कटशीलः, वानरचरित्रः.

Jackass, ***s.*** गर्दभः, रासभः, खरः, धूसरः, चक्रीवान् ***m.,*** (त्), वालेयः.

Jack-boots, ***s. pl.*** चर्म्मनिर्म्मितं जङ्घोत्तरीयं **or** जङ्घात्राणं, वृहत्पादुका.

Jack-daw, ***s.*** काकजातीयः पक्षिभेदः, काकविशेषः, काकः, वायसः.

Jacket, ***s.*** कञ्चुकः, कञ्चुलिका, निचोलः -लकः, चोलः -लकः, निचुलः, अङ्गिका, कूर्पासकः.

Jack-ketch, ***s.*** घातुकपुरुषः, दण्डपाशिकः, मृतपाः ***m.,*** उद्‌बन्धकः

Jack-pudding, ***s.*** भण्डः, भाण्डः, वैहासिकः, परिहासवेदी ***m.,*** (न्), विदूषकः.

Jacobin, ***s.*** हीनवर्णपक्षपाती ***m.,*** (न्), राजद्रोही ***m.,*** (न्), राजयुध्वा ***m.,*** (न्).

Jacob's-staff, ***s.*** **(Pilgrim's staff)** कार्पटिकदण्डः, कार्पटिकयष्टिः ***m. f.***–**(A staff concealing a weapon)** कूटायुधं, कूटास्त्रं, अन्तर्गुप्तनिशितास्त्रो वहिः काष्ठमयो दण्डः.

Jade, ***s.*** **(Sorry horse)** कदश्वः, अश्वतरः, अश्वकः.–**(A name of reproach for a woman)** बन्धकी, कुलटा, भ्रष्टा, पापीयसी. ***See*** **Jadish.**

To **jade,** ***v. a.*** खिद् **(c. 10.** खेदयति -यितुं), आयस् **(c. 10.** -यासयति -यितुं), श्रम् **(c. 10.** श्रमयति -यितुं), क्लम् **(c. 10.** क्लमयति -यितुं), सद् **(c. 10.** सादयति -यितुं), अवसद्, क्लिश् **(c. 9.** क्लिश्नाति, क्लेशितुं), तप् **(c. 10.** तापयित -यितुं), कृष् **(c. 10.** कर्षयति -यितुं), कष्टं कृ.

To **jade,** ***v. n.*** **(Become weary)** खिद् **in pass.** (खिद्यते), आयस् **(c. 4.** -यस्यति -यसितुं), श्रम् **(c. 4.** श्राम्यति, श्रमितुं), क्लम् **(c. 4.** क्लाम्यति, क्लमितुं), सद् **(c. 1.** सीदति, सत्तुं), अवसद्, कष्ट **(nom.** कष्टायते).

Jaded, ***p. p.*** खिन्नः -न्ना -न्नं, खेदितः -ता -तं, श्रान्तः -न्ता -न्तं, परिश्रान्तः -न्ता -न्तं, श्रमार्त्तः -र्त्ता -र्त्तं, क्लिष्टः -ष्टा -ष्टं, ग्लानः -ना -नं.

Jadish, ***a.*** **(Bad)** दुष्टः -ष्टा -ष्टं, पापीयान् -यसी -यः (स्), कुत्सितः -ता -तं, कु **or** कद् **or** दुर् **prefixed.**–**(Unchaste, applied to a woman)** बन्धकी, असती, असाध्वी, व्यभिचारिणी, पुंश्चली, धृष्टा, धर्षिणी, अविनीता, कामगा.

Jag, jagg, ***s.*** **(Notch)** छेदः, अवच्छेदः, विच्छेदः, भङ्गः, दन्तः, क्रकचदन्तरूपो भङ्गः **or** छेदः.

To **jagg,** ***v. a.*** जर्ज्जरीकृ, क्रकचदन्तरूपेण छिद् **(c. 7.** छिनत्ति, छेत्तुं **or** विछिद् **or** अवछिद्, छेदं कृ, अवच्छेदं कृ, क्रकचरूपेण भङ्गुरं -रां -रं कृ, **or** भङ्गुरीकृ **or** जर्ज्जरं -रां -रं कृ, जर्ज्जरीकं -कां -कं, कृ.

Jagged, ***p. p. a.*** जर्ज्जरः -रा -रं, जर्ज्जरीकः -का -कं, क्रकचदन्तरूपेण विच्छिन्नः -न्ना -न्नं **or** दन्तुरः -रा -रं **or** दन्ती -न्तिनी -न्ति (न्), अनुक्रकचः -चा -चं, क्रकचधाराकारः -रा -रं, भङ्गुरः -रा -रं, विषमधारः -रा -रं.

Jaggedness, ***s.*** जर्ज्जरता, जर्ज्जरीकता, दन्तुरत्वं, भङ्गुरत्वं.

Jaggy, ***a.*** दन्तुरः -रा -रं, अनुक्रकचः -चा -चं. ***See*** **Jagged.**

Jail, ***s.*** कारा, कारागारं, कारागृहं, कारावेश्म ***n.*** (न्), बन्धनागारं, बन्धनालयः, बन्धनगृहं, बन्धनस्थानं, निरोधस्थानं, वन्दिशाला, गुप्तिः ***f.,*** चारः.

Jailer, ***s.*** काररक्षकः कारागृहाध्यक्षः, कारागाराधिपतिः ***m.,*** बन्धनालयरक्षकः, गुप्तिपालकः, वन्दिपालः.

Jackes, ***s.*** शौचकूपः, पायुक्षालनवेश्म ***n.*** (न्), अवस्करस्थानं.

Jam, ***s.*** मिष्टफलं, मिष्टान्नं, स्वाद्वन्नं, सन्धितफलं, सन्धितं.

To **jam,** ***v. a.*** सम्पीड् **(c. 10.** -पीडयति -यितुं), सम्मृद् **(c. 9.** -मृद्नाति -मर्द्दितुं), सम्बाध् **(c. 1.** -बाधते -धितुं), सङ्कुलीकृ, सङ्कटीकृ.

Jamb, ***s.*** उपस्तम्भः, अवष्टम्भः -म्भनं, स्तम्भः, गृहस्तम्भः, आधारः.

Jammed, ***p. p.*** सम्पीडितः -ता -तं, सम्मर्द्दितः -ता -तं, सम्बाधः -धा -धं, सङ्कुलः -ला -लं, सङ्कटः -टा -टं, चूर्णितः -ता -तं.

To **jangle,** ***v. n.*** वाग्युद्धं कृ, वाक्कलहं कृ, विवद् **(c. 1.** -वदते -दितुं), विप्रलापं कृ, व्यवक्रोशनं कृ, विरोधोक्तिं कृ, कलह **(nom.** कलहायते).

Jangle, ***s.*** **(Wrangling)** वाग्युद्धं, वाक्कलहः, विप्रलापः, व्यवक्रोशनं.–**(Discordant sound)** झञ्झा -ञ्झनं.

Jangler, ***s.*** वाक्कलहकारी ***m.*** (न्), वाग्युद्धप्रियः, व्यवक्रोशनप्रियः.

Jangling, ***s.*** **(Wrangling)** वाक्कलहः, व्यवक्रोशनं, विवादः.–**(Discordant sound)** झञ्झा -ञ्झनं, झः, कर्कशस्वनः.

Janitor, ***s.*** द्वारपालः, द्वाररक्षकः, द्वारस्थः, प्रतिहारः, प्रतीहारः.

Jantily, ***adv.*** चपलं, चापल्येन, चपलशीलत्वात्, लघु, स्वभावलाघवात्.

Jantiness, ***s.*** चापल्यं, चपलशीलता, लघुता, स्वभावलाघवं.

Janty, ***a.*** चपलः -ला -लं, चपलशीलः -ला -लं, लघुस्वभावः

-वा -वं.

January, ***s.*** पौषमाघं, पौषः, माघः, उत्तरपौषः, पूर्व्वमाघः, पुष्यः, तैषः, तिष्यः, -ष्यकः, प्रथममासः.

Japan, ***s.*** जापान्नामा चित्रकुक्कुभविशेषः.

***To* jar, *v. n.* (Make a grating sound)** कर्कशशब्दं कृ, झञ्झा **(nom.** झञ्झायते), परस्परघर्षणजं झञ्झाशब्दं कृ.—**(Clash)** सङ्घट्ट् **(c. 1.** -घट्टते -ट्टितुं), परस्परसमाघातं कृ, परस्परसङ्घट्टनं कृ.—**(Quarrel)** विवद् **(c. 1.** -वदते -दितुं), कलह **(nom.** कलहायते).

Jar, ***s.*** **(Grating sound)** कर्कशशब्दः, परस्परघर्षणजः कटुशब्दः, परस्परसङ्घट्टनजो झञ्झाशब्दः, झञ्झनं.—**(Clash)** सङ्घट्टः -ट्टनं, समाघातः, परस्परसमाघातः, परस्परविरोधः.—**(An earthen vessel)** घटः, कुम्भः, कलशः -शी -शं, मणिकं, अलिञ्जरः, आलुः ***f.,*** कर्करी, कुण्डी, मृत्तिकापात्रं, मृद्भाण्डं, मृण्मयपात्रं, उदपात्रं, जलपात्रं.—**(Bottom of a jar)** सूर्य्यग्रहः. —**(A little open, half open, said of a door)** ईषदुद्घाटितः -ता -तं, अर्द्धोद्घाटितः -ता -तं.

Jargon, ***s.*** अनर्थकभाषा, असम्बद्धभाषा, पिशाचभाषा, राक्षसी भाषा, मिश्रितभाषा.

Jarring, ***part.*** **or** ***a.*** परस्परपराहतः -ता -तं, परस्परविरोधी -धिनी -धि (न्), अन्योन्यविरुद्ध -द्धा -द्धं.—**(Making a harsh sound)** कर्कशशब्दकारी -रिणी -रि (न्).

Jasmin, ***s.*** कुन्दः -न्दं, जाती -तिः ***f.,*** झाटी -टा, जातीकुसुमं, मालती, यूथी, यूथिका, स्वर्णयूथी, मल्लिका, जीवनी, सुगन्धः, माधुरं, सुमनाः ***f.,*** (स्), मकरन्दः, मुद्गरः; **'double jasmin,'** शिशुगन्धा; **'relating to the jasmin,'** कौन्दः -न्दी -न्दं; **'the jasmin creeper,'** कौन्दी लता.

Jasper, ***s.*** सूर्य्यकान्तः, जास्पराख्यो मणिविशेषः.

Jaundice, ***s.*** पाण्डुः ***m.,*** पाण्डुरोगः, पाण्डुरः, पाण्डुकः, कामला -लः, कुम्भकामला, हलीमकं; **'incipient jaundice,'** पाण्डुच्छाया.

Jaundiced, ***a.*** **(Having the jaundice)** पाण्डुरोगी -गिणी -गि (न्), पाण्डुरोगग्रस्तः -स्ता -स्तं.—**(Prejudiced)** साचीकृतः -ता -तं, वक्रदृष्टिः -ष्टिः -ष्टि.

To* jaunt, *v. n. परिभ्रमणं कृ, पर्य्यटनं कृ, विहारं कृ, विहारार्थम् इतस्ततः परिभ्रम् **(c. 4.** -भ्राम्यति -भ्रमितुं), विहृ **(c. 1.** -हरति -हर्त्तुं), विहारार्थं पर्य्यट् **(c. 1.** -अटति -टितुं).

Jaunt, ***s.*** विहारः, विहरणं, भ्रमणं, विहारार्थं परिभ्रमणं **or** पर्य्यटनं.

Jauntiness, ***s. See*** **Jantiness.**

Javelin, ***s.*** शल्यं, शलाका, शङ्कुः ***m.,*** प्रासः, क्षिपणिः ***m.,*** शक्तिः ***f.,*** पाणिमुक्तं, करमुक्तं, मुक्तामुक्तं, शूलः -लं, अस्त्रं, दूरवेधी ***m.*** (न्) कासूतरी.

Jaw, ***s.*** हनुः ***m. f.,*** हनूः ***f.,;*** **'the lower jaw,'** पीचं, कुञ्जः, चिवुकं. चिवुः ***m.;*** **'big-jawed,'** महाहनुः -नुः -नु; **'locked jaw,'** हनुग्रहः. हनुस्तम्भः; **'jaw-tooth,'** दाढा, दंष्ट्रा.—**(Mouth)** मुखं, वक्त्रं; **jaws of death,'** मृत्युवक्त्रं.—**(Scolding, abuse)** आक्रोशः, क्रुष्टं, तर्ज्जनं, वाक्पारुष्यं, भर्त्सनं.

***To* jaw, *v. n.* (Scold)** आक्रुश् **(c. 1.** -क्रोशति -कोष्टुं), तर्ज् **(c. 10.** तर्जयति -यितुं).

Jaw-bone, ***s.*** हन्वस्थि ***n.,*** चिवुकास्थि ***n.,*** पीचास्थि ***n.***

Jawed, ***a.*** हनुमान् -मती -मत् (त्), हनूमान् **etc.,** हनुविशिष्टः -ष्टा -ष्टं.

Jay, ***s.*** चाषः, चासः, मणिकण्ठः, नीलकण्ठः, किकिः ***m.,*** किकिदिविः ***m.,*** किकीदिवः, किकीदीविः ***m.,*** चालः.

Jealous, ***a.*** **(Apprehensive of rivalship, uneasy at another's success)** मत्सरी -रिणी -रि (न्), मत्सरः -रा -रं, समत्सरः -रा -रं. परगुणमत्सरः -रा -रं, परोत्कर्षद्वेषी -षिणी -षि (न्), परोत्कर्षासहनः -ना -नं, परोत्कर्षासूयकः -का -कं, परोत्कर्षशङ्की -ङ्किनी -ङ्कि (न्), अन्यशुभाशङ्की -ङ्किनी -ङ्कि (न्), परप्रशंसासहनः -ना -नं, परशुभामर्षणः -णा -णं, ईर्ष्यी -र्ष्यिणी -र्ष्यि (न्) सेर्ष्यः -र्ष्या -र्ष्यं, असूयकः -का -कं, साभ्यसूयः -या -यं, कृतेर्ष्यः -र्ष्या -र्ष्यं, स्पर्धी -र्धिनी -र्धि (न्), वक्रदृष्टिः -ष्टिः -ष्टि.—**(Suspicious in love)** प्रेमविपर्य्यासशङ्की **etc.,** प्रेमसंशयी -यिनी -यि (न्), प्रेमशङ्की **etc.,** प्रेमव्यत्ययाशङ्की प्रीतिविपर्य्ययाशङ्की **etc.; 'a husband of a wife,'** परपुरुषाशङ्की, परपुरुषशङ्कितः, जारशङ्कितः; **'a wife of a husband,'** परस्त्रीशङ्किता, परस्त्रीशङ्किनी.—**(Suspiciously fearful)** शङ्काशीलः -ला -लं, शङ्कास्वभावः -वा -वं.—**(Careful for the honour of)** अभिमानी -निनी -नि (न्), कृताभिमानः -ना -नं, कृतादरः -रा -रं, साभिमानः -ना -नं, आदृतः -ता -तं.

Jealously, ***adv.*** समत्सरं, मात्सर्य्येण, सेर्ष्यं, असूयया, सासूयं, साभ्यसूयं, परोत्कर्षासूयया, परोत्कर्षशङ्कया, प्रेमविपर्य्यासशङ्कया, शङ्काशीलवत्, वक्रदृष्ट्या, स्पर्धया.

Jealousy, jealousness, ***s.*** मात्सर्य्यं, मत्सरः -रता, ईर्ष्या, असूया, स्पर्धा, परगुणमात्सर्य्यं, परोत्कर्षासहिष्णुता, परोत्कर्षद्वेषः, परोत्कर्षासूया, परोत्कर्षशङ्का, परप्रशंसासहनं, परशुभाशङ्का, अन्यशुभद्वेषः, सापत्न्यं, सापत्नभावः, दृष्टिवक्रता. —**(Suspiciousness in love)** प्रेमशङ्का, प्रीतिशङ्का, प्रेमसंशयः, प्रेमविपर्यासशङ्का, प्रेमव्यत्ययशङ्का, प्रीतिव्यत्यासशङ्का; **'of a husband respecting a wife,'** परपुरुषशङ्का, व्यभिचारशङ्का, अन्यपुरुषाशङ्का, जारशङ्का; **'of a wife respecting a husband,'** परस्त्रीशङ्का.—**(Suspicious fear)** शङ्का, शङ्काशीलता. —**(Concern for the honour of)** अभिमानचिन्ता.

To* jeer, *v. a. अवहस् **(c. 1.** -हसति -सितुं), अपहस्, अवहासभूमिं कृ, अपहासास्पदीकृ, अवक्षिप् **(c. 6.** -क्षिपति -क्षेप्तुं), अवज्ञा

(c. 9. -जानाति -ज्ञातुं), तिरस्कृ, मुखरीकृ, गर्ह् (c. 1. गर्हते -र्हितुं), अवगर्ह्, भर्त्स् (c. 10. भर्त्सयते -ति -यितुं).

Jeer, *s.* उपहासः, अवहासः, अपहासः, परिहासः, क्षेपः, अवक्षेपः, अवज्ञा, अवमानं, अवहेला, व्यञ्जनं, -ना, व्यंग्यः.

Jeerer, *s.* उपहासकः, परिहासकर्त्ता ***m.*** (र्त्तृ), क्षेपकः, अवक्षेपकः.

Jeeringly, *adv.* उपहासेन, सोपहासं, परिहासेन, सावक्षेपं, हास्यपूर्व्वं.

Jejune, *a.* रुक्षः -क्षा -क्षं, रुक्षः -क्षा -क्षं, नीरसः -सा -सं, विरसः -सा -सं, रसहीनः -ना -नं, शुष्कः -ष्का -ष्कं, शून्यः -न्या -न्यं, निःसारः -रा -रं, निःसत्त्वः -त्त्वा -त्त्वं.

Jejuneness, *s.* रुक्षता, रौक्ष्यं, नीरसता, विरसता, रसाभावः, शुष्कता, शून्यता, सारहीनता, सत्त्वहीनता.

Jelly, *s.* (Of animal substance) मांसघननिष्क्वाथः, क्वथितमांसनिर्म्मितो घनीभूतः स्वच्छरसः, मांसस्य श्यानरसः **or** घनरसः.**—(Of fruit)** फलानां शर्करादिना सह निष्क्वथितानां घनरसः, फलपाकः.**—(Glutinous substance)** श्यानद्रव्यं, सान्द्रद्रव्यं.

Jennet, *s. See* Genet.

To* jeopard, *v. a. संशयस्थं -स्थां कृ, संशयितं -तां कृ, सन्देहस्थं -स्थां कृ, शङ्कास्थं -स्थां कृ, संशयापन्नं -न्नां कृ, सन्देहदोलस्थं -स्थां कृ, भयस्थं -स्थां कृ, शङ्कास्पदीकृ; **'one who jeopards his life,'** संशयितजीवितः.

Jeoparded, *s.* संशयितः -ता -तं, संशयङ्गमितः -ता -तं, शङ्कास्पदीकृतः -ता -तं.

Jeopardous, *a.* सांशयिकः -की -कं, सन्दिग्धः -ग्धा -ग्धं, भयाक्रान्तः -न्ता -न्तं.

Jeopardy, *s.* (Hazard) संशयः, शङ्का, सन्देहः, भयं, विकल्पः, आतङ्कः, भयहेतुः ***m.;*** **'any thing exposed to jeopardy,'** भयस्थानं, संशयस्थानं, शङ्कास्पदं; **'jeopardy of life,'** जीवितसंशयः, प्राणसन्देहः, प्राणनाशसंशयः, प्राणबाधः; **'brought into jeopardy,'** संशयितः -ता -तं; **'to be in jeopardy,'** संशयस्थः -स्था -स्थं भू, शङ्कास्पदीभू.

***To* jerk, *v. a.* (Give a sharp or sudden twitch or push)** लघुप्रहारं कृ, लघ्वाघातं कृ, आकस्मिप्रहारं कृ, लघुप्रहारेण तड् (c. 10. ताडयति -यितुं) **or** आहन् (c. 2. -हन्ति -न्तुं). **—(Throw with a sharp sudden motion, or by stopping the arm half way)** लघुप्रहारेण **or** आकस्मिकप्रहारेण क्षिप् (c. 6. क्षिपति, क्षेप्तुं), बाहुवेगम् अर्द्धेन स्तम्भयित्वा क्षिप्, अकस्मात् क्षिप्.

Jerk, *s.* लघुप्रहारः, लघ्वाघातः, आकस्मिकप्रहारः, लघुक्षेपः, आकस्मिकक्षेपः, लघुप्रहारेण क्षेपः, बाहुवेगस्तम्भनपूर्व्वः क्षेपः.

Jerkin, *s.* कञ्चुकः, कञ्चुलिका, अङ्गिका, कूर्पासकः, क्षुद्रनिचोलः.

Jessamine, *s. See* Jasmin.

Jest, *s.* हास्यं, परिहासः, परीहासः, हासिका, नर्म्म (न्), परिहासवाक्यं, परिहासोक्तिः ***f.,*** विनोदोक्तिः ***f.,*** विनोदभाषणं, श्लेषः, लालिका, टट्टरी, व्याहारः.**—(Object of laughter)** उपहासस्थानं, उपहासास्पदं, हास्यास्पदं, उपहासपात्रं, विनोदास्पदं. **—(Fun)** खेला, क्रीडा, कौतुकं, केलिः ***m. f.;*** **'in jest,'** परिहासेन.

To* jest, *v. n. हस् (c. 1. हसति -सितुं), विहस्, प्रहस्, सम्प्रहस्, संविहस्, परिहासं कृ, विनोदं कृ, परिहासवाक्यं वद् (c. 1. वदति -दितुं), विनोदवाक्यं वद्, भण्ड् (c. 1. भण्डते -ण्डितुं), क्रीड् (c. 1. क्रीडति -ते -डितुं), प्रक्रीड्, विक्रीड्, परिक्रीड्, विलस् (c. 1. -लसति -सितुं), खेला (nom. खेलायति); **'speak in jest,'** परिहासेन वद्.

Jester, *s.* परिहासकारी ***m.*** (न्), परिहासवेदी ***m.*** (न्), हास्यकारी ***m.*** विनोदकारी ***m.*** विनोदभाषी ***m.*** (न्), वैहासिकः, विदूषकः. **—(Buffoon)** भण्डः, वैहासिकः, चाटुपटुः ***m.*** चाटुवटुः ***m.*** रवणः, नटः, क्रीडामृगः.**—(Companion of a king)** नर्म्मसचिवः, विदूषकः, नर्म्मदः, राजविनोदी ***m.*** (न्).

Jesting, *s.* परिहासकरणं, नर्म्मकरणं, नर्म्मद्युतिः ***f.,*** विनोदः, भाण्डं.

Jestingly, *adv.* परिहासेन, हास्येन, परिहासमात्रेण, विनोदेन, विनोदार्थं.

Jest, *s.* (Spouting of water) जलोत्क्षेपः, जलोत्सेकः.**—(Black stone)** कृष्णप्रस्तरः, कृष्णवर्णः प्रस्तरविशेषः.

Jet-black, *s.* घनकृष्णः -ष्णा -ष्णं, सुकृष्णः -ष्णा -ष्णं, अतिकृष्णः -ष्णा -ष्णं.

Jetsam, jeston, jettison, *s.* नौव्यसनकाले नौकालघुकरणार्थं समुद्रमध्ये क्षिप्तद्रव्याणि.

Jetty, *s.* भूमिवहिर्गतः, समुद्रस्थसेतुः, काष्ठस्तम्भनिर्म्मितः, क्षुद्रसेतुः.

Jetty, *a.* (Black as jet) कृष्णवर्णः -र्णा -र्णं कृष्णप्रस्तरसवर्णः -र्णा -र्णं.

Jew, *s.* यिहुदीयः, यिहुदीयदेशजः, यिहुदीयदेशवासी ***m.*** (न्).

Jewel, *s.* (Precious stone) मणिः ***m. f.,*** मणी, रत्नं, प्रस्तरः, मणिरत्नं, चारुशिला; **'jewel in a snake's head,'** फणमणिः; **'necklace of jewels,'** मणिमाला, रत्नावलिः ***f.;*** **'having jewels in the ears,'** मणिकर्णः -र्णा -र्णं.**—(A term of endearment)** रत्नं; **'a jewel of a woman,'** स्त्रीरत्नं.

Jewel-house, jewel-office, *s.* मणिशाला, रत्नशाला, राजकीयरत्नागारं.

Jewel-mine, *s.* रत्नाकरः, रत्नखनिः ***f.,*** मणिभूमिः ***f.,*** रत्नभूमिः.

Jewelled, *p. p.* or *a.* रत्नवान् -वती -वत् (त्), मणिमान् -मती -मत् (त्), मणिखचितः -ता -तं, रत्नमयः -यी -यं, मणिमयः -यी -यं, मणिशः -शा -शं.

Jeweller, *s.* मणिकारः, रत्नकारः -रकः, रत्नजीवी ***m.*** (न्), वैकटिकः; **'jeweller's shop,'** रत्नशाला.

Jewelry, *s.* रत्नानि ***n. pl.,*** रत्नादि भूषणं **or** अलङ्कारः, कोशः,

कोषः.

Jewess, ***s.*** यिहुदीया, यिहुदीया स्त्री, यिहुदीयदेशजा.

Jewish, ***a.*** यिहुदीयः -या -यं, यिहुदीयदेशसम्बन्धी -न्धिनी -न्धि (न्), यिहुदीयधर्म्मा -र्म्मा -र्म्म (न्).

Jew's harp, ***s.*** मुखवाद्यं, वक्त्रतालः -लं.

Jib, ***s.*** नौकाग्रस्थवसनं, अग्रस्थवसनं, नौकाग्रवहिःस्थं वातवसनं.

Jiffy, ***s.*** निमेषः, क्षणः, पलं; **'in a jiffy,'** निमेषमात्रेण, एकपदे, सपदि.

Jig, ***s.*** लघुनृत्यं, लघुनर्त्तनं, लघुतालसहितो नृत्यविशेषः.

To **jig,** ***v. n.*** पूर्व्वोक्तप्रकारेण नृत् (**c. 4.** नृत्यति, नर्त्तितुं), लघु नृत्.

Jilt, ***s.*** प्रतारिका, वञ्चिका, विप्रलम्भिका, सङ्केतलंघिनी, सङ्केतितान्यगामिनी, चपला, चपलशीला, एकपुरुषम् आश्वासयित्वा अन्यं गच्छति **or** गृह्णाति या स्त्री, प्रेमसिद्ध्याशां जनयित्वा खण्डयति या स्त्री.

To **jilt,** ***v. a.*** **or** ***n.*** प्रेमविषये एकपुरुषम् आश्वासयित्वा अन्यं गम् (**c. 1.** गच्छति, गन्तुं) **or** ग्रह् (**c. 9.** गृह्णाति, ग्रहीतुं), प्रेमसिद्ध्याशां जनयित्वा खण्ड् (**c. 10.** खण्डयति -यितुं), सङ्केतं लंघ् (**c. 10.** लंघयति -यितुं), प्रेमविषये वञ्च् (**c. 10.** वञ्चयते -ति -यितुं) **or** प्रतृ (**c. 10.** -तारयति -यितुं) **or** विप्रलभ् (**c. 1.** -लभते -लब्धुं).

Jilted, ***p. p.*** खण्डितः -ता -तं, खण्डितप्रेमसिद्ध्याशः -शा -शं.

To **jingle,** ***v. n.*** शिञ्ज् (**c. 2.** शिंक्ते, **c. 1.** शिञ्जते -ञ्जितुं), विशिञ्ज्, क्वण् (**c. 1.** क्वणति -णितुं), झणझण (**nom.** झणझणायते), किङ्किण (**nom.** किङ्किणायते), झञ्झनं कृ, विरु (**c. 2.** -रौति -रवितुं).

Jingle, ***s.*** शिञ्जा -ञ्जः, शिञ्जितः, आशिञ्जितं, झञ्झनं, झञ्झा, झनत्कारः, झङ्कारः, झं, क्वणनं, क्वणितं, किङ्किणिशब्दः, झणझणशब्दः.

Jingling, ***part.*** **or** ***a.*** शिञ्जी -ञ्जिनी -ञ्जि (न्), झञ्झनकारी -रिणी -रि (न्), क्वणन् -णन्ती -णत् (त्), क्वणितः -ता -तं.

Job, ***s.*** **(Piece of work)** कर्म्म ***m.*** (न्), कार्य्यं, कृत्यं, क्रिया, व्यापारः.—**(Mean business)** क्षुद्रकर्म्म ***n.,*** नीचकर्म्म ***n.,*** अधमक्रिया.—**(Work done for private profit or ends)** स्वार्थप्रयुक्तं कर्म्म, स्ववृद्ध्यर्थं कर्म्म, स्वार्थमात्रापेक्षकं कर्म्म, स्वार्थमात्रोद्देशकं कर्म्म **or** कार्य्यं, स्वार्थकर्म्म ***n.***

To **job,** ***v. n.*** क्षुद्रकर्म्म कृ, नीचकर्म्म कृ, स्वार्थप्रयुक्तं कर्म्म कृ, स्वार्थमात्रमपेक्ष्य **or** स्वार्थमात्रमुद्दिश्य कार्य्यं कृ.—**(Buy and sell as a broker)** परार्थं क्रयविक्रयं कृ **or** पण् (**c. 1.** पणते -णितुं, पणायति -यितुं), पणायां कृ.

Jobber, ***s.*** **(One who does small jobs)** क्षुद्रकर्म्मकारी ***m.*** (न्), नीचकर्म्मकृत्, तुच्छकर्म्मव्यवसायी ***m.*** (न्), अल्पकर्म्मव्यापारी ***m.***—**(Broker)** परार्थं क्रयविक्रयकारी ***m.*** **or** क्रयविक्रयप्रयोजकः, घटकः.—**(One who does a work for his own ends)** स्वार्थप्रयुक्तकर्म्मव्यवसायी ***m.,*** स्वार्थप्रवर्त्तकः, स्ववृद्ध्यर्थं कार्य्यव्यापारी.—**(Dealer)** क्रयविक्रयिकः, पणिकः, विपणी ***m.*** (न्).

Jobbing, ***s.*** क्षुद्रकर्म्मव्यवसायः, नीचकर्म्मप्रवृत्तिः ***f.,*** स्वार्थप्रयुक्तकार्य्यप्रवृत्तिः ***f.,*** स्वार्थप्रवर्त्तनं, स्ववृद्धिप्रवर्त्तनं.

Job-horse, ***s.*** पण्याश्वः, प्रयोज्यवाजी ***m.*** (न्), भाटकीयवाजी ***m.,*** अश्वकः.

Jockey, ***s.*** अश्वविद् ***m.,*** अश्वशिक्षकः, अश्वप्रेरकः, अश्वारूढः, अश्वशिक्षाजीवी ***m.*** (न्), अश्वोपजीवी ***m.*** (न्), अश्वज्ञः, हयज्ञः, अश्वविद्याविशारदः, हयविद्याविशारदः, अश्वकोविदः.

To **jockey,** ***v. a.*** अश्वशिक्षकवत् प्रतॄ (**c. 10.** -तारयति -यितुं) **or** वञ्च् (**c. 10.** वञ्चयते -ति -यितुं) **or** प्रलभ् (**c. 1.** -लभते -लब्धुं).

Jockeyism, jockeyship ***s.*** अश्वविद्या, अश्वारोहणविद्या, अश्वशिक्षा.

Jocose, ***a.*** परिहासशीलः -ला -लं, परिहासकः -का -कं, प्रहासी -सिनी -सि (न्), रसिकः -का -कं, रसी -सिनी -सि (न्), सरसः -सा -सं, कौतुकी -किनी -कि (न्), सकौतुकः -का -कं, विनोदी -दिनी -दि (न्). ***See*** **Jocular.**

Jocosely, ***adv.*** परिहासेन प्रहासेन, सरसं, सकौतुकं, रसिकवत्.

Jocoseness, ***s.*** परिहासशीलता, प्रहासः, रसिकत्वं, सरसता, कौतुकं.

Jocular, ***a.*** परिहासकः -का -कं, रसिकः -का -कं, विनोदी -दिनी -दि (न्), विनोदकारी -रिणी -रि (न्), हास्यकारी **etc.,** विनोदात्मकः -का -कं, हास्यावहः -हा -हं. ***See*** **Jocose.**

Jocularity, ***s.*** परिहासकत्वं, प्रहसनं, प्रहसितं, हासिका, रसिकता, विनोदः, कौतुकं, उल्लसता, हर्षः, उत्सवः.

Jocularly, ***adv.*** परिहासेन, सकौतुकं, विनोदार्थं, हर्षेण, हृष्टवत्.

Jocund, ***a.*** प्रमोदी -दिनी -दि (न्), उल्लसः -सा -सं, प्रहृष्टः -ष्टा -ष्टं, हृष्टहृदयः -या -यं, आनन्दी -न्दिनी -न्दि (न्), आनन्दवृत्तिः -त्तिः -त्ति.

Jocundity, ***s.*** उल्लसता, प्रहर्षः, आनन्दः, मुदा, हृष्टचित्तत्वं.

Jocundly, ***adv.*** हर्षेण, सहर्षं, प्रमोदेन, सानन्दं, उल्लासेन, हृष्टवत्.

To **jog,** ***v. a.*** अरत्निना तड् (**c. 10.** ताडयति -यितुं) **or** चल् (**c. 10.** चालयति -यितुं), ईषत् तड् **or** चल्, इङ्गितं कृ.

To **jog,** ***v. n.*** **(Jog on slowly)** शनैः शनैः **or** मन्दं मन्दं **or** क्रमे क्रमे चल् (**c. 1.** चलति -लितुं) **or** चर् (**c. 1.** चरति -रितुं) **or** सृ (**c. 1.** सरति, सर्त्तुं).

Jog, jogging, ***s.*** चालनं, ईषच्चालनं, ईषत्क्षोभः, ईषदाघातः, ईषत्प्रहारः, ईषत्ताडनं, इङ्गितं.

To **joggle, joggling.** ***See*** **Jog, jogging.**

To **join,** ***v. a.*** युज् (**c. 7.** युनक्ति, युंक्ते, योक्तुं, **c. 10.** योजयति

-यितुं), संयुज्, आयुज्, समायुज्, सन्धा (c. 3. -दधाति -धातुं), उपसन्धा, सम्बन्ध् (c. 9. -बध्नाति -बन्द्धुं), संश्लिष् (c. 10. -श्लेषयति -यितुं), श्लिष्, संहन् (c. 2. -हन्ति -न्तुं), सङ्गम् (c. 10. -गमयति -यितुं), संलग्नीकृ, एकीकृ, एकत्र कृ. —(Tie together) ग्रन्थ् (c. 9. ग्रथ्नाति, ग्रन्थितुं), योक्त्र (nom. योक्त्रयति -यितुं).

To* join, *v. n. **(Be in contact, unite)** संयुज् **in pass.** (-युज्यते), समायुज्, सन्धा **in pass.** (-धीयते), संश्लिष् **in pass.** (-श्लिष्यते), संहन् **in pass.** (-हन्यते), सङ्गम् **(c. 1.** -गच्छति -गन्तुं), समे (समैति -तुं, **rt.** इ), संलग्नीभू, एकीभू, संसक्तीभू, एकत्र भू, सम्मिल् **(c. 6.** -मिलति -मेलितुं).

Joined, *p. p.* युक्तः -क्ता -क्तं, संयुक्तः -क्ता -क्तं, संयोजितः -ता -तं, समायुक्तः -क्ता -क्तं, संयुतः -ता -तं, योजितः -ता -तं, समायुतः -ता -तं, युतः -ता -तं, संश्लिष्टः -ष्टा -ष्टं, श्लिष्टः -ष्टा -ष्टं, संहतः -ता -तं, अभिसंहतः -ता -तं, संसक्तः -क्ता -क्तं, समासक्तः -क्ता -क्तं, सम्बद्धः -द्धा -द्धं, बद्धः -द्धा -द्धं, लग्नः -ग्ना -ग्नं, संलग्नः -ग्ना -ग्नं, विलग्नः -ग्ना -ग्नं, संहितः -ता -तं, सन्धितः -ता -तं, उपाहितः -ता -तं, सङ्गतः -ता -तं, समितः -ता -तं, मिलितः -ता -तं, एकीकृतः -ता -तं, घटितः -ता -तं, **'with joined hands,'** संश्लिष्टाभ्यां पाणिभ्यां, बद्धाञ्जलिः -लिः -लि, अवहिताञ्जलिः -लिः, -लि, अभिगृहीतपाणिः -णिः -णि.

Joiner, *s.* सूत्रधारः, काष्ठतक्षकः, तक्षकः, तथा ***m.*** (न्), त्वष्टा ***m.*** (ष्टृ).

Joinery, *s.* काष्ठतक्षणं, त्वष्टिः ***f.,*** तक्षणं, सूत्रधारकर्म्म ***n.*** (न्), तक्षकक्रिया.

Joining, *s.* संयोगः, योगः, सन्धानं, सन्धिः ***m.,*** श्लेषः, संश्लेषः, संघातः, सङ्गः, सङ्गमः, समागमः, समासक्तिः ***f.,*** संसक्तिः.

Joint, *s.* (Of the body) सन्धिः ***m.,*** ग्रन्थिः ***m.,*** अस्थिसन्धिः ***m.,*** अस्थिग्रन्थिः ***m.,*** परग्रन्थिः ***m.,*** पर्व्व ***n.*** (न्), अस्थिपर्व्व ***n.,*** मर्म्म ***n.*** (न्), काण्डः -ण्डं, जीवस्थानं, अरुस् **ind.; 'the knee-joint,'** जानुसन्धिः ***m.,*** जङ्घोरुसन्धिः; **'the thigh-joint,'** ऊरुपर्व्व ***n.;*** **'the thumbjoint,'** अङ्गुष्ठपर्व्व ***n.;*** **'of the neck,'** ग्रीवासन्धिः ***m.,*** सन्धिः; **'of the shoulder,'** चिरु ***n.;*** **'to put out of joint,'** विसन्धीकृ.—**(Knot of a plant)** ग्रन्थिः ***m.*** पर्व्व ***n.*** (न्).

Joint, *a.* (Shared by two or more) संविभक्तः -क्ता -क्तं, अविभक्तः -क्ता -क्तं, अंशितः -ता -तं, साधारणः -णा -णी -णं, सामान्यः -न्या -न्यं, अनेकस्वामिकः -का -कं, **usually expressed by** सह **in comp.; as, 'joint proprietor,'** सहस्वामी ***m.*** (न्), सहाधिकारी ***m.*** (न्); **'joint possessor,'** सहभोजी ***m.*** (न्); **'joint-heir,'** समाधिकारी.—**(United in the same office)** एकाधिकारी ***m.*** (न्), एककार्य्यकारी ***m.*** (न्), सद्वितीयः -या -यं.—**(Combined)** सङ्घातवान् -वती -वत् (त्), सम्भूयकारी -रिणी -रि (न्).

To* joint, *v. a. **(Form with joints)** सन्धिविशिष्टं -ष्टां कृ, ग्रन्थियुक्तं -क्तां कृ.—**(Divide in the joints)** सन्धिभेदं कृ, सन्धिभङ्गं कृ.

Jointed, *p. p.* or *a.* (Formed with joints) ग्रन्थिलः -ला -लं, ग्रन्थिमान् -मती -मत् (त्), सन्धिविशिष्टः -ष्टा -ष्टं, सन्धियुक्तः -क्ता -क्तं.—**(Divided in the joints)** भिन्नसन्धिः -न्धिः -न्धि, विसन्धितः -ता -तं.

Joint-heir, *s.* समांशी ***m.*** (न्), समभागी ***m.*** (न्), समाधिकारी ***m.*** (न्), समांशहारी ***m.*** (न्), भागी ***m.*** (न्), संविभागी, भागहरः, समभागहारी ***m.*** भागधेयः, सहाधिकारी ***m. See* Coheir.**

Jointly, *adv.* संयोगतस्, योगतस्, सहितं, समं, सह, सम्भूय, एकचित्तीभूय, अपृथक्, युगपत्, सार्द्धं.

Jointure, *s.* विधवाधनं, स्त्रीधनं, स्त्रीवृत्तिः ***f.,*** भर्तृदत्तं, स्वामिदत्तं.

Joist, *s.* गृहतलालम्बी दीर्घदारुः, हर्म्यतलोत्तम्भकं दीर्घकाष्ठं.

Joke, *s.* परिहासः, हास्यं, हासिका, परिहासवाक्यं, परिहासोक्तिः ***f.,*** रसः, रसिकवाक्यं, नर्म्म ***n.*** (न्), विनोदः, विनोदोक्तिः ***f.,*** लालिका, श्लेषः, टट्टरी, व्याहारः, प्रपञ्चः, कौतुकं; **'in joke,'** परिहासेन; **'jockes to the bridegroom,'** जम्बूलः.

To* joke, *v. a. हस् **(c. 1.** हसति -सितुं), प्रहस्, विहस्, संविहस्, व्यतिहस्, सम्प्रहस्, परिहस्, परिहासं कृ, हास्यं कृ, परिहासवाक्यं वद् **(c. 1.** वदति -दितुं), विनोदं कृ, विनोदवाक्यं वद्, भण्ड् **(c. 1.** भण्डते -ण्डितुं), विलस् **(c. 1.** -लसति -सितुं), खेला **(nom.** खेलायति), नर्म्म कृ; **'speak in joke,'** परिहासेन वद्.

Joker, *s.* परिहासवेदी ***m.*** (न्), परिहासकः हास्यकारी ***m.*** (न्), विनोदभाषी ***m.*** (न्), वैहासिकः, विदूषकः विलासी ***m.*** (न्).

Jole, *s.* गण्डः -ण्डं, कपोलः, गण्डस्थलः -ली; **'cheek by jole,'** गण्डागण्डि.

Jollity, jolliness, *s.* उत्सवकरणं, उत्सवः, समुत्सवः, उल्लसता, उल्लासः, आनन्दः, आह्लादः, हर्षः, प्रहर्षः, प्रमोदः, प्रहसनं, प्रहासः, प्रहसितं, प्रहृष्टता, प्रफुल्लता, सानन्दता, आमोदः, मुदा.

Jolly, *a.* उत्सवकारी -रिणी -रि (न्), सोत्सवः -वा -वं, हृष्टः -ष्टा -ष्टं, प्रहृष्टः -ष्टा -ष्टं, आनन्दी -न्दिनी -न्दि (न्), सानन्दः -न्दा -न्दं, हृष्टहृदयः -या -यं, हर्षणः -णा -णं, उल्लसः -सा -सं, उल्लसितः -ता -तं, उल्लासी -सिनी -सि (न्), प्रहासी -सिनी -सि (न्), प्रमोदी -दिनी -दि (न्), मुदितः -ता -तं, प्रफुल्लः -ल्ला -ल्लं, हासी **etc.,** परिहासशीलः -ला -लं, विलासी -सिनी -सि (न्), कृतकौतुकः -का -कं, सुमनाः -नाः -नः (स्).

Jolly-boat, *s.* वृहन्नौकासम्बन्धिनी क्षुद्रनौका.

To* jolt, *v. a. क्षुभ् **(c. 10.** क्षोभयति -यितुं), क्षोभं कृ, विषमभूमिगमनप्रयुक्तं क्षोभं कृ, आकस्मिकक्षोभं कृ.

To* jolt, *v. n. विषमभूमिगमनत्वात् क्षुभ् **(c. 4.** क्षुभ्यति, क्षोभितुं).

Jolt, *s.* क्षोभः, रथक्षोभः, विषमभूमिगमनप्रयुक्तः क्षोभः, आकस्मिकक्षोभः.

Jolted, *s.* क्षुब्धः -ब्धा -ब्धं, विक्षुब्धः -ब्धा -ब्धं, क्षोभितः -ता -तं.

Jolthead, *s.* स्थूलबुद्धिः ***m.,*** मन्दबुद्धिः ***m.,*** मूर्खः, वटुकः.

Jonquil, *s.* उत्पलजातीयो नानावर्णः पुष्पभेदः.

To* jostle, *v. a. जनसम्मर्द्दे स्कन्धेन ताडयित्वा क्षुभ् **(c. 10.** क्षोभयति -यितुं) **or** निरस् **(c. 4.** -अस्यति -असितुं) **or** निःसृ **(c. 10.** -सारयति -यितुं) **or** निराकृ **or** सम्बाध् **(c. 1.** -बाधते -धितुं).

Jostling, *s.* जनसम्मर्द्दे परस्परसंक्षोभः **or** परस्परसमाघातः, परस्परघर्षणं, परस्परसम्मर्द्दः, स्कन्धताडनं, प्रतिघातः.

Jot, *s.* लवः, लवमात्रं, कणमात्रं, विन्दुमात्रं, लवलेशः, लेशः, अणुः ***m.,*** परमाणुः ***m.,*** कणिका, रजःकणः, तिलमात्रं.

To* jot, *v. a. स्मरणार्थं किञ्चिद् लिख् **(c. 6.** लिखति, लेखितुं) **or** अभिलिख्.

Jotting, *s.* स्मरणार्थं किञ्चिल्लिखनं, स्मरणार्थलिखितं.

Journal, *a.* (Diary) दिनवृत्तपत्रं, दिनव्यवहारलेख्यं, आह्निकव्यवहारपुस्तकं, दिनचर्य्यालेखः, दैनिकवृत्तान्तपुस्तकं, दिनचरित्रलेखः, आह्निकपत्रकं, दैनिकपत्रकं, पञ्जिका, पञ्जिः -ञ्जी ***f.,*** पदभञ्जिका.—**(Newspaper published daily)** प्रतिदिनं प्रकाशीकृतं समाचारपत्रं, वार्त्तापत्रं, वाचिकपत्रं.

Journalist, *s.* आह्निकपत्रलेखकः, दैनिकपत्रलिक् ***m.*** (ख्).—**(Conductor of a newspaper)** समाचारपत्रप्रकाशकः, वार्त्तापत्रलेखकः.

Journey, *s.* अध्वा ***m.*** (न्), अध्वगमनं, मार्गः, मार्गगमनं, मार्गक्रमणं, यात्रा, यात्राकरणं, यानं, प्रयाणं, प्रस्थानं, प्रस्थितिः ***f.,*** व्रज्या, भ्रमणं, देशभ्रमणं, पर्यटनं, प्रवासः, प्रवासगमनं; **'a long journey,'** दीर्घाध्वा ***m.*** ध्व ***n.*** (न्); **'a day's journey,'** एकाहगमः -मनं; **'to return from a journey,'** प्रवासाद् आगम् **(c. 1.** -गच्छति -गन्तुं); **'a pleasant journey to you,'** शिवास् ते पन्थानः सन्तु.

To* journey, *v. n. अध्वना **or** मार्गेण गम् **(c. 1.** गच्छति, गन्तुं) **or** या **(c. 2.** याति -तुं) **or** व्रज् **(c. 1.** व्रजगि -जितुं) **or** चर् **(c. 1.** चरति -रितुं), मार्गगमनं कृ, अध्वगमनं कृ, यात्रां कृ, देशभ्रमणं कृ, देशाद्देशं भ्रम् **(c. 4.** भ्राम्यति, भ्रमितुं) **or** परिभ्रम् **or** पर्यट् **(c. 1.** अटति -टितुं).

Journeyer, *s.* अध्वगः -गामी ***m.*** (न्), अध्वनीनः, अध्वन्यः, यात्रिकः, यायी ***m.*** (न्), पथिकः, सारणिकः, पादविकः.

Journeying, *s.* अध्वगमनं, मार्गगमनं, यात्राकरणं, देशभ्रमणं.

Journeyman, *s.* वेतनार्थं कर्म्मकारः **or** कर्म्मकरः **or** शिल्पकारः **or** शिल्पकर्म्मकरः, हस्तकर्म्मकारः, वैतनिकः, वेतनार्थी ***m.*** (न्), व्रातीनः.

Journey-work, *s.* शिल्पाकर्म्म ***n.*** (न्), हस्तकर्म्म ***n.,*** वैतनिककर्म्म ***n.,*** शिल्पं.

Jove, *s.* (The god). *See* Indra.

Jovial, *a.* उत्सवकारी -रिणी -रि (न्), नित्योत्सवी -विनी -वि (न्), सदोत्सवी **etc.,** कृतोत्सवः -वा -वं, उल्लासी -सिनी -सि (न्), सदानन्दी -न्दिनी -न्दि (न्), प्रहृष्टः -ष्टा -ष्टं, परिहासशीलः -ला -लं, सदाप्रमोदी -दिनी -दि (न्), उत्सवप्रियः -या -यं.

Jovially, *adv.* सोत्सवं, महोत्सवेन, सदानन्दपूर्व्वं, उल्लसवत्, प्रहृष्टवत्.

Joviality, jovialness, *s.* उत्सवकरणं, नित्योत्सवः, सदानन्दः, नित्यानन्दः, उल्लसता, नित्योल्लासः, हर्षः, प्रहर्षः, आह्लादः, प्रहसनं, हास्यं, प्रहासः, प्रहृष्टता.

Jowl, *s.* (Cheek) गण्डः, कपोलः. ***See* Jole.**

Jowler, *s.* मृगव्यकुक्कुरः, मृगव्यश्वा ***m.*** (न्), मृगदंशकः.

Joy, *s.* आनन्दः, हर्षः, आह्लादः, प्रह्लादः, प्रमोदः, आमोदः, नन्दः, ह्लादः -दनं, मोदः, मुदा, मुद् ***f.,*** हृष्टिः ***f.,*** हृष्टता, प्रहर्षः, प्रहृष्टता, मदः, प्रमदः, मादः, तुष्टिः ***f.,*** तोषः, परितोषः, सन्तोषः, सन्तुष्टिः ***f.,*** विलासः, उल्लासः, उल्लसता -त्वं, प्रफुल्लता, प्रीतिः ***f.,*** प्रीतता, सुखं, सौख्यं, चित्तप्रसन्नता, शर्म्म ***n.*** (न्), नन्दथुः ***m.,*** धन्यता, आनन्दथुः ***m.,*** उत्सवः, रभसः, उत्साहः.—**(The cause of joy)** नन्दनः -ना -नं, आनन्ददः -दा -दं; **'joy and sorrow,'** हर्षोद्वेगं.

To* joy, *v. n. नन्द् **(c. 1.** नन्दति -न्दितुं), आनन्द्, हृष् **(c. 4.** हृष्यति, हर्षितुं), ह्लाद् **(c. 1.** ह्लादते -दितुं), उल्लस् **(c. 1.** -लसति -सितुं), रम् **(c. 4.** रमते, रन्तुं), तुष् **(c. 1.** तुष्यति, तोष्टुं), मद् **(c. 4.** माद्यति, मदितुं).

***To* joy, *v. a.* (Cause joy)** नन्द् **(c. 10.** नन्दयति -यितुं), हृष् **(c. 10.** हर्षयति -यितुं), प्रहृष्.—**(Give one joy, congratulate)** अभिनन्द्, अभिवन्द् **(c. 1.** -वदन्ते -न्दितुं), धन्यवादं कृ. ***See* To congratulate.**

Joyful, *a.* आनन्दी -न्दिनी -न्दि (न्), आनन्दितः -ता -तं, सानन्दः -न्दा -न्दं, हृष्टः -ष्टा -ष्टं, प्रहृष्टः -ष्टा -ष्टं, हृष्टमानसः -सा -सं, हृष्टहृदयः -या -यं, प्रहर्षितः -ता -तं, हर्षितः -ता -तं, प्रहर्षणः -णा -णं, हर्षमाणः -णा -णं, हर्षणः -णा -णं, आह्लादी -दिनी -दि (न्), ह्लादी **etc.,** प्रह्लादितः -ता -तं, आह्लादितः -ता -तं, ह्लादितः -ता -तं, प्रमोदी -दिनी -दि (न्), प्रमुदितः -ता -तं, मुदितः -ता -तं, मुदान्वितः -ता -तं, हर्षान्वितः -ता -तं, प्रमुद् ***m.f.n.,*** प्रफुल्लः -ल्ला -ल्लं, हर्षयुक्तः -क्ता -क्तं, तुष्टः -ष्टा -ष्टं, परितुष्टः -ष्टा -ष्टं, उल्लसः -सा -सं, उल्लासी -सिनी -सि (न्), उल्लसितः -ता -तं, प्रीतः -ता -तं, प्रह्लन्नः -न्ना -न्नं, आनन्दमयः -यी

-यं, हर्षाक्रान्तः -न्ता -न्तं, हर्षाविष्टः -ष्टा -ष्टं, सुखी -खिनी -खि (न्), मत्तः -त्ता -त्तं, विशोकः -का -कं.—(Causing joy) हर्षकः -का -कं, हर्षदः -दा -दं, हर्षावहः -हा -हं, आनन्ददः -दा -दं, आनन्दकरः -री -रं, मोदकः -का -कं, सुभगः -गा -गं.

Joyfully, ***adv.*** सानन्दं, सहर्षं, साह्लादं, हर्षेण, प्रहर्षेण, प्रह्लादेन, प्रमोदेन, सामोदं, उल्लासेन, सोल्लासं, आनन्दपूर्व्वं, हृष्टमनसा, हृष्टवत्, सन्तोषेण.

Joyfulness, ***s.*** सानन्दत्वं, हृष्टता, प्रहृष्टता, प्रफुल्लता, आनन्दः. **See Joy.**

Joyless, ***a.*** निरानन्दः -न्दा -न्दं, आनन्दहीनः -ना -नं, आनन्दशून्यः -न्या -न्यं, अहर्षः -र्षा -र्षं, अहृष्टः -ष्टा -ष्टं, अहर्षितः -ता -तं, हर्षहीनः -ना -नं, आह्लादहीनः -ना -नं, निराह्लादः -दा -दं, अनाह्लादी -दिनी -दि (न्), असुखी -खिनी -खि (न्), असुखः -खा -खं.—(Giving no joy) असुखदः -दा -दं, असुखावहः -हा -हं, अनानन्ददः -दा -दं, अहर्षदः -दा -दं.

Joylessness, ***s.*** निरानन्दत्वं, आनन्दहीनता, निराह्लादत्वं, हर्षशून्यता.

Joyous, ***a.*** आनन्दी -न्दिनी -न्दि (न्), सानन्दः -न्दा -न्दं, प्रहृष्टः -ष्टा -ष्टं, आनन्दवृत्तिः -त्तिः -त्ति, प्रसन्नचित्तः -त्ता -त्तं, उल्लासी -सिनी -सि (न्). ***See* Joyful.**

Joyously, ***adv.*** सानन्दं, सहर्षं, साह्लादं, हृष्टचेतसा, प्रसन्नमनसा.

Joyousness, ***s.*** हृष्टता, प्रहृष्टता, सानन्दत्वं, चित्तप्रसन्नता, प्रफुल्लता.

Jubilant, ***a.*** जयशब्दकारी -रिणी -रि (न्), जयशब्दोच्चारी -रिणी -रि (न्), जयध्वनिकारी **etc.,** जयप्रशंसाकारी **etc.,** जयशब्दघोषी -षिणी -षि (न्).

Jubilee, ***s.*** महोत्सवः, महोत्सवकालः, समुत्सवः, उत्सवः, उत्सवकालः.

Jucundity, ***s.*** रम्यता, रमणीयता, प्रियता, नन्दकत्वं, कान्तत्वं.

Judaic, judaical, ***a.*** यिहुदीयः -या -यं, यिहुदीयव्यवहारः -रा -रं.

Judge, ***s.*** **(Officer who hears and determines causes)** धर्म्माध्यक्षः, धर्म्माधिकारी ***m.*** (न्), न्यायाधीशः, न्यायाधिपतिः ***m.,*** प्राड्विवाकः, विचारकर्त्ता ***m.*** (र्त्तृ), विचारकः, दण्डनायकः, व्यवहर्त्ता ***m.*** (र्त्तृ), अक्षदर्शकः, आक्षपाटिकः, स्थेयः, आधिकरणिकः, निर्णेता ***m.*** (तृ), निर्णयकारः.—**(One who has skill to decide on the merits of any thing, a connoisseur)** गुणग्राही ***m.*** (न्), गुणग्राहकः, गुणज्ञः, अभिज्ञः, विज्ञः, ज्ञानी ***m.*** (न्), परीक्षकः, तद्विद् ***m.,*** रसज्ञः, विवेकी ***m.*** (न्), विवेचकः, विवेकदृश्वा ***m.*** (न्), परिच्छेदकः.

To* judge,** ***v. n. **(Form an opinion, determine)** विचर् **(c. 10.** -चारयति -यितुं), विचारं कृ, निर्णी **(c. 1.** -णयति -णेतुं), निर्णयं कृ, निश्चि **(c. 5.** -चिनोति -चेतुं), निश्चयं कृ, निर्धृ **(c. 10.** -धारयति -यितुं), अवधृ, निर्धारणं कृ.—**(Weigh, consider, deliberate)** मनसा विचर्, वितर्क् **(c. 10.** -तर्कयति -यितुं), वितर्कं कृ, विमृश् **(c. 6.** -मृशति -म्रष्टुं), विगण् **(c. 10.** -गणयति -यितुं), विक्लृप् **(c. 10.** -कल्पयति -यितुं), समर्थ **(nom.** समर्थयति -यितुं), समर्थनां कृ, मनसा विवेचनं कृ.—**(Discriminate)** विज्ञा **(c. 9.** -जानाति -नीते -ज्ञातुं), परिछिद् **(c. 7.** -छिनत्ति -छेत्तुं), विविच् **(c. 7.** -विनक्ति -वेक्तुं, **c. 10.** -वेचयति -यितुं), विभू **(c. 10.** -भावयति -यितुं), विचर्, विवेकं कृ, परिच्छेदं कृ.—**(Examine)** परीक्ष् **(c. 1.** -ईक्षते -क्षितुं), परीक्षां कृ.—**(Determine causes judicially, pass sentence)** विचर्, विचारं कृ, निर्णी, निर्णयं कृ, प्रणयनं कृ, व्यवहारदर्शनं कृ, तीर् **(c. 10.** तीरयति -यितुं), न्यायं कृ.

To* judge,** ***v. a. **(Examine, bring under investigation)** परीक्ष् **(c. 1.** -ईक्षते -क्षितुं), अनुसन्धा **(c. 3.** -दधाति -धातुं), अनुयुज् **(c. 7.** -युनक्ति -युंक्ते -योक्तुं), परीक्षितं -तां कृ. —**(Judicially)** विचर् **(c. 10.** -चारयति -यितुं), निर्णी **(c. 1.** -णयति -णेतुं), तीर् **(c. 10.** तीरयति -यितुं), विचारणं कृ, निर्णयं कृ.—**(Censure, impute fault)** निन्द् **(c. 1.** निन्दति -न्दितुं), दोषीकृ, दोषारोपणं कृ, अपवद् **(c. 1.** -वदति -दितुं), दोषप्रसङ्गं कृ.—**(Consider, reckon)** तर्क् **(c. 10.** तर्कयति -यितुं), मन् **(c. 4.** मन्यते, मन्तुं).

Judgeship, ***s.*** धर्म्माध्यक्षत्वं, न्यायाधीशत्वं, धर्म्माधिकारः -रिता.

Judgment, ***s.*** **(Discrimination)** विवेकः, विवेचनं, परिच्छेदः, विचारः -रणं -णा, विज्ञानं, विभावनं, विवेकदृश्वत्वं, अवबोधः, वित्तिः ***f.***—**(Exercise of judgment after deliberation)** विचारः -रणं -णा, विवेचना, सम्प्रधारणा.—**(Knowledge derived from the comparison of ideas)** अनुभवः, अनुभूतिः, अनुमानं, अनुमितिः ***f.,*** तर्कः, परामर्शः, ज्ञानं. —**(Notion, opinion)** बुद्धिः ***f.,*** मतिः ***f.,*** मतं, सङ्कल्पः, बोधः; **'according to one's judgment,'** यथाबुद्धि, यथामति.—**(The faculty concerned in weighing the merits or advantages of any thing)** गुणगुणविषयका बुद्धिः, हिताहितविषयका बुद्धिः **or** धीशक्तिः.—**(Determination, decision)** निर्णयः, निश्चयः, निश्चितं, विचारः, सङ्कल्पः, निर्धारणं, अवधारणं, निष्पत्तिः ***f.***—**(Judicial sentence)** निर्णयपादः, निर्णयः, विचारः, दण्डाज्ञा, आधर्षणं, तीरणं, तीरितं.—**(Divine ordinance)** ईश्वरविधिः ***m.,*** ईश्वरविधानं, ईश्वरनियमः, ईश्वरशासनं.

Judgment-day, ***s.*** विचारदिनं, विचारदिवसः, न्यायकरणदिवसः.

Judgment-hall, ***s.*** विचारसभा, धर्म्मसभा, न्यायसभा, विचारशाला.

Judgment-seat, ***s.*** धर्म्मासनं, न्यायासनं, विचारासनं.

Judicatory, ***s.*** **(Court of justice)** धर्म्मसभा, विचारसभा, विचारस्थानं, न्यायसभा, व्यवहारमण्डपः, व्यवहारदर्शनशाला, राजद्वारं, धर्म्माधिकरणं, न्यायागारं, सदस् ***n.***

Judicature, ***s.*** **(Power of administering justice)** व्यवहारदर्शनाधिकारः, विचाराध्यक्षता, न्यायाधिकारः, न्यायकरणाधिकारः, धर्म्माधिकरणं, विचारकरणाधिकारः; **'simple judicature,'** व्यवहारमातृका.—**(Court of judicature)** धर्म्मसभा. ***See*** **Judicatory.**

Judicial, ***a.*** **(Pertaining to the practice of courts of justice)** व्यावहारिकः -की -कं, व्यवहारिकः -की -कं, व्यवहारी -रिणी -रि (न्), व्यवहारसम्बन्धी -न्धिनी -न्धि (न्), व्यवहारविषयः -या -यं; **'judicial proceedings or investigation,'** व्यवहारः, व्यवहारदर्शनं, क्रिया, विचारः. —**(Pertaining to the administration of justice)** व्यवहारदर्शनसम्बन्धी **etc.,** न्यायकरणसम्बन्धी **etc.**—**(Proceeding from court of justice)** व्यवहारदर्शनप्रयुक्तः -क्ता -क्तं, न्यायदर्शनप्रयुक्तः -क्ता -क्तं.—**(Inflicted as a penalty)** दण्डरूपः -पा -पं, शिक्षाहेतुकः -का -कं.

Judicially, ***adv.*** विचारानुसारेण, विचारानुक्रमेण, धर्म्मानुसारात्, व्यवहारानुक्रमेण, यथाव्यवहारं, विचारसभासकाशात्.

Judiciary, ***a.*** विचारकः -का -कं, व्यावहारिकः -की -कं, निर्णायकः -का -कं, व्यवहारदर्शनसम्बन्धी -न्धि -न्धि (न्), धर्म्मसभासम्बन्धी. **etc.**

Judicious, ***a.*** **(According to sound judgment)** विवेकानुसारी -रिणी -रि (न्), सुयुक्तः -क्ता -क्तं, युक्तः -क्ता -क्तं, उपयुक्तः -क्ता -क्तं, यथोचितः -ता -तं, उचितः -ता -तं, समञ्जसः -सा -सं, न्याय्यः -य्या -य्यं, सङ्गतः -ता -तं, सविवेकः -का -कं.—**(Acting with judgment, possessing judgment, said of persons)** विवेकी -किनी -कि (न्), विवेकदृश्वा -श्वा -श्व (न्), बुद्धिमान् -मती -मत् (त्), मतिमान् **etc.,** नीतिमान् **etc.,** नीतिज्ञः -ज्ञा -ज्ञं, विज्ञः -ज्ञा -ज्ञं, प्राज्ञः -ज्ञा -ज्ञं, मनस्वी -स्विनी -स्वि (न्), विमृश्यकारी -रिणी -रि (न्), समीक्ष्यकारी **etc.,** ज्ञानी -निनी -नि (न्), विशेषज्ञः -ज्ञा -ज्ञं, हिताहितदर्शी **etc.,** सदसद्दर्शी **etc.,** सुपरिच्छेदकः -का -कं, उचितज्ञः -ज्ञा -ज्ञं.

Judiciously, ***adv.*** विवेकानुसारेण, सविवेकं, विज्ञवत्, प्राज्ञवत्, नीतिज्ञवत्, सपरिच्छेदं, विद्वज्जनवत्, बुधवत्, युक्तं, यथोचितं, समञ्जसं, सम्यक्, सुष्ठु, सुविमृश्य, सुविचार्य्य.

Judiciousness, ***s.*** युक्तता, उपयुक्तता, सविवेकत्वं, बुद्धिमत्त्वं, विज्ञता.

Jug, ***s.*** कुम्भः, मृत्कांश्यं, मृत्कांस्यं, कांस्यं, कंसः -सं, कंशः, मृद्भाण्डं, पुटग्रीवः, कलशः, कलसः, जलपात्रं, उदपात्रं.

To **juggle,** ***v. a.*** **(Play tricks by sleight of hand)** मायां कृ, इन्द्रियमायां कृ, दृष्टिमायां कृ, इन्द्रियमोहं कृ, दृष्टिमोहं कृ कुहकं कृ, इन्द्रियजालं कृ, हस्तलाघवं कृ, कुसृतिं कृ, दृष्टिबन्धनं कृ.—**(Deceive by trick)** मुह् **(c. 10.** मोहयति -यितुं), छल् **(c. 10.** छलयति -यितुं), वञ्च **(c. 10.** वञ्चयते -ति -यितुं).

Juggle, ***s.*** माया, मोहः, कुहकः, छलं, कूटता, कूटः, वञ्चनं.

Juggler, ***s.*** मायी ***m.*** (न्) मायाकारः, मायाजीवी ***m.*** (न्), मायावी ***m.*** (न्), कुहककारः, कुहकजीवी ***m.,*** कुहकः, इन्द्रजालिकः, ऐन्द्रजालिकः, इन्द्रियमोही ***m.*** (न्), प्रतिहारः -रकः, प्रातिहारिकः -रकः, कौसृतिकः, योगी ***m.*** (न्), सम्प्रयोगी ***m.*** अभिचारविद् ***m.*** शौभिकः, आहितुण्डिकः; **'female juggler,'** माया, मायिनी, मायाजीविनी, शाम्बरी.

Jugglery, juggling ***s.*** **(Legerdemain)** हस्तलाघवं, हस्तचापल्यं, माया, कुहकः, कुहकवृत्तिः ***f.,*** इन्द्रजालं, इन्द्रियमोहः, कुसृतिः ***f.,*** दृष्टिमोहः, दृष्टिबन्धः, अभिचारः, जालं, योगः, सम्प्रयोगः. —**(Tickery)** कूटता, छलं, वञ्चना.

Jugular, ***a.*** कण्ठ्यः -ण्ठ्या -ण्ठ्यं, कण्ठसम्बन्धी **etc.,** कण्ठस्थः -स्था -स्थं, ग्रीवासम्बन्धीयः -या -यं.

Juice, ***s.*** रसः, द्रवः, निर्यासः, सारः, सुधा, आसवः, नीरं, मज्जा, स्वेदः.—**(From the elephant's temples)** मदः, दानं, हस्तिमदः, गण्डकुसुमं; **'its issue from the forehead,'** मदप्रयोगः.

Juiceless, ***a.*** नीरसः -सा -सं, विरसः -सा -सं, अरसः -सा -सं, निरसः -सा -सं, रसहीनः -ना -नं, रसशून्यः -न्या -न्यं, असारः -रा -रं, निस्सारः -रा -रं, सारवर्जितः -ता -तं, शुष्कः -ष्का -ष्कं, पिण्डीरः -रा -रं.

Juiciness, ***s.*** सरसता, रसवत्त्वं, रसिकत्वं, रसबाहुल्यं, बहुरसत्वं.

Juicy, ***a.*** सरसः -सा -सं, रसवान् -वती -वत् (त्), रसी -सिनी -सि (न्), रसिकः -का -कं, रसाढ्यः -ढ्या -ढ्यं, रस्यः -स्या -स्यं, बहुरसः -सा -सं, सारवान् **etc.,** बहुसारः -रा -रं.

Jujube, ***s.*** **(The tree)** बदरः -री ***f.*** -रिः ***m.,*** बदरिकः, वदरिकः, राजबदरः, कर्कन्धूः ***m. f.*** -न्धुः, कोलिः -ली ***f.,*** कुकोलं, सौवीरं, कर्कशी -शिका -कुवलः; **'the fruit,'** बदरं.

July, ***s.*** आषाढः -ढकः, श्रावणः -णिकः, उत्तराषाढः, पूर्व्वश्रावणः, आषाढश्रावणं, सप्तममासः.

To **jumble,** ***v. a.*** सम्मिश्र् **(c. 10.** -मिश्रयति -यितुं), सम्मिश्रीकृ, व्यामिश्र्, मिश्र्, सङ्कृ **(c. 6.** -किरति -करितुं -रीतुं), सङ्करीकृ, सङ्कीर्णीकृ, सङ्कुरीकृ, अस्तव्यस्तीकृ, संक्षिप् **(c. 6.** -क्षिपति -क्षेप्तुं), विक्षिप्.

To **jumble,** ***v. n.*** **(Be jumbled)** सम्मिश्रीभू, सङ्कृ **in pass.** (-कीर्य्यते), सङ्कीर्णीभू, सङ्करीभू, सङ्कुरीभू, सम्मिश्रितः -ता -तं भू.

Jumble, ***s.*** सम्मिश्रणं, मिश्रणं, सङ्करः, साङ्कर्य्यं, सङ्कीर्णत्वं, अस्तव्यस्तता, सङ्कुलता, सन्निपातः, संक्षोभः, व्यतिकरः, सङ्कलनं.

Jumbled, ***p. p.*** सम्मिश्रितः -ता -तं, सम्मिश्रः -श्रा -श्रं, सम्मिश्रीकृतः -ता -तं, मिश्रितः -ता -तं, सङ्करीकृतः -ता

-तं, सङ्कीर्णः -र्णा -र्णं, सङ्कुलः -ला -लं, अस्तव्यस्तः -स्ता -स्तं, सन्निपतितः -ता -तं, संक्षुब्धः -ब्धा -ब्धं.

Jumnā, *s.* (A river which rises in a mountain called Kalinda, in the Himalaya range, and after a course of 378 miles, falls into the Ganges below Allahabad; she is daughter of the sun and sister of Yama) यमुना, कालिन्दी, कलिन्दकन्या, कलिन्दनन्दिनी, कलिन्दशैलजाता. —**(As daughter of the sun)** सूर्य्यजा, सूर्य्यतनया, सूर्य्यपुत्री, दैवाकरी. —**(As sister of Yama)** यमस्वसा ***f.*** (सृ), यमभगिनी. —**(Of a dark blue colour)** श्यामा.

To* jump, *v. a. प्लु **(c. 1.** प्लवते, प्लोतुं), वल्ग् **(c. 1.** वल्गति -ल्गितुं), आवल्ग्, स्कन्द् **(c. 1.** स्कन्दते, स्कन्तुं), झम्पं कृ; **'to jump over'** लङ्घ् **(c. 10.** लङ्घयति -यितुं), अभिलङ्घ्; **'to jump over a wall,'** प्राकारलङ्घनं कृ; **'jump up,'** उत्प्लु, समुत्प्लु, उत्पत् **(c. 1.** -पतति -तितुं), प्रोत्पत्, उत्सृप् **(c. 1.** -सर्पति -सप्तुं); **'jump down,'** अवप्लु, अवस्कन्द्; **'to jump out from,'** प्रस्कन्द्; **'to jump about,'** नृत् **(c. 4.** नृत्यति, नर्त्तितुं); **'having jumped up,'** उत्प्लुत्य.

Jump, *s.* प्लवः, प्लवनं, प्लुतं, उत्प्लवनं, उत्प्लुतं, झम्पः -म्पा, वल्गितं, उत्फालः, उत्पतनं, उत्सर्पणं, अवस्कन्दः.

Jumped, *p. p.* प्लुतः -ता -तं, उत्प्लुतः -ता -तं, वल्गितः -ता -तं, उत्पतितः -ता -तं.

Jumper, *s.* प्लवकः, प्लवनकारी ***m.*** (न्), झम्पकारी ***m.*** झम्पी ***m.*** (न्), उत्प्लवकः, उत्पतिता ***m.*** (तृ); **'going by jumps,'** प्लवगः -गतिः ***m.***

Jumping, *s.* (Act of jumping) प्लवनं, उत्प्लवनं, उत्पतनं, उत्सर्पणं.

Jumping, *part.* प्लवमानः -ना -नं, वल्गन् -ल्गन्ती -ल्गत् (त्), उत्पतिष्णुः -ष्णुः -ष्णु, उत्पतिता -त्री -तृ (तृ).

Juncate, *s.* किलाटपिष्टकः, दधिशर्करादिमयो मोदकः, मिष्टान्नं.

Juncous, *a.* दूर्व्वाविकीर्णः -र्णा -र्णं, नडकीयः -या -यं.

Junction, *s.* योगः, संयोगः, संयोजनं, समायोगः, सम्प्रयोगः, युक्तिः ***f.,*** सन्धिः ***m.,*** सन्धानं, श्लेषः, संश्लेषः, सङ्गः -ङ्गमः -ङ्गतिः ***f.,*** -तं, समागमः, संहतिः ***f.,*** संघातः, संसक्तिः ***f.,*** समासक्तिः ***f.,*** संसृष्टिः ***f.,*** संसर्गः, मेलनं, सम्पर्कः, सम्बन्धः, सक्तिः ***f.,*** आसक्तिः ***f.,*** प्रसक्तिः ***f.*** —**(Point of union)** सन्धिस्थानं.

Juncture, *s.* (Point of time, crisis) लग्नं, सन्धिः ***m.,*** कालसन्धिः ***m.,*** सन्धिवेला, समयः, वेला, कालः, प्रसङ्गः, अवकाशः. —**(Joint, articulation)** सन्धिः ***m.,*** ग्रन्थिः ***m.*** —**(Seam)** सीवनं.

June, *s.* ज्येष्ठ, आषाढः -ढकः, ज्यैष्ठः, ज्येष्ठामूलीयः, पूर्व्वाषाढः, उत्तरज्येष्ठः, ज्येष्ठाषाढकं.

Jungle, *s.* जङ्गलं, जाङ्गलं, प्रस्तारः, जङ्गलस्थानं, गुल्मावृतस्थानं.

Jungly, *a.* जाङ्गलः -ली -लं, जङ्गली -लिनी -लि (न्), प्रस्तारी **etc.**

Junior, *a.* अवरः -रा -रं, अवरवयस्कः -स्का -स्कं, अवरवयाः -या -यः (स्) अवरजः -जा -जं, अवरजातः -ता -तं, अनुजः -जा -जं, अनुजातः -ता -तं, अनुजन्मा -न्मा -न्म (न्), जघन्यजः -जा -जं, यवीयान् -यसी -यः (स्), कनीयान्, -यसी -यः (स्), यविष्ठः -ष्ठा -ष्ठं, कनिष्ठः -ष्ठा -ष्ठं.

Juniper, *s.* जूणिपराख्यो वृक्षप्रभेदः.

Junk, *s.* चीनदेशीयो वृहन्नौकाविशेषः, चीननौका. —**Pieces of old cable)** जीर्णरज्जुखण्डाः ***m. pl.***

Junket, *s.* निभृते कृतं परमान्नभोजनं **or** उत्तमान्नसम्भोजनं **or** सहभोजनं, छलेन कृतो महोत्सवः, निभृतोत्सवः.

To* junket, *v. n. निभृतोत्सवं कृ, **or** निभृते **or** छलेन सहभोजनं कृ **or** उत्सवं कृ.

Junta, junto *s.* (Council) सभा, समाजः, शिष्टसभा, महासभा. —**(Cabal)** गोपनीयकर्म्मसाधनार्थं कतिपयजनसंसर्गः, कुसंसर्गः.

Jupiter, *s.* (The planet वृहस्पतिः ***m.,*** गुरुः ***m.,*** वाक्पतिः ***m.,*** ग्रहराजः. ***See* Vrishaspati. (The god). *See* Indra.**

Juridical, *a.* धर्म्मसभासम्बन्धी **etc.,** विचारसभासम्बन्धी **etc.,** न्यायसभासम्बन्धी **etc.,** व्यावहारिकः -की -कं, व्यवहारिकः -की -कं.

Juridically, *adv.* विचारानुसारेण, व्यवहारानुसारेण, धर्म्मानुसारात्, यथाव्यवहारं, यथान्यायं.

Jurisconsult, *s.* स्मृतिशास्त्रज्ञः, धर्म्मशास्त्रज्ञः, व्यवहारपण्डितः, व्यवहारसचिवः, व्यवस्थाज्ञः, धर्म्मप्रवक्ता ***m.*** (क्तृ).

Jurisdiction, *s.* अधिकारः -रिता, विचारकरणाधिकारः, न्यायकरणाधिकारः, आधिपत्यं, प्रभुत्वं, व्यवहारदर्शनाधिकारः, धर्म्माधिकारः.

Jurisprudence, *s.* व्यवहारः, व्यवहारशास्त्रं, व्यवहारविधिः ***m.,*** व्यवहारज्ञानं, व्यवहारविद्या, धर्म्मशास्त्रं, स्मृतिशास्त्रं; **'a title or head of jurisprudence,'** व्यवहारविषयः, व्यवहारमार्गः, व्यवहारस्थानं, व्यवहारपदं.

Jurisprudent, *a.* व्यवहारज्ञः -ज्ञा -ज्ञं, व्यवहारशास्त्रज्ञः **etc.,** स्मृतिशास्त्रज्ञः **etc.,** धर्म्मशास्त्रज्ञः **etc.,** व्यवहारपण्डितः -ता -तं.

Jurist, *s.* धर्म्मशास्त्री ***m.*** (न्), धर्म्मज्ञः, व्यवहारवेत्ता ***m.*** (त्तृ), स्मृतिज्ञः.

Juror, *s.* शापितजनः, शापितपुरुषः, धर्म्मसभायां सुविचारार्थं शापितः प्रमाणपुरुषः **or** स्थेयः **or** मध्यस्थः.

Jury, *s.* धर्म्मसभायां सुविचारार्थं शापितानां द्वादशप्रमाणपुरुषाणां गणः, शपितप्रमाणपुरुषपंक्तिः ***f.,*** स्थेयगणः.

Juryman, *s.* सुविचारार्थं शापितः प्रमाणपुरुषः. ***See* Juror.**

Just, *a.* (Upright, honest, equitable) न्यायाचारः -रा -रं -री -रिणी -रि (न्), न्यायी -यिनी -यि (न्), न्यायवृत्तिः -त्तिः

-त्ति, न्यायवर्त्ती -र्त्तिनी -र्त्ति (न्), न्यायकारी -रिणी -रि (न्), धार्म्मिकः -की -कं, धर्म्मकारी **etc.,** न्यायशीलः -ला -लं, न्यायपरः -रा -रं, धर्म्मी -र्म्मिणी -र्म्मि (न्), शुचिः -चिः -चि, सात्त्विकः -की -कं, महासत्त्वः -त्त्वा -त्त्वं, सच्चरितः -ता -तं, साधुः -धुः -ध्वी -धु, साधवृत्तिः -त्तिः -त्ति, ऋजुः -जुः -जु, विमलात्मा -त्मा -त्म (न्), मायाहीनः -ना -नं, नीतिमान् -मती -मत् (त्), निष्कपटः -टा -टं, निर्व्यलीकः -का -कं, अकूटव्यवहारः -रा -रं.—**(According to equity)** न्याय्यः -य्या -य्यं, यथान्यायः -या -यं, न्यायानुसारी -रिणी -रि (न्), यथानीतिः -तिः -ति, याथार्थिकः -की -कं, तात्त्विकः -की -कं, न्यायसिद्धः -द्धा -द्धं.—**(Exact, correct, right, proper)** यथार्थः -र्था -र्थं, याथार्थिकः -की -कं, समञ्जसः -सा -सं, अञ्जसः -सा -सं, शुद्धः -द्धा -द्धं, सत्यः -त्या -त्यं, तथ्यः -थ्या -थ्यं, सम्यङ् समीची सम्यक्, युक्तः -क्ता -क्तं, योग्यः -ग्या -ग्यं, यथायोग्यः -ग्या -ग्यं, उचितः -ता -तं, सङ्गतः -ता -तं.—**(Impartial, fair)** विपक्षपातः -ता -तं, समदर्शी -र्शिनी -र्शि (न्), समः -मा -मं, समानवृत्तिः -त्तिः -त्ति, धर्म्यः -र्म्या -र्म्यं.—**(Full)** अन्यूनः -ना -नं, अविकलः -ला -लं, सम्पूर्णः -र्णा -र्णं.

Just, ***adv.*** **(Close, near to, in reference to place)** निकटे, समीपं, उपान्ते, अन्तिके, अभितस्.—**(Nearly in time, almost)** प्रायस्, प्रायशस्, भूयिष्ठं, कल्पः; **'just dead,'** मृतप्रायः, मृतकल्पः **or expressed by the desid. adj.** मुमूर्षुः; **'just going,'** जिगमिषुः -षुः -षु; **'just finished,'** समाप्तभूयिष्ठः -ष्ठा -ष्ठं.—**(In the instant, just now)** सद्यस्, मात्रं; **'just heated,'** सद्यस्तप्तः -प्ता -प्तं; **'just born,'** सद्योजातः -ता -तं, जातमात्रः -त्री -त्रं; **'just dead,'** सद्योमृतः -ता -तं; **'just done,'** सद्यःकृतः -ता -तं.—**(Exactly)** यथार्थं, युक्तं, सम्यक्, यथावत्, अञ्जसा, समञ्जसं, यथातथं, तावत्; **'just so far, just so much,'** तावन्मात्रं, तदन्तं; **'just so,'** युक्तं, युज्यते, एवमेव, तथैव; **'just the same, neither more nor less,'** नाधिकं न च न्यूनं; **'just as,'** यद्वत्, यत्प्रकारेण.—**(Merely, barely)** मात्रं, कष्टेन, कृच्छ्रेण. **'Just' is often used redundantly, in which case it is expressed by** तावत्; **as, 'just wait a moment,'** तिष्ठ तावन् मुहूर्त्तं.

Just, ***s.*** **(A tournament)** सादिनां **or** अश्वारोहिणां क्रीडायुद्धं.

To **just,** ***v. n.*** पूर्व्वोक्तक्रीडायुद्धं कृ, पूर्व्वोक्तप्रकारेण परस्परसमाघातं कृ.

Justice, ***s.*** **(The virtue which consists in giving what is due, integrity, honesty)** धर्म्मः, न्यायः, नीतिः ***f.,*** नयः, धर्म्मन्यायः, न्यायशीलता, न्यायिता, न्यायाचारता, धार्म्मिकत्वं, ऋजुता, शुचिता, साधुता.—**(Equity, agreeableness to right)** न्याय्यत्वं -ता, न्यायता, युक्तिः ***f.,*** योग्यता, उपयुक्तता, यथायोग्यता, यथार्थता, गाथार्थ्यं, सामञ्जस्यं, सम्यक्त्वं.—**(Right application of justice, redress of wrong)** न्यायः, दण्डः, दण्डयोगः.—**(Impartiality)** साम्यं, समता, सर्व्वसमता, अपक्षपातः.—**(Merited punishment, retribution)** उपयुक्तदण्डः, न्याय्यदण्डः, यथापराधदण्डः, यथापराधशासनं, योग्यशिक्षा, प्रतिक्रिया.—**(One who administers justice)** धर्म्माधिकारी ***m.*** (न्), धर्म्माध्यक्षः, न्यायाधिकारी ***m.,*** दण्डनायकः; **'administration of justice,'** न्यायप्रणयनं, न्यायकरणं, न्यायदर्शनं, व्यवहारदर्शनं; **'court of justice,'** धर्म्मसभा. ***See*** **Judicatory.**

Justiceship, ***s.*** धर्म्माध्यक्षता -त्वं, न्यायाधीशत्वं, धर्म्माधिकारः -रिता.

Justiciable, ***a.*** व्यवहार्य्यः -र्य्या -र्य्यं, व्यवहर्त्तव्यः -व्या -व्यं.

Justiciary, ***s.*** न्यायाध्यक्षः, न्यायदर्शी ***m.*** (न्), न्यायप्रणेता ***m.*** (तृ). ***See*** **Judge.**

Justifiable, ***a.*** निरसनीयदोषः -षा -षं, निराकरणीयदोषः -षा -षं, आरोपितदोषमोचनीयः -या -यं, शोधनीयदोषः -षा -षं, शोधनीयः -या -यं, परिशोधनीयः -या -यं, शोध्यः -ध्या -ध्यं, खण्डनीयदोषारोपः -पा -पं, अनारोपणीयदोषः -षा -षं, दोषनिरासशक्यः -क्या -क्यं, परिशुद्धिक्षमः -मा -मं, निवार्य्यदोषः -षा -षं, मार्जनीयदोषः -षा -षं, दोषमोचनीयः -या -यं, यथान्यायः -या -यं, रक्षणीयः -या -यं.

Justifiableness, ***s.*** शोधनीयत्वं, शोध्यता, परिशुद्धिक्षमता, दोषमोच्यता.

Justifiably, ***adv.*** परिशोधनीयं, यथा दोषो निरसितुं शक्यते तथा.

Justification, ***s.*** शुद्धि ***f.,*** शोधनं, परिशुद्धि ***f.,*** परिशोधनं, विशुद्धि ***f.,*** दोषशुद्धि ***f.,*** दोषशोधनं, दोषमार्जना -नं, दोषमोचनं, दोषमुक्तिः ***f.,*** निर्दोषीकरणं, आरोपितदोषमुक्तिः ***f.,*** आरोपितदोषशोधनं, आरोपितदोषमार्जना, दोषप्रतीकारः, दोषनिराकरणं, दोषनिवारणं, दोषनिरसनं.

Justificatory, ***a.*** शोधकः -का -कं, परिशोधकः -का -कं, शुद्धिकरः -रा -रं.

Justified, ***p. p.*** शोधितः -ता -तं, परिशोधितः -ता -तं, निर्दोषीकृतः -ता -तं, दोषमुक्तः -क्ता -क्तं, मुक्तदोषः -षा -षं, निवृत्तदोषः -षा -षं, निरस्तदोषः -षा -षं, निवारितदोषः -षा -षं.

Justifier, ***s.*** शोधकः, परिशोधकः, परिशुद्धिकरः, दोषमोचकः, निर्दोषीकर्त्ता ***m.*** (र्त्तृ), दोषनिवारकः, दोषप्रतिकारकः.

To **justify,** ***v. a.*** शुध् **(c. 10.** शोधयति -यितुं), परिशुध्, दोषात् परिशुध् **or** मुच् **(c. 6.** मुञ्चति, मोक्तुं), निर्दोषीकृ, निरपराधीकृ, निष्कलङ्कीकृ, आरोपितदोषाद् मुच्, आरोपितदोषं निराकृ **or** प्रतिकृ **or** निवृ **(c. 10.** -वारयति -यितुं), दोषशोधनं कृ, अपराधशोधनं कृ, दोषनिराकरणं कृ, दोषनिरसनं कृ.

To **justle,** ***v. a.*** **and** ***n. See To*** **jostle.**

Justly, ***adv.*** **(Conformably to justice or propriety)** यथान्यायं

न्यायानुसारेण, न्यायेन, न्यायतस्, न्यायवत्, धर्म्मतस्, धर्म्मेण, यथाधर्म्मं, युक्तं, उपयुक्तं, यथायोग्यं, सम्यक्, यथोचितं, समञ्जसं. —(According to truth) यथार्थं, याथार्थ्येन, सत्यं, यथातथ्यं, अवितथं, अर्थतस्, परमार्थतस्.—(Fairly, honestly) समं, साम्येन, सार्जवं, निर्व्याजं, निर्व्यलीकं, सारल्येन.—(Exactly, accurately, fitly) यथावत्, यथातथं, अञ्जसा, समञ्जसं, यथार्हं -र्हतस्, यथार्थं, युक्तं, स्थाने.

Justness, ***s.*** **(Exactness, accuracy)** यथार्थता, याथार्थ्यं, सम्यक्त्वं, सामञ्जस्यं, समञ्जसं, याथातथ्यं, शुद्धता, युक्तता.—**(Conformity to truth)** सत्यता, यथार्थता, अवितथत्वं, तथ्यत्वं, युक्तता. —**(Justice, equity)** न्याय्यत्वं -ता, न्यायता, युक्तिः ***f.,*** युक्तत्वं, योग्यता, यथायोग्यता, याथार्थ्यं, सामञ्जस्यं, सम्यक्त्वं, शस्तत्वं. —**(Impartiality)** समता, साम्यं, सर्व्वसमता, अपक्षपातः.

To **jut,** ***v. n.*** **(Project)** वहिःस्था **(c. 1.** -तिष्ठति -ष्ठातुं), वहिर्वृत् **(c. 1.** -वर्त्तते -र्त्तितुं), वहिर्भू, वहिर्लम्ब् **(c. 1.** -लम्बते -म्बितुं), वहिःप्रलम्ब्, अतिवृत्, अतिक्रम् **(c. 4.** -क्राम्यति -क्रमितुं).

Jut, ***s.*** वहिर्वर्त्तनं, वहिर्लम्बत्वं, प्रलम्बता, उदग्रता, आभोगः, प्रसरः.

Jutting, ***part.*** प्रलम्बः -म्बा -म्बं, वहिर्लम्बः -म्बा -म्बं, उदग्रः -ग्रा -ग्रं.

Juvenile, ***a.*** यौवनवान् -वती -वत् (त्), युवा युवति -ती **or** यूनी युव (न्), यौवनेयकः -की -कं, तरुणः -णा -णं, कौमारः -री -रं, अल्पवयस्कः -स्का -स्कं, अभिनववयस्कः -स्का -स्कं, प्रत्यग्रवयस्कः -स्का -स्कं, तरुणवयस्कः -स्का -स्कं, बालिशः -शा -शं, युवकालीनः -ना -नं.

Juvenility, ***s.*** यौवनं, यौवनावस्था, तारुण्यं, तारुण्यावस्था, कुमारभावः, कौमारं, सौकुमार्य्यं, बालत्वं, बाल्यं.

Juxtaposition, ***s.*** संस्थितिः ***f.,*** उपस्थानं, संस्थानं, संस्थत्वं, समीपता, सन्निधिः ***m.,*** सान्निध्यं, संसर्गः, नैकट्यं, उपश्लेषः, उपन्यासः.

K

Kale, ***s.*** शाकभेदः, शाकं, हरितकं, शूरणं, शिग्रुः ***m.***

Kalendar, ***s. See.*** **Calendar.**

Kāmadeva, ***s.*** **(The god of love or Hindū Cupid, son of Viṣṇu or Kṛṣṇa by Lakṣmī, who is then called Māyā or Rukminī. According to another account he was first produced in the heart of Brahmā, and coming out in the form of a beautiful female, was looked upon by Brahmā with amorous emotions. He is usually represented as a handsome youth, sometimes riding on a parrot, and attended by nymphs, one of whom bears his banner, which consists of a fish on a red ground. Endeavouring to influence Śiva with the passion of love for his wife Pārvatī, he discharged an arrow at him; but Śiva, enraged at the attempt, reduced him to ashes, or as some say, to a mere mental essence, by a beam of fire darted from his central eye. Afterwards the relenting god declared that he should be born again in the form of Pradyumna, son of Kṛṣṇa by Māyā or Rukmiṇī. The bow of Kāmadeva is made of flowers, with a string formed of bees, and his five arrows are each tipped with the blossom of a flower which is devoted to, and supposed to preside over a sense. He is lord of the Apsarasas. As god of desire he is called)** कामः, कामदेवः, कमनः, रमः -मणः, रमतिः ***m.,*** रामिलः, शृङ्गारयोनिः ***m.,*** रागरज्जुः ***m.,*** रागवृन्तः रागचूर्णः, रतनारीचः.—**(The mind-agitator)** मन्मथः.—**(The maddener)** मदनः.—**(The inflamer)** दर्पकः.—**(The inflamer of Brahmā)** कन्दर्पः. —**(Born in the heart)** मनसिजः, चित्तजन्मा ***m.*** (न्), मनोजन्मा ***m.,*** चित्तभूः ***m.,*** चेतोभूः, मनोभूः ***m.,*** मनोभवः, मनसिशयः, हृच्छयः, मनोयोनिः ***m.***—**(Born only in the heart, self-born)** अनन्यजः, आत्मभूः ***m.,*** आत्मयोनिः ***m.***—**(The ideal one)** स्मरः.—**(The son of Lakshmī)** लक्ष्मीपुत्रः, श्रीनन्दनः, श्रीजः.—**(The son of Kṛṣṇa)** प्रद्युम्नः.—**(The son of Lakshmī in the form of Māyā or Illusion)** मायी ***m.*** (न्), मायासुतः.—**(The bodiless one)** अनङ्गः, अशरीरः.—**(The fish-bannered one)** मकरकेतुः ***m.,*** मीनकेतनः, मकरध्वजः, झषकेतनः.—**(Having a bow made of lowers)** पुष्पधनुः ***m.,*** पुष्पधन्वा ***m.*** (न्), पुष्पचापः, कुसुमकार्म्मुकः, पुष्पशरासनः.—**(Having arrows of flowers)** कुसुमायुधः, पुष्पशरः, पुष्पेषु ***m.,*** पुष्पास्त्रः, कुसुमेषुः ***m.,*** प्रसूनेषुः ***m.,*** सुरभिवाणः.—**(Having five arrows)** पञ्चवाणः, पञ्चशरः, पञ्चेषुः ***m.***—**(Having a flower as a symbol)** पुष्पकेतनः, पुष्पकेतुः ***m.***—**(The beautiful)** सुन्दरः.—**(The destroyer)** मारः.—**(The lord)** ईश्वरः. —**(The destroyer of the Daitya, Śambara)** शम्बरसूदनः, शम्बरारिः ***m.***—**(The destroyer of devotional tranquillity)** शमान्तकः.—**(The water-born)** इराजः. —**(The husband of Rati)** रतिरमणः, रतिपतिः ***m.*** **Another name of this god is** मुर्मुरः. **The wife of Kāmadeva is called Rati.** ***See*** **Rati. His son is called** अनिरुद्धः, झषाङ्कः, उषापतिः ***m.,*** उषेशः; **'his daughter,'** तृषा; **'his son's wife,'** प्रीतिजुषा **and** उषा; **'his fish,'** जलरूपः.

Kandahar, ***s.*** **(The country)** गान्धारः.

Kangaroo, ***s.*** **(The animal)** काङ्गरुसंज्ञको विदेशीयजन्तुभेदः,

Kansa, ***s.*** **(The uncle and enemy of Kṛṣṇa)** कंसः, उग्रसेनजः, उग्रसेनपुत्रः, उग्रसेनतनयः, उग्रसेनसुतः.

Kārtikeya, ***s.*** **(The god of war, or Hindū Mars, generated from the vivifying principle of Śiva cast into Agni, or Fire, who, undable to retain it, cast it**

into Gaṅgā, or the Ganges. On the banks of this river was born the beautiful boy who was destined to lead the armies of the gods, and to be the destroyer of Tāraka, a demon who, by his austerities, had alarmed both gods and men, and gained the dominion of the universe. When born, Kārtikeya was nursed by six nymphs, called the Kṛttikās, or Pleiades, who each called him her son, and offering her breast, the child assumed to himself six mouths, and received nurture from each. He is considered to be the brother of Gaṇeśa, who was the reputed eldest son of Śiva and Pārvatī. He is reprsented riding on a peacock. (As having the six Kṛttikās for his fostermothers, he is called) कार्त्तिकेयः, कृत्तिकासुतः, षाण्मातुरः, बाहुलेयः, विशाखः.—**(As god of war he is called)** स्कन्दः, महासेनः, सेनापतिः *m.*, सेनानीः *m*.—**(As born in the fire)** अग्निभूः *m.*, अग्निभुवः.—**(The beautiful boy)** कुमारः.—**(Born on the Ganges)** गङ्गापुत्रः गङ्गासुतः.—**(Brought up in thickets of grass)** शरजन्मा *m.*, (न्), शरजः.—**(Son of Pārvatī)** पार्वतीनन्दनः, गौरीजः, गौरीपुत्रः.—**(The six-faced)** षडाननः, षण्मुखः.—**(The twelve-eyed)** द्वादशलोचनः, द्वादशाक्षः.—**(The tweleve-handed)** द्वादशकरः.—**(The conqueror of Tāraka)** तारकजित् *m.*, तारकारिः *m.*, तारकरिपुः *m.*, तारकहा *m.*, (न्), तारकसूदनः.—**(The destroyer of the demon Krauñcha)** क्रौञ्चदारणः, क्रौञ्चारातिः *m.*, क्रौञ्चारिः *m.*—**(The mysterious one)** गुहः.—**(The spear-holder)** शक्तिधरः, शक्तिग्रहः, शक्तिपीठः *m.*, शक्तिभृत् *m*.—**(Borne on the peacock)** शिखिवाहनः, वर्हिणवाहनः. **His wife is called** सेना.

Kaskas, ***s.*** **(Grass)** मृणालं, अमृणालं.

To **kaw,** ***v. n.*** कै **(c. 1.** कायति, कातुं), द्रांक्ष् **(c. 1.** द्रांक्षति -क्षितुं) **or** ध्रांक्ष् **or** ध्वांक्ष् **or** ध्मांक्ष् **(c. 1.** ध्मांक्षति -क्षितुं), काकवद् रु **(c. 2.** रौति, रवितुं).

Kaw, ***s.*** काकरुतं, काकरावः, काकरवः, काकशब्दः, ध्वांक्षरुतं, का शब्दः.

To **kech,** ***v. n.*** वम् **(c. 1.** वमति -मितुं), उद्धम्, उद्धमनं कृ, ऊर्द्ध्वशोधनं कृ.

Keel, ***s.*** नौकातलं, नौकातले दीर्घकाष्ठं, नौकाधोभागे दीर्घदारुः ***m.***

Keen, ***a.*** **(Sharp, having a fine edge)** तीक्ष्णः -क्ष्णा -क्ष्णं, तीक्ष्णधारः -रा -रं, शितः -ता -तं, निशितः -ता -तं, शितधारः -रा -रं, धाराधरः -रा -रं, तीक्ष्णधाराधरः -रा -रं, खरः -रा -रं, तीव्रः -व्रा -व्रं, तिग्मः -ग्मा -ग्मं, शातः -रा -रं, निशातः -रा -रं, तेजोवान् -वती -वत् (त्), तीक्ष्णाग्रः -ग्रा -ग्रं, प्रखरः -रा -रं.—**(As hunger, cold, etc.)** तीक्ष्णः, -क्ष्णा -क्ष्णं, तीव्रः -व्रा -व्रं.—**(Eager, vehement)** तीक्ष्णकर्म्मा -र्म्मा -र्म्म (न्), तीक्ष्णस्वभावः -वा -वं, व्यग्रः -ग्रा -ग्रं, कुतूहली -लिनी -लि (न्), उच्चण्डः -ण्डा -ण्डं, उत्साही **etc.,** अत्यभिलाषी **etc.,** उत्सुकः -का -कं.—**(In mind)** सूक्ष्मबुद्धिः -द्धिः -द्धि, तीक्ष्णबुद्धिः **etc.,** कुशाग्रीयमतिः -तिः -ति, विदग्धः -ग्धा -ग्धं.—**(Acrimonious)** तिग्मः -ग्मा -ग्मं, अरुन्तुदः -दा -दं, कटुः -टुः -ट्वी -टु, उग्रः -ग्रा -ग्रं, दंशी -शिनी -शि (न्), दंशकः -का -कं; **'keen words,'** वागसिः ***f.,*** वागिषुः ***m. f.***

Keenly, ***adv.*** तीक्ष्णं, तीव्रं, तैक्ष्ण्येन, सतैक्ष्ण्यं, तिग्मं, सतैग्म्यं, कटु, उग्रं, तीक्ष्णतया, उग्रतया, निष्ठुरं, खरं, प्राखर्य्येण, तेजसा.

Keenness, ***s.*** **(sharpness of edge)** तीक्ष्णता, तैक्ष्ण्यं, धारातीक्ष्णता, धाराशितत्वं, निशितत्वं, तीव्रता, तीक्ष्णाग्रत्वं, तिग्मता.—**(Eagerness, vehemence)** तीक्ष्णता, स्वभावतीक्ष्णता, व्यग्रता, कौतूहलं, उच्चण्डता, अत्यभिलाषः, उत्साहः, अनुरागः.—**(Of mind)** बुद्धिसूक्ष्मता -सौक्ष्म्यं, बुद्धितीक्ष्णता -तैक्ष्ण्यं, कुशाग्रीयमतित्वं, विदग्धता.—**(Acrimony)** तिग्मता, तैग्म्यं, कटुता, उग्रता, अरुन्तुदत्वं, प्राखर्य्यं, निष्ठुरता, नैष्ठुर्य्यं.

To **keep,** ***v. a.*** **(Hold)** धृ **(c. 1.** धरति, धर्त्तुं, **c. 10.** धारयति -यितुं), सन्धृ, धा **(c. 3.** धत्ते, धातुं), रक्ष् **(c. 1.** रक्षति -क्षितुं) संरक्ष्; **'to keep in the memory or heart,'** हृदये कृ **or** धृ.—**(Have in custody)** रक्ष्, अभिरक्ष्, परिरक्ष्, संरक्ष्, पाल् **(c. 10.** पालयति -यितुं), गुप् **(c. 1.** गोपयति, गोप्तुं), रक्षणं कृ, रक्षां कृ, पालनं कृ.—**(Preserve, guard)** रक्ष्, प्रतिरक्ष्, पाल् **or** पा **(c. 2.** पाति -तुं), परिपाल्, अनुपाल्, प्रतिपाल्, सम्पाल्, अभिपाल्, उपपाल्, गुप् **(c. 1. or c. 10.** गोपयति -यितुं), अनुगुप्, अभिगुप्, प्रगुप्, त्रै **(c. 1.** त्रायते, त्रातुं), परित्रै, संत्रै, अव् **(c. 1.** अवति -वितुं), गुप्तिं कृ, गोपनं कृ.—**(Detain)** धृ, निरुध् **(c. 7.** -रुणद्धि -रोद्धुं), अवरुध्, रुध्, बन्ध् **(c. 9.** बन्ध्नाति, बन्द्धुं), प्रतिबन्ध्.—**(Restrain)** निरुध्, वृ **(c. 10.** वारयति -यितुं), निवृ, निषिध् **(c. 1.** -षेधति -षेद्धुं), प्रतिषिध्.—**(Tend, feed)** पाल्, रक्ष्; **'keep cattle,'** गोपालनं कृ, गोरक्षणं कृ, पाशुपाल्यं कृ.—**(Practise, perform, observe)** आचर् **(c. 1.** -चरति -रितुं), समाचर्, सेव् **(c. 1.** सेवते -वितुं), आस्था **(c. 1.** -तिष्ठति -स्थातुं), अनुष्ठा, समास्था, समुपास्था, विधा **(c. 3.** -दधाति -धातुं), भज् **(c. 1.** भजते, भक्तुं), आलम्ब् **(c. 1.** -लम्बते -म्बितुं), समालम्ब्, अवलम्ब्; **'keeep silence,'** मौनं भज् **or** सेव् **or** अवलम्ब्.—**(Fulfil)** साध् **(c. 10.** साधयति -यितुं); **'keep a promise'** प्रतिज्ञां शुध् **(c. 10.** शोधयति -यितुं), प्रतिज्ञां पाल्—**(Not to divulge)** धृ **(c. 10.** धारयति), न प्रकाश् **(c. 10.** काशयति -यितुं); **'to keep a secret',** रहस्यं धृ **or** रक्ष् **or** गुप्, रहस्यगोपनं कृ.—**(Maintain, board)** भृ **(c. 1.** भरति, **c. 3.** बिभर्त्ति, भर्त्तुं), सम्भृ, भरणं कृ, भृतिं कृ **or** दा, पाल्, पुष् **(c. 10.** पोषयति -यितुं), पोषणं कृ, पालनं कृ.—**(Entertain)** सत्कृ.—**(Have in pay)** वेतनं दा.—**(Keep back)** निग्रह् **(c. 9.** -गृह्णाति -ग्रहीतुं), विनिग्रह्, सन्निग्रह्, संहृ **(c. 1.** -हरति -हर्त्तुं), उपसंहृ, विधृ, निवृ, उच्छिद् **(c. 7.** -छिनत्ति -छेत्तुं), उपसंहरणं कृ.—**(Keep company with)** सह चर्, सह वस् **(c. 1.** वसति, वस्तुं), संवस्.—**(Keep in, conceal)** गुह् **(c.**

1. गूहति -हितुं), निगुह्, छद् (c. 10. छादयति -यितुं), अन्तर्धा, अपवृ, संवृ, गोपनं कृ.—(Keep off) प्रतिवृ, निवृ, वृ, प्रतिहन् (c. 2. -हन्ति -न्तुं), प्रतिकृ निरुध्, व्यपोह् (c. 1. -ऊहते -हितुं), अपसिध्, प्रतिषिध्.—(Keep under) वशीकृ, स्वाधीनीकृ, निग्रह्, प्रत्याहृ.—(Keep up, maintain) धृ, सन्धृ, भू, सम्भृ प्रवृत् (c. 10. -वर्त्तयति -यितुं), संस्था in caus. (-स्थापयति -यितुं), पाल्, प्रवर्त्तनं कृ.—(Keep out) निषिध्, निवृ.

To **keep,** ***v. n.*** **(Remain, continue)** स्था (c. 1. तिष्ठति -ते, स्थातुं), वृत् (c. 1. वर्त्तते -र्त्तितुं); **'to keep on doing anything,' may be expressed by** आस् (c. 2. आस्ते) **with the pres. or indec. part. of another verb; as, 'he keeps following me,'** मम पश्चाद् आगच्छन् आस्ते. ***See*** **Continue, *v. n.* (Last, endure)** स्था, चिरस्थायी -यिनी -यि भू.—**(Preserve)** पर्यवस्था, निर्बन्धं कृ, आग्रहं कृ. —**(Adhere, cohere)** संरञ्ज् **in pass.** (-सज्यते -सज्जते), संश्लिष् **in pass.** (-श्लिष्यते), अनुबन्ध् **in pass.** (-बध्यते), संलग्नीभू, अनुलग्नीभू.—**(Lodge)** वस् (c. 1. वसति, वस्तुं), निवस्.—**(Keep from)** निवृत् (c. 1. -वर्त्तते -र्त्तितुं), परिहृ (c. 1. -हरति -हर्त्तुं), वृज् (c. 10. वर्जयति -यितुं), परिवृज्, विवृज्.—**(Keep on)** प्रवृत्, प्रारब्धं सम्पद् (c. 10. -पादयति -यितुं).

Keep, *s.* (Custody, charge) रक्षा -क्षणं, पालनं गुप्तिः ***f.,*** गोपनं. —**(Condition)** अवस्था, स्थितिः ***f.,*** भावः, वृत्तिः ***f.;*** **'in good keep,'** सुस्थितः -ता -तं.—**(Board, maintenance)** भृतिः ***f.,*** ग्रासाच्छादनं, अन्नजलं, भोजनं.—**(Stronghold)** दुर्गं. —**(Dungeon)** कारा, कारागारं, निरोधस्थानं, बन्धनागारं, गुप्तिः ***f.***

Keeper, *s.* रक्षकः रक्षी ***m.*** (न्), पालकः, पालः, पालयिता ***m.*** (तृ), रक्षिता ***m.*** (तृ), अध्यक्षः, पतिः ***m.*** यः **in comp.; as, 'keeper of sheep or cattle,'** पशुपालः, मेषपोषक5, गोरक्षकः, गोपालः, गोपः, गवीश्वरः; **'of a prison,'** काररक्षकः, कारागाराध्यक्षः, वन्दिपालः; **'of mad people,'** उन्मत्तपालकः; **'of a park'** उद्यानपालः -लकः उद्यानरक्षकः **'of a gaming-house,'** सभापतिः ***m.,*** सभिकः, द्यूतसभाधिकारी ***m.*** (न्).

Keepership, *s.* रक्षकत्वं, पालकत्वं, अध्यक्षत्वं, अधिकारित्वं.

Keeping, *s.* (Custody, guard) रक्षा -क्षणं, गुप्तिः ***f.,*** पालनं, गोपनं.—**(Congruity, harmony)** ऐक्यं, सङ्गत्वं, साङ्गत्यं, सादृश्यं, अविरोधः, योग्यता, आनुरूप्यं.

Keepsake, *s.* स्मरणार्थकदानं, स्मरणार्थं दत्तं द्रव्यं **or** वस्तु, स्मरणार्थं गृहीतं द्रव्यं, स्मृतिजनकदानं, स्मृतिदानं, प्रीतिदानं, प्रीतिदायं.

Keg, *s.* क्षुद्रभाण्डं, काष्ठभाण्डं, दीर्घगोलाकारं क्षुद्रभाजनं.

To **ken, *v. a.* (Descry)** दूराद् आलोक् (c. 1. -लोकते, c. 10. -लोकयति -यितुं) **or** अवलोक् **or** दृश् **c. 1.** पश्यति, द्रष्टुं) **or** प्रदृश्.—**(Know)** ज्ञा (c. 9. ज्ञानाति, ज्ञातुं).

Ken, *s.* (Reach of sight) चक्षुर्विषयः, नयनविषयः.—**(Reach of understanding)** बुद्धिविषयः; **'beyond the ken,'** अविषयः -या -यं, बुद्ध्यतीतः -ता -तं.

Kennel, *s.* (House for dogs) श्वशाला, कुक्कुरालयः, श्वगृहं, कुक्कुरागारं.—**(Pack of hounds)** श्वगणः, कुक्कुरगणः, मृगव्यकुक्कुरगणः.—**(Watercourse)** प्रणाली, जलमार्गः, जलवाहनी.

To **kennel, *v. n.*** कुक्कुरालये वस् (c. 1. वसति, वस्तुं) **or** स्था (c. 1. तिष्ठति, स्थातुं), श्ववद् **or** शृगालवद् गर्त्ते वस् **or** स्था.

To **kennel, *v. a.*** कुक्कुरालये वस् (c. 10. वासयति -यितुं).

Kept, *p. p.* धृतः -ता -तं, धारितः -ता -तं, रक्षितः -ता -तं, पालितः -ता -तं, गुप्तः -प्ता -प्तं, भृतः -ता -तं, पोषितः -ता -तं.

Kerchief, *s.* (Head-dress) मस्तकाभरणं, मुकुटं, किरीटः, शेखरः; **'handkerchief,'** नक्तकः, वरकं, मुखमार्जनी; **'neckkerchief,'** कण्ठवेष्टनं, ग्रीवावेष्टनं, कण्ठवस्त्रं.

Kernel, *s.* वीजं, गर्भः, फलबीजं, फलगर्भः, अष्ठिः ***f.,*** अष्ठीला -लिका.—**(Central part of any thing)** मध्यं, गर्भः, उदरं, हृदयं, अभ्यन्तरं.

Kernelly, *a.* वीजी -जिनी -जि (न्), वीजवान् -वती -वत् (त्), वीजपूर्णः -र्णा -र्णं, वीजमयः -यी -यं, वीजाकारः -रा -रं.

Kestrel, *s.* श्येनजातीयः पक्षिभेदः, कपोतारिः ***m.***

Ketch, *s.* द्विकूपकविशिष्टा नौका, कूपकद्वययुक्ता नौः.

Kettle, *s.* स्थाली, उदस्थाली, पिठरः -रं, कटाहः, उखा, पिष्टपचनं, कन्दुः ***m.f.,*** ऋजीषं.

Kettle-drum, *s.* भेरी, मृदङ्गः, मुरजः, दुन्दुभिः ***m.,*** मर्द्दलः, डिण्डिमः, आनकः, ढक्का.

Kettle-drummer, *s.* मार्द्दङ्ग -ङ्गिकः, सौरजिकः, भेरीताडकः, पटहताडकः.

Key, *s.* उद्घाटनं, उद्घाटकः -कं, उद्घाटकयन्त्रं, कुञ्चिका, कूञ्चिका, ताली, तल्लिका, अङ्कुटः.—**(Explanation)** निर्वचनं, व्याख्या.—**(Key-note)** वादी ***m.*** (न्); **'change of key in music,'** शुद्धान्तयुक् ***f.*** (ज्).

Key-hole, *s.* उद्घाटनछिद्रं, कुञ्चिकाछिद्रं, उद्घाटनरन्ध्रं, कुञ्चिकारन्ध्रं.

Key-stone, *s.* बन्धनप्रस्तरः, सन्धानप्रस्तरः, संयोगप्रस्तरः, मध्यमप्रस्तरः, मध्यस्थप्रस्तरः.

Kibe, *s.* पादस्फोटः, पाददारी, विपादिका, स्फुटिः ***f.,*** अलसः.

To **kick, *v. a.* or *n.*** पादेन तड् (c. 10. ताडयति -यितुं) **or** आहन् (c. 2. -हन्ति -न्तुं) **or** प्रहृ (c. 1. -हरति -हर्त्तुं), खुरेण **or** पार्ष्णिना तड् **or** आहन्, पादाघातं कृ, पादप्रहारं कृ, खुराघातं

कृ, खुरक्षेपं कृ, खुरं क्षिप् (c. 6. क्षिपति -क्षेप्तुं) or प्राक्षिप्, पार्ष्णिं, क्षिप्, पादं प्रक्षिप्.

Kick, *s.* पादाघातः, पादप्रहारः, पादाहतिः *f.*, पादाभिघातः खुराघातः, खुराभिघातः, खुरक्षेपः, पार्ष्णिः *m.*, पार्ष्णिक्षेपः, पदाघातः.

Kicked, *p. p.* पादाहतः -ता -तं, खुराहतः -ता -तं, पदाहतः -ता -तं.

Kicker, *s.* पादाघातकृत *m.*, पादप्रहारकर्त्ता *m.* (र्त्तृ), खुरक्षेपकः.

Kicking, *s.* पादाघातकरणं, पादप्रहरणं, खुरक्षेपणं, खुराघातः.

Kid, *s.* **(Young goat)** छागशावकः, अजशावकः, छागवत्सः, छागशिशुः *m.*, अजपोतकः.—**(Fagot)** काष्टभारः, काष्ठकूर्च्चः.

***To* kid,** *v. n.* छागशावकं सु (c. 2. सूते, c. 4. सूयते, सोतुं) or प्रसु or जन् (c. 10. जनयति -यितुं) or उत्पद् (c. 10. -पादयति -यितुं).

Kidder, *s.* धान्यादीनां पूर्व्वक्रेता *m.* (तृ) or पूर्व्वग्राहकः.

***To* kidnap,** *v. a.* बालकस्तेयं कृ, मनुष्यस्तेयं कृ, बालकं हृ (c. 1. हरति, हर्त्तुं) or अपहृ or अभिहृ or चुर् (c. 10. चोरयति -यितुं), बालापहरणं कृ, मनुष्यापहरणं कृ.

Kidnapped, *p. p.* चौरहृतः -ता -तं, चौरापहृतः -ता -तं, बलादपहृतः -ता -तं.

Kidnapper, *s.* बालकस्तेयकृत् *m.*, मनुष्यस्तेयकृत्, बालापहारकः.

Kidnapping, *s.* बालकस्तेयं, मनुष्यस्तेयं, बालापहरणं, मनुष्यापहारः.

Kidney, *s.* बृक्कः -क्का -क्कं, बुक्कः, बूक्कः. बूक्का *m.* (न्), मूत्रपिण्डः.

Kidney-bean, *s.* मुद्गः, मुद्गपर्णी, मुद्गष्ठः -ष्ठकः, माषः, माषपर्णी, शिम्बिकः, शिम्बिपर्णी -र्णिका, मकुष्टकः, मकुष्ठकः; **'a field of kidney beans,'** माष्यं, माषीणं.

Kilderkin, *s.* दीर्घगोलाकारं काष्ठभाण्डं, मानविशेषः.

***To* kill,** *v. a.* हन् (c. 2. हन्ति -न्तुं), निहन्, अभिहन्, आहन्, अभ्याहन्, समाहन्, विनिहन्, विहन्, प्रहन्, प्रणिहन्, निप्रहन्; **'the two last require the gen. c. of the object; हन् in caus.** (घातयति -यितुं), व्यापद् (c. 10. -पादयति -यितुं), मृ (c. 10. मारयति -यितुं), सूद् (c. 10. सूदयति -यितुं), निसूद्, अभिसूद्, विनिसूद्, सन्निसूद्, वध्,—**(Defective, usually found in the 3d pret.** अवधीत् **and fut.** बधिष्यति -ते), नश् (c. 10. नाशयति -यितुं), विनश्, प्रमी **in caus.** (-मापयति -यितुं), शद् (c. 10. शातयति -यितुं), शस् (c. 1. शसति -सितुं), विशस्, क्षण् (c. 8. क्षणोति -णितुं), परिक्षण्, विक्षण् निपत् (c. 10. -पातयति -यितुं), विनिपत्, क्षि (c. 5. क्षिणोति, क्षेतुं **or caus.** क्षययति क्षपयति -यितुं), हिंस् (c. 7. हिनस्ति, c. 1. हिंसति -सितुं), तृह् (c. 6. तृहति, c. 7. तृणेढि, तर्हितुं), तुभ् (c. 9. तुभ्नाति, तोभितुं), तुप्, तुफ्, तुब्, तुम्प्, तुम्फ्, उज्जस् (c. 10. -जासयति -यितुं), **with gen. c.,** कृत् (c. 6. कृन्तति, कर्त्तितुं) निष्कृत्, निष्कृत्, बधं कृ, प्राणहत्यां कृ, प्राणपातं कृ, जीवहत्यां कृ, पञ्चत्वं गम् (c. 10. गमयति -यितुं), लोकान्तरं गम् or प्राप् (c. 10. -आपयति -यितुं).

Killed, *p. p.* हतः -ता -तं, निहतः -ता -तं, विहतः -ता -तं, अपहतः -ता -तं, अभिहतः -ता -तं, समाहतः -ता -तं, विनिहतः -ता -तं, व्यापादितः -ता -तं, आपन्नः -न्ना -न्नं, घातितः -ता -तं, मारितः -ता -तं, सूदितः -ता -तं, निषूदितः -ता -तं, नाशितः -ता -तं, विनाशितः -ता -तं, विशसितः -ता -तं, निपातितः -ता -तं, विनिपातितः -ता -तं, क्षतः -ता -तं, विक्षतः -ता -तं, हतप्राणः -णा -णं, हतजीवितः -ता -तं, नष्टजीवितः -ता -तं, नष्टप्राणः -णा -णं, हतचैतन्यः -न्या -न्यं; **'being killed,'** हन्यमानः -ना -नं, निहन्यमानः -ना -नं; **'to be killed,'** हननीयः -या -यं, घातव्यः -व्या -व्यं, व्यापदनीयः -या -यं, व्यापादयितव्यः -व्या -व्यं.

Killer, *s.* हन्ता *m.* (न्तृ), निहन्ता *m.* घातकः, घाती *m.* (न्), मारकः, बधकारी *m.* (न्), बधकः, प्राणहन्ता *m.* जीवहन्ता *m.* हत्याकृत्, प्राणहत्याकृत्, नाशकः, विनाशकः, विशसिता *m.* (तृ), अन्तकः **in comp.,** सूदनः, घ्नः **in comp.**

Killing, *s.* घातः -तनं, हननं, निहननं, व्यापादानं, मारणं, बधः, प्राणघातः -तनं, प्राणहत्या, प्रमापणं, सूदनं, निषूदनं, क्षणनं, नाशः, प्राणनाशः, शसनं, विशसनं, विदारणं -णा, विमर्द्दनं, मर्द्दनं, मथनं, प्रमथनं, प्रमयः, विशरः, विशारणं, निशारणं, निकारणं, निहिंसनं, निवर्हणं, निकृन्तनं, आलम्भः, हत्या **in comp.**

Kiln, *s.* पाकपुटी, आपाकः, पवनं; **'brick-klin,'** इष्टकापचनस्थानं.

Kimbo, *s.* विभुग्नः -ग्ना -ग्नं, अवभुग्नः -ग्ना -ग्नं, कुटिलः -ला -लं, वक्रः -क्रा -क्रं; **'arms a-kimbo,'** विभुग्नभुजौ *m.* **du.,** वहिर्भुग्नभुजौ.

Kin, *s.* **(Relationship)** ज्ञातित्वं, ज्ञातिभावः, बन्धुता, बान्धवत्वं. —**(Kindred)** स्वकुलं, कुलं, ज्ञातयः *m. pl.*, स्वज्ञातयः, बान्धवाः *m. pl.*, सपिण्डाः *m. pl.*, सगोत्राः *m. pl.*, सम्बन्धिनः *m. pl.*, गोत्रं; **'of kin,'** सगोत्रः -त्रा -त्रं, समानगोत्रः **etc.,** स्वजातीयः -या -यं, सजातीयः -या -यं, गोत्रसम्बन्धी **etc.; 'next of kin,'** अनन्तरः -रा -रं, अनन्तरजातीयः -या -यं, अनन्तरजन्मा -न्मा -न्म (न्).

Kind, *a.* **(Disposed to make others happy, benevolent)** प्रियकरः -री -रं, प्रियङ्करः -री -रं, प्रियकारः -री -रं, प्रियकृत् *m.f.n.*, प्रियः -या -यं, प्रीतः -ता -तं, प्रीतिमान् -मती -मत् (त्), हितः -ता -तं, प्रियैषी -षिणी -षि (न्), हितैषी **etc.,** हितवान् -वती -वत् (त्), सुहितः -ता -तं, हितकामः -मा -मं, हितकरः -री -रं, हितबुद्धिः -द्धिः -द्धि, उपकारशीलः -ला -लं, उपकारी -रिणी -रि (न्), उपकारपरः -रा -रं, परोपकारी **etc.,** लोकोपकारी **etc.,** उपकारबुद्धिः -द्धिः -द्धि, स्निग्धः -ग्धा -ग्धं, स्नेहशीलः -ला -लं, स्नेही -हिनी -हि (न्), हृदयालुः -लुः -लु, सुहृदयः -या -यं, सुहृत्तमः -मा -मं, अनुकूलः -ला -लं, कृपालुः -लुः -लु, कृपाशीलः -ला -लं, अनुकम्पकः -का -कं, अनुकम्पी -म्पिनी -म्पि (न्),

दयालुः -लुः -लु, करुणात्मा -त्मा -त्म (न्), दयावान् etc., लोकानुकम्पनः -ना -नं, अद्रोही -हिणी -हि (न्), परहितेच्छुः -च्छुः -च्छु, परकल्याणेच्छुः etc., सुशीलः -ला -लं, प्रसन्नः -न्ना -न्नं, अनुनयी -यिनी -यि (न्), अनुग्राही etc.; **'kind to servants,'** भृत्यकामकृत्; **'kind to the poor,'** दरिद्रोपकारी etc., दीनानुकम्पनः -ना -नं, दीनवत्सलः -ला -लं; **'kind offices,'** उपकारः, उपचारः; **'kind act,'** सुकृतं, सुकृतिः ***f.,*** प्रीतिकर्म्म ***n.*** (न्); **'kind words,'** प्रीतिवचस् ***n.,*** प्रियभाषणं; **'speaking kind words,'** प्रियवादी -दिनी -दि (न्), प्रियंवदः -दा -दं; **'kind present,'** प्रीतिदानं.

Kind, *s.* (Genus, class) जातिः ***f.,*** गणः, वर्णः, वर्गः, सामान्यं. —**(Sort)** विशेषः, भेदः, प्रभेदः, प्रकारः, आकारः, जातिः ***f.,*** -तं, रूपं, विधिः ***m.,*** विधानं, विधः **in comp.; 'a kind of fish,'** मत्स्यभेदः, मत्स्यविशेषः; **'of various kinds,'** विविधः -धा -धं, नानाविधः -धा -धं, नानारूपः -पी -पं; **'of many kinds,'** बहुविधः -धा -धं, बहुरूपः -पी -पं, अनेकाकारः -रा -रं, अनेकरूपः -पी -पं; **'of two kinds,'** द्विविधः -धा -धं; **'of four kinds,'** चतुर्विधः -धा -धं, चतुःप्रकारः -रा -रं; **'of all kinds,'** सर्व्वप्रकारः -रा -रं; **'all kinds of food,'** सर्व्वप्रकारमन्नं; **'of the same kind,'** सविधः -धा -धं, सजातिः -तिः -ति, सजातीयः -या -यं, समानजातीयः -या -यं; **'of such a kind,'** एवंविधः -धा -धं, तथाविधः -धा -धं, एवंरूपः -पा -पं. —**(Manner, way)** रीतिः ***f.,*** प्रकारः, विधानं, प्रभृतिः ***f.***

Kind-hearted, *a.* सुहृदयः -या -यं, सुहृदयवान् -वती -वत् (त्), हृदयालुः -लुः -लु, हृदयी -यिनी -यि (न्), हृदयिकः -का -कं, चित्तवान् etc.

To* kindle, *v. a. ज्वल् **(c. 10.** ज्वलयति, ज्वालयति -यितुं), प्रज्वल्, संज्वल्, समिन्ध् **(c. 7.** -इन्द्धे -इन्धितुं), तप् **(c. 10.** तापयति -यितुं, **c. 1.** तपति, तप्तुं), सन्तप्, दीप् **(c. 10.** दीपयति -यितुं), प्रदीप्, आदीप्, सन्दीप्, उपदीप्, उद्दीप्, सन्धुक्ष् **(c. 10.** -धुक्षयति -यितुं), दह् **(c. 1.** दहति, दग्धुं), प्रदह्, परिदह्, सम्प्रदह्. —**(Excite)** उत्तप्, उत्तिज् **(c. 10.** तेजयति -यितुं), समुत्तिज्, उत्सह् **(c. 10.** -साहयति -यितुं), प्रोत्सह्. —**(Provoke)** प्रकुप् **(c. 10.** -कोपयति -यितुं).

To* kindle, *v. n. समिन्ध् **in pass.** (-इध्यते), समिद्धीभू, दह् **(c. 4.** दह्यति -ते, दग्धुं), दीप् **(c. 4.** दीप्यते, दीपितुं), सन्दीप्, प्रदीप्, ज्वल् **(c. 1.** ज्वलयति -लितुं), प्रज्वल्, तप् **(c. 1.** तपति, तप्तुं **or in pass.** तप्यते), सन्धुक्ष् **(c. 1.** -धुक्षते -क्षितुं), अग्निदीप्तः -प्ता -प्तं भू.

Kindled, *p. p.* समिद्धः -द्धा -द्धं, इद्धः -द्धा -द्धं, दीप्तः -प्ता -प्तं, प्रदीप्तः -प्ता -प्तं, दीपितः -ता -तं, उद्दीप्तः -प्ता -प्तं, ज्वलितः -ता -तं, प्रज्वालितः -ता -तं, तप्तः -प्ता -प्तं, सन्तप्तः -प्ता -प्तं, तापितः -ता -तं, सन्धुक्षितः -ता -तं, दग्धः -ग्धा -ग्धं, उत्तेजितः -ता -तं; **'one whose anger is kindled,'** समिद्धकोपः -पा -पं, कोपज्वलितः -ता -तं.

Kindliness, *s.* मृदुता, सौम्यता -त्वं, स्निग्धता, कोमलता, प्रीतता, प्रीतिः ***f.***

Kindly, *a.* (Congenial) समशीलः -ला -लं, समानशीलः -ला -लं, समानभावः -वा -वं, अनुगुणः -णा -णं, अनुकूलः -ला -लं. —**(Bland, gentle)** सौम्यः -म्या -म्यं, मृदुः -दुः -द्वी -दु, स्निग्धः -ग्धा -ग्धं, कोमलः -ला -लं, प्रीतः -ता -तं, दयालुः -लुः -लु.

Kindly, *adv.* प्रीत्या, प्रीतिपूर्व्वं, सुशीलवत्, सुशीलत्वात्, सुजनत्वात्, सानुनयं, सद्भावात्, कृपया, दयया, सदयं, प्रियं, हितं, स्नेहनं, सस्नेहं, सानुग्रहं, परहितेच्छया, उपकारशीलत्वात्, सानुकूल्यं; **'kindly affected,'** सुरक्तः -क्ता -क्तं, अनुरक्तः -क्ता -क्तं, हितबुद्धिः -द्धिः -द्धि; **'speaking kindly,'** प्रियवादी -दिनी -दि (न्).

Kindness, *s.* (Of disposition) प्रीतता, प्रीतिः ***f.,*** उपकारशीलता, स्निग्धता, स्नेहशीलता, स्नेहः, कृपालुता, दयालुता, प्रियता, दयाशीलता, कृपाशीलता, सुहितत्वं, हितत्वं, हितेच्छा, परहितेच्छा, हितकाम्या, सौजन्यं, सुजनत्वं, अनुग्रहः, प्रसादः, प्रसन्नता, उपकारबुद्धिः ***f.,*** परहितबुद्धिः ***f.,*** लोककृपा, सौहृद्यं, प्रेम ***n.*** (न्), अनुकूलता, आनुकूल्यं, अनुरोधः, मृदुशीलता, सौम्यत्वं. —**(Act of kindness)** उपकारः, उपकृतं -तिः ***f.,*** सुकृतं, सुकृतिः ***f.,*** प्रियं, परोपकारः, कृतोपकारः, हितं.

Kindred, *s.* (Relationship) ज्ञातित्वं -ता, ज्ञातिभावः, सजातित्वं, बन्धुता, बान्धवत्वं, कुलसन्निधिः ***m.,*** सपिण्डता, एकपिण्डता, सगोत्रता, सम्बन्धित्वं, सगर्भत्वं. —**(Relatives)** ज्ञातयः ***m.pl.,*** बान्धवाः ***m.pl.,*** बन्धुजनः, बन्धुवर्गः, ज्ञातिवर्गः, बान्धवगणः, बान्धवजनः, स्वजनः -नाः ***m.pl.,*** सगोत्राः ***m.pl.,*** सकुल्याः ***m.pl.,*** स्वजातीयाः ***m.pl.,*** सजातीयाः, सम्बन्धिनः ***m.pl.,*** गोत्रं, बान्धवसमुदायः, गोत्रसमुदायः, गोत्रजाः ***m.pl.,*** कुलसन्निधिः ***m.***

Kindred, *a.* (Related) सजातीयः -या -यं, समानजातीयः -या -यं, सगोत्रः -त्रा -त्रं, समानगोत्रः -त्रा -त्रं, सकुल्यः -ल्या -ल्यं, समानवंशः -शा -शं, संवशीयः -या -यं, सवर्णः -र्णा -र्णं, सम्बन्धी -न्धिनी -न्धि (न्), सम्बन्धीयः -या -यं. —**(Congenial)** समधर्म्मा -र्म्मा -र्म्म (न्), सधर्म्म etc., समगुणः -णा -णं, तुल्यगुणः -णा -णं, समानभावः -वा -वं, तुल्यवृत्तिः -त्तिः -त्ति, अनुगुणः -णा -णं.

Kine, *s. pl.,* गावः ***m. pl.,*** गोकुलं, गोवृन्दं, गोसमूहः.

King, *s.* राजा ***m.,*** (न्), नृपतिः ***m.,*** नृपः, नरपतिः ***m.,*** भूपतिः ***m.,*** भूपः, भूपालः, महीपतिः ***m.,*** पार्थिवः, पार्थः, पृथिवीपतिः ***m.,*** पृथिवीपालः, भूमिपः -पतिः ***m.,*** महीक्षित् ***m.,*** महीपः, महीपालः, क्षितिपः -पतिः ***m.,*** -पालः, पृथिवीक्षित् ***m.,*** नरेश्वरः, नराधिपः, नरेशः, नरेन्द्रः, प्रजेश्वरः, प्रजापः -पतिः ***m.,*** जगतीपतिः

m., जगतीपालः, जगत्पतिः *m.*, अवनिपतिः *m.*, अवनिपालः, अवनीशः, अवनीश्वरः, क्षितीशः, क्षितीश्वरः, पृथिवीशकः, भूमिभृत् *m.*, क्षितिभृत् *m.*, भूभृत्, क्ष्माभृत्, क्ष्मापः, वसुधाधिपः, अधिपः, अधिपतिः *m.*, नायकाधिपः, महीभुक् *m.*, (ज्), जगतीभुक् *m.*, क्ष्माभुक्, भूभुक् *m.*, भूमीन्द्रः, महीभर्त्ता *m.*, (तृ), भर्त्ता *m.*, स्वामी *m.*, (न्), प्रभुः *m.*, भगवान् *m.*, (त्), छत्रपः -पतिः *m.*, राज्यभाक् *m.*, (ज्), लोकपालः, लोकेशः, लोकेश्वरः, लोकनाथः, नरदेवः, राट् *m.*, (ज्), इरावान् *m.*, (त्), इन्द्रः **in comp.; as, 'the king of beasts,'** मृगेन्द्रः; **'the king of birds,'** खगेन्द्रः; **'the king of men,'** नरेन्द्रः; **'king of kings,'** राजेन्द्रः, राजाधिराजः, राजराजः, राजाधिपः; **'supreme king,'** अधिराजः, अधिराट् (ज्), महाराजः *m.* अधीश्वरः, सम्राट् (ज्), मण्डलेश्वरः, सर्व्वेश्वरः, राजसिंहः; **'a king's son,'** राजपुत्रः, राजकुमारः, भर्त्तृदारकः; **'king's daughter,'** राजपुत्री, राजकुमारी, राजकन्या; **'a line of kings,'** राजावली -लिः *f.*, राजसन्ततिः *f.*; **'having no king,'** अराजकः -का -कं, अनायकः -का -कं.

King-craft, *s.* राज्यनयनविद्या, राज्यकर्त्तृत्वं, राजत्वकरणं, राज्यचातुर्य्यं, राजनीतिः *f.*, राजनयः, राज्यरीतिः *f.*

Kingdom, *s.* राज्यं, राजत्वं, ऐश्वर्य्यं, आधिपत्यं, स्वाम्यं, प्रभुत्वं, माहिनं.—**(Country subject to a king)** राष्ट्रं, राज्यं, विषयः.—**(Government)** राज्यं, राज्याधिकारः, राजाधिकारः, राज्यपालनं, राज्यनीतिः *f.*—**(Population)** प्रजा.—**(Animal kingdom)** जीवजातिः *f.*, प्राणिजातिः *f.*, जीवगणः.—**(Vegetable kingdom)** तृणजातिः *f.*, मूलजातिः, तृणगणः.—**(Mineral kingdom)** धातुजातिः *f.*, धातुगणः.

Kingfisher, *s.* मत्स्यरङ्गः -ङ्गकः, मत्स्यरङ्कः, मत्स्याशनः, सुचित्रकः, छत्रकः, कुट्टकः.

Kingless, *a.* अराजकः -का -कं, राजहीनः -ना -नं, अनायकः -का -कं.

Kinglike, kingly, *a.* राजकीयः -या -यं, राजयोग्यः -ग्या -ग्यं, राजसदृशः -शी -शं, राजार्हः -र्हा -र्हं, नृपोचितः -ता -तं, राजोचितः -ता -तं, राजसन्निभः -भा -भं, राजसम्बन्धी -न्धि -न्धि (न्), राज **in comp.; as, 'kingly policy,'** राजनीतिः.

King's-evil, *s.* **(A scrofulous disease)** गण्डमाला.

Kingship, *s.* राजता -त्वं, राज्यं, नृपत्वं, नरेन्द्रत्वं, भूपता -त्वं, महीपत्वं, नरैश्वर्य्यं प्रभुत्वं, प्रजैश्वर्य्यं, प्राजापत्यं, आधिपत्यं राजाधिकारः, राजपदं.

Kinsfolk, *s.* बान्धवाः *m. pl.*, बन्धुवर्गः, बन्धजनः, बान्धववर्गः, स्वजनाः *m. pl.*, स्वजनः, ज्ञातिवर्गः, सजातीयाः *m. pl.*, सगोत्राः *m. pl.*

Kinsman, *s.* बन्धुजनः, बन्धुः *m.*, बान्धवः, ज्ञातिः *m.*, स्वज्ञातिः *m.*, स्वजातीयः, सजातीयः, स्वबन्धुः *m.*, स्वजनः, स्वकुल्यः, सकुल्यः, स्ववंशीयः, सवंश्यः, वंश्यः, स्वकीयः, स्वकुटुम्बी *m.*, (न्), कुटुम्बी *m.*, स्वः, कुलपुरुषः, गोत्रपुरुषः, सगोत्रः, गोत्रजः, गोत्रः, समानगोत्रः, गोत्रबन्धुः *m.*, सपिण्डः, सनाभिः *m.*, दायादः -दवः, समानोदकः, उदकदः, उदकदायी *m.*, (न्); **'a number of kinsmen,'** बन्धुगणः, बन्धुता; **'bewailing a kinsman,'** बान्धवाक्रोशी *m.*, (न्).

Kinswoman, *s.* बन्धुजनः, स्वजातीया, स्वकुल्या, गोत्रजा, गोत्रस्त्री.

Kirk, *s.* **(Place of worship)** भजनालयः, भजनमन्दिरं.—**(Body of believers)** भक्तसमूहः, भक्तगणः, भक्तवृन्दं. *See* **Church.**

***To* kiss,** *v. a.* चुम्ब् **(c. 1.** चुम्बति -म्बितुं, **c. 10.** चुम्बयति -यितुं), चुम्बनं कृ **or** दा, निंस् **(c. 2.** निंस्ते, निंसितुं), प्रणिंस्, परिणिंस्, निक्ष् **(c. 1.** निक्षति -क्षितुं), प्रणिक्ष्, मूर्ध्नि **or** मूर्धनि **or** शिरसि आघ्रा **(c. 1.** -जिघ्रति -घ्रातुं) **or** उपाघ्रा **or** उपघ्रा **or** समुपाघ्रा **or** समाघ्रा **or** अवघ्रा, अधरपानं कृ, अधररसं पा **(c. 1.** पिवति, पातुं).

Kiss, *s.* चुम्बनं, चुम्बितं, परिणिंसा, निक्षणं, प्रणिक्षणं, निमित्तकं, अधरपानं, दशनोच्छिष्टः; **'giving a kiss,'** चुम्बनदानं.

Kissed, *p. p.* चुम्बितः -ता -तं, प्रणिंसितः -ता -तं, परिणिंसितः -ता -तं, निक्षितः -ता -तं; **'to be kissed,'** चुम्बनीयः -या -यं, प्रणिंसितव्यः -व्या -व्यं.

Kisser, *s.* चुम्बकः, चुम्बनदाता *m.* (तृ), परिणिंसकः.

Kissing, *part.* चुम्बन् -म्बन्ती -म्बत् (त्), चुम्बितवान् -वती -वत् (त्).

Kit, *s.* **(A large bottle)** महाकूपी.—**(A small fiddle)** क्षुद्रसारङ्गी.—**(A soldier's baggage)** सैनिकसामग्री -ग्र्यं, सैनिकपरिच्छदः.—**(Complement of necessary utensils)** उपकरणसामग्र्यं -ग्री, उपकरणसमुदायः, सोपकारद्रव्यसम्भारः, द्रव्यसम्भारः, सम्भारः.

Kitchen, *s.* पाकशाला, पाकस्थानं, पाकगृहं, पाकागारं, महानसः -सं, रसवती, सूदशाला; **'superintendent of the kitchen,'** पाकशालाध्यक्षः, पाकगृहाधिकारी *m.* (न्), सूदाध्यक्षः.

Kitchen-garden, *s.* शाकचाटिका, शाकवाटी, शाकशाकटं, शाकशाकिनं.

Kitchen-maid, *s.* पाककर्म्मकरी, पाकचेटी, महानसचेटी, पाचकसहकारिणी दासिका **or** दासी.

Kitchen-work, *s.* पाककर्म्म *n.* (न्), पाककार्य्यं, पाकागारकर्म्म.

Kite, *s.* **(The bird)** चिल्लः, आतायी *m.* (न्), आतापी *m.* (न्), वियच्चारी *m.* (न्), खभ्रान्तिः *m.* श्येनः.

Kitling, *s.* शावः -वकः, शिशुः *m.*, वत्सः, डिम्भः, डिम्बः.

Kitten, *s.* मार्जारशावकः, विडालशिशुः *m.* विडालशावकः, मार्जारवत्सः, क्षुद्रविडालः.

***To* kitten,** *v. n.* मार्जारशावकं सु **(c. 2.** सूते, **c. 4.** सूयते, सोतुं)

or प्रसु or जन् (c. 10. जनयति -यितुं) or प्रजन् (c. 4. -जायत -जनितुं).

To klick, v. n. See To click.

To* knab, *v. a. दंश् (c. 1. दशति, द्रंष्टुं), दन्तैर् ग्रह् (c. 9. गृह्णाति, ग्रहीतुं), or धृ (c. 1. धरति, धर्त्तुं).

Knack, *s.* (Toy) क्रीडनकं.—**(dexterity)** दक्षता, हस्तदक्षता, हस्तकौशल्यं, हस्तलाघवं, युक्ति: ***f.***, चातुर्य्यं, नैपुण्यं, निपुणता, प्रयोग:, सुप्रयोग: -गता, पटुता, पाटवं, व्यापार:, क्षिप्रता, व्यापारक्षिप्रता, अभ्यास:.

To* knack, *v. n. आकस्मिकक्वणितं कृ, आकस्मिकशब्दं कृ, स्फुत्कारं कृ.

Knacker, *s.* जीर्णाश्वक्रेता ***m.*** (तृ), जीर्णाश्वविशसिता ***m.*** (तृ).

Knag, *s.* (Knot in wood) ग्रन्थि: ***m.***, काष्ठसन्धि: ***m.***, पर्व्व ***n.*** (न्).

Knaggy, *a.* ग्रन्थिल: -ला -लं, बहुग्रन्थि: -न्थि: -न्थि, पर्व्वविशिष्टि: -ष्टा -ष्टं.

Knap, *s.* (Protuberance) गण्ड:, पिण्ड:, गुल्म:, ग्रन्थि: ***m.***, आभोग:.

***To* knap, *v. a.* (Bite)** अकस्माद् दंश् (c. 1. दशति, दंष्टुं), आकस्मिकदंशनं कृ.—**(Make a sharp sound)** अकस्मात् क्वण् (c. 1. क्वणति -णितुं), आकस्मिकक्वणितं कृ.

Knapsack, *s.* पृष्ठेन भृतं सोपकारद्रव्यभाण्डं or सोपकारद्रव्याधार:, सैनिकेन यात्रामध्ये पृष्ठतो भृतं सोपकारद्रव्यभाजनं.

Knar, *s.* (Knot in wood) ग्रन्थि: ***m.***, पर्व्व ***n.*** (न्). ***See* Gnarled.**

Knave, *s.* धूर्त्त:, कितव:, वञ्चक:, प्रवञ्चक:, शठ:, दुष्टजन:, तस्कर:, पिशुन:, प्रतारक:, कूटक:, कूटकार:, दाम्भिक:, कुहक:, छित्वर:, कपटी ***m.*** (न्), कपटिक:.

Knavery, *s.* धूर्त्तता, कैतवं, तस्करविद्या, शाठ्यं, शठता, कूटता, पैशुन्यं, वञ्चनं, वञ्चकत्वं, व्याज:, कापट्यं, छलं, कपट:, दुष्टता.

Knavish, *a.* धूर्त्त: -र्त्ता -र्त्तं, धूर्त्तस्वभाव: -वा -वं, धूर्त्तशील: -ला -लं, कितवशील: -ला -लं, शठ: -ठा -ठं, तस्करस्वभाव: -वा -वं, कपटी -टिनी -टि (न्), कापटिक: -की -कं, कौटिक: -की -कं, वञ्चक: -का -कं, पिशुन: -ना -नं.

Knavishly, *adv.* धूर्त्तवत्, कितववत्, सकैतवं, कैतवेन, तस्करवत्, शठवत्, शाठ्येन, सकपटं, सकापट्यं, सव्याजं, सकूटं, वञ्चनार्थं, छलेन.

Knavishness, *s.* धूर्त्तता, कैतवं, धूर्त्तशीलता, कितवशीलता, शठता.

To* knead, *v. a. हस्ताभ्यां मृद् (c. 9. मृद्नाति, मर्द्दितुं, c. 10. मर्दयति -यितुं), अवमृद्, विमृद्, प्रमृद्, उपमृद्, अभिमृद्, सम्मृद्, कराभ्यां पिष् (c. 7. पिनष्टि, पेष्टुं) or चूर्ण् (c. 10. चूर्णयति -यितुं), प्रचूर्ण्, विचूर्ण्, सञ्चूर्ण्, चूर्णीकृ or घृष् (c. 1. घर्षयति -र्षितुं), हस्ताभ्यां सम्पीड् (c. 10. -पीडयति -यितुं), हस्तसम्पीडनपूर्व्वं पिण्डीकृ.—**(Knead the limbs)** संवाह् (c. 1. -वाहति -हितुं, c. 10. -वाहयति -यितुं), कराभ्यां संवाह्, संवाहनं कृ.

Kneaded, *p. p.* हस्ताभ्यां मर्दित: -ता -तं or सम्मर्दित: -ता -तं or विमर्दित: -ता -तं or मृदित: -ता -तं or उपमर्दित: -ता -तं or अवमर्दित: -ता -तं, कराभ्यां पिष्ट: -ष्टा -ष्टं or सम्पिष्ट: -ष्टा -ष्टं or चूर्णित: -ता -तं or घर्षित: -ता -तं or सम्पीडित: -ता -तं or पिण्डीकृत: -ता -तं.—**(As the limbs)** संवाहित: -ता -तं, कृतसंवाह: -हा -हं; **'to be kneaded,'** संवाह्य: -ह्या -ह्यं.

Kneading, *s.* हस्ताभ्यां मर्दनं or विमर्दनं or अवमर्द: -र्दनं or उपमर्द: -र्दनं, कराभ्यां पेषणं or घर्षणं or सम्पीडनं.—**(Of the limbs)** संवाह: -हनं, संहननं.—**(Kneading-trough)** द्रोणि: -णी ***f.***

Knee, *s.* जानु ***n.*** -नु: ***m.***, जानुसन्धि: ***m.***, अष्ठीवान् ***m.*** -वत् ***n.*** (त), ऊरुपर्व्व ***n.*** (न्), ऊरुसन्धि: ***m.***, जङ्घोरुसन्धि: ***m.***, जङ्घोरुपर्व्व: ***n.***, कुर्पर:, कूर्पर:, नलकील:, पर्व्वकं, चक्रिका; **'he fell on his knees,'** जानुभ्यां भूमिम् अगमत् or भूमौ पपात.

Knee-deep, *a.* जानुदघ्न: -घ्नी -घ्नं, जानुद्वयस: -सी -सं, जानुमात्र: -त्री -त्रं.

To* kneel, *v. n. जानुनी भूमौ न्यस् (c. 4. -अस्यति -असितुं), जानुनी भूमौ कृ, जानुभ्यां स्था (c. 1. तिष्ठति, स्थातुं), जानुभ्यां भूमौ पत् (c. 1. पतति -तितुं), or निपत्, जानुनी नम् (c. 10. नमयति -यितुं.

Kneeling, *part.* or *a.* भूमिन्यस्तजानु: -नु: -नु, क्षितन्यस्तजानु: -नु: -नु, नतजानुक: -की -कं.

Kneapan, *s.* जानुफलकं, कपोली, नलकिनी, अष्ठीवत् ***n.***, जानुफलं.

Knee-tribute, *s.* जानुपूजा, जानुभ्यां पूजा, जानुनतिपूर्व्वा सेवा or अर्चना.

Knell, *s.* प्रेतनयनकाले घण्टाध्वनि: ***m.*** or घण्टाशब्द:.

Knick knack, *s.* क्रीडानकं, क्रीडाद्रव्यं, क्रीडावस्तु ***n.***, क्रीडाविषय:.

Knife, *s.* छुरिका, छुरी, कर्त्तरिका, क्षुरी, कृन्तनिका, कृन्तत्रं, शस्त्री, कृपाणी -णिका, असिपुत्रिका.

Knife-grinder, *s.* भ्रमाजीवी ***m.*** (न्), भ्रमासक्त:, भ्रमद्वारेण छुरिकातेजक:.

Knight, *s.* सादी ***m.*** (न्), कुलीनसादी ***m.*** अश्वसादी ***m.*** अश्ववार:, कुलीनयोद्धा ***m.*** (द्धृ).

To* knight, *v. a. सादिपदे नियुज् (c. 7. -युनक्ति -योक्तुं),

सादिख्यातिं दा, सादिपद्धतिं दा, कुलीनख्यातिं दा.

Knighthood, ***s.*** सादिपदं, कुलीनसादिपदं, सादित्वं, सादिख्यातिः ***f.***

To **knit,** ***v. a.*** दीर्घसूचिद्वारेण सूत्राणि ग्रन्थ् **(c. 9.** ग्रथ्नाति, **c. 1.** ग्रन्थति, ग्रन्थितुं), तन्तुग्रन्थनं कृ. —**(Knit together, connect)** संयुज् **(c. 7.** -युनक्ति -योक्तुं, **c. 10.** -योजयति -यितुं), सम्बन्ध् **(c. 9.** -बध्नाति -बन्द्धुं), संश्लिष् **(c. 10.** -श्लेषयति -यितुं), योक्त्र **(nom.** योक्त्रयति -यितुं), संलग्नीकृ. —**(Knit the brows)** भुवौ संहन् **(c. 2.** -हन्ति -न्तुं), भूसंहतिं कृ.

Knit, ***p. p.*** ग्रथितः -ता -तं. —**(Well-knit)** संहतः -ता -तं, सुसंहतः -ता -तं, दृढसन्धिः -न्धिः -न्धि; **'having the brows knit,'** संहतभूः -भूः -भु.

Knitting, ***s.*** दीर्घसूचिद्वारा तन्तुग्रन्थनं **or** सूत्रग्रन्थनं, सूत्रश्लेषः; **'knitting the brows,'** भ्रूसंहतिः ***f.***

Knitting-needle, ***s.*** दीर्घसूचिः -ची ***f.***, सूत्रग्रन्थनार्थं दीर्घसूचिः **or** दीर्घशलाका.

Knob, ***s.*** पिण्डः -ण्डं, गण्डः -ण्डका, गुल्मः, ग्रन्थिः ***m.*** आभोगः. —**(In wood)** ग्रन्थिः ***m.***, पर्व्व ***n.*** (न्).

Knobbed, knobby, ***a.*** पिण्डी -ण्डिनी -ण्डि (न्), पिण्डितः -ता -तं, सपिण्डः -ण्डा -ण्डं, गण्डी -ण्डिनी -ण्डि (न्), सगण्डः -ण्डा -ण्डं, ग्रन्थिलः -ला -लं.

To **knock,** ***v. a.*** **(Strike, hit)** तड् **(c. 10.** ताडयति -यितुं), वितड्, तुद् **(c. 6.** तुदति -ते, तोत्तुं), आतुद्, वितुद्, प्रहृ **(c. 1.** -हरति -हर्त्तुं), हन् **(c. 2.** हन्ति -न्तुं), अभिहन्, निहन्, आहन्, विहन्, समाहन्, अभ्याहन्. —**(strike a door)** द्वारं तड्. —**(Knock down)** पत् **(c. 10.** पातयति -यितुं), अवपत्, निपत्, भ्रंश् **(c. 10.** भ्रंशयति -यितुं), आघातेन **or** प्रहारेण भूमौ पत्. —**(Knock out)** आघातेन वहिष्कृ; **'to knock out the brains,'** मस्तकं निष्पिष् **(c. 7.** -पिनष्टि -पेष्टुं), आघातेन मस्तिष्कं वहिष्कृ. —**(Knock off)** आघातेन पत्; **'do quickly,'** सत्वरं सम्पद् **(c. 10.** -पादयति -यितुं), त्वरितं कृ. —**(Knock up, fatigue)** खिद् **(c. 10.** खेदयति -यितुं), अवसद् **(c. 10.** -सादयति -यितुं), आयासेन सत्त्वं **or** बलं हृ **(c. 1.** हरति, हर्त्तुं) **or** अपहृ. —**(Knock on the head)** मस्तकम् आहत्य **or** ताडयित्वा व्यापद् **(c. 10.** -पादयति -यितुं).

To **knock,** ***v. n.*** **(Strike)** ताडनं कृ, आघातं कृ, अभिघातं कृ, प्रहारं कृ, **'to knock with a stick,'** वेत्राघातं कृ, दण्डप्रहारं कृ, दण्डपातनं कृ. **'with the fist,'** मुष्ट्यघातं कृ, मुष्टिप्रहारं कृ, बाहुप्रहरणं कृ, मुष्टिपातं कृ. —**(Strike against, clash)** अभिहन् **(c. 2.** -हन्ति -न्तुं), प्रतिहन्, प्रतिघातं कृ, सङ्घट्ट् **(c. 1.** -घट्टते -ट्टितुं), आपत् **(c. 1.** -पतति -तितुं), अभिपत्. —**(Knock under, submit)** उपगम् **(c. 1.** -गच्छति -गन्तुं), वशं गम्, वशीभू. —**(Knock up)** श्रम् **(c. 4.** श्राम्यति, श्रमितुं), खिद् **(c. 4.** खिद्यते, खेत्तुं), अत्यायासात् **or** अतिखेदाद् गतसत्त्वः -त्त्वा -त्त्वं भू.

Knock, ***s.*** **(Blow)** आघातः, अभिघातः, घातः, प्रहारः, आहतिः ***f.***, हतिः ***f.***, ताडनं, पातः -तनं; **'a knock with a stick,'** वेत्राघातः; **'a knock with the fist,'** मुष्टिप्रहारः; **'a knock-down argument,'** गलहस्तः.

Knocked, ***p. p.*** ताडितः -ता -तं, आहतः -ता -तं, अभिहतः -ता -तं, समाहतः -ता -तं, प्रहतः -ता -तं. —**(Knocked down)** निपातितः -ता -तं, पातितः -ता -तं, भ्रंशितः -ता -तं.

Knock-kneed, ***a.*** संहतजानुः -नुः -नु, संहतजानुकः -की -कं, संज्ञुः -ज्ञुः -ज्ञु, संज्ञः -ज्ञा -ज्ञं.

Knocker, ***s.*** **(One that knocks)** ताडयिता ***m.*** (तृ), प्रहर्त्ता ***m.*** (र्त्तृ), ताडनकृत्. —**(Of a door)** द्वारताडनी, द्वारमुद्गरः, द्वारताडनयन्त्रं.

To **knoll,** ***v. a.*** **or** ***n.*** प्रेतनयनकाले घण्टाध्वनिं कृ **or** घण्टाशब्दं कृ.

Knoll, ***s.*** क्षुद्रपर्व्वतः, ईषदुन्नतो भूभागः **or** भूमिभागः **or** मृत्तिकाचयः, वप्रः -प्री, वल्मीकं, नाकुः ***m.***

Knot, ***s.*** ग्रन्थिः ***m.***, ग्रन्थिका, बन्धः -न्धनं, गण्डः; **'tying a knot,'** ग्रन्थिबन्धनं. —**(Joint in a plant)** पर्व्व ***n.*** (न्), ग्रन्थिः ***m.***, परुः ***m.***, गण्डूः ***f.***, आकल्पकः. —**(In wood)** काष्ठग्रन्थिः ***m.***, काष्ठसन्धिः ***m.***, काण्डसन्धिः ***m.*** —**(Articulation)** सन्धिः ***m.*** —**(Bond of union)** सन्धिः ***m.***, सम्बन्धः, संहतिः ***f.***, संयोगः. —**(Gang, crew)** गणः, सङ्घः, समूहः, संसर्गः, निवहः, मण्डलं. —**(Bunch, clump)** पिण्डः -ण्डं, गुल्मः, गुच्छः -च्छकः, स्तवकः, काण्डः, स्तम्बः. —**(Knotty point)** ग्रन्थिः ***m.***, गूढार्थः; **'one who removes knots,'** ग्रन्थिहरः.

To **knot,** ***v. a.*** ग्रन्थिं कृ, ग्रन्थ् **(c. 1.** ग्रन्थति -न्थितुं), ग्रन्थिरूपेण संश्लिष् **(c. 10.** -श्लेषयति -यितुं).

To **knot,** ***v. n.*** ग्रन्थिरूपेण संश्लिष्टीभू, ग्रन्थिं बन्ध् **(c. 9.** बध्नाति, बन्द्धुं).

Knottiness, ***s.*** ग्रन्थिलत्वं, सग्रन्थित्वं, ग्रन्थिपूर्णता, सपर्व्वत्वं, ग्रन्थिमत्त्वं.

Knotty, knotted, ***a.*** ग्रन्थिलः -ला -लं, ग्रन्थिमान् -मती -मत् (त्), ग्रन्थी -न्थिनी -न्थि (न्), ग्रन्थिमयः -यी -यं, पर्व्वमयः -यी -यं, बहुग्रन्थिः -न्थिः -न्थि. —**(Intricate, difficult)** गूढार्थः -र्था -र्थं, दुर्ज्ञेयः -या -यं, दुर्गमः -मा -मं, दुःशोधनीयः -या -यं.

To **know,** ***v. a.*** **and** ***n.*** ज्ञा **(c. 9.** जानाति -नीते, ज्ञातुं), परिज्ञा, संज्ञा, विज्ञा, विद् **(c. 2.** वेत्ति, वेदितुं), संविद्, बुध् **(c. 1.** बोधति -ते -धितुं, **c. 4.** बुध्यते, बोद्धुं), अवबुध्, सम्बुध्, अवगम् **(c. 1.** -गच्छति -गन्तुं), अवे **(c. 2.** अवैति -तुं, **rt.**

इ), मन् (c. 4. मन्यते, मन्तुं); **'know thou,'** अवेहि, जानीहि. —**(Recognize)** अभिज्ञा, प्रतिज्ञा, प्रत्यभिज्ञा, समभिज्ञा.—**(Be familiar or acquainted with)** परिचयं कृ, परिचितः -ता -तं भू **or** अस्.—**(Understand, perceive)** उपलभ् (**c. 1.** -लभते -लब्धुं), ग्रह् (**c. 9.** गृह्णाति, ग्रहीतुं), अर्थं ग्रह्. —**(Carnally)** प्रज्ञा, सङ्गम् (**c. 1.** -गच्छति -गन्तुं), भज् (**c. 1.** भजते, भक्तु), स्त्रीसङ्गं कृ, स्त्रीसङ्ग्रहणं कृ.

Knowable, ***a.*** ज्ञातव्यः -व्या -व्यं, ज्ञेयः -या -यं, विज्ञेयः -या -यं, ज्ञानीयः -या -यं, वेदनीयः -या -यं, वेद्यः -द्या -द्यं, अवगम्यः -म्या -म्यं, अवगन्तव्यः -व्या -व्यं.

Knower, ***s.*** ज्ञाता ***m.*** -त्री ***f.*** (तृ), ज्ञानी ***m.*** -निनी ***f.*** (न्), वेत्ता ***m.*** -त्ती ***f.*** (त्तृ), वेदिता ***m.*** (तृ), वेदी ***m.*** -दिनी ***f.*** (न), अभिज्ञः -ज्ञा, ज्ञः ज्ञा **in comp.**

Knowing, ***a.*** **(Shrewd)** अभिज्ञः -ज्ञा -ज्ञं, विज्ञः -ज्ञा -ज्ञं, ज्ञानी -निनी -नि (न्), विदग्धः -ग्धा -ग्धं, तद्विद् ***m.f.n.,*** तज्ज्ञः -ज्ज्ञा -ज्ज्ञं, पक्वबुद्धिः -द्धिः, -द्धि, विचक्षणः -णा -णं, नागरः -रा -रं, निपुणः -णा -णं, प्रवीणः -णा -णं.

Knowingly, ***adv.*** ज्ञानतस्, ज्ञानात्, ज्ञानपूर्व्वं, मत्या, बुद्ध्या, मतिपूर्व्वं, बुद्धिपूर्व्वं, बोधपूर्व्वं.—**(Cunningly)** विज्ञवत्, विदग्धवत्.

Knowledge, ***s.*** **(Certain perception, opposed to ignorance of)** ज्ञानं परिज्ञानं, विज्ञानं, अभिज्ञानं, बोधः -धनं, प्रबोधः, अवबोधः, उद्बोधः, प्रज्ञा, उपलब्धिः ***f.,*** वेदनं, संवेदः -दनं, अवगमः, प्रमा, प्रमितिः ***f.,*** समुदागमः, उपलम्भः, ज्ञप्तिः ***f.,*** प्रतीतिः ***f.,*** ज्ञातृत्वं, वेत्तृत्वं, विपश्यं.—**(Learning science)** विद्या, ज्ञानं, विज्ञानं, विद्वत्ता, वैदुष्यं, पाण्डित्यं, प्राज्ञत्वं, श्रुतिः ***f.,*** व्युत्पत्तिः ***f.***—**(Spiritual knowledge)** आत्मविद्या, आत्मज्ञानं, परमार्थविद्या, परमार्थज्ञानं, परमार्थः, अध्यात्मविद्या, तत्त्वज्ञानं, ज्ञानविद्या, ज्ञानं, ब्रह्मज्ञानं, ब्रह्मविद्या; **'instruction in spiritual knowledge,'** ब्रह्मदान, ब्रह्मोपदेशः, ज्ञानोपदेशः, आत्मबोधः; **'versed in it,'** ज्ञानवान् -वती -वत् (त्), ज्ञानपरः -रा -रं, ज्ञाननिष्ठः -ष्ठा -ष्ठं.—**(Sacred and profane knowledge)** ज्ञानविज्ञानं.—**(Recognition)** प्रत्यभिज्ञानं, प्रत्यभिज्ञा, अभिज्ञानं, संवित्तिः ***f.***—**(Acquaintance with persons)** परिचयः, सौहृद्यं.—**(Conversancy)** परिज्ञानं, अभिज्ञता, विज्ञता, नैपुण्यं, प्रवीणता, पाटवं; **'acquiring knowledge,'** विद्यागमः, विद्याप्राप्तिः ***f.,*** विद्यार्जनं, विद्यालाभः; **'giving knowledge,'** विद्यादानं; **'eager after knowledge,'** विद्यार्थी -र्थिनी -र्थि (न्), जिज्ञासुः -सुः -सु, ज्ञानेच्छुः -च्छुः -च्छु, ज्ञानेप्सु -प्सुः -प्सु; **'thirst after knowledge,'** जिज्ञासा, विद्यार्थः, ज्ञानेच्छा; **'attainable by knowledge,'** ज्ञानगम्यः -म्या -म्यं; **'gained by knowledge,'** विद्यार्जितः -ता -तं, विद्यालब्धः -ब्धा -ब्धं; **'according to one's knowledge,'** यथाज्ञानं; **'without the knowledge of,'** अगोचरेण; **'with the knowledge of,'** गोचरेण; **'with my knowledge,'** मम गोचरेण, मद्गोचरेण.

Known, ***p. p.*** ज्ञातः -ता -तं, परिज्ञातः -ता -तं, अभिज्ञातः -ता -तं, विज्ञातः -ता -तं, विदितः -ता -तं, वित्तः -त्ता -त्तं, विन्नः -न्ना -न्नं, बुधितः -ता -तं, बुद्धः -द्धा -द्धं, अवगतः -ता -तं, मतः -ता -तं, उपलब्धः -ब्धा -ब्धं, गृहीतार्थः -र्था -र्थं; **'to make known,'** ज्ञा **in caus.** (ज्ञापयति, ज्ञपयति -यितुं), विज्ञा, निविद् (**c. 10.** -वेदयति -यितुं), विद्, बुध् (**c. 10.** बोधयति -यितुं); **'made known,'** ज्ञप्तः -प्ता -प्तं, विज्ञप्तः -प्ता -प्तं, ज्ञापितः -ता -तं, विज्ञापितः -ता -तं, वेदितः -ता -तं, निवेदितः -ता -तं; **'to be known,'** ज्ञा **in pass.** (ज्ञायते), प्रती **in pass.** (-ईयते), परिचि **in pass.** (-चीयते); **'be it known,'** विदितम्, अस्तु, ज्ञातम् अस्तु. —**(Celebrated)** विश्रुतः -ता -तं, ख्यातः -ता -तं, विख्यातः -ता -तं, विज्ञातः -ता -तं, प्रसिद्धः -द्धा -द्धं, प्रतीतः -ता -तं, **'known quantity,'** रूपं.

Knuckle, ***s.*** अङ्गुलिसन्धिः ***m.,*** अङ्गुलिग्रन्थिः ***m.,*** अङ्गुलिपर्व्व ***n.*** (न्), सन्धिः ***m.,*** पर्व्व ***n.*** (न), ग्रन्थिः ***m.***

To **knuckle,** ***v. n.*** वशं गम् (**c. 1.** गच्छति, गन्तुं), वशीभू, उपगम्, अभ्युपगम्, नम्रीभू, पराधीनीभू.

Knuckled, ***a.*** सन्धियुक्तः -क्ता -क्तं, सन्धिविशिष्टः -ष्टा -ष्टं, ग्रन्थिलः -ला -लं.

Knurl, ***s.*** ग्रन्थिः ***m.,*** ग्रन्थिका, पिण्डः -ण्डं, गण्डः.

Knurled, ***a.*** ग्रन्थिलः -ला -लं, ग्रन्थिमयः -यी -यं, बहुग्रन्थिः -न्थिः -न्थि.

Kṛṣṇa, ***s.*** **(The most celebrated form of Viṣṇu, or rather identified with Viṣṇu, as distinct from his ten Avatāras, or Incarnations. The following particulars of the history of this very popular deity, whose votaries are still so numerous in India are given as an introduction to the enumeration of his various names. Vasudeva, a descendant of Yadu and Yayāti, had two wives, Rohiṇī and Devakī. The latter had eight sons, of whom the eighth Kṛṣṇa. Kaṁsa, a demon, the sister of Devakī, and king of Mathurā, was informed by the gods that one of these sons would kill him. He therefore kept Vasudeva and his wife Devakī in confinement in his palace, and slew their first six children. The seventh son was Balarāma, who was saved by being abstracted from the womb of Devakī, and transferred to that of Rohiṇī. The eighth was Kṛṣṇa, who was born with kin as black as the dark leaves of the lotus, and with a peculiar mark on his breast : he was born at midnight, and immediately taken up by Vasudeva, who, favoured by the gods, was able to elude the vigilance of the guards, and make his escape through the gates of Mathurā to the banks of the Yamunā**

river. Here Śeṣa, the many-headed serpent, spread his hoods above the heads of the father and child, and thus protecting them, Vasudeva was enabled to cross the stream, and finding a cowherd named Nanda, whose wife Yaśodā had just been delivered of a child, he quietly substituted his own son in its place, and returned with the child of the cowherd to the bedside of Devakī. When Kaṁsa found that the infant Kṛṣṇa had escaped, he summoned certain demons, his servants, and gave orders that a search should be made for the child and that all male children in whom were signs of unusual vigour, should be killed. At the same time he released Vasudeva and his wife, as no longer endangering his safety. The cowherd Nanda, with his wife Yaśodā, taking the infant Kṛṣṇa, and accompanied by Rohiṇī and the infant Balarāma, went to reside at a village called Gokula, or Vraja, where they settled. Here the female demon Pūtanā tried to destroy the young Kṛṣṇa by offering him her breast to suck, but was killed by the child. Soon the child, with his playfellow Balarāma, began to be unruly; and one day his foster-mother passed the folds of a rope round his body and tied him to a large wooden bowl, but the strength of the young Kṛṣṇa enabled him to drag the bowl against the trunks of two trees, which were uprooted by the shock. The family of Nanda now removed from Vraja to Vṛndāvana, and here Kṛṣṇa and Balarāma grew up together, and, roaming about the woods, joined in the sports of the herdsmen's sons. One day Kṛṣṇa came to the banks of the Yamunā, within which was the fearful pool of the serpent Kāliyā. Kṛṣṇa jumped boldly in. A terrible combat ensued, in which the divine child was victorious, and commanded the snake-king to depart from the Yamunā to the ocean. About the same time Balarāma killed the demon Dhenukā, who sought to destroy the two boys, and soon afterwards killed the demon Pralamba, who had assumed the shape of a young cowherd, that he might mix in their sports. Not long after, the young Kṛṣṇa, who delighted in playing tricks upon his elders, resolved to rouse the anger of the god Indra, who according to some, was his elder brother. He persuaded Nanda to cease sacrificing to Indra, and to worship the mountain Govardhana, which sheltered the shepherds and their cattle. This they did, but the exasperated Indra would have destroyed them and their flocks with heavy rain, had not Kṛṣṇa lifted up the mountain and sheltered them under it. Indra, foiled in his revenge, descended from heaven to praise Kṛṣṇa, and made him lord over the cattle. Meanwhile Kṛṣṇa had grown a beautiful youth, and soon began to sport with the Gopīs, or shepherdesses, of whom seven or eight became his wives, and amongst them his favorite, Rādhā. In this character he is usually represented with flowing hair and with a flute in his hand, and has been compared to Apollo accompanied by the muses. In his pastimes with the shepherdesses he invented a kind of round dance, called Rāsa or Maṇḍala nṛtyam, in which he and Rādhā being in the centre, the attendant Gopīs danced round them. But the happiness of Kṛṣṇa was interrupted by his tyrannical uncle Kaṁsa, who sent formidable demons to destroy him; Ariṣṭa, in the form of a bull, Keśin, in the form of a horse, Kālanemi, and others. They were all killed by the young Kṛṣṇa. Kaṁsa then sent a messenger, named Akrūra, to entice Kṛṣṇa and Balarāma to his city Mathurā, under pretext of being present at some games. They accepted the invitation and went. At the entrance of the town Kṛṣṇa killed Kaṁsa's washerman, who insulted him. Having clothed hiself in the washerman's yellow clothes, he proceeded, and meeting a crooked woman carrying ointment, miraculously made her straight by a touch of his hand. At the games he killed the king's boxer, Cāṇūra, and afterwards Kaṁsa himself, and placed Kaṁsa's father, Ugrasena, upon the throne. He then became the pupil of Sāndīpani, and, to resuce his son, killed the demon Pañcajana, and, taking the conch shell, formed of his bones, bore it as his horn. Still living in Mathurā, he was attacked by a prince named Kālayavana, who advanced with a large force against the Yadu tribe. Upon this Kṛṣṇa built and fortified a city called Dvārikā, in the province of Guzerat, and thither transferred the inhabitants of Mathurā. One day Kṛṣṇa went forth unarmed, and, being pursued by Kālayavana, took refuge in a cavern, where Muchukunda, king of men, was asleep. Kālayavana, entering the cavern, was reduced to ashes by an angry glance from the eye of Muchukunda. Kṛṣṇa then returned to Dwāraka. Soon after he was accused of stealing a wonderful jewel called 'syamantaka,' in the possession of a man named Prasena. But the jewel was really lost by the death of Prasena in a forest, and was picked up by a lion, who, in his turn, was killed by the king of the bears, Jāmbavat. The latter took the jewel to his cavern, where he was found by Kṛṣṇa, and compelled to restore the gem. At the same time the bear gave him his daughter Jāmbavatī in marriage. He next married Satyabhāmā daughter of Śatrājit, and afterward carried off Rukmiṇī, daughter of Bhīṣmaka. By the latter he had a son called Pradyumna, who is usually identified with Kāmadeva, the god of love, and a daughter named Cārumati, as well as many other children. Besides these wives he had more than sixteen thousand others, who bore him a numerous progeny of one hundred and eighty thousand sons. The other incidents of his life are thus briefly related. Indra came to Dvārikā, and reported to Kṛṣṇa the tyranny of the demān Naraka. Kṛṣṇa went to his city, and slew him and another demon named Mura, who assisted in the defence of the city. He afterwards ascended to the heaven of Indra, with his wife Satyabhāmā, and, visiting the gardens of Swarga, was induced by his wife to carry off the Pārijāta tree, or celebrated tree of Paradise. Sachī, the wife of Indra, excited her husband to its rescue, and a conflict ensued between the gods and Kṛṣṇa, who defeated them, and carried the tree to Dwāraka. Soon after this, Ushā, the daughter of the Daitya Bāna, became enamoured of Aniruddha, son of Pradyumna and grandson of Kṛṣṇa, Balarāma, and Pradyumna, came to his resuce. Śiva and Skanda aided Bāṇa, but the former was disabled and the latter put to flight; and Kṛṣṇa, encountering Bāṇa, cut off all his arms. After this, Pauṇḍraka, one of the family of Vasudeva, assumed the insignia and title of Kṛṣṇa, and was supported by the king of Benares. Kṛṣṇa advanced against them, mounted on his vehicle Garuda, and having destroyed them, set fire to Benares by the radiance from his chakra or discus. Lastly, being recalled by the gods to heaven, he destroyed all his own family the Yādavas. Amongst them died Balarāma, out of whose mouth, as he expired, issued the great serpent, Ananta or Śeṣa, of which he was an incarnation. Kṛṣṇa himself was killed by a chance shot from a hunter, and again became one with the Universal Spirit. From this summary of the history of Kṛṣṇa his various names will become intelligible. Many of these names, as well as many of his attributes and peculiarities, are identical with those of Viṣṇu. *See* Viṣṇu. As being of a black or dark blue colour he is called) कृष्णः, नीलमाधव. —(As descended from Yadu) यादवः, यदुनाथः, कुकुराधिनाथः. —(As son of Vasudeva) वासुदेवः, वसुदेवभूः *m*. —(Son of Devakī) देवकीनन्दनः, देवकीपुत्रः, देवकीसूनुः *m.*, दैवकीनन्दनः. —(As bearing the mark Srīvatsa on his breast) श्रीवत्सभृत् *m.*, श्रीवत्सलाञ्छनः, श्रीवत्साङ्कः. —(As foster-son of Nanda) नन्दनन्दनः, नन्दकी *m.* (न्), नन्दात्मजः. —(As slayer of Pūtanā) पूतनाहा *m.* (न्), पूतनारि. *m.*, पूतनासूदनः. —(As having a rope round his body) दामोदरः. —(As destroying a tree in the forest of Vṛndāvana) यमलार्जुनहा *m*. —(Conqueror of Kāliyā) कालियजित्. —(Younger brother of Indra) उपेन्द्रः इन्द्रानुजः, इन्द्रावरजः. —(Upholder of Govardhana) गोवर्धनधरः. —(Chief of shepherds and Protector of cattle) गोविन्दः, गोपालः -लकः, गोपेन्द्रः, गोपेशः. —(The long-haired) केशवः, केशी *m.* (न्), केशः, केशटः. —(Bearer of the flute) वंशीधरः, मुरलीधरः. —(Lord of the shepherdessess) गोपनीनाथः. —(Beloved of Rādhā) राधाकान्तः, राधावल्लभः, राधानाथः. —(Destroyer of Ariṣṭa) अरिष्टसूदनः. —(Of Keśin) केशिहा *m.* (न्), केशिसूदनः. —(Of Kālanemi) कालनेमिहा *m.*, कालनेमिरिपुः *m.*, कालनेमिशत्रुः *m.*, कालनेम्यरि *m*. —(Dressed in yellow clothes) पीताम्बरः. —(Conqueror of Cāṇūra) चानूरजित्. —(Killer of Kaṁsa) कंसहा *m.*, कंसजित् *m.*, कंसारिः *m.*, कंसारातिः *m*. —(Lord of Mathurā) मथुरेशः. —(Bearer of the conch Pañcajanya) पाञ्चजन्यधरः. —(Conqueror of Kālayavan) कालयवनजित्. —(Lord of Dvārikā) द्वारकेशः, द्वारकनाथः. —(Husband of Jāmbavatī) जाम्बवतीपतिः *m*. —(Conqueror of Naraka) नरकजित्, नरकान्तकः. —(Destroyer of Mura) मुरहा *m.*, मुरारिः *m.*, मुररिपुः *m*. —(Conqueror of Pauṇḍraka) पौण्ड्रकजित्. —(Bearing the discus) चक्रधरः, चक्री *m.*, (न्), चक्रपाणिः *m.*, चक्रहस्तः, चक्रवान् *m.*, (त्), चक्रभृत् *m*. —(Bearing the conch) शङ्खी *m.*, (न्), शङ्खभृत् *m*. —(Blowing the conch) धमः. —(Bearing a chaplet or garland) वनमाली *m.*, (न्), मालः. —(Bearing the jewel on his breast) कौस्तुभवक्षाः *m.*, कौस्तुभलक्षकः. —(Destroyer of the demon Madhu) माधवः, मधुजित्, मधुरिपुः *m.*, मधुभिद् *m.*, मधुमथनः. —(Having Garuḍa as his symbol) गरुडध्वजः, तार्क्ष्यध्वजः, तार्क्ष्यनायकः. —(Foe of barbarians) यवनारिः. —(Foe of the daityas) दैत्यारिः *m*. —(The undecaying one) अच्युतः, अनन्तः. —(Worshipped by men) जनार्दनः. —(Lord of the senses) हृषीकेशः. The following are other names of this deity, some of which will be explained under the head of Viṣṇu हरिः *m.*, नारायणः, वैकुण्ठः, स्वभूः *m.*, पुण्डरीकाक्षः, विष्टरश्रवाः *m.*, (स्), शार्ङ्गी *m.*, (न्), पद्मनाभः, वासुभद्रः, वासुः *m.*, त्रिविक्रमः, विश्वक्सेनः, चतुर्भुज्, शौरिः *m.*, पुरुषोत्तमः, बलिध्वंसी *m.*, (न्), विश्वम्भरः, विषुः *m.*, अधोक्षजः, कैटभजित् *m.*, राहुभेदी *m.*, (न्), कुस्तुभः, उरुगायः. Kṛṣṇa's mace or club is called कौमोदकी; 'his sword,' नन्दकः; 'his jewel,' कौस्तुभः, स्यमन्तकः; 'his discus,' सुदर्शनः, चक्रं; 'his conch,' पाञ्चजन्यः, शङ्खः; 'his garland,' वनमाला; 'his charioteer,' सात्यकिः *m.*, शैनेयः, दारुकः, युयुधानः; 'his heaven,' गोलोकः; 'a festival in his honour,' रासयात्राः 'his paternal uncle and friend,' अक्रूरः; 'his grandfather,' शूरः; देवकः; 'his city,' द्वारकः -का, द्वारिका, द्वारवती, अब्धिनगरी. 'A modern reformer of the Vaiṣṇava faith called' चैतन्यः is considered in Bengal as an avatāra of Viṣṇu. He is also called गौरचन्द्रः, गौराङ्गः.

Krore, ***s.*** **(Ten millions)** कोटिः –टी.

Kurān, ***s.*** यावनधर्म्मग्रन्थः, यावनधर्म्मपुस्तकं, यवनीयधर्म्मशास्त्रं.

Kuvera, ***s.*** **(God of wealth, the Hindu Plutus, chief of the Yakṣas and Guhyakas, into whose forms transmigrate the souls of those men who in this life are absorbed in the pursuit of riches. He is the son of Viśravas by Ilavilā and regent of the north. He is represented in external appearance as a mere man, but with a deformed body, having three legs and but eight teeth. Hence he is called)** कुबेरः, मनुष्यधर्म्मा ***m.*** (न्), कुहः.–**(As lord of wealth)** धनपतिः ***m.,*** धनाधिपः, धनदः, धनकेलिः ***m.,*** धनाध्यक्षः वित्तेशः, वसुः ***m.,*** अर्थपतिः ***m.,*** श्रीमान् ***m.,*** (त्), श्रीदः.–**(Chief of the Yakshas)** यक्षराजः, यक्षराट् ***m.,*** (ज्), यक्षेन्द्रः, यक्षेशः, पुण्यजनेश्वरः, राक्षसेन्द्रः, यक्षः.–**(Son of Viśravas)** वैश्रवणः.–**(Son of Ilavilā)** एलविलः, ऐलविलः, ऐडविलः, ऐडविडः.–**(Regent of the north)** उत्तराशापतिः ***m.***–**(Lord of the Kinnaras)** किन्नरेशः, किन्नरेश्वरः, किम्पुरुषेश्वरः, मयुराजः.–**(Descended from Pulasti or Pulastya)** पौलस्त्यः.–**(King of kings)** राजराजः.–**(King of men)** मनुराट्.–**(Borne by men)** नरवाहनः.–**(Friend of Śiva)** त्र्यम्बकसखः, ईशसखः –खा. –**(Having a yellow mark in place of one of his eyes)** एकपिङ्गः –ङ्गलः.–**(Lord of Alakā)** अलकाधिपः –पत्तिः ***m.***–**(Inhabiting Kailāsa)** कैलासनिकेतनः, कैलासौकाः. –**(Lord of the divine treasures)** निधिनाथः, निधीशः. –**(The very fleet)** रयिष्ठः. **Kuvera's vehicle or car is called** पुष्पं –ष्पकं; **'his garden,'** चैत्ररथं; **'his city,'** अलका, वसुधरा, वसुभारा, वसुस्थली, यक्षराट्पुरी.–**(The mountain on which his city is situated)** कैलासः, कुवेराचलः, कुवेराद्रिः ***m.***–**(His wife)** कौवेरी, चार्व्वी, यक्षी, चामुण्डा. –**(His son)** कनकूबरः, नलकूवर, नलकूवेर, मणिग्रीवः, मायुराजः.–**(His attendants, who are shaped like men with the heads of horses)** किन्नरः, किम्पुरुषः, तुरङ्गवदनः, तुरङ्गवक्त्रः, तुरङ्गाननः, तुरङ्गास्यः, अश्ववक्त्रः, अश्ववदनः, मयुः. –**(His divine treasure)** निधिः ***m.,*** निधानं, शेवधिः ***m.,*** सेवधिः. **There are nine of these treasures of gems, viz.,** पद्मः, महापद्मः, शङ्खः, मकरः, कच्छपः, मुकुन्दः, नन्दः, नीलः, खर्व्वः.–**(Relating to Kubera)** कौवेरः –री –रं.

L

Label, ***s.*** पत्रं, सूचकपत्रं, अङ्कपत्रं, अङ्कपटः, वीजकं.

To **label,** ***v. a.*** सूचकपत्रम् आरुह (c. 10. –रोपयति –यितुं) or अनुबन्ध् (c. 9. –बध्नाति –बन्द्धुं) or बन्ध्.

Labial, ***a.*** ओष्ठ्यः –ठ्या –ठ्यं, ओष्ठसम्बन्धी –न्धि –न्धि (न्); **'a labial letter,'** ओष्ठ्यं.

Labiodental, ***a.*** दन्तोष्ठ्यः –ष्ठ्या –ष्ठ्यं, दन्तौष्ठ्यः **etc.,** दन्त्योष्ठ्यः **etc.**

Labor, ***s.*** **(Exertion)** उत्साहः, उद्योगः, यत्नः, प्रयत्नः, व्यवसायः, अध्यवसायः, उद्यमः, आयासः, कर्म्म ***n.*** (न्), क्रिया, प्रवृत्तिः ***f.,*** व्यापारः, चेष्टा.–**(Toil)** आयासः, प्रयासः, क्लेशः, श्रमः, परिश्रमः, कष्टं, दुःखं, नित्यश्रमः, नित्यक्लेशः.–**(Bodily or manual labor)** कायक्लेशः, देहक्लेशः, शरीरायासः, शरीरक्लेशः, शरीरश्रमः, व्रातं.–**(Unpaid labor)** विष्टिः, आजूः ***f.***–**(Travail, childbirth)** प्रसववेदना, प्रसूतिवेदना, गर्भवेदना, प्रसवयातना, प्रसवकालः, प्रसूतिकालः; **'acquired by one's own labor,'** स्वकष्टार्जितः –ता –तं.

To **labor,** ***v. n.*** **(Exert strength, make effort)** यत् (c. 1. यतते –तितुं), प्रयत्, व्यवसो (c. 4. –स्यति –सातुं), उद्यम् (c. 1. –यच्छति –यन्तुं), चेष्ट् (c. 1. चेष्टते –ष्टितुं), विचेष्ट्, उद्योगं कृ, उत्साहं कृ, यत्नं कृ, व्यवसायं कृ, आयासं कृ. –**(Toil)** आयस् (c. 4. –यस्यति –यसितुं), आयासं कृ, श्रम् (c. 4. श्राम्यति, श्रमितुं), परिश्रम्, क्लिश् (c. 4. क्लिश्यते, क्लेशितुं), परिक्लिश्, शरीरायासं कृ, व्रातं कृ, शरीरायासेन कर्म्म कृ, कष्टं कृ.–**(Be in distress)** क्लिश्, व्यथ् (c. 1. व्यथते –थितुं), पीड् **in pass.** (पीड्यते), तप् **in pass.** (तप्यते), कृच्छ्र (**nom.** कृच्छ्रायते), खिद् **in pass.** (खिद्यते), परिखिद्.–**(Be in travail)** प्राप्तप्रसववेदना भू, प्राप्तगर्भवेदना भू, प्राप्तप्रसवकाला भू.–**(Labor under)** उपहन् **in pass.** (हन्यते), पीड् **in pass.** (पीड्यते), उपहतः –ता –तं, भू, पीडितः –ता –तं, भू; **'to labor under a disease,'** रोगपीडितः –ता –तं, भू, रोगार्त्तः –र्त्ता –र्त्तं भू.

To **labor,** ***v. a.*** **(Form with labor)** महायत्नेन **or** बहुश्रमेण **or** अत्यायासेन कृ **or** संस्कृ **or** परिष्कृ **or** साध् (c. 10. साधयति –यितुं) **or** सिद्धीकृ **or** क्लृप् (c. 10. कल्पयति –यितुं) **or** विधा (c. 3. –दधाति –धातुं), यत्नेन सेव् (c. 1. सेवते –वितुं) **or** उपसेव् **or** अनुष्ठा (c. 1. –तिष्ठति –ष्ठातुं) **or** आस्था. –**(Till, cultivate)** कृष् (c. 6. कृषति, क्रष्टुं).

Laboratory, ***s.*** **(Work-room)** उद्योगशाला, उद्योगगृहं, शिल्पशाला.–**(House for chemical experiments)** रसायनकर्म्मगृहं, रसायनकर्म्मशाला, रससंस्कारशाला.

Labored, ***p. p.*** **or** ***a.*** श्रमसिद्धः –द्धा –द्धं, आयाससिद्धः –द्धा –द्धं, यत्नसिद्धः –द्धा –द्धं, कष्टसिद्धः **etc.,** यत्नपूर्व्वः –र्व्वा –र्व्वं, श्रमपूर्व्वः **etc.,** आयासपूर्व्वः **etc.**

Laborer, ***s.*** **(One engaged in any toilsome work)** आयासी ***m.*** (न्), कृतायासः, श्रमी ***m.*** (न्), कृतश्रमः, उद्योगी ***m.*** (न्), कृतोद्योगः, व्यवसायी ***m.*** (न्), कर्म्मी ***m.*** (न्), कार्म्मः. –**(A hired or day laborer)** व्रातीनः, कर्म्मकरः, कर्म्मकारः –रकः, कर्म्मकारी ***m.*** (न्), भृतकः, भृतः, भृतिभुक् ***m.*** (ज्), वैतनिकः, भरण्यभुक् ***m.*** वेतनार्थी ***m.*** (न्), वेतनग्राही ***m.***

(न्), वस्निक:.—(Cultivator of soil) कृषक:, कर्षक:, क्षेत्रिक:, क्षेत्री *m.* (न्), क्षेत्रकर्षक:, कीनाश:, कृषीबल:.

Laboring, ***part.*** **or** ***a.*** कृतश्रम: -मा -मं, कृतायास: -सा -सं, श्रमकारी -रिणी -रि (न्); **'a laboring man.'** ***See*** **Laborer. (Laboring under)** उपहत: -ता -तं, पीडित: -ता -तं; **'laboring under a disease,'** रोगपीडित: -ता -तं.

Laborious, ***a.*** **(Using labor, industrious)** आयासी -सिनी -सि (न्), श्रमी -मिणी -मि (न्), परिश्रमी **etc.,** कृतश्रम: -मा -मं, श्रमशील: -ला -लं, बहुश्रम: -मा -मं, उद्योगी -गिनी -गि (न्), उद्योगशील: -ला -लं, उत्साही -हिनी -हि (न्), कर्म्मशील: -ला -लं, कर्म्मी -र्म्मिणी -र्म्मि (न्), कार्म्म: -र्म्मी -र्म्मं, कर्म्मोद्युक्त: -क्ता -क्तं, सयत्न: -त्ना -त्नं, यत्नशील: -ला -लं, प्रयत्नवान् -वती -वत् (त्), व्यवसायी -यिनी -यि (न्), उद्यमी **etc.,** सोत्साह: -हा -हं, कर्म्मपरायण: -णा -णं, श्रमसह: -हा -हं, श्रामिक: -की -कं, अनलस: -सा -सं, निरालस्य: -स्या -स्यं, प्रयासभाक् ***m.f.n.*** (ज्), सोद्योग: -गा -गं.—**(Requiring labor)** श्रमसाध्य: -ध्या -ध्यं, कष्टसाध्य: -ध्या -ध्यं, आयाससाध्य: **etc.,** श्रमसिद्ध: -द्धा -द्धं, दु:साध्य: **etc.,** कठिन: -ना -नं, दु:खेन **or** कृच्छ्रेण साध्य: -ध्या -ध्यं, दु:खसाध्य: **etc.,** कष्ट: -ष्टा -ष्टं.

Laboriously, ***adv.*** श्रमेण, बहुश्रमेण, सश्रमं, श्रमपूर्व्वं, आयासेन, प्रयासेन, सायासं, कष्टेन, कृच्छ्रेण, उद्यमेन, सोत्साहं, सोद्योगं, यत्नेन, यत्नतस्, सयत्नं.

Laboriousness, ***s.*** **(Diligence)** आयासशीलता, उद्योगशीलता, कर्म्मशीलता, उद्योग:, सोद्योगत्वं, यत्न:, सयत्नता, व्यवसाय:, उद्यम:.—**(Toilsomeness)** श्रमसाध्यता, कष्टसाध्यता, आयाससाध्यता, दु:खसाध्यत्वं, सकष्टत्वं, कष्टि: ***f.***

Labyrinth, ***s.*** गहनं, सुगहनस्थानं, दुस्तरस्थानं, सुदुस्तरस्थानं, भ्रमजनको बहुव्यत्यस्तमार्ग: प्रदेश:, भ्रान्तिजनको बहुविपरीतमार्ग: प्रदेश: **or** बहुवक्रमार्गी भूभिभाग:, अशक्यनिर्गम: प्रदेश:.

Labyrinthian, ***a.*** गहन: -ना -नं, सुगहन: -ना -नं, सुदुस्तर: -रा -रं.

Lac, ***s.*** **(A resinous substance used as a red dye, produced mainly upon the Banyan-tree by the insect Coccus lacca, analogous to the cochineal insect. The following names apply either to the dye or the insect,** लाक्षा, राक्षा, अलक्त: -क्तकं, लक्तकं, जतु ***n.,*** जतुकं, जतुरस:, याव: -वक:, कार्पट:, मुचक:, गराधिका, द्रुमव्याधि: ***m.,*** द्रुमामय:, कीटजा, कृमि: ***m.,*** तितिभ:; **'made of lac,'** लाक्षिक: -की -कं; **'liquified lac dye,'** अलक्तरस:.—**(The number).** ***See*** **Lack.**

Lace, ***s.*** **(Texture of interwoven threads)** जालं, जालिका, जालकं, जालाभरणं, जालरूपं सूक्ष्मतन्तुनिर्म्मितं वस्त्राभरणं **or** वस्त्राञ्चलं.—**(String, cord)** सूत्रं, तन्तु: ***m.,*** गुण:.

To **lace,** ***v. a.*** **(Fasten with a string)** सूत्रेण बन्ध् **(c. 9.** बध्नाति, बन्द्धुं) **or** संयुज् **(c. 7.** -युनक्ति -योक्तुं) **or** संश्लिष् **(c. 10.** -श्लेषयति -यितुं), सूत्रबद्ध: -द्धां -द्धं कृ.—**(Adorn with lace)** जालाभरणैर् अलङ्कृ **or** भूष् **(c. 10.** भूषयति -यितुं).

Laceman, ***s.*** जालाभरणविक्रयी ***m.*** (न्), जालालङ्कारविक्रयी ***m.,*** जालविक्रेता ***m.*** (तृ).

Lacerable, ***a.*** विदारणीय: -या -यं, विदार्य्य: -र्य्या -र्य्यं, दारणीय: -या -यं.

To **lacerate,** ***v. a.*** दॄ **(c. 9.** दृणाति, दरितुं -रीतुं, **c. 10.** दारयति -यितुं), विदॄ, अवदॄ, विभिद् **(c. 7.** -भिनत्ति -भेत्तुं), निर्भिद्, व्यवछिद् **(c. 7.** -छिनत्ति -छेत्तुं), निकृत् **(c. 6.** -कृन्तति -कर्त्तितुं), विनिकृत्, विदल् **(c. 10.** -दलयति -यितुं), विदलीकृ, व्रश्च् **(c. 6.** वृश्चति, व्रश्चितुं), प्रव्रश्च्; **'to be lacerated,'** विदॄ **in pass.** (-दीर्य्यते).

Lacerated, ***p. p.*** विदारित: -ता -तं, विदीर्ण: -र्णा -र्णं, दारित: -ता -तं, दीर्ण: -र्णा -र्णं, प्रविदारित: -ता -तं, विभिन्न: -न्ना -न्नं, भिन्न: -न्ना -न्नं, विदलित: -ता -तं, दलित: -ता -तं, पाटित: -ता -तं, विपाटित: -ता -तं, विदलीकृत: -ता -तं.

Laceration, ***s.*** **(The act of tearing)** विदार: -रणं -णा, विदर:, दारणं, विदलीकरणं, प्रविदारणं, विभेद:, व्रश्चनं, पाटनं, विपाटनं.—**(The rent made)** छिद्रं, भेद:, विदलं.

Lachrymal, ***a.*** **(Secreting tears)** अश्रुजनक: -का -कं, अश्रूत्पादक: -का -कं, अश्रुवाहक: -का -कं.—**(Pertaining to tears)** अश्रुसम्बन्धी -न्धि -न्धि (न्).

Lachrymatory, ***s.*** अश्रुपात्रं, अश्रुभाजनं, नयनवाष्पाधार:, मरणकाले मृतजनमित्रै, पातितानाम् अश्रूणां काचादिनिर्म्मितपात्रं तच्च पूर्व्वकाले मृतशरीरेण सह भूमौ न्यखन्यत.

Lachrymose, ***a.*** अश्रुमय: -यी -यं, साश्र: -श्रा -श्रं, वाष्पाकुल: -ला -लं.

To **lack,** ***v. a.*** **or** ***n.*** **(Be destitute of)** हीन: -ना -नं **or** विहीन: -ना -नं, **or** परिहीण: -णा -णं **or** रहित: -ता -तं, **or** विरहित: -ता -तं, **or** वर्जित: -ता -तं, **or** विवर्जित: -ता -तं, **or** शून्य: -न्या -न्यं **or** अपेत: -ता -तं, भू **or** अस्, हा **in pass.** (हीयते) **or** विहा **with abl. or instr. c.,** वियुज् **in pass.** (युज्यते) **with instr. c., or expressed by** अ **or** निर् **prefixed; as, 'he lacks wisdom,'** बुद्धिहीन: **or** बुद्धिरहित: **or** निर्बुद्धिर् अस्ति; **'he lacks means,'** असाधनोऽस्ति.—**(Not to have)** न धा **(c. 3.** दधाति, धत्ते, धातुं), न धृ **(c. 10.** धारयति -यितुं), न विधा.—**(Be wanting)** न्यूनीभू, न्यून: -ना -नं, भू **or** अस्, न्यूनता भू **or** अस्, प्रयोजनम् अस्; **'what lack I yet?'** मम किं न्यूनं **or** मम केन प्रयोजनं.

Lack, ***s.*** **(Want, destitution)** हीनता, रहितत्वं, शून्यता, अभावः, असम्भवः, विरहः, अविषयः, न्यूनता.—**(Need)** प्रयोजनं. —**(One hundred thousand)** लक्षं -क्षा, लक्ष्यं.

Lack-a-day, ***exclam.*** अहो, अहोवत्, अहह, हन्त, आ, हा, कष्टं.

Lack-a-daisical, ***a.*** ध्यानपरः -रा -रं, उद्विग्नमनाः -नाः -नः (स्), उन्मनाः **etc.,** चिन्ताकुलः -ला -लं, विषादी -दिनी -दि (न्), उत्कण्ठितः -ता -तं.

Lackbrain, ***s.*** निर्बुद्धिः ***m.,*** अबुद्धिः ***m.,*** ज्ञानहीनः, मूर्खः, मूढः.

Lacker, ***s.*** **(Kind of varnish)** लाक्षादिनिर्म्मितः कुक्कुभकविशेषः, लाक्षा.

To **lacker,** ***v. a.*** पूर्व्वोक्तकुक्कुभकेन लिप् **(c. 6.** लिम्पति, लेप्तुं).

Lackey, ***s.*** पार्श्वानुचरः, परिचरः, किङ्करः, प्रेष्यः, भृत्यः, दासः.

To **lackey,** ***v. a.*** **or** ***n.*** उपचर् **(c. 1.** -चरति -रितुं), पार्श्वे परिचर्, पार्श्वानुचरो भू.

Lack-lustre, ***a.*** निस्तेजाः -जाः -जः (स्), तेजोहीनः -ना -नं, निष्प्रभः -भा -भं, अप्रभः -भा -भं, मन्दच्छायः -या -यं, मन्दकान्तः -न्ता -न्तं, मलिनप्रभः -भा -भं.

Laconic, laconical, ***a.*** **(Concise, expressed in few words)** संक्षिप्तः -प्ता -प्तं, सांक्षेपिकः -की -कं, अविस्तीर्णः -र्णा -र्णं, अल्पशब्दकः -का -कं, परिमितशब्दः -ब्दा -ब्दं, परिमितवाक्यः -क्या -क्यं, परिमितोक्तिः -क्तिः -क्ति, संक्षिप्तोक्तिः -क्तिः -क्ति, मितशब्दकः -का -कं, अबहुशब्दः -ब्दा -ब्दं.—**(Laconic speaker)** परिमितभाषी -षिणी -षि (न्), मितभाषी **etc.,** संक्षिप्तप्रभाषी **etc.,** संक्षिप्तवक्ता -क्त्री -क्तृ (क्तृ), अविस्तीर्णवक्ता **etc.,** अल्पभाषी **etc.**

Laconically, ***adv.*** संक्षेपतस्, संक्षेपेण, अविस्तरेण, अविस्तरशस्, परिमितोक्त्या, मितोक्त्या, समासतस्.

Laconism, laconicism, ***s.*** संक्षिप्तोक्तिः ***f.,*** संक्षिप्तवाक्यं, अल्पशब्दकवाक्यं, मितशब्दकवाक्यं, परिमितवाक्यं, अविस्तीर्णवाक्यं, संक्षेपवाक्यं.

Lacquer, ***s. See*** **Lacker.**

Lacshmī, ***s. See*** **Lakshmī.**

Lactary, ***a.*** क्षौरी -रिणी -रि (न्), क्षीरविशिष्टः -ष्टा -ष्टं.

Lactary, ***s.*** **(Dairy)** गोरसगृहं, गोदुग्धगृहं, गव्यगृहं, दधिस्थानं, क्षीरस्थानं.

Lactation, ***s.*** **(Act of giving milk)** स्तन्यदानं, क्षीरदानं, पयोदानं.

Lacteal, ***a.*** **(Milky)** क्षीरी -रिणी -रि (न्), दुग्धी -ग्धिनी -ग्धि (न्), क्षीरमयः -यी -यं, दुग्धवान् -वती -वत् (त्), पयस्यः -स्या -स्यं, पायसः -सी -सं, क्षीरसम्बन्धी **etc.**—**(Conveying chyle)** अन्नरसवाहकः -का -कं, अन्नरसचालकः -का -कं.

Lacteal, ***s.*** **(A vessel of the body)** अन्नरसवाहिनी, रसायनी -नं.

Lacteous, ***a.*** क्षीरी -रिणी -रि (न्). ***See*** **Lacteal.**

Lactescence, ***s.*** दुग्धता, क्षीरोत्पादकत्वं, क्षीरजनकता, दुग्धवत्त्वं.

Lactescent, ***a.*** क्षीरोत्पादकः -का -कं, दुग्धजनकः -का -कं, क्षीरमयः -यी -यं.

Lactiferous, ***a.*** क्षीरोवाहकः -का -कं, क्षीरवाही -हिनी -हि (न्), दुग्धप्रवाहकः -का -कं, दुग्धचालकः -का -कं.

Lactometor, ***s.*** क्षीरमापनयन्त्रं, क्षीरमापनी, दुग्धमापनी.

Lad, ***s.*** कुमारकः, माणवकः, कुमारः, वटुः ***m.,*** वटुकः, बालः -लकः, दारकः, शिशुः ***m.,*** किशोरः; **'a mere lad,'** वटुमात्रं.

Ladder, ***s.*** सोपानं, सोपानपद्धतिः ***f.,*** अधिरोहिणी, निःश्रेणी, निःश्रयणी -यिणी, आरोहणं, शालारं, वन्दिः ***f.***

To **lade,** ***v. a. See To load, To*** **ladle.**

Laded, laden, ***p. p.*** **or** ***a.*** भारवान् -वती -वत् (त्), भारी -रिणी -रि (न्), भारयुक्तः -क्ता -क्तं, धुरीणः -णा -णं, धुरन्धरः -रा -रं, धुरीयः -या -यं, धुर्वहः -हा -हं, भारन्धरः -रा -रं, सभारः -रा -रं; **'heavily laden,'** सुभरः -रा -रं, अतिभारी **etc.,** अतिभारवान् **etc.; 'laden with mud,'** पङ्कभारकः -का -कं, पङ्कभारी **etc.**

Lading, ***s.*** **(Of a ship)** नौभारः, नौकाभारः, नौकास्थद्रव्यं, पोतस्थद्रव्यं.

Ladle, ***s.*** दर्व्वी, दर्व्विः ***f.,*** दर्व्विकः, दर्बी, दर्बिः ***f.,*** दर्बिकः, दार्व्वी, कम्बिः ***f.,*** कम्बी, खजः, खजाकः -का, खजिका, पाणिका; **'wooden ladle,'** तर्दूः ***m. f.,*** दारुहस्तकः; **'sacrificial ladle,'** स्रुक् ***f.,*** (च्), स्रुवः -वा, श्रुवं, सूः ***f.,*** चमसः.

To **ladle,** ***v. a.*** दर्व्विकेण जलादि अवतृ **(c. 10.** -तारयति -यितुं) **or** यत् **(c. 10.** पातयति -यितुं).

Ladleful, ***s.*** दर्व्विपूरणं, कम्बिपूरणं, कम्बिपूरकं, कम्बिभरकं.

Lady, ***s.*** आर्य्या, आर्य्यिका, आर्य्यका, भाविनी, भवती, कुलवधूः ***f.,*** कुलस्त्री, कुलाङ्गना, कुलनारी, कुलीना, कुलजा, आर्य्यस्त्री, सभ्यस्त्री, शिष्टस्त्री, सत्कुलीना, कुलपालिका, नायिका; **'O lady!'** भवति **voc. c.**

Lady-bird, lady-bug, lady-fly, lady-cow, ***s.*** इन्द्रगोपः, शक्रगोपः, इन्द्रकीटः, शक्रकीटः, ताम्रकृमिः ***m.,*** अग्निकः.

Lady-day, ***s.*** ख्रीष्टमातृविज्ञापनोद्देशकं वत्सरस्य पूर्व्वपादावसाने पर्व्व **or** वत्सरस्य तृतीयमासान्ते पर्व्व ***n.*** (न्).

Lady-like, ***a.*** आर्य्यस्त्रीयोग्यः -ग्या -ग्यं, सभ्यस्त्रीयोग्यः **etc.,** कुलस्त्र्युचितः -ता -तं, कुलस्त्रीसदृशः -शी -शं, आर्य्यवृत्तिः -त्तिः -त्ति, सभ्यः -भ्या -भ्यं, शिष्टः -ष्टा -ष्टं, सुविनीतः -ता -तं, सुन्दरः -री -रं; **'a lady-like woman,'** शिष्टस्त्री, सुन्दरी, विनीता.

Lady-love, ***s.*** प्रिया, कान्ता, कामिनी, रागिणी, प्रणयिनी,

अनुरागवती.

Ladyship, ***s.*** **(Her ladyship)** भवती, अत्रभवती.

Lady's-maid, ***s.*** स्त्रीवस्त्रपरिकल्पिका, स्त्रीवस्त्रमाल्यादिपरिकल्पिका, स्त्रीप्रसाधका, स्त्रीपरिधानकृत् ***m.,*** अङ्गसंस्कर्त्री.

To **lag,** ***v. n.*** मन्द् **(nom.** मन्दायते), विलम्ब् **(c. 1.** -लम्बते -म्बितुं), चिर **(nom.** चिरायति -ते), मन्दगत्या चल् **(c. 1.** चलति -लितुं), मन्दं चल् **or** चर् **(c. 1.** चरति -रितुं).

Lag, ***s.*** **(Lowest class)** अन्त्यजाः ***m. pl.,*** हीनजनाः ***m. pl.,*** पृथग्जनाः, खलाः.

Lagger, ***s.*** विलम्बी ***m.*** (न्), विलम्बकारी ***m.*** (न्), मन्दगतिः ***m.,*** मन्दायमानः.

Lagging, ***part.*** मन्दायमानः -ना -नं, चिरायमाणः -णा -णं, विलम्बी -म्बिनी **etc.**

Lagoon, langune, ***s.*** अनूपभूः ***f.,*** कच्छभूः ***f.,*** कच्छः, समुद्रीयकच्छः.

Laic, laical, ***a.*** गृहस्थी -स्थिनी -स्थि (न्), गार्हस्थिकः -की -कं, गृहस्थसम्बन्धी -न्धिनी -न्धि (न्), गृहस्थवर्गसम्बन्धी **etc.,** पुरोहितवर्गभिन्नः -न्ना -न्नं, पौरोहित्यभिन्नः -न्ना -न्नं, सामान्यलोकसम्बन्धी **etc.,** साधारणलोकसम्बन्धी **etc.,** धर्म्मपदस्थभिन्नः -न्ना -न्नं.

Laid, ***p. p.*** न्यस्तः -स्ता -स्तं, विन्यस्तः -स्ता -स्तं, उपन्यस्तः -स्ता -स्तं, स्थापितः -ता -तं, निहितः -ता -तं, आहितः -ता -तं, उपनिहितः -ता -तं, उपहितः -ता -तं, प्रणिहितः -ता -तं, निवेशितः -ता -तं, निक्षिप्तः -प्ता -प्तं, प्रतिपादितः -ता -तं, अर्पितः -ता -तं, नियुक्तः -क्ता -क्तं, नियोजितः -ता -तं, रोपितः -ता -तं, आरोपितः -ता -तं, **'laid on the ground,'** भूमौ निहितः -ता -तं, **or** न्यस्तः -स्ता -स्तं.—**(Laid aside)** सन्न्यस्तः -स्ता -स्तं, निरस्तः -स्ता -स्तं, न्यस्तः -स्ता -स्तं, अस्तः -स्ता -स्तं, त्यक्तः -क्ता -क्तं.—**(Laid out, as goods)** प्रसारितः -ता -तं.—**(Laid out, as ground)** सुपर्य्याप्तः -प्ता -प्तं.—**(Laid out, as money)** प्रयुक्तः -क्ता -क्तं, उपयुक्तः -क्ता -क्तं.—**(Laid hold of)** गृहीतः -ता -तं, धृतः -ता -तं.—**(Laid, as dust)** संसिक्तः -क्ता -क्तं, सिक्तः -क्ता -क्तं, निहितः -ता -तं.

Lain, ***p. p.*** उपविष्टः -ष्टा -ष्टं, पतितः -ता -तं, शयितः -ता -तं, संविष्टः -ष्टा -ष्टं.

Lair, ***s.*** श्वापदस्थानं, श्वापदशयनं, श्वापदशयनस्थानं, श्वापदालयः, श्वापदायतनं, श्वापदनिलयः, अरण्यपशुशयनस्थानं, आरण्यपशोर् वासस्थानं **or** आशयः **or** आलयः.

Laity, ***s.*** गृहस्थवर्गः, सामान्यलोकः, साधारणलोकः, सामान्यवर्गः, साधारणवर्गः, साधारणलोकवर्गः, पुरोहितभिन्नवर्गः, धर्म्मपदस्थभिन्नवर्गः, पौरोहित्यभिन्नवर्गः.

Lake, ***s.*** सरस् ***n.,*** ह्रदः, जलाशयः, जलाधारः, सरोवरः -रं, सरसी, तडागः, वापी -पिः ***f.,*** कासारः, पुष्करिणी, खातं, पूरः.

Lakṣmī, ***s.*** **(The goddess of fortune or prosperity, wife of the god Viṣṇu. She is said also to preside over beauty; and in this respect, as well as in the story of her birth, agrees in character with Venus. She was was born according to the usual account, from the ocean, when churned by the gods and Asuras; and emerged from the foam of the sea, seated on a full-blown lotus, and holding a lotus in her hand. Her countenance is represented as incomparably beautiful. As presiding over abundance she resembles Ceres. She is by some considered to be the daughter of Dakṣa, and by others of Bhṛgu. Sometimes she is regarded as the wife of Dharma. As goddess of prosperity she is called)** लक्ष्मीः ***f.,*** श्रीः ***f.***—**(As wife of Vīṣṇu)** विष्णुवल्लभा, हरिप्रिया, वैष्णवी.—**(The ocean-born)** जलधिजा, क्षीराब्धिजा, क्षीराब्धितनया.—**(As seated on and holding the lotus, or as identified with this flower, which is the symbol of prosperity)** पद्मा, कमला, पद्मालया, पद्मवासा, पद्मस्नुषा.—**(As wife of Vīṣṇu in the avatār of Kṛṣṇa)** रुक्मिणी.—**(As mother of Kāmadeva)** माया.—**(As wife of Nārāyaṇa)** नारायणी.—**(As wife of Vīṣṇu in the avatār of Rāmacandra)** सीता.—**(As mother of the world)** लोकमाता ***f.,*** (तृ), माता.—**(As wife of Vīṣṇu in the Varāha avatāra)** वाराही.—**(The fickle one, a name applied to Lakṣmī as goddess of fortune)** चपला, चञ्चला, चला, लोला.—**(As identified with a celebrated Apsaras)** रम्भा. **Other names of this goddess are,** रमा, इन्दिरा, मा, नेत्री, हीरा, लज्ञा.

Lamb, ***s.*** मेषशावकः, मेषशिशुः ***m.,*** मेषवत्सः, वर्करः, अविपोतकः.

To **Lamb,** ***v. a.*** मेषशावकं सु **(c. 2.** सूते, **c. 4.** सूयते, सोतुं) **or** प्रसु.

Lambative, ***a.*** लेह्यः -ह्या -ह्यं, अवलेह्यः -ह्या -ह्यं.

Lambative, ***s.*** **(Medicine)** लेहः, अवलेहः, लेह्यं, अवलेह्यं.

Lambent, ***a.*** इतस्तश् चलमानः -ना -नं **or** चञ्चलः -ला -लं.

Lambkin, ***s.*** क्षुद्रमेषशावकः, क्षुद्रमेषशिशुः ***m.,*** क्षुद्रवर्करः.

Lamblike, ***a.*** मेषस्वभावः -वा -वं, मेषशावकवत् कोमलस्वभावः -वा -वं, **or** मृदुस्वभावः -वा -वं **or** मृदुशीलः -ला -लं.

Lamb's-wool, ***s.*** मेषशावकलोम ***n.*** (न्), मेषलोम ***n.,*** वर्करलोम ***n.***

Lame, ***a.*** खञ्जः -ञ्जा -ञ्जं, पङ्गुः -ङ्गुः -ङ्गु, खोडः -डा -डं, खोलः -ला -लं, खोरः -रा -रं, गतिविकलः -ला -लं, पादविकलः -ला -लं, विकलगतिः -तिः -ति, विकलाङ्गः -ङ्गा -ङ्गं, व्यङ्गः -ङ्गा -ङ्गं, भूमिस्पृक् ***m. f. n.*** (श).—**(Imperfect)** विकलः -ला -लं, हीनः -ना -नं, न्यूनः

–ना –नं, सच्छिद्रः –द्रा –द्रं.

To **lame, *v. a.*** खञ्जीकृ, पङ्गूकृ, पादविकलीकृ, विकलीकृ.

Lamellar, *a.* सूक्ष्मफलकविशिष्टः –ष्टा –ष्टं, शकली –लिनी –लि (न्).

Lamely, *adv.* खञ्जवत्, पङ्गुवत्, विकलगत्या; **'going lamely,'** विकलगतिः –तिः –ति.–**(Imperfectly)** विकलं, वैकल्येन, असम्यक्.

Lameness, *s.* खञ्जत्वं –ता, पङ्गुता –त्वं, खोडता, गतिवैकल्यं, विकलगतित्वं, पादवैकल्यं, अङ्गवैकल्यं.–**(Imperfection)** वैकल्यं, विकलता, हीनता, न्यूनता, सच्छिद्रत्वं, दुर्बलता.

To **lament, *v. n.*** विलप् **(c. 1.** –लपति –पितुं), प्रलप्, लप्, क्रन्द् **(c. 1.** क्रन्दति –न्दितुं), आक्रन्द्, रुद् **(c. 2.** रोदिति –तुं), प्ररुद्, परिदेव् **(c. 1.** –देवते –वितुं), क्रुश् **(c. 1.** क्रोशति, क्रोष्टुं), विक्रुश्, परिक्रुश्, अभिक्रुश्, शुच् **(c. 1.** शोचति –चितुं), परिशुच्, उद्विज् **(c. 6.** –विजते –जितुं), व्यथ् **(c. 1.** व्यथते –थितुं), विलपनं, कृ, शोकं कृ, शोचनं कृ; **'to lament exceedingly,'** शुच् **in freq.** (शोशुच्यते), लप् **in freq.** (लालप्यते).

To **lament, *v. a.*** विलप् **(c. 1.** शोचति –चितुं), अनुशुच्, परिदेव् **(c. 1.** –देवति –ते –वितुं), विलप् **(c. 1.** –लपति –पितुं), क्रन्द् **(c. 1.** क्रन्दति –न्दितुं), आक्रन्द्, रुद् **(c. 1.** रोदिति –तुं), अभिक्रुश् **(c. 1.** –क्रोशति –क्रोष्टुं), उत्कण्ठ् **(c. 1.** –कण्ठते –ण्ठितुं), **all with acc. c.; as, 'they lament the dead,'** गतासून् शोचन्ति; **'they lamented each other,'** अन्योन्यम् अभिचुक्रुशुः.

Lamentable, *a.* शोचनीयः –या –यं, शोच्यः –च्या –च्यं, शोचितव्यः –व्या –व्यं, शोकार्हः –र्हा –र्हं, शोचनार्हः –र्हा –र्हं, विलपनीयः –या –यं, क्रन्दनीयः –या –यं, शोकयोग्यः –ग्या –ग्यं, शोकविषयः –या –यं, शोकास्पदः –दा –दं.

Lamentably, *adv.* शोचनीयं, शोचनीयप्रकारेण, यथा शोको जायते तथा.

Lamentation, lament *s.* शोकः, शोचनं, शुक् ***f.*** (च्), अनुशोचनं, क्रन्दनं, विलपनं, विलापः, परिदेवनं –ना, रोदनं, रुदितं, रुदनं, क्रन्दितं, आक्रन्दनं, विलपितं, प्रलापः, क्रुष्टं, विक्रुष्टं, उद्वेगः, मनस्तापः, हाहाकारः, मनोवेदना, परिवेदनं, परिवेदितं.

Lamented, *p. p.* शोचितः –ता –तं, अनुशोचितः –ता –तं, विलपितः –ता –तं, क्रन्दितः –ता –तं, रुदितः –ता –तं, क्रुष्टः –ष्टा –ष्टं, अभिक्रुष्टः –ष्टा –ष्टं, परिदेवितः –ता –तं.

Lamenter, *s.* शोचकः, अनुशोचकः, परिदेवकः, परिदेवी ***m.*** (न्), विलपनकृत्.

Lamenting, *part.* रुदन् –दन्ती –दती –दत् (त्), परिदेवी –विनी –वि (न्) विलपन् –पन्ती –पत् (त्), शोचमानः –ना –नं, रुद्यमानः –ना –नं.

Lamina, *s.* (Thin plate, scale) फलकः –कं, पत्रं, शल्कं, शकलं, कवचः.

Laminate, laminated *a.* फलकी –किनी –कि (न्), शकली **etc.,** सपत्रः –त्रा –त्रं.

Lamination, *s.* (Drawing out into a thin plate) उद्वर्त्तनं.

Lammas-day, *s.* अष्टममासस्य प्रथमदिनोद्देशकं पर्व्व ***n.*** (न्).

Lamp, *s.* दीपः, प्रदीपः, दीपकः –पिका, वर्त्ती –र्त्तिः ***f.,*** शिखावान् ***m.*** (त्), शिखी ***m.*** (न्), कज्ज्वलध्वजः, दशाकर्षः, दशेन्धनं, दोषास्यः, स्नेहाशः, स्नेहप्रियः; **'lamp in a doorway,'** देहलीदीपः; **'row of lamps,'** दीपमाला, दीपावलिः ***f.,*** दीपाली, दीपशृङ्खला; **'flame of a lamp,'** दीपशिखा; **'wick of a lamp,'** वर्त्ती –र्त्तिका, दीपकूपी; **'stand of a lamp,'** दीपवृक्षः दीपपादपः, दीपाधारः, शिखातरुः ***m.;*** **'smell of an extinguished lamp,'** दीपनिर्वाणगन्धः; **'relating to a lamp,'** दैपः –पी –पं.

Lamp-black, *s.* दीपकिट्टं, कज्जलं, कज्ज्वलं, दीपकज्जलं, दीपशिखा, दीपध्वजः –जं, मषी.

Lamp-light, *s.* दीपद्युतिः ***f.,*** प्रदीपद्युतिः, दीपप्रकाशः, दीपप्रभा.

Lamp-lighter, *s.* दीपतैलदः, तैलदायी ***m.*** (न्), दीपप्रकाशकः, दीपज्वलनकृत्.

Lampoon, *s.* निन्दालेखः, निन्दार्थको लेखः, अवगीतं, निन्दागीतं, विदूषणलेखः, त्रिदूषणार्थको लेखः, श्लेषः, आक्षेपः.

To **lampoon, *v. a.*** निन्दालेखद्वारेण आक्षिप् **(c. 6.** –क्षिपति –क्षेप्तुं) **or** अवगै **(c. 1.** –गायति –गातुं), निन्दालेखं कृ.

Lampooned, *p. p.* निन्दालेखेन अवगीतः –ता –तं **or** आक्षिप्तः –प्ता –प्तं.

Lamprey, *s.* अन्धाहिजातीयो मत्स्यभेदः, कुञ्चिका, जलव्यालः.

Lanate, lanated, *a.* लोमशः –शा –शं, लोमविशिष्टः –ष्टा –ष्टं.

Lance, *s.* शक्तिः ***f.,*** तोमरः, कुन्तः –न्ती, शूलः –लं, प्रासः, शल्यं, कीलः, शलाका.–**(Armed with a lance)** शाक्तीकः. ***See*** **Lancer.**

To **lance, *v. a.*** शूलेन **or** शक्त्या व्यध् **(c. 4.** विध्यति, व्यद्धुं), शक्तिविद्धं –द्धां कृ, शक्तिभिन्नं –न्नां कृ, शूल **(nom.** शूलयति –यितु), कील **(c. 10.** कीलयति –यितुं); **'with a lancet,'** शलाकया **or** वृद्धिपत्रेण व्यध्.

Lanced, *p. p.* शलाकाविद्धः –द्धा –द्धं, वृद्धिपत्रविद्धः –द्धा –द्धं.

Lanceolate, *a.* शूलाकारः –रा –रं, शूलाकृतिः –तिः –ति, शक्तिरूपः –पा –पं.

Lancer, *s.* शाक्तीकः, शक्तिधरः, शक्तिग्रहः, शक्तिहेतिकः, शूली ***m.*** (न्), शूलधरः, प्रासिकः, कौन्तिकः, शलाकी ***m.*** (न्).

Lancet, *s.* शलाका, अर्द्धधारं, वृद्धिपत्रं, वेतसपत्रं.

To* lanch, *v. a. अस् **(c. 4.** अस्यति, असितुं), प्रास्, क्षिप् **(c. 6.** क्षिपति, क्षेप्तुं), मुच् **(c. 6.** मुञ्चति, मोक्तुं), प्रमुच्, सृज् **(c. 6.** सृजति, स्रष्टुं), प्रहृ **(c. 1.** -हरति -हर्त्तुं), पत् **(c. 10.** पातयति -यितुं).

Lanched, *p. p.* मुक्तः -क्ता -क्तं, प्रमुक्तः -क्ता -क्तं, क्षिप्तः -प्ता -प्तं.

To* lancinate, *v. a. विदृ **(c. 10.** -दारयति -यितुं), निर्भिद् **(c. 7.** -भिनत्ति -भेत्तुं).

Lancination, *s.* विदारणं, प्रविदारणं, विभेदः, विपाटनं, व्रश्चनं.

Land, *s.* (Country, region) देशः, प्रदेशः, विषयः, राष्ट्रं. **—(As opposed to water)** स्थलं -ली; **'land and water,'** स्थलजलं, जलस्थलं; **'relating to dry land,'** धन्व ***n.*** (न्), स्थलीयः -या -यं; **'produced on it,'** स्थलजः -जा -जं; **'confusion of land and water through inundation,'** जलस्थलभ्रमः; **'the way by land,'** स्थलमार्गः; **'by land,'** स्थलमार्गेण. **—(Ground, soil, earth)** भूमिः ***f.,*** भूः ***f.,*** क्षेत्रं, मृत् ***f.,*** मृत्तिका; **'arable land,'** क्षेत्रभूमिः ***f.;*** **'ploughed land,'** कृष्टं, कृष्टभूमिः ***f.,*** फालकृष्टं, सीत्यभूमिः; **'barren land,'** मरुः ***m.,*** मरुस्थलं -ली, धन्वा ***m.*** (न्), भूर्णिः ***f.,*** ऊषः -षरः; **'marshy land,'** कच्छभूः ***f.,*** अनूपभूमिः ***f.;*** **Waste land,'** खिलः; **'fallow land,'** अप्रहतभूमिः; **'table land,'** सानुः ***m.,*** प्रस्थः, स्नुः ***m.*** **—(Esate, lands)** क्षेत्रं, भूमिः, स्थावरं; **'paternal lands,'** पैतृकभूमिः; **'gift of lands,'** भूमिदानं.

To* land, *v. a. उत्तृ **(c. 10.** -तारयति -यितुं), नौकाया अवतृ **or** अवरुह् **in caus.** (-रोपयति -यितुं), स्थलं **or** कूलम् उपस्था **in caus.** (-स्थापयति -यितुं), नावम् उपश्लिष् **(c. 10.** -श्लेषयति -यितुं), उत्कूल् **(nom.** उत्कूलयति -यितुं).

To* land, *v. n. उत्तृ **(c. 1.** -तरति -रितुं -रीतुं), प्रत्युत्तृ, नौकाया अवतृ **or** उत्तृ **or** अवरुह् **(c. 1.** -रोहति -रोढुं), स्थलम् उपस्था **(c. 1.** -तिष्ठति -स्थातुं).

Landed, *p. p.* (Disembarked) उत्तीर्णः -र्णा -र्णं, अवतीर्णः -र्णा -र्णं, नौकोत्तीर्णः -र्णा -र्णं, नौकावरूढः -ढा -ढं, नौकातीतः -ता -तं, अतिनौः -नौः -नु, उत्कूलितः -ता -तं. **—(Having an estate in land)** क्षेत्री ***m.*** (न्), क्षेत्रवान् ***m.*** (त्), क्षेत्रसम्पन्नः -न्ना -न्नं, भूमिसम्पन्नः -न्ना -न्नं, भूमिधनः -ना -नं; **'landed property,'** भूमिः ***f.,*** क्षेत्रं, स्थावरं, स्थावरधनं; **'donation of landed property,'** भूमिदानं.

Land-animal, *s.* स्थलचरजन्तुः ***m.,*** भूमिचरजन्तुः ***m.,*** भूचरजन्तुः.

Land-fight, *s.* स्थलयुद्धं, स्थलविग्रहः, स्थलीययुद्धं.

Land-flood, *s.* जलाप्लावनं, आप्लावः, जलप्रलयः, जलविप्लवः.

Land-force, *s.* स्थलबलं, स्थलसैन्यं, सेना, स्थलयोधाः ***m. pl.***

Land-holder, *s.* भूस्वामी ***m.*** (न्), क्षेत्रपतिः ***m.,*** भूमिपतिः, भूमीश्वरः, क्षेत्रस्वामी ***m.*** (न्), क्षेत्राधिकारी ***m.*** (न्).

Landing, landing-place, *s.* उत्तरणस्थानं, तरस्थानं, तरणस्थानं, तरः, घट्टः -ट्टी, उमः, गुल्मः, नौकावरोहणस्थानं. **—(Act of landing, disembarkation)** उत्तरणं, प्रत्युत्तरणं.

Landlady, *s.* (Woman who has tenants) भूस्वामिनी, क्षेत्रस्वामिनी. **—(Mistress of an inn)** उत्तरणगृहस्वामिनी, उत्तरणशालास्वामिनी, उपकारिकागृहाधिकारिणी, शौण्डिकी.

Landlocked, *a.* भूवेष्टितः -ता -तं, भूमिवेष्टितः -ता -तं, भूप्रतिबद्धः -द्धा -द्धं.

Landlord, *s.* (Owner of land) भूस्वामी ***m.,*** (न्), क्षेत्रस्वामी ***m.,*** क्षेत्रपतिः ***m.,*** भूमीश्वरः. **—(Owner of a house)** गृहपतिः ***m.,*** गृहस्वामी ***m.,*** गृहेश्वरः. **—(Master of an inn)** उत्तरणगृहपतिः ***m.,*** उत्तरणगृहस्वामी ***m.,*** उपकारिकागृहाधिकारी ***m.*** (न्).

Landmark, *s.* स्थलसीमा ***m.,*** (न्), भूमिसीमा, सीमा ***m.,*** (न्), सीमा ***f.,*** सीमालिङ्गं, सीमाचिह्नं, स्थण्डिलं, चैत्यं, जङ्गालः. **—(Of a field)** क्षेत्रसीमाचिह्नं, क्षेत्रमर्यादाचिह्नं. **—(An elevated mark on land to serve as a guide to seamen)** समुद्रयायिनां पथदर्शनार्थम् उन्नतभूभागे स्थापितं चिह्नं.

Landowner, *s.* भूस्वामी ***m.*** (न्), क्षेत्रस्वामी ***m.*** क्षेत्रपतिः ***m.*** भूमीश्वरः.

Landscape, *s.* (Portion of land which the eye can comprehend in a single view) दृष्टिपातान्तर्गतदेशः, नयनपथान्तर्गतदेशः, दृष्टिगतदेशः, दृष्टिगोचरदेशः, देशः, प्रदेशः, भूप्रदेशः. **—(Picture)** चित्रगतो भूमिप्रदेशः.

Landsman, *s.* स्थलवासी ***m.*** (न्), स्थलवर्त्ती ***m.*** (न्), स्थलीयः, स्थलगः.

Land-tax, *s.* भूमिकरः, क्षेत्रकरः, भूकरः.

Land-waiter, *s.* शौल्कः, शौल्किकः, उत्तरणस्थाने करग्राही ***m.*** (न्) **or** शुल्कग्राही ***m.***

Lane, *s.* सङ्कटपथः, सङ्कटमार्गः, सम्बाधपथः, सङ्कटवीथिः ***f.,*** सम्बाधवीथिः.

Language, *s.* (Speech, ideas expressed in words) भाषा -षणं, भाषितं, उक्तिः ***f.,*** वचनं, वचस्, वाक्यं, उक्तं, वाक् ***f.*** (च्), वाणी, व्याहारः, निगदः, निगादः, लपितं, अभिलापः, वदन्तिः ***f.*** **—(Word, expression)** शब्दः, वाक्यं, वचनं, पदं; **'bad language,'** दुरुक्तिः ***f.*** दुर्भाषणं, दुर्वचस् ***n.,*** दुर्वाक्यं, दुर्वचनं, दुरालापः; **'abusive language,'** वाक्पारुष्यं, वाग्दोषः, परुषवचनं, परुषोक्तिः ***f.;*** **'low language,'** खलोक्तिः ***f.*** **—(A language)** भाषा, उक्तिः ***f.;*** **'a foreign language,'** भाषान्तरं, विदेशीयभाषा; **'a barbarous language,'** म्लेच्छभाषा, म्लेच्छितं; **'the Sanskrit language,'** संस्कृतभाषा, संस्कृतोक्तिः ***f.*** **—(Diction, style of expression)** वाग्व्यापारः, वाग्रीतिः

f., वाक्यरचना, वाग्विन्यासः, वाक्सरणिः *f.*

Languid, *a.* ग्लानः -ना -नं, परिग्लानः -ना -नं, म्लानः -ना -नं, परिम्लानः -ना -नं, क्लान्तः -न्ता -न्तं, क्लान्तमनस्कः -स्का -स्कं, शिथिलः -ला -लं, शिथिलाङ्गः -ङ्गी -ङ्गं, शिथिलबलः -ला -लं, शिथिलवीर्य्यः -र्य्या -र्य्यं, क्षीणबलः -ला -लं, अवसन्नः -न्ना -न्नं, सन्नः -न्ना -न्नं, अवसादी -दिनी -दि (न्), विषादी **etc.**, विषणः -णा -णं, विस्रस्तवीर्य्यः -र्य्या -र्य्यं, संस्री -सिनी -सि (न्), विश्लथः -था -थं, विश्लथाङ्गः -ङ्गी -ङ्गं, श्लथाङ्गः **etc.**, अलसः -सा -सं, मन्दः -न्दा -न्दं, अनुत्सुकः -का -कं, निरुत्सुकः -का -कं.

Languidly, *adv.* अवसादेन, सविषादं, विषादेन, सावसादं, अवसन्नवत्, क्लान्तमनसा, अलसवत्, मन्दं, मान्द्येन, समान्द्यं.

Languidness, *s.* ग्लानिः ***f.***, म्लानिः ***f.***, म्लानता, क्लान्तता, अवसन्नता, विषणता, अवसादः, शिथिलता -त्वं, बलशैथिल्यं, अङ्गशैथिल्यं, अलसता, आलस्यं, मान्द्यं.

To* languish, *v. n. अवसद् **(c. 1.** -सीदति -सत्तुं), विषद्, व्यवसद्, सद्, ग्लै **(c. 1.** ग्लायति, ग्लातुं), परिम्लै, म्लै **(c. 1.** म्लायति, म्लातुं), परिम्लै, क्लम् **(c. 4.** क्लाम्यति, क्लमितुं), परिक्लम्, विक्लम्, क्षि **in pass.** (क्षीयते), तम् **(c. 4.** ताम्यति, तमितुं), आतम्, प्रतम्, ध्वंस् **(c. 1.** ध्वंसते -सितुं), विध्वंस्, स्रंस् **(c. 1.** स्रंसते -सितुं), विस्रंस्, विशृ **in pass.** (-शीर्य्यते), प्रली **(c. 4.** -लीयते -लेतुं), शद् **(c. 1.** शीयते, शत्तुं), गल् **(c. 1.** गलति -लितुं), शिथिलीभू, खिद् **in pass.** (खिद्यते), आयस् **(c. 4.** -यस्यति -यसितुं), विषणीभू, अवसन्नीभू. **—(Pine with love)** उत्कण्ठ् **(c. 1.** -कण्ठते -ण्ठितुं), उत्सुक **(nom.** उत्सुकायते), उत्सुकीभू. **—(Look tenderly and softly)** कामालसदृष्टिः -ष्टिः -ष्टि भू, कामार्द्रदृष्टिः -ष्टिः -ष्टि भू.

Languishing, *part.* or *a.* (Drooping, fading) ग्लायन् -यन्ती -यत् (त्), ग्लायमानः -ना -नं, म्लायन् **etc.**, म्लायमानः -ना -नं, क्षीयमाणः -णा -णं, विषादी -दिनी -दि (न्), अवसादितः -ता -तं, विशीर्य्यमाणः -णा -णं, खिद्यमानः -ना -नं. **—(Pining with love)** उत्कण्ठितः -ता -तं, उत्सुकः -का -कं; **'having languishing looks,'** अलसेक्षणा, कामालसेक्षणा, कामालसदृष्टिः ***f.***, कामार्द्रदृष्टिः ***f.***

Languishingly, *adv.* अवसादेन, विषादेन, सविषादं, सावसादं. **—(With languishing looks)** कामालसदृष्ट्या, कामार्द्रदृष्ट्या.

Languishment, *s.* विषणता, अवसन्नता, उत्कण्ठा, उत्कण्ठितत्वं, उत्सुकता, औत्सुक्यं. **—(Softness of look)** कामालसदृष्टित्वं, कामार्द्रदृष्टित्वं.

Langour, *s.* ग्लानिः ***f.***, ग्लानता -त्वं, म्लानिः ***f.***, म्लानता, क्लान्तिः ***f.***, क्लान्तता, अवसादः, विषादः, सादः, अवसन्नता, विषणता, शिथिलता, शैथिल्यं, अङ्गशैथिल्यं, अङ्गश्लथः, अङ्गविश्लथः, क्षीणता, मन्दता, मान्द्यं, खेदः, तन्द्रा -न्द्रिः ***f.***, -न्द्रिका, तन्द्री, प्रमीला, उदासीनता, आलस्यं, अलसता -त्वं, यत्नविमुखता, यत्नपराङ्मुखता, कार्य्यविमुखता, जडता, जाड्यं.

To* laniate, *v. a. विदॄ **(c. 10.** -दारयति -यितुं), खण्डं खण्डं कृ, खण्डशः कृ.

Laniferous, lanigerous, *a.* लोमजनकः -का -कं, लोमोत्पादकः -का -कं.

Lank, *a.* (Thin, meagre) कृशः -शा -शं, परिकृशः -शा -शं, कृशाङ्गः -ङ्गी -ङ्गं, कृशशरीरः -रा -रं, क्षीणशरीरः -रा -रं, क्षीणमांसः -सा -सं, शुष्कमांसः -सा -सं, शुष्काङ्गः -ङ्गी -ङ्गं, क्षामः -मा -मं, अविपुलः -ला -लं, अपुष्टः -ष्टा -ष्टं, अतुन्दः -न्दा -न्दं. **—(Tall)** दीर्घदेहः -हा -हं, दीर्घतनुः -नुः -नु. **—(Loose, flaccid)** शिथिलः -ला -लं, श्लथः -था -थं, असंहतः -ता -तं.

Lankness, *s.* (Meagreness) कृशता, कृशाङ्गत्वं, शरीरकृशता, कार्श्यं, शरीरक्षीणता, क्षामता -त्वं, अतुन्दता, अविपुलता, अपुष्टता. **—(Tallness)** शरीरदीर्घता, दीर्घदेहत्वं. **—(Flaccidity)** शैथिल्यं, शिथिलता.

Lanky, *a.* कृशदीर्घः -र्घा -र्घं, क्षीणदीर्घः -र्घा -र्घं, दीर्घक्षामः -मा -मं.

Lanner, lanneret, *s.* श्येनजातीयः पक्षिभेदः.

Lantern, *s.* दीपः, प्रदीपः, दीपिका, प्रच्छन्नदीपः, गूढदीपः, आवृतदीपिका, कोशस्थदीपः, आकाशदीपः, आकाशप्रदीपः.

Lantern-jawed, *a.* तनुवदनः -ना -नं, क्षीणवदनः -ना -नं, दीर्घवदनः -ना -नं.

Lanuginous, *a.* लोमशः -शा -शं, लोममयः -यी -यं, लोमवान् -वती -वत् (त्), मृदुलोमवान् **etc.**, मृदुलोमा -मा -म (न्), स्निग्धपर्णः -र्णा -र्णं.

Lanyard, *s.* नाविकभाषायां बन्धनरज्जुः ***m. f.*** **or** क्षुद्रसूत्रं **or** गुणः.

Lap, *s.* (The end or skirt of a garment that hangs loose) वस्त्राञ्चलः -लं, वसनान्तः, वस्त्रान्तः, वसनदशा, वस्त्रदशा, वस्तिः ***m.***, तरी. **—(The part about the thighs or hips when a person sits down)** अङ्कः, क्रोडं -ढा, उत्सङ्गः, ऊरुदेशः, सक्थिदेशः, जानुदेशः; **'to place on the lap,'** अङ्के **or** क्रोडे **or** उत्सङ्गे **or** ऊर्वोर् उपरि न्यस् **(c. 4.** -अस्यति -असितुं) **or** कृ, क्रोडीकृ, अङ्कीकृ.

***To* lap, *v. a.* (Fold)** पुटीकृ, व्यावृत् **(c. 10.** -वर्त्तयति -यितुं), विपरिवृत्, व्यावर्त्तनं कृ. **—(Wrap, infold)** वेष्ट् **(c. 1.** वेष्टते -ष्टितुं), आवेष्ट्, परिवेष्ट्, कोशेन परिवेष्ट्. **—(Lick up)** लिह् **(c. 2.** लेढि, लीढे, लेढुं), आलिह्, संलिह्, परिसंलिह्, जिह्वास्वादं कृ, जिह्वालेहनं कृ.

To **lap,** ***v. n.*** **(Be turned over)** व्यावृत् **(c. 1.** –वर्त्तते –र्त्तितुं), विपरिवृत्.

Lap-dog, ***s.*** अङ्ककुक्कुरः, अङ्के पालनीयः क्षुद्रकुक्कुरः, अङ्कपालनयोग्यः क्षुद्रकुक्कुरः, अङ्कपालितकुक्कुरः.

Lap-ful, ***s.*** अङ्कपूरणं, क्रोडपूरणं, अङ्कपूरकं, अङ्कभरकं.

Lapidarious, ***a.*** प्रस्तरमयः –यी –यं, मणिमयः **etc.,** शिलामयः **etc.**

Lapidary, ***s.*** मणिकारः, रत्नकारः, मणिपरिष्कारकः, रत्नपरिष्कारकः, प्रस्तरच्छिद् ***m.,*** रत्नोपजीवी ***m.,*** (न्), रत्नविक्रयी ***m.,*** (न्), मणिविक्रेता ***m.,*** (तृ).

To **lapidate,** ***v. a.*** प्रस्तरप्रक्षेपेण **or** प्रस्तराघातेन हन् **(c. 2.** हन्ति –न्तुं) **or** व्यापद् **(c. 10.** –पादयति –यितुं).

Lapidation, ***s.*** प्रस्तराघातेन **or** पाषाणप्रक्षेपेण हननं **or** व्यापादनं **or** मारणं.

Lapideous, ***a.*** पाषाणमयः –यी –यं, शिलेयः –यी –यं, आश्मिकः –की –कं.

Lapidescence, ***s.*** पाषाणभूयं, प्रस्तरभूयं, शिलाभूयं.

Lapidification, ***s.*** पाषाणसात्करणं, प्रस्तरसात्करणं, पाषाणीकरणं.

Lapis-Lazuli, ***s.*** वैदूर्य्यं, विदूरजं, नीलोपलः –लं, असितोपलः, असिताश्मा ***m.*** (न्), बालराजः, बालसूर्य्यं, बालवायजं, अभ्ररोहं, गल्वर्कः.

Lapling, ***s.*** विषयेवी ***m.*** (न्), विषयोपभोगासक्तः, आत्मम्भरिः ***m.***

Lappet, ***s.*** वस्त्राञ्चलः –लं, वसनान्तः, वसनाञ्चलः, वसनदशा, वस्तिः ***m.***

Lapse, ***s.*** **(Flow, course)** गतिः ***f.,*** प्रवाहः, प्रवृत्तिः ***f.;*** **'lapse of time,'** कालगतिः ***f.*** **—(Passing away)** अत्ययः, अतिक्रमः, प्रतीतिः ***f.*** **—(Falling)** पातः, पतनं, च्युतिः ***f.,*** च्यवनं, भ्रंशः, प्रभंशः, ध्वंसः. **—(Error)** भ्रमः, प्रमादः, स्खलनं, स्खलितं.

To **lapse,** ***v. n.*** **(Pass slowly away)** शनैः शनैः **or** क्रमे क्रमे अती **(c. 2.** अत्येति –तुं, **rt.** इ) **or** व्यती **or** अतिकम् **(c. 4.** –क्राम्यति, **c. 1.** –क्रामति –क्रमितुं) **or** अतिवृत् **(c. 1.** –वर्त्तते –र्त्तितुं) **or** प्रवृत् **or** वृत्. **—(Pass on by degrees)** क्रमेण गम् **(c. 1.** गच्छति, गन्तुं) **or** प्रगम् **or** या **(c. 2.** याति –तुं) **or** प्रया **or** सृप् **(c. 1.** सर्पति, सप्तुं) **or** प्रसृप्, **—(Fall in moral conduct)** भ्रंश् **(c. 4.** –भ्रश्यति, भ्रंशितुं), विभ्रंश्, च्यु **(c. 1.** च्यवते, च्योतुं), विच्यु, विचल् **(c. 1.** –चलति –लितुं), उत्क्रम्, व्युत्क्रम्. **—(Slip, make a mistake)** स्खल् **(c. 1.** स्खलति –लितुं), प्रस्खल्, भ्रम् **(c. 4.** भ्राम्यति, भ्रमितुं), प्रमादं कृ, दोषं कृ. **—(Pass from one proprietor to another)** सङ्क्रम्, उपसङ्क्रम्, अपवृत्.

Lapsed, ***p. p.*** **(Fallen)** भ्रष्टः –ष्टा –ष्टं, प्रभ्रष्टः –ष्टा –ष्टं, च्युतः –ता –तं, पतितः –ता –तं. **—(Passed from one proprietor to another)** सङ्क्रान्तः –न्ता –न्तं, उपसङ्क्रान्तः –न्ता –न्तं, सङ्क्रामितः –ता –तं, अपवृत्तः –त्ता –त्तं, परहस्तगतः –ता –तं. **'lost by time,'** वेलाहीनः –ना –नं.

Lapsided, ***a.*** ***See*** **Lopsided.**

Lapsus linguae, ***s.*** जिह्वादोषः, मुखदोषः, वाग्दोषः; **'a lapsus of the hand or pen,'** हस्तदोषः.

Lapwing, ***s.*** **(A bird)** टिट्टिभः –भकः, टिटिभकः, कोयष्टिः ***m.*** –ष्टिकः, पङ्ककीरः, शिखरी ***m.*** (न्).

Lar, ***s.*** **(A household deity)** कुलदेवता, गृहदेवता.

Larboard, ***s.*** **(Left hand side of a ship)** नावो वामपार्श्वः **or** वामभागः.

Larceny, ***s.*** स्तेयं, चौर्य्यं, चौरं, स्तैनं, स्तैन्यं, चौर्य्यकर्म्म ***n.*** (न्), तस्करता, तास्कर्य्यं, चौरिका, चुरा, परद्रव्यापहारः.

Larch, ***s.*** देवदारुजातीयो वृक्षभेदः.

Lard, ***s.*** शूकरमेदस् ***n.*** शूकरवसा, शूकरमांससारः, शूकरमांसस्नेहः. **—(Bacon)** शूकरमांसं, शूकरस्य शुष्कमांसं, वल्लूरं.

To **lard,** ***v. a.*** शूकरमेदसा पॄ **(c. 10.** पूरयति –यितुं), शूकरमांसस्नेहं मध्ये निविश् **(c. 10.** –वेशयति –यितुं) **or** अन्तर् निविश्. **—(Fatten)** प्यै **in caus.** (प्याययति –यितुं), आप्यै, पुष् **in caus.** (पोषयति –यितुं), पुष्टीकृ. **—(Interlard, mix)** विमिश्र् **(c. 10.** –मिश्रयति –यितुं), सम्मिश्र्, सम्मिश्रीकृ, मिश्र्.

Larder, ***s.*** खाद्यमांसागारं, भक्ष्यमांसागारं, मांसरक्षणगृहं, भोज्यमांसशाला, भोजनागारं, खाद्यद्रव्यागारं.

Lares, ***s.*** कुलदेवताः ***f. pl.,*** गृहदेवताः ***f. pl.,*** गृह्या देवता ***f. pl.***

Large, ***a.*** **(Big, bulky in size)** वृहन् –हती –हत् (त्), विपुलः –ला –लं, विशालः –ला –लं, पृथुः –थुः –थ्वी –थु पृथुलः –ला –लं, स्थूलः –ला –लं, वृहत्कायः –या –यं, महाकायः –या –यं, महान् –हती –हत् (त्), महा **in comp.,** वृहत् **in comp.,** उरुः –रुः –र्व्वी –रु, विकटः –टा –टं, विशङ्कटः –टा –टी –टं, गुरुः –र्वी –रु, परिवृढः –ढा –ढं, वृढः –ढा –ढं, वड्रः –ड्रा –ड्रं, मन्थरः –रा –रं, मन्दरः –रा –रं, वाष्कलः –ला –लं, बभ्रुः –भ्रुः –भ्रु. **—(Extensive, wide)** विपुलः –ला –लं, विस्तीर्णः –र्णा –र्णं, विशालः –ला –लं, आयतः –ता –तं, लम्बः –म्बा –म्बं. **—(Abundant, copious)** प्रचुरः –रा –रं, विपुलः –ला –लं, पुष्कलः –ला –लं, बहुः –हुः –ह्वी –हु, बहुलः –ला –लं, भूरिः –रिः –रि, यथेष्टः –ष्टा –ष्टं. **—(Fat)** पीनः –ना –नं, पीवरः –रा –रं, पीवा –वा –वं (न्), पुष्टः –ष्टा –ष्टं. **—(Having a large body)** वृहच्छरीरः –रा –रं, पृथुशरीरः –रा –रं, स्थूलशरीरः –रा –रं, विकटशरीरः –रा –रं, वृहत्कायः –या –यं, वृहदङ्गः –ङ्गा –ङ्गं, स्थूलकायः –या –यं; **'larger,'** वृहत्तरः –रा –रं, उरुतरः –रा –रं, वरीयान् –यसी –यः (स्), महत्तरः –रा –रं, अधिकः –का –कं; **'largest,'** वरिष्ठः –ष्ठा –ष्ठं, वृहत्तमः –मा –मं; **'at large,**

Large-headed 642 Last

without restraint,' निर्यन्त्रितं, निर्यन्त्रणं, निर्विघ्नं, निरवरोधेन, अनिवारितं, स्वेच्छया; **'at large, diffusely,'** विस्तरशस्, विस्तरेण, सुविस्तरं.

Large-headed, ***a.*** स्थूलशिराः -रा -रं, (स्), वृहच्छिराः **etc.,** वृहच्छीर्षः -र्षा -र्षं, स्थौलशीर्षः -र्षा -र्षं, वृहन्मस्तकः -का -कं, स्थूलमस्तकः -का -कं.

Large-limbed, ***a.*** वृहदङ्गः -ङ्गी -ङ्गं, स्थूलाङ्गः -ङ्गी -ङ्गं, पृथङ्गः -ङ्गी -ङ्गं.

Largely, ***adv.*** प्रचुरं, प्राचुर्य्येण, विपुलं, बाहुल्येन, बहु, भूरि, पुष्कलं, वैपुल्येन, विस्तरशस्, विस्तरेण.

Largeness, ***s.*** वृहत्त्वं, विपुलता, वैपुल्यं, विशालता, स्थूलता, स्थौल्यं, पृथुता -त्वं, पार्थवं, महत्त्वं, उरुता, विकटत्वं, वैकट्यं, व्रडिमा ***m.*** (न्), परिव्रडिमा.—**(Extent)** विस्तीर्णता, विस्तारः, विस्तृतिः ***f.,*** आयतिः ***f.***—**(Amplitude, abundance)** प्राचुर्य्यं, प्रचुरता -त्वं, बाहुल्यं, बहुत्वं, पुष्कलता.—**(Fatness)** पीनता, पीवरत्वं, पुष्टता.—**(Largeness of body)** शरीरवृहत्त्वं, शरीरपृथुता, स्थुलशरीरत्वं.

Largess, ***s.*** वितरणं, विसर्ज्जनं, विश्राणनं, प्रदानं, त्यागः, पारितोषिकं.

Largo, ***s.*** **(Slow time in music)** विलम्बितं, तत्त्वं, विलम्बितवृत्तिः ***f.***

Lark, ***s.*** **(The bird)** भरद्वाजः, भारद्वाजः -जकः, भारयः, व्याघ्राटः, भरतपक्षी ***m.*** (न्).

Larum, ***s.*** **(Noise giving notice of danger)** आसन्नभयघोषणा, आसन्नभयसूचकघोषः.—**(Alarm-bell)** आसन्नभयसूचका घण्टा.

Larva, Larve, ***s.*** कीटः, कीटडिम्बः, कृमिः ***m.,*** कोशस्थः.

Laryngotomy, ***s.*** कण्ठनालछेदः -दनं, कृकछेदनं.

Larynx, ***s.*** कण्ठनालः -ली, कण्ठनाडिः -डी, कृकः.

Lascar, ***s.*** नाविकः, पोतवाहः, निर्यामः, समुद्रयायी ***m.*** (न्).

Lascivious, ***s.*** कामुकः -का -कं, कामी -मिनी -मि (न्), रतार्थी -र्थिनी -र्थि (न्), सुरतार्थी **etc.,** रतासक्तः -क्ता -क्तं, रतिकर्म्मासक्तः **etc.,** कामासक्तः **etc.,** व्यवायी -यिनी -यि (न्), कामलः -ला -लं, कामनः -ना -नं, कमनः -ना -नं, कामकेलिः -लिः -लि, भोगासक्तः -क्ता -क्तं, कामप्रवणः -णा -णं, तरलः -ला -लं, तारलः -ला -लं, अनुकः -का -कं, अभीकः -का -कं, स्त्रीव्यसनी ***m.*** (न्), स्त्रीलम्पटः, लम्पटः.—**(Proceeding from lust)** कामहेतुकः -का -कं, काममूलकः -का -कं, कामसूचकः -का -कं.

Lasciviously, ***adv.*** कामुकवत्, सकामं, लम्पटवत्, स्त्रीलम्पटवत्, कामासक्तत्वात्, रतासक्तवत्, तरलं, तरलवत्, कामपूर्व्वं, कामबुद्ध्या.

Lasciviousness, ***s.*** कामुकत्वं, सकामत्वं, कामासक्तिः ***f.,*** रतासक्तिः ***f.,*** रतार्थित्वं, लम्पटत्वं -ता, लाम्पट्यं, तरलता, तारल्यं, भोगासक्तिः ***f.,*** व्यवायः, व्यवायासक्तिः ***f.,*** वैयात्यं, हेला -लनं.

Lash, ***s.*** **(Thong)** कषा, कशा, प्रतिष्कषः -शः, बलिसङ्गः, चर्म्मबन्धः, चर्म्मरज्जुः ***m. f.,*** वरत्रा, नदध्री, वध्री, बद्ध्री, वार्द्ध -र्द्धी.—**(Stroke with a whip)** कषाघातः, कषाप्रहारः, कषाताडनं.—**(Stroke of satire)** वागसिः ***f.,***

To* lash,** ***v. a. **(Strike with a lash)** कषया **or** चर्म्मरज्वा तड् **(c. 10.** ताडयति -यितुं) **or** आहन् **(c. 2.** -हन्ति -न्तुं) **or** प्रह **(c. 1.** -हरति -हर्त्तुं), कश **(nom.** कशयति -यितुं), कषाघातं कृ.—**(Beat, shake about)** विधू **(c. 5.** -धूनोति -धवितुं), धू, विचल् **(c. 10.** -चालयति -यितुं); **'he lashes his tail,'** पुच्छं धूनोति.—**(Tie or bind with a rope)** रज्जुना **or** रज्वा बन्ध् **(c. 9.** बध्नाति, बन्द्धुं), रज्जुबद्धं -द्धां -द्धं कृ.—**(Censure with severity)** अरुन्तुदवाचा **or** तीक्ष्णवाक्यैः **or** तिग्मवाचा निन्द् **(c. 1.** निन्दति -न्दितुं).

To* lash,** ***v. n. कषाघातं कृ, कषाताडनं कृ.—**(Lash out, run into excess)** मर्य्यादाभ् अतिक्रम् **(c. 1.** -क्रामति -क्रमितुं), उत्क्रम्, व्युत्क्रम्, अवधिम्, अतिचर् **(c. 1.** -चरति -रितुं).

Lashed, ***p. p.*** कषाहतः -ता -तं, कषाताडितः -ता -तं; **'worthy of being lashed,'** कश्यः -श्या -श्यं, कशार्हः -र्हा -र्हं.—**(Made fast)** रज्जुबद्धः -द्धा -द्धं.

Lass, ***s.*** तरुणी, कुमारी, कन्या, बाला -लिका, दारिका, पुत्री.

Lassitude, ***s.*** ग्लानिः ***f.,*** ग्लानता, अवसादः, सादः, अवसन्नता, विषादः, विषणता, तन्द्रा -न्द्री -न्द्रिका -न्द्रिः ***f.,*** खेदः, प्रमीला, अङ्गशैथिल्यं, अङ्गशिथिलता, मन्दता, मान्द्यं, क्लान्तिः ***f.,*** क्लान्तता, म्लानिः ***f.,*** श्रान्तिः ***f.,*** परिश्रान्तिः, क्लमः.

Lasso, ***s.*** पाशः, पाशरज्जुः ***m. f.,*** पाशबन्धः, वागुरा.

Last, ***a.*** **(Final)** अन्तिमः -मा -मं, अन्त्यः -न्त्या -न्त्यं, अन्त **in comp.,** शेष **in comp.,** अवरः -रा -रं, चरमः -मा -मं, अवरतमः -मा -मं.—**(Hindmost)** पश्चिमः -मा -मं, जघन्यः -न्या -न्यं, अवरः -रा -रं, पाश्चात्यः -त्या -त्यं, पश्चातीयः -या -यं.—**(Next before the present)** गतः -ता -तं, अतीतः -ता -तं, भूतः -ता -तं.—**(Last but one)** उपान्तः -न्ता -न्तं, उपान्तिकः -की -कं, उपान्त्यः -न्त्या -न्त्यं.—**(Extreme)** परमः -मा -मं, अत्यन्तः -न्ता -न्तं, आत्यन्तिकः -की -कं, उत्तमः -मा -मं.—**(Lowest)** अधमः -मा -मं, अवरः -रा -रं, अधरः -रा -रं, अवमः -मा -मं, अपकृष्टः -ष्टा -ष्टं; **'come last,'** अवरागतः -ता -तं, चरमागतः -ता -तं; **'born last,'** अवरजः -जा -जं, जघन्यजः -जा -जं; **'last state,'** शेषावस्था, शेषदशा, परिणामः; **'last part,'** शेषभागः; **'last part of the night,'** शेषरात्रिः ***f.;*** **'last half,'** अवरार्द्धं, पश्चार्द्धं; **'last night,'** गतरात्रिः ***f.;*** **'last month,'** गतमासः; **'last year,'** गतवत्सरः, परुत्; **'belonging to last year,'** परुत्नः -त्ना -त्नं; **'year**

before last,' परारि; 'belonging to the year before last,' परारित्न: -त्ना -त्नं; 'at last,' शेषे, अन्ते, शेषतस्, अवशेषे, अन्ततस्, अनन्तरं, चिरकालात्परं, दीर्घकालात्परं, चरमं; 'to the last,' शेषं यावत्.

Last, *adv.* अवरं, चरमं, अन्ततस्, अन्ते, शेषतस्, पश्चात्, अवरस्तात्, अवस्तात्; 'come last,' अवरागतः -ता -तं, चरमागतः -ता -तं; 'born last,' अवरजः -जा -जं, जघन्यजः -जा -जं.

Last, *s.* **(Of a shoe)** काष्ठमयः पादुकासंस्कारः or पादुकाकारः.

***To* last,** *v. n.* स्था (c. 1. तिष्ठति -ते, स्थातुं), संस्था, पर्यवस्था, स्थिरीभू, चिरस्थायी -यिनी -यि भू.

Lasting, *a.* स्थायी -यिनी -यि (न्), चिरस्थायी etc., दीर्घकालस्थायी etc., चिरकालस्थायी etc., चिरकालिकः -का -कं, स्थिरः -रा -रं, स्थावरः -रा -रं, संस्थः -स्था -स्थं, स्थितिमान् -मती -मत् (त्), अनपायी -यिनी -यि (न्), नित्यस्थायी etc., नित्यः -त्या -त्यं, ध्रुवः -वा -वं, शाश्वतः -ती -तं, अविसर्गी -र्गिणी -र्गि (न्), अजरः -रा -रं, अक्षयः -या -यं, चिरन्तनः -नी -नं.

Lastingness, *s.* स्थायित्वं, चिरस्थायित्वं, स्थिरता, स्थितिः *f.*, संस्थितिः *f.*, स्थावरत्वं, नित्यता, अजरत्वं, अनपायः, ध्रुवता, ध्रौव्यं.

Lastly, *adv.* अन्ततस्, न्ते, शेषतस्, शेषे, अवशेषे -षतस्, अवरस्तात्.

Last-mentioned, *a.* उत्तरोक्तः -क्ता -क्तं, अपरोक्तः -क्ता -क्तं, अवरोक्तः -क्ता -क्तं.

Latch, *s.* तालकं, तालः, तालयन्त्रं, अर्गलः -ला -ली, कीलः, कपाटबन्धनी, द्वारबन्धनी, द्वारयन्त्रं.

***To* latch,** *v. a.* तालकादिना द्वारं बन्ध् (c. 9. बध्नाति, बन्द्धुं).

Latchet, *s.* पादुकाबन्धनं -नी, पादुकाबन्धः, पादुकायोक्त्रं.

Late, *a.* **(After the usual time, tardy)** कालातीतः -ता -तं, समयातीतः -ता -तं, अतीतकालः -ला -लं, कालातिक्रान्तः -न्ता -न्तं, अतिक्रान्तकालः -ला -लं, वेलातीतः -ता -तं, विलम्बागतः -ता -तं, विलम्बेनागतः -ता -तं, विलम्बितः -ता -तं, मन्दः -न्दा -न्दं, चिरकालीनः -ना -नं, चिरकालादागतः -ता -तं, अतिकालः -ला -लं.—**(Far advanced towards the close)** अवसन्नः -न्ना -न्नं, अवसितः -ता -तं, परिणतः -ता -तं; 'at a late hour of the day,' अवसन्ने दिवसे, अपराह्णे, पराह्णे; 'at a late hour of the night,' अवसन्नायां रात्रौ, अपररात्रौ, रात्रिमध्ये, शेषरात्रौ; 'at a late period of life,' परिणते वयसि.—**Ripening after the time)** नियमितकालात् परं or उपयुक्तकालात् परं पक्वः -क्वा -क्वं or परिणतः -ता -तं.—**(Recent)** नूतनः -ना -नं, नवः -वा -वं, अभिनवः -वा -वं, अचिरः -रा -रं, आधुनिकः -की -कं, अधुनातनः -नी -नं, इदानीन्तनः -नी -नं, सद्यस्कः -स्का -स्कं, सद्यस्कालीनः -ना -नं, अर्व्वाचीनः -ना -नं, अप्राचीनः -ना -नं, प्रत्यग्रः -ग्रा -ग्रं, वर्त्तमानकालीनः -ना -नं, अव्यवहितदीर्घकालः -ला -ल.—**(Past, gone)** अतीतः -ता -तं, व्यतीतः -ता -तं, गतः -ता -तं, भूतः -ता -तं.—**(Former)** प्राक्तनः -नी -नं, पूर्व्वतनः -नी -नं, पौर्व्विकः -की -कं.

Late, *adv.* **(After the usual time, after delay)** विलम्बेन, विलम्बात्, चिरकाले-लात्, अतिकालं, अतिसमयं, अतीतकालं, मन्दं, विलम्बितं, चिरात् -रेण; 'come late,' विलम्बागतः -ता -तं, विलम्बेनागतः etc., चिरादागतः etc., चिरकालादागतः etc.; 'ripening late,' उपयुक्तकालात् परं पक्वः -क्वा -क्वं; 'late at night,' अवसन्नायां रात्रौ, रात्रिमध्ये, मध्यरात्रं, अपररात्रं महानिशायां; 'late in the day,' अपराह्णे, पराह्णे, अवसन्ने दिवसे; 'late in life,' परिणते वयसि.—**(Not long ago, recently)** नूतनं, अव्यवहितदीर्घकाले, अव्यवहितपूर्व्वकाले; 'too late in the evening,' अतिसाये; 'too late in the day,' अतिपराह्णे; 'too late in life,' अतिपरिणतवयसि, सुपरिणतवयसि.

Lateen, *s.* लतीन्नामा त्रिभुजाकारो वातवसनविशेषः.

Lately, *adv.* अव्यवहितदीर्घकाले, अव्यवहितपूर्व्वकाले, नूतनं, अर्वाक्, अर्वाक्काले, नूतनकाले, सद्यस्काले, अधुनातनकाले, इदानीन्तनकाले, अपुरा, अप्राक्काले, प्रत्यग्रं.

Lateness, *s.* कालातीतता, अतीतकालत्वं, कालातिक्रान्तता, अतिकालता, चिरकालीनता, कालातिक्रमः, परिणतिः *f.*, परिणामः.

Latent, *a.* गूढः -ढा -ढं, गुप्तः -प्ता -प्तं, निगूढः -ढा -ढं, छन्नः -न्ना -न्नं, प्रच्छन्नः -न्ना -न्नं, अदृष्टः -ष्टा -ष्टं, अदृश्यः -श्या -श्यं, गुह्यः -ह्या -ह्यं, निभृतः -ता -तं, रहस्यः -स्या -स्यं, अन्तर्हितः -ता -तं अप्रत्यक्षः -क्षा -क्षं, अप्रकटः -टा -टं, अप्रकाशः -शा -शं; 'as a disease,' मज्जागतः -ता -तं, धातुस्थः -स्था -स्थं.

Later, *a.* उत्तरः -रा -रं, परः -रा -रं, अवरः -रा -रं, पाश्चात्यः -त्या -त्यं.

Lateral, *a.* पार्श्विकः -की -कं, पार्श्वीयः -या -यं, पार्श्वः -र्श्वा -र्श्वं, पार्श्वतीयः -या -यं, अनुपार्श्वः -र्श्वा -र्श्वं, पार्श्वस्थः -स्था -स्थं, पार्श्वसम्बन्धी -न्धिनी -न्धि (न्).

Laterally, *adv.* पार्श्वतस्, पार्श्वे, अनुपार्श्वं, पार्श्वभागे, पार्श्वदिशि.

Lath, *s.* सूक्ष्मफलकः -कं, सूक्ष्मकाष्ठं, सूक्ष्मदारुः *m.*, दीर्घकाष्ठं, दीर्घफलकः -कं, तनुफलकः -कं, काष्ठफलकः.

***To* lath,** *v. a.* सूक्ष्मफलकैर् आवृ (c. 5. -वृणोति -वरितु -रीतुं) or आस्तृ (c. 9. -स्तृणाति -स्तरितुं -रीतुं), फलक (nom. फलकयति -यितुं).

Lathe, *s.* भ्रमः, भ्रमिः *f.*, कुन्दः, चक्रं, चक्रयन्त्रं, यन्त्रकः.

Lather, *s.* अञ्जनफेनः, अभ्यञ्जनफेनः, मार्जनतैलफेनः, मार्जनलेपफेनः.

To* lather, *v. a. अञ्जनफेनेन लिप् (c. 6. लिम्पति, लेप्तुं), फेनलिप्तं -प्तां कृ.

To* lather, *v. n. फेन (nom. फेनायते -यितुं), फेनलः -ला -लं भू.

Lathy, *a.* काष्ठफलकवत् तनुः -नुः, -न्वीः -नु, सूक्ष्मः -क्ष्मा -क्ष्मं.

Latifolious, *a.* पृथुपत्रः -त्रा -त्रं, पृथुपर्णः -र्णा -र्णं.

Latin, *s.* (The language) लातिनाख्या भाषा, लातिन्भाषा.

Latinism, *s.* लातिन्भाषानुसारिणी वाग्वृत्तिः, लातिन्भाषा-सम्प्रदायः.

Latinity, *s.* लातिन्भाषायाः शुद्धता **or** विशुद्धिः ***f.***

Latitancy, *s.* गुप्तता, गूढता, गुप्तभावः, प्रच्छन्नता, अप्रकाशता.

Latitant, *a.* गुप्तः -प्ता -प्तं, गूढः -ढा -ढं, प्रच्छन्नः -न्ना -न्नं, निभृतः -ता -तं.

Latitude, *s.* (Terrestrial) अक्षः, फलः, विषुववृत्तान्तरं, विषुवरेखान्तरं.—**(Celestial)** विक्षेपः, शरः; **'a degree of latitude,'** अक्षभागः, अक्षांशः; **'opposite degrees of latitude,'** अनपातः; **'latitude of a planet,'** पतनं; **'argument of latitude,'** अक्षकर्णः; **'circle or parallel of latitude,'** अक्षवृत्तं, अक्षांशवृत्तं, स्वदेशपरिधिः ***m.,*** स्वदेशमध्यपरिधिः ***m.;*** **'having no latitude,'** निरक्षः -क्षा -क्षं.—**(Breadth)** पृथुता, प्रथिमा ***m.*** (न्), विस्तृतिः ***f.,*** प्रस्थः.—**(Laxity)** शैथिल्यं, शिथिलता -त्वं, अनिर्बन्धः, निर्बन्धहीनता, नियमातिक्रमः, नियमोपेक्षा, अधृतिः ***f.***

Latitudinal, *a.* अनुप्रस्थः -स्था -स्थं, अन्वायतनः -ना -नं, अक्षीयः -या -यं.

Latitudinarian, *a.* शिथिलः -ला -लं, निर्बन्धहीनः -ना -नं, अधृतिमान् -मती -मत् (त्), शास्त्रशैथिल्यानुयायी -यिनी -यि (न्), नियमातिक्रमी -मिणी -मि (न्), नियमोपेक्षकः -का -कं, मतशैथिल्यावलम्बी -म्बिनी -म्बि (न्), शिथिलबुद्धिः -द्धिः -द्धि.

Latitudinarianism, *s.* मतशैथिल्यं,, शैथिल्यं, शिथिलता -त्वं, शिथिलबुद्धित्वं, अनिर्बन्धः, निर्बन्धहीनता, नियमातिक्रमः, निर्बन्धोपक्षा, अधृतिः ***f.***

Latrant, *a.* भषकः -का -कं, रावी -विणी -वि (न्), रुतकारी **etc.**

Latrociny, *s.* स्तेयं, चौर्य्यं, स्तैन्यं. ***See* Larceny.**

Latten, *s.* कांस्यं, रीतिः ***f.,*** पित्तलं.—**(Sheet tin)** त्रपुपत्रं.

Latter, *a.* (Opposed to former) उत्तरः -रा -रं, अपरः -रा -रं, परः -रा -रं, अवरः -रा -रं, पश्चिमः -मा -मं, चरमः -मा -मं, जघन्यः -न्या -न्यं, पाश्चात्यः -त्या -त्यं, पश्चातीयः -या -यं, अन्तिमः -मा -मं, अन्त्यः -न्त्या -न्त्यं; **'the latter,'** अपरं; **'former and latter,'** पूर्व्वापरं.—**(Last-mentioned)** उत्तरोक्तः -क्ता -क्तं, अपरोक्तः -क्ता -क्तं.—**(Modern)** नूतनः -ना -नं, आधुनिकः -की -कं, अर्व्वाचीनः -ना -नं, अप्राचीनः -ना -नं; **'in the latter part of the day,'** अपराह्णे, पराह्णे.

Latterly, *adv.* अव्यवहितपूर्व्वकाले, नूतनकाले, अर्वाक्, अर्वाक्काले, अर्वाचीनकाले, अधुनातनकाले, इदानीन्तनकाले.

Lattice, *s.* (Window) जालं -लिका, जालकः, गवाक्षजालं, वातायनं, प्रच्छन्नं, वधूशयनं.

Lattice-work, *s.* जालकर्म्म ***n.*** (न्), जालं, व्यत्यस्तरेखाविशिष्टं कर्म्म,

Laud, *s.* प्रशंसा, श्लाघा, स्तुतिः ***f.,*** स्तुतिवादः, वन्दना, यशोवर्णना, ईडा.

To* laud, *v. a. प्रशंस् (c. 1. -शंसति -सितुं), स्तु (c. 2. स्तौति, स्तोतुं), अभिष्टु, संस्तु, श्लाघ् (c. 1. श्लाघते -घितुं, c. 10. श्लाघयति -यितुं), कृत् (c. 10. कीर्त्तयति -यितुं), वन्द् (c. 1. वन्दते -न्दितुं).

Laudable, *a.* श्लाघ्यः -घ्या -घ्यं, श्लाघनीयः -या -यं, प्रशंसनीयः -या -यं, प्रशस्यः -स्या -स्यं, प्रशस्तः -स्ता -स्तं, स्तुत्यः -त्या -त्यं, स्तोतव्यः -व्या -व्यं, स्तवनीयः -या -यं, वन्द्यः -न्द्या -न्द्यं, वन्दनीयः -या -यं, कीर्त्तनीयः -या -यं, वर्णनीयः -या -यं, ईड्यः -ड्या -ड्यं, गेयः -या -यं, उपलम्भ्यः -म्भ्या -म्भ्यं, प्रशंसार्हः -र्हा -र्हं, श्लाघार्हः **etc.,** स्तवार्हः **etc.**

Laudableness, *s.* श्लाघ्यता, श्लाघनीयता, प्रशस्यत्वं, प्रशस्तता, वन्द्यता.

Laudably, *adv.* श्लाघनीयं, प्रशस्यं, यथा प्रशंसाम् अर्हति तथा.

Laudanum, *s.* अफेनरसः, अहिफेनरसः, खस्खसरसः.

Laudation, *s.* प्रशंसनं, श्लाघाकरणं, स्तुतिकरणं, कीर्त्तनं, गुणोत्कीर्त्तनं.

Laudatory, *a.* स्तुतिमयः -यी -यं, स्तुतिरूपः -पा -पं, श्लाघामयः -यी -यं, प्रशंसामयः -यी -यं, प्रशंसाकारः -री -रं, स्तुतिपाठकः -का -कं, स्तावकः -का -कं, गुणप्रकाशकः -का -कं, कीर्त्तिप्रकाशकः -का -कं, वन्दारुः -रुः -रु.

Lauded, *p. p.* प्रशंसितः -ता -तं, स्तुतः -ता -तं, अभिष्टुतः -ता -तं, श्लाघितः -ता -तं.

Lauder, *s.* प्रशंसकः, स्तोता ***m.*** (तृ), स्तुतिपाठकः, वन्दी ***m.*** (न), वर्णकः.

To* laugh, *v. n. हस् (c. 1. हसति -सितुं), प्रहस, विहस, सम्प्रहस्, स्मि (c. 1. स्मयते, स्मेतुं), हासं कृ, हसनं कृ, हास्यं कृ, तक् (c. 1. तकति -कितुं), कक्क् (c. 1. कक्कति -क्कितुं), कख् **or** कक्ख् (c. 1. कखति -खितुं), **'to laugh violently,'** अतिहस्, अत्यन्तं हस्, अतिहासं कृ, अट्टहासं कृ, महाहासं कृ, आच्छुरितं कृ; **'to laugh in one's sleeve,'** अन्तर्हासं कृ, उच्चघनं कृ; **'to laugh at,'** अवहस्, अपहस्, उपहस्, उत्स्मि, अभिस्मि, अवहासभूमिं कृ, अपहासास्पदं कृ, ***See To* deride.**

Laugh, *s.* हासः, हसनं, हरितं, हास्यं, हसः, विहसितं, प्रहसितं, परिहासः, प्रहासः, उपहसितं, स्मितं, हः, हा, हं; **'a horse-laugh,'** अट्टहासः, अट्टहसितं, आच्छुरितं -तकं, अवच्छुरितं, सोत्प्रासः; **'an inward laugh,'** अन्तर्हासः, उच्चघनं.

Laughable, *a.* हास्यः -स्या -स्यं, उपहास्यः -स्या -स्यं, अवहास्यः -स्या -स्यं, परिहास्यः etc., हासकरः -री -रं, हास्यजनकः -का -कं, हस्योत्पादकः -का -कं, तक्यः -क्या -क्यं.

Laughableness, *s.* हास्यता -त्वं, उपहास्यता, हासजनकत्वं.

Laughably, *adv.* उपहास्यप्रकारेण, यथा हासो जायते तथाप्रकारेण.

Laugher, *s.* हासकः, हासी ***m.*** (न्), उपहासकः, परिहासकः, हासकर्त्ता ***m.*** (र्तृ), हसनकृत्, प्रहसनकृत्.

Laughing, *a.* हास्यमुखः -खी -खं, हास्यवदनः -ना -नं, सुहसाननः -ना -नं, स्मेरमुखः -खी -खं, हास्यप्रियः -या -यं.

Laughingly, *adv.* सहासं, सहास्यं, सहसितं, सस्मितं, परिहासेन, विहस्य.

Laughing-stock, *s.* हास्यास्पदं, उपहासस्थानं, उपहासास्पदं, अपहासास्पदं, हास्यभूमिः ***f.,*** अवहासभूमिः ***f.,*** उपहासभूमिः, उपहासविषयः, अवहासविषयः.

Laughter, *s.* हासः हसनं, हसितं, हास्यं, प्रहसितं, विहसितं, उपहसितं, प्रहासः, परिहासः, हसः; **'loud or violent laughter,'** प्रहासः, प्रहसनं, अतिहासः, अतिहसितं, महाहासः, अट्टहासः, आच्छुरितकं. ***See*** **Laugh.**

To **launch,** ***v. a.*** **(A ship)** नावं मुच् **(c. 6.** मुञ्चति मोक्तुं, **c. 10.** मोचयति -यितुं) **or** स्थलाद् मुक्ता जलं प्रविश् **(c. 10.** -वेशयति -यितुं), स्थलस्थनावं चल् **(c. 10.** चालयति -यितुं) **or** प्रचल् **or** वह् **(c. 10.** वाहयति -यितुं) **or** भास् **(c. 10.** भासयति -यितुं).

To **launch,** ***v. n.*** जलं प्रविश् **(c. 6.** -विशति -वेष्टुं), मुच् **in pass.** (मुच्यते).

Launch, *s.* नौमुक्तिः ***f.,*** नौमोचनं, स्थलस्थनौकामुक्तिः ***f.,*** जलप्रवेशनं.

Launched, ***p. p.*** स्थलमुक्तः -क्ता -क्तं, जलप्रवेशितः -ता -तं, जलप्रविष्टः -ष्टा -टं.

Launder, laundress, *s.* वस्त्ररजकी, वस्त्रधावकी, वस्त्रनिर्णेजकी.

Launderer, *s.* रजकः, वस्त्ररजकः, वस्त्रधावकः, वस्त्रनिर्णेजकः.

Laundry, *s.* वस्त्रधावनशाला, निर्णेकगृहं, वस्त्रमार्जनशाला.

Laureate, *a.* वक्ष्यमाणवृक्षपत्रशोभितः -ता -तं, लारेलाख्यवृक्षपत्रभूषितः -ता -तं, मानसूचकमालाभूषितः -ता -तं.

Laurel, *s.* लारेलाख्यो वृक्षभेदः, श्यामवृक्षविशेषः.

Laurelled, *s.* पूर्व्वोक्तवृक्षपत्रभूषितः -ता -तं, मालाभूषितः -ता -तं.

Lava, *s.* ज्वालामुखीनिर्गतद्रवः, आग्नेयपर्व्वतनिर्गतद्रवः.

Lavation, *s.* धावनं, प्रक्षालनं, स्नानं, मार्जनं, निर्णेकः, मलापकर्षणं.

Lavatory, *s.* धावनस्थानं, धावनशाला, प्रक्षालनस्थानं, मार्जनशाला.

To **lave,** ***v. a.*** धाव् **(c. 1.** धावति -वितुं, **c. 10.** धावयति -यितुं), प्रधाव्, क्षल् **(c. 10.** क्षालयति -यितुं), प्रक्षल्, स्ना **in caus.** (स्नापयति, स्नपयति -यितुं).

To **lave,** ***v. n.*** स्ना **(c. 1.** स्नाति -तुं), जले निमज्ज् **(c. 6.** -मज्जति -ज्जितुं).

Lavement, *s.* **(Clyster)** वस्तिः ***m.f.,*** नेत्रं. ***See*** **Clyster.**

Lavender, *s.* लावेन्दराख्यः, सुगन्धीयौषधिभेदः **or** सुगन्धितृणभेदः.

Lave *s.* प्रक्षालनपात्रं, धावनपात्रं, जलाधारः, द्रोणी.

Lavisn, *a.* **(Prodigal)** अतिव्ययी -यिनी -यि (न्), अपव्ययी **etc.,** व्ययशीलः -ला -लं, अपरिमितव्ययः -या -यं, मुक्तहस्तः -स्ता -स्तं, अपचेता -त्री -तृ (तृ), उत्सर्गी -र्गिणी -र्गि (न्), अत्युत्सर्गी **etc.,** अतिदाता -त्री -तृ (तृ), अतित्यागी -गिनी -गि (न्), बहुप्रदः -दा -दं.—**(Copious, unrestrained)** अपरिमितः -ता -तं, अतिरिक्तः -क्ता -क्तं, अति **prefixed; 'lavish expenditure,'** अतिव्यय, परिमितव्ययः.

To **lavish,** ***v. a.*** अपरिमितं **or** अपरिमाणेन व्यय् **(c. 1.** व्ययति, **c. 10.** व्यययति -यितुं, **rt.** इ) **or** व्ययीकृ, अपरिमितव्ययं कृ, अतिव्ययं कृ, मुक्तहस्तेन दा **(c. 3.** ददाति, दातुं) **or** विसृज् **(c. 6.** -सृजति -स्रष्टुं) **or** उत्सृज् **or** त्यज् **(c. 1.** त्यजति, त्यक्तुं) **or** अपचि **(c. 5.** -चिनोति -चेतुं) **or** वितृ **(c. 1.** -तरति -रितुं -रीतुं), विक्षिप् **(c. 6.** -क्षिपति -क्षेप्तुं).

Lavished, ***p. p.*** व्ययितः -ता -तं, विसर्ज्जितः -ता -तं, अपचितः -ता -तं, मुक्तहस्तेन दत्तः -त्ता -त्तं **or** प्रदत्तः -त्ता -त्तं, अतिबाहुल्येन विश्राणितः -ता -तं **or** वितीर्णः -र्णा -र्णं.

Lavisher, *s.* अतिव्ययी ***m.*** (न्), अपरिमितव्ययी ***m.,*** अत्युत्सर्गी ***m.*** (न्), अतिदाता ***m.*** (तृ).

Lavishly, ***adv.*** अतिव्ययेन, अपरिमितव्ययेन, महाव्ययेन, अपरिमितं, अपरिमाणेन, मुक्तहस्तेन, अत्युत्सर्गेण, अकार्पण्येन, अबाहुल्येन.

Lavishment, lavishness, *s.* अतिव्ययः, अपरमितव्ययः, अपव्ययः, महान् व्ययः, अत्युत्सर्गः, अतिसर्जनं, अतित्यागः, अतिमोक्षणं, अतिदानं, मुक्तहस्तत्वं, बहुप्रदत्वं, अकार्पण्यं.

Law, *s.* **(Ordinance, decree, statute of a state)** व्यवस्था, शासनं, विधिः ***m.,*** विधानं, नियमः, अनुशासनं, सूत्रं, निदर्शनं, नियोगः, राजाज्ञा, आदेशः, निदेशः, व्यवस्थापत्रं, शासनपत्रं, चोदना, उक्तवाक्यं.—**(The rules by which judicature is regulated, jurisprudence)** धर्म्मः स्मृतिः ***f.,*** व्यवहारः, आचारः, व्यवहारविधिः ***m.,*** व्यवहारशास्त्रं, धर्म्मशास्त्रं,

धर्म्मविधिः *m.;* **'a code of laws,'** धर्म्मसंहिता, धर्म्मशास्त्रं, व्यवहारविधिः *m.;* **'a work on law,'** स्मृतिशास्त्रं; **'criminal law,'** दण्डविधिः *m.,* दण्डनीतिः *f.;* **'administration of the law,'** दण्डविधिः *m.,* दण्डनीतिः *f.;* **'administration of the law,'** धर्म्मप्रणयनं, धर्म्माधिकरणं; **'court of law,'** धर्म्मसभा, **'matter cognizable by law,'** व्यवहारविषयः, व्यवहारपदं; **'to go to law,'** विवादं गम् (c. 1. गच्छति, गन्तुं), विवद् (c. 1. -वदते -दितुं), व्यवहृ (c. 1. -हरति -हर्त्तुं); **'knowledge of law,'** धर्म्मज्ञानं; **'learned in the law,'** धर्म्मज्ञः, स्मृतिशास्त्रज्ञः, व्यवहारपण्डितः; **'breaking a law,'** व्यवस्थातिक्रमः, व्यवस्थालङ्घनं, व्यवस्थातिवर्त्तनं.—**(Legal process)** व्यवहारः, व्यवहारमार्गः.—**(Rule of action)** नियमः, विधिः *m.,* विधानं, मर्य्यादा, स्थितिः *f.,* कार्य्याकार्य्यनियमः, कर्त्तव्याकर्त्तव्यनियमः, विधिनिषेध नियमः.—**(Principle, rule of science, etc.)** नियमः, सूत्रं, विधिः *m.,* स्थितिः *f.,* तत्त्वं, उक्तवाक्यं, न्यायः, उत्सर्गः.—**(Conformity to law, right)** धर्म्मः, धर्म्मानुसारः, न्यायः, नीतिः *f.*—**(The law of works, considered as a yoke of bondage)** कर्म्ममार्गः, प्रवृत्तिमार्गः, कर्म्मबन्धः -न्धनं.

Law-breaker, *s.* व्यवस्थातिक्रमी *m.* (न्), व्यवस्थातिवर्त्ती *m.* (न्), व्यवस्थालङ्घी *m.* (न्), व्यवस्थाभेदी *m.* व्यवस्थालोपी *m.*

Lawful, *a.* **(Conformable to law** धर्म्यः -र्म्या -र्म्यं, धर्म्मानुसारी -रिणी -रि (न्), धर्म्मानुयायी -यिनी -यि (न्), धर्म्मशास्त्रसम्मतः -ता -तं, स्मृतिशास्त्रसम्मतः **etc.,** धर्म्मशास्त्रानुमतः **etc.,** धर्म्मशास्त्रानुरूपः -पा -पं, व्यवस्थानुसारी **etc.,** राज्यनियमसम्मतः **etc.,** व्यवहारानुसारी **etc.,** व्यावहारिकः -की -कं, स्मृतिशास्त्रानुसारी **etc.,** स्मार्त्तः -र्त्ती -र्त्तं, शास्त्रीयः -या -यं, आचारिकः -की -कं, आचारी -रिणी -रि (न्), न्यायानुसारी **etc.,** राज्यव्यवस्थानुयायी **etc.,** सौत्रः -त्री -त्रं. —**(Constituted by law)** धर्म्मशास्त्रप्रोक्तः -क्ता -क्तं, स्मृतिशास्त्रप्रोक्तः **etc.,** व्यवहारविधिप्रोक्तः **etc.,** स्मृत्युक्तः **etc.,** स्मृतिशास्त्रविहितः -ता -तं, शास्त्रोक्तः **&c.**—**(Not forbidden)** अनिषिद्धः -द्धा -द्धं, शास्त्रनिषिद्धः -द्धा -द्धं, धर्म्माविरोधी -धिनी -धि (न्).—**(Rightful)** न्यायी -यिनी -यि (न्), न्याय्यः -य्या -य्यं, यथान्यायः -या -यं; **'lawful wife,'** धर्मपत्नी; **'by lawful means,'** धर्म्मोपायेन; **'lawful and unlawful food,'** भक्ष्याभक्ष्यं.

Lawfully, *adv.* धर्म्मेण, धर्मतस्, धर्म्मानुसारेण -रात्, धर्म्मशास्त्रानुसारेण, स्मृतिशास्त्रानुसारेण, व्यवहारविध्यनुसारेण, व्यवस्थानुरूपेण, राज्यनियमानुरूपेण, न्यायतस्, न्यायानुसारेण, यथान्यायं, न्याय्यं.

Lawfulness, *s.* धर्म्यत्वं, धर्म्मानुसारित्वं, धर्म्मानुसारः, धर्म्मशास्त्रानुसारिता, स्मृतिशास्त्रानुयायिता, धर्म्मशास्त्रानुकूल्यं, न्यायानुसार-रिता, न्याय्यत्वं.

Lawgiver, *s.* स्मृतिकारः, व्यवस्थाकारः -रकः, विधिस्थापकः, विधिकर्त्ता *m.* (र्त्तृ), व्यवस्थाकर्त्ता *m.,* विधिप्रवर्त्तकः, व्यवस्थापकः, शासिता *m.* (तृ), विचारयिता *m.* (तृ), प्रयोजकः, शास्त्रकर्त्ता *m.* धर्म्मशास्त्ररचकः विधिदाता *m.* (तृ), विधिदायकः, विधायी *m.* (न्), विधायकः.

Lawless, *a.* **(Not subject to law, said of persons)** दुराचारः -रा -रं, अनाचारी -रिणी -रि (न्), आचारभ्रष्टः -ष्टा -ष्टं, निराचारः -रा -रं, आचारहीनः -ना -नं, आचारवर्जितः -ता -तं, निर्मर्य्यादः -दा -दं, अमर्य्यादः -दा -दं, मर्य्यादातिवर्त्ती -त्तिनी -र्त्ति (न्), मर्य्यादातिचारी **etc.,** मर्य्यादातिक्रमी **etc.,** अतिक्रान्तमर्य्यादः -दा -दं, त्यक्तमर्य्यादः -दा -दं, त्यक्तधर्म्मा -र्म्मा -र्म्म (न्), धर्म्मभ्रष्टः -ष्टा -ष्टं, कामाचारी **etc.,** यथेष्टाचारी **etc.,** स्वेच्छाचारी **etc.,** कामवृत्तः -त्ता -त्तं, स्वैरगतिः -तिः -ति, अशिष्टः -ष्टा -ष्टं, अवशः -शा -शं, अनियतः -ता -तं, उच्छृङ्खलः -ला -लं, शास्त्रातिवर्त्ती **etc.,** व्यवस्थातिवर्त्ती **etc.,** व्यवस्थातिक्रमी **etc.**—**(Constrary to law)** धर्म्मविरुद्धः -द्धा -द्धं, स्मृतिविरुद्धः **etc.,** व्यवहारविरुद्धः **etc.,** व्यवस्थाविरुद्धः **etc.,** धर्म्मरोधी -धिनी -धि (न्), अधर्म्यः -र्म्या -र्म्यं, अस्मार्त्तः -र्त्ती -र्त्तं, अव्यवस्थितः -ता -तं. *See* **Illegal.**

Lawlessly, *adv.* धर्म्मविरोधेन, स्मृतिविरोधेन, व्यवहारविरुद्धं, आचारविरोधेन, दुराचारवत्, धर्म्मभ्रष्टवत्, अशिष्टवत्, अवशं, उच्छृङ्खलं.

Lawlessness, *s.* दुराचारत्वं, आचारभ्रष्टता, मर्य्यादातिवर्त्तनं, मर्य्यादातिक्रमः, अमर्य्यादा, अनाचारः, व्यभिचारः, व्यतिक्रमः, कामाचारित्वं, कामवृत्तता, नियमातिक्रमः, व्यवस्थातिक्रमः, नियमातिवर्त्तनं, व्यवस्थातिवर्त्तनं, उच्छृङ्खलत्वं.

Lawn, *s.* **(Space of ground covered with grass)** तृणावृतो भूमिभागः, सतृणस्थलं, शाड्वलस्थलं, हरितस्थलं, तृणावृतस्थलं. —**(Fine linen)** अंशुकं, दुकूलं.

Law-suit, *s.* अर्थः, विवादः, व्यवहारः, कार्य्यं, अक्षः, वादः, व्यवहरणं.

Lawyer, *s.* धर्म्मज्ञः, धर्म्मशास्त्रज्ञः, धर्म्मशास्त्रवेत्ता *m.* (त्तृ), स्मृतिशास्त्रज्ञः, व्यवहारपण्डितः, व्यवस्थापकः, व्यवस्थानिरूपकः, आचारज्ञः, व्यवहारसचिवः.

Lax, *a.* **(Loose)** शिथिलः -ला -लं, श्लथः -था -थं, प्रश्लथः -था -थं, विगलितः -ता -तं, सस्तः -स्ता -स्तं, अबद्धः -द्धा -द्धं.—**(In morals)** अनवस्थः -स्था -स्थं, दुराचारः -रा -रं, अनाचारी -रिणी -रि (न्), धर्म्मभ्रष्टः -ष्टा -ष्टं, कर्म्मभ्रष्टः **etc.,** व्यभिचारी **etc.**—**(In the bowels)** मृदुकोष्ठः -ष्ठा -ष्ठं, अबद्धकोष्ठः -ष्ठा -ष्ठं.—**(In discipline)** अतीक्ष्णदण्डः -ण्डा

-ण्डं, शिथिलदण्डः -ण्डा -ण्डं.

Lax, ***s.*** **(Diarrhoea)** सारणः, अतिसारः, प्रवाहिका, विरेकः.

Laxative, ***a.*** मलावष्टम्भघ्नः -घ्नी -घ्नं, मलावरोधनाशकः -का -कं, सारक, -का -कं, कोष्ठविस्रंसनः -ना -नं, रेचकः -की -कं, विरेचकः -की -कं.

Laxative, ***s.*** विस्रंसनं, रेचकः, मलसारकम् औषधीयद्रव्यं.

Laxity, laxness, ***s.*** **(Looseness)** शैथिल्यं, शिथिलता -त्वं, श्लथत्वं, प्रश्लथः, विस्रंसः, विस्रस्तता, अधृतिः ***f.,*** अबद्धता. **—(In morals)** अनवस्थितिः ***f.,*** अनवस्थता, व्यभिचारः, अनाचारः, आचारभ्रष्टता, मर्य्यादातिक्रमः, व्यतिक्रमः, इन्द्रियासंयमः.**—(In discipline)** दण्डातैक्ष्ण्यं, दण्डशैथिल्यं. **—(Of the bowels)** अतिसारः, सारणं, कोष्ठमृदुता.

To **lay,** ***v. a.*** **(Place, set)** धा **(c. 3.** दधाति, धातुं), निधा, आधा, न्यस् **(c. 4.** -अस्यति -असितुं), स्था **in caus.** (स्थापयति -यितुं), निविश् **(c. 10.** -वेशयति -यितुं), आरुह् **in caus.** (-रोपयति -यितुं), ऋ **in caus.** (अर्पयति -यितुं), दा **(c. 3.** ददाति, दातुं), धृ **(c. 1.** धरति, धर्त्तुं), कृ; **'he lays the cup on the ground,'** पात्रं भूमौ निदधाति **or** न्यस्यति; **'he lays the goat on his shoulders,'** छागं स्कन्धे **or** स्कन्धेन करोति; **'lay your hand on my shoulder,'** मत्स्कन्धे हस्तं देहि. **—(Place in order)** विन्यस्, विधा, संविधा, प्रतिविधा, विरच् **(c. 10.** -रचयति -यितुं), क्रमेण स्था.**—(Beat down)** पत् **(c. 10.** पातयति -यितुं), निपत्.**—(Spread)** आस्तृ **(c. 9.** -स्तृणाति, **c. 5.** -स्तृणोति -स्तरितुं -रीतुं), विस्तृ; **'to lay snares,'** जालं विस्तृ; **'he lays sacred grass over the ground,'** भूमिं कुशैर आस्तृणाति.**—(Spread on a surface)** लिप् **(c. 6.** -लिम्पति, लेप्तुं) **with acc. and instr. c.—(Still, quiet, calm)** शम् **(c. 10.** शमयति -यितुं), प्रशम्, उपशम्, सान्त्व् **or** शान्त्व् **(c. 10.** सान्त्वयति -यितुं), अभिशान्त्व्, परिशान्त्व्.**—(Lay a wager)** पण् **(c. 1.** पणते -णितुं), विपण्, निक्षिप् **(c. 6.** -क्षिपति -क्षेप्तुं), पणं कृ, प्रतिज्ञां कृ.**—(Lay eggs)** अण्डानि सु **(c. 2.** सूते, **c. 4.** सूयते, सोतुं) **or** प्रसु. **—(Lay the blame)** कस्मिंश्चिद् दोषम् आरुह् **or** क्षिप्, दोषारोपणं कृ, दोषप्रसङ्गं कृ.**—(Apply)** आधा, न्यस्, संयुज् **(c. 10.** -योजयति -यितुं), ऋ **in caus.—(Impose)** न्यस्, निविश्, नियुज्, आरुह् **in caus..—(Lay a command)** आदेशं कृ, आज्ञां कृ, जियुज्.**—(Lay an ambush)** पराक्रमणार्थं सैन्यं निभृते स्था **in caus..—(Lay a plot, scheme)** कपटप्रबन्धं कृ, सङ्कल्पं कृ, उपायं प्रचिन्त् **(c. 10.** -चिन्तयति -यितुं) **or** घट् **(c. 1.** घटते -टितुं) **or** विधा **or** प्रयुज्.**—(Lay siege)** परिवेष्ट् **(c. 1.** -वेष्टत -ष्टितुं), रुध् **(c. 7.** रुणद्धि, रोद्धुं), अवरुध्, उपरुध्.**—(Lay waste)** उपद्रु **(c. 1.** -द्रवति -द्रोतुं), उपप्लु **(c. 1.** -प्लवते -प्लोतुं), बाध् **(c. 1.** बाधते -धितुं), प्रबाध्, परिबाध्, निर्दह **(c. 1.** -दहति -दग्धुं), दह्, निर्जनीकृ. **—(Lay aside)** न्यस्, सन्न्यस्, त्यज् **(c. 1.** त्यजति, त्यक्तुं), परित्यज्, सन्त्यज्, हा **(c. 3.** जहाति, हातुं), अपहा, उत्सृज् **(c. 6.** -सृजति -स्रष्टुं), उज्झ् **(c. 6.** उज्झति -ज्झितुं), प्रोज्झ्, अवहृ **(c. 1.** -हरति -हर्त्तुं), अवमुच् **(c. 6.** -मुञ्चति -मोक्तुं); **'one who has laid aside his anger,'** अस्तकोपः -पा -पं. **—(Lay before)** प्रसृ **(c. 10.** -सारयति -यितुं), निविद् **(c. 10.** -वेदयति -यितुं), उपन्यस्, ऋ **in caus.—(Lay by)** सन्न्यस्, परिरक्ष् **(c. 1.** -रक्षति -क्षितुं), रक्ष्, निधा, निधिं कृ; **'he lays by the food left by the crows,'** काकेभ्यः शिष्टं मांसं रक्षति.**—(Lay down, deposit)** न्यस्, उपन्यस्, प्रतिन्यस्, निक्षिप्, निधा, अवधा, न्यासीकृ.**—(Lay down, give up)** त्यज्, परित्यज्, विमुच्, विहा.**—(Lay down, put down, cause to lie down)** निधा, शी **(c. 10.** शाययति -यितुं), उपविश्, निविश्.**—(Lay one's self down)** शी **(c. 2.** शेते, शयितुं), संविश् **(c. 6.** -विशति -वेष्टुं), शयनं कृ.**—(Lay hold of)** गृह् **(c. 9.** गृह्णाति, ग्रहातुं), परिग्रह, सङ्ग्रह, हस्तेन ग्रह, धृ **(c. 1.** धरति, धर्त्तुं), हस्तेन धृ.**—(Lay in)** सङ्ग्रह्, सङ्ग्रहं कृ, सञ्चयं कृ, पर्य्याहारं कृ, सञ्चि **(c. 5.** -चिनोति -चेतुं); **'lay in a store of grain',** धान्यसङ्ग्रहं कृ.**—(Lay on)** पत् **(c. 10.** पातयति -यितुं), प्रयुज्, नियुज्, ऋ **in caus.; 'lay on blows,'** दण्डं पत्.**—(Lay open)** विवृ **(c. 5.** -वृणोति -णुते -वरितुं -रीतुं), अपवृ, प्रकाश् **(c. 10.** -काशयति -यितुं), विकाश्, प्रकटीकृ, व्यक्तीकृ.**—(Lay out money, expend)** व्यय् **(c. 10.** व्ययति -यितुं, **rt.** इ), व्ययीकृ, विनियुज् **(c. 7.** -युंक्ते -योक्तुं), उपयुज्.**—(Lay out, display)** प्रसृ **(c. 10.** -सारयति -यितुं), प्रकाश्, प्रकटीकृ.**—(Lay out, dispose in order)** विन्यस्, विरच्, सुपर्य्याप्तं -प्तां कृ, परिक्लृप् **(c. 10.** -कल्पयति -यितुं), क्रमेण स्था.**—(Lay one's self out)** आत्मानं चेष्ट् **(c. 1.** चेष्टते -ष्टितुं), यत् **(c. 1.** यतते -तितुं), यत्नं कृ.**—(Lay out, spread out)** आस्तृ, विस्तृ.**—(Lay to a ship)** नौगतिरोधं कृ.**—(Lay up)** निधा **(c. 3. or c. 10.** -धापयति -यितुं). ***See*** **Lay by, Lay in. 'A king should lay up treasure,'** राज्ञा निधिर् निधातव्यः.**—(To be laid up)** रोगोपहतत्वात् शयनाद् उत्थातुं **or** शयनगृहाद् निर्गन्तुम् अक्षमः -मा भू.**—(Lay the dust)** मार्गरेणुं सिच् **(c. 6.** सिञ्चति, सेक्तुं) **or** संसिच्.**—(Lay down life)** प्राणान् त्यज् **or** मुच् **or** न्यस्.

To **lay,** ***v. n.*** **(Produce eggs)** अण्डानि सु **(c. 2.** सूते, **c. 4.** सूयते, सोतुं) **or** प्रसु **or** जन् **(c. 10.** जनयति -यितुं) **or** प्रजन् **(c. 4.** -जायते -जनितुं) **or** उत्पद् **(c. 10.** -पादयति -यितुं).

Lay, ***s.*** **(Stratum, layer)** स्तरः, आस्तरणं, आस्तरः, फलकः -कं, पुटः.**—(Song)** गीतं, गानं, कविता, काव्यं.

Lay, ***a.*** **(Not clerical)** गृहस्थवर्गसम्बन्धी -न्धिनी -न्धि (न्),

गृहस्थी -स्थिनी -स्थि (न्), गार्हस्थिकः -की -कं, पुरोहितवर्गभिन्नः -न्ना -न्नं, पौराहित्यभिन्नः -न्ना -न्नं, धर्म्मपदस्थभिन्नः -न्ना -न्नं, धर्म्मपदस्थातिरिक्तः -क्ता -क्तं, सामान्यलोकसम्बन्धी **etc.,** साधारणलोकसम्बन्धी **etc.,** धर्म्माधिकारदीक्षाहीनः -ना -नं, अजातधर्म्माधिकारदीक्षः -क्षा -क्षं.

Layer, *s.* (Stratum) आस्तरणं, आस्तरः, स्तरः, फलकः -कं पार्थिवांशपुटः; **'layer of rock,'** शिलाफलकं.—**(Young twig, shoot)** पल्लवः, किशलयः, प्ररोहः.

Lay-figure, *s.* चित्रकर्म्माणि प्रयुक्ता काठनिर्म्मिता पुरुषाकारा मूर्त्तिः.

Lay-man, *s.* गृहस्थः, सामान्यलोकः, सामान्यजनः, साधारणलोकः, साधारणपदस्थः, सामान्यपदस्थः, दीक्षाहीनः, अदीक्षितः, अजातदीक्षः.

Lay-stall, *s.* पुरीषराशिः ***m.,*** शकृद्राशिः ***m.,*** अमेध्यराशिः, अवस्करचयः.

Lazar, *s.* कुष्ठी ***m.,*** (न्), श्वित्री ***m.,*** (न्), दुष्टचर्म्मा ***m.,*** (न्), त्वग्रोगी ***m.,*** (न्), त्वग्रोगोपहतः, त्वग्व्याधिग्रस्तः, चर्म्मरोगोपहतः, चर्म्मरोगदूषितः.

Lazar-house, lazaretto, *s.* कुष्ठीशाला, त्वग्रोगदूषितशाला, त्वग्रोगिशाला, चर्म्मरोगिशाला, रोगप्रतीकारशाला, रोगसम्पर्कदूषितानां **or** रोगसंसर्गदूषितानां रक्षणशाला.

Lazar-like, lazarly, *a.* त्वग्व्रणी -णिनी -णि (न्). ***See* Lazar.**

Lazaroni, *s.* अलसजनः, अलसलोकः, दरिद्रजनः, निर्व्यापारजनः.

Lazily, *adv.* अलसवत्, आलस्येन, सालस्यं, अलसं, मन्दं, मन्दं मन्दं, मन्दगतया, समान्द्यं, अनुद्योगेन, जडवत्, सजाड्यं, जाड्येन.

Laziness, *s.* आलस्यं, अलसता -त्वं, मन्दता, मान्द्यं, अलसशीलता, आलस्यशीलता, अनुद्योगः-गिता, अनुद्योग- शीलता, उद्योगद्वेषः, कार्य्यप्रद्वेषः, उत्साहप्रद्वेषः, उत्साह- विमुखता, उद्योगवैमुख्यं, कर्म्मपराङ्मुखता, अव्यवसायः, कुण्ठता, अनुष्णता, जडता, जाड्यं, तन्द्रिका, तन्द्रालुता, क्लीवता, क्लैव्यं.

Lazuli, *s.* वैदूर्य्यं, विदूरजं. ***See* Lapis lazuli.**

Lazy, *a.* अलसः -सा -सं, आलस्यः -स्या -स्यं, आलस्यशीलः -ला -लं, मन्दः -न्दा -दं, मन्थरः -रा -रं, मन्दरः -रा -रं, अनुद्योगशीलः -ला -लं, उद्योगद्वेषी -षिणी -षि (न्), उद्योगविमुखः -खा -खं, उद्योगपराङ्मुखः -खा -खं, उत्साहविमुखः **etc.,** अकर्म्मशीलः -ला -लं, निरुद्योगः -गा -गं -गी -गिनी -गि (न्), अनुद्योगः **etc.,** निरुसाहः -हा -हं -ही -हिनी -हि (न्), व्यवसायविमुखः **etc.,** अव्यवसायी **etc.,** अव्यवसायशीलः **etc.,** मनाक्करः -री -रं, कुण्ठः -ण्ठा -ण्ठं, जडः -डा -डं, शीतः -ता -तं, अनुष्णः -ष्णा -ष्णं, क्लीवः -वा -वं, तन्द्रालुः -लुः -लु, मन्दगतिः -तिः -ति; **'a lazy fellow,'** तुन्दपरिमृजः, तुन्दपरिमार्जः शीतकः.

Lea, ley, *s.* यावसभूमिः ***f.,*** यवसीयभूमिः ***f.,*** यवसावृतो भूमिभागः.

Lead, *s.* (The metal) सीसं, सीसकं, सीसपत्रकं, नागं, वप्रं, योगेष्टं, त्रपुः ***n.,*** त्रपुस् ***n.,*** वङ्गं, कुवङ्गं, पिच्चटं, शिरावृत्तं, तमरं, जडं, चीनं, बहुमलं, यामुनेष्ठकं, परिपिष्टकं, सिन्दूरकारणं, तारशुद्धिकरं; **'red-lead,'** सिन्दूरं -रिका, नागसम्भवं, नागजं, नागरक्तः, नागगर्भः, शोणं, सौभाग्यं, रक्तचूर्णं, रक्तबालुकं, रक्तरेणुः ***m.,*** शृङ्गारं, शृङ्गारभूषणं; **'marked with red-lead,'** सिन्दूरतिलकः -का -कं.—**(Plummet)** लम्बः -म्बकः, लम्बसीसकं.

***To* lead, *v. a.* (Conduct, guide)** नी **(c. 1.** नयति, नेतुं), आनी, समानी, उपानी, गम् **(c. 10.** गमयति -यितुं) प्राप् **(c. 10.** -आपयति -यितुं), **with two acc. c.**—**(Show the way)** मार्गं **or** पथं दृश् **(c. 10.** दर्शयति -यितुं) **or** आदिश् **(c. 10.** -देशयति -यितुं) **or** निर्दिश्.—**(Lead by the hand)** हस्तेन नी.—**(Direct)** निर्दिश्, उपदिश्, उद्दिश्, आदिश्.—**(Draw, entice, allure)** आकृष् **(c. 1.** -कर्षति, **c. 6.** -कृषति -क्रष्टुं), सङ्कृष्, कृष्, प्रलुभ् **(c. 10.** -लोभयति -यितुं), परिलुभ्.—**(Induce, influence)** अनुनी, आनी, प्रवृत् **(c. 10.** -वर्त्तयति -यितुं), प्रेर् **(c. 10.** -ईरयति -यितुं), प्रोत्सह् **(c. 10.** -साहयति -यितुं), नियुज् **(c. 10.** -योजयति -यितुं), प्रयुज्.—**(Pass time)** कालं नी **or** वृत् **(c. 10.** वर्त्तयति -यितुं) **or** प्रवृत् **or** या **in caus.** (यापयति -यितुं) **or** गम् **in caus.**—**(Lead forth, lead up)** उन्नी, उत्कृष्, प्रकृष्, उद्गम् **in caus.**—**(Lead back)** प्रत्यानी, निवृत् **in caus.**

***To* lead, *v. n.* (Go before)** अग्रे **or** अग्रतः सृ **(c. 1.** सरति सर्त्तुं) **or** गम् **(c. 1.** गच्छति, गन्तुं), पुरः **or** पुरतो गम् **or** चर् **(c. 1.** चरति -रितुं), अग्रे स्था **(c. 1.** तिष्ठति, स्थातुं) **or** वृत् **(c. 1.** वर्त्तते -र्त्तितुं), मुख्यः -ख्या -ख्यं भू, मुख्यतो वृत् **or** स्था.—**(Lead to, bring about)** आवह् **(c. 1.** -वहति -वोढुं), उत्पद् **(c. 10.** -पादयति -यितुं).

Lead, *s.* (Precedence, guidance) पुरोगतिः ***f.,*** अग्रगतिः ***f.,*** अग्रगमनं, पुरोगमनं, अग्रसरणं, अग्रयानं, प्रागमनं, पुरतःसरणं, पुरतोगमनं, नेतृत्वं, नायकत्वं, नयः -यनं, मुख्यत्वं -ता, प्रष्ठत्वं; **'to take the lead.'** ***See To* lead, *v. n.***

Leaded, *p. p.* or *a.* सीसकयुक्तः -क्ता -क्तं, सीसकावृतः -ता -तं, सीसकबद्धः -द्धा -द्धं.

Leaden, *a.* सैसकः -की -कं, सीसमयः -यी -यं, सीसनिर्म्मितः -ता -तं.

Leader, *s.* (Guide, conductor) नेता ***m.*** (तृ), नायकः, नेत्रः, विनेता ***m.,*** पथदर्शकः, मार्गदर्शकः, मार्गनिर्देष्टा ***m.*** (ष्टृ), पथनिर्देशकः, मार्गादेष्टा ***m.,*** मार्गोपदेशी ***m.*** (न्), उपदेष्टा ***m.,*** सञ्चारकः.—**(Chief)** मुख्यः, मुखरः, प्रमुखः, अधिपः, अधिष्ठाता ***m.*** (तृ), ईश्वरः, पतिः ***m.***—**(One who goes first)**

पुरोगः -गमः पुरोगामी **m.** (न्), पुरोगतिः **m.,** अग्रगः, अग्रसरः, अग्रेसरः -रिकः, अग्रतःसरः, पुरसरः, पुरस्सरः, अग्रगामी, प्रष्ठः, शिरोवर्त्ती **m.** (न्), शिरस्स्थः.—**(Of an army)** सेनाग्रगः, सेनानीः **m.,** सेनापतिः **m.,** सेनाधिपः, सेनाध्यक्षः, दण्डनायकः, योधमुख्यः, वाहिनीपतिः **m.,** चमूपतिः **m.; 'an able leader in war,'** सांयुगीनः.—**(Of a religious order or sect)** आचार्य्यः, गुरुः **m.**

Leadership, *s.* नेतृत्वं, नायकत्वं, मुख्यता -त्वं, अधिष्ठातृत्वं, प्रमुखता.

Leading, *part.* or *a.* (Preceding) अग्रगः -गा -गं, अग्रगामी -मिनी -मि (न्), पुरोगामी **etc.,** प्राग्गामी **etc.,** अग्रसरः -रा -रं, अग्रेसरः -रा -रं, पुरःसरः -रा -रं, पुरोगः -गा -गं, पुरोगमः -मा -मं.—**(Chief)** मुख्यः -ख्या -ख्यं, प्रमुखः -खा -खं, अग्रः -ग्रा -ग्रं, अग्रियः -या -यं, अग्र्यः -ग्र्या -ग्र्यं, प्राग्र्यः -ग्र्या -ग्र्यं, प्रधानं **in comp.,** परमः -मा -मं, परः -रा -रं, उत्तमः -मा -मं.—**(Leading to conducive to)** आवहः -हा -हं, सम्पादकः -का -कं.; **'leading to happiness,'** मुखावहः -हा -हं, सुखोदर्कः -र्का -र्कं; **'road leading to the city,'** नगरगामी मार्गः; **'leading note,'** वादी **m.** (न्).

Leading, *s.* (Guidance) नयः -यनं, नायः, नीतिः **f.,** नेतृत्वं, प्रणयनं.

Leading-strings, *s.* बालकालम्बनसूत्रं -त्राणि ***n. pl.,*** बालकालम्बः -म्बनं.

Lead-wort, *s.* (A plant) पाठी **m.** (न्), चित्रकः -वह्निः **m.** अग्निः **m.,** अनलः, पावकः, दहनः, कृशानुः **m.**

Leady, *a.* सीसकवर्णः -र्णा -र्णं, त्रापुषः -षी -षं, सैसकः -की -कं.

Leaf, *s.* (Of a tree, etc.) पत्रं -त्रकं, पर्णं, दलं -लः, पलाशं, छदः -दनं, अंशुकं, राणं, वातायं.—**(Of a book, etc.)** पत्रं -त्रकं, पत्रिका, फलकः, पुस्तकपत्रं.—**(Of a door, table, etc.)** कपाटः -टी -टं; **'the junction of two leaves,'** कपाटसन्धिः **m.**—**(Gold-leaf)** सुवर्णपत्रं, अष्टापदपत्रं, **'fallen leaf of a tree,'** प्रपर्णं; **'withered leaf,'** शीर्णपर्णं; **'vein of a leaf,'** पत्रशिरा, दलम्बसा; **'to strip off the leaves,'** निष्पत्र (**nom.** निष्पत्रयति -यितुं), निष्पत्रीकृ.

To* leaf, *v. n. सपत्रीभू, सपर्णीभू, स्फुटितपत्रः -त्रा -त्रंभू, प्ररूढपत्रः -त्रा -त्रंभू.

Leafed, *a.* सपत्रः -त्रा -त्रं, सपर्णः -र्णा -र्णं, पत्रयुक्तः -क्ता -क्तं.

Leafiness, *s.* पत्रबाहुल्यं, बहुपर्णत्वं, पर्णबाहुल्यं, पत्रप्राचुर्य्यं, प्रचुरपत्रत्वं, सपर्णत्वं, सपत्रत्वं, सदलता.

Leafless, *a.* निष्पत्रः -त्रा -त्रं, निप्पर्णः -र्णा -र्णं, अपत्रः -त्रा -त्रं, अपर्णः -र्णा -र्णं, अदलः -ला -लं, पत्रहीनः -ना -नं, पर्णशून्यः -न्या -न्यं, दलशून्यः -न्या -न्यं.

Leaflessness, *s.* निष्पत्रता, निष्पर्णता, अदलत्वं, पत्रहीनता, पर्णशून्यता.

Leaflet, *s.* पत्रकं, क्षुद्रपत्रं, सूक्ष्मपत्रं, क्षुद्रपर्णं, सूक्ष्मपर्णं.

Leaf-stalk, *s.* पत्रमञ्जरी, पर्णमञ्जरी, पत्रनाली, पर्णनाली.

Leafy, *a.* पर्णी -र्णिनी -र्णि (न्), पत्री -त्रिणी -त्रि (न्), पर्णसः -सा -सं, दलसः -सा -सं, बहुपत्रः -त्रा -त्रं, बहुपर्णः -र्णा -र्णं, प्रचुरपर्णः -र्णा -र्णं, सपत्रः -त्रा -त्रं, पर्णमयः -यी -यं, पर्णवान् -वती -वत् (त्); **'leafy hut,'** पर्णोटेजं.

League, *s.* (Alliance, confederacy) सन्धिः **m.,** सन्धानं, साहित्यं, सहायता, सङ्घातः, सम्बन्धः, सङ्घट्टनं, संयोगः, ऐक्यं, संयोजनं, समाहारः, समाहरणं, प्रतीहारः, सङ्गमः, समागमः, संसृष्टिः **f.,** परस्परोकारप्रतिज्ञा, साह्य.—**(The distance)** क्रोशः, क्रोशयुगं, गव्यूतिः **f. m.,** गव्यूतं.

To* league, *v. n. सन्धा (**c. 3.** -धत्ते -धातुं), सन्धिं कृ **or** विधा, सन्धानं कृ, साहित्यं कृ, सङ्घट्ट् (**c. 1.** -घट्टते -ट्टितुं), संयुज् **in pass.** (-युज्यते) संहन् **in pass.** (हन्यते), संहतः -ता -तं, भू, सहितः -ता -तं भू, सम्मिल् (**c. 6** -मिलति -मेलितुं).

Leagued, *p. p.* or *a.* सन्धितः -ता -तं, कृतसन्धिः -न्धिः -न्धि, कृतसम्बन्धः -न्धाः -न्धः, सङ्घातवान् -वती -वत् (त्), सहितः -ता -तं, सहगतः -ता -तं, संयुक्तः -क्ता -क्तं, कृतसंसर्गः -र्गा -र्गं, संयोजितः -ता -तं, संहतः -ता -तं, संसृष्टः -ष्टा -ष्टं, मिलितः -ता -तं, स्वीकृतः -ता -तं; **'having leagued,'** सम्भूय, मिलित्वा.

Leaguer, *s.* सङ्गी **m.** (न्), संसर्गी **m.** (न्), सम्बन्धी **m.** (न्), सहकारी **m.** (न्), सम्भूयकारी **m.** परस्परोपकारी **m.**

Leak, *s.* धारा, नौकातले छिद्रं **or** रन्ध्रं **or** सन्धिः **m.,** नौकापार्श्वे दारुभित्तिः ***f.*** **or** जलग्राहकछिद्रं **or** जलप्रवेशकछिद्रं. —**(Oozing)** धारा, स्रवः, द्रवः, स्यन्दः.

To* leak, *v. n. नौदारुछिद्रेण जलं प्रविश् (**c. 10.** -वेशयति -यितुं) **or** जलं ग्रह् (**c. 9.** गृह्णाति, ग्रहीतुं) **or** जलम् आदा (**c. 3.** -ददाति -दातुं), नौकापार्श्वे **or** नौकातले, दारुरन्ध्रेण जलं प्रविश्. —**(Ooze)** री (**c. 4.** रीयते -रेतु, क्षर् (**c. 1.** क्षरति -रितुं), स्यन्द् (**c. 1.** स्यन्दते -न्दितुं), सु (**c. 1.** स्रवति, स्रोतुं); **'water leaks from the jar,'** जलं घटाद् रीयते.

Leakage, *s.* यत्किञ्चिद् जलादि भाण्डछिद्रेण रीयते, द्रवः.

Leaking, *s.* स्यन्दः -न्दनं, निस्पन्दः, द्रवः -वणं, क्षरणं, स्रावः, रयः, धारा.

Leaky, *a.* सच्छिद्रः -द्रा -द्रं, छिद्री -द्रिणी -द्रि (न्), जर्जरीकः -का -कं, जर्जरः -रा -रं, सरन्ध्राः -न्ध्रा -न्ध्रं, दारुछिद्रेण जलग्राहकः -का -कं **or** जलादायी -यिनी -यि (न्).

To **lean,** ***v. n.*** **(Incline, bend)** नम् (**c. 1.** नमति, नन्तुं), अवनम्, आनम्, नम्रीभू.—**(Bend out of the perpendicular)** वहिर्लम्ब् (**c. 1.** -लम्बते -म्बितुं), वहि:प्रलम्ब्, तिर्य्यक् प्रलम्ब्, वक्रीभ.—**(Lean on, rest on)** अवलम्ब्, समालम्ब्, अवलम्बनं कृ, संश्रि (**c. 1.** -श्रयति -ते -यितुं), समाश्रि, उपाश्रि, निली (**c. 4.** -लीयते -लेतुं); **'she leans on the arms of Rāma,'** एषा रामस्य बाहू संश्रयति **or** अवलम्बते.

Lean, ***a.*** **(Thin, meagre)** कृशः -शा -शं, परिकृशः -शा -शं, कृशाङ्गः -ङ्गी -ङ्गं, क्षीणशरीरः -रा -रं, क्षीणमांसः -सा -सं, अमांसः -सा -सं, शुष्कमांसः -सा -सं, क्षीणः -णा -णं, अपुष्टः -ष्टा -ष्टं, विपुष्टः -ष्टा -ष्टं, तनुः -नुः -न्वी -नु, प्रतनुः **etc.,** वितनु **etc.,** क्षामः -मा -मं, शीर्णः -र्णा -र्णं, शातः -ता -तं, शुष्काङ्गः -ङ्गी -ङ्गं.

Lean, ***s.*** **(That part of the flesh which consists of muscle without the fat)** स्नायुः ***m.,*** स्नसा, मांसस्नायुः मांसं, भेदोभिन्नः **or** वसाभिन्नो मांसभागः.

Lean-faced, ***s.*** कृशमुखः -खी -खं, क्षीणमुखः **etc.,** क्षीणवदनः -ना -नं.

Leaning, ***part.*** **or** ***a.*** **(Bending, deviating from the straight line)** प्रणतः -ता -तं, आनतः -ता -तं, प्रवणः -णा -णं, वहिर्लम्बः -म्बा -म्बं, प्रलम्बः -म्बा -म्बं, नम्बः -म्बा -म्बं, वक्रः -क्रा -क्रं.—**(Resting on)** अवलम्बी -म्बिनी -म्बि (न्), अवलम्बनः -ना -नं, अवलम्बितः -ता -तं, संश्रितः -ता -तं, समाश्रितः -ता -तं, उपाश्रितः -ता -तं.

Leanness, ***s.*** कृशता -त्वं, कार्श्यं, परिकृशता, कृशाङ्गता, क्षामता, शरीरक्षीणता, मांसक्षीणता, क्षीणता, अमांसत्वं, अपुष्टता, विपुष्टता, तनुता -त्वं, तानवं शरीरशोषणं, मांसशुष्कता, शुष्काङ्गता.

To **leap,** ***v. n.*** प्लु (**c. 1.** प्लवते, प्लोतुं), वल्ग् (**c. 1.** वल्गति -ल्गितुं), आवल्ग्, नृत् (**c. 4.** नृत्यति, नर्त्तितुं), झम्पं कृ, उत्फालं कृ, विस्फुल् (**c. 6.** -स्फलति -लितुं); **'to leap up,'** उत्प्लु, समुत्प्लु, उत्पत् (**c. 1.** -पतति -तितुं), प्रोत्पत्; **'to leap down,'** अवप्लु; **'to leap over,'** लङ्घ् (**c. 10.** लङ्घयति -यितुं), विलङ्घ्, उल्लङ्घ्, अभिलङ्घ्; **'to leap forth from,'** प्रस्कन्द् (**c. 1.** -स्कन्दति -स्कन्तुं), प्रोत्पत्.

Leap, ***s.*** प्लवः -वनं, प्लुतं, वल्गितं, झम्पः -म्पा, लङ्घनं, उत्प्लवनं, उत्प्लुतं अवस्कन्दः, उत्फालः; **'going by leaps,'** प्लुतगतिः -तिः -ति, प्लवगः -गा -गं.

Leaped, ***p. p.*** प्लुतः -ता -तं, वल्गितः -ता -तं, लङ्घितः -ता -तं.

Leaper, ***s.*** प्लवकः, प्लवः, प्लवनकारी ***m.*** (न्), झम्पी ***m.*** (न्), वल्गितकृत्.

Leaping, ***part.*** प्लवमानः -ना -नं, प्लवः -वा -वं, वल्गन् -ल्गन्ती -ल्गत् (त्); **'leaping up,'** उत्पतिष्णुः -ष्णुः -ष्णु, उत्प्लुत्य.

Leaping, ***s.*** **(The act)** प्लवनं, प्लुतकरणं, झम्पकरणं; **'leaping up,'** उत्प्लवनं, उत्पतनं; **'leaping down,'** अवस्कन्दः; **'leaping over,'** लङ्घनं, उल्लङ्घनं.

Leap-year, ***s.*** चतुर्थः संवत्सरो यस्मिन्न् अधिकदिवसो निवेश्यते, अधिकदिनवत्सरः, अधिकदिवसवर्षः.

To **learn,** ***v. a.*** **(Acquire knowledge of any thing by study, etc.)** शिक्ष् (**c. 1.** शिक्षते -क्षितुं), उपशिक्ष्, अधी (**c. 2.** अधीते, अध्येतुं, **rt.** इ), अधिगम् (**c. 1.** -गच्छति -गन्तुं), पठ् (**c. 1.** पठति -ठितुं), अभ्यस् (**c. 4.** -अस्यति -असितुं), अध्ययनेन **or** अभ्यासेन विद्यां ग्रह् (**c. 9.** गृह्णाति, ग्रहीतुं) **or** लभ् (**c. 1.** लभते, लब्धुं) **or** प्राप् (**c. 5.** -आप्नोति -आप्तुं) **or** अवाप्, अभ्यासं कृ, विद्याभ्यासं कृ, विद्यागमं कृ.—**(Gain the knowledge of, become informed of)** ज्ञा (**c. 9.** जानाति -नीते ज्ञातुं), परिज्ञा, अवगम्, उपलभ्, विज्ञप्तः -प्ता -प्तं, भू, गृहीतार्थः -र्था -र्थं भू; **'to learn by heart,'** अभ्यस्.

To **learn,** ***v. n.*** शिक्षां कृ, अध्ययनं कृ, अधिगमं कृ, अभ्यासं कृ, विद्याभ्यासं कृ, विद्याप्राप्तिं कृ, विद्याग्रहणं कृ, विद्यालब्धिं कृ, विद्यागमं कृ.

Learned, learnt, ***p. p.*** शिक्षितः -ता -तं, अधीतः -ता -तं, अधिगतः -ता -तं, अभ्यस्तः -स्ता -स्तं, पठितः -ता -तं, अवगतः -ता -तं, उपलब्धः -ब्धा -ब्धं; **'learnt by heart,'** अभ्यस्तः -स्ता -स्तं, कण्ठस्थः -स्था -स्थं. **'to be learnt,'** शिक्षितव्यः -व्या -व्यं, अभ्यस्यः -स्या -स्यं, अभ्यसनीयः -या -यं.

Learned, ***a.*** **(Versed in literature and science)** विद्वान् -दुषी -द्वत् (स्), पण्डितः -ता -तं, ज्ञानी -निनी -नि (न्), विद्यावान् -वती -वत् (त्), विद्याविशिष्टः -ष्टा -ष्टं, विद्यासम्पन्नः -न्ना -न्नं, कृतविद्यः -द्या -द्यं, विद्यालङ्कृतः -ता -तं, सविद्यः -द्या -द्यं, लब्धविद्यः **etc.,** वैद्य -द्यी -द्यं, ज्ञानवान् **etc.,** विपश्चित् ***m. f. n.,*** प्राज्ञः -ज्ञा -ज्ञं, प्रज्ञः -ज्ञा -ज्ञं, प्रज्ञावान् **etc.,** व्युत्पन्नः -न्ना -न्नं, कृतधीः -धीः -धि, अधीयमानः -ना -नं, अधीती -तिनी **etc.,** बहुश्रुतः -ता -तं, कोविदः -दा -दं, मनीषी -षिणी -षि (न्), बुद्धिमान् **etc.,** धीमान् **etc.,** बुधः -धा -धं, धीरः -रा -रं, संख्यावान् **etc.,** कविः -विः -वी -वि, सूरिः **etc.,** सूरी -रिणी -रि (न्), कृती -तिनी -ति (न्), लब्धवर्णः -र्णा -र्णं, अक्षरसम्पन्नः -न्ना -न्नं, साक्षरः -रा -रं, सारस्वतः -ती -तं, अध्ययनसम्पन्नः **etc.,** विद्यावृद्धः -द्धा -द्धं, सन् सती सत्, तत्त्वदर्शी -र्शिनी -र्शि (न्), दीर्घदर्शी **etc.,** दूरदर्शी **etc.; 'a learned man,'** विद्वज्जनः, पण्डितः, बुधः, सर्व्वरसः; **'learned in the Vedas,'** श्रोत्रियः, वेदविद, वेदविद्वान् ***m.*** (स्), अनुचानः, छान्दसः.—**(Conversant with,**

Learnedly 651 **Leave**

skilled in) अभिज्ञः -ज्ञा -ज्ञं, विज्ञः -ज्ञा -ज्ञं, विशारदः -दा -दं, विचक्षणः -णा -णं, निपुणः -णा -णं, कुशलः -ला -लं, प्रवीणः -णा -णं, चतुरः -रा -रं, वेत्ता -त्री -तृ (तृ), ज्ञः ज्ञा ज्ञं **or** विद् **in comp.; as, 'learned in the law,'** स्मृतिज्ञः **etc.,** धर्म्मविद् ***m.f.n.,*** **'learned in music,'** गान्धर्व्वतत्त्वज्ञः.

Learnedly, ***adv.*** पण्डितवत्, सपाण्डित्यं, पाण्डित्येन, प्राज्ञवत्, विद्वज्जनवत्, सविद्यं, वैदुष्येण, सज्ञानं, ज्ञानपूर्व्वं.

Learner, ***s.*** शिष्यः, विद्यार्थी ***m.*** (न्), अध्येता ***m.*** (तृ), अध्यायी ***m.*** (न्), शिक्षिताक्षरः, विद्याभ्यासकर्त्ता ***m.*** (र्त्तृ), अभ्यासकृत्.

Learning, ***s.*** **(Knowledge of literature, erudition)** विद्या, पाण्डित्यं, ज्ञानं, विज्ञानं, वैदुष्यं, विद्वत्ता, ज्ञातृत्वं, व्युत्पत्तिः ***f.,*** प्राज्ञत्वं, पण्डितता -त्वं, वेत्तृत्वं, विद्यासम्पत्तिः ***f.*** अक्षरसम्पत्तिः ***f.*** साक्षरता, अध्ययनसम्पत्तिः ***f.*** **—(Literature)** विद्या, शास्त्रं, अक्षरं, साहित्यं.**—(Sacred learning)** श्रुतिः ***f.,*** श्रोत्रियत्वं. **—(Act of learning, acquisition of learning)** शिक्षा, अध्ययनं, अभ्यासं, विद्याभ्यासः, विद्याप्राप्तिः ***f.,*** विद्यालब्धिः ***f.,*** विद्यार्जनं, विद्यागमः; **'cultivation of learning,'** विद्यानुसेवनं; **'patronising learning,'** विद्यानुपालनं; **'to affect great learning,'** पण्डित **(nom.** पण्डितायते).

Lease, ***s.*** **(Of lands, houses, etc.)** पट्टः, पट्टोलिका, क्लृप्तकीला, विहितकालं, यावद् नियमितमूल्यम्, अपेक्ष्य क्षेत्रगृहादीनां, परहस्तसमर्पणं.

To **lease,** ***v. a.*** पट्टं दा, पट्टोलिका दा, पट्टेन क्षेत्रगृहादि परप्रयोजनीयं दा, पट्टोलिकापूर्व्वं नियमितमूल्यम् अपेक्ष्य क्षेत्रगृहादि परप्रयोजनीयं दा **or** विसृज् **(c. 6.** -सृजति -स्रष्टुं), आविहितकालाद् निरूपितमूल्यम् अपेक्ष्य क्षेत्रगृहादि परहस्ते समृ **in caus.** (-अर्पयति -यितुं).

Leased, ***p. p.*** पट्टेन **or** पट्टलिखनपूर्व्वम् आविहितकालात् परहस्तसमर्पितः -ता -तं.

Leasehold, ***a.*** पट्टेन **or** पट्टोलिकालिखनपूर्व्वम् अध्युषितः -ता -तं.

Leash, ***s.*** **(Leather thong)** चर्म्मबन्धः -न्धनी, चर्म्मरज्जुः ***m. f.,*** बन्धनरज्जुः.**—(Tierce, three)** त्रयं, त्रिकं; **'a leash of hares,'** शशकत्रयं.

To **leash,** ***v. a.*** चर्म्मरज्जुना **or** चर्म्मरज्ज्वा बन्ध् **(c. 9.** बध्नाति, बन्द्धुं).

Leasing, ***s.*** असत्यता, अनृतता, अलीकता, कापट्यं, मृषावादः. ***See*** **Falsehood.**

Least, ***a.*** **(Smallest)** अल्पिष्ठः -ष्ठा -ष्ठं, कनिष्ठः -ष्ठा -ष्ठं, क्षुद्रतमः -मा -मं, क्षोदिष्ठः -ष्ठा -ष्ठं, कनीयान् -यसी -यः (स्), तनिष्ठः -ष्ठा -ष्ठं, तनीयान् **etc.,** लघिष्ठः **etc.,** स्तोकतमः -मा -मं, सूक्ष्मतमः -मा -मं, अतिक्षुद्रः -द्रा -द्रं, स्वल्पः -ल्पा -ल्पं, अवरः -रा -रं, अवरतमः -मा -मं, न्यूनः -ना -नं; **'least of all,'** सर्व्वकनिष्ठः -ष्ठा -ष्ठं, सर्व्वकनीयान् **etc.,** सर्व्वस्मात् क्षुद्रः -द्रा -द्रं; **'the least particle,'** लेशः, लवः, कणः; **'not the least darkness is in that place,'** तत्र अन्धकारस्य लेशोऽपि नास्ति.

Least, ***adv.*** **(In the least)** मनाक्, किञ्चित्, अल्पिष्ठं, कनिष्ठं, लेशमपि, कियत्, सूक्ष्मं, स्तोकं; **'not in the least,'** न मनाक्, न मनापि, न किञ्चिदपि, न किमपि, न कियदपि, न सूक्ष्ममपि, न स्तोकमपि, न लेशमपि, अलेशं; **'three witnesses at least,'** त्र्यवराः साक्षिणः; **'at least, at any rate,'** तावत्.

Leather, ***s.*** चर्म्म. ***n.*** (न्), दृतिः ***m.,*** पशुत्वक् ***f.,*** (च्), पशुचर्म्म ***n.,*** कृत्तिः ***f.,*** अजिनं, वर्द्धं, शिपिः ***f.;*** **'a leather thong,'** चर्म्मबन्धः -न्धनः, वरत्रा, वर्द्ध्री; **'covered with leather,'** चर्म्मावृतः -ता -तं, चर्म्मावनद्धः -द्धा -द्धं, चर्म्माच्छादितः -ता -तं.

Leather, ***a.*** चर्म्म **in comp.,** चर्म्ममयः -यी -यं; **'a leather shoe,'** चर्म्मपादुका; **'a leather band,'** चर्म्मबन्धः. ***See*** **Leathern.**

To **leather,** ***v. a.*** चर्म्मदण्डेन तड् **(c. 10** ताडयति -यितुं) **or** प्रहृ **(c. 1.** -हरति -हर्त्तुं).

Leather-cutter, ***s.*** चर्म्मछिद् ***m.,*** चर्म्मछेदनकारा ***m.*** (न्), चर्म्मावकर्त्ती ***m.***

Leather-dresser, ***s.*** चर्म्मकारः -रकः, चर्म्मकारी ***m.*** (न्), चर्म्मकृत्, चर्म्मारः.

Leathern, ***a.*** चार्म्मिकः -की -कं, चार्म्मः -र्म्मी -र्म्मं, चर्म्मी -र्म्मिणी -र्म्मि (न्), चर्म्ममयः -यी -यं, चर्म्मनिर्म्मितः -ता -तं, दार्त्तेयः -यी -यं, अजिनीयः -या -यं, पशुत्वङ्मयः -यी -यं, चर्म्म **in comp.; 'a leathern bottle',** दृतिः ***m.***

Leather-seller, ***s.*** चर्म्मविक्रेता ***m.*** (तृ), चर्म्मविक्रयी ***m.*** (न्), चर्म्मविक्रयोपजीवी ***m.***

Leathery, ***a.*** चर्म्मवद् दुःखभेद्यः -द्या -द्यं, चर्म्मसगुणः -णा -णं.

Leave, ***s.*** **(Permission)** अनुज्ञा, अनुमतिः ***f.,*** अभ्यनुज्ञा, अनुज्ञानं, समनुज्ञानं, अनुमोदनं; **'leave to depart,'** अनुज्ञा; **'to give leave,'** अनुज्ञा **(c. 9.** -जानाति -ज्ञातुं), अनुमन् **(c. 4.** -मन्यते -मन्तुं), अनुज्ञां कृ **or** दा.**—(Farewell)** आमन्त्रणं, आप्रच्छनं; **'to bid farewell,'** आमन्त्र् **(c. 10.** मन्त्रयते -यितुं), अनुमन्त्र्, आप्रच्छ् **(c. 6.** -पृच्छते -ति -प्रष्टुं).

To **leave,** ***v. a.*** **(Abandon, forsake)** त्यज् **(c. 1.** त्यजति, त्यक्तुं), परित्यज्, सन्त्यज्, हा **(c. 3.** जहाति, हातुं), अपहा, विहा, प्रहा, अपाहा, उत्सृज् **(c. 6.** -सृजति -स्रष्टुं), विसृज्, अतिसृज्, व्यपसृज्, रह् **(c. 10.** रहयति -यितुं), विरह्, उज्झ् **(c. 6.** उज्झति -ज्झितुं), प्रोज्झ्, परिहृ **(c. 1.** -हरति -हर्त्तुं), वृज् **(c.**

10. -वर्जयति -यितुं), परिवृज्, विवृज्.—(Depart from) अपगम् (c. 1. -गच्छति -गन्तुं), व्यपगम्, विगम्, अपया (c. 2. -याति -तुं), अपे (c. 2. अपैति -तुं), व्यपे, अपसृ (c. 1. -सरति -सर्त्तुं), प्रस्था (c. 1. -तिष्ठति -स्थातुं), विप्रस्था.—(Leave remaining, suffer to remain) शिष् (c. 10. शेषयति -यितुं), अवशिष्, परिशिष्, उच्छिष्, समवशिष्, उद्वृत् (c. 10. -वर्त्तयति -यितुं), शिष्टं -ष्टां कृ, अवशिष्टं -ष्टां कृ, अवशिष्टीकृ; 'to be left remaining,' शिष् in pass. (शिष्यते), अवशिष्.—(Commit, trust to) समृ in caus. (-अर्पयति -यितुं), निक्षिप् (c. 6. -क्षिपति -क्षेप्तुं), न्यस् (c. 4. -अस्यति -असितुं), न्यासीकृ.—(Bequeath) मृत्युपत्रेण प्रदा or मृत्युलेखेन दा.—(Leave off, desist from) विरम् (c. 1. -रमति -रन्तुं), उपरम्, निवृत् (c. 1. -वर्त्तते -र्त्तितुं), विनिवृत् with abl. c., मुच् (c. 6. मुञ्चति, मोक्तुं), अवमुच्, अवसृज् अपास् (c. 4. -अस्यति -असितुं), व्युदस्, त्यज्, परित्यज्; 'the peacock leaves off dancing,' परित्यक्तनर्त्तनो मयूरः; 'it leaves off raining,' निर्वर्षति.—(Leave out) वृज्, अपास्, हा, अपाहा.—(Leave behind, distance) दूरीकृ, दव (nom. दवयति -यितुं).

To leave, *v. n.* (Cease, leave off) विरम् (c. 1. -रमति -रन्तुं), उपरम्, निवृत् (c. 1. -वर्त्तते -र्त्तितुं), निर्वृत्, विनिवृत्, विगम् (c. 1. -गच्छति -गन्तुं), अपया (c. 2. -याति -तुं), शम् (c. 4. शाम्यति, शमितुं), विछिद् in pass. (-छिद्यते).

Leaved, *a.* (Having leaves) पत्री -त्रिणी -त्रि (न्), पर्णी -र्णिनी etc., सपत्रः -त्रा -त्रं, सपर्णः -र्णा -र्णं, सदलः -ला -लं; 'two-leaved,' द्विपर्णः -र्णा -र्णं.

Leaven, *s.* किण्वः -ण्वं, नग्नहूः *m.*, मण्डः -ण्डं, कारोत्तरं, कारोत्तमः, कादम्बरीवीजं.—(Any thing which works a change in the mass) विकारजनकं किञ्चिद् वस्तु.

To leaven, *v. a.* किण्वनिवेशनपूर्व्वम् अन्तरुत्सेकं or अन्तस्तापं जन् (c. 10. जनयति -यितुं), अन्तरुत्सेककरणार्थं किण्वं निविश् (c. 10. -वेशयति -यितुं) or प्रविश्.—(Taint, imbue) दुष् (c. 10. दूषयति -यितुं), रञ्ज (c. 10. रञ्जयति -यितुं).

Leavings, *s. pl.* (Any thing left, remnants) शिष्टं, अवशिष्टं, उच्छिष्टं, परिशिष्टं, शेषः -षं, परिशेषः, अवशेषः, उच्छेषणं, शेषभागः, परभागः, शेषखण्डः -ण्डं, उद्वर्त्तः, जुष्टं, समुज्झितं.—(Of food) शेषान्नं, उच्छिष्टान्नं, भुक्तशेषः -षं, भुक्तावशेषः -षं, अन्नशेषः -षं, भुक्तसमुज्झितं, परभुक्तोज्झितं, भुक्तोच्छिष्टं, भक्षितशेषं, आदिष्टं, फेलकः, फेला -लिः -ली *f.*; 'one who eats leavings,' शेषभुक् *m.* (ज्), शेषभोजी *m.* (न्), उच्छिष्टभोजनः; 'eating leavings,' शेषभोजनं, उच्छिष्टभोजनं.—(Offal) मलं, विमांसं.

Lecher, *s.* लम्पटः, स्त्रीलम्पटः, कामुकः, कामुकजनः, व्यवायी *m.* (न्), रतार्थी *m.* (न्), सुरतार्थी *m.* (न्), स्त्रीपरः.

To lecher, *v. n.* लम्पटवद् आचर् (c. 1. -चरति -रितुं), रतार्थी भू, कामुको भू.

Lecherous, *a.* कामुकः -का -कं, कामी -मिनी -मि (न्), कामनः -ना -नं, रतार्थी -र्थिनी -र्थि (न्), सुरतार्थी etc., कामासक्तः -क्ता -क्तं, व्यवायी -यिनी -यि (न्), सम्भोगी -गिनी -गि (न्), सम्भोगासक्तः etc., सम्भोगार्थी etc., भोगसक्तः etc., व्यवायपरायणः - णा -णं, स्त्रीपरः, स्त्रीरतः, स्त्रीव्यासङ्गी *m.* (न्), स्त्रीलम्पटः, स्त्रीव्यसनी *m.* (न्), तरलः -ला -लं, अभीकः -का -कं, वियातः -ता -तं.

Lecherously, *adv.* लम्पटवत्, कामुकवत्, सकामं, रतासक्तवत्, कामपूर्व्वं.

Lecherousness, lechery, *s.* कामुकत्वं, लम्पटत्वं -ता, लाम्पट्यं, रतार्थित्वं, रतासक्तिः *f.*, कामासक्तिः *f.*, सम्भोगासक्तिः *f.*, व्यवायः -यित्वं, स्त्रीव्यसनं, स्त्रीव्यासङ्गः, वैयात्यं, हेला -लनं.

Lection, *s.* (Reading) पाठः, अध्ययनं.—(Variety in copies of a manuscript) पाठान्तरं, पाठभेदः, पाठः, द्विरूपपाठः.

Lector, *s.* पाठकः, पठिता *m.* (तृ), अध्येता *m.* (तृ), अध्यायी *m.* (न्).

Lecture, *s.* पाठः, निपाठः, पाठनं, पठनं, अध्यायः अध्ययः -यनं, अध्यापनं, वादः, व्याख्यानं.—(Reprimand) वाग्दण्डः, वाक्शासनं, भर्त्सनवाक्यं.

To lecture, *v. a.* पठ् (c. 10. पाठयति -यितुं), अधी in caus. (अध्यापयति -यितुं, rt. इ), उपदिश् (c. 6. -दिशति -देष्टुं), पाठं कृ, अध्यापनं कृ.—(Reprove) प्रत्यादिश्, निन्द् (c. 1. निन्दति -न्दितुं), वाग्दण्डं कृ, निन्दावाक्यं कृ.

To lecture, *v. n.* पठ् (c. 1. पठति -ठितुं), अधी (c. 2. अधीते, अध्येतुं, rt. इ), वाक्यं श्रु (c. 10. श्रावयति -यितुं), पाठं कृ, अध्ययनं कृ.

Lectured, *p. p.* अध्यापितः -ता -तं, पाठितः -ता -तं.—(Reprimanded) प्रत्यादिष्टः -ष्टा -ष्टं, निन्दितः -ता -तं, उपालब्धः -ब्धा -ब्धं.

Lecturer, *s.* पाठकः, अध्यापकः, पठिता *m.* (तृ), अध्येता *m.* (तृ), अध्यायी *m.* (न्), पाठकारी *m.* (न्), शिक्षकः, उपदेशकः, व्याख्या *m.* (तृ), प्रवक्ता *m.* (तृ), वक्ता, वादी *m.* (न्), वाचकः, नागरः; 'in theology,' धर्म्मप्रवक्ता *m.* धर्म्मभाणकः.

Lecture-room, *s.* पाठशाला, पाठगृहं, अध्ययनशाला, अध्ययनगृहं.

Lectureship, *s.* पाठकत्वं, अध्यापकत्वं, प्रवक्तृत्वं, वक्तृत्वं, शिक्षकत्वं.

Led, *p. p.* नीतः -ता -तं, आनीतः -ता -तं, समानीतः -ता -तं; 'being led,' नीयमानः -ना -नं.—(Guided) सञ्चारितः -ता -तं.—(As life, time) नीतः -ता -तं, गमितः -ता -तं, यापितः -ता -तं, प्रवृत्तः -त्ता -त्तं.—(Led on by, headed by) पुरःसरः

-रा -रं, पुरस्सरः -रा -रं, पुरोगमः -मा -मं, मुखः -खा -खं. **in comp.; as, 'led on by Karna,'** कर्णमुखः -खा -खं, कर्णपुरोगमः -मा -मं **etc.; 'having led,'** नीत्वा.

Ledge, *s.* (Stratum, layer) फलकः -कं, स्तरः, आस्तरः -रणं. **—(Ridge, projecting part)** कटकः -कं, कूटं, दन्तः -न्तकः. **—(Row)** आलिः -ली. **—(Ledge of a rock)** शिला, शिलाफलकं.

Ledger, *s.* महागणनापुस्तकं, वृहद्गणनापुस्तकं, बाणिजपुस्तकं.

Lee, *s.* (Sediment). *See* Lees. (Calm or sheltered place) निर्वातस्थानं, निर्वातदेशः. **—(Side opposite to that on which the wind blows)** वाताभिमुखदिशा, वायुप्रतिमुखदेशः; **'under the lee of the land,'** तीरोपान्ते.

Lee-ward, *a.* or *adv.* (In the same direction as the wind) वातानुकूलः -ला -लं, वातानुलोमः -मा -मं, अनुवातं. **—(In an opposite direction to the wind)** प्रतिवातं, वाताभिमुखदिशि, वाताभिमुखं, वायुप्रतिमुखदिशि.

Leech, *s.* रक्तपा, रक्तपायिनां, रक्तपाता, जलौका, जलूका, जलाकाः ***f.***, (स्), जलुका, जलोका, जलिका, जलौकसः -सा -सं, जलायुका, जलालुका, जलावुका, जलालोका, जलोरगी, जलजन्तुका, जलसर्पिणी जलाटनी, पटालुका, वार्य्योकाः ***f.*** (स्), वार्य्योकः, वारिक्रिमिः ***m.***, वेधिनी, भ्रमणी, कारुण्डी. **—(Physician)** वैद्यः, चिकित्सकः, रोगहृत् ***m.***, रोगशान्तकः, भिषक् ***m.*** (ज्).

To* leech, *v. a. कित् **in des.** (चिकित्सति -त्सितुं), रोगशमनं कृ.

Leek, *s.* कन्दः -न्दं, तीक्ष्णकन्दः, महाकन्दः, पलाण्डुः ***m.***, सुकन्दकः, शाकः.

Leer, *s.* कटाक्षः, नेत्रकटाक्षः, अपाङ्गदर्शनं, कटाक्षावेक्षणं, कटाक्षावलोकनं, अपाङ्गप्रसरः, दृष्टिविक्षेपः, तिर्य्यक्प्रेक्षणं, साचिविलोकितं, काक्षः. वर्कराटः, कर्कराटुः ***m.***, विकूणनं, दृष्टिवाणः, कुस्मितं.

To* leer, *v. n. कटाक्षेण दृश् **(c. 1.** पश्यति, द्रष्टुं), अपाङ्गाद् दृश् **or** ईक्ष् **(c. 1.** ईक्षते -क्षितुं), कटाक्ष **(nom.** कटाक्षयति -यितुं), कटाक्षावेक्षणं कृ, कटाक्षवीक्षणं कृ, अपाङ्गदर्शनं कृ, दृष्टिविक्षेपं कृ, साचि **or** तिर्य्यग् विलोक् **(c. 1.** -लोकते, **c. 10.** -लोकयति -यितुं), कुस्मि **(c. 1.** -स्मते -स्मेतुं).

Leered upon, *p. p.* कटाक्षितः -ता -तं, कटाक्षावेक्षितः -ता -तं, कटाक्षेण दृष्टः -ष्टा -ष्टं, साचिविलोकितः -ता -तं, कुस्मितः -ता -तं.

Leering, *part.* or *a.* लोलापाङ्गः -ङ्गा -ङ्गं, अपाङ्गदर्शी -र्शिनी -र्शि (न्), कटाक्षावलोकी -किनी -नि (न्), साचिदृष्टिः -ष्टिः -ष्टि, तिर्य्यग्दृष्टिः **etc.,** कुस्मेरः -रा -रं.

Lees, *s. pl.* मलं, उच्छिष्टं, शेषं, किट्टं, खलं, कल्कं, विनीयः.

Left, *p. p.* (Abandoned) त्यक्तः -क्ता -क्तं, परित्यक्तः -क्ता -क्तं, उत्सृष्टः -ष्टा -ष्टं, विसर्ज्जितः -ता -तं, रहितः -ता -तं, विरहितः -ता -तं, हीनः -ना -नं, उज्झितः -ता -तं, समुज्झितः -ता -तं, प्रोज्झितः -ता -तं, विधुतः -ता -तं, वर्जितः -ता -तं, धूतः -ता -तं. **—(Left remining)** शिष्टः -ष्टा -ष्टं, अवशिष्टः -ष्टा -ष्टं, अवशोषितः -ता -तं, शेषः -षा -षं, उच्छिष्टः -ष्टा -ष्टं, उद्वृत्तः -त्ता -त्तं, उद्वर्त्तः -र्त्ता -र्त्तं, उर्व्वरितः -ता -तं, अन्तरितः -ता -तं; **'to be left remaining,'** शिष् **in pass.** (शिष्यते), अवशिष्.

Left, *a.* (Not right) वामः -मा -मं, सव्यः -व्या -व्यं, दक्षिणेतरः -रा -रं, प्रतिलोमः -मा -मं; **'the left,'** सव्यं; **'left and right,'** सव्यापसव्यं; **'the left hand,'** वामहस्तः, वामपाणिः ***m.***, सव्यं; **'the left arm,'** वामबाहुः ***m.***, **'the left shoulder,'** वामस्कन्धः; **'the left side,'** वामकुक्षिः ***m.***, वामाङ्गं; **'that is on the left side,'** वामस्थः -स्था -स्थं.

Left-handed, *a.* सव्यसाची -चिनी -चि (न्), वामहस्तसेवी -विनी -वि (न्), दक्षिणहस्ताद् वामहस्तम् अधिकं व्यवहरति यः **or** या.

Leg, *s.* जङ्घा, प्रसृता, पादः, प्रेष्ठा, टङ्का, टङ्गः, अंह्निः ***m.***, अंघ्रिः ***m.***, अधमाङ्गं; **'relating to the leg,'** जाङ्घिकः -की -कं; **'enlargement of the leg,'** श्लीपदं; **'having a swelled leg,'** कुम्भपादः ***m.***, कुम्भपदी ***f.***; **('long-legged,'** दीर्घजङ्घः -ङ्घा -ङ्घं, ऊद्ध्वर्जानुः -नुः -नु ऊद्ध्वर्ज्ञुः -ज्ञुः -ज्ञु, ऊद्ध्वर्ज्ञः -ज्ञा -ज्ञं, दीर्घपादः -दा -दं, दीर्घपाद् ***m. f. n.***

Legacy, *s.* मृत्युलेखार्पितदानं, मृतपत्रार्पितदानं, मृत्युपत्रस्थदानं, मृतदानं, मृतलेखदानं, मृतपत्राङ्कितदानं, मुमूर्षुदानं, मुमूर्षुदत्तं, उत्तरदानं, मृतलेखस्थदानं, आसन्नमरणे दान **or** प्रदानं.

Legal, *a.* (Comformable to law) धर्म्यः -र्म्या -र्म्यं, धर्म्मानुसारी -रिणी -रि (न्), स्मार्त्तः -र्त्ती -र्त्तं, व्यावहारिकः -की -कं, व्यवहारिकः **etc.,** स्मृतिशास्त्रानुमतः -ता -तं, धर्म्मशास्त्रानुसारी **etc.,** आचारिकः -की -कं, शास्त्रीयः -या -यं, राज्यव्यवस्थानुसारी **etc.,** व्यवस्थानुरूपः -पा -पं, राज्यनियमानुसारी **etc.,** न्यायानुसारी **etc. —(Relating to law)** स्मार्त्तः **etc.,** व्यावहारिकः **etc.,** व्यवहारसम्बन्धी **etc.,** व्यवहारविषयः -या -यं, धर्म्म **in comp.,** स्मृति **in comp. —(Enjoined, permitted by law)** स्मृत्युक्तः -क्ता -क्तं, शास्त्रोक्तः **etc.,** स्मृतिशास्त्रविहितः -ता -तं, स्मृतिशास्त्रप्रोक्तः **etc.,** राज्यनियमविहितः -ता -तं, व्यवहारविधिविहितः -ता -तं, धर्म्मानिषिद्धः -द्धा -द्धं, शास्त्रानिषिद्धः **etc. —(According to the law of works, resting on works for salvation)** कर्म्ममार्गी -र्गिणी -र्गि (न), कर्म्ममार्गावलम्बी -म्बिनी -म्बि (न्), कर्म्मशीलः -ला -लं; **'legal proceeding,'** व्यवहारः; **'a written legal**

opinion,' पट्टोलिका; **'incorrect legal opinion,'** अव्यवस्था. ***See* Law, lawful.**

Legalist, ***s.*** **(One who relies on works for salvation)** कर्म्ममागविलम्बा ***m.*** (न्), कर्म्मावलम्बी ***m.***, कर्म्ममार्गाश्रयी ***m. See* Legal.**

Legality, ***s.*** धर्म्यता, धर्म्मानुसारः -रित्वं, धर्म्मशास्त्रानुसारः -रिता, स्मृतिशास्त्रानुसारः -रिता, व्यवहारविध्यनुरूपता, राज्यव्यवस्थानुरूपता, व्यावहारिकत्वं, ***See* Lawfulness.–(Reliance on works for salvation)** कर्म्मावलम्बन, कर्म्मनिष्ठा, कर्म्ममार्गसेवा, कर्म्ममार्गाश्रयणं.

To* legalize,** ***v. a. धर्म्यं -र्म्यां -कृ, शास्त्रसम्मतं -तां कृ, स्मृतिसम्मतं -तां कृ, धर्म्मसम्मतं -तां कृ, व्यवस्थागतं -तां कृ, विधिगतं -तां कृ, विहितं -तां कृ, विधिविहितं -तां कृ, अनुमन् **(c. 4.** -मन्यते -मन्तुं), अनुज्ञा **(c. 9.** -जानाति -नीते -ज्ञातुं), व्यवस्था **in caus.** (-स्थापयति -यितुं.

Legalized, ***p. p.*** व्यवस्थागतः -ता -तं, विधिगतः -ता -तं, धर्म्मसम्मतः -ता -तं.

Legally, ***adv.*** धर्म्मेण, धर्म्मतस्, धर्म्मानुसारेण -रात्, यथाधर्म्मं, न्यायतस्, न्यायानुसारेण, यथान्यायं, स्मृतिशास्त्रानुसारेण, धर्म्मशास्त्रानुसारेण. ***See* Lawfully.**

Legate, ***s.*** दूतः, राजदूतः, राजप्रतिनिधिः ***m.*–(Pope's ambassador)** रोमीयधर्म्माधिपतेर् दूतः **or** प्रतिनिधिः.

Legatee, ***s.*** मृतपत्रदानाधिकारी ***m.*** (न्), मृतलेखदानाधिकारी ***m.*** मृतदानग्राही ***m.*** मृतरिक्थभागी ***m.***, मृतधनभागी ***m.***, मृत्युपत्रस्थदानाधिकारी ***m.***, उत्तराधिकारी ***m.*** अंशभाक् ***m.*** (ज्).

Legation, ***s.*** दूत्यं, दौत्यं, दूतत्वं, दूतकर्म्म ***n.*** (न्), दूतक्रिया, दूतधर्म्मः.

Legator, ***s.*** मृत्युलेखदानकारी ***m.*** (न्), मृत्युपत्रदानकारी, उत्तरदानकारी ***m.*** मृत्युपत्रेण दानकारी ***m.***, मृत्युकाले रिक्थप्रदाता ***m.*** (तृ).

Legend, ***s.*** पुरावृत्तकथा, पुराणकथा, प्राचीनकथा, पुरावृत्ताख्यानं, पुरावृत्तोपाख्यानं, पुरावृत्तं, लोककथा, जनकथा, कथा, आख्यानं, आख्यायिका, चरित्रं, चरितं, पुराणं, इतिहासः.**–(Story of a saint or holy place)** माहात्म्यं.

Legendary, ***a.*** पुराणकथितः -ता -तं, पुराणोक्तः -क्ता -क्तं, पौराणिकः -की -कं, पुरावृत्तकथकः -का -कं, ऐतिहासिकः -की -कं, काथिकः -की -कं.

Legendary, ***s.*** **(Reciter of legends)** पुरावृत्तकथिकः, पुराणकथकः, इतिहासवक्ता ***m.*** (क्तृ), ऐतिहासिकः.

Legerdemain, ***s.*** हस्तलाघवं, लघुहस्तत्वं, हस्तचापल्यं, इन्द्रजालः -लं, जालं, माया, कुहकः, कुहकवृत्तिः ***f.***, कुसृतिः ***f.***, इन्द्रियमोहः.

Legged, ***a.*** **(In composition)** जङ्घः -ङ्घा -ङ्घं, पादः -दा -दं, पदः -दा -दं, पाद् ***m. f. n.***; **'long-legged,'** दीर्घजङ्घः **etc.**; **'two-legged,'** द्विपदः **etc.**

Leggings, ***s.*** स्थूलवस्त्रमयं जङ्घात्राणं **or** जङ्घारक्षणं, जङ्घोत्तीयं.

Legibility, ***s.*** पठनीयता, पाठ्यता, पठनयोग्यता, पठनशक्यता, सुवाच्यता, स्पष्टाक्षरत्वं, स्पष्टता, व्यक्तता.

Legible, ***a.*** पठनीयः -या -यं, पाठ्यः -ठ्या -ठ्यं, पठनयोग्यः -ग्या -ग्यं, पठनशक्यः -क्या -क्यं, सुवाच्यः -च्या -च्यं, स्पष्टाक्षरः -रा -रं, व्यक्ताक्षरः -रा -रं, सुस्पष्टः -ष्टा -ष्टं, अध्येतव्यः -व्या -व्यं, अध्ययनीयः -या -यं.

Legibly, ***adv.*** स्पष्टाक्षरैः, सुस्पष्टाक्षरेण, सुस्पष्टं, सुव्यक्तं.

Legion, ***s.*** **(Body of soldiers)** सैन्यदलं, सैन्यगुल्मः, सैन्यव्यूहः, सैन्यसमूहः, योधसमूहः.**–(Host)** चमूः ***f.***, सेना, वाहिनी.**–(A multitude, great number)** वृन्द, समवायः, निवहः, बाहुल्यं, चक्रं.

Legionary, ***a.*** वाहिनीसम्बन्धी -न्धिनी -न्धि (न्), चाक्रिकः -की -कं.

To* legislate,** ***v. a. व्यवस्थां कृ **or** विधा **(c. 3.** -दधाति -धातुं), नियमान् **or** विधीन् स्था **in caus.** (स्थापयति -यितुं) **or** रच् **(c. 10.** रचयति -यितुं) **or** प्रक्लृप् **(c. 10.** -कल्पयति -यितुं) **or** प्रशास् **(c. 2.** -शास्ति -शासितुं), व्यवस्था **in caus.**

Legislation, ***s.*** व्यवस्थाकरणं, नियमस्थापना, विधिस्थापना, व्यवस्थारचना, -नं, व्यवस्थाप्रकल्पनं, विधिप्रकल्पनं, व्यवस्थाविधानं.

Legislative, ***a.*** व्यवस्थाकारी -रिणी -रि (न्), व्यवस्थापकः -का -कं, नियमस्थापकः -का -कं, विधिस्थापकः -का -कं, नियमरचकः -का -कं, नियमविधायी -यिनी -यि (न्), व्यवस्थाविधायी, **etc.**, स्मृतिकारी **etc.**

Legislator, ***s.*** व्यवस्थाकारः -रकः, व्यवस्थाविधायी ***m.*** (न्), विधिस्थापकः नियमस्थापकः, व्यवस्थारचकः, व्यवस्थापकः, धर्म्मशास्त्ररचकः, शासिता ***m.*** (तृ), शास्ता ***m.*** (स्तृ), प्रयोजकः.

Legislature, ***s.*** विधिस्थापनाधिकारिणी सभा, व्यवस्थाकरणाधिकारिणी सभा, व्यवस्थाविधायिनी सभा, विधिस्थापकसभा, व्यवस्थारचकसभा.

Legist, ***s. See* Lawyer.**

Legitimacy, ***s.*** **(Lawfulness of birth)** औरसता -त्वं, उरस्यता -त्वं, धर्म्मजत्वं, धर्म्मपत्नीजत्वं, धर्म्मपत्नीजन्म ***n.*** (न्), औरसजन्म ***n.***, दम्पतिजन्म ***n.***, दम्पत्युद्भवः, सुजन्म ***n.***, जात्यता -त्वं, वैधजन्म ***n.*–(Genuineness)** सत्यता, यथार्थता, अकृत्रिमता, अकल्पितत्वं, वास्तविकता.

Legitimate, ***a.*** **(Lawfully born)** धर्म्मजः -जा -जं, औरसः -सी -सं, उरस्यः -स्या -स्यं, धर्म्मपत्नीजः -जा -जं, दम्पतिजातः -ता -तं, सुजन्मा -न्मा -न्म (न्), जात्यः -त्या

-त्यं, औरसजात: -ता -तं, विवाहजात: **etc.,** विधिजात: **etc.,** धर्म्य: -र्म्या -र्म्यं; **'a legitimate wife,'** धर्म्मपत्नी; **'a legitimate son,'** औरस:, उरस्य:, औरस्य:; **'daughter,'** औरसी, उरस्या.—**(Genuine, just, right)** सत्य: -त्या -त्यं, वास्तव: -वी -वं, यथार्थ: -र्था -र्थं, यथान्याय: -या -यं, न्याय्य: -य्या -य्यं, यथायोग्य: -ग्या -ग्यं, युक्त: -क्ता -क्तं.

To* legitimate, *v. a. औरसीकृ, औरसत्वं दा, औरससमं -मां कृ, धर्म्यं -र्म्यां कृ.

Legitimately, *adv.* धर्म्मेण, धर्म्मानुसारेण, यथाधर्म्मं, न्यायतस्, न्यायानुसारेण, यथान्यायं, युक्तं, उपयुक्तं, सम्यक्, यथायोग्यं, यथोचितं, समञ्जसं.

Legitimation, *s.* औरसीकरणं, औरससमीकरणं, औरसाधिकारदानं.

Legume, legumen, *s.* शमी, सिम्बा, वीजकोश:, वीजगुप्ति: ***f.,*** पुट:.—**(Pulse)** शमीधान्यं, द्विदलं, त्रिपुट:, धान्यवीर:, सतीलक:.

Leisurable, *a.* सावकाश: -शा -शं, निर्व्यापार: -रा -रं, व्यापारशून्य: -न्या -न्यं, निष्कर्म्मक: -का -कं, निष्क्रिय: -या -यं, कर्म्मरहित: -ता -तं, कार्य्यशून्य: -न्या -न्यं.

Leisure, *s.* अवकाश:, अवसर:, सावकाशता, विश्राम:, कार्य्यनिवृत्ति: ***f.,*** कार्य्यविच्छेद:, निर्वृति: ***f.,*** विश्रान्ति: ***f.,*** विश्रम:, स्वाधीनकाल:, क्षण:, वितानं, सन्धि: ***m.;*** **'at leisure,'** सावकाश: -शा -शं, अवकाशप्राप्त: -प्ता -प्तं, प्राप्तावकाश: -शा -शं, प्राप्तावसर: -रा -रं, व्यापारशून्य: -न्या -न्य, निर्व्यापार: -रा -रं, कार्य्यरहित: -ता -तं, निष्क्रिय: -या -यं, निष्कर्म्मक: -का -कं, शून्य: -न्या -न्यं; **'want of leisure,'** अनवकाश:, अनवसर:; **'having no leisure,'** निरवकाश: -शा -शं, अनवकाश: -शा -शं, निरवसर: -रा -रं.

Leisurely, *a.* (Done at leisure) सावकाश: -शा -शं, अत्वरित: -ता -तं, विलम्बित: -ता -तं, मन्द: -न्दा -न्दं, अक्षिप्र: -प्रा -प्रं, अशीघ्र: -घ्रा -घ्रं.

Leisurely, *adv.* सावकाशं, अत्वरितं, अत्वरया, मन्दं, मन्दं मन्दं, विलम्बेन, विलम्बितं, शनै:, शनै: शनै:, अक्षिप्तं, अशीघ्रं.

Lemon, *s.* (The fruit) जम्बीरफलं, जम्भीरफलं.—**(The tree)** जम्बीर:, जम्भीर:, जम्बिर:, जम्भ: -म्भक: -म्भल: -म्भर:, -म्भी ***m.*** (न्), फलपूर: -रक:, वीजपूर:, अम्लकेशर:, केशराम्ल:, दन्तशठ:, पूर्णवीज:, वीजक:, वीजपूर्ण:, मातुलुङ्ग: -ङ्गक:, गिल:, रुचक:, इच्छक:, वृहच्चित्त:, छोलङ्ग:.

Lemonade, *s.* जम्बीररस:, शर्करादिमिश्रितं जम्बीररसमयं पानीयं.

Lemures, *s. pl.,* रात्रिचरा: ***m. pl.,*** वेताला: ***m. pl.,*** पिशाचा: ***m. pl.,*** राक्षसा: ***m. pl.***

***To* lend, *v. a.* (Give to another for temporary use)** निरूपितकालं यावत् किञ्चिद् द्रव्यं परप्रयोजनीयं दा **(c. 3.** ददाति, दातुं), आविहितकालात् प्रयोज्यं किञ्चिद् द्रव्यं परहस्ते समृ **in caus.** (-अर्पयति -यितुं) **or** ऋ **or** निक्षिप् **(c. 6.** -क्षिपति -क्षेप्तुं) **or** न्यस् **(c. 4.** -अस्यति -असितुं) **or** परस्मिन् समृ, निरूपितकाले प्रतिदातव्यं **or** प्रतिदेयं किञ्चिद् द्रव्यं दा **or** समृ, निरूपितकालपर्य्यन्तं द्रव्यप्रयोगं कृ.—**(Give to be returned in kind, as money, a loaf of bread, etc.)** ऋणं दा, ऋण समृ **or** ऋ **in caus.,** ऋणदानं कृ; **'to lend money,'** धनप्रयोगं दा **or** कृ, परप्रयोज्यं धनं दा, आविहितकालात् प्रयोजनीयं धनं परस्मै दा **or** परस्मिन् समृ; **'to lend money at interest,'** कुसीदं कृ, कौसीद्यं कृ, कलाम्बिकां कृ; **'lend me three loaves of bread,'** पूपत्रयं मह्यं ऋणं देहि.—**(Grant, furnish, afford)** दा, प्रदा, ऋ, समृ, परिक्लृप् **(c. 10.** -कल्पयति -यितुं), उपस्था **in caus.** (-स्थापयति -यितुं); **'he lends an ear,'** कर्णं ददाति, कर्णम्, अर्पयति, कर्णार्पणं करोति; **'to lend assistance,'** उपकृ, साहाय्यं कृ.

Lender, *s.* ऋणदाता ***m.*** (तृ), ऋणदायी ***m.*** (न्), ऋणद:, ऋणसमर्पक:, निक्षेप्ता ***m.*** (प्तृ), न्यासकर्त्ता ***m.*** (र्त्तृ), प्रयोगदाता, उत्तमर्ण: -र्णी ***m.*** (न्).

Lending, *s.* ऋणदानं, ऋणसमर्पणं, ऋणार्पणं, निरूपितकालपर्य्यन्तं **or** आविहितकालात् परहस्ते द्रव्यसमर्पणं.

Length, *s.* (Extent) दैर्घ्यं दीर्घत्वं -तां, द्राघिमा ***m.*** (न्), आयाम:, आयति: ***f.,*** प्रयाम:, विस्तार:, विस्तृति: ***f.,*** विस्तर:, वितति: ***f.,*** प्रतति: ***f.,*** सन्तति: ***f.,*** वितान: -नं, -नकं, प्रपञ्च:, आरोह:, पाट:; **'length of the journey,'** अध्वदीर्घत्वं.—**(Measure)** परिमाणं, प्रमाणं, मानं; **'the length of a rope'** रज्जुपरिमाणं; **'the length of the day and night,'** अहोरात्रस्य परिमाणं. —**(Extent of duration)** कालदीर्घत्वं, कालदैर्घ्यं, दीर्घकाल:, चिरकाल: -लं, **'for a length of time,'** चिरकालं, बहुकालं -लात्; **'length of life,'** आयुदीर्घत्वं—**(Reach, range, limit)** पर्य्यन्तं, मात्र, अवधि: ***m.,*** अन्त:, प्रमाणं, मर्य्यादा; **'to such a length,'** एतावत्पर्य्यन्तं; **'to a great length,'** अतिमात्रं, अतिमर्य्यादं, अत्यन्तं.—**(At length, at full length)** विस्तरेण, सुविस्तरेण, सुविस्तरं, विस्तरशस्, सविस्तरं, सुविस्तीर्णं, असंक्षेपतस्, असंक्षिप्तं; **'spead out at full length,'** विस्तीर्ण: -र्णा -र्णं, विस्तृत: -ता -तं; **'to life at full length,'** दण्डवत् पत् **(c. 1.** पतति -तितुं), दण्डासनं कृ.—**(At length, at last, after long delay)** शेषे, अनन्तरं, तदनन्तरं, चिरकालात्परं, दीर्घकालात्परं, दीर्घकाले गते.

To* lengthen, *v. a. दीर्घीकृ, द्राघ **(nom.** द्रापयति -यितुं), वितन् **(c. 8.** -तनोति -नितुं), प्रतन्, विततीकृ, प्रसृ **(c. 10.** -सारयति -यितुं), विसृ, आयस् **(c. 1.** -यच्छति -यन्तुं), प्रपञ्च् **(c. 10.** -पञ्चयति -यितुं), विस्तृ **(c. 10.** -स्तारयति -यितुं).

To* lengthen, *v. n. द्राघ् **(c. 1.** द्राघते -घितुं), दाघीभू, आयम् **(c. 1.** -यच्छते -यन्तुं), आयतीभू, विततीभू, विस्तृ **in pass** (-स्तीर्य्यते).

Lengthened, *p. p.* दीर्घीकृतः -ता -तं, आयतः -ता -तं, आयामितः -ता -तं, समायतः -ता -तं, व्यायतः -ता -तं, विततः -ता -तं, प्रविततः -ता -तं, आततः -ता -तं, विस्तृतः -ता -तं, विस्तीर्णः -र्णा -र्णं, विरूढः -ढा -ढं, प्रसृतः -ता -तं.

Lengthwise, *adv.* अन्वायतनं, अन्वायामं, अन्वायति, आयामदिशि.

Lengthy, *a.* दीर्घः -र्घा -र्घं, द्राघिमवान् -वती -वत् (त्), आयतिमान् **etc.,** आयामवान् **etc.,** विस्तीर्णः -र्णा -र्णं, दीर्घसूत्रः -त्रा -त्रं.

Leniency, *s.* क्षमा, मृदुता, म्रदिता ***m.*** (न्), मार्दवं, सौम्यता, स्निग्धता, अनुग्रता, कोमलता, साम ***n.*** (न्), सामबुद्धिः ***f.,*** अतीक्ष्णता, अतैक्ष्ण्यं, अतीव्रता, दण्डानुग्रता, अनुग्रदण्डत्वं, अपरुषता, दया, दयार्द्रभावः, कृपा. ***See* Lenity.**

Lenient, *a.* क्षमावान् -वती -वत् (त्), क्षमी -मिणी -मि (न्), मृदुः -दु -द्वी -दु, सौम्यः -म्या -म्यं, स्निग्धः -ग्धा -ग्धं, कोमलः -ला -लं, अनुग्रः -ग्रा -ग्रं, सामबुद्धिः -द्धिः -द्धि, अतीक्ष्णः -क्ष्णा -क्ष्णं, अतीव्रः -व्रा -व्रं, अपरुषः -षा -षं, अनुग्रदण्डः -ण्डा -ण्डं, सदयः -या -यं, दयार्द्रः -द्रा -द्रं, दयालुः -लुः -लु, सामोपचारी -रिणी -रि (न्), कृपालुः -लुः -लु.—**(Assuasive)** शमकः -का -कं, शमी -मिनी -मि (न्). ***See* Lenitive; 'a lenient measure,'** सामोपचारः, सामोपायः.

Leniently, *adv.* क्षमापूर्व्वं, क्षमया, अनुग्रं, अतीक्ष्णं, साम्ना, समार्दवं, सदयं, दयया, स्निग्धं, अपरुषं, कोमलं.

To* lenify, *v. a. शम् **(c. 10.** शमयति -यितुं), उपशम्, प्रशम्, सान्त्व् **or** शान्त्व् **(c. 10.** सान्त्वयति -यितुं), परिशान्त्व्.

Lenitive, *a.* शमकः -का -कं, शान्तिकः -की -कं, शान्तिकरः -रा -रं, शान्तिदः -दा -दं, शान्तिकर्त्ता -र्त्री -र्त्तृ (र्त्तृ), स्नेही -हिनी -हि (न्), स्निग्धः -ग्धा -ग्धं, स्निग्धकारी **etc.,** चिक्कणः -णा -णं.

Lenitive, *s.* (A medicine that softens pain) वेदनाशान्तिकं, वेदनाशमकम् औषधं, क्लेशापहं, उपशमनं, प्रशमनं, शूलघ्नं, सामोपचारः.

Lenity, *s.* क्षमा, क्षमाशीलता, मृदुता, सौम्यता, सामोपचारबुद्धिः ***f.,*** अनुग्रता.—**(Mildness of discipline)** अनुग्रदण्डत्वं, अतीक्ष्णदण्डत्वं, अल्पदण्डः -ण्डनं, अल्पशिक्षा. ***See* Leniency.**

Lens, *s.* काचः; **a convex lens,'** मध्योन्नतकाचः; **a double convex lens,'** यवः; **'a concave lens,'** मध्यनिम्रकाचः. **'a chrystal lens,'** दीप्तोपलः, अर्कांश्मा ***m.*** (न्), सूर्य्यांश्मा ***m.,*** सूर्य्यकान्तः.

Lent, *p. p.* (Given to another for temporary use) आविहितकालात् परहस्ते समर्पितः -ता -तं, **or** अर्पितः -ता -तं, **or** निक्षिप्तः -प्ता -प्तं **or** न्यस्तः -स्ता -स्तं, निरूपितकालं यावद् विसृष्टः -ष्टा -ष्टं, कालकृतः -ता -तं, प्रयुक्तः -क्ता -क्तं.

Lent, *s.* (Fast of forty days) चत्वारिंशद्दिनपर्य्यन्तो महोपवासः.

Lenten, *a.* पूर्व्वोक्तमहोपवाससम्बन्धी -न्धिनी -न्धि (न्).

Lenticular, *a.* मसूरसरूपः -पा -पं, मसूरोपमः -मा -यं.

Lentiform, *a.* यवसरूपः -पा -पं, यवाकृतिः -तिः -ति, यवाकारः -रा -रं.

Lentiginous, *a.* जटुली -लिनी -लि (न्), दद्रुणः -णा -णं.

Lentigo, *s.* (Freckly eruption) जटुलोत्पत्तिः ***f.,*** तिलकोत्पत्तिः ***f.,*** दद्रुः ***m.***

Lentil, *s.* मसूरः, मसुरः, मङ्गल्यकः.

Lentor, *s.* (Viscousness) सान्द्रता, श्यानता.—**(Slowness)** मन्दता.

Lentous, *a.* सान्द्रः -न्द्रा -न्द्रं, श्यानः -ना -नं, घनः -ना -नं.

Leo, *s.* (The sign of the zodiac) सिंहः, आरण्यराशिः ***m.***

Leonine, *a.* सैंहः -ही -हं, सैंहिकः -की -कं, सिंहधर्म्मा -र्म्मा -र्म्म (न्), सिंहस्वभावः -वा -वं, सिंहशीलः -ला -लं, सिंहसम्बन्धी -न्धिनी **etc.**

Leopard, *s.* चित्रकः -चित्रव्याघ्रः, तरक्षुः -क्षुकः, श्वव्याघ्रः, पृदाकुः ***m.,*** पुण्डरीकः -मृगादनः.

Leper, *s.* कुष्ठी ***m.,*** -ष्ठिनी ***f.,*** श्वित्री ***m.*** -त्रिणी ***f.,*** (न्), त्वग्रोगी ***m.*** -गिणी ***f.*** (न्), कुष्ठरोगी **etc.,** दुष्टचर्म्मा ***m.*** (न्), दुश्चर्म्मा ***m.***

Leporine, *a.* शशसम्बन्धी -न्धि -न्धि (न्), शशकीयः -या -यं.

Leprosy, *s.* कुष्ठं, कुष्ठरोगः, श्वित्रं, श्वैत्रं, श्वेतं, श्वैत्यं, त्वग्रोगः, त्वग्दोषः, चर्म्मदूषिका, दुष्टचर्म्मत्वं, दुश्चर्म्मत्वं, सिध्मला, चित्रं, मण्डलकं, कोठः; **'black leprosy,'** रक्तकुष्ठं, महारोगः, महाव्याधिः ***m.,*** व्याधिः, **'afflicted with it,'** रक्तकुष्ठी ***m.*** (न्), महारोगी ***m.*** (न्); **'white leprosy,'** श्वेतकुष्ठं; **'wasting leprosy,'** गलत्कुष्ठं.

Leprous, *a.* कुष्ठी -ष्ठिनी -ष्ठि (न्), श्वित्री -त्रिणी -त्रि (न्), कुष्ठरोगी -गिणी -गि (न्), त्वग्रोगी **etc.,** चर्म्मरोगी **etc.,** दुष्टचर्म्मा -र्म्मा -र्म्म (न्), दुश्चर्म्मा **etc.,** महारोगी **etc.,** महाव्याधिग्रस्तः -स्ता -स्तं.

Lesion, *s.* क्षति ***f.,*** परिक्षतिः ***f.*** -तं, अपकारः, द्रोहः, पीडा, बाधः.

Less, *a.* न्यूनः -ना -नं, ऊनः -ना -नं, अल्पतरः -रा -रं, अल्पीयान् -यसी -यः (स्), अल्पः -ल्पा -ल्पं, क्षुद्रतरः -रा -रं, क्षोदीयान् **etc.,** कनीयान् **etc.,** स्तोकतरः -रा -रं, तनीयान् **etc.,** सूक्ष्मतरः -रा -रं, अवरः -रा -रं, **with abl. c.; as, 'water is less heavy than quicksilver,'** जलगुरुत्वं पारदगुरुत्वाद् अल्पं

भवति; **'less or more,'** न्यूनाधिकं, न्यूनातिरेकं. **The privative affix 'less' is expressed by** हीन: -ना -नं, रहित: -ता -तं, विरहित: **etc.,** विहीन: **etc.,** शून्य: **etc.,** वर्ज्जित: **etc.,** अपेत: **etc.,** व्यतिरिक्त: **etc. affixed, or by** अ, निर्, नि, वि, वीत, विगत **prefixed; as, 'childless,'** पुत्रहीन: -ना -नं, अपुत्र: -त्रा -त्रं, निष्पुत्र: **etc.; 'penniless,'** द्रव्यहीन: **etc.,** निष्किञ्चन: **etc., 'senseless,'** बुद्धिहीन: **etc.,** निर्बुद्धि: **etc.; 'worthless,'** सारहीन: **etc.,** निर्गुण: **etc.; 'fearless,'** वीतभय: **etc.,** अभय: **etc.**

Less, ***adv.*** न्यूनं, अल्पतरं, अल्पं, क्षुद्रतरं, स्तोकं, स्तोकतरं **with abl. c.** ***See*** **Less, *a.* 'How much less,'** किमुत, किम्पुनर्.

Less, ***s.*** न्यूनत्वं, ऊनता, अल्पत्वं -ता. **—(An inferior)** अवरजन:.

Lessee, ***s.*** पट्टधारी ***m.*** (न्), पट्टोलिकाधारी ***m.,*** पट्टग्राही ***m.,*** पट्टादायी ***m.***

To **lessen,** ***v. a.*** न्यूनीकृ, अल्पीकृ, ऊन् **(c. 10.** ऊनयति -यितुं), न्यून्, ह्रस् **(c. 10.** ह्रासयति -यितुं), कन् **(c. 10.** कनयति -यितुं), लघ **(nom.** लघयति -यितुं), लघूकृ.

To **lessen,** ***v. n.*** न्यूनीभू, ऊनीभू, अल्पीभू, ह्रस् **(c. 1.** ह्रसते -सितुं), क्षि **in pass.** (क्षीयते), अपचि **in pass** (-चीयते); **'to lessen by a quarter,'** पादशो न्यूनीभू.

Lessened, ***p. p.*** न्यूनीभूत: -ता -तं, अल्पीभूत: -ता -तं, ह्रसित: -ता -तं.

Lesser, ***a.*** अल्प: -ल्पा -ल्पं, अल्पतर: -रा -रं, अल्पीयान् -यसी -य: (स्), क्षुद्रतर: -रा -रं, क्षुद्र: -द्रा -द्रं, अवर: -रा -रं.

Lesson, ***s.*** पाठ: -ठनं, अध्याय:, अध्यय: -यनं, निपाठ:, व्याख्यानं. **—(Precept, matter, inculcated)** उपदेश:, शिक्षा, अध्यापनं, बोधनं, निर्देश:. **—(Reprimand)** वाग्दण्ड:, वाक्शासनं.

To **lesson,** ***v. a.*** उपदिश् **(c. 6.** -दिशति -देष्टुं), शिक्ष् **(c. 10.** शिक्षयति -यितुं), अधी **in caus.** (अध्यापयति -यितुं), शास् **(c. 2.** शास्ति, शासितुं), उपदेशं कृ.

Lessor, ***s.*** पट्टदाता ***m.*** (तृ), पट्टोलिकादाता ***m.,*** पट्टदायी ***m.*** (न्).

Lest, ***conj*** **.** यदि, यदि न, चेत्, न चेत्, नो चेत्, यदि कदाचित्, यदाकदाचित्, कदाचित्. **In using these particles to express the word 'lest' it will be necessary to vary the form of the sentence according to the particle employed, as in the following examples selected from modern Sanskrit. 'I fear lest your minds should be corrupted,'** चेद् युष्माकं मनांसि दुष्पेयुर् ममैषा भीतिर् जायते; **'beware lest he strike thee,'** सावधानो भव चेत् त्वामपि ताडयति; **or the particle may be omitted; as, 'bewared lest any man deceive you,'** सावधाना भवत कोऽपि युष्मान् न भ्रमयेत्; **or other particles may be used in more classical Sanskrit, the construction of the sentence being changed accordingly; as, 'commit not evil lest thou obtain the same,'** पापं मा कुरु पापे हि कृते त्वया तादृशं प्राप्तव्यं; **'he commanded to kill the captives lest they should escape,'** वन्दय: पलायिष्यन्ते इत्याशङ्क्या or इति बुद्ध्या तान् हन्तुम् आदिदेश; **'justice is not to be killed, lest being killed, it destroy us,'** धर्म्मो न हन्तव्यो मा नो धर्म्मा हतो बधीत्.

To **let,** ***v. a.*** **(Permit, allow)** अनुज्ञा **(c. 9.** -जानाति -नीते -ज्ञातुं), अभ्यनुज्ञा, अनुमन् **(c. 4.** -मन्यते -मन्तुं), सह् **(c. 1.** सहते, सोढुं), विषह्, अनुज्ञां कृ **or** दा **or sometimes expressible by the causal form; as, 'he lets perish,'** नाशयति; **'he lets enter,'** प्रवेशयति. **—(Let out, lease out)** विहितकालं यावद् निरूपितमूल्यमपेक्ष्य गृहक्षेत्रादि परप्रयोजनीयं दा **or** विसृज् **(c. 6.** -सृजति -स्रष्टुं), नियमितमूल्यमपेक्ष्य किञ्चिद् द्रव्यं परप्रयोजनीयं दा, आविहितकालाद् निरूपितमूल्यमपेक्ष्य गृहक्षेत्रादि परहस्ते समृ **in caus.** (-अर्पयति -यितुं) **or** ऋ, नियमितपारितोषिकमपेक्ष्य किञ्चिद् वस्तु परस्मिन् समृ. **—(Hinder)** निवृ **(c. 10.** -वारयति -यितुं), रुध् **(c. 7.** रुणद्धि, रोद्धुं), प्रतिरुध्, निरुध्. **—(Let alone)** त्यज् **(c. 1.** त्यजति, त्यक्तुं), परित्यज्, विसृज् **(c. 6.** -सृजति -स्रष्टुं, **c. 10.** सर्जयति -यितुं), उत्सज्. **—(Let down)** अवतॄ **(c. 10.** -तारयति -यितुं), अवरुह् **in caus.** (-रोपयति -यितुं), अवपत् **(c. 10.** -पातयति -यितुं), अवमुच् **(c. 6.** -मुञ्चति -मोक्तुं), अवसृज्. **—(Let go, let loose)** मुच्, अवमुच्, विमुच्, विसृज्, अवसृज्, शिथिलीकृ, शिथिल **(nom.** शिथिलयते -ति -यितुं), श्लथ् **(c. 10.** श्लथयति -यितुं) **or** अथ्, स्रंस् **(c. 10.** स्रंसयति -यितुं), विस्रंस्, विस्रस्तं -स्तां कृ; **'having let go the hold,'** स्रस्तहस्त: -स्ता -स्तं, शिथिलतहस्त: -स्ता -स्तं. **—(Let in)** प्रविश् **or** निविश् **or** आविश् **in caus. —(Let out)** मुच्, विमुच्, निर्मुच्, मोक्ष् **(c. 10.** मोक्षयति -यितुं), विमोक्ष्, विसृज्. **—(Let off, discharge)** मुच्, प्रमुच्, सृज्, अस् **(c. 4.** अस्यति, असितुं), प्रास्, क्षिप् **(c. 6.** क्षिपति, क्षेप्तुं), प्रक्षिप्, ईर् **(c. 10.** ईरयति -यितुं); **'let off a gun,'** लोहगुलिकां युद्धनाडे: प्रक्षिप् **or** नि:सृ **(c. 10.** -सारयति -यितुं). ***See*** **To fire. (Let blood)** रक्तं श्रु **(c. 10.** श्रावयति -यितुं). ***See To*** **bleed, *v. a.*** **(Let slip)** मुच्, विमुच्, विसृज्, शिथिलीकृ; **'I will not let slip the occasion,'** अवकाशं न शिथिलिष्ये. **The sense of 'let' is often inherent in the imperative; as, 'let him go,'** गच्छतु; **'let it be,'** भवतु. **et. s. (Hinderance)** रोध:, व्याघात:, प्रत्यूह:, विघ्न:, अन्तराय:, बाध:. **et loose, *p. p.*** मुक्त: -क्ता -क्तं, विमुक्त: -क्ता -क्तं,, विमोचित: -ता -तं, विसृष्ट: -ष्टा -ष्टं, शिथिलीकृत: -ता -तं, शिथिलित: -ता -तं, स्रस्त: -स्ता -स्तं, विस्रस्त: **etc.**

Lethal, ***a.*** मारात्मक: -का -कं, प्राणनाशक: -का -कं, प्राणहर:

-रा -रं, प्राणघातकः -का -कं, मृत्युजनकः -का -कं. *See* **Deadly.**

Lethargic, ***a.*** निद्रालुः -लुः -लु, अतिनिद्रालुः **etc.,** निद्रालसः -सा -सं, सुप्तबुद्धिः -द्धिः -द्धि, जडः -डा -डं, जडबुद्धिः **etc.,** निद्राशीलः -ला -लं, स्वप्नशीलः -ला -लं, नैद्रः -द्री -द्रं, सुषुप्सुः -प्सुः -प्सु.

Lethargically, ***adv.*** निद्रालुवत्, निद्रालसवत्, जडवत्, सजाड्यं.

Lethargicalness, lethargy ***s.*** निद्रालुता, अतिनिद्रालुत्वं, निद्रालसता, निद्राशीलता, स्वप्नशीलता, जडता, जाड्यं, जडबुद्धित्वं, अलसता, आलस्यं, सुप्तबुद्धित्वं, शयालुता, तन्द्रा -न्द्रिः ***f.,*** प्रमीला.—**(Deep sleep)** घोरनिद्रा, गाढनिद्रा, सुनिद्रा, निर्भरनिद्रा.

Lethe, ***s.*** विस्मृतिः ***f.,*** अस्मृतिः ***f.,*** स्मृतिनाशः, स्मृतिहानिः ***f.***

Lethean, ***a.*** विस्मृतिजनकः -का -कं, विस्मृतिकारकः -का -कं.

Lethiferous, ***a.*** मृत्युजनकः -का -कं, निधनावहः -हा -हं. *See* **Deadly.**

Letter, ***s.*** **(Of the alphabet, character)** अक्षरं, वर्णः -र्णं, मातृका, अभिनिष्ठानः, अर्णः, कारः; **the latter word is only used in naming any letter; as, 'the letter a,'** अकारः; **the letter 'r,' is called** रेफः.—**(Printing letter or type)** मुद्राक्षरं, अक्षरमुद्रा; **'compound letter,'** संयुक्ताक्षरं, सन्ध्यक्षरं; **'letter by letter,'** अक्षरशस्; **'beginning to learn the letters,'** अक्षरारम्भः.—**(Epistle)** पत्रं, लेखः, लेख्यं, पत्रिका, पत्री, पत्रकं, लिखितं, सन्देशपत्रं, लिपिः ***f.,*; 'by letter,'** पत्रद्वारा, पत्रद्वारेण; **'on sight of the letter,'** पत्रदर्शनात्; **'a letter from an inferior to a superior,'** निवेदनपत्रं, आवेदनपत्रं, विज्ञापनपत्रं; **'from a superior officer,'** आज्ञापत्रं; **'a letter to a son, daughter, etc.,'** आशीर्वादपत्रं.—**(The literal meaning, verbal expression)** शब्दार्थः, अक्षरार्थः, वाच्यार्थः, प्रथमार्थः, पदार्थः, वचनं, ग्रन्थार्थः; **'in the spirit and in the letter,'** अर्थतो ग्रन्थतश्च, अर्थतो वचनतश्च.—**(Letters, literature)** अक्षरं, विद्या, शास्त्रं; **'a man of letters,'** शिक्षिताक्षरः, साक्षरजनः, कृतविद्यः.—**(Dead letter)** निरर्थकविधिः ***m.***

To, **letter,** ***v. a.*** अक्षराङ्कितं -तां कृ, अक्षरमुद्रितः -तां कृ, अक्षरैर् अङ्क् **(c. 10.** अङ्कयति -यितुं**) or** मुद्र **(nom.** मुद्रयति -यितुं**) or** मुद्रीकृ **or** चिह्न **(nom.** चिह्नयति -यितुं**),** अक्षरचिह्नितं -तां कृ, अक्षरयुक्तं -क्तां कृ.

Letter-carrier, ***s.*** पत्रवाहः -हकः, पत्रवाही ***m.*** (न्), लेखहारः -रकः, लेखहारी ***m.*** (न्), लेखनिकः.

Lettered, ***p. p.*** **(Stamped with letters)** अक्षराङ्कितः -ता -तं, अक्षरमुद्रितः -ता -तं, अक्षरचिह्नितः -ता -तं, अक्षरयुक्तः -क्ता -क्तं; **'well-lettered,'** शुद्धवर्णः -र्णा -र्णं, शुद्धाक्षरः -रा -रं. **(Versed in literature)** शिक्षिताक्षरः -रा -रं, साक्षरः -रा -रं, कृतविद्यः -द्या -द्यं, गृहीतविद्यः **etc.,** कृतबुद्धिः -द्धिः -द्धि.

Letter-press, ***s.*** अक्षरमुद्रा, मुद्राक्षरं, मुद्रिताक्षरं, अक्षरं.

Letter-written, ***s.*** पत्रलेखकः, पत्रलिपिकारः, पत्रलिखनकृत्.

Lettuce, ***s.*** शाकभेदः, हरितकं, शिग्रुः ***m.***

Leucophlegmacy, ***s.*** कफोदरं, कफशोथः, जलोदरं, उदकोदरं, आध्मानं.

Leucophlegmatic, ***a.*** कफोदरी -रिणी -रि (न्), कफशोथरोगी -गिणी -गि (न्).

Levant, ***a.*** पूर्व्वदेशीयः -या -यं, पूर्व्वदिश्यः -श्या -श्यं, पूर्व्वदिक्स्थः -स्था -स्थं, पूर्व्वदेशजः -जा -जं, पूर्व्वदेशसम्बन्धी -न्धिनी **etc.,** सूर्य्योदयदेशसम्बन्धी **etc.**

Levant, ***s.*** पूर्व्वदेशः, प्राग्देशः, प्राचीनदेशः, सूर्य्योदयदेशः.

Levee, ***s.*** राजदर्शनं, राजसभा, सभा, दर्शनं, प्रातःसभा.

Level, ***a.*** **(Even, flat)** समः -मा -मं, समानः -ना -नं, समस्थः -स्था -स्थं, सपाटः -टा -टं, समरेखः -खा -खं.—**(Horizontal)** क्षितिजसमसूत्रः -त्रा -त्रं.—**(On the same plane or line with)** समरेखः -खा -खं, समसूत्रः -त्रा -त्रं, समदेशस्थः -स्था -स्थं, समभूमिस्थः **etc.; 'level ground,'** समभूमिः ***f.,*** समस्थलं -ली, प्रस्थः, पाटः, आजिः ***f.;*** **'level surface,'** समपृष्ठं, समतलं.

Level, ***s.*** **(Even surface)** समं, समस्थलं -ली, समभूमिः ***f.,*** समतलं, समपृष्ठं, समदेशः, प्रस्थः, पाटः; **'liquids always find their own level,'** द्रवपदार्थाः सदा समानपृष्ठा भवन्ति; **'the water in the tube rises to a level with the water in the vessel,** नलस्थजलं प्रांशुत्वेन पात्रस्थलजसमं भवति.—**(State of equality, equal elevation)** समता, समानता, सामयं, तुल्यता, समसमानता.—**(Line of direction in which a weapon is aimed)** लक्ष्यं, लक्ष्यदेशः, लक्ष्यसूत्रं, सन्धानं, अभिसन्धानं.—**(Instrument for finding the level)** सूत्रं.—**(Rule, plan)** नियमः, सूत्रं.

To **level,** ***v. a.*** **(Make even)** समीकृ, समानीकृ, समं -मां -मं कृ.—**(Reduce to an even surface)** समस्थलीकृ, समपृष्ठीकृ, समतलीकृ.—**(Aim)** अभिसन्धा **(c. 3.** -दधाति -धातुं**),** प्रतिसन्धा, लक्षीकृ.—**(Direct at)** उद्दिश् **(c. 6.** -दिशति -देष्टुं**),** समुद्दिश्.

Leveled, ***p. p.*** **(Made even)** समीकृतः -ता -तं, समानीकृतः -ता -तं.—**(Reduced to an even surface)** समस्थलीकृतः -ता -तं.—**(Aimed)** प्रतिसंहितः -ता -तं, अभिसंहितः -ता -तं, उद्दिष्टः -ष्टा -ष्टं.

Leveler, ***s.*** समकारी ***m.*** (न्), समानकारी ***m.***—**(One who**

destroys distinctions) पदनाशकः, पदघातकः, भावविघातकः.

Leveling, ***s.*** समीकरणं, समानीकरणं, समस्थलीकरणं, तुल्यीकरणं.

Levelness, ***s.*** समता, साम्यं, समानता -त्वं, समभूमिस्थभावः, समस्थलस्थभावः, तुल्यता.

Lever, ***s.*** उत्तोलनदण्डः -ण्डं, उत्तोलनदारुः ***m.*** उत्तोलनी, लोहदण्डः, उत्तोलनयन्त्रं; **'to raise with a lever,'** लोहदण्डेन **or** दारुणा उत्तुल् **(c. 10.** -तोलयति -यितुं).

Leveret, ***s.*** शशशावकः, शशवत्सः, शशशिशुः ***m.*** बालशशकः.

Leviathan, ***s.*** तिमिः ***m.,*** तिमिङ्गिलः, मीनरः, समुद्रारुः ***m.***

To **levigate,** ***v. a.*** **(Grind to a fine powder)** चूर्ण् **(c. 10.** चूर्णयति -यितुं), चूर्णीकृ. —**(Polish, make smooth)** परिष्कृ, श्लक्ष्णीकृ, स्निग्धीकृ.

Levigation, ***s.*** चूर्णीकरणं, पेषणं, क्षोदीकरणं, परिष्कारः श्लक्ष्णीकरणं.

Levite, ***s.*** लीवैताख्यो यिहुदीयानां पुरोहितः **or** याजकः.

Levitical, ***a.*** पौरोहितः -ती -तं, याजकीयः -या -यं, पूर्व्वोक्तयाजकसम्बन्धी -न्धि -न्धि (न्), धर्म्मोपदेशविषयः -या -यं.

Levity, ***s.*** **(Lightness)** लघुता, लाघवं, लघिमा ***m.*** (न्), अगुरुता. —**(Unsteadiness)** चञ्चलत्वं, चाञ्चल्यं, चपलता, चापल्यं, चापलं लोलता, लौल्यं; मनोलौल्यं, अस्थिरता, अस्थैर्य्यं, अनवस्थितिः ***f.,*** अधृतिः ***f.*** —**(Want of seriousness)** अगुरुता, गौरवहीनता.

To **levy,** ***v. a.*** **(Raise troops)** योद्धमध्ये समारोप्य सैन्यान् समूहीकृ **or** व्यूहीकृ **or** समूह् **(c. 1.** -ऊहते -हितुं) **or** समाहृ **(c. 1.** -हरति -हर्त्तुं), सेनां **or** वरुथिनीं युज् **(c. 10.** योजयति -यितुं), सैन्यसमूहं कृ, सैन्यसमाहारं कृ, सैन्यपरिसंख्यां कृ, शस्त्राणि **or** अस्त्राणि ग्रह् **in caus.** (ग्राहयति -यितुं), युद्धकर्म्मणि प्रवृत् **(c. 10.** -वर्त्तयति -यितुं), सैन्यमध्ये अभिलिख् **(c. 6.** -लिखति -लेखितुं) **or** समारुह् **in caus.** (-रोपयति -यितुं) **or** आरुह्. —**(Levy a tax)** करं ग्रह् **(c. 9.** गृह्णाति, ग्रहीतुं) **or** आदा **(c. 3.** -ददाति -दातुं) **or** दा **in caus.** (दापयति -यितुं) **or** अवहृ **(c. 10.** -हारयति -यितुं), शुल्कग्रहणं कृ. —**(Levy contributions)** एकैकस्मात् किञ्चिद्धनग्रहणं **or** धनोत्तोलनं कृ.

Levy, ***s.*** **(Act of collecting troops)** सैन्यसमाहारः, सैन्यसमाहरणं, सैन्याभिलेखनं, सैन्यव्यूहकरणं. —**(Troops raised)** सैन्यसमूहः, सैन्यसमुदायः. —**(Of taxes)** करग्रहणं, शुल्कग्रहणं. —**(Of money)** धनोत्तोलनं, एकैकस्मात् किञ्चिद्धनग्रहणं.

Lewd, ***a.*** कामुकः -का -कं, कामी -मिनी -मि (न्), रतार्थी -र्थिनी **etc.,** सुरतार्थी **etc.,** व्यवायी -यिनी **etc.,** व्यवायपरः -रा -रं, कामासक्तः -क्ता -क्तं, सम्भोगार्थी **etc.,** तरलः -ला -लं, स्त्रीलम्पटः, लम्पटः, स्त्रीव्यसनी ***m.*** —**(Wicked)** दुष्टः -ष्टा -ष्टं, दुराचारः -रा -रं, दुरात्मा -त्मा -त्म (न्), पापी -पिनी -पि (न्).

Lewdly, ***adv.*** कामुकवत्, लम्पटवत्, कामुकं, सकामं, दुष्टवत्.

Lewdness, ***s.*** कामुकत्वं, लम्पटता, लाम्पट्यं, रतार्थित्वं, रतासक्तिः ***f.,*** सकामता, सम्भोगार्थित्वं, व्यवायः, -यित्वं, वैयात्यं, वियातता, हेला, स्त्रीव्यसनं. —**(Wickedness)** दुष्टता, दुराचारता, अधमाचारता, कुसृतिः ***f.***

Lexicographer, ***s.*** कौशिकः, कोशकारः, कोशरचकः, अभिधानकर्त्ता ***m.*** (र्तृ).

Lexicographical, ***a.*** कौशिकः -की -कं, कोषरचनासम्बन्धी -न्धिनी -न्धि (न्).

Lexicography, ***s.*** शब्दकोशरचना, शब्दकोशकरणं, कोषरचना.

Lexicon, ***s.*** कोषः, कोशः, शब्दकोषः, शब्दकोशः, शब्दसङ्ग्रहः, अभिधानं, शब्दग्रन्थः, शब्दजालं, निर्वचनं, निघण्टुः ***m.***

Liable, ***a.*** **(Subject to)** अधीनः -ना -नं, योग्यः -ग्या -ग्यं, अर्हः -र्हा -र्हं, वशः -शा -शं, शीलः -ला -लं **in comp.; 'liable to be punished,'** दण्डयोग्यः **etc.; 'liable to death,'** मरणाधीनः -ना -नं; **'liable to disease,'** रोगाधीनः -ना -नं; **'not liable,'** अनधीनः -ना -नं. —**(Responsible, amenable)** आह्वानाधीनः -ना -नं, अभियोक्तव्यः -व्या -व्यं, अभियोज्यः -ज्या -ज्यं, अभियोक्तुराह्वानाधीनः -ना -नं, व्यवहार्य्यः -र्य्या -र्य्यं, व्यवहर्त्तव्यः -व्या -व्यं; **'liable for the debt,'** उत्तमर्णाह्वानाधीनः -ना -नं, धनिकाह्वानाधीनः **etc.; 'he is liable to pay,'** दातुम् अर्हति. **Sometimes 'liable' may be expressed by the affix.** आलु; **as, 'liable to fall,'** पतयालुः -लुः -लु.

Liableness, liability ***s.*** अधीनता, योग्यता -त्वं, शीलता; **'liability to disease,'** रोगाधीनता; **'liability to fall,'** पतनशीलता, पतयालुता. —**(Responsibility)** आह्वानाधीनता, अभियोज्यता, अनुयोगाधीनता, व्यवहार्य्यता; **'for debt,'** उत्तमर्णाह्वानाधीनता, धनिकाह्वानाधीनता. —**(Debt)** ऋणं.

Liaison, ***s.*** सम्बन्धः, संयोगः, प्रेमबन्धः, प्रेमसम्बन्धः.

Liar, ***s.*** असत्यवादी ***m.*** -दिनी ***f.*** (न्), मिथ्यावादी -दिनी, मृषावादी -दिनी, असत्यवक्ता ***m.,*** क्त्री ***f.*** (क्तृ), मिथ्याभाषी -षिणी (न्), अनृतभाषी **etc.,** अनृतवादी **etc.,** अनृतवाक् ***m. f.*** (च्), अनृतवदनशीलः, असत्यवदनशीलः, अनृती ***f.*** (न्), अतथ्यवादी **etc.,** अलीकवाक् ***m.,*** द्विजिह्वः, अनेकजिह्वः, असत्यचूडामणिः ***m.***

Libation, ***s.*** **(The act)** उदकतर्पणं, उदकदानं, उदकक्रिया, उदकनिषेकः, उदकपातनं, देवतोद्देशकः, पेयनिषेकः **or** पानीयनिषेकः **or** मद्यनिषेकः **or** पेयत्यागः, पात्रस्थरसनिषेकः. —**(The liquor poured out)** तर्पणोदकं, तर्पणरसः, तर्पणद्रव्यं, निषिक्तरसं, पातितरसः; **'to make libations,'** उदकादिदानेन

or उदकादिनिषेकेण तृप् (c. 10. तर्पयति -यितुं), देवतामुद्दिश्य पात्रस्थरसं पत् (c. 10. पातयति -यितुं) or पात्रस्थामद्यं निषिच् (c. 6. -षिञ्चति -षेक्तुं) or अवसिच्.

Libel, *s.* अपवादपत्रं, अपवादलेखः, अपवादलेख्यं, परिवादलेख्यं, निन्दापत्रं, निन्दालेखः, अभिशापपत्रं, अमुकोद्देशकं पिशुनलेख्यं, कलङ्कसूचकपत्रं, अख्यातिसूचकपत्रं.

***To* libel,** *v. a.* अपवादपत्रेण निन्द् (c. 1. निन्दति -न्दितुं), निन्दापत्रेण अपवद् (c. 1. -वदति -दितुं) or परिवद् or कलङ्क (nom. कलङ्कयति -यितुं) or कीर्त्तिकलङ्कं कृ, अमुकजनमुद्दिश्य अपवादपत्रं लिख् (c. 6. लिखति, लेखितुं) or निन्दापत्रं लिख्.

Libeled, *p. p.* पत्रापवादितः -ता -तं, पत्रनिन्दितः -ता -तं, पत्राभिशस्तः -स्ता -स्तं, लेखनिन्दितः etc., पत्रकलङ्कितः -ता -तं.

Libeler, *s.* पत्रापवादी *m.* (न्), पत्राभिशस्तकः, अपवादपत्रलेखकः, निन्दापत्रलेखकः, कलङ्ककरः, अभ्यसूयकः.

Libellous, *a.* अपवादकः -का -कं, अभिशस्तकः -का -कं, कलङ्ककरः -री -रं, अकीर्त्तिकरः -री -रं, अपयशस्करः -री -रं, गुणापवादकः -का -कं, निन्दकः -का -कं, पिशुनः -ना -नं, अभ्यसूयकः -का -कं.

Liberal, *a.* उदारः -रा -रं, दानशीलः -ला -लं, बहुदः -दा -दं, बहुप्रदः -दा -दं, अतिदाता -त्री -तृ (तृ), दायकः -का -कं, बहुदायकः -का -कं, दानरतः -ता -तं, त्यागशीलः -ला -लं, वदान्यः -न्या -न्यं, स्थूललक्ष्यः -क्ष्या -क्ष्यं, स्थूललक्षः -क्षा -क्षं, मुक्तहस्तः -स्ता -स्तं, बहुत्यागी -गिनी -गि (न्), दाश्वः -श्वा -श्वं, दाश्वन् -श्वती -श्वत् (त्), दारुः -र्वी -रु, व्ययशीलः -ला -लं, उदारहस्तः etc., उदात्तः -त्ता -त्तं, सुकलः -ला -लं, अकृपणः -णा -णं, परिनिर्विवप्सुः -प्सुः -प्सु. —**(Liberal-minded)** उदारचेताः -ताः -तः (स्), उदारधीः -धीः -धि, उदारचरितः -ता -तं, माहात्मिकः -की -कं, महात्मा -त्मा -त्म (न्), महामनाः -नाः -नः (स्), महानुभावः -वा -वं, महेच्छः -च्छा -च्छं, महाशयः -या -यं. —**(Of good birth)** महाकुलः -ला -लं, सत्कुलीनः -ना -नं. —**(Exuberant)** बहुलः -ला -लं, प्रचुरः -रा -रं, परिपूर्णः -र्णा -र्णं, उद्रिक्तः -क्ता -क्तं, अतिरिक्तः -क्ता -क्तं, पुष्कलः -ला -लं, विपुलः -ला -लं. —**(Liberal arts)** अलङ्कारकला, अलङ्कारविद्या, कला.

Liberality, *s.* उदारता, औदार्य्यं, दानशीलता, त्यागशीलता, त्यागिता, त्यागः, दानं, अतिदानं, दातृत्वं -ता, अतिदातृत्वं, अतिसर्ज्जनं बहुप्रदत्वं, वदान्यता, स्थूललक्ष्यता, व्ययशीलता, मुक्तहस्तत्वं, विलम्भः, अकार्पण्यं, अकृपणता, परिनिर्विवप्सा. —**(Nobleness of mind)** माहात्म्यं, उदारचित्तत्वं; **'act of pious liberality,'** पूर्त्तं.

Liberally, *adv.* बाहुल्येन, अकार्पण्येन, अतित्यागेन, अतिदानेन, मुक्तहस्तेन, वदान्यवत्, उदारवत्, बहुशस्, अतिव्ययेन, स्थूललक्ष्यवत्.

***To* liberate,** *v. a.* मुच् (c. 6. मुञ्चति, मोक्तुं, c. 10. मोचयति -यितुं), विमुच्, निर्मुच्, मोक्ष् (c. 10. मोक्षयति -यितुं), विमोक्ष्, विसृज् (c. 6. -सृजति -स्रष्टुं, c. 10. -सर्ज्जयति -यितुं), निस्तॄ (c. 10. -तारयति -यितुं), उद्धृ (c. 1. -हरति -हर्त्तुं), त्रै (c. 1. त्रायते, त्रातुं), परित्रै, मुक्तिं कृ, विमोचनं कृ. —**(From confinement)** बन्धनात् or बन्धनालयाद् मुच्.

Liberated, *p. p.* मुक्तः -क्ता -क्तं, मोचितः -ता -तं, विमोचितः -ता -तं, विमुक्तः -क्ता -क्तं, मोक्षितः -ता -तं, विसृष्टः -ष्टा -ष्टं, उद्धृतः -ता -तं, समुद्धृतः -ता -तं, त्रातः -ता -तं, त्राणः -णा -णं, बन्धनमुक्तः -क्ता -क्तं.

Liberation, *s.* मुक्ति *f.,* विमुक्ति *f.,* वैमुक्तं, मोचनं, विमोचनं, मोक्षः -क्षणं, विमोक्षः -क्षणं, परिमोक्षणं, त्राणं, परित्राणं, निस्तारः, निस्तरणं, उद्धारः, उद्धारणं, समुद्धरणं, विसर्ज्जनं, विसृष्टिः *f.,* मुक्तिदानं.

Liberator, *s.* मोचकः, विमोचकः, मोक्षकः, मुक्तिदाता *m.* (तृ), उद्धर्त्ता *m.* (र्त्तृ), समुद्धर्त्ता *m.,* निस्तारकः, निस्तारयिता *m.* (तृ), तारकः, रक्षकः.

Libertine, *a.* व्यसनी -निनी -नि (न्), व्यसनीयः -या -यं, व्यभिचारी -रिणी -रि (न्), विषयासक्तः -क्ता -क्तं, विषयी -यिणी etc., विषयानुरागी -गिणी etc., कामासक्तः -क्ता -क्तं, भोगासक्तः -क्ता -क्तं, कामुकः -का -कं, तरलः -ला -लं, अनवस्थः -स्था -स्थं, अमर्य्यादः -दा -दं, निर्मर्य्यादः -दा -दं, दुराचारः -रा -रं, कामवृत्तः -त्ता -त्तं.

Libertine, *s.* लम्पटः, स्त्रीलम्पटः, स्त्रीव्यसनी *m.* (न्), स्त्रीसेवी *m.* (न्), स्त्रीपरः, स्त्रीरतः, स्त्रीव्यासङ्गी *m.* (न्), नागरः, नागरीटः, विटः.

Libertinism, *s.* व्यसनिता -त्वं, व्यसनं, व्यभिचारः, व्यतिक्रमः, लम्पटता, लाम्पट्यं, अनवस्थितिः *f.,* अनवस्थता, विषयासक्तिः *f.,* विषयानुरागः, कामासक्तिः *f.,* भोगासक्तिः, कामुकत्वं, स्त्रीसेवा, स्त्रीप्रसङ्गः, स्त्रीव्यसनं, स्त्रीव्यासङ्गः, दुर्वृत्तता, दुराचारत्वं, अमर्य्यादा, इन्द्रियासंयमः, वनितोपभोगः, नारीप्रसङ्गः.

Liberty, *s.* **(Freedom from restraint or servitude)** स्वतन्त्रता स्वातन्त्र्यं, स्वाधीनता, अनधीनता, स्वच्छन्दता, स्वाच्छन्द्यं, आत्माधीनता, अपराधीनता, स्ववशत्वं, अपरवशत्वं, अवशत्वं, विवशत्वं, अपारतन्त्र्यं, अनायत्तता, अपरायत्तता, स्वायत्तता, स्वेच्छाचारता, अदास्यं, अदासत्वं, अपरप्रेष्यत्वं, दास्याभावः, सेवाभावः, अयन्त्रणं, निर्यन्त्रणं, अयन्त्रितत्वं. —**(Freedom of the will)** स्वेच्छा, स्वच्छन्दता, स्वकामः, यदृच्छा. —**(Ability to act)** क्षमता, शक्तिः *f.* —**(Freedom in general)** मुक्तिः *f.,* मोक्षः, विमोक्षः, परिमोक्षणं, मोचनं, विमोचनं, वैमुक्तं, बन्धनाभावः, बन्धनराहित्यं. —**(Leave)** अनुज्ञा, अनुमतिः *f.,*

अभ्यनुज्ञा.—(Exemption from) मुक्तिः *f.*, विरहः, राहित्यं, शून्यता, अभावः, मोक्षः.—(Freedom from necessity) भवितव्यानधीनता, दैवानधीनता, कर्म्मावशता, दैवावशता. —(Breach of decorum) अविनयः, अमर्य्यादा, विनयातिक्रमः, मर्य्यादातिक्रमः, मर्य्यादातिवर्त्तनं, मर्य्यादातिचारः, विनयोल्लंघनं; **'to set at liberty,'** मुच् **(c. 6.** मुञ्चति, मोक्तुं), विमुच्, मोक्ष् **(c. 10.** मोक्षयति -यितुं), विमोक्ष्, निस्तृ **(c. 10.** -तारयति -यितुं); **'at liberty,'** अनियत -ता -तं, निर्यन्त्रितः -ता -तं, निरवग्रहः -हा -हं, क्षमः -मा -मं. ***See* Free.**

Libidinous, *a.* कामुकः -का -कं, कामी -मिनी -मि (न्), कामनः -ना -नं, कामलः -ला -लं, कामात्मा -त्मा -त्म (न्), कमनः -ना -नं, कामकेलिः -लिः -लि, कमिता -त्री -तृ (तृ), रतार्थी -र्थिनी -र्थि (न्), सुरतार्थी **etc.,** व्यवायी -यिनी -यि (न्), कामासक्तः -क्ता -क्तं, तरलः -ला -लं, सकामः -मा -मं, कामबुद्धिः -द्धिः -द्धि, कामप्रवणः, -णा -णं, कामशीलः -ला -लं, कामवृत्तिः -त्तिः -त्ति, अभीकः -का -कं, अनुकः -का -कं. ***See* Lecherous, Lustful, Lewd, etc.**

Libidinously, *adv.* सकामं, कामुकवत्, कामुकं, लम्पटवत्, तरलवत्.

Libidinousness, *s.* सकामता, कामुकता -त्वं, कामित्वं, कामात्मता, कामासक्तिः ***f.,*** रतासक्तिः ***f.,*** व्यवायित्वं, वैयात्यं, रतार्थित्वं, हेला-लनं.

Libra, *s.* (Sign of the zodiac) तुला, तुलाधारः, घटः.

Librarian, *s.* पुस्तकशालाध्यक्षः, पुस्तकशालाधिकारी ***m.*** (न्), पुस्तकाध्यक्षः, ग्रन्थाध्यक्षः, पुस्तकागाररक्षकः, पुस्तकागारपालकः.

Library, *s.* (Collection of books) पुस्तकसङ्ग्रहः, पुस्तकसमूहः, ग्रन्थसङ्ग्रहः.—**(Edifice or room for holding it)** पुस्तकशाला पुस्तकालयः, पुस्तकागारं, पुस्तकाधारः, ग्रन्थगृहं, ग्रन्थसङ्ग्रहशाला, ग्रन्थकुटी.

To* librate, *v. a. तुल् **(c. 10.** तुलयति -यितुं), समतोलीकृ, तुल्यभारीकृ.

Libration, *s.* तोलनं, समतोलीकरणं, भारतुल्यता, तुल्यबलता, तुल्यता.

Lice, *s. pl.* यूका ***m. f. pl.,*** केशकीटाः ***m. pl.,*** षट्पदाः ***m. pl.***

License, *s.* (Leave, permission) अनुज्ञा, अनुमतिः ***f.,*** अनुज्ञानं, अभ्यनुज्ञा, समनुज्ञानं, क्षमता, आज्ञा; **'written license,'** अनुज्ञापत्रं, आज्ञापत्रं.—**(Excess of liberty)** मर्य्यादातिक्रमः, व्यतिक्रमः, अनर्गलता, उत्क्रमः, विधिव्यतिक्रमः, विधिनिषेधातीतता.

To* license, *v. a. अनुज्ञापत्रेण अनुमन् **(c. 4.** -मन्यते -मन्तुं), अनुज्ञा **(c. 9.** -जानाति -नीते -ज्ञातुं), अनुज्ञां दा, अनुज्ञापत्रं दा, आज्ञापत्रं दा.

Licensed, *p. p.* अनुज्ञातः -ता -तं, पत्रानुज्ञातः -ता -तं, गृहीतानुज्ञः -ज्ञा -ज्ञं, अभ्यनुज्ञातः -ता -तं, अनुमतः -ता -तं.

Licenser, *s.* अनुज्ञादाता ***m.*** (तृ), अनुमतिदाता ***m.,*** अनुज्ञापत्रप्रकाशकः.

Licentiate, *s.* गृहीतानुज्ञः, सानुज्ञः, अधिकारयुक्तः, अधिकारी ***m.*** (न्).

Licentious, *a.* (Exceeding the limits of law or propriety) निर्मर्य्यादः -दा -दं, मर्य्यादातिवर्त्ती -र्त्तिनी -र्त्ति (न्), मर्य्यादातिक्रमी -मिणी **&c** त्यक्तमर्य्यादः -दा -दं, अतिक्रान्तमर्य्यादः **etc.,** उत्क्रान्तमर्य्यादः **etc.,** अमर्य्यादः **etc.,** व्यभिचारी -रिणी **etc.,** दुराचारी **etc.,** दुराचारः -रा -रं, अनाचारी **etc.,** स्वेच्छाचारी **etc.,** यथेष्टाचारी **etc.,** कामाचारी **etc** . कामवृत्तः -त्ता -त्तं, उच्छृङ्खलः -ला -लं, अशिष्टः -ष्टा -ष्टं, अशिष्टाचारः **etc.,** धर्म्मभ्रष्टः -ष्टा -ष्टं, त्यक्तधर्म्मा -र्म्मा -र्म्म (न्), अत्याचारी **etc.,** अबद्धः -द्धा -द्धं, अनर्गलः -ला -लं.—**(Profligate, dissolute)** व्यसनी -निनी **etc.,** व्यसनीयः -या -यं, व्यसनासक्तः -क्ता -क्तं, विषयासक्तः **etc.,** विषयी -यिणी **etc.,** विषयानुरागी -गिणी **etc.,** भोगासक्तः **etc.,** कामुकः -का -कं, अनवस्थः -स्था -स्थं, दुष्टः -ष्टा -ष्टं, पापीयान् -यसी -यः (स्), पापिष्ठः -ष्ठा -ष्ठं, दुर्वृत्तः -त्ता -त्तं, लम्पटः, स्त्रीलम्पटः, स्त्रीव्यसनी, व्यवायपरः -रा -रं.

Licentiously, *adv.* अशिष्टवत्, उच्छृङ्खलं, व्यभिचारेण, लम्पटवत्, कामुकं, कामुकवत्, विषयानुरागात्, दुष्टवत्, पापिष्ठवत्.

Licentiousness, *s.* व्यभिचारः, व्यतिक्रमः, मर्य्यादातिक्रमः, मर्य्यादातिवर्त्तनं, नियमातिक्रमः, अशिष्टता, उच्छृङ्खलत्वं, दुराचारत्वं, अनाचारः, अत्याचारः, आचारभृष्टता, दुर्वृत्तता, व्यसनिता, अनवस्थितिः ***f.,*** अनवस्थता, पापिष्ठत्वं, लम्पटता, लाम्पट्यं, कामुकत्वं, इन्द्रियासंयमः, स्त्रीप्रसङ्गः, स्त्रीसेवा, स्त्रीव्यसनं, भोगासक्तिः ***f.***

Lichen, *s.* शिलावल्का, सूकरी, शूकरी, शूकराक्रान्ता, वराहक्रान्ता.

To* lick, *v. a. लिह् **(c. 2.** लेढि, लीढे, लेढुं), आलिह्, अवलिह्, परिलिह्, संलिह्, परिसंलिह्, जिह्वालेहनं कृ, अवलेहनं कृ. —**(Lick up, devour)** ग्रस् **(c. 1.** ग्रसते -सितुं), भक्ष् **(c. 10.** भक्षयति -यितुं), सम्भक्ष्, गृ **(c. 6.** गिरति, गरितुं -रीतुं), निगृ, संगृ.—**(Reat)** तड् **(c. 10.** ताडयति -यितुं), प्रहृ **(c. 1.** -हरति -हर्त्तुं), वेत्राघातं कृ, दण्डाघातं कृ.

Lick, *s.* लेहः -हनं.—**(A blow)** आघातः, प्रहारः, ताडनं, दण्डाघातः.

Licked, *p. p.* लीढः -ढा -ढं, आलीढः -ढा -ढं, अवलीढः -ढा -ढं.

Lickerish, *a.* (Dainty) सुरसः -सा -सं, रसिकः -का -कं, स्वादुः -द्वी -दु, मिष्टः -ष्टा -ष्टं.—**(Eager to taste)** प्राशनोत्सुकः -का -कं, लेहनोत्सुकः **etc.,** भोगोत्सुकः **etc.**

Lickerishness, *s.* रसिकत्वं, सरसता, सौरस्यं, मिष्टता, स्वादुता, लालित्यं.

Licking, *s.* **(With the tongue)** लेहः -हनं, अवलेहः -हनं, जिह्वालेहनं, जिह्वास्वादः.—**(Beating)** ताडनं, आघातः, दण्डः, दण्डप्रहारः, वेत्राघातः.

Licorice, *s.* यष्टिमधु ***n.*** -धुका, मधुयष्टिका, मधुकं, मधूली, क्लीतकं, यष्टिकः तिक्तपर्व्वा ***f.*** (न्).

Lictor, *s.* पूर्व्वकाले काष्ठखण्डयुक्तपरशुधारी धर्म्माध्यक्षपरिचरः.

Lid, *s.* पिधानं, शरावः, शरवः, मुद्गः आच्छादनं, छादनं, आवरणं, पटलं, छदः -दन, पुटः -टी -टं, वर्द्धमानकः, उदञ्चनं, कूर्म्मपृष्ठकं, कपाटः, मार्त्तिकः; **'opening of a lid,'** शरावोद्घट्टनं; **'a box having a lid,'** सपिधानं भाजनं, समुद्गः करण्डकं, सम्पुटकः; **'lid of the eye,'** नेत्रच्छदः, नयनच्छदः, अक्षिपुटः, नेत्रकपाटः.

Lie, *s.* **(Falsehood)** अनृतं, असत्यं, वितथं, अतथ्यं, अलीकं, अनृतवाक्यं, मृषावाक्यं, मृषोक्तिः ***f.,*** मृषोद्यं, मिथ्योक्तिः ***f.,*** मिथ्यावादः, मृषावादः, मिथ्याभाषणं, असत्यवादः, असत्यभाषणं, अनृतोक्तिः ***f.,*** मिथ्यावचनं, असत्यवचनं, मृषाभिधानं.

***To* lie,** *v. n.* **(Utter a flasehood)** असत्यं **or** अनृतं वद् **(c. 1.** वदति -दितुं), अनृतवाक्यं वद्, मृषा **or** मिथ्या वद, मिथ्यावादं कृ, मृषावादं कृ, मृषाभिधानं कृ.

To* lie,** *v. n.* **(Down to rest, lie horizontally)** शी **(c. 2.** शेते, शयितुं), शयनं कृ, संविश् **(c. 6.** -विशति -वेष्टुं), उपविश्, पत् **(c. 1.** पतति -तितुं); **'he lies on the ground,'** भूमौ शेते; **'he lies on the bed,'** खट्वायां शेते; **'to lie down upon,'** अधिशी **with acc. c.; as, 'he lies down upon the couch,'** शय्याम् अधिशेते.—**(Lean, rest upon)** अवलम्ब् **(c. 1.** -लम्बते -म्बितुं), समालम्ब्, संश्रि **(c. 1.** -श्रयति -ते -यितुं), समाश्रि, उपाश्रि, निली **(c. 4.** -लीयते -लेतुं) अवलम्बनं कृ.—**(Remain, be situated, be)** वृत् **(c. 1.** वर्त्तते -र्त्तितुं), स्था **(c. 1.** तिष्ठति, स्थातुं), आस् **(c. 2.** आस्ते, आसितुं); **'to lie near,'** समीपस्थः -स्था -स्थं भू **or** अस्; **'to lie towards the east,'** पूर्व्वदिश्यः -श्या -श्यं भू **or** अस्.—**(Lie by, rest)** विश्रम् **(c. 4.** -श्राम्यति -श्रमितुं), कार्य्याद् निवृत् **(c. 1.** -वर्त्तते -र्त्तितुं), कार्य्यविच्छेदं कृ.—**(Lie in the way)** रुध् **(c. 7.** रुणद्धि, रोद्धुं), अन्तरायो भू.—**(Lie hard upon)** पीड् **(c. 10.** पीडयति -यितुं), अभिपीड्, निपीड्.—**(Lie in wait)** गुप्तं **or** निभृते स्था.—**(Lie up, keep in the house)** गृहावस्थितः -ता -तं भू.—**(Lie to, as a ship)** रुद्धगतिः -तिः -ति भू.—**(Lie on, be a matter of obligation).** ***See **Incumbent. (Lie in, be in childbed)** प्राप्तप्रसवकाला भू, प्राप्तप्रसवावस्था भू.—**(Lie with, carnally)** सङ्गम् **(c. 1.** -गच्छति -गन्तुं), अभिगम्, सम्भोगं कृ.

Lief, ***adv.*** कामं, प्रकामं, सकामं, कामतस्, इच्छातस्, यथेप्सितं.

Liege, *a.* **(Bound to be loyal)** भक्तः -क्ता -क्तं, भक्तिबद्धः -द्धा -द्धं सेवाबद्धः **etc.,** प्रभुभक्तः **etc.,** स्वामिभक्तः **etc.,** ईश्वराधीनः -ना -नं, ईश्वरायत्तः -त्ता -त्तं, प्रभुवशः -शा -शं.

Liege, *s.* **(Lord)** स्वामी ***m.*** (न्), प्रभुः ***m.,*** ईश्वरः, पतिः ***m.***

Liege-man, *s.* **(Vassal)** भक्तः, सेवाबद्धः, प्रभुसेवी ***m.*** (न्).

Lienteric, *a.* आमातिसारी -रिणी -रि (न्), आमातिसारसम्बन्धी **etc.**

Lientery, *s.* आमातिसारः अतिसारः, सारणः, आमरक्तः.

Lieu, *s.* स्थानं, भूमिः ***f.,*** स्थलं; **'in lieu of,'** स्थाने, भूमौ, प्रति **with abl. c.,** विनिमयात् -येन.

Lieutenancy, *s.* प्रतिनिधित्वं, सेनायां प्रतिनिधेः **or** प्रतिपुरुषस्य पदं **or** अवस्था **or** अधिकारः.

Lieutenant, *s.* सैन्याधिपतिप्रतिनिधिः ***m.,*** सैन्याध्यक्षप्रतिनिधिः ***m.,*** प्रतिनिधिः ***m.,*** प्रतिपुरुषः, नियोगी ***m.*** (न्); **'lord-lieutenant,'** राजप्रतिनिधिः ***m.***

Life, *s.* **(Existence)** जीवनं, जीवितं, जीवः -वा, प्राणनं, प्राणः, प्राणपरिग्रहः, सत्त्वं, सत्ता, जन्म ***n.*** (न्), जीवातुः ***m.,*** जीवथः, जीवदशा, उक्थं.—**(Vitality, principle of life)** प्राणः -णाः ***m. pl.,*** जीवात्मा ***m.*** (न्), आत्मा ***m.,*** जीवः -वितं, जीवित्वं, चेतना, चैतन्यं, प्राणवायुः ***m.,*** प्राणात्मा ***m.,*** भूतात्मा ***m.,*** पञ्चप्राणाः ***m. pl.***—**(Possession of breath)** असुधारणं, प्राणधारणं, प्राणपरिग्रहः.—**(Drawing breath)** श्वासप्रश्वासं, श्वासनिःश्वासं, निश्वसनप्रश्वसनं; **'endowed with life,'** जीवी -विनी -वि (न्), जीवभूतः -ता -तं, सजीवः -वा -वं, प्राणी -णिनी **etc.,** प्राणभृत् ***m.f.n.,*** सचेतनः -ना -नं; **'giving life,'** प्राणदः -दा -दं, प्राणप्रदः -दा -दं, जीवदः -दा -दं; **'destroying life,'** प्राणहरः -रा -रं, प्राणहारी -रिणी **etc.,** जीवितहारी **etc.,** प्राणान्तिकः -की -कं; **'the giving or saving of life,'** प्राणदानं, जीवदानं; **'abandonment of life,'** जीवोत्सर्गः, प्राणत्यागः, प्राणोत्सर्गः, जीवितत्यागः, प्राणपरित्यागः, देहत्यागः, देहन्यासः; **'fear of losing life,'** जीवितसंशयः; **'peril of life,'** प्राणबाधः; **'love of life,'** जीविताशा, जिजीविषा, प्राणिणिषा; **'wishing for life,'** जिजीविषुः -षुः -षु, प्राणिणिषुः -षुः -षु; **'dread of life, impatience of life,'** जीवनत्रासः, जीवनद्वेषः, मुमूर्षा; **'impatient of life,'** मुमूर्षुः -र्षुः -र्षु; **'deprived of life,'** हतप्राणः -णा -णं, हतजीवितः -ता -तं, नष्टप्राणः -णा -णं, नष्टजीवितः -ता -तं; **'support or maintenance of life,'** प्राणयात्रा, प्राणधारणं, प्राणरक्षणं; **'reckless of life,'** जीवितव्ययी -यिनी **etc.,** प्राणव्ययी **etc.; 'recklessness of life,'** जीवितव्ययः; **'the end or object of life,'** जीवनहेतुः ***m.;*** **'means of life,'** जीवनोपायः; **'a happy life,'** सुजीवितं.—**(Age, duration of life, term**

of life) आयुस् *n.*, आयुः -यु *m.n.*, वयस् *n.*, परमायुस्, जीवितकालः, जन्म *n.* (न्), जन्मकालः, आयुःपरिमाणं, जीवपरिमाणं, आयुर्मर्य्यादा, कालविशेषावच्छिन्नं जीवनं; **'advanced in life,'** गतायूः -यूः -यु (स्), प्रवयाः -याः -यः (स्); **'conferring long life,'** आयुष्यः -ष्या -ष्यं, आयुष्करः -रा -री -रं; **'end of life,'** आयुःशेषः; **'for life, during life, all one's life,'** यावज्जीवं, जीवनपर्य्यन्तं, आमरणात्, व्यावज्जन्म, जन्मपर्य्यन्तं, यावद्देहं; **'in all one's life,'** जन्मतः प्रभृति, जन्मत आरभ्य, जन्मारभ्यः, जन्मावधि, आजन्मतः, जन्मतः; **'lasting all one's life,'** यावज्जीविकः -का -कं, आमरणान्तिकः -का -कं.—**(Life in the world, the present life)** इहलोकवासः, इहलोकवर्त्तनं, भूलोकवासः, इहकालः, इहजन्म *n.* (न्), संसारः, संसरणं, संसृतिः *f.*, गुणत्रयाभ्यासः; **'active or secular life,'** प्रवृत्तिः *f.*, प्रवृत्तिमार्गः, संसारमार्गः, लोकव्यवहारः, प्रवर्त्तनं; **'retired life,'** निवृत्तिः *f.*, निवृत्तिमार्गः; **'engaging in public life,'** लोकव्यवहारप्रवृत्तिः *f.*; **'in this life,'** इहं, इहकाले, इहलोके; **'the vicissitudes of life,'** संसारचक्रं, कालचक्रं, कालावृत्तिः *f.*—**(Conduct, manner of living)** वृत्तिः *f.*, व्यवहारः, आचारः, आचरणं, रीतिः *f.*, स्थितिः *f.*, चेष्टितं, चर्य्या, प्रवृत्तिः *f.*, स्थितिः *f.*; **'virtuous life,'** धर्म्माचरणं.—**(Vivacity)** तेजस् *n.*, रसः, रसिकत्वं, तीक्ष्णता, सत्त्वं, वीर्य्यं.—**(Narrative of a life, memoir)** चरित्रं, चरितं, चरित्ररचना, चरिताख्यानं, आख्यानं.—**(State, condition)** अवस्था, दशा, भावः स्थितिः *f.*, वृत्तिः *f.*, गतिः *f.*; **'the two state of life,'** अवस्थाद्वयं; **these are 'happiness,'** सुखावस्था, सुखदशा **and 'misery,'** दुःखावस्था, दुःखदशा; **'the three states of life,'** अवस्थात्रयं; **these are 'waking state,'** जाग्रदवस्था; **'dreaming state,'** स्वप्नावस्था **and 'state of sound sleep,'** सुषुप्त्यवस्था.

Life-giving, *a.* जीवदः -दा -दं, जीवदायकः -का -कं, जीवदाता -त्री -तृ (तृ), तेजस्करः -री -रं, तेजोवर्धकः -का -कं, वीर्य्यदः -दा -दं.

Life-guard, *s.* राजशरीररक्षकः, राजदेहरक्षी *m.* (न्), राजपरिचरः, राजपरिधिस्थः.

Lifeless, *a.* निर्जीवः -वा -वं, अजीवः -वा -वं, अप्राणी -णिनी -णि (न्), प्राणहीनः -ना -नं, गतप्राणः -णा -णं, नष्टप्राणः -णा -णं, निःप्राणः -णा -णं, प्राणरहितः -ता -तं, प्राणविरहितः -ता -तं, अचेतनः -ना -नं, विचेतनः -ना -नं, चैतन्यरहितः -ता -तं, व्यसुः -सुः -सु, गतासुः -सुः -सु, अचेष्टः -ष्टा -ष्टं.—**(Spiritless)** निस्तेजाः -जाः -जः (स्), तेजोहीनः -ना -नं, विरसः -सा -सं, रसहीनः -ना -नं, निस्सत्त्वः -त्त्वा -त्त्वं, सत्त्वहीनः -ना -नं.

Lifetime, *s.* जीविकालः, आयुस् *n.*, वयस् *n.*, जन्मकालः, आयुष्यं; **'during life-time,'** यावज्जीवं, जन्मपर्य्यन्तं.

***To* lift,** *v. a.* **(Raise)** उत्तुल् **(c. 10.** -तोलयति -यितुं), उच्छ्रि **(c. 1.** उच्छ्रयति -यितुं, **rt.** श्रि), समुच्छ्रि, प्रोच्छ्रि, उन्नम् **(c. 10.** -नमयति -यितुं), उद्यम् **(c. 1.** -यच्छति -यन्तुं), उत्था **in caus.** (-थापयति -यितुं, **rt.** स्था), उत्क्षिप् **(c. 6.** -क्षिपति -क्षेप्तुं) समुत्क्षिप्, उद्धन् **(c. 2.** -हन्ति -न्तुं), उन्नी **(c. 1.** -नयति -नेतुं), उत्कृष् **(c. 1.** -कर्षति -क्रष्टुं) उद्धृ **(c. 1.** -हरति -हर्त्तुं), उद्वृह् **(c. 6.** -वृहति -वर्हितुं) उत्तोलनं कृ, ऊर्द्ध्वीकृ.—**(Raise in rank)** पदवृद्धिं कृ, उत्कृष्टपदे प्रतिपद् **(c. 10.** -पादयति -यितुं), संवृध् **(c. 10.** -वर्धयति -यितुं), प्रतिपत्तिं कृ **or** दा.—**(Fill with pride or joy)** दृप् **(c. 10.** -दर्पयति -यितुं), उल्लस् **(c. 10.** -लासयति -यितुं), उद्धतं -तां कृ; **'to be lifted up with pride,'** दृप् **(c. 4.** दृप्यति, दर्प्तुं), उद्धतीभू, उद्धतचित्तः -त्ता -त्तं भू.

Lift, *s.* उत्तोलनं, उत्थापनं, उन्नमनं, उन्नामः, उन्नयनं, उच्छ्रयः, समुच्छ्रयः, उत्कर्षः.—**(Help)** साहाय्यं, उपकारः, उपकृतं.

Lifted, *p. p.* उत्तोलितः -ता -तं, उत्थापितः -ता -तं, उच्छ्रितः -ता -तं, समुच्छ्रितः -ता -तं, उन्नतः -ता -तं, उद्यतः -ता -तं, उद्धृतः -ता -तं, समुद्धृतः -ता -तं, उद्धतः -ता -तं, उत्कर्षितः -ता -तं, उद्वर्हितः -ता -तं, उत्क्षिप्तः -प्ता -प्तं, उद्वाहितः -ता -तं; **'having the hands lifted up,'** अभ्युच्छ्रितपाणिः -णिः -णि, उत्थितहस्तः -स्ता -स्तं; **'having his weapon lifted up,'** उद्यतायुधः -धा -धं; **'having the arms lifted up,'** उद्वाहुः -हुः -हु.

Ligament, *s.* **(Any thing that unites or ties)** बन्धनं, बन्धः, योक्त्रं, सेत्रं, यन्त्रणं, पाशः, निगडः, शृङ्खला -लं, चारः, प्रसितिः *f.*—**(In anatomy)** सन्धिबन्धनं, सन्धिबन्धः, ग्रन्थिबन्धनं, अस्थिबन्धनं.

Ligature, *s.* बन्धः -न्धनं, पट्टः, पट्टकः, आवेष्टनं, परिवेष्टनं, वेष्टनं, रज्जुः *m.f.*, कवलिका.

Light, *s.* द्युतिः *f.*, दीप्तिः *f.*, तेजस्, ज्योतिस् *n.*, ज्योतिः *f.*, प्रभा, प्रकाशः, आभा, छविः *f.*, आलोकः, रुचिः *f.*, रुक् *f.*, (च्), कान्तिः *f.*, छटा, निभा, भा, भास् *f.*, निभा, छाया, त्विषा, त्विट् *f.*, (ष्), शोचिस् *n.*, शोभा, वर्च्चस् *n.*, महस् *n.*, द्योतः, दृशानं, मरीचिः *m.f.*, झल्लिका; **'light of the moon or stars,'** ज्योत्स्ना, कौमुदी, दीपिका; **'shining by its own light,'** स्वप्रकाशः -शा -शं, स्वयंज्योतिः -तिः -ति; **'day-light,'** सूर्य्यप्रकाशः, सूर्य्यरश्मिः *m.*, दिनालोकः.—**(Any thing that gives light, candle)** दीपः -पकः, प्रदीपः, दीपिका.—**(Knowledge)** ज्ञानं, बोधः, अवगमः, प्रकाश.—**(Public notice)** प्रकाशः, प्रकाशता, प्राकट्यं, प्रसिद्धिः *f.*, लोकप्रसिद्धिः *f.*, लौकिकं, प्रख्यातः *f.*—**(Light of a picture)** प्रकाशितचित्रांशः, चित्रस्य प्रकाशितभाग चित्रस्थं प्रकाशितस्थलं.—**(Point of view)** दृष्टिः *f.*, लक्ष्यं, दृष्टिसूत्र, दृष्टिपातमार्गः,

दृष्टिपातसूत्रं, लक्ष्यसूत्रं; **'to throw light upon,** प्रकाश् **(c. 10.** -काशयति -यितुं), विकाश्; **'throwing light upon,'** प्रकाशकः -का -कं; **'to bring to light,'** प्रकटीकृ, प्रकाशीकृ, स्पष्टीकृ, आविष्कृ, प्रादुष्कृ, विवृ **(c. 5.** -वृणोति -वरितुं -रीतुं); **'to come to light,'** आविर्भू, प्रादुर्भू, प्रकाशीभू, प्रसिद्धिं गम् **(c. 1.** गच्छति, गन्तुं), **In scientific treatises 'light' is called** प्रकाशः.

Light, *a.* (Having little weight) लघुः, -घुः -घ्वी -घु, अगुरुः -रुः -र्वी रु, अल्पभारः -रा -रं, लघुभारः -रा -रं, अल्पप्रमाणः -णा -णं, लघुप्रमाणः -णा -णं, गौरवहीनः -ना -नं, सुबहः -हा -ह, सुवाह्यः -ह्या -ह्यं, सुखवाह्यः -ह्या -ह्यं.—**(Not oppressive, easy to be endured)** लघुः -घ्वी -घु, सुसह्यः -ह्या -ह्यं, सुसहनीयः -या -यं, अक्लेशकः -का -कं, अल्पक्लेशकरः -री -रं; **'very light,'** लघिष्ठः -ष्ठा -ष्ठं.—**(Easy)** सुखः -खा -खं, सुकरः -रा -री -रं, निरायासः -सा -सं, सुगमः -मा -मं, अकष्टः -ष्टा -ष्टं, अकठिनः -ना -नं, अविषमः -मा -मं, सुसाध्यः -ध्या -ध्यं, लघुः **etc.**—**(Easy of digestion)** सुपाक्यः -क्या -क्यं, सुपचनीयः -या -यं, सुपचः -चा -चं, सुखपच्यः -च्या -च्यं.—**(Active, nimble)** चपलः -ला -लं, लघुशरीरः -रा -रं, लघुगतिः -तिः -ति.—**(Not dense)** अस्थूलः -ला -लं, अघनः -ना -नं, शिथिलावयवः -वा -वं, विरलावयवः -वा -वं.—**(Not steady, gay, airy)** लघुचित्तः -त्ता -त्तं, लघुचेता, -ता -तः (स्), लघुस्वभावः -वा -वं, चञ्चलः -ला -लं, चपलः -ला -लं, प्रकृतितरलः -ला -लं, अस्थिरः -रा -रं, लोलः -ला -लं, अनवस्थः -स्था -स्थं, गौरवहीनः -ना -नं, गाम्भीर्य्यहीनः -ना -नं.—**(Trivial, inconsiderable)** लघुः **etc.,** लघुप्रभावः -वा -वं, अल्पप्रभावः **etc.,** लघ्वर्थः -र्था -र्थं, अल्पार्थः -र्था -र्थं, तुच्छः -च्छा -च्छं, अगण्यः -ण्या -ण्यं तृणप्रायः -या -यं.—**(Light in color)** पाण्डुः -ण्डुः -ण्डु, श्वेतः -ता -तं **or expressed by** ईषत्, आ **prefixed; 'light red,'** श्वेतरक्तः -क्ता -क्तं, ईषद्रक्तः क्ता -क्तं; **'light blue,'** आनीलः -ला -लं; **'light brown,'** श्वेतपिङ्गः -ङ्गा -ङ्गं; **'light blue,'** श्वेतनीलः -ला -लं.—**(Bright, not dark)** दीप्तिमान् -मती -मत् (त्), द्युतिमान् **etc.,** प्रभावान् **etc.,** दीप्रः -प्रा -प्रं, सप्रकाशः -शा -शं, प्रकाशमयः -यी -यं, तेजोमयः **etc.,** तेजसः -सी -सं, प्रकाशयुक्तः -क्ता -क्तं, रुचिरः -रा -रं, शोभनः -ना -नं; **'the light half of the month when the moon increases,'** शुक्लः, शुक्लपक्षः, शुद्धपक्षः.—**(To make light of)** लघूकृ, तुच्छीकृ, तृणाय मन् **(c. 4.** मन्यते, मन्तुं).

Light, *adv.* लघु, लाघवेन, सलाघवं, अगुरु, लघु **prefixed in comp.**

***To* light, *v. a.* (Make light, illuminate)** प्रकाश् **(c. 10.** -काशयति -यितुं), विकाश्, द्युत् **(c. 10.** द्योतयति -यितुं), प्रद्युत्, विद्युत्, दीप् **(c. 10.** दीपयति -यितुं), उद्दीप्, प्रदीप्, विदीप्, प्रकाशितं -तां कृ, द्योतितं -तां कृ, सप्रकाशं -शां कृ.—**(Give light)** प्रकाशं दा, प्रकाशनं कृ, द्योतनं कृ, तेजः कृ **or** दा.—**(Kindle, set on fire)** ज्वल् **(c. 10.** ज्वलयति, ज्वालयति -यितुं), प्रज्वल्, उज्ज्वल्, संज्वल्, समिन्ध् **(c. 7.** -इन्द्धे -इन्धितुं), सन्धुक्ष् **(c. 10.** -धुक्षयति -यितुं), तप् **(c. 10.** तापयति -यितुं), सन्तप्, दीप्, प्रदीप्, उद्दीप्, आदीप्.

***To* light, *v. n.* (Fall on)** आपत् **(c. 1.** -पतति -तितुं), नियत्, आसद् **(c. 10.** -सादयति -यितुं), अकस्माद्, आसद् **or** उपस्था **(c. 1.** -तिष्ठति -स्थातुं) **or** आगम् **(c. 1.** -गच्छति -गन्तुं) **or** उपागम्.—**(Descend)** अवरुह् **(c. 1.** -रोहति -रोढुं) अवतृ **(c. 1.** -तरति -रितुं -रीतुं), अवया **(c. 2.** याति -तुं), अधो गम् अवपत्.—**(Settle, rest upon)** अध्यास् **(c. 1.** -आस्ते -आसितु, निली) **(c. 4.** -लीयते -लेतुं), निषद् **(c. 1.** -षीदति -पत्तु), अधिवस् **(c. 1.** -वसति -वस्तुं), अवस्था, संस्था, सण्डीनं कृ.—**(Kindle)** समिन्ध् **in pass.** (-इध्यते), ज्वल् **(c. 1.** ज्वलति -लितुं).

Light-armed, *a.* लघ्वायुधः -धा -धं, लघुशस्त्री -स्त्रिणी -स्त्रि (न्), लघ्वस्त्रधारी -रिणी -रि, लघुशस्त्रभृत् ***m. f. n.***

Lighted, *p. p.* इद्धः -द्धा -द्धं, समिद्धः -द्धा -द्धं, ज्वलितः -ता -तं, सन्तप्तः -प्ता -प्तं, सन्धुक्षितः -ता -तं, प्रज्वालितः -ता -तं.—**(Lighted up, illuminated)** प्रकाशितः -ता -तं, विकाशितः -ता -तं, द्योतितः -ता -तं, प्रद्योतितः -ता -तं, उद्द्योतितः -ता -तं, उद्दीपितः -ता -तं, भासितः -ता -तं, विभासितः -ता -तं, उद्भासितः -ता -तं, उज्ज्वलितः -ता -तं.

***To* lighten, *v. n.* (Flash, as lightning)** स्फुर् **(c. 6.** स्फुरति -रितुं), विद्युत् **(c. 1.** -द्योतते -तितुं), अकस्मात् प्रकाश् **(c. 1.** -काशते -शितुं) **or** ज्वल् **(c. 1.** ज्वलति -लितुं) **or** उज्ज्वल्, विद्युद्वत्, कम्प् **(c. 1.** कम्पते -म्पितुं).

***To* lighten, *v. a.* (Make bright)** प्रकाश् **(c. 10.** -काशयति -यितुं), विकाश्, द्युत् **(c. 10.** द्योतयति -यितुं), दीप् **(c. 10.** दीपयति -यितुं), विदीप्,—**(Make less heavy)** लघूकृ, लघ **(nom.** लघयति -यितुं), न्यूनभारं -रां -रं कृ, अल्पभारीकृ, भारन्यूनतां कृ.—**(Alleviate)** शम् **(c. 10.** शमयति -यितुं), प्रशम्, उपशम्, लघूकृ.

Lightened, *p. p.* (Made less heavy) लघूकृतः -ता -तं, न्यूनभारः -रा -रं, शमितः -ता -तं, प्रशमितः -ता -तं.

Lighter, *s.* (More light) लघुतरः -रा -रं, लघीयान् -यसी -यः (स्), न्यूनभारः -रा -रं.—**(One that lights or kindles)** प्रकाशकः, प्रकाशदः, दीपकः, उद्दीपकः, द्युतिदः, द्युतिकरः, अग्निदः.—**(Large, flat-bottomed boat)** तरालुः ***m.,*** तरान्धुः

Lighterman 665 **Like**

m., तरणिः -णी *f.*, वहित्रं, उडुपः -पं.

Lighterman, *s.* नाविकः, पोतवाहः, तरिकः, पूर्व्वोक्तनौकाकर्णधारः.

Light-fingered, *a.* लघुहस्तः -स्ता -स्तं, चपलहस्तः **etc.,** पाणिचपलः -ला -लं.

Light-footed, *a.* लघुपादः -दा -दं, लघुगतिः -तिः -ति, द्रुतगतिः -तिः -ति.

Light-headed, *a.* **(Delirious)** रोगोपहतज्ञानः -ना -नं, रोगोपहतत्वाद् भ्रान्तचित्तः -त्ता -त्तं, **or** भ्रान्तबुद्धिः -द्धिः -द्धि **or** विक्षिप्तबुद्धिः -द्धिः -द्धि **or** क्षिप्तचित्रः **etc.,** बुद्धिविभ्रमात् प्रलापकारी -रिणी **etc.** – **(Thoughtless, volatile)** चपलचित्तः **etc.,** लघुचित्तः **etc.**

Light-headedness, *s.* चित्तविभ्रमः, ज्ञानभ्रान्तिः *f.,* बुद्धिभ्रान्तिः, बुद्धिविप्लवः.

Light-hearted, *a.* लघुचित्तः -त्ता -त्तं, लघुचेताः -ताः -तः (स्), हृष्टचित्तः **etc.,** हृष्टहृदयः -या -यं, हृष्टमानसः -सी -सं, उल्लसः -सा -सं, आनन्दी -न्दिनी -न्दि (न्), सुमनस्कः -स्का -स्कं.

Light-house, *s.* दीपस्तम्भः, दीपगृहं, आकाशदीपः, समुद्रयायिनां पथदर्शनार्थम् उन्नतभूभागे निर्म्मितं दीपगृहं.

Lighting, *part.* प्रकाशयन् -यन्ती -यत् (त्), उद्भासयन् -यन्ती -यत् (त्), द्योतयमानः -ना -नं, उद्दीपकः -का -कं, प्रदीपकः -का -कं. – **(Resting on)** निषणः -णा -णं, निलीयमानः -ना -नं, सन्तिष्ठमानः -ना -नं.

Lightless, *a.* निष्प्रभः -भा -भं, अप्रकाशः -शा -शं, निरालोकः -का -कं.

Lightly, *adv.* **(With little weight)** लघु, लाघवेन, सलाघवं, अगुरु, अल्पभारेण, अल्पप्रमाणेन. – **(Easily)** सुखेन, अनायामेन, अकष्टेन, अक्लेशेन, अयत्नेन. – **(Without reason)** हेतुना विना, कारणेन विना. – **(Nimbly)** लघुगत्या, चपलं. – **(With levity)** लघुचेतसा, चञ्चलं, चञ्चलवत्, अस्थिरं; **'to think lightly of,'** लघूकृ, तुच्छीकृ.

Lightness, *s.* **(Want of weight)** लघुता -त्वं, लाघवं, लघिमा *m.* (न्), अगुरुता, गौरवहीनता, भारलघुता, भारहीनता, अल्पभारत्वं, भाराभावः, सुवाह्यता, भाराहित्यं. – **(Easiness)** सुखत्वं, अनायासः, निरायासत्वं, सुकरत्वं, सुसाध्यता, लघुता, सुगमत्वं, अकष्टत्वं, अकाठिन्यं. – **(State of being easy to be borne)** लघुता, सुसह्यता, सुसहनीयता. – **(Nimbleness)** शरीरलघुता, लघुशरीरत्वं, लघुगतित्वं, द्रुतत्वं. – **(Levity)** चञ्चलत्वं, चाञ्चल्यं, चपलता, चापल्यं, लोलता, लौल्यं, अस्थिरता, अस्थैर्य्यं, अनवस्थितिः *f.,* अगुरुता, अगौरवं. – **(Trivialness)** लघुता, लाघवं, लघ्वर्थता, अल्पप्रभावत्वं, तुच्छता; **'lightness of hand,'** हस्तलाघवं, हस्तचापल्यं.

Lightning, *s.* विद्युत् *f.,* तडित् *f.,* सौदामिनी, सौदाम्नी, सौदामनी, मेघज्योतिस् *n.,* मेघवह्निः *m.,* मेघदीपः, घनज्वाला, क्षणप्रभा, अचिराप्रभा, क्षणद्युतिः *f.,* ह्रादिनी, ह्रदिनी, शतह्रदा, शम्पा, सम्पा, चपला, चञ्चला, क्षणिका, आकालिकी, चला, ऐरावती, छटाभा, रोहिणी, अणुभा, अशुभा, वज्रस्फुलिङ्गः -ङ्गं, घनवल्लिका, वीपा, महोल्का, अतिभीः *m.,* चटुला, रुक् *f.* (च्), नीलाञ्जना; **'forked lightning,'** विद्युल्लता, तडिल्लता, द्यौत्रं; **'flash of lightning,'** विद्युत्प्रकाशः, विद्युत्स्फुरण, सौदामिनीस्फुरणं, विद्युत्कम्पः, विद्युद्दाम *n.* (न्), विद्युज्ज्वाला; **'the falling of lightning,'** विद्युत्पातः; **'struck by lightning,'** उपहतः -ता -तं, विद्युत्पातोपहतः **etc.; 'relating to lightning,'** वैद्युतः -ती -तं.

Lights, *s. pl.,* पुस्फुसः, पुप्फुसः, फुप्फुसः, रक्तफेनजः.

Lightsome, *a.* **(Not dark, luminous)** दीप्तिमान् -मती -मत् (त्), तेजोमयः -यी -यं, सप्रकाशः -शा -शं, प्रकाशमयः -यी -यं, सुप्रकाशः -शा -शं, तेजस्वी -स्विनी -स्वि (न्), प्रभावान् **etc.,** सुप्रभः -भा -भं. – **(Cheerful, gay)** उल्लसः -सा -सं, हृष्टः -ष्टा -ष्टं, प्रहृष्टः -ष्टा -ष्टं, सानन्दः -न्दा -न्दं, आनन्दी -न्दिनी **etc.,** आनन्ददः -दा -दं, हर्षदः -दा -दं.

Lightsomeness, *s.* **(Brightness)** सप्रकाशता, दीप्तिमत्त्वं, दीप्तता. – **(Cheerfulness)** उल्लसता, उल्लासः, सानन्दता, हृष्टता, प्रहर्षः.

Light-spirited, *a.* लघुहृदयः -या -यं, हृष्टहृदयः -या -यं, हृष्टचित्तः -त्ता -त्तं.

Lingeous, *a.* काष्ठी -ष्ठिनी -ष्ठि (न्), काष्ठमयः -यी -यं, दारुमयः **etc.,** दारवः -वी -वं, काष्ठरूपः -पा -पं, दारुरूपः -पा -पं, काष्ठघटितः -ता -तं.

Ligniferous, *a.* काष्ठदः -दा -दं, काष्ठदायकः -का -कं, काष्ठोत्पादकः -का -कं.

Ligniform, *a.* काष्ठरूपः -पा -पं, काष्ठाकारः -रा -रं, काष्ठाकृतिः -तिः -ति.

***To* lignify,** *v. a.* काष्ठसात्कृ, दारुसात्कृ, काष्ठरूपीकृ, दारुरूपीकृ.

Like, *a.* **(Resembling)** सदृशः -शी -शं, सदृक्षः -क्षा -क्षं, सदृक् *m. f. n.* (श्), तुल्यः -ल्या -ल्यं, समः -मा -मं, समीयः -या -यं, समानः -ना -नं, सन्निभः -भा -भं, अनुकारी -रिणी -रि (न्), निर्विशेषः -षा -षं, प्रातिभासिकः -की -कं. **The following can only be used in comp. at the end of a word** उपमः -मा -मं, निभः -भा -भं, प्रतिमः -मा -मं, उपमितः -ता -तं, प्रख्यः -ख्या -ख्यं, सङ्काशः -शा -शं, रूपः -पा -पं, विधः -धा -धं, नीकाशः -शा -शं, निकासः -सा -सं, प्रतीकाशः **etc.,** प्रतिकाशः **etc.,** प्रतिकासः **etc.,** प्रतीकासः **etc.,** भूतः -ता -तं; **'like the moon,'** चन्द्रनिभः -भा -भं, चन्द्रोपमः -मा -मं; **'like, but with a**

degree of interiority,' कल्प: -ल्पा -ल्पं. **The proposition** स **and** अनु **are often used indifferently with** सम, समान, **and** तुल्य **to express 'like'; as, 'of like form,'** सरूप: -पा -पी -पं, अनुरूप: -पा -पं, समरूप: -पा -पं, तुल्यरूप: **etc.,** तुल्याकृति: -ति: -ति, तुल्याकार: -रा -रं; **'of like properties or qualities,'** सगुण: -णा -णं, अनुगुण: -णा -णं, समगुण: -णा -णं, तुल्यगुण: **etc.,** समानगुण: **etc.,** सधर्म्मा -र्म्मा -र्म्म (न्), अनुधर्म्मा **etc.,** समानधर्म्मा **etc.,** समभाव: -वी -वं; **'of like tribe, class, or kind,'** सजाति: -ति: -ति, सजातीय: -या -यं, समानजाति: **etc.,** समानजातीय: **etc.,** सवर्ण: -र्णा -र्णं, तुल्यवर्ण: **etc.,** सविध: -धा -धं, सवर्ग: -र्गा -र्गं, सवर्गीण: -णा -णं, सवर्गीय: -या -यं; **'like this or that,'** ईदृश: -शी -शं, ईदृक् ***m.f.n.*** (श्), ईदृक्ष: -क्षा -क्षं, एतादृश: **etc.,** एतादृक् **etc.,** एतादृक्ष: **etc.,** तादृश: **etc.,** तादृक् **etc.,** तादृक्ष: **etc.; 'like what?'** कीदृश: **etc.,** कीदृक् **etc.,** कीदृक्ष: **etc.; 'like which,'** यादृश: **etc.,** यादृक् **etc.,** यादृक्ष: **etc., 'like me,'** मादृश: **etc.,** मादृक् **etc.,** मादृक्ष: **etc.; 'like thee,'** त्वादृश: **etc.,** त्वादृक् **etc.,** त्वादृक्ष: **etc.; 'like your honor,'** भवादृश: **etc.,** भवादृक् **etc.,** भवादृक्ष: **etc., 'To be like,'** अनुकृ, सदृश: -शी -शं भू, तुल्य: -ल्या -ल्यं भू, सदृशीभू, तुल्यीभू. **The following examples illustrate the use and construction of some of the above words. 'The son is very like the father,'** पुत्रो बहुधा पितुर् अनुकरोति **or** पुत्र: पितृरूपो भवति; **'like another son,'** पुत्रनिर्विशेष: -षा -षं. **'there never has been, nor ever will be, any one like him,'** अनेन सदृशो न भूतो न भविष्यति; **'there is nobody like him,'** तेन सदृश: कश्चिदपि नास्ति **or** न तस्य तुल्य: कश्चन **or** न कोपि तस्य सम:; **'like the sun,'** आदित्यसदृश: -शी -शं, आदित्येन तुल्य: **etc.; 'a crime like that of Brahmanicide,'** ब्रह्महत्यासमं पापं; **'like me,'** मम सम: **or** मम तुल्य: **or** मम अनुरूप: **or** मद्रूप: **etc. or** मद्विध: -धा -धं.—**(Probable)** सत्यसङ्काश: -शा -शं, सम्भाव्य: -व्या -व्यं.

Like, *s.* (Match, equal) तुल्य: -ल्या, तुल्यगुण: -णा, सदृश: -शी, तुल्यरूप: -पी, समानगुण: -णा, यमक: -का, युग्मक: -का; **'his like will never be again,'** अनेन सदृशो न कदाचिद् भविष्यति.—**(Likes and dislikes)** प्रियाप्रियाणि ***n. pl.,*** प्रियाप्रियं.

Like, *adv.* (In the same manner) वत् **affixed,** इव, यथा, तथा, निर्विशेष: -षेण; **'like a dream,'** स्वप्नवत्; **'like the moon,'** चन्द्रवत्, चन्द्र इव, चन्द्रो यथा; **'cherished like another son,'** पुत्रनिर्विशेषं पालित:; **'like king, like people,'** यथा राजा तथा प्रजा; **'in like manner,'** तथैव, तद्वत् तथा, एवं, एवम्प्रकारेण, तथाविधेन, एवंविधेन, एवमेव; **'to act like,'** अनुकृ.

***To* like, *v. a.* (Approve of, be pleased with)** रुच् **(c. 1.** रोचते -चितुं) **used impersonaly,** रुच् **(c. 10.** रोचयति -यितुं), अनुरुच्, अभिरुच्, अभिमन् **(c. 4.** -मन्यते -मन्तुं), अनुमन्, सम्मन्, मन्, अभिनन्द्, **(c. 1.** -नन्दति -ते -न्दितुं), प्रतिनन्द्, नन्द्, अनुमुद् **(c. 1.** -मोदते -दितुं). अनुरुध् **(c. 4.** -रुध्यते -ति -रोद्धुं), प्रशंस् **(c. 1.** शंसति -सितुं), प्री **(c. 4.** प्रीयते), जुष् **(c. 6.** जुशते, जोषितुं), तुष् **(c. 4.** तुष्यति, तोष्टुं), सन्तुष्, परितुष्, दय् **(c. 1.** दयते -यितुं), अनुरञ्ज् **(c. 4.** -रज्यते), स्निह् **(c. 4.** स्निह्यति, स्नेहितुं), प्रिय: -या -यं भू **or** अस्, अभिमत: -ता -तं भू, इष्ट: -ष्टा -ष्टं भू, प्रीत: -ता -तं भू, दयित: -ता -तं भू. **obs. Since some of the above verbs have a neuter sense, and some of these again are susceptible of an active sense if used in other forms, the construction of the sentence must vary accordingly; thus, 'I like that,'** तद् मह्यं **or** मम रोचते **or** अहं तद् रोचयामि **or** तद् मया प्रशस्यते **or** अहं तद् अनुमन्ये **or** तद् मया अनुमतं **or** तद् मम अभिमतं; **'he does not like the gift,'** दत्तं नाभिनन्दति **or** दत्तेन न तुष्यति; **'they like their king,'** स्वराजानम् अनुरुध्यन्ते; **'he likes his brother's wife,'** भ्रातुर् भार्य्यायाम् अनुरज्यते; **'women like everybody,'** सर्व्वे स्त्रीणां प्रिया:.

To* like, *v. n. रुच् **(c. 1.** रोचते -चितुं), इष् **(c. 6.** इच्छति, एषितुं), अभिलष् **(c. 1.** -लषति, **c. 4.** -लष्यति -षितुं); **'as you like,'** यथा भवते रोचते, यथाकामं; **'doing what one likes,'** कामकारी -रिणी -रि (न्), कामचार: -रा -रं; **'going where one likes,'** कामगामी -मिनी **etc.; 'eating what one likes,'** कामभक्ष: -क्षा -क्षं; **'taking what form one likes,'** कामरूप: -पा -पं.

Liked, *p. p.* अभिमत: -ता -तं, अनुमत: -ता -तं, यथाभिमत: -ता -तं, अनुमोदित: -ता -तं, प्रिय: -या -यं, प्रीत: -ता -तं, इष्ट: -ष्टा -ष्टं, मनोनीत: -ता -तं, दयित: -ता -तं, अनुरक्त: -क्ता -क्तं, मत: -ता -तं.

Likelihood, likeliness, *s.* सम्भाव्यता -त्वं, सम्भावनीयता, योग्यता -त्वं, सम्भावना, सम्भव:, अभ्युपगम्यता, अभ्युपगम:, अनुमेयता -त्वं, सत्यसादृश्यं, सत्यसङ्काशत्वं -ता, आभास:.

Likely, *a.* सम्भाव्य: -व्या -व्यं, सम्भावनीय: -या -यं, सम्भावित: -ता -तं, योग्य: -ग्या -ग्यं, सत्यसङ्काश: -शा -शं, सत्यसन्निभ: -भा -भं, सत्यसदृश: -शी -शं, अनुमेय: -या -यं, अभ्युपगम्य: -म्या -म्यं; **'it is likely,'** युज्यते, उपपद्यते.

Likely, *adv.* सम्भावनीयं, यथायोग्यं, यथासम्भवं, प्रायस्, प्रायशस्.

Likeminded, *a.* समानशील: -ला -लं, समस्वभाव: -वा -वं, समभाव: -वा -वं.

To* liken, *v. a. उपमा **(c. 2.** -माति; **c. 3.** -मिमीते -मातुं), सदृशीकृ, समीकृ, तुल्यीकृ, समानीकृ, समान **(nom.** समानयति

Likened 667 **Limitation**

–यितुं); **'to whom shall I liken him,'** केन तम् उपमास्यामि.

Likened, *p. p.* उपमितः –ता –तं, उपमेतः –ता –तं, समीकृतः –ता –तं.

Likeness, *s.* (Resemblance) सादृश्यं, सदृशता –त्वं, सारूप्यं, सरूपता, समरूपता, अनुरूपता, आनुरूप्यं, समता, साम्यं, समानता, तुल्यता –त्वं, तुला, तौल्यं, औपम्यं, उपमा, उपमानं –नता, उपमितिः ***f.***, प्रतिमानं –नता, प्रतिमता, आनुगुण्यं, अनुकारः, अनुहारः, आनुधर्म्यं, रूपसमता, स्वभावसमता.**—(Form, appearance)** आकृतिः ***f.***, आकारः, रूपं, मूर्त्तिः ***f.***, संस्कारः.**—(A picture or image resembling a person or thing)** उपमा, उपमितिः ***f.***, उपमानं, प्रतिमा, प्रतिमानं, प्रतिरूपं –पकं, प्रतिकृतिः ***f.***, प्रतिमूर्त्तिः ***f.***, प्रतिकायः, प्रतिनिधिः ***m.***, प्रतिच्छन्दः, प्रतियातना, प्रतिविम्बं, चित्रं, आकृतिः ***f.***; **'a speaking likeness,'** आकृतिः संवादिनी.

Likewise, *adv.* (In like manner) तथा, तथैव, तद्वत्, एवं, एवमेव.**—(Moreover)** अपिच, अपरञ्च, किञ्च, चैव, तथा, एवं.

Liking, *s.* (Fondness for, delight in, pleasure) रुचिः ***f.***, अभिरुचिः ***f.***, सन्तोषः, तोषः, तुष्टिः ***f.***, सन्तुष्टिः ***f.***, परितोषः, अनुरागः, अनुरक्तिः ***f.***, अभिमतता, अनुमतिः ***f.***, अनुमोदनं, इच्छा, अभिलाषः, अभिलषितं, प्रियता, प्रीतिः ***f.***, छन्दं, छन्दस् ***n.***; **'that husband was not to her liking,'** स भर्त्ता तस्याः सन्तोषाय नाभवत्; **'likings and dislikings,'** प्रियाप्रियाणि.**—(State of body)** शरीरस्थितिः ***f.***, देहस्थितिः ***f.***, शरीरभावः.

Lilac, *s.* लैलकाख्यः पारसीकदेशीयो गुल्मप्रभेदः.

Lily, *s.* पद्मः –द्मं, पद्मिनी, उत्पलं, कमलं, कुमुदं, नलिनं, पङ्कजं, कुवलयं, इन्दीवरं, सौगन्धिकं, असुजं, नीलाम्बुजन्म ***n.*** (न्), रक्तसन्धकं, हल्लकं, कैरवं. **These names properly apply to the water lily. *See* Lotus.**

Limation, *s.* लोहमार्जनेन घर्षणं **or** परिष्कारः **or** परिष्करणं, मार्जनं.

Limature, *s.* (Fillings) लोहचूर्णं, कृष्णचूर्णं, लोहजं, लोहकिट्टं.

Limb, *s.* अङ्गं, अवयवः, गात्रं, अपघनः, प्रतीकः; **'limb by limb,'** अवयवशस्, गात्रं, गात्रं; **'over every limb,'** सर्व्वाङ्गीणः –णा –णं, प्रत्यङ्गं; **'having large limbs,'** वृहदङ्गः –ङ्गी –ङ्गं; **'kneading of the limbs,'** गङ्गसंवाहः –हनं, अङ्गमर्द्दनं.**—(Edge, border)** कोटिः ***f.***, प्रान्तः, सीमा.

To* limb, *v. a. अङ्गाद् अङ्गम् अवछिद् **(c. 7.** –छिनत्ति –छेत्तुं), अवयवशो निकृत् **(c. 6.** –कृन्तति –कर्त्तितुं), गात्राणि पृथक्कृ, व्यङ्गीकृ.

Limbed, *a.* अङ्गी –ङ्गिनी –ङ्गि (न्), साङ्गः –ङ्गा –ङ्गं, अवयवी –विनी –वि (न्), सावयवः –वा –वं; **'large-limbed,'** वृहदङ्गः –ङ्गी –ङ्गं, वृहदवयवः –वा –वं, महाङ्गः –ङ्गा –ङ्गं; **'slender-limbed,'** कृशाङ्गः –ङ्गी –ङ्गं, क्षीणाङ्गः **etc.,** तन्वङ्गः **etc.**

Limber, *a.* (flexible) मृदुः –दुः –द्वी –दु, शिथिलः –ला –लं, कोमलः –ला –लं, अदृढः –ढा –ढं, आयम्यः –म्या –म्यं, नम्यः –मया –म्यं, आनम्यः –म्या –म्यं.

Limber, *s.* (Of a cannon) युद्धयन्त्रवाहनं, युद्धयन्त्रधुरा.

Limberness, *s.* शैथिल्यं, शिथिलता –त्वं, मृदुता, कोमलता, नम्यता.

Limbless, *a.* निरवयवः –वा –वं, अनङ्गः –ङ्गा –ङ्गं, निरङ्गः –ङ्गा –ङ्गं, अङ्गहीनः –ना –नं, अङ्गशून्यः –न्या –न्यं, अवयवहीनः –ना –नं.

Limbmeal, *adv.* अवयवशस्, गात्रं, गात्रं, खण्डशस्, खण्डं खण्डं.

Limbo, *s.* (Hell) नरकः, निरयः.**—(Prison)** कारागारं, बन्धनागारं.

Lime, *s.* (Calcareous earth used for mortar) चूर्णं, कर्करः –रं, सुधा, छुरा, लेपः, विलेपः; **'nodule of lime,'** चूर्णखण्डः, कर्करखण्डः,**—(Bird-lime)** पक्षिबन्धनलेपः, अतिश्यानद्रव्यं, येन पक्षिणो बध्यन्ते, उदपेषविशेषः**—(Lime-tree, citrus acida)** जम्बीरः, गुरुवर्च्चोघ्नः, वक्त्रशोधी –धनः ***m.***

To* lime, *v. a. पूर्व्वोक्तश्यानद्रव्येण लिप् **(c. 6.** लिम्पति, लेप्तुं) **or** विलिप्.

Lime-burner, *s.* चूर्णकारः, चूर्णकर्त्ता ***m.*** (र्त्तृ), चूर्णदाहकः, चूर्णदाहकृत्.

Lime-klin, *s.* चूर्णदहनस्थानं, चूर्णपचनस्थानं, चूर्णापाकः.

Lime-stone, *s.* चूर्णखण्डः –ण्डं, कर्करखण्डः, कर्करं, चूर्णोपलः, कर्करोपलः.

Lime-water, *s.* चूर्णसंसृष्टं जलं, चूर्णजलं, कर्करजलं.

Limit, *s.* सीमा ***f.***, सीमा ***m.*** (न्), परिसीमा ***f. m.***, अवधिः ***m.***, अन्तः –न्तं, पर्य्यन्तः –न्तं, समन्तः, प्रान्तः, मर्य्यादा, परिच्छेदः, अवच्छेदः, वेला, नेमः, पर्य्याप्तिः ***f.***, परिमाणं, परिमितिः ***f.***, अवसानं, पर्यवसानं, परिसरः, शेषः, आघाटः, चक्रवाटः, पारः –रं; **'that forms a limit,'** अवधिभूतः –ता –तं.

***To* limit, *v. a.* (Bound)** प्रान्त **(nom.** प्रान्तयति –यितुं), समन्त **(nom.** समन्तयति –यितुं) **or** पर्य्यन्त, परिछिद् **(c. 7.** –छिनत्ति –छेत्तुं), अवछिद्, परिच्छेदं कृ, सावधिकं –कां कृ, सोपाधिकं –कां कृ, समर्य्यादं –दां कृ, ससीमं मां कृ.**—(Confine within certain bounds, circumscribe)** परिमा **(c. 2.** –माति, **c. 3.** –मिमीते –मातुं), परिमितं –तां कृ. मितं –तां कृ, सपरिमाणं –णां कृ, संयम् **(c. 1.** –यच्छति –यन्तुं), नियम्, निग्रह् **(c. 9.** गृह्णाति –ग्रहीतुं), संह **(c. 1.** –हरति –हर्त्तुं), निबन्ध् **(c. 9.** –बध्नाति, बन्द्धुं), निरूप् **(c. 10.** –रूपयति –यितुं).

Limitable, *a.* परिमेयः –या –यं, परिछेदनीयः –या –यं, निरूपणीयः –या –यं.

Limitation, *s.* (The act of bounding) सीमाकरणं, मर्य्यादाकरणं, अवधिकरणं, पर्य्यन्तकरणं, परिच्छेदः –दनं,

अवच्छेदः -दनं, परिमाणकरणं.—**(A state of restriction)** परिमितता -त्वं, सावधिकता, समर्य्यादत्वं, सोपाधिकत्वं, ससीमत्वं, अवधिता, अवधिः ***m.,*** पर्य्यन्तं -न्तत्वं, अव्यापितत्वं, निबन्धनं, बन्धः -न्धनं.

Limited, ***p. p.*** परिमितः -ता -तं, मितः -ता -तं, समर्य्यादः -दा -दं, सावधिकः -का -कं, सोपाधिकः -का -कं, ससीमः -मा -मं, सपरिमाणः -णा -णं, परिच्छिन्नः -न्ना -न्नं, नियतः -ता -तं, संयतः -ता -तं, निषद्धः -द्धा -द्धं, बद्धः -द्धा -द्धं, संहृतः -ता -तं, अव्याप्तः -प्ता -प्तं, अव्याप्यः -प्या -प्यं, अव्यापी -पिनी -पि (न्), सङ्कुचितः -ता -तं, सम्बाधः -धा -धं; **'of limited meaning,'** मितार्थः -र्था -र्थं.

Limiter, ***s.*** मर्य्यादाकारी ***m.*** (न्), सीमाकर्त्ता ***m.*** (र्त्तृ), परिच्छेदकः, अवधिकृत्.

Limitless, ***a.*** अपरिमितः -ता -तं, अमितः -ता -तं, अनन्तः -न्ता -न्तं, निरवधिः -धिः -धि.

To **limn,** ***v. a.*** लिख् **(c. 6.** लिखति, लेखितुं), आलिख्, विलिख्, अभिलिख्, चित्रं लिख्, चित्र् **(c. 10.** चित्रयति -यितुं).

Limner, ***s.*** चित्रकरः, चित्रकारः, चित्रलिक् ***m.*** (ख्), चित्रकर्म्मविद् ***m.***

Limous, ***a.*** पङ्किलः -ला -लं, पङ्की -ङ्किनी -ङ्कि (न्), सकर्दमः -मा -मं.

To **limp,** ***v. n.*** लङ्ग् **(c. 1.** लङ्गति -ङ्गितुं), खञ्ज् **(c. 1.** खञ्जति, -ञ्जितुं), खोर् **(c. 1.** खोरति -रितुं), खोल् **(c. 1.** खोलति -लितुं), खोड् **(c. 1.** खोडति -डितुं), खोट् **(c. 1.** खोटति -टितुं), खुण्ड् **(c. 1.** खुण्डते -ण्डितुं), वङ्ग् **(c. 1.** वङ्गति -ङ्गितुं).

Limp, ***s.*** लङ्गः, खञ्जनं, लङ्गगतिः ***f.,*** खञ्जगतिः ***f.***

Limp, ***a.*** मृदुः -दुः -द्वी -दु, शिथिलः -ला -लं, कोमलः -ला -लं.

Limper, ***s.*** लङ्गगतिः ***m.,*** लङ्गगामी ***m.*** (न्), खञ्जगतिः ***m.,*** खञ्जः.

Limpid, ***a.*** स्वच्छः -च्छा -च्छं, स्वच्छजलः -ला -लं, अच्छः -च्छा -च्छं, निर्म्मलः -ला -लं, विमलः -ला -लं, अमलः -ला -लं, निर्म्मलजल -ला -लं, सुजलः -ला -लं.

Limpidness, limpidity, ***s.*** स्वच्छता, निर्म्मलता, विमलता, सुजलता, जलनैर्मल्यं.

Limping, ***part.*** **or** ***a.*** खञ्जः -ञ्जा -ञ्जं, पङ्गुः -ङ्गुः -ङ्गु, खोरः -रा -रं, खोलः -ला -लं, खोडः -डा -डं, लङ्गगतिः -तिः -ति, खञ्जगतिः **etc.,** लङ्गगामी -मिनी -मि (न्), विकलगतिः **etc.**

Limpingly, ***adv.*** खञ्जवत्, पङ्गवत्, सलङ्गं, लङ्गगत्या, खञ्जगत्या.

Limsy, limpsy, ***a.*** शिथिलः -ला -ल, मृदुः -दुः -दु, कोमलः -ला -लं.

Limy, ***a.*** चूर्णमयः -यी -यं, सचूर्णः -र्णा -र्णं, कर्करीयः -या -यं, प्रचुरचूर्णः -र्णा -र्णं, कर्करमयः -यी -यं.—**(Viscous)** सान्द्रः -न्द्रा -न्द्रं, श्यानः -ना -नं, चूर्णसगुणः -णा -णं, चूर्णोपमः -मा -मं.

Lin, ***s.*** **(Flax)** अतसी, उमा, क्षुमा, क्षौमी, शणं.

Linch-pin, ***s.*** अक्षाग्रकीलः -लकः, अक्षाग्रशङ्कुः ***m.,*** अक्षाग्रशलाका, अणिः ***m.,*** आणिः ***m. f.,*** उद्रथः.

Lincture, ***s.*** **(Medicine)** अवलेहः, अवलेह्यं, लेह्यं, अवलेह्यौषधं.

Line, ***s.*** रेखा, लेखा, सरणिः -णी, धारणी, राजिः -जिका ***f.,*** राजी, पंक्तिः ***f.,*** पद्धतिः ***f.,*** आलिः -ली ***f.,*** आवलिः -ली ***f.,*** पालिः -ली ***f.,*** ततिः ***f.,*** श्रेणिः -णी ***m.f.***—**(Ruled line)** वर्त्तिः ***f.,*** रेखा, लेखा, अङ्कः.—**(Row, range)** पंक्तिः ***f.,*** श्रेणिः -णी, राजिः -जी ***f.,*** पद्धतिः ***f.,*** आवलिः -ली ***f.,*** माला, हारः; **'in a line,'** पंक्तिक्रमेण; **'in the same line,'** समरेखः -खा -खं, एकरेखः **etc.**—**(Line of troops)** दण्डः पंक्तिः ***f.,*** व्यूहः, विन्यासः, सैन्यपंक्तिः ***f.,*** बलविन्यासः; **'an array of troops in line,'** दण्डव्यूहः; **'line of infantry,'** पत्तिपंक्तिः ***f.,*** पत्तिश्रेणी.—**(String, cord)** सूत्रं, रज्जुः ***m.f.,*** गुणः, तन्तुः ***m.***—**(Cord extended to direct any operation)** सूत्रं; **'by line and rule,'** यथासूत्रं.—**(Line of the face, etc.)** मुखरेखा, वदनरेखा, रेखा; **'a lucky line,'** आयुष्यरेखा, पद्मरेखा, स्वस्तिकः.—**(Line of print, etc.)** पंक्तिः ***f.***—**(Line of a stanza)** पदं.—**(Outline)** पाण्डुरेखा, वहिर्लेखा.—**(Contour)** आकारः, आकृतिः ***f.,*** परिधिः ***m.***—**(Rampart, trench)** प्राकारः, वप्रः, दुर्गवप्रः, परिखा, परिकूटं.—**(Method, disposition)** क्रमः, अनुक्रमः, पर्य्यायः, मार्गः, परम्परा, विन्यासः, परिपाटिः -टी ***f.***—**(Series)** श्रेणी -णिः ***m.f.,*** पंक्तिः ***f.,*** परम्परा, पारम्पर्य्यं, आवलिः -ली ***f.,*** माला, आनुपूर्व्यं; **'in regular line,'** क्रमशस्, अनुक्रमशस्, अनुपूर्व्वशस्, पारम्पर्य्येण.—**(Line of a family)** वंशावलिः ***f.,*** वंशपरम्परा, वंशपारम्पर्य्यं, कुलपरम्परा.—**(Line of conduct)** मार्गः, पथः, व्यवहारः, रीतिः ***f.,*** मृतिः ***f.;*** **'correct line of conduct,'** सुमार्गः, सुपथः; **'incorrect line,'** उन्मार्गः, विमार्गः, विपथः, कुपथः, कुसृतिः ***f.***—**(Line of study)** अध्ययनमार्गः, अध्ययनक्रमः.—**(Department)** देशः, विषयः, अङ्गं.—**(Direction, course)** दिक् ***f.*** (श्), पथः, मार्गः; **'line of direction in mechanics)** गुरुत्वलम्बः; **it goes in a dfiferent line,'** भिन्नदिशं गच्छति.—**(Fishing-line)** वरण्डः, वडिशसूत्रं, मत्स्यग्रहणसूत्रं.—**(Equator)** विषुचक्रं, विषुमण्डलं, विषुववृत्तं, विषुवद्वृत्तं, विषुवरेखा, नाडीवृत्तं, नाडीमण्डलं, भूगोलरेखा, भूपरिधिः ***m.,*** भूचक्रं, भूमध्यरेखा.—**(To draw lines)** लिख् **(c. 6.** लिखति, लेखितुं), उल्लिख्, प्रोल्लिख्, रेखां कृ; **'to draw lines on the ground,'** रेखादिना भूमिम् उल्लिख् **or** अङ्क् **(c. 10.** अङ्कयति -यितुं); **'act of drawing lines,'**

रेखाकरणं, प्रोल्लेखनं, उल्लिखनं; **'drawing lines,'** उल्लिखन् -खन्ती -खत् (त्), प्रोल्लिखन् **etc.**

***To* line, *v. a.* (Cover on the inside)** अन्तर् **or** अन्तर्भागे छद् **(c. 10.** छादयति -यितुं**), or** आछद्, अन्तश्छादनं कृ, अभ्यन्तरे छद्, अन्तःपटलं कृ. अन्तःपुटं कृ.—**(Place in a line)** पंक्तिक्रमेण स्था **in caus.** (स्थापयति -यितुं).

Lineage, *s.* अन्वयः, वंशः, सन्ततिः ***f.,*** सन्तानः, कुलं, अन्ववायः -गोत्रं, वंशविततिः ***f.,*** वंशपरम्परा, आवली -लिः ***f.,*** वंशावलिः, परम्परा, जातिः ***f.,*** जननं, अभिजनः; **'of royal lineage,'** राजवंश्यः -श्या -श्यं; **'of high lineage,'** महाकुलः -ला -लं.

Lineal, *a.* (Compound of lines) रेखामयः -यी -यं, रेखारूपः -पा -पं, अङ्कितः -ता -तं.—**(Derived from ancestors in a direct line)** परम्परागतः -ता -तं, परम्परायातः -ता -तं, परम्पराप्राप्तः -प्ता -प्तं, क्रमागतः -ता -तं, क्रमायातः -ता -तं, क्रमप्राप्तः -प्ता -प्तं, वंशक्रमागतः -ता -तं, परम्परीणः -णा -णं, पारम्परिकः -की -कं; **'a lineal descendant,'** सन्तानः, सन्ततिः ***f.;*** **'lineal descent,'** क्रमागतः, वंशक्रमागमः, क्रमागत्वं, अन्वयागमः.

Lineally, *adv.* क्रमागमेन, वंशक्रमेण, पारम्पर्य्येण, परम्परतस्; **'lineally descended,'** वंशक्रमागतः -ता -तं, वंशक्रमायातः -ता -तं, अन्वयागतः -ता -तं, कुलक्रमायातः -ता -तं.

Lineament, *s.* (Feature) रेखा, वदनरेखा, मुखरेखा, वदनाकृतिः ***f.,*** वदनाकारः, मुखावयवः, रूपचिह्नं, रूपलक्षणं, अङ्गचिह्नं, अङ्गलक्षणं.—**(Outline)** वहिर्लेखा, वाह्यरेखा, वस्तु ***n.,*** वस्तुमात्रं; **'of just lineaments,'** सुरेखः -खा -खं.

Linear, *a.* पांक्तः -क्ती -क्तं, पांक्तेयः -यी -यं, पंक्तिरूपः -पा -पं, पंक्तिमयः -यी -यं, रेखामयः -यी -यं, रेखारूपः **etc.,** रेखासम्बन्धी -न्धिनी -न्धि (न्).

Lined, *p. p.* अन्तर्भागे छादितः -ता -तं, अन्तराच्छादितः -ता -तं, अन्तरावृतः **etc.**

Linen, *a.* (Made of flax or hemp) क्षौमः -मी -मं, औमः -मी -मं, औमकः -की -कं, शाणः -णी -णं, अतसीमयः -यी -यं, शणमयः **etc.**

Linen, *s.* क्षौमवस्त्रं, क्षौमपटः, शाणवस्त्रं, शाणपटः, क्षौमी, औमवस्त्रं, औमपटः, क्षौमाम्बरं.

Linen-draper, *s.* क्षौमवस्त्रविक्रेता ***m.*** (तृ), क्षौमपटविक्रयी ***m.*** (न्), वस्त्रविक्रयोपजीवी ***m.*** (न्), वस्त्रक्रयविक्रयिकः, वस्त्रबाणिज्यकारी ***m.*** (न्).

Ling, *s.* (Plant) जङ्गलरुहं तृणं, जङ्गलरोही तृणभेदः.

To* linger, *v. n. विलम्ब् **(c. 1.** -लम्बते -म्बितुं**),** मन्द **(nom.** मन्दायते**),** चिर **(nom.** चिरयति, चिरायति**),** अवस्था **(c. 1.** -तिष्ठति -स्थातुं**),** कालं क्षिप् **(c. 6.** क्षिपति, क्षेप्तुं**),** विलम्बनं कृ, कालक्षेपं कृ.—**(Hesitate)** विक्लृप् **(c. 1.** -कल्पयते -ल्पितुं, **c. 10.** -कल्पयति -यितुं**),** विचर् **(c. 10.** -चारयति -यितुं**),** विकल्पं कृ, विचारणं कृ.—**(Remain long in any state)** चिरेण **or** चिरं **or** चिरकालं **or** दीर्घकालं स्था **or** अवस्था **or** वृत् **(c. 1.** -वर्त्तते -र्त्तितुं**),** सुचिरं स्था; **'on a bed of sickness,'** चिररोगी -गिणी भू.—**(Proceed slowly)** मन्दं मन्दं चल् **(c. 1.** चलति -लितुं**) or** चर् **(c. 1.** चरति -रितुं**).**

Lingerer, *s.* विलम्बी ***m.*** (न्), विलम्बकारी ***m.,*** मन्दगामी ***m.*** (न्), मन्दगतिः ***m.*** चिरक्रियः, कालक्षेपकः, कालयापकः, दीर्घसूत्री ***m.*** (न्).

Lingering, *part.* मन्दायमानः -ना -नं, मन्दयमानः -ना -नं, विलम्बी -म्बिनी -म्बि (न्), विलम्बितः -ता -तं, चिरायमाणः -णा -णं.—**(Remaining long)** चिरस्थः -स्था -स्थं, चिरस्थायी -यिनी -यि (न्) चिरस्थितः -ता -तं, चिरकालस्थः -स्था -स्थं, दीर्घकालीनः -ना -नं, चिरकालीनः -ना -नं.

Lingeringly, *adv.* विलम्बेन, विलम्बात्, सविलसं, मन्दं मन्दं, मन्दगत्या, कालक्षेपेण, सकालक्षेपं, दीर्घसूत्रवत्, दीर्घसूत्रतया.

Linget, *s.* (Mass of metal) धातुपिण्डः, लोहपिण्डः.

Linguadental, *a.* जिह्वादन्त्यः -न्त्या -न्त्यं, जिह्वादान्तः -न्ती -न्तं.

Lingual, *a.* जिह्वासम्बन्धी -न्धिनी -न्धि (न्), जैह्विकः -की -कं, जिह्वा **in comp.**

Linguiform, *a.* जिह्वारूपः -पा -पं, जिह्वाकारः -रा -रं, जिह्वाकृतिः -तिः -ति.

Linguist, *s.* भाषाज्ञः, बहुभाषाज्ञः, नानाभाषाज्ञः, अनेकभाषाज्ञः, बहुभाषावेत्ता ***m.*** (त्तृ), नानाभाषानिपुणः, शाब्दिकः, शब्दव्युत्पन्नः, बहुभाषावाटी ***m.*** (न्), उच्चारणज्ञः.

Liniment, *s.* स्नेहनं, उपदेहः, लेपः, आलेपः, प्रलेपः, विलेपनं, अनुलेपनं, अभ्यङ्गः, अभ्यञ्जनं, मर्दनौषधं.

Lining, *s.* अन्तश्छादनं, अन्तराच्छादनं, अन्तर्वेष्टनं, अन्तः पटलं अन्तःपुटः -टं, आस्तरः -रणं, अन्तरास्तरणं.

Link, *s.* (Of a chain) शृङ्खलसन्धिः ***m.,*** शृङ्खलसन्धिः, शृङ्खलग्रन्थिः ***m.*—(A chain, any thing connecting)** शृङ्खलः -ला, सन्धिः ***m.,*** बन्धनं, पाशः, संयोगः, सम्बन्धः.—**(Part of a connected series)** अन्वयः, समन्वयः, प्रबन्धः.—**(Torch)** उल्का, उल्मुकं, ज्वलनकाष्ठं, अग्निकाष्ठं.

To* link, *v. a. सन्धा **(c. 3.** -दधाति -धत्ते -धातुं**),** संयुज् **(c. 7.** -युनक्ति -योक्तुं, **(c. 10.** -योजयति -यितुं**),** सम्बन्ध् **(c. 9.** -बध्नाति -बन्द्धुं**),** संश्लिष् **(c. 10.** -श्लेषयति -यितुं**),** योक्त्र **(nom.** योक्त्रयति -यितुं**),** ग्रन्थ् **(c. 9.** ग्रथ्नाति, ग्रन्थितुं**),** शृङ्खलारूपेण सन्धा.

Link-boy, *s.* उल्काभृत्, उल्काधारी ***m.*** (न्), ज्वलनकाष्ठभृत्

Linked, *p. p.* सन्धितः -ता -तं, संयुक्तः -क्ता -क्तं, सम्बद्धः -द्धा -द्धं, अनुसम्बद्धः **etc.,** अनुबद्धः **etc.,** अन्वितः -ता -तं,

समन्वितः -ता -तं, सान्वयः -या -यं.

Linnet, *s.* लिणताख्यो मधुररुतविशिष्टः क्षुद्रपक्षी.

Linseed, *s.* अतसीवीजं, उमावीजं, क्षुमावीजं, अतसी, उमा, क्षुमा, मसीना, मसृणा, चणका, सुवर्चला, मालिका.

Linsey-woolsy, *a.* क्षौमोर्णः -र्णा -र्णं, औमोर्णः **etc.,** शाणोर्णः **etc.**

Linstock, *s.* अग्निदयष्टिः ***m.,*** अग्निदकाष्ठं, अग्निदशलाका, अग्निदण्डः, ज्वलनदण्डः, ज्वलनकाष्ठं, शलाका.

Lint, *s.* विकेशिका, व्रणशोषणार्थं क्षौमवस्त्रखण्डः **or** क्षौमपटखण्डः **or** शाणवस्त्रखण्डः.

Lintel, *s.* द्वारोपरिस्थकाष्ठं, द्वारोपरिस्थदारुः ***m.,*** द्वारोपरिस्थितं काष्ठं, द्वाराग्रकाष्ठं.

Lion, *s.* सिंहः, केसरी ***m.,*** (न), केशरी ***m.,*** हरिः ***m.,*** मृगेन्द्रः, मृगराजः, मृगराट् ***m.,*** (ज्), मृगपतिः ***m.,*** पशुराजः, पशुपतिः ***m.,*** वनराजः, मृगरिपुः ***m.,*** मृगारिः ***m.,*** गजारिः ***m.,*** कुञ्जरारातिः ***m.,*** द्विरदान्तकः, हस्तिकक्ष्यः, भीमनादः भीमविक्रान्तः, भारिः ***m.,*** हरित् ***m.,*** हर्य्यक्षः, पञ्चास्यः, पञ्चमुखः, पञ्चाननः, पञ्चवक्त्रः पञ्चशिखः, सटाङ्कः, जटिलः; **'a lion's mane,'** केशरः, केसरः, सिंहकेशरः; **'lion's mouth,'** सिंहमुखं, मृगेन्द्रमुखं; **'lion's roar,** सिंहनादः -दकः, सिंहध्वनिः ***m.;*** **'abounding with lions,'** सिंहाढ्यः -ढ्या -ढ्यं; **'he plays the lion,'** सिंहायते. **—(Sign in the zodiac)** सिंहः. *See* **Leo (Object of curiosity)** कौतुकं.

Lioness, *s.* सिंही, केशरिणी, केसरिणी, मृगराज्ञी, वनराज्ञी.

Lion-like, lionly, *a.* सैंहः -ही -हं, सैंहिकः -की -कं, सिंहस्वभावः -वा -वं.

Lip, *s.* ओठः, अधरः, दशनच्छदः, रदनच्छदः, रदच्छदः, दन्तच्छदः, दच्छदः, दशनवासस् ***n.,*** वाग्दलं, ओष्ठपल्लवं, अधरपुटं, ओष्ठपुटः -टं; **'the upper lip,' is properly** ओष्ठः; **'the lower lip,'** अधरः.**—(The lips)** ओष्ठाधरौ ***m.*** **du.,** ओष्ठौ ***m.*** **du.,** अधरौ **du.,** दन्तच्छदौ, रदनच्छदौ, दशनच्छदौ, दशनवाससी ***n.*** **du.;** **'red or cherry lip,'** विम्बोष्ठः **or** विम्बौष्ठः, विम्बाधरः; **'having red lips,'** विम्बोष्ठः -ष्ठा -ष्ठं **or** विम्बौष्ठः; **'nectar of the lips,'** अधरामृतं; **'drinking the nectar of the lips,'** अधरपानं; **'to bite the lips,'** ओष्ठं **or** अधर **or** ओष्ठाधरौ दंश् **(c. 1.** दशति, दंष्टुं**)** **or** सन्दंश्, दन्तैर् ओष्ठ खाद् **(c. 1.** खादति -दितुं), अधरावलोपं कृ, ओष्ठदंशनं कृ; **'biting the lips,** सन्दष्टौष्ठः -ष्ठा -ष्ठं, दष्टदच्छदः -दा -दं, सन्दष्टौष्ठपुटः -टा -टं.**—(Edge of a cup, etc.)** पात्रकण्ठः, पात्रमुखं, पात्रधारः, पात्रकर्णः, पात्रपार्श्वः.

Lip-devotion, *s.* ओष्ठभक्तिः ***f.,*** अधरभक्तिः ***f.,*** ओष्ठपूजा, अधरपूजा.

Lipless, *a.* ओष्ठहीनः -ना -नं, अधरहीनः -ना -नं, निरोष्ठः -ष्ठा.

Lipothymous, *a.* मूर्च्छितः -ता -तं, मूर्च्छालः -ला -लं, नष्टचेतनः -ना -नं.

Lipothymy, *s.* मूर्च्छा -च्छनं, ना, मोहः सम्मोहः, प्रमोहः, प्रलयः, चेतनाहानिः ***f.,*** चैतन्यहानिः ***f.,*** चैतन्यनाशः.

Lipped, *a.* ओष्ठवान् -वती -वत् (त्), ओष्ठी -ष्ठिनी -ष्ठि (न्), ओष्ठ **or** अधर **in comp.; as, 'red lipped,'** विम्बोष्ठः -ष्ठा -ष्ठं **or** विम्बौष्ठः **etc.,** विम्बाधरः -रा -रं.

Lippitude, *s.* चुल्लत्वं, पिल्लत्वं, चिल्लत्वं, क्लिन्नाक्षता, नयनक्लिन्नता.

Lip-salve, *s.* ओष्ठलेपः, ओष्ठप्रलेपः, ओष्ठस्नेहन, अधराभ्यञ्जनं.

Liquefaction, (The act) द्रावः -वणं, विद्रावः -वणं, द्रवीकरणं, विलयं -यनं, लयः -यनं, गलनं, गालनं, परिगलनं, विगलनं, क्षरणं, जलसात्करणं.**—(The state)** द्रवत्वं, द्रावितत्वं, विलीनता, गलितत्वं, द्रुतत्वं, विद्रुतता.

Liquefiable, liquable, *a.* द्राव्यः -व्या -यं, विद्राव्यः -व्या -व्यं, विलयनीयः -या -यं, गलनीयः -या -यं, द्रवणीयः -या -यं **or** द्रावणीयः सुविलयः -या -यं, विलयशीलः -ला -लं, द्रावणार्हः -र्हा -र्हं, द्रवार्हः -र्हा -र्हं, क्षरणीयः -या -यं, क्षरभावः -'वा -वं, याव्यः -व्या -व्यं.

Liquefied, *p. p.* द्रुतः -ता -तं, विद्रुतः -ता -तं, द्रावितः -ता -तं, विद्रावितः -ता -तं, द्रवीकृतः -ता -तं, द्रवीभूतः -ता -तं, लीनः -ना -नं, विलीनः -ना -नं, निलीनः -ना -नं, गलितः -ता -तं, गालितः -ता -तं, परिगलितः -ता -तं, विगलितः -ता -तं.

To* liquefy, *v. a. विली **in caus.** (-लाययति -लापयति -यितुं), विद्रु, **(c. 10.** -द्रावयति -यितुं), द्रु, द्रवीकृ, गल् **(c. 10.** गालयति -यितुं), विगल्, गलितीकृ, विलीनीकृ, जलसात्कृ, आर्द्रीकृ.

To* liquefy, *v. n. विली **(c. 4.** -लीयते -लेतुं), प्रविली, प्रली, द्रु **(c. 1.** द्रवति, द्रोतुं), विद्रु, गल् **(c. 1.** गलति -लितुं), विगल्, क्षर् **(c. 1.** क्षरति -रितुं), द्रवीभू, विलीनीभूः, जलसाद्भू.

Liquid, *a.* द्रवः -वा -वं, द्रुतः -ता -तं, द्रवरूपः -पा -पं, सद्रवः -वा -वं, विद्रुतः -ता -तं, विलीनः -ना -नं, लीनः -ना -नं, गलितः -ता -तं, तरलः -ला -लं, विह्वलः -ला -लं, प्रवाही -हिणी -हि (न्), प्रवाहधर्म्मकः -का -कं, पयस्यः -स्या -स्यं.

Liquid, *s.* द्रवः, द्रवद्रव्यं, द्रवपदार्थः, द्रववस्तु ***n.,*** सद्रवपदार्थः, रसः, आर्द्रद्रव्यं, आर्द्रवस्तु ***n.,*** जलं, वारि ***n.,*** पयस् ***n.***

To* liquidate, *v. a. शुध् **(c. 10.** शोधयति -यितुं), परिशुध्, मुच् **(c. 6.** मुञ्चति, मोक्तुं, **(c. 10.** मोचयति -यितुं), विमुच्, मोक्ष् **(c. 10.** मोक्षयति -यितुं), विसृज् **(c. 6.** -सृजति -स्रष्टुं, **c. 10.** -सर्ज्जयति -यितुं), निस्तृ **(c. 10.** -तारयति -यितुं),

अपनी (c. 1. -नयति -नेतुं), विनी, अपवृज् (c. 10. -वर्ज्जयति -यितुं), अपाकृ, साध् (c. 10. साधयति -यितुं); **'settle a debt,'** ऋणं शुध् **or** अपनी **or** विनी **or** अपाकृ **or** अपवृज् **or** साध्, ऋणशोधनं कृ, ऋणसिद्धिं कृ, ऋणमुक्तिं कृ.

Liquidated, ***p. p.*** शोधितः -ता -तं, परिशोधितः -ता -तं, परिशुद्धः -द्धा -द्धं, सिद्धः -द्धा -द्धं, साधितः -ता -तं, ऋणमुक्तः -क्ता -क्तं, ऋणमोचितः -ता -तं, अपाकृतः -ता -तं, विगणितः -ता -तं, निस्तारितः -ता -तं, उत्तीर्णः -र्णा -र्णं.

Liquidation, ***s.*** शोधनं, परिशोधनं, शुद्धिः ***f.,*** परिशुद्धिः ***f.,*** मुक्तिः ***f.,*** विमुक्तिः ***f.,*** मोक्षः -क्षणं, परिमोक्षणं, निस्तारः, उत्तरणं, अपाकरणं, सिद्धिः ***f.,*** साधनं, अपनयनं; **'of a debt,'** ऋणशोधनं, ऋणसिद्धिः ***f.,*** ऋणापाकरणं, ऋणमुक्तिः ***f.,*** ऋणापनयनं, ऋणापनोदनं, विगणनं, निरादेशः.

Liquidity, Liquidness, ***s.*** द्रवत्वं -ता, द्राव्यत्वं -ता, विद्रुतत्वं, विलीनता, गलितत्वं, द्रवभावः, रसता, प्रवाहधर्म्मः.

Liquor, ***s.*** **(Fluid)** द्रवः, द्रवद्रव्यं, द्रवपदार्थः, सद्रवपदार्थः, द्रववस्तु ***n.,*** रसः, जलं.—**(Drink)** पेयं, पानीयं, पेयद्रव्यं.—**(Spirituous liquor)** मद्यं, मदिरा, मदः, सुरा -री, वारुणी, शुण्डा, शीधुः ***m.*** -धु, सीधुः ***m.,*** हाला, आसवं, कल्यं -ल्या, कश्यं; **'drinker of spirituous liquor'** सुरापः -पी ***f.,*** मद्यपः -पी ***f.,*** शीधुपः -पी ***f.,*** शुण्डापायी ***m.*** -यिनी ***f.***

Liquor-shop, ***s.*** मदिरागृहं, मद्यविक्रयस्थानं, शुण्डापानं.

Liquorice, ***s.*** मधुयष्टिका, यष्टिमधु ***n.,*** मधुकं, मधूली. ***See*** **Licorice.**

To **list,** ***v. a.*** **or** ***n.*** गद्गद (**nom.** गद्गद्यति), गद्गदवाचा वद् (**c. 1.** वदति -दितुं), बालकवद् उच्चर् (**c. 10.** -चारयति -यितुं), भग्नदन्तैर् इव उच्चर्, भग्नदन्तोच्चारणं कृ, भग्नस्वरेण **or** भिन्नस्वरेण वद् **or** उच्चर्, अस्पष्टवाचा **or** अस्फुटवाचा उच्चर्, अस्पष्टोच्चारणं कृ, अस्फुटोच्चारणं कृ, जल्प् (**c. 1.** जल्पति -ल्पितुं).

Lisp, lisping, ***s.*** गद्गदः, गद्गदवाक् ***f.*** (च्), गद्गदपदं, गद्गदवाक्यं, भग्नदन्तोच्चारणं, भग्नस्वरोच्चारणं, भिन्नस्वरोच्चारणं, अस्फुटोच्चारणं, अस्पष्टोच्चारणं, बालकवद् उच्चारणं.

Lisped, ***p. p.*** भग्नदन्तोच्चारितः -ता -तं, अस्पष्टोच्चारितः -ता -तं.

Lisper, lisping, ***a.*** अस्फुटवाक् ***m. f. n.,*** (च्), अस्पष्टवाक् ***m. f. n.,*** गद्गदवाक् ***m. f. n.,*** अस्फुटजल्पः -ल्पा -ल्पं, चित्रजल्पः **etc.,** लोहलः -ला -लं, भग्नदन्तोच्चारणकृत्.

Lispingly, ***adv.*** अस्फुटवाचा, अस्पष्टवाचा, गद्गदवाचा, बालकवत्.

List, ***s.*** **(Catalogue)** आवलिः -ली ***f.,*** अनुक्रमणिका, परिसंख्या, परिसंख्यापत्रं, परिगणना, सूचिः -ची ***f.,*** सूचिपत्रं; **'a list of names,'** नामावलिः -ली ***f.,*** नामावलिपत्रं, नामपरिसंख्यापत्रं; **'a list of errata,'** शुद्धिपत्रं.—**(Strip of cloth)** पट्टः -ट्टकः, पटखण्डः, वस्त्रखण्डः.—**(Border or edge of cloth)** वस्त्रधारः, वस्त्रप्रान्तः, वसनप्रान्तः, वस्त्रान्तः, वसनान्तः, वस्तिः ***m.,*** तरी, दशा.—**(Ground enclosed as a field of combat)** रङ्गभूमिः ***f.,*** रणभूमिः, रङ्गाङ्गनं, रङ्गः, युद्धभूमिः ***f.,*** युद्धक्षेत्रं, रणाजिरं, मल्लभूमिः ***f.,*** मल्लभूः ***f.***—**(Linking, desire)** इच्छा, रुचिः ***f.,*** अभिरुचिः ***f.,*** स्पृहा.

To **list,** ***v. a.*** **(Enroll)** नामावलिपत्रे **or** नामपरिसंख्यापत्रे नामानि समारुह् **in caus.** (-रोपयति -यितुं) **or** आरुह् **or** अभिलिख् (**c. 6.** -लिखति -लेखितुं) **or** लिख्.—**(Cover with strips of cloth)** पट्टेन **or** पटखण्डेन छद् (**c. 10.** छादयति -यितुं) **or** आच्छद्, पट्टबन्धनं कृ.—**(Sew together strips of cloth)** पटखण्डान् संसिव् (**c. 4.** -सीव्यति, सेवितुं) **or** निषिव्.—**(Hearken)** आकर्ण् (**c. 10.** -कर्णयति -यितुं), कर्णं दा.

To **list,** ***v. n.*** **(Desire, choose)** इष् (**c. 6.** इच्छति, एषितुं), अभिलष् (**c. 1.** -लषति -षितुं), रुच् (**c. 1.** रोचते) **used impersonally; 'doing as one lists,'** कामचारी -रिणी -रि (न्), कामचारः -री -रं, **'going as one lists,'** कामगामी -मिनी **etc.,** कामगः -गा -गं; **'as one lists,'** कामतस्, कामचारतस् ***See*** **Like.**

To **listen,** ***v. n.*** आकर्ण् (**c. 10.** -कर्णयति -यितुं), श्रु (**c. 5.** शृणोति, श्रोतुं), आश्रु, उपश्रु, निशम् (**c. 10.** -शामयति -यितुं), कर्णं दा (**c. 3.** ददाति, दातुं), श्रवणं कृ.—**(Heed, lend the mind)** अवधा (**c. 3.** -धत्ते -धातुं), मनो धा, सावधानः -ना -नं, भू, अवहितः -ता -त भूं **or** अस्, अवधानं कृ; **'listen,'** शृणु, कर्णं देहि, अवधीयता.—**(Obey, follow admonition)** श्रु **in des.** (शुश्रूषते -षितुं), अनुविधा **in pass.** (-धीयते), अनुवृत् (**c. 1.** -वर्त्तते -र्त्तितुं).

Listener, ***s.*** श्रोता ***m.*** -त्री ***f.*** (तृ), श्रवणकर्त्ता ***m.*** -र्त्री ***f.*** (र्त्तृ), निशमनकारी ***m.*** -रिणी ***f.*** (न्).

Listless, ***a.*** अनुत्सुकः -का -कं, निरुत्सुकः -का -कं, अनिच्छुः -च्छुः -च्छु, अनिच्छुकः -का -कं, निरिच्छः -च्छा -च्छं, निःस्पृहः -हा -हं, निरीहः -हा -हं, उदासीनः -ना -नं, उदासी -सिनी -सि (न्), निरपेक्षः -क्षा -क्षं, विरक्तः -क्ता -क्तं, वीतरागः -गा -गं, विकौतुकः -का -कं, अनभिलाषः -षा -षं, अनवधानः -ना -नं, अनवहितः -ता -तं, निरुद्योगः -गा -गं, निरुद्यमः -मा -मं, अप्रयत्नः -त्ना -त्नं, अप्रयत्नशीलः -ला -लं, अनास्थः -स्था -स्थं, आस्थाहीनः -ना -नं, सुप्तबुद्धिः -द्धिः -द्धि, जडः -डा -डं, जडबुद्धिः **etc.,** अव्यग्रहः -ग्रा -ग्रं, निःसङ्गः -ङ्गा -ङ्गं, ग्लानः -ना -नं, प्रमादी -दिनी **etc.** ***See*** **Languid.**

Listlessly, ***adv.*** अनुत्सुकं, निरुत्सुकं, अनिच्छया, अनौत्सुक्येन, उदासीनवत्, अनभिलाषेण, अनवधानेन, अनवहितं, अनपेक्षया, जडवत्, अव्यग्रं. ***See*** **Languidly.**

Listlessness, *s.* अनुत्सुकता, अनौत्सुक्यं, निरुत्सुकता, अनिच्छा, अनीहा, निरीहता -त्वं, अस्पृहा, निःस्पृहता अनभिलाषः, उदासीनता, औदास्यं, विरक्तिः *f.*, विरक्तता वैराग्यं, अननुरागः, अनपेक्षा, अनवेक्षा, अनुत्साहः, अनुद्योगः, अप्रयत्नः -त्नता, अनाथा, आस्थाहीनता, सुप्तबुद्धित्वं, जडता, जाड्यं, अव्यग्रता, मान्द्यं, ग्लानिः *f. See* **Languor.**

Litany, *s.* ख्रीष्टीयमतधारिभिर् व्यवहृतः प्रार्थनामार्गः, ख्रीष्टीयसमाजव्यवहारिता प्रार्थना.

Literal, *a.* **(Not figurative)** मूलार्थकः -का -कं, मुख्यार्थकः -का -कं, मुख्यः -ख्या -ख्यं, अरूपकः -का -कं, अव्यञ्जकः -का -कं, विवक्षितः -ता -तं, शक्यः -क्या -क्यं; **'literal occupation,'** मुख्यत्वं, मुख्यार्थः, मूलार्थः, प्रकृतार्थः. —**(Following the letter or exact words)** मूलशब्दानुसारी -रिणी -रि (न्), मूलशब्दानुयायी -यिनी **etc.,** मूलपदानुसारी **etc.,** शब्दार्थानुसारी **etc.,** अवयवार्थानुसारी **etc.,** शब्दानुसारी **etc.,** यथाशब्दः -ब्दा -ब्दं, शाब्दिकः -की -कं. —**(Consisting of letters)** अक्षरी -रिणी **etc.,** अक्षरमयः -यी -यं.

Literality, *s.* मुख्यत्वं -ता, मुख्यार्थत्वं, मूलार्थत्वं, मुख्यार्थः, मूलार्थः, प्रकृतार्थः, शब्दार्थः, अव्यञ्जनं, -ना, अरूपकं.

Literally, *adv.* **(Not figuratively)** मूलार्थानुसारेण, मुख्यार्थानुसारेण, मूलार्थतस्. —**(Close to the letter or exact words)** शब्दतस्, ग्रन्थतस्, यथाशब्दं, शब्दानुसारेण -रतस्, मूलशब्दानुसारेण, मूलपदानुसारात्, शब्दार्थतस्. —**(Letter by letter)** अक्षरशस्.

Literary, *a.* **(Pertaining to literature)** विद्यासम्बन्धी -न्धि -न्धि (न्), विद्याविषयः -या -यं, अक्षरसम्बन्धी **etc.,** शास्त्रिकः -की -कं, शास्त्रीयः -या -यं, विद्याप्रकरणसम्बन्धी **etc.,** साहित्यसम्बन्धी **etc.** —**(Versed in literature, fond of it)** विद्यावान् -वती -वत् (त्), शास्त्राभिज्ञः -ज्ञा -ज्ञं, विद्याप्रियः -या -यं, विद्यासेवी -विनी **etc.,** विद्यानुसेवी **etc.,** विद्यानुरागी -गिणी **etc.,** विद्याव्यवसायी -यिनी **etc.,** विद्यानुपाली -लिनी **etc.,** विद्याविशिष्टः -ष्टा -ष्टं, विद्यासम्पन्नः -न्ना -न्नं.

Literate, *v. a.* पण्डितः -ता -तं, विद्यावान् -वती -वत् (त्), विद्यासम्पन्नः -न्ना -न्नं, व्युत्पन्नः -न्ना -न्नं, विद्वान् -दुषी -द्वत् (स्), विपश्चित् *m. f. n.*, साक्षरः -रा -रं.

Literati, *s. pl.* पण्डितमण्डली -लं, पण्डितसमाजः, विद्वत्समाजः, पण्डितगणः, पण्डितवर्गः पण्डितसमूहः, विद्वद्वृन्दं.

Literature, *s.* **(Learning)** विद्या, शास्त्रं, शास्त्रविद्या, अक्षरं, साहित्यं, वाङ्मयं. —**(Collective body of literary productions)** शास्त्रसमुदायः, शास्त्रसमवायः, शास्त्रसमूहः, **often expressible by** शास्त्र **in the sing. number; as, 'poetical literature,'** काव्यशास्त्रं **'branch of literature,'** अङ्गं, उपशास्त्रं.

Lithe, *a.* शिथिलः -ला -लं, मृदुः -दुः -द्वी -दु, सुखनमनीयः -या -यं.

Litheness, *s.* शिथिलता, शैथिल्यं, सुनमनीयता, मृदुता, कोमलता.

To **lithograph,** *v. a.* प्रस्तरोपरि **or** शिलोपरि लिख् **(c. 6.** लिखति, लेखितुं) **or** आलिख्, प्रस्तरं रेखादिना मुद्रीकृ **or** मुद्र **(nom.** मुद्रयति -यितुं **or** अङ्क् **(c. 10.** अङ्कयति -यितुं).

Lithograph, *s.* प्रस्तरमुद्रा, शिलामुद्रा, पाषाणमुद्रा, प्रस्तरालेख्यं, पट्टः.

Lithographer, *s.* प्रस्तरलेखकः, प्रस्तरलिक् *m.* (ख्), प्रस्तरमुद्राकृत्, शिलामुद्राकृत्, शिलालेखकः, प्रस्तरालेख्यकृत्.

Lithography, *s.* प्रस्तरलिखनविद्या, प्रस्तरमुद्राङ्कनविद्या, शिलालिखनविद्या, शिलामुद्राङ्कनं, पाषाणलिखनं.

Lithontriptic, lithontyptic, lithonthryptic, *a.* अश्मरीघ्नः -घ्नी -घ्नं, अश्मरीहरः -रा -रं, सूत्राश्मनाशकः -का -कं.

Lithotomy, *s.* मूत्राश्मोच्छेदः, वस्तिस्थशर्करोच्छेदः, उच्छेदनद्वारा सूत्राश्मनिष्कर्षणं, वास्तेच्छेदनं, सूत्राधारच्छेदः.

Lithotripsy, *s.* अश्मरीघर्षणं, अश्मरीसङ्घर्षः, अश्मरीसम्मर्दः, अश्मरीसम्पेषः.

Litigant, *a.* विवादी -दिनी -दि (न्), विवदमानः -ना -नं, विवादार्थी -र्थिनी -र्थि (न्), व्यवहारी -रिणी **etc.,** व्यावहारिकः -की -कं, व्यवहारिकः **etc.,** कार्य्यवान् -वती -वत् (त्), कार्य्यी -र्य्यिणी **etc.,** विवदन -दन्ती -दत् (त्).

Litigant, *s.* व्यवहर्त्ता *m.* (र्त्तृ), विवादी *m.* (न्), विवादार्थी, वादी *m.* अर्थी *m.*, कार्य्यवान् *m.* (त्), कार्य्यी *m.*

To **litigate,** *v. n.* विवद् **(c. 1.** -वदते -दितुं), व्यवहृ **(c. 1.** -हरति -ते -हर्त्तुं), विवादं कृ, विवादार्थी -र्थिनी भू **or** अस्.

To **litigate,** *v. a.* विवादास्पदीकृ,, व्यवहारस्पदीकृ, वादग्रस्तं -स्तां कृ.

Litigated, *p. p.* विवादस्पदीकृतः -ता -तं, विवादस्पदीभूतः -ता -तं, विवादानुगतः -ता -तं, वादानुगतः -ता -तं, वादग्रस्तः -स्ता -स्तं, विवादग्रस्तः -स्ता -स्तं.

Litigation, *s.* विवादः, विवादकरणं, वादः, वादकरणं, व्यवहारः, व्यवहारकरणं, रिकं; **'under litigation,'** विवादस्पदीभूतः -ता -तं, वादग्रस्तः -स्ता -स्तं. *See* **Litigated.**

Litigious, *a.* विवादी -दिनी -दि (न्), विवादशीलः -ला -लं, विवादप्रियः -या -यं, विवादार्थी -र्थिनी **etc.,** वादप्रियः -या -यं, विवादप्रवणः -णा -णं विवादबुद्धिः -द्धिः -द्धि, विवादासक्तः -क्ता -क्तं, विवादरतः -ता -तं.

Litigiousness, *s.* विवादशीलता, विवादार्थित्वं, विवादासक्तिः *f.*, विवादबुद्धिः *f.*

Litter, ***s.*** **(Bed borne on the shoulders)** शिविका, याप्ययानं, डयनं, डलकं, प्रवहणं, इत्या, शिरस्का.—**(Bed of straw)** तृणशय्या, तृणशयनं, तृणसंस्तरः, तृणास्तरणं.—**(Brood of young animals)** शावकगणः, यः शावकगण एकवारे जायते, शावकसमूहः; **'of pigs,'** शूकरशावकगणः.—**(Shreds scattered about)** इतस्ततो विकीर्णा वस्त्रखण्डाः.—**(Confusion of things scattered about)** द्रव्यविक्षिप्तता, द्रव्यविकीर्णता, द्रव्यव्यस्तता, द्रव्यसङ्करः, साङ्कर्य्यं, अस्तव्यस्तता.

To **litter,** ***v. a.*** **(Bring forth a number of young ones)** शावकगणं सु (**c. 2.** सूते, **c. 4.** सूयते, सोतुं) **or** प्रसु **or** जन् (**c. 10.** जनयति -यितुं) **or** प्रजन् (**c. 4.** -जायते -जनितुं) **or** उत्पद् (**c. 10.** -पादयति -यितुं), प्रसवं कृ.—**(Cover with straw)** तृणावृतं -तां कृ, तृणास्तीर्णं -र्णां कृ, तृणास्तृतं -तां कृ, सतृणं -णां कृ, तृणास्तरणं कृ.—**(Scatter about confusedly)** इतस्ततो विकृ (**c. 6.** -किरति -करितुं -रीतुं) **or** व्याकृ **or** विक्षिप् (**c. 6.** -क्षिपति -क्षेप्तुं), अस्तव्यस्तीकृ.

Littered, ***p. p.*** **(Covered with straw)** तृणावृतः -ता -तं, तृणास्तीर्णः -र्णा -र्णं, तृणास्तृतः -ता -तं.—**(Scattered about)** इतस्ततो विकीर्णः -र्णा -र्णं, **or** व्याकीर्णः -र्णा -र्णं, अस्तव्यस्तः -स्ता -स्तं, बहुधा विक्षिप्तः -प्ता -प्तं, बहुधास्तीर्णः -र्णा -र्णं.

Little, ***a.*** **(Small in size or extent, not great)** अल्पः -ल्पा -ल्पं, क्षुद्रः -द्रा -द्रं, अल्पकः -का -कं, क्षुद्रकः -का -कं, अल्पपरिमाणः -णा -णं, क्षुद्रपरिमाणः -णा -णं, सूक्ष्मः -क्ष्मा -क्ष्मं, तनुः -नुः -नु, स्तोकः -का -कं, लघुः -घुः -घु, लघुपरिमाणः -णा -णं, ह्रस्वः -स्वा -स्वं, क्षुल्लकः -का -कं, श्लक्ष्णः -क्ष्णा -क्ष्णं, कृशः -शा -शं, दभ्रः -भ्रा -भ्रं, कणीकः -का -कं, अणुकः -का -कं, अणुः -ण्वी -णु, कणः, लेशः, लवः, मात्रा ***f.***, त्रुटिः -टी ***f.***—**(Small in body)** अल्पतनुः -नुः -नु, अल्पशरीरः -रा -रं, क्षुद्रतनुः **etc.,** ह्रस्वशरीरः -रा -रं, स्तोककायः -या -यं, अल्पमूर्त्तिः -र्त्तिः -र्त्ति.—**(Small in quantity, not much)** अल्पः -ल्पा -ल्पं, अल्पमात्रः -त्रा -त्रं, स्तोकः -का -कं, अबहुः -हुः -ह्वी -हु, अबहुलः -ला -लं, अप्रचुरः -रा -रं, ईषत् **in comp.**—**(Very little)** अत्यल्पः -ल्पा -ल्पं, अल्पाल्पः -ल्पा -ल्पं, अल्पीयान् -यसी -यः (स्), अल्पिष्ठः -ष्ठा -ष्ठं, कणीयान् **etc.,** अणीयान् **etc.,** क्षोदीयान् **etc.,** क्षोदिष्ठः **etc.; 'not a little,'** अनल्पः -ल्पा -ल्पं; **'little finger,'** कनिष्ठाङ्गुलिः -ली ***f.; 'a little wealth,'*** अल्पधनं, अर्थलेशः; **'having little wealth,'** अल्पधनः -ना -नं; **'of little merit,'** ईषद्गुणः -णा -णं; **'a little hot,'** ईषदुष्णाः -ष्णा -ष्णं; **'a little animal,'** क्षुद्रजन्तुः ***m.;*** **'of little weight,'** अल्पप्रभावः -वा -वं, अल्पप्रमाणः -णा -णं; **'for a little while,'** किञ्चित्कालं, कियत्कालं.

Little, ***s.*** **(Small quantity)** अल्पभागः, अल्पांशः, किञ्चित्, अल्पं, स्तोकं, ईषत् **inds.,** अल्पिका, अल्पमात्रं, मात्रा, किञ्चिद्भागः, किञ्चन, सत्रं, अबहुभागः, अबाहुल्यं, अप्राचुर्य्यं; **'little or much,'** स्तोकं प्रचुरं वा; **'by little and little,'** अल्पशस्, अल्पाल्पं, स्तोकशस्; **'desiring little,'** अल्पाकांक्षी -क्षिणी -क्षि (न्); **'doing little,'** ईषत्करः -री -रं.

Little, ***adv.*** ईषत्, कियत्, स्तोकं, मनाक्, अल्पमात्रं, अबहु, अभृशं, अभूरि, तावत्; **'a little distance, a little way,'** कियद्दूरं, ईषद्दूरं नातिदूरं -रे, कियत्पर्य्यन्तं; **'a little less,'** किञ्चिन्न्यूनः -ना -नं, ईषदूनः -ना -नं; **'little drunk,'** ईषत्पानः -ना -नं, ईषत्पीतः -ता -तं; **'little-minded,'** कृपणबुद्धिः -द्धिः -द्धि, कृपणधीः -धीः -धि.

Littleness, ***s.*** अल्पता -त्वं, क्षुद्रता -त्वं, सूक्ष्मता, सौक्ष्म्यं, तनुता, स्तोकता, लघुता, लाघवं, लघिमा ***m.*** (न्), ह्रस्वता.—**(Of body)** अल्पशरीरता, शरीरह्रस्वता, शरीरक्षुद्रता.—**(Meanness)** कृपणता, कार्पण्यं, तुच्छत्वं, दीनता, कदर्य्यता, अपकृष्टता,; **'of mind,'** बुद्धिकार्पण्यं.

Littoral, ***a.*** तीरस्थः -स्था -स्थं, तटस्थः -स्था -स्थं, तीरसम्बन्धी -न्धिनी **etc.**

Liturgical, ***a.*** समाजप्रार्थनापद्धतिसम्बन्धी -न्धिनी -न्धि (न्), प्रार्थनपद्धतिविषयः -या -यं, प्रार्थनाविधिसम्बन्धी **etc.**

Liturgy, ***s.*** ख्रीष्टीयसमाजप्रार्थनापद्धतिः ***f.,*** प्रार्थनापद्धतिः, सामाजिकप्रार्थनापद्धतिः, सामाजिकभक्तिमार्गः, प्रार्थनामार्गः, ख्रीष्टीयप्रार्थनाविधिः ***m.***

To **live,** ***v. n.*** **(Have the vital principle** जीव् (**c. 1.** जीवति -वितुं), प्राण् (**c. 2.** प्राणिति -तुं, **rt.** अन्), श्वस् (**c. 2.** श्वसिति -तुं), श्वासप्रश्वासं कृ.—**(Exist, be in existence)** वृत् (**c. 1.** वर्त्तते -र्त्तितुं), प्रवृत्, विद् **in pass.** (विद्यते), धृ **in pass.** (ध्रियते -ति); **'as long as you live,'** यसावद् धरिष्यसे, यावत्ते प्राणा धरिष्यन्ति, यावज्जीवं.—**(Pass life or time)** जीवनं **or** कालं वृत् (**c. 10.** वर्त्तयति -यितुं) **or** वह् (**c. 10.** वाहयति -यितुं) **or** निर्वह् **or** गम् (**c. 10.** गमयति -यितुं) **or** नी (**c. 1.** नयति, नेतुं), कालनिर्वाहं कृ, जीवनिर्वाहं कृ.—**(Dwell, remain)** वस् (**c. 1.** वसति, वस्तुं), निवस्, अधिवस्, स्था (**c. 1.** तिष्ठति, स्थातुं), अधिष्ठा, वृत् आस् (**c. 2.** आस्ते -सितुं), वासं कृ.—**(Subsist)** उपजीव्, उपजीवनं कृ, निर्वह् (**c. 1.** -वहति -वोढुं), निर्वाहं कृ, शरीरयात्रां कृ, प्राणयात्रां कृ, प्राणधारणं कृ, उदरनिर्वाहं कृ.

Live, ***a.*** जीवी -विनी -वि (न), जीवन् -वन्ती -वत् (त्). ***See*** **Living,** ***part.***

Livelihood, ***s.*** जीविका, उपजीविका, उपजीवनं, उपजीव्यं, आजीवः -वनं, प्रजीवनं, जीवनं, जीवनोपायः, उपजीवनोपायः, वृत्तिः ***f.,*** वर्त्तनं, वार्त्ता, वृत्तिता, वृत्त्युपायः, जीवनवृत्तिः ***f.,***

जीवनसाधनं, जीवसाधनं, उपजीवनसाधनं, जीवनार्थः, शरीरयात्रा, प्राणयात्रा; **'bare livelihood,'** ग्रासाच्छादनं, अन्नाच्छादनं, अशनाच्छादनं -ने ***n. du.,*** अन्नोदकं, दिननिर्वाहः दिनचर्य्याः; **'obtaining a livelihood,'** जीविकाप्राप्तः -प्ता -प्तं.

Liveliness, *s.* तेजस् ***n.,*** तेजस्विता, तेजोवत्त्वं, उल्लसता, उल्लासः, प्रफुल्लता, प्रहृष्टता, प्रहर्षः, सानन्दता, सत्त्वं, तीव्रता, सजीवत्वं, लघुता, लाघवं, क्षिप्रत्वं; **'of countenance,'** वदनप्रफुल्लता, मुखश्रीः ***f.***

Livelong, *a.* दीर्घकालीनः -ना -नं, दीर्घकालिकः -की -कं, चिरकालीनः **etc.**

Lively, *a.* तेजोवान् -वती -वत् (त्), तेजस्वी, स्विनी -स्वि (न्), उल्लसः -सा -सं, उल्लासी -सिनी **etc.,** प्रफुल्लः -ल्ला -ल्लं, प्रहृष्टः -ष्टा -ष्टं, आनन्दी -न्दिनी **etc.,** सानन्दः -न्दा -न्दं, उल्लासवृत्तिः -त्तिः -त्ति, आनन्दवृत्तिः **etc.,** सत्त्वपूर्णः -र्णा -र्णं, तीव्रः -व्रा -व्रं, तीक्ष्णः -क्ष्णा -क्ष्णं, बहुसत्त्वः -त्त्वा -त्त्वं, ससत्त्वः **etc.—(In countenance)** प्रफुल्लवदनः -ना -नं, हास्यमुखः -खी -खं, सुहसाननः -ना -नं, हास्यवदनः **etc.,** प्रसन्नमुखः **etc.—(Energetic)** तीक्ष्णकर्म्मा -र्म्मा -र्म्म (न्), उद्योगशीलः -ला -लं, उत्साहशीलः -ला -लं.

Lively, livelily, *adv.* तेजसा, तेजोपूर्व्वं, उल्लासेन, उल्लसवत्, प्रफुल्लवत्.

Liver, *s.* (One who lives) जीवी ***m.*** (न्), उपजीवी ***m.,*** जीवकः. ***See* Living, *part.* (The organ which secretes the bile)** यकृत्, कालखण्डं, कालकं, कालिका, कालेयं, कालखञ्जनं, पित्ताशयः, पित्ताधारः; **'enlargement of the liver,'** यकृद्गुल्मः.

Liver-color, *a.* यकृद्वर्णः -र्णा -र्णं, कालेयः -यी -यं, नीलरक्तः -क्ता -क्तं.

Livery, *s.* (Particular dress) वेषः, वेशः, कुलवेशः, कुलवेषः, कुलचिह्नं.**—(Of a servant)** सेवकवेषः, भृत्यवेशः, परिचरवेषः, कुलसेवकवेषः.**—(Keeping a horse at a certain rate)** निरूपितमूल्यमपेक्ष्य अश्वपोषणं **or** अश्वपालनं.

Livery-man, *s.* कुलवेशधारी ***m.*** (न्), कुलवेशभृत् ***m.*—(Freeman)** पौरवेशः, पौरलिङ्गी ***m.*** (न्), पौरलिङ्गधारी ***m.*** (न्).

Livery-stable, *s.* अश्वपोषणशाला, अश्वपालनशाला, अश्वशाला.

Live-stock, *s.* जीवधनं, जीवत् ***n.***

Livid, *a.* नीलः -ला -लं, नीलवर्णः -र्ण -र्णं, नीलकृष्णः -ष्णा -ष्णं, कृष्णवर्णः -र्ण -र्णं, सीसकवर्णः **etc.,** कालः -ला -लं, कालिकः -की -कं.

Lividity, lividness, *s.* नीलता, नीलवर्णं, नीलिमा ***m.*** (न्), कृष्णता. कृष्णिमा ***m.,*** सीसकवर्णः.

Living, *part.* or *a.* (Having life) जीवी -विनी -वि (न्), जीवन् -वन्ती -वत् (त्), सजीवः -वा -वं, जीवितः -ता -तं, जीवभूतः -ता -तं, जीवन्तः -न्ती -न्तं, प्राणी -णिनी -णि (न्), प्राणन् -णन्ती -णत् (त्), प्राणभृत् ***m.f.n.,*** प्राणधारी -रिणी **etc.,** प्राणमयः -यी -यं, सप्रमाणः -णा -णं, चेतनः -ना -नं, चेतनावान् -वती -वत् (त्), सचेष्टः -ष्टा -ष्टं, चेष्टिः -ता -तं; **'a living being,'** जन्तुः ***m.,*** प्राणी ***m.*** (न्), प्राणभृत् ***m.,*** जन्मी ***m.,*** शरीरी ***m.,*** देही ***m.,*** चेतनः, भृतं, सत्त्वं; **'living creatures,'** प्राणिनः ***m. pl.,*** जीवन्तः ***m. pl.,*** चेतना ***m. pl.,*** **'the land of the living,'** जीवलोकः.**—(Existent)** वर्त्तमानः -ना -नं, ध्रियमाणः -णा -णं, विद्यमानः -ना -नं, वर्त्तिष्णुः -ष्णुः -ष्णु, वर्त्ती -र्त्तिनी **&c.—(Subsisting)** उपजीवी -विनी **etc.,** उपजीवकः -का -कं, आजीवी -विनी **etc.,** आजीवः -वा -वं; **'living by agriculture,'** कृष्युपजीवी **etc.; 'living by learning,'** विद्योपजीवी -विनी **etc.; 'living by arms,'** शस्त्रोपजीवी **etc.,** शस्त्राजीवः -वा -वं; **'living virtuously,'** सद्वर्त्ती -र्त्तिनी **etc.,** सद्वृत्तिः -त्तिः -त्ति, सद्वृत्तः -त्ता -त्तं, सद्यव्यवहारः -रा -रं. **'living wickedly,'** असद्वृत्तिः **etc.,** कुवृत्तिः **etc.,** कुवर्त्ती -र्त्तिनी **etc.; 'a living sacrifice,'** जीवोपहारः; **'a living death,'** जीवितमरणं.

Living, *s.* (The act) जीवनं, प्राणधारणं, वर्त्तनं, वृत्तिः ***f.,*** वासः, निवासः.**—(Subsistence, means of subsistence)** उपजीविका, जीविका, उपजीवनं, उपजीव्यं, आजीवः -वनं, जीवनोपायः, उपजीवनोपायः, वृत्त्युपायः, वृत्तिः, वर्त्तनं, जीवसाधनं, प्राणयात्रा, यात्रा, शरीरयात्रा, प्राणस्थितिः ***f.,*** निर्वाहः, जीवनिर्वाहः, प्राणनिर्वाहः, उदरनिर्वाहः; **'living by learning,'** विद्योपजीवनं; **'living by husbandry,'** कृष्युपजीवनं; **'having a living,'** वृत्तिमान् -मती -मत् (त्); **'good living,'** सुभोजनं, मिष्टभोजनं, परमान्नभोजनं, उत्तमान्नभोजनं, आप्यायनं; **'poor living,'** कुभोजनं, कदन्नभोजनं.**—(Benefice)** धर्म्मदायः, धर्म्माध्यापकवृत्तिः ***f.,*** धर्म्मशिक्षकवृत्तिः.

Lixivial, lixivious, *a.* क्षाराम्बुसंसृष्टः -ष्टा -ष्टं, क्षारव्याप्तः -प्ता -प्तं, क्षारविशिष्टः -ष्टा -ष्टं, क्षाराक्तः -क्ता -क्तं, लवणाक्तः **etc.**

Lixivium, *s.* क्षाराम्बु ***n.,*** क्षारजलं, क्षारसंसृष्टजलं, क्षारितजलं.

Lizard, *s.* सरटः, सरटुः ***m.,*** सरट् ***m.,*** कृकलासः, कृकवाकुः ***m.,*** कृकुलासः, कृकलाशः, गोधा -धिका, प्रतिसूर्य्यः -र्य्यकः, पल्लिः -ल्लिका, लक्तिका, शरण्डः, बहुरूपः, अण्डजः क्रकचपाद् ***m.,*** शुष्काङ्गी, वेदारः, विदारुः ***m.,*** साञ्जनः, साशयन्दकः, वृक्षशः; **'house-lizard,'** गृहगोधा -धिका, गृहगोलिका, गृहालिका, मुसली, मुषली, मुशली, टट्टनी, ज्येष्ठा -ष्ठी.

Lo! *exclam.* पश्य, पश्यत, प्रेक्षस्व.

Load, *s.* भारः, धुरा, धूः ***f.*** (धुर्), स्थौरं, पर्य्याहारः; **'a heavy load,'** सुभारः, अतिभारः, दुर्भारः, गुरुभारः.**—(Encumbrance, any thing grievous)** बाधा, पीडा, कष्टं; **'bearing a load,'**

भारवाहन: -ना -नं, भारवाही -हिनी -हि (न्), भारवाहिक: -की -कं, भारसह: -हा -हं, धुरन्धर: -रा -रं, धुर्वह: -हा -हं, भारहर: -रा -रं, भारहारिक: -की -कं; **'the act of bearing a load,'** भारवहनं, भारोद्वहनं, भारोद्धरणं.

To* load, *v. a. भारं न्यस् (**c. 4.** -अस्यति -असितुं) **or** निविश् (**c. 10.** -वेशयति -यितुं) **or** निधा (**c. 3.** -दधाति -धातुं) **or** आरुह् **in caus.** (रोपयति -यितुं) **or** स्था **in caus.** (स्थापयति -यितुं), भारवन्तं -वतीं -वत् कृ, भाराक्रान्तं -न्तां -न्तं कृ, सभारं -रां कृ, भारेण पीड् (**c. 10.** पीडयति -यितुं), भारग्रस्तं -स्तां कृ.—**(With powder)** आग्नेचूर्णं निविश्, चूर्णगर्भं -र्भां कृ, आग्नेयचूर्णेन पृ (**c. 10.** पूरयति -यितुं).

Loaded, *p. p.* भारवान् -वती -वत् (त्), भारी -रिणी -रि (न्), सभार: -रा -रं, भाराक्रान्त: -न्ता -न्तं, भारग्रस्त: -स्ता -स्तं, अर्पितभार: -रा -रं, निवेशितभार: -रा -रं, आरोपितभार: -रा -रं, धुरीण: -णा -णं, गर्भ: -र्भा -र्भं **in comp.; 'loaded with powder,'** चूर्णगर्भ: -र्भा -र्भं, आग्नेयचूर्णपूरित: -ता -तं, दाह्यचूर्णपूर्ण: -र्णा -र्णं: **'heavily loaded,'** सुभर: -रा -रं, सुभारवान् **etc.,** सुभारी **etc.,** अतिभारी **etc.**

Loader, *s.* भारकर्त्ता ***m.*** (र्त्तृ), भारदाता ***m.*** (तृ), भारारोपक:.

Loading, *s.* (The act) भारार्पणं, भारारोपणं.—**(Cargo)** भार:.

Loadstone, *s.* लोहचुम्बक:, चुम्बक:, चुम्बकप्रस्तर:, चुम्बकमणि: ***m.,*** लोहकान्त: -न्तं, अयस्कान्त:, आकर्ष: -र्षक:, आकर्षकप्रस्तर:, महालोहं, कृष्णलोहं, द्रावक:, भ्रामर: -वैक्रान्तं.

Loaf, *s.* अपूप:, पूप:, पिष्टक:, उण्डेरक:, ओकुल:, पोलिका, करम्भ: -म्भक:.—**(A mass)** पिण्ड:.

Loam, *s.* चिक्कणमृत्तिका, स्निग्धमृत्तिका, पङ्कवालुकायुक्तो मृत्तिकाविशेष:, पङ्किलमृत्तिका, पङ्क:, चिकिल:.

Loamy, *a.* चिक्किण: -णा -णं, चिक्किणमृत्तिकामय: -यी -यं.

Loan, *s.* (Of money) ऋणं, ऋणदानं, धनप्रयोग:, प्रयोग:, कुसीदं, कलाम्बि: ***f.,*** -म्बिका, निरूपितकालपर्य्यन्तं धनप्रयोग:.—**(Temporary use of any thing)** निरूपितकालपर्य्यन्तं द्रव्यप्रयोजनं **or** द्रव्यप्रयोग:.—**(Something to be given back)** प्रतिदेयं.

Loath, *a.* अनिच्छु:, -च्छु:, -च्छु, अनिच्छुक: -का -कं, अनिच्छन् -च्छन्ती -च्छत् (त्), विरक्त: -क्ता -क्तं, विमुख: -खा -खं, पराङ्मुख: -खा -खं, विमत: -ता -तं, असम्मत: -ता -तं, अकाम: -मा -मं, निष्काम: -मा -म, निस्स्पृह: -हा -हं.

To* loathe, *v. a. अत्यन्तं द्विष् (**c. 2.** द्वेष्टि -ष्टुं), **or** प्रहि अतिद्वेषं कृ. गर्ह् (**c. 1.** गर्हते -र्हितुं), बाध् **in des.** (बीभत्सते -सितुं), घृण् (**c. 1.** घृणते -णितुं), घृणां कृ, बीभत्सं कृ.

Loathed, *p. p.* अतिद्विष्ट: -ष्टा -ष्टं, गर्हित: -ता -तं, घृणित: -ता -तं.

Loathful, *a.* अतिद्वेषी -षिणी -षि (न्), घृणाकारी -रिणी **etc.,** वीभत्सकारी **etc.,** वीभत्स: -त्सा -त्सं, बीभत्सजनक: -का -कं.

Loathing, *s.* बीभत्स: -त्सं, घृणा, गर्हा -र्हणं, अतिद्वेष: -षणं, अत्यन्तद्वेष:, विकृतं, वैकृतं -त्यं, कुत्सा, विरक्ति: ***f.,*** निर्वेद:, न्यक्कार:.

Loathingly, *adv.* अबीभत्सं, बीभत्सपूर्व्वं, अतिद्वेषेण, घृणापूर्व्वं, कुत्सापूर्व्वं.

Loathsome, *a.* बीभत्सजनक: -का -कं, घृणाजनक: -का -कं, घृणोत्पादक: -का -कं, अतिगर्हित: -ता -तं, गर्हित: -ता -तं, गर्हणीय: -या -यं, गर्ह्य: -र्ह्या -र्ह्यं, कुत्सित: -ता -तं, घृणार्ह: -र्हा -र्हं, द्वेष्य: -ष्या -ष्यं, अतिद्वेषणीय: -या -यं, विरक्तिजनक: **etc.**

Loathsomely, *adv.* गर्हितं, गर्हणीयं, अतिद्वेषणीयं, गर्ह्यप्रकारेण.

Loathsomeness, *s.* गर्ह्यता, गर्हणीयता, कुत्सितत्वं, कौत्सित्यं, घृणाजनकत्वं, घृणार्हता, बीभत्सजनकता, द्वेष्यता.

Lob, lob-cock, *s.* स्थूलशरीर, स्थूलकाय:, स्थूलबुद्धि: ***m.,*** स्थूलजन:.

Lobby, *s.* सभोपशाला, सभोपगृहं, उपशाला, वाह्यशाला, गमनागमनशाला.

Lobe, *s.* (Of the ear) कर्णलतिका, पालिका, कर्णपालि: ***f.,*** -ली -लिका.—**(Of the lungs)** फुप्फुसभाग:, फुप्फुसलतिका.—**(Of the liver)** यकृद्भाग:, यकृदंश:.—**(Part division)** अंश:, भाग:.

Lobed, *a.* पालिकाविशिष्ट: -ष्टा -ष्टं, भागी गिनी -गि (न्).

Lobster, *s.* कर्कटजातीयो दीर्घनखविशिष्टो मत्स्यभेद:.

Local, *a.* दैशिक: -की -कं, देश्य: -श्या -श्यं, देशी -शिनी -शि (न्), देशीय: -या -यं, स्थानिक: -की -कं, स्थानीय: -या -यं, ऐहस्थानिक: -की -कं, ऐहदेशिक: -की -कं, देश **or** स्थान **in comp.; as, 'local usage,'** देशव्यवहार:, देशाचार:; **'local law,'** देशधर्म्म:.—**(Relating to a place)** देशसम्बन्धी -न्धिनी **etc.,** स्थानसम्बन्धी -न्धिनी **etc.**—**(Limited to a particular place)** एकदेशिक: -का -कं, एकदेशीय: -या -यं, एकदेशी -शिनी **etc.,** एकस्थानिक: -की -कं, विशेषदेशीय: -या -यं, विशेषस्थानिक: -की -कं.

Locality, *s.* स्थानं, देश:, प्रदेश:, स्थलं, आस्पदं, स्थानता, देशता देशसम्बन्ध:, स्थानसम्बन्ध:, स्थिति: ***f.***

Locally, *adv.* स्थानविषये, स्थानतस्, स्थानमुद्दिश्य, देशमुद्दिश्य, देशे.

To* locate, *v. a. स्था **in caus.** (स्थापयति -यितुं), अवस्था, प्रतिष्ठा, विन्यस् (**c. 4.** -अस्यति -असितुं), निविश् (**c. 10.** -वेशयति -यितुं), रुह् **in caus.** (रोपयति -यितुं), स्थापनं कृ.

Located, ***p. p.*** स्थापितः -ता -तं, प्रतिष्ठापितः -ता -तं, अवस्थितः -ता -तं, निवेशितः -ता -तं, विनिवेशितः -ता -तं, रोपितः -ता -तं.

Location, ***s.*** **(Act of placing)** स्थापनं, प्रतिष्ठापनं, निवेशनं, रोपणं, विन्यासः.—**(Situation)** स्थानं, अवस्थानं, अवस्थितिः ***f.,*** प्रतिष्ठा, प्रतिष्ठानं, स्थितिः ***f.,*** आधिकरण्यं, आधिकरण्यं. —**(In grammar)** अधिकरणं, आधिकारण्यं.

Locative, ***s.*** **(Case in grammar)** अधिकरणं, सप्तमी विभक्तिः.

Loch, ***s. See*** **Lake.**

Lock, ***s.*** **(Instrument for fastening doors, etc.)** तालयन्त्रं, तालकं, तालः, अर्गलं, वितण्डः, द्वारयन्त्र, द्वारकीलः.—**(Of a gun)** चूर्णज्वलनयन्त्रं, अग्निदयन्त्रं, अग्निजनकयन्त्रं.—**(Of hair)** अलकः, केशपाशः -शी, जटा, शिरोरुहः, काकपक्षः; **'clothed lock of an ascetic,'** जटा, सटा, शटा; **'lock left on the crown or sides of the head at tonsure,'** चूडा, शिखा, शिखण्डः -ण्डकः, शिखण्डिका, शिखाण्डकः, काकपक्षः, केशपाशी.—**(In a river or canal)** जलस्तम्भनी, जलप्रतिबन्धकं, जलबन्धनी, जलबन्धनयन्त्रं, महायन्त्रं.—**(Hug)** आलिङ्गनं, गाढालिङ्गनं, अङ्गसङ्गः.

To **lock,** ***v. a.*** **(Fasten with a lock)** तालयन्त्रेण बन्ध् **(c. 9.** बध्नाति बन्द्धुं), कील् **(c. 10.** कीलयति -यितुं), तालकेन **or** अर्गलेन बन्ध्, तालबद्धं -द्धां कृ; **'lock a door,'** द्वारं बन्ध् **or** रुध् **(c. 7.** रुणद्धि, रोद्धुं), द्वाररोधं कृ.—**(Close)** पिधा **(c. 3.** -दधाति -धातुं), अपिधा, बन्ध्.—**(Confine)** रुध्, निरुध्. —**(Embrace closely)** गाढम् आलिङ्ग् **(c. 1.** -लिङ्गति -ङ्गितुं), गाढालिङ्गनं कृ.

To **lock,** ***v. n.*** **(Be fastened)** तालकेन बन्ध् **in pass.** (बध्यते) **or** बद्धीभू.—**(Unite by mutual embrace)** परस्पराश्लेषेण **or** परस्परालिङ्गनेन संलग्नीभू **or** सम्बद्धीभू, परस्परं संश्लिष्टः -ष्टा -ष्टं भू.

Locked, ***p. p.*** **(Fastened by a lock)** तालयन्त्रेण बद्धः -द्धा -द्धं, तालकबद्धः -द्धा -द्धं, अर्गलबद्धः **etc.,** कीलितः -ता -तं.—**(Confined)** रुद्धः -द्धा -द्धं, निरुद्धः -द्धा -द्धं. —**(Closely embraced)** गाढालिङ्गितः -ता -तं, गाढाश्लिष्टः -ष्टा -ष्टं.

Locked-jaw, lock-jaw, ***s.*** हनुस्तम्भः, हनुग्रहः.

Locker, ***s.*** तालकयुक्त कोष्ठकं, कोष्ठः, सम्पुटः -टकः, भाजनं.

Locket, ***s.*** **(Clasp, catch)** कुडुपः.—**(Ornament)** स्मरणकेशाधारः.

Locksmith, ***s.*** तालककारः, तालककृत्, ***m.,*** तालकयन्त्रकारी ***m.*** (न्).

Locomotion, ***s.*** **(Act of moving from place to place)** स्थानान्तरगमनं, स्थलान्तरगमनं, स्थानात् स्थानं गमनं, गमनागमनं, इतस्ततो गमनं **or** चलनं, स्थानान्तरकरणं, स्थलान्तरकरणं, स्थानान्तरं, स्थलान्तरं, वीङ्खा.—**(Power of moving from place to place)** स्थानान्तरगमनशक्तिः ***f.,*** चलनशक्तिः ***f.,*** गमनागमनशक्तिः ***f.***

Locomotive, ***a.*** जङ्गमः -मा -मं, चलः -ला -लं, चलनः -ना -नं, चलनशीलः -ला -लं, चलनधर्म्मकः -का -कं, चलनशक्तिकः -का -कं, चरः -रा -री -रं, चरिष्णुः -ष्णुः -ष्णु, सृत्वरः -रा -रं, गामुकः -का -कं, गतिमान् -मती -मत् (त्), गत्वरः -री -रं, गमनशक्तिविशिष्टः -ष्टा -ष्टं, पादुकः -का -कं.

Locum-tenens, ***s.*** प्रतिनिधिः ***m.,*** प्रतिपुरुषः, प्रतिहस्तकः.

Locus, ***s.*** **(In astronomy or geometry)** निधिः ***m.***

Locust, ***s.*** शलभः, शरभः, शकुन्तिका, शिरिः ***m.,*** पतङ्गः, शूककीटः.

Locution, ***s.*** उक्तिः ***f.,*** वाक्यं, उक्तं वाक् ***f.*** (च्), वाग्व्यापारः.

Lode, ***s.*** **(Metallic vein)** धातुरेखा, धातुपद्धतिः -ती ***f.***

Lodestone, ***s. See*** **Loadtsone.**

Lodh, ***s.*** **(Tree, the bark of which is used in dyeing)** लोधः, लोध्रः, पट्टिका, पट्टी, क्रमुकः, लाक्षाप्रसादनः, गालवः, शावरः, तिरीटः, तिल्वः, मार्ज्जनः.

To **lodge,** ***v. a.*** **(Finish with a temporary habitation)** वस् **(c. 10.** वासयति -यितुं), निवस्, वासस्थानं दा, आश्रयं दा, निरूपितकालपर्य्यन्तं वस्.—**(Fix, set, place)** स्था **in caus.** (स्थापयति -यितुं), न्यस् **(c. 4.** -अस्यति -असितुं), निधा **(c. 3.** -दधाति -धातुं), प्रणिधा, प्रतिनिधा, निविश् **(c. 10.** -वेशयति -यितुं), ऋ **in caus.** (अर्पयति -यितुं), रुह् **in caus.** (रोपयति -यितुं).

To **lodge,** ***v. n.*** **(Reside temporarily)** वस् **(c. 1.** वसति, वस्तुं), निवस्, आवस्, प्रतिवस्, समावस्, सन्निवस्, आश्रि **(c. 1.** -श्रयति -ते -यितुं), वासं कृ, निवासं कृ, आश्रयं कृ, निरूपितकालपर्य्यन्तं वस्; **'having lodged,'** उषित्वा, उष्ट्वा, उष्य; **'having lodged for a night,'** रात्रिम् एकाम् उषित्वा. —**(Rest, remain)** स्था **(c. 1.** तिष्ठति, स्थातुं), वृत् **(c. 1.** वर्त्तते -र्त्तितुं), निली **(c. 4.** -लीयते -लेतुं), संली.—**(Become fixd, adhere)** अनुबन्ध् **(c. 9.** -बध्नाति -बन्द्धुं **or pass.** -बध्यते), लग् **(c. 1.** लगति -गितुं).

Lodge, ***s.*** उद्यानगृहं, उद्यानस्थगृहं, उपगृहं, उटजः, कुटीरः.

Lodged, ***p. p.*** वासितः -ता -तं, कृतावासः -सा -सं.—**(Placed, fixed, deposited)** स्थापितः -ता -तं, न्यस्तः -स्ता -स्तं, निहितः -ता -तं, प्रणिहितः -ता -तं, अर्पितः -ता -तं, निवेशितः -ता -तं, निविष्टः -ष्टा -ष्टं, निष्ठितः -ता -तं, निरूढः -ढा -ढं.

Lodger, ***s.*** **(One who lies or boards in another's house**

at a settled rate) निरूपितमूल्येन परगृहे निवासी *m.* (न्) or भोजनशयनादिकर्त्ता *m.* (तृ), निरूपितकालपर्य्यन्तं परगृहेवासी *m.* or वासकृत् *m.*

Lodging, ***s.*** वासः, निवासः, वासस्थानं, आवासः, आवासस्थानं, वसतिः *f.*, निवसतिः *f.*, निवेशनं, निकेतः -तनं, आयतनं, निलयः -यनं, आलयः, अवस्थानं, आवसथः, आश्रयः, संश्रयः, कृतावासः, वेश्म *n.* (न्); **'he asked a lodging,'** आवासं प्रार्थितवान्.

Lodgment, ***s.*** **(The act)** स्थापनं, संस्थापनं -ना, निवेशनं, वासः -सनं.—**(The state)** स्थितिः *f.*, अवस्थितिः *f.*, संस्थितिः *f.*—**(Encampment)** निवेशनं, समावासः.

Loft, ***s.*** उपरिकोष्ठः, उपरिस्थकोष्ठः, उपरिस्थः प्रकोष्ठः, अट्टः -ट्टालः.

Loftily, ***adv.*** **(Haughtily)** सदर्पं, सगर्व्वं, साटोपं, सावहेलं, सावलेपं, दर्पेण, गर्व्वेण, उद्धतं, औद्धत्येन.—**(On high)** उच्चैस्, उच्चकैस्, ऊर्द्ध्वं.

Loftiness, ***s.*** **(Height)** उच्चत्वं -ता, उन्नतिः *f.*, समुन्नतिः *f.*, उत्कर्षः, उत्कृष्टता, तुङ्गता, उत्तुङ्गता, उच्छ्रयः, समुच्छ्रयः, उच्छ्रितिः *f.*, उत्सेधः, समुत्सेधः, उन्नसता, ऊर्द्ध्वत्वं -ता, प्रोच्चता, प्रांशुता, औत्कर्षं.—**(Haughtiness)** अभिमानं -निता, अवहेला, अवलेपः, अवलिप्तता, सावलेपत्वं, दर्पः, दृप्तता, गर्व्वः, शौटीर्य्यं, शौण्डीर्य्यं, प्रौढता, प्रगल्भता.

Lofty, ***a.*** **(High)** उच्चः -च्चा -च्चं, अत्युच्चः **etc.,** प्रांशुः -शुः -शु, तुङ्गः -ङ्गा -ङ्गं, उत्तुङ्गः -ङ्गा -ङ्गं, उन्नतः -ता -तं, समुन्नतः -ता -तं, उच्छ्रितः -ता -तं, समुच्छ्रितः -ता -तं, अभ्युच्छ्रितः -ता -तं, उन्नम्रः -म्रा म्रं, उदग्रः -ग्रा -ग्रं, ऊर्द्ध्वः -र्द्ध्वा -र्द्ध्वं, उत्कृष्टः -ष्टा -ष्टं, सोच्छ्रायः -या -यं, उद्गतः -ता -तं, उत्तालः -ला -लं, करालः -ला -लं, विलङ्घिताकाशः -शा शं.—**(Haughty)** उद्धतः -ता -तं, समुद्धतः -ता -तं, गर्व्वोद्धतः -ता -तं, दर्पोद्धतः -ता -तं, दृप्तः -प्ता -प्तं, उन्नतचेताः -ताः -तः (स्), उन्नद्धचेताः **etc.,** उत्सिक्तः -क्ता -क्तं, गर्व्वी -र्व्विणी -र्व्वि (न्), गर्व्वितः -ता -तं, साटोपः -पा -पं, अवलिप्तः -प्ता -प्तं, सावहेलः -ला -लं, ऊर्द्ध्वदृष्टिः -ष्टिः -ष्टि, मदोद्धतः -ता -तं, मदोदग्रः -ग्रा -ग्रं, शौटीरः -रा -रं, शौण्डीरः -रा -रं, प्रौढः -ढा -ढं.

Log, ***s.*** **(Shapeless or bulky piece of wood)** स्थूलकाष्ठं, स्थूलदारुः *m.*, काष्ठखण्डः -ण्डं, वृहत्काष्ठं, दारुखण्डः, वृहद्दारुखण्डः, काष्ठं.—**(Medicine for measuring the velocity of a ship)** नौकागतिमापकयन्त्रं, परिमापककाष्ठं.

Log-book, ***s.*** नौकागतिविषयकं दैनिकविवरणपुस्तकं.

Logarithm, ***s.*** घातप्रमापकः, घातप्रमापकसंख्या, लाग्रतमाख्यसंख्या, परिकर्म्म *n.* (न्).

Logarithmic, ***a.*** घातप्रमापकसम्बन्धी -न्धिनी -न्धि (न्).

Loggerhead, ***s.*** स्थूलबुद्धिः *m.*, स्थूलधीः *m.*, मूढः, मूर्खः, जडः, जडबुद्धिः *m.*, जडमतिः *m.*, बर्ब्बरः, वटुकः.

Loggerheaded, ***a.*** स्थूलबुद्धिः -द्धिः -द्धि, स्थूलधीः -धीः -धि, जडबुद्धिः.

Logic, ***s.*** तर्कः, तर्कविद्या, तर्कशास्त्रं, न्यायं, न्यायविद्या, न्यायशास्त्रं, विचारविद्या, व्यूहः, प्रोहः, अभ्यूहः, निरूहः, ऊहः, वैशेषिकं, आन्वीक्षिकी, अनुमानोक्तिः *f.*, ध्रुवः. **The** न्याय **school was instituted by the sage Gautama, the branch of it called** वैशेषिकं **was founded by Kaṇāda. The following are some of the terms of logic; 'universal pervadence or extention,'** व्याप्तिः *f.*, अभिव्याप्तिः; **'extreme extension or conclusion unwarranted by the premises,'** अतिव्याप्तिः; **'individual or particular extension,'** अव्याप्तिः *f.*, अव्याप्यवृत्तिः *f.*; **sign of the existence of an inherent property,'** व्याप्तिलक्षणं; **'subject of an inference,** व्याप्यं. **Other terms are** उपलप्रक्षेपः, उत्थाप्याकांक्षा, प्रवृत्तिनिमित्तं, कैमर्थ्यं, व्याप्यकोटिः *f.*, सिद्धसाधनदोषः.

Logical, ***a.*** **(Pertaining to logic)** तार्किकः -की -कं, न्यायी -यिनी -यि (न्), नैयायिकः -की -कं, तर्कसम्बन्धी -न्धिनी **etc.,** तर्कविद्यासम्बन्धी **etc.,** तर्कविद्याविषयः -या -यं, तर्कशास्त्रविषयः **etc.,** प्रोहः -हा -हं, ऊही -हिनी **etc.,** यौक्तिकः -की -कं; **'logical conclusion,'** विनिगमः, निगमनं.—**(According to the rules of logic)** तर्कशास्त्रसिद्धः -द्धा -द्धं, न्यायशास्त्रसिद्धः **etc.,** युक्तिसिद्धः **etc.,** तर्कानुसारी -रिणीः **etc.,** न्यायानुसारीसिद्धः **etc.,** न्यायशास्त्रानुसारीसिद्धः **etc.,** तर्कशास्त्रसम्मतः -ता -तं, न्यायशास्त्रसम्मतः -ता -तं, तर्कशास्त्रानुयायी -यिनी **etc.**

Logically, ***adv.*** न्यायतस्, यथान्यायं, तर्कानुसारेण, न्यायानुसारेण, तर्कशास्त्रानुसारेण, तर्कशास्त्रानुरूपेण, न्यायशास्त्रवत्.

Logician, ***s.*** तर्की *m.* (न्), तार्किकः, नैयायिकः, न्यायविद् *m.* तर्कशास्त्रज्ञः, न्यायशास्त्रज्ञः, न्यायशास्त्रपण्डितः, न्यायशास्त्रवेत्ता *m.* (तृ), तर्कशास्त्री *m.*, (न्), न्यायशास्त्री *m.*, सांवादिकः, ऊही *m.*, **'versed in the system of Gautama,'** आक्षपादः, अक्षपादः; **'in that of Kaṇāda,'** वैशेषिकः.

Logomachy, ***s.*** वाग्युद्धं, वाक्कलहः -हं.—**(dispute about words)** शब्दवादः, शब्दविवादः, शब्दयुद्धं.

Logwood, ***s.*** **(A kind of wood used in dyeing)** पतङ्गः.

Loin, ***s.*** श्रोणिः -णी *f.*, कटिः -टी *f.*, कटिदेशः, श्रोणिदेशः, श्रोणिफलकं, श्रोणितटं, कटीतटं, कटितटं, नितम्बः, जघनं, ककुद्मती, कलत्रं, प्रोथः, कटः, कटिशीर्षकं; **'girding the loins,'** कटिबन्धनं; **'having the loins girded,'** बद्धकटिः

–टि: –टि; **'the cavities of the loins,'** कुकुन्दरे ***n.* du.**, ककुन्दरे ***n.* du.**, कटीरे ***n.* du.**, कटीर:, कट:; **'girdle worn round the loins,'** कटिसूत्रं, कटिशृङ्खला, श्रोणिविम्बं; **'sprung from one's loins,'** अङ्गजः –जा –जं, अङ्गजात: –ता –तं.

To* loiter, *v. n. विलम्ब् **(c. 1.** –लम्बते –म्बितुं), मन्द **(nom.** मन्दायते), विलम्बनं कृ, विलम्बं कृ, कालं क्षिप् **(c. 6.** क्षिपति, क्षेप्तुं), कालक्षेपं कृ, अवस्था **(c. 1.** –तिष्ठति –स्थातुं), चिर **(nom.** चिरयति, चिरायति), चिरं **or** चिरकालं स्था **or** अवस्था, मन्दं मन्दं चल् **(c. 1.** चलति –लितुं) **or** चर् **(c. 1.** चरति –रितुं), विलम्बेन गम् **(c. 1.** गच्छति, गन्तुं).

Lotterer, *s.* विलम्बी ***m.*** (न्), विलम्बकारी ***m.***, विलम्बगति: विलम्बगामी ***m.*** (न्), मन्दगामी ***m.*** मन्दगति: ***m.*** कालक्षेपक:.

Loitering, *part.* मन्दायमान: –ना –नं, मन्दयमान: –ना –नं, विलम्बी –म्बिनी –म्बि (न्), विलम्बगामी –मिनी **etc.**, चिरायमाण: –णा –णं.

Loitering, *s.* विलम्बनं, विलम्बगमनं, मन्दगमनं, कालक्षेप:.

***To* loli, *v. n.* (Recline lazily)** आलस्येन शी **(c. 2.** शेते, शयितुं) **or** अवलम्ब् **(c. 1.** –लम्बते –म्बितुं) **or** संविश् **(c. 6.** –विशति –वेष्टुं), सुखेन शी **or** अवलम्ब्.–**(Loll the tongue)** जिह्वां लल् **or** लड् **(c. 1.** ललति, लडति, **c. 10.** लालयति, लड्यति –यितुं), जिह्वाललनं कृ, जिह्वां वहिष्कृ; **'one who lolls the tongue,'** ललजिह्व: –ह्वा –ह्वं.

Lolling, *s.* (Of the tongue) ललनं, जिह्वाललनं.–**(Lolling and languishing as indicative of passion)** लालित्यं, ललितं, लालनं.

Lone, lonely, *a.* (Solitary, unfrequented) निर्जन: –ना नं, विजन: –ना नं, विलोक: –की –कं, निर्मनुज: –जा –जं, निर्मनुष्य: –ष्या –ष्यं, एकान्त: –न्ता –न्तं, विविक्त: –क्ता –क्तं, निभृत: –ता –तं, जनानाकीर्ण: –र्णा –र्णं, जनैरनाकीर्ण: **etc.**, नि:शलाक: –का –कं, निश्शलाक: **etc.**, न्यूनसञ्चार: –रा –रं, हीनसञ्चार: –रा –रं; **'a lonely place,'** निर्जनस्थानं. –**(Single, standing by itself)** एकाकी –किनी –कि (न्), एक: –का –कं, असहाय: –या –यं, असङ्ग: –ङ्गा –ङ्गं, केवल: –ला –लं, केवली –लिनी **etc.**–**(Fond of solitude)** विविक्तप्रिय: –या –यं, विविक्तसेवी –विनी **etc.**, एकान्तप्रिय: –या –यं, एकान्तसेवी **etc.**

Loneliness, *s.* (Solitude, retirement) निर्जनता, विजनता, विविक्तता, विविक्तं, निर्मनुष्यता, निभृतता, एकान्तत्वं, नि:शलाकता, सञ्चारहीनता, सञ्चारन्यूनता, एकाकिता –त्वं, असहायता, असङ्गता.–**(Love of retirement)** विविक्तसेवा, विविक्तप्रीति: ***f.***, विविक्तरुचि: ***f.***, एकान्तप्रीति: ***f.***

Lonesome, *a.* निर्जन: –ना –नं, विजन: –ना –नं, दारुण: –णा –णं, निरानन्द: –न्दा –न्दं; **'a lonesome road,'** प्रान्तरं.

Lonesomeness, *s.* निर्जनता, विजनता, विविक्तिता, निरानन्दता, दारुणता.

Long, *a.* (In time or space) दीर्घ: –र्घा –र्घं, द्राघिमवान् –वती –वत् (त्), आयत: –ता –तं, आयामी –मिनी –मि (न्), आयामवान् –वती **etc.**, व्यायत: –ता –तं, आयतिमान् –मती **etc.**, लम्ब: –म्बा –म्बं, चिर **in comp., this last is restricted to time. (Long in extent or size)** दीर्घपरिमाण: –णा –णं, दीर्घाकार: –रा –रं, दीर्घाकृति: –ति: –ति, दीर्घतनु: –नु: –नु.–**(Extended)** आयत: –ता –तं, समायत: –ता –तं, आयामित: –ता –तं, विस्तीर्ण: –र्णा –र्णं, विस्तृत: –ता –तं, प्रसृत: –ता –तं.–**(Tedious, dilatory)** दीर्घसूत्र: –त्रा –त्रं, चिरकारी –रिणी **etc.**, चिरक्रिय: –या –यं, विलम्बकारी **etc.**, विलम्बी –म्बिनी **etc.**, दीर्घसूत्री –त्रिणी **etc.**, प्रलम्ब: –म्बा –म्बं.–**(Continuing for a long time)** दीर्घकालीन: ना –नं, चिरकालीन: –ना –नं, दीर्घकालिक: –की –कं, चिरकालिक: **etc.**, चिरस्थ: –स्था –स्थं, चिरस्थायी –यिनी **etc.**, चिरस्थित: –ता –तं, चिरन्तन: –नी –नं, चिरत्न: –त्नी –त्नं, दीर्घकालस्थायी –यिनी **etc.**, चिरकालस्थायी –यिनी **etc.**–**(Long, in the sense of distant)** दूर: –रा –रं, विदूर: –रा –रं; **'going a long way,'** दूरग: –गा –गं; **'a long way off,'** दूरस्थ: –स्था –स्थं, दूरस्थायी –यिनी **etc.**–**(Extended to any measure) expresseed by** परिमाण: –णा –णं **or** परिमित: –ता –तं **or** मित: –ता –तं **in comp.; as, 'a line an inch long,'** अङ्गुलपरिमाणा **or** अङ्गुलपरिमिता **or** अङ्गुलमिता रेखा; **'four fingers long,'** चतुरङ्गुल: –ली –लं, चतुरङ्गुलपरिमित: –ता –तं.–**(A long period)** दीर्घकाल:, चिरकाल:, बहुकाल: अनेककाल:, आयतायति: ***f.***; **'for a long time,'** दीर्घकालं चिरकालं, बहुकाल –लात्, अनेककालं, चिरं –रेण –रात् –राय, चिरदिवसं, चिररात्रं–त्राय, दीर्घरात्रं; **'long absent,'** चिरगत: –ता –तं, चिरप्रवासी –सिनी **etc.**; **'long ill,'** दीर्घरोगी –गिणी **etc.**, दीर्घामय: –या –यं, चिररोगी **etc.**; **'long sought for,'** चिरचेष्टित: –ता –तं; **'cherished for a long time,'** चिरकालपालित: –ता –तं, चिरपालित: **etc.**; **'accumulated after a long time,'** चिरकालोपार्ज्जित: –ता –तं, चिरलब्ध: –ब्धा –ब्धं; **'living long,'** दीर्घजीवी–विनी **&c** चिरजीवी **etc.**; **'a long life,'** दीर्घजीव:; **'long since abandoned,'** चिरोज्झित: –ता –तं, **'for a short time,'** अल्पकालं, अल्पमात्रं, कियत्कालं, **'listing for a short time,'** क्षणस्थायी –यिनी **etc.**, **'the long run,'** आयति: ***f.***, **'long-haired,'** दीर्घकेश: –शी –शं; **'long-leaved,'** दीर्घपत्र: –त्रा –त्रं, दीर्घपर्ण: –र्णा –र्णं; **'long-tongued,'** दीर्घजिह्व: –ह्वा

–ह्वं, दीर्घरसनः –ना –नं, **'having a long line of ancestors,'** दीर्घवंशः –शा –शं, **'a long journey'** दीर्घवर्त्म ***n.*** (न्), दीर्घाध्व ***n.*** (न्), **'a long vowel,'** दीर्घस्वरः, **'the long sound of vowels,'** प्लवः, प्लुतः –तं, **'long syllable,'** दीर्घाक्षरं, हारः.

Long, *adv.* (To a great extent in space) दूरं, विदरं, दूरतस्, दूरपर्य्यन्तं, दीर्घपर्य्यन्तं, दीर्घपरिमाणं –णेनं.—**(To a great extent in time, for a long period)** दीर्घकालं, चिरकालं –लात्, बहुकालं –लात्, अनेककालं, चिरं –रेण –राय –रात् –रस्य –रे, चिरदिवसं, चिररात्रं, –त्राय, दीर्घरात्रं –त्राय, बहुकालपर्य्यन्तं, दीर्घकालपर्य्यन्तं; **'very long,'** सुचिरं –रेण –रात्; **'how long?'** कियत्कालं, कियन्तं कालं, कियता, कालेन, कियत्कालपर्य्यन्तं, कियत्कालं यावत्, कतिकालं; **'how long!'** कियच्चिरं –रेण रात्; **'ere long,'** अचिरेण –रात्; **'long ago,'** प्रागेव, प्राक्काले, पूर्व्वं, पूर्व्वकाले, अतीतदीर्घकाले, गतदीर्घकाले, व्यवहितपूर्व्वकाले, **'not long ago,'** अव्यवहितपूर्व्वकाले; **'as long,'** यत्कालं, यावत्कालं, यत्क्षणं; **'so long,'** तत्कालं, तावत्कालं, तत्क्षणं.—**(Through the whole extent or duration of)** पर्य्यन्तं **affixed,** आ **prefixed,** यावत्; **as 'the whole year long,'** वर्षपर्य्यन्तं, आवर्षान्तात्; **'whole life, as long as one lives,'** यावज्जीवं, आमरणात्, मरणं यावत्; **'long-absent, long-ill, long-sought, etc.'** ***See*** **under Long, *a.***

***To* long, *v. n.* (desire eagerly)** अत्यन्तम् अभिलष् **(c. 1.** –लषति, **c. 4.** –लष्यति –लषितुं) **or** वाञ्छ् **(c. 1.** वाञ्छति –ञ्छितुं) **or** अभिवाञ्छ् **or** कांक्ष **(c. 1.** कांक्षति –क्षितुं) **or** आकांक्ष् **or** अभिकांक्ष् **or** अनुकांक्ष्, अतिशयेन स्पृह् **(c. 10.** स्पृहयति –यितुं) **or** इष् **(c. 6.** इच्छति, एषितुं) **or** आप् **in des.** (ईप्सति –प्सितुं) **or** अभ्याप् **or** पर्याप् **or** लभ् **in des.** (लिप्सते –प्सितुं) **or** अभिलभ् **or** अभिरुच् **(c. 10.** –रोचयति –यितुं) **or** कम् **(c. 10.** कामयते –यितुं) **or** ईह् **(c. 1.** ईहते हितुं **or** समीह् लुभ् **(c. 4.** लुभ्यति, लोब्धुं), गृध् **(c. 4.** गृध्यति, गर्धितुं), भुज् **in des.** (बुभुक्षति –ते –क्षितुं), तृष् **(c. 4.** तृष्यति, तर्षितुं), आशंस् **(c. 1.** –शंसते, सितुं), आशास् **(c. 2.** –शास्ते, **c. 1.** –शासते –सितुं), अभिध्यानं कृ.—**(As a pregnant woman)** दोहदं कृ, दोहदवती भू, दौहदिनी भू.

Longanimity, *s.* सहनशीलता, चिरसहिष्णुता, क्षमा, क्षान्तिः ***f.***

Long-armed, *a.* दीर्घबाहुः –हुः –हु, दीर्घभुजः –जा –जं, लम्बहस्तः –स्ता –स्तं.

Long-bellied, *a.* लम्बोदरः –रा –रं, लम्बजठरः –रा –रं, दीर्घोदरः –रा –रं.

Long-boat, *s.* दीर्घनौका, वृहन्नौका, महानौका, उपनौका.

Long-concealed, *a.* चिरगुप्तः –प्ता –प्तं, चिरकालप्रच्छन्नः –न्ना –न्नं.

Long-continued, *a.* चिरस्थितः –ता –तं, चिरकालस्थायी –यिनी –यि (न्).

Long-eared, *a.* लम्बकर्णः –र्णा –र्णं, दीर्घकर्णः –र्णा –र्णं, आयतकर्णः –र्णा –र्णं.

Long-eyed, *a.* आयताक्षः –क्षी –क्षं, आयतनेत्रः –त्री –त्रं, दीर्घनयनः –नी –नं.

Long-faced, *a.* दीर्घमुखः –खी –खं, दीर्घवक्त्रः –क्त्रा –क्त्रं, दीर्घाननः –ना –नं.

Long-forgotten, *a.* चिरविस्मृतः –ता –तं, चिरकालविस्मृतः –ता –तं.

Long-headed, *a.* विदग्धमतिः –तिः –त, उत्पन्नमतिः **etc.,** निपुणमतिः **etc.,** सूक्ष्मबुद्धिः –द्धिः –द्धि, दीर्घसन्धानी –निनी –नि (न्).

Long-lasting, *a.* चिरस्थायी –यिनी –यि (न्), चिरकालस्थायी **etc.,** चिरस्थः –स्था –स्थं, चिरकालीनः –ना –नं, चिरकालिकः –की –कं, दीर्घकालिकः –की –कं.

Long-legged, *a.* दीर्घजङ्घः –ङ्घा –ङ्घं, दीर्घपादः –दा –दं, आयतजङ्घ **etc.,** ऊर्द्धजानुः –नुः –नु, ऊर्द्धज्ञः –ज्ञा –ज्ञं, ऊर्द्धज्ञः –ज्ञा –ज्ञं, ऊर्द्धज्ञुः –ज्ञुः –ज्ञु, दीर्घसक्थः –क्था –क्थं.

Long-lived, *a.* दीर्घजीवी –विनी –वि (न्), चिरजीवी **etc.,** चिरञ्जीवी **etc.,** चिरजीवकः –का –कं, दीर्घायुः –युः –यु **or** दीर्घायुः –यूः –युः (स), चिरायुः **etc.,** दीर्घायुष्यः –ष्या –ष्यं, चिरायुष्यः **etc.,** आयुषः –षी –षं, जीवथः –था –थं, जैवातृकः –का –कं, आयुष्मान् –ष्मती –ष्मत् (त्); **this last is generally used in addressing a king or superior in the voc. c.; as, 'O long-lived one,'** आयुष्मन्.

Long-lost, *a.* चिरगतः –ता –तं, चिरभ्रष्टः –ष्टा –ष्टं, चिरकालगतः –ता –तं.

Long-necked, *a.* दीर्घग्रीवः –वा –वं, आयतग्रीवः **etc.,** दीर्घकण्ठः –ण्ठा –ण्ठं.

Long-pepper, *s.* पिप्पली –लिः ***f.,*** शौण्डी, कोला, उषणा, कृष्णा, उपकुल्या, मागधी, वैदेही, चपला, कणा, वशिरः, वसिरः, श्रेयसी, करिपिप्पली, कपिवल्ली, कोलवल्ली, चव्यं –व्या, चवी, चविका –कं.—**(Its root)** पिप्पलीमूलं, ग्रन्थिकं, चटिकाशिरस् ***n.***

Long-sighted, *a.* दीर्घदर्शी –र्शिनी –र्शि (न्), दीर्घदृष्टिः –ष्टिः –ष्टि, दूरदर्शी **etc.,** दूरदृष्टिः –ष्टिः –ष्टि.

Long-sightedness, *s.* दीर्घदृष्टिः ***f.,*** दीर्घदर्शनं, दूरदृष्टिः ***f.,*** दूरदर्शनं.

Long-sufferance, long-suffering, *s.* सहनशीलता, सहिष्णुता, चिरसहिष्णुता –त्वं, चिरसहनं, बहुक्षमता, क्षमा, क्षान्तिः ***f.,*** सहनं, तितिक्षा, अपकारेऽपि चित्तस्याविकार.

Long-suffering, *a.* सहनशीलः –ला –लं, सहिष्णुः –ष्णुः –ष्णु, चिरसहिष्णुः –ष्णुः –ष्णु, बहुक्षमः –मा –मं, बहुसहः –हा

-हं, सर्व्वसहः -हा -हं, क्षमावान् -वती -वत् (त्), क्षान्तः -न्ता -न्तं, क्षमी -मिणी -मि (न्), तितिक्षुः -क्षुः -क्षु.

Long-winded, ***a.*** दीर्घसूत्रः -त्रा -त्रं -त्री -त्रिणी -त्रि (न्), तितिक्षुः -क्षुः -क्षु.

Longer, ***a.*** दीर्घतरः -रा -रं, द्राघीयान् -यसी -यः (स्) : **'for a longer period,'** दीघ्रतरकालं, बहुतरकालं; **'why do you delay any longer?'** किम् अतःपरं विलम्बसे.

Longest, ***a.*** दीर्घतमः -मा -मं, द्राघिष्ठः -ष्ठा -ष्ठं; **'for the longest period,'** दीर्घतमकालं, सुदीर्घकालं.

Longeval, longevous, ***s.*** दीर्घजीवी -विनी -वि (न्), चिरजीवी **etc.** ***See*** **Long-lived.**

Longevity, ***s.*** दीर्घजीवः, चिरजीवित्वं, दीर्घजीवित्वं, चिरञ्जीवित्वं, दीर्घायुष्यं, चिरायुष्यं, चिरायुस् ***n.,*** दीर्घायुस् ***n.,*** आयुस् ***n.;*** **'conducive to longevity,'** आयुष्यः -ष्या -ष्यं.

Longimanous, ***a.*** दीर्घहस्तः -स्ता -स्तं, दीर्घपाणिः -णिः -णि, लम्बहस्तः **etc.**

Longimetry, ***s.*** दूरत्वमितिः ***f.,*** दूरत्वमापनं, दैर्घ्यमानं, दैर्घ्यमापनं.

Longing, ***s.*** अत्यभिलाषः, अतिस्पृहा, अत्यन्तवाञ्छा, अतीच्छा, अतिशयेच्छा, अतिकांक्षा, अत्याकांक्षा, लालसा, उत्कण्ठा, कौतूहलं, औत्सुक्यं, कामः, तृष्णा अतिलिप्सा, इच्छा, आशा, कांक्षा, अभिकांक्षा, नितान्तस्पृहा; **'longing of a pregnant woman,'** दोहदं.

Longing, ***part.*** **or** ***a.*** **(Eagerly desirous)** अत्यभिलाषी -षिणी -षि (न्), अत्याकांक्षी -क्षिणी **etc.,** आकांक्षन् -क्षन्ती -क्षत् (त्), अतीच्छः -च्छा -च्छं, अतिलिप्सुः -प्सुः -प्सु, कुतूहली -लिनी **etc.,** उत्सुकः -का -कं, उत्कः -त्का -त्कं, उत्कण्ठितः -ता -तं, कम्बः -म्बा -म्बं, लालसी -सिनी **etc.,** स्पृहयालुः -लुः -लु; **'a longing woman,'** दोहदवती, दौहदिनी, दोहदान्विता.

Longitude, ***s.*** द्राघिमा ***m.*** (न्), घ्रुवकः.—**(Position to east or west)** रेखान्तरं, रेखांशः; **'of a country,'** देशान्तरं.—**(Of the earth)** रेखांशः, रेखापरिधिः ***m.,*** रेखागणः, रेखासमूहः.—**(Of any point or object in the heavens)** भोः; **'of the sun,'** रविभोगः; **'of a planet reckoned from the vernal equinoctial point,'** सायनं.—**(Meridian or circle of longitude)** याम्योत्तरवृत्तं, रेखावृत्तं, रेखांशवृत्तं.

Longitudinal, ***a.*** अन्वायतनः -ना -नं, अनुदैर्घ्यः -र्घ्या -र्घ्यं, अनुद्राघिमा -मा -म (न्), आयतः -ता -तं, आयतनानुसारी -रिणी -रि (न्), अन्वायतिः -तिः -ति.

Loobily, ***adv.*** स्थूलजनवत्, असभ्यजनवत्, ग्राम्यजनवत्, वृषलवत्.

Looby, ***s.*** स्थूलजनः, ग्राम्यजनः, असभ्यजनः स्थूलबुद्धिः ***m.,*** वृषलः.

To **look,** ***v. a.*** **(Direct the eye, look at)** दृश् **(c. 1.** पश्यति, द्रष्टुं) अनुदृश्, प्रतिदृश्, अभिदृश्, परिदृश्, सन्दृश्, ईक्ष् **(c. 1.** ईक्षते -क्षितुं), समीक्ष्, वीक्ष्, अभिवीक्ष्, प्रेक्ष्, अभिप्रेक्ष्, सम्प्रेक्ष्, अवेक्ष्, अन्वीक्ष्, निरीक्ष्, उदीक्ष्, आलोक् **(c. 10.** -लोकयति -यितुं, **c. 1.** -लोकते -कितुं), समालोक्, अवलोक्, विलोक्, आलोच् **(c. 10.** -लोचयति -यितुं), निरूप् **(c. 10.** -रूपयति -यितुं), निर्वर्ण् **(c. 10.** -वर्णयति -यितुं), लक्ष् **(c. 10.** लक्षयति -ते -यितुं), आलक्ष्, समालक्ष्, उपलक्ष्, संलक्ष्, दृष्टिं कृ, विलोकनं कृ, अवलोकनं कृ.—**(Look about)** समातात् **or** समन्ततस् **or** इतस्ततो दृश्.—**(Look after, search for)** अन्विष् **(c. 4.** -इष्यति -एषितुं), निरूप्, अवेक्ष्, परीक्ष्.—**(Look after, take care of)** पाल् **(c. 10.** पालयति -यितुं), रक्ष् **(c. 1.** रक्षति -क्षितुं), गुप् **(c. 1.** गापायति, गोप्तुं), अवेक्ष्.—**(Look at, consider)** अवेक्ष्, समीक्ष्, आलोक्, आलोच्, आलक्ष्, निरूप्, मन् **(c. 4.** मन्यते, मन्तुं), अवेक्षां कृ.—**(Look down)** अवलोक्, अधो दृश्.—**(Look down on, despise)** अवमन्, उपेक्ष्, उपप्रेक्ष्.—**(Look for, expect)** प्रतीक्ष्, अपेक्ष्, व्यपेक्ष्, सम्प्रतीक्ष्, उदीक्ष्, निरीक्ष्, प्रतिपाल्, उद्दृश्.—**(Look into)** निरीक्ष्, परीक्ष्, निरूप्; **'look into affairs,'** कार्य्यदर्शनं कृ, कार्य्येक्षणं कृ, कार्य्याविक्षणं कृ.—**(Look on, regard)** अवेक्ष्, अपेक्ष्, प्रतीक्ष्, आलोक्, निरूप्, मन, दृश्.—**(Look on, be a spectator)** प्रेक्ष्, दृश्, मिष् **(c. 6.** मिषति, मेषितुं), प्रेक्षकः -का -कं भू.—**(Look over)** परीक्ष्, अनुसन्धा **(c. 3.** -दधाति -धातुं), निरूप्.—**(Look out, be on the watch)** अवधा, सावधानः -ना -नं, भू, सावहितः -ता -तं, भू, अवधानं कृ.—**(Look up)** उदीक्ष्, उद्वीक्ष्, उद्दृश्, ऊर्द्ध्वं दृश्, उन्मुखीभू; **'to look up to heaven,'** नभोदृष्टिः -ष्टिः -ष्टि भू.—**(Look up to, esteem)** सम्मन्, प्रतिमन्, मन्.—**(Seem, appear)** प्रतिभा **(c. 2.** -भाति -तुं), सम्प्रभा, आभा, निर्भा, दृश् **in pass.** दृश्यते), लक्ष् **in pass.** (लक्ष्यते); **'to look well,'** शुभ् **(c. 1.** शोभते -भितुं); **'he looks astonished,'** विस्मित इव प्रतिभाति; **'look, look ye!'** पश्य, पश्यत.

Look, ***s.*** दृष्टिः ***f.,*** दर्शनं, ईक्षणं, प्रेक्षणं -णा, प्रेक्षितं, वीक्षणं, वीक्षितं, आलोकनं, अवलोकनं, विलोकनं, दृष्टिपातः, दृष्टिनिपातः; **'a look of displeasure,'** अदृष्टिः ***f.,*** **'side-look,'** कटाक्षः, अर्द्धवीक्षणं, अर्द्धदृष्टिः ***f.,*** अपाङ्गदृष्टिः ***f.,*** अपाङ्गदर्शनं.—**(Air, appearance)** रूपं, आकारः, आकृतिः ***f.,*** दर्शनं, रीतिः ***f.,*** चर्य्या, प्रतिभा, आभा, छाया.—**(cast of countenance)** वदनाकारः, मुखछाया, मुखं, वदनं.

Looked, ***p. p.*** दृष्टः -ष्टा -ष्टं, आलोकितः -ता -तं, ईक्षितः -ता -तं, दत्तदृष्टिः -ष्टिः -ष्टि; **'to be looked for,'** अपेक्षणीयः -या -यं; **'having looked,'** दृष्ट्वा, अवलोक्यं, वीक्ष्य, निर्वर्ण्य, निरूप्य.

Looker, ***s.*** द्रष्टा ***m.,*** (ष्टृ), दर्शी ***m.*** (न्), वीक्षकः, आलोचकः, विलोकनकृत्, अवलोकनकृत्.—**(Looker on)** प्रेक्षकः, प्रेक्षणिकः, प्रेक्षमाणः.

Looking, ***part.*** पश्यन् -श्यन्ती -श्यत् (त्), ईक्षमाणः -णा -णं, प्रेक्षमाणः -णा -णं, दर्शी -र्शिनी -र्शि (न्), दृष्टि **in comp.; as, 'looking in all directions,'** इतस्ततो दत्तदृष्टिः -ष्टिः -ष्टि; **'looking up.'** ऊर्द्ध्वदृष्टिः -ष्टिः -ष्टि; उन्मुखः -खा -खं; **'looking up to heaven,'** नभोदृष्टिः -ष्टिः -ष्टि.—**(Looking well, good-looking)** सुदर्शनः -ना -नं, शुभदर्शनः -ना -नं, सुदृश्यः -श्या -श्यं, दर्शनीयः -या -यं, दृश्यः -श्या -श्यं, शुभाननः -ना -नी -नं, सुरूपः -पी -पं.

Looking, ***s.*** **(Act of directing tbe eye)** दर्शनं, दृष्टिः ***f.,*** दृष्टिपातः, ईक्षणं, वीक्षणं, प्रेक्षणं -णा, प्रेक्षा, आलोकः -कनं, आलोचनं, विलोकनं, अवलोकनं, सन्दर्शनं, निरूपणं, निर्वर्णनं, निध्यानं.—**(Search)** अन्वेषणं, संवीक्षणं, अनुसन्धानं.—**(Looking for)** अपेक्षा, प्रतीक्षा, व्यपेक्षा.

Looking-glass, ***s.*** दर्पणं -णं, आदर्शः, दर्शनं, आत्मदर्शः, प्रतिविम्बातः, सम्मुखी ***m.*** (न्), मुकुरः, मकुरः -मङ्कुरः, कर्फरः, मण्डलकं; **'surface of a looking-glass,'** आदर्शतलं.

Looking-glass maker, ***s.*** दर्पणकारः, दर्पणकृत्, दर्पणविक्रयी ***m.*** (न्).

Look-out, ***s.*** सुसमीक्षा, इतस्ततः समीक्षा, अवेक्षा, अवधानं, सावधानता.

Loom, ***s.*** वेमा ***m.*** -म. ***n.*** (न्), वेमः, वायदण्डः, वापदण्डः, वाणदण्डः, सूत्रयन्त्रं, आवापनं, तन्त्रं, तन्त्रयन्त्रं, कुविः ***m.***

To **loom,** ***v. n.*** समुद्रमध्ये सुदूरस्थितत्वाद् अस्पष्टाकारः -रा -रं **or** अतिस्थूलाकारः -रा -रं भू **or** विद् **in pass.** (विद्यते) **or** अस्पष्टरूपेण दृश् **in pass.** (दृश्यते).

Loon, ***s.*** कापुरुषः, दुर्जनः, धूर्त्तः, लटकः, कितवः, तुच्छजनः.

Loop, ***s.*** **(A folding, noose)** पाशः, शिक्यं -क्या, काचः, पुटः, व्यावर्त्तनं.—**(Opening, aperture)** छिद्रं. रन्ध्रं; **'suspended in a loop,'** काचितः -ता -तं, शिक्यितः -ता -तं.

Loop-hole, ***s.*** **(Small opening in a wall, etc.)** गवाक्षः -क्षं, जालं, वातायनं, रन्ध्रं, छिद्रं, प्रच्छन्नं.—**(Means of escape)** निर्गमः, निर्गतिः ***f.,*** निर्गमोपायः, निर्गमद्वारं, पलायनं, अपक्रमः, उत्तरणं, मुक्तिः ***f.,*** मोक्षः.

To **loose, loosen,** ***v. a.*** **(Relax)** शिथिलीकृ, शिथिल **(nom.** शिथिलयति -ते -यितुं), श्लथ् **(c. 10.** श्लथयति -यितुं), श्रथ् **(c. 1.** श्रथति, **c. 10.** श्रथयति, श्राथयति -यितुं), श्रन्थ् **(c. 9.** श्रथ्नाति, श्रन्थितुं), श्लथीकृ, प्रश्लथीकृ, संस् **(c. 10.** संसयात -यितुं), विस्रंस्, विगल् **(c. 10.** -गलयति -यितुं), विस्रस्तीकृ.—**(Set free)** मुच् **(c. 6.** मुञ्चति, मोक्तुं, **c. 10.** मोचयति -यितुं), अवमुच्, प्रमच्, विमुच्, प्रविमुच्, निर्मुच्, उन्मुच्, मोक्ष् **(c. 10.** मोक्षयति -यितुं), विमोक्ष्.—**(Unite, unbind, unfasten)** उद्ग्रन्थ् **(c. 9.** -ग्रथ्नाति, **c. 1.** -ग्रन्थति -न्थितुं), समुद्ग्रन्थ्, उन्मुच्, अवमुच्. वियुज् **(c. 7.** -युनक्ति -योक्तुं, **c. 10.** -योजयति -यितुं), विसन्धा **(c. 3.** -दधाति -धातुं), विसन्धीकृ, विपाश **(nom.** -पाशयति -यितुं), उत्सूत्रीकृ.

To **loose, loosen,** ***v. n.*** **(become loose)** शिथिलीभू, शिथिल **(nom.** शिथिलायत), श्लथ **(nom.** श्लथायते -ति), श्रथ **(nom.** श्रथायते), श्रन्थ् **(c. 1.** श्रन्थते -न्थितुं), श्लथीभू, स्रंस् **(c. 1.** स्रंते -स्रंसते -सितुं), स्रस्तीभू.—**(Loose a ship)** नौकां मुच् **(c. 6.** मुञ्चति, मोक्तुं) **or** चल् **(c. 10.** चालयति -यितुं).

Loose, ***a.*** **(Not tight, lax)** शिथिलः -ला -लं, श्लथः -था -थं, प्रश्लथः -था -थं, मस्तः -स्ता -स्तं, विस्रस्तः -स्ता -स्तं, विगलितः -ता -तं, चलितः -ता -तं, अदृढः -ढा -ढं.—**(Untied, unfastened)** अबद्धः -द्धा -द्धं, मुक्तः -क्ता -क्तं, प्रमुक्तः **etc.,** उद्ग्रन्थितः -ता -तं, उद्ग्रथितः -ता -तं, असन्धितः -ता -तं, विगलितः -ता -तं, बन्धनरहितः -ता -तं, बन्धनशून्यः -न्या -न्यं, अनिगृहीतः -ता -तं, उच्छ्वसितः -ता -तं, उद्दामः -मा -मं, उत्सूत्रः -त्रा -त्रं, उन्नद्धः -द्धा -द्धं.—**(Free)** मुक्तः -क्ता -क्तं, विमुक्तः -क्ता -क्तं.—**(Not close or compact)** विरलः -ला -लं, असंहतः -ता -तं, अदृढसन्धिः -न्धिः -न्धि, शिथिलसन्धिः **&c.—(Not concise, rambling)** असंक्षिप्तः -प्ता -प्तं, विस्तीर्णः -र्णा -र्णं.—**(Indeterminate)** अनियतः -ता -तं, अव्यवस्थितः -ता -तं, अनिर्णीतः -ता -तं, अपरिमितः -ता -तं, सन्दिग्ध -ग्धा -ग्ध.—**(Unconnected)** असम्बद्धः -द्धा -द्धं, निःसम्बन्धः -न्धा -न्धं, अबद्धः **&c.—(Not rigid)** अनियतः -ता -तं, अस्थिरः -रा -रं, अधीरः -रा -रं, अव्यवस्थितः -ता -तं.—**(Dissoulte)** अनवस्थः -स्था -स्थं, व्यभिचारी -रिणी -रि (न्), दुराचारः -रा -रं, दुर्वृत्तः -त्ता -त्तं, अवशः -शा -शं, व्यसनी -निनी **etc.; 'loose conduct,'** व्यभिचारः; **'a loose man,'** लम्पटः; **'a loose woman,'** पुंश्चली, बन्धकी, भ्रष्टा, व्यभिचारिणी. ***See*** **Lax. (To let loose)** मुच् **(c. 6.** मुञ्चति, मोक्तु, **c. 10.** मोचयति -यितुं), विमुच्, निर्मुच्, मोक्ष् **(c. 10.** मोक्षयति -यितुं), विमोक्ष्, विसृज् **(c. 6.** -सृजति -स्रष्टुं, **(c. 10.** सर्ज्जयति -यितुं), बन्धनाद् मुच्. ***See To*** **loose. (To break loose)** बन्धनानि भिद् **(c. 7.** भिनत्ति, भेत्तुं) **or** छिद् **(c. 7.** छिनत्ति, छेत्तुं), पलाय् **(c. 1.** पलायते -यितुं, **rt.** इ), मुक्तबन्धनः -ना -नं भू, बन्धनाद् भ्रंश् **(c. 4.** भ्रश्यति, भ्रंशितुं), परिभ्रंश्, विभ्रंश; **'broken loose,'** प्रभृष्टः -ष्टा -ष्टं, बन्धनात्प्रभृष्टः **etc.,** परिभ्रष्टः **etc.**

Loosed, loosened, ***p. p.*** शिथिलीकृतः -ता -तं, शिथिलितः -ता -तं, श्रन्थितः -ता -तं, स्रस्तः -स्ता -स्तं, विस्रस्तः **etc.,** विगलितः -ता -तं, मुक्तः -क्ता -क्तं, विमुक्तः -क्ता -क्तं, मोचितः -ता -तं, विमोचितः -ता -तं, मोक्षितः -ता -तं,

वीतः -ता -तं, मुक्तबन्धनः -ना -नं, बन्धनमुक्तः -क्ता -क्तं, छिन्नवन्धनः -ना -नं.

Loosely, *adv.* (Not firmly) शिथिलं, शैथिल्येन, सशैथिल्यं, अदृढं. **—(Not closely)** असंहतं, विरलं. **—(Unconnectedly)** असम्बद्धं, असम्बन्धेन. **—(Not rigidly)** अनियतं. **—(Dissolutely)** सव्यभिचारं, लम्पटवत्, दुर्वृत्तवत्.

Looseness, *s.* (State of being loose or not tight) शिथिलता -त्वं, शैथिल्यं, श्लथता, प्रश्रथः, श्रन्थः, स्रंसः, विस्रस्तताः, स्रस्तता, विस्रस्तता, अदृढता, अधृतिः. **—(Looseness of texture)** विरलता, वैरल्यं, असंहतत्वं. **—(Of morals or conduct)** व्यभिचारः, अनवस्थितिः ***f.,*** अनवस्थता, व्यसनिता, लम्पटता, लाम्पट्यं, दुर्वृत्तता. ***See*** **Laxity, (Of bowels)** मृदुकोष्ठत्वं, कोष्ठमृदुता, रेकः, रेचना -नं.

Loosening, loosing, *s.* शिथिलीकरणं, मोचनं, विमोचनं, मोक्षणं, विमोक्षणं, श्रन्थनं, श्रथनं, मुक्तिः ***f.***

To **lop, *v. a.*** छिद् **(c. 7.** छिनत्ति, छेत्तुं), अवछिद्, अवकृत्, **(c. 6.** -कृन्तति -कर्त्तितुं), निकृत्, लू **(c. 9.** लुनाति, लवितुं), लुप् **(c. 6.** लुम्पति, लोप्तुं).

Lopped, *p. p.* अवछिन्नः -न्ना -न्नं, लूनः -ना -नं, लुप्तः -प्ता -प्तं -प्तं, कर्त्तितः -ता -तं.

Lopper, *s.* छेत्ता ***m.*** (तृ), अवछेत्ता ***m.,*** छेदकः, छिद् **in comp.,** लोपनकृत्.

Lopsided, *a.* एकपार्श्वे पतनशीलः -ला -लं **or** पतयालुः -लुः -लु.

Loquacious, *a.* वावदूकः -का -कं, वाचालः -ला -लं, बहुभाषी -षिणी -षि (न्), बहुवादी -दिनी **etc.,** वाग्मी -ग्मिनी **etc.,** जल्पकः -का -कं. जल्पाकः -का -कं, गदयित्नुः -त्नुः -त्नु, वाचोयुक्तिपटुः -टुः -टु, मुखरः -रा -रं, वक्ता -क्त्री -क्तृ (क्तृ), अतिवक्ता **etc.**

Loquaciousness, loquacity, *s.* वावदूकता, वाचालता, बहुभाषित्वं, अतिभाषणं, अतिशयोक्तिः ***f.,*** अतिवादः, जल्पः -ल्पकता, जल्पितं, गदयित्नुता, वाग्मित्वं, अत्यालापः, बहुवादित्वं, मुखरता, मौखर्य्यं.

Lord, *s.* ईश्वरः, ईशः, पतिः ***m.,*** स्वामी ***m.,*** (न्), प्रभुः ***m.,*** नाथः, राजा ***m.,*** (न्), अधीशः, अधिपतिः ***m.,*** अधिपः, अधीश्वरः, भर्त्ता ***m.,*** (र्त्तृ), भगवान् ***m.,*** (त्), इन्द्र **in comp.; 'supreme lord,'** अधिराजः, सर्व्वेश्वरः, सर्व्वस्वामी ***m.,*** अधिनाथः; **'lord of men,'** नरेश्वरः; नराधिपः, नरेशः, नृपतिः ***m.,*** नरपतिः, नरेन्द्रः; **'lord of earth,'** भूपतिः ***m.,*** भूमिपतिः ***m.,*** महीपतिः ***m.,*** पृथिवीपतिः, क्षितिपतिः; **'lord of heaven,'** स्वर्गपतिः ***m.,*** स्वर्गराजः, स्वर्गभर्त्ता ***m.,*** (र्त्तृ), नाकनाथः; **'lord of beasts,'** मृगेन्द्रः; **'my lord,'** स्वामिन् **voc. c. —(Husband)** पतिः ***m.,*** भर्त्ता ***m.,*** स्वामी ***m.;*** **'lord of life,'** जीवितेशः, प्राणेशः, प्राणनाथः, प्राणाधिनाथः. **—(The Supreme Being)** परमेश्वरः, परेश्वरः, ईश्वरः, भगवान्, प्रभुः ***m.;*** **'to be lord of,'** ईश् **(c. 2.** ईष्टे, ईशितुं), प्रभू **(c. 1.** -भवति -वितुं).

To **lord, *v. n.*** दर्पेण **or** धर्षेण **or** धर्षपूर्व्वम् आधिपत्यं कृ **or** ईश् **(c. 2.** ईष्टे, ईशितं) **or** शास् **(c. 2.** शास्ति -सितुं).

Lordliness, *s.* (Imperiousness) धृष्टता, धर्षः, दर्पः, ऐश्वर्य्यदर्पः, अवलिप्तता, उत्सिक्तता, अवहेला, गर्व्वः, प्रगल्भा, प्रागल्भ्यं.

Lordly, lordlike, *a.* ईश्वरीयः -या -यं, ऐश्वरः -री -रं, ऐशः -शी -शं, ऐशिकः -की -कं, ईश्वरयोग्यः -ग्या -ग्यं, स्वामियोग्यः **etc.,** प्रभुयोग्यः **etc.,** राजकीयः -या -यं, ईश्वरार्हः -र्हा -र्हं, ईश्वरसदृशः -शी -शं, ईश्वरोचितः -ता -तं, ईश्वर **in comp.; as, 'lordly nature,'** ईश्वरभावः. **—(Imperious)** धृष्टः -ष्टा -ष्टं, धर्षी -र्षिणी -र्षि (न्), दृप्तः -प्ता -प्तं, गर्व्वितः -ता -तं, उद्धतः -ता -तं, अवलिप्तः -प्ता -प्तं, ऐश्वर्य्यदृप्तः **etc.**

Lordly, *adv.* धर्षेण, ऐश्वर्य्यदर्पेण, ऐश्वर्य्यदृप्तवत्, सावहेलं, सधर्षं.

Lordship, *s.* ऐश्वर्य्यं, ईशत्वं, आधिपत्यं, अधिपतित्वं, प्रभुत्वं, स्वामित्वं, पतित्वं, स्वाम्यं, राजत्वं, राज्यं, अधिकारः, अधिकारित्वं. **—(Title)** भवान् ***m.*** (त्), अत्रभवान्, तत्रभवान्, भगवान्, स्वामी ***m.*** (न्), प्रभुः.

Lord's supper, *s.* ख्रीष्टमृत्युस्मरणार्थकं भोजनं, ख्रीष्टमरणोद्देशकं भोजनं.

Lore, *s.* पाण्डित्यं, विद्या, ज्ञानं, व्युत्पत्तिः ***f.,*** वैदुष्यं, विद्वत्ता.

Lorn, *a.* निःशरणः -णा -णं, अशरणः -णा -णं. ***See*** **Forlorn, *a.***

Lory, *s.* शुकः, कीरः, रक्तपर्णः शुकजातीयः पक्षिभेदः.

To **lose, *v. a.* (be separated or parted from a thing)** हा **in pass.** (हीयते), प्रहा, विप्रहा, परिहा, विहा **with instr. or sometimes with abl. c.,** भ्रंश् **(c. 4.** भ्रश्यति, भ्रंशितुं), परिभ्रंश्, विभ्रंश्, प्रभ्रंश् **with abls. c.,** च्यु **(c. 1.** च्यवते, च्योतुं,), प्रच्यु, विच्यु **with abl. c.,** वियुज्, **in pass.** (-युज्यते) **with instr. c.,** अपवृत् **(c. 1.** -वर्त्तते -र्त्तितुं) **with abl. of the person; 'he loses his life,'** प्राणैः **or** प्राणेभ्यो हीयते; **'he loses his kingdom,'** राज्याद् भ्रश्यति **or** च्यवते, तस्माद् राज्यम् अपवर्त्तते; **'he loses his friends,'** सुहृज्जनैर् वियुज्यते. **—(Let go, drop)** हा **(c. 3.** जहाति, हातुं, **or caus.** हापयति -यितुं), विहा, अपहा, त्यज् **(c. 1.** त्यजति, त्यक्तुं), परित्यज्, हृ **(c. 10.** हारयति -यितुं), अपहृ; **'he lost his life,'** प्राणान् जहौ; **'he loses his son,'** पुत्रं जहाति; **'he loses his money,'** धनं हारयति. **—(Ruin, destroy, waste)** नश् **(c. 10.** नाशयति -यितुं), विनश्, प्रणश्, क्षि **(c. 5.** क्षिणोति, क्षेतुं, **c. 10.** क्षययति, क्षपयति -यितुं), ध्वंस् **(c. 10.** ध्वंसयति -यितुं), विध्वंस्, प्रध्वंस्, व्ययीकृ, अपचि **(c. 5.** -चिनोति -चेतुं), क्षिप् **(c. 6.** क्षिपति, क्षेप्तुं); **'he loses his wealth,'** अर्थं नाशयति; **'he**

loses his time,' कालं क्षिपति, कालक्षेपं **or** कालहरणं करोति. —**(Forfeit)** दण्ड् **in pass.** (दण्ड्यते), भ्रंश् **or** च्यु **with abl. c.,** वञ्च् **in pass.** (वञ्च्यते) **with instr. c.; 'he loses his office,'** स्वाधिकाराद् भ्रश्यति; **'he loses his reward,'** फलाद् भ्रश्यति **or** फलेन बध्यते.—**(Not to win, be defeated)** पराजितः -ता -तं भू, जि **in pass.** (जीयते), पराजि; **'he loses the battle,'** रणे जीयते.—**(Lose the game)** अक्षवत्यां जि **or** पराजि **in pass.** द्यूतक्रीडायां जि **in pass.** विदिव् **(c. 4.** -दीव्यति -देवितुं), पराजितः -ता -तं भू.—**(Lose the way)** पथात् **or** मार्गात् **or** पथो भ्रंश् **or** प्रभ्रंश् **or** च्यु **or** विच्यु **or** विचल् **(c. 1.** -चलति -लितुं), पथभ्रष्टः -ष्टा -ष्टं भू, वर्त्मवर्जितः -ता -तं भू.—**(Lose one's wits)** मुह् **(c. 4.** मुह्यति, मोहितुं), बुद्धिं हा, बुद्धिहीनः -ना -नं भू.—**(Lose one's consciousness, lose one's self)** चेतनां **or** चैतन्यं हा, नष्टचेतनः -ना -नं भू, मुर्छ् **(c. 1.** मूर्छति -र्छितुं), भ्रम् **(c. 4.** भ्राम्यति, भ्रमितुं), भ्रान्तबुद्धिः -द्धिः -द्धि भू.

To* lose, *v. n. **(Be defeated)** जि **in pass.** (जीयते), पराजि, पराजितः -ता -तं भू.—**(Decline, fail)** क्षि **in pass.** (क्षीयते), परिक्षि, परिहा **in pass.** (-हीयते), ध्वंस् **(c. 1.** ध्वंसते -सितुं).

Loser, *s.* क्षतिप्रापकः, हानिप्रापकः, अपायप्रापकः, अनुभूतक्षयः, प्राप्तापायः, प्राप्तक्षयः, लब्धापायः, लब्धहानिः ***m.,*** अपायप्राप्तः, पराजितः.

Loss, *s.* क्षयः, हानिः ***f.,*** अपायः, क्षतिः ***f.,*** अपचयः, नाशः, अपचितिः ***f.,*** उपक्षयः, परिक्षयः, संक्षयः, क्षिया, व्ययः, ध्वंसः, प्रध्वंसः, परिध्वंसः, भ्रंशः, अपहारः, हारः, हरणं, अत्ययः, च्युतिः ***f.,*** त्यागः, परित्यागः, विनाशः, प्रणाशः, भ्रेषः, अलाभः, वियोगः, व्यसनं, दूषणं, प्रहीणः.—**(Ruin, destruction)** नाशः, विनाशः, क्षयः.—**(Defeat)** पराजयः, पराभवः, अपजयः, बलव्यसनं, भङ्गः.—**(Profit and loss)** लाभालाभौ ***m.* du.,** लाभालाभं. —**(Loss of caste)** जातिभ्रंशः.—**(Loss of time)** कालक्षेपः, कालहरणं, कालव्ययः; **'without loss of time,'** अकालक्षेपं. —**(To be at a loss)** मुह् **(c. 4.** मुह्यति, मोहितुं); **'at a loss,'** भ्रान्तबुद्धिः -द्धिः -द्धि, मोहितः -ता -तं, विमूढः -ढा -ढं; **'at a loss how to act,'** इतिकर्त्तव्यतामूढः -ढा -ढं.

Lost, *p. p.* or *a.* नष्टः -ष्टा -ष्टं, प्रणष्टः -ष्टा -ष्टं, विनष्टः -ष्टा -ष्टं, हारितः -ता -तं, भ्रष्टः -ष्टा -ष्टं, विभ्रष्टः -ष्टा -ष्टं, च्युतः -ता -तं, परिच्युतः -ता -तं, गतः -ता -तं, विगतः -ता -तं, वीतः -ता -तं, क्षीणः -णा -णं, परिक्षीणः -णा -णं, अपचितः -ता -तं, अन्तरितः -ता -तं, लुप्तः -प्ता -प्तं, विलुप्तः -प्ता -प्तं, हीनः -ना -नं, प्रहीणः -णा -णं, त्यक्तः -क्ता -क्तं, ध्वंसितः -ता -तं ध्वस्तः -स्ता -स्तं; **'one who has lost his kingdom,'** राज्यभ्रष्टः, भ्रष्टराज्यः, राज्यच्युतः, राज्यात्प्रभृष्टः; **'one who has lost his office,'** च्युताधिकारः; **'one who has lost his wealth,'** गतविभवः -वा -वं, नष्टार्थः -र्था -र्थं, अर्थहीनः -ना -नं; **'one who has lost desire,'** विगतस्पृहः -हा -हं, वीतकामः -मा -मं; **'one who has lost life,'** त्यक्तजीवनः -ना -नं, प्रहीणजीवितः **'one who has lost the road,'** पथभ्रष्टः -ष्टा -ष्टं, मार्गभ्रष्टः -ष्टा -ष्टं, वर्त्मवर्जितः -ता -तं, त्यक्तमार्गः -र्गा -र्गं; **'one who has lost an eye,'** एकाक्षिविकलः -ला -लं; **'one who has lost every thing,'** हृतसर्व्वस्वः -स्वा -स्वं, परिच्युतः -ता -तं, परिक्षीणः -णा -णं; **'lost to shame,'** लज्जाहीनः -ना -नं, त्यक्तलज्जः -ज्जा -ज्जं, निरस्तलज्जः **etc.,** लज्जोज्झितः -ता -तं, निर्लज्जः -ज्जा -ज्जं; **'lost in thought,'** ध्याननिष्ठः -ष्ठा -ष्ठं, चिन्ताकुलः -ला -लं, चिन्तापरः -रा -रं; **'relating to any thing lost,'** नाष्टिकः -की -कं, **'it is lost,'** हार्य्यते, अपचीयते.—**(Bewildered)** मोहितः -ता -तं, विमूढः -ढा -ढं, भ्रान्तबुद्धिः -द्धिः -द्धि, भ्रमयुक्तः -क्ता -क्तं.

Lot, *s.* **(Destiny, state assigned by fate)** भाग्यं, भागधेयं, दैवदशा, दैवस्थितिः ***f.,*** दैवयोगः, दैवं, दैविकं, दैवगतिः ***f.,*** भवितव्यता, भोगः, भोग्यं, भोक्तृत्वं.—**(Share, portion)** अंशः, भागः, विभागः, भाज्यं, भाजितं, उद्धारः.—**(Die used in determining a person's portion)** गुटिका, शकुनः; **'to cast lots,'** गुटिकाः पत् **(c. 10.** पातयति -यितुं); **'casting lots,'** गुटिकापातः, पाटः -टकः.

Loth, *a.* अनिच्छुः -च्छुः -च्छु. ***See*** **Loath.**

Lotion, *s.* औषधीयजलं, धावनौषधं, प्रक्षालनौषधं, धावनं -नी.

Lottery, *s.* गुटिकापातः, पाटकः, गुटिकापातपूर्व्वा विभागकल्पना.

Lotus, lotos *s.* **(Flower)** पद्मः -द्मं, कमलं, उत्पलं, कुमुदं, कुमुद् ***n.,*** नलिनं, कुवलयं, अरविन्दं, महोत्पलं, पङ्कजं, पङ्केरुहं, सरसिजं, सरसीरुहं, सरोज, सरोरुहं, जलेजातं, अम्भोजं, वार्य्युद्भवं, अम्बुजं, अम्भोरुहं, पुण्डरीकं, मृणाली ***m.*** (न्), शतपत्रं, सहस्रपत्रं, कुशेशयं, इन्दिरालयं, तामरसं, पुष्करं, सारसं, रमाप्रियं, विसप्रसूनं, कुवलं, कुवं, कुटपं, पुटकं, श्रीपर्णः, श्रीकरं, श्र्याह्वं. **Other varieties, red, white, and blue, are** हल्लकं, रक्तसन्ध्यकं, रक्तसरोरुहं, रक्तकमलं, रक्तोत्पलं, कोकनदं, सिताम्भोजं, कल्हारं, सौगन्धिकं, इन्दीवरं, इन्दीवारं, कैरवं, नीलाम्बुजन्म ***n.*** (न्), नीलोत्पलं, नीलकमलं, सूर्य्यकमलं, स्थलकमलं, स्थलपद्मं.—**(The plant as distinguished from the flower)** पद्मिनी, कमलिनी, नलिनी, कुमुदिनी; **'stalk of a lotus,'** नालः -ला -ली -लं, पद्मनालं, नाडिः -डी ***f.,*** पद्मिनी, कुमुद्वती, नलिनी, पद्मतन्तुः ***m.;*** **'fibres or film attached to the stalk,'** मृणालः -लं, विसं, विशं, विषं, नलिनीरुहः; **'root,'** शालूकं, शालुकं, शिफाकन्दः -न्दं, करहाटः; **'seed',** कमलाक्षः, पद्माक्षः, पद्मवीजं; **'seed-vessel**

or pericarp,' वीजकोशः, कर्णिका, कर्णिकारः, वराटकः; 'filament,' केशरः, केसरः, किञ्जल्कः, किञ्जलः, किञ्जं; 'petal,' पद्मच्छदः, कमलच्छदः, पद्मान्तरः; 'new leaf,' संवर्त्तिः *f.*, संवर्त्तिका, नवदलं, नवपत्रं; 'abounding with lotuses,' कुमुद्वान् -द्वती -द्वत् (त्), कुमुदिकः -की -कं; 'place abounding with lotuses,' कुमुदिनी, कुमुद्वती, कुमुदाकरः, कुमुदवनं, कुमुदावासः, कुमुदवती, पद्मिनी, पद्माकरः, पद्मिनीखण्डं, पद्मखण्डं, कमलिनी, कमलाकरः, नलिनी, कुवलयिनी, अरविन्दिनी, पुष्करिणी; 'as assemblage or quantity of lotus flowers,' पद्मिनी, नलिनी, विसिनी, मृणालिनी, कमलिनी, उत्पलिनी, कुमुद्वती, पुटकिनी, पद्मखण्डं, षण्डः -ण्डं, शण्डं; 'lotus-like,' उत्पलाभः -भा -भं; 'lotus-shaped,' पद्माकारः -रा -रं; 'lotus-like,' उत्पलाभः -भा -भं; 'lotus-shaped,' पद्माकारः -रा -रं; 'lotus-eyed,' उत्पलचक्षूः -क्षूः -क्षुः (स्). 'smelling like the lotus,' पद्मगन्धः -न्धा -न्धं, उत्पलगन्धिः -न्धि -न्धि.

Loud, ***a.*** महास्वनः -ना -नं, महाध्वनिकः -का -कं, उच्चः -च्चा -च्चं, उच्चैः स्वरकः -का -कं, महास्वरकः -का -कं, महाध्वनिकरः -री -रं, महाशब्दकः -का -कं, महाशब्दी -ब्दिनी -ब्दि (न्), महाशब्दकाराः -रा -रं, अतिशब्दनः -ना -नं, अतिशब्दवान् -वती -वत् (त्), 'महास्वनवान् etc., स्वनवान् etc., शब्दनः -ना -नं, महानादी -दिनी -दि (न्), तुमुलः -ला -लं, तुमुलकारी -रिणी etc., उत्तालः -ला -लं. —(Clamorous) घोषणः -णा -णं, घोषकरः -री -रं, बहुघोषः -षा -षं, महाघोषः -षा -षं; 'a loud sound or noise,' उच्चैःस्वरः, उच्चस्वरः, महाशब्दः, महास्वनः, महाघोषः, उच्चैर्घुष्टं, प्रणादः; 'loud-speaking,' उच्चभाषणं; 'louder,' उच्चैस्तरः -रा -रं; 'loudest,' उच्चैस्तमः -मा -मं.

Loud, loudly, ***adv.*** उच्चैस्, उच्चकैस्, प्रोच्चैस्, उच्चैस्तमाम्, उच्चैःस्वरेण, उच्चशब्देन, महास्वरेण, महाशब्देन, अतिशब्देन, महाशब्दपूर्व्वं, स्वनवत्, उच्चैःकारं; 'speaking loud,' उच्चभाषी -षिणी -षि (न्); 'crying loud,' उच्चरावी -विणी etc.

Loudness, ***s.*** उच्चता -त्वं, महाशब्दकारित्वं, महाशब्दकत्वं, शब्दमहत्त्वं, महाशब्दः, उच्चस्वरः, महाध्वनिः *m.*, उत्तालता.

Loud-voiced, ***a.*** उच्चस्वरः -रा -रं, उच्चस्वरवान् -वती -वत् (त्).

To **lounge,** ***v. a.*** आलस्यं कृ, अलसीभू, आलस्यात् कालं क्षिप् (c. 6. क्षिपति, क्षेप्तुं) or कालक्षेपं कृ or कालहरणं कृ or कालव्ययं कृ, उदास् (c. 2. -आस्ते -आसितुं), निर्व्यापारत्वात् सुखेन शी (c. 2. शेते, शयितुं).

Lounger, ***s.*** अलसजनः, आलस्यकारी *m.* (न्), मुखनिरीक्षकः, लालाटिकः, कालक्षेपकः, अव्यापारी *m.* (न्), कार्य्यपुटः, उदासीनः, निर्व्यापारत्वात् सुखशायी *m.* (न्); 'woman with a lounging gait,' मत्तेभगमना.

Louse, ***s.*** यूकः -का, केशकीटः, केशटः, षट्पदः -दी, आपालिः *m.*, रोमविध्वंशः, वारकीरः; 'egg of a louse,' लिक्षा.

To **louse,** ***v. a.*** निर्यूकीकृ, यूक (nom. यूकयति -यितुं), यूकवर्जितं -तां कृ.

Lousiness, ***s.*** सयूकत्वं -ता, बहुयूकता, यूकपूर्णता, यूकबाहुल्यं.

Lousy, ***a.*** युकालः -ला -लं, सयूकः -का -कं, बहुयूकः -का -कं, यूकपूर्णः -र्णा -र्णं, यूकसेवितः -ता -तं, यूकोपद्रुतः -ता -तं, यूकी -किनी -कि (न्).

Lout, ***s.*** ग्राम्यजनः, वृषलः, स्थूलजनः, स्थूलबुद्धिः *m.*, मूढजनः.

Loutish, ***a.*** स्थूलबुद्धिः -द्धिः -द्धि, स्थूलस्वभावः -वा -वं, ग्राम्यबुद्धिः etc., स्थूलः -ला -लं, ग्राम्यः -म्या म्यं, ग्रामिकः -की -कं, अशिष्टः -ष्टा -ष्टं, असभ्यः -भ्या -भ्यं.

Loutisily, ***adv.*** स्थूलजनवत्, ग्राम्यजनवत्, वृषलवत्, वुद्धिस्थौल्यात्.

Loutishness, ***s.*** स्थूलता -त्वं, स्थौल्यं, बुद्धिस्थूलता, ग्राम्यता, अशिष्टता.

Louver, ***s.*** धूमरन्ध्रं, धूमनिर्गमः, धूमायनं, वातायनं, छिद्रं.

Lovable, ***a.*** स्नेहार्हः -र्हा -ह, प्रियगुणकः -का -कं, प्रियगुणविशिष्टः -ष्टा -ष्टं, स्नेहोत्पादकशीलः -ला -लं, प्रीत्युत्पादकशीलः -ला -लं, प्रियः -या -यं.

Lovage, ***s.*** अजमोदा, यवानी -निका, यमानी -निका, इन्दुलेखा, भूतीकं.

To **love,** ***v. a.*** **(Have affection for)** प्रेम कृ, प्री (c. 4. प्रीयते, प्रेतुं), स्नेहं कृ, प्रीतिं कृ, स्निह् (c. 4. स्निह्यति, स्नेहितुं), कम् (c. 10. कामयते -ति -यितुं), दय् (c. 1. दयते -यितुं), अनुरञ्ज् (c. 4. -रज्यते), अनुरागं कृ, अनुरक्तः -क्ता -क्तं, भू, अनुरागवान् -वती भू, अनुरुध् (c. 4. -रुध्यते -रोद्धुं), भज् (c. 1. भजते, भक्तुं); 'he loves God,' ईश्वरे प्रेम करोति, ईश्वरभक्तिं करोति; 'they love him,' तस्मिन् प्रीयन्ते; 'he loves his brother more than me,' मत्तोऽधिकं भ्रातरि प्रीयते or स्नेहं करोति; 'I love my son,' पुत्रेण सह मम महान् स्नेहः; 'she loves him,' तस्मिन् अनुरागवती भवति; 'he loves his wife,' भार्य्यायाम् अनुरज्यते or अनुरक्तो ऽस्ति; 'they love the king,' राजानम् अनुरुध्यन्ते; 'women love everybody,' सर्व्वे स्त्रीणां प्रियाः.

To **love,** ***v. n.*** **(Delight in)** आनन्द् (c. 1. -नन्दति -न्दितुं), अभिनन्द्, हृष् (c. 4. हृष्यति, हर्षितुं), प्री (c. 4. प्रीयते, प्रेतुं), तुष् (c. 4. तुष्यति, तोष्टुं), रुच् (c. 1. रोचयते -चितुं).

Love, ***s.*** **(Fondness, affection)** प्रीतिः *f.*, प्रेम *n.* (न्), स्नेहः, अनुरागः, अनुरक्तिः *f.*, प्रणयः, वात्सल्यं, वत्सलता, रागः, हार्द्दं, प्रश्रयः, अनुरोधः, रुचिः *f.*, अभिरुचिः *f.*, सन्तोषः, प्रेमभावः,

प्रीतिभावः, स्नेहभावः; **'love for God,'** ईश्वरभक्तिः ***f.***; **'undivided love,'** अनन्यभक्तिः.—**(Love of the sexes, passion)** प्रेम ***n.***, स्त्रीपुरुषप्रेम, शृङ्गारः, शृङ्गारभावः, कामः, कामिता, मदनः, मन्मथः, रागः, अनुरागः, रतिः ***f.***, रमः, बन्धित्रं, कैशिकः, उज्ज्वलः, शुचिः ***m.***—**(Cupid)** कामः, मन्मथः, मदनः, कन्दर्पः, स्मरः, मनसिजः, मनसिशयः, चित्तभूः ***m.***, चेतोभूः, चित्तजन्मा ***m.*** (न्), सङ्कल्पजः, अनङ्गः, शमान्तकः, जराभीरुः ***m. See* Kāmadeva. 'In love, under the influence of love,'** कामार्त्तः -र्त्ता -र्त्तं, कामातुरः -रा -रं, मदनावस्थः -स्था -स्थं, मदनवशः -शा -शं, जातमन्मथः -था -थं, जातकामः -मा -मं स्मराकुलः -ला -लं, कामासक्तः -क्ता -क्तं, कामोहितः -ता -तं, कामबद्धः -द्धा -द्धं, शृङ्गारी -रिणी -रि (न्), शृङ्गारितः -ता -त; **'to fall in love with, be in love with,'** अनुरागवान् -वती भू **with loc. or gen. of the person,** जातानुरागः -गा भू, मोहितः -ता -तं भू; **'to make love,'** विवाहार्थं प्रेम कृ, विवाहहेतुकस्नेहं कृ, विवाहार्थं चित्तराधनं कृ.—**(Delight in)** रुचिः ***f.***, अभिरुचिः ***f.***, अनुरागः, प्रीतिः, आसक्तिः ***f.***; **'love of life,'** जीविताशा.—**(Airs or gestures of lovc)** हावः, भावः, ललितं, विलासः, विभ्रमः.

Love-broker, ***s.*** घटकः, प्रेमघटकः, मदनदूतः -ती ***f.***, दूतिका ***f.***

Loved, ***p. p.*** प्रीतः -ता -तं, दयितः -ता -तं, स्निग्धः -ग्धा -ग्धं, प्रियः -या -यं, हृद्यः -द्या -द्यं, हृदयप्रियः -या -यं, इष्टः -ष्टा -ष्टं, मनीषितः -ता -तं, सुभगः -गा -गं.

Love-knot, ***s.*** प्रेमग्रन्थिः ***m.***, प्रीतिग्रन्थिः ***m.***, शृङ्गारग्रन्थिः ***m.***

Love-letter, ***s.*** मदनलेखः, अनङ्गलेखः, मन्मथलेखः, शृङ्गारपत्रं, प्रेमपत्रं, अनङ्गपत्रं, प्रीतिपत्रं.

Loveliness, ***s.*** कान्तता, कान्तिः ***f.***, सौन्दर्य्यं, सुन्दरता, अतिसौन्दर्य्यं, लावण्यं, रूपलावण्यं, चारुता, सौम्यता, लालित्यं, वामता, मुग्धता, कमनीयता, अभिरामता, दीप्तिः ***f.***, शोभा, रमणीयता, मनोहरत्वं -ता , रम्यता, सुभगता, सश्रीकता.

Lovely, ***a.*** कान्तः -न्ता -न्तं, सुन्दरः -रा -री -रं, अतिसुन्दरः **etc.,** लावण्यवान -वती -वत् (त्), सुरूपः -पी -पं, सुरूपवान् **etc.,** चारुः -र्वी -रु, चारुमान् -मती **etc.,** ललितः -ता -तं, सौम्यः -म्या -म्यं, मुग्धः -ग्धा -ग्धं, वामः -मा -मं, मनोरमः -मा -मं, मरोहरः -रा -रं, रम्यः -म्या -म्यं, रमणीयः -या -यं, कमनीयः -या -यं, सुभगः -गा -गं, मनोज्ञः -ज्ञा -ज्ञं, अभिरामः -मा -मं.

Lovely-faced, ***a.*** मुग्धाननः -ना -नं, चारुमुखः -खी -खं, सुमुखः **etc.**

Love-match, ***s.*** प्रीतिविवाहः, प्रेमविवाहः, प्रीतिसम्बन्धः, प्रेमसम्बन्धः.

Love-quarrel, ***s.*** प्रीतिकलहः, प्रेमकलहः, प्रणयकोपः.

Lover, ***s.*** प्रणयी ***m.*** (न्), प्रियः, कान्तः, नायकः, रमणः, रमकः रमः, दयितः, वल्लभः, कामी ***m.*** (न्), हृदयेशः, प्राणेशः, जीवितेशः, प्राणपतिः ***m.***, प्रियतमः, बन्धुः ***m.***, इष्टः : **'lover of knowledge,'** विद्यानुरागी ***m.*** (न्), ज्ञानेप्सुः ***m.***

Love-shaft, ***s.*** मदनशरः, स्मरशरः, कामशरः, कन्दर्पवाणः, मदनेषु ***m.*** **The god of love is fabled by the Hindūs as having five arrows, each tipped with the blossom of a flower.** ***See*** **Kāmadeva.**

Love-sick, ***s.*** कामरोगी -गिणी -गि (न), मदनरोगी **etc.,** कामातुरः -रा -रं, कामार्त्तः -र्त्ता -र्त्तं, कामपीडितः -ता -तं, मदनपीडितः **etc.,** कामविह्वलः -ला -लं.

Love-song, ***s.*** मदनगीतं, प्रेमगीतं, शृङ्गारगीतं, शृङ्गारगानं.

Love-tale, ***s.*** कामकथा, शृङ्गारकथा, मदनकथा, प्रेमकथा, शृङ्गारव्याख्यानं, प्रेमव्याख्यानं.

Love-token, ***s.*** प्रीतिलक्षणं, प्रेमलक्षणं, प्रीतिदानं, प्रेमस्मारकं.

Love-trick, ***s.*** प्रेमक्रीडा, अनङ्गक्रीडा, हावः, भावः, ललितं, विलासः.

Loving, ***a.*** प्रणयी -यिनी -यि (न्), प्रणयवान् -वती -वत् (त्), कामी -मिनी **etc.,** स्नेही -हिनी **etc.,** अनुरक्तः -क्ता -क्तं, अनुरागवान् -वती **etc.,** प्रकामः -मा -मं, प्रीतिमान् -मती **etc.,** वत्सलः -ला -लं, प्रीतियुक्तः -क्ता -क्तं. —**(Delighting in, attached to)** अनुरागी -गिणी **etc.,** आनन्दी -न्दिनी **etc.,** प्रमोदी -दिनी **etc.,** मोदी **etc.,** प्रियः -या -यं, आसक्तः -क्ता -क्तं, सेवी -विनी **etc.,** रतः -ता -तं, निरतः -ता -तं.

Loving-kindness, ***s.*** कृपा, दया, कारुण्यं, वात्सल्यं, करुणार्द्रता, अनुकम्पा, प्रसादः, अनुग्रहः, स्नेहः, हितेच्छा.

Lovingly, ***adv.*** सप्रणयं, प्रणयेन, सानुरागं, स्नेहेन, प्रीतिपूर्व्वं, प्रीत्या, वात्सल्येन, सवात्सल्यं.

Low, ***a.*** **(not high)** नीचः -चा -चं, नीचकः -का -कं, नीचस्थः -स्था -स्थं, निम्नः -म्ना -म्नं, अधरः -रा -रं, अनुच्चः -च्चा -च्चं, अतुङ्गः -ङ्गा -ङ्गं, अधःस्थः स्था -स्थं, अधस्तनः -नी -नं; **'low ground,'** निम्बभूमिः ***f.***—**(Short low in stature)** ह्रस्वः -स्वा -स्व, नीचः -चा -चं, न्यङ् नीची, न्यक् (ञ्च्), ह्रस्वतनुः -नुः -नु, अल्पतनुः -नुः नु.—**(Not loud)** नीचस्वरः -रा -रं, नीचशब्दकः -का -कं, नीचः -चा -चं, नीचकः -का -कं.—**(Deep or grave in sound)** मन्दः -न्दा -न्दं, मन्द्रः -न्द्रा -न्द्रं, आमन्द्रः -न्द्रा -न्द्रं, मन्थरः -रा -रं, धीरः -रा -रं, गम्भीरः -रा -रं, गभीरः -रा -रं.—**(Mean, inferior, base)** अधमः -मा -मं, अवरः -रा -रं, नीचः -चा -चं, नीचकः -का -कं, हीनः -ना -नं, निकृष्टः -ष्टा -ष्टं, अपकृष्टः -ष्टा -ष्टं, अवमः -मा -मं, जघन्यः -न्या -न्यं, जघन्यवृत्तिः -त्तिः -त्ति, प्रतिकृष्टः -ष्टा -ष्टं, खलः -ला -लं, क्षुद्रः -द्रा -द्रं, दुष्टः -ष्टा -ष्टं, दुर्वृत्तः -त्ता -त्तं,

वार्षल: -ली -लं, प्राकृत: -ती -तं, न्यङ्, नीची, न्यक् (ञ्च्), कृपण: -णा -णं, अर्व्वा -र्व्वती -र्व्वत् (न्), अरम: -मा -मं, अणक: -का -कं, अनक: -का -कं, आणक: -का -कं, इतर: -रा -रं, अनार्य्य: -र्य्या -र्य्यं, रेफ: -फा -फं, रेप: -पा -पं, रेफा: -फा: -फ: (स्), रेपा: etc., याप्य: -प्या -प्यं, खेट: -टा -टं, अवद्य: -द्या -द्यं, खुल्ल: -ल्ला -ल्लं, खुल्लक: -का -कं, कुपूय: -या -यं, गर्ह्य: -र्ह्या -र्ह्यं, अश्लील: -ला -लं; **'a low man,'** प्राकृतजन:, निहीनजन:, पृथग्जन:, इतरजन:, अपसद:, दुर्वृत्त:, अधमाचार:, दुराचार:, पामर: जाल्म:, विवर्ण:; **'low language,'** अश्लीलं, खलोक्ति: ***f.,*** अश्लीलाक्षेप:.—**(Of low rank or birth)** हीनजाति: -ति: -ति, न्यग्जाति: -ति: -ति, नीजाति: -ति: -ति, अन्त्यजातीय: -या -यं, हीनजन्मा -न्मा -न्म (न्), दुष्कुलीन: -ना -नं, अकुलीन: -ना -नं, नीचकुलजात: -ता -तं, हीनकुल: -ला -लं.—**(Depressed, dejected)** विषण: -णा -णं, विषादी -दिनी **etc.,** अवसन्न: -न्ना -न्नं, दीनमनस्क: -स्का -स्कं, विमना: -ना: -न: (स्), दुर्मना: **etc.,** विमनस्क: -स्का -स्कं, क्लान्त: -न्ता -न्तं, खिन्न: -न्ना -न्नं, उद्विग्न: -ग्ना -ग्नं, ग्लान: -ना -नं.—**(Moderate)** परिमित: -ता -तं, अल्प: -ल्पा -ल्पं, स्वल्प: -ल्पा -ल्पं.—**(In price)** अल्पमूल्य: -ल्या -ल्यं. —**(Not rich, not nourishing, as diet)** निस्सत्त्व: -त्त्वा -त्त्वं, कर्शक: -का -कं, कृशकारी -रिणी **etc.,** अपोषक: -का -कं, अपौष्टिक: -की -कं.

Low, *adv.* नीचैस्, नीचकैस्, नीचे, अधस्, अनुच्चं, नीच **in comp.;** **as, 'going low,'** नीचग: -गा -गं.—**(In a low tone)** नीचस्वरेण.

***To* low, *v. n.* (As cattle)** हम्भारवं कृ, हम्भ (**nom.** हम्भायते), रम्भ् (**c. 1.** रम्भते -म्भितुं), रेभ् (**c. 1.** रेभते -भितुं), गज् (**c. 1.** गजति -जितुं), नद् (**c. 1.** नदति -दितुं), नर्द् (**c. 1.** नर्दति -र्दितुं), गर्ज् (**c. 1.** गर्जति -र्जितुं).

Low-born, *a.* हीनजाति: -ति: -ति, न्यग्जाति: **etc.,** नीचकुलजात: -ता -तं, हीनकुलप्रसूत: -ता -तं, अनुच्चकुलजात: -ता -तं, हीनजन्मा -न्मा -न्म (न्), अन्त्यजातीय: -या -यं, अधमवंशोद्भव: -वा -वं, अवरवर्णज: -जा -जं, अधमवंशीय: -या -यं, अधमजातीय: -या -यं, अवरज: -जा -जं.

Lower, *a.* (Less high) अधर: -रा -रं, अधरस्थ: -स्था -स्थं, अध:स्थ: -स्था -स्थं, अधोभव: -वा -वं, अधस्तन: -नी -नं, नीचस्थ: -स्था -स्थं, अधम: -मा -मं, अवाङ् वाची -वाक् (च्), अवाचीन: -ना -नं, अवम: -मा -मं, जघन्य: -न्या -न्यं, अपकृष्ट: -ष्टा -ष्टं, अधस् **in comp.; as, 'the lower part,'** अधोभाग:; **'lower part of the body,'** अध:काय:; **'the lower region,'** अधोलोक:, अधोभुवनं, अवाची; **'lower garment,'** अधोशुकं, अन्तरीयं, उपसंत्यानं, परिधानं; **'the lower line,'** अध:स्थपंक्ति: ***f.,*** अधरपंक्ति:; **'the lower classses,'** अन्त्यजातीया: ***m. pl.,*** अधमजातीया: ***m. pl.,*** हीनजातीया: ***m. pl.,*** अवरवर्णा: ***m. pl.***

***To* lower, *v. a.* (Cause to descend, let down)** अध:कृ, अध:पत् (**c. 10.** -पातयति -यितुं), अवपत्, अवतॄ (**c. 10.** -तारयति -यितुं), नीचीकृ.—**(Abase, humble)** अपकृष् (**c. 1.** -कर्षति -क्रष्टुं), नम् (**c. 10.** नमयति -यितुं), अवनम्, नम्रीकृ, भ्रंश् (**c. 10.** भ्रंशयति -यितुं), दर्पं **or** गर्व्वं भञ्ज् (**c. 7.** भनक्ति, भंक्तुं), गौरवं हृ (**c. 1.** हरति, हर्त्तुं), तिरोभू (**c. 10.** -भावयति -यितुं), पत्.—**(Diminish)** न्यूनीकृ, अल्पीकृ ऊन् (**c. 10.** ऊनयति -यितुं), न्यून्, कन् (**nom.** कनयति -यितुं), ह्रस् (**c. 10.** ह्रासयति -यितुं). लघ (**nom.** लघयति -यितुं).

***To* lower, *v. n.* (Grow less, sink)** न्यूनीभू, पत् (**c. 1.** पतति, तितुं), नम्रीभू.

***To* lower, *v. n.* (Be dark and gloomy, be clouded)** मेघावृत: -ता -तं, भू, मेघाच्छन्न: -न्ना -न्नं भू, मेघ (**nom.** मेघायते), अभ्र (**nom.** अभ्रायते), तमोवृत: -ता -तं, भू, मलिनीभू, कलुषीभू.—**(Frown, look black)** भ्रूभङ्गं कृ, भ्रूसङ्कोचनं कृ, मलिनमुख: -खी -खं भू.

Lower, *s.* (Gloominess, cloudiness) साभ्रता, मेघाच्छन्नता, मेघतिमिरं, तमोवृतत्वं, मेघसंहति: ***f.,*** दुर्दिनं.—**(Of countenance)** मुखमालिन्यं, मलिनमुखत्वं.

Lowered, *p. p.* (Let down) पातित: -ता -तं, अवपातित: -ता -तं, अध:कृत: -ता -तं.—**(Humbled)** भग्नदर्प: -र्पा -र्पं, आत्तगर्व्व: -र्व्वा -र्व्वं, गतगौरव: -वा -वं, हृतगौरव: -वा -वं, आत्तगौरव: -वा -वं.—**(Diminished)** न्यूनीकृत: -ता -तं, अल्पीकृत: -ता -तं, ह्रसित: -ता -तं.

Lowering, *a.* (Gloomy, cloudy) मेघाच्छन्न: -न्ना -न्नं, तमोवृत: -ता -तं, दुर्दिनग्रस्त: -स्ता -स्तं, मलिन: -ना -नं, अभ्रिय: -या -यं, मलिनमुख: -खी -खं.

Lowermost, lowest, *a.* अवर: -रा -रं, अधर: -रा -रं, अवरतम: -मा -मं, अधरतम: -मा -मं, अधम: -मा -मं, नीच: -चा -चं, नीचतम: -मा -मं, अतिनीच: -चा -चं, अध:स्थ:, -स्था -स्थं, अधरस्थ:, -स्था -स्थं, अवरस्थ:, -स्था -स्थं; **'at the lowest price,'** अवरमूल्यमपेक्ष्य, न्यूनमूल्यमपेक्ष्य.

Lowing, *s.* (Of cattle) हम्भा, हम्भारव:, रम्भ:, रम्भितं, रेभणं, गोनाद:, गोराव:.

Lowing, *part.* हम्भारवविरावी -विणी -वि (न्), हम्भायमान: -ना -नं.

Lowland, *s.* निम्नभूमि: ***f.,*** निम्नभू: ***f.,*** निम्नदेश:, नीचभूमि:, नीचप्रदेश:.

Lowlander, *s.* निम्नदेशवासी ***m.*** (न्), नीचदेशस्थ:, निम्नदेशीय:.

Lowlily, *adv.* नम्रचेतसा, नम्रं, विनम्रं, अदर्पेण, निरभिमानेन, नम्रशीलत्वात्, सविनयं, सनिर्वेदं, गर्व्वं विना, गर्व्वत्यागपूर्व्वं.

Lowliness, ***s.*** नम्रता, बुद्धिनम्रता, विनम्रता, विनयः, विनतिः ***f.,*** नम्रशीलता, गर्वहीनता, दर्पशून्यता, दम्भहीनता, निरभिमानं, अनभिमानं, अनहङ्कारः, अगर्व्वः, दीनता, निर्वेदः, दैन्यं, आनतिः ***f.,*** सन्नतिः ***f.,*** अपकर्षः, अपकृष्टता, नम्रवृत्तिः ***f.***

Lowly, ***a.,*** नम्रः -म्रा -म्रं, नम्रबुद्धिः -द्धिः -द्धि, नम्रशीलः -ला -लं, नम्रवृत्तिः -त्तिः -त्ति, नम्रमनाः -नाः -नः (स्), नम्रमनस्कः -स्का -स्कं, विनतचेताः -ताः -तः (स्), विनतः -ता -तं, विनयी -यिनी -यि (न्), सविनयः -या -यं, निरभिमानः -ना -नं, अनभिमानी -निनी **etc.,** अनहङ्कारः -रा -रं -री -रिणी **etc.,** निरहङ्कारः -रा -रं, निरहम्मानी -निनी **etc.,** अभिमानहीनः -ना -नं, अगर्व्वः -र्व्वा -र्व्वं वीतगर्व्वः -र्व्वा -र्व्वं, गर्व्वरहितः -ता -तं, वीतदम्भः -म्भा -म्भं, दर्पहीनः **etc.,** निर्विणः -णा -णं, अनुद्धतः -ता -तं, अपकृष्टः -ष्टा -ष्टं, अप्रगल्भः -ल्भा -ल्भं, अप्रौढः -ढा -ढं, नीचः -चा -चं.

Lowly, ***adv.*** सविनयं, अनुद्धतं, सापकर्षं, नम्रवत्. ***See*** **Lowlily.**

Low-minded, ***a.*** दुष्टचेताः -ताः -तः (स्), खलात्मा -त्मा -त्म (न्), दुरात्मा **etc.**

Lowness, ***s.*** नीचता, निम्नता, अनुच्चता, अतुङ्गता; **'lowness of ground,'** भूमिनिम्नता.—**(Meanness)** नीचता, अधमता, अपकृष्टता, कार्पण्यं, दुर्वृत्तता, जघन्यता, हीनता, खलता, क्षुद्रता, दुष्टता, कृपणता कार्पण्यं, दुर्वृत्तता, अनार्य्यता, अनुत्कर्षः.—**(Of spirits)** विषादः, विषणता, अवसादः, अवसन्नता, उद्वेगः, निर्विणता, क्लान्तिः ***f.,*** ग्लानिः ***f.,*** म्लानिः, दीनता, वैमनस्यं, विमनस्कता, दौर्मनस्यं, दुर्मनस्कता.—**(Of sound)** नीचता, मन्दता, मन्द्रता, गम्भीरता, गाम्भीर्य्यं.—**(Of price)** मूल्यन्यूनता, अल्पमूल्यत्वं.

Low-priced, ***a.*** अल्पमूल्यः -ल्या -ल्यं, न्यूनमूल्यः **etc.,** सुमूल्यः **etc.**

Low-spirited, ***a.*** विषादी -दिनी -दि (न्), विषणः -णा -णं, अवसन्नः -न्ना -न्नं, उद्विग्नमनाः -ना -नः (स्), दुर्मनाः **etc.,** क्लान्तमनाः **etc.,** अन्तर्मनाः **etc.,** दीनमनाः **etc.,** विमनाः **etc.,** दुर्मनस्कः -स्का -स्कं, विमनस्कः **etc.,** उद्विग्नमनस्कः **etc.,** दीनचेतनः -ना -नं, उदासवृत्तिः -त्तिः -त्ति.

Loyal, ***a.*** भक्तः -क्ता -क्तं, दृढभक्तिः -क्ता -क्तं, भक्तिमान -मती -मत् (त्), भक्तियुक्तः -क्ता -क्तं, सानुरागः -गा -गं, अनुरक्तः -क्ता -क्तं; **'to a sovereign or superior,'** राजभक्तः **etc.,** प्रभुभक्त **etc.,** राजानुरक्तः **etc.,** राजसेवी -विनी **etc.,** राजासक्तः -क्ता -क्तं, प्रजाधर्म्मनिष्ठः -ष्ठा -ष्ठं, प्रजाधर्म्मपरायणः -णा -णं, प्रजाधर्म्मतत्परः -रा -रं.—**(As a wife)** पतिव्रता, साध्वी, सती, सुचरित्रा, एकपत्नी, स्वीया.—**(As a husband)** स्वदारनिरतः, स्वदारैकतानः, अनन्यनारीसामान्यः, अनुकूलः.

Loyalist, ***s. See*** **Loyal.**

Loyally, ***adv.*** दृढभक्त्या, राजभक्त्या राजभक्तवत्, राजभक्तिपूर्व्वं, सानुरागं, राजानुरक्तवत्, स्वराजनिष्ठापूर्व्वं.

Loyality, ***s.*** भक्तिः ***f.,*** राजभक्तिः ***f.,*** प्रभुभक्तिः, स्वामिभक्तिः राजभक्तता, दृढा भक्तिः, राजानुरागः, राजानुरक्तिः ***f.,*** स्वराजासक्तिः ***f.,*** स्वराजनिष्ठा, प्रजाधर्म्मनिष्ठा, प्रजाधर्म्मतात्पर्यं; **'test of loyalty,'** उपधा.—**(In a wife)** पातिव्रत्यं, साध्वीत्वं, सतीत्वं. —**(In a husband)** स्वदारनिरतिः ***f.,*** स्वदारनिष्ठा, अनुकूलता.

Lozenge, ***s.*** **(A quadrangular figure having two acute and two obtuse angles)** चतुष्कोणविशेषो यस्य द्विकोणाव् अन्तर्लम्बौ द्विकोणौ वहिर्लम्बौ.—**(Sweetmeat)** पदकं, मोदकं, लड्डुकं.

Lubber, ***s.*** स्थूलजनः, स्थूलबुद्धिः ***m.,*** स्थूलधीः ***m.,*** अलसजनः, स्थूलशरीरः; **'land-lubber,'** स्थलवामी ***m.,*** (न्), स्थलचरः.

Lubberly, ***a.*** स्थूलः -ला -लं, स्थूलस्वभावः -वा -वं, अदक्षः -क्षा -क्षं.—**(Relating to dry land)** स्थलीयः -या -यं.

Lubberly, ***adv.*** सस्थौल्यं, स्थूलजनवत्, अदक्षं, अदक्षवत्.

Lubric, ***a.*** चिक्कणः -णा -णं, स्निग्धः -ग्धा -ग्धं, मेदुरः -रा -रं.

To **lubricate,** ***v. a.*** अभ्यञ्ज् **(c. 7.** -अनक्ति -अंक्तुं), स्नेहेन, अञ्ज्, स्नेहाक्तं -क्तां कृ, स्निग्धीकृ, चिक्कणीकृ, श्लक्ष्ण **(nom.** श्लक्ष्णयति -यितुं).

Lubricated, ***p. p.*** अभ्यक्तः -क्ता -क्तं, स्नेहाक्तः -क्ता -क्तं, व्याधारितः -ता -तं.

Lubrication, ***s.*** अभ्यञ्जनं, स्नेहाभ्यञ्जनं, स्निग्धीकरणं, चिक्कणीकरणं.

Lubricity, ***s.*** स्निग्धता, स्नैग्ध्यं, स्नेहः -हनं, चिक्कणता, मेदुरता.

Lubricous, ***a.*** स्निग्धः -ग्धा -ग्धं, स्नेही -हिनी -हि (न्), चिक्कणः -णा -णं, चिक्किणः -णा -णं, मेदुरः -रा -रं.

Lucent, ***a.*** द्योती -तिनी -ति (न्), प्रकाशमानः -ना -नं, द्योतमानः **etc.**

Lucid, ***a.*** **(Bright)** दीप्तिमान् -मती -मत् (त्), तेजोमयः -यी -यं, तैजसः -सी -सं, उज्ज्वलः -ला -लं, तेजस्वी -स्विनी -स्वि (न्), कान्तिमान् **etc.,** शोभनः -ना -नं, सुप्रभः -भा -भं.—**(Pellucid)** स्वच्छः -च्छा -च्छं, निर्मलः -ला -लं, विमलः -ला -लं, अमलः -ला -लं, विशदः -दा -दं, प्रसन्नः -न्ना -न्नं, शुद्धः -द्धा -द्धं.—**(Perspicuous)** स्पष्टः -ष्टा -ष्टं, स्पष्टार्थः -र्था -र्थं, प्रसन्नः -न्ना -न्नं, व्यक्तः -क्ता -क्तं, भिन्नार्थः -र्था -र्थं.

Lucidly, ***adv.*** स्पष्टं, सुस्पष्टं, व्यक्तं, सुव्यक्तं, स्पष्टार्थं, भिन्नार्थं, विशदं.

Lucidness, ***s.*** **(Brightness)** दीप्तिः ***f.,*** कान्तिः ***f.,*** तेजस् ***n.,*** उज्ज्वलता, छविः ***f.,*** द्युतिः ***f.,*** दीप्तिमत्त्वं.—**(Clearness)** स्पष्टता, सुस्पष्टता, व्यक्तता, प्रसादः, स्पष्टार्थत्वं, वैशद्यं, स्वच्छता.

Lucifer, ***s.*** **(Planet Venus)** शुक्रः, उशना: ***m.*** (स्), भार्गवः.

Lucifer-match, ***s.*** शलाका, ज्वलनशलाका, अग्निदशलाका, ज्वलतृणं, छलनतृणं, अग्निदतृणं, अग्निदं.

Luciferous, lucific, ***a.*** अग्निदः -दा -दं, प्रकाशजनकः -का -कं, प्रकाशकः -का -कं, दीप्तिकरः -रा -र, प्रकाशोत्पादकः -का -कं.

Luciform, ***a.*** तेजोगुणकः -का -कं, प्रकाशगुणकः -का -कं, तेजोमयः -यी -यं.

Luck, ***s.*** दैवं, भाग्यं, भागः, भागधेयं, दैवयोगः, दैवगतिः ***f.,*** दैवदशा, दैविकं; दिष्टं, अदृष्टं, नियतिः ***f.,*** विधिः ***m.,*** कालनियोगः, भवितव्यता, रिष्टं, सङ्गतिः ***f.;*** **'good luck,'** सौभाग्यं, सुभाग्यं, कुशलं -लता, कौशल्यं, शुभं, कल्याणं, भद्रं, मङ्गलं, माङ्गल्यं, पुण्योदयः, शर्म्म ***n.*** (न्), सद्गतिः ***f.,*** सम्पत्तिः ***f.,*** सम्पद् ***f.,*** अयः, श्रीः ***f.,*** लक्ष्मीः ***f.;*** **'bad luck,'** दौर्भाग्यं, दुर्भाग्यं, दुर्दैवं, विपत्तिः ***f.,*** दुर्गतिः ***f.,*** अशुभं, अमङ्गलं; **'good luck to you,'** दिष्ट्या, दिष्ट्या वर्धसे; **'good and ill luck,'** शुभाशुभं, भद्राभद्रं, मङ्गलामङ्गलं.

Luckily, ***adv.*** सौभाग्येन -ग्यात्, सुभाग्येन -ग्यात्, दैववशात्, भाग्यवशात्, कल्याणात्, कौशल्यात्, माङ्गल्येन, शुभदैवात्, दिष्ट्या, श्रिया, सुभगं.

Luckiness, ***s.*** सौभाग्यं, सुभाग्यवत्त्वं, धन्यता, कल्याणता, माङ्गल्यं, पुण्यवत्त्वं, कौशल्यं, मङ्गलं.

Luckless, ***a.*** दुर्भाग्यः -ग्या -ग्य, मन्दभाग्यः **etc.,** मन्दभागी -गिनी -गि (न्), अभाग्यः -ग्या -ग्यं, अभागी -गिनी **etc.,** भाग्यहीनः -ना -नं, हीनभाग्यः -ग्या -ग्यं, दुर्भगः -गा -गं, निर्दैवः -वा -वं, दैवहीनः -ना -नं, अधन्यः -न्या -न्यं, विपन्नः -न्ना -न्नं.

Lucklessly, ***adv.*** दुर्भाग्येन -ग्यात्, दुर्दैवात्, दौर्भाग्यवशात्, दुर्दैववशात्.

Lucky, ***a.*** सौभाग्यवान् -वती -वत् (त्), भाग्यवान् **etc.,** धन्यः -न्या -न्यं, मङ्गलः -ला -लं, कल्याणः -णा -णं -णी -णिनी -णि (न्), शर्म्मवान् **etc.,** पुण्यवान् **etc.,** श्रीमान् **etc.,** कुशलः -ला -लं, शुभः -भा -भं, भद्रः -द्रा -द्रं, सुभद्रः -द्रा -द्रं, शुभंयुः -युः -यु, अयवान् **etc.,** सुभगः -गा -गं, शिवः -वा -वं, श्रीयुक्तः -क्ता -क्तं, लक्ष्मीवान् **etc.,** भाग्यशाली -लिनी **etc.,** सभाग्यः -ग्या -ग्यं; **'lucky moment,'** शुभलग्नः, लग्नवेला.

Lucrative, ***a.*** लाभकरः -रा -रं, लाभदः -दा -दं, लाभकृत् ***m.f.n.,*** लाभदायकः -का -कं, सफलः -ला -लं, फलदः -दा -दं, अर्थदः -दा -दं, अर्थकरः -री -रं, लाभजनकः -का -कं, फलोत्पादकः -का -कं, फलावहः -हा -हं, हितावहः -हा -हं.

Lucratively, ***adv.*** सफलं, साफल्येन, सलाभं, लाभपूर्व्वं, सार्थं.

Lucrativeness, ***s.*** साफल्यं, सफलता -त्वं, सलाभत्वं, सार्थता, फलदता.

Lucre, ***s.*** लाभः, अर्थः, वृद्धि ***f.,*** धनलाभः, प्राप्तिः ***f.,*** फलं, धनोपार्ज्जनं, अर्थलब्धिः ***f.,*** अर्ज्जनं, योगक्षेमः, लभ्यं, लभ्यांशः, प्राप्तव्यांशः, आयः, फलोदयः.

To **lucubrate,** ***v. n.*** निशाध्ययनं कृ, रात्र्यध्ययनं कृ, निशाभ्यासं कृ, रात्रौ **or** निशि विद्याभ्यासं कृ, **or** विद्यासेवां कृ.

Lucubration, ***s.*** **(Nocturnal study)** निशाध्ययनं, रात्र्यध्ययनं, निशाभ्यासः.—**(That which is composed by night)** निशाभ्यासेन रचितो ग्रन्थः.

Luculent, ***a.*** प्रसन्नः -न्ना -न्नं, विशदः -दा -दं, स्वच्छः -च्छा -च्छं, स्पष्टः -ष्टा -ष्टं, निर्मलः -ला -लं, सुप्रभः -भा -भं, तेजोमयः -यी -यं.

Ludicrous, ***a.*** हास्यजनकः -का -कं, हास्यकरः -रा -रं, हास्यः -स्या -स्यं, अवहास्यः **etc.,** उपहास्यः **etc.,** हास्योत्पादकः -का -कं, हासोत्पादकः-का -कं, हासकरः -रा -रं, परिहासकरः -रा -रं, असङ्गतः -ता -तं, कौतुकजनकः -का -कं.

Ludicrously, ***adv.*** असङ्गतं, हास्यप्रकारेण, यथा हासो जायते तथा.

Ludicrousness, ***s.*** हास्यता, हास्यजनकता, उपहास्यता, हास्योत्पादकत्वं, असङ्गत्वं, कौतुकजनकत्वं, अवहास्यत्वं.

Lues venerea, ***s.*** उपदंशः; **'afflicted with it,'** उपदंशी -शिनी (न्).

To **luff,** ***v. a.*** प्रतिवातं नौकां परिवृत् **(c. 10.** -वर्त्तयति -यितुं).

To **lug,** ***v. a.*** **(Drag with force)** बलेन कृष् **(c. 1.** कर्षति, **(c. 6.** कृषति, क्रष्टुं कर्ष्टुं), बलात् **or** प्रसभम् आकृष् **or** अपकृष् **or** हृ **(c. 1.** हरति, हर्त्तुं) **or** अपहृ.

Luggage, ***s.*** परिच्छदः, पथिकपरिच्छदः, यात्रिकसामग्री, सामग्र्यं, यात्रिकभाण्डानि ***n. pl.,*** वस्त्रभाण्डानि ***n. pl.,*** वस्त्रपात्राणि ***n. pl.***

Lugger, ***s.*** त्रिकूपकविशिष्टा दीर्घवातवसना क्षुद्रनौका.

Lugubrious, ***a.*** शोकसूचकः -का -कं, शोकात्मकः -का -कं, शोकमयः -यी -यं, दुःखबोधकः -का -कं, कारुणिकः -की -कं, खेदसूचकः -का -कं, शोकी -किनी -कि (न्).

Lukewarm, ***a.*** ईषदुष्णः -ष्णा -ष्णं, कवोष्णः -ष्णा -ष्णं, मन्दोष्णः **etc.,** कदुष्णः **etc.,** कोष्णः **etc.,** अनुष्णः **etc.,** ईषत्तप्तः -प्ता -प्तं.—**(Not zealous)** मन्दोत्साहः -हा -हं, मन्दोद्योगः -गा -गं, निरुत्सुकः -का -कं, अतीक्ष्णः -क्ष्णा -क्ष्णं, अव्यग्रः -ग्रा -ग्रं, इषच्चण्डः -ण्डा -ण्डं, उदासीनः -ना -नं.

Luckewarmly, ***a.*** ईषदुष्णं, ईषत्तापेन, कवोष्णं, अनुत्तापेन, मन्दोद्योगेन.

Luckewarmness, ***s.*** कवोष्णता, मन्दोष्णता, कोष्णता -त्वं, ईषदुष्णता, कदुष्णत्वं, अनुष्णत्वं, ईषत्तापः, ईषत्तप्ता.—**(Want of zeal)** मन्दोत्साहः, मन्दोद्योगः, ईषच्चण्डता, ईषदुत्तापः, अनौत्सुक्यं, अतीक्ष्णता, उदासीनता.

To **lull,** ***v. a.*** **(Compose to sleep)** स्वप् **(c. 10.** स्वापयति -यितुं), संस्वप्, सम्प्रस्वप्.—**(Quiet, soothe)** शम् **(c. 10.** शमयति -यितुं), प्रशम्, उपशम्, सान्त्व् **or** शान्त्व् **(c. 10.** सान्त्वयति -यितुं), अभिशान्त्व्, परिशान्त्व्, उपसान्त्व्, लल् **(c. 10.** लालयति -यितुं), प्रसद् **(c. 10.** -सादयति -यितुं), प्रसन्नीकृ.

To **lull,** ***v. n.*** **(Subside, become calm)** शम् **(c. 4.** शाम्यति, शमितुं), प्रशम्, उपशम्, निवृत् **(c. 1.** -वर्त्तते -र्त्तितुं), विरम् **(c. 1.** -रमति -रन्तुं), विगम् **(c. 1.** -गच्छति -गन्तुं), प्रसद् **(c. 1.** -सीदति -सत्तुं), सम्प्रसद्, विश्रम् **(c. 4.** -श्राम्यति -श्रमितुं), निर्वा **(c. 2.** -वाति -तुं), निर्वातीभू, विगतवातीभू, निर्वेगीभू, निवृत्तवायुः -युः -यु -भू.

Lull, *s.* (Temporary quiet after storm) शान्तिः ***f.,*** वायुशान्तिः, निवृत्तिः ***f.,*** वायुनिवृत्तिः ***f.,*** निर्वातः, विरामः, विरतिः ***f.,*** वायुविरामः, विश्रामः, निर्वृतिः ***f.,*** शमः, उपशमः, विच्छेदः, वायुशमः, वातविच्छेदः, वायुस्थैर्य्यं.

Lullaby, ***s.*** बालकस्वापकरणार्थकं गीतं, बालस्वापकगीतं, लालनगीतं, शान्तिकगीतं, बालसान्त्वनगीतं, शिशुशमकगीतं.

Lulled, *p. p.* (Put to sleep) स्वापितः -ता -तं.—**(Quieted)** शमितः -ता -तं, शान्तः -न्ता -न्तं, उपशान्तः -न्ता -न्तं, प्रसादितः -ता -तं, उपगूढः -ढा -ढं.

Luller, ***s.*** शमकः, शान्तिकरः, शान्तिदः, सान्त्वनकृत्, लाली ***m.*** (न्).

Lumbago, ***s.*** गृध्रसी, ग्रध्रसी, कटिवातः, श्रोणिवातः, कटिवेदना.

Lumbal, lumbar, ***a.*** कटिसम्बन्धी -न्धि -न्धि श्रोणिसम्बन्धी **etc.**

Lumber, ***s.*** निरर्थकद्रव्यं, अनर्थकद्रव्यं, बाधकद्रव्यं, क्लेशकद्रव्यं, बाधकं, भारः अतिभारः.

To **lumber,** ***v. a.*** निरर्थकद्रव्यैः पृ **(c. 10.** पूरयति -यितुं), निरर्थकद्रव्याणि इतस्ततो विकृ **(c. 6.** -किरति -करितुं) -रीतुं) **or** विक्षिप् **(c. 6.** -क्षिपति -क्षेप्तुं).

Lumber-room, ***s.*** निरर्थकद्रव्यकोष्ठः, बाधकद्रव्यकोष्ठकं.

Luminary, ***s.*** ज्योतिस् ***n.,*** ज्योतिष्मान् ***m.*** (त्), भास्वान् ***m.*** (त्), प्रतिभावान् ***m.*** (त्), खद्योतनः, भास्करः, प्रभाकरः, खोल्कं, गगणेचरः, खेचरः, खचरः, प्रकाशकपदार्थः, प्रकाशयुक्तपदार्थः, तेजोराशिः ***m.***

Luminous, ***a.*** तेजोमयः -यी -यं, दीप्तिमान् -मती -मत् (त्), प्रदीप्तिमान् **etc.,** प्रभावान् **etc.,** भास्वान् **etc.,** भानुमान् **etc.,** प्रकाशयुक्तः -क्ता -क्तं, विशदः -दा -दं.—**(Shining by its own light)** स्वप्रकाशः -शा -शं; **'the sun is a luminous body,'** सूर्य्यः स्वप्रकाशः.

Luminously, ***adv.*** तेजसा, दीप्त्या, प्रभया, स्वप्रकाशेन, विशदं.

Lump, ***s.*** पिण्डः -ण्ड, स्थूलं, घनः, स्थूलभागः, स्थूलांशः, गण्डः, गण्डका, शर्करा, घनौघः.—**(Collection, heap)** राशिः ***m.,*** ओघः, सङ्घः, पूगः, स्तोमः, पुञ्जः, वृन्दं, समूहः, सन्नयः, सञ्चयः, स्तूपः, उत्करः.—**(Gross)** साकल्यं, समुदायः, समासः; **'a lump of flesh,'** मांसपिण्डः, लोचकः; **'of earth,'** मृत्पिण्डः; **'having lumps in the neck,'** गण्डमाली -लिनी -लि (न्); **'in the lump,'** साकल्येन.

To **lump,** ***v. a.*** पिण्डीकृ, पिण्ड् **(c. 1.** पिण्डते, **c. 10.** पिण्डयति -यितुं), एकपिण्डीकृ, राशीकृ, एकराशीकृ, ओघीकृ, एकौघीकृ, घनीकृ, स्थूलीकृ, वृन्दीकृ, पुञ्जीकृ, पूगीकृ, एकत्रीकृ.

Lumped, ***p. p.*** पिण्डीकृतः -ता -तं, पिण्डीभूतः -ता -तं, पिण्डितः -ता -तं.

Lumpish, ***a.*** स्थूलः -ला -लं, स्थूलस्वभावः -वा -वं, स्थूलबुद्धिः -द्धिः -द्धि.

Lumpishly, ***adv.*** स्थूलवत्, स्थौल्येन, सस्थौल्यं, स्थूलजनवत्, बुद्धिस्थौल्यात्.

Lumpishness, ***s.*** स्थूलता, स्थौल्यं, स्वभावस्थूलता, बुद्धिस्थौल्यं.

Lumpy, ***a.*** पिण्डी -ण्डिनी -ण्डि (न्), पिण्डितः -ता -तं, सपिण्डः -ण्डा -ण्डं, पिण्डलः -ला -लं, पिण्डीभूतः -ता -तं, पिण्डमयः -यी -यं, पिण्डपूर्णः -र्णा -र्णं.

Lunacy, ***s.*** उन्मत्तता, उन्मादः, उन्मादवायुः ***m.,*** बुद्धिभ्रमः, मतिभ्रमः, बुद्धिभ्रंशः, चित्तविभ्रमः, चित्तविप्लवः, बुद्धिविक्षेपः, बुद्धिक्षिप्तता, मदः, प्रामाद्यं, अपस्मारः.

Lunar, lunary, ***a.*** चान्द्रः -न्द्री -द्रं, चान्द्रिकः -की -कं, चान्द्रमसः -सी -सं, चन्द्रसम्बन्धी -न्धि -न्धि (न्), सौम्यः -म्या -म्यं, सौमिकः -की -कं, ऐन्दवः -वी -वं; **'lunar month,'** चान्द्रमासः; **'lunar asterism or mansion,'** नक्षत्रं, दाक्षायिणी; **'the twenty-seven lunar asterisms collectively,'** दाक्षायिण्यः ***f. pl.,*** नक्षत्रचक्रं; **'lunar day,'** तिथिः ***m.f.*** **Of these lunar days there are fourteen for the waxing, and fourten for the waning moon; the first lunar day is called** प्रतिपद् ***f.,*** पक्षतिः -ती ***f.;*** **the day of new moon is called** अमावसी, अमावस्या, अमा; **'the day of full moon,'** पूर्णिमा, पौर्णिमा, पौर्णमासी, पूर्णेन्दुः ***m.*** **The eleventh** तिथि **of each** शुक्लपक्षः **or waxing, and** कृष्णपक्षः **or waning moon, is regarded as sacred to Vīṣṇu; and the following are the names given by Major Candy for the two** एकादशी **of each month :** चैत्रः 1. क़ामदा, 2. पापमोचनी; वैशाखः, 1. मोहिनी, 2. वरूथिनी; ज्येष्ठः, 1. निर्जला, 2. अपरा; आषाढः, 1.

शयनी, 2. योगिनी; श्रावण:, 1. पुत्रदा, 2. कामिका; भाद्र:, 1. परिवर्त्तिनी, 2. अजा; आश्विन:, 1. पाशाङ्कुशा, 2. इन्दिरा; कार्त्तिक:, 1. बोधिनी, 2. रमा; मार्गशीर्ष:, 1. मोक्षदा, 2. फलदा; पौष:, 1. प्रजावर्धिनी, 2. सफला; माघ:, 1. जयदा, 2. षट्तिला; फाल्गुन:, 1. आमलकी, 2. विजया. **The** एकादशी **of the** शुक्लपक्ष: **of the months** आषाढ: **and** कार्त्तिक: **are both particularly sacred. On the first, or** शयनैकादशी, **Viṣṇu goes to sleep, and on the second awakes. (Difference of solar and lunar days)** क्षयतिथि: ***f.;* 'inauspicious lunar day,'** घाततिथि: ***f.,*** दग्धतिथि: ***f.;* 'observance of the fasts and rites of the several lunar days,'** तिथिपालनं; **'lunar eclipse,'** चन्द्रग्रहणं; **'lunar measurement,'** चान्द्रमानं; **'the lunar dynasty,'** सोमवंश:–**(Resembling the moon).** ***See* Luniform.**

Lunated, *a.* अर्द्धचन्द्राकार: –रा –रं, अर्द्धचन्द्राकृति: –ति: –ति.

Lunatic, *a.* उन्मत्त: –त्ता –त्तं, उन्मादी –दिनी –दि (न्), उन्मादवान् –वती –वत् (त्), सोन्माद: –दा –दं, उन्मद: –दा –दं, विक्षिप्त: –प्ता –प्तं, विक्षिप्तबुद्धि: –द्धि: –द्धि, विक्षिप्तमना: –ना: –न: (स्), हतबुद्धि: **etc.,** भ्रष्टबुद्धि, **etc.,** बुद्धिभ्रष्ट: –ष्टा –ष्टं, नष्टेन्द्रिय: –या –यं, वातुल: –ला –लं, अपस्मारी –रिणी **etc.**

Lunation, *s.* चन्द्रपरिवर्त्तनं, चन्द्रावृत्ति: ***f.,*** चन्द्रपरिवृत्ति: ***f.***

Lunch, luncheon, *s.* उपाहार:, अल्पाहार:, लघ्वाहार:, लघुभोजनं, अल्पभोजनं, अर्द्धभोजनं, अर्द्धाहार:, अर्द्धाशनं, अर्द्धशनं, ग्रास:, ग्रासपरिमिताहार:.

Lune, *s.* (In geometry) चन्द्रखण्डं.–**(Leash).** ***See* the word.**

Lungs, *s.* फुप्फुस:, पुप्फुस:, पुस्फुस:, फुस्फुस:, रक्तफेनज:.

Luniform, *a.* चन्द्राकार: –रा –रं, चन्द्राकृति: –ति: –ति, चन्द्ररूप: –पा –पं.

Lupine, *s.* द्विदलं, कलाय:, शमीधान्यं, त्रिपुट:, सतीलक:.

Lurch, *s.* अकस्माद् एकपार्श्वे नौकापरिवर्त्तनं **or** नौकापरिवृत्ति: ***f.*** –**(To leave a person in the lurch)** दुर्दशाग्रस्तं कञ्चिज्जनं त्यज् **(c. 1.** त्यजति, त्यक्तुं) **or** परित्यज्.

***To* lurch, *v. n.* (Roll suddenly on one side)** नाविकाभाषायाम् ऊर्मिप्रलोढनाद् एकपार्श्वे अकस्माद् परिवृत् **(c. 1.** –वर्त्तते –र्त्तितुं).

Lurcher, *s.* (Poacher) कौटिक:, कोटिलिक:, कूटोपायेन वनपक्षिग्राहक:.–**(Dog)** कोटिकश्वा ***m.*** (न्), कौटिककुक्कुर:.

Lure, *s.* (For hawks) श्येनामिषं.–**(Any thing which entices, allurement)** प्रलोभनं, विलोभनं, आकर्षणं, आकृष्टि: ***f.,*** आमिषं, लोभ:, आमिषदर्शनं.

***To* lure, *v. n.* (Call hawks by holding out a bait)** आमिषदर्शनेन श्येनादीन् आकृष् **(c. 1.** –कर्षति –क्रष्टुं), आमिषं दर्शयित्वा श्येनान् आह्वे **(c. 1.** –ह्वयति –ह्वातुं) **or** श्येनाह्वानं कृ. –**(Allure)** प्रलुभ् **(c. 10.** –लोभयति –यितुं), लुभ्, आकृष्, मुह् **(c. 10.** मोहयति –यितुं), लल् **(c. 10.** लालयति –यितुं).

Lured, *p. p.* आकृष्ट: –ष्टा –ष्टं, प्रलोभित: –ता –तं, लालित: –ता –तं.

Lurid, *a.* मलिनमुख: –खा –खी –खं, मलिनप्रभ: –भा –भं, मलिन: –ना –नं, मलिनतेजा: –जा: –ज: (स्), तमोवृत: –ता –तं, उग्रदर्शन: –ना –नं, घोररूप: –पा –पं, दुर्द्दिनग्रस्त: –स्ता –स्तं.

To* lurk, *v. n. निभृते **or** निभृतं **or** सुनिभृतं **or** प्रच्छन्नं स्था **(c. 1.** तिष्ठति, स्थातुं) **or** वृत् **(c. 1.** वर्त्तते –र्त्तितुं), गुप्त: –प्ता –प्तं वृत् **or** भू, गुप् **in pass.** (गुप्यते).

Lurker, *s.* निभृतवर्त्ती ***m.*** (न्), प्रच्छन्नस्थायी ***m.*** (न्), निभृते स्थायी ***m.***

Lurking-place, *s.* गुप्ति: ***f.,*** गुप्तिस्थानं, गोपनस्थानं, निभृतस्थानं, गूढस्थानं.

Luscious, *a.* अतिमधुर: –रा –रं, अतिमिष्ट: –ष्टा –ष्टं, अतिस्वादु: –दु: –द्वी –दु, स्वादिष्ठ: –ष्ठा –ष्ठं, सुमधुर: –रा –रं, सुस्वादु: **etc.,** मधुमय: –यी –यं, मधुमान् –मती –मत् (त्), अतितृप्तिजनक: –का –कं, अतितुष्टिजनक: –का –कं.

Lusciously, *adv.* अतिमधुरं, अतिमिष्टं, अतिमाधुर्य्येण, सुमधुरं.

Lusciousness, *s.* अतिमाधुर्य्यं, सुमाधुर्य्यं, अतिमधुरता, अतिमिष्टता, अतिस्वादुता, माधुर्य्यं, तृप्तिजनकत्वं.

Lusory, *a.* विनोदी –दिनी –दि (न्), सविनोद: –दा –दं, लीलायित: –ता –तं, सलील: –ला –लं, लीलाखेल: –ला –लं, सकौतुक: –का –कं, क्रीडा **in comp.**

Lust, *s.* (Carnal desire) काम: कामिता, कामुकत्वं, कामना, कामाग्नि: ***m.,*** कामानल:, रतार्थित्वं, मैथुनार्थित्वं, मैथुनेच्छा, मदन:, मदनेच्छा, रताभिलाष: रमणेच्छा, विषयाभिलाष:. –**(Eager desire)** लालसा, अत्याभिलाष:, अतिस्पृहा, अतिशयेच्छा, अतीच्छा, लोभ:, अतिलोभ:, वाञ्छा, आकांक्षा, कांक्षा, लिप्सा, तृष्णा, अतिलिप्सा.–**(Depraved affections)** दुष्टवासना, दुर्वासना, कुवासना, असद्वासना; **'inflamed with lust,'** कामाग्निदीप्त: –प्ता –प्तं.

***To* lust, *v. n.* (Have carnal desire)** कामार्त्त: –र्त्ता –र्त्तं, भू, कामुक: –का –कं, भू, रतार्थी –र्थिनी –र्थि भू, मैथुनार्थी **etc.,** भू, मैथुनाभिलाषी षिणी –षि भू, मैथुनम् अभिलष् **(c. 1.** –लषति –षितुं), कम **(c. 10.** कामयते –यितुं), अभिकम्, विषयाभिलाषी भू; **'to lust after a woman,'** कामत:, स्त्रीसङ्गम् अभिलष्.–**(Desire eagerly)** अत्यन्तम् अभिलष् **or** इष् **(c. 6.** इच्छति, एषितुं) **or** वाञ्छ् **(c. 1.** वाञ्छति –ञ्छितुं) **or** अभिवाञ्छ्, अतिशयेन स्पृह् **(c. 10.** स्पृहयति –यितुं) **or** कांक्ष् **(c. 1.** कांक्षति –क्षितुं) **or** आकांक्ष् **or** अभिकांक्ष् **or** लभ् **in des.** (लिप्सते –प्सितुं), लुभ् **(c. 4.** लुभ्यति, लोब्धुं).

Lustful, ***a.*** कामुकः -का -कं, कामी -मिनी -मि (न्), कामवृत्तिः -त्तिः -त्ति कामप्रवणः -णा -णं, कामासक्तः -क्ता -क्तं, सकामः -मा -मं, कामनः -ना -नं, कमनः -ना -नं, कम्रः -म्रा -म्रं, कमिता -त्री -तृ (तृ), कामयिता **etc.,** रतार्थी -र्थिनी **etc.,** मैथुनार्थी **etc.,** सुरतार्थी **etc.,** मैथुनाभिलाषी -षिणी **etc.,** सम्भोगाभिलाषी **etc.,** रताभिलापी **etc.,** मैथुनेच्छुः -च्छलुः -च्छु, व्यवायी -यिनी **etc.,** अनुकः -का -कं, अभीकः -का -कं, अभिकः -का -कं, लाषुकः -का -कं, अभिलाषुकः -का -कं, व्यवायपरायणः -णा -णं, लम्पटः, स्त्रीलम्पटः, स्त्रीव्यसनी ***m.*** (न्), स्त्रीसङ्गाभिलाषी **etc.,** स्त्रीसम्भोगाभिलाषी, स्त्रीरतः, स्त्रीपरः.—**(Under the influence of lust)** कामार्त्तः -र्त्ता -र्त्तं, कामातुरः -रा -रं, कामान्धः -न्धा -न्धं, कामान्वितः -ता -तं, कामाविष्टः -ष्टा -ष्टं, कामग्रस्तः -स्ता -स्तं, कामाधीनः -ना -नं, कामयुक्तः -क्ता -क्तं, कामाक्रान्तः -न्ता -न्तं, कामजितः -ता -तं, जातकामः -मा -मं, कामोपहतः -ता -तं.

Lustfully, ***adv.*** सकामं, कामुकवत्, कामपूर्व्वं, कामतस्, लम्पटवत्.

Lustfulness, ***s.*** कामुकत्व -ता, कामिता, सकामता, रतार्थित्वं, मैथुनार्थित्वं.

Lustily, ***adv.*** बलवत्, महाबलेन, सवीर्य्यं, ससत्त्वं, वीर्य्येण, मांसलवत्, हृष्टपुष्टवत्, तेजसा, पौरुषेण, सपौरुषं.

Lustiness, ***s.*** बलवत्त्वं, सबलता, मांसलता, दृढाङ्गता, शरीरदृढता, ससत्त्वता, वीर्य्यवत्त्वं, वीर्य्यं, सत्त्वं, अंशलता, पृथुशरीरता, वज्रदेहत्वं, व्यूढोरस्कत्वं, शरीरपृथुता, हृष्टपुष्टता.

Lustral, ***a.*** शुद्धिकरः -रा -रं, शुचिकरः -रा -रं, शोधकः -का -कं, पावकः -का -कं, पावनः -ना -नं; **'lustral water,'** शान्त्युदं-दकं, पावनोदकं, पावनं; **'vessel containing it,'** शान्त्युदकुम्भः.

To **lustrate,** ***v. a.*** शुध् (**c. 10.** शोधयति -यितुं), परिशुध्, विशुध्, पू (**c. 9.** पुनाति, पवितुं), परिपू, विपू, पवित्रीकृ, शोधनं कृ.

Lustration, ***s.*** शुद्धिकरणं, शोधनं, शुचिकरणं, शुद्धिः ***f.,*** पावनं, पवित्रीकरणं, मलापकर्षणं; **'lustration of arms, a ceremony performed by a king before taking the field,'** लोहाभिहारः, लोहाभिसारः, नीराजनं -ना.

Lustre, ***s.*** तेजस् ***n.,*** द्युतिः ***f.,*** प्रभा, शोभा, रुचिः ***f.,*** ओजस् ***n.,*** ओजस्विता, प्रतापः, वृहद्द्युतिः ***f.,*** उज्ज्वलता, उद्योतः, छविः ***f.,*** कान्तिः ***f.,*** दीप्तिः ***f.,*** रुच् ***f.,*** (क्), भास् ***f.,*** प्रकाशः -शनं, राढा; **'of metal of a gem,'** ओजस्, ***n.,*** तेजस् ***n.***

Lustrous, ***a.*** तेजस्वी -स्विनी -स्वि (न्), सुप्रभः -भा -भं, कामान् -मती -मत् (त्), द्युतिमान् **etc.,** दीप्तिमान् **etc.,** ओजस्वी **etc.,** तापी -पिनी **etc.,** प्रतापवान् **etc.,** शोभनः -ना -नं, प्रभावान् **etc.,** उज्ज्वलः -ला -लं.

Lustrum, ***s.*** युगं, वर्षपञ्चकं, वत्सरपञ्चत्वं, अब्दपञ्चकत्वं.

Lusty, ***a.*** मांसलः -ला -लं, दृढाङ्गः -ङ्गा -ङ्गं, दृढशरीरः -रा -रं, पृथुशरीरः -रा -रं, बलवान् -वती -वत् (त्), महाबलः -ला -लं, महाबाहुः -हुः -हु, अंशलः -ला -लं, अंसलः -ला -लं, वज्रदेहः -हा -हं, व्यूढोरस्कः -स्का -स्कं, महाकायः -या -यं, स्थूलशरीरः -रा -रं, मेदस्वी -स्विनी -स्वि (न्), वीर्य्यवान् -वती **etc.,** सवीर्य्यः -र्य्या -र्य्यं, ससत्त्वः -त्त्वा -त्त्वं, हृष्टपुष्टः -ष्टा -ष्टं, वृहदङ्गः -ङ्गा -ङ्गं, वृहच्छरीरः **etc.**

Lutanist, ***s.*** वैणिकः, वीणावादः -दकः, वीणापाणिः ***m.***

Lutanous, ***a.*** **(Living in mud)** पङ्कस्थः -स्था -स्थं, कर्द्दमस्थः -स्था -स्थ, पङ्कवासी -सिनी **etc.,** पङ्कजः -जा -जं.—**(Pertaining to it)** पङ्किलः -ला -लं, पङ्की -ङ्किनी **etc.,** कार्द्दमः -मी -मं.—**(Of the colour of mud)** पङ्कवर्णः -र्णा -र्णं.

Lute, ***s.*** वीणा, वल्लकी, विपञ्ची, ञ्चिका, -तन्त्री ***m.*** (न्), रुद्री, षट्कर्णः, सारङ्गी, शारङ्गी, पिनाकी; **'with seven strings,'** परिवादिनी; **'the wire of a lute,'** तन्त्री, तन्त्रं; **'the neck,'** वीणादण्डः, प्रवालः; **'a piece of wood under the neck called the belly,'** ककुभः, प्रसेवकः, **'the tie,'** उपनाहः, वीणानुबन्धः, निबन्धनं; **'the whole body of the lute, comprising the gourd, neck, and belly,'** कोलम्बकः; **'the quill or bow,'** कोणः, परिवादः, शारिका, रणः.

To **lute,** ***v. a.*** पङ्केन लिप् (**c. 6.** लिम्पति, लेप्तुं), पङ्कलेपेन संलग्नीकृ.

Lutter, lutist, ***a.*** वीणावादः -दकः. ***See*** **Lutanist.**

Lute-string, ***s.*** वीणातन्त्रं, तन्त्री, वीणातारः -रा.

Lutulent, ***a.*** पङ्किलः -ला -लं, पङ्की -ङ्किनी -ङ्कि (न्), कार्द्दमः -मी -मं.

To **luxate,** ***v. a.*** विसन्धीकृ, सन्धित्रोटनं कृ, अस्थिसन्धिं **or** अस्थिग्रन्थिं त्रुट् (**c. 10.** त्रोटयते -यितुं) **or** विसन्धा (**c. 3.** -दधाति -धातुं) **or** भञ्ज् (**c. 7.** भनक्ति, भंक्तुं), सन्धिभङ्गं कृ, सन्धिविश्लेषं कृ, सन्धिच्युतिं कृ.

Luxated, ***p. p.*** विसन्धितः -ता -तं, त्रुटितसन्धि -न्धिः -न्धि, च्युतसन्धिः **etc.,** सन्धिच्युतः -ता -तं, सन्धिविशिष्टः -ष्टा -ष्टं, स्थानभ्रष्टः -ष्टा -ष्टं.

Luxation, ***s.*** सन्धित्रोटनं, सन्धिविश्लेषः, सन्धिच्युतिः ***f.,*** विसन्धीकरणं.

Luxuriance, luxuriancy, ***s.*** अतिवृद्धिः ***f.,*** अधिकवृद्धिः ***f.,*** अतिवर्धनं, अत्यन्तवर्धनं, नितान्तवृद्धिः ***f.,*** वृद्धिबाहुल्यं, समृद्धिः ***f.,*** सामृद्ध्यं, वृद्ध्याधिक्यं, अतिस्फीतिः ***f.,*** अतिस्फातिः ***f.,*** उद्रेकः, उत्सेकः, आप्यायनं.

Luxuriant, ***a.*** अतिवर्धिष्णुः -ष्णुः -ष्णु, अतिवर्धमानः -ना -नं, अतिवर्धितः -ता -तं, अतिवर्धी -र्धिनी -र्धि (न्), अतिवर्धनः -नी -नं, अतिस्फीतः -ता -तं, अतिपीनः -ना -नं, अतिसमृद्धः -द्धा -द्धं, अतिपुष्कलः -ला -लं, अतिबहुलः -ला -लं, अतिप्रचुरः -रा -रं, उत्सिक्तः -क्ता -क्तं, उद्रिक्तः -क्ता -क्तं,

अतिरिक्तः -क्ता -क्तं.

Luxuriantly, ***adv.*** अतिवृद्ध्या, अतिवृद्धिपूर्व्वं, बाहुल्येन, अतिबहुलं, अतिबहुशस्, अतिप्रचुरं, अतिप्राचुर्य्येण, अतिपुष्कलं, अतिरिक्तं, उद्रेकेण.

***To* luxuriate, *v. n.* (Grow exberantly)** अत्यन्तं वृध् **(c. 1.** वर्धते -र्धितुं) **or** ऋध् **(c. 5.** ऋध्नोति, **c. 4.** ऋध्यति, अर्धितुं) **or** समृध् **or** प्यै **(c. 1.** प्यायते, प्यातुं) **or** आप्यै **or** स्फाय् **(c. 1.** -स्फायते -यितुं), अतिबहुलीभू, अतिप्रचुरीभू, अतिवृद्धिम् **(c. 2.** एति -तुं), अतिस्फीतिम् इ.—**(Live or feed luxuriously)** अतिविलासेन **or** अतिसुखेन **or** सुखोपभोगेन वृत् **(c. 1.** वर्त्तते -र्त्तितुं) **or** चर् **(c. 1.** चरति -रितुं) **or** विहृ **(c. 1.** -हरति -हर्त्तुं) **or** भ्रम् **(c. 4.** भ्राम्यति, भ्रमितुं).

Luxurious, *a.* (Contributing to luxury, furnished with luxuries) सुखभोगवान् -वती -वत् (त्), सुखभोगकरः -रा -रं, सुखभोगावहः -हा -हं, अतिसुखावहः -हा -हं, अतिसुखी -खिनी -खि (न्), सुखभोगसाधकः -का -कं, सुखभोगमयः -यी -यं, अतिसुखमयः **etc.,** सुखोपभोगदः -दा -दं, सविलासः -सा -सं, विलासी -सिनी **etc.,** विलासमयः **etc.,** विलासयुक्तः -क्ता -क्तं, विलाससुखमयः **etc.**—**(Indulging in luxury)** विलासी -सिनी **etc.,** विलासासक्तः -क्ता -क्तं, भोगासक्तः -क्ता -क्तं, सुखभोगासक्तः **etc.,** सुखभोगपरायणः -णा -णं, विषयासक्तः -क्ता -क्तं, विषयोपभोगव्यग्रः -ग्रा -ग्रं, वैषयिकः -क -कं, देहम्भरः -रा -रं, आत्मम्भरिः -रिः -रि, विषयोपसेवी -विनी **etc.,** सुखसेवी **etc.**

Luxuriously, ***adv.*** विलासेन, सुखेन, अतिसुखेन, अतिविलासपूर्व्वं, सविलासं, सुखोपभोगेन, सुखोपभोगपूर्व्वं, सुखासक्तवत्, परमान्नोपभोगेन.

Luxuriousness, *s.* विलासित्वं -ता, सविलासत्वं, सुखोपभोगः, सुखभोगः, अतिसुखिता, सुखासक्तिः ***f.,*** सुखभोगासक्तिः ***f.,*** भोगासक्तिः ***f.,*** विषयभोगासक्तिः ***f.,*** विषयभोगः, विषयसेवा, विषयोपसेवा, सुखसेवा, सुखास्वाद.

Luxury, *s.* विलासः, विलासित्वं -ता. ***See* Luxuriousness. (That which gratifies the senses or appetite)** सुखं, सुखसाधनं, भोगः, भोगसाधनं, सौख्यं, सुखसाहित्यं, विषयसुखं, विषयसुखसाहित्यं, आमिषं, आमिषं.—**(Dainty)** स्वाद्वन्नं, परमान्नं, विशिष्टान्नं, उत्तमान्नं, मिष्टान्नं, भोजनविशेषः, विशिष्टभोजनं, विशिष्टामिषं.

Lye, *s.* क्षारोदकं, क्षारजलं, क्षारितजलं, क्षारसंसृष्टं जलं.

Lying, *part.* (Reclining) शायी -यिनी -यि (न्), शयः -या -यं, शयानः -ना -नं, शयितः -ता -तं, पतन् -तन्ती -तत् (त्), पतितः -ता -तं, संविष्टः -ष्टा -ष्टं, उपविष्टः -ष्टा -ष्टं; **'lying on a bed,'** शयने संविष्टः -ष्टा -ष्टं; **'lying prostrate,'** अपमूर्द्धशयः -या -यं, क्षिप्तदेहः -हा -हं; **'lying with the face upwards,'** उत्तानशयः -या -यं.—**(Act of lying)** शयनं, पतनं, संवेशः.—**(Lying in)** प्रसवकालः, प्रसवावस्था, सूतिकालः, प्रसूतिकालः; **'lying in chamber,'** सूतिकागृहं, सूतिगृहं, सूतिकाभवनं, सूतिगृहं, सूतीगृहं, अरिष्टशय्या, अरिष्टं, गर्भः, अपवरकः.

Lying, *s.* (Telling falsehood) मृषावादः, मिथ्यावादः, मिथ्याभाषणं, मिथ्याकथनं, असत्यभाषणं, मृषाभाषिता -षणं, मृषाभिधानं, मिथ्योक्तिः ***f.,*** असत्योक्तिः ***f.,*** अनृतवादः.

Lying, *part.* or *a.* (Addicted to falsehood) मिथ्यावादी -दिनी -दि (न्), मृषावादी **etc.,** असत्यवादी **etc.,** अनृतवादी **etc.,** असत्यभाषी -षिणी **etc.,** अनृतभाषी **etc.,** अनृतवाक् ***m.f.n.*** (च्), असत्यः -त्या -त्यं, निःसत्यः -त्या -त्यं.

Lymph, *s.* मेदस् ***n.,*** वसा, चर्म्माम्भस् ***n.,*** त्वगम्भस् ***n.,*** त्वगुदकं, चर्म्मोदकं, चर्म्मसारः, त्वक्सारः, असृक्करः, उदकधातुः ***m.***

Lymphate, lymphated, *a.* उन्मत्तः -त्ता -त्तं, वातुलः -ला -लं.

Lymphatic, *s.* मेदोवहं, मेदोवाहिनी, चर्म्माम्भोवाहिनी, त्वक्सारवाहिनी, शरीरान्तर्गतजलवाहिनी.

Lynx, *s.* वनविडालः, वनमार्जारः, सूक्ष्मदृष्टिः, क्षुद्रव्याघ्रविशेषः.

Lyre, *s.* वल्लकी, वीणा, विपञ्ची -ञ्चिकी, तन्त्री. ***See* Lute.**

Lyric, lyrical, *a.* वैणिकः -की -कं, वीणावादनसहितः -ता -तं.

Lyrist, *s.* वल्लकीवादकः, वल्लकीपाणिः ***m.,*** वैणिकः.

Lythrum, *s.* (A plant) अग्निज्वाला, सुभिक्षा, धातकी, धातृपुष्पिका.

M

Macaroon, *s.* वादाम्निर्म्मितो मिष्टपिष्टकविशेषः.

Macaw, macao, *s.* शुकः, कीरः, वक्रचक्षुः ***m.,*** वक्रतुण्डः.

Mace, *s.* (Club, ensign of authority) वेत्रं, गदा, यष्टिः ***m. f.,*** यष्टिकः, दण्डः -ण्डं, मुषलः, मुसलः, लगुडः, लगुरः, मुद्गरः, वातर्द्धिः ***m.***—**(The spice)** जातीकोशं, जातिकोशं, जातीकोषं, जातिकोषं, जातिः -ती ***f.,*** जातिफलं, जातीफलं, फलं, जातीपत्री, जातिपत्रं, जातिपुष्पं, गुडत्वचं, राजभोग्यं.

Mace-bearer, *s.* वेत्रधरः, वेत्रधारी ***m.*** (न्), वेत्री ***m.*** (न्), वेत्रपाणिः ***m.*** गदाधरः, गदी ***m.*** (न्), गदापाणिः ***m.*** गदाहस्तः, दण्डधरः, दण्डी ***m.*** (न्), दण्डहस्तः, लगुडहस्तः, दण्डधारी ***m.*** दण्डिकः, दण्डभृत् ***m.,*** यष्टिग्रहः, याष्टीकः.

***To* macerate, *v. a.* (Make lean, waste)** क्रश **(nom.** क्रशयति -यितुं), कृशीकृ, परिकृशीकृ, क्षि **in caus.** (क्षपयति -यितुं), क्षीणं -णां -णं कृ, क्षीणीकृ, ग्लै **in caus.** (ग्लपयति -यितुं), मांसक्षयं कृ.—**(Steep)** जलसेकेन **or** जलप्लावनेन कोमलीकृ, चिरकालं जलेन समाप्लु **(c. 10.** (-प्लावयति -यितुं) **or** जलसमाप्लुतं -तां कृ **or** जलसिक्तं -क्तां कृ **or** आर्द्रीकृ;

'macerate indigo,' नीलसन्धानं कृ, नीलपाचनं कृ.

Macerated, *p. p.* (Made lean) कृशीकृतः -ता -तं, परिकृशः -शा -शं, क्षीणः -णा -णं.—**(Steeped)** जलसेकेन कोमलीकृतः -ता -तं **or** मृदूकृतः -ता -तं.

Maceration, *s.* (making thin, mortification) कृशीकरणं, क्षीणकरणं, कर्शनं, क्लेशकरणं, क्लेशदानं, मांसक्षयः, मांसशोषणं, शरीरपाकः, शरीरशोषः, कायक्लेशः, क्लेशः, कायकृच्छ्रं.—**(Steeping)** जलसेकेन कोमलीकरणं, आर्द्रीकरणं; **'of indigo,'** नीलसन्धानं, नीलपाचनं.

To* machinate, *v. a. परिक्लृप् **(c. 10.** -कल्पयति -यितुं), उपायं क्लृप् **or** घट् **(c. 1.** घटते -टितुं) **or** विधा **(c. 3.** -दधाति -धातुं) **or** अनुसन्धा **or** संविधा, मन्त्र् **(c. 10.** मन्त्रयति -यितुं), सम्प्रधृ **(c. 10.** -धारयति -यितुं), कल्पनां कृ, परिकल्पनां कृ, अनुसन्धानं कृ.—**(Plot)** द्रुह् **(c. 4.** द्रुह्यति, द्रोग्धुं), कपटप्रबन्धं, कृ, कपटप्रबन्धेन द्रोहं कृ.

Machination, *s.* कल्पना, परिकल्पना, -नं, क्लृप्तिः ***f.,*** मन्त्रणा, कुकल्पना, कुमन्त्रणा, कुयुक्तिः ***f.,*** कुप्रयुक्तिः ***f.,*** कुसृष्टिः ***f.,*** कुसङ्कल्पः, कपटप्रयोगः, कपटप्रबन्धः, घटनं -ना, कुघटना, विधानं, संविधानं, अनुसन्धानं, दुष्टकार्य्यसाधनार्थम्, उपायचिन्तनं, द्रोहचिन्तनं; **'against the king,'** राजद्रोहः, राजशरीराभिद्रोहः.

Machinator, *s.* परिकल्पकः, परिकल्पनाकृत् ***m.,*** कुमन्त्रणाकृत्, कुकल्पनाकारी ***m.*** (न्), घटकः, उपायचिन्तकः, द्रोहचिन्तकः.

Machine, *s.* यन्त्रं, उपकरणं, विलालः, साधनं, साधनयन्त्रं.

Machinery, (Collective mechanism) यन्त्रसाहित्यं, यन्त्रशक्तिसाहित्यं, यान्त्रं, यान्त्रिकं, यन्त्रत्वं.—**(Machines in general)** यन्त्रसामग्र्यं, यन्त्रसमूहः, यन्त्रसमुदायः, यान्त्रं, यन्त्रविद्या.

Machnisit, *s.* यन्त्रकारः -रकः, यन्त्रकृत् ***m.,*** यन्त्रनिर्म्माणशिल्पज्ञः. यन्त्रविद्यानिपुणः, यन्त्रविद्, कलाज्ञः.

Macilency, *s.* कृशता, कार्श्यं, कृशाङ्गता, क्षीणता, क्षामता, मांसक्षीणता.

Macilent, *a.* कृशः -शा -शं, क्षीणः -णा -णं, क्षीणमांसः -सा -सं.

Macrocosm, *s.* जगत्सर्व्वं, जगत्कृत्स्नं, विश्वजगत् ***n.,*** विश्वं, त्रिभुवनं.

Macrology, *s.* दीर्घसूत्रता, अतिविस्तीर्णवाक्यं, अतिविस्तरः.

Mactation, *s.* उपहारार्थं घातनं **or** निहननं **or** प्रमापणं, विशसनं.

Macula, *s.* कलङ्कः, लाञ्छनं, चिह्नं, विन्दुः ***m.,*** कलुषं, अङ्कः.

To* maculate, *v. a. कलङ्क **(nom.** कलङ्कयति -यितुं), मलिन **(nom.** मलिनयति -यितुं), कलुष **(nom.** कलुषयति -यितुं), चिह्न **(nom.** चिह्नयति -यितुं), लाञ्छ् **(c. 1.** लाञ्छति -ञ्छितुं).

Maculate, maculated, *a.* कलङ्कितः -ता -तं, कलङ्की -ङ्किनी -ङ्कि (न्), कलुषितः -ता -तं, लाञ्छितः -ता -तं, चिह्नितः -ता -तं.

Mad, *a.* उन्मत्तः -त्ता -त्तं, उन्मादः -दा -दं, उन्मादवान् -वती -वत् (त्), उन्मादी -दिनी -दि (न्), सोन्मादः -दा -दं, उन्मदः -दा -दं, उन्मदिष्णुः -ष्णुः -ष्णु, मत्तः -त्ता -त्तं, वातुलः -ला -लं, वातूलः -ला -लं, प्रमदः -दा -दं, सून्मदः -दा -दं, सून्मादः -दा -दं, हतबुद्धिः -द्धिः -द्धि, नष्टबुद्धिः **etc.,** विक्षिप्तबुद्धिः **etc.,** भ्रष्टबुद्धिः **etc.,** बुद्धिभ्रष्टः -ष्टा -ष्टं, हतज्ञानः -ना -नं, विप्लुतचित्तः -त्ता -त्तं, भ्रान्तचित्तः -त्ता -त्तं, विक्षिप्तमतिः -तिः -ति, विक्षिप्तः -प्ता -प्तं, मूढचेताः -ताः -तः (स्), नष्टेन्द्रियः -या -यं.—**(Proceeding from madness)** उन्मादप्रयुक्तः -क्ता -क्तं, उन्मादसूचकः -का -कं, बुद्धिः -भ्रंशसूचकः -का -कं.—**(Furious)** मदोत्कटः -टा -टं, मदोदग्रः -ग्रा -ग्रं, कोपाकुलः -ला -लं, संरब्धः -ब्धा -ब्धं; **'a mad dog,'** अलर्कः, अलकः; **'a mad fellow,'** प्रमदजनः; **'to go mad,'** उन्मद् **(c. 4.** -माद्यति -मदितुं), उन्मत्तीभूः **'drive mad,'** उन्मद् **(c. 10.** -मादयति -यितुं).

Madam, *s.* आर्य्या, आर्य्यिका, आर्य्यका, भवती, भाविनी.—**(As a complimentary title)** आर्य्ये **voc. c.,** भवति **voc. c.**

Mad-brain, mad-brained, *a.* विक्षिप्तबुद्धिः -द्धिः -द्धि, विप्लुतबुद्धिः **etc.**

Mad-cap, *s.* प्रमदजनः, उन्मत्तजनः, साहसिकः, साहसकर्म्मा ***m.*** (न्).

To* madden, *v. a. उन्मद् **(c. 10.** -मादयति -यितुं), मद्, उन्मत्तीकृ, मत्तीकृ.

To* madden, *v. n. उन्मद् **(c. 4.** -माद्यति -मदितुं), उन्मत्तीभू, मत्तीभू, मद्.

Maddened, *p. p.* उन्मादितः -ता -तं, उन्मत्तीकृतः -ता -तं, संरब्धः -ब्धा -ब्धं.

Maddening, *a.* उन्मादकः -का -कं, उन्मादजनकः -का -कं, उन्मादनः -ना -नं.

Madder, *s.* (The plant) मञ्जिष्ठा, विकसा, विकषा, मण्डूकपर्णी, ताम्रवल्ली, योजनवल्ली, योजनपर्णी, भण्डीरी, भण्डिरी, भण्डी, जिङ्गी, समङ्गा, कालमेषिका, चित्राङ्गी, कालमक्षिका.

Made, *p. p.* कृतः -ता -तं, निर्म्मितः -ता -तं, कल्पितः -ता -तं, प्रकल्पितः -ता -तं, रचितः -ता -तं, विरचितः -ता -तं, घटितः -ता -तं, विहितः -ता -तं; **'made of,'** मयः -यी -यं, निर्म्मितः -ता -तं, घटितः -ता -तं, **in comp.; as, 'made of wood,'** काष्ठमयः -यी -यं, काष्ठघटितः -ता -तं, काष्ठनिर्म्मितः -ता -तं, **'made known,'** निवेदितः -ता -तं, आवेदितः -ता -तं, सूचितः -ता -तं, आख्यातः -ता -तं, ज्ञापितः -ता -तं, विज्ञापितः -ता -तं; **'made ready,'** सज्जीकृतः -ता -तं; **'made favorable,'** प्रसादीकृतः -ता -तं; **'made up, as the mind,'** स्थिरीकृतः -ता -तं, स्थिरः -रा -रं;

'made up, reconciled,' सन्धितः -ता -तं, शान्तविवादः -दा -दं; **'made up, settled,'** सिद्धः -द्धा -द्धं, साधितः -ता -तं, निष्पन्नः -न्ना -न्नं; **'made over'** सङ्क्रामितः -ता -तं; सञ्चारितः -ता -तं, प्रतिपादितः -ता -तं; **'made light of,'** लघूकृतः -ता -तं; **'mad good,'** साधितः -ता -तं; **'made to do any thing,' expressed by the caus. pass. part.; as, 'made to pay,'** दापितः -ता -तं, **'made to go,'** गमितः -ता -तं; **'made to know,'** ज्ञापितः -ता -तं; **'one who has made an agreement,'** कृतसङ्केतः -ता -तं.

Madefaction, ***s.*** आर्द्रीकरणं, क्लेदनं, संक्लेदनं, समुन्दनं, क्लिन्नीकरणं.

To* madefy, *v. a. आर्द्रीकृ, क्लिद् **(c. 10.** क्लेदयति -यितुं), संक्लिद्, परिक्लिद्.

Madhouse, ***s.*** उन्मत्तालयः, उन्मत्तपालनगृहं, उन्मत्तस्थानं.

Madly, ***adv.*** उन्मत्तवत्, सोन्मादं, मत्तवत्, वातुलवत्, चित्तविभ्रमात्, चित्तविप्लावत्, उन्मादेन, प्रामाद्यात्, प्रमदजनवत्.

Madman, ***s.*** उन्मत्तजनः, मत्तजनः, प्रमदजनः, उन्मादकः, वातुलः.

Madness, ***s.*** उन्मत्तता, उन्मादः, सोन्मादता, मत्तता, वातुलता, विक्षिप्तता, बुद्धिविक्षिप्तता, बुद्धिविक्षेपः, बुद्धिभ्रमः, मतिभ्रमः, चित्तविभ्रमः, चित्तविप्लवः, बुद्धिनाशः, बुद्धिभ्रंशः, मतिभ्रंशः, मदः, प्रमदता, प्रामाद्यं, उन्मादवायुः ***m.***

Maenorrhagia, ***s.*** **(A disease)** योन्यर्शस् ***n.,*** प्रदरः, प्रदरामयः.

Magazine, ***s.*** **(Storehouse)** भाण्डागारं, भाण्डगृहं, कोषागारं. **—(Of arms, ammunition, etc.)** युद्धद्रव्यागारं, शस्त्रागारं, अस्त्रागारं, युद्धभाण्डागारं, आयुधागारं. **—(A miscellany published periodically)** काले काले प्रकाशितो नानाविषयसङ्ग्रहः **or** नानावस्तुविषयको ग्रन्थः.

Maggot, ***s.*** कीटः, कृमिः ***m.,*** अलिः ***m.,*** कीटाण्डजं.

Maggoty, ***s.*** कीटपूर्णः -र्णा -र्णं, कृमिपूर्णः -र्णा -र्णं, कृमिमयः -यी -यं.

Magi, magians, ***s. pl.*** पूर्व्वदेशीयपण्डिताः ***m. pl.,*** प्राग्देशीयविद्वज्जनाः.

Magic, ***s.*** अभिचारः, अभिचारविद्या, माया, मायाविद्या, योगः, सम्प्रयोगः, वशक्रिया, मूलकर्म्म ***n.*** (न्), चित्रकर्म्म ***n.,*** जालं, जालकर्म्म ***n.,*** इन्द्रजालं, अभिमन्त्रणं, कार्म्मणं, कार्म्मणत्वं, पिशाचविद्या, कुविद्या, मोहः, कुहकः, कुसृति ***f.,*** संवदनं -ना, मन्त्र, मन्त्रमोहनं.

Magic, magical, ***a.*** आभिचारिकः -की -कं, अभिचारिकः -की -कं, अभिचारी -रिणी -रि (न्), मायामयः, -यी -यं, मायी -यिनी -यि (न्), मायावी -विनी **etc.,** मायिकः -की -कं, ऐन्द्रजालिकः -की -कं, मोही -हिनी **etc.,** कौसृतिकः -की -कं.

Magically, ***adv.*** अभिचारेण, अभिचारविद्यानुसारात्, मायया, सेन्द्रजालं.

Magician, ***s.*** अभिचारविद् ***m.,*** अभिचारविद्याज्ञः, मायाकारः, मायाकृत् ***m.,*** मायी ***m.,*** (न्), मायिकः, मायावी ***m.,*** (न्), मायाजीवी ***m.,*** (न्), पिशाचविद्याज्ञः, अभिचारी ***m.,*** (न्), चित्रकर्म्मविद् ***m.,*** मूलकर्म्मविद् ***m.,*** इन्द्रजालिकः, ऐन्द्रजालिकः, इन्द्रियमोही ***m.,*** (न्), कुहकः, कुहककारः, कुहकजीवी ***m.,*** योगी ***m.,*** (न्), योगेश्वरः, सम्प्रयोगी ***m.,*** कौसृतिकः, सिद्धः, चित्रकर्म्मा ***m.,*** (न्).

Magisterial, ***s.*** **(Pertaining to a magistrate or magistracy)** धर्म्माधिकारसम्बन्धी -न्धिनी **etc.,** धर्म्माध्यक्षसम्बन्धी **etc.,** दण्डनीतिसम्बन्धी **etc.,** आधिकारिकः -की -कं, वैनयिकः -की -कं. **—(Pertaining to a master)** प्रभुसम्बन्धी **etc.,** स्वामिसम्बन्धी **etc.,** प्रभुत्वविशिष्टः -ष्टा -ष्टं, आधिकारिकः -की -कं. **—(Imperious)** आज्ञापकः -का -कं, आदेशकः -का -कं, धृष्टः -ष्टा -ष्टं, शासनरूपः -पा -पं.

Magisterially, ***adv.*** धर्म्माध्यक्षवत्, दण्डनायकवत्, अधिकारेण, शासनरूपेण.

Magistracy, ***s.*** **(Office of a magistrate)** धर्म्माधिकारः -रित्वं, धर्म्माधिकरणं, धर्म्माधिपत्यं, धर्म्माध्यक्षता, न्यायाधिकारः, न्यायाधीशता. **—(Body of magistrates)** धर्म्माधिकारिणः ***m. pl,*** धर्म्माधिकारिगणः, धर्म्माध्यक्षगणः, धर्म्माध्यक्षसमूहः, न्यायाधीशगणः, न्यायाधीशमण्डलं.

Magistrate, ***s.*** धर्म्माध्यक्षः, धर्म्माधिकारी ***m.*** (न्), न्यायाध्यक्षः, न्यायाधीशः, न्यायाधिपतिः ***m.,*** दण्डनायकः, प्राड्विवाकः, दण्डप्रणेता ***m.,*** (तृ), नीतिशास्ता ***m.*** (स्तृ), विचारकर्त्ता ***m.*** (र्त्तृ), अक्षदर्शकः, आक्षपाटिकः.

Magnanimity, ***s.*** माहात्म्यं, महात्मता -त्वं, माहात्मिकता, मनोमहत्त्वं, मतिमहत्त्वं, मनोमहिमा ***m.*** (न्), औदार्य्यं, उदारता, चित्तोदारता, उदारचित्तता, महेच्छा, महानुभावः, महाशयत्वं, मनःप्रौढता, महापुरुषत्वं, शौर्य्यं, वीरत्वं, प्रभावः, महिमा ***m.***

Magnanimous, ***a.*** महात्मा -त्मा -त्म (न्), महामनाः -नाः -नः (स्), महामनस्कः -स्का -स्कं, माहात्मिकः -की -कं, महामतिः -तिः -ति, उदारचेताः -ताः -तः (स्), उदारमतिः -तिः -ति, उदारः -रा -रं, महानुभावः -वा -वं, महाशयः -या -यं, महेच्छः -च्छा -च्छं, उन्नतमनाः **etc.,** शूरः -रा -रं. **—(Proceeding from magnanimity)** माहात्म्यपूर्व्वः -र्व्वा -र्व्वं, औदार्य्यपुरःसरः -रा -रं, माहात्म्ययोग्यः -ग्या -ग्यं.

Magnanimously, ***adv.*** औदार्य्येण, उदारवत्, माहात्म्येन, समाहात्म्यं, मनोमहत्त्वात्, मनोमहिम्ना, महानुभावात्, उदारचित्तत्वात्, महेच्छया, शूरवत्, महाशयवत्, उदारचेतसा.

Magnate, ***s.*** उत्कृष्टपदस्थः, उच्चपदस्थः, महाकुलीनः, राजन्यः.

Magnesia, ***s.*** अम्लपित्तनाशकं शुक्लचूर्णं **or** चूर्णकारं मृत्तिकाभस्म ***n.*** (न्).

Magnet, ***s.*** लोहचुम्बकः, लोहकान्तः -न्तं, अयस्कान्तः, चुम्बकः, चुम्बकप्रस्तरः, चुम्बकमणिः ***m.,*** अयस्कान्तमणिः ***m.,*** अयस्कान्तमणिशलाका, आकर्षः, -र्षकः, आकर्षकमणिः ***m.,*** वैक्रान्तं, लौहाकर्षकप्रस्तरः.

Magnetic, magnetical, ***a.*** आकर्षिकः -का -कं, आकर्षकः **etc.,** आकर्षणगुणः -णा -णं, आकर्षणधर्म्मकः -का -कं, लोहचुम्बनशीलः -ला -लं, लोहचुम्बनधर्म्मकः -का -कं, लोहचुम्बकसम्बन्धी -न्धिनी -न्धि (न्), लोहचुम्बकविषयः -या -यं; **'magnetic attraction,'** आकर्षः.

Magnetically, ***adv.*** आकर्षणशक्तिद्वारेण, आकर्षणपूर्व्वं, लोहचुम्बनशक्त्या.

Magnetism, ***s.*** आकर्षणशक्तिः ***f.,*** लोहचुम्बनशक्तिः ***f.,*** लोहचुम्बनधर्म्मः, लोहचुम्बकगुणः, अयस्कान्तगुणः, अयस्कान्तमणिधर्म्मः.

To **magnetize,** ***v. a.*** आकर्षणशक्तिं **or** लोहचुम्बनशक्तिं दा **(c. 3.** ददाति, दातुं).

Magnific, magnifical, ***a.*** महाप्रतापः -पा -पं. ***See*** **Magnificent.**

Magnificence, ***s.*** प्रतापः, महाप्रतापः, महान् प्रतापः, अतिप्रतापः, सुप्रतापः, तेजस् ***n.,*** अतितेजस् ***n.,*** महातेजस् ***n.,*** विभूतिः ***f.,*** वैभवं, विभवः, ऐश्वर्य्यं, अतिशोभा, अतिकान्तिः ***f.,*** महादीप्तिः ***f.,*** महती शोभा, वृहद्दीप्तिः ***f.,*** अतिप्रभा, ओजस्विता, उज्ज्वलता, श्रीः ***f.,*** महिमा ***m.*** (न्), महत्त्वं.

Magnificent, ***a.*** महाप्रतापः -पा -पं, प्रतापवान् -वती -वत् (त्), महातेजाः -जाः -जः (स्), प्रतापी -पिनी -पि (न्), अतिप्रतापी **etc.,** तेजस्वी -स्विनी **etc.,** अतितैजसः -सी -सं, शोभनः -ना -नं, अतिशोभनः -ना -नं, सुप्रभः -भा -भं, अतिकान्तिमान् -मती **etc.,** ओजस्वी -स्विनी **etc.,** उज्ज्वलः -ला -लं, महाप्रभः -भा -भं, देदीप्यमानः -ना -नं, विभूतिमान् -मती **etc.**

Magnificently, ***adv.*** महाप्रतापेन, सुप्रतापेन, अतिप्रतापेन, अतितेजसा, महातेजसा, सप्रतापं, विभूत्या, अतिशोभापूर्व्वं, ऐश्वर्य्येण.

Magnified, ***p. p.*** अधिकीकृतः -ता -तं, विपुलीकृतः -ता -तं, वर्धितः -ता -तं, उपचितः -ता -तं, विशालीकृतः -ता -तं, करालीकृतः -ता -तं, करालितः -ता -तं, अत्युक्तिपूर्व्वं वर्णितः -ता -तं, बहुलीकृतः -ता -तं, कीर्त्तितः -ता -तं.

Magnifier, ***s.*** वर्धकः, वृद्धिकर्त्ता ***m.*** (र्त्तृ), वर्धनकृत् ***m.,*** आधिक्यकृत्.—**(Optical instrument)** विपुलदर्शककाचः.

To **magnify,** ***v. a.*** **(Make great or greater)** अधिकीकृ, विपुलीकृ, विशालीकृ वृध् **(c. 10.** वर्धयति -यितुं), महत्तरं -रां कृ, विपुलतरं -रां कृ, आधिक्यं कृ.—**(Amplify)** अत्युक्त्या **or** अतिशयोक्त्या वृध् **or** विस्तृ **(c. 10.** -स्तारयति -यितुं), वाग्विस्तारेण वृध् **or** अधिकीकृ, अतिशयोक्तिं कृ, अत्युक्तिं कृ. —**(Extol)** अतिशयेन कॄत् **(c. 10.** कीर्त्तयति -यितुं) **or** वर्ण् **(c. 10.** वर्णयति -यितुं), अतिवर्णनं कृ.

Magnifying, ***part.*** **or** ***a.*** वर्धी -र्धिनी -र्धि (न्), वर्धकः -का -कं, अधिककारी -रिणी **etc.,** विपुलकारी **etc.,** विपुलदर्शकः -का -कं.—**(Glass)** विपुलदर्शककाचखण्डः -ण्डं.

Magniloquence, ***s.*** अत्युक्तिः ***f.,*** अतिशयोक्तिः ***f.,*** अतिभाषणं, प्रगल्भभाषणं, प्रौढभाषणं, चित्रोक्तिः ***f.,*** गर्व्वितवाक्यं, गर्व्वोक्तिः ***f.,*** शब्दमात्रं.

Magniloquent, ***a.*** प्रौढभाषी -षिणी -षि (न्), प्रगल्भभाषी **etc.,** चित्रभाषी **etc.,** गर्व्वितवाक्यकारी -रिणी **etc.**

Magnitude, ***s.*** **(Size, extent)** परिमाणं, परिमितिः ***f.,*** प्रमाणं, मानं, आकारपरिमाणं, आकृतिपरिमाणं, रूपपरिमाणं, आकारमानं, महत्त्वपरिमाणं, मात्रं; **'of the magnitude of an egg,'** अण्डपरिमाणः -णा -णं; **'of the same magnitude,'** सममात्रः -त्री -त्रं, समपरिमाणः -णा -णं.—**(Bulk)** भारमानं, भारपरिमाणं.—**(Greatness)** महत्त्वं, वृहत्त्वं, स्थूलता, स्थौल्यं, विपुलता, वैपुल्यं, विशालता, पृथुता -त्वं, प्रथिमा ***m.*** (न्), महिमा ***m.*** (न्), उरुता -त्वं विकटता, वैकट्यं, विस्तीर्णता.

Magpie, ***s.*** चापः, किकिः ***m.,*** किकिदविः ***m.*** किकीदिवः, किकीदीविः ***m.***

Mahogany, ***s.*** नन्दिकः, तुन्नः, तुणिः ***m.***

Mahommedan, ***a.*** यावनः -नी -नं, यवनदेशीयः -या -यं, ***See*** **Mohammedan.**

Mahratta, ***s.*** **(Country)** महाराष्ट्रं.—**(Dialect)** महाराष्ट्री.

Maid, maiden, ***s.*** कन्या, कुमारी, तरुणी, युवती, बालिका, बाला, कन्यिका, कन्यका, कुमारिका, गोरी, गौरिका, धीदा, रोहिणी, नग्निका, कनी. **Some of these words refer to particular ages; as, 'a maid of eight,'** गोरी -रिका; **'of nine,'** कन्या, रोहिणी; **'of ten,'** लग्निका, नग्निका; **'of from ten to twelve,'** कुमारी -रिका; **'of from sixteen, to thirty,'** तरुणी; **'of the age of puberty,'** मध्या, मध्यमा, मुग्धा.—**(Unmarried woman, virgin)** अनूढा, अविवाहिता, अपरिणीता, निवरा, अवरा, अदत्ता, अप्रत्ता, अक्षता, अक्षतयोनिः ***f.,*** अविद्धयोनिः ***f.,*** पुरुषास्पृष्टा.—**(Female servant)** दासी -सिका, चेटी, परिचारिका, सहचारिणी, कर्म्मकारी, सैरन्ध्री, सैरिन्ध्री.

Maiden, ***a.*** **(Pertaining to a maid)** कौमारः -री -रं, कुमारिकासम्बन्धी -न्धि -न्धि (न्), कन्यासम्बन्धी **etc.,** कुमारिकाविषयः -या -यं, कन्याविषयः -या -यं. —**(Consisting of maids)** कन्यामयः -यी -यं, कुमारीमयः

Maidenhead 696 Maintained

-यी -यं.—(**Fresh, unused**) नवः -वा -वं, अभिनवः -वा -वं, अपूर्व्वः -र्व्वा -र्व्वं, अकृतोपभोगः -गा -गं, अजातोपभोगः -गा -गं, अक्षतः -ता -तं, अखण्डः -ण्डा -ण्डं.

Maidenhead, maidenhood, ***s.*** कौमारं, कौमार्य्यं, कुमारीत्वं, कन्यात्वं, तरुणीत्वं, तारुण्यं, कुमारीभावः, कुमारीदशा, कुमारिकाभावः.—(**Freshness**) नवत्वं -ता, अक्षतत्वं, अखण्डता.

Maidenlike, maidenly, ***a.*** कुमारीयोग्यः -ग्या -ग्यं, कुमारीसदृशः -शी -शं, कन्यायोग्यः -ग्या -ग्यं, कुमारिकोचितः -ता -तं, कन्योचितः -ता -तं, कुमारिकानुरूपः -पा -पं, कुमारीतुल्यः -ल्या -ल्यं.

Maid-servant, ***s.*** दासी -सिका, चेटी, प्रेष्या, कर्म्मकारी, प्रेष्यवधूः ***f.,*** प्रतीहारी, परिचारिका, सेवकी.

Mail, ***s.*** **(Armour)** कवचः -चं, सन्नाहः, वर्म्म ***n.*** (न्), लोहवर्म्म ***n.,*** अयोवर्म्म ***n.,*** कञ्चुकः, तनुत्रं, तनुत्राणं, सज्जा, युद्धसज्जा, दंशनं, दंसनं, उरश्छदः, कङ्कटकः, कङ्कटः, जागरः, जगरः, कायवलनं, उरस्त्राणं, वक्षस्त्राणं, आयसी, वाणवारः, वारवाणः -णं.—(**Post**) पत्रवाहनं, लेख्यवाहनं, राजनियोगिभृतः पत्रकोषः, राजधावकभृतो लेख्यकोषः.

Mailed, ***p. p.*** वर्मितः -ता -तं, संवर्मितः -ता -तं, सन्नद्धः -द्धा -द्धं, दंशितः -ता -तं, परिदंशितः -ता -तं, कवची -चिनी -चि (न्), सकवचः -चा -चं, कृतसन्नाहः -हा -हं, सज्जः -ज्जा -ज्जं, सज्जितः -ता -तं, सज्जीकृतः -ता -तं, कञ्चुकी -किनी **etc.,** व्यूढकङ्कटः -टा -टं, ऊढकङ्कटः -टा -टं.

To maim, ***v. a.*** विकल (**nom.** विकलयति -यितुं), विकलीकृ, विकलाङ्गीकृ, व्यङ्गीकृ, न्यूनाङ्गीकृ, हीनाङ्गीकृ, अङ्गं छिद् (**c. 7.** छिनत्ति, छेत्तुं) **or** लू (**c. 9.** लुनाति, लवितुं) **or** व्रश्च् (**c. 6.** वृश्चति, व्रश्चितुं) **or** खण्ड् (**c. 10.** खण्डयति -यितुं).

Maim, ***s.*** अङ्गवैकल्यं, वैकल्यं, विकलीकरणं, व्यङ्गीकरणं, अङ्गछेदः.

Maimed, ***p. p.*** विकलाङ्गः -ङ्गा -ङ्गं, विकलीकृतः -ता -तं, विकलः -ला -लं, छिन्नाङ्गः **etc.,** हीनाङ्गः **etc.,** लूनाङ्गः **etc.,** खण्डिताङ्गः **etc.,** व्यङ्गः **etc.,** अपाङ्गः **etc.,** अङ्गविकलः -ला -लं, अङ्गहीनः -ना -नं, विहस्तीकृतः -ता -तं, क्षतविक्षतः -ता -तं.

Maiming, ***s.*** विकलीकरणं, व्यङ्गीकरणं, अङ्गछेदनं, अङ्गखण्डनं.

Main, ***a.*** **(Principal)** मुख्यः -ख्या -ख्यं, प्रमुखः -खा -खं, प्रधानः -ना -नं, परमः -मा -मं, परः -रा -रं, अग्रः -ग्रा -ग्रं, अग्र्य -ग्र्या -ग्र्यं, श्रेष्ठः -ष्ठा -ष्ठं, उत्तमः -मा -मं, प्रवरः -रा -रं, विशिष्टः -ष्टा -ष्टं, मूलिकः -की -कं.—(**Most important**) गुरुतमः -मा -मं, गरिष्ठः -ष्ठा -ष्ठं, परमः -मा -मं; **'main evil,'** प्रधानदूषणं, गुरुदूषणं; **'main matter,'** गुरुकार्य्यं, गुरुकं; **'main entrance,'** सिंहद्वारं; **'main stock,'** मूलद्रव्यं.

Main, ***s.*** **(The bulk, gross)** प्रधानभागः, प्रधानांशः, अधिकभागः, मुख्यभागः,मुख्यांशः, बहुतरभागः, स्थूलांशः, बाहुल्यं, साकल्यं, समुदायः, सामग्र्यं; **'in the main,'** बाहुल्येन, बहुशस्,साकल्येन, सामान्यतस्, भूयिष्ठं.—(**Force, strength**) बलं, शक्तिः ***f.;*** **'with might and main,'** सर्व्वबलेन, सकलबलेन, प्रसभं, प्रसह्य.—(**The ocean**) समुद्रः,महासागरः,महोदधिः ***m.,*** महार्णवः.—(**Continent**) महाद्वीपः, प्रधानद्वीपः.—(**At cock-fighting**) समाह्वयः, साह्वयः, प्राणिद्यूतं.

Main-land, ***s.*** महाद्वीपः -मुख्यभूमिः ***f.,*** मध्यभूमिः,मूलभूमिः, मध्यस्थलं, स्थलं -ली, भूखण्डः, पृथिवीखण्डः, द्वीपः, प्रधानद्वीपः, अविच्छिन्नभूमिः.

Mainly, ***adv.*** मुख्यशस्, मुख्यतस्, प्रधानतस्, प्राधान्यतस्, प्राधान्येन, विशेषतस्, विशेषेण, बाहुल्येन, बहुशस्, भूयिष्ठं, बहुतरं, सामान्यतस्, साकाल्येन, परमं.

Main-mast, ***s.*** महाकूपकः, महागुणवृक्षकः, प्रधानकूपकः, मध्यकूपकः.

Mainprize, ***s.*** दर्शनप्रातिभाव्यपूर्व्वकम्, आसिद्धजनमोक्षणं.

Mainsail, ***s.*** महाकूपकसम्बन्धि वातवसनं, महाकूपकवमनं.

To **maintain,** ***v. a.*** **(Hold)** धृ (**.1.** धरति, धर्त्तुं, (**c.10.** धारयति -यितुं), सन्धृ.—(**Support**) भृ (**c. 1.** भरति, **c. 3.** बिभर्त्ति, भर्त्तुं), सम्भृ, आलम्ब् (**c. 1.** -लम्बते, **c. 10.** -लम्बयति -यितुं), अवलम्ब्, समवलम्ब्, उत्तम्भ् (**c. 10.** -तम्भयति -यितुं, **rt.** स्तम्भ्), संस्तम्भ्, विष्टम्भ्, सङ्ग्रह् (**c. 9.** -गृह्णाति -ग्रहीतुं), वृध् (**c. 10.** वर्धयति -यितुं), संवृध्, भरणं कृ.—(**Keep**) पाल् (**c. 10.** पालयति -यितुं), अनुपाल्, रक्ष् (**c. 1.** रक्षति -क्षितुं), संरक्ष्, पालनं कृ, रक्षणं कृ, संरक्षणं कृ.—(**Support with food**) भृ, सम्भृ, भरणं कृ, भृतिं दा, पुष् (**c. 10.** पोषयति -यितुं), पोषणं कृ, अन्नवस्त्रं दा, अन्नाछादनं दा, योगक्षेमं कृ; **'maintain a family,'** कुलालम्बनं कृ; **'maintain one's self,'** निर्वाहं कृ, उदरनिर्वाहं कृ.—(**Vindicate, make good**) प्रतिपद् (**c. 10.** -पादयति -यितुं), प्रतिपादनं कृ, व्यवस्था **in caus.** (स्थापयति -यितुं), व्यवस्थापनं कृ, अनुपाल्, अनुपालनं कृ, प्रतिपालनं, कृ, समर्थनं कृ, पक्षपातं कृ.—(**Affirm**) निश्चयेन वद् (**c.1.** -वदति-दितुं), दार्ढ्येन वद्.

Maintainable, ***a.*** भरणीयः -या -यं, भर्त्तव्यः-व्या -व्यं, भार्य्यः -र्य्या -र्य्यं, सम्भार्य्यः -र्य्या -र्य्यं, भरण्यः -ण्या -ण्यं, धर्त्तव्यः -व्या -व्यं, धार्य्यः -र्य्या -र्य्यं, धरणीयः -या -यं, पालनीयः -या -यं, रक्षणीयः -या -यं, पोषणीयः -या -यं, वर्धनीयः -या -यं, पोष्यः -ष्या -ष्यं.

Maintained, ***p. p.*** भृतः -ता -तं, सम्भृतः -ता -तं, धृतः -ता -तं, धारितः -ता -तं, आलम्बितः -ता -तं, पालितः -ता -तं, पोषितः -ता -तं, पुष्टः -ष्टा -ष्टं, रक्षितः -ता -तं, वर्धितः

–ता –तं, भर्त्रिम:–मा –मं; **'being maintained,'** धार्य्यमाण: –णा –णं.

Maintainer, *s.* भर्त्ता ***m.*** (र्त्तृ), भर:, भरणकृत् ***m.*** धर्त्ता ***m.*** (र्त्तृ), धर:, पालक:, पोषक:, पोष्टा ***m.*** (ष्टृ), भृतिदाता ***m.*** (तृ), प्रतिपालक:, रक्षित: ***m.*** (तृ), आलम्बी ***m.*** (न्); **'of a family,'** कुलालम्बी ***m.***

Maintenance, *s.* (Support) भृति: ***f.,*** भरणं, सम्भृति: ***f.,*** धारणं, धृति: ***f.,*** भृत्या, पालनं, पोषणं, परिपालनं, प्रतिपालनं, रक्षणं, संरक्षणं, वर्धनं, संवर्धनं.–**(Means of support, subsistence)** जीवनोपाय:, वृत्त्युपाय:, उपजीवनं, जीविका, उपजीविका, वृत्ति: ***f.,*** वर्त्तनं, निर्वाह:, उदरनिर्वाह:, प्राणधारणं, प्राणयात्रा, शरीरधारणं, शरीरयात्रा, योगक्षेम:.–**(Food and clothing)** अन्नवस्त्रं, अन्नाच्छादनं, ग्रासाच्छादनं, अन्नवस्त्रं, कशिपू: ***m.*du.**–**(Defence, vindication)** रक्षणं, प्रतिपादनं, व्यवस्थापनं, स्थापनं –ना.

Main Top, *s.* महाकूपकाग्रं, प्रधानकूपकाग्रं, मध्यकूपकाग्रं.

Maize, *s.* शस्यं, स्तम्बकरि: ***m.,*** शस्यविशेष:.

Majestic, majestical, *a.* राजश्रीयुक्त: –क्ता –क्तं, राजश्रीमान् –मती –मत् (त्), राजयोग्य: –ग्या –ग्यं, राजसदृश: –शी –शं, राजतुल्य: –ल्या –ल्यं, राजतेजोमय: –यी –यं, राजतेजोरूप: –पा –पं, राजतेजोवान् –वती **etc.,** प्रतापवान् –वती **etc.,** राजप्रतापी –पिनी **etc.,** राजप्रतापयुक्त: **etc.,** गौरवयुक्त: **etc.,** ऐश्वर: –री –रं, ऐश्वर्य्यवान् –वती **etc.,** राजैश्वर्य्यवान् **etc.,** महामहिमा –मा –म (न्), ऐशिक: –की –कं, सम्राजीय: –या –यं, राजकीय: –या –यं, विभूतिमान् **etc.,** प्रभाववान् **etc.,** प्रभावी –विणी **etc.,** राजप्रभावी **etc.,** प्रभविष्णु: –ष्णु: –ष्णु, माहात्मिक: –की –कं.

Majestically, *adv.* राजतेजसा, राजप्रतापेन, सप्रतापं, सप्रभावं, राजैश्वर्य्येण, महामहिम्ना, विभूत्या, राजप्रभावेण, राजयोग्यं, राजसदृशं, राजवत्, राजवैभवेन, सगौरवं.

Majesty, *s.* राजश्री: ***f.,*** राजतेजस् ***n.,*** राजप्रताप:, तेजस् ***n.,*** प्रताप:, प्रभाव:, राजप्रभाव:, ऐश्वर्य्यं, राजैश्वर्य्यं, महिमा ***m.*** (न्),राजमहिमा, महामहिमा, राजसायुज्यं, विभूति: ***f.,*** राजविभूति: ***f.,*** वैभवं, विभव:, राजविभव:, राजप्रभव:,भूति: ***f.,*** माहात्म्यं, राजत्वं, राज्यं, प्रभुता, राजगौरवं; **'your majesty,'** देव **voc. c.** श्रीमद्देव **vo. c.,** आयुष्मन् **voc. c.** राजन् **voc. c. : 'he speaks ill of your majesty,'** देवपादान्‌अधिक्षिपति; **'his majesty,'** भर्त्ता ***m.*** (र्त्तृ), प्रभु: ***m.,*** भगवान् ***m.,*** (त्), स्वामी ***m.,*** (न्), महाराज:, भवान् ***m.,*** (त्), अत्रभवान् ***m.,*** तत्रभवान् ***m.,*** प्रभविष्णु: ***m.;*** **'her majesty,'** अत्रभवती, तत्रभवती, देवी; **'requisites of majesty,'** प्रकृति: ***f.***

Major, *a.* (Greater in number) अधिक: –का –कं, अधिकतर: –रा –रं, अधिकसंख्य: –ख्या –ख्यं, अधिकपरिमाण: –णा –णं,भूयान्, भूयान् –यसी –य: (स्), भूयिष्ठ: –ष्ठा –ष्ठं, बहुतर: –रा –रं.–**(Greater in dignity)** मुख्य: –ख्या –ख्यं, प्रधान: –ना –नं, प्रमुख: –खा –खं, श्रेयान् –यसी **&.,** श्रेष्ठ: –ष्ठा –ष्ठं, गुरु: –र्व्वी –रु, गरीयान् –यसी **etc.**–**(Major premiss)** गुर्व्वयव:, पूर्व्वपक्ष:.

Major, *s.* (Person of full age) प्राप्तव्यवहार:, व्यवहारप्राप्त:, जातव्यवहार:, लब्धव्यवहार:, व्यवहारज्ञ:, व्यवहारयोग्य:, व्यवहारक्षम:, व्यवहारार्ह:, व्यवहाराधिकारी ***m.*** (न्), त्यक्तशैशव:.–**(Military officer)** सैन्यदलाध्यक्ष:, गुल्मपति: ***m.,*** सैन्याधिपति: ***m.***

Major-domo, *s.* गृहाधिकृत:, गृहकार्य्याधीश:,गृहकर्म्माध्यक्ष:, कार्य्याधीश:.

Majority, *s.* (Greater number) अर्द्धाधिकं, अर्द्धाधिक्यं, अर्द्धाधिकसंख्या, अर्द्धाधिकपक्ष:, अधिकपक्ष:, अधिकसंख्या, अधिकभाग:, बहुतरभाग:, बहुतरपक्ष:, परार्द्धं, भूयिष्ठं.–**(State of being greater)** आधिक्यं, अधिकत्वं –ता.–**(Full age)** व्यवहार:, व्यवहारप्राप्ति: ***f.*** व्यवहारक्षमता, व्यवहारज्ञत्वं, व्यवहार्य्यवयस् ***n.,*** व्यवहार्य्यता, व्यवहार्य्यावस्था, प्राप्तव्यवहारत्वं, जातव्यवहारत्वं, व्यवहार- योग्यता, शैशवत्याग:; **'one who has attained his majority,'** प्राप्तव्यवहार:. ***See*** **Major.**

To **make, *v. a.* (Form, create)** कृ (**c. 8.** करोति, कुरुते, कर्त्तुं), सङ्कृ, अभिकृ, निर्मा (**c. 2.** –माति, **c. 3.** –मिमीते, **c. 4.** –मायते –मातुं), विनिर्मा, क्लृप् (**c. 10.** कल्पयति –यितुं), संक्लृप्, विधा (**c. 3.** –दधाति –धातुं), रच् (**c. 10.** रचयति –यितुं),विरच्, घट् (**c. 10.** घटयति –यितुं), उत्पद् (**c. 10.** –पादयति –यितुं), जन् (**c. 10.** जनयति –यितुं), सञ्जन्.–**(Do, perform)** कृ, सङ्कृ, विधा, अनुष्ठा (**c. 1.** –तिष्ठति –ष्ठातुं), आचर् (**c. 1.** –चरति –रितुं), समाचर्.–**(Constitute, compose)** निर्मा, क्लृप्, घट्, संस्था **in caus.** (स्थापयति –यितुं) **or expressed by** निर्मित: –ता –तं, मय: –यी –यं, घटित: –ता –तं, रूप: –पा –पं, आत्मक: –का –कं, सम्भृत: –ता –तं **in comp.** ***See*** **Constituted, consisting of, made of.**–**(Effect)** साध् (**c. 10.** साधयति –यितुं), उत्पद् (**c. 10.** –पादयति –यितुं),निष्पद्, सम्पद्, जन् (**c. 10.** जनयति –यितुं), कल् (**c. 10.** कलयति –यितुं), निर्मा, कृ.–**(Produce)** उत्पद्, जन्, सञ्जन्.–**(Cause to be)** कृ, **or expressed by the caus. form; as, 'good fortune makes a man proud,'** श्री: पुरुषं दर्पयति.–**(Compel, force) expressed by the causal form usually in conjuction with** बलात् **or** बलेन. ***See To*** **Force. 'He is made to perform that action'** कार्य्यते तत् कर्म्म.–**(Gain)** प्राप् (**c. 5.** –आप्नोति –आप्तुं) लभ् (**c. 1.** लभते, लब्धुं), उत्पद्.–**(Adjust, arrange)** रच्, विरच्, विन्यस् (**c. 4.** –अस्यति –असितुं), परिक्लृप्; **'to make a bed,'** शय्यां विन्यस्.–**(Make amends)** निष्कृतिं दा, निस्तारं

कृ, पारितोषिकं दा, प्रतिफलं दा, क्षतिपूरणं कृ.–**(Make account of)** मन् **(c. 10.** मानयति -यितुं), सम्मन्, अपेक्ष् **(c. 1.** -ईक्षते -क्षितुं), प्रतीक्ष्.–**(Make away)** व्यापद् **(c. 10.** -पादयति -यितुं), हन् **(c. 2.** हन्ति -न्तुं, **c. 10.** घातयति -यितुं), बधं कृ.–**(Make good, fulfil)** निष्पद्, सम्पद्, सम्पृ **(c. 10.** -पूरयति -यितुं), सिद्धीकृ, साध्.–**(Make good a loss)** क्षतिपूरणं कृ, प्रत्युपकृ, अपाकृ, निष्कृ, प्रतिकृ, निष्कृतिं दा, प्रतिदा.–**(Make known)** ज्ञा **in caus.** (ज्ञापयति -यितुं), निविद् **(c. 10.** -वेदयति -यितुं), सूच् **(c. 10.** सूचयति -यितुं). *See* **Known. (Make light of)** लघूकृ, तुच्छीकृ.–**(Make love)** विवाहार्थं प्रेम कृ.–**(Make merry)** उत्सवं कृ.–**(Make much of)** बहु मन्.–**(Make over)** परस्मै **or** परस्मिन् समृ **in caus.** (-अर्पयति -यितुं), द्रव्याधिकारित्वं, पराधीनं कृ **or** परवशं कृ **or** परस्वत्वे प्रतिपद् **(c. 10.** -पादयति -यितुं), परसमर्पणं कृ.– **(Make out)** निरूप् **(c. 10.** -रूपयति -यितुं),उपलभ्, अवगम् **(c. 1.** -गच्छति -गन्तुं), ग्रह् **(c. 9.** गृह्णाति, ग्रहीतुं), विज्ञा **(c. 9.** -जानाति -ज्ञातुं), ज्ञा.–**(Make out, prove)** प्रमाणीकृ, साध्, सूच्.–**(Make up, collect)** समानी **(c. 1.** -नयति-नेतुं), सम्भृ **(c. 1.** -भरति -भर्त्तुं), समादा, एकीकृ, एकत्रीकृ, समूहीकृ.–**(Make up, reconcile)** सन्धा, समाधा, विवादं शम् **(c. 10.** शमयति -यितुं), विवादसान्त्वनं कृ.–**(Make up, settle)** साध्, सिद्धीकृ, निर्णी.–**(Make up one's mind)** निश्चयं कृ, निर्णयं कृ, दृढसङ्कल्पं कृ.–**(Make water)** मूत्रं कृ, मूत्रोत्सर्गं कृ, मूत्रत्यागं कृ.

To **make, *v. n.* (Move towards)** अभिया **(c. 2.** -याति -तुं), प्रतिया, आया, प्रत्याया, उपया; प्रतिगम् **(c. 1.** -गच्छति -गन्तुं), अभिगम्, अभ्यागम्, उपसृप् **(c. 1.** -सर्पति -सर्प्तुं), आक्रम् **(c. 1.** -क्रामति -क्रमितुं) उपक्रम्, अभिक्रम्,अभिसृ **(c. 1.** -सरति -सर्त्तुं), प्रतिसृ.–**(Contribute, conduce)** आवह् **(c. 1.** -वहति -वोढुं), आनी **(c. 1.** -नयति -नेतुं), सम्पद् **(c. 10.** -पादयति -यितुं); **'to make for one's advantage,'** आत्महिताय भू, आत्मविवृद्धये भू.–**(Make as if)** प्रतिभा **(c. 2.** -भाति -तुं),आभा.–**(Make off)** पलाय् **(c. 1.** पलायते -यितुं, **rt.** इ), विपलाय्, अपधाव् **(c. 1.** -धावति -वितुं),अपक्रम्, अपसृप्, अपया, अपसृ, अपगम्, चल् **(c. 1.** चलति -लितुं), अपचल्.–**(Make up, be reconciled)** सन्धा **(c. 3.** -धत्ते -धातुं), शान्तविवादः -दा -दं भू.

Make, *s.* आकारः, आकृतिः, ***f.***, संस्कारः, रूपं, संस्थानं, विग्रहः, मूर्त्तिः ***f.***, वपुस् ***n.***, निर्माणं, निर्मितिः, ***f.***, व्यूहनं.

Make-bate, *s.* कलहकारी ***m.*** (न्), द्वन्द्वकारी ***m.*** (न्),कलिकारकः, भेदकरः.

Make-peace, *s.* सन्धाता ***m.*** (तृ), सन्धानकर्त्ता ***m.*** (र्त्तृ), सन्धिकृत् ***m.***

Maker, *s.* कर्त्ता ***m.*** (र्त्तृ), कारः -रकः, कारी ***m.*** (न्), कृत् ***m.*** कारुः ***m.***, निर्माता ***m.*** (तृ), निर्माणकृत् ***m.***, निर्माणकर्त्ता, विधाता ***m.*** (तृ), विधायी ***m.*** (न्), कल्पकः,परिकल्पकः, रचकः, घटकः, उत्पादकः.–**(Creator)** स्रष्टा ***m.*** (ष्टृ), विधाता ***m.*** धाता ***m.*** सृक् ***m.*** (ज्), सृष्टिकर्त्ता ***m.***, जनकः, जनिता ***m.*** (तृ), जनयिता ***m.***–**(Of the world)** जगकर्त्ता ***m.***, जगत्स्रष्टा ***m.*** (ष्टृ), विश्वसृक् ***m.***, विश्वविधायी ***m.***, विश्वकृत् ***m.*** लोककृत् ***m.***

Making, *s.* करणं, निर्माणं, निर्मितिः ***f.***, कल्पनं -ना, विधानं, रचनं -ना, घटनं, -ना, जननं, उत्पादनं सृष्टिः ***f.***, सर्ज्जनं.

Mal, as a prefix is expressed by अ, दुर्, वि, कु, अप, ऊत्, असत्.

Malabar, *s.* (The country) मलयः, मलयदेशः, केरलः.

Mal-Administration, *s.* असम्यक्पालनं, दुर्णीतिः ***f.***, दुर्णयः, दुःशासनं, कुनीतिः ***f.***, अनीतिः ***f.***, दुर्णीतं, दुर्निर्वाहः.

Malady, *s.* रोगः, व्याधिः ***m.***, आमयः, विकारः, विकृतिः ***f.***, पीडा, दुःखं रुक् ***f.***, (ज्), रुजा, गदः, तापः, उपतापः, अस्वास्थ्यं, अस्वस्थता, बाधा, क्लेशः, आर्त्तिः ***f.***, कष्टं.

Malapert, *a.* अविनीतः -ता -तं, दुर्विनीतः -ता -तं, अविनयः -या -यं, धृष्टः -ष्टा -ष्टं, धर्षितः -ता -तं, प्रगल्भः -ल्भा -ल्भं, प्रतिभानवान् -वती -वत् (त्).

Malapertly, *adv.* दुर्विनीतवत्, अविनयेन, दुर्विनयात्, धृष्टवत्, प्रगल्भं.

Malapertness, *s.* अविनयः, दुर्विनयः, अविनीतता, दुर्विनीतता, धृष्टता, प्रगल्भता, प्रागल्भ्यं, प्रतिभा -भानं, दुर्वृत्तता.

Malapropos, *adv.* अस्थाने, अकाले, अयोग्यं, असमयेन, अनवसरेण, अप्रसङ्गवत्, अप्रसङ्गेन, अप्रस्तुतिं, अप्रासङ्गिकः -की -कं.

Malaria, *s.* पूतिवातः, दुर्वायुः ***m.***, दुर्वातः, रोगजनकः कुवायुः ***m.***, पूतिवाष्पः, मारकवाष्पः, दूषकवाष्पः.

Malcontent, malcontented, *a.* (Discontented) असन्तुष्टः -ष्टा -ष्टं, अतुष्टः -ष्टा -ष्टं.–**(With the government)** राज्यमार्गासन्तुष्टः -ष्टा -ष्टं, राज्यनीतिवितुष्टः -ष्टा -ष्टं, राज्यवितुष्टः **etc.**

Male, *s.* पुमान् ***m.*** (पुंस् **or** पुमस्), पुरुषः, पूरुषः, नरः, ना ***m.*** (नृ), मानुषः, मनुष्यः, मानवः, मनुजः, पुंव्यक्तिः ***m.***, पुम्प्राणी ***m.***, पञ्चजनः **'duties of the male,'** पुन्धर्म्मः, नृधर्म्मः; **'male and female,'** स्त्रीपुरुषौ ***m.*** **du.**, मिथुनं, युग्मं, द्वन्द्वं.–**(In botany)** पुरुषः.–**(Screw)** नरः.

Male, *a.* पुं **in comp.**, पुरुष **in comp.**, पौरुषेयः -यी -यं, पुरुषजातीयः -या -यं, पुंजातीयः -या -यं, पुरुषजातिसम्बन्धी -न्धि -न्धि (न्), नर **in comp.; 'male species,'** पुंजातिः

f., पुरुषजातिः *f.;* **'male offspring,'** पुमपत्यं, पुंसन्तानं, पुमन्वयः अन्वयः; **'the male organ,'** पुंलिङ्गं, पुंश्चिह्नं; **'a male tiger,'** पुंव्याघ्रः; **'male attire,'** पुरुषवेशः, नरवेशः, नृवेशः.

Maledicted, ***a.*** शप्तः -प्ता -प्तं, अभिशप्तः -प्ता -प्तं, आक्रुष्टः -ष्टा -ष्टं.

Malediction, ***s.*** शापः, अभिशापः, शपः -पनं, शपथः, परिशापः, आक्रोशः -शनं, अवक्रोशः, उपक्रोशः, भर्त्सनं, अभिषङ्गः, दुर्वाक्यं, अमङ्गलवचनं, अकल्याणवचनं, अमङ्गलेच्छा, मौखर्य्यं.

Maledictory, ***a.*** अभिशापकः -का -कं, आक्रोशकः -की -कं, रुशन् -शन्ती -शत् (त्), अनिष्टप्रार्थकः -का -कं, अमङ्गलाशंसकः -का -कं, दुर्वाक्यमयः -यी -यं.

Malefactor, ***s.*** अपराधी ***m.,*** (न्), पापी ***m.,*** (न्), पातकी ***m.,*** (न्), महापातकी ***m.,*** (न्), कुकर्म्मा ***m.,*** (न्), पापकर्म्मा ***m.,*** (न्), दुष्कृती ***m.,*** (न्), पापकारी ***m.,*** (न्), कुकर्म्मकारी ***m.,*** (न्), दुष्कर्म्मा ***m.,*** दुष्कृतकर्म्मा ***m.,*** अन्यायी ***m.,*** (न्), एनस्वी ***m.,*** (न्), दोषी ***m.,*** कृतापराधः, कृतागाः ***m.,*** (स्), कृष्णकर्म्मा ***m.,*** असत्कर्म्मा ***m.***

Malevolence, ***s.*** दुष्टभावः भावदुष्टता, दुष्टबुद्धि ***f.,*** द्रोहबुद्धि ***f.,*** दुर्बुद्धि ***f.,*** द्वेषबुद्धि ***f.,*** द्वेषभावः, दुष्टचित्तत्वं, कुभावः, कुबुद्धि ***f.,*** द्रोहचिन्तनं, द्रोहः, असूया, अभ्यसूया, दौरात्म्यं, अहितत्वं, अप्रीतिः ***f.,*** मात्सर्य्यं, पापदर्शनं, अहितेच्छा, अहितेप्सा, अहितैषा, अपकारेच्छा, अनिष्टेच्छा, पुरोभागिता.

Malevolent, ***a.*** दुष्टबुद्धिः -द्धिः -द्धि, दुष्टभावः -वा -वं, द्रोहबुद्धिः **etc.,** द्वेषबुद्धिः **etc.,** कुबुद्धिः **etc.,** दुर्बुद्धिः **etc.,** कुभावः -वा -वं, अहितबुद्धिः **etc.,** सासूयः -या -यं,साभ्यसूयः -या -यं, मत्सरः -रा -रं -री -रिणी -रि (न्(), दुरात्मा -त्मा -त्म (न्), दुष्टात्मा **etc.,** दुष्टचेताः -ता -तः(स्), दुष्टमतिः -तिः -ति, पापदर्शी -र्शिनी -र्शि (न्), दोषैकदृक् (श्), द्रोहचिन्तकः -का -कं, अनिष्टचिन्तकः **etc.,** अपकारार्थी -र्थिनी **etc.,** अनिष्टार्थी **etc.,** अहितकामः -मा -मं, अहितेच्छुः -च्छुः -च्छु, अहितैषी -षिणी **etc.,** अहितः -ता -तं, दुष्टशीलः -ला -लं, हिंसाशीलः **etc.,** अपकारशीलः **etc.,** दुःशीलः **etc.,** दुर्हृदयः -या -यं, विषहृदयः -या -यं, पुरोभागी -गिनी **etc.**

Malevolently, ***adv.*** दुष्टभावेन -वात्, दुष्टबुद्धित्वात्, द्रोहबुद्ध्या, अहितबुद्ध्या, मात्सर्य्येण, मत्सरवत्, सासूयं, साभ्यसूयं, दुष्टचेतसा, अहितेच्छया, दुष्टशीलत्वात्.

Malice, ***s.*** दुष्टभावः, द्रोहः, द्रोहबुद्धिः ***f.,*** द्रोहचिन्ता -न्तनं, द्वेषभावः, द्वेषः, दीर्घद्वेषः, असूया, अभ्यसूया, ईर्ष्या, मात्सर्य्यं, मत्सरता, हिंसाबुद्धिः ***f.,*** हिंसाशीलता, नृशंस्यं, नृशंसता, दंशः, दौर्जन्यं, दुष्टशीलता, दुःशीलता, अपकारेच्छा, अहितेच्छा, अनिष्टेच्छा, मानसहिंसा, दौरात्म्यं, दुरात्मता, हिंसा, परिहिंसा, खलता; **'malice prepense,'** द्रोहचिन्तनं, व्यापादः; **'secret malice,'** मानसद्वेषः, मानसद्रोहः; **'bearing malice,'** दीर्घद्वेषी -षिणी -षि (न्).

Malicious, ***a.*** द्रोहबुद्धिः -द्धिः -द्धि, द्रोही -हिणी -हि (न्), दुष्टभावः -वा -वं, मत्सरः -रा -रं, मत्सरी -रिणी **etc.,** नृशंसः -सा -सं, हिंसाशीलः -ला -लं, हिंसात्मकः -का -कं, हिंसालुः -लुः -लु, द्रोहशीलः **etc.,** परिहिंसाशीलः **etc.,** हिंसारुचिः -चिः -चि, द्वेषी -षिणी **etc.,** अतिद्वेषी **etc.,** अतिद्वेषकः -का -कं, अतिद्वेष्टा -ष्ट्री -ष्टृ (ष्टृ), कुबुद्धिः **etc.,** कुमेधाः -धाः -धः (स्), दंशी -शिनी **etc.,** साभ्यसूयः -या -यं, सासूयः **etc.,** दुर्जनः -ना -नं, खलः -ला -लं, पिशुनः -ना -नं, फेरवः -वा -वं. ***See*** **Malevolent. (Proceeding from malice)** द्वेषमूलकः -का -कं, मात्सर्य्यहेतुकः -का -कं, द्रोहमूलः -ला -लं, दौर्जन्यहेतुकः -का -कं.

Maliciously, ***adv.*** द्रोहबुद्ध्या, द्रोहशीलत्वात्, दुष्टभावेन, अपकारेच्छया, सद्वेषं, द्रोहचिन्तापूर्व्वं, समात्सर्य्यं; **'maliciously intentioned,'** द्रोहबुद्धिः -द्धिः -द्धि.

Maliciousness, ***s.*** द्रोहबुद्धित्वं, हिंसाशीलता, कौटिल्यं. ***See*** **Malice.**

Malign, ***a.*** अतिदुष्टः -ष्टा -ष्टं, विषपूर्णः-र्णा -र्णं. ***See*** **Malignant.**

To **malign,** ***v. a.*** अपवद् **(c. 1.** -वदति -दितुं), परिवद्, अभिशंस् **(c. 1.** -शंसति -सितुं), कलङ्क **(nom.** कलङ्कयति -यितुं),असूय **(nom.** असूयति -यितुं), मुखरीकृ.

Malignant, ***s.*** **(Malicious)** द्रोहबुद्धिः -द्धिः -द्धि, दुष्टबुद्धिः **etc.,** दुर्बुद्धिः **etc.,** दुष्टमतिः -तिः -ति, दुर्मतिः **etc.,** दुराशयः -या -यं, अहितः -ता -तं, नृशंसः -सा -सं, विषहृदयः -या -यं. ***See*** **Malicious, malevolent. (Virulent, acrimonious)** उग्रः -ग्रा -ग्रं, अत्युग्रः **etc.,** अतिकटुः -टुः -टु, अरुन्तुदः -दा -दं,अतितिग्मः -ग्मा -ग्मं, अतिदुष्टः -ष्टा -ष्टं, बहुविषः -षा -षं, विषालुः -लुः -लु, विषपूर्णः -र्णा -र्णं; **'a malignant ulcer,'** दुष्टव्रणः.—**(Dangerous to life, difficult to be cured)** मारात्मकः -का -कं, प्राणनाशकः -का -कं, शरीरनाशकः -का -कं, साङ्घातिकः -की -कं, दुश्चिकित्स्यः -त्स्या -स्यं, दुश्चिकित्सः -त्सा -त्सं, दुःसाध्यः -ध्या -ध्यं, दुःशमनीयः -या -यं, सान्निपातिकः -की -कं, काल **in omp.; 'malignant fever,'** कालज्वरः, सन्निपातज्वरः, मारकः, मरकः.—**(Unpropitious in astrology)** अनिष्टः -ष्टा -ष्टं, अनिष्टःसूचकः -का -कं, अमङ्गलः -ला -लं, अकल्याणः -णा -णं.

Malignantly, ***adv.*** सद्रोहं, अतिदुष्टं, अत्युग्रं, अतितिग्मं, दुष्टभावात्, सविषं.

Maligned, ***p. p.*** मिथ्याभिशस्तः -स्ता -स्तं, मिथ्याभियुक्तः -क्ता -क्तं, कलङ्कितः **etc.**

Malinger, ***s.*** अपवादी ***m.*** (न्), अभिशस्तकः, असूयकः, गुणघाती ***m.***

Malignity, malignancy, ***s.*** **(Maliciousness)** दुष्टबुद्धित्वं, बुद्धिदुष्टता, भावदुष्टता, दुर्बुद्धित्वं, द्रोहः, द्रोहबुद्धित्वं, अतिदुष्टता, द्वेषः, अतिद्वेषः, दुर्मतिः ***f.,*** –तित्वं, पैशुन्यं. ***See*** **Malice, Maliciousness. (Virulence)** उग्रता, अत्युग्रता, अतिकटुता, अतितिग्मता, अतिदुष्टता, सविषात्वं, विषपूर्णता, बहुविषत्वं.–**(Destructive tendency)** मारात्मकत्वं, –ता, अतिनाशकता, साङ्घातिकता, दुश्चिकित्स्यता.

Malkin, ***s.*** **(Mop)** मार्जनी, सम्मार्जनी.–**(Drab)** नीचस्त्री, अशुद्धा.

Mall, ***s.*** **(Heavy hammer)** वृहन्मुद्गरः, काष्ठमुद्गरः, घनः. –**(Public walk)** जनाकीर्णमार्गः, लोकाकीर्णमार्गः, लोकमार्गः, लोकपथः, सर्व्वसामान्यपथः.

Malleability, ***s.*** आघातवर्धनीयता, ताडनवर्धनीयता, मुद्गराघातवर्धनीयत्वं, घनवर्धनीयत्वं, घनवर्धिष्णुता, उद्वर्त्तनक्षमता, उद्वर्त्तनीयता.

Malleable, ***a.*** आघातवर्धनीयः –या –यं, ताडनवर्धनीयः –या –यं, मुद्गराघातवर्धनीयः –या –यं, उद्वर्त्तनक्षमः –मा –मं, घनवर्धनीयः –या –यं, घनवर्धिष्णुः –ष्णुः –ष्णु.

To **malleate,** ***v. a.*** मुद्गराघातेन उद्वर्त्तनं कृ or उद्वृत् (**c.10.** –वर्त्तयति –यितुं).

Malleation, ***s.*** मुद्गराघातवर्धनं, घनवर्धनं, ताडनवर्धनं, उद्वर्त्तनं.

Mallet, ***s.*** मुद्गरः,काष्ठमुद्गरः, घनः, काष्ठघनः, द्रुघणः.

Mal-practice, ***s.*** कुचर्य्या, कुचरितं, कुचेष्टितं, दुश्चरितं, दुराचारः.

Malt, ***s.*** चिरकालेन जलस्थितं यववीजं, ईषत्स्फुटत् or ईषत्फुल्लवट यववीजं, यवपानीयवीजं.

Malt-drink, malt-liquor, ***s.*** यवसुरा, यवरसः, यवजं, यवपानीयं.

Malt-house, ***s.*** यवपाचनगृहं, यवसन्धानस्थानं, यववीजगृहं.

To **maltreat,** ***v. a.*** अपकृ, अपकारं कृ, शत्रुवद्, आचर् (**c. 1.** –चरति –रितुं).

Maltreated, ***p. p.*** अपकृतः –ता –तं, कृतापकारः –रा –रं, दुराचरितः –ता –तं.

Maltreatment, ***s.*** अपकारः, अपक्रिया, अपकृतिः ***f.,*** निकारः, पीडा.

Malversation, ***s.*** दुराचरितं, अनुचिताचारः, धूर्त्तता, शाठ्यं, खलता, कुसृतिः ***f.***

Mālwa, ***s.*** **(Province)** मालवः, दाशेरकः; **'the people of Mālwa,'** मालवाः ***m.pl.,*** माल्वयाः ***m.pl.,*** मालवी ***f. sing.***

Mam, mamma, ***s.*** मा, माता ***f.*** (तृ), अम्बा, अम्बिका, अम्बालिका.

Mammalia, ***s. pl.,*** सस्तनाः ***m. pl.,*** स्तनविशिष्टो जन्तुगणः, सस्तनजातिः ***f.***

Mammary, ***a.*** स्तनसम्बन्धी –न्धि –न्धि(न्), कुचसम्बन्धी **etc.**

Mammet, ***s.*** पुत्तली –लिका, पुत्रिका, पाञ्चाली –लिका, पाञ्चलिका.

Mammifer, mammiferous, ***a.*** सस्तनः–ना –नं, स्तनवान् –वती –वत् (त्).

Mammiform, ***a.*** स्तनाकारः –रा –रं, स्तनाकृतिः –तिः –ति, कुचाकारः –रा –रं.

Mammillary, ***a.*** स्तनसम्बन्धी –न्धि –न्धि (न्), स्तनाकारः –रा –रं.

Mammon, ***s.*** धनं, धनेश्वरः लक्ष्मीः ***f.;*** **'serving mammon,'** धनसेवनं, लक्ष्मीपूजनं, धनसम्पादनं, अर्थसेवा, अर्थपरता.

Mammoth, ***s.*** मेम्मथ्संज्ञकः, प्राचीनकालिको हस्ती.

Man, ***s.*** **(A male of the human race)** पुरुषः, नरः, मनुष्यः, मानुषः, मानवः, मनुजः, जनः, पुमान् ***m.*** (पुंस् **or** पुमस्), मर्त्यः, पूरुषः, मनुः ***m.,*** पञ्चजनः, मनुभूः ***m.,*** पुंव्यक्तिः ***m.*** वीरः, मालः, वृधसानः, वृधसानुः ***m.,*** चर्षणिः ***m.,*** भूस्पृक् ***m.,*** (श्); **'an eminent man,'** पुरुषसिंहः, पुरुषव्याघ्रः, पुरुषर्षभः, पुरुषशार्दूलः, पुरुषपुङ्गवः, पुरुषोत्तमः, पुरुषचन्द्रः, पुरुषपुण्डरीकः, नरसिंहः, नृसिंहः; **'a low man,'** पुरुषाधमः; **'a man of truth,'** सत्यवीरः.–**(Mankind)** मनुष्यजातिः ***f.,*** पुरुषजातिः ***f.,*** मानुष्यं, पुरुषाः ***m. pl.,*** मानुषाः ***m. pl.,*** मानवाः ***m. pl.,*** नराः ***m. pl.,*** लोकः, मनुष्यलोकः, मनुभूः ***m.;*** **'the fear of man,'** पुरुषभीतिः ***f.,*** जनभीतिः ***f.;*** **'the measure or stature of a man,'** पौरुषं, पुरुषपरिमाणं.–**(Person)** जनः, व्यक्तिः ***f.***–**(Make servant)** सेवकः, प्रेष्यः, किङ्करः, दासजनः.–**(Man at chess, etc.)** नरः, सारः, शारः, शारि ***m.,*** सारिः –री –रिका, जतुपुत्रकः, नयः.–**(Adult)** प्रौढवयस्कः, मानुष्यव्याप्तः.

To **man,** ***v. a.*** मनुष्ययुक्तं –क्ता कृ, समनुष्यं –ष्यां कृ, सैन्यान् प्रविश् (**c. 10.** –वेशयति –यितुं) **or** निविश्, पुरुषप्रवेशनात् सज्जीकृ.

Manacle, ***s.*** हस्तबन्धनं, करबन्धनं, हस्तपाशः, पाणिबन्धः.

To **manacle,** ***v. a.*** हस्तौ पाशेन बन्ध् (**c. 9.** बध्नाति, बन्द्धुं), पाणिबन्धनं कृ, करसंयमनं कृ, करयन्त्रणं कृ.

Manacled, ***p. p.*** बद्धहस्तः –स्ता –स्तं, संयमितकरः –रा –रं, यन्त्रितकरः **etc.**

To **manage,** ***v. a.*** **(Conduct, carry on)** प्रणी (**c. 1.** –णयति –णेतुं), सम्प्रणी, विधा (**c. 3.** –दधाति –धातुं), वह् (**c. 10.** वाहयति –यितुं), निर्वह्, आचर् (**c. 1.** –चरति –रितुं), घट् (**c. 1.** घटते –टितुं), प्रवृत् (**c. 10.** –वर्त्तयति –यितुं), वृत्, कृ. –**(Direct, control)** शास् (**c. 2.** शास्ति –सितुं), नियन्त्र्, वशीकृ, अनुशास्, समनुशास्, नियम् (**c. 1.** –यच्छति –यन्तुं), विनियम्, सन्नियम्, यन्त्र् (**c. 10.** यन्त्रयति –यितुं).–**(Train)**

विनी, शिक्ष् (c. 10. शिक्षयति -यितुं), अनुशिक्ष्; **'let it be managed,'** विधीयतां.

To* manage, *v. n. निर्वाहं कृ, प्रणयनं कृ, उपायप्रयोगं कृ, प्रयोगं कृ.

Manageable, *a.* विनेयः -या -यं, प्रणेयः -या -यं, विधेयः -या -यं, सुविधेयः -या -यं, गृह्यकः -का -कं, वश्यः -श्या -श्यं, सुकरः -रा -रं, आयत्तः -त्ता -त्तं, शासनीयः -या -यं, विनीतः -ता -तं.

Managed, *p. p.* प्रणीतः -ता -तं, विहितः -ता -तं, निर्व्वाहितः -ता -तं, निर्वहितः -ता -तं, वाहितः -ता -तं, घटितः -ता -तं, प्रवर्त्तितः -ता -तं, वर्त्तितः -ता -तं, आचरितः -ता -तं, नियतः -ता -तं, विनियतः -ता -तं, प्रयुक्तः -क्ता -क्तं; **'well managed,'** सुघटितः -ता -तं, सुप्रयुक्तः -क्ता -क्तं, सुनीतः -ता -तं; **'badly managed,'** दुर्घटितः -ता -तं, असम्यक् चेष्टितः -ता -तं.

Management, *s.* (Conduct, carryying on) प्रणयनं, सम्प्रणयनं, नीतिः ***f.,*** नयः, प्रणीतिः ***f.,*** नायः, नेतृत्वं, निर्वाहः, निर्वहणं, निर्वाहणं, व्यवहर्त्तृत्वं, आचरणं, सम्पादनं, विधानं, घटनं -ना, प्रयोगः, प्रवर्त्तनं, प्रवृत्तिः ***f.,*** करणं; **'of affairs,'** कर्म्मनिर्वाहः. **—(Control)** अधिकारः, प्रभुत्वं, अधिष्ठातृत्वं, शासनं, अनुशासनं, विनियमः. **—(Contrivance)** उपायः, प्रयोगः, उपायप्रयोगः, युक्तिः ***f.,*** युक्तिप्रयुक्तिः ***f.,*** उपायज्ञता; **'good management,'** सुनयः, सुनीतिः ***f.,;*** **'bad management,'** दुर्णयः, दुर्णीतिः; **'management of a drama,'** स्थापना.

Manager, *s.* नायकः, नेता ***m.,*** (तृ), प्रणेता ***m.,*** सम्प्रणेता ***m.,*** निर्वाहकः, वाहकः, सम्पादकः, व्यवहर्त्ता ***m.*** (र्त्तृ), घटकः, अधिष्ठाता ***m.,*** (तृ), प्रवर्त्तकः, प्रयोजकः, चालकः, अधिकारी ***m.,*** (न्), अधिकृतः, कर्त्ता ***m.,*** (र्त्तृ), कारकः; **'manager of affairs,'** कर्म्मनिर्वाहकः, कार्य्याध्यक्षकः, कार्य्यद्रष्टा (ष्टृ), कार्य्यावेक्षिता ***m.,*** (तृ), कर्म्माधिकारी ***m.;*** **'manager of the treasury,'** कोषाध्यक्षः, धनाधिकारी ***m.,*** अर्थाधिकारी. **—(Stage manager)** सूत्रधारः -री ***m.,*** (न्), मारिषः, स्थापकः, सूचकः. **—(Expert in the use of means)** उपायज्ञः, युक्तिमान् ***m.*** (त्), विदग्धः. **—(Economical)** परिमितव्ययी ***m.*** (न्), परिमिताचारी ***m.***

Managing, *a.* उपायज्ञः -ज्ञा -ज्ञं, उपायकुशलः -ला -लं, विदग्धः -ग्धा -ग्धं.

To* mancipate, *v. a. दासीकृ, वशीकृ, करदीकृ, बन्ध् (c. 9. बध्नाति, बन्द्धुं).

Mancipation, *s.* दास्यं, दासत्वं, दासीकरणं, वशीकरणं, परप्रेष्यत्वं, बन्धन.

Manciple, *s.* भोजनाधिकारी ***m.*** (न्), भोजनादिपरिकल्पकः.

Mandate, *s.* आज्ञा, आदेशः, निदेशः निर्देशः, नियोगः, शासनं, शास्तिः ***f.,*** नियमः, चोदना -नं, विधिः ***m.,*** विधानं; **'written,'** आज्ञापत्रं, शासनपत्रं, पट्टं.

Mandatory, *a.* आदेशकः -का -कं, आदेशी -शिनी -शि (न्), निर्देशकः -का -कं, आज्ञापकः -का -कं, आज्ञासूचकः -का -कं, आज्ञाबोधकः -का -कं, शासकः -का -कं.

Mandible, *s.* हनुः ***m. f.*** **—(Lower jaw)** पीचं, कुञ्जः, चिवुकं.

Mandrake, *s.* (A plant) लक्ष्मणा, पुत्रदात्री, पुत्रदा, दूदाफलं.

To* manducate, *v. a. चर्व् **(c. 1.** चर्वति -र्वितुं, **c. 10.** चर्वयति -यितुं), चर्वणं कृ.

Manducation, *s.* चर्वणं -णा, दन्तपेषणं, रोमन्थः, भक्षणं, भोजनं.

Mane, *s.* (Of a horse, etc.) केशरः, केसरः. **—(Of a lion)** सिंहकेशरः, सटा.

Man-eater, *s.* पुरुषादः, मनुष्यादः, मानवादः, मनुष्यभोजी ***m.*** (न्), नरभोजी ***m.,*** मनुष्यभक्षी ***m.,*** नरभुक् ***m.*** (ज्), नराशी ***m.,*** नृजग्धः, नृमांसखादकः, मनुष्यमांसभुक् ***m.***

Maned, *a.* केशरी -रिणी -रि (न्), केसरी **etc.,** सकेशरः -रा -रं.

Manege, *s.* (Art of training horses) अश्वशिक्षणविद्या, अश्वदमनविद्या. **—(School for training horses)** अश्वशिक्षाशाला.

Manes, *s. pl.* (Desceased ancestors) पितरः ***m. pl.,*** पितृलोकः, पितृपितामहादि ***n.*** **—(Ghost)** प्रेतलोकः, प्रेतः, प्रेतनरः,परेतः, पितृवनेचरः. **—(Eater of the funeral oblation)** पिण्डादः, पिण्डाशी ***m.*** (न्), पिण्डाशः, पिण्डभाक् ***m.*** (ज्), पिण्डी ***m.*** (न्), श्राद्धभुक् ***m.*** (ज्), श्राद्धी ***m.*** (न्), श्राद्धिकः; **'collective class of manes or deceased ancestors,'** पितृगणः, पितृवर्गः, पितृसामान्यं, **certain of these classes are** सोमसद्, अग्निष्वात्त, सोमपाः, आज्यपः अर्य्यमा ***m.*** (न्), सुकाली ***m.*** (न्), हविष्मत्, कव्यवालः, वारिषद्, अग्निदग्धः, अनग्निदग्धः, सोमः; **'business of offering oblations to the manes,'** पितृकर्म्म ***n.*** (न्), पितृक्रिया, पितृव्रतं, पितृकार्य्यं, श्राद्धकर्म्म ***n.,*** श्राद्धक्रिया, पितृयज्ञः, पितृमेधः; **'oblation to the manes,'** श्राद्धं, पिण्डः -ण्डी, कव्यं, **various forms of these oblations are** पार्वणश्राद्धं, एकोद्दिष्टश्राद्धं, नित्यश्राद्धं, नैमित्तिकश्राद्धं, काम्यश्राद्धं, आह्निकश्राद्धं, वृद्धिश्राद्धं, सपिण्डनश्राद्धं, उदकुम्भश्राद्धं, नान्दीश्राद्धं, नान्दीमुखं, प्रीतिश्राद्धं, हिरण्यश्राद्धं, आमश्राद्धं, पाथेयश्राद्धं, तिलतर्पणं; **'the offering of a cake,'** पिण्डदानं, पिण्डनिर्वपणं; **'of water,'** उदकदानं, उदकक्रिया; **'fift in honor of the manes,'** पितृदानं-नकं, पितृतर्पणं; **'one who makes the oblation,'** पिण्डदः, श्राद्धदः, श्राद्धकरः, श्राद्धकृत् ***m.;*** **'day sacred to the manes,',** पितृतिथिः ***m. f.,*** पितृदिवसः; **'heaven of the manes,'**

पितृलोकः, पितृपदं, पितृस्थानं. **Oblations to the manes are made by the relations of the deceased soon after his death, and are repeated one, or, according to some, twice in every year, *i.e.* on the anniversary of the death, and on the same lunar day of the waning half of the month Bhādra. The latter are called** महालयः. **These obsequial rites are supposed to be necessary to secure the residence of the souls of the deceased in a world appropriated to the manes.**

Maneuver, manoeuvre *s.* उपायः, उपायप्रयोगः, युक्तिः ***f.,*** सुयुक्तिः ***f.,*** प्रयुक्तिः युक्तिप्रयुक्तयः ***f. pl.,*** माया, व्यपदेशः, कैतवप्रयोगः, विदग्धप्रयोगः, छलं, उपसञ्चरः.—**(Military manoeuvre)** युद्धछलं, युद्धव्यपदेशः; **'evolutions of troops,'** सैन्यविन्यासः, सैन्यव्यूहः, योग्या.

To* maneuver, *v. n. उपायप्रयोगं कृ, कैतवप्रयोगं कृ, विदग्धप्रयोगं कृ, व्यपदेशं कृ, छलं कृ; **'to distribute troops,'** छलार्थं सैन्यान् विन्यस् **(c. 4.** -अस्यति-सितुं) **or** व्यूह् **(c. 1.** -ऊहते -हितुं).

Manful, *a.* पौरुषः -षी -षं, पौरुषेयः-यी -यं, पुरुषयोग्यः -ग्या -ग्यं, वीरयोग्यः **etc.,** शूरयोग्यः **etc.,** महावीर्य्यः -र्य्या -र्य्यं, साहसिकः-की -कं.

Manfully, *adv.* पुरुषवत्, पौरुषेण, सपौरुषं, सवीर्य्यं, वीरवत्, सविक्रमं, शूरवत्, महावीर्य्येण, सपराक्रमं, निर्भयं.

Manfulness, *s.* पौरुषं, पुरुषता -त्वं, वीर्य्यं, सुवीर्य्यं, विक्रमः, साहसं.

Mange, *s.* खर्जूः ***f.,*** कच्छूः ***f.,*** कण्डूः ***f.,*** पाम ***n.*** (न्), सिध्म ***n.*** (न्), त्वक्पुष्पं, त्वग्रोगः, दुश्चर्म्मत्वं, चर्म्मदुष्टता.

Manger, *s.* गवादनी, अश्वादनी, गवादनपात्रं, तृणपात्रं, भोजनपात्रं.

Manginess, *s.* कच्छुरता -त्वं, सिध्मलत्वं, सिध्मवत्त्वं, दुष्टचर्म्मत्वं.

***To* mangle, *v. a.* (Lacerate)** व्यवछिद् **(c. 7.** -छिनत्ति -छेत्तुं), व्रश्च् **(c. 6.** वृश्चति, व्रश्चितुं), प्रव्रश्च्, विदृ **(c. 10.** -दारयति-यितुं), बहुलवशः -खण्ड **(c. 10.** खण्डयति -यितुं) **or** छिद्, बहुखण्डशः कृ, खण्डं खण्डं कृ, बहुखण्डीकृ, विनिकृत् **(c. 6.** कृन्तति -कर्त्तितुं), छिन्नभिन्नीकृ, क्षतविक्षतीकृ.—**(Smooth linen)** वक्ष्यमाणयन्त्रेण वस्त्रं मृज् **(c. 2.** मार्ष्टि -र्ष्टुं) **or** स्निग्धीकृ **or** श्लक्ष्णीकृ **or** श्लक्ष्ण **(nom.** श्लक्ष्णयति -यितुं).

Mangle, *s.* (For clothes) वस्त्रमार्जनार्थं चक्रयन्त्रं, वस्त्रमार्जनचक्रं.

Mangled, *p. p.* (lacerated) क्षतविक्षतः -ता -तं, छिन्नभिन्नः -न्ना -न्नं, व्यवछिन्नः -न्ना -न्नं, विशसितः -ता -तं, विनिकृत्तः -त्ता -त्तं.—**(As linen)** मृष्टः -ष्टा -ष्टं, मार्ज्जितः -ता -तं.

Mango, *s.* (Tree) आम्बः, चूतः -तकः, रसालः, सहारः, माकन्दः, मधुदूतः, वसन्तदूतः, कामवल्लभः, मदिरासखः, कामशरः, कामाङ्गः, गन्धबन्धुः ***m.,*** शरेष्टः, नास्तितदः, पिकबन्धुः ***m.,*** पिकवल्लभः, कोकिलावासः, पललदोहदः, कोषी ***m.*** (न्); **'its fruit,'** आम्रफलं, चूतफलं, फलश्रेष्ठः; **'a fragrant sort of mango tree,'** सहकारः, मकरन्दः; **'juice of the mango,'** आमरसः; **'inspissated juice,'** आम्रावर्त्तः; **'piece of dried mango,'** आम्रपेशी; **'truth of mango,'** आम्रपल्लवः; **'mango-grove,'** आम्रवनं, मकरन्दवनं; **'made of mango,'** आम्रमयः -यी -यं.

Mango-fish, *s.* तपस्वी ***m.*** (न्), तपःकरः, तपस्यामत्स्यः.

Mangy, *a.* कच्छुरः -रा -रं, सिध्मलः -ला -लं, सिध्मवान् -वती -वत् (त्), पामनः -ना -नं, दुष्टचर्म्मा -र्म्मा -र्म्म (न्), त्वग्रोगी -गिणी -गि (न्).

Man-hater, *s.* पुरुषद्वेषी ***m.*** -षिणी ***f.,*** मनुष्यद्वेषी **etc.,** मनुष्यद्वेष्टा ***m.*** (ष्टृ), मनुष्यवैरी ***m.*** (न्), मनुष्यशत्रुः ***m.,*** मनुष्यद्रोही ***m.***

Manhood, *s.* पौरुषं, पुरुषता -त्वं, पौरुषता, मनुष्यत्वं, मानुष्यं, पुरुषभावः, पुरुषदशा, मानुषत्वं -ता, मानव्यं, पुरुषधर्म्मः.—**(Virility)** पुंस्त्वं, पुंस्ता, पुम्भावः, पुरुषत्वं, पौरुषत्वं, पौरुषं:, ओजस् ***n.,*** तेजस् ***n.,*** ऊर्जः.—**(Not boyhood)** यौवनं, तारुण्यं, प्रौढता, प्रौढिः ***f.,*** व्यवहारावस्था.—**(Courage)** पौरुषं, वीर्य्यं, शूरता.

Mania, *s.* उन्मादः, उन्मत्तता, मदः, मत्तता, बुद्धिभ्रमः, चित्तविप्लवः.

Maniac, *a.* उन्मत्तः -त्ता -त्तं, उन्मादवान् -वती -वत् (त्). ***See* Mad.**

Maniac, *s.* उन्मत्तजनः, मत्तजनः, प्रमदजनः, भ्रान्तबुद्धिः ***m.,*** नष्टबुद्धिः.

Manifest, *a.* स्पष्टः -ष्टा -ष्टं, सुस्पष्टः -ष्टा -ष्टं, व्यक्तः -क्ता -क्तं, अभिव्यक्तः -क्ता -क्तं, सुव्यक्तः -क्ता -क्तं, प्रव्यक्तः **etc.,** प्रत्यक्षः -क्षा -क्षं, स्फुटः -टा -टं, प्रस्फुटः -टा -टं, प्रकाशः -शा -शं, सुप्रकाशः -शा -शं, प्रकाशितः -ता -तं, साविष्कारः -रा -रं, प्रकटः -टी -टं, प्रकटीभूतः -ता -तं, प्रकटितः-ता -तं, आविर्भूतः-ता -तं, प्रादुर्भूतः-ता -तं, प्रत्यक्षभूतः-ता -तं, प्रसिद्धः -द्धा -द्धं, उद्भूतः -ता -तं; **'becoming manifest,'** पुरःस्फुरन् -रन्ती -रत् (त्); **'to become manifest,'** प्रादुर्भू, आविर्भू, प्रादुरस्, स्पष्टीभू, प्रत्यक्षीभू, व्यक्तीभू, प्रकाश् **(c. 1.** -काशते -शितुं), प्रकाशीभू; **'to make manifest, made manifest.'** ***See To* manifest, manifested.**

***To* manifest, *v. a.* (Show plainly)** व्यक्तीकृ, आविष्कृ, प्रादुष्कृ, प्रत्यक्षीकृ, स्पष्टीकृ, प्रकटीकृ, प्रकट **(nom.** प्रकटयति -यितुं), प्रकाश् **(c. 10.** -काशयति -यितुं), विकाश्, व्यञ्ज् **(c. 7.** -अनक्ति -अंक्तुं, **c. 10.** -अञ्जयति -यितुं), स्फुटीकृ. —**(Exhibit)** सूच् **(c. 10.** सूचयति -यितुं), दृश् **(c. 10.** दर्शयति -यितुं).

Manifestation, *s.* (Act) आविष्करणं, आविष्कारः, प्रादुष्करणं, व्यक्तीकरणं, प्रत्यक्षीकरणं, स्पष्टीकरणं, प्रकटीकरणं, प्रकाशनं,

प्रकाशकरणं, व्यञ्जनं, विकाशनं, स्पष्टकरणं.—**(State)** व्यक्तिः ***f.,*** अभिव्यक्तिः ***f.,*** व्यक्तता -त्वं, प्रकाशः -शता, प्रादुर्भावः, आविर्भावः, आविर्भवनं, प्रत्यक्षता, स्पष्टता, प्राकट्यं, स्फुटता, आविर्भूतता, प्रादुर्भूतता, उद्भूतता, उद्भवः, प्रसिद्धिः ***f.,*** अवभासः.

Manifested, *p. p.* (Made apparent, become evident) प्रादुष्कृतः -ता -तं, आविष्कृतः -ता -तं, व्यक्तीकृतः -ता -तं, प्रत्यक्षीकृतः -ता -तं, स्पष्टीकृतः -ता -तं, प्रकटीकृतः -ता -तं, प्रकटितः -ता -तं, प्रत्यक्षभूता -ता -तं, आविर्भूतः -ता -तं, प्रादुर्भूतः -ता -तं, प्रकाशितः -ता -तं, व्यञ्जितः -ता -तं, विकाशितः -ता -तं, स्फुटितः -ता -तं, प्रस्फुटितः -ता -तं, अभिव्यज्यमानः -ना -नं.—**(Exhibited)** सूचितः -ता -तं.

Manifester, *s.* प्रकाशकः, विकाशकः, प्रत्यक्षकर्त्ता ***m.*** (र्त्तृ), अभिव्यञ्जकः.

Manifestly, *adv.* व्यक्तं, सुव्यक्तं, स्पष्टं, सुस्पष्टं, प्रत्यक्षतस्, प्रत्यक्षेण, प्रकाशं, स्फुटं, साक्षात्, प्रादुस्, आविस्, साविष्कारं, प्रकटं, प्राकट्येन.

Manifestness, *s.* व्यक्तता, प्रत्यक्षता, प्रादुर्भावः, आविर्भावः, स्पष्टता, प्रकाशता, प्राकट्यं, स्फुटता, आविर्भूतता.

Manifesto, *s.* ज्ञापनपत्रं, ख्यापनपत्रं, घोषणापत्रं, प्रकाशनपत्रं, प्रसिद्धिपत्रं.

Manifold, *a.* बहुविधः -धा -धं, बहुगुणः -णा -णं, अनेकविधः -धा -धं, बहुप्रकारः -रा -रं, नानाविधः -धा -धं, विविधः -धा -धं, बहुरूपः -पा -पं, नानारूपः -पी -पं, अनेकरूपः -पा -पं, बहुलः -ला -लं, अनेकः -का -कं.

Manifoldly, *adv.* बहुधा, अनेकधा, बहुविधेन, नानाविधेन, बाहुल्येन.

Manifoldness, *s.* बहुरूपत्वं, बहुलता, बाहुल्यं, अनेकता, अनैक्यं.

Manikin, *s.* माणवकः, माणवः, मानवकः, मनुष्यकः, क्षुद्रपुरुषः.

Maniple, *s.* (Handful) मुष्टिः ***m. f.,*** हस्तपूरणं.—**(Small band)** क्षुद्रगुल्मः.

To* manipulate, *v. a. हस्ताभ्यां कृ, हस्तव्यापारपूर्व्वं कृ, हस्तकर्म्मद्वारा कृ.—**(Move the hands)** हस्तादि सञ्चल् **(c. 10.** -चालयति -यितुं), हस्तसञ्चालनं कृ.

Manipulation, *s.* हस्तकर्म्म ***n.*** (न्), हस्तव्यापारः.—**(Movement of the hands, etc.)** हस्तादिसञ्चालनं, अङ्गसञ्चालनं, हस्तादिविक्षेपः.

Mankind, *s.* मनुष्यजातिः ***f.,*** पुरुषजातिः ***f.,*** नरजातिः ***f.,*** मानवजातिः ***f.,*** मनुष्याः ***m. pl.,*** मानुषाः ***m. pl.,*** मानवाः ***m. pl.,*** पुरुषाः ***m. pl.,*** नराः ***m. pl.,*** मर्त्याः ***m. pl.,*** जनाः ***m. pl.,*** मनुजाः ***m. pl.,*** जनपदाः ***m. pl.,*** मनुष्यगणः, लोकः, जीवलोकः -कं, जगती, मनुभूः ***m.***

Manliness, *s.* पौरुषं, पुरुषता -त्वं, पौरुषता, वीर्य्यं, सुवीर्य्यं, वीरता, शूरता, शौर्य्यं, विक्रमः, पराक्रमः, साहसं, पुंस्त्वं, मनुष्यत्वं.

Manly, *a.* पौरुषः-षी -षं, पौरुषेयः -यी -यं, पुरुषयोग्यः -ग्या -ग्यं, नारः -री -रं, नरयोग्यः **etc.,** वीरः -रा -रं, शूरः -रा -रं, प्रवीरः -रा -रं, वीरयोग्यः **etc.,** महावीर्य्यः -र्य्या -र्य्यं, पुरुष **or** नर **in comp.; 'manly act,'** पुरुषकारः; **'manly office,'** पुरुषाधिकारः; **'manly duty,'** नरधर्म्मः.

Manna, *s.* (Of the bamboo) वंशरोचना, वंशलोचना, कर्म्मरी. **The Hebrew word may be rendered by** मान्ना.

Manner, *s.* (Form, fashion, way) प्रकारः, रीतिः ***f.,*** विधः, विधिः ***m.,*** रूपं, विधानं, ऋतिः ***f.,*** आकारः, आकृतिः ***f.;*** **'in this manner,'** अनेन प्रकारेण, अनया, रीत्या, अनयर्त्या; **'in such a manner,'** एवंविधं -धेन, तथाविधं -धेन, एवंरूपेण, एवम्प्रकारेण, इत्यादिविधानेन; **'in the manner before mentioned,'** पूर्व्वोक्तप्रकारेण, पूर्व्वोक्तरीत्या.—**(Kind)** प्रकारः, विधः, भेदः, प्रभेदः, विशेषः; **'all manner of food,'** सर्व्वप्रकारम् अन्नं.—**(Method, mode of doing)** रीतिः ***f.,*** मार्गः, क्रमः, पर्य्यायः, पद्धतिः ***f.,*** परिपाटी, क्रिया, वृत्तान्तः, क्लृप्तिः ***f.,*** चीर्णं.—**(Custom, habitual practice)** आचारः, आचरणं, व्यवहारः, व्यवहृतिः ***f.,*** प्रचारः, समाचारः, चर्य्या, रीतिः ***f.,*** नियमः, नित्यकृत्यं, अभ्यासः, धारा, अनुसारः, स्थितिः ***f.,*** चरितं, सम्प्रदायः, व्यापारः, शीलः, आवृत्तिः ***f.,*** मार्गः, पथः; **'manners and customs of a country,'** देशाचारः, देशव्यवहारः, देशरीतिः ***f.,*** देशसम्प्रदायः; **'good manners,'** सदाचारः, शिष्टाचारः, शिष्टसम्प्रदायः, मर्य्यादा, सुनीतिः ***f.,*** विनयः, सुशीलता; **'bad manners,'** दुराचारः, दुर्णीतिः ***f.,*** अनीतिः ***f.,*** अविनयः, कुरीतिः ***f.,*** अमर्य्यादा, कुचर्य्या, दुःशीलता; **'violation of good manners,'** मर्य्यादातिक्रमः, विनयभङ्गः, सदाचारलंघनं.—**(Mien, air)**, आकारः, वदनाकारः, रूपं, गतिः ***f.,*** वदनं.—**(Peculiar way)** विशेषरीतिः ***f.***—**(Style)** वृत्तिः ***f.***—**(In like manner)** तथैव, तथा, एवं, एवमेव, तथाहि, तद्वत्.

Mannered, *a.* (Having good manners) सुशीलः -ला -लं, विनीतः -ता -तं, शिष्टाचारी -रिणी -रि (न्); **'ill-mannered,'** दुःशीलः -ला -लं, वामशीलः -ला -लं, कुशीलः -ला -लं, दुर्मर्य्यादः -दा -दं, अविनयः -या -यं, प्रणष्ठविनयः **etc.,** अशिष्टः -ष्टा -ष्टं.

Mannerism, *s.* एकरीतिसेवनं, एकरसासक्तिः ***f.,*** अनन्यरससेवनं, एकरसत्वं.

Mannerliness, *s.* शिष्टता, सभ्यता, सुशीलता, विनयः, शिष्टाचारत्वं, सौजन्यं.

Mannerly, *a.* शिष्टः -ष्टा -ष्टं, सभ्यः -भ्या -भ्यं, विनीतः-ता -तं, विनयवान् -वती -वत् (त्), सुशीलः -ला -लं, शिष्टाचारी -रिणी -रि (न्), सदाचारी **etc.,** सुव्यवहारी **etc.,** सुजनः -ना

-नं.

Mannerly, ***adv.*** सभ्यवत्, सुशीलवत्, सविनयं, शिष्टाचारानुसारेण, सौजन्यात्.

Manners, ***s. pl.,*** सदाचारः, शिष्टाचारः, मर्य्यादाः, विनयः, सुनीतिः ***f.,*** शिष्टता, सभ्यता, सभ्याचारः, सुशीलता. ***See*** **Manner.**

Mannish, ***s.*** पुरुषस्वभावः -वा -वं, पुरुषवृत्तिः -त्तिः -त्ति, पुरुषधर्म्मकः -का -कं, पुम्प्रकृतिः -तिः -ति, पुरुषाकारः -रा -रं, पुरुषोपमः -मा -मं, पुरुषःयोग्यः -ग्या -ग्यं.

Manoeuvre, ***s. See*** **Maneuver.**

Man-of-war, ***s.*** वृहत्परिमाणा युद्धनौका or युद्धनौः ***f.***

Manor, ***s.*** ग्रामेश्वराधीना भूमिः, ग्रामेश्वरभूमिः ***f.;*** **'Lord of the manor,'** ग्रामेश्वरः, ग्रामणीः ***m.,*** देशमुखः.

Manorial, ***a.*** ग्रामेश्वरभूमिसम्बन्धी -न्धिनी -न्धि (न्).

Manse, ***s.*** धर्म्माध्यापकगृहं, धर्म्मोपदेशकवेश्म ***n.*** (न्).

Mansion, ***s.*** हर्म्यं, भवनं, मन्दिरं, धाम ***n.*** (न्), सदनं, सौधं, शाला, सद्म ***n.*** (न्), गृहं, गेहं, वेश्म ***n.*** (न्), निवेशनं, निकेतनं, आयतनं, वासस्थानं, निवासस्थानं, आलयः, निलयः, निवसतिः ***f.*** **—Lunar mansion)** नक्षत्रं, विधुप्रिया, चन्द्रप्रिया, दक्षजा,चन्द्रदाराः ***pl.*** **The last of these words is applied to the twenty-seven lunar mansions collectively, as in mythology they are supposed to be so many nymphs, daughters of Daksha, and wedded to the moon. The following are the names of the twenty-seven *nakshatras* in order :** 1. अश्विनी, 2. भरणी, 3. कृत्तिका, 4. रोहिणी, :. मृगशिरस् ***n.,*** 6. आर्द्रा, - 7. पुनर्वसुः ***m.,*** 8. पुष्यः -ष्या, 9. आश्लेषा, 10. मघा,11. पूर्व्वफाल्गुनी, 12. उत्तरफाल्गुनी, 13. हस्तः, 14. चित्रा, 15. स्वातिः -ती ***f.,*** 16. विशाखा, 17. अनुराधा, 18. ज्येष्ठा, 19. मूलः -लं, 20. पूर्व्वाषाढा, 21. उत्तराषाढा, 22. श्रवणः -णा, 23, धनिष्ठा, 24. शतभिषा, 25. पूर्व्वभाद्रपदा, 26. उत्तरभाद्रपदा, 27.रेवती. **Some add a twenty-eighth,** अभिजित्; **Astrologers divide the twenty-seven lunar mansions into three classes of nine each, called** देवगणः, राक्षसगणः, मनुष्यगणः.

Manslaughter, ***s.*** **(Killing of a man)** मनुष्यमारणं, मनुष्यहत्या, मनुष्यघातः, मनुष्यवधः.**—(In law)** असमीक्ष्यघातः, असमीक्ष्यबधः, असमीक्ष्यहत्या, अहेतुकृत- हत्या.

Manslayer, ***s.*** मनुष्यमारकः, मनुष्यघातकः, नृहन्ता ***m.*** (न्तृ), मनुष्यहन्ता ***m.,*** नृघातकः, मनुष्यबधकः.

Man-stealer, ***s.*** मनुष्यापहारकः, मनुष्यचोरः, मनुष्यस्तेयकृत् ***m.***

Man-stealing, ***s.*** मनुष्यापहारः मनुष्यहरणं, मनुष्यापहरण्यां, मनुष्यस्तेयं, मनुष्यचौर्य्यं.

Mansuete, ***a.*** गृह्यः-ह्या -ह्यं, वश्यः -श्या -श्यं, दमितः-ता -तं, दान्तः -न्ता -न्तं.

Mansuetude, ***s.*** गृह्यता, वश्यता, विनेयता, विषेयता, दान्तता, शान्तता.

Mantelete, ***s.*** स्त्रीलोकभृतः क्षुद्रप्रावारः.**—(In war)** पारश्वधावरणं, पारश्वधत्राणं, सैन्यावरणं.

Mantle, ***s.*** प्रावारः -रकः, प्रावृतं -ता -तः, उत्तरीयं, आवारः, आवरणं, पिधानं, संव्यानं, नीशारः, जवनिका, प्रच्छदपटः, गात्रीयवस्त्रं, निवीतः -ता -तं, निवृतः -ता -तं.

To **mantle,** ***v. a.*** **(Cloak)** प्रावृ **(c. 5.** -वृणोति -वरितुं -रीतुं), आवृ, छद् **(c. 10.** छादयति -यितुं), आच्छद्, प्रच्छद्.

To **mantle,** ***v. n.*** **(Expand, spread)** विस्तृ **in pass.** (-स्तीर्य्यते), प्रवृध् **(c. 1.** -वर्धते -र्धितुं), प्रसृप् **(c. 1.** -सर्पति -सप्तुं), विसृप्.**—(Rise, rush upwards)** उद्गम् **(c. 1.** -गच्छति -गन्तुं;), उत्सृप्, उद्गतः -ता -तं भू.**—(Gather froth)** फेन **(nom.** फेनायते), उत्सेचनं कृ, उत्सेकं कृ, फेनावृतः -ता -तं, भू.

Mantua, ***s.*** स्त्रीवस्त्रं, स्त्रीकटीवस्त्रं, स्त्रीवसनं, स्त्रीपरिधानं.

Mantua-maker, ***s.*** स्त्रीवस्त्रकर्त्री ***f.,*** (र्तृ), स्त्रीवसनकृत्, स्त्रीपरिधानकृत्.

Manual, ***a.*** **(Pertaining to the hand)** हस्त्यः -स्त्या -स्त्यं, हस्तसम्बन्धी -न्धिनी -न्धि (न्), हस्त **in comp.—(Performed by the hand)** हस्तकृतः -ता -तं, हस्तसाध्यः -ध्या -ध्यं, हस्तसाधनीयः -या -यं; **'manual operation,'** हस्तकर्म्म ***n.*** (न्), हस्तक्रिया, हस्तव्यापारः; **'manual labor,'** व्रातं, शिल्पकर्म्मः; **'manual art,'** शिल्पं; **'knowledge of it,'** शिल्पविद्या; **'relating to it,'** शिल्पिकः -की कं; **'manual skill or dexterity,'** हस्तकौशल्यं, हस्तकौशलं, हस्तलाघवं, हस्तचापल्यं; **'sign manual,'** हस्ताक्षरं, स्वहस्ताक्षरं, स्वाक्षरं.

Manual, ***a.*** **(Small book for carrying in the hand)** पद्धतिः -ती ***f.,*** सारग्रन्थः, सारसङ्ग्रहः, सारसंक्षेपः संक्षिप्तग्रन्थः, संहिता; **'of laws,'** धर्म्मसंहिता.

Manufactory, ***s.*** शिल्पशाला -लं, शिल्पिशाला -लं, यन्त्रगृहं, आवेशनं, प्रावेशनं, अन्वासनं.

Manufactural, ***a.*** शिल्पिकः -की -कं, शिल्कर्म्मसम्बन्धी -न्धि -न्धि (न्).

Manufacture, ***s.*** **(The act)** निर्म्माणं, निर्म्मितिः ***f.,*** कल्पनं -ना, रचनं -ना, विरचना, घटनं, सन्निवेशः, पर्य्यायः, शिल्पकर्म्म ***n.*** (न्), शिल्पेन or शिल्पकर्म्मणा निर्म्माणं or करणं.**—(The article)** शिल्पिकद्रव्यं, शिल्पनिर्म्मितद्रव्यं, शिल्पिकवस्तु ***n.***

To **manufacutre,** ***v. a.*** शिल्पेन or शिल्पकर्म्मणा निर्मा **(c.2.** -माति -तुं, **c. 3.** -मिमीते **caus.** मापयति -यितुं) or विनिर्मा

Manufactured 705 Marble

or क्लृप् (c. 10. कल्पयति -यितुं) or कृ (c. 8. करोति, कर्त्तुं, c. 10. कारयति -यितुं) or संस्कृ or रच् (c. 10. रचयति -यितुं) or विरच् or घट् (c. 1. घटते -टितुं).

Manufactured, ***p. p.*** शिल्पनिर्म्मितः -ता -तं, शिल्पकृतः -ता -तं, शिल्पकल्पितः -ता -तं, निर्म्मितः -ता -तं, शिल्पिकः -की -कं, कार्म्मिकः -की -कं.

Manufacturer, ***s.*** शिल्पी ***m.*** (न्), शिल्पिकः, शिल्पकारः.

Manumission, ***s.*** दास्यमुक्तिः ***f.,*** दास्यमोचनं, दास्यमोक्षः -क्षणं, दासमोक्षः **etc.**

To **manumit,** ***v. a.*** दास्याद् विमुच् (c. 6. -मुञ्चति -मोक्तुं) **or** मुच् **or** मोक्ष् (c. 10. मोक्षयति -यितुं) **or** विमोक्ष्, विसृज् (c. 6. -सृजति -स्रष्टुं, c. 10. -सर्जयति -यितुं).

Manumitted, ***p. p.*** दास्यमुक्तः -क्ता -क्तं, दास्यमोक्षितः -ता -तं, मुक्तदास्यः -स्या -स्यं, दास्यविमोचितः -ता -तं, अभुजिष्यः -ष्या -ष्यं.

To **manure,** ***v. a.*** भूमिं पुरीषादिना लिप् (c.6. लिम्पति, लेप्तुं), उर्व्वराकरणार्थं गोमयादिसम्मिश्रद्रव्यं भूमौ प्रक्षिप् (c. 6. -क्षिपति -क्षेप्तुं) **or** क्षिप् **or** धा (c. 3. दधाति, धातुं), भूमिलेपनेन **or** पांशुप्रक्षेपेण उर्व्वरात्वं जन् (c. 10. जनयति-यितुं) **or** बहुशस्योत्पादकत्वं जन्, आलवालं स्था **in caus.** (स्थापयति -यितुं)

Manure, ***s.*** भूमिलेपः -पनं, पांशुः ***m.,*** सारः, पुरीषादि ***n.,*** पुरीषादिसम्मिश्रद्रव्यं, गोमयादिसम्मिश्रद्रव्यं, शस्योत्पादकद्रव्यं.

Manuscript, ***s.*** हस्तलेखः -खनं, हस्तलिखितं, हस्तलेख्यं, लेख्यं, लिखितं, पुस्तकं -की, पुस्तं -स्ती.

Manuscript, ***a.*** हस्तलिखितः -ता -तं, लेख्यकृतः -ता -तं, लिखितः -ता -तं.

Many, ***a.*** बहुः -हुः -ह्वी -हु, बहुलः -ला -लं, अनेकः -का -कं, प्रचुरः -रा -रं, भूरिः -रिः -रि, बहुसंख्यकः -का -कं, भूयान् -यसी -यः (स्),भूयिष्ठः -ष्ठा -ष्ठं, नैकः -का -कं, अनल्पः -ल्पा -ल्पं, पुष्कलः -ला -लं, विपुलः -ला -लं, प्राज्यः -ज्या -ज्यं प्रभूतः -ता -तं, पुरुः -रुः -रु पुरुहः हा -हं, पुरुहुः -हुः -हु अदभ्रः -भ्रा -भ्रं, बहुतिथः -था -थं, स्फिरः -रा -रं, नाना **in comp.;'as many as,'** यावान् -वती -वत् (त्) **or** यावत् **indec.,** यावत्संख्यकः -का -कं, यत्संख्यकः -का -कं, यतयः यतीनि **or** यति **indec.; 'so many,'** तावान् -वती -वत् (त्) **or** तावत् **indec.,** तावत्संख्यकः -का -कं, तत्संख्यकः-का -कं, ततयः ***m. f.*** ततीनि ***n.*** **or** तति **indec.; 'how many?'** कियान् -यती -यत् (त्) **or** कियत् **indec.,** कतिः -तिः -ति **or plur.** कतयः, कतीनिः; **'of how many sorts?'** कतिविधः -धा -धं; **'in many places,'** बहुत्र, अनेकत्र; **'in many ways,'** बहुधा, अनेकधा; **'in how many ways?'** कतिधा; **'many times,'** बहुशस्, अनेकशस्, बहुवारं, बहुकृत्वस्, मुहुर्, मुहुः भूयस्, पुनः, पुनर्.

Many, ***s.*** **(A multitude)** समूहः, समवायः, समुदायः समाजः, संघातः, ओघः, निवहः, वृन्दं; **'the interests of the many,'** समूहकार्य्यं.

Many-Colored, ***a.*** नानावर्णः -र्णा -र्णं, नानारङ्गः -ङ्गा -ङ्गं, बहुवर्णः -र्णा -र्णं, चित्रविचित्रः -त्रा -त्रं, बहुरङ्गी -ङ्गिणी -ङ्गि (न्).

Many-cornered, ***a.*** बहुकोणः -णा -णं, अनेककोणविशिष्टः -ष्टा -ष्टं.

Many-fibered, ***a.*** बहुतन्त्री -न्त्रिणी -न्त्रि (न्), बहुसूत्री -त्रिणी **etc.**

Many-flowered, ***a.*** बहुपुष्पः -ष्पा -ष्पं, प्रचुरकुसुमः -मा -मं.

Many-headed, ***a.*** वहुशिराः -राः -रः (स्), बहुशिरस्कः -स्का -स्कं, बहुमस्तकः -का -कं, अनेकमस्तकः -का -कं, बहुमूर्द्धा -र्द्धा -र्द्ध (न्).

Many-leaved, ***a.*** बहुपर्णः -र्णा -र्णं, बहुपत्रः -त्रा -त्रं, प्रचुरपर्णः **etc.**

Many-legged, ***a.*** बहुपादः -दा -दं, बहुपाद् ***m.f.n.,*** बहुजङ्घः -ङ्घा -ङ्घं.

Many-streamed, ***a.*** बहुप्रवाहः -हा -हं, बहुस्रोताः -ता -तः (स्).

Many-stringed, ***a.*** बहुसूत्री -त्रिणी -त्रि (न्), बहुतन्त्रिकः -का -कं.

Many-tongued, ***a.*** बहुजिह्वः -ह्वा -ह्वं, अनेकजिह्वः -ह्वा -ह्वं.

Map, ***s.*** देशालेख्यपत्रं, भूपृष्ठालेख्यपत्रं, देशालेख्यं, देशसमुद्राद्यालेख्यं, भूगोलस्य देशसमुद्रनगराद्यालेख्यं, देशचित्रं, भूपृष्ठभङ्गिमप्रदर्शनपत्रं, भूपृष्ठदेशालेख्यं.

To **map,** ***v. a.*** भूपृष्ठदेशान् लिख् (c. 6. लिखति, लेखितुं), **or** आलिख् **or** चित्र् (c. 10. चित्रयति -यितुं), देशालेख्यं कृ, भूपृष्ठालेख्यं कृ.

To **mar,** ***v. a.*** दुष् (c. 10. दूषयति -यितुं), नश् (c. 10. नाशयति -यितुं), हन् (c. 2. हन्ति -न्तुं), व्याहन्, विहन्, क्षतिं कृ.

Marasmus, ***s.*** क्षयः, क्षयरोगः, क्षयथुः ***m.,*** यक्ष्मा ***m.,*** (न्), जक्ष्मा ***m.,*** शोषः.

To **maraud,** ***v. n.*** युद्धसमये गोधान्यादिग्रहणार्थम् इतस्ततो भ्रम् (c. 4. भ्राम्यति, भ्रमितुं) **or** परिभ्रम्, लोप्त्रार्थं परिभ्रम् **or** उपद्रवं कृ **or** विप्लवं कृ **or** उपद्रु (c. 1. -द्रवति -द्रोतुं).

Marauder, ***s.*** लोप्त्रार्थं परिभ्रमणकारी ***m.,*** (न्), उपद्रवी ***m.,*** (न्), विप्लवकारी ***m.,*** उपद्रवकारी ***m.,*** उपप्लवकृत्, लुण्टाकः.

Marauding, ***s.*** युद्धकाले गोधान्याद्यपहरणार्थम् इतस्ततः परिभ्रमणं विप्लवः, उपप्लवः उपद्रवः, विप्लवकरणं.

Marble, ***s.*** मार्बलाख्यो नानावर्णः प्रस्तरः,रुचिरप्रस्तरः, चारुप्रस्तरः,

पाषाणः ग्रावा **m.,** (न्), शिला, उपलः.

Marble, *a.* (Made of marble) पूर्व्वोक्तप्रस्तरमयः -यी -यं, पाषाणनिर्म्मितः -ता -तं.—**(Variegated)** प्रस्तररेखानुकारेण चित्रितः -ता -तं.

Marble-hearted, *a.* पाषाणहृदयः -या -यं, वज्रहृदयः **etc.,** वज्रचित्तः -त्ता -त्तं.

Marcasite, *s.* आवर्त्तः, सुवर्णमाक्षिकं, सुवर्णमुखी.

Marcescent, *a.* विशीर्य्यमाणः -णा -णं, क्षीयमाणः -णा -णं, म्लायमानः -ना -नं.

March, *s.* (The month) फाल्गुनः -निकः, चैत्रः -त्रिकः, फाल्गुनोत्तरार्द्धं, चैत्रपूर्व्वार्द्धं, पूर्व्वचैत्रः, उत्तरफाल्गुनः,तपस्यः मधुः **m.,** तृतीयमासः.—**(Movement of soldiers, etc.)** गमनं, यानं, यात्रा, सैनिकगमनं, सैनिकयात्रा, गमः, गतिः **f.,** सैनिकगतिः **f.,** व्रज्या, सरणं, संसरणं.—**(Marching onwards, progression)** प्रयाणं, प्रस्थानं, प्रस्थितिः **f.,** प्रगमनं, अप्रगमननं. —**(Marching against)** अश्रिषेणनं, अभिनिर्यानं; **'setting out on a march,'** यात्राकरणं; **'oilsome march,'** दुर्गसञ्चरः, दुर्गसञ्चारः, सञ्चारः.

To* march, *v. n. यात्रां कृ, गमनं कृ, सैनिकवद् गमनं कृ, **or** प्रगम् **(c. 1.** -गच्छन्ति -गन्तुं) **or** प्रया **(c. 2.** -याति -तुं) **or** प्रस्था **(c. 1.** -तिष्ठति -ते -स्थातुं) **or** व्रज् **(c. 1.** व्रजति -जितुं) **or** चर् **(c. 1.** चरति -रितुं) **or** चल् **(c. 1.** चलति -लितुं) **or** प्रचल्; **'to march against,'** अभिनिर्या **(c. 2.** -याति -तुं), अभिप्रया, प्रतिव्रज्, अभिप्रस्था, प्रत्याभिप्रस्था,अभिगम्, प्रतिगम्; **'one who marches slow,'** मन्दगामी **m.** (न्), मन्थरः; **'fast,'** अतिजवः, जंघालः, जंघिलः.

To* march, *v. a. अभिषेण **(nom.** अभिषेणयति -यितुं), सेनां प्रस्था **in caus.** (-स्थापयति -यितुं) **or** चल् **(c. 10.** चलयति -यितुं) **or** प्रतिगम् **(c. 10.** -गमयति-यितुं), यात्रां कृ **(c. 10.** कारयति-यितुं).

Marches, *s. pl.*(Confines) देशसीमा, देशसमन्ताः ***m. pl.,*** देशप्रान्ताः ***m. pl.***

Mare, *s.* अश्वा, अश्विनी, वाजिनी, तुरगी, तुरङ्गी, तुरङ्गिणी, बडवा, वडवा, घोटिका, अर्व्वती, वामी, प्रसूः **f.,** प्रसूका.

Margarite, *s.* (Pearl) मुक्ता, मुक्तिका, मौक्तिकं, शुक्तिबीजं, शुक्तिजं.

Margin, *s.* प्रान्तः, अन्तः -न्तं, सीमा, उपान्तं, पर्य्यन्तं, कच्छः, धारः -रा, तटं, समन्तः, उत्सङ्गः, कोटिः **f.,** परिसरः; **'of a river,'** तीरं, कूलं, तटं, कच्छ, कच्छान्तः; **'on the margin,'** प्रान्ततस्.—**(Of a book)** समासः, पुस्तकप्रान्तः.

Marginal, *a.* प्रान्तस्थः -स्था -स्थं, समासस्थः **etc.,** समासलिखितः -ता -तं.

Marginally, *adv.* (Along the margin) प्रान्ततस्, प्रान्ते, अनुप्रान्तं.

Marine, *a.* सामुद्रः-द्री -द्रं, समुद्रीयः-या -यं, समुद्रियः-या -यं, सामुद्रिकः -की -कं, समुद्रसम्बन्धी -न्धि -न्धि (न्), समुद्रविषयः-या -यं, सैन्धकः -वी -वं, सिन्धुकः -का -कं, समुद्रजः -जा -जं, समुद्रोद्भवः-वा -वं, जलधिसम्भवः -वा -वं, सागरसम्बन्धी **etc.,;'marine engagement,'** नौयुद्धं.

Marine, *s.* (A soldier that serves on board a ship) नौयोद्धा ***m.*** (द्धृ), नौसैन्यः, नाविकसैन्यः, समुद्रीयसैनिकः.—**(Navy)** युद्धनौसमूहः.—**(Naval affairs)** नाविकविषयः, नाविककर्म्म ***n.*** (न्), नाविकप्रकरणं, जलयानविषयः, जलयानप्रकरणं.

Mariner, *s.* नाविकः, नाविकजनः, समुद्रयायी ***m.*** (न्), समुद्रगः, समुद्रगामी ***m.*** पोतवाहः, निर्यामः, जलपथोपजीवी ***m.*** (न्), उदधिक्राः ***m.*** (म्), समुद्रीयजनः.

Marital, *a.* भर्त्तृसम्बन्धी -न्धि -न्धि (न्), पतिसम्बन्धी **etc.,** भर्त्तृविषयः -या -यं, पतिविषयः **etc.,** स्वामिविषयः **etc.**

Maritime, *a.* (Relating to the sea) सामुद्रः -द्री -द्रं, समुद्रियः -या -यं, समुद्र **in comp. *See* Marine, *a.* (Naval)** नाविकः -की -कं, नाव्यः -व्या -व्यं, नौ **in comp.**—**(Bordering on the sea)** समुद्रतटस्थः -स्था -स्थं, समुद्रतीरस्थः-स्था -स्थं.

Marjoram, *s.* तुलसी, मरुवकः, समीरणः, प्रस्थपुष्पः, फणिज्झकः, पर्णासः, जम्भीरः, कठिञ्जरः, कुठेरकः, अर्ज्जकः.

Mark, *s.* (Sign, token by which a thing is known) चिह्नं, लक्षणं, लाञ्छनं, लिङ्गं, अङ्कः -ङ्कं, अभिज्ञानं, व्यञ्जनं, व्यञ्जकः-कं, लक्ष्यं, लक्ष्म ***n.*** (न्), लक्ष्मणं, ललामं.—**(Spot)** कलङ्कः, अङ्कः, चिह्नं, विन्दुः ***m.,*** विप्लुट् (ष्), विप्रुट्, गण्डः.—**(Mark on the body)** सामुद्रं, सामुद्रचिह्नं, सामुद्रिकलक्षणं, तिलः -लकः, तिलकालकः; **'an interpreter of marks on the body,'** सामुद्रिकः; **'an auspicious mark,'** सुलक्षणं, सुचिह्नं; **'having auspicious marks,'** सुलक्षणी -णिनी -णि (न्), सुलक्षणिकः -का -कं; **'having thirty-two auspicious marks,'** द्वात्रिंशल्लक्षणोपेतः -ता -तं; **'an inauspicious mark,'** कुलक्षणं, अपलक्षणं, दुर्लक्षणं, दुश्चिह्नं; **'having inauspicious marks,'** कुलक्षणी -णिनी **etc.,** कुलक्षणः -णा -णं.—**(Butt for shooting at)** लक्ष्यं, वाणलक्ष्यं, लक्षं, वेध्यं, व्यध्यः, शरव्यं, दृष्टिगुणः, प्रतिकायः; **'hitting the mark,'** लक्ष्यभेदः; **'to hit the mark,'** लक्ष्यं भिद् **(c. 7.** भिनत्ति, भेत्तुं) **or** व्यध् **(c. 4.** विध्यति, व्यद्धुं), लक्ष्यवेधनं कृ.—**(Line)** रेखा, लेखा.

***To* mark, *v. a.* (Stamp, impress with a mark)** चिह्न **(nom.** चिह्नयति -यितुं), अङ्क् **(c. 10.** अङ्कयति -यितुं), लक्ष् **(c. 10.** लक्षयति -यितुं), मुद्र **(nom.** मुद्रयति -यितुं), लाञ्छ् **(c. 1.** लाञ्छति -ञ्छितुं), अङ्कं कृ, चिह्न कृ, लक्षणं कृ, लक्षीकृ. —**(Stain)** कलङ्क **(nom.** कलङ्कयति -यितुं), मलिन **(nom.** मलिनयति -यितुं), कलङ्कीकृ, लाञ्छ्.—**(Draw a line)**

लिख् (c. 6. लिखति, लेखितुं), आलिख्, रेखां कृ.—(Notice, observe) लक्ष्, आलक्ष्, उपलक्ष्, अवेक्ष् (c. 1 -ईक्षते -क्षितुं), निरीक्ष्, वीक्ष्, समीक्ष्, प्रेक्ष्.—(Mark out, define) परिछिद् (c. 7. -छिनत्ति -छेत्तुं), परिछेदं कृ, निर्दिश् (c. 6. -दिशति -देष्टुं), लक्ष्, लक्षीकृ.—(Mark out, trace the outline) वाह्यरेखां लिख् or अङ्क् or कृ, वहिर्लेखां कृ.

To **mark, *v. n.*(Note, take notice)** आलोच् (c. 10. -लोचयति -यितुं), आलक्ष् (c. 10. -लक्षयति -यितुं), निरूप् (c. 10. -रूपयति -यितुं), समीक्ष् (c. 1. -ईक्षते -क्षितुं) समीक्षां कृ, बुध् (c. 4. बुध्यते, बोद्धुं), विमृश् (c. 6. -मृशति -म्रष्टुं), परामर्शं कृ, विवेचनं कृ.

Marked, *p. p.* चिह्नितः -ता -तं, अङ्कितः -ता -तं, लक्षितः -ता -तं, उपलक्षितः -ता -तं, लाञ्छितः -ता -तं, कृतलक्षणः -णा -णं, कृताङ्कः -ङ्का -ङ्कं, कृतलाञ्छनः-ना -नं, मुद्रितः -ता -तं, मुद्राङ्कितः -ता -तं.—(Defined) परिछिन्नः -न्ना -न्नं, निर्दिष्टः -ष्टा -ष्टं, लक्षितः -ता -तं.

Marker, *s.* चिह्नकर्त्ता ***m.*** (र्त्तृ), अङ्कन कृत् ***m.***, अङ्कयिता ***m.***, (तृ), लक्षयिता ***m.***

Market, *s.* पण्यवीथी -थिका, पण्यशाला, विक्रयशाला, विक्रयस्थानं, क्रयविक्रयस्थानं, पण्यस्थानं, आपणः, हट्टः, विपणिः ***m.*** -णी ***f.***, निगमः, अवटङ्कः, क्रयारोहः, पुरतटी, निषद्या, निर्घटं, पणग्रन्थिः ***m.***, पण्याजीवं-वकं; **'a free market,'** कचङ्गनं.—**(Sale)** विक्रयः, विपणः.

To **market, *v.n.*** क्रयविक्रयं कृ, पण् (c. 1. पणते -णितुं, पणायति -यितुं), पणायां कृ.

Market-day, *s.* क्रयविक्रयदिवसः, हट्टदिवसः, हट्टवारः.

Market-place, *s.* चत्वरं, चतुष्पथं, क्रयविक्रयचत्वरं, पणायाचत्वरं, पणाया, पणायास्थानं, विपणिः -णी ***m. f.*** *See* **Market.**

Market-rate, market-price, *s.* आपणिकः, पण्यभावः, पण्यमूल्यं, अर्थबलाबलं.

Market-town, *s.* ग्रामुखः, मुख्यग्रामः, नगरमुखः, मुख्यनगरं -री, कर्व्वटः -टं.

Marketable, *a.* विक्रेयः -या -यं, विक्रयणीयः -या -यं, पण्यः -ण्या -ण्यं, पणितव्यः -व्या -व्यं, पण्यार्हः -र्हा-र्हं, क्रेयः -या -यं, क्रयविक्रययोग्यः -ग्या -ग्यं.

Marking, *s.* अङ्कनं, चिह्नाङ्कनं, चिह्नकरणं, अङ्ककरणं, लिखनं.

Marking-ink, *s.* दहनमसिः ***f.***, दहनमसिका, दहनरसः, वस्त्राङ्कनमसिः.

Marking-nut, *s.* दहनं, निर्दहनं, भल्लिका, भल्लातः -तकी, भल्ली.

Marksman, *s.* लक्ष्यवेधी ***m.***, (न्), लक्ष्यभेदी ***m.***, लब्धलक्षः, सुसन्धानी ***m.*** (न्), सुप्रयोगवाणः, सुप्रयोगाविशिखः, शराभ्यासकुशलः, धनुर्विद्, आयुधविद्.

Marl, *s.* मार्लाख्यो मृत्तिकाविशेषः, चिक्कणमृत्तिका,पांशुः ***m.***

To **marl, *v. a.*** पूर्व्वोक्तमृत्तिकया लिप् (c. 6. लिम्पति, लेप्तुं).

Marmalade, *s.* मिष्टफलं, मिष्टान्नं, शर्करादिसंसृष्टा नारङ्गत्वक् ***f.*** (च्).

Marmorean, *a.* चारुप्रस्तरमयः-यी -यं, पाषाणनिर्म्मितः -ता -तं.

Marmoset, *s.* सूक्ष्मवानरः, सूक्ष्ममर्कटः, क्षुद्रप्लवङ्गः.

Maroon, *a.* (Dark red) घनरक्तः -क्ता -क्तं, घनारुणः -णा -णं, कपिशः -शा -शं.

Marplot, *s.* कार्य्यविघातकः, कार्य्यविनाशकः, कार्य्यबाधकः.

Marquee, *s.* पटमण्डपः, पटवासः, वृहत्पटवेश्म ***n.*** (न्), वस्त्रगृहं.

Marquess, *s.* उपाग्रणीः ***m.***, उपनायकः, उपाधिपः, कुलीनपदमध्याद् द्वितीयपदस्थः, द्वितीयकुलीनपदभाक् ***m.*** (ज्).

Marquisate, *s.* पूर्व्वोक्तकुलीनजनस्य अधिकारः, उपाधिपत्यं.

Marred, *p. p.* दूषितः -ता -तं, विहतः -ता -तं, व्याहतः -ता -तं, नाशितः -ता -तं, विनाशितः -ता -तं, क्षतः -ता -तं, विक्षतः -ता -तं.

Marrer, *s.* दूषकः, दूषयिता ***m.*** (तृ), नाशकः, विनाशकः, विघातकः.

marriage, *s.* विवाहः, उद्वाहः -हनं, उद्वहनं, परिणयः -यनं, पाणिग्रहः -हणं पाणिग्राहः, पाणिपीडनं, हस्तेकरणं, दारपरिग्रहः, दारसङ्ग्रहः, दारक्रिया, दारकर्म्म ***n.*** (न्), दाराधिगमनं, उपयमः, उपयामः, लग्नकार्य्यं, मैथुनं, वाधुक्यं, निवेशः; **'marriage-rite,'** विवाहविधिः ***m.***, विवाहक्रिया, विवाहसंस्कारः; **'giving in marriage,'** दारिकादानं, दारिकाप्रदानं; **'marriage-contract,'** वाङ्निश्चयः; **'marriage-settlement,'** शुल्कः -ल्कं; **'auspicious season for marriage,'** लग्नतिथिः ***f.*** लग्नमुहूर्त्तः -र्त्तं; **'marriage-string, or ring hung round the neck of the bride, who wears it till she becomes a widow, when it is broken,'** मङ्गलसूत्रं, माङ्गल्यतन्तुः ***m.***, सौभाग्यतन्तुः ***m.***, कौतुकं; **'marriage gifts,'** यौतकं, औद्वाहिकं, पारिणाय्यं, हरणं, सुदायः -यं; **'marriage festival,'** विवाहोत्सवः, विवाहमहोत्सवः; **'ablution at marriage,'** मङ्गलस्नानं; **'compliments at marriage,'** जम्बूलः, जम्बूलमालिका; **'second marriage,'** द्वितीयविवाहः, द्वितीयसम्बन्धः. **The following are different forms of marriage, explained in Manu, chap. iii. verses 27 et seq. :'** आसुरविवाहः, आर्षविवाहः, गन्धर्व्वविवाहः, दैवविवाहः, पैशाचविवाहः, प्राजापत्यविवाहः, ब्राह्मविवाहः, राक्षसविवाहः, प्रीतिविवाहः. **The** स्वयंवरः **is a form of marriage in which a girl chooses her own husband.**

Marriageable, *a.* विवाह्यः -ह्या -ह्यं, उद्वाह्यः **etc.,** वोढव्यः

–व्या –व्यं, विवाहयोग्यः –ग्या –ग्यं, विवाहोचितः–ता –तं, विवाहोपयुक्तः –क्ता –क्तं, विवाहकालप्राप्तः–प्ता –प्तं, विवाहवयस्कः–स्का –स्कं, परिणेयः–या –यं; **'as a girl,'** दृष्टरजाः ***f.,*** (स्), सञ्जातार्त्तवा, आगतार्त्तवा, ऋतुयुक्ता, ऋतुमती, मध्यमा, मध्या, पतीयन्ती.

Married, *p. p.* विवाहितः –ता –तं, उद्वाहितः –ता –तं, ऊढः –ढा –ढं, उपोढः –ढा –ढं, समूढः –ढा –ढं, कृतविवाहः–हा –हं, जातविवाहः–हा –हं, कृतोद्वाहः –हा –हं, कृतदारपरिग्रहः–हा –हं, परिणीतः –ता –तं, कृतोपयमः –मा –मं, जयतोपयमः –मा –मं, निर्विष्टः –ष्टा –ष्टं, प्रत्तः –त्ता –त्तं, **'a married man,'** सभार्य्यः, सपत्नीकः, स्त्रीमान् ***m.*** (त्), कृतदारः, सदारः, कृतदारपरिग्रहः, कुटुम्बी ***m.*** (न्), सकुटुम्बः, भार्य्योढः; **'a married woman,'** सभर्त्तृका, सपतिका, पतिवत्नी, सधवा, सुवासिनी; **'newly married woman,'** नववधूः ***f.,*** नववरिका; **'twice-married woman,'** पुनर्भूः ***f.,*** दिधिषूः ***f.,*** दिधीषूः ***f.,*** दिधिषुः ***f.;*** **'one who is married before his elder brother,'** परिवेत्ता ***m.*** (त्तृ).

Marrow, *s.* मज्जा, वपा, वसा, मेदस् ***n.,*** मेदः, मज्जा ***m.*** (न्), मज्जनं, सारः, अस्थिसारः, देहसारः, वीजं, स्निग्धा, वपाकृत् ***m.,*** अस्थिकृत्, अस्थिजं, अस्थिज्ञः, हड्डजं, शुक्रकरः, तेजस् ***n.,*** मधुरं, जीवनं, मणिछिद्रा.—**(Pith, essence)** सारः, गर्भः, सारता, श्रेष्ठांशः.

Marrow-bone, *s.* मज्जापूर्णम् अस्थिः, मेदोयुक्तम् अस्थि.

Marrowless, *a.* मज्जाहीनः –ना –नं, मेदोहीनः –ना –नं, वपाशून्यः –न्या –न्यं, गतसारः –रा –रं, असारः –रा –रं, निःसारः –रा –रं.

Marrowy, *a.* मज्जावान् –वती –वत् (त्), सारवान् **etc.,** मेदस्वी –स्विनी –स्वि (न्).

***To* marry, *v. a.* (Unite a man and woman in wedlock)** विवाहसंस्कारेण स्त्रीपुरुषौ संयुज् **(c. 7.** –युनक्ति –योक्तुं, **c. 10.** –योजयति –यितुं) **or** सम्बन्ध् **(c. 9.** –बध्नाति –बन्द्धुं) **or** विवाहसंयुक्तौ कृ, विवाहसंस्कारं कृ.—**(Take for wife)** विवह् **(c. 1.** –वहति –ते –वोढुं), उद्वह्, समुद्वह्, उदावह्, परिणी **(c. 1.** –णयति –णेतुं), उपयम् **(c. 1.** –यच्छते –ति –यमते –यन्तुं), पाणिं ग्रह् **(c. 9.** गृह्णाति, ग्रहीतुं), कन्यां परिग्रह् **or** प्रतिग्रह् **or** सङ्ग्रह्, दारपरिग्रहं कृ, दारसङ्ग्रहं कृ, दाराधिगमनं कृ, कन्यापरिणयं कृ, भार्य्यां विद् **(c. 6.** विन्दते –ति, वेत्तुं) **or** अनुविद्; **'he should marry a wife,'** कन्यां विवहेत् **or** उपयच्छेत, कन्यायाः पाणिं गृह्णातु.—**(Take for husband)** पतिं विद् **or** वृ **(c. 5.** वृणोति, वरितुं –रीतुं), भर्त्रा संयुज् **in pass.** (–युज्यते), पतिवरणं कृ, भर्त्तृवरणं कृ.—**(Dispose of in marriage)** विवाहार्थं कन्यां दा **or** प्रदा.

To* marry, *v. n. भर्त्रा **or** भार्य्यया संयुज् **in pass.** (–युज्यते) **or** युज्, विवाहं कृ, उद्वाहं कृ, परिणयं कृ, पाणिग्रहणं कृ, दारपरिग्रहं कृ, उपयमं कृ.

Mars, *s.* (The planet, fabled as the son of the earth) मङ्गलः, मङ्गलग्रहः, भौमः, अङ्गारकः, कुजः, भूमिज, भूसुतः, महीसुतः, क्षितिसुतः, आवनेयः, धरात्मजः, धरासुतः, धरापुत्रः, नवदीधितिः ***m.,*** आषाढभवः, शिवधर्म्मजः, गगणोल्मुकः, खोल्मुकः, लोहितः –तकः, लोहिताङ्गः, रक्ताङ्गः, रुधिरः, आरः, घण्टेश्वरः, ऋणान्तकः, चरः, ज्ञः. **(In mythology, the god of war).** ***See*** **Kārtikeya.**

Marsh, *s.* कच्छः, कच्छभूः ***f.,*** कच्छभूमिः ***f.,*** अनूपभूः ***f.,*** अनूपभूमिः ***f.,*** सजलभूमिः ***f.,*** जलाढ्यभूः ***f.,*** आर्द्रभूमिः ***f.,*** पवः.

To* marshal, *v. a. विन्यस् **(c. 4.** –अस्यति –असितुं), व्यूह् **(c.1.** –ऊहते –हितुं), विरच् **(c. 10.** –रचयति –यितुं), रच्, क्रमेण स्था **in caus.** (स्थापयति –यितुं), व्यवस्था, विधा **(c. 3.** –दधाति –धातुं), संविधा, प्रतिविधा.

Marshal, marshaller, *s.* विधाता ***m.*** (तृ), संविधाता ***m.,*** व्यवस्थापकः,विरचकः, व्यूहरचकः, विन्यासकृत् ***m.***

Marshy, *a.* अनूपः –पा –पं, आनूपः –पी –पं, कच्छः –च्छा –च्छा–च्छं, जलाढ्यः –ढ्या –ढ्यं, जलप्रचुरः –रा –रं, जलमयः –यी –यं, सजलः–ला –लं, जलप्रायः –या –यं, आप्यः –प्या –प्यं, आर्द्रः –र्द्रा –र्द्रं.

Mart, *s.* विक्रयस्थानं, क्रयविक्रयस्थानं, पण्यस्थानं, आपणः, विपणिः ***m.,*** –णी ***f.,*** निगमः, निषद्या, पण्यवीथी –थिका, अवटङ्कः.

Martial, *a.* (Relating to war) युद्धसम्बन्धी –न्धि –न्धि (न्), रणसम्बन्धी **etc.,** युद्धविषयः –या –यं, रणविषयकः –का –कं, साङ्ग्रामिकः –की –कं, सामरिकः –की –कं, साम्परायिकः–की –कं.—**(Suited to war)** रणयोग्यः–ग्या –ग्यं, युद्धोपयुक्तः –क्ता –क्तं, रणोपयोगी –गिनी **etc.**—**(Given to war)** रणप्रियः –या –यं, रणासक्तः –क्ता –क्तं, रणवीरः –रा –रं, रणकामी –मिनी **etc.; 'martial music,'** रणवाद्यं.

Martinet, *a.* उग्रदण्डः, उग्रशासनः, तीक्ष्णदण्डः, दण्डबुद्धिः ***m.,*** उद्यतदण्डः, तीक्ष्णशासनः, निष्ठुरबुद्धिः ***m.,*** निष्ठुरः.

Martingal, martingale, *s.* तलिका, तलसारकः, अधोबन्धनं.

Martyr, *s.* साक्षी ***m.*** (न्), स्वधर्म्मार्थं प्राणत्यागी ***m.*** (न्) **or** देहत्यागी ***m.*** **or** जीवितत्यागी ***m.,*** स्वमतार्थं त्यक्तप्राणः **or** अर्पितप्राणः, स्वधर्म्मप्रमाणार्थं न्यस्तप्राणः **or** न्यस्तदेहः **or** न्यस्तजीवितः **or** जीवोत्सर्गी ***m.*** **or** साक्षी ***m.***

To* martyr, *v. a. स्वधर्म्मार्थं हन् **(c. 2.** हन्ति –न्तुं **or caus.** घातयति –यितुं).

Martyyrdom, *s.* स्वधर्म्मार्थं प्राणत्यागः **or** जीवितत्यागः, स्वमतार्थं जीवोत्सर्गः **or** प्राणोत्सर्गः, स्वधर्म्मप्रमाणार्थं देहन्यासः **or** प्राणान्यासः **or** प्राणार्पणं.

Martyred, *p. p.* स्वधर्म्मार्थं, हतः –ता –तं **or** व्यापादितः–ता

-तं, स्वधर्म्मप्रमाणार्थं हतजीवितः -ता -तं or नष्टप्राणः -णा -णं.

Martyrology, *s.* साक्षिचरित्रशास्त्रं, स्वधर्म्मार्थं प्राणत्यागिनां चरित्रविवरणं or चरित्रलिखनं.

Marvel, *s.* कौतुकं, अद्भुतं, अद्भुतवस्तु *n.*, आश्चर्य्यवस्तु *n.*, आश्चर्य्यं, चमत्कारः, चित्रवस्तु *n.*, चित्रं, विस्मयजनकवस्तु, उत्पातः, उपसर्गः.

To **marvel,** *v. n.* विस्मिताः -ता -तं भू, विस्मयान्वितः -ता -तं भू, सविस्मयः -या -यं भू, विस्मि (c. 1. -स्मयते -स्मेतुं), **with instr. loc. or acc. c.,** साश्चर्य्यः -र्य्या -र्य्यं, भू, चमत्कृतः -ता -तं, भू, आश्चर्य्यं, ज्ञा (c. 9. जानाति, ज्ञातुं) or मन् (c. 4. मन्यते, मन्तुं).

Marvellous, *a.* आश्चर्य्यः -र्य्या -र्य्यं, अद्भुतः -ता -तं, विस्मयजनकः -का -कं, विस्मयोत्पादकः -का -कं, आश्चर्य्यकरः -रा -रं, आश्चर्य्यकारकः -का -कं, आश्चर्य्यजनकः -का -कं, चमत्कारजनकः -का -कं, चित्रः -त्रा -त्रं, विचित्रः -त्रा -त्रं, तातः -ता -तं; **'a marvellous tale,'** चित्रोक्तिः *f.*; **'a marvellous action,'** अद्भुतकर्म्म *n.* (न्), आश्चर्य्यकर्म्म.

Marvellously, *adv.* अद्भुतं, अद्भुतप्रकारेण, विचित्रं, आश्चर्य्यप्रकारेण, यथा विस्मयो जायते तथा.

Marvellousness, *s.* अद्भुतता -त्वं, आश्चर्य्यत्वं, विचित्रता, साश्चर्य्यत्वं, वैचित्र्यं, विस्मयजनकता, अपूर्व्वत्वं.

Marwar, *s.* **(The province)** मरुः *m.*, मरुभूः *f.*—**(The inhabitants)** मरवः *m. pl.*, मरुभुवः *m. pl.*

Masculine, *a.* पौरुषः -षी -षं, पौरुषेयः -यी -यं, पुरुषजातीयः-या -यं, पुंजातीयः -या -यं, पुं **in comp.,** पुरुष **in comp.,** अक्लीवः -वा -वं.—**(Having the qualities of man, resembling a man)** पुरुषस्वभावः -वा -वं, पुरुषवृत्तिः -त्तिः-त्ति, पुरुषशीलः -ला -लं, पुरुषधर्म्मकः -का -कं, पुरुषप्रकृतिः -तिः -ति, पुम्प्रकृतिः -तिः -ति; **'the masculine gender,'** पुंलिङ्गं, पुमान् *m.* (पुंस्), पुरुषः; **'a masculine woman,'** ऋषभी.

Masculinely, *adv.* पुरुषवत्, नरवत्, सपौरुषत्वं, पौरुषेण, पुंवत्.

Masculineness, *s.* पुंस्त्वं, पुरुषत्वं -ता, पौरुषं, पौरुषता, पुरुषशीलता, पुरुषस्वभावः, पुरुषप्रकृतिः *f.*

Mash, *s.* उदपेषः -षणं, उदकपेषः, सम्पेषः-षणं, नानाद्रव्यसम्पेषः, नानाद्रव्यमिश्रणं, जलमिश्रितं नानासम्पिष्टद्रव्यं, नानासम्मिश्रद्रव्यपिण्डः.

To **mash,** *v. a.* सम्पिष् (c. 7. -पिनष्टि -पेष्टुं), सम्मृद् (c. 9. -मृद्नाति -मर्द्दितुं), सम्पेषणं कृ, सम्मर्दनं कृ, चूर्ण् (c. 10. चूर्णयति -यितुं), सञ्चूर्ण्, क्षुद् (c. 7. क्षुणत्ति, क्षोत्तुं), सम्पेषणपूर्व्वं पिण्डीकृ.

Mashed, *p.p.* सम्पिष्टः -ष्टा -ष्टं, सम्मर्दितः -ता -तं, सञ्चूर्णितः -ता -तं, क्षुणः -णा -णं, सम्पेषणानन्तरं पिण्डीभूतः -ता -तं.

Mask, *s.* **(Cover for the face)** कृत्रिममुखं, छद्ममुखं, छद्मास्यं, कपटमुखं, उपमुखं.—**(Pretext, subterfuge)** छद्म *n.* (न्), कपटः -टं, व्यपदेशः, अपदेशः, व्याजः, छलं, कूटं.—**(Masquerade)** छद्मवेशः, कपटवेशः, कृत्रिमवेशः, छद्मवेशधारणं, विडम्बनं.

To **mask,** *v. a.* **(Disguise with a mask)** कृत्रिमुखेन छद् (c.10. छादयति -यितुं) or गुह् (c. 1. गूहति -हितुं), मुखगोपनं कृ.—**(Conceal)** छद्, आछद्, गुप् (c. 1. गोपायति, गोप्तुं), गोपनं कृ, अपवृ (c. 10. -वारयति -यितुं).

To **mask,** *v. n.* विडम्बनं कृ, छद्मवेशी -शिनी -शि भू, कपटवेशी etc. भू.

Masked, *p. p.* **(Having the face covered)** गुप्तमुखः -खी -खं, छद्ममुखी -खिनी -खि (न्), कृत्रिममुखी etc.—**(Disguised)** छद्मवेशी -शिनी etc. कपटवेशी etc. छद्मवेशधारी -रिणी etc., कपटवेशः-शा -शं, छद्मवेशः etc. कपटरूपी -पिणी etc. विडम्बितवेशी etc. अलक्षितः-ता -तं.—**(Concealed)** गुप्तः -प्ता -प्तं, गोपितः -ता -तं, आच्छादितः -ता -तं.

Masker, *s.* छद्मवेशी *m.* (न्), कपटवेशी *m.*, छद्मवेशभृत्, छद्मरूपी *m.*, विडम्बितवेशः, कृत्रिमवेशधारी *m.*, विडम्बनकृत्.

Mason, *s.* लेपकः, लेपी *m.* (न्), लेपकरः, गृहनिर्माता *m.* (तृ), सुधाजीवी *m.* (न्), लेपजीवी *m.* प्रलेपकः, प्रस्तरन्यासकृत्, इष्टकान्यासजीवी *m.*

Masonry, *s.* लेपकर्म्म *n.* (न्), इष्टकन्यासकर्म्म *n.*, सुधाकर्म्म *n.*, गृहनिर्माणं, गृहकरणं, गृहनिर्माणे प्रस्तरन्यासः or प्रस्तरादिविन्यासः.—**(Brickwork, any thing made of stone, brick, etc.)** इष्टकाकर्म्म *n.*, प्रस्तरकर्म्म *n.*, प्रस्तरनिर्म्मितं प्राकारादि.

Masquerade, *s.* छद्मवेशधारणं, वेशधारणं, छद्मवेशक्रीडा, छद्मवेशसमारम्भः, छद्मवेशः, कपटवेशिनां यात्रा, विडम्बनं, विडम्बनक्रीडा.

To **masquerade,** *v. n.* छद्मवेशी -शिनी -शि भू, कपटवेशी etc. भू, छद्मवेशं धृ (c. 10. धारयति -यितुं), विडम्ब् (c. 10. -डम्बयति-यितुं), विडम्बनं कृ.

Masquerader, *s.* छद्मवेशी *m.* (न्), वेशधारी *m.*, विडम्बनकर्त्ता *m.* (र्तृ). *See* **Masker.**

Mass, *s.* **(Lump)** पिण्डं -ण्डं, घनः, ओघः, घनौघः, स्थूलं, गण्डः -ण्डका; **'a mass of iron,'** लोहपण्डिः.—**(Heap)** राशिः *m.*, सञ्चयः, निचयः, प्रचयः, समुच्चयः, चयः, चितिः *f.*, चायः, निकरः, उत्करः, ओघः, पुञ्जः, पूगः, स्तूपः, स्तोमः.

—**(Collection)** समूहः,सङ्घ, सङ्घातः, संहतिः *f.,* समुदायः, वृन्दं, संहारः, समाहारः, सन्नयः, निवहः; **'in masses,'** सङ्घशस्. —**(Gross, bulk)** साकल्यं, सामग्र्यं, समुदायः; **'in the mass,'** साकल्येन.

Massacre, ***s.*** महामारणं, महाघातः, महाबधः, निषूदनं, विशसनं, निहननं, संहारः, विमर्द्दनं, निकृन्तनं, प्रमापणं, निशारणं.

To* massacre,** ***v. a. अतिनैष्ठुर्य्येण हन् **(c. 2.** हन्ति –न्तुं, **c. 10.** घातयति –यितुं) **or** निहन् **or** मृ **(c. 10.** मारयति –यितुं) **or** सूद् **(c. 10.** सूदयति –यितुं) **or** निसूद् **or** विनिसूद् **or** विशस् **(c. 1.** –शसति –सितुं) **or** निकृत् **(c. 6.** –कृन्ति –कर्त्तितुं).

Massacred, ***p. p.*** अतिनैष्ठुर्य्येण हतः –ता –तं **or** विनिहतः –ता –तं **or** घातिः –ता –तं **or** निषूदितः –ता –तं **or** विशसितः –ता –तं.

Massiveness, massiness, ***s.*** स्थूलता –त्वं, स्थौल्यं, स्थूलाकारता, वृहत्त्वं, गुरुत्वं –ता, सभारता –त्वं, भारिता –त्वं, भारवत्त्वं, पिण्डाकारता, महत्त्वं, स्थानता.

Massive, massy, ***a.*** स्थूलः –ला –लं, स्थूलाकारः –रा –रं, स्थूलरूपः –पा –पं, भारी –रिणी –रि (न्), भारवान् –वती –वत् (त्), सभारः –रा –रं, गुरुः –र्व्वी –रु, पिण्डितः –ता –तं, पिण्डाकारः –रा –रं, वृहन् –हती –हत् (त्), वृहत्परिमाणः –णा –णं, स्थूलपरिमाणः –णा –णं, स्त्यानः –ना –नं.

Mast, ***s.*** **(Of a ship)** कूपकः कूपः, गुणवृक्षकः, गुणवृक्षः, नौकूपकः.

Mast-head, ***s.*** गुणवृक्षकाग्रं, गुणवृक्षाग्रं, कूपकाग्रं.

Master, ***s.*** **(One who rules or has servants under him)** स्वामी *m.* (न्), प्रभुः *m.* पतिः *m.* ईश्वरः, ईशः, नाथ, अधिपतिः *m.* अधिपः, अधिभूः *m.,* ईशिता *m.,* (तृ), नायकः, भर्त्ता *m.,* (र्तृ), आर्य्यः, भरण्डः, भरण्युः *m.,* सेव्यः; **'master of a family,'** कुलपतिः *m.,* कुटुम्बी *m.,* (त्), कौटुम्बिकः; **'serving two maste.s,'** उभयवेतनः –ना –नं, उभयस्वामिकः –का –कं; **'one's own master,'** स्वाधीनः –ना –नं, स्वतन्त्रः –न्त्रा –न्त्रं.—**(Owner)** अधिकारी *m.,* (न्), स्वामी *m.,* ईश्वरः,पतिः *m.,* प्रभुः *m.,* परिवृढः.—**(Superintendent, director)** अध्यक्षः, अधिष्ठाता *m.,* (तृ), अधिकृतः, अधिकारी *m.,* अधिपतिः *m.,* अधिपः, अधीशः, नायकः, नेता *m.,* (तृ); **'master of the horse,'** अश्वाध्यक्षः; **'master of the house,'** गृहपतिः, भवनपतिः; **'master of the mint',** टङ्कपतिः *m.,* रूप्याध्यक्षः; **'master of the sports,'** केलिसचिवः, नर्म्मसचिवः.—**(Chief, head)** नायकः, पतिः *m.,* अधिपतिः *m.,* अधिष्ठाता *m.* (तृ), अग्रगः,अग्रणीः *m.,* मुखरः, श्रेष्ठः, मुख्य **or** प्रधान **in comp.**—**(Teacher, director of a school)** अध्यापकः, शिक्षकः, शिक्षागुरु *m.,* गुरुः *m.,* आचार्य्यः, शिक्षादाता *m.,* (तृ), विद्यादाता *m.,* विद्यागुरुः *m.,* आर्य्यः, उपाध्यायः, उपदेशकः, शिक्षाकरः.—**(Well skilled in)** निपुणः, कुशलः, सम्पन्नः, व्युत्पन्नः, पण्डितः, कृती *m.,* (न्), पारगतः.—**(Of a ship)** नौकाधिपतिः *m.,* नौपतिः *m.*

To* master,** ***v. a. **(Subdue)** वशीकृ, स्ववशीकृ, स्वाधीनीकृ, जि **(c. 1.** जयति –ते, जेतुं), विजि, दम् **(c. 10.** दषयति –यितुं), आयत्तीकृ, पराभू, अभिभू, प्रभू.—**(Make one's self master of a subject)** वशीकृ, पारं गम् **(c. 1.** गच्छति, गन्तुं), सर्व्वतत्त्वानि ज्ञा **(c. 9.** जानाति, ज्ञातुं); **'you must master the Sanskrit language,'** भवद्भिः संस्कृतवाक्यानि वशीकर्त्तव्यानि.

Master-builder, ***s.*** प्रधानस्थपतिः *m.,* मुख्यस्थपतिः *m.*

Mastered, ***p. p.*** वशीकृतः –ता –तं, स्ववशीभूतः –ता –तं, स्वहस्तगतः –ता –तं.

Master-Key, ***s.*** प्रधानोद्घाटकयन्त्रं, अग्रकुञ्चिका, मुख्योद्घाटनं.

Masterly, ***a.*** अत्युत्तमः –मा –मं, अत्युत्कृष्टः –ष्टा –ष्टं, अनुपमः –मा –मं, अनुपमेयः –या –यं, निरूपमः–मा –मं, सर्व्वोत्तमः –मा –मं, सर्व्वोत्कृष्टः –ष्टा –ष्टं, सर्व्वजित् *m.f.n.,* सर्व्वश्रेष्ठः –ष्ठा –ष्ठं, असामान्यः –न्या –न्यं, अतुलनीयः –या –यं, सुनिपुणः –णा –णं, अतिकुशलः –ला –लं.

Masterly, ***adv.*** परषयुक्त्या, सुनिपुणवत्, अतिकुशलवत्, अत्युत्तमं, अत्युत्कृष्टं.

Masterpiece, ***s.*** अत्युत्तमकर्म्म *n.,* (नर्), अनुपकर्म्म *n.,* अत्युत्कृष्टकर्म्म *n.,* उत्तमकर्म्म *n.,* परमकर्म्म *n.,* प्रधानकर्म्म *n.,* सर्व्वोत्कृष्टकर्म्म *n.*

Mastership, ***s.*** प्रभुत्वं –ता, स्वाम्यं, स्वामित्वं, आधिपत्यं, ऐश्वर्य्यं, अधिकारित्वं, भर्त्तृत्वं, प्रधानत्वं, प्राधान्यं, श्रेष्ठता, श्रैष्ठ्यं.

Master-stroke, ***s.*** उत्तमकर्म्म *n.,* (न्), परमकर्म्म *n.,* अत्युत्तवक्रिया.

Mastery, ***s.*** **(Dominion)** ऐश्वर्य्यं, आधिपत्यं, प्रभुत्वं, ईशत्वं, स्वामित्वं, स्वाम्यं, अधिकारः, भर्त्तृता.—**(Ownership)** स्वाम्यं, अधिकारित्वं –ता, प्रभुता, स्वत्वं.—**(Pre-eminence)** श्रेष्ठत्वं, श्रैष्ठ्यं, प्रधानत्वं, प्राधान्यं, उत्कर्षः, उत्कृष्टता, मुख्यता, प्रकृष्टता, प्रभुत्वं, आधिक्यं, परमपदं.—**(Victory)** विजयः.—**(Great skill)** अतिकौशल्यं, अतिनैपुण्यं, अतिपाटवं, परमयुक्तिः *f.,* परमोत्कर्षः; **'to have the mastery,'** प्रभू, अभिभू.

Masticable, ***a.*** चर्व्यः –र्व्या –र्व्यं, चर्वणीयः –या –यं, चर्वितव्यः –व्या –व्यं.

To* masticate,** ***v. a. चर्व् **(c. 1.** चर्वति –र्वितुं, **c. 10.** चर्वयति –यितुं), चर्वणं कृ, दन्तैः पिष् **(c. 7.** पिनष्टि, पेष्टुं), विदंश् **(c. 1.** –दशति –दंष्टुं).

Masticated, ***p. p.*** चर्वितः –ता –तं, कृतचर्वणः –णा –णं, दन्तपिष्टः –ष्टा –ष्टं.

Mastication, ***s.*** चर्वणं, चर्वणक्रिया, चर्वणकर्म्म ***n.*** (न्), दन्तपेषणं, पेषणं.

Masticatory, ***a.*** चर्वणसाधकः -का -कं, चर्वणोपयोगी -गिनी -गि (न्).

Masticatory, ***s.*** **(Substance to be chewed)** चर्वणौषधं, चर्व्यद्रव्यं, चर्व्यं.

Mastich, mastic, ***s.*** मास्तिचाख्यो वृक्षनिर्यासः.—**(Cement)** लेपविशेषः.

Mastiff, ***s.*** वृहत्कुक्कुरः, अतिसाहसशीलः, कुक्कुरभेदः.

Mastless, ***s.*** कूपकहीनः -ना -नं, अकूपकः -का -कं, हतकूपकः -का -कं.

Mat, ***s.*** कटः, किलिञ्जकः, पादपाशी, आस्तरणं, तृणपूली, तलाची, वटरः, वानं, चञ्चा.

To **mat,** ***v. a.*** **(Lay with mats)** कटैर् आस्तॄ **(c. 9.** -स्तृणाति -स्तरितुं -रीतुं), कटान् विस्तॄ, कटास्तरणं कृ.—**(Interweave, entangle)** संश्लिष् **(c. 10.** -श्लेषयति -यितुं), आश्लिष्, ग्रन्थ् **(c. 9.** ग्रथ्नाति, **c. 1.** ग्रन्थति -न्थितुं); **'to mat the hair,'** जटिलीकृ.

Match, ***s.*** **(One who is equal to another in strength)** तुल्यबलः -ला, तुल्यशक्तिः ***m. f.,*** समानबलः -ला, तुल्यविक्रमः -मा; **'to be a match for,'** अलङ्कृ.—**(One that tallies with another)** यमः -मा -मं, यमकः -का -कं, यमलः -ला -लं, युग्मकः, समः -मा, समानः -ना, समकक्षः -क्षा, समानकक्षः -क्षा, समतोलः -ला.—**(Union by marriage)** विवाहसम्बन्धः, सम्बन्धः, विवाहः, प्रेमसम्बन्धः; **'scheming to effect a match,'** विवाहघटनं -ना, सन्दर्भः.—**(Contest)** युद्धं, कलहः, कलिः ***m.;*** **'a match of cocks, etc.,'** प्राणिद्यूतं, समाह्वयः, आह्वयः; **'boxing match,'** मल्लयात्रा, माल्लवी, मल्लयुद्धं.—**(For lighting fires)** शलाका, ज्वलनशलाका, ज्वलशलाका, ज्वलतृणं, ज्वलनतृणं, अरणिः -णी ***m. f.***

To **match,** ***v. a.*** **(Equal, make equal)** समीकृ, समानीकृ, सदृशीकृ, समान **(nom.** समानयति -यितुं), उपमा **(c. 2.** -माति -तुं), प्रतिमा, तुल् **(c. 10.** तुलयति -यितुं), तुल्यीकृ.—**(Show an equal)** समं **or** तुल्यं **or** युग्मकं दृश् **(c. 10.** दर्शयति -यितुं) **or** निर्दिश् **(c. 6.** -दिशति -देष्टुं), प्रतिमां **or** उपमां **or** उपमानं **or** प्रतिरूपं दृश्.—**(Oppose as equal in contest)** प्रतियुध् **in caus.** (-योधयति -यितुं), तुल्यबलं **or** तुल्यविक्रमं कञ्चित् पुरस्कृ.—**(Adapt)** युज् **(c. 10.** योजयति -यितुं), समायुज्.—**(Give in marriage)** विवाहार्थं दा **or** प्रदा.

To **match,** ***v. n.*** **(Correspond, tally)** युज् **in pass.** (युज्यते), उपयुज्, तुल्यः -लया -लयं भू, तुल्यीभू, समीभू, समानीभू, सदृशीभू, अनुरूपः -पा -पं भू **or** अस्, प्रतिरूपीभू, उपमितः -ता -तं भू.—**(Be united in marriage)** विवाहसम्बन्धं कृ, प्रेमसम्बन्धं कृ.—**(Be a match for** अलङ्कृ, अलम्भू, अलन्तमः -मा -मं भू.

Matched, ***p. p.*** **(Equalled, evenly matched)** तुल्यः -ल्या -ल्यं, तुल्यीभूतः -ता -तं, तुल्यबलः -ला -लं, तुल्यशक्तिः -क्तिः -क्ति, तुल्यविक्रमः -मा -मं, समतोलः -ला -लं, समानतोलः -ला -लं, समानकक्षः -क्षा -क्षं, सप्रतिमः -मा -मं, सप्रतिरूपः -पा -पं, उपमितः -ता -तं.—**(Married)** कृतविवाहः -हा -हं, कृतोपयमः -मा -मं.

Matchless, ***a.*** अतुल्यः -ल्या -ल्यं, अनुपमः -मा -मं, निरुपमः -मा -मं, अप्रतिमः -मा -मं, अतुलनीयः -या -यं, अतुलः -ला -लं, निस्तुलः -ला -लं, अनुपमेयः -या -यं, अप्रतिमेयः -या -यं, अप्रतिरूपः -पा -पं, अगम्यरूपः -पा -पं, अद्बितीयः -या -यं, असदृशः -शी -शं, सर्व्वोत्तमः -मा -मं, सर्व्वश्रेष्ठः -ष्ठा -ष्ठं, सर्व्वजित् ***m.f.n.,*** विषमः -मा -मं, अपूर्व्व -र्व्वा -र्व्वं.

Matchlessly, ***adv.*** अतुल्यं, अनुपमेयं, अप्रतिमेयं, निरुपमं, सर्व्वश्रेष्ठं.

Matchlessness, ***s.*** अतुल्यता, अनुपमेयता, अप्रतिमेयता, अनुपमता, अनौपम्यं.

Matchlock, ***s.*** अन्तरग्निबलेन लोहगुलिकाप्रक्षेपणी सुषिरनाडी.

Match-maker, ***s.*** **(Maker of matches for burning)** शलाकाकारी ***m.,*** (न्), ज्वलशलाकाकृत् ***m.***—**(Contriver of marriages)** घटकः, विवाहघटकः, प्रेमघटकः, प्रेमविषये मध्यस्थः.

Mate, ***s.*** **(Companion, associate)** सहायः, सहचरः -री ***f.,*** सहवर्त्ती ***m.*** -र्त्तिनी ***f.,*** सहवासी ***m.***- सिनी, सखा ***m.*** -खी ***f.,*** सहभावी ***m.*** -विनी ***f.,*** सङ्गी ***m.*** -ङ्गिनी ***f.,*** मित्रं.—**(Husband)** भर्त्ता ***m.*** (र्तृ), स्वामी ***m.*** (न्), पतिः ***m.***—**(Wife)** स्त्री, वधूः ***f.,*** पत्नी, भार्य्या, जाया, वल्लभा, प्रिया, दयिता, प्रियतमा.—**(The male or female of animals which associate for propagation)** सहचरः ***m.*** -री ***f.*** **In poetry the above words for husband and wife are used in this sense : 'the elephant's mate,'** करिणी ***f.,*** हस्तिनी ***f.***—**(An assistant)** सहकारी ***m.*** -रिणी ***f.*** (न्), सहायः; **'in a ship,'** नौपतिसहायः.

To **mate,** ***v. a. See To*** **match,** ***v. a.***

Mater-familias, ***s.*** कुटुम्बिनी ***f.,*** गृहिणी, गेहिनी, स्वामिनी, कौटुम्बिकी.

Material, ***a.*** **(Consisting of matter, not spiritual)** भौतिकः -की -कं, आधिभौतिकः -की -कं, भूतात्मकः -का -कं, भूतमयः -यी -यं, पाञ्चभौतिकः -की -कं, पञ्चभूतात्मकः -का -कं, अनात्मीयः -या -यं, अनात्मिकः -की -कं,

अपारमार्थिकः -की -कं, मूर्त्तिमान् -मती -मत् (त्), मूर्त्तः -र्त्ता -र्त्तं, द्रव्यमयः -यी -यं, विषयात्मकः -का -कं, प्राकृतिकः -की -कं, प्राकृतः -ती -तं, घनः -ना -नं; **'the material world,'** भूतसृष्टिः ***f.,*** भूतसर्गः, भूतसंसारः; **'material universe,'** ब्रह्माण्डः -ण्डं; **'material body,'** स्थूलशरीरं.—**(Substantial)** वास्तविकः -की -कं, वास्तवः -वी -वं, सारवान् -वती **etc.,** मूर्त्तिमान् **etc.,** घनः -ना -नं. —**(Important)** गुरुः -र्वी -रु, गुर्वर्थः -र्था -र्थं, गुरुप्रभावः -वा -वं, परमार्थः -र्था -र्थं, अलघुः -घुः -घु, मुख्यः -ख्या -ख्यं, आवश्यकः -की -कं, प्रधान **in comp.; 'material cause,'** उपादानं उपादानकारणं, समवायिकारणं.

Material, *s.* साधनं, उपकरणं, द्रव्यं, साधनद्रव्यं, पदार्थः, वस्तु ***n.,*** मूर्त्तिः ***f.,*** सारः घनः, मात्रा; **'materials, collectively,'** साधनं-नानि ***n. pl.,*** सामग्र्यं -ग्री, द्रव्यसामग्र्यं, सम्भारः, द्रव्यसम्भारः, उपकरणसम्भारः, सज्जा, परिच्छदः; **'writing-materials,'** लेखसाधनं, लिपिसज्जा; **'the material of cloth,'** वस्त्रयोनिः ***f.***

Materialism, *s.* देहात्मवादः, अनात्मवादः, अनात्ममतं, लोकायतं, चार्वाकमतं.

Materialist, *s.* देहात्मवादी ***m.*** (न्), अनात्मवादी ***m.,*** लौकायतिकः, लोकायतिकः, विषयी ***m.*** (न्), विषयी ***m.*** (न्), विषयायी ***m.*** (न्), चार्वाकमतावलम्बी ***m.*** (न्), चार्वाकमतधारी ***m.***

Materiality, *s.* भौतिकत्वं, आधिभौतिकत्वं, मूर्त्तित्वं, अनात्मिकत्वं.

Materially, *adv.* वस्तुतस्, अर्थतस्, सारतस्, प्रकृतितस्, पदार्थतस्, तत्त्वतस्, अवश्यं, विशेषतस्.

Materialness, *s.* See Materiality. (Importance) गौरवं, गुरुत्वं.

Maternal, *a.* मातृकः -की -कं, मातृसम्बन्धी -न्धि -न्धि (न्), मातृयोग्यः -ग्या -ग्यं, मातृधर्म्मकः -का -कं; **'maternal affection,'** अपत्यस्नेहः, वात्सल्यं; **'maternal duty,'** मातृधर्म्मः.

Maternity, *s.* मातृत्वं -त्वं, मातृभावः, मातृकत्वं, मातृधर्म्मः, जननीत्वं.

Mathematic, mathematical, *a.* (Relating to mathematics) गणितसम्बन्धी -न्धि -न्धि (न्), गणितविषयः -या -यं, गणितविद्या. सम्बन्धी **etc.,** संख्यापरिमाणविद्यासम्बन्धी **etc.,** रेखावीजादिगणितविषयः -या -यं.—**(According to the principles of mathematics)** गणिततत्त्वानुसारी -रिणी **etc.,** गणितानुरूपः -पा -पं, गणितविद्यानुसारी **etc.**

Mathematically, *adv.* गणितविद्यानुसारेण, गणितानुरूपेण, गणितशास्त्रवत्.

Mathematician, *s.* गणितविद्याज्ञः, संख्यापरिमाणविद्याज्ञः, रेखावीजादिगणितविद् ***m.,*** गणितशास्त्रज्ञः, क्षेत्रपरिमापकविद्यावान् ***m.*** (त्), गणनाविद्याज्ञः, गणितज्ञः.

Mathematics, *s. pl.* गणितं, गणितविद्या, संख्यापरिमाणविद्या, गणनाविद्या, रेखावीजादिगणितं, रेखावीजादिगणितविद्या, पाटीवीजादिगणितविद्या, रेखादिगणितं, वीजादिगणितं, गणितशास्त्रं, वीजादिगणितशास्त्रं, क्षेत्रादिपरिमाणविद्या, मानविद्या.

Matin, *a.* (Relating to the morning) प्रातःकालिकः -की -कं, प्रातःकालीनः -ना -नं, औषिकः -की -कं, प्रगेतनः -नी -नं, वैयुष्टः -ष्टी -ष्टं.

Matins, *s. pl.,* प्रातःकृत्यं, प्रातर्भजनं, प्रातःस्मरणं, प्रातः पूजा.

Matrice, *s.* (Womb) गर्भाशयः, योनिः ***m. f.,*** गर्भकोशः, जरायुः ***m.*** —**(Of a type)** मुद्राक्षरसंस्कारः, मुद्राक्षरगर्भः, मुद्राक्षराकारः.

Matricide, *s.* (The act) मातृहत्या, मातृवधः, मातृघातः, जननीबधः. —**(The killer)** मातृहन्ता ***m.*** (न्तृ), मातृहा ***m.*** (न्), मातृघातुकः, मातृघातकः, मातृघाती ***m.*** (न्), मातृघ्नः.

To* matriculate, *v. a. संस्कारपूर्व्वं **or** नामाभिलिखनपूर्व्वं विद्यालयं प्रविश् **(c. 10.** -वेशयति -यितुं).

Matriculated, *p. p.* संस्कारपूर्व्वं विद्यालयप्रवेशितः -ता -तं.

Matriculation, *s.* संस्कारपूर्व्वं **or** नामाभिलिखनपूर्व्वं विद्यालयप्रवेशनं.

Matrimonial, *a.* वैवाहिकः -की -कं, उद्वाहिकः -का -कं, औद्वाहिकः -की -कं, उद्वाही -हिनी -हि (न्), विवाही **etc.,** विवाहसम्बन्धी **etc.,** पाणिग्रहणिकः -की -कं.

Matrimonially, *adv.* विवाहनियमानुसारेण, विवाहरीत्यनुरूपेण, विवाहविधिवत्.

Matrimony, *s.* विवाहः, उद्वाहः, परिणयः, पाणिग्रहः, -हणं, पाणिग्राहः, उपयमः, उपयामः, विवाहावस्था, विवाहितावस्था.

Matrix, *s.* गर्भाशयः, गर्भकोशः, योनिः ***m. f. See* Matrice.**

Matron, *s.* कुटुम्बिनी, गृहिणी, गेहिनी, कौटुम्बिकी, जननी, मध्यमवयस्का, पुत्रवती, प्रजावती, पुत्रिणी, सुतिनी, पतिपुत्रवती, प्रौढा, प्रौढस्त्री, वीरा, पुरन्ध्री -न्ध्रिः ***f.,*** त्रयी, विजाता.

Matronly, *a.* कुटुम्बिनीयोग्यः -ग्या -ग्यं, पुरन्ध्रियोग्यः **etc.,** गृहिणीयोग्यः **etc.,** पुत्रिणीयोग्यः **etc.,** गम्भीरा, धीरा, मध्यमवयस्का.

Matted, *p. p.* or *a.* (Laid with mats) कटी -टिनी -टि (न्), कटास्तीर्णः -र्णा -र्णं; **'matted hair,'** जटा, सटा, जटिः, जुटकं, जूटः; **'having matted hair,'** जटी -टिनी **etc.,** जटिलः -ला -लं, जटावान् -वती -वत् (त्).

Matter, *s.* (Body, substance, not spirit, that which is visible) मूर्त्तिः ***f.,*** वस्तु ***n.,*** द्रव्यं, अनात्मद्रव्यं, अनात्मा, अनात्मीयवस्तु ***n.,*** अनात्मिकवस्तु ***n.,*** भूतात्मकवस्तु ***n.,*** पाञ्चभौतिकवस्तु ***n.,*** मूर्त्तिमद्वस्तु ***n.,*** साकारवस्तु ***n.,*** घनवस्तु ***n.,*** घनद्रव्यं, घनः, दृश्यस्पृश्यवस्तु ***n.,*** सारः, विषयः, शरीरं. —**(Cause of the material world or substratum of**

the universe) प्रकृति: *f.*, प्रधानं माया.—(Material cause, materials, that of which any thing is composed) साधनं, साधनवस्तु *n.*, साधनभूतवस्तु, प्रकृति: *f.*, सार:, उपकरणं, कारणं, उपादानं, उपादानकारणं.—(Thing) द्रव्यं, वस्तु *n.*, अर्थ:, पदार्थ:. —(Subject) विषय:, प्रकरणं, वस्तु *n.*, अर्थ:, पदं, प्रस्ताव:, प्रसङ्ग:, सार:, वृत्तान्त:, विधि: *m.*, आस्पदं; **'matter in hand,'** प्रस्तुतं; **'an important matter,'** परमार्थ:, गुर्वर्थ: **'an unimportant matter,'** लघ्वर्थ:, लघुविषय:, अल्पविषय:, स्वल्पविषय:; **'matter of dispute,'** विवादास्पदं, विवादविषय:, वादविषय:; **'what is the matter?'** को वृत्तान्त:.—(Cause) प्रयोजनं, हेतु: *m.*, प्रयोग:, कारणं. —(Import, consequence) अर्थ:, गौरवं, गुरुत्वं, प्रभाव:; **'of no matter,'** अनर्थक: -का -कं, निरर्थक: -का -कं, निष्प्रभाव: -वा -वं, अगुरु: -र्वी -रु.—(Business, affair) कर्म्म *n.* (न्), कार्य्यं, विषय:, व्यापार:, अर्थ: प्रयोग:.—(Pus, purulent matter) पूयं, पूयरक्तं, पूयशोणितं दूष्यं, मलजं, क्षतजं, प्रसितं, अवक्लेद:.

To* matter, *v. n. **(Be of importance) expressed by** अर्थ **in comp. or** प्रभाव **in comp.; as, 'it matters not,'** निरर्थकं **or** अनर्थकं भवति; **'to matter but little,'** लघर्थ: -र्था -र्थं **or** अल्पार्थ: -र्था -र्थं **or** लघुप्रभाव: -वा -वं भू; **'to matter greatly,'** गुर्वर्थ: -र्था -र्थं **or** गुरुप्रभाव: -वा -वं भू, प्रभू. —**(Form purulent matter)** पूय् **(c. 1.** पूयते -यितुं), सपूय: -या -यं, भू, पूयपूर्ण: -र्णा -र्णं भू, पूयगर्भ: -र्भा -र्भं भू.

Mattery, *a.* **(Purulent)** पूययुक्त: -क्ता -क्तं, सपूय: -या -यं, पूयपूर्ण: -र्णा -र्णं, पूयगर्भ: -र्भा -र्भं, पूयस्रावी -विणी -वि (न्), पूयविशिष्ट: -ष्टा -ष्टं.

Mattock, *s.* खनित्रं, खात्रं, शैलभित्ति: *f.*, पाषाणदारण:, टङ्क:, स्तम्बहननी.

Mattress, *s.* तूलिका, तूला -ली, आस्तरणं, वोरपट्टी, तूलादिनिर्म्मितम् आस्तरणं, आस्तर:, प्रस्तर:, संस्तर:, स्तरिमा *m.* (न्), शयनीयं.

To* maturate, *v. a. पच् **(c. 1.** पचति, पक्तुं, **c. 10.** पाचयति -यितुं), पाकं कृ **or** जन् **(c. 10.** जनयति -यितुं), सपूयं -यां कृ.

To* maturate, *v. n. पक्व: -क्वा -क्वं भू, परिपक्वीभू, पूयपूर्ण: -र्णा -र्णं भू, सपूय:, -या -यं भू, पूयगर्भ: -र्भा -र्भं भू, पूय् **(c. 1.** पूयते -यितुं).

Maturation, *s.* पाक:, परिपाक:, विपाक: पचनं, पक्वता, परिपक्वता, पाचा -चिका, पचा, पूयत्वं, सपूयत्वं, पूयपूर्णता, पूयसंस्राव:, पूयस्राव:.

Maturative, *a.* पाकल: -ला -लं, पाचल: -ला -लं, पाचन: -ना -नं, पचिष्णु: -ष्णु: -ष्णु, उत्पचिष्णु: **etc.,** पक्ष्णु: **etc.,** पाककर: -रा -रं, पाकजनक: -का -कं, पूयजनक: -का -कं.

Mature, *a.* पक्व: -क्वा -क्वं, सुपक्व: **etc.,** परिपक्व: **etc.,** पक्त्रिम: -मा -मं, विपक्त्रिम: -मा -मं, पाकिम: -मा -मं, पक्वतापन्न: -न्ना -न्नं, पक्कदशाप्राप्त: -प्ता -प्तं, पक्कदशापन्न: -न्ना -न्नं, परिणत: -ता -तं, पाकोन्मुख: -खा -खं, फलोन्मुख: -खा -खं; **'ready to drop,'** विनाशोन्मुख: -खा -खं. —फलोन्मुख: -खा -खं; **'ready to drop,'** विनाशोन्मुख: -खा -खं.—**(Brought to perfection, complete)** सम्पन्न: -न्ना -न्नं, सिद्ध: -द्धा -द्धं, सम्पूर्ण: -र्णा -र्णं, प्रौढ: -ढा -ढं; **'mature deliberation,'** सुसमीक्षा -क्षणं, सुविचार: -रणा.

To* mature, *v. a. पच् **(c. 1.** पचति, पक्तुं, **c. 10.** पाचयति -यितुं), पक्वं -क्वां कृ, पक्वीकृ, परिपक्वं -क्वां कृ, परिपक्वीकृ, पाकं कृ **or** जन् **(c. 10.** जनयति -यितुं), पक्वतां **or** परिपाकं कृ **or** जन्, परिणामं कृ **or** जन्, सिद्धं -द्धां कृ, सिद्धीकृ, साध् **(c. 10.** साधयति -यितुं), सम्पन्नं -न्नां कृ, सम्पद् **(c. 10.** -पादयति -यितुं).

To* mature, *v. n. पक्व: -क्वा -क्वं भू, परिपक्व: -क्वा -क्वं भू, पच् **in pass.** (पच्यते), परिपच्, पक्वतां **or** पक्वदशां **or** परिणामं या **(c. 2.** याति -तुं) **or** इ **(c. 2.** एति -तुं) **or** गम् **(c. 1.** गच्छति, गन्तुं), परिणत: -ता -तं भू, पाकोन्मुख: -खा -खं भू, सिद्ध: -द्धा -द्धं भू, सम्पन्न: -न्ना -न्नं भू.

Matured, *p. p.* पक्व: -क्वा -क्वं, परिपक्व: -क्वा -क्वं, परिणत: -ता -तं, पक्वतापन्न: -न्ना -न्नं, सिद्ध: -द्धा -द्धं, प्रौढ: -ढा -ढं, सम्पन्न: -न्ना -न्नं, सम्पूर्ण: -र्णा -र्णं.

Maturely, *adv.* सपाकं, सपरिणामं, परिपक्वं, सम्पन्नं, सम्पूर्णं. —**(With full deliberation)** सुसमीक्ष्य, सुविमृश्य, सुविचार्य्यं.

Maturescent, *a.* पाकोन्मुख: -खा -खं, आपक्व: -क्वा -क्वं, परिणामोन्मुख: **etc.,** पचतिकल्प: -ल्पा -ल्पं, पचतिदेशीय: -या -यं, पचतिदेश्य: -श्या -श्यं.

Maturity, matureness, *s.* पाक:, परिपाक:, पक्वता, पक्ति: *f.*, परिपक्वता, विपाक:, सुपक्वता, सुपक्ति:, परिणति: *f.*, परिणाम:, परिणतता -त्वं, पक्वभाव:, पक्वदशा, पक्कावस्था, परिणतावस्था, पचा, पाचा -चिका, प्रौढि: *f.*, प्रौढता, सिद्धता, सिद्धि: *f.*, सम्पन्नता, सम्पूर्णता.

Matutinal, matutine, *a.* प्रात:कालीन: -ना -नं, प्रात:कालिक: -की -कं, औषिक: -की -कं, औषस: -सी -सं, उषस्य: -स्या -स्यं, प्रगेतन: -नी -नं, वैयुष्ट: -ष्टी -ष्टं, प्राबोधिक: -की -कं, औदयिक: -की -कं, प्रात:कालसम्बन्धी -न्धि -न्धि (न्).

Maudlin, *a.* ईषन्मत्त: -त्ता -त्तं, मत्तकल्प: -ल्पा -ल्पं, मत्तदेशीय: -या -यं.

Maul, *s.* वृहन्मुद्गर:, काष्ठमुद्गर:, स्थूलमुद्गर:, घन:.

To* maul, *v. a. स्थूलवेत्रेण तड् (c. **10.** ताडयति -यितुं) **or** आहन् (c. **2.** -हन्ति -न्तुं) **or** प्रहृ (c. **1.** -हरति -हर्त्तुं), वेत्राघातं कृ, वेत्राघातेन क्षतविक्षतीकृ.

Mauled, *p. p.* वेत्रादिप्रहारेण परिक्षतः -ता -तं **or** अतिक्षुणः -णा -णं.

Mausolean, *a.* चिताचूडकसम्बन्धी -न्धि -न्धि (न्), चैत्यसम्बन्धी **etc.**

Mausoleum, *s.* चित्तचूडकं, चैत्यं, चित्यं, चैत्रः, समाधिः ***m.***

Mauvaise-honte, *s.* सभाभीतिः ***f.,*** सभाकम्पः, जनभीतिः, लोकभीतिः, जनलज्जा.

Maw, *s.* पशूनां जठरः **or** उदरं.—**(Of fowls)** उपजठरः.

Mawkish, *a.* विरसः -सा -सं, नीरसः -सा -सं, अरसिकः -का -कं.

Mawkishly, *adv.* विरसं, वैरस्येन, सवैरस्यं, रसं विना, अरसिकं.

Mawkishness, *s.* विरसता -त्वं, वैरस्यं, अरसता, अरसिकत्वं, फल्गुता.

Maxillar, maxillary, *a.* हनुसम्बन्धी -न्धि -न्धि (न्) हनु **in comp.**

Maxim, *s.* सूत्रं, वचनं, वाक्यं, तत्त्वं, विधिः ***m.,*** विधानं, नियमः, स्थितिः ***f.*** आदेशः, निदेशः, निर्देशः, कल्पः, न्यायः, नीतिः ***f.,*** क्रमः, चोदना, निगमः, सिद्धान्तः, मतं.

Maximum, *s.* उत्तमसंख्या, परमसंख्या, अधिकसंख्या, उत्तमपरिमाणं.

May, *s.* (The month) वैशाखोत्तरार्द्धं, ज्येष्ठपूर्व्वार्द्धं, वैशाखः, माधवः, राधः, ज्यैष्ठः, शुक्रः, पञ्चममासः.

May, *v. auxil.* (Be possible) सम्भू, शक् **in pass.** (शक्यते), शक्यः -क्या -क्यं भू **or expressed by the potential.—(Have liberty, be allowed) expressed by the potential; as, 'he may do that,'** स तत् कुर्य्यात्. ***See also*** **Permitted, Allowed, etc. (May be)** स्यात्.

May-day, *s.* पूर्व्वोक्तपञ्चमासस्य प्रथमदिवसः.

May-pole, *s.* क्रीडादण्डविशेषो यत्परितो मण्डलनृत्यं क्रियते.

Mayor, *s.* नगराध्यक्षः, पुराध्यक्षः, नगराधिकारी ***m.*** (न्).

Mayoralty, *s.* नगराध्यक्षता -त्वं, पुराध्यक्षता, नगराधिकारः -रिता, नगराध्यक्षपदं, नगराध्यक्षाधिकारः.

Mayoress, *s.* नगराधिकारिणी, नगराध्यक्षस्त्री, नगराध्यक्षपत्नी.

Maze, *s.* (Labyrinth) गहनं, सुगहनस्थानं, दुर्निर्गमस्थानं, अशक्यनिर्गमः प्रदेशः, भ्रमजनकः प्रदेशः, दुर्गतिः ***f.***—**(Intricacy, perplexity)** वक्रता, कौटिल्यं, विषमता, वैषम्यं, क्लिष्टता, काठिन्यं, दुःशोध्यता, व्यस्तता.

Mazy, *a.* गहनः -ना -नं, सुगहनः -ना -नं, दुर्निर्गमः -मा -मं, वक्रः -क्रा -क्रं, अतिवक्रः -क्रा -क्रं, भ्रमजनकः -का -कं, भ्रान्तिजनकः -का -कं, दुःशोध्यः -ध्या -ध्यं.

Me, *pron.* acc. c. मां; **'by me,'** मया; **'to me,'** मह्यं; **'of me,'** मम.

Meacock, *s.* गेहशूरः, गेहनर्दी ***m.*** (न्), कापुरुषः, स्त्रीविधेयः.

Mead, *s.* मधुः ***n.,*** मधुपानीयं, मधुनीरं, मधुपयस् ***n.***

Mead, meadow, *s.* क्षेत्रं, केदारः, यवसस्थानं, शाड्वलस्थानं, गोचरः, गोप्रचारः; **'meadow-grass,'** यवसः, क्षेत्रियं; **'relating to a meadow,'** कैदारः -री -रं, क्षेत्रिकः -की -कं.

Meadowy, *a.* यवसमयः -यी -यं, यवसीयः -या -यं, शाड्वलः -ला -लं.

Meager, meagre, *a.* कृशः -शा -शं, परिकृशः -शा -शं, कृशाङ्गः -ङ्गी -ङ्गं, क्षीणः -णा -णं, क्षीणशरीरः -रा -रं, क्षीणमांसः -सा -सं, शुष्कमांसः -सा -सं, शुष्काङ्ग **etc.,** क्षामः -मा -मं, क्षामशरीरः **etc.,** अपुष्टः -ष्टा -ष्टं, विपुष्टः -ष्टा -ष्टं, तनुः -नुः -न्वी -नु, वितनुः **etc.,** प्रतनुः **etc.,** शातः -ता -तं.—**(Barren as soil)** रूक्षः -क्षा -क्षं, बन्ध्यः -न्ध्या -न्ध्यं; **'a barren soil,'** मरुस्थलं -र्ली.—**(As style)** विरसः -सा -सं, फल्गुः -ल्गुः -ल्गु.

Meagerly, *adv.* परिकृशं, सकाश्यं, कार्श्येन, क्षीणतया, रुक्षं.

Meagerness, meagreness, *s.* कृशता -त्व, कार्श्यं, परिकृशता, कृशाङ्गता, क्षीणता, क्षामता, शरीरक्षीणता, मांसक्षीणता, शुष्कता, मांसशुष्कता, अपुष्टता, विपुष्टता, अमांसत्वं -ता, तनुता, शुष्काङ्गता, मांसहीनता, रुक्षता.

Meal, *s.* (Flour) शक्तुः ***m.,*** क्षोदः, पिष्टं, चूर्णं, गोधूमचूर्णं, गोधूमक्षोदः, अपूप्यः, क्षोदितं, गुण्डिकः -का, समीदः; **'barley-meal,'** यवक्षोदः.—**(Repast)** आहारः, भोजनं, भक्षणं, भक्षिका, अशनं, प्राशनं, अभ्याहारः, अन्नं; **'good meal,'** सुभोजनं, इच्छाभोजनं; **'poor meal,'** कुभोजनं; **'light meal,'** लघ्वाहारः, अल्पाहारः, फलाहारः; **'morning meal,'** प्रातर्भोजनं, प्रातरशनं, प्रातराशः; **'meal at noon,'** माध्याह्निकं; **'at night,** रात्रिभोजनं; **'meal supplied by another,'** परान्नं; **'row or party at a meal,'** पंक्तिः ***f.;*** **'to make a meal,'** आहारं कृ, भोजनं कृ; **'one who has made a meal,'** कृताहारः -रा -रं, कृतभोजनः -ना -नं; **'making one's meals at irregular hours,'** विषमभोजनं; **'meal-time,'** भोजनकालः, अन्नकालः.

Mealiness, *s.* सचूर्णता -त्वं, क्षोदितत्वं, कोमलता. शक्तुपूर्णता, मृदुता.

Mealman, *s.* शक्तुविक्रयी ***m.*** (न्), चूर्णविक्रेता ***m.*** (तृ), क्षोदविक्रयोपजीवी ***m.***

Mealy, *a.* चूर्णमयः -यी -यं, क्षोदमयः -यी -यं, सचूर्णः -र्णा -र्णं, शक्तुपूर्णः -र्णा -र्णं, कोमलः -ला -लं, मृदुलः -ला -लं, मसृणः -णा -णं.

Mealy-mouthed, *a.* मृदुभाषी -षिणी -षि (न्), कोमलमुखः -खी -खं, मृदुमुखः **etc.**

Mean, *a.* (Base, low-minded) नीचः -चा -चं, दीनः -ना -नं,

कृपणः -णा -णं, अपकृष्टः -ष्टा -ष्टं, निकृष्टः -ष्टा -ष्टं, कुत्सितः -ता -तं, क्षुद्रः -द्रा -द्रं, तुच्छः -च्छा -च्छं, हीनः -ना -नं, कदर्य्यः -र्य्या -र्य्यं, अनार्य्यः **etc.,** जघन्यः -न्या -न्यं, खलः -ला -लं, दुष्टः -ष्टा -ष्टं, अधमः -मा -मं, प्राकृतः -ती -तं, पामरः -री -रं, अधमवृत्तिः -त्तिः -त्ति, जघन्यवृत्तिः **etc.,** दीनवृत्तिः **etc.,** पामरवृत्तिः **etc.,** हीनवृत्तिः **etc.,** कृपणबुद्धिः -द्धिः -द्धि, कु **or** का **prefixed, as, 'a mean man,'** कुपुरुषः, कापुरुषः.—**(Low in rank or birth,'** हीनजातिः -तिः -ति, अधमजातिः **etc.,** अधमजातीयः -या -यं, अन्त्यजातीयः -या -यं, जघन्यजातिः **etc.,** नीचजातिः **etc.,** अकुलीनः -ना -नं, अकुलः -ला -लं, दुष्कुलीनः -ना -नं, अधमवर्णजातः -ता -तं.—**(Contemptible, worthless,)** गर्ह्यः -र्ह्या -र्ह्यं, गर्हितः -ता -तं, कुत्सितः -ता -तं, तुच्छः -च्छा -च्छं, निर्गुणः -णा -णं, तृणप्रायः -या -यं, क्षुल्लकः -का -कं, लघुः -घुः -घ्वी -घु, लघुप्रभावः -वा -वं. —**(Middle, moderate in size)** मध्यः -ध्या -ध्यं, मध्यमः -मा -मं, मध्यपरिमाणः -णा -णं, मध्यमप्रमाणः -णा -णं, न स्थूलो न सूक्ष्मः **etc.**—**(Intermediate, intervening)** मध्यः **etc.,** मध्यमः **etc.,** मध्यस्थः -स्था -स्थं, मध्यस्थितः -ता -तं, मध्यवर्त्ती -र्त्तिनी -र्त्ति (न्), अन्तर्गतः -ता -तं, व्यवहितः -ता -तं; **'in the mean time,'** अनन्तरं -रे, तदनन्तरं, अत्रान्तरे, इतोमध्ये.—**(In geometry or mathematics)** मध्यः **etc.,** मध्यमः **etc.,** समः -मा -मं; **'mean anomaly,'** मध्यकेन्द्रं; **'mean motion of a planet,'** मध्यमगतिः ***f.***

Mean, ***s.*** **(Middle) place, middle rate, medium)** मध्यता -त्वं, समता, साम्यं, मध्यमपरिमाणं, सामान्यपरिमाणं, समपरिमाणं, सामान्यपक्षः, समपक्षः.—**(Intervening time)** मध्यकालः, अभ्यन्तरकालः, अन्तरकालः, कालान्तरं, कालाभ्यन्तरं, अन्तरं, अन्तर्गतकालः, मध्यान्तरं, मध्यावसरः, मध्यावधिः ***m.,*** अवधिः ***m.***—**(In geometry, etc.)** समं, मध्यं.—**(Instrument, means or medium through which any thing is done)** साधनं, उपायः, कारणं, उपकरणं, करणं, द्वारं, द्वार् ***f.,*** अभ्युपायः, हेतुः ***m.,*** विधानं, कर्म्मसाधनं, कार्य्यसाधकं, कार्य्यसाधनं, सम्भवः, अङ्गं, उपचारः, योगः, गतिः ***f.,*** उपपत्तिः ***f.,*** साहाय्यं, साधनसामग्री -ग्र्यं, सामग्री, साहित्यं; **'by means of,'** उपायेन, द्वारेण, द्वारा, हेतुना, हेतोः, कारणेन; **'by means of a lever,'** उत्तोलनदण्डोपायेन **or** उत्तोलनदण्डद्वारेण -द्वारा; **'by lawful means,'** धर्म्मोपायेन, धर्म्मोपायैः **or expressed by the indecl. part.; as, 'by means of numerous experiments,'** अनेकवारं परीक्ष्य; **'means of subsistence,'** जीवनोपायः, जीवनहेतुः ***m.,*** उपजीवकं -विका, उपजीवनं; **'by all means, in all ways,'** सर्व्वथा, सर्व्वथैव, सर्व्वप्रकारेण; **'by all means, certainly,'** अवश्यं, अवश्यमेव; **'by any means,'** कथमपि, कथञ्चन, कथञ्चित्, यथाकथञ्चित्, कथं कथमपि; **'by no means,'** न कथञ्चन, न कथञ्चित्.—**(Means, resources, income)** विभवः, द्रव्यं, धनं, अर्थः, आयः, आगमः, धनागमः, सम्भवः, शक्तिः ***f.,*** बलं, सामर्थ्यं; **'according to one's means,'** यथाविभवं, यथासम्भवं, यथाशक्ति, यथासामर्थ्यं; **'having small means,'** अल्पधनः -ना -नं, अल्पविभवः -वा -वं.

To **mean,** ***v. a.*** **(Intend)** अभिप्रे **(c. 2.** अभिप्रैति -तुं, **rt.** इ), अभिप्रायं कृ, उद्दिश् **(c. 6.** -दिशति -देष्टुं), मनसा उद्दिश्, अभिसन्धा **(c. 3.** -दधाति -धातुं), इष् **(c. 6.** इच्छति, एषितुं), उपलक्ष् **(c. 10.** -लक्षयति -यितुं) **or expressed by the des. form of a verb; as, 'to means to do,'** कृ **in des.** (चिकीर्षति -र्षितुं); **'to mean to go,'** गम् **in des.** (जिगमिषति -षितुं); **'to mean to say,'** वच् **in des.** (विवक्षति -क्षितुं), **or by** काम **with the infin.; as, 'what do you mean to say?'** किं वक्तुकामोऽसि; **'what do you mean to do?'** किं कर्त्तुकामोऽसि; **'where do you mean to go?'** कुत्र गन्तुकामो ऽसि.—**(Signify, indicate)** सूच् **(c. 10.** सूचयति -यितुं), उद्दिश्, निर्दिश्, बुध् **(c. 10.** बोधयति -यितुं), उद्बुध्.

To **mean,** ***v. n.*** **(Have meaning)** अर्थवान् -वती -वद् भू, सार्थः -र्था -र्थं भू, वच् **in des.** (विवक्षति -क्षितुं), अर्थं सूच् **(c. 10.** सूचयति -यितुं) **or expressed by** अर्थ ***i.e.*** **signification, meaning) in comp.; as, 'a speech that means to convey censure,'** निन्दार्थो वादः.

Meander, ***s.*** वक्रता, वक्रगतिः ***f.,*** वक्रिमा ***m.*** (न्), जिह्मता, जैह्म्यं, जिह्मगतिः ***f.,*** कुटिलता, कौटिल्यं, कुटिलगतिः ***f.,*** तिर्य्यक्त्वं, तिर्य्यग्गतिः ***f.,*** असमानगतिः, विसर्पणं, सर्पः -र्पणं, सर्पगतिः ***f.;*** **:'of a river's bank,'** रोधोवक्रता.

To **meander,** ***v. n.*** विसृप् **(c. 1.** -सर्पति -सप्तुं) विसर्पणं कृ, वक्रं **or** जिह्मं गम् **(c. 1.** गच्छति, गन्तुं), कुटिलं **or** तिर्य्यग् या **(c. 2.** -याति -तुं), सर्पवद् या.

Meandering, ***part.*** **or** ***a.*** वक्रः -क्रा -क्रं, वक्रिमः -मा -मं, वक्रगतिः -तिः -ति, वक्रगामी -मिनी -मि (न्), जिह्मः -ह्मा -ह्मं, जिह्मगतिः **etc.,** जिह्मगामी **etc.,** कुटिलः -ला -लं, कुटिलगतिः **etc.,** कुटिलगामी **etc.,** तिर्य्यङ् तिरश्ची तिर्य्यक् (क्), तिर्य्यग्गतिः **etc.,** तिर्य्यग्गामी **etc.,** विसर्पी -र्पिणी **etc.,** सर्पगतिः **etc.,** वक्रतीरः -रा -रं, वक्ररोधाः -धाः -धः (स्), असमानगतिः **etc.,** विषमगतिः **etc.**

Meaning, ***s.*** **(Intention)** अभिप्रायः, अभिप्रेतं, आशयः, उद्देशः, आकांक्षा, अर्थः तात्पर्य्यं, आकूतं, इच्छा, छन्दः, छन्दस् ***n.,*** सङ्कल्पः, बुद्धिः ***f.,*** मतिः ***f.,*** मतं, इङ्गितं, उपलक्षितं, हृदयं, भावः.—**(What is intended to be said)** विवक्षितं, विवक्षा. —**(Sense, signification)** अर्थः, अभिप्रायः, विवक्षितं,

विवक्षा, आकांक्षा, छन्दस् *n.*, विषय:; **'meaning or force of a word,'** पदार्थ:, भावार्थ:, शक्ति: *f.*, विग्रह:; **'original meaning,'** मुख्यार्थ:, मुख्यत्वं, मूलार्थ:; **'literal meaning,'** अवयवार्थ:, पदार्थ:; **'metaphorical meaning,'** गौणार्थ:, गौणत्वं; **'latent or hidden meaning,'** मर्म्म *n.* (न्), अन्तर्गर्भ.; **'deep in meaning,'** गूढार्थ: -र्था -र्थं, निगूढार्थ: -र्था -र्थं, गुर्वर्थगह्वर: -रा -रं; **'having little meaning,'** अल्पार्थ: -र्था -र्थं, अल्पविषय: -या -यं.

Meaning, ***part.*** **or** ***a.*** अभिप्रेत्य:, उद्दिश्य, अभिसन्धाय. **—(Significant)** अर्थवान् -वती -वत् (त्), सार्थ: -र्था -र्थं, पूर्णार्थ: -र्था -र्थं, अर्थान्वित: -ता -तं, साकूत: -ता -तं, उद्बोधक: -का -कं, वाचक: -का -कं.

Meaningless, ***a.*** अर्थहीन: -ना -नं, निरर्थक: -का -कं, अनर्थक: -का -कं.

Meaningly, ***adv.*** सार्थं, साकूतं, अर्थवत्, पूर्णार्थतस्, गुर्वर्थतस्.

Meanly, ***adv.*** **(Poorly, in a low way)** कृपणं, कार्पण्येन सकार्पण्यं, कुत्सितं, दीनं, सदैन्यं, अपकृष्टं, निकृष्टं, कृपणवत्, निकृष्टवत्, खलवत्, अधमवत्, अधमप्रकारेण, जघन्यवत्, तुच्छवत्, कदर्य्यवत्, अनार्य्यवत्; **'meanly born,'** हीनजाति: -ति: -ति, अधमजाति: **etc. —(Moderately)** परिमितं, अभृशं. **—(Contemptuously)** सावमानं, अनादरेण, सलाघवं, लाघवेन, लघु.

Meanness, ***s.*** **(Baseness, lowness)** कृपणता -त्वं, कार्पण्यं, दीनता -त्वं, दैन्यं, अपकृष्टता, निकृष्टता, नीचता, क्षुद्रता, अधमता, हीनता, तुच्छता, कदर्य्यता, अनार्य्यता, जघन्यता, खलता, दुष्टता, पामरता, अधमवृत्तिता, हीनवृत्तित्वं, मनोहीनता, बुद्धिकार्पण्यं, कृपणबुद्धित्वं, अनुदारता; **'of birth,'** हीनजातित्वं, अधमजातित्वं, अकुलीनता, दुष्कुलीनता. **—(Contemptibleness)** गर्ह्यता, तुच्छत्वं, लघुता, लाघवं, कुत्सितत्वं, निर्गुणता.

Mean-spirited, ***a.*** कृपणबुद्धि: -द्धि: -द्धि, कृपणमति: **etc.,** दीनबुद्धि: **etc.**

Means, ***s. pl.*** **(Resources)** विभव:. **—(Instrument)** साधनं, उपाय:. ***See*** **Mean,** ***s.***

Meant, ***p. p.*** अभिप्रेत: -ता -तं, उद्दिष्ट: -ष्टा -ष्टं, विवक्षित: -ता -तं,

Meanwhile, ***adv.*** अनन्तरं -रे, तदनन्तरं, अत्रान्तरे, इतोमध्ये, अतोमध्ये, मध्यकाले, अभ्यन्तरकाले, यावत्.

Measled, ***a.*** वक्ष्यमाणरोगग्रस्त: -स्ता -स्तं, गोवरोपहत: -ता -तं.

Measles, ***s. pl.*** रक्तस्फोटोत्पत्तिलक्षितो रोगविशेष:. **The Mahrattī words** गोवर:, **and** शुभा, **may perhaps be used.**

Measurable, ***a.*** मेय: -या -यं, प्रमेय: -या -यं, परिमेय: -या -यं, मापनीय: -या -यं, माप्य: -प्या -प्यं, मातव्य: -व्या -व्यं, परिमाणयोग्य: -ग्या -ग्यं.

Measure, ***s.*** मानं, प्रमाणं, परिमाणं, मात्रं, योतु: ***m.***, यौतवं, पौतवं, द्रुवयं, पाय्यं; **'of short measure,'** अल्पप्रमाण: -णा -णं; **'measure of capacity,'** प्रतीमाणं, प्रस्थ:; **'of weight,'** तुलामानं; **'of length,'** अङ्गुलिमानं; **'of time,'** कालपरिमाणं. **The following are some of the measures of capacity:** मुष्टि: ***m.*** **= a handful,** कुञ्चि: ***f.*** **= 8 handfuls,** कुडव: **= 12 handfuls,** प्रस्थ: **= 48 handfuls or 4 kuḍavas,** आढक: **= 4 prasthas,** द्रोण: **= 4 āḍhakas,** खारी **= 16 droṇas,** कुम्भ: **= 20 droṇas,** वाह: **= 10 kumbhas,** निकुञ्चक: **= ¼ of a kuḍava,** गोष्पदं **= the measure of a cow's foot. The following are measure of weight :** रक्तिका **or** रति: **= 2¼ grains,** गुञ्जा **= 2 $^{3}/_{16}$ grains, or 1/8 of a māṣa,** काकिणी **= ¼ of a māṣa,** माघ: **= 17 grains,** पलं **= 2 māshas,** धरण: -णं **= 10 palas,** कर्ष: **or** अक्ष: **= 16 māshas or 280 grains troy,** तोल: **= 210 grains,** तुला **= 100 palas or 145 ounces troy,** भार: **= 2000 palas,** आचितं **= 10 bhāras. The following are measures of length :** यव: **= 1 barley-corn,** अङ्गुल **= 8 barley-corns,** अङ्गुल: **= 8 barley-corns,** प्रादेश: **= 10 aṅgulas or the span of the thumb and forfinger,** वितस्ति: ***f. or*** गोकर्ण: **= 12 aṅgulas or the span of the thumb and little finger,** रत्नि: -त्नी ***m. f.*** **= 18 aṅgulas or a cubit measured from the elbow to the end of the closed fist,** अरत्नि: ***m.*** **= 21 aṅgulas or a cubit measured from the elbow to the tip of the little finger,** हस्त: **= 24 aṅgulas or a cubit measured from the elbow to the tip of the middle finger,** गज: **= 2 cubits or between 2 and 3 feet,** व्याम: **= a fathom of 3½ hastas or the space between the tips of the fingers of either hand when the arms are extended,** काकिणी **= ¼ of a daṇḍa,** दण्ड: **= a pole or 4 cubits,** निवर्त्तनं **= 200 square cubits or 20 rods,** गोचर्म्म ***n.*** **= a hide of land 300 feet long by 10 broad,** क्रोश: **= a kos or 4000 cubits,** गव्यूति: ***m. f.*** **or** गव्यूतं **= 2 kos or 200 daṇḍas or 8000 cubits,** योजनं **= 4 kos. The following are measures of time,** निमेष: **or** निमिष: **= twinkling of the eye,** काष्ठा **= 18 twinklings,** कला **= 30 kaṣṭhās or 8 seconds,** क्षण: **= 30 kalās or 4 minutes,** दण्ड: **or** घटिका **= 6 kṣaṇas or the 60th part of a day or 24 minutes,** मुहूर्त्त: -र्त्तं **= 12 kṣaṇas or the 30th part of a day or 48 minutes,** अहोरात्र: **= a day or 30 muhūrtas,** पक्ष: **= 15 days,** पलं, विपलं, **and** त्रुटि: **are short measures of time, equal to about a minute. —(Rule, standard by which any thing is measured)** परिमाणं, प्रमाणं. **—(Proportion)** मानं, परिमाणं,

प्रमाणं, मिति: ***f.,*** परिमिति:, तारतम्यं; **'according to measure,'** प्रमाणतस्. — **(Portion allotted)** भाग:, विभाग:, अंश:. — **(Degree)** प्रमाणं, परिमाणं, पर्य्यन्तं, मात्रं; **'in some measure,'** किञ्चित्, अल्पमात्रं, ईषत्. — **(Limit)** पर्य्यन्तं, अन्त: -न्तं, मर्य्यादा, सीमा; **'beyond measure,'** अतिमात्रं, अतिमर्य्यादं, नितान्तं, अतिशयेन, अतीव, अति **prefixed**. — **(Moderation)** परिमिति: ***f.,*** परिमितता; **'in measure,'** परिमितं. — **(Quantity, measure of a vowel, etc.)** मात्रा. — **(Musical time)** ताल:, मात्रा; **'in musical measure,'** स्वरबद्ध: -द्धा -द्धं. — **(Metre, measure of verse)** छन्द:, छन्दस्, वृत्तं, वर्णवृत्तं, वेद:, पद्यं; **'false measure,'** छन्दोभङ्ग:. — **(Means to an end, step)** उपाय:, उपचार:, साधनं, अभ्युपाय:, योग:, प्रयोग:, युक्ति: ***f.,*** विधानं, क्रिया, कर्म्म ***n.*** (न्), कार्य्यं, कारणं, करणं; **'mild measures,'** सामोपचार:, सौम्योपचार:, सामोपाय:; **the four measures of war are 'causing dissension,'** भेद:; **'force of arms,'** दण्ड:; **'bribery,'** दानं; **'conciliation,'** साम ***n.*** (न्); **'to take measures,'** उपायप्रयोगं कृ. — **(Common measure in arithmetic, etc.)** अपवर्त्त:; **'having no common measure,'** निरपवर्त्त: -र्त्ता -र्त्तं.

To **measure, *v. a.*** मा (**c. 2.** माति, **c. 3.** मिमीते, **c. 4.** मायते, मातुं, **c. 10.** मापयति -यितुं), प्रमा, परिमा, तुल् (**c. 10.** तुलयति -यितुं), तूल् (**c. 10.** तूलयति -यितुं), मापनं कृ, परिमाणं कृ. — **(Ascertain the degree or extent)** मानं **or** परिमाणं निरूप् (**c. 10.** -रूपयति -यितुं) **or** ज्ञा (**c. 9.** जानाति, ज्ञातुं) **or** परीक्ष् (**c. 1.** -ईक्षते -क्षितुं), परिमाणनिरूपणं कृ. — **(Compute)** गण् (**c. 10.** गणयति -यितुं), विगण्, प्रगण्. — **(Make a comparison of measurement)** उपमा. — **(Allot)** विभज् (**c. 1.** -भजति -भक्तुं), **or** परिक्लृप्, (**c. 10.** -कल्पयति -यितुं).

To **measure, *v. n.* (Be of a certain extent or size) expressed by** परिमाण **or** परिमित **or** मित **in comp.; as, 'a line which measures eight inches,'** अष्टाङ्गुलपरिमिता रेखा; **'to measure an inch,'** अङ्गुलपरिमित: -ता -तं, भू, अङ्गुलमित: -ता -तं भू, अङ्गुलपरिमाण: -णा -णं भू.

Measured, *p. p.* मित: -ता -तं, प्रमित: -ता -तं, परिमित: -ता -तं, सम्मित: -ता -तं, उन्मित: -ता -तं, मापित: -ता -तं. — **(Uniform)** समान: -ना -नं, सम: -मा -मं, धीर: -रा -रं. — **(In music)** तालबद्ध: -द्धा -द्धं. — **(Limited)** मित: -ता -तं, परिमित: -ता -तं, निबद्ध: -द्धा -द्धं, नियत: -ता -तं.

Measureless, *a.* अमेय: -या -यं, अपरिमेय: -या -यं, अप्रमेय: -या -यं, अमित: -ता -तं, अपरिमित: -ता -तं, अपरिमाण: -णा -णं.

Measurement, *s.* मापनं, परिमाणं, मिति: ***f.,*** परिमिति: ***f.,*** प्रमिति: ***f.,*** प्रमाणं, मानं, मानपरीक्षा, परिमाणपरीक्षा, माननिरूपणं, मापकरणं; **'rough measurement,'** स्थूलमानं; **'exact measurement,'** सूक्ष्ममानं.

Measurer, *s.* मापक:, परिमापक:, मापनकर्त्ता ***m.*** (र्त्तृ), मापनकृत्, माननिरूपक:, परिमाणनिरूपक:, परिमाणपरीक्षक:.

Measuring, *s.* मापनं; **'measuring-line,'** प्रमाणसूत्रं; **'rod,'** प्रमाणदण्ड:.

Meat, *s.* (Flesh) मांसं, खाद्यमांसं, मांसाहार:, आमिषं, आमिषाहार:; **'butcher's meat,'** सौनं, शौनं, सौनिकं, शौनिकं. — **(Food)** अन्नं, भोजनं, आहार:, खाद्यद्रव्यं; **'meat and drink,'** अन्नोदक:, अन्नजलं, अन्नपानं; **'seller of meat,'** मांसिक:, सौनिक:, शौनिक:, कौटिक:, वैतंसिक:.

Meat-offering, *s.* नैवेद्यं, अन्ननिवेदनं, अन्नोपहार:, अन्नोपहरणं.

Mechanic, mechanical, *a.* (Pertaining to machines) यान्त्र: -न्त्री -न्त्रं, यान्त्रिक: -की -कं, यन्त्री -न्त्रिणी -न्त्रि (न्), यन्त्रीय: -या -यं, यन्त्रसम्बन्धी -न्धिनी **etc.,** यन्त्रविषय: -या -यं, शिल्पिक: -की -कं, शिल्पी -ल्पिनी **etc.,** यन्त्रविद्यासम्बन्धी **etc.,** शिल्पविद्यासम्बन्धी **etc.** — **(Constructed or performed by the rules of mechanics)** यन्त्रविद्यानुसारी -रिणी **etc.,** यन्त्रशास्त्रानुरूप: -पा -पं, शिल्पशास्त्रानुसारी **etc.,** यन्त्रशास्त्रसिद्ध: -द्धा -द्धं, शिल्पविद्याकृत: -ता -तं, यन्त्रविद्यासिद्ध: **etc.,** शिल्पविद्यानिर्मित: -ता -तं, यौक्तिक: -की -कं, **'mechanical art,'** शिल्पं, कला. — **(Skilful in mechanical art)** यन्त्रविद्यानिपुण:, शिल्पविद्याज्ञ:, शिल्कर्म्मकुशल:. — **(Employed in mechanical pursuits)** शिल्पी ***m.*** (न्), शिल्पकर्म्मकारी ***m.,*** शिल्पजीवी ***m.,*** शिल्पोपजीवी ***m.*** (न्), शिल्पिक:. — **(Moving like a machine)** यन्त्रगतिक: -का -कं, यन्त्रगति: -ति: -ति, यन्त्रप्राय: -या -यं, यन्त्रतुल्य: -ल्या -ल्यं.

Mechanic, *s.* (Artisan) शिल्पी ***m.*** (न्), शिल्पकार:, शिल्पकर्म्मकार:, शिल्पिक:, शिल्पोपजीवी ***m.*** (न्), शिल्पकर्म्मोपजीवी ***m.,*** कर्म्मकार:, कर्म्मार:, कारु: ***m.*** -रुक:.

Mechanically, *adv.* यन्त्रविद्यानुसारेण, शिल्पविद्यानुसारेण, यन्त्रशास्त्रानुरूपेण, शिल्पिकं, शिल्पवत्. — **(By the mere laws of motion)** यन्त्रगतिमात्रौपम्यात्, यन्त्रतुल्यगत्या, अबुद्धिपूर्व्वं, अमतिपूर्व्वं.

Mechanician, *s.* यन्त्रविद्याज्ञ:, शिल्पशास्त्रज्ञ:, यन्त्रविद्यानिपुण:.

Mechanics, *s.* यन्त्रविद्या, शिल्पविद्या, यन्त्रशास्त्रं, शिल्पशास्त्रं, शिल्पिशास्त्रं, यान्त्रं, गतिविद्या, यन्त्रगतिविद्या, यन्त्रनिर्बन्ध:.

Mechanism, *s.* (Construction of a machine) यन्त्ररचना, यन्त्रविधानं, कला, युक्ति: ***f. See*** **Machinery. (Action of a machine)** यन्त्रचेष्टा, यन्त्रगति: ***f.,*** यन्त्रक्रिया, यन्त्रव्यापार:; **'a piece of mechanism,'** कारुज:.

Mechanist, *s.* यन्त्रनिर्म्माता *m.* (तृ), यन्त्रकर्त्ता *m.,* यन्त्रविद्यानिपुणः.

Meconium, *s.* **(Of poppies)** खस्खसरसः, खस्खसनिर्यासः, खस्खसस्राव:.—**(First faces of infants)** सद्योजातबालकानां प्रथमोच्चारः.

Medal, *s.* मुद्रा, प्रतिष्ठामुद्रा, कीर्त्तिमुद्रा, कीर्त्तिदमुद्रा, मानसूचकमुद्रा, निदर्शनमुद्रा.

Medalist, *s.* **(Person skilled in medals)** मुद्राविद्याज्ञः, मुद्राविद् *m.,* मुद्रापरीक्षकः.—**(One who has gained a medal)** कीर्त्तिमुद्राधारी *m.* (न्), कीर्त्तिमुद्रावान् *m.* (त्).

Medallion, *s.* प्राचीनकालिकमुद्रा, प्राचीनमुद्रा, महामुद्रा.

***To* meddle,** *v. n.* **(Interfere or intrude officiously)** परकार्य्याणि चर्च् (c. 1. चर्चति -र्चितुं), परव्यापारचर्चां कृ, परनियोगचर्चां कृ, पराधिकारचर्चां कृ, अत्युपचारेण **or** अनधिकारपूर्व्वं परकार्य्याणि निरूप् (c. 10. -रूपयति -यितुं) **or** परकार्य्यनिरूपणं कृ **or** परकार्य्येषु व्यापृ **in pass.** (-प्रियते) **or** व्यापृतः -ता -तं भू, पराधिकारं प्रविश् (c. 6. -विशति -वेष्टुं), परकार्य्यप्रवेशं कृ, परव्यापारप्रवेशं कृ, चर्चां कृ. —**(Have to do with)** व्यापृ **in pass.** व्यापृतः -ता -त भू. —**(Handle)** स्पृश् (c. 6. स्पृशति, स्प्रष्टुं).

Meddler, *s.* परकाय्यचर्चकः, पराधिकारचर्चकः, पराधिकारप्रवेशकः, परकार्य्यनिरूपकः, परचेष्टानिरूपकः, परकार्य्यव्यापारी *m.* (न्), पराधिकारव्यापारी *m.,* परव्यापारान्तर्गामी *m.*

Meddlesome, *a.* पराधिकारचर्चाशीलः -ला -लं, परचेष्टानिरूपणशीलः **etc.**

Meddling, *a.* परकार्य्यचर्चकः -का -कं, परकार्य्यनिरूपकः -का -कं, पराधिकारप्रवेशकः -का -कं, पराधिकारव्यापारी -रिणी -रि (न्).

Meddling, *s.* पराधिकारचर्चा, अनधिकारचर्चा, पराधिकारप्रवेशः, परकार्य्यप्रवेशः, परव्यापारचर्चा, पराधिकारव्यापारः, परनियोगव्यापारः, परकार्य्यनिरूपणं, परचेष्टानिरूपणं, चर्चा.

***To* mediate,** *v. n.* मध्यस्थः -स्था -स्थं भू **or** अस्, मध्यवर्त्ती -र्त्तिनी -र्त्ति भू, माध्यस्थ्यं कृ, मध्ये वृते (c. 1. वर्त्तते -र्त्तितुं) **or** स्था (c. 1. तिष्ठति, स्थातुं), मध्ये गम् (c. 1. गच्छति, गन्तुं), अन्तर्गम्.

To mediate, *v. a.* माध्यस्थ्येन सन्धिं कृ **or** सन्धा (c. 3. -दधाति -धातुं).

Mediate, *a.* मध्यस्थ -स्था -स्थं -स्थायी -यिनी यि (न्), मध्यवर्त्ती -र्त्तिनी **etc.,** मध्यः -ध्या -ध्यं, मध्यमः -मा -मं, अन्तर्गतः -ता -तं, अन्तर्वर्त्ती **etc.**

Mediately, *adv.* अन्यद्वारेण, अन्यद्वारा, परद्वारेण, माध्यस्थ्येन, माध्यस्थेन, उपकरणद्वारेण, अनुरूपेण.

Mediation, *s.* माध्यस्थ्यं, माध्यस्थं, मध्यस्थत्वं -ता, मध्यवर्त्तित्वं, मध्यवर्त्तनं, मध्यस्थितिः *f.,* अन्तर्गमनं, अन्तरागमनं, अनुरूपं.

Mediator, *s.* मध्यस्थः, मध्यवर्त्ती *m.* (न्), मध्यस्थायी *m.,* माध्यस्थः, मध्यस्थितः, चरपुष्टः.

Mediatorial, *a.* मध्यस्थसम्बन्धी -न्धि -न्धि (न्), मध्यस्थविषयः -या -यं, माध्यस्थिकः-की -कं.

Mediatorship, *a.* मध्यस्थता -त्वं, माध्यस्थ्यं, मध्यस्थपदं, मध्यस्थाधिकारः, मध्यस्थकर्म्म *n.* (न्).

Medicable, *a.* औषधोपचारसाध्यः -ध्या -ध्यं, वैद्योपचारसाध्यः **etc.,** भेषजप्रयोगसाध्यः **etc.,** औषधोपायसाध्यः **etc.,** उपक्रमसाध्यः **etc.,** वैद्योपक्रमसाध्यः **etc.,** उपक्रमणीयः -या -यं, चिकित्स्यः -त्स्या -त्स्यं.

Medical, *a.* वैद्यः -द्यी -द्यं, वैद्यकः -की -कं, वैद्यक्रियासम्बन्धी -न्धि -न्धि (न्), वैद्यकम्बन्धी **etc.,** वैद्यकविषयकः -या -यं, चिकित्सासम्बन्धी **etc.,** औषधीयः -या -यं, औषधोपचारसम्बन्धी **etc.,** भेषजप्रयोगसम्बन्धी **etc.,** आयुर्वेदसम्बन्धी **etc.,** आयुर्वेदी -दिनी **etc.,** आयुर्वेदमयः -यी -यं, वैद्यशास्त्रीयः -या -यं; **'medical science,'** वैद्यकशास्त्रं, वैद्यशास्त्रं, आयुर्वेदः -दं; **'medical treatment,'** वैद्योपचारः, औषधोपचारः, भेषजोपचारः, औषधप्रयोगः, भेषजप्रयोगः; **'medical man,'** वैद्यः, चिकित्सकः, चिकित्साजीवी *m.,* आयुर्वेदी.

Medically, *adv.* वैद्यकशास्त्रानुसारेण, वैद्यकधर्म्मानुसारेण, वैद्यशास्त्रमुद्दिश्य, वैद्योपचारमुद्दिश्य, उपचारोद्देशेन.

Medicament, *s.* औषधं, भेषजं, भैषजं, भैषज्यं, अगदः, औषधीयद्रव्यं, भेषजद्रव्यं, द्रव्यं, आयुर्द्रव्यं, जायुः *m.,* जारी, जाली, जीवन्तः, तालिका.

Medicaster, *s.* मिथ्याचिकित्सकः, दुश्चिकित्सकः, छद्मवैद्यः, अशास्त्रवैद्यः.

***To* medicate,** *v. a.* **(Impregnate with medicinal substances)** औषधीकृ, औषधादिना मिश्र् (c. 10. मिश्रयति -यितुं) **or** संसृज् (c. 6. -सृजति -स्रष्टुं) **or** संस्कृ, औषधसंस्कृतं -तां कृ, औषधगुणकं -कां -कृ, औषधगुणविशिष्टं -ष्टां कृ.—**(dose with drugs)** औषधं दा, भेषजं दा, भिषज् **(nom.** भिषज्यति).

Medicated, *p. p.* औषधसंस्कृतः -ता -तं, औषधीयद्रव्यसंसृष्टः -ष्टा -ष्टं, औषधादिमिश्रितः -ता -तं.

Medication, *s.* औषधसंस्कारः, औषधसंस्करणं, औषधीकरणं, औषधीयद्रव्यसंसर्गः, औषधीयद्रव्यमिश्रणं.

Medicinal, *a.* **(Having healing properties)** औषधीयः -या -यं, भैषजः -जी -जं, भेषजीयः -या -यं, औषधोपयोगी -गिनी -गि (न्), रोगान्तकः -का -कं, रोगशमकः -का -कं, रोगहरः -रा -रं, रोगहारी -रिणी **etc.,** रोगघ्नः -घ्नी -घ्नं.—**(Pertaining to medicine)** औषधसम्बन्धी **etc.,** भेषजसम्बन्धी **etc.**

Medicine, *s.* **(Substance having the property of mitigating disease)** औषधं, भेषजं, भैषजं, भैषज्यं, अगदः, औषधीयद्रव्यं, जायुः *m.*, रोगिवल्लभः; **'administering medicine,'** औषधोपचारः, भेषजोपचारः, औषधप्रयोगः, भेषजप्रयोगः; **'mild medicines,'** सामोपचारः, साम्योपचारः. —**(The practice of medicine)** वैद्योपचारः, चिकित्सा, उपचारः, उपचर्य्या, उपचार्य्यः, वैद्यक्रिया, उपक्रमः, वैद्योपक्रमः, रुक्प्रतिक्रिया, परानसा.—**(Science of medicine)** वैद्यकं, आयुर्वेदः -दं; **'a treatise on medicine,'** वैद्यकशास्त्रं, वैद्यशास्त्रं; **' compounder of medicines,'** योगविद् *m.*

Medieval, *a.* मध्यकालीनः -ना -नं, मध्यकालिकः -का -कं.

Mediocre, mediocral, *a.* मध्यमः -मा -मं, मध्यः -ध्या -ध्यं, मध्यमगुणः -णा -णं, मध्यमभावः -वा -वं, साधारगुणः -णा -णं, अवरगुणः -णा -णं, अप्रधानगुणः -णा -णं, विगुणः -णा -णं, प्राकृतः -ती -तं.

Mediocrity, *s.* मध्यमता, मध्यता, मध्यमभावः, मध्यमावस्था, मध्यमदशा, साधारण्यं, साधारणभावः, साधारणदशा, सामान्यता, मध्यममानं, मध्यमपक्षः.—**(Moderation)** परिमितता.

***To* meditate,** *v. n.* ध्यै (c. 1. ध्यायति, ध्यायतुं), अनुध्यै, अभिध्यै, सन्ध्यै, प्रध्यै, चिन्त् (c. 10. चिन्तयति -यितुं), सञ्चिन्त्, विचिन्त्, भू (c. 10. भावयति -यितुं), सम्भू, विमृश् (c. 6. -मृशति -म्रष्टुं), मनसा विचर् (c. 10. -चारयति -यितुं), समाधा (c. 3. -धत्ते -धातुं), वितर्क् (c. 10. -तर्कयति -यितुं), ध्यानं कृ, अभिध्यानं कृ, अन्तर्ध्यानं कृ, चिन्तां कृ, चिन्तापरः -रा -रं भू, ध्यानपरः -रा -रं, भू, विचारणं कृ, विवेचनं कृ.—**(Intend)** मनः कृ, वुद्धिं कृ, मतिं कृ. ***See To* intend.**

***To* meditate,** *v. a.* प्रचिन्त् (c. 10. -चिन्तयति -यितुं), परिचिन्त्, चिन्त्, मन्त्र् (c. 10. मन्त्रयति -यितुं), परिक्लृप् (c. 10. -कल्पयति -यितुं), क्लृप्, मनसा परिक्लृप् or कल्पनां कृ; **'to meditate a plan,'** उपायचिन्तां कृ, उपायकल्पनां कृ; **'to meditate doing,'** कृ in des. (चिकीर्षयति -र्षितुं). ***See To* intend.**

Meditated, *p. p.* ध्यातः -ता -तं, चिन्तितः -ता -तं, प्रचिन्तितः -ता -तं, भावितः -ता -तं, मनोगुप्तः -प्ता -प्तं, कल्पितः -ता -तं, परिकल्पितः -ता -तं, घटितः -ता -तं; **'being meditated upon,'** ध्यायमानः -ना -नं, अभिध्यायमानः -ना -नं; **'to be meditated upon,'** ध्येयः -या -यं, ध्यायनीयः -या -यं, ध्यातव्यः -व्या -व्यं.

Meditation, *s.* ध्यानं, अभिध्यानं, आध्यानं, अन्तर्ध्यानं, समाधिः *m.*, समाधानं, चिन्ता, चिन्तनं, भावना, सम्भावनं -ना, ध्यानपरता, विचारणं, -णा, विमर्शः, मनोगुप्तं, आत्मैकाग्रता, ध्याम *n.* (न्); **'religious and abstract meditation,'** योगः, ध्यानयोगः, अन्तर्ध्यानं, समाधिः *m.*, समाधियोगः, समाधानं; **'considered as one of the five sacraments,'** अयुतः; **'absorbed in meditation,'** ध्याननिष्ठः -ष्ठा -ष्ठं, ध्यानस्थः -स्था -स्थं, ध्यानपरः -रा -रं, समाधिस्थः -स्था -स्थं, समाधिनिष्ठः **etc.**, अधिरूढसमाधियोगः -गा -गं; **'posture suited to religious meditation,'** ब्रह्मासनं.

Meditative, *a.* ध्यानशीलः -ला -लं, चिन्ताशीलः -ला -लं, ध्यानपरः -रा -रं, ध्यानतत्परः -रा -रं, चिन्तापरः -रा -रं, चिन्तापरायणः -णा -णं, चिन्तावान् -वती -वत् (त्), समाधिमान् -मती **etc.**, ध्यानी -निनी -नि (न्), भावितात्मा -त्मा -त्म (न्), सचिन्तः -न्ता -न्तं, ध्यायन् -यन्ती -यत् (त्), ध्यानयुक्तः -क्ता -क्तं.

Mediterranean, mediterraneous, *a.* **(Inclosed with land)** भूवेष्टितः -ता -तं, भूमिवेष्टितः -ता -तं, भूमध्यस्थः -स्था -स्थं, भूवलयितः -ता -तं, भूवलयाङ्कितः -ता -तं.—**(Remote from the sea, inland)** समुद्रदूरस्थः -स्था -स्थं, मध्यदेशीयः -या -यं, मध्यदेशस्थः -स्था -स्थं, समुद्रासमीपः -पा -पं.

Medium, *s.* **(Means, instrument)** साधनं, द्वारं द्वार् *f.*, अङ्गं, हेतुः *m.*, कारणं, करणं, निमित्तं -त्तकं, निमित्तकारणं, योगः, कर्म्मसाधनं.—**(Channel, vehicle)** मार्गः, पथः, वाहनं, द्वारं, अङ्गं; **'through the medium of the ear,'** श्रवणमार्गेण, श्रुतिमार्गेण, श्रवणद्वारेण, श्रवणद्वारा; **'the medium by which medicine is administered,'** भेषजाङ्गं; **'air is the medium of sound,'** वायुः शब्दवाहनं or शब्दवाहकः. —**(Instrumentality)** कारणत्वं -ता, कारकत्वं, हेतुता, निमित्तत्वं, साधकत्वं, कर्तृत्वं, कर्त्तृकत्वं.—**(Middle place, mean)** मध्यता, -त्वं, समता, साम्यं, मध्यमपक्षः, सामान्यपक्षः.

Medley, *s.* सङ्करः, नानाद्रव्यसाङ्कर्य्यं, सन्निपातः, द्रव्यसङ्कुलं, नानाद्रव्यसन्निपातः, सङ्कीर्णद्रव्यसमूहः, प्रकीर्णद्रव्यसमूहः, प्रकीर्णकं, सङ्कीर्णकं, सम्मिश्रद्रव्यसन्निपातः, नानासम्मिश्र-द्रव्यसमूहः, नानाद्रव्यसम्मिश्रणं.

Medley, *a.* सान्निपातिकः -की -कं, सन्निपतितः -ता -तं, सङ्कीर्णः -र्णा -र्णं, प्रकीर्णः -र्णा -र्णं, सम्मिश्रः -श्रा -श्रं, अस्तव्यस्तः स्ता -स्तं, क्षिप्तविक्षिप्तः -प्ता -प्तं, सङ्करीकृतः -ता -तं, नानाजातीयः -या -यं, सङ्करजातीयः -या -यं.

Medullar, medullary, *s.* मज्जासम्बन्धी -न्धि -न्धि (न्), मेदोसम्बन्धी **etc.**, मज्जामयः -यी -यं, अस्थिसारसम्बन्धी **etc.**, मेदस्वी **etc.**

Meed, *s.* **(Recompense)** फलं, प्रतिफलं, प्रतिकृतिः *f.*, प्रतिक्रिया, पारितोषिकं.

Meek, *a.* विनीतः -ता -तं, विनीय -यिनी -यि (न्), सौम्यः -म्या -म्यं, सौम्यवृत्तिः -त्तिः -त्ति, नम्रद्धिः -द्धिः -द्धि, नम्रवृत्तिः -त्तिः -त्ति, नम्रशीलः -ला -लं, नम्रचेताः -ताः -तः (स्), निर्विणः -णा -णं, निर्विणचेताः **etc.**, मृदुस्वभावः -वा -वं, सविनयः -या -यं, सहनशीलः -ला -लं, विनतः -ता -तं, गर्व्वहीनः -ना -नं, दर्पहीनः -ना -नं, अगर्व्वः -र्व्वा

-व्वं, निरहङ्कारः -रा -रं, दीनचेताः etc., अनुद्धतः -ता -तं, अनभिमानी -निनी etc., अनहङ्कारी etc., वश्यात्मा -त्मा -त्म (न्), वश्यः -श्या -श्यं, सुवश्यः etc.

Meek-eyed, ***a.*** मृदुनेत्रः -त्रा -त्रं, मृदुलोचनः -ना -नं, सौम्यनेत्रः etc.

Meekly, ***adv.*** सविनयं, विनीतवत्, विनयात्, नम्रचेतसा, निर्विणचेतसा, नम्रं, विनम्रं, मृदुस्वभावेन, अगर्व्वेण, अनभिमानेन, अनहङ्कारेण, सनिर्वेदं, अनुद्धतं, सदैन्यं.

Meekness, ***s.*** विनयः, विनीतता, विनीतिः ***f.,*** सौम्यता, नम्रता, निर्विणता, स्वभावमृदुता, बुद्धिनम्रता, नम्रशीलता, वश्यता, सुवश्यता, दीनता, दैन्यं, अगर्व्वः, गर्व्वहीनता, दर्पहीनता, अनभिमानं -नता, अनौद्धत्यं, माधुर्य्यं, शान्तिः ***f.,*** विनतिः, सहनशीलता.

Meet, ***a.*** **(Proper, fit)** युक्तः -क्ता -क्तं, उचितः -ता -तं, उपयुक्तः -क्ता -क्तं, योग्यः -ग्या -ग्यं, समञ्जसः -सा -सं, उपपन्नः -न्ना -न्नं, सङ्गतः -ता -तं.

To **meet,** ***v. a.*** **and** ***n.*** **(Come together, encounter)** समागम् (**c. 1.** -गच्छति -गन्तुं), सङ्गम्, उपागम्, मिल् (**c. 6.** मिलति, मेलितुं), सम्मिल्, समे (**c. 2.** समैति -तुं, **rt.** इ), आसद् (**c. 10.** -सादयति -यितुं), समासद्, प्रतिमुखं **or** अभिमुखं गम् **or** या (**c. 2.** याति -तुं), अभिया, उपाया, सम्मुखीभू.—**(Go to meet)** प्रतिगम्, प्रत्युद्गम्, अभिगम्, प्रत्युद्या, अभिया, प्रत्याया, प्रतिव्रज् (**c. 1.** व्रजति -जितुं), प्रतिवृत् (**c. 1.** -वर्त्तते -र्त्तितुं), अभिवृत्, प्रत्युद्गमं कृ; **'gone to meet,'** प्रत्युद्गतः -ता -तं.—**(Rise to meet)** प्रत्युत्था (**c. 1.** -तिष्ठति -ताथुं, **rt.** स्था); **'risen to meet,'** प्रत्युत्थितः -ता -तं; **'rising to meet,'** प्रत्युत्थानं.—**(Assemble)** समागम्, सङ्गम्, मिल्, सम्मिल्, एकत्र मिल्, एकत्र गम् **or** आगम्, समे समभ्ये, समावृत्, समूहीभू.—**(Encounter in a hostile manner)** संयुध् (**c. 4.** -युध्यते -योद्धुं), युद्धं कृ, युद्धाय समुपागम्, समाघातं कृ, युद्धारम्भं कृ, रणाभियोगं.—**(Meet with find)** आसद्, अधिगम्, प्राप् (**c. 1.** -आप्नोति -आप्तुं), सम्प्राप्, समाप्, अवाप्, आप्, लभ् (**c. 1.** लभते लब्धुं), विद् (**c. 6.** विन्दति, वेदितुं), अभिविद्; **'hard to meet with,'** दुरासदः -दा -दं, दुरधिगमः -मा -मं, दुरधिगमः -मा -मं, दुरधिगम्यः -म्या -म्यं, दुष्प्रापः -पा -पं, दुष्प्राप्यः -प्या -प्यं, दुर्लभः -भा -भं.—**(In age)** उपगम्, उपागम्, गम्, आप्, प्राप्, इ, अनुभू; **'they met with their death,'** विनाशम् उपगता.—**(Meet as waters)** सङ्गम्, सम्प्लु (**c. 1.** -प्लवते -प्लोतुं),

Meeting, ***s.*** **(Coming together)** सङ्गमः, समागमः, सङ्गः, सङ्गतिः ***f.,*** सङ्गतं, मिलनं, मेलनं, सम्मिलनं, सम्मेलनं, मेलकः, संयोगः, योगः, एकत्र मिलनं, एकत्र गमनं.—**(Assembly, convention)** सभा, समाजः, मेला, मेलः, मेलकः, संसद् ***f.,*** सदस् ***n.,*** परिषद्, समज्या, मनुष्यसभा, गोष्ठी, समितिः ***f.,*** आस्थानं -नी, लोकसंघः, जनसमागमः, जनमेला, मण्डलं, जनसमवायः, जनसमुदायः, जनसमूहः; **'dismissal of a meeting,'** सभाविसर्जनं; **'person present at a meeting,'** सभासद् ***m.,*** सभास्तारः, सभ्यः, सदस्यः.—**(Confluence)** सम्भेदः, सङ्गमः, सङ्गः.

Meeting-house, ***s.*** मनुष्यसभा, सभा, सभागृहं, सभास्थानं, सभामन्दिरं, समागमगृहं, समागमस्थानं.

Meetly, ***adv.*** यथायोग्यं, यथोचितं, युक्तं, उपयुक्तं, उचितं, यथार्हं.

Meetness, ***s.*** योग्यता, युक्तता, उपयुक्तता, उचितत्वं, औचित्यं.

Megalosaurus, ***s.*** महामकरः, वृहन्मकरः.

Megrim, ***s.*** शिरोवेदना, शिरःपीडा, अर्द्धशिरःपीडा, अर्द्धमस्तकशूलः.

Meiosis, ***s.*** **(Figure of rhetoric)** न्यूनालङ्कारः, न्यूनीकरणालङ्कारः.

Melanagogue, ***s.*** कृष्णपित्तघ्नं, कृष्णपित्तनाशकम् औषधं.

Melancholic, ***s.*** सदाविषादी ***m.*** (न्), नित्यविषादी ***m.,*** कुपितवायुग्रस्तः.

Melancholily, ***adv.*** सविषादं, अवसादेन, सोद्वेगं, सावसादं, उद्विग्नवत्.

Melancholy, ***a.*** **(Depressed in spirits)** विषणः -णा -णं, अवसन्नः -न्ना -न्नं, विषादी -दिनी -दि (न्), उद्विग्नः -ग्ना -ग्नं, उद्विग्नमनाः -नाः -नः (स्), विमनाः **etc.,** दुर्मनाः **etc.,** अन्तर्मनाः **etc.,** उन्मनाः **etc.,** क्लान्तमनाः **etc.,** दीनमनाः **etc.,** दीनमनस्कः -स्का -स्कं, विमनस्कः **etc.,** दीनचेतनः -ना -नं, म्लानः -ना -नं, क्लान्तः -न्ता -नतं, ग्लानः -ना -नं, खिन्नः -न्ना -न्नं, खेदयुक्तः -क्ता -क्तं, खेदी -दिनी **etc.,** उदासीनः -ना -नं, चिन्तापरः -रा -रं, चिन्ताकुलः -ला -लं.—**(Habitually depressed)** सदाविषादी -दिनी **etc.,** नित्यविषादी **etc.,** सदाखेदी **etc.,** नित्यविषणः **etc.,** नित्यावसन्नः **etc.,** सदावसन्नः **etc.,** विषणवृत्तिः -त्तिः -त्ति, खेदवृत्तिः **etc.**—**(Mournful, expressing or causing sorrow)** विषादसूचकः -का -कं, खेदसूचकः -का -कं, विषादात्मकः -का -कं, खेदात्मकः -का -कं, शोकसूचकः -का -कं, शोकजनकः -का -कं, खेदजनकः -का -कं, दुःखकरः -रा -रं; **'to be melancholy,'** विषद् (**c. 1.** -षीदति -षत्तुं), अवसद्, विषणीभू, खिद् **in pass.** (खिद्यते), ग्लै (**c. 1.** ग्लायति, ग्लातुं), उद्विग्नीभू, दुर्मनस् (**nom.** दुर्मनायते), उन्मनस्.

Melancholy, ***s.*** विषादः, विषणता, अवसादः, अवसन्नता, खेदः, खिन्नता, उद्वेगः, उद्विग्नता, ग्लानिः ***f.,*** म्लानिः ***f.,*** क्लान्तिः ***f.,*** निर्विणता, निर्वेदः, दीनता, दैन्यं, उदासीनता, औदासीन्यं, उत्कण्ठा, चिन्तोद्विग्नता, चिन्ता, विषादवृत्तिः ***f.,*** विषणवृत्तित्वं, विमनस्कता, वैमनस्यं.

Melée, ***s.*** **(Confused fight)** रणसङ्कुलं, युद्धसङ्कुलं, सङ्कुलयुद्धं.

Melilot, *s.* त्रिपर्णभेदा:, त्रिपत्रविशिष्ट ओषधिप्रभेद:.

***To* meliorate,** *v. a.* भद्रतरं -रा कृ, भद्रतरीकृ. *See To* **improve.**

Melioration, *s.* वृद्धि: *f.,* वर्धनं, श्रेयस्त्वं, भद्रतरभाव:. *See* **Improvement.**

Melliferous, *a.* मधुप्रद: -दा -दं, मधुजनक: -का -कं, मधूत्पादक: etc.

Mellification, *s.* मधुकरणं, मधूत्पादनं, मधूत्पत्ति: *f.,* मधुकारित्वं.

Mellifluence, *s.* मधुस्राव:, मधुप्रवाह:, अमृतस्राव:, सुधाप्रवाह:.

Mellifluous, Mellifluent, *a.* मधुस्रावी -विणी -वि (न्), अमृतस्रावी etc., मधुर: -रा -रं, मधुमय: -यी -यं.—**(As applied to speech)** मधुराक्षर: -रा -रं, मधुरवाक्य: -क्या -क्यं.

Mellifluousness, *s.* मधुरता -त्वं, माधुर्य्यं, स्वादुता, वाक्यमाधुर्य्यं.

Mellow, *a.* पक्व: -क्वा -क्वं, परिपक्व: -क्वा -क्वं, पक्वमृदु: -द्वी -दु, मृदुपक्व: -क्वा -क्वं, पक्त्रिम: -मा -मं, विपक्त्रिम: -मा -मं.—**(Soft)** मृदु: -दु: -द्वी -दु, कोमल: -ला -लं, मृदुल: -ला -लं, स्निग्ध: -ग्धा -ग्धं, ललित: -ता -तं, सुखस्पर्श: -र्शा -र्शं.—**(To the ear)** मृदुशब्द: -ब्दा -ब्दं, कोमलशब्द: etc., मृदुनाद: -दा -दं, मञ्जुल: -ला -लं, मञ्जुस्वन: -ना -नं.

***To* mellow,** *v. a.* पच् (c. 1. पचति, पक्तुं, c. 10. पाचयति -यितुं), पक्वं -क्वां कृ, मृदुपक्वं -क्वां कृ, परिपक्वं -क्वां कृ, परिपक्वीकृ, मृदूकृ, कोमलीकृ.

***To* mellow,** *v. n.* पक्वं -क्वां -क्वं भू, परिपक्वं -क्वां -क्वं भू, पक्वीभू, पक्वतां or पक्वदशां या (c. 2. याति -तुं) or इ (c. 2. एति -तुं), मृदुपक्वं -क्वां -क्वं भू, मृदूभू, कोमलीभू.

Mellowed, *p. p.* पाकेन मृदूकृत: -ता -तं or कोमलीकृत: -ता -तं.

Mellowness, *s.* पक्वता, परिपक्वता, मृदुता, पक्वमृदुता, कोमलता, मार्दवं, म्रदिमा *m.* (न्), पाक:, परिपाक:, पक्ति: *f.,* पक्वदशा, पक्वभाव:.—**(Of sound)** शब्दमृदुता, नारदमार्दवं.

Melodious, *a.* मधुर: -रा -रं, सुश्राव्य: -व्या -व्यं, सुस्वर: -रा -रं, सुखश्रव: -वा -वं, सुचारुस्वन: -ना -नं, मञ्जुस्वन: -ना -नं, श्रोत्रसुख: -खा -खं, श्रोत्राभिराम: -मा -मं, श्रुतिसुख: -खा -खं, मधुस्वर: -रा -रं, मधुराक्षर: -रा -रं, मधुक: -का -कं, सुशब्द: -ब्दा -ब्दं, मञ्जुल: -ला -लं.

Melodiously, *adv.* मधुरं, सुस्वरं, मधुरस्वरेण, सुचारुस्वरेण, माधुर्य्येण.

Melodiousness, *s.* मधुरता, माधुर्य्यं, सुश्राव्यता, सुस्वरता, स्वरमधुरता, स्वरमाधुर्य्यं, श्रोत्राभिरामता.

Melody, *s.* सुस्वर:, सुस्वरानुपूर्व्यं, सुस्वरानुपूर्वी, सुस्वरानुक्रम:, स्वरमाधुर्य्यं, स्वरानुक्रममाधुर्य्यं, माधुर्य्यं, मधुरता, सुश्राव्यता, कलता -त्वं, ताल:, तालैक्यं, प्रतिताल:.

Melon, *s.* **(Water-melon)** तरम्बुजं, लतापनस:, सेटु: *m.,* कालिङ्गं, कालिन्दकं, गोडुम्ब:.

***To* melt,** *v. a.* विली in caus. (-लाययति -लापयति -यितुं), विद्रु (c. 10. -द्रावयति -यितुं), द्रवीकृ, गल् (c. 10. गालयति -यितुं), विद्रावणं कृ, गालनं कृ, विद्रुतीकृ, विलीनीकृ, आर्द्रीकृ, सार्द्रीकृ.—**(Soften to love or tenderness)** करुणार्द्रीकृ, दयार्द्रीकृ, भावार्द्रीकृ, सार्द्रीकृ, आर्द्रीकृ, वत्सल (nom. वत्सलयति -यितुं), वत्सलीकृ.

***To* melt,** *v. n.* विली (c. 4. -लीयते -लेतुं), प्रविली, प्रली, द्रु (c. 1. द्रवति, द्रोतुं), विद्रु, गल् (c. 1. गलति -लितुं), विगल्, क्षर् (c. 1. क्षरति -रितुं), द्रवीभू, आर्द्रीभू, सार्द्रीभू, विलीनीभू, विद्रुतीभू.—**(Be softened to love or tenderness)** दयार्द्रीभू, करुणार्द्रीभू, आर्द्रहृदय: -या -यं भू, क्लिन्नहृदय: -या -यं, भू, सार्द्रीभू, वत्सल (nom. वत्सलायते), वत्सलीभू.

Melted, *p. p.* द्रुत: -ता -तं, द्रावित: -ता -तं, विद्रुत: -ता -तं, विद्रावित: -ता -तं, द्रवीभूत: -ता -तं, लीन: -ना -नं, विलीन: -ना -नं, निलीन: -ना -नं, गलित: -ता -तं, गालित: -ता -तं, क्षरित: -ता -तं, परिगलित: -ता -तं, द्रवीकृत: -ता -तं, द्रवमाण: -णा -णं, अवदीर्ण: -र्णा -र्णं, आर्द्रीकृत: -ता -तं, सार्द्रीकृत: -ता -तं.—**(Softened to tenderness)** करुणार्द्रीकृत: -ता -तं, दयार्द्रीभृत: -ता -तं, क्लिन्नहृदयीकृत: -ता -तं, वत्सलीकृत: -ता -तं.

Melter, *s.* द्रावक:, विद्रावक:, द्रावकर:, विलयनकृत्, द्रवकर्त्ता *m.* (र्तृ).

Melting, *s.* द्राव: -वणं, विद्राव: -वणं, विलय: -यनं, द्रवत्वं, गलनं, गालनं, गलितत्वं, द्रवीकरणं, क्षरणं, विलीनता, आर्द्रीकरणं, सार्द्रीकरणं.

Melting, ***part.*** **or** ***a.*** द्रवमाण: -णा -णं, गलन् -लन्ती -लत् (त्), क्षरन् etc., गाली -लिनी -लि (न्), वात्सल्यजनक: -का -कं.

Member, *s.* **(Limb of the body)** अङ्गं, अवयव:, शरीराङ्गं, शरीरावयव:, गात्रं, पक्ष:, प्रतीक:, अपघन:; **'a minor member of the body,'** प्रत्यङ्गं; **'having members,'** अङ्गी -ङ्गिनी -ङ्गि, अवयवी etc., साङ्ग: -ङ्गा -ङ्गं.—**(Of a discourse, etc.)** अङ्गं, प्रकरणं, खण्ड: -ण्डं, देश:, पदं, परिच्छेद:, विच्छेद:.—**(Part, division)** अङ्गं, भाग:, विभाग:, अंश:, अवयव:; **'member by member,'** अवयवशस्; **'forming a member,'** अङ्गभूत: -ता -तं.—**(Of a community or association)** गणाभ्यन्तर:, संसर्गाभ्यन्तर:.—**(Of an assembly)** सभासद्, सभ्य:, सभास्थ:, सभास्तार:, सभाभ्यन्तर:, सामाजिक:, सदस्य:.—**(Individual)** व्यक्ति: *f.,* एकजन:.—**(Of a compound word)** पदं; **'first member of a compound,'** उपपदं; **'last member,'** उत्तरपदं.

Membered, ***a.*** अङ्गी -ङ्गिनी -ङ्गि (न्), साङ्गः -ङ्गा -ङ्गं, अवयवी etc.

Membrane, ***s.*** त्वक् ***f.,*** (च्), आवरणत्वक् ***f.,*** आवरकत्वक् ***f.,*** तनुत्वक् ***f.,*** अन्तस्त्वक् ***f.,*** चर्म्म ***n.*** (न्), अन्तश्चर्म्म ***n.,*** झिल्लिका, झिल्ली, आवरणं.

Membraneous, membranous, ***a.*** तनुत्वङ्मयः -यी -यं, आवरणत्वङ्मयः -यी -यं, तनुत्वगावृतः -ता -तं.

Membrum virile, ***s.*** शिश्नः, पुंलिङ्गं, पुंश्चिह्नं, पुरुषाङ्गं, नरङ्गं, लिङ्गं, ध्वजः, इन्द्रियं, जघन्यं, चर्म्मदण्डः -ण्डं.

Memento, ***s.*** स्मरणार्थकवस्तु ***n.,*** स्मृतिजनकचिह्नं, स्मरणं.

Memoir, ***s.*** वृत्तान्तः, वृत्तान्तरचना, वृत्तान्तोपाख्यानं, वृत्तान्तलिखनं, चरित्रं, चरित्ररचना, चरित्रोपाख्यानं, चरित्रलिखनं, इतिहासः.

Memorable, ***a.*** स्मरणीयः -या -यं, स्मरणयोग्यः -ग्या -ग्यं, स्मरणार्हः -र्हा -र्हं, स्मर्त्तव्यः -व्या -व्यं, स्मरणोपयुक्तः -क्ता -क्तं, चिरस्मरणीयः etc., अविस्मरणीयः etc.

Memorandum, ***s.*** स्मरणं, स्मरणपत्रं, स्मारकपत्रं, स्मारणार्थकचिह्नं, पत्रकं.

Memorative, memorial, ***a.*** स्मारकः -का -कं, स्मार्त्तः, -र्त्ती -र्त्तं, स्मृतिजनकः -का -कं, स्मरणार्थकः -का -कं, स्मृतिकरः -रा -रं.

Memorial, ***s.*** स्मरणार्थकविषयः, स्मरणार्थकवस्तु ***n.,*** स्मारकविषयः, स्मारकवस्तु, स्मरणार्थकचिह्नं, स्मार्त्तविषयः, स्मार्त्तवस्तु ***n.,*** स्मरणं.—**(Petition)** निवेदनपत्रं, विज्ञापनपत्रं, प्रार्थनपत्रं.

Memorialist, ***s.*** निवेदनकर्त्ता ***m.*** (र्तृ), विज्ञापनकृत् ***m.,*** प्रार्थकः, प्रार्थयिता ***m.,*** अर्थी ***m.*** (न्), प्रार्थनापत्रलेखकः.

To **memorialize,** ***v. a.*** निवेदनपत्रेण प्रार्थ् **(c. 10.** -अर्थयति -यितुं), निवेदनपत्रं लिख् **(c. 6.** लिखति, लेखितुं), निवेदनं कृ.

Memory, ***s.*** समरणं, स्मृतिः ***f.,*** संस्मृतिः ***f.,*** संस्मरणं, अनुस्मृतिः ***f.,*** अविस्मृतिः *f.* संस्कारः, स्मरणशक्तिः ***f.,*** धारणा -णं; **'retentiveness of memory,'** धारणा, धारणाशक्तिः ***f.;*** **'having a good or retentive memory,'** स्मृतिमान् -मती -मत् (त्), स्मरणशीलः -ला -लं, वृत्तस्मरणशीलः -ला -लं, अधिगतार्थस्मरणशीलः -ला -लं, **'to commit to memory,'** हृदये कृ, मनसि कृ, अभ्यस् **(c. 4.** -अस्यति -असितुं), रूपं कृ; **'committed to memory,'** कण्ठस्थः -स्था -स्थं, हृदयस्थः -स्था -स्थं, हृत्स्थः etc., अभ्यस्तः -स्ता -स्तं; **'within memory,'** स्मार्त्तः -र्त्ती -र्त्तं.—**(Time to which memory may extend)** स्मार्त्तकालः, स्मरणकालः, स्मृतिकालः.

Men, ***s. pl.,*** पुरुषाः ***m. pl.,*** नराः ***m. pl.,*** मनुष्याः ***m. pl.,*** मानुषाः ***m. pl.***

To **menace,** ***v. a.*** भर्त्स् **(c. 10.** भर्त्सयति -ते -यितुं), अवभर्त्स्, निर्भर्त्स्, अभिभर्त्स्, अभिनिर्भर्त्स्, परिभर्त्स्, तर्ज् **(c. 10.** तर्जयति -यितुं), अभितर्ज्, सन्तर्ज्, अवगुर् **(c. 6.** -गुरते -रितुं), भर्त्सनं कृ, तर्जनं कृ, भयप्रदर्शनं कृ.

Menace, ***s.*** भर्त्सनं -ना, निर्भर्त्सनं -ना, तर्जनं, भयप्रदर्शनं, भयदर्शनं, परोदितं, अपकारगीः ***f.*** (र्).

Menaced, ***p. p.*** भर्त्सितः -ता -तं, अभिभर्त्सितः -ता -तं, तर्जितः -ता -तं.

Menacer, ***s.*** भर्त्सनकारी ***m.*** (न्), निर्भर्त्सनकृत् ***m.,*** भयप्रदर्शकः.

Menagery, menagerie, ***s.*** पशुपक्षिसङ्ग्रहः, पश्वादिसङ्ग्रहः, विदेशीयजन्तुपालिका, विदेशीयपशुशाला, विदेशीयपशुपालनस्थानं, नानाजातीयपशुसङ्ग्रहः, भिन्नजातीयजन्तुसङ्ग्रहः, वितंसः, वीतंसः.

Menagogue, ***s.*** ऋतुवर्धकम् **or** ऋतुप्रवाहकम् **or** ऋतुजनकम् औषधं, सुखार्त्तवौषधं.

To **mend,** ***v. a.*** **(Repair)** सन्धा **(c. 3.** -दधाति -धत्ते -धातुं), समाधा, प्रतिसमाधा, प्रतिकृ, प्रतिसङ्कृ, पूर्व्ववत् कृ, साध् **(c. 10.** साधयति -यितुं), उद्धृ **(c. 1.** -हरति -हर्त्तुं), जीर्णोद्धारं कृ, जीर्णोद्धरणं कृ, सुस्थं -स्थां कृ, स्वस्थं -स्था कृ, सन्धानं कृ, प्रतिसमाधानं कृ.—**(Correct)** शुध् **(c. 10.** शोधयति -यितुं), परिशुध्, विशुध्, संशुध्.—**(Help)** उपकृ.—**(Improve)** वृध् **(c. 10.** वर्धयति -यितुं), संवृध्, अधिकीकृ.

To **mend,** ***v. n.*** **(Grow better)** भद्रतरः -रा -रं भू, भद्रतरीभू, अधिकीभू, वृध् **(c. 1.** वर्धते -र्धितुं), वृद्धिं गम् **(c. 1.** गच्छति, गन्तुं) **or** इ **(c. 2.** एति -तुं), श्रेयान् -यसी -यो भू, सुस्थः -स्था -स्थं भू, स्वस्थः -स्था -स्थं भू.

Mendable, ***a.*** सन्धेयः -या -यं, समाधेयः -या -यं, प्रतिसमाधेयः -या -यं, साध्यः -ध्या -ध्यं, उद्धार्य्यः -र्य्या -र्य्यं, उद्धरणीयः -या -यं, प्रतिकार्य्यः -र्य्या -र्य्यं.

Mendacious, ***a.*** असत्यवादी -दिनी -दि (न्), मिथ्यावादी **etc.,** असत्यभाषी -षिणी, अनृतभाषी **etc.** ***See*** **Lying, Liar.**

Mendacity, ***s.*** असत्यभाषणं, मिथ्यावादः, अनृतभाषणं, मृषावादः.

Mended, ***p. p.*** समाहितः -ता -तं, प्रतिसमाहितः -ता -तं, सन्धितः -ता -तं, साधितः -ता -तं, उद्धृतः -ता -तं, जीर्णोद्धृतः -ता -तं, प्रतिकृतः -ता -तं.

Mender, ***s.*** सन्धानकर्त्ता ***m.*** (र्तृ), सन्धानकृत् ***m.*** सन्धाता ***m.*** (तृ), प्रतिसमाधाता ***m.,*** साधकः, उद्धर्त्ता ***m.*** (र्तृ), जीर्णोद्धर्त्ता.

Mendicancy. ***s.*** भिक्षुकता, भिक्षोपजीविता, भैक्ष्यं, भैक्षजीविका.

Mendicant, ***s.*** **(Beggar)** भिक्षार्थी ***m.*** (न्), भिक्षुकः -की ***f.,*** भिक्षुः ***m.,*** भिक्षाकः -की, भिक्षोपजीवी ***m.*** (न्), भैक्षजीवी ***m.,*** भिक्षाशी ***m.*** (न्), भिक्षाहारः, भैक्षभुक् ***m.*** (ज्), भैक्षाशी ***m.,*** भिक्षाचरः, भिक्षणशीलः, वनीयकः, याचकः, याचनकः. ***See*** **Beggar. (Religious mendicant)** भिक्षुः ***m.,*** परिव्राजकः

-जिका, परिव्राजः, परिव्राट् *m.* (ज्), प्रव्रजितः पाराशरी *m.* (न्), पराशरी *m.*, योगी *m.* (न्), सन्न्यासी *m.* (न्), यती *m.* (न्). **Other kinds of religious mendicants are** दण्डी *m.* (न्), त्रिदण्डी *m.* (न्), वैरागी *m.* (न्), भैरवयोगी *m.* दिगम्बरः, मस्करी *m.* (न्), अघोरपन्थाः *m.* (न्), कर्मन्दी *m.* (न्).

Mendicity, *s.* भिक्षुकता -त्वं, भैक्ष्यं, भैक्षोपजीवनं, भैक्षचर्य्या, भैक्षचरणं, भिक्षाशित्वं, भिक्षाटनं, भिक्षावृत्तिः *f.*, भिक्षुकवृत्तिः *f.*, भिक्षा, प्रव्रज्या, परिव्रज्या -ज्यं, व्रज्या, याचनावृत्तिः *f.*, याचकवृत्तिः *f.*, याञ्चा, याचना, पैण्डिन्यं.

Mending, *s.* सन्धानं, सन्धानकरणं, समाधानं, प्रतिसमाधानं, साधनं, उद्धारः, उद्धरणं, जीर्णोद्धारः, जीर्णोद्धरणं, सुस्थकरणं, प्रतिकरणं.

Menial, *a.* गृहदाससम्बन्धी -न्धि -न्धि (न्), प्रेष्यसम्बन्धी **etc.**, अवकृष्टः -ष्टा -ष्टं, वार्षलः -ली -लं, व्रातीनः -ना -नं; **'menial offices,'** प्रेष्यकर्म्म *n.* (न्), भृत्यकर्म्म *n.*; **'menial service,'** प्रेष्यभावः, दास्ययोगः.

Menial, *s.* गृहदासः -सी *f.*, प्रेष्यः -ष्या, भृत्यः, चेटः -टी *f.*, सेवकः -की, अवकृष्टः, अवकृष्टकर्म्मकरः, किङ्करः; **'menials,'** परिजनः, परिचरः, दासवर्गः.

Meniscus, *s.* अर्द्धचन्द्राकारः, अर्द्धचन्द्राकृतिः *f.*

Menology, *s.* **(Register of months)** मासविवरणं, मासपञ्जिका.

Men-pleaser, *s.* लोकरञ्जकः, जनरञ्जकः, जनानुसारी *m.* (न्), लोकानुसारी.

Mensal, *a.* भोजनपात्रसम्बन्धी -न्धि -न्धि (न्), भोजनाधारसम्बन्धी **etc.**

Menses, *s. pl.* ऋतुः *m.*, आर्त्तवं, पुष्पं, कुसुमं, रजस् *n.*, योनिरञ्जनं, स्त्रीधर्म्मः, कला, मलं, योनिमलं; **'first appearance of the menses,'** ऋतुदर्शनं, रजोदर्शनं; **'ceremonies on the event,'** ऋतुशान्तिः *f.*, ऋतूत्सवः; **'suppression of them,'** रजोबन्धः.

Menstrual, *a.* **(Monthly)** मासिकः -की -कं, मास्यः -स्या -स्यं, मासीयः -या -यं, मासीनः -ना -नं, प्रातिमासिकः -की -कं, मासानुमासिकः -की -कं.

***To* menstruate,** *v. n.* ऋतुमती भू, पुष्पवती भू, रजस्वला भू.

Menstruation, *s.* ऋतुप्रवाहः, ऋतुस्रावः; **'woman in this state.'** ***See* the next.**

Menstruous, *a.* **(Woman)** ऋतुमती, पुष्पवती, रजस्वला, मलिनी, स्त्रीधर्म्मिणी, उदक्या, आत्रेयी -यिका, अविः -वी, वृषली, अस्पर्शा, सरजाः, चाण्डाली, ब्रह्मघातिनी, रजकी, शूद्री. —**(Relating to the menses)** आर्त्तवः -वी -वं, ऋतुसम्बन्धी -न्धि -न्धि (न्), ऋतु **in comp.**

Menstruum, *s.* **(Solvent)** द्रावकुरस, द्रावणं, विद्रावकरसः, विद्रावणं. —**(Medium for mixing medicines)** योगवाही *m.* (न्).

Mensurability, *s.* मेयता, प्रमेयता, परिमेयता, मापनीयत्वं.

Menasurable, *a.* मेयः -या -यं, प्रमेयः -या -यं, परिमेयः -या -यं, मापनीयः -या -यं, माप्यः -प्या -प्यं, मापनक्षमः -मा -मं.

Mensural, *a.* मानसम्बन्धी **etc.**, मानविषयः -या -यं, परिमाणविषयः **etc.**

***To* mensurate,** *v. a.* मा **(c. 2.** माति -तुं, **c. 10.** मापयति -यितुं). ***See To* measure.**

Mensuration, *s.* मापनं, परिमाणं, प्रमाणं, मानं, मितिः *f.*, मापकरणं.

Mental, *a.* मानसः -सी -सं, मानसिकः -की -कं, मनस्कः -स्का -स्कं, मनसिजः -जा -जं, मनोजः -जा -जं, मनोगतः -ता -तं, मनोभवः -वा -वं, मनःस्थः -स्था -स्थं, बुद्धिस्थः **etc.**, चिद्भवः -वा -वं, चिद्गतः -ता -तं, चित्तजः -जा -जं, मनोमयः -यी -यं, मनःकल्पितः -ता -तं, बुद्धिकल्पितः -ता -तं, मनःसम्बन्धी -न्धिनी **etc.**; **'mental suffering,'** मनस्तापः, मनःपीडाः; **'mental abstraction,'** योगः, अन्तर्ध्यानं, चित्तवृत्तिविरोधः.

Mentally, *adv.* मनसा, बुद्ध्या, चिन्तया, बुद्धिमात्रेण; **'mentally blind,'** अन्धधीः -धीः -धि, अन्धबुद्धिः -द्धिः -द्धि, अन्धीकृतात्मा -त्मा -त्म (न्).

Mention, *s.* अभिधानं, अभिधा, आख्यानं, कथनं, उपादानं, ग्रहणं, नामग्रहणं, नामनिर्देशः, निवेदनं, कीर्त्तनं, सङ्कीर्त्तनं, उच्चारणं, उद्देशः, उल्लेखः -खनं, श्रुतिः *f.*; **'no mention whatever,'** न गन्धलेशः; **'to make mention.'** ***See* the next.**

***To* mention,** *v. a.* ख्या **(c. 2.** ख्याति -तुं), आख्या, कथ् **(c. 10.** कथयति -यितुं), सङ्कथ्, निविद् **(c. 10.** -वेदयति -यितुं), अभिधा **(c. 3.** -दधाति -धातुं), कृत् **(c. 10.** कीर्त्तयति -यितुं), अनुकृत्, उच्चर् **(c. 10.** -चारयति-यितुं), निर्दिश् **(c. 6.** -दिशति -देष्टुं), उद्दिश्, उद्देशं कृ, अभिधानं कृ. —**(By name)** नाम ग्रह् **(c. 9.** गृह्णाति, ग्रहीतुं), नामग्रहणं कृ, नामनिर्देशं कृ; **'it will be mentioned,'** वक्ष्यते.

Mentioned, *p. p.* उक्तः -क्ता -क्तं, प्रोक्तः -क्ता -क्तं, कथितः -ता -तं, आख्यातः -ता -तं, अभिहितः -ता -तं, निवेदितः -ता -तं, कीर्त्तितः -ता -तं, स्मृतः -ता -तं; **'by name,'** नामाभिहितः -ता -तं; **'before mentioned,'** पूर्व्वोक्तः -क्ता -क्तं, पूर्व्वोदितः -ता -तं; **'about to be mentioned,'** वक्ष्यमाणः -णा -णं.

Mentor, *s.* उपदेश *m.* (ष्टृ), उपदेशकः, मन्ता *m.* (न्तृ), अभिमन्ता *m.*

Mephitic, mephitical, *a.* पूतिगन्धी -न्धिनी -न्धि (न्), पूतिगन्धः -धा -धं, पूतिगन्धात्मकः -का -कं, दुर्गन्धी **etc.**, दूषकगन्धी **etc.**, पूतिगन्धमयः -यी -यं, दुर्गन्धमयः -यी -यं, पूतिविषः -षा -षं, विषात्मकः -का -कं.

Meracious, ***a.*** तेजोमयः -यी -यं, सत्त्वपूर्णः -र्णा -र्णं, रसिकः -का -कं.

Mercantile, ***a.*** वाणिजिकः -की -कं, वाणिजः -जी -जं, वाणिज्यसम्बन्धी -न्धि -न्धि (न्), वणिक्पथसम्बन्धी **etc.,** वणिक्सम्बन्धी **etc.,** व्यवहारसम्बन्धी **etc.,** आपणिकः -का -कं, पणायासम्बन्धी **etc.,** नैगमः -मी -मं.

Mercature, ***s.*** क्रयविक्रयः, वाणिज्यं, पणाया, वणिक्पथं.

Mercenarily, ***adv.*** लाभलोभात्, लाभापेक्षया, स्वार्थापेक्षया, लाभदृष्ट्या, लाभबुद्ध्या, फललोभात्, वेतनार्थं, फलार्थं, अर्थतस्, भूतकवत्, सकामं.

Mercenariness, ***s.*** लाभलोभः, फललोभः, लाभदृष्टिः ***f.,*** वेतनार्थित्वं, लाभबुद्धिः ***f.,*** फलाशा, धनलोभः, धनलुब्धता, स्वार्थापेक्षा, सकामता, सकामबुद्धिः ***f.,*** वेतनापेक्षा.

Mercenary, ***a.*** **(Hired, hireling)** भृतकः -का -कं, वैतनिकः -की -कं, वेतनार्थी -र्थिनी -र्थि (न्), वस्निकः -का -कं, भृतिभुक् ***m. f. n.*** (ज्), भरण्यभुक् ***m. f. n.,*** भृत्यः -त्या -त्यं, वेतनभृत् ***m. f. n.*** **—(Actuated by hope of gain, greedy of gain)** लाभलोभी -भिनी **etc.,** लाभार्थी -र्थिनी **etc.,** लाभदृष्टिः -ष्टिः -ष्टि, लाभबुद्धिः -द्धिः -द्धि, धनलोभी **etc.,** धनलुब्धः -ब्धा -ब्धं, धनार्थी **etc.,** फलदर्शी -र्शिनी **etc.,** सार्थः -र्था -र्थं, स्वार्थदर्शी **etc.,** स्वार्थापेक्षकः -का -कं, सकामः -मा -मं, कामात्मा -त्मा -त्म (न्); **'from mercenary motive,'** अर्थतस्, स्वार्थतस्, लाभलोभात्, फललोभात्.

Mercenary, ***s.*** **(A hireling)** भृतकः, भृतिभुक् ***m.,*** (ज्), भरण्यभुक् ***m.,*** वैतनिकः, वस्निकः, वेतनार्थी ***m.,*** (न्), वेतनभुक् ***m.,*** (भृत्यः; **'soldier,'** भृतकसैन्यः.

Mercer, ***s.*** कौशाम्बरविक्रयी ***m.,*** (न्), कौशेयबणिक् ***m.,*** (ज्), कौशिकबणिक्, दुकूलविक्रेता ***m.*** (तृ), कौशिकवस्त्रव्यवसायी ***m.*** (न्).

Mercery, ***s.*** कौशाम्बरं, कौशिकवस्त्रादि ***n.,*** कौशिकवस्त्रादि-व्यवसायः.

Merchandise, ***s.*** **(Goods)** पण्यं, पण्यद्रव्यं, पण्यद्रव्याणि ***n. pl.,*** पण्यानि ***n. pl.,*** विक्रेयद्रव्याणि, विट्पण्यं, भाण्डकं, पण्यभाण्डकं, पण्यभाण्डानि ***n. pl.,*** बाणिजभाण्डानि, बाणिजद्रव्यं, बाणिजपण्यं, पणः, पणसः **—(Trade)** बाणिज्यं -ज्या, बणिक्पथं, क्रयविक्रयः, पणाया, व्यापारः, व्यवहारः, व्यवसायः.

To **merchandise,** ***v. n.*** बाणिज्यं कृ, क्रयविक्रयं कृ, व्यापारं कृ.

Merchant, ***s.*** बणिक् ***m.*** (ज्), बाणिजः -जिकः, बाणिजजनः, महाजनः, सार्थवाहः, सार्थिकः, क्रयविक्रयिकः, आपणिकः, पणिकः, व्यवसायी ***m.,*** (न्), व्यापारी ***m.,*** व्यवहारी ***m.,*** व्यवसायकः, बाणिज्योपजीवी ***m.,*** (न्), श्रेष्ठी ***m.,*** (न्), साधुः ***m.,*** साधुजनः, नैगमः; **'voyaging merchant,'** पोतबणिक्, सांयात्रिकः; **'man of the mercantile or third class,'** वैश्यः, विट् ***m.,*** (श्); **'company of merchants,'** सार्थः, निगमः.

Merchantable, ***a.*** पण्यः -ण्या -ण्यं, विक्रेयः -या -यं, पण्यार्हः -र्हा -र्हं.

Merchant-Man, ***s.*** **(Ship employed in trade)** बाणिजनौः ***f.,*** बाणिजनौका.

Merciful, ***a.*** दयालुः -लुः -लु, दयावान् -वती -वत् (त्), कृपालुः -लुः -लु, कृपावान् **etc.,** दयाशीलः -ला -लं, कृपाशीलः -ला -लं, सदयः -या -यं, सकरुणः -णा -णं, करुणाशीलः -ला -लं, कारुणिकः -की -कं, सानुकम्पः -म्पा -म्पं, अनुकम्पी -म्पिनी -म्पि (न्), सानुक्राशः -शा -शं, हृदयालुः -लुः -लु, दयामयः -यी -यं, कृपामयः **etc.,** करुणामयः **etc.,** दयाबुद्धिः -द्धिः -द्धि, दयादृष्टिः -ष्टिः -ष्टि, क्षमाशीलः -ला -लं, क्षमावान् **etc.,** अनुकम्पाशीलः -ला -लं, घृणी -णिनी **etc.,** करुणार्द्रः -र्द्रा -र्द्रं, वत्सलः -ला -लं, कृपाकरः -रा -रं, दयायुक्तः -क्ता -क्तं.

Mercifully, ***adv.*** सदयं, सकारुण्यं, सानुकम्पं, कृपया, दयया, सानुक्रोशं, दयापूर्व्वं, कृपापूर्व्वं, दयाबुद्ध्या, कारुण्येन -ण्यात्, क्षमापूर्व्वं, वात्सल्यात्.

Mercifulness, ***s.*** दयालुता, कृपालुता, कारुण्यं, दयाशीलता, कृपाशीलता, सदयत्वं, सानुकम्पता, सानुक्रोशता, क्षमाशीलता, दया, कृपा, अनुकम्पा, करुणा, घृणा, वात्सल्यं.

Merciless, ***a.*** निर्दयः -या -यं, अदयः -या -यं, निष्कृपः -पा -पं, निर्घृणः -णा -णं, निष्करुणः -णा -णं, अकरुणः -णा -णं, दयाहीनः -ना -नं, दयारहितः -ता -तं, दयाशून्यः -न्या -न्यं, कृपाहीनः -ना -नं, वीतघृणः -णा -णं, निष्ठुरः -रा -रं.

Mercilessly, ***adv.*** निर्दयं, निष्कृपं, निष्करुणं, निष्ठुरं, अतिनैष्ठुर्य्येण.

Mercurial, ***a.*** **(Containing mercury or quicksilver)** पारदमयः -यी -यं, पारदात्मकः -का -कं, सपारदः -दा -दं. **—(Volatile, sprightly)** चञ्चलः -ला -लं, चपलः -ला -लं, चञ्चलबुद्धिः -द्धिः -द्धिं, प्रकृतितरलः, -ला -लं, तरलप्रकृतिः -तिः -ति, क्षणिकबुद्धिः **etc.,** अस्थिरः -रा -रं.

Mercury, ***s.*** **(The planet, fabled as the son of Soma, or the moon, by Rohinī)** सौम्यः, सौमभूः ***m.,*** बुधः, रौहिणेयः, रोधनः, बोधनः, राजपुत्रः, तुङ्गः, एकाङ्गः, श्यामाङ्गः, एकदेहः, प्रहर्षणः, पञ्चार्च्चिस् ***m.,*** अविष्ठाजः **—(Quicksilver)** पारदः, पारः -रतः, रसः, रसधातुः ***m.,*** सिद्धधातुः, दिव्यरसः, चपलः, दारदः. ***See*** **Quicksilver. (A preparation of mercury used in medicine)** घनसारः, चन्द्रोदयः, चतुर्मुखः; **'Calx or oxid of mercury,'** रसभस्म ***n.*** (न्), पारदभस्मः ***n.;*** **'white sublimate or muriate of mercury,'** रसकर्पूरः; **'sulphuret of mercury,'** कज्जली. **—(Interpreter or preceptor of the gods)** बृहस्पतिः ***m.***

Mercy, ***s.*** **(Disposition to forgive, clemency)** दया, कृपा, दयाशीलता, कृपाशीलता, क्षमाशीलता, दयालुता, कृपालुता, दयाबुद्धिः ***f.,*** क्षमाबुद्धिः ***f.*** **—(Compassion)** अनुकम्पा, कारुण्यं, करुणा, घृणा, अनुक्रोशः, कृपा, दया. **—(Grace, favor)** अनुग्रहः, प्रसादः, प्रसन्नता, अनुरोधः. **—(Pardon)** क्षमा, पापमार्जनं, पापशुद्धिः ***f.,*** निष्कृतिः ***f.;*** **'ocean or fountain of mercy,'** दयासागरः, दयासमुद्रः, दयानिधिः ***m.,*** करुणाकरः; **'vessel or recipient of mercy,'** दयापात्रं, कृपापात्रं, दयाभाजनं, अनुकम्पनीयः -या, अनुग्राह्यः -ह्या; **'to shew or have mercy,'** दयां कृ, अनुकम्प् **(c. 1.** -कम्पते -म्पितुं), दय् **(c. 1.** दयते -यितुं), क्षम् **(c. 1.** क्षमते -मितुं, क्षन्तुं); **'mercy!'** त्राहि, त्रायस्व, क्षमस्व, क्षम्यता.

Mercy-seat, ***s.*** करुणासनं, ईश्वरासनं, परमेश्वरासनं, ईश्वरप्रसादासनं.

Mere, ***a.*** **(Only, pure)** मात्र **in comp.,** मात्रकः -का -कं, केवलः -ला -ली -लं, केवली -लिनी -लि (न्), शुद्धः -द्धा -द्धं; **'a mere man,'** मनुष्यमात्रः; **'mere touch,'** स्पर्शमात्रं; **'mere words,'** वाङ्मात्रं; **'by mere talk,'** वाक्यमात्रेण; **'a mere grammarian,'** केवलवैयाकरणः; **'a mere logician,'** केवलनैयायिकः.

Mere, ***s.*** **(A lake)** सरस् ***n.,*** ह्रदः, सरोवरः, पयोराशिः ***m.*** **—(Boundary)** सीमा, परिसीमा, अन्तः, समन्तः, पर्य्यन्तं.

Merely, ***adv.*** मात्रं, मात्रेण -त्रात्, केवलं, कुट्टारं, खलु; **'by merely inspecting,'** निरीक्षणमात्रेण; **'from caste merely,'** जातिमात्रात्.

Meretricious, ***a.*** **(Relating to harlots)** वेश्यासम्बन्धी -न्धि -न्धि (न्), वाराङ्गनीयः -या -यं, पण्याङ्गनीयः -या -यं. **—(Having a false show, gaudy)** कृत्रिमशोभावान् -वती -वत् (त्), कृत्रिमशोभामयः -यी -यं, मिथ्याशोभनः -ना -नं, कृत्रिमालङ्कारमयः -यी -यं, मिथ्यालङ्कारवान् **etc.,** मिथ्यारागी -गिणी **etc.**

Meretriciously, ***adv.*** वेश्यारूपेण, कृत्रिमशोभापूर्व्वं, मिथ्याशोभापूर्व्वं.

To **merge,** ***v. a.*** **(Immerge)** मज्ज् **(c. 10.** मज्जयति -यितुं), निमज्ज्, मग्नं -ग्नां कृ, अवगाह् **(c. 10.** -गाहयति -यितुं), गाह्. **—(Cause to be swallowed up or lost)** ग्रस्तं -स्तां कृ, विलीनं -नां कृ, निपीतं -तां कृ, नश् **(c. 10.** नाशयति -यितुं), नष्टं -ष्टां कृ.

To **merge,** ***v. n.*** मज्ज् **(c. 6.** मज्जति -ज्जितुं, मंक्तुं), अवगाह् **(c. 1.** -गाहते -हितुं -गाढुं) ग्रस्तः -स्ता -स्तं भू, निपीतः -ता -तं भू, नश् **(c. 4.** नश्यति -शितुं), मग्नः -ग्ना -ग्नं भू, विली **(c. 4.** -लीयते -लेतुं).

Merged, ***p. p.*** मग्नः -ग्ना -ग्नं, निमग्नः -ग्ना -ग्नं, अवगाढः -ढा -ढं, लीनः -ना -नं, विलीनः -ना -नं, निलीनः -ना -नं, लुप्तः -प्ता -प्तं.

Meridian, ***s.*** **(Midday, noon)** मध्याह्नः, मध्याह्नकालः, मध्यन्दिनं, दिनमध्यं. **—(Meridian of the place in geography and astronomy)** याम्योत्तरवृत्तं, खमध्यं; **'meridians of right ascension,'** क्रान्तिसूत्राणि ***n. pl.;*** **'distance from the first meridian,'** रेखान्तरं, देशान्तरं; **'distance between the merdians,'** स्पष्टपरिधिः ***m.*** **—(Height, highest point)** उच्चता, उच्चपदं, अग्रं, मध्यं.

Meridian, ***a.*** **(Relating to midday)** माध्याह्निकः -की -कं, माध्यन्दिनः -नी -नं, मध्याह्नकालीनः -ना -नं. **—(Pertaining to the meridian line)** याम्योत्तरवृत्तसम्बन्धी -न्धि -न्धि (न्), खमध्यसम्बन्धी **etc. —(Highest)** उच्चतमः -मा -मं, उत्तमः -मा -मं.

Meridional, ***a.*** दक्षिणदिक्स्थः -स्था -स्थं, दक्षिणमुखः -खा -खं, दक्षिणाभिमुखः **etc.,** दाक्षिणिकः -की -कं, दक्षिणदेशीयः -या -यं.

Merit, ***s.*** **(Desert)** गुणः, योग्यता, उपयोगः, उपयुक्तता, पात्रता. **—(Excellence, great merit)** गुणोत्कर्षः, गुणप्रकर्षः, गुणवैशेष्यं, गुणिता, गुणपूगं, सगुणता, गुणौघं, गुणवत्ता, गुणता, गुणमहत् ***n.,*** उत्कर्षः, उत्कृष्टता, श्रेष्ठता, शस्यं, प्रशस्यं, सारता -त्वं; **'appreciating merit,'** गुणग्रहणं; **'one who does so,'** गुणग्राही ***m.*** (न्), गुणग्राहकः, गुणज्ञः. **—(Merits, good or bad)** गुणागुणं, गुणदोषौ ***m.*** **du.,** गुणदोषं, सारासारं, पुण्यापुण्यं, धर्म्माधर्म्मं; **'testing one's merits,'** गुणागुणपरीक्षा, गुणदोषपरीक्षणं. **—(Merit acquired through works, according to the Hindu notion)** पुण्यं, श्रेयस् ***n.,*** सुकृतं, धर्म्मः, वृषः, तपस् ***n.,*** नियमः, पुण्यसामग्री, सञ्चितं; **'acquisition of merit,'** पुण्यार्जनं, पुण्यसम्पादनं श्रेयःसम्पादनं; **'acquired by merit,'** पुण्यार्जितः -ता -तं, पुण्यविजितः -ता -तं; **'reward of merits,'** पुण्यफलं; **'good fortune, as the result of merits,'** पुण्योदयः; **'merit acquired in some former birth,'** पूर्व्वपुण्यं; **'mightiness of merit,'** पुण्यप्रतापः; **'person of great merit,'** पुण्यनिधिः ***m.,*** श्रेयोनिधिः ***m.,*** पुण्यसागरः, पुण्यराशिः ***m.,*** पुण्यात्मा ***m.*** (न्), पुण्यजनः; **'a work giving an account of the merits of any holy place or object,'** माहात्म्यं.

To **merit,** ***v. a.*** अर्ह् **(c. 1.** अर्हति -ते -र्हितुं), अर्हः -र्हा -र्हं **or** उपयुक्तः -क्ता -क्तं **or** योग्यः -ग्या -ग्यं **or** उचितः -ता -तं भू **or** अस्; **'he merits a kingdom,'** राज्यम् अर्हति; **'he merits punishment,'** दण्डार्हो भवति **or** अस्ति; **'to merit confidence,'** विश्वासपात्रं भू. ***See To*** **deserve.**

Merited, ***p. p.*** उपयुक्तः -क्ता -क्तं, योग्यः -ग्या -ग्यं, अर्हितः -ता -तं.

Meritorious, ***a.*** **(Deserving a reward)** वेतनार्हः -र्हा -र्हं, दक्षिणार्हः **etc.,** प्रतिफलार्हः **etc.** – **(Deserving of honor)** श्लाघ्यः -घ्या -घ्यं, श्लाघनीयः -या -यं, प्रशंसनीयः -या -यं, शंस्यः -स्या -स्यं, प्रशस्तः -स्ता -स्तं, श्लाघार्हः -र्हा -र्हं, प्रशंसार्हः **etc.** – **(Having great merit)** गुणवान् -वती -वत् (त्), गुणसम्पन्नः -न्ना -न्नं, गुणी -णिनी -णि (न्), गुणान्वितः -ता -तं, श्रेष्ठः -ष्ठा -ष्ठं, उत्तमगुणविशिष्टः -ष्टा -ष्टं. – **(Having great religious merit)** पुण्यवान् -वती **etc.,** पुण्यशाली -लिनी **etc.,** पुण्यरूपः -पा -पं, पुण्यात्मकः -का -कं, कृतपुण्यपुञ्जः -ञ्जा -ञ्जं; **'meritorious act,'** पुण्यकं, व्रतः -तं, नियमः, तपस् ***n.***

Meritoriously, ***adv.*** यथा वेवनम् **or** प्रतिफलम् अर्हति तथा, श्लाघनीयं.

Meritoriousness, ***s.*** योग्यता, उपयुक्तता, वेतनार्हता, वेतनयोग्यता, उपयोगिता, पात्रता, गुणिता, गुणसम्पन्नता, श्लाघ्यता, पुण्थता, पुण्यवत्त्वं.

Merlin, ***s.*** **(Kind of hawk)** श्येनभेदः, कपोतारिः ***m.***

Mermaid, ***s.*** मत्स्यकन्या, मत्स्यकुमारी -रिका, कविकल्पितः कन्योर्द्धवकायो मत्स्याधःकायो जन्तुविशेषः, समुद्रीयस्त्री.

Merrily, ***adv.*** सहर्षं, सानन्दं, उल्लासेन, उल्लसितं, सहासं, सहास्यं, सहसितं, परिहासेन, हृष्टमनसा, सकौतुकं, प्रफुल्लमनसा, उल्लसवत्, हृष्टवत्, प्रमोदेन.

Merriment, ***s.*** उल्लसता, उल्लासः, हर्षः, प्रहर्षः, आनन्दः, सानन्दता, प्रफुल्लता, हास्यं, प्रहसनं, हासिका, परिहासः, परीहासः, आह्लादः, मुदा, प्रमोदः, कौतुकं, प्रहृष्टता, हृष्टता, क्रीडा, क्रीडाकौतुकं, विलासः, लीला, खेला, हास्यविनोदः, उत्सवः, चर्भटी.

Merriness, ***s.*** हृष्टता, प्रहृष्टता, उल्लसता, उल्लासिता, हास्यमुखता, हास्यवृत्तिः ***f.,*** सानन्दता, प्रफुल्लता, सदानन्दिता.

Merry, ***a.*** हृष्टः -ष्टा -ष्टं, हृष्टहृदयः -या -यं, प्रहृष्टः -ष्टा -ष्टं, प्रहृष्टचित्तः -त्ता -त्तं, उल्लसः -सा -सं, उल्लासी -सिनी -सि (न्), उल्लासवृत्तिः -त्तिः -त्ति, परिहासशीलः -ला -लं, हास्यवृत्तिः -त्तिः -त्ति, हास्यमुखः-खी -खं, हास्यवदनः -ना -नं, सुहसाननः -ना -नं, आनन्दी -न्दिनी **etc.,** आनन्दवृत्तिः -त्तिः -त्ति, हासी -सिनी **etc.,** प्रमोदी -दिनी **etc.,** मुदान्वितः -ता -तं, मुदितः -ता -तं, विलासी **etc.,** विनोदी **etc.,** सुमनाः -नाः -नः (स्), कौतुकी **etc.,** उपजातकौतुकः -का -कं. – **(Causing mirth)** हास्यजनकः -का -कं, हास्योत्पादकः -का -कं, विनोदकः -का -कं; **'to make merry,'** उत्सवं कृ; **'to be merry,'** उल्लस् **(c. 1.** -लसति -सितुं), सुमन **(nom.** सुमनायते), कौतुकं कृ.

Merry-andrew, ***s.*** भण्डः, वैहासिकः, विदूषकः, परिहासवेदी ***m.*** (न्).

Merry-making, ***s.*** उत्सवः, उत्सवकरणं, महोत्सवः, विलासकरणं.

Merison, ***s.*** मज्जनं, प्रमज्जनं, निमज्जनं, विगाहः -हनं, अवगाहनं.

Meru, ***s.*** **(The sacred mountain, in the centre of the seven continents, at the extremity of the world's axis, where the gods reside, corresponding to Mount Olympus of the Greeks)** मेरुः ***m.,*** सुमेरुः ***m.,*** सुरालयः, देवालयः, हेमाद्रिः ***m.,*** रत्नसानुः ***m.***

Mesenteric, ***a.*** अन्त्रपेशीसम्बन्धी -न्धिनी **etc.,** मध्यान्त्रिकः -की -कं.

Mesentery, ***s.*** अन्त्रपेशी, अन्वारणत्वक् ***f.*** (च्), मध्यान्त्रावरणत्वक् ***f.,*** मध्यान्त्रबन्धनत्वक् ***f.;*** **'enlargement of the mesentery,'** प्लीहा ***m.*** (न्).

Mesh, ***s.*** **(Interstice of a net)** जालान्तरं, जालछिद्रं, जालरन्ध्रं.

To* mesh,** ***v. a. जाले **or** पाशे पत् **(c. 10.** पातयति -यितुं), जाले पातयित्वा बन्ध् **(c. 9.** बध्नाति, बन्द्धुं), जालबद्धं -द्धां कृ.

Meshy, ***a.*** जालरूपः -पा -पं, जालाकारः -रा -रं, जालमयः -यी -यं, जालवन्निर्मितः -ता -तं, जालवद् बहुछिद्रमयः -यी -यं.

Meslin, ***s.*** **(Mixture of grain)** मिश्रधान्यं, धान्यमिश्रणं, मिश्रान्नं.

Mess, ***s.*** **(Dish or quantity of food)** अन्नभागः, अन्नपात्रं, अन्नं, सिद्धान्नं, यत् खाद्यद्रव्यम् एकपुरुषस्य परिवेष्यते. – **(Food prepared for a number of persons in common)** गणान्नं. – **(Set of persons who eat together)** पंक्ति ***f.,*** सहभोजिपंक्ति ***f.,*** सहभोजनपंक्ति ***f.,*** गणान्नपंक्ति ***f.,*** जग्धिपंक्ति ***f.,*** सहभोजिगणः, सहभोजिनः ***m. pl.,*** पंक्तिभोजिनः ***m. pl.,*** गणचक्रकं, गणचक्रं; **'not admissible into the same mess,'** अपांक्तेयः -या -यं, अपांक्तः -क्ता -क्तं, अपांक्त्यः -क्त्या -क्त्यं. – **(Medlley, litter)** सङ्करः, नानाद्रव्यसाङ्कर्य्यं, नानाद्रव्यसन्निपातः, नानाद्रव्यसम्मिश्रणं, सङ्कीर्णकं, सङ्कुलकं. – **(Plight)** दुर्दशा, दुर्गतिः ***f.,*** कर्दमः; **'in a mess,'** दुर्दशाग्रस्तः -स्ता -स्तं.

To* Mess,** ***v. n. **(Eat in company)** पंक्तिभोजनं कृ, एकपंक्तिभोजनं कृ, सहभोजनं कृ, एकत्र भोजनं कृ **or** आहारं कृ.

To* mess,** ***v. a. **(Make into a mess)** सङ्करीकृ, सम्मिश्रीकृ.

Message, ***s.*** सन्देशः, सन्दिष्टं, वार्त्ता, दूत्यं, दौत्यं, वृत्तान्तः, वाचिकं. निर्देशः, निर्दिष्टं, वचनोपन्यासः, आदेशः, समाचारः, आज्ञा, शासनं, शास्तिः ***f.,*** वक्तव्यं, वचनं, प्रेषः; **'sending on a message,'** प्रतिशासनं.

Messed, ***p. p.*** सङ्करीकृतः -ता -तं, सम्मिश्रितः -ता -तं, सन्निपतितः -ता -तं.

Messenger, ***s.*** दूतः, सन्देशहरः, वार्त्ताहरः, वार्त्तायनः, वाचिकहरः, आख्यायकः, अध्वगः, प्रयोज्यः, सञ्चारकः, चारः, धावकः, समाचारदायकः, कार्य्यङ्करः, निसृष्टार्थः; **'female messenger,'** दूती -तिः -तिका, सञ्चारिका.

Messiah, ***s.*** **(The Anointed)** अभिषिक्तः अभिषिक्तत्राता ***m.*** (तृ).

Messmate, ***s.*** पंक्तिभोजी ***m.*** (न्), एकपंक्तिः ***m.,*** समपंक्तिः

सहभोजी *m.*

Messuage, ***s.*** वासगेहं -हं, वासगृहं, गृहवाटिका, वास्तुवाटी.

Met, ***p. p.*** समागतः -ता -तं, सङ्गतः -ता -तं, समुपागतः -ता -तं, मिलितः -ता -तं, अभिमुख्यागतः -ता -तं, सम्मुखागतः -ता -तं, अभियातः -ता -तं.—**(Met as a guest)** प्रत्युद्गतः -ता -तं, प्रत्युद्यातः -ता -तं.—**(Met with)** आसादितः -ता -तं, समासादितः -ता -तं, प्राप्तः -प्ता -प्तं, अधिगतः -ता -तं; **'hard to be met with,'** दुर्लभः -भा -भं. ***See To* meet. 'Easy to be met with,'** सुलभः **etc.**

Metacarpal, ***a.*** करसम्बन्धी -न्धि -न्धि (न्), पीलुसम्बन्धी **etc.**

Metacarpus, ***s.*** करभः, पीलुः ***m.,*** करभास्थि ***n.,*** प्रपाणिः ***m.,*** प्रहस्तः.

Metachronism, ***s.*** न्यूनकालनिरूपणं, न्यूननिरूपितकालः.

Metal, ***s.*** धातुः ***m.,*** लोहः, तैजसं, सुवर्णरूप्यादि ***n.;*** **'base metal,'** कुप्यं; **'factitious metal,'** कृत्रिमधातुः ***m.;*** **'fused'** रसधातुः ***m.,*** रसः; **'inferior,'** उपधातुः ***m.;*** **'melting metals together,'** आवर्त्तन; **'the metals collectively,'** धातुजातं, अष्टधातु ***n.*** **The eight metals are, 'gold,'** सुवर्णं; **'silver,'** रुप्यं; **'copper,'** ताम्रं; **brass'** पित्तलं; **'bell-metal, or a kind of pewter,'** कांस्यं; **'tin,'** त्रपु; **'lead,'** सीसकं; **'iron,'** लोहः. **Some make 'steel,'** तीक्ष्णायसं, **one of the eight metals, instead of** कांस्यं.

Metallic, metallical, ***a.*** **(Pertaining to metals)** धातुसम्बन्धी -न्धिनी -न्धि (न्), लोहसम्बन्धी **etc.**—**(Consisting of metal)** धातुमयः -यी -यं, लोहमयः -यी -यं, लौहः -ही -हं, धातुरूपः -पा -पं, धातुनिर्मितः -ता -तं, सिद्धरसः -सा -सं, तैजसः -सी -सं, धातुगुणकः -का -कं, धातु **or** लोह **in comp.**

Metalliferous, ***a.*** धातूत्पादकः -का -कं, धातुजनकः -का -कं.

Metallist, ***s.*** धातुपरीक्षकः, धातुज्ञः, धातुविद् ***m.,*** धातुकर्म्मकारी ***m.*** (न्).

Metallography, ***s.*** धातुवर्णनं, धातुविवरणं, धातुविवरणविद्या.

Metallurgist, ***s.*** धातुकर्म्मकारी ***m.*** (न्), धातुशोधकः, धातुशोधनकृत् ***m.***

Metallurgy, ***s.*** धातुशोधनं, धातुशोधनविद्या, धातुकर्म्म ***n.*** (न्).

To **metamorphose,** ***v. a.*** रूपपरिणामं कृ, परिणतरूपं -पां कृ, शरीरपरिणामं कृ, आकारपरिणामं कृ, रूपान्तरं कृ, देहान्तरं कृ, रूपविकारं कृ, रूपभेदं कृ,

Metamorphosed, ***p. p.*** परिणतरूपः -पा -पं, परिणतशरीरः -रा -रं, परिणताकारः -रा -रं, परिणताकृतिः -तिः -ति, रूपान्तरीकृतः -ता -तं, विकृताकारः -रा -रं, परिणतः -ता -तं, विकृतः -ता -तं, भिन्नरूपः -पा -पं.

Metamorphosis, ***s.*** रूपपरिणामः, रूपान्तरं, देहान्तरं, आकारपरिणामः, रूपविकारः, रूपभेदः, शरीरविकारः, परिणामः, विकारः, विकृतिः ***f.***

Metaphor, ***s.*** रूपकं, व्यञ्जनं -ना, व्यञ्जकः, लक्षणा, उपलक्षणं, ध्वनिः ***m.,*** समासोक्तिः ***f.,*** आरोपः, उपमा, उपमितिः ***f.,*** दृष्टान्तः, उत्प्रेक्षा, निदर्शनं, जहल्लक्षणा, जहत्स्वार्था, रूपकालङ्कारः, उपचारः, उपक्षेपः.

Metaphoric, metaphorical, ***a.*** लाक्षणिकः -की -कं, उपलक्षितः -ता -तं, सरूपकः -का -कं, सव्यञ्जकः -का -कं, व्यञ्जकः -का -कं, आरोपितः, -ता -तं, ध्वनितः -ता -तं, गौणः -णी -णं, औपचारिकः -की -कं; **'metaphorical sense,'** गौणत्वं.

Metaphorically, ***adv.*** सरूपकं, सव्यञ्जनं, रूपकपूर्व्वं, रूपकक्रमेण, उपलक्षणपूर्व्वं, उपलक्षणतस्, लाक्षणिकं, ध्वनितं.

Metaphrase, ***s.*** यथाशब्दं भाषान्तरं, यथाशब्दभाषान्तरं.

Metaphrast, ***s.*** यथाशब्दभाषान्तरकर्त्ता ***m.*** (र्त्तृ).

Metaphysic, metaphysical, ***a.*** आन्वीक्षिकः -की -कं, आन्वीक्षिकीसम्बन्धी -न्धिनी -न्धि (न्), मानसधर्म्मविषयः -या -यं, आत्मविषयः -या -यं, आन्वीक्षिकीविषयः -या -यं, आत्मज्ञानसम्बन्धी **etc.,** अध्यात्मविद्यासम्बन्धी **etc.,** मानसः -सी -सं, आध्यात्मिकः -की -कं, नैयायिकः -का -कं.

Metaphysically, ***adv.*** मानसधर्म्मानुसारेण, आत्मविद्यानुरूपेण.

Metaphysician, ***s.*** आन्वीक्षिकीज्ञः, मानसधर्म्मज्ञः, मानसविद्याज्ञः, अध्यात्मविद्याज्ञः, नैयायिकः, अर्थतत्त्ववेत्ता ***m.*** (त्तृ).

Metaphysics, ***s.*** आन्वीक्षिकी, आन्वीक्षिकी विद्या, मानसधर्म्मविषयका विद्या, मानसधर्म्मः, आत्मविषयकं ज्ञानं, आत्मधर्म्मविषयका विद्या, अमूर्त्तविषयज्ञानं, आत्मविद्या, अध्यात्मविद्या, मानसविद्या, आत्मतत्त्वविद्या, आत्मतत्त्वशास्त्रं, अर्थतत्त्वशास्त्रं, अर्थतत्त्वविद्या, आत्मतत्त्वविचारः.

Metastasis, ***s.*** रोगस्थानान्तरं, रोगस्थलान्तरं.

Metatarsal, ***a.*** प्रपदीनः -ना -नं, प्रपदीयः -या -यं, प्रपदसम्बन्धी **etc.**

Metatarsus, ***s.*** प्रपदं, पादस्य मध्यभागः.

Metathesis, ***s.*** अक्षरविपर्य्ययः, वर्णव्यत्ययः, अक्षरपरिवर्तनं.

To **mete,** ***v. a.*** मा **(c. 2.** माति -तुं, **c. 10.** मापयति -यितुं), परिमा, मापनं कृ.

Meted, ***p. p.*** मितः -ता -तं, सम्मितः -ता -तं, परिमितः **etc.,** निर्म्मितः **etc.**

Metempsychosis, ***s.*** प्राणिनां पुनर्जन्म ***n.*** (न्), अन्यजन्मः ***n.*** जन्मान्तरं, जन्मजन्मान्तरं, देहान्तरप्राप्तिः ***f.,*** शरीरान्तरप्राप्तिः ***f.,*** रूपान्तरग्रहणं, अन्यशरीरग्रहणं.

Meteor, ***s.*** उल्का, खोल्का -ल्कः, अग्न्युत्पातः, केतुतारा, शिखावज्ज्योतिस् ***n.,*** अग्निरेखाकारि गगणात्पतज्ज्योतिस्,

उपाहितः, उपग्रहः, उत्पातः, दिव्योत्पातः.

Meteoric, *a.* (Pertaining to meteors) उल्कासम्बन्धी **etc.,** उल्काविषयः -या -यं.—**(Proceeding from)** उल्कोत्पन्नः -न्ना -न्नं, उल्कोद्भवः -वा -वं, उल्काजः -जा -जं.

Meteorologic, meteorological, *a.* विद्युदुल्कादिविषयकः -का -कं, आकाशोद्भववस्तुसम्बन्धी **etc.,** दिव्युद्भवविषयसम्बन्धी **etc.,** आकाशीयः -या -यं.

Meteorology, *s.* विद्युदुल्कादिविद्या, आकाशोद्भववस्तुविद्या, अन्तरीक्षजविषयविद्या, आकाशविद्या, अन्तरीक्षविद्या, सामान्यवायुविषयका विद्या, वायुचक्रशास्त्रं.

Meteorous, *a.* उल्कागुणकः -का -कं, उल्काधर्म्मकः -का -कं.

Meter, *s.* मापकः, परिमापकः, मापनकर्त्ता ***m.*** (र्त्तृ), माननिरूपकः.

Metheglin, *s.* (Kind of mead) मधु ***n.,*** मधुपानीयं, मधुनीरं.

Methinks, *v. impers.* मन्ये, इति मन्ये, इति तर्कयामि.

Method, *s.* (Regular arrangement) क्रमः, अनुक्रमः, पर्य्यायः, व्यवस्था, व्यवस्थापनं, क्रमेण, स्थापनं, आनुपूर्वं -र्व्यं, आनुपूर्वी, परिपाटिः -टी ***f.,*** पारिपाट्यं, परम्परा, पारम्पर्य्यं, विन्यासः, व्यूहनं, व्यूढिः ***f.,*** प्रतिविधानं, विधानं, संविधानं, रचना, विरचनं -ना, आवृत् ***f.***—**(Way, mode, process)** रीतिः ***f.,*** मार्गः, विधिः ***m.,*** विधानं, विधः, प्रकारः, क्रमः नियमः, सूत्रं, ऋतिः ***f.,*** रूपं, युक्तिः ***f.,*** पद्धतिः ***f.,*** न्यायः, मर्य्यादा, वृत्तान्तः, क्लृप्तिः ***f.,*** क्रिया, धारा; **'in this method,'** अनेन विधानेन, अनेन प्रकारेण, अनया रीत्या, अनयर्त्या. ***See* Manner.**

Methodical, *a.* (Said of persons) नियमशीलः -ला -लं, क्रमशीलः -ला -लं, यथाक्रमकारी -रिणी -रि (न्), क्रमानुगतः -ता -तं, क्रमानुकारी **etc.,** क्रमकः -का -कं, क्रमिकः **etc.**—**(Of things)** क्रमिकः -का -कं, क्रमकः -का -कं, यथाक्रमः -मा -मं, सक्रमः -मा -मं, यथानुक्रमः -मा -मं, क्रमानुसारी **etc.,** व्यवस्थितः -ता -तं, सूचितः -ता -तं, यथापर्य्यायः -या -यं, अनुपूर्व्वः -र्व्वा -र्व्वं, अनुक्रान्तः -न्ता -न्तं; **'methodical proceeding,'** अनुक्रमः -मणं.

Methodically, *adv.* यथाक्रमं, अनुक्रमेण, यथानुक्रमं, सक्रमं, क्रमतस्, क्रमशस्, क्रमेण, क्रमात्, पर्य्यायेण, यथापर्य्यायं, यथानियमं, यथामार्गं, अनुपूर्व्वशस्, यथासूत्रं, विधितस्; **'done methodically,'** अनुक्रान्तः -न्ता -न्तं.

Methodicalness, *s.* क्रमशीलता, क्रमिकत्वं, व्यवस्थितिः ***f.,*** सक्रमता.

Methodism, *s.* नियमनिष्ठा, नियमासक्तिः ***f.,*** कर्म्मनिष्ठा.

Methodist, *s.* नियमनिष्ठः, नियमासक्तः, नियमी ***m.*** (न्), कर्म्मनिष्ठः.

Methodistical, *a.* नियमनिष्ठाशीलः -ला -लं, नियमनिष्ठासम्बन्धी **etc.**

To* methodize, *v. a. व्यवस्था **in caus.** (-स्थापयति -यितुं), व्यवस्थापनं कृ, क्रमेण **or** यथाक्रमं स्था, विरच् **(c. 10.** -रचयति -यितुं), विधा **(c. 3.** -दधाति -धातुं), संविधा, प्रतिविधा, विन्यस् **(c. 4.** -अस्यति -असितुं) व्यह् **(c. 1.** -ऊहते -हितुं).

Methodized, *p. p.* व्यवस्थितः -ता -तं, व्यवस्थापितः -ता -तं, विन्यस्तः -स्ता -स्तं, प्रतिविहितः -ता -तं, अनुक्रान्तः -न्ता -न्तं, परिपाटीकृतः -ता -तं.

Metonymical, *a.* अजहल्लाक्षणिकः -की -कं, अजहत्स्वार्थलाक्षणिकः -की -कं.

Metonymy, *s.* अजहत्स्वार्था, अजहल्लक्षणा, भक्तिः ***f.***

Metre, *s.* छन्दस् ***n.,*** छन्दः, वृत्तं, वर्णवृत्तं, गणवृत्तं, मात्रछन्दस्, पद्यं, वक्त्रं, वेदः; **'violation of metre,'** छन्दोभङ्गः. **The following are certain forms of metre explained in Wilson's Dictionary;** 1. अनुष्टुप् ***f.*** (भ्) **or** श्लोकः, **of which varieties are** चित्रपदा, माणवकः, विद्युत्माला, प्रमाणिका, 2. त्रिष्टुप् ***f.,*** **varieties** इन्द्रवज्रा, उपेन्द्रवज्रा, उपजातिः ***f.,*** रथोद्धता, 3. जगती, **varieties** वंशस्थविलं, द्रुतविलम्बितं, भुजङ्गप्रयातं, 4. अतिजगती, **varieties** मञ्जुभाषिणी, प्रहर्षिणी, पुष्पिताग्रा, 5. शक्कर्री **or** शक्करी, **varieties** वसन्ततिलकः, अपराजिता, वासन्ती, लोला, नान्दीमुखं, 6. अतिशक्कर्री **or** अतिशक्करी, **varieties** मालिनी **or** मानिनी, चित्रा, तूणकं, लीलाखेलः, 7. अष्टी, **varieties** चकिता, पञ्चचामरं, मदनललितं, वाणिः ***f.,*** प्रवरललितं, 8. अत्यष्टी, **varieties** शिखरिणी, मन्दाक्रान्ता, हरिणी, भाराक्रान्ता, पृथ्वीभरः, 9. धृतिः ***f.*** **varieties** नाराचः, नन्दनं, शार्दूलललितः, कुसुमितलता, चित्रलेखा, 10. अतिधृतिः ***f.*** **of which varieties are** शार्दूलविक्रीडितः, मेघविस्फूर्जितं, सुरसा, फुल्लदाम ***n.*** (न्), 11. कृतिः ***f.,*** **varieties** सुवदना, गीतिका, शोभा, 12. प्रकृतिः, **varieties** स्रग्धरा, सरसी, 13. आकृतिः ***f.,*** **varieties** हंसी, मदिरा, 14. विकृतिः ***f.,*** 15. सङ्कृतिः ***f.,*** 16. अतिकृतिः ***f.,*** **variety** क्रोञ्चपदा, 17. उत्कृतिः ***f.,*** **variety** भुजङ्गविजृम्बितं, 18. दण्डकः, **varieties** जीमूतः, लीला, शङ्कः, व्यालः, प्रचितं, 19. प्रतिष्ठा, **varieties** कन्या, सती, 20. सुप्रतिष्ठा, **varieties** पंक्तिः ***f.,*** प्रिया, 21. मध्या **or** मध्यमा, **varieties** नारी, मृगी, 22. उक्था, 23, अत्युक्था, 24. वृहती, **varieties** भुजङ्गशिशुः ***m.,*** भुजङ्गसङ्गता, मणिमध्यं, 25. पंक्तिः ***f.,*** **varieties** रुक्मवती, मनोरमा, त्वरितगतिः ***f.,*** 26. उष्णिक् ***f.*** (ह्), **varieties** मधुमती, कुमारललिता, 27. गायत्री, **varieties** तनुमध्या, शशिवदना, **this and the preceding are found only in the Vedas. There is another class of metres regulated, not by the number of syllables, but by the number of syllabic instants or short syllables, each long syllable being supposed**

to contain two short. They are called, 1. आर्य्या, varieties पथ्या, विपुला, चपला, मुखचपला, जघनचपला, गीतिः *f.*, उपगीतिः *f.*, उद्गीतिः *f.*, आर्य्यागीतिः *f.*, 2. वैतालीयः, varieties औपछन्दसिकः, दोहडिका.

Metrical, ***a.*** छान्दसः -सी -सं, छन्दोयुक्तः -क्ता -क्तं, छन्दोवान् -वती -वत् (त्), छन्दोबद्धः -द्धा -द्धं, छन्दोरूपः -पा -पं, छन्दोविशिष्टः -ष्टा -ष्टं, पद्यरूपः -पा -पं, पद्यात्मकः -का -कं, स्वरबद्धः etc., तालबद्धः etc.

Metronome, ***s.*** तालमापकयन्त्रं, तालमापनी.

Metropolis, ***s.*** राजधानं -नी -नकं -निका, राजनगरी, मुख्यनगरी, पुरोत्तमः, कर्व्वटः.

Metropolitan, ***a.*** राजधानसम्बन्धी -न्धिनी -न्धि (न्), राजधानीयः -या -यं.—**(Archbishop)** प्रधानधर्म्माध्यक्षः, मुख्यधर्म्माध्यक्षः, धर्म्माध्यक्षाधिपतिः *m.*

Mettle, ***s.*** वीर्य्यं, साहसं, सत्त्वं, तेजस् *n.*, प्रभावः, प्रहर्षः, पौरुषं, ओजस्, ऊर्जः, मदः, मादः, मत्तता.

Mettled, mettlesome, ***a.*** महासत्त्वः -त्त्वा -त्त्वं, महातेजाः -जाः -जः (स्), तेजोवान् -वती -वत् (त्), ओजस्वी -स्विनी -स्वि (न्), साहसिकः -की -कं, वीर्य्यवान् etc., मदोद्धतः -ता -तं, ऊर्जस्वी etc., मत्तः -त्ता -त्तं, मादवान् etc., प्रचण्डः -ण्डा -ण्डं.

Mettlesomeness, ***s.*** मत्तता, मदोद्धतिः *f.*, प्रचण्डता, महासत्त्वता.

Meum et tuum, ***s.*** स्वपरभेदः, आत्मपरभेदः, स्वपरविचारः.

Mew, ***s.*** **(Cage)** पञ्जरं, पिञ्जरं, वीतंसः.—**(Sea-fowl)** जलकुक्कुटः -टी.—**(Cry of a cat)** मेनादः, मार्जारनादः.

To* mew,** ***v. a. **(Shut up)** पञ्जरे or कारागारे निरुध् (c. 7. -रुणद्धि -रोद्धुं) or अवरुध् or बन्ध् (c. 9. बध्नाति, बन्द्धुं).—**(Molt, shed the feathers)** पक्षान् or पर्णान् पत् (c. 10. पातयति -यितुं) or मुच् (c. 6. मुञ्चति, मोक्तुं) or निर्मुच्, पक्षनिर्मोकं कृ.—**(Cry as a cat)** मेनादं कृ, मार्जारवद् रु (c. 2. रौति, रवितुं).

To* mewl,** ***v. n. शिशुवत् or बालकवत् क्रन्द् (c. 1. क्रन्दति -न्दितुं) or रुद् (c. 2. रोदिति -तिुं), शिशुवत् क्रन्दनं कृ or रुदितं कृ or चीत्कारं कृ.

Mews, ***s. pl.*** अश्वगोष्ठं, अश्वशाला, राजाश्वस्थानं.

Miasm, miasma, ***s.*** वायुदूषकः, पूतिगन्धः or कुत्सितगन्धः, रोगजनकः कुवायुः or पूतिवातः, पूतिवाष्पः, मारकवाष्पः, दूषकवाष्पः.**Mica,** ***s.*** अभ्रं, अभ्रकं, स्वच्छपत्रं, निर्मलं.

Michaelmas, ***s.*** वत्सरस्य तृतीयपादावसाने पर्व्व *n.* (न्), शरत्कालीनपर्व्व *n.*

Microcosm, ***s.*** सूक्ष्मजगत् *n.*, सूक्ष्मलोकः, सूक्ष्मसंसारः, क्षुद्रजगत्.

Microscope, ***s.*** सूक्ष्मदर्शकयन्त्रं, सूक्ष्मनिरीक्षणयन्त्रं, सूक्ष्मनिरीक्षणकाचः, सूक्ष्मद्रव्यदर्शनार्थं काचयन्त्रं.

Microscopic, ***a.*** पूर्व्वोक्तयन्त्रद्वारेण दृष्टः -ष्टा -ष्टं or उपलब्धः -ब्धा -ब्धं.

Micturition, ***s.*** मिमिक्षा, मेहनेच्छा, मूत्रत्यागेच्छा, मूत्रोत्सर्गेच्छा.

Mid, ***a.*** मध्यः -ध्या -ध्यं, मध्यमः -मा -मं, मध्यस्थः -स्था -स्थं. *See* **Middle.**

Mid-age, ***s.*** मध्यवयस् *n.*, मध्यमवयस् *n.*, आयुर्मध्यं.

Mid-course, ***s.*** अर्द्धमार्गः, अर्द्धपथः, मार्गार्द्धं, मार्गमध्यं.

Mid-day, ***s.*** मध्याह्नः, दिनमध्यं, दिवामध्यं, मध्यन्दिनं, उद्दिनं; **'at midday,'** दिनमध्ये, मध्याह्ने.

Mid-day, ***a.*** माध्याह्निकः -की -कं, माध्यन्दिनः -नी -नं; **'mid-day rites,'** माध्याह्निकी क्रिया; **'mid-day meal,'** मध्याह्नभोजनं.

Middle, ***a.*** मध्यः -ध्या -ध्यं, मध्यमः -मा -मं, मध्यमीयः -या -यं, मध्यस्थः -स्था -स्थं, मध्यस्थितः -ता -तं, मध्यवर्त्ती -र्त्तिनी -र्त्ति (न्), माध्यः -ध्या -ध्यं, माध्यमः -मी -मं, गर्भस्थः etc., गर्भस्थितः -ता -तं; **'middle state,'** मध्यस्थता, माध्यस्थ्यं; **'the middle classes,'** मध्यमवर्णाः *m. pl.*, मध्यवर्णजाः *m. pl.*, मध्यजातीयाः *m. pl.*

Middle, ***s.*** मध्यं, मध्यभागः, मध्यदेशः, मध्यस्थानं, मध्यस्थलं, मध्यमप्रदेशः, अभ्यन्तरं, अन्तरं, गर्भः, हृदयं; **'the middle of the arm,'** दोर्मध्यं; **'of the night,'** रात्रिमध्यं; **'of a house,'** गृहाभ्यन्तरं; **'of a bow,'** लस्तकः; **'going in the middle,'** मध्यगः -गा -गं, मध्यचारी -रिणी -रि (न्); **'in the middle,'** मध्ये, मध्यतस्; **'in the middle of the night,'** रात्रिमध्ये, महानिशायां; **'in the middle of the Ganges,'** मध्येगङ्गं.

Middle-aged, ***a.*** मध्यमवयस्कः -स्का -स्कं, मध्यवयस्कः etc., अर्द्धवयस्कः etc., गतयौवनः -ना -नं, अतिक्रान्तयौवनः -ना -नं, अर्द्धवृद्धः -द्धा -द्धं; **'a middle-aged widow,'** कात्यायनी.

Middle-earth, ***s.*** मध्यलोकः, मध्यमलोकः, मध्यभुवनं, पृथिवी.

Middle-finger, ***s.*** मध्यमा, मध्या, कर्णिका, ज्येष्ठः.

Middle-man, ***s.*** मध्यस्थजनः, मध्यवर्त्ती *m.* (न्), मध्यस्थितः.

Middlemost, ***a.*** मध्यमः -मा -मं, मध्यमीयः -या -यं, मध्यस्थः -स्था -स्थं.

Middle-sized, ***a.*** मध्यमपरिमाणः -णा -णं, न स्थूलो न सूक्ष्मः etc.

Middling, ***a.*** मध्यमः -मा -मं, मध्यः -ध्या -ध्यं, मध्यमीयः -या -यं, माध्यः -ध्यी -ध्यं, माध्यमः -मी -मं.—**(Of middle rank)** मध्यमवर्णजः -जा -जं, मध्यमपदस्थः -स्था -स्थं.—**(Of middle size)** मध्यमपरिमाणः -णा -णं, न स्थूलो न सूक्ष्मः etc., मध्यमः -मा -मं.—**(Of middle quality)** विगुणः -णा -णं, मध्यमगुणः -णा -णं, सामान्यगुणः etc., सामान्यः -न्या -न्यं, साधारणः -णी -णं.

Midge, ***s.*** सूक्ष्ममशकः, सूक्ष्ममसकः, सूक्ष्ममक्षिका, दंशकः,

सूचिवदनं.

Mid-heaven, *s.* खमध्यं, गगणमध्यं, अन्तरीक्षमध्यं, दशमलग्नं.

Midland, *a.* मध्यदेशीयः -या -यं, माध्यदेशः -शी -शं, मध्यदेशस्थः -स्था -स्थं, मध्यदेशवर्त्ती -र्त्तिनी -र्त्ति (न्), समुद्रदूरस्थः -स्था -स्थं.

Midleg, *s.* जङ्घामध्यं, जङ्घाया, मध्यदेशः.

Midmost, *a.* मध्यमः -मा -मं. *See* **Middlemost.**

Midnight, *s.* रात्रिमध्यं, मध्यरात्रः, अर्द्धरात्रः, अर्द्धनिशा, महारात्रः, महानिशा, निशीथः, सर्व्वावसरः, निःसम्पातः, निसम्पातः; **'at midnight,'** रात्रिमध्ये.

Midriff, *s.* शरीरमध्यं, उदरवक्षःस्थलमध्ये शरीरभागः.

Midsea, *s.* समुद्रमध्यं, सागरमध्यं, मध्यसमुद्रः.

Midshipman, *s.* नाविककर्म्माभ्यासकृत् *m.,* नाविकशिष्यः.

Midst, *s.* or *adv.* मध्यं, मध्ये, अन्तरं -रे; **'in the midst,'** मध्ये; **'from the midst,'** मध्यात्; **'to be in the midst of troubles,'** दुःखग्रस्तः -स्ता -स्तं भू, दुःखसागरमग्नः -ग्ना -ग्नं भू. **Sometimes** मध्ये **is put first in a compound; as, 'in the midst of the sea,'** मध्येसमुद्रं, मध्येऽर्णवं.

Midstream, *s.* प्रवाहमध्यं, सरिन्मध्यं; **'in midstream,'** सरिन्मध्ये.

Midsummer, *s.* ग्रीष्मकालमध्यं, निदाघकालमध्यं, उष्णकालमध्यं.

Midway, *s.* अर्द्धमार्गः, अर्द्धपथः, मार्गमध्यं, पथमध्यं, मार्गार्द्धं.

Midway, *adv.* अर्द्धमार्गे, अर्द्धपथे, मार्गमध्ये, पथमध्ये, वर्त्ममध्ये.

Midwife, *s.* साविका, प्रसवकारिणी, प्रसवकारयित्री, अपत्यदा, गर्भिण्यवेक्षित्री, धात्री; **'man-midwife,'** प्रसवकारी *m.* (न्), प्रसववैद्यः, सूतिवैद्यः, गर्भमोचकवैद्यः.

Midwifery, *s.* प्रसवकर्म्म *n.* (न्), प्रसवकार्य्यं, प्रसवकरणं, प्रसवकारणं, सूतिकर्म्म *n.,* सूतिकरणं, गर्भिण्यवेक्षणं, गर्भमोचनविद्या, बालतन्त्रं, कुमारभृत्या.

Midwinter, *s.* शीतकालमध्यं, शिशिरमध्यं, मध्यशिशिरं, हेमन्तमध्यं.

Mien, *s.* आकारः, वदनाकारः, चर्य्या, गतिः *f.,* रूपं, रीतिः *f.,* चरितं, व्यवहारः, चलनं, वृत्तिः *f.,* चारः, आचारः, आकृतिः *f.*

Might, *s.* बलं, शक्तिः *f.,* सामर्थ्यं, विक्रमः, पराक्रमः, प्रभावः, ऐश्वर्य्यं, प्रतापः, ऊर्जः, अतिशक्तिः *f.,* तेजस्, वीर्य्यं, शौर्य्यं, प्राबल्यं; **'with all one's might,'** यथाशक्ति, यथासामर्थ्यं, यथाबलं.

Mightily, *adv.* बलेन, सबलं, ऐश्वर्य्येण, सविक्रमं, सपराक्रमं, प्रभावेण प्रतापेन, सवीर्य्यं, वीर्य्येण, प्रबलं, बलवत्.—**(Greatly)** भृशं, अत्यन्तं, अतिमात्रं.

Mightiness, *s.* प्रबलता, प्राबल्यं, सामर्थ्यं, ऐश्वर्य्यं, सबलत्वं, अतिशक्तिता, प्रतापः, प्रभावः, वीर्य्यं, सारता, सप्रतापता, बलीयस्त्वं.

Mighty, *a.* प्रबलः -ला -लं, महाबलः -ला -लं, बलवान् -वती -वत् (त्), बली -लिनी -लि (न्), शक्तिमान् -मती **etc.,** अतिशक्तिमान् **etc.,** बलीयान् -यसी -यः (स्), बलिष्ठः -ष्ठा -ष्ठं, महाविक्रमः -मा -मं, उरुविक्रमः **etc.,** वाढविक्रमः **etc.,** महाशक्तिः -क्तिः -क्ति, ऊर्ज्जितः -ता -तं, ऊर्जस्वी -स्विनी **etc.,** विक्रान्तः -न्ता -न्तं, पराक्रान्तः **etc.,** पराक्रमा **etc.,** विक्रमी **etc.**—**(Great, majestic)** महान् -हती -हत् (त्), ऐश्वर्य्यवान् **etc.,** प्रतापी **etc.,** प्रतापवान् **etc.,** महातेजाः -जाः -जः (स्), प्रभावी **etc.,** विभूतिमान् **etc.,** तेजोवान् **etc.,** महौजाः **etc.,** महोदारः -रा -रं; **'mighty lord,'** परमेश्वरः, महेश्वरः.

***To* migrate,** *v. n.* उत्क्रम् **(c. 1.** -क्रामति -क्रमितुं), देशाद् देशं भ्रम् **(c. 3.** भ्राम्यति, भ्रमितुं), एकदेशं त्यक्त्वा देशान्तरं गम् **(c. 1.** गच्छति, गन्तुं) **or** देशान्तरम् अधिवस्, देशान्तरं **or** स्थानान्तरं गत्वा वस्, देशभ्रमणं कृ, दिग्भ्रमणं कृ, देशाटनं कृ, विदेशगमनं कृ, देशपरिवर्त्तनं कृ.

Migration, *s.* उत्क्रमः, उत्क्रमणं, देशान्तरगमनं, स्थानान्तरगमनं, देशभ्रमणं, दिग्भ्रमणं, देशपरिवर्त्तनं, देशाटनं, विदेशगमनं.

Migratory, *a.* देशभ्रमणशीलः -ला -लं, परिभ्रमणशीलः -ला -लं, पर्यटनशीलः -ला -लं, देशपरिवर्त्तनशीलः -ला -लं.

Milch-Cow, *s.* धेनुः *f.,* दोग्ध्री, धेनुका, गोधेनुः *f.,* स्त्रीगवी, पयस्विनी, क्षीरिणी, दुग्धवती, पीनोघ्नी, पीवरस्तनी, पीतदुग्धा, नवसूतिका; **'a herd,'** धैनुकं.

Mild, *a.* **(Soft, not harsh)** मृदुः -द्वी -दु, मृदुलः -ला -लं, कोमलः -ला -लं, सौम्यः -म्या -म्यं, स्निग्धः -ग्धा -ग्धं, शान्तः -न्ता -न्तं, अनुग्रः -ग्रा -ग्रं, अनुरूषः -षा -षं, अप्रस्वरः -रा -रं, अकर्कशः -शा -शं, श्लक्ष्णाः -क्ष्णा -क्ष्णं, मसृणः -णा -णं, सुकुमारः -रा -रं, अचण्डः -ण्डा -ण्डं, अस्वरः -रा -रं.—**(Tender or gentle in temper)** मृदुस्वभावः -वा -वं, मृदुभावः -वा -वं, कोमलस्वभावः **etc.,** सौम्यवृत्तिः -त्तिः -त्ति, कोमलान्तःकरणः -णा -णं, दयार्द्रभावः -वा -वं, दयालुः, -लुः -लु, दयावान् -वती -वत् (त्), सदयः -या -यं, सात्त्विकः -का -कं, सात्त्विकप्रकृतिः -तिः -ति, निर्गर्वः -र्वा -र्वं.—**(Lenient)** क्षमावान् **etc.,** सामबुद्धिः -द्धिः -द्धि, अतीक्ष्णः -क्ष्णा -क्ष्णं, अतीव्रः -व्रा -व्रं, अनिष्ठुरः -रा -रं, अनुग्रदण्डः -ण्डा -ण्डं, सामोपचारी -रिणी **etc.,** सामोपायी **etc.; 'mild remedy,'** सौम्योपचारः, सामोपचारः, बालोपचारः; **'mild means,'** सामोपायः; **'by mild means,'** सामोपायेन, साम्ना; **'mild air,'** मृदुवातः, मृदुवायुः *m.;* **'mild speech,'** सान्त्ववादः.

Mildew, *s.* वृक्षदूषणं, तरुदूषणं, कलङ्कः, शुक्लकलङ्कः, श्वेतकलङ्कः, दूषणवस्तु *n.,* क्लेदजमलं.

***To* mildew,** *v. a.* शुक्लकलङ्केन दुष् **(c. 10.** दूषयति -यितुं), क्लेदजमलेन दुष् **or** कलङ्क **(nom.** कलङ्कयति -यितुं) **or** लिप् **(c. 6.** लिम्पति, लेप्तुं).

Mildewed, ***p. p.*** शुक्लकलङ्कदूषितः -ता -तं, कलङ्कितः -ता -तं.

Mildly, ***adv.*** मृदुः, मृदुलं, कोमलं, सौम्यवत्, अनुग्रं, अपरुषं, अकर्कशं, साम्ना, सामोपायेन, मार्दवेन, समार्दवं, अतीक्ष्णं, अतीव्रं, अचण्डं, अप्रखरं, मन्दं.

Mildness, ***s.*** **(Softness, not harshness)** मृदुता -त्वं, मार्दवं, म्रदिमा ***m.*** (न्), सौम्यता, कोमलता, स्निग्धता, अनुग्रता, अपरुषता, अकार्कश्यं, शान्तता, शान्तिः ***f.*** **—(Of temper)** स्वभावमृदुता, प्रकृतिमृदुता, सौम्यवृत्तिता, कोमलस्वभावः, सान्त्विकप्रकृतिः ***f.,*** दयालुता. **—(Leniency)** मृदुता, क्षमा, सौम्यता, साम ***n.*** (न्), सामबुद्धिः ***f.,*** अतीक्ष्णता, अतैक्ष्ण्यं, अतीव्रता, दण्डानुग्रता, अनुग्रता, अनुग्रदण्डत्वं, कृपा.

Mile, ***s.*** **(The measure called** क्रोशः**, or kos, is about two English miles. One English mile will therefore be expressed by** अर्द्धक्रोशः**; 'three miles,'** सार्द्धक्रोशः**; 'four miles,'** क्रोशद्वयं**; 'five miles,'** सार्द्धद्विक्रोशं**; 'six miles,'** क्रोशत्रयं.

Mile-stone, ***s.*** अर्द्धक्रोशमापकप्रस्तरः, क्रोशमापनपाषाणः.

Militant, ***a.*** युद्धोद्युक्तः -क्ता -क्तं, युद्धोद्यतः -ता -तं, युद्धप्रवृत्तः -त्ता -त्तं, युद्धारूढः -ढा -ढं, युध्यमानः -ना -नं, युद्धकारी -रिणी -रि (न्), सङ्ग्रहमोद्युक्तः **etc.**

Military, ***a.*** **(Pertaining to soliders or arms)** युद्धसम्बन्धी -न्धिनी **etc.,** युद्धविषयकः -का -कं, साङ्ग्रामिकः -की -कं, सामरिकः -की -कं, सैनिकः -की -कं, आयुधिकः -की -कं, क्षात्रः -त्री -त्रं, साम्परायिकः -की -कं, **'military duty,'** क्षत्रधर्म्मः, क्षात्रधर्म्मः; **'following it,'** क्षत्रधर्म्मानुगः -गा -गं; **'military profession,'** शस्त्रवृत्तिः ***f.,*** शस्त्रास्त्रभृत्त्वं. **—(Engaged in the profession,'** शस्त्रवृत्तिः ***f.,*** शस्त्रास्त्रभृत्त्वं. **—(Engaged in the profession of arms)** युद्धप्रवृत्तः -त्ता -त्तं, योधी -धिनी -धि (न्), शस्त्रजीवी **etc.,** शस्त्राजीवी **etc.,** शस्त्रोपजीवी **etc.,** आयुधजीवी **etc.,** शस्त्रास्त्रभृत्, शस्त्रभृत्. **—(Man of the military class)** क्षत्रियः क्षत्रः, क्षत्री ***m.*** (न्), राजन्यः, विराट् ***m.*** (ज्), बाहुजः, मूर्द्धाभिषिक्तः; **'a woman of this class,'** क्षत्रिया -यी -याणी; **'the duty of this class,'** क्षत्रियधर्म्मः; **'the military class,'** क्षत्रियजातिः ***f.***

Military, ***s.*** **(The body of soldiers)** सैनिकवर्गः, सैन्यवर्गः, सैनिकजातिः ***f.,*** क्षत्रं, क्षत्रियजातिः ***f.,*** क्षत्रवर्णः.

To **militate,** ***v. n.*** विरुध् **(c. 7.** -रुणद्धि -रोद्धुं**)**, प्रतिरुध्, विरुद्धः -द्धा -द्धं भू, प्रतिकूल **(nom.** प्रतिकूलयति -यितुं**)**, विपरीतः -ता -तं भू.

Militia, ***s.*** देशरक्षकाः ***m. pl.,*** देशरक्षिणः ***m. pl.,*** नैमित्तिकसैन्याः ***m. pl.***

Milk, ***s.*** दुग्धं, क्षीरं, पयस् ***n.,*** स्तन्यं, गोदुग्धं, गोरसः -सं, धेनुकादुग्धं, गव्यं, गव्यपयस् ***n.,*** अवदोहः, दोहः, ऊधस्यं, ऊधन्यं, दोहजं, दोहापनयः, पायसं, पीयूषं, पेयं, सोमजं; **'made from milk,'** पयस्यः -स्या -स्यं; **'the skim of milk,'** दुग्धफेनं; **'yielding much milk,'** बहुदुग्धा, दोहीयान् -यसी -यः (स्); **'milk diet,'** दुग्धाहारः; **'coagulated milk,'** दधि ***n.,*** क्षीरजं; **'inspissated milk,'** क्षीरविकृतिः ***f.;*** **'drinking milk,'** क्षीरपः -पा -पं, क्षीरपायी -यिनी **etc.;** **'giving milk,'** क्षीरदः -दा -दं; **'to give milk,'** दुह् **(c. 4.** दुह्यते**)**, क्षीरं दा.

To **milk,** ***v. a.*** दुह् **(c. 2.** दोग्धि, दुग्धे, दोग्धुं**)**, निर्दुह्, दोहनं कृ, दुग्धं सु **(c. 10.** सावयति -यितुं**)**, गोस्तनं पीडयित्वा दुग्धं मुच् **or** मोक्ष् **(c. 10.** मोक्षयति -यितुं**) or** मुच् **(c. 10.** मोचयति -यितुं**)**, दुग्धमोक्षणं कृ.

Milked, ***p. p.*** दुग्धः -ग्धा -ग्धं, निर्दुग्धः -ग्धा -ग्धं, कृतदोहनः -ना -नं; **'a cow easily milked,'** सुखदोह्या, सुखसन्दोह्या, सुव्रता.

Milker, ***s.*** दोग्धा ***m.*** (ग्धृ), दोहकः, दोही ***m.*** (न्), धुक् ***m.*** (दुह्).

Milkiness, ***s.*** दुग्धता, दुग्धवत्ता, दुग्धिता, क्षीरिता, पायसता, पयस्यत्वं, सक्षीरता, सदुग्धता, दुग्धसादृश्यं, दुग्धसगुणता.

Milk-livered, ***a.*** भीरुहृदयः -या -यं, क्लीवहृदयः **etc.,** कातरः -रा -रं.

Milk-maid, ***s.*** गोदोग्ध्री, गोदोहिनी, गोपी, गोपिनी, गोपिका, आभीरी.

Milk-man, ***s.*** गोधुक् ***m.*** (-दुह्), दोग्धा ***m.*** (ग्धृ), दुग्धविक्रेता ***m.*** (तृ), क्षीरविक्रयी ***m.*** (न्), गोपः, आभीरः.

Milk-pail, milk-pan ***s.*** दोहनं -नी, गोदोहनी, दुग्धभाण्डं, क्षीरभाण्डं, दुग्धपात्रं, दुग्धभाजनं, दोहनपात्रं, दधिभाण्डं, निपानं, दोहः, पारी.

Milk-porridge, milk-pottage, ***s.*** क्षैरेयी.

Milk-sop, ***s.*** क्लीवहृदयः, मृदुहृदय, कोमलहृदय,, कापुरुषः.

Milk-white, ***a.*** दुग्धसवर्णः -र्णा -र्णं, क्षीरवच्छुक्लः -क्ला -क्लं, क्षीरवर्णः **etc.**

Milkwoman, ***s.*** दुग्धविक्रेत्री, दोहिनी, गोपिनी, गोपा, आभीरी, महाशूद्री.

Milky, ***a.*** दुग्धी -ग्धिनी -ग्धि (न्), क्षीरी -रिणी **etc.,** पायसः -सी -सं, पयस्यः -स्या -स्यं, पयस्वी -स्विनी **etc.,** दुग्धमयः -यी -यं, क्षैर्यः -र्यी -र्यं. **—(Resembling milk)** दुग्धसगुणः -णा -णं, क्षीरोपमः -मा -मं, दुग्धसदृशः -शी -शं. **—(Yielding milk)** क्षीरदः -दा -दं, बहुदुग्धः -ग्धा -ग्धं, दुग्धप्रदः -दा -दं.

Milky-way, ***s.*** मन्दाकिनी, आकाशगङ्गा, स्वर्गङ्गा, स्वर्नदी, सुरनदी, आकाशनदी, देवनदी, वियद्गङ्गा, नागवीथी, हरिताली.

Mill, *s.* पेषणं, पेषणी -णिः *f.*, पेषणयन्त्रं, पेषणचक्रं, चक्रं.

To **mill,** *v. a.* पिष् (c. 7. पिनष्टि, पेष्टुं), चूर्ण् (c. 10. चूर्णयति -यितुं), चूर्णीकृ.—**(Beat with the fist)** मुष्ट्या तड् (c. 10. ताडयति -यितुं) or प्रहृ (c. 1. -हरति -हर्त्तुं).

Millenarian, Millenarial, *a.* सहस्रवर्षीयः -या -यं, सहस्रवर्षीणः -णा -णं, सहस्रवत्सरी -रिणी -रि (न्), सहस्रवार्षिकः -की -कं, सहस्राब्दिकः -की -कं, सहस्री -स्रिणी etc., साहस्रः -स्री -स्रं.

Millenium, millenary, *s.* सहस्रवर्षं, सहस्रवत्सरं, वर्षसहस्रकं, वर्षसाहस्रं, दशशतवर्षं, सहस्रवर्षपर्य्यन्तं, साक्षाद्भूतं ख्रीष्टराज्यं.

Milleped, *s.* सहस्रपाद् *m.*, सहस्रपादविशिष्टः कीटभेदः.

Miller, *s.* शस्यपेषकः, धान्यपेषणजीवी *m.* (न्), पेषणोपजीवी *m.*

Millesimal, *a.* **(Thousandth)** सहस्रतमः -मी -मं.—**(Consisting of a thousand parts)** सहस्रांशरूपः -पा -पं, सहस्रांशात्मकः -का -कं.

Millet, *s.* **(Panicum, a sort of grain)** अणुः *m.*, प्रियङ्गुः *m.*; **'field of it,'** अणव्यं.

Milliary, *a.* अर्द्धक्रोशमापकः -का -कं, क्रोशमापनः -नी -नं.

Milliner, *s.* स्त्रीपरिच्छदकारिणी, स्त्रीपरिच्छविक्रेत्री, स्त्रीवस्त्र-व्यापारिणी, स्त्रीवस्त्रकरणोपजीविनी, स्त्रीवस्त्रकृत् *f.*

Millinery, *s.* स्त्रीपरिच्छदः, स्त्रीवस्त्रसामग्र्यं, स्त्रीवस्त्रशिरस्कादि *n.*, स्त्रीसज्जा, स्त्रीलोकभृतं यत्किञ्चिद् वस्त्रादि.

Million, *s.* नियुतः -तं, प्रयुतः -तं, दशलक्षं; **'ten million,'** कोटिः *f.*; **'one hundred million,'** अर्बुदः; **'one thousand million,'** महार्बुदः, महाशङ्खः **'ten thousand million,'** पद्मं; **'one hundred thousand million,'** महापद्मं *m.*; **'million million,'** अब्जं, खर्बं, निखर्बं; **'ten million million,'** महाखर्बं; **According to Wilson's Dictionary,** खर्बं **is equivalent to ten million million, according to the Mahrattī Dictionary to ten thousand million, and** निखर्बं **to a hundred thousand million:** नियुतः **is also used for one hudred thousand, and there seems to be much uncertainty in the use of some others of the above Sanskrit terms. The word** कोटिः **is used generally for a large number, and hence the expression 'by millions'** कोटिशस्

Millionaire, *s.* कोटीश्वरः, लक्षाधीशः, दशलक्षसम्पन्नः.

Millionary, *a.* नियुतम्बन्धी -न्धिनी etc., नियुतीयः -या -यं.

Millionth, *a.* नियुततमः -मी -मं, प्रयुततमः -मी -मं.

Mill-stone, *s.* पेषणप्रस्तरः, पेषणपाषाणः, पेषणी -णिः *f.*, पेषणं, शिलापट्टः, शिलापुत्रः.

Milt, *s.* **(Spleen)** प्लीहा *m.* (न्), गुल्मः.—**(Roe)** मीनाण्डं, मत्स्याण्डं.

Milter, *s.* पुंमत्स्यः, पुंजातीयो मत्स्यः or मीनः.

Mime, *s.* **(Actor, buffoon)** नटः, नर्त्तकः, नाटकः, कुशीलवः, चारणः, रङ्गाजीवः, जायाजीवः, भण्डः, विदूषकः, वैहासिकः.

Mimic, mimical, *a.* उपहासबुद्ध्या परगतिचेष्टिताद्यनुकारी -रिणी -रि (न्) or अनुकरणशीलः -ला -लं, अनुकारी etc., अनुकरणस्वभावः -वा -वं, विडम्बनकारी etc.—**(Consisting of imitation)** अनुकरणरूपः -पा -पं, अनुकरणात्मकः -का -कं, विडम्बनरूपः -पा -पं; **'mimic art,'** नाटकविधिः *m.*

Mimic, *s.* **(Buffoon)** भण्डः, भाण्डः, वैहासिकः, परिहासवेदी *m.* (न्), विदूषकः.—**(Imitator)** अनुकारी *m.* (न्), अनुकर्त्ता *m.* (र्तृ).

To **mimic, mimick,** *v. a.* उपहासबुद्ध्या परस्य गतिभाषितचेष्टितादि अनुकृ (c. 8. -करोति -कुरुते -कर्त्तुं), हासोत्पादनार्थं परचेष्टितानुकरणं कृ or विडम्बनं कृ.

Mimicked, *p. p.* उपहासबुद्ध्या or हास्योत्पादनार्थम् अनुकृतः -ता -तं.

Mimicker, *s.* अनुकर्त्ता *m.* (र्तृ), अनुकारी *m.* (न्), विडम्बनकृत् *m.*

Mimicry, *s.* उपहासबुद्ध्या गतिभाषितचेष्टिताद्यनुकारः, हासोत्पादनार्थं चेष्टितानुकरणं, अनुकारः, अनुकरणं, अनुकृतिः *f.*, अनुक्रिया, अनुकर्म्म *n.* (न्), विडम्बनं -ना, व्याजः; **'of a cry or sound,'** रुतव्याजः.

Mimosa, *s.* **(Kind of sensitive plant)** गण्डकारी, गण्डकाली, समङ्गा, नमस्कारी, खदिरी, एलापर्णी, सुवहा, लज्जालुः *m.*, महाभीता, लजकारिका, स्पर्शलज्जा, रास्ना, युक्तरसा; **'fetid mimosa,'** अरिमेदः, विट्खदिरः; **'mimosa albida,'** शमी, शमीरः, सक्तुफला, शिवा.

Minacious, minatory, *a.* भर्त्सनकारी -रिणी -रि (न्), निर्भर्त्सनकृत् *m.f.n.*, भर्त्सनार्थकः -का -कं, भर्त्सनमयः -यी -यं, भयप्रदर्शकः -का -कं, भयसूचकः -का -कं.

Minaret, *s.* शिखरं, शृङ्गं, प्रासादशिखरं, भवनशिखरं, प्रासादशृङ्गं.

To **mince,** *v. a.* **(Cut into small pieces)** खण्डं खण्डं कृ, खण्डशः कृ or छिद् (c. 7. छिनत्ति, छेत्तुं), सूक्ष्मखण्डशः कृ or व्यवच्छिद्, बहुलवशः खण्ड् (c. 10. खण्डयति -यितुं), शकलीकृ, खण्डीकृ.—**(Cut off in speaking)** अवच्छिद्, भिन्नस्वरेण वद् (c. 1. वदति -दितुं).

To **mince,** *v. n.* **(Walk with short steps or with affected delicacy)** भिन्नगत्या or सलालित्यं or सलौल्यं चल् (c. 1. चलति -लितुं), ललितगत्या or विलक्षितगत्या चर् (c. 1. चरति -रितुं), सवैलक्ष्यं चर्.—**(Speak affectedly)** भिन्नस्वरेण वद् (c. 1. वदति -दितुं), ललितस्वरेण वद्, विलक्षितस्वरेण वद्, सवैलक्ष्यं वद्.

Minced, ***p. p.*** व्यवच्छिन्नः -न -न्नं, सूक्ष्मखण्डीकृतः -ता -तं, सूक्ष्मशकलीकृतः -ता -तं, छिन्नभिन्नः -न -न्नं, छिन्नविछिन्नः -न -न्नं, खण्डितः -ता -तं.

Mince-meat, minced meat, ***s.*** छिन्नमांसं, खण्डमांसं, खण्डीकृतमांसं, व्यवच्छिन्नमांसं, व्यञ्जादिना सह सिद्धं छिन्नमांसं.

Mince-pie, minced pie ***s.*** छिन्नमांसव्यञ्जनादिगर्भः शष्कुलीविशेषः.

Mincingly, ***adv.*** खण्डशस्, लवशस्, भिन्नगत्या, भिन्नस्वरेण, सवैलक्ष्यं.

Mind, ***s.*** **(The understanding, intellect)** मनस् ***n.,*** मानसं, मतिः ***f.,*** बुद्धिः ***f.,*** धीः ***f.,*** चित्तं, चेतस् ***n.,*** मेधा, प्रज्ञा, आत्मा ***m.*** (न्), चेतना, बोधः, बोधशक्तिः ***f.,*** चित् ***f.,*** चिच्छक्तिः ***f.,*** ज्ञानशक्तिः ***f.,*** उपलब्धिः ***f.,*** शेमुषी, तुरगः, निगुः ***m.,*** अङ्गं; **'application of mind,'** मनोयोगः, मनोनिवेशः, मनःप्रवेशः; **'to give the mind,'** निविष्टचित्तः -त्ता -त्तं भू, आसक्तचित्तः -त्ता -त्तं भू, मनो निविश् **(c. 10.** -वेशयति -यितुं); **Exercise of mind,'** मनोव्यापारः; **'out of one's mind,'** अव्यवस्थितबुद्धिः -द्धिः -द्धि, **'fixed in the mind,'** चित्तीकृतः -ता -तं; **'of inferior mind,'** अपकृष्टचेतनः -ना -नं. **—(Heart or seat of the affections)** हृदयं, हृद् ***n.,*** चित्तं, चेतस्, अन्तःकरणं, अन्तरात्मा ***m.*** (न्), अन्तःप्रकृतिः ***f.,*** मनस्, अन्तर्भावः, भावः, अन्तरं, अभ्यन्तरं; **'working of the mind, emotion,'** चित्तवृत्तिः ***f.,*** विकारः, मनोविकारः, मनोविकृतिः ***f.;*** **'control of the mind,'** मनोदण्डः, मनोनिग्रहः; **'peace of mind,'** मनःशान्तिः ***f.*** **—(Opinion, thoughts)** मतिः ***f.,*** बुद्धिः ***f.,*** मतं, मनोगतं, मनस् ***n.,*** मनोभावः, हृद्गतं; **'of mind,'** एकचित्तः -त्ता -त्तं; **'to be of one mind,'** एकचित्तीभू. **'change of mind,'** बुद्धिभेदः**—(Inclination, will, desire)** मनोरथः, इच्छा, आकांक्षा, अभिलाषः, वासना, बुद्धिः ***f.,*** मतिः ***f.,*** कामः, अभिमतं, ईप्सितं, अभीप्सितं, इष्टं; **'according to one's mind,'** यथाभिमतं, यथेष्टं, यथेप्सितं, मनोनुकूलः -ला -लं, **'having a mind to see,'** द्रष्टुमनाः -नाः -नः; (स्), **'having a mind to go,'** गन्तुमनाः **etc.—(Design, intention)** बुद्धिः ***f.,*** मतिः ***f.,*** मनस् ***n.,*** अभिप्रायः, अभिप्रेतं, चिकीर्षितं, सङ्कल्पः, उद्देशः. **To have a mind** मतिं कृ. **—(Memory, remembrance)** स्मरणं, स्मृतिः ***f.,*** अनुस्मृतिः ***f.,*** संस्मृतिः ***f.,*** अनुचिन्ता, अनुबोधः, ध्यानं, आध्यानं; **'to call to mind,'** स्मृ **(c. 1.** स्मरति, स्मर्त्तुं), अनुस्मृ, संस्मृ, अनुचिन्त् **(c. 10.** -चिन्तयति -यितुं), समनुचिन्त्, अनुबुध् **(c. 4.** -बुध्यते -बोद्धुं), **'to put in mind,'** स्मृ **(c. 10.** स्मारयति -यितुं), बुध् **(c. 10.** बोधयति -यितुं), उद्बुध्; **'flashing across one's mind,'** स्फुरणं.

To **mind,** ***v. a.*** **(Attend to, heed)** अवधा **(c. 1** -धत्ते -धातुं), मनो धा, अवधानं कृ, सावधानः -ना -नं भू, अवहितः -ता -तं भू **or** अस्; **'mind!'** सावधानो भव. **—(Regard)** मन् **(c. 4.** मन्यते, मन्तुं), अनुमन्, मननं कृ, अपेक्ष् **(c. 1.** -ईक्षते -क्षितुं), अवेक्ष्, प्रतीक्ष्, बुध् **(c. 1.** बोधति, **c. 4.** बुध्यते, बोद्धुं), आबुध्, आलोक् **(c. 10.** लोकयति -यितुं), आलोच् **(c. 10.** -लोचयति -यितुं), अवेक्षणं कृ. **—(Obey)** सेव् **(c. 1.** सेवते -वितुं), श्रु **in des.** (शुश्रूषते -षितुं), अनुष्ठा **(c. 1.** -तिष्ठति -ष्ठातुं), अनुवृत् **(c. 1.** -वर्त्तते -र्त्तितुं), अनुविधा **in pass.** (-धीयते), अनुवर्त्तनं कृ. **—(Take care of, look after)** रक्ष् **(c. 1.** रक्षति -क्षितुं), पाल् **(c. 10.** पालयति -यितुं), अनुसन्धा; **'mind a family,'** तन्त्र् **(c. 10.** तन्त्रयति -यितुं).

Minded, *a.* (Disposed) प्रवृत्तः -त्ता -त्तं, प्रवणः -णा -णं, मनाः -नाः -नः **or** मनस्कः -स्का -स्कं **in comp.; as, 'minded to go,'** गमनमनाः **etc.,** गन्तुमनाः **etc.,** गमनमनस्कः **etc.,** ***See*** **Inclined. (In composition)** मनाः **etc.,** मनस्कः **etc.,** मतिः **etc.,** बुद्धिः **etc.; as, 'high-minded,'** महामनाः **etc.,** महामनस्कः **etc.,** महामतिः -तिः -ति **etc.**

Mindful, *a.* (Attentive, heedful) सावधानः -ना -नं, अवहितः -ता -तं, कृतावधानः -ना -नं, अवहितचेताः -ता -तः (स्), जागरः -रा -रं. **—(Regarding with care)** मन्यमानः -ना -नं, अनुमन्यमानः -ना -नं, अपेक्षकः -का -कं, अवेक्षकः -का -कं. **—(Bearing in mind)** स्मरन् -रन्ती -रत् (त्), स्मृतिमान् -मती -मत् (त्), अनुचिन्तयन् -यन्ती -यत् (त्); **'to be mindful,'** स्मृ **(c. 1.** स्मरति, स्मर्त्तुं).

Mindfully, ***adv.*** सावधानं, अवहितं, अवहितचेतसा, स्मृतिपूर्व्वं, अवेक्षया.

Mindfulness, ***s.*** अवधानं, सावधानता, अवहितता, अवेक्षा -क्षणं, अपेक्षा.

Mindless, *a.* (Heedless) अनवधानः -ना -नं, अनवहितः -ता -तं, प्रमत्तः -त्ता -त्तं, निरपेक्षः -क्षा -क्षं. **—(Forgetful)** नष्टस्मृतिः -तिः -ति, अपस्मृतिः -तिः -तिं. **—(Stupid)** निर्बुद्धिः -द्धिः -द्धि, बुद्धिहीनः -ना -नं.

Mine, ***pron. a.*** मदीयः -या -यं, अस्मदीयः -या -यं, मम **gen. c.** (अस्मद्), मामकीनः -ना -नं, आत्मीयः -या -यं, मत् **in comp.; as, 'mine own master,'** मत्प्रभुः ***m.***

Mine, *s.* (Excavation in the earth for any metals, etc.) आकरः, खनिः -नी ***f.,*** खानिः -नी ***m. f.,*** खन्याकरः, गञ्जः -ञ्जा -ञ्जं, कुल्या, योनिः ***m.f.*** **—(For gold, etc.)** कनकस्थली, कनकस्थानं, काञ्चनकन्दरः, सुवर्णादिधातूत्पत्तिस्थानं, सुवर्णाद्युत्पत्तिस्थानं. **—(For precious stones)** खनिः -नी ***f.,*** मणिभूमिः ***f.,*** रत्नोत्पत्तिस्थानं, मणिस्थली, कुट्टिमः -मं, गञ्जः

-ङ्गा -ङ्गं.—(For military purposes) सन्धिः *m.*, सुरुङ्गा, खानिकं, कुल्या, रन्ध्रं.—(Metaphorically) as, 'a mine of good qualities,' गुणाकरः, गुणनिधिः *m.*, गुणास्पदं.

To mine, *v. a.* and *n.* (Excavate) खन् (c. 1. खनति -नितुं), आखन्, निखन्.—(Form a hole or substerraneous passage) सुरुङ्गां कृ, विवरं कृ, रन्ध्रं कृ, गूढरन्ध्रं कृ, गूढमार्गं कृ, or उत्खन्, गूढकल्पां कृ, गूढकूपं कृ.—(Undermine) अधस्तान् खन् or गूढखातं कृ.

Miner, *s.* (Excavator) खनकः, खनिता *m.* (तृ), आखनिकः, खातकः, खनन *m.* (त्), खनिकरः.—(Military) सुरुङ्गाखनकः, सुरुङ्गाकृत् *m.*, सौरुङ्गिकः.

Mineral, *s.* धातुः *m.*, उपधातुः *m.*, खनिजवस्तु *n.*, आकरजवस्तु *n.*, खनिजं शिलाजं, आकरोद्भवद्रव्यं, आकरीयद्रव्यं.

Mineral, *a.* (Pertaining to minerals) धातु in comp.; as, 'the mineral kindgom,' धातुजातिः *f.*, धातुजातं.—(Produced in a mine) खनिजः -जा -जं, आकरजः -जा -जं, आकरोद्भवः -वा -वं, आकरी -रिणी -रि (न्), आकरीयः -या -यं, शिलाजः -जा -जं.—(Consisting of minerals) धातुमयः -यी -यं, धातुरूपः -पा -पं, धातुमयः -यी -यं, शिलामयः etc., अश्ममयः etc., दार्षदः -दी -दं.—(Impregnated with minerals) धातुसंसृष्टः -ष्टा -ष्टं, धातुसंसर्गी -र्गिणी etc., धातुगुणकः -का -कं, धातुगुणोपेतः -ता -तं, धातुधर्म्मकः -का -कं.

Mineralogist, *s.* धातुविद्याज्ञः -खनिजवस्तुपरीक्षकः, आकरीयद्रव्यनिरूपकः, धातुवेत्ता *m.* (त्तृ), धातुगुणवादी *m.* (न्), कारन्धमी *m.* (न्).

Mineralogy, *s.* धातुविद्या, धातुनिरूपणविद्या, धातुपरिज्ञानं, खनिजवस्तुपरिज्ञानं, आकरीयवस्तुपरीक्षा, धातुगुणविषयका, विद्या, धातुगुणविचारः, पार्थिवांशविषयकं ज्ञानं.

To mingle, *v. a.* मिश्र् (c. 10. मिश्रयति -यितुं), सम्मिश्र्, विमिश्र्, मिश्रीकृ, सम्मिश्रीकृ, एकीकृ, संयुज् (c. 7. -युनक्ति -योक्तुं, c. 10. योजयति -यितुं), संसृज् (c. 6. -सृजति -स्रष्टुं), संसर्गं कृ, सङ्कृ (c. 6. -किरति -करितुं -रीतुं), सम्पृच् (c. 7. -पृणक्ति -पर्चितुं), एकत्र कृ, व्यतिकरं कृ.

To mingle, *v. n.* मिश्रीभू, सम्मिश्रीभू, मिल् (c. 6. मिलति, मेलितुं), सम्मिल्, सङ्कृ in pass. (-कीर्य्यते), संसृज् in pass. (-सृज्यते), संसृष्टीभू.

Mingled, *p. p.* मिश्रितः -ता -तं, सम्मिश्रः -श्रा -श्रं, मिश्रः -श्रा -श्रं, मिश्रीकृतः -ता -तं, संसृष्टः -ष्टा -ष्टं, मिलितः -ता -तं, सङ्कीर्णः -र्णा -र्णं, सम्पृक्तः -क्ता -क्तं, व्यामिश्रः -श्रा -श्रं.

Minglement, *s.* मिश्रणं, सम्मिश्रणं, सम्पर्कः, संसर्गः, संयोगः, मिलनं.

Miniature, *s.* सूक्ष्माकारचित्रं, लघ्वाकारचित्रं, सूक्ष्मचित्रं.

Miniature, *a.* सूक्ष्मपरिमाणः -णा -णं, सूक्ष्माकारः -रा -रं.

Minikin, *a.* अतिसूक्ष्मः -क्ष्मा -क्ष्मं, अत्यल्पः, -ल्पा -ल्पं, अणुकः -का -कं.

Minim, *a.* (Note in music) दीर्घस्वरः.—(Dwarf) ह्रस्वमूर्त्तिः.

Minimum, *s.* कनिष्ठसंख्या, अवरसंख्या, अल्पिष्ठपरिमाणं, अल्पिष्ठांशः.

Minimus, *s.* अल्पिष्ठमूर्त्तिः *m.*, कनिष्ठः, ह्रस्वतममूर्त्तिः *m.*

Mining, *s.* खननं, खनिखननं, आकरखननं, खानिखननं, आखननं.

Minion, *s.* वल्लभः, राजवल्लभः, नृपवल्लभः, राजलाली *m.* न्

Minister, *s.* (Agent, official) कर्म्मकरः, कार्य्यसाधकः, कार्य्यनिर्वाहकः, नियोगी *m.* (न्), नियुक्तः, अधिकारी *m.* (न्), आधिकारिकः, अधिकारवान् *m.* (त्), आयुक्तः, कार्य्यप्रवर्त्तकः.—(Of the king or of the government) मन्त्री *m.* (न्), अमात्यः, आमात्यः, सचिवः, राजमन्त्री *m.*, राजसचिवः, राजामात्यः, महामात्रः, प्रकृतिः *f.*, प्रकृतिपुरुषः, प्रधानः, धुर्वहः, राज्यधुर्वहः, धुरीयः धुर्य्यः, धुरीणः, धुरन्धरः, राज्यधुरन्धरः, राजकार्य्यभारी *m.* (न्), राजधर्म्मविद् *m.*, राजकर्म्मकरः, राजभृत्यः, मन्त्रकृत् *m.*, चारेक्षणः; 'prime minister,' प्रधानमन्त्री *m.*, मुख्यमन्त्री *m.*, महामन्त्री *m.*, प्रधानामात्यः, मुख्यामात्यः, पट्टाधिकारी *m.*; 'the minister of counsel,' धीसचिवः; 'the minister of action,' वर्म्मसचिवः; 'the minister of the king's amusements,' नर्म्मसचिवः.—(Of religion) उपाध्यायः, आचार्य्यः, पुरोहितः, धर्म्माध्यापकः.—(At a foreign court) राजदूतः, राजप्रतिनिधिः *m.*, राजप्रस्थापितः.

To minister, *v. a.* or *n.* (Supply necessary things) सोपकारद्रव्याणि परिक्लृप् (c. 10. -कल्पयति -यितुं) or उपक्लृप् or उपस्था in caus. (स्थापयति -यितुं) or उपपद् (c. 10. -पादयति -यितुं) or सम्भृ (c. 1. -भरति -भर्त्तुं) or पुरस्कृ or प्रस्तुतीकृ.—(Serve, attend on) उपचर् (c. 1. -चरति -रितुं), उपाचर्, परिचर्, उपास् (c. 2. -आस्ते -आसितुं), पर्युपास्, समुपास्, सेव् (c. 1. सेवते -ति -वितुं, c. 10. सेवयति -यितुं), उपसेव्, उपस्था (c. 1. -तिष्ठति -स्थातुं), श्रु in des. (शुश्रूषते -षितुं), परिविष् (c. 10. -वेषयति -यितुं), उपचारं कृ, उपासनां कृ.—(Sacerdotally) उपाध्यायधर्म्मं कृ, उपाध्यायवृत्तिम् अनुष्ठा.

Ministered, *p. p.* (Supplied) उपक्लृप्तः -प्ता -प्तं, उपस्थापितः -ता -तं.—(Served) उपासितः -ता -तं, कृतोपचारः -रा -रं.

Ministerial, *a.* (Attendant upon) उपकारकः -का -कं, उपकारी -रिणी -रि (न्), अनुवर्त्ती -र्त्तिनी etc., वशवर्त्ती

Ministerially 735 Minute

etc., वशानुगः -गा -गं, उपासकः -का -कं, उपचारपरः -रा -रं, उपचारकृत्, सेवकः -का -कं.—(Official executive pertaining to an agent) आधिकारिकः -की -कं, नियोगसम्बन्धी etc., कार्य्यसाधकः -का -कं, कार्य्यनिर्वाहकः -का -कं, कार्य्यप्रवर्त्तकः -का -कं, कार्य्यसाधनसम्बन्धी etc.—(Pertaining to a minister of state) मन्त्राधिकारसम्बन्धी etc., मन्त्रधर्म्मकः -का -कं, मन्त्रकर्म्मसम्बन्धी etc.—(Sacerdotal) उपाध्यायधर्म्मसम्बन्धी etc., उपाध्यायधर्म्मकः -का -कं.

Ministerially, ***adv.*** मन्त्राधिकारेण, अधिकारतस्, अमात्यवत्, मन्त्रिवत्.

Ministership, ***s. See*** **Ministry.**

Ministration, ***s.*** **(Service)** उपचारः, उपचारकरणं, उपासनं ना, पर्युपासनं, सेवा -वनं, उपसेवा -वनं, परिचर्य्या, उपकारः, शुश्रूषा.—**(Office of a minister)** मन्त्राधिकारः, मन्त्रकर्म्म ***n.*** (न्), मन्त्रकरणं. **(Sacerdotal)** उपाध्यायाधिकारः, उपाध्यायकर्म्म ***n.*** (न्), उपाध्यायवृत्तिः ***f.***

Ministry, ***s.*** **(Office of minister)** मन्त्रित्वं, साचिव्यं, मन्त्राधिकारः -रिता, अमात्यत्वं, अधिकारः -रिता -त्वं; **'office of a prime minister,'** मुख्यमन्त्रित्वं, प्रधानमन्त्रित्वं, पट्टाधिकारः.—**(Office of an agent)** नियोगिता -त्वं, नियोगः, नियोगिपदं, अधिकारः.—**(Agency, instrumentality)** कारणत्वं, कारकत्वं -ता, साधकत्वं, कर्त्तृत्वं -ता, कर्त्तृकत्वं, प्रयोजकत्वं.—**(Office of a minister of religion)** उपाध्यायत्वं, उपाध्यायपदं, पौरोहित्यं.—**(Body of ministers of state)** मन्त्रिसमाजः, मन्त्रिगणः, मन्त्रिसमूहः, मन्त्रिणः ***m. pl.,*** अमात्यगणः, सचिवसमाजः, अमात्याः ***m. pl.,*** राजधुर्वहाः ***m. pl.***—**(Service).** ***See*** **Ministration.**

Minimum, ***s.*** सिन्दूरं -रिका, नागजं, नागरक्त, रक्तचूर्णं, रक्तबालुकं. ***See*** **Lead.**

Minor, ***a.*** **(Less)** अवरः -रा -रं, अल्पतरः -रा -रं, अल्पीयान् -यसी -यः (स्), कनीयान् etc., लघीयान् etc., न्यूनः -ना -नं.—**(Secondary)** अप्रधानः -ना -नं, अमुख्यः -ख्या -ख्यं, गौणः -णी -णं; **'minor' in these senses is very commonly expressed by the preposition** उप; **as, 'a minor member of the body,'** उपाङ्गं, प्रत्यङ्गं; **'a minor veda,'** उपवेदः; **'minor science,'** उपविद्या; **'a minor offence,'** उपपातकं; **'minor offender,'** उपपातकी ***m.*** (न्); **'minor planet,'** उपग्रहः; **'minor deity,'** उपदेवता; **'minor duty,'** उपधर्म्मः; **'minor disease,'** क्षुद्ररोगः.—**(Inconsiderable)** लघुः -घुः -घु, स्वल्पः -ल्पा -ल्पं, क्षुद्रः -द्रा -द्रं.

Minor, ***s.*** **(Person under age)** अप्राप्तव्यवहारः, अप्राप्तव्यवहारकालः, अजातव्यवहारः, व्यवहारयोग्यः, बालः, शिशुः ***m.,*** अप्राप्तषोडशवर्षः, किशोरः, अज्ञातव्यवहारः, अप्राप्तकालः.—**(Premise, in logic)** उत्तरपक्षः, लघ्ववयवः.

Minority, ***s.*** **(State of being under age)** बाल्यं, बालदशा, बालावस्था, बालत्वं, बाल्यभावः, बाल्यकालः, शैशवं, शिशुभावः, शिशुकालः, अप्राप्तव्यवहारत्वं, अप्राप्तव्यवहारदशा.—**(Smaller number, lessness)** न्यूनपक्षः, अल्पपक्षः, अवरपक्षः, न्यूनता -त्वं, न्यूनभावः; **'in the minority,'** न्यूनपक्षपाती ***m.*** (न्), न्यूनपक्षग्राही ***m.*** (न्), न्यूनपक्षाश्रितः.

Minotaur, ***s.*** नरवृषभः, नरवृषः, नृवृषभः, कविकल्पितोऽर्द्धेन पुरुषोऽर्द्धेन वृषभो जन्तुविशेषः.

Minstrel, ***s.*** मागधः, मगधः, वैतालिकः, वादित्रगायकः, गीतवादनकुशलः, सङ्गीतविद्, सङ्गीतकुशलः, गाथकः, वन्दी ***m.*** (न्), मधुकः, भाण्डिकः; **'celestial,'** गन्धर्वः.

Minstrelsy, ***s.*** मागधवृत्तिः ***f.,*** गन्धर्ववृत्तिः ***f.,*** गीतवादनं, गीतवादनकर्म्म ***n.*** (न्), गान्धर्वं, सङ्गीतव्यापारः, सङ्गीतं, सङ्गीतिः ***f.***

Mint, ***s.*** **(Place where money is coined)** टङ्कशाला, टङ्ककशाला, मुद्राङ्किता, मुद्राङ्कनशाला, अवाकरः; **'master of it,'** टङ्कपतिः ***m.,*** टङ्ककपतिः, रुप्याध्यक्षः, नैष्किकः.—**(Plant)** पोदिना, पुदिना.

To **mint,** ***v. a.*** मुद्राङ्कनं कृ, मुद्रादि अङ्क् **(c. 10.** अङ्कयति -यितुं), मुद्रीकृ, मुद्र **(nom.** मुद्रयति -यितुं).

Mintage, ***s.*** मुद्राङ्कनं, अङ्कनं.—**(That which is coined)** मुद्रा, मुद्रितरूप्यं, मुद्राङ्कितरूप्यं.

Minter, ***s.*** मुद्राङ्ककः, टङ्काङ्कयिता ***m.*** (तृ), मुद्राकारः -रकः.

Mint-master, ***s.*** टङ्कपतिः ***m.,*** टङ्ककपतिः ***m.,*** रुप्याध्यक्षः, नैष्किकः.

Minuet, ***s.*** **(Kind of dance)** पदगतिः ***f.,*** मन्दनृत्यविशेषः.

Minus, ***s.*** **(Less)** न्यूनः -ना -नं, ऊनः -ना -नं; **'minus something,'** किञ्चिन्न्यूनः -ना -नं; **'minus a hand,'** हस्तन्यूनः -ना -नं.—**(In algebra)** ऋणं, क्षयः; **'a thousand minus one,'** एकहान्या सहस्रं.

Minute, ***a.*** **(Very small)** सूक्ष्मः -क्ष्मा -क्ष्मं, अतिसूक्ष्मः -क्ष्मा -क्ष्मं, अत्यल्पः -ल्पा -ल्पं, अल्पिष्ठः -ष्ठा -ष्ठं, अणुकः -का -कं, आणुकः -की -कं, कणीकः -का -कं, अणीयान् -यसी -यः (स्), अणुः -ण्वी -णु, अल्पकः -का -कं, क्षुद्रः -द्रा -द्रं, श्लक्ष्णः -क्ष्णा -क्ष्णं, अल्पाल्पः -ल्पा -ल्पं, क्षोदिष्ठः -ष्ठा -ष्ठं, तनुः -नुः -न्वी -नु, प्रतनुः -नुः -नु, क्षीणः -णा -णं, तनीयान् -यसी etc., तनिष्ठः -ष्ठा -ष्ठं, क्षौद्रक्य -की -क्यं, कृशः -शा -शं.—**(Attending to small things)** सूक्ष्मदृष्टिः ष्टिः -ष्टि, सूक्ष्मदर्शी -र्शिनी etc.; **'minute description,'** प्रत्यवयववर्णना.

Minute, ***s.*** **(Sixtieth part of an hour)** षष्टिप्राणपादाः ***m. pl.,***

क्षणपादः, क्षणचतुर्थांशः, सार्द्धद्विपलं; **'half a minute,'** त्रिंशयात्प्राणपादः. **According to the Hindu reckoning a** दण्डः **or hour contains 24 minutes, and a** पलं **is equal to the 60th part of a** दण्डः, **therefore 2½ palas are equal to a minute. A** क्षणः **is equal to 30** कला **or 4 minutes. When, however, the word minute is used generally for a small portion of time it may be expressed by** क्षणः, पलं, विपलं, त्रुटिः ***f.,*** निमिषः, निमेषः; **as, 'a minute's delay,'** क्षणक्षेपः; **'for a minute,'** क्षणं -णात् -णेन; **'in a minute,'** निमेषमात्रेण; **'a minute afterwards,** क्षणान्तरं -रे.—**(In geometry, the sixtieth part of a degree)** कला.—**(Note, memorandum)** स्मरणलेखः, स्मरणार्थलिखितं, लेखः, लिखितं, स्मरणचिह्नं.

To* minute, *v. a. स्मरणार्थं किञ्चिद् लिख् **(c. 6.** लिखति, लेखितुं), अभिलिख्.

Minutely, *adv.* सूक्ष्मं, सौक्ष्म्येण, ससौक्ष्म्यं, सूक्ष्मत्वेन, सूक्ष्मतया, अतिसूक्ष्मतया, लवशस्, कणशस्.

Minuteness, *s.* (Extreme smallness) अतिसूक्ष्मता, सूक्ष्मता -त्वं, सौक्ष्म्यं, अतिसौक्ष्म्यं, अत्यल्पता, अल्पिष्ठता, क्षुद्रता, क्षोदिता ***m.*** (न्), अणिमा ***m.*** (न्), तनुता, अतितनुता, अतितानवं, तनिष्ठता, क्षीणता.—**(Attention to small things)** सूक्ष्मदृष्टित्वं, सूक्ष्मदर्शनं, सूक्ष्मदर्शित्वं.

Minutle, *s. pl.* सूक्ष्मावयवाः ***m. pl.,*** सूक्ष्मांशाः ***m. pl.,*** सूक्ष्मविषयाः.

Minx, *s.* अविनीता, दुर्विनीता, घृष्टा, प्रगल्भा, बन्धकी, निर्लज्जा.

Miracle, *s.* आश्चर्य्यकर्म्म ***n.,*** (न्), अद्भुतकर्म्म ***n.,*** अतिमानुषकर्म्म ***n.,*** अमानुषकर्म्म, अमानुषीयकर्म्म ***n.,*** जनातिगकर्म्म ***n.,*** अद्भुतक्रिया, चमत्कारः, अद्भुतं, देवकर्म्म ***n.,*** दिव्यकर्म्म ***n.,*** निसर्गातिगकर्म्म ***n.,*** प्रकृत्यतीतकर्म्म ***n.,*** दिव्यशक्तिसाधितकर्म्म ***n.,*** विभूतिसाधितकर्म्म ***n.***

Miraculous, *a.* आश्चर्य्यः -र्या -र्य्यं, अद्भुतः -ता -तं, अतिमानुषः -षा -षं, जनातिगः -गा -गं, पुरुषातिगः -गा -गं, अतिमर्त्यः -र्त्या -र्त्यं, अपौरुषेयः -यी -यं, अमानुषशक्तिसाध्यः -ध्या -ध्यं, अपुरुषशक्तिसाधितः -ता -तं, दिव्यशक्तिसाधितः -ता -तं, विभूतिसाधितः -ता -तं, निसर्गातिगः -गा -गं, प्रकृत्यतिगः -गा -गं.—**(Having miraculous powers)** अद्भुतशक्तिमान् -मती -मत् (त्), अतिमानुषशक्तिकः -का -कं, अद्भुतकारी -रिणी -रि (न्), अमानुषकर्म्मकारी **etc.,** अलौकिकशक्तिः -क्तिः -क्ति.

Miraculously, *adv.* अतिमानुषशक्तिपूर्व्वं, आश्चर्य्यशक्त्या, अद्भुतशक्त्या, अमानुषशक्त्या, दिव्यशक्त्या, जनातिगशक्त्या, अलौकिकशक्त्या.

Mirage, *s.* मृगतृष्णा -ष्णिका, मृगतृषा, मृगतृट् ***f.*** (ष्), मृगजलं, मरीचिका.

Mire, *s.* पङ्कः, कर्दमः, जम्बालः -लं, जलकल्कः, कलुषं, मलं.

To* mire, *v. a. पङ्केन दुष् **(c. 10.** दूषयति -यितुं), पङ्कस्थं -स्था कृ.

Miriness, *s.* सपङ्कता, पङ्किलत्वं, सकर्दमता, कलुषत्वं, कालुष्यं.

Mirror, *s.* दर्पणः -णं, आदर्शः, मुकुरः मकुरः, मङ्कुरः, आत्मदर्शः, मण्डलकं, प्रतिविम्बातः, सम्मुखी ***m.*** (न्), दर्शनं, अदर्शः, कर्फरः; **'the surface of a mirror,'** आदर्शतलं; **'mirror-like,'** आदर्शतलोपमः -मा -मं.—**(Exemplar)** आदर्शः, प्रतिमा.

To* mirror, *v. a. दर्पणे विम्ब **(nom.** विम्बयति -यितुं), प्रतिविम्ब.

Mirrored, *p. p.* विम्बितः -ता -तं, प्रतिविम्बितः -ता -तं, दर्पणगतः -ता -तं.

Mirth, *s.* हास्यं, हासः, प्रहसनं, परिहासः, परीहासः, हासिका, उल्लासः, उल्लसता, मुद्रा, कौतुकं, हर्षः, प्रहर्षः, हास्यक्रीडा, हास्यविनोदः, मुदितं, प्रमोदः, मुद् ***f.,*** विश्रम्भणं.

Mirthful, *a.* हासी -सिनी -सि (न्), हास्यवृत्तिः -त्तिः -त्ति, हास्यमुखः -खी -खं, सुहसाननः -ना -नं, उल्लासी -सिनी **etc.,** उल्लसः -सा -सं, उल्लासितः -ता -तं, मुदान्वितः -ता -तं, प्रमोदी -दिनी **etc.,** मुदितः -ता -तं, हृष्टचित्तः -त्ता -त्तं, कौतुकी -किनी **etc.,** आनन्दी **etc.**

Mirthfully, *adv.* सहासं, सहास्यं, सहसितं, परिहासेन, उल्लासेन.

Miry, *a.* पङ्किलः -ला -लं, पङ्की -ङ्किनी -ङ्कि (न्), पङ्कमयः -यी -यं, पङ्कक्लिन्नः -न्ना -न्नं, सपङ्कः -ङ्का -ङ्कं, सकर्दमः -मा -मं, कार्दमः -मी -मं, कर्दमितः -ता -तं, सजम्बालः -ला -लं, कलुषः -षा -षं, पङ्कदूषितः -ता -तं; **'a miry road,'** पङ्कवर्त्म ***n.*** (न्).

Misacceptation, *s.* विपरीतग्रहणं, अन्यथाग्रहणं, विपरीतार्थग्रहणं.

Misadventure, *s.* अनिष्टापातः, अनिष्टं, विपद् ***f.,*** विपत्तिः ***f.,*** आपद् ***f.,*** दुर्गतिः.

Misadventured, *a.* दुर्गतः -ता -तं, दुर्भाग्यः -ग्या -ग्यं, दुर्दशाग्रस्तः **etc.**

Mis-advised, *a.* कुमन्त्रितः -ता -तं, कूपदिष्टः -ष्टा -ष्टं, कुपरामृष्टः -ष्टा -ष्टं.

Mis-affected, *a.* अहितः -ता -तं, विरक्तः -क्ता -क्तं, अननुरक्तः **etc.**

To* mis-alledge, *v. a. अन्यथा वद् **(c. 1.** वदति -दितुं), मिथ्या वद्.

Mis-allegation, *s.* अन्यथाकथनं, अन्यथावादः, मिथ्यावादः, मिथ्याकथनं.

Misanthrope, misanthropist, *s.* पुरुषद्वेषी ***m.*** (न्), पुरुषद्वेष्टा ***m.*** (ष्टृ), जनद्वेषी **etc.,** लोकद्वेषी, पुरुषशत्रुः ***m.,*** जनशत्रुः, जनवैरी ***m.,*** (न्), विश्वशत्रुः ***m.,*** विश्वद्रोही ***m.,*** (न्),

सर्व्वाभिसन्धकः, सर्व्वाभिसन्धी *m.* (न्).

Misanthropic, misanthropical, ***a.*** पुरुषद्वेषी -षिणी -षि (न्), जनद्वेषी **etc.,** सर्व्वद्वेषी **etc.,** विश्वद्वेषी **etc.,** जनवैरी -रिणी **etc.,** अपरिचयी -यिणी **etc.,** अपरिचयशीलः -ला -लं, अपरिचयेः -या -यं.

Misanthropy, ***s.*** पुरुषद्वेषः, जनद्वेषः, सर्व्वलोकद्वेषः, जनवैरिता, जनशत्रुता, सर्व्वलोकशत्रुता, लोकवैरक्त्यं, अपरिचयशीलता, जनद्रोहः, मनुष्यत्रासः, जनापकारबुद्धिः *f.*

Misapplication, ***s.*** कुप्रयोगः, असत्प्रयोगः, अन्यथाप्रयोगः.—**(Of money)** असद्व्ययः, कुव्ययः, अन्यथाव्ययः.

To* misapply,** ***v. a. कुप्रयोगं कृ, कुविनियोगं कृ, अन्यथा **or** मिथ्या प्रयुज् **(c. 7.** -युनक्ति -युंक्ते, **c. 10.** -योजयति -यितुं) **or** विनियुज्.

To* misapprehened,** ***v. a. अन्यथा ग्रह् **(c. 9.** गृह्णाति, ग्रहीतुं) **or** बुध् **(c. 1.** बोधति -धितुं) **or** अवगम् **(c. 1.** -गच्छति -गन्तुं), विपरीतार्थं ग्रह्, विपरीतम् उपलभ् **(c. 1.** -लभते -लब्धुं), विपरीतार्थग्रहणं कृ.

Misapprenhension, ***v. a.*** अन्यथाग्रहणं, विपरीतग्रहणं, अन्यथाबोधः, विपरीतबोधः, अन्यथार्थबोधः, अर्थविपर्यासकरणं, विपरीतार्थग्रहणं, विपरीतार्थबोधः, भ्रमः, मिथ्यामतिः *f.*

To* misbecome,** ***v. a. न युज् **in pass.** (युज्यते), न उपपद् **(c. 4.** -पद्यते).

Misbecoming, ***a.*** अयोग्यः -ग्या -ग्यं, अयुक्तः -क्ता -क्तं, अनुचितः -ता -तं.

Misbegot, misbegotten, ***a.*** विजातः -ता -तं, विजनितः **etc.,** कुजातः **etc.**

To* misbehave,** ***v. n. अयुक्तं **or** असम्यक् चर् **(c. 1.** चरति -रितुं) **or** आचर् **or** वृत् **(c. 1.** वर्त्तते -र्त्तितुं), दुराचारः -रा -रं भू, दुराचारं कृ, व्यभिचारं कृ, मर्य्यादातिक्रमं कृ, दुर्वृत्तः -त्ता -त्तं भू.

Misbehaved, ***a.*** दुर्विनीतः -ता -तं, अविनीतः -ता -तं, दुश्चरितः -ता -तं, दुश्चेष्टितः -ता -तं, दुर्वृत्तः -त्ता -त्तं, कुशीलः -ला -लं, समुद्धतः -ता -तं, ***See*** **Ill-bred.**

Misbehaviour, ***s.*** दुर्विनीतता, अविनयः, कुनीतिः *f.,* दुश्चेष्टितं, कुचेष्टितं, दुर्वृत्तिः *f.,* कुनीतिः *f.,* कुचरितं, कुचर्य्या, व्यभिचारः, दुराचारः, मर्य्यादातिक्रमः.

Misbelief, ***s.*** अन्यथाश्रद्धा, कुप्रत्ययः, कुश्रद्धा, मिथ्याविश्वासः.

To* miscalculate,** ***v. a. अन्यथा **or** मिथ्या **or** असम्यग् गण् **(c. 10.** गणयति -यितुं) **or** विगण् **or** संख्या **(c. 2.** -ख्याति -तुं), मिथ्यागणनां कृ.

Miscalculated, ***p. p.*** मिथ्यागणितः -ता -तं, अन्यथागणितः **etc.,** असम्यग्गणितः **etc.**

Miscalculation, ***s.*** मिथ्यागणना -नं, असम्यग्गणना, अन्यथागणना, दुर्गणना, कुगणना, कुपरिसंख्या.

To* miscall,** ***v. a. मिथ्याभिधानं कृ **or** दा, मिथ्या **or** अन्यथा आख्या **(c. 2.** -ख्याति -तुं) **or** अभिधा **(c. 3.** -दधाति -धातुं), मिथ्यानाम कृ.

Miscalled, ***p. p.*** मिथ्याभिहितः -ता -तं, मिथ्याख्यातः -ता -तं.

Miscarriage, ***s.*** **(Failure)** असिद्धिः *f.,* विपत्तिः *f.,* कार्य्यविपत्तिः *f.,* असम्पत्तिः *f.,* अनुपपत्तिः *f.,* अप्रतिपत्तिः *f.,* भङ्गः, अकरणिः *f.,* असद्गतिः *f.,* दुर्गतिः *f.,* वैफल्यं, असत्फलं, अशुभफलं, अशुभगतिः *f.*—**(Ill-Conduct)** कुनीतिः *f.,* अनीतिः *f.,* अविनयः, दुर्वृत्तिः *f.,* कुचर्य्या, दुरचारणं, कुचेष्टितं.—**(Bring forth before the time)** गर्भस्रावः, गर्भपातः, गर्भपतनं, गर्भस्रवः, गर्भप्रस्रवणं, गर्भच्युतिः *f.,* गर्भविस्रंसनं, गर्भस्यन्दनं, अप्राप्तकालगर्भनिःसरणं, पिण्डपतनं, स्रवः, स्रावः. **'When it takes place before the fourth month it is called** गर्भस्रावः, **after that** गर्भपातः; **'to cause miscarriage,'** गर्भं पत् **(c. 10.** पातयति -यितुं) **or** च्यु **(c. 10.** च्यावयति -यितुं) **or** स्रु **(c. 10.** स्रावयति -यितुं); **'causing it,'** गर्भपाती -तिनी **etc.,** गर्भपातकः -का -कं, गर्भस्रावी **etc.**

To* miscarry,** ***v. n. **(Not to succeed)** न सिध् **(c. 4.** सिध्यति, सेद्धुं), न सम्पद् **(c. 4.** -पद्यते -पत्तुं), न उपपद्, प्रतिहन् **in pass.** (हन्यते), विफलीभू, निष्फलीभू, वृथाभू, मोघीभू, भग्नः -ग्ना -ग्नं भू, सिद्धिं न प्राप् **(c. 5.** -आप्नोति -आप्तुं), असिद्धः -द्धा -द्धं, भू.—**(Bring forth before the time)** स्रवद्गर्भा भू, पतद्गर्भा भू, अप्राप्तकाले च्युतगर्भा **or** निःसृतगर्भा भू **or** गर्भच्युता भू.

Miscellaneous, ***a.*** नानाजातीयः -या -यं, अनेकजातीयः -या -यं, नानाप्रकारः -रा -रं, भिन्नजातीयः **etc.,** विजातीयः **etc.,** नानाविधः -धा -धं, अनेकविधः -धा -धं, प्रकीर्णः -र्णा -र्णं, सङ्कीर्णः -र्णा -र्णं, सान्निपातिकः -की -कं, नानाविषयकः -का -कं, विविधः -धा -धं, अवर्गीयः -या -यं, सम्पर्की -र्किणी -र्कि (न्), प्रकीर्णजातिः -तिः -ति.

Miscellaneously, ***adv.*** प्रकीर्णं, सङ्कीर्णं, नानाविधं, नानाप्रकारैः, सन्निपाततस्.

Miscellaneousness, ***s.*** प्रकीर्णता, सङ्कीर्णता, जातिप्रकीर्णता, नानाजातित्वं.

Miscellany, ***s.*** नानाद्रव्यसङ्ग्रहः, नानाविषयसङ्ग्रहः, नानावस्तुसमूहः, नानाद्रव्यसन्निपातः, सम्मिश्रद्रव्यसमूहः, प्रकीर्णद्रव्यसङ्ग्रहः, सङ्कीर्णवस्तुसमूहः, प्रकीर्णकं, सन्निपातः.—**(Book, pamphlet)** नानाविषयग्रन्थः, प्रकीर्णग्रन्थः, प्रकीर्णकं, प्रकीर्णं.

Mischance, ***s.*** विपद् *f.,* विपत्तिः *f.,* आपद् *f.,* दुर्दैवं, दुर्गतिः *f.,* अपायः.

Michief, ***s.*** **(Injury, harm)** हिंसा, अपकारः, अपकृतं, -तिः ***f.,*** अपक्रिया, अपायः, द्रोहः, अभिद्रोहः, घातः, अर्दना, दूषणं, अनिष्टं, अरिष्टं, खलता, खलीकारः.—**(Damage)** क्षतिः ***f.,*** क्षतं, परिक्षतिः ***f.,*** परिक्षतं, अपायः, नाशः, हानिः ***f.,*** अपकृतं, अपचयः, अपचितिः ***f.,*** ध्वंसः, बाधः, दुःखं, दोषः, व्यसनं, कष्टं; **'loving mischief,'** अपकारप्रियः -या -यं, कदनप्रियः -या -यं.

Mischief-maker, ***s.*** उपजापकः, कर्णेजपः, भेदकरः, भेदजनकः, सुहृद्भेदकरः, मित्रभेदकः, भेदकः, वैरकरः, कलिकारकः, पिशुनः, दुर्जनः, खलः.

Mischief-making, ***s.*** उपजापः, कर्णेजापः, सुहृद्भेदनं, मित्रभेदनं, वैरकरणं, पैशुन्यं, दौर्जन्यं, खलता, कलिकरणं.

Mischievous, ***a.*** **(Injurious)** हिंस्रः -स्रा -स्रं, हिंसकः -का -कं, हिंसात्मकः -का -कं, हिंसालुः -लुः -लु, अपकारी -रिणी -रि (न्), अपकारकः -का -कं, आपकरः -री -रं, हिंसाशीलः -ला -लं, परहिंसाशीलः -ला -लं, हिंसारतः -ता -तं, क्षतिकरः -रा -रं, अनिष्टकरः -री -रं, नृशंसः -सा -सं, नृशंसवृत्तः -त्ता -त्तं, द्रोही -हिणी **etc.,** घातुकः -का -कं उपघातकः -का -कं, बाधकः -का -कं, अहितकारी **etc.,** शार्वरः -री -रं, मीवरः -री -रं.—**(Inclined to do harm)** अपकारबुद्धिः -द्धिः -द्धि, क्षतिकरणशीलः -ला -लं, हिंसारुचिः -चिः -चि, बाधनशीलः **etc.,** अपायशीलः **etc.,** दूषणशीलः **etc.,** दुष्टबुद्धिः **etc.,** पापः -पा -पं.—**(Noxious)** शारुकः -का -कं, शरारुः -रुः -रु, दूषकः -का -कं, सबाधः -धा -धं, अहितः -ता -तं.—**(Full of mischievous pranks)** छान्दसः -सी -सं, कुचेष्टाप्रियः -या -यं, कुचेष्टितः -ता -तं, दुश्चेष्टितः -ता -तं, कितवः -वा -वं, व्यसनी -सिनी **etc.,** दुर्गुणी **etc.; 'mischievous tricks,'** कुचेष्टा, कुचेष्टितं, छन्दस् ***n.;*** **'michievous person,'** लोककण्टकः, पंक्तिदूषकः.

Mischievously, ***adv.*** हिंसया, सापकारं, अपकारेण, सापायं, क्षतिपूर्व्वं, सक्षतं, अपकारबुद्ध्या, अपकारशीलता, दुष्टबुद्ध्या, सबाधं.

Mischievousness, ***s.*** हिंस्रता, हिंसाशीलता, परिहिंसाशीलता, हिंसारुचिता, हिंसालुता, क्षतिकारिता, अपकारशीलता, अपकारः, अपकृतिः ***f.,*** अपकारिता, बाधकत्वं, द्रोहबुद्धित्वं, दूषकता, कैतवं, कैतवप्रयोगः.

Miscible, ***a.*** मिश्रणीयः -या -यं, मिश्रणयोग्यः -ग्या -ग्यं, मिश्रणार्हः -र्हा -र्हं, योजनीयः -या -यं, याव्यः -व्या -व्यं.

Miscomputation, ***s.*** मिथ्यागणना, असम्यग्गणनं, अन्यथागणनं, कुगणना.

To **misconceive,** ***v. a.*** **or** ***n.*** अन्यथा **or** मिथ्या बुध् **(c. 1.** बोधति -धितुं) **or** ग्रह् **(c. 9.** गृधिति, ग्रहीतुं) **or** उपलभ् **(c. 1.** -लभते -लब्धुं) **or** अवगम् **(c. 1.** -गच्छति -गन्तुं), अन्यथार्थं ग्रह्, विपरीतार्थं ग्रह्, विपरीतबोधनं कृ, विपरीतार्थग्रहणं कृ, अर्थविपर्य्यासं कृ.

Misconception, ***s.*** अन्यथाग्रहणं, मिथ्याग्रहणं, मिथ्यामतिः ***f.,*** मिथ्याबुद्धिः ***f.,*** विपरीतग्रहः -हणं, अन्यथाबोधः, अन्यथार्थबोधः, विपरीतबोधः, विपरीतार्थबोधः, विपरीतार्थग्रहणं, भ्रमः, भ्रान्तिः ***f.,*** अर्थविपर्य्यासः.

Misconduct, ***s.*** **(Ill-behaviour)** दुश्चरितं, दुश्चेष्टितं, कुचेष्टितं, कुचरितं, अविनयः, अविनीतता, कुचर्य्या, कुचरितं, कुचेष्टितं, दुर्णीतं, दुर्णीतः ***f.,*** दुर्णयः, दुराचारः, दुराचारणं, असदाचारः, असदाचरणं, कदाचारः, कुव्यवहार, असद्व्यवहारः, कुकर्म्म ***n.*** (न्), कुकृत्यं, व्यभिचारः, अन्यथाचारः, अन्यथाचरणं, अपचारः, कुशीलता, अमर्य्यादा, मर्य्यादातिक्रमः.—**(Ill-management)** दुर्णयः -यनं, दुर्निवाहः, असन्निवाहः.

To **misconduct,** ***v. a.*** **(Conduct badly)** अन्यथा **or** अयुक्तं **or** दुष्टु **or** असम्यग् निर्वह् **(c. 10.** -वाहयति -यितुं) **or** प्रणी **(c. 1.** -णयति -णेतुं) **or** सम्प्रणी **or** प्रवृत् **(c. 10.** -वर्त्तयति -यितुं), दुर्निर्वाहं कृ, असन्निर्वाहं कृ, दुर्णयनं कृ. —**(Misconduct one's self)** अयुक्तं **or** असम्यक् चर् **(c. 1.** चरति -रितुं) **or** आचर् **or** वृत् **(c. 1.** वर्त्तते -र्त्तितुं), व्यभिचारं कृ, मर्य्यादातिक्रमं कृ.

Misconducted, ***a.*** दुर्विनीतः -ता -तं, दुश्चरितः -ता -तं. ***See*** **Misbehaved.**

Misconjecture, ***s.*** मिथ्यानुमानं, अन्यथानुमानं, मिथ्यावितर्कः.

To **misconjecture,** ***v. n.*** मिथ्या **or** अन्यथा अनुमा **(c. 2.** -माति -तुं) **or** तर्क् **(c. 10.** तर्कयति -यितुं), **or** वितर्क्, मिथ्यानुमानं कृ.

Misconstruction, ***s.*** अन्यथाग्रहणं, मिथ्याग्रहणं, विपरीतबोधनं, मिथ्याबोधनं, अयथार्थबोधनं, अन्यथाबोधनं, विपरीतग्रहणं, विपरीतार्थबोध, अन्यथार्थबोधः, विपरीतार्थकरणं, अन्यथार्थकरणं, मिथ्यार्थव्याख्या.

To **misconstrue,** ***v. a.*** अन्यथा **or** मिथ्या अर्थं बुध् **(c. 1.** बोधति -धितुं) **or** ग्रह् **(c. 9.** गृह्णाति, ग्रहीतुं) **or** उपलभ् **(c. 1.** -लभते -लब्धुं), मिथ्या अर्थं व्याख्या **(c. 2.** -ख्याति -तुं), विपरीतार्थं ग्रह्, विपरीतबोधनं कृ, विपरीतार्थग्रहणं कृ.

Miscreant, ***a.*** **(Infidel)** नास्तिकः.—**(Vile wretch)** पापीयान् ***m.*** (स्), पापिष्ठः, पापः, दुर्जनः, दुरात्मा ***m.*** (न्), दुर्वृत्तः, जाल्मः, खलः, नराधमः; **'daring miscreant,'** साहसिकः.

Misdeed, ***s.*** कुकर्म्म ***n.*** (न्), दुष्कृतं, दुष्कर्म्म ***n.,*** अपकर्म्म ***n.,*** दुष्कृतिः ***f.,*** कुकृत्यं, अकर्म्म ***n.,*** कुक्रिया, पापकर्म्म ***n.,*** दुश्चरितं, कुचरितं, कुचेष्टितं, अपचारः.

To **misdemean,** ***See To*** **misconduct, misbehave.**

Misdemeanor, ***s.*** ***See*** **Misconduct. (Minor offence)** उपपातकं.

To **misdirect,** ***v. a.*** **(Put in the wrong road)** विमार्गं **or** विपरीतमार्गं दृश् **(c. 10.** दर्शयति -यितुं), विपथं प्रदृश्, अन्यथा मार्गं दृश् **or** उद्दिश् **(c. 6.** -दिशति -देष्टुं), विपरीतपथं, प्रदिश्, विमार्गप्रदर्शनं कृ. — **(A letter)** अन्यथा पत्रसंज्ञां लिख् **(c. 6.** लिखति, लेखितुं) **or** कृ.

Misdirection, ***s.*** विमार्गप्रदर्शनं, विपरीतमार्गदर्शनं, मिथ्योद्देशः.

Misdoer, ***s.*** कुकर्म्मकारी ***m.*** (न्), कुकर्म्मा ***m.*** (न्), पापकारी ***m.*** (न्), पापकर्त्ता ***m.*** (र्त्तृ), पापकरः, पापकृत् ***m.,*** पापकर्म्मा ***m.,*** असत्कर्म्मा ***m.,*** अन्यायकारी ***m.,*** अन्यथाचारी ***m.,*** मन्दचरित्रः.

Misdoing, ***s.*** दुष्कृतं, कुकर्म्म ***n.*** (न्), पापं, अपराधः. ***See*** **Misdeed.**

To **misemploy,** ***v. a.*** कुप्रयोगं कृ, कुविनियोगं कृ, असत्प्रयोगं कृ, अन्यथा **or** असम्यक् प्रयुज् **(c. 7.** -युनक्ति: -योक्तुं, **c. 10.** -योजयति -यितुं) **or** विनियुज्.

Misemployed, ***p. p.*** कुप्रयुक्तः -क्ता -क्तं, कुविनियुक्त **etc.,** असम्यक्प्रयुक्त **etc.**

Misemployment, ***s.*** कुप्रयोगः, कुविनियोगः, असत्प्रयोगः, असम्यक्प्रयोगः, अन्यथाप्रयोगः, असदुपयोगः, कुव्यापारः, कुव्ययः, असद्व्ययः.

Miser, ***s.*** कृपणः, दृढमुष्टिः ***m.,*** गाढमुष्टिः, दानशत्रुः ***m.*** , दानविमुखः, दानपराङ्मुखः, अदानशीलः, अत्यागशीलः, स्वल्पव्ययी ***m.,*** (न्), स्वल्पदाता ***m.,*** (तृ), अदाता ***m.,*** मितम्पचः, किम्पचः, कदर्य्यः, मत्सरी ***m.,*** (न्), व्ययशङ्कितः, व्ययपराङ्मुखः, अर्थपरः, धनलाभपरः.

Miserable, ***a.*** **(Very unhappy)** अतिदुःखी -खिनी -खि (न्), गाढदुःखान्वितः -ता -तं, अतिदुःखितः -ता -तं, अतिक्लेशी -शिनी **etc.,** अतिक्लेशितः **etc.,** अतिदुःखार्त्तः -र्त्ता -र्त्तं, अतिशोकार्त्तः -र्त्ता -र्त्तं, निरानन्दः -न्दा -न्दं, अतिदीनः -ना -नं, अतिवृर्त्तः -त्ता -त्तं, अनिर्वेशः -शा -शं; **'making one's self miserable,'** आत्मद्रोही **etc.** — **(Very poor or mean)** अतिकृपणः -णा -णं, कृपणः -णा -णं, कुत्सितः -ता -तं, तुच्छः -च्छा -च्छं, गर्ह्यः, -र्ह्या -र्ह्यं, गर्हितः -ता -तं. — **(Unfortunate)** आपद्ग्रस्तः -स्ता -स्तं, विपद्ग्रस्तः **etc.,** विपन्नः -न्ना -न्नं, आपन्नः -न्ना -न्नं, दुःखपात्रः **etc.,** दुर्दशाग्रस्तः **etc.,** मन्दभाग्यः -ग्या -ग्यं, दुर्भाग्यः **etc.,** दैवोपहतः -ता -तं, आपत्प्राप्तः -प्ता -प्तं; **'miserable wretch,'** तपस्वी ***m.*** (न्).

Miserableness, ***s.*** अतिदुःखिता, अतिदीनता, कृपणता, अतिकार्पण्यं.

Miserably, ***adv.*** कृपणं, अतिकृपणं, अतिकार्पण्येन, अतिदुःखितवत्.

Miserly, ***a.*** कृपणः -णा -णं, कदर्य्यः -र्य्या -र्य्यं, दानविमुखः -खा -खं, दानपराङ्मुखः **etc.,** दृढमुष्टिः -ष्टिः -ष्टि, गाढमुष्टिः -ष्टिः -ष्टि, अदानशीलः -ला -लं, स्वल्पव्ययी -यिनी -यि (न्), व्ययपराङ्मुखः -खा -खं, व्ययशङ्कितः -ता -तं, मितम्पचः -चा -चं, किम्पचः -चा -चं, किम्पचानः -ना -नं, अत्यागशीलः -ला -लं, अदाता -त्री -तृ (तृ), अनुदारः -रा -रं, मत्सरी -रिणी **etc.,** अर्थपरः -रा -रं, धनलाभपरः: -रा -रं, क्षुद्रः -द्रा -द्रं, कीकटः -टी -टं.

Misery, ***s.*** **(Great unhappiness, distress)** अतिदुःखं, अतिशयदुःखं, दुः,खं, क्लेशः, अतिक्लेशः, अतिशयक्लेशः, दुःखावस्था, दुःखदुःखं, गाढदुःखं, शोकः, गाढशोकः, दैन्यं, दीनता, अतिदीनता, विडम्बनं -ना, अनिर्वृतिः ***f.*** — **(Extreme pain)** अतिबाधा, अतिव्यथा, अतिशयतापः, परितापः, सन्तापः, अतिकृच्छ्रं, अतिवेदना. — **(Calamity)** दुःखं, व्यसनं, विपत्तिः ***f.,*** आपद् ***f.,*** विपद् ***f.,*** दुर्गतिः ***f.,*** दुर्दशा, दौर्गत्यं, दुरवस्था, अपायः, अनिष्टं, अरिष्टं, निर्ऋतिः ***f.,*** व्यतिकरः.

Misfortune, ***s.*** **(Ill-fortune)** दुर्दैवं, दुर्भाग्यं, दौर्भाग्यं, कुभाग्यं, दुर्गतिः ***f.,*** दौर्गत्यं, अशुभं, अकुशलं, अभद्रं, अमङ्गलं, दुरदृष्टं, दुर्जातं, अश्लीकं, अनयः, अनर्थः, आलक्षण्यं, निर्ऋतिः ***f.*** — **(Calamity, disaster)** आपद् ***f.,*** विपद्, विपत्तिः ***f.,*** व्यापद् ***f.,*** व्यसनं, अनिष्टं, अनिष्टपातः, अनिष्टापातः, अपायः, दुर्घटना, उत्पातः, अनयः, दुःखं, कष्टं, दुर्दशा, दुरवस्था. — **(Misfortune personified)** अलक्ष्मीः ***f.,*** अवलक्ष्मीः ***f.,*** महामाया; **'fallen into misfortune,'** आपदङ्गतः -ता -तं, विपदङ्गतः -ता -तं, आपत्प्राप्तः -प्ता -प्तं, आपद्ग्रस्तः -स्ता -स्तं, अनयङ्गतः -ता -तं.

To **misgive,** ***v. a.*** **(Used in English with heart and the reciprocal pronoun, and expressed in Sanskrit by)** शङ्क् **(c. 1.** शङ्कते -ङ्कितुं), आशङ्क्, विशङ्क्, उद्विज् **(c. 6.** -विजते -जितुं), वेप् **(c. 1.** वेपते -पितुं), प्रवेप्, न विश्वस् **(c. 2.** -श्वसिति -तुं), न प्रती **(c. 2.** प्रत्येति -तुं **rt.** इ), सन्देहं कृ, संशयं कृ, विक्लृप् **(c. 1.** -कल्पते -ल्पितुं, **c. 10.** -कल्पयति -यितुं); **'my heart misgives me,'** वेपते मे हृदयं, उद्विजते मे हृदयं.

Misgiving, ***s.*** शङ्का, आशङ्का, सन्देहः, संशयः, विकल्पः, विकल्पितं, अविश्वासः, अप्रत्ययः, अप्रतीतिः ***f.;*** **'having misgivings,'** साशङ्कः -ङ्का -ङ्कं, आशङ्कान्वितः -ता -तं, शङ्काशीलः -ला -लं.

Misgotten, ***a.*** अन्यायोपार्जितः -ता -तं, अन्यायार्जितः **etc.,** दृजिनार्जितः **etc.**

To **misgovern,** ***v. a.*** असम्यक् पाल् **(c. 10.** पालयति -यितुं) **or** शास् **(c. 2.** शास्ति -सितुं), असम्यक्पालनं कृ, कुशासनं कृ, असम्यक्शासनं कृ, असत्पालनं कृ.

Misgoverned, ***p. p.*** असम्यक्पालितः -ता -तं, कुशासितः -ता -तं,

Misgovernment, misgovernance, ***s.*** असम्यक्पालनं, असम्यक्शासनं, कुशासनं, कुशास्तिः ***f.,*** असत्पालनं, अन्यथाशासनं.

To **misguide,** ***v. a.*** विमार्गेण **or** उन्मार्गेण **or** कुमार्गेण **or** नी **(c. 1.** नयति, नेतुं), विमार्गं दृश् **(c. 10.** दर्शयति -यितुं) **or** उद्दिश् **(c. 6.** -दिशति -देष्टुं), अन्यथा नी.

Misguided, ***a.*** असम्यगुपदिष्टः -ष्टा -ष्टं, कुमन्त्रितः -ता -तं, कुशिक्षितः -ता -तं, दुर्विनीतः **etc.,** सत्पथभ्रष्टः -ष्टा -ष्टं, सन्मार्गभ्रष्टः **c.,** मार्गप्रभ्रष्टः **etc.,**

Mishap, ***s.*** विपद् ***f.,*** आपद् ***f.,*** विपत्तिः ***f.,*** दुर्गतिः ***f.,*** दौर्गत्यं, अनिष्टपातः, अनिष्टापातः, दुर्घटना, व्यसनं, दुर्जातं. ***See*** **Misfortune.**

To **misinfer,** ***v. a.*** मिथ्या **or** अन्यथा अनुमा **(c. 2.** -माति -तुं), मिथ्यानुमानं कृ.

To **misinform,** ***v. a.*** अयथार्थं **or** अन्यथा **in caus.** (ज्ञापयति, ज्ञपयति -यितुं), मिथ्या **or** मृषा बुध् **(c. 10.** बोधयति -यितुं), असम्यग् अर्थं ख्या **(c. 2.** ख्याति -तुं) **or** आख्या.

Misinformed, ***p. p.*** मिथ्याज्ञप्तः -प्ता -प्तं, मिथ्याबोधितः **etc.,** अयथार्थज्ञप्तः **etc.**

To **misinterpret,** ***v. a.*** अपथार्थं **or** अन्यथा व्याख्या **(c. 2.** -ख्याति -तुं), अन्यथार्थं व्याख्या.—**(Understand in a wrong sense)** अन्यथा **or** मिथ्या अर्थं बुध् **(c. 1.** बोधति -धितुं) **or** ग्रह् **(c. 9.** गृह्णाति, ग्रहीतुं), विपरीतार्थं ग्रह्, विपरीतार्थबोधनं कृ.

Misinterpretation, ***s.*** अयथार्थव्याख्यानं, अन्यथार्थव्याख्यानं, अयथार्थबोधः, मिथ्याबोधनं, विपरीतबोधनं, अन्यथाग्रहणं.

Misinterpreted, ***p. p.*** अन्यथाव्याख्यात -ता -तं, अन्यथाबोधितः -ता -तं.

To **misjudge,** ***v. a.*** अन्यथा **or** मिथ्या विचर् **(c. 10.** -चारयति -यितुं) **or** विभावनं कृ.

Misjudgement, ***s.*** मिथ्याविचारः, अन्यथाविचारः, कुविवेचना, कुनिष्पत्तिः ***f.***

Mislaid, ***p. p.*** स्थानभ्रष्टः -ष्टा -ष्टं, स्थानप्रभ्रष्टः -ष्टा -ष्टं, अस्थानवर्त्ती -र्त्तिनी -र्त्ति (न्), अस्थानः -ना -नं, नष्टः -ष्टा -ष्टं; **'a thing mislaid,'** झः, झञ्झा.

To **mislay,** ***v. a.*** अस्थानीकृ, विस्थानीकृ, अपस्थानीकृ, अस्थाने कृ **or** धा **(c. 3.** दधाति, धातुं), अस्थाने धृ **(c. 1.** धरति, धर्त्तुं), नश् **(c. 10.** नाशयति -यितुं).

To **mislead,** ***v. a.*** विमार्गेण **or** उन्मार्गेण नी **(c. 1.** नयति, नेतुं), विमार्गं **or** विपथं दृश् **(c. 10.** दर्शयति -यितुं) **or** उद्दिश् **(c. 6.** दिशति -देष्टुं) **or** प्रदिश्, अन्यथा **or** अयथार्थम् उपदिश् **or** निर्दिश् **or** आदिश् **or** शिक्ष् **(c. 10.** शिक्षयति -यितुं), कुशिक्षां कृ, कुनिर्देशं कृ, भ्रम् **(c. 10.** भ्रमयति -यितुं), भ्रान्तिं जन् **(c. 10.** जनयति -यितुं), विमार्गनयनं कृ, विमार्गप्रदर्शनं कृ.

Misled, ***p. p.*** भ्रान्तः -न्ता -न्तं, विमार्गगामी -मिनी -मि (न्), उन्मार्गगामी **etc.,** सत्पथभ्रष्टः -ष्टा -ष्टं, सन्मार्गभ्रष्टः **etc.,** उत्पथगामी **etc.,** कुमार्गप्रवृत्तः -त्ता -त्तं, कुशिक्षितः -ता -तं, दुर्विनीतः -ता -तं.

To **mislike,** ***v. a. See To*** **dislike.**

To **mismance,** ***v. a.*** अन्यथा **or** अयुक्तं **or** असम्यग् निर्वह् **(c. 10.** -वाहयति -यितुं) **or** प्रणी **(c. 1.** -णयति -णेतुं) **or** सम्प्रणी **or** प्रवृत् **(c. 10.** -वर्त्तयति -यितुं), दुर्निर्वाहं कृ, असंन्निर्वाहं कृ, दुर्णयनं कृ, दुर्णीतिं कृ, असन्नयनं कृ, दुराचरणं कृ.

Mismanaged, ***p. p.*** दुर्णीतः -ता -तं, असम्यङ्नीतः -ता -तं, दुर्निर्वाहितः -ता -तं, कुनिर्वाहितः -ता -तं, कुप्रणीतः -ता -तं, कुप्रवर्त्तितः -ता -तं, दुर्घटितः -ता -तं, दुराचरितः -ता -तं.

Mismanagement, ***s.*** दुर्णयः -यनं, दुर्णीतिः ***f.,*** कुनीतिः ***f.,*** कुनयनं, कुनिर्वाहः, दुर्निर्वाहः, दुर्निर्वहणं, दुर्णीतं, असन्निर्वाहः, कुप्रणयनं, कुप्रवर्त्तनं, दुराचरणं, अन्यथाचरणं, दुर्वृत्त्वं, असत्क्रिया.

To **misname,** ***v. a.*** मिथ्यानाम कृ **or** दा, अन्यथानाम कृ. ***See*** **Miscall.**

Misnomer, ***s.*** मिथ्यानाम ***n.*** (न्), मिथ्याभिधानं, अन्यथानाम ***n.,*** अयोग्यनाम ***n.,*** असङ्गतनाम ***n.,*** अनुपयुक्तनाम ***n.,*** अनुपयुक्तसंज्ञा.

Misogamist, ***s.*** विवाहद्वेषी ***m.*** -षिणी ***f.,*** उद्वाहद्वेषी **etc.,** विवाहनिन्दकः.

Misogamy, ***s.*** विवाहद्वेषः, उद्वाहद्वेषः, विवाहनिन्दा, उद्वाहशत्रुता.

Misogynist, ***s.*** स्त्रीद्वेषीः ***m.*** (न्), स्त्रीद्वेष्टा ***m.*** (ष्टृ), स्त्रीनिन्दकः.

Misogyny, ***s.*** स्त्रीद्वेषः, स्त्रीनिन्दा, स्त्रीवैरं, स्त्रीशत्रुता.

To **misplace,** ***v. a.*** अस्थानीकृ, विस्थानीकृ, अस्थाने कृ **or** धा **(c. 3.** दधाति, धातुं) **or** विधा, अनुपयुक्तपदे स्था **in caus.** (स्थापयति -यितुं), अन्यथा स्था, असम्यक् स्था **or** निधा **(c. 3.** -दधाति -धातुं) **or** प्रयुज् **(c. 7.** -युनक्ति -योक्तुं, **c. 10.** -योजयति -यितुं).

Misplaced, ***p. p.*** अस्थानः -ना -नं, अस्थानीकृतः -ता -तं, अस्थाने निहितः -ता -तं, विहितः -ता -तं, अनुपयुक्तपदे स्थापितः -ता -तं.

Misprint, ***s.*** अशुद्धं, अशुद्धिः ***f.,*** अशोधनं, अशुद्धमुद्रा, पुस्तकमुद्राङ्कने दोषः, मुद्राङ्कनदोषः.

To **misprint,** ***v. a.*** अशुद्धमुद्रां कृ, अशुद्धमुद्राङ्कनं कृ, मुद्राङ्कनदोषं कृ, अशुद्धमुद्रया अङ्क् **(c. 10.** अङ्कयति -यितुं), अशुद्धमुद्रीकृ.

Misprinted, ***p. p.*** अशुद्धमुद्राङ्कितः.—**(Of treason)** राजाभिद्रोहगोपनं.

To **mispronounce,** ***v. a.*** अशुद्धोच्चारणं कृ, अशुद्धम् उच्चर् **(c. 10.** -चारयति -यितुं).

Mispronunciation, ***s.*** अशुद्धोच्चारणं, असदुच्चारणं, अन्यथोच्चारणं.

Misproportioned, ***a.*** विषमप्रमाणः -णा -णं, असमप्रमाणकः -का -कं.

Misquotation, *s.* मिथ्यावतरणं, अन्यथावतरणं, अयथार्थोद्धारः.

***To* misquote,** *v. a.* अन्यथा or अयथार्थम् अवतॄ (c. 10. -तारयति -यितुं), अयथार्थता वाक्यम् उद्धृ (c. 1. -हरति -हर्त्तुं), अयथार्थवाक्यम् उपन्यस् (c. 4. -अस्यति -असितुं).

Misreport, *s.* मिथ्याकथनं, मिथ्यानिवेदनं, अन्यथानिवेदनं, अयथार्थख्यानं, मिथ्याख्यापनं, मृषाकथा.

***To* misreport,** *v. a.* मिथ्या or अन्यथा कथ् (c. 10. कथयति -यितुं) or निविद् (c. 10. -वेदयति -यितुं), अयथार्थम् आख्या (c. 2. -ख्याति -तुं, caus. ख्यापयति -यितुं).

***To* misrepresent,** *v. a.* मिथ्या or अन्यथा or मृषा कथ् (c. 10. कथयति -यितुं) or आविद् (c. 10. -वेदयति -यितुं) or निविद्, अयथार्थतः ख्या (c. 2. -ख्याति -तुं, caus. ख्यापयति -यितुं), असम्यक्, ख्या, असत्यं वर्ण् (c. 10. वर्णयति -यितुं) or विवृ (c. 5. -वृणोति -वरितुं -रीतुं), अर्थं साचीकृ or वक्रीकृ.

Misrepresentation, *s.* मिथ्याकथनं, अन्यथाकथनं, अन्यथाख्यापनं, अन्यथानिवेदनं, मिथ्यानिवेदनं, अयथार्थख्यापनं, मिथ्यावादः, मृषावादः, अन्यथाविवरणं, मिथ्यावर्णनं, असत्यवर्णना, साचीकरणं, साचीकृतं, अर्थवक्रीकरणं.

Misrule, *s.* असम्यक्पालनं, असम्यक्शासनं, कुशासनं, कुशास्तिः *f.*, असत्पालनं, दुःशासनं, दुर्णीतिः *f.*

***To* miss,** *v. a.* **(Fail of reaching, not to hit)** लक्ष्यम् अभिसन्धाय अपराध् (c. 4. -राध्यति, c. 5. -राध्नोति -राद्धुं) or अपराधं कृ or भ्रान्तिं कृ, भ्रमं कृ; **'one who misses the mark in archery,'** अपराद्धपृषत्कः, लक्ष्यच्युतसायकः. —**(Fail of finding, miss the way)** भ्रम् (c. 4. भ्राम्यति, भ्रमितुं), मार्गात् or पथात् प्रभ्रंश् (c. 4. -भ्रश्यति -भ्रंशितुं) or भ्रंश्, मार्गाद् विचल् (c. 1. -चलति -लितुं), मार्गभ्रंशं कृ. —**(Fail of obtaining)** न प्राप् (c. 5. -आप्नोति -आप्तुं), न लभ् (c. 1. लभते, लब्धुं), न आसद् (c. 10. -सादयति -यितुं), अपराध्. —**(Discover to be wanting or lost)** नष्टं or स्थानभ्रष्टं किञ्चिद् ज्ञा (c. 9. जानाति ज्ञातुं), नष्टं मन् (c. 4. मन्यते, मन्तुं), नाशं or अभावं or अदर्शनं ज्ञा. —**(Feel the want of, regret the absence of)** उत्कण्ठ् (c. 1. -कण्ठते -ण्ठितुं), उत्सुक (nom. उत्सुकायते), उन्मनस् (nom. उन्मनायते), उत्कण्ठां कृ, उत्कलिकां कृ. —**(Omit)** हा (c. 3. जहाति, हातुं), अपाहा, अपहा, विहा, त्यज् (c. 1. त्यजति, त्यक्तुं), अपास् (c. 4. -अस्यति -असितुं), विसृज् (c. 6. -सृजति -स्रष्टुं), वृज् (c. 10. वर्जयति -यितुं), परिवृज्. —**(Lose)** हा **in pass.** (हीयते) **with instr. or abl. c.**, भ्रंश् **with abl. c.** *See To* **lose.**

***To* miss,** *v. n.* अपराध् (c. 4. -राध्यति -ते -राद्धुं), भ्रम् (c. 4. भ्राम्यति, भ्रमितुं), अपराद्धः -द्धा -द्धं भू, अपराधं कृ, भ्रमं कृ. —**(Not to succeed, miscarry)** न सिध् (c. 4. सिध्यति, सेद्धुं), न सम्पद् (c. 4. -पद्यते -पत्तुं), सिद्धिं न प्राप् (c. 5. -आप्नोति -आप्तुं) or गम् (c. 1. गच्छति, गन्तुं), असिद्धः -द्धा -द्धं भू.

Miss, *s.* **(Error)** भ्रमः, भ्रान्तिः *f.*, अपराधः, भ्रंशः, दोषः, भ्रेषः, उत्क्रमः; **'a miss is as good as a mile,'** अन्तरं महदन्तरं. —**(Loss, want)** नाशः, हानिः *f.*, अभावः, असम्भवः, अविषयः, अदर्शनं, विरहः. —**(Young girl)** कुलकन्याः, कुलीनकन्या, कुलकुमारी.

Missed, *p. p.* अपराद्धः -द्धा -द्धं, कृतापराधः -धा -धं, भ्रान्तः -न्ता -न्तं.

***To* mis-send,** *v. a.* अन्यथा or वृथा प्रेर् (c. 10. प्रेरयति -यितुं) or प्रेष् (c. 10. प्रेषयति -यितुं).

Mis-shaped, mis-shapen, *a.* विरूपः -पा -पी -पं, अपरूपः etc., कुरूपः etc., विकृताकारः -रा -रं, विकृताङ्गः -ङ्गी -ङ्गं, विकृताकृतिः -तिः -ति, व्यङ्गः -ङ्गी -ङ्गं, व्याकारः etc.

Missile, *a.* क्षेपणीयः -या -यं, हस्तक्षेपणीयः etc., हस्तक्षेप्यः -प्या -प्यं, पाणिमोचनीयः -या -यं, क्षिपण्युः -ण्युः -ण्यु, दूरात् क्षेपणीयः etc., दूरवेधी -धिनी -धि (न्).

Missile, *s.* **(Weapon)** अस्त्रं, क्षिपणिः *m.*, करमुक्तं, पाणिमुक्तं, मुक्तकं, क्षेप्यायुधं. —**(Circular one)** चक्रं.

Missing, *part.* or *a.* **(Regretting the absence of)** उत्कण्ठितः -ता -तं, उत्सुकः -का -कं, उन्मनाः -नाः -नः (स्), उत्कलितः -ता -तं. —**(Lost, stray, absent from its place)** नष्टः -ष्टा -ष्टं, भ्रष्टः -ष्टा -ष्टं, स्थानभ्रष्टः etc., प्रभ्रष्टः etc., स्थानप्रभ्रष्टः etc., स्थानच्युतः -ता -तं, प्रच्युतः etc., तिरोहितः -ता -तं, अदृष्टः -ष्टा -ष्टं.

Mission, *s.* **(Sending, commission)** प्रेरणं, प्रेषणं, नियोजनं, प्रयोजनं, **'sending on a message,'** प्रतिशासनं. —**(Body of persons sent)** प्रेरितसमूहः, प्रेरितजनसमूहः, प्रेरितगणः, नियुक्तजनसमूहः; **'for religious purposes,'** धर्म्मप्रचारणार्थं प्रेरितजनाः *m. pl.* —**(State of being sent)** प्रेरितत्वं, प्रेषितत्वं, दूतत्वं, दौत्यं.

Missionary, *s.* धर्म्मसन्देशहरः, धर्म्मसंवादकथकः, धर्म्मप्रचारणार्थं प्रेरितः, ख्रीष्टधर्म्मघोषणार्थं प्रेरितः.

Missive, *a.* **(Sent)** प्रेरितः -ता -तं, प्रेषितः -ता -तं. —**(Thrown)** क्षिप्तः -प्ता -प्तं, अस्तः -स्ता -स्तं, मुक्तः -क्ता -क्तं; **'weapon,'** क्षिपणिः *m.*, पाणिमुक्तं. —**(Messenger)** सन्देशहरः, वार्त्ताहरः, सञ्चारकः. —**(Message)** सन्देशः, दूत्यं, दौत्यं.

***To* mis-speak,** *v. a.* or *n.* मिथ्या or अन्यथा वद् (c. 1. वदति -दितुं) अयथार्थं वद्.

To mis-spell, ***v. a.*** अक्षरव्यत्ययं कृ, अक्षरव्यत्यासं कृ, अक्षरविपर्य्यासं कृ.

Mis-spelling, ***s.*** अक्षरव्यत्ययः, अक्षरव्यत्यासः, अक्षरविपर्य्यासः, अवाक्षरं.

To mis-spend, ***v. a.*** अपात्रे **or** अस्थाने व्यय् **(c. 1.** व्ययति, **c. 10.** व्यययति -यितुं, **rt.** इ) **or** व्ययं कृ **or** विनियुज् **(c. 7.** -युंक्ते -योक्तुं), कुव्ययं कृ, असद्व्ययं कृ, अन्यथाव्ययं कृ, अपात्रव्ययं कृ, कुविनियोगं कृ, अयुक्तव्ययं कृ, दुर्व्ययं कृ.

Mis-spent, ***p. p.*** दुर्व्ययितः -ता -तं, कुव्ययितः -ता -तं, अन्यथाव्ययितः **etc.,** अपव्ययितः **etc.,** कुविनियुक्तः -क्ता -क्तं, अपचितः -ता -तं.

To mis-state, ***v. a.*** मिथ्या **or** अन्यथा कथ् **(c. 10.** कथयति -यितुं) **or** ज्ञा **(c. 10.** ज्ञापयति, ज्ञपयति -यितुं) **or** विज्ञा **or** आविद् **(c. 10.** -वेदयति -यितुं), अयथार्थतः ख्या **(c. 2.** ख्याति -तुं) **or** विवृ **(c. 5.** -वृणोति -वरितुं -रीतुं), अर्थं साचीकृ **or** वक्रीकृ.

Mis-stated, ***p. p.*** मिथ्याकथितः -ता -तं, मिथ्याख्यातः -ता -तं, साचीकृतः -ता -तं.

Mis-statement, ***s.*** मिथ्याकथनं, मिथ्यावादः, मिथ्योक्तिः ***f.,*** अन्यथाकथनं, अन्यथानिवेदनं, मिथ्याविज्ञप्तिः ***f.,*** अयथार्थविज्ञापनं, मिथ्याविवरणं साचीकरणं, साचीकृतं.

Mist, ***s.*** धूमिका, धूपिका, धूलिका, शीकरः, तुषारः, खवाष्पः, मृगतृष्णा -ष्णिका -तृषा, मृगतृट् ***f.,*** (ष्), कुज्झटिका, कुज्झटिः ***f.*** -टी -टिका, हिमज्झतिः ***f.,*** कुहेडिका, कुहेडी, कुहेलिका, कुहेली, कूहा, मेघधूम्रः, रुभेटिः ***f.,*** धूममहिषी.

To mistake, ***v. a.*** **(Take wrong, misunderstand)** मिथ्या **or** अन्यथा ग्रह् **(c. 9.** गृह्णाति, ग्रहीतुं), विपरीतं ग्रह **or** उपलभ् **(c. 1.** -लभते -लब्धुं), विपरीतार्थं ग्रह, अन्यथा **or** मिथ्या बुध् **(c. 1.** बोधति -धितुं), मिथ्या ज्ञा **(c. 9.** जानाति, ज्ञातुं) **or** मन् **(c. 4.** मन्यते, मन्तुं).

To mistake, ***v. n.*** **(Err, make a mistake)** भ्रम् **(c. 4.** भ्राम्यति, भ्रमितुं), विभ्रम्, भ्रमं कृ, भ्रान्तिं कृ, अपराध् **(c. 4.** -राध्यति, **c. 5.** -राध्नोति -राद्धुं), अपराधं कृ, प्रमद् **(c. 4.** -माद्यति -मदितुं), प्रमादं कृ, दोषं कृ, मुह् **(c. 4.** मुह्यति, मोहितुं), मिथ्यामतिं कृ.

Mistake, ***s.*** भ्रमः, भ्रान्तिः ***f.,*** मतिभ्रमः, मतिभ्रान्तिः ***f.,*** मिथ्यामतिः ***f.,*** मिथ्याबुद्धिः ***f.,*** विभ्रमः, मतिविभ्रमः, अपराधः, प्रमादः, दोषः, मोहः, व्यामोहः, परिभ्रमः, भ्रामः, विकल्पः, अनवधानता, विवर्त्तः, विचिकित्साः.

Mistaken, ***p. p.*** **(In error)** भ्रान्तः -न्ता -न्तं, भ्रान्तिमान् -मती -मत् (त्), अपराद्धः -द्धा -द्धं, सापराधः -धा -धं, प्रमादी -दिनी -दि (न्), प्रमादवान् **etc.,** सन्दिग्धः -ग्धा -ग्धं. **—(Erroneous)** अयथार्थः -र्था -र्थं, अशुद्धः -द्धा -द्धं, मिथ्या **or** मृषा **in comp.; 'a mistaken opinion,'** मिथ्यामतिः ***f.***

Mister, ***s.*** **(Title of gentlemen)** आर्य्यः **or expressed by** श्री **prefixed.**

Mis-timed, ***a.*** अकालिकः -की -कं. ***See*** **Ill-timed.**

Mistiness, ***s.*** सशीकरता, सतुषारता, तुषारव्याप्तिः ***f.,*** शीकरव्याप्तता.

Mistion, ***s.*** मिश्रणं, सम्मिश्रणं, संसर्गः, सम्पर्कः, योगः.

To mistle, ***v. n.*** शीकर **(nom.** शीकरायते), शीक् **(c. 1.** शीकते -कितुं).

Mistletoe, ***s.*** वृषरुहा, तरुरुहा, तरुभुक् ***f.*** (ज्), वृक्षादनी, वृक्षाश्रया.

To mistranslate, ***v. a.*** अयथार्थभाषान्तरं कृ, अन्यथा भाषान्तरं कृ.

Mistranslation, ***s.*** अयथार्थभाषान्तरं, मिथ्याभाषान्तरं.

Mistress, ***s.*** **(Opposed to servant, a woman who governs)** स्वामिनी, सेव्या, अधिष्ठात्री, ईश्वरी, शासित्री, शास्त्री, अध्यक्षा, कर्त्री. **—(Of a family or house)** गृहिणी, गेहिनी, गृहस्वामिनी, कुटुम्बिनी, कौटुम्बिकी. **—(Proprietress)** स्वामिनी, ईश्वरी, अधिकारिणी. **—(Female teacher)** अध्यापिका, उपदेशिनी, उपदेशिका, उपदेष्ट्री, शिक्षिका, आचार्य्या. **—(Woman beloved, sweetheart)** प्रिया, प्रियतमा, वल्लभा, कान्ता, दयिता, कामिनी, नायिका, वनिता, प्रमदा; **'an offended mistress,'** मानिनी. **—(Concubine)** उपस्त्री, उपपत्नी, भोग्या, स्त्री, भुजिष्या, दासी, अवरुद्धा. **—(Well-skilled)** कुशला, निपुणा, वेत्री.

Mistrust, ***s.*** अविश्वासः, अप्रत्ययः, अप्रतीतिः ***f.,*** शङ्का, आशङ्का, सन्देहः, निह्नवः, विश्वासाभावः.

To mistrust, ***v. a.*** शङ्क् **(c. 1.** शङ्कते -ङ्कितुं), आशङ्क्, अभिशङ्क्, परिशङ्क्, न विश्वस् **(c. 2.** -श्वसिति -तुं), न प्रती **(c. 2.** प्रत्येति -तुं).

Mistrustful, ***a.*** अविश्वासी -सिनी -सि (न्), अप्रत्ययी -यिनी **etc.,** शङ्की -ङ्किनी **etc.,** शङ्कान्वितः -ता -तं, साशङ्कः -ङ्का -ङ्कं, शङ्काशीलः -ला -लं, आशङ्की **etc.,** शङ्कितः -ता -तं, आशङ्कितः -ता -तं, सन्देही **etc.,** संशयी **etc.**

Mistrustfully, ***adv.*** अविश्वासेन, शङ्कया, सशङ्कं, साशङ्कं, शङ्कापूर्व्वं.

Mistrustfulness, ***s.*** अविश्वासित्वं, अप्रतीतिः ***f.,*** सशङ्कत्वं, आशङ्का.

Misty, ***a.*** सशीकरः -रा -रं, सतुषारः -रा -रं, शीकरीयः -या -यं, शीकरौघः -घा -घं, शीकरव्याप्तः -प्ता -प्तं, तुषारव्याप्तः -प्ता -प्तं, तुषारमयः -यी -यं, सधूमिकः -का -कं, धूमिकावृतः -ता -तं, शीकरावृतः -ता -तं.

To misunderstand, ***v. a.*** अन्यथा ग्रह् **(c. 9.** गृह्णाति -ग्रहीतुं) **or** बुध् **(c. 1.** बोधति -धितुं), मिथ्या **or** मृषा **or** विपरीतम् अर्थं ग्रह् **or** उपलभ् **(c. 1.** -लभते -लब्धुं) **or** अवगम् **(c. 1.** -गच्छति -गन्तुं), विपरीतार्थं ग्रह, अयथार्थतो ज्ञा **(c. 9.** जानाति,

ज्ञातुं) or विज्ञा, अर्थविपर्य्यासं कृ.

Misunderstanding, *s.* (Mistake of the meaning) मिथ्याग्रहणं, अन्यथाग्रहणं, विपरीतग्रहणं, अन्यथार्थग्रहणं, विपरीतार्थग्रहणं, अन्यथाबोधः, मिथ्याबोधः, मिथ्यामतिः ***f.,*** मिथ्योपलब्धिः ***f.,*** विपरीतबुद्धिः ***f.,*** अयथार्थबोधः, अयथार्थग्रहणं, भ्रमः, भ्रान्तिः ***f.,*** मतिभ्रमः.—**(Disagreement)** वैमत्यं, विमतिः ***f.,*** मतिभेदः, असम्मतिः ***f.,*** विसंवादः, द्वैषं, विप्रयोगः, वैमनस्यं, मतिविपर्य्ययः.

Misunderstood, *p. p.* मिथ्यावगतः -ता -तं, मिथ्योपलब्धः -ब्धा -ब्धं, मिथ्यामतः -ता -तं.

Misusage, misuse, *s.* कुव्यवहारः, दुर्व्यवहारः, कुप्रयोगः, मिथ्याप्रयोगः, असत्प्रयोगः, असम्यक्प्रयोगः, अन्यथाप्रयोगः, असदुपयोगः, कुव्यापारः, असदुपभोगः, कुविनियोगः, असद्विनियोगः, असाधुविनियोगः, व्यर्थीकरणं, असदभ्यासः, अयुक्तव्यवहारः.

To* misuse, *v. a. अन्यथा **or** मिथ्या **or** वृथा **or** असम्यक् प्रयुज् **(c. 7.** -युंक्ते -योक्तुं, **c. 10.** -योजयति -यितुं) **or** उपयुज् **or** विनियुज्, कुप्रयोगं कृ, असत्प्रयोगं कृ, अयुक्तं व्यवहृ **(c. 10.** -हारयति -यितुं), कुव्यवहारं कृ, दुर्व्यवहारं कृ, अनुचितम् अभ्यस् **(c. 4.** -अस्यति -असितुं), कुव्यापारं कृ, व्यर्थीकृ, कदर्थीकृ, वृथाकृ.

Misused, *p. p.* कुप्रयुक्तः -क्ता -क्तं, कुविनियुक्तः **etc.,** असम्यगुपयोजितः -ता -तं, कुव्यवहृतः -ता -तं, कुव्यवहारितः -ता -तं, मिथ्याप्रयुक्तः **etc.,** कदर्थीकृतः **etc.**

Mite, *s.* (Small piece of money) कपर्दकः, कपर्दिका, काकिणी, काकिनी, वराटकः, धनलवः, धनलेशः.—**(Particle of any thing)** कणः, कणिका, लवः, लेशः.

Miter, *s.* धर्म्माधिपतिकिरीटः, महाधर्म्माध्यक्षमुकुटं.

Mithridate, *s.* विषभञ्जनं, विषनाशनं, विषघ्नं, विषापहारकं.

Mitigable, *a.* शमनीयः -या -यं, प्रशमनीयः -या -यं, शाम्यः -म्या -म्यं.

Mitigant, *a.* शमकः -का -कं, प्रशमनः -ना -नं, शान्तिकः -की -कं, शान्तिदः -दा -दं, शान्तिकरः -रा -रं, उपशायी -यिनी -यि (न्).

To* mitigate, *v. a. शम् **(c. 10.** शमयति -यितुं), प्रशम्, उपशम्, शान्ति दा, सान्त्व् **or** शान्त्व् **(c. 10.** सान्त्वयति -यितुं), उपसान्त्व्, परिशान्त्व्, अभिशान्त्व्.—**(Alleviate pain)** दुःखं हृ **(c. 1.** हरति, हर्त्तुं) **or** शम्.—**(Lighten)** लघ **(nom.** लघयति -यितुं), लघूकृ, मृदूकृ.—**(Diminish)** न्यूनीकृ, अल्पीकृ, कन **(nom.** कनयति -यितुं).

Mitigated, *p. p.* शान्तः -न्ता -न्तं, शमितः -ता -तं, प्रशमितः **etc.,** उपशान्तः **etc.,** मृदूकृतः -ता -तं, लघूकृतः -ता -तं; **'to be mitigated,'** शम् **(c. 4.** शाम्यति, शमितुं).

Mitigation, *s.* शान्तिः ***f.,*** शमनं, प्रशमनं, उपशान्तिः, प्रशान्तिः ***f.,*** उपशमनं, शमः, उपशमः, मृदूकरणं, लघूकरणं, लाघवं, न्यूनीकरणं, न्यूनता, सान्त्वनं -ना; **'of a curse,'** उच्छापः.

Mitigative, mitigator. *See.* Mitigant.

Mitre, *See.* Miter, *s.*

To* mix, *v. a. मिश्र् **(c. 10.** मिश्रयति -यितुं), सम्मिश्र्, व्यामिश्र्, विमिश्र्, मिश्रीकृ, सम्मिश्रीकृ, संयुज् **(c. 7.** -युनक्ति -योक्तुं -योजयति -यितुं), संसृज् **(c. 6.** -सृजति -स्रष्टुं), सम्पृच् **(c. 7.** -पृणक्ति -पर्चितुं), सङ्कॄ **(c. 6.** -किरति -करितुं -रीतुं), एकीकृ, एकत्र कृ, संसर्गं कृ, संसृष्टं -ष्टा कृ, व्यतिकरं कृ, सम्मेलनं कृ.—**(Mix confusedly)** सङ्करीकृ, सङ्कुलीकृ, सङ्कीर्णीकृ, सङ्कॄ; **'mix ingredients,'** योगं कृ, संस्कारं कृ, प्रक्षेपं कृ.

To* mix, *v. n. मिश्रीभू, सम्मिश्रीभू, व्यामिश्रीभू, मिल् **(c. 6.** मिलति, मेलितुं;), सम्मिल् सङ्कॄ **in pass.** (-कीर्य्यते), संयुज् **in pass.,** (-युज्यते), संसृज् **in pass.** (-सृज्यते), संसृष्टीभू, एकीभू, संयोगं इ **(c. 2.** एति -तुं), सम्पर्कम् इ, संसर्गम् इ, सङ्करीभू.

Mixable, *a.* मिश्रणीयः -या -यं, योजनीयः -या -यं, याव्यः -व्या -व्यं.

Mixed, *p. p.* मिश्रितः -ता -तं, सम्मिश्रितः -ता -तं, मिश्रः -श्रा -श्रं, सम्मिश्रः **etc.,** मिश्रीकृतः -ता -तं, व्यामिश्रः -श्रा -श्रं, संयुक्तः -क्ता -क्तं, संयुतः -ता -तं, संसृष्टः -ष्टा -ष्टं, सङ्कीर्णः -र्णा -र्णं, सम्पृक्तः -क्ता -क्तं, मिलितः -ता -तं, सम्मिलितः **etc.,** सङ्कुलितः **etc.,** संवलितः **etc.,** सन्निपतितः **etc.,** समवेतः **etc.,** सङ्करीकृतः **etc.,** एकीकृतः **etc.,** भावितः **etc.,** करम्बितः **etc.,** सम्बद्धः -द्धा -द्धं, सम्पर्की -र्किणी -र्कि (न्), संसर्गी **etc.,** कुशितः -ता -तं; **'mixed with water,'** जलमिश्रितः **etc.,** जलसंसृष्टः **etc.**

Mixen, *s.* पुरीषादिराशिः ***m.;*** **'mixen-grown,'** विड्भवः -वा -वं.

Mixer, *s.* मिश्रकः, सम्मिश्रकः, मिश्रणकृत्, संयोगकारी ***m.*** (न्).

Mixture, mixtion, mixing, *s.* (Act) मिश्रणं, सम्मिश्रणं, मिश्रीकरणं, संयोगः, संयोजनं, सम्मेलनं, संसर्गः, सम्पर्कः, सङ्कलनं, सङ्किरणं, एकीकरणं, सङ्करीकरणं.—**(State)** मिश्रता, सम्मिश्रता, मिश्रीभावः, संसृष्टता, संसर्गः, संयुक्तता, संयोगः, सम्पर्कः, सङ्कीर्णता, साङ्कर्य्यं.—**(Mixed mass)** सन्निपातः, नानाद्रव्यसमूहः, सम्मिश्रद्रव्यसमूहः, नानावस्तुसमुदायः, समूहः, सङ्घः, सङ्करः; **'mixture will water,'** जलसंसर्गः.

Mizzen, *s.* (Sail) पश्चिमकूपकसम्बन्धि वातवसनं.

Mizzen-mast, *s.* पश्चिमकूपकः, नौपश्चाद्भागस्थः कूपकः.

Mizzle, *s.* शीकरः, सीकरः, तुषारः. ***See To* mistle, drizzle.**

Mnemonic, *a.* स्मृतिसहायः -या -यं, स्मृतिप्रवर्त्तकः -का -कं, स्मृत्युपकारकः **etc.**

Mnemonics, ***s.*** स्मरणविद्या, स्मृत्युपकरणविद्या, स्मरणशास्त्रं.

To **moan,** ***v. n.*** वेदनोपहतत्वाद् दीर्घनादं कृ **or** दीर्घरावं कृ, विलप् (**c. 1.** -लपति -पितुं), प्रलप्, लप्, परिदेव् (**c. 1.** -देवते -वितुं), क्रन्द् (**c. 1.** क्रन्दति -न्दितुं), आक्रन्द्, रुद् (**c. 2.** रोदति -तुं), प्ररुद् क्रुश् (**c. 1.** क्रोशति, क्रोष्टुं), स्तन् (**c. 1.** स्तनति -नितुं), विस्तन्, दीर्घं निःश्वस् **or** निश्वस् (**c. 2.** -श्वसिति -तुं), दीर्घं रु (**c. 2.** रौति, रवितुं), दीर्घचित्कारं कृ, दीर्घनिश्वासं कृ, गम्भीरनादं कृ, गम्भीरनिश्वासं कृ, आर्त्तनादं कृ, आर्त्तरावं कृ, हाहाशब्दं कृ, हाहाकारं कृ, वाश् (**c. 1.** वाशते, **c. 4.** वाश्यते -शितुं).

Moan, ***s.*** आर्त्तनादः, आर्त्तरावः, दुःखार्त्तस्य दीर्घनादः **or** दीर्घरावः **or** दीर्घचित्कारः **or** गम्भीरनादः, दीर्घनिश्वासः, दीर्घनिःश्वासः, विलपितं, विलपनं, विलापः, परिदेवनं -ना, परिदेवितं, स्तनितं, क्रन्दितं, क्रुष्टं, हाहाकारः.

Moanful, ***a.*** विलापकारी -रिणी -रि (न्), परिदेवी -विनी **etc.,** परिदेवनकारी **etc.,** दीर्घनिश्वासी **etc.,** हाहाकारी **etc.**

Moanfully, ***adv.*** विलापेन, सविलपितं, सपरिदेवनं, दीर्घनिश्वासपूर्व्वं.

Moaning, ***s.*** विलपनं, परिदेवनं, आर्त्तनादः, दीर्घनिश्वसितं, स्तननं.

Moat, ***s.*** परिखा, खातं, खेयं, खातकं, खातभूः ***f.,*** खातभूमिः ***f.,*** प्रतिकूपः, उपकुल्या, कुल्या, खल्लः.

Moated, ***a.*** परिखावेष्टितः -ता -तं, परिखावृतः **etc.,** परिखान्वितः **etc.**

Mob, ***s.*** अधमजनसमूहः, नीचजनसम्मर्दः, प्राकृतजनसम्मर्दः, बहुजनसमूहः, बहुजनमेलकः, जनसम्मर्दः, लोकसङ्घः, जनसङ्कुलं, जनौघं, जनता, अव्यवस्थितसभा.

To **mob,** ***v. a.*** बहुजनाकीर्णे स्थाने वपुषा संघृष् (**c. 1.** -घर्षति -र्षितुं) **or** सम्मृद् (**c. 9.** मृद्नाति -मर्दितुं) **or** सम्बाध् (**c. 1.** -बाधते -धितुं)

Mobbish, ***a.*** लौकिकः -की -कं, सामान्यलोकयोग्यः -ग्या -ग्यं.

Mobile, mobility, ***s.*** **(Mob, common people)** सामान्यलोकः, साधारणलोकः, प्राकृतलोकः, असभ्यलोकः, अन्त्यलोकः, अधमलोकः, पृथग्जनाः ***m. pl.***

Mobility, ***s.*** **(Aptitude to motion)** गमनयोग्यता, गतियोग्यता, गमनशीलता, चरिष्णुता, जङ्गमता, अस्थिरता, चाञ्चल्यं.

To **mock,** ***v. a.*** **(Deride)** अवहस् (**c. 1.** -हसति -सितुं), अपहस्, उपहस्, प्रहस्, विहस्, अवहासभूमिं कृ, अपहासास्पदं कृ, अवक्षिप् (**c. 6.** -क्षिपति -क्षेप्तुं), गर्ह् (**c. 1.** गर्हते -र्हितुं), अवगर्ह्, अवगुर् (**c. 6.** -गुरते -रितुं), आक्षर् (**c. 10.** -क्षारयति -यितुं), अवज्ञा (**c. 1.** जानाति -ज्ञातुं), अवमन् (**c. 4.** -मन्यते -मन्तुं), भर्त्स् (**c. 10.** भर्त्सयते -यितुं), तिरस्कृ, मुखरीकृ, विकत्थ् (**c. 1.** -कत्थते -त्थितुं), परिभू, अवज्ञां कृ, तुच्छीकृ. —**(Mimic)** उपहासबुद्ध्या परचेष्टितानुकरणं कृ **or** विडम्बनं कृ.—**(Deceive)** वञ्च् (**c. 10.** वञ्चयते -यितुं), प्रतॄ (**c. 10.** -तारयति -यितुं), प्रलभ् (**c. 1.** -लभते -लब्धुं), प्रलुभ् (**c. 10.** -लोभयति -यितुं), मुह् (**c. 10.** मोहयति -यितुं).

Mock, ***s.*** उपहासः, अवहासः, परिहासः, हास्यं, अवक्षेपः, अवज्ञा.

Mocked, ***p. p.*** **(Mimicked in derison)** उपहासबुद्ध्यानुकृतः -ता -तं.—**(Derided)** उपहसितः -ता -तं, अवहसितः **etc.,** अवक्षिप्तः -प्ता -प्तं, गर्हितः -ता -तं, **etc.,** तिरस्कृतः -ता -तं, अवज्ञातः **etc.,** मुखरीकृतः **etc.,** कृतोपहासः -सा -सं. —**(Deceived)** वञ्चितः -ता -तं, प्रलब्धः -ब्धा -ब्धं, मोहितः **etc.**

Mocker, ***s.*** उपहासकः, अवहासकः, परिहासकर्त्ता ***m.,*** (र्त्तृ), क्षेपकः, अवक्षेपकः, अवज्ञाकारी ***m.*** (न्), अवमानी ***m.,*** वञ्चकः.

Mockery, mocking, ***s.*** **(Derision)** उपहासः, अवहासः, अपहासः, परिहासः, परीहासः, हास्यं, तिरस्कारः, अवज्ञा, अवक्षेपः, अवमानं, अपमानं, अवहेला -लनं, अवलेपः, परिभवः, मुखरीकरणं, मौखर्य्यं, अवमानसूचको हासः.—**(Subject of derision)** उपहासास्पदं, उपहासभूमिः ***f.,*** अवहासस्थानं, उपहासविषयः, तिरस्कारविषयः, हास्यस्थानं, परिभवास्पदं, परिभवपदं, तिरस्कारपदं.—**(Counterfeit appearance, deception, imitation)** छद्म ***n.*** (न्), व्याजः, कपटः -टं, कूटं, वञ्चनं, -ना, विडम्बनं.—**(Vain effort)** वृथायत्नः, वृथाप्रयत्नः, वृथोद्यमः, वृथोद्योगः, अनर्थकचेष्टा, निष्फलचेष्टा.

Mocklingly, ***adv.*** उपहासेन, सोपहासं, सावहासं, सतिरस्कारं, सावक्षेपं.

Modal, ***a.*** रूपसम्बन्धी -न्धि -न्धि (न्), रूपविषयः -या -यं.

Mode, ***s.*** **(Method, manner)** रीतिः ***f.,*** मार्गः, विधिः ***m.,*** विधानं, प्रकारः, नियमः, वृत्तिः ***f.,*** ऋतिः ***f.,*** क्रमः, संविधानं, पर्य्यायः, मर्य्यादा, धारा, विधः **in comp.; 'mode of living,'** वृत्तिः ***f.;*** **'in this mode,'** अनेन विधानेन, एवंविधं -धेन, अनेन प्रकारेण; **'mode of speaking,'** वाग्व्यापारः, वाग्वृत्तिः ***f.*** —**(Form)** रूपं, आकारः, आकृतिः ***f.,*** संस्कारः.—**(Custom)** आचारः, व्यवहारः, प्रचारः, रीतिः ***f.,*** नियमः, अभ्यासः, स्थितिः ***f.,*** आवृत्तिः ***f.,*** सम्प्रदायः.—**(Fashionable custom)** सभ्यलोकव्यवहारः, सभ्यरीतिः ***f.,*** शिष्टव्यवहारः, शिष्टमार्गः, सभ्यसम्प्रदायः, लोकचारः.—**(In metaphysics)** विशेषवस्तुरूपं, विशेषद्रव्यरूपं, विशेषद्रव्यप्रकारः.—**(In grammar)** वाच्यं.—**(In music)** रागः ***m.,*** रागिणी ***f.,*** वर्णः. **The musical modes are personified as either male or female. The male are called Rāgas; the female are Rāginīs, and are considered to be the wives of the Rāgas. The following are some of the names for the male:** भैरवः, मालवः, सारङ्गः, हिन्दोलः, वसन्तः, वसन्तदूतः, पञ्चमः दीपकः, मेघः, नटः, नटनारायणः, कल्याणः, कामबोधः, त्रोटकः, विभासः. **The following are some of the Rāginīs, or female personifications :** दीपिका, नटी, त्रोटकी, देशकारी, गौडी, जङ्गला, धनेश्वरी,

भैरवी, रामकरी or रामकेली or रामकली, सैन्धवी, पूर्व्वी, भूपाली, मधुमाधवी.

Model, ***s.*** **(Pattern, representation)** प्रतिमा -मानं, प्रतिरूपं, प्रतिकृतिः, आदर्शः, उपमा -मानं, प्रतिमूर्त्तिः ***f.,*** संस्कारः. **—(Pattern, exemplar)** आदर्शः, प्रतिमा, उपमा. **—(Pattern for imitation)** प्रमाणं, प्रमा, प्रमाता ***m.*** (तृ); **'model of propriety,'** न्यायाधारः. **—(Mould)** संस्कारः, आकारः, संस्थानं, संयानः.

To **model,** ***v. a.*** **or** ***n.*** संस्कारं कृ, संस्कृ, प्रतिमां कृ, प्रतिरूपं कृ, आदर्शं कृ. **—(Shape, form)** रूप् **(c. 10.** रूपयति -यितुं), सरूपं -पां -पं कृ.

Modeler, ***s.*** उपमाता ***m.*** (तृ), उपमानकृत् ***m.*** प्रतिमानकर्त्ता ***m.*** (र्त्तृ).

Moderate, ***a.*** **(Observing reasonable bounds, applied to persons)** परिमिताचारी -रिणी -रि (न्), समवृत्तिः -त्तिः -त्ति, नियतवृत्तिः -त्तिः -त्ति, **etc.,** मर्य्यादानतिक्रमी -मिणी **etc.,** अनतिक्रान्तमर्य्यादः -दा -दं. **—(Moderate in desires)** अल्पाकांक्षी -क्षिणी **etc.,** अल्पाभिलाषी **etc.,** अलुब्धः -ब्धा -ब्धं, अलोभी **etc.,** अल्पसन्तोषी **etc.,** अल्पसन्तुष्टः -ष्टा -ष्टं, भोगाप्रसक्तः -क्ता -क्तं, अप्रसक्तः **etc.,** अल्पभोगी **etc.,** स्वल्पभोगी **etc. —(Not extreme, not excessive)** परिमितः -ता -तं, मितः -ता -तं, सपरिमाणः -णा -णं, समः -मा -मं, समर्य्यादः -दा -दं, नियतः -ता -तं, संयतः -ता -तं, सावधिकः -का -कं, अल्पः -ल्पा -ल्पं, स्वल्पः **etc. —(In eating)** मिताशनः -ना -नं, परिमिताहारः -रा -रं, स्वल्पाहारः -रा -रं. **—(Middling in size)** मध्यमः -मा -मं, मध्यः -ध्या -ध्यं, मध्यमपरिमाणः -णा -णं, न स्थूलो न सूक्ष्मः **etc.**

To **moderate,** ***v. a.*** **(Temper)** शम् **(c. 10.** शमयति -यितुं), उपशम्, प्रशम्. **—(Lessen)** न्यूनीकृ, अल्पीकृ, लघ् **(c. 10.** लघयति -यितुं), लघूकृ. **—(Restrain from excess)** नियम् **(c. 1.** -यच्छति -यन्तुं), विनियम्, संयम्, यम्, निग्रह् **(c. 9.** -गृह्णाति -ग्रहीतुं), संहृ **(c. 1.** -हरति -हर्त्तुं), प्रत्याहृ.

To moderate, ***v. n.*** **(Abate, become less servere)** शम् **(c. 4.** शाम्यति, शमितुं), प्रशम्, उपशम्, विगम् **(c. 1.** -गच्छति -गन्तुं), विरम् **(c. 1.** -रमति -रन्तुं), उपरम्, न्यूनीभू, ऊनीभू, अल्पीभू.

Moderated, ***p. p.*** **(Tempered)** शमितः -ता -तं, प्रशमितः -ता -तं. **—(Lessened)** न्यूनीकृतः -ता -तं, न्यूनीभूतः -ता -तं. **—(Restrained)** यतः -ता -तं, नियतः -ता -तं, निगृहीतः -ता -तं. **—(Allayed)** शान्तः -न्ता -न्तं, उपशान्तः **etc.**

Moderately, ***adv.*** परिमितं, नियतं, समर्य्यादं, समं, सपरिमाणं, अल्पं, स्वल्पं, अभृशं, यावत्तावत्; **'moderately warm,'** ईषदुष्णः -ष्णा -ष्णं, कोष्णः **etc.,** मन्दोष्णः **etc.; 'moderately ripe,'** अपक्वः -क्वा -क्वं; **'moderately distant,'** नातिदूरः -रा -रं.

Moderation, ***s.*** **(Refraining from excess)** परिमितचारत्वं, नियतवृत्तित्वं, समवृत्तिता, समता, परिमितता, मितता, क्षमा, यमः, संयमः, निग्रहः, दमः, अनतिक्रमः, मर्य्यादानतिक्रमः. **—(In desires)** अल्पाकांक्षा, अल्पाभिलाषः, अलोभः, अलुब्धता, अल्पसन्तुष्टता, अप्रसक्तिः ***f.,*** अप्रसक्तता, भोगाप्रसक्तिः ***f.*** **—(Equanimity)** क्षमा, क्षान्तिः ***f.,*** समचित्तत्वं, समानवृत्तिः ***f.,*** समभावः.

Moderator, ***s.*** **(Restrainer)** नियन्ता ***m.*** (न्तृ), विनियन्ता ***m.,*** यन्ता ***m.*** **—(At disputations)** वादमध्यस्थः, वादसभाध्यक्षकः, मध्यस्थः.

Modern, ***a.*** इदानीन्तनः -नी -नं, अधुनातनः -नी -नं, आधुनिकः -की -कं, वर्त्तमानकालीनः -ना -नं, नूतनकालीनः **etc.,** नूतनः -ना -नं, नवः -वा -वं, सद्यस्कालीनः -ना -नं, नव्यः -व्या -व्यं, नवीनः -ना -नं, नूत्नः -त्ना -त्नं, अर्व्वाचीनः -ना -नं, अप्राचीनः -ना -नं, अपुराणः -णा -णं, अपुरातनः -नी -नं.

Modernness, ***s.*** नूतनता, नवता, नव्यता, अधुनातनत्वं, सद्यस्कालीनता, वर्त्तमानकालीनता, अप्राचीनता, अपुराणता.

Moderns, ***s. pl.*** सद्यस्कालीनलोकः, नूतनकालीनलोकः, अधुनातनाः ***m. pl.***

Modest, ***a.*** **(Not bold, restrained by a sense of shame or propriety)** विनीतः -ता -तं, विनयी -यिनी -यि (न्), लज्जाशीलः -ला -लं, लज्जावान् -वती -वत् (त्), लज्जान्वितः -ता -तं, सलज्जः -ज्जा -ज्जं, व्रीडान्वितः -ता -तं, सव्रीडः -डा -डं, व्रीडितः -ता -तं, ह्रीमान् -मती **etc.,** त्रपावान् **etc.,** त्रपायुक्तः -क्ता -क्तं, त्रपान्वितः **etc.,** त्रपितः -ता -तं, सत्रपः -पा -पं, सविनयः -या -यं, विनयभाक् ***m.f.n.*** (ज्), अप्रगल्भः -ल्भा -ल्भं, अधृष्टः -ष्टा -ष्टं, शालीनः -ना -नं, ह्रीणः -णा -णं, संह्रीणः **etc.,** ह्रीतः -ता -तं, ह्रीकुः -कुः -कु. **—(Unassuming, humble, not proud)** निर्गर्वः -र्वा -र्वं, अगर्वः **etc.,** निर्गर्वी **etc.,** अगर्वी **etc.,** गर्वहीनः -ना -नं, निरहङ्कारः -रा -रं, अनहङ्कारी **etc.,** निरभिमानः -ना -नं, अनभिमानी **etc.,** अनुद्धतः -ता -तं, अकत्थनः -ना -नं, अविकत्थनः **etc.,** विनम्रः -म्रा -म्रं, नम्रशीलः -ला -लं, विनतः -ता -तं, निभृतः -ता -तं, प्रसृतः -ता -तं, वश्यात्मा -त्मा -त्म (न्), वशी -शिनी **&c. —(Chaste, not loose)** अव्यभिचारी -रिणी **etc.,** यतेन्द्रियः -या -यं, सद्वृत्तः -त्ता -त्तं, अलम्पटः; **'a modest wife,'** साध्वी, सती, पतिव्रता. **—(Moderate)** परिमितः -ता -तं, मितः **etc.; 'modest speech,'** विनयवाक् ***f.*** (च्).

Modestly, ***adv.*** सविनयं, विनयेन, विनयपूर्व्वं, विनीतवत्, सलज्जं, सव्रीडं, सत्रपं, लज्जया, लज्जापूर्व्वं? अगर्व्वेण, अनभिमानेन, अनुद्धतं, विनम्रं.

Modesty, ***s.*** विनयः, विनीतता, लज्जा, ह्रीः ***f.,*** व्रीडा, त्रपा, हृणिया,

ह्रीका, लज्जाशीलता, सलज्जत्वं, सत्रपता, शालीनता, अप्रगल्भता, अप्रागल्भ्यं, अधृष्टता, अधाष्टर्यं, मर्य्यादा, मन्दाक्षं, मन्दास्यं; **'false modesty,'** मिथ्याविनयः.—**(Humility)** नम्रता, विनम्रता, नम्रशीलता, विनतिः ***f.,*** अगर्व्वः, गर्व्वहीनता, अनभिमानं, दर्पहीनता, अनुद्धतिः ***f.,*** अनौद्धत्यं, वश्यता.—**(Chastity)** अव्यभिचारः, सद्वृत्तता; **'in a wife,'** साध्वीत्वं, सतीत्वं, पातिव्रत्यं.—**(Moderation)** परिमितता.

Modicum, *s.* अल्पांशः, अल्पभागः, अल्पमात्रं, अत्यल्पांशः, किञ्चित्, किञ्चन, किञ्चिद्भागः, अल्पिका, लेशः.

Modifiable, *a.* रूपविकारशक्यः -क्या -क्यं, रूपान्तरशक्यः **etc.,** विकार्य्यः -र्य्या -र्य्यं, परिणामामशक्यः **etc.,** परिणामान्तरशक्यः **etc.,** परिवर्त्तनीयः -या -यं, विवर्त्तनीयः **etc.**

Modification, *s.* (The act) रूपान्तरकरणं, परिणामान्तरकरणं, रूपपरिवर्त्तनं, विवर्त्तः, -र्त्तनं.—**(Particular or different form)** रूपभेदः, रूपप्रभेदः, रूपविशेषः, रूपान्तरं.—**(Diversity, variety)** भेदः, प्रभेदः, विभेदः, विशेषः.—**(Altered state)** विकारः ***f.,*** विकृतिः, परिणामः, रूपान्तरं, विपरिणामः.

Modified, *p. p.* (Changed in form) विकारितः -ता -तं, विकृतः -ता -तं, विकृतरूपः -पा -पं, परिणतरूपः **etc.,** विपरिणामी -मिनी -मि (न्), विकृताकारः -रा -रं.—**(Tempered, qualified)** शमितः -ता -तं, नियमितः -ता -तं.

***To* modify, *v. a.* (Change the form)** रूपान्तरं कृ, रूपान्तरीकृ, रूपविकारं कृ, रूपपरिवर्त्तनं कृ, रूपभेदं कृ, रूपविभेदं कृ, विकृ, विकारं कृं, रूपं विकृ, अन्यरूपं -पां कृ, भिन्नरूपं -पां कृ, रूपपरिणामं कृ, परिणामान्तरं कृ रूपं परिवृत् **(c. 10.** -वर्त्तयति -यितुं) **or** विवृत्, रूपविवर्त्तनं कृ.—**(Moderate)** शम् **(c. 10.** शमयति -यितुं), उपशम्, प्रशम्.

Modish, *a.* सभ्यव्यवहारानुसारी -रिणी -रि (न्), शिष्टरीत्यनुसारी **etc.,** सभ्यमार्गानुयायी -यिनी **etc.,** शिष्टमार्गानुरूपः -पा -पं, सभ्यसम्प्रदायानुसारी **etc.**

Modishly, *adv.* सभ्यव्यवहारानुसारेण, शिष्टरीत्यनुसारेण, सभ्यमार्गानुरूपेण.

To* modulate, *v. a. कल् **(c. 10** कलयति -यितुं), स्वरलयं कृ, कलतां कृ, स्वरानुक्रमं कृ, स्वरानुपूर्व्यं कृ.—**(Inflect or vary sound)** स्वरभेदं कृ, स्वरविभेदं कृ, स्वरभङ्गं कृ, स्वरविभङ्गं कृ, स्वरपरिवर्त्तनं कृ.

Modulation, *s.* कलता, लयः, स्वरलयः, कलनं, स्वरभेदः, स्वरविभेदः, स्वरभङ्गः, स्वरविभङ्गः, स्वरानुक्रमः.—**(Transition from one key to another)** शुद्धान्तयुक् ***f.*** (ज्), स्वरपरिवर्त्तनं.—**(Melody)** सुस्वरानुक्रमः, स्वरमाधुर्य्यं, माधुर्य्यं, सुश्राव्यस्वरः, तालः.

Modulator, *s.* स्वरभेदकारी ***m.*** (न्), स्वरविभेदकः, लयकारी ***m.***

Module, *s. See* model.

Mohammedan, *a.* यावनः -नी -नं, यवनदेशीयः -या -यं, यवनधर्म्मम्बन्धी -न्धि -न्धि (न्), यवनधर्म्मावलम्बी -म्बिनी **etc.**

Moiety, *s.* अर्द्धं -र्द्धः, अर्द्धभागः, अर्द्धांशः; **'of an estate,'** रिक्थार्द्धं.

***To* moil, *v. a.* (Make dirty)** मलिन **(nom.** मलिनयति -यितुं), मलिनीकृ, मलेन दुष् **(c. 10.** दूषयति -यितुं) **or** लिप् **(c. 6.** लिम्पति, लेप्तुं).

***To* moil, *v. n.* (Toil)** अतिदेहक्लेशेन आयस् **(c. 4.** -यस्यति -यसितुं) **or** श्रम् **(c. 4.** श्राम्यति, श्रमितुं), अतिशरीरायासं कृ, कष्टं कृ.

Moist, *a.* आर्द्रः -र्द्रा -र्द्रं, सार्द्रः -र्द्रा -र्द्रं, ईषदार्द्रः **etc.,** जलार्द्रः **etc.,** क्लिन्नः -न्ना -न्नं, ईषत्क्लिन्नः **etc.,** सिक्तः -क्ता -क्तं, ईषत्सिक्तः **etc.,** उन्नः -न्ना -न्नं, समुन्नः **etc.,** सरसः -सा -सं, सद्रवः -वा -वं, रसयुक्तः -क्ता -क्तं,, तिमितः -ता -तं, स्तिमितः -ता -तं, वोदः -दा -दं; **'to be moist,'** क्लिद् **(c. 4.** क्लिद्यति), तिम् **or** स्तिम् **(c. 4.** तिम्यति **or** तीम्यति).

To* moisten, *v. a. क्लिद् **(c. 10.** क्लेदयति -यितुं), परिक्लिद्, ईषत् क्लिद्, आर्द्रीकृ, ईषदार्द्रीकृ, सिच् **(c. 6.** सिञ्चति, सेक्तुं), ईषत् सिच्, जलेन सिच्, उक्ष् **(c. 1.** उक्षति -क्षितुं), समुक्ष्, उन्द् **(c. 7.** उनत्ति, उन्दितुं).

Moistened, *p. p.* क्लिन्नः -न्ना -न्नं, क्लेदितः -ता -तं, परिक्लिन्नः **etc.,** परिक्लेदितः -ता -तं, आर्द्रीकृतः -ता -तं, सिक्तः -क्ता -क्तं, जलसिक्तः **etc.,** उक्षितः -ता -तं, समुक्षितः -ता -तं, उन्नः -न्ना -न्नं, समुन्नः **etc.,** उत्तः -त्ता -त्तं, तिमितः -ता -तं, स्तिमितः -ता -तं.

Moistener, moistening, *s.* or *part.* क्लेदकः -का -कं, क्लेदनः -ना -नं.

Moistening, *s.* क्लेदनं, सेचनं, जलसेचनं, उक्षणं, उन्दनं, समुन्दनं.

Moistness, *s.* आर्द्रता, सार्द्रता, ईषदार्द्रता, जलार्द्रता, क्लिन्नता, ईषत्क्लिन्नता, सिक्तता, जलसिक्तता, उन्नता, सरसत्वं.

Moisture, *s.* क्लेदः -दं, संक्लेदः, क्लिन्नता, आर्द्रता, तेमः, स्तेमः, तेमनं, चिक्लिदं, रसः, स्नेहः, उन्दनं, समुन्दनं; **'of the lips,'** अधरसः, अधरमधु ***n.,*** अधरामृतं, मुखसुरं.

Molar, *a.* (Tooth) दाढा, चर्वणदन्तः, महादन्तः दंष्ट्रा.

Molasses, *s.* इक्षुसारः, इक्षुरसवाथः, मधुधूलिः ***f.,*** क्षारः, शर्कराक्षारः, रसिका, मधुरं, गुडः -डकं, रसजः, द्रवजः, सितादिः ***m.,*** पाणिः ***f.***

Mole, *s.* (Spot on the body) तिलः -लकः, तिलकालकः, किणः, सामुद्रं कालकः, जटुलः.—**(Mound)** वप्रः -प्रं, पिण्डलः, पिण्डनः सेतुः ***m.,*** चयः.—**(The animal)** छुछुन्दः,

छुञ्छुन्दरी, गर्त्ताश्रयः, विलवासी जन्तुभेदः.

Molecule, ***s.*** अणुः ***m.,*** परमाणुः, कणः, कणिका, लवः, काकिणिका.

Moleculism, ***s.*** अणिमा ***m.*** (न्), अणुत्वं.

Mole-eyed, ***s.*** सूक्ष्मनयनः -ना -नं, सूक्ष्मदृष्टिः -ष्टिः -ष्टि.

Mole-hill, ***s.*** कृमिशैलः, भूश्रवाः ***m.*** (स्), वल्मीकः -कं, कूलकः, वम्रीकूटं, मृत्तिकाकूटं, वामलूर, स्यमीकः.

To* molest,** ***v. a. आयस् **(c. 10.** -यासयति -यितुं), बाध् **(c. 1.** बाधते -धितुं), परिबाध्, प्रबाध्, अधिबाध्, उपरुध् **(c. 7.** -रुणद्धि: -रोद्धुं), रुध्, तप् **(c. 10.** तापयति -यितुं), सन्तप्, पीड् **(c. 10.** पीडयति -यितुं), उपपीड्, अभिपीड्, क्लिश् **(c. 9.** क्लिश्नाति, क्लेशितुं), व्यथ् **(c. 10.** व्यथयति -यितुं), अर्द् **(c. 10.** अर्दयति -यितुं).

Molestation, ***s.*** क्लेशः, बाधः -धा, बाधनं, उपरोधः, पीडा, व्यथा, दुःखं, आयासः, प्रयासः, उपद्रवः, उपप्लवः; **'free from molestation,** निरुपद्रवः -वा -वं.

Molested, ***a.*** बाधितः -ता -तं, पीडितः -ता -तं, क्लिष्टः -ष्टा -ष्टं, क्लेशितः -ता -तं, परिक्लिष्टः -ष्टा -ष्टं, उपरुद्धः -द्धा -द्धं, व्यथितः -ता -तं, उपद्रुतः -ता -तं.

Mollient, ***a.*** मृदुकारी -रिणी -रि (न्), स्निग्धारी **etc.** ***See*** **Emollient.**

Mollification, ***s.*** मृदूकरणं, स्निग्धीकरणं, शमनं, प्रशमनं, उपशमनं.

Mollified, ***p. p.*** मृदूकृ, स्निग्धीकृ, कोमलीकृ, शम् **(c. 10.** शमयति -यितुं), प्रशम्, उपशम्, सान्त्व् **or** शान्त्व् **(c. 10.** सान्त्वयति -यितुं), उपसान्त्व्, अभिशान्त्व्.

Mollusca, ***s. pl.*** कोमलशरीरविशिष्टा प्राणिजातिः.

To* molt,** ***v. a. See To **moult.**

Molten, ***a.*** विलीनः -ना -नं, द्रुतधातुमयः -यी -यं, विलीनधातुमयः **etc.**

Moment, ***s.*** **(Minute portion of time)** क्षणः, विपलं, पलं, त्रुटिः ***f.,*** निमेषः, निमिषः, मात्रा; **'the present moment,'** आपातः; **'for the present moment,'** आपाततस्; **'in a moment,'** क्षणात् क्षणेन, निमेषमात्रेण, क्षणमात्रेण, क्षणान्तरे, एकपदे, एकविपले; **'for a moment,'** क्षणं -णेन, क्षणमात्रं, निमेषमात्रं, मुहूर्त्तं; **'at that moment,'** तत्क्षणात् -णे, तत्काले, तदानीमेव; **'every moment,'** प्रतिक्षणं, अनुक्षणं, क्षणे क्षणे; **'the next moment,'** क्षणान्तरं : **'auspicious moment,'** लग्नं. ***See*** **Instant. (Importance)** गुरुता -त्वं, गौरवं, प्रभावः, भारः.

Momentarily, ***adv.*** क्षणे -णं, -णात्, तत्क्षणे, प्रतिक्षणं, सद्यस, सपदि, क्षणमात्रं, निमेषमात्रं.

Momentary, ***a.*** क्षणिकः -का -की -कं, क्षणी -णिनी -णि (न्), क्षणभूतः -ता -तं, क्षणमात्रस्थायी -यिनी **etc.,** क्षणस्थायी **etc.,** अत्यल्पकालस्थायी **etc.,** अल्पकालीनः -ना -नं, अत्यल्पकालीनः -ना -नं, अचिरः -रा -रं, अचिरस्थायी **etc.,** साद्यस्कः -स्की -स्कं, नैमिषः -षी -षं, नैमिषिकः -की -कं, तत्क्षणिकः -की -कं, तात्कालिकः -की -कं., क्षण **in comp.; as, 'a momentary obstacle,'** क्षणविघ्नः; **'a momentary flash,'** क्षणप्रभाः.

Momentous, ***a.*** गुरुः -र्वी -रु, गुर्वर्थः -र्था -र्थं, बह्वर्थः **etc.,** महार्थः **etc.** गुरुप्रभावः -वा -वं, अलघुः -घुः -घु; **'a momentous affair,'** गुरुकार्य्यं. ***See*** **Important.**

Momentousness, ***s.*** गुरुता -त्वं, गौरवं, गुर्वर्थता, प्रभावः, अलघुता.

Momentum, ***s.*** वेगः, आवेगः, संवेगः, आपातः, गतिवेगः.

Monachal, ***a.*** मठवाससम्बन्धी -न्धि -न्धि (न्). ***See*** **Monastic.**

Monachism, ***s.*** मठवासः, मठाध्यासनं, वनवासः, वानप्रस्थता, अरण्यवासः, वैखानसवृत्तिः ***f.,*** संसारत्यागः, उदासीनता.

Monad, monade, ***s.*** तन्मात्रं, मात्रं, अणुमात्रं, अभेद्यवस्तु ***n.,*** अच्छेद्यवस्तु ***n.,*** अदृश्यवस्तु ***n.,*** अखण्डनीयवस्तु.

Monarch, ***a.*** राजा ***m.,*** (न्), नृपतिः ***m.,*** भूपतिः ***m.,*** नृपः, पार्थिवः, भूपः, नरपतिः ***m.,*** महीपतिः ***m.,*** अधिपः, अधिपतिः ***m.,*** महाराजः, अधिराजः, ईश्वरः, अधीश्वरः; **'universal monarch,'** सम्राट् ***m.,*** (ज्), मण्डलेश्वरः, चक्रवर्त्ती ***m.,*** (न्). ***See*** **King.**

Monarchal, monarchic, monarchical, ***a.*** **(Relating or suited to a monarch)** राजकीयः -या -यं, राजयोग्यः -ग्या -ग्यं, राजोचितः -ता -तं, आधिराजिकः -की -कं, राज **in comp. – (Vested in a single ruler)** एकराजाधीनः -ना -नं, एकराजायत्तः -त्ता -त्तं, सम्राडधीनः -ना -नं, एकराजकः -का -कं, एकप्रभुकः -का -कं.

Monarchy, ***s.*** एकराजशासनं, एकराजाधिपत्यं, एकाधिपत्यं, एकराजकत्वं, एकभर्त्तृकत्वं, एकस्वामित्वं, राजत्वं, राज्यं, नृपत्वं, नरेन्द्रत्वं.

Monastery, ***s.*** मठः, आश्रमः, वानप्रस्थाश्रमः, मुनिवासः, मुनिवासस्थानं, धर्म्मशाला, पुण्यस्थानं, पुण्यालयः, पुण्यवनं.

Monastic, monastical, ***a.*** मठवाससम्बन्धी -न्धिनी -न्धि (न्), आश्रमसम्बन्धी **etc.,** आश्रमी -मिणी **etc.,** आश्रमिकः -की -कं, मुनिसम्बन्धी **etc.**

Monday, ***s.*** सोमवारः, चन्द्रवारः, इन्दुवारः, सोमवासरः.

Monetary, ***a.*** मुद्रासम्बन्धी -न्धिनी -न्धि (न्), मौद्रिकः -की -कं.

Money, ***s.*** **(Coin)** मुद्रा, दीनारः, नाणकं, टङ्कः, टङ्ककः, निष्कः -ष्कं, कार्षापणं. **– (Riches, wealth)** धनं, अर्थः, वित्तं, द्रव्यं, विभवः, वैभवं, सम्पत्तिः ***f.,*** रिक्थं, धनसम्पत्तिः ***f.,*** धनबाहुल्यं, धनसमृद्धिः ***f.,*** धनवैपुल्यं, **'love of money,'** धनलोभः, अर्थलोभः, धनाशा; **'making money,'** धनार्जनं, द्रव्यार्जनं.

Money-bag, ***s.*** कोषः, कोशः, धनकोषः, मुद्राकोषः.

Money-box, ***s.*** मुद्राभाण्डं, मुद्रापात्रं, धनभाण्डं, दीनारभाण्डं.

Money-changer, ***s.*** मुद्रापरिवर्त्तकः, हुण्डिकापत्रसुवर्णप्यादि-परिवर्त्तकः, धनव्यापारी ***m.*** (न्), मुद्राव्यापारी.

Moneyed, ***a.*** धनवान् -वती -वत् (त्), धनी -निनी -नि (न्), धनिकः -का -कं, सधनः -ना -नं, धनाढ्यः -ढ्या -ढ्यं, महाधनः -ना -नं, द्रव्यवान् **etc.,** वित्तवान् **etc.**

Money-lender, ***s.*** कुसीदिकः, कुसीदः -दा -दं, कौसीदिकः, कुसीदजीवी ***m.*** (न्), वार्धुषिकः, वृद्धिजीवी ***m.,*** निषिद्धवृद्ध्युपजीवी ***m.*** (न्), कलोपजीवी ***m.*** ऋणदाता ***m.*** (तृ), धनिकः, धनप्रयोगी ***m.*** (न्).

Money-less, ***a.*** धनहीनः -ना -नं, अधनः -ना -नं, निर्धनः -ना -नं, द्रव्यहीनः -ना -नं, अर्थहीनः **etc.,** वित्तहीनः **etc.,** क्षीणधनः **etc.,** गतार्थः -र्था -र्थं.

Monger, ***s.*** व्यापारी ***m.*** (न्), व्यवसायी ***m.*** (न्), क्रयविक्रयिकः, विक्रेता ***m.*** (तृ), बणिक् ***m.*** (ज्).

Mongrel, ***a.*** सङ्कीर्णजातीयः -या -यं, सङ्करजातीयः -या -यं, सङ्करजातः -ता -तं, सङ्करजः -जा -जं, विजातीयः -या -यं, सङ्कीर्णः -र्णा -र्णं.

Monition, ***s.*** उपदेशः, प्रत्यादेशः, प्रबोधः -धनं, मन्त्रणं, बोधः -धनं.

Monitor, ***s.*** **(Warner, admonisher)** मन्ता ***m.*** (न्तृ), अभिमन्ता ***m.,*** मन्त्री ***m.*** (न्), बोधकः प्रबोधकः, उपदेशकः, प्रत्यादेशकः, शिक्षकः.—**(In a school)** उपशिक्षकः, उपगुरुः ***m.***

Montorial, ***s.*** उपशिक्षकसम्बन्धी -न्धिनी **etc.,** उपशिक्षाम्बन्धी **etc.**

Monitory, monitive, ***a.*** उपदेशकः -का -कं, उपदेशात्मकः -का -कं, उपदेशरूपः -पा -पं, शिक्षकः -का -कं, उद्बोधकः -का -कं, प्रबोधकः **etc.**

Monk, ***s.*** मठवासी ***m.*** (न्), मुनिः ***m.*** सन्न्यासी ***m.*** (न्), योगी ***m.*** (न्), यती ***m.*** (न्), तपस्वी ***m.*** (न्), वैखानसः, उदासीनः, वैरागी ***m.*** (न्), वैरागिकः, वैराग्याश्रमी ***m.*** वानप्रस्थः, संसारत्यागी ***m.*** लोकत्यागी ***m.*** सर्व्वसङ्गपरित्यागी ***m.***

Monkey, ***s.*** वानरः, कपिः ***m.,*** प्लवगः, प्लवङ्गः -ङ्गमः, मर्कटः, शाखामृगः, वृक्षचरः, झम्पी ***m.*** (न्), झम्पाकः, झम्पारुः ***m.*** वनौकाः ***m.*** (स्), बलिमुखः, बलीमुखः, कलिप्रियः, कीशः, हनुमान् ***m.*** (तृ), रामदूतः; **'Female monkey,'** वानरी ***f.,*** मर्कटी; **'monkey-like,'** कापेयः -यी -यं; **'monkey-tricks,'** वानरचेष्टा, मर्कटचेष्टा.—**(Iron weight)** लोहभारः.

Monkish, ***a.*** मुनिसम्बन्धी -न्धिनी **etc.,** मुनिसदृशः -शी -शं.

Monochord, ***s.*** एकतन्त्री ***m.*** (न्), एकतारी ***m.*** (न्), एकतन्त्रीवाद्यं.

Monocular, monoculous, ***a.*** एकाक्षः -क्षा -क्षं, एकलोचनः -ना -नं, एकनेत्रः -त्रा -त्रं, काणः -णा -णं, एकाक्षिविकलः -ला -लं.

Monogamist, ***s.*** एकपत्नीकः, एकभार्य्यकः, सकृद्विवाही ***m.*** (न्), अपुनर्विवाही ***m.,*** एकस्त्रीकः.

Monogamy, ***s.*** एकपत्नीव्रतं, एकभार्य्याव्रतं, एकस्त्रीविवाहः, सकृद्विवाहः, अपुनर्विवाहः.

Monogram, ***s.*** परस्परसंयुक्तं नामाद्याक्षरं.

Monologue, ***s.*** आत्मभाषणं, आत्मगतभाषणं, स्वगतभाषणं, स्वसमीपभाषणं.

Monomachy, ***s.*** द्वन्द्वयुद्धं, द्वन्द्वं, द्वन्द्वायोधनं, नियुद्धं.

Monomania, ***s.*** एकविषयोन्मादः, एकविषयविक्षेपः, एकविषयभ्रान्तिः ***f.***

Monomaniac, ***s.*** एकविषयोन्मत्तः, एकविषयविक्षिप्तः, एकविषयभ्रान्तः.

Monopetalous, ***a.*** एकदलकः -का -कं, एकदलविशिष्टः -ष्टा -ष्टं.

Monopolist, monopolizer ***s.*** **(One who purchases the whole of a commodity)** पूर्व्वक्रेता ***m.,*** (तृ), पूर्व्वक्रयी ***m.*** (न्), सर्व्वभाण्डक्रेता, एकव्यवसायी ***m.***—**(One who takes the whole)** पूर्व्वग्राहकः, सर्व्वग्राहकः.

To **monopolize,** ***v. a.*** **(Purchase the whole of a commodity with the view of selling at higher prices)** अधिकमूल्यविक्रयबुद्ध्या सर्व्वभाण्डं पूर्व्वं क्री **(c. 9.** क्रीणाति -णीते, क्रेतुं) **or** सर्व्वपण्यद्रव्याणि पूर्व्वं क्री **or** सर्व्वद्रव्याणां पूर्व्वक्रयं कृ.—**(Take or obtain the whole)** सर्व्वं ग्रह् **(c. 9.** गृह्णाति, ग्रहीतुं) **or** प्राप् **(c. 5.** -आप्नोति -आप्तुं), साकल्यं, ग्रह् **or** पूर्व्वं ग्रह्.—**(Have the sole right of dealing)** एकव्यवसायं कृ, एकव्यापारं कृ, क्रयविक्रयाधिकारम् एकतो **or** असामान्येन धृ **(c. 10.** धारयति -यितुं).

Monopolized, ***p. p.*** पूर्व्वगृहीतः -ता -तं, पूर्व्वक्रीतः -ता -तं, पूर्व्वप्राप्तः **etc.**

Monopoly, ***s.*** एकव्यवसायः, एकव्यापारः, एकव्यवहारः, एकपणाया, एकबाणिज्यं, असामान्यव्यवहारः, एकप्रयोगः, असामान्यप्रयोगः, क्रयविक्रययोर् एकाधिकारः.

Monosyllabic, ***a.*** एकाक्षरः -रा -रं, एकाक्षरी -रिणी -रि (न्).

Monosyllable, ***s.*** एकाक्षरं, एकाक्षरशब्दः, एकाक्षरविशिष्टः शब्दः.

Monotheism, ***s.*** अद्वैतं, अद्वैतवादः, केवलेश्वरवादः, केवलेश्वरमतं.

Monotheist, ***s.*** अद्वैतवादी ***m.*** (न्), अद्वयवादी ***m.,*** केवलेश्वरवादी ***m.***

Monotonous, ***a.*** **(having but one tone)** एकस्वरः -रा -रं, एकतानः -ना -नं, एकस्वनः -ना -नं, समस्वरः -रा -रं, समानस्वरः -रा -रं, अनन्यस्वरः -रा -रं.—**(Awlays the same,**

tediously uniform) एकरूपः -पा -पं, एकप्रकारः -रा -रं, समरूपः -पा -पं, समानरूपः -पा -पं, समसमानः -ना -नं, एकसारः -रा -रं, निर्विकारः -रा -रं, निर्विक्रियः -या -यं, अविशेषः -षा -षं, एकरङ्गी -ङ्गिणी etc.

Monotonously, ***adv.*** एकस्वरेण, समस्वरेण, एकरूपेण, समरूपेण, समसमानं, निर्विकारं, अविकारेण.

Monotony, ***s.*** **(Sameness of tone)** एकस्वरः, स्वैरक्यं, स्वराभेदः, स्वरसमता, स्वरसमानता, समानस्वरत्वं, स्वरभेदाभाव. — **(Dull uniformity)** एकरूपता, समरूपता, समसमानता, समानरूपता, एकव्यापारत्वं, समव्यापारत्वं, व्यापाराभेदः, विकाराभावः, विशेषाभावः.

Monsoon, ***s.*** **(Rainy season)** वृष्टिकालः, मेघागमः, मेघकालः, मेघसमयः, घनसमयः, पर्जन्यकालः, जलदागमः, प्रावृट्कालः.

Monster, ***s.*** **(Something unnatural)** अद्भुतं, अद्भुतविषयः, अद्भुतवस्तु ***n.,*** अपूर्व्वविषयः, महोद्भुतं. — **(Something deformed)** अपरूपवस्तु ***n.,*** विरूपविषयः, अपरूपं, अपरूपता, वैरूप्यं. — **(A being enormously large or very frightful)** राक्षसशरीरः, भीमशरीरः, विकटाकारः, विकटरूपः, घोररूपी ***m.*** (न्), सुबृहत्परिमाणः. — **(Horribly wicked person)** राक्षसः, रावणः, घोरकर्म्मा ***m.*** (न्).

Monstrosity, ***s. See*** **Monster.**

Monstrous, ***a.*** **(Unnatural, extraordinary, out of the course of nature)** अद्भुतः -ता -तं, महोद्भुतः -ता -तं, अपूर्व्वः -र्व्वा -र्व्वं, विलक्षणः -णा -णं, विलक्षः -क्षा -क्षं, सृष्टिमार्गवहिर्गतः -ता -तं, सृष्टिरीतिवाह्यः -ह्या -ह्यं, सृष्टिक्रमवाह्यः etc. — **(Deformed)** अपरूपः -पा -पं, विरूपः -पा -पं.. — **(Enormously large)** राक्षसशरीरः -रा -रं, अतिवृहच्छरीरः -रा -रं, विकटशरीरः etc., अतिमहाहन् -हती -हत् (त्), सुमहान् etc., अतिवृहन् -हती etc., सुवृहत्परिमाणः -णा -णं. — **(Frightful)** घोररूपी -पिणी etc., घोराकृतिः -तिः -ति, विकटाकारः -रा -रं, भीमदर्शनः -ना -नं, रौद्रदर्शनः etc., करालरूपः -पा -पं. — **(Atrocious)** दारुणः -णा -णं, अघोरः -रा -रं, विकटः -टा -टं.

Monstrously, ***adv.*** अद्भुतं, विकटं, दारुणं, भृशं, अतिशयं -येन, अतीव.

Monstrousness, ***s.*** अद्भुतता, अघोरता, घोरता, दारुणता, विकटता.

Month, ***s.*** मासः, मास् ***m.,*** पक्षद्वयं, पक्षयुगं, नाक्षत्रं, यव्यः, वर्षांशः, वर्षाङ्गः. **The following are the twelve Hindu months,** 1. चैत्रः, **corresponding to the last half of March and the first half of April, 2.** वैशाखः, **April, May,** 3. ज्येष्ठः, **May, June,** 4. आषाढः, **June, July,** : 5. श्रावणः, **July, August,** 6. भाद्रः or भाद्रपदः, **August, September,** -7. आश्विनः or आश्वयुजः, **September, October,** 8. कार्त्तिकः, **October, November,** 9. मार्गशीर्षः, **November, Decemmber,** 10. पौषः, **December, January,** 11. माघः, **January, February,** 12. फाल्गुनः, **February, March.** — **(Lunar month)** चान्द्रमासः; **'half of a lunar month,'** पक्षः; **'light or first half of the month,'** शुक्लपक्षः, शुद्धपक्षः, सितपक्षः, पूर्वपक्षः, प्रथमपक्षः, देवपक्षः; **'dark or second half of the month,'** कृष्णपक्षः, तमिस्रः, तमिस्रपक्षः, उत्तरपक्षः, अपरपक्षः, बहुलः; **'last day of the half-month,'** पक्षान्तः, पक्षावसरः. — **(Solar month)** सौरमासः, सौरः; **'a month old,'** मासजातः -ता -तं, मासीनः -ना -नं.

Monthly, ***a.*** मासिकः -की -कं, मासीनः -ना -नं, मास्यः -स्या -स्यं, प्रातिमासिकः -की -कं, मासानुमासिकः -का -कं; **'half-monthly,'** आर्द्धमासिकः -की -कं, पाक्षिकः -की -कं; **'monthly allowance,'** मासिकं.

Monthly, ***adv.*** प्रतिमासं, मासे, मासे, मासि मासि, अनुमासं.

Monument, ***s.*** **(Memorial)** स्मरणार्थकचिह्नं. — **(Tomb, monument to the deat)** चित्यं, चैत्यं, चिताचूडकं, चैत्रः, स्तूपः, समाधिः ***m.***

Monumental, ***a.*** **(Memorial)** स्मरणार्थकः -का -कं. — **(Belonging to a tomb)** चैत्यसम्बन्धी -न्धि -न्धि (न्).

Mood, ***s.*** **(Temper of mind)** वृत्तिः ***f.,*** चित्तवृत्तिः ***f.,*** मनोवृत्तिः ***f.,*** भावः, मनोभावः, प्रकृतिः ***f.,*** मनःस्थितिः ***f.,*** मनोवस्था; **'cheerful mood,'** आनन्दवृत्तिः ***f.,*** हास्यवृत्तिः ***f.*** — **(In grammar)** वच्यं, अर्थः. — **(In logic)** प्रकारः, रूपं.

Moodiness, ***s.*** उदासीनता, क्रोधशीलता, विषणता, कार्कश्यं, वक्रता.

Moody, ***a.*** क्रोधवशाद् उदासीनः -ना -नं or उदासवृत्तिः -त्तिः -त्ति or विषणः -णा -णं, क्रोधशीलः -ला -लं, उत्कण्ठितः -ता -तं, दीनमनाः -नाः -नः (स्), उद्विग्नमनाः etc., चिन्तोद्विग्नः -ग्ना -ग्नं, कर्कशभावः -वा -वं, वक्रभावः etc., रुष्टः -ष्टा -ष्टं.

Moon, ***s.*** चन्द्रः -न्द्रकः, चन्द्रमाः ***m.*** (स्), सोमः -मा ***m.*** (न्), इन्दुः ***m.,*** विधुः ***m.*** — **(Marked like a hare or rabbit)** शशी ***m.*** (न्) शशाङ्कः, शशधरः, शशभृत् ***m.,*** शशविन्दुः ***m.,*** शशलाञ्छनः. — **(Marking the night)** रजनीकरः, निशाकरः, क्षपाकरः, निशाकेतुः ***m.*** — **(Lord of the night)** निशापतिः ***m.,*** क्षपानाथः, यामिनीपतिः ***m.,*** निशीथिनीनाथः, रजनीनाथः. — **(Gem of the night)** रात्रिमणिः ***m.,*** निशामणिः. — **(Lord of the constellations)** नक्षत्रनाथः, नक्षत्रपः, ऋक्षेशः, उडुपः, उडुपतिः, उडुराट् ***m.*** (ज्), दाक्षायिणीपतिः ***m.,*** ताराधिपतिः ***m.,*** भपतिः ***m.*** — **(The repository and producer of nectar or ambrosia, which is supposed to be distilled in its rays)** अमृतसूः ***m.,*** अमृतदीधितः ***m.,*** अमृताधारः, अमृतसुत् ***m.,*** सुधानिधिः ***m.,*** सुधाधारः, सुधाभृतिः ***m.,*** सुधासूतिः ***m.,*** सुधांशुः, सुधाकरः, सुधाङ्गः, जीयूषरुचिः ***m.,*** पीयूषमहाः ***m.,***

(स्), पीयूषनिधि: *m.* – **(Having cool rays or radiance)** शीतांशु: *m.*, शीतमयूख:, शीतमरीचि: *m.*, शीतभानु: *m.*, हिमांशु: *m.*, हिमकर:, हिमरश्मि: *m.*, हिमद्युति: *m.*, शीतरुक् *m.*, (च्), शीतगु: *m.*, हिमश्रथ:, प्रालेयांशु: *m.*, तुहिनांशु: *m.* – **(Having white rays or pale radiance)** शुभ्रांशु: *m.*, सितांशु:, सितरश्मि: *m.*, सितदीधिति: *m.*, श्वेतधामा *m.*, (न्), श्वेतरोची: *m.*, (स्), शुचिरोची: *m.*, (स्), छायाभृत् *m.* – (न्), श्वेतरोची: *m.* (स्), शुचिरोची: *m.*, (स्), छायाभृत् *m.* – **(Marked like a deer)** मृगाङ्क:, मृगविप्लु: *m.*, हरिणाङ्क:, हरिणकलङ्क:, मृगलाञ्छन:, मृगधर:, छायामृगधर:. – **(Containing many digits)** कलानिधि: *m.*, कलापूर्ण:, कलावान् *m.* (त्), कलाभृत् *m.*, कलापति: *m.* – **(Forming the crest of Śiva)** शिवशेखर:, हरशेखर:, हरचूडामणि: *m.* – **(Brother of Lakshmī, as having been reproduced with that goddess from the ocean when it was churned by the gods and asuras)** लक्ष्मीसहज:, श्रीसहोदर:. – **(Husband of Rohini)** रोहिणीपति: *m.*, रोहिणीश:, रोहिणीवल्लभ:. – **(The butter of the ocean, or produced by the churning of the ocean)** अब्धिनवनीतक:. – **(Friend, companion or lord of the lotuses, many of these flowers opening their petals in the night and closing them in the day)** कुमुदबान्धव:, कुमुदबन्धु: *m.*, कुमुदपति:, कुमुदेश:, कुमुदप्रिय:, कुमुदिनीपति: *m.*, कुमुदिनीनायक:, अब्ज:. – **(Lord of plants or herbs)** ओषधीनाथ:, ओषधीपति: *m.*, ओषधीश:. – **(Drawn by white horses)** श्वेतवाजो *m.* (न्), श्वेतवाहन:. – **(Drawn by ten horses)** दशवाजी *m.* – **(Dispeller of darkness)** तमोहर:, तमोनुद् *m.*, तमोनुद:, तमोघ्न:, तमोपह:, तिमिररिपु: *m.* – **(Regulating the days of the month)** तिथिप्रणी: *m.*, पर्व्वधि: *m.* **(Garlanded with stars)** तारापीड:. – **(King of kings)** राजराज:. – **(Broken-bodied, having been cut in two by the trident of Śiva, as a punishment for having violated the wife of Vrihaspati)** भग्नात्मा *m.* – **(Lord of Brahmans)** द्विजपति: *m.*, द्विजराज:. – **(Lord of the moonlight)** कौमुदीपति: *m.* **Other names for the moon of less obvious derivation are** जैवातृक:, ग्लौ:, कैरवी *m.* (न्), कलापिनी, हरि: *m.*, मास् *m.*, चन्द:; **'the autumnal moon,'** शरच्चन्द्र:; **'orb or disk of the moon,'** चन्द्रविम्ब:, चन्द्रमण्डलं, चन्द्रगोल: –लं; **'day of the moon.'** तिथि: ***See* Lunar; 'digit of the moon,'** चन्द्रकला, चन्द्ररेखा, इन्दुरेखा, चन्द्रलेखा; **'full moon,'** पूर्णचन्द्र:, पूर्णिमा, पूर्णेन्दु: **:*See* Full Moon; 'new moon,'** नवशशी *m.* (न्), नवचन्द्र:, अमा, अमावसी, अमावासी, अमावस्या, अमावास्या, अमामसी, प्रतिपच्चन्द्र:, दर्श:, सूर्य्येन्दुसङ्गम:, कुहू: *f.*, तिथिक्षय:, नष्टेन्दुकला; **'moon of the first quarter,'** बालचन्द्र:; **'day of new moon,'** मासान्त:; **'full or new moon, or the last day of a lunar fortnight,'** पञ्चदशी, पक्षान्त:; **'the first day of the moon's increase or wane, or of a lunar fortnight,'** प्रतिपद् *f.*; **'fortnight of the waxing moon,'** शुक्लपक्ष:, सितपक्ष:, शुद्धपक्ष:; **'fortnight of the waning moon,'** कृष्णपक्ष:, तमिस्रपक्ष:, उत्तरपक्ष:; **'the full or change of the moon, or the junction of the 15th and 1st of a half-month,** पर्व्वसन्धि: *m.*, प्रतिपत्पञ्चदश्योरन्तरं; **'moon a little gibbous, or one digit less than full,'** अनुमति: *f.*, कलाहीन:; **'moon a little horned,'** सिनीवाली; **'half moon,'** चन्द्रार्द्धं; **'a false moon,'** चन्द्राभास; **'having a face like the moon,'** चन्द्रमुखी *f.*, शशिवदना; **'rise of the moon,'** चन्द्रोदय:; **'spot's on the moon's disk,'** लाञ्छनं, कलङ्क:; **'the wife of the moon,'** रोहिणी, चन्द्रकान्ता.

Moon-beam, ***s.*** चन्द्रपाद:, शशिपाद:, चन्द्रकिरण:, चन्द्ररश्मि: *m.*, शशिकिरण:, शशिकर:, शशिमयूख:, अंशु: *m.*, सोमांशु: *m.*, चन्द्रांशु: *m.*, चन्द्रिका, चन्द्रमरीचि: *m.*, पूर्णानकं.

Moonless, ***a.*** चन्द्रहीन: –ना –नं, शशिहीन: **etc.**, नष्टचन्द्र: –न्द्रा –न्द्रं.

Moonlight, ***s.*** चन्द्रप्रभा, शशिप्रभा, चन्द्रप्रकाश:, चन्द्रिका, चन्द्रिमा, ज्योत्स्ना, चन्द्रज्योतिस् *n.*, चन्द्रताप:, चन्द्रगोलिका, कौमुदी, चन्द्रशाला, दीपिका, चान्द्री, मालती, तुहिनं, अमृततरङ्गिणी, कैरवी, हरिचन्दनं, मुदी, चन्दक:.

Moonlight, ***a.*** ज्यौत्स्न: –त्स्नी –त्स्नं, ज्योत्स्नायुक्त: –क्ता –क्तं; **'a moonlight night,'** ज्योत्स्नी, ज्यौत्स्नी, –त्स्निका.

Moon-plant, ***s.*** चन्द्रवल्लरी, सोमवल्लरी –रि: *f.*, सोमवल्लिका, सोमलता, सोम:, वयस्था, वय:स्था, ब्रह्मी, ब्राह्मी, मत्स्याक्षी.

Moonshine, ***s.*** चन्द्रप्रभा, चन्द्रद्युति: *f.*, चन्द्रदीप्ति:. ***See*** **Moonlight.**

Moon-stone, moon-gem, ***s.*** चन्द्रकान्त:, चन्द्रमणि: *m.*, सोमकान्त:, चन्द्रोपल:, चन्द्रिकाद्राव:.

Moonstruck, ***a.*** विक्षिप्तबुद्धि: –द्धि: –द्धि, विप्लुतबुद्धि: **etc.**, हतबुद्धि: **etc.**

Moony, ***a.*** अर्द्धचन्द्रध्वजाङ्कित: –ता –तं, अर्द्धचन्द्रध्वजविशिष्ट: –ष्टा –ष्टं.

Moor, ***s.*** जङ्गलभूमि: *f.*, खिलभूमि: *f.*, अनुपभू: *f.*, कच्छ:, कच्छभू:.

To* moor,** ***v. a. रज्जुना **or** गुणेन बद्ध: –द्धा –द्धं, रज्जुबद्ध: **etc.**

Moor-land, ***s.*** अनूपभूमि: *f.*, कच्छभूमि: *f.*, खिलभू: *f.* ***See*** **Moor.**

Moory, ***a.*** अनूप: –पा –पं, आनूप: –पी –पं, कच्छ: च्छा –च्छं, खिल: –ला –लं.

Moose, *s.* (Kind of deer) शम्बरः, सम्बरः.

***To* moot, *v. a.* (Discuss)** विचर् **(c. 10.** -चारयति -यितुं), वितर्क् **(c. 10.** -तर्कयति -यितुं), विवद् **(c. 1.** -वदति -ते -दितुं), विवादास्पदीकृ, विचारास्पदीकृ, वितर्कास्पदीकृ. **—(Bring forward)** उपन्यस् **(c. 4.** -अस्यति -असितुं).

Moot-moot-case, moot-point, *s.* विचारविषयः, विचारपदं, विचारास्पदं, विचारस्थलं, विवादास्पदं, विवादविषयः, सन्दिग्धविषयः, अनिष्पन्नविषयः, असिद्धान्तः.

Mooted, *p. p.* विचारितः -ता -तं, वादग्रस्तः -स्ता -स्तं, विचारास्पदीकृतः **etc.**

Mop, *s.* मार्जनी सम्मार्जनी, शोधनी, विमार्गः, परिष्कारकः.

To* mop, *v. a. मृज् **(c. 2.** मार्ष्टि -र्ष्टुं), सम्मृज्, शुध् **(c. 10.** शोधयति -यितुं).

To* mope, *v. n. विषद् **(c. 1.** -षीदति -षन्नुं), अवसद्, उदास् **(c. 2.** -आस्ते -आसितुं), विषणीभू, उद्विग्नीभू, दुर्मनस **(nom.** दुर्मनायते), उन्मनस्, ग्लै **(c. 1.** ग्लायति, ग्लातुं).

Moping, mopish, *a.* विषणः -णा -णं, अवसन्नः -न्ना -न्नं, उदासीनः -ना -नं, उदासी -सिनी -सि (न्), दुर्मनाः -ना -नः (स्), उद्विग्नमनाः **etc.,** अन्तर्मनाः **etc.**

Moppet, mopsey, *s.* पटपुत्रिका, वस्त्रपुत्रिका, वस्त्रखण्डमयी पुत्तलिका.

Moral, *a.* (Virtuous) सदाचारः -रा -रं, सदाचारी -रिणी -रि (न्), धार्म्मिकः -की -कं, धर्म्माचारी **etc.,** धर्म्मचारी **etc.,** साधुः -धुः -ध्वी -धु, साधुवृत्तः -त्ता -त्तं, सुचरितः -ता -तं, सच्चरितः -ता -तं, साध्वाचारः -रा -रं, धर्म्यः -र्म्या -र्म्यं, धर्म्मी **etc.,** सुधर्म्मा -र्म्मा -र्म (न्), धर्म्मभृत ***m.f.n.,*** न्यायाचारः **etc.,** वृत्तवान् -वती -वत् (त्), अव्यसनी **etc.,** पुण्यः -ण्या -ण्यं, सात्त्विकः -की -कं, नीतिमान् **etc. —(Relating to the practice of men, or to actions good or evil)** लोकव्यवहारसम्बन्धी **etc.,** लोकाचारविषयकः -का -कं, सदसदाचारसम्बन्धी **etc.,** सदसद्व्यवहारविषयः -या -यं, विधिनिषेधान्वितः -ता -तं. **—(Subject to moral laws, bound by precepts and prohibitions)** विधिनिषेधाहीनः -ना -नं, विधिनिषेधायत्तः -त्ता -त्तं, विधिनिषेधवान् **etc.,** नियमाधीनः **etc. —(Supported by reason or probability, founded on experience)** अनुमानसिद्धः -द्धा -द्धं, युक्तिसिद्धः **etc.,** आनुमानिकः -की -कं, यौक्तिकः -की -कं, अनुभूतिसिद्धः **etc.,** युक्तिभाव्यः -व्या -व्यं, अनुमानमूलः -ला -लं; **'moral philosophy,'** नीतिशास्त्रं, नीतिविद्या, व्यवहारशास्त्रं, नीतिः ***f.***

Moral, *s.* (Moral doctrine taught by a fiction) तात्पर्य्यं, तात्पर्य्यार्थः, अभिप्रायः, भावार्थः, तात्त्विकं, ध्वनितार्थः, गर्भः.

Moralist, *s.* (Teacher of moral duties) नीतिशास्त्रोपदेशकः, नीत्युपदेष्टा ***m.*** (ष्टृ), नीतिशिक्षकः, धर्म्मोपदेशी ***m.*** (न्), नीतिविवेचकः, सदसद्विवेचकः, नीतिशास्त्रज्ञः, नीतिविद्याज्ञः, कर्त्तव्याकर्त्तव्योपदेशकः. **—(Mere moral person)** नीतिमार्गावलम्बी ***m.*** केवलनीतिमार्गाश्रयी.

Morality, *s.* (System of moral duties) नीतिः ***f.,*** नीतिविद्या, नीतिशास्त्रं, व्यवहारशास्त्रं, व्यवहारशास्त्रं, नयः, नयविद्या, नयशास्त्रं, अर्थशास्त्रं, विनयविद्या, शीलविद्या, सदसद्विचारः, सदसद्विवेकः, कर्त्तव्याकर्त्तव्यविचारः, कर्त्तव्याकर्त्तव्यविवेकः' **'as invented by Vrihaspati,'** वार्हस्यत्यं. **—(Practice of moral duties, virtue)** धर्म्मानुष्ठानं, धर्म्माचरणं, धर्म्माचारता, धर्म्मः, धर्म्मत्वं, सदाचारत्वं, सच्चरितं, सुचरितं, साधुशीलता, पुण्यता, पुण्यशीलत्वं साधुवृत्तं. **—(Conformity to the principles of rectitude)** धर्म्मानुसारित्वं, न्यायानुसारः, न्यायः, धर्म्यता, धर्म्मत्वं.

***To* moralize, *v. a.* Apply to the purposes of moral instruction)** हितोपदेशास्पदीकृ, धर्म्मोपदेशास्पदीकृ, नीतिशिक्षास्पदीकृ.

***To* moralize, *v. n.* (Make moral reflections)** हितोपदेशं कृ, धर्म्मोपदेशं कृ, नीत्युपदेशं कृ, हितोपदेशं लिख् **(c. 6.** लिखति, लेखितुं).

Moralizer, *s.* हितोपदेशकः, धर्म्मोपदेष्टा ***m.*** (ष्टृ), नीतिशिक्षकः.

Morally, *adv.* (According to the rules of morality) नीतिशास्त्रतस्, नीतिशास्त्रवत्, नीतितस्. **—(Virtuously)** धर्म्मेण, धर्म्मतस्, न्यायतस्. **—(According to reason or the usual course of things)** अनुमानेन, युक्त्या, अनुमानतस्, युक्तितस्, यथासम्भवं.

Morals, *s.* (System of morality) नीतिः ***f.,*** नीतिशास्त्रं, नीतिविद्या. ***See* Morality. (Conduct)** आचारः, आचरणं, आचरितं, चरितं, व्यवहारः, वृत्ति ***f.,*** प्रवृत्ति ***f.,*** वृत्तं रीतिः ***f.;*** **'good morals,'** विनयः, सदाचारः, सच्चरितं, सुचरितं, साधुचरितं, शीलः, सुशीलः.

Morass, *s.* कच्छः, कच्छभूः ***f.,*** अनूपः, अनूपभूः ***f.,*** जलाढ्यभूमिः ***f.,*** पङ्किलभूः ***f.,*** आप्यभूः ***f.***

Morbid, *a.* अस्वस्थः -स्था -स्थं, असुस्थः **etc.,** रोगी -गिणी -गि (न्), रोगवान् -वती -वत् (त्), सरोगः -गा -गं, विकारी **etc.,** विकृतः -ता -तं, व्याधितः -ता -तं.

Morbidness, *s.* अस्वस्थता, अस्वास्थ्यं, असुस्थता, सरोगता, रोगित्वं.

Morbific, morbifical, *a.* रोगजनकः -का -कं, रोगकरः -रा -रं, अस्वास्थ्यजनकः **etc.,** व्याधिकरः -रा -रं, अनारोग्यकरः **etc.,** रोगदः -दा -दं.

Morbose, *a.* रोगजनितः -ता -तं, रोगजः -जा -जं, असुस्थ. -स्था -स्थं.

Mordacious, *a.* दंशकः -का -कं, दंशनकारी -रिणी -रि (न्).

Mordacity, *s.* दंशकता, दंशनशीलता, दंशनं, दंशनगुणः.

Mordicant, ***a.*** खादकः -का -कं, अरुष्करः -री -रं, दंशकः **etc.**

More, ***a.*** अधिकः -का -कं, अधिकतरः -रा -रं, अधिकसंख्यकः -का -कं, भूयान् -यी -यः (स्), भूयिष्ठः -ष्ठा -ष्ठं, उत्तरः -रा -रं, अतिरेकी -किणी -कि (न्), अतिरिक्तः -क्ता -क्तं, परः -रा -रं, परतरः -रा -रं; **Often expressed by the comparative affixes** तर **and** ईयस्; **as, 'more in number,'** बहुतरः -रा -रं, बंहीयान् **etc.; 'more or less,'** न्यूनाधिकः -का -कं, न्यूनातिरेकः -का -कं; **'more than a thousand,'** परःसहस्रः -स्रा -स्रं; **'more than a hundred,'** परं शतं.

More, ***s.*** आधिक्यं, अधिकता, आतिरेक्यं, अतिरिक्तता, उद्रेकः, आतिशय्यं; **'more or less,'** न्यूनाधिक्यं, न्यूनातिरेक्यं, न्यूनातिरिक्तं; **'neither more nor less,'** अन्यूनानतिरिक्तं; **'no more,'** कृतं, अलं **with inst. c., as, 'no more of this ceremony!'** कृतम् आदरेण, अलम् आदरेण; **'what more need I say?'** किम् अन्यत्, किम् बहुना.

More, ***adv.*** अधिकं, अधिकतर, भूयस्, भूयिष्ठं, अतिरिक्तं, परं; **or often expressed by the comparative affixes** तर **and** ईयस्; **as, 'more heavy,'** गुरुतरः -रा -रं, गरीयान् -यसी -युः (स्); **'more and more,'** उत्तरोत्तरं, अधिकाधिकं; **'how much more?'** किम्पुनर्, किमुत, सुतरां.—**(Any more, again)** पुनर्, भूयस्.

Moreover, ***s.*** अपिचः, अपरञ्च, अपरं, परं, परञ्च, परन्तु, अपरन्तु, अन्यञ्च, किञ्च, अधिकन्तु, अधिकं, पुनश्च, अपितु, अपि, अथ.

Moribund, ***a.*** मुमुर्षुः -र्षुः -र्षु, मृनकल्पः -ल्पा -ल्पं, मृतप्रायः -या -यं.

Moringa, ***s. See*** **Morunga.**

Morion, ***s.*** शिरस्त्रं, शिरस्त्राणं, शिरस्कं, मस्तकरक्षणी, शीर्षकं.

Morn, morning, ***s.*** प्रभातं, प्रातःकालः, प्रातःसमयः, प्रभातकालः, प्रत्यूषकालः, प्रत्यूषः, प्रत्यूषस् ***n.,*** प्रत्युषः, प्रत्युषम् ***n.,*** उषः, उषस् ***n.,*** उषाकालः, विभातं -तकं, भातः, व्युष्टं, अरुणः, अरुणोदयः, कल्यं, काल्यं, अहर्मुखं, दिवसमुखं, दिनारम्भः, दिनादिः ***m.,*** निशावसानं, निशान्तः -न्तं, क्षपान्तः, रात्रिविगमः, प्राबोधिकः, वासरङ्गः.—**(As opposed to afternoon)** पूर्व्वाह्नः **or** पूर्व्वाह्णः, प्राह्णः, पूर्व्वाह्णकालः, प्राह्णकालः; **'in the morning,'** प्रातर्, प्रभाते, प्रातःकाले, प्रभातकाले, प्रत्यूषे, उषा, प्रेगे, प्राह्णे, पूर्व्वाह्णे, निशान्ते, पूर्व्वेद्युस्; **'to be chanted in the morning,'** प्रातर्गेयः -या -यं; **'early in the morning,'** सुप्रातर्, अतिप्रभाते, अतिप्रगे; **'to-morrow morning,'** श्वः प्रभाते; **'good morning,'** सुप्रभातं; **'morning, noon, and evening,'** त्रिकालं.

Morning, ***a.*** प्रातर् **in comp.,** प्रातःकालीनः -ना -नं, प्रातःकालिकः -की -कं, प्रभातीयः -या -यं, प्राभातिकः -की -कं, प्रगेतनः -नी -नं, प्राह्णेतनः -नी -नं, पूर्व्वाह्णेतनः -नी -नं, उपस्यः -स्या -स्यं, औपिकः -की -कं, औपसः -सी -सं, वैयुष्टः -ष्टी -ष्टं; **'morning duties,'** प्रातःकृत्यं; **'morning ablution,'** प्रातःस्नानं; **'morning meal,'** प्रातराशः, प्रातर्भोजनं.

Morning-gown, ***s.*** प्रातःकाले भृतो लघुप्रावारः, प्रातर्वसनं, प्रातर्वस्त्रं.

Morning-star, ***s.*** प्रभातसूचकतारा, प्रभाततारा, शुक्रः.

Morning-twilight, ***s.*** प्रातःसन्ध्या, प्राक्सन्ध्या, पूर्व्वसन्ध्या, प्रभातसन्ध्या.

Morose, ***a.*** कर्कशस्वभावः -वा -वं, कटुस्वभावः -वा -वं, कर्कशभावः -वा -वं, कर्कशशीलः -ला -लं, वक्रभावः -वा -वं, सदावक्रः -क्रा -क्रं, रुक्षस्वभावः -वा -वं, नैकृतिकः -की -कं, प्रतीपः -पा -पं, उदासीनः -ना -नं, उदासवृत्तिः -त्तिः -त्ति, अरुन्तुदः -दा -दं, दुःशीलः -ला -लं, वामशीलः **etc.**

Morosely, ***adv.*** कर्कशस्वभावात्, कटुस्वभावात्, कर्कशं, कार्कश्येन, वक्रभावेन, सदावक्रवत्, दुःशीलत्वात्, रुक्षस्वभावात्.

Moroseness, ***s.*** कार्कश्यं, कर्कशता, कर्कशशीलता, कटुता, कटुशीलता, दुःशीलता, दौःशील्यं, वक्रता, वक्रशीलता, स्वभाववक्रता, स्वभावकार्कश्यं, स्वभावकटुता, उदासीनता, उदासवृत्तित्वं, प्रतीपता, वामशीलता, निकृतिः ***f.,*** शुक्रता.

Morrow, ***s.*** **(The day next after the present)** परदिवसः, परदिनं, श्वस्तनदिवसः, आगामिदिवसः, कल्पं; **'to-morrow, on the morrow,** श्वस्, परेद्युस्, परदिने, परदिवसे, परेद्यवि, कल्लि, कल्ये, अन्येद्युस्.—**(The next day subsequent to any day)** उत्तरदिवसः, उत्तरदिनं, उत्तरेद्युस्; **'the day after to-morrow,'** परश्वस; **'to-morrow morning,'** श्वः प्रभाते.

Morsel, ***s.*** **(Mouthful, small piece of food)** ग्रामः, पिण्डः, कवलः; **'a morsel as big as an egg,'** अण्डपरिमाणो ग्रासः. —**(Piece, hit)** खण्डः -ण्डकः, क्षुद्रभागः, लवः, शकलः, भिन्नं भित्तं, भित्तिः ***f.;*** **'a dainty morsel,'** सुग्रासः.

Morsure, ***s.*** दंशनं, विदंशनं, दंशः, दंशकरणं.

Mortal, ***a.*** **(Subject to death)** मरणाधीनः -ना -नं, मर्त्यः -र्त्या -र्त्यं, मर्त्तव्यः -व्या -व्यं, नाशाधीनः -ना -नं, कालाधीनः -ना -नं, मृत्यधीनः -ना -नं, मरणधर्म्मकः -का -कं, मृत्युधर्म्मकः -का -कं, मृत्युवशः -शा -शं, मरणवश **etc.,** अन्तवान् -वती -वत् (त्), अनित्यः -त्या -त्यं.—**(Deadly)** प्राणघातकः -का -कं, प्राणहरः -रा -रं, प्राणान्तिकः -की -कं, प्राणान्तकः **etc.,** जीवान्तकः **etc.,** प्राणहारी -रिणी -रि (न्), प्राणनाशकः -का -कं, मारात्मकः -का -कं, मृत्युजनकः -का -कं, मर्म्मभेदी -दिनी **etc.,** मर्म्मान्तिकः **etc.,** अन्तकरः -रा -रं.—**(Belonging to man, human)** मानुषः -षी -षं, षिकः -की -कं, मनुष्यजातीयः -या -यं, मनुष्यधर्म्मकः -का -कं, पौरुषेयः -यी -यं; **'mortal state,'** मानुपदशा.

Mortal, ***s.*** **(A human being)** मर्त्यः, मनुष्यः, मानुषः, मानवः, प्राणी ***m.***, (न्), प्राणभृत् ***m.***, जन्मी ***m.***, (न्), जन्मवान् ***m.***, शरीरी ***m.***, देही ***m.***, देहभृत् ***m.***, तनुभृत् ***m.***, चेतनः, मृत्युपात्रं, मरणपात्रं.

Mortality, ***s.*** **(Subjection to death)** मरणाधीनता, मर्त्यता, मृत्युवशता, नाशाधीनता, मृत्युधर्म्मः, मरणधर्म्म, अनित्यता. —**(Human nature)** मनुष्यता -त्वं, मानुष्यं, मानुषत्रं -ता, पुरुषता.—**(Death, death of great numbers)** मृत्युः ***m.***, मरणं, अत्ययः, नाशः, बहुनाशः, बहुजननाशः.

Mortally, ***adv.*** प्राणनाशेन, प्राणघातेन, सनाशं, सप्रमाणघातं, सप्रमाणनाशं; **mortally wounded,'** भिन्नमर्म्मा -र्म्मा -र्म्म (न्).

Mortar, ***s.*** **(Vessel in which substances are pounded)** उलूखलं, उडूखलः -लं, उदूखलं; **'pestle and mortar,'** उलूखलमुपले; **'pounded in a mortar,'** उलूखलिकः -की -कं.—**(Cement)** सुधा, लेपः, विलेपः, चूर्णलेपः, कर्करलेपः, उदपेषः; **'very hard,'** वज्रलेपः.

Mortgage, ***s.*** आधिः ***m.***, स्थावराधिः ***m.***, क्षेत्राधिः, स्थावरधनाधिः ***m.***, आधानं, आधमनं, क्षेत्रन्यासः, स्थावरधनन्यासः, भूमिन्यासः, उपन्यासः, स्थावरबन्धकः, बन्धकः, उपनिधिः ***m.***, भूमिनिक्षेपः.

To **mortgage,** ***v. a.*** आधीकृ, क्षेत्रादि स्थावरधनं न्यस (**c. 4.** -अस्यति -असितुं) **or** निक्षिप् (**c. 6.** -क्षिपति -क्षेप्तुं), न्यासं दा, बन्धकं दा, न्यासीकृ.

Mortgaged, ***p. p.*** आधीकृतः -ता -तं, न्यासीकृतः -ता -तं, न्यस्तः -स्ता -स्तं, उपन्यस्तः **etc.; 'to be mortgaged,'** आधेयः -या -यं.

Mortgagee, ***s.*** आधिधारी ***m.*** (न्), न्यासधारी ***m.*** (न्), आधिग्राही ***m.*** (न्), बन्धकग्राही ***m.*** बन्धकधारी ***m.*** आधिग्राहकः.

Mortgager, ***s.*** आधिदाता ***m.*** (तृ), बन्धकदाता ***m.*** आधीकर्त्ता ***m.*** (र्त्तृ).

Mortiferous, ***a.*** मृत्युजनकः -का -कं, मरणावहः -हा -हं, प्राणघातकः **etc.**

Mortification, ***s.*** **(In surgery, local extinction of life)** मांसनाशः, मांसातिपाकः, मांसपाकः, चेतनानाशः, जीवित्वनाशः, मांसकोथः, मांसविद्रधिः ***m.***, मांसपूतिः ***f.***—**(Subjugation of the passions and appetites)** दमः, दान्तिः ***f.***, दमनं, संयमः -मनं, इन्द्रियदमः, इन्द्रियजयः, इन्द्रियपराजयः, इन्द्रियसंयमः, जितेन्द्रियत्वं, इन्द्रियवशीकरणं, कामावसायः, वीतकामत्वं, विषयपराङ्मुखता.—**(By penance, &c)** तपस्, तपश्चर्य्या, तपस्या, कृच्छ्रं, कायक्लेशः, वैराग्यं.—**(Humiliation, vexation)** अभिभवः, अभिभूतिः ***f.***, मानभङ्गः, मानखण्डनं, अभिमानखण्डनं, मानहानिः ***f.***, तेजोभङ्गः, दर्पभङ्गः, अपकर्षः -र्षणं, व्यथा, दुःखं, क्लेशः, विडम्बना.—**(Disappointment)** आशाभङ्गः, मनोभङ्गः आशानाशः, इच्छानाशः, इच्छाविनाशः, इच्छाक्षयः, उत्साहभङ्गः.

Mortified, ***p. p.*** **(In surgery)** नष्टमांसः -सा -सं, नष्टचेतनः -ना -नं, कोथवान् -वती -वत् (त्), अतिपक्वः-क्वा -क्वं. —**(Subdued)** दान्तः -न्ता -नतं, दमितः -ता -तं, संयमितः -ता -तं, वशीकृतः -ता -तं, जितः -ता -तं; **'one whose passions are mortified,'** जितेन्द्रियः, यतेन्द्रियः, संयतेन्द्रियः, वीतकामः, वीतरागः, वीतस्पृहः, विरक्तः, वैरागी ***m.*** (न्), जितकामः, जितकामक्रोधादिः ***m.***—**(Humiliated, vexed)** अभिभूतः -ता -तं, पराभूतः -ता -तं, खण्डितः -ता -तं, भग्नमानः -ना -नं, क्लिष्टः -ष्टा -ष्टं, सव्यथः -था -थं, उद्विग्नः -ग्ना -ग्नं, विडम्बितः -ता -तं.

To **mortify,** ***v. a.*** **(Destroy the vitality of)** जीवित्वं **or** चैतन्यं नश् (**c. 10.** नाशयति -यितुं), चेतनानाशं कृ, चैतन्यनाशं कृ. —**(Subdue)** दम् (**c. 10.** दमयति -यितुं), वशीकृ, जि (**c. 1.** जयति, जेतुं), पराजि; **'one's passions,'** इन्द्रियाणि दम्, इन्द्रियदमनं कृ; **'the body,'** शरीरक्लेशं कृ.—**(Humble)** अभिभू, अपकृष् (**c. 1.** -कर्षति -क्रष्टुं), मानं भञ्ज् (**c. 7.** भनक्ति, भंक्तुं) **or** खण्ड् (**c. 10.** खण्डयति -यितुं), अभिमानखण्डनं कृ, मानविध्वंसं कृ.—**(Vex)** क्लिश् (**c. 9.** क्लिश्नाति, क्लेशितुं), व्यथ् (**c. 10.** क्लिश्नाति, क्लेशितुं), व्यथ् (**c. 10.** व्यथयति -यितुं), तप् (**c. 10.** तापयति -यितुं).

To **mortify,** ***v. n.*** **(Lose vitality, as flesh)** नष्टचैतन्यं -न्या -न्यं भू, नष्टजीवित्वः -त्वा -त्वं भू, नष्टमांसः -सा -सं, भू, मांसैकदेशे पूतीभू, कोथीभू.—**(Practise austerities)** तप् (**c. 4.** तप्यते), तपस् तप्, तपस् (**nom.** तपस्यति), तपश्चर्य्यां कृ, वैराग्याचरणं कृ, शरीरक्लेशं कृ, ब्रह्मचर्य्यं कृ.

Mortifying, ***a.*** मानभञ्जकः -का -कं, दर्पभञ्जकः **etc.,** व्यथाकरः -रा -रं.

Mortise, ***s.*** काष्ठच्छिद्रं, काष्ठसन्धिः ***m.***, काष्ठग्रहणी, काष्ठधरणी, दारुच्छिद्रं, दारुसीवनं, काष्ठसीवनं, काष्ठरन्ध्रं.

To **mortise,** ***v. a.*** अन्यकाष्ठधरणार्थम्, एककाष्ठाग्रं छिद् (**c. 7.** छिनत्ति, छेत्तुं), काष्ठद्वयसन्धानं कृ, काष्ठद्वयं सन्धा (**c. 3.** -दधाति -धातुं).

Mortmain, ***s.*** अन्यादेयभोगः, परादेयभोगः, अदेयभोगः

Morunga, ***s.*** **(Plant)** शोभाञ्जनः, शोभनकः, शौभाञ्जनः, सोभाञ्जनः, शिग्रुः ***m.***, तीक्ष्णगन्धः -न्धकः, अक्षीवः, आक्षीवः, काक्षीवः, मोचकः; **'its root,'** शिग्रुमूलं; **'seed,'** शिग्रुजं, शिग्रुवीजं.

Mosaic, ***a.*** नानावर्णप्रस्तरखचितः -ता -तं, नानाविधप्रस्तरच्छुरितः -ता -तं, नानावर्णद्रव्यप्रणिहितः **etc.; 'mosaic work,'** चित्रकर्म्म ***n.*** (न्).

Mosque, ***s.*** यावनधर्म्ममण्डपः, यावनधर्म्ममन्दिरं, यावनप्रासादः.

Moss, ***s.*** शिलावल्का, शैवल, शैवाल:, शेवल:, शेवाल:, शेपाल:, शैवं, कावारं, सूकरी, शूकरी, शूकराक्रान्ता, वराहक्रान्ता.

Moss-grown, ***a.*** शैवलावृत: -ता -तं, शैवलाच्छादित: -ता -तं, रूढशैवल: **etc.**

Mossy, ***a.*** शैवालमय: -यी -यं, सशैवाल: -ला -लं, शैवालयुक्त: -क्ता -क्तं, शैवालित: -ता -तं, शैवालविशिष्ट: -ष्टा -ष्टं, शैवली -लिनी -लि (न्).

Most, ***a.*** भूयिष्ठ: -ष्ठा -ष्ठं, अधिकतम: -मा -मं, अधिकतर: -रा -रं, अधिक: -का -कं, अधिकसंख्यक: -का -कं, परम: -मा -मं, उत्तम: -मा -मं; **'the most part,'** भूयान् -यसी -य: (स्), भूयिष्ठ: **etc.,** बहुतर: -रा -रं, बहुतम: -मा -मं; **'for the most part,'** भूयिष्ठं, प्रायस्, प्रायशस्, बाहुल्येन, बहुशस्.

Most, ***adv.*** भूयिष्ठं, अधिकं, अधिकतरं, अधिकतमं, भूयस्, परमं; **Often expressed by the superlative affixes** तम **and** इष्ठ, **as, 'most excellent,'** श्रेष्ठतम: -मा -मं, श्रेष्ठ: -ष्ठा -ष्ठं; **'most heavy,'** गुरुतम: -मा -मं, गरिष्ठ: **etc., or by,** अति **or** सु **or** अत्यन्त **or** अतिशय **prefixed; as, 'most powerful,'** अतिबलवान् **etc.**

Most, ***s.*** अधिकभाग:, भूयिष्ठभाग:, परभाग:, परमभाग:, बहुतरभाग:, बहुतमभाग:, अधिकपक्ष:, उत्तमभाग:, उत्तमपक्ष:, अधिकांश:.

Mostly, ***adv.*** भूयिष्ठं, प्रायस्, प्रायशस्, प्रायेण, बहुशस्, बाहुल्येन, बहुधा, भूयस्, सामान्यतस्, बहुतरं, साधारण्येन.

Mote, ***s.*** अणु: ***m.,*** अणुरेणु: ***m.,*** त्रसरेणु: ***m. f.,*** रिक्षा, लिक्षा, कण:, कणिका, पारिमाण्डल्यं, अणुरेणुजालं, जालसूर्य्यमरीचिस्थं रजस्, जालकान्तरप्रविष्टादित्यरश्मिस्थितं यद्रजस्, ध्वंसी ***m.*** (न्), समागम:.

Moth, ***s.*** पतङ्ग:, पतङ्गम:, पतङ्गिका, शलभ:, शरभ:, कीट:; **'moth like,'** शालभ: -भी -भं.

Moth-eaten, ***a.*** कीटभक्षित: -ता -तं, कीटखादित: -ता -तं.

Mother, ***s.*** माता ***f.*** (तृ), जननी, जनयित्री, जनिका, प्रजनिका, प्रजायिनी, प्रसविनी, प्रसवित्री, प्रसवकर्त्री, प्रसू: ***f.,*** सू: ***f.,*** अम्बा, अम्बिका, अम्बालिका, जनी, प्रसवस्थली, धात्री, मा, उत्पादिका; **'mother of a son or of offspring,'** पुत्रिणी, पुत्रवती, सुतिनी, सुतवती, प्रजावती, अपत्यवती; **'of one child,'** एकोदरा; **'of seven children,'** सुतवस्करा; **'who has recently had a child,'** प्रसूतिका, सूतिका, प्रसूता; **'step-mother'** विमा ***f.*** (तृ), सपत्नी माता; **'mother-in-law'** श्वश्रू: ***f.;*** **'mother and father,'** मातापितरौ ***m.*** **du.,** मातापितरौ; **'mother of a hero,'** वीरप्रसविनी; **'mother's house,'** मातृगृहं; **'mother's family,'** मातृकुलं; **'born of a different mother,'** भिन्नोदर: -रा -रं, अन्योदर: **etc.;** असोदर: **etc.**

Mother, ***a.*** **(Native)** स्वाभाविक: -की -कं, साहजिक: -की -कं, सहज: -जा -जं, जन्म **or** जाति **in comp.; as, 'mother-tongue,'** जन्मभाषा, जातिभाषा; **'mother-country,'** जन्मभूमि: ***f.***

Mother-in-law, ***s.*** श्वश्रू: ***f.,*** गुरुपत्नी; **'mother and father in law,'** श्वश्रूश्वशुरौ ***m.*** **du.**

Mother-of-pearl, ***s.*** शुक्तिवधू: ***f.,*** शुक्तिपुटं, मुक्तास्फोट:, मुक्तागारं.

Motherhood, ***s.*** मातृत्वं -ता, जननीत्वं, मातृभाव:, पुत्रिणीत्वं, सुतिनीत्वं.

Motherless, ***a.*** अमातृक: -का -कं, मातृहीन: -ना -नं, मृतमातृक: **etc.,** मातृरहित: -ता -तं, गतमातृक: -का -कं, हीनमातृक: **etc.**

Motherly, ***a.*** मातृसन्निभ: -भ -भं, मातृसदृश: -शी -शं, मातृकल्प: -ल्पा -ल्पं, मातुतुल्य: -ल्या -ल्यं, मातृक: -का -कं, मातृ **in comp.**

Motherly, ***adv.*** मातृवत्, मातृरूपेण, मातृभावेन, मातृधर्म्मानुसारेण.

Motion, ***s.*** गति: ***f.,*** गमनं, चलनं, चार:, चरणं, सञ्चरणं, सरणं, चोपनं क्ष्वेलितं, क्ष्वेलिका; **'swifty motion,'** त्वरितगति: ***f.;*** **'slow motion,'** मन्दगति: ***f.,*** मन्दगमनं; **'backward motion,'** विपरीतगति: ***f.*** **—(Animal action)** चेष्टा, चेष्टितं. **—(Gesture)** इङ्गितं, उङ्ग, अङ्ग, विक्षेप:, आङ्गिकचेष्टा. **—(Agitation)** क्षोभ:, अन्त:क्षोभ:, वेग:. **—(Impulse, feeling)** वेग:, मनोवेग:, मनोवृत्ति: ***f.,*** मनोविकार:, राग:, चित्तराग:, चित्तक्षोभ:, भाव:, वासना, बुद्धि: ***f.,*** कल्पना, रस:. **—(Proposition made)** कर्त्तव्योपन्यास:, उपन्यास:, कर्त्तव्यसूचकवाक्यं, वाक्यं. **—(Stool)** रेक:, रेचनं -ना, उच्चार:, उच्चरितं; **'to put in motion,'** चल् (c. 10. चालयति -यितुं).

To **motion,** ***v. a.*** इङ्गितं कृ, सङ्केतं कृ, अङ्गविक्षेपं कृ, अङ्गसञ्चालनं कृ.

Motionless, ***a.*** अचल: -ला -लं, निश्चल: -ला -लं, निश्चेष्ट: -ष्टा -ष्टं, अचेष्ट: **etc.,** निचेष्ट: **etc.,** गतिहीन: -ना -नं, गतिशून्य: -न्या -न्यं, निष्कम्प: -म्पा -म्पं, अस्पन्द: -न्दा -न्दं, निष्पन्द: **etc.,** स्थिर: -रा -रं, स्तब्ध: -ब्धा -ब्धं, अगतिक: -का -कं, सन्न: -न्ना -न्नं.

Motive, ***a.*** **(Causing motion, etc.)** चालक: -का -कं, प्रवर्त्तक: -का -कं, सञ्चारक: -का -कं, प्रयोजक: -का -कं, व्यापारी -रिणी -रि (न्), हेतुक: -का -कं, कारणिक: -की -कं.

Motive, ***s.*** **(That which incites to action, cause)** प्रयोजनं, हेतु: ***m.,*** कारणं, निमित्त-त्तकं, प्रवृत्तिनिमित्तं, प्रवर्त्तकं, प्रयोजकं, प्रयोग:, उत्तेजनं, उत्तेजकं, निदानं, निबन्धनं, कार्य्यं; **'without motive,'** अकस्मात्, निष्प्रयोजनं, असति प्रयोजने, अकारणात्, हेतुना विना; **'relation between the motive and the effect,'** प्रयोज्यप्रयोजकभाव:.

Motley, ***a.*** चित्रविचित्रः, त्रा -त्रं, नानाविधः -धा -धं, नानाप्रकारः -रा -रं, नानावर्णः -र्णा -र्णं, नानारूपः -पा -पं, भिन्नरूपः -पा -पं, नानारङ्गी -ङ्गिणी -ङ्गि (न्), बहुरङ्गी **etc.,** विविधः **etc.**

Motor, motory, ***a.*** चालकः -का -कं, सञ्चारकः -का -कं, सारकः **etc.**

Mottled, ***a.*** चित्रितः -ता -तं, चित्रः -त्रा -त्रं, कर्व्वुरितः -ता -तं.

Motto, ***s.*** वाक्यं, वचनं, लेखः, श्लोकः, कविता, विज्ञापनलेखः, मुद्रालेखः.

Mould, ***s.*** **(Earth, soil)** मृत्तिका, मृद् ***f.,*** मृदा, पांशुः ***m.,*** भूमिः ***f.,*** खलं; **'black mould,'** नीलमृत्तिका.—**(Concretion formed from damp)** कलङ्कः, शुक्लकलङ्कः, क्लेदजनकलङ्क, क्लेदजमलं.—**(Cast)** संस्कारः, आकारः, आकृतिः ***f.,*** मूर्त्तिः ***f.,*** संस्थानं, संयानः, रूपं.

To **mould,** ***v. a.*** **(cause to contract mould)** सकलङ्कं -ङ्कां कृ, कलङ्केन दुष् **(c. 10.** दूषयति -यितुं), कलङ्क **(nom.** कलङ्कयति -यितुं), क्लेदजमलेन दुष्.—**(Fashion, form)** संस्कृ, क्लृप् **(c. 10.** कल्पयति -यितुं), रूप् **(c. 10.** रूपयति -यितुं), सरूपं -पां कृ, रच् **(c. 10.** रचयति -यितुं), संस्कारं कृ.

To **mould,** ***v. n.*** **(Contract mould)** सकलङ्कं -ङ्कां कृ भू, क्लेदव्याप्तत्वात् शुक्लकलङ्कं **or** शुक्लमलं बन्ध् **(c. 9.** बध्नाति, बन्द्धुं), कलङ्कावृतः -ता -तं भू.

Moulded, ***p. p.*** कल्पितः -ता -तं, संस्कृतः -ता -तं. —**(Kneaded)** मर्दितः **etc.**

To **moulder,** ***v. n.*** चूर्णीभू, क्षि **in pass.** (क्षीयते), विशॄ **in pass.** (-शीर्य्यते); विशीर्णीभू, जॄ **(c. 4.** जीर्य्यति), शनैः शनैः क्षि **or** नश् **(c. 4.** नश्यति), अल्पाल्पशः, क्षीणीभू **or** न्यूनीभू.

Mouldering, ***part.*** शनैः शनैः क्षीयमाणः -णा -णं, अल्पाल्पं विशीर्य्यमाणः **etc.**

Mouldiness, moldiness, ***s.*** सकलङ्कता, समलता, मलिनता, कलङ्कवत्त्वं.

Moulding, molding, ***s.*** संस्कारः.—**(Projecture of a wall)** भित्तिशीर्षं -र्षकं.

Mouldy, ***a.*** सकलङ्कः -ङ्का -ङ्कं, समलः -ला -लं, मलिनः -ना -नं, कलङ्कावृतः -ता -तं, कलङ्कमयः -यी -यं, कलङ्कवान् -वती -वत् (त्), मलावृतः **etc.,** शुक्लकलङ्कावृतः **etc.**

To **moult, molt,** ***v. n.*** **(Shed the feathers)** पक्षान् **or** वार्षिकपक्षान् यत् **(c. 10.** पातयति -यितुं) **or** मुच् **(c. 6.** मुञ्चति, मोक्तुं, **c. 10.** मोचयति -यितुं) **or** निर्मुच्, वार्षिकपक्षपातं कृ, पक्षनिर्मोकं कृ, पक्षगलनं कृ, पक्षपरिवर्त्तनं कृ.

Moulted, ***p. p.*** गलितपक्षः, क्षा -क्षं, मुक्तपक्षः **etc.,** पतितपर्णः -र्णा -र्णं.

Moulting, ***s.*** पक्षपातः, पक्षपतनं, वार्षिकपक्षपतनं, पक्षनिर्मोकः, पक्षगलनं, वार्षिकपक्षगलनं, वार्षिकपक्षपरिवर्त्तनं.

Mound, ***s.*** **(Bank, rampart)** वप्रः -प्र, चयः, सेतुः ***m.,*** पिण्डनः, पिण्डलः, प्राकारः, धूलिकुट्टिमं, धूलिकेदारः. **(Elevation, hillock, heap of earth)** मृत्तिकाचयः, उन्नतभूभागः, क्षुद्रपर्वतः, नाकुः ***m.,*** वामलूरः.

To **mount,** ***v. n.*** **(Rise on high)** ऊर्द्धवं गम् **(c. 1.** गच्छति, गन्तुं), उपरि गम्, उच्चैर् गम्, ऊर्द्धवगमनं कृ, उपरिगमनं कृ. —**(Mount on horseback)** अश्वम् आरुह् **(c. 1.** -रोहति -रोढुं) **or** अधिरुह् **or** अध्यारुह् **or** समारुह् **or** अभिरुह् **or** अधिक्रम् **(c. 1.** -क्रामति -क्रमितुं), अश्वारोहणं कृ; **'to mount along side,'** अन्वारुह्, समन्वारुह्.

To **mount,** ***v. a.*** **(Rise on high)** ऊर्द्धवींकृ, उच्चीकृ, ऊर्द्धवं गम् **(c. 10.** गमयति -यितुं), उच्चैः कृ.—**(Climb, ascend, as a hill or a horse)** आरुह् **(c. 1.** -रोहति -रोढुं), अधिरुह्, अध्यारुह्, समारुह्, अभिरुह्, अधिक्रम् **(c. 1.** -क्रामति -क्रमितुं), अवस्कन्द् **(c. 1.** -स्कन्दति -स्कन्तुं), आरोहणं कृ.—**(Place upon)** आरुह् **in caus.** (-रोपयति -यितुं), समारुह्.

Mountain, ***s.*** पर्वतः, गिरिः ***m.,*** शैलः, अद्रिः ***m.,*** महीधरः, भूधरः, वसुधाधरः, धरणीधरः, धराधरः, महीध्रः, जगतीधरः, भूभृत् ***m.,*** भूघ्नः, क्ष्माभृत् ***m.,*** क्षितिधरः, उर्व्वीधरः, कुध्रः धरः, धरणीकीलकः, शिखरी ***m.*** (न्), पृथुशेखरः, तुङ्गशेखरः, सानुमान् ***m.*** (त्), ककुद्मान् ***m.*** (त्), ककुद्मी ***m.*** (न्), नगः, शिलोच्चयः, गोत्रः, अहार्य्यः, ग्रावा ***m.*** (न्), वलाहकः, पृथुनितम्बः; **'crest or peak of a mountain,'** शिखरं, गिरिशिखरं, पर्वतशृङ्गं, पर्वताग्रं, पर्वतमस्तकः, ककुद् ***f.;*** **'brow of a mountain,'** गिरिमूर्द्धा ***m.*** (ह्); **'side or ridge,'** कटकः, नितम्बः; **'mountain with three peaks,'** त्रिकूटः, त्रिककुद् ***m.;*** **'Western mountain, behind which the sun sets,'** अस्तः, चरमाचलः, चरमाद्रिः ***m.,*** चरमक्ष्माभृत् ***m.,*** पश्चिमपर्वतः; **'Eastern mountain, over which the sun rises,'** उदयः, उदयपर्वतः, उदयगिरिः ***m.,*** उदयशैलः, उदयाचलः, उदयाद्रिः ***m.,*** पूर्व्वपर्व्वतः; **'hill near a mountain,'** पादः, प्रत्यन्तपर्वतः; **'land at the foot of a mountain,'** उपत्यका; **'on the top,'** अधित्यका; **'range of mountains,'** कुलपर्वतः, कुलाचलः, कुलगिरिः ***m.,*** कुलशैलः. **There are seven principal ranges of mountains given, viz.** महेन्द्रः, मलयः, सह्यः, शुक्तिमान्, ऋक्षः, विन्ध्यः, पारिपात्रः -त्रकः **or** पारियात्रः -त्रकः. **Other names of**

celebrated mountains or mountain ranges are हिमवान्, हिमालयः, हिमाद्रिः *m.*, हेमकूटः, आम्रकूटः, माल्यवान् *m.*, (त्), निषधः, मैनाकः also called हिरण्यनाभः and हिमवत्सुतः, गन्धमादनः, चित्रकूटः, क्रौञ्चः or क्रोञ्चः.

Mountain, ***a.*** पार्वतः -ती -तं, पर्वतीयः -या -यं, पार्वतीयः -या -यं, गैरः -री -रं, गैरिकः -की -कं, गैरेयः -यी -यं, शैलः -ली -लं, पार्वतेयः -यी -यं, पर्वत or गिरि in comp.; as, 'mountain torrent,' गिरिनदी.

Mountaineer, ***s.*** पर्वतवासी ***m.*** (न्), गिरिवासी ***m.***, पर्वतीयजनः, पार्वतीयः, गिरिजः, शैलजनः, गिरिभूः ***m.***, शैलाटः.

Mountainous, ***a.*** पार्वतीयः -या -यं, पार्वतेयः -यी -यं, पर्वतीयः -या -यं, सपर्वतः -ता -तं, पर्वतमयः -यी -यं, सशैलः -ला -लं, समहीधरः -रा -रं.

Mountebank, ***s.*** छद्मवैद्यः, मिथ्यावैद्य, कितवः, धूर्त्तः, कापटिकः.

Mounted, ***p. p.*** आरूढः -ढा -ढं, आरोपितः -ता -तं, रोपितः -ता -तं, समारोपितः -ता -तं, समारूढः etc., अधिरूढः etc., रूढः etc.; 'on horseback,' अश्वारूढः, अश्वारोही ***m.*** (न्), हयारूढः, तुरगारूढः.

Mounting, ***s.*** **(Rising)** ऊर्द्ध्वगमनं, उपरिगमनं.—**(Ascending, getting on horseback)** आरोहः -हणं, अधिरोहणं, समारोहः -हणं.—**(Placing on horseback)** आरोपणं, समारोपणं, आरूढीकरणं.

To **mourn,** ***v. n.*** शुच् (c. 1. -शोचति -चितुं), अनुशुच्, परिशुच्, शोकं कृ, शोकार्त्तः -र्त्ता -र्त्तं भू, शोचनं कृ, खिद् (c. 4. खिद्यते, खेत्तुं), परिखिद् दुःख (nom. दुःखायते दुःखीयते), विलप् (c. 1. -लपति -पितुं), प्रलप्, लप्, उद्विज् (c. 6. -विजते -जितुं), व्यथ् (c. 1. व्यथते -थितुं), प्रव्यथ्, सम्प्रव्यथ्, तप् in pass. (तप्यते), परितप्, सन्तप्, रुद् (c. 2. रोदिति -दुं), परिदेव् (c. 1. -देवते -वितुं), दु (c. 4. दूयते); 'mourn exceedingly,' शुच् in freq. (शोशुच्यते).

To **mourn,** ***v. a.*** **(Grieve for)** अनुशुच् (c. 1. -शोचति -चितुं), **परिदेव्** (c. 1. -देवति -ते -वितुं), विलप् (c. 1. -लपति **-पितुं**), **क्रन्द्** (c. 1. क्रन्दति -न्दितुं), आक्रन्द्, रुद् (c. 2. **रोदिति** -तुं), अभिक्रुश् (c. 1. -क्रोशति -क्रोष्टुं).

Mourned, ***p. p.*** शोचितः -ता -तं, अनुशोचितः etc., विलपितः **-ता** -तं.

Mourner, ***s.*** शोचकः, अनुशोचकः, शोकी ***m.*** (न्), खेदी ***m.*** **(न्)**, **परिदेवी** ***m.*** (न्), परिदेवकः, विलपनकृत् ***m.*** विलापी ***m.*** **शोककर्त्ता** ***m.*** (र्त्तृ), अनुतापी ***m.*** खिद्यमानः.—**(One who wears a funeral dress)** अमङ्गलवेषा ***m.*** (न्).

Mournful, ***a.*** **(Expressing sorrow)** शोकसूचकः -का -कं, खेदसूचकः etc., शोकबोधकः -का -कं, शोकार्थकः -का -कं.—**(Sorrowful, said of persons)** शोका -किनी -कि (न्), शोकार्त्तः -र्त्ता -र्त्तं, शोकान्वितः -ता -तं, सशोकः -का -कं, खेदी etc., खेदयुक्तः -क्ता -क्तं, खिन्नः -न्ना -न्नं, उद्विग्नः -ग्ना -ग्नं, उद्विग्नमनाः -नाः -नः (स्), विषादी etc., दुःखी etc., दुःखान्वितः -ता -तं, दुर्मनाः etc., विमनाः etc., समन्युः -न्युः -न्यु.—**(Causing sorrow, lamentable)** शोकजनकः etc., शोकदः -दा -दं, शोचनीयः -या -यं, शोच्यः -च्या -च्यं, शोचितव्यः -व्या -व्यं, शोकावहः -हा -हं, दुःखावहः etc., खेदजनकः -का -कं, शोकार्हः -र्हा -र्हं, शोचनार्हः etc.

Mournfully, ***adv.*** सशोकं, सखेदं, दुःखं, सोद्वेगं, शोकेन, शोकपूर्व्वं.

Mournfulness, ***s.*** शोकः, सशोकता, दुःखं, दुःखिता, उद्वेगः, उद्विग्नता, खेदः, शोच्यता, शोचनीयता, शोकजनकता.

Mourning, ***s.*** **(Sorrow, lamentation)** शोकः, शोचनं, अनुशोचनं खेदः, विलपनं, विलापः, परिदेयनं -ना, रोदनं, रुदनं, क्रन्दनं, आक्रन्दनं, दुःखं.—**(Dress worn by mourners)** अमङ्गलवेषः, अशुभवेषः, अमङ्गलकालीनवेषः, अशुभकालीनवेषः, शोकसूचकवेषः. **According to the Hindu notion defilement is contracted by the death of a relation; hence the following terms, expressive of a season of mourning, imply a season of impurity as,** अशोचं, आशौचं, कालशौचं, अघाहः; **'one is such a state,'** आशौची -चिनी -चि (न्).

Mouse, ***s.*** मूषिः -का, मूषकः, आखुः ***m.***, इन्दुरः, इन्दुरुः ***m.***, गिरिः ***f.***, गिरिका, दीना, विलेशयः, वज्रदन्तः, धान्यारिः ***m.***, चिक्का.

Mouse-trap, ***s.*** मूषिकग्रहणार्थं कूटयन्त्रं, मूषिकोन्माथः, मूषिकपञ्जरः.

Mouth, ***s.*** मुखं, वदनं, आस्यं, वक्त्रं, आननं, लपनं, तुण्डं -ण्डः, तुण्डिः, -ण्डी ***m. f.***, श्मन् indec.; 'the corner of the mouth,' सृक्कन् ***n.***, सृक्कं, सृक्कन् ***n.***, सृक्कं, सृक्कि ***n.***, सृक्कि ***n.***, मृक्किन्, सृक्किणी ***f.***, सृक्किणी; 'the two corners,' सृक्कणी ***n.*** du., ओष्ठप्रान्तौ ***m.*** du.; 'dryness of the mouth,' मुखशोषः; 'washing the mouth,' मुखमार्जनं, मुखप्रक्षालनं 'rincing the mouth,' आचमनं; 'to open the mouth,' मुखं व्यादा; 'to stop the mouth,' वाक्स्तम्भं कृ; 'from the mouth,' मुखतम्; 'relating to the mouth,' मुखतीयः -या -यं.—**(Aperture, orifice)** मुखं, छिद्रं, द्वारं, प्रमुखं.—**(Mouth of a river)** सम्भेदः, सङ्गमः, सिन्धुसङ्गमः.

To **mouth,** ***v. a.*** **and** ***n.*** **(Speak with a big pompous voice)** उच्चैःस्वरेण or गर्वितस्वरेण वद् (c. 1. वदति -दितुं), उद्धतस्वरेण वद्.—**(Chew, devour)** चर्व् (c. 1. चर्वति -र्वितुं, c. 10. चर्वयति -यितुं), ग्रस् (c. 1. ग्रसति -सितुं), भक्ष् (c. 10. भक्षयति -यितुं).

Mouthful, ***s.*** ग्रासः, पिण्डः, मुखपूरणं, कवलः, कवकः, गण्डूषः -षा, गडोलः, गण्डोलः, गुडेरः -रकः, सिनः; **'three mouthfuls of water,'** जलगण्डूषत्रयं.

Mouthless, ***a.*** मुखहीनः -ना -नं, मुखरहितः -ता -तं, निर्मुखः -खा -खं.

Mouthpiece, ***s.*** मुखनाली, पुटः, जिह्वाली; **'of a flute,'** दर्दुरपुटः. **—(One who speaks for others)** मुखं.

Movable, ***a.*** चरः -रा -रं, चरिष्णुः -ष्णुः -ष्णु, चलः -ला -लं, चलनः -ना -नं, चलिष्णुः **etc.,** जङ्गमः -मा -मं, गमनशीलः -ला -लं, गमनयोग्यः -ग्या -ग्यं, गमनशक्यः -क्या -क्यं, अस्थावरः -रा -रं, त्रसः -सा -सं, जगत् -गती -गत् (त्), इङ्गं -ङ्गां -ङ्गं चलनक्षमः -मा -मं; **'movable and immovable,'** चराचरः -रा -रं, चलाचलः -ला -लं.

Movableness, ***s.*** चरिष्णुता, अलिष्णुता, गमनशीलता, चलनयोग्यता, गतिशीलत्वं, अस्थावरता, चरभावः, चलभावः, गमनशक्तिः ***f.***

Movables, ***s. pl.,*** अस्थावराणि ***n. pl.,*** अस्थावरद्रव्यं -व्याणि ***n. pl.,*** चरद्रव्याणि, चलद्रव्याणि, जङ्गमद्रव्याणि, अस्थावरधनं.

To* move,** ***v. a. **(Put in motion, cause to change place)** चल् **(c. 10.** चालयति -यितुं), विचल्, सञ्चल्, सृ **(c. 10.** सारयति -यितुं), चर् **(c. 10.** चारयति -यितुं), सञ्चर्, स्थानान्तरं गम् **(c. 10.** गमयति -यितुं), स्थानान्तरीकृ. **—(Impel)** प्रेर् **(c. 10.** -ईरयति -यितुं), नुद् **(c. 6.** नुदति, नोत्तुं), प्रणुद्, चुद् **(c. 10.** चोदयति -यितुं), प्रचुद्, सञ्चुद्. **—(Draw)** कृष् **(c. 1.** कर्षति, **c. 6.** कृषति -ते, क्रष्टुं), सामाकृष्. **—(Incite to action, influence)** प्रवृत् **(c. 10.** -वर्त्तयति -यितुं), प्रयुज् **(c. 10.** -योजयति -यितुं), प्रोत्सह् **(c. 10.** -साहयति -यितुं), उत्सह् चेष्ट् **(c. 10.** चेष्टयति -यितुं), प्ररुच् **(c. 10.** रोचयति -यितुं), प्रेर्. **—(Excite tenderness, pity, etc.)** करुणां जन् **(c. 10.** जनयति -यितुं), कारुण्यं **or** दयाम् उत्पद् **(c. 10.** -पादयति -यितुं), हृदयं व्यध् **(c. 4.** विध्यति, व्यद्धुं), हृदयं स्पृश् **(c. 6.** स्पृशति, स्प्रष्टुं), हृदयम् आर्द्रीकृ. **—(Affect)** उपहन् **(c. 2.** -हन्ति -न्तुं); **'with grief,'** शोकोपहतं -तां कृ. **—(Agitate)** क्षुभ् **(c. 10.** क्षोभयति -यितुं), विक्षुभ्, व्याक्षुभ्. **—(Make a proposal)** उपन्यस् **(c. 4.** -अस्यति -असितुं), कर्त्तव्योपन्यासं कृ, कर्त्तव्योपस्थापनं कृ, कर्त्तव्योद्भावनं कृ. **—(Move away, move off)** अपमृ, अपानुद्, अपनुद्, व्यपनुद्. **—(Move a piece at chess)** शारिं परिणी **(c. 1.** -णयति -णेतुं) **or** समन्ताद् नी, शारिपरिणायं कृ.

To* move,** ***v. n. चल् **(c. 1.** चलति -लितुं), सृ **(c. 1.** सरति -सर्त्तुं), प्रसृ, चर् **(c. 1.** चरति -रितुं), गम **(c. 1.** गच्छति, गन्तुं), या **(c. 2.** याति -तुं), इ **(c. 2.** एति -तुं), इङ्ग् **(c. 1.** इङ्गति -ङ्गितुं), चुप् **(c. 1.** चोपति -पितुं), अंह् **(c. 1.** अंहते -हितुं), गतिविशिष्टः -ष्टा -ष्टं भू. **—(Change place)** स्थानान्तरं गम, स्थलान्तरं गम् **or** या. **—(Change residence)** गृहान्तरं गम्, वासान्तरं गम्. **—(Have vital action)** चेष्ट् **(c. 1.** चेष्टते -ष्टितुं), आत्मानं चेष्ट्, चेष्टां कृ. **—(Begin a march)** प्रस्थानं कृ, प्रस्था **(c. 1.** -तिष्ठति -स्थातुं); **'move on,'** प्रमृ, प्रगम्, प्रया, चल; **'move off,'** अपसृ, अपया, अपक्रम् **(c. 1.** -क्रामति, क्रमितुं), अपगम; **'move about,'** इतस्ततः सृ **or** चल्, परिमृ.

Move, ***s.*** चलनं, सरणं, गमनं, चेष्टा, इङ्गितं, स्थानान्तरं, स्थानान्तरगमन**—(At chess, etc.)** परिणायः, परीणायः, शारिनयनं, खेला-लनं.

Moved, ***p. p.*** चालितः -ता -तं, चलितः -ता -तं, चारितः -ता -तं, सञ्चारितः -ता -तं, सारितः -ता -तं, प्रचलितः -ता -तं, स्थानान्तरगतः -ता -तं, स्थानान्तरप्राप्तः -प्ता -प्तं, स्थलान्तरापन्नः -न्ना -न्नं. **—(Impelled)** प्रेरितः -ता -तं, प्रणोदितः -ता -तं, प्रणुन्नः -न्ना -न्नं, प्रचोदितः -ता -तं. **—(Drawn)** कृष्टः -ष्टा -ष्टं, कर्षितः -ता -तं. **—(Incited)** प्रवर्त्तितः -ता -तं, प्रयोजितः -ता -तं, नियोजितः -ता -तं, प्रोत्साहितः **etc.,** प्रवृत्तः -त्ता -त्तं. **—(Excited to pity)** जातकारुण्यः -ण्या -ण्यं, जातदयः -या -यं, दयास्पृष्टहृदयः -या -यं. **—(Affected)** स्पृष्टः -ष्टा -ष्टं, उपहतः -ता -तं. **—(Agitated)** क्षुब्धः -ब्धा -ब्धं, क्षोभितः -ता -तं.

Movement, ***s.*** चलनं, सरणं, चारः, चरणं, सञ्चरणं, गतिः ***f.,*** गमनं, गमः, चोपनं, चेष्टा, चेष्टितं, इङ्गितं, स्थानान्तरं, स्थलान्तरं, स्थानान्तरगमनं, स्थानभेदः. **—(Agitation)** क्षोभः, कम्पः. **—(In music)** ग्रामः, तालः, मूर्च्छना.

Mover, ***s.*** **(That which gives motion)** चालकः, सारकः, सञ्चारकः. **—(That which moves)** चरः, चलः, चलनः. **—(Proposer)** उपन्यासकृत्, कर्त्तव्योपन्यासकृत्, कर्त्तव्योपस्थापकः. **—(One who impels to action)** प्रवर्त्तयिता ***m.*** (तृ), प्रवर्त्तकः, प्रयोजकः, प्रेरकः.

Moving, ***a.*** **(Exciting the affections)** करुणाजनकः -का -कं, कारुणोत्पादकः **etc.,** दयाजनकः **etc.,** करुणात्मकः **etc.,** हृदयवेधकः **etc.,** हृदयङ्गमः -मा -मं, हृदयस्पृक् (श्), मर्म्मस्पृक्, हृदयभेदी -दिनी -दि (न्), चित्तवेधकः **etc.,** चित्तद्रावकः **etc.,** भावार्द्रकारी **etc.,** चित्तार्द्रकारी **etc.**

Moving, ***part.*** चलन् -लन्ती -लत् (त्), सरन् **etc.,** चरन् **etc.,** चलः -ला -लं, चरः -रा -रं, सरः -रा -रं, सरणः -णा -णं, चलनः -ना -नं, जङ्गमः -मा -मं, कम्पनः -ना -नं, गतिमान् -मती -मत् (त्), गामी -मिनी **etc.,** चारी **etc.,** सारी **etc.,** यायी **etc.,** सर्पी **etc.,** गत्वरः -रा -रं, मृत्वरः -रा -रं; **'moving in the air,'** आकाशगामी **etc.**

Movingly, ***adv.*** यथा हृदयं स्पृश्यते तथा, यथा करुणा जायते तथा, यथा कारुण्यम् उत्पद्यते तथा.

Mow, ***s.*** **(Of hay or grain)** तृणराशिः ***m.,*** धान्य ***m.,*** धान्यचितिः

f., धान्यचयः, धान्यसञ्चयः, तृणोत्करः, धान्योत्करः.

To **mow,** ***v. a.*** दात्रेण **or** लवित्रेण छिद् **(c. 7.** छिनत्ति, छेत्तुं**) or** अवच्छिद् **or** लू **(c. 9.** लुनाति, लवितुं**) or** कृत् **(c. 6.** कृन्तति, कर्त्तितुं**) or** अवकृत्, दो **or** दा **(c. 4.** द्यति, **c. 2.** दाति -तुं).

Mowed, mown, ***p. p.*** दात्रच्छिन्नः -न्ना -न्नं, दावलूनः -ना -नं, लवित्रच्छिन्नः **etc.,** कर्त्तितः -ता -तं, अवकर्त्तितः **etc.,** छिन्नः **etc.** लूनः **etc.**

Mower, ***s.*** तृणछेदकः, तृणछिद्, तृणलवकः, तृणलविता ***m.*** (तृ), निर्दाता ***m.***

Mowing, ***s.*** तृणछेदः -दनं, तृणलवनं, तृणकर्त्तनं, तृणलावः.

Much, ***a.*** बहुः -हुः -ह्वी -हु, बहुलः -ला -लं, प्रचुरः -रा -रं, विपुलः -ला -लं, बहुसंख्यकः -का -कं, भूरिः -रिः -रि, भृशः -शा -शं, सुभृशः **etc.,** गाढः -ढा -ढं, प्रगाढः **etc.,** वाढः **etc.,** उद्गाढः **etc.,** निर्भरः -रा -रं, भरः, अत्यन्तः -न्ता -न्तं, अत्यर्थः -र्था -र्थं, अतिरिक्तः -क्ता -क्त, अतिमात्रः-त्रा -त्रं, नितान्तः -न्ता -न्तं, प्राज्यः -ज्या -ज्यं, पुष्कलः -ला -लं, भूयान् -यसी -यः (स्), भूयिष्ठः -ष्ठा -ष्ठं, प्रभूतः -ता -तं, उत्कटः -टा -टं, पुरुः -रुः -रु, पुरुहः -हा -हं, पुरुहुः -हुः -हु, अदभ्रः -भ्रा -भ्रं, स्फिरः -रा -रं, अतिवेलः -ला -लं, अति **or** अतिशय **or** सु **prefixed; as, 'much pain,'** अतिव्यथा, अतिशयवेदना; **'much time,'** बहुकालः, दीर्घकालः; **'as much,'** यावान् -वती -वत् (त्), यतिः -तिः -ति; **'so much,'** तावान् **etc.,** एतावान् **etc.,** इयान् -यती **etc.,** ततिः -तिः -ति; **'so much time,'** तावत्कालं; **'how much?'** कियान् **etc.,** कियत्प्रमाणः -णा -णं, कतिः -तिः -ति, कतिथः -था -थं, कतिपयः **etc.; 'how much time?'** कियत्कालं, कियन्तं कालं.

Much, ***adv.*** बहु, भृशं, भूरि, गाढं, निर्भर, अत्यन्तं, अतिशयं -येन, अत्यर्थं, नितान्तं, प्रगाढं, उद्गाढं, अतिमात्रं, एकान्ततस्, तीव्रं, अतितरां, सुतरां, नहा **in comp.,** सुमहत्, बलवत्, अति **or** अतिशय **or** सु **prefixed; 'as much,'** यावत्; **'so much,'** तावत्, एतावत्, तावन्मात्र, इयत; **'how much?'** कियत्, कति; **'how much more?'** किमुत, किम्पुनर्, सुतरां.

Much, ***s.*** बहुत्वं, बाहुल्यं, प्राचुर्य्यं, भूयस् ***n.,*** बहुभागः; **'much of what we know about the heavens is founded on calculation,'** आकाशीयज्ञानम्भूयो गणितेन जायते; **'to make much of,'** बहु मन् **(c. 4.** मन्यते, मन्तुं).

Muchness, ***s.*** बहुत्वं -ता, बाहुल्यं, प्राचुर्य्यं, प्राज्यता, प्रचुरता -त्वं, विपुलता.

Mucilage, ***s.*** मेदस् ***n.,*** वसा, वपा, अस्थिस्नेहः, अस्थिमेदस् ***n.,*** कफः, श्लेष्मा ***m.,*** (न्), श्लेष्मकः, चिक्कणवस्तु ***n.*** मेदुरवस्तु, स्निग्धवस्तु.

Mucilaginous, ***a.*** चिक्कणः -णा -णं, चिक्किणः -णा -णं, मेदुरः -रा -रं, श्लेष्मणः -णा -णं, कफमयः -यी -यं, कफगुणकः -का -कं, मेदस्वी -स्विनी -स्वि (न्), स्निग्धः -ग्धा -ग्धं, श्लेष्मलाः -ला -लं.

Muck, ***s.*** **(Dung)** पुरीषं, गोमयं, अमेध्यं.—**(Dirt)** मलं, अमेध्यं, पङ्कः, कुपङ्कः, कर्दनः, कल्कं, जम्बालः -लं, कलुषं; **'To run a muck,'** उन्मत्रवद अभिधाव्य यान् कांश्चित् सम्मुखीभूतजनान् अभिहन् **(c. 2.** हन्ति -न्तुं).

To **muck,** ***v. a.*** अमेध्येन **or** मलेन लिप् **(c. 6.** लिम्पति, लेप्तुं), पङ्केन लिप्.

Muck-heap, muck-hill, ***s.*** अमेध्यराशिः ***m.,*** मलराशिः, ***m.,*** मलसञ्चयः.

Muck-sweat, ***s.*** भृशस्वेदः, अतिस्वेदः, निर्भरस्वेदः, अत्यन्तस्वेदः.

Muck-worm, ***s.*** अमेध्यकीटः, मलजः, कीटः, पङ्कजः कृमिः.

Mucky, ***a.*** समलः -ला -लं, मलवान् -वती -वत् (त्), मलिनः -ना -नं, मलमयः -यी -यं, पङ्की -ङ्किनी -ङ्कि (न्), मलपङ्की **etc.,** पङ्किलः -ला -लं, अमेध्यः -ध्या -ध्यं, कलुषी **etc.** सकर्दमः -मा -मं.

Mucous, muculent, ***a.*** **(Slimy, like mucus)** चिक्कणः -णा -णं, चिक्किणः -णा -णं, मेदुरः -रा -रं, श्लेष्मगुणकः -का -कं, कफसगुणः -णा -णं, श्लेष्मसगुणः -णा -णं, श्रेष्मलः -ला -लं, श्लेष्मणः -णा -णं, श्लैष्मिकः -की -कं. —**(Secreting mucus)** कफोत्पादकः -का -कं, श्लेष्मोत्पादकः **etc.,** मलोत्पादकः **etc.,** कफादिमलोत्पादकः **etc.,** श्लेष्मजनकः -का -कं, श्लेष्मकरः -रा -रं, कफकरः **etc.,**

Mucousness, ***s.*** श्लेष्मत्वं, सश्लेष्मत्वं, सकफत्वं, चिक्कणता, मेदुरता.

Muscus, ***s.*** **(Viscid substance secreted by a mucous membrance)** श्लेष्मा ***m.*** (न्), श्लेष्मादिमलं, कफादिमलं, मलं, इन्द्रियमलं; **'of the nose,'** सिंहानं, सिंहाणं, सिङ्घाणं -णकं, शिङ्घाणकं, नासामलं, नासिकामलं; **'of the throat'** कफः, श्लेष्मा ***m.*** (न्), क्लेदनः, क्लेदकः **'of the urethra, etc.,'** पुष्पिका; **'of the bowels,'** आमः.

Mud, ***s.*** पङ्कः, कर्दमः, जङ्घालः -लं, जलकल्कः, निषद्वरः, चिकिलः, शादः, परिक्षा, दलाढ्यः, चुलुकः, विजपिलं, द्रापः; **'of mud,'** पङ्ककर्वटः; **'free from mud,'** निष्पङ्कः -ङ्का -ङ्कं.

Muddiness, ***s.*** पङ्कता, सपङ्कता, पङ्किलत्वं, सकर्दमता, सजम्बालता, कलुषता, कालुष्यं, समलता, मालिन्यं, मलवत्त्वं, आविलत्वं.

To **muddle,** ***v. a.*** कलुष **(nom.** कलुषयति -यितुं), मलिन **(nom.** मलिनयति -यितुं), आविल **(nom.** आविलयति -यितुं), दुष् **(c. 10.** दूषयति -यितुं), कलुषीकृ, समलीकृ, मलिनीकृ, आविलीकृ.—**(Intoxicate slightly)** ईषदुन्मत्तीकृ, ईषन्मूढीकृ.

Muddled, ***p. p.*** कलुषितः -ता -तं, मलिनितः -ता -तं, दूषितः -ता -तं.

Muddy, ***a.*** पङ्किलः -ला -लं, पङ्की -ङ्किनी -ङ्कि (न्), सपङ्कः -ङ्का -ङ्कं, पङ्कमयः -यी -यं, बहुपङ्कः -ङ्का -ङ्कं, प्रचुरपङ्कः **etc.,** सकर्दमः -मा -मं, कार्दमः -मी -मं, सजम्बालः -ला -लं, मलपङ्की **etc.,** पङ्कभारकः -का -कं.—**(Turbid, foul)** कलुषः -षा -षं -षी -षिणी -षि (न्), आविलः -ला -लं, मलिनः -ना -नं, समलः -ला -लं, मलवान् -वती **etc.,** मलीमसः -सा -सं, मलदूषितः -ता -तं.

Muddy-headed, muddle-headed, ***a.*** स्थूलबुद्धिः -द्धिः -द्धि, जडबुद्धिः **etc.**

Mud-wall, ***s.*** पङ्कभित्तिः ***f.,*** पङ्कनिर्म्मितः प्राकारः.

Muff, ***s.*** शीतकाले स्त्रीलोकभृतं लोममयं हस्ताच्छादनं **or** हस्तावरणं **or** हस्तत्राणं.

Muffin, ***s.*** शिथिलपिष्टकविशेषो यो नवनीताक्तो भूत्वा खाद्यते.

To* muffle,** ***v. a. मुखग्रीवादि वस्त्रेण बन्ध् **(c. 1** बध्नाति, बन्द्धुं**)** **or** आवृ **(c. 5.** -वृणोति -वरितुं -रीतुं**)** **or** आच्छद् **(c. 10.** -छादयति -यितुं**)** **or** अवरुध् **(c. 7.** -रुणद्धि -रोद्धुं**)** **or** परिवेष्ट् **(c. 1.** -वेष्टते -ष्टितुं, **c. 10.** -वेष्टयति -यितुं**)** **or** आवेष्ट्.

Muffled, ***p. p.*** वस्त्रबद्धः -द्धा -द्धं, वस्त्रपरिवेष्टितः -ता -तं, वस्त्रावरुद्धः **etc.,** वस्त्राच्छादितः -ता -तं, वस्त्रावृतः -ता -तं, आच्छन्नः -न्ना -न्नं, समाच्छन्नः **etc.**

Muffler, ***s.*** मुखाच्छादनं, मुखावरणं, सुखाच्छादनवस्त्रं, मुखावगुण्ठनं.

Mug, ***s.*** पानपात्रं, पानभाजनं; कांस्यं, कंसः -सं, कंशः, कांश्यं, मृत्कांस्यं, जलपात्रं, जलभाजनं, जलाधारः.

Muggy, muggish, ***a.*** उष्णक्लिन्नः -न्ना -ननं, आर्द्रग्रीष्मः -ष्मा -ष्मं, आर्द्रनिर्वातः -ता -तं, क्लिन्नंनिर्वातः -ता -तं.

Mulberry, ***s.*** नूदः, पूपः, क्रमुकः, ब्रह्मदारुः ***m.,*** पाहातः, टङ्कानकः.

Mulct, ***s.*** दण्डः, धनदण्डः, अर्थदण्डः, पणः, साहसं, दण्डलेशः.

To* mulct,** ***v. a. दण्ड् **(c. 10.** दण्डयति -यितुं**)**, धनं दा **in caus.** (दापयति -यितुं), साध् **(c. 10.** साधयति -यितुं**)**, दण्डं प्रणी **(c. 1.** -णयति -णेतुं**)**

Mule, ***s.*** अश्वतरः -री, वेशरः, वेसरः, वेगसरः, खेसरः, प्रखरः, अतिभारगः, मयः, निघृष्वः.

Muleteer, mule-driver, ***s.*** अश्वतरपालः -लकः, अश्वतरप्रेरकः, अश्वतरप्रणोदकः, वेशरपः, वेशरपालः.

Muliebrity, ***s.*** स्त्रीता -त्वं, नारीत्वं, स्त्रीभावः, नारीभावः, स्त्रैणं.

Mulish, ***a.*** अश्वतरस्वभावः -वा -वं, अश्वतरवत् प्रतीपः -पा -पं.

To* mull,** ***v. a. व्यञ्जनादिना वास् **(c. 10.** वासयति -यितुं**)**, वासितं -तां कृ.

Muller, ***s.*** शिलापट्टः, शिलापुत्रः, -त्रकः, शिला, पेषणं -णिः -णी ***f.,*** पेषाकः, पेषणशिला, गहकच्छपः, क्षोदः.

Mulligrubs, ***s.*** अन्त्रशूलं, अन्त्रवेदना, उदरव्यथा, परिणामशूलः -लं.

Mullion, ***s.*** वातायने **or** वातायनमध्ये व्यवधायकप्रस्तरः.

Multangular, ***a.*** बहुकोणः -णा -णं, बह्वस्रः -स्रा -स्रं, अनेककोणः **etc.**

Multifarious, ***a.*** बहुविधः -धा -धं, अनेकविधः **etc.,** विविधः **etc.** पृथग्विधः **etc.,** नानाविधः **etc.,** व्याविधः **etc.,** बहुप्रकारः -रा -रं, अनेकप्रकारः **etc.,** नानारूपः -पा -पं, बहुरूपः **etc.,** भिन्नरूपः **etc.**

Multiform, ***a.*** बहुरूपः -पा -पी -पं, नानारूपः **etc.,** अनेकरूप **etc.,** अनेकाकारः -रा -रं, नानाकारः **etc.,** बहुप्रकारः **etc.,** बहुविधः -धा -धं नानाप्रकारः **etc.,** नानाकृतिः -तिः -ति.

Multiformity, ***s.*** रूपबाहुल्यं, आकारबाहुल्यं, बहुरूपता, नानारूपता, अनेकरूपता, अनेकाकारता, बहुविधता.

Multilateral, ***a.*** बहुपार्श्वः -र्श्वा -र्श्वं, अनेकपार्श्वः -र्श्वा -र्श्वं.

Multilineal, ***a.*** बहुरेखः -खा -खं बहुपंक्तिः -क्तिः -क्ति.

Multinominal, ***s.*** बहुमानकः -का -कं, बहुसंज्ञकः -का -कं.

Multiparous, ***a.*** बहुप्रसवः -वा -वं, बहुप्रजः -जा -जं.

Multiple, ***s.*** **(In Arithmetic or Algebra)** गुणाकारः.

Multipliable, multiplicable, ***a.*** गुणनीयः -या -यं, गुण्यः -ण्या -ण्यं, गुणनशक्यः -क्या -क्यं, हननीयः -या -यं, घातव्यः -व्या -व्यं, बध्यः -ध्या -ध्यं, गुणनक्षमः **etc.**

Multiplicand, ***s.*** गुणनीयं, गुण्यं, गुण्याङ्कः, हननीयं, वध्याङ्कः, पूरणीयं, परणांयाद्धः.

Multiplication, ***s.*** **(In Arithmetic, etc.)** गुणनं, हननं, घातः, बधः, पूरणं, गुणत्वं -ता, अङ्कपूरणं, हतं, अभ्यासः, अङ्कवृद्धिः ***f.,*** संख्यावृद्धिः ***f.,*** प्रत्युपन्नं, गुणाकारः -रं. **The Hindus have different methods of multiplication; as, 'cross multiplication,'** वज्राभ्यासः, वज्रबधः, वज्रघातः; **'duodecimal multiplication,'** गोमूत्रिका; **'multiplication by a figure divided into squares,'** कपाटसन्धिः ***m.;*** **'mulitiplication according to the places,'** स्थानगुणनं; **'by sub-multiples of the multiplier,'** विभागगुणनं; **'by dividing the multiplier into parts, and taking the sums of the products of the multiplier,'** खण्डगुणनं; **'by the whole multiplier at once,'** स्वरूपगुणनं.—**(Act of increasing)** बहुलीकरणं, प्रचुरीकरणं, वर्धनं, वृद्धिः ***f.***

Multiplicative, ***a.*** गुणकः -का -कं, गुणकारः -री -रं, गुणनकारी **etc.**

Multiplicity, ***s.*** बाहुल्यं, बहुत्वं, -ता, बहुलत्वं -ता, अनेकत्वं -ता, अनैक्यं, प्रचुरत्वं, प्राचुर्य्यं, प्रभूतत्वं; **'multiplicity of meanings,'** अर्थबाहुल्यं, बह्वर्थत्वं, अनेकार्थत्वं: **'of occupations,'** उद्योगबाहुल्यं; **'of objects,'** विषयबाहुल्यं.

Multiplied, ***p. p.*** **or** ***a.*** **(In Arithmetic)** गुणितः -ता -तं, गुणीकृतः -ता -तं, हतः -ता -तं, पूरितः -ता -तं, आहतः -ता -तं, प्रत्युत्पन्नः -न्ना -न्नं, गुण **in comp.; 'a thousand multiplied by seventy-one,'** एकसप्ततिगुणितं सहस्रं; **'multiplied by two,'** द्विगुणः -णा -णं, द्विगुणितः -ता -तं, द्विगुणीकृतः -ता -तं, द्विगुणीभूतः -ता -तं; **'a number multiplied by itself,'** स्वगुणा संख्या; **'is multiplied,'** हन्यते. **—(Increased)** बहुलीकृतः -ता -तं, प्रचुरीकृतः **etc.,** बहुलीभूतः **etc.,** वर्धितः -ता -तं, वर्धितसंख्यः -ख्या -ख्यं.

Multiplier, Multiplicator, ***s.*** गुणकः, पूरकः, अङ्कपूरकः, गुणकाङ्कः, गुणः, प्रवृत्तिः ***f.***

To **multiply,** ***v. a.*** **(In Arithmetic, etc.)** गुण् **(c. 10.** गुणयति -यितुं), हन् **(c. 2.** हन्ति -न्तुं, **caus.** घातयति -यितुं), पृ **(c. 10.** पूरयति -यितुं), गुणनं कृ, घातं कृ, हननं कृ, अङ्कपूरणं कृ. **—(Increase in number)** बहुलीकृ, प्रचुरीकृ, वृध् **(c. 10.** वर्धयति -यितुं), संख्यावृद्धिं कृ.

To **multiply,** ***v. n.*** **(Grow, increase in number)** बहुलीभू, प्रचुरीभू, बहुतरीभू, अधिकतरीभू, वृध् **(c. 1.** वर्धते -र्धितुं), पुष्कलीभू, वर्धितसंख्यः -ख्या -ख्यं भू, अधिकसंख्यः **etc.** भू, भृश **(nom.** भृशायते).

Multipotent, ***a.*** बहुकार्य्यशक्तिकः -का -कं, बहुकार्य्यसमर्थः -र्था -र्थ.

Multipresence, ***s.*** बहुस्थानविद्यमानता, बहुस्थलविद्यमानता.

Multisonous, ***a.*** बहुस्वनः -ना -नं, बहुध्वनिः -निः -नि, बहुनादः -दा -दं.

Multitude, ***s.*** **(A collection, number)** समूहः, गणः, सङ्घः, संहतिः ***f.,*** सङ्घातः, ओघः, समुदायः, समवायः, वृन्दं, निवहः, सन्नयः, चयः, सञ्चयः, समुच्चयः, सङ्ग्रहः, समाजः, समजः, मण्डलं -ली, स्तोमः, निकायः, वारः, विसरः, आकरः, व्यूहः, जातं, कदम्बं -म्बकः -कं, कदम्बदः, वर्गः, पेटकं, पूगः, पुञ्जः, सङ्घः, सन्दोहः, सङ्कुलः, व्रजः, सार्थः, कुलं, ग्राम: **in comp.; 'in multitudes,** सङ्घशम्. **—(Crowd, throng)** बहुजनसमूहः, बहुजनसम्मर्दः, बहुजनसङ्घः, लोकसङ्घः, जनसमूहः, जननिवहः, लोकनिवहः, जनौघं, जनसमागमः, बहुजनमेलकः, जनता, मानुष्यकं. **—(State of being many)** बहुत्वं, बाहुल्यं, अनेकत्वं, अनैक्यं; **'multitude of villages,'** ग्रामता.

Multitudinous, ***a.*** बहुलः -ला -लं, बहुः -हुः ह्वी -हु, बहुसंख्यकः -का -कं, अनेकः -का -कं, अनेकसंख्यकः -का -कं, पुष्कलः -ला -लं, समवायी -यिनी -यि (न्).

Multivious, ***a.*** बहुमार्गः -र्गा -र्गं, बहुपथः -था -थं, प्रचुरमार्गः **etc.**

Multocular, ***a.*** बहुनेत्रः -त्रा -त्रं, बहुनयनः -ना -नं, बहुलोचनः -ना -नं.

Mum, ***a.*** **(Silent)** निःशब्दः -ब्दा -ब्दं, तूष्णीकः -का -कं, अनालापः -पा -पं.

Mum, ***interj,*** शान्तं, शब्दं मा कुरु, तूष्णीम्भवः, निःशब्दो भव, हूम्, नीचैस्.

To **mumble,** ***v. a.*** **and** ***n.*** अस्पष्टवाचा **or** अस्पष्टस्वरेण वद् **(c. 1.** वदति -दितुं), अस्पष्टोच्चारणेन **or** अव्यक्तोच्चारणेन वद्, अव्यक्तगिरा वद्, अस्पष्टं वद्, अव्यक्तं वद् **or** उच्चर् **(c. 10.** -चारयति -यितुं), नीचस्वरेण वद्, उपांशु वद्, जप् **(c. 1.** जपति -पितुं), प्रजप्.

Mumbled, ***p. p.*** अस्पष्टवाचा **or** नीचस्वरेण उच्चारितः -ता -तं.

Mumblingly, ***adv.*** अस्पष्टवाचा, अव्यक्तवाचा, अस्पष्टस्वरेण, नीचस्वरेण.

Mummer, ***s.*** विडम्बनकृत् ***m.,*** छद्मवेशी ***m.*** (न्), दम्भवृत्तिः ***m.***

Mummery, ***s.*** विडम्बनं -ना, छद्म ***n.*** (न्), छद्मवेशः, दम्भः, मिथ्याधर्म्मः, धर्म्मोपधा, कपटधर्म्मः, भाण्डं, भण्डता.

Mummy, ***s.*** सुगन्धिद्रव्यरक्षितशवः, सिक्थादिरक्षितशवः, तिक्तौषधव्यञ्जनादिरक्षितं मृतशरीरं.

To **mump,** ***v. a.*** चर्व् **(c. 1.** चर्वति -र्वितुं, **c. 10.** चर्वयति -यितुं), दंश् **(c. 1.** दशति, दंष्टुं).

Mumps, ***s.*** लालापिण्डशोथः, लालाशयशोथः, गण्डमाला, कर्णमूलं. **—(Sullenness)** अन्तःक्रोधः, अन्तःकोपः.

To **munch,** ***v. a.*** **and** ***n.*** चर्व् **(c. 1.** चर्वति -र्वितुं, **(c. 10.** चर्वयति -यितुं), शनैः सन्दंश् **(c. 1.** -दशति -दंष्टुं) **or** विदंश् **or** दंश्, शनैः खाद् **(c. 1.** खादति -दितुं) **or** संखाद्.

Mundane, ***a.*** लौकिकः -की -कं, ऐहलौकिकः -की -कं, सांसारिकः -की -कं, लौक्यः -क्या -क्यं, संसारी -रिणी -रि (न्), ऐहिकः -की -कं, इहलोकसम्बन्धी **etc.; 'mundane egg,'** ब्रह्माण्डं, हेमाण्डं, हिरण्यगर्भः.

Mundanity, ***s.*** लौकिकता -त्व, ऐहलौकिकता, सांसारिकत्वं.

Mundivagant, ***a.*** अवनिचरः -रा -रं, लोकाटकः -का -कं, पृथिवीपर्याटकः **etc.**

Mungoose, ***s.*** नकुलः, अङ्गूषः, बभ्रुः ***m.,*** सूचिवदनः.

Mungrel, ***s. See*** **Mongrel.**

Municipal, ***a.*** नगरीयः -या -यं, नागरेयकः -की -कं, नगराधिकारसम्बन्धी **etc.,** नगरसमाजसम्बन्धी -न्धि -न्धि (न्), नगरीयसमाजविषयः -या -यं, दैशिकः -की -कं, देशीयः -या -यं, नगर **in comp.**

Muncipality, ***s.*** ग्रामसङ्घः, नगरसङ्घः, देशविभागः, मण्डलं, चक्रं, राष्ट्रं.

Munificence, ***s.*** स्थूललक्ष्यता -त्वं, अतिदानं, अतिदातृत्वं, बहुप्रदत्वं, अतिदानशीलता, अतित्यागशीलता, अतित्यागः, अतित्यागिता, वदान्यता, उदारता, औदार्य्यं, अतिसर्ज्जनं, दानवीरता, दानशूरता, दानशौर्य्यं, दानशौण्डता, मुक्तहस्तता.

Munificent, ***a.*** स्थूललक्ष्यः -क्ष्या -क्ष्यं, स्थूललक्षः -क्षा -क्षं, बहुप्रदः -दा -दं, अतिदाता -त्री -तृ (तृ), अतिदायकः -का -कं, बहुदायकः **etc.,** वदान्यः -न्या -न्यं, अतिदानशीलः -ला -लं, अतित्यागशीलः **etc.,** बहुत्यागी -गिनी **etc.,** उदारः -रा -रं, दानवीरः -रा -रं, दानशूरः **etc.,** दानशौण्डः -ण्डा -ण्डं.

Munificently, ***adv.*** स्थूललक्ष्यवत्, अतिदानेन, वदान्यवत्, सौदार्य्यं.

Muniment, ***s.*** दुर्गं, कोटिः ***f.,*** कोटः, कूटः, परिकूटं, गुप्तिः ***f.,*** रक्षास्थानं.

Munition, ***s.*** युद्धसामग्री -ग्रयं, युद्धोपकरणं, युद्धसज्जा, युद्धसाहित्यं.

Mural, ***a.*** भित्तिसम्बन्धी -न्धिनी **etc.,** प्राकारसम्बन्धी **etc.,** प्राकारीयः -या -यं.

Murder, ***s.*** हत्या, बधः, घातः, घातनं, मारणं, हननं, निहननं, प्रमापणं, अपघातः, व्यापादनं, जीवहत्या, प्राणहत्या, सूदनं, निषूदनं, हिंसा, द्वेषपूर्व्वको मनुष्यवधः, द्वेषपूर्व्वा नृहत्या.

To **murder,** ***v. a.*** द्वेषपूर्व्वं हन् **(c. 2.** हन्ति -न्तुं, **c. 10.** घातयति -यितुं) **or** व्यापद् **(c. 10.** -पादयति -यितुं) **or** मृ **(c. 10.** मारयति -यितुं), द्वेषबुद्ध्या हन् **or** निहन् **or** बध्, **this last is defective and not usually found, excepting in the 3d pret and fut.,** द्वेषपूर्व्वं बधं कृ, **or** मनुष्यबधं कृ, प्राणहत्यां कृ, जीवहत्यां कृ, जीवनाशं कृ.—**(Destroy)** नश् **(c. 10.** नाशयति -यितुं), विनश्.

Murdered, ***p. p.*** द्वेषपूर्व्वं हतः -ता -तं **or** निहतः -ता -तं **or** व्यापादितः **etc. or** घातितः **etc.,** द्वेषबुद्ध्या मारितः -ता -तं, **or** हतप्राणः **etc.**

Murderer, ***s.*** द्वेषपूर्व्वं **or** द्वेषबुद्ध्या हन्ता ***m.*** (न्तृ) **or** निहन्ता ***m.*** **or** घातकः **or** घाती ***m.*** (न्) **or** बधकः, बधकारी ***m.*** बधोद्यतः, मारकः, प्राणहन्ता ***m.,*** जीवहन्ता ***m.,*** हत्याकृत्, प्राणहत्याकृत्, आततायी ***m.,*** (न्), नरघाती ***m.,*** घ्नः **in comp.,** हा ***m.,*** (न्) **in comp.; 'of a brother,'** भ्रातृहा ***m.,*** भ्रातृघ्नः, भ्रातृघातकः **etc.; 'of one asleep,'** सुप्तघातकः.

Murderous, ***a.*** **(Committing murder)** घातकः -का -कं, घातुकः -का -कं, घाती -तिनी -ति (न्), बधकारी **etc.,** प्राणघातकः **etc.,** व्यापादकः -का -कं, प्राणान्तकः **etc.,** जीवान्तकः **etc.,** प्राणनाशकः **etc.—(Premeditating murder, intending it)** बधैषी -षिणी **etc.,** बधोद्यतः -ता -तं, जिघांसुः -सुः -सु, बधाभिसन्धिः -न्धिः -न्धि, हिंसाबुद्धिः -द्धिः -द्धि, सन्नद्धः -द्धा -द्धं.—**(Consisting in murder)** मारात्मकः -का -कं, आत्ययिकः -की -कं.

Muriate, ***s.*** **(Of mercury)** रसकर्प्पूरः, रसपुष्पं.

Murk, ***s.*** अन्धकारः, तमस् ***n.,*** तिमिरं, तमिस्रं, मेघतिमिरं, साभ्रता.

Murky, ***a.*** सान्धकारः -रा -रं, सतिमिरः -रा -रं, तमस्वी -स्विनी -स्वि (न्), तमोमयः -यी -यं, तमोवृतः -ता -तं, मेघाच्छन्नः -न्ना -न्नं, साभ्रः -भ्रा -भ्रं, मलिनः -ना -नं.

Murmur, ***s.*** **(Low sound)** कलकलः, कलः, कलरवः, कलरुतं, कलस्वरः -रं, मन्दरुतं, मन्दरावः, रुतं, रावः, गुञ्जितः, गुञ्जनं, मर्मरः, मणितं, स्तनितं, झङ्कारः, रणत्कारः, रणरणशब्दः, गर्जनं, गर्जितं, मन्द्रशब्दः, गम्भीरशब्दः, मन्द्रध्वनिः ***m.,*** गम्भीरध्वनिः ***m.,*** आमन्द्रशब्दः, नीचशब्दः; **'murmur of applause,'** प्रणादः, प्रणदनं.—**(Suppressed sound of complaint)** अन्तर्विलापः, अन्तर्विलपितं, गूढविलापः, गूढपरिदेवनं. -ना, अन्तःपरिदेवना, असन्तोषसूचकशब्दः, असन्तोषार्थकशब्दः.

To **murmur,** ***v. n.*** **(Make a low sound)** कलकलशब्दं कृ, गुञ्ज् **(c. 1.** गुञ्जति -ञ्जितुं), गर्ज् **(c. 1.** गर्जति -र्जितुं), गर्जनं कृ, गम्भीरं **or** मन्द्रशब्देन रु **(c. 2.** रौति, रवितुं) **or** विरु **or** अभिरु **or** स्तन् **(c. 1.** स्तनति, -नितुं), गम्भीरस्तनितं कृ, गम्भीरशब्दं कृ, नीचशब्दं कृ, मन्द्रशब्दं कृ, आमन्द्रशब्दं कृ, घुर् **(c. 6.** घुरति -रितुं), रणरणशब्दं कृ.—**(Mutter)** जप् **(c. 1.** जपति -पितुं), प्रजप्, नीचस्वरेण वद् **(c. 1.** वदति -दितुं), नीचैर् वद्, उपांशु वद्.—**(Make a sound of complaint)** असन्तोषाद् विलप् **(c. 1.** -लपति -पितुं) **or** परिदेव् **9c. 1.** -देवते -वितुं) असन्तोषसूचकशब्दं कृ, असन्तोषार्थकशब्दं कृ, विवद् **(c. 1.** -वदते -दितुं).

Murmurer, ***s.*** असन्तुष्टत्वात् सदापरिदेवी ***m.*** (न्), **or** सदाविलापी ***m.*** असन्तुष्टजनः, विवादी ***m.*** (न्).

Murmuring, ***s.*** **(Low sound)** भजनं, परिगर्जनं. ***See*** **Murmur.**

Murmuring, ***part.*** **(Making a low sound)** गुञ्जन् -ञ्जन्ती -ञ्जत् (त्), कलकलशब्दकारी -रिणी -रि (न्), मन्द्रशब्दकारी **etc.**

Murrain, ***s.*** गवादिजन्तुमारी, गवादिमारकः, मारी, महामारी.

Muscle, ***s.*** स्नायुः ***m.,*** म्बसा, पेशी, शिरा, मांसपेशी, मांसशिरा, मांसरज्जुः ***m.f.,*** वस्नसा, वहीरुः ***m.,*** सन्धिबन्धनं, ग्रन्थिबन्धनं; **1'trapezium muscle,'** मन्या, मन्याका.—**(Shell-fish)** शम्बुः, शम्बुकः, शम्बूकः.

Muscular, musculous, ***a.*** **(Pertaining to a muscle)** स्नायुसम्बन्धी -न्धिनी **etc.; 'muscular action,'** चालनं.—**(Brawny, strong)** मांसलः -ला -लं, स्नायुमान् -मती -मत् (त्), दृढाङ्गः -ङ्गी -ङ्गं, बलवान् **etc.**

Muse, ***s.*** विद्यादेवी, काव्यदेवता, वाग्देवता, विद्याधिष्ठात्री, काव्याधिष्ठात्री, सरस्वती.—**(Deep thought)** ध्यानं, चिन्ता.

To **muse,** ***v. n.*** चिन्त् **(c. 10.** चिन्तयति -यितुं), ध्यै **(c. 1.** ध्यायति, ध्यातुं), . सन्ध्यै, विमृश् **(c. 6.** -मृशति -म्रष्टुं), विचर् **(c. 10.** -चारयति -यितुं), मन् **(c. 4.** मन्यते, मन्तुं), चिन्तां कृ, ध्याननिष्ठः -ष्ठा -ष्ठं, भू, चिन्तापरः -रा -रं भू.

Museful, ***a.*** ध्याननिष्ठः -ष्ठा -ष्ठं, ध्यानपरः -रा -रं, चिन्तापरः **etc.**

Museum, ***s.*** कौतुकागारं, कौतुकालयः, कौतुकसङ्ग्रहालयः, कौतुकसङ्ग्रहस्थानं, दुर्लभद्रव्यागारं, दुर्लभवस्तुसङ्ग्रहस्थानं,

आश्चर्य्यपदार्थालयः.

Mushroom, *s.* छत्रं -त्रा, छत्राकं, छत्रकः, छत्रिका, अतिछत्रः, -त्रकः, उच्छिलीन्ध्रं -न्ध्रकं, शिलीन्ध्रं -न्ध्रकं, पालघ्नः, ऊर्व्यङ्गं, मल्लिपत्रं, दिलीरः.

Music, *s.* **(The art or science)** गन्धर्वविद्या or गन्धर्व्वविद्या, सुस्वरविद्या, गन्धर्ववेद, सङ्गीतविद्या, वादनविद्या, वाद्यविद्या, सुस्वरशास्त्रं, सङ्गीतशास्त्रं, सङ्गीतव्यापारः, विज्ञानं. **—(Harmony, melody)** सुस्वरः, सुस्वरसङ्ग, सुस्वरता, वाद्यघोषः, कलता -त्वं, तौर्य्यं, तालः; **'vocal and instrumental music,'** सङ्गीतं -तिः *f.,* गीतवादनं; **'music with singing and dancing,'** तौर्य्यत्रिकं; **'set to music,'** स्वरबद्धः -द्धा -द्धं; **'fond of music,'** सुस्वरानन्दी -न्दिनी **etc.,** नादलब्धः -ब्धा -ब्धं; **'music-room,'** सङ्गीतशाला. **For the seven notes of music.** ***See* Gamut.**

Musical, *a.* **(Belong to music)** गन्धर्वविद्यासम्बन्धी -न्धिनी -न्धि (न्), सङ्गतविद्यासम्बन्धी **etc.,** सुस्वरविद्यासम्बन्धी **etc.,** सुस्वरविषयः -या -यं, सुस्वरशास्त्रसम्बन्धी **etc.,** सौवरः -री -रं, गानीयः -या -यं. **—(Harmonious, melodious)** सुस्वरः -रा -रं, सुश्राव्यः -व्या -व्यं, सुस्वरयुक्तः -क्ता -क्तं. **—(Fond of music)** सुस्वरप्रियः -या -यं, सुस्वरानन्दी **etc.,** वाद्यप्रियः **etc.,** वादनशीलः -ला -लं, नादप्रियः **etc.,** नादलुब्धः -ब्धा -ब्धं, नादासक्तः -क्ता -क्तं. वादनासक्तः **etc.,** वाद्यश्रवणासक्तः **etc.; 'musical instrument,'** वादित्रं, वाद्यं, तूर्य्यं, तालितं, आतोद्यं, भाण्डं; **'playing on musical instruments,'** वाद्यवादनं, भाण्डवादनं; **'musical glasses,'** जलतरङ्गः.

Musically, *adv.* सुस्वरं -रेण, सुस्वरपूर्व्वं, सुस्वरविद्यानुसारेण.

Musician, *s.* **(One that plays on an instrument)** वादकः, वाद्यवादकः, वादित्रवादकः, भाण्डवादकः, वादनकर्त्ता *m.* (र्त्तृ), भाण्डिकः. **—(Singer)** गाथकः, गाथिकः, गायकः, गाता *m.* (तृ), गाथाकारः. **—(One skilled in music)** वादनकुशलः, वादित्रकुशलः, सुस्वरविद्याज्ञः, सङ्गीतविद्यातत्त्वज्ञः, गान्धर्वतत्त्वज्ञः; **'celestial musician,'** गन्धर्वः, **names for some of these are** तुम्बुरुः *m.,* विश्वावसुः, चित्ररथः; **the last is their chief.** ***See* Gandharba.**

Musing, *part.* **or** *a.* ध्यायन् -यन्ती -यत् (त्), चिन्तयन् **etc.** ***See* Museful.**

Musk, *s.* कस्तूरी -रिका, कस्तुरिका, कस्तूरिकाण्डजः, मृगनाभिः *m.,* मृगमदः, मृगनाभिजं -जा, मृगाण्डजा, अण्डजा, नाभिः -भी *f.,* मदः, दर्पः, मदाह्वः, मृगनाभिजं -जा, मृगाण्डजा, अण्डजा, नाभिः -भी *f.,* मदः, दर्पः, मदाह्वः, मदारः, गन्धधूलिः *f.,* गन्धचेलिका, योजनगन्धा, गन्धशेखरः, वातामोदा, मार्गः, ललिता; **'musk-bag,'** अण्डं, मृगाण्डं, कस्तूरमल्लिका.

Musk-deer, *s.* कस्तूरीमृगः, गन्धमृगः, मृगपालिका, गन्धवाहः.

Musket, *s.* आग्नेयनाडिः -डी, गुलिकाप्रक्षेपणी, गुटिकाप्रक्षेपणी, गुलिकाप्रक्षेपणी सुषिरनाली; **'musket-ball,'** गुलिका, गुटिका, गुलिः *f.*

Musk-rat, *s.* गन्धमूषिकः -का, गन्धाखुः *m.,* गन्धनकुलः, गन्धशुण्डिनी, गन्धाशुण्डिनी, गन्धसूयी, गन्धसुखी, चिक्कः, पुंवृषः.

Musky, *a.* कस्तूरीगन्धयुक्तः -क्ता -क्तं, कस्तूरीवासितः -ता -तं, कस्तूरीगन्धवान् -वती -वत् (त्), मृगमदसगन्धः -न्धा -न्धं, सुगन्धिः -न्धिः -न्धि.

Muslin, *s.* अंशुकं, सूक्ष्मांशुकं, दुकूलं, सूक्ष्मदुकूलं, सूक्ष्मवस्त्रं.

Musquito, musketo, *s.* मशकः, मशः, मसकः, सूक्ष्ममशकः, सूक्ष्ममक्षिका, भम्भरालिका, सूचिवदनः, रणरणः, कटुकीटः, रात्रिजागरदः, प्राचिका; **'musquito-curtain,'** मशहरी, चतुष्की.

Mussulman, *s.* यवनः, यावनः, यावनदेशीयः, यावनमतधारी *m.* (न्), यावनधर्म्मावलम्बी *m.* (न्).

Must, *v. n.* **(Be necessitated). Expressed by the fut. pass. part.; as, 'anger must be restrained,'** कोपो नियन्तव्यः; **'I must go, or it is to be gone by me,'** मया गन्तव्यं; **'I must do that,'** तन् मया कर्त्तव्यं **or** करणीयं **or** कार्य्यं. **The adverb** अवश्यं **may be added; as,** तन्, मया अवश्यं कर्त्तव्यं. **Sometimes the verb** अर्ह् **(c. 1.** अर्हति -र्हितुं) **has the sense of 'must;' as, 'he must not receive that,'** न तत् प्राप्तुम् अर्हति.

Must, *s.* **(Wine just pressed from the grape)** नवमद्यं, नूतनमद्यं.

***To* must,** *v. n.* **(Grow mouldy and sour)** अम्लीभू, दुर्गन्धीभू, विरसीभू.

Mustache, mustachio, mustaches, *s. pl.* गुम्फः ओष्ठलोमः *n.* (न्), ओष्ठलोमानि *n. pl.,* ओष्ठजं लोम *n.* **or** रोम, ओष्ठजलोम *n.,* श्मश्रु *n.,* पक्ष्म *n.* (न्), पक्ष्माणि *n. pl.*

Mustard, *s.* **(Plant)** सर्षपः, राजसर्षपः, सरिषपः, कटुकः, कटुस्नेहः, कदम्बकः -कं, कदम्बदः, विम्बटः, खञ्जना; **'black mustard,'** कृष्णिका, राजिका, आसुरी, क्षवः, क्षुधाभिजननः, क्षुताभिजननः; **'white mustard,'** सिद्धार्थः -र्थकः; **'mustard-seed,'** सर्षपवीजं, तन्तुभः, तन्तुकः; **'oil expressed from it,'** सर्षपतैलं; **'used for seasoning,'** उपस्करः; **'made of mustard,'** सार्षपः -पी -पं.

Mustard-Pot, *s.* सर्षपपात्रं, सर्षपतैलपात्रं, सर्षपभाजनं, सर्षपाधारः.

***To* muster,** *v. a.* समानी **(c. 1.** नयति -नेतुं), समूहीकृ, एकत्र कृ, एकत्र सङ्गम् **(c. 10.** -गमयति -यितुं) **or** समागम्, एकीकृ, समूह् **(c. 1.** -ऊहते -हितं), समाहृ **(c. 1.** -हरति -हर्त्तुं), समाह्वे **(c. 1.** -ह्वयति -ह्वातुं), सङ्ग्रह् **(c. 9.** -गृह्णाति -ग्रहीतुं), सङ्ग्रहं कृ. **—(Assemble or call over soldiers)** सैन्यान् संख्या **(c. 2.** -ख्याति -तुं) **or** परिसंख्या **or** सम्परिख्या **or**

Muster-roll 763 **Mutter**

परिगण् (c. 10. -गणयति -यितुं), सैन्यनामानि पृथक् पृथक् ख्या, सैन्यान् एकत्र समानी.

To* muster, *v. n. सङ्गम् (c. 1. -गच्छति -गन्तुं), समागम्, एकत्र आगम्, समे (समैति -तु, rt. इ), सम्मिल् (c. 6. -मिलति -मेलितुं), एकत्र मिल्, समावृत् (c. 1. -वर्त्तते -र्त्तितुं), समूहीभू.

Muster-roll, *s.* सैन्यपरिसंख्या -ख्यानं, सैन्यपरिगणना, सैन्यनावलिः ***f.***, संख्या.

Mustiness, *s.* विरसता, वैरस्यं, पर्य्युषितत्वं, पूतिगन्धता, दुर्गन्धता.

Musty, *a.* विरसः -सा -सं, पर्य्युषितः -ता -तं, पूतिगन्धिकः -का -कं.

Mutability, mutableness, *s.* अस्थिरता, अस्थैर्य्यं, अस्थायित्वं, अधीरता, अधृतिः ***f.***, स्थैर्य्याभावः, विकारशीलता, परिणामशीलता. —**(Fickleness)** चञ्चलत्वं, चाञ्चल्यं, चपलता, चापल्यं, चलचित्तता, लोलता, अनवस्थितिः ***f.***

Mutable, *a.* अस्थिरः -रा -रं, अस्थायी -यिनी -यि (न्), अधीरः -रा -रं, अनवस्थः -स्था -स्थं, अनवस्थितः -ता -तं, परिणामशीलः -ला -लं, विकारशीलः **etc.**, परिणामस्वभावः -वा -वं, अनियतः -ता -तं. —**(Fickle)** चञ्चलः -ला -लं, चपलः -ला -लं, चलचित्तः -त्ता -त्तं, लोलः -ला -लं, चञ्चलवृत्तिः -त्तिः -त्ति, चपलवृत्तिः **etc.**, क्षणिकबुद्धिः -द्धिः -द्धि.

Mutation, *s.* विकारः, विकृतिः ***f.***, विक्रिया, परिणामः, विपरिणामः, परिवर्त्तः -र्त्तनं, अन्यथाभावः, अवस्थान्तरं, अवस्थाभेदः, स्थितिभेदः.

Mute, *a.* मूकः -का -कं, जडवाक् ***m. f. n.*** (च्), जडः -डा -डं, वाक्शून्यः -न्या -न्यं, वाग्रहितः -ता -तं, वाक्शक्तिहीनः -ना -नं, वाणीहीनः -ना -नं, वाणीरहितः -ता -तं, निःशब्दः -ब्दा -ब्दं, निश्शब्दः **etc.**, नादशून्यः **etc.**, मुद्रितमुखः -खा -खं, निर्वचनः -ना -नं, अवाक् (च्), अनुत्तरः -रा -रं, निरुत्तरः -रा -रं.

Mute, *s.* (person who cannot speak) मूकजनः. —**(In grammar)** स्वरसहितोच्चार्यव्यञ्जनं. —**(Dung of birds)** पक्षिपुरीषं, पक्षिभिर् उच्चरितं मलं, गूथः.

To* mute, *v. n. पक्षिवत् पुरीषम् उत्सृज् (c. 6. -सृजति -स्रष्टुं), पुरीषोत्सर्गं कृ.

Mutely, *adv.* मूकवत्, जडवत्, मूकं, निःशब्दं, निरुत्तरं, तूष्णीं.

Muteness, *s.* मूकता, मौक्यं, वाक्शून्यता, वाग्राहित्यं, जडता, वाग्जाड्यं, वाक्स्तम्भः, वाग्रोधः, वागभावः, निःशब्दता, अवाक्तं, अभाषणं, मौनं, मौनभावः.

To* mutilate, *v. a. व्यवछिद् (c. 7. -छिनत्ति -छेत्तुं), अङ्गछेदनं कृ, व्रश्च् (c. 6. वृश्चति, व्रश्चितुं), प्रव्रश्च्, बहुखण्डशः कृ **or** छिद्, बहुखण्डीकृ, खण्डं खण्डं कृ, खण्ड् (c. 10. खण्डयति -यितुं), विनिकृत् (c. 6. -कृन्तति -कर्त्तितुं), क्षतविक्षतीकृ, छिन्नभिन्नीकृ, विकलीकृ, विकलाङ्गीकृ, व्यङ्गीकृ, विशस् (c. 1. -शसति -सितुं), अङ्गवैकल्यं कृ.

Mutilated, *p. p.* छिन्नभिन्नः -न्ना -न्नं, क्षतविक्षतः -ता -तं, व्यवछिन्नः **etc.**, व्यवछिन्नाङ्गः -ङ्गा -ङ्गं, लूनाङ्गः **etc.**, छिन्नाङ्गः **etc.**, विकलाङ्गः **etc.**, विकलीकृतः -ता -तं, खण्डितः -ता -तं, खण्डिताङ्गः **etc.**, खण्डितविग्रहः -हा -हं, न्यूनाङ्गः **etc.**, हीनाङ्गः **etc.**, अङ्गहीनः -ना -नं, अपाङ्गः **etc.**, विकलेन्द्रियः -या -यं, नष्टेन्द्रियः **etc.**

Mutilation, *s.* (The act) व्यवच्छेदः -दनं, अङ्गच्छेदः -दनं, विकलीकरणं, व्यङ्गीकरणं, अङ्गकर्त्तनं, विनिकर्त्तनं, व्रश्चनं, खण्डनं, विशसनं. —**(State)** विकलता, वैकल्यं, अङ्गवैकल्यं, अङ्गहीनता, न्यूनाङ्गता, हीनाङ्गता, अपाङ्गता, लूनाङ्गता, खण्डितत्वं, खण्डिताङ्गता.

Mutineer, *s.* आज्ञालङ्घी ***m.***, (न्), शासनलङ्घी ***m.***, आज्ञाविरोधी ***m.***, कलहकारी ***m.***, सेनाक्षोभकारी ***m.***, सेनायां प्रकोपकारी.

Mutinous, *a.* आज्ञालङ्घी -ङ्घिनी -ङ्घि (न्), शासनाविधायी **etc.**, अवशवर्त्ती **etc.**, कलहकारी **etc.**, क्षोभकारी **etc.**, प्रकोपकारी **etc.**, प्रतीपः -पा -पं, विप्रतीपः -पा -पं, अवशः -शा -शं, दुःशासनः -ना -नं, दुःशास्यः -स्या -स्यं, अविधेयः -या -यं, अनायत्तः -त्ता -त्तं.

Mutiny, *s.* सेनाप्रकोपः, सैन्यप्रकोपः, सेनाकोपः, प्रकोपः, कोपः, सेनाक्षोभः, सैन्यक्षोभः, शासनलङ्घनं, आज्ञालङ्घनं, कलहः, सैन्यकलहः, सैन्यवैराग्यं, सैन्यविरक्तिः ***f.***, शासनव्युत्थानं, आज्ञाव्युत्थानं.

To* mutiny, *v. n. कलह (nom. कलहायते), कलहं कृ, सेनापतिशासनं लङ्घ् (c. 10. लङ्घयति -यितुं), प्रतीप (nom. प्रतीपायते), व्युत्था (c. 1. -तिष्ठति -थातुं, rt. स्था), कोपं कृ, प्रकोपं कृ, क्षोभं कृ, अवशीभू, अनायत्तीभू.

***To* mutter, *v. a.* and *n.* (Utter words with a low indistinct voice)** अस्पष्टं वद् (c. 1. वदति -दितुं), अस्पष्टवाचा वद्, अस्पष्टस्वरेण वद्, अस्पष्टोच्चारणेन वद्, अव्यक्तं वद्, **or** उच्चर् (c. 10. -चारयति -यितुं), नीचवाचा **or** नीचस्वरेण वद्, नीचैर्, वद्, जप् (c. 1. जपति -पितुं), प्रजप्; **this last verb is applied especially to the muttering of prayers, though it may be used in other senses; as, 'to mutter into the ear,'** कर्णे जप्, कर्णम् उपजप्. —**(Sound with a low rumbling voice)** गर्ज् (c. 1. गर्जति -र्जितुं), स्तन (c. 1. स्तनति -नितुं), गम्भीरशब्दं कृ.

Mutter, muttering, *s.* (Uttering with a low voice) अस्पष्टोच्चारणं, अव्यक्तोच्चारणं, नीचभाषणं, नीचवाक्यं, नीचस्वरेण, भाषणं, उपांशु वादः. —**(Low rumbling sound)** गर्जनं, गर्जितं, आमन्द्रशब्दः, गम्भीरशब्दः; **'of clouds,'** मेघनिर्घोषः. —**(Inaudible repetition of prayers, etc.)**

जपः, जापः, जपनं, स्वाध्यायः, जाप्यं, जपजाप्यं, उपांशुः ***m.***

Muttered, *p. p.* उपांशु **or** अस्पष्टं **or** नीचवाचा उच्चारितः -ता -तं, जपितः **etc.; 'to be muttered,'** जप्यः -प्या -प्यं, जाप्यः **etc.,** जपनीयः -या -यं; **'having muttered,'** जपित्वा.

Mutterer, *s.* अस्पष्टवादी ***m.*** (न्), नीचवादी ***m.***, नीचभाषी ***m.***, उपांशुवादी, जापकः, जपनकृत् ***m.; 'a devotee who mutters,'*** अञ्जपूकः.

Mutteringly, *adv.* अस्पष्टवाचा, नीचवाचा, उपांशु, नीचैस्.

Mutton, *s.* औरभ्रं, औरभ्रमांसं, मेषमांसं, उरभ्रमांसं, अविमांसं.

Mutton-chop, *s.* औरभ्रमांसखण्डः, मेषमांसखण्डः -ण्डं.

Mutual, *a.* परस्परः -रा -रं, अन्योन्यः -न्या -न्यं, इतरेतरः -रा -रं, व्यतिकरः -रा -रं, मिथः **in comp.; 'mutual quarrel,'** अन्योन्यकलहः; **'assistance,'** परस्परोपकारः; **'assent,'** परस्परानुमतिः ***f.;*** **'connexion,'** अन्योन्यसम्बन्धः, मिथःसम्बन्धः, व्यतिषङ्गः; **'aversion,'** अन्योन्यभेदः; **'dependence,'** अन्योन्याश्रयः; **'enjoyment,'** व्यतिकरसुखं; **'attraction,'** अन्योन्याकर्षकत्वं. **The idea of 'mutual' is often expressed by some of the preposition** वि, आ, अव, अति, प्रति, प्र **in combination, or by an adverbial compound formed by doubling a word; as, 'mutual reproach or abuse,'** व्यवक्रोशः, व्यावक्रोशी, व्यावभाषी; **'laughter,'** व्यवहासः, व्यावहासी; **'striking,'** दण्डादण्डिः, प्रतिघातः, प्रतिहननं, व्यतिहारः; **'injury,'** विप्रतिकारः, विप्रकारः, प्रतिकारः, विप्रकृतिः ***f.***, प्रत्यपकारः; **'assistance,'** प्रत्युपकारः; **'connexion,'** विप्रतिपत्तिः ***f.;*** **'salutation,'** प्रतिपूजनं, प्रत्यभिवादः; **'accusation,'** प्रत्यभियोगः; **'recognition,'** प्रत्यभिज्ञानं.

Mutuality, *s.* परस्परयोगः, अन्योन्ययोगः, इतरेतरयोगः, परस्परता, अन्योन्यत्वं, परस्परभावः, अन्योन्यभावः, व्यतिकरः, व्यतिहारः, व्यतीहारः, अन्योन्यसम्बन्धः, अन्योन्याश्रयः, व्यतिषङ्गः.

Mutually, *adv.* परस्परः -रां, अन्योन्यं, इतरेतरं, मिथस्, अन्योन्यस्य, परस्पर **etc. in comp.,** उभय **in comp., 'mutually assisting,'** परस्परोपकारी **etc.; 'mutually agreed,'** परस्परानुमतः -ता -तं, उभयानुमतः **etc.; 'connected,'** मिथःसम्बद्धः -द्धा -द्धं, व्यतिषक्तः -क्ता -क्तं, व्यतिषङ्गवान् -वती **etc.,; 'taken,'** अन्योन्यापहृतः -ता -तं.

Muzzle, *s.* (Mouth, entrance) मुखं, छिद्रं, प्रवेशः, प्रवेशद्वारं, निःसरणं.—**(fastening for the mouth)** मुखबन्धनं -नी, मुखरोधनी.

To* muzzle, *v. a. मुखं बन्ध् **9c. 9.** बध्नाति, बन्द्धुं) **or** रुध् **(c. 7.** रुणद्धि, रोद्धुं).

Muzzled, *p. p.* बद्धमुखः -खा -खं, रुद्धमुखः -खा -खं, निरुद्धमुखः **etc.**

My, *pron. a.* मम **gen. c.** (अस्मत्), मदीयः -या -यं, मामकीनः -ना -नं, अस्मदीयः -या -यं, मत् **or** असमत् **in comp.; 'my master,'** मम प्रभुः **or** मत्प्रभुः **or** अस्मतत्प्रभुः; **'my daughter,'** मम सुता **or** मत्सुता.

Myography, myology, *s.* स्नायुवर्णना, स्नायुविवरणं, पेशीवर्णनं.

Myope, *s.* गजदृष्टिः ***m.f.***, गजनेत्रः -त्रा, अल्पदृक् ***m.f.***, अदीर्घदृष्टिः.

Myopy, *s.* गजदृष्टित्वं, अदीर्घदृष्टित्वं, अदूरदर्शित्वं.

Myriad, *s.* दशसहस्रं, अयुतं; **'by myriads,'** दशसहस्रशस्.

Myrmidon, *s.* परिचरः, परिधिस्थः, भर्त्सनकारी सैनिकः **or** अनुचरः.

Myrobalan, *s.* (Emblic myrobalan, plan or fruit) आमलकः -की -कं, तिष्यफला, अमृता, वयस्था, वयःस्था, कायस्था.—**(Beleric)** विभीतकः -की -कं, अक्षः -क्षकः, तुषः, तुसः, कर्षफलः, भूतवासः, कलिद्रुमः.—**(Yellow)** अभया, व्यथा, पथ्या, वयस्था, वयःस्था, कायस्था, पूतना, अमृता, हरीतकी, हैमवती, चेतकी, श्रेयसी, शिवा.—**(The three myrobalans)** त्रिफला.

Myrrh, *s.* गन्धरसः, रसगन्धः, सुरसं, महागन्धं, जातीरसं, गान्धारं, वोलः, प्राणः, पिण्डः, गोपः -पकः, गोसः, पिण्डगोसः, गोपरसः, गोलः -लकः, रसः शशः, गोसशशः.

Myself, *pron.* सोऽहम्, आत्म ***n.*** (न्); **'I will kill myself,'** आत्मानं हनिष्यामि.

Mysterious, *a.* गूढः -ढा -ढं, अतिगूढः **etc.,** निगूढः **etc.,** गूढार्थः -र्था -र्थं, निगूढार्थः **etc.,** गुप्तः -प्ता -प्तं, अतिगुप्तः **etc.,** गुप्तार्थः **etc.,** गहनः -ना -नं, सुगहनः -ना -नं, गुह्यः -ह्या -ह्यं, गोप्यः -प्या -प्यं, गोपनीयः -या -यं, रहस्यः -स्या -स्यं, सुरहस्यः **etc.,** दुर्ज्ञेयः -या -यं, दुर्बोधः -धा -धं, बोधागम्यः -म्या -म्यं, अव्यक्तः -क्ता -क्तं, अस्पष्टः -ष्टा -ष्टं; **'profoundly mysterious,'** परमगहनः -ना -नं; **'mysterious in his ways,'** अव्यक्तवर्त्मा -र्त्मा -र्त्म (न्).

Mysteriously, *adv.* गूढ, अतिगूढं, परमगहनं, अव्यक्तं, सुरहस्यं.

Mysteriousness, *s.* गूढता, अतिगूढता, निगूढता, गूढार्थता, निगूढार्थता, गुह्यता, गोप्यता, दुर्ज्ञेयता, रहस्यता, अव्यक्तता.

Mystery, *s.* गूढं, निगूढं, रहस्यं, गुह्यं, गूढतत्त्वं, निगूढतत्त्वं, गूढार्थः, निगूढार्थः, गहनवस्तु ***n.***, (न्), गोप्यं, गोपनीयं, निगूढविषयः.

Mystic, mystical, *a.* गूढार्थः -र्था -र्थं, गुप्तार्थः **etc.,** गुह्यः -ह्या -ह्यं. ***See*** **Mysteriousness. (Involving some secret meaning).** गूढार्थगर्भः -र्भा -र्भं, गूढाभिप्रायः -या -यं, सङ्केतगर्भः **etc.,** लाक्षणिकः -की -कं; **'mystic verse,'** मन्त्रः; **'mystic letter,'** वीजाक्षरं.

Mystically, *adv.* गूढार्थतस्, निगूढार्थतस्, सगूढार्थं, गुप्तार्थतस्.

Mysticalness, mysticism, ***s.*** गूढता, गूढार्थता, गुप्तार्थत्वं, गहनत्वं, रहस्यता.

Mystified, ***p. p.*** मोहितः -ता -तं, विमोहितः -ता -तं, सगूढार्थः -र्था -र्थं.

To **mystify,** ***v. a.*** गूढीकृ, गहनीकृ, सगूढार्थं -र्थां कृ, गूढतत्त्वानि कथयित्वा परबुद्धिं मुह् (c. 10. मोहयति -यितुं) or विमुह्.

Myth, ***s.*** पुरावृत्तकथा, पुरावृत्तोपाख्यानं, पुराणकथा, पुराणोक्तोपाख्यानं, पुराणोक्तेतिहासः, पुरावृत्ताख्यानं, प्राचीनकथा, पुरावृत्तं, पुराणं, कूटार्थकथा.

Mythic, mythical, ***a.*** पुरावृत्तकथासम्बन्धी -न्धिनी etc., पौराणिकः -की -कं, पुराणकथितः -ता -तं, पुराणोक्तः -क्ता -क्तं, पुराकल्पितः -ता -तं, कूटार्थः -र्था -र्थं.

Mythological, ***a.*** पुराणकथासम्बन्धी etc., पुरावृत्तसम्बन्धी etc., देवतादिकथाविषयः -या -यं, ऐतिहासिकः -की -कं, देवतोपाख्यानविषयः etc. *See* **Mythic.**

Mythologist, ***s.*** पुरावृत्तकथकः, पुराणविद् ***m.,*** देवतोपाख्यानरचकः.

Mythology, ***s.*** पुरावृत्तशास्त्रं, पुराणशास्त्रं, पुराणेतिहासः, इतिहासः, पुराणकथाविद्या, देवतादिकथाविषया विद्या, देवतोपाख्यानविषया विद्या, देवताख्यानं.

N

To **nab,** ***v. a.*** अकस्माद् ग्रह् (c. 9. गृह्णाति, ग्रहीतुं) or धृ (c. 1. धरति, धर्त्तुं).

Nacre, nacker, naker, ***s.*** शुक्तिपुटं, मुक्तास्फोटः.

Nadir, ***s.*** अधःस्वस्तिकं, अधोविन्दुः ***m.,*** अधरः, ब्रह्माण्डाधोभागः.

Nag, ***s.*** अश्वकः, अश्वः, घोटकः. *See* **House. (paramour)** जारः.

Nāga, ***s.*** **(A demigod, having a human face with a serpent's shape. These fabulous beings are said to have sprung from Kadrū, the wife of Kaśyapa, and to have been created in order to people Pātāla, or the infernal regions.)** नागः, काद्रवेयः, कद्रुपुत्रः, कद्रुसुतः. **The chief of these beings is called** शेषः, अनन्तः, वासुकिः ***m.,*** सर्पराजः. **The following are some of the other principal Nāgas :** तक्षकः, पद्मः, महापद्मः, शङ्खः.

Naiad, ***s.*** जलदेवता, अप्सराः ***f.*** (स्), अप्सरा, नदीदेवता, उदकवती.

Nail, ***s.*** **(Of the finger)** नखः, नखरः -रा -रं, कररुहः, करजः, पाणिजः, पाणिरुहः, पाणिरुट् ***m.*** (ह्), करकण्टकः, अङ्गुलीसम्भूतः, पुनर्भवः, पुनर्नवः, भुजाकण्टः, कामाङ्कुशः; **'a pared nail,'** खण्डकः.—**(Of iron, etc.)** लोहकीलः -लकः, लौहकीलः -लकः, लोहशङ्कुः ***m.,*** कीलः -लकः, शङ्कुः ***m.***

To **nail,** ***v. a.*** **(Fasten with nails)** कील् **(c. 10.** कीलयति -यितुं), कीलैर् बन्ध् **(c. 9.** बध्नाति, बन्द्धुं) **or** व्यध् **(c. 4.** विध्यति, व्यद्धुं), कीलबद्धं -द्धां कृ, कीलविद्धं -द्धां कृ, शङ्कुबद्धं -द्धां कृ.

Nailed, ***p. p.*** कीलितः -ता -तं, कीलबद्धः -द्धा -द्धं, शङ्कुप्रतिबद्धः **etc.**

Naive, ***a.*** सरलमतिः -तिः -ति, विमलार्थकः -का -कं, निर्व्याजः -जा -जं, दक्षिणः -णा -णं, मायाहीनः -ना -नं, वैलक्ष्यहीनः **etc.,** निर्व्यलीकः -का -कं.

Naively, ***adv.*** सारल्येन, निर्व्याजं, अमायया, दाक्षिण्येन, अविलक्षितं.

Naivete, ***s.*** सारल्यं, सरलता, मायाहीनता, अमाया, अव्याजः, अवैलक्ष्यं, दाक्षिण्यं, निर्व्यलीकता, शुद्धमतित्वं, भावशुद्धता.

Naked, ***a.*** **(Having no clothes)** नग्नः -ग्ना -ग्नं, नग्नकः -का -कं, विवस्त्रः -स्त्रा -स्त्रं, निर्वस्त्र **etc.,** अवस्त्रः **etc.,** वस्त्रहीनः -ना -नं, वस्त्ररहितः -ता -तं, वस्त्रशून्यः -न्या -न्यं, अवासाः -साः -सः (स्), विवासाः **etc.,** विवासः -सा -सं, दिग्वासाः **etc.,** दिगम्बरः -रा -रं, व्यंशुकः -का -कं, विकोशः -शा -शं, विवसनः -ना -नं, वसनहीनः -ना -नं, आच्छादनहीनः -ना -नं, अपरिच्छन्नः -न्ना -न्नं, अपरिच्छदः -दा -दं, परिच्छदहीनः -ना -नं, वेशहीनः -ना -नं, अवधूतवेशः -शा -शं, गगणपरिधानः -ना -नं, अपरिधानः **etc.,** कोशः -शा -शं, काकरुकः -का -कं.—**(Open, uncovered, exposed)** विवृतः -ता -तं, अनावृतः -ता -तं, अपवृतः -ता -तं, अनाच्छादितः -ता -तं.—**(Unarmed)** असज्जः -ज्जा -ज्जं, असज्जितः -ता -तं, असन्नद्धः -द्धा -द्धं.—**(Unadorned)** अभूषितः -ता -तं.—**(Bare, mere)** केवलः -ला -लं, मात्रकः -का -कं, मात्रं, शून्यः -न्या -न्यं शुद्धः -द्धा -द्धं; **'it is not seen by the naked eye,'** नेत्रमात्रेण or केवलनेत्रेण न दृश्यते; **'a naked woman,'** नग्ना, नग्निका, कोटरी, कोटवी.

Nakedly, ***adv.*** **(Without covering)** वस्त्रेण विना, आच्छादनं विना, अपरिच्छन्नं, नग्नवत्.—**(Barely)** केवलं, मात्रेण, शून्यं.

Nakedness, ***s.*** नग्नता -त्वं, विवस्त्रत्वं, वस्त्रहीनता, वस्त्रशून्यता, वस्त्राहित्यं, वसनहीनता, वेशहीनता, आच्छादनहीनता, अपरिच्छदं, नग्नभावः, नग्नावस्था.—**(Bareness, openness)** शून्यता, शुद्धता, विवृतत्वं, अनावृतत्वं.

Name, ***s.*** नाम ***n.*** (न्), नामधेयः -यः, संज्ञा, अभिधानं, अभिधा, अभिधेयं, आख्या, अभिख्या, आह्वा, आह्वयः, आह्वानं, आह्वायः, उपाधिः ***m.,*** अधिवचनं, लक्षणं, व्यपदेशः; **'bad name,'** दुर्नाम ***n.*** (न्); **'family name,'** कुलनाम ***n.*** उपनाम, पद्धतिः -ती ***f.;*** **'name given at birth,'** जन्मनाम ***n.;*** **'from the constellation,'** नक्षत्रनाम ***n.;*** **'addressing by name,'**

नामग्रहः -हणं, सम्बोधनं; **'to address by name,'** नाम ग्रह् **(c. 9.** गृह्णाति, ग्रहीतुं), नाम्ना अभिवद् **(c. 1.** -वदति -दितुं) **or** अभिवच् **(c. 2.** -वक्ति -क्तुं), सम्बोधनं कृ; **'giving a name,'** नामकरणं; **'bearing the name of,'** नामधारी -रिणी **etc.; 'calling to mind the name of,'** नामस्मरणं; **'forgetting the name,'** नामविस्मृतिः ***f.; 'uttering the name of,'*** नामोच्चारणं; **'abusing by name,'** नामापराधः; **'list of names,'** नामावलिः ***f.; 'by name,'*** नाम्ना, नामतस्, नाम, नामधेयतस्; **'in my name,'** मद्वचनात्, मम नाम्ना; **'what is his name?'** किन्नामधेयः सः; **'affix to the name of Brahmans,'** शर्म्मा ***m.*** (न्), **as** विष्णुशर्मा.—**(Reputation)** प्रतिष्ठा, मर्य्यादा, कीर्त्तिः ***f.***, ख्यातिः ***f.; 'one who has established a name,'*** लब्धप्रतिष्ठः -ष्ठा -ष्ठं; **'good name,'** सुकीर्त्तिः ***f.***, सत्कीर्त्तिः ***f.***, सुख्यातिः ***f.; 'bad name,'*** कुकीर्त्तिः ***f.***, दुष्कीर्त्तिः ***f.***, अपकीर्त्तिः ***f.***, अकीर्त्तिः, कुख्यातिः ***f.***, अख्यातिः ***f.*** अमर्य्यादा, कुप्रतिष्ठा.—**(Celebrity, renown)** यशस् ***n.***, विश्रुतिः ***f.***, ख्यातिः ***f.***, विख्यातिः ***f.***, परिख्यातिः, कीर्त्तिः ***f.***, प्रसिद्धिः ***f.***

To* name, *v. a. अभिधा **(c. 3.** -दधाति -धातुं), आख्या **(c. 2.** -ख्याति -तुं), कृत् **(c. 10.** कीर्त्तयति -यितुं), प्रकृत्, संकृत्, परिकृत्, अनुकृत्, उदाहृ **(c. 1.** -हरति -हर्तुं), प्रचक्ष् **(c. 2.** -चष्टे), नाम कृ **or** दा, संज्ञां कृ; **'they named him Rāma,'** तस्य नाम राम इति चक्रुः.—**(Mention by name)** नाम ग्रह् **(c. 9.** गृह्णाति, ग्रहीतुं), नामग्रहणं कृ, नाम्ना अभिवद् **(c. 1.** -वदति -दितुं), नामोदाहरणं कृ, सम्बुध् **(c. 10.** -बोधयति -यितुं), सम्बोधनं कृ, नामनिर्देशं कृ, नामोच्चारणं कृ, नामस्मरणं कृ.

Named, *p. p.* अभिहितः -ता -तं, आख्यातः -ता -तं, प्रोक्तः -क्ता -क्तं, संज्ञितः -ता -तं, उदाहृतः -ता -तं, प्रत्युदाहृतः -ता -तं, कीर्त्तितः -ता -तं, परिकीर्त्तितः -ता -तं, व्यपदिष्टः -ष्टा -ष्टं, स्मृतः -ता -तं, नामाभिहितः -ता -तं; **the following may be used in composition :** नामकः -का -कं, नामा -म्नी -म, अभिधानः -ना -नं, अभिधः -धा -धं, आख्यः -ख्या -ख्यं, आह्वः -ह्वा -ह्वं, आह्वयः -या -यं, नामधेयः -या -यं, संज्ञः -ज्ञा -ज्ञं; **as, 'a king named Suvarṇa,'** सुवर्णाख्यो राजा; **'in a city named Kānchanapur,'** काञ्चनपुरनाम्नि नगरे; **'a prince named Śūdraka,'** शूद्रकनामा नृपतिः; **'named Vibhīshana,'** विभीषणाभिधः **or** विभीषणाभिधानः; **'a woman named Chandrā,'** चन्द्रनाम्नी -स्त्री. **Somtimes the adverb** नाम **is used as** सुवर्णो नाम राजा, चन्द्रा नाम स्त्री.—**(Having a name)** संज्ञावान् -वती -वत् (त्), प्राप्तनामा -मा -म (न्), लब्धनामा **etc.,** प्राप्ताभिधानः -ना -नं, नामधारी -रिणी -रि (न्), नामधारकः -का -कं; **'is named,'** अभिधीयते, ख्यायते, आख्यायते.

Nameless, *a.* अनामकः -का -कं, नामहीनः -ना -नं, नामरहितः -ता -तं, अनभिधानः -ना -नं, अनामा -मा -म्नी -म (न्), अप्रसिद्धः -द्धा -द्धं.

Namely, *adv.* नाम, नामतस्, यथा, अर्थतस्, अर्थात्, यथाक्रमं.

Namesake, *s.* समनामकः, समनामधारी ***m.*** (न्), एकनामकः.

Naming, *s.* (Giving a name) नामकरणं, नामस्थापनं. —**(Mentioning by name)** नामग्रहः -हणं, नामनिर्देशः, नामोच्चारणं.

Nap, *s.* (Short sleep) अल्पनिद्रा, अदीर्घनिद्रा, अदीर्घस्वप्नः, वामकुक्षिः ***f.***—**(Down)** लोम ***n.*** (न्), रोम ***n.*** (न्).

To* nap, *v. n. अल्पनिद्रां कृ, अदीर्घनिद्रां कृ, अल्पकालमात्रं स्वप् **(c. 2.** स्वपिति -तुं), अदीर्घकालं स्वप्.

Nape, *s.* (Of the neck) मन्या, मन्याका, कन्धरः -रा, ग्रीवा, घाटः -टी -टिका, कृकाटिका, कलम्बिका, सीमा ***m.*** (न्), पश्चाद्ग्रीवा शिरा.

Napkin, *s.* मुखमार्जनी, वदनमार्जनी, वरकः, नक्तकः.

Napless, *a.* लोमहीनः -ना -नं, निर्लोमा -मा -मं (न्), अविद्यमानलोमा **etc.**

Nappy, *a.* लोमशः -शा -शं, बहुलोमा -मा -म (न्), लोममयः -यी -यं.—**(Frothy)** फेनलः -ला -लं, फेनिलः -ला -लं.

Narbadā, *s.* (River, which rises in the Vindhyā mountain called Amrakūta, and runs westward about 750 miles into the gulf of Cambay below Baroche) नर्म्मदा, रेवा, सोमसुता, सोमोद्भवा, मेखलकन्यका, मेकलकन्यका, मेकलाद्रिजा, मेखला, पूर्व्वगङ्गा.

Narcotic, *a.* स्वप्नकारी -रिणी -रि (न्), स्वप्नकृत् ***m.f.n.***, निद्राकारी **etc.,** निद्राकृत् ***m.f.n.***, निद्राजनकः -का -कं, उपशायी -यिनी **etc.,** उपशमनकारी **etc.**

Narcotic, *s.* निद्राजनकम् औषधं, उपशमनं, ग्राही ***m.*** (न्), उपविषं.

Nard, *s.* जटिला, जटावती, जटामांसी, जटाला. ***See* Spikenard.**

To* narrate, *v. a. कथ् **(c. 10.** कथयति -यितुं), सङ्कथ्, आख्या **(c. 2.** -ख्याति -तुं), समाख्या, ख्या **in caus.** (ख्यापयति -यितुं) निविद् **(c. 10.** -वेदयति -यितुं), आविद्, वर्ण् **(c. 10.** वर्णयति -यितुं), उपवर्ण्, अनुवर्ण्, संवर्ण्, शंस् **(c. 1.** शंसति -सितुं), श्रु **(c. 10.** श्रावयति -यितुं), आश्रु, संश्रु, निगद् **(c. 1.** -गदति -दितुं), अभिधा **(c. 3.** -दधाति -धातुं), विवृ **(c. 5.** -वृणोति -वरितुं -रीतुं), कृत् **(c. 10.** कीर्त्तयति -यितुं), अनुकृत्, व्याहृ **(c. 1.** -हरति -हर्तुं), उदाहृ, आचक्ष् **(c. 2.** -चष्टे), समाचक्ष्, विचक्ष्, परिचक्ष्, प्रचक्ष्, निरूप् **(c. 10.** -रूपयति -यितुं), वद् **(c. 1.** वदति -दितुं), विवरणं कृ, कथां कृ.

Narrated, ***p. p.*** कथितः -ता -तं, आख्यातः -ता -तं, समाख्यातः -ता -तं.

Narration, ***s.*** **(Act of telling)** कथनं, आख्यानं, उपकथनं, उपाख्यानं, ख्यापनं, वर्णनं -ना, शंसनं, प्रशंसनं, विवरणं, अनुकीर्त्तनं, व्याहरणं, निरूपणं; **'of a story,'** कथोपकथनं, कथोपाख्यानं.—**(A story)** कथा. ***See*** **the next.**

Narrative, ***s.*** कथा, उपाख्यानं, उपकथा, परिकथा, आख्यानं, आख्यायिका, कथानुबन्धः, कथाप्रबन्धः, प्रबन्धः, वृत्तान्तः, वार्त्ता, चरित्रं, गोष्ठी, इतिहासः.

Narrative, ***a.*** काथिकः -की -कं, विवरणकारी -रिणी **etc.,** कथनः -ना -नं.

Narrator, ***s.*** कथकः, काथिकः, उपकथकः, आख्यायकः, कथनकृत् ***m.***

Narrow, ***a.*** **(Not broad, contract, confined)** अविस्तीर्णः -र्णा -र्णं, अविस्तृतः -ता -तं, सङ्कटः -टा -टं, सम्बाधः **in comp.,** निरन्तरालः -ला -लं, सङ्कुचितः -ता -तं, सङ्कोचितः -ता -तं, संवृतः -ता -तं, निरुद्धः -द्धा -द्धं, संरुद्ध **etc.,** संहतः -ता -तं, संहृतः -ता -तं, अविपुलः -ला -लं, तनुः -नुः -न्वी -नु, अपृथुः **etc.**—**(Confined in space)** अल्पावकाशः -शा -शं, अल्पपरिमाणः -णा -णं, अविततः -ता -तं, अनायतः **etc.,** निरायतः **etc.**—**(Limited)** मितः -ता -तं, परिमितः -ता -तं, नियतः -ता -तं, संयतः -ता -तं.—**(Of narrow views)** अल्पदृष्टिः -ष्टिः -ष्टि, कृपणबुद्धिः **etc.** ***See*** **Narrow-minded. (Stringy)** कृपणः -णा -णं, अव्ययशीलः -ला -लं, अनुदारः -रा -रं, स्वल्पव्ययी -यिनी **etc.**—**(Close, accurate)** सूक्ष्मः -क्ष्मा -क्ष्मं, अतिसूक्ष्मः **7c.**—**(Small)** अल्पः -ल्पा -ल्पं, स्वल्पः **etc.**

To **narrow,** ***v. a.*** सङ्कुच् **(c. 1.** -कोचति -चितुं), सम्बाध् **(c. 1.** -बाधते -धितुं), संवृ **(c. 5.** -वृणोति -वरितुं -रीतुं), कुञ्च् **(c. 1.** कुञ्चति -ञ्चितुं, **c. 10.** कुञ्चयति -यितुं), संहृ **(c. 1.** -हरति -हर्त्तुं), सङ्कटीकृ.—**(Limit)** परिमा **(c. 2.** -माति -तुं), संयम् **(c. 1.** -यच्छति -यन्तुं).

To **narrow,** ***v. n.*** सङ्कुच् **in pass.** (-कुच्यते), सङ्कुचितः -ता -तं, भू, सङ्कोचम् इ **(c. 2.** एति -तुं), सङ्कटीभू, सम्बाधीभू.

Narrowed, ***p. p.*** सङ्कुचितः -ता -तं, सङ्कोचितः -ता -तं, संवृतः -ता -तं, आकुञ्चितः -ता -तं, संहतः -ता -तं, संहृतः **etc.,** संरुद्धः -द्धा -द्धं.

Narrowly, ***adv.*** **(With little breadth)** अविस्तीर्णं, अविस्तृतं, सङ्कटं सम्बाधं.—**(Closely)** सूक्ष्मं, अतिसूक्ष्मं, अभिनिवेशेन, स्ववहितं.—**(Nearly, all but)** ईषदूनं, अल्पोनं, कृच्छ्रेण, कष्टेन.

Narrow-minded, ***a.*** कृपणबुद्धिः -द्धिः -द्धि, कृपणधी -धीः -धि, कृपणचेता -ताः -तः (स्), मितमतिः -तिः -ति, मितबुद्धिः **etc.,** अनुदारशीलः -ला -लं.

Narrowness, ***s.*** सम्बाधता, सङ्कटत्वं, अविस्तीर्णता, अविपुलता, अविस्तृतिः ***f.,*** साङ्कट्यं, अल्पविस्तारः, अल्पविस्तृतिः ***f.,*** सङ्कुचितत्वं, सङ्कोचः, अपृथुता, तनुता -त्वं, तानवं.—**(Of extent)** अल्पपरिमाणं, मितता, परिमितता, अल्पावकाशः, अविततिः ***f.*** —**(Poverty)** कार्पण्यं, दीनता.—**(Illiberality)** कृपणता, दैन्यं, अनुदारता.—**(Of mind)** बुद्धिकार्पण्यं, कृपणबुद्धित्वं, बुद्धिदीनता.—**(Closness)** सूक्ष्मता, अतिसूक्ष्मता.

Nasal, ***a.*** नस्यः -स्या -स्यं, नास्यः -स्या -स्यं, नासिकासम्बन्धी -न्धिनी **etc.,** नासिक्यः -क्या -क्यं.—**(In grammar)** अनुनासिकः -का -कं, सानुनासिकः -का -कं, सानुस्वारः -रा -रं; **'the nasal dot,'** अनुस्वारः, अनुनासिकचिह्नं.

Nasal, ***a.*** **(Letter)** अनुनासिकं, सानुनासिकं, अनुनासिकवर्णः.

Nastily, ***adv.*** कुत्सितं, अशुद्धं, मलिनं, समलं, समालिन्यं, गर्हितं.

Nastiness, ***s.*** मालिन्यं, मलिनता, समलता, मलं, अमेध्यता, कुत्सितत्वं, कौसित्यं, अशुद्धता, अपवित्रता, गर्ह्यता, गर्हितत्वं, बीभत्सजनकता.

Nasty, ***a.*** मलिनः -ना -नं, समलः -ला -लं, मलवान् -वती -वत् (त्), अशुद्धः -द्धा -द्धं, अमेध्यः -ध्या -ध्यं, कुत्सितः -ता -तं, गर्ह्यः -र्ह्या -र्ह्यं, गर्हितः -ता -तं, बीभत्सजनकः -का -कं, अपवित्रः -त्रा -त्रं; **'nasty conversation,'** कुत्सितवाक्यं.

Natal, ***a.*** जन्मसम्बन्धी -न्धिनी **etc.,** जन्मविषयः -या -यं, जन्म **in comp.; as, 'natal day,'** जन्मदिवसः; **'natal country,'** जन्मभूमिः ***f.***

Natation, ***s.*** **(Swimming)** तरणं, सन्तरणं, प्लवः -वनं.

Nation, ***s.*** जातिः ***f.,*** लोकः, जनपदः, प्रजा, वर्णः, जनता, देशः, विषयः, राष्ट्रं, देशजनः, देशलोकः, देशवासिनः ***m. pl.,*** राष्ट्रनिवासिनः, विशेषदेशजनता.

National, ***a.*** **(Pertaining to a nation)** दैशिकः -की -कं, देशीयः -या -यं, देश्यः -श्या -श्यं, देशी -शिनी -शि (न्), जातीयः **etc.,** राष्ट्रीयः **etc.,** राष्ट्रिकः -की -कं, राष्ट्रियः -या -यं, देश **in comp.; 'national custom,'** देशव्यवहारः, देशाचारः; **'national law,'** देशधर्म्मः, जनपदधर्म्मः; **'national calamity,'** राष्ट्रं, उत्पात.—**(proud of one's own country)** स्वदेशाभिमानी -निनी -नि (न्), स्वलोकाभिमानी **etc.,** स्वराष्ट्राभिमानी **etc.; 'national pride,'** देशाभिमानं. —**(General)** सामान्यः -न्या -न्यं, सर्व्वसामान्यः **etc.,** साधारणः -णी -णं, सर्व्वजनीयः -या -यं.

Nationality, ***s.*** स्वदेशाभिमानिता, स्वलोकाभिमानं, स्वराष्ट्राभिमानं.

Nationally, ***adv.*** जातितस्, लोकतस्, देशधर्म्मानुसारेण, सामान्यतस्.

Native, ***a.*** **(Produced by nature, not artificial)** सहजः -जा -जं, स्वाभाविकः -की -कं, स्वभावसिद्धः -द्धा -द्धं, स्वभावजः -जा -जं, प्रकृतिस्थः -स्था -स्थं, प्राकृतः -ती

–तं, स्वयङ्कृतः –ता –तं, अकृत्रिमः –मा –मं, सांसिद्धिकः –की –कं; **'native salt,'** स्वयङ्क्रतम् ऊपरलवणं. ***See* Natural. (Indigenous, not foreign)** देशजः –जा –जं, देशोद्भवः –वा –वं, देशोत्पन्नः –न्ना –न्नं, स्वदेशजः **etc.,** देशीयः –या –यं, दैशिकः –की –कं.—**(Conferred by birth)** जन्मप्राप्तः –प्ता –प्तं, जन्मसिद्धः –द्धा –द्धं, जन्मार्जितः –ता –तं.—**(Natal)** जन्म **in comp.,** स्व **in comp.; 'native country,'** जन्मभूमिः ***f.,*** जन्मदेशः, जन्मवसुधा, स्वभूमिः ***f.,*** स्वराष्ट्रं, स्वविषयः, स्वदेशः, मूलायातनं, अभिजनः; **'native place,'** जन्मस्थानं.

Native, *s.* देशजः, देशोद्भवः, देशजातः, देशीयलोकः, देशीयजनः, देशलोकः, देशजनः, देशवासी ***m.*** (न्), राष्ट्रीयलोकः.

Nativity, *s.* जन्म ***n.*** (न्), जातिः ***f.,*** उत्पत्तिः ***f.,*** उद्भवः, सम्भवः, जनिमा ***m.*** (न्); **'astrological calculation of nativity,'** जातकं; **'astrological record of it,'** जन्मपत्रं –त्रिका; **'month of one's nativity,'** जन्ममासः; **'name given at it,'** जन्मनाम ***n.*** (न्), नक्षत्रनाम; **'star of one's nativity',** जन्मनक्षत्रं; **'sign,'** जन्मराशिः ***m.,*** जन्मलग्नं.

Natron, *s.* सर्ज्जिः ***f.,*** सर्ज्जिका, सर्ज्जिकाक्षारः, सृजिकाक्षारः, क्षारः, कापोतः, सौवर्च्चलः, श्रुघ्निका, सुखवर्चकः.

Natty, *a.* विनीतः –ता –तं, परिमृष्टपरिच्छदः –दा –दं.

Natural, *s.* (Pertaining to nature, effected by nature, innate, not acquired) स्वाभाविकः –की –कं, प्राकृतिकः –की –कं, नैसर्गिकः –की –कं, सांसिद्धिकः –की –कं, स्वभावसिद्धः –द्धा –द्धं, प्रकृतिसिद्धः **etc.,** सहजः –जा –जं, साहजिकः –की –कं, सहजातः –ता –तं, अन्तर्जातः –ता –तं, निजः –जा –जं, स्वजः **etc.,** अन्तर्जः **etc.,** स्वभावजः **etc.,** निसर्गजः **etc.,** अन्तर्भवः –वा –वं, स्वयङ्कृतः –ता –तं, स्वः –स्वा –स्वं, प्रकृतिस्थः –स्था –स्थं, सात्त्विकः –की –कं, भाविकः –की –कं, प्राकृतः –ती –तं, औत्सर्गिकः –की –कं, अन्तरुत्पन्नः –न्ना –न्नं, औत्पत्तिकः –की –कं; **'natural friend,'** सहजमित्रं, प्राकृतमित्रं; **'natural enemy,'** सहजारिः ***m.*—(According to nature)** भावानुगः –गा –गं, स्वभावानुगः **etc.,** भावानुलोमः –मा –मं, स्वभावयोग्यः –ग्या –ग्यं, स्वभावानुसारी –रिणी **etc.,** अनुलोमः –मा –मं, प्रकृत्यनुलोमः **etc.—(According to the natural course, regular, proper)** यथायोग्यः –ग्या –ग्यं, योग्यः **etc.,** यथाक्रमः –मा –मं, यथामार्गः –र्गा –र्गं, यथायुक्तः –क्ता –क्तं, यथान्यायः –या –यं.—**(Not artificial)** अकृत्रिमः –मा –मं, अकृतकः –का –कं, अयत्नकृतः –ता –तं, अप्रतिविधानः –ना –नं, देवनिर्म्मितः –ता –तं; **'natural cave,'** देवखातं.—**(Not forced, easy, unaffected)** अक्लिष्टः –ष्टा –ष्टं, अप्रतियत्नकृतः –ता –तं, सुलभः –भा –भं, अविलक्षितः –ता –तं, वैलक्ष्यहीनः –ना –नं.—**(According to reality, true)** यथार्थः –र्था –र्थं, सत्यः –त्या –त्यं, अकृत्रिमः –मा –मं, सरलः –ला –लं, प्रकृतः –ता –तं.—**(Illegitimate)** अनौरसः –सी, उपस्त्रीजातः –ता, जारजः –जा, अविधिजातः –ता, विजातः ता.—**(Coming at the right time)** यथाकालः –ला –लं, कालिकः –की –कं, कालोपयुक्तः –क्ता –क्तं, कालभूतः –ता –तं, अनपघाती –तिनी **etc.; 'natural death,'** सुमरणं.—**(In Astronomy)** सावनः –नी –नं; **'natural day,'** सावनदिनं, अहोरात्रं; **'natural form,'** स्वरूपं; **'natural temperament,'** जन्मस्वभावः, जन्मप्रकृतिः ***f.,*** स्वभावः; **'natural history,'** स्थावरजङ्गमविद्या स्थावरजङ्गमशास्त्रं, जडाजडविद्या; **'natural philosophy,'** पदार्थविज्ञानं, पदार्थमात्रशास्त्रं.

Natural, *s.* (Idiot) यथाजातः, जडः, मूढः, न्यूनबुद्धिः ***m.***

Naturalist, *s.* स्थावरजङ्गमविद्याज्ञः, स्थावरजङ्गमविज्ञानी ***m.*** (न्), पदार्थ विज्ञानी ***m.,*** पदार्थमात्रशास्त्रज्ञः.

Naturalization, *s.* देशजाधिकारदानं, दैशिकाधिकारप्रतिपादनं.

To* naturalize, *v. a. देशजाधिकारं दा, देशीयं, –या कृ, दैशिकं –कां कृ.—**(Render familiar)** अभ्यस् **(c. 4.** –अस्यति –असितुं), अभ्यासेन सुगमं –मां कृ.

Naturally, *adv.* (According to nature) स्वभावतस्, स्वभावेन –वात्, प्रकृतितस्, प्रकृत्या, भावतस्, स्वभावानुसारेण, जातितस्, जन्मतस्, गुणतस्.—**(Regularly, according to the proper course)** यथाक्रमं, यथायोग्यं, यथामार्गं.—**(Not affectedly)** यथार्थं, अवैलक्ष्येण.—**(Not forcedly)** अक्लिष्टं, अयत्नपूर्व्वं, सहजगत्या, सहजशक्त्या.—**(Spontaneously)** स्वतस्, स्वयं; **'done naturally,'** स्वयङ्कृतः –ता –तं; **'very naturally,'** स्वभावेनैव.

Naturalness, *s.* स्वाभाविकत्वं, प्राकृतत्वं, सहजत्वं, अकृत्रिमता.—**(Conformity to reality)** यथार्थता, याथातथ्यं, सत्यता, अवैलक्ष्यं, सरलता, सारल्यं.

Nature, *s.* (The goddess who is the material cause of the world and all created things. According to the Hindū mythology this goddess is unreal, and identified with Māyā or Illusion, and sometimes with the Śakti or personified energy, or wife of a deity. She is in an especial manner the prototype of the female sex. Hence the following names for her) प्रकृतिः ***f.,*** माया, महामाया, आदिमाया, मायादेवी, प्रधानं, शक्तिः ***f.,*** आदिशक्तिः ***f.,*** लिङ्गं, अविद्या, दुर्गा, लक्ष्मीः ***f.;*** **'the illusion practised by nature,'** मायाजालं; **'sleight of nature,'** मायालाघवं.—**(Essence, essential properties which constitute a thing)** भावः, स्वभावः, प्रकृतिः ***f.,*** प्रकृतिभावः, निसर्गः, सर्गः, सृष्टिः ***f.,*** संसिद्धिः ***f.,*** रूपं, स्वरूपं, धर्म्मः, स्वधर्म्मः, सत्त्वं, वस्तु ***n.,*** वस्तुस्वभावः, निसर्गभावः, आत्मा, जातिस्वभावः, समीक्षा, तत्त्वं, गुणः; **the three 'guṇas' or properties of**

nature are, 1. 'existence or truth,' सत्त्वं; 2. 'foulness or passion,' रजस् *n.;* 3. 'darkness,' तमस् *n.* —(Natural disposition or temper of mind) स्वभावः, प्रकृतिः *f.,* शीलः -लता, सहजः -जं, सहजभावः, सहजशीलः; 'good-nature,' सद्भावः, सुशीलः, साधुशीलत्वं.—(Natural form) स्वरूपं, सहजरूपं, प्रकृतिः *f.,* निसर्गः.—(Established, regular course of things) मार्गः, रीतिः *f.,* क्रमः, प्रकृतिमार्गः, सृष्टेरीतिः *f.,* सृष्टिक्रमः.—(System of created things) सृष्टिः *f.,* सर्गः, जगत् *n.,* विश्वजगत् *n.,* भूमण्डलं, ब्रह्मसृष्टिः, विश्वं.—(Natural feelings, affections or qualities) स्वभावगुणाः *m. pl.,* प्रकृतिगुणाः *m. pl.,* स्वभावधर्म्माः, प्रकृतिधर्म्माः, प्रकृतिभाव.—(Constitution, vital power of a body) जीवशक्तिः *f.,* शक्तिः *f.,* जीवित्वशक्तिः *f.,* ओजस् *n.,* प्राणाः *m. pl.,* प्राणबलं, देहस्वभावः, शरीरस्थितिः *f.*—(Sort, kind) प्रकारः, जातिः *f.,* रूपं, रीतिः *f.*—(Law of action) विधिः *m.,* विधानं, नियमः, स्थितिः *f.,* धर्म्मः; 'by nature,' स्वभावेन, जात्यसा, जन्मतस्. *See* Naturally. 'Blind by nature,' जन्मान्धः -न्धा -न्धं, जात्यन्धः etc., गर्भान्धः etc.; 'offices of nature,' देहधर्म्माः, शरीरधर्म्माः; 'relieving nature,' मलविसर्गः, मलोत्सर्गः, मलमूत्रविसर्जनं.

Natured, *a.* (Used in composition) expressed by स्वभावः -वा -वं शीलः -ला -लं, प्रकृतिः -तिः -ति; as, 'good-natured,' सुशीलः -ला -लं; 'ill-natured,' दुष्प्रकृतिः -तिः -ति.

Naufrage, *s.* (Shipwreck) नौभङ्गः, नौभेदः, नौकाभङ्गः.

Naught, *s.* न किञ्चित्, न किञ्चन, न किमपि च, अवस्तु.—(In arithmetic) शून्यं, चः; 'to set at naught,' अवज्ञा (c. 9. -जानाति -ज्ञातुं), लघूकृ. *See To* Contemn.

Naught, *adv.* न किञ्चित्, न किञ्चिदपि, न किमपि.

Naught, *a.* निर्गुणः -णा -णं, असारः -रा -रं, विगुणः -णा -णं.

Naughtily, *adv.* प्रतीपं, प्रतीपवत्, दुष्टं, दुष्टभावेन, प्रतीपशीलत्वात्.

Naughtiness, *s.* प्रतीपता, विप्रतीपता, अवश्यता, दुष्टता, दुर्वृत्तता.

Naughty, *a.* प्रतीपः -पा -पं, विप्रतीपः -पा -पं, अवश्यः -श्या -श्यं, अविनेयः -या -यं, मन्दचरित्रः -त्रा -त्रं, दुष्टचरित्रः etc., दुष्टः -ष्टा -ष्टं, दुर्वृत्तः -त्ता -त्तं.

Naulage, *s.* तरमूल्यं, तरपण्यं, तारिकं, तार्य्यं, आतरः, आतारः.

Naumachy, *s.* नौयुद्धं, नौकायुद्धं,, नाविकयुद्धं, नौयुद्धकौतुकं.

Nausea, *s.* (Sickness) वमनेच्छा, विवमिषा, उत्क्लेशः, उत्क्लेदः.—(Loathing, disgust) बीभत्सः -त्सं, विकृतं, वैकृतं, वैकृत्यं, विकारः, कुत्सा, विरक्तिः *f.,* निर्वेदः.

To **nauseate,** *v. n.* (Be inclined to vomit) वम् in des. (विवमिषति -षितुं), वमनेच्छुः -च्छुः -च्छु भू, विवमिषुः -षुः -षु भू.

To **nauseate,** *v. a.* बाध् in des. (बीभत्सते -त्सितुं), घृण् (c. 1. घृणते -णितुं).

Nauseated, *p. p.* बीभत्सेन परित्यक्तः -क्ता -क्तं.

Nauseous, *a.* (Causing sickness) वमनोत्पादकः -का -कं, वमनेच्छाजनकः -का -कं.—(Disgusting) बीभत्सजनकः -का -कं, घृणाजनकः etc., कुत्साजनकः etc., कुत्सितः -ता -तं, विरसः -सा -सं, गर्हितः -ता -तं.

Nauseousness, *s.* बीभत्सजनकता, कुत्सितत्वं, विरसता, वैरस्यं.

Nautic, nautical, *a.* नौचालनविद्यासम्बन्धी -न्धि -न्धि (न्), नौकाचालनविषयः -या -यं, नाविकः -की -कं; 'nautical person,' नाविकः, नौकाजीवी *m.* (न्).

Naval, *a.* (Pertaining to ships) नाविकः -की -कं, नाव्यः -व्या -व्यं, नौकासम्बन्धी -न्धिनी etc., नौकाविषयः -या -यं.—(Consisting of ships) नौकामयः -यी -यं, नौकात्मकः -का -कं, नौकारूपः -पा -पं.

Nave, *s.* (Of a wheel) नाभिः -भी *f.,* चक्रनाभिः *f.,* पिण्डिः -ण्डी *f.,* पिण्डिका.—(Of a church) पूजाशालाया मध्यभागः.

Navel, *s.* नाभिः -भी *f. m.,* तुण्डिः -ण्डी *f. m.,* तुण्डिका, तुन्दिः -न्दी *f.,* तुन्दिका, नालः, उदरावर्त्तः, मध्यवृत्तं, मणिपूरः, अमरा, अमला, भर्म्मं, नाभिकमलं; 'hollow or pit of the navel,' नाभ्यावर्त्तः, तुन्दकूपी -पिका; 'region of the navel,' नाभिचक्रं; 'having a prominent navel,' तुन्दी -न्दिनी etc., तुन्दिकः -का -कं, तुन्दितः -ता -तं, तुन्दिलः -ला -लं, तुन्दिभः -भा -भं, तुन्दिकरः -रा -रं, तुन्दवान् -वती etc., तुण्डिलः etc., तुण्डिभः etc., गोण्डः -ण्डा -ण्डं.

Navel-string, *s.* नाभिनालः, नालः; 'cutting of it,' नाभिछेदनं, नालछेदः.

Navigable, *a.* नौतार्य्यः -र्य्या -र्य्यं, नाव्यः -व्या -व्यं, नौकागम्यः -म्या -म्यं, नौगम्यः etc., नौगमनार्हः -र्हा -र्हं.

Navigableness, navigability, *s.* नौतार्य्यता, नागैम्यता, नाव्यता -त्वं.

To **navigate,** *v. a.* and *n.* नौकाया or नावा तॄ (c. 1. तरति -रितुं -रीतुं) or अतितॄ or सन्तॄ or प्लु (c. 1. प्लवते, प्लोतुं) or गम् (c. 1. गच्छति, गन्तुं) or गमनागमनं कृ, समुद्रतरणं कृ, नौकापर्यटनं कृ, नौभ्रमणं कृ, नौकायात्रां कृ.—(Direct a ship) नौकां वह् (c. 10. वाहयति -यितुं) or चल् (c. 10. चालयति -यितुं) or आनी (c. 1. -नयति -नेतुं).

Navigation, *s.* (Act of passing on the water in ships) नौकया or नावा तरणं or सन्तरणं or गमनं or गमनागमनं or पर्यटनं or भ्रमणं or यात्रा, समुद्रतरणं, समुद्रगमनं, नौगमनं, नौकायात्रा, नौगमनागमनं, नौभ्रमणं, नौपर्यटनं.—(Directing ships) नौकाचालनं, नौचालनं, नौकानयनं, नौकावाहनं.—(The art or science) नाविकविद्या, नौचालनविद्या, नौकानयनविद्या,

नौवाहनविद्या.

Navigator, *s.* (One who sails) नाविकः, महानाविकः, समुद्रगामी ***m.,*** (न्), समुद्रयायी ***m.,*** समुद्रतरः.—**(One who directs a ship)** नौचालकः, नौकावाहकः, पोतवाहकः, नौकानेता ***m.*** (तृ), नौकानयनकृत् ***m.***

Navy, *s.* युद्धनौसमूहः, युद्धनौकासङ्ग्रहः, वृहन्नौकासमूहः, नौसमूहः.

Nay, *adv.* न, नो, नहि.—**(Nay more)** पुनर्, किम्पुनर्, अधिकन्तु, एवं, किम् बहुना.—**(Not only)** न केवलं.

Neap, *a.* (Low) नीचः -चा -चं, निम्नः -म्ना -म्नं; **'neap tide,'** निम्नवेला, नीचवेला.

Near, *a.* (Not far distant) समीपः -पा -पं, निकटः -टा -टं, समीपस्थः -स्था -स्थं, निकटस्थः -स्था -स्थं, समीपवर्त्ती -र्त्तिनी -र्त्ति (न्), निकटवर्त्ती **etc.,** समीपस्थायी **etc.,** आसन्नः -न्ना -न्नं, सन्निकृष्टः -ष्टा -ष्टं, सन्निहितः -ता -तं, प्रत्यासन्नः -न्ना -न्नं, उपान्तः -न्ता -न्तं, अन्तिकः -का -कं, उपस्थः -स्था -स्थं, उपस्थायी **etc.,** अभ्यासः -सा -सं, अभ्याशः -शा -शं, अभ्यर्णः -र्णा -र्णं, उपनतः -ता -तं, आरातीयः -या -यं, अभ्यग्रः -ग्रा -ग्रं, उपकण्ठः -ण्ठा -ण्ठं, सङ्काशः -शा -शं. सकाशः **etc.,** सनीडः -डा -डं, सविधः -धा -धं, सवेशः -शा -शं, सवेषः -षा -षं, समर्य्यादः -दा -दं, अदूरः -रा -रं, अदूरस्थः **etc.,** अविदूरः -रा -रं, संसक्तः -क्ता -क्तं, अव्यवहितः -ता -तं, अपदान्तरः -रा -रं, अपटान्तरः -रा -रं; **'nearer,'** आसन्नतरः -रा -रं, नेदीयान् -यसी -यः (स्); **'nearest or very near,'** आसन्नतमः -मा -मं, नेदिष्ठः -ष्ठा -ष्ठं, अन्तिकतमः -मा -मं, अन्तिमः -मा -मं.—**(Closely connected)** दृढसम्बद्धः -द्धा -द्धं, दृढसंसक्तः -क्ता -क्तं. —**(Closely concerning or affecting one's interest)** स्वार्थसम्बन्धी -न्धिनी **etc.,** निकटसम्बन्धी **etc.,** अन्तरङ्गः -ङ्गा -ङ्गं.—**(Intimate)** परिचितः -ता -तं, दृढसौहृदः -दा -दं. —**(Stingy)** कृपणः -णा -णं स्वल्पव्ययी -यिनी **etc.**—**(Not rambling)** अविस्तीर्णः -र्णा -र्णं; **'near at one's side,'** पार्श्वस्थः **etc.**

Near, *adv.* समीपं -पतस्, निकटे, अन्तिकं, उपान्ते, अभितस्, आरात्, आसन्ने, सन्निकृष्टं, निकषा, अदूरे -रात् -रतस्, अविदूरं -रे -रात् -रतस्, सन्निधौ, सकाशं, **also expressed by the prep.** उप, ***see*** **the next; 'near at one's side,'** पार्श्वे -र्श्वतस्; **'situated near,'** समीपस्थः -स्था -स्थं; **'going near,'** समीपगः -गा -गं.—**(Almost, within a little)** प्रायस् -यशस्, भूयिष्ठं; **'a woman who is near her delivery,'** आसन्नप्रसवा; **'one who is near his death,'** आसन्नमृत्युः **etc. *See* Nearly.**

Near, *prep.* उप, आ, अभि, प्रति; **as, 'to go near,'** उपगम् **(c. 1.** -गच्छन्ति -गन्तुं) **or** उपागम् **or** अभिगम् **or** प्रतिगम्; **'brought near,'** उपनीतः -ता -तं; **'near a mountain,'** उपगिरि, उपगिरं; **'near the ear,'** उपकर्णं; **'near the fire,'** उपाग्नि; **'near the throat,'** उपकण्ठं; **'near evening,'** उपसन्ध्यं.

To* near, *v. a. नेद (nom. नेदयति -यितुं); **'come nearer to,'** उपगम् **(c. 1.** -गच्छति -गन्तुं), उपागम्, अभिगम्. ***See To* approach.**

Nearly, *adv.* (At no distance) समीपं -पतस्, अदूरे -रं -रात् -रतस्. ***See*** **Near, *adv.* (Closely)** दृढं, गाढं; **'nearly connected,'** दृढसम्बद्धः -द्धा -द्धं, गाढसम्बद्धः **etc.**—**(Almost, within a little)** प्रायस्, प्रायशस्, भूयिष्ठं, मनाक्, कल्पं, ईषदूनं, अल्पोनं; **'nearly finished,'** समाप्तभूयिष्ठः -ष्ठा -ष्ठं; **'nearly dead,'** मृतप्रायः -या -यं, मृतकल्पः -ल्पा -ल्पं, आसन्नमृत्युः -त्युः -त्यु, मुमूर्षुः -र्षुः -र्षु; **'the earth is nearly a sphere,'** पृथिवी गोलप्राया; **'nearly cooked,'** पचतिकल्पः **etc.; 'nearly four,'** उपचतुराः ***m. pl.***

Nearness, *s.* (Closeness) समीपता, सामीप्यं, नैकट्यं, निकटता, समीपवर्त्तित्वं, निकटवर्त्तित्वं, आसन्नता, सन्निकृष्टता सान्निध्यं, सन्निधिः ***m.,*** सन्निधानं, सन्निकर्षः -र्षणं, सन्निधः, प्रत्यासत्तिः ***f.,*** प्रत्यासन्नता, आनन्तर्य्यं, अनन्तरं, उपस्थानं, अभ्यासत्वं. —**(Closeness of connexion)** दृढसम्बन्धः, दृढसंसक्तिः ***f.,*** दृढसंसर्गः, सुसंसर्गः.—**(Intimacy)** परिचयः, सुपरिचयः. —**(Stinginess)** कृपणता, कार्पण्यं, स्वल्पव्ययः.

Neat, *a.* (Trim) विनीतः -ता -तं, परिमृष्टपरिच्छब्दः -दा -दं, सुरेखः -खा -खं, आकारशुद्धः -द्धा -द्धं, श्लक्ष्णः -क्ष्णा -क्ष्णं, परिष्कृतः -ता -तं.

Neat, *s.* (Cattle of the bovine genus) गवादिजन्तुः ***m.,*** गवादिपशुः ***m.***

Neat-herd, *s.* गोपः, गोपालः, गोरक्षकः, गोचारकः, आभीरः.

Neatly, *adv.* विनीतं, विनीतवत्, सपरिष्कारं, शुद्धं, श्लक्ष्णं, परिपाट्या, सुपरिपाट्या, परिष्कारपूर्व्वं.

Neatness, *s.* विनीतता -त्वं, शुद्धता, परिष्कारः, आकारशुद्धता, आकारशुद्धिः ***f.,*** परिमृष्टता, परिष्कृतता, शुद्धता, श्लक्ष्णता, परिपाटिः -टी, पारिपाट्यं.

Nebula, *s.* (Opacity or film in the eye) शुक्लं, शुक्लपटलं.

Nebulous, *a.* मेघाच्छन्नः -न्ना -न्नं, मेघव्याप्तः -प्ता -प्तं, मेघाकीर्णः -र्णा -र्णं, बहुमेघः -घा -घं, साभ्रः -भ्रा -भ्रं, अभ्रियः -या -यं.

Necessarian, *s.* दैववादी ***m.*** (न्), दैष्टिकः, दैवचिन्तकः, दैवैकवादी ***m.,*** अदृष्टवादी ***m.,*** दैवपरः.

Necessaries, *s. pl.* प्रतिदिनप्रयोजनीयद्रव्याणि ***n. pl.,*** प्रतिदिनप्रयोज्यद्रव्यसम्भारः, द्रव्यसम्भारः, उपकरणसम्भारः, उपकरणसामग्री; **'necessaries of life,'** अन्नपानीयं, अन्नोदकं, अन्नवस्त्रं, अन्नाच्छादनं, कशिपू ***m. du.***

Necessarily, ***adv.*** अवश्यं, अवशं, विवशं, अवश्यकं, अवश्यमेव, दैववशात्, दैववशतस्, कर्म्मवशतस्, कार्य्यवशात्, कार्य्यतस्, अनन्यगत्या, नूनं.

Necessary, ***a.*** **(That must be, that cannot be otherwise)** अवश्यकः -का -कं, आवश्यकः -की -कं, अवशः -शा -शं, अवश्यः -श्या -श्यं, विवशः -शा -शं, भवितव्यः -व्या -व्यं, भाव्यः -व्या -व्यं, अनन्यथासम्भवः -वा -वं, अनन्यथासाध्यः -ध्या -ध्यं, अनन्यथासिद्धः -द्धा -द्धं, अनन्योपायः -या -यं, अनन्यगतिकः -का -कं, अनिवार्य्यः -र्य्या -र्य्यं, नियतः -ता -तं.—**(Requisite, needful, wanted)** आकांक्षितः -ता -तं, अपेक्षितः -ता -तं, अवश्यकः -का -कं, अवश्यप्रापणीयः -या -यं, सर्वथा प्राप्यः -प्या -प्यं, अवश्योपयोगी -गिनी -गि (न्), अवश्यप्राप्तः -प्ता -प्तं, प्रयोजनीयः -या -यं.—**(Indispensable, necessary to be done)** आवश्यकः -की -कं, अवश्यकर्त्तव्यः -व्या -व्यं, अवश्यकरणीयः -या -यं, अवश्यभवितव्यः -व्या -व्यं, सर्वथा भवितव्यः **etc., or** भाव्यः -व्या -व्यं, अपरिहरणीयः -या -यं, अपरिहार्य्यः -र्य्या -र्य्यं; **'necessary act,'** अवश्यकर्त्तव्यं.—**(Acting from necessity)** विधिवशः -शा -शं, विधिवशकारी **etc.,** दैववशकारी **etc.,** दैवाधीनः -ना -नं; **'the necessary consequence of acts,'** कर्म्मवशः, कार्य्यवशः; **'it is necessary' may be expressed by the fut. pass. part., or by** अर्ह्. ***See*** **Must.**

Necessary, ***s.*** **(Privy)** शौचकूपः, पायुक्षालनवेश्म ***n.*** (न्), अवस्करः कर्दमाटकः.—**(A necessary thing).** ***See*** **Necessaries.**

To **necessitate,** ***v. a.*** **(Make necessary)** अवश्यकं -का कृ, विवशं -शां कृ, विवशीकृ.—**(Oblige, compel)** अवश्यं कृ **(c. 10.** कारयति -यितुं) **or** प्रवृत् **(c. 10.** -वर्त्तयति -यितुं) **or expressed by the causal form of any verb.** ***See*** **Constrain, Compel.**

Necessitated, ***p. p.*** आवश्यकः -की -कं, विवशीकृतः -ता -तं. ***See*** **Constrained.**

Necessitous, ***a.*** दरिद्रः -द्रा -द्रं, निर्धनः -ना -नं, दीनः -ना -नं, दुर्गतः -ता -तं.

Necessity, ***s.*** **(Necessariness)** अवश्यकता -त्वं, आवश्यकता, आवश्यकं, आवश्यं, अवश्यता -त्वं, विवशता, वैवश्यं, भवितव्यता, भाव्यता, अनन्यथासम्भवः, अनन्यगतिकत्वं, नियतिः ***f.,*** नियतत्वं -ता.—**(Need, state of being requisite)** प्रयोजनं, प्रयोगः, प्रयुक्तिः ***f.,*** उपयोगः, प्रयोजनीयता, आकांक्षा, अपेक्षा, सर्वथा प्रापणीयता.—**(Occasion, cause)** प्रयोजनं, हेतुः ***m.,*** निमित्तं, कार्य्यं; **'without any necessity,'** प्रयोजनं विनां, हेतुना, विना; **'what necessity for this investigation?'** एतया चर्चया किं प्रयोजनं.—**(Indispensableness)** कर्त्तव्यता, कार्य्यता, अवश्यकर्त्तव्यता, भवितव्यता, भाव्यता, कार्य्यवशः.—**(Fate, fatality)** दैवं, विधिः ***m.,*** दैवाधीनता, दैववशत्वं, दैवायत्तता, अदृष्टाधीनता, भवितव्यता, नियतिः ***f.***—**(Indigence)** दरिद्रता, दारिद्र्यं, दीनता, दुर्गतिः ***f.***

Neck, ***s.*** ग्रीवा, कन्धरा -रः, शिरोधिः ***m. f.,*** शिरोधरा, गलः, कण्ठः -ण्ठा -ण्ठी -ण्ठं, मस्तकमूलकं; **'back of the neck,'** अवटुः ***m. f.,*** घाटा -टी -टः -टिका, कृकाटिका, कलम्बिका, सीमा ***m.*** (न्), पश्चाद्ग्रीवा; **'head and neck,'** शिरोग्रीवं; **'of a pitcher, or any vessel,'** कण्ठः; **'of the bladder,'** वस्तिशिरस् ***n.;*** **'of a lute,'** वीणादण्डः; **'of a horse,'** निगालः; **'bending back the neck,'** उत्कन्धरं; **'belonging to the neck,'** ग्रैवः -वी -वं, ग्रैवेयः -यी -यं.

Neck-cloth, neckerchief, ***s.*** कण्ठवस्त्रं, ग्रीवावस्त्रं, ग्रीवावेष्टनं, ग्रीवावरणं, गलवस्त्रं, गलावेष्टनं, ग्रीवाबन्धनी, ग्रीवाभरणं, ग्रैवेयकं.

Necked, ***a.*** ग्रीवः -वा -वं, कण्ठः -ण्ठा -ण्ठं **in comp.; as, 'hand some-necked,'** सुग्रीवः -वा -वं; **'long-necked,'** दीर्घग्रीवः **etc.,** दीर्घकण्ठः **etc.**

Necklace, ***s.*** माला -लिका, हारः, कण्ठमाला, सूत्रं, उरःसूत्रं, -त्रिका, ग्रैवं -वेयं -यकं, कण्ठभूषा, कण्ठलता, लम्बनं, प्रालम्बिका, प्रलम्बिः, तरलः, ललन्तिका; **'of jewels,'** मणिमाला, रत्नावली -लिः ***f.,*** मणिसरं; **'of pearls,'** मुक्तावली -लिः ***f.,*** मुक्ताकलापः, मुक्ताप्रलम्बिः, मुक्तालता; **'of gold,'** हेमसूत्रकं, कनकसूत्रं; **'of beads,'** अक्षमाला; **'of one string or row,'** कण्ठिका; **'of a hundred strings,'** देवच्छन्दः, शतयष्टिका; **'of thirty-two strings,'** गुच्छः; **'of thirty-four,'** गुच्छार्द्धः.

Necrology, ***s.*** मृतव्यक्तिविवरणं, मृतजनवृत्तान्तः, मृतजनपरिसंख्या.

Necromancer, ***s.*** श्मशानमन्त्रजापकः, प्रेतसिद्धिकर्त्ता ***m.*** (र्त्तृ). ***See*** **Magician.**

Necromancy, ***s.*** श्मशानमन्त्रजपनं, प्रेतसिद्धिः ***f.,*** भूतविद्या, भौतिकविद्या, पिशाचविद्या, कुविद्या. ***See*** **Magic,** ***s.***

Nectar, ***s.*** अमृतं, सुधा, सुधारसः, अमृतरसः, पीयूषं, पेयूषं, देवपेयं, लेह्यं, सोमः, पेत्वं, भक्तजा, कञ्जं, तः; **'of flowers,'** मधु ***n.,*** पुष्पमधुः, पुष्परसः, पुष्पनिर्यासः, पुष्पसारः, पुष्पभवः, मकरन्दः, मरन्दः, नलदा.

Nectarean, nectareous, nectarine, ***a.*** अमृतमयः -यी -यं, सुधामयः **etc.,** अमृततुल्यः -ल्या -ल्यं, अमृतोपमः -मा -मं, अमृतप्रायः -या -यं.

Need, ***s.*** **(Want, occasion for something)** प्रयोजनं, प्रयोगः, प्रयुक्तिः ***f.,*** उपयोगः -गिता, कार्य्यं, कारणं, निमित्तं, हेतुः ***m.,*** आकांक्षा, अपेक्षा; **'there is need of me,'** मया प्रयोजनं; **'there is need of a straw,'** तृणेन कार्य्यं; **'what need is**

there of sorrow?' शोकेन किं प्रयोजनं, शोकस्य कः क्रमः **or expressed by** किं **alone, as** किं शोकेन; **'according to need,'** प्रयोजनवत्, अर्थवत्, यथाप्रयोजनं, यथाकार्य्यं, यथासम्भवं.—**(Indigence, distress, difficulty)** दारिद्र्यं, दरिद्रता, दीनता, निर्धनता, दुर्गतिः ***f.,*** दुःखं, अनुपपत्तिः ***f.,*** सङ्कटं, कष्टं, संकष्टं, कृच्छ्रं, क्लेशः, बाधः.

***To* need, *v. a.* and *n.* (Require)** आकांक्ष् **(c. 1.** -कांक्षति -क्षितुं), आकांक्ष्, अभिकांक्ष्, अपेक्ष् **(c. 1.** -ईक्षते -क्षितुं), प्रार्थ् **(c. 10.** -अर्थयति -यितुं), अर्ह् **(c. 1.** अर्हति -र्हितुं), **often expressed by** प्रयोजनं, उपयोगः **or** कार्य्यं; **as, 'the healthy need not a physician,'** निरामयाणां चिकित्सकेन प्रयोजनं नास्ति; **'he needs me,'** तस्य मया प्रयोजनं. ***See* also *To* lack, *v. a.* (Be necessary).** ***See* Must.**

Needed, *p. p.* आकांक्षितः -ता -तं, अपेक्षितः -ता -तं, प्रयोजनीयः -या -यं.

Needful, *a.* आकांक्षणीयः -या -यं, प्रयोजनीयः -या -यं, प्रयोजनार्हः -र्हा -र्हं, अवश्यकः -का -कं, आवश्यकः -की -कं, अवश्यप्रापणीयः -या -यं, अवश्योपयोगी -गिनी -गि (न्),अपेक्षणीयः, -या -यं, प्रार्थनीयः **etc.,** आकांक्षितः -ता -तं, अपेक्षितः -ता -तं; **'needful to be done,'** अवश्यकर्त्तव्यः -व्या -व्यं, अवश्यकार्य्यः -र्य्या -र्य्यं, अवश्यकरणीयः -या -यं; **'the one thing needful,'** परमार्थः, परमप्रयोजनीयं.

Neddiness, *s.* दरिद्रता, दारिद्र्यं, निर्धनता, अधनता, दीनता, दैन्यं.

Needle, *s.* सूचिः -ची ***f.,*** -चिनी -चिका, सेवनी, कूर्च्चिका; **'eye of a needle,'** सूचिरन्ध्रं, सूचिछिद्रं; **'point of one,'** सूच्यग्रं.—**(Magnetic needle)** लोहकान्तः, अयस्कान्तमणिः ***m.,*** अयस्कान्तमणिशलाका.

Needle-case, *s.* सूचिभाजनं, सूचिपात्रं, सूच्याधारः.

Neddle-maker, *s.* सूचिकारः -रकः, सूचिकरणोपजीवी ***m.*** (न्).

Needle-woman, *s.* सूचिका -की, सूचीशिल्पोपजीविनी.

Needle-work, *s.* सूचिता, सूचिकर्म्म ***n.*** (न्), सूचिशिल्पकर्म्म, सूत्रकर्म्म.

Needless, *a.* निष्प्रयोजनः -ना -नं, निष्कारणः -णा -णं, अकारणः **etc.,** अप्रयोजकः -का -कं, अप्रयोजनकः **etc.,** अकारणकः **etc.,** अहेतुकः **etc.,** निरर्थकः **etc.,** अनर्थकः **etc.,** व्यर्थः -र्था -र्थं, किमर्थः -र्था -र्थं.

Needlesly, *adv.* प्रयोजनं विना, निष्प्रयोजनं, अकारणं, निष्कारणं, कारणं विना, हेतुना विना, हेतुं विना, अहेतुकं, निरर्थकं, व्यर्थं.

Needlesness, *s.* अहेतुता -त्वं, अकारणत्वं, अकारणं, अप्रयोजकत्वं, अप्रयोजनं, निष्कारणत्वं, प्रयोजनाभावः, कारणाभावः.

Needs, *adv.* (Used with must) अवश्यं, अवश्यमेव. ***See* Must.**

Needy, *a.* दरिद्रः -द्रा -द्रं, निर्धनः -ना -नं, अधनः -ना -नं, दीनः -ना -नं, दुर्गतः -ता -तं, अर्थहीनः -ना -नं, वित्तहीनः **etc.,** अर्थी -र्थिनी -र्थि (न्).

Nefarious, *a.* अतिदुष्टः -ष्टा -ष्टं, पापिष्ठः -ष्ठा -ष्ठं, अतिपापिष्ठः **etc.,** अतिपापी -पिनी -पि (न्), दारुणः -णा -णं, घोरः -रा -रं, अघोरः -रा -रं, गर्ह्यः -र्ह्या -र्ह्यं, दुष्टतमः -मा -मं, अतिपातकी **etc.,** महापातकी **etc.,** अतिपापात्मा -त्मा -त्म (न्).

Nefariously, *adv.* अतिदुष्टं, पापिष्ठं, दारुणं, घोरं, अघोरं, गर्हितं.

Nefariousness, *s.* अतिदुष्टता, पापिष्ठता, दारुणता, घोरता, अतिगर्ह्यता.

Negation, *s.* निह्नवः, अपह्नवः, निह्नुतिः ***f.,*** अपह्नुतिः ***f.,*** अपलापः, प्रत्याख्यानं, अपवादः, अस्वीकारः, निषेधः, प्रत्यादेशः.—**(In logic)** अभावः **according to one division it is of two kinds, 'universal negation,'** संसर्गाभावः; **'relative or mutual negation,'** अन्योन्याभावः; **according to another division it is of four kinds, viz. 'extinction,'** प्रध्वंसाभावः; **'antecedent non-existence,'** प्रागभावः; **'reciprocal negation,'** अन्योन्याभावः; **'simple non-existence,'** अत्यन्ताभावः.

Negative, *a.* (Implying denial) अपलापी -पिनी -पि (न्), निह्नवसूचकः -का -कं, निह्नवार्थकः -का -कं, अपवादकः -का -कं, अस्वीकारसूचकः **etc.,** निषेधसूचकः **etc.,** निषेधार्थकः -का -कं.—**(Implying absence, privative)** अभावसूचकः -का -कं, अभावरूपः -प -पं, अभावात्मकः -का -कं, अभावदर्शकः -का -कं, अकरणरूपः -पा -पं, अकरणात्मकः -का -कं, अननुष्ठानरूपः -पा -पं.—**(Stopping by non-consent)** निषेधद्वारा प्रतिबन्धकः -का -कं.

Negative, *s.* (Word) अस्वीकारसूचकशब्दः, निषेधसूचकशब्दः, अपलापसूचकशब्दः, निषेधार्थकशब्दः, अस्वीकारशब्दः.—**(Proposition by which something is denied)** अभावसूचकपक्षः, अभावसूचकवाक्यं, निषेधसूचकपक्षः, नास्तिकपक्षः, अभावपक्षः.—**(Right of preventing)** निषेधाधिकारः, निषेधशक्तिः ***f.,*** प्रतिबन्धसामर्थ्यं.

To* negative, *v. a. निषिध् **(c. 1.** -षेधति -षेद्धुं), प्रतिषिध्, निषेधद्वारा प्रतिबन्ध् **(c. 9.** -बध्नाति -बन्द्धुं), अपलप् **(c. 1.** -लपति -पितुं), निरस् **(c. 4.** -अस्यति -असितुं), निह्नु **(c. 2.** -ह्नुते -ह्नोतुं), अपह्नु, निषेधं कृ.—**(Disprove).** ***See* the word.**

Negatived, *p. p.* निषिद्धः -द्धा -द्धं, निषेधितः -ता -तं, निरस्तः -स्ता -स्तं.

Negatively, *adv.* अस्वीकारेण, सनिषेधं, सापलापं, सापवादं, अभावरूपेण.

***To* neglect, *v. a.* (Omit)** त्यज् **(c. 1.** त्यजति, त्यक्तुं), परित्यज्, अतिचर् **(c. 1.** -चरति -रितुं), लङ्घ् **(c. 10.** लङ्घयति -यितुं), विलङ्घ्, उल्लङ्घ्, अतिक्रम् **(c. 1.** -क्रामति -क्रमितुं),

Neglect 773 Neighborhood

व्यतिक्रम्, अतिवृत् (c. 1. -वर्त्तते -र्त्तितुं), हा (c. 3. जहाति, हातुं), अपहा, अपास् (c. 4. -अस्यति -असितुं), उत्सृज् (c. 6. -सृजति -स्रष्टुं), अतिसृज्, व्यपसृज्.—(Be careless about) प्रमद् (c. 4. -माद्यति -मदितुं), न अवधा (c. 3. -धत्ते -धातुं), अनवधानं कृ, प्रमादात्, परित्यज्; **'he neglects his duty,'** स्वधर्म्मात् प्रमाद्यति.—**(Not to perform)** न अनुष्ठा (c. 1. -तिष्ठति -ष्ठातुं), अननुष्ठानं कृ, न कृ.—**(Forget to perform)** विस्मृ (c. 1. -स्मरति -ते -स्मर्त्तुं), न स्मृ, अपस्मृ, विस्मरणात् परित्यज.—**(Disregard)** उपेक्ष् (c. 1. -ईक्षते -क्षितुं), समुपेक्ष्, उपप्रेक्ष्, न सेव् (c. 1. सेवते -वितुं), असेवनं कृ.—**(Slight)** अवज्ञा (c. 9. -जानाति -ज्ञातुं), अवमन् (c. 4. -मन्यते -मन्तुं), अवधीर् (c. 10. -धीरयति -यितुं), अवगण् (c. 10. -गणयति -यितुं), अनादरं कृ, खलीकृ; **'he neglects to honor the honorable,'** पूज्यपूजाव्यतिक्रमं करोति.

Neglect, *s.* **(Omission, forbearing to do any thing)** त्यागः, परित्यागः, अननुष्ठानं, उपात्ययः, अतिपातः, पर्य्ययः, अनभ्यासः, अवक्रिया, लोपः, परिलोपः, अपासनं, उत्सर्जनं, अतिसर्जनं, अतिक्रमः, व्यतिक्रमः, अतिवर्त्तनं, लङ्घनं, विलङ्घनं, अतिचारः.—**(Carelessness, inattention)** प्रमादः, प्रमाद्यं, प्रमत्तता, अनवधानं.—**(Forgetfulness)** विस्मृतिः *f.*, विस्मरणं.—**(Disregard)** उपेक्षा, अनपेक्षा, अनवेक्षा, निरपेक्षा, उत्प्रेक्षा, उद्भावनं, अदर्शनं.—**(Slighting)** अवज्ञा, अवमानं, अनादरः, अमाननं, अवधीरणं, अवपालनं.

Neglected, *p. p.* त्यक्तः -क्ता -क्तं, परित्यक्तः etc., लङ्घितः -ता -तं, उल्लङ्घितः -ता -तं, अतिक्रान्तः -न्ता -न्तां, अतीतः -ता -तं, उपासितः -ता -तं, उत्सृष्टः -ष्टा -ष्टं, विसर्जितः -ता -तं, अननुष्ठितः -ता -तं, असेवितः -ता -तं, उपेक्षितः -ता -तं, समुपेक्षितः -ता -तं, अनपेक्षितः -ता -तं, अवज्ञातः -ता -तं, अवधीरितः -ता -तं, अवमानितः -ता -तं, अवमतः -ता -तं, अवगणितः -ता -तं, अवपालितः etc., उद्भावितः etc., अरक्षितः etc., अवसन्नः -न्ना -न्नं, खलीभूतः etc.

Neglectful, *a.* **(Heedless, inattentive)** अनवधानः -ना -नं, अनवहितः -ता -तं, असावधानः -ना -नं, प्रमादी -दिनी -दि (न्), प्रमादवान् -वती -वत् (त्), प्रमत्तः -त्ता -त्तं.—**(Disegardful)** उपेक्षकः -का -कं, निरपेक्षः -क्षा -क्षं, निर्व्यपेक्षः etc., मन्दादरः -रा -रं, अनादरकारी etc.

Neglectfully, *adv.* अनवधानेन, अनवहितं, प्रमादेन, सप्रमादं, निरपेक्षं, अनपेक्षया, उपेक्षया, अनपेक्ष्य, मन्दादरं, अवमानेन.

Negligence, *s.* अनवधानं -नता, प्रमादः, प्रमाद्यं, प्रमत्तता, अनवहितत्वं, उपेक्षा, अनपेक्षा, अनवेक्षा, असमीक्षा, अव्यवसायः, बालिश्यं. *See* **Neglect.**

Negligent, *a.* अनवधानं -ना -नं, प्रमत्तः -त्ता -त्तं, प्रमादी -दिनी -दि (न्), प्रमादवान् -वती -वत् (त्), अनवहितः -ता -तं, असावधानः -ना -नं, उपेक्षकः -का -कं, निरपेक्षः -क्षा -क्षं, अव्यवसायी etc., मन्दादरः -रा -रं.

Negligently, *adv.* प्रमाद्यात्, प्रमादेन, प्रमादतस्, प्रमाद्यतस्, अनवधानात्, अनवधानेन, अवधानं, विना, प्रमत्तवत्, असमीक्ष्य. *See* **Neglectfully.**

Negotiable, *a.* पणितव्यः -व्या -वयं, पणायितव्यः etc., व्यवहर्त्तव्यः etc., व्यवहार्य्यः -र्य्या -र्य्यं, व्यवहारयोग्यः -ग्या -ग्यं, व्यवसाययोग्यः etc.

***To* negotiate,** *v. a.* पण (c. 1. पणते -णितुं, पणयति, c. 10. पणयति -यितुं), पणायां कृ, व्यवहृ (c. 1. -हरति -हर्त्तुं), व्यवसायं कृ.

Negotiated, *p. p.* पणितः -ता -तं, पणायितः -ता -तं, व्यवहारितः -ता -तं.

Negotiation, *s.* पणाया, पणनं, व्यवहारः, व्यवसायः, घटना, प्रपञ्चनं.—**(Pacification)** साम *n.* (न्), सन्धिकरणं, शमनं.

Negotiator, *s.* पणायाकृत्, पणिकः, आपणिकः, व्यवसायी *m.* (न्), व्यवहर्त्ता *m.* (र्तृ), व्यवहारी *m.* (न्), कर्म्मकारी *m.*—**(Pacificator)** सामविद् *m.*, सन्धिविद् *m.*, सन्धिविचक्षणः, सन्धिकुशलः, स्थेयः.

Negro, *s.* श्यामदेहः-श्यामशरीरः, श्यामाङ्गः, कृष्णदेहः, कृष्णाङ्गः.

***To* neigh,** *v. n.* ह्रेष् (c. 1. ह्रेषते -षितुं) or ह्लेष्, हेष् (c. 1. हेषते -षितुं), रेष् (c. 1. रेषते -षितुं), अश्ववद् रु (c. 2. रौति, रवितुं) or नद् (c. 1. नदति -दितुं) or नादं कृ or चित्कारं कृ.

Neigh, *s.* हेषा, ह्रेषा, ह्रेषितं, रेषणं, रेषितं, ह्लेषा, अश्वनादः.

Neighbor, *s.* प्रतिवासी *m.* (न्), निकटवासी *m.*, निकटवर्त्ती *m.*, (न्), समीपवासी *m.*, निकटस्थः, समीपस्थः, समीपस्थायी *m.*, प्रतिवेशवासी *m.*, प्रतिवेशी *m.*, प्रतिवेशिकः, सामन्तवासी *m.*, समीपदेशनिवासी जनः, समीपगृहवासी *m.*, सामन्तः, अधिवासः, संस्थः, संस्थितः; **'a nextdoor neighbor,'** निरन्तरगृहवासी *m.*, प्रातिवेश्यः; **'next but one,'** अनुवेश्यः; **'one should love one's neighbor as one's self,'** आत्मौपम्येन परस्मिन् दयां कुर्य्यात्.

Neighbor, *a.* प्रतिवासी -सिनी -सि (न्). *See* **Neighboring.**

***To* neighbor,** *v. a.* निकटे or समीपे स्था (c. 1. तिष्ठति, स्थातुं) or वृत् (c. 1. वर्त्तते -र्त्तितुं) or वस् (c. 1. वसति, वस्तुं), स्पृश् (c. 6. स्पृशति, स्प्रष्टुं).

Neighborhood, *s.* **(Vicinity, adjoining district)** सामन्तदेशः, सामन्तं, समीपदेशः, समीपस्थानं, प्रतिवेशः, सन्निवेशः, अधिवासः, अन्तिकं, उपान्त्यं, निकर्षणः.—**(State of being near, proximity)** समीपता, सामीप्यं, निकटता, नैकट्यं, सन्निधानं, सान्निध्यं, सन्निधिः *m.*, सन्निधं, सन्निकर्षः, सन्निकृष्टता, आसन्नता, अन्तिकता, अन्तिकं, उपान्तं -न्त्यं, प्रत्यासन्नता, प्रत्यासत्तिः *f.*, सामन्तत्वं, निकटवर्त्तित्वं, समीपवर्त्तित्वं, संस्थानं, उपस्थानं, अभ्यासत्वं; **'in the neighborhood of the house,'**

गृहसन्निधाने, गृहोपान्ते.—**(Inhabitants of the neighborhood)** समीपवासिन: ***m. pl.***, निकटवासिन: ***m. pl.***, सामन्तवासिन: ***m. pl.***, प्रतिवासिन: ***m. pl.***, समीपलोका: ***m. pl.***, तत्रत्यलोका: ***m. pl.***

Neighboring, *a.* निकटवर्त्ती -र्त्तिनी -र्त्ति (न्), समीपवर्त्ती **etc.,** निकटस्थ: -स्था -स्थं, समीपस्थ: **etc.,** समीपस्थायी **etc.,** समीपवासी **etc.,** सामन्तवासी **etc.,** प्रतिवासी **etc.,** सामन्तस्थ: **etc.,** सामन्त: -न्ती -न्तं, समीप: -पा -पं, आसन्न: -न्ना -न्नं, निकट: -टा -टं, अन्तिक: -की -कं, उपान्त: -न्ता -न्तं, उपान्तिक: -की -कं, सन्निहित: -ता -तं, अभ्यास: -सा -सं, अभ्याश: -शा -शं, अदूरस्थ: **etc.,** अदूरीस्थ: **etc., 'neighboring district,' 'neighboring people.'** ***See*** **Neighborhood.**

Neighborliness, *s.* सामन्तव्यवहारयोग्यता, संस्थव्यवहारयोग्यता, सामन्तजनाचारानुसरणं, उपकारशीलता, मित्रत्वं, हितता.

Neighborly, *a.* सामन्तव्यवहारयोग्य: -ग्या -ग्यं, संस्थव्यवहारयोग्य: **etc.,** प्रतिवासयोग्य: **etc.,** सामन्ताचारानुसारी -रिणी **etc.,** उपकारशील: -ला -लं, सुहित: -ता -तं.

Neighing, *s.* हेषा, ह्रेषा, ह्रेषितं, ह्लेषा, रेमणं -षितं, ह्रेषितस्वन:, अश्वशब्द:, अश्वनाद:, अश्वनिस्वन:.

Neither, *pron.* (Not either, not the one or the other) expressed by अन्यतर: -रा -रं **or** एकतर: -रा -रं **or** उभौ, **or simply by the dual in conjunction with the negative** न; **as, 'neither of them can break the bow,'** धनुर् भंक्तुम् एकतरो न शक्नोति **or** उभौ न शक्नुत: **or simply** न शक्नुत:.

Neither, *conj.* expressed by the negative न **or** न च, **or by the prohibitive** मा. **Sometimes in conjunction with** वा; **as, 'he took neither food nor clothes for his journey,'** यात्रार्थं भक्ष्यं वस्त्रं वा न जग्राह; **'take neither food nor clothes,'** भक्ष्यं वस्त्रं वा मा गृहाण; **'do not eat the fruit neither touch it,'** फलं मा खादत मा स्पृशत; **'he did not touch, neither did he smell,'** नास्पृशद् न चाजिघ्रत्.

Nem, con. सर्व्वसम्मत्या, सर्व्वानुमत्या, सर्व्वस्वीकारेण.

Neogamist, *s.* नवोढ: -ढा, नववधू: ***f.***, नवभार्य्या ***f.***, नवपति: ***m.***

Neologic, neological, *a.* (Pertaining to neology) नूतनन्यायसम्बन्धी -न्धिनी **etc.,** नूतनमतसम्बन्धी **etc.—(Employing new words, etc.)** ***See*** **the next.**

Neologist, *s.* नूतनशब्दसेवी ***m.*** (न्), नूतनन्यायाश्रयी ***m.***, नूतनमताश्रयी ***m.***, नूतनन्यायसेवी ***m.***

Neology, *s.* नूतनन्याय:, नूतनमतं, नूतनविद्या.—**(Employment of new words, etc.)** नूतनशब्दसेवनं, नूतनमताश्रयणं.

Neophyte, *s.* नवछात्र:, नवशिष्य:, प्राथमकल्पिक:, नूतनशिष्य:.

Neoteric, *a.* नूतन: -ना -नं, नव: -वा -वं, नवीन: -ना -नं, इदानीन्तन: -नी -नं, आधुनिक: -की -कं, अर्वाचीन: -ना -नं.

Nepal, *s.* (The country) नेपाल:.—**(Belonging to it, or produced in it)** नैपालिक: -की -कं, नैपाल: -ली -लं.

Nepenthe, *s.* दु:खशमनं, दु:खहारकम् औषधं, उपशमनं.

Nephew, *s.* (Brother's son) भ्रातृज:, भ्रात्रीय:, भ्रातृपुत्र:, भ्रातृसुत:, भ्रातृव्य:.—**(Sister's son)** भागिनेय:, स्वस्रीय:, भगिनीपुत्र:, स्वसृपुत्र:, भगिनीसुत:, स्वसृसुत:.

Nephritic, nephritical, *a.* (Relating to the kidneys) मूत्रपिण्डसम्बन्धी -न्धिनी **etc.,** वृक्कसम्बन्धी **etc.—(Relieving disease of the kidneys)** मूत्रपिण्डरोगहारी -रिणी **etc.,** मूत्ररोगनाशक: -का -कं, वृक्करोगघ्न: -घ्नी -घ्नं.

Nepotism, *s.* (Fondness for nephews) भ्रातृव्यभागिनेयस्नेह:. —**(Undue attachment for relations)** पुत्रपौत्रादिपक्षपात:, कुलपक्षता, अपत्यातिस्नेह:, सन्तानाति- स्नेह:, बान्धवातिस्नेह:.

Nereid, *s.* (Sea-nymph) समुद्रीयदेवी, सामुद्रदेवी, जलदेवी.

Nerve, *s.* (Organ of sensation, connected with the marrow of the brain and spine) मज्जातन्तु: ***m.***, ज्ञानतन्तु, ज्ञानवाहिनी, चैतन्यवाहिनी, चैतन्यतन्तु: ***m.***, शिरा, सिरा. —**(Sinew, tendon)** स्नायु: ***m.***, स्नसा, शिरा, सिरा, धमनि: -नी ***f.***, नाडि: -डी ***f.***, वहीरु: ***m.***, रसालसा, सन्धिबन्धनं. —**(Strength of body)** शरीरदृढता, शरीरदार्ढ्यं, गात्रदार्ढ्यं, शरीरबलं, तेजस् ***n.***, वीर्य्यं, ओजस् ***n.***, ऊर्ज:.—**(Strength of mind)** धैर्य्यं, धीरता -त्वं, धृति: ***f.***, मन:स्थैर्य्यं, बुद्धिवैभवं.

To **nerve, *v. a.*** बलं **or** धैर्य्यं दा **or** वृध् **(c. 10.** वर्धयति -यितुं), सबलीकृ.

Nerveless, *a.* निर्बल: -ला -लं, दुर्बल: -ला -लं, बलहीन: -ना -नं.

Nervous, *a.* (Pertaining to the nerves) मज्जातन्तुसम्बन्धी -न्धिनी **etc.,** मज्जातन्तुस्थ: -स्था -स्थं, मज्जातन्तुगत: -ता -तं.—**(Having the nerves affected, easily agitated)** मज्जातन्तुरोगी -गिणी **etc.,** मज्जातन्तुविकारी **etc.,** शिरारोगी **etc.,** धैर्य्यहीन: -ना -नं, कम्पशील: -ला -लं, वेपनशील: **etc.—(Vigorous)** वीर्य्यवान् -वती -वत् (त्), तेजोवान् **etc.,** ओजस्वी **etc.,** ऊर्जस्वान् **etc.,** ऊर्जस्वल: -ला -लं, धीर: -रा -रं, दृढ: -ढा -ढं, सुदृढ: **etc.**

Nervously, *adv.* (With vigor) सवीर्य्यं, सधैर्य्यं, सबलं, धैर्य्येण. —**(With weakness)** धैर्य्येण विना, धैर्य्यं विना, सकम्पं, सवेपनं, कम्पशीलत्वात्.

Nervousness, *s.* (Vigor) वीर्य्यं, धैर्य्यं, धीरता -त्वं, तेजस् ***n.***, ओजस् ***n.***, दार्ढ्यं, दृढता, सुदृढता, ऊर्ज:.—**(Affection or weakness of the nerves, agitation)** मज्जातन्तुरोग:,

मज्जातन्तुविकारः –रिता, धैर्य्यहीनता, अधृतिः *f.*, कम्पशीलता, वेपनशीलता.

Nescience, *s.* अज्ञानं –नता, ज्ञानाभावः, ज्ञानहीनता, अबोधः, अज्ञता.

Ness. This termination, denoting state or quality, is expressed in Sanskrit by the affixes ता, त्वं, **and** यं, **the last usually requiring Vṛddhi of the first syllable of the noun; as, from 'idle,'** अलस; **'idleness,'** अलसता, अलसत्वं, आलस्यं.

Nest, *s.* **(Of birds)** नीडः –डं, कुलायः, पक्षिस्थानं, पक्षिगृहं, खगस्थानं, जालकं, अङ्कुरकः.—**(Any abode, receptacle)** गृहं, स्थानं, निधिः *m.*, निधानं, आशयः, आश्रयः; **'sitting in a nest,'** कुलायनिलायः.

***To* nestle,** *v. n.* पक्षिवत् स्वनीडम् आश्रि (c. 1. –श्रयति–यितुं;) or समाश्रिः or संश्रि, सुखेन or सुखम् आश्रि, यथासुखम्, आश्रि or शी (c. 2. शेते, शयितुं) or अधिशी or संविश् (c. 6. –विशति –वेष्टुं) or उपविश् or निली (c. 4. –लीयते –लेतुं).

***To* nestle,** *v. a.* **(Cherish)** पाल् (c. 10. पालयति –यितुं), पुष् (c. 10. पोषयति –यितुं).

Nestling, *s.* कुलायस्थः or नीडस्थः, पक्षिशावकः, कुलायस्थायी *m.* (न्).

Nestor, *s.* **(Sage old man)** वृहस्पतिः *m.*

Net, *s.* जालं, जालकं, आनायः, पाशः, पाशबन्धः –न्धं, वागुरा, उन्माथः, कूटः, कूटयन्त्रं, वीतंसः, वितंसः, पक्षिबन्धनं, बन्धनं –नी; **'for deer,'** मृगबन्धिनी –नं, पातिली; **'for fish,'** मत्स्यधानी, मत्स्यजालं, मत्स्यग्रहणी, मत्स्यग्रहणार्थं जालं, कुपिनी, पञ्जराखेटः; **'maker of nets,'** जालकारकः.

Net, *a.* **(Clear, free from deductions)** अशेषः –षा –षं, निरवशेषः **etc.,** अभग्नः –ग्ना –ग्नं, अखण्डः –ण्डा –ण्डं, अन्यूनः –ना –नं, निरुद्धारः –रा –रं, शुद्धः –द्धा –द्धं.

***To* net,** *v. a.* **(Make clear gain)** अन्यूनं फलं लभ् (c. 1. लभते, लब्धुं).

Nether, *a.* अधरः –रा –रं, अवरः –रा –रं, अधरस्थः –स्था –स्थं, अधःस्थः **etc.,** अधोभवः –वा –वं, अधस्तनः –नी –नं, नीचस्थः **etc.,** अधमः –मा –मं, अवमः **etc.,** जघन्यः –न्या –न्यं; **'nether part,'** अधोभागः; **'nether world,'** अधोलोकः; **'neither garment,'** अधोंशुकं, अन्तरीयं; **'nether sky,'** नभस्तलं.

Nethermost, *a.* अवरः –रा –रं, अवरतमः –मा –मं, अधरतमः **etc.,** नीचतमः **etc.**

Netting, net-work, *s.* जालं –लकं, जालकर्म्म *n.* (न्), जालप्राया.

Nettle, *s.* **(A plant)** पीतपर्णी.

***To* nettle,** *v. a.* प्रकुप् (c. 10. –कोपयति –यितुं), व्यथ् (c. 10. व्यथयति –यितुं), सन्तप् (c. 10. –तापयति –यितुं), कोपं जन् (c. 10. जनयति –यितुं).

Nettled, *p. p.* ईषत्कुपितः –ता –तं, ईषत्सन्तप्तः –प्ता –प्तं, व्यथितः –ता –तं.

Neuralgia, *s.* मज्जातन्तुवेदना, मज्जातन्तुव्यथा, शिरावेदना.

Neurology, *s.* मज्जातन्तुवर्णनं –ना, मज्जातन्तुविद्या, शिरावर्णनं.

Neurotomy, *s.* मज्जातन्तुछेदः –दनं, शिराव्यवछेदविद्या.

Neuter, neutral, *a.* **(Not adhering to either party, indifferent)** अपक्षपाती –तिनी –ति (न्), विपक्षपातः –ता –तं, उभयपक्षसमानः –ना –नं, उभयपक्षसमः –मा –मं, उभयसामान्यः –न्या –न्यं, उभयसाधारणः –णी –णं, उभयपक्षभिन्नः –न्ना –ननं, उदासीनः –ना –नं, उदासी **etc.,** तटस्थः –स्था –स्थं, मध्यस्थः **etc.,** समदर्शी **etc.,** समदृष्टिः –ष्टिः –ष्टि, समबुद्धिः –द्धिः –द्धि, समभावः –वा –वं, समः –मा –मं.—**(Neuter gender)** क्लीवः –वं, नपुंसकः –कं, नपुंसकलिङ्गं, तृतीयप्रकृतिः *f.*, तृतीयाप्रकृतिः.

Neutrality, *s.* माध्यस्थं –स्थ्यं, मध्यस्थता –त्वं, ताटस्थ्यं, तटस्थता –त्वं, उभयपक्षसमता, अपक्षपातः –तिता, विपक्षपातत्वं, उदासीनता, औदासीन्यं, औदास्यं, उभयसमता, उभयसाम्यं, उभयसामान्यं, उभयसाधारण्यं, समदृष्टिः *f.*, समता, साम्यं, समानता.

Neutralization, *s.* **(Act of destroying the peculiar properties of a body)** विशेषगुणनाशः –शनं, विशेषधर्म्मनाशः –शनं, गुणविनाशनं, विशेषगुणप्रतीकारः.—**(Act of reducing to a state of neutrality)** उदासीनीकरणं, समीकरणं, उभयसमीकरणं.—**(Rendering indefficient)** निर्बलीकरणं, दुर्बलीकरणं.

***To* neutralize,** *v. a.* **(Destroy the peculiar properties of)** विशेषगुणान् नश् (c. 10. नाशयति –यितुं), विशेषगुणनाशनं कृ, विशेषधर्म्मनाशं कृ.—**(Render neutral)** उदासीनीकरणं, उभयसमीकरणं.—**(Render inefficient)** निर्बलीकृ, दुर्बलीकृ, बलं नश्.

Neutralized, *p. p.* नष्टगुणाः –णा –णं, नष्टबलः –ला –लं, नष्टशक्तिः –क्तिः –क्ति.

Neutralizer, *s.* विशेषगुणनाशकः, बलनाशकः, शक्तिनाशकः, गुणघ्नः.

Neutrally, *adv.* उदासीनवत्, औदासीन्यपूर्व्वं, उभयसाम्येन, समदृष्ट्या.

Never, *adv.* न कदाचित्, न कदापि, न कदाचन, न कर्हिचित्, न जातु, न जातुचित्, **sometimes expressed by** न; **as, 'there never has been and never will be any one like him,'** अनेक सदृशः कश्चिन्, न भूतो न भविष्यति.

Nevertheless, *conj.* तथापि, पुनर्, परन्तु, परं, किन्तु, अपितु, किञ्च.

New, *a.* नवः –वा –वं, नवीनः –ना –नं, नूतनः –ना –नं, नूत्नः

-त्ना -त्नं, नव्यः -व्या -व्यं, अभिनवः -व -वं, प्रतिनवः -वा -वं, प्रत्यग्रः -ग्रा -ग्रं, तरुणः -णा -णं.—**(Modern, not ancient)** आधुनिकः -की -कं, इदानीन्तनः -नी -नं, अधुनातनः -नी -नं, सद्यस्कालीनः -ना -नं, अप्राचीनः -ना -नं, अपुरातनः -नी -नं.—**(Never occurring before)** अभूतपूर्व्वः -र्व्वा -र्व्वं, अदृष्टपूर्व्वः **etc.,** अपूर्व्वः **etc.,** अयथापूर्व्वः **etc.—(Not habituate, not familiar)** अनभ्यस्तः -स्ता -स्तं, अपरिचितः -ता -तं.—**(Not before used)** अप्रयुक्तः -क्ता -क्तं, अनुपभुक्तः **etc.; 'new moon,'** *See* **Moon.**

New-born, ***a.*** सद्योजातः -ता -तं, जातमात्रः -त्री -त्रं, नवोत्पन्नः -न्ना -न्नं.

New-comer, ***s.*** आगन्तुकः, आगन्तुः ***m.,*** नवागतः, नवाभ्यागतः.

New-fangled, ***a.*** नवकल्पितः -ता -तं, नवसृष्टः -ष्टा -ष्टं, नूतनः -ना -नं.

Newly, ***adv.*** नवं, नूतनं, नवीनं, अभिनवं, प्रतिनवं, प्रत्यग्रं, सद्यस्.

Newness, ***s.*** नवता -त्वं, नवीनता, नूतनता -त्वं, नव्यता, नाव्यं, अभिनवता, प्रतिनवता, प्रत्यग्रता.—**(State of not being known before)** अपूर्व्वता -त्वं, अभूतपूर्व्वता.

News, ***s.*** वार्त्ता, वृत्तान्तः, समाचारः, सन्देशः, सन्दिष्टं, संवादः, वृत्तं, वर्त्तमानं, प्रवृत्तिः ***f.,*** किंवदन्ती, उदन्तः -न्तकः, लोकवादः, लोकप्रवादः, जनवादः, जनश्रुतिः ***f.,*** वाचिकं, सूचना; **'What's the news?'** का वार्त्ता; **'good news,'** सुवार्त्ता, शुभवार्त्ता, शुभवृत्तान्तः; **'bad news,'** दुर्वार्त्ता, अनिष्टवार्त्ता, अशुभवार्त्ता.

Newmonger, ***s.*** वार्त्तायनः, वार्त्तावृत्तिः, ***m.,*** समाचारवृत्तिः ***m.,*** वार्त्ताव्यवसायी ***m.,*** (न्), वार्त्तावहनव्यापारी ***m.,*** वार्त्तिकः, कुशीलवः, समाचारव्यवसायी.

Newspaper, ***s.*** समाचारपत्रं, वार्त्तापत्रं, वाचिकपत्रं, संवादपत्रं.

New-vender, ***s.*** समाचारपत्रविक्रेता ***m.*** (तृ), वार्त्तापत्रविक्रयी ***m.***

Newt, *s.* तृणगोधा -धिका, सूक्ष्मगोधा -धिका, क्षुद्रगोधा.

New-testament, ***s.*** नवीननियमः, नूतननियमः, नवनियमः.

New-year's day, ***s.*** वर्षप्रतिपद् ***f.,*** वत्सरप्रतिपद्, संवत्सरप्रतिपद्.

Next, ***a.*** **(In time, etc.)** अनन्तरः -रा -रं, निरन्तरः -रा -रं. —**(Next in place, having nothing intervening)** अव्यवधानः -ना -नं, अव्यवहितः -ता -तं, अनन्तरालः -ला -लं, निरन्तरालः -ला -लं, अपदान्तरः -रा -रं, सन्निहितः -ता -तं, पार्श्वस्थः -स्था -स्थं, अन्तिकः -का -कं, अन्तिमः -मा -मं. **Next in time may also be expressed by** परः -रा -रं **or** अन्तरं; **as, 'the next day,'** परदिवसः, पराहः; **'the next world,'** परलोकः -कं, लोकान्तरं; **'in the next world,'** परत्र, प्रेत्य, अमुत्र; **'relating to the next world,'** पारत्रिकः -की -कं, अमुत्रत्यः -त्या -त्यं, आमुष्मिकः -की -कं; **'the next moment,'** क्षणान्तरं; **'next born,'** अनन्तरजः -जा -जं; **'next of kin,'** अनन्तरः -रा -रं; **'next but one,'** एकान्तरः -रा -रं; **'next but two,'** द्व्यन्तरः -रा -रं, द्व्येकान्तरः -रा -रं.

Next, ***adv.*** अनन्तरं, तदनन्तरं, प्रत्यनन्तरं, परं -रेण, परतस्, परस्तात्, ततः परं, अतः परं, अत ऊर्द्ध्वं; **'next day,'** परदिवसे, परेद्युस्; **'next moment,'** क्षणान्तरे.

Nib, ***s.*** **(Bill, beak)** चञ्चुः ***f.,*** तुण्डः -ण्डिः ***m.,*** मुखः.—**(Point)** अग्रं, अणिः ***m.,*** अग्रभागः; **'of a pen,'** कलमाग्रं.

Nibbed, ***a.*** अणिमान् -मती -मत् (त्), अग्रवान् -वती **etc.,** साग्रः -ग्रा -ग्रं.

To **nibble,** ***v. a.*** **and** ***n.*** अल्पाल्पशः **or** अपाल्पं चर्व् **(c. 1.** चर्वति -र्वितुं, **c. 10.** चर्वयति -यितुं) **or** दंश् **(c. 1.** दशति, दंष्टुं) **or** विदंश् **or** सन्दंश्, सम्मुखदन्तैर्, अल्पाल्पं खाद् **(c. 1.** खादति -दितुं) **or** छिद् **(c. 7.** छिनत्ति, छेत्तुं), क्रमशः खाद् **or** भक्ष् **(c. 10.** भक्षयति -यितुं) **or** चर्वणं कृ.—**(Carp at)** दोषं **or** छिद्रम् अन्विष् **(c. 4.** -इष्यति -एषितुं) **or** ग्रह् **(c. 9.** गृह्णाति, ग्रहीतुं), छिद्रान्वेषं कृ, असूय **(nom.** असूयति).

Nibbled, ***p. p.*** अल्पाल्पशः खादितः -ता -तं **or** चर्वितः -ता -तं **or** दष्टः -ष्टा -ष्टं, सम्मुखदन्तैर् जग्धः -ग्धा -ग्धं **or** छिन्नः -न्ना -न्नं **or** लूनः -ना -नं.

Nice, ***a.*** **(Delicious, pleasant to the taste)** स्वादुः -दुः -द्वी -दु, सुरसः -सा -सं, मिष्टः -ष्टा -ष्टं, सुखास्वादः -दा -दं, रुचिरः -रा -रं, रुचिकः -का -कं, रुच्यः -च्या -चयं, रुचिकरः -रा -रं.—**(Exact, accurate)** सूक्ष्मः -क्ष्मा -क्ष्मं, अञ्जसः -सा -सं, समञ्जसः -सा -सं, सम्यङ् -मीची -म्यक् (क्), शुद्धः -द्धा -द्ध.—**(Judging with exactness or minuteness)** सूक्ष्मदृष्टिः -ष्टिः -ष्टि, सूक्ष्मदर्शी -र्शिनी -र्शि (न्), कुशाग्रदृष्टिः **etc.,** कुशाग्रीयमतिः -तिः -ति, कुशाग्रीयबुद्धिः -द्धिः -द्धि, कुशाग्रबुद्धिः **etc.—(Over-exact)** अतिसूक्ष्मः **etc.,** अतिसूक्ष्मदृष्टिः -ष्टिः -ष्टि.—**(Delicate, soft)** कोमलः -ला -लं, पेलवः -वा -वं, मृदुः -द्वी -दु, सुकुमारः -रा -री -रं.—**(Not coarse, fine)** अस्थूलः -ला -लं, सूक्ष्मः **etc.,** विरलः **etc.—(Pleasing, agreeable)** रुचिरः -रा -रं, सुभगः -गा -गं, रम्यः -म्या -म्यं, मनोरमः -मा -मं, सुन्दरः -रा -री -रं.

Nicely, ***adv.*** **(Exactly, accurately)** सूक्ष्मं, सौक्ष्म्येण, ससौक्ष्म्यं, सूक्ष्मरूपेण, सूक्ष्मत्वेन, अञ्जसा, समञ्जसं, सम्यक्.—**(Well, in a good manner)** सु **prefixed,** सुष्ठु; **'nicely done,'** सुकृतः -ता -तं.

Niceness, Nicety ***s.*** **(Delicacy, deliciousness)** स्वादुता, सुरसत्वं, सौरस्यं, मिष्टता.—**(Pleasantness)** रुचिरता, रुच्यता, रम्यता, रमणीयता.—**(Exactness)** सूक्ष्मता -त्वं, सौक्ष्म्यं, सामञ्जस्यं, सम्यक्तं, शुद्धता.—**(Over-exactness or**

scrupulousness) अतिसूक्ष्मता, अतिसौक्ष्म्यं.—**(Delicacy of perception or judgment)** सूक्ष्मदृष्टिः ***f.,*** -ष्टित्वं, सूक्ष्ममतित्वं, कुशाग्रीयमतित्वं, कुशाग्रबुद्धित्वं.—**(Delicacy of management)** युक्तिः ***f.,*** सुयुक्तिः ***f.,*** लाघवं, सुनीतिः ***f.***

Niche, ***s.*** प्रतिमास्थानं, प्रतिमाधारः, प्रतिमानिकेतः -तनं.

Nick, ***s.*** **(Of time)** कालसन्धिः ***m.,*** कालयोगः, शुभकालः, शुभयोगः, सुयोगः, शुभलग्नं, शुभक्षणः, युक्तसमयः, उपयुक्तसमयः, उपयुक्तकालः, उचितसमयः, अणिः ***m.***—**(Notch)** छेदः, अवच्छेदः.

To* nick,** ***v. a. **(Touch at the right time)** शुभलग्ने स्पृश् **(c. 6.** स्पृशति, स्प्रष्टुं) **or** आसद् **(c. 10.** -सादयति -यितुं), सुयुक्तिं कृ.—**(Make a notch)** अवच्छेदं कृ.

Nickname, ***s.*** उपाधिः ***m.,*** उपाधिनाम ***n.*** (न्), निन्दानाम ***n.,*** निन्दासूचकं नाम, तिरस्कारसूचकनाम, अपमानार्थकं नाम.

To* nickname,** ***v. a. उपाधिं दा, उपाधिनाम कृ, तिरस्कारार्थं नाम दा.

To* nictate,** ***v. n. निमिष् **(c. 6.** -मिषति -मेषितुं), पक्षिवद् निमेषं कृ.

Nictation, ***s.*** निमेषः, निमीलनं, पक्षिनिमेषः, पक्षिवद् निमेषः.

Nictitating Membrane, ***s.*** पक्षिणां चक्षुरावरणं, पक्षिनेत्रपटलं.

Nidification, ***s.*** नीडकरणं, नीडरचनं, कुलायरचना.

Niece, ***s.*** **(Brother's daughter)** भ्रात्रीया, भ्रातृजा, भ्रातृपुत्री, भ्रातृसुता, भ्रातृकन्या.—**(Sister's daughter)** स्वस्रीया, भागिनेयी, स्वसृपुत्री, भगिनीसुता, भगिनीकन्या, स्वसृजा.

Niggard, ***s.*** कृपणजनः, अदाता ***m.*** (तृ), कदर्य्यजनः, गाढमुष्टिः ***m.***

Niggard, niggardly, ***a.*** दृढमुष्टिः -ष्टिः -ष्टि, गाढमुष्टिः **etc.,** कृपणः -णा -णं, व्ययशङ्की -ङ्किनी -ङ्कि (न्), व्ययशङ्कितः -ता -तं, अल्पव्ययी **etc.,** स्वल्पव्ययी **etc.,** कदर्य्यः -र्य्या -र्य्यं, मत्सरः -रा -रं, तनुत्यागः -गा -गं, त्यागपराङ्मुखः -खा -खं, दानपराङ्मुखः **etc.,** क्षुद्रः -द्रा -द्रं, अर्थपरः -रा -रं. ***See* Miser, miserly.**

Niggardliness, niggardness, ***s.*** कृपणता, कार्पण्यं, कदर्य्यता -त्वं, व्ययशङ्का, स्वल्पव्ययः, दृढमुष्टित्वं, मात्सर्य्यं, दानपराङ्मुखता.

Niggardly, ***adv.*** सकार्पण्यं, कृपणवत्, स्वल्पव्ययेन, व्ययशङ्कया.

Nigh, nighly, nighness, ***See* Near, nearly, nearness.**

Night, ***s.*** रात्रिः ***f.,*** निशा, रजनी, क्षणदा, क्षपा, शर्व्वरी, निट् ***f.,*** (श्), त्रियामा, यामिनी, यामवती, नक्तं **indecl.** निशीथिनी, तमस्विनी, विभावरी, तमी -मा -मिः ***f.,*** निरातपा, निशीथ्या, निशीथः, शमनी, वासुरा, वाशुरा, श्यामा, शताक्षी, शत्वरी, शर्य्या, यामिः -मी -मिका ***f.,*** यामीरा, याम्या, दोषा; **'a dark night,'** तमिस्रा, तामसी; **'a moonlight night,'** ज्योत्स्नी; **'by night, in the night,'** रात्रौ, निशायां, निशि, नक्तं, दोषा; **'a number of nights,'** निशागणः, गणरात्रं, निशावृन्दं; **'coming on of night,'** रात्रियोगः; **end of night,'** निशान्तः -न्तं, अपररात्रः, रात्रिविगमः; **'beginning of night,'** निशादिः ***f.;*** **'every night,'** प्रतिरात्रं, प्रतिनिशं, रात्रौ रात्रौ; **'day and night,'** अहोरात्रं, अहर्निशं; **'night and day,'** रात्रिन्दिवं, रात्र्यहनी ***n. du.;*** **'a night and two days,'** पक्षिणी; **'a period of five nights,'** रात्रकं; **'sitting up at night,'** रात्रिजागरः -रणं; **'resting at night,'** निशोपशायः; **'night attack,'** सौप्तिकबधः, सौप्तिकं; **'last night,'** गतरात्रिः ***f.***

Night-blindness, ***s.*** निशान्धता; **'affected with it,'** निशान्धः -न्धा -न्धं, रात्र्यन्धः **etc.**

Night-cap, ***s.*** रात्रौ भृतं शिरोवेष्टनं **or** शिरोवस्त्रं, रात्रिशिरस्कं.

Night-dew, ***s.*** रात्रिजलं, निशाजलं, रजनीजलं, नैशासु ***n.,*** निशापुष्पं.

Night-clothes, night-dress, ***s.*** रात्रिवस्त्रं, रात्रिवसनं, रात्रिवेशः.

Night-fall, ***s.*** रजनीमुखं, निशादिः ***f.,*** रात्र्यारम्भः, रात्रियोगः, सन्ध्याकालः, दिनावसानं, प्रदोषः, प्रदोषकालः.

Night-gown, ***s.*** रात्रिवस्त्रं, रात्रिवसनं, रात्रिवेशः, रात्रौ भृतं वस्त्रं.

Night-hag, ***s.*** रात्रिञ्चरी, रात्रिचरा -री, निशाचरा -री, रात्र्यटा.

Nightingale, ***s.*** वसन्तदूतः, मदनदूतः, कोकिलः, गातुः ***m.***

Nightly, ***a.*** नैशः -शी -शं, प्रादोषिकः -की -कं, रात्रिकृतः -ता -तं, रात्रिजः -जा -जं, शार्वरः -री -रं, प्रातिरात्रिकः -की -कं.

Nightly, ***adv.*** **(By night)** रात्रौ, नक्तं, निशायां, निशि, दोषा.—**(Every night)** प्रतिरात्रं, प्रतिनिशं, रात्रौ रात्रौ, निशि निशि.

Night-man, ***s.*** खलपूः ***m.,*** मलपूः ***m.,*** पुरीषवाहकः, पुरीषापकर्षी ***m.***

Nightmare, ***s.*** कुस्वप्नः, दुःस्वप्नः, अजीर्णप्रयुक्तस्वप्नः, स्वप्नकल्पितो हृदयदेशोपरिस्थो भारः, स्वप्नकल्पिता मिथ्यावासना **or** अपच्छाया.

Nightshade, ***s.*** **(Prickly)** कण्टकारी -रिका, निदिग्धिका, वृहती, धावनिका, दुःस्पर्शा, स्पृशी, व्याघ्री, कुली, प्रचोदिनी, क्षुद्रा, राष्ट्रिका.

Night-walking, night-wandering, ***a.*** निशाचरः -रा -री -रं, रात्रिचरः **etc.,** रात्रिञ्चरः **etc.,** रजनीचरः **etc.,** निशाचारी -रिणी -रि (न्), नक्तचारी **etc.,** नक्तञ्चरः **etc.**

Night-watch, ***s.*** यामः, प्रहरः, रात्रियामः, रात्रिप्रहरः.

Nihility, ***s.*** अभावः, अवस्तुत्वं, नास्तित्वं, असत्ता -त्त्वं, शून्यता -त्वं.

Nimble, ***a.*** लघुः -घुः -घ्वी -घु, लघुगतिः -तिः -ति, द्रुतगतिः **etc.,** त्वरितगतिः **etc.,** लघुशरीरः -रा -रं, लघुदेहः -हा -हं, चपलाङ्गः -ङ्गा -ङ्गं, अङ्गचपलः -ला -लं, चपलदेहः -हा -हं, चपलगतिः **etc.,** क्षिप्रगतिः **etc.,** क्षिप्रकारी -रिणी -रि

(न्), आशुकारी etc., तीक्ष्णकर्म्मा -र्म्मा -र्म्म (न्), चपल: -ला -लं, चञ्चल: -ला -लं.

Nimble-footed, ***a.*** लघुपाद: -दा -दं, चपलपाद: etc., पादचपल: -ला -लं.

Nimble-handed, ***a.*** लघुहस्त: -स्ता -स्तं, चपलपाणि: -णि: -णि, पाणिचपल: etc.

Nimbleness, ***s.*** लघुता, लाघवं, शरीरलाघवं, लघुगतित्वं, द्रुतगतित्वं, अङ्गचापल्यं, देहचापल्यं, चापल्यं, द्रुतता, क्षिप्रता, शीघ्रता, चञ्चलता, चाञ्चल्यं.

Nimble-witted, ***a.*** चपलबुद्धि: -द्धि: -द्धि, क्षिप्रबुद्धि: etc., शीघ्रबुद्धि: etc.

Nimbly, ***adv.*** सलाघवं, लाघवेन, लघु, लघुगत्या, द्रुतं, द्रुतगत्या, त्वरितं, त्वरितगत्या, चापल्येन, चपलं, चपलगत्या, अङ्गचापल्येन, क्षिप्रं, शीघ्रं.

Nine, ***a.*** नव ***m. f. n. pl.*** (न्), नवसंख्यक: -का -कं.

Nine-fold, ***a.*** नवगुण: -णा -णं, नवविध: -धा -धं, नवधा **indecl.**

Nineteen, ***a.*** नवदश ***m. f. n. pl.*** (न्), ऊनविंशति: ***f. sing.,*** एकोनविंशति: ***f. sing.,*** नवदशसंख्यक: -का -कं.

Nineteenth, ***a.*** नवदश: -शी -शं, एकोनविंश: -शी -शं, ऊनविंश: etc., ऊनविंशतितम: -मी -मं, एकोनविंशतितम: etc.

Ninetieth, ***a.*** नवत: -ती -तं, नवतितम: -मी -मं.

Ninety, ***a.*** नवति: ***f. sing.,*** नवतिसंख्यक: -का -कं; **'ninety-one,'** एकनवति: ***f.;*** **'ninety-two,'** द्वानवति: ***f.;*** **'ninety-three,'** त्रयोनवति:; **'ninety-four'** चतुर्णवति:; **'ninety-five,'** पञ्चनवति:; **'ninety-six,'** षणवति:; **'ninety-seven,'** सप्तनवति:; **'ninety-eight,'** अष्टानवति: ***f.;*** **'ninety-nine,'** ऊनशतं, एकोनशतं; **'above ninety years old,'** दशमी ***m.*** (न्), दशमीस्थ:, दशमीङ्गत:.

Ninety-fold, ***a.*** नवतिगुण: -णा -णं, नवतिविध: -धा -धं, नवतिधा **indecl.**

Ninny, ninny-hammer, ***s.*** अल्पबुद्धि: ***m.,*** अल्पधी: ***m.,*** मूर्ख:, निर्बुद्धि:.

Ninth, ***a.*** नवम: -मी -मं, नावमिक: -की -कं.

Ninthly, ***adv.*** नवमतस्, नवतस्, नवमस्थाने, नवमपदे.

To **nip,** ***v. a.*** **(Cut or pinch off with the ends of the fingers)** अङ्गुल्यग्रै: or अङ्गुलिनखैर् अवछिद् (c. 7. -छिनत्ति -छेत्तुं) or अवकृत् (c. 6. -कृन्तति -कर्त्तितुं) or निकृत् or छिद् or पीड्.—**(Bite off)** दंश् (c. 1. दशति, दंष्टुं), विदंश्, सन्दंश्, अवदंश्.—**(Pinch in general)** पीड् (c. 10. पीडयति -यितुं), मथ् (c. 1. मथति, c. 9. मथ्नाति -थितुं), आर्त्तं -र्त्तां -र्त्तं कृ, आर्त्तीकृ; as, **'to pinch with cold,'** शीतेन पीड् शीतार्त्तीकृ, हिमार्त्तीकृ.—**(Blast, destroy)** नश् (c. 10. नाशयति -यितुं), दुष् (c. 10. दूषयति -यितुं), मृ (c. 10. मारयति -यितुं), विशॄ (c. 10. -शारयति -यितुं), म्लानीकृ.

Nip, nipping, ***s.*** नखैर्, अवछेद: or अवकृन्तनं or निकृन्तनं or कृन्तनं, हिमार्त्तीकरणं, शीतार्त्तीकरणं, हिमनाश:.

Nipped, ***p. p.*** **(With cold)** हिमपीडित: -ता -तं, हिमार्त्त: -र्त्ता -र्त्तं, शीतार्त्त: etc., हिमदूषित: -ता -तं, हिमनाशित: etc.—**(In general)** पीडित: -ता -तं, मथित: etc.

Nippers, ***s. pl.*** सन्दंश: -शकं -शका, कङ्कमुखं.

Nipple, ***s.*** स्तनाग्रं, स्तनमुखं, -खं, स्तनशिखा, कुचाग्रं, चूचुक: -कं, स्तनवृन्त: -न्तं, पिप्पलकं, नर्म्मठ:, वृन्तं; **'the nipples,'** पुरश्छदौ ***m. du.***

Nit, ***s.*** लिक्षा, निक्षा, रिक्षा, दिङ्क:, यूकाण्डं.

Nitre, ***s.*** यवक्षार:, यवज:, तर्क्ष्य:, पाक्य:, तीक्ष्ण:, तीक्ष्णरस:, यवलास:, यवाग्रज:.

Nitrogen, ***s.*** **expressed in modern treatises by the word** रुचककर:.

Nitrous, nitry, ***a.*** यवक्षारीय: -या -यं, यवक्षारमय: -यी -यं, यवक्षारगुणक: -का -कं, यवक्षारोत्पादक: -का -कं.

Nitty, ***a.*** बहुलिक्ष: -क्षा -क्षं, लिक्षापूर्ण: -र्णा -र्णं, प्रचुरलिक्ष: etc.

Niveous, ***a.*** हिम्य: -म्या -म्यं, तुषारमय: -यी -यं, हिममय: etc.

No, ***adv.*** न, नो, नहि; **'or no,'** न वा.

No, ***a.*** **(None) usually expressible by** न; **as, 'no one,'** न कश्चित् ***m.,*** न काचित् ***f.,*** न कोऽपि ***m.,*** न कापि ***f.,*** न कश्चन ***m.,*** न काचन ***f.,;*** **'no thing,'** न किञ्चित्, न किमपि, न किञ्चन; **'no other,'** नान्य: न्या -न्यत्; **'no where,'** न क्वचित्, न क्वापि, न कुत्रचित्, न कुत्रापि; **'no more, not again,'** न पुनर्; **'no great distance,'** नातिदूरं. **When 'no' is privative, it is expressed by** निर्, अ, वि **etc. prefixed, or by** हीन, शून्य, वर्जित, रहित **etc. affixed; as, 'having no fruit,'** निष्फल: -ला -लं, अफल: etc., विफल: etc., फलहीन: -ना -नं etc.

Nobility, ***s.*** **(Antiquity of family, elevation of rank)** महाकुलता, कुलीनता, महाकुलीनता, सत्कुलीनता, अभिजातता, आभिजात्यं, आभिजनं, कुलोत्कर्ष:, कुलोत्कृष्टता, औत्कर्षं, कौलीनं, सद्वंशता, वंशोत्कर्ष:.—**(Elevation or greatness of mind)** माहात्म्यं, महात्मता -त्वं, महिमा ***m.*** (न्), महत्त्वं, उदारता, औदार्य्यं, चित्तोदारता, महेच्छा, महानुभाव:.—**(Distinction, eminence)** उत्कर्ष: उत्कृष्टता, औत्कर्षं, वैशिष्ट्यं, विशिष्टता, प्रधानता -त्वं, समुन्नति: ***f.,*** प्रकर्ष:, शिष्टता, श्रेष्ठत्वं, सेव्यता, मुख्याति: ***f.***—**(Magnificence)** प्रताप:, तेजस् ***n.,*** श्री: ***f.***—**(The nobility, noblemen collectively)** कुलीनसमूह:, राजन्यकं.

Noble, *a*. (Of ancient family, or elevated rank) कुलीनः -ना -नं, महाकुलीनः -ना -नं, महाकुलः -ला -लं, सत्कुलीनः -ना -नं, सद्वंशः -शा -शं, अभिजनवान् -वती -वत् (त्), अभिजातः -ता -तं, उत्कृष्टः -ष्टा -ष्टं, उत्कृष्टकुलजातः -ता -तं, महाकुलजः -जा -जं, महाकुलप्रसूतः -ता -तं, सत्कुलजातः -ता -तं, विशुद्धकुलभवः, वंशविशुद्धः -द्धा -द्धं, सद्वंशजातः -ता -तं, प्रधानवंशोद्भवः -वा -वं, महावंशीयः -या -यं, उत्तमवंशजातः -ता -तं, कुलश्रेष्ठी -ष्ठिनी -ष्ठि (न्), श्रेष्ठकुलोद्भूतः -ता -तं, कुलोन्नतः -ता -तं, कुलिकः -का -कं, कौलेयः -यी -यं, प्रतिपत्तिमान् **etc**. **—(Great in mind)** उदारः -रा -रं, उदारमनाः -नाः -नः (स्), उदारमतिः -तिः -ति, उदारधीः -धीः -धि, महात्मा -त्मा -त्म (न्), महामनाः **etc.,** महामनस्कः -स्का -स्कं, माहात्मिकः -की -कं, महामतिः -तिः -ति, महानुभावः -वा -वं, महेच्छः -च्छा -च्छं, महाशयः -या -यं, उन्नतमनाः **etc**. **—(Distinguished, eminent, excellent)** उत्कृष्टः -ष्टा -ष्टं, श्रेष्ठः -ष्ठा -ष्ठं, अत्युत्कृष्टः **etc.,** शिष्टः -ष्टा -ष्टं, विशिष्टः **etc.,** उत्तमः -मा -मं, प्रमुखः -खा खं, उन्नतः -ता -तं, समुन्नतः -ता -तं, प्रशस्तः -स्ता -स्तं, महान् -हती -हत् (त्), महाभागः -गा -गं, महाभागधेयः -या -यं, सेव्यः -व्या -व्यं. **—(Illustrious)** ख्यातः -ता -तं, विख्यातः -ता -तं, यशस्वी **etc.,** महायशाः **etc.,** श्रीमान् **etc.,** सुप्रतिष्ठः -ष्ठा -ष्ठं, कीर्त्तिमान् **etc.** **—(Magnificent)** महाप्रतापः -पा -पं, महातेजाः **etc.,** विभूतिमान् **etc.,** श्रीमान् **etc., 'Noble' may sometimes be expressed by** ऋषभः **or** पुङ्गवः **or** व्याघ्रः **or** सिंहः **or** शार्दूलः **or** इन्द्रः **in comp.; as, 'a noble or eminent man,'** पुरुषर्षभः, पुरुषव्याघ्रः, नरपुङ्गवः, नरेन्द्रः **etc.; 'a noble elephant,'** गजेन्द्रः; **'noble nature,'** सत्त्वं; **'noble on both sides,'** मातृतः पितृतश्चाभिजनवान् **etc.**

Noble, nobleman, *s*. कुलीनजनः, कुलीनलोकः, शिष्टजनः, शिष्टलोकः, कुलीनपदस्थः, उच्चपदस्थः, उत्कृष्टपदस्थः, कुलश्रेष्ठी ***m*.** (न्), सत्कुलीनः, अभिजनवान् ***m*.** (त्), राजन्यः.

Noble-minded, *a*. उदारमनाः -नाः -नः (स्), उदारधीः -धी -धि, उदारमनस्कः -स्का -स्कं, उदारचेताः **etc.,** महात्मा -त्मा -त्म (न्), सम्भावितात्मा **etc.,** महेच्छः -च्छा -च्छं.

Nobleness, *s*. महत्त्वं, महिमा ***m*.** (न्), उत्कर्षः, उत्कृष्टता, श्रेष्ठता, प्रधानता, उदारता, औदार्य्यं, उन्नतिः ***f*.,** समुन्नतिः. ***See* Nobility.**

Noblesse, *s*. कौलीन्यं, कौलीनं, कुलीनलोकः, कुलीनसमूहः, कुलीनसभा.

Nobly, *adv*. (With nobleness of birth) कुलीनं, कुलीनवत्, साभिजात्यं; **'nobly-born,'** महाकुलप्रसूतः -ता -तं, सत्कुलजातः -ता -तं. ***See* Noble, *a*. (With greatness of mind)** सौदार्य्यं, औदार्य्येण, उदारवत्, समाहात्म्यं, माहात्म्येन, मनोमहत्त्वात्, महिम्ना, उदारचित्तत्वात्, उदारचेतसा, महेच्छया. **—(Magnificently)** महाप्रतापेन, महातेजसा, अतितेजसा, सप्रतापं, ऐश्वर्य्येण.

Nobody, *s*. न कश्चित् ***m*.,** न काचित् ***f*.,** न कोऽपि ***m*.,** न कापि ***f*.,** न कश्चन ***m*.,** न काचन ***f*.**

Nocent, *a*. हिंस्रः -स्रा -स्रं, हिंसालुः -लुः -लु, अपकारकः -का -कं.

Noctambulation, *s*. निद्राभ्रमणं, निद्रापरिभ्रमणं, निद्राचारः.

Noctambulist, *s*. निद्राचारी ***m*.** (न्), निद्राभ्रमणकृत्. ***See* Night-walking.**

Noctivagant, *a*. निशाचरः -रा -री -रं, नक्तचारी -रिणी **etc.** ***See* Night-walking.**

Nocturnal, *a*. नैशः -शी -शं, रात्रिकालिकः -की -कं, रात्रिसम्बन्धी -न्धिनी **etc.,** रात्रिकालसम्बन्धी **etc.,** दोषातनः -नी -नं, प्रादोषिकः -की -कं, शार्व्वरः -री -रं, रात्रीयः -या -यं, निशासम्बन्धीयः -या -यं.

***To* nod, *v. a*. or *n*., (Incline the head)** शिरः **or** मस्तकं नम् **(c. 1.** नमति, नन्तु, **c. 10.** नमयति -यितुं) **or** प्रणम् **or** अभिनम् **or** विनम् **or** आनम्. **—(Make a sign by a motion of the head)** मस्तकसङ्केतं कृ, शिरःसङ्केतं कृ, शिरसा सङ्केतं कृ **or** संज्ञा कृ **or** इङ्गितं कृ, शिरश् चल् **(c. 10.** चालयति -यितुं).

Nod, *s*. (Inclination of the head) शिरःप्रणामः, मस्तकप्रणामः, शिरःप्रणतिः ***f*.** **—(Sign made by a movement of the head)** मस्तकसङ्केतः, शिरःसङ्केतः, शिरसा सङ्केतः **or** संज्ञा **or** इङ्गितं, मस्तकसन्देशः, शिरश्चालनं.

Nodated, *a*. ग्रन्थिमान् -मती -मत् (त्), ग्रन्थिलः -ला -लं.

Noddle, *s*. मस्तकः -कं, शिरस् ***n*.,** शीर्षकं, मुण्डकं.

Noddy, *s*. अल्पबुद्धिः ***m*.,** अल्पधीः ***m*.,** मूर्खः, निर्बुद्धिः ***m*.**

Node, *s*. (In surger) अस्थिगुल्मः, अध्यस्थि ***n*.** **—(In astronomy)** पातः, उपग्रहः; **'ascending node,'** राहुः ***m*.,** स्वर्भानुः ***m*.,** विधुन्तुदः, सैंहिकेयः, तमस् ***n*.; 'descending,'** केतुः ***m*.**

Nodose, *a*. ग्रन्थिलः -ला -लं, ग्रन्थी -न्थिनी -न्थि (न्), बहुग्रन्थिः -न्थिः -न्थि.

Nodosity, *s*. ग्रन्थिलत्वं, ग्रन्थिमत्त्वं, सग्रन्थित्वं, सपर्व्वत्वं, ग्रन्थिपूर्णता.

Nodule, *s*. शर्करा, पिण्डः -ण्डं, घनः, लोष्टः -ष्टं -ष्टुः ***m*.**

Noise, *s*. शब्दः, महाशब्दः, अतिशब्दः, ध्वनिः ***m*.,** महाध्वनिः ***m*.,** स्वनः, महास्वनः, निःस्वनः, घोषः घणं -णा, महाघोषः, नादः, महानादः, स्वरः, महास्वरः, उच्चैःस्वरः, उच्चस्वरः, प्रघोषकः, प्रस्वानः, निर्घोषः, निनादः, रणत्कारः, क्वणः, संह्लादः, निह्लादः, रणः, रणत्कारः, रावः, उद्रावः, कोलाहलः, रासः,

रावणं, तुमुलं, ध्वनः, बणः, उत्क्रोशः.—(Public talk) जनवादः, जनप्रवादः, जनरवः, जनश्रुतिः *f.*

To* noise, *v. a. **(Spread by report)** घुष् (**c. 10.** घोषयति -यितुं), विघुष्, प्रकाश् (**c. 10.** -काशयति -यितुं), विकाश्, ख्या **in caus.** (ख्यापयति -यितुं), आख्या, विख्या, प्रचर् (**c. 10.** -चारयति -यितुं), प्रकटीकृ.

Noised abroad, *p. p.* घोषितः -ता -तं, विघोषितः -ता -तं, प्रचारितः -ता -तं, प्रकाशितः -ता -तं, प्रकटितः **etc.,** प्रकटीकृतः **etc.,** आख्यातः **etc.**

Noiseful, *a.* शब्दकारी -रिणी **etc.,** ध्वनयन् -यन्ती -यत् (त्). ***See* Noisy.**

Noiseless, *a.* निःशब्दः -ब्दा -ब्दं, निश्शब्दः **etc.,** अशब्दः **etc.,** अघोषः -षा -षं, नीरवः -वा -वं, अरवः -वा -वं, शब्दहीनः -ना -नं.

Noiselessly, *adv.* शब्देन विना, अशब्देन, निःशब्दं, निश्शब्दं.

Noisily, *adv.* महाशब्देन, अतिशब्देन, महास्वरेण, उच्चैःस्वरेण.

Noisiness, *s.* महाशब्दकत्वं, महाशब्दः, महाशब्दकारित्वं, महाध्वनिः ***m.*** -निता, महानादः -दता, शब्दकारिता, शब्दवत्त्वं, सशब्दता, शब्दनत्वं.

Noisome, *a.* **(Noxious destructive)** मारकः -का -कं, मारात्मकः **etc.,** प्राणनाशकः **etc.,** मृत्युजनकः **etc.,** क्षयकरः -रा -रं, विनाशकः **etc.,** प्राणहरः -रा -रं, नृशंसः -सा -सं, शरारुः -रुः -रु, शारुकः -का -कं, घातुकः -का -कं, बाधकः **etc.,** अनिष्टजनकः **etc.,** अहितकारी -रिणी **etc.**—**(Offensive to the smell)** दुर्गन्धः -न्धा -न्धं, दुर्गन्धी -न्धिनी -न्धि (न्), पूतिगन्धिकः -का -कं, कुत्सितः -ता -तं.

Noisomeness, *s.* दुर्गन्धता -त्वं, दौर्गन्धिः ***m.,*** पूतिगन्धता, कुत्सिगन्धः, उग्रग्रन्धता, पूतिः ***f.,*** कुत्सितत्वं, कौत्सित्यं.

Noisy, *a.* शब्दकारः -री -रं, महाशब्दकारः -री -रं, महाशब्दकः -का -कं, महाशब्दी -ब्दिनी -ब्दि (न्), महास्वनः -ना -नं, महाध्वनिकः -का -कं, महाध्वनिकरः -री -रं, महानादी **etc.,** महानादः -दा -दं, महास्वरकः -का -कं, अतिशब्दनः -ना -नं, अतिशब्दवान् -वती -वत् (त्), तुमुलकारी **etc.,** तुमुलः -ला -लं, कोलाहलकारी **etc.,** कोलाहलकृत् ***m. f. n.,*** घोरखः -वा -वं, मुखरः -रा -रं.—**(Clamorous)** घोषणः -णा -णं, घोषकरः -री -रं, महाघोषः -षा -षं. बहुघोषः -षा -षं. —**(Sounding)** शब्दनः -ना -नं, नादी **etc.,** स्वनवान् **etc.,** संह्लादी **etc.,** स्वनन् -नन्ती -नत् (त्), ध्वनयन् **etc.**

Nomad, nomadic, *a.* प्रचारानुसारवासी -सिनी **etc.,** पशुचारणानुजीवी.

Nomenclator, *s.* नामस्थापकः, नामबोधकः, नामख्यापकः.

Nomenclature, *s.* शब्दसङ्ग्रहः, शब्दजालं, शब्दमाला, निघण्टुः ***m.***

Nominal, *a.* **(Pertaining to a name)** नामसम्बन्धी -न्धिनी **etc.,** नामविषयः -यसा -यं.—**(Relating to words)** शाब्दः -ब्दी -ब्दं, शाब्दिकः -की -कं, वाचनिकः -की -कं, आभिधानीयकः -की -कं.—**(Existing in name only)** नामधारी -रिणी **etc.,** नाममात्रधारी **etc.,** नामभृत् ***m.f.n.,*** शब्दः -ब्दी -ब्दं, शाब्दिकः **&c.**—**(Nominal verb). The grammatical symbol is** लिघु.

Nominally, *adv.* नामतस्, नाम्ना, नाममात्रेण, शब्दतस्, शब्दमात्रेण.

To* nominate, *v. a. **(Give a name)** नाम कृ **or** दा, संज्ञां कृ **or** दा.—**(Designate by name)** नाम निर्दिश् (**c. 6.** -दिशति -देष्टुं) **or** प्रदिश्.—**(Appoint by name to an office)** नाम निर्दिश्य नियुज् (**c. 7.** -युनक्ति -योक्तुं, **c. 10.** -योजयति -यितुं) **or** परिक्लृप् (**c. 10.** -कल्पयति -यितुं) **or** प्रक्लृप्.

Nominated, *p. p.* नामनिर्देशानन्तरं नियुक्तः -क्ता -क्तं **or** नियोजितः -ता -तं.

Nomination, *s.* **(Act)** नामनिर्देशानन्तरं नियोगः **or** नियोजनं. —**(Power of nominating or appointing)** नियोजनाधिकारः.

Nominative, *s.* **(Case in grammar)** कर्त्ता ***m.*** (र्त्तृ), कर्त्तृकारकः, कर्त्तृवाचकः, प्रथमा, प्रथमा विभक्तिः.

Nominator, *s.* नियोजकः, नामनिर्देशपूर्व्वं नियोजयिता ***m.*** (तृ), निर्देशकः.

Nominee, *s.* नियोजितः, नियुक्तः, अधिकृतः.

Non, A prefix expressed in Sanskrit by अ **or** अन्.

Non-acceptance, *s.* अपरिग्रहः, अग्रहणं, अप्रतिग्रहः, अस्वीकारः.

Nonage, *s.* बाल्यं, बालदशा, व्यवहारयोग्यता, अप्राप्तव्यवहारत्वं.

Nonagenarian, *a.* दशमी ***m.*** (न्), दशमीस्थः, दशमीङ्गतः.

Non-appearance, *s.* अदर्शनं, अनुपस्थानं, अनुपस्थितिः ***f.,*** अविद्यमानता.

Non-arrival, *s.* अनागमः -मनं, अनभिगमनं, अनुपस्थानं.

Non-attainment, *s.* अप्राप्तिः ***f.,*** अलाभः, अलब्धिः ***f.,*** अनवाप्तिः ***f.***

Non-attendance, *s.* अदर्शनं, दर्शनाभावः, अनुपस्थानं. ***See* Non-appearance.**

Non-attention, *s.* अनवधानं -नता, अनवहितत्वं, अलक्ष्यं.

Nonce, *s.* प्रयोजनं, अवसरः, वारः, समयः, उपयोगः.

Nonchalance, *s.* निरुत्सुकता, उदासीनता, जडता, अनपेक्षा, अनास्था.

Nonchalant, *a.* निरुत्सुकः -का -कं, उदासीनः -ना -नं, अनपेक्षः -क्षा -क्षं, निरपेक्षः **etc.,** जडः -डा -डं, अनभिलाषः -षा -षं, निःस्पृहः -हा -हं.

Non-commencement, *s.* अनारम्भः, अनारब्धिः ***f.,*** अनुपक्रमः.

Non-commissioned, *a.* अनधिकारवान् -वती -वत् (त्), अपदयुक्तः -क्ता -क्तं.

Non-compliance, *s.* अननुरोधः -धनं, अस्वीकारः, अननुवृत्तिः ***f.***

Non-conductor, non-conducting, *a.* अवाहकः -का -कं, अप्रापकः -का -कं, अनायकः -का -कं, अनेता -त्री -तृ (तृ).

Non-conformist, *s.* अननुरोधी ***m.*** (न्), अननुवर्त्ती ***m.,*** अननुसारी ***m.,*** अननुयायी ***m.,*** अननुकूलः.—**(Dissenter from the established church)** देशस्थापितधर्म्मविरोधी ***m.,*** (न्), साधारणधर्म्मविरोधी ***m.,*** देशस्थापितधर्म्मविसम्मतः, मतान्तरवलम्बी ***m.,*** मतान्तरग्राही ***m.,*** मतान्तरधारी ***m.***

Non-conformity, *s.* अननुरोधनः -धनं, अननुवर्त्तनं, अननुसरणं, अस्वीकारः.—**(Dissent)** देशस्थापितधर्म्मविरोधः, देशस्थापितधर्म्मासम्मतिः ***f.,*** मतान्तरावलम्बनं, मतान्तरं.

Non-contact, *s.* अस्पर्शः, असम्पर्कः, अस्पृष्टिः ***f.,*** असंसर्गः.

Non-delivery, *s.* असमर्पणं, अप्रतिपादनं, अप्रदानं, असम्प्रदानं.

Nondescript, *a.* अवर्णितः -ता -तं, अवर्णनीयः -या -यं, अलक्षणः -णा -णं.

None, *a.* न कश्चित् ***m.,*** न काचित् ***f.,*** न किञ्चित् ***n.,*** न कोऽपि, न का ***f.,*** न किमपि ***n.,*** न कश्चन ***m.,*** न काचन ***f.,*** न किञ्चन ***n.,*** **often expressed by** न **with another word; as, 'none other,'** नान्यः -न्या -न्यत्.—**(Not the least portion, not any, none at all)** न किञ्चिदपि, न किमपि, न कियदपि, न सूक्ष्ममपि, न स्तोकमपि, न लेशमपि, न मनागपि, अलेशं, अलेशमपि, अलवलेशं.

Non-elect, *a.* अवृतः -ता -तं, अवृत्तः -त्ता -त्तं, अनुद्धृतः -ता -तं.

Non-enjoyment, *s.* अभोगः, असम्भोगः, अनुपभोगः, अभुक्तिः ***f.***

Nonentity, *s.* (Non-existence) अभावः, असम्भवः, अभवः, असद्भावः, असत्त्वं, असत्ता, नास्तित्वं, नास्ति **ind.,** अजीवः, अजीवित्वं, अजीवनिः ***f.,*** अवस्तुता -त्वं, अवर्त्तमानता, अवृत्तिता, अविद्यमानता, शून्यता.—**(A non-entity)** अपदार्थः, असत्पदार्थः, अलीकपदार्थः, अवस्तु ***n.,*** असद्वस्तु ***n.,*** असम्भवं, शून्यं.

Nones, *s. pl.* रोमीयपञ्जिकायां मासस्य पञ्चमो **or** सप्तमो दिवसः.

Nonessential, *a.* अनावश्यकः -की -कं, कर्त्तव्याकर्त्तव्यः -व्या -व्यं, कार्य्याकार्य्यः -र्य्या -र्य्यं, कृताकृतः -ता -तं, अनान्तरीयकः -का -कं.

Non-existence, *s.* अभावः, असम्भवः, असद्भावः, नास्तित्वं. ***See*** **Nonentity.**

Non-existent, *a.* अवर्त्तमानः -ना -नं, अविद्यमानः -ना -नं, असन् -सती -सत् (त्), असम्भवः -वा -वं, असम्भूतः -ता -तं, अभूतः -ता -तं, निःसत्त्वः -त्त्वा -त्त्वं, अध्रियमाणः -णा -णं.

Non-observance, *s.* अपालनं, अप्रतिपालनं, अरक्षणं, असेवनं.

Non-pareil, *a.* अनुपमः -मा -मं, अप्रतिमः **etc.,** अद्वितीयः -या -यं.

Non-performance, *s.* अननुष्ठानं, अविधानं, अकरणं, अकर्म्म ***n.*** (न्).

Non-plus, *s.* अनुपायः, अगतिः ***f.*** -तित्वं, निरुपायत्वं, गतिहीनता, निरुत्तरत्वं, अनुत्तरत्वं, मोहः, व्यस्तता, कुण्ठता.

To* non-plus, *v. a. निरुत्तरीकृ, अनुत्तरीकृ, निरुपायीकृ, गतिहीनं -नां कृ, मुह् **(c. 10.** मोहयति -यितुं), व्याकुलीकृ.

Non-plused, *p. p.* निरुपायः -या -यं, गतिहीनः -ना -नं, उपायहीनः, निरुत्तरः -रा -रं, अनुत्तरः **etc.,** हतोत्तरः **etc.,** कुण्ठितः -ता -तं.

Non-residence, *s.* अवसतिः ***f.,*** अवासः, अनिवसनं, अनिवासः, अनवस्थितिः ***f.***

Non-resident, *a.* अवासी-सिनी-सि (न्), स्वस्थानावासी **etc.,** अनवस्थितः **etc.**

Non-resistance, *s.* अप्रतीकारः, अप्रतिक्रिया, अप्रतिरोधः, अनिवारणं.

Non-resumption, *s.* अपुनरादानं, अपुनर्हरणं, अनपकर्म्म ***n.*** (न्).

Nonsense, *s.* अनर्थकं, आनर्थक्यं, अनर्थकवाक्यं, अनर्थकभाषणं, निरर्थकवाक्यं, अबद्धं, असम्बद्धं, अबध्यं, असम्बद्धवाक्यं, अनिवद्धवाक्यं, असम्बद्धकथा, वृथाकथा, मृषार्थकं, अयाथार्थ्यं, जल्पितं, प्रलपितं, प्रलापः, अनर्थः, अर्थहीनवचनं; **'talking nonsense,'** असम्बद्धप्रलापी -पिनी -पि (न्), अनिबद्धप्रलापी **etc.,** अनर्थकवक्ता -क्त्री -क्तृ (क्तृ), जल्पकः -का -कं, जल्पाकः -का -कं, वाचालः -ला -लं, वाचाटः -टा -टं, बहुगर्ह्यवाक् ***m.f.n.***

Nonsensical, *a.* अनर्थकः -का -कं, निरर्थकः -का -कं, अनर्थः -र्था -र्थं, अर्थहीनः -ना -नं, अर्थशून्यः -न्या -न्यं, अर्थरहितः -ता -तं, मृषार्थकः **etc.,** वृथार्थकः **etc.,** असम्बद्धः -द्धा -द्धं, असम्बद्धार्थः -र्था -र्थं, अबद्धः **etc.,** अनबिद्धः **etc.,** असङ्गतः -ता -तं, अयथार्थः -र्था -र्थं, अयुक्तिकः -का -कं, अभिधेयरहितः -ता -तं.

Nonsensically, *adv.* निरर्थकः -सानर्थक्यं, असम्बद्धं, वृथा, मृषा.

Nonsensicalness, *s.* अनर्थकता, निरर्थकता, आनर्थक्यं, अर्थहीनता, अर्थाभावः, असङ्गता, असम्बद्धता, अयाथार्थ्यं अयुक्तिः ***f.***

Non-solution, *s.* अलापनं, अव्याख्या -ख्यानं, अपरिशोधनं, अलापनिका.

Non-suited, *p. p.* अवसन्नः -न्ना -न्नं, अवसादितः -ता -तं, हीनः

-ना -नं, अर्थाद्धीनः -ना -नं, हीनवादः -दा -दं, नष्टवादः -दा -दं, हतवादः; **'to be non-suited,'** अर्थाद् हा **in pass.** (हीयते), अवसद् (**c. 1.** -सीदति -सत्तुं), नष्टवादः -दा -दं भू.

Non-superintendence, ***s.*** अनधिष्ठानं, अनधिष्ठितिः ***f.,*** अनधिष्ठातृत्वं, अनधिकारः.

Noodle, ***s.*** अल्पबुद्धिः ***m.,*** अल्पधीः ***m.,*** मूर्खः, जडधीः ***m.***

Nook, ***s.*** कोणः, अस्रः, आरं, विविक्तस्थानं, गुप्तस्थानं.

Noon, noon-day, ***a.*** मध्याह्नः, मध्याह्नकालः, दिनमध्यं, दिवसमध्यं, दिवामध्यं, मध्यन्दिनं, उद्दिनं.

Noon, noon-day ***a.*** माध्याह्निकः -की -कं, माध्यन्दिनः -नी -नं.

Noose, ***s.*** पाशः, पाशबन्धः -न्धं -न्धनं, वागुरा, उन्माथः, कूटपाशः; **'for the neck,'** गलपाशः; **'number of nooses,'** पाश्या.

To **noose,** ***v. a.*** पाश (**nom.** पाशयति -यितुं), पाशीकृ, पाशेन बन्ध् (**c. 9.** बध्नाति, बन्द्धुं), पाशे **or** उन्माथे पत् (**c. 10.** पातयति -यितुं).

Noosed, ***p. p.*** पाशितः -ता -तं, पाशीकृतः **etc.,** पाशबद्धः -द्धा -द्धं.

Nor, ***adv.*** न, न च, **sometimes expressed by the prohibitive** मा, **or sometimes simply by** वा **in conjunction with a negative.** ***See*** **Neither,** ***conj.***

Normal, ***a.*** **(Regular)** वैधिकः -की -कं, यथाविधिः -धिः -धि, यथाक्रमः -मा -मं.—**(Relating to rudiments, teaching rudiments)** मूलविद्यासम्बन्धी -न्धिनी **etc.,** विद्योपक्रमसम्बन्धी **etc.,** विद्यारम्भोपदेशकः -का -कं, मूलविद्याशिक्षकः -का -कं.

North, ***s.*** उत्तरा, उत्तरदिक् ***f.*** (श्), उत्तरदिशा, उत्तराशा, उदीची, कौवेरी, सौम्या. **Kuvera, according to the Hindūs, is the Regent of the North.**

North, ***a.*** उत्तरः -रा -रं, उत्तरस्थः -स्था -स्थं, उदीचीनः -ना -नं, उदङ् -दीची -दक् (ञ्च्), कौवेरः -री -रं; **'north-road,'** उत्तरापथः; **'northcountry,'** उदीच्यः.

North-east, ***s.*** प्रागुत्तरा, प्रागुदीची, पूर्व्वोत्तरं -रा, ऐशानी, अपराजिता; **'north-eastwards,'** प्रागुत्तरेण, पूर्व्वोत्तरेण; **'north-east of the city,'** प्रागुत्तरेण नगरात्.

North-east, north-easterly, north-eastern, ***a.*** प्रागुत्तरः -रा -रं, पूर्व्वोत्तरः -रा -रं, प्रागुदङ्, -दीची -दक् (ञ्च्), प्रागुदीचीनः -ना -नं, प्रागुत्तरस्थः -स्था -स्थं, पूर्व्वोत्तरस्थः **etc.**

Northerly, northern, ***a.*** उत्तरदिश्यः -श्या -श्यं, उत्तरः -रा -रं, उदीचीनः -ना -नं, उत्तरसम्बन्धी -न्धि -न्धि (न्); **'in a northerly direction,'** उत्तरदिशि.

North-pole, north-star, ***s.*** ध्रुवः, मेरुः ***m.,*** औत्तानपादिः ***m.***

Northward, ***a.*** उत्तरदिश्यः -श्या -श्यं, उत्तरदिक्स्थः -स्था -स्थं, उदङ्मुखः -खी -खं, उत्तरस्थः -स्था -स्थं.

Northwards, ***adv.*** उत्तरेण-रात्, उत्तरतस्, उत्तरदिशि, उत्तरत्र.

North-west, ***s.*** वायवी, वायुकोणः, वायुदिशा.

North-west, north-westerly, north-western, ***a.*** वायुकोणस्थः -स्था -स्थं, वायुदिक्स्थः **etc.,** वायवः -वी -वं, वायवीसम्बन्धी -न्धि -न्धि (न्).

North-wind, ***s.*** उत्तरवायुः ***m.,*** उत्तरदिग्वायुः ***m.,*** उत्तरदिक्पवनः.

Nose, ***s.*** नासा -सिका, नसा, नस्या, घ्राणं, घोणा, गन्धवहा, गन्धवाहः, गन्धज्ञा, गन्धनाली, घ्रतिः ***f.,*** नाः ***f.*** (स्), नस्तः, नासिक्यं, नासिक्यकं, सिङ्घिनी, विकूणिका, तनुभस्त्रा, नक्रं, नकुटं, नर्कुटकं; **'aquiline nose,'** शुकनासिका; **'having a sharp nose,'** खरणसः -सा -सं, सरणाः -णा -णः (स्); **'having a nose like a hoof,'** खुरणसः -सा -सं, खुरणाः -णा -णः (स्); **'having a flat nose,'** नतनासिकः -का -कं, अवटीटः -टा -टं, अवनाटः -टा -टं, अवभ्रटः -टा -टं; **'having a prominent nose,'** प्रलम्बघोणः -णा -णं; **'having a large nose,'** उग्रनासिकः -का -कं; **'tip of the nose,'** नासिकाग्रं, नासाग्रं; **'mucus of the nose,'** नासिकामलं; **'running at the nose,'** नासिकास्रावः, नासापरिस्रावः; **'thickening of the membrane of the nose,'** नासानाहः; **'dryness of the nose,'** नासाशोषः; **'breathing through the nose,'** नासिकन्धमः -मा -मं; **'drinking through the nose,'** नासिकन्धयः -यी -यं; **'led by the nose, as cattle, etc.** नस्तितः, नस्तोतः, नस्योतः.

Nose-bridle, ***s.*** **(Rein passed through the nose of an ox)** नास्यं, नासिकारज्जुः ***m.f.***

Nose-cut, ***a.*** छिन्ननासः -सा -सं, छिन्ननासिकः -का -कं, छिन्नाः -नाः -नः (स्).

Nosed, ***a.*** **(Having a nose).** ***See*** **under Nose.**

Nosegay, ***s.*** कुसुमस्तवकः, पुष्पस्तवकः, पुष्पगुच्छः -च्छकः -गुच्छः -च्छकः, गुत्सः -त्सकः -गुञ्जः, गुलुञ्छः, समाली, कुटी, प्रकरः.

Noseless, ***a.*** अनासिकः -का -कं, विनासिकः -का -कं, विनसः -सा -सं, गतनासिकः -का -कं, निर्नासिकः **etc.,** नासिकाहीनः -ना -नं, नासिकाशून्यः -न्या -न्यं, विखः -खा -खं, विखुः -खुः -खुः, विख्यः -ख्या -ख्यं, विख्रः **etc.,** विख्रुः **etc.,** विग्रः -ग्रा -ग्रं.

Nosology, ***s.*** रोगनिदानशास्त्रं, निदानविद्या, रोगवर्गकरणविद्या.

Nosopoetic, ***a.*** रोगकरः -रा -रं, व्याधिजनकः -का -कं, रोगोत्पादकः **etc.**

Nostril, ***s.*** नासारन्ध्रं,, नासिकारन्ध्रं, नासाग्ररन्ध्रं, नासाविवरं, नासिकाछिद्रं, नासापुटं, नासाविलं; **'air breathed through**

the nostrils,' स्वरः.

Nostrum, *s.* गूढौषधं, गुप्तौषधं, अप्रकाशितौषधं, मिथ्यौषधं.

Not, *adv.* **In absolute negation, denial, or refusal, 'not' is rendered by** न, नो, ना, नहि. **When prohibitive, by** मा, मास्म, **or sometimes by** अलं **or** कृतं **with instr. c. When privative, it is expressed by** अ, अन्, निर्, वि **prefixed; as, 'there is not,'** नास्ति; **'he will not go,'** न गमिष्यति; **'do not go,'** मा गच्छ; **'do not grieve,'** अलं शोकेन; **'not regardful,'** अनपेक्षः -क्षा -क्षं, निरपेक्षः **etc.; 'not at all,'** अलेशं, न किञ्चिदपि; **'not so,'** मैवं. **In prohibitive phrases** मा **may be used with the 3d pret., the augment being cut off; as, 'do not grieve,'** माऽशोचीः; **'do not fear,'** माऽभैषीः. **The interrogative 'is no?' is rendered by** ननु.

Notable, *a.* **(Memorable)** स्मरणीयः -या -यं, स्मरणार्हः -र्हा -र्हं.—**(Remarkable, distinguished, notorious)** विशिष्टः -ष्टा -ष्टं, विशेष **in comp.,** प्रसिद्धः -द्धा -द्धं, लोकप्रसिद्धः **etc.,** ख्यातः -ता -तं, लोकख्यातः **etc.,** उत्कृष्टः -ष्टा -ष्टं.

Notableness, *s.* स्मरणीयता, प्रसिद्धता, लोकप्रसिद्धता, विशिष्टता.

Notably, *adv.* प्रसिद्धं, लोकप्रसिद्धं, स्मरणीयं, विशिष्टप्रकारेण.

Notary, *s.* कायस्थः, लेखकः, लिपिकारः, लिपिजीवी *m.* (न्), लेख्यपत्रप्रमाता *m.* (तृ), पत्रप्रमाणजीवी.

Notation, *s.* अङ्कनं, अङ्ककरणं, चिह्नकरणं.—**(In music)** प्रस्तरः.

Notch, *s.* छेदः, अवच्छेदः, विच्छेदः, छिद्रं; **'of a bow,'** अटनी -निः *f.*

***To* notch,** *v. a.* छिद् (c. 7. छिनत्ति, छेत्तुं), अवछिद्, छेदं कृ, अवच्छेदं कृ.

Notched, *p. p.* अवछिन्नः -न्ना -न्नं, छिन्नः **etc.,** सच्छेदः -दा -दं, सावच्छेदः **etc.**

Note, *s.* **(Mark, token)** चिह्नं, लक्षणं, अङ्कः -ङ्कं, लाञ्छनं, अभिज्ञानं, लक्ष्यं, कलङ्कः.—**(Mark made as a memorandum)** स्मरणार्थकचिह्नं, स्मरणचिह्नं, स्मरणं.—**(Annotation, comment)** टीकाभाष्यं, व्याख्या, टिप्पनी, वार्त्तिकं; **'with notes,'** सटीकः -का -कं.—**(Sound in music)** स्वरः, मातृका, मूर्च्छना, कठः, क्वणः, विरिब्धः, विरावः; **'a false note,'** अपस्वरः, विस्वरः, अपक्वणः; **'a high note,'** तारः; **'a cracked note,'** काकस्वरः; **'key note,'** वादी *m.* (न्), **The notes in music are** निषादः **or** निषदः **or** निषधः, ऋषभः, गान्धारः, षड्जः, मध्यमः, पञ्चमः, धैवतः, घर्घरः.—**(Note of birds)** रुतं, वाशितं, वाशनं.—**(Notice, heed)** अवेक्षा -क्षणं, अपेक्षा, मनोयोगः, लक्षं -क्ष्यं.—**(Reputation)** कीर्त्तिः *f.,* ख्यातिः *f.,* प्रतिष्ठा, यशस् *n.,* गौरवं; **'of little note,'** अल्पकीर्त्तिः -र्त्तिः -र्त्ति, अल्पिष्ठकीर्त्तिः **etc.** ***See* Noted. (Short letter)** पत्रकं, पत्रं, लेखः, लेख्यं.—**(Note of hand)** पत्रलेख्यं.

***To* note,** *v. a.* **(Observe)** लक्ष् (c. 10. लक्षयति -यितुं), आलक्ष्, उपलक्ष्, अवेक्ष् (c. 1. ईक्षते-क्षितुं), अपेक्ष्, अवेक्षां कृ, आलोक् (c. 10. -लोकयति -यितुं), निरूप् (c. 10. -रूपयति -यितुं), आलोच् (c. 10. -लोचयति -यितुं), आलोचनं कृ.—**(Set down in writing, make a note of)** अङ्क् (c. 10. अङ्कयति -यितुं), चिह्न (c. 10. चिह्नयति -यितुं), स्मरणार्थकचिह्नं कृ, स्मरणपुस्तके **or** लेख्यपत्रे समारुह् **in caus.** (-रोपयति -यितुं) **or** आरुह्, अभिलिख् (c. 6. -लिखति -लेखितुं).

Note-book, *s.* स्मरणपुस्तकं, स्मारकपुस्तकं, अङ्कनपुस्तकं.

Noted, *p. p.* **or** *a.* **(Observed)** लक्षितः -ता -तं, आलक्षितः **etc.,** उपलक्षितः **etc.,** अवेक्षितः **&c.—(Set down in writing)** लेख्यारूढः -ढा -ढं, लेख्यारोपितः -ता -तं, स्मरणपुस्तकारोपितः **&c.—(Celebrated)** प्रसिद्धः -द्धा -द्धं, ख्यातः -ता -तं, विख्यातः **&c** प्रथितः -ता -तं, विश्रुतः -ता -तं, लब्धशब्दः -ब्दा -ब्दं, लब्धप्रतिष्ठः -ष्ठा -ष्ठं.

Nothing, *s.* **(Not any thing)** न किञ्चित्, न किमपि, न किञ्चन.—**(Not any thing at all)** न किञ्चिदपि, अलेशमपि, न कियदपि, न सूक्ष्ममपि, न स्तोकमपि.—**(Non-existence, nonentity)** अभावः, नास्तित्वं, नास्ति **indec.,** असत्त्वं, अवस्तु *n.,* अवस्तुता, शून्यता -त्वं, शून्यं, असम्भवः, अविद्यमानता.—**(Trifle, thing of no value)** अल्पविषयः, स्वल्पविषयः, सुलघुविषयः, अल्पार्थविषयः; **'good for nothing,'** व्यर्थः -र्था -र्थं, निरर्थकः -का -कं, किमर्थः -र्था -र्थं, अकिञ्चित्करः -रा -रं.

Nothing, *adv.* न किञ्चित्, न किमपि, न किञ्चिदपि, न किञ्चन, अलेशमपि, अलेशम्, न कियदपि, न मनागपि, न मनाक्, असूक्ष्ममपि, अस्तोकमपि.

Nothingness, *s.* शून्यता, शून्यं, अवस्तुत्वं, नास्तित्वं, अभावः. ***See* Nonentity.**

Notice, *s.* **(Observation by the eye or other senses)** अवलोकनं, आलोकनं, आलोचनं -ना, निरीक्षा, अवेक्षा -क्षणं, निरूपणं, दर्शनं, सन्दर्शनं, दृष्टिः *f.,* लक्षं.—**(Regard, heed)** अवेक्षा -क्षणं, अपेक्षा, प्रतीक्षा, अवधानं, मनोयोगः, विचारः.—**(Intelligence, intimation)** सन्देशः, निवेदनं, सूचना -नं, विज्ञप्तिः *f.,* उद्देशः, समुद्देशः -शनं, संवाद, बोधनं, बोधः.—**(Mention)** अभिधानं, कथनं, ग्रहणं, निर्देशः, उद्देशः.—**(Proclamation)** घोषः -षणं -णा, विघोषणं -णा, ख्यापनं; **written notice,'** घोषणापत्रं, निवेदनपत्रं, विज्ञापनपत्रं, सूचनपत्रं, बोधनपत्रं, प्रसिद्धिपत्रं.—**(Respectful treatment)** आदरः, सत्कारः, सत्क्रिया, मानं, सम्मानं, सम्भावना, पूजा, प्रतीतिः *f.*

***To* notice,** *v. a.* **(Observe)** लक्ष् (c. 10. लक्षयति -यितुं),

आलक्ष्, समालक्ष्, संलक्ष्, आलोक् (c. 10. -लोकयति -यितुं), अवलोक्, आलोच् (c. 10. -लोचयति -यितुं), निरूप् (c. 10. रूपयति -यितुं), अवेक्ष् (c. 1. -ईक्षते -क्षितुं), अपेक्ष्, निरीक्ष्, अवेक्षां कृ.—(Head) अवधा (c. 3. -धत्ते -धातुं), मनो धा, सावधानः -ना -नं भू, अवेक्ष्, अपेक्ष्.—(Mention) अभिधा (c. 3. -दधाति -धातुं), निर्दिश् (c. 6. -दिशति -देष्टुं), उद्दिश्, कथ् (c. 10. कथयति -यितुं), निर्देशं कृ, उद्देशं कृ.—(Treat with attention or honor) सत्कृ, सम्मन् (c. 10. -मानयति -यितुं), सम्भू (c. 10. -भावयति -यितुं), आदृ (c. 6. -द्रियते -दर्त्तुं), आदरं कृ.

Noticeable, *a.* लक्ष्यः -क्ष्या -क्ष्यं, लक्षणीयः -या -यं, आलक्ष्यः etc., अवेक्षणीयः etc., प्रतीक्षणीयः etc., प्रतीक्षणार्हः -र्हा -र्हं, निरूपणार्हः etc.

Noticed, *p. p.* आलक्षितः -ता -तं, अवेक्षितः -ता -तं, उद्दिष्टः -ष्टा -ष्टं.

Notification, *s.* घोषणं -णा, विघोषणं -णा, विज्ञापनं -ना, विज्ञप्तिः *f.*, ज्ञप्तिः *f.*, ज्ञापनं, ख्यापनं, निवेदनं, आवेदनं, बोधनं, सूचनं -ना.—(Written notice). *See* under Notice.

Notified, *p. p.* विज्ञप्तः -प्ता -प्तं, विज्ञापितः -ता -तं, ज्ञप्तः etc., ज्ञापितः -ता -तं, निवेदितः etc., घोषितः etc., विघोषितः etc., प्रख्यातः etc., सूचितः etc.

To **notify,** *v. a.* ज्ञा in caus. (ज्ञापयति, ज्ञपयति -यितुं), विज्ञा, निविद् (c. 10. -वेदयति -यितुं), आविद्, बुध् (c. 10. बोधयति -यितुं), प्रख्या (c. 2. -ख्याति -तुं, caus. ख्यापयति -यितुं), ख्या, सूच् (c. 10. सूचयति -यितुं), घुष् (c. 10. घोषयति -यितुं), विघुष्, आघुष्, कृत् (c. 10. -कीर्त्तयति -यितुं), प्रकाश् (c. 10. -काशयति -यितुं).

Notion, *s.* बुद्धिः *f.*, मतिः *f.*, मनःकल्पना, बुद्धिकल्पना, कल्पना, बुद्धिकल्पितं, सङ्कल्पः, मनोगतं, मनसिजं, वासना, भावना, सम्भावना, बोधः, भासः, आभासः, प्रतिभासः; **'under the notion,'** बुद्ध्या.—(Sentiment, opinion) मतं, मतिः *f.*, बुद्धिः *f.*

Notional, *a.* मनोगतः -ता -तं, मनसिजः -जा -जं, मनोजः etc., मनोभवः -वा -वं, काल्पनिकः -की -कं, मनःकल्पितः -ता -तं, सङ्कल्पजः -जा -जं, मनःसृष्टः -ष्टा -ष्टं.

Notoriety, notoriousness, *s.* प्रसिद्धिः *f.*, लोकप्रसिद्धिः *f.*, लोकप्रसिद्धता, प्रसिद्धत्वं, प्रकाशता, प्रकाशः, ख्यातिः *f.*, विख्यातिः *f.*, प्रख्यातिः *f.*, विश्रुतिः *f.*, लोकविश्रुतिः *f.*, प्राकट्यं, लौकिकता -त्वं, रुढिः *f.*, प्रथा, सम्प्रथा, प्रथितिः *f.*, सम्प्रतीतिः *f.*—(In a bad sense) वाच्यता, कुकीर्त्तिः *f.*, कुख्यातिः *f.*, कुप्रतिष्ठा, कुप्रसिद्धिः *f.*

Notorious, *a.* प्रसिद्धः -द्धा -द्धं, लोकप्रसिद्धः etc., लोकविश्रुतः -ता -तं, लोकप्रथितः -ता -तं, लोकिविदितः etc., लोकसिद्धः etc., लौकिकः -की -कं, सार्वलौकिकः etc., ख्यातः -ता -तं, विख्यातः etc., प्रथितः etc., विश्रुतः etc., विज्ञातः etc., रूढः -ढा -ढं, प्रकटः -टी -टं, प्रकटितः -ता -तं.—(In a bad sense) ख्यातगर्हणः -णा -णं, वाच्यः -च्या -च्यं, कुकीर्त्तिमान् -मती -मत् (त्), कुख्यातः -ता -तं, कुख्यातिमान् etc., कुप्रसिद्धः etc.; **'a notorious offender,'** महापातकी *m.* (न्).

Notoriously, *adv.* प्रसिद्धं, लोकप्रसिद्धं, प्रकाशं, प्रकटं, ख्यातगर्हणं.

Notus, *s.* (South wind) दक्षिणवायुः, दक्षिणदिग्वायुः *m.*

Notwithstanding, *conj.* तथापि, परन्तु, परं, किन्तु, अथापि, तत्रापि, तदपि.

Nought, *See.* Naught, Nothing.

Noun, *s.* नाम *n.* (न्), विशेष्यं, संज्ञा, सत्त्वं, द्रव्यवाचकः, पदार्थवाचकः, आख्या, शब्दः, सङ्केतशब्दः; **'noun of action,'** कारकः, क्रिया; **'of agency,'** कर्त्तृवाच्यं; **'animate,'** प्राणिवाचकः; **'abstract,'** भाववाचकः; **'collective,'** सङ्घवाचकः; **'communicative,'** अपादानवाच्यं; **'denominative,'** क्रियावाचकः; **'ending in a vowel,'** अजन्तः; **'gentile,'** जातिवाचकः; **'inanimate,'** अप्राणिवाचकः; **'instrumental,'** कारणवाच्यं; **'inflected, or of any case,'** कारकं; **'passive,'** कर्म्मवाचकः, कर्म्मणिवाच्यशब्दः, सम्प्रदानवाच्यं; **'possessive,'** अधिकरणवाच्यं; **'proper,'** नामवाचकः; **'simple,'** भाववाच्यं, लिङ्गं; **'verbal,'** क्रियावाचकः.

To **nourish,** *v. a.* घुष् (c. 10. पोषयति -यितुं, (c. 1. पोषति -षितुं, c. 9. पुष्णाति), परिपुष्, पाल् (c. 10. पालयति -यितुं), प्रतिपाल्, भृ (c. 1. भरति, c. 3. बिभर्त्ति, भर्त्तुं), सम्भृ, अन्नेन, सन्तुष् (c. 10. -तोषयति -यितुं or तुष् or सन्तृप् (c. 10. -तर्पयति -यितुं) or तृप् or संवृध् (c. 10. -वर्धयति -यितुं) or वृंह् (c. 10. वृंहयति -यितुं) or आप्यै (c. 10. -प्याययति -यितुं) or जीव् (c. 10. जीवयति -यितुं), पोषणं कृ, पालनं, पालनपोषणं कृ.

Nourishable, *a.* पोषणीयः -या -यं, पोष्यः -ष्या -ष्यं, पालनीयः -या -यं, वृंहणीयः -या -यं, भरणीयः -या -यं, भरण्यः -ण्या -ण्यं, भार्य्यः etc. सम्भार्य्यः etc.

Nourished, *p. p.* पुष्टः -ष्टा -ष्टं, पोषितः -ता -तं, पुषितः etc., पालितः etc., प्रतिपालितः etc., भृतः -ता -तं, सम्भृतः etc., भरितः etc., वृंहितः etc.

Nourisher, *s.* पोष्टा *m.* (ष्टृ), पोषयिता *m.* (तृ), पालयिता *m.*, प्रतिपालयिता *m.*, पालकः, भर्त्ता *m.* (र्त्तृ), पालनकर्त्ता *m.*, अन्नदाता *m.*, वृंहकः, अन्नदः.

Nourishing, *a.* पोषकः -का -कं, पालकः -का -कं, प्रतिपालकः etc., पौष्टिकः -की -कं, पुष्टिदः -दा -दं, वृंहणः -णा -णी

-णं, धातुपोषकः etc.

Nourishment, *s.* (Act of nourishing) पोषः -षणं, पालनं, प्रतिपालनं, भरणं, भरिमा ***m.*** (न्), भृतिः ***f.,*** सम्भृतिः ***f.,*** आप्यायनं, वृंहणं, पुष्टिदानं, अन्नदानं.—**(Food aliment)** आहारः, भोजनं, भक्ष्यं, खाद्यं, अन्नं, आहार्य्यं, अभ्याहार्य्यं, अभ्यवहारः, अभ्यवहार्य्यं, शरीरयात्रा, देहयात्रा, जीवनं -नकः, पौष्टिकं, भृतिः ***f.,*** सम्भृतिः ***f.,*** सम्भारः.

Novel, *a.* नवः -वा -वं, अभिनवः -वा -वं, नवीनः -ना -नं, नूतनः -ना -नं, नूत्नः -त्ना -त्नं, नव्यः -व्या -व्यं, प्रत्यग्रः -ग्रा -ग्रं, अपूर्व्वः -र्व्वा -र्व्वं, अभूतपूर्व्वः **etc.,** अदृष्टपूर्व्वः **etc.,** अश्रुतपूर्व्वः **etc.,** अप्राचीनः -ना -नं, अद्भुतः -ता -तं, अलौकिकः -की -कं, विलक्षणः -णा -णं.

Novel, *s.* (Fictitious tale) कल्पितकथा, परिकथा, उपकथा, कथा, उपाख्यानं, आख्यानं, कूटार्थकथा, कूटार्थोपाख्यानं, मिथ्याकथा, प्रबन्धकल्पना.

Novelty, *s.* नवता, नवीनता, नूतनता -त्वं, नव्यता, नाव्यं, अभिनवता, प्रत्यग्रता, अपूर्व्वता -त्वं, अद्भुतत्वं, अलौकिकत्वं, विलक्षणता, वैलक्षण्यं.—**(A novelty)** नववस्तु ***n.,*** नूतनवस्तु ***n.,*** कौतुकं, आश्चर्य्यवस्तु.

November, *s.* मार्गशीर्षपूर्व्वार्द्धं, कार्त्तिकोत्तरार्द्धं, मार्गशीर्षः, मार्गशिरः, मार्गः, अग्रहायणः, आग्रहायणः, आग्रहायणिकः, सहाः ***m.*** (स्), कार्त्तिकः, कार्त्तिकिकः, बाहुलः, ऊर्जः.

Novennial, *a.* नववर्षीयः -या -यं, नवर्षीणः -णा -णं, नववार्षिकः -की -कं.

Novercal, *a.* वैमात्रिकः -की -कं, वैमात्रीयः -या -यं, विमातृयोग्यः -ग्या -ग्यं.

Novice, *s.* नवशिष्यः नवछात्रः, नूतनशिष्यः, नवीनशिष्यः, प्राथमकल्पिकः, शैक्षः, क्रियाकारः, नवाभ्यासी ***m.*** (न्), नवीनाभ्यासी ***m.,*** नूतनाभ्यासी, विद्यारम्भकः.

Novitiate, *s.* (State) नवशिष्यत्वं, नवछात्रता -त्वं, नवछात्रदशा, नवाभ्यासित्वं, नूतनाभ्यासित्वं.—**(Period of being a novice)** नवाभ्यासकालः, नवीनाभ्यासित्वकालः, विद्यारम्भकालः.

Now, *adv.* (At the present time) इदानीम्, अधुना, सम्प्रति, साम्प्रतं, अद्य, एतर्हि, इहसमये, वर्त्तमानकाले, तत्काले, सद्यस्काले, साम्प्रतकाले, अधुनातनकाले, प्रस्तुतकाले; **'now and then,'** कदाचित्, कदापि, कदाचन, कर्हिचित्, जातु, काले काले, वारं वारं, अनुकालं; **'till now,'** अद्यापि, अद्यावधि; **'from now,'** अद्यारभ्य, अद्यप्रभृति, इतःपरं; **'just now,'** अव्यवहितदीर्घकाले, नूतनकाले; **'it was but now,'** नन्विदानीम्.—**(As an inceptive or connective particle)** अथ. अथो.—**(After this)** ततस्, अतस्.

Now-a-days, *adv.* साम्प्रतकाले, अधुनातनकाले, वर्त्तमानकाले, अद्य.

No way, no ways, no wise, *adv.* न कथञ्चन, न कथञ्चित्, न कथमपि, न सर्व्वथा, न सर्व्वथैव.

Nowhere, *adv.* न क्वापि, न कुत्रापि, न क्वचित्, न कुत्रचित्.

Noxious, *a.* हिंस्रः -स्रा -स्रं, हिंसकः -का -कं, हिंसालुः -लुः -लु, हिंसात्मकः -का -कं, अपकारी -रिणी -रि (न्), अपकारकः -का -कं, अनिष्टकारी **etc.,** अहितकारी **etc.,** नृशंसः -सा -सं, शरारुः -रुः -रु, शारुकः -का -कं, दंशेरः -रा -रं, घातुकः -का -कं, उपघातः **etc.,** नंशुकः **etc.,** अपायजनकः **etc.,** दुष्टः -ष्टा -ष्टं, दूषकः -का -कं, बाधकः -का -कं, कुत्सितः -ता -तं.

Noxiousness, *s.* हिंसता, अपकारकत्वं, दूषकता, दुष्टता, घातुकत्वं.

Nozzle, *s.* नासाग्रं, नासिकाग्रं, नस्तः, प्रोथः -थं, पोत्रं, मुखं, अग्रं; **'nozzled as an ox,'** नस्तितः.

Nubile, *a.* विवाह्यः -ह्या -ह्यं, विवाहयोग्यः -ग्या -ग्यं, उद्वाह्यः **etc.**

Nubilous, *a.* साभ्रः -भ्रा -भ्रं, अभ्रियः -या -यं, समेघः -घा -घं, मेघाकीर्णः -र्णा -र्णं, मेघाच्छन्नः -न्ना -न्नं, मेघाच्छादितः -ता -तं. ***See*** **Cloudy.**

Nucleus, *s.* समुच्चयास्पदं, सञ्चयास्पदं, हृदयं, गर्भः, वीजं.

Nudation, *s.* नग्नीकरणं, विवस्त्रीकरणं, निर्वस्त्रीकरणं.

Nude, *a.* नग्नः -ग्ना -ग्नं, विवस्त्रः -स्त्रा -स्त्रं, निर्वस्त्रः **etc.** ***See*** **Naked.**

To* nudge, *v. a. चल् **(c. 10.** चालयति -यितुं), अरत्निना तड् **(c. 10.** ताडयति -यितुं).

Nudity, *s.* नग्नता -त्वं, विवस्त्रत्वं, वस्त्रशून्यता, अपरिच्छदं. ***See*** **Nakendness.**

Naugacity, *s.* अनर्थकत्वं -ता, मोघता, निष्फलता, लाघवं, लघुता.

Nugatory, *a.* (Vain) निरर्थकः -का -कं, अनर्थकः -का -कं, तृणप्रायः -या -यं, व्यर्थः -र्था -र्थं.—**(Of no force)** मोघः -घा -घं, निष्फलः -ला -लं, विफलः **etc.,** फलहीनः -ना -नं, अनिष्पन्नः -न्ना -न्नं, निर्बलः -ला -लं, प्रभावहीनः **etc.,** निष्प्रभावः **etc.,** लुप्तः -प्ता -प्तं, निष्प्रमाणः **etc.**

Nuisance, *s.* कष्टं, बाधा, बाधकः, पीडा, व्यथा, विडम्बना, कण्टकः -कं, उत्पातः; **'public nuisance,'** लोककण्टकः; **'domestic,'** गृहोत्पातः.

Null, *a.* मोघः -घा -घं, व्यर्थः -र्था -र्थं, अनिष्पन्नः -न्ना -न्नं, लुप्तः -प्ता -प्तं, निरर्थकः -का -कं, अनर्थकः -का -कं, निष्फलः -ला -लं, विफलः -ला -लं, निष्प्रभावः -वा -वं, निर्बलः -ला -लं, निर्जीवः -वा -वं, वृथा **indec.** मुधा **indec.**

To* nullify, *v. a. मोघीकृ, व्यर्थीकृ, अधरीकृ, निष्फलीकृ, निष्फल **(nom.** निष्फलयति -यितुं), विफलीकृ, लुप् **(c. 6.** लुम्पति, लोप्तुं, **c. 10.** लोपयति -यितुं), खण्ड् **(c. 10.** खण्डयति -यितुं), निर्बलीकृ, निष्प्रभावीकृ, सुधा कृ, वृथा कृ.

Nullity, ***s.*** **(Want of force)** मोघता, व्यर्थता, निरर्थकता, अनर्थकता, आनर्थक्यं, अनिष्पन्नता, लुप्तता, निष्फलता. —**(Nonentity)** अभावः, नास्तित्वं, अवस्तु ***n.,*** शून्यता.

Numb, ***a.*** सुप्तः -प्ता -प्तं, सुप्तत्वक् ***m.f.n.*** (च्), जडः -डा -डं, स्तब्धः -ब्धा -ब्धं, स्तब्धचेष्टः -ष्टा -ष्टं, स्तम्भितचेष्टः **etc.,** कुण्ठः -ण्ठा ण्ठं, गतिशक्तिहीनः -ना -नं, स्पन्दनरहितः -ता -तं, स्तम्भितचेतनः -ना -नं, अचेतनः -ना -नं, चैतन्यरहितः **etc.; 'with cold,'** शीताकुलः -ला -लं.

To **numb,** ***v. a.*** जडीकृ, स्तब्धीकृ, चैतन्यं स्तम्भ् **(c. 10.** स्तम्भयति -यितुं, **c. 5.** स्तभ्नोति, स्तम्भितुं), चैतन्यस्तम्भं कृ, चेतनास्तम्भनं कृ, चैतन्यं हृ **(c. 1.** हरति, हर्त्तुं), त्वक्सुप्तिं कृ, शीताकुलीकृ.

Numbed, ***p. p.*** सुप्तः -प्ता -पतं, जडीकृतः -ता -तं. ***See*** **Numb, a.**

Number, ***s.*** संख्या. —**(Assemblage of two or more units)** राशिः ***m.*** संख्या; **'even number,'** समसंख्या; **'odd,'** विषमसंख्या; **'whole number,'** अभिन्नं; **'five in number,'** पञ्चसंख्यः -ख्या -ख्यं, पञ्चसंख्यकः -का -कं. —**(Amount)** संख्या, गणना, परिगणना, समुदायः, परिमाणं. —**(Multitude, collection)** गणः, समूहः, समवायः, सङ्घः, सङ्घातः, सञ्चयः, वृन्दं, सङ्ग्रहः, स्तोमः, राशिः ***m.,*** पुञ्जः, पूगः; **'a number of young women,'** तरुणीगणः; **'a number of men,'** पुरुषसमूहः, पुरुषसमवायः. —**(A great number, many)** बाहुल्यं, बहुत्वं, बहुः -हुः -ह्वी -हु, बहुलः -ला -लं, बहुसंख्यकः -का -कं, अनेकः **etc.,** प्रचुरः -रा -रं; **'in great number,'** बहुशस्, अनेकशस्. —**(Figure, arithmetical sign)** अङ्कः, संख्या. —**(Science of numbers)** अङ्कविद्या, गणनाविद्या, गणितं, व्यक्तं; **'table of numbers,'** अङ्कपत्रं, अङ्कजालं, सारणी. —**(Verse)** पद्यं, छन्दस् ***n.,*** कविता, पद्यरचना. —**(In grammar)** वचनं; **'singular number,'** एकवचनं; **'dual,'** द्विवचनं; **'plural,'** बहुवचनं, अनेकवचनं.

To **number,** ***v. a.*** **(Count)** संख्या **(c. 2.** -ख्याति -तुं), परिसंख्या, सम्परिख्या, गण् **(c. 10.** गणयति -यितुं), विगण्, प्रगण्, अङ्क् **(c. 10.** अङ्कयति -यितुं), कल् **(c. 10.** कलयति -यितुं), गणनां कृ, गणीकृ. —**(Affix a number)** अङ्क्, अङ्कं स्था **in caus.** (स्थापयति -यितुं) **or** लिख् **(c. 6.** लिखति, लेखितुं).

Numbered, ***p. p.*** संख्यातः -ता -तं, गणितः -ता -तं, अङ्कितः **etc.,** कलितः **etc.,** गणीभूतः -ता -तं, गणीकृतः -ता -तं, परिगणितः **etc.**

Numberer, ***s.*** संख्याकृत् ***m.,*** गणकः, अङ्कगणकः, गणनाकारी ***m.*** (न्).

Numbering, ***s.*** गणनं -ना, परिगणनं, -ना, संख्यानं, संख्याकरणं, गणितं.

Numberless, ***a.*** असंख्येयः -या -यं, असंख्यः -ख्या -ख्यं, अगणनीयः -या -यं, अगण्यः -ण्या -ण्यं, असंख्यातः -ता -तं, गणनातीतः -ता -तं, कोट्यवधिः -धिः -धि.

Numbles, ***s. pl.*** **(Entrails of a deer)** मृगान्त्रं, मृगान्त्राणि ***n. pl.***

Numbness, ***s.*** त्वक्सुप्तिः ***f.,*** त्वक्स्तापः, सुप्तिः ***f.,*** स्वापः, जडता, जाड्यं, चैतन्यस्तम्भः, चेतनास्तम्भः, चैतन्यस्तब्धता, चैतन्यराहित्यं, गतिशक्तिहीनता, कुण्ठता, मिद्धं.

Numerable, ***a.*** संख्येयः -या -यं, गणनीयः -या -यं, गण्यः -ण्या, ण्यं, गणेयः -या -यं, गणितव्यः -व्या -व्यं, परिगणनीयः -या -यं.

Numeral, ***a.*** **(Pertaining to or consisting of numbers)** सांख्यः -ख्यी -ख्यं, संख्यात्मकः -का -कं, संख्याविषयः -या -यं, संख्यासम्बन्धी -न्धिनी **etc.,** संख्यावाचकः **etc.,** गणनासम्बन्धी **etc.,** अङ्की -ङ्किनी **etc.,** अङ्कात्मकः **etc.**

Numeral, ***s.*** **(Figure)** अङ्कः, संख्या, संख्याचिह्नं, गणनाचिह्नं.

Numerally, ***adv.*** संख्यानुसारात् -रेण, यथासंख्यं, संख्यावत्.

Numerary, ***a.*** अमुकसंख्यासम्बन्धी -न्धिनी **etc.,** अमुकसंख्यः -ख्या -ख्यं.

Numeration, ***s.*** संस्थानं, संख्यता, गणना, परिगणना, संख्यापरिमाणं.

Numerator, ***s.*** **(of a fraction)** अंशः, लवः, भोगः, हारः, हारकः; **'numerator and denominator together,'** राशिः ***m.***

Numerical, ***a.*** सांख्यः -ख्यी -ख्यं, यथासंख्यः -ख्या -ख्यं, संख्यापेक्षकः -का -कं, संख्योद्देशकः -का -कं, संख्यासम्बन्धी **etc.,** ***See*** **Numeral, a.**

Numberically, ***adv.*** यथासंख्यं, संख्यामपेक्ष्य, संख्यामुद्दिश्य, यथागणनं, गणनां कृत्वा, संख्यां, कृत्वा **or** गणयित्वा.

Numerous, ***a.*** बहुः -हुः -ह्वी -हु, बहुलः -ला -लं, बहुसंख्यकः -का -कं, बहुसंख्यः -ख्या -ख्यं, महासंख्यः **etc.,** अनेकः -का -कं, प्रचुरः -रा -रं, भूरिः -रिः -रि, भूयिष्ठः -ष्ठा -ष्ठं, भूयान् -यसी -यः (स्), नैकः -का -कं, पुष्कलः -ला -लं, प्राज्यः ज्या -ज्यं, विपुलः -ला -लं.

Numerously, ***adv.*** बहुशस्, अनेकशस्, बाहुल्येन, सङ्घशस्.

Numerousness, ***s.*** बहुत्वं, बाहुल्यं, अनेकत्वं -ता, अनैक्यं, बहुसंख्यत्वं.

Numismatic, ***a.*** मुद्राविषयः -या -यं, नाणकविषयकः **etc.,** मुद्रासम्बन्धी **etc.**

Numismatics, ***s.*** मुद्राविद्या, नाणकविद्या, मुद्राविषयका विद्या.

Numskull, ***s.*** स्थूलबुद्धिः ***m.,*** स्थूलधीः ***m.,*** अल्पबुद्धिः, जडधीः.

Nun, ***s.*** मठनिवासिनी, मठवासिनी, संसारत्यागिनी, लोकत्यागिनी, सङ्गपरित्यागिनी, सन्न्यासिनी, तपस्विनी, वैरागिणी, तपोनिष्ठा, तपस्यासक्ता, धर्म्मभगिनी, ब्रह्मचारिणी, योगिनी.

Nuncio, ***s.*** रोमीयधर्म्माध्यक्षसकाशाद् दूतः, महाधर्म्माध्यक्षदूतः.

Nuncupative, nuncupatory, ***a.*** साक्षात् कथितः -ता -तं, अलिखितः etc.

Nunnery, ***s.*** धर्म्मभगिनीमठः, तपस्विनीमठः, ब्रह्मचारिणीमठः.

Nuptial, ***a.*** वैवाहिकः -की -कं, उद्वाहिकः -का -कं, औद्वाहिकः -की -कं, पाणिग्रहणिकः -की -कं, विवाहीयः -या -यं, विवाही -हिनी -हि (न्), उद्वाही **etc.,** विवाहसम्बन्धी **etc.,** विवाह **in comp.; 'nuptial feast,'** विवाहमहोत्सवः; **'nuptial gift,'** यौतकं, औद्वाहिकं, पारिणाय्यं, हरणं, सुदायः -यं.

Nuptials, ***s. pl.*** विवाहः, उद्वाहः, परिणयनं, विवाहविधिः ***m.,*** विवाहक्रिया, विवाहसंस्कारः, पाणिग्रहणं.

Nurse, ***s.*** धात्री, धात्रेयी -यिका, अङ्कपाली, उपमाता ***f.*** (तृ), मातृका, प्रतिपालिका, पालयित्री, धन्या, पपुः ***f.*** **—(In sickness)** उपचारकर्त्री, उपचारिका, रुग्नपरिचारिका, रोगार्त्तपालिका, रोगसेविका. **—(Fosterer, cherisher)** पालकः, प्रतिपालकः, पालयिता ***m.*** (तृ), पोषकः, पोष्टा ***m.*** (ष्टृ).

To **nurse,** ***v. a.*** **(Foster, take care of a child, etc.)** पाल् **(c. 10.** पालयति -यितुं), प्रतिपाल्, अङ्के पाल्, क्रोडे पाल्, पुष् **(c. 1.** पोषति, **c. 9.** पुष्णाति, **c. 10.** पोषयति -यितुं) **or** परिपुष्, क्रोडीकृ, अङ्कीकृ. **—(Attend upon a sick person)** रोगिणम् उपचर् **(c. 1.** -चरति -रितुं) **or** परिचर् **or** पाल् **or** प्रतिपाल् **or** सेव् **(c. 1.** सेवते -वितुं) **or** उपसेव्. **—(Suckle)** दुग्धं **or** स्तन्यं **or** स्तनं दा **(c. 3.** ददाति, दातुं) **or** पा **in caus.** (पाययति -यितुं) **or** धे **in caus.** (धापयति -यितुं), स्तनदानेन **or** स्तन्यदानेन पुष् **or** पाल्. **—(Nourish, cherish)** भृ **(c. 1.** भरति, **c. 3.** बिभर्त्ति, भर्त्तुं), सम्भृ, पाल्.

Nursed, ***p. p.*** पालितः -ता -तं, अङ्के पालितः -ता -तं **or** प्रतिपालितः **etc.,** पोषितः -ता -तं, पुष्टः -ष्टा -ष्टं, भरितः -ता -तं. **—(In sickness, etc.)** उपचरितः -ता -तं.

Nursery, ***s.*** बालस्थानं, बालगृहं, बालकस्थानं, पालनस्थानं, पोषण[illegible]नं.

Nursery[illegible], ***s.*** पुष्पाजीवी ***m.*** (न्), पुष्पशाकोत्पत्तिजीवी ***m.*** (न्).

Nursing, [illegible]लनं, अङ्केपालनं, अङ्कपालिका, प्रतिपालनं, पोषणं, भरणं, [illegible]ः, लालनं, क्रोडीकरणं. **—(In sickness, etc.)** उपचा[illegible]

Nursling, ***s.*** स्तनन्धयः -या, स्तनपः -पा -पाः ***m.*** स्तनपायी ***m.*** (न्), बालः.

Nurture, ***s.*** **(Nourishment, food)** आहारः, भक्ष्यं, शरीरयात्रा, भृतिः ***f.,*** सम्भृतिः ***f.,*** पौष्टिकं. **—(Education, bringing up)** शिक्षा, उपदेशः, अभ्यासः, पुष्टिः ***f.,*** पोषः -षणं, पालनं, प्रतिपालनं, भरिमा ***m.*** (न्).

To **nurture,** ***v. a.*** **(Nourish)** पुष् **(c. 10.** पोषयति -यितुं), परिपुष्, पाल् **(c. 10.** पालयति -यितुं), प्रतिपाल्, भृ **(c. 1.** भरति, **c. 3.** बिभर्त्ति, भर्त्तुं), पालनं कृ, पोषणं कृ. **—(Educate)** शिक्ष् **(c. 10.** शिक्षयति -यितुं), विनी **(c. 1.** -नयति -नेतुं).

To **nustle,** ***v. a.*** अङ्के पाल **(c. 10.** पालयति -यितुं), अङ्कीकृ, क्रोडीकृ.

Nut, ***s.*** खाद्यवीजगर्भम्, अण्डाकृति दृढफलं **or** घनफलवीजं.

Nutant, ***a.*** प्रणतशिराः -राः -रः (स्), अवनतशिराः **etc.,** नतशिराः **etc.**

Nut-brown, ***a.*** पूर्व्वोक्तफलवत् श्यावः -वा -वं **or** श्यामः -मा -मं.

Nut-crackers, ***s. pl.*** सन्दंशः, सन्दंशकं, सन्दंशका.

Nutmeg, ***s.*** जातिकोशं, जातिफलं, जातिः -ती ***f.,*** जातीकोशं, जातीकोषं. जातीफलं, समुद्रान्तं, पुन्नागः, द्विधात्मकं, लवं, तृखं. ***See*** **Mace.**

Nutriment, ***s.*** **(Food)** आहारः, भोजनं, पौष्टिकं. ***See*** **Nourishment.**

Nutrition, ***s.*** **(Act)** पोषणं, पुष्टिः ***f.,*** पोषः, आप्यायनं. ***See*** **Nourishment.**

Nutritious, nutritive, ***a.*** पौष्टिकः -की -कं, पुष्टिदः -दा -दं, पोषकः -का -कं, धातुपोषकः **etc.,** धातुवर्धकः -का -कं, पुष्टिकरः -री -रं, पुष्टिकारकः -का -कं, पुष्टिजनकः **etc.,** धातुभृत् ***m.f.n.,*** बलवर्धकः **etc.,** बलवर्धनः -ना -नं, वृंहणः -णा -णी -णं.

Nutshell, ***s.*** वीजकवचः -चं, वीजकञ्चुकः, वीजपुटः.

Nux-vomica, ***s.*** **(Poisonous fruit)** वरम्बराः.

Nyctalops, ***s.*** रात्रिदृष्टिः ***m.f.,*** निशादृष्टिः ***m.f.,*** रात्रिदृक् ***m.*** (श्).

Nyctalopy, nyctalopia, ***s.*** रात्रिदृष्टिः ***f.,*** निशादृष्टिः ***f.***

Nymph, ***s.*** अप्सराः ***f.*** (स्), अप्सरा, जलवनदेवता, जलदेवता, वनदेवता, जलदेवी, वनदेवी, जलवनदेवी, नदीदेवता, यक्षिणी, विद्याधरी. **—(Beautiful woman, lass)** सुन्दरी, मुग्धा, प्रमदा, तन्वङ्गी, कन्या.

Nymph-like, ***a.*** अप्सरायोग्यः -ग्या -ग्यं, अप्सरस्तुल्यः -ल्या -यं.

Nymphomania, ***s.*** **(A disease)** अतिचरणा.